The laws and Regulations of The Automobile Industry

汽车产业法律法规大全

陈 峰 编

自　　序

中国汽车产业正经历着发展的黄金期，业已取得举世瞩目的成就，作为国家支柱产业之一，并列为国家重大发展方向，一系列政策法规相继颁布、施行，对规范汽车行业秩序，优化汽车产业结构，化解汽车产业纠纷，促进其持续、健康的发展起到了举足轻重的作用。

汽车产业发展迅速、势头良好，政策变化与日俱新。然而遗憾的是，相关的法律法规却散见各处，在查阅、参照、使用上实为不便，一定程度上妨碍了从业人员的学习和使用以及政策法规的深入贯彻和稳步落实。所以，立足于产业经济的长远发展，有必要对汽车产业法律法规进行一番梳理和整合，进而为汽车行业提供一个系统、全面、准确的法律依据。

我和我的团队从事汽车产业的法律服务工作近十年，积累了丰富的汽车理论知识和实务经验，逐渐形成一支专业、规范、高效的法律服务团队，服务于国内外多家知名汽车产业企业，服务范围涉及汽车行业并购、汽车产品召回、汽车金融投融资、与汽车行业有关的知识产权、主机厂和汽车零配件企业的销售与采购、汽车及其零配件的产品质量问题等业务领域。

本书着眼于汽车行业整体发展现状，是国内迄今为止屈指可数的汽车产业法律汇编类书籍。它承载着我们在汽车产业法律服务领域一路走来的心路历程。本书具备系统全面、高效实用、科学规范的显著特征，体系上由法律、行政法规、国务院部门规章及相关规范性文件三篇构成，涵盖综合类、新能源类、标准类、环保类、质量类、销售类、租赁类、进出口类、税费类、保险类、维修类诸多层面，同时将汽车产业所涉及的重要主体，即政府部门、企业单位、消费者个人紧密相连。

唯愿本书能够提供一整套明确的操作指引，使读者可以俯拾即来，起到事半功倍的效果，更希望本书能够对进一步加强完善汽车产业法律法规体系，提升汽车行业内部管理与控制水平有所裨益。如此则善莫大焉！

衷心感谢团队成员朱艳、符惠静、解璇和实习生梁万美对本书编纂、修改工作给予的帮助和支持！同时也要衷心感谢法律出版社陈妮编辑对本书出版给予的大力支持！

我们在编辑过程中囿于学识，谬误遗漏难免，不足之处，敬请方家不吝赐教。联系信箱：chen. feng@ dachenglaw. com。

二零一四年三月于上海浦东陆家嘴

目　　录

第一篇　法　律　篇

第二篇　行政法规篇

第三篇 国务院部门规章及相关规范性文件篇

一、综合类

二、新能源类

三、标准类

八、进出口类

九、税费类

第一篇　法　律　篇

中华人民共和国物权法

2007 年 3 月 16 日第十届全国人民代表大会第五次会议通过

第一编 总 则

第一章 基本原则

第一条 为了维护国家基本经济制度,维护社会主义市场经济秩序,明确物的归属,发挥物的效用,保护权利人的物权,根据宪法,制定本法。

第二条 因物的归属和利用而产生的民事关系,适用本法。

本法所称物,包括不动产和动产。法律规定权利作为物权客体的,依照其规定。

本法所称物权,是指权利人依法对特定的物享有直接支配和排他的权利,包括所有权、用益物权和担保物权。

第三条 国家在社会主义初级阶段,坚持公有制为主体、多种所有制经济共同发展的基本经济制度。

国家巩固和发展公有制经济,鼓励、支持和引导非公有制经济的发展。

国家实行社会主义市场经济,保障一切市场主体的平等法律地位和发展权利。

第四条 国家、集体、私人的物权和其他权利人的物权受法律保护,任何单位和个人不得侵犯。

第五条 物权的种类和内容,由法律规定。

第六条 不动产物权的设立、变更、转让和消灭,应当依照法律规定登记。动产物权的设立和转让,应当依照法律规定交付。

第七条 物权的取得和行使,应当遵守法律,尊重社会公德,不得损害公共利益和他人合法权益。

第八条 其他相关法律对物权另有特别规定的,依照其规定。

第二章 物权的设立、变更、转让和消灭

第一节 不动产登记

第九条 不动产物权的设立、变更、转让和消灭,经依法登记,发生效力;未经登记,不发生效力,但法律另有规定的除外。

依法属于国家所有的自然资源,所有权可以不登记。

第十条 不动产登记,由不动产所在地的登记机构办理。

国家对不动产实行统一登记制度。统一登记的范围、登记机构和登记办法,由法律、行政法规规定。

第十一条 当事人申请登记,应当根据不同登记事项提供权属证明和不动产界址、面积等必要材料。

第十二条 登记机构应当履行下列职责:

(一)查验申请人提供的权属证明和其他必要材料;

(二)就有关登记事项询问申请人;

(三)如实、及时登记有关事项;

(四)法律、行政法规规定的其他职责。

申请登记的不动产的有关情况需要进一步证明的,登记机构可以要求申请人补充材料,必要时可以实地查看。

第十三条 登记机构不得有下列行为:

(一)要求对不动产进行评估;

(二)以年检等名义进行重复登记;

(三)超出登记职责范围的其他行为。

第十四条 不动产物权的设立、变更、转让和消灭,依照法律规定应当登记的,自记载于不动产登记簿时发生效力。

第十五条 当事人之间订立有关设立、变更、转让和消灭不动产物权的合同,除法律另有规定或者合同

另有约定外，自合同成立时生效；未办理物权登记的，不影响合同效力。

第十六条 不动产登记簿是物权归属和内容的根据。不动产登记簿由登记机构管理。

第十七条 不动产权属证书是权利人享有该不动产物权的证明。不动产权属证书记载的事项，应当与不动产登记簿一致；记载不一致的，除有证据证明不动产登记簿确有错误外，以不动产登记簿为准。

第十八条 权利人、利害关系人可以申请查询、复制登记资料，登记机构应当提供。

第十九条 权利人、利害关系人认为不动产登记簿记载的事项错误的，可以申请更正登记。不动产登记簿记载的权利人书面同意更正或者有证据证明登记确有错误的，登记机构应当予以更正。

不动产登记簿记载的权利人不同意更正的，利害关系人可以申请异议登记。登记机构予以异议登记的，申请人在异议登记之日起十五日内不起诉，异议登记失效。异议登记不当，造成权利人损害的，权利人可以向申请人请求损害赔偿。

第二十条 当事人签订买卖房屋或者其他不动产物权的协议，为保障将来实现物权，按照约定可以向登记机构申请预告登记。预告登记后，未经预告登记的权利人同意，处分该不动产的，不发生物权效力。

预告登记后，债权消灭或者自能够进行不动产登记之日起三个月内未申请登记的，预告登记失效。

第二十一条 当事人提供虚假材料申请登记，给他人造成损害的，应当承担赔偿责任。

因登记错误，给他人造成损害的，登记机构应当承担赔偿责任。登记机构赔偿后，可以向造成登记错误的人追偿。

第二十二条 不动产登记费按件收取，不得按照不动产的面积、体积或者价款的比例收取。具体收费标准由国务院有关部门会同价格主管部门规定。

第二节 动产交付

第二十三条 动产物权的设立和转让，自交付时发生效力，但法律另有规定的除外。

第二十四条 船舶、航空器和机动车等物权的设立、变更、转让和消灭，未经登记，不得对抗善意第三人。

第二十五条 动产物权设立和转让前，权利人已经依法占有该动产的，物权自法律行为生效时发生效力。

第二十六条 动产物权设立和转让前，第三人依法占有该动产的，负有交付义务的人可以通过转让请求第三人返还原物的权利代替交付。

第二十七条 动产物权转让时，双方又约定由出让人继续占有该动产的，物权自该约定生效时发生效力。

第三节 其他规定

第二十八条 因人民法院、仲裁委员会的法律文书或者人民政府的征收决定等，导致物权设立、变更、转让或者消灭的，自法律文书或者人民政府的征收决定等生效时发生效力。

第二十九条 因继承或者受遗赠取得物权的，自继承或者受遗赠开始时发生效力。

第三十条 因合法建造、拆除房屋等事实行为设立或者消灭物权的，自事实行为成就时发生效力。

第三十一条 依照本法第二十八条至第三十条规定享有不动产物权的，处分该物权时，依照法律规定需要办理登记的，未经登记，不发生物权效力。

第三章 物权的保护

第三十二条 物权受到侵害的，权利人可以通过和解、调解、仲裁、诉讼等途径解决。

第三十三条 因物权的归属、内容发生争议的，利害关系人可以请求确认权利。

第三十四条 无权占有不动产或者动产的，权利人可以请求返还原物。

第三十五条 妨害物权或者可能妨害物权的，权利人可以请求排除妨害或者消除危险。

第三十六条 造成不动产或者动产毁损的，权利人可以请求修理、重作、更换或者恢复原状。

第三十七条 侵害物权，造成权利人损害的，权利人可以请求损害赔偿，也可以请求承担其他民事责任。

第三十八条 本章规定的物权保护方式，可以单独适用，也可以根据权利被侵害的情形合并适用。

侵害物权，除承担民事责任外，违反行政管理规定的，依法承担行政责任；构成犯罪的，依法追究刑事责任。

第二编 所 有 权

第四章 一般规定

第三十九条 所有权人对自己的不动产或者动产，依法享有占有、使用、收益和处分的权利。

第四十条 所有权人有权在自己的不动产或者动产上设立用益物权和担保物权。用益物权人、担保物权人行使权利，不得损害所有权人的权益。

第四十一条 法律规定专属于国家所有的不动产和动产，任何单位和个人不能取得所有权。

第四十二条 为了公共利益的需要，依照法律规定的权限和程序可以征收集体所有的土地和单位、个人的房屋及其他不动产。

征收集体所有的土地，应当依法足额支付土地补偿费、安置补助费、地上附着物和青苗的补偿费等费用，安排被征地农民的社会保障费用，保障被征地农民的生活，维护被征地农民的合法权益。

征收单位、个人的房屋及其他不动产，应当依法给予拆迁补偿，维护被征收人的合法权益；征收个人住宅的，还应当保障被征收人的居住条件。

任何单位和个人不得贪污、挪用、私分、截留、拖欠征收补偿费等费用。

第四十三条 国家对耕地实行特殊保护，严格限制农用地转为建设用地，控制建设用地总量。不得违反法律规定的权限和程序征收集体所有的土地。

第四十四条 因抢险、救灾等紧急需要，依照法律规定的权限和程序可以征用单位、个人的不动产或者动产。被征用的不动产或者动产使用后，应当返还被征用人。单位、个人的不动产或者动产被征用或者征用后毁损、灭失的，应当给予补偿。

第五章 国家所有权和集体所有权、私人所有权

第四十五条 法律规定属于国家所有的财产，属于国家所有即全民所有。

国有财产由国务院代表国家行使所有权；法律另有规定的，依照其规定。

第四十六条 矿藏、水流、海域属于国家所有。

第四十七条 城市的土地，属于国家所有。法律规定属于国家所有的农村和城市郊区的土地，属于国家所有。

第四十八条 森林、山岭、草原、荒地、滩涂等自然资源，属于国家所有，但法律规定属于集体所有的除外。

第四十九条 法律规定属于国家所有的野生动植物资源，属于国家所有。

第五十条 无线电频谱资源属于国家所有。

第五十一条 法律规定属于国家所有的文物，属于国家所有。

第五十二条 国防资产属于国家所有。

铁路、公路、电力设施、电信设施和油气管道等基础设施，依照法律规定为国家所有的，属于国家所有。

第五十三条 国家机关对其直接支配的不动产和动产，享有占有、使用以及依照法律和国务院的有关规定处分的权利。

第五十四条 国家举办的事业单位对其直接支配的不动产和动产，享有占有、使用以及依照法律和国务院的有关规定收益、处分的权利。

第五十五条 国家出资的企业，由国务院、地方人民政府依照法律、行政法规规定分别代表国家履行出资人职责，享有出资人权益。

第五十六条 国家所有的财产受法律保护，禁止任何单位和个人侵占、哄抢、私分、截留、破坏。

第五十七条 履行国有财产管理、监督职责的机构及其工作人员，应当依法加强对国有财产的管理、监督，促进国有财产保值增值，防止国有财产损失；滥用职权，玩忽职守，造成国有财产损失的，应当依法承担法律责任。

违反国有财产管理规定，在企业改制、合并分立、关联交易等过程中，低价转让、合谋私分、擅自担保或者以其他方式造成国有财产损失的，应当依法承担法律责任。

第五十八条 集体所有的不动产和动产包括：

（一）法律规定属于集体所有的土地和森林、山岭、草原、荒地、滩涂；

（二）集体所有的建筑物、生产设施、农田水利设施；

（三）集体所有的教育、科学、文化、卫生、体育等设施；

（四）集体所有的其他不动产和动产。

第五十九条 农民集体所有的不动产和动产，属于本集体成员集体所有。

下列事项应当依照法定程序经本集体成员决定：

（一）土地承包方案以及将土地发包给本集体以外的单位或者个人承包；

（二）个别土地承包经营权人之间承包地的调整；

（三）土地补偿费等费用的使用、分配办法；

（四）集体出资的企业的所有权变动等事项；

（五）法律规定的其他事项。

第六十条 对于集体所有的土地和森林、山岭、草原、荒地、滩涂等，依照下列规定行使所有权：

（一）属于村农民集体所有的，由村集体经济组织或者村民委员会代表集体行使所有权；

（二）分别属于村内两个以上农民集体所有的，由村内各该集体经济组织或者村民小组代表集体行使所有权；

（三）属于乡镇农民集体所有的，由乡镇集体经济组织代表集体行使所有权。

第六十一条 城镇集体所有的不动产和动产，依照法律、行政法规的规定由本集体享有占有、使用、收益和处分的权利。

第六十二条 集体经济组织或者村民委员会、村民小组应当依照法律、行政法规以及章程、村规民约向本集体成员公布集体财产的状况。

第六十三条 集体所有的财产受法律保护，禁止任何单位和个人侵占、哄抢、私分、破坏。

集体经济组织、村民委员会或者其负责人作出的决定侵害集体成员合法权益的，受侵害的集体成员可以请求人民法院予以撤销。

第六十四条 私人对其合法的收入、房屋、生活用品、生产工具、原材料等不动产和动产享有所有权。

第六十五条 私人合法的储蓄、投资及其收益受法律保护。

国家依照法律规定保护私人的继承权及其他合法权益。

第六十六条 私人的合法财产受法律保护，禁止任何单位和个人侵占、哄抢、破坏。

第六十七条 国家、集体和私人依法可以出资设立有限责任公司、股份有限公司或者其他企业。国家、集体和私人所有的不动产或者动产，投到企业的，由出资人按照约定或者出资比例享有资产收益、重大决策以及选择经营管理者等权利并履行义务。

第六十八条 企业法人对其不动产和动产依照法律、行政法规以及章程享有占有、使用、收益和处分的权利。

企业法人以外的法人，对其不动产和动产的权利，适用有关法律、行政法规以及章程的规定。

第六十九条 社会团体依法所有的不动产和动产，受法律保护。

第六章 业主的建筑物区分所有权

第七十条 业主对建筑物内的住宅、经营性用房等专有部分享有所有权，对专有部分以外的共有部分享有共有和共同管理的权利。

第七十一条 业主对其建筑物专有部分享有占有、使用、收益和处分的权利。业主行使权利不得危及建筑物的安全，不得损害其他业主的合法权益。

第七十二条 业主对建筑物专有部分以外的共有部分，享有权利，承担义务；不得以放弃权利不履行义务。

业主转让建筑物内的住宅、经营性用房，其对共有部分享有的共有和共同管理的权利一并转让。

第七十三条 建筑区划内的道路，属于业主共有，但属于城镇公共道路的除外。建筑区划内的绿地，属于业主共有，但属于城镇公共绿地或者明示属于个人的除外。建筑区划内的其他公共场所、公用设施和物业服务用房，属于业主共有。

第七十四条 建筑区划内，规划用于停放汽车的车位、车库应当首先满足业主的需要。

建筑区划内，规划用于停放汽车的车位、车库的归属，由当事人通过出售、附赠或者出租等方式约定。

占用业主共有的道路或者其他场地用于停放汽车的车位，属于业主共有。

第七十五条 业主可以设立业主大会，选举业主委员会。

地方人民政府有关部门应当对设立业主大会和选举业主委员会给予指导和协助。

第七十六条 下列事项由业主共同决定：

（一）制定和修改业主大会议事规则；

（二）制定和修改建筑物及其附属设施的管理规约；

（三）选举业主委员会或者更换业主委员会成员；

（四）选聘和解聘物业服务企业或者其他管理人；

（五）筹集和使用建筑物及其附属设施的维修资金；

（六）改建、重建建筑物及其附属设施；

（七）有关共有和共同管理权利的其他重大事项。

决定前款第五项和第六项规定的事项，应当经专有部分占建筑物总面积三分之二以上的业主且占总人数三分之二以上的业主同意。决定前款其他事项，应当经专有部分占建筑物总面积过半数的业主且占总人数过半数的业主同意。

第七十七条 业主不得违反法律、法规以及管理规约，将住宅改变为经营性用房。业主将住宅改变为经营性用房的，除遵守法律、法规以及管理规约外，应当经有利害关系的业主同意。

第七十八条 业主大会或者业主委员会的决定，对业主具有约束力。

业主大会或者业主委员会作出的决定侵害业主合法权益的，受侵害的业主可以请求人民法院予以撤销。

第七十九条 建筑物及其附属设施的维修资金，属于业主共有。经业主共同决定，可以用于电梯、水箱等共有部分的维修。维修资金的筹集、使用情况应当公布。

第八十条 建筑物及其附属设施的费用分摊、收益分配等事项，有约定的，按照约定；没有约定或者约定不明确的，按照业主专有部分占建筑物总面积的比例确定。

第八十一条 业主可以自行管理建筑物及其附属设施，也可以委托物业服务企业或者其他管理人管理。

对建设单位聘请的物业服务企业或者其他管理人，业主有权依法更换。

第八十二条 物业服务企业或者其他管理人根据业主的委托管理建筑区划内的建筑物及其附属设施，并接受业主的监督。

第八十三条 业主应当遵守法律、法规以及管理规约。

业主大会和业主委员会，对任意弃置垃圾、排放污染物或者噪声、违反规定饲养动物、违章搭建、侵占通道、拒付物业费等损害他人合法权益的行为，有权依照法律、法规以及管理规约，要求行为人停止侵害、消除危险、排除妨害、赔偿损失。业主对侵害自己合法权益的行为，可以依法向人民法院提起诉讼。

第七章 相邻关系

第八十四条 不动产的相邻权利人应当按照有利生产、方便生活、团结互助、公平合理的原则，正确处理相邻关系。

第八十五条 法律、法规对处理相邻关系有规定的，依照其规定；法律、法规没有规定的，可以按照当地习惯。

第八十六条 不动产权利人应当为相邻权利人用水、排水提供必要的便利。

对自然流水的利用，应当在不动产的相邻权利人之间合理分配。对自然流水的排放，应当尊重自然流向。

第八十七条 不动产权利人对相邻权利人因通行等必须利用其土地的，应当提供必要的便利。

第八十八条 不动产权利人因建造、修缮建筑物以及铺设电线、电缆、水管、暖气和燃气管线等必须利用相邻土地、建筑物的，该土地、建筑物的权利人应当提供必要的便利。

第八十九条 建造建筑物，不得违反国家有关工程建设标准，妨碍相邻建筑物的通风、采光和日照。

第九十条 不动产权利人不得违反国家规定弃置固体废物，排放大气污染物、水污染物、噪声、光、电磁波辐射等有害物质。

第九十一条 不动产权利人挖掘土地、建造建筑物、铺设管线以及安装设备等,不得危及相邻不动产的安全。

第九十二条 不动产权利人因用水、排水、通行、铺设管线等利用相邻不动产的,应当尽量避免对相邻的不动产权利人造成损害;造成损害的,应当给予赔偿。

第八章 共 有

第九十三条 不动产或者动产可以由两个以上单位、个人共有。共有包括按份共有和共同共有。

第九十四条 按份共有人对共有的不动产或者动产按照其份额享有所有权。

第九十五条 共同共有人对共有的不动产或者动产共同享有所有权。

第九十六条 共有人按照约定管理共有的不动产或者动产;没有约定或者约定不明确的,各共有人都有管理的权利和义务。

第九十七条 处分共有的不动产或者动产以及对共有的不动产或者动产作重大修缮的,应当经占份额三分之二以上的按份共有人或者全体共同共有人同意,但共有人之间另有约定的除外。

第九十八条 对共有物的管理费用以及其他负担,有约定的,按照约定;没有约定或者约定不明确的,按份共有人按照其份额负担,共同共有人共同负担。

第九十九条 共有人约定不得分割共有的不动产或者动产,以维持共有关系的,应当按照约定,但共有人有重大理由需要分割的,可以请求分割;没有约定或者约定不明确的,按份共有人可以随时请求分割,共同共有人在共有的基础丧失或者有重大理由需要分割时可以请求分割。因分割对其他共有人造成损害的,应当给予赔偿。

第一百条 共有人可以协商确定分割方式。达不成协议,共有的不动产或者动产可以分割并且不会因分割减损价值的,应当对实物予以分割;难以分割或者因分割会减损价值的,应当对折价或者拍卖、变卖取得的价款予以分割。

共有人分割所得的不动产或者动产有瑕疵的,其他共有人应当分担损失。

第一百零一条 按份共有人可以转让其享有的共有的不动产或者动产份额。其他共有人在同等条件下享有优先购买的权利。

第一百零二条 因共有的不动产或者动产产生的债权债务,在对外关系上,共有人享有连带债权、承担连带债务,但法律另有规定或者第三人知道共有人不具有连带债权债务关系的除外;在共有人内部关系上,除共有人另有约定外,按份共有人按照份额享有债权、承担债务,共同共有人共同享有债权、承担债务。偿还债务超过自己应当承担份额的按份共有人,有权向其他共有人追偿。

第一百零三条 共有人对共有的不动产或者动产没有约定为按份共有或者共同共有,或者约定不明确的,除共有人具有家庭关系等外,视为按份共有。

第一百零四条 按份共有人对共有的不动产或者动产享有的份额,没有约定或者约定不明确的,按照出资额确定;不能确定出资额的,视为等额享有。

第一百零五条 两个以上单位、个人共同享有用益物权、担保物权的,参照本章规定。

第九章 所有权取得的特别规定

第一百零六条 无处分权人将不动产或者动产转让给受让人的,所有权人有权追回;除法律另有规定外,符合下列情形的,受让人取得该不动产或者动产的所有权:

(一)受让人受让该不动产或者动产时是善意的;

(二)以合理的价格转让;

(三)转让的不动产或者动产依照法律规定应当登记的已经登记,不需要登记的已经交付给受让人。

受让人依照前款规定取得不动产或者动产的所有权的,原所有权人有权向无处分权人请求赔偿损失。

当事人善意取得其他物权的,参照前两款规定。

第一百零七条 所有权人或者其他权利人有权追回遗失物。该遗失物通过转让被他人占有的,权利人有权向无处分权人请求损害赔偿,或者自知道或者应当知道受让人之日起二年内向受让人请求返还原物,但受让人通过拍卖或者向具有经营资格的经营者购得该遗失物的,权利人请求返还原物时应当支付受让人所付的费用。权利人向受让人支付所付费用后,有权向无处分权人追偿。

第一百零八条 善意受让人取得动产后，该动产上的原有权利消灭，但善意受让人在受让时知道或者应当知道该权利的除外。

第一百零九条 拾得遗失物，应当返还权利人。拾得人应当及时通知权利人领取，或者送交公安等有关部门。

第一百一十条 有关部门收到遗失物，知道权利人的，应当及时通知其领取；不知道的，应当及时发布招领公告。

第一百一十一条 拾得人在遗失物送交有关部门前，有关部门在遗失物被领取前，应当妥善保管遗失物。因故意或者重大过失致使遗失物毁损、灭失的，应当承担民事责任。

第一百一十二条 权利人领取遗失物时，应当向拾得人或者有关部门支付保管遗失物等支出的必要费用。

权利人悬赏寻找遗失物的，领取遗失物时应当按照承诺履行义务。

拾得人侵占遗失物的，无权请求保管遗失物等支出的费用，也无权请求权利人按照承诺履行义务。

第一百一十三条 遗失物自发布招领公告之日起六个月内无人认领的，归国家所有。

第一百一十四条 拾得漂流物、发现埋藏物或者隐藏物的，参照拾得遗失物的有关规定。文物保护法等法律另有规定的，依照其规定。

第一百一十五条 主物转让的，从物随主物转让，但当事人另有约定的除外。

第一百一十六条 天然孳息，由所有权人取得；既有所有权人又有用益物权人的，由用益物权人取得。当事人另有约定的，按照约定。

法定孳息，当事人有约定的，按照约定取得；没有约定或者约定不明确的，按照交易习惯取得。

第三编 用益物权

第十章 一般规定

第一百一十七条 用益物权人对他人所有的不动产或者动产，依法享有占有、使用和收益的权利。

第一百一十八条 国家所有或者国家所有由集体使用以及法律规定属于集体所有的自然资源，单位、个人依法可以占有、使用和收益。

第一百一十九条 国家实行自然资源有偿使用制度，但法律另有规定的除外。

第一百二十条 用益物权人行使权利，应当遵守法律有关保护和合理开发利用资源的规定。所有权人不得干涉用益物权人行使权利。

第一百二十一条 因不动产或者动产被征收、征用致使用益物权消灭或者影响用益物权行使的，用益物权人有权依照本法第四十二条、第四十四条的规定获得相应补偿。

第一百二十二条 依法取得的海域使用权受法律保护。

第一百二十三条 依法取得的探矿权、采矿权、取水权和使用水域、滩涂从事养殖、捕捞的权利受法律保护。

第十一章 土地承包经营权

第一百二十四条 农村集体经济组织实行家庭承包经营为基础、统分结合的双层经营体制。

农民集体所有和国家所有由农民集体使用的耕地、林地、草地以及其他用于农业的土地，依法实行土地承包经营制度。

第一百二十五条 土地承包经营权人依法对其承包经营的耕地、林地、草地等享有占有、使用和收益的权利，有权从事种植业、林业、畜牧业等农业生产。

第一百二十六条 耕地的承包期为三十年。草地的承包期为三十年至五十年。林地的承包期为三十年至七十年；特殊林木的林地承包期，经国务院林业行政主管部门批准可以延长。

前款规定的承包期届满，由土地承包经营权人按照国家有关规定继续承包。

第一百二十七条 土地承包经营权自土地承包经营权合同生效时设立。

县级以上地方人民政府应当向土地承包经营权人发放土地承包经营权证、林权证、草原使用权证，并登记造册,确认土地承包经营权。

第一百二十八条 土地承包经营权人依照农村土地承包法的规定,有权将土地承包经营权采取转包、互换、转让等方式流转。流转的期限不得超过承包期的剩余期限。未经依法批准,不得将承包地用于非农建设。

第一百二十九条 土地承包经营权人将土地承包经营权互换、转让,当事人要求登记的,应当向县级以上地方人民政府申请土地承包经营权变更登记;未经登记,不得对抗善意第三人。

第一百三十条 承包期内发包人不得调整承包地。

因自然灾害严重毁损承包地等特殊情形,需要适当调整承包的耕地和草地的,应当依照农村土地承包法等法律规定办理。

第一百三十一条 承包期内发包人不得收回承包地。农村土地承包法等法律另有规定的,依照其规定。

第一百三十二条 承包地被征收的,土地承包经营权人有权依照本法第四十二条第二款的规定获得相应补偿。

第一百三十三条 通过招标、拍卖、公开协商等方式承包荒地等农村土地,依照农村土地承包法等法律和国务院的有关规定,其土地承包经营权可以转让、入股、抵押或者以其他方式流转。

第一百三十四条 国家所有的农用地实行承包经营的,参照本法的有关规定。

第十二章 建设用地使用权

第一百三十五条 建设用地使用权人依法对国家所有的土地享有占有、使用和收益的权利,有权利用该土地建造建筑物、构筑物及其附属设施。

第一百三十六条 建设用地使用权可以在土地的地表、地上或者地下分别设立。新设立的建设用地使用权,不得损害已设立的用益物权。

第一百三十七条 设立建设用地使用权,可以采取出让或者划拨等方式。

工业、商业、旅游、娱乐和商品住宅等经营性用地以及同一土地有两个以上意向用地者的,应当采取招标、拍卖等公开竞价的方式出让。

严格限制以划拨方式设立建设用地使用权。采取划拨方式的,应当遵守法律、行政法规关于土地用途的规定。

第一百三十八条 采取招标、拍卖、协议等出让方式设立建设用地使用权的,当事人应当采取书面形式订立建设用地使用权出让合同。

建设用地使用权出让合同一般包括下列条款:

(一)当事人的名称和住所;

(二)土地界址、面积等;

(三)建筑物、构筑物及其附属设施占用的空间;

(四)土地用途;

(五)使用期限;

(六)出让金等费用及其支付方式;

(七)解决争议的方法。

第一百三十九条 设立建设用地使用权的,应当向登记机构申请建设用地使用权登记。建设用地使用权自登记时设立。登记机构应当向建设用地使用权人发放建设用地使用权证书。

第一百四十条 建设用地使用权人应当合理利用土地,不得改变土地用途;需要改变土地用途的,应当依法经有关行政主管部门批准。

第一百四十一条 建设用地使用权人应当依照法律规定以及合同约定支付出让金等费用。

第一百四十二条 建设用地使用权人建造的建筑物、构筑物及其附属设施的所有权属于建设用地使用权人,但有相反证据证明的除外。

第一百四十三条 建设用地使用权人有权将建设用地使用权转让、互换、出资、赠与或者抵押,但法律另有规定的除外。

第一百四十四条 建设用地使用权转让、互换、出资、赠与或者抵押的,当事人应当采取书面形式订立相应的合同。使用期限由当事人约定,但不得超过建设用地使用权的剩余期限。

第一百四十五条 建设用地使用权转让、互换、出资或者赠与的,应当向登记机构申请变更登记。

第一百四十六条 建设用地使用权转让、互换、出资或者赠与的,附着于该土地上的建筑物、构筑物及其附属设施一并处分。

第一百四十七条 建筑物、构筑物及其附属设施转让、互换、出资或者赠与的,该建筑物、构筑物及其附属设施占用范围内的建设用地使用权一并处分。

第一百四十八条 建设用地使用权期间届满前,因公共利益需要提前收回该土地的,应当依照本法第四十二条的规定对该土地上的房屋及其他不动产给予补偿,并退还相应的出让金。

第一百四十九条 住宅建设用地使用权期间届满的,自动续期。

非住宅建设用地使用权期间届满后的续期,依照法律规定办理。该土地上的房屋及其他不动产的归属,有约定的,按照约定;没有约定或者约定不明确的,依照法律、行政法规的规定办理。

第一百五十条 建设用地使用权消灭的,出让人应当及时办理注销登记。登记机构应当收回建设用地使用权证书。

第一百五十一条 集体所有的土地作为建设用地的,应当依照土地管理法等法律规定办理。

第十三章 宅基地使用权

第一百五十二条 宅基地使用权人依法对集体所有的土地享有占有和使用的权利,有权依法利用该土地建造住宅及其附属设施。

第一百五十三条 宅基地使用权的取得、行使和转让,适用土地管理法等法律和国家有关规定。

第一百五十四条 宅基地因自然灾害等原因灭失的,宅基地使用权消灭。对失去宅基地的村民,应当重新分配宅基地。

第一百五十五条 已经登记的宅基地使用权转让或者消灭的,应当及时办理变更登记或者注销登记。

第十四章 地 役 权

第一百五十六条 地役权人有权按照合同约定,利用他人的不动产,以提高自己的不动产的效益。

前款所称他人的不动产为供役地,自己的不动产为需役地。

第一百五十七条 设立地役权,当事人应当采取书面形式订立地役权合同。

地役权合同一般包括下列条款:

(一)当事人的姓名或者名称和住所;

(二)供役地和需役地的位置;

(三)利用目的和方法;

(四)利用期限;

(五)费用及其支付方式;

(六)解决争议的方法。

第一百五十八条 地役权自地役权合同生效时设立。当事人要求登记的,可以向登记机构申请地役权登记;未经登记,不得对抗善意第三人。

第一百五十九条 供役地权利人应当按照合同约定,允许地役权人利用其土地,不得妨害地役权人行使权利。

第一百六十条 地役权人应当按照合同约定的利用目的和方法利用供役地,尽量减少对供役地权利人物权的限制。

第一百六十一条 地役权的期限由当事人约定,但不得超过土地承包经营权、建设用地使用权等用益物权的剩余期限。

第一百六十二条 土地所有权人享有地役权或者负担地役权的,设立土地承包经营权、宅基地使用权时,该土地承包经营权人、宅基地使用权人继续享有或者负担已设立的地役权。

第一百六十三条 土地上已设立土地承包经营权、建设用地使用权、宅基地使用权等权利的,未经用益物权人同意,土地所有权人不得设立地役权。

第一百六十四条 地役权不得单独转让。土地承包经营权、建设用地使用权等转让的,地役权一并转让,但合同另有约定的除外。

第一百六十五条 地役权不得单独抵押。土地承包经营权、建设用地使用权等抵押的,在实现抵押权时,地役权一并转让。

第一百六十六条 需役地以及需役地上的土地承包经营权、建设用地使用权部分转让时,转让部分涉及地役权的,受让人同时享有地役权。

第一百六十七条 供役地以及供役地上的土地承包经营权、建设用地使用权部分转让时,转让部分涉及地役权的,地役权对受让人具有约束力。

第一百六十八条 地役权人有下列情形之一的,供役地权利人有权解除地役权合同,地役权消灭:

(一)违反法律规定或者合同约定,滥用地役权;

(二)有偿利用供役地,约定的付款期间届满后在合理期限内经两次催告未支付费用。

第一百六十九条 已经登记的地役权变更、转让或者消灭的,应当及时办理变更登记或者注销登记。

第四编 担保物权

第十五章 一般规定

第一百七十条 担保物权人在债务人不履行到期债务或者发生当事人约定的实现担保物权的情形,依法享有就担保财产优先受偿的权利,但法律另有规定的除外。

第一百七十一条 债权人在借贷、买卖等民事活动中,为保障实现其债权,需要担保的,可以依照本法和其他法律的规定设立担保物权。

第三人为债务人向债权人提供担保的,可以要求债务人提供反担保。反担保适用本法和其他法律的规定。

第一百七十二条 设立担保物权,应当依照本法和其他法律的规定订立担保合同。担保合同是主债权债务合同的从合同。主债权债务合同无效,担保合同无效,但法律另有规定的除外。

担保合同被确认无效后,债务人、担保人、债权人有过错的,应当根据其过错各自承担相应的民事责任。

第一百七十三条 担保物权的担保范围包括主债权及其利息、违约金、损害赔偿金、保管担保财产和实现担保物权的费用。当事人另有约定的,按照约定。

第一百七十四条 担保期间,担保财产毁损、灭失或者被征收等,担保物权人可以就获得的保险金、赔偿金或者补偿金等优先受偿。被担保债权的履行期未届满的,也可以提存该保险金、赔偿金或者补偿金等。

第一百七十五条 第三人提供担保,未经其书面同意,债权人允许债务人转移全部或者部分债务的,担保人不再承担相应的担保责任。

第一百七十六条 被担保的债权既有物的担保又有人的担保的,债务人不履行到期债务或者发生当事人约定的实现担保物权的情形,债权人应当按照约定实现债权;没有约定或者约定不明确,债务人自己提供物的担保的,债权人应当先就该物的担保实现债权;第三人提供物的担保的,债权人可以就物的担保实现债权,也可以要求保证人承担保证责任。提供担保的第三人承担担保责任后,有权向债务人追偿。

第一百七十七条 有下列情形之一的,担保物权消灭:

(一)主债权消灭;

(二)担保物权实现;

(三)债权人放弃担保物权;

(四)法律规定担保物权消灭的其他情形。

第一百七十八条 担保法与本法的规定不一致的,适用本法。

第十六章 抵押权

第一节 一般抵押权

第一百七十九条 为担保债务的履行,债务人或者第三人不转移财产的占有,将该财产抵押给债权人的,债务人不履行到期债务或者发生当事人约定的实现抵押权的情形,债权人有权就该财产优先受偿。

前款规定的债务人或者第三人为抵押人,债权人为抵押权人,提供担保的财产为抵押财产。

第一百八十条 债务人或者第三人有权处分的下列财产可以抵押:

（一）建筑物和其他土地附着物；
（二）建设用地使用权；
（三）以招标、拍卖、公开协商等方式取得的荒地等土地承包经营权；
（四）生产设备、原材料、半成品、产品；
（五）正在建造的建筑物、船舶、航空器；
（六）交通运输工具；
（七）法律、行政法规未禁止抵押的其他财产。

抵押人可以将前款所列财产一并抵押。

第一百八十一条 经当事人书面协议，企业、个体工商户、农业生产经营者可以将现有的以及将有的生产设备、原材料、半成品、产品抵押，债务人不履行到期债务或者发生当事人约定的实现抵押权的情形，债权人有权就实现抵押权时的动产优先受偿。

第一百八十二条 以建筑物抵押的，该建筑物占用范围内的建设用地使用权一并抵押。以建设用地使用权抵押的，该土地上的建筑物一并抵押。

抵押人未依照前款规定一并抵押的，未抵押的财产视为一并抵押。

第一百八十三条 乡镇、村企业的建设用地使用权不得单独抵押。以乡镇、村企业的厂房等建筑物抵押的，其占用范围内的建设用地使用权一并抵押。

第一百八十四条 下列财产不得抵押：
（一）土地所有权；
（二）耕地、宅基地、自留地、自留山等集体所有的土地使用权，但法律规定可以抵押的除外；
（三）学校、幼儿园、医院等以公益为目的的事业单位、社会团体的教育设施、医疗卫生设施和其他社会公益设施；
（四）所有权、使用权不明或者有争议的财产；
（五）依法被查封、扣押、监管的财产；
（六）法律、行政法规规定不得抵押的其他财产。

第一百八十五条 设立抵押权，当事人应当采取书面形式订立抵押合同。

抵押合同一般包括下列条款：
（一）被担保债权的种类和数额；
（二）债务人履行债务的期限；
（三）抵押财产的名称、数量、质量、状况、所在地、所有权归属或者使用权归属；
（四）担保的范围。

第一百八十六条 抵押权人在债务履行期届满前，不得与抵押人约定债务人不履行到期债务时抵押财产归债权人所有。

第一百八十七条 以本法第一百八十条第一款第一项至第三项规定的财产或者第五项规定的正在建造的建筑物抵押的，应当办理抵押登记。抵押权自登记时设立。

第一百八十八条 以本法第一百八十条第一款第四项、第六项规定的财产或者第五项规定的正在建造的船舶、航空器抵押的，抵押权自抵押合同生效时设立；未经登记，不得对抗善意第三人。

第一百八十九条 企业、个体工商户、农业生产经营者以本法第一百八十一条规定的动产抵押的，应当向抵押人住所地的工商行政管理部门办理登记。抵押权自抵押合同生效时设立；未经登记，不得对抗善意第三人。

依照本法第一百八十一条规定抵押的，不得对抗正常经营活动中已支付合理价款并取得抵押财产的买受人。

第一百九十条 订立抵押合同前抵押财产已出租的，原租赁关系不受该抵押权的影响。抵押权设立后抵押财产出租的，该租赁关系不得对抗已登记的抵押权。

第一百九十一条 抵押期间，抵押人经抵押权人同意转让抵押财产的，应当将转让所得的价款向抵押权人提前清偿债务或者提存。转让的价款超过债权数额的部分归抵押人所有，不足部分由债务人清偿。

抵押期间，抵押人未经抵押权人同意，不得转让抵押财产，但受让人代为清偿债务消灭抵押权的除外。

第一百九十二条 抵押权不得与债权分离而单独转让或者作为其他债权的担保。债权转让的，担保该债权的抵押权一并转让,但法律另有规定或者当事人另有约定的除外。

第一百九十三条 抵押人的行为足以使抵押财产价值减少的,抵押权人有权要求抵押人停止其行为。抵押财产价值减少的,抵押权人有权要求恢复抵押财产的价值,或者提供与减少的价值相应的担保。抵押人不恢复抵押财产的价值也不提供担保的,抵押权人有权要求债务人提前清偿债务。

第一百九十四条 抵押权人可以放弃抵押权或者抵押权的顺位。抵押权人与抵押人可以协议变更抵押权顺位以及被担保的债权数额等内容,但抵押权的变更,未经其他抵押权人书面同意,不得对其他抵押权人产生不利影响。

债务人以自己的财产设定抵押,抵押权人放弃该抵押权、抵押权顺位或者变更抵押权的,其他担保人在抵押权人丧失优先受偿权益的范围内免除担保责任,但其他担保人承诺仍然提供担保的除外。

第一百九十五条 债务人不履行到期债务或者发生当事人约定的实现抵押权的情形,抵押权人可以与抵押人协议以抵押财产折价或者以拍卖、变卖该抵押财产所得的价款优先受偿。协议损害其他债权人利益的,其他债权人可以在知道或者应当知道撤销事由之日起一年内请求人民法院撤销该协议。

抵押权人与抵押人未就抵押权实现方式达成协议的,抵押权人可以请求人民法院拍卖、变卖抵押财产。

抵押财产折价或者变卖的,应当参照市场价格。

第一百九十六条 依照本法第一百八十一条规定设定抵押的,抵押财产自下列情形之一发生时确定:

(一)债务履行期届满,债权未实现;

(二)抵押人被宣告破产或者被撤销;

(三)当事人约定的实现抵押权的情形;

(四)严重影响债权实现的其他情形。

第一百九十七条 债务人不履行到期债务或者发生当事人约定的实现抵押权的情形,致使抵押财产被人民法院依法扣押的,自扣押之日起抵押权人有权收取该抵押财产的天然孳息或者法定孳息,但抵押权人未通知应当清偿法定孳息的义务人的除外。

前款规定的孳息应当先充抵收取孳息的费用。

第一百九十八条 抵押财产折价或者拍卖、变卖后,其价款超过债权数额的部分归抵押人所有,不足部分由债务人清偿。

第一百九十九条 同一财产向两个以上债权人抵押的,拍卖、变卖抵押财产所得的价款依照下列规定清偿:

(一)抵押权已登记的,按照登记的先后顺序清偿;顺序相同的,按照债权比例清偿;

(二)抵押权已登记的先于未登记的受偿;

(三)抵押权未登记的,按照债权比例清偿。

第二百条 建设用地使用权抵押后,该土地上新增的建筑物不属于抵押财产。该建设用地使用权实现抵押权时,应当将该土地上新增的建筑物与建设用地使用权一并处分,但新增建筑物所得的价款,抵押权人无权优先受偿。

第二百零一条 依照本法第一百八十条第一款第三项规定的土地承包经营权抵押的,或者依照本法第一百八十三条规定以乡镇、村企业的厂房等建筑物占用范围内的建设用地使用权一并抵押的,实现抵押权后,未经法定程序,不得改变土地所有权的性质和土地用途。

第二百零二条 抵押权人应当在主债权诉讼时效期间行使抵押权;未行使的,人民法院不予保护。

第二节 最高额抵押权

第二百零三条 为担保债务的履行,债务人或者第三人对一定期间内将要连续发生的债权提供担保财产的,债务人不履行到期债务或者发生当事人约定的实现抵押权的情形,抵押权人有权在最高债权额限度内就该担保财产优先受偿。

最高额抵押权设立前已经存在的债权,经当事人同意,可以转入最高额抵押担保的债权范围。

第二百零四条 最高额抵押担保的债权确定前,部分债权转让的,最高额抵押权不得转让,但当事人另有约定的除外。

第二百零五条 最高额抵押担保的债权确定前,抵押权人与抵押人可以通过协议变更债权确定的期间、债权范围以及最高债权额,但变更的内容不得对其他抵押权人产生不利影响。

第二百零六条 有下列情形之一的,抵押权人的债权确定:

(一)约定的债权确定期间届满;

(二)没有约定债权确定期间或者约定不明确,抵押权人或者抵押人自最高额抵押权设立之日起满二年后请求确定债权;

(三)新的债权不可能发生;

(四)抵押财产被查封、扣押;

(五)债务人、抵押人被宣告破产或者被撤销;

(六)法律规定债权确定的其他情形。

第二百零七条 最高额抵押权除适用本节规定外,适用本章第一节一般抵押权的规定。

第十七章 质 权

第一节 动 产 质 权

第二百零八条 为担保债务的履行,债务人或者第三人将其动产出质给债权人占有的,债务人不履行到期债务或者发生当事人约定的实现质权的情形,债权人有权就该动产优先受偿。

前款规定的债务人或者第三人为出质人,债权人为质权人,交付的动产为质押财产。

第二百零九条 法律、行政法规禁止转让的动产不得出质。

第二百一十条 设立质权,当事人应当采取书面形式订立质权合同。

质权合同一般包括下列条款:

(一)被担保债权的种类和数额;

(二)债务人履行债务的期限;

(三)质押财产的名称、数量、质量、状况;

(四)担保的范围;

(五)质押财产交付的时间。

第二百一十一条 质权人在债务履行期届满前,不得与出质人约定债务人不履行到期债务时质押财产归债权人所有。

第二百一十二条 质权自出质人交付质押财产时设立。

第二百一十三条 质权人有权收取质押财产的孳息,但合同另有约定的除外。

前款规定的孳息应当先充抵收取孳息的费用。

第二百一十四条 质权人在质权存续期间,未经出质人同意,擅自使用、处分质押财产,给出质人造成损害的,应当承担赔偿责任。

第二百一十五条 质权人负有妥善保管质押财产的义务;因保管不善致使质押财产毁损、灭失的,应当承担赔偿责任。

质权人的行为可能使质押财产毁损、灭失的,出质人可以要求质权人将质押财产提存,或者要求提前清偿债务并返还质押财产。

第二百一十六条 因不能归责于质权人的事由可能使质押财产毁损或者价值明显减少,足以危害质权人权利的,质权人有权要求出质人提供相应的担保;出质人不提供的,质权人可以拍卖、变卖质押财产,并与出质人通过协议将拍卖、变卖所得的价款提前清偿债务或者提存。

第二百一十七条 质权人在质权存续期间,未经出质人同意转质,造成质押财产毁损、灭失的,应当向出质人承担赔偿责任。

第二百一十八条 质权人可以放弃质权。债务人以自己的财产出质,质权人放弃该质权的,其他担保人在质权人丧失优先受偿权益的范围内免除担保责任,但其他担保人承诺仍然提供担保的除外。

第二百一十九条 债务人履行债务或者出质人提前清偿所担保的债权的,质权人应当返还质押财产。

债务人不履行到期债务或者发生当事人约定的实现质权的情形,质权人可以与出质人协议以质押财产折价,也可以就拍卖、变卖质押财产所得的价款优先受偿。

质押财产折价或者变卖的,应当参照市场价格。

第二百二十条 出质人可以请求质权人在债务履行期届满后及时行使质权;质权人不行使的,出质人可以请求人民法院拍卖、变卖质押财产。

出质人请求质权人及时行使质权,因质权人怠于行使权利造成损害的,由质权人承担赔偿责任。

第二百二十一条 质押财产折价或者拍卖、变卖后,其价款超过债权数额的部分归出质人所有,不足部分由债务人清偿。

第二百二十二条 出质人与质权人可以协议设立最高额质权。

最高额质权除适用本节有关规定外,参照本法第十六章第二节最高额抵押权的规定。

第二节 权利质权

第二百二十三条 债务人或者第三人有权处分的下列权利可以出质:

(一)汇票、支票、本票;

(二)债券、存款单;

(三)仓单、提单;

(四)可以转让的基金份额、股权;

(五)可以转让的注册商标专用权、专利权、著作权等知识产权中的财产权;

(六)应收账款;

(七)法律、行政法规规定可以出质的其他财产权利。

第二百二十四条 以汇票、支票、本票、债券、存款单、仓单、提单出质的,当事人应当订立书面合同。质权自权利凭证交付质权人时设立;没有权利凭证的,质权自有关部门办理出质登记时设立。

第二百二十五条 汇票、支票、本票、债券、存款单、仓单、提单的兑现日期或者提货日期先于主债权到期的,质权人可以兑现或者提货,并与出质人协议将兑现的价款或者提取的货物提前清偿债务或者提存。

第二百二十六条 以基金份额、股权出质的,当事人应当订立书面合同。以基金份额、证券登记结算机构登记的股权出质的,质权自证券登记结算机构办理出质登记时设立;以其他股权出质的,质权自工商行政管理部门办理出质登记时设立。

基金份额、股权出质后,不得转让,但经出质人与质权人协商同意的除外。出质人转让基金份额、股权所得的价款,应当向质权人提前清偿债务或者提存。

第二百二十七条 以注册商标专用权、专利权、著作权等知识产权中的财产权出质的,当事人应当订立书面合同。质权自有关主管部门办理出质登记时设立。

知识产权中的财产权出质后,出质人不得转让或者许可他人使用,但经出质人与质权人协商同意的除外。出质人转让或者许可他人使用出质的知识产权中的财产权所得的价款,应当向质权人提前清偿债务或者提存。

第二百二十八条 以应收账款出质的,当事人应当订立书面合同。质权自信贷征信机构办理出质登记时设立。

应收账款出质后,不得转让,但经出质人与质权人协商同意的除外。出质人转让应收账款所得的价款,应当向质权人提前清偿债务或者提存。

第二百二十九条 权利质权除适用本节规定外,适用本章第一节动产质权的规定。

第十八章 留 置 权

第二百三十条 债务人不履行到期债务,债权人可以留置已经合法占有的债务人的动产,并有权就该动产优先受偿。

前款规定的债权人为留置权人,占有的动产为留置财产。

第二百三十一条 债权人留置的动产,应当与债权属于同一法律关系,但企业之间留置的除外。

第二百三十二条 法律规定或者当事人约定不得留置的动产,不得留置。

第二百三十三条 留置财产为可分物的,留置财产的价值应当相当于债务的金额。

第二百三十四条 留置权人负有妥善保管留置财产的义务;因保管不善致使留置财产毁损、灭失的,应当承担赔偿责任。

第二百三十五条 留置权人有权收取留置财产的孳息。

前款规定的孳息应当先充抵收取孳息的费用。

第二百三十六条 留置权人与债务人应当约定留置财产后的债务履行期间;没有约定或者约定不明确的,留置权人应当给债务人两个月以上履行债务的期间,但鲜活易腐等不易保管的动产除外。债务人逾期未履行的,留置权人可以与债务人协议以留置财产折价,也可以就拍卖、变卖留置财产所得的价款优先受偿。

留置财产折价或者变卖的,应当参照市场价格。

第二百三十七条 债务人可以请求留置权人在债务履行期届满后行使留置权;留置权人不行使的,债务人可以请求人民法院拍卖、变卖留置财产。

第二百三十八条 留置财产折价或者拍卖、变卖后,其价款超过债权数额的部分归债务人所有,不足部分由债务人清偿。

第二百三十九条 同一动产上已设立抵押权或者质权,该动产又被留置的,留置权人优先受偿。

第二百四十条 留置权人对留置财产丧失占有或者留置权人接受债务人另行提供担保的,留置权消灭。

第五编 占 有

第十九章 占 有

第二百四十一条 基于合同关系等产生的占有,有关不动产或者动产的使用、收益、违约责任等,按照合同约定;合同没有约定或者约定不明确的,依照有关法律规定。

第二百四十二条 占有人因使用占有的不动产或者动产,致使该不动产或者动产受到损害的,恶意占有人应当承担赔偿责任。

第二百四十三条 不动产或者动产被占有人占有的,权利人可以请求返还原物及其孳息,但应当支付善意占有人因维护该不动产或者动产支出的必要费用。

第二百四十四条 占有的不动产或者动产毁损、灭失,该不动产或者动产的权利人请求赔偿的,占有人应当将因毁损、灭失取得的保险金、赔偿金或者补偿金等返还给权利人;权利人的损害未得到足够弥补的,恶意占有人还应当赔偿损失。

第二百四十五条 占有的不动产或者动产被侵占的,占有人有权请求返还原物;对妨害占有的行为,占有人有权请求排除妨害或者消除危险;因侵占或者妨害造成损害的,占有人有权请求损害赔偿。

占有人返还原物的请求权,自侵占发生之日起一年内未行使的,该请求权消灭。

附 则

第二百四十六条 法律、行政法规对不动产统一登记的范围、登记机构和登记办法作出规定前,地方性法规可以依照本法有关规定作出规定。

第二百四十七条 本法自2007年10月1日起施行。

中华人民共和国合同法

1999年3月15日第九届全国人民代表大会第二次会议通过 1999年3月15日
中华人民共和国主席令第十五号公布 自1999年10月1日起施行

总 则

第一章 一般规定

第一条 为了保护合同当事人的合法权益,维护社会经济秩序,促进社会主义现代化建设,制定本法。

第二条 本法所称合同是平等主体的自然人、法人、其他组织之间设立、变更、终止民事权利义务关系的协议。婚姻、收养、监护等有关身份关系的协议,适用其他法律的规定。

第三条 当事人的法律地位平等,一方不得将自己的意志强加给另一方。

第四条 当事人依法享有自愿订立合同的权利,任何单位和个人不得非法干预。

第五条 当事人应当遵循公平原则确定各方的权利和义务。

第六条 当事人行使权利、履行义务应当遵循诚实信用原则。

第七条 当事人订立、履行合同,应当遵守法律、行政法规,尊重社会公德,不得扰乱社会经济秩序,损害社会公共利益。

第八条 依法成立的合同,对当事人具有法律约束力。当事人应当按照约定履行自己的义务,不得擅自变更或者解除合同。依法成立的合同,受法律保护。

第二章 合同的订立

第九条 当事人订立合同,应当具有相应的民事权利能力和民事行为能力。当事人依法可以委托代理人订立合同。

第十条 当事人订立合同,有书面形式、口头形式和其他形式。法律、行政法规规定采用书面形式的,应当采用书面形式。当事人约定采用书面形式的,应当采用书面形式。

第十一条 书面形式是指合同书、信件和数据电文(包括电报、电传、传真、电子数据交换和电子邮件)等可以有形地表现所载内容的形式。

第十二条 合同的内容由当事人约定,一般包括以下条款:

(一)当事人的名称或者姓名和住所;

(二)标的;

(三)数量;

(四)质量;

(五)价款或者报酬;

(六)履行期限、地点和方式;

(七)违约责任;

(八)解决争议的方法。当事人可以参照各类合同的示范文本订立合同。

第十三条 当事人订立合同,采取要约、承诺方式。

第十四条 要约是希望和他人订立合同的意思表示,该意思表示应当符合下列规定:

(一)内容具体确定;

(二)表明经受要约人承诺,要约人即受该意思表示约束。

第十五条 要约邀请是希望他人向自己发出要约的意思表示。寄送的价目表、拍卖公告、招标公告、招股说明书、商业广告等为要约邀请。商业广告的内容符合要约规定的,视为要约。

第十六条 要约到达受要约人时生效。

采用数据电文形式订立合同,收件人指定特定系统接收数据电文的,该数据电文进入该特定系统的时间,视为到达时间;未指定特定系统的,该数据电文进入收件人的任何系统的首次时间,视为到达时间。

第十七条 要约可以撤回。撤回要约的通知应当在要约到达受要约人之前或者与要约同时到达受要约人。

第十八条 要约可以撤销。撤销要约的通知应当在受要约人发出承诺通知之前到达受要约人。

第十九条 有下列情形之一的,要约不得撤销:

(一)要约人确定了承诺期限或者以其他形式明示要约不可撤销;

(二)受要约人有理由认为要约是不可撤销的,并已经为履行合同作了准备工作。

第二十条 有下列情形之一的,要约失效:

(一)拒绝要约的通知到达要约人;

(二)要约人依法撤销要约;

(三)承诺期限届满,受要约人未作出承诺;

(四)受要约人对要约的内容作出实质性变更。

第二十一条 承诺是受要约人同意要约的意思表示。

第二十二条 承诺应当以通知的方式作出,但根据交易习惯或者要约表明可以通过行为作出承诺的除外。

第二十三条 承诺应当在要约确定的期限内到达要约人。要约没有确定承诺期限的,承诺应当依照下列规定到达：

（一）要约以对话方式作出的，应当即时作出承诺，但当事人另有约定的除外；

（二）要约以非对话方式作出的，承诺应当在合理期限内到达。

第二十四条　要约以信件或者电报作出的，承诺期限自信件载明的日期或者电报交发之日开始计算。信件未载明日期的，自投寄该信件的邮戳日期开始计算。要约以电话、传真等快速通讯方式作出的，承诺期限自要约到达受要约人时开始计算。

第二十五条　承诺生效时合同成立。

第二十六条　承诺通知到达要约人时生效。承诺不需要通知的，根据交易习惯或者要约的要求作出承诺的行为时生效。

采用数据电文形式订立合同的，承诺到达的时间适用本法第十六条第二款的规定。

第二十七条　承诺可以撤回。撤回承诺的通知应当在承诺通知到达要约人之前或者与承诺通知同时到达要约人。

第二十八条　受要约人超过承诺期限发出承诺的，除要约人及时通知受要约人该承诺有效的以外，为新要约。

第二十九条　受要约人在承诺期限内发出承诺，按照通常情形能够及时到达要约人，但因其他原因承诺到达要约人时超过承诺期限的，除要约人及时通知受要约人因承诺超过期限不接受该承诺的以外，该承诺有效。

第三十条　承诺的内容应当与要约的内容一致。受要约人对要约的内容作出实质性变更的，为新要约。有关合同标的、数量、质量、价款或者报酬、履行期限、履行地点和方式、违约责任和解决争议方法等的变更，是对要约内容的实质性变更。

第三十一条　承诺对要约的内容作出非实质性变更的，除要约人及时表示反对或者要约表明承诺不得对要约的内容作出任何变更的以外，该承诺有效，合同的内容以承诺的内容为准。

第三十二条　当事人采用合同书形式订立合同的，自双方当事人签字或者盖章时合同成立。

第三十三条　当事人采用信件、数据电文等形式订立合同的，可以在合同成立之前要求签订确认书。签订确认书时合同成立。

第三十四条　承诺生效的地点为合同成立的地点。

采用数据电文形式订立合同的，收件人的主营业地为合同成立的地点；没有主营业地的，其经常居住地为合同成立的地点。当事人另有约定的，按照其约定。

第三十五条　当事人采用合同书形式订立合同的，双方当事人签字或者盖章的地点为合同成立的地点。

第三十六条　法律、行政法规规定或者当事人约定采用书面形式订立合同，当事人未采用书面形式但一方已经履行主要义务，对方接受的，该合同成立。

第三十七条　采用合同书形式订立合同，在签字或者盖章之前，当事人一方已经履行主要义务，对方接受的，该合同成立。

第三十八条　国家根据需要下达指令性任务或者国家订货任务的，有关法人、其他组织之间应当依照有关法律、行政法规规定的权利和义务订立合同。

第三十九条　采用格式条款订立合同的，提供格式条款的一方应当遵循公平原则确定当事人之间的权利和义务，并采取合理的方式提请对方注意免除或者限制其责任的条款，按照对方的要求，对该条款予以说明。

格式条款是当事人为了重复使用而预先拟定，并在订立合同时未与对方协商的条款。

第四十条　格式条款具有本法第五十二条和第五十三条规定情形的，或者提供格式条款一方免除其责任、加重对方责任、排除对方主要权利的，该条款无效。

第四十一条　对格式条款的理解发生争议的，应当按照通常理解予以解释。对格式条款有两种以上解释的，应当作出不利于提供格式条款一方的解释。格式条款和非格式条款不一致的，应当采用非格式条款。

第四十二条　当事人在订立合同过程中有下列情形之一，给对方造成损失的，应当承担损害赔偿责任：

（一）假借订立合同，恶意进行磋商；

（二）故意隐瞒与订立合同有关的重要事实或者提供虚假情况；

（三）有其他违背诚实信用原则的行为。

第四十三条 当事人在订立合同过程中知悉的商业秘密,无论合同是否成立,不得泄露或者不正当地使用。泄露或者不正当地使用该商业秘密给对方造成损失的,应当承担损害赔偿责任。

第三章 合同的效力

第四十四条 依法成立的合同,自成立时生效。

法律、行政法规规定应当办理批准、登记等手续生效的,依照其规定。

第四十五条 当事人对合同的效力可以约定附条件。附生效条件的合同,自条件成就时生效。附解除条件的合同,自条件成就时失效。

当事人为自己的利益不正当地阻止条件成就的,视为条件已成就;不正当地促成条件成就的,视为条件不成就。

第四十六条 当事人对合同的效力可以约定附期限。附生效期限的合同,自期限届至时生效。附终止期限的合同,自期限届满时失效。

第四十七条 限制民事行为能力人订立的合同,经法定代理人追认后,该合同有效,但纯获利益的合同或者与其年龄、智力、精神健康状况相适应而订立的合同,不必经法定代理人追认。

相对人可以催告法定代理人在一个月内予以追认。法定代理人未作表示的,视为拒绝追认。合同被追认之前,善意相对人有撤销的权利。撤销应当以通知的方式作出。

第四十八条 行为人没有代理权、超越代理权或者代理权终止后以被代理人名义订立的合同,未经被代理人追认,对被代理人不发生效力,由行为人承担责任。

相对人可以催告被代理人在一个月内予以追认。被代理人未作表示的,视为拒绝追认。合同被追认之前,善意相对人有撤销的权利。撤销应当以通知的方式作出。

第四十九条 行为人没有代理权、超越代理权或者代理权终止后以被代理人名义订立合同,相对人有理由相信行为人有代理权的,该代理行为有效。

第五十条 法人或者其他组织的法定代表人、负责人超越权限订立的合同,除相对人知道或者应当知道其超越权限的以外,该代表行为有效。

第五十一条 无处分权的人处分他人财产,经权利人追认或者无处分权的人订立合同后取得处分权的,该合同有效。

第五十二条 有下列情形之一的,合同无效:

(一)一方以欺诈、胁迫的手段订立合同,损害国家利益;

(二)恶意串通,损害国家、集体或者第三人利益;

(三)以合法形式掩盖非法目的;

(四)损害社会公共利益;

(五)违反法律、行政法规的强制性规定。

第五十三条 合同中的下列免责条款无效:

(一)造成对方人身伤害的;

(二)因故意或者重大过失造成对方财产损失的。

第五十四条 下列合同,当事人一方有权请求人民法院或者仲裁机构变更或者撤销:

(一)因重大误解订立的;

(二)在订立合同时显失公平的。

一方以欺诈、胁迫的手段或者乘人之危,使对方在违背真实意思的情况下订立的合同,受损害方有权请求人民法院或者仲裁机构变更或者撤销。

当事人请求变更的,人民法院或者仲裁机构不得撤销。

第五十五条 有下列情形之一的,撤销权消灭:

(一)具有撤销权的当事人自知道或者应当知道撤销事由之日起一年内没有行使撤销权;

(二)具有撤销权的当事人知道撤销事由后明确表示或者以自己的行为放弃撤销权。

第五十六条 无效的合同或者被撤销的合同自始没有法律约束力。合同部分无效,不影响其他部分效力的,其他部分仍然有效。

第五十七条 合同无效、被撤销或者终止的,不影响合同中独立存在的有关解决争议方法的条款的效力。

第五十八条 合同无效或者被撤销后，因该合同取得的财产，应当予以返还；不能返还或者没有必要返还的，应当折价补偿。有过错的一方应当赔偿对方因此所受到的损失，双方都有过错的，应当各自承担相应的责任。

第五十九条 当事人恶意串通，损害国家、集体或者第三人利益的，因此取得的财产收归国家所有或者返还集体、第三人。

第四章 合同的履行

第六十条 当事人应当按照约定全面履行自己的义务。

当事人应当遵循诚实信用原则，根据合同的性质、目的和交易习惯履行通知、协助、保密等义务。

第六十一条 合同生效后，当事人就质量、价款或者报酬、履行地点等内容没有约定或者约定不明确的，可以协议补充；不能达成补充协议的，按照合同有关条款或者交易习惯确定。

第六十二条 当事人就有关合同内容约定不明确，依照本法第六十一条的规定仍不能确定的，适用下列规定：

（一）质量要求不明确的，按照国家标准、行业标准履行；没有国家标准、行业标准的，按照通常标准或者符合合同目的的特定标准履行。

（二）价款或者报酬不明确的，按照订立合同时履行地的市场价格履行；依法应当执行政府定价或者政府指导价的，按照规定履行。

（三）履行地点不明确，给付货币的，在接受货币一方所在地履行；交付不动产的，在不动产所在地履行；其他标的，在履行义务一方所在地履行。

（四）履行期限不明确的，债务人可以随时履行，债权人也可以随时要求履行，但应当给对方必要的准备时间。

（五）履行方式不明确的，按照有利于实现合同目的的方式履行。

（六）履行费用的负担不明确的，由履行义务一方负担。

第六十三条 执行政府定价或者政府指导价的，在合同约定的交付期限内政府价格调整时，按照交付时的价格计价。逾期交付标的物的，遇价格上涨时，按照原价格执行；价格下降时，按照新价格执行。逾期提取标的物或者逾期付款的，遇价格上涨时，按照新价格执行；价格下降时，按照原价格执行。

第六十四条 当事人约定由债务人向第三人履行债务的，债务人未向第三人履行债务或者履行债务不符合约定，应当向债权人承担违约责任。

第六十五条 当事人约定由第三人向债权人履行债务的，第三人不履行债务或者履行债务不符合约定，债务人应当向债权人承担违约责任。

第六十六条 当事人互负债务，没有先后履行顺序的，应当同时履行。一方在对方履行之前有权拒绝其履行要求。一方在对方履行债务不符合约定时，有权拒绝其相应的履行要求。

第六十七条 当事人互负债务，有先后履行顺序，先履行一方未履行的，后履行一方有权拒绝其履行要求。先履行一方履行债务不符合约定的，后履行一方有权拒绝其相应的履行要求。

第六十八条 应当先履行债务的当事人，有确切证据证明对方有下列情形之一的，可以中止履行：

（一）经营状况严重恶化；

（二）转移财产、抽逃资金，以逃避债务；

（三）丧失商业信誉；

（四）有丧失或者可能丧失履行债务能力的其他情形。

当事人没有确切证据中止履行的，应当承担违约责任。

第六十九条 当事人依照本法第六十八条的规定中止履行的，应当及时通知对方。对方提供适当担保时，应当恢复履行。中止履行后，对方在合理期限内未恢复履行能力并且未提供适当担保的，中止履行的一方可以解除合同。

第七十条 债权人分立、合并或者变更住所没有通知债务人，致使履行债务发生困难的，债务人可以中止履行或者将标的物提存。

第七十一条 债权人可以拒绝债务人提前履行债务，但提前履行不损害债权人利益的除外。债务人提前履行债务给债权人增加的费用，由债务人负担。

第七十二条 债权人可以拒绝债务人部分履行债务,但部分履行不损害债权人利益的除外。债务人部分履行债务给债权人增加的费用,由债务人负担。

第七十三条 因债务人怠于行使其到期债权,对债权人造成损害的,债权人可以向人民法院请求以自己的名义代位行使债务人的债权,但该债权专属于债务人自身的除外。

代位权的行使范围以债权人的债权为限。债权人行使代位权的必要费用,由债务人负担。

第七十四条 因债务人放弃其到期债权或者无偿转让财产,对债权人造成损害的,债权人可以请求人民法院撤销债务人的行为。债务人以明显不合理的低价转让财产,对债权人造成损害,并且受让人知道该情形的,债权人也可以请求人民法院撤销债务人的行为。

撤销权的行使范围以债权人的债权为限。债权人行使撤销权的必要费用,由债务人负担。

第七十五条 撤销权自债权人知道或者应当知道撤销事由之日起一年内行使。自债务人的行为发生之日起五年内没有行使撤销权的,该撤销权消灭。

第七十六条 合同生效后,当事人不得因姓名、名称的变更或者法定代表人、负责人、承办人的变动而不履行合同义务。

第五章 合同的变更和转让

第七十七条 当事人协商一致,可以变更合同。

法律、行政法规规定变更合同应当办理批准、登记等手续的,依照其规定。

第七十八条 当事人对合同变更的内容约定不明确的,推定为未变更。

第七十九条 债权人可以将合同的权利全部或者部分转让给第三人,但有下列情形之一的除外:

(一)根据合同性质不得转让;

(二)按照当事人约定不得转让;

(三)依照法律规定不得转让。

第八十条 债权人转让权利的,应当通知债务人。未经通知,该转让对债务人不发生效力。

债权人转让权利的通知不得撤销,但经受让人同意的除外。

第八十一条 债权人转让权利的,受让人取得与债权有关的从权利,但该从权利专属于债权人自身的除外。

第八十二条 债务人接到债权转让通知后,债务人对让与人的抗辩,可以向受让人主张。

第八十三条 债务人接到债权转让通知时,债务人对让与人享有债权,并且债务人的债权先于转让的债权到期或者同时到期的,债务人可以向受让人主张抵销。

第八十四条 债务人将合同的义务全部或者部分转移给第三人的,应当经债权人同意。

第八十五条 债务人转移义务的,新债务人可以主张原债务人对债权人的抗辩。

第八十六条 债务人转移义务的,新债务人应当承担与主债务有关的从债务,但该从债务专属于原债务人自身的除外。

第八十七条 法律、行政法规规定转让权利或者转移义务应当办理批准、登记等手续的,依照其规定。

第八十八条 当事人一方经对方同意,可以将自己在合同中的权利和义务一并转让给第三人。

第八十九条 权利和义务一并转让的,适用本法第七十九条、第八十一条至第八十三条、第八十五条至第八十七条的规定。

第九十条 当事人订立合同后合并的,由合并后的法人或者其他组织行使合同权利,履行合同义务。当事人订立合同后分立的,除债权人和债务人另有约定的以外,由分立的法人或者其他组织对合同的权利和义务享有连带债权,承担连带债务。

第六章 合同的权利义务终止

第九十一条 有下列情形之一的,合同的权利义务终止:

(一)债务已经按照约定履行;

(二)合同解除;

(三)债务相互抵销;

(四)债务人依法将标的物提存;

（五）债权人免除债务；
（六）债权债务同归于一人；
（七）法律规定或者当事人约定终止的其他情形。

第九十二条 合同的权利义务终止后，当事人应当遵循诚实信用原则，根据交易习惯履行通知、协助、保密等义务。

第九十三条 当事人协商一致，可以解除合同。

当事人可以约定一方解除合同的条件。解除合同的条件成就时，解除权人可以解除合同。

第九十四条 有下列情形之一的，当事人可以解除合同：
（一）因不可抗力致使不能实现合同目的；
（二）在履行期限届满之前，当事人一方明确表示或者以自己的行为表明不履行主要债务；
（三）当事人一方迟延履行主要债务，经催告后在合理期限内仍未履行；
（四）当事人一方迟延履行债务或者有其他违约行为致使不能实现合同目的；
（五）法律规定的其他情形。

第九十五条 法律规定或者当事人约定解除权行使期限，期限届满当事人不行使的，该权利消灭。

法律没有规定或者当事人没有约定解除权行使期限，经对方催告后在合理期限内不行使的，该权利消灭。

第九十六条 当事人一方依照本法第九十三条第二款、第九十四条的规定主张解除合同的，应当通知对方。合同自通知到达对方时解除。对方有异议的，可以请求人民法院或者仲裁机构确认解除合同的效力。

法律、行政法规规定解除合同应当办理批准、登记等手续的，依照其规定。

第九十七条 合同解除后，尚未履行的，终止履行；已经履行的，根据履行情况和合同性质，当事人可以要求恢复原状、采取其他补救措施，并有权要求赔偿损失。

第九十八条 合同的权利义务终止，不影响合同中结算和清理条款的效力。

第九十九条 当事人互负到期债务，该债务的标的物种类、品质相同的，任何一方可以将自己的债务与对方的债务抵销，但依照法律规定或者按照合同性质不得抵销的除外。

当事人主张抵销的，应当通知对方。通知自到达对方时生效。抵销不得附条件或者附期限。

第一百条 当事人互负债务，标的物种类、品质不相同的，经双方协商一致，也可以抵销。

第一百零一条 有下列情形之一，难以履行债务的，债务人可以将标的物提存：
（一）债权人无正当理由拒绝受领；
（二）债权人下落不明；
（三）债权人死亡未确定继承人或者丧失民事行为能力未确定监护人；
（四）法律规定的其他情形。

标的物不适于提存或者提存费用过高的，债务人依法可以拍卖或者变卖标的物，提存所得的价款。

第一百零二条 标的物提存后，除债权人下落不明的以外，债务人应当及时通知债权人或者债权人的继承人、监护人。

第一百零三条 标的物提存后，毁损、灭失的风险由债权人承担。提存期间，标的物的孳息归债权人所有。提存费用由债权人负担。

第一百零四条 债权人可以随时领取提存物，但债权人对债务人负有到期债务的，在债权人未履行债务或者提供担保之前，提存部门根据债务人的要求应当拒绝其领取提存物。

债权人领取提存物的权利，自提存之日起五年内不行使而消灭，提存物扣除提存费用后归国家所有。

第一百零五条 债权人免除债务人部分或者全部债务的，合同的权利义务部分或者全部终止。

第一百零六条 债权和债务同归于一人的，合同的权利义务终止，但涉及第三人利益的除外。

第七章 违约责任

第一百零七条 当事人一方不履行合同义务或者履行合同义务不符合约定的，应当承担继续履行、采取补救措施或者赔偿损失等违约责任。

第一百零八条 当事人一方明确表示或者以自己的行为表明不履行合同义务的，对方可以在履行期限届满之前要求其承担违约责任。

第一百零九条 当事人一方未支付价款或者报酬的，对方可以要求其支付价款或者报酬。

第一百一十条 当事人一方不履行非金钱债务或者履行非金钱债务不符合约定的，对方可以要求履行，但有下列情形之一的除外：

（一）法律上或者事实上不能履行；

（二）债务的标的不适于强制履行或者履行费用过高；

（三）债权人在合理期限内未要求履行。

第一百一十一条 质量不符合约定的，应当按照当事人的约定承担违约责任。对违约责任没有约定或者约定不明确，依照本法第六十一条的规定仍不能确定的，受损害方根据标的的性质以及损失的大小，可以合理选择要求对方承担修理、更换、重作、退货、减少价款或者报酬等违约责任。

第一百一十二条 当事人一方不履行合同义务或者履行合同义务不符合约定的，在履行义务或者采取补救措施后，对方还有其他损失的，应当赔偿损失。

第一百一十三条 当事人一方不履行合同义务或者履行合同义务不符合约定，给对方造成损失的，损失赔偿额应当相当于因违约所造成的损失，包括合同履行后可以获得的利益，但不得超过违反合同一方订立合同时预见到或者应当预见到的因违反合同可能造成的损失。

经营者对消费者提供商品或者服务有欺诈行为的，依照《中华人民共和国消费者权益保护法》的规定承担损害赔偿责任。

第一百一十四条 当事人可以约定一方违约时应当根据违约情况向对方支付一定数额的违约金，也可以约定因违约产生的损失赔偿额的计算方法。

约定的违约金低于造成的损失的，当事人可以请求人民法院或者仲裁机构予以增加；约定的违约金过分高于造成的损失的，当事人可以请求人民法院或者仲裁机构予以适当减少。

当事人就迟延履行约定违约金的，违约方支付违约金后，还应当履行债务。

第一百一十五条 当事人可以依照《中华人民共和国担保法》约定一方向对方给付定金作为债权的担保。债务人履行债务后，定金应当抵作价款或者收回。给付定金的一方不履行约定的债务的，无权要求返还定金；收受定金的一方不履行约定的债务的，应当双倍返还定金。

第一百一十六条 当事人既约定违约金，又约定定金的，一方违约时，对方可以选择适用违约金或者定金条款。

第一百一十七条 因不可抗力不能履行合同的，根据不可抗力的影响，部分或者全部免除责任，但法律另有规定的除外。当事人迟延履行后发生不可抗力的，不能免除责任。

本法所称不可抗力，是指不能预见、不能避免并不能克服的客观情况。

第一百一十八条 当事人一方因不可抗力不能履行合同的，应当及时通知对方，以减轻可能给对方造成的损失，并应当在合理期限内提供证明。

第一百一十九条 当事人一方违约后，对方应当采取适当措施防止损失的扩大；没有采取适当措施致使损失扩大的，不得就扩大的损失要求赔偿。

当事人因防止损失扩大而支出的合理费用，由违约方承担。

第一百二十条 当事人双方都违反合同的，应当各自承担相应的责任。

第一百二十一条 当事人一方因第三人的原因造成违约的，应当向对方承担违约责任。当事人一方和第三人之间的纠纷，依照法律规定或者按照约定解决。

第一百二十二条 因当事人一方的违约行为，侵害对方人身、财产权益的，受损害方有权选择依照本法要求其承担违约责任或者依照其他法律要求其承担侵权责任。

第八章 其他规定

第一百二十三条 其他法律对合同另有规定的，依照其规定。

第一百二十四条 本法分则或者其他法律没有明文规定的合同，适用本法总则的规定，并可以参照本法分则或者其他法律最相类似的规定。

第一百二十五条 当事人对合同条款的理解有争议的，应当按照合同所使用的词句、合同的有关条款、合同的目的、交易习惯以及诚实信用原则，确定该条款的真实意思。

合同文本采用两种以上文字订立并约定具有同等效力的，对各文本使用的词句推定具有相同含义。各文本使用的词句不一致的，应当根据合同的目的予以解释。

第一百二十六条 涉外合同的当事人可以选择处理合同争议所适用的法律，但法律另有规定的除外。涉外合同的当事人没有选择的，适用与合同有最密切联系的国家的法律。

在中华人民共和国境内履行的中外合资经营企业合同、中外合作经营企业合同、中外合作勘探开发自然资源合同，适用中华人民共和国法律。

第一百二十七条 工商行政管理部门和其他有关行政主管部门在各自的职权范围内，依照法律、行政法规的规定，对利用合同危害国家利益、社会公共利益的违法行为，负责监督处理；构成犯罪的，依法追究刑事责任。

第一百二十八条 当事人可以通过和解或者调解解决合同争议。

当事人不愿和解、调解或者和解、调解不成的，可以根据仲裁协议向仲裁机构申请仲裁。涉外合同的当事人可以根据仲裁协议向中国仲裁机构或者其他仲裁机构申请仲裁。当事人没有订立仲裁协议或者仲裁协议无效的，可以向人民法院起诉。当事人应当履行发生法律效力的判决、仲裁裁决、调解书；拒不履行的，对方可以请求人民法院执行。

第一百二十九条 因国际货物买卖合同和技术进出口合同争议提起诉讼或者申请仲裁的期限为四年，自当事人知道或者应当知道其权利受到侵害之日起计算。因其他合同争议提起诉讼或者申请仲裁的期限，依照有关法律的规定。

分　　则

第九章　买卖合同

第一百三十条 买卖合同是出卖人转移标的物的所有权于买受人，买受人支付价款的合同。

第一百三十一条 买卖合同的内容除依照本法第十二条的规定以外，还可以包括包装方式、检验标准和方法、结算方式、合同使用的文字及其效力等条款。

第一百三十二条 出卖的标的物，应当属于出卖人所有或者出卖人有权处分。

法律、行政法规禁止或者限制转让的标的物，依照其规定。

第一百三十三条 标的物的所有权自标的物交付时起转移，但法律另有规定或者当事人另有约定的除外。

第一百三十四条 当事人可以在买卖合同中约定买受人未履行支付价款或者其他义务的，标的物的所有权属于出卖人。

第一百三十五条 出卖人应当履行向买受人交付标的物或者交付提取标的物的单证，并转移标的物所有权的义务。

第一百三十六条 出卖人应当按照约定或者交易习惯向买受人交付提取标的物单证以外的有关单证和资料。

第一百三十七条 出卖具有知识产权的计算机软件等标的物的，除法律另有规定或者当事人另有约定的以外，该标的物的知识产权不属于买受人。

第一百三十八条 出卖人应当按照约定的期限交付标的物。约定交付期间的，出卖人可以在该交付期间内的任何时间交付。

第一百三十九条 当事人没有约定标的物的交付期限或者约定不明确的，适用本法第六十一条、第六十二条第四项的规定。

第一百四十条 标的物在订立合同之前已为买受人占有的，合同生效的时间为交付时间。

第一百四十一条 出卖人应当按照约定的地点交付标的物。

当事人没有约定交付地点或者约定不明确，依照本法第六十一条的规定仍不能确定的，适用下列规定：

（一）标的物需要运输的，出卖人应当将标的物交付给第一承运人以运交给买受人；

（二）标的物不需要运输，出卖人和买受人订立合同时知道标的物在某一地点的，出卖人应当在该地点交付标的物；不知道标的物在某一地点的，应当在出卖人订立合同时的营业地交付标的物。

第一百四十二条 标的物毁损、灭失的风险，在标的物交付之前由出卖人承担，交付之后由买受人承担，但法律另有规定或者当事人另有约定的除外。

第一百四十三条 因买受人的原因致使标的物不能按照约定的期限交付的，买受人应当自违反约定之日起承担标的物毁损、灭失的风险。

第一百四十四条 出卖人出卖交由承运人运输的在途标的物，除当事人另有约定的以外，毁损、灭失的风险自合同成立时起由买受人承担。

第一百四十五条 当事人没有约定交付地点或者约定不明确，依照本法第一百四十一条第二款第一项的规定标的物需要运输的，出卖人将标的物交付给第一承运人后，标的物毁损、灭失的风险由买受人承担。

第一百四十六条 出卖人按照约定或者依照本法第一百四十一条第二款第二项的规定将标的物置于交付地点，买受人违反约定没有收取的，标的物毁损、灭失的风险自违反约定之日起由买受人承担。

第一百四十七条 出卖人按照约定未交付有关标的物的单证和资料的，不影响标的物毁损、灭失风险的转移。

第一百四十八条 因标的物质量不符合质量要求，致使不能实现合同目的的，买受人可以拒绝接受标的物或者解除合同。买受人拒绝接受标的物或者解除合同的，标的物毁损、灭失的风险由出卖人承担。

第一百四十九条 标的物毁损、灭失的风险由买受人承担的，不影响因出卖人履行债务不符合约定，买受人要求其承担违约责任的权利。

第一百五十条 出卖人就交付的标的物，负有保证第三人不得向买受人主张任何权利的义务，但法律另有规定的除外。

第一百五十一条 买受人订立合同时知道或者应当知道第三人对买卖的标的物享有权利的，出卖人不承担本法第一百五十条规定的义务。

第一百五十二条 买受人有确切证据证明第三人可能就标的物主张权利的，可以中止支付相应的价款，但出卖人提供适当担保的除外。

第一百五十三条 出卖人应当按照约定的质量要求交付标的物。出卖人提供有关标的物质量说明的，交付的标的物应当符合该说明的质量要求。

第一百五十四条 当事人对标的物的质量要求没有约定或者约定不明确，依照本法第六十一条的规定仍不能确定的，适用本法第六十二条第一项的规定。

第一百五十五条 出卖人交付的标的物不符合质量要求的，买受人可以依照本法第一百一十一条的规定要求承担违约责任。

第一百五十六条 出卖人应当按照约定的包装方式交付标的物。对包装方式没有约定或者约定不明确，依照本法第六十一条的规定仍不能确定的，应当按照通用的方式包装，没有通用方式的，应当采取足以保护标的物的包装方式。

第一百五十七条 买受人收到标的物时应当在约定的检验期间内检验。没有约定检验期间的，应当及时检验。

第一百五十八条 当事人约定检验期间的，买受人应当在检验期间内将标的物的数量或者质量不符合约定的情形通知出卖人。买受人怠于通知的，视为标的物的数量或者质量符合约定。

当事人没有约定检验期间的，买受人应当在发现或者应当发现标的物的数量或者质量不符合约定的合理期间内通知出卖人。买受人在合理期间内未通知或者自标的物收到之日起两年内未通知出卖人的，视为标的物的数量或者质量符合约定，但对标的物有质量保证期的，适用质量保证期，不适用该两年的规定。

出卖人知道或者应当知道提供的标的物不符合约定的，买受人不受前两款规定的通知时间的限制。

第一百五十九条 买受人应当按照约定的数额支付价款。对价款没有约定或者约定不明确的，适用本法第六十一条、第六十二条第二项的规定。

第一百六十条 买受人应当按照约定的地点支付价款。对支付地点没有约定或者约定不明确，依照本法第六十一条的规定仍不能确定的，买受人应当在出卖人的营业地支付，但约定支付价款以交付标的物或者交付提取标的物单证为条件的，在交付标的物或者交付提取标的物单证的所在地支付。

第一百六十一条 买受人应当按照约定的时间支付价款。对支付时间没有约定或者约定不明确，依照本法第六十一条的规定仍不能确定的，买受人应当在收到标的物或者提取标的物单证的同时支付。

第一百六十二条 出卖人多交标的物的，买受人可以接收或者拒绝接收多交的部分。买受人接收多交部分的，按照合同的价格支付价款；买受人拒绝接收多交部分的，应当及时通知出卖人。

第一百六十三条 标的物在交付之前产生的孳息，归出卖人所有，交付之后产生的孳息，归买受人所有。

第一百六十四条 因标的物的主物不符合约定而解除合同的，解除合同的效力及于从物。因标的物的从物不符合约定被解除的，解除的效力不及于主物。

第一百六十五条 标的物为数物，其中一物不符合约定的，买受人可以就该物解除，但该物与他物分离使标的物的价值显受损害的，当事人可以就数物解除合同。

第一百六十六条 出卖人分批交付标的物的，出卖人对其中一批标的物不交付或者交付不符合约定，致使该批标的物不能实现合同目的的，买受人可以就该批标的物解除。

出卖人不交付其中一批标的物或者交付不符合约定，致使今后其他各批标的物的交付不能实现合同目的的，买受人可以就该批以及今后其他各批标的物解除。

买受人如果就其中一批标的物解除，该批标的物与其他各批标的物相互依存的，可以就已经交付和未交付的各批标的物解除。

第一百六十七条 分期付款的买受人未支付到期价款的金额达到全部价款的五分之一的，出卖人可以要求买受人支付全部价款或者解除合同。

出卖人解除合同的，可以向买受人要求支付该标的物的使用费。

第一百六十八条 凭样品买卖的当事人应当封存样品，并可以对样品质量予以说明。出卖人交付的标的物应当与样品及其说明的质量相同。

第一百六十九条 凭样品买卖的买受人不知道样品有隐蔽瑕疵的，即使交付的标的物与样品相同，出卖人交付的标的物的质量仍然应当符合同种物的通常标准。

第一百七十条 试用买卖的当事人可以约定标的物的试用期间。对试用期间没有约定或者约定不明确，依照本法第六十一条的规定仍不能确定的，由出卖人确定。

第一百七十一条 试用买卖的买受人在试用期内可以购买标的物，也可以拒绝购买。试用期间届满，买受人对是否购买标的物未作表示的，视为购买。

第一百七十二条 招标投标买卖的当事人的权利和义务以及招标投标程序等，依照有关法律、行政法规的规定。

第一百七十三条 拍卖的当事人的权利和义务以及拍卖程序等，依照有关法律、行政法规的规定。

第一百七十四条 法律对其他有偿合同有规定的，依照其规定；没有规定的，参照买卖合同的有关规定。

第一百七十五条 当事人约定易货交易，转移标的物的所有权的，参照买卖合同的有关规定。

第十章 供用电、水、气、热力合同

第一百七十六条 供用电合同是供电人向用电人供电，用电人支付电费的合同。

第一百七十七条 供用电合同的内容包括供电的方式、质量、时间，用电容量、地址、性质，计量方式，电价、电费的结算方式，供用电设施的维护责任等条款。

第一百七十八条 供用电合同的履行地点，按照当事人约定；当事人没有约定或者约定不明确的，供电设施的产权分界处为履行地点。

第一百七十九条 供电人应当按照国家规定的供电质量标准和约定安全供电。供电人未按照国家规定的供电质量标准和约定安全供电，造成用电人损失的，应当承担损害赔偿责任。

第一百八十条 供电人因供电设施计划检修、临时检修、依法限电或者用电人违法用电等原因，需要中断供电时，应当按照国家有关规定事先通知用电人。未事先通知用电人中断供电，造成用电人损失的，应当承担损害赔偿责任。

第一百八十一条 因自然灾害等原因断电，供电人应当按照国家有关规定及时抢修。未及时抢修，造成用电人损失的，应当承担损害赔偿责任。

第一百八十二条 用电人应当按照国家有关规定和当事人的约定及时交付电费。用电人逾期不交付电费的，应当按照约定支付违约金。经催告用电人在合理期限内仍不交付电费和违约金的，供电人可以按照国家规定的程序中止供电。

第一百八十三条 用电人应当按照国家有关规定和当事人的约定安全用电。用电人未按照国家有关规定和当事人的约定安全用电，造成供电人损失的，应当承担损害赔偿责任。

第一百八十四条 供用水、供用气、供用热力合同，参照供用电合同的有关规定。

第十一章 赠与合同

第一百八十五条 赠与合同是赠与人将自己的财产无偿给予受赠人,受赠人表示接受赠与的合同。

第一百八十六条 赠与人在赠与财产的权利转移之前可以撤销赠与。

具有救灾、扶贫等社会公益、道德义务性质的赠与合同或者经过公证的赠与合同,不适用前款规定。

第一百八十七条 赠与的财产依法需要办理登记等手续的,应当办理有关手续。

第一百八十八条 具有救灾、扶贫等社会公益、道德义务性质的赠与合同或者经过公证的赠与合同,赠与人不交付赠与的财产的,受赠人可以要求交付。

第一百八十九条 因赠与人故意或者重大过失致使赠与的财产毁损、灭失的,赠与人应当承担损害赔偿责任。

第一百九十条 赠与可以附义务。

赠与附义务的,受赠人应当按照约定履行义务。

第一百九十一条 赠与的财产有瑕疵的,赠与人不承担责任。附义务的赠与,赠与的财产有瑕疵的,赠与人在附义务的限度内承担与出卖人相同的责任。

赠与人故意不告知瑕疵或者保证无瑕疵,造成受赠人损失的,应当承担损害赔偿责任。

第一百九十二条 受赠人有下列情形之一的,赠与人可以撤销赠与:

(一)严重侵害赠与人或者赠与人的近亲属;

(二)对赠与人有扶养义务而不履行;

(三)不履行赠与合同约定的义务。

赠与人的撤销权,自知道或者应当知道撤销原因之日起一年内行使。

第一百九十三条 因受赠人的违法行为致使赠与人死亡或者丧失民事行为能力的,赠与人的继承人或者法定代理人可以撤销赠与。

赠与人的继承人或者法定代理人的撤销权,自知道或者应当知道撤销原因之日起六个月内行使。

第一百九十四条 撤销权人撤销赠与的,可以向受赠人要求返还赠与的财产。

第一百九十五条 赠与人的经济状况显著恶化,严重影响其生产经营或者家庭生活的,可以不再履行赠与义务。

第十二章 借款合同

第一百九十六条 借款合同是借款人向贷款人借款,到期返还借款并支付利息的合同。

第一百九十七条 借款合同采用书面形式,但自然人之间借款另有约定的除外。借款合同的内容包括借款种类、币种、用途、数额、利率、期限和还款方式等条款。

第一百九十八条 订立借款合同,贷款人可以要求借款人提供担保。担保依照《中华人民共和国担保法》的规定。

第一百九十九条 订立借款合同,借款人应当按照贷款人的要求提供与借款有关的业务活动和财务状况的真实情况。

第二百条 借款的利息不得预先在本金中扣除。利息预先在本金中扣除的,应当按照实际借款数额返还借款并计算利息。

第二百零一条 贷款人未按照约定的日期、数额提供借款,造成借款人损失的,应当赔偿损失。

借款人未按照约定的日期、数额收取借款的,应当按照约定的日期、数额支付利息。

第二百零二条 贷款人按照约定可以检查、监督借款的使用情况。借款人应当按照约定向贷款人定期提供有关财务会计报表等资料。

第二百零三条 借款人未按照约定的借款用途使用借款的,贷款人可以停止发放借款、提前收回借款或者解除合同。

第二百零四条 办理贷款业务的金融机构贷款的利率,应当按照中国人民银行规定的贷款利率的上下限确定。

第二百零五条 借款人应当按照约定的期限支付利息。对支付利息的期限没有约定或者约定不明确,依照本法第六十一条的规定仍不能确定,借款期间不满一年的,应当在返还借款时一并支付;借款期间一年以上的，应当在每届满一年时支付，剩余期间不满一年的，应当在返还借款时一并支付。

第二百零六条 借款人应当按照约定的期限返还借款。对借款期限没有约定或者约定不明确，依照本法第六十一条的规定仍不能确定的，借款人可以随时返还；贷款人可以催告借款人在合理期限内返还。

第二百零七条 借款人未按照约定的期限返还借款的，应当按照约定或者国家有关规定支付逾期利息。

第二百零八条 借款人提前偿还借款的，除当事人另有约定的以外，应当按照实际借款的期间计算利息。

第二百零九条 借款人可以在还款期限届满之前向贷款人申请展期。贷款人同意的，可以展期。

第二百一十条 自然人之间的借款合同，自贷款人提供借款时生效。

第二百一十一条 自然人之间的借款合同对支付利息没有约定或者约定不明确的，视为不支付利息。

自然人之间的借款合同约定支付利息的，借款的利率不得违反国家有关限制借款利率的规定。

第十三章 租赁合同

第二百一十二条 租赁合同是出租人将租赁物交付承租人使用、收益，承租人支付租金的合同。

第二百一十三条 租赁合同的内容包括租赁物的名称、数量、用途、租赁期限、租金及其支付期限和方式、租赁物维修等条款。

第二百一十四条 租赁期限不得超过二十年。超过二十年的，超过部分无效。租赁期间届满，当事人可以续订租赁合同，但约定的租赁期限自续订之日起不得超过二十年。

第二百一十五条 租赁期限六个月以上的，应当采用书面形式。当事人未采用书面形式的，视为不定期租赁。

第二百一十六条 出租人应当按照约定将租赁物交付承租人，并在租赁期间保持租赁物符合约定的用途。

第二百一十七条 承租人应当按照约定的方法使用租赁物。对租赁物的使用方法没有约定或者约定不明确，依照本法第六十一条的规定仍不能确定的，应当按照租赁物的性质使用。

第二百一十八条 承租人按照约定的方法或者租赁物的性质使用租赁物，致使租赁物受到损耗的，不承担损害赔偿责任。

第二百一十九条 承租人未按照约定的方法或者租赁物的性质使用租赁物，致使租赁物受到损失的，出租人可以解除合同并要求赔偿损失。

第二百二十条 出租人应当履行租赁物的维修义务，但当事人另有约定的除外。

第二百二十一条 承租人在租赁物需要维修时可以要求出租人在合理期限内维修。出租人未履行维修义务的，承租人可以自行维修，维修费用由出租人负担。因维修租赁物影响承租人使用的，应当相应减少租金或者延长租期。

第二百二十二条 承租人应当妥善保管租赁物，因保管不善造成租赁物毁损、灭失的，应当承担损害赔偿责任。

第二百二十三条 承租人经出租人同意，可以对租赁物进行改善或者增设他物。

承租人未经出租人同意，对租赁物进行改善或者增设他物的，出租人可以要求承租人恢复原状或者赔偿损失。

第二百二十四条 承租人经出租人同意，可以将租赁物转租给第三人。承租人转租的，承租人与出租人之间的租赁合同继续有效，第三人对租赁物造成损失的，承租人应当赔偿损失。承租人未经出租人同意转租的，出租人可以解除合同。

第二百二十五条 在租赁期间因占有、使用租赁物获得的收益，归承租人所有，但当事人另有约定的除外。

第二百二十六条 承租人应当按照约定的期限支付租金。对支付期限没有约定或者约定不明确，依照本法第六十一条的规定仍不能确定，租赁期间不满一年的，应当在租赁期间届满时支付；租赁期间一年以上的，应当在每届满一年时支付，剩余期间不满一年的，应当在租赁期间届满时支付。

第二百二十七条 承租人无正当理由未支付或者迟延支付租金的，出租人可以要求承租人在合理期限内支付。承租人逾期不支付的，出租人可以解除合同。

第二百二十八条 因第三人主张权利，致使承租人不能对租赁物使用、收益的，承租人可以要求减少租金或者不支付租金。

第三人主张权利的，承租人应当及时通知出租人。

第二百二十九条 租赁物在租赁期间发生所有权变动的，不影响租赁合同的效力。

第二百三十条 出租人出卖租赁房屋的，应当在出卖之前的合理期限内通知承租人，承租人享有以同等条件优先购买的权利。

第二百三十一条 因不可归责于承租人的事由，致使租赁物部分或者全部毁损、灭失的，承租人可以要求减少租金或者不支付租金；因租赁物部分或者全部毁损、灭失，致使不能实现合同目的的，承租人可以解除合同。

第二百三十二条 当事人对租赁期限没有约定或者约定不明确，依照本法第六十一条的规定仍不能确定的，视为不定期租赁。当事人可以随时解除合同，但出租人解除合同应当在合理期限之前通知承租人。

第二百三十三条 租赁物危及承租人的安全或者健康的，即使承租人订立合同时明知该租赁物质量不合格，承租人仍然可以随时解除合同。

第二百三十四条 承租人在房屋租赁期间死亡的，与其生前共同居住的人可以按照原租赁合同租赁该房屋。

第二百三十五条 租赁期间届满，承租人应当返还租赁物。返还的租赁物应当符合按照约定或者租赁物的性质使用后的状态。

第二百三十六条 租赁期间届满，承租人继续使用租赁物，出租人没有提出异议的，原租赁合同继续有效，但租赁期限为不定期。

第十四章 融资租赁合同

第二百三十七条 融资租赁合同是出租人根据承租人对出卖人、租赁物的选择，向出卖人购买租赁物，提供给承租人使用，承租人支付租金的合同。

第二百三十八条 融资租赁合同的内容包括租赁物名称、数量、规格、技术性能、检验方法、租赁期限、租金构成及其支付期限和方式、币种、租赁期间届满租赁物的归属等条款。

融资租赁合同应当采用书面形式。

第二百三十九条 出租人根据承租人对出卖人、租赁物的选择订立的买卖合同，出卖人应当按照约定向承租人交付标的物，承租人享有与受领标的物有关的买受人的权利。

第二百四十条 出租人、出卖人、承租人可以约定，出卖人不履行买卖合同义务的，由承租人行使索赔的权利。承租人行使索赔权利的，出租人应当协助。

第二百四十一条 出租人根据承租人对出卖人、租赁物的选择订立的买卖合同，未经承租人同意，出租人不得变更与承租人有关的合同内容。

第二百四十二条 出租人享有租赁物的所有权。承租人破产的，租赁物不属于破产财产。

第二百四十三条 融资租赁合同的租金，除当事人另有约定的以外，应当根据购买租赁物的大部分或者全部成本以及出租人的合理利润确定。

第二百四十四条 租赁物不符合约定或者不符合使用目的的，出租人不承担责任，但承租人依赖出租人的技能确定租赁物或者出租人干预选择租赁物的除外。

第二百四十五条 出租人应当保证承租人对租赁物的占有和使用。

第二百四十六条 承租人占有租赁物期间，租赁物造成第三人的人身伤害或者财产损害的，出租人不承担责任。

第二百四十七条 承租人应当妥善保管、使用租赁物。承租人应当履行占有租赁物期间的维修义务。

第二百四十八条 承租人应当按照约定支付租金。承租人经催告后在合理期限内仍不支付租金的，出租人可以要求支付全部租金；也可以解除合同，收回租赁物。

第二百四十九条 当事人约定租赁期间届满租赁物归承租人所有，承租人已经支付大部分租金，但无力支付剩余租金，出租人因此解除合同收回租赁物的，收回的租赁物的价值超过承租人欠付的租金以及其他费用的，承租人可以要求部分返还。

第二百五十条 出租人和承租人可以约定租赁期间届满租赁物的归属。对租赁物的归属没有约定或者约定不明确，依照本法第六十一条的规定仍不能确定的，租赁物的所有权归出租人。

第十五章 承揽合同

第二百五十一条 承揽合同是承揽人按照定作人的要求完成工作，交付工作成果，定作人给付报酬的合同。

承揽包括加工、定作、修理、复制、测试、检验等工作。

第二百五十二条 承揽合同的内容包括承揽的标的、数量、质量、报酬、承揽方式、材料的提供、履行期限、验收标准和方法等条款。

第二百五十三条 承揽人应当以自己的设备、技术和劳力，完成主要工作，但当事人另有约定的除外。

承揽人将其承揽的主要工作交由第三人完成的，应当就该第三人完成的工作成果向定作人负责；未经定作人同意的，定作人也可以解除合同。

第二百五十四条 承揽人可以将其承揽的辅助工作交由第三人完成。承揽人将其承揽的辅助工作交由第三人完成的，应当就该第三人完成的工作成果向定作人负责。

第二百五十五条 承揽人提供材料的，承揽人应当按照约定选用材料，并接受定作人检验。

第二百五十六条 定作人提供材料的，定作人应当按照约定提供材料。承揽人对定作人提供的材料，应当及时检验，发现不符合约定时，应当及时通知定作人更换、补齐或者采取其他补救措施。

承揽人不得擅自更换定作人提供的材料，不得更换不需要修理的零部件。

第二百五十七条 承揽人发现定作人提供的图纸或者技术要求不合理的，应当及时通知定作人。因定作人怠于答复等原因造成承揽人损失的，应当赔偿损失。

第二百五十八条 定作人中途变更承揽工作的要求，造成承揽人损失的，应当赔偿损失。

第二百五十九条 承揽工作需要定作人协助的，定作人有协助的义务。定作人不履行协助义务致使承揽工作不能完成的，承揽人可以催告定作人在合理期限内履行义务，并可以顺延履行期限；定作人逾期不履行的，承揽人可以解除合同。

第二百六十条 承揽人在工作期间，应当接受定作人必要的监督检验。定作人不得因监督检验妨碍承揽人的正常工作。

第二百六十一条 承揽人完成工作的，应当向定作人交付工作成果，并提交必要的技术资料和有关质量证明。定作人应当验收该工作成果。

第二百六十二条 承揽人交付的工作成果不符合质量要求的，定作人可以要求承揽人承担修理、重作、减少报酬、赔偿损失等违约责任。

第二百六十三条 定作人应当按照约定的期限支付报酬。对支付报酬的期限没有约定或者约定不明确，依照本法第六十一条的规定仍不能确定的，定作人应当在承揽人交付工作成果时支付；工作成果部分交付的，定作人应当相应支付。

第二百六十四条 定作人未向承揽人支付报酬或者材料费等价款的，承揽人对完成的工作成果享有留置权，但当事人另有约定的除外。

第二百六十五条 承揽人应当妥善保管定作人提供的材料以及完成的工作成果，因保管不善造成毁损、灭失的，应当承担损害赔偿责任。

第二百六十六条 承揽人应当按照定作人的要求保守秘密，未经定作人许可，不得留存复制品或者技术资料。

第二百六十七条 共同承揽人对定作人承担连带责任，但当事人另有约定的除外。

第二百六十八条 定作人可以随时解除承揽合同，造成承揽人损失的，应当赔偿损失。

第十六章 建设工程合同

第二百六十九条 建设工程合同是承包人进行工程建设，发包人支付价款的合同。建设工程合同包括工程勘察、设计、施工合同。

第二百七十条 建设工程合同应当采用书面形式。

第二百七十一条 建设工程的招标投标活动，应当依照有关法律的规定公开、公平、公正进行。

第二百七十二条 发包人可以与总承包人订立建设工程合同，也可以分别与勘察人、设计人、施工人订立勘察、设计、施工承包合同。发包人不得将应当由一个承包人完成的建设工程肢解成若干部分发包给几个承包人。

总承包人或者勘察、设计、施工承包人经发包人同意,可以将自己承包的部分工作交由第三人完成。第三人就其完成的工作成果与总承包人或者勘察、设计、施工承包人向发包人承担连带责任。承包人不得将其承包的全部建设工程转包给第三人或者将其承包的全部建设工程肢解以后以分包的名义分别转包给第三人。

禁止承包人将工程分包给不具备相应资质条件的单位。禁止分包单位将其承包的工程再分包。建设工程主体结构的施工必须由承包人自行完成。

第二百七十三条 国家重大建设工程合同,应当按照国家规定的程序和国家批准的投资计划、可行性研究报告等文件订立。

第二百七十四条 勘察、设计合同的内容包括提交有关基础资料和文件(包括概预算)的期限、质量要求、费用以及其他协作条件等条款。

第二百七十五条 施工合同的内容包括工程范围、建设工期、中间交工工程的开工和竣工时间、工程质量、工程造价、技术资料交付时间、材料和设备供应责任、拨款和结算、竣工验收、质量保修范围和质量保证期、双方相互协作等条款。

第二百七十六条 建设工程实行监理的,发包人应当与监理人采用书面形式订立委托监理合同。发包人与监理人的权利和义务以及法律责任,应当依照本法委托合同以及其他有关法律、行政法规的规定。

第二百七十七条 发包人在不妨碍承包人正常作业的情况下,可以随时对作业进度、质量进行检查。

第二百七十八条 隐蔽工程在隐蔽以前,承包人应当通知发包人检查。发包人没有及时检查的,承包人可以顺延工程日期,并有权要求赔偿停工、窝工等损失。

第二百七十九条 建设工程竣工后,发包人应当根据施工图纸及说明书、国家颁发的施工验收规范和质量检验标准及时进行验收。验收合格的,发包人应当按照约定支付价款,并接收该建设工程。建设工程竣工经验收合格后,方可交付使用;未经验收或者验收不合格的,不得交付使用。

第二百八十条 勘察、设计的质量不符合要求或者未按照期限提交勘察、设计文件拖延工期,造成发包人损失的,勘察人、设计人应当继续完善勘察、设计,减收或者免收勘察、设计费并赔偿损失。

第二百八十一条 因施工人的原因致使建设工程质量不符合约定的,发包人有权要求施工人在合理期限内无偿修理或者返工、改建。经过修理或者返工、改建后,造成逾期交付的,施工人应当承担违约责任。

第二百八十二条 因承包人的原因致使建设工程在合理使用期限内造成人身和财产损害的,承包人应当承担损害赔偿责任。

第二百八十三条 发包人未按照约定的时间和要求提供原材料、设备、场地、资金、技术资料的,承包人可以顺延工程日期,并有权要求赔偿停工、窝工等损失。

第二百八十四条 因发包人的原因致使工程中途停建、缓建的,发包人应当采取措施弥补或者减少损失,赔偿承包人因此造成的停工、窝工、倒运、机械设备调迁、材料和构件积压等损失和实际费用。

第二百八十五条 因发包人变更计划,提供的资料不准确,或者未按照期限提供必需的勘察、设计工作条件而造成勘察、设计的返工、停工或者修改设计,发包人应当按照勘察人、设计人实际消耗的工作量增付费用。

第二百八十六条 发包人未按照约定支付价款的,承包人可以催告发包人在合理期限内支付价款。发包人逾期不支付的,除按照建设工程的性质不宜折价、拍卖的以外,承包人可以与发包人协议将该工程折价,也可以申请人民法院将该工程依法拍卖。建设工程的价款就该工程折价或者拍卖的价款优先受偿。

第二百八十七条 本章没有规定的,适用承揽合同的有关规定。

第十七章 运输合同

第一节 一般规定

第二百八十八条 运输合同是承运人将旅客或者货物从起运地点运输到约定地点,旅客、托运人或者收货人支付票款或者运输费用的合同。

第二百八十九条 从事公共运输的承运人不得拒绝旅客、托运人通常、合理的运输要求。

第二百九十条 承运人应当在约定期间或者合理期间内将旅客、货物安全运输到约定地点。

第二百九十一条 承运人应当按照约定的或者通常的运输路线将旅客、货物运输到约定地点。

第二百九十二条 旅客、托运人或者收货人应当支付票款或者运输费用。承运人未按照约定路线或者通常路线运输增加票款或者运输费用的,旅客、托运人或者收货人可以拒绝支付增加部分的票款或者运输费用。

第二节 客运合同

第二百九十三条 客运合同自承运人向旅客交付客票时成立,但当事人另有约定或者另有交易习惯的除外。

第二百九十四条 旅客应当持有效客票乘运。旅客无票乘运、超程乘运、越级乘运或者持失效客票乘运的,应当补交票款,承运人可以按照规定加收票款。旅客不交付票款的,承运人可以拒绝运输。

第二百九十五条 旅客因自己的原因不能按照客票记载的时间乘坐的,应当在约定的时间内办理退票或者变更手续。逾期办理的,承运人可以不退票款,并不再承担运输义务。

第二百九十六条 旅客在运输中应当按照约定的限量携带行李。超过限量携带行李的,应当办理托运手续。

第二百九十七条 旅客不得随身携带或者在行李中夹带易燃、易爆、有毒、有腐蚀性、有放射性以及有可能危及运输工具上人身和财产安全的危险物品或者其他违禁物品。

旅客违反前款规定的,承运人可以将违禁物品卸下、销毁或者送交有关部门。旅客坚持携带或者夹带违禁物品的,承运人应当拒绝运输。

第二百九十八条 承运人应当向旅客及时告知有关不能正常运输的重要事由和安全运输应当注意的事项。

第二百九十九条 承运人应当按照客票载明的时间和班次运输旅客。承运人迟延运输的,应当根据旅客的要求安排改乘其他班次或者退票。

第三百条 承运人擅自变更运输工具而降低服务标准的,应当根据旅客的要求退票或者减收票款;提高服务标准的,不应当加收票款。

第三百零一条 承运人在运输过程中,应当尽力救助患有急病、分娩、遇险的旅客。

第三百零二条 承运人应当对运输过程中旅客的伤亡承担损害赔偿责任,但伤亡是旅客自身健康原因造成的或者承运人证明伤亡是旅客故意、重大过失造成的除外。

前款规定适用于按照规定免票、持优待票或者经承运人许可搭乘的无票旅客。

第三百零三条 在运输过程中旅客自带物品毁损、灭失,承运人有过错的,应当承担损害赔偿责任。

旅客托运的行李毁损、灭失的,适用货物运输的有关规定。

第三节 货运合同

第三百零四条 托运人办理货物运输,应当向承运人准确表明收货人的名称或者姓名或者凭指示的收货人,货物的名称、性质、重量、数量,收货地点等有关货物运输的必要情况。

因托运人申报不实或者遗漏重要情况,造成承运人损失的,托运人应当承担损害赔偿责任。

第三百零五条 货物运输需要办理审批、检验等手续的,托运人应当将办理完有关手续的文件提交承运人。

第三百零六条 托运人应当按照约定的方式包装货物。对包装方式没有约定或者约定不明确的,适用本法第一百五十六条的规定。

托运人违反前款规定的,承运人可以拒绝运输。

第三百零七条 托运人托运易燃、易爆、有毒、有腐蚀性、有放射性等危险物品的,应当按照国家有关危险物品运输的规定对危险物品妥善包装,作出危险物标志和标签,并将有关危险物品的名称、性质和防范措施的书面材料提交承运人。

托运人违反前款规定的,承运人可以拒绝运输,也可以采取相应措施以避免损失的发生,因此产生的费用由托运人承担。

第三百零八条 在承运人将货物交付收货人之前,托运人可以要求承运人中止运输、返还货物、变更到达地或者将货物交给其他收货人,但应当赔偿承运人因此受到的损失。

第三百零九条 货物运输到达后,承运人知道收货人的,应当及时通知收货人,收货人应当及时提货。收货人逾期提货的,应当向承运人支付保管费等费用。

第三百一十条 收货人提货时应当按照约定的期限检验货物。对检验货物的期限没有约定或者约定不明确,依照本法第六十一条的规定仍不能确定的,应当在合理期限内检验货物。收货人在约定的期限或者合理期限内对货物的数量、毁损等未提出异议的,视为承运人已经按照运输单证的记载交付的初步证据。

第三百一十一条 承运人对运输过程中货物的毁损、灭失承担损害赔偿责任,但承运人证明货物的毁损、灭失是因不可抗力、货物本身的自然性质或者合理损耗以及托运人、收货人的过错造成的,不承担损害赔偿责任。

第三百一十二条 货物的毁损、灭失的赔偿额,当事人有约定的,按照其约定;没有约定或者约定不明确,依照本法第六十一条的规定仍不能确定的,按照交付或者应当交付时货物到达地的市场价格计算。法律、行政法规对赔偿额的计算方法和赔偿限额另有规定的,依照其规定。

第三百一十三条 两个以上承运人以同一运输方式联运的,与托运人订立合同的承运人应当对全程运输承担责任。损失发生在某一运输区段的,与托运人订立合同的承运人和该区段的承运人承担连带责任。

第三百一十四条 货物在运输过程中因不可抗力灭失,未收取运费的,承运人不得要求支付运费;已收取运费的,托运人可以要求返还。

第三百一十五条 托运人或者收货人不支付运费、保管费以及其他运输费用的,承运人对相应的运输货物享有留置权,但当事人另有约定的除外。

第三百一十六条 收货人不明或者收货人无正当理由拒绝受领货物的,依照本法第一百零一条的规定,承运人可以提存货物。

第四节 多式联运合同

第三百一十七条 多式联运经营人负责履行或者组织履行多式联运合同,对全程运输享有承运人的权利,承担承运人的义务。

第三百一十八条 多式联运经营人可以与参加多式联运的各区段承运人就多式联运合同的各区段运输约定相互之间的责任,但该约定不影响多式联运经营人对全程运输承担的义务。

第三百一十九条 多式联运经营人收到托运人交付的货物时,应当签发多式联运单据。按照托运人的要求,多式联运单据可以是可转让单据,也可以是不可转让单据。

第三百二十条 因托运人托运货物时的过错造成多式联运经营人损失的,即使托运人已经转让多式联运单据,托运人仍然应当承担损害赔偿责任。

第三百二十一条 货物的毁损、灭失发生于多式联运的某一运输区段的,多式联运经营人的赔偿责任和责任限额,适用调整该区段运输方式的有关法律规定。货物毁损、灭失发生的运输区段不能确定的,依照本章规定承担损害赔偿责任。

第十八章 技术合同

第一节 一般规定

第三百二十二条 技术合同是当事人就技术开发、转让、咨询或者服务订立的确立相互之间权利和义务的合同。

第三百二十三条 订立技术合同,应当有利于科学技术的进步,加速科学技术成果的转化、应用和推广。

第三百二十四条 技术合同的内容由当事人约定,一般包括以下条款:

(一)项目名称;

(二)标的的内容、范围和要求;

(三)履行的计划、进度、期限、地点、地域和方式;

(四)技术情报和资料的保密;

(五)风险责任的承担;

(六)技术成果的归属收益的分成办法;

(七)验收标准和方法;

（八）价款、报酬或者使用费及其支付方式；

（九）违约金或者损失赔偿的计算方法；

（十）解决争议的方法；

（十一）名词和术语的解释。

与履行合同有关的技术背景资料、可行性论证和技术评价报告、项目任务书和计划书、技术标准、技术规范、原始设计和工艺文件，以及其他技术文档，按照当事人的约定可以作为合同的组成部分。

技术合同涉及专利的，应当注明发明创造的名称、专利申请人和专利权人、申请日期、申请号、专利号以及专利权的有效期限。

第三百二十五条 技术合同价款、报酬或者使用费的支付方式由当事人约定，可以采取一次总算、一次总付或者一次总算、分期支付，也可以采取提成支付或者提成支付附加预付入门费的方式。

约定提成支付的，可以按照产品价格、实施专利和使用技术秘密后新增的产值、利润或者产品销售额的一定比例提成，也可以按照约定的其他方式计算。提成支付的比例可以采取固定比例、逐年递增比例或者逐年递减比例。约定提成支付的，当事人应当在合同中约定查阅有关会计帐目的办法。

第三百二十六条 职务技术成果的使用权、转让权属于法人或者其他组织的，法人或者其他组织可以就该项职务技术成果订立技术合同。法人或者其他组织应当从使用和转让该项职务技术成果所取得的收益中提取一定比例，对完成该项职务技术成果的个人给予奖励或者报酬。法人或者其他组织订立技术合同转让职务技术成果时，职务技术成果的完成人享有以同等条件优先受让的权利。

职务技术成果是执行法人或者其他组织的工作任务，或者主要是利用法人或者其他组织的物质技术条件所完成的技术成果。

第三百二十七条 非职务技术成果的使用权、转让权属于完成技术成果的个人，完成技术成果的个人可以就该项非职务技术成果订立技术合同。

第三百二十八条 完成技术成果的个人有在有关技术成果文件上写明自己是技术成果完成者的权利和取得荣誉证书、奖励的权利。

第三百二十九条 非法垄断技术、妨碍技术进步或者侵害他人技术成果的技术合同无效。

第二节 技术开发合同

第三百三十条 技术开发合同是指当事人之间就新技术、新产品、新工艺或者新材料及其系统的研究开发所订立的合同。

技术开发合同包括委托开发合同和合作开发合同。

技术开发合同应当采用书面形式。当事人之间就具有产业应用价值的科技成果实施转化订立的合同，参照技术开发合同的规定。

第三百三十一条 委托开发合同的委托人应当按照约定支付研究开发经费和报酬；提供技术资料、原始数据；完成协作事项；接受研究开发成果。

第三百三十二条 委托开发合同的研究开发人应当按照约定制定和实施研究开发计划；合理使用研究开发经费；按期完成研究开发工作，交付研究开发成果，提供有关的技术资料和必要的技术指导，帮助委托人掌握研究开发成果。

第三百三十三条 委托人违反约定造成研究开发工作停滞、延误或者失败的，应当承担违约责任。

第三百三十四条 研究开发人违反约定造成研究开发工作停滞、延误或者失败的，应当承担违约责任。

第三百三十五条 合作开发合同的当事人应当按照约定进行投资，包括以技术进行投资；分工参与研究开发工作；协作配合研究开发工作。

第三百三十六条 合作开发合同的当事人违反约定造成研究开发工作停滞、延误或者失败的，应当承担违约责任。

第三百三十七条 因作为技术开发合同标的的技术已经由他人公开，致使技术开发合同的履行没有意义的，当事人可以解除合同。

第三百三十八条 在技术开发合同履行过程中，因出现无法克服的技术困难，致使研究开发失败或者部分失败的，该风险责任由当事人约定。没有约定或者约定不明确，依照本法第六十一条的规定仍不能确定的，风险责任由当事人合理分担。

当事人一方发现前款规定的可能致使研究开发失败或者部分失败的情形时，应当及时通知另一方并采取适当措施减少损失。没有及时通知并采取适当措施，致使损失扩大的，应当就扩大的损失承担责任。

第三百三十九条 委托开发完成的发明创造，除当事人另有约定的以外，申请专利的权利属于研究开发人。研究开发人取得专利权的，委托人可以免费实施该专利。

研究开发人转让专利申请权的，委托人享有以同等条件优先受让的权利。

第三百四十条 合作开发完成的发明创造，除当事人另有约定的以外，申请专利的权利属于合作开发的当事人共有。当事人一方转让其共有的专利申请权的，其他各方享有以同等条件优先受让的权利。

合作开发的当事人一方声明放弃其共有的专利申请权的，可以由另一方单独申请或者由其他各方共同申请。申请人取得专利权的，放弃专利申请权的一方可以免费实施该专利。

合作开发的当事人一方不同意申请专利的，另一方或者其他各方不得申请专利。

第三百四十一条 委托开发或者合作开发完成的技术秘密成果的使用权、转让权以及利益的分配办法，由当事人约定。没有约定或者约定不明确，依照本法第六十一条的规定仍不能确定的，当事人均有使用和转让的权利，但委托开发的研究开发人不得在向委托人交付研究开发成果之前，将研究开发成果转让给第三人。

第三节 技术转让合同

第三百四十二条 技术转让合同包括专利权转让、专利申请权转让、技术秘密转让、专利实施许可合同。

技术转让合同应当采用书面形式。

第三百四十三条 技术转让合同可以约定让与人和受让人实施专利或者使用技术秘密的范围，但不得限制技术竞争和技术发展。

第三百四十四条 专利实施许可合同只在该专利权的存续期间内有效。专利权有效期限届满或者专利权被宣布无效的，专利权人不得就该专利与他人订立专利实施许可合同。

第三百四十五条 专利实施许可合同的让与人应当按照约定许可受让人实施专利，交付实施专利有关的技术资料，提供必要的技术指导。

第三百四十六条 专利实施许可合同的受让人应当按照约定实施专利，不得许可约定以外的第三人实施该专利；并按照约定支付使用费。

第三百四十七条 技术秘密转让合同的让与人应当按照约定提供技术资料，进行技术指导，保证技术的实用性、可靠性，承担保密义务。

第三百四十八条 技术秘密转让合同的受让人应当按照约定使用技术，支付使用费，承担保密义务。

第三百四十九条 技术转让合同的让与人应当保证自己是所提供的技术的合法拥有者，并保证所提供的技术完整、无误、有效，能够达到约定的目标。

第三百五十条 技术转让合同的受让人应当按照约定的范围和期限，对让与人提供的技术中尚未公开的秘密部分，承担保密义务。

第三百五十一条 让与人未按照约定转让技术的，应当返还部分或者全部使用费，并应当承担违约责任；实施专利或者使用技术秘密超越约定的范围的，违反约定擅自许可第三人实施该项专利或者使用该项技术秘密的，应当停止违约行为，承担违约责任；违反约定的保密义务的，应当承担违约责任。

第三百五十二条 受让人未按照约定支付使用费的，应当补交使用费并按照约定支付违约金；不补交使用费或者支付违约金的，应当停止实施专利或者使用技术秘密，交还技术资料，承担违约责任；实施专利或者使用技术秘密超越约定的范围的，未经让与人同意擅自许可第三人实施该专利或者使用该技术秘密的，应当停止违约行为，承担违约责任；违反约定的保密义务的，应当承担违约责任。

第三百五十三条 受让人按照约定实施专利、使用技术秘密侵害他人合法权益的，由让与人承担责任，但当事人另有约定的除外。

第三百五十四条 当事人可以按照互利的原则，在技术转让合同中约定实施专利、使用技术秘密后续改进的技术成果的分享办法。没有约定或者约定不明确，依照本法第六十一条的规定仍不能确定的，一方后续改进的技术成果，其他各方无权分享。

第三百五十五条 法律、行政法规对技术进出口合同或者专利、专利申请合同另有规定的，依照其规定。

第四节 技术咨询合同和技术服务合同

第三百五十六条 技术咨询合同包括就特定技术项目提供可行性论证、技术预测、专题技术调查、分析评价报告等合同。

技术服务合同是指当事人一方以技术知识为另一方解决特定技术问题所订立的合同,不包括建设工程合同和承揽合同。

第三百五十七条 技术咨询合同的委托人应当按照约定阐明咨询的问题,提供技术背景材料及有关技术资料、数据;接受受托人的工作成果,支付报酬。

第三百五十八条 技术咨询合同的受托人应当按照约定的期限完成咨询报告或者解答问题;提出的咨询报告应当达到约定的要求。

第三百五十九条 技术咨询合同的委托人未按照约定提供必要的资料和数据,影响工作进度和质量,不接受或者逾期接受工作成果的,支付的报酬不得追回,未支付的报酬应当支付。

技术咨询合同的受托人未按期提出咨询报告或者提出的咨询报告不符合约定的,应当承担减收或者免收报酬等违约责任。

技术咨询合同的委托人按照受托人符合约定要求的咨询报告和意见作出决策所造成的损失,由委托人承担,但当事人另有约定的除外。

第三百六十条 技术服务合同的委托人应当按照约定提供工作条件,完成配合事项;接受工作成果并支付报酬。

第三百六十一条 技术服务合同的受托人应当按照约定完成服务项目,解决技术问题,保证工作质量,并传授解决技术问题的知识。

第三百六十二条 技术服务合同的委托人不履行合同义务或者履行合同义务不符合约定,影响工作进度和质量,不接受或者逾期接受工作成果的,支付的报酬不得追回,未支付的报酬应当支付。

技术服务合同的受托人未按照合同约定完成服务工作的,应当承担免收报酬等违约责任。

第三百六十三条 在技术咨询合同、技术服务合同履行过程中,受托人利用委托人提供的技术资料和工作条件完成的新的技术成果,属于受托人。委托人利用受托人的工作成果完成的新的技术成果,属于委托人。当事人另有约定的,按照其约定。

第三百六十四条 法律、行政法规对技术中介合同、技术培训合同另有规定的,依照其规定。

第十九章 保管合同

第三百六十五条 保管合同是保管人保管寄存人交付的保管物,并返还该物的合同。

第三百六十六条 寄存人应当按照约定向保管人支付保管费。

当事人对保管费没有约定或者约定不明确,依照本法第六十一条的规定仍不能确定的,保管是无偿的。

第三百六十七条 保管合同自保管物交付时成立,但当事人另有约定的除外。

第三百六十八条 寄存人向保管人交付保管物的,保管人应当给付保管凭证,但另有交易习惯的除外。

第三百六十九条 保管人应当妥善保管保管物。

当事人可以约定保管场所或者方法。除紧急情况或者为了维护寄存人利益的以外,不得擅自改变保管场所或者方法。

第三百七十条 寄存人交付的保管物有瑕疵或者按照保管物的性质需要采取特殊保管措施的,寄存人应当将有关情况告知保管人。寄存人未告知,致使保管物受损失的,保管人不承担损害赔偿责任;保管人因此受损失的,除保管人知道或者应当知道并且未采取补救措施的以外,寄存人应当承担损害赔偿责任。

第三百七十一条 保管人不得将保管物转交第三人保管,但当事人另有约定的除外。

保管人违反前款规定,将保管物转交第三人保管,对保管物造成损失的,应当承担损害赔偿责任。

第三百七十二条 保管人不得使用或者许可第三人使用保管物,但当事人另有约定的除外。

第三百七十三条 第三人对保管物主张权利的,除依法对保管物采取保全或者执行的以外,保管人应当履行向寄存人返还保管物的义务。

第三人对保管人提起诉讼或者对保管物申请扣押的,保管人应当及时通知寄存人。

第三百七十四条 保管期间,因保管人保管不善造成保管物毁损、灭失的,保管人应当承担损害赔偿责任,但保管是无偿的,保管人证明自己没有重大过失的,不承担损害赔偿责任。

第三百七十五条 寄存人寄存货币、有价证券或者其他贵重物品的,应当向保管人声明,由保管人验收或者封存。寄存人未声明的,该物品毁损、灭失后,保管人可以按照一般物品予以赔偿。

第三百七十六条 寄存人可以随时领取保管物。

当事人对保管期间没有约定或者约定不明确的,保管人可以随时要求寄存人领取保管物;约定保管期间的,保管人无特别事由,不得要求寄存人提前领取保管物。

第三百七十七条 保管期间届满或者寄存人提前领取保管物的,保管人应当将原物及其孳息归还寄存人。

第三百七十八条 保管人保管货币的,可以返还相同种类、数量的货币。保管其他可替代物的,可以按照约定返还相同种类、品质、数量的物品。

第三百七十九条 有偿的保管合同,寄存人应当按照约定的期限向保管人支付保管费。

当事人对支付期限没有约定或者约定不明确,依照本法第六十一条的规定仍不能确定的,应当在领取保管物的同时支付。

第三百八十条 寄存人未按照约定支付保管费以及其他费用的,保管人对保管物享有留置权,但当事人另有约定的除外。

第二十章 仓储合同

第三百八十一条 仓储合同是保管人储存存货人交付的仓储物,存货人支付仓储费的合同。

第三百八十二条 仓储合同自成立时生效。

第三百八十三条 储存易燃、易爆、有毒、有腐蚀性、有放射性等危险物品或者易变质物品,存货人应当说明该物品的性质,提供有关资料。

存货人违反前款规定的,保管人可以拒收仓储物,也可以采取相应措施以避免损失的发生,因此产生的费用由存货人承担。

保管人储存易燃、易爆、有毒、有腐蚀性、有放射性等危险物品的,应当具备相应的保管条件。

第三百八十四条 保管人应当按照约定对入库仓储物进行验收。保管人验收时发现入库仓储物与约定不符合的,应当及时通知存货人。保管人验收后,发生仓储物的品种、数量、质量不符合约定的,保管人应当承担损害赔偿责任。

第三百八十五条 存货人交付仓储物的,保管人应当给付仓单。

第三百八十六条 保管人应当在仓单上签字或者盖章。仓单包括下列事项:

(一)存货人的名称或者姓名和住所;

(二)仓储物的品种、数量、质量、包装、件数和标记;

(三)仓储物的损耗标准;

(四)储存场所;

(五)储存期间;

(六)仓储费;

(七)仓储物已经办理保险的,其保险金额、期间以及保险人的名称;

(八)填发人、填发地和填发日期。

第三百八十七条 仓单是提取仓储物的凭证。存货人或者仓单持有人在仓单上背书并经保管人签字或者盖章的,可以转让提取仓储物的权利。

第三百八十八条 保管人根据存货人或者仓单持有人的要求,应当同意其检查仓储物或者提取样品。

第三百八十九条 保管人对入库仓储物发现有变质或者其他损坏的,应当及时通知存货人或者仓单持有人。

第三百九十条 保管人对入库仓储物发现有变质或者其他损坏,危及其他仓储物的安全和正常保管的,应当催告存货人或者仓单持有人作出必要的处置。因情况紧急,保管人可以作出必要的处置,但事后应当将该情况及时通知存货人或者仓单持有人。

第三百九十一条 当事人对储存期间没有约定或者约定不明确的,存货人或者仓单持有人可以随时提取仓储物,保管人也可以随时要求存货人或者仓单持有人提取仓储物,但应当给予必要的准备时间。

第三百九十二条 储存期间届满,存货人或者仓单持有人应当凭仓单提取仓储物。存货人或者仓单持有人逾期提取的,应当加收仓储费;提前提取的,不减收仓储费。

第三百九十三条 储存期间届满,存货人或者仓单持有人不提取仓储物的,保管人可以催告其在合理期限内提取,逾期不提取的,保管人可以提存仓储物。

第三百九十四条 储存期间,因保管人保管不善造成仓储物毁损、灭失的,保管人应当承担损害赔偿责任。因仓储物的性质、包装不符合约定或者超过有效储存期造成仓储物变质、损坏的,保管人不承担损害赔偿责任。

第三百九十五条 本章没有规定的,适用保管合同的有关规定。

第二十一章 委托合同

第三百九十六条 委托合同是委托人和受托人约定,由受托人处理委托人事务的合同。

第三百九十七条 委托人可以特别委托受托人处理一项或者数项事务,也可以概括委托受托人处理一切事务。

第三百九十八条 委托人应当预付处理委托事务的费用。受托人为处理委托事务垫付的必要费用,委托人应当偿还该费用及其利息。

第三百九十九条 受托人应当按照委托人的指示处理委托事务。需要变更委托人指示的,应当经委托人同意;因情况紧急,难以和委托人取得联系的,受托人应当妥善处理委托事务,但事后应当将该情况及时报告委托人。

第四百条 受托人应当亲自处理委托事务。经委托人同意,受托人可以转委托。转委托经同意的,委托人可以就委托事务直接指示转委托的第三人,受托人仅就第三人的选任及其对第三人的指示承担责任。转委托未经同意的,受托人应当对转委托的第三人的行为承担责任,但在紧急情况下受托人为维护委托人的利益需要转委托的除外。

第四百零一条 受托人应当按照委托人的要求,报告委托事务的处理情况。委托合同终止时,受托人应当报告委托事务的结果。

第四百零二条 受托人以自己的名义,在委托人的授权范围内与第三人订立的合同,第三人在订立合同时知道受托人与委托人之间的代理关系的,该合同直接约束委托人和第三人,但有确切证据证明该合同只约束受托人和第三人的除外。

第四百零三条 受托人以自己的名义与第三人订立合同时,第三人不知道受托人与委托人之间的代理关系的,受托人因第三人的原因对委托人不履行义务,受托人应当向委托人披露第三人,委托人因此可以行使受托人对第三人的权利,但第三人与受托人订立合同时如果知道该委托人就不会订立合同的除外。

受托人因委托人的原因对第三人不履行义务,受托人应当向第三人披露委托人,第三人因此可以选择受托人或者委托人作为相对人主张其权利,但第三人不得变更选定的相对人。

委托人行使受托人对第三人的权利的,第三人可以向委托人主张其对受托人的抗辩。第三人选定委托人作为其相对人的,委托人可以向第三人主张其对受托人的抗辩以及受托人对第三人的抗辩。

第四百零四条 受托人处理委托事务取得的财产,应当转交给委托人。

第四百零五条 受托人完成委托事务的,委托人应当向其支付报酬。因不可归责于受托人的事由,委托合同解除或者委托事务不能完成的,委托人应当向受托人支付相应的报酬。当事人另有约定的,按照其约定。

第四百零六条 有偿的委托合同,因受托人的过错给委托人造成损失的,委托人可以要求赔偿损失。无偿的委托合同,因受托人的故意或者重大过失给委托人造成损失的,委托人可以要求赔偿损失。

受托人超越权限给委托人造成损失的,应当赔偿损失。

第四百零七条 受托人处理委托事务时,因不可归责于自己的事由受到损失的,可以向委托人要求赔偿损失。

第四百零八条 委托人经受托人同意,可以在受托人之外委托第三人处理委托事务。因此给受托人造成损失的,受托人可以向委托人要求赔偿损失。

第四百零九条 两个以上的受托人共同处理委托事务的,对委托人承担连带责任。

第四百一十条 委托人或者受托人可以随时解除委托合同。因解除合同给对方造成损失的,除不可归责于该当事人的事由以外,应当赔偿损失。

第四百一十一条 委托人或者受托人死亡、丧失民事行为能力或者破产的,委托合同终止,但当事人另有约定或者根据委托事务的性质不宜终止的除外。

第四百一十二条 因委托人死亡、丧失民事行为能力或者破产,致使委托合同终止将损害委托人利益的,在委托人的继承人、法定代理人或者清算组织承受委托事务之前,受托人应当继续处理委托事务。

第四百一十三条 因受托人死亡、丧失民事行为能力或者破产,致使委托合同终止的,受托人的继承人、法定代理人或者清算组织应当及时通知委托人。因委托合同终止将损害委托人利益的,在委托人作出善后处理之前,受托人的继承人、法定代理人或者清算组织应当采取必要措施。

第二十二章 行纪合同

第四百一十四条 行纪合同是行纪人以自己的名义为委托人从事贸易活动,委托人支付报酬的合同。

第四百一十五条 行纪人处理委托事务支出的费用,由行纪人负担,但当事人另有约定的除外。

第四百一十六条 行纪人占有委托物的,应当妥善保管委托物。

第四百一十七条 委托物交付给行纪人时有瑕疵或者容易腐烂、变质的,经委托人同意,行纪人可以处分该物;和委托人不能及时取得联系的,行纪人可以合理处分。

第四百一十八条 行纪人低于委托人指定的价格卖出或者高于委托人指定的价格买入的,应当经委托人同意。未经委托人同意,行纪人补偿其差额的,该买卖对委托人发生效力。

行纪人高于委托人指定的价格卖出或者低于委托人指定的价格买入的,可以按照约定增加报酬。没有约定或者约定不明确,依照本法第六十一条的规定仍不能确定的,该利益属于委托人。

委托人对价格有特别指示的,行纪人不得违背该指示卖出或者买入。

第四百一十九条 行纪人卖出或者买入具有市场定价的商品,除委托人有相反的意思表示的以外,行纪人自己可以作为买受人或者出卖人。

行纪人有前款规定情形的,仍然可以要求委托人支付报酬。

第四百二十条 行纪人按照约定买入委托物,委托人应当及时受领。经行纪人催告,委托人无正当理由拒绝受领的,行纪人依照本法第一百零一条的规定可以提存委托物。

委托物不能卖出或者委托人撤回出卖,经行纪人催告,委托人不取回或者不处分该物的,行纪人依照本法第一百零一条的规定可以提存委托物。

第四百二十一条 行纪人与第三人订立合同的,行纪人对该合同直接享有权利、承担义务。

第三人不履行义务致使委托人受到损害的,行纪人应当承担损害赔偿责任,但行纪人与委托人另有约定的除外。

第四百二十二条 行纪人完成或者部分完成委托事务的,委托人应当向其支付相应的报酬。委托人逾期不支付报酬的,行纪人对委托物享有留置权,但当事人另有约定的除外。

第四百二十三条 本章没有规定的,适用委托合同的有关规定。

第二十三章 居间合同

第四百二十四条 居间合同是居间人向委托人报告订立合同的机会或者提供订立合同的媒介服务,委托人支付报酬的合同。

第四百二十五条 居间人应当就有关订立合同的事项向委托人如实报告。

居间人故意隐瞒与订立合同有关的重要事实或者提供虚假情况,损害委托人利益的,不得要求支付报酬并应当承担损害赔偿责任。

第四百二十六条 居间人促成合同成立的,委托人应当按照约定支付报酬。对居间人的报酬没有约定或者约定不明确,依照本法第六十一条的规定仍不能确定的,根据居间人的劳务合理确定。因居间人提供订立合同的媒介服务而促成合同成立的,由该合同的当事人平均负担居间人的报酬。

居间人促成合同成立的,居间活动的费用,由居间人负担。

第四百二十七条 居间人未促成合同成立的,不得要求支付报酬,但可以要求委托人支付从事居间活动支出的必要费用。

附　　则

第四百二十八条　本法自1999年10月1日起施行,《中华人民共和国经济合同法》、《中华人民共和国涉外经济合同法》、《中华人民共和国技术合同法》同时废止。

中华人民共和国侵权责任法

2009年12月26日第十一届全国人民代表大会常务委员会第十二次会议通过

第一章　一般规定

第一条　为保护民事主体的合法权益,明确侵权责任,预防并制裁侵权行为,促进社会和谐稳定,制定本法。

第二条　侵害民事权益,应当依照本法承担侵权责任。

本法所称民事权益,包括生命权、健康权、姓名权、名誉权、荣誉权、肖像权、隐私权、婚姻自主权、监护权、所有权、用益物权、担保物权、著作权、专利权、商标专用权、发现权、股权、继承权等人身、财产权益。

第三条　被侵权人有权请求侵权人承担侵权责任。

第四条　侵权人因同一行为应当承担行政责任或者刑事责任的,不影响依法承担侵权责任。

因同一行为应当承担侵权责任和行政责任、刑事责任,侵权人的财产不足以支付的,先承担侵权责任。

第五条　其他法律对侵权责任另有特别规定的,依照其规定。

第二章　责任构成和责任方式

第六条　行为人因过错侵害他人民事权益,应当承担侵权责任。

根据法律规定推定行为人有过错,行为人不能证明自己没有过错的,应当承担侵权责任。

第七条　行为人损害他人民事权益,不论行为人有无过错,法律规定应当承担侵权责任的,依照其规定。

第八条　二人以上共同实施侵权行为,造成他人损害的,应当承担连带责任。

第九条　教唆、帮助他人实施侵权行为的,应当与行为人承担连带责任。

教唆、帮助无民事行为能力人、限制民事行为能力人实施侵权行为的,应当承担侵权责任;该无民事行为能力人、限制民事行为能力人的监护人未尽到监护责任的,应当承担相应的责任。

第十条　二人以上实施危及他人人身、财产安全的行为,其中一人或者数人的行为造成他人损害,能够确定具体侵权人的,由侵权人承担责任;不能确定具体侵权人的,行为人承担连带责任。

第十一条　二人以上分别实施侵权行为造成同一损害,每个人的侵权行为都足以造成全部损害的,行为人承担连带责任。

第十二条　二人以上分别实施侵权行为造成同一损害,能够确定责任大小的,各自承担相应的责任;难以确定责任大小的,平均承担赔偿责任。

第十三条　法律规定承担连带责任的,被侵权人有权请求部分或者全部连带责任人承担责任。

第十四条　连带责任人根据各自责任大小确定相应的赔偿数额;难以确定责任大小的,平均承担赔偿责任。

支付超出自己赔偿数额的连带责任人,有权向其他连带责任人追偿。

第十五条　承担侵权责任的方式主要有:

(一)停止侵害;

(二)排除妨碍;

(三)消除危险;

(四)返还财产;

(五)恢复原状;

(六)赔偿损失;

(七)赔礼道歉;

（八）消除影响、恢复名誉。

以上承担侵权责任的方式，可以单独适用，也可以合并适用。

第十六条 侵害他人造成人身损害的，应当赔偿医疗费、护理费、交通费等为治疗和康复支出的合理费用，以及因误工减少的收入。造成残疾的，还应当赔偿残疾生活辅助具费和残疾赔偿金。造成死亡的，还应当赔偿丧葬费和死亡赔偿金。

第十七条 因同一侵权行为造成多人死亡的，可以以相同数额确定死亡赔偿金。

第十八条 被侵权人死亡的，其近亲属有权请求侵权人承担侵权责任。被侵权人为单位，该单位分立、合并的，承继权利的单位有权请求侵权人承担侵权责任。

被侵权人死亡的，支付被侵权人医疗费、丧葬费等合理费用的人有权请求侵权人赔偿费用，但侵权人已支付该费用的除外。

第十九条 侵害他人财产的，财产损失按照损失发生时的市场价格或者其他方式计算。

第二十条 侵害他人人身权益造成财产损失的，按照被侵权人因此受到的损失赔偿；被侵权人的损失难以确定，侵权人因此获得利益的，按照其获得的利益赔偿；侵权人因此获得的利益难以确定，被侵权人和侵权人就赔偿数额协商不一致，向人民法院提起诉讼的，由人民法院根据实际情况确定赔偿数额。

第二十一条 侵权行为危及他人人身、财产安全的，被侵权人可以请求侵权人承担停止侵害、排除妨碍、消除危险等侵权责任。

第二十二条 侵害他人人身权益，造成他人严重精神损害的，被侵权人可以请求精神损害赔偿。

第二十三条 因防止、制止他人民事权益被侵害而使自己受到损害的，由侵权人承担责任。侵权人逃逸或者无力承担责任，被侵权人请求补偿的，受益人应当给予适当补偿。

第二十四条 受害人和行为人对损害的发生都没有过错的，可以根据实际情况，由双方分担损失。

第二十五条 损害发生后，当事人可以协商赔偿费用的支付方式。协商不一致的，赔偿费用应当一次性支付；一次性支付确有困难的，可以分期支付，但应当提供相应的担保。

第三章 不承担责任和减轻责任的情形

第二十六条 被侵权人对损害的发生也有过错的，可以减轻侵权人的责任。

第二十七条 损害是因受害人故意造成的，行为人不承担责任。

第二十八条 损害是因第三人造成的，第三人应当承担侵权责任。

第二十九条 因不可抗力造成他人损害的，不承担责任。法律另有规定的，依照其规定。

第三十条 因正当防卫造成损害的，不承担责任。正当防卫超过必要的限度，造成不应有的损害的，正当防卫人应当承担适当的责任。

第三十一条 因紧急避险造成损害的，由引起险情发生的人承担责任。如果危险是由自然原因引起的，紧急避险人不承担责任或者给予适当补偿。紧急避险采取措施不当或者超过必要的限度，造成不应有的损害的，紧急避险人应当承担适当的责任。

第四章 关于责任主体的特殊规定

第三十二条 无民事行为能力人、限制民事行为能力人造成他人损害的，由监护人承担侵权责任。监护人尽到监护责任的，可以减轻其侵权责任。

有财产的无民事行为能力人、限制民事行为能力人造成他人损害的，从本人财产中支付赔偿费用。不足部分，由监护人赔偿。

第三十三条 完全民事行为能力人对自己的行为暂时没有意识或者失去控制造成他人损害有过错的，应当承担侵权责任；没有过错的，根据行为人的经济状况对受害人适当补偿。

完全民事行为能力人因醉酒、滥用麻醉药品或者精神药品对自己的行为暂时没有意识或者失去控制造成他人损害的，应当承担侵权责任。

第三十四条 用人单位的工作人员因执行工作任务造成他人损害的，由用人单位承担侵权责任。

劳务派遣期间，被派遣的工作人员因执行工作任务造成他人损害的，由接受劳务派遣的用工单位承担侵权责任；劳务派遣单位有过错的，承担相应的补充责任。

第三十五条 个人之间形成劳务关系，提供劳务一方因劳务造成他人损害的，由接受劳务一方承担侵权责任。提供劳务一方因劳务自己受到损害的，根据双方各自的过错承担相应的责任。

第三十六条 网络用户、网络服务提供者利用网络侵害他人民事权益的，应当承担侵权责任。

网络用户利用网络服务实施侵权行为的，被侵权人有权通知网络服务提供者采取删除、屏蔽、断开链接等必要措施。网络服务提供者接到通知后未及时采取必要措施的，对损害的扩大部分与该网络用户承担连带责任。

网络服务提供者知道网络用户利用其网络服务侵害他人民事权益，未采取必要措施的，与该网络用户承担连带责任。

第三十七条 宾馆、商场、银行、车站、娱乐场所等公共场所的管理人或者群众性活动的组织者，未尽到安全保障义务，造成他人损害的，应当承担侵权责任。

因第三人的行为造成他人损害的，由第三人承担侵权责任；管理人或者组织者未尽到安全保障义务的，承担相应的补充责任。

第三十八条 无民事行为能力人在幼儿园、学校或者其他教育机构学习、生活期间受到人身损害的，幼儿园、学校或者其他教育机构应当承担责任，但能够证明尽到教育、管理职责的，不承担责任。

第三十九条 限制民事行为能力人在学校或者其他教育机构学习、生活期间受到人身损害，学校或者其他教育机构未尽到教育、管理职责的，应当承担责任。

第四十条 无民事行为能力人或者限制民事行为能力人在幼儿园、学校或者其他教育机构学习、生活期间，受到幼儿园、学校或者其他教育机构以外的人员人身损害的，由侵权人承担侵权责任；幼儿园、学校或者其他教育机构未尽到管理职责的，承担相应的补充责任。

第五章 产品责任

第四十一条 因产品存在缺陷造成他人损害的，生产者应当承担侵权责任。

第四十二条 因销售者的过错使产品存在缺陷，造成他人损害的，销售者应当承担侵权责任。

销售者不能指明缺陷产品的生产者也不能指明缺陷产品的供货者的，销售者应当承担侵权责任。

第四十三条 因产品存在缺陷造成损害的，被侵权人可以向产品的生产者请求赔偿，也可以向产品的销售者请求赔偿。

产品缺陷由生产者造成的，销售者赔偿后，有权向生产者追偿。

因销售者的过错使产品存在缺陷的，生产者赔偿后，有权向销售者追偿。

第四十四条 因运输者、仓储者等第三人的过错使产品存在缺陷，造成他人损害的，产品的生产者、销售者赔偿后，有权向第三人追偿。

第四十五条 因产品缺陷危及他人人身、财产安全的，被侵权人有权请求生产者、销售者承担排除妨碍、消除危险等侵权责任。

第四十六条 产品投入流通后发现存在缺陷的，生产者、销售者应当及时采取警示、召回等补救措施。未及时采取补救措施或者补救措施不力造成损害的，应当承担侵权责任。

第四十七条 明知产品存在缺陷仍然生产、销售，造成他人死亡或者健康严重损害的，被侵权人有权请求相应的惩罚性赔偿。

第六章 机动车交通事故责任

第四十八条 机动车发生交通事故造成损害的，依照道路交通安全法的有关规定承担赔偿责任。

第四十九条 因租赁、借用等情形机动车所有人与使用人不是同一人时，发生交通事故后属于该机动车一方责任的，由保险公司在机动车强制保险责任限额范围内予以赔偿。不足部分，由机动车使用人承担赔偿责任；机动车所有人对损害的发生有过错的，承担相应的赔偿责任。

第五十条 当事人之间已经以买卖等方式转让并交付机动车但未办理所有权转移登记，发生交通事故后属于该机动车一方责任的，由保险公司在机动车强制保险责任限额范围内予以赔偿。不足部分，由受让人承担赔偿责任。

第五十一条 以买卖等方式转让拼装或者已达到报废标准的机动车，发生交通事故造成损害的，由转让人和受让人承担连带责任。

第五十二条 盗窃、抢劫或者抢夺的机动车发生交通事故造成损害的，由盗窃人、抢劫人或者抢夺人承担赔偿责任。保险公司在机动车强制保险责任限额范围内垫付抢救费用的，有权向交通事故责任人追偿。

第五十三条 机动车驾驶人发生交通事故后逃逸，该机动车参加强制保险的，由保险公司在机动车强制保险责任限额范围内予以赔偿；机动车不明或者该机动车未参加强制保险，需要支付被侵权人人身伤亡的抢救、丧葬等费用的，由道路交通事故社会救助基金垫付。道路交通事故社会救助基金垫付后，其管理机构有权向交通事故责任人追偿。

第七章 医疗损害责任

第五十四条 患者在诊疗活动中受到损害，医疗机构及其医务人员有过错的，由医疗机构承担赔偿责任。

第五十五条 医务人员在诊疗活动中应当向患者说明病情和医疗措施。需要实施手术、特殊检查、特殊治疗的，医务人员应当及时向患者说明医疗风险、替代医疗方案等情况，并取得其书面同意；不宜向患者说明的，应当向患者的近亲属说明，并取得其书面同意。

医务人员未尽到前款义务，造成患者损害的，医疗机构应当承担赔偿责任。

第五十六条 因抢救生命垂危的患者等紧急情况，不能取得患者或者其近亲属意见的，经医疗机构负责人或者授权的负责人批准，可以立即实施相应的医疗措施。

第五十七条 医务人员在诊疗活动中未尽到与当时的医疗水平相应的诊疗义务，造成患者损害的，医疗机构应当承担赔偿责任。

第五十八条 患者有损害，因下列情形之一的，推定医疗机构有过错：

（一）违反法律、行政法规、规章以及其他有关诊疗规范的规定；

（二）隐匿或者拒绝提供与纠纷有关的病历资料；

（三）伪造、篡改或者销毁病历资料。

第五十九条 因药品、消毒药剂、医疗器械的缺陷，或者输入不合格的血液造成患者损害的，患者可以向生产者或者血液提供机构请求赔偿，也可以向医疗机构请求赔偿。患者向医疗机构请求赔偿的，医疗机构赔偿后，有权向负有责任的生产者或者血液提供机构追偿。

第六十条 患者有损害，因下列情形之一的，医疗机构不承担赔偿责任：

（一）患者或者其近亲属不配合医疗机构进行符合诊疗规范的诊疗；

（二）医务人员在抢救生命垂危的患者等紧急情况下已经尽到合理诊疗义务；

（三）限于当时的医疗水平难以诊疗。

前款第一项情形中，医疗机构及其医务人员也有过错的，应当承担相应的赔偿责任。

第六十一条 医疗机构及其医务人员应当按照规定填写并妥善保管住院志、医嘱单、检验报告、手术及麻醉记录、病理资料、护理记录、医疗费用等病历资料。

患者要求查阅、复制前款规定的病历资料的，医疗机构应当提供。

第六十二条 医疗机构及其医务人员应当对患者的隐私保密。泄露患者隐私或者未经患者同意公开其病历资料，造成患者损害的，应当承担侵权责任。

第六十三条 医疗机构及其医务人员不得违反诊疗规范实施不必要的检查。

第六十四条 医疗机构及其医务人员的合法权益受法律保护。干扰医疗秩序，妨害医务人员工作、生活的，应当依法承担法律责任。

第八章 环境污染责任

第六十五条 因污染环境造成损害的，污染者应当承担侵权责任。

第六十六条 因污染环境发生纠纷，污染者应当就法律规定的不承担责任或者减轻责任的情形及其行为与损害之间不存在因果关系承担举证责任。

第六十七条 两个以上污染者污染环境，污染者承担责任的大小，根据污染物的种类、排放量等因素确定。

第六十八条 因第三人的过错污染环境造成损害的，被侵权人可以向污染者请求赔偿，也可以向第三人请求赔偿。污染者赔偿后，有权向第三人追偿。

第九章 高度危险责任

第六十九条 从事高度危险作业造成他人损害的，应当承担侵权责任。

第七十条 民用核设施发生核事故造成他人损害的，民用核设施的经营者应当承担侵权责任，但能够证明损害是因战争等情形或者受害人故意造成的，不承担责任。

第七十一条 民用航空器造成他人损害的，民用航空器的经营者应当承担侵权责任，但能够证明损害是因受害人故意造成的，不承担责任。

第七十二条 占有或者使用易燃、易爆、剧毒、放射性等高度危险物造成他人损害的，占有人或者使用人应当承担侵权责任，但能够证明损害是因受害人故意或者不可抗力造成的，不承担责任。被侵权人对损害的发生有重大过失的，可以减轻占有人或者使用人的责任。

第七十三条 从事高空、高压、地下挖掘活动或者使用高速轨道运输工具造成他人损害的，经营者应当承担侵权责任，但能够证明损害是因受害人故意或者不可抗力造成的，不承担责任。被侵权人对损害的发生有过失的，可以减轻经营者的责任。

第七十四条 遗失、抛弃高度危险物造成他人损害的，由所有人承担侵权责任。所有人将高度危险物交由他人管理的，由管理人承担侵权责任；所有人有过错的，与管理人承担连带责任。

第七十五条 非法占有高度危险物造成他人损害的，由非法占有人承担侵权责任。所有人、管理人不能证明对防止他人非法占有尽到高度注意义务的，与非法占有人承担连带责任。

第七十六条 未经许可进入高度危险活动区域或者高度危险物存放区域受到损害，管理人已经采取安全措施并尽到警示义务的，可以减轻或者不承担责任。

第七十七条 承担高度危险责任，法律规定赔偿限额的，依照其规定。

第十章 饲养动物损害责任

第七十八条 饲养的动物造成他人损害的，动物饲养人或者管理人应当承担侵权责任，但能够证明损害是因被侵权人故意或者重大过失造成的，可以不承担或者减轻责任。

第七十九条 违反管理规定，未对动物采取安全措施造成他人损害的，动物饲养人或者管理人应当承担侵权责任。

第八十条 禁止饲养的烈性犬等危险动物造成他人损害的，动物饲养人或者管理人应当承担侵权责任。

第八十一条 动物园的动物造成他人损害的，动物园应当承担侵权责任，但能够证明尽到管理职责的，不承担责任。

第八十二条 遗弃、逃逸的动物在遗弃、逃逸期间造成他人损害的，由原动物饲养人或者管理人承担侵权责任。

第八十三条 因第三人的过错致使动物造成他人损害的，被侵权人可以向动物饲养人或者管理人请求赔偿，也可以向第三人请求赔偿。动物饲养人或者管理人赔偿后，有权向第三人追偿。

第八十四条 饲养动物应当遵守法律，尊重社会公德，不得妨害他人生活。

第十一章 物件损害责任

第八十五条 建筑物、构筑物或者其他设施及其搁置物、悬挂物发生脱落、坠落造成他人损害，所有人、管理人或者使用人不能证明自己没有过错的，应当承担侵权责任。所有人、管理人或者使用人赔偿后，有其他责任人的，有权向其他责任人追偿。

第八十六条 建筑物、构筑物或者其他设施倒塌造成他人损害的，由建设单位与施工单位承担连带责任。建设单位、施工单位赔偿后，有其他责任人的，有权向其他责任人追偿。

因其他责任人的原因，建筑物、构筑物或者其他设施倒塌造成他人损害的，由其他责任人承担侵权责任。

第八十七条 从建筑物中抛掷物品或者从建筑物上坠落的物品造成他人损害，难以确定具体侵权人的，除能够证明自己不是侵权人的外，由可能加害的建筑物使用人给予补偿。

第八十八条 堆放物倒塌造成他人损害，堆放人不能证明自己没有过错的，应当承担侵权责任。

第八十九条 在公共道路上堆放、倾倒、遗撒妨碍通行的物品造成他人损害的，有关单位或者个人应当承担侵权责任。

第九十条 因林木折断造成他人损害，林木的所有人或者管理人不能证明自己没有过错的，应当承担侵权责任。

第九十一条 在公共场所或者道路上挖坑、修缮安装地下设施等，没有设置明显标志和采取安全措施造成他人损害的，施工人应当承担侵权责任。

窨井等地下设施造成他人损害，管理人不能证明尽到管理职责的，应当承担侵权责任。

第十二章 附 则

第九十二条 本法自2010年7月1日起施行。

中华人民共和国产品质量法

1993年2月22日第七届全国人民代表大会常务委员会第三十次会议通过
根据2000年7月8日第九届全国人民代表大会常务委员会第十六次会议
《关于修改〈中华人民共和国产品质量法〉的决定》修正

第一章 总 则

第一条 为了加强对产品质量的监督管理，提高产品质量水平，明确产品质量责任，保护消费者的合法权益，维护社会经济秩序，制定本法。

第二条 在中华人民共和国境内从事产品生产、销售活动，必须遵守本法。

本法所称产品是指经过加工、制作，用于销售的产品。

建设工程不适用本法规定；但是，建设工程使用的建筑材料、建筑构配件和设备，属于前款规定的产品范围的，适用本法规定。

第三条 生产者、销售者应当建立健全内部产品质量管理制度，严格实施岗位质量规范、质量责任以及相应的考核办法。

第四条 生产者、销售者依照本法规定承担产品质量责任。

第五条 禁止伪造或者冒用认证标志等质量标志；禁止伪造产品的产地，伪造或者冒用他人的厂名、厂址；禁止在生产、销售的产品中掺杂、掺假，以假充真，以次充好。

第六条 国家鼓励推行科学的质量管理方法，采用先进的科学技术，鼓励企业产品质量达到并且超过行业标准、国家标准和国际标准。

对产品质量管理先进和产品质量达到国际先进水平、成绩显著的单位和个人，给予奖励。

第七条 各级人民政府应当把提高产品质量纳入国民经济和社会发展规划，加强对产品质量工作的统筹规划和组织领导，引导、督促生产者、销售者加强产品质量管理，提高产品质量，组织各有关部门依法采取措施，制止产品生产、销售中违反本法规定的行为，保障本法的施行。

第八条 国务院产品质量监督部门主管全国产品质量监督工作。国务院有关部门在各自的职责范围内负责产品质量监督工作。

县级以上地方产品质量监督部门主管本行政区域内的产品质量监督工作。县级以上地方人民政府有关部门在各自的职责范围内负责产品质量监督工作。

法律对产品质量的监督部门另有规定的，依照有关法律的规定执行。

第九条 各级人民政府工作人员和其他国家机关工作人员不得滥用职权、玩忽职守或者徇私舞弊，包庇、放纵本地区、本系统发生的产品生产、销售中违反本法规定的行为，或者阻挠、干预依法对产品生产、销售中违反本法规定的行为进行查处。

各级地方人民政府和其他国家机关有包庇、放纵产品生产、销售中违反本法规定的行为的，依法追究其主要负责人的法律责任。

第十条 任何单位和个人有权对违反本法规定的行为，向产品质量监督部门或者其他有关部门检举。

产品质量监督部门和有关部门应当为检举人保密，并按照省、自治区、直辖市人民政府的规定给予奖励。

第十一条 任何单位和个人不得排斥非本地区或者非本系统企业生产的质量合格产品进入本地区、本系统。

第二章 产品质量的监督

第十二条 产品质量应当检验合格，不得以不合格产品冒充合格产品。

第十三条 可能危及人体健康和人身、财产安全的工业产品，必须符合保障人体健康和人身、财产安全的国家标准、行业标准；未制定国家标准、行业标准的，必须符合保障人体健康和人身、财产安全的要求。

禁止生产、销售不符合保障人体健康和人身、财产安全的标准和要求的工业产品。具体管理办法由国务院规定。

第十四条 国家根据国际通用的质量管理标准，推行企业质量体系认证制度。企业根据自愿原则可以向国务院产品质量监督部门认可的或者国务院产品质量监督部门授权的部门认可的认证机构申请企业质量体系认证。经认证合格的，由认证机构颁发企业质量体系认证证书。

国家参照国际先进的产品标准和技术要求，推行产品质量认证制度。企业根据自愿原则可以向国务院产品质量监督部门认可的或者国务院产品质量监督部门授权的部门认可的认证机构申请产品质量认证。经认证合格的，由认证机构颁发产品质量认证证书，准许企业在产品或者其包装上使用产品质量认证标志。

第十五条 国家对产品质量实行以抽查为主要方式的监督检查制度，对可能危及人体健康和人身、财产安全的产品，影响国计民生的重要工业产品以及消费者、有关组织反映有质量问题的产品进行抽查。抽查的样品应当在市场上或者企业成品仓库内的待销产品中随机抽取。监督抽查工作由国务院产品质量监督部门规划和组织。县级以上地方产品质量监督部门在本行政区域内也可以组织监督抽查。法律对产品质量的监督检查另有规定的，依照有关法律的规定执行。

国家监督抽查的产品，地方不得另行重复抽查；上级监督抽查的产品，下级不得另行重复抽查。

根据监督抽查的需要，可以对产品进行检验。检验抽取样品的数量不得超过检验的合理需要，并不得向被检查人收取检验费用。监督抽查所需检验费用按照国务院规定列支。

生产者、销售者对抽查检验的结果有异议的，可以自收到检验结果之日起十五日内向实施监督抽查的产品质量监督部门或者其上级产品质量监督部门申请复检，由受理复检的产品质量监督部门作出复检结论。

第十六条 对依法进行的产品质量监督检查，生产者、销售者不得拒绝。

第十七条 依照本法规定进行监督抽查的产品质量不合格的，由实施监督抽查的产品质量监督部门责令其生产者、销售者限期改正。逾期不改正的，由省级以上人民政府产品质量监督部门予以公告；公告后经复查仍不合格的，责令停业，限期整顿；整顿期满后经复查产品质量仍不合格的，吊销营业执照。

监督抽查的产品有严重质量问题的，依照本法第五章的有关规定处罚。

第十八条 县级以上产品质量监督部门根据已经取得的违法嫌疑证据或者举报，对涉嫌违反本法规定的行为进行查处时，可以行使下列职权：

（一）对当事人涉嫌从事违反本法的生产、销售活动的场所实施现场检查；

（二）向当事人的法定代表人、主要负责人和其他有关人员调查、了解与涉嫌从事违反本法的生产、销售活动有关的情况；

（三）查阅、复制当事人有关的合同、发票、帐簿以及其他有关资料；

（四）对有根据认为不符合保障人体健康和人身、财产安全的国家标准、行业标准的产品或者有其他严重质量问题的产品，以及直接用于生产、销售该项产品的原辅材料、包装物、生产工具，予以查封或者扣押。

县级以上工商行政管理部门按照国务院规定的职责范围，对涉嫌违反本法规定的行为进行查处时，可以行使前款规定的职权。

第十九条 产品质量检验机构必须具备相应的检测条件和能力，经省级以上人民政府产品质量监督部门或者其授权的部门考核合格后，方可承担产品质量检验工作。法律、行政法规对产品质量检验机构另有规定的，依照有关法律、行政法规的规定执行。

第二十条 从事产品质量检验、认证的社会中介机构必须依法设立，不得与行政机关和其他国家机关存在隶属关系或者其他利益关系。

第二十一条 产品质量检验机构、认证机构必须依法按照有关标准，客观、公正地出具检验结果或者认证证明。

产品质量认证机构应当依照国家规定对准许使用认证标志的产品进行认证后的跟踪检查；对不符合认证标准而使用认证标志的，要求其改正；情节严重的，取消其使用认证标志的资格。

第二十二条 消费者有权就产品质量问题,向产品的生产者、销售者查询;向产品质量监督部门、工商行政管理部门及有关部门申诉,接受申诉的部门应当负责处理。

第二十三条 保护消费者权益的社会组织可以就消费者反映的产品质量问题建议有关部门负责处理,支持消费者对因产品质量造成的损害向人民法院起诉。

第二十四条 国务院和省、自治区、直辖市人民政府的产品质量监督部门应当定期发布其监督抽查的产品的质量状况公告。

第二十五条 产品质量监督部门或者其他国家机关以及产品质量检验机构不得向社会推荐生产者的产品;不得以对产品进行监制、监销等方式参与产品经营活动。

第三章 生产者、销售者的产品质量责任和义务

第一节 生产者的产品质量责任和义务

第二十六条 生产者应当对其生产的产品质量负责。

产品质量应当符合下列要求:

(一)不存在危及人身、财产安全的不合理的危险,有保障人体健康和人身、财产安全的国家标准、行业标准的,应当符合该标准;

(二)具备产品应当具备的使用性能,但是,对产品存在使用性能的瑕疵作出说明的除外;

(三)符合在产品或者其包装上注明采用的产品标准,符合以产品说明、实物样品等方式表明的质量状况。

第二十七条 产品或者其包装上的标识必须真实,并符合下列要求:

(一)有产品质量检验合格证明;

(二)有中文标明的产品名称、生产厂厂名和厂址;

(三)根据产品的特点和使用要求,需要标明产品规格、等级、所含主要成份的名称和含量的,用中文相应予以标明;需要事先让消费者知晓的,应当在外包装上标明,或者预先向消费者提供有关资料;

(四)限期使用的产品,应当在显著位置清晰地标明生产日期和安全使用期或者失效日期;

(五)使用不当,容易造成产品本身损坏或者可能危及人身、财产安全的产品,应当有警示标志或者中文警示说明。

裸装的食品和其他根据产品的特点难以附加标识的裸装产品,可以不附加产品标识。

第二十八条 易碎、易燃、易爆、有毒、有腐蚀性、有放射性等危险物品以及储运中不能倒置和其他有特殊要求的产品,其包装质量必须符合相应要求,依照国家有关规定作出警示标志或者中文警示说明,标明储运注意事项。

第二十九条 生产者不得生产国家明令淘汰的产品。

第三十条 生产者不得伪造产地,不得伪造或者冒用他人的厂名、厂址。

第三十一条 生产者不得伪造或者冒用认证标志等质量标志。

第三十二条 生产者生产产品,不得掺杂、掺假,不得以假充真、以次充好,不得以不合格产品冒充合格产品。

第二节 销售者的产品质量责任和义务

第三十三条 销售者应当建立并执行进货检查验收制度,验明产品合格证明和其他标识。

第三十四条 销售者应当采取措施,保持销售产品的质量。

第三十五条 销售者不得销售国家明令淘汰并停止销售的产品和失效、变质的产品。

第三十六条 销售者销售的产品的标识应当符合本法第二十七条的规定。

第三十七条 销售者不得伪造产地,不得伪造或者冒用他人的厂名、厂址。

第三十八条 销售者不得伪造或者冒用认证标志等质量标志。

第三十九条 销售者销售产品,不得掺杂、掺假,不得以假充真、以次充好,不得以不合格产品冒充合格产品。

第四章 损害赔偿

第四十条 售出的产品有下列情形之一的,销售者应当负责修理、更换、退货;给购买产品的消费者造成损失的,销售者应当赔偿损失:

(一)不具备产品应当具备的使用性能而事先未作说明的;

(二)不符合在产品或者其包装上注明采用的产品标准的;

(三)不符合以产品说明、实物样品等方式表明的质量状况的。

销售者依照前款规定负责修理、更换、退货、赔偿损失后,属于生产者的责任或者属于向销售者提供产品的其他销售者(以下简称供货者)的责任的,销售者有权向生产者、供货者追偿。

销售者未按照第一款规定给予修理、更换、退货或者赔偿损失的,由产品质量监督部门或者工商行政管理部门责令改正。

生产者之间,销售者之间,生产者与销售者之间订立的买卖合同、承揽合同有不同约定的,合同当事人按照合同约定执行。

第四十一条 因产品存在缺陷造成人身、缺陷产品以外的其他财产(以下简称他人财产)损害的,生产者应当承担赔偿责任。

生产者能够证明有下列情形之一的,不承担赔偿责任:

(一)未将产品投入流通的;

(二)产品投入流通时,引起损害的缺陷尚不存在的;

(三)将产品投入流通时的科学技术水平尚不能发现缺陷的存在的。

第四十二条 由于销售者的过错使产品存在缺陷,造成人身、他人财产损害的,销售者应当承担赔偿责任。

销售者不能指明缺陷产品的生产者也不能指明缺陷产品的供货者的,销售者应当承担赔偿责任。

第四十三条 因产品存在缺陷造成人身、他人财产损害的,受害人可以向产品的生产者要求赔偿,也可以向产品的销售者要求赔偿。属于产品的生产者的责任,产品的销售者赔偿的,产品的销售者有权向产品的生产者追偿。属于产品的销售者的责任,产品的生产者赔偿的,产品的生产者有权向产品的销售者追偿。

第四十四条 因产品存在缺陷造成受害人人身伤害的,侵害人应当赔偿医疗费、治疗期间的护理费、因误工减少的收入等费用;造成残疾的,还应当支付残疾者生活自助具费、生活补助费、残疾赔偿金以及由其扶养的人所必需的生活费等费用;造成受害人死亡的,并应当支付丧葬费、死亡赔偿金以及由死者生前扶养的人所必需的生活费等费用。

因产品存在缺陷造成受害人财产损失的,侵害人应当恢复原状或者折价赔偿。受害人因此遭受其他重大损失的,侵害人应当赔偿损失。

第四十五条 因产品存在缺陷造成损害要求赔偿的诉讼时效期间为二年,自当事人知道或者应当知道其权益受到损害时起计算。

因产品存在缺陷造成损害要求赔偿的请求权,在造成损害的缺陷产品交付最初消费者满十年丧失;但是,尚未超过明示的安全使用期的除外。

第四十六条 本法所称缺陷,是指产品存在危及人身、他人财产安全的不合理的危险;产品有保障人体健康和人身、财产安全的国家标准、行业标准的,是指不符合该标准。

第四十七条 因产品质量发生民事纠纷时,当事人可以通过协商或者调解解决。当事人不愿通过协商、调解解决或者协商、调解不成的,可以根据当事人各方的协议向仲裁机构申请仲裁;当事人各方没有达成仲裁协议或者仲裁协议无效的,可以直接向人民法院起诉。

第四十八条 仲裁机构或者人民法院可以委托本法第十九条规定的产品质量检验机构,对有关产品质量进行检验。

第五章 罚 则

第四十九条 生产、销售不符合保障人体健康和人身、财产安全的国家标准、行业标准的产品的,责令停止生产、销售,没收违法生产、销售的产品,并处违法生产、销售产品(包括已售出和未售出的产品,下同)货值金额等值以上三倍以下的罚款;有违法所得的,并处没收违法所得;情节严重的,吊销营业执照;构成犯罪的,依法追究刑事责任。

第五十条 在产品中掺杂、掺假,以假充真,以次充好,或者以不合格产品冒充合格产品的,责令停止生产、销售,没收违法生产、销售的产品,并处违法生产、销售产品货值金额百分之五十以上三倍以下的罚款;有违法所得的,并处没收违法所得;情节严重的,吊销营业执照;构成犯罪的,依法追究刑事责任。

第五十一条 生产国家明令淘汰的产品的,销售国家明令淘汰并停止销售的产品的,责令停止生产、销售,没收违法生产、销售的产品,并处违法生产、销售产品货值金额等值以下的罚款;有违法所得的,并处没收违法所得;情节严重的,吊销营业执照。

第五十二条 销售失效、变质的产品的,责令停止销售,没收违法销售的产品,并处违法销售产品货值金额二倍以下的罚款;有违法所得的,并处没收违法所得;情节严重的,吊销营业执照;构成犯罪的,依法追究刑事责任。

第五十三条 伪造产品产地的,伪造或者冒用他人厂名、厂址的,伪造或者冒用认证标志等质量标志的,责令改正,没收违法生产、销售的产品,并处违法生产、销售产品货值金额等值以下的罚款;有违法所得的,并处没收违法所得;情节严重的,吊销营业执照。

第五十四条 产品标识不符合本法第二十七条规定的,责令改正;有包装的产品标识不符合本法第二十七条第(四)项、第(五)项规定,情节严重的,责令停止生产、销售,并处违法生产、销售产品货值金额百分之三十以下的罚款;有违法所得的,并处没收违法所得。

第五十五条 销售者销售本法第四十九条至第五十三条规定禁止销售的产品,有充分证据证明其不知道该产品为禁止销售的产品并如实说明其进货来源的,可以从轻或者减轻处罚。

第五十六条 拒绝接受依法进行的产品质量监督检查的,给予警告,责令改正;拒不改正的,责令停业整顿;情节特别严重的,吊销营业执照。

第五十七条 产品质量检验机构、认证机构伪造检验结果或者出具虚假证明的,责令改正,对单位处五万元以上十万元以下的罚款,对直接负责的主管人员和其他直接责任人员处一万元以上五万元以下的罚款;有违法所得的,并处没收违法所得;情节严重的,取消其检验资格、认证资格;构成犯罪的,依法追究刑事责任。

产品质量检验机构、认证机构出具的检验结果或者证明不实,造成损失的,应当承担相应的赔偿责任;造成重大损失的,撤销其检验资格、认证资格。

产品质量认证机构违反本法第二十一条第二款的规定,对不符合认证标准而使用认证标志的产品,未依法要求其改正或者取消其使用认证标志资格的,对因产品不符合认证标准给消费者造成的损失,与产品的生产者、销售者承担连带责任;情节严重的,撤销其认证资格。

第五十八条 社会团体、社会中介机构对产品质量作出承诺、保证,而该产品又不符合其承诺、保证的质量要求,给消费者造成损失的,与产品的生产者、销售者承担连带责任。

第五十九条 在广告中对产品质量作虚假宣传,欺骗和误导消费者的,依照《中华人民共和国广告法》的规定追究法律责任。

第六十条 对生产者专门用于生产本法第四十九条、第五十一条所列的产品或者以假充真的产品的原辅材料、包装物、生产工具,应当予以没收。

第六十一条 知道或者应当知道属于本法规定禁止生产、销售的产品而为其提供运输、保管、仓储等便利条件的,或者为以假充真的产品提供制假生产技术的,没收全部运输、保管、仓储或者提供制假生产技术的收入,并处违法收入百分之五十以上三倍以下的罚款;构成犯罪的,依法追究刑事责任。

第六十二条 服务业的经营者将本法第四十九条至第五十二条规定禁止销售的产品用于经营性服务的,责令停止使用;对知道或者应当知道所使用的产品属于本法规定禁止销售的产品的,按照违法使用的产品(包括已使用和尚未使用的产品)的货值金额,依照本法对销售者的处罚规定处罚。

第六十三条 隐匿、转移、变卖、损毁被产品质量监督部门或者工商行政管理部门查封、扣押的物品的,处被隐匿、转移、变卖、损毁物品货值金额等值以上三倍以下的罚款;有违法所得的,并处没收违法所得。

第六十四条 违反本法规定,应当承担民事赔偿责任和缴纳罚款、罚金,其财产不足以同时支付时,先承担民事赔偿责任。

第六十五条 各级人民政府工作人员和其他国家机关工作人员有下列情形之一的,依法给予行政处分;构成犯罪的,依法追究刑事责任:

（一）包庇、放纵产品生产、销售中违反本法规定行为的；

（二）向从事违反本法规定的生产、销售活动的当事人通风报信，帮助其逃避查处的；

（三）阻挠、干预产品质量监督部门或者工商行政管理部门依法对产品生产、销售中违反本法规定的行为进行查处，造成严重后果的。

第六十六条 产品质量监督部门在产品质量监督抽查中超过规定的数量索取样品或者向被检查人收取检验费用的，由上级产品质量监督部门或者监察机关责令退还；情节严重的，对直接负责的主管人员和其他直接责任人员依法给予行政处分。

第六十七条 产品质量监督部门或者其他国家机关违反本法第二十五条的规定，向社会推荐生产者的产品或者以监制、监销等方式参与产品经营活动的，由其上级机关或者监察机关责令改正，消除影响，有违法收入的予以没收；情节严重的，对直接负责的主管人员和其他直接责任人员依法给予行政处分。

产品质量检验机构有前款所列违法行为的，由产品质量监督部门责令改正，消除影响，有违法收入的予以没收，可以并处违法收入一倍以下的罚款；情节严重的，撤销其质量检验资格。

第六十八条 产品质量监督部门或者工商行政管理部门的工作人员滥用职权、玩忽职守、徇私舞弊，构成犯罪的，依法追究刑事责任；尚不构成犯罪的，依法给予行政处分。

第六十九条 以暴力、威胁方法阻碍产品质量监督部门或者工商行政管理部门的工作人员依法执行职务的，依法追究刑事责任；拒绝、阻碍未使用暴力、威胁方法的，由公安机关依照治安管理处罚条例的规定处罚。

第七十条 本法规定的吊销营业执照的行政处罚由工商行政管理部门决定，本法第四十九条至第五十七条、第六十条至第六十三条规定的行政处罚由产品质量监督部门或者工商行政管理部门按照国务院规定的职权范围决定。法律、行政法规对行使行政处罚权的机关另有规定的，依照有关法律、行政法规的规定执行。

第七十一条 对依照本法规定没收的产品，依照国家有关规定进行销毁或者采取其他方式处理。

第七十二条 本法第四十九条至第五十四条、第六十二条、第六十三条所规定的货值金额以违法生产、销售产品的标价计算；没有标价的，按照同类产品的市场价格计算。

第六章 附 则

第七十三条 军工产品质量监督管理办法，由国务院、中央军事委员会另行制定。

因核设施、核产品造成损害的赔偿责任，法律、行政法规另有规定的，依照其规定。

第七十四条 本法自 1993 年 9 月 1 日起施行。

中华人民共和国消费者权益保护法

1993 年 10 月 31 日第八届全国人民代表大会常务委员会第四次会议通过
1993 年 10 月 31 日中华人民共和国主席令第十一号公布 自 1994 年 1 月 1 日起施行

第一章 总 则

第一条 为保护消费者的合法权益，维护社会经济秩序，促进社会主义市场经济健康发展，制定本法。

第二条 消费者为生活消费需要购买、使用商品或者接受服务，其权益受本法保护；本法未作规定的，受其他有关法律、法规保护。

第三条 经营者为消费者提供其生产、销售的商品或者提供服务，应当遵守本法；本法未作出规定的，应当遵守其他有关法律、法规。

第四条 经营者与消费者进行交易，应当遵循自愿、平等、公平、诚实信用的原则。

第五条 国家保护消费者的合法权益不受侵害。

国家采取措施，保障消费者依法行使权利，维护消费者的合法权益。

第六条 保护消费者的合法权益是全社会的共同责任。

国家鼓励、支持一切组织和个人对损害消费者合法权益的行为进行社会监督。

大众传播媒介应当做好维护消费者合法权益的宣传，对损害消费者合法权益的行为进行舆论监督。

第二章 消费者的权利

第七条 消费者在购买、使用商品和接受服务时享有人身、财产安全不受损害的权利。

消费者有权要求经营者提供的商品和服务，符合保障人身、财产安全的要求。

第八条 消费者享有知悉其购买、使用的商品或者接受的服务的真实情况的权利。

消费者有权根据商品或者服务的不同情况，要求经营者提供商品的价格、产地、生产者、用途、性能、规格、等级、主要成份、生产日期、有效期限、检验合格证明、使用方法说明书、售后服务，或者服务的内容、规格、费用等有关情况。

第九条 消费者享有自主选择商品或者服务的权利。

消费者有权自主选择提供商品或者服务的经营者，自主选择商品品种或者服务方式，自主决定购买或者不购买任何一种商品、接受或者不接受任何一项服务。

消费者在自主选择商品或者服务时，有权进行比较、鉴别和挑选。

第十条 消费者享有公平交易的权利。

消费者在购买商品或者接受服务时，有权获得质量保障、价格合理、计量正确等公平交易条件，有权拒绝经营者的强制交易行为。

第十一条 消费者因购买、使用商品或者接受服务受到人身、财产损害的，享有依法获得赔偿的权利。

第十二条 消费者享有依法成立维护自身合法权益的社会团体的权利。

第十三条 消费者享有获得有关消费和消费者权益保护方面的知识的权利。

消费者应当努力掌握所需商品或者服务的知识和使用技能，正确使用商品，提高自我保护意识。

第十四条 消费者在购买、使用商品和接受服务时，享有其人格尊严、民族风俗习惯得到尊重的权利。

第十五条 消费者享有对商品和服务以及保护消费者权益工作进行监督的权利。

消费者有权检举、控告侵害消费者权益的行为和国家机关及其工作人员在保护消费者权益工作中的违法失职行为，有权对保护消费者权益工作提出批评、建议。

第三章 经营者的义务

第十六条 经营者向消费者提供商品或者服务，应当依照《中华人民共和国产品质量法》和其他有关法律、法规的规定履行义务。

经营者和消费者有约定的，应当按照约定履行义务，但双方的约定不得违背法律、法规的规定。

第十七条 经营者应当听取消费者对其提供的商品或者服务的意见，接受消费者的监督。

第十八条 经营者应当保证其提供的商品或者服务符合保障人身、财产安全的要求。对可能危及人身、财产安全的商品和服务，应当向消费者作出真实的说明和明确的警示，并说明和标明正确使用商品或者接受服务的方法以及防止危害发生的方法。

经营者发现其提供的商品或者服务存在严重缺陷，即使正确使用商品或者接受服务仍然可能对人身、财产安全造成危害的，应当立即向有关行政部门报告和告知消费者，并采取防止危害发生的措施。

第十九条 经营者应当向消费者提供有关商品或者服务的真实信息，不得作引人误解的虚假宣传。

经营者对消费者就其提供的商品或者服务的质量和使用方法等问题提出的询问，应当作为真实、明确的答复。

商店提供商品应当明码标价。

第二十条 经营者应当标明其真实名称和标记。

租赁他人柜台或者场地的经营者，应当标明其真实名称和标记。

第二十一条 经营者提供商品或者服务，应当按照国家有关规定或者商业惯例向消费者出具购货凭证或者服务单据；消费者索要购货凭证或者服务单据的，经营者必须出具。

第二十二条 经营者应当保证在正常使用商品或者接受服务的情况下其提供的商品或者服务应当具有的质量、性能、用途和有效期限；但消费者在购买该商品或者接受该服务前已经知道其存在瑕疵的除外。

经营者以广告、产品说明、实物样品或者其他方式表明商品或者服务的质量状况的，应当保证其提供的商品或者服务的实际质量与表明的质量状况相符。

第二十三条 经营者提供商品或者服务，按照国家规定或者与消费者的约定，承担包修、包换、包退或者其他责任的,应当按照国家规定或者约定履行,不得故意拖延或者无理拒绝。

第二十四条 经营者不得以格式合同、通知、声明、店堂告示等方式作出对消费者不公平、不合理的规定,或者减轻、免除其损害消费者合法权益应当承担的民事责任。

格式合同、通知、声明、店堂告示等含有前款所列内容的,其内容无效。

第二十五条 经营者不得对消费者进行侮辱、诽谤,不得搜查消费者的身体及其携带的物品,不得侵犯消费者的人身自由。

第四章 国家对消费者合法权益的保护

第二十六条 国家制定有关消费者权益的法律、法规和政策时,应听取消费者的意见和要求。

第二十七条 各级人民政府应当加强领导,组织、协调、督促有关行政部门做好保护消费者合法权益的工作。

各级人民政府应当加强监督,预防危害消费者人身、财产安全行为的发生,及时制止危害消费者人身、财产安全的行为。

第二十八条 各级人民政府工商行政管理部门和其他有关行政部门应当依照法律、法规的规定,在各自的职责范围内,采取措施,保护消费者的合法权益。

有关行政部门应当听取消费者及其社会团体对经营者交易行为、商品和服务质量问题的意见,及时调查处理。

第二十九条 有关国家机关应当依照法律、法规的规定,惩处经营者在提供商品和服务中侵害消费者合法权益的违法犯罪行为。

第三十条 人民法院应当采取措施,方便消费者提起诉讼。对符合《中华人民共和国民事诉讼法》起诉条件的消费者权益争议,必须受理,及时审理。

第五章 消费者组织

第三十一条 消费者协会和其他消费者组织是依法成立的对商品和服务进行社会监督的保护消费者合法权益的社会团体。

第三十二条 消费者协会履行下列职能:

(一)向消费者提供消费信息和咨询服务;

(二)参与有关行政部门对商品和服务的监督、检查;

(三)就有关消费者合法权益的问题,向有关行政部门反映、查询,提出建议;

(四)受理消费者的投诉,并对投诉事项进行调查、调解;

(五)投诉事项涉及商品和服务质量问题的,可以提请鉴定部门鉴定,鉴定部门应当告知鉴定结论;

(六)就损害消费者合法权益的行为,支持受损害的消费者提起诉讼;

(七)对损害消费者合法权益的行为,通过大价传播媒介予以揭露、批评。

各级人民政府对消费者协会履行职能应当予以支持。

第三十三条 消费者组织不得从事商品经营和营利性服务,不得以牟利为目的向社会推荐商品和服务。

第六章 争议的解决

第三十四条 消费者和经营者发生消费者权益争议的,可以通过下列途径解决:

(一)与经营者协商和解;

(二)请求消费者协会调解;

(三)向有关行政部门申诉;

(四)根据与经营者达成的仲裁协议提请仲裁机构仲裁;

(五)向人民法院提起诉讼。

第三十五条 消费者在购买、使用商品时,其合法权益受到损害的,可以向销售者要求赔偿。销售者赔偿后,属于生产者的责任或者属于向销售者提供商品的其他销售者的责任的,销售者有权向生产者或者其他销售者追偿。

消费者或者其他受害人因商品缺陷造成人身、财产损害的,可以向销售者要求赔偿,也可以向生产者要求赔偿。属于生产者责任的，销售者赔偿后，有权向生产者追偿。属于销售者责任的，生产者赔偿后，有权向销售者追偿。

消费者在接受服务时，其合法权益受到损害的，可以向服务者要求赔偿。

第三十六条 消费者在购买、使用商品或者接受服务时，其合法权益受到损害，因原企业分立、合并的，可以向变更后承受其权利义务的企业要求赔偿。

第三十七条 使用他人营业执照的违法经营者提供商品或者服务，损害消费者合法权益的，消费者可以向其要求赔偿，也可以向营业执照的持有人要求赔偿。

第三十八条 消费者在展销会、租赁柜台购买商品或者接受服务，其合法权益受到损害的，可以向销售者或者服务者要求赔偿。展销会结束或者柜台租赁期满后，也可以向展销会的举办者、柜台的出租者要求赔偿。展销会的举办者、柜台的出租者赔偿后，有权向销售者或者服务者追偿。

第三十九条 消费者因经营者利用虚假广告提供商品或者服务，其合法权益受到损害的，可以向经营者要求赔偿。广告的经营者发布虚假广告的，消费者可以请求行政主管部门予以惩处。广告的经营者不得提供经营者的真实名称、地址的，应当承担赔偿责任。

第七章 法律责任

第四十条 经营者提供商品或者服务有下列情形之一的，除本法另有规定外，应当依照《中华人民共和国产品质量法》和其他有关法律、法规的规定，承担民事责任：

（一）商品存在缺陷的；

（二）不具备商品应当具备的使用性能而出售时未作说明的；

（三）不符合在商品或者其包装上注明采用的商品标准的；

（四）不符合商品说明、实物样品等方式表明的质量状况的；

（五）生产国家明令淘汰的商品或者销售失效、变质的商品的；

（六）销售的商品数量不足的；

（七）服务的内容和费用违反约定的；

（八）对消费者提出的修理、重作、更换、退货、补足商品数量、退还货款和服务费用或者赔偿损失的要求，故意拖延或者无理拒绝的；

（九）法律、法规规定的其他损害消费者权益的情形。

第四十一条 经营者提供商品或者服务，造成消费者或者其他受害人人身伤害的，应当支付医疗费、治疗期间的护理费、因误工减少的收入等费用，造成残疾的，还应当支付残疾者生活自助具费、生活补助费、残疾赔偿金以及由其扶养的人所必需的生活费等费用；构成犯罪的，依法追究刑事责任。

第四十二条 经营者提供商品或者服务，造成消费者或者其他受害人死亡的，应当支付丧葬费、死亡赔偿金以及由死者生前扶养的人所必需的生活费等费用；构成犯罪的，依法追究刑事责任。

第四十三条 经营者违反本法第二十五条规定，侵害消费者的人格尊严或者侵犯消费者人身自由的，应当停止侵害、恢复名誉、消除影响、赔礼道歉，并赔偿损失。

第四十四条 经营者提供商品或者服务，造成消费者财产损害的，应当按照消费者的要求，以修理、重作、更换、退货、补足商品数量、退还货款和服务费用或者赔偿损失等方式承担民事责任。消费者与经营者另有约定的，按照约定履行。

第四十五条 对国家规定或者经营者与消费者约定包修、包换、包退的商品，经营者应当负责修理、更换或者退货。在保修期内两次修理仍不能正常使用的，经营者应当负责更换或者退货。

对包修、包换、包退的大件商品，消费者要求经营者修理、更换、退货的，经营者应当承担运输等合理费用。

第四十六条 经营者以邮购方式提供商品的，应当按照约定提供。未按照约定提供的，应当按照消费者的要求履行约定或者退回货款；并应当承担消费者必须支付的合理费用。

第四十七条 经营者以预收款方式提供商品或者服务的，应当按照约定提供。未按照约定提供的，应当按照消费者的要求履行约定或者退回预付款；并应当承担预付款的利息、消费者必须支付的合理费用。

第四十八条 依法经有关行政部门认定为不合格的商品，消费者要求退货的，经营者应当负责退货。

第四十九条 经营者提供商品或者服务有欺诈行为的，应当按照消费者的要求增加赔偿其受到的损失，增加赔偿的金额为消费者购买商品的价款或者接受服务的费用的一倍。

第五十条 经营者有下列情形之一,《中华人民共和国产品质量法》和其他有关法律、法规对处罚机关和处罚方式有规定的,依照法律、法规的规定执行;法律、法规未作规定的,由工商行政管理部门责令改正,可以根据情节单处或者并处警告、没收违法所得、处以违法所得一倍以上五倍以下的罚款,没有违法所得的处以一万元以下的罚款;情节严重的,责令停业整顿、吊销营业执照:

(一)生产、销售的商品不符合保障人身、财产安全要求的;

(二)在商品中掺杂、掺假,以假充真,以次充好,或者以不合格商品冒充合格商品的;

(三)生产国家明令淘汰的商品或者销售失效、变质的商品的;

(四)伪造商品的产地,伪造或者冒用他人的厂名、厂址,伪造或者冒用认证标志、名优标志等质量标志的;

(五)销售的商品应当检验、检疫而未检验、检疫或者伪造检验、检疫结果的;

(六)对商品或者服务作引人误解的虚假宣传的;

(七)对消费者提出的修理、重作、更换、退货、补足商品数量、退还货款和服务费用或者赔偿损失的要求,故意拖延或者无理拒绝的;

(八)侵害消费者人格尊严或者侵犯消费者人身自由的;

(九)法律、法规规定的对损害消费者权益应当予以处罚的其他情形。

第五十一条 经营者对行政处罚决定不服的,可以自收到处罚决定之日起十五日内向上一级机关申请复议,对复议决定不服的,可以自收到复议决定书之日起十五日内向人民法院提起诉讼;也可以直接向人民法院提起诉讼。

第五十二条 以暴力、威胁等方法阻碍有关行政部门工作人员依法执行职务的,依法追究刑事责任;拒绝、阻碍有关行政部门工作人员依法执行职务,未使用暴力、威胁方法的,由公安机关依照《中华人民共和国治安管理处罚条例》的规定处罚。

第五十三条 国家机关工作人员玩忽职守或者包庇经营者侵害消费者合法权益的行为的,由其所在单位或者上级机关给予行政处分;情节严重,构成犯罪的,依法追究刑事责任。

第八章 附 则

第五十四条 农民购买、使用直接用于农业生产的生产资料,参照本法执行。

第五十五条 本法自 1994 年 1 月 1 日起施行。

中华人民共和国车船税法

2011 年 2 月 25 日第十一届全国人民代表大会常务委员会第十九次会议通过

第一条 在中华人民共和国境内属于本法所附《车船税税目税额表》规定的车辆、船舶(以下简称车船)的所有人或者管理人,为车船税的纳税人,应当依照本法缴纳车船税。

第二条 车船的适用税额依照本法所附《车船税税目税额表》执行。

车辆的具体适用税额由省、自治区、直辖市人民政府依照本法所附《车船税税目税额表》规定的税额幅度和国务院的规定确定。

船舶的具体适用税额由国务院在本法所附《车船税税目税额表》规定的税额幅度内确定。

第三条 下列车船免征车船税:

(一)捕捞、养殖渔船;

(二)军队、武装警察部队专用的车船;

(三)警用车船;

(四)依照法律规定应当予以免税的外国驻华使领馆、国际组织驻华代表机构及其有关人员的车船。

第四条 对节约能源、使用新能源的车船可以减征或者免征车船税;对受严重自然灾害影响纳税困难以及有其他特殊原因确需减税、免税的,可以减征或者免征车船税。具体办法由国务院规定,并报全国人民代表大会常务委员会备案。

第五条 省、自治区、直辖市人民政府根据当地实际情况,可以对公共交通车船,农村居民拥有并主要在农村地区使用的摩托车、三轮汽车和低速载货汽车定期减征或者免征车船税。

第六条 从事机动车第三者责任强制保险业务的保险机构为机动车车船税的扣缴义务人,应当在收取保险费时依法代收车船税,并出具代收税款凭证。

第七条 车船税的纳税地点为车船的登记地或者车船税扣缴义务人所在地。依法不需要办理登记的车船,车船税的纳税地点为车船的所有人或者管理人所在地。

第八条 车船税纳税义务发生时间为取得车船所有权或者管理权的当月。

第九条 车船税按年申报缴纳。具体申报纳税期限由省、自治区、直辖市人民政府规定。

第十条 公安、交通运输、农业、渔业等车船登记管理部门、船舶检验机构和车船税扣缴义务人的行业主管部门应当在提供车船有关信息等方面,协助税务机关加强车船税的征收管理。

车辆所有人或者管理人在申请办理车辆相关登记、定期检验手续时,应当向公安机关交通管理部门提交依法纳税或者免税证明。公安机关交通管理部门核查后办理相关手续。

第十一条 车船税的征收管理,依照本法和《中华人民共和国税收征收管理法》的规定执行。

第十二条 国务院根据本法制定实施条例。

第十三条 本法自2012年1月1日起施行。2006年12月29日国务院公布的《中华人民共和国车船税暂行条例》同时废止。

附:

车船税税目税额表

税目:乘用车〔按发动机汽缸容量(排气量)分档〕1.0升(含)以下的 计税单位:每辆 年基准税额:60元至360元 备注:核定载客人数9人(含)以下

税目:乘用车〔按发动机汽缸容量(排气量)分档〕1.0升以上至1.6升(含)的 计税单位:每辆 年基准税额:300元至540元 备注:核定载客人数9人(含)以下

税目:乘用车〔按发动机汽缸容量(排气量)分档〕1.6升以上至2.0升(含)的 计税单位:每辆 年基准税额:360元至660元 备注:核定载客人数9人(含)以下

税目:乘用车〔按发动机汽缸容量(排气量)分档〕2.0升以上至2.5升(含)的 计税单位:每辆 年基准税额:660元至1200元 备注:核定载客人数9人(含)以下

税目:乘用车〔按发动机汽缸容量(排气量)分档〕2.5升以上至3.0升(含)的 计税单位:每辆 年基准税额:1200元至2400元 备注:核定载客人数9人(含)以下

税目:乘用车〔按发动机汽缸容量(排气量)分档〕3.0升以上至4.0升(含)的 计税单位:每辆 年基准税额:2400元至3600元 备注:核定载客人数9人(含)以下

税目:乘用车〔按发动机汽缸容量(排气量)分档〕4.0升以上的 计税单位:每辆 年基准税额:3600元至5400元 备注:核定载客人数9人(含)以下

税目:商用车客车 计税单位:每辆 年基准税额:480元至1440元 备注:核定载客人数9人以上,包括电车

税目:商用车货车 计税单位:整备质量每吨 年基准税额:16元至120元 备注:包括半挂牵引车、三轮汽车和低速载货汽车等

税目:挂车 计税单位:整备质量每吨 年基准税额:按照货车税额的50%计算 备注:(空)

税目:其他车辆专用作业车 计税单位:整备质量每吨 年基准税额:16元至120元 备注:不包括拖拉机

税目:其他车辆轮式专用机械车 计税单位:整备质量每吨 年基准税额:16元至120元 备注:不包括拖拉机

税目:摩托车 计税单位:每辆 年基准税额:36元至180元 备注:(空)

税目:船舶机动船舶 计税单位:净吨位每吨 年基准税额:3元至6元 备注:拖船、非机动驳船分别按照机动船舶税额的50%计算

税目:船舶游艇 计税单位:艇身长度每米 年基准税额:600元至2000元 备注:(空)

中华人民共和国环境保护法

1989 年 12 月 26 日第七届全国人民代表大会常务委员会第十一次会议通过
1989 年 12 月 26 日中华人民共和国主席令第二十二号公布　自公布之日施行

第一章　总　　则

第一条　为保护和改善生活环境与生态环境,防治污染和其他公害,保障人体健康,促进社会主义现代化建设的发展,制定本法。

第二条　本法所称环境,是指影响人类生存和发展的各种天然的和经过人工改造的自然因素的总体,包括大气、水、海洋、土地、矿藏、森林、草原、野生生物、自然遗迹、人文遗迹、自然保护区、风景名胜区、城市和乡村等。

第三条　本法适用于中华人民共和国领域和中华人民共和国管辖的其他海域。

第四条　国家制定的环境保护规划必须纳入国民经济和社会发展计划,国家采取有利于环境保护的经济、技术政策和措施,使环境保护工作同经济建设和社会发展相协调。

第五条　国家鼓励环境保护科学教育事业的发展,加强环境保护科学技术的研究和开发,提高环境保护科学技术水平,普及环境保护的科学知识。

第六条　一切单位和个人都有保护环境的义务,并有权对污染和破坏环境的单位和个人进行检举和控告。

第七条　国务院环境保护行政主管部门,对全国环境保护工作实施统一监督管理。

县级以上地方人民政府环境保护行政主管部门,对本辖区的环境保护工作实施统一监督管理。

国家海洋行政主管部门、港务监督、渔政渔港监督、军队环境保护部门和各级公安、交通、铁道、民航管理部门,依照有关法律的规定对环境污染防治实施监督管理。

县级以上人民政府的土地、矿产、林业、农业、水利行政主管部门,依照有关法律的规定对资源的保护实施监督管理。

第八条　对保护和改善环境有显著成绩的单位和个人,由人民政府给予奖励。

第二章　环境监督管理

第九条　国务院环境保护行政主管部门制定国家环境质量标准。

省、自治区、直辖市人民政府对国家环境质量标准中未作规定的项目,可以制定地方环境质量标准,并报国务院环境保护行政主管部门备案。

第十条　国务院环境保护行政主管部门根据国家环境质量标准和国家经济、技术条件,制定国家污染物排放标准。

省、自治区、直辖市人民政府对国家污染物排放标准中未作规定的项目,可以制定地方污染物排放标准;对国家污染物排放标准中已作规定的项目,可以制定严于国家污染物排放标准的地方污染物排放标准。地方污染物排放标准须报国务院环境保护行政主管部门备案。

凡是向已有地方污染物排放标准的区域排放污染物的,应当执行地方污染物排放标准。

第十一条　国务院环境保护行政主管部门建立监测制度,制定监测规范,会同有关部门组织监测网络,加强对环境监测的管理。

国务院和省、自治区、直辖市人民政府的环境保护行政主管部门,应当定期发布环境状况公报。

第十二条　县级以上人民政府环境保护行政主管部门,应当会同有关部门对管辖范围内的环境状况进行调查和评价,拟订环境保护规划,经计划部门综合平衡后,报同级人民政府批准实施。

第十三条　建设污染环境的项目,必须遵守国家有关建设项目环境保护管理的规定。

建设项目的环境影响报告书,必须对建设项目产生的污染和对环境的影响作出评价,规定防治措施,经项目主管部门预审并依照规定的程序报环境保护行政主管部门批准。环境影响报告书经批准后,计划部门方可批准建设项目设计任务书。

第十四条　县级以上人民政府环境保护行政主管部门或者其他依照法律规定行使环境监督管理权的部

门,有权对管辖范围内的排污单位进行现场检查。被检查的单位应当如实反映情况,提供必要的资料。检查机关应当为被检查的单位保守技术秘密和业务秘密。

第十五条 跨行政区的环境污染和环境破坏的防治工作,由有关地方人民政府协商解决,或者由上级人民政府协调解决,作出决定。

第三章 保护和改善环境

第十六条 地方各级人民政府,应当对本辖区的环境质量负责,采取措施改善环境质量。

第十七条 各级人民政府对具有代表性的各种类型的自然生态系统区域,珍稀、濒危的野生动植物自然分布区域,重要的水源涵养区域,具有重大科学文化价值的地质构造、著名溶洞和化石分布区、冰川、火山、温泉等自然遗迹,以及人文遗迹、古树名木,应当采取措施加以保护,严禁破坏。

第十八条 在国务院、国务院有关主管部门和省、自治区、直辖市人民政府划定的风景名胜区、自然保护区和其他需要特别保护的区域内,不得建设污染环境的工业生产设施;建设其他设施,其污染物排放不得超过规定的排放标准。已经建成的设施,其污染物排放超过规定的排放标准的,限期治理。

第十九条 开发利用自然资源,必须采取措施保护生态环境。

第二十条 各级人民政府应当加强对农业环境的保护,防治土壤污染、土地沙化、盐渍化、贫瘠化、沼泽化、地面沉降和防治植被破坏、水土流失、水源枯竭、种源灭绝以及其他生态失调现象的发生和发展,推广植物病虫害的综合防治,合理使用化肥、农药及植物生长激素。

第二十一条 国务院和沿海地方各级人民政府应当加强对海洋环境的保护。向海洋排放污染物、倾到废弃物,进行海岸工程建设和海洋石油勘探开发,必须依照法律的规定,防止对海洋环境的污染损害。

第二十二条 制定城市规划,应当确定保护和改善环境的目标和任务。

第二十三条 城乡建设应当结合当地自然环境的特点,保护植被、水域和自然景观,加强城市园林、绿地和风景名胜区的建设。

第四章 防治环境污染和其他公害

第二十四条 产生环境污染和其他公害的单位,必须把环境保护工作纳入计划,建立环境保护责任制度;采取有效措施,防治在生产建设或者其他活动中产生的废气、废水、废渣、粉尘、恶臭气体、放射性物质以及噪声、振动、电磁波辐射等对环境的污染和危害。

第二十五条 新建工业企业和现有工业企业的技术改造,应当采用资源利用率高、污染物排放量少的设备和工艺,采用经济合理的废弃物综合利用技术和污染物处理技术。

第二十六条 建设项目中防治污染的设施,必须与主体工程同时设计、同时施工、同时投产使用。防治污染的设施必须经原审批环境影响报告书的环境保护行政主管部门验收合格后,该建设项目方可投入生产或者使用。

防治污染的设施不得擅自拆除或者闲置,确有必要拆除或者闲置的,必须征得所在地的环境保护行政主管部门同意。

第二十七条 排放污染物的企业事业单位,必须依照国务院环境保护行政主管部门的规定申报登记。

第二十八条 排放污染物超过国家或者地方规定的污染物排放标准的企业事业单位,依照国家规定缴纳超标准排污费,并负责治理。水污染防治法另有规定的,依照水污染防治法的规定执行。

征收的超标准排污费必须用于污染的防治,不得挪作他用,具体使用办法由国务院规定。

第二十九条 对造成环境严重污染的企业事业单位,限期治理。

中央或者省、自治区、直辖市人民政府直接管辖的企业事业单位的限期治理,由省、自治区、直辖市人民政府决定。市、县或者市、县以下人民政府管辖的企业事业单位的限期治理,由市、县人民政府决定。被限期治理的企业事业单位必须如期完成治理任务。

第三十条 禁止引进不符合我国环境保护规定要求的技术和设备。

第三十一条 因发生事故或者其他突然性事件,造成或者可能造成污染事故的单位,必须立即采取措施处理,及时通报可能受到污染危害的单位和居民,并向当地环境保护行政主管部门和有关部门报告,接受调查处理。

可能发生重大污染事故的企业事业单位,应当采取措施,加强防范。

第三十二条 县级以上地方人民政府环境保护行政主管部门，在环境受到严重污染威胁居民生命财产安全时，必须立即向当地人民政府报告，由人民政府采取有效措施，解除或者减轻危害。

第三十三条 生产、储存、运输、销售、使用有毒化学物品和含有放射性物质的物品，必须遵守国家有关规定，防止污染环境。

第三十四条 任何单位不得将产生严重污染的生产设备转移给没有污染防治能力的单位使用。

第五章 法律责任

第三十五条 违反本法规定，有下列行为之一的，环境保护行政主管部门或者其他依照法律规定行使环境监督管理权的部门可以根据不同情节，给予警告或者处以罚款：

（一）拒绝环境保护行政主管部门或者其他依照法律规定行使环境监督管理权的部门现场检查或者在被检查时弄虚作假的。

（二）拒报或者谎报国务院环境保护行政主管部门规定的有关污染物排放申报事项的。

（三）不按国家规定缴纳超标准排污费的。

（四）引进不符合我国环境保护规定要求的技术和设备的。

（五）将产生严重污染的生产设备转移给没有污染防治能力的单位使用的。

第三十六条 建设项目的防治污染设施没有建成或者没有达到国家规定的要求，投入生产或者使用的，由批准该建设项目的环境影响报告书的环境保护行政主管部门责令停止生产或者使用，可以并处罚款。

第三十七条 未经环境保护行政主管部门同意，擅自拆除或者闲置防治污染的设施，污染物排放超过规定的排放标准的，由环境保护行政主管部门责令重新安装使用，并处罚款。

第三十八条 对违反本法规定，造成环境污染事故的企业事业单位，由环境保护行政主管部门或者其他依照法律规定行使环境监督管理权的部门根据所造成的危害后果处以罚款；情节较重的，对有关责任人员由其所在单位或者政府主管机关给予行政处分。

第三十九条 对经限期治理逾期未完成治理任务的企业事业单位，除依照国家规定加收超标准排污费外，可以根据所造成的危害后果处以罚款，或者责令停业、关闭。

前款规定的罚款由环境保护行政主管部门决定。责令停业、关闭，由作出限期治理决定的人民政府决定；责令中央直接管辖的企业事业单位停业、关闭，须报国务院批准。

第四十条 当事人对行政处罚决定不服的，可以在接到处罚通知之日起十五日内，向作出处罚决定的机关的上一级机关申请复议；对复议决定不服的，可以在接到复议决定之日起十五日内，向人民法院起诉。当事人也可以在接到处罚通知之日起十五日内，直接向人民法院起诉。当事人逾期不申请复议、也不向人民法院起诉、又不履行处罚决定的，由作出处罚决定的机关申请人民法院强制执行。

第四十一条 造成环境污染危害的，有责任排除危害，并对直接受到损害的单位或者个人赔偿损失。

赔偿责任和赔偿金额的纠纷，可以根据当事人的请求，由环境保护行政主管部门或者其他依照法律规定行使环境监督管理权的部门处理；当事人对处理决定不服的，可以向人民法院起诉。当事人也可以直接向人民法院起诉。

完全由于不可抗拒的自然灾害，并经及时采取合理措施，仍然不能避免造成环境污染损害的，免予承担责任。

第四十二条 因环境污染损害赔偿提起诉讼的时效期间为三年，从当事人知道或者应当知道受到污染损害时起计算。

第四十三条 违反本法规定，造成重大环境污染事故，导致公私财产重大损失或者人身伤亡的严重后果的，对直接责任人员依法追究刑事责任。

第四十四条 违反本法规定，造成土地、森林、草原、水、矿产、渔业、野生动植物等资源的破坏的，依照有关法律的规定承担法律责任。

第四十五条 环境保护监督管理人员滥用职权、玩忽职守、徇私舞弊的，由其所在单位或者上级主管机关给予行政处分；构成犯罪的，依法追究刑事责任。

第六章 附 则

第四十六条 中华人民共和国缔结或者参加的与环境保护有关的国际条约，同中华人民共和国法律有不同规定的，适用国际条约的规定，但中华人民共和国声明保留的条款除外。

第四十七条 本法自公布之日起施行。《中华人民共和国环境保护法（试行）》同时废止。

中华人民共和国环境噪声污染防治法

1996年10月29日第八届全国人民代表大会常务委员会第二十二次会议通过
1996年10月29日中华人民共和国主席令第七十七号公布 自1997年3月1日起施行

第一章 总 则

第一条 为防治环境噪声污染，保护和改善生活环境，保障人体健康，促进经济和社会发展，制定本法。

第二条 本法所称环境噪声，是指在工业生产、建筑施工、交通运输和社会生活中所产生的干扰周围生活环境的声音。

本法所称环境噪声污染，是指所产生的环境噪声超过国家规定的环境噪声排放标准，并干扰他人正常生活、工作和学习的现象。

第三条 本法适用于中华人民共和国领域内环境噪声污染的防治。

因从事本职生产、经营工作受到噪声危害的防治，不适用本法。

第四条 国务院和地方各级人民政府应当将环境噪声污染防治工作纳入环境保护规划，并采取有利于声环境保护的经济、技术政策和措施。

第五条 地方各级人民政府在制定城乡建设规划时，应当充分考虑建设项目和区域开发、改造所产生的噪声对周围生活环境的影响，统筹规划，合理安排功能区和建设布局，防止或者减轻环境噪声污染。

第六条 国务院环境保护行政主管部门对全国环境噪声污染防治实施统一监督管理。

县级以上地方人民政府环境保护行政主管部门对本行政区域内的环境噪声污染防治实施统一监督管理。

各级公安、交通、铁路、民航等主管部门和港务监督机构，根据各自的职责，对交通运输和社会生活噪声污染防治实施监督管理。

第七条 任何单位和个人都有保护声环境的义务，并有权对造成环境噪声污染的单位和个人进行检举和控告。

第八条 国家鼓励、支持环境噪声污染防治的科学研究、技术开发，推广先进的防治技术和普及防治环境噪声污染的科学知识。

第九条 对在环境噪声污染防治方面成绩显著的单位和个人，由人民政府给予奖励。

第二章 环境噪声污染防治的监督管理

第十条 国务院环境保护行政主管部门分别不同的功能区制定国家声环境质量标准。

县级以上地方人民政府根据国家声环境质量标准，划定本行政区域内各类声环境质量标准的适用区域，并进行管理。

第十一条 国务院环境保护行政主管部门根据国家声环境质量标准和国家经济、技术条件，制定国家环境噪声排放标准。

第十二条 城市规划部门在确定建设布局时，应当依据国家声环境质量标准和民用建筑隔声设计规范，合理划定建筑物与交通干线的防噪声距离，并提出相应的规划设计要求。

第十三条 新建、改建、扩建的建设项目，必须遵守国家有关建设项目环境保护管理的规定。

建设项目可能产生环境噪声污染的，建设单位必须提出环境影响报告书，规定环境噪声污染的防治措施，并按照国家规定的程序报环境保护行政主管部门批准。

环境影响报告书中，应当有该建设项目所在地单位和居民的意见。

第十四条 建设项目的环境噪声污染防治设施必须与主体工程同时设计、同时施工、同时投产使用。

建设项目在投入生产或者使用之前，其环境噪声污染防治设施必须经原审批环境影响报告书的环境保护行政主管部门验收；达不到国家规定要求的，该建设项目不得投入生产或者使用。

第十五条 产生环境噪声污染的企业事业单位，必须保持防治环境噪声污染的设施的正常使用；拆除或者闲置环境噪声污染防治设施的，必须事先报经所在地的县级以上地方人民政府环境保护行政主管部门批准。

第十六条 产生环境噪声污染的单位，应当采取措施进行治理，并按照国家规定缴纳超标准排污费。

征收的超标准排污费必须用于污染的防治，不得挪作他用。

第十七条 对于在噪声敏感建筑物集中区域内造成严重环境噪声污染的企业事业单位，限期治理。

被限期治理的单位必须按期完成治理任务。限期治理由县级以上人民政府按照国务院规定的权限决定。

对小型企业事业单位的限期治理，可以由县级以上人民政府在国务院规定的权限内授权其环境保护行政主管部门决定。

第十八条 国家对环境噪声污染严重的落后设备实行淘汰制度。

国务院经济综合主管部门应当会同国务院有关部门公布限期禁止生产、禁止销售、禁止进口的环境噪声污染严重的设备名录。

生产者、销售者或者进口者必须在国务院经济综合主管部门会同国务院有关部门规定的期限内分别停止生产、销售或者进口列入前款规定的名录中的设备。

第十九条 在城市范围内从事生产活动确需排放偶发性强烈噪声的，必须事先向当地公安机关提出申请，经批准后方可进行。当地公安机关应当向社会公告。

第二十条 国务院环境保护行政主管部门应当建立环境噪声监测制度，制定监测规范，并会同有关部门组织监测网络。

环境噪声监测机构应当按照国务院环境保护行政主管部门的规定报送环境噪声监测结果。

第二十一条 县级以上人民政府环境保护行政主管部门和其他环境噪声污染防治工作的监督管理部门、机构，有权依据各自的职责对管辖范围内排放环境噪声的单位进行现场检查。被检查的单位必须如实反映情况，并提供必要的资料。检查部门、机构应当为被检查的单位保守技术秘密和业务秘密。

检查人员进行现场检查，应当出示证件。

第三章 工业噪声污染防治

第二十二条 本法所称工业噪声，是指在工业生产活动中使用固定的设备时产生的干扰周围生活环境的声音。

第二十三条 在城市范围内向周围生活环境排放工业噪声的，应当符合国家规定的工业企业厂界环境噪声排放标准。

第二十四条 在工业生产中因使用固定的设备造成环境噪声污染的工业企业，必须按照国务院环境保护行政主管部门的规定，向所在地的县级以上地方人民政府环境保护行政主管部门申报拥有的造成环境噪声污染的设备的种类、数量以及在正常作业条件下所发出的噪声值和防治环境噪声污染的设施情况，并提供防治噪声污染的技术资料。

造成环境噪声污染的设备的种类、数量、噪声值和防治设施有重大改变的，必须及时申报，并采取应有的防治措施。

第二十五条 产生环境噪声污染的工业企业，应当采取有效措施，减轻噪声对周围生活环境的影响。

第二十六条 国务院有关主管部门对可能产生环境噪声污染的工业设备，应当根据声环境保护的要求和国家的经济、技术条件，逐步在依法制定的产品的国家标准、行业标准中规定噪声限值。

前款规定的工业设备运行时发出的噪声值，应当在有关技术文件中予以注明。

第四章 建筑施工噪声污染防治

第二十七条 本法所称建筑施工噪声，是指在建筑施工过程中产生的干扰周围生活环境的声音。

第二十八条 在城市市区范围内向周围生活环境排放建筑施工噪声的，应当符合国家规定的建筑施工场界环境噪声排放标准。

第二十九条 在城市市区范围内，建筑施工过程中使用机械设备，可能产生环境噪声污染的，施工单位必须在工程开工十五日以前向工程所在地县级以上地方人民政府环境保护行政主管部门申报该工程的项目名称、施工场所和期限、可能产生的环境噪声值以及所采取的环境噪声污染防治措施的情况。

第三十条 在城市市区噪声敏感建筑物集中区域内，禁止夜间进行产生环境噪声污染的建筑施工作业，但抢修、抢险作业和因生产工艺上要求或者特殊需要必须连续作业的除外。

因特殊需要必须连续作业的，必须有县级以上人民政府或者其有关主管部门的证明。

前款规定的夜间作业，必须公告附近居民。

第五章 交通运输噪声污染防治

第三十一条 本法所称交通运输噪声，是指机动车辆、铁路机车、机动船舶、航空器等交通运输工具在运行时所产生的干扰周围生活环境的声音。

第三十二条 禁止制造、销售或者进口超过规定的噪声限值的汽车。

第三十三条 在城市市区范围内行驶的机动车辆的消声器和喇叭必须符合国家规定的要求。机动车辆必须加强维修和保养，保持技术性能良好，防治环境噪声污染。

第三十四条 机动车辆在城市市区范围内行驶，机动船舶在城市市区的内河航道航行，铁路机车驶经或者进入城市市区、疗养区时，必须按照规定使用声响装置。

警车、消防车、工程抢险车、救护车等机动车辆安装、使用警报器，必须符合国务院公安部门的规定；在执行非紧急任务时，禁止使用警报器。

第三十五条 城市人民政府公安机关可以根据本地城市市区区域声环境保护的需要，划定禁止机动车辆行驶和禁止其使用声响装置的路段和时间，并向社会公告。

第三十六条 建设经过已有的噪声敏感建筑物集中区域的高速公路和城市高架、轻轨道路，有可能造成环境噪声污染的，应当设置声屏障或者采取其他有效的控制环境噪声污染的措施。

第三十七条 在已有的城市交通干线的两侧建设噪声敏感建筑物的，建设单位应当按照国家规定间隔一定距离，并采取减轻、避免交通噪声影响的措施。

第三十八条 在车站、铁路编组站、港口、码头、航空港等地指挥作业时使用广播喇叭的，应当控制音量，减轻噪声对周围生活环境的影响。

第三十九条 穿越城市居民区、文教区的铁路，因铁路机车运行造成环境噪声污染的，当地城市人民政府应当组织铁路部门和其他有关部门，制定减轻环境噪声污染的规划。铁路部门和其他有关部门应当按照规划的要求，采取有效措施，减轻环境噪声污染。

第四十条 除起飞、降落或者依法规定的情形以外，民用航空器不得飞越城市市区上空。城市人民政府应当在航空器起飞、降落的净空周围划定限制建设噪声敏感建筑物的区域；在该区域内建设噪声敏感建筑物的，建设单位应当采取减轻、避免航空器运行时产生的噪声影响的措施。民航部门应当采取有效措施，减轻环境噪声污染。

第六章 社会生活噪声污染防治

第四十一条 本法所称社会生活噪声，是指人为活动所产生的除工业噪声、建筑施工噪声和交通运输噪声之外的干扰周围生活环境的声音。

第四十二条 在城市市区噪声敏感建筑物集中区域内，因商业经营活动中使用固定设备造成环境噪声污染的商业企业，必须按照国务院环境保护行政主管部门的规定，向所在地的县级以上地方人民政府环境保护行政主管部门申报拥有的造成环境噪声污染的设备的状况和防治环境噪声污染的设施的情况。

第四十三条 新建营业性文化娱乐场所的边界噪声必须符合国家规定的环境噪声排放标准；不符合国家规定的环境噪声排放标准的，文化行政主管部门不得核发文化经营许可证，工商行政管理部门不得核发营业执照。

经营中的文化娱乐场所，其经营管理者必须采取有效措施，使其边界噪声不超过国家规定的环境噪声排放标准。

第四十四条 禁止在商业经营活动中使用高音广播喇叭或者采用其他发出高噪声的方法招揽顾客。

在商业经营活动中使用空调器、冷却塔等可能产生环境噪声污染的设备、设施的，其经营管理者应当采取措施，使其边界噪声不超过国家规定的环境噪声排放标准。

第四十五条 禁止任何单位、个人在城市市区噪声敏感建筑物集中区域内使用高音广播喇叭。

在城市市区街道、广场、公园等公共场所组织娱乐、集会等活动，使用音响器材可能产生干扰周围生活环境的过大音量的，必须遵守当地公安机关的规定。

第四十六条 使用家用电器、乐器或者进行其他家庭室内娱乐活动时，应当控制音量或者采取其他有效措施，避免对周围居民造成环境噪声污染。

第四十七条 在已竣工交付使用的住宅楼进行室内装修活动，应当限制作业时间，并采取其他有效措施，以减轻、避免对周围居民造成环境噪声污染。

第七章 法律责任

第四十八条 违反本法第十四条的规定，建设项目中需要配套建设的环境噪声污染防治设施没有建成或者没有达到国家规定的要求，擅自投入生产或者使用的，由批准该建设项目的环境影响报告书的环境保护行政主管部门责令停止生产或者使用，可以并处罚款。

第四十九条 违反本法规定，拒报或者谎报规定的环境噪声排放申报事项的，县级以上地方人民政府环境保护行政主管部门可以根据不同情节，给予警告或者处以罚款。

第五十条 违反本法第十五条的规定，未经环境保护行政主管部门批准，擅自拆除或者闲置环境噪声污染防治设施，致使环境噪声排放超过规定标准的，由县级以上地方人民政府环境保护行政主管部门责令改正，并处罚款。

第五十一条 违反本法第十六条的规定，不按照国家规定缴纳超标准排污费的，县级以上地方人民政府环境保护行政主管部门可以根据不同情节，给予警告或者处以罚款。

第五十二条 违反本法第十七条的规定，对经限期治理逾期未完成治理任务的企业事业单位，除依照国家规定加收超标准排污费外，可以根据所造成的危害后果处以罚款，或者责令停业、搬迁、关闭。

前款规定的罚款由环境保护行政主管部门决定。责令停业、搬迁、关闭由县级以上人民政府按照国务院规定的权限决定。

第五十三条 违反本法第十八条的规定，生产、销售、进口禁止生产、销售、进口的设备的，由县级以上人民政府经济综合主管部门责令改正；情节严重的，由县级以上人民政府经济综合主管部门提出意见，报请同级人民政府按照国务院规定的权限责令停业、关闭。

第五十四条 违反本法第十九条的规定，未经当地公安机关批准，进行产生偶发性强烈噪声活动的，由公安机关根据不同情节给予警告或者处以罚款。

第五十五条 排放环境噪声的单位违反本法第二十一条的规定，拒绝环境保护行政主管部门或者其他依照本法规定行使环境噪声监督管理权的部门、机构现场检查或者在被检查时弄虚作假的，环境保护行政主管部门或者其他依照本法规定行使环境噪声监督管理权的监督管理部门、机构可以根据不同情节，给予警告或者处以罚款。

第五十六条 建筑施工单位违反本法第三十条第一款的规定，在城市市区噪声敏感建筑物集中区域内，夜间进行禁止进行的产生环境噪声污染的建筑施工作业的，由工程所在地县级以上地方人民政府环境保护行政主管部门责令改正，可以并处罚款。

第五十七条 违反本法第三十四条的规定，机动车辆不按照规定使用声响装置的，由当地公安机关根据不同情节给予警告或者处以罚款。

机动船舶有前款违法行为的，由港务监督机构根据不同情节给予警告或者处以罚款。

铁路机车有第一款违法行为的，由铁路主管部门对有关责任人员给予行政处分。

第五十八条 违反本法规定，有下列行为之一的，由公安机关给予警告，可以并处罚款：

（一）在城市市区噪声敏感建筑物集中区域内使用高音广播喇叭；

（二）违反当地公安机关的规定，在城市市区街道、广场、公园等公共场所组织娱乐、集会等活动，使用音响器材，产生干扰周围生活环境的过大音量的；

（三）未按本法第四十六条和第四十七条规定采取措施，从家庭室内发出严重干扰周围居民生活的环境噪声的。

第五十九条 违反本法第四十三条第二款、第四十四条第二款的规定，造成环境噪声污染的，由县级以上地方人民政府环境保护行政主管部门责令改正，可以并处罚款。

第六十条 违反本法第四十四条第一款的规定，造成环境噪声污染的，由公安机关责令改正，可以并处罚款。

省级以上人民政府依法决定由县级以上地方人民政府环境保护行政主管部门行使前款规定的行政处罚权的，从其决定。

第六十一条 受到环境噪声污染危害的单位和个人，有权要求加害人排除危害；造成损失的，依法赔偿损失。

赔偿责任和赔偿金额的纠纷，可以根据当事人的请求，由环境保护行政主管部门或者其他环境噪声污染防治工作的监督管理部门、机构调解处理；调解不成的，当事人可以向人民法院起诉。当事人也可以直接向人民法院起诉。

第六十二条 环境噪声污染防治监督管理人员滥用职权、玩忽职守、徇私舞弊的，由其所在单位或者上级主管机关给予行政处分；构成犯罪的，依法追究刑事责任。

第八章 附 则

第六十三条 本法中下列用语的含义是：

（一）“噪声排放”是指噪声源向周围生活环境辐射噪声。

（二）“噪声敏感建筑物”是指医院、学校、机关、科研单位、住宅等需要保持安静的建筑物。

（三）“噪声敏感建筑物集中区域”是指医疗区、文教科研区和以机关或者居民住宅为主的区域。

（四）“夜间”是指晚二十二点至晨六点之间的期间。

（五）“机动车辆”是指汽车和摩托车。

第六十四条 本法自1997年3月1日起施行。1989年9月26日国务院发布的《中华人民共和国环境噪声污染防治条例》同时废止。

中华人民共和国大气污染防治法

2000年4月29日第九届全国人民代表大会常务委员会第十五次会议通过
2000年4月29日中华人民共和国令第三十二号公布 自2000年9月1日起施行

第一章 总 则

第一条 为防治大气污染，保护和改善生活环境和生态环境，保障人体健康，促进经济和社会的可持续发展，制定本法。

第二条 国务院和地方各级人民政府，必须将大气环境保护工作纳入国民经济和社会发展计划，合理规划工业布局，加强防治大气污染的科学研究，采取防治大气污染的措施，保护和改善大气环境。

第三条 国家采取措施，有计划地控制或者逐步削减各地方主要大气污染物的排放总量。

地方各级人民政府对本辖区的大气环境质量负责，制定规划，采取措施，使本辖区的大气环境质量达到规定的标准。

第四条 县级以上人民政府环境保护行政主管部门对大气污染防治实施统一监督管理。

各级公安、交通、铁道、渔业管理部门根据各自的职责，对机动车船污染大气实施监督管理。

县级以上人民政府其他有关主管部门在各自职责范围内对大气污染防治实施监督管理。

第五条 任何单位和个人都有保护大气环境的义务，并有权对污染大气环境的单位和个人进行检举和控告。

第六条 国务院环境保护行政主管部门制定国家大气环境质量标准。省、自治区、直辖市人民政府对国家大气环境质量标准中未作规定的项目，可以制定地方标准，并报国务院环境保护行政主管部门备案。

第七条 国务院环境保护行政主管部门根据国家大气环境质量标准和国家经济、技术条件制定国家大气污染物排放标准。

省、自治区、直辖市人民政府对国家大气污染物排放标准中未作规定的项目，可以制定地方排放标准；对国家大气污染物排放标准中已作规定的项目，可以制定严于国家排放标准的地方排放标准。地方排放标准须报国务院环境保护行政主管部门备案。

省、自治区、直辖市人民政府制定机动车船大气污染物地方排放标准严于国家排放标准的，须报经国务院批准。

凡是向已有地方排放标准的区域排放大气污染物的，应当执行地方排放标准。

第八条 国家采取有利于大气污染防治以及相关的综合利用活动的经济、技术政策和措施。

在防治大气污染、保护和改善大气环境方面成绩显著的单位和个人，由各级人民政府给予奖励。

第九条 国家鼓励和支持大气污染防治的科学技术研究，推广先进适用的大气污染防治技术；鼓励和支持开发、利用太阳能、风能、水能等清洁能源。

国家鼓励和支持环境保护产业的发展。

第十条 各级人民政府应当加强植树种草、城乡绿化工作，因地制宜地采取有效措施做好防沙治沙工作，改善大气环境质量。

第二章 大气污染防治的监督管理

第十一条 新建、扩建、改建向大气排放污染物的项目，必须遵守国家有关建设项目环境保护管理的规定。

建设项目的环境影响报告书，必须对建设项目可能产生的大气污染和对生态环境的影响作出评价，规定防治措施，并按照规定的程序报环境保护行政主管部门审查批准。

建设项目投入生产或者使用之前，其大气污染防治设施必须经过环境保护行政主管部门验收，达不到国家有关建设项目环境保护管理规定的要求的建设项目，不得投入生产或者使用。

第十二条 向大气排放污染物的单位，必须按照国务院环境保护行政主管部门的规定向所在地的环境保护行政主管部门申报拥有的污染物排放设施、处理设施和在正常作业条件下排放污染物的种类、数量、浓度，并提供防治大气污染方面的有关技术资料。

前款规定的排污单位排放大气污染物的种类、数量、浓度有重大改变的，应当及时申报；其大气污染物处理设施必须保持正常使用，拆除或者闲置大气污染物处理设施的，必须事先报经所在地的县级以上地方人民政府环境保护行政主管部门批准。

第十三条 向大气排放污染物的，其污染物排放浓度不得超过国家和地方规定的排放标准。

第十四条 国家实行按照向大气排放污染物的种类和数量征收排污费的制度，根据加强大气污染防治的要求和国家的经济、技术条件合理制定排污费的征收标准。

征收排污费必须遵守国家规定的标准，具体办法和实施步骤由国务院规定。

征收的排污费一律上缴财政，按照国务院的规定用于大气污染防治，不得挪作他用，并由审计机关依法实施审计监督。

第十五条 国务院和省、自治区、直辖市人民政府对尚未达到规定的大气环境质量标准的区域和国务院批准划定的酸雨控制区、二氧化硫污染控制区，可以划定为主要大气污染物排放总量控制区。主要大气污染物排放总量控制的具体办法由国务院规定。

大气污染物总量控制区内有关地方人民政府依照国务院规定的条件和程序，按照公开、公平、公正的原则，核定企业事业单位的主要大气污染物排放总量，核发主要大气污染物排放许可证。

有大气污染物总量控制任务的企业事业单位，必须按照核定的主要大气污染物排放总量和许可证规定的排放条件排放污染物。

第十六条 在国务院和省、自治区、直辖市人民政府划定的风景名胜区、自然保护区、文物保护单位附近地区和其他需要特别保护的区域内，不得建设污染环境的工业生产设施；建设其他设施，其污染物排放不得超过规定的排放标准。在本法施行前企业事业单位已经建成的设施，其污染物排放超过规定的排放标准的，依照本法第四十八条的规定限期治理。

第十七条 国务院按照城市总体规划、环境保护规划目标和城市大气环境质量状况，划定大气污染防治重点城市。

直辖市、省会城市、沿海开放城市和重点旅游城市应当列入大气污染防治重点城市。

未达到大气环境质量标准的大气污染防治重点城市，应当按照国务院或者国务院环境保护行政主管部门规定的期限，达到大气环境质量标准。该城市人民政府应当制定限期达标规划，并可以根据国务院的授权或者规定，采取更加严格的措施，按期实现达标规划。

第十八条 国务院环境保护行政主管部门会同国务院有关部门，根据气象、地形、土壤等自然条件，可以对已经产生、可能产生酸雨的地区或者其他二氧化硫污染严重的地区，经国务院批准后，划定为酸雨控制区或者二氧化硫污染控制区。

第十九条 企业应当优先采用能源利用效率高、污染物排放量少的清洁生产工艺，减少大气污染物的产生。

国家对严重污染大气环境的落后生产工艺和严重污染大气环境的落后设备实行淘汰制度。

国务院经济综合主管部门会同国务院有关部门公布限期禁止采用的严重污染大气环境的工艺名录和限期禁止生产、禁止销售、禁止进口、禁止使用的严重污染大气环境的设备名录。

生产者、销售者、进口者或者使用者必须在国务院经济综合主管部门会同国务院有关部门规定的期限内分别停止生产、销售、进口或者使用列入前款规定的名录中的设备。生产工艺的采用者必须在国务院经济综合主管部门会同国务院有关部门规定的期限内停止采用列入前款规定的名录中的工艺。

依照前两款规定被淘汰的设备，不得转让给他人使用。

第二十条 单位因发生事故或者其他突然性事件，排放和泄漏有毒有害气体和放射性物质，造成或者可能造成大气污染事故、危害人体健康的，必须立即采取防治大气污染危害的应急措施，通报可能受到大气污染危害的单位和居民，并报告当地环境保护行政主管部门，接受调查处理。

在大气受到严重污染，危害人体健康和安全的紧急情况下，当地人民政府应当及时向当地居民公告，采取强制性应急措施，包括责令有关排污单位停止排放污染物。

第二十一条 环境保护行政主管部门和其他监督管理部门有权对管辖范围内的排污单位进行现场检查，被检查单位必须如实反映情况，提供必要的资料。检查部门有义务为被检查单位保守技术秘密和业务秘密。

第二十二条 国务院环境保护行政主管部门建立大气污染监测制度，组织监测网络，制定统一的监测方法。

第二十三条 大、中城市人民政府环境保护行政主管部门应当定期发布大气环境质量状况公报，并逐步开展大气环境质量预报工作。

大气环境质量状况公报应当包括城市大气环境污染特征、主要污染物的种类及污染危害程度等内容。

第三章 防治燃煤产生的大气污染

第二十四条 国家推行煤炭洗选加工，降低煤的硫份和灰份，限制高硫份、高灰份煤炭的开采。新建的所采煤炭属于高硫份、高灰份的煤矿，必须建设配套的煤炭洗选设施，使煤炭中的含硫份、含灰份达到规定的标准。

对已建成的所采煤炭属于高硫份、高灰份的煤矿，应当按照国务院批准的规划，限期建成配套的煤炭洗选设施。

禁止开采含放射性和砷等有毒有害物质超过规定标准的煤炭。

第二十五条 国务院有关部门和地方各级人民政府应当采取措施，改进城市能源结构，推广清洁能源的生产和使用。

大气污染防治重点城市人民政府可以在本辖区内划定禁止销售、使用国务院环境保护行政主管部门规定的高污染燃料的区域。该区域内的单位和个人应当在当地人民政府规定的期限内停止燃用高污染燃料，改用天然气、液化石油气、电或者其他清洁能源。

第二十六条 国家采取有利于煤炭清洁利用的经济、技术政策和措施，鼓励和支持使用低硫份、低灰份的优质煤炭，鼓励和支持洁净煤技术的开发和推广。

第二十七条 国务院有关主管部门应当根据国家规定的锅炉大气污染物排放标准，在锅炉产品质量标准中规定相应的要求；达不到规定要求的锅炉，不得制造、销售或者进口。

第二十八条 城市建设应当统筹规划，在燃煤供热地区，统一解决热源，发展集中供热。在集中供热管网覆盖的地区，不得新建燃煤供热锅炉。

第二十九条 大、中城市人民政府应当制定规划，对饮食服务企业限期使用天然气、液化石油气、电或者其他清洁能源。

对未划定为禁止使用高污染燃料区域的大、中城市市区内的其他民用炉灶，限期改用固硫型煤或者使用其他清洁能源。

第三十条 新建、扩建排放二氧化硫的火电厂和其他大中型企业，超过规定的污染物排放标准或者总量控制指标的，必须建设配套脱硫、除尘装置或者采取其他控制二氧化硫排放、除尘的措施。

在酸雨控制区和二氧化硫污染控制区内，属于已建企业超过规定的污染物排放标准排放大气污染物的，依照本法第四十八条的规定限期治理。

国家鼓励企业采用先进的脱硫、除尘技术。

企业应当对燃料燃烧过程中产生的氮氧化物采取控制措施。

第三十一条 在人口集中地区存放煤炭、煤矸石、煤渣、煤灰、砂石、灰土等物料，必须采取防燃、防尘措施，防止污染大气。

第四章 防治机动车船排放污染

第三十二条 机动车船向大气排放污染物不得超过规定的排放标准。

任何单位和个人不得制造、销售或者进口污染物排放超过规定排放标准的机动车船。

第三十三条 在用机动车不符合制造当时的在用机动车污染物排放标准的，不得上路行驶。

省、自治区、直辖市人民政府规定对在用机动车实行新的污染物排放标准并对其进行改造的，须报经国务院批准。

机动车维修单位，应当按照防治大气污染的要求和国家有关技术规范进行维修，使在用机动车达到规定的污染物排放标准。

第三十四条 国家鼓励生产和消费使用清洁能源的机动车船。

国家鼓励和支持生产、使用优质燃料油，采取措施减少燃料油中有害物质对大气环境的污染。单位和个人应当按照国务院规定的期限，停止生产、进口、销售含铅汽油。

第三十五条 省、自治区、直辖市人民政府环境保护行政主管部门可以委托已取得公安机关资质认定的承担机动车年检的单位，按照规范对机动车排气污染进行年度检测。

交通、渔政等有监督管理权的部门可以委托已取得有关主管部门资质认定的承担机动船舶年检的单位，按照规范对机动船舶排气污染进行年度检测。

县级以上地方人民政府环境保护行政主管部门可以在机动车停放地对在用机动车的污染物排放状况进行监督抽测。

第五章 防治废气、尘和恶臭污染

第三十六条 向大气排放粉尘的排污单位，必须采取除尘措施。

严格限制向大气排放含有毒物质的废气和粉尘；确需排放的，必须经过净化处理，不超过规定的排放标准。

第三十七条 工业生产中产生的可燃性气体应当回收利用，不具备回收利用条件而向大气排放的，应当进行防治污染处理。

向大气排放转炉气、电石气、电炉法黄磷尾气、有机烃类尾气的，须报经当地环境保护行政主管部门批准。

可燃性气体回收利用装置不能正常作业的，应当及时修复或者更新。在回收利用装置不能正常作业期间确需排放可燃性气体的，应当将排放的可燃性气体充分燃烧或者采取其他减轻大气污染的措施。

第三十八条 炼制石油、生产合成氨、煤气和燃煤焦化、有色金属冶炼过程中排放含有硫化物气体的，应当配备脱硫装置或者采取其他脱硫措施。

第三十九条 向大气排放含放射性物质的气体和气溶胶，必须符合国家有关放射性防护的规定，不得超过规定的排放标准。

第四十条 向大气排放恶臭气体的排污单位，必须采取措施防止周围居民区受到污染。

第四十一条 在人口集中地区和其他依法需要特殊保护的区域内，禁止焚烧沥青、油毡、橡胶、塑料、皮革、垃圾以及其他产生有毒有害烟尘和恶臭气体的物质。

禁止在人口集中地区、机场周围、交通干线附近以及当地人民政府划定的区域露天焚烧秸秆、落叶等产生烟尘污染的物质。

除前两款外，城市人民政府还可以根据实际情况，采取防治烟尘污染的其他措施。

第四十二条 运输、装卸、贮存能够散发有毒有害气体或者粉尘物质的，必须采取密闭措施或者其他防护措施。

第四十三条 城市人民政府应当采取绿化责任制、加强建设施工管理、扩大地面铺装面积、控制渣土堆放和清洁运输等措施，提高人均占有绿地面积，减少市区裸露地面和地面尘土，防治城市扬尘污染。

在城市市区进行建设施工或者从事其他产生扬尘污染活动的单位，必须按照当地环境保护的规定，采取防治扬尘污染的措施。

国务院有关行政主管部门应当将城市扬尘污染的控制状况作为城市环境综合整治考核的依据之一。

第四十四条 城市饮食服务业的经营者，必须采取措施，防治油烟对附近居民的居住环境造成污染。

第四十五条 国家鼓励、支持消耗臭氧层物质替代品的生产和使用，逐步减少消耗臭氧层物质的产量，直至停止消耗臭氧层物质的生产和使用。

在国家规定的期限内，生产、进口消耗臭氧层物质的单位必须按照国务院有关行政主管部门核定的配额进行生产、进口。

第六章 法律责任

第四十六条 违反本法规定，有下列行为之一的，环境保护行政主管部门或者本法第四条第二款规定的监督管理部门可以根据不同情节，责令停止违法行为，限期改正，给予警告或者处以五万元以下罚款：

（一）拒报或者谎报国务院环境保护行政主管部门规定的有关污染物排放申报事项的；

（二）拒绝环境保护行政主管部门或者其他监督管理部门现场检查或者在被检查时弄虚作假的；

（三）排污单位不正常使用大气污染物处理设施，或者未经环境保护行政主管部门批准，擅自拆除、闲置大气污染物处理设施的；

（四）未采取防燃、防尘措施，在人口集中地区存放煤炭、煤矸石、煤渣、煤灰、砂石、灰土等物料的。

第四十七条 违反本法第十一条规定，建设项目的大气污染防治设施没有建成或者没有达到国家有关建设项目环境保护管理的规定的要求，投入生产或者使用的，由审批该建设项目的环境影响报告书的环境保护行政主管部门责令停止生产或者使用，可以并处一万元以上十万元以下罚款。

第四十八条 违反本法规定，向大气排放污染物超过国家和地方规定排放标准的，应当限期治理，并由所在地县级以上地方人民政府环境保护行政主管部门处一万元以上十万元以下罚款。限期治理的决定权限和违反限期治理要求的行政处罚由国务院规定。

第四十九条 违反本法第十九条规定，生产、销售、进口或者使用禁止生产、销售、进口、使用的设备，或者采用禁止采用的工艺的，由县级以上人民政府经济综合主管部门责令改正；情节严重的，由县级以上人民政府经济综合主管部门提出意见，报请同级人民政府按照国务院规定的权限责令停业、关闭。

将淘汰的设备转让给他人使用的，由转让者所在地县级以上地方人民政府环境保护行政主管部门或者其他依法行使监督管理权的部门没收转让者的违法所得，并处违法所得两倍以下罚款。

第五十条 违反本法第二十四条第三款规定，开采含放射性和砷等有毒有害物质超过规定标准的煤炭的，由县级以上人民政府按照国务院规定的权限责令关闭。

第五十一条 违反本法第二十五条第二款或者第二十九条第一款的规定，在当地人民政府规定的期限届满后继续燃用高污染燃料的，由所在地县级以上地方人民政府环境保护行政主管部门责令拆除或者没收燃用高污染燃料的设施。

第五十二条 违反本法第二十八条规定，在城市集中供热管网覆盖地区新建燃煤供热锅炉的，由县级以上地方人民政府环境保护行政主管部门责令停止违法行为或者限期改正，可以处五万元以下罚款。

第五十三条 违反本法第三十二条规定，制造、销售或者进口超过污染物排放标准的机动车船的，由依法行使监督管理权的部门责令停止违法行为，没收违法所得，可以并处违法所得一倍以下的罚款；对无法达到规定的污染物排放标准的机动车船，没收销毁。

第五十四条 违反本法第三十四条第二款规定，未按照国务院规定的期限停止生产、进口或者销售含铅汽油的，由所在地县级以上地方人民政府环境保护行政主管部门或者其他依法行使监督管理权的部门责令停止违法行为，没收所生产、进口、销售的含铅汽油和违法所得。

第五十五条 违反本法第三十五条第一款或者第二款规定，未取得所在地省、自治区、直辖市人民政府环境保护行政主管部门或者交通、渔政等依法行使监督管理权的部门的委托进行机动车船排气污染检测的，或者在检测中弄虚作假的，由县级以上人民政府环境保护行政主管部门或者交通、渔政等依法行使监督管理权的部门责令停止违法行为，限期改正，可以处五万元以下罚款；情节严重的，由负责资质认定的部门取消承担机动车船年检的资格。

第五十六条 违反本法规定，有下列行为之一的，由县级以上地方人民政府环境保护行政主管部门或者其他依法行使监督管理权的部门责令停止违法行为，限期改正，可以处五万元以下罚款：

（一）未采取有效污染防治措施，向大气排放粉尘、恶臭气体或者其他含有有毒物质气体的；

（二）未经当地环境保护行政主管部门批准，向大气排放转炉气、电石气、电炉法黄磷尾气、有机烃类尾气的；

（三）未采取密闭措施或者其他防护措施，运输、装卸或者贮存能够散发有毒有害气体或者粉尘物质的；

（四）城市饮食服务业的经营者未采取有效污染防治措施，致使排放的油烟对附近居民的居住环境造成污染的。

第五十七条 违反本法第四十一条第一款规定，在人口集中地区和其他依法需要特殊保护的区域内，焚烧沥青、油毡、橡胶、塑料、皮革、垃圾以及其他产生有毒有害烟尘和恶臭气体的物质的，由所在地县级以上地方人民政府环境保护行政主管部门责令停止违法行为，处二万元以下罚款。

违反本法第四十一条第二款规定，在人口集中地区、机场周围、交通干线附近以及当地人民政府划定的区域内露天焚烧秸秆、落叶等产生烟尘污染的物质的，由所在地县级以上地方人民政府环境保护行政主管部门责令停止违法行为；情节严重的，可以处二百元以下罚款。

第五十八条 违反本法第四十三条第二款规定，在城市市区进行建设施工或者从事其他产生扬尘污染的活动，未采取有效扬尘防治措施，致使大气环境受到污染的，限期改正，处二万元以下罚款；对逾期仍未达到当地环境保护规定要求的，可以责令其停工整顿。

前款规定的对因建设施工造成扬尘污染的处罚，由县级以上地方人民政府建设行政主管部门决定；对其他造成扬尘污染的处罚，由县级以上地方人民政府指定的有关主管部门决定。

第五十九条 违反本法第四十五条第二款规定，在国家规定的期限内，生产或者进口消耗臭氧层物质超过国务院有关行政主管部门核定配额的，由所在地省、自治区、直辖市人民政府有关行政主管部门处二万元以上二十万元以下罚款；情节严重的，由国务院有关行政主管部门取消生产、进口配额。

第六十条 违反本法规定，有下列行为之一的，由县级以上人民政府环境保护行政主管部门责令限期建设配套设施，可以处二万元以上二十万元以下罚款：

（一）新建的所采煤炭属于高硫份、高灰份的煤矿，不按照国家有关规定建设配套的煤炭洗选设施的；

（二）排放含有硫化物气体的石油炼制、合成氨生产、煤气和燃煤焦化以及有色金属冶炼的企业，不按照国家有关规定建设配套脱硫装置或者未采取其他脱硫措施的。

第六十一条 对违反本法规定，造成大气污染事故的企业事业单位，由所在地县级以上地方人民政府环境保护行政主管部门根据所造成的危害后果处直接经济损失百分之五十以下罚款，但最高不超过五十万元；情节较重的，对直接负责的主管人员和其他直接责任人员，由所在单位或者上级主管机关依法给予行政处分或者纪律处分；造成重大大气污染事故，导致公私财产重大损失或者人身伤亡的严重后果，构成犯罪的，依法追究刑事责任。

第六十二条 造成大气污染危害的单位，有责任排除危害，并对直接遭受损失的单位或者个人赔偿损失。

赔偿责任和赔偿金额的纠纷，可以根据当事人的请求，由环境保护行政主管部门调解处理；调解不成的，当事人可以向人民法院起诉。当事人也可以直接向人民法院起诉。

第六十三条 完全由于不可抗拒的自然灾害，并经及时采取合理措施，仍然不能避免造成大气污染损失的，免于承担责任。

第六十四条 环境保护行政主管部门或者其他有关部门违反本法第十四条第三款的规定，将征收的排污费挪作他用的，由审计机关或者监察机关责令退回挪用款项或者采取其他措施予以追回，对直接负责的主管人员和其他直接责任人员依法给予行政处分。

第六十五条 环境保护监督管理人员滥用职权、玩忽职守的，给予行政处分；构成犯罪的，依法追究刑事责任。

第七章 附 则

第六十六条 本法自2000年9月1日起施行。

中华人民共和国标准化法

1988年12月29日第七届全国人民代表大会常务委员会第五次会议通过 1988年12月29日中华人民共和国主席令第十一号公布 自1989年4月1日起施行

第一章 总 则

第一条 为了发展社会主义商品经济,促进技术进步,改进产品质量,提高社会经济效益,维护国家和人民的利益,使标准化工作适应社会主义现代化建设和发展对外经济关系的需要,制定本法。

第二条 对下列需要统一的技术要求,应当制定标准:

(一)工业产品的品种、规格、质量、等级或者安全、卫生要求。

(二)工业产品的设计、生产、检验、包装、储存、运输、使用的方法或者生产、储存、运输过程中的安全、卫生要求。

(三)有关环境保护的各项技术要求和检验方法。

(四)建设工程的设计、施工方法和安全要求。

(五)有关工业生产、工程建设和环境保护的技术术语、符号、代号和制图方法。

重要农产品和其他需要制定标准的项目,由国务院规定。

第三条 标准化工作的任务是制定标准、组织实施标准和对标准的实施进行监督。

标准化工作应当纳入国民经济和社会发展计划。

第四条 国家鼓励积极采用国际标准。

第五条 国务院标准化行政主管部门统一管理全国标准化工作。国务院有关行政主管部门分工管理本部门、本行业的标准化工作。

省、自治区、直辖市标准化行政主管部门统一管理本行政区域的标准化工作。省、自治区、直辖市政府有关行政主管部门分工管理本行政区域内本部门、本行业的标准化工作。

第二章 标准的制定

第六条 对需要在全国范围内统一的技术要求,应当制定国家标准。国家标准由国务院标准化行政主管部门制定。对没有国家标准而又需要在全国某个行业范围内 统一的技术要求,可以制定行业标准。行业标准由国务院有关行政主管部门制定,并报国务院标准化行政主管部门备案,在公布国家标准之后,该项行业标准即行废 止。对没有国家标准和行业标准而又需要在省、自治区、直辖市范围内统一的工业产品的安全、卫生要求,可以制定地方标准。地方标准由省、自治区、直辖市标准化行政主管部门制定,并报国务院标准化行政主管部门和国务院有关行政主管部门备案,在公布国家标准或者行业标准之后,该项地方标准即行废止。

企业生产的产品没有国家标准和行业标准的,应当制定企业标准,作为组织生产的依据。企业的产品标准须报当地政府标准化行政主管部门和有关行政主管部门备案。已有国家标准或者行业标准的,国家鼓励企业制定严于国家标准或者行业标准的企业标准,在企业内部适用。

法律对标准的制定另有规定的,依照法律的规定执行。

第七条 国家标准、行业标准分为强制性标准和推荐性标准。保障人体健康,人身、财产安全的标准和法律、行政法规规定强制执行的标准是强制性标准,其他标准是推荐性标准。

省、自治区、直辖市标准化行政主管部门制定的工业产品的安全、卫生要求的地方标准,在本行政区域内是强制性标准。

第八条 制定标准应当有利于保障安全和人民的身体健康,保护消费者的利益,保护环境。

第九条 制定标准应当有利于合理利用国家资源,推广科学技术成果,提高经济效益,并符合使用要求,有利于产品的通用互换,做到技术上先进,经济上合理。

第十条 制定标准应当做到有关标准的协调配套。

第十一条 制定标准应当有利于促进对外经济技术合作和对外贸易。

第十二条 制定标准应当发挥行业协会、科学研究机构和学术团体的作用。

制定标准的部门应当组织由专家组成的标准化技术委员会，负责标准的草拟，参加标准草案的审查工作。

第十三条 标准实施后，制定标准的部门应当根据科学技术的发展和经济建设的需要适时进行复审，以确认现行标准继续有效或者予以修订、废止。

第三章 标准的实施

第十四条 强制性标准，必须执行。不符合强制性标准的产品，禁止生产、销售和进口。推荐性标准，国家鼓励企业自愿采用。

第十五条 企业对有国家标准或者行业标准的产品，可以向国务院标准化行政主管部门或者国务院标准化行政主管部门授权的部门申请产品质量认证。认证合格的，由认证部门授予认证证书，准许在产品或者其包装上使用规定的认证标志。

已经取得认证证书的产品不符合国家标准或者行业标准的，以及产品未经认证或者认证不合格的，不得使用认证标志出厂销售。

第十六条 出口产品的技术要求，依照合同的约定执行。

第十七条 企业研制新产品、改进产品，进行技术改造，应当符合标准化要求。

第十八条 县级以上政府标准化行政主管部门负责对标准的实施进行监督检查。

第十九条 县级以上政府标准化行政主管部门，可以根据需要设置检验机构，或者授权其他单位的检验机构，对产品是否符合标准进行检验。法律、行政法规对检验机构另有规定的，依照法律、行政法规的规定执行。

第四章 法 律 责 任

第二十条 生产、销售、进口不符合强制性标准的产品的，由法律、行政法规规定的行政主管部门依法处理，法律、行政法规未作规定的，由工商行政管理部门没收产品和违法所得，并处罚款；造成严重后果构成犯罪的，对直接责任人员依法追究刑事责任。

第二十一条 已经授予认证证书的产品不符合国家标准或者行业标准而使用认证标志出厂销售的，由标准化行政主管部门责令停止销售，并处罚款；情节严重的，由认证部门撤销其认证证书。

第二十二条 产品未经认证或者认证不合格而擅自使用认证标志出厂销售的，由标准化行政主管部门责令停止销售，并处罚款。

第二十三条 当事人对没收产品、没收违法所得和罚款的处罚不服的，可以在接到处罚通知之日起十五日内，向作出处罚决定的机关的上一级机关申请复议；对复议决定不服的，可以在接到复议决定之日起十五日内，向人民法院起诉。当事人也可以在接到处罚通知之日起十五日内，直接向人民法院起诉。当事人逾期不申请复议或者不向人民法院起诉又不履行处罚决定的，由作出处罚决定的机关申请人民法院强制执行。

第二十四条 标准化工作的监督、检验、管理人员违法失职、徇私舞弊的，给予行政处分；构成犯罪的，依法追究刑事责任。

第五章 附 则

第二十五条 本法实施条例由国务院制定。

第二十六条 本法自 1989 年 4 月 1 日起施行。

中华人民共和国计量法

1985 年 9 月 6 日第六届全国人民代表大会常务委员会第十二次会议通过
1985 年 9 月 6 日中华人民共和国主席令第二十八号公布
自 1986 年 7 月 1 日起施行

第一章 总 则

第一条 为了加强计量监督管理，保障国家计量单位制的统一和量值的准确可靠，有利于生产、贸易和科学技术的发展,适应社会主义现代化建设的需要,维护国家、人民的利益,制定本法。

第二条 在中华人民共和国境内,建立计量基准器具、计量标准器具,进行计量检定,制造、修理、销售、使用计量器具,必须遵守本法。

第三条 国家采用国际单位制。

国际单位制计量单位和国家选定的其他计量单位,为国家法定计量单位。国家法定计量单位的名称、符号由国务院公布。

非国家法定计量单位应当废除。废除的办法由国务院制定。

第四条 国务院计量行政部门对全国计量工作实施统一监督管理。

县级以上地方人民政府计量行政部门对本行政区域内的计量工作实施监督管理。

第二章 计量基准器具、计量标准器具和计量检定

第五条 国务院计量行政部门负责建立各种计量基准器具,作为统一全国量值的最高依据。

第六条 县级以上地方人民政府计量行政部门根据本地区的需要,建立社会公用计量标准器具,经上级人民政府计量行政部门主持考核合格后使用。

第七条 国务院有关主管部门和省、自治区、直辖市人民政府有关主管部门,根据本部门的特殊需要,可以建立本部门使用的计量标准器具,其各项最高计量标准器具经同级人民政府计量行政部门主持考核合格后使用。

第八条 企业、事业单位根据需要,可以建立本单位使用的计量标准器具,其各项最高计量标准器具经有关人民政府计量行政部门主持考核合格后使用。

第九条 县级以上人民政府计量行政部门对社会公用计量标准器具,部门和企业、事业单位使用的最高计量标准器具,以及用于贸易结算、安全防护、医疗卫生、环境监测方面的列入强制检定目录的工作计量器具,实行强制检定。未按照规定申请检定或者检定不合格的,不得使用。实行强制检定的工作计量器具的目录和管理办法,由国务院制定。

对前款规定以外的其他计量标准器具和工作计量器具,使用单位应当自行定期检定或者送其他计量检定机构检定,县级以上人民政府计量行政部门应当进行监督检查。

第十条 计量检定必须按照国家计量检定系统表进行。国家计量检定系统表由国务院计量行政部门制定。

计量检定必须执行计量检定规程。国家计量检定规程由国务院计量行政部门制定。没有国家计量检定规程的,由国务院有关主管部门和省、自治区、直辖市人民政府计量行政部门分别制定部门计量检定规程和地方计量检定规程,并向国务院计量行政部门备案。

第十一条 计量检定工作应当按照经济合理的原则,就地就近进行。

第三章 计量器具管理

第十二条 制造、修理计量器具的企业、事业单位,必须具备与所制造、修理的计量器具相适应的设施、人员和检定仪器设备,经县级以上人民政府计量行政部门考核合格,取得《制造计量器具许可证》或者《修理计量器具许可证》。

制造、修理计量器具的企业未取得《制造计量器具许可证》或者《修理计量器具许可证》的,工商行政管理部门不予办理营业执照。

第十三条 制造计量器具的企业、事业单位生产本单位未生产过的计量器具新产品,必须经省级以上人民政府计量行政部门对其样品的计量性能考核合格,方可投入生产。

第十四条 未经国务院计量行政部门批准,不得制造、销售和进口国务院规定废除的非法定计量单位的计量器具和国务院禁止使用的其他计量器具。

第十五条 制造、修理计量器具的企业、事业单位必须对制造、修理的计量器具进行检定,保证产品计量性能合格,并对合格产品出具产品合格证。

县级以上人民政府计量行政部门应当对制造、修理的计量器具的质量进行监督检查。

第十六条 进口的计量器具,必须经省级以上人民政府计量行政部门检定合格后,方可销售。

第十七条 使用计量器具不得破坏其准确度,损害国家和消费者的利益。

第十八条 个体工商户可以制造、修理简易的计量器具。

制造、修理计量器具的个体工商户，必须经县级人民政府计量行政部门考核合格，发给《制造计量器具许可证》或者《修理计量器具许可证》后，方可向工商行政管理部门申请营业执照。

个体工商户制造、修理计量器具的范围和管理办法，由国务院计量行政部门制定。

第四章 计量监督

第十九条 县级以上人民政府计量行政部门，根据需要设置计量监督员。计量监督员管理办法，由国务院计量行政部门制定。

第二十条 县级以上人民政府计量行政部门可以根据需要设置计量检定机构，或者授权其他单位的计量检定机构，执行强制检定和其他检定、测试任务。

执行前款规定的检定、测试任务的人员，必须经考核合格。

第二十一条 处理因计量器具准确度所引起的纠纷，以国家计量基准器具或者社会公用计量标准器具检定的数据为准。

第二十二条 为社会提供公证数据的产品质量检验机构，必须经省级以上人民政府计量行政部门对其计量检定、测试的能力和可靠性考核合格。

第五章 法律责任

第二十三条 未取得《制造计量器具许可证》、《修理计量器具许可证》制造或者修理计量器具的，责令停止生产、停止营业，没收违法所得，可以并处罚款。

第二十四条 制造、销售未经考核合格的计量器具新产品的，责令停止制造、销售该种新产品，没收违法所得，可以并处罚款。

第二十五条 制造、修理、销售的计量器具不合格的，没收违法所得，可以并处罚款。

第二十六条 属于强制检定范围的计量器具，未按照规定申请检定或者检定不合格继续使用的，责令停止使用，可以并处罚款。

第二十七条 使用不合格的计量器具或者破坏计量器具准确度，给国家和消费者造成损失的，责令赔偿损失，没收计量器具和违法所得，可以并处罚款。

第二十八条 制造、销售、使用以欺骗消费者为目的的计量器具的，没收计量器具和违法所得，处以罚款；情节严重的，并对个人或者单位直接责任人员按诈骗罪或者投机倒把罪追究刑事责任。

第二十九条 违反本法规定，制造、修理、销售的计量器具不合格，造成人身伤亡或者重大财产损失的，比照《刑法》第一百八十七条的规定，对个人或者单位直接责任人员追究刑事责任。

第三十条 计量监督人员违法失职，情节严重的，依照《刑法》有关规定追究刑事责任；情节轻微的，给予行政处分。

第三十一条 本法规定的行政处罚，由县级以上地方人民政府计量行政部门决定。

本法第二十七条规定的行政处罚，也可以由工商行政管理部门决定。

第三十二条 当事人对行政处罚决定不服的，可以在接到处罚通知之日起十五日内向人民法院起诉；对罚款、没收违法所得的行政处罚决定期满不起诉又不履行的，由作出行政处罚决定的机关申请人民法院强制执行。

第六章 附 则

第三十三条 中国人民解放军和国防科技工业系统计量工作的监督管理办法，由国务院、中央军事委员会依据本法另行制定。

第三十四条 国务院计量行政部门根据本法制定实施细则，报国务院批准施行。

第三十五条 本法自 1986 年 7 月 1 日起施行。

中华人民共和国反垄断法

2007年8月30日第十届全国人民代表大会常务委员会第二十九次会议通过

第一章 总 则

第一条 为了预防和制止垄断行为，保护市场公平竞争，提高经济运行效率，维护消费者利益和社会公共利益，促进社会主义市场经济健康发展，制定本法。

第二条 中华人民共和国境内经济活动中的垄断行为，适用本法；中华人民共和国境外的垄断行为，对境内市场竞争产生排除、限制影响的，适用本法。

第三条 本法规定的垄断行为包括：

（一）经营者达成垄断协议；

（二）经营者滥用市场支配地位；

（三）具有或者可能具有排除、限制竞争效果的经营者集中。

第四条 国家制定和实施与社会主义市场经济相适应的竞争规则，完善宏观调控，健全统一、开放、竞争、有序的市场体系。

第五条 经营者可以通过公平竞争、自愿联合，依法实施集中，扩大经营规模，提高市场竞争能力。

第六条 具有市场支配地位的经营者，不得滥用市场支配地位，排除、限制竞争。

第七条 国有经济占控制地位的关系国民经济命脉和国家安全的行业以及依法实行专营专卖的行业，国家对其经营者的合法经营活动予以保护，并对经营者的经营行为及其商品和服务的价格依法实施监管和调控，维护消费者利益，促进技术进步。

前款规定行业的经营者应当依法经营，诚实守信，严格自律，接受社会公众的监督，不得利用其控制地位或者专营专卖地位损害消费者利益。

第八条 行政机关和法律、法规授权的具有管理公共事务职能的组织不得滥用行政权力，排除、限制竞争。

第九条 国务院设立反垄断委员会，负责组织、协调、指导反垄断工作，履行下列职责：

（一）研究拟订有关竞争政策；

（二）组织调查、评估市场总体竞争状况，发布评估报告；

（三）制定、发布反垄断指南；

（四）协调反垄断行政执法工作；

（五）国务院规定的其他职责。

国务院反垄断委员会的组成和工作规则由国务院规定。

第十条 国务院规定的承担反垄断执法职责的机构（以下统称国务院反垄断执法机构）依照本法规定，负责反垄断执法工作。

国务院反垄断执法机构根据工作需要，可以授权省、自治区、直辖市人民政府相应的机构，依照本法规定负责有关反垄断执法工作。

第十一条 行业协会应当加强行业自律，引导本行业的经营者依法竞争，维护市场竞争秩序。

第十二条 本法所称经营者，是指从事商品生产、经营或者提供服务的自然人、法人和其他组织。

本法所称相关市场，是指经营者在一定时期内就特定商品或者服务（以下统称商品）进行竞争的商品范围和地域范围。

第二章 垄断协议

第十三条 禁止具有竞争关系的经营者达成下列垄断协议：

（一）固定或者变更商品价格；

（二）限制商品的生产数量或者销售数量；

（三）分割销售市场或者原材料采购市场；

（四）限制购买新技术、新设备或者限制开发新技术、新产品；

（五）联合抵制交易；

（六）国务院反垄断执法机构认定的其他垄断协议。

本法所称垄断协议，是指排除、限制竞争的协议、决定或者其他协同行为。

第十四条 禁止经营者与交易相对人达成下列垄断协议：

（一）固定向第三人转售商品的价格；

（二）限定向第三人转售商品的最低价格；

（三）国务院反垄断执法机构认定的其他垄断协议。

第十五条 经营者能够证明所达成的协议属于下列情形之一的，不适用本法第十三条、第十四条的规定：

（一）为改进技术、研究开发新产品的；

（二）为提高产品质量、降低成本、增进效率，统一产品规格、标准或者实行专业化分工的；

（三）为提高中小经营者经营效率，增强中小经营者竞争力的；

（四）为实现节约能源、保护环境、救灾救助等社会公共利益的；

（五）因经济不景气，为缓解销售量严重下降或者生产明显过剩的；

（六）为保障对外贸易和对外经济合作中的正当利益的；

（七）法律和国务院规定的其他情形。

属于前款第一项至第五项情形，不适用本法第十三条、第十四条规定的，经营者还应当证明所达成的协议不会严重限制相关市场的竞争，并且能够使消费者分享由此产生的利益。

第十六条 行业协会不得组织本行业的经营者从事本章禁止的垄断行为。

第三章 滥用市场支配地位

第十七条 禁止具有市场支配地位的经营者从事下列滥用市场支配地位的行为：

（一）以不公平的高价销售商品或者以不公平的低价购买商品；

（二）没有正当理由，以低于成本的价格销售商品；

（三）没有正当理由，拒绝与交易相对人进行交易；

（四）没有正当理由，限定交易相对人只能与其进行交易或者只能与其指定的经营者进行交易；

（五）没有正当理由搭售商品，或者在交易时附加其他不合理的交易条件；

（六）没有正当理由，对条件相同的交易相对人在交易价格等交易条件上实行差别待遇；

（七）国务院反垄断执法机构认定的其他滥用市场支配地位的行为。

本法所称市场支配地位，是指经营者在相关市场内具有能够控制商品价格、数量或者其他交易条件，或者能够阻碍、影响其他经营者进入相关市场能力的市场地位。

第十八条 认定经营者具有市场支配地位，应当依据下列因素：

（一）该经营者在相关市场的市场份额，以及相关市场的竞争状况；

（二）该经营者控制销售市场或者原材料采购市场的能力；

（三）该经营者的财力和技术条件；

（四）其他经营者对该经营者在交易上的依赖程度；

（五）其他经营者进入相关市场的难易程度；

（六）与认定该经营者市场支配地位有关的其他因素。

第十九条 有下列情形之一的，可以推定经营者具有市场支配地位：

（一）一个经营者在相关市场的市场份额达到二分之一的；

（二）两个经营者在相关市场的市场份额合计达到三分之二的；

（三）三个经营者在相关市场的市场份额合计达到四分之三的。

有前款第二项、第三项规定的情形，其中有的经营者市场份额不足十分之一的，不应当推定该经营者具有市场支配地位。

被推定具有市场支配地位的经营者，有证据证明不具有市场支配地位的，不应当认定其具有市场支配地位。

第四章 经营者集中

第二十条 经营者集中是指下列情形：

（一）经营者合并；

（二）经营者通过取得股权或者资产的方式取得对其他经营者的控制权；

（三）经营者通过合同等方式取得对其他经营者的控制权或者能够对其他经营者施加决定性影响。

第二十一条 经营者集中达到国务院规定的申报标准的，经营者应当事先向国务院反垄断执法机构申报，未申报的不得实施集中。

第二十二条 经营者集中有下列情形之一的，可以不向国务院反垄断执法机构申报：

（一）参与集中的一个经营者拥有其他每个经营者百分之五十以上有表决权的股份或者资产的；

（二）参与集中的每个经营者百分之五十以上有表决权的股份或者资产被同一个未参与集中的经营者拥有的。

第二十三条 经营者向国务院反垄断执法机构申报集中，应当提交下列文件、资料：

（一）申报书；

（二）集中对相关市场竞争状况影响的说明；

（三）集中协议；

（四）参与集中的经营者经会计师事务所审计的上一会计年度财务会计报告；

（五）国务院反垄断执法机构规定的其他文件、资料。

申报书应当载明参与集中的经营者的名称、住所、经营范围、预定实施集中的日期和国务院反垄断执法机构规定的其他事项。

第二十四条 经营者提交的文件、资料不完备的，应当在国务院反垄断执法机构规定的期限内补交文件、资料。经营者逾期未补交文件、资料的，视为未申报。

第二十五条 国务院反垄断执法机构应当自收到经营者提交的符合本法第二十三条规定的文件、资料之日起三十日内，对申报的经营者集中进行初步审查，作出是否实施进一步审查的决定，并书面通知经营者。国务院反垄断执法机构作出决定前，经营者不得实施集中。

国务院反垄断执法机构作出不实施进一步审查的决定或者逾期未作出决定的，经营者可以实施集中。

第二十六条 国务院反垄断执法机构决定实施进一步审查的，应当自决定之日起九十日内审查完毕，作出是否禁止经营者集中的决定，并书面通知经营者。作出禁止经营者集中的决定，应当说明理由。审查期间，经营者不得实施集中。

有下列情形之一的，国务院反垄断执法机构经书面通知经营者，可以延长前款规定的审查期限，但最长不得超过六十日：

（一）经营者同意延长审查期限的；

（二）经营者提交的文件、资料不准确，需要进一步核实的；

（三）经营者申报后有关情况发生重大变化的。

国务院反垄断执法机构逾期未作出决定的，经营者可以实施集中。

第二十七条 审查经营者集中，应当考虑下列因素：

（一）参与集中的经营者在相关市场的市场份额及其对市场的控制力；

（二）相关市场的市场集中度；

（三）经营者集中对市场进入、技术进步的影响；

（四）经营者集中对消费者和其他有关经营者的影响；

（五）经营者集中对国民经济发展的影响；

（六）国务院反垄断执法机构认为应当考虑的影响市场竞争的其他因素。

第二十八条 经营者集中具有或者可能具有排除、限制竞争效果的，国务院反垄断执法机构应当作出禁止经营者集中的决定。但是，经营者能够证明该集中对竞争产生的有利影响明显大于不利影响，或者符合社会公共利益的，国务院反垄断执法机构可以作出对经营者集中不予禁止的决定。

第二十九条 对不予禁止的经营者集中，国务院反垄断执法机构可以决定附加减少集中对竞争产生不利影响的限制性条件。

第三十条 国务院反垄断执法机构应当将禁止经营者集中的决定或者对经营者集中附加限制性条件的决定，及时向社会公布。

第三十一条 对外资并购境内企业或者以其他方式参与经营者集中，涉及国家安全的，除依照本法规定进行经营者集中审查外，还应当按照国家有关规定进行国家安全审查。

第五章 滥用行政权力排除、限制竞争

第三十二条 行政机关和法律、法规授权的具有管理公共事务职能的组织不得滥用行政权力，限定或者变相限定单位或者个人经营、购买、使用其指定的经营者提供的商品。

第三十三条 行政机关和法律、法规授权的具有管理公共事务职能的组织不得滥用行政权力，实施下列行为，妨碍商品在地区之间的自由流通：

（一）对外地商品设定歧视性收费项目、实行歧视性收费标准，或者规定歧视性价格；

（二）对外地商品规定与本地同类商品不同的技术要求、检验标准，或者对外地商品采取重复检验、重复认证等歧视性技术措施，限制外地商品进入本地市场；

（三）采取专门针对外地商品的行政许可，限制外地商品进入本地市场；

（四）设置关卡或者采取其他手段，阻碍外地商品进入或者本地商品运出；

（五）妨碍商品在地区之间自由流通的其他行为。

第三十四条 行政机关和法律、法规授权的具有管理公共事务职能的组织不得滥用行政权力，以设定歧视性资质要求、评审标准或者不依法发布信息等方式，排斥或者限制外地经营者参加本地的招标投标活动。

第三十五条 行政机关和法律、法规授权的具有管理公共事务职能的组织不得滥用行政权力，采取与本地经营者不平等待遇等方式，排斥或者限制外地经营者在本地投资或者设立分支机构。

第三十六条 行政机关和法律、法规授权的具有管理公共事务职能的组织不得滥用行政权力，强制经营者从事本法规定的垄断行为。

第三十七条 行政机关不得滥用行政权力，制定含有排除、限制竞争内容的规定。

第六章 对涉嫌垄断行为的调查

第三十八条 反垄断执法机构依法对涉嫌垄断行为进行调查。

对涉嫌垄断行为，任何单位和个人有权向反垄断执法机构举报。反垄断执法机构应当为举报人保密。

举报采用书面形式并提供相关事实和证据的，反垄断执法机构应当进行必要的调查。

第三十九条 反垄断执法机构调查涉嫌垄断行为，可以采取下列措施：

（一）进入被调查的经营者的营业场所或者其他有关场所进行检查；

（二）询问被调查的经营者、利害关系人或者其他有关单位或者个人，要求其说明有关情况；

（三）查阅、复制被调查的经营者、利害关系人或者其他有关单位或者个人的有关单证、协议、会计账簿、业务函电、电子数据等文件、资料；

（四）查封、扣押相关证据；

（五）查询经营者的银行账户。

采取前款规定的措施，应当向反垄断执法机构主要负责人书面报告，并经批准。

第四十条 反垄断执法机构调查涉嫌垄断行为，执法人员不得少于二人，并应当出示执法证件。

执法人员进行询问和调查，应当制作笔录，并由被询问人或者被调查人签字。

第四十一条 反垄断执法机构及其工作人员对执法过程中知悉的商业秘密负有保密义务。

第四十二条 被调查的经营者、利害关系人或者其他有关单位或者个人应当配合反垄断执法机构依法履行职责，不得拒绝、阻碍反垄断执法机构的调查。

第四十三条 被调查的经营者、利害关系人有权陈述意见。反垄断执法机构应当对被调查的经营者、利害关系人提出的事实、理由和证据进行核实。

第四十四条 反垄断执法机构对涉嫌垄断行为调查核实后，认为构成垄断行为的，应当依法作出处理决定，并可以向社会公布。

第四十五条 对反垄断执法机构调查的涉嫌垄断行为，被调查的经营者承诺在反垄断执法机构认可的期限内采取具体措施消除该行为后果的，反垄断执法机构可以决定中止调查。中止调查的决定应当载明被

调查的经营者承诺的具体内容。

反垄断执法机构决定中止调查的，应当对经营者履行承诺的情况进行监督。经营者履行承诺的，反垄断执法机构可以决定终止调查。

有下列情形之一的，反垄断执法机构应当恢复调查：

（一）经营者未履行承诺的；

（二）作出中止调查决定所依据的事实发生重大变化的；

（三）中止调查的决定是基于经营者提供的不完整或者不真实的信息作出的。

第七章 法律责任

第四十六条 经营者违反本法规定，达成并实施垄断协议的，由反垄断执法机构责令停止违法行为，没收违法所得，并处上一年度销售额百分之一以上百分之十以下的罚款；尚未实施所达成的垄断协议的，可以处五十万元以下的罚款。

经营者主动向反垄断执法机构报告达成垄断协议的有关情况并提供重要证据的，反垄断执法机构可以酌情减轻或者免除对该经营者的处罚。

行业协会违反本法规定，组织本行业的经营者达成垄断协议的，反垄断执法机构可以处五十万元以下的罚款；情节严重的，社会团体登记管理机关可以依法撤销登记。

第四十七条 经营者违反本法规定，滥用市场支配地位的，由反垄断执法机构责令停止违法行为，没收违法所得，并处上一年度销售额百分之一以上百分之十以下的罚款。

第四十八条 经营者违反本法规定实施集中的，由国务院反垄断执法机构责令停止实施集中、限期处分股份或者资产、限期转让营业以及采取其他必要措施恢复到集中前的状态，可以处五十万元以下的罚款。

第四十九条 对本法第四十六条、第四十七条、第四十八条规定的罚款，反垄断执法机构确定具体罚款数额时，应当考虑违法行为的性质、程度和持续的时间等因素。

第五十条 经营者实施垄断行为，给他人造成损失的，依法承担民事责任。

第五十一条 行政机关和法律、法规授权的具有管理公共事务职能的组织滥用行政权力，实施排除、限制竞争行为的，由上级机关责令改正；对直接负责的主管人员和其他直接责任人员依法给予处分。反垄断执法机构可以向有关上级机关提出依法处理的建议。

法律、行政法规对行政机关和法律、法规授权的具有管理公共事务职能的组织滥用行政权力实施排除、限制竞争行为的处理另有规定的，依照其规定。

第五十二条 对反垄断执法机构依法实施的审查和调查，拒绝提供有关材料、信息，或者提供虚假材料、信息，或者隐匿、销毁、转移证据，或者有其他拒绝、阻碍调查行为的，由反垄断执法机构责令改正，对个人可以处二万元以下的罚款，对单位可以处二十万元以下的罚款；情节严重的，对个人处二万元以上十万元以下的罚款，对单位处二十万元以上一百万元以下的罚款；构成犯罪的，依法追究刑事责任。

第五十三条 对反垄断执法机构依据本法第二十八条、第二十九条作出的决定不服的，可以先依法申请行政复议；对行政复议决定不服的，可以依法提起行政诉讼。

对反垄断执法机构作出的前款规定以外的决定不服的，可以依法申请行政复议或者提起行政诉讼。

第五十四条 反垄断执法机构工作人员滥用职权、玩忽职守、徇私舞弊或者泄露执法过程中知悉的商业秘密，构成犯罪的，依法追究刑事责任；尚不构成犯罪的，依法给予处分。

第八章 附 则

第五十五条 经营者依照有关知识产权的法律、行政法规规定行使知识产权的行为，不适用本法；但是，经营者滥用知识产权，排除、限制竞争的行为，适用本法。

第五十六条 农业生产者及农村经济组织在农产品生产、加工、销售、运输、储存等经营活动中实施的联合或者协同行为，不适用本法。

第五十七条 本法自2008年8月1日起施行。

中华人民共和国反不正当竞争法

1993 年 9 月 2 日第八届全国人民代表大会常务委员会第三次会议通过
1993 年 9 月 2 日中华人民共和国主席令第十号公布
自 1993 年 12 月 1 日起施行

第一章 总 则

第一条 为保障社会主义市场经济健康发展,鼓励和保护公平竞争,制止不正当竞争行为,保护经营者和消费者的合法权益,制定本法。

第二条 经营者在市场交易中,应当遵循自愿、平等、公平、诚实信用的原则,遵守公认的商业道德。

本法所称的不正当竞争,是指经营者违反本法规定,损害其他经营者的合法权益,扰乱社会经济秩序的行为。

本法所称的经营者,是指从事商品经营或者营利性服务(以下所称商品包括服务)的法人、其他经济组织和个人。

第三条 各级人民政府应当采取措施,制止不正当竞争行为,为公平竞争创造良好的环境和条件。

县级以上人民政府工商行政管理部门对不正当竞争行为进行监督检查;法律、行政法规规定由其他部门监督检查的,依照其规定。

第四条 国家鼓励、支持和保护一切组织和个人对不正当竞争行为进行社会监督。

国家机关工作人员不得支持、包庇不正当竞争行为。

第二章 不正当竞争行为

第五条 经营者不得采用下列不正当手段从事市场交易,损害竞争对手:

(一)假冒他人的注册商标;

(二)擅自使用知名商品特有的名称、包装、装潢,或者使用与知名商品近似的名称、包装、装潢,造成和他人的知名商品相混淆,使购买者误认为是该知名商品;

(三)擅自使用他人的企业名称或者姓名,引人误认为是他人的商品;

(四)在商品上伪造或者冒用认证标志、名优标志等质量标志,伪造产地,对商品质量作引人误解的虚假表示。

第六条 公用企业或者其他依法具有独占地位的经营者,不得限定他人购买其指定的经营者的商品,以排挤其他经营者的公平竞争。

第七条 政府及其所属部门不得滥用行政权力,限定他人购买其指定的经营者的商品,限制其他经营者正当的经营活动。

政府及其所属部门不得滥用行政权力,限制外地商品进入本地市场,或者本地商品流向外地市场。

第八条 经营者不得采用财物或者其他手段进行贿赂以销售或者购买商品。在帐外暗中给予对方单位或者个人回扣的,以行贿论处;对方单位或者个人在帐外暗中收受回扣的,以受贿论处。

经营者销售或者购买商品,可以以明示方式给对方折扣,可以给中间人佣金。经营者给对方折扣、给中间人佣金的,必须如实入帐。接受折扣、佣金的经营者必须如实入帐。

第九条 经营者不得利用广告或者其他方法,对商品的质量、制作成分、性能、用途、生产者、有效期限、产地等作引人误解的虚假宣传。

广告的经营者不得在明知或者应知的情况下,代理、设计、制作、发布虚假广告。

第十条 经营者不得采用下列手段侵犯商业秘密:

(一)以盗窃、利诱、胁迫或者其他不正当手段获取权利人的商业秘密;

(二)披露、使用或者允许他人使用以前项手段获取的权利人的商业秘密;

(三)违反约定或者违反权利人有关保守商业秘密的要求,披露、使用或者允许他人使用其所掌握的商业秘密。

第三人明知或者应知前款所列违法行为,获取、使用或者披露他人的商业秘密,视为侵犯商业秘密。

本条所称的商业秘密，是指不为公众所知悉、能为权利人带来经济利益、具有实用性并经权利人采取保密措施的技术信息和经营信息。

第十一条 经营者不得以排挤竞争对手为目的，以低于成本的价格销售商品。

有下列情形之一的，不属于不正当竞争行为：

（一）销售鲜活商品；

（二）处理有效期限即将到期的商品或者其他积压的商品；

（三）季节性降价；

（四）因清偿债务、转产、歇业降价销售商品。

第十二条 经营者销售商品，不得违背购买者的意愿搭售商品或者附加其他不合理的条件。

第十三条 经营者不得从事下列有奖销售：

（一）采用谎称有奖或者故意让内定人员中奖的欺骗方式进行有奖销售；

（二）利用有奖销售的手段推销质次价高的商品；

（三）抽奖式的有奖销售，最高奖的金额超过五千元。

第十四条 经营者不得捏造、散布虚伪事实，损害竞争对手的商业信誉、商品声誉。

第十五条 投标者不得串通投标，抬高标价或者压低标价。

投标者和招标者不得相互勾结，以排挤竞争对手的公平竞争。

第三章 监督检查

第十六条 县级以上监督检查部门对不正当竞争行为，可以进行监督检查。

第十七条 监督检查部门在监督检查不正当竞争行为时，有权行使下列职权：

（一）按照规定程序询问被检查的经营者、利害关系人、证明人，并要求提供证明材料或者与不正当竞争行为有关的其他资料；

（二）查询、复制与不正当竞争行为有关的协议、帐册、单据、文件、记录、业务函电和其他资料；

（三）检查与本法第五条规定的不正当竞争行为有关的财物，必要时可以责令被检查的经营者说明该商品的来源和数量，暂停销售，听候检查，不得转移、隐匿、销毁该财物。

第十八条 监督检查部门工作人员监督检查不正当竞争行为时，应当出示检查证件。

第十九条 监督检查部门在监督检查不正当竞争行为时，被检查的经营者、利害关系人和证明人应当如实提供有关资料或者情况。

第四章 法律责任

第二十条 经营者违反本法规定，给被侵害的经营者造成损害的，应当承担损害赔偿责任，被侵害的经营者的损失难以计算的，赔偿额为侵权人在侵权期间因侵权所获得的利润；并应当承担被侵害的经营者因调查该经营者侵害其合法权益的不正当竞争行为所支付的合理费用。

被侵害的经营者的合法权益受到不正当竞争行为损害的，可以向人民法院提起诉讼。

第二十一条 经营者假冒他人的注册商标，擅自使用他人的企业名称或者姓名，伪造或者冒用认证标志、名优标志等质量标志，伪造产地，对商品质量作引人误解的虚假表示的，依照《中华人民共和国商标法》、《中华人民共和国产品质量法》的规定处罚。

经营者擅自使用知名商品特有的名称、包装、装潢，或者使用与知名商品近似的名称、包装、装潢，造成和他人的知名商品相混淆，使购买者误认为是该知名商品的，监督检查部门应当责令停止违法行为，没收违法所得，可以根据情节处以违法所得一倍以上三倍以下的罚款；情节严重的，可以吊销营业执照；销售伪劣商品，构成犯罪的，依法追究刑事责任。

第二十二条 经营者采用财物或者其他手段进行贿赂以销售或者购买商品，构成犯罪的，依法追究刑事责任；不构成犯罪的，监督检查部门可以根据情节处以一万元以上二十万元以下的罚款，有违法所得的，予以没收。

第二十三条 公用企业或者其他依法具有独占地位的经营者，限定他人购买其指定的经营者的商品，以排挤其他经营者的公平竞争的，省级或者设区的市的监督检查部门应当责令停止违法行为，可以根据情节处以五万元以上二十万元以下的罚款。被指定的经营者借此销售质次价高商品或者滥收费用的，监督检查部门应当没收违法所得，可以根据情节处以违法所得一倍以上三倍以下的罚款。

第二十四条 经营者利用广告或者其他方法，对商品作引人误解的虚假宣传的，监督检查部门应当责令停止违法行为，消除影响，可以根据情节处以一万元以上二十万元以下的罚款。

广告的经营者，在明知或者应知的情况下，代理、设计、制作、发布虚假广告的，监督检查部门应当责令停止违法行为，没收违法所得，并依法处以罚款。

第二十五条 违反本法第十条规定侵犯商业秘密的，监督检查部门应当责令停止违法行为，可以根据情节处以一万元以上二十万元以下的罚款。

第二十六条 经营者违反本法第十三条规定进行有奖销售的，监督检查部门应当责令停止违法行为，可以根据情节处以一万元以上十万元以下的罚款。

第二十七条 投标者串通投标，抬高标价或者压低标价；投标者和招标者相互勾结，以排挤竞争对手的公平竞争的，其中标无效。监督检查部门可以根据情节处以一万元以上二十万元以下的罚款。

第二十八条 经营者有违反被责令暂停销售，不得转移、隐匿、销毁与不正当竞争行为有关的财物的行为的，监督检查部门可以根据情节处以被销售、转移、隐匿、销毁财物的价款的一倍以上三倍以下的罚款。

第二十九条 当事人对监督检查部门作出的处罚决定不服的，可以自收到处罚决定之日起十五日内向上一级主管机关申请复议；对复议决定不服的，可以自收到复议决定书之日起十五日内向人民法院提起诉讼；也可以直接向人民法院提起诉讼。

第三十条 政府及其所属部门违反本法第七条规定，限定他人购买其指定的经营者的商品、限制其他经营者正当的经营活动，或者限制商品在地区之间正常流通的，由上级机关责令其改正；情节严重的，由同级或者上级机关对直接责任人员给予行政处分。被指定的经营者借此销售质次价高商品或者滥收费用的，监督检查部门应当没收违法所得，可以根据情节处以违法所得一倍以上三倍以下的罚款。

第三十一条 监督检查不正当竞争行为的国家机关工作人员滥用职权、玩忽职守，构成犯罪的，依法追究刑事责任；不构成犯罪的，给予行政处分。

第三十二条 监督检查不正当竞争行为的国家机关工作人员徇私舞弊，对明知有违反本法规定构成犯罪的经营者故意包庇不使他受追诉的，依法追究刑事责任。

第五章 附 则

第三十三条 本法自1993年12月1日起施行。

中华人民共和国政府采购法

2002年6月29日第九届全国人民代表大会常务委员会第二十八次会议通过

第一章 总 则

第一条 为了规范政府采购行为，提高政府采购资金的使用效益，维护国家利益和社会公共利益，保护政府采购当事人的合法权益，促进廉政建设，制定本法。

第二条 在中华人民共和国境内进行的政府采购适用本法。

本法所称政府采购，是指各级国家机关、事业单位和团体组织，使用财政性资金采购依法制定的集中采购目录以内的或者采购限额标准以上的货物、工程和服务的行为。

政府集中采购目录和采购限额标准依照本法规定的权限制定。

本法所称采购，是指以合同方式有偿取得货物、工程和服务的行为，包括购买、租赁、委托、雇用等。

本法所称货物，是指各种形态和种类的物品，包括原材料、燃料、设备、产品等。

本法所称工程，是指建设工程，包括建筑物和构筑物的新建、改建、扩建、装修、拆除、修缮等。

本法所称服务，是指除货物和工程以外的其他政府采购对象。

第三条 政府采购应当遵循公开透明原则、公平竞争原则、公正原则和诚实信用原则。

第四条 政府采购工程进行招标投标的，适用招标投标法。

第五条 任何单位和个人不得采用任何方式，阻挠和限制供应商自由进入本地区和本行业的政府采购市场。

第六条 政府采购应当严格按照批准的预算执行。

第七条 政府采购实行集中采购和分散采购相结合。集中采购的范围由省级以上人民政府公布的集中采购目录确定。

属于中央预算的政府采购项目,其集中采购目录由国务院确定并公布;属于地方预算的政府采购项目,其集中采购目录由省、自治区、直辖市人民政府或者其授权的机构确定并公布。

纳入集中采购目录的政府采购项目,应当实行集中采购。

第八条 政府采购限额标准,属于中央预算的政府采购项目,由国务院确定并公布;属于地方预算的政府采购项目,由省、自治区、直辖市人民政府或者其授权的机构确定并公布。

第九条 政府采购应当有助于实现国家的经济和社会发展政策目标,包括保护环境,扶持不发达地区和少数民族地区,促进中小企业发展等。

第十条 政府采购应当采购本国货物、工程和服务。但有下列情形之一的除外:

(一)需要采购的货物、工程或者服务在中国境内无法获取或者无法以合理的商业条件获取的;

(二)为在中国境外使用而进行采购的;

(三)其他法律、行政法规另有规定的。

前款所称本国货物、工程和服务的界定,依照国务院有关规定执行。

第十一条 政府采购的信息应当在政府采购监督管理部门指定的媒体上及时向社会公开发布,但涉及商业秘密的除外。

第十二条 在政府采购活动中,采购人员及相关人员与供应商有利害关系的,必须回避。供应商认为采购人员及相关人员与其他供应商有利害关系的,可以申请其回避。

前款所称相关人员,包括招标采购中评标委员会的组成人员,竞争性谈判采购中谈判小组的组成人员,询价采购中询价小组的组成人员等。

第十三条 各级人民政府财政部门是负责政府采购监督管理的部门,依法履行对政府采购活动的监督管理职责。

各级人民政府其他有关部门依法履行与政府采购活动有关的监督管理职责。

第二章 政府采购当事人

第十四条 政府采购当事人是指在政府采购活动中享有权利和承担义务的各类主体,包括采购人、供应商和采购代理机构等。

第十五条 采购人是指依法进行政府采购的国家机关、事业单位、团体组织。

第十六条 集中采购机构为采购代理机构。设区的市、自治州以上人民政府根据本级政府采购项目组织集中采购的需要设立集中采购机构。

集中采购机构是非营利事业法人,根据采购人的委托办理采购事宜。

第十七条 集中采购机构进行政府采购活动,应当符合采购价格低于市场平均价格、采购效率更高、采购质量优良和服务良好的要求。

第十八条 采购人采购纳入集中采购目录的政府采购项目,必须委托集中采购机构代理采购;采购未纳入集中采购目录的政府采购项目,可以自行采购,也可以委托集中采购机构在委托的范围内代理采购。

纳入集中采购目录属于通用的政府采购项目的,应当委托集中采购机构代理采购;属于本部门、本系统有特殊要求的项目,应当实行部门集中采购;属于本单位有特殊要求的项目,经省级以上人民政府批准,可以自行采购。

第十九条 采购人可以委托经国务院有关部门或者省级人民政府有关部门认定资格的采购代理机构,在委托的范围内办理政府采购事宜。

采购人有权自行选择采购代理机构,任何单位和个人不得以任何方式为采购人指定采购代理机构。

第二十条 采购人依法委托采购代理机构办理采购事宜的,应当由采购人与采购代理机构签订委托代理协议,依法确定委托代理的事项,约定双方的权利义务。

第二十一条 供应商是指向采购人提供货物、工程或者服务的法人、其他组织或者自然人。

第二十二条 供应商参加政府采购活动应当具备下列条件:

(一)具有独立承担民事责任的能力;

(二)具有良好的商业信誉和健全的财务会计制度;

(三)具有履行合同所必需的设备和专业技术能力;

(四)有依法缴纳税收和社会保障资金的良好记录;

(五)参加政府采购活动前三年内,在经营活动中没有重大违法记录;

(六)法律、行政法规规定的其他条件。

采购人可以根据采购项目的特殊要求,规定供应商的特定条件,但不得以不合理的条件对供应商实行差别待遇或者歧视待遇。

第二十三条 采购人可以要求参加政府采购的供应商提供有关资质证明文件和业绩情况,并根据本法规定的供应商条件和采购项目对供应商的特定要求,对供应商的资格进行审查。

第二十四条 两个以上的自然人、法人或者其他组织可以组成一个联合体,以一个供应商的身份共同参加政府采购。

以联合体形式进行政府采购的,参加联合体的供应商均应当具备本法第二十二条规定的条件,并应当向采购人提交联合协议,载明联合体各方承担的工作和义务。联合体各方应当共同与采购人签订采购合同,就采购合同约定的事项对采购人承担连带责任。

第二十五条 政府采购当事人不得相互串通损害国家利益、社会公共利益和其他当事人的合法权益;不得以任何手段排斥其他供应商参与竞争。

供应商不得以向采购人、采购代理机构、评标委员会的组成人员、竞争性谈判小组的组成人员、询价小组的组成人员行贿或者采取其他不正当手段谋取中标或者成交。

采购代理机构不得以向采购人行贿或者采取其他不正当手段谋取非法利益。

第三章 政府采购方式

第二十六条 政府采购采用以下方式:

(一)公开招标;

(二)邀请招标;

(三)竞争性谈判;

(四)单一来源采购;

(五)询价;

(六)国务院政府采购监督管理部门认定的其他采购方式。

公开招标应作为政府采购的主要采购方式。

第二十七条 采购人采购货物或者服务应当采用公开招标方式的,其具体数额标准,属于中央预算的政府采购项目,由国务院规定;属于地方预算的政府采购项目,由省、自治区、直辖市人民政府规定;因特殊情况需要采用公开招标以外的采购方式的,应当在采购活动开始前获得设区的市、自治州以上人民政府采购监督管理部门的批准。

第二十八条 采购人不得将应当以公开招标方式采购的货物或者服务化整为零或者以其他任何方式规避公开招标采购。

第二十九条 符合下列情形之一的货物或者服务,可以依照本法采用邀请招标方式采购:

(一)具有特殊性,只能从有限范围的供应商处采购的;

(二)采用公开招标方式的费用占政府采购项目总价值的比例过大的。

第三十条 符合下列情形之一的货物或者服务,可以依照本法采用竞争性谈判方式采购:

(一)招标后没有供应商投标或者没有合格标的或者重新招标未能成立的;

(二)技术复杂或者性质特殊,不能确定详细规格或者具体要求的;

(三)采用招标所需时间不能满足用户紧急需要的;

(四)不能事先计算出价格总额的。

第三十一条 符合下列情形之一的货物或者服务,可以依照本法采用单一来源方式采购:

(一)只能从唯一供应商处采购的;

(二)发生了不可预见的紧急情况不能从其他供应商处采购的;

(三)必须保证原有采购项目一致性或者服务配套的要求,需要继续从原供应商处添购,且添购资金总额不超过原合同采购金额百分之十的。

第三十二条 采购的货物规格、标准统一、现货货源充足且价格变化幅度小的政府采购项目，可以依照本法采用询价方式采购。

第四章 政府采购程序

第三十三条 负有编制部门预算职责的部门在编制下一财政年度部门预算时，应当将该财政年度政府采购的项目及资金预算列出，报本级财政部门汇总。部门预算的审批，按预算管理权限和程序进行。

第三十四条 货物或者服务项目采取邀请招标方式采购的，采购人应当从符合相应资格条件的供应商中，通过随机方式选择三家以上的供应商，并向其发出投标邀请书。

第三十五条 货物和服务项目实行招标方式采购的，自招标文件开始发出之日起至投标人提交投标文件截止之日止，不得少于二十日。

第三十六条 在招标采购中，出现下列情形之一的，应予废标：

（一）符合专业条件的供应商或者对招标文件作实质响应的供应商不足三家的；

（二）出现影响采购公正的违法、违规行为的；

（三）投标人的报价均超过了采购预算，采购人不能支付的；

（四）因重大变故，采购任务取消的。

废标后，采购人应当将废标理由通知所有投标人。

第三十七条 废标后，除采购任务取消情形外，应当重新组织招标；需要采取其他方式采购的，应当在采购活动开始前获得设区的市、自治州以上人民政府采购监督管理部门或者政府有关部门批准。

第三十八条 采用竞争性谈判方式采购的，应当遵循下列程序：

（一）成立谈判小组。谈判小组由采购人的代表和有关专家共三人以上的单数组成，其中专家的人数不得少于成员总数的三分之二。

（二）制定谈判文件。谈判文件应当明确谈判程序、谈判内容、合同草案的条款以及评定成交的标准等事项。

（三）确定邀请参加谈判的供应商名单。谈判小组从符合相应资格条件的供应商名单中确定不少于三家的供应商参加谈判，并向其提供谈判文件。

（四）谈判。谈判小组所有成员集中与单一供应商分别进行谈判。在谈判中，谈判的任何一方不得透露与谈判有关的其他供应商的技术资料、价格和其他信息。谈判文件有实质性变动的，谈判小组应当以书面形式通知所有参加谈判的供应商。

（五）确定成交供应商。谈判结束后，谈判小组应当要求所有参加谈判的供应商在规定时间内进行最后报价，采购人从谈判小组提出的成交候选人中根据符合采购需求、质量和服务相等且报价最低的原则确定成交供应商，并将结果通知所有参加谈判的未成交的供应商。

第三十九条 采取单一来源方式采购的，采购人与供应商应当遵循本法规定的原则，在保证采购项目质量和双方商定合理价格的基础上进行采购。

第四十条 采取询价方式采购的，应当遵循下列程序：

（一）成立询价小组。询价小组由采购人的代表和有关专家共三人以上的单数组成，其中专家的人数不得少于成员总数的三分之二。询价小组应当对采购项目的价格构成和评定成交的标准等事项作出规定。

（二）确定被询价的供应商名单。询价小组根据采购需求，从符合相应资格条件的供应商名单中确定不少于三家的供应商，并向其发出询价通知书让其报价。

（三）询价。询价小组要求被询价的供应商一次报出不得更改的价格。

（四）确定成交供应商。采购人根据符合采购需求、质量和服务相等且报价最低的原则确定成交供应商，并将结果通知所有被询价的未成交的供应商。

第四十一条 采购人或者其委托的采购代理机构应当组织对供应商履约的验收。大型或者复杂的政府采购项目，应当邀请国家认可的质量检测机构参加验收工作。验收方成员应当在验收书上签字，并承担相应的法律责任。

第四十二条 采购人、采购代理机构对政府采购项目每项采购活动的采购文件应当妥善保存，不得伪造、变造、隐匿或者销毁。采购文件的保存期限为从采购结束之日起至少保存十五年。

采购文件包括采购活动记录、采购预算、招标文件、投标文件、评标标准、评估报告、定标文件、合同文本、验收证明、质疑答复、投诉处理决定及其他有关文件、资料。

采购活动记录至少应当包括下列内容：

（一）采购项目类别、名称；

（二）采购项目预算、资金构成和合同价格；

（三）采购方式，采用公开招标以外的采购方式的，应当载明原因；

（四）邀请和选择供应商的条件及原因；

（五）评标标准及确定中标人的原因；

（六）废标的原因；

（七）采用招标以外采购方式的相应记载。

第五章　政府采购合同

第四十三条　政府采购合同适用合同法。采购人和供应商之间的权利和义务，应当按照平等、自愿的原则以合同方式约定。

采购人可以委托采购代理机构代表其与供应商签订政府采购合同。由采购代理机构以采购人名义签订合同的，应当提交采购人的授权委托书，作为合同附件。

第四十四条　政府采购合同应当采用书面形式。

第四十五条　国务院政府采购监督管理部门应当会同国务院有关部门，规定政府采购合同必须具备的条款。

第四十六条　采购人与中标、成交供应商应当在中标、成交通知书发出之日起三十日内，按照采购文件确定的事项签订政府采购合同。

中标、成交通知书对采购人和中标、成交供应商均具有法律效力。中标、成交通知书发出后，采购人改变中标、成交结果的，或者中标、成交供应商放弃中标、成交项目的，应当依法承担法律责任。

第四十七条　政府采购项目的采购合同自签订之日起七个工作日内，采购人应当将合同副本报同级政府采购监督管理部门和有关部门备案。

第四十八条　经采购人同意，中标、成交供应商可以依法采取分包方式履行合同。

政府采购合同分包履行的，中标、成交供应商就采购项目和分包项目向采购人负责，分包供应商就分包项目承担责任。

第四十九条　政府采购合同履行中，采购人需追加与合同标的相同的货物、工程或者服务的，在不改变合同其他条款的前提下，可以与供应商协商签订补充合同，但所有补充合同的采购金额不得超过原合同采购金额的百分之十。

第五十条　政府采购合同的双方当事人不得擅自变更、中止或者终止合同。

政府采购合同继续履行将损害国家利益和社会公共利益的，双方当事人应当变更、中止或者终止合同。有过错的一方应当承担赔偿责任，双方都有过错的，各自承担相应的责任。

第六章　质疑与投诉

第五十一条　供应商对政府采购活动事项有疑问的，可以向采购人提出询问，采购人应当及时作出答复，但答复的内容不得涉及商业秘密。

第五十二条　供应商认为采购文件、采购过程和中标、成交结果使自己的权益受到损害的，可以在知道或者应知其权益受到损害之日起七个工作日内，以书面形式向采购人提出质疑。

第五十三条　采购人应当在收到供应商的书面质疑后七个工作日内作出答复，并以书面形式通知质疑供应商和其他有关供应商，但答复的内容不得涉及商业秘密。

第五十四条　采购人委托采购代理机构采购的，供应商可以向采购代理机构提出询问或者质疑，采购代理机构应当依照本法第五十一条、第五十三条的规定就采购人委托授权范围内的事项作出答复。

第五十五条　质疑供应商对采购人、采购代理机构的答复不满意或者采购人、采购代理机构未在规定的时间内作出答复的，可以在答复期满后十五个工作日内向同级政府采购监督管理部门投诉。

第五十六条　政府采购监督管理部门应当在收到投诉后三十个工作日内，对投诉事项作出处理决定，并以书面形式通知投诉人和与投诉事项有关的当事人。

第五十七条 政府采购监督管理部门在处理投诉事项期间，可以视具体情况书面通知采购人暂停采购活动，但暂停时间最长不得超过三十日。

第五十八条 投诉人对政府采购监督管理部门的投诉处理决定不服或者政府采购监督管理部门逾期未作处理的，可以依法申请行政复议或者向人民法院提起行政诉讼。

第七章 监督检查

第五十九条 政府采购监督管理部门应当加强对政府采购活动及集中采购机构的监督检查。

监督检查的主要内容是：

(一)有关政府采购的法律、行政法规和规章的执行情况；

(二)采购范围、采购方式和采购程序的执行情况；

(三)政府采购人员的职业素质和专业技能。

第六十条 政府采购监督管理部门不得设置集中采购机构，不得参与政府采购项目的采购活动。

采购代理机构与行政机关不得存在隶属关系或者其他利益关系。

第六十一条 集中采购机构应当建立健全内部监督管理制度。采购活动的决策和执行程序应当明确，并相互监督、相互制约。经办采购的人员与负责采购合同审核、验收人员的职责权限应当明确，并相互分离。

第六十二条 集中采购机构的采购人员应当具有相关职业素质和专业技能，符合政府采购监督管理部门规定的专业岗位任职要求。

集中采购机构对其工作人员应当加强教育和培训；对采购人员的专业水平、工作实绩和职业道德状况定期进行考核。采购人员经考核不合格的，不得继续任职。

第六十三条 政府采购项目的采购标准应当公开。

采用本法规定的采购方式的，采购人在采购活动完成后，应当将采购结果予以公布。

第六十四条 采购人必须按照本法规定的采购方式和采购程序进行采购。

任何单位和个人不得违反本法规定，要求采购人或者采购工作人员向其指定的供应商进行采购。

第六十五条 政府采购监督管理部门应当对政府采购项目的采购活动进行检查，政府采购当事人应当如实反映情况，提供有关材料。

第六十六条 政府采购监督管理部门应当对集中采购机构的采购价格、节约资金效果、服务质量、信誉状况、有无违法行为等事项进行考核，并定期如实公布考核结果。

第六十七条 依照法律、行政法规的规定对政府采购负有行政监督职责的政府有关部门，应当按照其职责分工，加强对政府采购活动的监督。

第六十八条 审计机关应当对政府采购进行审计监督。政府采购监督管理部门、政府采购各当事人有关政府采购活动，应当接受审计机关的审计监督。

第六十九条 监察机关应当加强对参与政府采购活动的国家机关、国家公务员和国家行政机关任命的其他人员实施监察。

第七十条 任何单位和个人对政府采购活动中的违法行为，有权控告和检举，有关部门、机关应当依照各自职责及时处理。

第八章 法律责任

第七十一条 采购人、采购代理机构有下列情形之一的，责令限期改正，给予警告，可以并处罚款，对直接负责的主管人员和其他直接责任人员，由其行政主管部门或者有关机关给予处分，并予通报：

(一)应当采用公开招标方式而擅自采用其他方式采购的；

(二)擅自提高采购标准的；

(三)委托不具备政府采购业务代理资格的机构办理采购事务的；

(四)以不合理的条件对供应商实行差别待遇或者歧视待遇的；

(五)在招标采购过程中与投标人进行协商谈判的；

(六)中标、成交通知书发出后不与中标、成交供应商签订采购合同的；

(七)拒绝有关部门依法实施监督检查的。

第七十二条 采购人、采购代理机构及其工作人员有下列情形之一，构成犯罪的，依法追究刑事责任；尚不构成犯罪的，处以罚款，有违法所得的，并处没收违法所得，属于国家机关工作人员的，依法给予行政处分：

（一）与供应商或者采购代理机构恶意串通的；

（二）在采购过程中接受贿赂或者获取其他不正当利益的；

（三）在有关部门依法实施的监督检查中提供虚假情况的；

（四）开标前泄露标底的。

第七十三条 有前两条违法行为之一影响中标、成交结果或者可能影响中标、成交结果的，按下列情况分别处理：

（一）未确定中标、成交供应商的，终止采购活动；

（二）中标、成交供应商已经确定但采购合同尚未履行的，撤销合同，从合格的中标、成交候选人中另行确定中标、成交供应商；

（三）采购合同已经履行的，给采购人、供应商造成损失的，由责任人承担赔偿责任。

第七十四条 采购人对应当实行集中采购的政府采购项目，不委托集中采购机构实行集中采购的，由政府采购监督管理部门责令改正；拒不改正的，停止按预算向其支付资金，由其上级行政主管部门或者有关机关依法给予其直接负责的主管人员和其他直接责任人员处分。

第七十五条 采购人未依法公布政府采购项目的采购标准和采购结果的，责令改正，对直接负责的主管人员依法给予处分。

第七十六条 采购人、采购代理机构违反本法规定隐匿、销毁应当保存的采购文件或者伪造、变造采购文件的，由政府采购监督管理部门处以二万元以上十万元以下的罚款，对其直接负责的主管人员和其他直接责任人员依法给予处分；构成犯罪的，依法追究刑事责任。

第七十七条 供应商有下列情形之一的，处以采购金额千分之五以上千分之十以下的罚款，列入不良行为记录名单，在一至三年内禁止参加政府采购活动，有违法所得的，并处没收违法所得，情节严重的，由工商行政管理机关吊销营业执照；构成犯罪的，依法追究刑事责任：

（一）提供虚假材料谋取中标、成交的；

（二）采取不正当手段诋毁、排挤其他供应商的；

（三）与采购人、其他供应商或者采购代理机构恶意串通的；

（四）向采购人、采购代理机构行贿或者提供其他不正当利益的；

（五）在招标采购过程中与采购人进行协商谈判的；

（六）拒绝有关部门监督检查或者提供虚假情况的。

供应商有前款第（一）至（五）项情形之一的，中标、成交无效。

第七十八条 采购代理机构在代理政府采购业务中有违法行为的，按照有关法律规定处以罚款，可以依法取消其进行相关业务的资格，构成犯罪的，依法追究刑事责任。

第七十九条 政府采购当事人有本法第七十一条、第七十二条、第七十七条违法行为之一，给他人造成损失的，并应依照有关民事法律规定承担民事责任。

第八十条 政府采购监督管理部门的工作人员在实施监督检查中违反本法规定滥用职权，玩忽职守，徇私舞弊的，依法给予行政处分；构成犯罪的，依法追究刑事责任。

第八十一条 政府采购监督管理部门对供应商的投诉逾期未作处理的，给予直接负责的主管人员和其他直接责任人员行政处分。

第八十二条 政府采购监督管理部门对集中采购机构业绩的考核，有虚假陈述，隐瞒真实情况的，或者不作定期考核和公布考核结果的，应当及时纠正，由其上级机关或者监察机关对其负责人进行通报，并对直接负责的人员依法给予行政处分。

集中采购机构在政府采购监督管理部门考核中，虚报业绩，隐瞒真实情况的，处以二万元以上二十万元以下的罚款，并予以通报；情节严重的，取消其代理采购的资格。

第八十三条 任何单位或者个人阻挠和限制供应商进入本地区或者本行业政府采购市场的，责令限期改正；拒不改正的，由该单位、个人的上级行政主管部门或者有关机关给予单位责任人或者个人处分。

第九章 附 则

第八十四条 使用国际组织和外国政府贷款进行的政府采购,贷款方、资金提供方与中方达成的协议对采购的具体条件另有规定的,可以适用其规定,但不得损害国家利益和社会公共利益。

第八十五条 对因严重自然灾害和其他不可抗力事件所实施的紧急采购和涉及国家安全和秘密的采购,不适用本法。

第八十六条 军事采购法规由中央军事委员会另行制定。

第八十七条 本法实施的具体步骤和办法由国务院规定。

第八十八条 本法自2003年1月1日起施行。

中华人民共和国进出口商品检验法

1989年2月21日第七届全国人民代表大会常务委员会第六次会议通过
根据2002年4月28日第九届全国人民代表大会常务委员会第二十七次会议
《关于修改〈中华人民共和国进出口商品检验法〉的决定》修正
根据全国人民代表大会常务委员会关于修改《中华人民共和国文物
保护法等十二部法律的决定》(2013年6月29日第十二届全国人民代表大会
常务委员会第三次会议通过)修订

第一章 总 则

第一条 为了加强进出口商品检验工作,规范进出口商品检验行为,维护社会公共利益和进出口贸易有关各方的合法权益,促进对外经济贸易关系的顺利发展,制定本法。

第二条 国务院设立进出口商品检验部门(以下简称国家商检部门),主管全国进出口商品检验工作。国家商检部门设在各地的进出口商品检验机构(以下简称商检机构)管理所辖地区的进出口商品检验工作。

第三条 商检机构和经国家商检部门许可的检验机构,依法对进出口商品实施检验。

第四条 进出口商品检验应当根据保护人类健康和安全、保护动物或者植物的生命和健康、保护环境、防止欺诈行为、维护国家安全的原则,由国家商检部门制定、调整必须实施检验的进出口商品目录(以下简称目录)并公布实施。

第五条 列入目录的进出口商品,由商检机构实施检验。

前款规定的进口商品未经检验的,不准销售、使用;前款规定的出口商品未经检验合格的,不准出口。

本条第一款规定的进出口商品,其中符合国家规定的免予检验条件的,由收货人或者发货人申请,经国家商检部门审查批准,可以免予检验。

第六条 必须实施的进出口商品检验,是指确定列入目录的进出口商品是否符合国家技术规范的强制性要求的合格评定活动。

合格评定程序包括:抽样、检验和检查;评估、验证和合格保证;注册、认可和批准以及各项的组合。

第七条 列入目录的进出口商品,按照国家技术规范的强制性要求进行检验;尚未制定国家技术规范的强制性要求的,应当依法及时制定,未制定之前,可以参照国家商检部门指定的国外有关标准进行检验。

第八条 经国家商检部门许可的检验机构,可以接受对外贸易关系人或者外国检验机构的委托,办理进出口商品检验鉴定业务。

第九条 法律、行政法规规定由其他检验机构实施检验的进出口商品或者检验项目,依照有关法律、行政法规的规定办理。

第十条 国家商检部门和商检机构应当及时收集和向有关方面提供进出口商品检验方面的信息。

国家商检部门和商检机构的工作人员在履行进出口商品检验的职责中,对所知悉的商业秘密负有保密义务。

第二章 进口商品的检验

第十一条 本法规定必须经商检机构检验的进口商品的收货人或者其代理人,应当向报关地的商检机构报检。海关凭商检机构签发的货物通关证明验放。

第十二条 本法规定必须经商检机构检验的进口商品的收货人或者其代理人，应当在商检机构规定的地点和期限内，接受商检机构对进口商品的检验。商检机构应当在国家商检部门统一规定的期限内检验完毕，并出具检验证单。

第十三条 本法规定必须经商检机构检验的进口商品以外的进口商品的收货人，发现进口商品质量不合格或者残损短缺，需要由商检机构出证索赔的，应当向商检机构申请检验出证。

第十四条 对重要的进口商品和大型的成套设备，收货人应当依据对外贸易合同约定在出口国装运前进行预检验、监造或者监装，主管部门应当加强监督；商检机构根据需要可以派出检验人员参加。

第三章 出口商品的检验

第十五条 本法规定必须经商检机构检验的出口商品的发货人或者其代理人，应当在商检机构规定的地点和期限内，向商检机构报检。商检机构应当在国家商检部门统一规定的期限内检验完毕，并出具检验证单。

对本法规定必须实施检验的出口商品，海关凭商检机构签发的货物通关证明验放。

第十六条 经商检机构检验合格发给检验证单的出口商品，应当在商检机构规定的期限内报关出口；超过期限的，应当重新报检。

第十七条 为出口危险货物生产包装容器的企业，必须申请商检机构进行包装容器的性能鉴定。生产出口危险货物的企业，必须申请商检机构进行包装容器的使用鉴定。使用未经鉴定合格的包装容器的危险货物，不准出口。

第十八条 对装运出口易腐烂变质食品的船舱和集装箱，承运人或者装箱单位必须在装货前申请检验。未经检验合格的，不准装运。

第四章 监督管理

第十九条 商检机构对本法规定必须经商检机构检验的进出口商品以外的进出口商品，根据国家规定实施抽查检验。

国家商检部门可以公布抽查检验结果或者向有关部门通报抽查检验情况。

第二十条 商检机构根据便利对外贸易的需要，可以按照国家规定对列入目录的出口商品进行出厂前的质量监督管理和检验。

第二十一条 为进出口货物的收发货人办理报检手续的代理人应当在商检机构进行注册登记；办理报检手续时应当向商检机构提交授权委托书。

第二十二条 国家商检部门可以按照国家有关规定，通过考核，许可符合条件的国内外检验机构承担委托的进出口商品检验鉴定业务。

第二十三条 国家商检部门和商检机构依法对经国家商检部门许可的检验机构的进出口商品检验鉴定业务活动进行监督，可以对其检验的商品抽查检验。

第二十四条 国家商检部门根据国家统一的认证制度，对有关的进出口商品实施认证管理。

第二十五条 商检机构可以根据国家商检部门同外国有关机构签订的协议或者接受外国有关机构的委托进行进出口商品质量认证工作，准许在认证合格的进出口商品上使用质量认证标志。

第二十六条 商检机构依照本法对实施许可制度的进出口商品实行验证管理，查验单证，核对证货是否相符。

第二十七条 商检机构根据需要，对检验合格的进出口商品，可以加施商检标志或者封识。

第二十八条 进出口商品的报检人对商检机构作出的检验结果有异议的，可以向原商检机构或者其上级商检机构以至国家商检部门申请复验，由受理复验的商检机构或者国家商检部门及时作出复验结论。

第二十九条 当事人对商检机构、国家商检部门作出的复验结论不服或者对商检机构作出的处罚决定不服的，可以依法申请行政复议，也可以依法向人民法院提起诉讼。

第三十条 国家商检部门和商检机构履行职责，必须遵守法律，维护国家利益，依照法定职权和法定程序严格执法，接受监督。

国家商检部门和商检机构应当根据依法履行职责的需要，加强队伍建设，使商检工作人员具有良好的政治、业务素质。商检工作人员应当定期接受业务培训和考核,经考核合格,方可上岗执行职务。

商检工作人员必须忠于职守,文明服务,遵守职业道德,不得滥用职权,谋取私利。

第三十一条 国家商检部门和商检机构应当建立健全内部监督制度,对其工作人员的执法活动进行监督检查。

商检机构内部负责受理报检、检验、出证放行等主要岗位的职责权限应当明确,并相互分离、相互制约。

第三十二条 任何单位和个人均有权对国家商检部门、商检机构及其工作人员的违法、违纪行为进行控告、检举。收到控告、检举的机关应当依法按照职责分工及时查处,并为控告人、检举人保密。

第五章 法律责任

第三十三条 违反本法规定,将必须经商检机构检验的进口商品未报经检验而擅自销售或者使用的,或者将必须经商检机构检验的出口商品未报经检验合格而擅自出口的,由商检机构没收违法所得,并处货值金额百分之五以上百分之二十以下的罚款;构成犯罪的,依法追究刑事责任。

第三十四条 违反本法规定,未经国家商检部门许可,擅自从事进出口商品检验鉴定业务的,由商检机构责令停止非法经营,没收违法所得,并处违法所得一倍以上三倍以下的罚款。

第三十五条 进口或者出口属于掺杂掺假、以假充真、以次充好的商品或者以不合格进出口商品冒充合格进出口商品的,由商检机构责令停止进口或者出口,没收违法所得,并处货值金额百分之五十以上三倍以下的罚款;构成犯罪的,依法追究刑事责任。

第三十六条 伪造、变造、买卖或者盗窃商检单证、印章、标志、封识、质量认证标志的,依法追究刑事责任;尚不够刑事处罚的,由商检机构责令改正,没收违法所得,并处货值金额等值以下的罚款。

第三十七条 国家商检部门、商检机构的工作人员违反本法规定,泄露所知悉的商业秘密的,依法给予行政处分,有违法所得的,没收违法所得;构成犯罪的,依法追究刑事责任。

第三十八条 国家商检部门、商检机构的工作人员滥用职权,故意刁难的,徇私舞弊,伪造检验结果的,或者玩忽职守,延误检验出证的,依法给予行政处分;构成犯罪的,依法追究刑事责任。

第六章 附 则

第三十九条 商检机构和其他检验机构依照本法的规定实施检验和办理检验鉴定业务,依照国家有关规定收取费用。

第四十条 国务院根据本法制定实施条例。

第四十一条 本法自1989年8月1日起施行。

中华人民共和国对外贸易法

1994年5月12日第八届全国人民代表大会常务委员会第七次会议通过
2004年4月6日第十届全国人民代表大会常务委员会第八次会议修订

第一章 总 则

第一条 为了扩大对外开放,发展对外贸易,维护对外贸易秩序,保护对外贸易经营者的合法权益,促进社会主义市场经济的健康发展,制定本法。

第二条 本法适用于对外贸易以及与对外贸易有关的知识产权保护。

本法所称对外贸易,是指货物进出口、技术进出口和国际服务贸易。

第三条 国务院对外贸易主管部门依照本法主管全国对外贸易工作。

第四条 国家实行统一的对外贸易制度,鼓励发展对外贸易,维护公平、自由的对外贸易秩序。

第五条 中华人民共和国根据平等互利的原则,促进和发展同其他国家和地区的贸易关系,缔结或者参加关税同盟协定、自由贸易区协定等区域经济贸易协定,参加区域经济组织。

第六条 中华人民共和国在对外贸易方面根据所缔结或者参加的国际条约、协定,给予其他缔约方、参加方最惠国待遇、国民待遇等待遇,或者根据互惠、对等原则给予对方最惠国待遇、国民待遇等待遇。

第七条 任何国家或者地区在贸易方面对中华人民共和国采取歧视性的禁止、限制或者其他类似措施的，中华人民共和国可以根据实际情况对该国家或者该地区采取相应的措施。

第二章 对外贸易经营者

第八条 本法所称对外贸易经营者，是指依法办理工商登记或者其他执业手续，依照本法和其他有关法律、行政法规的规定从事对外贸易经营活动的法人、其他组织或者个人。

第九条 从事货物进出口或者技术进出口的对外贸易经营者，应当向国务院对外贸易主管部门或者其委托的机构办理备案登记；但是，法律、行政法规和国务院对外贸易主管部门规定不需要备案登记的除外。备案登记的具体办法由国务院对外贸易主管部门规定。对外贸易经营者未按照规定办理备案登记的，海关不予办理进出口货物的报关验放手续。

第十条 从事国际服务贸易，应当遵守本法和其他有关法律、行政法规的规定。

从事对外工程承包或者对外劳务合作的单位，应当具备相应的资质或者资格。具体办法由国务院规定。

第十一条 国家可以对部分货物的进出口实行国营贸易管理。实行国营贸易管理货物的进出口业务只能由经授权的企业经营；但是，国家允许部分数量的国营贸易管理货物的进出口业务由非授权企业经营的除外。实行国营贸易管理的货物和经授权经营企业的目录，由国务院对外贸易主管部门会同国务院其他有关部门确定、调整并公布。

违反本条第一款规定，擅自进出口实行国营贸易管理的货物的，海关不予放行。

第十二条 对外贸易经营者可以接受他人的委托，在经营范围内代为办理对外贸易业务。

第十三条 对外贸易经营者应当按照国务院对外贸易主管部门或者国务院其他有关部门依法作出的规定，向有关部门提交与其对外贸易经营活动有关的文件及资料。有关部门应当为提供者保守商业秘密。

第三章 货物进出口与技术进出口

第十四条 国家准许货物与技术的自由进出口。但是，法律、行政法规另有规定的除外。

第十五条 国务院对外贸易主管部门基于监测进出口情况的需要，可以对部分自由进出口的货物实行进出口自动许可并公布其目录。

实行自动许可的进出口货物，收货人、发货人在办理海关报关手续前提出自动许可申请的，国务院对外贸易主管部门或者其委托的机构应当予以许可；未办理自动许可手续的，海关不予放行。

进出口属于自由进出口的技术，应当向国务院对外贸易主管部门或者其委托的机构办理合同备案登记。

第十六条 国家基于下列原因，可以限制或者禁止有关货物、技术的进口或者出口：

（一）为维护国家安全、社会公共利益或者公共道德，需要限制或者禁止进口或者出口的；

（二）为保护人的健康或者安全，保护动物、植物的生命或者健康，保护环境，需要限制或者禁止进口或者出口的；

（三）为实施与黄金或者白银进出口有关的措施，需要限制或者禁止进口或者出口的；

（四）国内供应短缺或者为有效保护可能用竭的自然资源，需要限制或者禁止出口的；

（五）输往国家或者地区的市场容量有限，需要限制出口的；

（六）出口经营秩序出现严重混乱，需要限制出口的；

（七）为建立或者加快建立国内特定产业，需要限制进口的；

（八）对任何形式的农业、牧业、渔业产品有必要限制进口的；

（九）为保障国家国际金融地位和国际收支平衡，需要限制进口的；

（十）依照法律、行政法规的规定，其他需要限制或者禁止进口或者出口的；

（十一）根据我国缔结或者参加的国际条约、协定的规定，其他需要限制或者禁止进口或者出口的。

第十七条 国家对与裂变、聚变物质或者衍生此类物质的物质有关的货物、技术进出口，以及与武器、弹药或者其他军用物资有关的进出口，可以采取任何必要的措施，维护国家安全。

在战时或者为维护国际和平与安全，国家在货物、技术进出口方面可以采取任何必要的措施。

第十八条 国务院对外贸易主管部门会同国务院其他有关部门，依照本法第十六条和第十七条的规定，制定、调整并公布限制或者禁止进出口的货物、技术目录。

国务院对外贸易主管部门或者由其会同国务院其他有关部门，经国务院批准，可以在本法第十六条和第十七条规定的范围内，临时决定限制或者禁止前款规定目录以外的特定货物、技术的进口或者出口。

第十九条 国家对限制进口或者出口的货物，实行配额、许可证等方式管理；对限制进口或者出口的技术，实行许可证管理。

实行配额、许可证管理的货物、技术，应当按照国务院规定经国务院对外贸易主管部门或者经其会同国务院其他有关部门许可，方可进口或者出口。

国家对部分进口货物可以实行关税配额管理。

第二十条 进出口货物配额、关税配额，由国务院对外贸易主管部门或者国务院其他有关部门在各自的职责范围内，按照公开、公平、公正和效益的原则进行分配。具体办法由国务院规定。

第二十一条 国家实行统一的商品合格评定制度，根据有关法律、行政法规的规定，对进出口商品进行认证、检验、检疫。

第二十二条 国家对进出口货物进行原产地管理。具体办法由国务院规定。

第二十三条 对文物和野生动物、植物及其产品等，其他法律、行政法规有禁止或者限制进出口规定的，依照有关法律、行政法规的规定执行。

第四章 国际服务贸易

第二十四条 中华人民共和国在国际服务贸易方面根据所缔结或者参加的国际条约、协定中所作的承诺，给予其他缔约方、参加方市场准入和国民待遇。

第二十五条 国务院对外贸易主管部门和国务院其他有关部门，依照本法和其他有关法律、行政法规的规定，对国际服务贸易进行管理。

第二十六条 国家基于下列原因，可以限制或者禁止有关的国际服务贸易：

（一）为维护国家安全、社会公共利益或者公共道德，需要限制或者禁止的；

（二）为保护人的健康或者安全，保护动物、植物的生命或者健康，保护环境，需要限制或者禁止的；

（三）为建立或者加快建立国内特定服务产业，需要限制的；

（四）为保障国家外汇收支平衡，需要限制的；

（五）依照法律、行政法规的规定，其他需要限制或者禁止的；

（六）根据我国缔结或者参加的国际条约、协定的规定，其他需要限制或者禁止的。

第二十七条 国家对与军事有关的国际服务贸易，以及与裂变、聚变物质或者衍生此类物质的物质有关的国际服务贸易，可以采取任何必要的措施，维护国家安全。

在战时或者为维护国际和平与安全，国家在国际服务贸易方面可以采取任何必要的措施。

第二十八条 国务院对外贸易主管部门会同国务院其他有关部门，依照本法第二十六条、第二十七条和其他有关法律、行政法规的规定，制定、调整并公布国际服务贸易市场准入目录。

第五章 与对外贸易有关的知识产权保护

第二十九条 国家依照有关知识产权的法律、行政法规，保护与对外贸易有关的知识产权。

进口货物侵犯知识产权，并危害对外贸易秩序的，国务院对外贸易主管部门可以采取在一定期限内禁止侵权人生产、销售的有关货物进口等措施。

第三十条 知识产权权利人有阻止被许可人对许可合同中的知识产权的有效性提出质疑、进行强制性一揽子许可、在许可合同中规定排他性返授条件等行为之一，并危害对外贸易公平竞争秩序的，国务院对外贸易主管部门可以采取必要的措施消除危害。

第三十一条 其他国家或者地区在知识产权保护方面未给予中华人民共和国的法人、其他组织或者个人国民待遇，或者不能对来源于中华人民共和国的货物、技术或者服务提供充分有效的知识产权保护的，国务院对外贸易主管部门可以依照本法和其他有关法律、行政法规的规定，并根据中华人民共和国缔结或者参加的国际条约、协定，对与该国家或者该地区的贸易采取必要的措施。

第六章 对外贸易秩序

第三十二条 在对外贸易经营活动中，不得违反有关反垄断的法律、行政法规的规定实施垄断行为。

在对外贸易经营活动中实施垄断行为，危害市场公平竞争的，依照有关反垄断的法律、行政法规的规定处理。有前款违法行为，并危害对外贸易秩序的，国务院对外贸易主管部门可以采取必要的措施消除危害。

第三十三条 在对外贸易经营活动中,不得实施以不正当的低价销售商品、串通投标、发布虚假广告、进行商业贿赂等不正当竞争行为。

在对外贸易经营活动中实施不正当竞争行为的,依照有关反不正当竞争的法律、行政法规的规定处理。

有前款违法行为,并危害对外贸易秩序的,国务院对外贸易主管部门可以采取禁止该经营者有关货物、技术进出口等措施消除危害。

第三十四条 在对外贸易活动中,不得有下列行为:

(一)伪造、变造进出口货物原产地标记,伪造、变造或者买卖进出口货物原产地证书、进出口许可证、进出口配额证明或者其他进出口证明文件;

(二)骗取出口退税;

(三)走私;

(四)逃避法律、行政法规规定的认证、检验、检疫;

(五)违反法律、行政法规规定的其他行为。

第三十五条 对外贸易经营者在对外贸易经营活动中,应当遵守国家有关外汇管理的规定。

第三十六条 违反本法规定,危害对外贸易秩序的,国务院对外贸易主管部门可以向社会公告。

第七章 对外贸易调查

第三十七条 为了维护对外贸易秩序,国务院对外贸易主管部门可以自行或者会同国务院其他有关部门,依照法律、行政法规的规定对下列事项进行调查:

(一)货物进出口、技术进出口、国际服务贸易对国内产业及其竞争力的影响;

(二)有关国家或者地区的贸易壁垒;

(三)为确定是否应当依法采取反倾销、反补贴或者保障措施等对外贸易救济措施,需要调查的事项;

(四)规避对外贸易救济措施的行为;

(五)对外贸易中有关国家安全利益的事项;

(六)为执行本法第七条、第二十九条第二款、第三十条、第三十一条、第三十二条第三款、第三十三条第三款的规定,需要调查的事项;

(七)其他影响对外贸易秩序,需要调查的事项。

第三十八条 启动对外贸易调查,由国务院对外贸易主管部门发布公告。

调查可以采取书面问卷、召开听证会、实地调查、委托调查等方式进行。

国务院对外贸易主管部门根据调查结果,提出调查报告或者作出处理裁定,并发布公告。

第三十九条 有关单位和个人应当对对外贸易调查给予配合、协助。

国务院对外贸易主管部门和国务院其他有关部门及其工作人员进行对外贸易调查,对知悉的国家秘密和商业秘密负有保密义务。

第八章 对外贸易救济

第四十条 国家根据对外贸易调查结果,可以采取适当的对外贸易救济措施。

第四十一条 其他国家或者地区的产品以低于正常价值的倾销方式进入我国市场,对已建立的国内产业造成实质损害或者产生实质损害威胁,或者对建立国内产业造成实质阻碍的,国家可以采取反倾销措施,消除或者减轻这种损害或者损害的威胁或者阻碍。

第四十二条 其他国家或者地区的产品以低于正常价值出口至第三国市场,对我国已建立的国内产业造成实质损害或者产生实质损害威胁,或者对我国建立国内产业造成实质阻碍的,应国内产业的申请,国务院对外贸易主管部门可以与该第三国政府进行磋商,要求其采取适当的措施。

第四十三条 进口的产品直接或者间接地接受出口国家或者地区给予的任何形式的专向性补贴,对已建立的国内产业造成实质损害或者产生实质损害威胁,或者对建立国内产业造成实质阻碍的,国家可以采取反补贴措施,消除或者减轻这种损害或者损害的威胁或者阻碍。

第四十四条 因进口产品数量大量增加,对生产同类产品或者与其直接竞争的产品的国内产业造成严重损害或者严重损害威胁的,国家可以采取必要的保障措施,消除或者减轻这种损害或者损害的威胁,并可以对该产业提供必要的支持。

第四十五条 因其他国家或者地区的服务提供者向我国提供的服务增加,对提供同类服务或者与其直接竞争的服务的国内产业造成损害或者产生损害威胁的,国家可以采取必要的救济措施,消除或者减轻这种损害或者损害的威胁。

第四十六条 因第三国限制进口而导致某种产品进入我国市场的数量大量增加,对已建立的国内产业造成损害或者产生损害威胁,或者对建立国内产业造成阻碍的,国家可以采取必要的救济措施,限制该产品进口。

第四十七条 与中华人民共和国缔结或者共同参加经济贸易条约、协定的国家或者地区,违反条约、协定的规定,使中华人民共和国根据该条约、协定享有的利益丧失或者受损,或者阻碍条约、协定目标实现的,中华人民共和国政府有权要求有关国家或者地区政府采取适当的补救措施,并可以根据有关条约、协定中止或者终止履行相关义务。

第四十八条 国务院对外贸易主管部门依照本法和其他有关法律的规定,进行对外贸易的双边或者多边磋商、谈判和争端的解决。

第四十九条 国务院对外贸易主管部门和国务院其他有关部门应当建立货物进出口、技术进出口和国际服务贸易的预警应急机制,应对对外贸易中的突发和异常情况,维护国家经济安全。

第五十条 国家对规避本法规定的对外贸易救济措施的行为,可以采取必要的反规避措施。

第九章 对外贸易促进

第五十一条 国家制定对外贸易发展战略,建立和完善对外贸易促进机制。

第五十二条 国家根据对外贸易发展的需要,建立和完善为对外贸易服务的金融机构,设立对外贸易发展基金、风险基金。

第五十三条 国家通过进出口信贷、出口信用保险、出口退税及其他促进对外贸易的方式,发展对外贸易。

第五十四条 国家建立对外贸易公共信息服务体系,向对外贸易经营者和其他社会公众提供信息服务。

第五十五条 国家采取措施鼓励对外贸易经营者开拓国际市场,采取对外投资、对外工程承包和对外劳务合作等多种形式,发展对外贸易。

第五十六条 对外贸易经营者可以依法成立和参加有关协会、商会。

有关协会、商会应当遵守法律、行政法规,按照章程对其成员提供与对外贸易有关的生产、营销、信息、培训等方面的服务,发挥协调和自律作用,依法提出有关对外贸易救济措施的申请,维护成员和行业的利益,向政府有关部门反映成员有关对外贸易的建议,开展对外贸易促进活动。

第五十七条 中国国际贸易促进组织按照章程开展对外联系,举办展览,提供信息、咨询服务和其他对外贸易促进活动。

第五十八条 国家扶持和促进中小企业开展对外贸易。

第五十九条 国家扶持和促进民族自治地方和经济不发达地区发展对外贸易。

第十章 法律责任

第六十条 违反本法第十一条规定,未经授权擅自进出口实行国营贸易管理的货物的,国务院对外贸易主管部门或者国务院其他有关部门可以处五万元以下罚款;情节严重的,可以自行政处罚决定生效之日起三年内,不受理违法行为人从事国营贸易管理货物进出口业务的申请,或者撤销已给予其从事其他国营贸易管理货物进出口的授权。

第六十一条 进出口属于禁止进出口的货物的,或者未经许可擅自进出口属于限制进出口的货物的,由海关依照有关法律、行政法规的规定处理、处罚;构成犯罪的,依法追究刑事责任。

进出口属于禁止进出口的技术的,或者未经许可擅自进出口属于限制进出口的技术的,依照有关法律、行政法规的规定处理、处罚;法律、行政法规没有规定的,由国务院对外贸易主管部门责令改正,没收违法所得,并处违法所得一倍以上五倍以下罚款,没有违法所得或者违法所得不足一万元的,处一万元以上五万元以下罚款;构成犯罪的,依法追究刑事责任。

自前两款规定的行政处罚决定生效之日或者刑事处罚判决生效之日起,国务院对外贸易主管部门或者国务院其他有关部门可以在三年内不受理违法行为人提出的进出口配额或者许可证的申请,或者禁止违法行为人在一年以上三年以下的期限内从事有关货物或者技术的进出口经营活动。

第六十二条 从事属于禁止的国际服务贸易的，或者未经许可擅自从事属于限制的国际服务贸易的，依照有关法律、行政法规的规定处罚；法律、行政法规没有规定的，由国务院对外贸易主管部门责令改正，没收违法所得，并处违法所得一倍以上五倍以下罚款，没有违法所得或者违法所得不足一万元的，处一万元以上五万元以下罚款；构成犯罪的，依法追究刑事责任。

国务院对外贸易主管部门可以禁止违法行为人自前款规定的行政处罚决定生效之日或者刑事处罚判决生效之日起一年以上三年以下的期限内从事有关的国际服务贸易经营活动。

第六十三条 违反本法第三十四条规定，依照有关法律、行政法规的规定处罚；构成犯罪的，依法追究刑事责任。

国务院对外贸易主管部门可以禁止违法行为人自前款规定的行政处罚决定生效之日或者刑事处罚判决生效之日起一年以上三年以下的期限内从事有关的对外贸易经营活动。

第六十四条 依照本法第六十一条至第六十三条规定被禁止从事有关对外贸易经营活动的，在禁止期限内，海关根据国务院对外贸易主管部门依法作出的禁止决定，对该对外贸易经营者的有关进出口货物不予办理报关验放手续，外汇管理部门或者外汇指定银行不予办理有关结汇、售汇手续。

第六十五条 依照本法负责对外贸易管理工作的部门的工作人员玩忽职守、徇私舞弊或者滥用职权，构成犯罪的，依法追究刑事责任；尚不构成犯罪的，依法给予行政处分。

依照本法负责对外贸易管理工作的部门的工作人员利用职务上的便利，索取他人财物，或者非法收受他人财物为他人谋取利益，构成犯罪的，依法追究刑事责任；尚不构成犯罪的，依法给予行政处分。

第六十六条 对外贸易经营活动当事人对依照本法负责对外贸易管理工作的部门作出的具体行政行为不服的，可以依法申请行政复议或者向人民法院提起行政诉讼。

第十一章 附　　则

第六十七条 与军品、裂变和聚变物质或者衍生此类物质的物质有关的对外贸易管理以及文化产品的进出口管理，法律、行政法规另有规定的，依照其规定。

第六十八条 国家对边境地区与接壤国家边境地区之间的贸易以及边民互市贸易，采取灵活措施，给予优惠和便利。具体办法由国务院规定。

第六十九条 中华人民共和国的单独关税区不适用本法。

第七十条 本法自2004年7月1日起施行。

中华人民共和国海关法

1987年1月22日第六届全国人民代表大会常务委员会第十九次会议通过
2000年7月8日第九届全国人民代表大会常务委员会第十六次会议
《关于修改〈中华人民共和国海关法〉的决定》修正

第一章 总　　则

第一条 为了维护国家的主权和利益，加强海关监督管理，促进对外经济贸易和科技文化交往，保障社会主义现代化建设，特制定本法。

第二条 中华人民共和国海关是国家的进出关境（以下简称进出境）监督管理机关。海关依照本法和其他有关法律、行政法规，监管进出境的运输工具、货物、行李物品、邮递物品和其他物品（以下简称进出境运输工具、货物、物品），征收关税和其他税、费，查缉走私，并编制海关统计和办理其他海关业务。

第三条 国务院设立海关总署，统一管理全国海关。

国家在对外开放的口岸和海关监管业务集中的地点设立海关。海关的隶属关系，不受行政区划的限制。

海关依法独立行使职权，向海关总署负责。

第四条 国家在海关总署设立专门侦查走私犯罪的公安机构，配备专职缉私警察，负责对其管辖的走私犯罪案件的侦查、拘留、执行逮捕、预审。

海关侦查走私犯罪公安机构履行侦查、拘留、执行逮捕、预审职责，应当按照《中华人民共和国刑事诉讼法》的规定办理。

海关侦查走私犯罪公安机构根据国家有关规定,可以设立分支机构。各分支机构办理其管辖的走私犯罪案件,应当依法向有管辖权的人民检察院移送起诉。

地方各级公安机关应当配合海关侦查走私犯罪公安机构依法履行职责。

第五条 国家实行联合缉私、统一处理、综合治理的缉私体制。海关负责组织、协调、管理查缉走私工作。有关规定由国务院另行制定。

各有关行政执法部门查获的走私案件,应当给予行政处罚的,移送海关依法处理;涉嫌犯罪的,应当移送海关侦查走私犯罪公安机构、地方公安机关依据案件管辖分工和法定程序办理。

第六条 海关可以行使下列权力:

(一)检查进出境运输工具,查验进出境货物、物品;对违反本法或者其他有关法律、行政法规的,可以扣留。

(二)查阅进出境人员的证件;查问违反本法或者其他有关法律、行政法规的嫌疑人,调查其违法行为。

(三)查阅、复制与进出境运输工具、货物、物品有关的合同、发票、帐册、单据、记录、文件、业务函电、录音录像制品和其他资料;对其中与违反本法或者其他有关法律、行政法规的进出境运输工具、货物、物品有牵连的,可以扣留。

(四)在海关监管区和海关附近沿海沿边规定地区,检查有走私嫌疑的运输工具和有藏匿走私货物、物品嫌疑的场所,检查走私嫌疑人的身体;对有走私嫌疑的运输工具、货物、物品和走私犯罪嫌疑人,经直属海关关长或者其授权的隶属海关关长批准,可以扣留;对走私犯罪嫌疑人,扣留时间不超过二十四小时,在特殊情况下可以延长至四十八小时。

在海关监管区和海关附近沿海沿边规定地区以外,海关在调查走私案件时,对有走私嫌疑的运输工具和除公民住处以外的有藏匿走私货物、物品嫌疑的场所,经直属海关关长或者其授权的隶属海关关长批准,可以进行检查,有关当事人应当到场;当事人未到场的,在有见证人在场的情况下,可以径行检查;对其中有证据证明有走私嫌疑的运输工具、货物、物品,可以扣留。

海关附近沿海沿边规定地区的范围,由海关总署和国务院公安部门会同有关省级人民政府确定。

(五)在调查走私案件时,经直属海关关长或者其授权的隶属海关关长批准,可以查询案件涉嫌单位和涉嫌人员在金融机构、邮政企业的存款、汇款。

(六)进出境运输工具或者个人违抗海关监管逃逸的,海关可以连续追至海关监管区和海关附近沿海沿边规定地区以外,将其带回处理。

(七)海关为履行职责,可以配备武器。海关工作人员佩带和使用武器的规则,由海关总署会同国务院公安部门制定,报国务院批准。

(八)法律、行政法规规定由海关行使的其他权力。

第七条 各地方、各部门应当支持海关依法行使职权,不得非法干预海关的执法活动。

第八条 进出境运输工具、货物、物品,必须通过设立海关的地点进境或者出境。在特殊情况下,需要经过未设立海关的地点临时进境或者出境的,必须经国务院或者国务院授权的机关批准,并依照本法规定办理海关手续。

第九条 进出口货物,除另有规定的外,可以由进出口货物收发货人自行办理报关纳税手续,也可以由进出口货物收发货人委托海关准予注册登记的报关企业办理报关纳税手续。

进出境物品的所有人可以自行办理报关纳税手续,也可以委托他人办理报关纳税手续。

第十条 报关企业接受进出口货物收发货人的委托,以委托人的名义办理报关手续的,应当向海关提交由委托人签署的授权委托书,遵守本法对委托人的各项规定。

报关企业接受进出口货物收发货人的委托,以自己的名义办理报关手续的,应当承担与收发货人相同的法律责任。

委托人委托报关企业办理报关手续的,应当向报关企业提供所委托报关事项的真实情况;报关企业接受委托人的委托办理报关手续的,应当对委托人所提供情况的真实性进行合理审查。

第十一条 进出口货物收发货人、报关企业办理报关手续,必须依法经海关注册登记。报关人员必须依法取得报关从业资格。未依法经海关注册登记的企业和未依法取得报关从业资格的人员,不得从事报关业务。

报关企业和报关人员不得非法代理他人报关，或者超出其业务范围进行报关活动。

第十二条 海关依法执行职务，有关单位和个人应当如实回答询问，并予以配合，任何单位和个人不得阻挠。

海关执行职务受到暴力抗拒时，执行有关任务的公安机关和人民武装警察部队应当予以协助。

第十三条 海关建立对违反本法规定逃避海关监管行为的举报制度。

任何单位和个人均有权对违反本法规定逃避海关监管的行为进行举报。

海关对举报或者协助查获违反本法案件的有功单位和个人，应当给予精神的或者物质的奖励。

海关应当为举报人保密。

第二章 进出境运输工具

第十四条 进出境运输工具到达或者驶离设立海关的地点时，运输工具负责人应当向海关如实申报，交验单证，并接受海关监管和检查。

停留在设立海关的地点的进出境运输工具，未经海关同意，不得擅自驶离。

进出境运输工具从一个设立海关的地点驶往另一个设立海关的地点的，应当符合海关监管要求，办理海关手续，未办结海关手续的，不得改驶境外。

第十五条 进境运输工具在进境以后向海关申报以前，出境运输工具在办结海关手续以后出境以前，应当按照交通主管机关规定的路线行进；交通主管机关没有规定的，由海关指定。

第十六条 进出境船舶、火车、航空器到达和驶离时间、停留地点、停留期间更换地点以及装卸货物、物品时间，运输工具负责人或者有关交通运输部门应当事先通知海关。

第十七条 运输工具装卸进出境货物、物品或者上下进出境旅客，应当接受海关监管。

货物、物品装卸完毕，运输工具负责人应当向海关递交反映实际装卸情况的交接单据和记录。

上下进出境运输工具的人员携带物品的，应当向海关如实申报，并接受海关检查。

第十八条 海关检查进出境运输工具时，运输工具负责人应当到场，并根据海关的要求开启舱室、房间、车门；有走私嫌疑的，并应当开拆可能藏匿走私货物、物品的部位，搬移货物、物料。

海关根据工作需要，可以派员随运输工具执行职务，运输工具负责人应当提供方便。

第十九条 进境的境外运输工具和出境的境内运输工具，未向海关办理手续并缴纳关税，不得转让或者移作他用。

第二十条 进出境船舶和航空器兼营境内客、货运输，需经海关同意，并应当符合海关监管要求。

进出境运输工具改营境内运输，需向海关办理手续。

第二十一条 沿海运输船舶、渔船和从事海上作业的特种船舶，未经海关同意，不得载运或者换取、买卖、转让进出境货物、物品。

第二十二条 进出境船舶和航空器，由于不可抗力的原因，被迫在未设立海关的地点停泊、降落或者抛掷、起卸货物、物品，运输工具负责人应当立即报告附近海关。

第三章 进出境货物

第二十三条 进口货物自进境起到办结海关手续止，出口货物自向海关申报起到出境止，过境、转运和通运货物自进境起到出境止，应当接受海关监管。

第二十四条 进口货物的收货人、出口货物的发货人应当向海关如实申报，交验进出口许可证件和有关单证。国家限制进出口的货物，没有进出口许可证件的，不予放行，具体处理办法由国务院规定。

进口货物的收货人应当自运输工具申报进境之日起十四日内，出口货物的发货人除海关特准的外应当在货物运抵海关监管区后、装货的二十四小时以前，向海关申报。

进口货物的收货人超过前款规定期限向海关申报的，由海关征收滞报金。

第二十五条 办理进出口货物的海关申报手续，应当采用纸质报关单和电子数据报关单的形式。

第二十六条 海关接受申报后，报关单证及其内容不得修改或者撤销；确有正当理由的，经海关同意，方可修改或者撤销。

第二十七条 进口货物的收货人经海关同意，可以在申报前查看货物或者提取货样。需要依法检疫的货物，应当在检疫合格后提取货样。

第二十八条 进出口货物应当接受海关查验。海关查验货物时,进口货物的收货人、出口货物的发货人应当到场,并负责搬移货物,开拆和重封货物的包装。海关认为必要时,可以径行开验、复验或者提取货样。

经收发货人申请,海关总署批准,其进出口货物可以免验。

第二十九条 除海关特准的外,进出口货物在收发货人缴清税款或者提供担保后,由海关签印放行。

第三十条 进口货物的收货人自运输工具申报进境之日起超过三个月未向海关申报的,其进口货物由海关提取依法变卖处理,所得价款在扣除运输、装卸、储存等费用和税款后,尚有余款的,自货物依法变卖之日起一年内,经收货人申请,予以发还;其中属于国家对进口有限制性规定,应当提交许可证件而不能提供的,不予发还。逾期无人申请或者不予发还的,上缴国库。

确属误卸或者溢卸的进境货物,经海关审定,由原运输工具负责人或者货物的收发货人自该运输工具卸货之日起三个月内,办理退运或者进口手续;必要时,经海关批准,可以延期三个月。逾期未办手续的,由海关按前款规定处理。

前两款所列货物不宜长期保存的,海关可以根据实际情况提前处理。

收货人或者货物所有人声明放弃的进口货物,由海关提取依法变卖处理;所得价款在扣除运输、装卸、储存等费用后,上缴国库。

第三十一条 经海关批准暂时进口或者暂时出口的货物,应当在六个月内复运出境或者复运进境;在特殊情况下,经海关同意,可以延期。

第三十二条 经营保税货物的储存、加工、装配、展示、运输、寄售业务和经营免税商店,应当符合海关监管要求,经海关批准,并办理注册手续。

保税货物的转让、转移以及进出保税场所,应当向海关办理有关手续,接受海关监管和查验。

第三十三条 企业从事加工贸易,应当持有关批准文件和加工贸易合同向海关备案,加工贸易制成品单位耗料量由海关按照有关规定核定。

加工贸易制成品应当在规定的期限内复出口。其中使用的进口料件,属于国家规定准予保税的,应当向海关办理核销手续;属于先征收税款的,依法向海关办理退税手续。

加工贸易保税进口料件或者制成品因故转为内销的,海关凭准予内销的批准文件,对保税的进口料件依法征税;属于国家对进口有限制性规定的,还应当向海关提交进口许可证件。

第三十四条 经国务院批准在中华人民共和国境内设立的保税区等海关特殊监管区域,由海关按照国家有关规定实施监管。

第三十五条 进口货物应当由收货人在货物的进境地海关办理海关手续,出口货物应当由发货人在货物的出境地海关办理海关手续。

经收发货人申请,海关同意,进口货物的收货人可以在设有海关的指运地、出口货物的发货人可以在设有海关的启运地办理海关手续。上述货物的转关运输,应当符合海关监管要求;必要时,海关可以派员押运。

经电缆、管道或者其他特殊方式输送进出境的货物,经营单位应当定期向指定的海关申报和办理海关手续。

第三十六条 过境、转运和通运货物,运输工具负责人应当向进境地海关如实申报,并应当在规定期限内运输出境。

海关认为必要时,可以查验过境、转运和通运货物。

第三十七条 海关监管货物,未经海关许可,不得开拆、提取、交付、发运、调换、改装、抵押、质押、留置、转让、更换标记、移作他用或者进行其他处置。

海关加施的封志,任何人不得擅自开启或者损毁。

人民法院判决、裁定或者有关行政执法部门决定处理海关监管货物的,应当责令当事人办结海关手续。

第三十八条 经营海关监管货物仓储业务的企业,应当经海关注册,并按照海关规定,办理收存、交付手续。

在海关监管区外存放海关监管货物,应当经海关同意,并接受海关监管。

违反前两款规定或者在保管海关监管货物期间造成海关监管货物损毁或者灭失的,除不可抗力外,对海关监管货物负有保管义务的人应当承担相应的纳税义务和法律责任。

第三十九条 进出境集装箱的监管办法、打捞进出境货物和沉船的监管办法、边境小额贸易进出口货物的监管办法,以及本法未具体列明的其他进出境货物的监管办法,由海关总署或者由海关总署会同国务院有关部门另行制定。

第四十条 国家对进出境货物、物品有禁止性或者限制性规定的，海关依据法律、行政法规、国务院的规定或者国务院有关部门依据法律、行政法规的授权作出的规定实施监管。具体监管办法由海关总署制定。

第四十一条 进出口货物的原产地按照国家有关原产地规则的规定确定。

第四十二条 进出口货物的商品归类按照国家有关商品归类的规定确定。

海关可以要求进出口货物的收发货人提供确定商品归类所需的有关资料；必要时，海关可以组织化验、检验，并将海关认定的化验、检验结果作为商品归类的依据。

第四十三条 海关可以根据对外贸易经营者提出的书面申请，对拟作进口或者出口的货物预先作出商品归类等行政裁定。

进口或者出口相同货物，应当适用相同的商品归类行政裁定。

海关对所作出的商品归类等行政裁定，应当予以公布。

第四十四条 海关依照法律、行政法规的规定，对与进出境货物有关的知识产权实施保护。

需要向海关申报知识产权状况的，进出口货物收发货人及其代理人应当按照国家规定向海关如实申报有关知识产权状况，并提交合法使用有关知识产权的证明文件。

第四十五条 自进出口货物放行之日起三年内或者在保税货物、减免税进口货物的海关监管期限内及其后的三年内，海关可以对与进出口货物直接有关的企业、单位的会计帐簿、会计凭证、报关单证以及其他有关资料和有关进出口货物实施稽查。具体办法由国务院规定。

第四章　进出境物品

第四十六条 个人携带进出境的行李物品、邮寄进出境的物品，应当以自用、合理数量为限，并接受海关监管。

第四十七条 进出境物品的所有人应当向海关如实申报，并接受海关查验。

海关加施的封志，任何人不得擅自开启或者损毁。

第四十八条 进出境邮袋的装卸、转运和过境，应当接受海关监管。邮政企业应当向海关递交邮件路单。

邮政企业应当将开拆及封发国际邮袋的时间事先通知海关，海关应当按时派员到场监管查验。

第四十九条 邮运进出境的物品，经海关查验放行后，有关经营单位方可投递或者交付。

第五十条 经海关登记准予暂时免税进境或者暂时免税出境的物品，应当由本人复带出境或者复带进境。

过境人员未经海关批准，不得将其所带物品留在境内。

第五十一条 进出境物品所有人声明放弃的物品、在海关规定期限内未办理海关手续或者无人认领的物品，以及无法投递又无法退回的进境邮递物品，由海关依照本法第三十条的规定处理。

第五十二条 享有外交特权和豁免的外国机构或者人员的公务用品或者自用物品进出境，依照有关法律、行政法规的规定办理。

第五章　关　　税

第五十三条 准许进出口的货物、进出境物品，由海关依法征收关税。

第五十四条 进口货物的收货人、出口货物的发货人、进出境物品的所有人，是关税的纳税义务人。

第五十五条 进出口货物的完税价格，由海关以该货物的成交价格为基础审查确定。成交价格不能确定时，完税价格由海关依法估定。

进口货物的完税价格包括货物的货价、货物运抵中华人民共和国境内输入地点起卸前的运输及其相关费用、保险费；出口货物的完税价格包括货物的货价、货物运至中华人民共和国境内输出地点装载前的运输及其相关费用、保险费，但是其中包含的出口关税税额，应当予以扣除。

进出境物品的完税价格，由海关依法确定。

第五十六条 下列进出口货物、进出境物品，减征或者免征关税：

（一）无商业价值的广告品和货样；

（二）外国政府、国际组织无偿赠送的物资；

（三）在海关放行前遭受损坏或者损失的货物；

（四）规定数额以内的物品；

（五）法律规定减征、免征关税的其他货物、物品；

（六）中华人民共和国缔结或者参加的国际条约规定减征、免征关税的货物、物品。

第五十七条 特定地区、特定企业或者有特定用途的进出口货物，可以减征或者免征关税。特定减税或者免税的范围和办法由国务院规定。

依照前款规定减征或者免征关税进口的货物，只能用于特定地区、特定企业或者特定用途，未经海关核准并补缴关税，不得移作他用。

第五十八条 本法第五十六条、第五十七条第一款规定范围以外的临时减征或者免征关税，由国务院决定。

第五十九条 经海关批准暂时进口或者暂时出口的货物，以及特准进口的保税货物，在货物收发货人向海关缴纳相当于税款的保证金或者提供担保后，准予暂时免纳关税。

第六十条 进出口货物的纳税义务人，应当自海关填发税款缴款书之日起十五日内缴纳税款；逾期缴纳的，由海关征收滞纳金。纳税义务人、担保人超过三个月仍未缴纳的，经直属海关关长或者其授权的隶属海关关长批准，海关可以采取下列强制措施：

（一）书面通知其开户银行或者其他金融机构从其存款中扣缴税款；

（二）将应税货物依法变卖，以变卖所得抵缴税款；

（三）扣留并依法变卖其价值相当于应纳税款的货物或者其他财产，以变卖所得抵缴税款。

海关采取强制措施时，对前款所列纳税义务人、担保人未缴纳的滞纳金同时强制执行。

进出境物品的纳税义务人，应当在物品放行前缴纳税款。

第六十一条 进出口货物的纳税义务人在规定的纳税期限内有明显的转移、藏匿其应税货物以及其他财产迹象的，海关可以责令纳税义务人提供担保；纳税义务人不能提供纳税担保的，经直属海关关长或者其授权的隶属海关关长批准，海关可以采取下列税收保全措施：

（一）书面通知纳税义务人开户银行或者其他金融机构暂停支付纳税义务人相当于应纳税款的存款；

（二）扣留纳税义务人价值相当于应纳税款的货物或者其他财产。

纳税义务人在规定的纳税期限内缴纳税款的，海关必须立即解除税收保全措施；期限届满仍未缴纳税款的，经直属海关关长或者其授权的隶属海关关长批准，海关可以书面通知纳税义务人开户银行或者其他金融机构从其暂停支付的存款中扣缴税款，或者依法变卖所扣留的货物或者其他财产，以变卖所得抵缴税款。

采取税收保全措施不当，或者纳税义务人在规定期限内已缴纳税款，海关未立即解除税收保全措施，致使纳税义务人的合法权益受到损失的，海关应当依法承担赔偿责任。

第六十二条 进出口货物、进出境物品放行后，海关发现少征或者漏征税款，应当自缴纳税款或者货物、物品放行之日起一年内，向纳税义务人补征。因纳税义务人违反规定而造成的少征或者漏征，海关在三年以内可以追征。

第六十三条 海关多征的税款，海关发现后应当立即退还；纳税义务人自缴纳税款之日起一年内，可以要求海关退还。

第六十四条 纳税义务人同海关发生纳税争议时，应当缴纳税款，并可以依法申请行政复议；对复议决定仍不服的，可以依法向人民法院提起诉讼。

第六十五条 进口环节海关代征税的征收管理，适用关税征收管理的规定。

第六章 海关事务担保

第六十六条 在确定货物的商品归类、估价和提供有效报关单证或者办结其他海关手续前，收发货人要求放行货物的，海关应当在其提供与其依法应当履行的法律义务相适应的担保后放行。法律、行政法规规定可以免除担保的除外。

法律、行政法规对履行海关义务的担保另有规定的，从其规定。

国家对进出境货物、物品有限制性规定，应当提供许可证件而不能提供的，以及法律、行政法规规定不得担保的其他情形，海关不得办理担保放行。

第六十七条 具有履行海关事务担保能力的法人、其他组织或者公民，可以成为担保人。法律规定不得为担保人的除外。

第六十八条 担保人可以以下列财产、权利提供担保:

(一)人民币、可自由兑换货币;

(二)汇票、本票、支票、债券、存单;

(三)银行或者非银行金融机构的保函;

(四)海关依法认可的其他财产、权利。

第六十九条 担保人应当在担保期限内承担担保责任。担保人履行担保责任的,不免除被担保人应当办理有关海关手续的义务。

第七十条 海关事务担保管理办法,由国务院规定。

第七章 执法监督

第七十一条 海关履行职责,必须遵守法律,维护国家利益,依照法定职权和法定程序严格执法,接受监督。

第七十二条 海关工作人员必须秉公执法,廉洁自律,忠于职守,文明服务,不得有下列行为:

(一)包庇、纵容走私或者与他人串通进行走私;

(二)非法限制他人人身自由,非法检查他人身体、住所或者场所,非法检查、扣留进出境运输工具、货物、物品;

(三)利用职权为自己或者他人谋取私利;

(四)索取、收受贿赂;

(五)泄露国家秘密、商业秘密和海关工作秘密;

(六)滥用职权,故意刁难,拖延监管、查验;

(七)购买、私分、占用没收的走私货物、物品;

(八)参与或者变相参与营利性经营活动;

(九)违反法定程序或者超越权限执行职务;

(十)其他违法行为。

第七十三条 海关应当根据依法履行职责的需要,加强队伍建设,使海关工作人员具有良好的政治、业务素质。

海关专业人员应当具有法律和相关专业知识,符合海关规定的专业岗位任职要求。

海关招收工作人员应当按照国家规定,公开考试,严格考核,择优录用。

海关应当有计划地对其工作人员进行政治思想、法制、海关业务培训和考核。海关工作人员必须定期接受培训和考核,经考核不合格的,不得继续上岗执行职务。

第七十四条 海关总署应当实行海关关长定期交流制度。

海关关长定期向上一级海关述职,如实陈述其执行职务情况。海关总署应当定期对直属海关关长进行考核,直属海关应当定期对隶属海关关长进行考核。

第七十五条 海关及其工作人员的行政执法活动,依法接受监察机关的监督;缉私警察进行侦查活动,依法接受人民检察院的监督。

第七十六条 审计机关依法对海关的财政收支进行审计监督,对海关办理的与国家财政收支有关的事项,有权进行专项审计调查。

第七十七条 上级海关应当对下级海关的执法活动依法进行监督。上级海关认为下级海关作出的处理或者决定不适当的,可以依法予以变更或者撤销。

第七十八条 海关应当依照本法和其他有关法律、行政法规的规定,建立健全内部监督制度,对其工作人员执行法律、行政法规和遵守纪律的情况,进行监督检查。

第七十九条 海关内部负责审单、查验、放行、稽查和调查等主要岗位的职责权限应当明确,并相互分离、相互制约。

第八十条 任何单位和个人均有权对海关及其工作人员的违法、违纪行为进行控告、检举。收到控告、检举的机关有权处理的,应当依法按照职责分工及时查处。收到控告、检举的机关和负责查处的机关应当为控告人、检举人保密。

第八十一条 海关工作人员在调查处理违法案件时,遇有下列情形之一的,应当回避:

(一)是本案的当事人或者是当事人的近亲属;

(二)本人或者其近亲属与本案有利害关系;

(三)与本案当事人有其他关系,可能影响案件公正处理的。

第八章 法律责任

第八十二条 违反本法及有关法律、行政法规,逃避海关监管,偷逃应纳税款、逃避国家有关进出境的禁止性或者限制性管理,有下列情形之一的,是走私行为:

(一)运输、携带、邮寄国家禁止或者限制进出境货物、物品或者依法应当缴纳税款的货物、物品进出境的;

(二)未经海关许可并且未缴纳应纳税款、交验有关许可证件,擅自将保税货物、特定减免税货物以及其他海关监管货物、物品、进境的境外运输工具,在境内销售的;

(三)有逃避海关监管,构成走私的其他行为的。

有前款所列行为之一,尚不构成犯罪的,由海关没收走私货物、物品及违法所得,可以并处罚款;专门或者多次用于掩护走私的货物、物品,专门或者多次用于走私的运输工具,予以没收,藏匿走私货物、物品的特制设备,责令拆毁或者没收。

有第一款所列行为之一,构成犯罪的,依法追究刑事责任。

第八十三条 有下列行为之一的,按走私行为论处,依照本法第八十二条的规定处罚:

(一)直接向走私人非法收购走私进口的货物、物品的;

(二)在内海、领海、界河、界湖,船舶及所载人员运输、收购、贩卖国家禁止或者限制进出境的货物、物品,或者运输、收购、贩卖依法应当缴纳税款的货物,没有合法证明的。

第八十四条 伪造、变造、买卖海关单证,与走私人通谋为走私人提供贷款、资金、帐号、发票、证明、海关单证,与走私人通谋为走私人提供运输、保管、邮寄或者其他方便,构成犯罪的,依法追究刑事责任;尚不构成犯罪的,由海关没收违法所得,并处罚款。

第八十五条 个人携带、邮寄超过合理数量的自用物品进出境,未依法向海关申报的,责令补缴关税,可以处以罚款。

第八十六条 违反本法规定有下列行为之一的,可以处以罚款,有违法所得的,没收违法所得:

(一)运输工具不经设立海关的地点进出境的;

(二)不将进出境运输工具到达的时间、停留的地点或者更换的地点通知海关的;

(三)进出口货物、物品或者过境、转运、通运货物向海关申报不实的;

(四)不按照规定接受海关对进出境运输工具、货物、物品进行检查、查验的;

(五)进出境运输工具未经海关同意,擅自装卸进出境货物、物品或者上下进出境旅客的;

(六)在设立海关的地点停留的进出境运输工具未经海关同意,擅自驶离的;

(七)进出境运输工具从一个设立海关的地点驶往另一个设立海关的地点,尚未办结海关手续又未经海关批准,中途擅自改驶境外或者境内未设立海关的地点的;

(八)进出境运输工具,未经海关同意,擅自兼营或者改营境内运输的;

(九)由于不可抗力的原因,进出境船舶和航空器被迫在未设立海关的地点停泊、降落或者在境内抛掷、起卸货物、物品,无正当理由,不向附近海关报告的;

(十)未经海关许可,擅自将海关监管货物开拆、提取、交付、发运、调换、改装、抵押、质押、留置、转让、更换标记、移作他用或者进行其他处置的;

(十一)擅自开启或者损毁海关封志的;

(十二)经营海关监管货物的运输、储存、加工等业务,有关货物灭失或者有关记录不真实,不能提供正当理由的;

(十三)有违反海关监管规定的其他行为的。

第八十七条 海关准予从事有关业务的企业,违反本法有关规定的,由海关责令改正,可以给予警告,暂停其从事有关业务,直至撤销注册。

第八十八条 未经海关注册登记和未取得报关从业资格从事报关业务的,由海关予以取缔,没收违法所得，可以并处罚款。

第八十九条 报关企业、报关人员非法代理他人报关或者超出其业务范围进行报关活动的，由海关责令改正，处以罚款，暂停其执业；情节严重的，撤销其报关注册登记、取消其报关从业资格。

第九十条 进出口货物收发货人、报关企业、报关人员向海关工作人员行贿的，由海关撤销其报关注册登记，取消其报关从业资格，并处以罚款；构成犯罪的，依法追究刑事责任，并不得重新注册登记为报关企业和取得报关从业资格证书。

第九十一条 违反本法规定进出口侵犯中华人民共和国法律、行政法规保护的知识产权的货物的，由海关依法没收侵权货物，并处以罚款；构成犯罪的，依法追究刑事责任。

第九十二条 海关依法扣留的货物、物品、运输工具，在人民法院判决或者海关处罚决定作出之前，不得处理。但是，危险品或者鲜活、易腐、易失效等不宜长期保存的货物、物品以及所有人申请先行变卖的货物、物品、运输工具，经直属海关关长或者其授权的隶属海关关长批准，可以先行依法变卖，变卖所得价款由海关保存，并通知其所有人。

人民法院判决没收或者海关决定没收的走私货物、物品、违法所得、走私运输工具、特制设备，由海关依法统一处理，所得价款和海关决定处以的罚款，全部上缴中央国库。

第九十三条 当事人逾期不履行海关的处罚决定又不申请复议或者向人民法院提起诉讼的，作出处罚决定的海关可以将其保证金抵缴或者将其被扣留的货物、物品、运输工具依法变价抵缴，也可以申请人民法院强制执行。

第九十四条 海关在查验进出境货物、物品时，损坏被查验的货物、物品的，应当赔偿实际损失。

第九十五条 海关违法扣留货物、物品、运输工具，致使当事人的合法权益受到损失的，应当依法承担赔偿责任。

第九十六条 海关工作人员有本法第七十二条所列行为之一的，依法给予行政处分；有违法所得的，依法没收违法所得；构成犯罪的，依法追究刑事责任。

第九十七条 海关的财政收支违反法律、行政法规规定的，由审计机关以及有关部门依照法律、行政法规的规定作出处理；对直接负责的主管人员和其他直接责任人员，依法给予行政处分；构成犯罪的，依法追究刑事责任。

第九十八条 未按照本法规定为控告人、检举人、举报人保密的，对直接负责的主管人员和其他直接责任人员，由所在单位或者有关单位依法给予行政处分。

第九十九条 海关工作人员在调查处理违法案件时，未按照本法规定进行回避的，对直接负责的主管人员和其他直接责任人员，依法给予行政处分。

第九章 附 则

第一百条 本法下列用语的含义：

直属海关，是指直接由海关总署领导，负责管理一定区域范围内的海关业务的海关；隶属海关，是指由直属海关领导，负责办理具体海关业务的海关。

进出境运输工具，是指用以载运人员、货物、物品进出境的各种船舶、车辆、航空器和驮畜。

过境、转运和通运货物，是指由境外启运、通过中国境内继续运往境外的货物。其中，通过境内陆路运输的，称过境货物；在境内设立海关的地点换装运输工具，而不通过境内陆路运输的，称转运货物；由船舶、航空器载运进境并由原装运输工具载运出境的，称通运货物。

海关监管货物，是指本法第二十三条所列的进出口货物，过境、转运、通运货物，特定减免税货物，以及暂时进出口货物、保税货物和其他尚未办结海关手续的进出境货物。

保税货物，是指经海关批准未办理纳税手续进境，在境内储存、加工、装配后复运出境的货物。

海关监管区，是指设立海关的港口、车站、机场、国界孔道、国际邮件互换局（交换站）和其他有海关监管业务的场所，以及虽未设立海关，但是经国务院批准的进出境地点。

第一百零一条 经济特区等特定地区同境内其他地区之间往来的运输工具、货物、物品的监管办法，由国务院另行规定。

第一百零二条 本法自1987年7月1日起施行。1951年4月18日中央人民政府公布的《中华人民共和国暂行海关法》同时废止。

中华人民共和国公路法

2004年8月28日第十届全国人民代表大会常务委员会第十一次会议通过
2004年8月28日中华人民共和国主席令第十九号公布　自公布之日起施行
1997年7月3日第八届全国人民代表大会常务委员会第二十六次会议通过
根据1999年10月31日第九届全国人民代表大会常务委员会第十二次会议
《关于修改〈中华人民共和国公路法〉的决定》第一次修正
根据2004年8月28日第十届全国人民代表大会常务委员会第十一次会议
《关于修改〈中华人民共和国公路法〉的决定》第二次修正

第一章　总　　则

第一条　为了加强公路的建设和管理，促进公路事业的发展，适应社会主义现代化建设和人民生活的需要，制定本法。

第二条　在中华人民共和国境内从事公路的规划、建设、养护、经营、使用和管理，适用本法。

本法所称公路，包括公路桥梁、公路隧道和公路渡口。

第三条　公路的发展应当遵循全面规划、合理布局、确保质量、保障畅通、保护环境、建设改造与养护并重的原则。

第四条　各级人民政府应当采取有力措施，扶持、促进公路建设。公路建设应当纳入国民经济和社会发展计划。

国家鼓励、引导国内外经济组织依法投资建设、经营公路。

第五条　国家帮助和扶持少数民族地区、边远地区和贫困地区发展公路建设。

第六条　公路按其在公路路网中的地位分为国道、省道、县道和乡道，并按技术等级分为高速公路、一级公路、二级公路、三级公路和四级公路。具体划分标准由国务院交通主管部门规定。

新建公路应当符合技术等级的要求。原有不符合最低技术等级要求的等外公路，应当采取措施，逐步改造为符合技术等级要求的公路。

第七条　公路受国家保护，任何单位和个人不得破坏、损坏或者非法占用公路、公路用地及公路附属设施。

任何单位和个人都有爱护公路、公路用地及公路附属设施的义务，有权检举和控告破坏、损坏公路、公路用地、公路附属设施和影响公路安全的行为。

第八条　国务院交通主管部门主管全国公路工作。

县级以上地方人民政府交通主管部门主管本行政区域内的公路工作；但是，县级以上地方人民政府交通主管部门对国道、省道的管理、监督职责，由省、自治区、直辖市人民政府确定。

乡、民族乡、镇人民政府负责本行政区域内的乡道的建设和养护工作。

县级以上地方人民政府交通主管部门可以决定由公路管理机构依照本法规定行使公路行政管理职责。

第九条　禁止任何单位和个人在公路上非法设卡、收费、罚款和拦截车辆。

第十条　国家鼓励公路工作方面的科学技术研究，对在公路科学技术研究和应用方面作出显著成绩的单位和个人给予奖励。

第十一条　本法对专用公路有规定的，适用于专用公路。

专用公路是指由企业或者其他单位建设、养护、管理，专为或者主要为本企业或者本单位提供运输服务的道路。

第二章　公路规划

第十二条　公路规划应当根据国民经济和社会发展以及国防建设的需要编制，与城市建设发展规划和其他方式的交通运输发展规划相协调。

第十三条　公路建设用地规划应当符合土地利用总体规划，当年建设用地应当纳入年度建设用地计划。

第十四条　国道规划由国务院交通主管部门会同国务院有关部门并商国道沿线省、自治区、直辖市人民政府编制，报国务院批准。

省道规划由省、自治区、直辖市人民政府交通主管部门会同同级有关部门并商省道沿线下一级人民政府编制，报省、自治区、直辖市人民政府批准，并报国务院交通主管部门备案。

县道规划由县级人民政府交通主管部门会同同级有关部门编制，经本级人民政府审定后，报上一级人民政府批准。

乡道规划由县级人民政府交通主管部门协助乡、民族乡、镇人民政府编制，报县级人民政府批准。

依照第三款、第四款规定批准的县道、乡道规划，应当报批准机关的上一级人民政府交通主管部门备案。

省道规划应当与国道规划相协调。县道规划应当与省道规划相协调。乡道规划应当与县道规划相协调。

第十五条 专用公路规划由专用公路的主管单位编制，经其上级主管部门审定后，报县级以上人民政府交通主管部门审核。

专用公路规划应当与公路规划相协调。县级以上人民政府交通主管部门发现专用公路规划与国道、省道、县道、乡道规划有不协调的地方，应当提出修改意见，专用公路主管部门和单位应当作出相应的修改。

第十六条 国道规划的局部调整由原编制机关决定。国道规划需要作重大修改的，由原编制机关提出修改方案，报国务院批准。

经批准的省道、县道、乡道公路规划需要修改的，由原编制机关提出修改方案，报原批准机关批准。

第十七条 国道的命名和编号，由国务院交通主管部门确定；省道、县道、乡道的命名和编号，由省、自治区、直辖市人民政府交通主管部门按照国务院交通主管部门的有关规定确定。

第十八条 规划和新建村镇、开发区，应当与公路保持规定的距离并避免在公路两侧对应进行，防止造成公路街道化，影响公路的运行安全与畅通。

第十九条 国家鼓励专用公路用于社会公共运输。专用公路主要用于社会公共运输时，由专用公路的主管单位申请，或者由有关方面申请，专用公路的主管单位同意，并经省、自治区、直辖市人民政府交通主管部门批准，可以改划为省道、县道或者乡道。

第三章 公路建设

第二十条 县级以上人民政府交通主管部门应当依据职责维护公路建设秩序，加强对公路建设的监督管理。

第二十一条 筹集公路建设资金，除各级人民政府的财政拨款，包括依法征税筹集的公路建设专项资金转为的财政拨款外，可以依法向国内外金融机构或者外国政府贷款。

国家鼓励国内外经济组织对公路建设进行投资。开发、经营公路的公司可以依照法律、行政法规的规定发行股票、公司债券筹集资金。

依照本法规定出让公路收费权的收入必须用于公路建设。

向企业和个人集资建设公路，必须根据需要与可能，坚持自愿原则，不得强行摊派，并符合国务院的有关规定。

公路建设资金还可以采取符合法律或者国务院规定的其他方式筹集。

第二十二条 公路建设应当按照国家规定的基本建设程序和有关规定进行。

第二十三条 公路建设项目应当按照国家有关规定实行法人负责制度、招标投标制度和工程监理制度。

第二十四条 公路建设单位应当根据公路建设工程的特点和技术要求，选择具有相应资格的勘查设计单位、施工单位和工程监理单位，并依照有关法律、法规、规章的规定和公路工程技术标准的要求，分别签订合同，明确双方的权利义务。

承担公路建设项目的可行性研究单位、勘查设计单位、施工单位和工程监理单位，必须持有国家规定的资质证书。

第二十五条 公路建设项目的施工，须按国务院交通主管部门的规定报请县级以上地方人民政府交通主管部门批准。

第二十六条 公路建设必须符合公路工程技术标准。

承担公路建设项目的设计单位、施工单位和工程监理单位，应当按照国家有关规定建立健全质量保证体系，落实岗位责任制，并依照有关法律、法规、规章以及公路工程技术标准的要求和合同约定进行设计、施工和监理,保证公路工程质量。

第二十七条　公路建设使用土地依照有关法律、行政法规的规定办理。

公路建设应当贯彻切实保护耕地、节约用地的原则。

第二十八条　公路建设需要使用国有荒山、荒地或者需要在国有荒山、荒地、河滩、滩涂上挖砂、采石、取土的,依照有关法律、行政法规的规定办理后,任何单位和个人不得阻挠或者非法收取费用。

第二十九条　地方各级人民政府对公路建设依法使用土地和搬迁居民,应当给予支持和协助。

第三十条　公路建设项目的设计和施工,应当符合依法保护环境、保护文物古迹和防止水土流失的要求。

公路规划中贯彻国防要求的公路建设项目,应当严格按照规划进行建设,以保证国防交通的需要。

第三十一条　因建设公路影响铁路、水利、电力、邮电设施和其他设施正常使用时,公路建设单位应当事先征得有关部门的同意;因公路建设对有关设施造成损坏的,公路建设单位应当按照不低于该设施原有的技术标准予以修复,或者给予相应的经济补偿。

第三十二条　改建公路时,施工单位应当在施工路段两端设置明显的施工标志、安全标志、需要车辆绕行的,应当在绕行路口设置标志;不能绕行的,必须修建临时道路,保证车辆和行人通行。

第三十三条　公路建设项目和公路修复项目竣工后,应当按照国家有关规定进行验收;未经验收或者验收不合格的,不得交付使用。

建成的公路,应当按照国务院交通主管部门的规定设置明显的标志、标线。

第三十四条　县级以上地方人民政府应当确定公路两侧边沟(截水沟、坡脚护坡道,下同)外缘起不少于一米的公路用地。

第四章　公路养护

第三十五条　公路管理机构应当按照国务院交通主管部门规定的技术规范和操作规程对公路进行养护,保证公路经常处于良好的技术状态。

第三十六条　国家采用依法征税的办法筹集公路养护资金,具体实施办法和步骤由国务院规定。

依法征税筹集的公路养护资金,必须专项用于公路的养护和改建。

第三十七条　县、乡级人民政府对公路养护需要的挖砂、采石、取土以及取水,应当给予支持和协助。

第三十八条　县、乡级人民政府应当在农村义务工的范围内,按照国家有关规定组织公路两侧的农村居民履行为公路建设和养护提供劳务的义务。

第三十九条　为保障公路养护人员的人身安全,公路养护人员进行养护作业时,应当穿着统一的安全标志服;利用车辆进行养护作业时,应当在公路作业车辆上设置明显的作业标志。

公路养护车辆进行作业时,在不影响过往车辆通行的前提下,其行驶路线和方向不受公路标志、标线限制;过往车辆对公路养护车辆和人员应当注意避让。

公路养护工程施工影响车辆、行人通行时,施工单位应当依照本法第三十二条的规定办理。

第四十条　因严重自然灾害致使国道、省道交通中断,公路管理机构应当及时修复;公路管理机构难以及时修复时,县级以上地方人民政府应当及时组织当地机关、团体、企业事业单位、城乡居民进行抢修,并可以请求当地驻军支援,尽快恢复交通。

第四十一条　公路用地范围内的山坡、荒地,由公路管理机构负责水土保持。

第四十二条　公路绿化工作,由公路管理机构按照公路工程技术标准组织实施。

公路用地上的树木,不得任意砍伐;需要更新砍伐的,应当经县级以上地方人民政府交通主管部门同意后,依照《中华人民共和国森林法》的规定办理审批手续,并完成更新补种任务。

第五章　路政管理

第四十三条　各级地方人民政府应当采取措施,加强对公路的保护。

县级以上地方人民政府交通主管部门应当认真履行职责,依法做好公路保护工作,并努力采用科学的管理方法和先进的技术手段,提高公路管理水平,逐步完善公路服务设施,保障公路的完好、安全和畅通。

第四十四条　任何单位和个人不得擅自占用、挖掘公路。

因修建铁路、机场、电站、通信设施、水利工程和进行其他建设工程需要占用、挖掘公路或者使公路改线的，建设单位应当事先征得有关交通主管部门的同意；影响交通安全的，还须征得有关公安机关的同意。占用、挖掘公路或者使公路改线的，建设单位应当按照不低于该段公路原有的技术标准予以修复、改建或者给予相应的经济补偿。

第四十五条 跨越、穿越公路修建桥梁、渡槽或者架设、埋设管线等设施的，以及在公路用地范围内架设、埋设管线、电缆等设施的，应当事先经有关交通主管部门同意，影响交通安全的，还须征得有关公安机关的同意；所修建、架设或者埋设的设施应当符合公路工程技术标准的要求。对公路造成损坏的，应当按照损坏程度给予补偿。

第四十六条 任何单位和个人不得在公路上及公路用地范围内摆摊设点、堆放物品、倾倒垃圾、设置障碍、挖沟引水、利用公路边沟排放污物或者进行其他损坏、污染公路和影响公路畅通的活动。

第四十七条 在大中型公路桥梁和渡口周围二百米、公路隧道上方和洞口外一百米范围内，以及在公路两侧一定距离内，不得挖砂、采石、取土、倾倒废弃物，不得进行爆破作业及其他危及公路、公路桥梁、公路隧道、公路渡口安全的活动。

在前款范围内因抢险、防汛需要修筑堤坝、压缩或者拓宽河床的，应当事先报经省、自治区、直辖市人民政府交通主管部门会同水行政主管部门批准，并采取有效的保护有关的公路、公路桥梁、公路隧道、公路渡口安全的措施。

第四十八条 除农业机械因当地田间作业需要在公路上短距离行驶外，铁轮车、履带车和其他可能损害公路路面的机具，不得在公路上行驶、确需行驶的，必须经县级以上地方人民政府交通主管部门同意，采取有效的防护措施，并按照公安机关指定的时间、路线行驶、对公路造成损坏的，应当按照损坏程度给予补偿。

第四十九条 在公路上行驶的车辆的轴载质量应当符合公路工程技术标准要求。

第五十条 超过公路、公路桥梁、公路隧道或者汽车渡船的限载、限高、限宽、限长标准的车辆，不得在有限定标准的公路、公路桥梁上或者公路隧道内行驶，不得使用汽车渡船、超过公路或者公路桥梁限载标准确需行驶的，必须经县级以上地方人民政府交通主管部门批准，并按要求采取有效的防护措施；运载不可解体的超限物品的，应当按照指定的时间、路线、时速行驶，并悬挂明显标志。

运输单位不能按照前款规定采取防护措施的，由交通主管部门帮助其采取防护措施，所需费用由运输单位承担。

第五十一条 机动车制造厂和其他单位不得将公路作为检验机动车制动性能的试车场地。

第五十二条 任何单位和个人不得损坏、擅自移动、涂改公路附属设施。

前款公路附属设施，是指为保护、养护公路和保障公路安全畅通所设置的公路防护、排水、养护、管理、服务、交通安全、渡运、监控、通信、收费等设施、设备以及专用建筑物、构筑物等。

第五十三条 造成公路损坏的，责任者应当及时报告公路管理机构，并接受公路管理机构的现场调查。

第五十四条 任何单位和个人未经县级以上地方人民政府交通主管部门批准，不得在公路用地范围内设置公路标志以外的其他标志。

第五十五条 在公路上增设平面交叉道口，必须按照国家有关规定经过批准，并按照国家规定的技术标准建设。

第五十六条 除公路防护、养护需要的以外，禁止在公路两侧的建筑控制区内修建建筑物和地面构筑物；需要在建筑控制区内埋设管线、电缆等设施的，应当事先经县级以上地方人民政府交通主管部门批准。

前款规定的建筑控制区的范围，由县级以上地方人民政府按照保障公路运行安全和节约用地的原则，依照国务院的规定划定。

建筑控制区范围经县级以上地方人民政府依照前款规定划定后，由县级以上地方人民政府交通主管部门设置标桩、界桩。任何单位和个人不得损坏、擅自挪动该标桩、界桩。

第五十七条 除本法第四十七条第二款的规定外，本章规定由交通主管部门行使的路政管理职责，可以依照本法第八条第四款的规定，由公路管理机构行使。

第六章 收费公路

第五十八条 国家允许依法设立收费公路，同时对收费公路的数量进行控制。

除本法第五十九条规定可以收取车辆通行费的公路外，禁止任何公路收取车辆通行费。

第五十九条 符合国务院交通主管部门规定的技术等级和规模的下列公路，可以依法收取车辆通行费：

（一）由县级以上地方人民政府交通主管部门利用贷款或者向企业、个人集资建成的公路；

（二）由国内外经济组织依法受让前项收费公路收费权的公路；

（三）由国内外经济组织依法投资建成的公路。

第六十条 县级以上地方人民政府交通主管部门利用贷款或者集资建成的收费公路的收费期限，按照收费偿还贷款、集资款的原则，由省、自治区、直辖市人民政府依照国务院交通主管部门的规定确定。

有偿转让公路收费权的公路，收费权转让后，由受让方收费经营。收费权的转让期限由出让、受让双方约定并报转让收费权的审批机关审查批准，但最长不得超过国务院规定的年限。

国内外经济组织投资建设公路，必须按照国家有关规定办理审批手续；公路建成后，由投资者收费经营。收费经营期限按照收回投资并有合理回报的原则，由有关交通主管部门与投资者约定并按照国家有关规定办理审批手续，但最长不得超过国务院规定的年限。

第六十一条 本法第五十九条第一款第一项规定的公路中的国道收费权的转让，必须经国务院交通主管部门批准；国道以外的其他公路收费权的转让，必须经省、自治区、直辖市人民政府批准，并报国务院交通主管部门备案。

前款规定的公路收费权出让的最低成交价，以国有资产评估机构评估的价值为依据确定。

第六十二条 受让公路收费权和投资建设公路的国内外经济组织应当依法成立开发、经营公路的企业（以下简称公路经营企业）。

第六十三条 收费公路车辆通行费的收费标准，由公路收费单位提出方案，报省、自治区、直辖市人民政府交通主管部门会同同级物价行政主管部门审查批准。

第六十四条 收费公路设置车辆通行费的收费站，应当报经省、自治区、直辖市人民政府审查批准。跨省、自治区、直辖市的收费公路设置车辆通行费的收费站，由有关省、自治区、直辖市人民政府协商确定；协商不成的，由国务院交通主管部门决定。同一收费公路由不同的交通主管部门组织建设或者由不同的公路经营企业经营的，应当按照"统一收费、按比例分成"的原则，统筹规划，合理设置收费站。

两个收费站之间的距离，不得小于国务院交通主管部门规定的标准。

第六十五条 有偿转让公路收费权的公路，转让收费权合同约定的期限届满，收费权由出让方收回。

由国内外经济组织依照本法规定投资建成并经营的收费公路，约定的经营期限届满，该公路由国家无偿收回，由有关交通主管部门管理。

第六十六条 依照本法第五十九条规定受让收费权或者由国内外经济组织投资建成经营的公路的养护工作，由各该公路经营企业负责。各该公路经营企业在经营期间应当按照国务院交通主管部门规定的技术规范和操作规程做好对公路的养护工作。在受让收费权的期限届满，或者经营期限届满时，公路应当处于良好的技术状态。

前款规定的公路的绿化和公路用地范围内的水土保持工作，由各该公路经营企业负责。

第一款规定的公路的路政管理，适用本法第五章的规定。该公路路政管理的职责由县级以上地方人民政府交通主管部门或者公路管理机构的派出机构、人员行使。

第六十七条 在收费公路上从事本法第四十四条第二款、第四十五条、第四十八条、第五十条所列活动的，除依照各该条的规定办理外，给公路经营企业造成损失的，应当给予相应的补偿。

第六十八条 收费公路的具体管理办法，由国务院依照本法制定。

第七章 监督检查

第六十九条 交通主管部门、公路管理机构依法对有关公路的法律、法规执行情况进行监督检查。

第七十条 交通主管部门、公路管理机构负有管理和保护公路的责任，有权检查、制止各种侵占、损坏公路、公路用地、公路附属设施及其他违反本法规定的行为。

第七十一条 公路监督检查人员依法在公路、建筑控制区、车辆停放场所、车辆所属单位等进行监督检查时，任何单位和个人不得阻挠。

公路经营者、使用者和其他有关单位、个人，应当接受公路监督检查人员依法实施的监督检查，并为其提供方便。

公路监督检查人员执行公务，应当佩戴标志，持证上岗。

第七十二条 交通主管部门、公路管理机构应当加强对所属公路监督检查人员的管理和教育，要求公路监督检查人员熟悉国家有关法律和规定，公正廉洁，热情服务，秉公执法，对公路监督检查人员的执法行为应当加强监督检查，对其违法行为应当及时纠正，依法处理。

第七十三条 用于公路监督检查的专用车辆，应当设置统一的标志和示警灯。

第八章 法律责任

第七十四条 违反法律或者国务院有关规定，擅自在公路上设卡、收费的，由交通主管部门责令停止违法行为，没收违法所得，可以处违法所得三倍以下的罚款，没有违法所得的，可以处二万元以下的罚款；对负有直接责任的主管人员和其他直接责任人员，依法给予行政处分。

第七十五条 违反本法第二十五条规定，未经有关交通主管部门批准擅自施工的，交通主管部门可以责令停止施工，并可以处五万元以下的罚款。

第七十六条 有下列违法行为之一的，由交通主管部门责令停止违法行为，可以处三万元以下的罚款：

(一)违反本法第四十四条第一款规定，擅自占用、挖掘公路的；

(二)违反本法第四十五条规定，未经同意或者未按照公路工程技术标准的要求修建桥梁、渡槽或者架设、埋设管线、电缆等设施的；

(三)违反本法第四十七条规定，从事危及公路安全的作业的；

(四)违反本法第四十八条规定，铁轮车、履带车和其他可能损害路面的机具擅自在公路上行驶的；

(五)违反本法第五十条规定，车辆超限使用汽车渡船或者在公路上擅自超限行驶的；

(六)违反本法第五十二条、第五十六条规定，损坏、移动、涂改公路附属设施或者损坏、挪动建筑控制区的标桩、界桩，可能危及公路安全的。

第七十七条 违反本法第四十六条的规定，造成公路路面损坏、污染或者影响公路畅通的，或者违反本法第五十一条规定，将公路作为试车场地的，由交通主管部门责令停止违法行为，可以处五千元以下的罚款。

第七十八条 违反本法第五十三条规定，造成公路损坏，未报告的，由交通主管部门处一千元以下的罚款。

第七十九条 违反本法第五十四条规定，在公路用地范围内设置公路标志以外的其他标志的，由交通主管部门责令限期拆除，可以处二万元以下的罚款；逾期不拆除的，由交通主管部门拆除，有关费用由设置者负担。

第八十条 违反本法第五十五条规定，未经批准在公路上增设平面交叉道口的，由交通主管部门责令恢复原状，处五万元以下的罚款。

第八十一条 违反本法第五十六条规定，在公路建筑控制区内修建建筑物、地面构筑物或者擅自埋设管线、电缆等设施的，由交通主管部门责令限期拆除，并可以处五万元以下的罚款。逾期不拆除的，由交通主管部门拆除，有关费用由建筑者、构筑者承担。

第八十二条 除本法第七十四条、第七十五条的规定外，本章规定由交通主管部门行使的行政处罚权和行政措施，可以依照本法第八条第四款的规定由公路管理机构行使。

第八十三条 阻碍公路建设或者公路抢修，致使公路建设或者抢修不能正常进行，尚未造成严重损失的，依照治安管理处罚条例第十九条的规定处罚。

损毁公路或者擅自移动公路标志，可能影响交通安全，尚不够刑事处罚的，依照治安管理处罚条例第二十条的规定处罚。

拒绝、阻碍公路监督检查人员依法执行职务未使用暴力、威胁方法的，依照治安管理处罚条例第十九条的规定处罚。

第八十四条 违反本法有关规定，构成犯罪的，依法追究刑事责任。

第八十五条 违反本法有关规定，对公路造成损害的，应当依法承担民事责任。

对公路造成较大损害的车辆，必须立即停车，保护现场，报告公路管理机构，接受公路管理机构的调查、处理后方得驶离。

第八十六条 交通主管部门、公路管理机构的工作人员玩忽职守、徇私舞弊、滥用职权，构成犯罪的，依法追究刑事责任；尚不构成犯罪的，依法给予行政处分。

第九章 附 则

第八十七条 本法自1998年1月1日起施行。

中华人民共和国道路交通安全法

2003年10月28日第十届全国人民代表大会常务委员会第五次会议通过
2003年10月28日中华人民共和国主席令第8号公布 自2004年5月1日起施行

第一章 总 则

第一条 为了维护道路交通秩序,预防和减少交通事故,保护人身安全,保护公民、法人和其他组织的财产安全及其他合法权益,提高通行效率,制定本法。

第二条 中华人民共和国境内的车辆驾驶人、行人、乘车人以及与道路交通活动有关的单位和个人,都应当遵守本法。

第三条 道路交通安全工作,应当遵循依法管理、方便群众的原则,保障道路交通有序、安全、畅通。

第四条 各级人民政府应当保障道路交通安全管理工作与经济建设和社会发展相适应。

县级以上地方各级人民政府应当适应道路交通发展的需要,依据道路交通安全法律、法规和国家有关政策,制定道路交通安全管理规划,并组织实施。

第五条 国务院公安部门负责全国道路交通安全管理工作。县级以上地方各级人民政府公安机关交通管理部门负责本行政区域内的道路交通安全管理工作。

县级以上各级人民政府交通、建设管理部门依据各自职责,负责有关的道路交通工作。

第六条 各级人民政府应当经常进行道路交通安全教育,提高公民的道路交通安全意识。

公安机关交通管理部门及其交通警察执行职务时,应当加强道路交通安全法律、法规的宣传,并模范遵守道路交通安全法律、法规。

机关、部队、企业事业单位、社会团体以及其他组织,应当对本单位的人员进行道路交通安全教育。

教育行政部门、学校应当将道路交通安全教育纳入法制教育的内容。

新闻、出版、广播、电视等有关单位,有进行道路交通安全教育的义务。

第七条 对道路交通安全管理工作,应当加强科学研究,推广、使用先进的管理方法、技术、设备。

第二章 车辆和驾驶人

第一节 机动车、非机动车

第八条 国家对机动车实行登记制度。机动车经公安机关交通管理部门登记后,方可上道路行驶。尚未登记的机动车,需要临时上道路行驶的,应当取得临时通行牌证。

第九条 申请机动车登记,应当提交以下证明、凭证:

(一)机动车所有人的身份证明;

(二)机动车来历证明;

(三)机动车整车出厂合格证明或者进口机动车进口凭证;

(四)车辆购置税的完税证明或者免税凭证;

(五)法律、行政法规规定应当在机动车登记时提交的其他证明、凭证。

公安机关交通管理部门应当自受理申请之日起五个工作日内完成机动车登记审查工作,对符合前款规定条件的,应当发放机动车登记证书、号牌和行驶证;对不符合前款规定条件的,应当向申请人说明不予登记的理由。

公安机关交通管理部门以外的任何单位或者个人不得发放机动车号牌或者要求机动车悬挂其他号牌,本法另有规定的除外。

机动车登记证书、号牌、行驶证的式样由国务院公安部门规定并监制。

第十条 准予登记的机动车应当符合机动车国家安全技术标准。申请机动车登记时,应当接受对该机动车的安全技术检验。但是，经国家机动车产品主管部门依据机动车国家安全技术标准认定的企业生产的机动车型，该车型的新车在出厂时经检验符合机动车国家安全技术标准，获得检验合格证的，免予安全技术检验。

第十一条 驾驶机动车上道路行驶，应当悬挂机动车号牌，放置检验合格标志、保险标志，并随车携带机动车行驶证。

机动车号牌应当按照规定悬挂并保持清晰、完整，不得故意遮挡、污损。

任何单位和个人不得收缴、扣留机动车号牌。

第十二条 有下列情形之一的，应当办理相应的登记：

（一）机动车所有权发生转移的；

（二）机动车登记内容变更的；

（三）机动车用作抵押的；

（四）机动车报废的。

第十三条 对登记后上道路行驶的机动车，应当依照法律、行政法规的规定，根据车辆用途、载客载货数量、使用年限等不同情况，定期进行安全技术检验。对提供机动车行驶证和机动车第三者责任强制保险单的，机动车安全技术检验机构应当予以检验，任何单位不得附加其他条件。对符合机动车国家安全技术标准的，公安机关交通管理部门应当发给检验合格标志。

对机动车的安全技术检验实行社会化。具体办法由国务院规定。

机动车安全技术检验实行社会化的地方，任何单位不得要求机动车到指定的场所进行检验。

公安机关交通管理部门、机动车安全技术检验机构不得要求机动车到指定的场所进行维修、保养。

机动车安全技术检验机构对机动车检验收取费用，应当严格执行国务院价格主管部门核定的收费标准。

第十四条 国家实行机动车强制报废制度，根据机动车的安全技术状况和不同用途，规定不同的报废标准。

应当报废的机动车必须及时办理注销登记。

达到报废标准的机动车不得上道路行驶。报废的大型客、货车及其他营运车辆应当在公安机关交通管理部门的监督下解体。

第十五条 警车、消防车、救护车、工程救险车应当按照规定喷涂标志图案，安装警报器、标志灯具。其他机动车不得喷涂、安装、使用上述车辆专用的或者与其相类似的标志图案、警报器或者标志灯具。

警车、消防车、救护车、工程救险车应当严格按照规定的用途和条件使用。

公路监督检查的专用车辆，应当依照公路法的规定，设置统一的标志和示警灯。

第十六条 任何单位或者个人不得有下列行为：

（一）拼装机动车或者擅自改变机动车已登记的结构、构造或者特征；

（二）改变机动车型号、发动机号、车架号或者车辆识别代号；

（三）伪造、变造或者使用伪造、变造的机动车登记证书、号牌、行驶证、检验合格标志、保险标志；

（四）使用其他机动车的登记证书、号牌、行驶证、检验合格标志、保险标志。

第十七条 国家实行机动车第三者责任强制保险制度，设立道路交通事故社会救助基金。具体办法由国务院规定。

第十八条 依法应当登记的非机动车，经公安机关交通管理部门登记后，方可上道路行驶。

依法应当登记的非机动车的种类，由省、自治区、直辖市人民政府根据当地实际情况规定。

非机动车的外形尺寸、质量、制动器、车铃和夜间反光装置，应当符合非机动车安全技术标准。

第二节　机动车驾驶人

第十九条 驾驶机动车，应当依法取得机动车驾驶证。

申请机动车驾驶证，应当符合国务院公安部门规定的驾驶许可条件；经考试合格后，由公安机关交通管理部门发给相应类别的机动车驾驶证。

持有境外机动车驾驶证的人，符合国务院公安部门规定的驾驶许可条件，经公安机关交通管理部门考核合格的，可以发给中国的机动车驾驶证。

驾驶人应当按照驾驶证载明的准驾车型驾驶机动车；驾驶机动车时，应当随身携带机动车驾驶证。

公安机关交通管理部门以外的任何单位或者个人,不得收缴、扣留机动车驾驶证。

第二十条 机动车的驾驶培训实行社会化,由交通主管部门对驾驶培训学校、驾驶培训班实行资格管理,其中专门的拖拉机驾驶培训学校、驾驶培训班由农业(农业机械)主管部门实行资格管理。

驾驶培训学校、驾驶培训班应当严格按照国家有关规定,对学员进行道路交通安全法律、法规、驾驶技能的培训,确保培训质量。

任何国家机关以及驾驶培训和考试主管部门不得举办或者参与举办驾驶培训学校、驾驶培训班。

第二十一条 驾驶人驾驶机动车上道路行驶前,应当对机动车的安全技术性能进行认真检查;不得驾驶安全设施不全或者机件不符合技术标准等具有安全隐患的机动车。

第二十二条 机动车驾驶人应当遵守道路交通安全法律、法规的规定,按照操作规范安全驾驶、文明驾驶。

饮酒、服用国家管制的精神药品或者麻醉药品,或者患有妨碍安全驾驶机动车的疾病,或者过度疲劳影响安全驾驶的,不得驾驶机动车。

任何人不得强迫、指使、纵容驾驶人违反道路交通安全法律、法规和机动车安全驾驶要求驾驶机动车。

第二十三条 公安机关交通管理部门依照法律、行政法规的规定,定期对机动车驾驶证实施审验。

第二十四条 公安机关交通管理部门对机动车驾驶人违反道路交通安全法律、法规的行为,除依法给予行政处罚外,实行累积记分制度。公安机关交通管理部门对累积记分达到规定分值的机动车驾驶人,扣留机动车驾驶证,对其进行道路交通安全法律、法规教育,重新考试;考试合格的,发还其机动车驾驶证。

对遵守道路交通安全法律、法规,在一年内无累积记分的机动车驾驶人,可以延长机动车驾驶证的审验期。具体办法由国务院公安部门规定。

第三章 道路通行条件

第二十五条 全国实行统一的道路交通信号。

交通信号包括交通信号灯、交通标志、交通标线和交通警察的指挥。

交通信号灯、交通标志、交通标线的设置应当符合道路交通安全、畅通的要求和国家标准,并保持清晰、醒目、准确、完好。

根据通行需要,应当及时增设、调换、更新道路交通信号。增设、调换、更新限制性的道路交通信号,应当提前向社会公告,广泛进行宣传。

第二十六条 交通信号灯由红灯、绿灯、黄灯组成。红灯表示禁止通行,绿灯表示准许通行,黄灯表示警示。

第二十七条 铁路与道路平面交叉的道口,应当设置警示灯、警示标志或者安全防护设施。无人看守的铁路道口,应当在距道口一定距离处设置警示标志。

第二十八条 任何单位和个人不得擅自设置、移动、占用、损毁交通信号灯、交通标志、交通标线。

道路两侧及隔离带上种植的树木或者其他植物,设置的广告牌、管线等,应当与交通设施保持必要的距离,不得遮挡路灯、交通信号灯、交通标志,不得妨碍安全视距,不得影响通行。

第二十九条 道路、停车场和道路配套设施的规划、设计、建设,应当符合道路交通安全、畅通的要求,并根据交通需求及时调整。

公安机关交通管理部门发现已经投入使用的道路存在交通事故频发路段,或者停车场、道路配套设施存在交通安全严重隐患的,应当及时向当地人民政府报告,并提出防范交通事故、消除隐患的建议,当地人民政府应当及时作出处理决定。

第三十条 道路出现坍塌、坑漕、水毁、隆起等损毁或者交通信号灯、交通标志、交通标线等交通设施损毁、灭失的,道路、交通设施的养护部门或者管理部门应当设置警示标志并及时修复。

公安机关交通管理部门发现前款情形,危及交通安全,尚未设置警示标志的,应当及时采取安全措施,疏导交通,并通知道路、交通设施的养护部门或者管理部门。

第三十一条 未经许可,任何单位和个人不得占用道路从事非交通活动。

第三十二条 因工程建设需要占用、挖掘道路,或者跨越、穿越道路架设、增设管线设施,应当事先征得道路主管部门的同意;影响交通安全的,还应当征得公安机关交通管理部门的同意。

施工作业单位应当在经批准的路段和时间内施工作业,并在距离施工作业地点来车方向安全距离处设置明显的安全警示标志，采取防护措施；施工作业完毕，应当迅速清除道路上的障碍物，消除安全隐患，经道路主管部门和公安机关交通管理部门验收合格，符合通行要求后，方可恢复通行。

对未中断交通的施工作业道路，公安机关交通管理部门应当加强交通安全监督检查，维护道路交通秩序。

第三十三条 新建、改建、扩建的公共建筑、商业街区、居住区、大（中）型建筑等，应当配建、增建停车场；停车泊位不足的，应当及时改建或者扩建；投入使用的停车场不得擅自停止使用或者改作他用。

在城市道路范围内，在不影响行人、车辆通行的情况下，政府有关部门可以施划停车泊位。

第三十四条 学校、幼儿园、医院、养老院门前的道路没有行人过街设施的，应当施划人行横道线，设置提示标志。

城市主要道路的人行道，应当按照规划设置盲道。盲道的设置应当符合国家标准。

第四章　道路通行规定

第一节　一般规定

第三十五条 机动车、非机动车实行右侧通行。

第三十六条 根据道路条件和通行需要，道路划分为机动车道、非机动车道和人行道的，机动车、非机动车、行人实行分道通行。没有划分机动车道、非机动车道和人行道的，机动车在道路中间通行，非机动车和行人在道路两侧通行。

第三十七条 道路划设专用车道的，在专用车道内，只准许规定的车辆通行，其他车辆不得进入专用车道内行驶。

第三十八条 车辆、行人应当按照交通信号通行；遇有交通警察现场指挥时，应当按照交通警察的指挥通行；在没有交通信号的道路上，应当在确保安全、畅通的原则下通行。

第三十九条 公安机关交通管理部门根据道路和交通流量的具体情况，可以对机动车、非机动车、行人采取疏导、限制通行、禁止通行等措施。遇有大型群众性活动、大范围施工等情况，需要采取限制交通的措施，或者作出与公众的道路交通活动直接有关的决定，应当提前向社会公告。

第四十条 遇有自然灾害、恶劣气象条件或者重大交通事故等严重影响交通安全的情形，采取其他措施难以保证交通安全时，公安机关交通管理部门可以实行交通管制。

第四十一条 有关道路通行的其他具体规定，由国务院规定。

第二节　机动车通行规定

第四十二条 机动车上道路行驶，不得超过限速标志标明的最高时速。在没有限速标志的路段，应当保持安全车速。

夜间行驶或者在容易发生危险的路段行驶，以及遇有沙尘、冰雹、雨、雪、雾、结冰等气象条件时，应当降低行驶速度。

第四十三条 同车道行驶的机动车，后车应当与前车保持足以采取紧急制动措施的安全距离。有下列情形之一的，不得超车：

（一）前车正在左转弯、掉头、超车的；

（二）与对面来车有会车可能的；

（三）前车为执行紧急任务的警车、消防车、救护车、工程救险车的；

（四）行经铁路道口、交叉路口、窄桥、弯道、陡坡、隧道、人行横道、市区交通流量大的路段等没有超车条件的。

第四十四条 机动车通过交叉路口，应当按照交通信号灯、交通标志、交通标线或者交通警察的指挥通过；通过没有交通信号灯、交通标志、交通标线或者交通警察指挥的交叉路口时，应当减速慢行，并让行人和优先通行的车辆先行。

第四十五条 机动车遇有前方车辆停车排队等候或者缓慢行驶时，不得借道超车或者占用对面车道，不得穿插等候的车辆。

在车道减少的路段、路口，或者在没有交通信号灯、交通标志、交通标线或者交通警察指挥的交叉路口遇到停车排队等候或者缓慢行驶时,机动车应当依次交替通行。

第四十六条 机动车通过铁路道口时,应当按照交通信号或者管理人员的指挥通行;没有交通信号或者管理人员的,应当减速或者停车,在确认安全后通过。

第四十七条 机动车行经人行横道时,应当减速行驶;遇行人正在通过人行横道,应当停车让行。

机动车行经没有交通信号的道路时,遇行人横过道路,应当避让。

第四十八条 机动车载物应当符合核定的载质量,严禁超载;载物的长、宽、高不得违反装载要求,不得遗洒、飘散载运物。

机动车运载超限的不可解体的物品,影响交通安全的,应当按照公安机关交通管理部门指定的时间、路线、速度行驶,悬挂明显标志。在公路上运载超限的不可解体的物品,并应当依照公路法的规定执行。

机动车载运爆炸物品、易燃易爆化学物品以及剧毒、放射性等危险物品,应当经公安机关批准后,按指定的时间、路线、速度行驶,悬挂警示标志并采取必要的安全措施。

第四十九条 机动车载人不得超过核定的人数,客运机动车不得违反规定载货。

第五十条 禁止货运机动车载客。

货运机动车需要附载作业人员的,应当设置保护作业人员的安全措施。

第五十一条 机动车行驶时,驾驶人、乘坐人员应当按规定使用安全带,摩托车驾驶人及乘坐人员应当按规定戴安全头盔。

第五十二条 机动车在道路上发生故障,需要停车排除故障时,驾驶人应当立即开启危险报警闪光灯,将机动车移至不妨碍交通的地方停放;难以移动的,应当持续开启危险报警闪光灯,并在来车方向设置警告标志等措施扩大示警距离,必要时迅速报警。

第五十三条 警车、消防车、救护车、工程救险车执行紧急任务时,可以使用警报器、标志灯具;在确保安全的前提下,不受行驶路线、行驶方向、行驶速度和信号灯的限制,其他车辆和行人应当让行。

警车、消防车、救护车、工程救险车非执行紧急任务时,不得使用警报器、标志灯具,不享有前款规定的道路优先通行权。

第五十四条 道路养护车辆、工程作业车进行作业时,在不影响过往车辆通行的前提下,其行驶路线和方向不受交通标志、标线限制,过往车辆和人员应当注意避让。

洒水车、清扫车等机动车应当按照安全作业标准作业;在不影响其他车辆通行的情况下,可以不受车辆分道行驶的限制,但是不得逆向行驶。

第五十五条 高速公路、大中城市中心城区内的道路,禁止拖拉机通行。其他禁止拖拉机通行的道路,由省、自治区、直辖市人民政府根据当地实际情况规定。

在允许拖拉机通行的道路上,拖拉机可以从事货运,但是不得用于载人。

第五十六条 机动车应当在规定地点停放。禁止在人行道上停放机动车;但是,依照本法第三十三条规定施划的停车泊位除外。

在道路上临时停车的,不得妨碍其他车辆和行人通行。

第三节 非机动车通行规定

第五十七条 驾驶非机动车在道路上行驶应当遵守有关交通安全的规定。非机动车应当在非机动车道内行驶;在没有非机动车道的道路上,应当靠车行道的右侧行驶。

第五十八条 残疾人机动轮椅车、电动自行车在非机动车道内行驶时,最高时速不得超过十五公里。

第五十九条 非机动车应当在规定地点停放。未设停放地点的,非机动车停放不得妨碍其他车辆和行人通行。

第六十条 驾驭畜力车,应当使用驯服的牲畜;驾驭畜力车横过道路时,驾驭人应当下车牵引牲畜;驾驭人离开车辆时,应当拴系牲畜。

第四节 行人和乘车人通行规定

第六十一条 行人应当在人行道内行走,没有人行道的靠路边行走。

第六十二条 行人通过路口或者横过道路,应当走人行横道或者过街设施;通过有交通信号灯的人行横道,应当按照交通信号灯指示通行;通过没有交通信号灯、人行横道的路口,或者在没有过街设施的路段横过道路,应当在确认安全后通过。

第六十三条 行人不得跨越、倚坐道路隔离设施,不得扒车、强行拦车或者实施妨碍道路交通安全的其他行为。

第六十四条 学龄前儿童以及不能辨认或者不能控制自己行为的精神疾病患者、智力障碍者在道路上通行,应当由其监护人、监护人委托的人或者对其负有管理、保护职责的人带领。

盲人在道路上通行,应当使用盲杖或者采取其他导盲手段,车辆应当避让盲人。

第六十五条 行人通过铁路道口时,应当按照交通信号或者管理人员的指挥通行;没有交通信号和管理人员的,应当在确认无火车驶临后,迅速通过。

第六十六条 乘车人不得携带易燃易爆等危险物品,不得向车外抛洒物品,不得有影响驾驶人安全驾驶的行为。

第五节 高速公路的特别规定

第六十七条 行人、非机动车、拖拉机、轮式专用机械车、铰接式客车、全挂拖斗车以及其他设计最高时速低于七十公里的机动车,不得进入高速公路。高速公路限速标志标明的最高时速不得超过一百二十公里。

第六十八条 机动车在高速公路上发生故障时,应当依照本法第五十二条的有关规定办理;但是,警告标志应当设置在故障车来车方向一百五十米以外,车上人员应当迅速转移到右侧路肩上或者应急车道内,并且迅速报警。

机动车在高速公路上发生故障或者交通事故,无法正常行驶的,应当由救援车、清障车拖曳、牵引。

第六十九条 任何单位、个人不得在高速公路上拦截检查行驶的车辆,公安机关的人民警察依法执行紧急公务除外。

第五章 交通事故处理

第七十条 在道路上发生交通事故,车辆驾驶人应当立即停车,保护现场;造成人身伤亡的,车辆驾驶人应当立即抢救受伤人员,并迅速报告执勤的交通警察或者公安机关交通管理部门。因抢救受伤人员变动现场的,应当标明位置。乘车人、过往车辆驾驶人、过往行人应当予以协助。

在道路上发生交通事故,未造成人身伤亡,当事人对事实及成因无争议的,可以即行撤离现场,恢复交通,自行协商处理损害赔偿事宜;不即行撤离现场的,应当迅速报告执勤的交通警察或者公安机关交通管理部门。

在道路上发生交通事故,仅造成轻微财产损失,并且基本事实清楚的,当事人应当先撤离现场再进行协商处理。

第七十一条 车辆发生交通事故后逃逸的,事故现场目击人员和其他知情人员应当向公安机关交通管理部门或者交通警察举报。举报属实的,公安机关交通管理部门应当给予奖励。

第七十二条 公安机关交通管理部门接到交通事故报警后,应当立即派交通警察赶赴现场,先组织抢救受伤人员,并采取措施,尽快恢复交通。

交通警察应当对交通事故现场进行勘验、检查,收集证据;因收集证据的需要,可以扣留事故车辆,但是应当妥善保管,以备核查。

对当事人的生理、精神状况等专业性较强的检验,公安机关交通管理部门应当委托专门机构进行鉴定。鉴定结论应当由鉴定人签名。

第七十三条 公安机关交通管理部门应当根据交通事故现场勘验、检查、调查情况和有关的检验、鉴定结论,及时制作交通事故认定书,作为处理交通事故的证据。交通事故认定书应当载明交通事故的基本事实、成因和当事人的责任,并送达当事人。

第七十四条 对交通事故损害赔偿的争议,当事人可以请求公安机关交通管理部门调解,也可以直接向人民法院提起民事诉讼。

经公安机关交通管理部门调解,当事人未达成协议或者调解书生效后不履行的,当事人可以向人民法院提起民事诉讼。

第七十五条 医疗机构对交通事故中的受伤人员应当及时抢救,不得因抢救费用未及时支付而拖延救治。肇事车辆参加机动车第三者责任强制保险的,由保险公司在责任限额范围内支付抢救费用;抢救费用超过责任限额的，未参加机动车第三者责任强制保险或者肇事后逃逸的，由道路交通事故社会救助基金先行垫付部分或者全部抢救费用，道路交通事故社会救助基金管理机构有权向交通事故责任人追偿。

第七十六条 机动车发生交通事故造成人身伤亡、财产损失的，由保险公司在机动车第三者责任强制保险责任限额范围内予以赔偿。超过责任限额的部分，按照下列方式承担赔偿责任：

（一）机动车之间发生交通事故的，由有过错的一方承担责任；双方都有过错的，按照各自过错的比例分担责任。

（二）机动车与非机动车驾驶人、行人之间发生交通事故的，由机动车一方承担责任；但是，有证据证明非机动车驾驶人、行人违反道路交通安全法律、法规，机动车驾驶人已经采取必要处置措施的，减轻机动车一方的责任。

交通事故的损失是由非机动车驾驶人、行人故意造成的，机动车一方不承担责任。

第七十七条 车辆在道路以外通行时发生的事故，公安机关交通管理部门接到报案的，参照本法有关规定办理。

第六章 执法监督

第七十八条 公安机关交通管理部门应当加强对交通警察的管理，提高交通警察的素质和管理道路交通的水平。

公安机关交通管理部门应当对交通警察进行法制和交通安全管理业务培训、考核。交通警察经考核不合格的，不得上岗执行职务。

第七十九条 公安机关交通管理部门及其交通警察实施道路交通安全管理，应当依据法定的职权和程序，简化办事手续，做到公正、严格、文明、高效。

第八十条 交通警察执行职务时，应当按照规定着装，佩带人民警察标志，持有人民警察证件，保持警容严整，举止端庄，指挥规范。

第八十一条 依照本法发放牌证等收取工本费，应当严格执行国务院价格主管部门核定的收费标准，并全部上缴国库。

第八十二条 公安机关交通管理部门依法实施罚款的行政处罚，应当依照有关法律、行政法规的规定，实施罚款决定与罚款收缴分离；收缴的罚款以及依法没收的违法所得，应当全部上缴国库。

第八十三条 交通警察调查处理道路交通安全违法行为和交通事故，有下列情形之一的，应当回避：

（一）是本案的当事人或者当事人的近亲属；

（二）本人或者其近亲属与本案有利害关系；

（三）与本案当事人有其他关系，可能影响案件的公正处理。

第八十四条 公安机关交通管理部门及其交通警察的行政执法活动，应当接受行政监察机关依法实施的监督。

公安机关督察部门应当对公安机关交通管理部门及其交通警察执行法律、法规和遵守纪律的情况依法进行监督。

上级公安机关交通管理部门应当对下级公安机关交通管理部门的执法活动进行监督。

第八十五条 公安机关交通管理部门及其交通警察执行职务，应当自觉接受社会和公民的监督。

任何单位和个人都有权对公安机关交通管理部门及其交通警察不严格执法以及违法违纪行为进行检举、控告。收到检举、控告的机关，应当依据职责及时查处。

第八十六条 任何单位不得给公安机关交通管理部门下达或者变相下达罚款指标；公安机关交通管理部门不得以罚款数额作为考核交通警察的标准。

公安机关交通管理部门及其交通警察对超越法律、法规规定的指令，有权拒绝执行，并同时向上级机关报告。

第七章 法律责任

第八十七条 公安机关交通管理部门及其交通警察对道路交通安全违法行为，应当及时纠正。

公安机关交通管理部门及其交通警察应当依据事实和本法的有关规定对道路交通安全违法行为予以处罚。对于情节轻微，未影响道路通行的，指出违法行为，给予口头警告后放行。

第八十八条 对道路交通安全违法行为的处罚种类包括:警告、罚款、暂扣或者吊销机动车驾驶证、拘留。

第八十九条 行人、乘车人、非机动车驾驶人违反道路交通安全法律、法规关于道路通行规定的,处警告或者五元以上五十元以下罚款;非机动车驾驶人拒绝接受罚款处罚的,可以扣留其非机动车。

第九十条 机动车驾驶人违反道路交通安全法律、法规关于道路通行规定的,处警告或者二十元以上二百元以下罚款。本法另有规定的,依照规定处罚。

第九十一条 饮酒后驾驶机动车的,处暂扣一个月以上三个月以下机动车驾驶证,并处二百元以上五百元以下罚款;醉酒后驾驶机动车的,由公安机关交通管理部门约束至酒醒,处十五日以下拘留和暂扣三个月以上六个月以下机动车驾驶证,并处五百元以上二千元以下罚款。

饮酒后驾驶营运机动车的,处暂扣三个月机动车驾驶证,并处五百元罚款;醉酒后驾驶营运机动车的,由公安机关交通管理部门约束至酒醒,处十五日以下拘留和暂扣六个月机动车驾驶证,并处二千元罚款。

一年内有前两款规定醉酒后驾驶机动车的行为,被处罚两次以上的,吊销机动车驾驶证,五年内不得驾驶营运机动车。

第九十二条 公路客运车辆载客超过额定乘员的,处二百元以上五百元以下罚款;超过额定乘员百分之二十或者违反规定载货的,处五百元以上二千元以下罚款。

货运机动车超过核定载质量的,处二百元以上五百元以下罚款;超过核定载质量百分之三十或者违反规定载客的,处五百元以上二千元以下罚款。

有前两款行为的,由公安机关交通管理部门扣留机动车至违法状态消除。

运输单位的车辆有本条第一款、第二款规定的情形,经处罚不改的,对直接负责的主管人员处二千元以上五千元以下罚款。

第九十三条 对违反道路交通安全法律、法规关于机动车停放、临时停车规定的,可以指出违法行为,并予以口头警告,令其立即驶离。

机动车驾驶人不在现场或者虽在现场但拒绝立即驶离,妨碍其他车辆、行人通行的,处二十元以上二百元以下罚款,并可以将该机动车拖移至不妨碍交通的地点或者公安机关交通管理部门指定的地点停放。公安机关交通管理部门拖车不得向当事人收取费用,并应当及时告知当事人停放地点。

因采取不正确的方法拖车造成机动车损坏的,应当依法承担补偿责任。

第九十四条 机动车安全技术检验机构实施机动车安全技术检验超过国务院价格主管部门核定的收费标准收取费用的,退还多收取的费用,并由价格主管部门依照《中华人民共和国价格法》的有关规定给予处罚。

机动车安全技术检验机构不按照机动车国家安全技术标准进行检验,出具虚假检验结果的,由公安机关交通管理部门处所收检验费用五倍以上十倍以下罚款,并依法撤销其检验资格;构成犯罪的,依法追究刑事责任。

第九十五条 上道路行驶的机动车未悬挂机动车号牌,未放置检验合格标志、保险标志,或者未随车携带行驶证、驾驶证的,公安机关交通管理部门应当扣留机动车,通知当事人提供相应的牌证、标志或者补办相应手续,并可以依照本法第九十条的规定予以处罚。当事人提供相应的牌证、标志或者补办相应手续的,应当及时退还机动车。

故意遮挡、污损或者不按规定安装机动车号牌的,依照本法第九十条的规定予以处罚。

第九十六条 伪造、变造或者使用伪造、变造的机动车登记证书、号牌、行驶证、检验合格标志、保险标志、驾驶证或者使用其他车辆的机动车登记证书、号牌、行驶证、检验合格标志、保险标志的,由公安机关交通管理部门予以收缴,扣留该机动车,并处二百元以上二千元以下罚款;构成犯罪的,依法追究刑事责任。

当事人提供相应的合法证明或者补办相应手续的,应当及时退还机动车。

第九十七条 非法安装警报器、标志灯具的,由公安机关交通管理部门强制拆除,予以收缴,并处二百元以上二千元以下罚款。

第九十八条 机动车所有人、管理人未按照国家规定投保机动车第三者责任强制保险的,由公安机关交通管理部门扣留车辆至依照规定投保后,并处依照规定投保最低责任限额应缴纳的保险费的二倍罚款。

依照前款缴纳的罚款全部纳入道路交通事故社会救助基金。具体办法由国务院规定。

第九十九条 有下列行为之一的,由公安机关交通管理部门处二百元以上二千元以下罚款:

（一）未取得机动车驾驶证、机动车驾驶证被吊销或者机动车驾驶证被暂扣期间驾驶机动车的；

（二）将机动车交由未取得机动车驾驶证或者机动车驾驶证被吊销、暂扣的人驾驶的；

（三）造成交通事故后逃逸，尚不构成犯罪的；

（四）机动车行驶超过规定时速百分之五十的；

（五）强迫机动车驾驶人违反道路交通安全法律、法规和机动车安全驾驶要求驾驶机动车，造成交通事故，尚不构成犯罪的；

（六）违反交通管制的规定强行通行，不听劝阻的；

（七）故意损毁、移动、涂改交通设施，造成危害后果，尚不构成犯罪的；

（八）非法拦截、扣留机动车辆，不听劝阻，造成交通严重阻塞或者较大财产损失的。

行为人有前款第二项、第四项情形之一的，可以并处吊销机动车驾驶证；有第一项、第三项、第五项至第八项情形之一的，可以并处十五日以下拘留。

第一百条 驾驶拼装的机动车或者已达到报废标准的机动车上道路行驶的，公安机关交通管理部门应当予以收缴，强制报废。

对驾驶前款所列机动车上道路行驶的驾驶人，处二百元以上二千元以下罚款，并吊销机动车驾驶证。

出售已达到报废标准的机动车的，没收违法所得，处销售金额等额的罚款，对该机动车依照本条第一款的规定处理。

第一百零一条 违反道路交通安全法律、法规的规定，发生重大交通事故，构成犯罪的，依法追究刑事责任，并由公安机关交通管理部门吊销机动车驾驶证。

造成交通事故后逃逸的，由公安机关交通管理部门吊销机动车驾驶证，且终生不得重新取得机动车驾驶证。

第一百零二条 对六个月内发生二次以上特大交通事故负有主要责任或者全部责任的专业运输单位，由公安机关交通管理部门责令消除安全隐患，未消除安全隐患的机动车，禁止上道路行驶。

第一百零三条 国家机动车产品主管部门未按照机动车国家安全技术标准严格审查，许可不合格机动车型投入生产的，对负有责任的主管人员和其他直接责任人员给予降级或者撤职的行政处分。

机动车生产企业经国家机动车产品主管部门许可生产的机动车型，不执行机动车国家安全技术标准或者不严格进行机动车成品质量检验，致使质量不合格的机动车出厂销售的，由质量技术监督部门依照《中华人民共和国产品质量法》的有关规定给予处罚。

擅自生产、销售未经国家机动车产品主管部门许可生产的机动车型的，没收非法生产、销售的机动车成品及配件，可以并处非法产品价值三倍以上五倍以下罚款；有营业执照的，由工商行政管理部门吊销营业执照，没有营业执照的，予以查封。

生产、销售拼装的机动车或者生产、销售擅自改装的机动车的，依照本条第三款的规定处罚。

有本条第二款、第三款、第四款所列违法行为，生产或者销售不符合机动车国家安全技术标准的机动车，构成犯罪的，依法追究刑事责任。

第一百零四条 未经批准，擅自挖掘道路、占用道路施工或者从事其他影响道路交通安全活动的，由道路主管部门责令停止违法行为，并恢复原状，可以依法给予罚款；致使通行的人员、车辆及其他财产遭受损失的，依法承担赔偿责任。

有前款行为，影响道路交通安全活动的，公安机关交通管理部门可以责令停止违法行为，迅速恢复交通。

第一百零五条 道路施工作业或者道路出现损毁，未及时设置警示标志、未采取防护措施，或者应当设置交通信号灯、交通标志、交通标线而没有设置或者应当及时变更交通信号灯、交通标志、交通标线而没有及时变更，致使通行的人员、车辆及其他财产遭受损失的，负有相关职责的单位应当依法承担赔偿责任。

第一百零六条 在道路两侧及隔离带上种植树木、其他植物或者设置广告牌、管线等，遮挡路灯、交通信号灯、交通标志，妨碍安全视距的，由公安机关交通管理部门责令行为人排除妨碍；拒不执行的，处二百元以上二千元以下罚款，并强制排除妨碍，所需费用由行为人负担。

第一百零七条 对道路交通违法行为人予以警告、二百元以下罚款，交通警察可以当场作出行政处罚决定，并出具行政处罚决定书。

行政处罚决定书应当载明当事人的违法事实、行政处罚的依据、处罚内容、时间、地点以及处罚机关名称，并由执法人员签名或者盖章。

第一百零八条 当事人应当自收到罚款的行政处罚决定书之日起十五日内，到指定的银行缴纳罚款。

对行人、乘车人和非机动车驾驶人的罚款，当事人无异议的，可以当场予以收缴罚款。

罚款应当开具省、自治区、直辖市财政部门统一制发的罚款收据；不出具财政部门统一制发的罚款收据的，当事人有权拒绝缴纳罚款。

第一百零九条 当事人逾期不履行行政处罚决定的，作出行政处罚决定的行政机关可以采取下列措施：

（一）到期不缴纳罚款的，每日按罚款数额的百分之三加处罚款；

（二）申请人民法院强制执行。

第一百一十条 执行职务的交通警察认为应当对道路交通违法行为人给予暂扣或者吊销机动车驾驶证处罚的，可以先予扣留机动车驾驶证，并在二十四小时内将案件移交公安机关交通管理部门处理。

道路交通违法行为人应当在十五日内到公安机关交通管理部门接受处理。无正当理由逾期未接受处理的，吊销机动车驾驶证。

公安机关交通管理部门暂扣或者吊销机动车驾驶证的，应当出具行政处罚决定书。

第一百一十一条 对违反本法规定予以拘留的行政处罚，由县、市公安局、公安分局或者相当于县一级的公安机关裁决。

第一百一十二条 公安机关交通管理部门扣留机动车、非机动车，应当当场出具凭证，并告知当事人在规定期限内到公安机关交通管理部门接受处理。

公安机关交通管理部门对被扣留的车辆应当妥善保管，不得使用。

逾期不来接受处理，并且经公告三个月仍不来接受处理的，对扣留的车辆依法处理。

第一百一十三条 暂扣机动车驾驶证的期限从处罚决定生效之日起计算；处罚决定生效前先予扣留机动车驾驶证的，扣留一日折抵暂扣期限一日。

吊销机动车驾驶证后重新申请领取机动车驾驶证的期限，按照机动车驾驶证管理规定办理。

第一百一十四条 公安机关交通管理部门根据交通技术监控记录资料，可以对违法的机动车所有人或者管理人依法予以处罚。对能够确定驾驶人的，可以依照本法的规定依法予以处罚。

第一百一十五条 交通警察有下列行为之一的，依法给予行政处分：

（一）为不符合法定条件的机动车发放机动车登记证书、号牌、行驶证、检验合格标志的；

（二）批准不符合法定条件的机动车安装、使用警车、消防车、救护车、工程救险车的警报器、标志灯具，喷涂标志图案的；

（三）为不符合驾驶许可条件、未经考试或者考试不合格人员发放机动车驾驶证的；

（四）不执行罚款决定与罚款收缴分离制度或者不按规定将依法收取的费用、收缴的罚款及没收的违法所得全部上缴国库的；

（五）举办或者参与举办驾驶学校或者驾驶培训班、机动车修理厂或者收费停车场等经营活动的；

（六）利用职务上的便利收受他人财物或者谋取其他利益的；

（七）违法扣留车辆、机动车行驶证、驾驶证、车辆号牌的；

（八）使用依法扣留的车辆的；

（九）当场收取罚款不开具罚款收据或者不如实填写罚款额的；

（十）徇私舞弊，不公正处理交通事故的；

（十一）故意刁难，拖延办理机动车牌证的；

（十二）非执行紧急任务时使用警报器、标志灯具的；

（十三）违反规定拦截、检查正常行驶的车辆的；

（十四）非执行紧急公务时拦截搭乘机动车的；

（十五）不履行法定职责的。

公安机关交通管理部门有前款所列行为之一的，对直接负责的主管人员和其他直接责任人员给予相应的行政处分。

第一百一十六条 依照本法第一百一十五条的规定，给予交通警察行政处分的，在作出行政处分决定前，可以停止其执行职务；必要时，可以予以禁闭。

依照本法第一百一十五条的规定，交通警察受到降级或者撤职行政处分的，可以予以辞退。

交通警察受到开除处分或者被辞退的，应当取消警衔；受到撤职以下行政处分的交通警察，应当降低警衔。

第一百一十七条 交通警察利用职权非法占有公共财物，索取、收受贿赂，或者滥用职权、玩忽职守，构成犯罪的，依法追究刑事责任。

第一百一十八条 公安机关交通管理部门及其交通警察有本法第一百一十五条所列行为之一，给当事人造成损失的，应当依法承担赔偿责任。

第八章 附 则

第一百一十九条 本法中下列用语的含义：

（一）“道路”，是指公路、城市道路和虽在单位管辖范围但允许社会机动车通行的地方，包括广场、公共停车场等用于公众通行的场所。

（二）“车辆”，是指机动车和非机动车。

（三）“机动车”，是指以动力装置驱动或者牵引，上道路行驶的供人员乘用或者用于运送物品以及进行工程专项作业的轮式车辆。

（四）“非机动车”，是指以人力或者畜力驱动，上道路行驶的交通工具，以及虽有动力装置驱动但设计最高时速、空车质量、外形尺寸符合有关国家标准的残疾人机动轮椅车、电动自行车等交通工具。

（五）“交通事故”，是指车辆在道路上因过错或者意外造成的人身伤亡或者财产损失的事件。

第一百二十条 中国人民解放军和中国人民武装警察部队在编机动车牌证、在编机动车检验以及机动车驾驶人考核工作，由中国人民解放军、中国人民武装警察部队有关部门负责。

第一百二十一条 对上道路行驶的拖拉机，由农业（农业机械）主管部门行使本法第八条、第九条、第十三条、第十九条、第二十三条规定的公安机关交通管理部门的管理职权。

农业（农业机械）主管部门依照前款规定行使职权，应当遵守本法有关规定，并接受公安机关交通管理部门的监督；对违反规定的，依照本法有关规定追究法律责任。

本法施行前由农业（农业机械）主管部门发放的机动车牌证，在本法施行后继续有效。

第一百二十二条 国家对入境的境外机动车的道路交通安全实施统一管理。

第一百二十三条 省、自治区、直辖市人民代表大会常务委员会可以根据本地区的实际情况，在本法规定的罚款幅度内，规定具体的执行标准。

第一百二十四条 本法自2004年5月1日起施行。

中华人民共和国保险法

1995年6月30日第八届全国人民代表大会常务委员会第十四次会议通过
根据2002年10月28日第九届全国人民代表大会常务委员会
第三十次会议《关于修改〈中华人民共和国保险法〉的决定》修正
2009年2月28日第十一届全国人民代表大会常务委员会第七次会议修订

第一章 总 则

第一条 为了规范保险活动，保护保险活动当事人的合法权益，加强对保险业的监督管理，维护社会经济秩序和社会公共利益，促进保险事业的健康发展，制定本法。

第二条 本法所称保险，是指投保人根据合同约定，向保险人支付保险费，保险人对于合同约定的可能发生的事故因其发生所造成的财产损失承担赔偿保险金责任，或者当被保险人死亡、伤残、疾病或者达到合同约定的年龄、期限等条件时承担给付保险金责任的商业保险行为。

第三条 在中华人民共和国境内从事保险活动，适用本法。

第四条 从事保险活动必须遵守法律、行政法规，尊重社会公德，不得损害社会公共利益。

第五条 保险活动当事人行使权利、履行义务应当遵循诚实信用原则。

第六条 保险业务由依照本法设立的保险公司以及法律、行政法规规定的其他保险组织经营，其他单位和个人不得经营保险业务。

第七条 在中华人民共和国境内的法人和其他组织需要办理境内保险的，应当向中华人民共和国境内的保险公司投保。

第八条 保险业和银行业、证券业、信托业实行分业经营、分业管理,保险公司与银行、证券、信托业务机构分别设立。国家另有规定的除外。

第九条 国务院保险监督管理机构依法对保险业实施监督管理。

国务院保险监督管理机构根据履行职责的需要设立派出机构。派出机构按照国务院保险监督管理机构的授权履行监督管理职责。

第二章 保险合同

第一节 一般规定

第十条 保险合同是投保人与保险人约定保险权利义务关系的协议。

投保人是指与保险人订立保险合同,并按照合同约定负有支付保险费义务的人。

保险人是指与投保人订立保险合同,并按照合同约定承担赔偿或者给付保险金责任的保险公司。

第十一条 订立保险合同,应当协商一致,遵循公平原则确定各方的权利和义务。

除法律、行政法规规定必须保险的外,保险合同自愿订立。

第十二条 人身保险的投保人在保险合同订立时,对被保险人应当具有保险利益。

财产保险的被保险人在保险事故发生时,对保险标的应当具有保险利益。

人身保险是以人的寿命和身体为保险标的的保险。

财产保险是以财产及其有关利益为保险标的的保险。

被保险人是指其财产或者人身受保险合同保障,享有保险金请求权的人。投保人可以为被保险人。

保险利益是指投保人或者被保险人对保险标的具有的法律上承认的利益。

第十三条 投保人提出保险要求,经保险人同意承保,保险合同成立。保险人应当及时向投保人签发保险单或者其他保险凭证。

保险单或者其他保险凭证应当载明当事人双方约定的合同内容。当事人也可以约定采用其他书面形式载明合同内容。

依法成立的保险合同,自成立时生效。投保人和保险人可以对合同的效力约定附条件或者附期限。

第十四条 保险合同成立后,投保人按照约定交付保险费,保险人按照约定的时间开始承担保险责任。

第十五条 除本法另有规定或者保险合同另有约定外,保险合同成立后,投保人可以解除合同,保险人不得解除合同。

第十六条 订立保险合同,保险人就保险标的或者被保险人的有关情况提出询问的,投保人应当如实告知。

投保人故意或者因重大过失未履行前款规定的如实告知义务,足以影响保险人决定是否同意承保或者提高保险费率的,保险人有权解除合同。

前款规定的合同解除权,自保险人知道有解除事由之日起,超过三十日不行使而消灭。自合同成立之日起超过二年的,保险人不得解除合同;发生保险事故的,保险人应当承担赔偿或者给付保险金的责任。

投保人故意不履行如实告知义务的,保险人对于合同解除前发生的保险事故,不承担赔偿或者给付保险金的责任,并不退还保险费。

投保人因重大过失未履行如实告知义务,对保险事故的发生有严重影响的,保险人对于合同解除前发生的保险事故,不承担赔偿或者给付保险金的责任,但应当退还保险费。

保险人在合同订立时已经知道投保人未如实告知的情况的,保险人不得解除合同;发生保险事故的,保险人应当承担赔偿或者给付保险金的责任。

保险事故是指保险合同约定的保险责任范围内的事故。

第十七条 订立保险合同,采用保险人提供的格式条款的,保险人向投保人提供的投保单应当附格式条款,保险人应当向投保人说明合同的内容。

对保险合同中免除保险人责任的条款,保险人在订立合同时应当在投保单、保险单或者其他保险凭证上作出足以引起投保人注意的提示,并对该条款的内容以书面或者口头形式向投保人作出明确说明;未作提示或者明确说明的,该条款不产生效力。

第十八条 保险合同应当包括下列事项:

（一）保险人的名称和住所；

（二）投保人、被保险人的姓名或者名称、住所，以及人身保险的受益人的姓名或者名称、住所；

（三）保险标的；

（四）保险责任和责任免除；

（五）保险期间和保险责任开始时间；

（六）保险金额；

（七）保险费以及支付办法；

（八）保险金赔偿或者给付办法；

（九）违约责任和争议处理；

（十）订立合同的年、月、日。

投保人和保险人可以约定与保险有关的其他事项。

受益人是指人身保险合同中由被保险人或者投保人指定的享有保险金请求权的人。投保人、被保险人可以为受益人。

保险金额是指保险人承担赔偿或者给付保险金责任的最高限额。

第十九条 采用保险人提供的格式条款订立的保险合同中的下列条款无效：

（一）免除保险人依法应承担的义务或者加重投保人、被保险人责任的；

（二）排除投保人、被保险人或者受益人依法享有的权利的。

第二十条 投保人和保险人可以协商变更合同内容。

变更保险合同的，应当由保险人在保险单或者其他保险凭证上批注或者附贴批单，或者由投保人和保险人订立变更的书面协议。

第二十一条 投保人、被保险人或者受益人知道保险事故发生后，应当及时通知保险人。故意或者因重大过失未及时通知，致使保险事故的性质、原因、损失程度等难以确定的，保险人对无法确定的部分，不承担赔偿或者给付保险金的责任，但保险人通过其他途径已经及时知道或者应当及时知道保险事故发生的除外。

第二十二条 保险事故发生后，按照保险合同请求保险人赔偿或者给付保险金时，投保人、被保险人或者受益人应当向保险人提供其所能提供的与确认保险事故的性质、原因、损失程度等有关的证明和资料。

保险人按照合同的约定，认为有关的证明和资料不完整的，应当及时一次性通知投保人、被保险人或者受益人补充提供。

第二十三条 保险人收到被保险人或者受益人的赔偿或者给付保险金的请求后，应当及时作出核定；情形复杂的，应当在三十日内作出核定，但合同另有约定的除外。保险人应当将核定结果通知被保险人或者受益人；对属于保险责任的，在与被保险人或者受益人达成赔偿或者给付保险金的协议后十日内，履行赔偿或者给付保险金义务。保险合同对赔偿或者给付保险金的期限有约定的，保险人应当按照约定履行赔偿或者给付保险金义务。

保险人未及时履行前款规定义务的，除支付保险金外，应当赔偿被保险人或者受益人因此受到的损失。

任何单位和个人不得非法干预保险人履行赔偿或者给付保险金的义务，也不得限制被保险人或者受益人取得保险金的权利。

第二十四条 保险人依照本法第二十三条的规定作出核定后，对不属于保险责任的，应当自作出核定之日起三日内向被保险人或者受益人发出拒绝赔偿或者拒绝给付保险金通知书，并说明理由。

第二十五条 保险人自收到赔偿或者给付保险金的请求和有关证明、资料之日起六十日内，对其赔偿或者给付保险金的数额不能确定的，应当根据已有证明和资料可以确定的数额先予支付；保险人最终确定赔偿或者给付保险金的数额后，应当支付相应的差额。

第二十六条 人寿保险以外的其他保险的被保险人或者受益人，向保险人请求赔偿或者给付保险金的诉讼时效期间为二年，自其知道或者应当知道保险事故发生之日起计算。

人寿保险的被保险人或者受益人向保险人请求给付保险金的诉讼时效期间为五年，自其知道或者应当知道保险事故发生之日起计算。

第二十七条 未发生保险事故，被保险人或者受益人谎称发生了保险事故，向保险人提出赔偿或者给付保险金请求的，保险人有权解除合同，并不退还保险费。

投保人、被保险人故意制造保险事故的，保险人有权解除合同，不承担赔偿或者给付保险金的责任；除本法第四十三条规定外,不退还保险费。

保险事故发生后,投保人、被保险人或者受益人以伪造、变造的有关证明、资料或者其他证据,编造虚假的事故原因或者夸大损失程度的,保险人对其虚报的部分不承担赔偿或者给付保险金的责任。

投保人、被保险人或者受益人有前三款规定行为之一,致使保险人支付保险金或者支出费用的,应当退回或者赔偿。

第二十八条 保险人将其承担的保险业务,以分保形式部分转移给其他保险人的,为再保险。

应再保险接受人的要求,再保险分出人应当将其自负责任及原保险的有关情况书面告知再保险接受人。

第二十九条 再保险接受人不得向原保险的投保人要求支付保险费。

原保险的被保险人或者受益人不得向再保险接受人提出赔偿或者给付保险金的请求。

再保险分出人不得以再保险接受人未履行再保险责任为由,拒绝履行或者迟延履行其原保险责任。

第三十条 采用保险人提供的格式条款订立的保险合同,保险人与投保人、被保险人或者受益人对合同条款有争议的,应当按照通常理解予以解释。对合同条款有两种以上解释的,人民法院或者仲裁机构应当作出有利于被保险人和受益人的解释。

第二节 人身保险合同

第三十一条 投保人对下列人员具有保险利益:

(一)本人;

(二)配偶、子女、父母;

(三)前项以外与投保人有抚养、赡养或者扶养关系的家庭其他成员、近亲属;

(四)与投保人有劳动关系的劳动者。

除前款规定外,被保险人同意投保人为其订立合同的,视为投保人对被保险人具有保险利益。

订立合同时,投保人对被保险人不具有保险利益的,合同无效。

第三十二条 投保人申报的被保险人年龄不真实,并且其真实年龄不符合合同约定的年龄限制的,保险人可以解除合同,并按照合同约定退还保险单的现金价值。保险人行使合同解除权,适用本法第十六条第三款、第六款的规定。

投保人申报的被保险人年龄不真实,致使投保人支付的保险费少于应付保险费的,保险人有权更正并要求投保人补交保险费,或者在给付保险金时按照实付保险费与应付保险费的比例支付。

投保人申报的被保险人年龄不真实,致使投保人支付的保险费多于应付保险费的,保险人应当将多收的保险费退还投保人。

第三十三条 投保人不得为无民事行为能力人投保以死亡为给付保险金条件的人身保险,保险人也不得承保。

父母为其未成年子女投保的人身保险,不受前款规定限制。但是,因被保险人死亡给付的保险金总和不得超过国务院保险监督管理机构规定的限额。

第三十四条 以死亡为给付保险金条件的合同,未经被保险人同意并认可保险金额的,合同无效。

按照以死亡为给付保险金条件的合同所签发的保险单,未经被保险人书面同意,不得转让或者质押。

父母为其未成年子女投保的人身保险,不受本条第一款规定限制。

第三十五条 投保人可以按照合同约定向保险人一次支付全部保险费或者分期支付保险费。

第三十六条 合同约定分期支付保险费,投保人支付首期保险费后,除合同另有约定外,投保人自保险人催告之日起超过三十日未支付当期保险费,或者超过约定的期限六十日未支付当期保险费的,合同效力中止,或者由保险人按照合同约定的条件减少保险金额。

被保险人在前款规定期限内发生保险事故的,保险人应当按照合同约定给付保险金,但可以扣减欠交的保险费。

第三十七条 合同效力依照本法第三十六条规定中止的,经保险人与投保人协商并达成协议,在投保人补交保险费后,合同效力恢复。但是,自合同效力中止之日起满二年双方未达成协议的,保险人有权解除合同。

保险人依照前款规定解除合同的,应当按照合同约定退还保险单的现金价值。

第三十八条 保险人对人寿保险的保险费,不得用诉讼方式要求投保人支付。

第三十九条 人身保险的受益人由被保险人或者投保人指定。

投保人指定受益人时须经被保险人同意。投保人为与其有劳动关系的劳动者投保人身保险，不得指定被保险人及其近亲属以外的人为受益人。

被保险人为无民事行为能力人或者限制民事行为能力人的，可以由其监护人指定受益人。

第四十条 被保险人或者投保人可以指定一人或者数人为受益人。

受益人为数人的，被保险人或者投保人可以确定受益顺序和受益份额；未确定受益份额的，受益人按照相等份额享有受益权。

第四十一条 被保险人或者投保人可以变更受益人并书面通知保险人。保险人收到变更受益人的书面通知后，应当在保险单或者其他保险凭证上批注或者附贴批单。

投保人变更受益人时须经被保险人同意。

第四十二条 被保险人死亡后，有下列情形之一的，保险金作为被保险人的遗产，由保险人依照《中华人民共和国继承法》的规定履行给付保险金的义务：

（一）没有指定受益人，或者受益人指定不明无法确定的；

（二）受益人先于被保险人死亡，没有其他受益人的；

（三）受益人依法丧失受益权或者放弃受益权，没有其他受益人的。

受益人与被保险人在同一事件中死亡，且不能确定死亡先后顺序的，推定受益人死亡在先。

第四十三条 投保人故意造成被保险人死亡、伤残或者疾病的，保险人不承担给付保险金的责任。投保人已交足二年以上保险费的，保险人应当按照合同约定向其他权利人退还保险单的现金价值。

受益人故意造成被保险人死亡、伤残、疾病的，或者故意杀害被保险人未遂的，该受益人丧失受益权。

第四十四条 以被保险人死亡为给付保险金条件的合同，自合同成立或者合同效力恢复之日起二年内，被保险人自杀的，保险人不承担给付保险金的责任，但被保险人自杀时为无民事行为能力人的除外。

保险人依照前款规定不承担给付保险金责任的，应当按照合同约定退还保险单的现金价值。

第四十五条 因被保险人故意犯罪或者抗拒依法采取的刑事强制措施导致其伤残或者死亡的，保险人不承担给付保险金的责任。投保人已交足二年以上保险费的，保险人应当按照合同约定退还保险单的现金价值。

第四十六条 被保险人因第三者的行为而发生死亡、伤残或者疾病等保险事故的，保险人向被保险人或者受益人给付保险金后，不享有向第三者追偿的权利，但被保险人或者受益人仍有权向第三者请求赔偿。

第四十七条 投保人解除合同的，保险人应当自收到解除合同通知之日起三十日内，按照合同约定退还保险单的现金价值。

第三节 财产保险合同

第四十八条 保险事故发生时，被保险人对保险标的不具有保险利益的，不得向保险人请求赔偿保险金。

第四十九条 保险标的转让的，保险标的的受让人承继被保险人的权利和义务。

保险标的转让的，被保险人或者受让人应当及时通知保险人，但货物运输保险合同和另有约定的合同除外。

因保险标的转让导致危险程度显著增加的，保险人自收到前款规定的通知之日起三十日内，可以按照合同约定增加保险费或者解除合同。保险人解除合同的，应当将已收取的保险费，按照合同约定扣除自保险责任开始之日起至合同解除之日止应收的部分后，退还投保人。

被保险人、受让人未履行本条第二款规定的通知义务的，因转让导致保险标的危险程度显著增加而发生的保险事故，保险人不承担赔偿保险金的责任。

第五十条 货物运输保险合同和运输工具航程保险合同，保险责任开始后，合同当事人不得解除合同。

第五十一条 被保险人应当遵守国家有关消防、安全、生产操作、劳动保护等方面的规定，维护保险标的的安全。

保险人可以按照合同约定对保险标的的安全状况进行检查，及时向投保人、被保险人提出消除不安全因素和隐患的书面建议。

投保人、被保险人未按照约定履行其对保险标的的安全应尽责任的，保险人有权要求增加保险费或者解除合同。

保险人为维护保险标的的安全，经被保险人同意，可以采取安全预防措施。

第五十二条 在合同有效期内，保险标的的危险程度显著增加的，被保险人应当按照合同约定及时通知保险人，保险人可以按照合同约定增加保险费或者解除合同。保险人解除合同的，应当将已收取的保险费，按照合同约定扣除自保险责任开始之日起至合同解除之日止应收的部分后，退还投保人。

被保险人未履行前款规定的通知义务的，因保险标的的危险程度显著增加而发生的保险事故，保险人不承担赔偿保险金的责任。

第五十三条 有下列情形之一的，除合同另有约定外，保险人应当降低保险费，并按日计算退还相应的保险费：

（一）据以确定保险费率的有关情况发生变化，保险标的的危险程度明显减少的；

（二）保险标的的保险价值明显减少的。

第五十四条 保险责任开始前，投保人要求解除合同的，应当按照合同约定向保险人支付手续费，保险人应当退还保险费。保险责任开始后，投保人要求解除合同的，保险人应当将已收取的保险费，按照合同约定扣除自保险责任开始之日起至合同解除之日止应收的部分后，退还投保人。

第五十五条 投保人和保险人约定保险标的的保险价值并在合同中载明的，保险标的发生损失时，以约定的保险价值为赔偿计算标准。

投保人和保险人未约定保险标的的保险价值的，保险标的发生损失时，以保险事故发生时保险标的的实际价值为赔偿计算标准。

保险金额不得超过保险价值。超过保险价值的，超过部分无效，保险人应当退还相应的保险费。

保险金额低于保险价值的，除合同另有约定外，保险人按照保险金额与保险价值的比例承担赔偿保险金的责任。

第五十六条 重复保险的投保人应当将重复保险的有关情况通知各保险人。

重复保险的各保险人赔偿保险金的总和不得超过保险价值。除合同另有约定外，各保险人按照其保险金额与保险金额总和的比例承担赔偿保险金的责任。

重复保险的投保人可以就保险金额总和超过保险价值的部分，请求各保险人按比例返还保险费。

重复保险是指投保人对同一保险标的、同一保险利益、同一保险事故分别与两个以上保险人订立保险合同，且保险金额总和超过保险价值的保险。

第五十七条 保险事故发生时，被保险人应当尽力采取必要的措施，防止或者减少损失。

保险事故发生后，被保险人为防止或者减少保险标的的损失所支付的必要的、合理的费用，由保险人承担；保险人所承担的费用数额在保险标的损失赔偿金额以外另行计算，最高不超过保险金额的数额。

第五十八条 保险标的发生部分损失的，自保险人赔偿之日起三十日内，投保人可以解除合同；除合同另有约定外，保险人也可以解除合同，但应当提前十五日通知投保人。

合同解除的，保险人应当将保险标的未受损失部分的保险费，按照合同约定扣除自保险责任开始之日起至合同解除之日止应收的部分后，退还投保人。

第五十九条 保险事故发生后，保险人已支付了全部保险金额，并且保险金额等于保险价值的，受损保险标的的全部权利归于保险人；保险金额低于保险价值的，保险人按照保险金额与保险价值的比例取得受损保险标的的部分权利。

第六十条 因第三者对保险标的的损害而造成保险事故的，保险人自向被保险人赔偿保险金之日起，在赔偿金额范围内代位行使被保险人对第三者请求赔偿的权利。

前款规定的保险事故发生后，被保险人已经从第三者取得损害赔偿的，保险人赔偿保险金时，可以相应扣减被保险人从第三者已取得的赔偿金额。

保险人依照本条第一款规定行使代位请求赔偿的权利，不影响被保险人就未取得赔偿的部分向第三者请求赔偿的权利。

第六十一条 保险事故发生后，保险人未赔偿保险金之前，被保险人放弃对第三者请求赔偿的权利的，保险人不承担赔偿保险金的责任。

保险人向被保险人赔偿保险金后，被保险人未经保险人同意放弃对第三者请求赔偿的权利的，该行为无效。

被保险人故意或者因重大过失致使保险人不能行使代位请求赔偿的权利的，保险人可以扣减或者要求返还相应的保险金。

第六十二条 除被保险人的家庭成员或者其组成人员故意造成本法第六十条第一款规定的保险事故外，保险人不得对被保险人的家庭成员或者其组成人员行使代位请求赔偿的权利。

第六十三条 保险人向第三者行使代位请求赔偿的权利时，被保险人应当向保险人提供必要的文件和所知道的有关情况。

第六十四条 保险人、被保险人为查明和确定保险事故的性质、原因和保险标的的损失程度所支付的必要的、合理的费用，由保险人承担。

第六十五条 保险人对责任保险的被保险人给第三者造成的损害，可以依照法律的规定或者合同的约定，直接向该第三者赔偿保险金。

责任保险的被保险人给第三者造成损害，被保险人对第三者应负的赔偿责任确定的，根据被保险人的请求，保险人应当直接向该第三者赔偿保险金。被保险人怠于请求的，第三者有权就其应获赔偿部分直接向保险人请求赔偿保险金。

责任保险的被保险人给第三者造成损害，被保险人未向该第三者赔偿的，保险人不得向被保险人赔偿保险金。

责任保险是指以被保险人对第三者依法应负的赔偿责任为保险标的的保险。

第六十六条 责任保险的被保险人因给第三者造成损害的保险事故而被提起仲裁或者诉讼的，被保险人支付的仲裁或者诉讼费用以及其他必要的、合理的费用，除合同另有约定外，由保险人承担。

第三章 保险公司

第六十七条 设立保险公司应当经国务院保险监督管理机构批准。

国务院保险监督管理机构审查保险公司的设立申请时，应当考虑保险业的发展和公平竞争的需要。

第六十八条 设立保险公司应当具备下列条件：

（一）主要股东具有持续盈利能力，信誉良好，最近三年内无重大违法违规记录，净资产不低于人民币二亿元；

（二）有符合本法和《中华人民共和国公司法》规定的章程；

（三）有符合本法规定的注册资本；

（四）有具备任职专业知识和业务工作经验的董事、监事和高级管理人员；

（五）有健全的组织机构和管理制度；

（六）有符合要求的营业场所和与经营业务有关的其他设施；

（七）法律、行政法规和国务院保险监督管理机构规定的其他条件。

第六十九条 设立保险公司，其注册资本的最低限额为人民币二亿元。

国务院保险监督管理机构根据保险公司的业务范围、经营规模，可以调整其注册资本的最低限额，但不得低于本条第一款规定的限额。

保险公司的注册资本必须为实缴货币资本。

第七十条 申请设立保险公司，应当向国务院保险监督管理机构提出书面申请，并提交下列材料：

（一）设立申请书，申请书应当载明拟设立的保险公司的名称、注册资本、业务范围等；

（二）可行性研究报告；

（三）筹建方案；

（四）投资人的营业执照或者其他背景资料，经会计师事务所审计的上一年度财务会计报告；

（五）投资人认可的筹备组负责人和拟任董事长、经理名单及本人认可证明；

（六）国务院保险监督管理机构规定的其他材料。

第七十一条 国务院保险监督管理机构应当对设立保险公司的申请进行审查，自受理之日起六个月内作出批准或者不批准筹建的决定，并书面通知申请人。决定不批准的，应当书面说明理由。

第七十二条 申请人应当自收到批准筹建通知之日起一年内完成筹建工作；筹建期间不得从事保险经营活动。

第七十三条 筹建工作完成后，申请人具备本法第六十八条规定的设立条件的，可以向国务院保险监督管理机构提出开业申请。

国务院保险监督管理机构应当自受理开业申请之日起六十日内，作出批准或者不批准开业的决定。决定批准的，颁发经营保险业务许可证；决定不批准的，应当书面通知申请人并说明理由。

第七十四条 保险公司在中华人民共和国境内设立分支机构，应当经保险监督管理机构批准。

保险公司分支机构不具有法人资格，其民事责任由保险公司承担。

第七十五条 保险公司申请设立分支机构，应当向保险监督管理机构提出书面申请，并提交下列材料：

（一）设立申请书；

（二）拟设机构三年业务发展规划和市场分析材料；

（三）拟任高级管理人员的简历及相关证明材料；

（四）国务院保险监督管理机构规定的其他材料。

第七十六条 保险监督管理机构应当对保险公司设立分支机构的申请进行审查，自受理之日起六十日内作出批准或者不批准的决定。决定批准的，颁发分支机构经营保险业务许可证；决定不批准的，应当书面通知申请人并说明理由。

第七十七条 经批准设立的保险公司及其分支机构，凭经营保险业务许可证向工商行政管理机关办理登记，领取营业执照。

第七十八条 保险公司及其分支机构自取得经营保险业务许可证之日起六个月内，无正当理由未向工商行政管理机关办理登记的，其经营保险业务许可证失效。

第七十九条 保险公司在中华人民共和国境外设立子公司、分支机构、代表机构，应当经国务院保险监督管理机构批准。

第八十条 外国保险机构在中华人民共和国境内设立代表机构，应当经国务院保险监督管理机构批准。代表机构不得从事保险经营活动。

第八十一条 保险公司的董事、监事和高级管理人员，应当品行良好，熟悉与保险相关的法律、行政法规，具有履行职责所需的经营管理能力，并在任职前取得保险监督管理机构核准的任职资格。

保险公司高级管理人员的范围由国务院保险监督管理机构规定。

第八十二条 有《中华人民共和国公司法》第一百四十七条规定的情形或者下列情形之一的，不得担任保险公司的董事、监事、高级管理人员：

（一）因违法行为或者违纪行为被金融监督管理机构取消任职资格的金融机构的董事、监事、高级管理人员，自被取消任职资格之日起未逾五年的；

（二）因违法行为或者违纪行为被吊销执业资格的律师、注册会计师或者资产评估机构、验证机构等机构的专业人员，自被吊销执业资格之日起未逾五年的。

第八十三条 保险公司的董事、监事、高级管理人员执行公司职务时违反法律、行政法规或者公司章程的规定，给公司造成损失的，应当承担赔偿责任。

第八十四条 保险公司有下列情形之一的，应当经保险监督管理机构批准：

（一）变更名称；

（二）变更注册资本；

（三）变更公司或者分支机构的营业场所；

（四）撤销分支机构；

（五）公司分立或者合并；

（六）修改公司章程；

（七）变更出资额占有限责任公司资本总额百分之五以上的股东，或者变更持有股份有限公司股份百分之五以上的股东；

（八）国务院保险监督管理机构规定的其他情形。

第八十五条 保险公司应当聘用经国务院保险监督管理机构认可的精算专业人员，建立精算报告制度。

保险公司应当聘用专业人员，建立合规报告制度。

第八十六条 保险公司应当按照保险监督管理机构的规定，报送有关报告、报表、文件和资料。

保险公司的偿付能力报告、财务会计报告、精算报告、合规报告及其他有关报告、报表、文件和资料必须如实记录保险业务事项，不得有虚假记载、误导性陈述和重大遗漏。

第八十七条 保险公司应当按照国务院保险监督管理机构的规定妥善保管业务经营活动的完整账簿、原始凭证和有关资料。

前款规定的账簿、原始凭证和有关资料的保管期限，自保险合同终止之日起计算，保险期间在一年以下的不得少于五年，保险期间超过一年的不得少于十年。

第八十八条 保险公司聘请或者解聘会计师事务所、资产评估机构、资信评级机构等中介服务机构，应当向保险监督管理机构报告；解聘会计师事务所、资产评估机构、资信评级机构等中介服务机构，应当说明理由。

第八十九条 保险公司因分立、合并需要解散，或者股东会、股东大会决议解散，或者公司章程规定的解散事由出现，经国务院保险监督管理机构批准后解散。

经营有人寿保险业务的保险公司，除因分立、合并或者被依法撤销外，不得解散。

保险公司解散，应当依法成立清算组进行清算。

第九十条 保险公司有《中华人民共和国企业破产法》第二条规定情形的，经国务院保险监督管理机构同意，保险公司或者其债权人可以依法向人民法院申请重整、和解或者破产清算；国务院保险监督管理机构也可以依法向人民法院申请对该保险公司进行重整或者破产清算。

第九十一条 破产财产在优先清偿破产费用和共益债务后，按照下列顺序清偿：

（一）所欠职工工资和医疗、伤残补助、抚恤费用，所欠应当划入职工个人账户的基本养老保险、基本医疗保险费用，以及法律、行政法规规定应当支付给职工的补偿金；

（二）赔偿或者给付保险金；

（三）保险公司欠缴的除第（一）项规定以外的社会保险费用和所欠税款；

（四）普通破产债权。

破产财产不足以清偿同一顺序的清偿要求的，按照比例分配。

破产保险公司的董事、监事和高级管理人员的工资，按照该公司职工的平均工资计算。

第九十二条 经营有人寿保险业务的保险公司被依法撤销或者被依法宣告破产的，其持有的人寿保险合同及责任准备金，必须转让给其他经营有人寿保险业务的保险公司；不能同其他保险公司达成转让协议的，由国务院保险监督管理机构指定经营有人寿保险业务的保险公司接受转让。

转让或者由国务院保险监督管理机构指定接受转让前款规定的人寿保险合同及责任准备金的，应当维护被保险人、受益人的合法权益。

第九十三条 保险公司依法终止其业务活动，应当注销其经营保险业务许可证。

第九十四条 保险公司，除本法另有规定外，适用《中华人民共和国公司法》的规定。

第四章 保险经营规则

第九十五条 保险公司的业务范围：

（一）人身保险业务，包括人寿保险、健康保险、意外伤害保险等保险业务；

（二）财产保险业务，包括财产损失保险、责任保险、信用保险、保证保险等保险业务；

（三）国务院保险监督管理机构批准的与保险有关的其他业务。

保险人不得兼营人身保险业务和财产保险业务。但是，经营财产保险业务的保险公司经国务院保险监督管理机构批准，可以经营短期健康保险业务和意外伤害保险业务。

保险公司应当在国务院保险监督管理机构依法批准的业务范围内从事保险经营活动。

第九十六条 经国务院保险监督管理机构批准，保险公司可以经营本法第九十五条规定的保险业务的下列再保险业务：

（一）分出保险；

（二）分入保险。

第九十七条 保险公司应当按照其注册资本总额的百分之二十提取保证金，存入国务院保险监督管理机构指定的银行，除公司清算时用于清偿债务外，不得动用。

第九十八条 保险公司应当根据保障被保险人利益、保证偿付能力的原则，提取各项责任准备金。

保险公司提取和结转责任准备金的具体办法，由国务院保险监督管理机构制定。

第九十九条 保险公司应当依法提取公积金。

第一百条 保险公司应当缴纳保险保障基金。

保险保障基金应当集中管理，并在下列情形下统筹使用：

（一）在保险公司被撤销或者被宣告破产时，向投保人、被保险人或者受益人提供救济；

（二）在保险公司被撤销或者被宣告破产时，向依法接受其人寿保险合同的保险公司提供救济；

（三）国务院规定的其他情形。

保险保障基金筹集、管理和使用的具体办法，由国务院制定。

第一百零一条 保险公司应当具有与其业务规模和风险程度相适应的最低偿付能力。保险公司的认可资产减去认可负债的差额不得低于国务院保险监督管理机构规定的数额；低于规定数额的，应当按照国务院保险监督管理机构的要求采取相应措施达到规定的数额。

第一百零二条 经营财产保险业务的保险公司当年自留保险费，不得超过其实有资本金加公积金总和的四倍。

第一百零三条 保险公司对每一危险单位，即对一次保险事故可能造成的最大损失范围所承担的责任，不得超过其实有资本金加公积金总和的百分之十；超过的部分应当办理再保险。

保险公司对危险单位的划分应当符合国务院保险监督管理机构的规定。

第一百零四条 保险公司对危险单位的划分方法和巨灾风险安排方案，应当报国务院保险监督管理机构备案。

第一百零五条 保险公司应当按照国务院保险监督管理机构的规定办理再保险，并审慎选择再保险接受人。

第一百零六条 保险公司的资金运用必须稳健，遵循安全性原则。

保险公司的资金运用限于下列形式：

（一）银行存款；

（二）买卖债券、股票、证券投资基金份额等有价证券；

（三）投资不动产；

（四）国务院规定的其他资金运用形式。

保险公司资金运用的具体管理办法，由国务院保险监督管理机构依照前两款的规定制定。

第一百零七条 经国务院保险监督管理机构会同国务院证券监督管理机构批准，保险公司可以设立保险资产管理公司。

保险资产管理公司从事证券投资活动，应当遵守《中华人民共和国证券法》等法律、行政法规的规定。

保险资产管理公司的管理办法，由国务院保险监督管理机构会同国务院有关部门制定。

第一百零八条 保险公司应当按照国务院保险监督管理机构的规定，建立对关联交易的管理和信息披露制度。

第一百零九条 保险公司的控股股东、实际控制人、董事、监事、高级管理人员不得利用关联交易损害公司的利益。

第一百一十条 保险公司应当按照国务院保险监督管理机构的规定，真实、准确、完整地披露财务会计报告、风险管理状况、保险产品经营情况等重大事项。

第一百一十一条 保险公司从事保险销售的人员应当符合国务院保险监督管理机构规定的资格条件，取得保险监督管理机构颁发的资格证书。

前款规定的保险销售人员的范围和管理办法，由国务院保险监督管理机构规定。

第一百一十二条 保险公司应当建立保险代理人登记管理制度，加强对保险代理人的培训和管理，不得唆使、诱导保险代理人进行违背诚信义务的活动。

第一百一十三条 保险公司及其分支机构应当依法使用经营保险业务许可证，不得转让、出租、出借经营保险业务许可证。

第一百一十四条 保险公司应当按照国务院保险监督管理机构的规定，公平、合理拟订保险条款和保险费率，不得损害投保人、被保险人和受益人的合法权益。

保险公司应当按照合同约定和本法规定，及时履行赔偿或者给付保险金义务。

第一百一十五条 保险公司开展业务，应当遵循公平竞争的原则，不得从事不正当竞争。

第一百一十六条 保险公司及其工作人员在保险业务活动中不得有下列行为：

（一）欺骗投保人、被保险人或者受益人；

（二）对投保人隐瞒与保险合同有关的重要情况；

（三）阻碍投保人履行本法规定的如实告知义务，或者诱导其不履行本法规定的如实告知义务；

（四）给予或者承诺给予投保人、被保险人、受益人保险合同约定以外的保险费回扣或者其他利益；

（五）拒不依法履行保险合同约定的赔偿或者给付保险金义务；

（六）故意编造未曾发生的保险事故、虚构保险合同或者故意夸大已经发生的保险事故的损失程度进行虚假理赔，骗取保险金或者牟取其他不正当利益；

（七）挪用、截留、侵占保险费；

（八）委托未取得合法资格的机构或者个人从事保险销售活动；

（九）利用开展保险业务为其他机构或者个人牟取不正当利益；

（十）利用保险代理人、保险经纪人或者保险评估机构，从事以虚构保险中介业务或者编造退保等方式套取费用等违法活动；

（十一）以捏造、散布虚假事实等方式损害竞争对手的商业信誉，或者以其他不正当竞争行为扰乱保险市场秩序；

（十二）泄露在业务活动中知悉的投保人、被保险人的商业秘密；

（十三）违反法律、行政法规和国务院保险监督管理机构规定的其他行为。

第五章 保险代理人和保险经纪人

第一百一十七条 保险代理人是根据保险人的委托，向保险人收取佣金，并在保险人授权的范围内代为办理保险业务的机构或者个人。

保险代理机构包括专门从事保险代理业务的保险专业代理机构和兼营保险代理业务的保险兼业代理机构。

第一百一十八条 保险经纪人是基于投保人的利益，为投保人与保险人订立保险合同提供中介服务，并依法收取佣金的机构。

第一百一十九条 保险代理机构、保险经纪人应当具备国务院保险监督管理机构规定的条件，取得保险监督管理机构颁发的经营保险代理业务许可证、保险经纪业务许可证。

保险专业代理机构、保险经纪人凭保险监督管理机构颁发的许可证向工商行政管理机关办理登记，领取营业执照。

保险兼业代理机构凭保险监督管理机构颁发的许可证，向工商行政管理机关办理变更登记。

第一百二十条 以公司形式设立保险专业代理机构、保险经纪人，其注册资本最低限额适用《中华人民共和国公司法》的规定。

国务院保险监督管理机构根据保险专业代理机构、保险经纪人的业务范围和经营规模，可以调整其注册资本的最低限额，但不得低于《中华人民共和国公司法》规定的限额。

保险专业代理机构、保险经纪人的注册资本或者出资额必须为实缴货币资本。

第一百二十一条 保险专业代理机构、保险经纪人的高级管理人员，应当品行良好，熟悉保险法律、行政法规，具有履行职责所需的经营管理能力，并在任职前取得保险监督管理机构核准的任职资格。

第一百二十二条 个人保险代理人、保险代理机构的代理从业人员、保险经纪人的经纪从业人员，应当具备国务院保险监督管理机构规定的资格条件，取得保险监督管理机构颁发的资格证书。

第一百二十三条 保险代理机构、保险经纪人应当有自己的经营场所，设立专门账簿记载保险代理业务、经纪业务的收支情况。

第一百二十四条 保险代理机构、保险经纪人应当按照国务院保险监督管理机构的规定缴存保证金或者投保职业责任保险。未经保险监督管理机构批准，保险代理机构、保险经纪人不得动用保证金。

第一百二十五条 个人保险代理人在代为办理人寿保险业务时，不得同时接受两个以上保险人的委托。

第一百二十六条 保险人委托保险代理人代为办理保险业务，应当与保险代理人签订委托代理协议，依法约定双方的权利和义务。

第一百二十七条 保险代理人根据保险人的授权代为办理保险业务的行为，由保险人承担责任。

保险代理人没有代理权、超越代理权或者代理权终止后以保险人名义订立合同，使投保人有理由相信其有代理权的，该代理行为有效。保险人可以依法追究越权的保险代理人的责任。

第一百二十八条 保险经纪人因过错给投保人、被保险人造成损失的，依法承担赔偿责任。

第一百二十九条 保险活动当事人可以委托保险公估机构等依法设立的独立评估机构或者具有相关专业知识的人员，对保险事故进行评估和鉴定。

接受委托对保险事故进行评估和鉴定的机构和人员，应当依法、独立、客观、公正地进行评估和鉴定，任何单位和个人不得干涉。

前款规定的机构和人员，因故意或者过失给保险人或者被保险人造成损失的，依法承担赔偿责任。

第一百三十条 保险佣金只限于向具有合法资格的保险代理人、保险经纪人支付，不得向其他人支付。

第一百三十一条 保险代理人、保险经纪人及其从业人员在办理保险业务活动中不得有下列行为：

（一）欺骗保险人、投保人、被保险人或者受益人；

（二）隐瞒与保险合同有关的重要情况；

（三）阻碍投保人履行本法规定的如实告知义务，或者诱导其不履行本法规定的如实告知义务；

（四）给予或者承诺给予投保人、被保险人或者受益人保险合同约定以外的利益；

（五）利用行政权力、职务或者职业便利以及其他不正当手段强迫、引诱或者限制投保人订立保险合同；

（六）伪造、擅自变更保险合同，或者为保险合同当事人提供虚假证明材料；

（七）挪用、截留、侵占保险费或者保险金；

（八）利用业务便利为其他机构或者个人牟取不正当利益；

（九）串通投保人、被保险人或者受益人，骗取保险金；

（十）泄露在业务活动中知悉的保险人、投保人、被保险人的商业秘密。

第一百三十二条 保险专业代理机构、保险经纪人分立、合并、变更组织形式、设立分支机构或者解散的，应当经保险监督管理机构批准。

第一百三十三条 本法第八十六条第一款、第一百一十三条的规定，适用于保险代理机构和保险经纪人。

第六章 保险业监督管理

第一百三十四条 保险监督管理机构依照本法和国务院规定的职责，遵循依法、公开、公正的原则，对保险业实施监督管理，维护保险市场秩序，保护投保人、被保险人和受益人的合法权益。

第一百三十五条 国务院保险监督管理机构依照法律、行政法规制定并发布有关保险业监督管理的规章。

第一百三十六条 关系社会公众利益的保险险种、依法实行强制保险的险种和新开发的人寿保险险种等的保险条款和保险费率，应当报国务院保险监督管理机构批准。国务院保险监督管理机构审批时，应当遵循保护社会公众利益和防止不正当竞争的原则。其他保险险种的保险条款和保险费率，应当报保险监督管理机构备案。

保险条款和保险费率审批、备案的具体办法，由国务院保险监督管理机构依照前款规定制定。

第一百三十七条 保险公司使用的保险条款和保险费率违反法律、行政法规或者国务院保险监督管理机构的有关规定的，由保险监督管理机构责令停止使用，限期修改；情节严重的，可以在一定期限内禁止申报新的保险条款和保险费率。

第一百三十八条 国务院保险监督管理机构应当建立健全保险公司偿付能力监管体系，对保险公司的偿付能力实施监控。

第一百三十九条 对偿付能力不足的保险公司，国务院保险监督管理机构应当将其列为重点监管对象，并可以根据具体情况采取下列措施：

（一）责令增加资本金、办理再保险；

（二）限制业务范围；

（三）限制向股东分红；

（四）限制固定资产购置或者经营费用规模；

（五）限制资金运用的形式、比例；

（六）限制增设分支机构；

（七）责令拍卖不良资产、转让保险业务；

（八）限制董事、监事、高级管理人员的薪酬水平；

（九）限制商业性广告；

（十）责令停止接受新业务。

第一百四十条 保险公司未依照本法规定提取或者结转各项责任准备金，或者未依照本法规定办理再保险，或者严重违反本法关于资金运用的规定的，由保险监督管理机构责令限期改正，并可以责令调整负责人及有关管理人员。

第一百四十一条 保险监督管理机构依照本法第一百四十条的规定作出限期改正的决定后，保险公司逾期未改正的，国务院保险监督管理机构可以决定选派保险专业人员和指定该保险公司的有关人员组成整顿组，对公司进行整顿。

整顿决定应当载明被整顿公司的名称、整顿理由、整顿组成员和整顿期限，并予以公告。

第一百四十二条 整顿组有权监督被整顿保险公司的日常业务。被整顿公司的负责人及有关管理人员应当在整顿组的监督下行使职权。

第一百四十三条 整顿过程中，被整顿保险公司的原有业务继续进行。但是，国务院保险监督管理机构可以责令被整顿公司停止部分原有业务、停止接受新业务，调整资金运用。

第一百四十四条 被整顿保险公司经整顿已纠正其违反本法规定的行为，恢复正常经营状况的，由整顿组提出报告，经国务院保险监督管理机构批准，结束整顿，并由国务院保险监督管理机构予以公告。

第一百四十五条 保险公司有下列情形之一的，国务院保险监督管理机构可以对其实行接管：

（一）公司的偿付能力严重不足的；

（二）违反本法规定，损害社会公共利益，可能严重危及或者已经严重危及公司的偿付能力的。

被接管的保险公司的债权债务关系不因接管而变化。

第一百四十六条 接管组的组成和接管的实施办法，由国务院保险监督管理机构决定，并予以公告。

第一百四十七条 接管期限届满，国务院保险监督管理机构可以决定延长接管期限，但接管期限最长不得超过二年。

第一百四十八条 接管期限届满，被接管的保险公司已恢复正常经营能力的，由国务院保险监督管理机构决定终止接管，并予以公告。

第一百四十九条 被整顿、被接管的保险公司有《中华人民共和国企业破产法》第二条规定情形的，国务院保险监督管理机构可以依法向人民法院申请对该保险公司进行重整或者破产清算。

第一百五十条 保险公司因违法经营被依法吊销经营保险业务许可证的，或者偿付能力低于国务院保险监督管理机构规定标准，不予撤销将严重危害保险市场秩序、损害公共利益的，由国务院保险监督管理机构予以撤销并公告，依法及时组织清算组进行清算。

第一百五十一条 国务院保险监督管理机构有权要求保险公司股东、实际控制人在指定的期限内提供有关信息和资料。

第一百五十二条 保险公司的股东利用关联交易严重损害公司利益，危及公司偿付能力的，由国务院保险监督管理机构责令改正。在按照要求改正前，国务院保险监督管理机构可以限制其股东权利；拒不改正的，可以责令其转让所持的保险公司股权。

第一百五十三条 保险监督管理机构根据履行监督管理职责的需要，可以与保险公司董事、监事和高级管理人员进行监督管理谈话，要求其就公司的业务活动和风险管理的重大事项作出说明。

第一百五十四条 保险公司在整顿、接管、撤销清算期间，或者出现重大风险时，国务院保险监督管理机构可以对该公司直接负责的董事、监事、高级管理人员和其他直接责任人员采取以下措施：

（一）通知出境管理机关依法阻止其出境；

（二）申请司法机关禁止其转移、转让或者以其他方式处分财产，或者在财产上设定其他权利。

第一百五十五条 保险监督管理机构依法履行职责，可以采取下列措施：

（一）对保险公司、保险代理人、保险经纪人、保险资产管理公司、外国保险机构的代表机构进行现场检查；

（二）进入涉嫌违法行为发生场所调查取证；

（三）询问当事人及与被调查事件有关的单位和个人，要求其对与被调查事件有关的事项作出说明；

（四）查阅、复制与被调查事件有关的财产权登记等资料；

（五）查阅、复制保险公司、保险代理人、保险经纪人、保险资产管理公司、外国保险机构的代表机构以及与被调查事件有关的单位和个人的财务会计资料及其他相关文件和资料；对可能被转移、隐匿或者毁损的文件和资料予以封存；

（六）查询涉嫌违法经营的保险公司、保险代理人、保险经纪人、保险资产管理公司、外国保险机构的代表机构以及与涉嫌违法事项有关的单位和个人的银行账户；

（七）对有证据证明已经或者可能转移、隐匿违法资金等涉案财产或者隐匿、伪造、毁损重要证据的，经保险监督管理机构主要负责人批准，申请人民法院予以冻结或者查封。

保险监督管理机构采取前款第（一）项、第（二）项、第（五）项措施的，应当经保险监督管理机构负责人批准；采取第（六）项措施的，应当经国务院保险监督管理机构负责人批准。

保险监督管理机构依法进行监督检查或者调查，其监督检查、调查的人员不得少于二人，并应当出示合法证件和监督检查、调查通知书；监督检查、调查的人员少于二人或者未出示合法证件和监督检查、调查通知书的，被检查、调查的单位和个人有权拒绝。

第一百五十六条 保险监督管理机构依法履行职责，被检查、调查的单位和个人应当配合。

第一百五十七条 保险监督管理机构工作人员应当忠于职守，依法办事，公正廉洁，不得利用职务便利牟取不正当利益，不得泄露所知悉的有关单位和个人的商业秘密。

第一百五十八条 国务院保险监督管理机构应当与中国人民银行、国务院其他金融监督管理机构建立监督管理信息共享机制。

保险监督管理机构依法履行职责，进行监督检查、调查时，有关部门应当予以配合。

第七章 法律责任

第一百五十九条 违反本法规定，擅自设立保险公司、保险资产管理公司或者非法经营商业保险业务的，由保险监督管理机构予以取缔，没收违法所得，并处违法所得一倍以上五倍以下的罚款；没有违法所得或者违法所得不足二十万元的，处二十万元以上一百万元以下的罚款。

第一百六十条 违反本法规定，擅自设立保险专业代理机构、保险经纪人，或者未取得经营保险代理业务许可证、保险经纪业务许可证从事保险代理业务、保险经纪业务的，由保险监督管理机构予以取缔，没收违法所得，并处违法所得一倍以上五倍以下的罚款；没有违法所得或者违法所得不足五万元的，处五万元以上三十万元以下的罚款。

第一百六十一条 保险公司违反本法规定，超出批准的业务范围经营的，由保险监督管理机构责令限期改正，没收违法所得，并处违法所得一倍以上五倍以下的罚款；没有违法所得或者违法所得不足十万元的，处十万元以上五十万元以下的罚款。逾期不改正或者造成严重后果的，责令停业整顿或者吊销业务许可证。

第一百六十二条 保险公司有本法第一百一十六条规定行为之一的，由保险监督管理机构责令改正，处五万元以上三十万元以下的罚款；情节严重的，限制其业务范围、责令停止接受新业务或者吊销业务许可证。

第一百六十三条 保险公司违反本法第八十四条规定的，由保险监督管理机构责令改正，处一万元以上十万元以下的罚款。

第一百六十四条 保险公司违反本法规定，有下列行为之一的，由保险监督管理机构责令改正，处五万元以上三十万元以下的罚款：

（一）超额承保，情节严重的；

（二）为无民事行为能力人承保以死亡为给付保险金条件的保险的。

第一百六十五条 违反本法规定，有下列行为之一的，由保险监督管理机构责令改正，处五万元以上三十万元以下的罚款；情节严重的，可以限制其业务范围、责令停止接受新业务或者吊销业务许可证：

（一）未按照规定提存保证金或者违反规定动用保证金的；

（二）未按照规定提取或者结转各项责任准备金的；

（三）未按照规定缴纳保险保障基金或者提取公积金的；

（四）未按照规定办理再保险的；

（五）未按照规定运用保险公司资金的；

（六）未经批准设立分支机构或者代表机构的；

（七）未按照规定申请批准保险条款、保险费率的。

第一百六十六条 保险代理机构、保险经纪人有本法第一百三十一条规定行为之一的，由保险监督管理机构责令改正，处五万元以上三十万元以下的罚款；情节严重的，吊销业务许可证。

第一百六十七条 保险代理机构、保险经纪人违反本法规定，有下列行为之一的，由保险监督管理机构责令改正，处二万元以上十万元以下的罚款；情节严重的，责令停业整顿或者吊销业务许可证：

（一）未按照规定缴存保证金或者投保职业责任保险的；

（二）未按照规定设立专门账簿记载业务收支情况的。

第一百六十八条 保险专业代理机构、保险经纪人违反本法规定，未经批准设立分支机构或者变更组织形式的，由保险监督管理机构责令改正，处一万元以上五万元以下的罚款。

第一百六十九条 违反本法规定，聘任不具有任职资格、从业资格的人员的，由保险监督管理机构责令改正，处二万元以上十万元以下的罚款。

第一百七十条 违反本法规定，转让、出租、出借业务许可证的，由保险监督管理机构处一万元以上十万元以下的罚款；情节严重的，责令停业整顿或者吊销业务许可证。

第一百七十一条 违反本法规定，有下列行为之一的，由保险监督管理机构责令限期改正；逾期不改正的，处一万元以上十万元以下的罚款：

（一）未按照规定报送或者保管报告、报表、文件、资料的，或者未按照规定提供有关信息、资料的；

（二）未按照规定报送保险条款、保险费率备案的；

（三）未按照规定披露信息的。

第一百七十二条 违反本法规定，有下列行为之一的，由保险监督管理机构责令改正，处十万元以上五十万元以下的罚款；情节严重的，可以限制其业务范围、责令停止接受新业务或者吊销业务许可证：

（一）编制或者提供虚假的报告、报表、文件、资料的；

（二）拒绝或者妨碍依法监督检查的；

（三）未按照规定使用经批准或者备案的保险条款、保险费率的。

第一百七十三条 保险公司、保险资产管理公司、保险专业代理机构、保险经纪人违反本法规定的，保险监督管理机构除分别依照本法第一百六十一条至第一百七十二条的规定对该单位给予处罚外，对其直接负责的主管人员和其他直接责任人员给予警告，并处一万元以上十万元以下的罚款；情节严重的，撤销任职资格或者从业资格。

第一百七十四条 个人保险代理人违反本法规定的，由保险监督管理机构给予警告，可以并处二万元以下的罚款；情节严重的，处二万元以上十万元以下的罚款，并可以吊销其资格证书。

未取得合法资格的人员从事个人保险代理活动的，由保险监督管理机构给予警告，可以并处二万元以下的罚款；情节严重的，处二万元以上十万元以下的罚款。

第一百七十五条 外国保险机构未经国务院保险监督管理机构批准，擅自在中华人民共和国境内设立代表机构的，由国务院保险监督管理机构予以取缔，处五万元以上三十万元以下的罚款。

外国保险机构在中华人民共和国境内设立的代表机构从事保险经营活动的，由保险监督管理机构责令改正，没收违法所得，并处违法所得一倍以上五倍以下的罚款；没有违法所得或者违法所得不足二十万元的，处二十万元以上一百万元以下的罚款；对其首席代表可以责令撤换；情节严重的，撤销其代表机构。

第一百七十六条 投保人、被保险人或者受益人有下列行为之一，进行保险诈骗活动，尚不构成犯罪的，依法给予行政处罚：

（一）投保人故意虚构保险标的，骗取保险金的；

（二）编造未曾发生的保险事故，或者编造虚假的事故原因或者夸大损失程度，骗取保险金的；

（三）故意造成保险事故，骗取保险金的。

保险事故的鉴定人、评估人、证明人故意提供虚假的证明文件，为投保人、被保险人或者受益人进行保险诈骗提供条件的，依照前款规定给予处罚。

第一百七十七条 违反本法规定，给他人造成损害的，依法承担民事责任。

第一百七十八条 拒绝、阻碍保险监督管理机构及其工作人员依法行使监督检查、调查职权，未使用暴力、威胁方法的，依法给予治安管理处罚。

第一百七十九条 违反法律、行政法规的规定，情节严重的，国务院保险监督管理机构可以禁止有关责任人员一定期限直至终身进入保险业。

第一百八十条 保险监督管理机构从事监督管理工作的人员有下列情形之一的,依法给予处分:

(一)违反规定批准机构的设立的;

(二)违反规定进行保险条款、保险费率审批的;

(三)违反规定进行现场检查的;

(四)违反规定查询账户或者冻结资金的;

(五)泄露其知悉的有关单位和个人的商业秘密的;

(六)违反规定实施行政处罚的;

(七)滥用职权、玩忽职守的其他行为。

第一百八十一条 违反本法规定,构成犯罪的,依法追究刑事责任。

第八章 附　　则

第一百八十二条 保险公司应当加入保险行业协会。保险代理人、保险经纪人、保险公估机构可以加入保险行业协会。

保险行业协会是保险业的自律性组织,是社会团体法人。

第一百八十三条 保险公司以外的其他依法设立的保险组织经营的商业保险业务,适用本法。

第一百八十四条 海上保险适用《中华人民共和国海商法》的有关规定;《中华人民共和国海商法》未规定的,适用本法的有关规定。

第一百八十五条 中外合资保险公司、外资独资保险公司、外国保险公司分公司适用本法规定;法律、行政法规另有规定的,适用其规定。

第一百八十六条 国家支持发展为农业生产服务的保险事业。农业保险由法律、行政法规另行规定。

强制保险,法律、行政法规另有规定的,适用其规定。

第一百八十七条 本法自 2009 年 10 月 1 日起施行。

第二篇　行政法规篇

缺陷汽车产品召回管理条例

2012年10月10日国务院第219次常务会议通过 2012年10月22日
中华人民共和国国务院令第626号公布 自2013年1月1日起施行

第一条 为了规范缺陷汽车产品召回,加强监督管理,保障人身、财产安全,制定本条例。

第二条 在中国境内生产、销售的汽车和汽车挂车(以下统称汽车产品)的召回及其监督管理,适用本条例。

第三条 本条例所称缺陷,是指由于设计、制造、标识等原因导致的在同一批次、型号或者类别的汽车产品中普遍存在的不符合保障人身、财产安全的国家标准、行业标准的情形或者其他危及人身、财产安全的不合理的危险。

本条例所称召回,是指汽车产品生产者对其已售出的汽车产品采取措施消除缺陷的活动。

第四条 国务院产品质量监督部门负责全国缺陷汽车产品召回的监督管理工作。

国务院有关部门在各自职责范围内负责缺陷汽车产品召回的相关监督管理工作。

第五条 国务院产品质量监督部门根据工作需要,可以委托省、自治区、直辖市人民政府产品质量监督部门、进出口商品检验机构负责缺陷汽车产品召回监督管理的部分工作。

国务院产品质量监督部门缺陷产品召回技术机构按照国务院产品质量监督部门的规定,承担缺陷汽车产品召回的具体技术工作。

第六条 任何单位和个人有权向产品质量监督部门投诉汽车产品可能存在的缺陷,国务院产品质量监督部门应当以便于公众知晓的方式向社会公布受理投诉的电话、电子邮箱和通信地址。

国务院产品质量监督部门应当建立缺陷汽车产品召回信息管理系统,收集汇总、分析处理有关缺陷汽车产品信息。

产品质量监督部门、汽车产品主管部门、商务主管部门、海关、公安机关交通管理部门、交通运输主管部门、工商行政管理部门等有关部门应当建立汽车产品的生产、销售、进口、登记检验、维修、消费者投诉、召回等信息的共享机制。

第七条 产品质量监督部门和有关部门、机构及其工作人员对履行本条例规定职责所知悉的商业秘密和个人信息,不得泄露。

第八条 对缺陷汽车产品,生产者应当依照本条例全部召回;生产者未实施召回的,国务院产品质量监督部门应当依照本条例责令其召回。

本条例所称生产者,是指在中国境内依法设立的生产汽车产品并以其名义颁发产品合格证的企业。

从中国境外进口汽车产品到境内销售的企业,视为前款所称的生产者。

第九条 生产者应当建立并保存汽车产品设计、制造、标识、检验等方面的信息记录以及汽车产品初次销售的车主信息记录,保存期不得少于10年。

第十条 生产者应当将下列信息报国务院产品质量监督部门备案:

(一)生产者基本信息;

(二)汽车产品技术参数和汽车产品初次销售的车主信息;

(三)因汽车产品存在危及人身、财产安全的故障而发生修理、更换、退货的信息;

(四)汽车产品在中国境外实施召回的信息;

(五)国务院产品质量监督部门要求备案的其他信息。

第十一条 销售、租赁、维修汽车产品的经营者(以下统称经营者)应当按照国务院产品质量监督部门的规定建立并保存汽车产品相关信息记录,保存期不得少于5年。

经营者获知汽车产品存在缺陷的,应当立即停止销售、租赁、使用缺陷汽车产品,并协助生产者实施召回。

经营者应当向国务院产品质量监督部门报告和向生产者通报所获知的汽车产品可能存在缺陷的相关信息。

第十二条 生产者获知汽车产品可能存在缺陷的,应当立即组织调查分析,并如实向国务院产品质量监督部门报告调查分析结果。

生产者确认汽车产品存在缺陷的,应当立即停止生产、销售、进口缺陷汽车产品,并实施召回。

第十三条 国务院产品质量监督部门获知汽车产品可能存在缺陷的,应当立即通知生产者开展调查分析;生产者未按照通知开展调查分析的,国务院产品质量监督部门应当开展缺陷调查。

国务院产品质量监督部门认为汽车产品可能存在会造成严重后果的缺陷的,可以直接开展缺陷调查。

第十四条 国务院产品质量监督部门开展缺陷调查,可以进入生产者、经营者的生产经营场所进行现场调查,查阅、复制相关资料和记录,向相关单位和个人了解汽车产品可能存在缺陷的情况。

生产者应当配合缺陷调查,提供调查需要的有关资料、产品和专用设备。经营者应当配合缺陷调查,提供调查需要的有关资料。

国务院产品质量监督部门不得将生产者、经营者提供的资料、产品和专用设备用于缺陷调查所需的技术检测和鉴定以外的用途。

第十五条 国务院产品质量监督部门调查认为汽车产品存在缺陷的,应当通知生产者实施召回。

生产者认为其汽车产品不存在缺陷的,可以自收到通知之日起15个工作日内向国务院产品质量监督部门提出异议,并提供证明材料。国务院产品质量监督部门应当组织与生产者无利害关系的专家对证明材料进行论证,必要时对汽车产品进行技术检测或者鉴定。

生产者既不按照通知实施召回又不在本条第二款规定期限内提出异议的,或者经国务院产品质量监督部门依照本条第二款规定组织论证、技术检测、鉴定确认汽车产品存在缺陷的,国务院产品质量监督部门应当责令生产者实施召回;生产者应当立即停止生产、销售、进口缺陷汽车产品,并实施召回。

第十六条 生产者实施召回,应当按照国务院产品质量监督部门的规定制定召回计划,并报国务院产品质量监督部门备案。修改已备案的召回计划应当重新备案。

生产者应当按照召回计划实施召回。

第十七条 生产者应当将报国务院产品质量监督部门备案的召回计划同时通报销售者,销售者应当停止销售缺陷汽车产品。

第十八条 生产者实施召回,应当以便于公众知晓的方式发布信息,告知车主汽车产品存在的缺陷、避免损害发生的应急处置方法和生产者消除缺陷的措施等事项。

国务院产品质量监督部门应当及时向社会公布已经确认的缺陷汽车产品信息以及生产者实施召回的相关信息。

车主应当配合生产者实施召回。

第十九条 对实施召回的缺陷汽车产品,生产者应当及时采取修正或者补充标识、修理、更换、退货等措施消除缺陷。

生产者应当承担消除缺陷的费用和必要的运送缺陷汽车产品的费用。

第二十条 生产者应当按照国务院产品质量监督部门的规定提交召回阶段性报告和召回总结报告。

第二十一条 国务院产品质量监督部门应当对召回实施情况进行监督,并组织与生产者无利害关系的专家对生产者消除缺陷的效果进行评估。

第二十二条 生产者违反本条例规定,有下列情形之一的,由产品质量监督部门责令改正;拒不改正的,处5万元以上20万元以下的罚款:

(一)未按照规定保存有关汽车产品、车主的信息记录;

(二)未按照规定备案有关信息、召回计划;

(三)未按照规定提交有关召回报告。

第二十三条 违反本条例规定,有下列情形之一的,由产品质量监督部门责令改正;拒不改正的,处50万元以上100万元以下的罚款;有违法所得的,并处没收违法所得;情节严重的,由许可机关吊销有关许可:

(一)生产者、经营者不配合产品质量监督部门缺陷调查;

(二)生产者未按照已备案的召回计划实施召回;

(三)生产者未将召回计划通报销售者。

第二十四条 生产者违反本条例规定,有下列情形之一的,由产品质量监督部门责令改正,处缺陷汽车产品货值金额1%以上10%以下的罚款;有违法所得的,并处没收违法所得;情节严重的,由许可机关吊销有关许可:

（一）未停止生产、销售或者进口缺陷汽车产品；

（二）隐瞒缺陷情况；

（三）经责令召回拒不召回。

第二十五条　违反本条例规定，从事缺陷汽车产品召回监督管理工作的人员有下列行为之一的，依法给予处分：

（一）将生产者、经营者提供的资料、产品和专用设备用于缺陷调查所需的技术检测和鉴定以外的用途；

（二）泄露当事人商业秘密或者个人信息；

（三）其他玩忽职守、徇私舞弊、滥用职权行为。

第二十六条　违反本条例规定，构成犯罪的，依法追究刑事责任。

第二十七条　汽车产品出厂时未随车装备的轮胎存在缺陷的，由轮胎的生产者负责召回。具体办法由国务院产品质量监督部门参照本条例制定。

第二十八条　生产者依照本条例召回缺陷汽车产品，不免除其依法应当承担的责任。

汽车产品存在本条例规定的缺陷以外的质量问题的，车主有权依照产品质量法、消费者权益保护法等法律、行政法规和国家有关规定以及合同约定，要求生产者、销售者承担修理、更换、退货、赔偿损失等相应的法律责任。

第二十九条　本条例自2013年1月1日起施行。

中华人民共和国车船税法实施条例

2011年11月23日国务院第182次常务会议通过　2011年12月5日
中华人民共和国国务院令第611号公布　自2012年1月1日起施行

第一条　根据《中华人民共和国车船税法》（以下简称车船税法）的规定，制定本条例。

第二条　车船税法第一条所称车辆、船舶，是指：

（一）依法应当在车船登记管理部门登记的机动车辆和船舶；

（二）依法不需要在车船登记管理部门登记的在单位内部场所行驶或者作业的机动车辆和船舶。

第三条　省、自治区、直辖市人民政府根据车船税法所附《车船税税目税额表》确定车辆具体适用税额，应当遵循以下原则：

（一）乘用车依排气量从小到大递增税额；

（二）客车按照核定载客人数20人以下和20人（含）以上两档划分，递增税额。

省、自治区、直辖市人民政府确定的车辆具体适用税额，应当报国务院备案。

第四条　机动船舶具体适用税额为：

（一）净吨位不超过200吨的，每吨3元；

（二）净吨位超过200吨但不超过2000吨的，每吨4元；

（三）净吨位超过2000吨但不超过10000吨的，每吨5元；

（四）净吨位超过10000吨的，每吨6元。

拖船按照发动机功率每1千瓦折合净吨位0.67吨计算征收车船税。

第五条　游艇具体适用税额为：

（一）艇身长度不超过10米的，每米600元；

（二）艇身长度超过10米但不超过18米的，每米900元；

（三）艇身长度超过18米但不超过30米的，每米1300元；

（四）艇身长度超过30米的，每米2000元；

（五）辅助动力帆艇，每米600元。

第六条　车船税法和本条例所涉及的排气量、整备质量、核定载客人数、净吨位、千瓦、艇身长度，以车船登记管理部门核发的车船登记证书或者行驶证所载数据为准。

依法不需要办理登记的车船和依法应当登记而未办理登记或者不能提供车船登记证书、行驶证的车船，以车船出厂合格证明或者进口凭证标注的技术参数、数据为准；不能提供车船出厂合格证明或者进口凭证的,由主管税务机关参照国家相关标准核定,没有国家相关标准的参照同类车船核定。

第七条 车船税法第三条第一项所称的捕捞、养殖渔船,是指在渔业船舶登记管理部门登记为捕捞船或者养殖船的船舶。

第八条 车船税法第三条第二项所称的军队、武装警察部队专用的车船,是指按照规定在军队、武装警察部队车船登记管理部门登记,并领取军队、武警牌照的车船。

第九条 车船税法第三条第三项所称的警用车船,是指公安机关、国家安全机关、监狱、劳动教养管理机关和人民法院、人民检察院领取警用牌照的车辆和执行警务的专用船舶。

第十条 节约能源、使用新能源的车船可以免征或者减半征收车船税。免征或者减半征收车船税的车船的范围,由国务院财政、税务主管部门商国务院有关部门制订,报国务院批准。

对受地震、洪涝等严重自然灾害影响纳税困难以及其他特殊原因确需减免税的车船,可以在一定期限内减征或者免征车船税。具体减免期限和数额由省、自治区、直辖市人民政府确定,报国务院备案。

第十一条 车船税由地方税务机关负责征收。

第十二条 机动车车船税扣缴义务人在代收车船税时,应当在机动车交通事故责任强制保险的保险单以及保费发票上注明已收税款的信息,作为代收税款凭证。

第十三条 已完税或者依法减免税的车辆,纳税人应当向扣缴义务人提供登记地的主管税务机关出具的完税凭证或者减免税证明。

第十四条 纳税人没有按照规定期限缴纳车船税的,扣缴义务人在代收代缴税款时,可以一并代收代缴欠缴税款的滞纳金。

第十五条 扣缴义务人已代收代缴车船税的,纳税人不再向车辆登记地的主管税务机关申报缴纳车船税。

没有扣缴义务人的,纳税人应当向主管税务机关自行申报缴纳车船税。

第十六条 纳税人缴纳车船税时,应当提供反映排气量、整备质量、核定载客人数、净吨位、千瓦、艇身长度等与纳税相关信息的相应凭证以及税务机关根据实际需要要求提供的其他资料。

纳税人以前年度已经提供前款所列资料信息的,可以不再提供。

第十七条 车辆车船税的纳税人按照纳税地点所在的省、自治区、直辖市人民政府确定的具体适用税额缴纳车船税。

第十八条 扣缴义务人应当及时解缴代收代缴的税款和滞纳金,并向主管税务机关申报。扣缴义务人向税务机关解缴税款和滞纳金时,应当同时报送明细的税款和滞纳金扣缴报告。扣缴义务人解缴税款和滞纳金的具体期限,由省、自治区、直辖市地方税务机关依照法律、行政法规的规定确定。

第十九条 购置的新车船,购置当年的应纳税额自纳税义务发生的当月起按月计算。应纳税额为年应纳税额除以12再乘以应纳税月份数。

在一个纳税年度内,已完税的车船被盗抢、报废、灭失的,纳税人可以凭有关管理机关出具的证明和完税凭证,向纳税所在地的主管税务机关申请退还自被盗抢、报废、灭失月份起至该纳税年度终了期间的税款。

已办理退税的被盗抢车船失而复得的,纳税人应当从公安机关出具相关证明的当月起计算缴纳车船税。

第二十条 已缴纳车船税的车船在同一纳税年度内办理转让过户的,不另纳税,也不退税。

第二十一条 车船税法第八条所称取得车船所有权或者管理权的当月,应当以购买车船的发票或者其他证明文件所载日期的当月为准。

第二十二条 税务机关可以在车船登记管理部门、车船检验机构的办公场所集中办理车船税征收事宜。

公安机关交通管理部门在办理车辆相关登记和定期检验手续时,经核查,对没有提供依法纳税或者免税证明的,不予办理相关手续。

第二十三条 车船税按年申报,分月计算,一次性缴纳。纳税年度为公历1月1日至12月31日。

第二十四条 临时入境的外国车船和香港特别行政区、澳门特别行政区、台湾地区的车船,不征收车船税。

第二十五条 按照规定缴纳船舶吨税的机动船舶,自车船税法实施之日起5年内免征车船税。

依法不需要在车船登记管理部门登记的机场、港口、铁路站场内部行驶或者作业的车船,自车船税法实施之日起5年内免征车船税。

第二十六条 车船税法所附《车船税税目税额表》中车辆、船舶的含义如下:

乘用车，是指在设计和技术特性上主要用于载运乘客及随身行李，核定载客人数包括驾驶员在内不超过9人的汽车。

商用车，是指除乘用车外，在设计和技术特性上用于载运乘客、货物的汽车，划分为客车和货车。

半挂牵引车，是指装备有特殊装置用于牵引半挂车的商用车。

三轮汽车，是指最高设计车速不超过每小时50公里，具有三个车轮的货车。

低速载货汽车，是指以柴油机为动力，最高设计车速不超过每小时70公里，具有四个车轮的货车。

挂车，是指就其设计和技术特性需由汽车或者拖拉机牵引，才能正常使用的一种无动力的道路车辆。

专用作业车，是指在其设计和技术特性上用于特殊工作的车辆。

轮式专用机械车，是指有特殊结构和专门功能，装有橡胶车轮可以自行行驶，最高设计车速大于每小时20公里的轮式工程机械车。

摩托车，是指无论采用何种驱动方式，最高设计车速大于每小时50公里，或者使用内燃机，其排量大于50毫升的两轮或者三轮车辆。

船舶，是指各类机动、非机动船舶以及其他水上移动装置，但是船舶上装备的救生艇筏和长度小于5米的艇筏除外。其中，机动船舶是指用机器推进的船舶；拖船是指专门用于拖（推）动运输船舶的专业作业船舶；非机动驳船，是指在船舶登记管理部门登记为驳船的非机动船舶；游艇是指具备内置机械推进动力装置，长度在90米以下，主要用于游览观光、休闲娱乐、水上体育运动等活动，并应当具有船舶检验证书和适航证书的船舶。

第二十七条 本条例自2012年1月1日起施行。

机动车交通事故责任强制保险条例

2006年3月21日中华人民共和国国务院令第462号公布 根据2013年3月30日《国务院关于修改〈机动车交通事故责任强制保险条例〉的决定》第一次修订 根据2012年12月17日《国务院关于修改〈机动车交通事故责任强制保险条例〉的决定》第二次修订

第一章 总 则

第一条 为了保障机动车道路交通事故受害人依法得到赔偿，促进道路交通安全，根据《中华人民共和国道路交通安全法》、《中华人民共和国保险法》，制定本条例。

第二条 在中华人民共和国境内道路上行驶的机动车的所有人或者管理人，应当依照《中华人民共和国道路交通安全法》的规定投保机动车交通事故责任强制保险。

机动车交通事故责任强制保险的投保、赔偿和监督管理，适用本条例。

第三条 本条例所称机动车交通事故责任强制保险，是指由保险公司对被保险机动车发生道路交通事故造成本车人员、被保险人以外的受害人的人身伤亡、财产损失，在责任限额内予以赔偿的强制性责任保险。

第四条 国务院保险监督管理机构（以下称保监会）依法对保险公司的机动车交通事故责任强制保险业务实施监督管理。

公安机关交通管理部门、农业（农业机械）主管部门（以下统称机动车管理部门）应当依法对机动车参加机动车交通事故责任强制保险的情况实施监督检查。对未参加机动车交通事故责任强制保险的机动车，机动车管理部门不得予以登记，机动车安全技术检验机构不得予以检验。

公安机关交通管理部门及其交通警察在调查处理道路交通安全违法行为和道路交通事故时，应当依法检查机动车交通事故责任强制保险的保险标志。

第二章 投 保

第五条 保险公司经保监会批准，可以从事机动车交通事故责任强制保险业务。

为了保证机动车交通事故责任强制保险制度的实行，保监会有权要求保险公司从事机动车交通事故责任强制保险业务。

未经保监会批准，任何单位或者个人不得从事机动车交通事故责任强制保险业务。

第六条 机动车交通事故责任强制保险实行统一的保险条款和基础保险费率。保监会按照机动车交通事故责任强制保险业务总体上不盈利不亏损的原则审批保险费率。

保监会在审批保险费率时,可以聘请有关专业机构进行评估,可以举行听证会听取公众意见。

第七条 保险公司的机动车交通事故责任强制保险业务,应当与其他保险业务分开管理,单独核算。

保监会应当每年对保险公司的机动车交通事故责任强制保险业务情况进行核查,并向社会公布;根据保险公司机动车交通事故责任强制保险业务的总体盈利或者亏损情况,可以要求或者允许保险公司相应调整保险费率。

调整保险费率的幅度较大的,保监会应当进行听证。

第八条 被保险机动车没有发生道路交通安全违法行为和道路交通事故的,保险公司应当在下一年度降低其保险费率。在此后的年度内,被保险机动车仍然没有发生道路交通安全违法行为和道路交通事故的,保险公司应当继续降低其保险费率,直至最低标准。被保险机动车发生道路交通安全违法行为或者道路交通事故的,保险公司应当在下一年度提高其保险费率。多次发生道路交通安全违法行为、道路交通事故,或者发生重大道路交通事故的,保险公司应当加大提高其保险费率的幅度。在道路交通事故中被保险人没有过错的,不提高其保险费率。降低或者提高保险费率的标准,由保监会会同国务院公安部门制定。

第九条 保监会、国务院公安部门、国务院农业主管部门以及其他有关部门应当逐步建立有关机动车交通事故责任强制保险、道路交通安全违法行为和道路交通事故的信息共享机制。

第十条 投保人在投保时应当选择具备从事机动车交通事故责任强制保险业务资格的保险公司,被选择的保险公司不得拒绝或者拖延承保。

保监会应当将具备从事机动车交通事故责任强制保险业务资格的保险公司向社会公示。

第十一条 投保人投保时,应当向保险公司如实告知重要事项。

重要事项包括机动车的种类、厂牌型号、识别代码、牌照号码、使用性质和机动车所有人或者管理人的姓名(名称)、性别、年龄、住所、身份证或者驾驶证号码(组织机构代码)、续保前该机动车发生事故的情况以及保监会规定的其他事项。

第十二条 签订机动车交通事故责任强制保险合同时,投保人应当一次支付全部保险费;保险公司应当向投保人签发保险单、保险标志。保险单、保险标志应当注明保险单号码、车牌号码、保险期限、保险公司的名称、地址和理赔电话号码。

被保险人应当在被保险机动车上放置保险标志。

保险标志式样全国统一。保险单、保险标志由保监会监制。任何单位或者个人不得伪造、变造或者使用伪造、变造的保险单、保险标志。

第十三条 签订机动车交通事故责任强制保险合同时,投保人不得在保险条款和保险费率之外,向保险公司提出附加其他条件的要求。

签订机动车交通事故责任强制保险合同时,保险公司不得强制投保人订立商业保险合同以及提出附加其他条件的要求。

第十四条 保险公司不得解除机动车交通事故责任强制保险合同;但是,投保人对重要事项未履行如实告知义务的除外。

投保人对重要事项未履行如实告知义务,保险公司解除合同前,应当书面通知投保人,投保人应当自收到通知之日起5日内履行如实告知义务;投保人在上述期限内履行如实告知义务的,保险公司不得解除合同。

第十五条 保险公司解除机动车交通事故责任强制保险合同的,应当收回保险单和保险标志,并书面通知机动车管理部门。

第十六条 投保人不得解除机动车交通事故责任强制保险合同,但有下列情形之一的除外:

(一)被保险机动车被依法注销登记的;

(二)被保险机动车办理停驶的;

(三)被保险机动车经公安机关证实丢失的。

第十七条 机动车交通事故责任强制保险合同解除前,保险公司应当按照合同承担保险责任。

合同解除时,保险公司可以收取自保险责任开始之日起至合同解除之日止的保险费,剩余部分的保险费退还投保人。

第十八条 被保险机动车所有权转移的,应当办理机动车交通事故责任强制保险合同变更手续。

第十九条 机动车交通事故责任强制保险合同期满,投保人应当及时续保,并提供上一年度的保险单。

第二十条 机动车交通事故责任强制保险的保险期间为 1 年,但有下列情形之一的,投保人可以投保短期机动车交通事故责任强制保险:

(一)境外机动车临时入境的;

(二)机动车临时上道路行驶的;

(三)机动车距规定的报废期限不足 1 年的;

(四)保监会规定的其他情形。

第三章 赔 偿

第二十一条 被保险机动车发生道路交通事故造成本车人员、被保险人以外的受害人人身伤亡、财产损失的,由保险公司依法在机动车交通事故责任强制保险责任限额范围内予以赔偿。

道路交通事故的损失是由受害人故意造成的,保险公司不予赔偿。

第二十二条 有下列情形之一的,保险公司在机动车交通事故责任强制保险责任限额范围内垫付抢救费用,并有权向致害人追偿:

(一)驾驶人未取得驾驶资格或者醉酒的;

(二)被保险机动车被盗抢期间肇事的;

(三)被保险人故意制造道路交通事故的。

有前款所列情形之一,发生道路交通事故的,造成受害人的财产损失,保险公司不承担赔偿责任。

第二十三条 机动车交通事故责任强制保险在全国范围内实行统一的责任限额。责任限额分为死亡伤残赔偿限额、医疗费用赔偿限额、财产损失赔偿限额以及被保险人在道路交通事故中无责任的赔偿限额。

机动车交通事故责任强制保险责任限额由保监会会同国务院公安部门、国务院卫生主管部门、国务院农业主管部门规定。

第二十四条 国家设立道路交通事故社会救助基金(以下简称救助基金)。有下列情形之一时,道路交通事故中受害人人身伤亡的丧葬费用、部分或者全部抢救费用,由救助基金先行垫付,救助基金管理机构有权向道路交通事故责任人追偿:

(一)抢救费用超过机动车交通事故责任强制保险责任限额的;

(二)肇事机动车未参加机动车交通事故责任强制保险的;

(三)机动车肇事后逃逸的。

第二十五条 救助基金的来源包括:

(一)按照机动车交通事故责任强制保险的保险费的一定比例提取的资金;

(二)对未按照规定投保机动车交通事故责任强制保险的机动车的所有人、管理人的罚款;

(三)救助基金管理机构依法向道路交通事故责任人追偿的资金;

(四)救助基金孳息;

(五)其他资金。

第二十六条 救助基金的具体管理办法,由国务院财政部门会同保监会、国务院公安部门、国务院卫生主管部门、国务院农业主管部门制定试行。

第二十七条 被保险机动车发生道路交通事故,被保险人或者受害人通知保险公司的,保险公司应当立即给予答复,告知被保险人或者受害人具体的赔偿程序等有关事项。

第二十八条 被保险机动车发生道路交通事故的,由被保险人向保险公司申请赔偿保险金。保险公司应当自收到赔偿申请之日起 1 日内,书面告知被保险人需要向保险公司提供的与赔偿有关的证明和资料。

第二十九条 保险公司应当自收到被保险人提供的证明和资料之日起 5 日内,对是否属于保险责任作出核定,并将结果通知被保险人;对不属于保险责任的,应当书面说明理由;对属于保险责任的,在与被保险人达成赔偿保险金的协议后 10 日内,赔偿保险金。

第三十条 被保险人与保险公司对赔偿有争议的,可以依法申请仲裁或者向人民法院提起诉讼。

第三十一条 保险公司可以向被保险人赔偿保险金,也可以直接向受害人赔偿保险金。但是,因抢救受伤人员需要保险公司支付或者垫付抢救费用的,保险公司在接到公安机关交通管理部门通知后,经核对应当及时向医疗机构支付或者垫付抢救费用。

因抢救受伤人员需要救助基金管理机构垫付抢救费用的，救助基金管理机构在接到公安机关交通管理部门通知后，经核对应当及时向医疗机构垫付抢救费用。

第三十二条 医疗机构应当参照国务院卫生主管部门组织制定的有关临床诊疗指南，抢救、治疗道路交通事故中的受伤人员。

第三十三条 保险公司赔偿保险金或者垫付抢救费用，救助基金管理机构垫付抢救费用，需要向有关部门、医疗机构核实有关情况的，有关部门、医疗机构应当予以配合。

第三十四条 保险公司、救助基金管理机构的工作人员对当事人的个人隐私应当保密。

第三十五条 道路交通事故损害赔偿项目和标准依照有关法律的规定执行。

第四章 罚 则

第三十六条 未经保监会批准，非法从事机动车交通事故责任强制保险业务的，由保监会予以取缔；构成犯罪的，依法追究刑事责任；尚不构成犯罪的，由保监会没收违法所得，违法所得20万元以上的，并处违法所得1倍以上5倍以下罚款；没有违法所得或者违法所得不足20万元的，处20万元以上100万元以下罚款。

第三十七条 保险公司未经保监会批准从事机动车交通事故责任强制保险业务的，由保监会责令改正，责令退还收取的保险费，没收违法所得，违法所得10万元以上的，并处违法所得1倍以上5倍以下罚款；没有违法所得或者违法所得不足10万元的，处10万元以上50万元以下罚款；逾期不改正或者造成严重后果的，责令停业整顿或者吊销经营保险业务许可证。

第三十八条 保险公司违反本条例规定，有下列行为之一的，由保监会责令改正，处5万元以上30万元以下罚款；情节严重的，可以限制业务范围、责令停止接受新业务或者吊销经营保险业务许可证：

（一）拒绝或者拖延承保机动车交通事故责任强制保险的；

（二）未按照统一的保险条款和基础保险费率从事机动车交通事故责任强制保险业务的；

（三）未将机动车交通事故责任强制保险业务和其他保险业务分开管理，单独核算的；

（四）强制投保人订立商业保险合同的；

（五）违反规定解除机动车交通事故责任强制保险合同的；

（六）拒不履行约定的赔偿保险金义务的；

（七）未按照规定及时支付或者垫付抢救费用的。

第三十九条 机动车所有人、管理人未按照规定投保机动车交通事故责任强制保险的，由公安机关交通管理部门扣留机动车，通知机动车所有人、管理人依照规定投保，处依照规定投保最低责任限额应缴纳的保险费的2倍罚款。

机动车所有人、管理人依照规定补办机动车交通事故责任强制保险的，应当及时退还机动车。

第四十条 上道路行驶的机动车未放置保险标志的，公安机关交通管理部门应当扣留机动车，通知当事人提供保险标志或者补办相应手续，可以处警告或者20元以上200元以下罚款。

当事人提供保险标志或者补办相应手续的，应当及时退还机动车。

第四十一条 伪造、变造或者使用伪造、变造的保险标志，或者使用其他机动车的保险标志，由公安机关交通管理部门予以收缴，扣留该机动车，处200元以上2000元以下罚款；构成犯罪的，依法追究刑事责任。

当事人提供相应的合法证明或者补办相应手续的，应当及时退还机动车。

第五章 附 则

第四十二条 本条例下列用语的含义：

（一）投保人，是指与保险公司订立机动车交通事故责任强制保险合同，并按照合同负有支付保险费义务的机动车的所有人、管理人。

（二）被保险人，是指投保人及其允许的合法驾驶人。

（三）抢救费用，是指机动车发生道路交通事故导致人员受伤时，医疗机构参照国务院卫生主管部门组织制定的有关临床诊疗指南，对生命体征不平稳和虽然生命体征平稳但如果不采取处理措施会产生生命危险，或者导致残疾、器官功能障碍，或者导致病程明显延长的受伤人员，采取必要的处理措施所发生的医疗费用。

第四十三条 挂车不投保机动车交通事故责任强制保险。发生道路交通事故造成人身伤亡、财产损失的,由牵引车投保的保险公司在机动车交通事故责任限额范围内予以赔偿;不足的部分,由牵引车方和挂车方依照法律规定承担赔偿责任。

第四十四条 机动车在道路以外的地方通行时发生事故,造成人身伤亡、财产损失的赔偿,比照适用本条例。

第四十五条 中国人民解放军和中国人民武装警察部队在编机动车参加机动车交通事故责任强制保险的办法,由中国人民解放军和中国人民武装警察部队另行规定。

第四十六条 机动车所有人、管理人自本条例施行之日起3个月内投保机动车交通事故责任强制保险;本条例施行前已经投保商业性机动车第三者责任保险的,保险期满,应当投保机动车交通事故责任强制保险。

第四十七条 本条例自2006年7月1日起施行。

中华人民共和国道路运输条例

2004年4月14日国务院第48次常务会议通过 2004年4月30日中华人民共和国国务院令第406号公布 根据2012年11月9日 中华人民共和国国务院令第628号公布自2013年1月1日起施行的《国务院关于修改和废止部分行政法规的决定》修正

第一章 总 则

第一条 为了维护道路运输市场秩序,保障道路运输安全,保护道路运输有关各方当事人的合法权益,促进道路运输业的健康发展,制定本条例。

第二条 从事道路运输经营以及道路运输相关业务的,应当遵守本条例。

前款所称道路运输经营包括道路旅客运输经营(以下简称客运经营)和道路货物运输经营(以下简称货运经营);道路运输相关业务包括站(场)经营、机动车维修经营、机动车驾驶员培训。

第三条 从事道路运输经营以及道路运输相关业务,应当依法经营,诚实信用,公平竞争。

第四条 道路运输管理,应当公平、公正、公开和便民。

第五条 国家鼓励发展乡村道路运输,并采取必要的措施提高乡镇和行政村的通班车率,满足广大农民的生活和生产需要。

第六条 国家鼓励道路运输企业实行规模化、集约化经营。任何单位和个人不得封锁或者垄断道路运输市场。

第七条 国务院交通主管部门主管全国道路运输管理工作。

县级以上地方人民政府交通主管部门负责组织领导本行政区域的道路运输管理工作。

县级以上道路运输管理机构负责具体实施道路运输管理工作。

第二章 道路运输经营

第一节 客 运

第八条 申请从事客运经营的,应当具备下列条件:

(一)有与其经营业务相适应并经检测合格的车辆;

(二)有符合本条例第九条规定条件的驾驶人员;

(三)有健全的安全生产管理制度。

申请从事班线客运经营的,还应当有明确的线路和站点方案。

第九条 从事客运经营的驾驶人员,应当符合下列条件:

(一)取得相应的机动车驾驶证;

(二)年龄不超过60周岁;

(三)3年内无重大以上交通责任事故记录;

(四)经设区的市级道路运输管理机构对有关客运法律法规、机动车维修和旅客急救基本知识考试合格。

第十条 申请从事客运经营的,应当按照下列规定提出申请并提交符合本条例第八条规定条件的相关材料:

(一)从事县级行政区域内客运经营的,向县级道路运输管理机构提出申请;

(二)从事省、自治区、直辖市行政区域内跨2个县级以上行政区域客运经营的,向其共同的上一级道路运输管理机构提出申请;

(三)从事跨省、自治区、直辖市行政区域客运经营的,向所在地的省、自治区、直辖市道路运输管理机构提出申请。

依照前款规定收到申请的道路运输管理机构,应当自受理申请之日起20日内审查完毕,作出许可或者不予许可的决定。予以许可的,向申请人颁发道路运输经营许可证,并向申请人投入运输的车辆配发车辆营运证;不予许可的,应当书面通知申请人并说明理由。

对从事跨省、自治区、直辖市行政区域客运经营的申请,有关省、自治区、直辖市道路运输管理机构依照本条第二款规定颁发道路运输经营许可证前,应当与运输线路目的地的省、自治区、直辖市道路运输管理机构协商;协商不成的,应当报国务院交通主管部门决定。

客运经营者应当持道路运输经营许可证依法向工商行政管理机关办理有关登记手续。

第十一条 取得道路运输经营许可证的客运经营者,需要增加客运班线的,应当依照本条例第十条的规定办理有关手续。

第十二条 县级以上道路运输管理机构在审查客运申请时,应当考虑客运市场的供求状况、普遍服务和方便群众等因素。

同一线路有3个以上申请人时,可以通过招标的形式作出许可决定。

第十三条 县级以上道路运输管理机构应当定期公布客运市场供求状况。

第十四条 客运班线的经营期限为4年到8年。经营期限届满需要延续客运班线经营许可的,应当重新提出申请。

第十五条 客运经营者需要终止客运经营的,应当在终止前30日内告知原许可机关。

第十六条 客运经营者应当为旅客提供良好的乘车环境,保持车辆清洁、卫生,并采取必要的措施防止在运输过程中发生侵害旅客人身、财产安全的违法行为。

第十七条 旅客应当持有效客票乘车,遵守乘车秩序,讲究文明卫生,不得携带国家规定的危险物品及其他禁止携带的物品乘车。

第十八条 班线客运经营者取得道路运输经营许可证后,应当向公众连续提供运输服务,不得擅自暂停、终止或者转让班线运输。

第十九条 从事包车客运的,应当按照约定的起始地、目的地和线路运输。

从事旅游客运的,应当在旅游区域按照旅游线路运输。

第二十条 客运经营者不得强迫旅客乘车,不得甩客、敲诈旅客;不得擅自更换运输车辆。

第二节 货 运

第二十一条 申请从事货运经营的,应当具备下列条件:

(一)有与其经营业务相适应并经检测合格的车辆;

(二)有符合本条例第二十三条规定条件的驾驶人员;

(三)有健全的安全生产管理制度。

第二十二条 从事货运经营的驾驶人员,应当符合下列条件:(一)取得相应的机动车驾驶证;(二)年龄不超过60周岁;(三)经设区的市级道路运输管理机构对有关货运法律法规、机动车维修和货物装载保管基本知识考试合格。

第二十三条 申请从事危险货物运输经营的,还应当具备下列条件:

(一)有5辆以上经检测合格的危险货物运输专用车辆、设备;

(二)有经所在地设区的市级人民政府交通主管部门考试合格,取得上岗资格证的驾驶人员、装卸管理人员、押运人员;

(三)危险货物运输专用车辆配有必要的通讯工具;

(四)有健全的安全生产管理制度。

第二十四条 申请从事货运经营的，应当按照下列规定提出申请并分别提交符合本条例第二十二条、第二十四条规定条件的相关材料：

（一）从事危险货物运输经营以外的货运经营的，向县级道路运输管理机构提出申请；

（二）从事危险货物运输经营的，向设区的市级道路运输管理机构提出申请。

依照前款规定收到申请的道路运输管理机构，应当自受理申请之日起20日内审查完毕，作出许可或者不予许可的决定。予以许可的，向申请人颁发道路运输经营许可证，并向申请人投入运输的车辆配发车辆营运证；不予许可的，应当书面通知申请人并说明理由。

货运经营者应当持道路运输经营许可证依法向工商行政管理机关办理有关登记手续。

第二十五条 货运经营者不得运输法律、行政法规禁止运输的货物。

法律、行政法规规定必须办理有关手续后方可运输的货物，货运经营者应当查验有关手续。

第二十六条 国家鼓励货运经营者实行封闭式运输，保证环境卫生和货物运输安全。

货运经营者应当采取必要措施，防止货物脱落、扬撒等。

运输危险货物应当采取必要措施，防止危险货物燃烧、爆炸、辐射、泄漏等。

第二十七条 运输危险货物应当配备必要的押运人员，保证危险货物处于押运人员的监管之下，并悬挂明显的危险货物运输标志。

托运危险货物的，应当向货运经营者说明危险货物的品名、性质、应急处置方法等情况，并严格按照国家有关规定包装，设置明显标志。

第三节 客运和货运的共同规定

第二十八条 客运经营者、货运经营者应当加强对从业人员的安全教育、职业道德教育，确保道路运输安全。

道路运输从业人员应当遵守道路运输操作规程，不得违章作业。驾驶人员连续驾驶时间不得超过4个小时。

第二十九条 生产（改装）客运车辆、货运车辆的企业应当按照国家规定标定车辆的核定人数或者载重量，严禁多标或者少标车辆的核定人数或者载重量。

客运经营者、货运经营者应当使用符合国家规定标准的车辆从事道路运输经营。

第三十条 客运经营者、货运经营者应当加强对车辆的维护和检测，确保车辆符合国家规定的技术标准；不得使用报废的、擅自改装的和其他不符合国家规定的车辆从事道路运输经营。

第三十一条 客运经营者、货运经营者应当制定有关交通事故、自然灾害以及其他突发事件的道路运输应急预案。应急预案应当包括报告程序、应急指挥、应急车辆和设备的储备以及处置措施等内容。

第三十二条 发生交通事故、自然灾害以及其他突发事件，客运经营者和货运经营者应当服从县级以上人民政府或者有关部门的统一调度、指挥。

第三十三条 道路运输车辆应当随车携带车辆营运证，不得转让、出租。

第三十四条 道路运输车辆运输旅客的，不得超过核定的人数，不得违反规定载货；运输货物的，不得运输旅客，运输的货物应当符合核定的载重量，严禁超载；载物的长、宽、高不得违反装载要求。

违反前款规定的，由公安机关交通管理部门依照《中华人民共和国道路交通安全法》的有关规定进行处罚。

第三十五条 客运经营者、危险货物运输经营者应当分别为旅客或者危险货物投保承运人责任险。

第三章 道路运输相关业务

第三十六条 申请从事道路运输站（场）经营的，应当具备下列条件：

（一）有经验收合格的运输站（场）；

（二）有相应的专业人员和管理人员；

（三）有相应的设备、设施；

（四）有健全的业务操作规程和安全管理制度。

第三十七条 申请从事机动车维修经营的，应当具备下列条件：

（一）有相应的机动车维修场地；

（二）有必要的设备、设施和技术人员；

（三）有健全的机动车维修管理制度；

（四）有必要的环境保护措施。

第三十八条 申请从事机动车驾驶员培训的，应当具备下列条件：

（一）有健全的培训机构和管理制度；

（二）有与培训业务相适应的教学人员、管理人员；

（三）有必要的教学车辆和其他教学设施、设备、场地。

第三十九条 申请从事道路运输站（场）经营、机动车维修经营和机动车驾驶员培训业务的，应当向所在地县级道路运输管理机构提出申请，并分别附送本条例第三十七条、第三十八条、第三十九条规定条件的相关材料。县级道路运输管理机构应当自受理申请之日起 15 日内审查完毕，作出许可或者不予许可的决定，并书面通知申请人。

道路运输站（场）经营者、机动车维修经营者和机动车驾驶员培训机构，应当持许可证明依法向工商行政管理机关办理有关登记手续。

第四十条 道路运输站（场）经营者应当对出站的车辆进行安全检查，禁止无证经营的车辆进站从事经营活动，防止超载车辆或者未经安全检查的车辆出站。

道路运输站（场）经营者应当公平对待使用站（场）的客运经营者和货运经营者，无正当理由不得拒绝道路运输车辆进站从事经营活动。

道路运输站（场）经营者应当向旅客和货主提供安全、便捷、优质的服务；保持站（场）卫生、清洁；不得随意改变站（场）用途和服务功能。

第四十一条 道路旅客运输站（场）经营者应当为客运经营者合理安排班次，公布其运输线路、起止经停站点、运输班次、始发时间、票价，调度车辆进站、发车，疏导旅客，维持上下车秩序。

道路旅客运输站（场）经营者应当设置旅客购票、候车、行李寄存和托运等服务设施，按照车辆核定载客限额售票，并采取措施防止携带危险品的人员进站乘车。

第四十二条 道路货物运输站（场）经营者应当按照国务院交通主管部门规定的业务操作规程装卸、储存、保管货物。

第四十三条 机动车维修经营者应当按照国家有关技术规范对机动车进行维修，保证维修质量，不得使用假冒伪劣配件维修机动车。

机动车维修经营者应当公布机动车维修工时定额和收费标准，合理收取费用。

第四十四条 机动车维修经营者对机动车进行二级维护、总成修理或者整车修理的，应当进行维修质量检验。检验合格的，维修质量检验人员应当签发机动车维修合格证。

机动车维修实行质量保证期制度。质量保证期内因维修质量原因造成机动车无法正常使用的，机动车维修经营者应当无偿返修。

机动车维修质量保证期制度的具体办法，由国务院交通主管部门制定。

第四十五条 机动车维修经营者不得承修已报废的机动车，不得擅自改装机动车。

第四十六条 机动车驾驶员培训机构应当按照国务院交通主管部门规定的教学大纲进行培训，确保培训质量。培训结业的，应当向参加培训的人员颁发培训结业证书。

第四章 国际道路运输

第四十七条 国务院交通主管部门应当及时向社会公布中国政府与有关国家政府签署的双边或者多边道路运输协定确定的国际道路运输线路。

第四十八条 申请从事国际道路运输经营的，应当具备下列条件：

（一）依照本条例第十条、第二十五条规定取得道路运输经营许可证的企业法人；

（二）在国内从事道路运输经营满 3 年，且未发生重大以上道路交通责任事故。

第四十九条 申请从事国际道路运输的，应当向省、自治区、直辖市道路运输管理机构提出申请并提交符合本条例第四十九条规定条件的相关材料。省、自治区、直辖市道路运输管理机构应当自受理申请之日起 20 日内审查完毕，作出批准或者不予批准的决定。予以批准的，应当向国务院交通主管部门备案；不予批准的，应当向当事人说明理由。国际道路运输经营者应当持批准文件依法向有关部门办理相关手续。

第五十条 中国国际道路运输经营者应当在其投入运输车辆的显著位置,标明中国国籍识别标志。

外国国际道路运输经营者的车辆在中国境内运输,应当标明本国国籍识别标志,并按照规定的运输线路行驶;不得擅自改变运输线路,不得从事起止地都在中国境内的道路运输经营。

第五十一条 在口岸设立的国际道路运输管理机构应当加强对出入口岸的国际道路运输的监督管理。

第五十二条 外国国际道路运输经营者经国务院交通主管部门批准,可以依法在中国境内设立常驻代表机构。常驻代表机构不得从事经营活动。

第五章 执法监督

第五十三条 县级以上人民政府交通主管部门应当加强对道路运输管理机构实施道路运输管理工作的指导监督。

第五十四条 道路运输管理机构应当加强执法队伍建设,提高其工作人员的法制、业务素质。

道路运输管理机构的工作人员应当接受法制和道路运输管理业务培训、考核,考核不合格的,不得上岗执行职务。

第五十五条 上级道路运输管理机构应当对下级道路运输管理机构的执法活动进行监督。

道路运输管理机构应当建立健全内部监督制度,对其工作人员执法情况进行监督检查。

第五十六条 道路运输管理机构及其工作人员执行职务时,应当自觉接受社会和公民的监督。

第五十七条 道路运输管理机构应当建立道路运输举报制度,公开举报电话号码、通信地址或者电子邮件信箱。

任何单位和个人都有权对道路运输管理机构的工作人员滥用职权、徇私舞弊的行为进行举报。交通主管部门、道路运输管理机构及其他有关部门收到举报后,应当依法及时查处。

第五十八条 道路运输管理机构的工作人员应当严格按照职责权限和程序进行监督检查,不得乱设卡、乱收费、乱罚款。

道路运输管理机构的工作人员应当重点在道路运输及相关业务经营场所、客货集散地进行监督检查。

道路运输管理机构的工作人员在公路路口进行监督检查时,不得随意拦截正常行驶的道路运输车辆。

第五十九条 道路运输管理机构的工作人员实施监督检查时,应当有 2 名以上人员参加,并向当事人出示执法证件。

第六十条 道路运输管理机构的工作人员实施监督检查时,可以向有关单位和个人了解情况,查阅、复制有关资料。但是,应当保守被调查单位和个人的商业秘密。

被监督检查的单位和个人应当接受依法实施的监督检查,如实提供有关资料或者情况。

第六十一条 道路运输管理机构的工作人员在实施道路运输监督检查过程中,发现车辆超载行为的,应当立即予以制止,并采取相应措施安排旅客改乘或者强制卸货。

第六十二条 道路运输管理机构的工作人员在实施道路运输监督检查过程中,对没有车辆营运证又无法当场提供其他有效证明的车辆予以暂扣的,应当妥善保管,不得使用,不得收取或者变相收取保管费用。

第六章 法律责任

第六十三条 违反本条例的规定,未取得道路运输经营许可,擅自从事道路运输经营的,由县级以上道路运输管理机构责令停止经营;有违法所得的,没收违法所得,处违法所得 2 倍以上 10 倍以下的罚款;没有违法所得或者违法所得不足 2 万元的,处 3 万元以上 10 万元以下的罚款;构成犯罪的,依法追究刑事责任。

第六十四条 不符合本条例第九条、第二十三条规定条件的人员驾驶道路运输经营车辆的,由县级以上道路运输管理机构责令改正,处 200 元以上 2000 元以下的罚款;构成犯罪的,依法追究刑事责任。

第六十五条 违反本条例的规定,未经许可擅自从事道路运输站(场)经营、机动车维修经营、机动车驾驶员培训的,由县级以上道路运输管理机构责令停止经营;有违法所得的,没收违法所得,处违法所得 2 倍以上 10 倍以下的罚款;没有违法所得或者违法所得不足 1 万元的,处 2 万元以上 5 万元以下的罚款;构成犯罪的,依法追究刑事责任。

第六十六条 违反本条例的规定,客运经营者、货运经营者、道路运输相关业务经营者非法转让、出租道路运输许可证件的,由县级以上道路运输管理机构责令停止违法行为,收缴有关证件,处 2000 元以上 1 万元以下的罚款;有违法所得的,没收违法所得。

第六十七条 违反本条例的规定，客运经营者、危险货物运输经营者未按规定投保承运人责任险的，由县级以上道路运输管理机构责令限期投保；拒不投保的，由原许可机关吊销道路运输经营许可证。

第六十八条 违反本条例的规定，客运经营者、货运经营者不按照规定携带车辆营运证的，由县级以上道路运输管理机构责令改正，处警告或者20元以上200元以下的罚款。

第六十九条 违反本条例的规定，客运经营者、货运经营者有下列情形之一的，由县级以上道路运输管理机构责令改正，处1000元以上3000元以下的罚款；情节严重的，由原许可机关吊销道路运输经营许可证：

（一）不按批准的客运站点停靠或者不按规定的线路、公布的班次行驶的；

（二）强行招揽旅客、货物的；

（三）在旅客运输途中擅自变更运输车辆或者将旅客移交他人运输的；

（四）未报告原许可机关，擅自终止客运经营的；

（五）没有采取必要措施防止货物脱落、扬撒等的。

第七十条 违反本条例的规定，客运经营者、货运经营者不按规定维护和检测运输车辆的，由县级以上道路运输管理机构责令改正，处1000元以上5000元以下的罚款。

违反本条例的规定，客运经营者、货运经营者擅自改装已取得车辆营运证的车辆的，由县级以上道路运输管理机构责令改正，处5000元以上2万元以下的罚款。

第七十一条 违反本条例的规定，道路运输站（场）经营者允许无证经营的车辆进站从事经营活动以及超载车辆、未经安全检查的车辆出站或者无正当理由拒绝道路运输车辆进站从事经营活动的，由县级以上道路运输管理机构责令改正，处1万元以上3万元以下的罚款。

违反本条例的规定，道路运输站（场）经营者擅自改变道路运输站（场）的用途和服务功能，或者不公布运输线路、起止经停站点、运输班次、始发时间、票价的，由县级以上道路运输管理机构责令改正；拒不改正的，处3000元的罚款；有违法所得的，没收违法所得。

第七十二条 违反本条例的规定，机动车维修经营者使用假冒伪劣配件维修机动车，承修已报废的机动车或者擅自改装机动车的，由县级以上道路运输管理机构责令改正；有违法所得的，没收违法所得，处违法所得2倍以上10倍以下的罚款；没有违法所得或者违法所得不足1万元的，处2万元以上5万元以下的罚款，没收假冒伪劣配件及报废车辆；情节严重的，由原许可机关吊销其经营许可；构成犯罪的，依法追究刑事责任。

第七十三条 违反本条例的规定，机动车维修经营者签发虚假的机动车维修合格证，由县级以上道路运输管理机构责令改正；有违法所得的，没收违法所得，处违法所得2倍以上10倍以下的罚款；没有违法所得或者违法所得不足3000元的，处5000元以上2万元以下的罚款；情节严重的，由原许可机关吊销其经营许可；构成犯罪的，依法追究刑事责任。

第七十四条 违反本条例的规定，机动车驾驶员培训机构不严格按照规定进行培训或者在培训结业证书发放时弄虚作假的，由县级以上道路运输管理机构责令改正；拒不改正的，由原许可机关吊销其经营许可。

第七十五条 违反本条例的规定，外国国际道路运输经营者未按照规定的线路运输，擅自从事中国境内道路运输或者未标明国籍识别标志的，由省、自治区、直辖市道路运输管理机构责令停止运输；有违法所得的，没收违法所得，处违法所得2倍以上10倍以下的罚款；没有违法所得或者违法所得不足1万元的，处3万元以上6万元以下的罚款。

第七十六条 违反本条例的规定，道路运输管理机构的工作人员有下列情形之一的，依法给予行政处分；构成犯罪的，依法追究刑事责任：

（一）不依照本条例规定的条件、程序和期限实施行政许可的；

（二）参与或者变相参与道路运输经营以及道路运输相关业务的；

（三）发现违法行为不及时查处的；

（四）违反规定拦截、检查正常行驶的道路运输车辆的；

（五）违法扣留运输车辆、车辆营运证的；

（六）索取、收受他人财物，或者谋取其他利益的；

（七）其他违法行为。

第七章 附 则

第七十七条 内地与香港特别行政区、澳门特别行政区之间的道路运输，参照本条例的有关规定执行。

第七十八条 外商可以依照有关法律、行政法规和国家有关规定，在中华人民共和国境内采用中外合资、中外合作、独资形式投资有关的道路运输经营以及道路运输相关业务。

第七十九条 从事非经营性危险货物运输的，应当遵守本条例有关规定。

第八十条 道路运输管理机构依照本条例发放经营许可证件和车辆营运证，可以收取工本费。工本费的具体收费标准由省、自治区、直辖市人民政府财政部门、价格主管部门会同同级交通主管部门核定。

第八十一条 出租车客运和城市公共汽车客运的管理办法由国务院另行规定。

第八十二条 本条例自 2004 年 7 月 1 日起施行。

中华人民共和国道路交通安全法实施条例

2004 年 4 月 28 日国务院第 49 次常务会议通过 2004 年 4 月 30 日
中华人民共和国国务院令第 405 号公布 自 2004 年 5 月 1 日起施行

第一章 总 则

第一条 根据《中华人民共和国道路交通安全法》(以下简称道路交通安全法)的规定，制定本条例。

第二条 中华人民共和国境内的车辆驾驶人、行人、乘车人以及与道路交通活动有关的单位和个人，应当遵守道路交通安全法和本条例。

第三条 县级以上地方各级人民政府应当建立、健全道路交通安全工作协调机制，组织有关部门对城市建设项目进行交通影响评价，制定道路交通安全管理规划，确定管理目标，制定实施方案。

第二章 车辆和驾驶人

第一节 机 动 车

第四条 机动车的登记，分为注册登记、变更登记、转移登记、抵押登记和注销登记。

第五条 初次申领机动车号牌、行驶证的，应当向机动车所有人住所地的公安机关交通管理部门申请注册登记。申请机动车注册登记，应当交验机动车，并提交以下证明、凭证：

(一)机动车所有人的身份证明；

(二)购车发票等机动车来历证明；

(三)机动车整车出厂合格证明或者进口机动车进口凭证；

(四)车辆购置税完税证明或者免税凭证；

(五)机动车第三者责任强制保险凭证；

(六)法律、行政法规规定应当在机动车注册登记时提交的其他证明、凭证。

不属于国务院机动车产品主管部门规定免予安全技术检验的车型的，还应当提供机动车安全技术检验合格证明。

第六条 已注册登记的机动车有下列情形之一的，机动车所有人应当向登记该机动车的公安机关交通管理部门申请变更登记：

(一)改变机动车车身颜色的；

(二)更换发动机的；

(三)更换车身或者车架的；

(四)因质量有问题，制造厂更换整车的；

(五)营运机动车改为非营运机动车或者非营运机动车改为营运机动车的；

(六)机动车所有人的住所迁出或者迁入公安机关交通管理部门管辖区域的。

申请机动车变更登记，应当提交下列证明、凭证，属于前款第(一)项、第(二)项、第(三)项、第(四)项、第(五)项情形之一的，还应当交验机动车；属于前款第(二)项、第(三)项情形之一的，还应当同时提交机动车安全技术检验合格证明：

（一）机动车所有人的身份证明；

（二）机动车登记证书；

（三）机动车行驶证。

机动车所有人的住所在公安机关交通管理部门管辖区域内迁移、机动车所有人的姓名（单位名称）或者联系方式变更的，应当向登记该机动车的公安机关交通管理部门备案。

第七条 已注册登记的机动车所有权发生转移的，应当及时办理转移登记。

申请机动车转移登记，当事人应当向登记该机动车的公安机关交通管理部门交验机动车，并提交以下证明、凭证：

（一）当事人的身份证明；

（二）机动车所有权转移的证明、凭证；

（三）机动车登记证书；

（四）机动车行驶证。

第八条 机动车所有人将机动车作为抵押物抵押的，机动车所有人应当向登记该机动车的公安机关交通管理部门申请抵押登记。

第九条 已注册登记的机动车达到国家规定的强制报废标准的，公安机关交通管理部门应当在报废期满的2个月前通知机动车所有人办理注销登记。机动车所有人应当在报废期满前将机动车交售给机动车回收企业，由机动车回收企业将报废的机动车登记证书、号牌、行驶证交公安机关交通管理部门注销。机动车所有人逾期不办理注销登记的，公安机关交通管理部门应当公告该机动车登记证书、号牌、行驶证作废。

因机动车灭失申请注销登记的，机动车所有人应当向公安机关交通管理部门提交本人身份证明，交回机动车登记证书。

第十条 办理机动车登记的申请人提交的证明、凭证齐全、有效的，公安机关交通管理部门应当当场办理登记手续。

人民法院、人民检察院以及行政执法部门依法查封、扣押的机动车，公安机关交通管理部门不予办理机动车登记。

第十一条 机动车登记证书、号牌、行驶证丢失或者损毁，机动车所有人申请补发的，应当向公安机关交通管理部门提交本人身份证明和申请材料。公安机关交通管理部门经与机动车登记档案核实后，在收到申请之日起15日内补发。

第十二条 税务部门、保险机构可以在公安机关交通管理部门的办公场所集中办理与机动车有关的税费缴纳、保险合同订立等事项。

第十三条 机动车号牌应当悬挂在车前、车后指定位置，保持清晰、完整。重型、中型载货汽车及其挂车、拖拉机及其挂车的车身或者车厢后部应当喷涂放大的牌号，字样应当端正并保持清晰。

机动车检验合格标志、保险标志应当粘贴在机动车前窗右上角。

机动车喷涂、粘贴标识或者车身广告的，不得影响安全驾驶。

第十四条 用于公路营运的载客汽车、重型载货汽车、半挂牵引车应当安装、使用符合国家标准的行驶记录仪。交通警察可以对机动车行驶速度、连续驾驶时间以及其他行驶状态信息进行检查。安装行驶记录仪可以分步实施，实施步骤由国务院机动车产品主管部门会同有关部门规定。

第十五条 机动车安全技术检验由机动车安全技术检验机构实施。机动车安全技术检验机构应当按照国家机动车安全技术检验标准对机动车进行检验，对检验结果承担法律责任。

质量技术监督部门负责对机动车安全技术检验机构实行资格管理和计量认证管理，对机动车安全技术检验设备进行检定，对执行国家机动车安全技术检验标准的情况进行监督。

机动车安全技术检验项目由国务院公安部门会同国务院质量技术监督部门规定。

第十六条 机动车应当从注册登记之日起，按照下列期限进行安全技术检验：

（一）营运载客汽车5年以内每年检验1次；超过5年的，每6个月检验1次；

（二）载货汽车和大型、中型非营运载客汽车10年以内每年检验1次；超过10年的，每6个月检验1次；

（三）小型、微型非营运载客汽车6年以内每2年检验1次；超过6年的，每年检验1次；超过15年的，每6个月检验1次；

（四）摩托车4年以内每2年检验1次；超过4年的，每年检验1次；

（五）拖拉机和其他机动车每年检验1次。

营运机动车在规定检验期限内经安全技术检验合格的，不再重复进行安全技术检验。

第十七条 已注册登记的机动车进行安全技术检验时，机动车行驶证记载的登记内容与该机动车的有关情况不符，或者未按照规定提供机动车第三者责任强制保险凭证的，不予通过检验。

第十八条 警车、消防车、救护车、工程救险车标志图案的喷涂以及警报器、标志灯具的安装、使用规定，由国务院公安部门制定。

第二节 机动车驾驶人

第十九条 符合国务院公安部门规定的驾驶许可条件的人，可以向公安机关交通管理部门申请机动车驾驶证。

机动车驾驶证由国务院公安部门规定式样并监制。

第二十条 学习机动车驾驶，应当先学习道路交通安全法律、法规和相关知识，考试合格后，再学习机动车驾驶技能。

在道路上学习驾驶，应当按照公安机关交通管理部门指定的路线、时间进行。在道路上学习机动车驾驶技能应当使用教练车，在教练员随车指导下进行，与教学无关的人员不得乘坐教练车。学员在学习驾驶中有道路交通安全违法行为或者造成交通事故的，由教练员承担责任。

第二十一条 公安机关交通管理部门应当对申请机动车驾驶证的人进行考试，对考试合格的，在5日内核发机动车驾驶证；对考试不合格的，书面说明理由。

第二十二条 机动车驾驶证的有效期为6年，本条例另有规定的除外。

机动车驾驶人初次申领机动车驾驶证后的12个月为实习期。在实习期内驾驶机动车的，应当在车身后部粘贴或者悬挂统一式样的实习标志。

机动车驾驶人在实习期内不得驾驶公共汽车、营运客车或者执行任务的警车、消防车、救护车、工程救险车以及载有爆炸物品、易燃易爆化学物品、剧毒或者放射性等危险物品的机动车；驾驶的机动车不得牵引挂车。

第二十三条 公安机关交通管理部门对机动车驾驶人的道路交通安全违法行为除给予行政处罚外，实行道路交通安全违法行为累积记分（以下简称记分）制度，记分周期为12个月。对在一个记分周期内记分达到12分的，由公安机关交通管理部门扣留其机动车驾驶证，该机动车驾驶人应当按照规定参加道路交通安全法律、法规的学习并接受考试。考试合格的，记分予以清除，发还机动车驾驶证；考试不合格的，继续参加学习和考试。

应当给予记分的道路交通安全违法行为及其分值，由国务院公安部门根据道路交通安全违法行为的危害程度规定。

公安机关交通管理部门应当提供记分查询方式供机动车驾驶人查询。

第二十四条 机动车驾驶人在一个记分周期内记分未达到12分，所处罚款已经缴纳的，记分予以清除；记分虽未达到12分，但尚有罚款未缴纳的，记分转入下一记分周期。

机动车驾驶人在一个记分周期内记分2次以上达到12分的，除按照第二十三条的规定扣留机动车驾驶证、参加学习、接受考试外，还应当接受驾驶技能考试。考试合格的，记分予以清除，发还机动车驾驶证；考试不合格的，继续参加学习和考试。

接受驾驶技能考试的，按照本人机动车驾驶证载明的最高准驾车型考试。

第二十五条 机动车驾驶人记分达到12分，拒不参加公安机关交通管理部门通知的学习，也不接受考试的，由公安机关交通管理部门公告其机动车驾驶证停止使用。

第二十六条 机动车驾驶人在机动车驾驶证的6年有效期内，每个记分周期均未达到12分的，换发10年有效期的机动车驾驶证；在机动车驾驶证的10年有效期内，每个记分周期均未达到12分的，换发长期有效的机动车驾驶证。

换发机动车驾驶证时，公安机关交通管理部门应当对机动车驾驶证进行审验。

第二十七条 机动车驾驶证丢失、损毁，机动车驾驶人申请补发的，应当向公安机关交通管理部门提交本人身份证明和申请材料。公安机关交通管理部门经与机动车驾驶证档案核实后，在收到申请之日起3日内补发。

第二十八条　机动车驾驶人在机动车驾驶证丢失、损毁、超过有效期或者被依法扣留、暂扣期间以及记分达到12分的，不得驾驶机动车。

第三章　道路通行条件

第二十九条　交通信号灯分为：机动车信号灯、非机动车信号灯、人行横道信号灯、车道信号灯、方向指示信号灯、闪光警告信号灯、道路与铁路平面交叉道口信号灯。

第三十条　交通标志分为：指示标志、警告标志、禁令标志、指路标志、旅游区标志、道路施工安全标志和辅助标志。

道路交通标线分为：指示标线、警告标线、禁止标线。

第三十一条　交通警察的指挥分为：手势信号和使用器具的交通指挥信号。

第三十二条　道路交叉路口和行人横过道路较为集中的路段应当设置人行横道、过街天桥或者过街地下通道。

在盲人通行较为集中的路段，人行横道信号灯应当设置声响提示装置。

第三十三条　城市人民政府有关部门可以在不影响行人、车辆通行的情况下，在城市道路上施划停车泊位，并规定停车泊位的使用时间。

第三十四条　开辟或者调整公共汽车、长途汽车的行驶路线或者车站，应当符合交通规划和安全、畅通的要求。

第三十五条　道路养护施工单位在道路上进行养护、维修时，应当按照规定设置规范的安全警示标志和安全防护设施。道路养护施工作业车辆、机械应当安装示警灯，喷涂明显的标志图案，作业时应当开启示警灯和危险报警闪光灯。对未中断交通的施工作业道路，公安机关交通管理部门应当加强交通安全监督检查。发生交通阻塞时，及时做好分流、疏导，维护交通秩序。

道路施工需要车辆绕行的，施工单位应当在绕行处设置标志；不能绕行的，应当修建临时通道，保证车辆和行人通行。需要封闭道路中断交通的，除紧急情况外，应当提前5日向社会公告。

第三十六条　道路或者交通设施养护部门、管理部门应当在急弯、陡坡、临崖、临水等危险路段，按照国家标准设置警告标志和安全防护设施。

第三十七条　道路交通标志、标线不规范，机动车驾驶人容易发生辨认错误的，交通标志、标线的主管部门应当及时予以改善。

道路照明设施应当符合道路建设技术规范，保持照明功能完好。

第四章　道路通行规定

第一节　一般规定

第三十八条　机动车信号灯和非机动车信号灯表示：

（一）绿灯亮时，准许车辆通行，但转弯的车辆不得妨碍被放行的直行车辆、行人通行；

（二）黄灯亮时，已越过停止线的车辆可以继续通行；

（三）红灯亮时，禁止车辆通行。

在未设置非机动车信号灯和人行横道信号灯的路口，非机动车和行人应当按照机动车信号灯的表示通行。

红灯亮时，右转弯的车辆在不妨碍被放行的车辆、行人通行的情况下，可以通行。

第三十九条　人行横道信号灯表示：

（一）绿灯亮时，准许行人通过人行横道；

（二）红灯亮时，禁止行人进入人行横道，但是已经进入人行横道的，可以继续通过或者在道路中心线处停留等候。

第四十条　车道信号灯表示：

（一）绿色箭头灯亮时，准许本车道车辆按指示方向通行；

（二）红色叉形灯或者箭头灯亮时，禁止本车道车辆通行。

第四十一条 方向指示信号灯的箭头方向向左、向上、向右分别表示左转、直行、右转。

第四十二条 闪光警告信号灯为持续闪烁的黄灯，提示车辆、行人通行时注意瞭望，确认安全后通过。

第四十三条 道路与铁路平面交叉道口有两个红灯交替闪烁或者一个红灯亮时，表示禁止车辆、行人通行；红灯熄灭时，表示允许车辆、行人通行。

第二节 机动车通行规定

第四十四条 在道路同方向划有2条以上机动车道的，左侧为快速车道，右侧为慢速车道。在快速车道行驶的机动车应当按照快速车道规定的速度行驶，未达到快速车道规定的行驶速度的，应当在慢速车道行驶。摩托车应当在最右侧车道行驶。有交通标志标明行驶速度的，按照标明的行驶速度行驶。慢速车道内的机动车超越前车时，可以借用快速车道行驶。

在道路同方向划有2条以上机动车道的，变更车道的机动车不得影响相关车道内行驶的机动车的正常行驶。

第四十五条 机动车在道路上行驶不得超过限速标志、标线标明的速度。在没有限速标志、标线的道路上，机动车不得超过下列最高行驶速度：

（一）没有道路中心线的道路，城市道路为每小时30公里，公路为每小时40公里；

（二）同方向只有1条机动车道的道路，城市道路为每小时50公里，公路为每小时70公里。

第四十六条 机动车行驶中遇有下列情形之一的，最高行驶速度不得超过每小时30公里，其中拖拉机、电瓶车、轮式专用机械车不得超过每小时15公里：

（一）进出非机动车道，通过铁路道口、急弯路、窄路、窄桥时；

（二）掉头、转弯、下陡坡时；

（三）遇雾、雨、雪、沙尘、冰雹，能见度在50米以内时；

（四）在冰雪、泥泞的道路上行驶时；

（五）牵引发生故障的机动车时。

第四十七条 机动车超车时，应当提前开启左转向灯、变换使用远、近光灯或者鸣喇叭。在没有道路中心线或者同方向只有1条机动车道的道路上，前车遇后车发出超车信号时，在条件许可的情况下，应当降低速度、靠右让路。后车应当在确认有充足的安全距离后，从前车的左侧超越，在与被超车辆拉开必要的安全距离后，开启右转向灯，驶回原车道。

第四十八条 在没有中心隔离设施或者没有中心线的道路上，机动车遇相对方向来车时应当遵守下列规定：

（一）减速靠右行驶，并与其他车辆、行人保持必要的安全距离；

（二）在有障碍的路段，无障碍的一方先行；但有障碍的一方已驶入障碍路段而无障碍的一方未驶入时，有障碍的一方先行；

（三）在狭窄的坡路，上坡的一方先行；但下坡的一方已行至中途而上坡的一方未上坡时，下坡的一方先行；

（四）在狭窄的山路，不靠山体的一方先行；

（五）夜间会车应当在距相对方向来车150米以外改用近光灯，在窄路、窄桥与非机动车会车时应当使用近光灯。

第四十九条 机动车在有禁止掉头或者禁止左转弯标志、标线的地点以及在铁路道口、人行横道、桥梁、急弯、陡坡、隧道或者容易发生危险的路段，不得掉头。

机动车在没有禁止掉头或者没有禁止左转弯标志、标线的地点可以掉头，但不得妨碍正常行驶的其他车辆和行人的通行。

第五十条 机动车倒车时，应当察明车后情况，确认安全后倒车。不得在铁路道口、交叉路口、单行路、桥梁、急弯、陡坡或者隧道中倒车。

第五十一条 机动车通过有交通信号灯控制的交叉路口，应当按照下列规定通行：

（一）在划有导向车道的路口，按所需行进方向驶入导向车道；

（二）准备进入环形路口的让已在路口内的机动车先行；

（三）向左转弯时，靠路口中心点左侧转弯。转弯时开启转向灯，夜间行驶开启近光灯；

（四）遇放行信号时，依次通过；

（五）遇停止信号时，依次停在停止线以外。没有停止线的，停在路口以外；

（六）向右转弯遇有同车道前车正在等候放行信号时，依次停车等候；

（七）在没有方向指示信号灯的交叉路口，转弯的机动车让直行的车辆、行人先行。相对方向行驶的右转弯机动车让左转弯车辆先行。

第五十二条 机动车通过没有交通信号灯控制也没有交通警察指挥的交叉路口，除应当遵守第五十一条第（二）项、第（三）项的规定外，还应当遵守下列规定：

（一）有交通标志、标线控制的，让优先通行的一方先行；

（二）没有交通标志、标线控制的，在进入路口前停车瞭望，让右方道路的来车先行；

（三）转弯的机动车让直行的车辆先行；

（四）相对方向行驶的右转弯的机动车让左转弯的车辆先行。

第五十三条 机动车遇有前方交叉路口交通阻塞时，应当依次停在路口以外等候，不得进入路口。

机动车在遇有前方机动车停车排队等候或者缓慢行驶时，应当依次排队，不得从前方车辆两侧穿插或者超越行驶，不得在人行横道、网状线区域内停车等候。

机动车在车道减少的路口、路段，遇有前方机动车停车排队等候或者缓慢行驶的，应当每车道一辆依次交替驶入车道减少后的路口、路段。

第五十四条 机动车载物不得超过机动车行驶证上核定的载质量，装载长度、宽度不得超出车厢，并应当遵守下列规定：

（一）重型、中型载货汽车，半挂车载物，高度从地面起不得超过4米，载运集装箱的车辆不得超过4.2米；

（二）其他载货的机动车载物，高度从地面起不得超过2.5米；

（三）摩托车载物，高度从地面起不得超过1.5米，长度不得超出车身0.2米。两轮摩托车载物宽度左右各不得超出车把0.15米；三轮摩托车载物宽度不得超过车身。

载客汽车除车身外部的行李架和内置的行李箱外，不得载货。载客汽车行李架载货，从车顶起高度不得超过0.5米，从地面起高度不得超过4米。

第五十五条 机动车载人应当遵守下列规定：

（一）公路载客汽车不得超过核定的载客人数，但按照规定免票的儿童除外，在载客人数已满的情况下，按照规定免票的儿童不得超过核定载客人数的10%；

（二）载货汽车车厢不得载客。在城市道路上，货运机动车在留有安全位置的情况下，车厢内可以附载临时作业人员1人至5人；载物高度超过车厢栏板时，货物上不得载人；

（三）摩托车后座不得乘坐未满12周岁的未成年人，轻便摩托车不得载人。

第五十六条 机动车牵引挂车应当符合下列规定：

（一）载货汽车、半挂牵引车、拖拉机只允许牵引1辆挂车。挂车的灯光信号、制动、连接、安全防护等装置应当符合国家标准；

（二）小型载客汽车只允许牵引旅居挂车或者总质量700千克以下的挂车。挂车不得载人；

（三）载货汽车所牵引挂车的载质量不得超过载货汽车本身的载质量。

大型、中型载客汽车，低速载货汽车，三轮汽车以及其他机动车不得牵引挂车。

第五十七条 机动车应当按照下列规定使用转向灯：

（一）向左转弯、向左变更车道、准备超车、驶离停车地点或者掉头时，应当提前开启左转向灯；

（二）向右转弯、向右变更车道、超车完毕驶回原车道、靠路边停车时，应当提前开启右转向灯。

第五十八条 机动车在夜间没有路灯、照明不良或者遇有雾、雨、雪、沙尘、冰雹等低能见度情况下行驶时，应当开启前照灯、示廓灯和后位灯，但同方向行驶的后车与前车近距离行驶时，不得使用远光灯。机动车雾天行驶应当开启雾灯和危险报警闪光灯。

第五十九条 机动车在夜间通过急弯、坡路、拱桥、人行横道或者没有交通信号灯控制的路口时，应当交替使用远近光灯示意。

机动车驶近急弯、坡道顶端等影响安全视距的路段以及超车或者遇有紧急情况时，应当减速慢行，并鸣喇叭示意。

第六十条 机动车在道路上发生故障或者发生交通事故,妨碍交通又难以移动的,应当按照规定开启危险报警闪光灯并在车后50米至100米处设置警告标志,夜间还应当同时开启示廓灯和后位灯。

第六十一条 牵引故障机动车应当遵守下列规定:

(一)被牵引的机动车除驾驶人外不得载人,不得拖带挂车;

(二)被牵引的机动车宽度不得大于牵引机动车的宽度;

(三)使用软连接牵引装置时,牵引车与被牵引车之间的距离应当大于4米小于10米;

(四)对制动失效的被牵引车,应当使用硬连接牵引装置牵引;

(五)牵引车和被牵引车均应当开启危险报警闪光灯。

汽车吊车和轮式专用机械车不得牵引车辆。摩托车不得牵引车辆或者被其他车辆牵引。

转向或者照明、信号装置失效的故障机动车,应当使用专用清障车拖曳。

第六十二条 驾驶机动车不得有下列行为:

(一)在车门、车厢没有关好时行车;

(二)在机动车驾驶室的前后窗范围内悬挂、放置妨碍驾驶人视线的物品;

(三)拨打接听手持电话、观看电视等妨碍安全驾驶的行为;

(四)下陡坡时熄火或者空挡滑行;

(五)向道路上抛撒物品;

(六)驾驶摩托车手离车把或者在车把上悬挂物品;

(七)连续驾驶机动车超过4小时未停车休息或者停车休息时间少于20分钟;

(八)在禁止鸣喇叭的区域或者路段鸣喇叭。

第六十三条 机动车在道路上临时停车,应当遵守下列规定:

(一)在设有禁停标志、标线的路段,在机动车道与非机动车道、人行道之间设有隔离设施的路段以及人行横道、施工地段,不得停车;

(二)交叉路口、铁路道口、急弯路、宽度不足4米的窄路、桥梁、陡坡、隧道以及距离上述地点50米以内的路段,不得停车;

(三)公共汽车站、急救站、加油站、消防栓或者消防队(站)门前以及距离上述地点30米以内的路段,除使用上述设施的以外,不得停车;

(四)车辆停稳前不得开车门和上下人员,开关车门不得妨碍其他车辆和行人通行;

(五)路边停车应当紧靠道路右侧,机动车驾驶人不得离车,上下人员或者装卸物品后,立即驶离;

(六)城市公共汽车不得在站点以外的路段停车上下乘客。

第六十四条 机动车行经漫水路或者漫水桥时,应当停车察明水情,确认安全后,低速通过。

第六十五条 机动车载运超限物品行经铁路道口的,应当按照当地铁路部门指定的铁路道口、时间通过。

机动车行经渡口,应当服从渡口管理人员指挥,按照指定地点依次待渡。机动车上下渡船时,应当低速慢行。

第六十六条 警车、消防车、救护车、工程救险车在执行紧急任务遇交通受阻时,可以断续使用警报器,并遵守下列规定:

(一)不得在禁止使用警报器的区域或者路段使用警报器;

(二)夜间在市区不得使用警报器;

(三)列队行驶时,前车已经使用警报器的,后车不再使用警报器。

第六十七条 在单位院内、居民居住区内,机动车应当低速行驶,避让行人;有限速标志的,按照限速标志行驶。

第三节 非机动车通行规定

第六十八条 非机动车通过有交通信号灯控制的交叉路口,应当按照下列规定通行:

(一)转弯的非机动车让直行的车辆、行人优先通行;

(二)遇有前方路口交通阻塞时,不得进入路口;

(三)向左转弯时,靠路口中心点的右侧转弯;

（四）遇有停止信号时，应当依次停在路口停止线以外。没有停止线的，停在路口以外；

（五）向右转弯遇有同方向前车正在等候放行信号时，在本车道内能够转弯的，可以通行；不能转弯的，依次等候。

第六十九条 非机动车通过没有交通信号灯控制也没有交通警察指挥的交叉路口，除应当遵守第六十八条第（一）项、第（二）项和第（三）项的规定外，还应当遵守下列规定：

（一）有交通标志、标线控制的，让优先通行的一方先行；

（二）没有交通标志、标线控制的，在路口外慢行或者停车瞭望，让右方道路的来车先行；

（三）相对方向行驶的右转弯的非机动车让左转弯的车辆先行。

第七十条 驾驶自行车、电动自行车、三轮车在路段上横过机动车道，应当下车推行，有人行横道或者行人过街设施的，应当从人行横道或者行人过街设施通过；没有人行横道、没有行人过街设施或者不便使用行人过街设施的，在确认安全后直行通过。

因非机动车道被占用无法在本车道内行驶的非机动车，可以在受阻的路段借用相邻的机动车道行驶，并在驶过被占用路段后迅速驶回非机动车道。机动车遇此情况应当减速让行。

第七十一条 非机动车载物，应当遵守下列规定：

（一）自行车、电动自行车、残疾人机动轮椅车载物，高度从地面起不得超过1.5米，宽度左右各不得超出车把0.15米，长度前端不得超出车轮，后端不得超出车身0.3米；

（二）三轮车、人力车载物，高度从地面起不得超过2米，宽度左右各不得超出车身0.2米，长度不得超出车身1米；

（三）畜力车载物，高度从地面起不得超过2.5米，宽度左右各不得超出车身0.2米，长度前端不得超出车辕，后端不得超出车身1米。

自行车载人的规定，由省、自治区、直辖市人民政府根据当地实际情况制定。

第七十二条 在道路上驾驶自行车、三轮车、电动自行车、残疾人机动轮椅车应当遵守下列规定：

（一）驾驶自行车、三轮车必须年满12周岁；

（二）驾驶电动自行车和残疾人机动轮椅车必须年满16周岁；

（三）不得醉酒驾驶；

（四）转弯前应当减速慢行，伸手示意，不得突然猛拐，超越前车时不得妨碍被超越的车辆行驶；

（五）不得牵引、攀扶车辆或者被其他车辆牵引，不得双手离把或者手中持物；

（六）不得扶身并行、互相追逐或者曲折竞驶；

（七）不得在道路上骑独轮自行车或者2人以上骑行的自行车；

（八）非下肢残疾的人不得驾驶残疾人机动轮椅车；

（九）自行车、三轮车不得加装动力装置；

（十）不得在道路上学习驾驶非机动车。

第七十三条 在道路上驾驭畜力车应当年满16周岁，并遵守下列规定：

（一）不得醉酒驾驭；

（二）不得并行，驾驭人不得离开车辆；

（三）行经繁华路段、交叉路口、铁路道口、人行横道、急弯路、宽度不足4米的窄路或者窄桥、陡坡、隧道或者容易发生危险的路段，不得超车。驾驭两轮畜力车应当下车牵引牲畜；

（四）不得使用未经驯服的牲畜驾车，随车幼畜须拴系；

（五）停放车辆应当拉紧车闸，拴系牲畜。

第四节 行人和乘车人通行规定

第七十四条 行人不得有下列行为：

（一）在道路上使用滑板、旱冰鞋等滑行工具；

（二）在车行道内坐卧、停留、嬉闹；

（三）追车、抛物击车等妨碍道路交通安全的行为。

第七十五条 行人横过机动车道，应当从行人过街设施通过；没有行人过街设施的，应当从人行横道通过；没有人行横道的，应当观察来往车辆的情况，确认安全后直行通过，不得在车辆临近时突然加速横穿或者中途倒退、折返。

第七十六条 行人列队在道路上通行，每横列不得超过2人，但在已经实行交通管制的路段不受限制。

第七十七条 乘坐机动车应当遵守下列规定：

（一）不得在机动车道上拦乘机动车；

（二）在机动车道上不得从机动车左侧上下车；

（三）开关车门不得妨碍其他车辆和行人通行；

（四）机动车行驶中，不得干扰驾驶，不得将身体任何部分伸出车外，不得跳车；

（五）乘坐两轮摩托车应当正向骑坐。

第五节 高速公路的特别规定

第七十八条 高速公路应当标明车道的行驶速度，最高车速不得超过每小时120公里，最低车速不得低于每小时60公里。

在高速公路上行驶的小型载客汽车最高车速不得超过每小时120公里，其他机动车不得超过每小时100公里，摩托车不得超过每小时80公里。

同方向有2条车道的，左侧车道的最低车速为每小时100公里；同方向有3条以上车道的，最左侧车道的最低车速为每小时110公里，中间车道的最低车速为每小时90公里。道路限速标志标明的车速与上述车道行驶车速的规定不一致的，按照道路限速标志标明的车速行驶。

第七十九条 机动车从匝道驶入高速公路，应当开启左转向灯，在不妨碍已在高速公路内的机动车正常行驶的情况下驶入车道。

机动车驶离高速公路时，应当开启右转向灯，驶入减速车道，降低车速后驶离。

第八十条 机动车在高速公路上行驶，车速超过每小时100公里时，应当与同车道前车保持100米以上的距离，车速低于每小时100公里时，与同车道前车距离可以适当缩短，但最小距离不得少于50米。

第八十一条 机动车在高速公路上行驶，遇有雾、雨、雪、沙尘、冰雹等低能见度气象条件时，应当遵守下列规定：

（一）能见度小于200米时，开启雾灯、近光灯、示廓灯和前后位灯，车速不得超过每小时60公里，与同车道前车保持100米以上的距离；

（二）能见度小于100米时，开启雾灯、近光灯、示廓灯、前后位灯和危险报警闪光灯，车速不得超过每小时40公里，与同车道前车保持50米以上的距离；

（三）能见度小于50米时，开启雾灯、近光灯、示廓灯、前后位灯和危险报警闪光灯，车速不得超过每小时20公里，并从最近的出口尽快驶离高速公路。

遇有前款规定情形时，高速公路管理部门应当通过显示屏等方式发布速度限制、保持车距等提示信息。

第八十二条 机动车在高速公路上行驶，不得有下列行为：

（一）倒车、逆行、穿越中央分隔带掉头或者在车道内停车；

（二）在匝道、加速车道或者减速车道上超车；

（三）骑、轧车行道分界线或者在路肩上行驶；

（四）非紧急情况时在应急车道行驶或者停车；

（五）试车或者学习驾驶机动车。

第八十三条 在高速公路上行驶的载货汽车车厢不得载人。两轮摩托车在高速公路行驶时不得载人。

第八十四条 机动车通过施工作业路段时，应当注意警示标志，减速行驶。

第八十五条 城市快速路的道路交通安全管理，参照本节的规定执行。

高速公路、城市快速路的道路交通安全管理工作，省、自治区、直辖市人民政府公安机关交通管理部门可以指定设区的市人民政府公安机关交通管理部门或者相当于同级的公安机关交通管理部门承担。

第五章 交通事故处理

第八十六条 机动车与机动车、机动车与非机动车在道路上发生未造成人身伤亡的交通事故，当事人对事实及成因无争议的，在记录交通事故的时间、地点、对方当事人的姓名和联系方式、机动车牌号、驾驶证号、保险凭证号、碰撞部位，并共同签名后，撤离现场，自行协商损害赔偿事宜。当事人对交通事故事实及成因有争议的,应当迅速报警。

第八十七条 非机动车与非机动车或者行人在道路上发生交通事故,未造成人身伤亡,且基本事实及成因清楚的,当事人应当先撤离现场,再自行协商处理损害赔偿事宜。当事人对交通事故事实及成因有争议的,应当迅速报警。

第八十八条 机动车发生交通事故,造成道路、供电、通讯等设施损毁的,驾驶人应当报警等候处理,不得驶离。机动车可以移动的,应当将机动车移至不妨碍交通的地点。公安机关交通管理部门应当将事故有关情况通知有关部门。

第八十九条 公安机关交通管理部门或者交通警察接到交通事故报警,应当及时赶赴现场,对未造成人身伤亡,事实清楚,并且机动车可以移动的,应当在记录事故情况后责令当事人撤离现场,恢复交通。对拒不撤离现场的,予以强制撤离。

对属于前款规定情况的道路交通事故,交通警察可以适用简易程序处理,并当场出具事故认定书。当事人共同请求调解的,交通警察可以当场对损害赔偿争议进行调解。

对道路交通事故造成人员伤亡和财产损失需要勘验、检查现场的,公安机关交通管理部门应当按照勘查现场工作规范进行。现场勘查完毕,应当组织清理现场,恢复交通。

第九十条 投保机动车第三者责任强制保险的机动车发生交通事故,因抢救受伤人员需要保险公司支付抢救费用的,由公安机关交通管理部门通知保险公司。

抢救受伤人员需要道路交通事故救助基金垫付费用的,由公安机关交通管理部门通知道路交通事故社会救助基金管理机构。

第九十一条 公安机关交通管理部门应当根据交通事故当事人的行为对发生交通事故所起的作用以及过错的严重程度,确定当事人的责任。

第九十二条 发生交通事故后当事人逃逸的,逃逸的当事人承担全部责任。但是,有证据证明对方当事人也有过错的,可以减轻责任。

当事人故意破坏、伪造现场、毁灭证据的,承担全部责任。

第九十三条 公安机关交通管理部门对经过勘验、检查现场的交通事故应当在勘查现场之日起 10 日内制作交通事故认定书。对需要进行检验、鉴定的,应当在检验、鉴定结果确定之日起 5 日内制作交通事故认定书。

第九十四条 当事人对交通事故损害赔偿有争议,各方当事人一致请求公安机关交通管理部门调解的,应当在收到交通事故认定书之日起 10 日内提出书面调解申请。

对交通事故致死的,调解从办理丧葬事宜结束之日起开始;对交通事故致伤的,调解从治疗终结或者定残之日起开始;对交通事故造成财产损失的,调解从确定损失之日起开始。

第九十五条 公安机关交通管理部门调解交通事故损害赔偿争议的期限为 10 日。调解达成协议的,公安机关交通管理部门应当制作调解书送交各方当事人,调解书经各方当事人共同签字后生效;调解未达成协议的,公安机关交通管理部门应当制作调解终结书送交各方当事人。

交通事故损害赔偿项目和标准依照有关法律的规定执行。

第九十六条 对交通事故损害赔偿的争议,当事人向人民法院提起民事诉讼的,公安机关交通管理部门不再受理调解申请。

公安机关交通管理部门调解期间,当事人向人民法院提起民事诉讼的,调解终止。

第九十七条 车辆在道路以外发生交通事故,公安机关交通管理部门接到报案的,参照道路交通安全法和本条例的规定处理。

车辆、行人与火车发生的交通事故以及在渡口发生的交通事故,依照国家有关规定处理。

第六章 执法监督

第九十八条 公安机关交通管理部门应当公开办事制度、办事程序,建立警风警纪监督员制度,自觉接受社会和群众的监督。

第九十九条 公安机关交通管理部门及其交通警察办理机动车登记,发放号牌,对驾驶人考试、发证,处理道路交通安全违法行为,处理道路交通事故,应当严格遵守有关规定,不得越权执法,不得延迟履行职责,不得擅自改变处罚的种类和幅度。

第一百条 公安机关交通管理部门应当公布举报电话,受理群众举报投诉,并及时调查核实,反馈查处结果。

第一百零一条 公安机关交通管理部门应当建立执法质量考核评议、执法责任制和执法过错追究制度,防止和纠正道路交通安全执法中的错误或者不当行为。

第七章 法律责任

第一百零二条 违反本条例规定的行为,依照道路交通安全法和本条例的规定处罚。

第一百零三条 以欺骗、贿赂等不正当手段取得机动车登记或者驾驶许可的,收缴机动车登记证书、号牌、行驶证或者机动车驾驶证,撤销机动车登记或者机动车驾驶许可;申请人在3年内不得申请机动车登记或者机动车驾驶许可。

第一百零四条 机动车驾驶人有下列行为之一,又无其他机动车驾驶人即时替代驾驶的,公安机关交通管理部门除依法给予处罚外,可以将其驾驶的机动车移至不妨碍交通的地点或者有关部门指定的地点停放:

(一)不能出示本人有效驾驶证的;

(二)驾驶的机动车与驾驶证载明的准驾车型不符的;

(三)饮酒、服用国家管制的精神药品或者麻醉药品、患有妨碍安全驾驶的疾病,或者过度疲劳仍继续驾驶的;

(四)学习驾驶人员没有教练人员随车指导单独驾驶的。

第一百零五条 机动车驾驶人有饮酒、醉酒、服用国家管制的精神药品或者麻醉药品嫌疑的,应当接受测试、检验。

第一百零六条 公路客运载客汽车超过核定乘员、载货汽车超过核定载质量的,公安机关交通管理部门依法扣留机动车后,驾驶人应当将超载的乘车人转运、将超载的货物卸载,费用由超载机动车的驾驶人或者所有人承担。

第一百零七条 依照道路交通安全法第九十二条、第九十五条、第九十六条、第九十八条的规定被扣留的机动车,驾驶人或者所有人、管理人30日内没有提供被扣留机动车的合法证明,没有补办相应手续,或者不前来接受处理,经公安机关交通管理部门通知并且经公告3个月仍不前来接受处理的,由公安机关交通管理部门将该机动车送交有资格的拍卖机构拍卖,所得价款上缴国库;非法拼装的机动车予以拆除;达到报废标准的机动车予以报废;机动车涉及其他违法犯罪行为的,移交有关部门处理。

第一百零八条 交通警察按照简易程序当场作出行政处罚的,应当告知当事人道路交通安全违法行为的事实、处罚的理由和依据,并将行政处罚决定书当场交付被处罚人。

第一百零九条 对道路交通安全违法行为人处以罚款或者暂扣驾驶证处罚的,由违法行为发生地的县级以上人民政府公安机关交通管理部门或者相当于同级的公安机关交通管理部门作出决定;对处以吊销机动车驾驶证处罚的,由设区的市人民政府公安机关交通管理部门或者相当于同级的公安机关交通管理部门作出决定。

公安机关交通管理部门对非本辖区机动车的道路交通安全违法行为没有当场处罚的,可以由机动车登记地的公安机关交通管理部门处罚。

第一百一十条 当事人对公安机关交通管理部门及其交通警察的处罚有权进行陈述和申辩,交通警察应当充分听取当事人的陈述和申辩,不得因当事人陈述、申辩而加重其处罚。

第八章 附 则

第一百一十一条 本条例所称上道路行驶的拖拉机,是指手扶拖拉机等最高设计行驶速度不超过每小时20公里的轮式拖拉机和最高设计行驶速度不超过每小时40公里、牵引挂车方可从事道路运输的轮式拖拉机。

第一百一十二条 农业(农业机械)主管部门应当定期向公安机关交通管理部门提供拖拉机登记、安全技术检验以及拖拉机驾驶证发放的资料、数据。公安机关交通管理部门对拖拉机驾驶人作出暂扣、吊销驾驶证处罚或者记分处理的,应当定期将处罚决定书和记分情况通报有关的农业(农业机械)主管部门。吊销驾驶证的,还应当将驾驶证送交有关的农业(农业机械)主管部门。

第一百一十三条 境外机动车入境行驶,应当向入境地的公安机关交通管理部门申请临时通行号牌、行驶证。临时通行号牌、行驶证应当根据行驶需要,载明有效日期和允许行驶的区域。

入境的境外机动车申请临时通行号牌、行驶证以及境外人员申请机动车驾驶许可的条件、考试办法由国务院公安部门规定。

第一百一十四条 机动车驾驶许可考试的收费标准,由国务院价格主管部门规定。

第一百一十五条 本条例自2004年5月1日起施行。1960年2月11日国务院批准、交通部发布的《机动车管理办法》,1988年3月9日国务院发布的《中华人民共和国道路交通管理条例》,1991年9月22日国务院发布的《道路交通事故处理办法》,同时废止。

报废汽车回收管理办法

2001年6月13日中华人民共和国国务院令第307号发布

第一条 为了规范报废汽车回收活动,加强对报废汽车回收的管理,保障道路交通秩序和人民生命财产安全,保护环境,制定本办法。

第二条 本办法所称报废汽车(包括摩托车、农用运输车,下同),是指达到国家报废标准,或者虽未达到国家报废标准,但发动机或者底盘严重损坏,经检验不符合国家机动车运行安全技术条件或者国家机动车污染物排放标准的机动车。

本办法所称拼装车,是指使用报废汽车发动机、方向机、变速器、前后桥、车架(以下统称"五大总成")以及其他零配件组装的机动车。

第三条 国家经济贸易委员会负责组织全国报废汽车回收(含拆解,下同)的监督管理工作,国务院公安、工商行政管理等有关部门在各自的职责范围内负责报废汽车回收有关的监督管理工作。

县级以上地方各级人民政府经济贸易管理部门对本行政区域内报废汽车回收活动实施监督管理。县级以上地方各级人民政府公安、工商行政管理等有关部门在各自的职责范围内对本行政区域内报废汽车回收活动实施有关的监督管理。

第四条 国家鼓励汽车报废更新,具体办法由国家经济贸易委员会会同财政部制定。

第五条 县级以上地方各级人民政府应当加强对报废汽车回收监督管理工作的领导,组织各有关部门依法采取措施,防止并依法查处违反本办法规定的行为。

第六条 国家对报废汽车回收业实行特种行业管理,对报废汽车回收企业实行资格认定制度。

除取得报废汽车回收企业资格认定的外,任何单位和个人不得从事报废汽车回收活动。

不具备条件取得报废汽车回收企业资格认定或者未取得报废汽车回收企业资格认定,从事报废汽车回收活动的,任何单位和个人均有权举报。

第七条 报废汽车回收企业除应当符合有关法律、行政法规规定的设立企业的条件外,还应当具备下列条件:

(一)注册资本不低于50万元人民币,依照税法规定为一般纳税人;

(二)拆解场地面积不低于5000平方米;

(三)具备必要的拆解设备和消防设施;

(四)年回收拆解能力不低于500辆;

(五)正式从业人员不少于20人,其中专业技术人员不少于5人;

(六)没有出售报废汽车、报废"五大总成"、拼装车等违法经营行为记录;

(七)符合国家规定的环境保护标准。

设立报废汽车回收企业,还应当符合国家经济贸易委员会关于报废汽车回收行业统一规划、合理布局的要求。

第八条 拟从事报废汽车回收业务的,应当向省、自治区、直辖市人民政府经济贸易管理部门提出申请。省、自治区、直辖市人民政府经济贸易管理部门应当自收到申请之日起30个工作日内,按照本办法第七条规定的条件对申请审核完毕;特殊情况下,可以适当延长,但延长的时间不得超过30个工作日。经审核符合条件的,颁发《资格认定书》;不符合条件的,驳回申请并说明理由。

申请人取得《资格认定书》后,应当依照废旧金属收购业治安管理办法的规定向公安机关申领《特种行业许可证》。

申请人持《资格认定书》和《特种行业许可证》向工商行政管理部门办理登记手续，领取营业执照后，方可从事报废汽车回收业务。

省、自治区、直辖市经济贸易管理部门应当将本行政区域内取得资格认定的报废汽车回收企业，报国家经济贸易委员会备案，并由国家经济贸易委员会予以公布。

第九条 经济贸易管理、公安、工商行政管理等部门必须严格依照本办法和其他有关法律、行政法规的规定，依据各自的职责对从事报废汽车回收业务的申请进行审查；不符合规定条件的，不得颁发有关证照。

第十条 报废汽车拥有单位或者个人应当及时向公安机关办理机动车报废手续。公安机关应当于受理当日，向报废汽车拥有单位或者个人出具《机动车报废证明》，并告知其将报废汽车交售给报废汽车回收企业。

任何单位或者个人不得要求报废汽车拥有单位或者个人将报废汽车交售给指定的报废汽车回收企业。

第十一条 报废汽车回收企业凭《机动车报废证明》收购报废汽车，并向报废汽车拥有单位或者个人出具《报废汽车回收证明》。

报废汽车拥有单位或者个人凭《报废汽车回收证明》，向汽车注册登记地的公安机关办理注销登记。

《报废汽车回收证明》样式由国家经济贸易委员会规定。任何单位和个人不得买卖或者伪造、变造《报废汽车回收证明》。

第十二条 报废汽车拥有单位或者个人应当及时将报废汽车交售给报废汽车回收企业。

任何单位或者个人不得将报废汽车出售、赠予或者以其他方式转让给非报废汽车回收企业的单位或者个人；不得自行拆解报废汽车。

第十三条 报废汽车回收企业对回收的报废汽车应当逐车登记；发现回收的报废汽车有盗窃、抢劫或者其他犯罪嫌疑的，应当及时向公安机关报告。

报废汽车回收企业不得拆解、改装、拼装、倒卖有犯罪嫌疑的汽车及其“五大总成”和其他零配件。

第十四条 报废汽车回收企业必须拆解回收的报废汽车；其中，回收的报废营运客车，应当在公安机关的监督下解体。拆解的“五大总成”应当作为废金属，交售给钢铁企业作为冶炼原料；拆解的其他零配件能够继续使用的，可以出售，但必须标明“报废汽车回用件”。

报废汽车回收企业拆解报废汽车，应当遵守国家环境保护法律、法规，采取有效措施，防治污染。

第十五条 禁止任何单位或者个人利用报废汽车“五大总成”以及其他零配件拼装汽车。

禁止报废汽车整车、“五大总成”和拼装车进入市场交易或者以其他任何方式交易。

禁止拼装车和报废汽车上路行驶。

第十六条 县级以上地方人民政府经济贸易管理部门依据职责，对报废汽车回收企业实施经常性的监督检查，发现报废汽车回收企业不再具备规定条件的，应当立即告知原审批发证部门撤销《资格认定书》、《特种行业许可证》，注销营业执照。

第十七条 公安机关依照本办法以及废旧金属收购业治安管理办法和机动车修理业、报废机动车回收业治安管理办法的规定，对报废汽车回收企业的治安状况实施监督，堵塞销赃渠道。

第十八条 工商行政管理部门依据职责，对报废汽车回收企业的经营活动实施监督；对未取得报废汽车回收企业资格认定，擅自从事报废汽车回收活动的，应当予以查封、取缔。

第十九条 报废汽车的收购价格，按照金属含量折算，参照废旧金属市场价格计价。

第二十条 违反本办法第六条的规定，未取得报废汽车回收企业资格认定，擅自从事报废汽车回收活动的，由工商行政管理部门没收非法回收的报废汽车、“五大总成”以及其他零配件，送报废汽车回收企业拆解，没收违法所得；违法所得在 2 万元以上的，并处违法所得 2 倍以上 5 倍以下的罚款；违法所得不足 2 万元或者没有违法所得的，并处 2 万元以上 5 万元以下的罚款；属经营单位的，吊销营业执照。

第二十一条 违反本办法第十一条的规定，买卖或者伪造、变造《报废汽车回收证明》的，由公安机关没收违法所得，并处 1 万元以上 5 万元以下的罚款；属报废汽车回收企业，情节严重的，由原审批发证部门分别吊销《资格认定书》、《特种行业许可证》、营业执照。

第二十二条 违反本办法第十二条的规定，将报废汽车出售、赠予或者以其他方式转让给非报废汽车回收企业的单位或者个人的，或者自行拆解报废汽车的，由公安机关没收违法所得，并处 2000 元以上 2 万元以下的罚款。

第二十三条 违反本办法第十三条的规定,报废汽车回收企业明知或者应知是有盗窃、抢劫或者其他犯罪嫌疑的汽车、"五大总成"以及其他零配件,未向公安机关报告,擅自拆解、改装、拼装、倒卖的,由公安机关依法没收汽车、"五大总成"以及其他零配件,处1万元以上5万元以下的罚款;由原审批发证部门分别吊销《资格认定书》、《特种行业许可证》、营业执照;构成犯罪的,依法追究刑事责任。

第二十四条 违反本办法第十四条的规定,出售不能继续使用的报废汽车零配件或者出售的报废汽车零配件未标明"报废汽车回用件"的,由工商行政管理部门没收违法所得,并处2000元以上1万元以下的罚款。

第二十五条 违反本办法第十五条的规定,利用报废汽车"五大总成"以及其他零配件拼装汽车或者出售报废汽车整车、"五大总成"、拼装车的,由工商行政管理部门没收报废汽车整车、"五大总成"以及其他零配件、拼装车,没收违法所得;违法所得在5万元以上的,并处违法所得2倍以上5倍以下的罚款;违法所得不足5万元或者没有违法所得的,并处5万元以上10万元以下的罚款;属报废汽车回收企业的,由原审批发证部门分别吊销《资格认定书》、《特种行业许可证》、营业执照。

第二十六条 违反本办法第十五条的规定,报废汽车上路行驶的,由公安机关收回机动车号牌和机动车行驶证,责令报废汽车拥有单位或者个人依照本办法的规定办理注销登记,可以处2000元以下的罚款;拼装车上路行驶的,由公安机关没收拼装车,送报废汽车回收企业拆解,并处2000元以上5000元以下的罚款。

第二十七条 违反本办法第九条的规定,负责报废汽车回收企业审批发证的部门对不符合条件的单位或者个人发给有关证照的,对部门正职负责人、直接负责的主管人员和其他直接责任人员给予降级或者撤职的行政处分;其中,对承办审批的有关工作人员,还应当调离原工作岗位,不得继续从事审批工作;构成犯罪的,依法追究刑事责任。

第二十八条 负责报废汽车回收监督管理的部门及其工作人员,不依照本办法的规定履行监督管理职责的,发现不再具备条件的报废汽车回收企业不及时撤销有关证照的,发现有本办法规定的违法行为不予查处的,对部门正职负责人、直接负责的主管人员和其他直接责任人员,给予记大过、降级或者撤职的行政处分;构成犯罪的,依法追究刑事责任。

第二十九条 政府工作人员有下列情形之一的,依法给予降级直至开除公职的行政处分;构成犯罪的,依法追究刑事责任:

(一)纵容、包庇违反本办法规定的行为的;

(二)向有违反本办法规定行为的当事人通风报信,帮助逃避查处的;

(三)阻挠、干预有关部门对违反本办法规定的行为依法查处,造成严重后果的。

第三十条 军队报废汽车的回收管理办法另行制定。

第三十一条 本办法自公布之日起施行。

中华人民共和国车辆购置税暂行条例

国务院令第294号

第一条 在中华人民共和国境内购置本条例规定的车辆(以下简称应税车辆)的单位和个人,为车辆购置税的纳税人,应当依照本条例缴纳车辆购置税。

第二条 本条例第一条所称购置,包括购买、进口、自产、受赠、获奖或者以其他方式取得并自用应税车辆的行为。本条例第一条所称单位,包括国有企业、集体企业、私营企业、股份制企业、外商投资企业、外国企业以及其他企业和事业单位、社会团体、国家机关、部队以及其他单位;所称个人,包括个体工商户以及其他个人。

第三条 车辆购置税的征收范围包括汽车、摩托车、电车、挂车、农用运输车。

具体征收范围依照本条例所附《车辆购置税征收范围表》执行。车辆购置税征收范围的调整,由国务院决定并公布。

第四条 车辆购置税实行从价定率的办法计算应纳税额。应纳税额的计算公式为:

应纳税额 = 计税价格 × 税率

第五条 车辆购置税的税率为10%。

车辆购置税税率的调整，由国务院决定并公布。

第六条 车辆购置税的计税价格根据不同情况，按照下列规定确定：

（一）纳税人购买自用的应税车辆的计税价格，为纳税人购买应税车辆而支付给销售者的全部价款和价外费用，不包括增值税税款。

（二）纳税人进口自用的应税车辆的计税价格的计算公式为：

计税价格 = 关税完税价格 + 关税 + 消费税

（三）纳税人自产、受赠、获奖或者以其他方式取得并自用的应税车辆的计税价格，由主管税务机关参照本条例第七条规定的最低计税价格核定。

第七条 国家税务总局参照应税车辆市场平均交易价格，规定不同类型应税车辆的最低计税价格。

纳税人购买自用或者进口自用应税车辆，申报的计税价格低于同类型应税车辆的最低计税价格，又无正当理由的，按照最低计税价格征收车辆购置税。

第八条 车辆购置税实行一次征收制度。购置已征车辆购置税的车辆，不再征收车辆购置税。

第九条 车辆购置税的免税、减税，按照下列规定执行：

（一）外国驻华使馆、领事馆和国际组织驻华机构及其外交人员自用的车辆，免税；

（二）中国人民解放军和中国人民武装警察部队列入军队武器装备订货计划的车辆，免税；

（三）设有固定装置的非运输车辆，免税；

（四）有国务院规定予以免税或者减税的其他情形的，按照规定免税或者减税。

第十条 纳税人以外汇结算应税车辆价款的，按照申报纳税之日中国人民银行公布的人民币基准汇价，折合成人民币计算应纳税额。

第十一条 车辆购置税由国家税务局征收。

第十二条 纳税人购置应税车辆，应当向车辆登记注册地的主管税务机关申报纳税；购置不需要办理车辆登记注册手续的应税车辆，应当向纳税人所在地的主管税务机关申报纳税。

第十三条 纳税人购买自用应税车辆的，应当自购买之日起60日内申报纳税；进口自用应税车辆的，应当自进口之日起60日内申报纳税；自产、受赠、获奖或者以其他方式取得并自用应税车辆的，应当自取得之日起60日内申报纳税。

车辆购置税税款应当一次缴清。

第十四条 纳税人应当在向公安机关车辆管理机构办理车辆登记注册前，缴纳车辆购置税。

纳税人应当持主管税务机关出具的完税证明或者免税证明，向公安机关车辆管理机构办理车辆登记注册手续；没有完税证明或者免税证明的，公安机关车辆管理机构不得办理车辆登记注册手续。税务机关应当及时向公安机关车辆管理机构通报纳税人缴纳车辆购置税的情况。公安机关车辆管理机构应当定期向税务机关通报车辆登记注册的情况。税务机关发现纳税人未按照规定缴纳车辆购置税的，有权责令其补缴；纳税人拒绝缴纳的，税务机关可以通知公安机关车辆管理机构暂扣纳税人的车辆牌照。

第十五条 免税、减税车辆因转让、改变用途等原因不再属于免税、减税范围的，应当在办理车辆过户手续前或者办理变更车辆登记注册手续前缴纳车辆购置税。

第十六条 车辆购置税的征收管理，依照《中华人民共和国税收征收管理法》及本条例的有关规定执行。

第十七条 本条例自2001年1月1日起施行。

中华人民共和国标准化法实施条例

1990年4月6日中华人民共和国国务院令第53号发布 自发布之日起施行

第一章 总 则

第一条 根据《中华人民共和国标准化法》（以下简称《标准化法》）的规定，制定本条例。

第二条 对下列需要统一的技术要求，应当制定标准：

（一）工业产品的品种、规格、质量、等级或者安全、卫生要求；

（二）工业产品的设计、生产、试验、检验、包装、储存、运输、使用的方法或者生产、储存、运输过程中的安全、卫生要求；

（三）有关环境保护的各项技术要求和检验方法；

（四）建设工程的勘察、设计、施工、验收的技术要求和方法；

（五）有关工业生产、工程建设和环境保护的技术术语、符号、代号、制图方法、互换配合要求；

（六）农业（含林业、牧业、渔业，下同）产品（含种子、种苗、种畜、种禽，下同）的品种、规格、质量、等级、检验、包装、储存、运输以及生产技术、管理技术的要求；

（七）信息、能源、资源、交通运输的技术要求。

第三条 国家有计划地发展标准化事业。标准化工作应当纳入各级国民经济和社会发展计划。

第四条 国家鼓励采用国际标准和国外先进标准，积极参与制定国际标准。

第二章 标准化工作的管理

第五条 标准化工作的任务是制定标准、组织实施标准和对标准的实施进行监督。

第六条 国务院标准化行政主管部门统一管理全国标准化工作，履行下列职责：

（一）组织贯彻国家有关标准化工作的法律、法规、方针、政策；

（二）组织制定全国标准化工作规划、计划；

（三）组织制定国家标准；

（四）指导国务院有关行政主管部门和省、自治区、直辖市人民政府标准化行政主管部门的标准化工作，协调和处理有关标准化工作问题；

（五）组织实施标准；

（六）对标准的实施情况进行监督检查；

（七）统一管理全国的产品质量认证工作；

（八）统一负责对有关国际标准化组织的业务联系。

第七条 国务院有关行政主管部门分工管理本部门、本行业的标准化工作，履行下列职责：

（一）贯彻国家标准化工作的法律、法规、方针、政策，并制定在本部门、本行业实施的具体办法；

（二）制定本部门、本行业的标准化工作规划、计划；

（三）承担国家下达的草拟国家标准的任务，组织制定行业标准；

（四）指导省、自治区、直辖市有关行政主管部门的标准化工作；

（五）组织本部门、本行业实施标准；

（六）对标准实施情况进行监督检查；

（七）经国务院标准化行政主管部门授权，分工管理本行业的产品质量认证工作。

第八条 省、自治区、直辖市人民政府标准化行政主管部门统一管理本行政区域的标准化工作，履行下列职责：

（一）贯彻国家标准化工作的法律、法规、方针、政策，并制定在本行政区域实施的具体办法；

（二）制定地方标准化工作规划、计划；

（三）组织制定地方标准；

（四）指导本行政区域有关行政主管部门的标准化工作，协调和处理有关标准化工作问题；

（五）在本行政区域组织实施标准；

（六）对标准实施情况进行监督检查。

第九条 省、自治区、直辖市有关行政主管部门分工管理本行政区域内本部门、本行业的标准化工作，履行下列职责：

（一）贯彻国家和本部门、本行业、本行政区域标准化工作的法律、法规、方针、政策，并制定实施的具体办法；

（二）制定本行政区域内本部门、本行业的标准化工作规划、计划；

（三）承担省、自治区、直辖市人民政府下达的草拟地方标准的任务；

（四）在本行政区域内组织本部门、本行业实施标准；

（五）对标准实施情况进行监督检查。

第十条 市、县标准化行政主管部门和有关行政主管部门的职责分工，由省、自治区、直辖市人民政府规定。

第三章 标准的制定

第十一条 对需要在全国范围内统一的下列技术要求,应当制定国家标准(含标准样品的制作):

(一)互换配合、通用技术语言要求;

(二)保障人体健康和人身、财产安全的技术要求;

(三)基本原料、燃料、材料的技术要求;

(四)通用基础件的技术要求;

(五)通用的试验、检验方法;

(六)通用的管理技术要求;

(七)工程建设的重要技术要求;

(八)国家需要控制的其他重要产品的技术要求。

第十二条 国家标准由国务院标准化行政主管部门编制计划,组织草拟,统一审批、编号、发布。

工程建设、药品、食品卫生、兽药、环境保护的国家标准,分别由国务院工程建设主管部门、卫生主管部门、农业主管部门、环境保护主管部门组织草拟、审批;其编号、发布办法由国务院标准化行政主管部门会同国务院有关行政主管部门制定。

法律对国家标准的制定另有规定的,依照法律的规定执行。

第十三条 对没有国家标准而又需要在全国某个行业范围内统一的技术要求,可以制定行业标准(含标准样品的制作)。制定行业标准的项目由国务院有关行政主管部门确定。

第十四条 行业标准由国务院有关行政主管部门编制计划,组织草拟,统一审批、编号、发布,并报国务院标准化行政主管部门备案。

行业标准在相应的国家标准实施后,自行废止。

第十五条 对没有国家标准和行业标准而又需要在省、自治区、直辖市范围内统一的工业产品的安全、卫生要求,可以制定地方标准。制定地方标准的项目,由省、自治区、直辖市人民政府标准化行政主管部门确定。

第十六条 地方标准由省、自治区、直辖市人民政府标准化行政主管部门编制计划,组织草拟,统一审批、编号、发布,并报国务院标准化行政主管部门和国务院有关行政主管部门备案。

法律对地方标准的制定另有规定的,依照法律的规定执行。

地方标准在相应的国家标准或行业标准实施后,自行废止。

第十七条 企业生产的产品没有国家标准、行业标准和地方标准的,应当制定相应的企业标准,作为组织生产的依据。企业标准由企业组织制定(农业企业标准制定办法另定),并按省、自治区、直辖市人民政府的规定备案。

对已有国家标准、行业标准或者地方标准的,鼓励企业制定严于国家标准、行业标准或者地方标准要求的企业标准,在企业内部适用。

第十八条 国家标准、行业标准分为强制性标准和推荐性标准。

下列标准属于强制性标准:

(一)药品标准,食品卫生标准,兽药标准;

(二)产品及产品生产、储运和使用中的安全、卫生标准,劳动安全、卫生标准,运输安全标准;

(三)工程建设的质量、安全、卫生标准及国家需要控制的其他工程建设标准;

(四)环境保护的污染物排放标准和环境质量标准;

(五)重要的通用技术术语、符号、代号和制图方法;

(六)通用的试验、检验方法标准;

(七)互换配合标准;

(八)国家需要控制的重要产品质量标准。

国家需要控制的重要产品目录由国务院标准化行政主管部门会同国务院有关行政主管部门确定。

强制性标准以外的标准是推荐性标准。

省、自治区、直辖市人民政府标准化行政主管部门制定的工业产品的安全、卫生要求的地方标准,在本行政区域内是强制性标准。

第十九条 制定标准应当发挥行业协会、科学技术研究机构和学术团体的作用。

制定国家标准、行业标准和地方标准的部门应当组织由用户、生产单位、行业协会、科学技术研究机构、学术团体及有关部门的专家组成标准化技术委员会，负责标准草拟和参加标准草案的技术审查工作。未组成标准化技术委员会的，可以由标准化技术归口单位负责标准草拟和参加标准草案的技术审查工作。

制定企业标准应当充分听取使用单位、科学技术研究机构的意见。

第二十条 标准实施后，制定标准的部门应当根据科学技术的发展和经济建设的需要适时进行复审。标准复审周期一般不超过五年。

第二十一条 国家标准、行业标准和地方标准的代号、编号办法，由国务院标准化行政主管部门统一规定。

企业标准的代号、编号方法，由国务院标准化行政主管部门会同国务院有关行政主管部门规定。

第二十二条 标准的出版、发行办法，由制定标准的部门规定。

第四章 标准的实施与监督

第二十三条 从事科研、生产、经营的单位和个人，必须严格执行强制性标准。不符合强制性标准的产品，禁止生产、销售和进口。

第二十四条 企业生产执行国家标准、行业标准、地方标准或企业标准，应当在产品或其说明书、包装物上标注所执行标准的代号、编号、名称。

第二十五条 出口产品的技术要求由合同双方约定。

出口产品在国内销售时，属于我国强制性标准管理范围的，必须符合强制性标准的要求。

第二十六条 企业研制新产品、改进产品、进行技术改造，应当符合标准化要求。

第二十七条 国务院标准化行政主管部门组织或授权国务院有关行政主管部门建立行业认证机构，进行产品质量认证工作。

第二十八条 国务院标准化行政主管部门统一负责全国标准实施的监督。国务院有关行政主管部门分工负责本部门、本行业的标准实施的监督。

省、自治区、直辖市标准化行政主管部门统一负责本行政区域内的标准实施的监督。省、自治区、直辖市人民政府有关行政主管部门分工负责本行政区域内本部门、本行业的标准实施的监督。

市、县标准化行政主管部门和有关行政主管部门，按照省、自治区、直辖市人民政府规定的各自的职责，负责本行政区域内的标准实施的监督。

第二十九条 县级以上人民政府标准化行政主管部门，可以根据需要设置检验机构，或者授权其他单位的检验机构，对产品是否符合标准进行检验和承担其他标准实施的监督检验任务。检验机构的设置应当合理布局，充分利用现有力量。

国家检验机构由国务院标准化行政主管部门会同国务院有关行政主管部门规划、审查。地方检验机构由省、自治区、直辖市人民政府标准化行政主管部门会同省级有关行政主管部门规划、审查。

处理有关产品是否符合标准的争议，以本条规定的检验机构的检验数据为准。

第三十条 国务院有关行政主管部门可以根据需要和国家有关规定设立检验机构，负责本行业、本部门的检验工作。

第三十一条 国家机关、社会团体、企业事业单位及全体公民均有权检举、揭发违反强制性标准的行为。

第五章 法律责任

第三十二条 违反《标准化法》和本条例有关规定，有下列情形之一的，由标准化行政主管部门或有关行政主管部门在各自的职权范围内责令限期改进，并可通报批评或给予责任者行政处分：

（一）企业未按规定制定标准作为组织生产依据的；

（二）企业未按规定要求将产品标准上报备案的；

（三）企业的产品未按规定附有标识或与其标识不符的；

（四）企业研制新产品、改进产品、进行技术改造，不符合标准化要求的；

（五）科研、设计、生产中违反有关强制性标准规定的。

第三十三条 生产不符合强制性标准的产品的，应当责令其停止生产，并没收产品，监督销毁或作必要技术处理；处以该批产品货值金额百分之二十至百分之五十的罚款；对有关责任者处以五千元以下罚款。

销售不符合强制性标准的商品的，应当责令其停止销售，并限期追回已售出的商品，监督销毁或作必要技术处理；没收违法所得；处以该批商品货值金额百分之十至百分之二十的罚款；对有关责任者处以五千元以下罚款。

进口不符合强制性标准的产品的，应当封存并没收该产品，监督销毁或作必要技术处理；处以进口产品货值金额百分之二十至百分之五十的罚款；对有关责任者给予行政处分，并可处以五千元以下罚款。

本条规定的责令停止生产、行政处分，由有关行政主管部门决定；其他行政处罚由标准化行政主管部门和工商行政管理部门依据职权决定。

第三十四条 生产、销售、进口不符合强制性标准的产品，造成严重后果，构成犯罪的，由司法机关依法追究直接责任人员的刑事责任。

第三十五条 获得认证证书的产品不符合认证标准而使用认证标志出厂销售的，由标准化行政主管部门责令其停止销售，并处以违法所得二倍以下的罚款；情节严重的，由认证部门撤销其认证证书。

第三十六条 产品未经认证或者认证不合格而擅自使用认证标志出厂销售的，由标准化行政主管部门责令其停止销售，处以违法所得三倍以下的罚款，并对单位负责人处以五千元以下罚款。

第三十七条 当事人对没收产品、没收违法所得和罚款的处罚不服的，可以在接到处罚通知之日起十五日内，向作出处罚决定的机关的上一级机关申请复议；对复议决定不服的，可以在接到复议决定之日起十五日内，向人民法院起诉。当事人也可以在接到处罚通知之日起十五日内，直接向人民法院起诉。当事人逾期不申请复议或者不向人民法院起诉又不履行处罚决定的，由作出处罚决定的机关申请人民法院强制执行。

第三十八条 本条例第三十二条至第三十六条规定的处罚不免除由此产生的对他人的损害赔偿责任。受到损害的有权要求责任人赔偿损失。赔偿责任和赔偿金额纠纷可以由有关行政主管部门处理，当事人也可以直接向人民法院起诉。

第三十九条 标准化工作的监督、检验、管理人员有下列行为之一的，由有关主管部门给予行政处分，构成犯罪的，由司法机关依法追究刑事责任：

（一）违反本条例规定，工作失误，造成损失的；

（二）伪造、篡改检验数据的；

（三）徇私舞弊、滥用职权、索贿受贿的。

第四十条 罚没收入全部上缴财政。对单位的罚款，一律从其自有资金中支付，不得列入成本。对责任人的罚款，不得从公款中核销。

第六章　附　　则

第四十一条 军用标准化管理条例，由国务院、中央军委另行制定。

第四十二条 工程建设标准化管理规定，由国务院工程建设主管部门依据《标准化法》和本条例的有关规定另行制定，报国务院批准后实施。

第四十三条 本条例由国家技术监督局负责解释。

第四十四条 本条例自发布之日起施行。

中华人民共和国消费税暂行条例

1993年12月13日中华人民共和国国务院令第135号发布　2008年11月5日国务院第34次常务会议修订通过　2008年11月10日中华人民共和国国务令第539号发布　自2009年1月1日起施行

第一条 在中华人民共和国境内生产、委托加工和进口本条例规定的消费品的单位和个人，以及国务院确定的销售本条例规定的消费品的其他单位和个人，为消费税的纳税人，应当依照本条例缴纳消费税。

第二条 消费税的税目、税率，依照本条例所附的《消费税税目税率表》执行。

消费税税目、税率的调整，由国务院决定。

第三条 纳税人兼营不同税率的应当缴纳消费税的消费品(以下简称应税消费品),应当分别核算不同税率应税消费品的销售额、销售数量;未分别核算销售额、销售数量,或者将不同税率的应税消费品组成成套消费品销售的,从高适用税率。

第四条 纳税人生产的应税消费品,于纳税人销售时纳税。纳税人自产自用的应税消费品,用于连续生产应税消费品的,不纳税;用于其他方面的,于移送使用时纳税。

委托加工的应税消费品,除受托方为个人外,由受托方在向委托方交货时代收代缴税款。委托加工的应税消费品,委托方用于连续生产应税消费品的,所纳税款准予按规定抵扣。

进口的应税消费品,于报关进口时纳税。

第五条 消费税实行从价定率、从量定额,或者从价定率和从量定额复合计税(以下简称复合计税)的办法计算应纳税额。应纳税额计算公式:

实行从价定率办法计算的应纳税额=销售额×比例税率

实行从量定额办法计算的应纳税额=销售数量×定额税率

实行复合计税办法计算的应纳税额=销售额×比例税率+销售数量×定额税率

纳税人销售的应税消费品,以人民币计算销售额。纳税人以人民币以外的货币结算销售额的,应当折合成人民币计算。

第六条 销售额为纳税人销售应税消费品向购买方收取的全部价款和价外费用。

第七条 纳税人自产自用的应税消费品,按照纳税人生产的同类消费品的销售价格计算纳税;没有同类消费品销售价格的,按照组成计税价格计算纳税。

实行从价定率办法计算纳税的组成计税价格计算公式:

组成计税价格=(成本+利润)÷(1-比例税率)

实行复合计税办法计算纳税的组成计税价格计算公式:

组成计税价格=(成本+利润+自产自用数量×定额税率)÷(1-比例税率)

第八条 委托加工的应税消费品,按照受托方的同类消费品的销售价格计算纳税;没有同类消费品销售价格的,按照组成计税价格计算纳税。

实行从价定率办法计算纳税的组成计税价格计算公式:

组成计税价格=(材料成本+加工费)÷(1-比例税率)

实行复合计税办法计算纳税的组成计税价格计算公式:

组成计税价格=(材料成本+加工费+委托加工数量×定额税率)÷(1-比例税率)

第九条 进口的应税消费品,按照组成计税价格计算纳税。

实行从价定率办法计算纳税的组成计税价格计算公式:

组成计税价格=(关税完税价格+关税)÷(1-消费税比例税率)

实行复合计税办法计算纳税的组成计税价格计算公式:

组成计税价格=(关税完税价格+关税+进口数量×消费税定额税率)÷(1-消费税比例税率)

第十条 纳税人应税消费品的计税价格明显偏低并无正当理由的,由主管税务机关核定其计税价格。

第十一条 对纳税人出口应税消费品,免征消费税;国务院另有规定的除外。出口应税消费品的免税办法,由国务院财政、税务主管部门规定。

第十二条 消费税由税务机关征收,进口的应税消费品的消费税由海关代征。

个人携带或者邮寄进境的应税消费品的消费税,连同关税一并计征。具体办法由国务院关税税则委员会会同有关部门制定。

第十三条 纳税人销售的应税消费品,以及自产自用的应税消费品,除国务院财政、税务主管部门另有规定外,应当向纳税人机构所在地或者居住地的主管税务机关申报纳税。

委托加工的应税消费品,除受托方为个人外,由受托方向机构所在地或者居住地的主管税务机关解缴消费税税款。

进口的应税消费品,应当向报关地海关申报纳税。

第十四条 消费税的纳税期限分别为1日、3日、5日、10日、15日、1个月或者1个季度。纳税人的具体纳税期限,由主管税务机关根据纳税人应纳税额的大小分别核定;不能按照固定期限纳税的,可以按次纳税。

纳税人以1个月或者1个季度为1个纳税期的，自期满之日起15日内申报纳税；以1日、3日、5日、10日或者15日为1个纳税期的，自期满之日起5日内预缴税款，于次月1日起15日内申报纳税并结清上月应纳税款。

第十五条 纳税人进口应税消费品，应当自海关填发海关进口消费税专用缴款书之日起15日内缴纳税款。

第十六条 消费税的征收管理，依照《中华人民共和国税收征收管理法》及本条例有关规定执行。

第十七条 本条例自2009年1月1日起施行。

中华人民共和国增值税暂行条例

1993年12月13日中华人民共和国国务院令第134号发布

2008年11月5日国务院第34次常务会议修订通过

第一条 在中华人民共和国境内销售货物或者提供加工、修理修配劳务以及进口货物的单位和个人，为增值税的纳税人，应当依照本条例缴纳增值税。

第二条 增值税税率：

（一）纳税人销售或者进口货物，除本条第（二）项、第（三）项规定外，税率为17%。

（二）纳税人销售或者进口下列货物，税率为13%：

1. 粮食、食用植物油；
2. 自来水、暖气、冷气、热水、煤气、石油液化气、天然气、沼气、居民用煤炭制品；
3. 图书、报纸、杂志；
4. 饲料、化肥、农药、农机、农膜；
5. 国务院规定的其他货物。

（三）纳税人出口货物，税率为零；但是，国务院另有规定的除外。

（四）纳税人提供加工、修理修配劳务（以下称应税劳务），税率为17%。

税率的调整，由国务院决定。

第三条 纳税人兼营不同税率的货物或者应税劳务，应当分别核算不同税率货物或者应税劳务的销售额；未分别核算销售额的，从高适用税率。

第四条 除本条例第十一条规定外，纳税人销售货物或者提供应税劳务（以下简称销售货物或者应税劳务），应纳税额为当期销项税额抵扣当期进项税额后的余额。应纳税额计算公式：

应纳税额 = 当期销项税额 - 当期进项税额

当期销项税额小于当期进项税额不足抵扣时，其不足部分可以结转下期继续抵扣。

第五条 纳税人销售货物或者应税劳务，按照销售额和本条例第二条规定的税率计算并向购买方收取的增值税额，为销项税额。销项税额计算公式：

销项税额 = 销售额 × 税率

第六条 销售额为纳税人销售货物或者应税劳务向购买方收取的全部价款和价外费用，但是不包括收取的销项税额。

销售额以人民币计算。纳税人以人民币以外的货币结算销售额的，应当折合成人民币计算。

第七条 纳税人销售货物或者应税劳务的价格明显偏低并无正当理由的，由主管税务机关核定其销售额。

第八条 纳税人购进货物或者接受应税劳务（以下简称购进货物或者应税劳务）支付或者负担的增值税额，为进项税额。

下列进项税额准予从销项税额中抵扣：

（一）从销售方取得的增值税专用发票上注明的增值税额。

（二）从海关取得的海关进口增值税专用缴款书上注明的增值税额。

（三）购进农产品，除取得增值税专用发票或者海关进口增值税专用缴款书外，按照农产品收购发票或者销售发票上注明的农产品买价和13%的扣除率计算的进项税额。进项税额计算公式：

进项税额=买价×扣除率

（四）购进或者销售货物以及在生产经营过程中支付运输费用的，按照运输费用结算单据上注明的运输费用金额和7%的扣除率计算的进项税额。进项税额计算公式：

进项税额=运输费用金额×扣除率

准予抵扣的项目和扣除率的调整，由国务院决定。

第九条 纳税人购进货物或者应税劳务，取得的增值税扣税凭证不符合法律、行政法规或者国务院税务主管部门有关规定的，其进项税额不得从销项税额中抵扣。

第十条 下列项目的进项税额不得从销项税额中抵扣：

（一）用于非增值税应税项目、免征增值税项目、集体福利或者个人消费的购进货物或者应税劳务；

（二）非正常损失的购进货物及相关的应税劳务；

（三）非正常损失的在产品、产成品所耗用的购进货物或者应税劳务；

（四）国务院财政、税务主管部门规定的纳税人自用消费品；

（五）本条第（一）项至第（四）项规定的货物的运输费用和销售免税货物的运输费用。

第十一条 小规模纳税人销售货物或者应税劳务，实行按照销售额和征收率计算应纳税额的简易办法，并不得抵扣进项税额。应纳税额计算公式：

应纳税额=销售额×征收率

小规模纳税人的标准由国务院财政、税务主管部门规定。

第十二条 小规模纳税人增值税征收率为3%。

征收率的调整，由国务院决定。

第十三条 小规模纳税人以外的纳税人应当向主管税务机关申请资格认定。具体认定办法由国务院税务主管部门制定。

小规模纳税人会计核算健全，能够提供准确税务资料的，可以向主管税务机关申请资格认定，不作为小规模纳税人，依照本条例有关规定计算应纳税额。

第十四条 纳税人进口货物，按照组成计税价格和本条例第二条规定的税率计算应纳税额。组成计税价格和应纳税额计算公式：

组成计税价格=关税完税价格+关税+消费税

应纳税额=组成计税价格×税率

第十五条 下列项目免征增值税：

（一）农业生产者销售的自产农产品；

（二）避孕药品和用具；

（三）古旧图书；

（四）直接用于科学研究、科学试验和教学的进口仪器、设备；

（五）外国政府、国际组织无偿援助的进口物资和设备；

（六）由残疾人的组织直接进口供残疾人专用的物品；

（七）销售的自己使用过的物品。

除前款规定外，增值税的免税、减税项目由国务院规定。任何地区、部门均不得规定免税、减税项目。

第十六条 纳税人兼营免税、减税项目的，应当分别核算免税、减税项目的销售额；未分别核算销售额的，不得免税、减税。

第十七条 纳税人销售额未达到国务院财政、税务主管部门规定的增值税起征点的，免征增值税；达到起征点的，依照本条例规定全额计算缴纳增值税。

第十八条 中华人民共和国境外的单位或者个人在境内提供应税劳务，在境内未设有经营机构的，以其境内代理人为扣缴义务人；在境内没有代理人的，以购买方为扣缴义务人。

第十九条 增值税纳税义务发生时间：

（一）销售货物或者应税劳务，为收讫销售款项或者取得索取销售款项凭据的当天；先开具发票的，为开具发票的当天。

（二）进口货物，为报关进口的当天。

增值税扣缴义务发生时间为纳税人增值税纳税义务发生的当天。

第二十条 增值税由税务机关征收,进口货物的增值税由海关代征。

个人携带或者邮寄进境自用物品的增值税,连同关税一并计征。具体办法由国务院关税税则委员会会同有关部门制定。

第二十一条 纳税人销售货物或者应税劳务,应当向索取增值税专用发票的购买方开具增值税专用发票,并在增值税专用发票上分别注明销售额和销项税额。

属于下列情形之一的,不得开具增值税专用发票:

(一)向消费者个人销售货物或者应税劳务的;

(二)销售货物或者应税劳务适用免税规定的;

(三)小规模纳税人销售货物或者应税劳务的。

第二十二条 增值税纳税地点:

(一)固定业户应当向其机构所在地的主管税务机关申报纳税。总机构和分支机构不在同一县(市)的,应当分别向各自所在地的主管税务机关申报纳税;经国务院财政、税务主管部门或者其授权的财政、税务机关批准,可以由总机构汇总向总机构所在地的主管税务机关申报纳税。

(二)固定业户到外县(市)销售货物或者应税劳务,应当向其机构所在地的主管税务机关申请开具外出经营活动税收管理证明,并向其机构所在地的主管税务机关申报纳税;未开具证明的,应当向销售地或者劳务发生地的主管税务机关申报纳税;未向销售地或者劳务发生地的主管税务机关申报纳税的,由其机构所在地的主管税务机关补征税款。

(三)非固定业户销售货物或者应税劳务,应当向销售地或者劳务发生地的主管税务机关申报纳税;未向销售地或者劳务发生地的主管税务机关申报纳税的,由其机构所在地或者居住地的主管税务机关补征税款。

(四)进口货物,应当向报关地海关申报纳税。

扣缴义务人应当向其机构所在地或者居住地的主管税务机关申报缴纳其扣缴的税款。

第二十三条 增值税的纳税期限分别为 1 日、3 日、5 日、10 日、15 日、1 个月或者 1 个季度。纳税人的具体纳税期限,由主管税务机关根据纳税人应纳税额的大小分别核定;不能按照固定期限纳税的,可以按次纳税。

纳税人以 1 个月或者 1 个季度为 1 个纳税期的,自期满之日起 15 日内申报纳税;以 1 日、3 日、5 日、10 日或者 15 日为 1 个纳税期的,自期满之日起 5 日内预缴税款,于次月 1 日起 15 日内申报纳税并结清上月应纳税款。

扣缴义务人解缴税款的期限,依照前两款规定执行。

第二十四条 纳税人进口货物,应当自海关填发海关进口增值税专用缴款书之日起 15 日内缴纳税款。

第二十五条 纳税人出口货物适用退(免)税规定的,应当向海关办理出口手续,凭出口报关单等有关凭证,在规定的出口退(免)税申报期内按月向主管税务机关申报办理该项出口货物的退(免)税。具体办法由国务院财政、税务主管部门制定。

出口货物办理退税后发生退货或者退关的,纳税人应当依法补缴已退的税款。

第二十六条 增值税的征收管理,依照《中华人民共和国税收征收管理法》及本条例有关规定执行。

第二十七条 本条例自 2009 年 1 月 1 日起施行。

关于取消地方限制经济型轿车使用的意见

汽车工业是党的十四大确定的我国国民经济的支柱产业,对今后我国经济的发展具有重要的作用。国务院颁布的《汽车工业产业政策》已经明确,经济型轿车是汽车工业发展的重点,尤其是小排量微型轿车具有油耗低、停车占地少、价格便宜等特点,更适合当前购买力较低的市场需求。各类汽车(包括小轿车)都应允许面向国内市场,不应人为规定在某一地方只准某些型号汽车行驶,而不允许另一些型号汽车行驶。但近一个时期,一些地方和城市自行制定政策,用行政办法,限制一些型号轿车(包括小排量微型轿车)的使用,特别是限制一些非本地生产轿车的使用,人为地造成了市场分割和地区保护,对轿车的生产和消费产生了误导,也不符合市场经济的规律,发展下去既不利于全局,也不利于局部。为了维护全国统一的汽车市场,促进

我国汽车工业的健康发展,现对取消地方限制经济型轿车使用问题提出以下意见:

一、各地要认真贯彻执行《汽车工业产业政策》,不得自行制定对车型使用进行限制以及对民用汽车的保有和使用实行总量控制的政策,已制定出台的限制经济型轿车使用的措施和对民用汽车保有及使用实行总量控制的规定要立即取消,并将执行情况报国家计委、公安部等有关部门。

二、各级地方人民政府原则上不得以任何方式干预经营者对经国家许可生产销售的营运车辆的选择。直辖市以及计划单列市和省会城市人民政府可根据本地情况和消费者的不同需要,确定出租汽车不同车型的合理比例,该比例方案要按照出租汽车现行管理体制报请国家有关部门批准后实施,其他城市要经省、自治区有关部门审查同意。车辆的选择应符合机械部、公安部颁布的《汽车生产企业及产品目录》以及建设部颁布的《出租汽车运行技术条件》(CJ/T3003—93)的要求。

三、各城市要抓紧制定城市交通发展规划,采取有效措施,加快城市路网、停车场、公共交通以及交通管理设施的建设。要依法从严管理道路交通,提高服务水平,充分发挥路网系统的通行能力。对确因城市路网压力过大,需对汽车的社会保有量和交通流量进行暂时控制的城市,直辖市以及计划单列市和省会城市人民政府应将实施方案报公安部会同建设部等有关部门审批;地级市应报省公安部门会同建设等行政主管部门审批;其他城市(包括建制镇)原则上不得出台任何对汽车保有和使用进行总量控制的方案。具体审批办法由公安部会同建设部等有关部门研究制定。

1996 年 8 月 10 日

国务院关于禁止在市场经济活动中实行地区封锁的规定

2001 年 4 月 21 日中华人民共和国国务院令第 303 号发布　自发布之日起施行

第一条 为了建立和完善全国统一、公平竞争、规范有序的市场体系,禁止市场经济活动中的地区封锁行为,破除地方保护,维护社会主义市场经济秩序,制定本规定。

第二条 各级人民政府及其所属部门负有消除地区封锁、保护公平竞争的责任,应当为建立和完善全国统一、公平竞争、规范有序的市场体系创造良好的环境和条件。

第三条 禁止各种形式的地区封锁行为。

禁止任何单位或者个人违反法律、行政法规和国务院的规定,以任何方式阻挠、干预外地产品或者工程建设类服务(以下简称服务)进入本地市场,或者对阻挠、干预外地产品或者服务进入本地市场的行为纵容、包庇,限制公平竞争。

第四条 地方各级人民政府及其所属部门(包括被授权或者委托行使行政权的组织,下同)不得违反法律、行政法规和国务院的规定,实行下列地区封锁行为:

(一)以任何方式限定、变相限定单位或者个人只能经营、购买、使用本地生产的产品或者只能接受本地企业、指定企业、其他经济组织或者个人提供的服务;

(二)在道路、车站、港口、航空港或者本行政区域边界设置关卡,阻碍外地产品进入或者本地产品运出;

(三)对外地产品或者服务设定歧视性收费项目、规定歧视性价格,或者实行歧视性收费标准;

(四)对外地产品或者服务采取与本地同类产品或者服务不同的技术要求、检验标准,或者对外地产品或者服务采取重复检验、重复认证等歧视性技术措施,限制外地产品或者服务进入本地市场;

(五)采取专门针对外地产品或者服务的专营、专卖、审批、许可等手段,实行歧视性待遇,限制外地产品或者服务进入本地市场;

(六)通过设定歧视性资质要求、评审标准或者不依法发布信息等方式限制或者排斥外地企业、其他经济组织或者个人参加本地的招投标活动;

(七)以采取同本地企业、其他经济组织或者个人不平等的待遇等方式,限制或者排斥外地企业、其他经济组织或者个人在本地投资或者设立分支机构,或者对外地企业、其他经济组织或者个人在本地的投资或者设立的分支机构实行歧视性待遇,侵害其合法权益;

(八)实行地区封锁的其他行为。

第五条 任何地方不得制定实行地区封锁或者含有地区封锁内容的规定,妨碍建立和完善全国统一、公平竞争、规范有序的市场体系,损害公平竞争环境。

第六条 地方各级人民政府所属部门的规定属于实行地区封锁或者含有地区封锁内容的，由本级人民政府改变或者撤销；本级人民政府不予改变或者撤销的，由上一级人民政府改变或者撤销。

第七条 省、自治区、直辖市以下地方各级人民政府的规定属于实行地区封锁或者含有地区封锁内容的，由上一级人民政府改变或者撤销；上一级人民政府不予改变或者撤销的，由省、自治区、直辖市人民政府改变或者撤销。

第八条 省、自治区、直辖市人民政府的规定属于实行地区封锁或者含有地区封锁内容的，由国务院改变或者撤销。

第九条 地方各级人民政府或者其所属部门设置地区封锁的规定或者含有地区封锁内容的规定，是以国务院所属部门不适当的规定为依据的，由国务院改变或者撤销该部门不适当的规定。

第十条 以任何方式限定、变相限定单位或者个人只能经营、购买、使用本地生产的产品或者只能接受本地企业、指定企业、其他经济组织或者个人提供的服务的，由省、自治区、直辖市人民政府组织经济贸易管理部门、工商行政管理部门查处，撤销限定措施。

第十一条 在道路、车站、港口、航空港或者在本行政区域边界设置关卡，阻碍外地产品进入和本地产品运出的，由省、自治区、直辖市人民政府组织经济贸易管理部门、公安部门和交通部门查处，撤销关卡。

第十二条 对外地产品或者服务设定歧视性收费项目、规定歧视性价格，或者实行歧视性收费标准的，由省、自治区、直辖市人民政府组织财政部门和价格部门查处，撤销歧视性收费项目、价格或者收费标准。

第十三条 对外地产品或者服务采取和本地同类产品或者服务不同的技术要求、检验标准，或者对外地产品或者服务采取重复检验、重复认证等歧视性技术措施，限制外地产品或者服务进入本地市场的，由省、自治区、直辖市人民政府组织质量技术监督部门查处，撤销歧视性技术措施。

第十四条 采取专门针对外地产品或者服务的专营、专卖、审批、许可等手段，实行歧视性待遇，限制外地产品或者服务进入本地市场的，由省、自治区、直辖市人民政府组织经济贸易管理部门、工商行政管理部门、质量技术监督部门和其他有关主管部门查处，撤销歧视性待遇。

第十五条 通过设定歧视性资质要求、评审标准或者不依法发布信息等方式，限制或者排斥外地企业、其他经济组织或者个人参加本地的招投标活动的，由省、自治区、直辖市人民政府组织有关主管部门查处，消除障碍。

第十六条 以采取同本地企业、其他经济组织或者个人不平等的待遇等方式，限制或者排斥外地企业、其他经济组织或者个人在本地投资或者设立分支机构，或者对外地企业、其他经济组织或者个人在本地的投资或者设立的分支机构实行歧视性待遇的，由省、自治区、直辖市人民政府组织经济贸易管理部门、工商行政管理部门查处，消除障碍。

第十七条 实行本规定第四条第(一)项至第(七)项所列行为以外的其他地区封锁行为的，由省、自治区、直辖市人民政府组织经济贸易管理部门、工商行政管理部门、质量技术监督部门和其他有关主管部门查处，消除地区封锁。

第十八条 省、自治区、直辖市人民政府依照本规定第十条至第十七条的规定组织所属有关部门对地区封锁行为进行查处，处理决定由省、自治区、直辖市人民政府作出；必要时，国务院经济贸易管理部门、国务院工商行政管理部门、国务院质量监督检验检疫部门或者国务院其他有关部门可以对涉及省、自治区、直辖市人民政府的地区封锁行为进行查处。

地方各级人民政府及其所属部门不得以任何名义、方式阻挠、干预依照本规定对地区封锁行为进行的查处工作。

第十九条 地区封锁行为属于根据地方人民政府或者其所属部门的规定实行的，除依照本规定第十条至第十七条的规定查处、消除地区封锁外，并应当依照本规定第六条至第九条的规定，对有关规定予以改变或者撤销。

第二十条 任何单位和个人均有权对地区封锁行为进行抵制，并向有关省、自治区、直辖市人民政府或者其经济贸易管理部门、工商行政管理部门、质量技术监督部门或者其他有关部门直至国务院经济贸易管理部门、国务院工商行政管理部门、国务院质量监督检验检疫部门或者国务院其他有关部门检举。

有关省、自治区、直辖市人民政府或者其经济贸易管理部门、工商行政管理部门、质量技术监督部门或者其他有关部门接到检举后，应当自接到检举之日起 5 个工作日内，由省、自治区、直辖市人民政府责成有关地方人民政府在 30 个工作日内调查、处理完毕，或者由省、自治区、直辖市人民政府在 30 个工作日内依照本规定直接调查、处理完毕;特殊情况下,调查、处理时间可以适当延长,但延长的时间不得超过30个工作日。

国务院经济贸易管理部门、国务院工商行政管理部门、国务院质量监督检验检疫部门或者国务院其他有关部门接到检举后,应当在5个工作日内,将检举材料转送有关省、自治区、直辖市人民政府。

接受检举的政府、部门应当为检举人保密。对检举有功的单位和个人,应当给予奖励。

第二十一条 对地方人民政府或者其所属部门违反本规定,实行地区封锁的,纵容、包庇地区封锁的,或者阻挠、干预查处地区封锁的,由省、自治区、直辖市人民政府给予通报批评;省、自治区、直辖市人民政府违反本规定,实行地区封锁的,纵容、包庇地区封锁的,或者阻挠、干预查处地区封锁的,由国务院给予通报批评。对直接负责的主管人员和其他直接责任人员,按照法定程序,根据情节轻重,给予降级或者撤职的行政处分;构成犯罪的,依法追究刑事责任。

第二十二条 地方人民政府或者其所属部门违反本规定,制定实行地区封锁或者含有地区封锁内容的规定的,除依照本规定第六条至第九条的规定对有关规定予以改变或者撤销外,对该地方人民政府或者其所属部门的主要负责人和签署该规定的负责人,按照法定程序,根据情节轻重,给予降级或者撤职的行政处分。

第二十三条 接到检举地区封锁行为的政府或者有关部门,不在规定期限内进行调查、处理或者泄露检举人情况的,对直接负责的主管人员和其他直接责任人员,按照法定程序,根据情节轻重,给予降级、撤职直至开除公职的行政处分。

第二十四条 采取暴力、威胁等手段,欺行霸市、强买强卖,阻碍外地产品或者服务进入本地市场,构成违反治安管理行为的,由公安机关依照《中华人民共和国治安管理处罚条例》的规定予以处罚;构成犯罪的,依法追究刑事责任。

经营单位有前款规定行为的,并由工商行政管理部门依法对该经营单位予以处罚,直至责令停产停业、予以查封并吊销其营业执照。

第二十五条 地方人民政府或者其所属部门滥用行政权力,实行地区封锁所收取的费用及其他不正当收入,应当返还有关企业、其他经济组织或者个人;无法返还的,由上一级人民政府财政部门予以收缴。

第二十六条 地方人民政府或者其所属部门的工作人员对检举地区封锁行为的单位或者个人进行报复陷害的,按照法定程序,根据情节轻重,给予降级、撤职直至开除公职的行政处分;构成犯罪的,依法追究刑事责任。

第二十七条 监察机关依照行政监察法的规定,对行政机关及其工作人员的地区封锁行为实施监察。

第二十八条 本规定自公布之日起施行。

自本规定施行之日起,地方各级人民政府及其所属部门的规定与本规定相抵触或者部分相抵触的,全部或者相抵触的部分自行失效。

依据宪法和有关法律关于地方性法规不得同宪法、法律和行政法规相抵触的规定,自本规定施行之日起,地方性法规同本规定相抵触的,应当执行本规定。

国务院办公厅关于加强进口汽车牌证管理的通知

1993年8月30日国务院办公厅文件国办发〔1993〕55号发布

各省、自治区、直辖市人民政府,国务院各部委、各直属机构:

为了进一步严厉打击走私汽车的违法犯罪活动,经国务院批准,现就加强进口汽车(含摩托车,下同)牌证管理的问题通知如下:

一、公安交通管理部门必须凭海关签发的进口证明书,才能给进口汽车办理核发牌证的手续。

二、海关、公安、工商行政管理部门对查获的走私汽车和无进口证明的汽车应一律没收,不得罚款放行。没收的汽车交国家指定的部门销售,销售价格原则上不得低于正常进口汽车价格(包括各种进口税费),销售部门按国家规定的比例提取手续费。公安交通管理部门凭销售部门的销售发票和缉私部门的没收证明办理核发牌证的手续。销售部门由国家工商行政管理局与公安部、海关总署研究确定。

三、为了便于公安交通管理部门管理,海关对进口汽车签发的证明、缉私部门对走私汽车和无进口证明汽车的没收证明、销售部门的销售发票,应一车一证,并将上述证明、发票的样本和真伪识别标志送公安交通管理部门备案。

四、建立进口汽车牌证发放的统计报告和复核制度。各级公安交通管理部门每年要将办理进口汽车牌证的情况报公安部。公安交通管理部门要会同海关、工商行政管理部门对办理的进口汽车牌证进行抽查复核,对利用假证明、假发票申领进口汽车牌证的,要依法从重处罚。

五、具体实施办法由公安部会同海关总署和国家工商行政管理局制定下达。

六、军队和人民武装警察部队进口汽车的牌证管理办法,由军队、人民武装警察部队参照本通知精神制定。

中华人民共和国货物进出口管理条例

2001 年 10 月 31 日国务院第 46 次常务会议通过 2001 年 12 月 10 日
中华人民共和国国务院令第 332 号公布 自 2002 年 1 月 1 日起施行

第一章 总 则

第一条 为了规范货物进出口管理,维护货物进出口秩序,促进对外贸易健康发展,根据《中华人民共和国对外贸易法》(以下简称对外贸易法)的有关规定,制定本条例。

第二条 从事将货物进口到中华人民共和国关境内或者将货物出口到中华人民共和国关境外的贸易活动,应当遵守本条例。

第三条 国家对货物进出口实行统一的管理制度。

第四条 国家准许货物的自由进出口,依法维护公平、有序的货物进出口贸易。

除法律、行政法规明确禁止或者限制进出口的外,任何单位和个人均不得对货物进出口设置、维持禁止或者限制措施。

第五条 中华人民共和国在货物进出口贸易方面根据所缔结或者参加的国际条约、协定,给予其他缔约方、参加方最惠国待遇、国民待遇,或者根据互惠、对等原则给予对方最惠国待遇、国民待遇。

第六条 任何国家或者地区在货物进出口贸易方面对中华人民共和国采取歧视性的禁止、限制或者其他类似措施的,中华人民共和国可以根据实际情况对该国家或者地区采取相应的措施。

第七条 国务院对外经济贸易主管部门(以下简称国务院外经贸主管部门)依照对外贸易法和本条例的规定,主管全国货物进出口贸易工作。

国务院有关部门按照国务院规定的职责,依照本条例的规定负责货物进出口贸易管理的有关工作。

第二章 货物进口管理

第一节 禁止进口的货物

第八条 有对外贸易法第十七条规定情形之一的货物,禁止进口。其他法律、行政法规规定禁止进口的,依照其规定。

禁止进口的货物目录由国务院外经贸主管部门会同国务院有关部门制定、调整并公布。

第九条 属于禁止进口的货物,不得进口。

第二节 限制进口的货物

第十条 有对外贸易法第十六条第(一)、(四)、(五)、(六)、(七)项规定情形之一的货物,限制进口。其他法律、行政法规规定限制进口的,依照其规定。

限制进口的货物目录由国务院外经贸主管部门会同国务院有关部门制定、调整并公布。

限制进口的货物目录,应当至少在实施前 21 天公布;在紧急情况下,应当不迟于实施之日公布。

第十一条 国家规定有数量限制的限制进口货物,实行配额管理;其他限制进口货物,实行许可证管理。

实行关税配额管理的进口货物,依照本章第四节的规定执行。

第十二条 实行配额管理的限制进口货物,由国务院外经贸主管部门和国务院有关经济管理部门(以下统称进口配额管理部门)按照国务院规定的职责划分进行管理。

第十三条 对实行配额管理的限制进口货物,进口配额管理部门应当在每年 7 月 31 日前公布下一年度进口配额总量。

配额申请人应当在每年 8 月 1 日至 8 月 31 日向进口配额管理部门提出下一年度进口配额的申请。

进口配额管理部门应当在每年 10 月 31 日前将下一年度的配额分配给配额申请人。

进口配额管理部门可以根据需要对年度配额总量进行调整,并在实施前 21 天予以公布。

第十四条 配额可以按照对所有申请统一办理的方式分配。

第十五条 按照对所有申请统一办理的方式分配配额的,进口配额管理部门应当自规定的申请期限截止之日起 60 天内作出是否发放配额的决定。

第十六条 进口配额管理部门分配配额时,应当考虑下列因素:

(一)申请人的进口实绩;

(二)以往分配的配额是否得到充分使用;

(三)申请人的生产能力、经营规模、销售状况;

(四)新的进口经营者的申请情况;

(五)申请配额的数量情况;

(六)需要考虑的其他因素。

第十七条 进口经营者凭进口配额管理部门发放的配额证明,向海关办理报关验放手续。

国务院有关经济管理部门应当及时将年度配额总量、分配方案和配额证明实际发放的情况向国务院外经贸主管部门备案。

第十八条 配额持有者未使用完其持有的年度配额的,应当在当年 9 月 1 日前将未使用的配额交还进口配额管理部门;未按期交还并且在当年年底前未使用完的,进口配额管理部门可以在下一年度对其扣减相应的配额。

第十九条 实行许可证管理的限制进口货物,进口经营者应当向国务院外经贸主管部门或者国务院有关部门(以下统称进口许可证管理部门)提出申请。进口许可证管理部门应当自收到申请之日起 30 天内决定是否许可。

进口经营者凭进口许可证管理部门发放的进口许可证,向海关办理报关验放手续。

前款所称进口许可证,包括法律、行政法规规定的各种具有许可进口性质的证明、文件。

第二十条 进口配额管理部门和进口许可证管理部门应当根据本条例的规定制定具体管理办法,对申请人的资格、受理申请的部门、审查的原则和程序等事项作出明确规定并在实施前予以公布。

受理申请的部门一般为一个部门。

进口配额管理部门和进口许可证管理部门要求申请人提交的文件,应当限于为保证实施管理所必需的文件和资料,不得仅因细微的、非实质性的错讹拒绝接受申请。

第三节 自由进口的货物

第二十一条 进口属于自由进口的货物,不受限制。

第二十二条 基于监测货物进口情况的需要,国务院外经贸主管部门和国务院有关经济管理部门可以按照国务院规定的职责划分,对部分属于自由进口的货物实行自动进口许可管理。

实行自动进口许可管理的货物目录,应当至少在实施前 21 天公布。

第二十三条 进口属于自动进口许可管理的货物,均应当给予许可。

第二十四条 进口属于自动进口许可管理的货物,进口经营者应当在办理海关报关手续前,向国务院外经贸主管部门或者国务院有关经济管理部门提交自动进口许可申请。

国务院外经贸主管部门或者国务院有关经济管理部门应当在收到申请后,立即发放自动进口许可证明;在特殊情况下,最长不得超过 10 天。

进口经营者凭国务院外经贸主管部门或者国务院有关经济管理部门发放的自动进口许可证明,向海关办理报关验放手续。

第四节 关税配额管理的货物

第二十五条 实行关税配额管理的进口货物目录,由国务院外经贸主管部门会同国务院有关经济管理部门制定、调整并公布。

第二十六条 属于关税配额内进口的货物，按照配额内税率缴纳关税；属于关税配额外进口的货物，按照配额外税率缴纳关税。

第二十七条 进口配额管理部门应当在每年9月15日至10月14日公布下一年度的关税配额总量。

配额申请人应当在每年10月15日至10月30日向进口配额管理部门提出关税配额的申请。

第二十八条 关税配额可以按照对所有申请统一办理的方式分配。

第二十九条 按照对所有申请统一办理的方式分配关税配额的，进口配额管理部门应当在每年12月31日前作出是否发放配额的决定。

第三十条 进口经营者凭进口配额管理部门发放的关税配额证明，向海关办理关税配额内货物的报关验放手续。

国务院有关经济管理部门应当及时将年度关税配额总量、分配方案和关税配额证明实际发放的情况向国务院外经贸主管部门备案。

第三十一条 关税配额持有者未使用完其持有的年度配额的，应当在当年9月15日前将未使用的配额交还进口配额管理部门；未按期交还并且在当年年底前未使用完的，进口配额管理部门可以在下一年度对其扣减相应的配额。

第三十二条 进口配额管理部门应当根据本条例的规定制定有关关税配额的具体管理办法，对申请人的资格、受理申请的部门、审查的原则和程序等事项作出明确规定并在实施前予以公布。

受理申请的部门一般为一个部门。

进口配额管理部门要求关税配额申请人提交的文件，应当限于为保证实施关税配额管理所必需的文件和资料，不得仅因细微的、非实质性的错讹拒绝接受关税配额申请。

第三章 货物出口管理

第一节 禁止出口的货物

第三十三条 有对外贸易法第十七条规定情形之一的货物，禁止出口。其他法律、行政法规规定禁止出口的，依照其规定。

禁止出口的货物目录由国务院外经贸主管部门会同国务院有关部门制定、调整并公布。

第三十四条 属于禁止出口的货物，不得出口。

第二节 限制出口的货物

第三十五条 有对外贸易法第十六条第（一）、（二）、（三）、（七）项规定情形之一的货物，限制出口。其他法律、行政法规规定限制出口的，依照其规定。

限制出口的货物目录由国务院外经贸主管部门会同国务院有关部门制定、调整并公布。

限制出口的货物目录，应当至少在实施前21天公布；在紧急情况下，应当不迟于实施之日公布。

第三十六条 国家规定有数量限制的限制出口货物，实行配额管理；其他限制出口货物，实行许可证管理。

第三十七条 实行配额管理的限制出口货物，由国务院外经贸主管部门和国务院有关经济管理部门（以下统称出口配额管理部门）按照国务院规定的职责划分进行管理。

第三十八条 对实行配额管理的限制出口货物，出口配额管理部门应当在每年10月31日前公布下一年度出口配额总量。

配额申请人应当在每年11月1日至11月15日向出口配额管理部门提出下一年度出口配额的申请。

出口配额管理部门应当在每年12月15日前将下一年度的配额分配给配额申请人。

第三十九条 配额可以通过直接分配的方式分配，也可以通过招标等方式分配。

第四十条 出口配额管理部门应当自收到申请之日起30天内并不晚于当年12月15日作出是否发放配额的决定。

第四十一条 出口经营者凭出口配额管理部门发放的配额证明，向海关办理报关验放手续。

国务院有关经济管理部门应当及时将年度配额总量、分配方案和配额证明实际发放的情况向国务院外经贸主管部门备案。

第四十二条 配额持有者未使用完其持有的年度配额的,应当在当年10月31日前将未使用的配额交还出口配额管理部门;未按期交还并且在当年年底前未使用完的,出口配额管理部门可以在下一年度对其扣减相应的配额。

第四十三条 实行许可证管理的限制出口货物,出口经营者应当向国务院外经贸主管部门或者国务院有关部门(以下统称出口许可证管理部门)提出申请,出口许可证管理部门应当自收到申请之日起30天内决定是否许可。

出口经营者凭出口许可证管理部门发放的出口许可证,向海关办理报关验放手续。

前款所称出口许可证,包括法律、行政法规规定的各种具有许可出口性质的证明、文件。

第四十四条 出口配额管理部门和出口许可证管理部门应当根据本条例的规定制定具体管理办法,对申请人的资格、受理申请的部门、审查的原则和程序等事项作出明确规定并在实施前予以公布。

受理申请的部门一般为一个部门。

出口配额管理部门和出口许可证管理部门要求申请人提交的文件,应当限于为保证实施管理所必需的文件和资料,不得仅因细微的、非实质性的错讹拒绝接受申请。

第四章 国营贸易和指定经营

第四十五条 国家可以对部分货物的进出口实行国营贸易管理。

实行国营贸易管理的进出口货物目录由国务院外经贸主管部门会同国务院有关经济管理部门制定、调整并公布。

第四十六条 国务院外经贸主管部门和国务院有关经济管理部门按照国务院规定的职责划分确定国营贸易企业名录并予以公布。

第四十七条 实行国营贸易管理的货物,国家允许非国营贸易企业从事部分数量的进出口。

第四十八条 国营贸易企业应当每半年向国务院外经贸主管部门提供实行国营贸易管理的货物的购买价格、销售价格等有关信息。

第四十九条 国务院外经贸主管部门基于维护进出口经营秩序的需要,可以在一定期限内对部分货物实行指定经营管理。

实行指定经营管理的进出口货物目录由国务院外经贸主管部门制定、调整并公布。

第五十条 确定指定经营企业的具体标准和程序,由国务院外经贸主管部门制定并在实施前公布。

指定经营企业名录由国务院外经贸主管部门公布。

第五十一条 除本条例第四十七条规定的情形外,未列入国营贸易企业名录和指定经营企业名录的企业或者其他组织,不得从事实行国营贸易管理、指定经营管理的货物的进出口贸易。

第五十二条 国营贸易企业和指定经营企业应当根据正常的商业条件从事经营活动,不得以非商业因素选择供应商,不得以非商业因素拒绝其他企业或者组织的委托。

第五章 进出口监测和临时措施

第五十三条 国务院外经贸主管部门负责对货物进出口情况进行监测、评估,并定期向国务院报告货物进出口情况,提出建议。

第五十四条 国家为维护国际收支平衡,包括国际收支发生严重失衡或者受到严重失衡威胁时,或者为维持与实施经济发展计划相适应的外汇储备水平,可以对进口货物的价值或者数量采取临时限制措施。

第五十五条 国家为建立或者加快建立国内特定产业,在采取现有措施无法实现的情况下,可以采取限制或者禁止进口的临时措施。

第五十六条 国家为执行下列一项或者数项措施,必要时可以对任何形式的农产品水产品采取限制进口的临时措施:

(一)对相同产品或者直接竞争产品的国内生产或者销售采取限制措施;

(二)通过补贴消费的形式,消除国内过剩的相同产品或者直接竞争产品;

(三)对完全或者主要依靠该进口农产品水产品形成的动物产品采取限产措施。

第五十七条 有下列情形之一的,国务院外经贸主管部门可以对特定货物的出口采取限制或者禁止的临时措施:

（一）发生严重自然灾害等异常情况，需要限制或者禁止出口的；

（二）出口经营秩序严重混乱，需要限制出口的；

（三）依照对外贸易法第十六条、第十七条的规定，需要限制或者禁止出口的。

第五十八条 对进出口货物采取限制或者禁止的临时措施的，国务院外经贸主管部门应当在实施前予以公告。

第六章 对外贸易促进

第五十九条 国家采取出口信用保险、出口信贷、出口退税、设立外贸发展基金等措施，促进对外贸易发展。

第六十条 国家采取有效措施，促进企业的技术创新和技术进步，提高企业的国际竞争能力。

第六十一条 国家通过提供信息咨询服务，帮助企业开拓国际市场。

第六十二条 货物进出口经营者可以依法成立和参加进出口商会，实行行业自律和协调。

第六十三条 国家鼓励企业积极应对国外歧视性反倾销、反补贴、保障措施及其他限制措施，维护企业的正当贸易权利。

第七章 法律责任

第六十四条 进口或者出口属于禁止进出口的货物，或者未经批准、许可擅自进口或者出口属于限制进出口的货物的，依照刑法关于走私罪的规定，依法追究刑事责任；尚不够刑事处罚的，依照海关法的有关规定处罚；国务院外经贸主管部门并可以撤销其对外贸易经营许可。

第六十五条 擅自超出批准、许可的范围进口或者出口属于限制进出口的货物的，依照刑法关于走私罪或者非法经营罪的规定，依法追究刑事责任；尚不够刑事处罚的，依照海关法的有关规定处罚；国务院外经贸主管部门并可以暂停直至撤销其对外贸易经营许可。

第六十六条 伪造、变造或者买卖货物进出口配额证明、批准文件、许可证或者自动进口许可证明的，依照刑法关于非法经营罪或者伪造、变造、买卖国家机关公文、证件、印章罪的规定，依法追究刑事责任；尚不够刑事处罚的，依照海关法的有关规定处罚；国务院外经贸主管部门并可以撤销其对外贸易经营许可。

第六十七条 进出口经营者以欺骗或者其他不正当手段获取货物进出口配额、批准文件、许可证或者自动进口许可证明的，依法收缴其货物进出口配额、批准文件、许可证或者自动进口许可证明，国务院外经贸主管部门可以暂停直至撤销其对外贸易经营许可。

第六十八条 违反本条例第五十一条规定，擅自从事实行国营贸易管理或者指定经营管理的货物进出口贸易，扰乱市场秩序，情节严重的，依照刑法关于非法经营罪的规定，依法追究刑事责任；尚不够刑事处罚的，由工商行政管理机关依法给予行政处罚；国务院外经贸主管部门并可以暂停直至撤销其对外贸易经营许可。

第六十九条 国营贸易企业或者指定经营企业违反本条例第四十八条、第五十二条规定的，由国务院外经贸主管部门予以警告；情节严重的，可以暂停直至取消其国营贸易企业或者指定经营企业资格。

第七十条 货物进出口管理工作人员在履行货物进出口管理职责中，滥用职权、玩忽职守或者利用职务上的便利收受、索取他人财物的，依照刑法关于滥用职权罪、玩忽职守罪、受贿罪或者其他罪的规定，依法追究刑事责任；尚不够刑事处罚的，依法给予行政处分。

第八章 附 则

第七十一条 对本条例规定的行政机关发放配额、关税配额、许可证或者自动许可证明的决定不服的，对确定国营贸易企业或者指定经营企业资格的决定不服的，或者对行政处罚的决定不服的，可以依法申请行政复议，也可以依法向人民法院提起诉讼。

第七十二条 本条例的规定不妨碍依据法律、行政法规对进出口货物采取的关税、检验检疫、安全、环保、知识产权保护等措施。

第七十三条 出口核用品、核两用品、监控化学品、军品等出口管制货物的，依照有关行政法规的规定办理。

第七十四条 对进口货物需要采取反倾销措施、反补贴措施、保障措施的，依照对外贸易法和有关法律、行政法规的规定执行。

第七十五条 法律、行政法规对保税区、出口加工区等特殊经济区的货物进出口管理另有规定的，依照其规定。

第七十六条 国务院外经贸主管部门负责有关货物进出口贸易的双边或者多边磋商、谈判，并负责贸易争端解决的有关事宜。

第七十七条 本条例自2002年1月1日起施行。1984年1月10日国务院发布的《中华人民共和国进口货物许可制度暂行条例》，1992年12月21日国务院批准、1992年12月29日对外经济贸易部发布的《出口商品管理暂行办法》，1993年9月22日国务院批准、1993年10月7日国家经济贸易委员会、对外贸易经济合作部发布的《机电产品进口管理暂行办法》，1993年12月22日国务院批准、1993年12月29日国家计划委员会、对外贸易经济合作部发布的《一般商品进口配额管理暂行办法》，1994年6月13日国务院批准、1994年7月19日对外贸易经济合作部、国家计划委员会发布的《进口商品经营管理暂行办法》，同时废止。

国务院办公厅关于进一步规范出租汽车行业管理有关问题的通知

国办发〔2004〕81号

各省、自治区、直辖市人民政府，国务院各部委、各直属机构：

出租汽车行业是重要的服务窗口行业，在促进城乡经济发展、方便群众出行、扩大社会就业、树立城市形象等方面，具有重要的作用。1998年出租汽车管理体制改革以来，出租汽车行业发展较快，但一些地方在出租汽车行业管理方面还存在经营权有偿出让不合理、劳动用工不规范、出租汽车运营市场秩序混乱、行业管理不得力等矛盾和问题，造成出租汽车司机群体性事件时有发生。为进一步规范管理，促进出租汽车行业稳定发展，经国务院同意，现就有关问题通知如下：

一、提高认识，做好出租汽车行业管理工作

地方人民政府特别是城市人民政府要充分认识出租汽车行业的特殊性和重要性，从维护人民群众根本利益和社会稳定的高度出发，把加强出租汽车行业管理作为城市管理的一项重要任务，列入当前城市政府工作的议事日程。要正确处理出租汽车行业改革、发展和稳定的关系，合理调整国家、企业、司机和乘客之间的关系，维护各方合法权益，促进出租汽车行业持续稳定健康发展。要从服务城乡经济社会发展、满足人民群众出行需要出发，合理确定本地区出租汽车发展的速度和规模。加强对出租汽车市场需求与运力供给的监测监控，严禁盲目投入运力，防止过度增加出租汽车数量而导致供求关系失衡。要加强对出租汽车企业的监督管理，规范企业行为，切实保障从业人员合法权益。要建立健全出租汽车市场准入和退出机制，严格执行市场准入和退出的有关规定，建立良好的出租汽车运营市场秩序和环境。

二、认真清理出租汽车经营权有偿出让，严格组织验收

出租汽车经营权有偿出让不规范、出让金额过高是增加出租汽车企业和司机负担的重要因素，必须认真清理。本通知下发后，各地人民政府要立即组织建设、交通、财政、发展改革(计划)、价格、工商等部门，对出租汽车经营权有偿出让进行专项清理整顿。所有城市一律不得新出台出租汽车经营权有偿出让政策。已经实行出租汽车经营权有偿出让的，可召开听证会，在充分听取有关专家、从业人员和乘客等社会各方面意见的基础上，对经营权出让数量、金额、期限、审批程序、出让金用途以及经营权转让、质押、权属关系等进行全面清理和规范。对经营权出让金额过高的，要切实降低；对非法转让的，要予以纠正。清理整顿要从当地实际出发，与改革、完善出租汽车市场准入、退出制度相结合，既解决突出问题，又避免引发新的矛盾和不稳定因素。要总结经验教训，按照公开透明、公正有序、公平负担的原则，逐步推广采用以服务质量为主要竞标条件的经营权招投标方式，建立科学合理的出租汽车经营权配置机制，防止单纯追求提高经营权收益的行为。

直辖市、计划单列市本级清理整顿工作完成后，要报全国清理整顿城市公共客运交通工作领导小组(以下简称全国清理整顿领导小组)进行验收；其他市、县的清理整顿工作由省、自治区、直辖市清理整顿领导小组组织验收，并报全国清理整顿领导小组备案。

三、严格规范各项收费，完善价格调节机制

各地要按照《国务院办公厅关于治理向机动车辆乱收费和整顿道路站点有关问题的通知》(国办发

〔2002〕31 号）的精神，严格控制出台针对出租汽车的收费政策。各省、自治区、直辖市财政、价格主管部门要依据职责分工，对涉及出租汽车的安全检验、综合性能检测、尾气检测、计价器检测的次数、内容、收费标准等作出明确规定并向社会公布，防止重复检验（测）和收费。要严肃查处各种乱收费行为，严禁向出租汽车企业和司机收取运输管理费、客运管理费等业已取消的费用，对在城区运营的出租汽车不得收取客运附加费。

各地出租汽车行业主管部门要会同价格主管部门，及时了解企业、司机的运营成本和收益状况。价格主管部门要依据《中华人民共和国价格法》及有关法律法规，根据市场供求、出租汽车企业、司机成本收益状况和社会承受能力等因素，对出租汽车的运价水平和计价结构（起步公里、运价公里、低速和空驶收费）等进行适时调整。对出租汽车行业因燃油价格上涨等因素增加的运营成本，各地要按照《国务院办公厅关于切实加强出租汽车行业管理有关问题的通知》（国办发明电〔2000〕22 号）要求，在核定运营成本费用的基础上，采取由企业、司机和乘客合理分担的办法逐步予以消化。

四、规范企业行为，切实保障从业人员合法权益

各地要根据实际情况制订合理的出租汽车承包费标准，合理调整出租汽车企业与司机的收益分配关系。由行业主管部门根据实际情况统一测定出租汽车每小时营业收入定额标准，依法规定司机的工作时间，并以此计算司机运营收入和成本费用。要坚决制止企业利用出租汽车经营权，以车辆挂靠、一次性“买断”、收取“风险抵押金”、“财产抵押金”、“运营收入保证金”和“高额承包”等方式向司机转嫁投资和经营风险，牟取暴利。要进一步规范出租汽车企业运营机制，完善法人治理结构，健全各项规章制度，严格用人、财务和资产的管理。规范企业经营行为，建立市场准入和退出机制，扶优限劣、有序竞争，鼓励经营规范和有一定经济实力的企业通过市场运作、兼并重组等方式扩大规模，降低管理成本，提高企业和司机收益水平。

各地要采取有效措施，依法理顺出租汽车企业与司机的劳动用工关系，切实保障司机的合法权益。出租汽车企业必须依法与司机签订劳动合同，并向司机详细解释合同的主要条款。有关部门要结合实际情况制订示范合同，加强合同管理。有条件的地区可积极推行集体协商、集体合同制度，依法通过集体协商，保障司机劳动报酬、保险福利等权益。出租汽车企业要依法参加社会保险，按照国家规定为司机按时、足额缴纳基本养老、基本医疗、失业等保险费。有关部门要加大检查力度，对不按规定执行的企业责令限期改正，逾期不改的依法取消其经营权，并予以处罚。

五、开展专项整治行动，严厉打击非法运营

各地要把打击各类车辆非法运营作为整顿和规范市场经济秩序的一项重要工作，立即开展专项整治行动。在当地人民政府的统一领导和部署下，充分发挥建设、交通、公安、工商等部门组成的联合执法队伍的作用，广泛动员社会力量参与，对非法运营的摩托车、客货两用车、残疾人专用车、伪造运营证照的小客车、驻点运营的异地出租汽车和其他社会车辆等进行彻底清理。要健全和完善有关规章制度，加大对非法运营、欺行霸市活动的处罚力度。对个别地方出现有组织的非法运营集团和团伙，要从严查处，坚决取缔。对一些地方政府公务人员徇私舞弊、私养黑车、牟取暴利，成为非法运营“保护伞”的行为要严肃处理，依法追究有关责任人的责任。地方各级人民政府要把打击各类车辆非法运营活动作为一项长期任务，常抓不懈，防止“走过场”。

六、加强队伍建设，提高从业人员素质

各地出租汽车行业主管部门和企业应加强对出租汽车司机的管理和培训工作，落实交通安全责任制，开展文明行业创建活动。要通过一系列宣传教育活动，提高司机的法制观念和服务水平，引导他们遵纪守法、依法运营。要教育广大司机依法维护自己的权益，通过正常渠道反映意见和建议；对一般参与聚众闹事的出租汽车司机要进行批评教育；对少数带头闹事、堵塞交通、扰乱社会秩序、危害公共安全、侵犯公私财物和群众人身安全的出租汽车司机，要给予处罚；触犯刑律的，依法追究刑事责任。要正确运用经济、法律和行政等手段，及时妥善处理涉及广大出租汽车从业人员切身利益的各种矛盾，帮助他们解决工作和生活中面临的困难和问题。

七、加强领导，明确责任，确保行业稳定

全国清理整顿领导小组要按照《国务院办公厅转发建设部、交通部等部门关于清理整顿城市出租汽车等公共客运交通意见的通知》（国办发〔1999〕94 号）要求，进一步完善有关议事协调制度，加强和改进对地方出租汽车管理和清理整顿工作的指导和监督。各城市人民政府要切实负起出租汽车管理职责，建立出租汽车行业稳定工作市长负责制，协调建设、交通、财政、发展改革（计划）、价格、公安、劳动保障、工商、税务、审计、质监、环保、信访等部门，按照职能分工，认真履行职责，加强协作配合。

各地要组织力量，针对影响出租汽车行业稳定的重点问题进行全面排查，了解从业人员思想动态，制订突发事件应急预案。对涉及出租汽车行业的有关政策，要深入调查研究，充分听取各方意见，科学论证，周密决策，确保社会稳定。地方各级人民政府要认真落实本通知精神，对违反本通知规定，继续出台新的出让、转让出租汽车经营权政策，清理整顿工作不力，以及由于乱收费、乱罚款、乱扣车等导致发生群体性事件的，省、自治区、直辖市人民政府要组织专项调查，严肃追究城市人民政府和相关部门负责人的责任。因出租汽车企业违法经营等原因引发群体性事件的，地方各级人民政府和行业主管部门要依法严肃查处。

各省、自治区、直辖市人民政府要在2005年5月底以前将落实本通知情况报国务院，同时抄送建设部、交通部。

国务院办公厅

二〇〇四年十一月十二日

国务院办公厅关于限期停止生产销售使用车用含铅汽油的通知

各省、自治区、直辖市人民政府，国务院各部委、各直属机构：

《中华人民共和国大气污染防治法》公布以来，我国的大气污染防治工作取得了一定成效。但是，随着车辆的增加，使用车用含铅汽油造成的大气污染越来越严重，对人体健康特别是儿童身体健康造成了严重的危害。为了防治机动车辆排气污染，保护生态环境和人体健康，国务院决定在全国范围内限期停止生产、销售和使用车用含铅汽油，实现车用汽油无铅化。经国务院批准，现就有关问题通知如下：

一、自2000年1月1日起，全国所有汽油生产企业一律停止生产车用含铅汽油，改产无铅汽油。车用无铅汽油是指牌号90号及90号以上、含铅量每升不超过0.013克的汽油。在生产无铅汽油的过程中，对无铅汽油的其他有害物质的含量也应当控制，具体控制标准由国家环境保护总局会同国家质量技术监督局制定，并于1999年7月1日前公布，2000年1月1日起实施。

二、自1999年7月1日起，各直辖市及省会城市、经济特区城市、沿海开放城市和重点旅游城市的所有加油站一律停止销售车用含铅汽油，改售无铅汽油。自2000年7月1日起，全国所有加油站一律停止销售车用含铅汽油，改售无铅汽油。

三、自2000年7月1日起，全国所有汽车一律停止使用含铅汽油，改用无铅汽油。

四、自本通知下发之日起，各汽油生产企业应当逐步增加无铅汽油生产量，减少含铅汽油生产，直到规定期限完全停止车用含铅汽油生产；要合理调整汽油组份，安排高辛烷值汽油组份生产装置的改造、扩建和新建。汽油生产行业主管部门要加强对汽油生产企业的指导和监督，确保无铅汽油生产的各项措施到位。

五、自2000年1月1日起，汽车制造企业生产的所有汽油车都要适合使用无铅汽油。新生产的轿车要采用电子喷射装置并安装排气净化装置。自本通知下发之日起，对不适合使用无铅汽油的汽车（包括已出厂的和未出厂的汽车），都要由汽车制造企业负责进行必要的改造。公共汽车要逐步采用天然气、电力等清洁能源。在用汽车必须按照有关规定报废更新。

六、国家石油和化学工业局要组织中国石油化工集团公司和中国石油天然气集团公司，根据国家发展计划委员会对全社会成品油供需总量的平衡安排，做好无铅汽油的产运销衔接工作。汽油销售系统要进一步规范汽油的运输、储存和销售管理，保障供油质量；在汽油无铅化的过渡期间，实行不同牌号的汽油、有铅和无铅汽油分别储存和运输，并合理设置销售网点，完善销售网络，为用户提供更加便利的加油条件。

七、为保证淘汰车用含铅汽油工作目标的如期实现，自1999年1月1日起，提高车用含铅汽油的消费税税率，调整车用含铅汽油的价格，使车用含铅汽油的销售价不低于无铅汽油的销售价。税率调整的具体办法由财政部会同国家税务总局制定，价格调整的具体办法由国家发展计划委员会会同有关部门制定。

八、继续贯彻执行《国务院关于环境保护若干问题的决定》（国发〔1996〕31号），坚决取缔、关闭土法炼油企业，对逾期未按规定取缔、关闭或停产的，要追究有关地方人民政府主要领导人及有关企业负责人的责任。

九、停止生产、销售和使用车用含铅汽油，实施车用汽油无铅化，是适应环境保护要求的一项重要的产业政策，涉及面广，影响较大。各省、自治区、直辖市人民政府和国务院有关部门一定要高度重视这项工作，各司其责，密切配合，抓好有关政策措施的落实。各级环境保护部门要会同工商行政管理、质量技术监督等部门切实加强对汽油生产企业和汽油销售市场的监督检查。对违反本通知规定的，要依照有关法律法规进行查处。

1998 年 9 月 2 日

地方机动车大气污染物排放标准审批办法

2001 年 2 月 8 日国家环境保护局发布

为贯彻实施《中华人民共和国大气污染防治法》（以下简称《大气污染防治法》），规范须报国务院批准的地方机动车大气污染物排放标准的审批工作，制定本办法。

一、审查范围

根据《大气污染防治法》第七条的规定，省、自治区、直辖市人民政府制定严于国家排放标准的地方机动车大气污染物排放标准，须报国务院批准。

二、审查原则

（一）保护城市环境空气质量，控制机动车造成的空气污染。

（二）促进机动车污染控制技术水平的提高。

（三）简化机动车大气污染物排放标准体系，便于标准贯彻执行。

（四）严格控制制定地方机动车大气污染物排放标准的城市数量。

三、审查依据

（一）《大气污染防治法》的有关条款规定。

（二）国家有关法律、法规和国家机动车大气污染物排放标准。

（三）国家机动车污染防治的技术政策。

四、审查条件

（一）即使全面实施现行机动车大气污染物国家排放标准，由于机动车大气污染物排放造成的空气污染，使环境空气质量仍不能达到国家或地方的环境质量要求，或者使环境空气污染状况仍在加重。

（二）城市一年中一氧化碳（CO）或二氧化氮（NO_2）日平均浓度超过《环境空气质量标准》中二级标准的天数达到 30 天以上，或者一年中发生臭氧（O_3）超过《环境空气质量标准》中二级标准的天数达到 30 天以上，并且在城市空气污染物排放量中，机动车排放的一氧化碳和二氧化氮的分担率分别超过 40% 和 30%。

（三）与国家排放标准体系一致，污染物项目和测量方法等同于下阶段实施的国家排放标准。

（四）城市具备实施国家排放标准的基本条件，经与油料供应部门协商，可以组织供应符合机动车大气污染物排放达标质量要求的油料，已经颁布或拟订配套的地方法规，具备适合标准实施的检测能力等。

五、审查程序

（一）省、自治区、直辖市人民政府将编制完成的地方机动车大气污染物排放标准报国务院。报批文件包括：

1. 省、自治区、直辖市人民政府关于请求批准地方机动车大气污染物排放标准的申请文件。

2. 地方机动车大气污染物排放标准的正式文本、编制技术报告和工作报告。

3. 地方机动车大气污染物排放标准适用城市最近一年的环境质量状况报告，主要空气污染物监测报告，机动车排放大气污染物占城市空气污染物排放总量比例的测算报告，全面实施现行机动车大气污染物国家排放标准而无法达到环境空气质量控制目标的论证报告。

4. 当地油料供应部门的燃油供应方案及燃油质量报告。

5. 实施标准城市相应的地方政策措施和配套立法情况报告。

6. 城市机动车大气污染物排放监测机构和检测设备情况报告。

（二）国务院将省、自治区、直辖市人民政府报批文件，批转国家环保总局商有关部门研究办理。

（三）国家环保总局依据国家有关法律、法规和有关规定，对报批文件提出初审意见，征求国家计委、国家经贸委、公安部、建设部、交通部、国家质量技术监督局等部门和单位的意见。

（四）国务院有关部门在收到国家环保总局征求意见函之日起 7 个工作日内，应将书面意见反馈国家环保总局。逾期未反馈意见的，视为同意。若有不同意见，由国家环保总局负责协调。

（五）国家环保总局在综合和协调国务院有关部门意见的基础上，依据国家有关法律、法规和有关规定，集中对地方机动车大气污染物排放标准提出审批意见，于每年年底前呈报国务院审批。

（六）严于国家排放标准的地方机动车大气污染物排放标准经国务院批准后，由国家环保总局行文通知有关省、自治区、直辖市人民政府，由省、自治区、直辖市人民政府发布并向社会公告，通知、发布文件和公告中可注明“经国务院批准”字样。

六、其他事项

（一）国家环保总局对省、自治区、直辖市人民政府上报的地方机动车大气污染物排放标准的报批文件进行审查时，发现材料不齐全或内容不符合要求的，应通知其限期补报，逾期不按要求补报材料并不能说明原因的，可以将有关报批文件退回报文的省、自治区、直辖市人民政府，同时抄报国务院办公厅。

（二）省、自治区、直辖市人民政府制定严于国家排放标准的地方船舶大气污染物排放标准和省、自治区、直辖市人民政府规定对在用机动车实行新的污染物排放标准并对其进行改造方案的审批办法参照此办法执行。

中华人民共和国计量法实施细则

1987 年 1 月 19 日国务院批准　1987 年 2 月 1 日国家计量局发布

第一章　总　　则

第一条　根据《中华人民共和国计量法》的规定，制定本细则。

第二条　国家实行法定计量单位制度。国家法定计量单位的名称、符号和非国家法定计量单位的废除办法，按照国务院关于在我国统一实行法定计量单位的有关规定执行。

第三条　国家有计划地发展计量事业，用现代计量技术装备各级计量检定机构，为社会主义现代化建设服务，为工农业生产、国防建设、科学实验、国内外贸易以及人民的健康、安全提供计量保证，维护国家和人民的利益。

第二章　计量基准器具和计量标准器具

第四条　计量基准器具（简称计量基准，下同）的使用必须具备下列条件：

（一）经国家鉴定合格；

（二）具有正常工作所需要的环境条件；

（三）具有称职的保存、维护、使用人员；

（四）具有完善的管理制度。

符合上述条件的，经国务院计量行政部门审批并颁发计量基准证书后，方可使用。

第五条　非经国务院计量行政部门批准，任何单位和个人不得拆卸、改装计量基准，或者自行中断其计量检定工作。

第六条　计量基准的量值应当与国际上的量值保持一致。国务院计量行政部门有权废除技术水平落后或者工作状况不适应需要的计量基准。

第七条　计量标准器具（简称计量标准，下同）的使用，必须具备下列条件：

（一）经计量检定合格；

（二）具有正常工作所需要的环境条件；

（三）具有称职的保存，维护、使用人员；

（四）具有完善的管理制度。

第八条　社会公用计量标准对社会上实施计量监督具有公证作用。县级以上地方人民政府计量行政部门建立的本行政区域内最高等级的社会公用计量标准，须向上一级人民政府计量行政部门申请考核；其他等级的，由当地人民政府计量行政部门主持考核。

经考核符合本细则第七条规定条件并取得考核合格证的，由当地县级以上人民政府计量行政部门审批颁发社会公用计量标准证书后，方可使用。

第九条 国务院有关主管部门和省、自治区、直辖市人民政府有关主管部门建立的本部门各项最高计量标准，经同级人民政府计量行政部门考核，符合本细则第七条规定条件并取得考核合格证的，由有关主管部门批准使用。

第十条 企业、事业单位建立本单位各项最高计量标准，须向与其主管部门同级的人民政府计量行政部门申请考核。乡镇企业向当地县级人民政府计量行政部门申请考核。经考核符合本细则第七条规定条件并取得考核合格证的，企业、事业单位方可使用，并向其主管部门备案。

第三章 计量检定

第十一条 使用实行强制检定的计量标准的单位和个人，应当向主持考核该项计量标准的有关人民政府计量行政部门申请周期检定。

使用实行强制检定的工作计量器具的单位和个人，应当向当地县(市)级人民政府计量行政部门指定的计量检定机构申请周期检定。当地不能检定的，向上一级人民政府计量行政部门指定的计量检定机构申请周期检定。

第十二条 企业、事业单位应当配备与生产、科研、经营管理相适应的计量检测设施，制定具体的检定管理办法和规章制度，规定本单位管理的计量器具明细目录及相应的检定周期，保证使用的非强制检定的计量器具定期检定。

第十三条 计量检定工作应当符合经济合理、就地就近的原则，不受行政区划和部门管辖的限制。

第四章 计量器具的制造和修理

第十四条 企业、事业单位申请办理《制造计量器具许可证》，由与其主管部门同级的人民政府计量行政部门进行考核；乡镇企业由当地县级人民政府计量行政部门进行考核。经考核合格，取得《制造计量器具许可证》的，准予使用国家统一规定的标志，有关主管部门方可批准生产。

第十五条 对社会开展经营性修理计量器具的企业、事业单位，办理《修理计量器具许可证》，可直接向当地县(市)级人民政府计量行政部门申请考核。当地不能考核的，可以向上一级地方人民政府计量行政部门申请考核。经考核合格取得《修理计量器具许可证》的，方可准予使用国家统一规定的标志和批准营业。

第十六条 制造、修理计量器具的个体工商户，须在固定的场所从事经营。申请《制造计量器具许可证》或者《修理计量器具许可证》，按照本细则第十五条规定的程序办理。凡易地经营的，须经所到地方的人民政府计量行政部门验证核准后方可申请办理营业执照。

第十七条 对申请《制造计量器具许可证》和《修理计量器具许可证》的企业、事业单位或个体工商户进行考核的内容为：

(一)生产设施；

(二)出厂检定条件；

(三)人员的技术状况；

(四)有关技术文件和计量规章制度。

第十八条 凡制造在全国范围内从未生产过的计量器具新产品，必须经过定型鉴定。定型鉴定合格后，应当履行型式批准手续，颁发证书。在全国范围内已经定型，而本单位未生产过的计量器具新产品，应当进行样机试验。样机试验合格后，发给合格证书。凡未经型式批准或者未取得样机试验合格证书的计量器具，不准生产。

第十九条 计量器具新产品定型鉴定，由国务院计量行政部门授权的技术机构进行；样机试验由所在地方的省级人民政府计量行政部门授权的技术机构进行。

计量器具新产品的型式，由当地省级人民政府计量行政部门批准。省级人民政府计量行政部门批准的型式，经国务院计量行政部门审核同意后，作为全国通用型式。

第二十条 申请计量器具新产品定型鉴定和样机试验的单位，应当提供新产品样机及有关技术文件、资料。

负责计量器具新产品定型鉴定和样机试验的单位，对申请单位提供的样机和技术文件、资料必须保密。

第二十一条 对企业、事业单位制造、修理计量器具的质量，各有关主管部门应当加强管理，县级以上人民政府计量行政部门有权进行监督检查，包括抽检和监督试验。凡无产品合格印、证，或者经检定不合格的计量器具,不准出厂。

第五章 计量器具的销售和使用

第二十二条 外商在中国销售计量器具,须比照本细则第十八条的规定向国务院计量行政部门申请型式批准。

第二十三条 县级以上地方人民政府计量行政部门对当地销售的计量器具实施监督检查。凡没有产品合格印、证和《制造计量器具许可证》标志的计量器具不得销售。

第二十四条 任何单位和个人不得经营销售残次计量器具零配件,不得使用残次零配件组装和修理计量器具。

第二十五条 任何单位和个人不准在工作岗位上使用无检定合格印、证或者超过检定周期以及经检定不合格的计量器具。在教学示范中使用计量器具不受此限。

第六章 计量监督

第二十六条 国务院计量行政部门和县级以上地方人民政府计量行政部门监督和贯彻实施计量法律、法规的职责是:

(一)贯彻执行国家计量工作的方针、政策和规章制度,推行国家法定计量单位;

(二)制定和协调计量事业的发展规划,建立计量基准和社会公用计量标准,组织量值传递;

(三)对制造、修理、销售、使用计量器具实施监督;

(四)进行计量认证,组织仲裁检定,调解计量纠纷;

(五)监督检查计量法律、法规的实施情况,对违反计量法律、法规的行为,按照本细则的有关规定进行处理。

第二十七条 县级以上人民政府计量行政部门的计量管理人员,负责执行计量监督、管理任务;计量监督员负责在规定的区域、场所巡回检查,并可根据不同情况在规定的权限内对违反计量法律、法规的行为,进行现场处理,执行行政处罚。

计量监督员必须经考核合格后,由县级以上人民政府计量行政部门任命并颁发监督员证件。

第二十八条 县级以上人民政府计量行政部门依法设置的计量检定机构,为国家法定计量检定机构。其职责是:负责研究建立计量基准、社会公用计量标准,进行量值传递,执行强制检定和法律规定的其他检定、测试任务,起草技术规范,为实施计量监督提供技术保证,并承办有关计量监督工作。

第二十九条 国家法定计量检定机构的计量检定人员,必须经县级以上人民政府计量行政部门考核合格,并取得计量检定证件。其他单位的计量检定人员,由其主管部门考核发证。无计量检定证件的,不得从事计量检定工作。

计量检定人员的技术职务系列,由国务院计量行政部门会同有关主管部门制定。

第三十条 县级以上人民政府计量行政部门可以根据需要,采取以下形式授权其他单位的计量检定机构和技术机构,在规定的范围内执行强制检定和其他检定、测试任务:

(一)授权专业性或区域性计量检定机构,作为法定计量检定机构。

(二)授权建立社会公用计量标准;

(三)授权某一部门或某一单位的计量检定机构,对其内部使用的强制检定计量器具执行强制检定;

(四)授权有关技术机构,承担法律规定的其他检定、测试任务。

第三十一条 根据本细则第三十条规定被授权的单位,应当遵守下列规定:

(一)被授权单位执行检定、测试任务的人员,必须经授权单位考核合格;

(二)被授权单位的相应计量标准,必须接受计量基准或者社会公用计量标准的检定;

(三)被授权单位承担授权的检定、测试工作,须接受授权单位的监督;

(四)被授权单位成为计量纠纷中当事人一方时,在双方协商不能自行解决的情况下,由县级以上有关人民政府计量行政部门进行调解和仲裁检定。

第七章 产品质量检验机构的计量认证

第三十二条 为社会提供公证数据的产品质量检验机构,必须经省级以上人民政府计量行政部门计量认证。

第三十三条 产品质量检验机构计量认证的内容：

（一）计量检定、测试设备的性能；

（二）计量检定、测试设备的工作环境和人员的操作技能；

（三）保证量值统一、准确的措施及检测数据公正可靠的管理制度。

第三十四条 产品质量检验机构提出计量认证申请后，省级上人民政府计量行政部门应指定所属的计量检定机构或者被授权的技术机构按照本细则第三十三条规定的内容进行考核。考核合格后，由接受申请的省级以上人民政府计量行政部门发给计量认证合格证书。未取得计量认证合格证书的，不得开展产品质量检验工作。

第三十五条 省级以上人民政府计量行政部门有权对计量认证合格的产品质量检验机构，按照本细则第三十三条规定的内容进行监督检查。

第三十六条 已经取得计量认证合格证书的产品质量检验机构、需新增检验项目时，应按照本细则有关规定，申请单项计量认证。

第八章 计量调解和仲裁检定

第三十七条 县级以上人民政府计量行政部门负责计量纠纷的调解和仲裁检定，并可根据司法机关、合同管理机关、涉外仲裁机关或者其他单位的委托，指定有关计量检定机构进行仲裁检定。

第三十八条 在调解、仲裁及案件审理过程中，任何一方当事人均不得改变与计量纠纷有关的计量器具的技术状态。

第三十九条 计量纠纷当事人对仲裁检定不服的，可以在接到仲裁检定通知书之日起十五日内向上一级人民政府计量行政部门申诉。上一级人民政府计量行政部门进行的仲裁检定为终局仲裁检定。

第九章 费　　用

第四十条 建立计量标准申请考核，使用计量器具申请检定，制造计量器具新产品申请定型和样机试验，制造、修理计量器具申请许可证，以及申请计量认证和仲裁检定，应当缴纳费用，具体收费办法或收费标准，由国务院计量行政部门会同国家财政，物价部门统一制定。

第四十一条 县级以上人民政府计量行政部门实施监督检查所进行的检定和试验不收费。被检查的单位有提供样机和检定试验条件的义务。

第四十二条 县级以上人民政府计量行政部门所属的计量检定机构，为贯彻计量法律、法规，实施计量监督提供技术保证所需要的经费，按照国家财政管理体制的规定，分别列入各级财政预算。

第十章 法 律 责 任

第四十三条 违反本细则第二条规定，使用非法定计量单位的，责令其改正；属出版物的、责令其停止销售，可并处一千元以下的罚款。

第四十四条 违反《中华人民共和国计量法》第十四条规定，制造、销售和进口国务院规定废除的非法定计量单位的计量器具和国务院禁止使用的其他计量器具，责令其停止制造、销售和进口，没收计量器具和全部违法所得，可并处相当其违法所得百分之七至百分之五十的罚款。

第四十五条 部门和企业、事业单位的各项最高计量标准，未经有关人民政府计量行政部门考核合格而开展计量检定的，责令其停止使用，可并处一千元以下的罚款。

第四十六条 属于强制检定范围的计量器具，未按照规定申请检定和属于非强制检定范围的计量器具未自行定期检定或者送其他计量检定机构定期检定的，以及经检定不合格继续使用的，责令其停止使用，可并处一千元以下的罚款。

第四十七条 未取得《制造计量器具许可证》或者《修理计量器具许可证》制造、修理计量器具的，责令其停止生产、停止营业，封存制造、修理的计量器具，没收全部违法所得，可并处相当其违法所得百分之十至百分之五十的罚款。

第四十八条 制造、销售未经型式批准或样机试验合格的计量器具新产品的，责令其停止制造、销售，封存该种新产品，没收全部违法所得，可并处三千以下的罚款。

第四十九条 制造、修理的计量器具未经出厂检定或者经检定不合格而出厂的，责令其停止出厂，没收全部违法所得；情节严重的，可并处三千元以下的罚款。

第五十条 进口计量器具，未经省级以上人民政府计量行政部门检定合格而销售的，责令其停止销售，封存计量器具，没收全部违法所得，可并处其销售额百分之十至百分之五十的罚款。

第五十一条 使用不合格计量器具或者破坏计量器具准确度和伪造数据，给国家和消费者造成损失的，责令其赔偿损失，没收计量器具和全部违法所得，可并处二千元以下的罚款。

第五十二条 经营销售残次计量器具零配件的，责令其停止经营销售，没收残次计量器具零配件和全部违法所得，可并处二千元以下的罚款；情节严重的，由工商行政管理部门吊销其营业执照。

第五十三条 制造、销售、使用以欺骗消费者为目的的计量器具的单位和个人，没收其计量器具和全部违法所得，可并处二千元以下的罚款；构成犯罪的，对个人或者单位直接责任人员，依法追究刑事责任。

第五十四条 个体工商户制造、修理国家规定范围以外的计量器具或者不按照规定场所从事经营活动的，责令其停止制造、修理，没收全部违法所得，可并处以五百元以下的罚款。

第五十五条 未取得计量认证合格证书的产品质量检验机构，为社会提供公证数据的，责令其停止检验，可并处一千元以下的罚款。

第五十六条 伪造、盗用、倒卖强制检定印、证的，没收其非法检定印、证和全部违法所得，可并处二千元以下的罚款；构成犯罪的，依法追究刑事责任。

第五十七条 计量监督管理人员违法失职，徇私舞弊，情节轻微的，给予行政处分；构成犯罪的，依法追究刑事责任。

第五十八条 负责计量器具新产品定型鉴定、样机试验的单位，违反本细则第二十条第二款规定的，应当按照国家有关规定，赔偿申请单位的损失，并给予直接责任人员行政处分；构成犯罪的，依法追究刑事责任。

第五十九条 计量检定人员有下列行为之一的，给予行政处分；构成犯罪的，依法追究刑事责任。

（一）伪造检定数据的；

（二）出具错误数据，给送检一方造成损失的；

（三）违反计量检定规程进行计量检定的；

（四）使用未经考核合格的计量标准开展检定的；

（五）未取得计量检定证件执行计量检定的。

第六十条 本细则规定的行政处罚，由县级以上地方人民政府计量行政部门决定。罚款一万元以上的，应当报省级人民政府计量行政部门决定。没收违法所得及罚款一律上缴国库。

本细则第五十一条规定的行政处罚，也可以由工商行政管理部门决定。

第十一章 附 则

第六十一条 本细则下列用语的含义是：

（一）计量器具是指能用以直接或间接测出被测对象量值的装置、仪器仪表、量具和用于统一量值的标准物质，包括计量基准、计量标准、工作计量器具。

（二）计量检定是指为评定计量器具的计量性能，确定其是否合格所进行的全部工作。

（三）定型鉴定是指对计量器具新产品样机的计量性能进行全面审查、考核。

（四）计量认证是指政府计量行政部门对有关技术机构计量检定、测试的能力和可靠性进行的考核和证明。

（五）计量检定机构是指承担计量检定工作的有关技术机构。

（六）仲裁检定是指用计量基准或者社会公用计量标准所进行的以裁决为目的计量检定、测试活动。

第六十二条 中国人民解放军和国防科技工业系统涉及本系统以外的计量工作的监督管理，亦适用本细则。

第六十三条 本细则有关的管理办法、管理范围和各种印、证、标志，由国务院计量行政部门制定。

第六十四条 本细则由国务院计量行政部门负责解释。

第六十五条 本细则自发布之日起施行。

第三篇　国务院部门规章及相关规范性文件篇

一、综 合 类

汽车客运站营运客车安全例行检查工作规范

交运发〔2012〕762 号

第一条 为进一步加强汽车客运站(以下简称客运站)营运客车安全例行检查(以下简称安全例检)工作,规范客运站安全例检行为,依据《中华人民共和国道路运输条例》(中华人民共和国国务院令第 406 号)、《道路旅客运输及客运站管理规定》(交通运输部令 2012 年第 2 号)、《汽车客运站级别划分和建设要求》(交通行业标准 JT/T200—2004)等规定,制定本规范。

第二条 本规范适用于三级及以上客运站。其他客运站可参照执行。

第三条 营运客车实行安全例行检查制度。本规范所称安全例行检查是指在受检车辆进行了正常维护并检验合格的前提下,由客运站车辆安全例检人员(以下简称例检人员)在不拆卸零部件的条件下,借助简单的工具量具,采用人工检视的方法,对影响营运客车行车安全的可视部件技术状况所实施的例行检查。

第四条 客运经营者和营运客车驾驶人(以下简称驾驶人)应严格执行有关法规、规章和标准,定期对车辆进行安全技术检验、综合性能检测与维护,保持车辆技术状况完好。

第五条 客运站应高度重视安全例检工作。客运站应与进入该站的营运客车所属客运经营者签订营运客车进站协议,明确双方关于安全例检的责任和权利,并严格履行协议。

第六条 客运班线单程营运里程小于 800 公里的客运班车和往返营运时间不超过 24 小时的营运班车,实行每日检查一次;客运班线单程营运里程在 800 公里(含)以上的客运班车和往返营运时间在 24 小时(含)以上的营运班车,实行每个单程检查一次。未经安全例检或安全例检不合格的营运客车,客运站不得排班发车,驾驶人不得用其运送旅客。

第七条 客运站应设立安全例检机构,负责安全例检的组织实施。例检机构应建立健全岗位职责、工作程序和监督机制等,保障安全例检工作正常有效运行。

第八条 客运站应按日检车辆数配备例检人员。客运站例检人员配置可以参照附件 1 执行。

第九条 客运站应当制订安全例检工作人员培训计划,明确培训内容、培训时间和考核目标,做好培训记录与总结。

第十条 例检人员应具备必要的汽车专业知识和实际工作能力,掌握客车构造和常用检验方法,熟悉客运管理相关政策法规和技术规范,参加客车安全例行检查岗前专项培训并经考核合格,持、有机动车维修质量检验员(安全例检)从业资格证。

例检人员工作中,应遵守行为规范,佩戴标识,用语文明,认真作业,秉公办事,不徇私情。

第十一条 客运站应及时向客运经营者通报安全例检信息。

第十二条 客运站应当制订包含安全例检内容的应急预案。

第十三条 客运站应当建立安全例检抱怨处理制度,接受驾驶人和社会的监督。

客运站对接到的举报和投诉应当及时予以调查和处理。

第十四条 客运站应设置例检场所,其中应包括辅助用房。同时应设置明显的车辆通行指示标志,正确引导营运客车顺畅进入车辆安全例检场所(以下简称例检场所)。应在例检场所醒目位置公布安全例检流程图示,安全例检项目、检查方法、技术要求及其他注意事项。

第十五条 例检场所面积应满足车辆安全例检的作业要求,例检场所地面应坚实、平整,并具备防风、防淋、防晒及良好的采光、照明和通风等条件。例检场所应配置对讲设备。例检场所应设有供检查客车使用的地沟或举升装置。

新建或改建的客车检查地沟或举升装置配置数量可以参照附件 1 执行。地沟的长度应当不小于承检车辆最大长度的 1.1 倍,宽度不小于 0.65m,深度不小于 1. 3m,并配备安全电压的照明设施。

第十六条 例检场所应配备保证安全例检工作安全的停车模及安全例检工作所需的检验工具和量具。

检验工具和量具主要有:检验锤、便携式照明器具、轮胎气压表、轮胎花纹深度尺,以及套筒扳手、扭力扳手、钢卷尺、钢板尺等。

第十七条 检验量具须经法定或授权的计量检定机构检定，并取得计量检定合格证，且在有效期内使用。

第十八条 安全例检机构应对设施设备加强管理，保持设施设备技术状况良好。

第十九条 客运站营运客车安全例行检查工作流程可以参照附件2执行。

例检人员应按照《营运客车安全例行检查技术规范（试行）》（附件3）的要求进行检查，并填写检查记录或录入安全例检信息管理系统。

第二十条 例检人员对经检验合格的车辆签发安全例检合格通知单，作为营运客车报班发车的依据。

安全例检合格通知单自签发时起，24小时内报班有效。安全例检合格通知单超过时限的营运客车，须重新进行安全例检，合格后，方可报班。

《营运客车安全例检合格通知单》式样见附件4。实行安全例检信息化管理的，可另行规定。

第二十一条 安全例检不合格的营运客车，需要修理的，由例检人员开具安全例检不合格项目告知单，交当班驾驶人将车辆送到具有相应资质的维修企业进行维修。维修合格后，维修企业检验员开具维修合格凭证，加盖维修企业印章。当班驾驶人凭维修企业出具的合格凭证到安全例检机构办理复检。

第二十二条 安全例检机构应建立健全安全例检台账并妥善保存，保存期不少于6个月。

第二十三条 客运站应逐步建立安全例检信息化管理系统，提高安全例检效率和质量。安全例检信息化管理系统应能够实现营运客车经车辆身份识别进入例检场所完成安全例检的功能。

第二十四条 客运站所在地县级以上道路运输管理机构负责客运站监督检查。

附件：1. 客运站车辆安全例检人员、设施配置推荐表

2. 客运站车辆安全例检工作流程图

3. 营运客车安全例行检查技术规范（试行）

4. 营运客车安全例检合格通知单（式样）

附件1

客运站车辆安全例检人员、设施配置推荐表

日检车辆数（辆）	例检人员数（人）	检验地沟数（条）或举升装置数（台）
600以上	12	3
400～600	9	2
200～400	6	2
100～200	4	1
100以下	2	1

附件2

客运站车辆安全例检工作流程图

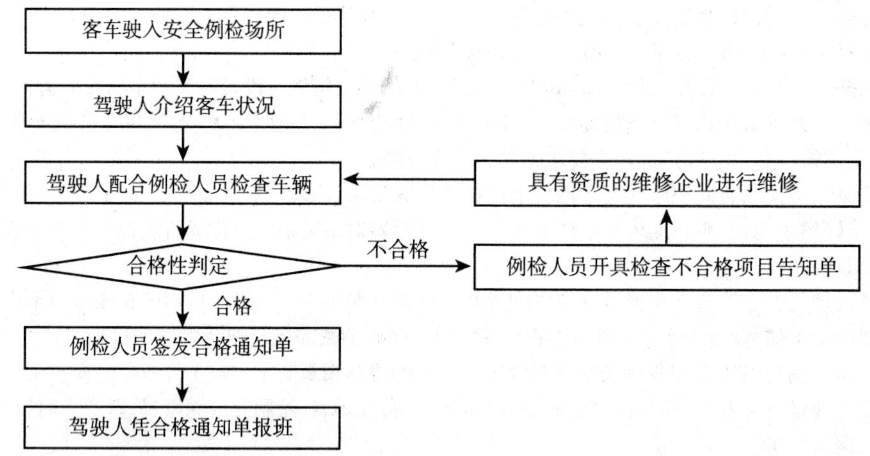

附件3

营运客车安全例行检查技术规范(试行)

1 范围

本标准规定了营运客车安全例行检查的术语和定义、设施条件、检查项目、检查方法、技术要求和工艺流程。

本标准适用于营运客车的安全例行检查。

2 术语和定义

营运客车安全例行检查

在受检车辆按照相关规定进行了正常维护并检验合格的前提下,由车辆安全例检人员在不拆卸零部件的条件下,借助简单的工具,采用人工检视的方法,对影响营运客车行车安全的可视部件技术状况所实施的检查。

营运客车安全例行检查与车辆的日常维护、一级维护和二级维护为非替代关系。

3 设施条件

3.1 车辆安全例行检查场所应满足实施安全例行检查、承检车型和发车频次的需要。

3.2 车辆安全例行检查场所应设有车辆检验地沟或举升装置。检验地沟的结构尺寸、举升装置的规格应与承检车型相适应。检验地沟推荐尺寸:长度不小于承检车辆最大长度的1.1倍,宽度不小于0.65m,深度不小于1.3m。车辆安全例行检查场所及地沟内应安装照明设施,地沟内的照明设施应采用安全电源。

3.3 三级以上汽车客运站车辆安全例行检查应采用计算机管理系统,具有车辆信息登录、检查数据存储、检查信息查询、检查报告生成、人工录入等功能。

3.4 车辆安全例行检查场所应配备无线扩音设备,具有车辆安全例行检查人员间、车辆安全例行检查人员与驾驶人间的语音联络功能。

3.5 安全例行检查场所应配备灭火器等消防设备,地沟内灭火器的放置数量不少于1具。

3.6 车辆安全例行检查场所应具有醒目的文字标志和限速标志。

3.7 车辆安全例行检查的工具及设备:

a)检验锤;

b)便携式照明器具;

c)轮胎气压表;

d)轮胎花纹深度尺;

e)套筒扳手、扭力扳手;

f)钢卷尺、钢板尺;

g)停车楔,数量不少于2只;

h)其它工具及设备。

4 检查项目、方法及要求

4.1 外观

4.1.1 目视检查车身外观及车内环境,车身应整洁、周正,无开裂、明显锈蚀和变形,车窗玻璃齐全、完好,车内应整洁、无杂物。

4.1.2 目视检查左右后视镜、内后视镜,应完好、无损毁。

4.1.3 打开前风窗玻璃刮水器开关,刮水器各挡位应工作正常,关闭刮水器时刮片应能自动返回到初始位置。

4.1.4 目视检查发动机、水箱,应无漏油、漏液现象。

4.2 制动系统

4.2.1 气压表工作状况

起动发动机,观察气压表指示情况,气压表应能正确指示系统压力。

4.2.2 制动管路密封性

采用气压制动的车辆,在储气筒保持一定压力条件下,关闭发动机,踏下制动踏板,检查各车轮制动气室、气阀及制动管路的密封性,应无漏气声。

4.2.3 制动系统自检

接通发动机起动开关,察看制动系统各故障指示灯指示状况,应无故障报警。

4.2.4 空气压缩机传动带

目视检查并指压空气压缩机传动带,应无龟裂、油污和异常磨损,松紧度应适当。

4.3　转向系统

左、右转动转向盘，检视球销总成、横直拉杆，球销总成应无松旷和开裂，横直拉杆应无变形和裂纹，各锁销齐全、紧固。同时检查转向机构连接状况，各连接部位应连接可靠、无松动。

4.4　传动系统

4.4.1　传动机构及连接

目视检查传动轴支架，传动轴支架应无破损和变形。通过晃动传动轴的方式检查传动机构连接状况，万向节、中间轴承应无松旷。

4.4.2　自动变速器、液力缓速器密封性

对于同时装有自动变速器和液力缓速器的车辆，目视检查自动变速器、液力缓速器的密封状况，油液应无泄漏。

4.5　照明、信号指示灯

4.5.1　前照灯

目视检查前照灯，前照灯应齐全、完好、表面清洁，无松脱；开启前照灯，前照灯应工作正常；操作远近光变换开关，远近光变换应正常。

4.5.2　信号指示灯

巡视检查转向灯（前、后、侧）、制动灯、示廓灯、危险报警灯、前后雾灯，应齐全、完好、表面清洁；进行对应操作，分别目视检查上述各信号指示灯，均应工作正常。

4.6　轮胎

4.6.1　轮胎外观

目视检查胎冠、胎壁等部位，不得有长度超过25mm或深度足以暴露出帘布层的破裂、割伤以及凸起、异物刺入等影响使用的缺陷。同时目视检查并装轮胎间，应无异物嵌入。

4.6.2　轮胎花纹深度

目视检查轮胎磨损状况。必要时用轮胎花纹深度尺检测轮胎胎冠花纹深度。营运客车转向轮的胎冠花纹深度不小于3.2mm，其余轮胎胎纹深度不小于1.6mm。

4.6.3　轮胎规格和花纹

目视检查轮胎规格和花纹，同轴两侧轮胎规格、花纹应一致。

4.6.4　轮胎气压

巡视检查各轮胎充气状况，必要时用气压表测量轮胎气压，轮胎气压符合要求。

4.6.5　轮胎及半轴螺栓、螺母

巡视检查轮胎螺栓、螺母以及可视的半轴螺栓，各轮胎及半轴的螺栓、螺母应齐全、完好，紧固可靠。

4.7　悬架系统

目视检查悬架的弹性元件，应安装牢固，无断裂、塑性变形等异常情况。检查空气弹簧的气密性，应无泄漏。

目视检查钢板弹簧的U形螺栓螺母、吊耳销（套）、锁销等部件，U形螺栓螺母应齐全、紧固，吊耳销（套）、锁销应齐全、无断裂和松旷。

4.8　安全设施

4.8.1　车门应急开关

目视检查动力启闭车门的车内应急开关，应急开关的标识、机件应齐全、完好。当对应急开关的技术状况有质疑时，应进行启闭检查。

4.8.2　安全顶窗

目视检查安全顶窗，安全顶窗机件应齐全、完好。当对安全顶窗的功能有质疑时，应进行启闭检查。

4.8.3　安全锤

目视检查封闭式客车的应急窗，应配备安全锤并在规定的位置放置。

4.8.4　灭火器

目视检查灭火器，应随车配备。

4.9　摄像头

目视检查车内摄像头，摄像头的拍摄方向应符合规定且无遮挡。

5　工艺流程

营运客车安全例行检查应在驾驶人的配合下，由2名车辆安全例行检查人员（以下称例检人员甲、例检人员乙）进行。以发动机后置的营运客车为例，其安全例行检查推荐工艺流程如图1所示。

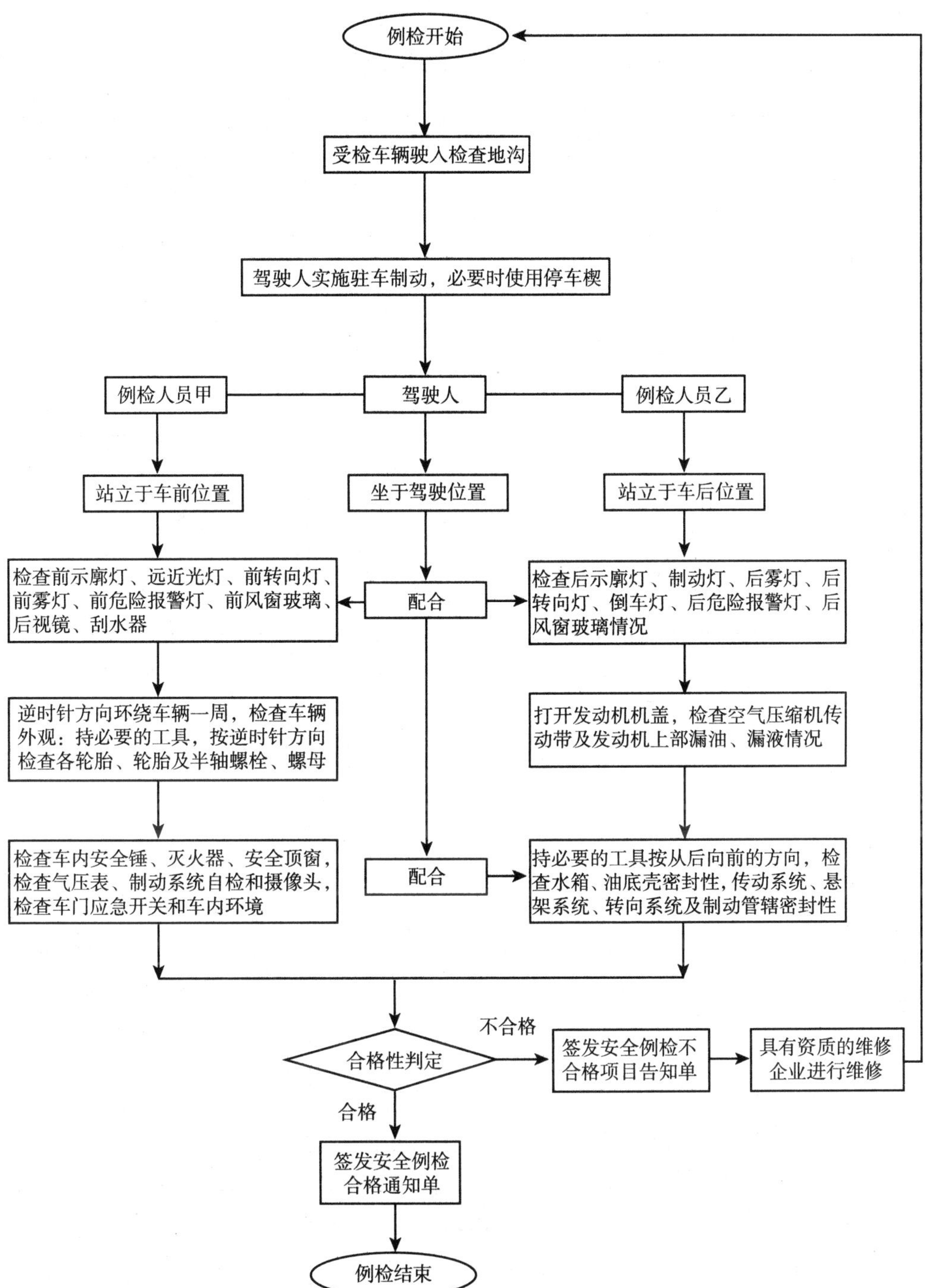

图 1　营运客车安全例行检查推荐工艺流程

营运客车安全例行检查报告单(式样)

<table>
<tr><td>车牌号码</td><td></td><td>车属单位</td><td>营运证号</td><td></td></tr>
<tr><td colspan="2">检查日期</td><td colspan="3">年 月 日 时 分</td></tr>
<tr><td colspan="5">检 查 记 录</td></tr>
<tr><td>序号</td><td>检查项目</td><td>检 查 内 容</td><td>缺陷描述</td><td>检查结果</td></tr>
<tr><td rowspan="5">1</td><td rowspan="5">外观</td><td>车身外观</td><td></td><td></td></tr>
<tr><td>车内环境</td><td></td><td></td></tr>
<tr><td>视镜</td><td></td><td></td></tr>
<tr><td>刮水器</td><td></td><td></td></tr>
<tr><td>发动机、冰箱</td><td></td><td></td></tr>
<tr><td rowspan="4">2</td><td rowspan="4">制动系统</td><td>气压表工作状况</td><td></td><td></td></tr>
<tr><td>制动管路密封性</td><td></td><td></td></tr>
<tr><td>制动系统自检</td><td></td><td></td></tr>
<tr><td>空气压缩机传动带</td><td></td><td></td></tr>
<tr><td>3</td><td>转向系统</td><td>转向机构及连接</td><td></td><td></td></tr>
<tr><td rowspan="2">4</td><td rowspan="2">传动系统</td><td>传动机构及连接</td><td></td><td></td></tr>
<tr><td>自动变速器、液力缓速器密封性</td><td></td><td></td></tr>
<tr><td rowspan="2">5</td><td rowspan="2">照明、信号指示灯</td><td>前照灯</td><td></td><td></td></tr>
<tr><td>信号指示灯</td><td></td><td></td></tr>
<tr><td rowspan="5">6</td><td rowspan="5">轮胎</td><td>轮胎外观</td><td></td><td></td></tr>
<tr><td>轮胎花纹深度</td><td></td><td></td></tr>
<tr><td>轮胎规格和花纹</td><td></td><td></td></tr>
<tr><td>轮胎气压</td><td></td><td></td></tr>
<tr><td>轮胎螺栓、螺母</td><td></td><td></td></tr>
<tr><td rowspan="3">7</td><td rowspan="3">悬架系统</td><td>弹性元件</td><td></td><td></td></tr>
<tr><td>U形螺栓螺母</td><td></td><td></td></tr>
<tr><td>吊耳销(套)、锁销</td><td></td><td></td></tr>
<tr><td rowspan="4">8</td><td rowspan="4">安全设施</td><td>车门应急开关</td><td></td><td></td></tr>
<tr><td>安全顶窗</td><td></td><td></td></tr>
<tr><td>安全锤</td><td></td><td></td></tr>
<tr><td>灭火器</td><td></td><td></td></tr>
<tr><td>9</td><td>摄像头</td><td>摄像头的拍摄方向</td><td></td><td></td></tr>
<tr><td colspan="2">车辆安全例检员签字</td><td></td><td>备注</td><td></td></tr>
</table>

说明:1. 不合格项目应在缺陷记录栏中进行记载;

2. 有任一不合格项时,例检结果为不合格;

3. 检验结果标记:"○"为合格,"×"为不合格;

4. 本表保存期应不少于六个月。

附件 4

营运客车安全例检合格通知单(式样)

编号:××××××
营运客车
安全例检合格通知单
检查合格时间: 年 月 日 时 分
车牌号码/颜色:
安全例检员:(签字)
安全例检机构:(章)

营运客车留存备查
(本通知单 24 小时内报班有效)

汽车客运站营运客车出站检查工作规范

交运发〔2012〕762 号

第一条 为进一步加强汽车客运站(以下简称客运站)客车出站检查工作,根据《中华人民共和国道路运输条例》(中华人民共和国国务院令第 406 号)、《道路旅客运输及客运站管理规定》(交通运输部令 2012 年第 2 号)等相关法律法规规定,制定本规范。

第二条 等级客运站出站检查工作,应当遵守本规范。

第三条 本规范所称出站检查是指客运站经营者在客车出站前,对当班驾驶员资格、客车运营证件、客车安全例行检查情况、客车实际载客人数、车上人员安全带系扣情况、出站登记手续等是否符合规定所进行的核查活动。

第四条 客运站经营者应当贯彻执行国家有关安全生产法律、行政法规和政策,按照本规范,制定出站检查管理制度、工作规程和管理规则,并组织实施。

第五条 出站检查工作人员配备应当与客运站业务规模相适应,原则上日发 50 个班次以下的客运站配置 1 名出站检查人员;50 个班次以上的,每增加 150 个班次,增加 1 名出站检查人员。

第六条 客运站经营者应当加强出站检查工作人员培训,制定培训计划,明确培训内容、培训时间和考核要求,确保出站检查工作人员熟练掌握出站检查工作规范、具备必要的证照真伪辨别知识和应急处置能力。

第七条 客运站经营者应当将出站检查工作情况列入安全生产工作会议和安全例会议程。

第八条 客运站经营者应当保障出站检查工作经费投入。出站检查工作经费主要包括:出站检查设备设施的购置和维护、出站检查工作人员的教育培训等经费。

第九条 客运站经营者应当制定有关节假日、重大活动及其他客流高峰期间的应急措施,保障出站检查工作严格执行和出站客车顺畅有序。

第十条 出站检查工作人员应当对每一辆出站客车进行检查,检查合格并经出站检查人员与受检驾驶员签字确认后才准予出站。

第十一条 出站检查主要包括以下主要内容:

1. 检查出站客车报班手续是否完备,确保客车出站前《安全例检合格通知单》、行驶证、道路运输证、客运标志牌等单证经过车站查验且合格。

2. 核验每一名当班驾驶员持有的从业资格证、机动车驾驶证,确保受检驾驶员与报班的驾驶员一致。

3. 清点客车载客人数,确保客车不超载出站。如发现客车有超载行为,应当立即制止,并采取相应措施安排旅客改乘。

4. 检查装有安全带的客车乘客安全带系扣情况,确保客车出站时所有乘客系好安全带。

对出站检查后的所有客车,客运站出站检查人员均需填写出站登记表,并由出站检查人员和当班驾驶员签字确认。出站登记表保存期不少于 3 个月,式样见附件。

第十二条 出站检查工作人员应遵守行为规范,佩戴标识,用语文明,认真作业。

第十三条 客车不配合出站检查时,出站检查工作人员应当做好解释和说服工作,经劝告仍不接受出站检查的,客运站有权拒绝客车出站。经劝阻无效,仍滞留现场扰乱秩序的,客运站应当立即采取相应措施安排客车上的旅客改乘并报当地道路运输管理机构;对强行出站的,客运站应当立即报告当地道路运输管理机构处理。对相应客车,客运站可在一定期限内禁止其进站发班。

第十四条 县级以上道路运输管理机构负责本辖区客运站客车出站检查情况的监督检查。重大节假日、重大活动及其他客流高峰期间或根据工作需要,应派专人进驻客运站对客车出站检查情况进行现场督查、抽查,确保客运站严格落实出站检查制度。

附件:出站登记表

附件

出站登记表

序号	车牌号	单证是否齐备 (√/×)	是否超员 (√/×)	免票儿童 (√/×)	是否系好安全带 (√/×)	驾驶员 签字	检查员 签字
1							
2							
3							
4							
5							
6							
7							
8							
9							
10							

填写说明:“单证是否齐备”填时,请注明不合格项:①安全例检合格通知单②行驶证③道路运输证④客运标志牌⑤驾驶证⑥从业资格证户是否超载填√为不超载,×为超载。

机动车登记规定

2008 年 5 月 27 日中华人民共和国公安部令第 102 号发布

根据 2012 年 9 月 12 日《公安部关于修改〈机动车登记规定〉的决定》修正

第一章 总 则

第一条 根据《中华人民共和国道路交通安全法》及其实施条例的规定,制定本规定。

第二条 本规定由公安机关交通管理部门负责实施。

省级公安机关交通管理部门负责本省(自治区、直辖市)机动车登记工作的指导、检查和监督。直辖市公安机关交通管理部门车辆管理所、设区的市或者相当于同级的公安机关交通管理部门车辆管理所负责办理本行政辖区内机动车登记业务。

县级公安机关交通管理部门车辆管理所可以办理本行政辖区内摩托车、三轮汽车、低速载货汽车登记业务。条件具备的,可以办理除进口机动车、危险化学品运输车、校车、中型以上载客汽车以外的其他机动车登记业务。具体业务范围和办理条件由省级公安机关交通管理部门确定。

警用车辆登记业务按照有关规定办理。

第三条 车辆管理所办理机动车登记,应当遵循公开、公正、便民的原则。

车辆管理所在受理机动车登记申请时,对申请材料齐全并符合法律、行政法规和本规定的,应当在规定的时限内办结。对申请材料不齐全或者其他不符合法定形式的,应当一次告知申请人需要补正的全部内容。对不符合规定的,应当书面告知不予受理、登记的理由。

车辆管理所应当将法律、行政法规和本规定的有关机动车登记的事项、条件、依据、程序、期限以及收费标准、需要提交的全部材料的目录和申请表示范文本等在办理登记的场所公示。

省级、设区的市或者相当于同级的公安机关交通管理部门应当在互联网上建立主页,发布信息,便于群众查阅机动车登记的有关规定,下载、使用有关表格。

第四条 车辆管理所应当使用计算机登记系统办理机动车登记,并建立数据库。不使用计算机登记系统登记的,登记无效。

计算机登记系统的数据库标准和登记软件全国统一。数据库能够完整、准确记录登记内容,记录办理过程和经办人员信息,并能够实时将有关登记内容传送到全国公安交通管理信息系统。计算机登记系统应当与交通违法信息系统和交通事故信息系统实行联网。

第二章 登 记

第一节 注册登记

第五条 初次申领机动车号牌、行驶证的,机动车所有人应当向住所地的车辆管理所申请注册登记。

第六条 机动车所有人应当到机动车安全技术检验机构对机动车进行安全技术检验,取得机动车安全技术检验合格证明后申请注册登记。但经海关进口的机动车和国务院机动车产品主管部门认定免予安全技术检验的机动车除外。

免予安全技术检验的机动车有下列情形之一的,应当进行安全技术检验:

(一)国产机动车出厂后两年内未申请注册登记的;

(二)经海关进口的机动车进口后两年内未申请注册登记的;

(三)申请注册登记前发生交通事故的。

专用校车办理注册登记前,应当按照专用校车国家安全技术标准进行安全技术检验。

第七条 申请注册登记的,机动车所有人应当填写申请表,交验机动车,并提交以下证明、凭证:

(一)机动车所有人的身份证明;

(二)购车发票等机动车来历证明;

(三)机动车整车出厂合格证明或者进口机动车进口凭证;

(四)车辆购置税完税证明或者免税凭证;

(五)机动车交通事故责任强制保险凭证;

(六)车船税纳税或者免税证明;

(七)法律、行政法规规定应当在机动车注册登记时提交的其他证明、凭证。

不属于经海关进口的机动车和国务院机动车产品主管部门规定免予安全技术检验的机动车,还应当提交机动车安全技术检验合格证明。

车辆管理所应当自受理申请之日起二日内,确认机动车,核对车辆识别代号拓印膜,审查提交的证明、凭证,核发机动车登记证书、号牌、行驶证和检验合格标志。

第八条 车辆管理所办理消防车、救护车、工程救险车注册登记时,应当对车辆的使用性质、标志图案、标志灯具和警报器进行审查。

车辆管理所办理全挂汽车列车和半挂汽车列车注册登记时,应当对牵引车和挂车分别核发机动车登记证书、号牌和行驶证。

第九条 有下列情形之一的,不予办理注册登记:

(一)机动车所有人提交的证明、凭证无效的;

(二)机动车来历证明被涂改或者机动车来历证明记载的机动车所有人与身份证明不符的;

(三)机动车所有人提交的证明、凭证与机动车不符的;

(四)机动车未经国务院机动车产品主管部门许可生产或者未经国家进口机动车主管部门许可进口的;

(五)机动车的有关技术数据与国务院机动车产品主管部门公告的数据不符的;

(六)机动车的型号、发动机号码、车辆识别代号或者有关技术数据不符合国家安全技术标准的;

(七)机动车达到国家规定的强制报废标准的;

(八)机动车被人民法院、人民检察院、行政执法部门依法查封、扣押的;

(九)机动车属于被盗抢的;

(十)其他不符合法律、行政法规规定的情形。

第二节 变更登记

第十条 已注册登记的机动车有下列情形之一的,机动车所有人应当向登记地车辆管理所申请变更登记:

(一)改变车身颜色的;

(二)更换发动机的;

(三)更换车身或者车架的;

(四)因质量问题更换整车的;

(五)营运机动车改为非营运机动车或者非营运机动车改为营运机动车等使用性质改变的;

(六)机动车所有人的住所迁出或者迁入车辆管理所管辖区域的。

机动车所有人为两人以上,需要将登记的所有人姓名变更为其他所有人姓名的,可以向登记地车辆管理所申请变更登记。

属于本条第一款第(一)项、第(二)项和第(三)项规定的变更事项的,机动车所有人应当在变更后十日内向车辆管理所申请变更登记;属于本条第一款第(六)项规定的变更事项的,机动车所有人申请转出前,应当将涉及该车的道路交通安全违法行为和交通事故处理完毕。

第十一条 申请变更登记的,机动车所有人应当填写申请表,交验机动车,并提交以下证明、凭证:

(一)机动车所有人的身份证明;

(二)机动车登记证书;

(三)机动车行驶证;

(四)属于更换发动机、车身或者车架的,还应当提交机动车安全技术检验合格证明;

(五)属于因质量问题更换整车的,还应当提交机动车安全技术检验合格证明,但经海关进口的机动车和国务院机动车产品主管部门认定免予安全技术检验的机动车除外。

车辆管理所应当自受理之日起一日内,确认机动车,审查提交的证明、凭证,在机动车登记证书上签注变更事项,收回行驶证,重新核发行驶证。

车辆管理所办理本规定第十条第一款第(三)项、第(四)项和第(六)项规定的变更登记事项的,应当核对车辆识别代号拓印膜。

第十二条 车辆管理所办理机动车变更登记时,需要改变机动车号牌号码的,收回号牌、行驶证,确定新的机动车号牌号码,重新核发号牌、行驶证和检验合格标志。

第十三条 机动车所有人的住所迁出车辆管理所管辖区域的,车辆管理所应当自受理之日起三日内,在机动车登记证书上签注变更事项,收回号牌、行驶证,核发有效期为三十日的临时行驶车号牌,将机动车档案交机动车所有人。机动车所有人应当在临时行驶车号牌的有效期限内到住所地车辆管理所申请机动车转入。

申请机动车转入的,机动车所有人应当填写申请表,提交身份证明、机动车登记证书、机动车档案,并交验机动车。机动车在转入时已超过检验有效期的,应当在转入地进行安全技术检验并提交机动车安全技术检验合格证明和交通事故责任强制保险凭证。车辆管理所应当自受理之日起三日内,确认机动车,核对车辆识别代号拓印膜,审查相关证明、凭证和机动车档案,在机动车登记证书上签注转入信息,核发号牌、行驶证和检验合格标志。

第十四条 机动车所有人为两人以上，需要将登记的所有人姓名变更为其他所有人姓名的，应当提交机动车登记证书、行驶证、变更前和变更后机动车所有人的身份证明和共同所有的公证证明，但属于夫妻双方共同所有的，可以提供《结婚证》或者证明夫妻关系的《居民户口簿》。

变更后机动车所有人的住所在车辆管理所管辖区域内的，车辆管理所按照本规定第十一条第二款的规定办理变更登记。变更后机动车所有人的住所不在车辆管理所管辖区域内的，迁出地和迁入地车辆管理所按照本规定第十三条的规定办理变更登记。

第十五条 有下列情形之一的，不予办理变更登记：

（一）改变机动车的品牌、型号和发动机型号的，但经国务院机动车产品主管部门许可选装的发动机除外；

（二）改变已登记的机动车外形和有关技术数据的，但法律、法规和国家强制性标准另有规定的除外；

（三）有本规定第九条第（一）项、第（七）项、第（八）项、第（九）项规定情形的。

第十六条 有下列情形之一，在不影响安全和识别号牌的情况下，机动车所有人不需要办理变更登记：

（一）小型、微型载客汽车加装前后防撞装置；

（二）货运机动车加装防风罩、水箱、工具箱、备胎架等；

（三）增加机动车车内装饰。

第十七条 已注册登记的机动车，机动车所有人住所在车辆管理所管辖区域内迁移或者机动车所有人姓名（单位名称）、联系方式变更的，应当向登记地车辆管理所备案。

（一）机动车所有人住所在车辆管理所管辖区域内迁移、机动车所有人姓名（单位名称）变更的，机动车所有人应当提交身份证明、机动车登记证书、行驶证和相关变更证明。车辆管理所应当自受理之日起一日内，在机动车登记证书上签注备案事项，重新核发行驶证。

（二）机动车所有人联系方式变更的，机动车所有人应当提交身份证明和行驶证。车辆管理所应当自受理之日起一日内办理备案。

机动车所有人的身份证明名称或者号码变更的，可以向登记地车辆管理所申请备案。机动车所有人应当提交身份证明、机动车登记证书。车辆管理所应当自受理之日起一日内，在机动车登记证书上签注备案事项。

发动机号码、车辆识别代号因磨损、锈蚀、事故等原因辨认不清或者损坏的，可以向登记地车辆管理所申请备案。机动车所有人应当提交身份证明、机动车登记证书、行驶证。车辆管理所应当自受理之日起一日内，在发动机、车身或者车架上打刻原发动机号码或者原车辆识别代号，在机动车登记证书上签注备案事项。

第三节 转移登记

第十八条 已注册登记的机动车所有权发生转移的，现机动车所有人应当自机动车交付之日起三十日内向登记地车辆管理所申请转移登记。

机动车所有人申请转移登记前，应当将涉及该车的道路交通安全违法行为和交通事故处理完毕。

第十九条 申请转移登记的，现机动车所有人应当填写申请表，交验机动车，并提交以下证明、凭证：

（一）现机动车所有人的身份证明；

（二）机动车所有权转移的证明、凭证；

（三）机动车登记证书；

（四）机动车行驶证；

（五）属于海关监管的机动车，还应当提交《中华人民共和国海关监管车辆解除监管证明书》或者海关批准的转让证明；

（六）属于超过检验有效期的机动车，还应当提交机动车安全技术检验合格证明和交通事故责任强制保险凭证。

现机动车所有人住所在车辆管理所管辖区域内的，车辆管理所应当自受理申请之日起一日内，确认机动车，核对车辆识别代号拓印膜，审查提交的证明、凭证，收回号牌、行驶证，确定新的机动车号牌号码，在机动车登记证书上签注转移事项，重新核发号牌、行驶证和检验合格标志。

现机动车所有人住所不在车辆管理所管辖区域内的，车辆管理所应当按照本规定第十三条的规定办理。

第二十条 有下列情形之一的，不予办理转移登记：

(一)机动车与该车档案记载内容不一致的;

(二)属于海关监管的机动车,海关未解除监管或者批准转让的;

(三)机动车在抵押登记、质押备案期间的;

(四)有本规定第九条第(一)项、第(二)项、第(七)项、第(八)项、第(九)项规定情形的。

第二十一条　被人民法院、人民检察院和行政执法部门依法没收并拍卖,或者被仲裁机构依法仲裁裁决,或者被人民法院调解、裁定、判决机动车所有权转移时,原机动车所有人未向现机动车所有人提供机动车登记证书、号牌或者行驶证的,现机动车所有人在办理转移登记时,应当提交人民法院出具的未得到机动车登记证书、号牌或者行驶证的《协助执行通知书》,或者人民检察院、行政执法部门出具的未得到机动车登记证书、号牌或者行驶证的证明。车辆管理所应当公告原机动车登记证书、号牌或者行驶证作废,并在办理转移登记的同时,补发机动车登记证书。

第四节　抵押登记

第二十二条　机动车所有人将机动车作为抵押物抵押的,应当向登记地车辆管理所申请抵押登记;抵押权消灭的,应当向登记地车辆管理所申请解除抵押登记。

第二十三条　申请抵押登记的,机动车所有人应当填写申请表,由机动车所有人和抵押权人共同申请,并提交下列证明、凭证:

(一)机动车所有人和抵押权人的身份证明;

(二)机动车登记证书;

(三)机动车所有人和抵押权人依法订立的主合同和抵押合同。

车辆管理所应当自受理之日起一日内,审查提交的证明、凭证,在机动车登记证书上签注抵押登记的内容和日期。

第二十四条　申请解除抵押登记的,机动车所有人应当填写申请表,由机动车所有人和抵押权人共同申请,并提交下列证明、凭证:

(一)机动车所有人和抵押权人的身份证明;

(二)机动车登记证书。

人民法院调解、裁定、判决解除抵押的,机动车所有人或者抵押权人应当填写申请表,提交机动车登记证书、人民法院出具的已经生效的《调解书》、《裁定书》或者《判决书》,以及相应的《协助执行通知书》。

车辆管理所应当自受理之日起一日内,审查提交的证明、凭证,在机动车登记证书上签注解除抵押登记的内容和日期。

第二十五条　机动车抵押登记日期、解除抵押登记日期可以供公众查询。

第二十六条　有本规定第九条第(一)项、第(七)项、第(八)项、第(九)项或者第二十条第(二)项规定情形之一的,不予办理抵押登记。对机动车所有人提交的证明、凭证无效,或者机动车被人民法院、人民检察院、行政执法部门依法查封、扣押的,不予办理解除抵押登记。

第五节　注销登记

第二十七条　已达到国家强制报废标准的机动车,机动车所有人向机动车回收企业交售机动车时,应当填写申请表,提交机动车登记证书、号牌和行驶证。机动车回收企业应当确认机动车并解体,向机动车所有人出具《报废机动车回收证明》。报废的校车、大型客、货车及其他营运车辆应当在车辆管理所的监督下解体。

机动车回收企业应当在机动车解体后七日内将申请表、机动车登记证书、号牌、行驶证和《报废机动车回收证明》副本提交车辆管理所,申请注销登记。

车辆管理所应当自受理之日起一日内,审查提交的证明、凭证,收回机动车登记证书、号牌、行驶证,出具注销证明。

第二十八条　除本规定第二十七条规定的情形外,机动车有下列情形之一的,机动车所有人应当向登记地车辆管理所申请注销登记:

(一)机动车灭失的;

(二)机动车因故不在我国境内使用的;

(三)因质量问题退车的。

已注册登记的机动车有下列情形之一的,登记地车辆管理所应当办理注销登记:

(一)机动车登记被依法撤销的;

(二)达到国家强制报废标准的机动车被依法收缴并强制报废的。

属于本条第一款第(二)项和第(三)项规定情形之一的,机动车所有人申请注销登记前,应当将涉及该车的道路交通安全违法行为和交通事故处理完毕。

第二十九条 属于本规定第二十八条第一款规定的情形,机动车所有人申请注销登记的,应当填写申请表,并提交以下证明、凭证:

(一)机动车登记证书;

(二)机动车行驶证;

(三)属于机动车灭失的,还应当提交机动车所有人的身份证明和机动车灭失证明;

(四)属于机动车因故不在我国境内使用的,还应当提交机动车所有人的身份证明和出境证明,其中属于海关监管的机动车,还应当提交海关出具的《中华人民共和国海关监管车辆进(出)境领(销)牌照通知书》;

(五)属于因质量问题退车的,还应当提交机动车所有人的身份证明和机动车制造厂或者经销商出具的退车证明。

车辆管理所应当自受理之日起一日内,审查提交的证明、凭证,收回机动车登记证书、号牌、行驶证,出具注销证明。

第三十条 因车辆损坏无法驶回登记地的,机动车所有人可以向车辆所在地机动车回收企业交售报废机动车。交售机动车时应当填写申请表,提交机动车登记证书、号牌和行驶证。机动车回收企业应当确认机动车并解体,向机动车所有人出具《报废机动车回收证明》。报废的校车、大型客、货车及其他营运车辆应当在报废地车辆管理所的监督下解体。

机动车回收企业应当在机动车解体后七日内将申请表、机动车登记证书、号牌、行驶证和《报废机动车回收证明》副本提交报废地车辆管理所,申请注销登记。

报废地车辆管理所应当自受理之日起一日内,审查提交的证明、凭证,收回机动车登记证书、号牌、行驶证,并通过计算机登记系统将机动车报废信息传递给登记地车辆管理所。

登记地车辆管理所应当自接到机动车报废信息之日起一日内办理注销登记,并出具注销证明。

第三十一条 已注册登记的机动车有下列情形之一的,车辆管理所应当公告机动车登记证书、号牌、行驶证作废:

(一)达到国家强制报废标准,机动车所有人逾期不办理注销登记的;

(二)机动车登记被依法撤销后,未收缴机动车登记证书、号牌、行驶证的;

(三)达到国家强制报废标准的机动车被依法收缴并强制报废的;

(四)机动车所有人办理注销登记时未交回机动车登记证书、号牌、行驶证的。

第三十二条 有本规定第九条第(一)项、第(八)项、第(九)项或者第二十条第(一)项、第(三)项规定情形之一的,不予办理注销登记。

第六节 校车标牌核发

第三十三条 学校或者校车服务提供者申请校车使用许可,应当按照《校车安全管理条例》向县级或者设区的市级人民政府教育行政部门提出申请。公安机关交通管理部门收到教育行政部门送来的征求意见材料后,应当在一日内通知申请人交验机动车。

第三十四条 县级或者设区的市级公安机关交通管理部门应当自申请人交验机动车之日起二日内确认机动车,查验校车标志灯、停车指示标志、卫星定位装置以及逃生锤、干粉灭火器、急救箱等安全设备,审核行驶线路、开行时间和停靠站点。属于专用校车的,还应当查验校车外观标识。审查以下证明、凭证:

(一)机动车所有人的身份证明;

(二)机动车行驶证;

(三)校车安全技术检验合格证明;

(四)包括行驶线路、开行时间和停靠站点的校车运行方案;

（五）校车驾驶人的机动车驾驶证。

公安机关交通管理部门应当自收到教育行政部门征求意见材料之日起三日内向教育行政部门回复意见，但申请人未按规定交验机动车的除外。

第三十五条　学校或者校车服务提供者按照《校车安全管理条例》取得校车使用许可后，应当向县级或者设区的市级公安机关交通管理部门领取校车标牌。领取时应当填写表格，并提交以下证明、凭证：

（一）机动车所有人的身份证明；

（二）校车驾驶人的机动车驾驶证；

（三）机动车行驶证；

（四）县级或者设区的市级人民政府批准的校车使用许可；

（五）县级或者设区的市级人民政府批准的包括行驶线路、开行时间和停靠站点的校车运行方案。

公安机关交通管理部门应当在收到领取表之日起三日内核发校车标牌。对属于专用校车的，应当核对行驶证上记载的校车类型和核载人数；对不属于专用校车的，应当在行驶证副页上签注校车类型和核载人数。

第三十六条　校车标牌应当记载本车的号牌号码、机动车所有人、驾驶人、行驶线路、开行时间、停靠站点、发牌单位、有效期限等信息。校车标牌分前后两块，分别放置于前风窗玻璃右下角和后风窗玻璃适当位置。

校车标牌有效期的截止日期与校车安全技术检验有效期的截止日期一致，但不得超过校车使用许可有效期。

第三十七条　专用校车应当自注册登记之日起每半年进行一次安全技术检验，非专用校车应当自取得校车标牌后每半年进行一次安全技术检验。

学校或者校车服务提供者应当在校车检验有效期满前一个月内向公安机关交通管理部门申请检验合格标志。

公安机关交通管理部门应当自受理之日起一日内，确认机动车，审查提交的证明、凭证，核发检验合格标志，换发校车标牌。

第三十八条　已取得校车标牌的机动车达到报废标准或者不再作为校车使用的，学校或者校车服务提供者应当拆除校车标志灯、停车指示标志，消除校车外观标识，并将校车标牌交回核发的公安机关交通管理部门。

专用校车不得改变使用性质。

校车使用许可被吊销、注销或者撤销的，学校或者校车服务提供者应当拆除校车标志灯、停车指示标志，消除校车外观标识，并将校车标牌交回核发的公安机关交通管理部门。

第三十九条　校车行驶线路、开行时间、停靠站点或者车辆、所有人、驾驶人发生变化的，经县级或者设区的市级人民政府批准后，应当按照本规定重新领取校车标牌。

第四十条　公安机关交通管理部门应当每月将校车标牌的发放、变更、收回等信息报本级人民政府备案，并通报教育行政部门。

学校或者校车服务提供者应当自取得校车标牌之日起，每月查询校车道路交通安全违法行为记录，及时到公安机关交通管理部门接受处理。核发校车标牌的公安机关交通管理部门应当每月汇总辖区内校车道路交通安全违法和交通事故等情况，通知学校或者校车服务提供者，并通报教育行政部门。

第四十一条　校车标牌灭失、丢失或者损毁的，学校或者校车服务提供者应当向核发标牌的公安机关交通管理部门申请补领或者换领。申请时，应当提交机动车所有人的身份证明及机动车行驶证。公安机关交通管理部门应当自受理之日起三日内审核，补发或者换发校车标牌。

第三章　其他规定

第四十二条　申请办理机动车质押备案或者解除质押备案的，由机动车所有人和典当行共同申请，机动车所有人应当填写申请表，并提交以下证明、凭证：

（一）机动车所有人和典当行的身份证明；

（二）机动车登记证书。

车辆管理所应当自受理之日起一日内，审查提交的证明、凭证，在机动车登记证书上签注质押备案或者解除质押备案的内容和日期。

有本规定第九条第(一)项、第(七)项、第(八)项、第(九)项规定情形之一的,不予办理质押备案。对机动车所有人提交的证明、凭证无效,或者机动车被人民法院、人民检察院、行政执法部门依法查封、扣押的,不予办理解除质押备案。

第四十三条 机动车登记证书灭失、丢失或者损毁的,机动车所有人应当向登记地车辆管理所申请补领、换领。申请时,机动车所有人应当填写申请表并提交身份证明,属于补领机动车登记证书的,还应当交验机动车。车辆管理所应当自受理之日起一日内,确认机动车,审查提交的证明、凭证,补发、换发机动车登记证书。

启用机动车登记证书前已注册登记的机动车未申领机动车登记证书的,机动车所有人可以向登记地车辆管理所申领机动车登记证书。但属于机动车所有人申请变更、转移或者抵押登记的,应当在申请前向车辆管理所申领机动车登记证书。申请时,机动车所有人应当填写申请表,交验机动车并提交身份证明。车辆管理所应当自受理之日起五日内,确认机动车,核对车辆识别代号拓印膜,审查提交的证明、凭证,核发机动车登记证书。

第四十四条 机动车号牌、行驶证灭失、丢失或者损毁的,机动车所有人应当向登记地车辆管理所申请补领、换领。申请时,机动车所有人应当填写申请表并提交身份证明。

车辆管理所应当审查提交的证明、凭证,收回未灭失、丢失或者损毁的号牌、行驶证,自受理之日起一日内补发、换发行驶证,自受理之日起十五日内补发、换发号牌,原机动车号牌号码不变。

补发、换发号牌期间应当核发有效期不超过十五日的临时行驶车号牌。

第四十五条 机动车具有下列情形之一,需要临时上道路行驶的,机动车所有人应当向车辆管理所申领临时行驶车号牌:

(一)未销售的;

(二)购买、调拨、赠予等方式获得机动车后尚未注册登记的;

(三)进行科研、定型试验的;

(四)因轴荷、总质量、外廓尺寸超出国家标准不予办理注册登记的特型机动车。

第四十六条 机动车所有人申领临时行驶车号牌应当提交以下证明、凭证:

(一)机动车所有人的身份证明;

(二)机动车交通事故责任强制保险凭证;

(三)属于本规定第四十五条第(一)项、第(四)项规定情形的,还应当提交机动车整车出厂合格证明或者进口机动车进口凭证;

(四)属于本规定第四十五条第(二)项规定情形的,还应当提交机动车来历证明,以及机动车整车出厂合格证明或者进口机动车进口凭证;

(五)属于本规定第四十五条第(三)项规定情形的,还应当提交书面申请和机动车安全技术检验合格证明。

车辆管理所应当自受理之日起一日内,审查提交的证明、凭证,属于本规定第四十五条第(一)项、第(二)项规定情形,需要在本行政辖区内临时行驶的,核发有效期不超过十五日的临时行驶车号牌;需要跨行政辖区临时行驶的,核发有效期不超过三十日的临时行驶车号牌。属于本规定第四十五条第(三)项、第(四)项规定情形的,核发有效期不超过九十日的临时行驶车号牌。

因号牌制作的原因,无法在规定时限内核发号牌的,车辆管理所应当核发有效期不超过十五日的临时行驶车号牌。

对具有本规定第四十五条第(一)项、第(二)项规定情形之一,机动车所有人需要多次申领临时行驶车号牌的,车辆管理所核发临时行驶车号牌不得超过三次。

第四十七条 机动车所有人发现登记内容有错误的,应当及时要求车辆管理所更正。车辆管理所应当自受理之日起五日内予以确认。确属登记错误的,在机动车登记证书上更正相关内容,换发行驶证。需要改变机动车号牌号码的,应当收回号牌、行驶证,确定新的机动车号牌号码,重新核发号牌、行驶证和检验合格标志。

第四十八条 已注册登记的机动车被盗抢的,车辆管理所应当根据刑侦部门提供的情况,在计算机登记系统内记录,停止办理该车的各项登记和业务。被盗抢机动车发还后,车辆管理所应当恢复办理该车的各项登记和业务。

机动车在被盗抢期间，发动机号码、车辆识别代号或者车身颜色被改变的，车辆管理所应当凭有关技术鉴定证明办理变更备案。

第四十九条 机动车所有人可以在机动车检验有效期满前三个月内向登记地车辆管理所申请检验合格标志。

申请前，机动车所有人应当将涉及该车的道路交通安全违法行为和交通事故处理完毕。申请时，机动车所有人应当填写申请表并提交行驶证、机动车交通事故责任强制保险凭证、车船税纳税或者免税证明、机动车安全技术检验合格证明。

车辆管理所应当自受理之日起一日内，确认机动车，审查提交的证明、凭证，核发检验合格标志。

第五十条 除大型载客汽车、校车以外的机动车因故不能在登记地检验的，机动车所有人可以向登记地车辆管理所申请委托核发检验合格标志。申请前，机动车所有人应当将涉及机动车的道路交通安全违法行为和交通事故处理完毕。申请时，应当提交机动车登记证书或者行驶证。

车辆管理所应当自受理之日起一日内，出具核发检验合格标志的委托书。

机动车在检验地检验合格后，机动车所有人应当按照本规定第四十九条第二款的规定向被委托地车辆管理所申请检验合格标志，并提交核发检验合格标志的委托书。被委托地车辆管理所应当自受理之日起一日内，按照本规定第四十九条第三款的规定核发检验合格标志。

营运货车长期在登记以外的地区从事道路运输的，机动车所有人向营运地车辆管理所备案登记一年后，可以在营运地直接进行安全技术检验，并向营运地车辆管理所申请检验合格标志。

第五十一条 机动车检验合格标志灭失、丢失或者损毁的，机动车所有人应当持行驶证向机动车登记地或者检验合格标志核发地车辆管理所申请补领或者换领。车辆管理所应当自受理之日起一日内补发或者换发。

第五十二条 办理机动车转移登记或者注销登记后，原机动车所有人申请办理新购机动车注册登记时，可以向车辆管理所申请使用原机动车号牌号码。

申请使用原机动车号牌号码应当符合下列条件：

（一）在办理转移登记或者注销登记后六个月内提出申请；

（二）机动车所有人拥有原机动车三年以上；

（三）涉及原机动车的道路交通安全违法行为和交通事故处理完毕。

第五十三条 确定机动车号牌号码采用计算机自动选取和由机动车所有人按照机动车号牌标准规定自行编排的方式。

第五十四条 机动车所有人可以委托代理人代理申请各项机动车登记和业务，但申请补领机动车登记证书的除外。对机动车所有人因死亡、出境、重病、伤残或者不可抗力等原因不能到场申请补领机动车登记证书的，可以凭相关证明委托代理人代理申领。

代理人申请机动车登记和业务时，应当提交代理人的身份证明和机动车所有人的书面委托。

第五十五条 机动车所有人或者代理人申请机动车登记和业务，应当如实向车辆管理所提交规定的材料和反映真实情况，并对其申请材料实质内容的真实性负责。

第四章 法律责任

第五十六条 有下列情形之一的，由公安机关交通管理部门处警告或者二百元以下罚款：

（一）重型、中型载货汽车及其挂车的车身或者车厢后部未按照规定喷涂放大的牌号或者放大的牌号不清晰的；

（二）机动车喷涂、粘贴标识或者车身广告，影响安全驾驶的；

（三）载货汽车、挂车未按照规定安装侧面及后下部防护装置、粘贴车身反光标识的；

（四）机动车未按照规定期限进行安全技术检验的；

（五）改变车身颜色、更换发动机、车身或者车架，未按照本规定第十条规定的时限办理变更登记的；

（六）机动车所有权转移后，现机动车所有人未按照本规定第十八条规定的时限办理转移登记的；

（七）机动车所有人办理变更登记、转移登记，机动车档案转出登记地车辆管理所后，未按照本规定第十三条规定的时限到住所地车辆管理所申请机动车转入的。

第五十七条 除本规定第十条和第十六条规定的情形外，擅自改变机动车外形和已登记的有关技术数据的，由公安机关交通管理部门责令恢复原状，并处警告或者五百元以下罚款。

第五十八条 以欺骗、贿赂等不正当手段取得机动车登记的，由公安机关交通管理部门收缴机动车登记证书、号牌、行驶证，撤销机动车登记；申请人在三年内不得申请机动车登记。对涉嫌走私、盗抢的机动车，移交有关部门处理。

以欺骗、贿赂等不正当手段办理补、换领机动车登记证书、号牌、行驶证和检验合格标志等业务的，由公安机关交通管理部门处警告或者二百元以下罚款。

第五十九条 省、自治区、直辖市公安厅、局可以根据本地区的实际情况，在本规定的处罚幅度范围内，制定具体的执行标准。

对本规定的道路交通安全违法行为的处理程序按照《道路交通安全违法行为处理程序规定》执行。

第六十条 交通警察违反规定为被盗抢、走私、非法拼（组）装、达到国家强制报废标准的机动车办理登记的，按照国家有关规定给予处分，经教育不改又不宜给予开除处分的，按照《公安机关组织管理条例》规定予以辞退；对聘用人员予以解聘。构成犯罪的，依法追究刑事责任。

第六十一条 交通警察有下列情形之一的，按照国家有关规定给予处分；对聘用人员予以解聘。构成犯罪的，依法追究刑事责任：

（一）不按照规定确认机动车和审查证明、凭证的；

（二）故意刁难，拖延或者拒绝办理机动车登记的；

（三）违反本规定增加机动车登记条件或者提交的证明、凭证的；

（四）违反本规定第五十三条的规定，采用其他方式确定机动车号牌号码的；

（五）违反规定跨行政辖区办理机动车登记和业务的；

（六）超越职权进入计算机登记系统办理机动车登记和业务，或者不按规定使用机动车登记系统办理登记和业务的；

（七）向他人泄漏、传播计算机登记系统密码，造成系统数据被篡改、丢失或者破坏的；

（八）利用职务上的便利索取、收受他人财物或者谋取其他利益的；

（九）强令车辆管理所违反本规定办理机动车登记的。

第六十二条 公安机关交通管理部门有本规定第六十条、第六十一条所列行为之一的，按照国家有关规定对直接负责的主管人员和其他直接责任人员给予相应的处分。

公安机关交通管理部门及其工作人员有本规定第六十条、第六十一条所列行为之一，给当事人造成损失的，应当依法承担赔偿责任。

第五章 附 则

第六十三条 机动车登记证书、号牌、行驶证、检验合格标志的种类、式样，以及各类登记表格式样等由公安部制定。机动车登记证书由公安部统一印制。

机动车登记证书、号牌、行驶证、检验合格标志的制作应当符合有关标准。

第六十四条 本规定下列用语的含义：

（一）进口机动车是指：

1. 经国家限定口岸海关进口的汽车；

2. 经各口岸海关进口的其他机动车；

3. 海关监管的机动车；

4. 国家授权的执法部门没收的走私、无合法进口证明和利用进口关键件非法拼（组）装的机动车。

（二）进口机动车的进口凭证是指：

1. 进口汽车的进口凭证，是国家限定口岸海关签发的《货物进口证明书》；

2. 其他进口机动车的进口凭证，是各口岸海关签发的《货物进口证明书》；

3. 海关监管的机动车的进口凭证，是监管地海关出具的《中华人民共和国海关监管车辆进（出）境领（销）牌照通知书》；

4. 国家授权的执法部门没收的走私、无进口证明和利用进口关键件非法拼（组）装的机动车的进口凭证，是该部门签发的《没收走私汽车、摩托车证明书》。

（三）机动车所有人是指拥有机动车的个人或者单位。

1. 个人是指我国内地的居民和军人（含武警）以及香港、澳门特别行政区、台湾地区居民、华侨和外国人；

2. 单位是指机关、企业、事业单位和社会团体以及外国驻华使馆、领馆和外国驻华办事机构、国际组织驻华代表机构。

（四）身份证明是指：

1. 机关、企业、事业单位、社会团体的身份证明，是该单位的《组织机构代码证书》、加盖单位公章的委托书和被委托人的身份证明。机动车所有人为单位的内设机构，本身不具备领取《组织机构代码证书》条件的，可以使用上级单位的《组织机构代码证书》作为机动车所有人的身份证明。上述单位已注销、撤销或者破产，其机动车需要办理变更登记、转移登记、解除抵押登记、注销登记、解除质押备案、申领机动车登记证书和补、换领机动车登记证书、号牌、行驶证的，已注销的企业的身份证明，是工商行政管理部门出具的注销证明。已撤销的机关、事业单位、社会团体的身份证明，是其上级主管机关出具的有关证明。已破产的企业的身份证明，是依法成立的财产清算机构出具的有关证明；

2. 外国驻华使馆、领馆和外国驻华办事机构、国际组织驻华代表机构的身份证明，是该使馆、领馆或者该办事机构、代表机构出具的证明；

3. 居民的身份证明，是《居民身份证》或者《临时居民身份证》。在暂住地居住的内地居民，其身份证明是《居民身份证》或者《临时居民身份证》，以及公安机关核发的居住、暂住证明；

4. 军人（含武警）的身份证明，是《居民身份证》或者《临时居民身份证》。在未办理《居民身份证》前，是指军队有关部门核发的《军官证》、《文职干部证》、《士兵证》、《离休证》、《退休证》等有效军人身份证件，以及其所在的团级以上单位出具的本人住所证明；

5. 香港、澳门特别行政区居民的身份证明，是其入境时所持有的《港澳居民来往内地通行证》或者《港澳同胞回乡证》、香港、澳门特别行政区《居民身份证》和公安机关核发的居住、暂住证明；

6. 台湾地区居民的身份证明，是其所持有的有效期六个月以上的公安机关核发的《台湾居民来往大陆通行证》或者外交部核发的《中华人民共和国旅行证》和公安机关核发的居住、暂住证明；

7. 华侨的身份证明，是《中华人民共和国护照》和公安机关核发的居住、暂住证明；

8. 外国人的身份证明，是其入境时所持有的护照或者其他旅行证件、居（停）留期为六个月以上的有效签证或者居留许可，以及公安机关出具的住宿登记证明；

9. 外国驻华使馆、领馆人员、国际组织驻华代表机构人员的身份证明，是外交部核发的有效身份证件。

（五）住所是指：

1. 单位的住所为其主要办事机构所在地的地址；

2. 个人的住所为其身份证明记载的地址。在暂住地居住的内地居民的住所是公安机关核发的居住、暂住证明记载的地址。

（六）机动车来历证明是指：

1. 在国内购买的机动车，其来历证明是全国统一的机动车销售发票或者二手车交易发票。在国外购买的机动车，其来历证明是该车销售单位开具的销售发票及其翻译文本，但海关监管的机动车不需提供来历证明；

2. 人民法院调解、裁定或者判决转移的机动车，其来历证明是人民法院出具的已经生效的《调解书》、《裁定书》或者《判决书》，以及相应的《协助执行通知书》；

3. 仲裁机构仲裁裁决转移的机动车，其来历证明是《仲裁裁决书》和人民法院出具的《协助执行通知书》；

4. 继承、赠予、中奖、协议离婚和协议抵偿债务的机动车，其来历证明是继承、赠予、中奖、协议离婚、协议抵偿债务的相关文书和公证机关出具的《公证书》；

5. 资产重组或者资产整体买卖中包含的机动车，其来历证明是资产主管部门的批准文件；

6. 机关、企业、事业单位和社会团体统一采购并调拨到下属单位未注册登记的机动车，其来历证明是全国统一的机动车销售发票和该部门出具的调拨证明；

7. 机关、企业、事业单位和社会团体已注册登记并调拨到下属单位的机动车，其来历证明是该单位出具的调拨证明。被上级单位调回或者调拨到其他下属单位的机动车，其来历证明是上级单位出具的调拨证明；

8. 经公安机关破案发还的被盗抢且已向原机动车所有人理赔完毕的机动车，其来历证明是《权益转让证明书》。

（七）机动车整车出厂合格证明是指：

1. 机动车整车厂生产的汽车、摩托车、挂车，其出厂合格证明是该厂出具的《机动车整车出厂合格证》；

2. 使用国产或者进口底盘改装的机动车，其出厂合格证明是机动车底盘生产厂出具的《机动车底盘出厂合格证》或者进口机动车底盘的进口凭证和机动车改装厂出具的《机动车整车出厂合格证》；

3. 使用国产或者进口整车改装的机动车，其出厂合格证明是机动车生产厂出具的《机动车整车出厂合格证》或者进口机动车的进口凭证和机动车改装厂出具的《机动车整车出厂合格证》；

4. 人民法院、人民检察院或者行政执法机关依法扣留、没收并拍卖的未注册登记的国产机动车，未能提供出厂合格证明的，可以凭人民法院、人民检察院或者行政执法机关出具的证明替代。

（八）机动车灭失证明是指：

1. 因自然灾害造成机动车灭失的证明是，自然灾害发生地的街道、乡、镇以上政府部门出具的机动车因自然灾害造成灭失的证明；

2. 因失火造成机动车灭失的证明是，火灾发生地的县级以上公安机关消防部门出具的机动车因失火造成灭失的证明；

3. 因交通事故造成机动车灭失的证明是，交通事故发生地的县级以上公安机关交通管理部门出具的机动车因交通事故造成灭失的证明。

（九）本规定所称"一日"、"二日"、"三日"、"五日"、"七日"、"十日"、"十五日"，是指工作日，不包括节假日。

临时行驶车号牌的最长有效期"十五日"、"三十日"、"九十日"，包括工作日和节假日。

本规定所称以下、以上、以内，包括本数。

第六十五条 本规定自2008年10月1日起施行。2004年4月30日公安部发布的《机动车登记规定》（公安部令第72号）同时废止。本规定实施前公安部发布的其他规定与本规定不一致的，以本规定为准。

机动车驾驶证申领和使用规定

2006年12月20日中华人民共和国公安部令第91号发布

根据2009年12月7日《公安部关于修改〈机动车驾驶证申领和使用规定〉的决定》修正

第一章 总 则

第一条 根据《中华人民共和国道路交通安全法》及其实施条例、《中华人民共和国行政许可法》，制定本规定。

第二条 本规定由公安机关交通管理部门负责实施。

省级公安机关交通管理部门负责本省（自治区、直辖市）机动车驾驶证业务工作的指导、检查和监督。直辖市公安机关交通管理部门车辆管理所、设区的市或者相当于同级的公安机关交通管理部门车辆管理所负责办理本行政辖区内机动车驾驶证业务。

县级公安机关交通管理部门车辆管理所可以办理本行政辖区内低速载货汽车、三轮汽车、摩托车驾驶证业务，以及其他机动车驾驶证换发、补发、审验、提交身体条件证明等业务。条件具备的，可以办理小型汽车、小型自动挡汽车、残疾人专用小型自动挡载客汽车驾驶证业务，以及其他机动车驾驶证的道路交通安全法律、法规和相关知识考试业务。具体业务范围和办理条件由省级公安机关交通管理部门确定。

第三条 车辆管理所办理机动车驾驶证业务，应当遵循严格、公开、公正、便民的原则。

车辆管理所办理机动车驾驶证业务，应当依法受理申请人的申请，审核申请人提交的材料。对符合条件的，按照规定的标准、程序和期限办理机动车驾驶证。对申请材料不齐全或者不符合法定形式的，应当一次书面告知申请人需要补正的全部内容。对不符合条件的，应当书面告知理由。

车辆管理所应当将法律、行政法规和本规定的有关办理机动车驾驶证的事项、条件、依据、程序、期限以及收费标准、需要提交的全部材料的目录和申请表示范文本等在办公场所公示。

省级、设区的市或者相当于同级的公安机关交通管理部门应当在互联网上建立主页，发布信息，便于群众查阅办理机动车驾驶证的有关规定，查询驾驶证使用状态、交通违法及记分等情况，下载、使用有关表格。

第四条　申请办理机动车驾驶证业务的人，应当如实向车辆管理所提交规定的材料，如实申告规定的事项，并对其申请材料实质内容的真实性负责。

第五条　公安机关交通管理部门应当建立对车辆管理所办理机动车驾驶证业务的监督制度，加强对驾驶人考试、驾驶证核发和使用的监督管理。

第六条　车辆管理所应当使用机动车驾驶证计算机管理系统核发、打印机动车驾驶证，不使用计算机管理系统核发、打印的机动车驾驶证无效。

机动车驾驶证计算机管理系统的数据库标准和软件全国统一，能够完整、准确地记录和存储申请受理、科目考试、机动车驾驶证核发等全过程和经办人员信息，并能够实时将有关信息传送到全国公安交通管理信息系统。

第二章　机动车驾驶证申请

第一节　机动车驾驶证

第七条　驾驶机动车，应当依法取得机动车驾驶证。

第八条　机动车驾驶人准予驾驶的车型顺序依次分为：大型客车、牵引车、城市公交车、中型客车、大型货车、小型汽车、小型自动挡汽车、低速载货汽车、三轮汽车、残疾人专用小型自动挡载客汽车、普通三轮摩托车、普通二轮摩托车、轻便摩托车、轮式自行机械车、无轨电车和有轨电车（附件1）。

第九条　机动车驾驶证记载和签注以下内容：

（一）机动车驾驶人信息：姓名、性别、出生日期、国籍、住址、身份证明号码（机动车驾驶证号码）、照片；

（二）车辆管理所签注内容：初次领证日期、准驾车型代号、有效期限、核发机关印章、档案编号。

第十条　机动车驾驶证有效期分为六年、十年和长期。

第二节　申　　请

第十一条　申请机动车驾驶证的人，应当符合下列规定：

（一）年龄条件：

1. 申请小型汽车、小型自动挡汽车、残疾人专用小型自动挡载客汽车、轻便摩托车准驾车型的，在18周岁以上、70周岁以下；

2. 申请低速载货汽车、三轮汽车、普通三轮摩托车、普通二轮摩托车或者轮式自行机械车准驾车型的，在18周岁以上，60周岁以下；

3. 申请城市公交车、大型货车、无轨电车或者有轨电车准驾车型的，在20周岁以上，50周岁以下；

4. 申请中型客车准驾车型的，在21周岁以上，50周岁以下；

5. 申请牵引车准驾车型的，在24周岁以上，50周岁以下；

6. 申请大型客车准驾车型的，在26周岁以上，50周岁以下。

（二）身体条件：

1. 身高：申请大型客车、牵引车、城市公交车、大型货车、无轨电车准驾车型的，身高为155厘米以上。申请中型客车准驾车型的，身高为150厘米以上；

2. 视力：申请大型客车、牵引车、城市公交车、中型客车、大型货车、无轨电车或者有轨电车准驾车型的，两眼裸视力或者矫正视力达到对数视力表5.0以上。申请其他准驾车型的，两眼裸视力或者矫正视力达到对数视力表4.9以上；

3. 辨色力：无红绿色盲；

4. 听力：两耳分别距音叉50厘米能辨别声源方向。有听力障碍但佩戴助听设备能够达到以上条件的，可以申请小型汽车、小型自动挡汽车准驾车型的机动车驾驶证；

5. 上肢：双手拇指健全，每只手其他手指必须有三指健全，肢体和手指运动功能正常。但手指末节残缺或者右手拇指缺失的，可以申请小型汽车、小型自动挡汽车、低速载货汽车、三轮汽车准驾车型的机动车驾驶证；

6. 下肢：双下肢健全且运动功能正常，不等长度不得大于5厘米。但左下肢缺失或者丧失运动功能的，可以申请小型自动挡汽车准驾车型的机动车驾驶证。右下肢、双下肢缺失或者丧失运动功能但能够自主坐立的，可以申请残疾人专用小型自动挡载客汽车准驾车型的机动车驾驶证；

7. 躯干、颈部：无运动功能障碍。

第十二条 有下列情形之一的，不得申请机动车驾驶证：

（一）有器质性心脏病、癫痫病、美尼尔氏症、眩晕症、癔病、震颤麻痹、精神病、痴呆以及影响肢体活动的神经系统疾病等妨碍安全驾驶疾病的；

（二）三年内有吸食、注射毒品行为或者解除强制隔离戒毒措施未满三年，或者长期服用依赖性精神药品成瘾尚未戒除的；

（三）造成交通事故后逃逸构成犯罪的；

（四）饮酒后或者醉酒驾驶机动车发生重大交通事故构成犯罪的；

（五）醉酒驾驶机动车或者饮酒后驾驶营运机动车依法被吊销机动车驾驶证未满五年的；

（六）醉酒驾驶营运机动车依法被吊销机动车驾驶证未满十年的；

（七）因其他情形依法被吊销机动车驾驶证未满二年的；

（八）驾驶许可依法被撤销未满三年的；

（九）法律、行政法规规定的其他情形。

未取得机动车驾驶证驾驶机动车，有第一款第五项至第七项行为之一的，在规定期限内不得申请机动车驾驶证。

第十三条 初次申领机动车驾驶证的，可以申请准驾车型为城市公交车、大型货车、小型汽车、小型自动挡汽车、低速载货汽车、三轮汽车、残疾人专用小型自动挡载客汽车、普通三轮摩托车、普通二轮摩托车、轻便摩托车、轮式自行机械车、无轨电车、有轨电车的机动车驾驶证。

在暂住地初次申领机动车驾驶证的，可以申请准驾车型为小型汽车、小型自动挡汽车、低速载货汽车、三轮汽车、残疾人专用小型自动挡载客汽车、普通三轮摩托车、普通二轮摩托车、轻便摩托车的机动车驾驶证。

第十四条 已持有机动车驾驶证，申请增加准驾车型的，应当在本记分周期和申请前最近一个记分周期内没有记满12分记录。申请增加中型客车、牵引车、大型客车准驾车型的，还应当符合下列规定：

（一）申请增加中型客车准驾车型的，已取得驾驶城市公交车、大型货车、小型汽车、小型自动挡汽车、低速载货汽车或者三轮汽车准驾车型资格三年以上，并在申请前最近连续三个记分周期内没有记满12分记录；

（二）申请增加牵引车准驾车型的，已取得驾驶中型客车或者大型货车准驾车型资格三年以上，或者取得驾驶大型客车准驾车型资格一年以上，并在申请前最近连续三个记分周期内没有记满12分记录；

（三）申请增加大型客车准驾车型的，已取得驾驶中型客车或者大型货车准驾车型资格五年以上，或者取得驾驶牵引车准驾车型资格二年以上，并在申请前最近连续五个记分周期内没有记满12分记录。

在暂住地可以申请增加的准驾车型为小型汽车、小型自动挡汽车、低速载货汽车、三轮汽车、普通三轮摩托车、普通二轮摩托车、轻便摩托车。

第十五条 有下列情形之一的，不得申请大型客车、牵引车、中型客车、大型货车准驾车型：

（一）发生交通事故造成人员死亡，承担同等以上责任的；

（二）醉酒后驾驶机动车的；

（三）被吊销或者撤销机动车驾驶证未满十年的。

第十六条 持有军队、武装警察部队机动车驾驶证，或者持有境外机动车驾驶证，符合本规定的申请条件，可以申请相应准驾车型的机动车驾驶证。

第十七条 申领机动车驾驶证的人，按照下列规定向车辆管理所提出申请：

（一）在户籍所在地居住的，应当在户籍所在地提出申请；

（二）在暂住地居住的，可以在暂住地提出申请；

（三）现役军人（含武警），应当在居住地提出申请；

（四）境外人员，应当在居留地或者居住地提出申请；

（五）申请增加准驾车型的，应当在所持机动车驾驶证核发地提出申请。

第十八条 初次申请机动车驾驶证，应当填写申请表，并提交以下证明：

（一）申请人的身份证明；

(二)县级或者部队团级以上医疗机构出具的有关身体条件的证明。属于申请残疾人专用小型自动挡载客汽车的,应当提交经省级卫生主管部门指定的专门医疗机构出具的有关身体条件的证明。

第十九条 申请增加准驾车型的,除填写申请表,提交第十八条规定的证明外,还应当提交所持机动车驾驶证。

第二十条 持军队、武装警察部队机动车驾驶证的人申请机动车驾驶证,应当填写申请表,并提交以下证明、凭证:

(一)申请人的身份证明。属于复员、转业、退伍的人员,还应当提交军队、武装警察部队核发的复员、转业、退伍证明;

(二)县级或者部队团级以上医疗机构出具的有关身体条件的证明;

(三)军队、武装警察部队机动车驾驶证。

第二十一条 持境外机动车驾驶证的人申请机动车驾驶证,应当填写申请表,并提交以下证明、凭证:

(一)申请人的身份证明;

(二)县级以上医疗机构出具的有关身体条件的证明。属于外国驻华使馆、领馆人员及国际组织驻华代表机构人员申请的,按照外交对等原则执行;

(三)所持机动车驾驶证。属于非中文表述的,还应当出具中文翻译文本。

第三章 机动车驾驶人考试

第一节 考试内容和合格标准

第二十二条 机动车驾驶人考试内容分为道路交通安全法律、法规和相关知识考试科目(以下简称"科目一")、场地驾驶技能考试科目(以下简称"科目二")、道路驾驶技能和安全文明驾驶常识考试科目(以下简称"科目三")。

第二十三条 考试内容和合格标准全国统一,根据不同准驾车型规定相应的考试项目。

第二十四条 科目一考试内容包括:道路通行、交通信号、交通安全违法行为和交通事故处理、机动车驾驶证申领和使用、机动车登记等规定以及其他道路交通安全法律、法规和规章。

第二十五条 科目二考试内容包括:

(一)大型客车、牵引车、城市公交车、中型客车、大型货车考试桩考、坡道定点停车和起步、侧方停车、通过单边桥、曲线行驶、直角转弯、通过限宽门、通过连续障碍、起伏路行驶、窄路掉头,以及模拟高速公路、连续急弯山区路、隧道、雨(雾)天、湿滑路、紧急情况处置;

(二)小型汽车、小型自动挡汽车、残疾人专用小型自动挡载客汽车和低速载货汽车考试倒车入库、坡道定点停车和起步、侧方停车、曲线行驶、直角转弯;

(三)三轮汽车、普通三轮摩托车、普通二轮摩托车和轻便摩托车考试桩考、坡道定点停车和起步、通过单边桥;

(四)轮式自行机械车、无轨电车、有轨电车的考试内容由省级公安机关交通管理部门确定。

对第一款第一项、第二项规定的准驾车型,省级公安机关交通管理部门可以根据实际增加考试内容。

第二十六条 科目三道路驾驶技能考试内容包括:大型客车、牵引车、城市公交车、中型客车、大型货车、小型汽车、小型自动挡汽车、低速载货汽车和残疾人专用小型自动挡载客汽车考试上车准备、起步、直线行驶、加减挡位操作、变更车道、靠边停车、直行通过路口、路口左转弯、路口右转弯、通过人行横道线、通过学校区域、通过公共汽车站、会车、超车、掉头、夜间行驶;其他准驾车型的考试内容,由省级公安机关交通管理部门确定。

大型客车、中型客车考试里程不少于20公里,其中白天考试里程不少于10公里,夜间考试里程不少于5公里。牵引车、城市公交车、大型货车考试里程不少于10公里,其中白天考试里程不少于5公里,夜间考试里程不少于3公里。小型汽车、小型自动挡汽车、低速载货汽车、残疾人专用小型自动挡载客汽车考试里程不少于3公里,并抽取不少于20%进行夜间考试;不进行夜间考试的,应当进行模拟夜间灯光使用考试。

对大型客车、牵引车、城市公交车、中型客车、大型货车,省级公安机关交通管理部门应当根据实际增加山区、隧道、陡坡等复杂道路驾驶考试内容。对其他汽车准驾车型,省级公安机关交通管理部门可以根据实际增加考试内容。

第二十七条 科目三安全文明驾驶常识考试内容包括:安全文明驾驶操作要求、恶劣气象和复杂道路条件下的安全驾驶知识、爆胎等紧急情况下的临危处置方法以及发生交通事故后的处置知识等。

第二十八条 持军队、武装警察部队机动车驾驶证的人申请大型客车、牵引车、中型客车、大型货车准驾车型机动车驾驶证的,应当考试科目一和科目三;申请其他准驾车型机动车驾驶证的,免予考试核发机动车驾驶证。

第二十九条 持境外机动车驾驶证申请机动车驾驶证的,应当考试科目一。申请准驾车型为大型客车、牵引车、中型客车、大型货车机动车驾驶证的,还应当考试科目三。属于外国驻华使馆、领馆人员及国际组织驻华代表机构人员申请的,应当按照外交对等原则执行。

第三十条 各科目考试的合格标准为:

(一)科目一考试满分为100分,成绩达到90分的为合格;

(二)科目二考试满分为100分,考试大型客车、牵引车、城市公交车、中型客车、大型货车准驾车型的,成绩达到90分的为合格,其他准驾车型的成绩达到80分的为合格;

(三)科目三道路驾驶技能和安全文明驾驶常识考试满分分别为100分,成绩分别达到90分的为合格。

第二节 考试要求

第三十一条 车辆管理所对符合机动车驾驶证申请条件的,应当受理,并按照预约日期安排考试。考试顺序按照科目一、科目二、科目三依次进行,前一科目考试合格后,方准参加后一科目的考试。科目三道路驾驶技能考试合格后,方准参加安全文明驾驶常识考试。

车辆管理所应当提供互联网、电话等方式由申请人自助预约考试,并在车辆管理所和互联网公开考试预约计划、预约人数和考试人数等情况。

第三十二条 初次申请机动车驾驶证或者申请增加准驾车型的,科目一考试合格后,车辆管理所应当在一日内核发驾驶技能准考证明。

驾驶技能准考证明的有效期为三年,申请人应当在有效期内完成科目二和科目三考试。未在有效期内完成考试的,已考试合格的科目成绩作废。

第三十三条 初次申请机动车驾驶证或者申请增加准驾车型的,申请人预约考试科目二,应当符合下列规定:

(一)报考小型汽车、小型自动挡汽车、低速载货汽车、三轮汽车、残疾人专用小型自动挡载客汽车、轮式自行机械车、无轨电车、有轨电车准驾车型的,在取得驾驶技能准考证明满十日后预约考试;

(二)报考大型客车、牵引车、城市公交车、中型客车、大型货车准驾车型的,在取得驾驶技能准考证明满二十日后预约考试。

第三十四条 初次申请机动车驾驶证或者申请增加准驾车型的,申请人预约考试科目三,应当符合下列规定:

(一)报考低速载货汽车、三轮汽车、轮式自行机械车、无轨电车、有轨电车准驾车型的,在取得驾驶技能准考证明满二十日后预约考试;

(二)报考小型汽车、小型自动挡汽车、残疾人专用小型自动挡载客汽车准驾车型的,在取得驾驶技能准考证明满三十日后预约考试;

(三)报考大型客车、牵引车、城市公交车、中型客车、大型货车准驾车型的,在取得驾驶技能准考证明满四十日后预约考试。

第三十五条 持军队、武装警察部队或者境外机动车驾驶证申请机动车驾驶证的,应当自车辆管理所受理之日起三年内完成科目考试。

第三十六条 申请人因故不能按照预约时间参加考试的,应当提前一日申请取消预约。对申请人未按照预约考试时间参加考试的,判定该次考试不合格。

第三十七条 每个科目考试一次,考试不合格的,可以补考一次。不参加补考或者补考仍不合格的,本次考试终止,申请人应当重新预约考试,但科目二、科目三考试应当在十日后预约。科目三安全文明驾驶常识考试不合格的,已通过的道路驾驶技能考试成绩有效。

在驾驶技能准考证明有效期内,科目二和科目三道路驾驶技能考试预约考试的次数不得超过五次。第五次预约考试仍不合格的,已考试合格的其他科目成绩作废。

第三十八条 从事考试工作的人员,应当持有省级公安机关交通管理部门颁发的考试员证书。

考试员应当认真履行考试职责,严格按照规定考试,接受社会监督。在考试前应当自我介绍,讲解考试要求,核实申请人身份;考试中应当严格执行考试程序,按照考试项目和考试标准评定考试成绩;考试后应当当场公布考试成绩,讲评考试不合格原因。

每个科目的考试成绩单应当有申请人和考试员的签名。未签名的不得核发机动车驾驶证。

第三十九条 考试员应当严格遵守考试工作纪律,不得为不符合机动车驾驶许可条件、未经考试、考试不合格人员签注合格考试成绩,不得减少考试项目、降低评判标准或者参与、协助、纵容考试作弊,不得参与或者变相参与驾驶培训机构经营活动,不得收取驾驶培训机构、教练员、申请人的财物。

第四十条 考试场地建设、路段设置、车辆配备、设施配置以及考试项目、评判要求应当符合相关标准。

第三节 考试监督管理

第四十一条 车辆管理所应当对考试过程进行全程录音、录像。严肃考试纪律,规范考场秩序,对考场秩序混乱的,应当中止考试。

车辆管理所应当根据考试场地、考试设备、考试车辆、考试员数量等实际情况,核定每个考试场、每个考试员每日最大考试量。

第四十二条 车辆管理所应当每周通过计算机系统对机动车驾驶人考试和机动车驾驶证业务办理情况进行监控、分析。省级公安机关交通管理部门应当建立全省(自治区、直辖市)机动车驾驶人考试监管系统,每月对机动车驾驶人考试、机动车驾驶证业务办理情况进行监控、分析,及时查处、通报发现的问题。

车辆管理所存在为未经考试或者考试不合格人员核发机动车驾驶证等严重违规办理机动车驾驶证业务情形的,上级公安机关交通管理部门可以暂停该车辆管理所办理相关业务或者指派其他车辆管理所人员接管业务。

第四十三条 车辆管理所应当对驾驶培训机构教练员、教练车、训练场地等情况进行备案,并确定受理考试人数,向社会公布。

第四十四条 直辖市、设区的市或者相当于同级的公安机关交通管理部门应当每月向社会公布车辆管理所考试员考试质量情况、三年内驾龄驾驶人交通违法率和交通肇事率等信息。

直辖市、设区的市或者相当于同级的公安机关交通管理部门应当每月向社会公布辖区内驾驶培训机构的考试合格率、三年内驾龄驾驶人交通违法率和交通肇事率等信息,按照考试合格率对驾驶培训机构培训质量公开排名,并通报培训主管部门。

第四十五条 对三年内驾龄驾驶人发生一次死亡3人以上交通事故且负主要以上责任的,省级公安机关交通管理部门应当倒查车辆管理所考试、发证情况,向社会公布倒查结果。对三年内驾龄驾驶人发生一次死亡1至2人的交通事故且负主要以上责任的,直辖市、设区的市或者相当于同级的公安机关交通管理部门应当组织责任倒查。

直辖市、设区的市或者相当于同级的公安机关交通管理部门发现驾驶培训机构及其教练员存在缩短培训学时、减少培训项目以及贿赂考试员、以承诺考试合格等名义向学员索取财物、参与违规办理驾驶证或者考试舞弊行为的,应当通报培训主管部门,并向社会公布。

第四章 发证、换证、补证

第四十六条 申请人考试合格后,应当接受不少于半小时的交通安全文明驾驶常识和交通事故案例警示教育,并参加领证宣誓仪式。

车辆管理所应当在申请人参加领证宣誓仪式的当日核发机动车驾驶证。属于申请增加准驾车型的,应当收回原机动车驾驶证。属于复员、转业、退伍的,应当收回军队、武装警察部队机动车驾驶证。

第四十七条 机动车驾驶人在机动车驾驶证的六年有效期内,每个记分周期均未记满12分的,换发十年有效期的机动车驾驶证;在机动车驾驶证的十年有效期内,每个记分周期均未记满12分的,换发长期有效的机动车驾驶证。

第四十八条 机动车驾驶人应当于机动车驾驶证有效期满前九十日内,向机动车驾驶证核发地车辆管理所申请换证。申请时应当填写申请表,并提交以下证明、凭证:

(一)机动车驾驶人的身份证明;

（二）机动车驾驶证；

（三）县级或者部队团级以上医疗机构出具的有关身体条件的证明。属于申请残疾人专用小型自动挡载客汽车的，应当提交经省级卫生主管部门指定的专门医疗机构出具的有关身体条件的证明。

第四十九条 机动车驾驶人户籍迁出原车辆管理所管辖区的，应当向迁入地车辆管理所申请换证。机动车驾驶人在核发地车辆管理所管辖区以外居住的，可以向居住地车辆管理所申请换证。申请时应当填写申请表，并提交第四十八条规定的证明、凭证。

第五十条 年龄在60周岁以上的，不得驾驶大型客车、牵引车、城市公交车、中型客车、大型货车、无轨电车和有轨电车；持有大型客车、牵引车、城市公交车、中型客车、大型货车驾驶证的，应当到机动车驾驶证核发地车辆管理所换领准驾车型为小型汽车或者小型自动挡汽车的机动车驾驶证。

年龄在70周岁以上的，不得驾驶低速载货汽车、三轮汽车、普通三轮摩托车、普通二轮摩托车和轮式自行机械车；持有普通三轮摩托车、普通二轮摩托车驾驶证的，应当到机动车驾驶证核发地车辆管理所换领准驾车型为轻便摩托车的机动车驾驶证。

申请时应当填写申请表，并提交第四十八条规定的证明、凭证。

机动车驾驶人自愿降低准驾车型的，应当填写申请表，并提交机动车驾驶人的身份证明和机动车驾驶证。

第五十一条 具有下列情形之一的，机动车驾驶人应当在三十日内到机动车驾驶证核发地车辆管理所申请换证：

（一）在车辆管理所管辖区域内，机动车驾驶证记载的机动车驾驶人信息发生变化的；

（二）机动车驾驶证损毁无法辨认的。

申请时应当填写申请表，并提交机动车驾驶人的身份证明和机动车驾驶证。

第五十二条 机动车驾驶人身体条件发生变化，不符合所持机动车驾驶证准驾车型的条件，但符合准予驾驶的其他准驾车型条件的，应当在三十日内到机动车驾驶证核发地车辆管理所申请降低准驾车型。申请时应当填写申请表，并提交机动车驾驶人的身份证明、机动车驾驶证、县级或者部队团级以上医疗机构出具的有关身体条件的证明。

机动车驾驶人身体条件发生变化，不符合第十一条第二项规定或者具有第十二条规定情形之一，不适合驾驶机动车的，应当在三十日内到机动车驾驶证核发地车辆管理所申请注销。申请时应当填写申请表，并提交机动车驾驶人的身份证明和机动车驾驶证。

机动车驾驶人身体条件不适合驾驶机动车的，不得驾驶机动车。

第五十三条 车辆管理所对符合第四十八条至第五十一条、第五十二条第一款规定的，应当在一日内换发机动车驾驶证。对符合第五十二条第二款规定的，应当在一日内注销机动车驾驶证。其中，对符合第四十九条至第五十二条规定的，还应当收回原机动车驾驶证。

第五十四条 机动车驾驶证遗失的，机动车驾驶人应当向机动车驾驶证核发地车辆管理所申请补发。申请时应当填写申请表，并提交以下证明、凭证：

（一）机动车驾驶人的身份证明；

（二）机动车驾驶证遗失的书面声明。

符合规定的，车辆管理所应当在一日内补发机动车驾驶证。

机动车驾驶人补领机动车驾驶证后，原机动车驾驶证作废，不得继续使用。

机动车驾驶证被依法扣押、扣留或者暂扣期间，机动车驾驶人不得申请补发。

第五章 机动车驾驶人管理

第一节 记 分

第五十五条 道路交通安全违法行为累积记分周期（即记分周期）为12个月，满分为12分，从机动车驾驶证初次领取之日起计算。

依据道路交通安全违法行为的严重程度，一次记分的分值为：12分、6分、3分、2分、1分五种（附件2）。

第五十六条 对机动车驾驶人的道路交通安全违法行为，处罚与记分同时执行。

机动车驾驶人一次有两个以上违法行为记分的，应当分别计算，累加分值。

第五十七条　机动车驾驶人对道路交通安全违法行为处罚不服，申请行政复议或者提起行政诉讼后，经依法裁决变更或者撤销原处罚决定的，相应记分分值予以变更或者撤销。

第五十八条　机动车驾驶人在一个记分周期内累积记分达到12分的，公安机关交通管理部门应当扣留其机动车驾驶证。

机动车驾驶人应当在十五日内到机动车驾驶证核发地或者违法行为地公安机关交通管理部门参加为期七日的道路交通安全法律、法规和相关知识学习。机动车驾驶人参加学习后，车辆管理所应当在二十日内对其进行道路交通安全法律、法规和相关知识考试。考试合格的，记分予以清除，发还机动车驾驶证；考试不合格的，继续参加学习和考试。拒不参加学习，也不接受考试的，由公安机关交通管理部门公告其机动车驾驶证停止使用。

机动车驾驶人在一个记分周期内有两次以上达到12分或者累积记分达到24分以上的，车辆管理所还应当在道路交通安全法律、法规和相关知识考试合格后十日内对其进行道路驾驶技能考试。接受道路驾驶技能考试的，按照本人机动车驾驶证载明的最高准驾车型考试。

第五十九条　机动车驾驶人在一个记分周期内记分未达到12分，所处罚款已经缴纳的，记分予以清除；记分虽未达到12分，但尚有罚款未缴纳的，记分转入下一记分周期。

第二节　审　　验

第六十条　机动车驾驶人应当按照法律、行政法规的规定，定期到公安机关交通管理部门接受审验。

机动车驾驶人按照本规定第四十八条、第四十九条换领机动车驾驶证时，应当接受公安机关交通管理部门的审验。

持有大型客车、牵引车、城市公交车、中型客车、大型货车驾驶证的驾驶人，应当在每个记分周期结束后三十日内到公安机关交通管理部门接受审验。但在一个记分周期内没有记分记录的，免予本记分周期审验。

持有本条第三款规定以外准驾车型驾驶证的驾驶人，发生交通事故造成人员死亡承担同等以上责任未被吊销机动车驾驶证的，应当在本记分周期结束后三十日内到公安机关交通管理部门接受审验。

在异地从事营运的机动车驾驶人，向营运地车辆管理所备案登记一年后，可以直接在营运地参加审验。

第六十一条　机动车驾驶证审验内容包括：

（一）道路交通安全违法行为、交通事故处理情况；

（二）身体条件情况；

（三）道路交通安全违法行为记分及记满12分后参加学习和考试情况。

持有大型客车、牵引车、城市公交车、中型客车、大型货车驾驶证一个记分周期内有记分的，以及持有其他准驾车型驾驶证发生交通事故造成人员死亡承担同等以上责任未被吊销机动车驾驶证的驾驶人，审验时应当参加不少于三小时的道路交通安全法律法规、交通安全文明驾驶、应急处置等知识学习，并接受交通事故案例警示教育。

对交通违法行为或者交通事故未处理完毕的、身体条件不符合驾驶许可条件的、未按照规定参加学习、教育和考试的，不予通过审验。

第六十二条　年龄在60周岁以上的机动车驾驶人，应当每年进行一次身体检查，在记分周期结束后三十日内，提交县级或者部队团级以上医疗机构出具的有关身体条件的证明。

持有残疾人专用小型自动挡载客汽车驾驶证的机动车驾驶人，应当每三年进行一次身体检查，在记分周期结束后三十日内，提交经省级卫生主管部门指定的专门医疗机构出具的有关身体条件的证明。

机动车驾驶人按照本规定第六十条第三款、第四款规定参加审验时，应当申报身体条件情况。

第六十三条　机动车驾驶人因服兵役、出国（境）等原因，无法在规定时间内办理驾驶证期满换证、审验、提交身体条件证明的，可以向机动车驾驶证核发地车辆管理所申请延期办理。申请时应当填写申请表，并提交机动车驾驶人的身份证明、机动车驾驶证和延期事由证明。

延期期限最长不超过三年。延期期间机动车驾驶人不得驾驶机动车。

第三节　监督管理

第六十四条　机动车驾驶人初次申请机动车驾驶证和增加准驾车型后的12个月为实习期。

新取得大型客车、牵引车、城市公交车、中型客车、大型货车驾驶证的，实习期结束后三十日内应当参加道路交通安全法律法规、交通安全文明驾驶、应急处置等知识考试,并接受不少于半小时的交通事故案例警示教育。

在实习期内驾驶机动车的,应当在车身后部粘贴或者悬挂统一式样的实习标志(附件3)。

第六十五条 机动车驾驶人在实习期内不得驾驶公共汽车、营运客车或者执行任务的警车、消防车、救护车、工程救险车以及载有爆炸物品、易燃易爆化学物品、剧毒或者放射性等危险物品的机动车;驾驶的机动车不得牵引挂车。

驾驶人在实习期内驾驶机动车上高速公路行驶,应当由持相应或者更高准驾车型驾驶证三年以上的驾驶人陪同。其中,驾驶残疾人专用小型自动挡载客汽车的,可以由持有小型自动挡载客汽车以上准驾车型驾驶证的驾驶人陪同。

在增加准驾车型后的实习期内,驾驶原准驾车型的机动车时不受上述限制。

第六十六条 持有准驾车型为残疾人专用小型自动挡载客汽车的机动车驾驶人驾驶机动车时,应当按规定在车身设置残疾人机动车专用标志(附件4)。

有听力障碍的机动车驾驶人驾驶机动车时,应当佩戴助听设备。

第六十七条 机动车驾驶人具有下列情形之一的,车辆管理所应当注销其机动车驾驶证:

(一)死亡的;

(二)提出注销申请的;

(三)丧失民事行为能力,监护人提出注销申请的;

(四)身体条件不适合驾驶机动车的;

(五)有器质性心脏病、癫痫病、美尼尔氏症、眩晕症、癔病、震颤麻痹、精神病、痴呆以及影响肢体活动的神经系统疾病等妨碍安全驾驶疾病的;

(六)被查获有吸食、注射毒品后驾驶机动车行为,正在执行社区戒毒、强制隔离戒毒、社区康复措施,或者长期服用依赖性精神药品成瘾尚未戒除的;

(七)超过机动车驾驶证有效期一年以上未换证的;

(八)年龄在60周岁以上,在一个记分周期结束后一年内未提交身体条件证明的;或者持有残疾人专用小型自动挡载客汽车准驾车型,在三个记分周期结束后一年内未提交身体条件证明的;

(九)年龄在60周岁以上,所持机动车驾驶证只具有无轨电车或者有轨电车准驾车型,或者年龄在70周岁以上,所持机动车驾驶证只具有低速载货汽车、三轮汽车、轮式自行机械车准驾车型的;

(十)机动车驾驶证依法被吊销或者驾驶许可依法被撤销的。

有第一款第四项至第十项情形之一,未收回机动车驾驶证的,应当公告机动车驾驶证作废。

有第一款第七项、第八项情形之一被注销机动车驾驶证未超过二年的,机动车驾驶人参加道路交通安全法律、法规和相关知识考试合格后,可以恢复驾驶资格。

第六十八条 持有大型客车、牵引车、城市公交车、中型客车、大型货车驾驶证的驾驶人有下列情形之一的,车辆管理所应当注销其最高准驾车型驾驶资格,并通知机动车驾驶人在三十日内办理降级换证业务:

(一)发生交通事故造成人员死亡,承担同等以上责任,未构成犯罪的;

(二)在一个记分周期内有记满12分记录的;

(三)连续三个记分周期不参加审验的。

机动车驾驶人在规定时间内未办理降级换证业务的,车辆管理所应当公告注销的准驾车型驾驶资格作废。

第六十九条 机动车驾驶人在实习期内有记满12分记录的,注销其实习的准驾车型驾驶资格。被注销的驾驶资格不属于最高准驾车型的,还应当按照第六十八条第一款规定,注销其最高准驾车型驾驶资格。

持有大型客车、牵引车、城市公交车、中型客车、大型货车驾驶证的驾驶人在一年实习期内记6分以上但未达到12分的,实习期限延长一年。在延长的实习期内再次记6分以上但未达到12分的,注销其实习的准驾车型驾驶资格。

第七十条 机动车驾驶人联系电话、联系地址等信息发生变化,以及持有大型客车、牵引车、城市公交车、中型客车、大型货车驾驶证的驾驶人从业单位等信息发生变化的,应当在信息变更后三十日内,向驾驶证核发地车辆管理所备案。

第七十一条 道路运输企业应当定期将聘用的机动车驾驶人向所在地公安机关交通管理部门备案,督促及时处理道路交通安全违法行为、交通事故和参加机动车驾驶证审验。

公安机关交通管理部门应当每月向辖区内交通运输主管部门、运输企业通报机动车驾驶人的道路交通违法行为、记分和交通事故等情况。

第四节 校车驾驶人管理

第七十二条 校车驾驶人应当依法取得校车驾驶资格。

取得校车驾驶资格应当符合下列条件：

（一）取得相应准驾车型驾驶证并具有三年以上驾驶经历，年龄在25周岁以上、不超过60周岁；

（二）最近连续三个记分周期内没有被记满12分记录；

（三）无致人死亡或者重伤的交通事故责任记录；

（四）无酒后驾驶或者醉酒驾驶机动车记录，最近一年内无驾驶客运车辆超员、超速等严重交通违法行为记录；

（五）无犯罪记录；

（六）身心健康，无传染性疾病，无癫痫病、精神病等可能危及行车安全的疾病病史，无酗酒、吸毒行为记录。

第七十三条 机动车驾驶人申请取得校车驾驶资格，应当向县级或者设区的市级公安机关交通管理部门提出申请，填写申请表，并提交以下证明、凭证：

（一）申请人的身份证明；

（二）机动车驾驶证；

（三）户籍所在地县级公安机关出具的无犯罪、吸毒行为记录证明；

（四）县级或者部队团级以上医疗机构出具的有关身体条件的证明。

第七十四条 公安机关交通管理部门应当自收到申请材料之日起五日内审查完毕。对符合条件的，在机动车驾驶证上签注准许驾驶校车及相应车型，并通报教育行政部门；不符合条件的，应当书面说明理由。

第七十五条 校车驾驶人应当在每个记分周期结束后三十日内到公安机关交通管理部门接受审验。审验时，应当提交县级或者部队团级以上医疗机构出具的有关身体条件的证明，参加不少于三小时的道路交通安全法律法规、交通安全文明驾驶、应急处置等知识学习，并接受交通事故案例警示教育。

第七十六条 公安机关交通管理部门应当与教育行政部门和学校建立校车驾驶人的信息交换机制，每月通报校车驾驶人的交通违法、交通事故和审验等情况。

第七十七条 校车驾驶人具有下列情形之一的，公安机关交通管理部门应当注销其校车驾驶资格，通知机动车驾驶人换领机动车驾驶证，并通报教育行政部门和学校：

（一）提出注销申请的；

（二）年龄超过60周岁的；

（三）在致人死亡或者重伤的交通事故负有责任的；

（四）有酒后驾驶或者醉酒驾驶机动车，以及驾驶客运车辆超员、超速等严重交通违法行为的；

（五）有记满12分或者犯罪记录的；

（六）有传染性疾病，癫痫病、精神病等可能危及行车安全的疾病，有酗酒、吸毒行为记录的。

未收回签注校车驾驶许可的机动车驾驶证的，应当公告其校车驾驶资格作废。

第六章 法律责任

第七十八条 隐瞒有关情况或者提供虚假材料申领机动车驾驶证的，申请人在一年内不得再次申领机动车驾驶证。

申请人在考试过程中有贿赂、舞弊行为的，取消考试资格，已经通过考试的其他科目成绩无效；申请人在一年内不得再次申领机动车驾驶证。

申请人以欺骗、贿赂等不正当手段取得机动车驾驶证的，公安机关交通管理部门收缴机动车驾驶证，撤销机动车驾驶许可；申请人在三年内不得再次申领机动车驾驶证。

第七十九条 机动车驾驶人有下列行为之一的，由公安机关交通管理部门处二十元以上二百元以下罚款：

（一）机动车驾驶人补领机动车驾驶证后，继续使用原机动车驾驶证的；

（二）在实习期内驾驶机动车不符合第六十五条规定的；

（三）驾驶机动车未按规定粘贴、悬挂实习标志或者残疾人机动车专用标志的；

（四）持有大型客车、牵引车、城市公交车、中型客车、大型货车驾驶证的驾驶人，未按照第七十条规定申报变更信息的；

有第一款第一项规定情形的，由公安机关交通管理部门收回原机动车驾驶证。

第八十条 机动车驾驶人有下列行为之一的，由公安机关交通管理部门处二百元以上五百元以下罚款：

（一）机动车驾驶证被依法扣押、扣留或者暂扣期间，采用隐瞒、欺骗手段补领机动车驾驶证的；

（二）机动车驾驶人身体条件发生变化不适合驾驶机动车，仍驾驶机动车的；

（三）逾期不参加审验仍驾驶机动车的。

有第一款第一项、第二项规定情形之一的，由公安机关交通管理部门收回机动车驾驶证。

第八十一条 伪造、变造或者使用伪造、变造的机动车驾驶证的，由公安机关交通管理部门予以收缴，依法拘留，并处二千元以上五千元以下罚款；构成犯罪的，依法追究刑事责任。

第八十二条 交通警察有下列情形之一的，按照有关规定给予记过、记大过、降级、撤职或者开除处分；对聘用人员予以解聘。构成犯罪的，依法追究刑事责任：

（一）为不符合机动车驾驶许可条件、未经考试、考试不合格人员签注合格考试成绩或者核发机动车驾驶证的；

（二）减少考试项目、降低评判标准或者参与、协助、纵容考试作弊的；

（三）与非法中介串通谋取经济利益的；

（四）违反规定侵入机动车驾驶证管理系统，泄漏、篡改、买卖系统数据，或者泄漏系统密码的；

（五）参与或者变相参与驾驶培训机构经营活动的；

（六）收取驾驶培训机构、教练员、申请人财物的。

公安机关交通管理部门有前款所列行为之一的，按照国家有关规定对直接负责的主管人员和其他直接责任人员给予相应的处分。

第七章 附 则

第八十三条 国家之间对机动车驾驶证有互相认可协议的，按照协议办理。

国家之间签订有关协定涉及机动车驾驶证的，按照协定执行。

第八十四条 机动车驾驶人可以委托代理人代理换证、补证、提交身体条件证明、延期办理和注销业务。代理人申请机动车驾驶证业务时，应当提交代理人的身份证明和机动车驾驶人与代理人共同签字的申请表或者身体条件证明。

第八十五条 机动车驾驶证的式样、规格按照中华人民共和国公共安全行业标准《中华人民共和国机动车驾驶证件》执行。驾驶技能准考证明的式样由公安部规定。

第八十六条 拖拉机驾驶证的申领和使用另行规定。拖拉机驾驶证式样、规格应当符合中华人民共和国公共安全行业标准《中华人民共和国机动车驾驶证件》的规定。

第八十七条 本规定下列用语的含义：

（一）身份证明是指：

1. 居民的身份证明，是《居民身份证》或者《临时居民身份证》。在暂住地居住的内地居民的身份证明，是《居民身份证》或者《临时居民身份证》，以及公安机关核发的居住、暂住证明；

2. 现役军人（含武警）的身份证明，是《居民身份证》或者《临时居民身份证》。在未办理《居民身份证》前，是军队有关部门核发的《军官证》、《文职干部证》、《士兵证》、《离休证》、《退休证》等有效军人身份证件，以及其所在的团级以上单位出具的本人住所证明；

3. 香港、澳门特别行政区居民的身份证明，是其入境时所持有的《港澳居民来往内地通行证》或者《港澳同胞回乡证》，香港、澳门特别行政区《居民身份证》和公安机关核发的居住、暂住证明；

4. 台湾地区居民的身份证明，是其所持有的有效期三个月以上的公安机关核发的《台湾居民来往大陆通行证》或者外交部核发的《中华人民共和国旅行证》和公安机关核发的居住、暂住证明；

5. 华侨的身份证明，是《中华人民共和国护照》和公安机关核发的居住、暂住证明；

6. 外国人的身份证明，是其入境时所持有的护照或者其他旅行证件、居（停）留期为三个月以上的有效签证或者居留许可，以及公安机关出具的住宿登记证明；

7. 外国驻华使馆、领馆人员、国际组织驻华代表机构人员的身份证明，是外交部核发的有效身份证件。

（二）住址是指：

1. 居民的住址，是《居民身份证》或者《临时居民身份证》记载的住址；

2. 现役军人（含武警）的住址，是《居民身份证》或者《临时居民身份证》记载的住址。在未办理《居民身份证》前，是其所在的团级以上单位出具的本人住所证明记载的住址；

3. 境外人员的住址，是公安机关核发的居住、暂住或者住宿登记证明记载的地址；

4. 外国驻华使馆、领馆人员及国际组织驻华代表机构人员的住址，是外交部核发的有效身份证件记载的地址。

（三）境外机动车驾驶证是指外国、香港、澳门特别行政区、台湾地区核发的具有单独驾驶资格且非临时性的机动车驾驶证。

第八十八条 本规定所称"以上"、"以下"均包含本数在内。

本规定所称"一日"、"五日"、"七日"、"十日"、"十五日"，是指工作日，不包括节假日。

第八十九条 本规定自2013年1月1日起施行，第五章第四节自发布之日起施行。2006年12月20日发布的《机动车驾驶证申领和使用规定》（公安部令第91号）和2009年12月7日发布的《公安部关于修改〈机动车驾驶证申领和使用规定〉的决定》（公安部令第111号）同时废止。本规定生效后，公安部以前制定的规定与本规定不一致的，以本规定为准。

附件：1. 准驾车型及代号

2. 道路交通安全违法行为记分分值

3. 实习标志式样（略）

4. 残疾人机动车专用标志（略）

附件1：

准驾车型及代号

准驾车型 代号 准驾的车辆 准予驾驶的其他准驾车型

大型客车 A1 大型载客汽车 A3、B1、B2、C1、C2、C3、C4、M

牵引车 A2 重型、中型全挂、半挂汽车列车 B1、B2、C1、C2、C3、C4、M

城市公交车 A3 核载10人以上的城市公共汽车 C1、C2、C3、C4

中型客车 B1 中型载客汽车（含核载10人以上、19人以下的城市公共汽车） C1、C2、C3、C4、M

大型货车 B2 重型、中型载货汽车；重型、中型专项作业车

小型汽车 C1 小型、微型载客汽车以及轻型、微型载货汽车；轻型、微型专项作业车 C2、C3、C4

小型自动挡汽车 C2 小型、微型自动挡载客汽车以及轻型、微型自动挡载货汽车

低速载货汽车 C3 低速载货汽车 C4

三轮汽车 C4 三轮汽车

残疾人专用小型自动挡载客汽车 C5 残疾人专用小型、微型自动挡载客汽车（只允许右下肢或者双下肢残疾人驾驶）

普通三轮摩托车 D 发动机排量大于50ml或者最大设计车速大于50km/h的三轮摩托车 E、F

普通二轮摩托车 E 发动机排量大于50ml或者最大设计车速大于50km/h的二轮摩托车 F

轻便摩托车 F 发动机排量小于等于50ml，最大设计车速小于等于50km/h的摩托车

轮式自行机械车 M 轮式自行机械车

无轨电车 N 无轨电车

有轨电车 P 有轨电车

附件2：

道路交通安全违法行为记分分值

一、机动车驾驶人有下列违法行为之一，一次记12分：

（一）驾驶与准驾车型不符的机动车的；

（二）饮酒后驾驶机动车的；

（三）驾驶营运客车（不包括公共汽车）、校车载人超过核定人数20%以上的；

（四）造成交通事故后逃逸，尚不构成犯罪的；

（五）上道路行驶的机动车未悬挂机动车号牌的，或者故意遮挡、污损、不按规定安装机动车号牌的；

（六）使用伪造、变造的机动车号牌、行驶证、驾驶证、校车标牌或者使用其他机动车号牌、行驶证的；

（七）驾驶机动车在高速公路上倒车、逆行、穿越中央分隔带掉头的；

（八）驾驶营运客车在高速公路车道内停车的；

（九）驾驶中型以上载客载货汽车、校车、危险物品运输车辆在高速公路、城市快速路上行驶超过规定时速20%以上或者在高速公路、城市快速路以外的道路上行驶超过规定时速50%以上，以及驾驶其他机动车行驶超过规定时速50%以上的；

（十）连续驾驶中型以上载客汽车、危险物品运输车辆超过4小时未停车休息或者停车休息时间少于20分钟的；

（十一）未取得校车驾驶资格驾驶校车的。

二、机动车驾驶人有下列违法行为之一，一次记6分：

（一）机动车驾驶证被暂扣期间驾驶机动车的；

（二）驾驶机动车违反道路交通信号灯通行的；

（三）驾驶营运客车（不包括公共汽车）、校车载人超过核定人数未达20%的，或者驾驶其他载客汽车载人超过核定人数20%以上的；

（四）驾驶中型以上载客载货汽车、校车、危险物品运输车辆在高速公路、城市快速路上行驶超过规定时速未达20%的；

（五）驾驶中型以上载客载货汽车、校车、危险物品运输车辆在高速公路、城市快速路以外的道路上行驶或者驾驶其他机动车行驶超过规定时速20%以上未达到50%的；

（六）驾驶货车载物超过核定载质量30%以上或者违反规定载客的；

（七）驾驶营运客车以外的机动车在高速公路车道内停车的；

（八）驾驶机动车在高速公路或者城市快速路上违法占用应急车道行驶的；

（九）低能见度气象条件下，驾驶机动车在高速公路上不按规定行驶的；

（十）驾驶机动车运载超限的不可解体的物品，未按指定的时间、路线、速度行驶或者未悬挂明显标志的；

（十一）驾驶机动车载运爆炸物品、易燃易爆化学物品以及剧毒、放射性等危险物品，未按指定的时间、路线、速度行驶或者未悬挂警示标志并采取必要的安全措施的；

（十二）以隐瞒、欺骗手段补领机动车驾驶证的；

（十三）连续驾驶中型以上载客汽车、危险物品运输车辆以外的机动车超过4小时未停车休息或者停车休息时间少于20分钟的；

（十四）驾驶机动车不按照规定避让校车的。

三、机动车驾驶人有下列违法行为之一，一次记3分：

（一）驾驶营运客车（不包括公共汽车）、校车以外的载客汽车载人超过核定人数未达20%的；

（二）驾驶中型以上载客载货汽车、危险物品运输车辆在高速公路、城市快速路以外的道路上行驶或者驾驶其他机动车行驶超过规定时速未达20%的；

（三）驾驶货车载物超过核定载质量未达30%的；

（四）驾驶机动车在高速公路上行驶低于规定最低时速的；

（五）驾驶禁止驶入高速公路的机动车驶入高速公路的；

（六）驾驶机动车在高速公路或者城市快速路上不按规定车道行驶的；

（七）驾驶机动车行经人行横道，不按规定减速、停车、避让行人的；

（八）驾驶机动车违反禁令标志、禁止标线指示的；

（九）驾驶机动车不按规定超车、让行的，或者逆向行驶的；

（十）驾驶机动车违反规定牵引挂车的；

（十一）在道路上车辆发生故障、事故停车后，不按规定使用灯光和设置警告标志的；

（十二）上道路行驶的机动车未按规定定期进行安全技术检验的。

四、机动车驾驶人有下列违法行为之一，一次记2分：

（一）驾驶机动车行经交叉路口不按规定行车或者停车的；

（二）驾驶机动车有拨打、接听手持电话等妨碍安全驾驶的行为的；

（三）驾驶二轮摩托车，不戴安全头盔的；

（四）驾驶机动车在高速公路或者城市快速路上行驶时，驾驶人未按规定系安全带的；

（五）驾驶机动车遇前方机动车停车排队或者缓慢行驶时，借道超车或者占用对面车道、穿插等候车辆的；

（六）不按照规定为校车配备安全设备，或者不按照规定对校车进行安全维护的；

（七）驾驶校车运载学生，不按照规定放置校车标牌、开启校车标志灯，或者不按照经审核确定的线路行驶的；

（八）校车上下学生，不按照规定在校车停靠站点停靠的；

（九）校车未运载学生上道路行驶，使用校车标牌、校车标志灯和停车指示标志的；

（十）驾驶校车上道路行驶前，未对校车车况是否符合安全技术要求进行检查，或者驾驶存在安全隐患的校车上道路行驶的；

（十一）在校车载有学生时给车辆加油，或者在校车发动机引擎熄灭前离开驾驶座位的。

五、机动车驾驶人有下列违法行为之一，一次记1分：

（一）驾驶机动车不按规定使用灯光的；

（二）驾驶机动车不按规定会车的；

（三）驾驶机动车载货长度、宽度、高度超过规定的；

（四）上道路行驶的机动车未放置检验合格标志、保险标志，未随车携带行驶证、机动车驾驶证的。

公安部关于加强吸毒人员驾驶机动车管理的通知

公通字〔2012〕35号

各省、自治区、直辖市公安厅、局，新疆生产建设兵团公安局：

近年来，吸毒人员驾驶机动车引发的交通事故不断增多，给道路交通安全带来重大隐患，特别是江苏省常合高速公路苏州段“4·22”特大交通事故的发生，暴露出吸毒人员驾驶机动车的严重危害性。为有效遏制吸毒人员驾驶机动车违法行为的发生，确保道路交通安全，依照《道路交通安全法》、《禁毒法》及相关法规、规章，现就加强吸毒人员驾驶机动车管理有关问题通知如下：

一、集中排查清理吸毒驾驶人

（一）组织全面排查清理。8月底前，省级公安机关交通管理部门、禁毒部门要组织对本省（区、市）驾驶人进行全面排查清理，将吸毒人员登记信息与驾驶人信息进行集中比对，掌握本地有吸毒记录的驾驶人基本情况和底数。

（二）集中办理驾驶证注销。正在依法执行社区戒毒、强制隔离戒毒和社区康复措施的人员属于吸毒成瘾未戒除人员。公安机关交通管理部门应当在8月底前，通过电话、信函、手机短信等方式通知正在执行社区戒毒、社区康复措施的驾驶人，三十日内到驾驶证核发地车辆管理所申请注销驾驶证。对在规定期限内未主动办理注销业务以及驾驶人正在执行强制隔离戒毒的，车辆管理所应当按照《机动车驾驶证申领和使用规定》（公安部令第111号）第四十二条的规定注销其机动车驾驶证，向社会公告机动车驾驶证作废，并通过电话、信函、手机短信等方式告知驾驶人或其代理人。办理注销业务时，应当收存登记吸毒人员信息与驾驶人信息比对记录。驾驶人对注销驾驶证提出异议的，由公安机关交通管理部门会同禁毒部门进行核查。

二、建立吸毒驾驶人核查机制

（一）建立信息共享机制。公安机关交通管理部门和禁毒部门要建立驾驶人数据库与吸毒人员动态管控数据库的关联，实现自动比对功能，及时交换数据信息。公安机关禁毒部门在办案过程中发现吸毒成瘾未戒除人员持有驾驶证的，应当在三日内将吸毒驾驶人信息交换给交通管理部门。

（二）严格驾驶证申领核查程序。公安机关交通管理部门受理驾驶证申领业务时，要查询、比对登记吸毒人员信息，对发现属于吸毒成瘾未戒除人员的，不予受理申请并说明理由；已受理申请的，应当中止业务，不予核发驾驶证并说明理由。申请人提出异议的，由公安机关交通管理部门会同禁毒部门进行核查。对发现三年内有吸毒行为记录但不属于吸毒成瘾未戒除人员的，由公安机关交通管理部门会同禁毒部门进行核查。

（三）严格业务核查程序。公安机关交通管理部门在办理驾驶证补换证、提交身体条件证明等业务，或者处理交通违法、交通事故时，要查询、比对吸毒人员登记信息，发现属于吸毒成瘾未戒除人员的，车辆管理所要按规定注销驾驶证，并收存登记吸毒人员信息与驾驶人信息比对记录。驾驶人对注销驾驶证提出异议的，由公安机关交通管理部门会同禁毒部门进行核查。

三、建立重点驾驶人严管机制

（一）从严管理校车驾驶人。公安机关交通管理、禁毒部门要会同教育部门结合贯彻实施《校车安全管理条例》，集中清理、重新核发校车驾驶资格许可。公安机关交通管理部门办理校车驾驶资格许可时，要查询、比对吸毒人员登记信息，对发现有吸毒记录的，不予受理申请；已受理申请的，应当中止业务，不予准许校车驾驶资格。公安机关交通管理部门在道路执勤执法和处理事故中，发现校车驾驶人有吸毒后驾驶机动车违法行为的，要按照《校车安全管理条例》的规定取消其校车驾驶资格。

（二）从严管理客货运驾驶人。公安机关交通管理、禁毒部门要会同道路运输管理机构对现有客货运驾驶人进行集中清理，对大中型客货车和出租车驾驶人因吸毒成瘾未戒除注销驾驶证的，要通报道路运输管理机构和运输企业，取消其营运资格；发现大中型客货车和出租车驾驶人有吸毒行为记录的，要通报道路运输管理机构和运输企业，建议对其加强监管或调整工作岗位。公安机关交通管理部门在办理驾驶证业务、处理交通违法和交通事故时，发现大中型客货车和出租车驾驶人有吸毒行为记录的，按以上规定办理。

四、建立毒驾违法行为查处机制

（一）加大查处毒驾力度。公安机关交通管理部门在道路执勤执法和处理事故时，要加大对吸毒后驾驶机动车违法行为的查处力度，对驾驶人有明显吸毒特征、表现或者有证据表明属于吸毒后驾驶机动车的，要按有关规定进行现场检测，现场检测有困难的，移送禁毒部门或者有吸毒检测资质的实验室、医疗机构进行检测；对发生交通事故的驾驶人，要查询、比对吸毒人登记信息，属于三年内有吸毒行为记录的，要按有关规定进行现场检测，现场检测有困难的，移禁毒部门或者有吸毒检测资质的实验室、医疗机构进行检测。经检测被认定为吸毒后驾驶机动车的，公安机关交通管理部门要按照《道路交通安全法》第九十条的规定进行处罚，同时由本级公安机关依照《治安管理处罚法》、《禁毒法》的规定予以处理。属于吸毒成瘾未戒除人员的，抄告驾驶证核发地车辆管理所，按规定注销驾驶证。

（二）定期开展联合执法。公安机关交通管理部门和禁毒部门要建立联合执法工作机制，定期开展吸毒人员驾驶机动车违法行为专项治理工作。公安机关交通管理部门重点做好车辆拦截、现场调查询问、查询比对信息等工作，禁毒部门重点做好涉嫌吸毒后驾驶机动车人员的现场检测工作。

（三）完善执法工作程序。省级公安机关要制定吸毒人员驾驶机动车违法行为查处程序，明确在道路执勤执法和处理事故过程中甄别驾驶人吸毒特征的方式方法，以及调查询问、查询比对、证据固定等程序。各地公安机关交通管理部门、禁毒部门以及其他有关部门要做好办案衔接，规范涉嫌吸毒后驾驶机动车人员移送检测以及违法处罚的办案程序。

五、建立宣传教育长效工作机制

（一）营造浓厚社会氛围。公安机关交通管理、禁毒部门要将预防和治理“毒驾”问题作为重点内容，积极商请宣传部门，在报纸、电视、广播、网络等媒体广泛宣传吸毒后驾驶机动车的危害性。要加强与新闻媒体的沟通与协作，及时提供新闻素材，对严重的吸毒后驾驶机动车违法行为及时予以曝光，充分发挥新闻媒体的舆论引导作用。

（二）加强驾驶人教育培训。公安机关交通管理部门要在机动车驾驶人考试中增加吸毒后驾驶机动车危害性及应承担的法律责任等相关内容，协调道路运输管理机构将禁毒教育纳入机动车驾驶证申请人的培训。对一个记分周期内记分达到12分的机动车驾驶人进行道路交通安全法律、法规和相关知识教育时，增加吸毒后驾驶机动车违法行为危害性的相关内容。公安机关禁毒部门要组织禁毒民警、禁毒工作者、禁毒志愿者，有针对性地加强对有吸毒史驾驶人的教育管理，引导其自觉抵制吸毒后驾驶机动车行为。

（三）加强内部教育培训。公安机关要开展吸毒特征判断识别、吸毒检测技术等专业培训工作，提高交通民警执法能力。要通过举办培训班、座谈会等形式，开展查处吸毒后驾驶机动车违法行为的专题培训和经验交流，编制执法疑难问题应对手册和典型案例，不断提高交通民警发现、查处吸毒后驾驶机动车违法行为的能力。

请各地接此通知后抓紧贯彻落实，执行中遇到问题，请及时报部。

公安部

二〇一二年七月三十一日

工业和信息化部关于建立汽车行业退出机制的通知

工信部产业〔2012〕349号

各省、自治区、直辖市及新疆生产建设兵团工业和信息化主管部门，有关企业：

《汽车产业调整和振兴规划》实施以来，我国汽车产业快速发展，产销量连续多年位居世界首位，技术水平明显提高，有力推动了产业结构调整和转型升级，促进了国民经济平稳较快发展。为进一步贯彻落实《汽车产业发展政策》和《汽车产业调整和振兴规划》，加快汽车产业转型升级，提高汽车企业核心竞争力，经研究，决定在汽车行业建立落后企业退出机制。现将有关事项通知如下：

一、按照分级管理方式管理企业在《车辆生产企业及产品公告》（以下简称《公告》）中的序号。列入《公告》的企业以公司（集团）为单位分配序号，公司（集团）独资或控股的独立法人子公司均应按资产关系分级列在公司（集团）的序号内，不再单设序号。

二、从2016年起，在《公告》管理中取消改装类其他乘用车、皮卡生产企业类别。现有改装类其他乘用车、皮卡生产企业应尽快达到同类新建整车生产企业的准入条件，升级为整车企业（准入条件见附件）。未按时升级的上述两类改装类企业，应分别转产客车、专用汽车等产品。

三、建立企业动态管理机制

（一）对于已经破产或进入破产清算程序的汽车、摩托车生产企业，注销其《公告》。

（二）对于没有按照政府相关部门的批准文件进行建设，或不能持续满足政府相关部门的批准文件、生产准入管理规定等方面要求的企业，应当限期整改。在整改期内，企业不得投资扩产，不得申报新产品。整改后仍不能满足要求的，暂停其产品《公告》，直至整改验收合格。

（三）在《公告》管理中，对于不能维持正常生产经营的汽车、摩托车生产企业，实行为期2年的特别公示管理（新建企业除外），要求其整改、尽快满足准入条件。特别公示期间，不受理有关企业的新产品申报。被特别公示的企业经考核符合准入条件的，取消特别公示，恢复受理其新产品申报。特别公示期满后，未申请准入条件考核或考核不合格的企业，暂停其《公告》，且不得办理更名、迁址等基本情况变更手续。其中，不能维持正常生产经营的企业是指连续2年年销量为零或极少（乘用车少于1000辆、大中型客车少于50辆、轻型客车少于100辆、中重型载货车少于50辆、轻微型载货车少于500辆、运输类专用车少于100辆、摩托车少于1000辆）的生产企业。

四、本通知自发布之日起执行。

附件：改装类其他乘用车、皮卡生产企业升级为整车生产企业的准入条件

工业和信息化部

2012年7月12日

附件

改装类其他乘用车、皮卡生产企业升级为整车生产企业的准入条件

1. 生产企业与汽车生产有关的总资产（不含土地价值）不小于18亿元，净资产（不含土地价值）不小于5亿元。

2. 生产企业应具有为其他乘用车、皮卡配套的发动机生产能力，或在一个为其他乘用车、皮卡配套的发动机生产企业占有50%或以上的股份。

3. 改装类其他乘用车生产企业应符合《乘用车生产企业及产品准入管理规则》（工业和信息化部2011年第37号公告）中其他乘用车整车生产企业准入条件的要求，改装类皮卡生产企业应符合《商用车生产企业及产品准入管理规则》（工产业〔2010〕第132号公告）中货车整车生产企业准入条件的要求。

公安部关于公安机关办理醉酒驾驶机动车犯罪案件的指导意见

公交管〔2011〕190 号

各省、自治区、直辖市公安厅、局，新疆生产建设兵团公安局：

2011 年 5 月 1 日《刑法修正案（八）》实施以来，各地公安机关依法查处了一批醉酒驾驶机动车犯罪案件，取得了良好法律效果和社会效果。为保证《刑法修正案（八）》的正确实施，进一步规范公安机关办理醉酒驾驶机动车犯罪的执法活动，依照刑法及有关修正案、刑事诉讼法及公安机关办理刑事案件程序规定等规定，现就公安机关办理醉酒驾驶机动车犯罪案件提出以下指导意见：

一、进一步规范现场调查

1. 严格血样提取条件。交通民警要严格按照《交通警察道路执勤执法工作规范》的要求检查酒后驾驶机动车行为，检查中发现机动车驾驶人有酒后驾驶机动车嫌疑的，立即进行呼气酒精测试，对涉嫌醉酒驾驶机动车、当事人对呼气酒精测试结果有异议，或者拒绝配合呼气酒精测试等方法测试以及涉嫌饮酒后、醉酒驾驶机动车发生交通事故的，应当立即提取血样检验血液酒精含量。

2. 及时固定犯罪证据。对查获醉酒驾驶机动车嫌疑人的经过、呼气酒精测试和提取血样过程应当及时制作现场调查记录；有条件的，还应当通过拍照或者录音、录像等方式记录；现场有见证人的，应当及时收集证人证言。发现当事人涉嫌饮酒后或者醉酒驾驶机动车的，依法扣留机动车驾驶证，对当事人驾驶的机动车，需要作为证据的，可以依法扣押。

3. 完善醒酒约束措施。当事人在醉酒状态下，应当先采取保护性约束措施，并进行人身安全检查，由 2 名以上交通民警或者 1 名交通民警带领 2 名以上交通协管员将当事人带至醒酒约束场所，约束至酒醒。对行为举止失控的当事人，可以使用约束带或者警绳，但不得使用手铐、脚镣等警械。醒酒约束场所应当配备醒酒设施和安全防护设施。约束过程中，要加强监护，确认当事人酒醒后，要立即解除约束，并进行询问。

4. 改进执勤检查方式。交通民警在道路上检查酒后驾驶机动车时，应当采取有效措施科学组织疏导交通，根据车流量合理控制拦车数量。车流量较大时，应当采取减少检查车辆数量或者暂时停止拦截等方式，确保现场安全有序。要求驾驶人接受呼气酒精测试时，应当使用规范用语，严格按照工作规程操作，每测试一人更换一次新的吹嘴。当事人违反测试要求的，应当当场重新测试。

二、进一步规范办案期限

5. 规范血样提取送检。交通民警对当事人血样提取过程应当全程监控，保证收集证据合法、有效。提取的血样要当场登记封装，并立即送县级以上公安机关检验鉴定机构或者经公安机关认可的其他具备资格的检验鉴定机构进行血液酒精含量检验。因特殊原因不能立即送检的，应当按照规范低温保存，经上级公安机关交通管理部门负责人批准，可以在 3 日内送检。

6. 提高检验鉴定效率。要加快血液酒精检验鉴定机构建设，加强检验鉴定技术人员的培养。市、县公安机关尚未建立检验鉴定机构的，要尽快建立具有血液酒精检验职能的检验鉴定机构，并建立 24 小时值班制度。要切实提高血液酒精检验鉴定效率，对送检的血样，检验鉴定机构应当在 3 日内出具检验报告。当事人对检验结果有异议的，应当告知其在接到检验报告后 3 日内提出重新检验申请。

7. 严格办案时限。要建立醉酒驾驶机动车案件快侦快办工作制度，加强内部办案协作，严格办案时限要求。为提高办案效率，对现场发现的饮酒后或者醉酒驾驶机动车的嫌疑人，尚未立刑事案件的，可以口头传唤其到指定地点接受调查；有条件的，对当事人可以现场调查询问；对犯罪嫌疑人采取强制措施的，应当及时进行讯问。对案件事实清楚、证据确实充分的，应当在查获犯罪嫌疑人之日起 7 日内侦查终结案件并移送人民检察院审查起诉；情况特殊的，经县级公安机关负责人批准，可以适当延长办案时限。

三、进一步规范立案侦查

8. 从严掌握立案标准。经检验驾驶人血液酒精含量达到醉酒驾驶机动车标准的，一律以涉嫌危险驾驶罪立案侦查；未达到醉酒驾驶机动车标准的，按照道路交通安全法有关规定给予行政处罚。当事人被查获后，为逃避法律追究，在呼气酒精测试或者提取血样前又饮酒，经检验其血液酒精含量达到醉酒驾驶机动车标准的，应当立案侦查。当事人经呼气酒精测试达到醉酒驾驶机动车标准，在提取血样前脱逃的，应当以呼气酒精含量为依据立案侦查。

9. 全面客观收集证据。对已经立案的醉酒驾驶机动车案件，应当全面、客观地收集、调取犯罪证据材料，并严格审查、核实。要及时检查、核实车辆和人员基本情况及机动车驾驶人违法犯罪信息，详细记录现场查获醉酒驾驶机动车的过程、人员车辆基本特征以及现场采取呼气酒精测试、实施强制措施、提取血样、口头传唤、固定证据等情况。讯问犯罪嫌疑人时，应当对犯罪嫌疑人是否有罪以及情节轻重等情况作重点讯问，并听取无罪辩解。要及时收集能够证明犯罪嫌疑人是否醉酒驾驶机动车的证人证言、视听资料等其他证据材料。

10. 规范强制措施适用。要根据案件实际情况，对涉嫌醉酒驾驶机动车的犯罪嫌疑人依法合理适用拘传、取保候审、监视居住、拘留等强制措施，确保办案工作顺利进行。对犯罪嫌疑人企图自杀或者逃跑、在逃的，或者不讲真实姓名、住址，身份不明的，以及确需对犯罪嫌疑人实施羁押的，可以依法采取拘留措施。拘留期限内未能查清犯罪事实的，应当依法办理取保候审或者监视居住手续。发现不应当追究犯罪嫌疑人刑事责任或者强制措施期限届满的，应当及时解除强制措施。

11. 做好办案衔接。案件侦查终结后，对醉酒驾驶机动车犯罪事实清楚，证据确实、充分的，应当在案件移送人民检察院审查起诉前，依法吊销犯罪嫌疑人的机动车驾驶证。对其他道路交通违法行为应当依法给予行政处罚。案件移送审查起诉后，要及时了解掌握案件起诉和判决情况，收到法院的判决书或者有关的司法建议函后，应当及时归档。对检察机关决定不起诉或者法院判决无罪但醉酒驾驶机动车事实清楚，证据确实、充分的，应当依法给予行政处罚。

12. 加强执法办案管理。要进一步明确办案要求，细化呼气酒精测试、血样提取和保管、立案撤案、强制措施适用、物品扣押等重点环节的办案标准和办案流程。要严格落实案件审核制度，进一步规范案件审核范围、审核内容和审核标准，对与案件质量有关的事项必须经法制员和法制部门审核把关，确保案件质量。要提高办案工作信息化水平，大力推行网上办案，严格办案信息网上录入的标准和时限，逐步实现案件受理、立案、侦查、制作法律文书、法制审核、审批等全过程网上运行，加强网上监控和考核，杜绝“人情案”、“关系案”。

四、进一步规范安全防护措施

13. 配备执法装备。交通民警在道路上检查酒后驾驶机动车时，必须配齐呼气酒精含量检测仪、约束带、警绳、摄像机、照相机、执法记录仪、反光指挥棒、停车示意牌等装备。执勤车辆还应配备灭火器材、急救包等急救装备，根据需要可以配备简易破拆工具、拦车破胎器、测速仪等装备。

14. 完善查处程序。交通民警在道路上检查酒后驾驶机动车时，应当根据道路条件和交通状况，合理选择安全、不妨碍车辆通行的地点进行，检查工作要由 2 名以上交通民警进行。要保证民警人身安全，明确民警检查动作和查处规程，落实安全防护措施，防止发生民警受伤害案件。

附件：办理醉酒驾驶机动车犯罪案件典型案例（略）

公安部

二〇一一年八月十一日

国家发展改革委办公厅
关于汽车生产企业投资项目备案管理的补充通知

发改办产业〔2011〕1228 号

各省、自治区、直辖市及计划单列市、新疆生产建设兵团发展改革委，各有关单位：

为落实《汽车产业发展政策》（国家发展改革委 2004 年第 8 号令）关于汽车生产企业投资项目备案管理的规定，2004 年我委发布了《国家发展改革委办公厅关于汽车生产企业投资项目备案管理的通知》（发改办工业〔2004〕1101 号），提出了备案管理的实施方案。为进一步落实 2006 年《国家发展改革委关于汽车工业结构调整意见的通知》、2009 年国务院发布的《汽车产业调整和振兴规划》等文件的相关规定，我们对汽车生产企业投资项目备案表的内容进行了修改补充。请各单位对《汽车产业发展政策》规定的需报我委备案的新建专用汽车生产企业项目、现有汽车、车用发动机生产企业自筹资金扩大同类别产品生产能力和增加品种项目（包括异地新建同类别产品的非独立法人生产单位项目）的备案材料相应予以调整。并在备案后督促项目单位落实备案材料中的相关承诺。

我委收到备案文件和备案材料后，将对符合相关政策规定的项目出具备案通知书，以便项目单位据此办理相关手续。其他仍按发改办工业〔2004〕1101 号文有关要求执行。

附件：汽车生产企业投资项目备案表（略）

国家发展改革委办公厅
二〇一一年五月二十五日

国家质检总局、工业和信息化部、中国残联关于加强残疾人驾驶机动车辅助装置监管有关问题的通知

各省、自治区、直辖市及新疆生产建设兵团质量技术监督局、工业和信息化主管部门、残疾人联合会：

为了加强残疾人驾驶机动车辅助装置（以下简称"辅助装置"）的监管，促进做好残疾人驾驶机动车相关工作，经国家质检总局、工业和信息化部、中国残联等部门研究，现就有关问题通知如下：

一、充分认识加强辅助装置监管的重要性

辅助装置是涉及残疾人驾车的自身安全的产品，生产企业能否提供合格的产品是解决好残疾人驾驶机动车问题的重要因素之一。加强辅助装置生产企业的监管，适时制定有利于产业发展的政策，积极引导残疾人选用合格辅助装置，是维护残疾人基本权利的体现，是履行联合国残疾人权利公约的要求，也是政府有关部门依法履职的要求，具有十分重要的意义。

二、强化企业的主体责任

各地质监、工业和信息化、残联等部门要联合督促企业提高质量意识。企业要建立完善的质量保证体系，严格辅助装置产品设计、原材料进厂、生产过程控制、产品出厂检验等环节的把关，切实承担质量安全的主体责任。

三、认真开展标准宣贯工作

各地质监、工业和信息化、残联等部门要积极开展对《肢体残疾人驾驶汽车的操纵辅助装置》（GB/T21055—2007）国家标准的宣传贯彻工作，组织生产企业和相关产品质量检验机构认真学习国家标准，使企业和检验机构的有关人员准确理解标准的规定，熟悉检验方法，并要求企业按标准要求组织生产和检验，切实提高生产企业和检验机构辅助装置的检验水平。

四、加强生产源头监管

各地质监部门要引导企业规范生产行为，加强对辅助装置生产企业产品质量的监督，同时对监督检查中发现的不合格产品生产企业，责令整改依法处理。特别是对以假充真、以次充好、以不合格品冒充合格品，以及假冒他人厂名厂址等违法行为，一经发现，依法惩处。

五、积极做好服务工作

各地残联要开展多种形式的宣传工作，营造良好的社会氛围，帮助残疾人及时掌握国家关于加强辅助装置监管的政策和措施，引导残疾人选择合法企业生产的产品，及时了解残疾人使用辅助装置驾驶机动车的有关问题，为残疾人驾驶机动车提供服务。

六、加强机动车安全技术检验机构的资格管理

各地质监部门要严格按照《机动车安全技术检验机构监督管理办法》（国家质检总局令第 121 号）的规定，加强安检机构的资格许可和检验技术人员的考核。各地质监部门要加强国家标准《机动车安全技术检验项目和方法》（GB 21861—2008）及其修改单的宣贯工作。安检机构要严格依据有关法律法规和标准对加装辅助装置的机动车进行检测，保证检验工作质量。

各地质监、工业和信息化、残联等部门要依据各自职责，加强对生产辅助装置的产品质量监管，做好机动车安检机构的资格管理，督促安检机构严格进行检验，积极为残疾人提供服务，及时相互通报信息，形成部门监管合力，切实保障残疾人驾驶机动车的权利。

国家质检总局
工业和信息化部
中国残联
二〇一〇年六月二十九日

国家认证许可监督管理委员会
关于汽车改装强制性产品认证有关事宜的复函

认办证函〔2010〕101号

天津市质量技术监督局：

你《关于汽车改装强制性产品认证有关事宜的函》收悉。现答复如下：

对于在已经出厂并上过牌照的汽车上加装顶盖是出厂销售后的私自改装行为，属在用车管理，不在汽车强制性产品认证制度管理范围内；对于在未出厂的新车上改装的行为在汽车强制性产品认证制度管理范围内，相应的整车产品应取得相应的强制性产品认证证书。依据《强制性产品认证管理规定》第三条第三款的规定，地方各级质量技术监督部门和各地出入境检验检疫机构（以下简称地方质检两局）按照各自职责，依法负责所辖区域内强制性产品认证活动的监督管理和执法查处工作。

二〇一〇年四月二十一日

右下肢、双下肢残疾人驾驶机动车身体条件规定

卫医政发〔2010〕34号

一、本规定适用于省级卫生行政部门指定的医疗机构对右下肢、双下肢残疾人申请机动车驾驶证进行身体条件检查。

二、符合本规定要求的残疾人申请驾驶的机动车仅限于允许在我国道路上行驶的、加装肢体残疾人驾驶汽车的操纵辅助装置的小型、微型自动挡载客汽车。

三、右全足至全下肢缺失或运动功能障碍，但身体协调性好，能够自主坐立，坐位平衡至少达到平衡功能三级分法的三级水平；双侧肩关节内收均达到130°，双手操作力能达到100N（牛顿）以上。

四、双足至全下肢缺失或双下肢运动功能障碍，但身体协调性好，能够自主坐立，坐位平衡至少达到平衡功能三级分法的三级水平；双侧肩关节内收均达到130°，双手操作力能达到100N（牛顿）以上。

五、其他身体条件应符合公安部《机动车驾驶证申领和使用规定》的要求。

机动车驾驶证业务工作规范

公交管〔2010〕66号

第一章 总 则

第一条 根据《机动车驾驶证申领和使用规定》和《临时入境机动车和驾驶人管理规定》，制定本规范。

第二条 省级公安机关交通管理部门负责本省（自治区、直辖市）机动车驾驶证业务工作的指导、检查和监督。

直辖市公安机关交通管理部门车辆管理所、设区的市或者相当于同级的公安机关交通管理部门车辆管理所负责办理本行政辖区内机动车驾驶证业务。

县级公安机关交通管理部门车辆管理所可以办理本行政辖区内初次申领和增加准驾车型为低速载货汽车、三轮汽车、普通三轮摩托车、普通二轮摩托车、轻便摩托车的机动车驾驶证业务，以及机动车驾驶人申请换发、补发机动车驾驶证，提交身体条件证明等业务。条件具备的，可以办理初次申领和增加准驾车型为小型汽车、小型自动挡汽车、残疾人专用小型自动挡载客汽车的机动车驾驶证业务，以及其他准驾车型科目一考试、一个记分周期内累积记分达到12分的教育和考试业务。具体业务范围和办理条件由省级公安机关交通管理部门确定。

第三条 公安机关交通管理部门车辆管理所应当按照本规范规定的程序办理机动车驾驶证业务。

车辆管理所办理机动车驾驶证业务时，应当设置受理岗、考试岗和档案管理岗。

第四条 车辆管理所在受理机动车驾驶证申请时，对申请材料齐全并符合法律、法规和规章规定的，应当在规定的时限内办结。对申请材料不齐全或者其他不符合法定形式的，应当一次告知申请人需要补正的全部内容。对不符合申请条件或者受理申请后经审查不符合法律、法规和规章规定的，应当告知申请人不予受理、不予批准的理由；申请人要求书面决定的，应当出具《不予受理/批准申请决定书》。

第五条 车辆管理所应当按照机动车驾驶证信息数据库规范和信息代码标准建立计算机数据库。按照机动车驾驶证信息采集和签注标准，将信息录入计算机管理系统，打印有关证、表。按照车辆和驾驶人管理印章标准使用印章。

第二章 办理机动车驾驶证申领业务

第一节 办理初次申领业务

第六条 车辆管理所办理初次申领机动车驾驶证业务的流程和具体事项为：

（一）受理岗按照下列程序审核申请材料：

1. 审核机动车驾驶证申请人提交的《机动车驾驶证申请表》、《机动车驾驶人身体条件证明》（以下简称《身体条件证明》）和身份证明，确认申请人年龄、身体条件符合规定。

2. 通过计算机管理系统核查，确认申请人未申领机动车驾驶证，以及不具有《机动车驾驶证申领和使用规定》第十二条第三项、第四项或者第五项规定的情形。

3. 符合规定的，受理申请，并按照规定将相关信息录入计算机管理系统，收存相关资料，在《机动车驾驶证申请表》“受理岗”栏内签字或者签章。

4. 因计算机网络问题暂时无法完成核查的，可以先受理，并在核发机动车驾驶证前完成核查。核查结果证实存在不准申请机动车驾驶证情形的，终止预约、考试或者核发机动车驾驶证。

（二）受理岗预约科目一考试，核发预约考试凭证。申请人属于驾校培训的，还应当查验驾校出具的培训记录。

（三）考试岗按期进行科目一考试；考试前应当核实申请人，考试后应当在考试成绩表上记载考试成绩；考试合格的，应当由考试员和申请人共同在考试成绩表上签名，确定《机动车驾驶技能准考证明》（以下简称《准考证明》）编号，并制作、核发《准考证明》；考试不合格的，告知申请人不合格原因，并可以当场补考1次。

（四）受理岗预约科目二或者科目三考试，核发预约考试凭证；申请人经驾校培训的，还应当查验驾校出具的培训记录，并在预约科目三考试时收存驾校出具的培训记录。

（五）考试岗按期进行科目二或者科目三考试；考试前应当核实申请人，考试后应当在考试成绩表上记载考试成绩；考试合格的，由考试员和申请人共同在考试成绩表上签名；考试不合格的，告知申请人不合格原因，并可以当场补考1次。

（六）受理岗复核科目二、科目三考试资料；收回《准考证明》，确认核查结果，核对计算机管理系统的信息。符合规定的，在科目三考试合格后1个工作日内，确定机动车驾驶证档案编号，制作并核发机动车驾驶证。

（七）档案管理岗核对计算机管理系统的信息，复核、整理资料，装订、归档。

第七条 下列资料存入机动车驾驶证档案：

（一）《机动车驾驶证申请表》原件。

（二）申请人的身份证明复印件。

（三）《身体条件证明》原件。

（四）考试成绩表原件。

（五）《准考证明》原件。

（六）经驾校培训的，还需收存驾校出具的培训记录原件。

第二节 办理增加准驾车型申领业务

第八条 车辆管理所办理增加准驾车型申领业务的流程和具体事项为：

（一）受理岗按照本规范第六条第一项规定审核申请人提交的资料，同时审核申请人所持机动车驾驶证，通过计算机管理系统核查，确认申请人年龄、身体条件、驾龄和累积记分符合《机动车驾驶证申领和使用规定》第十一条、第十四条的规定。对申请大型客车、牵引车和中型客车准驾车型的，还应当通过计算机管理系统核查，确认申请人是否具有《机动车驾驶证申领和使用规定》第十五条规定的情形。

（二）符合规定的，受理岗、考试岗、档案管理岗按照本规范第六条第二项至第七项规定的流程和具体事项办理机动车驾驶证增加准驾车型业务。在核发机动车驾驶证时，受理岗还应当收回原机动车驾驶证。

第九条 下列资料存入机动车驾驶证档案：

（一）本规范第七条规定的资料。

（二）原机动车驾驶证原件。

第十条 车辆管理所在受理增加准驾车型申请至核发机动车驾驶证期间，发现申请人在一个记分周期内累积记分达到12分，机动车驾驶证被注销、吊销、撤销，或者申请大型客车、牵引车和中型客车准驾车型，具有《机动车驾驶证申领和使用规定》第十五条规定情形之一的，终止预约、考试或者核发机动车驾驶证。

车辆管理所在核发机动车驾驶证时，距原机动车驾驶证有效期满不足90日，或者已超过机动车驾驶证有效期但不足1年的，应当合并办理增加准驾车型和有效期满换证业务。

车辆管理所在核发机动车驾驶证时，原机动车驾驶证被公安机关交通管理部门扣押、扣留或者暂扣的，应当在驾驶证被发还后核发机动车驾驶证。

第三节 办理持军队、武装警察部队机动车驾驶证申领业务

第十一条 车辆管理所办理持军队、武装警察部队机动车驾驶证申领机动车驾驶证业务的流程和具体事项为：

（一）受理岗按照本规范第六条第一项规定办理，同时审核申请人所持的军队或者武装警察部队机动车驾驶证，确认初次领取军队或者武装警察部队机动车驾驶证时申请人已年满18周岁。申请人属于复员、退伍、转业的，还应当审核其复员、退伍、转业证明，并收回军队、武装警察部队机动车驾驶证。

（二）受理岗对申请准驾车型为大型客车、牵引车、中型客车、大型货车或者申请两种以上准驾车型，其中之一为大型客车、牵引车、中型客车、大型货车机动车驾驶证的，应当预约科目一和科目三考试，核发预约考试凭证。

（三）对申请其他准驾车型机动车驾驶证的，确定机动车驾驶证档案编号，制作并核发机动车驾驶证。

（四）考试岗对已预约科目一和科目三考试的申请人，按照本规范第六条第三项规定考试科目一，按照第五项规定考试科目三。

（五）受理岗复核科目一、科目三考试资料；核对计算机管理系统的信息，符合规定的，确定机动车驾驶证档案编号，制作并核发机动车驾驶证。

（六）档案管理岗核对计算机管理系统的信息，复核、整理资料，装订、归档。

第十二条 下列资料存入机动车驾驶证档案：

（一）本规范第七条第一项至第三项规定的资料。

（二）经过考试的，还需收存考试成绩表原件。

（三）军队、武装警察部队机动车驾驶证复印件，但属于复员、退伍、转业的，应当收存军队、武装警察部队机动车驾驶证原件和复员、退伍、转业证明复印件。

第四节 办理持境外机动车驾驶证申领业务

第十三条 持有境外机动车驾驶证的外国人，有居留许可的应当向居留许可签发地的车辆管理所申请机动车驾驶证，没有居留许可但持有有效签证的应当向出具住宿登记证明的公安机关所在地的车辆管理所申请机动车驾驶证。

持有境外机动车驾驶证的外国驻华使馆、领馆人员、国际组织驻华代表机构人员应当向使馆、领馆、国际组织驻华代表机构所在地的车辆管理所申请机动车驾驶证。

持有境外机动车驾驶证的华侨，香港、澳门特别行政区、台湾地区居民，应当向居住、暂住地的车辆管理所申请机动车驾驶证。

第十四条 车辆管理所办理持境外机动车驾驶证申领机动车驾驶证业务的流程和具体事项为：

（一）受理岗按照本规范第六条第一项规定办理，同时审核申请人所持的境外机动车驾驶证，境外机动车驾驶证属于非中文表述的，还应当审核其中文翻译文本。申请人为外国驻华使馆、领馆人员及国际组织驻

华代表机构人员的，不审核《身体条件证明》。

（二）受理岗对持有与我国签订互相认可机动车驾驶证协议国家的机动车驾驶证的或者按照外交对等原则，持境外机动车驾驶证免于考试申领机动车驾驶证的外国驻华使馆、领馆人员及国际组织驻华代表机构人员，确定机动车驾驶证档案编号，制作并核发机动车驾驶证。

（三）受理岗、考试岗按照本规范第六条第二项、第三项规定分别预约、考试科目一；申请准驾车型为大型客车、牵引车、中型客车、大型货车或者申请两种以上准驾车型，其中之一为大型客车、牵引车、中型客车、大型货车机动车驾驶证的，受理岗、考试岗还应当按照本规范第六条第四项、第五项规定分别预约、考试科目三；外国驻华使馆、领馆人员及国际组织驻华代表机构人员持境外机动车驾驶证申请的，按照外交对等原则进行考试。

（四）受理岗复核考试资料；核对计算机管理系统的信息，符合规定的，确定机动车驾驶证档案编号，制作并核发机动车驾驶证。

（五）档案管理岗核对计算机管理系统的信息，复核、整理资料，装订、归档。

第十五条 下列资料存入机动车驾驶证档案：

（一）本规范第七条第一项至第四项规定的资料。

（二）境外机动车驾驶证复印件；非中文表述的，还需收存中文翻译文本原件。

第十六条 车辆管理所办理临时机动车驾驶许可申领业务的流程和具体事项为：

（一）受理岗按照下列程序审核申请材料：

1. 审核申请人提交的《临时机动车驾驶许可申请表》、入出境身份证件、年龄及身体条件符合中国驾驶许可条件的证明文件、境外机动车驾驶证，境外机动车驾驶证属于非中文表述的，还应当审核其中文翻译文本。参加有组织的旅游、比赛以及其他交往活动的，还应当审核中国相关主管部门出具的证明。属于驾驶自带临时入境机动车的，还需审核其自带临时入境机动车号牌、行驶证。

2. 通过计算机管理系统，对申请人以前的入境记录进行核查，发现有道路交通违法行为和交通事故未处理完毕的，告知其处理完毕后再申请；在中国境内有驾驶机动车交通肇事逃逸记录的，不予核发临时机动车驾驶许可。

3. 符合规定的，受理申请，录入相关信息，收存相关资料，在《临时机动车驾驶许可申请表》“经办人意见”栏内签字或者签章。

（二）受理岗组织申请人参加道路交通安全法律、法规学习。学习完毕的，在《临时机动车驾驶许可申请表》“参加交通安全法律、法规学习情况”栏内签字或者签章。制作并核发临时机动车驾驶许可，告知申请人临时驾驶许可的有效期限和使用要求。

（三）档案管理岗核对计算机管理系统的信息，复核、整理资料，装订、归档。

第十七条 下列资料存入临时机动车驾驶许可档案：

（一）《临时机动车驾驶许可申请表》原件。

（二）入出境身份证件复印件。

（三）境外机动车驾驶证复印件；非中文表述的，还需收存中文翻译文本复印件。

（四）年龄及身体条件符合中国驾驶许可条件的证明文件复印件。

（五）参加有组织的旅游、比赛以及其他交往活动的，收存中国相关主管部门出具的证明复印件。

第三章 办理换证、补证和注销业务

第一节 办理换证业务

第十八条 车辆管理所办理机动车驾驶证有效期满换证、达到规定年龄换证、自愿降低准驾车型换证、机动车驾驶人信息发生变化换证、机动车驾驶证损毁换证业务的流程和具体事项为：

（一）受理岗按照下列程序审核申请材料：

1. 审核申请人提交的《机动车驾驶证申请表》、身份证明和机动车驾驶证。驾驶证有效期满换证、达到规定年龄换证的，还应当审核《身体条件证明》。

2. 通过计算机管理系统核查申请人累积记分情况，以及是否具有被扣留、暂扣、注销、吊销或者撤销机动车驾驶证的情形；属于有效期满换证、达到规定年龄换证、自愿降低准驾车型换证、机动车驾驶人信息发生变化换证的,还应当核查是否有道路交通安全违法行为未处理完毕的情形。

3. 符合规定的,受理申请,录入相关信息,收存相关资料,在《机动车驾驶证申请表》“受理岗”栏内签字或者签章,制作并核发机动车驾驶证。在核发机动车驾驶证时,还应当收回原机动车驾驶证。

(二)档案管理岗核对计算机管理系统的信息,复核、整理资料,装订、归档。

车辆管理所办理机动车驾驶证有效期满换证、达到规定年龄换证、自愿降低准驾车型换证、机动车驾驶人信息发生变化换证、机动车驾驶证损毁换证业务时,对同时申请办理两项或者两项以上换证业务且符合申请条件的,应当合并办理;对申请人因户籍迁移、不在暂住地居住或者部队调动等原因,无法提交居住、暂住证明的,由申请人在《机动车驾驶证申请表》上写明原因后予以办理,并告知其应当在一个记分周期内到居住、暂住地车辆管理所办理转入换证。

第十九条 下列资料存入机动车驾驶证档案:

(一)《机动车驾驶证申请表》原件。

(二)身份证明复印件。

(三)属于有效期满换证、达到规定年龄换证的,还需收存《身体条件证明》原件。

(四)属于有效期满换证、机动车驾驶人信息发生变化换证、达到规定年龄换证、自愿降低准驾车型换证的,还需收存原机动车驾驶证原件。

第二十条 车辆管理所办理机动车驾驶证转入换证业务的流程和具体事项为:

(一)受理岗按照下列程序审核申请材料:

1. 审核申请人提交的《机动车驾驶证申请表》、身份证明和机动车驾驶证;申请人在转出地车辆管理所未按照规定提交《身体条件证明》或者同时申请办理有效期满换证的,还应当审核《身体条件证明》。

2. 通过计算机管理系统核查申请人信息、机动车驾驶证信息、累积记分情况,以及是否具有被扣留、暂扣、注销、吊销、撤销机动车驾驶证或者道路交通安全违法行为未处理完毕的情形。

3. 符合规定的,受理申请,录入相关信息,收存相关资料,在《机动车驾驶证申请表》“受理岗”栏内签字或者签章,制作并核发机动车驾驶证,同时收回原机动车驾驶证。

(二)档案管理岗核对计算机管理系统的信息,复核、整理资料,装订、归档。

车辆管理所档案管理岗每个工作日从全国公安交通管理信息系统下载和打印本辖区内的机动车驾驶证转出信息,并存入机动车驾驶证档案。

车辆管理所办理机动车驾驶证转入换证业务时,发现因入伍、退役、更换护照、身份证号码变更等原因造成机动车驾驶人身份证明的种类、号码等信息发生变化的,应当核对机动车驾驶人姓名、年龄、照片等信息,确认申请人姓名、年龄、照片等信息与驾驶证登记的驾驶人信息相符的,应当予以办理,同时变更相关信息。

车辆管理所办理机动车驾驶证转入换证业务时,距机动车驾驶证有效期满不足 90 日的,可以同时办理有效期满换证业务。

第二十一条 下列资料存入机动车驾驶证档案:

(一)《机动车驾驶证申请表》原件。

(二)身份证明复印件。

(三)原机动车驾驶证原件。

(四)属于申请人在转出地车辆管理所未按照规定提交《身体条件证明》或者同时申请办理有效期满换证的,还需收存《身体条件证明》原件。

第二节 办理补证业务

第二十二条 车辆管理所办理补证的业务流程和具体事项为:

(一)受理岗按照下列程序审核申请材料:

1. 审核申请人提交的《机动车驾驶证申请表》、身份证明。申请人同时申请办理有效期满换证的,还应当审核《身体条件证明》。

2. 通过计算机管理系统核查申请人累积记分情况,以及是否具有被扣留、暂扣、注销、吊销或者撤销机动车驾驶证的情形。

3. 符合规定的,受理申请,录入相关信息,收存相关资料,在《机动车驾驶证申请表》“受理岗”栏内签字或者签章,制作并核发机动车驾驶证。

（二）档案管理岗核对计算机管理系统的信息，复核、整理资料，装订、归档。

车辆管理所办理补证业务时，距机动车驾驶证有效期满不足九十日的，可以同时办理有效期满换证业务。

第二十三条 下列资料存入机动车驾驶证档案：

（一）《机动车驾驶证申请表》原件。

（二）身份证明复印件。

（三）属于同时申请办理有效期满换证的，还需收存《身体条件证明》原件。

第二十四条 机动车驾驶证被依法扣押、扣留或者暂扣期间，机动车驾驶人采用隐瞒、欺骗手段补领的机动车驾驶证，由公安机关交通管理部门收回，将机动车驾驶证和《公安交通管理转递通知书》转递至车辆管理所处理；机动车驾驶证属于本行政辖区以外的车辆管理所核发的，转递至核发地车辆管理所处理。

车辆管理所在计算机管理系统中恢复原机动车驾驶证信息，将《公安交通管理转递通知书》和收回的机动车驾驶证存入机动车驾驶证档案。

第三节　办理注销和恢复驾驶资格业务

第二十五条 车辆管理所办理申请注销机动车驾驶证的业务流程和具体事项为：

（一）受理岗审核申请人提交的《机动车驾驶证申请表》、身份证明和机动车驾驶证。符合规定的，受理申请，录入相关信息，收存相关资料和机动车驾驶证，在《机动车驾驶证申请表》“受理岗”栏内签字或者签章并出具注销证明。

（二）档案管理岗核对计算机管理系统的信息，复核、整理资料，装订、归档。

第二十六条 下列资料存入机动车驾驶证档案：

（一）《机动车驾驶证申请表》原件。

（二）身份证明复印件。

（三）机动车驾驶证原件。

第二十七条 车辆管理所办理注销机动车驾驶证的业务流程和具体事项为：

（一）机动车驾驶证被撤销、吊销或者机动车驾驶人因交通事故死亡的，档案管理岗审核并收存机动车驾驶证、《公安交通管理撤销决定书》或者《公安交通管理转递通知书》。符合规定的，录入注销信息。

（二）机动车驾驶人身体条件发生变化，不适合驾驶机动车，但未按照规定申请注销机动车驾驶证的，档案管理岗审核并收存相关证明。符合规定的，录入注销信息。

（三）机动车驾驶人具有《机动车驾驶证申领和使用规定》第四十二条第一款第五项、第六项、第七项情形之一的，由计算机管理系统自动注销机动车驾驶证。

第二十八条 车辆管理所办理注销机动车驾驶证业务或者计算机管理系统依法自动注销机动车驾驶证时，未收回机动车驾驶证的，档案管理岗每月从计算机管理系统下载和打印机动车驾驶证注销信息，由公安机关交通管理部门公告机动车驾驶证作废。有条件的，可以通过信函、手机短信等方式告知机动车驾驶人。

机动车驾驶证作废公告的内容应当包括机动车驾驶人的姓名、档案编号，注销原因和注销时间。

第二十九条 车辆管理所办理恢复驾驶资格的业务流程和具体事项为：

申请岗（一）受理岗按照下列程序审核申请材料：

1. 审核申请人提交的《机动车驾驶证申请表》、身份证明和《身体条件证明》，确认申请人因符合《机动车驾驶证申领和使用规定》第四十二条第一款第五项、第六项情形之一而被注销机动车驾驶证未超过 2 年，且符合原准驾车型的允许准驾的年龄条件。

2. 通过计算机管理系统核查申请人累积记分情况，以及是否具有道路交通安全违法行为未处理完毕的情形。

3. 符合规定的，受理申请，录入相关信息，收存相关资料，在《机动车驾驶证申请表》“受理岗”栏内签字或者签章。

（二）受理岗预约科目一考试，核发预约考试凭证，在预约考试凭证上应当告知申请人恢复驾驶资格的截止时间。

（三）考试岗按照本规范第六条第三项规定考试科目一。

（四）受理岗复核科目一考试资料，核对计算机管理系统的信息，考试合格后 1 个工作日内，制作并核发机动车驾驶证。

（五）档案管理岗核对计算机管理系统的信息，复核、整理资料，装订、归档。

第三十条 下列资料存入机动车驾驶证档案：

（一）《机动车驾驶证申请表》原件。

（二）身份证明复印件。

（三）《身体条件证明》原件。

（四）考试成绩表原件。

第三十一条 车辆管理所受理恢复驾驶资格业务后，应当及时安排科目一考试。申请人应当在机动车驾驶证注销后两年内完成考试，逾期未完成考试的，终止恢复驾驶资格。在申请时或者考试期间，申请人超过原准驾车型允许的准驾年龄或者身体条件发生变化的，考试合格后核发对应准驾车型的机动车驾驶证；申请人自愿降低准驾车型的，考试合格后，按照其申请的准驾车型核发相应的机动车驾驶证。

机动车驾驶证注销后，机动车驾驶人已重新申领了机动车驾驶证，但尚未取得新驾驶证且原驾驶证注销未满两年的，机动车驾驶人可以终止申领机动车驾驶证，申请恢复原机动车驾驶证。车辆管理所退办重新申领业务，受理恢复驾驶资格业务。重新申领时科目一考试已经合格的，考试成绩有效，受理后恢复驾驶资格。重新申领时科目一考试未进行或者未合格的，受理恢复驾驶资格后经考试科目一合格的，恢复驾驶资格。

第四章 办理满分考试和提交身体条件证明业务

第三十二条 公安机关交通管理部门按照《机动车驾驶证申领和使用规定》第四十七条第一款规定，组织累积记分达到满分的机动车驾驶人进行为期 7 天的道路交通安全法律、法规和相关知识教育，并做好教育记录。对已接受教育的机动车驾驶人，应当出具接受教育的凭证。

第三十三条 车辆管理所办理满分考试的业务流程和具体事项为：

（一）受理岗审核申请人提交的身份证明、公安机关交通管理部门出具的接受教育凭证。符合规定的，对一个记分周期内累积记分达到 12 分的预约科目一考试，对一个记分周期内 2 次以上达到 12 分的预约科目一和科目三考试，核发预约考试凭证。

（二）考试岗按照本规范第六条第三项规定考试科目一，按照第六条第五项规定考试科目三。

（三）受理岗审核考试资料，核对计算机管理系统的信息，符合规定的，清除记分分值，打印并出具《机动车驾驶人违法满分考试信息反馈通知书》，并告知申请人到扣留其机动车驾驶证的公安机关交通管理部门领取机动车驾驶证。属于申请人持有其他车辆管理所核发的机动车驾驶证的，车辆管理所应当在 36 小时内将其满分考试信息传递到全国公安交通管理信息系统。

（四）档案管理岗核对计算机管理系统的信息，复核、整理资料。收存的考试成绩表原件，在下一个记分周期结束后销毁。

车辆管理所档案管理岗每个工作日从全国公安交通管理信息系统下载和打印本辖区内机动车驾驶人异地违法满分考试信息，清除记分分值。收存打印的异地违法满分考试信息，在下一个记分周期结束后销毁。

第三十四条 车辆管理所办理提交《身体条件证明》的业务流程和具体事项为：

（一）受理岗审核申请人提交的《身体条件证明》，通过计算机管理系统核查累积记分情况，以及是否具有注销、吊销或者撤销机动车驾驶证的情形。符合规定的，录入相关信息，打印回执交申请人。

（二）档案管理岗核对计算机管理系统的信息，复核、整理资料。收存《身体条件证明》原件，在下一次提交《身体条件证明》的日期结束后销毁。

第三十五条 车辆管理所办理延期换证、延期提交《身体条件证明》的业务流程和具体事项为：

（一）受理岗审核申请人提交的《机动车驾驶证申请表》、延期事由证明、身份证明和机动车驾驶证。符合规定的，受理申请，录入相关信息，出具延期换证、延期提交《身体条件证明》回执，告知申请人延期期间不得驾驶机动车。

（二）档案管理岗核对计算机管理系统的信息，复核、整理资料。收存《机动车驾驶证申请表》原件、身份证明复印件、延期事由证明复印件，在申请人办理期满换证或者提交《身体条件证明》后销毁。

延期期限自驾驶证有效期截止日期或者应当提交身体条件证明的日期开始计算。

第五章 档案管理

第三十六条 车辆管理所应当建立机动车驾驶证档案。机动车驾驶证档案包括实物档案和电子档案。

实物档案应当保存机动车驾驶人提交的资料。保存的资料应当装订成册,并填写档案资料目录,置于资料首页,案卷编号为档案编号。

车辆管理所及其工作人员不得泄露机动车驾驶证档案中的个人信息。任何单位和个人不得擅自涂改、故意损毁或者伪造机动车驾驶证档案。

第三十七条 机动车驾驶证档案记载事项需要更正的,车辆管理所办理的业务流程和具体事项为:

(一)属于申请人提出更正申请的,受理岗核实需要更正的事项,填写机动车驾驶证更正意见表;属于档案管理岗提出更正要求的,档案管理岗填写机动车驾驶证更正意见表。受理岗录入更正信息,需要重新制作机动车驾驶证的,制作并核发机动车驾驶证,同时收回原机动车驾驶证。

(二)档案管理岗核对计算机管理系统的信息,复核并收存机动车驾驶证更正意见表原件。

第三十八条 人民法院、人民检察院、公安机关或者其他行政执法部门、纪检监察部门以及公证机构、仲裁机构、律师事务机构因办案需要查阅机动车驾驶证档案的,应当出具公函和经办人的工作证;机动车驾驶人查询本人档案的,应当出具身份证明和机动车驾驶证。由档案管理人员报经业务领导批准后查阅,查阅档案应当在档案查阅室进行,档案管理人员应当在场。需要出具证明或者复印档案资料的,应当经业务领导批准。已入库的机动车驾驶证档案原则上不得出库。

第三十九条 车辆管理所因意外事件致使机动车驾驶证档案损毁、丢失的,应当书面报告省(自治区、直辖市)公安厅(局)交通管理部门,经批准后,按照计算机管理系统的信息补建机动车驾驶证档案,打印机动车驾驶证在计算机管理系统内的所有记录信息,并补充机动车驾驶证持证人照片和身份证明复印件。

机动车驾驶证档案补建完毕后,应当报省(自治区、直辖市)公安厅(局)交通管理部门审核。省(自治区、直辖市)公安厅(局)交通管理部门与计算机管理系统核对,并出具核对公函。补建的机动车驾驶证档案与原机动车驾驶证档案有同等效力,但档案资料内无省(自治区、直辖市)公安厅(局)交通管理部门批准补建档案的文件和核对公函的除外。

第四十条 注销、吊销机动车驾驶证的,机动车驾驶证档案资料保留 2 年后销毁,但造成交通事故后逃逸被吊销机动车驾驶证的,档案资料长期保留;撤销机动车驾驶许可的,档案资料保留 3 年后销毁。临时机动车驾驶许可档案资料保留 2 年后销毁。

销毁机动车驾驶证档案时,车辆管理所应当对需要销毁的档案登记造册,并书面报告所属直辖市或者设区的市公安机关交通管理部门,经批准后方可销毁。销毁机动车驾驶证档案应当在指定的地点,监销人和销毁人应当共同在销毁记录上签字。记载销毁档案情况的登记簿和销毁记录存档备查。

第六章 考试要求

第四十一条 科目一考试题库分为汽车类、摩托车类和恢复驾驶资格类三部分。

(一)汽车类考试题库结构分为通用试题和专用试题。

通用试题主要考核汽车类各种准驾车型的申请人应当掌握的基本知识;专用试题主要考核客车类、货车类、轮式自行机械车类准驾车型的申请人应当掌握的专项知识。其中,客车专用试题,用于考核大型客车、城市公交车、中型客车、有轨电车、无轨电车准驾车型申请人;货车专用试题,用于考核牵引车、大型货车准驾车型申请人;轮式自行机械车专用试题,用于考核轮式自行机械车准驾车型申请人。

(二)摩托车类考试题库主要考核摩托车类各种准驾车型的申请人应当掌握的基本知识,用于考核普通三轮摩托车、普通二轮摩托车、轻便摩托车准驾车型申请人。

(三)恢复驾驶资格类考试题库主要考核恢复驾驶资格的申请人应当掌握的法律、法规和规章,安全行车、文明驾驶等基本知识。

科目一考试的基本题型为单项选择题和判断题。

科目一考试题库全国统一。各省(自治区、直辖市)可以根据实际情况在考试题库中加入不超过 5% 的地方交通法规试题。

第四十二条 科目一考试应当在考试员的监督下,由申请人通过计算机闭卷答题。考试结束后,考试成绩自动上传计算机管理系统。

报考普通三轮摩托车、普通二轮摩托车、轻便摩托车准驾车型的，可以由计算机管理系统从考试题库中随机抽取生成考题后使用纸质试卷闭卷答题。

恢复驾驶资格、摩托车的科目一考试共50道题，其他科目一考试100道题，由计算机管理系统从考试题库中随机抽取生成。恢复驾驶资格的科目一考试时间30分钟，其他科目一考试时间为45分钟，并符合下列规定：

（一）报考大型客车、牵引车、城市公交车、中型客车、大型货车和轮式自行机械车准驾车型的，25%为道路交通安全法律、法规和规章知识，5%为地方性法规知识，15%为道路交通信号知识，20%为安全行车、文明驾驶知识，10%为高速公路、山区道路、桥梁、隧道、夜间、恶劣气象和复杂道路条件下的安全驾驶知识，10%为出现爆胎、转向失控和制动失灵等紧急情况临危处置知识，5%为机动车总体构造常识、常见故障判断知识、车辆日常检查和维护知识，5%为发生交通事故后的自救、急救常识和危险品运输相关知识，5%为专用试题。

（二）报考小型汽车、小型自动挡汽车、残疾人专用小型自动挡载客汽车、三轮汽车、低速载货汽车准驾车型的，25%为道路交通安全法律、法规和规章知识，5%为地方性法规知识，20%为道路交通信号知识，20%为安全行车、文明驾驶知识，10%为高速公路、山区道路、桥梁、隧道、夜间、恶劣气象和复杂道路条件下的安全驾驶知识，10%为出现爆胎、转向失控和制动失灵等紧急情况临危处置知识，5%为机动车总体构造常识、常见故障判断知识、车辆日常检查和维护知识，5%为发生交通事故后的自救、急救常识和危险品运输相关知识。

（三）报考普通三轮摩托车、普通二轮摩托车、轻便摩托车准驾车型的，30%为道路交通安全法律、法规和规章知识，2%地方性法规知识，20%为道路交通信号知识，30%为安全行车、文明驾驶知识，10%为山区道路、桥梁、隧道、夜间、恶劣气象和复杂道路条件下的安全驾驶知识，4%为出现爆胎、转向失控和制动失灵等紧急情况临危处置知识，4%为发生交通事故后的自救、急救常识和危险品运输相关知识。

（四）报考无轨电车、有轨电车准驾车型的，考试题库结构和比例由省级公安机关交通管理部门确定。

（五）申请恢复驾驶资格的，30%为道路交通安全法律、法规和规章知识，2%为地方性法规知识，20%为道路交通信号知识，30%为安全行车、文明驾驶知识，10%为高速公路、山区道路、桥梁、隧道、夜间、恶劣气象和复杂道路条件下的安全驾驶知识，4%为出现爆胎、转向失控和制动失灵等紧急情况临危处置知识，4%为发生交通事故后的自救、急救常识和危险品运输相关知识。

第四十三条 科目二考试应当按照报考的准驾车型，选定对应考试场地和考试车辆，桩考项目在考试员的现场监督下，其他考试项目由申请人按照规定的考试线路、操作规范和考试指令独立、连续完成驾驶。

报考大型客车、牵引车、城市公交车、中型客车、大型货车准驾车型的，桩考项目考试时间为12分钟，报考其他准驾车型的，桩考项目考试时间为10分钟。

对报考大型客车、城市公交车、中型客车、大型货车、小型汽车、小型自动挡汽车、残疾人专用小型自动挡载客汽车准驾车型的，应当使用场地驾驶技能考试系统进行科目二考试，考试结束后，考试成绩自动上传计算机管理系统。其中，桩考项目自本规范实施之日起施行，其他场地驾驶技能考试项目自2011年4月1日起实行。

第四十四条 科目三考试应当按照报考的准驾车型，选定对应考试车辆，在考试员的同车监督下，由申请人按照考试员的考试指令完成实际道路的驾驶操作。

第四十五条 考试员应当持有机动车驾驶证。承担科目二、科目三的考试员应当持有相应准驾车型的机动车驾驶证，其中承担残疾人专用自动挡小型载客汽车准驾车型科目二、科目三考试的考试员应当持有准驾车型为大型客车、牵引车、城市公交车、中型客车、大型货车、小型客车或者小型自动挡汽车的机动车驾驶证。

第四十六条 考试员应当认真履行考试职责，严格按照规定考试。考试员在考试前应当自我介绍，公布考试要求，核实申请人资格；考试中应当严格履行考试程序，根据考试项目和考试标准，评定考试成绩；考试后应当当场公布考试成绩，指出考试中发现的问题和原因。对申请人未按照预约考试时间参加考试的，考试成绩评定为不合格。

对为不符合驾驶许可条件人员、未经考试或者考试不合格人员办理考试合格手续或者核发机动车驾驶证的，减少考试项目、降低评判标准或者缩短考试间隔周期的，参与、协助或者纵容考试作弊的，伪造、篡改机动车驾驶证档案或者计算机信息的，接受机动车驾驶证申请人、驾驶培训单位及其工作人员的礼金（含有价证券、支付凭证）、礼品或者宴请的公安民警及有关工作人员，予以纪律处分；经教育不改又不宜给予开除处分的，予以辞退；构成犯罪的，依法追究刑事责任。对所在单位的直接领导、主要领导予以纪律处分。

第四十七条 车辆管理所应当使用计算机随机安排考试员，在考场公开考试员名单；具有多处考试场地的，可以适时组织考试员异地交叉考试；组织考试监督小组，抽查考试质量；有条件的地方应当建立双考试员制度。

车辆管理所应当在科目二、科目三考试前使用计算机管理系统对预约的申请人进行分组，对科目二考试员、考试项目和科目三考试员、夜考项目进行随机抽取，未随机抽取的，不得录入考试成绩，录入考试成绩时，考试员、考试项目必须与随机分配结果相同。

车辆管理所应当使用计算机管理系统加强对驾驶人考试的监控，根据本地暂住人口分布等实际情况以及考试场地、考试设备、考试车辆的考试能力，对初次申领机动车驾驶证的人数、考试人数、不经驾校培训的人数、在暂住地申领机动车驾驶证的人数进行限定，核定每个考试场、每个考试员每日最大工作量，并报上级公安机关交通管理部门审核、备案。

第四十八条 车辆管理所应当使用视频、录音等手段加强对考试过程的监督检查。严肃考试纪律，规范考场秩序，严禁任何人员在场外指导。对考场秩序混乱的，应当中止考试；发现替考、教练员场外指导等舞弊行为的，一律取消考试人的考试资格和已经通过考试的其他科目成绩，属于驾校培训的，还应当向其所在驾校通报，建议主管部门对驾校进行整顿并处理有关责任人。

第四十九条 车辆管理所应当掌握驾校教练员和教练车、训练场地等教学设备、设施等基本情况，根据实际培训能力受理其学员的考试申请；定期对机动车驾驶证申请人的考试情况进行分析，发现培训问题，指导培训工作；对驾校的培训质量进行评价，对存在严重培训质量问题的驾校提出整顿意见，对存在培训质量低劣、弄虚作假、参与买卖驾驶证等问题的驾校，停止受理该驾校学员的考试申请，建议主管部门对驾校进行整顿并处理有关责任人。

第七章 其他规定

第五十条 持有军队、武装警察部队机动车驾驶证或者持有境外机动车驾驶证申领机动车驾驶证的申请人具有下列情形之一的，可降级申请符合申请条件的机动车驾驶证：

（一）因年龄、身高等不符合申请条件的；

（二）自愿降低准驾车型的。

持有军队、武装警察部队机动车驾驶证或者持有境外机动车驾驶证申领机动车驾驶证的申请人，同时申请大型客车和牵引车，或者同时申请中型客车和大型货车准驾车型机动车驾驶证的，车辆管理所应当按照最高准驾车型考试科目一后，分别按照两种准驾车型各自的规定考试科目三。

第五十一条 代理人代理机动车驾驶证的换证、补证、提交身体条件证明、延期办理和注销业务时，受理岗应当审核授权委托书、代理人提交的身份证明和机动车驾驶人与代理人共同签字的《机动车驾驶证申请表》或者《身体条件证明》；档案管理岗应当收存授权委托书代理人身份证明的复印件。

第五十二条 《准考证明》、考试预约凭证、《机动车驾驶人违法满分考试信息反馈通知书》、提交《身体条件证明》回执和延期换证、延期提交《身体条件证明》回执遗失的，申请人可凭身份证明到车辆管理所申请补领，车辆管理所应当予以办理。

申请人预约考试后因故不能按时参加考试的，可以在预约考试日期之前申请取消预约或者调整考试时间。

第五十三条 车辆管理所在办理机动车驾驶证业务时，经核查发现驾驶人累积记分达到 12 分的，应当按照《道路交通安全违法行为处理程序规定》，扣留机动车驾驶证，并告知其应当在 15 日内接受道路交通安全法律、法规和相关知识的教育和考试。

第五十四条 车辆管理所在办理机动车驾驶证业务过程中，发现嫌疑情况的，按照下列程序进行调查：

（一）对身份证明有疑问的，通过向发证机关查询、与全国人口信息系统比对、使用身份证明阅读器等方法核查。经核实为伪造、变造的，移交公安机关相关部门处理。

（二）对机动车驾驶证有疑问的，可以通过全国公安交通管理信息系统或者向发证机关查询等手段核查，经核实为伪造、变造的，按照《中华人民共和国道路交通安全法》第九十六条的规定进行处罚。

（三）对军队、武装警察部队机动车驾驶证有疑问的，可以向发证机关或者发证机关上级军车监理部门进行核查。

(四)对内地居民持有的境外机动车驾驶证有疑问的,可以查询全国出入境管理信息系统,确认核发境外机动车驾驶证的国家和时间与申请人的出入境记录相符。

(五)对申请人的身体条件是否适合驾驶机动车有疑问的,可以向省级卫生主管部门指定的医疗机构核查。

(六)对申请人是否有妨碍安全驾驶的疾病有疑问的,可以委托精神病司法鉴定机构进行鉴定或者省级卫生主管部门指定的医疗机构进行诊断。

(七)对申请人是否吸食、注射毒品有疑问的,可以委托公安机关或者医疗机构进行检验。

车辆管理所在发现嫌疑情况后,应当在计算机管理系统中录入嫌疑信息,出具受理证明,告知申请人将对嫌疑情况进行调查。进行嫌疑调查的时间不计入驾驶证业务办理时限。

经向相关机关核查、鉴定、检测,确认不符合申请机动车驾驶证规定的,询问申请人或者代理人并制作询问笔录。属于在受理时发现的,不予受理申请;属于在驾驶证核发时发现的,不予核发机动车驾驶证;属于驾驶证核发后发现的,依法撤销或者注销机动车驾驶证。

嫌疑情况调查处理完毕,应当将核查、鉴定、检测证明,调查报告、询问笔录、法律文书等材料整理、装订后建立档案。

第八章 附 则

第五十五条 车辆管理所办理机动车驾驶证业务时,业务受理、资料审查,应当由民警承担或者由文职、聘用人员按照规定在民警监督下执行。业务导办、制作证件、档案整理等工作可以由文职、聘用人员承担。

车辆管理所民警和聘用人员办理机动车驾驶证业务时,应当使用本人的用户名、密码或者数字身份证书登录计算机管理系统,并定期更换密码。严禁使用他人的用户名、密码或者数字身份证书登录计算机管理系统。

车辆管理所办理机动车驾驶证业务时,应当于业务办结后二个工作日内在计算机管理系统中归档,并在36小时内将信息上传到全国交通管理信息系统。

第五十六条 车辆管理所应当为残疾人申请机动车驾驶证提供方便,在办公、考试场所设置无障碍通道,优先安排考试,提供科目一专用考试机位。

车辆管理所应当在业务办公大厅内设受理岗,对外统一设置"业务受理"窗口标识。实习标志、残疾人机动车专用标志式样,应当在车辆管理所业务办公大厅公布。

第五十七条 对机动车驾驶证有效期满未换证或者未按期提交身体条件证明的,车辆管理所应当在驾驶证有效期满或者一个记分周期结束后的2个月内向社会公告。有条件的,可以通过信函、手机短信等方式告知机动车驾驶人。

车辆管理所应当积极推行通过互联网、电话、传真、短信等方式预约、受理、办理机动车驾驶证等业务。

第五十八条 车辆管理所应当与有关部门建立信息交换机制,定期获取患有精神病、癫痫病等疾病、死亡、吸毒人员的信息,在办理机动车驾驶证业务时,注意及时发现并依法处理。

第五十九条 车辆管理所应当通过机动车驾驶证业务监管系统每周对机动车驾驶人考试和业务情况进行监控、分析。省级公安机关交通管理部门应当每月对机动车驾驶人考试、机动车驾驶证业务进行监控、分析。对发现的问题要进行通报,依法查处责任人。

车辆管理所存在严重违规办理机动车驾驶证业务的,上级公安机关交通管理部门可以指派其他车辆管理所人员接管办理该车辆管理所相关业务。

第六十条 本规范自2010年4月1日起施行。《机动车驾驶证业务工作规范》(公交管〔2007〕58号)同时废止。

工业和信息化部、国家发展和改革委员会关于停止执行《汽车产业发展政策》有关条目的决定

工业和信息化部、国家发展和改革委员会第10号令

为适应我国改革开放的需要,工业和信息化部、国家发展和改革委员会决定对《汽车产业发展政策》做如下修改:

一、停止执行第五十二条、第五十三条、第五十五条、第五十六条、第五十七条的规定。

二、停止执行第六十条中"对进口整车、零部件的具体管理办法由海关总署会同有关部门制订，报国务院批准后实施"的规定。

本决定自2009年9月1日起施行。

工业和信息化部部长　李毅中

国家发展和改革委员会　张　平

二〇〇九年八月十五日

汽车运价规则

交运发〔2009〕275号

第一章　总　　则

第一条　为规范全国道路运输价格计算办法，维护旅客、货主和道路运输经营者的合法权益，促进道路运输健康发展，依据《中华人民共和国价格法》和《中华人民共和国道路运输条例》的规定，制定本规则。

第二条　本规则是计算汽车运费的依据

凡在中华人民共和国境内参与道路运输经营活动的道路运输经营者和旅客、货主，应当遵守本规则。

第三条　本规则规定的汽车运价包括汽车旅客运价和汽车货物运价。

第四条　制定汽车运价应当反映运输经营成本和市场供求关系，根据不同运输条件实行差别运价，合理确定汽车运输的比价关系。

第二章　旅客运价

第一节　计价标准

第五条　运价单位：

（一）计程运价：元/人千米、

（二）计时运价：元/座位小时

（三）行包运价：元/千克千米

（四）国际道路旅客运输涉及其它货币时，在无法折算为人民币的情况下，可使用其它自由兑换货币为运价单位。

第六条　计费里程

（一）里程单位：旅客运输计费里程以千米为单位，尾数不足1千米的，四舍五入。

（二）里程确定：

1. 营运线路公路里程按交通运输部核定颁发的《中国公路营运里程图集》确定。《中国公路营运里程图集》应当每三至五年修订一次。《中国公路营运里程图集》中未标明的，由当地人民政府交通运输主管部门按照实际里程确定。

2. 城市市区里程按照实际里程计算，或者按照当地人民政府交通运输主管部门确定的市区平均营运里程计算，具体由各省、自治区、直辖市人民政府交通运输主管部门确定。

3. 国际道路旅客运输属于境内的计费里程以交通运输主管部门核定的里程为准，境外的里程按有关国家（地区）交通运输主管部门或者有权认定部门核定的里程确定。

（三）里程计算：

1. 班车客运的计费里程按旅乘车出发地至到达地的区间里程计算。

2. 计程包车客运的计费里程，包括运输里程和调车里程。运输里程按客车驶抵载客地点起至下客地点止的实际载客里程计算；调车里程按客车由站（库）至载客点加下客点返回至站（库）的空驶里程的50%计算。

第七条　计时包车客运计费时间以小时为单位，起码计费时间为2小时；使用时间超过2小时的，按实际包用时间计算。整日包车，每日按8小时计算；使用时间超过8小时的，按实际使用时间计算。时间尾数不足半小时的舍去,达到半小时的进整为1小时。

第八条 行包讲费重量以千克为单位。起码计费重量为10千克;计费重量超过10千克的按照实际重计费,尾数不足1千克的,四舍五入。轻泡行包按3立方分米折合1千克计重。

行包计费具体标准由省级人民政府价格、交通运输主管部门确定。

第二节 计价规定

第九条 旅客运价依据车辆类别、等级、车型等计算。

车辆类别的划分:

(一)座席客车按舒适程度和等级划分为:普通、中级、高一级、高二级、高三级五档。

(二)卧铺客车按舒适程度和等级划分为:普通、中级、高级三档。

如需按客车大小分类及其它计价类别进行定价的,可参照《营运客车类型划分及等级评定》(JT/T325),由省级人民政府价格、交通运输主管部门确定。

第十条 国际道路旅客运价按照双边或者多边汽车运输协定,根据对等原则,由经授权的交通运输主管部门协商确定。

第十一条 客运车辆通过收费公路、渡口、桥梁、隧道所发生的通行费用,按营运车辆平均实载率测算计入票价。

第十二条 成人及身高超过1.5米的儿童乘车购买全票。身高1.2米以下、不单独占用座位的儿童乘车免票,身高1.2~1.5米的儿童乘车购买儿童票,革命伤残军人、因公致残的人民警察乘车分别凭《中华人民共和国残疾军人证》、《中华人民共和国伤残人民警察证》购买优待票。儿童票和优待票按照具体执行票价的50%计算。

第三节 旅客运费(票价)计算

第十三条 客运票价构成:

客运票价=客运车型运价(含2%的旅客身体伤害赔偿责任保障金)×旅客计费里程(营运线路公路里程+城市市区里程)+旅客站务费+车辆通行费+燃油附加费+其它法定收费。

客运车型运价是指对不同类型、等级的客运车辆所制定的每位旅客每千米的运输价格,由运输成本、合理利润、税金等构成。

实行政府定价或者政府指导价格的客运车型运价,由县级以上地方人民政府及其价格、交通运输主管部门按照《道路运输价格管理规定》的规定合理确定。

燃油附加费是指各地按照价格管理权限,建立道路客运价格与成品油价格联动机制,用于补偿成品油价格上涨造成道路客运成本增支的费用。

第十四条 运费单位:

(一)旅客票价单位:每张客票起码票价1元。票价1元至10元的,尾数不足0.1元的四舍五入,尾数为0.1、0.2元的舍去,尾数为0.3、0.4、0.5、0.6、0.7元的变为0.5元,尾数为0.8、0.9元的进整为1元。票价超过10元,尾数不足1元的,四舍五入。

(二)行包运费单位:以元为单位,每张运单费用合计尾数不足1元的,四舍五入。

第三章 货物运价

第一节 计价标准

第十五条 运价单位:

(一)整批运输:元/吨千米;

(二)零担运输:元/千克千米;

(三)集装箱运输:元/箱千米;

(四)包车运输:元/吨位小时;

(五)国际道路货物运输涉及其它货币时,在无法折算为人民币的情况下,可使用其它自由兑换货币为运价单位。

第十六条 计费重量：

（一）计量单位。

1. 整批货物运输以吨为单位。

2. 零担货物运输以千克为单位。

3. 集装箱运输以标准箱为单位。

（二）重量确定。

1. 一般货物：无论整批、零担货物计费重量均按毛量计算。整批货物吨以下计至100千克，尾数不足100千克的，四舍五入。零担货物起码计费重量为1千克，重量在1千克以上，尾数不足1千克的，四舍五入。

2. 轻泡货物：指每立方米重量不足333千克的货物。

装运整批轻泡货物的高度、长度、宽度，以不超过有关道路交通安全规定为限度，按车辆核定载质量计算重量。

零担运输轻泡货物以货物包装最长、最宽、最高部位尺寸计算体积，按每立方米折合333千克计算重量。

轻泡货物也可按照立方米作为计量单位收取运费。

3. 包车运输按车辆的核定质量或者车辆容积计算。

4. 货物重量一般以起运地过磅为准。

5. 散装货物，如砖、瓦、砂、石、矿石、木材等，按重量计算或者按体积折算。

第十七条 计费里程：

（一）里程单位：

货物运输计费里程以千米为单位，尾数不足1千米的，四舍五入。

（二）里程确定：

1. 货物运输的营运公路里程按交通运输部核定颁发的《中国公路营运里程图集》确定。《中国公路营运里程图集》未核定的里程，由承、托运双方共同测定或者经协商按车辆实际运行里程计算。

2. 货物运输的计费里程按装货地至卸货地的营运里程计算。

3. 城市市区里程按照实际里程计算，或者按照当地人民政府交通运输主管部门确定的市区平均营运里程计算，具体由各省、自治区、直辖市人民政府交通运输主管部门确定。

4. 国际道路货物运输属于境内的计费里程以交通运输主管部门核定的里程为准，境外的里程按有关国家（地区）交通运输主管部门或者有权认定部门核定的里程确定。

第十八条 计时包车货运计费参照第七条的规定执行。

第二节 计价类别

第十九条 载货汽车按其用途不同，分为普通货车、专用货车两种。专用货车包括罐车、冷藏车及其它具有特殊构造的专门用途的车辆。

第二十条 货物安其性质分为普通货物和特种货物两种。特种货物分为大型特型笨重物件、危险货物、贵重货的、鲜活货物四类。

第二十一条 集装箱按箱型分为国内标准集装箱、国际标准集装箱和非标准集装箱三类，其中国内标准集装箱分为1吨箱、6吨箱、10吨箱三种，国际标准集装箱分为20英尺、40英尺箱两种。

第二十二条 道路货物运输根据营运形式分为道路货物整批运输、零担运输和集装箱运输。

第三节 计价规定

第二十三条 运价：

（一）整批货物运价：指整批普通货物在等级公路上运输的每吨千米运价。

（二）零担货物运价：指零担普通货物在等级公路上运输的每千克千米运价。

（三）集装箱运价：指各类标准集装箱重箱在等级公路上运输的每箱千米运价。

第二十四条 在计算货物运价时，应当考虑车辆类型、货物种类、集装箱箱型、营运形式等因素。

第二十五条 运费计算：

整批货物运费 = 整批货物运价 × 计费重量 × 计费里程 + 车辆通行费 + 其它法定收费

零担货物运费 = 零担货物运价 × 计费重量 × 计费里程 + 车辆通行费 + 其它法定收费

重(空)集装箱运费=重(空)箱运价×计费箱数×计费里程+车辆通行费+其它法定收费

包车运费=包车运价×包用车辆吨位×计费时间+车辆通行费+其它法定收费。

第二十六条 运费以元为单位。运费尾数不足1元的,四舍五入。

第二十七条 国际道路货物运输价格按双边或者多边汽车运输协定,根据对等原则,由经授权的交通运输主管部门协商确定。

第四章 附 则

第二十八条 汽车客票由各省、自治区、直辖市道路运输管理机构统一印制管理。

第二十九条 本规则由交通运输部会同国家发展和改革委员会负责解释。

第三十条 本规则自2009年9月1日起执行。1998年交通部、国家发展计划委员会颁布的《汽车运价规则》(交公路发〔1998〕502号)同时废止。

道路运输价格管理规定

交运发〔2009〕275号

第一章 总 则

第一条 为规范道路运输价格管理,保护旅客、货主及其他消费者和道路运输经营者的合法权益,根据《中华人民共和国价格法》和《中华人民共和国道路运输条例》,制定本规定。

第二条 道路运输价格管理以及道路运输经营者的价格行为,应当遵守本规定。

第三条 国务院价格、交通运输主管部门负责制定全国道路运输价格管理政策,指导各地道路运输价格管理工作。

县级以上地方人民政府价格、交通运输主管部门负责本行政区域内的道路以上价格管理工作。

第二章 价格制定

第四条 道路班车客运主要实行政府指导价,竞争充分的线路可实行市场调节价,具体由当地县级以上地方人民政府及其价格、交通运输主管部门按照本规定第八条规定的价格管理权限,根据市场供求情况确定。

农村道路客运实行政府定价。

加班车客运价格按照班车客运价格执行。

第五条 定线旅游客运价格按照班车客运价格执行。非定线旅游客运、包车客运实行市场调节价,由承托运双方根据里程、车型、车辆等级等商定。省、自治区、直辖市人民政府对非定线旅游客运、包车客运价格管理形式另有规定的,从其规定。

第六条 货物运输价格实行市场调节价。

第七条 国防战备、抢险救灾、紧急运输等政府指令性旅客、货物运输实行政府定价。

第八条 县级以上地方各级人民政府及其价格、交通运输主管部门按照以下权限管理道路运输价格:

(一)省级人民政府价格、交通运输主管部门负责管理本行政区域内的道路运输价格,确定道路班车客运价格管理形式,制定国防战备、抢险救灾、紧急运输等政府指令性旅客、货物运输的价格,以及实行政府定价、政府指导价的道路客运车型运价,并核定客运票价的政府定价、政府指导价基准价、浮动幅度或上限票价;

(二)市、县人民政府负责管理本行政区域内的道路客运价格,经省级人民政府授权,可以确定道路班车客运价格管理形式,制定国防战备、抢险救灾、紧急运输等政府指令性旅客、货物运输的价格,以及实行政府定价、政府指导价的道路客运车型运价,并核定客运票价的政府定价、政府指导价基准价、浮动幅度或上限票价。市、县人民政府价格、交通运输主管部门根据各自职责承担相应的具体工作。

第九条 道路运输实行政府指导价或政府定价的,由县级以上地方人民政府交通运输主管部门根据第八条的规定以及当地实际情况拟定价格方案,经同级价格主管部门核准后,报同级人民政府批准。

第十条 道路班车客运政府指导价可以采取制定基准价及上、下浮动幅度,也可以采取制定上限票价及下浮幅度的方式，具体由当地县级以上地方人民政府及其价格、交通运输主管部门根据第八条规定确定。

第十一条 在春运及节假日期间，道路班车客运票价不得在正常的政府指导价浮动范围或者政府定价水平以外实行特殊的加价政策。

第十二条 制定或调整实行政府指导价或政府定价的道路客运运价，应当对方案的可行性和必要性进行论证，广泛听取社会各方面的意见。

县级以上地方各级人民政府及其价格、交通运输主管部门应当加强对道路运输经营情况的调研和监测，综合考虑各种车型、运输成本、比价关系、供求关系、道路运输行业平均利润率、社会承受能力等因素，适时调整客运车型运价及核定客运票价。

第十三条 跨省份班车客运运价，由相关省（自治区、直辖市）按照客运线路起点、终点省份运价水平协商确定。同一条班车客运线路上的相同车型、等级客车的票价水平应当基本一致。

第十四条 国务院有关主管部门及地方各级人民政府应当积极扶持农村道路运输事业发展，对农村道路客运实行低票价政策，执行与城市公共交通相同的相关税费优惠和政府补贴。

第十五条 省级人民政府价格、交通运输主管部门可以根据国内成品油价格变化情况及对客运成本的影响程度，制定运价油价联动方案，报同级人民政府批准实施。

第十六条 各级人民政府价格、交通运输主管部门要加强对道路运输价格的监测。当道路运输价格出现异常上涨时，可以报请国务院或者省、自治区、直辖市人民政府依法采取价格干预措施，保持道路运输价格基本稳定。

第十七条 道路班车客运实行政府指导价的，经营者可以在政府规定的票价浮动范围内，根据市场情况确定具体执行票价。

具体票价执行前，经营者应当按照本规定第八条规定，向当地人民政府价格、交通运输主管部门备案。具体执行票价的备案制度由省级人民政府价格、交通运输主管部门规定。

第十八条 道路班车客运实行政府指导价或者市场调节价的，除政策性调价外，经营者变动运价应提前2周公布。

第三章 价格行为管理

第十九条 各级人民政府交通运输、价格主管部门应当维护公平竞争的道路运输市场秩序，保持运价水平的合理与稳定。客流量较大的客运线路鼓励2家以上不同市场主体进行竞争。

第二十条 道路班车客运经营者不得在政府规定范围以外，实行票价上浮或加成。

第二十一条 道路运输经营者应当为旅客、货主提供质价相符的服务，不得进行价格欺诈。

第二十二条 任何单位和个人不得倒卖客票。因故不能乘车的旅客，可以按规定向汽车客运站或道路旅客运输经营者退票。

第二十三条 道路运输经营者应当在客货运站、客车等经营场所的显著位置，实行明码标价。

第二十四条 班车客票按照交通运输部统一式样执行，应当标明具体执行票价、车辆等级等相关信息。

第二十五条 道路运输经营者和汽车客运站应当对身高1.2米以下、不单独占用座位的儿童乘车实行免票，对革命伤残军人、因公致残的人民警察、身高1.2米至1.5米的儿童按照具体执行票价的50%售票。

对享受优待票、免票、儿童票的旅客，道路客运经营者无正当理由不得拒载。

第二十六条 县级以上人民政府价格主管部门依法对道路运输价格进行监督检查。

第二十七条 违反本规定，道路运输经营者有下列情形之一，由价格主管部门依照《价格法》、《价格违法行为行政处罚规定》实施处罚：

（一）不执行政府定价或政府指导价的；

（二）在政府规定范围以外，实行票价上浮或加成的；

（三）利用虚假或使人误解的价格手段进行价格欺诈的；

（四）不执行政府规定的客运票价优惠政策的；

（五）不按规定明码标价的；

（六）其他价格违法行为。

第二十八条 执法人员滥用职权、徇私舞弊、玩忽职守，尚未构成犯罪的，依法给予行政处分；构成犯罪的，依法追究刑事责任。

第四章 附 则

第二十九条 汽车客运站经营收费按照《汽车客运站收费规则》(交公路发〔1996〕263号)执行。

第三十条 各省、自治区、直辖市人民政府价格、交通运输主管部门可结合本地实际,对机动车维修、机动车驾驶员培训等道路运输相关业务价格进行管理。

第三十一条 各省、自治区、直辖市人民政府价格主管部门和交通运输主管部门可根据本规定制定实施细则。

第三十二条 本规定由交通运输部会同国家发展和改革委员会负责解释。

第三十三条 本规定自2009年9月1日起施行。1987年交通部、国家物价局制定的《公路运价管理暂行规定》(〔87〕交公路字681号)同时废止。

专用汽车和挂车生产企业及产品准入管理规则

工产业〔2009〕第45号

第一章 总 则

第一条 为规范专用汽车和挂车生产企业及产品的准入管理,维护专用汽车和挂车产品市场竞争秩序,推动汽车产业结构调整和优化升级,促进企业技术进步,根据《国务院对确需保留的行政审批项目设定行政许可的决定》和《汽车产业发展政策》的有关规定,制定本规则。

第二条 在中华人民共和国境内从事境内使用的专用汽车和挂车产品(以下简称专用车产品)生产的企业(以下简称专用车生产企业)及其生产的专用车产品,适用本规则。

本规则所称专用汽车,是指在采购的完整车辆或二类、三类底盘基础上制造完成的、国家标准GB/T3730.1—2001《汽车和挂车类型的术语和定义》中第2.1.1.11款、第2.1.2.3.5款、第2.1.2.3.6款所定义的车辆。挂车是指国家标准GB/T3730.1—2001《汽车和挂车类型的术语和定义》中第2.2.2款、第2.2.3款所定义的半挂车及中置轴挂车。

本规则所称二类底盘,是指具有驾驶室、发动机、传动系、行驶系、转向系、制动系及主要电器设备,但不具有货物承载装置及专用装置的非完整车辆。

本规则所称三类底盘,是指具有发动机、传动系、行驶系、转向系、制动系及主要电器设备,但不具有驾驶室(或车身)、货物承载装置及专用装置的非完整车辆。

第三条 工业和信息化部负责实施专用车生产企业及专用车产品许可。

第四条 国家鼓励并逐步推行汽车整车(含底盘)生产企业对采用本企业产品进行后续制造的专用汽车生产企业和专用汽车产品实施统一管理。

第二章 许可条件及管理

第五条 申请专用车生产企业许可的,应当符合《专用汽车和挂车生产企业许可条件及审查要求》(见附件2,以下简称《许可条件》)中规定的具体许可条件。

对于专业生产特种作业车(含超限车)的企业(且生产纲领不大于20台),《许可条件》第8条有关产品试制、试验能力和第14条、第15条、第18条、第21条有关生产一致性保证能力等方面的审查要求可适当简化。

对于采用新技术、新材料的专用车产品,按照《采用新技术、新材料的专用汽车和挂车的评价程序》(见附件3)的规定,经过认定确属采用新技术、新材料、填补国内空白的,在进行许可审查时,《许可条件》中的相关审查要求可做适当调整,以进行针对性审查。

第六条 专用车产品许可条件:

(一)专用车产品符合安全、环保、节能、防盗等有关标准、规定。

(二)专用车产品经工业和信息化部指定的检测机构(以下简称检测机构)检测合格。

(三)专用车产品未侵犯他人知识产权。

第七条 工业和信息化部按照专用车产品品种,对专用车生产企业许可实施分类管理。专用车生产企业应当按照许可组织相应产品的生产、销售。专用车生产企业拟跨品种生产其它车辆产品时，应当按照本规则的规定申请许可。

专用车产品分为专用客厢车、专用货车、专用作业车、通用货车挂车、其它挂车、特种作业车、消防车、特种作业车底盘，共八个品种（见附件1）。

各类专用车生产企业的生产及检验方面的能力、设备的具体要求可参考附件5。

第八条 申请专用车生产企业许可的，应当提交以下材料：

（一）《专用汽车和挂车生产企业准入申请书》（见附件4，以下简称《申请书》）一式2份。当采用新技术、新材料生产专用车产品时，应当在《申请书》“技术来源和特性说明”中予以说明并附有关佐证材料。

（二）企业法人营业执照复印件（或者办理过程中的证明文件），中外合资企业还应当提交中外股东持股比例证明。

（三）质量手册（全文）及程序文件（目录），质量体系认证证书复印件或近期质量体系认证计划。

（四）关于专用车生产企业具备专用车产品设计、生产、营销、售后服务能力、零部件供应体系，以及生产一致性保证能力等的说明。

（五）关于符合《汽车产业发展政策》的说明。

（六）根据国家有关投资管理规定办理的项目核准或者备案文件。

（七）检测机构出具的检测报告（专用车产品包括专用装置和专用功能的检测报告）。

第九条 申请专用车产品许可的，应当提交以下材料：

（一）关于专用车生产企业基本情况的说明，包括企业名称、股东、法定代表人、注册商标、注册地址和生产地址等。

（二）专用车产品情况简介。

（三）《车辆生产企业及产品公告》参数。

（四）《车辆主要技术参数及主要配置备案表》。

（五）《车辆产品强制性检测项目方案表》。

（六）检测机构出具的检测报告。

（七）关于专用车产品的其他证明文件。

（八）申报采用新技术、新材料的专用车产品时，应当在“专用车产品情况简介”中予以说明并附有关佐证材料。

专用车生产企业应当通过工业和信息化部指定的信息系统提交专用车产品许可申请材料。

第十条 特种作业车或特种消防车生产企业，在生产特种作业车或特种消防车产品一年后，方可申请生产特种作业车底盘的许可。

专用车生产企业生产的特种作业车底盘，仅用于本企业生产专用车产品，不得对外销售。

第十一条 在本规则发布前已获得准入许可的专用车生产企业，当企业基本情况发生变化（包括企业重组、更名、变更股权或股东、变更法人、迁址、增加产品类别、品种或生产地等），向工业和信息化部申请变更的，应当按照《许可条件》规定的具体许可条件对企业进行考核；达不到《许可条件》规定的具体许可条件的，将暂停新产品申报或暂停准入许可。

第三章 附 则

第十二条 本规则由工业和信息化部负责解释。

第十三条 本规则自2009年7月1日起实施。

公安部关于开展机动车涉牌涉证违法行为集中整治工作的通知

公交管〔2009〕116号

各省、自治区、直辖市公安厅、局交通管理局、处：

为贯彻全国公安交通管理工作会议精神，进一步加强道路通行秩序管理，切实解决群众反映较多的套牌假牌等机动车涉牌涉证违法问题，我局决定自6月20日起至8月底在全国开展机动车涉牌涉证违法行为集中整治。现将有关要求通知如下：

一、突出整治重点

本次整治要以城市道路、高速公路、国省道为重点，集中查处套牌假牌、挪用号牌、无牌无证、不按规定安装号牌、故意遮挡污损号牌等机动车涉牌涉证违法行为。各地要对本地机动车涉牌涉证违法行为现状进行摸底调查，把握违法行为发生和分布的规律特点，合理设置查缉卡点，科学调整勤务部署，加强重点时段的警力部署，提高整治工作的有效性。要通过开展集中整治，力争套牌假牌等机动车涉牌涉证违法行为明显减少，因车辆被套牌产生的群众报警和投诉数量明显减少，因无证驾驶导致的交通事故明显下降。

二、落实工作措施

（一）广泛开展宣传。要充分利用广播、电视、报纸、网络等新闻媒体，广泛宣传有关政策法规，宣传驾驶套牌假牌机动车的危害性，争取社会理解和支持。要组织警营开放活动，向群众展示查处套牌假牌等违法行为的执法装备、执法手段和整治成果。要加大典型案例的曝光力度，促使违法行为人自我纠正违法行为。6月20日，各地要举行集中整治启动仪式，邀请媒体集中宣传报道，营造集中整治的强大声势。

（二）组织开展统一行动。总队要根据实际情况，针对突出问题，定期组织全省范围的集中整治统一行动。相邻省、市公安机关交通管理部门要加强协同配合，建立跨省、跨市的查缉、布控、堵截联动方案，适时组织开展区域性统一行动。

（三）加大科技应用。要建设机动车查缉布控系统，完善录入、查询、比对等功能，有条件的地方可以建立本地套牌假牌车辆信息库，充分利用交通技术监控系统、城际和公路卡口系统、车载查询终端系统和无线警务通系统，对套牌假牌嫌疑机动车号牌进行自动识别、比对，及时排查、发现嫌疑线索，提高布控、截获嫌疑车辆的快速反应能力。

（四）完善查询手段。要建立信息查询工作制度，定期收集、分析机动车涉牌涉证违法信息，及时录入全国套牌假牌机动车信息协查通报系统，保持数据准确。要加快交警队信息平台升级工作，强化协查通报系统的查询功能。总队要建立工作机制，为跨省机动车涉牌涉证违法行为调查取证提供信息查询、核对等支持。公安部交通管理科学研究所建立24小时值班制度，为各地提供跨省套牌假牌机动车信息查询服务，保障协查通报系统正常运行。

（五）开展源头治理和服务。要加强对停车场、二手车交易市场、汽车修理厂、报废车回收企业等重点场所的检查，发现、查处套牌假牌、无牌无证车辆。要将查处的机动车涉牌涉证违法行为信息转递至违法行为人所在地公安机关交通管理部门和车管所，并抄告其所在单位，加强教育管理。要加强与治安、刑侦、工商部门协调配合，查处和取缔制造、贩卖假牌假证窝点，严厉打击违法犯罪行为。要贯彻落实《交通管理服务群众十项措施》，对农村地区机动车无牌无证问题，以宣传劝导为主，动员农村群众主动办牌办证，采取上门服务、现场办公等形式，为群众办理机动车登记提供便利。

三、加强组织领导

（一）强化组织部署。省、市两级要建立工作专班，确定工作目标，制定具体实施方案，精心组织部署，加强督促检查，及时总结整治工作成果，推广典型经验。我局将会同总队对各地开展整治工作情况及实际效果进行明察暗访，拟抽查100个地级以上城市（含36个大城市）和100个县级城市，对整治工作成效进行评价。

（二）坚持文明规范执法。要教育民警坚持理性、平和、文明、规范执法，严格执行《交通警察道路执勤执法工作规范》，落实规范用语和执法程序。要注意执法方式方法，把握好法律政策界限，坚持宣传教育先行，防止因片面追求罚款和扣车数量、语言态度粗暴生硬、方法简单、行为不规范等引起群众的对立情绪，引发事端。对遮挡、污损以及不按规定安装机动车号牌等行为情节轻微且当场改正的，口头或者书面警告后放行。对经调查确属被套牌机动车的，依当事人申请，临时换发机动车号牌和行驶证。对经核实确属因机动车被套牌产生的交通违法信息，要及时予以消除。

（三）加强信息报送。6月15日前，请各总队将整治工作专班的负责人、联系人和联系电话报我局。6月20日前，上报整治工作方案、组织部署和启动日工作情况。整治期间，每月1日、11日、21日上报10天整治工作小结，并填报《整治机动车涉牌涉证违法行为工作统计表》（附后）。9月10日前，上报整治工作总结，我局将对各地整治工作情况进行通报排名。

二〇〇九年六月五日

工业和信息化部关于加强汽车生产企业投资项目备案企业的通知

工信部装〔2009〕93 号

各省、自治区、直辖市、计划单列市和新疆生产建设兵团工业主管部门、各有关单位：

根据《国务院关于印发汽车产业调整和振兴规划的通知》、《汽车产业发展政策》以及国务院有关文件规定，为做好汽车生产企业投资项目管理工作，现将汽车生产企业投资项目备案管理的有关要求通知如下：

一、备案项目范围

（一）现有汽车、三轮汽车、低速货车和车用发动机生产企业自筹资金扩大同类别产品生产能力和增加品种，包括异地新建同类别产品的非独立法人生产单位，其中汽车生产企业异地设立分厂必须在兼并现有汽车生产企业的基础上进行，由省级政府（计划单列市）经委、经贸委、发展改革委等工业主管部门（以下简称：工业主管部门）或计划单列企业集团、中央直属企业报送工业和信息化部备案。

（二）投资生产专用汽车的项目由省级政府（计划单列市）工业主管部门根据国家有关规定核准后报工业和信息化部备案。

（三）投资生产摩托车及其发动机，投资生产汽车、三轮汽车、低速货车和摩托车的零部件，由企业报送省级政府（计划单列市）工业主管部门根据国家有关规定备案。

二、报工业和信息化部备案的汽车生产企业投资项目，备案文件需由省级政府（计划单列市）工业主管部门或计划单列集团、中央直属企业报送。备案文件标题为："关于××××××项目备案的报告"，文件内容包括：投资项目情况、本单位对项目备案意见、经办人姓名及联系电话。备案文件应附备案报告（具体要求见附件 1）和备案表（附件 2）。备案文件及附件需同时报送纸制和电子文档（光盘）各一式三份。

三、报送部门必须确保备案文件材料齐全、真实。

四、符合备案条件的投资项目，工业和信息化部将书面通知报送部门，并据此受理车辆生产企业及产品公告的申请。

五、每季度最后一周，省级政府（计划单列市）工业主管部门总结本季度本部门受理备案项目情况，填写《汽车生产企业备案项目汇总表》（附件 3），以电子文档形式报送工业和信息化部（装备工业司，邮箱：qiche@miit.gov.cn）。

六、关于备案项目的有关要求和相应表格，可到工业和信息化部网站（www.miit.gov.cn）装备司子网站查阅《汽车生产企业投资项目备案指南》。

七、为便于沟通，请省级政府（计划单列市）工业主管部门和计划单列企业集团、中央直属企业的主管部门确定 1 名联系人，报工业和信息化部（装备工业司汽车处，电话：010－66015916，传真：010－66013708，邮箱同上）。

八、自 2009 年 4 月 1 日起，汽车生产企业投资项目备案管理按本通知要求执行。

附件 1：备案报告要求（略）

附件 2：备案表（略）

附件 3：汽车生产企业备案项目汇总表（略）

二〇〇九年三月十二日

公安部交通管理局关于加强机动车驾驶培训质量监督工作的通知

公交管〔2008〕135 号

各省、自治区、直辖市公安厅、局交通管理局、处：

为提高机动车驾驶人培训、考试质量，预防和减少道路交通事故，现就加强驾驶培训质量监督工作通知如下：

一、集中排查驾驶培训学校资格条件

（一）组织开展驾驶培训学校专项检查。7月底前，要会同有关部门，按照培训管理规定和培训机构资格条件，组织对本地驾驶培训学校（以下简称“驾校”）进行全面检查，重点排查教学管理人员和教练车、训练场地等教学设备、设施基本情况。要商有关部门，对培训条件达不到规定要求，以及教学管理混乱、存在使用无资格教练员、非教练车号牌车辆培训等问题的驾校，暂停受理报考申请，责令限期清理整改，整改后培训条件仍达不到要求的，取消培训资格；对发生过重大以上交通责任事故等不适合从事培训工作的教练员，取消教练员资格。

（二）组织开展驾校培训能力评估。8月底前，要在清理检查的基础上，会同有关部门建立驾校培训能力评估制度。按照培训教学大纲要求，根据驾校的教练车、教练员、教学场地等条件，对其培训能力进行评估，核定其每月培训和报考人数上限，向社会公布，并报总队备案。

二、严格审核培训情况和报考条件

（三）实行多种形式的报考预约方式。年底前，要逐步推行允许申请人通过互联网、声讯电话或者设在车辆管理所的自助终端机等多种方式，自助预约考试时间和地点，方便申请人根据自身情况自主预约考试。

（四）严格申请人培训信息审核。要建立申请人报名培训与预约报考信息核对机制，受理申请人报考申请时，要认真审核有关资料，经驾校培训的要严格审核其培训学时、培训经历等情况。发现驾校存在弄虚作假、为不符合规定条件的申请人申请报考的，不予受理。

（五）加强异地申请人条件审查。7月底前，要根据本地经济发展水平以及暂住人口与常住人口比例等实际情况，核算驾驶证异地申请人的参考比例范围。要建立异地申请人暂住证信息核对制度和户籍地居住信息核查制度，对异地申请人要向其暂住地公安机关户政部门核实暂住证真伪，对跨省（区、市）的异地申请人还要向其户籍所在地公安机关户政部门核查户籍和居住信息。对异地申请人报考比例异常，或者同一驾校异地申请人暂住证号码连续、暂住地为驾校地址或同一地点的，要逐一进行核实。发现驾校违规组织异地培训的，一律不予受理，并通报有关部门予以处罚。

三、全面落实培训质量监督制度

（六）落实驾校考试质量排名通报制度。每月要对辖区内各驾校的考试质量进行一次排名，排名情况对社会公布，并在总队或支队互联网站发布。对考试质量排名较后的驾校，在其核定培训能力基础上，应适当减少受理报考人数；对连续两次或一年内3次以上排名较后的驾校，暂停受理报考申请。

（七）落实新驾驶人素质跟踪和培训质量倒查制度。8月底前，要建立3年以内驾龄新驾驶人交通事故和交通违法情况统计平台，指导各地每年对经驾校培训驾驶人的交通事故和交通违法情况进行统计、分析，对新驾驶人发生道路交通死亡事故中负有同等以上责任的情况进行培训质量倒查。对驾校培训质量较差、培训的新驾驶人交通肇事和违法行为较多的，应适当减少受理报考人数；对存在缩短培训学时、减少培训项目等违规情况的，暂停受理报考申请，会同有关部门追究驾校和教练员的责任，并限期整改。

（八）建立举报核查奖励机制。8月底前，要建立群众举报奖励制度，设立监督举报电话和信箱，在各地考试场、驾校公布，鼓励群众监督、举报驾校或教练员在培训过程中的各类违规行为。经查实驾校或教练员存在违规行为特别是以贿赂考试员为由向学员索要钱物的，一律不予受理报考申请。

四、进一步加强技术防范和督导检查

（九）加强技术防范监控。要充分利用科技手段，加强对驾校培训质量的监控。10月底前，要在前期全面排查的基础上，建立驾校基本信息监管数据库；推广应用驾校培训质量监控软件，定期对各地驾校考试预约人数、异地申请人数量及比例、考试合格率等培训和考试情况进行监控分析，以此作为对驾校、教练员培训质量考评的基本依据。

（十）加强与有关部门的协作配合。要积极主动与有关部门联系，强化协作配合，建立信息交流通报制度。要加强对本地驾驶培训市场的调研，建议政府制定驾校发展规划，引导驾校良性发展，防止恶性竞争。要会同有关部门组织对辖区内驾校进行信誉考核，结合实际提出进一步加强本地驾驶培训质量监督工作的实施意见。

（十一）加强督导检查。要落实专人负责驾校培训和驾驶人考试质量监督工作，每季度组织对各地进行督导检查，建立工作台帐，通报工作进展和存在问题。根据检查情况，适时组织开展驾校培训质量专项整治，集中解决突出问题。我局将不定期组织开展明察暗访，通报各地落实情况。有关工作进展情况及时报我局。

公安部交通管理局

二〇〇八年六月二十日

国家安全监管总局、公安部、交通运输部、农业部关于进一步加强治理拖拉机、低速载货汽车和三轮汽车违法载人工作的通知

安监总管二〔2008〕118 号

各省、自治区、直辖市及新疆生产建设兵团安全生产监督管理、公安、交通运输、农机(厅)局:

今年以来,拖拉机、低速载货汽车和三轮汽车违法载人交通事故时有发生。1 至 5 月份,全国发生拖拉机、低速载货汽车和三轮汽车交通事故 5409 起,死亡 1877 人,伤 5732 人。其中发生一次死亡 10 人以上重大道路交通事故 2 起,死亡 42 人。特别是 5 月 15 日贵州省贵定县窑上乡一村民驾驶拖拉机,搭载 42 人,从茶山村谷几关寨前往报管乡,当行至贵定县境内乡道破长河大桥时,车辆撞坏桥面左侧护栏,坠入垂高为 13.5 米的破长河,造成 29 人死亡,4 人重伤。这些事故给人民群众生命财产造成重大损失,充分暴露拖拉机、低速载货汽车和三轮汽车违法载人违法行为依然突出;一些地方安全生产责任制没有得到有效落实,对拖拉机、低速载货汽车和三轮汽车执法监督不严;农村部分群众安全意识比较薄弱,冒险搭乘拖拉机、低速载货汽车和三轮汽车;农民出行难问题突出,农村道路通行条件差。对此,国务院领导同志高度重视,并作出重要批示,要求有关部门就治理拖拉机、低速载货汽车和三轮汽车违法载人工作做出部署。

为贯彻落实国务院领导同志的重要批示精神,切实维护广大人民群众生命财产安全,现就进一步加强治理拖拉机、低速载货汽车和三轮汽车违法载人工作通知如下:

一、加强监管,切实落实拖拉机、低速载货汽车和三轮汽车安全监管责任

地方各级人民政府有关部门要进一步加强领导,落实预防道路交通事故"五整顿""三加强"工作措施,强化拖拉机、低速载货汽车和三轮汽车安全监管,把拖拉机、低速载货汽车和三轮汽车的安全管理工作纳入重要议事日程。特别是县乡两级人民政府要认真研究制定治理拖拉机、低速载货汽车和三轮汽车违法载人的具体措施,严格落实安全管理目标责任制,构建拖拉机、低速载货汽车和三轮汽车安全监管长效机制。

公安、农机、交通、安全监管等有关部门要密切配合,形成治理拖拉机、低速载货汽车和三轮汽车等违法载人工作的合力。农机部门要认真做好拖拉机登记和年度检验,驾驶证申领、换发、审验,驾驶人员安全教育培训等工作。公安部门要加强农村道路交通管理工作,健全完善农村道路安全防控网络,严厉查处拖拉机、低速载货汽车和三轮汽车违法载人和无证驾驶、无牌无证上路行驶等违法行为。交通运输部门和公路管理机构要会同有关部门,对县乡道路要完善防护设施和提示标牌,加强日常维护和管理。安全监管部门要加强协调配合工作,积极主动会同公安、农机等部门认真做好治理拖拉机、低速载货汽车和三轮汽车违法载人的各项工作。

二、开展对拖拉机、低速载货汽车和三轮汽车的清理整顿工作

各地和有关部门要按照《国务院办公厅关于开展安全生产百日督查专项行动的通知》(国办发明电〔2008〕22 号)精神,进一步加大治理拖拉机、低速载货汽车和三轮汽车违法载人工作的力度,针对薄弱环节,采取针对性措施,务求取得实效。

一是公安部门要组织开展对无牌无证拖拉机、低速载货汽车和三轮汽车的专项整治,对于符合登记条件的,由农机、公安部门依法办理登记,核发牌证,纳入日常管理;对于不符合登记条件的,不予办理注册登记,并严禁上道路行驶;上道路行驶的,应当依法予以扣留;已达到报废标准的,要依法予以收缴并强制报废。

二是农机、公安等部门要按照职责分工依法组织对辖区内拖拉机、低速载货汽车和三轮汽车的技术状况进行检验。对于不符合安全运行条件的,要严禁继续上道路行驶,对达到报废标准的,要坚决依法予以强制报废。

三是农机、交通等部门要对辖区内拖拉机、低速载货汽车和三轮汽车的驾驶人培训机构进行一次全面排查和清理。取缔违规培训机构,杜绝违规办班现象。

四是公安部门要结合正在开展的奥运道路交通安全攻坚战,全力开展农村道路交通安全集中整治行动,集中警力,依法严查拖拉机、低速载货汽车和三轮汽车载人严重交通违法行为,依靠乡镇党委、政府,发动村委会等基层组织,加强对拖拉机、低速载货汽车和三轮汽车驾驶人的教育管理,制止农村群众搭乘上述车辆

赶集出行。

五是交通主管部门要继续加大农村建设投资力度，进一步改善和提高农村公路的技术和安全状况；要结合隐患治理年活动，对新建农村公路要加强安全设施建设；对在用农村公路要抓紧开展安保工程试点，及时排查存在的安全隐患并逐步予以整治。

六是各部门要相互配合，加强信息沟通。各级农机主管部门要定期向公安部门提供拖拉机登记、安全技术检验以及拖拉机驾驶证发放的资料、数据。公安部门要将拖拉机驾驶人违法情况、道路交通事故情况及时向农机部门通报。

三、加强农村交通安全宣传教育工作，提高广大农民的交通安全意识

一是各地要按照中宣部、公安部、教育部、司法部和国家安全监管总局联合部署，深入实施“保护生命、平安出行”交通安全宣传教育工程活动。要运用典型案例，以案说法，在农村大力宣传交通安全法律法规和安全常识，努力增强广大拖拉机、低速载货汽车和三轮汽车驾驶人交通安全法制观念和安全意识，使拖拉机、低速载货汽车和三轮汽车无证驾驶、疲劳驾驶、超速、超载和违法载人等严重违法行为明显减少，使农民群众自觉抵制乘坐违法载人运输车辆，农村重特大道路交通事故得到明显遏制。

二是农机和安全监管部门要认真开展“平安农机”创建活动。充分发挥“平安农机示范乡(镇)”、“平安农机示范村”、“平安农机示范户”的示范作用，开展“平安农机”宣传教育活动，采取给农机手送创建“平安农机”倡议信，为群众放映“平安农机”教育警示片，向村屯送“平安农机”安全宣传挂图，给农机户送“平安农机”知识手册，在村及中小学校上“平安农机”知识课等形式，广泛普及拖拉机安全知识。

三是各地要把道路交通安全宣传工作作为一项重要活动内容，纳入即将开展的“安全生产月”和“安全生产万里行”活动中，针对农村的特点，采取多种群众喜闻乐见的形式，加强对拖拉机、低速载货汽车和三轮汽车车主、驾驶人和农村群众的安全教育。深入开展交通安全宣传进农村、进农户、进学校、进家庭活动，以案说法，努力提高广大农村群众特别是中小学生的交通安全意识。

四、加强政策研究和指导，从源头上解决拖拉机、低速载货汽车和三轮汽车违法载人问题

各地安全监管、公安、交通、农机部门要密切协作，加强对农村地区农民群众出行问题的调研，并积极向党委、政府汇报，争取制定出台相关政策，从法制、体制、机制、投入等方面，研究解决拖拉机、低速载货汽车和三轮汽车违法载人问题的治本措施。要认真总结和借鉴一些地方成功经验和做法，通过采取政策引导、市场运作、企业经营、政府监管、税费减免等措施，吸引社会投资，整合社会力量，大力扶持和发展农村公共交通。要针对农村道路交通发展的新形势，积极争取地方党委、政府的重视和支持，切实研究解决公路安全隐患和县乡道路交通管理力量不足等问题，为广大农民群众提供便捷、安全、舒适的出行环境，最大限度的预防和减少农村地区重特大道路交通事故的发生。

五、严格落实事故责任追究制度

各地和有关部门要严格执行事故责任追究制度。对拖拉机、低速载货汽车和三轮汽车违法载人导致的群死群伤交通事故，要按照事故原因未查清不放过、责任人员未处理不放过、整改措施未落实不放过、有关人员未受到教育不放过的“四不放过”原则，认真组织开展事故调查工作。重点要查清：一是查拖拉机、低速载货汽车和三轮汽车登记和年度检验情况；二是查拖拉机、低速载货汽车和三轮汽车的安全技术检验情况；三是查拖拉机、低速载货汽车和三轮汽车驾驶人员驾驶证申领、换发、审验和安全教育培训情况；四是查拖拉机、低速载货汽车和三轮汽车安全监管责任制的建立与落实情况。对事故负有领导、监督、管理责任的单位和人员，必须依照有关法律法规严肃处理，并及时向社会公布处理结果。要用事故教训推动拖拉机、低速载货汽车和三轮汽车安全监管工作，针对事故暴露出来的突出问题，完善有关法规标准和管理办法，采取针对性的防范措施，并督促各项整改措施切实落到实处，防范同类事故再次发生。

国家安全生产监督管理总局
公安部
交通运输部
农业部
二○○八年五月二十八日

国家发展改革委办公厅关于促进运输类专用汽车结构调整有关问题的通知

发改办产业〔2007〕1536号

各省、自治区、直辖市发展改革委、经贸委（经委），有关中央企业：

为促进产品结构调整，推进车辆产品技术进步，加强车辆生产企业及产品准入管理，贯彻落实《国家发展改革委关于汽车工业结构调整意见的通知》（发改工业〔2006〕2882号）精神，抑制专用汽车产能过剩，现将普通运输类专用汽车《车辆生产企业及产品公告》（以下简称《公告》）管理有关规定通知如下：

一、运输类专用汽车产品品种划分

运输类专用汽车产品主要是指普通半挂车和采用二类底盘改装的自卸汽车、罐式汽车、厢式汽车和仓栅式汽车，按照其制造工艺和使用功能，划分为6类：

第一类：普通半挂车、厢式半挂车和仓栅式半挂车，包括：栏板式半挂车、普通平板式半挂车、低平板半挂车；厢式运输半挂车、翼开启厢式运输半挂车、保温半挂车、冷藏半挂车、邮政半挂车、软顶厢式半挂车、蓬式半挂车；普通仓栅半挂车、畜禽运输半挂车、散装粮食运输半挂车、散装饲料运输半挂车、养蜂半挂车、散装种子运输半挂车。

第二类：自卸半挂车，指普通自卸半挂车（包括后卸、侧卸和三面自卸）。

第三类：罐式半挂车，包括：低温液体运输半挂车、粉粒物料运输半挂车、粉粒食品运输半挂车、化工液体运输半挂车、沥青运输半挂车、散装水泥运输半挂车、液化气体运输半挂车、运油半挂车。

第四类：厢式汽车和仓栅式汽车，包括：厢式运输车、翼开启厢式车、保温车、冷藏车、邮政车、软顶厢式车、蓬式车，不包括具有单一车室的厢式运输汽车（即客厢式运输车）；普通仓栅车、畜禽运输车、散装粮食运输车、散装饲料运输车、养蜂车、散装种子运输车。

第五类：自卸汽车，指普通自卸汽车（包括后卸、侧卸和三面自卸）。

第六类：罐式汽车，包括：低温液体运输车、粉粒物料运输车、粉粒食品运输车、化工液体运输车、混凝土搅拌运输车、沥青运输车、散装水泥车、液化气体运输车、运油车。

二、运输类专用汽车产品生产管理规定

为了有效控制运输类专用汽车新增生产能力，在2008年12月31日之前，运输类专用汽车产品的生产，按上述6个类别进行管理，具体规定如下：

（一）关于专用汽车生产企业产品生产范围

新建的运输类专用汽车生产企业，按照国家发展改革委备案的产品品种确定生产范围。

采用新技术、新材料、新工艺，填补国家空白的先进适用产品可以扩大生产范围，但在申报《公告》时，应当对产品的技术状况等情况进行说明。

（二）关于同类品种专用汽车的生产

生产企业已具备上述某类专用汽车中任何一种产品的生产资格，即可生产该类所有其他产品。

（三）关于制造工艺和使用功能基本相同的专用汽车生产

1. 同时具有普通半挂车（厢式半挂车、仓栅式半挂车）和自卸车生产资格的企业可以生产自卸半挂车；

2. 同时具有普通半挂车（厢式半挂车、仓栅式半挂车）和罐式汽车生产资格的企业可以生产罐式半挂车；

3. 具有普通半挂车（厢式半挂车、仓栅式半挂车）生产资格的企业可以生产厢式汽车或仓栅式汽车；

4. 具有自卸半挂车生产资格的企业可以生产自卸汽车；

5. 具有罐式半挂车生产资格的企业可以生产罐式汽车。

（四）关于专用汽车企业跨品种的生产

除上述规定外，不允许专用汽车企业跨品种生产，国家发展改革委不受理专用汽车企业跨品种的产品申报。

各省级主管部门（省、自治区、直辖市发展改革委、经委或经贸委车辆生产企业及产品管理部门）要加强专用汽车管理，及时将本通知的精神传达到各有关企业，指导企业贯彻执行国家产业政策及有关规定，加快产品结构调整步伐,增强自主创新能力,不断提高产品的技术水平,加大对于在安全、环保、节能方面性能差,技术落后产品的淘汰力度。

国家发展和改革委员会办公厅

二〇〇七年六月二十九日

国家发展改革委关于汽车工业结构调整意见的通知

发改工业〔2006〕2882 号

各省、自治区、直辖市及计划单列市、副省级省会城市、新疆生产建设兵团发展改革委、经委(经贸委):

根据《国务院关于加快推进产能过剩行业结构调整的通知》(国发〔2006〕11 号)的有关部署,现将汽车工业应对产能过剩、加快结构调整的实施意见通知如下:

一、加快汽车工业结构调整的紧迫性

“十五”以来,我国汽车工业发展跨越了 300 万辆、400 万辆和 500 万辆的规模,2005 年产销突破 570 万辆,已成为世界上主要汽车生产和消费大国,为国民经济发展做出了重要贡献。2004 年 6 月国家发展改革委颁布了《汽车产业发展政策》,明确了汽车产业结构调整的任务和方向,规范了企业的投资行为,汽车工业投资过热状况得到了改善,结构调整取得了一定进展。汽车出口逐年增长,企业国际化经营开始起步。2003 年汽车工业投资增长 76.1%(498.6 亿元),2004 年增长 28.6%(641.3 亿元),2005 年增长 25.2%(802.8 亿元),投资增幅逐年回落,国内汽车市场过快增长势头也明显减弱。但值得警惕的是,由于汽车市场需求还在不断增长,部分汽车生产企业市场预期仍然较高,不断投资扩大产能,导致产能增长超过市场需求增长。这不仅会使产能利用率进一步下降,还掩盖了产业组织结构、产品结构、技术结构等方面的矛盾,影响了汽车工业持续、健康发展。具体表现为:

(一)产能过剩的苗头已经显现,并有可能进一步加剧。

截止到 2005 年 7 月 1 日,我国汽车行业已形成冲压、焊装、涂装、总装的整车生产能力约 800 万辆,在建产能约 220 万辆,陆续在今明两年建成后整车总产能将突破 1000 万辆。2005 年全行业的产能利用率仅为 71.5%,其中轿车行业 72.5%。而从市场需求看,2004 年下半年以来,我国汽车消费增长趋于平稳,预计今后几年,消费需求增长将会保持相对稳定。按照主要汽车生产企业的“十一五”投资计划,2010 年规划产能将大大超过预期的市场需求,如不加以引导,潜在的产能过剩将会变成现实。在汽车产能出现总量过剩苗头的同时,也存在着部分车型供不应求、生产能力不足的现象,因此,结构性过剩是当前汽车工业产能过剩的基本特点,也是当前汽车工业发展存在的主要问题。

(二)产业组织结构不合理,企业集团竞争优势不明显。我国汽车整车生产企业数量超过 100 家,按企业集团统计约 80 家。从 2003 年到 2005 年,前三家企业集团的生产集中度由 49.3% 下降为 46.1%,跨地区、跨部门兼并重组的阻力依然很大。已无力有效组织生产的企业未能退出市场。主要企业集团自主品牌产品市场竞争乏力,尚未形成规模优势,轿车市场的竞争主要依靠合资企业产品。

(三)产品结构调整相对滞后,技术进步和产品结构升级缓慢。高油耗车型产销比例过大,技术先进、节能环保产品产销比例相对较小。乘用车单车平均油耗远高于工业发达国家的水平,与我国资源条件和经济发展水平明显不符,对能源供给形成较大压力,也对环境造成较大的负面影响。

(四)自主开发能力较弱,过分依靠引进技术发展产品。部分汽车生产企业自主发展能力不强,不得不被动地、高成本地引进技术和产品。在汽车工业整体走向微利的大背景下,许多企业仍在继续沿用技术引进和组装生产的模式。这将导致企业效益进一步下降甚至亏损,影响企业的长远发展。

(五)零部件与整车未能同步发展。汽车工业通过对外开放、合资合作,整车产品的制造工艺及质量已经接近国际水平,但零部件生产却滞后于整车的发展。国内零部件企业整体配套能力不强,专业化生产水平较低,自主开发和系统集成能力薄弱,跟不上整车开发的步伐。

上述问题如不能及时解决,产能过剩将更加严峻,结构不合理问题也将更加突出,进而阻碍汽车工业发展,丧失由大变强的重要战略机遇。

二、结构调整的任务和原则

当前,汽车产能利用率下降的问题已经引起了有关方面的高度关注,过度投资可能带来的危害也已得到了各汽车生产企业的重视，一些企业已经主动调整扩大产能的投资方案，撤消或推迟了新建分厂的项目。这种形势为汽车产业结构调整带来了机遇。各地政府和汽车行业生产企业要针对汽车工业中出现的新情况、新问题，抓住主要矛盾和关键环节，采取有效措施，抑制汽车产业发展过程中不健康、不稳定的因素，保持发展的良好势头。

（一）任务

汽车工业应对产能过剩及推进结构调整的总体要求是区别对待、分类指导，控制总量、优化结构，扶优汰劣、标本兼治，保持汽车工业平稳发展。

各地政府和汽车生产企业要把产业组织结构优化升级作为当前发展和调整的主线，注重依靠市场机制，推动联合和兼并重组。各级政府要重点支持具有自主发展能力、自主品牌产品和具有规模优势的汽车及零部件企业集团加快发展；要在实施国家更加严格的强制性标准时，加大产品结构调整的力度，加快技术进步的进程，引导企业改变低水平竞争的发展模式；要合理控制新增汽车产能，使之与市场需求的增长相适应；要研究充分利用国际国内两个市场资源，开拓和发展新市场；要解决被淘汰企业的市场退出问题。

汽车生产企业要把产品结构优化升级作为当前工作的重点，促进节能、环保和新能源汽车的研发和生产；要注重自主开发产品，推动自主创新，改善产品结构，加强自主品牌建设。

（二）原则

1. 保持平稳发展，防止大起大落。为保证汽车工业总量控制、结构调整的顺利实施，需要保持相对稳定的政策环境，把握调控力度和节奏，以最小的代价，取得结构调整的成效，避免出现大的滑坡等不稳定因素。

2. 区别对待，实行分类指导。汽车工业结构调整要做到有保有压。对产能利用率高、产品供不应求的企业继续给予支持，对产能利用率不足、产品供过于求的企业严格控制新增产能。

3. 依法管理，发挥市场作用。要严格执行汽车产品的节能、环保和安全等技术法规，新增产能要符合国家技术法规发展的要求；要制定相关政策，引导市场消费，发挥市场作用，鼓励先进，淘汰落后。

4. 标本兼治，建立长效机制。要把解决总量过剩和结构不合理问题结合起来，建立汽车产能数据采集、分析和监测系统，定期向社会发布产能利用率信息，为各级政府和企业科学合理的投资决策服务。

三、采取措施，务求结构调整和产能调控取得实效

（一）控制新建整车项目，适当提高投资准入条件

在《汽车产业发展政策》规定的准入标准基础上，补充完善其中有关投资管理的规定：

1. 国家鼓励内资汽车生产企业新建独立法人汽车生产企业时，除满足产业政策要求外，在新建企业中保留自有的产品商标，并在所生产的自有商标产品的车身前部显著位置予以标注。

2. 现有汽车生产企业（不含与境外汽车生产企业合资的中外合资企业及其再投资企业）应努力实施品牌经营战略，在新开发和引进的产品车身前部显著位置标注本企业或本企业投资股东独家拥有的汽车产品商标。

3. 现有汽车整车生产企业异地建设分厂，除满足产业政策要求外，上一年汽车销售量必须达到批准产能的 80% 以上；原建产能未经国家批准或备案的，上一年汽车销售量应不低于：轿车 10 万辆，运动型多用途乘用车（SUV）5 万辆，多用途乘用车（MPV）5 万辆，其他乘用车 8 万辆；重型载货车 1 万辆，中型载货车 5 万辆，轻型货车 10 万辆，微型货车 10 万辆；大中型客车 5000 辆，轻型客车 5 万辆。

4. 专用汽车生产企业应注重研发生产国内空白的先进适用的专用汽车产品，采用新材料、新工艺，提高产品的功能性。

鉴于普通半挂车、自卸车、罐式车、厢式车和仓栅式汽车的产能已经过剩，对申请新建生产上述产品的企业，两年之内暂不办理核准和备案手续；对现有专用汽车生产企业申请生产上述产品的，两年之内暂不受理。

5. 中外合资汽车生产企业应当按照合资各方签署的并经有关部门审查同意的合资经营合同等文件的有关内容开展相应的活动。未能实现合同内容要求的应抓紧进行完善。未能完善的，应暂停建设分厂并暂停进行新产品公告申请。

6. 企业生产新产品必须按照本企业编报的可行性研究报告或备案报告所提出的建设内容进行产能建设和生产准备，在具备相应的生产条件后，方可进行新产品认证和生产。

7. 鉴于国内机动车辆检测机构的能力和分布已基本满足汽车产业发展的需要，国家发改委在两年之内对涉及国家行政许可事项业务的新建机动车检测机构不予授权。已授权的机构要加强自身能力建设和人员培训工作。

对有关部门和地方政府违反国家汽车产业政策和有关宏观调控文件，继续支持不符合准入条件的汽车项目建设的，要追究有关负责人的责任。造成经济损失的，要从严查处。

（二）鼓励发展节能、环保型汽车和自主品牌产品

国家有关部门将制定具体配套政策和相关标准，鼓励节能、环保型汽车发展，推动技术进步，加快汽车产品结构升级。

对不能达到国家安全、环保和节能强制性标准的产品，取消其相应的产品目录；对不能达到《乘用车燃料消耗量限值》国家强制性标准要求的乘用车额外增加税收，并要尽快出台轻型商用车和大型商用车的燃料消耗量限值标准。

各级政府部门应率先采购节能环保和采用新能源的汽车，特别是自主品牌的产品，为普通消费者作出表率。

（三）推进汽车生产企业联合重组

各级政府部门应该大力推进汽车生产企业之间的跨地区、跨部门联合重组，培育具有国际竞争力的大型企业集团；支持骨干企业以产权为纽带，以产品为主线，以规模经济为目的，实现强强联合；汽车生产企业兼并其他汽车整车生产企业为分厂的不受建设分厂有关条件的限制。国家发改委将按照汽车企业集团的资产隶属关系整理产品公告，推进企业集团化发展；同时建立汽车生产企业产能和产销量公示制度，定期公布年产销量达不到一定数量的乘用车和商用车生产企业的产能和产销量信息；对长期不能达到要求的企业暂停产品公告；推动国有企业体制改革、机制创新和资本多元化改造，促进民营企业发展，推进中外合资企业建立相互信任、互利共赢的长期合作机制，形成国有、民营及中外合资企业协调发展的产业格局。

（四）支持零部件工业加快发展

打破不利于汽车零部件配套的地区之间或企业集团之间的封锁，逐步建立起开放的、有竞争性的、不同技术层次的零部件配套体系。国家支持有条件的地区发展汽车零部件产业集群；鼓励汽车生产企业与零部件企业联合开发整车产品；引导零部件排头兵企业上规模上水平，进行跨地区兼并、联合、重组，形成大型零部件企业集团，面向国内外两个市场。各地政府和有关部门要制定切实有力的措施支持国内骨干零部件企业提高产品研发能力。

（五）建立产能信息监测制度，指导企业开拓新兴市场

建立汽车产能信息定期发布制度。省级发改委要建立或委托专门的机构收集行政管辖范围内的汽车工业投资情况和相关数据。汽车整车生产企业要按照有关规定上报本企业现有产能、在建产能及规划产能情况。经国家发改委分析、汇总，定期向社会发布有关汽车产能利用率的信息，并相应发布国内汽车市场预测情况以及汽车行业盈利情况和价格变化情况。各地政府要认真分析企业产能利用率情况，协助企业开拓新兴市场，引导资源合理配置，规范企业出口行为。

（六）完善对国有汽车企业集团的业绩考核内容

国有汽车企业集团要坚持对外开放和自主发展相结合的原则，统筹兼顾中资企业和中外合资企业的发展。各地政府主管部门要把企业研发能力建设和自主品牌培育列为重要考核指标，努力提高自主研发能力，培育自主品牌产品。

中华人民共和国国家发展和改革委员会

二〇〇六年十二月二十日

临时入境机动车和驾驶人管理规定

公安部令第 90 号

第一条 根据《中华人民共和国道路交通安全法》及其实施条例，制定本规定。

第二条 本规定适用于下列临时进入中华人民共和国境内不超过三个月的机动车和机动车驾驶人：

（一）经国家主管部门批准，临时入境参加有组织的旅游、比赛以及其他交往活动的外国机动车和机动车驾驶人；

（二）临时入境后仅在边境地区一定范围内行驶的外国机动车和机动车驾驶人；

（三）临时入境后需驾驶租赁的中国机动车的外国机动车驾驶人。

与中国签订有双边或者多边过境运输协定的，按照协定办理。国家或者政府之间对机动车牌证和驾驶证有互相认可协议的，按照协议办理。

第三条 外国机动车临时入境行驶，应当向入境地或者始发地所在的直辖市或者设区的市公安机关交通管理部门申领临时入境机动车号牌和行驶证。

第四条 申请临时入境机动车号牌、行驶证的，应当用中文填写《临时入境机动车号牌、行驶证申请表》，交验机动车，并提交以下证明、凭证：

（一）境外主管部门核发的机动车登记证明，属于非中文表述的，还应当出具中文翻译文本；

（二）中国海关等部门出具的准许机动车入境的凭证；

（三）属于有组织的旅游、比赛以及其他交往活动的，还应当提交中国相关主管部门出具的证明；

（四）机动车安全技术检验合格证明，属于境外主管部门核发的，还应当出具中文翻译文本；

（五）不少于临时入境期限的中国机动车交通事故责任强制保险凭证。

公安机关交通管理部门应当在收到申请材料之日起三日内审查提交的证明、凭证，查验机动车。符合规定的，核发临时入境机动车号牌和行驶证。

第五条 临时入境机动车号牌为纸质号牌，载明允许行驶的区域、线路和有效期。

临时入境机动车号牌背面为临时入境机动车行驶证，签注车辆类型、号牌号码、厂牌型号、行驶区域或者线路、有效期等信息。

第六条 临时入境机动车号牌和行驶证有效期应当与入境批准文件上签注的期限一致，但最长不得超过三个月。临时入境机动车号牌和行驶证有效期不得延期。

第七条 临时入境汽车号牌应当放置在前挡风玻璃内右侧。临时入境摩托车号牌应当随车携带，以备检查。

第八条 临时入境的外国机动车，可以凭入境凭证行驶至本规定第三条规定的临时入境机动车号牌和行驶证核发机关所在地，并于入境后二日内申请临时入境机动车号牌和行驶证。

第九条 临时入境的境外机动车驾驶人，可以驾驶其自带的临时入境的机动车或者租赁的中国机动车。

第十条 临时入境的机动车驾驶人在中国道路上驾驶自带临时入境的机动车，应当向入境地或者始发地所在的直辖市或者设区的市公安机关交通管理部门申领临时机动车驾驶许可。

第十一条 临时入境的机动车驾驶人驾驶租赁的中国机动车，应当向机动车租赁单位所在的直辖市或者设区的市公安机关交通管理部门申领临时机动车驾驶许可。

第十二条 临时机动车驾驶许可的准驾车型应当符合申请人所持境外机动车驾驶证的准驾车型。驾驶自带临时入境机动车的，临时机动车驾驶许可的准驾车型还应当与其自带机动车车型一致。驾驶租赁中国机动车的，临时机动车驾驶许可的准驾车型为小型汽车和小型自动挡汽车。

第十三条 申领临时机动车驾驶许可的，应当用中文填写《临时机动车驾驶许可申请表》，提交下列证明、凭证：

（一）入出境身份证件；

（二）境外机动车驾驶证，属于非中文表述的，还应当出具中文翻译文本；

（三）年龄、身体条件符合中国驾驶许可条件的证明文件；

（四）两张一寸彩色照片（近期半身免冠正面白底）；

（五）参加有组织的旅游、比赛以及其他交往活动的，还应当提交中国相关主管部门出具的证明。

公安机关交通管理部门应当在收到申请材料之日起三日内进行审查，符合规定的，组织道路交通安全法律、法规学习，核发临时机动车驾驶许可。

第十四条 临时机动车驾驶许可有效期截止日期应当与机动车驾驶人入出境身份证件上签注的准许入境期限的截止日期一致，但有效期最长不超过三个月。临时机动车驾驶许可有效期不得延期。

第十五条 临时机动车驾驶许可应当随身携带，并与所持境外机动车驾驶证及其中文翻译文本同时使用。

第十六条 临时入境的机动车驾驶人，可以凭所持境外机动车驾驶证和入境凭证，驾驶自带机动车行驶至本规定第十条规定的临时机动车驾驶许可核发机关所在地，并于入境后二日内申请临时机动车驾驶许可。

第十七条 公安机关交通管理部门核发临时入境机动车号牌、行驶证和临时机动车驾驶许可时，应当对境外机动车和机动车驾驶人以前的入境记录进行核查，发现有道路交通违法行为和交通事故未处理完毕的，告知其处理完毕后再核发牌证;在中国境内有驾驶机动车交通肇事逃逸记录的,不予核发临时机动车驾驶许可。

第十八条 临时入境的机动车驾驶人应当按照下列规定驾驶机动车:

(一)遵守中国的道路交通安全法律、法规及规章;

(二)按照临时入境机动车号牌上签注的行驶区域或者路线行驶;

(三)遇有交通警察检查的,应当停车接受检查,出示入出境证件、临时机动车驾驶许可和所持境外机动车驾驶证及其中文翻译文本;

(四)违反道路交通安全法律、法规的,应当依法接受中国公安机关交通管理部门的处理;

(五)发生交通事故的,应当立即停车,保护现场,抢救受伤人员,并迅速报告执勤的交通警察或者公安机关交通管理部门,依法接受中国公安机关交通管理部门的处理。

第十九条 临时入境的机动车驾驶人有下列行为之一的,公安机关交通管理部门应当按照下列规定处理:

(一)未取得临时机动车驾驶许可驾驶机动车,或者临时机动车驾驶许可超过有效期驾驶机动车的,按照《中华人民共和国道路交通安全法》第九十九条处理;

(二)驾驶未取得临时入境机动车号牌和行驶证的机动车,或者驾驶临时入境机动车号牌和行驶证超过有效期的机动车的,按照《中华人民共和国道路交通安全法》第九十五条处理;

(三)驾驶临时入境的机动车超出行驶区域或者路线的,按照《中华人民共和国道路交通安全法》第九十条处理。

第二十条 边境地区因边贸活动、客货运输、边民往来或借道通行活动等频繁入出境,且入境后仅在边境地区一定范围内行驶的外国机动车和机动车驾驶人,申请临时入境机动车号牌和行驶证、临时机动车驾驶许可时,可以由省级公安机关结合本省实际制定实施意见。

“边境地区一定范围”的界限由省级公安机关确定。

第二十一条 香港特别行政区、澳门特别行政区和台湾地区机动车因参加有组织的旅游、比赛以及其他交往活动的,参照本规定执行。

持香港特别行政区、澳门特别行政区和台湾地区机动车驾驶证的人员临时进入内地需驾驶机动车的,参照本规定执行。

第二十二条 临时入境机动车号牌、行驶证和临时机动车驾驶许可由公安部统一印制。

第二十三条 本规定所称“临时入境的机动车”,是指在国外注册登记,需临时进入中国境内行驶的机动车。“临时入境的机动车驾驶人”,是指持有境外机动车驾驶证,需临时进入中国境内驾驶机动车的境外人员。

第二十四条 本规定所称“始发地”,是指有组织的旅游、比赛以及其他交往活动的出发地。

第二十五条 本规定自2007年1月1日起施行。1989年5月1日发布的《临时入境机动车辆与驾驶员管理办法》(公安部令第4号)同时废止。2007年1月1日前公安部发布的其他规定与本规定不一致的,以本规定为准。

国家发展改革委关于规范三轮汽车、低速货车管理有关事项的通知

发改产业〔2006〕823号

各省、自治区、直辖市及计划单列市、副省级省会城市、新疆生产建设兵团发展改革委、经贸委(经委),有关中央企业:

按照《汽车产业发展政策》、《车辆识别代号管理办法(试行)》和有关国家标准的要求,国家发展改革委决定进一步规范《车辆生产企业及产品公告》(以下简称《公告》)内三轮汽车、低速货车(原农用运输车)管理,不再使用“农用运输车”的称谓,与汽车管理相衔接,并实施车辆识别代号(以下简称VIN)管理。现将有关事项通知如下:

一、关于产品名称变更

按照 GB 7258—2004《机动车运行安全技术条件》规定，“三轮农用运输车”更名为“三轮汽车”，“四轮农用运输车”更名为“低速货车”，《公告》内的产品名称也应按照规定随之变更，各三轮汽车、低速货车生产企业应及时向国家发展改革委申请变更《公告》内产品的名称，使之符合国家标准的规定。同时，车辆标牌、产品合格证、车辆使用手册和随车资料中的产品名称也应予以变更。

从 2006 年 6 月 1 日起，三轮汽车、低速货车生产企业申报《公告》的产品名称都应当使用“三轮汽车”、“低速货车”。对于现《公告》内的产品，各生产企业应在 2006 年 11 月 10 日前通过《公告》申报系统申报产品名称更改，从 2007 年 1 月 1 日起《公告》内产品名称不符合规定的产品将从《公告》中撤销，并不得再销售。

二、关于车辆识别代号管理

按照国家发展改革委《车辆识别代号管理办法（试行）》（国家发展改革委公告 2004 年第 66 号，以下简称《管理办法》）及国家标准的规定，三轮汽车、低速货车应当实施 VIN 管理。三轮汽车、低速货车生产企业应当按照《管理办法》的规定向国家发展改革委指定的工作机构申请世界制造厂识别代号（以下简称 WMI），并编制和备案 VIN 编制规则；已获得 WMI 的企业，也应当按规定修改、完善并重新备案 VIN 编制规则。

申请 WMI 的企业应当符合以下二个条件：

（一）三轮汽车企业的产量达到每年 3000 辆，低速货车企业的产量达到每年 500 辆（以 2005 年或 2006 年协会统计数据为准）；

（二）按照国家发展改革委规定，已正常上传产品合格证信息，且合格证信息与产量相对应的企业；

符合上述条件的生产企业，经我委公示后才能获准取得 WMI。2006 年 12 月 31 日前未提出申请的企业或达不到上述条件的企业，生产资格自动撤销。从 2007 年 1 月 1 日起，三轮汽车、低速货车企业申报的新产品都应当按规定标识 VIN；在 2007 年 3 月 31 日前，《公告》内的产品也应当补充标识 VIN。否则，未标识 VIN 的产品将从《公告》中撤销，并不得销售。

各三轮汽车、低速货车生产企业应当按照本通知的要求，在规定的时间内完成产品名称更改和申请、启用 VIN 等工作，及时切换产品，并在产品的有效过渡期内及时销售库存产品。

我委将委托中介机构组织三轮汽车、低速货车企业进行 VIN 及 VIN 标识、编制规则的培训工作。各省级主管部门要加强对三轮汽车、低速货车的管理，及时将本通知的精神传达到各三轮汽车、低速货车企业，帮助和督促企业在规定的限期内完成产品更名和启用 VIN 等工作。

附件：三轮汽车、低速货车企业名单

国家发展和改革委员会

二〇〇六年五月十日

附件：

三轮汽车、低速货车企业名单

地区	企业名称	备注
北京市	北汽福田汽车股份有限公司	
	北京中收丰裕农用车辆有限责任公司	
天津市	天津市华夏农用运输车制造厂	
河北省	天同集团有限公司	
	河北邢台银牛机械制造有限公司	
	河北宇康农用机械股份有限公司	
	保定先锋农用机械有限公司	
山西省	山西卓里集团有限公司	
内蒙古区	包头市胜达北方机械制造有限公司	

续表

地区	企业名称	备注
辽宁省	沈阳天菱机械有限责任公司	
	辽宁省凌河汽车制造厂农用车厂	
	沈阳农机汽车工业集团有限公司	
	鞍山农用车制造有限公司	
吉林省	长春一汽四环长拖农用车有限公司	
	一汽吉林汽车有限公司	
黑龙江省	哈尔滨哈飞农用车制造厂	
	哈尔滨哈轻农用车制造厂	
上海市	上海劲马农用车制造公司	
江苏省	南京金蛙集团有限公司	
	常柴集团江南运输机械有限公司	
	大丰市大华机器厂	
	句容博莱特车辆有限公司	
	常州车辆有限公司	
	江苏中环机械股份有限公司	
	跃进汽车集团宏运农用车厂	
	无锡四达农用车厂	
	江苏跃进农用车有限公司	
	张家港市沙洲车辆有限公司	
	徐州徐工特种汽车有限公司	
	常州常内车辆有限公司	
	江苏昌达车辆有限公司	
浙江省	安吉机动车辆总厂	
	温岭市吉瑞车辆制造有限公司	原:温岭吉瑞农用车制造厂
	浙江正宇机电有限公司	
	杭州杭挂机电有限公司	
安徽省	安徽飞彩(集团)有限公司	
	安徽省宁国市甲通机械有限公司	
福建省	福建新龙马汽车股份有限公司	
	福建平和龙溪车辆制造有限公司	
	福建省邵武铁武林车辆有限公司	
	福建武夷汽车制造有限公司	原:建阳市双富龙强车辆制造有限公司
	福建漳州三龙工业有限公司	
	福建汽车厂	
江西省	江西星洲赣江农机有限公司	原:江西赣江农机有限责任公司
	南昌汽车厂	
	江西英田汽车制造有限公司	
	江西赣南车辆制造有限公司	

续表

地区	企业名称	备注
山东省	山东福田重工股份有限公司	
	金杯车辆制造集团有限公司	
	山东时风(集团)有限责任公司	
	山东巨力股份有限公司	
	山东双力集团股份有限公司	
	山东五征集团有限公司	
	山东光明机器厂	
	山东英田车辆制造有限公司	原:山东聊城拖拉机厂
	山东长富汽车有限公司	
	山东黑豹集团有限公司	
	山东凯马汽车制造有限公司	
	山东海山集团总公司	
	潍坊汽车制造总厂	
	淄博汽车制造有限公司	
	泰安拖拉机厂	
	烟台汽车制造厂	
	龙口市丛林汽车有限公司	
	山东临清迅力机械集团有限责任公司	
	中通客车股份有限公司聊城农用车制造厂	
	颐中(青岛)运输车辆制造有限公司	
	青岛爱地车辆制造有限公司	
	菏泽市汇力车辆制造有限公司	
	山东玉龙车辆股份有限公司	
河南省	河南奔马股份有限公司	
	汝南县广源车辆有限公司	
	新乡市第一拖拉机厂	
	长葛市世英机械有限公司	
	长葛市真马机械有限公司	
	许昌机器制造厂	
	中国人民解放军6911工厂	
	长葛市葛天车辆厂	
	罗山县得友农用车有限公司	
	中国一拖集团有限公司	
	河南少林汽车股份有限公司农用车厂	
	郑州市拖车厂	
	鹤壁天马通信股份有限公司	

续表

地区	企业名称	备注
湖北省	湖北齿轮厂	
	宜昌陆圣车辆有限公司	
	湖北神牛拖拉机有限公司	
	湖北联达车辆制造有限公司	
	湖北荆州华通车辆制造有限公司	原:湖北农用车厂
	东风神宇车辆有限公司	
	湖北省华阳企业集团农用车制造有限公司	
	湖北东宇农用车有限责任公司	
湖南省	双峰机械股份有限公司	
	湖南湘乡农用运输车有限责任公司	
	湖南桔洲农用车制造有限公司	
	湖南省金华车辆有限公司	
	长沙芙蓉汽车制造厂	
	衡阳拖拉机厂	
	吉首市宗南汽车制造有限责任公司	
	邵阳市农用车厂	
	湖南宁乡红旗机械厂	
广东省	广东新会农业机械厂股份有限公司	
	鹤山圣宝汽车有限公司	
广西区	柳州桂泰车辆有限责任公司	
	河池车辆有限责任公司	
	南宁五菱桂花车辆有限公司	
	广西柳州桂龙车辆有限责任公司	
	广西钦州力顺机械有限公司	
	广西南宁机械厂	
	广西五菱福达车辆有限公司	
重庆市	重庆长安跨越车辆有限公司	
	重庆市川江车辆制造有限公司	
	嘉陵工业有限公司	
	重庆正浩嘉陵农用车辆制造厂	

续表

地区	企业名称	备注
四川省	成都王牌汽车股份有限公司	
	四川石油管理局南充机械厂	
	成都万欣实业有限责任公司	
	成都华强农用运输车制造厂	
	云内动力达州汽车有限公司	
	四川省康路机械有限责任公司	
	遂宁市东乘车辆有限公司	原:四川明星汽车空调有限公司
	四川银河汽车集团有限责任公司	
	成都市天马汽车有限责任公司	
	都江堰巨龙车辆有限公司	
	四川岳城车业有限公司	
	资阳市南骏汽车有限责任公司	
	成都双流东风川柴专用汽车有限公司	
	遂宁市科威达车业有限公司	
贵州省	黔南农用运输车联合制造厂	
	山鹰集团南海机电厂	
	山鹰集团乌江机械厂	
云南省	云南金马农用车制造总厂	
	一汽红塔云南汽车制造有限公司	
陕西省	宝鸡华山工程车辆有限责任公司	
甘肃省	甘肃兰驼集团有限责任公司	
	兰州常柴西北车辆有限公司	

机动车驾驶员培训管理规定

交通部令2006年第2号

第一章 总 则

第一条 为规范机动车驾驶员培训经营活动,维护机动车驾驶员培训市场秩序,保护各方当事人的合法权益,根据《中华人民共和国道路交通安全法》、《中华人民共和国道路运输条例》等有关法律、行政法规,制定本规定。

第二条 从事机动车驾驶员培训业务的,应当遵守本规定。

机动车驾驶员培训业务是指以培训学员的机动车驾驶能力或者以培训道路运输驾驶人员的从业能力为教学任务,为社会公众有偿提供驾驶培训服务的活动。包括对初学机动车驾驶人员、增加准驾车型的驾驶人员和道路运输驾驶人员所进行的驾驶培训、继续教育以及机动车驾驶员培训教练场经营等业务。

第三条 机动车驾驶员培训实行社会化,从事机动车驾驶员培训业务应当依法经营,诚实信用,公平竞争。

第四条 机动车驾驶员培训管理应当公平、公正、公开和便民。

第五条 交通部主管全国机动车驾驶员培训管理工作。

县级以上地方人民政府交通主管部门负责组织领导本行政区域内的机动车驾驶员培训管理工作。

县级以上道路运输管理机构负责具体实施本行政区域内的机动车驾驶员培训管理工作。

第二章 经营许可

第六条 机动车驾驶员培训依据经营项目、培训能力和培训内容实行分类许可。

机动车驾驶员培训业务根据经营项目分为普通机动车驾驶员培训、道路运输驾驶员从业资格培训、机动车驾驶员培训教练场经营三类。

普通机动车驾驶员培训根据培训能力分为一级普通机动车驾驶员培训、二级普通机动车驾驶员培训和三级普通机动车驾驶员培训三类。

道路运输驾驶员从业资格培训根据培训内容分为道路客货运输驾驶员从业资格培训和危险货物运输驾驶员从业资格培训两类。

第七条 获得一级普通机动车驾驶员培训许可的,可以从事三种(含三种)以上相应车型的普通机动车驾驶员培训业务;获得二级普通机动车驾驶员培训许可的,可以从事两种相应车型的普通机动车驾驶员培训业务;获得三级普通机动车驾驶员培训许可的,只能从事一种相应车型的普通机动车驾驶员培训业务。

第八条 获得道路客货运输驾驶员从业资格培训许可的,可以从事经营性道路旅客运输驾驶员、经营性道路货物运输驾驶员的从业资格培训业务;获得危险货物运输驾驶员从业资格培训许可的,可以从事道路危险货物运输驾驶员的从业资格培训业务。

获得道路运输驾驶员从业资格培训许可的,还可以从事相应车型的普通机动车驾驶员培训业务。

第九条 获得机动车驾驶员培训教练场经营许可的,可以从事机动车驾驶员培训教练场经营业务。

第十条 申请从事普通机动车驾驶员培训业务的,应当符合下列条件:

(一)有健全的培训机构。

包括教学、教练员、学员、质量、安全、结业考试和设施设备管理等组织机构,并明确负责人、管理人员、教练员和其他人员的岗位职责。具体要求按照行业标准《机动车驾驶培训机构资格条件》(JT/T433)相关条款的规定执行。

(二)有健全的管理制度。

包括安全管理制度、教练员管理制度、学员管理制度、培训质量管理制度、结业考试制度、教学车辆管理制度、教学设施设备管理制度、教练场地管理制度、档案管理制度等。具体要求按照行业标准《机动车驾驶培训机构资格条件》(JT/T433)相关条款的规定执行。

(三)有与培训业务相适应的教学人员。

1. 有与培训业务相适应的理论教练员。理论教练员应当持有机动车驾驶证,年龄不超过60周岁,具有汽车及相关专业中专以上学历或者汽车及相关专业中级以上技术职称,具有两年以上安全驾驶经历,熟练掌握道路交通安全法规、驾驶理论、机动车构造、交通安全心理学、常用伤员急救等安全驾驶知识,了解教育学、教育心理学的基本教学知识,具备编写教案、规范讲解的授课能力。理论教练员总数的80%应当经全国统一考试合格,持有《中华人民共和国机动车驾驶培训教练员证》(以下简称《教练员证》,式样见附件1)。

2. 有与培训业务相适应的驾驶操作教练员。驾驶操作教练员应当持有相应的机动车驾驶证,年龄不超过60周岁,具有汽车及相关专业中专或者高中以上学历,符合一定的安全驾驶经历和相应车型驾驶经历,熟练掌握道路交通安全法规、驾驶理论、机动车构造、交通安全心理学和应急驾驶的基本知识,熟悉车辆维护和常见故障诊断、车辆环保和节约能源的有关知识,具备驾驶要领讲解、驾驶动作示范、指导驾驶的教学能力。具体要求按照行业标准《机动车驾驶培训机构资格条件》(JT/T433)相关条款的规定执行。驾驶操作教练员总数的90%应当经全国统一考试合格,持有《教练员证》。

3. 所配备的理论教练员数量应当不少于教学车辆总数的10%;每种车型所配备的相应驾驶操作教练员应当不少于该种车型车辆总数的110%。

(四)有与培训业务相适应的管理人员。

管理人员包括理论教学负责人、驾驶操作训练负责人、教学车辆管理人员、结业考核人员和计算机管理人员。具体要求按照行业标准《机动车驾驶培训机构资格条件》(JT/T433)相关条款的规定执行。

(五)有必要的教学车辆。

1. 所配备的教学车辆应当符合国家有关技术标准要求,并装有副后视镜、副制动踏板、灭火器及其他安全防护装置。具体要求按照行业标准《机动车驾驶培训机构资格条件》(JT/T433)相关条款的规定执行。

2. 从事一级普通机动车驾驶员培训的，应当配备大型客车、通用货车半挂车（牵引车）、城市公交车、中型客车、大型货车、小型汽车（含小型自动挡汽车）、低速汽车（含低速载货汽车、三轮汽车）、摩托车（含普通三轮摩托车、普通二轮摩托车、轻便摩托车）、其他车型（含轮式自行机械车、无轨电车、有轨电车）等九类车型中三种（含三种）以上的车型，所配备的教学车辆不少于50辆，且每种车型的教学车辆不少于5辆；从事二级普通机动车驾驶员培训的，应当配备上述九类车型中的两种车型，所配备的教学车辆不少于20辆，且每种车型的教学车辆不少于5辆；从事三级普通机动车驾驶员培训的，应当配备上述九类车型中的一种车型，且所配备的教学车辆不少于10辆。

（六）有必要的教学设施、设备和场地。

具体要求按照行业标准《机动车驾驶培训机构资格条件》（JT/T433）相关条款的规定执行。租用教练场地的，还应当持有书面租赁合同和出租方土地使用证明，租赁期限不得少于3年。

第十一条 申请从事道路运输驾驶员从业资格培训业务的，应当具备下列条件：

（一）具备相应车型的普通机动车驾驶员培训资格。

1. 从事道路客货运输驾驶员从业资格培训业务的，应当同时具备大型客车、城市公交车、中型客车、小型汽车（含小型自动挡汽车）等四种车型中至少一种车型的普通机动车驾驶员培训资格和通用货车半挂车（牵引车）、大型货车等两种车型中至少一种车型的普通机动车驾驶员培训资格。

2. 从事危险货物运输驾驶员从业资格培训业务的，应当具备通用货车半挂车（牵引车）、大型货车等两种车型中至少一种车型的普通机动车驾驶员培训资格。

（二）有与培训业务相适应的教学人员。

1. 从事道路客货运输驾驶员从业资格培训业务的，应当配备2名以上教练员。教练员应当具有汽车及相关专业大专以上学历或者汽车及相关专业高级以上技术职称，熟悉道路旅客运输法规、货物运输法规以及机动车维修、货物装卸保管和旅客急救等相关知识，具备相应的授课能力，具有2年以上从事普通机动车驾驶员培训的教学经历，且近2年无不良的教学记录。教练员总数的90%应当经全国统一考试合格，持有《教练员证》。

2. 从事危险货物运输驾驶员从业资格培训业务的，应当配备2名以上教练员。教练员应当具有化工及相关专业大专以上学历或者化工及相关专业高级以上技术职称，熟悉危险货物运输法规、危险化学品特性、包装容器使用方法、职业安全防护和应急救援等知识，具备相应的授课能力，具有2年以上化工及相关专业的教学经历，且近2年无不良的教学记录。教练员总数的90%应当经全国统一考试合格，持有《教练员证》。

（三）有必要的教学设施、设备和场地。

1. 从事道路客货运输驾驶员从业资格培训业务的，应当配备相应的机动车构造、机动车维护、常见故障诊断和排除、货物装卸保管、医学救护、消防器材等教学设施、设备和专用场地。

2. 从事危险货物运输驾驶员从业资格培训业务的，还应当同时配备常见危险化学品样本、包装容器、教学挂图、危险化学品实验室等设施、设备和专用场地。

第十二条 申请从事机动车驾驶员培训教练场经营业务的，应当具备下列条件：

（一）有与经营业务相适应的教练场地。具体要求按照行业标准《机动车教练场技术要求》（JT/T434）相关条款的规定执行。

（二）有与经营业务相适应的场地设施、设备，办公、教学、生活设施以及维护服务设施。具体要求按照行业标准《机动车教练场技术要求》（JT/T434）相关条款的规定执行。

（三）具备相应的安全条件。包括场地封闭设施、训练区隔离设施、安全通道以及消防设施、设备等。具体要求按照行业标准《机动车教练场技术要求》（JT/T434）相关条款的规定执行。

（四）有相应的管理人员。包括教练场安全负责人、档案管理人员以及场地设施、设备管理人员。

（五）有健全的安全管理制度。包括安全检查制度、安全责任制度、教学车辆安全管理制度以及突发事件应急预案等。

第十三条 申请从事机动车驾驶员培训业务的，应当向所在地县级道路运输管理机构提出申请，并提交下列材料：

（一）《交通行政许可申请书》；

（二）申请人身份证明及复印件；

（三）经营场所使用权证明或产权证明及复印件；

（四）教练场地使用权证明或产权证明及复印件；

（五）教练场地技术条件说明；

（六）教学车辆技术条件、车型及数量证明（申请从事机动车驾驶员培训教练场经营的无需提交）；

（七）教学车辆购置证明（申请从事机动车驾驶员培训教练场经营的无需提交）；

（八）各类设施、设备清单；

（九）拟聘用人员名册及资格、职称证明；

（十）根据本规定需要提供的其他相关材料。

申请从事普通机动车驾驶员培训业务的，在递交申请材料时，应当同时提供由公安交警部门出具的相关人员安全驾驶经历证明，安全驾驶经历的起算时间自申请材料递交之日起倒计。

第十四条　道路运输管理机构应当按照《中华人民共和国道路运输条例》和《交通行政许可实施程序规定》规范的程序实施机动车驾驶员培训业务的行政许可。

第十五条　道路运输管理机构应当对申请材料中关于教练场地、教学车辆以及各种设施、设备的实质内容进行核实。

第十六条　道路运输管理机构对机动车驾驶员培训业务申请予以受理的，应当自受理申请之日起15日内审查完毕，作出许可或者不予许可的决定。对符合法定条件的，道路运输管理机构作出准予行政许可的决定，向申请人出具《交通行政许可决定书》，并在10日内向被许可人颁发机动车驾驶员培训许可证件，明确许可事项；对不符合法定条件的，道路运输管理机构作出不予许可的决定，向申请人出具《不予交通行政许可决定书》，说明理由，并告知申请人享有依法申请行政复议或者提起行政诉讼的权利。

机动车驾驶员培训机构应当持机动车驾驶员培训许可证件依法向工商行政管理机关办理有关登记手续。

第十七条　机动车驾驶员培训许可证件实行有效期制。从事普通机动车驾驶员培训业务和机动车驾驶员培训教练场经营业务的证件有效期为6年；从事道路运输驾驶员从业资格培训业务的证件有效期为4年。

机动车驾驶员培训许可证件由省级道路运输管理机构统一印制并编号，县级道路运输管理机构按照规定发放和管理。

机动车驾驶员培训机构应当在许可证件有效期届满前30日到作出原许可决定的道路运输管理机构办理换证手续。

第十八条　机动车驾驶员培训机构变更许可事项的，应当向原作出许可决定的道路运输管理机构提出申请；符合法定条件、标准的，实施机关应当依法办理变更手续。

机动车驾驶员培训机构变更名称、法定代表人等事项的，应当向原作出许可决定的道路运输管理机构备案。

第十九条　机动车驾驶员培训机构需要终止经营的，应当在终止经营前30日到原作出许可决定的道路运输管理机构办理行政许可注销手续。

第三章　教练员管理

第二十条　机动车驾驶培训教练员资格实行全国统一考试制度。考试每年举行两次。

第二十一条　机动车驾驶培训教练员资格全国统一考试由省级道路运输管理机构按照交通部制定的考试大纲、考试题库、考核标准、考试工作规范和程序组织实施。

考试的具体办法另行制定。

第二十二条　省级道路运输管理机构应当向考试合格人员核发《教练员证》。

《教练员证》由省级道路运输管理机构统一印制并编号。

《教练员证》的有效期为6年。机动车驾驶培训教练员应当在《教练员证》有效期届满前30日到原发证机关办理换证手续。

第二十三条　鼓励教练员同时具备理论教练员和驾驶操作教练员资格。

第二十四条　机动车驾驶培训教练员应当按照统一的教学大纲规范施教，并如实填写《教学日志》和《中华人民共和国机动车驾驶员培训记录》（简称《培训记录》，式样见附件2）。

第二十五条　教练员从事教学活动时，应当随身携带《教练员证》，不得转让、转借《教练员证》。在道路上学习驾驶时，随车指导的教练员应当持有相应的《教练员证》。

第二十六条　机动车驾驶员培训机构应当加强对教练员的职业道德教育和驾驶新知识、新技术的再教育，对教练员每年进行至少一周的脱岗培训，提高教练员的职业素质。

第二十七条　机动车驾驶员培训机构应当加强对教练员教学情况的监督检查，定期对教练员的教学水平和职业道德进行评议，公布教练员的教学质量排行情况，督促教练员提高教学质量。

第二十八条 省级道路运输管理机构应当制定机动车驾驶培训教练员教学质量信誉考核办法，对机动车驾驶培训教练员实行教学质量信誉考核制度。

机动车驾驶培训教练员教学质量信誉考核内容应当包括教练员的基本情况、教学业绩、教学质量排行情况、参加再教育情况、不良记录等。

第二十九条 省级道路运输管理机构应当建立教练员档案，使用统一的数据库和管理软件，实行计算机联网管理，并依法向社会公开教练员信息。机动车驾驶培训教练员教学质量信誉考核结果是教练员档案的重要组成部分。

第三十条 教练员具有下列情形之一的，应当到原发证机关办理有关注销手续：

（一）提出注销申请的；

（二）年龄超过60周岁的；

（三）机动车驾驶证被注销的；

（四）发生重大以上交通责任事故的。

原发证机关发现有上述情形之一未办理注销手续的，应当公告《教练员证》作废。

第四章 经营管理

第三十一条 机动车驾驶员培训机构应当按照经批准的行政许可事项开展培训业务。

第三十二条 机动车驾驶员培训机构应当将机动车驾驶员培训许可证件悬挂在经营场所的醒目位置，公示其经营类别、培训范围、收费项目、收费标准、教练员、教学场地等情况。

第三十三条 机动车驾驶员培训机构应当在注册地开展培训业务，不得采取异地培训、恶意压价、欺骗学员等不正当手段开展经营活动，不得允许社会车辆以其名义开展机动车驾驶员培训经营活动。

第三十四条 机动车驾驶员培训实行学时制，按照学时合理收取费用。机动车驾驶员培训机构应当将学时收费标准报所在地道路运输管理机构备案。

对每个学员理论培训时间每天不得超过6个学时，实际操作培训时间每天不得超过4个学时。

第三十五条 机动车驾驶员培训机构应当建立学时预约制度，并向社会公布联系电话和预约方式。

第三十六条 参加机动车驾驶员培训的人员，在报名时应当填写《机动车驾驶员培训学员登记表》（以下简称《学员登记表》，式样见附件3），并提供身份证明及复印件。参加道路运输驾驶员从业资格培训的人员，还应当同时提供驾驶证及复印件。报名人员应当对所提供材料的真实性负责。

第三十七条 机动车驾驶员培训机构应当按照全国统一的教学大纲进行培训。培训结束时，应当向结业人员颁发《机动车驾驶员培训结业证书》（以下简称《结业证书》，式样见附件4）。

《结业证书》由省级道路运输管理机构按照全国统一式样印制并编号。

第三十八条 机动车驾驶员培训机构应当建立学员档案。学员档案主要包括：《学员登记表》、《教学日志》、《培训记录》、《结业证书》复印件等。

学员档案保存期不少于4年。

第三十九条 机动车驾驶员培训机构应当使用符合标准并取得牌证、具有统一标识的教学车辆。

教学车辆的统一标识由省级道路运输管理机构负责制定，并组织实施。

第四十条 机动车驾驶员培训机构应当按照国家的有关规定对教学车辆进行定期维护和检测，保持教学车辆性能完好，满足教学和安全行车的要求，并按照国家有关规定及时更新。

禁止使用报废的、检测不合格的和其他不符合国家规定的车辆从事机动车驾驶员培训业务。不得随意改变教学车辆的用途。

第四十一条 机动车驾驶员培训机构应当建立教学车辆档案。教学车辆档案主要内容包括：车辆基本情况、维护和检测情况、技术等级记录、行驶里程记录等。

教学车辆档案应当保存至车辆报废后1年。

第四十二条 机动车驾驶员培训机构在道路上进行培训活动，应当遵守公安交通管理部门指定的路线和时间，并在教练员随车指导下进行，与教学无关的人员不得乘坐教学车辆。

第四十三条 机动车驾驶员培训机构应当保持教学设施、设备的完好，充分利用先进的科技手段，提高培训质量。

第四十四条　机动车驾驶员培训机构应当按照有关规定向县级以上道路运输管理机构报送《培训记录》以及有关统计资料。

《培训记录》应当经获得相应《教练员证》的教练员审核签字。

第四十五条　道路运输管理机构应当根据机动车驾驶员培训机构执行教学大纲、颁发《结业证书》等情况，对《培训记录》及统计资料进行严格审查。

第四十六条　省级道路运输管理机构应当建立机动车驾驶员培训机构质量信誉考评体系，制定机动车驾驶员培训监督管理的量化考核标准，并定期向社会公布对机动车驾驶员培训机构的考核结果。

机动车驾驶员培训机构质量信誉考评应当包括培训机构的基本情况、教学大纲执行情况、《结业证书》发放情况、《培训记录》填写情况、教练员的质量信誉考核结果、培训业绩、考试情况、不良记录等内容。

第五章　监督检查

第四十七条　各级道路运输管理机构应当加强对机动车驾驶员培训经营活动的监督检查，积极运用信息化技术手段，科学、高效地开展工作。

第四十八条　道路运输管理机构的工作人员应当严格按照职责权限和程序进行监督检查，不得滥用职权、徇私舞弊，不得乱收费、乱罚款，不得妨碍培训机构的正常工作秩序。

第四十九条　道路运输管理机构实施现场监督检查，应当指派2名以上执法人员参加。执法人员应当向当事人出示交通部监制的交通行政执法证件。

执法人员实施现场监督检查，可以行使下列职权：

（一）询问教练员、学员以及其他相关人员，并可以要求被询问人提供与违法行为有关的证明材料；

（二）查阅、复制与违法行为有关的《教学日志》、《培训记录》及其他资料；核对与违法行为有关的技术资料；

（三）在违法行为发现场所进行摄影、摄像取证；

（四）检查与违法行为有关的教学车辆和教学设施、设备。

执法人员应当如实记录检查情况和处理结果，并按照规定归档。当事人有权查阅监督检查记录。

第五十条　机动车驾驶员培训机构在许可机关管辖区域外违法从事培训活动的，违法行为发生地的道路运输管理机构应当依法对其予以处罚，同时将违法事实、处罚结果抄送许可机关。

第五十一条　机动车驾驶员培训机构、管理人员、教练员、学员以及其他相关人员应当积极配合执法人员的监督检查工作，如实反映情况，提供有关资料。

第六章　法律责任

第五十二条　违反本规定，未经许可擅自从事机动车驾驶员培训业务，有下列情形之一的，由县级以上道路运输管理机构责令停止经营；有违法所得的，没收违法所得，并处违法所得2倍以上10倍以下的罚款；没有违法所得或者违法所得不足1万元的，处2万元以上5万元以下的罚款；构成犯罪的，依法追究刑事责任：

（一）未取得机动车驾驶员培训许可证件，非法从事机动车驾驶员培训业务的；

（二）使用无效、伪造、变造、被注销的机动车驾驶员培训许可证件，非法从事机动车驾驶员培训业务的；

（三）超越许可事项，非法从事机动车驾驶员培训业务的。

第五十三条　违反本规定，机动车驾驶员培训机构非法转让、出租机动车驾驶员培训许可证件的，由县级以上道路运输管理机构责令停止违法行为，收缴有关证件，处2000元以上1万元以下的罚款；有违法所得的，没收违法所得。

对于接受非法转让、出租的受让方，应当按照第五十二条的规定处罚。

第五十四条　违反本规定，机动车驾驶员培训机构不严格按照规定进行培训或者在培训结业证书发放时弄虚作假，有下列情形之一的，由县级以上道路运输管理机构责令改正；拒不改正的，由原许可机关吊销其经营许可：

（一）未按照全国统一的教学大纲进行培训的；

（二）未向培训结业的人员颁发《结业证书》的；

（三）向培训未结业的人员颁发《结业证书》的；

（四）向未参加培训的人员颁发《结业证书》的；

（五）使用无效、伪造、变造《结业证书》的；

（六）租用其他机动车驾驶员培训机构《结业证书》的。

第五十五条 违反本规定，机动车驾驶员培训机构有下列情形之一的，由县级以上道路运输管理机构责令限期整改；逾期整改不合格的，予以通报：

（一）未在经营场所醒目位置悬挂机动车驾驶员培训经营许可证件的；

（二）未在经营场所公示其经营类别、培训范围、收费项目、收费标准、教练员、教学场地等情况的；

（三）未按照要求聘用教学人员的；

（四）未按规定建立学员档案、教学车辆档案的；

（五）未按规定报送《培训记录》和有关统计资料的；

（六）使用不符合规定的车辆及设施、设备从事教学活动的；

（七）存在索取、收受学员财物，或者谋取其他利益等不良行为的；

（八）未定期公布教练员教学质量排行情况的；

（九）违反本规定其他有关规定的。

第五十六条 违反本规定，机动车驾驶培训教练员有下列情形之一的，由县级以上道路运输管理机构责令限期整改；逾期整改不合格的，予以通报：

（一）未按照全国统一的教学大纲进行教学的；

（二）填写《教学日志》、《培训记录》弄虚作假的；

（三）教学过程中有道路交通安全违法行为或者造成交通事故的；

（四）存在索取、收受学员财物，或者谋取其他利益等不良行为的；

（五）未按照规定参加驾驶新知识、新技能再教育的；

（六）违反本规定其他有关规定的。

第五十七条 违反本规定，道路运输管理机构的工作人员，有下列情形之一的，依法给予行政处分；构成犯罪的，依法追究刑事责任：

（一）不按规定的条件、程序和期限实施行政许可的；

（二）参与或者变相参与机动车驾驶员培训业务的；

（三）发现违法行为不及时查处的；

（四）索取、收受他人财物，或者谋取其他利益的；

（五）有其他违法违纪行为的。

第七章 附　　则

第五十八条 外商在中华人民共和国境内申请以中外合资、中外合作、独资等形式经营机动车驾驶员培训业务的，应同时遵守《外商投资道路运输业管理规定》等相关法律、行政法规的规定。

第五十九条 机动车驾驶员培训许可证件等相关证件工本费收费标准由省级人民政府财政部门、价格主管部门会同同级交通主管部门核定。

第六十条 本规定自2006年4月1日施行。1996年12月23日发布的《中华人民共和国机动车驾驶员培训管理规定》（交通部令第11号）和1995年7月3日发布的《汽车驾驶员培训行业管理办法》（交公路发〔1995〕246号）同时废止。

海关总署、国家发展改革委、商务部关于执行《汽车产业发展政策》有关问题的公告

海关总署2005年第44号公告

为贯彻落实《汽车产业发展政策》的有关规定，现将有关执行问题公告如下：

一、关于实行指定进口口岸管理的汽车范围问题

除《中华人民共和国进出口税则》货品名称为手扶拖拉机（87011000）、履带式牵引车、拖拉机（87013000）、轮式拖拉机（87019011）、其他拖拉机（87019019）、其他牵引车（87019090）、雪地行走专用车及高尔夫球车（87031000）、非公路用电动轮货运自卸车（87041030）的整车外，列入税则号列8701－8706和

8716 的汽车及 8429 的轮式自行机械整车,实行指定进口口岸管理。

汽车零部件、关键件进口不实行指定进口口岸管理;汽车生产企业进口全散件(CKD)或半散件(SKD)的,可在国家指定进口口岸外的企业所在地海关办理报关手续;汽车生产企业进口的构成整车特征的汽车零部件应当在企业所在地海关办理进口报关手续。

二、关于进口汽车海关签发《货物进口证明书》问题

除挂车、半挂车和轮式自行机械车外,对实行指定进口口岸管理的汽车整车,进口时,海关签发"一车一证"的汽车用《货物进口证明书》,《货物进口证明书》数据与公安部实行电子联网。

对进口挂车、半挂车、轮式专用机械车,海关签发"一批一证"的非汽车用《货物进口证明书》;其他未列入第一条实行指定进口口岸管理范围的车辆,应进口经营者要求,海关可签发"一批一证"的非汽车用《货物进口证明书》。非汽车用《货物进口证明书》数据与公安部不实行电子联网。

对从非指定进口口岸进口的以展览为目的的进口汽车,展览后需留在国内的,海关可按转关方式从指定进口口岸凭商务部门签发的进口口岸为该口岸的《自动进口许可证》办理进口手续,并签发"一车一证"的汽车用《货物进口证明书》,《货物进口证明书》数据与公安部电子联网。

三、关于海关对指定进口口岸保税区内汽车管理问题

为实现政策平稳过渡,并尽快妥善处理保税区内存放的以进入国内市场为目的的汽车,现规定如下:

(一)办理海关登记备案与确认手续

对 2005 年 9 月 30 日前运抵保税区以进入国内市场为目的的进口汽车,经营者可凭仓库存储清单和原始合同向所在地海关办理登记备案(登记备案表见附件,可复印),海关审核确认后在登记备案表上加盖印章。2004 年 12 月 31 日前和 2005 年 1 月 1 日至 9 月 30 日间运抵保税区的车辆应当分别登记。

(二)办理进口许可手续

经海关审核确认后,如经营者具备小轿车经营资格,该经营者可凭登记备案表,按现行申请程序向商务部办理《自动进口许可证》;如经营者不具备小轿车经营资格,须与具备小轿车经营资格的企业签订协议,由具备小轿车经营资格的企业凭协议和登记备案表,按现行申请程序向商务部办理《自动进口许可证》。

(三)办理进口报关手续

2004 年 12 月 31 日前运抵保税区以进入国内市场为目的的进口汽车,须在 2005 年 12 月 31 日前向海关办理进口报关、纳税等手续;2005 年 1 月 1 日至 2005 年 9 月 30 日间运抵保税区以进入国内市场为目的的进口汽车,须在 2005 年 10 月 31 日前向海关办理进口报关、纳税等手续。

(四)保税区内存放的以进入国内市场为目的进口汽车在上述规定时间内不能办理进口报关手续的,应当全部实际退运出境。自 2005 年 10 月 1 日起,以进入国内市场为目的的汽车应直接在口岸海关办理进口报关、纳税等手续,保税区不得再存放以进入国内市场为目的的进口汽车,保税区海关将不再为此类汽车办理进口报关、纳税等手续。

特此公告。

海关总署 国家发展改革委 商务部

汽车产业发展政策

工业和信息化部、国家发展和改革委员会令第 10 号

为适应我国改革开放的需要,工业和信息化部、国家发展和改革委员会决定对《汽车产业发展政策》做如下修改:

一、停止执行第五十二条、第五十三条、第五十五条、第五十六条、第五十七条的规定。

二、停止执行第六十条中"对进口整车、零部件的具体管理办法由海关总署会同有关部门制订,报国务院批准后实施"的规定。

本决定自 2009 年 9 月 1 日起施行。

工业和信息化部部长:李毅中

国家发展和改革委员会主任:张 平

二〇〇九年八月十五日

为适应不断完善社会主义市场经济体制的要求以及加入世贸组织后国内外汽车产业发展的新形势,推进汽车产业结构调整和升级,全面提高汽车产业国际竞争力,满足消费者对汽车产品日益增长的需求,促进汽车产业健康发展,特制定汽车产业发展政策。通过本政策的实施,使我国汽车产业在2010年前发展成为国民经济的支柱产业,为实现全面建设小康社会的目标做出更大的贡献。

第一章 政策目标

第一条 坚持发挥市场配置资源的基础性作用与政府宏观调控相结合的原则,创造公平竞争和统一的市场环境,健全汽车产业的法制化管理体系。政府职能部门依据行政法规和技术规范的强制性要求,对汽车、农用运输车(低速载货车及三轮汽车,下同)、摩托车和零部件生产企业及其产品实施管理,规范各类经济主体在汽车产业领域的市场行为。

第二条 促进汽车产业与关联产业、城市交通基础设施和环境保护协调发展。创造良好的汽车使用环境,培育健康的汽车消费市场,保护消费者权益,推动汽车私人消费。在2010年前使我国成为世界主要汽车制造国,汽车产品满足国内市场大部分需求并批量进入国际市场。

第三条 激励汽车生产企业提高研发能力和技术创新能力,积极开发具有自主知识产权的产品,实施品牌经营战略。2010年汽车生产企业要形成若干驰名的汽车、摩托车和零部件产品品牌。

第四条 推动汽车产业结构调整和重组,扩大企业规模效益,提高产业集中度,避免散、乱、低水平重复建设。

通过市场竞争形成几家具有国际竞争力的大型汽车企业集团,力争到2010年跨入世界500强企业之列。

鼓励汽车生产企业按照市场规律组成企业联盟,实现优势互补和资源共享,扩大经营规模。

培育一批有比较优势的零部件企业实现规模生产并进入国际汽车零部件采购体系,积极参与国际竞争。

第二章 发展规划

第五条 国家依据汽车产业发展政策指导行业发展规划的编制。发展规划包括行业中长期发展规划和大型汽车企业集团发展规划。行业中长期发展规划由国家发展改革委会同有关部门在广泛征求意见的基础上制定,报国务院批准施行。大型汽车企业集团应根据行业中长期发展规划编制本集团发展规划。

第六条 凡具有统一规划、自主开发产品、独立的产品商标和品牌、销售服务体系管理一体化等特征的汽车企业集团,且其核心企业及所属全资子企业、控股企业和中外合资企业所生产的汽车产品国内市场占有率在15%以上的,或汽车整车年销售收入达到全行业整车销售收入15%以上的,可作为大型汽车企业集团单独编报集团发展规划,经国家发展改革委组织论证核准后实施。

第三章 技术政策

第七条 坚持引进技术和自主开发相结合的原则。跟踪研究国际前沿技术,积极开展国际合作,发展具有自主知识产权的先进适用技术。引进技术的产品要具有国际竞争力,并适应国际汽车技术规范的强制性要求发展的需要;自主开发的产品力争与国际技术水平接轨,参与国际竞争。国家在税收政策上对符合技术政策的研发活动给予支持。

第八条 国家引导和鼓励发展节能环保型小排量汽车。汽车产业要结合国家能源结构调整战略和排放标准的要求,积极开展电动汽车、车用动力电池等新型动力的研究和产业化,重点发展混合动力汽车技术和轿车柴油发动机技术。国家在科技研究、技术改造、新技术产业化、政策环境等方面采取措施,促进混合动力汽车的生产和使用。

第九条 国家支持研究开发醇燃料、天然气、混合燃料、氢燃料等新型车用燃料,鼓励汽车生产企业开发生产新型燃料汽车。

第十条 汽车产业及相关产业要注重发展和应用新技术,提高汽车的燃油经济性。2010年前,乘用车新车平均油耗比2003年降低15%以上。要依据有关节能方面技术规范的强制性要求,建立汽车产品油耗公示制度。

第十一条 积极开展轻型材料、可回收材料、环保材料等车用新材料的研究。国家适时制定最低再生材料利用率要求。

第十二条 国家支持汽车电子产品的研发和生产,积极发展汽车电子产业,加速在汽车产品、销售物流和生产企业中运用电子信息技术,推动汽车产业发展。

第四章 结构调整

第十三条 国家鼓励汽车企业集团化发展,形成新的竞争格局。在市场竞争和宏观调控相结合的基础上,通过企业间的战略重组,实现汽车产业结构优化和升级。

战略重组的目标是支持汽车生产企业以资产重组方式发展大型汽车企业集团,鼓励以优势互补、资源共享合作方式结成企业联盟,形成大型汽车企业集团、企业联盟、专用汽车生产企业协调发展的产业格局。

第十四条 汽车整车生产企业要在结构调整中提高专业化生产水平,将内部配套的零部件生产单位逐步调整为面向社会的、独立的专业化零部件生产企业。

第十五条 企业联盟要在产品研究开发、生产配套协作和销售服务等领域广泛开展合作,体现调整产品结构,优化资源配置,降低经营成本,实现规模效益和集约化发展。参与某一企业联盟的企业不应再与其它企业结成联盟,以巩固企业联盟的稳定和市场地位。国家鼓励企业联盟尽快形成以资产为纽带的经济实体。企业联盟的合作发展方案中涉及新建汽车生产企业和跨类别生产汽车的项目,按本政策有关规定执行。

第十六条 国家鼓励汽车、摩托车生产企业开展国际合作,发挥比较优势,参与国际产业分工;支持大型汽车企业集团与国外汽车集团联合兼并重组国内外汽车生产企业,扩大市场经营范围,适应汽车生产全球化趋势。

第十七条 建立汽车整车和摩托车生产企业退出机制,对不能维持正常生产经营的汽车生产企业(含现有改装车生产企业)实行特别公示。该类企业不得向非汽车、摩托车生产企业及个人转让汽车、摩托车生产资格。国家鼓励该类企业转产专用汽车、汽车零部件或与其它汽车整车生产企业进行资产重组。汽车生产企业不得买卖生产资格,破产汽车生产企业同时取消公告名录。

第五章 准入管理

第十八条 制定《道路机动车辆管理条例》。政府职能部门依据《条例》对道路机动车辆的设计、制造、认证、注册、检验、缺陷管理、维修保养、报废回收等环节进行管理。管理要做到责权分明、程序公开、操作方便、易于社会监督。

第十九条 制定道路机动车辆安全、环保、节能、防盗方面的技术规范的强制性要求。所有道路机动车辆执行统一制定的技术规范的强制性要求。要符合我国国情并积极与国际车辆技术规范的强制性要求衔接,以促进汽车产业的技术进步。不符合相应技术规范的强制性要求的道路机动车辆产品,不得生产和销售。农用运输车仅限于在3级以下(含3级)公路行驶,执行相应制定的技术规范的强制性要求。

第二十条 依据本政策和国家认证认可条例建立统一的道路机动车辆生产企业和产品的准入管理制度。符合准入管理制度规定和相关法规、技术规范的强制性要求并通过强制性产品认证的道路机动车辆产品,登录《道路机动车辆生产企业及产品公告》,由国家发展改革委和国家质检总局联合发布。公告内产品必须标识中国强制性认证(3C)标志。不得用进口汽车和进口车身组装汽车替代自产产品进行认证,禁止非法拼装和侵犯知识产权的产品流入市场。

第二十一条 公安交通管理部门依据《道路机动车辆生产企业及产品公告》和中国强制性认证(3C)标志办理车辆注册登记。

第二十二条 政府有关职能部门要按照准入管理制度对汽车、农用运输车和摩托车等产品分类设定企业生产准入条件,对生产企业及产品实行动态管理,凡不符合规定的企业或产品,撤消其在《道路机动车辆生产企业及产品公告》中的名录。企业生产准入条件中应包括产品设计开发能力、产品生产设施能力、产品生产一致性和质量控制能力、产品销售和售后服务能力等要求。

第二十三条 道路机动车辆产品认证机构和检测机构由国家质检总局商国家发展改革委后指定,并按照市场准入管理制度的具体规定开展认证和检测工作。认证机构和检测机构要具备第三方公正地位,不得与汽车生产企业存在资产、管理方面的利益关系,不得对同一产品进行重复检测和收费。国家支持具备第三方公正地位的汽车、摩托车和重点零部件检测机构规范发展。

第六章 商标品牌

第二十四条 汽车、摩托车、发动机和零部件生产企业均要增强企业和产品品牌意识,积极开发具有自主知识产权的产品,重视知识产权保护,在生产经营活动中努力提高企业品牌知名度,维护企业品牌形象。

第二十五条 汽车、摩托车、发动机和零部件生产企业均应依据《商标法》注册本企业自有的商品商标和服务商标。国家鼓励企业制定品牌发展和保护规划,努力实施品牌经营战略。

第二十六条 2005年起,所有国产汽车和总成部件要标示生产企业的注册商品商标,在国内市场销售的整车产品要在车身外部显著位置标明生产企业商品商标和本企业名称或商品产地,如商品商标中已含有生产企业地理标志的,可不再标明商品产地。所有品牌经销商要在其销售服务场所醒目位置标示生产企业服务商标。

第七章 产品开发

第二十七条 国家支持汽车、摩托车和零部件生产企业建立产品研发机构,形成产品创新能力和自主开发能力。自主开发可采取自行开发、联合开发、委托开发等多种形式。企业自主开发产品的科研设施建设投资凡符合国家促进企业技术进步有关税收规定的,可在所得税前列支。国家将尽快出台鼓励企业自主开发的政策。

第二十八条 汽车生产企业要努力掌握汽车车身开发技术,注重产品工艺技术的开发,并尽快形成底盘和发动机开发能力。国家在产业化改造上支持大型汽车企业集团、企业联盟或汽车零部件生产企业开发具有当代先进水平和自主知识产权的整车或部件总成。

第二十九条 汽车、摩托车和零部件生产企业要积极参加国家组织的重大科技攻关项目,加强与科研机构、高等院校之间的合作研究,注重科研成果的应用和转化。

第八章 零部件及相关产业

第三十条 汽车零部件企业要适应国际产业发展趋势,积极参与主机厂的产品开发工作。在关键汽车零部件领域要逐步形成系统开发能力,在一般汽车零部件领域要形成先进的产品开发和制造能力,满足国内外市场的需要,努力进入国际汽车零部件采购体系。

第三十一条 制定零部件专项发展规划,对汽车零部件产品进行分类指导和支持,引导社会资金投向汽车零部件生产领域,促使有比较优势的零部件企业形成专业化、大批量生产和模块化供货能力。对能为多个独立的汽车整车生产企业配套和进入国际汽车零部件采购体系的零部件生产企业,国家在技术引进、技术改造、融资以及兼并重组等方面予以优先扶持。汽车整车生产企业应逐步采用电子商务、网上采购方式面向社会采购零部件。

第三十二条 根据汽车行业发展规划要求,冶金、石化化工、机械、电子、轻工、纺织、建材等汽车工业相关领域的生产企业应注重在金属材料、机械设备、工装模具、汽车电子、橡胶、工程塑料、纺织品、玻璃、车用油品等方面,提高产品水平和市场竞争能力,与汽车工业同步发展。

重点支持钢铁生产企业实现轿车用板材的供应能力;支持设立专业化的模具设计制造中心,提高汽车模具设计制造能力;支持石化企业技术进步和产品升级,使成品油、润滑油等油品质量达到国际先进水平,满足汽车产业发展的需要。

第九章 营销网络

第三十三条 国家鼓励汽车、摩托车、零部件生产企业和金融、服务贸易企业借鉴国际上成熟的汽车营销方式、管理经验和服务贸易理念,积极发展汽车服务贸易。

第三十四条 为保护汽车消费者的合法权益,使其在汽车购买和使用过程中得到良好的服务,国内外汽车生产企业凡在境内市场销售自产汽车产品的,必须尽快建立起自产汽车品牌销售和服务体系。该体系可由国内外汽车生产企业以自行投资或授权汽车经销商投资方式建立。境内外投资者在得到汽车生产企业授权并按照有关规定办理必要的手续后,均可在境内从事国产汽车或进口汽车的品牌销售和售后服务活动。

第三十五条 2005年起,汽车生产企业自产乘用车均要实现品牌销售和服务;2006年起,所有自产汽车产品均要实现品牌销售和服务。

第三十六条　取消现行有关小轿车销售权核准管理办法，由商务部会同国家工商总局、国家发展改革委等有关部门制定汽车品牌销售管理实施办法。汽车销售商应在工商行政管理部门核准的经营范围内开展汽车经营活动。其中不超过九座的乘用车（含二手车）品牌经销商的经营范围，经国家工商行政管理部门依照有关规定核准、公布。品牌经销商营业执照统一核准为品牌汽车销售。

第三十七条　汽车、摩托车生产企业要加强营销网络的销售管理，规范维修服务；有责任向社会公告停产车型，并采取积极措施保证在合理期限内提供可靠的配件供应用于售后服务和维修；要定期向社会公布其授权和取消授权的品牌销售或维修企业名单；对未经品牌授权和不具备经营条件的经销商，不得提供产品。

第三十八条　汽车、摩托车和零部件销售商在经营活动中应遵守国家有关法律法规。对销售国家禁止或公告停止销售的车辆的，伪造或冒用他人厂名、厂址、合格证销售车辆的，未经汽车生产企业授权或已取消授权仍使用原品牌进行汽车、配件销售和维修服务的，以及经销假冒伪劣汽车配件并为客户提供修理服务的，有关部门要依法予以处罚。

第三十九条　汽车生产企业要兼顾制造和销售服务环节的整体利益，提高综合经济效益。转让销售环节的权益给其它法人机构的，应视为原投资项目可行性研究报告重大变更，除按规定报商务部批准外，需报请原项目审批单位核准。

第十章　投资管理

第四十条　按照有利于企业自主发展和政府实施宏观调控的原则，改革政府对汽车生产企业投资项目的审批管理制度，实行备案和核准两种方式。

第四十一条　实行备案的投资项目：

1. 现有汽车、农用运输车和车用发动机生产企业自筹资金扩大同类别产品生产能力和增加品种，包括异地新建同类别产品的非独立法人生产单位。

2. 投资生产摩托车及其发动机。

3. 投资生产汽车、农用运输车和摩托车的零部件。

第四十二条　实行备案的投资项目中第1款由省级政府投资管理部门或计划单列企业集团报送国家发展改革委备案；第2、3款由企业直接报送省级政府投资管理部门备案。备案内容见附件二。

第四十三条　实行核准的投资项目：

1. 新建汽车、农用运输车、车用发动机生产企业，包括现有汽车生产企业异地建设新的独立法人生产企业。

2. 现有汽车生产企业跨产品类别生产其它类别汽车整车产品。

第四十四条　实行核准的投资项目由省级政府投资管理部门或计划单列企业集团报国家发展改革委审查，其中投资生产专用汽车的项目由省级政府投资管理部门核准后报国家发展改革委备案，新建中外合资轿车项目由国家发展改革委报国务院核准。

第四十五条　经核准的大型汽车企业集团发展规划，其所包含的项目由企业自行实施。

第四十六条　2006年1月1日前，暂停核准新建农用运输车生产企业。

第四十七条　新的投资项目应具备以下条件：

1. 新建摩托车及其发动机生产企业要具备技术开发的能力和条件，项目总投资不得低于2亿元人民币。

2. 专用汽车生产企业注册资本不得低于2000万元人民币，要具备产品开发的能力和条件。

3. 跨产品类别生产其它类汽车整车产品的投资项目，项目投资总额（含利用原有固定资产和无形资产等）不得低于15亿元人民币，企业资产负债率在50%之内，银行信用等级AAA。

4. 跨产品类别生产轿车类、其他乘用车类产品的汽车生产企业应具备批量生产汽车产品的业绩，近三年税后利润累计在10亿元以上（具有税务证明）；企业资产负债率在50%之内，银行信用等级AAA。

5. 新建汽车生产企业的投资项目，项目投资总额不得低于20亿元人民币，其中自有资金不得低于8亿元人民币，要建立产品研究开发机构，且投资不得低于5亿元人民币。新建乘用车、重型载货车生产企业投资项目应包括为整车配套的发动机生产。

新建车用发动机生产企业的投资项目，项目投资总额不得低于15亿元人民币，其中自有资金不得低于

5 亿元人民币，要建立研究开发机构，产品水平要满足不断提高的国家技术规范的强制性要求的要求。

6. 新建下列投资项目的生产规模不得低于：

重型载货车 10000 辆；

乘用车：装载 4 缸发动机 50000 辆；装载 6 缸发动机 30000 辆。

第四十八条 汽车整车、专用汽车、农用运输车和摩托车中外合资生产企业的中方股份比例不得低于 50%。股票上市的汽车整车、专用汽车、农用运输车和摩托车股份公司对外出售法人股份时，中方法人之一必须相对控股且大于外资法人股之和。同一家外商可在国内建立两家(含两家)以下生产同类(乘用车类、商用车类、摩托车类)整车产品的合资企业，如与中方合资伙伴联合兼并国内其它汽车生产企业可不受两家的限制。境外具有法人资格的企业相对控股另一家企业，则视为同一家外商。

第四十九条 国内外汽车生产企业在出口加工区内投资生产出口汽车和车用发动机的项目，可不受本政策有关条款的约束，需报国务院专项审批。

第五十条 中外合资汽车生产企业合营各方延长合营期限、改变合资股比或外方股东的，需按有关规定报原审批部门办理。

第五十一条 实行核准的项目未获得核准通知的，土地管理部门不得办理土地征用，国有银行不得发放贷款，海关不办理免税，证监会不核准发行股票与上市，工商行政管理部门不办理新建企业登记注册手续。国家有关部门不受理生产企业和产品准入申请。

第十一章 进口管理

第五十二条 国家支持汽车生产企业努力提高汽车产品本地化生产能力，带动汽车零部件企业技术进步，发展汽车制造业。

第五十三条 汽车生产企业凡用进口零部件生产汽车构成整车特征的，应如实向商务部、海关总署、国家发展改革委报告，其所涉及车型的进口件必须全部在属地海关报关纳税，以便有关部门实施有效管理。

第五十四条 严格按照进口整车和零部件税率征收关税，防止关税流失。国家有关职能部门要在申领配额、进口报关、产品准入等环节进行核查。

第五十五条 汽车整车特征的认定范围为车身(含驾驶室)总成、发动机总成、变速器总成、驱动桥总成、非驱动桥总成、车架总成、转向系统、制动系统等。

第五十六条 汽车总成(系统)特征的认定范围包括整套总成散件进口，或将总成或系统逐一分解成若干关键件进口。凡进口关键件达到或超过规定数量的，即视为构成总成特征。

第五十七条 按照汽车整车特征的认定范围达到下述状态的，视为构成整车特征：

1. 进口车身(含驾驶室)、发动机两大总成装车的；

2. 进口车身(含驾驶室)和发动机两大总成之一及其余三个总成(含)以上装车的；

3. 进口除车身(含驾驶室)和发动机两大总成以外其余五个总成(含)以上装车的。

第五十八条 国家指定大连新港、天津新港、上海港、黄埔港四个沿海港口和满洲里、深圳(皇岗)两个陆地口岸，以及新疆阿拉山口口岸(进口新疆自治区自用、原产地为独联体国家的汽车整车)为整车进口口岸。进口汽车整车必须通过以上口岸进口。2005 年起，所有进口口岸保税区不得存放以进入国内市场为目的的汽车。

第五十九条 国家禁止以贸易方式和接受捐赠方式进口旧汽车和旧摩托车及其零部件，以及以废钢铁、废金属的名义进口旧汽车总成和零件进行拆解和翻新。对维修境外并复出境的上述产品可在出口加工区内进行，但不得进行旧汽车、旧摩托车的拆解和翻新业务。

第六十条 对进口整车、零部件的具体管理办法由海关总署会同有关部门制订，报国务院批准后实施。对国外送检样车、进境参展等临时进口的汽车，按照海关对暂时进出口货物的管理规定实施管理。

第十二章 汽车消费

第六十一条 培育以私人消费为主体的汽车市场，改善汽车使用环境，维护汽车消费者权益。引导汽车消费者购买和使用低能耗、低污染、小排量、新能源、新动力的汽车，加强环境保护。实现汽车工业与城市交通设施、环境保护、能源节约和相关产业协调发展。

第六十二条 建立全国统一、开放的汽车市场和管理制度，各地政府要鼓励不同地区生产的汽车在本地区市场实现公平竞争，不得对非本地生产的汽车产品实施歧视性政策或可能导致歧视性结果的措施。凡在汽车购置、使用和产权处置方面不符合国家法规和本政策要求的各种限制和附加条件，应一律予以修订或取消。

第六十三条　国家统一制定和公布针对汽车的所有行政事业性收费和政府性基金的收费项目和标准，规范汽车注册登记环节和使用过程中的政府各项收费。各地在汽车购买、登记和使用环节，不得新增行政事业性收费和政府性基金项目和金额，如确需新增，应依据法律、法规或国务院批准的文件按程序报批。除国家规定的收费项目外，任何单位不得对汽车消费者强制收取任何非经营服务性费用。对违反规定强制收取的，汽车消费者有权举报并拒绝交纳。

第六十四条　加强经营服务性收费管理。汽车使用过程中所涉及的维修保养、非法定保险、机动车停放费等经营服务性收费，应以汽车消费者自愿接受服务为原则，由经营服务单位收取。维修保养等竞争性行业的收费及标准，由经营服务者按市场原则自行确定。机动车停放等使用垄断资源进行经营服务的，其收费标准和管理办法由国务院价格主管部门或授权省级价格主管部门制定、公布并监督实施。经营服务者要在收费场所设立收费情况动态告示牌，接受公众监督。

公路收费站点的设立必须符合国家有关规定。所有收费站点均应在收费站醒目位置公布收费依据和收费标准。

第六十五条　积极发展汽车服务贸易，推动汽车消费。国家支持发展汽车信用消费。从事汽车消费信贷业务的金融机构要改进服务，完善汽车信贷抵押办法。在确保信贷安全的前提下，允许消费者以所购汽车作为抵押获取汽车消费贷款。经核准，符合条件的企业可设立专业服务于汽车销售的非银行金融机构，外资可开展汽车消费信贷、租赁等业务。努力拓展汽车租赁、驾驶员培训、储运、救援等各项业务，健全汽车行业信息统计体系，发展汽车网络信息服务和电子商务。支持有条件的单位建立消费者信用信息体系，并实现信息共享。

第六十六条　国家鼓励二手车流通。有关部门要积极创造条件，统一规范二手车交易税费征管办法，方便汽车经销企业进行二手车交易，培育和发展二手车市场。

建立二手车自愿申请评估制度。除涉及国有资产的车辆外，二手车的交易价格由买卖双方商定；当事人可以自愿委托具有资质证书的中介机构进行评估，供交易时参考；任何单位和部门不得强制或变相强制对交易车辆进行评估。

第六十七条　开展二手车经营的企业，应具备相应的资金、场地和专业技术人员，经工商行政管理部门核准登记后开展经营活动。汽车销售商在销售二手车时，应向购车者提供车辆真实情况，不得隐瞒和欺诈。所销售的车辆必须具有《机动车登记证书》和《机动车行驶证》，同时具备公安交通管理部门和环境保护管理部门的有效年检证明。购车者购买的二手车如不能办理机动车转出登记和转入登记时，销售商应无条件接受退车，并承担相应的责任。

第六十八条　完善汽车保险制度。保险制度要根据消费者和投保汽车风险程度的高低来收取保费。鼓励保险业推进汽车保险产品多元化和保险费率市场化。

第六十九条　各城市人民政府要综合研究本市的交通需求和交通方式与城市道路和停车设施等交通资源平衡发展的政策和方法。制定非临时性限制行驶区域交通管制方案要实行听证制度。

第七十条　各城市人民政府应根据本市经济发展状况，以保障交通通畅、方便停车和促进汽车消费为原则，积极搞好停车场所及设施的规划和建设。制定停车场所用地政策和投资鼓励政策，鼓励个人、集体、外资投资建设停车设施。为规范城市停车设施的建设，建设部应制定相应标准，对居住区、商业区、公共场所及娱乐场所等建立停车设施提出明确要求。

第七十一条　国家有关部门统一制定和颁布汽车排放标准，并根据国情分为现行标准和预期标准。各省、自治区、直辖市人民政府根据本地实际情况，选择实行现行标准或预期标准。如选择预期标准为现行标准的，至少提前一年公布实施日期。

第七十二条　实行全国统一的机动车登记、检验管理制度，各地不得自行制定管理办法。在申请办理机动车注册登记和年度检验时，除按国家有关法律法规和国务院规定或授权规定应当提供的凭证（机动车所有人的身份证明、机动车来历证明、国产机动车整车出厂合格证或进口机动车进口证明、有关税收凭证、法定保险的保险费缴费凭证、年度检验合格凭证等）外，公安交通管理部门不得额外要求提交其它凭证。各级人民政府和有关部门也不得要求公安交通管理部门在注册登记和年度检验时增加查验其它凭证。汽车消费者提供的手续符合国家规定的,公安交通管理部门不得拒绝办理注册登记和年度检验。

第七十三条 公安交通和环境保护管理部门要根据汽车产品类别、用途和新旧状况商有关部门制定差别化管理办法。对新车、非营运用车适当延长检验间隔时间,对老旧汽车可适当增加检验频次和检验项目。

第七十四条 公安交通管理部门核发的《机动车登记证书》在汽车租赁、汽车消费信贷、二手车交易时可作为机动车所有人的产权凭证使用,在汽车交易时必须同时将《机动车登记证书》转户。

第十三章 其 它

第七十五条 汽车行业组织、中介机构等社会团体要加强自身建设,增强服务意识,努力发挥中介组织的作用;要积极参与国际间相关业界的交流活动,在政府与企业间充分发挥桥梁和纽带作用,促进汽车产业发展。

第七十六条 香港特别行政区、澳门特别行政区和台湾地区的投资者在中国内地投资汽车工业的,从本政策的有关规定执行。

第七十七条 在道路机动车辆产品技术规范的强制性要求出台之前,暂行执行国家强制性标准。

第七十八条 本政策自发布之日起实施,由国家发展改革委负责解释。

附件一:

名 词 解 释

一、道路机动车辆——在道路上行驶的,至少有两个车轮,且最大设计车速超过每小时6公里的各类机动车及其挂车。主要包括汽车、农用运输车、摩托车和其他道路运输机械及挂车。不包括利用轨道行驶的车辆,以及农业、林业、工程等非道路用各种机动机械和拖拉机。

二、汽车、专用汽车、农用运输车、摩托车——《汽车产业发展政策》所称汽车是指国家标准(GB/T3730.1—2001)2.1款定义的车辆,包括汽车整车和专用汽车;所称专用汽车是指国家标准(GB/T3730.1—2001)2.1.1.11,2.1.2.3.5,2.1.2.3.6款定义的车辆;所称农用运输车是指国家标准(GB18320—2001)中定义的车辆;所称摩托车是指国家标准(GB/T5359.1—1996)中定义的车辆。

三、产品类别——按照国家标准定义的乘用车、商用车和摩托车及其细分类,其中:

(一)乘用车细分类为:

轿车类:国家标准GB/T3730.1—2001中2.1.1.1—2.1.1.6

其它乘用车类(包括多用途车和运动用车):国家标准GB/T3730.1—2001中2.1.1.7—2.1.1.11

(二)商用车细分类为:

客车类:国家标准GB/T3730.1—2001中2.1.2.1

半挂牵引车及货车类:国家标准GB/T3730.1—2001中2.1.2.2,2.1.2.3

四、新建汽车、农用运输车、车用发动机投资项目——新建汽车整车、专用汽车、农用运输车、车用发动机生产企业(含中外合资企业),现有汽车整车、专用汽车、农用运输车、车用发动机生产企业(含中外合资企业)变更法人股东以及异地建设新的独立法人生产企业。异地是指企业所在市、县之外。

五、项目投资总额——投资项目所需的全部固定资产(含原有固定资产和新增固定资产)投资、无形资产和流动资金的总和。

六、自主产权(自主知识产权)——通过自主开发、联合开发或委托开发获得的产品,企业拥有产品工业产权、产品改进及认可权以及产品技术转让权。

七、汽车生产企业——按照国家规定的审批程序在中国关境内合法注册的汽车整车、专用汽车生产企业(包括中外合资、合作企业)。

八、国内市场占有率——某一集团(企业)全年在国内市场整车销售量占全部国产汽车销售量的比例。

附件二：

汽车投资项目备案内容

备案内容应包括：

一、汽车生产企业或项目投资者的基本情况、法定地址，法定代表姓名。近三年企业经营业绩和银行资信。

二、投资项目建设的必要性和国内外市场分析；产品技术水平分析和技术来源（产品知识产权说明）；项目投资总额、注册资本和资金来源；生产（营业）规模、项目建设内容；建设方式、建设进度安排。

三、中外合资、合作企业外方合资、合作者基本情况，包括外商名称，注册国家、法定地址和法定代表、国籍。外方在华投资情况及经营业绩。本投资项目中外各方股份比例，投资方式和资金来源，合资期限。

四、外方技术转让、技术合作合同。

五、投资项目的经济效益分析。

六、环保、土地、银行承诺文件及所在地政府核准建设文件。

七、地方政府配套条件及优惠政策。

机动车登记规定

公安部令第102号

第一章 总 则

第一条 根据《中华人民共和国道路交通安全法》及其实施条例的规定，制定本规定。

第二条 本规定由公安机关交通管理部门负责实施。

省级公安机关交通管理部门负责本省（自治区、直辖市）机动车登记工作的指导、检查和监督。直辖市公安机关交通管理部门车辆管理所、设区的市或者相当于同级的公安机关交通管理部门车辆管理所负责办理本行政辖区内机动车登记业务。

县级公安机关交通管理部门车辆管理所可以办理本行政辖区内摩托车、三轮汽车、低速载货汽车登记业务。条件具备的，可以办理除进口机动车、危险化学品运输车、校车、中型以上载客汽车以外的其他机动车登记业务。具体业务范围和办理条件由省级公安机关交通管理部门确定。

警用车辆登记业务按照有关规定办理。

第三条 车辆管理所办理机动车登记，应当遵循公开、公正、便民的原则。

车辆管理所在受理机动车登记申请时，对申请材料齐全并符合法律、行政法规和本规定的，应当在规定的时限内办结。对申请材料不齐全或者其他不符合法定形式的，应当一次告知申请人需要补正的全部内容。对不符合规定的，应当书面告知不予受理、登记的理由。

车辆管理所应当将法律、行政法规和本规定的有关机动车登记的事项、条件、依据、程序、期限以及收费标准、需要提交的全部材料的目录和申请表示范文本等在办理登记的场所公示。

省级、设区的市或者相当于同级的公安机关交通管理部门应当在互联网上建立主页，发布信息，便于群众查阅机动车登记的有关规定，下载、使用有关表格。

第四条 车辆管理所应当使用计算机登记系统办理机动车登记，并建立数据库。不使用计算机登记系统登记的，登记无效。

计算机登记系统的数据库标准和登记软件全国统一。数据库能够完整、准确记录登记内容，记录办理过程和经办人员信息，并能够实时将有关登记内容传送到全国公安交通管理信息系统。计算机登记系统应当与交通违法信息系统和交通事故信息系统实行联网。

第二章 登 记

第一节 注册登记

第五条 初次申领机动车号牌、行驶证的，机动车所有人应当向住所地的车辆管理所申请注册登记。

第六条 机动车所有人应当到机动车安全技术检验机构对机动车进行安全技术检验，取得机动车安全技术检验合格证明后申请注册登记。但经海关进口的机动车和国务院机动车产品主管部门认定免予安全技术检验的机动车除外。

免予安全技术检验的机动车有下列情形之一的,应当进行安全技术检验:

(一)国产机动车出厂后两年内未申请注册登记的;

(二)经海关进口的机动车进口后两年内未申请注册登记的;

(三)申请注册登记前发生交通事故的。

第七条 申请注册登记的,机动车所有人应当填写申请表,交验机动车,并提交以下证明、凭证:

(一)机动车所有人的身份证明;

(二)购车发票等机动车来历证明;

(三)机动车整车出厂合格证明或者进口机动车进口凭证;

(四)车辆购置税完税证明或者免税凭证;

(五)机动车交通事故责任强制保险凭证;

(六)法律、行政法规规定应当在机动车注册登记时提交的其他证明、凭证。

不属于经海关进口的机动车和国务院机动车产品主管部门规定免予安全技术检验的机动车,还应当提交机动车安全技术检验合格证明。

车辆管理所应当自受理申请之日起二日内,确认机动车,核对车辆识别代号拓印膜,审查提交的证明、凭证,核发机动车登记证书、号牌、行驶证和检验合格标志。

第八条 车辆管理所办理消防车、救护车、工程救险车注册登记时,应当对车辆的使用性质、标志图案、标志灯具和警报器进行审查。

车辆管理所办理全挂汽车列车和半挂汽车列车注册登记时,应当对牵引车和挂车分别核发机动车登记证书、号牌和行驶证。

第九条 有下列情形之一的,不予办理注册登记:

(一)机动车所有人提交的证明、凭证无效的;

(二)机动车来历证明被涂改或者机动车来历证明记载的机动车所有人与身份证明不符的;

(三)机动车所有人提交的证明、凭证与机动车不符的;

(四)机动车未经国务院机动车产品主管部门许可生产或者未经国家进口机动车主管部门许可进口的;

(五)机动车的有关技术数据与国务院机动车产品主管部门公告的数据不符的;

(六)机动车的型号、发动机号码、车辆识别代号或者有关技术数据不符合国家安全技术标准的;

(七)机动车达到国家规定的强制报废标准的;

(八)机动车被人民法院、人民检察院、行政执法部门依法查封、扣押的;

(九)机动车属于被盗抢的;

(十)其他不符合法律、行政法规规定的情形。

第二节 变更登记

第十条 已注册登记的机动车有下列情形之一的,机动车所有人应当向登记地车辆管理所申请变更登记:

(一)改变车身颜色的;

(二)更换发动机的;

(三)更换车身或者车架的;

(四)因质量问题更换整车的;

(五)营运机动车改为非营运机动车或者非营运机动车改为营运机动车等使用性质改变的;

(六)机动车所有人的住所迁出或者迁入车辆管理所管辖区域的。

机动车所有人为两人以上,需要将登记的所有人姓名变更为其他所有人姓名的,可以向登记地车辆管理所申请变更登记。

属于本条第一款第(一)项、第(二)项和第(三)项规定的变更事项的,机动车所有人应当在变更后十日内向车辆管理所申请变更登记;属于本条第一款第(六)项规定的变更事项的,机动车所有人申请转出前,应当将涉及该车的道路交通安全违法行为和交通事故处理完毕。

第十一条 申请变更登记的,机动车所有人应当填写申请表,交验机动车,并提交以下证明、凭证:

(一)机动车所有人的身份证明;

(二)机动车登记证书;

(三)机动车行驶证;

(四)属于更换发动机、车身或者车架的,还应当提交机动车安全技术检验合格证明;

(五)属于因质量问题更换整车的,还应当提交机动车安全技术检验合格证明,但经海关进口的机动车和国务院机动车产品主管部门认定免予安全技术检验的机动车除外。

车辆管理所应当自受理之日起一日内,确认机动车,审查提交的证明、凭证,在机动车登记证书上签注变更事项,收回行驶证,重新核发行驶证。

车辆管理所办理本规定第十条第一款第(三)项、第(四)项和第(六)项规定的变更登记事项的,应当核对车辆识别代号拓印膜。

第十二条 车辆管理所办理机动车变更登记时,需要改变机动车号牌号码的,收回号牌、行驶证,确定新的机动车号牌号码,重新核发号牌、行驶证和检验合格标志。

第十三条 机动车所有人的住所迁出车辆管理所管辖区域的,车辆管理所应当自受理之日起三日内,在机动车登记证书上签注变更事项,收回号牌、行驶证,核发有效期为三十日的临时行驶车号牌,将机动车档案交机动车所有人。机动车所有人应当在临时行驶车号牌的有效期限内到住所地车辆管理所申请机动车转入。

申请机动车转入的,机动车所有人应当填写申请表,提交身份证明、机动车登记证书、机动车档案,并交验机动车。机动车在转入时已超过检验有效期的,应当在转入地进行安全技术检验并提交机动车安全技术检验合格证明和交通事故责任强制保险凭证。车辆管理所应当自受理之日起三日内,确认机动车,核对车辆识别代号拓印膜,审查相关证明、凭证和机动车档案,在机动车登记证书上签注转入信息,核发号牌、行驶证和检验合格标志。

第十四条 机动车所有人为两人以上,需要将登记的所有人姓名变更为其他所有人姓名的,应当提交机动车登记证书、行驶证、变更前和变更后机动车所有人的身份证明和共同所有的公证证明,但属于夫妻双方共同所有的,可以提供《结婚证》或者证明夫妻关系的《居民户口簿》。

变更后机动车所有人的住所在车辆管理所管辖区域内的,车辆管理所按照本规定第十一条第二款的规定办理变更登记。变更后机动车所有人的住所不在车辆管理所管辖区域内的,迁出地和迁入地车辆管理所按照本规定第十三条的规定办理变更登记。

第十五条 有下列情形之一的,不予办理变更登记:

(一)改变机动车的品牌、型号和发动机型号的,但经国务院机动车产品主管部门许可选装的发动机除外;

(二)改变已登记的机动车外形和有关技术数据的,但法律、法规和国家强制性标准另有规定的除外;

(三)有本规定第九条第(一)项、第(七)项、第(八)项、第(九)项规定情形的。

第十六条 有下列情形之一,在不影响安全和识别号牌的情况下,机动车所有人不需要办理变更登记:

(一)小型、微型载客汽车加装前后防撞装置;

(二)货运机动车加装防风罩、水箱、工具箱、备胎架等;

(三)增加机动车车内装饰。

第十七条 已注册登记的机动车,机动车所有人住所在车辆管理所管辖区域内迁移或者机动车所有人姓名(单位名称)、联系方式变更的,应当向登记地车辆管理所备案。

(一)机动车所有人住所在车辆管理所管辖区域内迁移、机动车所有人姓名(单位名称)变更的,机动车所有人应当提交身份证明、机动车登记证书、行驶证和相关变更证明。车辆管理所应当自受理之日起一日内,在机动车登记证书上签注备案事项,重新核发行驶证。

(二)机动车所有人联系方式变更的,机动车所有人应当提交身份证明和行驶证。车辆管理所应当自受理之日起一日内办理备案。

机动车所有人的身份证明名称或者号码变更的,可以向登记地车辆管理所申请备案。机动车所有人应当提交身份证明、机动车登记证书。车辆管理所应当自受理之日起一日内,在机动车登记证书上签注备案事项。

发动机号码、车辆识别代号因磨损、锈蚀、事故等原因辨认不清或者损坏的，可以向登记地车辆管理所申请备案。机动车所有人应当提交身份证明、机动车登记证书、行驶证。车辆管理所应当自受理之日起一日内，在发动机、车身或者车架上打刻原发动机号码或者原车辆识别代号，在机动车登记证书上签注备案事项。

第三节 转移登记

第十八条 已注册登记的机动车所有权发生转移的，现机动车所有人应当自机动车交付之日起三十日内向登记地车辆管理所申请转移登记。

机动车所有人申请转移登记前，应当将涉及该车的道路交通安全违法行为和交通事故处理完毕。

第十九条 申请转移登记的，现机动车所有人应当填写申请表，交验机动车，并提交以下证明、凭证：

（一）现机动车所有人的身份证明；

（二）机动车所有权转移的证明、凭证；

（三）机动车登记证书；

（四）机动车行驶证；

（五）属于海关监管的机动车，还应当提交《中华人民共和国海关监管车辆解除监管证明书》或者海关批准的转让证明；

（六）属于超过检验有效期的机动车，还应当提交机动车安全技术检验合格证明和交通事故责任强制保险凭证。

现机动车所有人住所在车辆管理所管辖区域内的，车辆管理所应当自受理申请之日起一日内，确认机动车，核对车辆识别代号拓印膜，审查提交的证明、凭证，收回号牌、行驶证，确定新的机动车号牌号码，在机动车登记证书上签注转移事项，重新核发号牌、行驶证和检验合格标志。

现机动车所有人住所不在车辆管理所管辖区域内的，车辆管理所应当按照本规定第十三条的规定办理。

第二十条 有下列情形之一的，不予办理转移登记：

（一）机动车与该车档案记载内容不一致的；

（二）属于海关监管的机动车，海关未解除监管或者批准转让的；

（三）机动车在抵押登记、质押备案期间的；

（四）有本规定第九条第（一）项、第（二）项、第（七）项、第（八）项、第（九）项规定情形的。

第二十一条 被人民法院、人民检察院和行政执法部门依法没收并拍卖，或者被仲裁机构依法仲裁裁决，或者被人民法院调解、裁定、判决机动车所有权转移时，原机动车所有人未向现机动车所有人提供机动车登记证书、号牌或者行驶证的，现机动车所有人在办理转移登记时，应当提交人民法院出具的未得到机动车登记证书、号牌或者行驶证的《协助执行通知书》，或者人民检察院、行政执法部门出具的未得到机动车登记证书、号牌或者行驶证的证明。车辆管理所应当公告原机动车登记证书、号牌或者行驶证作废，并在办理转移登记的同时，补发机动车登记证书。

第四节 抵押登记

第二十二条 机动车所有人将机动车作为抵押物抵押的，应当向登记地车辆管理所申请抵押登记；抵押权消灭的，应当向登记地车辆管理所申请解除抵押登记。

第二十三条 申请抵押登记的，机动车所有人应当填写申请表，由机动车所有人和抵押权人共同申请，并提交下列证明、凭证：

（一）机动车所有人和抵押权人的身份证明；

（二）机动车登记证书；

（三）机动车所有人和抵押权人依法订立的主合同和抵押合同。

车辆管理所应当自受理之日起一日内，审查提交的证明、凭证，在机动车登记证书上签注抵押登记的内容和日期。

第二十四条 申请解除抵押登记的，机动车所有人应当填写申请表，由机动车所有人和抵押权人共同申请，并提交下列证明、凭证：

（一）机动车所有人和抵押权人的身份证明；

（二）机动车登记证书。

人民法院调解、裁定、判决解除抵押的，机动车所有人或者抵押权人应当填写申请表，提交机动车登记证书、人民法院出具的已经生效的《调解书》、《裁定书》或者《判决书》，以及相应的《协助执行通知书》。

车辆管理所应当自受理之日起一日内，审查提交的证明、凭证，在机动车登记证书上签注解除抵押登记的内容和日期。

第二十五条 机动车抵押登记日期、解除抵押登记日期可以供公众查询。

第二十六条 有本规定第九条第（一）项、第（七）项、第（八）项、第（九）项或者第二十条第（二）项规定情形之一的，不予办理抵押登记。对机动车所有人提交的证明、凭证无效，或者机动车被人民法院、人民检察院、行政执法部门依法查封、扣押的，不予办理解除抵押登记。

第五节 注销登记

第二十七条 已达到国家强制报废标准的机动车，机动车所有人向机动车回收企业交售机动车时，应当填写申请表，提交机动车登记证书、号牌和行驶证。机动车回收企业应当确认机动车并解体，向机动车所有人出具《报废机动车回收证明》。报废的大型客、货车及其他营运车辆应当在车辆管理所的监督下解体。

机动车回收企业应当在机动车解体后七日内将申请表、机动车登记证书、号牌、行驶证和《报废机动车回收证明》副本提交车辆管理所，申请注销登记。

车辆管理所应当自受理之日起一日内，审查提交的证明、凭证，收回机动车登记证书、号牌、行驶证，出具注销证明。

第二十八条 除本规定第二十七条规定的情形外，机动车有下列情形之一的，机动车所有人应当向登记地车辆管理所申请注销登记：

（一）机动车灭失的；

（二）机动车因故不在我国境内使用的；

（三）因质量问题退车的。

已注册登记的机动车有下列情形之一的，登记地车辆管理所应当办理注销登记：

（一）机动车登记被依法撤销的；

（二）达到国家强制报废标准的机动车被依法收缴并强制报废的。

属于本条第一款第（二）项和第（三）项规定情形之一的，机动车所有人申请注销登记前，应当将涉及该车的道路交通安全违法行为和交通事故处理完毕。

第二十九条 属于本规定第二十八条第一款规定的情形，机动车所有人申请注销登记的，应当填写申请表，并提交以下证明、凭证：

（一）机动车登记证书；

（二）机动车行驶证；

（三）属于机动车灭失的，还应当提交机动车所有人的身份证明和机动车灭失证明；

（四）属于机动车因故不在我国境内使用的，还应当提交机动车所有人的身份证明和出境证明，其中属于海关监管的机动车，还应当提交海关出具的《中华人民共和国海关监管车辆进（出）境领（销）牌照通知书》；

（五）属于因质量问题退车的，还应当提交机动车所有人的身份证明和机动车制造厂或者经销商出具的退车证明。

车辆管理所应当自受理之日起一日内，审查提交的证明、凭证，收回机动车登记证书、号牌、行驶证，出具注销证明。

第三十条 因车辆损坏无法驶回登记地的，机动车所有人可以向车辆所在地机动车回收企业交售报废机动车。交售机动车时应当填写申请表，提交机动车登记证书、号牌和行驶证。机动车回收企业应当确认机动车并解体，向机动车所有人出具《报废机动车回收证明》。报废的大型客、货车及其他营运车辆应当在报废地车辆管理所的监督下解体。

机动车回收企业应当在机动车解体后七日内将申请表、机动车登记证书、号牌、行驶证和《报废机动车回收证明》副本提交报废地车辆管理所，申请注销登记。

报废地车辆管理所应当自受理之日起一日内，审查提交的证明、凭证，收回机动车登记证书、号牌、行驶证，并通过计算机登记系统将机动车报废信息传递给登记地车辆管理所。

登记地车辆管理所应当自接到机动车报废信息之日起一日内办理注销登记,并出具注销证明。

第三十一条 已注册登记的机动车有下列情形之一的,车辆管理所应当公告机动车登记证书、号牌、行驶证作废:

(一)达到国家强制报废标准,机动车所有人逾期不办理注销登记的;

(二)机动车登记被依法撤销后,未收缴机动车登记证书、号牌、行驶证的;

(三)达到国家强制报废标准的机动车被依法收缴并强制报废的;

(四)机动车所有人办理注销登记时未交回机动车登记证书、号牌、行驶证的。

第三十二条 有本规定第九条第(一)项、第(八)项、第(九)项或者第二十条第(一)项、第(三)项规定情形的之一的,不予办理注销登记。

第三章 其他规定

第三十三条 申请办理机动车质押备案或者解除质押备案的,由机动车所有人和典当行共同申请,机动车所有人应当填写申请表,并提交以下证明、凭证:

(一)机动车所有人和典当行的身份证明;

(二)机动车登记证书。

车辆管理所应当自受理之日起一日内,审查提交的证明、凭证,在机动车登记证书上签注质押备案或者解除质押备案的内容和日期。

有本规定第九条第(一)项、第(七)项、第(八)项、第(九)项规定情形之一的,不予办理质押备案。对机动车所有人提交的证明、凭证无效,或者机动车被人民法院、人民检察院、行政执法部门依法查封、扣押的,不予办理解除质押备案。

第三十四条 机动车登记证书灭失、丢失或者损毁的,机动车所有人应当向登记地车辆管理所申请补领、换领。申请时,机动车所有人应当填写申请表并提交身份证明,属于补领机动车登记证书的,还应当交验机动车。车辆管理所应当自受理之日起一日内,确认机动车,审查提交的证明、凭证,补发、换发机动车登记证书。

启用机动车登记证书前已注册登记的机动车未申领机动车登记证书的,机动车所有人可以向登记地车辆管理所申领机动车登记证书。但属于机动车所有人申请变更、转移或者抵押登记的,应当在申请前向车辆管理所申领机动车登记证书。申请时,机动车所有人应当填写申请表,交验机动车并提交身份证明。车辆管理所应当自受理之日起五日内,确认机动车,核对车辆识别代号拓印膜,审查提交的证明、凭证,核发机动车登记证书。

第三十五条 机动车号牌、行驶证灭失、丢失或者损毁的,机动车所有人应当向登记地车辆管理所申请补领、换领。申请时,机动车所有人应当填写申请表并提交身份证明。

车辆管理所应当审查提交的证明、凭证,收回未灭失、丢失或者损毁的号牌、行驶证,自受理之日起一日内补发、换发行驶证,自受理之日起十五日内补发、换发号牌,原机动车号牌号码不变。

补发、换发号牌期间应当核发有效期不超过十五日的临时行驶车号牌。

第三十六条 机动车具有下列情形之一,需要临时上道路行驶的,机动车所有人应当向车辆管理所申领临时行驶车号牌:

(一)未销售的;

(二)购买、调拨、赠予等方式获得机动车后尚未注册登记的;

(三)进行科研、定型试验的;

(四)因轴荷、总质量、外廓尺寸超出国家标准不予办理注册登记的特型机动车。

第三十七条 机动车所有人申领临时行驶车号牌应当提交以下证明、凭证:

(一)机动车所有人的身份证明;

(二)机动车交通事故责任强制保险凭证;

(三)属于本规定第三十六条第(一)项、第(四)项规定情形的,还应当提交机动车整车出厂合格证明或者进口机动车进口凭证;

(四)属于本规定第三十六条第(二)项规定情形的,还应当提交机动车来历证明,以及机动车整车出厂合格证明或者进口机动车进口凭证;

（五）属于本规定第三十六条第（三）项规定情形的，还应当提交书面申请和机动车安全技术检验合格证明。

车辆管理所应当自受理之日起一日内，审查提交的证明、凭证，属于本规定第三十六条第（一）项、第（二）项规定情形，需要在本行政辖区内临时行驶的，核发有效期不超过十五日的临时行驶车号牌；需要跨行政辖区临时行驶的，核发有效期不超过三十日的临时行驶车号牌。属于本规定第三十六条第（三）项、第（四）项规定情形的，核发有效期不超过九十日的临时行驶车号牌。

因号牌制作的原因，无法在规定时限内核发号牌的，车辆管理所应当核发有效期不超过十五日的临时行驶车号牌。

对具有本规定第三十六条第（一）项、第（二）项规定情形之一，机动车所有人需要多次申领临时行驶车号牌的，车辆管理所核发临时行驶车号牌不得超过三次。

第三十八条 机动车所有人发现登记内容有错误的，应当及时要求车辆管理所更正。车辆管理所应当自受理之日起五日内予以确认。确属登记错误的，在机动车登记证书上更正相关内容，换发行驶证。需要改变机动车号牌号码的，应当收回号牌、行驶证，确定新的机动车号牌号码，重新核发号牌、行驶证和检验合格标志。

第三十九条 已注册登记的机动车被盗抢的，车辆管理所应当根据刑侦部门提供的情况，在计算机登记系统内记录，停止办理该车的各项登记和业务。被盗抢机动车发还后，车辆管理所应当恢复办理该车的各项登记和业务。

机动车在被盗抢期间，发动机号码、车辆识别代号或者车身颜色被改变的，车辆管理所应当凭有关技术鉴定证明办理变更备案。

第四十条 机动车所有人可以在机动车检验有效期满前三个月内向登记地车辆管理所申请检验合格标志。

申请前，机动车所有人应当将涉及该车的道路交通安全违法行为和交通事故处理完毕。申请时，机动车所有人应当填写申请表并提交行驶证、机动车交通事故责任强制保险凭证、机动车安全技术检验合格证明。

车辆管理所应当自受理之日起一日内，确认机动车，审查提交的证明、凭证，核发检验合格标志。

第四十一条 除大型载客汽车以外的机动车因故不能在登记地检验的，机动车所有人可以向登记地车辆管理所申请委托核发检验合格标志。申请前，机动车所有人应当将涉及机动车的道路交通安全违法行为和交通事故处理完毕。申请时，应当提交机动车登记证书或者行驶证。

车辆管理所应当自受理之日起一日内，出具核发检验合格标志的委托书。

机动车在检验地检验合格后，机动车所有人应当按照本规定第四十条第二款的规定向被委托地车辆管理所申请检验合格标志，并提交核发检验合格标志的委托书。被委托地车辆管理所应当自受理之日起一日内，按照本规定第四十条第三款的规定核发检验合格标志。

第四十二条 机动车检验合格标志灭失、丢失或者损毁的，机动车所有人应当持行驶证向机动车登记地或者检验合格标志核发地车辆管理所申请补领或者换领。车辆管理所应当自受理之日起一日内补发或者换发。

第四十三条 办理机动车转移登记或者注销登记后，原机动车所有人申请办理新购机动车注册登记时，可以向车辆管理所申请使用原机动车号牌号码。

申请使用原机动车号牌号码应当符合下列条件：

（一）在办理转移登记或者注销登记后六个月内提出申请；

（二）机动车所有人拥有原机动车三年以上；

（三）涉及原机动车的道路交通安全违法行为和交通事故处理完毕。

第四十四条 确定机动车号牌号码采用计算机自动选取和由机动车所有人按照机动车号牌标准规定自行编排的方式。

第四十五条 机动车所有人可以委托代理人代理申请各项机动车登记和业务，但申请补领机动车登记证书的除外。对机动车所有人因死亡、出境、重病、伤残或者不可抗力等原因不能到场申请补领机动车登记证书的，可以凭相关证明委托代理人代理申领。

代理人申请机动车登记和业务时，应当提交代理人的身份证明和机动车所有人的书面委托。

第四十六条 机动车所有人或者代理人申请机动车登记和业务，应当如实向车辆管理所提交规定的材料和反映真实情况，并对其申请材料实质内容的真实性负责。

第四章 法律责任

第四十七条 有下列情形之一的，由公安机关交通管理部门处警告或者二百元以下罚款：

（一）重型、中型载货汽车及其挂车的车身或者车厢后部未按照规定喷涂放大的牌号或者放大的牌号不清晰的；

（二）机动车喷涂、粘贴标识或者车身广告，影响安全驾驶的；

（三）载货汽车、挂车未按照规定安装侧面及后下部防护装置、粘贴车身反光标识的；

（四）机动车未按照规定期限进行安全技术检验的；

（五）改变车身颜色、更换发动机、车身或者车架，未按照本规定第十条规定的时限办理变更登记的；

（六）机动车所有权转移后，现机动车所有人未按照本规定第十八条规定的时限办理转移登记的；

（七）机动车所有人办理变更登记、转移登记，机动车档案转出登记地车辆管理所后，未按照本规定第十三条规定的时限到住所地车辆管理所申请机动车转入的。

第四十八条 除本规定第十条和第十六条规定的情形外，擅自改变机动车外形和已登记的有关技术数据的，由公安机关交通管理部门责令恢复原状，并处警告或者五百元以下罚款。

第四十九条 以欺骗、贿赂等不正当手段取得机动车登记的，由公安机关交通管理部门收缴机动车登记证书、号牌、行驶证，撤销机动车登记；申请人在三年内不得申请机动车登记。对涉嫌走私、盗抢的机动车，移交有关部门处理。

以欺骗、贿赂等不正当手段办理补、换领机动车登记证书、号牌、行驶证和检验合格标志等业务的，由公安机关交通管理部门处警告或者二百元以下罚款。

第五十条 省、自治区、直辖市公安厅、局可以根据本地区的实际情况，在本规定的处罚幅度范围内，制定具体的执行标准。

对本规定的道路交通安全违法行为的处理程序按照《道路交通安全违法行为处理程序规定》执行。

第五十一条 交通警察违反规定为被盗抢、走私、非法拼（组）装、达到国家强制报废标准的机动车办理登记的，按照国家有关规定给予处分，经教育不改又不宜给予开除处分的，按照《公安机关组织管理条例》规定予以辞退；对聘用人员予以解聘。构成犯罪的，依法追究刑事责任。

第五十二条 交通警察有下列情形之一的，按照国家有关规定给予处分；对聘用人员予以解聘。构成犯罪的，依法追究刑事责任：

（一）不按照规定确认机动车和审查证明、凭证的；

（二）故意刁难，拖延或者拒绝办理机动车登记的；

（三）违反本规定增加机动车登记条件或者提交的证明、凭证的；

（四）违反本规定第四十四条的规定，采用其他方式确定机动车号牌号码的；

（五）违反规定跨行政辖区办理机动车登记和业务的；

（六）超越职权进入计算机登记系统办理机动车登记和业务，或者不按规定使用机动车登记系统办理登记和业务的；

（七）向他人泄漏、传播计算机登记系统密码，造成系统数据被篡改、丢失或者破坏的；

（八）利用职务上的便利索取、收受他人财物或者谋取其他利益的；

（九）强令车辆管理所违反本规定办理机动车登记的。

第五十三条 公安机关交通管理部门有本规定第五十一条、第五十二条所列行为之一的，按照国家有关规定对直接负责的主管人员和其他直接责任人员给予相应的处分。

公安机关交通管理部门及其工作人员有本规定第五十一条、第五十二条所列行为之一，给当事人造成损失的，应当依法承担赔偿责任。

第五章 附则

第五十四条 机动车登记证书、号牌、行驶证、检验合格标志的种类、式样，以及各类登记表格式样等由公安部制定。机动车登记证书由公安部统一印制。

机动车登记证书、号牌、行驶证、检验合格标志的制作应当符合有关标准。

第五十五条 本规定下列用语的含义：

（一）进口机动车是指：

1. 经国家限定口岸海关进口的汽车；

2. 经各口岸海关进口的其他机动车；

3. 海关监管的机动车；

4. 国家授权的执法部门没收的走私、无合法进口证明和利用进口关键件非法拼（组）装的机动车。

（二）进口机动车的进口凭证是指：

1. 进口汽车的进口凭证，是国家限定口岸海关签发的《货物进口证明书》；

2. 其他进口机动车的进口凭证，是各口岸海关签发的《货物进口证明书》；

3. 海关监管的机动车的进口凭证，是监管地海关出具的《中华人民共和国海关监管车辆进（出）境领（销）牌照通知书》；

4. 国家授权的执法部门没收的走私、无进口证明和利用进口关键件非法拼（组）装的机动车的进口凭证，是该部门签发的《没收走私汽车、摩托车证明书》。

（三）机动车所有人是指拥有机动车的个人或者单位。

1. 个人是指我国内地的居民和军人（含武警）以及香港、澳门特别行政区、台湾地区居民、华侨和外国人；

2. 单位是指机关、企业、事业单位和社会团体以及外国驻华使馆、领馆和外国驻华办事机构、国际组织驻华代表机构。

（四）身份证明是指：

1. 机关、企业、事业单位、社会团体的身份证明，是该单位的《组织机构代码证书》、加盖单位公章的委托书和被委托人的身份证明。机动车所有人为单位的内设机构，本身不具备领取《组织机构代码证书》条件的，可以使用上级单位的《组织机构代码证书》作为机动车所有人的身份证明。上述单位已注销、撤销或者破产，其机动车需要办理变更登记、转移登记、解除抵押登记、注销登记、解除质押备案、申领机动车登记证书和补、换领机动车登记证书、号牌、行驶证的，已注销的企业的身份证明，是工商行政管理部门出具的注销证明。已撤销的机关、事业单位、社会团体的身份证明，是其上级主管机关出具的有关证明。已破产的企业的身份证明，是依法成立的财产清算机构出具的有关证明；

2. 外国驻华使馆、领馆和外国驻华办事机构、国际组织驻华代表机构的身份证明，是该使馆、领馆或者该办事机构、代表机构出具的证明；

3. 居民的身份证明，是《居民身份证》或者《临时居民身份证》。在暂住地居住的内地居民，其身份证明是《居民身份证》或者《临时居民身份证》，以及公安机关核发的居住、暂住证明；

4. 军人（含武警）的身份证明，是《居民身份证》或者《临时居民身份证》。在未办理《居民身份证》前，是指军队有关部门核发的《军官证》、《文职干部证》、《士兵证》、《离休证》、《退休证》等有效军人身份证件，以及其所在的团级以上单位出具的本人住所证明；

5. 香港、澳门特别行政区居民的身份证明，是其入境时所持有的《港澳居民来往内地通行证》或者《港澳同胞回乡证》、香港、澳门特别行政区《居民身份证》和公安机关核发的居住、暂住证明；

6. 台湾地区居民的身份证明，是其所持有的有效期六个月以上的公安机关核发的《台湾居民来往大陆通行证》或者外交部核发的《中华人民共和国旅行证》和公安机关核发的居住、暂住证明；

7. 华侨的身份证明，是《中华人民共和国护照》和公安机关核发的居住、暂住证明；

8. 外国人的身份证明，是其入境时所持有的护照或者其他旅行证件、居（停）留期为六个月以上的有效签证或者居留许可，以及公安机关出具的住宿登记证明；

9. 外国驻华使馆、领馆人员、国际组织驻华代表机构人员的身份证明，是外交部核发的有效身份证件。

（五）住所是指：

1. 单位的住所为其主要办事机构所在地的地址；

2. 个人的住所为其身份证明记载的地址。在暂住地居住的内地居民的住所是公安机关核发的居住、暂住证明记载的地址。

（六）机动车来历证明是指：

1. 在国内购买的机动车，其来历证明是全国统一的机动车销售发票或者二手车交易发票。在国外购买

的机动车,其来历证明是该车销售单位开具的销售发票及其翻译文本,但海关监管的机动车不需提供来历证明;

2. 人民法院调解、裁定或者判决转移的机动车,其来历证明是人民法院出具的已经生效的《调解书》、《裁定书》或者《判决书》,以及相应的《协助执行通知书》;

3. 仲裁机构仲裁裁决转移的机动车,其来历证明是《仲裁裁决书》和人民法院出具的《协助执行通知书》;

4. 继承、赠予、中奖、协议离婚和协议抵偿债务的机动车,其来历证明是继承、赠予、中奖、协议离婚、协议抵偿债务的相关文书和公证机关出具的《公证书》;

5. 资产重组或者资产整体买卖中包含的机动车,其来历证明是资产主管部门的批准文件;

6. 机关、企业、事业单位和社会团体统一采购并调拨到下属单位未注册登记的机动车,其来历证明是全国统一的机动车销售发票和该部门出具的调拨证明;

7. 机关、企业、事业单位和社会团体已注册登记并调拨到下属单位的机动车,其来历证明是该单位出具的调拨证明。被上级单位调回或者调拨到其他下属单位的机动车,其来历证明是上级单位出具的调拨证明;

8. 经公安机关破案发还的被盗抢且已向原机动车所有人理赔完毕的机动车,其来历证明是《权益转让证明书》。

(七)机动车整车出厂合格证明是指:

1. 机动车整车厂生产的汽车、摩托车、挂车,其出厂合格证明是该厂出具的《机动车整车出厂合格证》;

2. 使用国产或者进口底盘改装的机动车,其出厂合格证明是机动车底盘生产厂出具的《机动车底盘出厂合格证》或者进口机动车底盘的进口凭证和机动车改装厂出具的《机动车整车出厂合格证》;

3. 使用国产或者进口整车改装的机动车,其出厂合格证明是机动车生产厂出具的《机动车整车出厂合格证》或者进口机动车的进口凭证和机动车改装厂出具的《机动车整车出厂合格证》;

4. 人民法院、人民检察院或者行政执法机关依法扣留、没收并拍卖的未注册登记的国产机动车,未能提供出厂合格证明的,可以凭人民法院、人民检察院或者行政执法机关出具的证明替代。

(八)机动车灭失证明是指:

1. 因自然灾害造成机动车灭失的证明是,自然灾害发生地的街道、乡、镇以上政府部门出具的机动车因自然灾害造成灭失的证明;

2. 因失火造成机动车灭失的证明是,火灾发生地的县级以上公安机关消防部门出具的机动车因失火造成灭失的证明;

3. 因交通事故造成机动车灭失的证明是,交通事故发生地的县级以上公安机关交通管理部门出具的机动车因交通事故造成灭失的证明。

(九)本规定所称"一日"、"二日"、"三日"、"五日"、"七日"、"十日"、"十五日",是指工作日,不包括节假日。

临时行驶车号牌的最长有效期"十五日"、"三十日"、"九十日",包括工作日和节假日。

本规定所称以下、以上、以内,包括本数。

第五十六条 本规定自2008年10月1日起施行。2004年4月30日公安部发布的《机动车登记规定》(公安部令第72号)同时废止。本规定实施前公安部发布的其他规定与本规定不一致的,以本规定为准。

国家经济贸易委员会、劳动和社会保障部关于规范旧机动车鉴定评估工作的通知

国经贸贸易〔2002〕825号

各省、自治区、直辖市、计划单列市及新疆生产建设兵团经贸委(经委)、劳动保障厅(局),有关地方商委(行业办):

鉴定评估是旧机动车流通的重要环节,直接关系到能否保证旧机动车公平、公正交易,维护消费者权益,防止税收和国有资产流失。自1999年劳动保障部推行旧机动车鉴定估价师职业资格证书以来,我国已有数千人取得了旧机动车鉴定估价师资格。大多数鉴定估价师能遵纪守法,遵守职业道德,依照法律、法规及有

关文件的规定,做好旧机动车的鉴定评估工作,但也有少数鉴定评估人员违背职业道德,随意评估,甚至故意隐瞒车辆隐患。为做好旧机动车鉴定评估管理工作,规范旧机动车鉴定评估行为,提高旧机动车鉴定评估人员的职业素质,维护旧机动车购销双方的权益,现将有关事项通知如下:

一、实行旧机动车鉴定估价师职业资格和就业准入制度。从事旧机动车鉴定评估工作的人员,必须取得劳动保障部颁发的旧机动车鉴定估价师职业资格证书。没有取得职业资格证书的人员,不得从事旧机动车鉴定评估工作。各地劳动保障部门要加强对旧机动车鉴定估价师就业准入管理工作,与经贸部门密切配合,积极推进旧机动车鉴定评估从业人员持证上岗制度。

旧机动车鉴定估价师职业资格分为鉴定估价师和高级鉴定估价师两个等级,其考核颁证工作实行全国统一标准、统一教材、统一命题、统一考核和统一证书。劳动保障部与国家经贸委共同负责全国旧机动车鉴定估价师职业资格制度的政策制定、组织协调和监督管理,并委托劳动保障部职业技能鉴定中心和中国汽车流通协会具体组织实施。

二、旧机动车鉴定估价师实行注册登记管理制度。中国汽车流通协会负责对旧机动车鉴定估价师职业资格的注册登记,拟定《旧机动车鉴定估价师注册登记管理办法》,经国家经贸委和劳动保障部批准后,组织实施。凡在执业过程中有违规操作行为的旧机动车鉴定估价师不予以注册登记。未经注册登记的旧机动车鉴定估价师不得执业。

三、旧机动车鉴定估价师必须严格执行国家法律法规,遵守职业道德规范。服从各地经贸部门和劳动保障部门的指导和管理。旧机动车鉴定评估实行有偿服务,明码标价,亮证收费,收费标准按国家有关规定执行。旧机动车鉴定估价师要对其出具的鉴定评估报告的真实性、客观性、合法性负责,并承担相应的经济和法律责任。

四、严格规范旧机动车鉴定评估程序。旧机动车鉴定评估工作要严格按照申请、验证、技术鉴定、评估和出具鉴定评估报告书五个程序组织和实施。旧机动车鉴定评估报告书必须按照规范文本出具,报告书分为正文和附件两部分,具体格式见附件。

五、建立旧机动车鉴定评估报告档案管理制度。评估报告档案是管理部门对旧机动车交易市场或鉴定评估机构组织管理水平、评估人员的业务能力及评估质量进行评价的重要依据。旧机动车交易市场或鉴定评估机构应由专人负责管理旧机动车鉴定评估报告书,形成完整的评估档案。评估档案应保留到评估车辆达到法定报废年限为止。

六、切实做好旧机动车鉴定评估管理工作。各地经贸部门要结合旧机动车流通行业管理工作,加强旧机动车鉴定评估工作和旧机动车鉴定估价师的管理。督促和检查旧机动车交易市场、旧机动车鉴定评估机构和旧机动车鉴定估价师按照本通知要求做好旧机动车鉴定评估工作。对随意简化鉴定评估程序,违背独立性、公正性、客观性、真实性原则的,省级经贸部门应当依法查处;情节严重的,应按管理权限取消旧机动车交易市场或鉴定评估机构的经营资格,并建议劳动保障部门收回旧机动车鉴定估价师的职业资格证书。

七、开展专业旧机动车鉴定评估机构与旧机动车交易市场分离试点。省级经贸部门可以结合本地实际情况,批准有条件的地级以上城市设立2~3家独立的专业旧机动车鉴定评估机构,使旧机动车鉴定评估机构与旧机动车交易市场分离,以保证鉴定评估工作的公正、客观和独立性。旧机动车鉴定评估机构至少有1名注册旧机动车高级鉴定估价师和5名注册旧机动车鉴定估价师,其设立要符合国家法律法规和省级经贸部门规定的条件,并持省级经贸部门的批准文件到当地工商行政管理部门办理注册登记。

附件:旧机动车鉴定评估报告书(示范文本)

二〇〇二年十一月五日

旧机动车鉴定评估报告书(示范文本)

××××鉴定评估机构评报字(200　年)第××号

一、绪言

××(鉴定评估机构)接受××××的委托,根据国家有关资产评估的规定,本着客观、独立、公正、科学的原则,按照公认的资产评估方法,对××××(车辆)进行了鉴定评估。本机构鉴定评估人员按照必要的程序,对委托鉴定评估车辆进行了实地查勘与市场调查,并对其在××××年××月××日所表现的市场价值作出了公允反映。现将车辆评估情况及鉴定评估结果报告如下:

二、委托方与车辆所有方简介

(一)委托方××××,委托方联系人×××,联系电话:×××××。

(二)根据机动车行驶证所示,委托车辆车主×××。

三、评估目的

根据委托方的要求,本项目评估目的

□交易 □转籍 □拍卖 □置换 □抵押 □担保 □咨询 □司法裁决。

四、评估对象

评估车辆的厂牌型号( );号牌号码( );发动机号( );车辆识别代号/车架号( );登记日期( );年审检验合格至 年 月;公路规费交至 年 月;购置附加税(费)证( );车船使用税( )。

五、鉴定评估基准日

鉴定评估基准日 年 月 日。

六、评估原则

严格遵循"客观性、独立性、公正性、科学性"原则。

七、评估依据

(一)行为依据

旧机动车评估委托书第 号。

(二)法律、法规依据

1.《国有资产评估管理办法》(国务院令第91号);

2.《摩托车报废标准暂行规定》(国家经贸委等部门令第33号);

3.原国家国有资产管理局《关于印发〈国有资产评估管理办法施行细则〉的通知》(国资办发〔1992〕36号);

4.原国家国有资产管理局《关于转发〈资产评估操作规范意见(试行)〉的通知》(国资办发〔1996〕23号);

5.国家经贸委等部门《汽车报废标准》(国经贸经〔1997〕456号)、《关于调整轻型载货汽车及其补充规定》(国经贸经〔1998〕407号)、《关于调整汽车报废标准若干规定的通知》(国经贸资源〔2000〕1202号)、《农用运输车报废标准》(国经贸资源〔2001〕234号)等;

6.其他相关的法律、法规等。

(三)产权依据

委托鉴定评估车辆的机动车登记证书编号:

(四)评定及取价依据

技术标准资料:

技术参数资料:

技术鉴定资料:

其他资料:

八、评估方法

□重置成本法 □现行市价法 □收益现值法 □其他〔1〕。

计算过程如下:

九、评估过程

按照接受委托、验证、现场查勘、评定估算、提交报告的程序进行。

十、评估结论

车辆评估价格 元,金额大写 。

十一、特别事项说明〔2〕

十二、评估报告法律效力

(一)本项评估结论有效期为90天,自评估基准日至 年 月 日止;

(二)当评估目的在有效期内实现时,本评估结果可以作为作价参考依据。超过90天,需重新评估。另外在评估有效期内若被评估车辆的市场价格或因交通事故等原因导致车辆的价值发生变化,对车辆评估结果产生明显影响时,委托方

---

〔1〕 指利用两种或两种以上的评估方法对车辆进行鉴定评估,并以它们评估结果的加权值为最终评估结果的方法。

〔2〕 特别事项是指在已确定评估结果的前提下,评估人员认为需要说明在评估过程中已发现可能影响评估结论,但非评估人员执业水平和能力所能评定估算的有关事项以及其他问题。

也需重新委托评估机构重新评估;

(三)鉴定评估报告书的使用权归委托方所有,其评估结论仅供委托方为本项目评估目的使用和送交旧机动车鉴定评估主管机关审查使用,不适用于其他目的;因使用本报告书不当而产生的任何后果与签署本报告书的鉴定估价师无关;未经委托方许可,本鉴定评估机构承诺不将本报告书的内容向他人提供或公开。

附件:

一、旧机动车鉴定评估委托书

二、旧机动车鉴定评估作业表

三、车辆行驶证、购置附加税(费)证复印件(略)

四、鉴定估价师职业资格证书复印件(略)

五、鉴定评估机构营业执照复印件(略)

六、旧机动车照片(要求外观清晰,车辆牌照能够辨认)(略)

注册旧机动车鉴定估价师(签字、盖章)

复核人[1](签字、盖章)

(旧机动车鉴定评估机构盖章)

年　　月　　日

备注:本报告书和作业表一式三份,委托方二份,受托方一份。

附件一:

旧机动车鉴定评估委托书

委托书编号:__________

__________旧机动车鉴定评估机构:

因(　)交易(　)转籍(　)拍卖(　)置换(　)抵押(　)担保(　)咨询(　)司法裁决需要,特委托你单位对车辆(号牌号码__________车辆类型__________发动机号__________车架号__________进行技术状况鉴定并出具评估报告书。

附:委托评估车辆基本信息

车主		身份证号码/法人代码证		联系电话	
住址				邮政编码	
经办人				联系电话	
住址		身份证号码		邮政编码	
车辆情况	厂牌型号			使用用途	
	载重量/座位/排量			燃料种类	
	初次登记日期	年　月　日		车身颜色	
	已使用年限	年　个月	累计行驶里程(万公里)		
	大修次数	发动机(次)		整车(次)	
	维修情况				
	事故情况				
价值反映	购置日期	年　月　日	原始价格(元)		
	车主报价(元)				
备注:					

[1] 复核人须具有高级鉴定估价师资格。

填表说明：
1. 若被评估车辆使用用途曾经为营运车辆，需在备注栏中予以说明；
2. 委托方必须对车辆信息的真实性负责，不得隐瞒任何情节凡由此引起的法律责任及赔偿责任由委托方负责；
3. 本委托书一式二份，委托方、受托方各一份。

委托方：（签字、盖章） 经办人：（签字、盖章）
（×××旧机动车鉴定评估机构盖章）
年 月 日 年 月 日

附件二：

旧机动车鉴定评估作业表

<table>
<tr><td>车主</td><td colspan="3"></td><td>所有权性质</td><td>□公 □私</td><td>联系电话</td><td colspan="3"></td></tr>
<tr><td>住址</td><td colspan="5"></td><td>经办人</td><td colspan="3"></td></tr>
<tr><td rowspan="6">原始情况</td><td>厂牌型号</td><td colspan="3"></td><td>号牌号码</td><td></td><td colspan="2">车辆类型</td><td></td></tr>
<tr><td>车辆识别代号（VIN）</td><td colspan="4"></td><td>车身颜色</td><td colspan="3"></td></tr>
<tr><td>发动机号</td><td colspan="3"></td><td>车架号</td><td colspan="4"></td></tr>
<tr><td>载重量/座位/排量</td><td colspan="4"></td><td>燃料种类</td><td colspan="3"></td></tr>
<tr><td>初次登记日期</td><td colspan="3">年 月</td><td>车辆出厂日期</td><td colspan="4">年 月</td></tr>
<tr><td>已使用年限</td><td>年 个月</td><td colspan="2">累计行驶里程</td><td>万公里</td><td>使用用途</td><td colspan="3"></td></tr>
<tr><td rowspan="2">检查核对交易证件</td><td>证件</td><td colspan="8">□原始发票 □机动车登记证书 □机动车行驶证 □法人代码证或身份证 □其它</td></tr>
<tr><td>税费</td><td colspan="8">□购置附加税 □养路费 □车船使用税 □其它</td></tr>
<tr><td>结构特点</td><td colspan="9"></td></tr>
<tr><td>现时技术状况</td><td colspan="9"></td></tr>
<tr><td colspan="2">维护保养情况</td><td colspan="3"></td><td>现时状态</td><td colspan="4"></td></tr>
<tr><td rowspan="2">价值反映</td><td>帐面原值（元）</td><td colspan="3"></td><td>车主报价（元）</td><td colspan="4"></td></tr>
<tr><td>重置成本（元）</td><td colspan="2"></td><td>成新率%</td><td></td><td colspan="2">评估价格（元）</td><td colspan="2"></td></tr>
<tr><td colspan="10">鉴定评估目的：</td></tr>
<tr><td colspan="10">鉴定评估说明：</td></tr>
</table>

注册旧机动车鉴定估价师（签名） 复核人（签名）
年 月 日 年 月 日

填表说明：1. 现时技术状况：必须如实填写对车辆进行技术鉴定的结果，客观真实地反映出旧机动车主要部分（含车身、底盘、发动机、电气、内饰等）以及整车的现时技术状况；

2. 鉴定评估说明：应详细说明重置成本的计算方法，成新率的计算方法以及评估价格的计算方法。

国家经济贸易委员会、公安部关于进一步加强车辆公告管理和注册登记有关事项的通知

国经贸产业〔2002〕768 号

各省、自治区、直辖市、计划单列市及新疆生产建设兵团经贸委(经委)、公安厅(局):

为加强机动车安全管理,严格执行车辆"生产准入"和"行驶准入"制度,进一步规范《车辆生产企业及产品公告》(以下简称《公告》)管理和机动车注册登记管理,深化车辆产品管理体制改革,现将有关事项通知如下:

一、《公告》管理的范围

国家经贸委实施《公告》管理的车辆产品包括:在我国境内生产、销售并在道路上行驶的民用汽车产品及相应底盘、农用运输车、半挂车和摩托车产品。无轨电车、轮式工程机械车(含装载机、挖掘机等)、拖拉机、全挂车等不实行《公告》管理。

《公告》包括文本和光盘两部分,文本主要表述新产品批准(含产品扩展)、勘误更改和撤销等内容;光盘由本批新增产品数据库和历批汇总产品数据库两部分构成,记录产品的技术参数及产品照片等内容。文本和光盘配合使用。

公安交通管理部门要严格依据最新一批《公告》文本和配套光盘的汇总产品数据库办理车辆注册登记。在用车辆在办理过户、转出和转入登记时,要依据车辆在注册登记时发布的《公告》文本和配套光盘中的汇总产品数据库办理有关手续。未登《公告》的车辆产品或与《公告》公布的参数不符的车辆产品不得办理注册登记。不实行《公告》管理的车辆产品,公安交通管理部门依据生产企业提供的整车出厂合格证办理注册登记。

二、增加和调整强制性检验项目

(一)自 2002 年 11 月 1 日起,汽车生产企业申报《公告》的车型(包括改进型、扩展等,下同)必须符合《汽车和挂车侧面防护要求》(GB 11567.1—2001)、《汽车和挂车后下部防护要求》(GB 11567.2—2001)、《汽车燃油箱安全性能要求和试验方法》(GB 18296—2001)等 3 项国家标准的要求,并提供国家经贸委授权的检测机构(以下简称授权检测机构)出具的试验报告。

产品已列入《公告》的企业,自本通知发出之日起,要尽快使出厂产品符合上述 3 项国家标准的要求,并向国家经贸委报送由授权检验机构出具的试验报告。产品外型发生明显变化时,需提供有关照片。自 2003 年 3 月 1 日起,已列入《公告》的产品仍未安装符合上述标准的防护装置和燃油箱的,国家经贸委将在《公告》中予以撤销。

(二)自 2003 年 1 月 1 日起,装备驻车灯的车型申报《公告》时必须符合《汽车驻车灯配光性能》(GB 18409—2001)要求,并提供由授权检测机构出具的试验报告。

(三)自 2003 年 3 月 1 日起,汽车企业申报《公告》的车型必须符合《用于保护车载接收机的无线电骚扰特性的限值及测量方法》(GB 18655—2002)要求,并提供由授权检测机构出具的试验报告。

(四)自 2003 年 1 月 1 日起,汽车企业停止生产不符合《关于正面碰撞乘员保护的设计规则》(CMVDR 294)要求的微型客车产品,其库存产品最多允许继续销售 6 个月。自 2003 年 7 月 1 日起,不符合上述设计规则的微型客车产品,国家经贸委将在《公告》中予以撤销。

(五)自 2003 年 1 月 1 日起,摩托车企业申报《公告》的车型必须符合《机动车用喇叭的性能要求及试验方法》(GB 15742—2001)、《两轮摩托车及轻便摩托车照明和光信号装置的安装规定》(GB 18100—2000)、《轻便摩托车噪声限值及测试方法》(GB 16169—2000)或《摩托车噪声限值及测试方法》(GB 4569—2000)、《摩托车排气污染物限值及测试方法》(GB 14622—2000)或《轻便摩托车排气污染物限值及测试方法》(GB 18176—2000)、《摩托车光信号装置配光性能》(GB 17510—1998)、《机动车回复反射器》(GB 11564—1998)、《摩托车白炽丝光源前照灯配光性能》(GB 5948—1998)、《车辆、机动船和由火花点火发动机驱动的装置的无线电骚扰特性的限值及测量方法》(GB 14023—2000)要求,并提供由授权检测机构出具的试验报告。

产品已列入《公告》的企业,自本通知发出之日起,要尽快使出厂产品符合上述 10 项国家标准的要求,并向国家经贸委报送由授权检验机构出具的试验报告。产品外型发生明显变化时,需提供有关照片。自

2004 年 1 月 1 日起，已列入《公告》的产品仍未符合上述标准的，国家经贸委将在《公告》中予以撤销。

三、《公告》管理的补充规定及要求

（一）汽车的整车与底盘实行区别管理。

自 2002 年 11 月 1 日起，对汽车整车与底盘产品实行区别管理，整车生产企业申报汽车新产品时应分别申报。已列入《公告》的汽车底盘产品，其生产企业应将底盘与整车的有关数据进行核实，重新填报底盘的全部数据，并在 2002 年 11 月 15 日前向国家经贸委重新申报。申报电子软件请从国家经贸委网站（www.setc.gov.cn）下载。

（二）改装车产品的申报。

自 2003 年 1 月 1 日起，采用整车生产企业底盘的改装车产品，申报时，底盘部分只填写国内底盘生产企业名称、底盘型号及类别。改装部分的填报项目按国家经贸委网站提供的电子软件申报。采用进口底盘的改装车产品，仍按原规定执行。

（三）车辆识别代号（VIN）的管理。

国家经贸委负责对车辆产品实施车辆识别代号（Vehicle Identification Number，以下简称 VIN）管理。

VIN 由三部分构成，具体是：世界制造厂识别代号（World Manufacturer Identifier，以下简称 WMI）；车辆说明部分（Vehicle Descriptor Section，简称 VDS）；车辆指示部分（Vehicle Indicator Section，简称 VIS）。

实施《公告》管理的车辆产品的生产企业应申请办理 WMI。车辆生产企业申报 WMI 必须经国家经贸委许可后方可使用，否则，国家经贸委将暂停受理其新产品申报，并撤销其《公告》的产品资格。

汽车整车、汽车底盘、半挂车、摩托车产品实施 VIN 管理，生产企业应向国家经贸委提出申请，经批准备案后方可使用。

采用汽车整车产品或底盘改装的产品，应在改装车产品的规定部件或产品标牌上完整保留汽车整车产品或底盘的 VIN。

按照 VIN 规则，可以允许同一型号产品的轴距、发动机排量、外廓尺寸、质量等参数在一定区间内变化。企业在申报《公告》时，上述参数可填报区间内多个值。

有关 VIN 管理具体细则另行制定。

（四）关于选装件的规定。

允许同一型号的产品在一定范围内选装不同的零部件。首次申报《公告》的产品应在申报材料的选装栏中填报选装清单，续报选装内容的产品应按照《公告》扩展的方式进行申报。采用选装件后对车辆产品的强制性检验项目有影响的，要补做有关项目的检验，产品外型发生明显变化时，需提供有关照片。采用选装件后，超过车辆产品质量参数公差允许范围的，要注明选装件的重量等参数。

经公安交通管理部门审核，车辆产品的实际状况符合《公告》光盘所列选装件清单和同一型号说明的，方可办理注册登记。

（五）启用《机动车注册登记技术参数表》。

为确保车辆产品办理注册登记时具有唯一性，从 2003 年 1 月 1 日起，车辆制造企业（包括汽车和改装车企业，不包括农用运输车、摩托车生产企业）在车辆产品出厂时应随车配发《机动车注册登记技术参数表》（以下简称《技术参数表》，由生产企业自行印制，国际标准 A4 纸尺寸）。采用汽车生产企业生产的底盘的改装车产品，应随车配发底盘和改装车产品的《技术参数表》。表中参数应据实填写（不允许填写区间值或涂改）。公安交通管理部门办理车辆注册登记时，应将《技术参数表》的参数与《公告》提供的产品参数进行对照，符合《公告》中区间参数范围的予以办理注册登记。《技术参数表》存入机动车档案。

（六）具有牵引功能的车辆产品。

企业在申报具有牵引功能的载货汽车、半挂牵引车产品时，应填报准牵引总质量。列车的比功率应满足《机动车运行安全技术条件》（GB 7258—1997，以下简称 GB 7258—1997 国家标准）中第 3.6 条的要求。若申报时未填报准牵引总质量，则视为该车型不具备牵引功能。已列入《公告》具有牵引功能、但未报牵引参数的有关车型应在 2003 年 1 月 1 日前补报准牵引总质量和列车的比功率等参数，否则视该车型不具备牵引功能。对在用的具有牵引功能的载货汽车、半挂牵引车，公安交通管理部门要依据 GB 7258—1997 国家标准重新核定。

（七）外廓尺寸超长、超宽、超高车辆的规定。

为确保道路运输安全，允许使用的外廓尺寸超长超宽超高的车辆只限于：运输不可拆解物体的低平板半挂车;不以运输为目的的特殊作业车;不在道路上行驶的矿用自卸车;运输超大型集装箱的骨架式集装箱半挂车。除上述车辆外,其他车辆的外廓尺寸(含半挂车与牵引车构成列车状态时的总长)一律不允许超长、超宽、超高。外廓尺寸超过GB 7258—1997国家标准规定的,公安交通管理部门一律不予办理注册登记。对已列入《公告》不符合上述规定的车辆产品,国家经贸委将在《公告》中予以撤销。超长、超宽、超高的在用车辆,要按照GB 7258—1997国家标准有关车辆外廓尺寸的规定进行改造,并经公安交通管理部门重新核定后方可继续使用。

(八)车辆产品尺寸及质量参数公差允许范围。

1.汽车和农用运输车产品。

尺寸参数包括外廓尺寸、货厢内部尺寸、轴距、轮距、前悬/后悬。其公差允许范围分别是:汽车产品(包括M类、N类和O类)为±1%,农用运输车产品为±3%。

质量参数包括整备质量、额定载质量、总质量。其公差允许范围分别是:汽车产品(包括M类、N类和O类)为±3%,农用运输车产品为±5%。

2.摩托车产品。

外廓尺寸、轴距、轮距的公差允许范围为±3%。整备质量的公差允许范围为±10千克。

四、关于“大吨小标”车辆

严禁车辆生产企业生产销售“大吨小标”等违规车辆。对违规生产的车辆,公安交通管理部门一律不准办理注册登记,违规生产企业要承担相应的法律责任并负责收回违规产品。

检测机构要根据国家经贸委、公安部《关于在生产和使用环节治理整顿载货类汽车产品的通知》(国经贸产业〔2001〕808号,以下简称《通知》)的有关规定对载货类车辆产品的载质量利用系数、罐式汽车总容量、准牵引总质量、货箱栏板高度等技术参数进行核查。自卸汽车和具有自卸功能的半挂车的货箱栏板高度限值,按照《通知》中关于整顿载货类汽车产品有关限值的要求进行核查。以上核查内容由授权检测机构出具报告。

公安交通管理部门在办理车辆注册登记时,要根据《通知》的有关规定及上述要求,对上述限值进行核定。不符合《通知》有关规定的车辆产品,不予办理注册登记。

国家经贸委对“大吨小标”等违规产品,将在《公告》中予以撤销。

对在用的“大吨小标”违规车辆,公安交通管理部门可依据《公告》中“库存车产品公告”的有关参数重新核定,未经核定的不予办理车辆定期检验手续。

五、其他事项

(一)经查实有违规行为的企业申报新产品时,国家经贸委将在国家经贸委网站上对该企业申报的产品公示2个月,无异议后再予办理有关手续。

(二)企业要不断提高申报《公告》的工作水平,尽量减少各工作环节的失误。今后由于企业自身工作失误而要求办理产品更正的,国家经贸委将在《公告》公布满3个月后再予受理。

(三)自2002年12月31日起,废止原国家机械局发布的《2000年全国汽车、民用改装车和摩托车生产企业及产品目录(总目录)》、《2000年全国汽车、民用改装车和摩托车生产企业及产品目录(补充第一期)》、《2000年全国汽车、民用改装车和摩托车生产企业及产品目录(补充第二期)》和《2000年农用运输车生产企业及其产品目录》(以下统称《目录》)中汽车、民用改装车和农用运输车产品型号。

自2003年6月30日起,废止《目录》中摩托车产品型号。

《目录》废止前,公安交通管理部门依据《公告》及《目录》办理国内制造车辆产品注册登记手续;《目录》废止后,未列入国家经贸委《公告》的车辆生产企业的生产资格同时取消,公安交通管理部门依据《公告》办理国内制造车辆产品注册登记手续。

(四)为提高申报、审查《公告》的工作效率,《车辆企业及产品申报系统》将不断进行改进。请各车辆生产企业关注国家经贸委网站提供的有关信息。

请各省、自治区、直辖市、计划单列市及新疆生产建设兵团经贸委(经委)、公安厅(局)及时将本通知精神传达到有关车辆生产企业和各级公安交通管理部门,并将执行中出现的有关问题及时报送国家经贸委和公安部。

附件:一、选装件范围

二、机动车注册登记技术参数表(格式样本)

国家经济贸易委员会 公安部

二〇〇二年十月十八日

附件一：

选装件范围

同一型号的产品在一定范围内允许选装不同的零部件，其选装件的范围举例如下：

1. 汽车产品。

车门和车窗的结构及数量变化（如后双开门、单侧或双侧开门、推拉式或整体式侧窗、顶窗等）；灯具、后视镜的型式变化；顶置空调；为专门用途的车外显示器（如专用车顶灯、公共汽车路线指示器等）；保险杠变化；顶置行李架；车后行李梯；车顶导流罩；货箱或罐体下面的工具箱；外背负式备胎；车外装饰件的改变（如贴花、车身图形及文字、标记、轮眉、散热器面罩款式、扰流板）等。

厢式车辆在厢体结构不变、总质量相近的情况下，其冷藏或保温装置的专用设施或选用材料（如铝板、铁板、玻璃钢板、不锈钢板等）的变化。

在同一型号的定型二类汽车底盘上改装的自卸汽车，无论其货箱的形状、车箱的倾斜方式、倾斜机构举升等结构形式如何变动，企业可只申报一个产品型号，其他作为选装件填报。

2. 摩托车产品。

整车颜色、贴花（式样、颜色、位置）；轮辋型式；起动方式；整体或分体座垫；两侧护板；靠背变化；加装导流罩或改变导流罩形状；加装挡风板；保险杠；货筐、前（后）货架、后行李箱。增加制动方式和制动操纵方式；增加同型式发动机；增加不同型式的后视镜、前照灯等。

附件二：

机动车注册登记技术参数表（格式样本）

1. 制造厂名称（产品合格章）			
2. 车辆类型		3. 车辆品牌	
4. 车辆型号		5. 底盘型号	
6. 车身颜色		7. 发动机号	
8. 车辆识别代号（VIN）或条码		9. 发动机型号	
10. 燃料种类		11. 排放标准	
12. 排量/功率（ml/kW）		13. 转向形式	
14. 轮距（前/后）（mm）		15. 轮胎数	
16. 轮胎规格		17. 钢板弹簧片数（片）	
18. 轴距（mm）		19. 轴数	
20. 外廓尺寸（长×宽×高）（mm）		21. 货厢内部尺寸（长×宽×高）（mm）	
22. 总质量（kg）		23. 额定载质量（kg）	
24. 载质量利用系数		25. 准牵引总质量（kg）◆	
26. 额定载客（人）		27. 半挂车鞍座最大允许总质量（kg）▲	
28. 驾驶室准乘人数（人）		29. 车辆出厂日期	
30. 二维条形码（在相关标准发布后执行）			
备注			

填表说明：

1. 汽车产品应根据出厂时车辆的具体情况，具实填写14、18、20、21各项内容，不允许填写区间值。
2. 民用改装车产品不填表中9～19项，其余要求同汽车产品。
3. 半挂车产品不填5、7、9～13项，其余要求同汽车产品。
4. ◆当车辆具有牵引功能时填写。
5. ▲牵引车及半挂车产品填写。
6. 采用选装件时，应在“备注”中注明。

全国连锁经营"十五"发展规划

国经贸厅贸易〔2002〕137 号

推进连锁经营是我国流通领域带有方向性的一项改革。自 20 世纪 90 年代以来,连锁经营在我国显示出强大的生命力和发展潜力。特别是"九五"期间,连锁经营在开拓市场、扩大销售、促进产销结合、规范流通秩序、满足消费需求、吸纳就业等方面,发挥了重要作用。"十五"时期是我国国民经济和社会发展的重要时期,加快推进连锁经营的发展,对于改善流通结构,进一步提高流通产业的组织化程度和现代化水平,适应我国加入世贸组织的新形势,促进国民经济健康发展,具有重要的作用和意义。

一、"九五"期间连锁经营发展的基本情况

"九五"期间,各地以"经营规模化、管理规范化"为重点,开展了卓有成效的工作,推动了连锁经营持续、健康、快速地发展。

(一)连锁企业成为拉动消费增长的重要力量。

国家统计局对限额以上的连锁企业调查表明,"九五"末期,商品批发、零售、餐饮业连锁企业 1092 个,其中批发零售业 870 个,餐饮业 222 个;门店数 21388 个,其中直营店 15021 个,加盟店 6367 个;销售额 1554.5 亿元,比上年同期增长 44.25%;零售额 1276.4 亿元,比上年同期增长 47.59%,占同期全社会批发零售贸易和餐饮业零售总额(26794.9 亿元)的 4.76%,增幅是当年全社会消费品零售总额增幅的 4 倍多。

(二)东部地区发展快于中西部。

东部沿海地区的北京、上海等地,连锁经营发展速度、规模和水平要明显高于其它地区。如北京市 2000 年商品批发、零售、餐饮业有连锁企业 114 个,门店 1808 个,零售额 209 亿元,占全市批发零售贸易和餐饮业零售总额的 19%;上海市 2000 年有连锁企业 70 个,门店 4695 个,零售额 365 亿元,占全市批发零售贸易和餐饮业零售总额的 24%,成为连锁经营发展最快的地区。虽然中西部地区和中小城镇连锁经营也有所发展,但与东部发达地区相距甚远。

(三)业态种类日益多样化。

"九五"期间,超市是连锁经营的主力业态,专业店、专卖店、便利店也有了一定程度的发展。随着国外连锁企业的进入,大型综合超市、仓储式商店发展较快,其中大型综合超市在部分大城市的竞争日益激烈。

(四)特许经营开始发展。

"九五"期间,随着直营店管理日益规范和成熟,特许经营开始发展。特许经营在零售业和餐饮业发展较快,并逐步向其它业种渗透。同时,特许经营的形式也日益多样化,从直接特许向合资特许、区域特许和复合特许发展。

(五)多种所有制连锁企业共同发展。

"九五"期间,国有企业仍然是连锁经营的主体,集体、私营、股份制、外资等其他经济成份连锁企业所占比重呈现出逐年增长的趋势。国外零售集团进入国内的速度加快,美国、法国、德国、英国等国家的著名商业企业都已经采用连锁经营的方式在我国投资建店。

"九五"期间,连锁经营的发展在取得显著成绩的同时,还存在许多问题,突出表现在两个方面,一是企业经营规模小。到 2000 年底,全国连锁企业平均拥有店铺数量不足 20 个,连锁企业销售额占全社会批发零售贸易和餐饮业零售总额的比重不到 5%,连锁企业的规模效益尚未充分发挥。二是规范化水平低。统一采购、统一配送比重不高,大多数连锁企业还没有形成一个完善的、规范化运作的经营管理体制,信息系统建设滞后,管理的科技含量较低,这些都制约了连锁企业的发展。造成上述问题的原因,除了企业经营管理理念落后,缺乏规范化管理制度外,更主要的是现行行政管理体制制约了连锁经营跨地区和跨行业发展,影响了连锁经营规模的扩大。这些问题需要在发展过程中逐步加以解决。

二、指导思想和发展目标

(一)指导思想。

"十五"时期我国连锁经营发展的指导思想是:以邓小平理论和江泽民同志"三个代表"重要思想为指导,建立畅通、高效的流通体系,以提高连锁经营质量和连锁企业竞争力为核心,着重提高连锁经营的规模化和规范化程度。加快连锁企业的结构调整,推动企业的联合、兼并、重组;加快连锁企业信息化建设;大力发展集中配送;打破部门、地区封锁,促进连锁经营企业跨地区发展;加强宏观引导和法规、标准建设;培育一批主业突出、核心竞争力强、跨地区发展、初步具有国际竞争力的大型连锁企业集团。

(二)发展目标。

经过五年的努力,初步确定连锁经营在商业和服务业中的主体地位,连锁经营销售额、连锁企业数和门店数都有较大幅度的增长。到“十五”末期,全国连锁企业门店数达到10万个,销售额达到7000亿元,年均递增约35%,占全社会批发零售贸易和餐饮业零售总额的比重达到20%左右。年销售额在50亿元以上的连锁企业达到20户,销售额在20~50亿元的连锁企业达到40户,培育5~10户主业突出、核心竞争力强、跨地区发展、初步具有国际竞争力的大型连锁企业集团。

三、主要任务

为实现“十五”期间的发展目标,要加强连锁经营的规划,进一步提高连锁企业管理水平,重点推进欠发达地区连锁经营发展,扩大连锁经营行业范围,加快连锁企业改革,培育一批大型连锁企业,树立知名连锁品牌,提高利用外资水平。具体任务如下:

(一)重点推进中西部及其他欠发达地区连锁经营发展。

鼓励有条件的连锁企业,利用成熟的经营管理技术和市场拓展经验,积极向中西部及其他欠发达地区延伸,通过兼并、联合、重组、参股控股或通过输出商标、商号和经营管理技术等方式发展特许经营,整合社会商业和服务业资源,把中西部和其他欠发达地区的企业纳入现有的连锁企业体系中,减少过度竞争和资源浪费,带动这部分地区连锁经营的发展。

(二)继续扩大连锁经营的行业范围。

要在总结经验的基础上,进一步拓展连锁经营的行业范围。一是在石化、烟草、图书报刊、医药、电信等行业中,推行商品或服务的连锁经营;二是在软件开发、汽车销售、商品租赁、房地产中介、教育培训、旅游等新兴服务业中发展连锁经营;三是鼓励工业生产企业利用、整合自己的销售渠道、经营网点或与流通企业联合,发展连锁经营;四是加快餐饮业特别是中式快餐连锁店的发展,提高传统产业的整体水平。

(三)加强规划,促进业态结构的合理化和多样化。

要继续坚持以“为民、便民、利民”为指导思想,以中等收入的工薪阶层为主体顾客,以满足人民群众基本生活需求为经营宗旨,以大众化生活用品和“菜篮子”食品为主体商品,积极推进与人民生活密切相关的食品超市的发展,努力提高生鲜食品经营比重;要努力发展具有综合化服务功能的便利店,积极探索便利店在我国不同地区的经营发展模式;在做好规划的基础上,合理发展符合中国国情的现代大型综合超市;大力发展有特色的专业店和专卖店;推进传统百货店利用连锁经营组织形式进行改造和功能创新;有计划地控制大卖场(Hypermarket)和仓储式商店(Warehouse)的盲目发展,城市商业规划中要对这些业态发展的地域、面积和数量作出明确规定。

(四)严格规范、积极稳妥地发展特许经营。

在加强特许经营法规建设的基础上,逐步引导特许经营向更多的行业和领域发展,要以这些行业中有自主知识产权、核心竞争力强、知名度高、管理基础好的企业为依托,推动特许经营的发展,提高行业整体素质和服务水平;积极利用和开发民族品牌,形成规范化、可复制、易扩张、能够实施有效监管的特许经营体系;鼓励实力较强的企业通过区域特许等方式,引进国际著名特许品牌,学习借鉴其成功经验和模式,缩短与国际先进水平的差距。

(五)培育一批大型连锁企业。

为应对我国加入世贸组织面临的国际化竞争,鼓励连锁企业充分发挥资本运营、资源配置、技术创新和市场开拓等方面优势,以资产、品牌、经营技术等资源为纽带,通过股份制改造、兼并联合、参股控股、重组等方式,培育5~10户主业突出、核心竞争力强、跨地区发展、初步具有国际竞争力的大型连锁企业集团,成为国内知名的连锁品牌。地方政府部门也要为大型连锁企业集团的发展清除体制障碍,提供政策支持。

(六)加快国有连锁企业的改革,培育和发展多元化投资主体。

对国有独资的大型连锁企业实行规范的公司制改造,完善法人治理结构,建立现代企业制度,增强企业创新能力。对国有中小连锁企业,通过股份合作制、承包、租赁、出售等多种方式的改革,进一步“放开搞活”,并通过发展特许经营、自由连锁等方式,促进他们加盟大型连锁企业集团,提高在社区商业竞争中的能力。

(七)加强物流配送中心的建设和管理,逐步提高统一采购和统一配送的比例。

大型连锁企业要重视配送中心建设,根据企业的经营状况合理确定配送中心规模,提供安全可靠、高效率的配送体系。积极发展社会化的第三方物流配送中心,充分利用和整合现有物流资源,通过资产联合、重组和专业化改造等途径,打破行业界限和地区封锁,满足各类连锁企业的需要,形成社会化的高效运转的配送网络。

(八)进一步提高连锁企业的经营管理水平。

深入开展连锁经营管理理论和现代营销技术的研究,推广先进的经营理念、营销技术和管理方法;二是在完善企业时点销售系统(POS)、管理信息系统(MIS)的基础上,开发和应用客户关系管理、供应链管理、财务核算管理系统,加快连锁企业的信息化建设;三是按照连锁经营标准化、专业化的要求,逐步建立完善的经营管理体系和作业标准,加强对企业经济活动的计划与成本控制,不断提高管理水平和经济效益。

(九)进一步扩大对外开放,促进连锁企业在竞争中发展。

内资连锁企业积极引进和吸收国际先进的连锁经营技术和管理经验,通过各种形式的对外交流和合作,全面提高连锁企业的经营管理水平。

四、实施规划的主要政策措施

(一)建立健全法律法规。

为适应我国加入世贸组织的需要,研究制定相关的法律法规,为国际连锁集团进入中国市场做好法律准备。组织制定连锁经营管理、技术和服务的标准、规范。

(二)继续协调和落实促进连锁经营发展的有关政策。

各地区有关部门要针对连锁经营发展中的新情况和新问题,制定推动连锁经营发展的新政策,特别是鼓励连锁企业做大做强和跨地区、跨行业发展的政策措施。各级政府应结合当地情况,在拓宽连锁企业融资渠道,打破地区、部门封锁和行业垄断等方面给予积极支持。

(三)加强人才培训,提高从业人员素质。

各地流通主管部门和连锁企业要制定培训计划,采取多种形式和渠道,坚持理论教育与实践培训相结合,基础培训与专业培训相结合,上岗培训与轮岗培训相结合。加强连锁经营理论研究,建立连锁教育培训基地。

(四)大力发展连锁经营中介组织。

随着政府行政管理职能的转变,积极发挥行业中介组织在沟通、协调、服务、监督和行业自律等方面的作用。行业中介组织要广泛联系广大连锁企业,为提高连锁企业的经营管理水平做出积极贡献。

“十五”期间,是我国流通领域逐步实现经营规模化、管理现代化的时期,连锁经营既有良好的发展条件,又面临着日趋激烈的竞争。各级政府有关部门和连锁企业一定要认清形势,增强紧迫感,充满信心,抓住连锁经营发展的历史机遇,推动连锁经营的发展再上一个新台阶。

工业行业近期发展导向(节选)

国经贸行业〔2002〕716 号

前 言

为贯彻落实《国民经济和社会发展第十个五年计划纲要》精神,《“十五”工业结构调整规划纲要》提出了提高工业整体素质和国际竞争力,增强可持续发展能力的总体发展目标。“十五”期间,要坚持以企业为主体,以市场为导向,以发展为主题,以结构调整为主线,以提高竞争力为目标,合理引导社会资金和外资投向,调整社会投资结构,提高资金使用效率和效益,以推进工业行业结构调整,确保规划目标的实现。这既是促进产业优化升级的要求,也是扩大内需、拉动经济增长的迫切需要。根据“十五”工业及行业规划明确的产业发展方向,提出近期工业行业发展导向,以加强宏观调控,引导市场主体行为,优化资源配置。

近期工业行业发展必须坚持的基本原则:

一、市场导向原则。20 世纪 90 年代以来,我国经济发展的市场环境由卖方市场转变为买方市场,“供给制约”转变为“需求制约”。买方市场的形成,标志着我国工业经济开始进入一个全面竞争的环境,经济发展过渡到新的阶段。各工业行业必须加强市场环境的分析,预测国内、国际技术经济发展趋势,根据市场需求确定行业发展和结构调整的重点方向。

二、突出重点原则。加快发展市场需求增长快、对国民经济发展全局有重大影响、目前国内生产不能满足需要、产业关联度高、带动性强、有可能成为新的经济增长点的产业和产品,并将其作为近期的发展重点。

与此同时，要坚决制止不合理的重复建设，通过支持优势企业上规模、上水平、上质量，推进产品结构调整，整顿市场经济秩序，建立健全优胜劣汰机制，加快淘汰浪费资源、污染环境的落后生产能力。

三、技术进步原则。坚持自主创新与技术引进相结合、硬件改造与软件改造并重，支持工业共性、关键、前瞻性技术的联合开发。加强企业管理信息化、营销网络建设，加快人才队伍培养，增加必要投入，提高企业经营管理水平。要加快用高新技术和先进适用技术改造提升传统产业，加大对具有广阔市场需求的传统产业的改造力度，优化产品和技术结构，提高劳动生产率，发挥规模经济优势，提高工艺和技术装备水平，增强企业快速反应能力。不搞填平补齐和以扩大产量为主要目的的一般性改造。

四、协调发展原则。注重发挥工业行业整体优势，提高重大装备自主化生产的比重，满足其他制造业降低投资成本、提高技术水平的要求；能源工业、原材料工业的改组、改造必须以提高国际竞争力为目标，为下游产业参与国际竞争创造条件；加大技术攻关和改造力度，注重消除产业链中影响整体竞争力的“瓶颈”约束；切实加强地质勘探工作，搞好矿山建设，充分利用国内外资源，为基础原材料工业和能源工业的持续发展提供保障；充分发挥比较优势，引导东、中、西部工业协调发展，支持老工业基地和西部地区加快工业结构调整和产业升级。

五、可持续发展原则。要把节约资源和保护环境放在突出的战略位置，全面推进节能环保清洁生产技术，采用源头控制策略，大幅度降低污染物和有毒物对环境的污染。

按照上述原则，我们研究提出了机械、汽车、冶金、有色金属、石油及石油化工、化工、医药、煤炭、建材、轻工、纺织行业的近期发展导向，以供各投资主体和金融、证券、社会咨询部门参考。

……

汽车行业近期发展导向

一、轿车

重点发展符合国家安全、节能、排放法规及私人用车要求的经济型轿车，提高经济型轿车占汽车总产量的比重。发展绿色环保出租用轿车。“十五”末期，汽油发动机必须达到欧洲第二阶段排放控制水平，中高档产品应达到欧洲第三阶段排放控制水平。

适度发展轿车柴油发动机、单燃料燃气发动机及混合动力系统。集中支持优强企业，通过与国外合作，形成批量生产能力，产品水平达到欧洲第二阶段、第三阶段排放水平。

鼓励优势企业通过扩大国际合作实施平台战略，在利用现有产品平台的基础上，以联合开发与自主开发相结合的方式，开发经济型轿车系列产品。利用数控设备、加工中心等柔性、高效制造技术，改造、建设经济型轿车新型发动机生产线。

二、大中型客车

发展专用大中型客车底盘，加快开发低地板城市客车底盘，重点开发大中客车车桥和悬挂系统、液化石油气（LPG）、压缩天然气（CNG）等气体燃料发动机或复式动力装置系统、大中客车自动变速系统等高新技术零部件。

三、载货汽车

（一）大马力重型载货汽车及牵引车。

集中支持重型汽车优强企业，利用现有基础，通过合资、合作，调整产品结构，增加大马力重型载货汽车占重型载货汽车的比例，提高现有产品的性能、质量，促使我国重型汽车产品达到或接近国际先进水平。“十五”末期，重型车新产品必须安装制动防抱死装置（ABS），排放要达到欧洲第三阶段排放标准。重点发展适应高速公路运输条件、功率300马力以上的高档重型载货汽车及牵引车，中高档重型汽车系列化驾驶室、重型专用汽车底盘。推广采用制动防抱死装置（ABS）/防侧滑装置（ASR）、电子控制系统（EBS）、液力减速器等装置，提高产品安全性、舒适性及可靠性。

（二）重型汽车发动机。

推广高速直喷、多气门、共轨、增压中冷等技术，重点发展排量9升以上、输出功率300马力以上，达到欧洲第二阶段、欧洲第三阶段排放控制水平的新型发动机系列产品，加快形成批量生产能力。拓展产品系列，适度发展电喷单燃料压缩天然气（CNG）和液化石油气（LPG）发动机。

四、专用汽车

提高专用汽车占载货汽车产量的比重以及重型专用汽车在专用汽车中的比重，重点发展高技术含量、高附加值的产品，主要有：适于高速公路运输的重型半挂牵引车和专用半挂车；城市环卫车类，如道路清扫车、垃圾运输车、下水道疏通车、吸污泥车等；施工工程车类，如散装水泥车、混凝土搅拌运输车、混凝土泵车、重型起重汽车及各种工程车等；城市服务车类，如云梯消防车、救护车等；机场专用车类，如重型飞机加油车、机场扫雪车、除冰车等；油田、沙漠专用汽车；多功能道路养护车，抢险救护车等高等级公路管理用车；满足国防现代化要求的各种高水平、高质量的国防专用汽车等。同时，以发展专用底盘和专用装置为突破口，重点发展高性能、高可靠性、系列化的能适合高速公路使用条件的专用汽车底盘。发展应用电子信息技术、传感技术、自动控制技术、机电液一体化技术和智能化技术等高新技术的专用装置。

五、汽车零部件

提高汽车零部件产品开发、系统配套和模块化供货能力，关键产品性能争取达到或接近国际先进水平，增加出口创汇，提高为国际汽车市场配套的比例。提高汽车产品配套本土化率，实现与主机同步发展。支持和鼓励一批优强企业加强国际合作，利用高新技术提高产品水平与制造水平，进入国际配套体系，重点发展以下三类产品：

第一类，国内刚刚起步或尚属空白，代表汽车工业技术发展趋势的汽车关键零部件，如制动防抱死装置、安全气囊、电控燃油喷射装置、排气净化装置、自动变速器等。

第二类，我国已有较大投资，形成了较好的基础，通过努力有可能形成比较优势的汽车关键零部件，如制动系统、转向系统、变速器、离合器、组合仪表、汽车电机等。

第三类，我国具有比较优势的产品，主要是材料密集型、劳动密集型、不便于长距离运输及其他一些具有比较优势的汽车零部件，如汽车轮毂、电线束、座椅、成型地毯、蓄电池等。

六、摩托车

重点发展以高可靠性、耐久性、低排放、低油耗为目标，满足大中城市达到绿色环保要求的更新换代摩托车（如带催化转换器的电喷车、双燃料车、电动车等）及新型发动机。发挥比较优势，发展优势产品，扩大出口。

七、农用运输车

重点提高农用运输车的安全和环保性能，"十五"末期达到欧洲第一阶段排放控制水平，尽快开发研制符合国家环保标准要求的低排放、低噪声的新型单缸和小缸径多缸柴油机，满足农用运输车配套生产需要，同时进一步改进和完善三轮农用运输车传动系统，促进产品升级换代。

八、科研开发能力

重点投资建立并完善国家级汽车、零部件、摩托车产品技术开发中心。鼓励优强企业通过联合开发、引进技术、与国外合作、购买国外专业开发机构等多种方式提高产品开发能力。在车身开发基础上，重点加强底盘匹配技术的研究开发，引导零部件向系统开发的方向发展。

推广普及计算机辅助设计（CAD）/计算机辅助制造（CAM）/计算机辅助工程（CAE）/计算机辅助试验（CAT）等技术，加快建立完善数据库，形成网络平台，鼓励国内合资企业加入国际大公司的开发网络，缩短开发周期。鼓励和支持优强企业积极开发汽车产品急需的新技术、新材料、新能源。

九、采购与销售服务体系

支持和引导优强企业应用互联网技术，优化采购体系及销售服务体系，逐步与客户、经销商、供应商等建立新型业务关系，合理、有效地利用资源，更好地为消费者提供全方位服务，尽快建立基本与国际接轨的营销体系与采购网络。重点支持优强企业利用社会资源、投资建立具备新车销售、旧车回收、维修服务、零配件供应及信息反馈职能的汽车品牌店；集采购、营销、服务、信息等为一体的用于全行业和骨干企业的电子商务网站；具备中转、运输、管理职能的销售服务体系。

国家经济贸易委员会
关于清理整顿车辆生产企业及产品的通知

各省、自治区、直辖市、计划单列市及新疆生产建设兵团经贸委（经委），有关中央管理企业：

为进一步规范车辆产品生产秩序，深化车辆产品管理改革，国家经贸委决定继续对原国家机械工业局

《2000 年全国汽车、民用改装车和摩托车生产企业及产品目录(总目录)》、《2000 年全国汽车、民用改装车和摩托车生产企业及产品目录(补充第一期)》、《2000 年全国汽车、民用改装车和摩托车生产企业及产品目录(补充第二期)》和《2000 年农用运输车生产企业及其产品目录》(以下统称《目录》)所列的全部车辆生产企业及产品进行清理整顿。现将有关事项通知如下:

一、加强对清理整顿工作的领导

清理整顿《目录》内的车辆生产企业及产品工作是车辆生产管理体制改革的重要内容,也是整顿市场经济秩序、促进汽车产业健康发展的客观需要,各地经贸委及有关中央管理企业要进一步提高认识,加强领导,及时将本通知精神传达到各车辆生产企业,并指导企业按照本通知的要求和时限完成《目录》内生产企业及产品的清理整顿工作。

二、改革车辆产品《目录》管理方式,实施《公告》管理

自 2002 年 12 月 31 日起,废止《目录》中汽车、民用改装车和农用运输车产品型号。

自 2003 年 6 月 30 日起,废止《目录》中摩托车产品型号。

《目录》废止后,未列入国家经贸委《车辆生产企业及产品公告》(以下简称《公告》)的《目录》内车辆生产企业的生产资格同时取消。公安交通管理部门依据《公告》办理国内制造车辆产品注册登记手续。

各车辆生产企业要根据要求,做好产销衔接工作。汽车整车生产企业要与使用其底盘的民用改装车企业做好衔接工作,以避免产品库存积压。

三、做好《目录》管理向《公告》管理过渡的衔接工作

(一)对《目录》废止后仍需继续生产的车辆产品,企业应在《目录》废止前申报《公告》。申报程序按国家经贸委《关于车辆生产企业及产品目录管理改革有关问题的通知》(国经贸产业〔2001〕471 号)及有关规定办理。

(二)《目录》废止前,原《目录》内的产品已完成检测项目且具备有效试验报告的,并符合国家对车辆产品技术法规要求的,在申报《公告》时,经国家经贸委授权的检测机构审核确认后可免做相关试验。产品可靠性试验也按上述原则执行。《目录》废止后,原《目录》内产品申报《公告》时,视同新产品进行检测、办理申报手续。

(三)申报《公告》的产品,应按照车辆识别代号(VIN)有关规定进行规范,企业对车辆识别代号(VIN)编制规则进行调整时,需报国家经贸委备案。

四、撤销库存车辆产品《公告》

从 2002 年 7 月 1 日起,撤销已发布的载货车类库存车辆产品《公告》(《车辆生产企业及产品(第八批)库存车辆产品(一)》(国家经贸委公告 2001 年第 28 号)、《车辆生产企业及产品(第九批)库存车辆产品(二)》(国家经贸委公告 2001 年第 35 号)和《车辆生产企业及产品(第十二批)库存车辆产品(三)》(国家经贸委公告 2002 年第 11 号)),其中微型载货车类库存车辆产品撤销时间为 2002 年 12 月 31 日。

库存车辆产品《公告》撤销后,凡列入国家经贸委公告 2001 年第 28 号、第 35 号、2002 年第 11 号中尚未销售或注册登记的车辆产品,由生产企业负责收回,其产品再次申报《公告》时,视同新产品进行检测、办理申报手续。

从发文之日起,国家经贸委不再发布有关库存车辆产品的公告。

五、逐步建立和实施生产一致性考核制度

为保证企业生产的产品在安全、环保、节能等方面的生产一致性,国家经贸委将首先对摩托车产品实施生产一致性考核,具体办法另行通知。

六、严厉打击车辆产品生产环节的非法活动

各车辆生产企业要遵守国家有关法律、法规,规范生产经营活动,坚决打击走私、非法拼(组)装车辆等违法行为,严禁盗用、套用、转让《目录》或《公告》内的产品型号及合格证和"大吨小标"等违规行为,违反上述规定的,国家经贸委将依据有关法律、规定从严处理。

国家经济贸易委员会
二〇〇二年四月十六日

外商投资产业指导目录(节选)

(2011 年修订)鼓励外商投资产业目录

三、制造业

(十六)金属制品业

1. 航空、航天、汽车、摩托车轻量化及环保型新材料研发与制造(专用铝板、铝镁合金材料、摩托车铝合金车架等)

(十七)通用设备制造业

1. 高档数控机床及关键零部件制造:五轴联动数控机床、数控坐标镗铣加工中心、数控坐标磨床、五轴联动数控系统及伺服装置、精密数控加工用高速超硬刀具

2. 1000 吨及以上多工位镦锻成型机制造

3. 报废汽车拆解、破碎及后处理分选设备制造

4. FTL 柔性生产线制造

5. 垂直多关节工业机器人、焊接机器人及其焊接装置设备制造

6. 特种加工机械制造:激光切割和拼焊成套设备、激光精密加工设备、数控低速走丝电火花线切割机、亚微米级超细粉碎机

7. 400 吨及以上轮式、履带式起重机械制造(限于合资、合作)

8. 工作压力≥35MPa 高压柱塞泵及马达、工作压力≥35MPa 低速大扭矩马达的设计与制造

9. 工作压力≥25MPa 的整体式液压多路阀,电液比例伺服元件制造

10. 阀岛、功率 0.35W 以下气动电磁阀、200Hz 以上高频电控气阀设计与制造

11. 静液压驱动装置设计与制造

12. 压力 10MPa 以上非接触式气膜密封、压力 10MPa 以上干气密封(包括实验装置)的开发与制造

13. 汽车用高分子材料(摩擦片、改型酚醛活塞、非金属液压总分泵等)设备开发与制造

14. 第三、四代轿车轮毂轴承(轴承内、外圈带法兰盘和传感器的轮毂轴承功能部件),高中档数控机床和加工中心轴承(加工中心具有三轴以上联动功能、定位重复精度为 3 ~4μm),高速线材、板材轧机轴承(单途线材轧机轧速 120m/s 及以上、薄板轧机加工板厚度 2mm 及以上的支承和工作辊轴承),高速铁路轴承(行驶速度大于 200km/h),振动值 Z4 以下低噪音轴承(Z4、Z4P、V4、V4P 噪音级),各类轴承的 P4、P2 级轴承,风力发电机组轴承(2 兆瓦以上风力发电机组主轴轴承、增速器轴承、发电机轴承等),航空轴承(航空发动机主轴轴承、起落架轴承、传动系统轴承、操纵系统轴承等)制造

15. 高密度、高精度、形状复杂的粉末冶金零件及汽车、工程机械等用链条的制造

16. 风电、高速列车用齿轮变速器,船用可变桨齿轮传动系统,大型、重载齿轮箱的制造

17. 耐高温绝缘材料(绝缘等级为 F、H 级)及绝缘成型件制造

18. 蓄能器胶囊、液压气动用橡塑密封件开发与制造

19. 高精度、高强度(12.9 级以上)、异形、组合类紧固件制造

20. 微型精密传动联结件(离合器)制造

21. 大型轧机连接轴制造

22. 机床、工程机械、铁路机车装备等机械设备再制造及汽车零部件再制造

(十八)专用设备制造业

1. 矿山无轨采、装、运设备制造:200 吨及以上机械传动矿用自卸车,移动式破碎机,5000 立方米/小时及以上斗轮挖掘机,8 立方米及以上矿用装载机, 2500 千瓦以上电牵引采煤机设备等

2. 物探、测井设备制造:MEME 地震检波器,数字遥测地震仪,数字成像、数控测井系统,水平井、定向井、钻机装置及器具,MWD 随钻测井仪

3. 石油勘探、钻井、集输设备制造:工作水深大于 1500 米的浮式钻井系统和浮式生产系统及配套海底采油、集输设备

4. 口径 2 米以上深度 30 米以上大口径旋挖钻机、直径 1.2 米以上顶管机、回拖力 300 吨以上大型非开挖铺设地下管线成套设备、地下连续墙施工钻机制造

5. 520 马力及以上大型推土机设计与制造

6. 100 立方米/小时及以上规格的清淤机、1000 吨及以上挖泥船的挖泥装置设计与制造

7. 防汛堤坝用混凝土防渗墙施工装备设计与制造

8. 水下土石方施工机械制造:水深 9 米以下推土机、装载机、挖掘机等

9. 公路桥梁养护、自动检测设备制造

10. 公路隧道营运监控、通风、防灾和救助系统设备制造

11. 铁路大型施工、铁路线路、桥梁、隧道维修养护机械和检查、监测设备及其关键零部件的设计与制造

12. (沥青)油毡瓦设备、镀锌钢板等金属屋顶生产设备制造

13. 环保节能型现场喷涂聚氨酯防水保温系统设备、聚氨酯密封膏配制技术与设备、改性硅酮密封膏配制技术和生产设备制造

14. 高精度带材轧机(厚度精度 10 微米)设计与制造

15. 多元素、细颗粒、难选冶金属矿产的选矿装置制造

16. 100 万吨/年及以上乙烯成套设备中的关键设备制造:年处理能力 40 万吨以上混合造粒机,直径 1000 毫米及以上螺旋卸料离心机,小流量高扬程离心泵

17. 大型煤化工成套设备制造(限于合资、合作)

18. 金属制品模具(铜、铝、钛、锆的管、棒、型材挤压模具)设计、制造

19. 汽车车身外覆盖件冲压模具,汽车仪表板、保险杠等大型注塑模具,汽车及摩托车夹具、检具设计与制造

20. 汽车动力电池专用生产设备的设计与制造

21. 精密模具(冲压模具精度高于 0.02 毫米、型腔模具精度高于 0.05 毫米)设计与制造

22. 非金属制品模具设计与制造

23. 6 万瓶/小时及以上啤酒灌装设备、5 万瓶/小时及以上饮料中温及热灌装设备、3.6 万瓶/小时及以上无菌灌装设备制造

24. 氨基酸、酶制剂、食品添加剂等生产技术及关键设备制造

25. 10 吨/小时及以上的饲料加工成套设备及关键部件制造

26. 楞高 0.75 毫米及以下的轻型瓦楞纸板及纸箱设备制造

27. 单张纸多色胶印机(幅宽≥750 毫米,印刷速度:单面多色≥16000 张/小时,双面多色≥13000 张/小时)制造

28. 单幅单纸路卷筒纸平版印刷机印刷速度大于 75000 对开张/小时(787 × 880 毫米)、双幅单纸路卷筒纸平版印刷机印刷速度大于 170000 对开张/小时(787 × 880 毫米)、商业卷筒纸平版印刷机印刷速度大于 50000 对开张/小时(787 × 880 毫米)制造

29. 多色宽幅柔性版印刷机(印刷宽度≥1300 毫米,印刷速度≥350 米/秒),喷墨数字印刷机(出版用:印刷速度≥150 米/分,分辨率≥600dpi;包装用:印刷速度≥30 米/分,分辨率≥1000dpi;可变数据用:印刷速度≥100 米/分,分辨率≥300dpi)制造

30. 计算机墨色预调、墨色遥控、水墨速度跟踪、印品质量自动检测和跟踪系统、无轴传动技术、速度在 75000 张/小时的高速自动接纸机、给纸机和可以自动遥控调节的高速折页机、自动套印系统、冷却装置、加硅系统、调偏装置等制造

31. 电子枪自动镀膜机制造

32. 平板玻璃深加工技术及设备制造

33. 新型造纸机械(含纸浆)等成套设备制造

34. 皮革后整饰新技术设备制造

35. 农产品加工及储藏新设备开发与制造:粮食、油料、蔬菜、干鲜果品、肉食品、水产品等产品的加工储藏、保鲜、分级、包装、干燥等新设备,农产品品质检测仪器设备,农产品品质无损伤检测仪器设备,流变仪,粉质仪,超微粉碎设备,高效脱水设备,五效以上高效果汁浓缩设备,粉体食品物料杀菌设备,固态及半固态食品无菌包装设备,碟片式分离离心机

36. 农业机械制造:农业设施设备(温室自动灌溉设备、营养液自动配置与施肥设备、高效蔬菜育苗设备、土壤养分分析仪器),配套发动机功率120千瓦以上拖拉机及配套农具,低油耗低噪音低排放柴油机,大型拖拉机配套的带有残余雾粒回收装置的喷雾机,高性能水稻插秧机,棉花采摘机及棉花采摘台,适应多种行距的自走式玉米联合收割机(液压驱动或机械驱动),油菜籽收获机,甘蔗收割机,甜菜收割机

37. 林业机具新技术设备制造

38. 农作物秸秆收集、打捆及综合利用设备制造

39. 农用废物的资源化利用及规模化畜禽养殖废物的资源化利用设备制造

40. 节肥、节(农)药、节水型农业技术设备制造

41. 机电井清洗设备及清洗药物生产设备制造

42. 电子内窥镜制造

43. 眼底摄影机制造

44. 医用成像设备(高场强超导型磁共振成像设备、X线计算机断层成像设备、数字化彩色超声诊断设备等)关键部件的制造

45. 医用超声换能器(3D)制造

46. 硼中子俘获治疗设备制造

47. 图像引导适型调强放射治疗系统制造

48. 血液透析机、血液过滤机制造

49. 全自动酶免系统(含加样、酶标、洗板、孵育、数据后处理等部分功能)设备制造

50. 药品质量控制新技术、新设备制造

51. 天然药物有效物质分析的新技术、提取的新工艺、新设备开发与制造

52. 非PVC医用输液袋多层共挤水冷式薄膜吹塑装备制造

53. 新型纺织机械、关键零部件及纺织检测、实验仪器开发与制造

54. 电脑提花人造毛皮机制造

55. 太阳能电池生产专用设备制造

56. 大气污染防治设备制造:耐高温及耐腐蚀滤料、低NOx燃烧装置、烟气脱氮催化剂及脱氮成套装置、工业有机废气净化设备、柴油车排气净化装置、含重金属废气处理装置

57. 水污染防治设备制造:卧式螺旋离心脱水机、膜及膜材料、50kg/h以上的臭氧发生器、10kg/h以上的二氧化氯发生器、紫外消毒装置、农村小型生活污水处理设备、含重金属废水处理装置

58. 固体废物处理处置设备制造:污水处理厂污泥处置及资源利用设备、日处理量500吨以上垃圾焚烧成套设备、垃圾填埋渗滤液处理技术装备、垃圾填埋场防渗土工膜、建筑垃圾处理和资源化利用装备、危险废物处理装置、垃圾填埋场沼气发电装置、废钢铁处理设备、污染土壤修复设备

59. 铝工业赤泥综合利用设备开发与制造

60. 尾矿综合利用设备制造

61. 废旧塑料、电器、橡胶、电池回收处理再生利用设备制造

62. 废旧纺织品回收处理设备制造

63. 废旧机电产品再制造设备制造

64. 废旧轮胎综合利用装置制造

65. 水生生态系统的环境保护技术、设备制造

66. 移动式组合净水设备制造

67. 非常规水处理、重复利用设备与水质监测仪器

68. 工业水管网和设备(器具)的检漏设备和仪器

69. 日产10万立方米及以上海水淡化及循环冷却技术和成套设备开发与制造

70. 特种气象观测及分析设备制造

71. 地震台站、台网和流动地震观测技术系统开发及仪器设备制造

72. 三鼓及以上子午线轮胎成型机制造

73. 滚动阻力试验机、轮胎噪音试验室制造

74. 供热计量、温控装置新技术设备制造

75. 氢能制备与储运设备及检查系统制造

76. 新型重渣油气化雾化喷嘴、漏汽率0.5%及以下高效蒸汽疏水阀、1000℃及以上高温陶瓷换热器制造

77. 海上溢油回收装置制造

78. 低浓度煤矿瓦斯和乏风利用设备制造

(十九)交通运输设备制造业

1. 汽车发动机制造及发动机研发机构建设:升功率不低于70千瓦的汽油发动机、升功率不低于50千瓦的排量3升以下柴油发动机、升功率不低于40千瓦的排量3升以上柴油发动机、燃料电池和混合燃料等新能源发动机

2. 汽车关键零部件制造及关键技术研发:双离合器变速器(DCT)、电控机械变速器(AMT)、汽油发动机涡轮增压器、粘性连轴器(四轮驱动用)、自动变速器执行器(电磁阀)、液力缓速器、电涡流缓速器、汽车安全气囊用气体发生器、燃油共轨喷射技术(最大喷射压力大于2000帕)、可变截面涡轮增压技术(VGT)、可变喷嘴涡轮增压技术(VNT)、达到中国Ⅴ阶段污染物排放标准的发动机排放控制装置、智能扭矩管理系统(ITM)及耦合器总成、线控转向系统、柴油机颗粒捕捉器、低地板大型客车专用车桥、吸能式转向系统、大中型客车变频空调系统、汽车用特种橡胶配件,以及上述零部件的关键零件、部件

3. 汽车电子装置制造与研发:发动机和底盘电子控制系统及关键零部件,车载电子技术(汽车信息系统和导航系统),汽车电子总线网络技术(限于合资),电子控制系统的输入(传感器和采样系统)输出(执行器)部件,电动助力转向系统电子控制器(限于合资),嵌入式电子集成系统(限于合资、合作)、电控式空气弹簧,电子控制式悬挂系统,电子气门系统装置,电子组合仪表,ABS/TCS/ESP系统,电路制动系统(BBW),变速器电控单元(TCU),轮胎气压监测系统(TPMS),车载故障诊断仪(OBD),发动机防盗系统,自动避撞系统,汽车、摩托车型试验及维修用检测系统

4. 新能源汽车关键零部件制造:能量型动力电池(能量密度≥110Wh/kg,循环寿命≥2000次,外资比例不超过50%),电池正极材料(比容量≥150mAh/g,循环寿命2000次不低于初始放电容量的80%),电池隔膜(厚度15-40μm,孔隙率40%~60%);电池管理系统,电机管理系统,电动汽车电控集成;电动汽车驱动电机(峰值功率密度≥2.5kW/kg,高效区:65%工作区效率≥80%),车用DC/DC(输入电压100V~400V),大功率电子器件(IGBT,电压等级≥600V,电流≥300A);插电式混合动力机电耦合驱动系统

5. 大排量(排量>250ml)摩托车关键零部件制造:摩托车电控燃油喷射技术(限于合资、合作)、达到中国摩托车Ⅲ阶段污染物排放标准的发动机排放控制装置

6. 轨道交通运输设备(限于合资、合作):高速铁路、铁路客运专线、城际铁路、干线铁路及城市轨道交通运输设备的整车和关键零部件(牵引传动系统、控制系统、制动系统)的研发、设计与制造;高速铁路、铁路客运专线、城际铁路及城市轨道交通乘客服务设施和设备的研发、设计与制造,信息化建设中有关信息系统的设计与研发;高速铁路、铁路客运专线、城际铁路的轨道和桥梁设备研发、设计与制造,轨道交通运输通信信号系统的研发、设计与制造,电气化铁路设备和器材制造、铁路噪声和振动控制技术与研发、铁路客车排污设备制造、铁路运输安全监测设备制造

7. 民用飞机设计、制造与维修:干线、支线飞机(中方控股),通用飞机(限于合资、合作)

8. 民用飞机零部件制造与维修

9. 民用直升机设计与制造:3吨级及以上(中方控股),3吨级以下(限于合资、合作)

10. 民用直升机零部件制造

11. 地面、水面效应飞机制造(中方控股)

12. 无人机、浮空器设计与制造(中方控股)

13. 航空发动机及零部件、航空辅助动力系统设计、制造与维修(限于合资、合作)

14. 民用航空机载设备设计与制造(限于合资、合作)

15. 航空地面设备制造:民用机场设施、民用机场运行保障设备、飞行试验地面设备、飞行模拟与训练设备、航空测试与计量设备、航空地面试验设备、机载设备综合测试设备、航空制造专用设备、航空材料试制专用设备、民用航空器地面接收及应用设备、运载火箭地面测试设备、运载火箭力学及环境实验设备

16. 航天器光机电产品、航天器温控产品、星上产品检测设备、航天器结构与机构产品制造

17. 轻型燃气轮机制造

18. 豪华邮轮及深水(3000 米以上)海洋工程装备的设计(限于合资、合作)

19. 海洋工程装备(含模块)的制造与修理(中方控股)

20. 船舶低、中速柴油机及其零部件的设计(限于合资、合作)

21. 船舶低、中速柴油机及曲轴的制造(中方控股)

22. 船舶舱室机械的设计与制造(中方相对控股)

23. 船舶通讯导航设备的设计与制造:船舶通信系统设备、船舶电子导航设备、船用雷达、电罗经自动舵、船舶内部公共广播系统等

24. 游艇的设计与制造(限于合资、合作)

限制外商投资产业目录

(十一)专用设备制造业

1. 一般涤纶长丝、短纤维设备制造

2. 320 马力及以下推土机、30 吨级及以下液压挖掘机、6 吨级及以下轮式装载机、220 马力及以下平地机、压路机、叉车、135 吨级及以下电力传动非公路自卸翻斗车、60 吨级及以下液力机械传动非公路自卸翻斗车、沥青混凝土搅拌与摊铺设备和高空作业机械、园林机械和机具、商品混凝土机械(托泵、搅拌车、搅拌站、泵车)制造

(十二)交通运输设备制造业

1. 船舶(含分段)的修理、设计与制造(中方控股)

五、交通运输、仓储和邮政业

1. 铁路货物运输公司

2. 铁路旅客运输公司(中方控股)

3. 公路旅客运输公司

4. 出入境汽车运输公司

5. 水上运输公司(中方控股)

6. 摄影、探矿、工业等通用航空公司(中方控股)

7. 电信公司:增值电信业务(外资比例不超过 50%),基础电信业务(外资比例不超过 49%)

禁止外商投资产业目录

五、交通运输、仓储和邮政业

1. 空中交通管制公司

2. 邮政公司、信件的国内快递业务

注:1.《内地与香港关于建立更紧密经贸关系的安排》及其补充协议、《内地与澳门关于建立更紧密经贸关系的安排》及其补充协议、《海峡两岸经济合作框架协议》及其补充协议、我国与有关国家签订的自由贸易区协议另有规定的,从其规定。

2. 国务院专项规定或产业政策另有规定的,从其规定。

交通部关于进一步加强道路运输车辆管理的若干意见

交公路发〔2002〕57 号

为适应我国公路基础设施建设的快速发展和加快道路运输业结构调整的要求,建立和完善道路运输车辆管理体系,保障旅客、货物运输安全,结合我国道路运输车辆结构和技术管理现状,对进一步加强道路运输车辆管理提出如下意见。

一、指导思想与目标

1. 根据我国道路运输业结构调整和发展目标,为改变运输车辆技术落后及运力结构不合理的状况,促进

全行业车辆装备素质和管理水平的提高,今后一段时期加强道路运输车辆管理的指导思想和目标是:以提高道路运输车辆技术状况、促进车辆结构合理调整为主线,以科技进步和技术创新为动力,充分运用技术的、经济的、法律的和必要的行政手段,建立道路运输车辆进退运输市场管理机制,优化车型结构,加强对车辆维修、检测的监督管理,提高车辆使用的可靠性和安全性,有效节约资源,全面推动行业技术进步,促进我国道路运输运力结构水平的不断升级,为提高道路运输竞争能力和可持续发展做好技术支持和运力保障。

二、建立道路运输车辆进退运输市场管理制度

2. 完善道路运输车辆市场准入制度。对符合道路运输车辆结构调整和运输市场需要的先进适用车型进入道路运输市场要采取优先和鼓励发展的措施。各级道路运政管理机构要加强对新进入道路运输市场的车辆技术状况的监督把关。拟进入道路运输市场的所有车辆必须依据强制性国家标准《营运车辆综合性能要求和检验方法》的要求进行检测,其检测结果应作为道路运政管理机构判定车辆能否进入道路运输市场的依据。

3. 建立健全道路运输车辆市场退出制度。完善车辆检测手段,按照国家标准《营运车辆综合性能要求和检验方法》的要求,对道路运输车辆技术状况实施检测,并将检测结果作为判定车辆是否可以继续运营的基本依据。对于能耗高、车型老旧、技术状况差、排放超标,经维修后车辆技术状况仍达不到《营运车辆综合性能要求和检验方法》要求的车辆,要强制其退出道路运输市场。

4. 强化对营运车辆技术状况的动态监控。道路运政管理机构对道路运输车辆实行年度审验制。车辆年度审验是道路运输企业年审的前置条件,也是道路运输企业经营资质信誉考核和年审的重要内容。所有道路运输车辆必须在规定时间,到具备相应资质条件的汽车综合性能检测站按《营运车辆综合性能要求和检验方法》的要求进行检测,汽车综合性能检测站出具全国统一式样的"汽车综合性能检测报告单",道路运政管理机构依据检测报告单进行车辆技术等级评定和年度审验。车辆技术等级评定和年度审验结果存入车辆技术档案。对年度审验合格的道路运输车辆,道路运政管理机构在道路运输证审验栏内加盖审验专用章。

从事危险品货物运输、高速公路客运、旅游客运、800 公里以上的超长线公路客运车辆,其技术等级必须为一级。

三、加强道路运输车辆技术结构调整

5. 进一步贯彻落实营运客车类型划分及等级评定制度。道路运政管理机构对新进入道路运输市场的客车应及时进行等级评定,对在用营运客车应进行等级年度复核。各省级道路运政管理机构要严格按照交通行业标准《营运客车类型划分及等级评定》,参照交通部分期颁布的《典型客车类型划分及等级评定表》,组织营运客车类型划分及等级评定工作,并对新进入道路客运市场的中级以上(不含中级)的客车进行审核,各地市级道路运政管理机构具体负责营运客车类型划分及等级评定和年度复核工作。

在用客车等级年度复核应结合车辆年度审验进行,对营运客车类型及等级与车内所粘贴的统一标识是否相符进行核查,并将复核结果记录在道路运输证备注栏内。营运客车类型及等级与客运线路审批、客运企业经营资质年审以及核定运价挂钩。

从事高速公路客运、旅游客运、800 公里以上的超长线公路客运的客车,类型等级必须在中级(含中级)以上。

6. 加快道路运输车辆车型和技术结构调整。车型结构调整要充分考虑地方经济发展水平,以提高运输效率、降低运输成本、提高服务质量为目标。客车选型要适应客运需求的个性化、多样化、快速化发展趋势,注重安全、舒适和快捷;货车选型应适应新型运输组织方式,满足各类物资运输效率及安全质量需求。积极引导企业和经营者购置技术先进、性能良好、高效低耗的高中级客车和大吨位柴油厢式货车以及集装箱、危险品运输等专用货车,并重点发展长距离运输用的大吨位货运列车和短途集散用的小型货运车辆。鼓励使用清洁能源车辆和符合环保要求的柴油车辆。

四、强化道路运输车辆使用安全的监督措施

7. 强化危险货物运输车辆管理。危险品运输车辆及装备必须符合《汽车危险货物运输规则》的规定,按时到具备相应危险品运输车辆维修资质的维修企业进行二级维护,二级维护竣工检测时还应查验危险品运输专用装置是否齐全及安全合格凭证是否有效,并由承检单位向道路运政管理机构汇总报备。

8. 强化道路运输车辆装备及附加装置管理措施。道路运输经营者不得对车辆结构、部件进行随意改装改造。新投入道路运输市场的大型中级(含中级)以上客车,车身顶部不得设置顶行李架,应设置符合标准要求的行李舱,在用大型中级(含中级)以上客车顶行李架在 2002 年 7 月 1 日前必须拆除;营运客车通道内不得设置供乘客使用的折叠式座椅；乘客座椅间距不得采用沿滑道纵向调整的结构；卧铺客车卧具设置必须为1+1或1+1+1，且纵向布置；营运载货车辆严禁超标加装利于超载的货厢增容装置和底盘承载部件。

五、加快建立全国统一的车辆管理信息系统

9. 加强对车辆技术档案的建立和管理。各级道路运政管理机构应按统一的车辆技术档案格式和内容建立车辆技术档案，并逐步实行电子档案；要引导本辖区内道路运输业户在此基础上建立更为详细的车辆技术档案。

10. 结合道路运政管理信息系统，建立全国统一的车辆管理信息系统。规范道路运输车辆管理信息指标体系，推行计算机管理，3～5年内完善部、省、地（市）、县车辆技术管理信息系统，并逐步全国联网，实现车辆管理和技术信息的远程即时查询和统计。

六、加强车辆检测管理，全面落实车辆维护制度

11. 强化道路运输车辆二级维护企业管理。交通主管部门应严格车辆二级维护企业资质审查，各地可结合本地实际，采取公开招投标等公平竞争的方式从二类以上（含二类）汽车维修企业中选择一批企业从事营运车辆二级维护作业。凡不能坚持按有关标准和规范进行二级维护的维修企业，应取消其相应的作业资格。

12. 强化道路运输车辆二级维护制度检查。要将定期维护制度执行情况作为衡量道路运输经营者的管理水平、安全意识、经营资质的重要内容。道路运政管理机构对车辆年度审验时，应审核该车辆维护记录，并采取按月统计、年度汇总的方法统计车辆二级维护计划执行率。计划执行率为期内实际完成车辆二级维护车次与期内需要完成车辆二级维护总车次之比。

计划执行率与企业的质量信誉度考核挂钩。计划执行率低于80%的企业，质量信誉考核为不合格；计划执行率为80～90%的企业，质量信誉考核为基本合格；计划执行率达到90%以上的企业，质量信誉考核为合格。对于未按计划实施车辆二级维护的运输经营业户，必须按《道路运输行政处罚规定》予以处罚。

13. 强化二级维护质量管理。汽车二级维护竣工后，必须由具备相应检测资质的汽车综合性能检测站或经道路运政管理机构认可的汽车维修企业按照国家标准《汽车维护、检测、诊断技术规范》的要求，检测合格后，方可出厂。道路运政管理机构应引导道路运输经营者和车主选择具有相应资质的汽车维修企业进行车辆维修作业，确保维护质量。汽车维修企业必须严格施行维修竣工检测制度、出厂合格证制度和质量保证期制度。

14. 加强汽车检测站的规划和管理。各省级交通行政主管部门要严格按照国家标准《汽车综合性能检测站通用技术条件》的要求，统筹规划、合理布局，强化汽车检测市场准入管理。汽车综合性能检测站必须具备与承检项目相适应的检测仪具装备和符合条件的操作人员，并持证上岗，建立健全管理制度，规范经营行为，以确保检测数据的准确性和公正性。

15. 引导汽车维修检测诊断设备行业健康发展。重点是促进其技术进步，提高产品质量，优化产品结构，完善销售和售后服务网络以及加强信息服务体系建设和人员培训工作等。加强汽车维修检测诊断设备标准化建设，对涉及安全、环保、节能的汽车维修检测诊断设备开展型式认定工作，建立完善汽车维修检测诊断设备市场准入制度。

16. 按《中华人民共和国大气污染防治法》的要求，进一步加强在用车辆的排放污染防治工作。在实行状态监测下的汽车二级维护制度的基础上，完善配套法规和标准建设，制定车辆检查维护制度（I/M制度）实施办法，并在现有维修和检测网络的基础上，完善I/M实施网络，加强专业人员培训，提高计算机运用水平，在全国全面实施I/M制度，确保车辆在规定的耐久性期限内稳定达到国家标准的有关要求。

七、推广应用现代技术，促进行业技术进步

17. 积极推广汽车维修检测新技术、新工艺、新材料、新装备，积极研究推广汽车安全、节能和环保新产品、新技术。

18. 推广应用现代化通讯技术。鼓励道路运输单位尤其是运输企业、汽车维修企业、汽车检测站等利用计算机等辅助手段实现全过程科学管理和信息传递。监督从事长途客运班线的客车按规定逐步安装使用符合国家有关标准的行车记录仪。积极推动汽车运输企业特别是大型运输企业和物流企业采用全球定位系统（GPS）和车载通讯系统；对出租汽车引导使用无线防盗防劫报警装置。

为确保上述目标的实现，各地要结合行政审批制度改革和机构调整，进一步巩固和充实车辆管理体系，挑选事业性强、精通技术、善于组织管理的人员从事车辆管理工作，并重视对车辆管理人员的知识更新再教育，促进我国道路运输车辆管理工作的健康发展。

中国名牌产品管理办法

2001 年 12 月 29 日国家质量监督检验检疫总局令第 12 号公布　根据 2009 年 12 月 18 日国家质量监督检验检疫总局令第 124 号公布的《国家质量监督检验检疫总局关于修改〈中国名牌产品管理办法〉的决定》修正

第一章　总　　则

第一条　为推进名牌战略的实施，加强中国名牌产品的监督管理，规范中国名牌产品的评价，推动企业实施名牌战略，引导和支持企业创名牌，指导和督促企业提高质量水平，增强我国产品的市场竞争力，根据《中华人民共和国产品质量法》、国务院颁布的《质量振兴纲要》和国务院赋予国家质量监督检验检疫总局（以下简称“国家质检总局”）的职能，制定本办法。

第二条　本办法所称中国名牌产品是指实物质量达到国际同类产品先进水平、在国内同类产品中处于领先地位、市场占有率和知名度居行业前列、用户满意程度高、具有较强市场竞争力的产品。

第三条　中国名牌产品评价工作建立以市场评价为基础，以社会中介机构为主体，以政府积极推动、引导、监督为保证，以用户（顾客）满意为宗旨的总体推进机制。

第四条　中国名牌产品评价工作坚持企业自愿申请，科学、公正、公平、公开，不搞终身制，不向企业收费，不增加企业负担的原则。

第二章　组 织 管 理

第五条　国家质检总局负责制定中国名牌产品推进工作的目标、原则、计划、任务和范围，对中国名牌战略推进委员会的工作进行监督和管理，并依法对创中国名牌产品成绩突出的生产企业予以表彰。

第六条　国家质检总局授权中国名牌战略推进委员会统一组织实施中国名牌产品的评价工作，并推进中国名牌产品的宣传、培育工作。

中国名牌战略推进委员会是由有关全国性社团组织、政府有关部门、部分新闻单位以及有关方面专家组成的非常设机构。中国名牌战略推进委员会秘书处设在国家质检总局质量管理司，负责中国名牌战略推进委员会的组织、协调及日常管理工作。

第七条　中国名牌战略推进委员会每年根据工作需要，聘任有关方面专家组成若干专业委员会，各专业委员会在中国名牌战略推进委员会的组织下，根据产品类别分别提出中国名牌产品评价实施细则和方案，进行具体评价工作。评价工作结束后，各专业委员会自动解散。

第八条　各省（自治区、直辖市）质量技术监督部门在本行政区域内负责中国名牌产品的申报和推荐工作，并组织实施对中国名牌产品的监督管理。

第三章　申 请 条 件

第九条　申请中国名牌产品称号，应具备下列条件：

（一）符合国家有关法律法规和产业政策的规定；

（二）实物质量在同类产品中处于国内领先地位，并达到国际先进水平；市场占有率、品牌知名度居国内同类产品前列；

（三）年销售额、实现利税、工业成本费用利润率、总资产贡献率居本行业前列；

（四）企业具有先进可靠的生产技术条件和技术装备，技术创新、产品开发能力居行业前列；

（五）产品按照采用国际标准或国外先进标准的我国标准组织生产；

（六）企业具有完善的计量检测体系和计量保证能力；

（七）企业质量管理体系健全并有效运行，未出现重大质量责任事故；

（八）企业具有完善的售后服务体系，顾客满意程度高。

第十条　凡有下列情况之一者，不能申请“中国名牌产品”称号：

（一）使用国（境）外商标的；

（二）列入生产许可证、强制性产品认证及计量器具制造许可证等管理范围的产品而未获证的；

(三)在近三年内,有被省(直辖市、自治区)级以上质量监督抽查判为不合格经历的;

(四)在近三年内,出口商品检验有不合格经历的;或者出现出口产品遭到国外索赔的;

(五)近三年内发生质量、安全事故,或者有重大质量投诉经查证属实的;

(六)有其他严重违反法律法规行为的。

第四章 评价指标

第十一条 建立以市场评价、质量评价、效益评价和发展评价为主要评价内容的评价指标体系。

第十二条 市场评价主要评价申报产品的市场占有水平、用户满意水平;质量评价主要评价申报产品的实物质量水平和申报企业的质量管理体系;效益评价主要对申报企业实现利税、工业成本费用利润水平和总资产贡献水平等方面进行评价;发展评价主要评价申报企业的技术开发水平和企业规模水平,评价指标向拥有自主知识产权和核心技术的产品适当倾斜。

第十三条 不同产品评价细则的制定、综合评价中评分标准的确定、不同评价指标权数的分配、不能直接量化指标的评价方法、评价中复杂因素的简化以及综合评价结果的确定等,均由中国名牌战略推进委员会确定。

第五章 评价程序

第十四条 中国名牌产品评价工作每年进行一次。每年一季度由中国名牌战略推进委员会公布开展中国名牌产品评价工作的产品目录及受理中国名牌产品申请的开始和截至日期。

第十五条 企业在自愿的基础上如实填写《中国名牌产品申请表》(另行制定)、提供有关评明材料,并按规定日期报本省(自治区、直辖市)质量技术监督局。

第十六条 各省(自治区、直辖市)质量技术监督局在规定的期限内组织本省(自治区、直辖市)有关部门及有关社会团体对申请企业是否符合申报条件、企业申报内容是否属实等有关方面提出评价意见,并形成推荐意见,统一报送中国名牌战略推进委员会秘书处。

第十七条 中国名牌战略推进委员会秘书处汇总各地方推荐材料后,组织有关部门和社会团体对企业的申报材料进行初审,确定初审名单,并将初审名单及其申请材料分送相应的专业委员会。

第十八条 各专业委员会按照评价细则对申请产品进行综合评价,形成评价报告,并据此向中国名牌战略推进委员会秘书处提交本专业的中国名牌产品建议名单。

第十九条 中国名牌战略推进委员会秘书处将各专业委员会提出的建议名单汇总分析后,提交全体委员会审议确定初选名单。

第二十条 中国名牌战略推进委员会将全体委员会审议确定的初选名单通过新闻媒体向社会公示并在一定限期内征求社会意见。

第二十一条 经过广泛征求意见确定的名单再次提交中国名牌战略推进委员会全体会议审议、确定并公布。

第二十二条 以国家质检总局的名义授予"中国名牌产品"称号,颁发中国名牌产品证书及奖牌。

第六章 监督管理

第二十三条 中国名牌产品证书的有效期为三年。在有效期内,企业可以在获得中国名牌产品称号的产品及其包装、装潢、说明书、广告宣传以及有关材料中使用统一规定的中国名牌产品标志,并注明有效期间。法律法规另有规定的除外。

第二十四条 中国名牌产品在有效期内,免于各级政府部门的质量监督检查。对符合出口免检有关规定的,依法优先予以免检。

第二十五条 中国名牌产品在有效期内,列入打击假冒、保护名优活动的范围;中国名牌产品生产企业应配合执法部门作好产品真假鉴别工作。

第二十六条 对已经获得中国名牌产品称号的产品,如产品质量发生较大波动,消费者(用户)反映强烈,出口产品遭国外索赔,企业发生重大质量事故,企业的质量保证体系运行出现重大问题等,国家质检总局可以暂停或者撤销该产品的中国名牌产品称号。

第二十七条 中国名牌产品标志是质量标志。中国名牌产品称号、标志只难使用在被认定型号、规格的产品上,不得扩大使用范围。未获得中国名牌产品称号的产品,不得冒用中国名牌产品标志;被暂停或撤销中国名牌产品称号的产品、超过有效期未重新申请或重新申请未获通过的产品，不得继续使用中国名牌产品标志；禁止转让、伪造中国名牌产品标志及其特有的或者与其近似的标志。违者按《中华人民共和国产品质量法》对冒用质量标志的规定进行处理。

第二十八条 参与中国名牌产品评价工作的有关机构和人员，要保守企业的商业和技术秘密，保护知识产权；严以律己、公正廉洁，要严格按照有关规定、程序进行评价。对于违反规定的单位或者个人，将取消其评价工作资格。凡因滥用职权、玩忽职守、徇私舞弊，未构成犯罪的，由其所在的工作单位给予行政处分；构成犯罪的，依法追究刑事责任。

第二十九条 申请企业及有关机构所提供的数据应当真实，严禁弄虚作假。对于采取不正当方法获取中国名牌产品称号者，将予以取消，并通报批评，三年内不再受理该企业的中国名牌产品申请。

第三十条 各省（自治区、直辖市）质量技术监督部门负责本行政区域内名牌战略的推进工作，可以按照本办法规定的原则，协助政府制定相应的管理办法并组织实施。

除按本办法规定的名牌产品评价工作外，其他组织和个人不得进行名牌产品评价活动。

第七章 附 则

第三十一条 中国名牌产品标志管理办法另行制定。

第三十二条 本办法由国家质检总局负责解释。

第三十三条 本办法自发布之日起施行，2001 年国家质检总局发布的《中国名牌产品评价管理办法（试行）》（国质检〔2001〕32 号）同时废止。

国家经济贸易委员会、公安部关于在生产及使用环节治理整顿载货类汽车产品的通知

国经贸产业〔2001〕808 号

各省、自治区、直辖市、计划单列市及新疆生产建设兵团经贸委（经委）、公安厅（局）：

为贯彻国务院关于整顿和规范市场经济秩序的决定，进一步加大治理载货类汽车（包括载重汽车、自卸车、牵引车、罐式车、全挂车、半挂车和四轮农用运输车及有关底盘）严重超载违章行为的工作力度，国家经贸委和公安部决定，在生产和使用环节对载货类汽车进行治理整顿。现将有关事项通知如下：

一、企业要严格按照国家有关规定、技术标准和设计规则组织生产

国家经贸委《车辆生产企业及产品公告》（以下简称《公告》）及原国家机械工业局《全国汽车、民用改装车和摩托车生产企业及产品目录》和《农用运输车生产企业及其产品目录》（以下统称《目录》）内的载货类汽车生产和改装企业以及全挂车生产企业，必须严格按照国家已颁布的有关规定、技术标准和设计规则组织生产，同时产品要符合《整顿载货类汽车产品有关限值要求》的规定（见附件）。

二、严格把关，防止不符合规定的载货类汽车产品流入市场

列入《公告》的车辆产品，国家经贸委将实施生产一致性考核制度，考核的有关规定另行通知。对不符合《整顿载货类汽车产品有关限值要求》规定的载货类汽车产品，国家经贸委不予列入《公告》。

公安交通管理部门对申请办理注册登记的载货类汽车，要按照《整顿载货类汽车产品有关限值要求》进行核对，不符合规定的，不得办理注册登记手续。

三、对《目录》内的载货类汽车产品进行清理，从源头上杜绝违规产品的生产

载货类汽车生产和改装企业要自查自纠，将大吨小标等违规产品及更正参数（包括：车型、技术参数，缺强制性检测项目的按规定补齐）列入更正对照表，报国家经贸委，经国家经贸委审核确认后，通知公安交通管理部门备案，并在《公告》中发布。对生产违规产品的企业，一经查处，即取消其生产资格。

《目录》内现有的载货类汽车产品逐步向《公告》过渡，从 2001 年 11 月 1 日起，《目录》公布的载货类汽车生产型号作废，公安交通管理部门不再依据《目录》办理载货类汽车的注册登记。

四、积极稳妥地解决在用载货类汽车大吨小标等违规问题

在用载货类汽车产品大吨小标等问题，用户主动要求更改标定载质量的，可向公安交通管理部门提出申请，公安交通管理部门依据国家经贸委提供的更正对照表办理变更登记。

尚未销售的大吨小标载货类汽车，由企业自行回收处理。

五、推行车辆识别代码（VIN）的管理规则

为加强对违章、违规汽车的清理整顿，打击车辆走私、非法拼装、假冒行为，控制其他涉车犯罪活动，加快与国际通行做法接轨，企业申报产品的型号中自定义代号部分要按照车辆识别代号（VIN）规则编制。

附件：整顿载货类汽车产品有关限值要求

二○○一年八月十日

附件：

整顿载货类汽车产品有关限值要求

一、载质量利用系数

栏板式载货类汽车、自卸车和栏板式农用运输车的载质量利用系数必须符合下列限值：

GB/T15089 总质量M（千克）	N_1		N_2		N_3
	M≤3500		3500＜M≤12000		M＞12000
整备质量m（千克）	m≤1100	m＞1100	m≤3500	m＞3500	
载质量利用系数*	—	≥0.65（不含长头轻型客货两用车）	≥0.75	≥0.85	≥1
		自卸车（纵向）≥0.55	自卸车（纵向）≥0.65	自卸车（纵向）≥0.75	

*载质量利用系数＝

二、罐式汽车的总容量限值应按下列公式计算（式中取汽油的密度为700千克/立方米）

三、全挂车、半挂车的允许最大总质量、最大装载质量，整备质量应当符合GB 6420—86《货运挂车系列型普》的规定。

四、货箱栏板高度

栏板式载货汽车、栏板式半挂车和栏板式全挂车的货箱栏板高度大于0.6米时，高度限值应按下列公式计算（式中取煤的比容900千克/立方米）。

中华人民共和国国家经济贸易委员会

二○○一年第4号公告

为了贯彻国务院关于整顿和规范市场经济秩序的决定，治理载重汽车及其改装车和农用运输车（以下统称载货类汽车）生产环节虚报瞒报实际载荷、大吨小标（指标定装载质量低于设计承载能力的载货类汽车）的违法行为，国家经济贸易委员会决定，对载货类汽车生产环节进行清理整顿。现将有关事项公告如下：

一、国家经贸委《车辆生产企业及产品公告》（以下简称《公告》）及原国家机械工业局《全国汽车、民用改装车和摩托车生产企业及产品目录》和《农用运输车生产企业及其产品目录》（以下统称《目录》）内的载货类汽车企业必须立即停止生产大吨小标载货类汽车。

二、《公告》和《目录》内的载货类汽车生产企业，必须立即进行自查，并将大吨小标载货类汽车的车型及正确参数在2001年7月10日前主动向国家经贸委报告，由国家经贸委核准后予以更改。

三、《公告》和《目录》内的载货类汽车生产企业，必须严格按照国家标准和设计规则组织载货类汽车生产经营。

四、《公告》和《目录》内的载货类汽车产品，一经发现属大吨小标情况的，国家经贸委即从《公告》和《目录》中取消该型号产品，情节严重者，将该产品生产企业从《公告》和《目录》中除名。

国家经贸委

二○○一年六月二十九日

国家经济贸易委员会关于车辆生产企业及产品目录管理改革有关问题的通知

国经贸产业〔2001〕471号

各省、自治区、直辖市及计划单列市经贸委(经委):

为使我国汽车工业适应社会主义市场经济体制和加入世界贸易组织的新形势,促进产业结构调整和政府职能的转变,国家经贸委决定对原国家机械工业局以发布《全国汽车、民用改装车和摩托车生产企业及产品目录》和《农用运输车生产企业及其产品目录》(以下统称《目录》)对车辆产品实施管理的方式进行改革,逐步建立与国际通行规则接轨的法制化管理体制。在新的汽车、摩托车和农用运输车管理制度实施之前,为不影响生产企业正常的生产经营和开发的新产品及时推向市场,现就《目录》中企业新产品申报和公布等事项通知如下:

一、从2001年1月1日起,国家经贸委以发布《车辆生产企业及产品公告》(以下简称《公告》)的方式对《目录》中企业的新产品实施管理,不再发布《目录》。《公告》是国家准许车辆生产企业组织生产和销售的依据,是消费者向国家法定车辆管理机关申请注册登记的依据。

二、《公告》的内容包括:新产品批准、产品扩展、勘误更改和撤消。

《公告》由文本和光盘两部分组成。文本中列入企业名称、商标、产品型号(汽车产品为主型号,由GB 9417-88中规定的企业名称代号、车辆类别代号、主参数代号和产品序号组成)和产品名称;光盘中列入产品型号(其中汽车产品由主型号和企业自定义代号组成)、整车彩色照片(必要时附局部照片)、主要参数表(分为汽车、摩托车和农用运输车)等内容。光盘的内容调整时,不再另行通知,以发布的《公告》为准。

三、《公告》由国家经贸委印送各地经贸委(经委)、国务院有关部门及各地公安交通管理部门。

《公告》同时在国家经贸委政府网站上公布,网址是:www. setc. gov. cn。

四、原国家机械工业局发布的《2000年全国汽车、民用改装车和摩托车生产企业及产品目录(总目录)》(国机管〔2000〕206号)、《2000年全国汽车、民用改装车和摩托车生产企业及产品目录(补充第一期)》(国机管〔2000〕519号)、《2000年全国汽车、民用改装车和摩托车生产企业及产品目录(补充第二期)》(国机管〔2000〕621号)和《2000年农用运输车生产企业及其产品目录》(国机管〔2000〕615号)继续有效,生产企业可按原规定生产、销售。上述目录终止执行日期另行通知。上述目录终止执行前,有关内容的勘误更改或撤销,由国家经贸委通知有关部门。

五、严格执行外经贸部、国家经贸委、财政部、公安部、工商局、海关总署联合发布的《关于执行〈关于禁止非法拼(组)装汽车、摩托车的通告〉的实施细则》(〔1999〕外经贸机电发第628号)的规定和要求,坚决打击走私、非法拼(组)装车辆等违法行为。

六、各地公安交通管理部门在办理车辆注册登记手续中,对车辆产品的进口部件状态或执行标准、技术法规的有关问题,可向国家经贸委提出查询,由国家经贸委产业政策司函复,并抄送公安部交管局和有关部门。

七、已列入《公告》的车辆产品生产企业要严格按照《公告》中批准的车型组织生产和销售。严禁盗用、套用、转让《公告》中的产品及合格证,违者将从《公告》中撤销其生产企业或产品。未列入《公告》的企业擅自生产的汽车、摩托车和农用运输车属非法拼(组)装行为,按有关规定进行查处。在《目录》的有效期内,《目录》中企业也要严格执行上述规定。

八、本通知自印发之日起执行。

附件:一、《车辆生产企业及产品公告》光盘内容

二、车型查询表(略)

国家经济贸易委员会

二〇〇一年五月二十二日

附件一：

《车辆生产企业及产品公告》光盘内容

主要由三部分组成：

第一部分 企业基本情况

产品商标、产品型号名称、生产企业名称、注册地址、生产地址、电话、传真、企业网址、电子信箱、邮政编码、2000版《目录》类别及序号。

第二部分 主要技术参数

一、汽车产品

1. 外形尺寸(长×宽×高)(mm)：

2. 燃料种类：

3. 排放依据标准：

4. 排量/功率(mL/kW)：

5. 转向型式：

6. 货厢栏板内尺寸(长×宽×高)(mm)：

7. 轴数：

8. 轴距(mm)：

9. 钢板弹簧片数(前/后)：

10. 轮胎数：

11. 轮距(前/后)(mm)：

12. 总质量(kg)：

13. 额定载质量(kg)：

14. 整备质量(kg)：

15. 准拖挂车总质量(kg)：

16. 额定载客(含驾驶员)(座位数)：

17. 驾驶室准乘人数(人)：

18. 接近角/离去角(°)：

19. 前悬/后悬(mm)：

20. 最高车速(km/h)：

21. 底盘型号、类别及生产企业：型号：生产企业：

22. 发动机型号及生产企业：型号：生产企业：

23. 车辆识别代号(VIN)：

24. 其他：

注：

(1)牵引汽车产品不填13、16；挂车产品不填2、3、4、5、15、16、17、20、21、22；

(2)轿车产品不填6、9、13、15、17、21；

(3)客车产品不填6、13、15、17；

(4)货车产品不填16；

(5)23项车辆识别代号(VIN)：只填21、22项对应的VIN。

二、摩托车产品

(一)整车技术参数

1. 外形尺寸(长×宽×高)(mm)：

2. 燃料种类：

3. 排量/功率(mL/kW)：

4. 轴距(mm)：

5. 轮距(mm)：

6. 额定最大载质量(kg)：

7. 整备质量(kg)：

8. 最高设计车速(km/h)：

9. 制动方式(前轮/后轮):
10. 制动操作方式(前轮/后轮):
11. 车辆识别代号(VIN):
以下改变,应视为同一型号:
颜色、贴花(式样、颜色、贴花位置)、导流罩、两侧护板、挡风扳、保险杠、货筐、前(后)货架、尾箱、靠背、轮辋型式等方面的改变。
(二)发动机生产企业及技术参数
1. 企业名称:1:2:3:4:
2. 商标或厂牌:1:2:3:4:
3. 发动机型号:1:2:3:4:
三、农用运输车产品
(一)三轮农用运输车
★1. 外形尺寸(长×宽×高)(mm):
2. 燃料种类:
3. 排放依据标准:
▲4. 功率(kW):
5. 转向型式:
▲6. 货厢栏板内尺寸(长×宽×高)(mm):
7. 轴距(mm):
★8. 轮距(前/后)(mm):
9. 最高设计车速(km/h):
★10. 总质量(kg):
11. 额定载质量(kg):
★12. 整备质量(kg):
★13. 后悬(mm):
14. 离去角(°):
15. 驾驶室:
16. 驾驶室准乘人数(人):
17. 传动型式:
18. 发动机型号:
以下改变,可视为同一型号:
(1)标注"★"的项目,其值变化范围在±5%以内,但不超过相关标准规定的最大限值;
(2)标注"▲"的项目,其值变化范围在±10%以内;
(3)不同型号发动机,其功率变化在±10%以内;
(4)前照灯数量和形状发生变化;
(5)制动操纵方式发生变化(机械式、液压式);
(6)驾驶室加装前保险杠或其形状、材料发生变化;
(7)前面罩或前部钣金件形状发生变化。
(二)四轮农用运输车
★1. 外形尺寸(长×宽×高)(mm):
2. 燃料种类:
3. 排放依据标准:
▲4. 功率(kW):
▲5. 货厢栏板内尺寸(长×宽×高)(mm):
★6. 轴距(mm):
■7. 钢板弹簧片数(前/后)(片):
8. 轮胎数:
★9. 轮距(前/后)(mm):
★10. 总质量(kg):
11. 额定载质量(kg):

★12. 整备质量(kg)：
13. 驾驶室准乘人数(人)：
14. 接近角/离去角(°)：
★15. 后悬(mm)：
16. 最高设计车速(km/h)：
17. 发动机型号：
18. 车辆识别代号(VIN)：
19. 其他：
以下改变,可视为同一型号：
(1)标注"★"的项目,其值变化范围在±5%以内,但不超过相关标准规定的最大限值；
(2)标注"▲"的项目,其值变化范围在±10%以内；
(3)标注"■"的项目,其值变化范围在±1片以内；
(4)不同型号发动机,其功率变化在±10%以内；
(5)前面罩或前部钣金件形状发生变化；
(6)前照灯数量与形状发生变化；
(7)后组合尾灯安装位置或形状发生变化；
(8)驾驶室保险杠形状、材料发生变化；
(9)制动操纵方式变化(机械、液压或气压)。

第三部分 产 品 照 片

产品照片为正侧面45°,必要时需附局部照片。

当前国家重点鼓励发展的产业、产品和技术目录(节选)(2005年修订)

十三、汽车

1. 汽车、摩托车整车及发动机、关键零部件系统设计开发

2. 自动变速箱、重型汽车变速箱等汽车关键零部件及具有自主产权(品牌)的先进、适用汽车、发动机制造

3. 汽车轻量化及环保型新材料制造

4. 汽车重要部件的精密锻压、多工位压力成型及铸造

5. 汽车、摩托车型式试验及维修用检测系统开发制造

6. 压缩天然气、氢燃料、合成燃料、液化石油气、醇醚类燃料汽车和混合动力汽车、电动汽车、燃料电池汽车等新能源汽车整车及关键零部件开发及制造

7. 先进的小排量经济型乘用车、集装箱运输车、多轴大型专用车辆

8. 先进的轿车用柴油发动机开发制造

9. 城市用低底盘公共汽车开发制造

中西部地区外商投资优势产业目录(2013年修订)

国家发展和改革委员会商务部令第1号

山西省

1. 牧草饲料作物种植及深加工

2. 小杂粮、马铃薯种植及产品开发、生产

3. 退耕还林还草、天然林保护等国家重点生态工程后续产业开发

4. 节水灌溉和旱作节水技术、保护性耕作技术开发与应用

5. 采煤矿区采空、塌陷区域生态系统恢复与重建工程

6. 非金属矿(高岭土、石灰石、硅石、石英砂)综合利用(勘探、开采除外)

7. 煤层气和煤炭伴生资源综合开发利用
8. 焦炭副产品综合利用
9. 高档棉、毛、麻、丝、化纤的纺织、针织及服装加工生产
10. 天然药、原料药、中成药的深加工(列入《外商投资产业指导目录》限制类、禁止类的除外)
11. 包装装潢印刷品印刷
12. 高档玻璃制品、高技术陶瓷(含工业陶瓷)技术开发和产品生产
13. 特殊品种(超白、超薄、在线 Low－E、中空、超厚)优质浮法玻璃技术开发及深加工
14. 不锈钢制品生产
15. 高速列车用钢、非晶带材等钢铁新材料
16. 铝合金材料及制品生产
17. 钢丝绳芯橡胶输运带生产
18. 液压技术系统及模具生产
19. 旱地、山地中小农业机械及配套机具制造
20. 三轴以上联动的高速、精密数控机床及配套数控系统、伺服电机及驱动装置、功能部件、刀具、量具、量仪及高档磨具磨料生产
21. 大型煤矿综采设备和防爆机电产品生产
22. 第三代及后续移动通信系统手机零部件生产
23. 洗中煤、焦炉煤气余热发电、供热等综合利用
24. 云计算、物联网、移动互联网等新一代信息技术开发、应用
25. 宽带业务和增值电信业务(需在我国入世承诺框架内)
26. 公路旅客运输公司
27. 城市燃气、热力和供排水管网建设、经营(人口 50 万以上城市中方控股)
28. 医疗和养老服务机构
29. 艺术表演培训和中介服务及文化用品、设备等产业化开发
30. 旅游景区(点)保护、开发和经营及其配套设施建设

内蒙古自治区

1. 绿色农畜产品(乳、肉、绒、皮毛、马铃薯、蔬菜)生产及加工(列入《外商投资产业指导目录》限制类、禁止类的除外)
2. 松香深加工
3. 盐湖生物养殖加工与综合利用
4. 退耕还林还草、退牧还草、天然林保护等国家重点生态工程后续产业开发
5. 节水灌溉和旱作节水技术、保护性耕作、中低产田改造等技术开发与应用
6. 日处理甜菜 3000 吨及以上甜菜糖精深加工及副产品综合利用
7. 优质酿酒葡萄基地建设
8. 铜、铅、锌、镁等金属精深加工(限于合资、合作)
9. 非金属矿(高岭土、红柱石、膨润土、白云石、晶质石墨、珍珠岩、沸石)综合利用及精细加工(勘探、开采除外)
10. 毛纺织、针织品高新技术产品开发
11. 煤层气和煤炭伴生资源综合开发利用
12. 稀土高端应用产品加工
13. 天然气下游化工产品开发和利用(列入《天然气利用政策》限制类和禁止类的除外)
14. 利用乙烯与氯气通过氧氯化法生产 30 万吨/年以上 PVC,废盐酸制氯气等综合利用技术开发及利用
15. 高性能硅油、硅橡胶、树脂,高品质氟树脂,高性能氟橡胶,含氟精细化学品和高品质含氟无机盐等
16. 硅材料及其应用
17. 动植物药材资源开发、保护和可持续利用(列入《外商投资产业指导目录》限制类、禁止类的除外)
18. 少数民族特需用品、工艺美术品、包装容器材料及日用玻璃制品生产
19. 特殊品种(超白、超薄、在线 Low－E、中空、超厚)优质浮法玻璃技术开发及深加工

20. 碳纤维产品生产及其应用

21. 天然气压缩机(含煤层气压缩机)制造

22. 汽车整车制造(外资比例不高于50%),专用汽车(不包括普通半挂车、自卸车、罐式车、厢式车和仓栅式汽车)制造(外资比例不高于50%)

23. 大型储能技术研发与生产应用(蓄能电池、抽水蓄能技术、空气储能技术、风电与后夜供热等)

24. 太阳能发电设备及零部件制造

25. 洗中煤、焦炉煤气余热发电、供热等综合利用

26. 宽带业务和增值电信业务(需在我国入世承诺框架内)

27. 公路旅客运输公司

28. 城市燃气、热力和供排水管网建设、经营(人口50万以上城市中方控股)

29. 医疗和养老服务机构

30. 广播电视节目、电影的制作业务(限于合作)

31. 冰雪、森林、草原生态旅游资源开发、建设和经营

32. 旅游景区(点)保护、开发和经营及其配套设施建设

辽宁省

1. 肉鸡、生猪、肉牛和肉羊饲养及产品深加工

2. 节水灌溉和旱作节水技术、保护性耕作技术开发与应用

3. 退耕还林还草等国家重点生态工程后续产业开发

4. 镁、锆石加工及综合利用(中方相对控股)

5. 高档棉、毛、麻、丝、化纤的纺织、针织及服装加工生产

6. 天然药、原料药、中成药的深加工(列入《外商投资产业指导目录》限制类、禁止类的除外)

7. 高性能子午线轮胎的生产。包括无内胎载重子午胎,低断面和扁平化(低于55系列)、大轮辋高性能轿车子午胎(15吋以上),航空轮胎及农用子午胎的生产

8. 金属包装、自动化立体仓库及仓储物流设备制造

9. 汽车零部件制造:六档以上自动变速箱、商用车用高功率密度驱动桥、随动前照灯系统、LED前照灯、轻量化材料应用(高强钢、铝镁合金、复合塑料、粉末冶金、高强度复合纤维等)、离合器、液压减震器、中控盘总成、座椅

10. 飞行员培训、航空俱乐部(限于合资、合作)

11. 医疗设备及关键部件开发及生产

12. 高精度铜、铝及合金板带材深加工

13. 大型储能技术研发与生产应用(蓄能电池、抽水蓄能技术、空气储能技术、风电与后夜供热等)

14. 宽带业务和增值电信业务(需在我国入世承诺框架内)

15. 城市燃气、热力和供排水管网建设、经营(人口50万以上城市中方控股)

16. 医疗和养老服务机构

17. 旅游景区(点)保护、开发和经营及其配套设施建设

18. 经国家投资主管部门批准的资源枯竭型城市的精深加工和接续产业等项目

吉林省

1. 节水灌溉和旱作节水技术、保护性耕作技术开发与应用

2. 肉鸡、肉鹅、生猪、肉牛、肉羊和梅花鹿饲养及产品深加工

3. 人参、鹿茸、山葡萄、果仁、山野菜、菌类、林蛙、柞蚕、蜂蜜等长白山特色生态食品、饮品的开发和加工

4. 饮用天然矿泉水生产(中方控股)

5. 硅藻土资源开发及综合利用(勘探、开采除外)

6. 高档棉、毛、麻、丝、化纤的纺织、针织及服装加工生产

7. 褐煤蜡萃取

8. 动植物药材资源开发、保护和可持续利用(列入《外商投资产业指导目录》限制类、禁止类的除外)

9. 特殊品种(超白、超薄、在线Low-E、中空、超厚)优质浮法玻璃技术开发及深加工

10. 碳纤维原丝、碳纤维生产及其生产所需辅助材料、碳纤维复合材料及其制品生产

11. 高性能子午线轮胎的生产。包括无内胎载重子午胎,低断面和扁平化(低于55系列)、大轮辋高性能轿车子午胎(15吋以上),航空轮胎及农用子午胎的生产

12. 医疗设备及关键部件开发及生产

13. 汽车零部件制造:六档以上自动变速箱、商用车用高功率密度驱动桥、随动前照灯系统、LED前照灯、轻量化材料应用(高强钢、铝镁合金、复合塑料、粉末冶金、高强度复合纤维等)、离合器、液压减震器、中控盘总成、座椅

14. 生物质能发电设备制造(限于合资、合作)

15. 宽带业务和增值电信业务(需在我国入世承诺框架内)

16. 公路旅客运输公司

17. 汽车金融服务

18. 城市燃气、热力和供排水管网建设、经营(人口50万以上城市中方控股)

19. 医疗和养老服务机构

20. 动漫创作、制作(广播影视动漫制作业务限于合作)及衍生品开发

21. 冰雪旅游资源开发及滑雪场建设、经营

22. 旅游景区(点)保护、开发和经营及其配套设施建设

23. 经国家投资主管部门批准的资源枯竭型城市的精深加工和接续产业等项目

黑龙江省

1. 退耕还林还草、天然林保护等国家重点生态工程后续产业开发

2. 节水灌溉和旱作节水技术、保护性耕作技术开发与应用

3. 利用境外资源的木材加工

4. 饮用天然矿泉水生产(中方控股)

5. 日处理甜菜3000吨及以上甜菜制糖及副产品综合利用

6. 马铃薯深加工

7. 肉鹅、肉鸡、生猪、肉牛和肉羊饲养及产品加工

8. 天然药、原料药、中成药的深加工(列入《外商投资产业指导目录》限制类、禁止类的除外)

9. 特殊品种(超白、超薄、在线Low-E、中空、超厚)优质浮法玻璃技术开发及深加工

10. 硅基及光伏新材料

11. 钛矿冶炼及钛制品加工(限于合资、合作)

12. 切削刀具、量具、刃具制造

13. 高性能子午线轮胎的生产。包括无内胎载重子午胎,低断面和扁平化(低于55系列)、大轮辋高性能轿车子午胎(15吋以上),航空轮胎及农用子午胎的生产

14. 汽车零部件制造:六档以上自动变速箱、商用车用高功率密度驱动桥、随动前照灯系统、LED前照灯、轻量化材料应用(高强钢、铝镁合金、复合塑料、粉末冶金、高强度复合纤维等)、离合器、液压减震器、中控盘总成、座椅

15. 医疗设备及关键部件开发及生产

16. 电网智能管理控制系统设备制造

17. 宽带业务和增值电信业务(需在我国入世承诺框架内)

18. 公路旅客运输公司

19. 医疗和养老服务机构

20. 城市燃气、热力和供排水管网建设、经营(人口50万以上城市中方控股)

21. 动漫创作、制作(广播影视动漫制作业务限于合作)及衍生品开发

22. 森林、冰雪旅游资源开发及滑雪场建设、经营

23. 旅游景区(点)保护、开发和经营及其配套设施建设

24. 经国家投资主管部门批准的资源枯竭型城市的精深加工和接续产业等项目

安徽省

1. 节水灌溉和旱作节水技术、保护性耕作技术开发与应用

2. 高岭土、煤层气(瓦斯)、矿井水及天然焦等煤炭伴生资源综合利用(勘探、开采除外)

3. 非金属矿（方解石、膨润土、高岭土、凹凸棒粘土、石灰石、石英砂）综合利用（勘查、开采除外）

4. 高档棉、毛、麻、丝、化纤的纺织、针织及服装加工生产

5. 天然药、原料药、中成药的深加工（列入《外商投资产业指导目录》限制类、禁止类的除外）

6. 铜、锌、铝等有色金属精深加工及综合利用（限于合资、合作）

7. 高档无缝钢管、石油油井管制造

8. 包装装潢印刷品印刷

9. 特殊品种（超白、超薄、在线 Low－E、中空、超厚）优质浮法玻璃技术开发及深加工

10. 利用木薯、麻风树、橡胶籽等非粮植物为原料的生物液体燃料（燃料乙醇、生物柴油）生产（中方控股）

11. 高性能子午线轮胎的生产。包括无内胎载重子午胎，低断面和扁平化（低于 55 系列）、大轮辋高性能轿车子午胎（15 吋以上），航空轮胎及农用子午胎的生产

12. 汽车零部件制造：六档以上自动变速箱、商用车用高功率密度驱动桥、随动前照灯系统、LED 前照灯、轻量化材料应用（高强钢、铝镁合金、复合塑料、粉末冶金、高强度复合纤维等）、离合器、液压减震器、中控盘总成、座椅

13. 新型干法水泥成套设备制造

14. 电动叉车、30 吨以上液压挖掘机及零部件开发与制造

15. 500 万吨/年及以上矿井、薄煤层综合采掘设备，1000 万吨级/年及以上大型露天矿关键装备；大型冶金成套设备等重大技术装备用分散型控制系统（DCS）

16. 医疗设备及关键部件开发及生产

17. 家用电器、家电用板材及零部件制造

18. 半导体照明材料上下游产品及相关设备的研发与制造

19. 大型、高压、高纯度工业气体的生产和供应

20. 宽带业务和增值电信业务（需在我国入世承诺框架内）

21. 公路旅客运输公司

22. 水上运输公司（中方控股）

23. 医疗和养老服务机构

24. 动漫创作、制作（广播影视动漫制作业务限于合作）及衍生品开发

25. 城市燃气、热力和供排水管网建设、经营（人口 50 万以上城市中方控股）

26. 旅游景区（点）保护、开发和经营及其配套设施建设

江西省

1. 脐橙、苎麻、竹、山药、莲、葛等特色、优势植物种植及深加工

2. 铜矿选矿、伴生元素提取及精深加工（限于合资、合作）及循环利用

3. 高岭土、粉石英、硅灰石、海泡石、化工用白云石等非金属矿选冶、应用及深加工

4. 高档棉、毛、麻、丝、化纤的纺织、针织及服装加工生产

5. 利用境外钨、镍、钴、钽、铌等稀有金属资源深加工、应用产品生产及循环利用

6. 利用乙烯与氯气通过氧氯化法生产 30 万吨/年以上 PVC，废盐酸制氯气等综合利用技术开发及利用

7. 稀土高端应用产品加工

8. 天然药、原料药、中成药的深加工（列入《外商投资产业指导目录》限制类、禁止类的除外）

9. 艺术陶瓷、日用陶瓷、工业陶瓷、特种陶瓷等高技术陶瓷的研发与生产

10. 高性能子午线轮胎的生产。包括无内胎载重子午胎，低断面和扁平化（低于 55 系列）、大轮辋高性能轿车子午胎（15 吋以上），航空轮胎及农用子午胎的生产

11. 包装装潢印刷品印刷

12. 汽车零部件制造：六档以上自动变速箱、商用车用高功率密度驱动桥、随动前照灯系统、LED 前照灯、轻量化材料应用（高强钢、铝镁合金、复合塑料、粉末冶金、高强度复合纤维等）、离合器、液压减震器、中控盘总成、座椅

13. 医疗设备及关键部件开发及生产

14. 空调、高效节能压缩机及零部件生产

15. 太阳能发电设备及零部件制造

16. 半导体照明材料上下游产品及相关设备的研发与制造

17. 锂电池等锂产品生产专用设备的研发与制造

18. 光学部件及镀膜技术的研发、应用及制造

19. 宽带业务和增值电信业务(需在我国入世承诺框架内)

20. 公路旅客运输公司

21. 医疗和养老服务机构

22. 城市燃气、热力和供排水管网建设、经营(人口50万以上中方控股)

23. 动漫创作、制作(广播影视动漫制作业务限于合作)及衍生品开发

24. 旅游景区(点)保护、开发和经营及其配套设施建设

河南省

1. 生猪、肉牛、肉羊、小家禽饲养

2. 退耕还林还草、天然林保护等国家重点生态工程后续产业开发

3. 节水灌溉和旱作节水技术、保护性耕作技术开发与应用

4. 镁、锌精深加工(限于合资、合作)

5. 高档棉、毛、麻、丝、化纤的纺织、针织及服装加工生产

6. 煤层气(煤矿瓦斯)抽采和利用技术产品开发与生产

7. 超硬材料产品生产

8. 铝合金材料及制品生产

9. 天然药、原料药、中成药的深加工(列入《外商投资产业指导目录》限制类、禁止类的除外)

10. 包装装潢印刷品印刷

11. 特殊品种(超白、超薄、在线Low－E、中空、超厚)优质浮法玻璃技术开发及深加工

12. 高性能子午线轮胎的生产。包括无内胎载重子午胎,低断面和扁平化(低于55系列)、大轮辋高性能轿车子午胎(15吋以上),航空轮胎及农用子午胎的生产

13. 汽车零部件制造:六档以上自动变速箱、商用车用高功率密度驱动桥、随动前照灯系统、LED前照灯、轻量化材料应用(高强钢、铝镁合金、复合塑料、粉末冶金、高强度复合纤维等)、离合器、液压减震器、中控盘总成、座椅

14. 三轴以上联动的高速、精密数控机床及配套数控系统、伺服电机及驱动装置、功能部件、刀具、量具、量仪及高档磨具磨料生产

15. 300马力以上配备无级变速器轮式拖拉机,300马力以上拖拉机关键零部件:无级变速拖拉机发动机、变速箱、液力联合控制系统、双输入双输出无级调速装置

16. 500万吨/年及以上矿井、薄煤层综合采掘设备,1000万吨级/年及以上大型露天矿关键装备;12000米及以上深井钻机、极地钻机、高位移性深井沙漠钻机、沼泽难进入区域用钻机、海洋钻机、车装钻机、特种钻井工艺用钻机等钻机成套设备

17. 电能综合管理自动化设备制造

18. LCoS、DLP、液晶等新型投影显示技术产品开发及生产

19. 空调、电冰箱、高效节能压缩机及零部件制造

20. 宽带业务和增值电信业务(需在我国入世承诺框架内)

21. 公路旅客运输公司

22. 医疗和养老服务机构

23. 城市燃气、热力和供排水管网建设、经营(人口50万以上城市中方控股)

24. 旅游景区(点)保护、开发和经营及其配套设施建设

湖北省

1. 保护性耕作技术开发与应用

2. 高档纺织品及服装工艺技术开发

3. 无纺布及医用纺织品生产

4. 动植物药材资源的开发、保护和可持续利用(列入《外商投资产业指导目录》限制类、禁止类的除外)

5. 高档棉、毛、麻、丝、化纤的纺织、针织及服装加工生产

6. 包装装潢印刷品印刷

7. 特殊品种(超白、超薄、在线 Low - E、中空、超厚)优质浮法玻璃技术开发及深加工

8. 空调、高效节能压缩机及零部件制造

9. 汽车零部件制造:六档以上自动变速箱、商用车用高功率密度驱动桥、随动前照灯系统、LED 前照灯、轻量化材料应用(高强钢、铝镁合金、复合塑料、粉末冶金、高强度复合纤维等)、离合器、液压减震器、中控盘总成、座椅

10. 高性能子午线轮胎的生产。包括无内胎载重子午胎,低断面和扁平化(低于 55 系列)、大轮辋高性能轿车子午胎(15 吋以上),航空轮胎及农用子午胎的生产

11. 三轴以上联动的高速、精密数控机床及配套数控系统、伺服电机及驱动装置、功能部件、刀具、量具、量仪及高档磨具磨料生产

12. 特种钢丝绳、钢缆(平均抗拉强度 > 2200MPa)制造

13. 激光医疗设备开发与制造

14. 光电子技术和产品(含光纤预制棒、半导体发光二极管 LED)开发

15. 宽带业务和增值电信业务(需在我国入世承诺框架内)

16. 公路旅客运输公司

17. 汽车加气站建设和经营

18. 医疗和养老服务业

19. 城市燃气、热力和供排水管网建设、经营(人口 50 万以上城市中方控股)

20. 旅游景区(点)保护、开发和经营及其配套设施建设

湖南省

1. 蔬菜、水果、畜禽产品的生产及深加工

2. 锌精深加工(限于合资、合作)

3. 铋化合物生产(中方控股)

4. 艺术陶瓷、日用陶瓷、工业陶瓷、特种陶瓷等高技术陶瓷的研发与生产

5. 激素类药物深度开发(列入《外商投资产业指导目录》限制类、禁止类的除外)

6. 包装装潢印刷品印刷

7. 大口径钢管材加工

8. 硬质合金精深加工

9. 30 吨以上液压挖掘机、6 米及以上全断面掘进机、320 马力及以上履带推土机、6 吨及以上装载机、600 吨及以上架桥设备(含架桥机、运梁车、提梁机)、400 吨及以上履带起重机、100 吨及以上全地面起重机、钻孔 100 毫米以上凿岩台车、400 千瓦及以上砼冷热再生设备、1 米宽及以上铣刨机;关键零部件:动力换挡变速箱、湿式驱动桥、回转支承、液力变矩器、为电动叉车配套的电机、电控、压力 25 兆帕以上液压马达、泵、控制阀

10. 60C 及以上混凝土输送泵、50 米及以上混凝土泵车、混凝土布料机、混凝土搅拌运输车、混凝土喷射机械手;起升机械:塔式起重机、50 米及以上高空作业车、50 吨级以上轮胎吊;路面机械:12 米及以上沥青路面摊铺机、4 吨以上沥青混凝土搅拌设备、26 吨以上全液压压路机、垃圾收运和处理设备及系统等产品

11. 大型工程机械关键零部件:动力换挡变速箱、湿式驱动桥、回转支承、液力变矩器、为电动叉车配套的电机、电控、压力 25 兆帕以上液压马达、泵、控制阀

12. 新型橡胶机械成套设备制造

13. 消费类电子产品整机、光电子、电子材料、电子元器件的开发和制造

14. 宽带业务和增值电信业务(需在我国入世承诺框架内)

15. 公路旅客运输公司

16. 广播电视节目、电影制作业务(限于合作)

17. 医疗和养老服务机构

18. 城市燃气、热力和供排水管网建设、经营(人口 50 万以上城市中方控股)

19. 旅游景区(点)保护、开发和经营及其配套设施建设

广西自治区

1. 退耕还林还草等国家重点生态工程后续产业开发

2. 动植物药材资源开发生产(列入《外商投资产业指导目录》限制类、禁止类的除外)

3. 日处理甘蔗5000吨及以上的蔗糖精深加工及副产品综合利用

4. 单线5万立方米/年以上的普通刨花板、高中密度纤维板生产装置;单线5万立方米/年以上的木质刨花板生产装置;5万立方米/年以上的胶合板和细木工板生产线

5. 松香深加工

6. 锌、锡、锑、钨、锰等金属精深加工(限于合资、合作)

7. 少数民族特需用品、民族特色工艺品及包装容器材料生产

8. 艺术陶瓷、日用陶瓷、工业陶瓷、特种陶瓷等高技术陶瓷的研发与生产

9. 特殊品种(超白、超薄、在线Low-E、中空、超厚)优质浮法玻璃技术开发及深加工

10. 利用木薯、麻风树、橡胶籽等非粮植物为原料的生物液体燃料(燃料乙醇、生物柴油)生产(中方控股)

11. 高性能子午线轮胎的生产。包括无内胎载重子午胎,低断面和扁平化(低于55系列)、大轮辋高性能轿车子午胎(15吋以上),航空轮胎及农用子午胎的生产

12. 汽车整车制造(外资比例不高于50%),专用汽车(不包括普通半挂车、自卸车、罐式车、厢式车和仓栅式汽车)制造(外资比例不高于50%)

13. 汽车零部件制造:六档以上自动变速箱、商用车用高功率密度驱动桥、随动前照灯系统、LED前照灯、轻量化材料应用(高强钢、铝镁合金、复合塑料、粉末冶金、高强度复合纤维等)、离合器、液压减震器、中控盘总成、座椅

14. 大型工程机械关键零部件:动力换挡变速箱、湿式驱动桥、回转支承、液力变矩器、为电动叉车配套的电机、电控、压力25兆帕以上液压马达、泵、控制阀

15. 宽带业务和增值电信业务(需在我国入世承诺框架内)

16. 公路旅客运输公司

17. 水上运输公司(中方控股)

18. 医疗和养老服务机构

19. 城市燃气、热力和供排水管网建设、经营(人口50万以上城市中方控股)

20. 文化演出场所的建设、经营(中方控股)

21. 旅游景区(点)保护、开发和经营及其配套设施建设

重庆市

1. 动植物优良品种选育、繁育、保种、开发及产品深加工(列入《外商投资产业指导目录》限制类和禁止类的除外)

2. 退耕还林还草、天然林保护等国家重点生态工程后续产业开发

3. 节水灌溉技术开发及应用

4. 高档棉、毛、麻、丝、化纤的纺织、针织及服装加工生产

5. 天然气下游化工产品生产和开发(列入《天然气利用政策》限制类和禁止类的除外)

6. 高性能、高附加值聚氨酯和工程塑料产品开发和生产

7. 铝、镁精深加工(限于合资、合作)

8. 排气量250ml及以上高性能摩托车整车(外资比例不高于50%)

9. 汽车整车制造(外资比例不高于50%),专用汽车(不包括普通半挂车、自卸车、罐式车、厢式车和仓栅式汽车)制造(外资比例不高于50%)

10. 高性能子午线轮胎的生产。包括无内胎载重子午胎,低断面和扁平化(低于55系列)、大轮辋高性能轿车子午胎(15吋以上),航空轮胎及农用子午胎以及列入《当前优先发展的高技术产业化重点领域指南》的子午线轮胎关键原材料生产

11. 汽车零部件制造:六档以上自动变速箱、商用车用高功率密度驱动桥、随动前照灯系统、LED前照灯、轻量化材料应用(高强钢、铝镁合金、复合塑料、粉末冶金、高强度复合纤维等)、离合器、液压减震器、中控盘总成、座椅

12. 太阳能发电设备及零部件制造

13. 线宽 0.25 微米以下大规模数字集成电路制造

14. 500 千伏及以上高压直流换流变压器研发及制造

15. 三级能效以上节能环保型家电整机,压缩机、电机、变频器、液晶面板等关键零部件生产,无线输电、裸眼 3D、体感输入等新技术开发

16. 半导体照明材料上下游产品及相关设备的研发与制造

17. 二氧化碳回收、一氧化碳等特殊工业气体制备及应用

18. FINEX 技术及高速、无头连轧

19. 宽带业务和增值电信业务(需在我国入世承诺框架内)

20. 公路旅客运输公司

21. 医疗和养老服务机构

22. 城市燃气、热力和供排水管网建设、经营(人口 50 万以上城市中方控股)

23. 旅游景区(点)保护、开发和经营及其配套设施建设

四川省

1. 红薯及非粮作物加工和副产物综合利用

2. 生猪、肉牛、肉羊、小家禽畜(含高原畜产品)饲养和深加工

3. 退耕还林还草、天然林保护等国家重点生态工程后续产业开发

4. 节水灌溉和旱作节水技术、保护性耕作技术开发与应用

5. 葡萄酒及特色水果酿酒

6. 利用木薯、麻风树、橡胶籽等非粮植物为原料的生物液体燃料(燃料乙醇、生物柴油)生产(中方控股)

7. 高档棉、毛、麻、丝、化纤的纺织、针织及服装加工生产

8. 以境外木、藤为原材料的高端家具生产

9. 稀土高端应用产品加工

10. 钒钛资源综合利用新技术和新产品开发(限于合资、合作)

11. 天然气下游化工产品生产和开发(列入《天然气利用政策》限制类和禁止类的除外)

12. 含氟精细化学品和高品质含氟无机盐生产

13. 动植物药材资源开发、保护及可持续利用(列入《外商投资产业指导目录》限制类、禁止类的除外)

14. 包装装潢印刷品印刷

15. 特殊品种(超白、超薄、在线 Low-E、中空、超厚)优质浮法玻璃技术开发及深加工

16. 汽车整车制造(外资比例不高于 50%),专用汽车(不包括普通半挂车、自卸车、罐式车、厢式车和仓栅式汽车)制造(外资比例不高于 50%)

17. 高性能子午线轮胎的生产。包括无内胎载重子午胎,低断面和扁平化(低于 55 系列)、大轮辋高性能轿车子午胎(15 吋以上),航空轮胎及农用子午胎的生产

18. 汽车零部件制造:六档以上自动变速箱、商用车用高功率密度驱动桥、随动前照灯系统、LED 前照灯、轻量化材料应用(高强钢、铝镁合金、复合塑料、粉末冶金、高强度复合纤维等)、离合器、液压减震器、中控盘总成、座椅

19. 30 吨以上液压挖掘机、6 米及以上全断面掘进机、320 马力及以上履带推土机、6 吨及以上装载机、600 吨及以上架桥设备(含架桥机、运梁车、提梁机)、400 吨及以上履带起重机、100 吨及以上全地面起重机、钻孔 100 毫米以上凿岩台车、400 千瓦及以上砼冷热再生设备、1 米宽及以上铣刨机;关键零部件:动力换挡变速箱、湿式驱动桥、回转支承、液力变矩器、为电动叉车配套的电机、电控、压力 25 兆帕以上液压马达、泵、控制阀

20. 太阳能发电设备及零部件制造

21. 大型储能技术研发与生产应用(蓄能电池、抽水蓄能技术、空气储能技术、风电与后夜供热等)

22. 3000KW 以上大型、重型燃气轮机高温部件及控制系统研发制造

23. 半导体照明材料上下游产品及相关设备的研发与制造

24. 精密电子注塑产品开发及生产

25. 液晶电视、数字电视、节能环保电冰箱、智能洗衣机等高档家用电器制造

26. 医疗设备及关键部件开发及生产
27. 天然气压缩机(含煤层气压缩机)制造
28. 物流业务相关的仓储设施建设和商贸服务
29. 宽带业务和增值电信业务(需在我国入世承诺框架内)
30. 公路旅客运输公司
31. 医疗和养老服务机构
32. 城市燃气、热力和供排水管网建设、经营(人口50万以上城市中方控股)
33. 动漫创作、制作(广播影视动漫制作业务限于合作)及衍生品开发
34. 艺术表演培训和中介服务及文化用品、设备等产业化开发
35. 旅游景区(点)保护、开发和经营及其配套设施建设

贵州省

1. 退耕还林还草、天然林保护等国家重点生态工程后续产业开发
2. 节水灌溉和旱作节水技术开发与应用
3. 马铃薯、魔芋等产品深加工
4. 畜禽、辣椒、苦荞、山药、核桃深加工
5. 高档棉、毛、麻、丝、化纤的纺织、针织及服装加工生产
6. 钛冶炼(限于合资、合作)
7. 用先进技术对固定层合成氨装置进行优化节能技改
8. 利用甲醇开发M100新型动力燃料及合成氨生产尾气发展新能源
9. 利用工业生产二氧化碳废气发展工业级、食品级二氧化碳
10. 己二酸生产
11. 采用先进技术建设30万吨/年及以上煤制合成氨及配套尿素项目
12. 动植物药材资源开发、保护和可持续利用(列入《外商投资产业指导目录》限制类、禁止类的除外)
13. 特殊品种(超白、超薄、在线Low-E、中空、超厚)优质浮法玻璃技术开发及深加工
14. 铝等有色金属精深加工(限于合资、合作)
15. 高性能铝合金系列产品开发
16. 新型短流程钢铁冶炼技术开发及应用
17. 非高炉冶炼技术(直接还原)
18. 磨料磨具产品生产
19. 新型凿岩钎具的开发及用钢材料生产
20. 汽车整车制造(外资比例不高于50%),专用汽车(不包括普通半挂车、自卸车、罐式车、厢式车和仓栅式汽车)制造(外资比例不高于50%)
21. 汽车零部件制造:六档以上自动变速箱、商用车用高功率密度驱动桥、随动前照灯系统、LED前照灯、轻量化材料应用(高强钢、铝镁合金、复合塑料、粉末冶金、高强度复合纤维等)、离合器、液压减震器、中控盘总成、座椅
22. 有特色优势的特种工程机械、架桥铺路机械、破碎机械、液压基础件、数控机床、节能环保装备、4MW燃汽轮机及以下产品等开发及制造
23. 复式永磁电机抽油机系列化开发和产业化
24. 复杂地质条件的矿用开采、掘进、提升、井下运输等特种设备及产品的开发与制造
25. 适用于西部山区的轻便、耐用、低耗中小型耕种收和植保、节水灌溉、小型抗旱设备及粮油作物、茶叶、特色农产品等农业机械开发与制造
26. 太阳能发电设备及零部件制造
27. 宽带业务和增值电信业务(需在我国入世承诺框架内)
28. 公路旅客运输公司
29. 医疗和养老服务机构
30. 城市燃气、热力和供排水管网建设、经营(人口50万以上城市中方控股)
31. 茅台生态带综合保护及赤水河流域遥感技术应用示范

32. 旅游景区(点)保护、开发和经营及其配套设施建设

云南省

1. 退耕还林还草、天然林保护等国家重点生态工程后续产业开发
2. 节水灌溉和旱作节水技术开发与应用
3. 铜、锌有色金属精深加工(限于合资、合作)
4. 特色食用资源开发及应用
5. 符合生态与环保要求的亚麻加工、开发及副产品综合利用
6. 利用木薯、麻风树、橡胶籽等非粮植物为原料的生物液体燃料(燃料乙醇、生物柴油)生产(中方控股)
7. 高档棉、毛、麻、丝、化纤的纺织、针织及服装加工生产
8. 动植物药材资源开发、保护和可持续利用(列入《外商投资产业指导目录》限制类、禁止类的除外)
9. 包装装潢印刷品印刷
10. 特殊品种(超白、超薄、在线 Low - E、中空、超厚)优质浮法玻璃技术开发及深加工
11. 汽车整车制造(外资比例不高于50%),专用汽车(不包括普通半挂车、自卸车、罐式车、厢式车和仓栅式汽车)制造(外资比例不高于50%)
12. 宽带业务和增值电信业务(需在我国入世承诺框架内)
13. 公路旅客运输公司
14. 医疗和养老服务机构
15. 城市燃气、热力和供排水管网建设、经营(人口50万以上城市中方控股)
16. 广播电视节目、电影的制作业务(限于合作)
17. 旅游景区(点)保护、开发和经营及其配套设施建设

西藏自治区

1. 退耕还林还草、天然林保护等国家重点生态工程后续产业开发
2. 节水灌溉和旱作节水技术开发与应用
3. 盐湖资源的开发利用(中方控股)
4. 饮用天然矿泉水生产(中方控股)
5. 牛羊绒、皮革产品深加工及藏毯生产
6. 花卉与苗圃基地的建设经营
7. 林下资源的培植技术研发和林下产品深加工
8. 青稞、牧草等农作物新技术的开发利用
9. 高原特色食品资源开发利用
10. 天然药、原料药、中成药的深加工(列入《外商投资产业指导目录》限制类、禁止类的除外)
11. 藏药新品种、新剂型产品生产(列入《外商投资产业指导目录》禁止类的除外)
12. 少数民族特需用品、工艺美术品、包装容器材料、日用玻璃制品及极具藏民族特色的旅游商品纪念品生产
13. 物流业务相关的仓储设施建设和商贸服务
14. 宽带业务和增值电信业务(需在我国入世承诺框架内)
15. 公路旅客运输公司
16. 医疗和养老服务机构
17. 城市燃气、热力和供排水管网建设、经营(人口50万以上城市中方控股)
18. 旅游景区(点)保护、开发和经营及其配套设施建设

陕西省

1. 退耕还林还草、天然林保护、水源地保护等国家重点生态工程后续产业开发
2. 节水灌溉和旱作节水技术、保护性耕作技术开发与应用
3. 高档棉、毛、麻、丝、化纤的纺织、针织及服装加工生产
4. 动植物药材资源开发、保护和可持续利用(列入《外商投资产业指导目录》限制类、禁止类的除外)
5. 天然气下游化工产品的生产与开发(列入《天然气利用政策》限制类和禁止类的除外)
6. 特殊品种(超白、超薄、在线 Low - E、中空、超厚)优质浮法玻璃技术开发及深加工

7. 钛金属精深加工(限于合资、合作)

8. 高炉煤气能量回收透平装置设计制造

9. 大型、高压、高纯度工业气体的生产和供应

10. 汽车整车制造(外资比例不高于50%),专用汽车(不包括普通半挂车、自卸车、罐式车、厢式车和仓栅式汽车)制造(外资比例不高于50%)

11. 一般商品的批发、零售(列入《外商投资产业指导目录》限制类、禁止类的除外)

12. 宽带业务和增值电信业务(需在我国入世承诺框架内)

13. 公路旅客运输公司

14. 医疗和养老服务机构

15. 城市燃气、热力和供排水管网建设、经营(人口50万以上城市中方控股)

16. 旅游景区(点)保护、开发和经营及其配套设施建设

甘肃省

1. 节水灌溉和旱作节水技术、保护性耕作技术开发与应用

2. 瓜果、蔬菜、花卉种子的开发生产(中方控股)

3. 优质酿酒葡萄基地建设

4. 优质啤酒原料种植、加工

5. 天然气下游化工产品生产和开发(列入《天然气利用政策》限制类和禁止类的除外)

6. 稀土高端应用产品加工

7. 铝、铜、镍等有色金属精深加工(限于合资、合作)

8. 汽车整车制造(外资比例不高于50%),专用汽车(不包括普通半挂车、自卸车、罐式车、厢式车和仓栅式汽车)制造(外资比例不高于50%)

9. 三轴以上联动的高速、精密数控机床及配套数控系统、伺服电机及驱动装置、功能部件、刀具、量具、量仪及高档磨具磨料

10. 太阳能发电及设备制造业

11. 宽带业务和增值电信业务(需在我国入世承诺框架内)

12. 公路旅客运输公司

13. 医疗和养老服务机构

14. 城市燃气、热力和供排水管网建设、经营(人口50万以上城市中方控股)

15. 旅游景区(点)保护、开发和经营及其配套设施建设

宁夏自治区

1. 节水灌溉和旱作节水技术、保护性耕作技术开发与应用

2. 枸杞、葡萄等种植及深加工

3. 沙生中药材、沙区生态经济林、沙区瓜果、沙区设施农业、沙料建材、沙区新能源和沙漠旅游休闲等沙产业

4. 少数民族特需用品及清真食品开发加工

5. 碳基材料开发及生产

6. 石膏和陶瓷粘土的深加工

7. 钽、铌等金属精深加工(中方控股)

8. 氢氧化镍生产及深加工

9. 铝合金、镁合金等材料的研发及生产

10. 熔体直纺及切片纺彩色涤纶的研发及生产

11. 高性能子午线轮胎的生产。包括无内胎载重子午胎,低断面和扁平化(低于55系列)、大轮辋高性能轿车子午胎(15吋以上),航空轮胎及农用子午胎的生产

12. 汽车整车制造(外资比例不高于50%),专用汽车(不包括普通半挂车、自卸车、罐式车、厢式车和仓栅式汽车)制造(外资比例不高于50%)

13. 三轴以上联动的高速、精密数控机床及配套数控系统、伺服电机及驱动装置、功能部件、刀具、量具、量仪及高档磨具磨料

14. 500 万吨/年及以上矿井、薄煤层综合采掘设备,1000 万吨级/年及以上大型露天矿关键装备
15. 太阳能发电设备研发及制造生产
16. 宽带业务和增值电信业务(需在我国入世承诺框架内)
17. 公路旅客运输公司
18. 医疗和养老服务机构
19. 城市燃气、热力和供排水管网建设、经营(人口 50 万以上城市中方控股)
20. 旅游景区(点)保护、开发和经营及其配套设施建设

青海省

1. 高原动植物资源保护、种养与加工利用(列入《外商投资产业指导目录》限制类、禁止类的除外)
2. 退耕还林还草、天然林保护、水源地保护等国家重点生态工程后续产业开发
3. 节水灌溉和旱作节水技术、保护性耕作技术开发与应用
4. 有机天然农畜产品基地建设和产品精深加工
5. 铜、铝、镁等有色金属精深加工(限于合资、合作)
6. 中、藏药新品种、新剂型产品生产(列入《外商投资产业指导目录》限制类、禁止类的除外)
7. 特殊品种(超白、超薄、在线 Low-E、中空、超厚)优质浮法玻璃技术开发及深加工
8. 聚甲醛、聚苯硫醚等工程塑料生产
9. 工业尾矿及工业生产废弃物及低品位、复杂、难处理矿的资源化利用
10. 汽车整车制造(外资比例不高于 50%),专用汽车(不包括普通半挂车、自卸车、罐式车、厢式车和仓栅式汽车)制造(外资比例不高于 50%)
11. 宽带业务和增值电信业务(需在我国入世承诺框架内)
12. 公路旅客运输公司
13. 医疗和养老服务机构
14. 城市燃气、热力和供排水管网建设、经营(人口 50 万以上城市中方控股)
15. 体育竞赛表演、体育场馆设施建设及运营,大众体育健身休闲服务
16. 旅游景区(点)保护、开发和经营及其配套设施建设

新疆自治区(含新疆生产建设兵团)

1. 退耕还林、退牧还草、天然林保护等国家重点生态工程后续产业开发
2. 节水灌溉和旱作节水技术、保护性耕作技术、设施农业、有机农业的开发与应用
3. 优质番茄、甜菜、香梨、葡萄、西甜瓜、红枣、核桃、杏子、石榴和枸杞等优质特色农产品的种植及深加工
4. 优质酿酒葡萄基地建设及葡萄酒生产
5. 亚麻、沙棘、薰衣草的种植及其制品生产
6. 高档棉、毛、麻、丝、化纤的纺织、针织及服装加工生产
7. 蛭石、云母、石棉、菱镁矿、石墨、石灰石、红柱石、石材等非金属矿产的综合利用(勘探、开发除外)
8. 煤炭加工应用技术开发(中方控股)
9. 油气伴生资源综合利用
10. 放空天然气回收利用
11. 民族特色药用植物种植、加工和制药新工艺开发(列入《外商投资产业指导目录》限制类、禁止类的除外)
12. 民族特需用品、工艺美术品、包装容器材料及日用玻璃制品生产
13. 特殊品种(超白、超薄、在线 Low-E、中空、超厚)优质浮法玻璃技术开发及深加工
14. 直径 200mm 以上硅单晶及抛光片、多晶硅生产
15. 铜、锌、铝等有色金属精深加工(限于合资、合作)
16. 汽车整车制造(外资比例不高于 50%),专用汽车(不包括普通半挂车、自卸车、罐式车、厢式车和仓栅式汽车)制造(外资比例不高于 50%)
17. 石油及采矿等特种设备制造
18. 智能电网设备、电气成套控制系统设备制造
19. 小型清雪设备制造

20. 小电网范围内，单机容量 30 万千瓦及以下燃煤凝汽火电站、单机容量 10 万千瓦及以下燃煤凝汽抽汽两用热电联产电站的建设、经营

21. 宽带业务和增值电信业务（需在我国入世承诺框架内）

22. 公路旅客运输公司

23. 医疗和养老服务机构

24. 城市燃气、热力和供排水设施建设、经营（人口 50 万以上城市中方控股）

25. 旅游景区（点）保护、开发和经营及其配套设施建设

海南省

1. 畜、禽规模化养殖

2. 海防林恢复、天然林保护、节水灌溉和旱作节水等技术、开发与应用

3. 日处理甘蔗 5000 吨及以上蔗糖精深加工及副产品综合利用

4. 饮用天然矿泉水生产（中方控股）

5. 海南省中药、民族药的研发、生产（列入《外商投资产业指导目录》限制类、禁止类的除外）

6. 天然气下游化工产品开发和利用（列入《天然气利用政策》限制类和禁止类的除外）

7. 锆、钛精深加工（限于合资、合作）

8. 高性能子午线轮胎的生产。包括无内胎载重子午胎，低断面和扁平化（低于 55 系列）、大轮辋高性能轿车子午胎（15 吋以上），航空轮胎及农用子午胎的生产

9. 包装装潢印刷品印刷

10. 邮轮制造（中方控股）

11. 深水海洋工程设备制造

12. 高尔夫用具制造

13. 宽带业务和增值电信业务（需在我国入世承诺框架内）

14. 公路旅客运输公司

15. 船舶代理（中方控股）、外轮理货（限于合资、合作）

16. 医疗和养老服务机构

17. 城市燃气、热力和供排水管网建设、经营（人口 50 万以上城市中方控股）

18. 电影院的建设、经营（中方控股）

19. 广播电视节目制作、电影制作（限于合作）

20. 观光农业、休闲农业的开发和经营及其配套设施建设

21. 旅游景区（点）保护、开发和经营及其配套设施建设

22. 海洋、热带雨林生态旅游资源（国家禁止外商投资的自然保护区等除外）开发、经营及其配套设施建设（中方控股）

道路运政管理工作规范

交通部交公路发〔1997〕516 号

第一章 总 则

一、为认真贯彻国家关于发展交通运输的方针政策，正确执行道路运输的各项法律、法规和规章，全面落实各项道路运政管理任务，努力实现道路运政管理工作的规范化、程序化和现代化，促进道路运政管理机构的两个文明建设，根据国家行政机关“统一、精简、效能”的总体要求，结合道路运政管理工作的实际，制定本规范。

二、本规范适用于各级道路运政管理机构。

三、各级道路运政管理机构要根据本规范制定和落实各个岗位的职责和具体要求，并据此考核运政人员的工作业绩。

四、全体从事运政管理工作的人员，要坚持全心全意为人民服务的宗旨，树立爱岗敬业、开拓创新的精神，发扬艰苦奋斗、勤政廉洁的传统，严格遵循工作规范，不断开创道路运政管理工作的新局面。

第二章 开、歇、停业和审验工作规范

一、道路运输企业或经营业户筹建立项程序

（一）县级以上道路运政管理机构受理筹建道路运输（包括客运、货运、车辆维修、搬运装卸、运输服务）企业或经营业户的筹建立项申请。

（二）道路运政管理机构在受理筹建立项申请时，应审核申请人提交的以下文件：

1. 经营项目、营业场所、法人代表或经营业主、职工人数、经营规模等书面资料；

2. 合法有效的资信证明或资金担保书；

3. 申请具有法人资格的企业应有可行性报告及其主管部门的立项批准书；无主管部门的企业或经营业户应提交城市街道或乡镇以上人民政府的证明；

4. 法律、法规和规章规定应提交的其他资料。

（三）道路运政管理机构自受理之日起，在30日内按审批权限作出审批决定。筹建立项实行定期集体审批制度。批准筹建的，向申请人发出立项批准书，规定其筹建时限，不批准的书面答复申请人。

（四）审批筹建立项申请的原则是该项申请是否符合本县或本地区道路运输行业发展规划，是否符合社会需要和经济技术开业条件等。

二、开业审批程序与权限

（一）道路运输企业或经营业户审批程序。

1. 筹建道路运输企业或经营业户的法人代表或经营业主，在规定时限内筹建就绪后，即可填写《道路运输开业申请表》，提出开业申请，开业申请由批准立项的道路运政管理机构受理。

2. 受理开业申请的道路运政机构在接到开业申请后，应当派出人员对申请人的筹建工作按批准的立项申请的要求进行检验，并在30日内作出审批决定。审批决定应由集体研究。

3. 经批准开业的，审批机构核发道路运输经营许可证（包括维修技术合格证、驾驶员培训许可证，下同），并告知申请人凭经营许可证到工商行政管理部门和税务部门分别办理法人营业执照或工商执照和税务登记手续。

4. 对批准经营客、货运输的，批准开业的道路运政管理机构应在审核其经营许可证、法人营业执照或工商执照、税务登记证、车辆行驶证等有关证照后，再向经营者核发道路运输证。道路运输证一车一证，随车同行。

5. 边境省、自治区道路运政管理机构受理从事出入境汽车运输的申请后，应按经营出入境汽车运输的条件，审核其经营资格，逐级上报省级交通主管部门。省级交通主管部门对其进行审检，并在30日内作出批复意见，对符合条件的核发出入境汽车运输经营许可证，行文批复时应同时抄送同级海关、边防等部门。

（二）道路运输企业或经营业户开业审批权限。

1. 从事二种以上运输方式的联运企业的开业申请，由地级以上道路运政管理机构审批。

2. 筹建省际或地际经济联合体企业的开业申请，由发起方省级道路运政管理机构审批。发起方省级道路运政管理机构在审批前应征求有关省省级道路运政管理机构的意见。

3. 集装箱运输企业、集装箱货运站或中转站的开业申请，由地级道路运政管理机构审批。

4. 国际集装箱运输企业和集装箱运输网络中的重要中转站的开业申请，由省级道路运政管理机构审批。

5. 一类大型物件运输企业的开业申请由县级道路运政管理机构审批，二、三类大型物件运输企业的开业申请由地级道路运政管理机构审批，四类大型物件运输企业的开业申请由省级道路运政管理机构审批。

6. 危险货物运输企业的开业申请由地级以上道路运政管理机构审批。

7. 一类车辆维修企业和汽车综合性能检测站由省级道路运政管理机构审批，二类车辆维修企业由地级道路运政管理机构审批，三类车辆维修企业由县级道路运政管理机构审批。

8. 机动车驾驶员培训学校（班）由省级道路运政管理机构审批，其他从业人员培训学校（班）由地级以上道路运政管理机构审批。

9. 除上述规定外的道路运输企业的开业申请审批权限，按有关各省、自治区、直辖市道路运政管理机构的有关规定执行。

三、中外合资、合作道路运输企业立项的审批程序

道路运政管理机构受交通行政主管部门委托审批中外合资、合作道路运输企业立项申请的，按以下程序

办理：

（一）立项申请的手续，由中方代表办理，道路运政管理机构不直接接受外方人员的申请。

（二）受理中外合资、合作道路运输企业立项申请时，应审核申请人提交的以下文件：

1. 项目建议书；

2. 可行性研究报告；

3. 合资、合作双方法人代表签定的意向书；

4. 外商的固定国籍和合法身份证明；

5. 外商的公司注册证书和有效商业登记证；

6. 外商所在国或地区的资产证明（包括合法手段取得的银行贷款），其证明资产必须大于该项目的投资金额，同时与多家企业合营时，其证明资产必须大于各项目的投资总额。

（三）道路运政管理机构在受理中外合资、合作道路运输申请后，应在30日内作出审核决定。经审核后，符合规定的，签注审核意见并逐级上报省级道路运政管理机构；不符合规定条件的，答复申请人，并退回所有申请材料。

（四）省级道路运政管理机构在收到下级道路运政管理机构上报的中外合资、合作道路运输企业的申报材料，应代表省级交通主管部门进行审核，在30日内作出审核决定。经审核同意的，提出审核意见并以省级交通主管部门的名义拟文上报交通部审批，不同意的退回下级呈报机构返知申请人。

（五）中外合资、合作道路运输企业的经营证件由省级道路运政管理机构核发，接受企业所在地道路运政管理机构的行政管理。核发经营证件时，应审核该企业提供的交通部批准立项的文件、外经贸部或授权机关的批准设立的文件工商行政管理部门颁发的工商法人执照和税务机关的税务登记证。

（六）道路运政管理机构按照国内的法律、法规、规章对中外合资、合作道路运输企业实施行政管理。

四、道路运输企业或经营业户歇业申请、审批程序

（一）受理道路运输经营者歇业申请的应当是原批准开业的机构，并可要求申请人提前30天提出歇业申请，填写《道路运输歇业申请表》。

（二）受理申请歇业时，道路运政管理机构应当审核申请人提供的债权、债务及其他遗留问题处理的有关材料，并在10天内作出批准或不批准的决定。

（三）经批准歇业的应当提前10天发布歇业通告。

（四）经营者正式歇业后，当地道路运政管理机构应立即向其收回各种经营证件和运输票据。

五、道路运输企业或经营业户停业申请程序

（一）受理并批准道路运输经营者临时停业申请的，应当是原批准开业的机构。临时停业在1个月以上的，由经营者在停业5日前提出申请，经批准临时停业的，应当向经营者收回经营证件和专业票据。

（二）道路运输经营者临时停业期满需要恢复营业时，由原批准机构受理其复业申请。复业申请由经营者在复业5天前提出。

（三）客、货运输经营者需要临时报停运输车辆的，由当地道路运玫管理机构受理，报停时间不得少于1个月，否则不作报停处理，经批准报停的车辆，应缴回道路运输证和线路标志牌。

六、道路运输企业或经营业户异动变更申请、审批程序

（一）道路运输企业或经营业户的异动变更。

1. 名称变更。

1.1　因合并、分立、联营或隶属关系等改变时，由经营者提交上级主管部门的批文或有关的联营协议等。

1.2　因住所或营业场所变动，由经营者说明变动原因，提交有关文件。

1.3　因扩大或缩小经营范围，应要求经营者提交原经营情况和申请计划。

2. 经营权的变更。

2.1　经营者之间转让或买卖车辆、设备的，出让方分别情况，按“车辆异动”或按歇业程序办理，受让方持转让证明，根据具体情况分别按“车辆异动变更”、“名称变更”、“经营范围变更”等程序办理。

2.2　经营者向非经营者转让或出卖车辆、设备的，后者欲参与经营的，出卖方分别情况按“车辆异动”或按歇业、停业程序办理，受让方按开业程序办理。

2.3　个人租赁或承包及因财产纠纷抵押等，发生产权和经营权的变更，由租赁或承包者持租赁或承包抵押协议书到车籍所在地道路运政管理机构备案。道路运政管理机构对于经营者的变更,应认真审查,重新核定其经营范围、经济性质、确定税费缴纳方式和管理办法。但此项内容不包括公有制汽车运输企业内部的承包。

(二)营运车辆的异动变更。

1.营运车辆的增加。

1.1 对已批准开业的道路运输企业或经营业户需要增加车辆的,由车籍所在地县级以上道路运政管理机构根据经营者填报的《预购或新增营运车辆申请表》进行审批。

1.2 购买外籍营运车辆的,当地县级以上道路运政管理机构应当要求购买者提供原车籍地道路运政管理机构开具的《营运车辆转籍通知单》及营运档案,填报《预购或新增营运车辆申请表》,办理车辆转籍异动手续。

1.3 经营者购置本区域内的营运车辆,由购置者所在地县级以上道路运政管理机构办理转户手续,并要求购置者提供乡级以上道路运政管理机构的书面审查意见。

1.4 非营运车辆转为营运,由车籍所在地县级以上道路运政管理机构办理,根据申请人提交的书面申请,进行审核;审核同意的,按开业程序办理。

1.5 外籍车驻本区域营运3个月以上的,由驻在地县级以上道路运政管理机构审批。经营者应提交车籍地县级以上道路运政管理机构介绍信。审批同意的,应将其纳入日常管理。

2.营运车辆的减少。

经营者出卖、调出、报废和营运车辆转为非营运车辆等,由车籍地县级以上道路运政管理机构办理有关手续,并应当要求经营者填报《减少营运车辆申请表》,交回营运车辆道路运输证、线路标志牌,个体经营户还须交回经营许可证,经审核后,分别情况按转户、停业或歇业程序办理,转至外籍营运车辆还须开具营运车辆转籍通知单,转出营运档案,并同时注销营运车辆记录。

(三)经营范围的变更。

道路运输企业或经营业户因故需变更其经营范围的,由原批准开业的机构受理,根据具体经营情况分别按同类变更和异类变更办理。

1.客、货运输经营范围的同类变更(如普通货运转为危险品运输、出租旅游转为班线客运等),应由经营者填报《道路运输经营范围经营区域变更表》,经审批同意的,换发经营许可证、道路运输证。

2.运输服务、搬运装卸、汽车维修经营范围的同类变更,属扩大经营范围的按开业程序办理,属缩小经营范围的应由经营者填报《道路运输经营范围作业区域变更表》。经审核同意的,换发有关经营证件,必要时向社会通告。

3.经营范围的异类变更。由经营者填报《道路运输经营范围作业区域变更表》,分别按开、歇业程序办理。

七、开、歇、停业管理的后续工作

(一)开、歇、停业管理是道路运政管理工作的源头,必须做好后续工作,为加强源泉管理打好基础。

(二)负责开、歇、停业登记、发证工作的岗位人员,要认真做好原始记录,建立台帐和卡片,以便检索。

(三)对已工业的企业或经营业户,应建立分户档案。档案资料应包括申请开业时提交的各项书面资料,《道路运输开业申请表》、经营许可证、道路运输证、车辆行驶证、法人营业执照或工商执照、税务登记证和业主或法人代表身份证的复印件,车辆、设备异动记录,经营范围变更记录,规费缴纳记录和年度审验记录等。

(四)经办人员应根据原始记录,对企业或经营业户、从业人数、车辆数、规费缴纳等,按月进行分类统计,提供领导和相关科室参阅。

八、年度审验

(一)县级以上道路运政管理机构,应对辖区内的道路运输企业和经营业户进行年度审验。

1.客货运输企业和经营业户的年度审验应当按照交通部规定的时间组织审验;因故不能如期审验的车辆,应由县级以上道路运政管理机构出具延期审验的证明。

2.车辆维修、搬运装卸、运输服务企业和经营业户的年度审验的时间,由省级或地级道路运政管理机构确定;机动车驾驶员培训学校,(班)、汽车综合性能检测站的年度审验由省级或地级道路运政管理机构组织实施。

（二）道路运政管理机构应当提前向道路运输企业和经营业户公布年度审验的具体安排和分发年度审验表。对营运车辆较多的客、货运输企业，可以上门审验，其他的可分层组织集中审验。

（三）年度审验时应向道路运输企业和经营业户收回年度审验表、经营许可证和道路运输证。其中道路运输证应由县级以上道路运政管理机构签发代理证，以保证车辆的正常运行。

（四）年度审验的主要内容。

1. 经营资质的评审。

2. 经营行为的评审。

3. 税费缴纳的情况。

（五）年度审验结果应记录在“年度审验表”，并存入分户档案中。

（六）除国家税收和省级人民政府规定的费目外，道路运政管理机构不得接受其他部门的委托，利用年度审验搭车收费。

第三章　货物运输管理工作规范

一、货源管理

（一）省级道路运政管理机构要根据当地实际情况和有关政策，确定大宗货物和重点物资运输管理的范围，并与有关部门协调关系，拟定管理办法、措施，实施有效管理。

（二）道路运政管理机构要把县级以上人民政府下达的抢险、救灾、战备等紧急运输物资和关系国计民生的重点物资纳入指令性货源范围进行管理，统一调配和安排。

（三）道路运政管理机构要把国家重点企业、疏港疏站、大型库场、重点工程、外贸等单位的集散物资和能源、粮食、化工产品、危险品及由本地起运的跨省、市物资纳入指导性计划货源范围管理，推广合同运输。

（四）道路运政管理机构要做好货源调查，掌握货源的流量、流向、流时等信息，指导合理运输。

二、集装箱运输管理

（一）地级道路运政管理机构对可装箱货源的管理，应根据可装箱货的品类，结合当地情况拟定具体方案报省级道路运政管理机构批准后执行。

（二）道路运政管理机构应协调汽车运输企业与集装箱货运站之间的关系，协助集装箱货运站、中转站进行运输工具的组织和计划任务的合理分配。

（三）协调两种运输工具以上或两程以上集装箱联运工作，实行一票直达，减少中转环节，促进集装箱货运发展。

（四）道路运政管理机构要积极鼓励和引导道路运输企业开展集装箱甩挂运输。

三、零担货物运输管理

（一）零担货物运输线路的审批。

1. 道路运政管理机构按审批权限受理道路运输经营者填报的《道路零担货物运输线路审批表》。

县内班线由县级道路运政管理机构审批并报地级道路运政管理机构备案，15 日内予以答复；地（市）内班线由地级道路运政管理机构审批并报省级道路运政管理机构备案，20 日内予以答复；省内班线由省级道路运政管理机构审批，30 日内予以答复；省际班线由起讫地省级道路运政管理机构协商审批并报部备案，30 日内予以答复；国际班线由部审批。

2. 地（市）班线需经始发与终到地道路运政管理机构签署意见的，应先完备手续再上报。

3. 道路运政管理机构受理属上级道路运政管理机构审批的班钱申请表，应及时签注意见上报。

4. 道路运政管理机构对审批同意的班线申请表，在答复下级道路运政管理机构时；同时抄送相关的同级道路运政管理机构和报上级道路运政管理机构。

5. 省际班线需要途经省卸货和配载的，须征得途经省省级道路运政管理机构同意。

（二）对审批同意开行的零担班线，道路运政管理机构按审批权限发放零担货运线路牌。

（三）零担货运站台的设立由地级道路运政管理机构审批；依托中心城市的重要交通枢纽设立的零担货运站，由地级道路运政管理，机构报省级道路运政管理机构审批。

（四）道路运政管理机构对零担货运班线和站场的开辟和设置，应遵循运输发展规划，做好协调，促进发展。

四、危险货物运输管理

（一）危险货物运输必须认真贯彻执行《汽车危险货物运输规则》，国家法令、军用或国际联运有具体规定的除外。

（二）道路运政管理机构按其担任危险货物运输的车辆数核发危险品标志牌、灯和防静电胶带，并在《道路运输证》上加盖"危险货物运输专用章"。

（三）地级以上道路运政管理机构要组织直接从事道路危捡货物运输、装卸、维修作业和业务管理的人员到指定的培训组织进行技术业务知识培训，考试合格后，发给《道路危险货物运输操作证》及其他证件。

（四）道路运政管理机构要宣传危险货物运输管理有关规定，严禁全挂汽车列车、拖拉机、三轮机动车、非机动车（畜力车）和摩托车装运爆炸品：一级氧化剂、有机过氧化物；严禁拖拉机装运压缩气体和液化气体、一级易燃物品；严禁自卸车辆装运二级固体危险货物（指散装硫磺、萘饼、粗蒽、煤焦沥青等）之外的危险货物。未经道路运政管理机构或国家规定的检验部门检验合格的常压容器，不得装运危险货物。

（五）地级以上道路运政管理机构对从事危险货物运输车辆维修、改装的单位进行审批，并监督其按要求配备防爆、去污清洗等设备，划定专用修理车库。要求合格的，在技术合格证上加盖"危险品货物运输车辆专用章"。

（六）道路运政管理机构应要求从事危险货物运输的企业建立从业人员、运输车辆和设备的档案及其管理制度。

五、大型物件运输管理

（一）道路运政管理机构要宣传并督促大型物件托运人，办理大型物件托运时，只能向已取得道路大型物件运输经营资格的运输企业或其代理人办理托运。

（二）道路运政管理机构要监督大型物件运输企业承运与其经营范围相符的大型物件，不准受理经营范围以外的大型物件。

（三）道路运政管理机构要监督大型物件承运企业按有关部门核定的路线行车。

（四）道路运政管理机构要监督大型物件承运企业按规定悬挂标志旗和装设标志灯。

六、禁、限运货物运输管理

（一）省级道路运政管理机构应根据省级人民政府的授权，发布禁、限运物资目录（数量、规格、种类等）通告。

（二）道路运政管理机构应与有关部门协调配合，对限运物资除有明确规定的审批手续和准运证件外，统一运输审批手续和对查处禁、限运物资的检后处理工作。

（三）道路运政管理机构要监督承运人按批准核定的线路、起讫点承运货物。

七、货车营运标志牌管理

货车营运标志牌的种类有：国际和国内集装箱运输标志牌、零担货运线路牌、定线货物运输标志牌、危险货物运输标志牌、货运出租车标志灯等。

（一）货车营运标志牌的发放范围：从事营业性货物运输的机动车辆。

（二）货车营运标志牌的发放程序。

1. 审查批准手续。发放前应认真审核《道路货物运输营运标志牌申领表》，查验经营许可证、道路运输证、线路审批表等。

2. 根据分级管理和审批权限规定予以核发。

3. 收取工本费。

4. 登记入帐。

第四章 旅客运输管理工作规范

一、班车客运管理

（一）客运班线审批程序。

1. 线路申请的受理。车籍所在地的县级以上道路运政管理机构受理经营者客运班线的申请，发放《道路旅客运输班线审批表》，并告知填写要求。

2. 审批办法。

2.1 县级以上道路运政管理机构按规定的职权负责客运班线的审批。

2.2 客运班线的审批实行定期集体审批制度。

3. 审批权限。

3.1 县级道路运政管理机构负责县内客运班线的审批。

3.2 地级道路运政管理机构负责本行政辖区内县际客运班线的审批。

3.3 省级道路运政管理机构负责本行政辖区内地际间客运班线的审批。地际毗邻县之间的客运班线可授权相关的两个地级道路运政管理机构协商审批。

3.4 交通部负责省际间客运班线的审批。除省际间重点客运班钱外,省际间一般客运班线和省际毗邻县之间的客运班线可授权相关的两个省的省级道路运政管理机构协商审批。

4. 审批程序和时限。

4.1 县级道路运政管理机构必须在自受理客运班线申请的次日起15日内,按审批权限作出审批决定或提出审核意见。在审批权限内同意开通的,在批复的同时报地级道路运政管理机构备案;不同意开通的,要及时予以答复。对审批权限外的客运班线申请要提出审核意见,由车籍地县级道路运政管理机构报地级道路运政管理机构。

4.2 地级道路运政管理机构必须在自受理客运班线申请的次日起20内,按审批权限作出审批决定或提出审核意见。在审批权限内同意开通的,要在批复的同时报省级道路运政管理机构备案;不同意开通的,要及时予以答复。对授权范围内一方不同意开通的客运班线,另一方可报省级道路运政管理机构审批。对审批权限外的客运班线申请要提出审核意见,由车籍地地级道路运政管理机构报省级道路运政管理机构。

4.3 省级道路运政管理机构必须在自受理客运班线申请的次日起40日内,按审批权限作出审批决定或提出审核意见。对审批权限和授权范围内同意开通的,要在批复的同时报交通部备案;不同意开通的,要及时予以答复。对授权范围内一方不同意开通的,另一方可报交通部审批。对审批权限外的客运班线,申请要提出审核意见,由车籍地省级道路运政管理机构报交通部审批。

4.4 交通部公路管理司必须在受理客运班线申请的次日起60日内作出审批决定。对同意开通的客运班线予以批复;不同意开通的,要及时予以答复。

4.5 对穿越数省并需在起讫省之外、途经第三省补充客源的省际客运班线申请,车籍地省级道路运政管理机构应在审批或上报交通部前征求该省意见。补充客源省的省级道路运政管理机构应在自接到客运班线申请的次日起20日内提出审核意见。

5. 领取牌证。车籍所在地道路运政管理机构组织经营者,参加岗位培训,考试合格的,发放客运线路牌、客票和驾驶员、乘务员上岗证等有关牌证。对经批准的定线班线,经营者在3个月内无故不经营的,视为自动放弃。

6. 县级道路运政管理机构对停改班次或变更营运线路的申请,按原审批程序和权限办理停、改班次或变更线路手续。停运或变更经营线路的,收回各种证照。

(二)客运线路日常管理。

1. 各级道路运政管理机构对省际、地际、县际间客运班线需临时停线、改线、缩短及增减班次一个月以内的,必须在自接到《客运线路班次变动申请表》的次日起,15日内作出审批决定,并告知经营者。

2. 一次性加班由县级道路运政管理机构签发,有效期为当次班车往返所需时间。

3. 道路运政管理机构每年要定期对辖区内的班车客运运行班次、班期进行检查和监督。

4. 道路运政管理机构要建立客运班线管理档案,及时将班线变化、班次调整和班线的基本情况记录在册,掌握班线的变化和班车运行情况。

二、包车客运管理

(一)在审批包车客运时,须审查经营者是否具备开业技术、经济条件和所开行线路的条件。

(二)道路运政管理机构必须根据由客流地县级以上道路运政管理机构认可的包车票或包车预约书发放包车客运线路标志牌。

(三)地级道路运政管理机构审批省内包车客运,并核发包车客运线路标志牌。

(四)省级道路运政管理机构审批省际包车客运,并核发包车客运线路标志牌。

(五)地、省级道路运政管理机构可根据实际情况临时授权下级道路运政管理机构核发包车客运线路标志牌,但包车客运应本着严格控制、严格管理的原则进行。

(六)道路运政管理机构在经营者包车完毕后要及时收缴包车客运线路标志牌。

三、出租客运管理

(一)道路运政管理机构要对出租车核发统一的标志。

(二)道路运政管理机构要监督出租车装置经有关部门检验、符合标准的计价器,并监督经营者在车内张贴收费标准、计费办法。

(三)道路运政管理机构要加强监督检查,对拒载、宰客等违章违法经营行为要按规定严厉查处。

(四)道路运政管理机构应定期组织出租汽车驾驶员岗位培训,考试合格的,发放出租汽车驾驶员上岗证和有关票据、牌证。

四、旅游客运管理

(一)定班、定线的旅游客运按班车客运的规定程序进行审批;不定班;定线的由县级以上道路运政管理机构核定其经营区域。

(二)道路运政管理机构对取得经营资格的,发放旅游客运线路标志牌。

(三)道路运政管理机构应安排旅游客车在固定的地点发车。

五、客运营运标志牌管理

(一)标志牌核发的管理权限。

班车客运线路标志牌分为省际、地际、县际和县内4种,由各省按交通部格式制作。

1. 省际客运班线标志牌由交通部授权省级道路运政管理机构核发。

2. 地际客运班线标志牌由省级道路运政管理机构核发。

3. 县际客运班线标志牌由地级道路运政管理机构核发。

4. 县内客运班线标志牌由县级道路运政管理机构核发。

(二)客运营运标志牌的发放程序。

1. 审查批准手续。发放前应认真审查线路审:定表、经营许可证、营运证上所列经营区域、线路等,包车要查验有关签批意见。

2. 在出库单上填写标志牌的种类、编号,并加盖印鉴。

3. 发出包车标志牌时应收回客运班线标志牌。

4. 收取工本费。

5. 登记入帐。

第五章 车辆维修和技术管理工作规范

一、车辆维修管理

(一)按照国家标准《汽车维修业开业条件》(GB/T16739.1-16739.3-1997),审批各类维修企业或经营业户,审定业户技术类别,签发技术合格证。

(二)维护车辆维修市场秩序,查处无证修车和违章行为。

(三)指导和监督车辆维修经营者实行明码标价;按维修范围挂牌经营、执行交通行政主管部门制定的汽车维修结算工时定额标准;按规定与托修方签订维修合同,并使用交通部推荐的合同示范文本;使用增值税专用发票时,应当附有车辆维修统一结算凭证。

(四)指导和监督维修经营者建立健全质量管理制度和质量管理体系,执行国家、交通行业和地方的维修技术标准和工艺规范。

(五)监督一、二类维修企业在承修二级维护、总成大修、整车大修、在用车改装竣工出厂前应当按照竣工汽车的技术要求进行维修质量检测,检测合格的,实行竣工出厂合格证制度和竣工出厂质量保证期制度,汽车维修竣工出厂合格证应当由质量检验员签发。汽车竣工出厂合格证由各省交通行政主管部门制定,各级道路运政管理机构负责发放和管理并要定期进行检查。

(六)道路运政管理机构可以指定汽车综合性能检测站(A级站或汽车性能质量检测监督站)对汽车维修的承、托修双方因维修质量发生纠纷作出技术分析和鉴定。

(七)组织维修工和检验员进行职业道德和业务技术培训,考试合格的,发给上岗证。

1. 培训工作由经批准认定的培训,中心、技校或学术团体单位进行。

2. 开办汽车维修技工和检验员培训班的。单位必须由县级道路运政管理机构报地级以上道路运政管理机构批准。

3. 县级道路运政管理机构根据考试成绩报地级以上道路运政管理机构审核后发给《汽车维修技术工上岗证》和《汽车维修检验员证》。

二、综合性能检测站管理

(一)省级道路运政管理机构根据统筹安排、合理布局和避免重复建设的原则，对申请筹建综合性能检测站的单位进行立项筹建审批。审查申请书的内容应包括：初步设计方案(包括设计任务书、场地总体布置图、站房平面图、工艺布置图等)、设备目录及选型(包括提供设备厂家)、人员配备及培训计划等文件。

(二)对批准筹建的综合性能检测站，道路运政管理机构应当按照综合性能检测站的开业技术条件，指导申请者配置符合车辆性能检测工艺规程的场地、厂房、设备等技术装备和有关安全、检测工艺规程的各项管理制度。

(三)按有关规定对完成筹建的综合性能检测站进行审查和审批，认定合格的，发放相应检测范围类别的检测许可证。

(四)组织综合性能检测站检测人员的上岗培训，培训内容应包括技术、业务和职业道德等。检测人员上岗培训由地级以上道路运政管理机构批准认定的培训单位组织举办，检测人员上岗证由地级以上道路运政管理机构审核发放。

(五)监督、检查检测站的检测行为，并要求其实行检测项目收费明码标价；指导、监督检测站执行有关车辆检测标准、规范；监控检测站提供检测结果证明；指导检测站掌握车辆检测技术评定标准和采用科学的检测方法；规范检测工艺规程，制定全省(自治区、直辖市)统一的检测结果报告的样本，实行检测站站长负责提供检测结果证明的制度。

(六)实行综合性能检测站检测、诊断设备，计量仪器周期检验制度，不合格的，不准继续使用。

三、车辆技术管理

(一)建立健全车辆技术档案，一车一档，并按要求和内容及时填写，保证档案内容齐全、完整。

(二)实行车辆定期检测制度。道路运政管理机构应结合道路运输证的年度审验对车辆进行一次综合性能检测，评定抖车辆技术等级，并根据车辆技术等级确定其经营资格或经营线路。通过车辆技术等级评定。全面掌握在用车辆的技术状况。推广汽车检测诊断技术，实行车辆维修前的状况检测，确定修理作业的范围和程度。

(三)实行车辆强制维护制度，监督车辆按规定周期进行二级维护。对二级维护后的车辆应在道路运输证“二级维护记录”栏中进行签章。

(四)实行车辆视情修理制度。车辆修理内容和项目应是由汽车运输企业或个体业户根据车辆检测后技术状况视情而定，道路运政管理机构不准作任何硬性干预，但有责任协助技术鉴定，以免造成不适和浪费。县级道路运政管理机构要将每季度发生的各种车辆各级修理作业记录汇总上报。

(五)车辆更新和报废。道路运政管理机构应每年有计划地对车辆进行一次技术档案统计和实际调查。对长期使用、车型老旧、性能低劣；物料超耗严重、不经济不安全的车辆，要分类登记造册，汇总于《应报废的老旧车辆尚在使用统计表》中，并提出具体意见报当地政府，促使其报废更新。

(六)车辆技术经济定额由省级道路运政管理机构制定与修改。

(七)地、县级道路运政管理机构要定期对各项技术经济定额，指标的实际情况进行调查并上报。

四、汽车维修竣工出厂合格证

(一)汽车维修竣工出厂合格证的作用。

汽车维修竣工出厂合格证是道路运政管理机构监督、检查汽车维修企业维修质量和售后服务质量，及处理汽车维修质量纠纷的依据。

(二)汽车维修竣工出厂合格证填写。

1. “托修方”栏填写送修车辆的单位或个人的全称。

2. “车牌号码”按交警部门发放的车辆牌照号填写。

3. “车型”栏填写车辆型号，如“东风141”等。

4. “发动机型号、底盘(车身)号”栏按生产厂家编号填写。

5. “维修类别”栏按实际维修所达到类别填写。

6. “维修合同编号”栏填写本次维修所签定的维修合同的文本编号。

7.“接车人”栏填写具体领取修竣车辆的人员姓名及身份证号。

8.“质量检验员”栏加盖道路运政管理机构核发的质量检验员专用证号章。

9.“出厂日期”栏填写修竣车辆交付托修方的时间(年、月、日)。

10.“竣工日期”栏填写修竣车辆的时间(年、月、日)。

11.“进厂日期”栏填写承修方承接车辆的时间(年、月、日)。

12.“维修专用发票编号”栏填写由承修方开具的统一维修专用发票的编号。

13.“次数”栏填写按修竣车辆自出厂之日起,在质量保证期之内,依次发生的车辆返修序次。

五、汽车维修质量检验员证

(一)汽车维修质量检验员证的作用和种类。

汽车维修质量检验员证是企业质量检验员进行维修车辆质检工作的上岗资格证。汽车维修质量检验员证分为正证和副证,由道路运政管理机构发放和管理。

(二)企业质量检验员的分类。

企业质量检验员分为总质量检验员及质量检验员两类。

(三)汽车维修质量检验员证的填写。

1.“证号”由省级道路运政管理机构和地级道路运政管理机构核定。前二位数为地域代号,后四位数为自然序号。

2.“工作单位”栏填写申报质量检验员证的单位全称。

3.“审验”栏加盖道路运政管理机构审验章。

第六章 搬运装卸管理工作规范

一、划定经营者作业区域和作业范围。

二、坚持年度审验制度,审查经营资格,规范经营行为,制止违法、非法经营。

三、根据市场需求,对进入搬运装卸市场的农村劳动力实行宏观调控、计划管理、合理调配。

四、组织监督安全文明生产,杜绝野蛮装卸,提倡优质服务,保证作业质量。

五、对搬运装卸机具设备、车辆实行注册,建立定期检验制度,强化维修保养,推广先进装卸设备,提高装卸机械化程度。

六、监督企业执行危险品等特殊货物的搬运装卸规定,保证作业安全。

七、推广承托双方签订搬运装卸合同,监督合同执行,调解合同纠纷。

八、为出入境汽车运输服务的搬运装卸企业和个人,应在省级交通主管部门批准的作业范围内经营。

九、道路运政管理机构要组织搬运装卸人员进行岗位培训,考核合格后,发给上岗证。

十、协助调解用工方和务工方的劳务争议,维护双方合法权益。

十一、搬运装卸上岗证的管理及使用。

(一)搬运装卸上岗证一人一证,随身携带,搬运装卸人员按道路运政管理机构核定的作业范围,持证上岗,严禁无证人员从业。

(二)搬运装卸上岗证不得涂改、转借和伪造。不从事搬运装卸业务时应收回上岗证。

(三)作业区域变更或人员异动应在一个月内到道路运政管理机构核准或换发。

第七章 运输服务业管理工作规范

道路运输服务主要包括:客运站(场)、货运站(场)、货运交易市场、货运信息配载服务、客运代理、货运代理、车务代理、车辆租赁、商品车发送、仓储理货、营业性停车场、汽车驾驶员培训和其他从业人员培训等。

一、客运服务管理

(一)按照交通部发布的《汽车客运站级别划分和建设要求》核定客运站的等级,并督促经营者按照站级标准配齐服务设施。

1.客运站开业前,道路运政管理机构应派员检查其服务设施是否符合要求。

2.道路运政管理机构应定期或不定期地检查客运站服务设施的运用状况,并记录在案,作为年终审验的资料。

(二)指导客运站经营者开展文明服务活动,搞好“三优”、“三化”,不断提高服务质量和水平,把客运站建设成为精神文明的“窗口”。

1. 加强站务人员职业道德、业务知识、服务规范的教育，实行岗前培训制度，持证上岗。岗前培训由县级道路运政管理机构组织实施，并负责资格考核；考核合格的发给上岗证书。

2. 客运站所在地道路运政管理机构要按照“三优”、“三化”的要求，指导客运站制订具体的站务工作规范和服务规范，并经常予以督促检查。

3. 省级或地级道路运政管理机构应定期在辖区范围内组织开展“文明车站”评比活动。

（三）督促客运站与进站车主签订进站协议，协调好站、车主间的关系，确保“车进站、人归点”的管理要求的实现。

1. 督促客运站与进站车辆所属企业或个体经营者签订进站协议，并作为道路运政管理机构审批线路的必备条件之一。道路运政管理机构应对进站协议进行审核，并留取副本，专档保存。

2. 当地道路运政管理机构要对进站协议的执行情况进行监督，对排班、售票、发车，要体现一视同仁的原则，严格执行协议；同时应对进站车辆进行监督，督促车主遵守运行秩序，制止站外揽客等违章行为。

3. 道路运政管理机构在审批调整班次、发车时间的方案时，应充分征求站、车双方的意见，公正、及时地调解站、车之间出现的争议。

（四）督促客运站按照道路运政管理机构核定的线路、班次和发车时间安排运行，使“定线、定班、定点”的规范落到实处。

1. 道路运政管理机构要经常检查客运站的班次运行安排，维护运行秩序；对客源较大的客运站应当派出专人驻站管理。

2. 道路运政管理机构在受理加班申请时，要对加班的必要性和加班车辆的经营资格进行审核，对批准加班的核发加班线路牌，在加班结束后收回加班线路牌。

3. 道路运政管理机构应严格查处客运站接纳无证车辆和非协议车辆进站作业或未经批准安排进站车辆串线运行等违章行为。

（五）规范客运代理人的经营行为，制止客运代理人倒卖客源等违法经营行为。

1. 道路运政管理机构对掌握大量客源需要他人代运的单位，应进行注册登记，作为客运代理人纳入道路运输服务业的管理。

2. 督促客运代理人与承运企业签订代理协议，建立固定的合作关系。

3. 道路运政管理机构要对客运站或运输企业设置的客运代办点以及客票代售点等进行资格审查，进行注册登记，要与物价部门共同核定手续费收取标准，制止强行拉客的违章行为。

（六）接受并负责处理旅客、车主的投诉，调解商务纠纷。

1. 道路运政管理机构设置的投诉组织和投诉电话，要同时接待旅客和进站车辆经营者对客运站的投诉，并要在客运站公布投诉电话。

2. 道路运政管理机构对旅客或进站车辆经营者的投诉，应热情接待，及时进行核查并作出处理，同时要将投诉人投诉的内容、处理结果进行登记，投诉人要求保密的，应当负责保密。

3. 道路运政管理机构在处理客运站发生的商务纠纷时，当事人要求调解的，应组织调解，并将商务纠纷的内容和调解结果进行登记。

二、货运服务管理

（一）审定货运站、货运代理业务的经营规划，督促其与货主及供车单位签订委托协议，协调好三方的关系，明确经济责任。

1. 道路运政管理机构应按照有关管理规定，督促货运站、货运代理企业制订经营规划。

2. 道路运政管理机构应引导货运站、货运代理企业与较为固定的货主单位和供车单位签订业务委托协议，并对副本建立专档保管，经常检查协议的执行情况。

3. 道路运政管理机构应督促货运站、货运代理企业建立风险保障制度和货物保险制度。

（二）引导货运站拓宽业务，发展商品配送，逐步建立物流服务体系。

1. 道路运政管理机构应加强物流服务的探索和研究。

2. 道路运政管理机构应当支持货运站发展物流服务，建立和完善物流服务的行政管理规范。

（三）货运信息配载管理。

1. 道路运政管理机构应按货运信息配载的有关管理规定的要求，规范货运信息配载经营行为。

2. 道路运政管理机构应经常检查信息配载经营企业接纳车辆的情况，制止接纳无证车辆为其配载的违章行为。

3. 道路运政管理机构应加强对信息配载个体经营者的管理。要对个体经营者进行注册登记，组织进场作业，实行持证上岗，挂牌服务，取缔无证人员非法经营，制止转手倒卖货源从中非法渔利的行为。

（四）货运交易市场等有形市场的管理。

1. 对规模较大的货运交易市场，当地道路运政管理机构应派出人员驻场监督和服务。

2. 对进场作业的货运经纪人和货运车辆进行资格和营运证件的审查。要建立货运经纪人员专项档案；对进场作业的外地车辆要检验应有的合法证件，必要时应当留取其道路运输证、车辆行驶证、驾驶证和身份证的复印件。

3. 加强对货运交易市场的日常检查，维护市场的正常秩序。

（五）接受并及时处理货主或车主的投诉，调解货运商务纠纷，处理商务事故。

1. 道路运政管理机构应在货运站、货运代理企业、货运配载，和交易市场公布投诉电话或设置投诉箱。

2. 对货主或车辆经营者的投诉，道路运政管理机构应当热情接待，及时查处，并将投诉人的投诉内容、处理结果进行登记。投诉人要求保密的应负责保密。

3. 当事人向道路运政管理机构申请调解商务外纷或商务事故时，道路运政管理机构应予受理，及时进行调解结果分案进行登记。

三、驾驶员培训管理

（一）培训业户的管理。

1. 驾驶员培训实行许可证制度，道路运政管理机构负责监督检查业户许可证的使用情况。

2. 落实学员凭培训结业证报考驾驶证的规定，制止培训业户组织不经培训和培训不合格的人员报考驾驶证的行为。

3. 经常深入教学第一线，检查培训学校（班）执行交通部发布的教学计划、教学大纲和使用统编教材的情况。

4. 引导培训业户改进教学方法，采用先进的教学手段。

5. 查处培训业户不按规定招收培训对象，擅自压缩培训学时和删减培训内容等违章行为。

（二）学员管理。

加强学员学籍管理，推行学员入学填写登记表培训后凭结业证参加报考驾驶证制度。

（三）教员管理。

1. 道路运政管理机构应对教员进行考核考核合格的，核发准教证。

2. 检查教员持证执教等情况。

3. 定期轮训教员，组织观摩教学，开展评选优秀教员活动，不断提高教员的教学水平。

（四）教练车管理。

1. 检查监督教练车是否携带教练车证和悬挂教练车标志牌以及安全防护装。

2. 加强教练车技术管理，实行强制二级维护和年度汽车综合性能检测制度。

3. 检查教练车单车配备学员的人数，查处违章超配学员的行为。

4. 优先审批新型教练车，逐步调整教练车技术结构。

（五）培训证件管理。

1. 教员准教证管理。

1.1 教员准教证是教员从事驾驶员培训工作的合法证件，一人一证，执教时必须随身携带。

1.2 驾驶操作教员使用教员准教证时，必须同时持有驾驶证。

2. 教员准教证发放程序。

2.1 道路运政管理机构受理驾驶员培训教员的申请。审核后，符合条件的发给教员申请表。

2.2 道路运证管理机构负责组织教，员培训、考核，合格的由地级以上道路运政管理机构核发教员准教证。

3. 教员准教证填写。

3.1 证号以地（市）为单位，用四位数表示，从0001起依自然数编号，在自然数前冠地区编号。

3.2 准教证范围的填写，理论教员填写“理论”，驾驶操作教员填写“驾驶操作（ ）”，括号内填写准教车种。

4. 学员证管理。学员证是学员的学籍证明，是参加培训的合法证件。

5. 学员证填写规范。

5.1 证号以县级以上单位进行统一编号，用五位数表示，从00001开始，在自然数前面冠行政区编号。

5.2 培训车型以公安部门规定的车型代码填写，例如大型客车，填写“A”。

5.3 学员证由培训学校（班）或道路运政管理机构填写。

5.4 学员结业考试合格后，凭学员证领取结业证。

6. 结业证书管理。

6.1 学员结业证书是学员培训合格的证明，是向公安部门报考的合法凭证。

6.2 结业证书分三种：职业、非职业和增驾结业证书。三种都分正本和副本。

7. 结业证书发放程序。

7.1 道路运政，管理机构组织或委托驾驶员培训学校（班）组织结业考试，考试合格的由驾驶员培训学校（班）填写结业证书。

7.2 地级道路运政管理机构复核学员考试成绩，成绩合格的，在其结业证书上加盖道路运政管理机构的钢印。

8. 教练车证、标志牌管理。教练车证、标志牌由省级道路运政管理机构核发。

9. 教练车证、标志牌发放程序。

9.1 地级道路运政管理机构受理驾驶员培训学校（班）的申请，在收到申请书的次日起15日内作出答复。符合条件的，上报省级道路运政管理机构。

9.2 省级道路运政管理机构在接到地级道路运政管理机构上报的意见的次日起20日内作出答复。符合条件的，由地级道路运政管理机构核发教练车证、标志牌。

9.3 教练车证、标志牌的使用。教练车证一车一证。教练车标志牌一车两块，前后各悬挂一块。

9.4 教练车证、标志牌遗失的，由核发的道路运政管理机构补发。

四、从业人员上岗证管理

（一）辖区内凡从事道路运输业的从业人员，均应在从业前或从业后分别按不同经营范围和项目由当地道路运政管理机构组织培训，办理相应的业务或技术合格证。

（二）从业人员上岗证主要有营业性运输驾驶员准驾证、汽修技工上岗证、汽修检验员上岗证、乘务员上岗证、危险货物运输上岗证、搬运装卸上岗证等。

（三）上岗证发放程序。

1. 岗位（前）培训。由当地道路运政管理机构统一组织受培训单位及人员分期分批进行相应的知识、技能、道路运输法规以及职业道德等项培训。

2. 专业考试。经培训后，由当地道路运政管理机构分不同专业进行知识和技能等项考试。

3. 审核发证。经考试合格后，由地级或地级以上道路运政管理机构发给从业人员培训合格证。

第八章　出入境汽车运输管理工作规范

一、各级出入境汽车运输管理机构（以下简称出入境运政机构）应认真贯彻执行国家政府间汽车运输协定、协议、实施细则以及国家有关出入境汽车运输的规定。

二、出入境汽车客货运输管理

（一）出入境汽车运输线路及超越口岸地向内地延伸运输线路管理。

1. 口岸所在地（市、州）出入境运政管理机构根据实际情况负责上述线路的调研和参与方案的制定工作。

2. 省级出入境运政机构负责中外对应口岸间出入境汽车运输线路的审核和向省级交通主管部门的申报工作。

3. 省级出入境运政机构负责超越口岸地向内地延伸运输线路的初审工作。

（二）出入境汽车旅客运输管理。

1. 监督检查从事出入境汽车运输的车辆是否按规定携带国际汽车运输行车许可证和配有出入境汽车运输统一标志，客运车辆还应携带出入境汽车旅客运输行车路单。

2. 出入境汽车旅客运输是否按规定线路运行；旅客随身携带的行包可随车同行，托运的行包可另行派车装运。

3. 对定期旅客、行包运输实行定线路、定班次、定站点管理。

4. 对不定期旅客、行包运输,根据双边政府出入境汽车运输协定规定的运行方式进行管理。

(三)出入境汽车货物运输管理。

1. 监督检查从事出入境汽车运输的车辆是否按规定携带国际汽车运输行车许可证和配有出入境汽车运输统一标志。货运车辆还应携带国际汽车货物运单。

2. 出入境运政机构应监督货主或货代单位将货物名称、数量、起止地点和运输时间提前10天上报,并安排承运工作。

3. 按双边政府间出入境汽车运输协定的规定,为从事出入境汽车超限及危险品运输车辆办理特别行车许可证。

4. 对国务院和省级人民政府规定限运的货物在货主或货代单位按规定办理批准手续后,由出入境运政机构核发有关营运证件。

三、出入境汽车运输单证、标志管理

(一)出入境汽车运输单证包括《国际汽车运输行车许可证》、《中华人民共和国出入境旅客运输行车路单》、《国际汽车货物运单》、《中华人民共和国出入境汽车运输人员资格证书》、出入境汽车运输标志“CMT”等。

(二)出入境汽车运输单证、标志由省级出入境运政机构按交通部统一格式印制。

(三)出入境汽车运输单证、标志的发放程序

1. 出入境运政机构根据企业申领数量、种类,在审核该企业经批准出入境运输车辆数等情况后,汇总上报省级出入境运政机构。

2. 省级出入境运政机构在审核申领地经批准出入境运输车辆数、班次、线路以及上次领用等情况后予以发放。

3. 省、地两级出入境运政机构均须建立各类出入境汽车运输单证、标志领发台帐。

(四)地级出入境运政机构在发放时,应要求企业严格按规定填写和使用。

四、口岸运政机构应对中外从事出入境运输车辆的经营项目、范围、运行线路、时间、运输单证、标志等进行认真检查,维护口岸正常的出入境运输秩序。

第九章 运价管理工作规范

一、运价的制定和调整

(一)省级道路运政管理机构根据本行政辖区国民经济的发展速度,物价指数和有关价格政策及其他运输方式的价格,会同省级物价部门制定汽车运价。

(二)各级道路运政管理机构应注意搜集辖区内若干汽车运输企业或单位连续三年的运输成本、资金占用和职工工资等资料;对个体运输经营者可采取典型或抽样调查的方法,定期搜集运输成本和经营活动资料。对客货运输、机动车维修、搬运装卸、运输服务等资料应实行分类管理。

(三)省级道路运政管理机构在调整运价时,应分门别类计算出辖区内各项运输作业的平均成本、平均工资、平均资金占用额,并确定出合理的成本利润率,据此计算运价。

(四)省级道路运政管理机构对运价进行测算后,编制出运价调整方案,再会同省级物价部门发布执行。

二、运价监督与检查

(一)运价监督的内容。

1. 各级道路运政管理机构应全面掌握运输市场运价信息,运用经济、行政、法律手段来干预运价的暴涨和暴落。

2. 各级道路运政管理机构应把运价检查作为一项经常性的任务,会同有关部门定期或不定期进行运价大检查。

3. 各级道路运政管理机构应建立健全运价公布、运价检查监督、运价统计报告、奖励与处罚、违纪立案等运价管理制度。

4. 各级管理运政管理机构应对经营者经常进行价格政策和物价纪律的宣传教育,提高遵纪守法的自觉性,主动接受社会的监督、检查。

5. 各级道路运政管理机构应及时查处越权定价和调价等违章行为。

(二)运价检查的内容。

1. 检查经营者有无越权调价和定价、擅自增设收费项目和费率、自行扩大政府指导价的范围和幅度、擅自改变国家规定的计价办法和比价率等违章行为。

2. 检查经营者有无不执行运价规定,对政府定价擅自提价、压价及滥收费等违章行为。

3. 检查经营者有无未经批准,有意提前或推后执行政府制定或调整的运价等违章行为。

4. 检查经营者在客、货运输中采取多计和少计计费里程、变更重量等变相提价、降价的违章行为。

5. 检查经营者是否有采取各种手段弄虚作假,欺骗服务对象的违章行为。

6. 查处各种利用货源杀价或搞价外加价、价内减价、居间盘剥。

(三)运价检查的方法。

1. 制定检查方案,组成检查小组,确定检查单位比例,安排检查步骤。

2. 检查人员应深入被检单位听取自检情况汇报。

3. 检查人员应认真查阅、核对行车路单、货物验收单、会计帐目、报表和运(杂)费票据等有关原始记录。

(四)违价违纪案件的处理。

1. 检查发现违价违纪行为后应及时取证。检查人员应实事求是地向被检单位说明违纪情节,做好检查记录,询问笔录、见证人笔录和原始凭证、票据复制或摘抄以及其他应提取的有关证据,由违纪单位的当事人和负责人认定后签字。

2. 整理违价违纪材料,依据价格违法行为的处罚规定和有关道路运输违章处罚规定,提出拟处理意见,提交主管部门领导审批。

3. 根据主管部门对违纪单位的罚没款处理决定,由交通和物价检查机关联合下发处罚通知单。

4. 整理运价检查材料,填写运价检查汇总表,写出书面检查工作总结,必要时印发运价检查通报。

第十章 道路运输证件管理工作规范

一、证件的种类

道路运输证件有:经营许可证、道路运输证(营运证、运管费缴讫证)、临时营运证。

二、经营许可证

(一)经营许可证的发放程序。

1. 审查批准手续。办证员应严格审查申请表所填内容及站、所两级审批意见,经核查无误后记入台帐。对审查不合格者应说明原因。

2. 公告审查结果。资格审查完毕,应在 5 日内将审查结果及时通知乡级道路运政管理机构或直接公告。

3. 核发证件。对审查合格者,县级道路运政管理机构应自通知发出之日起 10 日内为经营者办妥经营许可证。

4. 需报上一级道路运政管理机构审批的,应在签批“同意”上报字样之日起 10 日内上报上级道路运政管理机构。

5. 接到批准文书后,办证员应登记台帐,10 日内将经营许可证发放至经营者手中。

(二)经营许可证填写规范。

1. 经营许可证应按所列项目如实填写。其编号以县(市、区)为单位,从 00001 号起依自然数编号,在自然数前冠国家标准的行政区划编号。

2. “经营范围”按以下五类加以区分:

2.1 旅客运输。旅客运输分为班线客运、旅游客运、出租客运、包车客运。

2.2 货物运输。货物运输分为普通货物运输、危险货物运输、集装箱运输、零担货物运输、大型物件运输等。

2.3 搬运装卸。搬运装卸可分为普通货物装卸、大型物件装卸、驻厂装卸、短途搬运等。

2.4 汽车维修。汽车维修分为汽车大修、总成大修、汽车维护、专项修理、汽车配件供应等。

2.5 运输服务。运输服务分为驾驶员培训、货运代理、客运代理、货运信息、配载服务、货物包装、仓储理货、洗车、停车、车辆租赁、业务咨询等。

3. “经济类型”按国有经济、集体经济、私营经济、个体经济、联营经济、股份制经济、外商投资经济和港、澳、台投资经济以及其他经济填写。

（三）经营许可证的补办程序。

1. 补办申请受理。道路运政管理机构受理经营者的口头申请，并要求经营者填写《道路运输行业证照补办申请表》。

2. 遗失确认。所在地道路运政管理机构确认遗失后，在申请表上签章。

3. 补办登记。

4. 声明作废。道路运政管理机构开具登报介绍信交经营者在地级以上报纸刊登作废声明。

5. 填发证件。填写和核发新证件，并收取手续费和工本费。

6. 办证员将补办情况记入经营许可证发放台帐“补办异动栏”和申请表有关栏内，并将作废声明剪贴在补办申请表上归档。

7. 按规定由地级以上道路运政管理机构核发的经营许可证，由下一级道路运政管理机构签注意见后上报。

三、道路运输证

道路运输证包括营运证、运管费缴讫证、车辆购置附加费证。

（一）营运证。

1. 营运证填写。

1.1 营运证编号由省级道路运政管理机构和地级道路运政管理机构核定，前二位数为县级代号，后六位数为县（市、区）内营运证发放自然序号。

1.2 “单位”栏填写单位全称，个人填写经营者姓名，联户填写代表人姓名或联户企业名称。

1.3 “地址”栏填写单位所在地详细地址。如系个体经营者填写居住地址，均冠以县、乡名。

1.4 “车辆行驶证号”栏按交警部门发放的车辆行驶证号填写。

1.5 “经营许可证号”栏按道路运政管理机构核发的经营许可证号填写。

1.6 “车辆类型”栏按车种和车型填写。如“大货东风141”、“小客湖南630”。

1.7 “吨（座）位”栏货车按主车标记吨位，客车按定员人数，拖拉机按每15千瓦折合一个吨位，其他机动车和人、畜力车按核定装载数量填写。

1.8 “经营范围”、“经济类型”栏填写内容应与经营许可证对应的内容相同。

1.9 “营业执照号”栏填写工商执照号。

1.10 “备注”栏填写有关备注事项。

1.11 “核发机关”栏盖核发单位证照专用章并填写日期。

1.12 营运证副页除“待理记载”外，均应与主证同时填写，并且内容一致。

（二）运管费缴讫证。

1. 运管费缴讫证。运管费缴讫证的种类有甲、乙、丙三种。

1.1 甲种缴讫证。一般用于社会零散车辆（包括按实收或定额计征的），缴讫证与收据相连。

1.2 乙种缴讫证（又称为统缴证）。一般用于车辆台数较多的统缴企业（包括按实收或定额计征的）。缴讫证与统缴收据不相连。

1.3 丙种缴讫证为微机收费专用证。

2. 运管费缴讫证的发放程序。

2.1 甲、乙、丙三种缴讫证，均为一车一证，与营运证配套使用。

2.2 甲种缴讫证收据的“营业收入”栏，填写交费月度。“费率”栏属实收计征的填1%，属定额计征的填×元/月吨，开票员应按规定标准收费，如实填写，在填写本期度缴讫证前，应查验上一期缴讫证。

2.3 乙种缴讫证（统缴证）。如全年运管费已一次交清，有效期可填为1月至12月。如未一次交清，可实行每季度换发一次，季末在审查运管费统缴完成进度的前提下，换发下季度统缴证，实行交旧换新。

2.4 丙种缴讫证。按部编统一程序由微机填写、查验和制作。

2.5 缴讫证所列车主、车型、车号必须与营运证主证和副页完全相合，否则无效。

2.6 按季或月缴纳运管费的，其缴讫证季、月份应大写，用宋体字戳记。

2.7 车辆转籍外县市，可凭甲种缴讫证或丙种缴讫证（非专业）退还超前缴纳运管费部分80%，转入地从转入当月收取运管费。

3. 运管费缴讫证的补发程序。

3.1 提出申请。运管费缴讫证丢失,由丢失人逐项如实填写《道路运输业证照补办申请表》。

3.2 遗失确认。原征费单位及开票人对遗失人的补办申请进行遗失确认和签章,并注明原票号、缴费期度、金额等。

3.3 领导签章。县级道路运政管理机构领导审核后在申请表上签署补办意见。

3.4 补开缴讫证。由原征费单位凭申请表和道路运输证补开运管费缴讫证,并按原征费额的20%收取补办手续费。

3.5 将手续费稽核联(或复印件)及补办申请表附在补开的缴讫证存根联上。

4. 车辆购置附加费证由车辆购置附加费征稽单位发放。

(三)道路运输证发放程序。

1. 查验证件。如车辆购置附加费证、经营许可证、车辆行驶证、工商营业执照、车辆保险手续和身份证等。

2. 发放证件。运政人员将车辆购置附加费证、营运证和运管费缴讫证合并为道路运输证,发放给经营者。

(四)道路运输证使用规范。

1. 道路运输证是证明营运车辆合法经营的有效证件,也是记录营运车辆审验情况和对经营者奖惩的主要凭证,道路运输证必须随车携带,在有效期内全国通行。

2. 道路运输证中营运证的主证和副页必须齐全,编号必须相同,骑缝章必须相合,填写的内容必须一致。否则,视为无效营运证。

3. 车辆运输违章需要扣证待后处理的,扣下主证,在副页背面填写待理事由和有效期(有效期最长不超过15日),加盖检查部门印章后,交驾驶员凭副页《待理证》继续运行。处理以后,发还主证,副页夹入主证。

4. 外籍车辆如运输违章,需要车籍所在地道路运政管理机构处理的,扣下主证,将《待理证》交经营者继续运行,同时填发"违章通知书",连同主证一并寄送车籍所在地道路运政管理机构。车籍所在地对违章者进行处理后,将处理结果反馈于违章发现地道路运政管理机构。

5. 如因年审留证,在"待理事由"栏盖"年审留证"字样,即可通行。无道路运政管理机构签章的副页,不起待理作用,不得单独使用。

6. "营业执照号"栏内为证实是否经工商登记而填写,不需加盖工商部门印鉴,也不作为路检路查内容。

7. 道路运输证未按道路运政管理机构的规定年审,或三年一次换发的,均视为无效道路运输证。

(五)道路运输证年审程序。

1. 公告年审事项。道路运输证每年度审验一次,由县级道路运政管理机构按省、地级道路运政管理机构的规定向有关单位发布具体时间和要求,对车辆台数较多的单位可上门审验,台数较少的单位或个体、联户,可按行政划分乡或片区集中审验。

2. 乡级道路运政管理机构签注意见。道路运政管理机构发放《道路运输证年审表》,并签注意见。

3. 交验相关证件。审验人员审验时应收回《道路运输证审验表》,并检查经营许可证、道路运输证、车辆行驶证(单位车辆除外)、客货运线路标志牌。

4. 进行现场记录。道路运输证审验中,审验人员应对经营者交验的证据和其他有关情况进行现场记录,填写好《道路运输证年度审验现场记录表》。手续不符合规定要求的,应通知其补办或限期改正。

5. 签署审验结果。对审验合格者,审验人员应在道路运输证审验记录栏加盖"审验合格"印章和审验日期。审验期过后未予审验和审验不合格者,不准参加营业性道路运输。

(六)道路运输证补办程序。

1. 提出申请。道路运输证遗失或毁坏,由持证人口头向道路运政管理机构提出补办申请,领取并填写好《道路运输业证照补办申请表》,说明遗失或毁坏的时间、地点、经过及证明人。

2. 补办登记。道路运政管理机构凭《道路运输业证照补办申请表》进行道路运输证遗失补办登记。补办情况应记录在道路运输证发放台帐"补办或异动记录"上。

3. 签发待理。道路运输证挂失期间,为不影响运输生产,保证经营者合法经营,由道路运政管理机构发给新证副页《待理证》,留下主证,准予继续营运,并在副页中注明待理事由和有效期,有效期最长不超过一个月。

4. 声明作废。道路运政管理机构开具登报介绍信交给经营者到地级以上报纸刊登作废声明。

5. 领发主证。道路运政管理机构办证员凭登载声明的报纸、道路运输证补办申请表和副页《待理证》，将与道路运输证中的营运证副页号码相符的营运证主证，交给经营者。补发新证时，必须在“核发机关”栏内注明“补发”字样，将作废声明剪贴在补办申请表上归档，并收取规定的补办手续费。

6. 补办终止。每辆车道路运输证补办次数一年内超过三次的，应终止补办。

（七）临时营运证发放程序。

临时营运证的发放对象是指本辖区内临时（三个月以下）从事营业性运输的单位、个体及联户的车辆（含拖拉机）。

临时营运证发放的程序及使用管理与营运证大致相同。不同的是应在营运证“备注”栏内注明时限并加盖“临时”戳记。发放临时营运证，应记入临时营运证台帐。

四、编制道路运输证件用量计划

（一）地级道路运政管理机构每年 11 月前组织县级道路运政管理机构提报《下年度道路运输证件用量计划》。

（二）计划汇总编定后，应及时向省级道路运政管理机构上报计划。

五、道路运输证件请领印刷

（一）地级道路运政管理机构应每季度向省级道路运政管理机构申领证件，填写证件请领单，并按计划请领入库。

（二）道路运输证件由省级道路运政管理机构统一印刷。印刷好的证件入库时，凭承印厂填写的《道路运输证件印刷交货验收单》一式两联，一联经保管员签字作为厂家交货凭证。另一联则由保管员、管理员及负责人签字连同印刷厂收款发票并用作为入库记帐凭证。

（三）凡证件入库，保管员均应按请领单或交货验收单认真清点核对，包括种类、数量、颜色、首字拼音、编号等，无误签字后正式入库。

六、道路运输证件保管、发放、使用监督

（一）保管。

1. 省级道路运政管理机构设证件保管帐，按证件的种类立户。

2. 省级道路运政管理机构设发放证件流水卡，按领用单位立户。

（二）发放。

1. 省级道路运政管理机构凭下级道路运政管理机构的《道路运输证件领用单》并参照各期用量计划发放。

2. 双方交付时应认真核对。

（三）使用监督。

省级道路运政管理机构应定期对下级道路运政管理机构的使用情况进行检查。对管理不妥、使用不正确等问题应采取措施更正。

七、道路运输证件回收、收缴与销毁

（一）回收和收缴。

1. 对剩余或因故停止使用的证件，省级道路运政管理机构要及时组织返库（回收）。回收凭交回单位填写的《道路运输证件回交清单》双方清点验收生效。

2. 在回收、回缴中发现与原领用数量有差错时要追查原因，由领用方出具足以证明的凭据方可平帐。

（二）销毁。

失效、作废证件销毁时，填写《作废道路运输证件销毁明细表》。经保管员、总库负责人签字报上级领导批准，再由销毁人、监销人以据对物，无误后销毁。被销毁物彻底毁掉后，再在明细表上签字。

第十一章 票据管理工作规范

一、票据的种类

道路运输票据有：汽车维修合同、行车路单、道路货物运单、客票等。

二、汽车维修合同

（一）汽车维修合同的作用。

汽车维修合同是规范市场经营行为，保护承、托修双方合法权益的法律措施，是道路运政管理机构处理汽车维修质量、价格纠纷的依据。

(二)汽车维修合同的适用范围。

汽车维修合同适用于二类以上维修企业。承修方在承接汽车大修、主要总成大修、二级维护作业及维修费用预计在1000元以上的维修业务时,必须签订汽车维修合同。

(三)汽车维修合同管理。

1. 道路运政管理机构应依据有关规定,重点检查合同的签约和履行情况。

2. 汽车维修合同按国家工商行政管理局和交通部《关于发布汽车维修合同示范文本的通知》的规定执行。

3. 汽车维修合同文本由省统一印刷。

(四)汽车维修合同填写。

1. "托修方"栏填写送修车辆单位(个人)的全称。

2. "签订时间"栏填写托修方与承修方签订汽车维修合同时的具体时间(年、月、日、时)。

3. "合同编号"由省级道路运政管理机构和地级道路运政管理机构核定,前两位数为地域代号,后六位数为自然序号。

4. "承修方"栏填写汽车维修企业的全称和企业类别。

5. "签订地点"栏填写承、托修双方实际签订合同文本的地点。

6. "车种"栏按货车(重、中、轻)、客车(大、中、轻、微)填写。

7. "车型"栏填写车辆型号,如"东风141"、"桑塔纳2000"等。

8. "牌照号"栏按交警部门发放的车辆牌照号填写。

9. "底盘号"栏按生产厂家编号填写。

10. "发动机编号"栏按汽、柴油及生产厂家编号填写。

11. "送修日期、方式、地点"栏填写送修车辆时间、车辆独立行驶或拖拉进厂及托修车辆的交接地。

12. "接车日期、方式、地点"栏填写承修方承诺并经托修方同意的时间、方式、交接地。

13. "维修类别及项目"栏填写托修方报修项目及附加修理项目。

14. "预计维修费总金额"栏填写承修方初步估算的维修费(包括维修工时费、材料及材料附加费等)总金额。

15. "工时费"栏填写工时单价。

16. "材料提供方式"栏按"托修方自带配件"、"承修方提供需要更换的配件"等填写。

17. "质量保证期"用大写填写质量保证的天数和行驶里程数。

18. "验收标准及方式"栏填写所采用的标准编号和双方认同的内容、项目及使用设备等。

19. "结算方式"栏在双方认同的一栏中打勾。

20. "结算期限"栏用大写填写双方认同的结算时限。

21. "违约责任及金额"栏填写双方认同的各自责任和应承担的金额数。

22. "解决合同纠纷的方式"栏在双方认同的一栏中打勾。

23. "双方商定的其他条款"栏填写双方未尽事宜。

24. "托修方单位名称(章)"栏盖单位印章,没有印章的填写单位全称或个人姓名及身份证号。

25. "单位地址"栏填写单位或个人所在地详细地址。

26. "法人代表"栏填写承修方或托修方法人代表的姓名。

27. "代表人"栏填写承修方或托修方法人代表指定的代表人姓名。

28. "承修方单位名称(章)"栏盖承修方单位的印章。

三、行车路单(营业性货物运输除外,下同)

(一)行车路单是道路运输车辆的行车命令,是记录车辆运行和进行运输统计的依据。行车路单分营业性和非营业性两种,凡从事道路运输的机动车辆均须使用统一行车路单。

(二)行车路单的发放、回收机构。行车路单由县级道路运政管理机构或乡级道路运政管理机构发放、回收。

(三)行车路单的使用与填写。

1. 每一次运输过程使用一份行车路单。

2. 国有、集体专业运输企业可向当地道路运政管理机构申领，由专人负责保管与填开，实行交旧领新。

3. 其他企业或部门以及个体车辆到客、货起运地道路运政管理机构申领。

4. "三定"客运车辆临时加班，对外临时包车，由当地道路运政管理机构填写"营业性客运统一行车路单"，并在"备注"栏分别填注"临时加班"或"客运包车"字样。

5. 非营业性客、货车辆使用非营业性客、货行车路单(一式两联)，由车主向车籍所在地的道路运政管理机构申请填发，道路运政管理机构保留存根联。

6. 非营业性货运行车路单可由单位自行填写，但须向县级道路运政管理机构书面报告，经批准后领购，每次领购不得超过一个季度的用量。

四、道路货物运单

(一)道路货物运单是道路货物运输及运输代理的合法凭证，是运输经营者接受货物并在运输期间负责保管和据以交付的凭据，也是记录车辆运行和行业统计的原始凭证。

(二)道路货物运单的种类。道路货物运单分为甲、乙、丙三种。

1. 普通货物运输、大型物件运输、危险货物运输等货物运输和运输代理业务使用甲种运单。

2. 集装箱汽车运输使用乙种运单。

3. 零担货物运输使用丙种运单。

(三)道路货物运单的管理。

1. 省级道路运政管理机构按照道路货物运单的统一式样负责印刷、分发和管理。

2. 地级道路运政管理机构负责本辖区道路货物运单的发放和管理。

3. 县级道路运政管理机构负责本辖区道路货物运单的发放、领用和审核工作。

4. 危险货物运输在甲种运单的左上角套印"道路危险货物运输专用章"。

五、汽车客票

(一)汽车客票是旅客乘车的合同凭证、付费依据。

(二)汽车客票按不同的营运方式分为班车客票、旅游客票、出租客票和包车票。

(三)道路运政管理机构可以批准大型汽车运输企业自行印制客票，并发放给所属的汽车客运站和运输车辆。

六、汽车维修合同、行车路单、道路货物运单、客票的发放程序

(一)请领。地级以下道路运政管理机构接受经营者的申请。

(二)验证。道路运政管理机构查验经营者的《道路运输证》和规费缴讫手续是否齐全，旧汽车维修合同、行车路单、道路货物运单、客票填写是否规范。

(三)发放。经查验手续齐全后，发放新的汽车维修合同、行车路单、道路货物运单、客票。

七、票据的印领与保管程序

(一)省级道路运政管理机构应根据道路运输业票据的需求情况，有计划地印刷票据。

(二)地、县级道路运政管理机构应根据辖区道路运输业票据的需求情况，有计划地向省级道路运政管理机构或指定的印刷厂领取票据，同时填写票据领用单一式三份。

(三)票据入库应点清件数、票类，验收质量并记入台帐。

(四)票据应按种类编号顺序整齐存放，并有防盗、防火、防霉变等安全设施。

八、票据管理程序

(一)票据发放实行省级道路行政管理机构设总库，地级道路运政管理机构设分库，县级道路运政管理机构设库房的三级管理制。县级道路运政管理机构根据乡级道路运政管理机构票据领用单和辖区经营者的票据购领卡发放票据。

(二)经批准新开业的经营者，申领票据须交验道路运输经营许可证(含维修技术合格证)、道路运输证、工商部门核发的工商营业执照、税务机关核发的税务登记证、个体、联户经营者身份证明等证件，发给票据领购卡后方可领取票据。

(三)票据发放实行验旧领新制度，凭票据购领卡、缴纳税费凭证及交回原使用票据的存根后，发出票据。

(四)票管员在按种类和票号顺序发出票据的同时，要认真做好分户帐的管理工作。

九、票据的回收与核销程序

(一)票据回收时,票管员应对票据的存根、张页、作废票据使用情况等进行审核,在票据购领卡交旧起止号栏填写回收记录并签字。

(二)领用单位因被盗、遗失等原因丢失票据,须持证明材料和报载作废声明,向原发放单位申报,经确认后,按票据管理的有关规定处理。

(三)票据使用过程中如出现问题,回收核销台帐上应有记载,并要在回收的旧票据封面上写明结果。

十、票据销毁程序

(一)销毁保存期已满的票据,应填写票证销毁明细表,经单位领导签字,报上级主管部门和同级财税部门核准后,由二人以上到指定地点销毁。

(二)对填写不规范或不清楚的票据,应请示主管领导后方可核销。

(三)销毁作废票据应填写作废票据登记表,由票管员签章,经主管领导审批后,按票据销毁有关规定处理。

(四)销票人、监销人应在销毁票据终了时在明细表上签字。

第十二章　运政稽查工作规范

一、检查站的设置和管理

(一)检查站设置。

1. 道路运政管理机构根据辖区内道路运输情况和工作需要,提出设站申请,逐级呈省级交通行政主管部门统一规划后报省级人民政府审批。

2. 道路运政管理机构可根据工作需要对道路运输经营单位、作业现场进行流动巡查,纠正违法、违章行为。

(二)检查站管理。

1. 省级道路运政管理机构负责制定全省统一的检查站工作制度、职责和管理措施。

2. 省级道路运政管理机构负责统一制发全省的“道路运输车辆稽查登记册”、“道路运输户稽查登记册”、“稽查月报表”等台帐、报表和站牌。

3. 检查站应悬挂省级人民政府批准设站的公告和必要的图表。

4. 检查站应配置必要的交通、通讯设备和视听器材。

5. 检查站的调整和撤并、变更由省级道路运政管理机构提出意见呈省级交通主管部门报省级人民政府审批。

6. 流动巡查必须建立相应的制度和管理措施。

二、稽查人员资格、上岗培训及证件

(一)稽查人员的资格审查。省级道路运政管理机构根据工作需要确定全省稽查人员的资格标准。稽查人员必须具有高中以上文化程度,由检查站所在地县级道路运政管理机构选派并填报《道路运政管理稽查人员申报表》一式两份,逐级报省级道路运政管理机构审查。

(二)稽查人员上岗培训。稽查人员上岗前,由省级道路运政管理机构组织进行国家法律、道路运输政策、法规、职业道德、业务知识的培训和学习以及必要的姿势训练。

(三)稽查证件。稽查人员通过培训,经考试合格后,符合条件的,由省级道路运政管理机构核发交通部统一制作的《中华人民共和国道路运政稽查证》或办理省级人民政府核发的稽查证。

各级道路运政管理机构应建立稽查人员档案。档案内容包括:《道路运政管理稽查人员审批表》、培训成绩单、稽查人员年度考核表和其他有关材料。

三、稽查工作规范

(一)建立“两公开一监督”制度。公开道路运输违章处罚规定、标准,公开稽查人员照片、姓名、职务和编号,接受群众监督。

(二)建立社会监督制度。道路运政管理机构要建立健全来信来访、举报等社会监督制度,设立举报箱和举报电话,指定专人负责举报的查核和来信来访的处理工作,并将核查处理结果回复举报人和来信来访者。聘请社会监督员,每半年召开一次征求意见会,听取意见,改进工作。

（三）建立监督检查制度。对稽查人员在执行公务中有超越职权、滥用职权和执行处罚有徇私情况的，要立即纠正，对严重违纪者要按规定严肃处理。

（四）乡镇交管站不得在国道、省道上稽查（县级道路运政管理机构抽调乡镇道路运政管理机构人员参加联合稽查的除外）。

（五）各级道路运政管理机构在稽查工作中应坚持依法行政、文明检查，使用文明用语，并严格按部规定的执法程序办事，不得超越职权和滥用职权，或代其他部门检查。

（六）各级道路运政管理机构应做好稽查资料、报表、执法文书的整理归档工作。每月5日前向上级道路运政管理机构汇总上报稽查月报表。

四、稽查工作程序

（一）稽查人员必须是经考核合格持有《中华人民共和国道路行政稽查证》或者省级人民政府核发的稽查证，道路运政管理机构的正式在编职工。

（二）对经营单位、作业现场的流动巡查必须有2个以上稽查人员且经单位批准方可进行。

（三）稽查人员进行稽查前应按规定整齐着装，佩带检查证件，携带有关执法文书、取证器材等，做好稽查工作准备。

（四）路检路查。

1. 路检路查必须严格按规定在省级人民政府批准的检查站进行。

2. 指挥停车分为徒手指挥和使用停车示意牌（灯）两种。夜间指挥一律使用停车示意灯进行，同时要求稽查人员加着反光背心。

3. 进行检查工作时应在检查前方200米处设立“检查”警示牌，不得双向同时拦截检查车辆。

4. 稽查人员指挥停车应面向来车站在道路中线的左端，在来车相距150米处连续发出停车检查讯号，指挥车辆到达指定的停靠位置。

5. 被检车辆停稳后，稽查人员应先向驾驶员敬礼，出示检查证件，明确表达检查项目，文明检查。在驾驶员的配合下尽快完成稽查工作。

6. 经检查，未发现违法情况的，应交还有关证件，立即放行，并同时做好检查登记。

7. 拦截检查车辆不得超过三辆。

8. 对有违法、违章行为的车辆，按下列程序处理。

8.1　提取证据。证据包括书证、物证、视听材料、证人证言、当事人陈述、勘验笔录和现场笔录等。

8.2　对违章适用简易程序的，应当场制作《交通行政处罚决定书》交违法当事人，并告知当事人有关事项。

8.3　对适用一般程序、听证程序的违法行为按《交通行政处罚程序规定》办理。

8.4　对非法运输违禁品、危险货物或无道路运输证又不接受处罚的车辆，可采取中止车辆运行的强制措施，并签发《中止车辆运行通知书》。

（五）户检户查。

各级道路运政管理机构应定期或不定期对维修厂家、客货运服务站、驾驶员培训学校、搬运装卸作业现场、汽车综合性能检测站等道路运输经营业户进行流动巡查。在稽查前，应出示稽查证件，告知检查项目，并做好各种记录。有违法行为的按《交通行政处罚程序规定》办理。

五、执法文书填写规范

（一）各类执法文书一律由省级道路运政管理机构统一制发。

（二）各类执法文书一律要求使用蓝黑或黑色钢笔填写，有条件的也可使用计算机打印。

（三）填写各类执法文书一定要按规定内容填写，不得省略或简写。时间（年、月、日）、地点应准确无误；需证人、鉴定人、当事人签字的必须按规定办理，不得忽略。

（四）各类执法文书需加盖处罚机关印章的，必须是具有执法主体资格的各级交通行政主管部门或被法律、法规授权的道路运政管理机构的行政印章，不能使用它部门或检查站、稽查队（科）、乡镇交管站等印章代替。

第十三章　运管费管理工作规范

一、运管费的征收

（一）运管费的征收范围。

道路运政管理机构负责对从事营业性客货运输、车辆维修、搬运装卸、运输服务的单位和个人征收运管费。

（二）运管费的征收费率。

运管费原则上按经营者营业收入的1%计征，对营业额难以计算的，则比照同类型车辆和本行业经营情况，核定年度收入额在规定费率内按月计征。

（三）运管费的征收原则。

1. 运管费由县级道路运政管理机构负责征收。

2. 依法征费，应征不漏，不得重复征收。

3. 运管费按月缴纳，也可按季度、年度提前预缴。按月缴纳的截止日期为次月5日前。

（四）运管费的征收程序。

1. 审核报表。按营业收入计征规费的经营者，应在每月3日前向道路运政管理机构报送《营运收入明细表》。

2. 审查前期规费。按吨位定额计征的，由开票员查验前期缴讫证或规费征收台帐。正常缴费超过规定期限者，计算出滞纳金，隔月者按漏缴处罚。

3. 开具票据。开票员审查无误后，即可开具票据。按收入计征者，使用甲种缴讫证；定额计征者，使用乙种缴讫证。

4. 复核收款。开票员将规费收据交收费员复核，收费员收取现金或由经营者自行办好的银行进帐手续，加盖"收费专用章"及收费员章。

5. 找零交证。收费员将找零现金或转帐支票第五联连同缴讫证、收据和道路运输证一并唱付给经营者。

6. 登记入帐。开票员将规费缴纳情况登记在规费征收台帐上。

7. 填单交款。收费员将所收款项清点，与收据核对无误后，填写交款单交出纳员。

8. 存款入户。出纳员将当日所收现金存入运管费专户。

9. 对按收入总额计征或5辆车以上的成建制车队，可采取登门收费的方式。

10. 使用计算机征费的，计算机操作员的工作内容同开票员。

二、运管费的使用

（一）运管费必须坚持专款专用的原则，用于道路运政管理，任何单位和个人不得挪作他用。

（二）运管费的开支范围。

1. 职工工资及提取的职工福利基金。

2. 业务开支和管理费用。

3. 离、退休人员费用。

4. 固定资产购置（包括工作用车、通讯、宣传、记录、计算、检测等设备）和基本建设投资（包括办公用房、职工宿舍及行业服务设施）。

5. 奖励基金及工会经费。

6. 智力开发和人才培训的经费开支。

第十四章　规划与统计管理工作规范

一、行业发展规划

（一）县级以上道路运政管理机构应对辖区内的道路运输行业发展，分级制定中长期规划，作为宏观调控的依据。

（二）行业发展规划内容应包括：客货运输运力的发展和运力结构的调整；客货站点的布局；维修网点和检测站点的设置；汽车驾校的布局以及各个子行业之间的协调等。

（三）道路运输行业发展规划，应与同级政府制定的经济和社会发展规划相吻合。

（四）制订行业发展规划应保证规划的科学性和可行性。道路运政管理机构应定期组织经济调查和市场调查，对调查所得的资料和数据进行科学的分析和预测。

（五）行业发展规划采用"滚动式"的方法。

（六）行业发展规划也可委托道路运输行业协会、科研单位、大专院校或咨询机构承办，由道路运政管理机构组织鉴定验收。

二、宏观调控

（一）道路运政管理机构应根据行业发展规划，对道路运输行业的发展方向、规模和速度进行宏观调控，保持运力与运量的总体平衡，优化车辆和设备结构，促进行业的技术进步。

（二）道路运政管理机构在实施宏观调控时，应综合运用法律的、经济的和必要的行政手段。

1. 信息引导。道路运政管理机构应经常向社会发布道路运输市场需求，引导投资者的投资方向和车辆、设备技术更新的方向。

2. 政策引导。道路运政管理机构应根据行业发展规划和市场需求，对长线项目采取政策性的限制，对短线和有良好发展前景的项目采取政策的鼓励和扶持。

3. 市场准入。严格按照开业标准把好市场准入关，在发展运力时要坚持实施"先申请、后购置"的原则。

4. 招标审批。各地试行的对出租汽车、客运班线实行限额招标审批，牌证有偿使用的方法，可以作为一种经济手段实施调控的方法进行试点。

（三）宏观调控包括鼓励发展与限制发展两个方面。宏观调控应坚持以市场为导向，以促进行业科技进步和优化资源配置为目标。

三、道路运输行业统计

（一）省、地两级道路运政管理机构要配备专职的统计人员，县级道路运政管理机构要配备专职或兼职的统计人员。

（二）各级道路运政管理机构必须配备必要的计算机和通信设备。在统一规划下，逐步建立和完善道路运输管理信息系统。

（三）道路运政管理机构要定期向道路运输经营业户收集道路运输数据。

（四）道路运政管理机构要严格按照《道路运输统计报表制度》填报有关数据，以确保报表的规范化。

（五）县级和地级道路运政管理机构每月要通过电子邮件或软盘向上一级道路运政管理机构报送道路运输统计报表。

（六）省级道路运政管理机构每年9月和次年4月要通过电子邮件向部公路管理司报送半年报和年报。

（七）道路运输统计报表填报必须准确、及时、全面。

国家工商行政管理局关于禁止汽车零部件销售商店、汽车维修站点擅自使用他人注册商标的通知

工商标字〔1995〕第195号

各省、自治区、直辖市及计划单列市工商行政管理局：

最近以来，一些地方的汽车零部件销售商店、汽车维修站点，未经商标注册人认可，擅自在店铺的招牌上使用某些中外汽车企业的注册商标，并且将其放置在醒目的位置上，如使用"奔驰"、"吉普"等文字或图形商标。这种将他人注册商标用于商业目的的行为，客观上会使消费者误认为该店铺的经营者与商标注册人存在某种联系，自觉不自觉地侵犯了商标注册人的商标专用权。为此，请各地工商行政管理机关结合今年第四季度开展的打击假冒注册商标违法行为的活动，对当地汽车零部件销售商店和汽车维修站点使用他人注册商标的情况进行清理。现就有关问题通知如下：

一、未经商标注册人许可，禁止汽车零部件销售商店和汽车维修站点，将中外汽车企业的注册商标作为招牌使用。

二、汽车零部件销售商店和汽车维修站点，为了说明本店经营汽车零部件品种及提供服务的范围，应直接使用叙述性的文字，如"本店销售×××汽车零部件"、"本店维修×××汽车"等字样，其字体应一致，不

得突出其中的文字商标部分，也不得使用他人的图形商标或者单独使用他人的文字商标。

三、请各地对本地区的汽车零部件销售商店和汽车维修站点，进行商标法制宣传和教育，组织他们自查。对擅自将他人注册商标作为招牌使用的侵权行为，应限期改正，经自我检查停止侵权行为的，可不再追究其责任；对未在限期内改正的，应当依照《商标法》第三十八条及第三十九条的规定予以严肃处理。

四、请各地于今年 11 月底前完成清理工作，并于 12 月底前将清理情况报我局商标局。

一九九五年七月二十七日

二、新能源类

甲醇汽车试点技术数据采集管理办法

一、总则

根据《关于开展甲醇汽车试点工作的通知》（工信部节〔2012〕42 号），为全面科学评价甲醇汽车试点运行情况，规范试点工作技术数据采集工作，确保技术数据科学可信，特编制本办法。

本办法规范了甲醇汽车试点工作技术数据采集的类别、条目及具体要求，数据将作为甲醇汽车试点工作评价的重要依据。甲醇汽车的定义、标准及技术规范、专项检验项目按照《关于开展甲醇汽车试点工作的通知》（工信部节〔2012〕42 号）中附件《甲醇汽车技术要求》规定执行。

二、技术数据采集内容与要求

（一）甲醇汽车整车

1. 甲醇汽车整车技术数据采集分为装用点燃式甲醇发动机的甲醇汽车整车和装用压燃式甲醇发动机的甲醇汽车整车两类。根据甲醇汽车整车的特殊性，结合甲醇汽车整车使用的特殊要求，采集如下内容和数据：工业和信息化部《车辆生产企业及产品公告》文号（含批次）、车辆产品型号、车辆号牌号码、制造厂商、发动机号、车辆识别代码、行驶里程、排放等级、燃料类型、甲醇燃料箱容积、汽柴油箱容积、起动性能、冷起动性能、限定条件下百公里油耗、加速性能、最高车速、最大爬坡度、车外加速噪声等参数。通过数据分析和对比，评价甲醇汽车整车在使用过程中的性能变化及使用情况。

2. 采集甲醇汽车整车技术数据应依据制造企业提供的出厂技术数据，按规定（见附表 1、2）的内容建立技术档案。

3. 试点用甲醇汽车每半年由试点地区工业和信息化主管部门指定的、具有资质的机动车检验检测单位进行检验，检验方法按机动车检验相关规定，检验数据由试点车辆运营单位负责收集汇总。

4. 试点工作结束后，在试点运行车辆中抽取不少于 3 辆乘用车、不少于 1 辆商用车，由试点地区工业和信息化主管部门委托具有国家级检测资质的检测机构负责对甲醇汽车整车起动性能、百公里油耗、加速性能、最高车速、最大爬坡度、车外加速噪声、常规排放检测、甲醛进行测试并提出检测报告。

（二）甲醇发动机

1. 甲醇发动机技术数据采集分为点燃式甲醇发动机和压燃式甲醇发动机两类，根据发动机的固有特性和使用特性，结合发动机燃用甲醇燃料的特殊要求，采集如下数据和参数：发动机制造厂商、所配车型、发动机号、发动机型式、缸径、冲程、排量、压缩比、最大功率、最大转矩、最低燃油消耗率等参数。通过数据分析和对比，评价甲醇发动机在使用过程中的性能变化及使用情况。

2. 发动机技术数据采集共进行两次，第一次对所有参与试点工作的甲醇汽车发动机按照要求（见附表 3 或附表 4）进行数据采集并建立档案，采集的技术数据为汽车厂商或发动机制造商提供的数据；第二次采集为试点工作结束后，在试点运行车辆中抽取不少于 3 台乘用车、不少于 1 台商用车所装配发动机，由试点地区工业和信息化主管部门委托具有国家级检测资质的检测机构负责测试并提出检测报告。商用车用发动机甲醛检测采用台架测试。

3. 甲醇发动机性能试验按照《汽车发动机性能试验方法》（GB 18297）进行。

（三）甲醛排放和常规排放

1. 甲醇汽车甲醛排放是技术数据采集的重要内容。通过数据分析和对比，评价甲醇汽车甲醛排放情况。

2. 甲醛排放检测由试点地区工业和信息化主管部门委托具有国家级检测资质的检测机构，按照《关于开展甲醇汽车试点工作的通知》(工信部节〔2012〕42 号)提出的轻型及重型发动机甲醛排放的要求和分析方法,在试点运行车辆中抽取不少于 3 辆乘用车每年进行一次检测。试点工作结束后,抽取 1 辆商用车进行甲醛排放检测。检测单位负责提出检测报告(数据采集表见附表 5)。

3. 对甲醇汽车试点车辆常规排放物碳氢化合物、一氧化碳、氮氧化合物、烟度、颗粒物(含 PM2.5)进行数据采集,通过数据分析和对比,评价甲醇汽车常规有害气体排放。在试点运行车辆中抽取不少于 3 辆乘用车每年进行一次检测,商用车随甲醛排放检测同步进行常规排放检测。轻型车按 GB 18352.3 - 2005《轻型汽车污染物排放限值及测量方法(中国Ⅲ、Ⅳ阶段)》、重型车按 GB 20890 - 2007《重型汽车排气污染物排放控制系统耐久性要求及试验方法》进行检测,检测单位负责提出检测报告(数据采集表见附表 5)。

(四)环境影响

1. 根据甲醇汽车整车及其甲醇燃料加注的特性,对甲醇燃料生产企业和甲醇燃料加注站大气环境中甲醇含量进行监测,通过对监测数据分析和对比,评估甲醇燃料在制备、加注和使用过程中对环境的影响。

2. 甲醇在大气环境中含量的监测,由试点地区工业和信息化主管部门委托具有环境保护监测资质的机构,按照相关规范,每季度在试点地区甲醇燃料生产企业、甲醇燃料加注站、甲醇汽车驾驶室、发动机及整车实验室、维修车间定期进行监测,采集的数据由试点地区主管部门负责汇总整理(具体数据采集表见附表 6)。

(五)人体健康

1. 人体健康数据采集主要是对甲醇燃料生产人员、甲醇燃料加注站工作人员、甲醇汽车司乘人员、甲醇汽车维修人员的人体健康数据进行分类采集。通过数据分析,对甲醇燃料和甲醇汽车试点运营涉醇工作人员职业健康进行评价。

2. 根据甲醇汽车及甲醇燃料的特殊性,采集内容和数据如下:姓名、性别、年龄、工作单位,常规检查,眼科检查(晶体、眼底、视力),内科检查,皮肤黏膜检查,血常规,尿常规,肝功能,心电图,B 超,呼吸系统,胸部 X 线检查。

3. 对参加试点工作的主要涉醇人员每年进行不低于 2 次职业健康检查,由试点地区工业和信息化主管部门指定涉醇人员所属单位组织在具有省级职业健康检查资质的医院进行。健康检查报告由试点运行单位负责收集汇总(具体数据采集表见附表 7)。

(六)车辆保养、故障及维修

1. 根据甲醇汽车的使用特性和试点工作的要求,规定对试点车辆保养、维修及故障排除等相关数据进行采集。通过数据分析,评价甲醇汽车可靠性。

2. 甲醇汽车维修和保养按汽车制造厂商指定的机构进行,相关记录由试点车辆运营单位负责收集汇总(具体数据采集表见附表 8)。

(七)甲醇燃料

1. 甲醇汽车试点使用 M100 和 M85 两种甲醇燃料。数据采集由甲醇燃料供应商、甲醇加注站、甲醇汽车运营单位负责。通过数据分析,评价甲醇燃料的适应性和经济性。

2. 甲醇燃料供应商负责按每季度向试点地区工业和信息化主管部门提供销售的甲醇燃料种类、购货单位、购货量、销售价格以及添加剂使用情况(具体数据表见附表 9)。

3. 甲醇燃料加注站负责按每季度向试点地区主管部门提供甲醇燃料进货量、销售量、销售价格(具体数据采集表见附表 10)。

4. 甲醇汽车运营单位负责按每季度向试点地区工业和信息化主管部门提供每辆车甲醇燃料加注日期、加注量、行驶里程(具体数据采集表见附表 11)。

(八)甲醇燃料加注站

1. 甲醇燃料加注站应根据甲醇汽车试点地区工业和信息化主管部门规划核准设立,采集如下数据:加注站名称、所处位置,储醇罐结构、容积、材料、型式(地上、地下、撬装站),加注机制造商、型号、主要技术参数、密封系统材料、更换零部件及时间、使用寿命、维护保养周期,过滤器制造商、精度,加注机有无蒸发排放控制措施;计量仪器仪表制造商、精度、公安消防部门核准的证书号、对突发事件的应急处置机制。通过数据分析和对比,评价甲醇燃料加注站实际运营过程中的变化情况。

2. 甲醇燃料加注站数据采集每季度由加注站自行负责进行数据采集，试点地区工业和信息化主管部门随机对采集数据进行抽查校验(具体数据采集表见附表12)。

3. 试点工作结束后，由试点地区工业和信息化主管部门委托具有燃料加注装备检测资质的检测机构负责对甲醇燃料加注站及所用加注设备、装置进行评定，并提出评定报告。

三、技术数据汇总与传输

工业和信息化部设立甲醇汽车试点技术数据中心(依托中国内燃机协会)，数据中心开通与试点地区主管部门的网络传输系统，负责对试点地区上传的技术数据进行归类建档，建立甲醇汽车试点工作技术数据库，并组织提出甲醇汽车试点技术数据阶段评估报告。

试点地区主管部门，应建立本地区甲醇汽车试点数据库，按规定的时间、路径和要求上传技术数据，并定期开展技术数据评估工作。

附表：附表1：装用点燃式发动机的甲醇汽车整车性能数据采集表

附表2：装用压燃式发动机的甲醇汽车整车性能数据采集表

附表3：点燃式甲醇发动机数据采集表

附表4：压燃式甲醇发动机数据采集表

附表5：甲醇汽车排放数据采集表

附表6：大气环境中甲醇含量数据采集表

附表7：人体健康数据采集表

附表8：甲醇汽车故障维修数据采集表

附表9：甲醇燃料供应商销售数据采集表

附表10：甲醇燃料加注站购销数据记录采集表

附表11：甲醇汽车燃料加注数据采集表

附表12：加注站数据采集表

附表1：

装用点燃式发动机的甲醇汽车整车性能数据采集表

试点地区		
项目	整车基本数据	备注
工信部公告文号/批次		
车辆产品型号		
车辆号牌号码		
制造厂商		
发动机号		
车辆识别代码		
排放等级		
使用燃料		
甲醇燃料箱容积(L)		使用M100甲醇燃料汽车应分别填写甲醇燃料、汽油箱容积二栏，M85只填写汽油箱容积一栏。
汽油箱容积(L)		
数据采集时车辆里程(公里)		

续表

试验录入数据			
	试点启动录入数据	试点工作结束采集数据	备注
起动性能试验			抽取整车乘用车不少于3辆，商用车不少于1辆
冷起动时间（-10℃）			
百公里燃料耗（L）			
全油门起步加速性试验			
全油门超越加速性试验			
最高车速（km/h）			
最大爬坡度（%）			
车外加速噪声（db）			
全部数据录入日期			
车辆使用单位			
录入员签名			
负责人签名			
注：整车基本数据和试点启动录入数据以制造厂提供的说明书数据为依据，试点工作结束采集数据为试点车辆实测数据。			

附表2：

装用压燃式发动机的甲醇汽车整车性能数据采集表

试点地区		
项目	整车基本数据	备注
工信部公告文号/批次		
车辆产品型号		
车辆号牌号码		
制造厂商		
发动机号		
车辆识别代码		
排放等级		
使用燃料		
甲醇燃料箱容积（L）		使用M100甲醇燃料汽车应分别填写甲醇燃料、汽油箱容积二栏，M85只填写汽油箱容积一栏。
汽油箱容积（L）		
数据采集时车辆里程（公里）		

续表

试验录入数据			
	试点启动录入数据	试点工作结束采集数据	备注
起动性能试验			抽取整车乘用车不少于3辆,商用车不少于1辆
冷起动时间(-10℃)			
百公里燃料耗(L)			
全油门起步加速性试验			
全油门超越加速性试验			
最高车速(km/h)			
最大爬坡度(%)			
车外加速噪声(db)			
全部数据录入日期			
车辆使用单位			
录入员签名			
负责人签名			
注:整车基本数据和试点启动录入数据以制造厂提供的说明书数据为依据,试点工作结束采集数据为试点车辆实测数据。			

附表3:

点燃式甲醇发动机数据采集表

试点地区		
	发动机基本数据	备注
制造厂商		
所配车型		
发动机号		
使用燃料		
排放等级		
型式		
缸数		
缸径(mm)		
行程(mm)		
排量(ml)		
压缩比		

续表

试验录入数据			
	试点工作启动录入数据	试点工作结束采集数据	备注
最大功率(kW)/转速(r/min)			抽取试点用车 进行发动机台架测试 (测试样本不少于三台)
最大转矩(N·m)/转速(r/min)			
外特性最低燃油消耗率(g/kWh)			
碳氢化合物 THC			
一氧化碳 CO			
氮氧化合物 Nox			
颗粒			
颗粒(PM2.5)			
甲醛 HCHO			
全部数据录入日期			
车辆使用单位			
录入员签名			
负责人签名			
注:发动机基本数据和试点工作启动录入数据以制造厂说明书提供的数据为依据;试点工作结束采集数据为试点发动机实测数据。			

附表 4:

压燃式甲醇发动机数据采集表

试点地区			
	发动机基本数据		备注
制造厂商			
所配车型			
发动机号			
使用燃料			
排放等级			
型式			
缸数			
缸径(mm)			
行程(mm)			
排量(ml)			
压缩比			
试验录入数据			
	试点工作启动录入数据	试点工作结束采集数据	备注
最大功率(kW)/转速(r/min)			抽取试点用车进行发动机台架测试(测试样本数不少于三台)
最大转矩(N·m)/转速(r/min)			
外特性最低燃油消耗率(g/kWh)			
碳氢化合物 THC			
一氧化碳 CO			
氮氧化合物 Nox			
颗粒			
颗粒(PM2.5)			

续表

	试点工作启动录入数据	试点工作结束采集数据	备注
甲醛 HCHO			
全部数据录入日期			
车辆使用单位			
录入员签名			
负责人签名			
注：发动机基本数据和试点工作启动录入数据以制造厂说明书提供的数据为依据；试点工作结束采集数据为试点地区发动机实测数据。			

附表 5：

甲醇汽车甲醛及常规排放数据采集表

试点地区			
项目	整车基本数据		备注
工信部公告文号/批次			
车辆产品型号			
车辆号牌号码			
制造厂商			
发动机号			
数据采集时车辆行驶里程			
使用燃料			
供醇电控单元制造商/型号			
供醇喷醇器制造商/型号			
供醇电子醇泵制造商/型号			
后处理装置/生产制造商			
OBD 监控系统（有/无）			
排放等级			
试验录入数据			
	试点启动录入数据	试点工作检测录入数据	备注
碳氢化合物 THC（g/km）			抽取整车乘用车不少于 3 辆，商用车不少于 1 辆
一氧化碳 CO（g/km）			
氮氧化合物 Nox（g/km）			
甲醛 HCHO（mg/km）			
未燃甲醇（mg/km）			
颗粒			
颗粒（PM2.5）			
检测时空燃比值			
全部数据录入日期			
录入员签名			
负责人签名			
试点地区及试点城市			
注：整车基本数据和试点启动录入数据以制造厂说明书提供的数据为依据；试点工作检测录入数据为实测数据。			

附表6:

大气环境中甲醇含量数据采集表

试点地区			
地点	大气中甲醇含量	测试地点名称/所属单位	备注
试点地区燃料生产企业			
甲醇燃料加注站			
甲醇汽车驾驶室			
发动机及整车实验室			
维修车间			
全部数据录入日期			
录入员签名			
负责人签名			
试点地区及试点城市			
注:试点工作采集数据为甲醇在大气环境中的含量,为试点地区指定的检测机构的实际检测数据。			

附表7:

人体健康数据采集表

试点地区			
	基本数据情况		备注
姓名			
性别			
年龄			
工作单位			
工作岗位			
参加试点工作时间			
项目	参加试点前数据采集	参加试点工作后数据采集	备注
一般检查			
眼睛晶体检查			
眼底检查			
视力			
内科检查			
皮肤黏膜(外科)			
血常规			
尿常规			
肝功能			
心电图			

续表

项目	参加试点前数据采集	参加试点工作后数据采集	备注
B 超			
呼吸系统			
胸部 X 线检查			
全部数据录入日期			
录入员签名			
负责人签名			
试点地区及试点城市			

附表 8：

甲醇汽车故障维修数据采集表

试点地区								
日期	车辆号牌号码	车辆产品型号	发生故障时行驶里程(km)	故障及原因	排除方法/更换零部件名称	维修人员签字	驾驶员签字	备注
全部数据录入日期								
审核员签名								
负责人签名								
试点地区及试点城市								
注：本表由指定的维护保养单位负责填写。由指定的维护保养单位汇总提交至试点地区主管部门。由试点地区主管部门负责上传至甲醇汽车试点数据中心。								

附表 9：

甲醇燃料供应商销售数据采集表

试点地区							
项目		生产厂家	甲醇生产方式	添加剂功能	购货量（吨）	销售价格（元/吨）	备注
M100 甲醇燃料	甲醇			不填			
	添加剂		不填				

续表

项目		生产厂家	甲醇生产方式	添加剂功能	购货量（吨）	销售价格（元/吨）	备注
M85 甲醇汽油	甲醇			不填			
	添加剂		不填				
试点地区甲醇燃料供应商名称							
全部数据录入日期							
录入员签名							
负责人签名							
注：甲醇生产方式可选择“煤制甲醇”、“天然气制甲醇”、“焦炉气等尾气制甲醇”和“联醇法制甲醇”。添加剂功能可选择：着色、显示、除味、抑制腐蚀、润滑。甲醇燃料供应商负责按每季度填写此表并上报至试点地区主管部门。							

附表 10：

甲醇燃料加注站购销数据采集表

试点地区					
项目	进货厂家	进货量（吨）	销售量（吨）	销售价格（元/升）	备注
M100 甲醇燃料					进货厂家如有变化可另附本表格
M85 甲醇汽油					
加注站名称					
全部数据录入日期					
录入员签名					
负责人签名					
注：甲醇燃料加注站负责每季度上报至试点地区主管部门。					

附表 11：

甲醇汽车燃料加注数据记录采集表

试点地区				
车辆号牌号码			车辆所属单位	
燃料加注日期	燃料种类	加注量（L）	加注时里程表读数（km）	备注
全部数据录入日期				
录入员签名				
负责人签名				
注：本表由甲醇燃料运营单位负责按每季度上报至试点地区主管部门。				

附表 12：

加注站数据采集表

试点地区			
	加注站基本采集数据		备注
加注站名称			
加注站所处地理位置			
建设型式(新建/扩建)			
危化品经营许可证号			
公安消防部门核准的证书号			
项目	试点启动录入数据	试点工作采集数据	备注
储醇罐结构/材料			
储醇罐容积(m^3)			
储醇罐型式(地面/地下/撬装站)			
加注机制造商			
加注机型号			
过滤器制造商/精度			
计量仪器仪表制造商/精度			
加注机甲醇蒸发排放措施(有/无)			
密封系统材料(是否耐醇材料)			
突发事件的应急处置机制(有/无)			
加注机维修保养记录			
更换零部件名称/寿命			
全部数据录入日期			
录入员签名			
负责人签名			
试点地区及试点城市			

财政部经济建设司、科技部高新司、工业和信息化部装备司、国家发展改革产业协调司关于开展节能与新能源汽车示范推广试点总结验收工作的通知

财建便函〔2012〕105 号

各有关省、直辖市、计划单列市财政厅(局)、科技厅(科委、局)、工业和信息化主管部门、发展改革委：

2009 年，财政部、科技部、工业和信息化部、发展改革委等四部门在 25 个城市开展了节能与新能源汽车示范推广试点，并在 6 个城市开展了私人购买新能源汽车补贴试点。根据《财政部　科技部关于开展节能与新能源汽车示范推广试点工作的通知》(财建〔2009〕6 号)等相关文件要求，为贯彻落实国务院关于发展新能源汽车战略性新兴产业的战略部署，进一步促进新能源汽车产业发展，财政部、科技部、工业和信息化部、发展改革委决定组织开展节能与新能源汽车示范推广试点验收工作。现将有关事宜通知如下：

一、验收内容和形式

主要针对实施方案中提出的各项目标,逐一考核评估实施效果。采取实地核查与会议集中评议相结合的方式:四部委将于12月中下旬组成验收组分赴试点城市进行实地考核。验收组由四部委和相关专家组成。

二、验收依据

(一)财政部、科技部、工业和信息化部、国家发展改革委批复的各试点城市节能与新能源汽车示范推广试点实施方案;

(二)《财政部 科技部关于开展节能与新能源汽车示范推广试点工作的通知》(财建〔2009〕6号);

(三)《财政部 科技部 工业和信息化部 国家发展改革委关于扩大公共服务领域节能与新能源汽车示范推广有关工作的通知》(财建〔2010〕227号);

(四)《财政部 科技部 工业和信息化部 国家发展改革委关于增加公共服务领域节能与新能源汽车示范推广试点城市的通知》(财建〔2010〕434号);

(五)《财政部 科技部 工业和信息化部 国家发展改革委关于开展私人购买新能源汽车补贴试点的通知》(财建〔2010〕230号);

(六)《关于加强节能与新能源汽车示范推广安全管理工作的函》(国科办函高〔2011〕322号);

(七)《关于进一步做好节能与新能源汽车示范推广试点工作的通知》(财办建〔2011〕149号)。

三、材料准备

请按照批复的"节能与新能源汽车示范推广实施方案"和试点城市验收总结报告编写提纲(附件),编写试点城市验收总结报告,并于2012年12月10日前将验收总结报告一式十二份及电子版一份(WORD版光盘)寄送至科技部电动汽车重大项目管理办公室。

四、验收时间

拟于2012年12月中下旬开展实地核查方式验收。具体时间另行通知。

五、联系人及联系方式

财政部经建司 沈瑞钢 010-68552977

科技部高新司 李宏刚 010-58881535

工业和信息化部装备司 陈春梅 010-68205629

发改委产业协调司 吴卫 010-68202584

电动汽车项目办 甄子健 010-88374581

通信地址:北京市海淀区三里河路1号西苑饭店9号楼科技部高技术中心,邮编:100044

附件:试点城市验收总结报告编写提纲(略)

财政部经济建设司 科技部高新司

工业和信息化部装备司 国家发展改革产业协调司

2012年11月30日

财政部办公厅、工业和信息化部办公厅、科学技术部办公厅关于组织申报2012年度新能源汽车产业技术创新工程项目的通知

财办建〔2012〕141号

各省、自治区、直辖市、计划单列市财政厅(局)、工业和信息化主管部门、科技厅(科委、局)、新疆生产建设兵团财务局、工业和信息化委员会、科技局:

为指导和规范2012年度新能源汽车产业技术创新工程项目申报,现将有关事项通知如下:

一、申报企业条件

申报新能源汽车产业技术创新工程项目的整车、动力电池和驱动电机企业应当具备以下基本条件:

(一)申报企业具有较强的研发能力,近两年研发投入占主营业务收入不低于3%。

（二）整车企业拥有新能源汽车生产资质，具备新能源汽车整车设计集成和控制能力，具有相应的设计开发环境和持续开发能力；已建立与本项目实施相适应的关键零部件供应体系和售后服务体系。

（三）动力电池、驱动电机企业须通过 ISO9001 和 ISO/TS 16949 质量体系认证，掌握核心技术，具有较强的研发、制造、质量保证和售后服务能力。

（四）电池企业对动力电池技术研发和产业化投资规模不低于 5 亿元人民币，电池单体年生产能力不低于 1 亿安时，拥有动力电池核心技术及电池单体的知识产权，并已实现规模化装车应用且表现出良好性能。

二、申报项目要求

（一）新能源汽车整车项目

到 2015 年以前，全新平台的纯电动乘用车最高车速不低于 100 公里/小时；插电式混合动力乘用车在混合动力驱动模式下的汽车燃料消耗量优于乘用车第三阶段燃料消耗量目标值不少于 30%；纯电动商用车最高车速不低于 80 公里/小时；插电式混合动力商用车最高车速不低于 80 公里/小时，在纯电驱动模式下续驶里程不低于 50 公里；燃料电池汽车技术先进、性能稳定，具备规模化应用条件。所有车辆必须加装远程信息诊断系统进行车辆安全状态的监控。

由整车企业牵头，联合电池、电机等零部件企业及有关研发单位共同申报，电池、电机零部件配套企业分别不超过 2 家。鼓励开展产学研联合攻关。

（二）动力电池项目

到 2015 年以前，形成 5 亿安时动力电池年生产能力，隔膜产品和制造装备批量化应用。动力电池产品必须通过国家强制性检测，2015 年电池单体的能量密度达到 180Wh/kg 以上（模块能量密度达到 150Wh/kg 以上），成本低于 2 元/Wh，循环寿命超过 2000 次或日历寿命达到 10 年。

由电池企业牵头，联合有关材料企业及研发单位共同申报。正负极、隔膜材料、生产装备企业分别不超过 2 家。

三、有关程序及要求

申报企业（包括中央直属企业）按相关要求编制 2012 年度新能源汽车产业技术创新工程申报材料（具体格式见附 1 和附 2），并按属地原则报所在地财政、工业和信息化、科技部门。省级财政、工业和信息化、科技部门审核汇总后上报财政部、工业和信息化部、科技部。财政部、工业和信息化部、科技部组织专家进行评审，择优确定若干支持项目并批复实施方案。

申报材料（同时报送 WORD 电子文档光盘）通过中国邮政 EMS 寄送至财政部经济建设司、工业和信息化部装备工业司、科技部高新司。

申报截止日期：2012 年 11 月 5 日（以财政部、工业和信息化部、科技部收到日期为准）。

联系人及联系方式：

沈瑞钢　财政部经济建设司

电话：（010）68552977

电子邮箱：nengyuanchu@ 126. com

苏怀山　工业和信息化部装备工业司

电话：（010）68205613

电子邮箱：qiche@ miit. gov. cn

李宏刚　科技部高新技术发展及产业化司

电话：（010）58881535

电子邮箱：cleancar@ most. cn

附件 1. 新能源汽车产业技术创新工程整车项目申报书（格式）

2. 新能源汽车产业技术创新工程动力电池项目申报书（格式）

财政部办公厅　工业和信息化部办公厅　科技部办公厅

2012 年 10 月 16 日

附件1：

新能源汽车产业技术创新工程
整车项目申报书
（格式）

项目名称：____________________________

项目牵头单位：__________________________

项目总负责人：__________________________

起止日期：______年____月至______年____月

财政部 工业和信息化部 科技部

二〇一二年 月 日

申报单位及项目基本情况表

<table>
<tr><td colspan="2">项目名称</td><td colspan="6"></td></tr>
<tr><td rowspan="9">项目申报单位</td><td>名称</td><td colspan="6"></td></tr>
<tr><td>单位所在地</td><td colspan="4">省（市、区）</td><td>代码</td><td></td></tr>
<tr><td>通讯地址</td><td colspan="4"></td><td>邮编</td><td></td></tr>
<tr><td>单位类别</td><td colspan="4">□国有企业 □集体所有制企业 □其他企业</td><td>代码</td><td></td></tr>
<tr><td>企业属地类型</td><td colspan="6">□中央所属企业或科研院所 □地方所属企业或科研院所</td></tr>
<tr><td colspan="5">新能源汽车产品在节能与新能源汽车示范推广试点城市得到应用</td><td colspan="2">□是 □否</td></tr>
<tr><td colspan="5">申报新能源汽车发展专项车型总数</td><td colspan="2">款</td></tr>
<tr><td colspan="5">单位主管部门</td><td>代码</td><td></td></tr>
<tr><td colspan="2">近两年销售总收入（万元）</td><td></td><td colspan="2">近两年研发投入（万元）</td><td colspan="2"></td></tr>
<tr><td rowspan="4">其他主要参加单位</td><td>序号</td><td colspan="6">单位名称</td></tr>
<tr><td></td><td colspan="6"></td></tr>
<tr><td></td><td colspan="6"></td></tr>
<tr><td></td><td colspan="6"></td></tr>
<tr><td colspan="2" rowspan="5">项目负责人</td><td>姓名</td><td></td><td>性别</td><td>□男 □女</td><td>出生年</td><td>年</td></tr>
<tr><td>学历</td><td>□博士</td><td>□硕士</td><td>□学士</td><td colspan="2">□其他</td></tr>
<tr><td>职称</td><td>□高级</td><td>□中级</td><td>□初级</td><td colspan="2">□其他</td></tr>
<tr><td>电话</td><td colspan="2"></td><td>传真</td><td colspan="2"></td></tr>
<tr><td>手机</td><td colspan="2"></td><td>E－mail</td><td colspan="2"></td></tr>
<tr><td colspan="2" rowspan="2">项目组人数</td><td>人</td><td>博士</td><td>人</td><td>硕士</td><td>人</td><td>学士</td><td>人</td><td>其他</td><td>人</td></tr>
<tr><td>人</td><td>高级</td><td>人</td><td>中级</td><td>人</td><td>初级</td><td>人</td><td>其他</td><td>人</td></tr>
<tr><td colspan="2">起始时间</td><td colspan="3">年 月</td><td>终止时间</td><td colspan="2">年 月</td></tr>
<tr><td colspan="2">所属领域</td><td colspan="6">□纯电动汽车 □插电式混合动力汽车 □燃料电池汽车</td></tr>
<tr><td colspan="2">创新类型</td><td colspan="6">□原始创新 □集成创新 □引进消化吸收再创新</td></tr>
</table>

续表

主要研究内容 (500 字以内)	
预期成果	□批量产销车型　　□动力电池及关键材料研发 □技术标准　□新产品　□新工艺　□新装置　□新材料　□其他
预期知识产权	获得国外发明专利________项,国内发明专利________项,其他________项。
预期技术标准制定	□国际标准　□国家标准　□行业标准　□企业标准
政产学研联合	□是　□否
经费预算	万元

项目申报书编制提纲(项目信息表)

一、项目概述(不超过 3000 字)

二、项目申报单位基本情况

(一)整车生产企业

1. 企业规模效益情况。包括固定资产和盈利情况等,提供经审计的企业上一年度的财务报表。

2. 企业开发能力情况。包括近两年企业研发投入情况,企业相关研发人员情况,核心技术掌握能力及试验验证能力,装备情况,相关知识产权情况等。

3. 企业量产化基础。主要包括已开发的新能源车型、产品,承担相应的国家级项目情况,目前产品公告及示范应用情况(整车及关键零部件)。

4. 企业已有生产条件。主要包括整车和电池、电机等关键零部件企业厂房、生产线、生产设备等生产条件。

5. 企业现有动力电池、电机等关键零部件配套情况。

6. 企业售后服务体系建设情况。

(二)动力电池企业

1. 企业规模效益情况。包括国定资产和盈利情况等,提供经审计的企业上一年度的财务报表。

2. 企业开发能力情况。包括近两年企业研发投入情况,企业相关研发人员情况,核心技术掌握能力及试验验证能力,装备情况,相关知识产权情况。

3. 企业量产化基础。主要包括已开发的动力电池产品,承担相应的国家级项目情况,目前产品为整车配套的情况。

4. 企业已有生产条件。主要包括企业厂房、生产线、生产设备等生产条件。

5. 企业售后服务体系建设情况。

(三)驱动电机或其他零部件企业

1. 企业规模效益情况。包括国定资产和盈利情况等,提供经审计的企业上一年度的财务报表。

2. 企业开发能力情况。包括近两年企业研发投入情况,企业相关研发人员情况,核心技术掌握能力及试验验证能力,装备情况,相关知识产权情况。

3. 企业量产化基础。主要包括已开发的驱动电机或其他零部件产品,承担相应的国家级项目情况,目前产品为整车提供配套的情况。

4. 企业已有生产条件。主要包括企业厂房、生产线、生产设备等生产条件。

5. 企业售后服务体系建设情况。

三、项目目标与主要任务

1. 确定的项目目标与任务需求分析。

2. 对项目研发及市场化应用的说明。例如:开发模式(单独开发、产学研合作开发、与国外研发机构联合开发等);技术来源;产品市场前景分析等。

3. 项目目标与任务解决的主要研发难点和问题分析。

4. 整车及其关键零部件产品 2012 年技术性能指标及至 2014 年分阶段技术性能目标。申报多款车型的,按车型分别阐述。

整车及关键零部件产品技术性能指标表

车型名称及型号：

序号	项目	2014 年技术指标
1	车长，mm	
2	整备质量，kg	
3	纯电续航里程，km	______（城市工况）
4	最高车速，km/h	______（综合工况）
5	动力蓄电池组种类	
6	动力蓄电池组比能量，Wh/kg	
7	100% DOD（Depth of Degree，放电深度）循环寿命，次	
8	动力蓄电池组额定能量，kWh	
9	整车质保，年或万公里	
10	动力蓄电池总质量与整车整备质量的比值，%	
11	动力蓄电池组标称电压，V	
12	驱动电机类型	
13	驱动电机额定功率，kW	
14	驱动电机峰值扭矩，Nm	
15	综合工况电能消耗量，kWh/100km	
16	其他	

5. 整车产品分年度产销计划（单位：辆）。

车型名称	动力电池企业名称	电机企业名称	分年度产销量	
			2014 年	2015 年
	车型合计			
	车型合计			
	车型合计			

四、项目实施方案（整车企业，动力电池、电机等关键零部件企业分开阐述）

1. 项目研发方案。主要包括技术路线，技术方案等。

2. 项目建设方案。主要包括项目研发条件、生产条件建设内容等。

3. 分年度实施计划安排。主要包括整车及动力电池、电机等关键零部件 2012 ~ 2015 年分年度技术研发、条件建设、规模化生产等实施内容和投资计划（申报多款车型的，按车型分别阐述）。

序号	节点	实施期限
1	立项和研发团队组建	
2	设计及试验验证	
3	生产准备	
4	批量投产	

五、经费预算

项目投资预算、分配及分年度经费需求按如下示例分项填写，可另文陈述。

序号	资金用途	经费(亿元)				
		小计	2012年	2013年	2014年	2015年
1	整车造型					
2	车身及内外饰工程化开发					
3	动力系统及关键总成开发					
4	电动附件开发					
5	整车底盘开发					
……	……					
	动力电池					
	……					
	驱动电机					
	……					
	其他					
合计						

六、实施机制

1. 项目的组织方式及管理措施；
2. 项目参与单位的任务分工及中央财政补助资金分配；
3. 知识产权与成果管理及权益分配。

七、项目负责人及参加项目主要人员情况

1. 项目主要负责人简介；
2. 项目负责人及主要参加人员。

项目负责人						
姓名	性别	年龄	职务/职称	专业	为本项目工作时间(%)	所在单位
主要研究人员						
姓名	性别	年龄	职务/职称	专业	为本项目工作时间(%)	所在单位

八、技术经济效益分析

九、附件

1. 项目配套资金来源的落实情况；
2. 各参与单位联合申报项目的合作协议文件；
3. 建立整车售后服务体系；
4. 与项目相关的其他证明材料或文件等。

十、其他

附件2：

新能源汽车产业技术创新工程
动力电池项目申报书
（格式）

项目名称：________________________________

项目牵头单位：____________________________

项目总负责人：____________________________

起止日期：______年____月至______年____月

财政部 工业和信息化部 科技部

二○一二年 月 日

申报单位及项目基本情况表

<table>
<tr><td colspan="2">项目名称</td><td colspan="9"></td></tr>
<tr><td rowspan="8">项目申报单位</td><td>名称</td><td colspan="9"></td></tr>
<tr><td>单位所在地</td><td colspan="6">省（市、区）</td><td>代码</td><td colspan="2"></td></tr>
<tr><td>通讯地址</td><td colspan="6"></td><td>邮编</td><td colspan="2"></td></tr>
<tr><td>单位类别</td><td colspan="6">□国有企业 □集体所有制企业 □其他企业</td><td>代码</td><td colspan="2"></td></tr>
<tr><td>企业属地类型</td><td colspan="9">□中央所属企业或科研院所 □地方所属企业或科研院所</td></tr>
<tr><td colspan="7">动力电池产品在节能与新能源汽车示范推广试点城市得到应用</td><td colspan="3">□是 □否</td></tr>
<tr><td colspan="7">单位主管部门</td><td>代码</td><td colspan="2"></td></tr>
<tr><td colspan="3">近两年销售总收入（万元）</td><td colspan="2"></td><td colspan="4">近两年研发投入（万元）</td><td></td></tr>
<tr><td rowspan="4">其他主要参加单位</td><td>序号</td><td colspan="9">单位名称</td></tr>
<tr><td></td><td colspan="9"></td></tr>
<tr><td></td><td colspan="9"></td></tr>
<tr><td></td><td colspan="9"></td></tr>
<tr><td colspan="2" rowspan="5">项目负责人</td><td>姓名</td><td colspan="2"></td><td>性别</td><td colspan="2">□男 □女</td><td>出生年</td><td colspan="2">年</td></tr>
<tr><td>学历</td><td colspan="8">□博士 □硕士 □学士 □其他</td></tr>
<tr><td>职称</td><td colspan="8">□高级 □中级 □初级 □其他</td></tr>
<tr><td>电话</td><td colspan="3"></td><td>传真</td><td colspan="4"></td></tr>
<tr><td>手机</td><td colspan="3"></td><td>E－mail</td><td colspan="4"></td></tr>
<tr><td colspan="2" rowspan="2">项目组人数</td><td>人</td><td>博士</td><td>人</td><td>硕士</td><td>人</td><td>学士</td><td>人</td><td>其他</td><td>人</td></tr>
<tr><td>人</td><td>高级</td><td>人</td><td>中级</td><td>人</td><td>初级</td><td>人</td><td>其他</td><td>人</td></tr>
<tr><td colspan="2">起始时间</td><td colspan="4">年 月</td><td>终止时间</td><td colspan="4">年 月</td></tr>
<tr><td colspan="2">创新类型</td><td colspan="9">□原始创新 □集成创新 □引进消化吸收再创新</td></tr>
</table>

续表

主要研究内容（500 字以内）	
预期成果	□技术标准　□新产品　□新工艺　□新装置　□新材料　□其他
预期知识产权	获得国外发明专利________项，国内发明专利________项，其他________项。
预期技术标准制定	□国际标准　□国家标准　□行业标准　□企业标准
政产学研联合	□是　□否
经费预算	万元

项目申报书编制提纲（项目信息表）

一、项目概述（不超过 3000 字）

二、项目申报单位基本情况

（一）动力电池制造企业

1. 企业规模效益情况。包括固定资产和盈利情况等，提供经审计的企业上一年度的财务报表。

2. 企业开发能力情况。包括近两年企业研发投入情况，企业相关研发人员情况，核心技术掌握能力及试验验证能力，装备情况，相关知识产权情况。

3. 企业量产化基础。主要包括已开发的电池产品、配套车型，承担相应的国家级项目情况，目前示范推广应用情况。

4. 企业已有生产条件。主要包括企业厂房、生产线、生产设备等生产条件。

5. 企业现有关键原材料配套情况。

6. 企业售后服务体系建设情况。

（二）隔膜制造企业

1. 企业规模效益情况。包括固定资产和盈利情况等，提供经审计的企业上一年度的财务报表。

2. 企业开发能力情况。包括近两年企业研发投入情况，企业相关研发人员情况，核心技术掌握能力及试验验证能力，装备情况，相关知识产权情况。

3. 企业量产化基础。主要包括已开发的产品，承担相应的国家级项目情况，目前产品投入示范推广应用的情况。

4. 企业已有生产条件。主要包括企业厂房、生产线、生产设备等生产条件。

5. 企业售后服务体系建设情况。

（三）设备制造企业相关情况

1. 企业规模效益情况。包括固定资产和盈利情况等，提供经审计的企业上一年度的财务报表。

2. 企业开发能力情况。包括近两年企业研发投入情况，企业相关研发人员情况，核心技术掌握能力及试验验证能力，装备情况，相关知识产权情况。

3. 企业量产化基础。主要包括已开发的产品，承担相应的国家级项目情况，目前产品市场应用情况。

4. 企业已有生产条件。主要包括企业厂房、生产线、生产设备等生产条件。

5. 企业售后服务体系建设情况。

三、项目目标与主要任务

1. 确定的项目目标与任务需求分析。

2. 对项目研发及市场化应用的说明。例如：开发模式（单独开发、产学研合作开发、与国外研发机构联合开发等）；技术来源；产品市场前景分析等。

3. 项目目标与任务解决的主要研发难点和问题分析。

4. 电池、隔膜及装备产品 2012 年技术性能指标及至 2014 年分阶段技术性能目标。

电池及隔膜产品技术性能指标表

电池及隔膜产品型号：

序号	项目	2014 年技术性能指标
1	单体电池容量，Ah	
2	电池模块能量，Wh	

续表

序号	项目	2014 年技术性能指标
3	单体电池能量密度,Wh/kg	
4	100% DOD(Depth of Degree,放电深度)循环寿命,次	
5	隔膜 130 ~ 150 ℃收缩率	
6	隔膜孔隙率,%	
7	隔膜离子电阻,Ωcm^2	
8	刺穿强度,gf	
9	其他	

四、项目实施方案(动力电池、电机等关键零部件企业分开阐述)

1. 项目研发方案。主要包括技术路线,技术方案等。

2. 项目建设方案。主要包括项目研发条件、生产条件建设内容等。

3. 分年度实施计划安排。主要包括电池、隔膜及装备企业 2012 ~ 2015 年分年度技术研发、条件建设、市场推广等实施内容和投资计划。

五、经费预算

项目投资预算、分配及分年度经费需求按如下示例分项填写,可另文陈述。

序号	资金用途	经费(亿元)				
		小计	2012 年	2013 年	2014 年	2015 年
1	动力电池					
2	隔膜					
3	装备					
	……					
	其他					
合计						

六、实施机制

1. 项目的组织方式及管理措施;

2. 项目参与单位的任务分工及中央财政补助资金分配方案;

3. 知识产权与成果管理及权益分配。

七、项目负责人及参加项目主要人员情况

1. 项目主要负责人简介;

2. 项目负责人及主要参加人员。

项目负责人						
姓名	性别	年龄	职务/职称	专业	为本项目工作时间(%)	所在单位
主要研究人员						
姓名	性别	年龄	职务/职称	专业	为本项目工作时间(%)	所在单位

八、技术经济效益分析

九、附件

1. 项目配套资金来源的落实情况；

2. 各参与单位联合申报项目的合作协议文件；

3. 售后服务体系；

4. 与项目相关的其他证明材料或文件等。

十、其他

新能源汽车产业技术创新工程财政奖励资金管理暂行办法

财建〔2012〕780 号

第一章 总 则

第一条 为加快新能源汽车产业技术创新和产业化进程，财政部、工业和信息化部、科技部组织实施新能源汽车产业技术创新工程，中央财政从节能减排专项资金中安排部分资金（以下简称奖励资金），支持新能源汽车产业技术创新。为加强财政资金管理，提高资金使用效益，特制定本办法。

第二条 奖励资金安排和使用将坚持“集中投入、重点突破”的原则，重点支持全新设计开发的新能源汽车车型及动力电池等关键零部件。

全新设计开发的新能源汽车车型由整车企业牵头，并联合电池、电机、电控等零部件企业和有关研发单位，形成产学研产业技术创新团队，进行联合设计攻关；关键零部件主要指动力电池关键材料、生产工艺、制造装备的研究与开发等。

第三条 奖励资金的安排和使用接受社会各方面监督，确保财政资金使用的安全性、规范性与有效性。

第二章 支持对象与条件

第四条 奖励资金支持对象包括新能源汽车整车项目（包括纯电动、插电式混合动力、燃料电池汽车）和动力电池项目两大类。

第五条 申请奖励资金的企业应当具有较强的研发能力和产业化基础。其中，整车企业必须具备新能源汽车整车设计集成和持续开发能力，研发投入占主营业务收入不低于一定比例；动力电池企业应掌握核心技术，并具有较强的研发、生产和售后服务保障能力，拥有电池单体的知识产权。鼓励开展产学研联合技术攻关。

第六条 奖励资金支持的新能源汽车整车和动力电池项目的技术指标将另行制定发布。

第三章 奖励资金申请与审核

第七条 省级财政、工业和信息化、科技部门负责本地区企业（包括中央直属企业）有关项目的推荐。申报企业按相关要求编制新能源汽车产业技术创新工程申报材料，并按属地原则经企业注册所在地省级财政、工业和信息化、科技部门审核、汇总后上报财政部、工业和信息化部、科技部。

第八条 财政部、工业和信息化部、科技部将组织专家对申报材料进行评审，根据评审结果选择支持项目并对项目实施方案进行批复。

第九条 财政部、工业和信息化部、科技部将对拟支持项目在网上进行公示，接受社会监督。

第四章 奖励资金拨付与绩效考评

第十条 财政部会同工业和信息化部、科技部根据技术研发和产业化投入等情况核定支持项目奖励资金数额。

第十一条 有关企业应根据批复的方案，抓紧开展项目实施工作。有关省级财政、工业和信息化、科技部门应动态掌握项目进展情况，并及时将进展情况报财政部、工业和信息化部、科技部。财政部、工业和信息化部、科技部将及时跟踪了解所支持项目的进展情况，并组织专门机构进行评估。

第十二条 财政部将根据项目进展情况及有关评估意见分期分批拨付奖励资金,其中:实施方案启动后拨付40%,中期评估通过后再拨付50%,完成实施方案并通过验收后再拨付剩余10%资金。对进度较慢的项目,将视情况缓拨或停拨奖励资金;对未达到预计目标的项目,将相应扣减奖励资金。

第五章 资金监督管理

第十三条 各项目申报企业对申报材料的真实性负责。对弄虚作假、骗取财政奖励资金的企业或单位,将采取加倍扣减奖励资金、对社会曝光等方式予以惩罚。

第十四条 奖励资金必须专款专用,任何单位不得以任何理由、形式截留、挪用。对违反规定的,将依照《财政违法行为处罚处分条例》(国务院令第427号)等有关规定,依法追究有关单位和人员的责任。

第六章 附 则

第十五条 本办法由财政部、工业和信息化部、科技部负责解释。

第十六条 本办法自印发之日起实施。

节能与新能源汽车产业发展规划(2012~2020年)

汽车产业是国民经济的重要支柱产业,在国民经济和社会发展中发挥着重要作用。随着我国经济持续快速发展和城镇化进程加速推进,今后较长一段时期汽车需求量仍将保持增长势头,由此带来的能源紧张和环境污染问题将更加突出。加快培育和发展节能汽车与新能源汽车,既是有效缓解能源和环境压力,推动汽车产业可持续发展的紧迫任务,也是加快汽车产业转型升级、培育新的经济增长点和国际竞争优势的战略举措。为落实国务院关于发展战略性新兴产业和加强节能减排工作的决策部署,加快培育和发展节能与新能源汽车产业,特制定本规划。规划期为2012~2020年。

一、发展现状及面临的形势

新能源汽车是指采用新型动力系统,完全或主要依靠新型能源驱动的汽车,本规划所指新能源汽车主要包括纯电动汽车、插电式混合动力汽车及燃料电池汽车。节能汽车是指以内燃机为主要动力系统,综合工况燃料消耗量优于下一阶段目标值的汽车。发展节能与新能源汽车是降低汽车燃料消耗量,缓解燃油供求矛盾,减少尾气排放,改善大气环境,促进汽车产业技术进步和优化升级的重要举措。

我国新能源汽车经过近10年的研究开发和示范运行,基本具备产业化发展基础,电池、电机、电子控制和系统集成等关键技术取得重大进步,纯电动汽车和插电式混合动力汽车开始小规模投放市场。近年来,汽车节能技术推广应用也取得积极进展,通过实施乘用车燃料消耗量限值标准和鼓励购买小排量汽车的财税政策等措施,先进内燃机、高效变速器、轻量化材料、整车优化设计以及混合动力等节能技术和产品得到大力推广,汽车平均燃料消耗量明显降低;天然气等替代燃料汽车技术基本成熟并初步实现产业化,形成了一定市场规模。但总体上看,我国新能源汽车整车和部分核心零部件关键技术尚未突破,产品成本高,社会配套体系不完善,产业化和市场化发展受到制约;汽车节能关键核心技术尚未完全掌握,燃料经济性与国际先进水平相比还有一定差距,节能型小排量汽车市场占有率偏低。

为应对日益突出的燃油供求矛盾和环境污染问题,世界主要汽车生产国纷纷加快部署,将发展新能源汽车作为国家战略,加快推进技术研发和产业化,同时大力发展和推广应用汽车节能技术。节能与新能源汽车已成为国际汽车产业的发展方向,未来10年将迎来全球汽车产业转型升级的重要战略机遇期。目前我国汽车产销规模已居世界首位,预计在未来一段时期仍将持续增长,必须抓住机遇、抓紧部署,加快培育和发展节能与新能源汽车产业,促进汽车产业优化升级,实现由汽车工业大国向汽车工业强国转变。

二、指导思想和基本原则

(一)指导思想。

以邓小平理论和"三个代表"重要思想为指导,深入贯彻落实科学发展观,把培育和发展节能与新能源汽车产业作为加快转变经济发展方式的一项重要任务,立足国情,依托产业基础,按照市场主导、创新驱动、重点突破、协调发展的要求,发挥企业主体作用,加大政策扶持力度,营造良好发展环境,提高节能与新能源汽车创新能力和产业化水平,推动汽车产业优化升级,增强汽车工业的整体竞争能力。

(二)基本原则。

坚持产业转型与技术进步相结合。加快培育和发展新能源汽车产业,推动汽车动力系统电动化转型。坚持统筹兼顾,在培育发展新能源汽车产业的同时,大力推广普及节能汽车,促进汽车产业技术升级。

坚持自主创新与开放合作相结合。加强创新发展,把技术创新作为推动我国节能与新能源汽车产业发展的主要驱动力,加快形成具有自主知识产权的技术、标准和品牌。充分利用全球创新资源,深层次开展国际科技合作与交流,探索合作新模式。

坚持政府引导与市场驱动相结合。在产业培育期,积极发挥规划引导和政策激励作用,聚集科技和产业资源,鼓励节能与新能源汽车的开发生产,引导市场消费。进入产业成熟期后,充分发挥市场对产业发展的驱动作用和配置资源的基础作用,营造良好的市场环境,促进节能与新能源汽车大规模商业化应用。

坚持培育产业与加强配套相结合。以整车为龙头,培育并带动动力电池、电机、汽车电子、先进内燃机、高效变速器等产业链加快发展。加快充电设施建设,促进充电设施与智能电网、新能源产业协调发展,做好市场营销、售后服务以及电池回收利用,形成完备的产业配套体系。

三、技术路线和主要目标

(一)技术路线。

以纯电驱动为新能源汽车发展和汽车工业转型的主要战略取向,当前重点推进纯电动汽车和插电式混合动力汽车产业化,推广普及非插电式混合动力汽车、节能内燃机汽车,提升我国汽车产业整体技术水平。

(二)主要目标。

1. 产业化取得重大进展。到2015年,纯电动汽车和插电式混合动力汽车累计产销量力争达到50万辆;到2020年,纯电动汽车和插电式混合动力汽车生产能力达200万辆、累计产销量超过500万辆,燃料电池汽车、车用氢能源产业与国际同步发展。

2. 燃料经济性显著改善。到2015年,当年生产的乘用车平均燃料消耗量降至6.9升/百公里,节能型乘用车燃料消耗量降至5.9升/百公里以下。到2020年,当年生产的乘用车平均燃料消耗量降至5.0升/百公里,节能型乘用车燃料消耗量降至4.5升/百公里以下;商用车新车燃料消耗量接近国际先进水平。

3. 技术水平大幅提高。新能源汽车、动力电池及关键零部件技术整体上达到国际先进水平,掌握混合动力、先进内燃机、高效变速器、汽车电子和轻量化材料等汽车节能关键核心技术,形成一批具有较强竞争力的节能与新能源汽车企业。

4. 配套能力明显增强。关键零部件技术水平和生产规模基本满足国内市场需求。充电设施建设与新能源汽车产销规模相适应,满足重点区域内或城际间新能源汽车运行需要。

5. 管理制度较为完善。建立起有效的节能与新能源汽车企业和产品相关管理制度,构建市场营销、售后服务及动力电池回收利用体系,完善扶持政策,形成比较完备的技术标准和管理规范体系。

四、主要任务

(一)实施节能与新能源汽车技术创新工程。

增强技术创新能力是培育和发展节能与新能源汽车产业的中心环节,要强化企业在技术创新中的主体地位,引导创新要素向优势企业集聚,完善以企业为主体、市场为导向、产学研用相结合的技术创新体系,通过国家科技计划、专项等渠道加大支持力度,突破关键核心技术,提升产业竞争力。

1. 加强新能源汽车关键核心技术研究。大力推进动力电池技术创新,重点开展动力电池系统安全性、可靠性研究和轻量化设计,加快研制动力电池正负极、隔膜、电解质等关键材料及其生产、控制与检测等装备,开发新型超级电容器及其与电池组合系统,推进动力电池及相关零配件、组合件的标准化和系列化;在动力电池重大基础和前沿技术领域超前部署,重点开展高比能动力电池新材料、新体系以及新结构、新工艺等研究,集中力量突破一批支撑长远发展的关键共性技术。加强新能源汽车关键零部件研发,重点支持驱动电机系统及核心材料,电动空调、电动转向、电动制动器等电动化附件的研发。开展燃料电池电堆、发动机及其关键材料核心技术研究。把握世界新能源汽车发展动向,对其他类型的新能源汽车技术加大研究力度。

到2015年,纯电动乘用车、插电式混合动力乘用车最高车速不低于100公里/小时,纯电驱动模式下综合工况续驶里程分别不低于150公里和50公里;动力电池模块比能量达到150瓦时/公斤以上,成本降至2元/瓦时以下,循环使用寿命稳定达到2000次或10年以上;电驱动系统功率密度达到2.5千瓦/公斤以上,成本降至200元/千瓦以下。到2020年,动力电池模块比能量达到300瓦时/公斤以上,成本降至1.5元/瓦时以下。

2. 加大节能汽车技术研发力度。以大幅提高汽车燃料经济性水平为目标，积极推进汽车节能技术集成创新和引进消化吸收再创新。重点开展混合动力技术研究，开发混合动力专用发动机和机电耦合装置，支持开展柴油机高压共轨、汽油机缸内直喷、均质燃烧以及涡轮增压等高效内燃机技术和先进电子控制技术的研发；支持研制六档及以上机械变速器、双离合器式自动变速器、商用车自动控制机械变速器；突破低阻零部件、轻量化材料与激光拼焊成型技术，大幅提高小排量发动机的技术水平。开展高效控制氮氧化物等污染物排放技术研究。

3. 加快建立节能与新能源汽车研发体系。引导企业加大节能与新能源汽车研发投入，鼓励建立跨行业的节能与新能源汽车技术发展联盟，加快建设共性技术平台。重点开展纯电动乘用车、插电式混合动力乘用车、混合动力商用车、燃料电池汽车等关键核心技术研发；建立相关行业共享的测试平台、产品开发数据库和专利数据库，实现资源共享；整合现有科技资源，建设若干国家级整车及零部件研究试验基地，构建完善的技术创新基础平台；建设若干具有国际先进水平的工程化平台，发展一批企业主导、科研机构和高等院校积极参与的产业技术创新联盟。推动企业实施商标品牌战略，加强知识产权的创造、运用、保护和管理，构建全产业链的专利体系，提升产业竞争能力。

（二）科学规划产业布局。

我国已建设形成完整的汽车产业体系，发展节能与新能源汽车既要利用好现有产业基础，也要充分发挥市场机制作用，加强规划引导，以提高发展效率。

1. 统筹发展新能源汽车整车生产能力。根据产业发展的实际需要和产业政策要求，合理发展新能源汽车整车生产能力。现有汽车企业实施改扩建时要统筹考虑建设新能源汽车产能。在产业发展过程中，要注意防止低水平盲目投资和重复建设。

2. 重点建设动力电池产业聚集区域。积极推进动力电池规模化生产，加快培育和发展一批具有持续创新能力的动力电池生产企业，力争形成 2～3 家产销规模超过百亿瓦时、具有关键材料研发生产能力的龙头企业，并在正负极、隔膜、电解质等关键材料领域分别形成 2～3 家骨干生产企业。

3. 增强关键零部件研发生产能力。鼓励有关市场主体积极参与、加大投入力度，发展一批符合产业链聚集要求、具有较强技术创新能力的关键零部件企业，在驱动电机、高效变速器等领域分别培育 2～3 家骨干企业，支持发展整车企业参股、具有较强国际竞争力的专业化汽车电子企业。

（三）加快推广应用和试点示范。

新能源汽车尚处于产业化初期，需要加大政策支持力度，积极开展推广试点示范，加快培育市场，推动技术进步和产业发展。节能汽车已具备产业化基础，需要综合采用标准约束、财税支持等措施加以推广普及。

1. 扎实推进新能源汽车试点示范。在大中型城市扩大公共服务领域新能源汽车示范推广范围，开展私人购买新能源汽车补贴试点，重点在国家确定的试点城市集中开展新能源汽车产品性能验证及生产使用、售后服务、电池回收利用的综合评价。探索具有商业可行性的市场推广模式，协调发展充电设施，形成试点带动技术进步和产业发展的有效机制。

探索新能源汽车及电池租赁、充换电服务等多种商业模式，形成一批优质的新能源汽车服务企业。继续开展燃料电池汽车运行示范，提高燃料电池系统的可靠性和耐久性，带动氢的制备、储运和加注技术发展。

2. 大力推广普及节能汽车。建立完善的汽车节能管理制度，促进混合动力等各类先进节能技术的研发和应用，加快推广普及节能汽车。出台以企业平均燃料消耗量和分阶段目标值为基础的汽车燃料消耗量管理办法，2012 年开始逐步对在中国境内销售的国产、进口汽车实施燃料消耗量管理，切实开展相关测试和评价考核工作，并提出 2016 至 2020 年汽车产品节能技术指标和年度要求。实施重型商用车燃料消耗量标示制度和氮氧化物等污染物排放公示制度。

3. 因地制宜发展替代燃料汽车。发展替代燃料汽车是减少车用燃油消耗的必要补充。积极开展车用替代燃料制造技术的研发和应用，鼓励天然气（包括液化天然气）、生物燃料等资源丰富的地区发展替代燃料汽车。探索其他替代燃料汽车技术应用途径，促进车用能源多元化发展。

（四）积极推进充电设施建设。

完善的充电设施是发展新能源汽车产业的重要保障。要科学规划，加强技术开发，探索有效的商业运营模式，积极推进充电设施建设，适应新能源汽车产业化发展的需要。

1. 制定总体发展规划。研究制定新能源汽车充电设施总体发展规划，支持各类适用技术发展，根据新能源汽车产业化进程积极推进充电设施建设。在产业发展初期，重点在试点城市建设充电设施。试点城市应按集约化利用土地、标准化施工建设、满足消费者需求的原则,将充电设施纳入城市综合交通运输体系规划和城市建设相关行业规划,科学确定建设规模和选址分布,适度超前建设,积极试行个人和公共停车位分散慢充等充电技术模式。通过总结试点经验,确定符合区域实际和新能源汽车特点的充电设施发展方向。

2. 开展充电设施关键技术研究。加快制定充电设施设计、建设、运行管理规范及相关技术标准,研究开发充电设施接网、监控、计量、计费设备和技术,开展车网融合技术研究和应用,探索新能源汽车作为移动式储能单元与电网实现能量和信息双向互动的机制。

3. 探索商业运营模式。试点城市应加大政府投入力度,积极吸引社会资金参与,根据当地电力供应和土地资源状况,因地制宜建设慢速充电桩、公共快速充换电等设施。鼓励成立独立运营的充换电企业,建立分时段充电定价机制,逐步实现充电设施建设和管理市场化、社会化。

(五)加强动力电池梯级利用和回收管理。

制定动力电池回收利用管理办法,建立动力电池梯级利用和回收管理体系,明确各相关方的责任、权利和义务。引导动力电池生产企业加强对废旧电池的回收利用,鼓励发展专业化的电池回收利用企业。严格设定动力电池回收利用企业的准入条件,明确动力电池收集、存储、运输、处理、再生利用及最终处置等各环节的技术标准和管理要求。加强监管,督促相关企业提高技术水平,严格落实各项环保规定,严防重金属污染。

五、保障措施

(一)完善标准体系和准入管理制度。

进一步完善新能源汽车准入管理制度和汽车产品公告制度,严格执行准入条件、认证要求。加强新能源汽车安全标准的研究与制定,根据应用示范和规模化发展需要,加快研究制定新能源汽车以及充电、加注技术和设施的相关标准。制定并实施分阶段的乘用车、轻型商用车和重型商用车燃料消耗量目标值标准。积极参与制定国际标准。2013年前,基本建立与产业发展和能源规划相适应的节能与新能源汽车标准体系。

(二)加大财税政策支持力度。

中央财政安排资金,对实施节能与新能源汽车技术创新工程给予适当支持,引导企业在技术开发、工程化、标准制定、市场应用等环节加大投入力度,构建产学研用相结合的技术创新体系;对公共服务领域节能与新能源汽车示范、私人购买新能源汽车试点给予补贴,鼓励消费者购买使用节能汽车;发挥政府采购的导向作用,逐步扩大公共机构采购节能与新能源汽车的规模;研究基于汽车燃料消耗水平的奖惩政策,完善相关法律法规。新能源汽车示范城市安排一定资金,重点用于支持充电设施建设、建立电池梯级利用和回收体系等。

研究完善汽车税收政策体系。节能与新能源汽车及其关键零部件企业,经认定取得高新技术企业所得税优惠资格的,可以依法享受相关优惠政策。节能与新能源汽车及其关键零部件企业从事技术开发、转让及相关咨询、服务业务所取得的收入,可按规定享受营业税免税政策。

(三)强化金融服务支撑。

引导金融机构建立鼓励节能与新能源汽车产业发展的信贷管理和贷款评审制度,积极推进知识产权质押融资、产业链融资等金融产品创新,加快建立包括财政出资和社会资金投入在内的多层次担保体系,综合运用风险补偿等政策,促进加大金融支持力度。支持符合条件的节能与新能源汽车及关键零部件企业在境内外上市、发行债务融资工具;支持符合条件的上市公司进行再融资。按照政府引导、市场运作、管理规范、支持创新的原则,支持地方设立节能与新能源汽车创业投资基金,符合条件的可按规定申请中央财政参股,引导社会资金以多种方式投资节能与新能源汽车产业。

(四)营造有利于产业发展的良好环境。

大力发展有利于扩大节能与新能源汽车市场规模的专业服务、增值服务等新业态,建立新能源汽车金融信贷、保险、租赁、物流、二手车交易以及动力电池回收利用等市场营销和售后服务体系,发展新能源汽车及关键零部件质量安全检测服务平台。研究实行新能源汽车停车费减免、充电费优惠等扶持政策。有关地方实施限号行驶、牌照额度拍卖、购车配额指标等措施时,应对新能源汽车区别对待。

(五)加强人才队伍保障。

牢固树立人才第一的思想,建立多层次的人才培养体系,加大人才培养力度。以国家有关专项工程为依托,在节能与新能源汽车关键核心技术领域,培养一批国际知名的领军人才。加强电化学、新材料、汽车电子、车辆工程、机电一体化等相关学科建设,培养技术研究、产品开发、经营管理、知识产权和技术应用等人才。按照《国家中长期人才发展规划纲要(2010~2020年)》的有关要求推进人才引进工作,鼓励企业、高校和科研机构从国外引进优秀人才。重视发展职业教育和岗位技能提升培训,加大工程技术人员和专业技能人才的培养力度。

(六)积极发挥国际合作的作用。

支持汽车企业、高校和科研机构在节能与新能源汽车基础和前沿技术领域开展国际合作研究,进行全球研发服务外包,在境外设立研发机构、开展联合研发和向国外提交专利申请。积极创造条件开展多种形式的技术交流与合作,学习和借鉴国外先进技术和经验。完善出口信贷、保险等政策,支持新能源汽车产品、技术和服务出口。支持企业通过在境外注册商标、境外收购等方式培育国际化品牌。充分发挥各种多双边合作机制的作用,加强技术标准、政策法规等方面国际交流与协调,合作探索推广新能源汽车的新型商业化模式。

六、规划实施

成立由工业和信息化部牵头,发展改革委、科技部、财政部等部门参加的节能与新能源汽车产业发展部际协调机制,加强组织领导和统筹协调,综合采取多种措施,形成工作合力,加快推进节能与新能源汽车产业发展。各有关部门根据职能分工制定本部门工作计划和配套政策措施,确保完成规划提出的各项目标任务。

有关地区要按照规划确定的目标、任务和政策措施,结合当地实际制定具体落实方案,切实抓好组织实施,确保取得实效。具体工作方案和实施过程中出现的新情况、新问题要及时报送有关部门。

财政部办公厅科技部办公厅、工业和信息化部办公厅、发展改革委办公厅关于进一步做好节能与新能源汽车示范推广试点工作的通知

财办建〔2011〕149号

有关省、自治区、直辖市、计划单列市财政厅(局)、科技厅(科委、局)、工业和信息化主管部门、发展改革委:

节能与新能源汽车示范推广试点启动以来,各项工作进展顺利,有效促进了我国节能与新能源汽车技术和产业发展。为进一步做好试点工作,现提出如下要求:

一、对试点城市的工作要求

试点城市政府是节能与新能源汽车示范推广试点工作的责任主体和实施主体,要认真落实《财政部 科技部关于开展节能与新能源汽车示范推广试点工作的通知》(财建〔2009〕6号)、《财政部 科技部 工业和信息化部 国家发展改革委关于扩大公共服务领域节能与新能源汽车示范推广有关工作的通知》(财建〔2010〕227号)、《财政部 科技部 工业和信息化部 国家发展改革委关于增加公共服务领域节能与新能源汽车示范推广试点城市的通知》(财建〔2010〕434号)、《财政部 科技部 工业和信息化部 国家发展改革委关于开展私人购买新能源汽车补贴试点的通知》(财建〔2010〕230号)等文件要求,加快研究制定相关配套政策措施,切实做好试点组织工作。

(一)建立健全试点工作组织机构。试点工作要由政府主要领导同志负责,建立责任制,由专人负责日常组织管理和协调工作。

(二)按照示范推广实施方案和年度工作计划,加大自主创新产品示范推广力度,确保实现年度车辆推广目标。

(三)建立健全示范运行安全监督管理机制,落实各环节安全责任主体,定期进行安全检查,相关情况及时上报。

(四)研究制定新能源汽车示范推广鼓励政策。在落实好中央试点政策的同时,要积极研究针对新能源汽车落实免除车牌拍卖、摇号、限行等限制措施,并出台停车费、电价、道路通行费等扶持政策,广泛调动政府、企事业单位和个人购买、使用节能与新能源汽车的积极性。

(五)大力推进基础设施建设。制定充电基础设施建设规划,为个人新能源汽车用户在其住宅小区停车位或工作场所停车位配套建设充电桩,该类充电桩与新能源车辆的配比不得低于1:1;对购买新能源汽车的用户提供充电设施建设的服务;此外,在政府机关和商场、医院等公共设施及社会公共停车场,适当设置专用

停车位并配套充电桩;同时,城市要调配资源建设少而精且覆盖示范运行区域的快速充电网络。

(六)严格执行国家和行业标准。汽车企业、关键零部件企业、充电基础设施企业要严格执行充电接口、通信协议等相关国家和行业标准,并按照国家和行业最新颁布标准及时调整。

(七)建立公平竞争的市场秩序。2011年年底前各试点城市要主动清理已有的相关地方性政策法规,涉及外地产品在招投标、享受地方优惠政策等环节的歧视性政策要予以废止。试点城市要公开发布示范运行产品需求信息,采用招标方式,促进生产企业发挥技术、质量、价格、服务优势,有序参与市场竞争。要支持建立行业协会、各类企事业和社会中介服务等多方面力量组成的新能源汽车推广联盟开展工作。

(八)加强示范运行的监控和评价。对示范运行车辆、动力电池和配套基础设施日常运行状态进行监控,采集、统计和分析运行数据,规范数据档案管理,定期进行技术状态和运行效果评估。

(九)加强中央财政补助资金的使用管理,做好中央财政预拨付资金申请及年度清算工作。各试点城市要及时对车辆生产企业或用户兑付补助资金,不得延误。积极落实地方财政相关配套资金,优化资金投向,重点支持充电设施和使用等环境建设。

(十)按时上报四部委试点工作进展情况。在月末结束5日内上报上个月示范运行相关数据;在季度结束5日内上报试点工作进展及问题建议;年度结束15日内上报年度试点工作总结。

二、对示范产品生产企业的要求

整车和关键零部件企业要抓住试点有利时机,加快产品研发和技术改进,增强上下游配套能力,完善售后服务,努力提高产品水平和市场份额,尽快降低生产成本,加快产业化和市场化。

(一)整车企业要按照《新能源汽车生产企业及产品准入管理规则》(工产业〔2009〕第44号公告)的要求,组织新能源汽车产品的申报和生产。示范推广的节能与新能源汽车必须纳入《节能与新能源汽车示范推广应用工程推荐车型目录》。

(二)整车及零部件和充电设施生产等相关企业,要向社会公开相关产品的性能参数和使用信息,如纯电动汽车和插电式混合动力汽车的一次充电续驶里程、混合动力汽车的节油率、动力电池的充电方式、时间、寿命等,以及上述产品的保修、保换条款,确保用户全面了解和正确使用相关产品。

(三)整车企业要保证上市销售产品技术参数、配置和性能指标等与主管部门批准发布的产品状态相一致。

(四)整车及零部件和充电设施生产等相关企业,要建立完善的售后服务保障体系,加强相关技术人员培训,合理布局服务网络,信守产品保修等售后服务承诺。

(五)整车或电池租赁企业要建立动力电池回收处理体系,落实动力电池回收责任,制定相关的回收服务承诺,建立相应的处理能力。

(六)整车及动力电池和充电设施生产等相关企业,要建立健全示范运行产品技术跟踪体系,建立产品运行数据库,掌握产品技术状态,及时做好技术改进工作。企业要加强产品标准的研究制定,要加强相关试验、研究能力建设。

三、试点工作的评估与考核

节能与新能源汽车示范推广已进入新阶段,切实规范和加强对试点工作的管理,提高示范的水平和质量,是今后试点组织工作的重中之重。

(一)加强对试点工作的监督和动态评估管理。定期对试点城市工作成效、年度计划执行、鼓励政策制定、基础设施建设、标准执行、市场开放、示范跟踪评价、科技创新以及财政资金使用管理等进行检查评估。年度末,对各试点城市工作进展情况进行年度考评总结。对未能通过年终考评的试点城市,或未按照有关要求开展工作的城市,取消其试点城市资格。

(二)加强对示范产品和企业的动态管理。严格执行新能源汽车企业及产品准入管理制度。对《节能与新能源汽车示范推广应用工程推荐车型目录》实行动态管理,对进入目录的产品,定期进行市场销售量核查,对一年内未销售的产品,取消该目录。要对目录产品在试点城市的实际运行状态进行抽样测试,凡产品配置、技术状态与目录严重不符的,取消该产品目录。对进入目录的企业,如清退目录产品达到50%以上的,取消该企业参与试点的资格。

(三)成立试点工作咨询督导专家组,负责对各试点城市示范推广工作进行咨询和检查督导。由科技部电动汽车重大项目管理办公室,协助四部委和咨询督导专家组开展日常工作。

(四)试点工作推进过程中,四部委将依据各自职能分工,进一步加强试点工作协调联动机制,细化和完善相关政策,加强对试点工作指导、督查和服务。加强试点城市经验交流,组织试点城市与企业间供需见面交流活动,积极推进自主创新产品示范推广。

财政部办公厅　科技部办公厅
工业和信息化部办公厅　发展改革委办公厅
二〇一一年十月十四日

财政部、国家发展改革委、工业和信息化部关于调整节能汽车推广补贴政策的通知

财建〔2011〕754 号

各省、自治区、直辖市、计划单列市财政厅(局)、发展改革委、工业和信息化主管部门,有关企业:

自 2010 年 6 月 1 日财政部、国家发展改革委、工业和信息化部启动节能汽车推广工作以来,我国节能汽车市场占有率大幅提升,节能汽车技术进步明显加快。为继续引导和鼓励汽车生产企业加大节能技术研发投入,促进产品结构优化升级,逐步降低油耗水平,根据行业节能技术进步、油耗标准推进等情况,财政部、国家发展改革委、工业和信息化部报经国务院批准同意,决定对现行节能汽车推广补贴政策进行调整。现将调整有关事项通知如下:

一、现行节能汽车推广补贴政策执行到 2011 年 9 月 30 日。推广企业要认真总结 2010 年 6 月 1 日~2011 年 9 月 30 日推广情况,编制补贴资金清算报告,于 2011 年 10 月 31 日前由省级财政部门会同发展改革委、工业和信息化主管部门审核后上报财政部。财政部、国家发展改革委、工业和信息化部将组织专项核查并根据核查情况对补贴资金进行清算。

二、从 2011 年 10 月 1 日起实施新的节能汽车推广补贴政策。

(一)推广车辆要达到产品综合燃料消耗量标准,具体限值如下:

整车整备质量(CM)kg	具有两排及以下座椅且装有手动挡变速器的车辆 L/100km	具有三排或三排以上座椅或装有非手动挡变速器的车辆 L/100km
CM≤750	4.8	5.2
750＜CM≤865	5.1	5.4
865＜CM≤980	5.3	5.7
980＜CM≤1090	5.6	6.0
1090＜CM≤1205	6.0	6.3
1205＜CM≤1320	6.3	6.6
CM＞1320	6.7	6.9

(二)推广补贴标准不变,即对消费者购买节能汽车继续给予一次性 3000 元定额补助,由生产企业在销售时兑付给购买者。

(三)其他有关事项按《“节能产品惠民工程”节能汽车(1.6 升及以下乘用车)推广实施细则》(财建〔2010〕219 号)执行。有关核查工作暂按《“节能产品惠民工程”节能汽车(1.6 升及以下乘用车)推广专项核查办法》(工信部联装〔2010〕566 号)执行。

请各地和有关推广企业认真做好节能汽车推广补贴政策调整的宣传、解释和执行工作,确保推广工作顺利进行。

财政部　国家发展改革委　工业和信息化部
二〇一一年九月七日

科学技术部、财政部、工业和信息化部、国家发展和改革委员会关于加强节能与新能源汽车示范推广安全管理工作的函

国科办函高〔2011〕322 号

各节能与新能源汽车示范推广试点城市办公厅：

为贯彻落实 2011 年 7 月 27 日国务院常务会议关于加强交通等重点领域安全生产的会议精神，切实保障节能与新能源汽车示范运行安全，科技部、财政部、工业和信息化部、发展改革委等四部门，就加强节能与新能源汽车示范运行安全管理函告如下：

一、充分认识节能与新能源汽车示范推广安全管理的重要意义

节能与新能源汽车正处于规模化进入市场的起步阶段，也是市场培育和产业化发展的关键时期，节能与新能源汽车示范推广的安全问题不仅涉及到人民群众的生命财产安全，也关系到战略性新兴产业的培育，事关节能与新能源汽车发展大局，要坚持走科学发展的道路，坚持以人为本，处理好速度质量效益的关系，把安全高于一切的理念落实到示范、管理的全过程。各试点城市和节能与新能源汽车生产、运营单位要高度重视生产安全，把保障安全放在工作首位，在产品设计、制造安装、运行使用等环节，牢牢把握安全关，确保节能与新能源汽车安全示范推广。

二、加强节能与新能源汽车示范运行安全管理的具体措施

（一）试点城市要立即开展全面、系统、彻底的安全隐患排查，对发现的安全隐患，必须限期改正。要针对排查出的突出隐患，狠抓制度落实，切实纠正责任不到位的现象，真正做到依法监管。各级领导及相关工作人员要牢固树立安全意识，常抓不懈，抓紧完善安全管理体系，实行安全责任制并落实到人，制定和完善安全管理制度，制定安全事故处理预案，加强防范监管，狠抓落实。

（二）试点城市要进一步加强示范运行车辆的安全监控。所有示范运行的节能与新能源汽车应与《节能与新能源汽车示范推广应用工程推荐车型目录》确认的技术状态严格一致，对投入示范运行的插电式混合动力汽车、纯电动汽车要全部安装车辆运行技术状态实时监控装置，特别是要加强对动力电池和燃料电池工作状态的监控。对混合动力汽车按一定比例进行实时监控。

（三）试点城市要建立事故预警信息系统及事故紧急处置机制。依托试点城市示范运行信息管理平台，实时跟踪车辆运行状态，如发现异常情况，应及时向驾驶员、车辆运营和维护单位及相关政府部门发布警示信息，做到早发现、早处置。各城市要建立安全事故报告制度，制定事故处理预案，一旦有安全事故发生，事故处置要做到高效、有序，力争把损失降低到最小。

（四）试点城市要加强对相关从业人员的技术培训。要研究编制安全技术培训教材，对车辆驾驶员、充换电站从业人员、车辆维修人员等进行专业的安全技术培训，考核合格后才能上岗，重要岗位的工作人员要实行持证上岗。

（五）车辆运营单位要建立车辆定期检查、维护制度，特别是要加强对动力电池在内的动力系统的检查维护，不仅要重视动力电池本身的技术状态，还要重视电池单体间、模块间的联接点、电力线等环节，避免因接点松动、污染，导致电阻增加产生电火花和自燃，因而引发事故。

（六）充换电站运营单位要制定严格的安全管理规章制度，做到“规章制度上墙、任务责任到人”，在为车辆充换电过程中要认真按照操作规程进行规范操作，避免人为因素误操作导致安全事故。同时，要对充电设施的线路、设备进行定期检查，及时排查安全隐患，做到防患于未然。

（七）试点城市应积极开展节能与新能源汽车安全技术研究。根据车辆示范运行实际情况，积极组织车辆制造、运营单位开展安全技术专项研究，特别是针对载客量大的电动公交客车，应在运行实践中不断摸索和应用行之有效的主动安全和被动安全产品技术，加强阻燃型车用新材料和车载快速灭火装置的研发应用。

（八）节能与新能源汽车整车及关键零部件设计、制造单位，要牢固树立“质量至上”的意识，建立汽车产品质量责任制，强化产品安全技术研究，强化产品安全试验，严格按照国家相关产品管理要求和技术标准为市场提供安全、可靠的产品，保证产品一致性，在源头上杜绝安全隐患。同时，要积极配合试点城市及车辆运营单位，做好车辆的维护保障，以及产品技术改进，加强汽车产品售后服务。

（九）试点城市要在 8 月底前组织一次全面的安全大检查，9 月 20 日以前将相关工作措施及检查结果报

四部委。

（十）试点城市要充分发挥舆论监督作用，加强电动汽车示范运行安全和产品质量宣传报道，营造试点城市和节能与新能源汽车生产、运营单位重视安全、质量、服务的社会氛围。

（十一）四部委将节能与新能源汽车示范运行安全管理摆在试点城市工作考核的突出位置，并将成立试点城市工作评估督导专家组，结合试点城市评估工作，不定期对各城市安全管理工作进行检查。

请各试点城市认真按照国家有关安全生产的管理规定和本通知的要求，做好节能与新能源汽车的安全运行管理工作，确保节能与新能源汽车示范推广工作科学、安全发展。

特此通知。

科技部　财政部　工信部　发展改革委

二〇一一年八月十八日

工业和信息化部关于进一步加强轻型汽车燃料消耗量通告管理的通知

工信部装〔2010〕529 号

有关单位：

2009 年 7 月，工业和信息化部发布了《轻型汽车燃料消耗量标示管理规定》，明确了轻型汽车燃料消耗量检测与申报、标识备案、标示、公布、监督处罚等各项规定。2010 年 1 月，工业和信息化部门户网站开设了“轻型汽车燃料消耗量通告”栏目，建立了我国汽车产品燃料消耗量公示制度。“轻型汽车燃料消耗量通告”的发布得到了社会各界的高度关注和广大消费者的充分肯定。汽车产品燃料消耗量公示制度是实施汽车燃料消耗量评价体系和政策体系的基础，是我国汽车产品节能管理体系的重要组成部分，对于引导节能汽车产品消费，推动汽车产业结构调整、技术进步具有重要意义。

为进一步做好“轻型汽车燃料消耗量通告”管理，完善汽车燃料消耗量公示制度，现就有关事项通知如下：

一、汽车生产企业或进口汽车经销商应于汽车产品上市销售前将不同车型及不同油耗同一车型的《汽车燃料消耗量标识》样本、“汽车燃料消耗量标识备案信息”的文本文件和电子文件（光盘形式），报送工业和信息化部（装备工业司）备案。工业和信息化部将通过“轻型汽车燃料消耗量通告”定期公告汽车燃料消耗量指标。

二、汽车生产企业和进口汽车经销商应保证其汽车产品在销售时都粘贴有《汽车燃料消耗量标识》，并已列入“轻型汽车燃料消耗量通告”。

三、报送备案的汽车燃料消耗量标识，只有燃料消耗量数据不同、其他数据都相同的，汽车生产企业或进口汽车经销商在报送《汽车燃料消耗量标识》样本、《轻型汽车燃料消耗量标识备案信息》材料的同时，需附带企业正式文件说明情况及相关证明材料。

四、已备案的汽车燃料消耗量标识数据信息如发生变化，按新增汽车燃料消耗量标识处理，企业需及时报送备案。其中，只有燃料消耗量数据发生变化而其他数据没有变化的，汽车生产企业或进口汽车经销商在报送《汽车燃料消耗量标识》样本、《轻型汽车燃料消耗量标识备案信息》材料的同时，需附带企业正式文件说明情况及相关证明材料。

五、汽车生产企业或进口汽车经销商应及时将市场上已经停止销售的车型信息，以企业正式文件形式报送工业和信息化部（装备工业司）。工业和信息化部将通过“轻型汽车燃料消耗量通告”发布。

六、工业和信息化部（装备工业司）对汽车生产企业或进口汽车经销商报送的备案材料的完整性进行审核，对于不符合条件的，不予受理，并将及时通知企业。

七、工业和信息化部（装备工业司）每月受理汽车燃料消耗量标识备案材料的截止日期为每月 10 日。对在截止日以后提交的备案材料将在下月受理。

八、每月中旬，工业和信息化部将通知相关企业对报送备案的汽车燃料消耗量标识信息进行核对。收到核对通知的企业应在 2 个工作日内完成核对工作，并反馈信息，超过时间没有反馈的则视为无异议。

九、“轻型汽车燃料消耗量通告”原则上每月下旬发布。

十、《轻型汽车燃料消耗量标识备案信息》及《〈轻型汽车燃料消耗量标识备案信息〉填写说明》已经更新,请通过 http://zbs. miit. gov. cn 下载。备案信息要严格按要求填写。

本通知自下发之日起施行。请各有关企业按本通知要求做好相关工作。

二〇一〇年十一月一日

财政部办公厅、国家发展和改革委员会办公厅、工业和信息化部办公厅关于做好节能汽车推广补贴兑付工作的通知

财办建〔2010〕75 号

各省、自治区、直辖市、计划单列市财政厅(局)、发展改革委、工业和信息化主管部门,有关企业:

节能汽车推广政策实施以来,各地财政、发展改革、工业和信息化等部门及有关企业认真组织实施,积极做好推广工作,政策效果初步显现。根据《财政部　国家发展改革委　工业和信息化部关于印发"节能产品惠民工程"节能汽车(1.6 升及以下乘用车)推广实施细则的通知》(财建〔2010〕219 号),为进一步做好节能汽车推广补贴兑付工作,保证推广机制有效运转和消费者真正受益,现将有关事项通知如下:

一、保证推广财政补贴及时兑付。节能汽车推广企业要及时把补贴政策和推广车型等有关情况通知各级经销商,并要求经销商在销售场所明示推广车辆型号、综合燃料消耗量、实际销售价格和补贴标准,认真做好补贴兑付工作,确保纳入节能汽车推广目录的车型自目录公布之日起即可享受国家财政补贴。

在消费者购车时,汽车经销商有义务向消费者介绍汽车节能性能及应享受的财政补贴,在消费者提供个人信息、车牌号码并在销售发票上签字确认后及时兑付补贴。

推广企业要采取多种方式宣传政策内容和目的,介绍操作程序,加深消费者认知,取得消费者配合和支持。

二、严格执行价外补贴政策。节能汽车推广企业及其经销商要把企业销售优惠和政府补贴严格区别开来,先按享受企业优惠后的实际价格出售节能汽车并开具销售发票,再将政府补贴兑付给消费者。不得将财政补贴纳入企业优惠额度,不得以已享受价格优惠等为由拒不兑付补贴,不得因政府补贴提高节能汽车销售价格,切实使消费者享受国家财政补贴。

三、及时报送信息。节能汽车推广企业要在月度终了后 10 日内将推广车辆型号、价格、车牌号、消费者个人信息、联系方式以及销售网点信息等,通过信息管理系统报送财政部。推广企业要对上报信息的真实性负责,要妥善保存带有消费者签字的销售发票等凭证。

四、加强组织保障。节能汽车推广企业要落实专门人员,负责政策解读、沟通协调、组织管理和检查督办等日常工作,并在本通知下发后尽快将有关机构和人员联系信息向社会公告。要迅速对各级经销商的不规范做法和违规行为进行纠正整改,并结合企业售后服务系统,处理好消费者有关财政补贴方面的投诉,将处理情况及时反馈给消费者,把惠民工程真正办好。

五、加大处罚力度。财政部、国家发展改革委、工业和信息化部将组织开展专项检查和抽查,对把财政补贴与价格混在一起、不及时兑付或拒不兑付补贴、代消费者签名冒领补贴以及变相涨价、哄抬车价的推广企业,视情节给予通报批评、扣减补贴等处罚;情节严重的,将取消节能汽车经销商或生产企业推广资格。

财政部办公厅　发展改革委办公厅　工业和信息化部办公厅

二〇一〇年九月二日

私人购买新能源汽车试点财政补助资金管理暂行办法

财建〔2010〕230 号

第一章　总　　则

第一条　为贯彻落实国务院关于培育战略性新兴产业和加强节能减排工作的部署和要求,中央财政安排专项资金,支持开展私人购买新能源汽车补贴试点。为加强私人购买新能源汽车试点财政补助资金(以下简称补助资金)管理,提高资金使用效益,特制定本办法。

第二条　本办法所称新能源汽车主要指插电式(plug – in)混合动力乘用车和纯电动乘用车。

第三条 补助资金按照科学合理、公正透明的原则安排使用,并接受社会各方面监督。

第二章 补助范围、对象和方式

第四条 中央财政对试点城市私人购买、登记注册和使用的新能源汽车给予一次性补助,对动力电池、充电站等基础设施的标准化建设给予适当补助,并安排一定工作经费,用于目录审查、检查检测等工作。

第五条 私人购买和使用新能源汽车包括私人直接购买、整车租赁和电池租赁三种形式。

(一)直接购买:中央财政对汽车生产企业给予补助,汽车生产企业按扣除补助后的价格将新能源汽车销售给私人用户。

(二)整车租赁:中央财政对汽车生产企业给予补助,汽车生产企业按扣除补助后的价格将新能源汽车销售给租赁企业。

(三)电池租赁:中央财政对电池租赁企业给予补助,电池租赁企业按扣除补助后的价格向私人用户出租新能源汽车电池,并提供电池维护、保养、更换等服务。

第六条 地方财政安排一定资金,重点对充电站等配套基础设施建设、新能源汽车购置和电池回购等给予支持。

第三章 支 持 条 件

第七条 试点城市政府是私人购买新能源汽车试点的实施主体和责任主体,须满足以下条件:

(一)新能源汽车推广数量达到一定规模,并建设与应用规模相适应的基础设施。

(二)确定新能源汽车商业运营模式,至少建立一种新能源汽车或电池租赁模式。

(三)制定地方财政补助、电价优惠、设置专用停车位等配套政策措施。

(四)注重动力电池和充电站等基础设施相关技术标准的统一,充电站等基础设施建设要与正在制订的国家相关标准相衔接。

(五)建立和完善新能源汽车及电池的报废及回收体系。

(六)建立有利于公平竞争的开放市场环境,不得对补助车辆实施品牌、车型、产地、经销商等限制。

(七)做好与公共服务领域节能与新能源汽车示范推广工作的衔接。

第八条 申请补助的汽车生产企业及其新能源汽车产品须符合下述条件:

(一)新能源汽车产品纳入《节能与新能源汽车示范推广应用工程推荐车型目录》,企业保证销售汽车与目录产品的一致性。

(二)纯电动乘用车动力电池组能量不低于 15 千瓦时,插电式混合动力乘用车动力电池组能量不低于 10 千瓦时(纯电动模式下续驶里程不低于 50km)。动力电池不包括铅酸电池。

(三)汽车整车和动力电池等关键零部件生产企业具备一定的产能规模和完善的售后服务体系,对动力电池等关键零部件提供不低于 5 年或 10 万公里(以先到者为准)的质保,并承诺对整车和动力电池按一定的折旧率进行回收。

(四)汽车企业销售新能源汽车应向消费者提供按照有关国家标准规定的试验方法测定的产品性能参数保证:在纯电动模式下行使的汽车 30 分钟最高车速、插电式混合动力汽车的最高时速、0 – 50 公里/小时加速时间、最大爬坡度、百公里耗电量(工况法)、续驶里程(工况法),电机类型和功率、动力电池类型及总储电量、充电(快充、慢充)方式和时间、车载充电机的功率和输入电压等。

第四章 补助标准与规模

第九条 补助标准根据动力电池组能量确定。对满足支持条件的新能源汽车,按 3000 元/千瓦时给予补助。插电式混合动力乘用车最高补助 5 万元/辆;纯电动乘用车最高补助 6 万元/辆。

第十条 财政补助采取退坡机制。试点期内(2010 – 2012 年),每家企业销售的插电式混合动力和纯电动乘用车分别达到 5 万辆的规模后,中央财政将适当降低补助标准。

第十一条 中央财政根据试点城市私人购买数量和规定的标准给予补助。采用电池租赁方式的企业,补助数量按其服务的新能源汽车数量确定。

第五章 资金申报与下达

第十二条 根据试点城市论证通过的实施方案和资金申请，财政部通过省级财政部门将补助资金预拨给试点城市。

第十三条 试点城市财政部门根据私人购买、使用新能源汽车情况，据实拨付补助资金，并在月度终了后10日内将月度拨付情况上报财政部。补助资金具体管理办法，由试点城市结合本地实际情况自行制定，并报财政部备案。

第十四条 年度终了后30日内，试点城市要认真总结全年推广情况，编制补助资金清算报告，由省级财政部门审核后上报财政部，财政部根据地方上报情况和专项核查结果对补助资金进行清算。

第六章 监督管理

第十五条 有关部门定期组织开展专项检查，对新能源汽车技术水平和运行效果进行评估。

第十六条 企业对申报材料的真实性和产品一致性负责。对产品与申报材料不符，性能指标没达到要求，以及提供虚假信息、骗取补助资金的，将视情节轻重对申请企业给予追缴补助资金、通报批评、取消资格等处罚。

第十七条 补助资金必须专款专用，任何单位不得以任何理由、形式截留、挪用。对违反规定的，将依照《财政违法行为处罚处分条例》（国务院令第427号）等有关规定，依法追究有关单位和人员的责任。

第七章 附 则

第十八条 本办法由财政部、科技部、工业和信息化部、国家发展改革委负责解释。

第十九条 本办法自印发之日起施行。

附：1. 试点城市实施方案编制提纲

2. 年 月私人购买新能源汽车财政补助资金汇总表

附1：

试点城市实施方案编制提纲

一、试点城市基本情况

内容包括：城市规模与经济发展情况，特别是当地财政状况和居民购买力水平；机动车发展情况，特别是私人领域乘用车保有情况；新能源汽车研发能力、产业基础及推广应用现状等。

二、试点工作总体目标

内容包括：在私人领域推广新能源汽车的总体思路；试点工作目标（2010－2012年），涉及车辆规模、充电站等基础设施建设、商业模式创新、消费和使用环境、节能减排效果及对新能源汽车产业拉动等。

三、试点工作计划

按年度制订工作计划。内容包括：各种商业模式的车辆推广规模；财政预算及使用计划；基础设施建设计划；推动商业模式创新、鼓励租赁企业发展的相关工作安排；日常监督检查计划等。

四、保障措施

内容包括：明确地方政府领导牵头、相关政府部门参加的试点工作组织协调机构并落实职责；明确负责日常组织管理的机构和人员；明确鼓励政策的体系框架；明确车辆使用及充电站等基础设施运行安全管理制度；明确地方财政配套资金规模及用途；明确充电站等基础设施的建设单位及资金来源，并说明拟采用的技术标准；明确新能源汽车租赁、售后服务保障及回收、报废等责任主体、职责及监督管理措施；科普宣传措施等。

附2：

年　月私人购买新能源汽车财政补助资金汇总表

编制单位：　　　　　　　　　　　　　　　　联系人及电话：　　　　　　　　　　　　　　　年　月　日

本月拨付补助资金(万元)			本月销售数量(辆)		
累计拨付补助资金(万元)			累计销售数量(辆)		
车辆型号	汽车生产企业	电池组能量(KWh)	补助标准(万元/辆)	销售数量(辆)	拨付补助资金(万元)

财政部、科技部、工业和信息化部、国家发展改革委关于扩大公共服务领域节能与新能源汽车示范推广有关工作的通知

财建〔2010〕227号

有关省、直辖市、计划单列市财政厅(局)、科技厅(科委)、工业和信息化主管部门、发展改革委：

为贯彻落实国务院《关于进一步加大工作力度确保实现"十一五"节能减排目标的通知》(国发〔2010〕12号)精神，进一步做好扩大节能与新能源汽车示范推广工作，加快推进节能与新能源汽车产业化，现将公共服务领域节能与新能源汽车示范推广有关事项通知如下：

一、在现有13个试点城市的基础上，增加天津、海口、郑州、厦门、苏州、唐山、广州等7个试点城市。财政部、科技部、工业和信息化部、国家发展改革委将组织对新增城市试点方案进行论证，批复后正式实施。

二、根据试点城市实施方案和资金申请，财政部通过省级财政部门将示范推广补助资金预拨给试点城市。

三、试点城市财政部门根据节能与新能源汽车实际推广情况，按规定标准据实拨付补助资金。补助资金的具体管理办法由试点城市结合本地实际情况自行制定，并报财政部备案。

四、试点城市在月度终了后10日内将月度财政补助资金拨付情况和推广信息报财政部。

五、年度终了后30日内，试点城市要认真总结全年推广情况，编制补助资金清算报告，由省级财政部门审核后上报财政部。财政部根据地方上报情况和专项核查结果对补助资金进行清算。

六、充电站等基础设施建设要与正在制定的国家相关标准相衔接。

七、其他有关事项按《财政部　科技部关于开展节能与新能源汽车示范推广试点工作的通知》(财建〔2009〕6号)执行。

附表：年　月公共服务领域节能与新能源汽车示范推广财政补助资金汇总表

财政部　科技部　工业和信息化部　国家发展改革委

二〇一〇年五月三十一日

附表：

年　月公共服务领域节能与新能源汽车示范推广财政补助资金汇总表

编制单位：　　　　　　　　　　　　联系人及电话：　　　　　　　　　　　　年　月　日

本月拨付补助资金（万元）			本月推广数量（辆）		
累计拨付补助资金（万元）			累计推广数量（辆）		
车型	车辆运营单位	汽车生产企业	补助标准（万元/辆）	推广数量（辆）	拨付补助资金（万元）

新能源汽车生产企业及产品准入管理规则

工产业〔2009〕第44号

第一章　总　　则

第一条　为促进汽车产品技术进步，保护环境，节约能源，实现可持续发展，鼓励企业研究开发和生产新能源汽车，根据《汽车产业发展政策》等有关规定，制定本规则。

第二条　在中华人民共和国境内从事境内使用的新能源汽车生产的企业（以下简称新能源汽车企业）及其生产的新能源汽车产品，适用本规则。

第三条　本规则所称汽车，是指国家标准GB/T3730.1－2001《汽车和挂车类型的术语和定义》中第2.1款所定义的汽车整车（完整车辆）及底盘（非完整车辆）。

本规则所称新能源汽车，是指采用非常规的车用燃料作为动力来源（或使用常规的车用燃料、采用新型车载动力装置），综合车辆的动力控制和驱动方面的先进技术，形成的技术原理先进、具有新技术、新结构的汽车。

新能源汽车包括混合动力汽车、纯电动汽车（BEV，包括太阳能汽车）、燃料电池电动汽车（FCEV）、氢发动机汽车、其他新能源（如高效储能器、二甲醚）汽车等各类别产品。

第四条　工业和信息化部负责实施新能源汽车企业及新能源汽车产品准入管理。

第二章　新能源汽车分类及管理方式

第五条　根据新能源汽车整车、系统及关键总成技术成熟程度、国家和行业标准完善程度以及产业化程度的不同，将其分为起步期、发展期、成熟期三个不同的技术阶段。

起步期产品是指技术原理的实现路径尚处于前期研究阶段，缺乏国家和行业有关标准，尚未具备产业化条件的产品。

发展期产品是指技术原理的实现路径基本明确，国家和行业标准尚未完善，初步具备产业化条件的产品。

成熟期产品是指技术原理的实现路径清晰，产品技术和生产技术成熟，国家和行业标准基本完备，可以进入产业化阶段的产品。

第六条 工业和信息化部聘任有关专家，组成新能源汽车专家委员会，负责确定和调整新能源汽车产品类别的技术阶段，提出适用于新能源汽车的专项技术条件和检验规范建议。

第七条 对处于不同技术阶段的产品采取不同的管理方式。

起步期产品只能进行小批量生产，且只在批准的区域、范围、期限和条件下进行示范运行，并对全部产品的运行状态进行实时监控。

发展期产品允许进行批量生产，只能在批准的区域、范围、期限和条件下销售、使用，并至少对20%的销售产品的运行状态进行实时监控。

成熟期产品与常规汽车产品的《车辆生产企业及产品公告》（以下简称《公告》）管理方式相同，在销售、使用上与常规汽车产品相同。

具体技术阶段划分见《新能源汽车技术阶段划分表（2010年12月31日前适用）》（附件1）。

第三章 准入条件及管理

第八条 新能源汽车企业准入条件：

（一）符合国家有关法律、法规、规章和国家汽车产业发展政策及国家宏观调控政策的规定。

（二）应当是《公告》内汽车整车生产企业或改装类商用车生产企业；新建汽车企业或现有汽车企业跨产品类别生产其他类别新能源汽车整车产品的，应当按照国家有关投资管理规定先行办理项目的核准或备案手续。

（三）具备生产新能源汽车产品所必需的生产能力和条件。

（四）具备新能源汽车产品的设计开发能力。

（五）具备保证新能源汽车产品生产一致性的能力。

（六）具备新能源汽车产品营销和售后服务能力。

（七）建立与所生产新能源汽车产品相适应的零部件采购体系。

（八）所生产的车辆产品符合有关国家标准和行业标准、技术规范、车辆产品定型试验规程、适用于新能源汽车的专项技术条件和检验规范的要求。

《新能源汽车生产企业准入条件及审查要求》（以下简称《准入条件》）见附件2。

新能源汽车除了应当符合有关常规汽车产品的检验标准外，还应当符合新能源汽车产品的专项检验标准，具体见《新能源汽车产品专项检验标准目录（收录到2009年4月1日）》（附件3）。

第九条 符合《准入条件》、获得生产资格的汽车整车生产企业可以生产同类新能源汽车产品（指与《公告》中已有的常规汽车相同类别的产品，下同）。

符合《准入条件》、获得生产资格的改装类商用车生产企业可以改装生产同类新能源汽车产品，其中具备底盘生产条件的，可以自制底盘，但自制底盘仅限于本企业自用。

第十条 新能源汽车产品准入条件：

（一）产品符合安全、环保、节能、防盗等有关标准、规定。

（二）产品经工业和信息化部指定的检测机构（以下简称检测机构）检测合格。

（三）产品未侵犯他人知识产权。

第十一条 申请新能源汽车企业准入的，应当提交以下材料：

（一）《新能源汽车生产企业准入申请书》（见附件4）。

（二）新能源汽车产品设计、生产、营销及售后服务能力、零部件供应体系，以及生产一致性保证能力等的说明。

（三）企业按照《准入条件》要求进行自我评估的报告。

（四）新建汽车企业或现有汽车企业跨产品类别生产其他类别新能源汽车整车产品，按照国家有关投资管理规定先行办理的项目核准或备案手续。

（五）申请新能源汽车产品准入所要求的各项材料。

第十二条 申请新能源汽车产品准入的，应当提交以下材料：

（一）生产企业基本情况的说明，包括企业名称、股东、法定代表人、注册商标、注册地址和生产地址等。

（二）新能源汽车产品情况简介，包括对采用的新技术、新结构的原理的说明并附有关佐证材料。

（三）《车辆生产企业及产品公告》参数。

（四）《车辆主要技术参数及主要配置备案表》。

（五）《车辆产品强制性检测项目方案表》。

（六）检测机构出具的新能源汽车产品检测报告。

（七）新能源汽车产品（包括整车及动力、驱动、控制系统）的企业标准或技术规范，以及检验规范（至少包括试验方法、判定准则、检验项目与样车对应表、路况及里程分配等）。

（八）其他需要说明的情况。

第十三条 申请的新能源汽车产品属于起步期或发展期技术阶段的，还应当提交以下材料：

（一）售后服务承诺（至少包括产品质量保证承诺，售后服务网络建设、对售后服务人员和产品使用人员的培训、售后服务项目及内容、备件提供及质量保证期限、售后服务过程中发现问题的反馈，整车和零部件（如电池）回收，以及索赔处理、在产品质量、安全、环保等方面出现严重问题时的应对措施等内容）。

（二）对拟销售区域的说明，产品使用地省级工业和信息化主管部门关于示范运行区域、范围的批准文件。

（三）与拟使用单位签订的协议，使用单位车辆运行管理规定、使用数量说明（仅适用于起步期产品）。

第十四条 申请的新能源汽车产品是在已获得准入的新能源汽车整车或底盘基础上进行改装，但改装未影响到车载能源系统、驱动系统和控制系统的，可以只提交改装说明材料以及本规则第十三条所要求的申请材料。

第十五条 已获得新能源汽车企业准入的企业，当新申请的新能源汽车产品的产品类别与已获得准入的新能源汽车产品类别不同时，应当提交本规则第十一条要求的申请材料。

当已获得准入的新能源汽车产品的技术方案或者技术来源有变化时，企业应当重新申请产品准入，提交本规则第十二条要求的材料，并说明新申请产品与已获得准入产品的主要区别。

第十六条 生产起步期和发展期产品的新能源汽车企业应当按照售后服务承诺的内容，向使用者提供售后服务；应当为每一辆汽车建立相应的档案，并跟踪汽车运行情况，直至汽车停止使用或报废。

生产起步期产品的企业应当与使用者共同完成每年度示范运行报告，提交工业和信息化部。

第十七条 新能源汽车企业如发现产品存在影响安全、环保、节能等严重问题，应当立即停止生产和销售、限期整改，并及时向工业和信息化部、产品使用地省级工业和信息化主管部门报告。

第四章 附 则

第十八条 本规则由工业和信息化部负责解释。

第十九条 本规则自 2009 年 7 月 1 日起施行。本规则施行后，与本规则不一致的，以本规则为准。

节能与新能源汽车示范推广财政补助资金管理暂行办法

财建〔2009〕6 号

第一章 总 则

第一条 根据《国务院关于加强节能工作的决定》（国发〔2006〕28 号）、《国务院关于印发节能减排综合性工作方案的通知》（国发〔2007〕15 号）和《国务院关于进一步加强节油节电工作的通知》（国发〔2008〕23 号）精神，中央财政从节能减排专项资金中安排部分资金，支持国家节能与新能源汽车示范推广。为加强节能与新能源汽车示范推广财政补助资金（以下简称示范推广补助资金）管理，提高资金使用效益，特制定本办法。

第二条 本办法所称节能与新能源汽车主要指混合动力汽车、纯电动汽车和燃料电池汽车。

第三条 示范推广补助资金按照科学合理、公正透明的原则安排使用，并接受社会各方面监督。

第二章 支持对象和方式

第四条 根据节能与新能源汽车特点以及交通状况，在示范推广初期，主要选择部分大中城市的公交、出租、公务、环卫和邮政等公共服务领域进行试点。

第五条 中央财政对试点城市相关公共服务领域示范推广单位购买和使用节能与新能源汽车给予一次性定额补助。

地方财政要安排一定资金，对节能与新能源汽车购置、配套设施建设及维护保养等相关支出给予适当补助。

第六条 示范推广补助资金专项用于购买节能与新能源汽车的相关支出。

第三章 支持条件

第七条 示范推广的节能与新能源汽车必须符合下述条件：

(一)必须纳入《节能与新能源汽车示范推广应用工程推荐车型目录》。

(二)混合动力乘用车和轻型商务车与同类传统车型相比节油率必须达到5%以上，混合动力客车节油率必须达到10%以上。

(三)混合动力汽车最大电功率比和节油率必须经具备资质的第三方检测机构依据GB/T19753－2005《轻型混合动力电动汽车能量消耗量试验方法》、GB/T19754－2005《重型混合动力电动汽车能量消耗量试验方法》等检测后确定。

(四)生产企业对动力蓄电池等关键零部件必须提供不低于3年或15万公里(以先到者为准)的质保期限。

(五)汽车生产企业和动力蓄电池等关键零部件生产企业必须具备一定的产能规模。

第八条 示范推广单位必须采取招标方式择优采购节能与新能源汽车，并确定示范推广的节能与新能源汽车车型、数量、价格以及售后服务等。

第四章 补助标准

第九条 补助标准主要依据节能与新能源汽车与同类传统汽车的基础差价，并适当考虑规模效应、技术进步等因素确定。公共服务用乘用车和轻型商用车示范推广具体补助标准见附表一，城市公交客车示范推广具体补助标准见附表二，特种车辆补助标准参照上述补助标准确定。

第五章 资金的申报和下达

第十条 示范推广单位根据购买使用的汽车车型、数量和规定的补助标准等提出资金申请报告(见附表三)，并提供下述材料：

(一)与生产企业签订的中标协议、购销合同等有关凭证；

(二)车辆购进发票等有关凭证；

(三)第三方检测机构出具的检测报告；

(四)地方配套资金安排和使用情况；

(五)其他需要提供的材料。

第十一条 示范推广单位的资金申请报告按属地原则，经当地财政、科技部门审核后，报省级财政和科技部门。

第十二条 省级财政和科技部门对企业资金申请报告复核后，分别于每年3月30日、8月30日前联合上报财政部、科技部(见附表四)。

第十三条 财政部会同科技部组织对申报材料进行审查，核定具体补助金额，并按规定下达预算，拨付补助资金。

第六章 资金监督管理

第十四条 示范推广单位对申报材料的真实性负责。对弄虚作假、骗取财政补助资金的单位，将扣回补助资金，并取消示范推广单位的资格。

第十五条 示范推广补助资金必须专款专用,任何单位不得以任何理由、形式截留、挪用。对违反规定的,将依照《财政违法行为处罚处分条例》(国务院令第427号)等有关规定,依法追究有关单位和人员的责任。

第七章 附 则

第十六条 本办法由财政部、科技部负责解释。

第十七条 本办法自印发之日起施行。

国家发展改革委、建设部、公安部、财政部、监察部、环保总局关于鼓励发展节能环保型小排量汽车的意见

近年来,随着汽车工业科技水平的不断提高,节能环保型小排量汽车在安全性、动力性和外观等方面都有了很大改善,同时其燃油消耗少、尾气排放低、外形尺寸小、道路和车位占用面积少等优点也日益突出。但在发展节能环保型小排量汽车方面,我国目前缺乏应有的鼓励支持政策,一部分地区还制定出台了一些限制性规定。为贯彻落实《国务院关于做好建设节约型社会近期重点工作的通知》(国发〔2005〕21号)精神,现就鼓励发展节能环保型小排量汽车提出以下意见:

一、充分认识发展节能环保型小排量汽车的重要性

目前,节能环保型小排量汽车已成为汽车发展的主流和消费者关注的热点。美国、日本、欧洲等发达国家和地区节能环保型小排量汽车比例已占70%以上。我国节能环保型小排量汽车正日益受到消费者的喜爱,增长迅速,但比例仍然偏低。积极发展节能环保型小排量汽车,符合我国能源供给实际和大众消费水平,是建设节约型社会的重要措施,不仅有利于缓解能源紧张状况,保护环境,而且有利于培育我国汽车工业自主品牌,提高国际竞争力,对于促进汽车产业可持续发展,落实国家能源发展战略,加快建设资源节约型、环境友好型社会,具有重要意义。各地区、各部门要把鼓励节能环保型小排量汽车发展作为一项重要工作,积极采取有效措施,切实抓紧抓好。

二、制定鼓励节能环保型小排量汽车发展的产业政策

要按照国家《产业结构调整指导目录》,积极鼓励低油耗、低排放、小排量、小型化、高动力性汽车的生产和投资。加大节能环保型小排量汽车及其先进发动机(汽油机升功率大于50KW,柴油机升功率大于40KW)技术研究开发和产业化的支持力度。鼓励开发、生产柴油轿车和微型车,以及使用醇醚燃料、天然气、混合燃料、氢燃料等新型燃料的汽车。积极推动《乘用车燃料消耗量限值》国家标准的实施,从源头上控制高耗油汽车的发展。进一步完善节能环保型小排量汽车的技术标准,不断提高其安全、节能、环保等性能。严格执行《中华人民共和国道路交通安全法》等有关法律法规,加强汽车的定期检验,确保节能环保型小排量汽车的安全使用。

三、制定鼓励节能环保型小排量汽车消费的政策措施

有关部门要加快制定有关政策措施,引导、鼓励消费者购买和使用低能耗、低污染、小排量、新能源、新动力汽车。制定和完善鼓励节能环保型小排量汽车消费的税费政策。加快石油产品价格市场化改革进程,逐步建立能够体现市场供求关系和资源稀缺程度的价格形成机制,引导消费者节约用油。研究制定汽车燃油经济性标准,建立汽车能效标识制度。对节能环保型小排量汽车停车收费给予适当优惠。各地区要结合实际,积极制定具体措施,为节能环保型小排量汽车的消费和使用创造良好的环境。

四、取消针对节能环保型小排量汽车的各种限制

前些年,一些地方针对小排量经济型汽车、柴油汽车等废气和噪声污染大、安全性不高、外形不够美观等问题,在道路交通管理以及出租汽车车辆更新中,制定出台了一些限制性规定。目前这些规定已不适应我国国情和建设节约型社会的要求。各地区、各有关部门要按照《中华人民共和国节约能源法》、《汽车产业发展政策》和《节能中长期专项规划》等有关法规和政策的要求,对现有规定进行一次全面清理,取消一切针对节能环保型小排量汽车在行驶线路和出租汽车运营等方面的限制。不得以缓解交通拥堵等为由,专门对节能环保型小排量汽车采取交通管理限制措施;更新出租汽车车辆时,要在满足乘用功能的基础上,积极鼓励选用节能环保型小排量汽车,不得出台专门限制小排量汽车的规定,不得采取任何形式的地方保护措施。清理

有关限制性规定的工作必须在2006年3月底前完成。

五、引导公众树立节约型汽车消费理念

鼓励节能环保型小排量汽车发展，取消对小排量汽车的各种限制，需要全社会广泛支持。要教育公众正确认识我国基本国情，树立节约型的消费理念，努力营造建设节约型社会的良好氛围。各级政府和部门要从自身做起，带头使用节能环保型小排量汽车，充分发挥表率作用。新闻媒体要坚持正确的舆论导向，大力宣传节能环保型小排量汽车在能耗、性能、安全、操作、停车、价格等方面的优点，树立节能环保型小排量汽车的良好信誉，鼓励消费者优先购买节能环保型小排量汽车。

六、加强领导和督促检查

有关部门要按照职责分工，明确责任和任务，尽快出台有关政策措施，各省、自治区、直辖市人民政府要结合本地区实际抓好落实。当前，各地要明确牵头部门，严明纪律，加强监督检查，突出抓好取消针对节能环保型小排量汽车的各种限制等工作并确保按期完成。有关进展情况要及时报国务院，同时抄送发展改革委。发展改革委要会同有关部门组织一次专项督查，加强督促和指导。

科学技术部、国家环保总局、国家计委、国家经贸委、教育部、国家机械工业局、公安部、建设部、交通部、财政部、国家税务总局、国家质量技术监督局、国家石油和化学工业局关于实施“空气净化工程——清洁汽车行动”的若干意见

国科发高字〔1999〕564号

近年来，我国许多城市的大气污染日趋恶化，环境污染形势十分严峻。造成城市空气污染的重要原因之一是汽车排放污染。控制大气污染、保持良好的生态环境事关我国未来经济与社会的持续发展，必须采取多种措施，综合治理，迅速有效地改善城市大气环境质量。为此，根据国务院领导的重要指示，决定在目前控制燃油汽车排放工作的基础上进一步加大力度，由科学技术部和国家环保总局牵头，会同各有关部委共同组织实施“空气净化工程——清洁汽车行动”。

清洁汽车是指低排放的燃气汽车（LPGV、CNGV），混合动力汽车、电动汽车以及通过采用多种技术手段大大降低排放污染的燃油汽车及其他代用燃料汽车。大力发展清洁汽车不仅是当前控制城市大气污染的重要突破口，而且也代表了未来汽车工业的发展方向。实施“空气净化工程——清洁汽车行动”是非常重要、及时的措施，对保护大气环境、改善城市空气质量、促进汽车工业持续健康发展将产生深远的影响。

为保障清洁汽车行动顺利、有序地进行，为“空气净化工程”作出应有的贡献，现提出以下实施意见。

一、清洁汽车行动的总体目标与指导原则

（一）总体目标

“清洁汽车行动”将以降低汽车排放污染、净化空气为目标，以高新技术的开发、应用、推广为依托，推动科技与产业的结合，通过试点示范，采取各种综合治理措施，尽快遏制汽车污染日益加剧的势头，配合“空气净化工程”其他工作的实施，力争在3~5年内使我国主要城市的空气质量有明显改善。同时，通过电动汽车、混合动力汽车以及燃料电池汽车技术的攻关与推广应用，从根本上治理汽车排放污染，依靠科技进步，建立新型清洁汽车产业，形成国民经济新的增长点，促进国民经济和社会的可持续发展。

（二）指导原则

1. 在国家统一领导下，加大政府宏观管理力度

发展清洁汽车是一项具有重大经济和社会效益的事业，是涉及多部门、多行业、跨地区的系统工程，必须加大政府宏观管理的力度。为此，各有关部委已联合成立全国清洁汽车行动协调领导小组及办公室，统一负责清洁汽车行动的组织领导和部门间的协调，进一步完善清洁汽车工作计划并组织实施，研究决定清洁汽车发展所涉及的重大问题，并向国务院提出有关政策等方面的建议。政府各有关部门根据各自职责对本部门管理范围内事项加强管理。同时，建立清洁汽车行动专家组，以加强对有关技术、经济与管理等方面的咨询，

为决策服务。

2. 依靠科技，坚持攻关键、抓应用、上产业、创效益的方针

发展清洁汽车要充分依靠科技进步，用高新技术推动产业发展。要抓紧对急需解决的各项技术的筛选，并在此基础上加大投入，组织关键技术攻关；以应用为目标，促进科技成果转化，通过政策导向、市场牵引、试点示范、逐步普及来推动产业化发展；要特别注意技术的整体优化和产业化，形成规模，在应用中发现和研究新问题，不断创新，提高技术水平，并以经济效益作为工程实施的评价标准。

3. 坚持持续、稳定的政策，强化政策的宏观调控作用

保护大气环境，是我国经济长期、持续、稳定发展的重要条件，因此，发展清洁汽车不是短期行为，而是一项必须长期坚持的基本战略。要充分发挥政策的宏观导向作用，制定长期稳定的发展清洁汽车鼓励政策和限制高污染汽车的生产和使用的严格排放技术法规，推动“清洁汽车行动”的实施。

4. 依靠全社会的力量，大力协同，综合治理

要依靠全社会的力量，充分调动和发挥地方政府、企业和科研机构的积极性。加强中央与地方协同配合，发挥地方政府在宏观规划、政策制定、资金投入、工作协调等方面的优势，进一步强化各部门的协同与合作，努力为“空气净化工程——清洁汽车行动”的顺利实施创造必要的环境和条件。

二、清洁汽车行动的主要技术措施

（一）近期措施

1. 加快燃油汽车的清洁化进程

燃油汽车在相当长时期内依然是在用车和新增车辆的主体。要严格按照《机动车排放污染防治技术政策》提出的控制目标和技术要求，加快燃油汽车的清洁化进程。近期重点工作，一是开发新型汽车，在进一步筛选、优化关键技术基础上，在新型汽车上推广应用电控燃油喷射技术和三元催化技术，实现规模生产，从轿车、微型客车和轻型客车入手，逐步扩展到载货汽车。二是以提高燃油质量的关键技术和管理为中心，积极发展优质无铅汽油和低硫柴油。三是强化对在用车的排放管理，使其加强维护和修理，保持良好技术状态。

2. 大力推广燃气汽车

推广燃气汽车是当前降低汽车排放的重要途径。城市公共客运交通车辆（包括公共汽车、小公共汽车和出租汽车等）占城市汽车保有量约10%，总运行里程约40%～50%，对集中在城市区域中往复行驶的公共客运交通车辆进行改造，使现有燃油汽车改装成油气两用燃料车和双燃料车，对降低城市汽车排污、改善城市区域环境质量特有重要作用。因此，要大力推广燃气汽车，加快关键技术研究和产品标准化进程，加强对在用车改造的指导，加快车用加气站等配套基础设施的建设，在确保运行安全的基础上，积极探索油气合一站的技术方案，制定相应标准、法规，以减少城市占地，降低建站和运营成本。提高加气站、燃气汽车改装件的质量，提高改装技术水平，建立改装车质量保证体系。同时以汽车及零部件骨干生产企业为龙头，加强产学研结合，开发电控单燃料燃气汽车，加快实现直接生产燃气汽车，推进燃气汽车的产业化、国产化。要特别重视燃气质量的提高，制定满足环保要求的燃气质量标准，加强产品的质量监督。

（二）中、长期措施

加强国家重大科技产业工程——电动汽车项目的组织与实施力度，以滚动的方式继续支持电动汽车关键技术的研究、开发和推广应用。加强镍氢电池、锂离子电池、燃料电池等先进动力电池技术和混合动力汽车技术的研究开发，突出创新，加快产业化步伐，争取在新兴的电动汽车领域赶上国际先进水平，实现跨越式发展，形成有中国特色的新型环保汽车产业。

三、清洁汽车行动的基本工作思路和有关要求

（一）基本工作思路

清洁汽车行动的基本工作思路是：突出重点、注重实效、政策引导、稳步推进。

（1）突出重点

在发展的不同阶段，依据客观条件，正确选择和采用有效、合理的技术措施，有步骤地提出针对性的解决方案，同时组织好研究开发工作，为下一阶段的长远措施作好技术储备。第一阶段的重点是在有效控制燃油汽车排放的同时着力解决在用汽车的两用燃料及双燃料改装与示范推广问题；第二阶段的重点是发展电喷单燃清洁汽车；第三阶段的重点是在前两阶段研究开发的基础上积极推动采用先进动力电池的电动汽车、混合动力汽车及燃料电池汽车的示范应用及产业化。

(2)注重实效

要保证技术的先进性,确实达到减少排放污染的环保效果,积极稳妥,务求实际效果,不搞形式主义。尽快建立低排放燃油汽车、燃气汽车、电动汽车以及相关燃料和其他配套设备的标准化和质量监督体系,通过整车生产、改装、检测以及加气站设施、改装部件、高压气瓶等一系列严格的标准及质量监督和安全监察体系,确保安全、有效。

(3)政策引导

要充分利用现行的优惠政策,迅速展开清洁汽车行动。根据清洁汽车行动的推进情况,进一步完善有利于促进清洁汽车深入发展的政策法规体系。对清洁汽车生产、运营、关键技术研究、设备开发与制造、加气站等配套设施等可根据情况在规划、税收、贷款、补贴等方面制定必要的优惠政策给予扶持。同时,努力培育清洁汽车市场,实行鼓励销售和使用清洁汽车的政策。

要加大宣传力度,积极宣传发展清洁汽车的重要意义,增强全社会环保意识,为清洁汽车的发展创造舆论环境。加强汽车排放造成的大气污染分担率的监测和研究,定期通报重点城市空气质量状况,加强舆论监督。同时,要大力加强城市交通的科学化管理,改善城市交通基础设施,加大对农用运输车的排放控制力度。

(4)稳步推进

组织好燃气汽车、混合动力汽车与电动汽车的试点工作,稳步推进,避免一哄而上。要分阶段、有计划、有步骤地选取若干有代表性的地区和城市作为试点地区和试点城市,建立燃气汽车、混合动力汽车与电动汽车的运行机制,探索配套的法规政策体系,培育市场,取得经验后,在全国范围内推广。

试点示范城市应组建由市领导负责的实施“清洁汽车行动”领导机构,负责地方“清洁汽车行动”的组织实施。试点示范城市要确立明确的降低排放、净化空气的目标,制定切实可行的实施方案。试点示范城市在制定优惠政策方面允许先行一步。全国清洁汽车行动协调领导小组及办公室负责审查批准试点示范城市的实施方案,对实施过程进行检查,及时发现问题,总结经验。同时加强市场研究,在深入调查和全面分析的基础上,提出零部件厂及设备厂的布点及建设规模建议,为有关主管部门的决策提供依据,避免分散投资、重复建设。

(二)清洁汽车行动的有关要求

(1)建立完善标准体系,抓好标准制定工作

标准化是大力发展清洁汽车,确保质量的必要条件。应抓紧制定、完善统一的标准体系,为产品制造、改装检测、质量认证、燃料生产与储运、运营安全等各个方面提供技术依据,为其他各项工作的开展创造条件。在标准制定过程中,要积极采用国际标准和国外先进标准,使我国标准尽可能与国际标准接轨。

(2)确定正确的技术路线,因地制宜地选择合理的技术方案

发展清洁汽车,要立足国内,坚持以国产为主、引进技术和国产化相结合的技术路线,加大科技投入,组织关键技术攻关。要在充分掌握国际清洁汽车发展状况的基础上,利用后发优势,比较、吸收各国先进有效的经验,强化自主创新,迅速打开局面。认真分析国外燃气汽车、电动汽车及混合动力汽车在技术、产品、市场方面的发展历程和现实水平,确定我国技术引进的路线,既保证技术上的先进性,又有利于产品的产业化。对需要从国外引进的关键技术和设备,需对各国的技术、设备及其在中国的适应性进行对比研究,认真选择,消化吸收,要特别注意技术的匹配和整体优化。

试点示范城市应因地制宜,根据各自情况选择适宜的技术方案。燃气汽车推广可从城市固定线路集中区域行驶的公共汽车和出租汽车着手,重点发展出厂新车直接安装供气装置。各主要汽车制造企业应积极向示范城市提供技术先进的低排放汽车。在车辆改造上,可从易于改造的汽油机入手,进而进行柴油机的改造,主要改造的车型为大、中型客车和轿车,优先改造出租汽车与公共汽车。随着电动汽车、混合动力汽车技术的发展应用,试点城市要根据条件确定电动汽车应用规划,争取以建立电动汽车示范区和示范车队的方式,逐步推广应用。

(3)严格生产、运营管理

燃油汽车要依照国家制定的排放控制目标和排放标准的要求严格管理。新定型产品正式生产前要进行强制检验,确保稳定达到国家排放标准。要加强对电控燃油喷射系统、三元催化装置的生产监督管理。用法规手段对在用汽车加强排放性能监管,完善检查维护管理制度,建立健全质量保证体系,使维修后车辆排放达到国家标准。同时强制淘汰严重超标的汽车。

生产燃气汽车、混合动力汽车和电动汽车的企业及其产品,应按《汽车工业产业政策》的要求,纳入《全国汽车、民用改装车和摩托车生产企业及产品目录》的管理范围,统一规划,并应具备相应生产条件。相应生产条件的要求和对企业的审查由相关行业主管部门实施。

为防止散、乱局面,确保燃气汽车质量达到预期的降低排放效果和安全,燃气汽车的生产与改装企业应是汽车制造企业及其认定的改装厂。在用车的两用燃料和双燃料改造必须经相关行业主管部门审查认证。燃气汽车关键零部件生产应实行产品认证。

三、标　准　类

住房和城乡建设部关于发布行业产品标准《快速公交(BRT)公共汽车制动系统》的公告

现批准《快速公交(BRT)公共汽车制动系统》为城镇建设行业产品标准,编号为CJ/T389－2012,自2012年8月1日起实施。本标准由我部标准定额研究所组织中国标准出版社出版发行。

住房和城乡建设部

二〇一二年二月八日

关于批准发布《电动汽车传导充电用连接装置　第1部分:通用要求》等4项国家标准的公告

国家质量监督检验检疫总局、国家标准化管理委员会批准《电动汽车传导充电用连接装置　第1部分:通用要求》等4项国家标准,现予以公布(见附件)。

序号	标准号	标准名称	代替标准号	实施日期
1	GB/T 20234.1－2011	电动汽车传导充电用连接装置 第1部分:通用要求	GB/T 20234－2006	2012－03－01
2	GB/T 20234.2－2011	电动汽车传导充电用连接装置 第2部分:交流充电接口		2012－03－01
3	GB/T 20234.3－2011	电动汽车传导充电用连接装置 第3部分:直流充电接口		2012－03－01
4	GB/T 27930－2011	电动汽车非车载传导式充电机与电池管理系统之间的通信协议		2012－03－01

国家能源局公告2011年第4号——关于《液化天然气(LNG)汽车加气站技术规范》等113项行业标准的公告

按照《能源领域行业标准化管理办法》(试行)的规定,经审查,国家能源局批准《液化天然气(LNG)汽车加气站技术规范》等113项行业标准(见附件),其中能源标准(NB)12项、石油天然气标准(SY)75项和电力标准(DL)26项,现予以发布。

附件:行业标准目录

国家能源局

二〇一一年七月二十八日

附件:

行业标准目录

序号	标准编号	标准名称	代替标准	采标号	批准日期	实施日期
1.	NB/T 1001－2011	液化天然气(LNG)汽车加气站技术规范			2011－7－28	2011－11－1
2.	NB/T 25001－2011	核电厂选址质量保证要求			2011－7－28	2011－11－1
3.	NB/T 25002－2011	核电厂海工构筑物设计规范			2011－7－28	2011－11－1
4.	NB/T 25003－2011	核电厂选址阶段环境影响评价报告编制规定			2011－7－28	2011－11－1
5.	NB/T 25004－2011	汽水分离再热器性能试验规程		ASME PTC12.4－2004	2011－7－28	2011－11－1
6.	NB/T 25005－2011	核电厂汽轮机气缸焊接修复技术规程			2011－7－28	2011－11－1
7.	NB/T 25006－2011	核电厂汽轮机叶片焊接修复技术规程			2011－7－28	2011－11－1
8.	NB/T 25007－2011	核电厂调试文件体系编制要求			2011－7－28	2011－11－1

续表

序号	标准编号	标准名称	代替标准	采标号	批准日期	实施日期
9.	NB/T 25008－2011	核电厂海水冷却系统腐蚀控制与电解海水防污			2011－7－28	2011－11－1
10.	NB/T 31003－2011	大型风电场并网设计技术规范			2011－7－28	2011－11－1
11.	NB/T 35001－2011	梯级水电站水调自动化系统设计规范			2011－7－28	2011－11－1
12.	NB/T 35002－2011	水力发电厂工业电视系统设计规范			2011－7－28	2011－11－1
13.	SY 5726－2011	石油测井作业安全规范	SY/T 5726－2004		2011－7－28	2011－11－1
14.	SY 6428－2011	浅海移动式平台沉浮与升降安全规程	SY 6428－1999		2011－7－28	2011－11－1
15.	SY 6554－2011	石油工业带压开孔作业安全规范	SY/T 6554－2003	API RP 2201:2003,MOD	2011－7－28	2011－11－1
16.	SY 6560－2011	海上石油设施电气安全规程	SY/T 6560－2003		2011－7－28	2011－11－1
17.	SY 6561－2011	油气田注天然气安全技术规程	SY/T 6561－2003		2011－7－28	2011－11－1
18.	SY 6562－2011	轻烃回收安全规程	SY/T 6562－2003		2011－7－28	2011－11－1
19.	SY 6564－2011	海上石油作业系物安全规程	SY/T 6564－2003		2011－7－28	2011－11－1
20.	SY 6565－2011	油气田注二氧化碳安全规程	SY/T 6565－2003		2011－7－28	2011－11－1
21.	SY 6605－2011	石油钻、修井用吊具安全技术检验规范	SY/T 6605－2004		2011－7－28	2011－11－1
22.	SY 6607－2011	石油天然气行业建设项目(工程)安全预评价报告编写细则	SY/T 6607－2004		2011－7－28	2011－11－1
23.	SY 6818－2011	煤层气井钻井工程安全技术规范			2011－7－28	2011－11－1
24.	SY/T 0530－2011	油田采出水中含油量测定方法分光光度法	SY/T 0530－1993		2011－7－28	2011－11－1
25.	SY/T 5089.1－2011	钻井井史格式　第1部分:陆地部分	SY/T 5089.1－2007		2011－7－28	2011－11－1
26.	SY/T 5171－2011	陆上石油物探测量规范	SY/T 5171－2003		2011－7－28	2011－11－1
27.	SY/T 5191－2011	气相色谱录井仪	SY/T 5191－1993		2011－7－28	2011－11－1

续表

序号	标准编号	标准名称	代替标准	采标号	批准日期	实施日期
28.	SY/T 5314－2011	陆上石油地震勘探资料采集技术规范	SY/T 5314－2004、SY/T 6386－1999		2011－7－28	2011－11－1
29.	SY/T 5332－2011	陆上地震勘探数据处理技术规范	SY/T 5332－2005、SY/T 6591－2004		2011－7－28	2011－11－1
30.	SY/T 5338－2011	加固井壁和人工井壁防砂工艺作法	SY/T 5338－2000、SY/T 5339－2000		2011－7－28	2011－11－1
31.	SY/T 5404－2011	扩张式封隔器	SY/T 5404－2002		2011－7－28	2011－11－1
32.	SY/T 5519－2011	盆地评价技术规范	SY/T 5519－1996		2011－7－28	2011－11－1
33.	SY/T 5566－2011	低能源原油含水分析仪	SY/T 5566－1998		2011－7－28	2011－11－1
34.	SY/T 5614－2011	岩石荧光薄片鉴定	SY/T 5614－1998		2011－7－28	2011－11－1
35.	SY/T 5732－2011	抽油泵脱接器	SY/T 5732－1995		2011－7－28	2011－11－1
36.	SY/T 5758－2011	钻井液用润滑小球评价程序	SY/T 5758－1995		2011－7－28	2011－11－1
37.	SY/T 5771－2011	地面磁法勘探技术规程	SY/T 5771－2004、SY/T 6249－2005、SY/T 5801－1999		2011－7－28	2011－11－1
38.	SY/T 5835－2011	压裂用井口球阀	SY/T 5835－1993		2011－7－28	2011－11－1
39.	SY/T 5838－2011	陆上油气探明经济可采储量评价细则	SY/T 5838－1993		2011－7－28	2011－11－1
40.	SY/T 5841－2011	钻井技术经济指标及计算方法	SY/T 5841－2005		2011－7－28	2011－11－1
41.	SY/T 5846－2011	套管补贴工艺作法	SY/T 5846－1993		2011－7－28	2011－11－1
42.	SY/T 5848－2011	抽油杆防脱器	SY/T 5848－1993		2011－7－28	2011－11－1
43.	SY/T 5872－2011	抽油泵检修规程	SY/T 5872－1993		2011－7－28	2011－11－1
44.	SY/T 5875－2011	油井液面测试方法	SY/T 5875－1993		2011－7－28	2011－11－1
45.	SY/T 5901－2011	石油勘探开发仪器仪表分类	SY/T 5901－1993、SY/T 6232－1996		2011－7－28	2011－11－1
46.	SY/T 5918－2011	埋地钢质管道外防腐层修复技术规范	SY/T 5918－2004		2011－7－28	2011－11－1
47.	SY/T 5921－2011	立式圆筒形钢制焊接油罐操作维护修理规程	SY/T 5921－2000		2011－7－28	2011－11－1
48.	SY/T 5924－2011	油井堵水作业方法裸眼井机械卡堵水作业	SY/T 5924－1993		2011－7－28	2011－11－1
49.	SY/T 5968－2011	探井试油质量评定规范	SY/T 5968－1994		2011－7－28	2011－11－1
50.	SY/T 6010－2011	沉积盆地流体包裹体显微测温方法	SY/T 6010－1994		2011－7－28	2011－11－1
51.	SY/T 6064－2011	管道干线标记设置技术规范	SY/T 6064－1994		2011－7－28	2011－11－1

续表

序号	标准编号	标准名称	代替标准	采标号	批准日期	实施日期
52.	SY/T 6069－2011	油气管道仪表及自动化系统运行技术规范	SY/T 6069－2005		2011－7－28	2011－11－1
53.	SY/T 6150.1－2011	钢制管道封堵技术规程　第1部分:塞式、筒式封堵	SY/T 6150.1－2003		2011－7－28	2011－11－1
54.	SY/T 6150.2－2011	钢制管道封堵技术规程　第2部分:挡板－囊式封堵	SY/T 6150.2－2003		2011－7－28	2011－11－1
55.	SY/T 6178－2011	水淹层测井资料处理与解释规范	SY/T 6178－2000		2011－7－28	2011－11－1
56.	SY/T 6285－2011	油气储层评价方法	SY/T 6285－1997		2011－7－28	2011－11－1
57.	SY/T 6290－2011	地震勘探辅助数据SPS格式	SY/T 6290－1997	SPS Rev.1:2006,MOD	2011－7－28	2011－11－1
58.	SY/T 6325－2011	输油气管道电气设备管理规范	SY/T 6325－1997		2011－7－28	2011－11－1
59.	SY/T 6470－2011	油气管道通用阀门操作维护检修规程	SY/T 6470－2000		2011－7－28	2011－11－1
60.	SY/T 6491－2011	油层套管模拟井射孔试验与评价	SY/T 6491－2000		2011－7－28	2011－11－1
61.	SY/T 6546－2011	复杂岩性地层测井数据处理解释规范	SY/T 6546－2003		2011－7－28	2011－11－1
62.	SY/T 6548－2011	石油测井电缆和连接器的使用与维护	SY/T 5634－1999、SY/T 6548－2003		2011－7－28	2011－11－1
63.	SY/T 6552－2011	石油工业在用压力容器检验	SY/T 6552－2003	API RP 572:2001,MOD	2011－7－28	2011－11－1
64.	SY/T 6557－2011	石油工业防火用水喷淋系统应用指南	SY/T 6557－2003	API RP 2030:2005,MOD	2011－7－28	2011－11－1
65.	SY/T 6611－2011	石油定量荧光录井规范	SY/T 6611－2005		2011－7－28	2011－11－1
66.	SY/T 6819－2011	含硫化氢天然气井站应急处置程序编写规则			2011－7－28	2011－11－1
67.	SY/T 6820－2011	石油储罐的安全进入和清洗		API Std 2015:2001,MOD	2011－7－28	2011－11－1
68.	SY/T 6821－2011	电缆输送射孔带压作业技术规范			2011－7－28	2011－11－1
69.	SY/T 6822－2011	裸眼井单井测井系列优化选择			2011－7－28	2011－11－1
70.	SY/T 6823－2011	过套管电阻率测井资料处理与解释规范			2011－7－28	2011－11－1

续表

序号	标准编号	标准名称	代替标准	采标号	批准日期	实施日期
71.	SY/T 6824 - 2011	油气井用复合射孔器通用技术条件及检测方法			2011 - 7 - 28	2011 - 11 - 1
72.	SY/T 6825 - 2011	管道内检测系统的鉴定		API Std 1163：2005,MOD	2011 - 7 - 28	2011 - 11 - 1
73.	SY/T 6826 - 2011	液体管道的计算监测		API RP 1130：2007,MOD	2011 - 7 - 28	2011 - 11 - 1
74.	SY/T 6827 - 2011	油气管道安全预警系统技术规范			2011 - 7 - 28	2011 - 11 - 1
75.	SY/T 6828 - 2011	油气管道地质灾害风险管理技术规范			2011 - 7 - 28	2011 - 11 - 1
76.	SY/T 6829 - 2011	煤层气集输与处理运行规范			2011 - 7 - 28	2011 - 11 - 1
77.	SY/T 6830 - 2011	输油站场管道和储罐泄漏的风险管理			2011 - 7 - 28	2011 - 11 - 1
78.	SY/T 6831 - 2011	油气井录井系列规范			2011 - 7 - 28	2011 - 11 - 1
79.	SY/T 6832 - 2011	致密砂岩气地质评价方法			2011 - 7 - 28	2011 - 11 - 1
80.	SY/T 6839 - 2011	海上拖缆式地震勘探定位导航技术规程			2011 - 7 - 28	2011 - 11 - 1
81.	SY/T 6840 - 2011	超声成像测井仪			2011 - 7 - 28	2011 - 11 - 1
82.	SY/T 6841 - 2011	电法勘探瞬变电磁仪			2011 - 7 - 28	2011 - 11 - 1
83.	SY/T 6842 - 2011	过油管碳氧比能谱测井仪			2011 - 7 - 28	2011 - 11 - 1
84.	SY/T 6843 - 2011	海上石油勘探充油电缆技术规范			2011 - 7 - 28	2011 - 11 - 1
85.	SY/T 6844 - 2011	微电阻率成像测井仪			2011 - 7 - 28	2011 - 11 - 1
86.	SY/T 6845 - 2011	海洋弃井作业规范			2011 - 7 - 28	2011 - 11 - 1
87.	SY/T 10017 - 2011	海底电缆地震资料采集技术规程	SY/T 10017 - 2005		2011 - 7 - 28	2011 - 11 - 1
88.	DL/T 5016 - 2011	混凝土面板堆石坝设计规范	DL/T 5016 - 1999		2011 - 7 - 28	2011 - 11 - 1
89.	DL/T 490 - 2011	发电机励磁系统及装置安装、验收规程	DL/T 490 - 1992		2011 - 7 - 28	2011 - 11 - 1
90.	DL/T 714 - 2011	汽轮机叶片超声波检验技术导则	DL/T 714 - 2000		2011 - 7 - 28	2011 - 11 - 1
91.	DL/T 805.1 - 2011	火电厂汽水化学导则 第1部分：锅炉给水加氧处理导则	DL/T 805.1 - 2002		2011 - 7 - 28	2011 - 11 - 1

续表

序号	标准编号	标准名称	代替标准	采标号	批准日期	实施日期
92.	DL/T 618 - 2011	气体绝缘金属封闭开关设备现场交接试验规程	DL/T 618 - 1997		2011 - 7 - 28	2011 - 11 - 1
93.	DL/T 292 - 2011	火力发电厂汽水管道振动控制导则			2011 - 7 - 28	2011 - 11 - 1
94.	DL/T 293 - 2011	抽水蓄能可逆式水泵水轮机运行规程			2011 - 7 - 28	2011 - 11 - 1
95.	DL/T 294.1 - 2011	发电机灭磁及转子过电压保护装置技术条件 第1部分:磁场断路器			2011 - 7 - 28	2011 - 11 - 1
96.	DL/T 294.2 - 2011	发电机灭磁及转子过电压保护装置技术条件 第2部分:非线性电阻			2011 - 7 - 28	2011 - 11 - 1
97.	DL/T 295 - 2011	抽水蓄能机组自动控制系统技术条件			2011 - 7 - 28	2011 - 11 - 1
98.	DL/T 296 - 2011	火电厂烟气脱硝技术导则			2011 - 7 - 28	2011 - 11 - 1
99.	DL/T 297 - 2011	汽轮发电机合金轴瓦超声波检测			2011 - 7 - 28	2011 - 11 - 1
100.	DL/T 298 - 2011	发电机定子绕组端部电晕检测与评定导则			2011 - 7 - 28	2011 - 11 - 1
101	DL/T 299 - 2011	火电厂风机、水泵节能用内反馈调速装置应用技术条件			2011 - 7 - 28	2011 - 11 - 1
102.	DL/T 300 - 2011	火电厂凝汽器管防腐防垢导则			2011 - 7 - 28	2011 - 11 - 1
103.	DL/T 301 - 2011	发电厂水汽中痕量阳离子的测定 离子色谱法			2011 - 7 - 28	2011 - 11 - 1
104.	DL/T 302.1 - 2011	火力发电厂设备维修分析技术导则 第1部分:可靠性维修分析			2011 - 7 - 28	2011 - 11 - 1
105.	DL/T 302.2 - 2011	火力发电厂设备维修分析技术导则 第2部分:风险维修分析			2011 - 7 - 28	2011 - 11 - 1
106.	DL/T 304 - 2011	气体绝缘金属封闭输电线路现场交接试验导则			2011 - 7 - 28	2011 - 11 - 1
107.	DL/T 5099 - 2011	水工建筑物地下工程开挖施工技术规范	DL/T 5099 - 1999		2011 - 7 - 28	2011 - 11 - 1

续表

序号	标准编号	标准名称	代替标准	采标号	批准日期	实施日期
108.	DL/T 5205 - 2011	电力建设工程 工程量清单计价规范 - 输电线路工程	DL/T 5205 - 2005		2011 - 7 - 28	2011 - 11 - 1
109.	DL/T 5341 - 2011	电力建设工程 工程量清单计价规范 - 变电工程	DL/T 5341 - 2006		2011 - 7 - 28	2011 - 11 - 1
110.	DL/T 5369 - 2011	电力建设工程 工程量清单计价规范 - 火力发电工程	DL/T 5369 - 2007		2011 - 7 - 28	2011 - 11 - 1
111.	DL/T 5253 - 2011	贫胶渣砾料碾压混凝土施工导则			2011 - 7 - 28	2011 - 11 - 1
112.	DL/T 5254 - 2011	水电水利工程混凝土搅拌楼安全操作规程			2011 - 7 - 28	2011 - 11 - 1
113.	DL/T 5255 - 2011	水电水利工程缆索起重机安全操作规程			2011 - 7 - 28	2011 - 11 - 1

交通运输部关于发布交通运输行业标准汽车驾驶节能操作规范的公告

交通运输部 2011 年第 27 号

交通运输行业标准《汽车驾驶节能操作规范》业经审查通过，现予发布，自 2011 年 6 月 15 日起实施。

该标准的编号和名称是：

JT/T 807 - 2011 汽车驾驶节能操作规范

该标准为推荐性标准，由人民交通出版社出版，并在《交通标准化》刊物上公告，同时在中华人民共和国交通运输部网站上公告。

中华人民共和国交通运输部（章）

二〇一一年五月二十日

《快速公共汽车交通（BRT）公共汽车通用技术要求》行业产品标准发布

住房和城乡建设部第 839 号

现批准《快速公共汽车交通（BRT）公共汽车通用技术要求》为城镇建设行业产品标准，编号为 CJ/T 339 - 2010，自 2011 年 8 月 1 日起实施。本标准由我部标准定额研究所组织中国标准出版社出版发行。

二〇一〇年十二月十日

住房和城乡建设部关于发布行业产品标准《电动公共汽车通用技术条件》的公告

住房和城乡建设部第 780 号

现批准《电动公共汽车通用技术条件》为城镇建设行业产品标准，编号为 CJ/T 350 - 2010，自 2011 年 5

月 1 日起实施。本标准由我部标准定额研究所组织中国标准出版社出版发行。

二〇一〇年十月二十一日

《散装水泥车技术条件及性能试验方法》等 19 项汽车行业标准

工业和信息化部 2010 年第 113 号

序号	标准编号	标准名称	代替标准	发布日期	实施日期
1	QC/T 560－2010	散装水泥车技术条件及性能试验方法	QC/T 560－1999；QC/T 561－1999	2010－8－16	2010－12－1
2	QC/T 223－2010	自卸汽车试验方法	QC/T 223－1997	2010－8－16	2010－12－1
3	QC/T 825－2010	自卸汽车液压系统技术条件		2010－8－16	2010－12－1
4	QC/T 460－2010	自卸汽车液压缸技术条件	QC/T 460－1999	2010－8－16	2010－12－1
5	QC/T 222－2010	自卸汽车通用技术条件	QC/T 222－1997	2010－8－16	2010－12－1
6	QC/T 826－2010	桥梁检测车		2010－8－16	2010－12－1
7	QC/T 667－2010	混凝土搅拌运输车技术条件和试验方法	QC/T 667－2000；QC/T 668－2000	2010－8－16	2010－12－1
8	QC/T 449－2010	保温车、冷藏车技术条件及试验方法	QC/T 449－2000	2010－8－16	2010－12－1
9	QC/T 828－2010	汽车空—空中冷器技术条件		2010－8－16	2010－12－1
10	QC/T 468－2010	汽车散热器	QC/T 468－1999	2010－8－16	2010－12－1
11	QC/T 829－2010	柴油车排气后处理装置试验方法		2010－8－16	2010－12－1
12	QC/T 830－2010	汽车高压气体放电灯用电子镇流器		2010－8－16	2010－12－1
13	QC/T 831－2010	乘用车座椅用电动滑轨技术条件		2010－8－16	2010－12－1
14	QC/T 832－2010	水暖式汽车尾气加热器		2010－8－16	2010－12－1
15	QC/T 666.1－2010	汽车空调（HFC－134a）用密封件　第 1 部分：O 形橡胶密封圈	QC/T 666－2000	2010－8－16	2010－12－1
16	QC/T 833－2010	汽车空调用压力安全阀技术条件		2010－8－16	2010－12－1
17	QC/T 834－2010	汽车空调斜板式变排量压缩机总成技术条件		2010－8－16	2010－12－1
18	QC/T 835－2010	汽车空调用双向斜板式定排量压缩机总成技术条件		2010－8－16	2010－12－1
19	QC/T 836－2010	专用汽车类别及代码		2010－8－16	2010－12－1

二〇一〇年八月十六日

住房和城乡建设部关于发布行业产品标准《快速公共汽车交通(BRT)站台屏蔽门》的公告

住房和城乡建设部第712号

现批准《快速公共汽车交通(BRT)站台屏蔽门》为城镇建设行业产品标准,编号为CJ/T 342-2010,自2011年1月1日起实施。

本标准由我部标准定额研究所组织中国标准出版社出版发行。

住房和城乡建设部

二○一○年七月二十九日

住房和城乡建设部关于发布行业标准《快速公共汽车交通系统设计规范》的公告

住房和城乡建设部第532号

现批准《快速公共汽车交通系统设计规范》为行业标准,编号为CJJ 136-2010,自2010年9月1日起实施。其中,第4.3.3、5.1.8、5.2.1、7.1.4条为强制性条文,必须严格执行。

本规范由我部标准定额研究所组织中国建筑工业出版社出版发行。

住房和城乡建设部

二○一○年三月三十一日

139项汽车、制药装备、包装、纺织行业标准编号、名称、主要内容及起始实施日期

工业和信息化部〔2009〕第63号

序号	标准编号	标准名称	标准主要内容	代替标准	采标情况	实施日期
	汽车行业					
1	QC/T 807-2009	除雪车	本标准规定了除雪车的术语,要求,试验方法,检验规则,标志使用说明书,随车文件运输贮存。 本标准适用于采用已定型汽车整车或二类底盘基础上改装的城市道路及高速公路,机场路面除雪为主的除雪车及除雪半挂车。			2010-04-01

续表

序号	标准编号	标准名称	标准主要内容	代替标准	采标情况	实施日期
2	QC/T 808 – 2009	采血车技术条件	本标准规定了采血车的定义,技术要求,试验方法,检验规则,随车文件,运输和贮存等内容。 本标准适用于在已定型的整车(底盘)基础上改装的采血用车。			2010 – 04 – 01
3	QC/T 631 – 2009	汽车排气消声器总成技术条件和试验方法	本标准规定了汽车排气消声器总成的技术要求与试验方法,检验规则,标志,包装,运输及储存等要求。 本标准适用于 M 类和 N 类机动车辆用的排气消声器总成。	QC/T 631 – 1999 QC/T 630 – 1999		2010 – 04 – 01
4	QC/T 60 – 2009	摩托车和轻便摩托车整车性能台架试验方法	本标准规定了摩托车和轻便摩托车在底盘测功机上进行试验的总则,各项试验的试验方法及其他内容。 本标准适用于摩托车和轻便摩托车,不适用于在不能拖动运转的底盘测功机上校核由从动轮驱动的摩托车车速里程表。	QC/T 60 – 1993		2010 – 04 – 01
5	QC/T 658 – 2009	汽车空调制冷系统性能道路试验方法	本标准规定了汽车空调制冷系统在整车状态中的性能道路试验方法。 本标准适用于装用非独立式空调的汽车,独立式空调的汽车可参照执行。	QC/T 658 – 2000		2010 – 04 – 01
6	QC/T 44 – 2009	汽车风窗玻璃电动刮水器	本标准规定了汽车风窗玻璃电动刮水器的技术要求、试验方法和检验规则、标志、包装、运输和储存。 本标准适用于汽车风窗玻璃上使用的电动刮水器。	QC/T 44 – 1997		2010 – 04 – 01
7	QC/T 633 – 2009	客车座椅	本标准规定了客车座椅的术语和定义、要求、试验方法、检验规则、标志、包装、贮存和运输。 本标准适用于 M_2、M_3 类客车的座椅,本标准不适用于 M_2、M_3 类客车中 A 级和 I 级客车使用的塑料或木质成型座椅。	QC/T 633 – 2000		2010 – 04 – 01
8	QC/T 809 – 2009	车用燃气喷嘴	本标准规定了车用燃气喷嘴的技术要求,试验方法,检验规则,标志,运输和贮存。 本标准适用于在环境温度为 –40 度 – +120 度条件下,以符合 GB 18047 要求的汽车用压缩天然气或符合 GB 19159 要求的汽车用液化石油气为工作介质的汽车用燃气喷嘴。			2010 – 04 – 01

续表

序号	标准编号	标准名称	标准主要内容	代替标准	采标情况	实施日期
9	QC/T 810 - 2009	汽车起动机用电磁开关技术条件	本标准规定了汽车用起动机电磁开关的要求,试验方法,检验规则,包装,标志,运输及贮存。 本标准适用于汽车用起动机电磁开关。			2010 - 04 - 01
10	QC/T 811 - 2009	沥青道路微波养护车	本标准规定了沥青道路微波养护车的术语和定义、要求、试验方法、检验规则、标志、包装、运输、贮存。 本标准适用于采用已定型汽车或二类底盘改装的沥青道路微波养护车。			2010 - 04 - 01
11	QC/T 812 - 2009	柴油机曲轴箱油气分离器技术条件和试验方法	本标准规定了柴油机曲轴箱油气分离器的技术要求、试验方法和检验规则以及标志、包装、运输和贮存。 本标准适用于350 kW以下的汽车、工程机械、农林机械、船舶和固定动力等柴油机采用过滤方式分离的曲轴箱油气分离器总成,对于350 kW以上各类柴油机的曲轴箱油气分离器可参照执行。			2010 - 04 - 01
12	QC/T 813 - 2009	二甲醚汽车专用装置技术要求	本标准规定了二甲醚汽车专用装置(以下简称专用装置)的要求。 本标准适用于使用汽车用二甲醚、额定工作压力为2.0 MPa的专用装置。			2010 - 04 - 01
13	QC/T 814 - 2009	二甲醚汽车专用装置的安装要求	本标准规定了二甲醚汽车专用装置的安装要求、试验方法、检验规则、标志。 本标准适用于以汽车用二甲醚为燃料的汽车。			2010 - 04 - 01
14	QC/T 815 - 2009	快插式二甲醚汽车加注口	本标准规定了快插式二甲醚汽车加注口的要求、试验方法、检验规则、标志、包装、运输及贮存、出厂文件。 本标准适用于二甲醚汽车的燃料加注口,其额定工作压力为2.0 MPa,工作环境温度为-40 ℃~85 ℃。			2010 - 04 - 01
15	QC/T 816 - 2009	加氢车技术条件	本标准规定了用于装运和加注高压氢气的车辆的术语、定义、要求、标志和随车文件。 本标准适用于用定型汽车底盘改装的装运和加注高压氢气的加氢车。			2010 - 04 - 01

续表

序号	标准编号	标准名称	标准主要内容	代替标准	采标情况	实施日期
16	QC/T 817 - 2009	摩托车和轻便摩托车簧片阀式二次空气补给机构耐久性要求与试验方法	本标准规定了摩托车和轻便摩托车用簧片阀式二次空气补给机构(以下简称机构)的耐久性要求和试验方法。 本标准适用于由单向簧片阀(以下简称簧片阀)和二次空气截止阀(以下简称截止阀)组合而成的机构。其他形式的机构可以参照使用。			2010 - 04 - 01
17	QC/T 818 - 2009	摩托车和轻便摩托车辐条式车轮	本标准规定了摩托车和轻便摩托车辐条式车轮术语及定义、要求、试验方法、检验规则、标志、包装、运输和贮存。 本标准适用于摩托车和轻便摩托车辐条式车轮。			2010 - 04 - 01
18	QC/T 71 - 2009	摩托车和轻便摩托车轮辋	本标准规定了摩托车和轻便摩托车轮辋(以下简称轮辋)术语和定义、产品分类、要求、检验方法、检验规则及标志、包装、运输和贮存。 本标准适用于用钢制或轻合金制的摩托车和轻便摩托车辐条式车轮用轮辋。用钢制或轻合金制的摩托车和轻便摩托车辐板式车轮用轮辋亦可参照本标准。 本标准不适用于用铸造方法制造的轮辋。	QC/T 71 - 1993	JISD 4215 - 1995,NEQ	2010 - 04 - 01
19	QC/T 819 - 2009	两轮摩托车和两轮轻便摩托车车架	本标准规定了两轮摩托车和两轮轻便摩托车(以下简称摩托车)车架的术语和定义、车架型式、要求、试验方法、检验规则、标志、包装、运输及贮存。 本标准适用于摩托车车架。		TCVN 7238 - 2003,NEQ	2010 - 04 - 01
20	QC/T 227.1 - 2009	摩托车和轻便摩托车制动片摩擦性能试验方法	本标准规定了摩托车和轻便摩托车制动片摩擦性能试验对试片的要求,试验设备,试验程序及数据处理方法。 本标准适用于摩托车制动片摩擦性能的试验。	QC/T 227.1 - 1997		2010 - 04 - 01
21	QC/T 227.2 - 2009	摩托车和轻便摩托车制动片粘结剪切强度试验方法	本标准规定了摩托车和轻便摩托车制动片粘结剪切强度试验方法。 本标准适用于摩托车鼓式制动器的制动蹄组件和盘式制动器的制动衬组件的粘结剪切强度试验。	QC/T 227.2 - 1997		2010 - 04 - 01
22	QC/T 232 - 2009	摩托车和轻便摩托车制动手柄强度要求及试验方法	本标准规定了摩托车和轻便摩托车用制动手柄的强度要求和试验方法。 本标准适用于摩托车制动手柄。	QC/T 232 - 1997		2010 - 04 - 01

续表

序号	标准编号	标准名称	标准主要内容	代替标准	采标情况	实施日期
23	QC/T 820－2009	汽车、摩托车仪表用步进电机	本标准规定了汽车、摩托车仪表用步进电机的要求、试验方法、检验规则及标志、包装、贮存、保管。			2010－04－01
24	QC/T 14－2009	汽车用轮胎气压表	本标准规定了汽车用轮胎气压表（以下简称气压表）的分类、要求、试验方法及检验规则、标志、包装、贮存和保管。	QC/T 14－1992		2010－04－01
25	QC/T 821－2009	汽车用发动机冷却水及润滑油温度传感器	本标准规定了汽车用发动机冷却水及润滑油温度传感器（以下简称传感器）的要求、试验方法、检验规则和标志、包装、贮存、保管。			2010－04－01
26	QC/T 822－2009	汽车用发动机润滑油压力传感器	本标准规定了汽车用发动机润滑油压力传感器（以下简称传感器）的要求、试验方法、检验规则和标志、包装、贮存、保管。			2010－04－01
27	QC/T 823－2009	汽车、摩托车用燃油传感器	本标准规定了汽车、摩托车用燃油传感器（以下简称传感器）的分类、要求、试验方法、检验规则、标志、包装、贮存和保管。			2010－04－01
28	QC/T 824－2009	汽车用转速传感器	本标准规定了汽车用转速传感器（以下简称传感器）的要求、试验方法、检验规则和标志、包装、贮存、保管。			2010－04－01
29	QC/T 462－2009	汽车发动机工作小时表	本标准规定了汽车发动机工作小时表（以下简称小时表）的分类、要求、试验方法和检验规则、标志、包装、贮存和保管。	QC/T 462－1999		2010－04－01

GB 4785－2007《汽车及挂车外部照明和光信号装置的安装规定》国家标准第1号修改单

国标委工一函〔2009〕53号 2009年10月9日

本修改单经国家标准化管理委员会于2009年10月9日准，自2009年11月1日起实施。

1. 第2章规范性引用文件最后增加“ECE R13关于就制动方面批准M类，N类和O类车辆的统一规定”和“ECE R13h关于就制动方面批准M类，N类和O类车辆的统一规定（欧美日协调版）”。

2. 增加3.30条：

“紧急制动信号 emergency stop signal 向车后的道路其他使用者发出的车辆正在实施高减速度的紧急制动减速的警示信号。”

3. 第4.1.9条改为：“如无专门说明，在灯具工作期间，光学系统特性（例如发光强度、颜色、视表面等）不应改变。”

4. 增加第4.1.9.1条：“如无专门说明，只有转向信号灯，危险警告信号，紧急制动信号和符合下述4.3.18.7规定的侧标志灯是闪烁的。”

5. 增加4.1.9.2条：

“任何灯具的配光特性因下列条件而出现变化，是允许的，只要这些变化符合相关灯具的技术要求：

a）相对环境光；

b）因启动其他灯具而造成的；

c）正在被用于提供其他照明功能。”

6. 在表1“昼间行驶灯　白色”后增加一行：“紧急制动信号　琥珀色或红色”

7. 4.3.12.7条增加：“在车辆发生碰撞或4.3.20中规定的紧急制动信号解除后，危险警告信号可以被自动启动。只有这些情况下，才允许手动关闭。”

8. 增加4.3.20条：“紧急制动信号”

9. 增加4.3.20.1条：

“配备：选装

紧急制动信号应由按4.3.20.7电路连接的所有制动灯或转向灯的同时启动来实现。”

10. 增加4.3.20.2条：

“数量：

按照4.3.4.2或4.3.3.2中的规定。”

11. 增加4.3.20.3条：

“布局：

按照4.3.4.3或4.3.3.3中的规定。”

12. 增加4.3.20.4条：

“安装位置：

按照4.3.4.4或4.3.3.4中的规定。”

13. 增加4.3.20.5条：

“几何可见度：

按照4.3.4.5或4.3.3.5中的规定。”

14. 增加4.3.20.6条：

“方向：

按照4.3.4.6或4.3.3.6中的规定”

15. 增加4.3.20.7条：“电路连接。”

16. 增加4.3.20.7.1条：“发出紧急制动信号的所有灯具，其闪烁频率应在Hz范围内。”

17. 增加4.3.20.7.1.1条：“但是，如果车尾发出紧急制动信号的任何灯具使用灯丝灯泡，其闪烁频率应在Hz范围内。”

18. 增加4.3.20.7.2条：“紧急制动信号应独立于其他灯具工作。”

19. 增加4.3.20.7.3条：“紧急制动信号应自动地启动和解除。”

20. 增加4.3.20.7.3.1条：“紧急制动信号应仅在车速高于50km/h并且制动系统在发出ECE R13或ECE R13h规定的紧急制动逻辑信号时启动。”

21. 增加4.3.20.7.3.2条：“紧急制动信号应在ECE R13或ECE R13h规定的紧急制动逻辑信号不再发出或危险警告信号被启动时自动解除。”

22. 增加4.3.20.8条：“指示器：选用”

23. 增加4.3.20.9条：“其他要求。”

24. 增加4.3.20.9.1条：

“除去4.3.20.9.2中描述的情况，如果车辆搭载有拖车装备时，车辆上的紧急制动信号的控制器也应能够操作拖车上的紧急制动信号。

当车辆与拖车电力连接时，组合的紧急制动信号的工作频率应被限制在4.3.20.7.1.1中描规定的范围内。但是，如果车辆可以探测到拖车上的紧急制动信号不在使用灯丝灯泡，则频率可以按4.3.20.7.1规定的范围。”

25. 增加4.3.20.9.2条：

“如果车辆附带有装载了符合ECE R13中定义的连续或半连续行车制动系统的拖车时，应保证在实施行车制动时，通过电力连接供给拖车制动灯持续稳定的电源。

任何此类拖车的紧急制动信号可以独立于实施拖拽的车辆单独工作，且不要求与实施拖拽车辆的紧急制动信号同频率或同相运作。”

轻型汽车燃料消耗量标示管理规定

工装〔2009〕第50号

第一章　总　　则

第一条　为加强汽车产品节能管理，贯彻《国务院关于进一步加强节油节电工作的通知》（国发〔2008〕23号）和《汽车产业发展政策》等文件要求，确保GB 22757－2008《轻型汽车燃料消耗量标识》的顺利实施，特制定本规定。

第二条　本规定适用于在中国境内销售的能够燃用汽油或柴油燃料的、最大设计总质量不超过3500kg的M1、M2类和N1类车辆。

第二章　标示要求

第三条　汽车生产企业和进口汽车经销商，应保证其汽车产品在销售时都粘贴有《汽车燃料消耗量标识》。

第四条　《汽车燃料消耗量标识》由汽车生产企业或进口汽车经销商按照GB 22757－2008《轻型汽车燃料消耗量标识》要求印制、粘贴。

第五条　汽车生产企业或进口汽车经销商应保证粘贴在汽车产品上的《汽车燃料消耗量标识》符合国家标准要求；在汽车产品自身以外其他场所使用的标识可等比例放大或缩小。

第三章　《汽车燃料消耗量标识》标注

第六条　企业标志的标注

（一）国产汽车的企业标志采用汉字标注，且须与在车身尾部显著位置上标注的汽车生产企业名称一致；

（二）进口汽车的企业标志采用注册图形商标或注册文字标注。

第七条　燃料消耗量的标注

汽车生产企业或进口汽车经销商按照GB/T 19233《轻型汽车燃料消耗量试验方法》申报并经工业和信息化部指定的检测机构（其中进口汽车可经质检部门指定检测机构）检测确认的燃料消耗量数据。

第八条　启用日期的标注

《汽车燃料消耗量标识》启用日期为整车出厂合格证上打印的制造日期或《汽车燃料消耗量标识》报工业和信息化部备案日期。

第九条　备案号的标注

（一）国产汽车采用车辆识别代号（VIN）或《车辆生产企业及产品公告》的车辆型号加后缀识别号，后缀识别号应能区分不同油耗的同一车型，其编号规则由企业自行确定；

（二）进口汽车采用车辆一致性证书编号。

第十条　其他内容的标注

按GB 22757－2008要求执行。

第四章　监督检查

第十一条　汽车生产企业或进口汽车经销商应将不同油耗车型的《汽车燃料消耗量标识》样本于汽车产品上市销售前报工业和信息化部（装备工业司）备案。

第十二条　工业和信息化部将定期公告轻型汽车燃料消耗量指标。

第十三条　对发现或有举报并经查实有下列情况之一的，将视情节严重，按国家有关法律、法规的规定予以处理：

(一)未按规定要求进行标示、粘贴的;

(二)未按规定要求报《汽车燃料消耗量标识》备案的;

(三)标示内容与备案内容不符的。

第五章　附　　则

第十四条　本规定中的M1类车辆是指国家标准(GB/T 15089－2001)3.2.1款定义的“包括驾驶员在内、座位数不超过九座的载客车辆”;M2类车辆是指国家标准(GB/T 15089－2001)3.2.2款定义的“包括驾驶员在内、座位数超过九座,且最大设计总质量不超过5000kg载客车辆”;N1类车辆是指国家标准(GB/T 15089－2001)3.3.1款定义的“最大设计总质量不超过3500kg的载货车辆”。

第十五条　本规定中的“汽车生产企业”是指已获得汽车产品生产许可、列入《车辆生产企业及产品公告》的汽车生产企业。

第十六条　本规定中的“进口汽车经销商”是指已获得汽车产品进口许可的进口汽车经销商。

第十七条　本规定中的“工业和信息化部指定的检测机构”是指承担《车辆生产企业及产品公告》车辆产品检测工作的检测机构。

第十八条　报送《汽车燃料消耗量标识》样本备案的同时,报送电子文档(邮箱:qiche@ miit. gov. cn),电子文档格式在工业和信息化部门户网站装备司子站下载。

第十九条　本规定由工业和信息化部负责解释。

第二十条　本规定自2010年1月1日起施行。

国家标准《机动车运行安全技术条件》(GB 7258－2004)第3号修改单

本修改单经国家标准化管理委员会于2008年8月20日批准,自发布之日起实施。

标准名称:GB 7258－2004《机动车运行安全技术条件》

一、删除前言“本标准实施的过渡期要求”部分第1列项中“8.2.7部分机动车应设置车身反光标识的要求”。

二、在前言“本标准实施的过渡期要求”部分的最后增加3个列项:

“－8.2.7和8.2.8有关设置车身反光标识的要求,对新出厂或者已出厂但未注册登记的货车和挂车,自本修改单实施之日起实施;对本修改单实施前已注册登记的货车和挂车,自本修改单实施之日起2个月后实施。

－12.19有关安装侧面及后下部防护装置的要求,对新出厂或者已出厂但未注册登记的货车和挂车,自本修改单实施之日起实施;对本修改单实施前已注册登记的货车和挂车,自本修改单实施之日起6个月后实施。

－对已经注册登记的货车和挂车设置车身反光标识或安装侧面及后下部防护装置的要求,条件具备的省、自治区、直辖市可提前实施。”

三、将前言中“本标准的附录A、附录B、附录C、附录D、附录E、附录F为规范性附录,附录G为资料性附录”修改为“本标准的附录A、附录B、附录C、附录D、附录E、附录F为规范性附录,附录G、附录H为资料性附录”。

四、将第8.2.7条修改为:

“所有货车(含三轮汽车、低速货车以及载货类汽车底盘改装的专用作业车)和挂车应在后部、侧面设置车身反光标识,后部的车身反光标识应能体现机动车后部的高度和宽度,侧面的车身反光标识长度应不小于车长的50%,三轮汽车的侧面车身反光标识长度不应小于1.2m,货厢长度不足车长50%的货车的侧面车身反光标识长度应为货厢长度。厢式货车和厢式挂车后部、侧面的车身反光标识应能体现货厢轮廓。”

五、将第8.2.8条修改为:

“各类货车和挂车车身反光标识的设置和车身反光标识材料应符合相关国家标准和GA406的规定,粘贴式样参照附录H。”

六、增加第8.2.9条：

“货车和挂车设置的车身反光标识被遮挡的，应在被遮挡的车身后部和侧面至少水平固定一块2000mm×150mm的柔性反光标识。”

七、原第8.2.9条和第8.2.10条分别改为第8.2.10条和第8.2.11条。

八、增加：附录H(资料性附录)《典型车型车身反光标识粘贴示例及要求》。

附件1：机动车运行安全技术条件(GB 7258－2004)(略)

附件2：典型车型车身反光标识粘贴示例及要求(略)

附件：

发动机标记和标牌样式

压燃式发动机

国家环境保护总局型式核准达到国家第Ⅲ阶段机动车排放标准
发动机型号及商标
制造厂名称
型式核准号：×××××

气体燃料点燃式发动机

国家环境保护总局型式核准达到国家第Ⅲ阶段机动车排放标准
发动机型号及商标
制造厂名称
型式核准号：×××××　(×) “限于使用高(或低)发热量范围的天然气”或“限于使用规格为××的天然气(或液化石油气)”

要求：

1. 标记(牌)尺寸企业自定，文字大小按标准执行。
2. 标记(牌)内容为中文，清晰可辨。

国家标准《机动车运行安全技术条件》(GB 7258－2004)第2号修改单

本修改单经国家标准化管理委员会于2007年6月22日批准，自2007年9月1日起实施。

标准名称：GB 7258－2004《机动车运行安全技术条件》

一、增加第3.2.10条和第3.2.10.1、3.2.10.2、3.2.10.3、3.2.10.4条：

3.2.10

校车　school bus

用于运送不少于5名幼儿园、小学、中学等教育机构的学生及其照管人员上下学的客车和乘用车。按乘坐对象分包括幼儿校车、小学生校车和其他校车，按车辆属性分包括专用校车和非专用校车。

3.2.10.1

幼儿校车　school bus for infants

运送3岁以上学龄前幼儿上下学的校车。

3.2.10.2

小学生校车　school bus for school children

运送小学生上下学的校车。

3.2.10.3

专用校车 special school bus

设计和制造上专门用于运送学生的校车。

3.2.10.4

非专用校车 non－special school bus

设计和制造上不是专门用于运送学生的校车。

二、第4.5.2.2条修改为:

“除前排座位外的其他排座位,在能保证与前一排座位的间距不小于600mm且座垫深度不小于400mm(对第二排以后的可折叠座椅座间距不小于570mm且座垫深度不小于350mm)时,按座垫中间位置测量的乘客舱内部宽度每400mm核定1人。但上述座位作为儿童座位使用时,对于幼儿校车座间距不小于420mm时按每280 mm核定一人,对于小学生校车座间距不小于500mm时按每350 mm核定一人。

注1:可折叠座椅是指靠背、座垫铰接且折叠在一起后能完全收起的座椅。

注2:儿童座位是指幼儿校车上专门供幼儿乘坐的座位和小学生校车上专门供小学生乘坐的座位。

注3:座间距应在通过(单人)座椅中心线的垂直平面内,在座垫上表面最高点所处平面与地板上方620mm高度范围内水平测量。测量时,座椅座垫和靠背均不应被压陷;驾驶员座椅应处于滑轨中间位置(可取最前和最后两个位置测量值的平均值),其他可调节座椅的前后位置可根据需要调整以使相关座椅的座间距均能满足要求;靠背角度可调式座椅的靠背角度及座椅其他调整量应处于制造厂规定的正常使用位置。”

三、第4.5.3.2条中的“座垫宽按每一人不小于400mm核定”修改为:

“长条座椅(指座垫靠背均为条形的供两人或多人乘坐的座椅)按座垫宽每400mm核定一人,但作为儿童座位使用时,对幼儿校车按每280 mm核定一人,对小学生校车按每350 mm核定一人;单人座椅座垫宽不小于400mm时核定1人,但可折叠的单人座椅不得作为儿童座位核定人数”。

四、第4.5.3.2条中的“长途客车和旅游客车及车长不大于6 m的客车不允许核定站立人数”修改为:

“长途客车和旅游客车、专用校车及车长不大于6 m的客车不允许核定站立人数,非专用幼儿校车和非专用小学生校车运送学生时也不允许核定站立人数。”

五、第4.5.3.4条修改为:

“幼儿校车和小学生校车按4.5.3.2核定乘员数,其他客车以4.5.3.1、4.5.3.2及4.5.3.3计算的乘员数取最小值核定乘员数。”

六、增加第4.8.7条:

“4.8.7专用校车应喷涂有符合规定的外观标识,非专用校车运送学生时应在前风窗玻璃右下角和后风窗玻璃适当位置各放置一块可以从车外清楚识别的标牌。”

七、在第11.1条的最后增加:

“车长小于6m的专用校车的车身应为两厢式车身,且一半以上的发动机长度应位于车辆前风窗玻璃最前点以前。”

八、在第11.6.4条的最后增加:

“校车所有车窗玻璃的可见光透射比均应不小于50%,且不应张贴有不透明和带任何镜面反光材料之色纸或隔热纸。幼儿校车、小学生校车的侧窗下边缘距其下方座椅上表面的高度应不小于250mm,否则应加装防护装置。”

九、将第11.8条修改为:

“乘用车和客车的乘员座椅应合理布置,无特殊要求时应尽可能均匀分布。长途客车和旅游客车的乘员座椅、校车的儿童座位应纵向布置(与车辆前进的方向相同);校车的儿童座位椅垫面不应前倾,靠近通道的儿童座位还应在通道一侧设置平行于椅垫面的座椅扶手。幼儿校车和小学生校车儿童座位的座间距应分别不小于420 mm和500mm;其他客车同方向座椅的座间距应不小于650 mm,相向座椅的座间距应不小于1200 mm。客车车身及地板应密合并有足够强度,座椅及其车辆固定件的强度应符合GB13057的规定。”

十、在第12.1条的最后增加:

“专用校车的每一个儿童座位均应装置安全带”。

附件:机动车运行安全技术条件(GB 7258－2004)(略)

商务部、海关总署关于对部分汽车及配件编码调整的公告

商务部、海关总署2007年第18号

根据国家有关税收政策规定，现对《2007年出口许可证管理货物目录》及《2007年边境小额贸易出口许可证管理货物目录》中“汽车（包括成套散件）及其底盘”的HS编码进行调整（调整内容见附件），并于2007年3月1日起实施。

新编码实施后，原《2007年出口许可证管理货物目录》（及《2007年边境小额贸易出口许可证管理货物目录》）（商务部、海关总署公告2006年第100号）中“汽车（包括成套散件）及其底盘”的HS编码同时废止。

特此公告

附件：《2007年出口许可证管理货物目录》调整一览表

商务部

海关总署

二〇〇七年二月二十七日

附件：

《2007年出口许可证管理货物目录》调整一览表

<table>
<tr><td rowspan="22">41</td><td rowspan="22">* * 汽车（包括成套散件）及其底盘</td><td>8701200000</td><td>半挂车用的公路牵引车</td><td>辆</td></tr>
<tr><td>8702109100</td><td>30座及以上大型客车（柴油型，指装有柴油或半柴油发动机的30座及以上的客运车）</td><td>辆</td></tr>
<tr><td>8702109201</td><td>20≤座≤23装有压燃式活塞内燃发动机的客车</td><td>辆</td></tr>
<tr><td>8702109290</td><td>24≤座≤29装有压燃式活塞内燃发动机的客车</td><td>辆</td></tr>
<tr><td>8702109300</td><td>10≤座≤19装有压燃式活塞内燃发动机的客车</td><td>辆</td></tr>
<tr><td>8702901000</td><td>30座及以上大型客车（其他型，指装有其他发动机的30座及以上的客运车）</td><td>辆</td></tr>
<tr><td>8702902001</td><td>20≤座≤23装有非压燃式活塞内燃发动机的客车</td><td>辆</td></tr>
<tr><td>8702902090</td><td>24≤座≤29装有非压燃式活塞内燃发动机的客车</td><td>辆</td></tr>
<tr><td>8702903000</td><td>10≤座≤19装有非压燃式活塞内燃发动机的客车</td><td>辆</td></tr>
<tr><td>8703213001</td><td>排气量≤1升的装有点燃往复式活塞内燃发动机的小轿车</td><td>辆</td></tr>
<tr><td>8703213090</td><td>排气量≤1升的装有点燃往复式活塞内燃发动机小轿车的成套散件</td><td>辆</td></tr>
<tr><td>8703219001</td><td>排量≤1升的带点燃往复式活塞内燃发动机的其他车辆</td><td>辆</td></tr>
<tr><td>8703219090</td><td>排量≤1升的带点燃往复式活塞内燃发动机的其他车辆的成套散件</td><td>辆</td></tr>
<tr><td>8703223001</td><td>1<排量≤1.5升带点燃往复式活塞内燃发动机小轿车</td><td>辆</td></tr>
<tr><td>8703223090</td><td>1<排量≤1.5升带点燃往复式活塞内燃发动机小轿车的成套散件</td><td>辆</td></tr>
<tr><td>8703224001</td><td>1<排量≤1.5升带点燃往复活塞内燃发动机四轮驱动越野车</td><td>辆</td></tr>
<tr><td>8703224090</td><td>1<排量≤1.5升带点燃往复活塞内燃发动机四轮驱动越野车的成套散件</td><td>辆</td></tr>
<tr><td>8703225001</td><td>1<排量≤1.5升带点燃往复式活塞内燃发动机小客车（≤9座）</td><td>辆</td></tr>
<tr><td>8703225090</td><td>1<排量≤1.5升带点燃往复式活塞内燃发动机小客车的成套散件（≤9座）</td><td>辆</td></tr>
<tr><td>8703229001</td><td>1<排量≤1.5升带点燃往复式活塞内燃发动机其他车</td><td>辆</td></tr>
<tr><td>8703229090</td><td>1<排量≤1.5升带点燃往复式活塞内燃发动机其他车的成套散件</td><td>辆</td></tr>
<tr><td>8703231401</td><td>1.5<排量≤2升装点燃往复式活塞内燃发动机小轿车</td><td>辆</td></tr>
</table>

续表

41	* * 汽车（包括成套散件）及其底盘	8703231402	2 < 排量≤2.5 升装点燃往复式活塞内燃发动机小轿车	辆
		8703231490	1.5 < 排量≤2.5 升装点燃往复式活塞内燃发动机小轿车的成套散件	辆
		8703231501	1.5 < 排量≤2 升装点燃往复式活塞内燃发动机四轮驱动越野车	辆
		8703231502	2 < 排量≤2.5 升装点燃往复式活塞内燃发动机四轮驱动越野车	辆
		8703231590	1.5 < 排量≤2.5 升装点燃往复式活塞内燃发动机四轮驱动越野车的成套散件	辆
		8703231601	1.5 < 排量≤2 升装点燃往复式活塞内燃发动机小客车（指≤9 座）	辆
		8703231602	2 < 排量≤2.5 升装点燃往复式活塞内燃发动机的小客车（指≤9 座）	辆
		8703231690	1.5 < 排量≤2.5 升装点燃往复式活塞内燃发动机小客车的成套散件（指≤9 座）	辆
		8703231901	1.5 < 排量≤2 升装点燃往复式活塞内燃发动机其他载人车辆	辆
		8703231902	2 < 排量≤2.5 升装点燃往复式活塞内燃发动机其他载人车辆	辆
		8703231990	1.5 < 排量≤2.5 升装点燃往复式活塞内燃发动机其他载人车辆的成套散件	辆
		8703233401	2.5 < 排量≤3 升装点燃往复式活塞内燃发动机小轿车	辆
		8703233490	2.5 < 排量≤3 升装点燃往复式活塞内燃发动机小轿车的成套散件	辆
		8703233501	2.5 < 排量≤3 升装点燃往复式活塞内燃发动机越野车	辆
		8703233590	2.5 < 排量≤3 升装点燃往复式活塞内燃发动机越野车的成套散件	辆
		8703233601	2.5 < 排量≤3 升装点燃往复式活塞内燃发动机旅行小客车（≤9 座）	辆
		8703233690	2.5 < 排量≤3 升装点燃往复式活塞内燃发动机旅行小客车的成套散件（≤9 座）	辆
		8703233901	2.5 < 排量≤3 升装点燃往复式活塞内燃发动机其他载人车（≤9 座）	辆
		8703233990	2.5 < 排量≤3 升装点燃往复式活塞内燃发动机其他载人车的成套散件（≤9 座）	辆
		8703243001	3 < 排量≤4 升装点燃往复式活塞内燃发动机小轿车	辆
		8703243002	排气量 >4 升的装有点燃往复式活塞内燃发动机小轿车	辆
		8703243090	排气量 >3 升的装有点燃往复式活塞内燃发动机小轿车的成套散件	辆
		8703244001	3 < 排量≤4 升装点燃往复式活塞内燃发动机越野车	辆
		8703244002	排气量 >4 升的装有点燃往复式活塞内燃发动机越野车	辆
		8703244090	排气量 >3 升的装有点燃往复式活塞内燃发动机越野车的成套散件	辆
		8703245001	3 < 排量≤4 升装点燃往复式活塞内燃发动机的小客车（≤9 座）	辆
		8703245002	排气量 >4 升的装有点燃往复式活塞内燃发动机的小客车（≤9 座）	辆
		8703245090	排气量 >3 升的装有点燃往复式活塞内燃发动机的小客车的成套散件（≤9 座）	辆
		8703249001	3 < 排量≤4 升装点燃往复式活塞内燃发动机的其他载人车辆	辆
		8703249002	排量 >4 升装点燃往复式活塞内燃发动机其他载人车辆	辆
		8703249090	排量 >3 升装点燃往复式活塞内燃发动机其他载人车辆的成套散件	辆
		8703313001	排气量≤1.5 升的装有压燃式活塞内燃发动机小轿车	辆
		8703313090	排气量≤1.5 升的装有压燃式活塞内燃发动机小轿车的成套散件	辆
		8703314001	排气量≤1.5 升的装有压燃式活塞内燃发动机越野车	辆
		8703314090	排气量≤1.5 升的装有压燃式活塞内燃发动机越野车的成套散件	辆
		8703315001	排气量≤1.5 升的装有压燃式活塞内燃发动机小客车（≤9 座）	辆
		8703315090	排气量≤1.5 升的装有压燃式活塞内燃发动机小客车的成套散件（≤9 座）	辆
		8703319001	排量≤1.5 升装压燃式活塞内燃发动机其他载人车	辆
		8703319090	排量≤1.5 升装压燃式活塞内燃发动机其他载人车的成套散件	辆

续表

41	＊＊汽车（包括成套散件）及其底盘	8703323001	1.5＜排量≤2 升装有压燃式活塞内燃发动机小轿车	辆
		8703323002	2＜排量≤2.5 升装有压燃式活塞内燃发动机小轿车	辆
		8703323090	1.5＜排量≤2.5 升装有压燃式活塞内燃发动机小轿车的成套散件	辆
		8703324001	1.5＜排量≤2 升装有压燃式活塞内燃发动机四轮驱动越野车	辆
		8703324002	2＜排量≤2.5 升装有压燃式活塞内燃发动机四轮驱动越野车	辆
		8703324090	1.5＜排量≤2.5 升装有压燃式活塞内燃发动机四轮驱动越野车的成套散件	辆
		8703325001	1.5＜排量≤2 升装有压燃式活塞内燃发动机小客车（指≤9 座）	辆
		8703325002	2＜排量≤2.5 升装有压燃式活塞内燃发动机小客车（指≤9 座）	辆
		8703325090	1.5＜排量≤2.5 升装有压燃式活塞内燃发动机小客车的成套散件（≤9 座）	辆
		8703329001	1.5＜排量≤2 升装压燃式活塞内燃发动机其他载人车辆	辆
		8703329002	2＜排量≤2.5 升装压燃式活塞内燃发动机其他载人车辆	辆
		8703329090	1.5＜排量≤2.5 升装压燃式活塞内燃发动机其他载人车辆的成套散件	辆
		8703333001	2.5＜排量≤3 升装有压燃式活塞内燃发动机小轿车	辆
		8703333002	3 升＜排气量≤4 升装有压燃式活塞内燃发动机小轿车	辆
		8703333003	排气量＞4 升装有压燃式活塞内燃发动机小轿车	辆
		8703333090	排气量＞2.5 升装有压燃式活塞内燃发动机小轿车的成套散件	辆
		8703334001	2.5＜排量≤3 升装压燃式活塞内燃发动机四轮驱动越野车	辆
		8703334002	3＜排量≤4 升装压燃式活塞内燃发动机四轮驱动越野车	辆
		8703334003	排气量＞4 升装有压燃式活塞内燃发动机四轮驱动越野车	辆
		8703334090	排气量＞2.5 升装有压燃式活塞内燃发动机四轮驱动越野车的成套散件	辆
		8703335001	2.5＜排量≤3 升装压燃式活塞内燃发动机小客车（≤9 座）	辆
		8703335002	3 升＜排气量≤4 升装有压燃式活塞内燃发动机的小客车（≤9 座）	辆
		8703335003	排气量＞4 升装有压燃式活塞内燃发动机的小客车（≤9 座）	辆
		8703335090	排气量＞2.5 升装有压燃式活塞内燃发动机的小客车的成套散件（≤9 座）	辆
		8703339001	2.5＜排量≤3 升装压燃式活塞内燃发动机其他载人车辆	辆
		8703339002	3＜排量≤4 升装压燃式活塞内燃发动机其他载人车辆	辆
		8703339003	排量＞4 升装压燃式活塞内燃发动机其他载人车辆	辆
		8703339090	排量＞2.5 升装压燃式活塞内燃发动机其他载人车辆的成套散件	辆
		8703900001	其他型排气量≤1.5 升的其他载人车辆	辆
		8703900002	其他型 1.5 升＜排气量≤2 升的其他载人车辆	辆
		8703900003	其他型 2 升＜排气量≤2.5 升的其他载人车辆	辆
		8703900004	其他型 2.5 升＜排气量≤3 升的其他载人车辆	辆
		8703900005	其他型 3 升＜排气量≤4 升的其他载人车辆	辆
		8703900006	其他型排气量＞4 升的其他载人车辆	辆
		8704210000	柴油型其他小型货车（装有压燃式活塞内燃发动机，小型指车辆总重量≤5 吨）	辆
		8704223000	柴油型其他中型货车（装有压燃式活塞内燃发动机，中型指 5＜车辆总重量＜14 吨）	辆
		8704224000	柴油型其他重型货车（装有压燃式活塞内燃发动机，重型指 14≤车辆总重≤20 吨）	辆
		8704230001	固井水泥车、压裂车、混砂车底盘（车辆总重量＞35 吨，装驾驶室）	辆
		8704230002	起重≥55 吨汽车起重机用底盘（装有压燃式活塞内燃发动机）	辆

续表

41	＊＊汽车（包括成套散件）及其底盘	8704230090	柴油型的其他超重型货车（装有压燃式活塞内燃发动机，超重型指车辆总重量 > 20 吨）	辆
		8704310000	总重量≤5 吨的其他货车（汽油型，装有点燃式活塞内燃发动机）	辆
		8704323000	5 吨 < 总重量≤8 吨的其他货车（汽油型，装有点燃式活塞内燃发动机）	辆
		8704324000	汽油型 > 8 吨的其他货车（汽油型，装有点燃式活塞内燃发动机）	辆
		8704900000	装有其他发动机的货车	辆
		8706002100	车辆总重量≥14 吨的货车底盘（装有发动机的）	台
		8706002200	车辆总重量 < 14 吨的货车底盘（装有发动机的）	台
		8706003000	大型客车底盘（装有发动机的）	台
		8706009000	其他机动车辆底盘（装有发动机的，编号 8701，8703 和 8705 所列车辆用）	台

注：标有"＊＊"的货物自 2007 年 3 月 1 日起实行出口许可证管理

GB 4785 – 2007《汽车及挂车外部照明和光信号装置的安装规定》国家标准第 1 号修改单

国标委工一函〔2009〕53 号　2009 年 10 月 9 日

本修改单经国家标准化管理委员会于 2009 年 10 月 9 日准，自 2009 年 11 月 1 日起实施。

1. 第 2 章规范性引用文件最后增加"ECE R13 关于就制动方面批准 M 类，N 类和 O 类车辆的统一规定"和"ECE R13h 关于就制动方面批准 M 类，N 类和 O 类车辆的统一规定（欧美日协调版）"。

2. 增加 3.30 条：

"紧急制动信号 emergency stop signal 向车后的道路其他使用者发出的车辆正在实施高减速度的紧急制动减速的警示信号。"

3. 第 4.1.9 条改为："如无专门说明，在灯具工作期间，光学系统特性（例如发光强度、颜色、视表面等）不应改变。"

4. 增加第 4.1.9.1 条："如无专门说明，只有转向信号灯，危险警告信号，紧急制动信号和符合下述 4.3.18.7 规定的侧标志灯是闪烁的。"

5. 增加 4.1.9.2 条：

"任何灯具的配光特性因下列条件而出现变化，是允许的，只要这些变化符合相关灯具的技术要求：

a）相对环境光；

b）因启动其他灯具而造成的；

c）正在被用于提供其他照明功能。"

6. 在表 1"昼间行驶灯　白色"后增加一行："紧急制动信号　琥珀色或红色"

7. 4.3.12.7 条增加："在车辆发生碰撞或 4.3.20 中规定的紧急制动信号解除后，危险警告信号可以被自动启动。只有这些情况下，才允许手动关闭。"

8. 增加 4.3.20 条："紧急制动信号"

9. 增加 4.3.20.1 条：

"配备：选装

紧急制动信号应由按 4.3.20.7 电路连接的所有制动灯或转向灯的同时启动来实现。"

10. 增加 4.3.20.2 条：

"数量：

按照 4.3.4.2 或 4.3.3.2 中的规定。"

11. 增加 4.3.20.3 条：

"布局：

按照4.3.4.3或4.3.3.3中的规定。”

12.增加4.3.20.4条：

“安装位置：

按照4.3.4.4或4.3.3.4中的规定。”

13.增加4.3.20.5条：

“几何可见度：

按照4.3.4.5或4.3.3.5中的规定。”

14.增加4.3.20.6条：

“方向：

按照4.3.4.6或4.3.3.6中的规定”

15.增加4.3.20.7条：“电路连接。”

16.增加4.3.20.7.1条：“发出紧急制动信号的所有灯具，其闪烁频率应在Hz范围内。”

17.增加4.3.20.7.1.1条：“但是，如果车尾发出紧急制动信号的任何灯具使用灯丝灯泡，其闪烁频率应在Hz范围内。”

18.增加4.3.20.7.2条：“紧急制动信号应独立于其他灯具工作。”

19.增加4.3.20.7.3条：“紧急制动信号应自动地启动和解除。”

20.增加4.3.20.7.3.1条：“紧急制动信号应仅在车速高于50km/h并且制动系统在发出ECE R13或ECE R13h规定的紧急制动逻辑信号时启动。”

21.增加4.3.20.7.3.2条：“紧急制动信号应在ECE R13或ECE R13h规定的紧急制动逻辑信号不再发出或危险警告信号被启动时自动解除。”

22.增加4.3.20.8条：“指示器：选用”

23.增加4.3.20.9条：“其他要求。”

24.增加4.3.20.9.1条：

“除去4.3.20.9.2中描述的情况，如果车辆搭载有拖车装备时，车辆上的紧急制动信号的控制器也应能够操作拖车上的紧急制动信号。

当车辆与拖车电力连接时，组合的紧急制动信号的工作频率应被限制在4.3.20.7.1.1中描规定的范围内。但是，如果车辆可以探测到拖车上的紧急制动信号不在使用灯丝灯泡，则频率可以按4.3.20.7.1规定的范围。”

25.增加4.3.20.9.2条：

“如果车辆附带有装载了符合ECE R13中定义的连续或半连续行车制动系统的拖车时，应保证在实施行车制动时，通过电力连接供给拖车制动灯持续稳定的电源。

任何此类拖车的紧急制动信号可以独立于实施拖拽的车辆单独工作，且不要求与实施拖拽车辆的紧急制动信号同频率或同相运作。”

GB 7258－2004《机动车运行安全技术条件》国家标准第1号修改单

国标委工交函〔2006〕32号

本修改单经国家标准化管理委员会于2006年8月22日批准，自2006年11月1日起实施。

标准名称：GB 7258－2004《机动车运行安全技术条件》

一、删除第8.4.3条。

二、第8.4.7.3条中的“在检验前照灯远光光束及远光单光束灯照射位置时”改为：“在检验前照灯远光照射位置时，对于能单独调整远光光束的前照灯”。

教育部关于发布《数控技术应用专业仪器设备配备标准》和《汽车运用与维修专业仪器设备配备标准》的通知

教职成〔2006〕2号

各省、自治区、直辖市教育厅(教委),计划单列市教育局、新疆生产建设兵团教育局:

经全国教学仪器标准化技术委员会审定通过,现发布以下两项教育行业标准:

JY/T 0379－2006《数控技术应用专业仪器设备配备标准》

JY/T 0380－2006《汽车运用与维修专业仪器设备配备标准》

以上标准自二〇〇六年三月一日起实施。

教育部

二〇〇六年二月二十一日

交通部关于发布道路运输企业等级等22项交通行业标准和废止汽车旅客运输班车客运服务质量等93项交通行业标准的通知

各有关单位:

《道路旅客运输企业等级》等22项交通行业标准业经审查通过,现予发布,自2006年1月1日起实施。

22项交通行业标准的编号和名称是:

1. JTT 630－2005 道路旅客运输企业等级
2. JTT 631－2005 道路货物运输企业等级
3. JTT 632－2005 汽车故障电脑诊断仪
4. JTT 633－2005 汽车悬架转向系间隙检查仪
5. JTT 634－2005 汽车前轮转向角检验台
6. JTT 635－2005 轮胎拆装机
7. JTT 636－2005 立轴缸体缸盖平面磨床
8. JTT 637－2005 气门座镗床
9. JTT 638－2005 汽车发动机电喷嘴清洗检测仪
10. JTT 639－2005 汽车车体校正机
11. JTT 640－2005 汽车维修行业计算机管理信息系统技术规范
12. JTT 641－2005 公路收费用费额显示器
13. JTT 642－2005 智能运输系统　数据字典要求
14. JTT 643－2005 公路环境保护术语
15. JTT 644－2005 公路绿化术语
16. JTT 645.1－2005 公路服务区生活污水再生利用　第1部分:水质
17. JTT 645.2－2005 公路服务区生活污水再生利用　第2部分:处理系统技术要求
18. JTT 645.3－2005 公路服务区生活污水再生利用　第3部分:处理系统操作管理要求
19. JTT 646－2005 公路声屏障材料技术要求和检测方法
20. JTT 647－2005 公路绿化设计制图
21. JTT 137－2005 公路沥青库(代替JTT 137－1994)
22. JTT 277－2005 沥青混合料摊铺机(代替JTT 277－1995和JTT 41－1993)

以上发布的22项交通行业标准均为推荐性标准,由人民交通出版社出版,并在《交通标准化》刊物上公告。

以下93项交通行业标准自文件发布之日起废止。废止标准的编号和名称是:

1. JTT 3142－1990 汽车旅客运输班车客运服务质量标准
2. JTT 3143－1990 汽车货物运输质量标准
3. JTT 3144－1991 汽车运输企业行车安全管理标准
4. JT 71－1993 悬挂式公路桥梁工作架
5. JTT 69.1－1993 汽车运价信息分类与代码 货物运输
6. JTT 69.2－1993 汽车运价信息分类与代码 集装箱运输
7. JTT 69.3－1997 汽车运价信息分类及代码 货运站收费
8. JTT 69.4－1997 汽车运价信息分类及代码 客运站收费
9. JTT 148－1994 汽车运价信息分类及代码 旅客运输
10. JTT 3147－1992 货运挂车侧面防护装置
11. JTT 103－1991 汽车车架修理技术条件
12. JTT 104－1991 汽车发动机气缸体与气缸盖修理技术条件
13. JTT 105－1991 汽车发动机曲轴修理技术条件
14. JTT 106－1991 汽车发动机凸轮轴修理技术条件
15. JTT 108－1991 汽车变速修理技术条件
16. JTT 110－1993 汽车前桥及轴向系修理技术条件
17. JTT 111－1993 汽车传动轴修理技术条件
18. JTT 112－1993 汽车驱动桥修理技术条件
19. JTT 3154－1992 气缸体轴瓦拉床技术条件
20. JTT 127－1993 制动蹄摩擦片钻铆磨机
21. JTT 128－1993 半轴套管拆装机
22. JTT 131－1993 液压连杆检验台
23. JTT 3151－1992 联合碎石机技术条件
24. JTT 3152.1－1992 履带式稳定土拌和机技术条件
25. JTT 3152.2－1992 轮胎式稳定土拌和机技术条件
26. JTT 3153－1992 沥青乳化设备试验方法
27. JTT 3155－1992 路面划线机通用技术条件
28. JTT 3157－1993 稳定土厂拌设备技术条件
29. JTT 3158－1993 沥青泵
30. JTT 3164－1993 混凝土构件切割机技术条件
31. JTT 68－1993 清障车通用技术条件
32. JT 3146－1992 手动击实仪技术要求
33. JTT 3148－1992 沥青标准粘度仪
34. JTT 3150－1992 沥青延度仪
35. JTT 3156－1992 光电式沥青含量测定仪
36. JTT 3165－1993 土工密度(灌沙法)测定仪技术条件
37. JTT 2025－1993 海船船员体检要求
38. JTT 2026－1993 船舶安全靠离条件
39. JTT 0037.1－1993 海上交通事故统计信息分类与代码 总则
40. JTT 0037.2－1993 海上交通事故统计信息分类与代码 事故级别
41. JTT 0037.3－1993 海上交通事故统计信息分类与代码 事故分类
42. JTT 0037.4－1993 海上交通事故统计信息分类与代码 事故原因
43. JTT 0037.5－1993 海上交通事故统计信息分类与代码 气象海况
44. JTT 2023－1992 港口作业救生衣
45. JTT 5029－1991 港口叉车司机通用安全技术考核标准
46. JT 5033－1992 船舶起重机司机安全技术考核标准
47. JTT 5034－1993 港口机械机损事故处理规定

48. JTT 2015－1990 港口煤炭作业除尘用水水质标准
49. JTT 5030.1－1991 港口机械圆柱齿减速器　产品分类
50. JTT 5030.2－1991 港口机械圆柱齿减速器　A系列技术条件
51. JTT 5031－1991 长撑杆双颚抓斗参数系列
52. JTT 5032－1991 港口用钢丝绳铝合金压制接头
53. JTT 5036.1－1993 内河港口固定起重机、台架起重机基本参数系列
54. JTT 5036.2－1993 内河港口固定起重机、台架起重机技术条件
55. JTT 3－1993 港口机械减速器专用油脂特0号润滑脂技术条件
56. JTT 70.1－1993 港口门座起重机电气设备技术条件　电控设备
57. JTT 70.2－1993 港口门座起重机电气设备技术条件　集电器
58. JTT 70.3－1993 港口门座起重机电气设备技术条件　磁滞联轴器
59. JTT 70.4－1993 港口门座起重机电气设备技术条件　联动控制台
60. JTT 70.5－1993 港口门座起重机电气设备技术条件　成套电阻器
61. JTT 244－1995 无动力自动转锁集装箱吊具
62. JTT 2027－1993 内河船舶救生衣　修复、报废
63. JTT 4098－1993 内河钢质货船质量等级评定
64. JTT 4099－1993 内河钢质推(拖)船质量等级评定
65. JTT 4401－1993 船舶电气设备维护管理基本技术要求
66. JTT 4402.1－1993 船体修理技术要求　总则
67. JTT 4402.2－1993 船体修理技术要求　钢板厚度测量
68. JTT 4402.3－1993 船体修理技术要求　构件蚀耗的更换
69. JTT 4402.4－1993 船体修理技术要求　构件变形的更换
70. JTT 4402.5－1993 船体修理技术要求　工艺符号
71. JTT 4402.6－1993 船体修理技术要求　船体材料和焊接材料
72. JTT 4402.7－1993 船体修理技术要求　构件号料
73. JTT 4402.8－1993 船体修理技术要求　钢板加工
74. JTT 4402.9－1993 船体修理技术要求　型钢加工
75. JTT 4402.10－1993 船体修理技术要求　底部构件的换新及拆装
76. JTT 4402.11－1993 船体修理技术要求　舷侧构件的换新及拆装
77. JTT 4402.12－1993 船体修理技术要求　甲板及平台的换新及拆装
78. JTT 4402.13－1993 船体修理技术要求　甲板货舱口和围板的换新及拆装
79. JTT 4402.14－1993 船体修理技术要求　舱壁及围壁的换新及拆装
80. JTT 4402.15－1993 船体修理技术要求　基座的制造和安装
81. JTT 4402.16－1993 船体修理技术要求　外观质量
82. JTT 4402.17－1993 船体修理技术要求　密性试验
83. JTT 4506－1986 CDY 系列船用柴油机电动遥控装置
84. JTT 101－1991 船舶交流电力系统的短路计算
85. JT 107－1991 船用工作救生衣
86. JTT 4540.1－1992 长江中、下游推船船型系列　882kW 推船
87. JTT 4540.2－1992 长江中、下游推船船型系列　588kW 推船
88. JTT 4540.3－1992 长江中、下游推船船型系列　400kW 推船
89. JTT 4540.4－1992 长江中、下游推船船型系列　272kw(A型)推船
90. JTT 4540.5－1992 长江中、下游推船船型系列　272kW(B型)推船
91. JTT 4540.6－1992 长江中、下游推船船型系列　220kW 推船
92. JTT 4540.7－1992 长江中、下游推船船型系列　200kW 推船
93. JTT 4544－1993 船舶主柴油机遥控装置运行管理与维护技术要求

废止的93项标准在《交通标准化》刊物上公告。

中华人民共和国交通部章
二〇〇五年九月二十一日

强制性产品认证标志管理办法

国家认证认可监督管理委员会2001年第1号

第一章 总 则

第一条 为加强对国家强制性产品认证标志(以下简称认证标志)的统一监督管理,维护消费者合法权益,根据国家有关法律、法规的规定,制定本办法。

第二条 本办法适用于《中华人民共和国实施强制性产品认证的产品目录》(以下简称《目录》)中产品的认证标志的制定、发布、使用和管理。

第三条 国家认证认可监督管理委员会统一制定、发布认证标志,对认证标志实施监督管理。

第四条 列入《目录》的产品,必须获得国家认证认可监督管理委员会指定的认证机构(以下简称指定认证机构)颁发的认证证书,并在认证有效期内,符合认证要求,方可使用认证标志。

第五条 列入《目录》的产品必须经认证合格、加施认证标志后,方可出厂、进口、销售和在经营活动中使用。

第二章 认证标志的式样

第六条 认证标志的名称为"中国强制认证"(英文缩写"CCC")。

第七条 认证标志的图案由基本图案、认证种类标注组成。

(一)基本图案

基本图案如图一所示。(略)

(二)认证种类标注

认证种类标注如图二所示。在认证标志基本图案的右部印制认证种类标注,证明产品所获得的认证种类,认证种类标注由代表认证种类的英文单词的缩写字母组成,如图二中的"S"代表安全认证。

图二 认证标志图案(略)

国家认证认可监督管理委员会根据认证工作需要制定和发布有关认证种类标注。

第八条 在认证合格的特殊产品(如电线、电缆)上适用"中国强制认证"标志的特殊式样:"中国强制认证"的英文缩写"CCC"字样。

第九条 认证标志的规格

认证标志分为标准规格认证标志和非标准规格认证标志。

(一)标准规格认证标志分为五种,其规格标准见表一和图三。

表一 标准规格认证标志的尺寸 单位:mm

	规格	1号	2号	3号	4号	5号
尺寸	A	8	15	30	45	60
	A1	7.5	14	28	42	56
	B	6.3	11.8	23.5	35.3	47
	B1	5.8	10.8	21.5	32.3	43

图三 认证标志图案比例图(略)

(二)非标准规格认证标志的规格与表一的规定不同,但必须与标准规格认证标志的尺寸成线性比例。

第十条 认证标志的颜色

(一)国家认证认可监督管理委员会统一印制的标准规格认证标志(以下简称统一印制的标准规格认证

标志)的颜色为白色底版、黑色图案;

(二)如采用印刷、模压、模制、丝印、喷漆、蚀刻、雕刻、烙印、打戳等方式(以下各种方式在以下简称印刷、模压)在产品或产品铭牌上加施认证标志,其底版和图案颜色可根据产品外观或铭牌总体设计情况合理选用。

第三章 认证标志的使用

第十一条 获得认证的产品使用认证标志的方式可以根据产品特点按以下规定选取:

(一)统一印制的标准规格认证标志,必须加施在获得认证产品外体规定的位置上;

(二)印刷、模压认证标志的,该认证标志应当被印刷、模压或铭牌或产品外体的明显位置上;

(三)在相关获得认证产品的本体上不能加施认证标志的,其认证标志必须加施在产品的最小包装上及随附文件中;

(四)获得认证的特殊产品不能按以上各款规定加施认证标志的,必须在产品本体上印刷或者模压"中国强制认证"标志的特殊式样。

第十二条 获得认证的产品可以在产品外包装上加施认证标志。

第十三条 在境外生产、并获得认证的产品必须在进口前加施认证标志;在境内生产、并获得认证的产品必须在出厂前加施认证标志。

第四章 认证标志的制作、申请和发放

第十四条 统一印制的标准规格认证标志的制作由国家认证认可监督管理委员会指定的印制机构承担。

第十五条 本办法第十一条第二款、第四款规定的认证标志的印刷、模压设计方案应当由认证标志的申请人(以下简称申请人)向国家认证认可监督管理委员会指定的机构(以下简称指定的机构)提出申请,经国家认证认可监督管理委员会审批后,方可自行制作。

第十六条 认证标志的申请使用

(一)申请人必须持申请书和认证证书的副本向指定的机构申请使用认证标志;

(二)申请人委托他人申请使用认证标志的,受委托人必须持申请人的委托书、申请书和认证证书的副本向指定的机构申请使用认证标志;

(三)申请人以函件或者电讯方式申请使用认证标志的,必须向指定的机构提供申请书、认证证书副本的书面或者电子文本,申请使用认证标志。

第十七条 申请人申请使用认证标志,应当按照国家规定缴纳统一印制的标准规格认证标志的工本费或者模压、印刷认证标志的监督管理费。

第十八条 统一印制的标准规格认证标志由指定的机构发放。

第五章 认证标志的监督管理

第十九条 国家认证认可监督管理委员会对认证标志的制作、发放和使用实施统一的监督、管理。

各地质检行政部门根据职责负责对所辖地区认证标志的使用实施监督检查。

指定认证机构对其发证产品的认证标志的使用实施监督检查。

受委托的国外检查机构对受委托的获得认证产品上的认证标志的使用实施监督检查。

第二十条 指定认证机构和指定的机构有义务向申请人告知认证标志的管理规定,指导申请人按规定使用认证标志。

第二十一条 申请人应当遵守以下规定:

(一)建立认证标志的使用和管理制度,对认证标志的使用情况如实记录和存档;

(二)保证使用认证标志的产品符合认证要求;

(三)对超过认证有效期的产品,不得使用认证标志;

(四)在广告、产品介绍等宣传材料中正确地使用认证标志,不得利用认证标志误导、欺诈消费者;

(五)接受国家认证认可监督管理委员会、各地质检行政部门和指定认证机构对认证标志使用情况的监督检查。

第二十二条 经国家认证认可监督管理委员会指定的认证机构、检测机构及检查机构可以在其业务及广告宣传中正确地使用认证标志，不得利用认证标志误导、欺诈消费者。

第二十三条 承担统一印制的标准规格认证标志制作工作的企业必须对认证标志的印制技术和防伪技术承担保密义务，未经国家认证认可监督管理委员会的授权，不得向任何机构或个人提供统一印制的标准规格认证标志和印制工具。

第二十四条 认证有效期内的产品不符合认证要求，指定认证机构应当责令申请人限期纠正，在纠正期限内不得使用认证标志。

第二十五条 伪造、变造、盗用、冒用、买卖和转让认证标志以及其他违反认证标志管理规定的，按照国家有关法律法规的规定，予以行政处罚；触犯刑律的，依法追究其刑事责任。

第二十六条 指定认证机构和指定的机构及其工作人员不履行职责或者滥用职权的，按有关规定予以处理。

第六章 附 则

第二十七条 本办法所称的认证标志的申请人为认证证书的持有人。

第二十八条 本办法由国家认证认可监督管理委员会负责解释。

第二十九条 本办法自2002年5月1日起实施。

强制性产品认证管理规定

国家质量监督检验检疫总局第117号

第一章 总 则

第一条 为规范强制性产品认证工作，提高认证有效性，维护国家、社会和公共利益，根据《中华人民共和国认证认可条例》（以下简称认证认可条例）等法律、行政法规以及国家有关规定，制定本规定。

第二条 为保护国家安全、防止欺诈行为、保护人体健康或者安全、保护动植物生命或者健康、保护环境，国家规定的相关产品必须经过认证（以下简称强制性产品认证），并标注认证标志后，方可出厂、销售、进口或者在其他经营活动中使用。

第三条 国家质量监督检验检疫总局（以下简称国家质检总局）主管全国强制性产品认证工作。

国家认证认可监督管理委员会（以下简称国家认监委）负责全国强制性产品认证工作的组织实施、监督管理和综合协调。

地方各级质量技术监督部门和各地出入境检验检疫机构（以下简称地方质检两局）按照各自职责，依法负责所辖区域内强制性产品认证活动的监督管理和执法查处工作。

第四条 国家对实施强制性产品认证的产品，统一产品目录（以下简称目录），统一技术规范的强制性要求、标准和合格评定程序，统一认证标志，统一收费标准。

国家质检总局、国家认监委会同国务院有关部门制定和调整目录，目录由国家质检总局、国家认监委联合发布，并会同有关方面共同实施。

第五条 国家鼓励开展平等互利的强制性产品认证国际互认活动，互认活动应当在国家质检总局、国家认监委或者其授权的有关部门对外签署的国际互认协议框架内进行。

第六条 从事强制性产品认证活动的机构及其人员，对其从业活动中所知悉的商业秘密及生产技术、工艺等技术秘密和信息负有保密义务。

第二章 认证实施

第七条 强制性产品认证基本规范由国家质检总局、国家认监委制定、发布，强制性产品认证规则（以下简称认证规则）由国家认监委制定、发布。

第八条 强制性产品认证应当适用以下单一认证模式或者多项认证模式的组合，具体模式包括：

（一）设计鉴定；

（二）型式试验；

（三）生产现场抽取样品检测或者检查；
（四）市场抽样检测或者检查；
（五）企业质量保证能力和产品一致性检查；
（六）获证后的跟踪检查。

产品认证模式应当依据产品的性能，对涉及公共安全、人体健康和环境等方面可能产生的危害程度、产品的生命周期、生产、进口产品的风险状况等综合因素，按照科学、便利等原则予以确定。

第九条 认证规则应当包括以下内容：
（一）适用的产品范围；
（二）适用的产品所对应的国家标准、行业标准和国家技术规范的强制性要求；
（三）认证模式；
（四）申请单元划分原则或者规定；
（五）抽样和送样要求；
（六）关键元器件或者原材料的确认要求（需要时）；
（七）检测标准的要求（需要时）；
（八）工厂检查的要求；
（九）获证后跟踪检查的要求；
（十）认证证书有效期的要求；
（十一）获证产品标注认证标志的要求；
（十二）其他规定。

第十条 列入目录产品的生产者或者销售者、进口商（以下统称认证委托人）应当委托经国家认监委指定的认证机构（以下简称认证机构）对其生产、销售或者进口的产品进行认证。

委托其他企业生产列入目录产品的，委托企业或者被委托企业均可以向认证机构进行认证委托。

第十一条 认证委托人应当按照具体产品认证规则的规定，向认证机构提供相关技术材料。

销售者、进口商作为认证委托人时，还应当向认证机构提供销售者与生产者或者进口商与生产者订立的相关合同副本。

委托其他企业生产列入目录产品的，认证委托人还应当向认证机构提供委托企业与被委托企业订立的相关合同副本。

第十二条 认证机构受理认证委托后，应当按照具体产品认证规则的规定，安排产品型式试验和工厂检查。

第十三条 认证委托人应当保证其提供的样品与实际生产的产品一致，认证机构应当对认证委托人提供样品的真实性进行审查。

认证机构应当按照认证规则的要求，根据产品特点和实际情况，采取认证委托人送样、现场抽样或者现场封样后由认证委托人送样等抽样方式，委托经国家认监委指定的实验室（以下简称实验室）对样品进行产品型式试验。

第十四条 实验室对样品进行产品型式试验，应当确保检测结论的真实、准确，并对检测全过程作出完整记录，归档留存，保证检测过程和结果的记录具有可追溯性，配合认证机构对获证产品进行有效的跟踪检查。

实验室及其有关人员应当对其作出的检测报告内容以及检测结论负责，对样品真实性有疑义的，应当向认证机构说明情况，并作出相应处理。

第十五条 需要进行工厂检查的，认证机构应当委派具有国家注册资格的强制性产品认证检查员，对产品生产企业的质量保证能力、生产产品与型式试验样品的一致性等情况，依照具体产品认证规则进行检查。

认证机构及其强制性产品认证检查员应当对检查结论负责。

第十六条 认证机构完成产品型式试验和工厂检查后，对符合认证要求的，一般情况下自受理认证委托起90天内向认证委托人出具认证证书。

对不符合认证要求的，应当书面通知认证委托人，并说明理由。

认证机构及其有关人员应当对其作出的认证结论负责。

第十七条 认证机构应当通过现场产品检测或者检查、市场产品抽样检测或者检查、质量保证能力检查等方式，对获证产品及其生产企业实施分类管理和有效的跟踪检查，控制并验证获证产品与型式试验样品的一致性、生产企业的质量保证能力持续符合认证要求。

第十八条 认证机构应当对跟踪检查全过程作出完整记录，归档留存，保证认证过程和结果具有可追溯性。

对于不能持续符合认证要求的，认证机构应当根据相应情形作出予以暂停或者撤销认证证书的处理，并予公布。

第十九条 认证机构应当按照认证规则的规定，根据获证产品的安全等级、产品质量稳定性以及产品生产企业的良好记录和不良记录情况等因素，对获证产品及其生产企业进行跟踪检查的分类管理，确定合理的跟踪检查频次。

第三章 认证证书和认证标志

第二十条 国家认监委统一规定强制性产品认证证书（以下简称认证证书）的格式、内容和强制性产品认证标志（以下简称认证标志）的式样、种类。

第二十一条 认证证书应当包括以下基本内容：

（一）认证委托人名称、地址；

（二）产品生产者（制造商）名称、地址；

（三）被委托生产企业名称、地址（需要时）；

（四）产品名称和产品系列、规格、型号；

（五）认证依据；

（六）认证模式（需要时）；

（七）发证日期和有效期限；

（八）发证机构；

（九）证书编号；

（十）其他需要标注的内容。

第二十二条 认证证书有效期为5年。

认证机构应当根据其对获证产品及其生产企业的跟踪检查的情况，在认证证书上注明年度检查有效状态的查询网址和电话。

认证证书有效期届满，需要延续使用的，认证委托人应当在认证证书有效期届满前90天内申请办理。

第二十三条 获证产品及其销售包装上标注认证证书所含内容的，应当与认证证书的内容相一致，并符合国家有关产品标识标注管理规定。

第二十四条 有下列情形之一的，认证委托人应当向认证机构申请认证证书的变更，由认证机构根据不同情况作出相应处理：

（一）获证产品命名方式改变导致产品名称、型号变化或者获证产品的生产者、生产企业名称、地址名称发生变更的，经认证机构核实后，变更认证证书；

（二）获证产品型号变更，但不涉及安全性能和电磁兼容内部结构变化；或者获证产品减少同种产品型号的，经认证机构确认后，变更认证证书；

（三）获证产品的关键元器件、规格和型号，以及涉及整机安全或者电磁兼容的设计、结构、工艺和材料或者原材料生产企业等发生变更的，经认证机构重新检测合格后，变更认证证书；

（四）获证产品生产企业地点或者其质量保证体系、生产条件等发生变更的，经认证机构重新工厂检查合格后，变更认证证书；

（五）其他应当变更的情形。

第二十五条 认证委托人需要扩展其获证产品覆盖范围的，应当向认证机构申请认证证书的扩展，认证机构应当核查扩展产品与原获证产品的一致性，确认原认证结果对扩展产品的有效性。经确认合格后，可以根据认证委托人的要求单独出具认证证书或者重新出具认证证书。

认证机构可以按照认证规则的要求，针对差异性补充进行产品型式试验或者工厂检查。

第二十六条 有下列情形之一的，认证机构应当注销认证证书，并对外公布：

（一）认证证书有效期届满，认证委托人未申请延续使用的；

（二）获证产品不再生产的；

（三）获证产品型号已列入国家明令淘汰或者禁止生产的产品目录的；

（四）认证委托人申请注销的；

（五）其他依法应当注销的情形。

第二十七条 有下列情形之一的，认证机构应当按照认证规则规定的期限暂停认证证书，并对外公布：

（一）产品适用的认证依据或者认证规则发生变更，规定期限内产品未符合变更要求的；

（二）跟踪检查中发现认证委托人违反认证规则等规定的；

（三）无正当理由拒绝接受跟踪检查或者跟踪检查发现产品不能持续符合认证要求的；

（四）认证委托人申请暂停的；

（五）其他依法应当暂停的情形。

第二十八条 有下列情形之一的，认证机构应当撤销认证证书，并对外公布：

（一）获证产品存在缺陷，导致质量安全事故的；

（二）跟踪检查中发现获证产品与认证委托人提供的样品不一致的；

（三）认证证书暂停期间，认证委托人未采取整改措施或者整改后仍不合格的；

（四）认证委托人以欺骗、贿赂等不正当手段获得认证证书的；

（五）其他依法应当撤销的情形。

第二十九条 获证产品被注销、暂停或者撤销认证证书的，认证机构应当确定不符合认证要求的产品类别和范围。

自认证证书注销、撤销之日起或者认证证书暂停期间，不符合认证要求的产品，不得继续出厂、销售、进口或者在其他经营活动中使用。

第三十条 认证标志的式样由基本图案、认证种类标注组成，基本图案如下图：（略）

基本图案中“CCC”为“中国强制性认证”的英文名称“China Compulsory Certification”的英文缩写。

第三十一条 在认证标志基本图案的右侧标注认证种类，由代表该产品认证种类的英文单词的缩写字母组成。

国家认监委根据强制性产品认证工作的需要，制定有关认证种类标注的具体要求。

第三十二条 认证委托人应当建立认证标志使用管理制度，对认证标志的使用情况如实记录和存档，按照认证规则规定在产品及其包装、广告、产品介绍等宣传材料中正确使用和标注认证标志。

第三十三条 任何单位和个人不得伪造、变造、冒用、买卖和转让认证证书和认证标志。

第四章 监督管理

第三十四条 国家认监委对认证机构、检查机构和实验室的认证、检查和检测活动实施年度监督检查和不定期的专项监督检查。

第三十五条 认证机构应当将获证产品的认证委托人、获证产品及其生产企业，以及认证证书被注销、暂停或者撤销的信息向国家认监委和省级地方质检两局进行通报。

第三十六条 国家质检总局统一计划，国家认监委采取定期或者不定期的方式对获证产品进行监督检查。

获证产品生产者、销售者、进口商和经营活动使用者不得拒绝监督检查。

国家认监委建立获证产品及其生产者公布制度，向社会公布监督检查结果。

第三十七条 地方质检两局依法按照各自职责，对所辖区域内强制性产品认证活动实施监督检查，对违法行为进行查处。

列入目录内的产品未经认证，但尚未出厂、销售的，地方质检两局应当告诫其产品生产企业及时进行强制性产品认证。

第三十八条 地方质检两局进行强制性产品认证监督检查时，可以依法进入生产经营场所实施现场检查，查阅、复制有关合同、票据、帐薄以及其他资料，查封、扣押未经认证的产品或者不符合认证要求的产品。

第三十九条 列入目录产品的生产者、销售商发现其生产、销售的产品存在安全隐患，可能对人体健康和生命安全造成损害的，应当向社会公布有关信息，主动采取召回产品等救济措施，并依照有关规定向相关监督管理部门报告。

列入目录产品的生产者、销售商未履行前款规定义务的，国家质检总局应当启动产品召回程序，责令生产者召回产品，销售者停止销售产品。

第四十条　出入境检验检疫机构应当对列入目录的进口产品实施入境验证管理，查验认证证书、认证标志等证明文件，核对货证是否相符。验证不合格的，依照相关法律法规予以处理，对列入目录的进口产品实施后续监管。

第四十一条　列入目录的进境物品符合下列情形之一的，入境时无需办理强制性产品认证：

（一）外国驻华使馆、领事馆或者国际组织驻华机构及其外交人员的自用物品；

（二）香港、澳门特别行政区政府驻大陆官方机构及其工作人员的自用物品；

（三）入境人员随身从境外带入境内的自用物品；

（四）外国政府援助、赠送的物品；

（五）其他依法无需办理强制性产品认证的情形。

第四十二条　有下列情形之一的，列入目录产品的生产者、进口商、销售商或者其代理人可以向所在地出入境检验检疫机构提出免予办理强制性产品认证申请，提交相关证明材料、责任担保书、产品符合性声明（包括型式试验报告）等资料，并根据需要进行产品检测，经批准取得《免予办理强制性产品认证证明》后，方可进口，并按照申报用途使用：

（一）为科研、测试所需的产品；

（二）为考核技术引进生产线所需的零部件；

（三）直接为最终用户维修目的所需的产品；

（四）工厂生产线/成套生产线配套所需的设备/部件（不包含办公用品）；

（五）仅用于商业展示，但不销售的产品；

（六）暂时进口后需退运出关的产品（含展览品）；

（七）以整机全数出口为目的而用一般贸易方式进口的零部件；

（八）以整机全数出口为目的而用进料或者来料加工方式进口的零部件；

（九）其他因特殊用途免予办理强制性产品认证的情形。

第四十三条　认证机构、检查机构、实验室有下列情形之一的，国家认监委应当责令其停业整顿，停业整顿期间不得从事指定范围内的强制性产品认证、检查、检测活动：

（一）增加、减少、遗漏或者变更认证基本规范、认证规则规定的程序的；

（二）未对其认证的产品实施有效的跟踪调查，或者发现其认证的产品不能持续符合认证要求，不及时暂停或者撤销认证证书并予以公布的；

（三）未对认证、检查、检测过程作出完整记录，归档留存，情节严重的；

（四）使用未取得相应资质的人员从事认证、检查、检测活动的，情节严重的；

（五）未对认证委托人提供样品的真实性进行有效审查的；

（六）阻挠、干扰监管部门认证执法检查的；

（七）对不属于目录内产品进行强制性产品认证的；

（八）其他违反法律法规规定的。

第四十四条　有下列情形之一的，国家认监委根据利害关系人的请求或者依据职权，可以撤销对认证机构、检查机构、实验室的指定：

（一）工作人员滥用职权、玩忽职守作出指定决定的；

（二）超越法定职权作出指定决定的；

（三）违反法定程序作出指定决定的；

（四）对不具备指定资格的认证机构、检查机构、实验室准予指定的；

（五）依法可以撤销指定决定的其他情形。

第四十五条　认证机构、检查机构或者实验室以欺骗、贿赂等不正当手段获得指定的，由国家认监委撤销指定，并予以公布。

认证机构、检查机构或者实验室自被撤销指定之日起3年内不得再次申请指定。

第四十六条　从事强制性产品认证活动的人员出具虚假或者不实结论，编造虚假或者不实文件、记录的，予以撤销执业资格；自撤销之日起5年内，中国认证认可协会认证人员注册机构不再受理其注册申请。

第四十七条 认证委托人对认证机构的认证决定有异议的，可以向认证机构提出申诉，对认证机构处理结果仍有异议的，可以向国家认监委申诉。

第四十八条 任何单位和个人对强制性产品认证活动中的违法违规行为，有权向国家质检总局、国家认监委或者地方质检两局举报，国家质检总局、国家认监委或者地方质检两局应当及时调查处理，并为举报人保密。

第五章 罚 则

第四十九条 列入目录的产品未经认证，擅自出厂、销售、进口或者在其他经营活动中使用的，由地方质检两局依照认证认可条例第六十七条规定予以处罚。

第五十条 列入目录的产品经过认证后，不按照法定条件、要求从事生产经营活动或者生产、销售不符合法定要求的产品的，由地方质检两局依照《国务院关于加强食品等产品安全监督管理的特别规定》第二条、第三条第二款规定予以处理。

第五十一条 违反本规定第二十九条第二款规定，认证证书注销、撤销或者暂停期间，不符合认证要求的产品，继续出厂、销售、进口或者在其他经营活动中使用的，由地方质检两局依照认证认可条例第六十七条规定予以处罚。

第五十二条 违反本规定第四十二条规定，编造虚假材料骗取《免予办理强制性产品认证证明》或者获得《免予办理强制性产品认证证明》后产品未按照原申报用途使用的，由出入境检验检疫机构责令其改正，撤销《免予办理强制性产品认证证明》，并依照认证认可条例第六十七条规定予以处罚。

第五十三条 伪造、变造、出租、出借、冒用、买卖或者转让认证证书的，由地方质检两局责令其改正，处3万元罚款。

转让或者倒卖认证标志的，由地方质检两局责令其改正，处3万元以下罚款。

第五十四条 有下列情形之一的，由地方质检两局责令其改正，处3万元以下的罚款：

（一）违反本规定第十三条第一款规定，认证委托人提供的样品与实际生产的产品不一致的；

（二）违反本规定第二十四条规定，未按照规定向认证机构申请认证证书变更，擅自出厂、销售、进口或者在其他经营活动中使用列入目录产品的；

（三）违反本规定第二十五条规定，未按照规定向认证机构申请认证证书扩展，擅自出厂、销售、进口或者在其他经营活动中使用列入目录产品的。

第五十五条 有下列情形之一的，由地方质检两局责令其限期改正，逾期未改正的，处2万元以下罚款。

（一）违反本规定第二十三条规定，获证产品及其销售包装上标注的认证证书所含内容与认证证书内容不一致的；

（二）违反本规定第三十二条规定，未按照规定使用认证标志的。

第五十六条 认证机构、检查机构、实验室出具虚假结论或者出具的结论严重失实的，国家认监委应当撤销对其指定；对直接负责的主管人员和负有直接责任的人员，撤销相应从业资格；构成犯罪的，依法追究刑事责任；造成损失的，承担相应的赔偿责任。

第五十七条 认证机构、检查机构、实验室有下列情形之一的，国家认监委应当责令其改正，情节严重的，撤销对其指定直至撤销认证机构批准文件。

（一）超出指定的业务范围从事列入目录产品的认证以及与认证有关的检测、检查活动的；

（二）转让指定认证业务的；

（三）停业整顿期间继续从事指定范围内的强制性产品认证、检查、检测活动的；

（四）停业整顿期满后，经检查仍不符合整改要求的。

第五十八条 国家认监委和地方质检两局及其工作人员，滥用职权、徇私舞弊、玩忽职守的，依法给予行政处分；构成犯罪的，依法追究刑事责任。

第五十九条 对于强制性产品认证活动中的其他违法行为，依照有关法律、行政法规的规定予以处罚。

第六章 附 则

第六十条 强制性产品认证应当依照国家有关规定收取费用。

第六十一条 本规定由国家质检总局负责解释。

第六十二条 本规定自2009年9月1日起施行。国家质检总局2001年12月3日公布的《强制性产品认证管理规定》同时废止。

国家认证认可监督管理委员会
关于实施强制性产品认证制度有关问题的通知

各省、自治区、直辖市质量技术监督局,各直属检验检疫局,各有关单位:

根据国家质量监督检验检疫总局和国家认证认可监督管理委员会发布的《强制性产品认证管理规定》、《强制性产品认证标志管理办法》、《第一批实施强制性产品认证的产品目录》(以下简称《目录》)等强制性产品认证制度(以下简称"新制度")的有关规定,现将实行新制度与原国家出入境检验检疫局颁布并组织实施的进口商品安全质量许可制度和原国家质量技术监督局颁布并组织实施的产品安全认证强制性监督管理制度(以下简称"老制度")之间的过渡安排中的有关问题通知如下:

一、新制度的实施和老制度的废止

根据《强制性产品认证管理规定》,新制度自2002年5月1日起实施。为保证新、老制度的顺利过渡并维护有关各方的合法权益,老制度自2003年5月1日起废止。

二、新、老制度适用产品的监督管理

1. 自2003年5月1日起,国内企业出厂、进口的《目录》内产品须获得强制性产品认证证书(以下简称"新证书"),并加施强制性产品认证标志(以下简称"新标志"),方可出厂、进口。

2. 自2003年5月1日起,经销商、进口商不得再购进、进口和销售未获得新证书及未加施新标志的《目录》内产品。2003年4月30日前已经购进、进口但尚未售出的已获进口商品安全质量许可证书及CCIB标志或安全认证合格证书及长城标志(以下统称"老证书"、"老标志")的《目录》内的产品,应在所在地质检部门备案,方可在质检部门监管下继续销售。

3. 自2003年5月1日起,获得新证书及新标志的产品如果继续使用印有老标志的外包装,须加施新标志,方可出厂、进口、销售。

4. 2003年4月30日前,原须获老证书及老标志《目录》内的产品,可以凭老证书及老标志或新证书及新标志出厂、进口、销售。

5. 自2002年5月1日起,原须获老证书及老标志的产品此次不再列入《目录》的,其原须获得的老证书及老标志不再作为其出厂、进口、销售的条件。

三、认证申请的受理

1. 自2002年5月1日起,经国家认证认可监督管理委员会指定的认证机构(以下简称"指定的认证机构")开始受理《目录》内产品新证书及新标志的申请,不再受理老证书及老标志的申请。

2. 2002年4月30日前,原须获老证书和老标志的《目录》内的产品仍可继续申请获得老证书及老标志。

四、其他事项

1. 已申请但尚未获得老证书或已获得老证书的《目录》内产品,经申请人申请并由指定的认证机构确认符合条件后,可获得新证书并使用新标志。

2. 上述获取新证书和新标志所需的费用,由申请人按实际发生的项目及新制度的收费标准支付。

中国国家认证认可监督管理委员会

二〇〇〇年十二月三日

汽车行业标准化管理办法

机械汽〔1996〕52号A 1996年1月16日

第一章 总 则

第一条 为了加强汽车(含摩托车)行业的标准化工作,适应社会主义现代化建设的需要,根据《中华人民共和国标准化法》、《中华人民共和国标准化法实施条例》及国家技术监督局发布的《国家标准管理办法》、

《行业标准管理办法》、《企业标准化管理办法》的有关规定，制定本管理办法。

第二条 汽车行业标准化工作的主要任务是在全行业组织制定标准、贯彻实施标准和对标准的实施进行监督、指导和推动企业标准化工作。运用标准化手段推动行业技术进步，合理发展产品品种，提高产品质量，组织配套协作和专业化生产，提高生产效率。

第三条 汽车行业标准化工作是汽车工业基础工作的重要组成部分，应纳入汽车工业发展规划和各级主管部门行业工作计划。

企业标准化工作是汽车行业标准化工作的基础，是企业发展生产、提高产品质量和搞好科学管理的重要基础工作，各企业要加强领导并纳入企业发展规划。

第四条 积极采用国际标准和国外先进标准是汽车行业的一项重要技术经济政策，要有计划、有步骤地健全、完善与国际标准基本协调，技术水平与国际标准和主要工业发达国家标准基本相当的我国汽车标准体系，以适应社会主义商品，经济发展和对外经济技术交流的需要。

要积极开展国际标准化工作，认真参与国际标准草案的讨论，积极向国际标准化组织提出我国草案，争取被国际标准化组织采纳，为国际标准化工作做出我国的贡献。

第二章 组织管理

第五条 机械工业部汽车工业司（以下简称汽车司）负责汽车行业的标准化管理工作，汽车司在标准化工作方面的主要职责是：

（一）贯彻执行国家有关标准化工作的方针、政策和法规，制定汽车行业标准化工作的具体方针、政策和管理办法，并贯彻实施；

（二）组织编制和实施标准化工作规划和年度计划；

（三）审批、发布汽车行业标准，审核汽车国家标准（报批稿）和办理报批手续；

（四）协调行业的标准化工作；

（五）受理企业产品标准的备案，受理范围按国家技术监督局《企业标准化管理办法》执行；

（六）组织标准的贯彻实施和监督检查；

（七）管理标准化工作经费；

（八）管理全国汽车标准化技术委员会和中国标准化协会汽车分会；

（九）对汽车行业各有关部门和企业、事业单位、行业协会、学术团体的标准化工作进行指导；

（十）组织重大新产品和引进项目的标准化审查工作；

（十一）组织管理与本行业对口的国际标准化工作；

（十二）组织标准化的宣传培训和咨询服务工作；

（十三）组织标准化科技成果评选和负责标准化工作的表彰奖励。

第六条 中国汽车技术研究中心标准化研究所承担汽车行业标准化技术归口管理工作，负责汽车行业标准化的日常工作。其主要职责是：

（一）开展汽车标准化法规、方针和政策的研究，并提出建议；

（二）提出汽车行业标准化规划及年度计划的建议，并组织实施汽车司下达的年度计划；

（三）负责汽车标准的技术协调和汽车标准（报批稿）的复核、复审工作，并办理报批；

（四）负责汽车行业标准的出版发行工作；

（五）受国家技术监督局和汽车司的委托负责汽车行业的国家标准、行业标准的解释，组织标准的贯彻实施工作，协助汽车司进行标准实施的监督检查工作；

（六）承担全国汽车标准化技术委员会和中国标准化协会汽车分会秘书处工作；

（七）负责汽车行业国际标准化归口工作，承担 ISO/TC22、ISO/TC177、IEC/TC699 国内秘书处工作；

（八）受委托承担重大新产品和引进项目中的标准化审查工作，对企业的产品标准进行水平认可工作；

（九）组织开展汽车行业标准咨询和人员培训工作；

（十）负责汽车行业标准化科技成果和标准化工作的表彰奖励的初评和推荐工作。

第七条 全国汽车标准化技术委员会是汽车行业从事全国性标准化工作的技术工作组织，其工作任务按《全国汽车标准化技术委员会章程》的有关规定。

第八条 各汽车生产企业行政主管部门都要积极参与制定汽车行业标准化工作的方针、政策和管理办法，协调并落实标准化工作规划、计划和标准制、修订工作，组织标准的贯彻实施和监督检查。

第九条　企业负责各自的企业标准化工作，其主要职责是：

（一）贯彻国家的标准化工作方针、政策，法律、法规，编制本企业标准化工作计划；

（二）组织制、修订企业标准，并按规定备案；

（三）严格执行强制性国家标准、行业标准和企业标准；

（四）对本企业实施标准进行监督检查；

（五）对研制新产品、改进老产品、技术改造和技术引进工作中的标准化工作，提出标准化要求，进行企业标准化审查；

（六）企业领导应支持企业标准化部门的工作，企业标准化人员对违反标准规定的行为，有权制止，并向企业负责人提出处理意见，或向上级部门报告。对不符合有关标准要求的技术文件，有权不予签字。未经标准化人员签字的技术文件不得投入使用；

（七）做好标准化效果的评价与计算，总结标准化工作经验；

（八）统一管理各类标准，建立档案，搜集国内外标准化情报资料；

（九）积极支持标准化人员参加各类标准化宣传培训活动，加强企业标准化培训工作，不断提高标准化人员的素质和企业职工的标准化意识；

（十）承担上级标准化行政主管部门和有关行政主管部门委托的标准化工作任务；

（十一）组织企业标准化科技成果的评定和优秀标准化工作者的表彰奖励；对贯彻标准不力造成不良后果的，给予批评教育；

第十条　标准化管理机构由单位主要负责人领导，应配备组织能力强、有一定政策水平、知识面广、专业技术工作经验丰富，熟悉生产管理业务的技术人员从事标准化管理工作，人员要相对稳定，保障标准化工作经费，不断改善其工作条件。

第十一条　中国标准化协会汽车分会是主管部门联系基层，开展标准化工作的纽带和助手，要积极协助主管部门开展有关标准化共性问题和方针、政策的研究，向主管部门提出建议；反映基层和标准化工作者的意见和要求；协助组织汽车标准制定和贯彻；并接受委托其他有关汽车标准化工作任务。

第三章　标准的制定

第十二条　汽车行业的标准由国家标准、行业标准和企业标准组成。

第十三条　国家标准是在全国范围内需要统一的技术要求，主要是：

（一）整车术语、符号、产品型号、编码等通用技术语言；

（二）通用互换配合要求；

（三）保障人体健康、人身、财产安全的技术要求；

（四）环境保护、卫生的技术要求；

（五）整车和发动机的通用试验方法；

（六）节约能源、资源的技术要求；

（七）国家需要控制的产品通用技术要求。

第十四条　行业标准是在汽车行业范围内需要统一的技术要求，主要是：

（一）汽车产品定型和质量管理方面的要求；

（二）汽车零部件术语、总成型号、零部件编号、制图规则、信息分类编码和文件格式等通用技术语言；

（三）汽车通用零部件、互换性和结构要素要求；

（四）汽车总成零部件试验方法；

（五）汽车产品技术条件及质量分等标准。

第十五条　企业标准是在企业范围内需要统一的技术要求、管理要求和工作要求，具体要求按国家技术监督局《企业标准化管理办法》规定。

第十六条　国家标准和行业标准分为强制性标准和推荐性标准。

强制性标准包括：

（一）保障人体健康和人身、财产安全的标准；

（二）环境保护、卫生的标准；

（三）节约能源、资源的标准；

（四）国家需要控制的产品通用技术要求；

（五）法律、行政法规指定必须执行的标准。

强制性标准以外的标准为推荐性标准。

第十七条 制定标准应当保障人体健康、安全环保和卫生；合理利用国家资源、满足使用要求，保护用户利益；有利于推广科学技术成果；做到技术先进、经济合理、协调配套。

第十八条 根据国家技术监督局和汽车司批准的计划由全国汽车标准化技术委员会组织汽车行业国家标准、行业标准的制、修订和复查工作。企业标准由企业组织制定。

第十九条 汽车行业的国家标准由国家技术监督局批准、发布；行业标准由汽车司批准、发布；企业标准由企业法人代表或法人代表授权的主管领导批准、发布。

第二十条 标准实施后要适时复查，复查期限一般不超过五年。标准的确认、修订或废止，由标准的批准部门批准、发布。

第四章 标准的实施和监督

第二十一条 强制性标准一经批准发布，必须贯彻执行。不符合强制性标准的产品，禁止生产和销售。

推荐性标准一旦被企业采用，做为合同的依据、或被政府规定必须贯彻执行，则在企业内部、合同双方或政府规定的范围内强制执行。

第二十二条 对新产品开发和老产品重大改进必须提出标准化综合要求，制定产品标准，并进行标准化审查。未经标准化审查的不得批准定型。

第二十三条 汽车司负责汽车行业内标准实施的监督。

第五章 标准出版发行与标准化咨询服务

第二十四条 中国汽车技术研究中心标准化研究所受汽车司委托负责汽车行业标准的出版发行工作，要保证标准的印刷质量，缩短出版周期。其他单位非经批准不得擅自印刷发行汽车行业的国家标准和行业标准。

第二十五条 中国汽车技术研究中心标准化研究所和全国汽车标准化技术委员会各专业分技术委员会秘书处所在单位应做好国内外标准资料的搜集、整理和分析工作，及时向有关部门和基层单位提供国内外标准信息。

第二十六条 全国汽车标准化技术委员会及其各专业分技术委员会和中国标准化协会汽车分会要积极开展有关标准化的宣传和培训工作，组织经验交流、学术研究和新标准宣讲，推动汽车行业标准的贯彻执行，提高各级标准化人员的技术素质。

第六章 经　　费

第二十七条 由政府拨给的制、修订标准补助费，专款专用。

第二十八条 标准化工作是公益性事业，制、修订标准费用的不足部分，可由行业向企业集资解决，企业承担的费用应计入生产成本。

第七章 奖励和处罚

第二十九条 为促进标准化事业，按国家规定对优秀标准化科技成果进行评审和奖励。

第三十条 各级主管部门和企、事业单位对在标准化工作中做出突出贡献的先进集体和先进工作者，以及长期从事标准化工作的人员（包括标准制定、实施、监督检查等）进行表彰奖励。

第三十一条 违反标准化法的处罚按《中华人民共和国标准化法实施条例》第五章的规定执行。

第八章 附　　则

第三十二条 本办法由机械工业部汽车工业司负责解释。

第三十三条 本办法自发布之日起实施，原《中国汽车工业总公司汽车行业标准化管理办法》即行废止。

汽车行业标准制定工作细则

机械汽〔1996〕52 号 b

为加强汽车行业国家标准、行业标准制定工作的管理，适应社会主义市场经济发展的需要，根据《国家标准管理办法》、《行业标准管理办法》的有关规定，对汽车行业国家标准、行业标准（含内部使用的行业标准）的计划管理、制订、修订、审查、复核、复审、报批、出版发行、复查确认、修改和经费管理等工作的主要程序及要求做如下规定。

1 标准制订、修订计划的管理

1.1 标准计划项目的提出

强制性标准及通用基础标准计划项目，由全国汽车标准化技术委员会（以下简称全标委）根据宏观管理的需要提出，其他标准计划项目根据企业及社会其他方面需要提出。

1.2 标准计划项目的级别

对需要在全国范围内统一的技术要求应列为国家标准计划项目；对没有国家标准而又需要在汽车行业范围内统一的技术要求应列为行业标准计划项目；产品质量分等标准等应列为行业标准（内部使用）计划项目。

1.3 标准计划项目的性质

安全、卫生、环境保护方面的标准计划项目以及国家需要控制的直接关系安全、卫生、环境保护的主要产品质量标准计划项目和直接影响能耗的主要基础产品质量标准计划项目一般应列为强制性标准计划项目，其他标准计划项目应列为推荐性标准计划项目。

1.4 标准计划项目的列项范围

以下方面的项目可考虑列入标准制订、修订计划：

A. 产品及产品生产、储运和使用中的安全、卫生、环境保护的标准项目；

B. 接口、互换、兼容需要的标准项目；

C. 统一技术语言的标准项目；

D. 简化品种及产品系列化的标准项目；

E. 统一对产品的评价及测试、试验方法的标准项目；

F. 保证国家对重要产品质量控制的标准项目；

G. 产品质量认证需要的标准项目；

H. 推荐先进的制造技术和管理方法的标准项目。

1.5 标准计划的编制程序及要求

1.5.1 凡需要列入标准制订、修订年度计划的项目，其编制程序和要求见表 1。

表 1

<table>
<tr><th rowspan="2">报表名称</th><th rowspan="2">报送时间</th><th rowspan="2">填报单位</th><th rowspan="2">受理单位</th><th colspan="2">份数</th></tr>
<tr><th>国标</th><th>行标</th></tr>
<tr><td rowspan="4">标准项目任务书</td><td>8 月 10 日前</td><td>标准项目负责起草单位</td><td>分标委</td><td>4</td><td>3</td></tr>
<tr><td>8 月底前</td><td>分标委</td><td>全标委</td><td>3</td><td>2</td></tr>
<tr><td>9 月 10 日前
8 月底前</td><td>全标委
分标委</td><td>汽车工业司</td><td>2</td><td>1</td></tr>
<tr><td>9 月底前
8 月底前
8 月底前</td><td>汽车工业司
分标委
分标委</td><td>国家技术监督局</td><td>1</td><td></td></tr>
</table>

续表

报表名称	报送时间	填报单位	受理单位	份数	
				国标	行标
国家标准制定、修订计划项目表(建议)	8 月底前	分标委会	全标委	1	1
行业标准制定、修订计划项目表(建议)	9 月 10 日前	全标委	汽车司	1	1
国家标准制订、修订计划项目表	9 月底前 8 月底前	汽车司 分标委	国家技术监督局	1	

1.5.2 标准项目负责起草单位于每年八月十日前,将标准项目任务书(格式见附表一)报送有关分标委秘书处,分标委经分析、研究、汇总后,提出本分标委所属专业内下年度的国家标准制定、修订计划项目表(建议)、行业标准制定、修订计划项目表(建议)(格式见附表二),连同标准项目任务书按表1规定的时间及份数上报全标委秘书处。

1.5.3 全标委负责对申报的标准计划项目进行逐项审核、协调、于九月十日前提出汽车行业国家标准制订、修订计划项目表(建议)、行业标准制订、修订计划项目表(建议),报机械工业部汽车工业司(以下简称汽车司)。

1.5.4 汽车司负责对上报的标准计划项目进行审查、协调,于九月底前提出汽车行业标准制订、修订计划项目表。其中国家标准制订、修订计划项目表和国家标准项目任务书由汽车司于九月底前上报国家技术监督局。汽车行业标准制订、修订年度计划于下年初下达。

1.5.5 企业及社会其他方面急需制订的,且符合标准计划项目列项范围的行业标准,可随时申请列入汽车行业标准制订、修订项目补充计划。编制程序及要求与年度计划一致。

1.5.6 为强调计划的严肃性,凡未列入汽车行业标准、修订计划的项目或补充计划的项目,一律不办报批手续。

1.6 标准计划的调整

1.6.1 在执行标准计划过程中,涉及下列情况时可对计划项目进行调整:

a. 确属特殊情况,可以对计划项目的内容(如:名称、负责起草单位、起止年限等)进行调整;

b. 确属不宜制定标准的项目可以撤消。

1.6.2 凡需要调整的标准计划项目,由标准项目负责起草单位在标准计划完成日期之前按计划渠道填报标准计划项目调整申请表(格式见附表三,份数见表2)。行业标准计划项目的调整由汽车司报国家技术监督局审批。

表 2

报表名称	填报单位	受理单位	份数
标准计划项目调整申请表	标准项目负责起草单位	分标委	3
	分标委	全标委	2
	全标委	汽车局	1
	汽车局	国家技术监督局	1

1.6.3 汽车司收到计划项目调整申请后一个月内应给予函复,当调整计划项目的申请未被批准时,应依照原定计划进行工作。

1.7 标准计划的协调

标准计划执行中,如有问题需要协调、解决的,标准项目负责起草单位应及时提出,报有关单位协调、解决。

a. 分标委范围内的协调工作,由分标委负责;

b. 各分标委之间以及与其他部(委、局)之间的协调工作,由汽车司负责与有关部委及国家技术监督局协调工作,由全标委负责;

c. 行业之间以及与其他部(委、局)之间的协调工作,由汽车司负责与有关部委及国家技术监督局协调解决。

1.8 标准计划的考核

每年年底前,分标委将当年完成的标准报批文件报至全标委,作为标准项目负责起草单位和分标委当年完成标准计划的依据。每年 1 月中旬,全标委将本年度计划完成情况报汽车司。每年 1 月底前汽车司发布上年度汽车行业标准制订、修订计划执行情况通报,并对计划完成好的单位予以表彰奖励,对完成差的单位提出通报批评。

1.9 标准制订、修订时间的要求

提倡缩短标准制订、修订时间,在符合制订、修订程序并保证质量的前提下,提前完成计划的标准项目应提前办理标准报批手续。

2 标准制订、修订工作

2.1 起草工作的组织

2.1.1 每个标准项目一般可由标准项目负责起草单位会同主要参加单位成立起草工作组(简称工作组),在标准项目负责起草单位领导下承担标准的制订、修订工作。

2.1.1.1 工作组组长一般由标准项目负责起草单位委派符合条件的科技人员担任。

2.1.1.2 工作组成员由各组成单位推荐具有生产科研经验、熟悉业务的科技人员担任,在组长统一组织安排下承担标准制订、修订工作过程中的具体任务。

2.1.1.3 工作组成员人选确定后一般不得中途撤换,确属特殊原因的,应具函向组长单位申述理由,并征得同意。

2.1.1.4 工作组组成单位中,如有下列情况之一时,即认为该单位自动退出工作组:

a. 工作组成员无正当理由而不能按 2.1.1.2 规定承担任务;

b. 不按 2.1.1.3 规定撤换人员。

2.1.1.5 工作组成员的权利

a. 分享标准制订、修订过程中调研、测试验证报告和其他技术成果;

b. 分享标准科研成果有关的荣誉和物质奖励;

c. 其工作成果应列入本人业务考绩。

2.1.2 工作组会议由组长根据工作进展需要不定期召开,在必要时分标委和全标委可派联络员参加。

工作组会议应有详尽记录和明确的决议。决议应在会议结束后两周内由组长单位签署寄发工作组成员本人、所在单位及其他与会单位,并抄送有关分标委,重要项目可抄送全标委。

2.1.3 起草的标准经上级主管部门审批发布后,工作组即行解散。

2.2 标准征求意见稿的编制

2.2.1 标准项目负责起草单位应按计划项目要求和标准项目任务书的要求起草标准。

2.2.2 起草标准时,应调查研究和分析国内生产、使用和科研情况,研究分析相应的国际标准和国外先进标准,还应进行必要的试验验证工作,并尽可能等同等效采用国际标准。

2.2.3 标准征求意见稿应按照 GB/T1《标准化工作导则》的规定及有关要求编写。

2.2.4 在起草标准征求意见稿的同时,应编写标准征求意见稿编制说明,其内容一般包括:

a. 工作简要过程,包括任务来源、主要工作过程,主要参加单位和工作组成员名单;

b. 标准编制原则和标准主要内容(如技术指标、参数、公式、性能要求、试验方法、检验规则等)的确定依据(包括试验、实测、统计数据等),修订标准时应列出新旧标准水平对比;

c. 主要试验(或验证)的分析、综述报告,预期达到的经济效果(也可另列附件);

d. 采用国际标准和国外先进标准的情况(包括所采用的标准编号和名称,采用程度、差异等),与国际、国外同类标准水平的对比情况,或与测试的国外样品、样机的有关数据对比情况;

e. 标准性质的建议说明;

f. 与现行法律、法规和政策及其有关基础和相关标准的协调性;

g. 贯彻标准措施建议(包括技术措施、组织措施和过渡办法等);

h. 代替、修改或废除现行标准的建议；

i. 其他应予说明的事项，如所制订、修订的标准是否满足用户要求以及重要内容的解释和参考资料的目录等。

2.3 征求意见，提出标准送审稿

2.3.1 标准征求意见稿和编制说明及其附件经标准项目负责起草单位技术负责人审核后，发送有关分标委各位委员和（或）有关生产、经销、使用、科研、检验等单位及大专院校和有关专家征求意见。征求意见的期限一般为45天。

2.3.2 被征求意见的单位应在规定期限内回复意见，如没有意见也应复函说明。逾期不复函者按无异议处理。对比较重大的意见，应说明论据或提出技术经济论证。

2.3.3 标准项目负责起草单位应对反映的意见认真分析研究，列出意见汇总处理表（格式见附表四），提出标准送审稿及其编制说明。对有争议的实质性问题，必要时可进行调查研究或补充验证工作。

2.3.4 若标准征求意见稿有重大改动，或反馈的意见分歧较大时，应提出标准征求意见二稿，重新征求意见。

2.4 审查标准送审稿，提出标准报批稿

2.4.1 标准送审稿及有关附件经标准项目负责起草单位的技术负责人审阅后报有关分标委秘书处，审核同意后由分标委会组织审查。

2.4.2 标准审查按《全国汽车标准化技术委员会章程》规定进行。标准送审稿的审查形式分为会议审查和函审。

2.4.2.1 会议审查的程序及要求：

a. 会议审查时，分标委秘书处应在会议前30天，将会议通知、标准送审稿、编制说明、意见汇总处理表及有关附件（由标准负责起草单位提供）提交给参加审查会的单位（代表）和有关专家。

b. 会议审查，原则上应协商一致。如需表决，必须有不少于出席会议代表人数的四分之三同意方为通过。会议代表出席率不足三分之二时应重新组织审查。工作组成员不能参加表决，其所在单位的代表不能超过参加表决者的四分之一。

c. 经会议审查基本取得一致意见后，由组织审查的分标委写出会议纪要，并附参加会议的单位和人员名单，以及未参加审查会议的有关部门和单位名称。会议纪要应如实反映实际情况，内容包括对本细则2.2.4条中b至h内容的审查结论。

2.4.2.2 函审的程序及要求

a. 函审时，分标委秘书处应将标准送审稿、编制说明及有关附件和标准送审稿函审单（格式见附表五，由标准项目负责起草单位提供）提交给参加函审的委员及有关单位和专家。

b. 被邀请函审的委员及有关单位和专家认真填写函审单，在限定时间（一般为60天）内返回函审意见。回函说明提不出意见及逾期不回者，按赞成票计。

c. 分标委秘书处与标准项目负责起草单位一起，应对函审意见加以综合整理，由分标委写出函审结论（格式见附表六），并附标准送审稿审单。

d. 函审时，必须有四分之三回函同意方能通过。若回函率不足三分之二时，则应重新函审或改为会议审查。再次函审时，应重新写出函审结论。

2.4.3 经函审或会议审查通过的标准送审稿，由标准项目负责起草单位整理并提出标准报批稿和标准报批稿编制说明及有关附件，填写标准报批签署单（格式见附表七），按要求的上报份数报有关分标委秘书处复核，复核后由分标委按要求上报全标委复审。

2.5 标准制订、修订的加速程序

2.5.1 按计划等同或等效采用ISO或IEC的标准项目，可采用标准制订、修订的加速程序，即不经过编写标准征求意见稿，直接进入编写标准送审稿及以后各程序。

2.5.2 标准项目负责起草单位拟采用加速程序时，应经有关分标委同意。

3 标准的复核、复审、审批、发布

3.1 标准的复核、复审

3.1.1 分标委和全标委对标准报批稿应进行复核、复审，应指派具备标准复核资格的人员对标准报批稿的技术内容、编写质量和有关附件进行全面复核和复审。

a. 应达到标准项目任务书中的预定目标和要求；

b. 应符合国家的现行方针政策、法律、法规；

c. 符合积极采用国际标准和国外先进标准的要求；

d. 应与相关标准协调一致；

e. 技术内容应正确无误，符合技术先进、经济合理、安全可靠的原则；

f. 标准性质建议适当；

g. 标准编写格式与表达方法一般应按照 GB/T1《标准化工作导则》的有关规定；

h. 标准报批文件应齐全，符合本细则的有关规定。

标准复核人员在标准报批签署单中写出复核结论，并签字，经分标委主任委员签字并盖公章后，按表 3 规定的报批文件份数将文件报全标委，已配备计算机的分标委应同时上报标准报批稿软盘。

3.1.2 全标委在收到标准报批稿 2 个月内完成报批文件的复审，要求主要包括：

a. 标准报批文件与国家现行法律、法规、规章、方针政策是否一致；

b. 标准制订、修订程序是否符合要求；

c. 标准间协调配套情况；

d. 标准报批文件是否齐全；

e. 有关方面意见是否协商一致；

经复审若符合要求，则上报汽车司；若不符合要求，则退回至分标委。

表 3

序号	标准报批文件名称	份数	
		国标	行标
1	上报公文(附标准上报清单)	2	2
2	标准报批签署单	3	2
3	标准报批稿	6	4
4	标准报批稿编制说明	4	2
5	标准送审稿审查时意见汇总处理表	4	2
6	标准审查会议纪要或函审结论	4	2
7	被采用的国际标准或国内外先进标准的原文(复制件)和译文	2	1
8	标准送审稿函审单(全部)	2	1
9	出版用墨线图和照片	1	1
10	标准送审稿	1	1

3.1.3 退回的标准报批稿，在修改后应重新办理报批手续，在上报公文和标准报批签署单上注明第几次报批。

3.1.4 办理标准报批手续后，全标委秘书处应将标准报批签署单、标准报批稿、编制说明、意见汇总处理表、审查会会议纪要或函审结论、标准送审稿等文件各留一份，装订成册存档。

3.2 标准的编号

强制性国家标准代号为 GB，推荐性国家标准代号为 GB/T；强制性汽车行业标准代号为 QC，推荐性汽车行业标准代号为 QC/T；汽车行业标准(内部使用)的代号为 QC/T，并在封面和首页上注明“内部使用”字样。

3.3 核准的批准发布

3.3.1 国家标准由国家技术监督局批准发布。

3.3.2 行业标准及行业标准(内部使用)由汽车司批准发布。

4 标准的出版发行

4.1 国家标准由中国标准出版社发行。

4.2 行业标准由中国汽车技术研究中心标准化研究所负责出版发行。

a. 出版时,除编辑性修改外,不得改动;

b. 确保标准文本的印刷质量;

c. 标准发布半年以内发行标准文本;

d. 按规定赠送样书。

5 标准的复查确认

5.1 标准实施后,应定期对其是否适应科学技术的发展和经济建设的需要进行复查。复查周期一般不超过5年。

5.2 标准的复查工作由全标委下达计划,有关分标委负责组织。复查形式可采用会议审查或函审。复查的程序和要求应符合本细则2.4.2条的规定。

5.3 标准复查的结果应分为确认、修订和废止三种情况。

5.3.1 标准的技术内容不作修改或稍作编辑性修改,应予以确认继续有效。经确认的标准,其编号不改变。

5.3.2 标准的主要技术内容需作较大修改,应作为修订项目列入标准制订、修订计划。修订标准的程序按本细则第2章的规定进行。同级标准修订后,其顺序号一般不变,仅改变年号。

5.3.3 已无存在必要的标准,应予以废止。

5.4 经复查后需确认或废止的标准,由分标委写出复查报告(内容包括:复查简况,处理意见,复查结论),并列出确认或废止标准清单(内容包括:标准编号,标准名称,确认或废止建议),按表4的规定报送全标委。

表4

序号	确认和废止标准报批文件名称	份数	
		国标	行标
1	上报公文	1	1
2	标准文本	2	1
3	复查报告	6	4
4	确认或废止标准清单	6	4

5.5 确认或废止标准的标准发布

5.5.1 需确认或废止的国家标准报国家技术监督局标准发布。

5.5.2 需确认或废止的行业标准及行业标准(内部适应)由汽车司批准发布,并在《汽车标准化》上刊登。

6 标准的修改

6.1 当标准的技术内容不够完善和充实,在对标准的技术内容作少量修改(包括补充)后,仍能符合当前科学技术水平、适应生产和使用需要,可对标准中局部不适当之处进行个别的少量的修改(包括补充)。

6.2 标准的修改,一般由分标委或标准负责起草单位或有关单位提出,经全标委审查后,写出审查纪要(内容包括:修改原因和依据、审查的结论和依据等),填写标准修改通知单(格式见附表八),按标准报批程序上报。标准修改报批文件份数要求见表5。

表5

序号	文件名称	份数	
		国标	行标
1	上报公文	3	2
2	审查纪要	4	2
3	标准修改通知单	6	4
4	修改用墨线图及照片	1	1

6.3 国家标准的修改,由国家技术监督局审批发布。行业标准的修改,由汽车司审批发布,并在《汽车标准化》上刊登。

6.4 已报批的标准,在批准发布前,标准项目负责起草单位或分标委如需作一般编辑性修改补充时,应填写标准报批稿修改建议单(格式见附表九)一式两份,经分标委签署意见后用便函报全标委,经全标委审核同意,对标准文本进行修改后将填写了修改记录的标准报批稿修改建议单退还分标委会一份,作为确认。

6.5 经确认的修改意见,有关分标委应及时通知各有关单位。

6.6 有原则性重大修改时,应按标准制订、修订工作程序征求意见,重新审查报批。

6.7 已印刷出版的标准出现属于印刷之类的错误而需要更正时,由分标委填写标准内容勘误表(格式见附表十)一式两份,报全标委办理更正手续,如更正图形时,应同时附上更正后的墨线图(或照片)一份。标准更正内容,在《汽车标准化》上刊登。

7 标准制订、修订经费

7.1 经费来源

a. 强制性标准和基础通用标准计划项目由上级主管部门给予经费补助,不足部分可通过集资解决;

b. 其他标准计划项目由标准受益单位出资或由标委会向有关单位集资。

7.2 经费的使用

对上级主管部门给予的标准化补助费用和由受益单位筹集的资金,都要本着厉行节约的原则合理使用,做到专款专用,不得挪作他用。

8 附则

8.1 本细则由机械工业部汽车工业司负责解释。

8.2 本细则自发布之日起实施。

附表目录(略)

附表一:标准项目任务书

附表二:国家标准或行业标准制订、修订计划项目表

附表三:标准计划项目调整申请表

附表四:标准征求意见稿意见汇总处理表

附表五:标准送审稿函审单

附表六:标准送审稿函审结论表

附表七:标准报批签署单

附表八:标准修改通知单

附表九:标准报批稿修改建议单

附表十:标准内容勘误表

汽车行业国际标准化工作细则

机械汽〔1996〕52号C 1996年1月16日

1 根据原国标发〔1985〕042号和技监局〔1992〕372号文件和全国汽车标准化技术委员会章程的规定,"ISO/TC 22 道路车辆,ISO/TC 77 旅居挂车,IEC/TC 69 电汽车和电卡车"的国内技术归口工作,由全国汽车标准化技术委员会(以下简称全标委)秘书处(挂靠在中国汽车技术研究中心)负责,其管理程序为:

国家技术监督局→机械部汽车司(以下简称汽车司)→全标委秘书处→各分标委秘书处

2 全标委秘书处的任务

2.1 根据国家技术监督局和汽车司对有关ISO、IEC归口工作的指示和要求,组织全标委下属各分标委,搞好各ISO/TC(技术委员会)和SC(分技术委员会)的国内归口工作。

2.2 提出或调整负责归口的ISO、IEC各TC、SC相应"P"、"O"成员身份的建议。

2.3 督促检查各分标委秘书处对ISO、IEC标准草案及要求回函表态文件回函表态及投票情况。

2.4 组织翻译出版归口的正式ISO、IEC标准。

2.5 将ISO、IEC有关会议预报及时转发至各分标委秘书处及汽车司,根据各分标委秘书处国内工作

情况提出参加国际技术会议的建议名单,报汽车司审定。

2.6 做好本系统 ISO、IEC 国内技术归口工作年度总结,上报汽车司和国家技术监督局并抄送有关分标委秘书处。

2.7 做好咨询服务工作。向汽车行业及其他有关人员提供 ISO、IEC 标准、标准草案、标准文件及其译文,提供查阅、检索、复制和技术咨询。

2.8 综合研究并分析汽车行业 ISO、IEC 归口工作和积极采用国际标准的情况,提出工作建议。

3 各分标委秘书处的主要任务

3.1 按照有关工作程序,各分标委对 ISO/DIS、CD、NP 和其他要求回函表态的文件依据《ISO 文件草案提出意见和表决投票的办法》(见附件)的要求认真研究,按规定期限提出书面答复意见,正在讨论的国际标准草案、文件要组织有关专家结合我国国情进行认真的研究讨论(必要时可进行试验验证),然后提出意见,有条件的可提出我国建议草案。

所有分标委秘书处对外事项一律通过全标委秘书处上报国家技术监督局统一处理。有关程序按第 4 条规定。

3.2 根据国内标准化工作情况,向国际标准化组织 ISO、IEC 提出我国标准提案或部分内容提案,逐步扩大我国对 ISO、IEC 的影响。

3.3 根据需要与可能,按国际会议预报通知,提出参加 ISO、IEC 国际会议的申请,项目获准后,方可开始做参加会议的准备。出国前要做预案,归国后要作书面总结,书面总结要报汽车司和全标委秘书处。

3.4 按照国家技术监督局的要求,建立 ISO、IEC 国际标准工作的专家队伍,积极创造条件、争取选派合格人员参加各 TC/SC 所属工作组及秘书处工作。

3.5 分析、研究国际标准和国外先进标准,掌握国外汽车标准化的动态,为国内标准化工作提出方向性意见,并提出采用国际标准和国外先进标准的建议供有关方面参考。

3.6 各分标委按期复函的工作情况由全标委秘书处进行记录考核,每年进行一次总结评比。对回函率达 100% 者适当给予奖励。

凡无故不回函或逾期回函超过二次或无能力承担此项工作的分标委,全标委秘书处将取消其分标委承担此项工作的资格。

4 对外技术业务联系

按照国家技术监督局的要求,对 ISO、IEC 国际标准化组织及有关机构的技术业务联系的程序为:

分标委秘书处→全标委秘书处→国家技术监督局→ISO/IEC 国际组织

5 对国际标准化组织的工作文件提出意见和投票表决

5.1 由全标委秘书处负责管理 ISO/TC 22、TC 177 和 IEC/TC69 的技术归口工作及所收到的标准资料,全部资料要登记造册、复印分发各有关分标委,文件滞留时间:表态文件不超过 4 个工作日,会议通知不超过 2 个工作日,编目归档。

5.2 各分标委秘书处收到国际标准文件和草案后,应立即组织有关单位进行研究分析(必要时可试验验证),提出符合我国利益的表决意见。

对 ISO、IEC 正式表态的文件,应结合国情提出修订意见或提案,所有的投票均应在国际组织规定的截止日期前 20 天寄到全标委秘书处,上报程序为:

分标委秘书处→全标委秘书处→国家技术监督局

全标委秘书处对于每项需做出表态的文件,在其国际组织规定的截止日期前 30 天,通知有关分标委尽快表态。

5.3 凡以“P”成员身份参加 ISO、IEC 活动的国内分标委秘书处,应对所有要求表态的 ISO、IEC 文件投票表态。投票率低于 90% 的单位将按 IEC/ISO 导则有关规定自动降为“O”成员。

以“O”成员身份参扩 ISO、IEC 活动的分标委秘书处也应参与 DIS 的表态,对 CD 也要提出修改意见。

5.4 对 ISO、IEC 表态意见和投票表决文件

寄送全标委秘书处的表态和投票意见应包括如下内容:

5.4.1 对国际标准草案(DIS)投票表决时,应明确表示赞成或反对,并将与国内同类标准的对比,试验验证结果,征求意见的情况和表态意见的依据和理由,一并填入《国际标准草案投票表决意见调查表》(见附表一至五)。然后由全标委秘书处填写《审批表》(附表六)报国家技术监督局。

5.4.2 对ISO/IEC各技术委员会(TC)秘书处的文件,包括秘书处制订的CD,全标委秘书处应认真研究,提出我国意见。说明依据和理由,填入《审批表》。

5.4.3 如对国际标准文件表示不同意或弃权时,必须在《审批表》中(或另页)用中、英文简述理由,中文2份,英文(打字)3份,打字英文本应严格遵照A4幅面规定。

5.4.4 《审批表》由国家技术监督局和全标委秘书处存档,不向国外报出。如分标委秘书处逾期不报《调查表》,全标委秘书处不报《审批表》者,则按未表态计。

5.4.5 上报的文件,均需经全标委秘书长审核并在《审批表》上签字。

6 参加国际会议

6.1 会议预报由全标委秘书处复印、分发给有关分标委秘书处并抄报汽车司。

6.2 凡因工作需要,要求参加国际会议的单位应向汽车司提出书面申请(申请表格式见附表七),申请表要同时抄送全标委秘书处,以便与有关部门联系。

6.3 凡批准参加的国际会议,应由汽车司组织,由团(组)负责人做好业务准备并写出技术预案寄全标委秘书处。归国后各代表团(组)要向汽车司作口头汇报,并写出书面总结报告寄汽车司和全标委秘书处。

6.4 出国人员应将会议情况和收获向对口的有关分标委汇报。

6.5 从国际会议带回的资料,由与会单位将会议整套资料寄至全标委秘书处归档并将资料目录印发给有关分标委及单位。

7 参加工作组及担任TC/SC主席和秘书职务

当国内工作已有一定基础,并有合适人选可以作为ISO、IEC工作组的正式成员或通讯成员和担任TC、SC主席或秘书时,全标委秘书处在行求有关分标委意见的基础上,可向汽车司提出申请,经汽车司审核同意后交由全标委秘书处上报国家技术监督局。

8 本细则自发布之日起实施。

附件:

ISO文件草案提出意见和表决投票的办法

1 对国际标准文件表态和对国际标准草案投票表决的程序

1.1 全标委秘书处应将有关ISO/IEC要求回函表态文件及时发至各有关分标委秘书处。

1.2 分标委秘书处收到国际标准文件和草案后,立即组织有关专家进行研究分析(必要时可试验验证)。

1.3 凡以“P”成员身份参加ISO/IEC活动的分标委,应对所有要求表态的ISO/IEC文件投票表态。投票率低于90%的单位要降为“O”成员。

1.4 以“O”成员身份参加ISO/IEC活动的分标委也应参与DIS的表决,对CD文件也要提出修改意见。

2 对ISO/IEC表态意见和投票表决文件内容

2.1 对国际标准草案DIS投票表决时应明确表示赞成或反对,与国内同类标准的对比情况,试验验证结果,征求意见的情况和表态意见的依据和理由,一并填入国际标准草案投票表决意见调查表(见附表一至五),然后由全标委填写《审批表》报国家技术监督局。

2.2 对ISO各技术委员会(TC)秘书处的文件,包括秘书处制订的ISO/CD,各分标委应认真研究,提出我国意见,说明依据和理由,填入《审批表》(见附表六)。

2.3 如对国际标准文件表示不同意或弃权时,必须在《审批表》中(或另页)用中、英文详述理由。

2.4 《审批表》由国家技术监督一和全标委秘书处存档,不向国外报出。如分标委届时不报《调查表》,全标委不报《审批表》者,则按未表态计。

对贻误表态时机或无故不表态的单位,将按本工作细则的有关规定处理。

2.5 ISO标准草案上报《审批表》应一式二份,中文一份,英文文件需打字,一式三份。英文打字的对外意见应严格按照规定的格式,所用打字纸:宽210mm,长298mm。

3 对国际标准文件的意见、答复和中国提案,务分标委应按文件上截止日期提前20天寄送全标委秘书处。

4 全标委秘书处提前15天将《审批表》寄送国家技术监督局。

4.1 上报文件应包括:《审批表》中文本1份,英文本3份,原文表决票1张,文件处理通知单1份。

4.2 《审批表》需经全标委秘书处秘书长签字。

5 国家技术监督局对《审批表》处理后，将ISO文件处理单回执寄全标委秘书处，由全标委秘书处将处理结果另附回执寄各分标委秘书处。

附表一至七（略）。

国家标准管理办法

1990年8月24日国家技术监督局令第10号发布

第一章 总 则

第一条 为了加强国家标准的管理，根据《中华人民共和国标准化法》和《中华人民共和国标准化法实施条例》的有关规定，制定本办法。

第二条 对需要在全国范围内统一的下列技术要求，应当制定国家标准（含标准样品的制作）：

（一）通用的技术术语、符号、代号（含代码）、文件格式、制图方法等通用技术语言要求和互换配合要求；

（二）保障人体健康和人身、财产安全的技术要求，包括产品的安全、卫生要求，生产、储存、运输和使用中的安全、卫生要求，工程建设的安全、卫生要求，环境保护的技术要求；

（三）基本原料、材料、燃料的技术要求；

（四）通用基础件的技术要求；

（五）通用的试验、检验方法；

（六）工农业生产、工程建设、信息、能源、资源和交通运输等通用的管理技术要求；

（七）工程建设的勘察、规划、设计、施工及验收的重要技术要求；

（八）国家需要控制的其他重要产品和工程建设的通用技术要求。

第三条 国家标准分为强制性国家标准和推荐性国家标准。

下列国家标准属于强制性国家标准：

（一）药品国家标准、食品卫生国家标准、兽药国家标准、农药国家标准；

（二）产品及产品生产、储运和使用中的安全、卫生国家标准，劳动安全、卫生国家标准，运输安全国家标准；

（三）工程建设的质量、安全、卫生国家标准及国家需要控制的其他工程建设国家标准；

（四）环境保护的污染物排放国家标准和环境质量国家标准；

（五）重要的涉及技术衔接的通用技术术语、符号、代号（含代码）、文件格式和制图方法国家标准；

（六）国家需要控制的通用的试验、检验方法国家标准；

（七）互换配合国家标准；

（八）国家需要控制的其他重要产品国家标准。

其他的国家标准是推荐性国家标准。

第四条 国家标准的代号由大写汉语拼音字母构成。

强制性国家标准的代号为“GB”，推荐性国家标准的代号为“GB/T”。

国家标准的编号由国家标准的代号、国家标准发布的顺序号和国家标准发布的年号（即发布年份的后两位数字）构成。示例：

GB××××× - ××

GB/T××××× - ××

第五条 制定国家标准应当贯彻国家的有关方针、政策、法律、法规；有利于合理开发和利用国家资源，推广科学技术成果；积极采用国际标准和国外先进标准，促进对外经济技术合作与对外贸易的发展；保障安全和人民的身体健康，保护环境；充分考虑使用要求，维护消费者的利益；做到技术先进、经济合理、安全可靠、协调配套。

第六条 产品质量标准，凡需要而又可能分等分级的，应作出合理的分等分级规定。

第七条 国家标准由国务院标准化行政主管部门编制计划，协调项目分工，组织制订（含修订，下同），统一审批、编号、发布。

法律对国家标准的制定另有规定的，依照法律的规定执行。

第二章 国家标准的计划

第八条 编制国家标准的计划项目应以国民经济和社会发展计划、国家科技发展计划、标准化发展计划等作为依据。

第九条 国务院标准化行政主管部门在每年六月提出编制下年度国家标准计划项目的原则要求,下达给国务院有关行政主管部门和国务院标准化行政主管部门领导与管理的全国专业标准化技术委员会;国务院有关行政主管部门将编制国家标准计划项目的原则、要求,转发给由其负责领导和管理的全国专业标准化技术委员会或专业标准化技术归口单位(简称技术委员会或技术归口单位,下同)。

第十条 各技术委员会或技术归口单位根据编制国家标准计划项目的原则、要求,提出国家标准计划项目的建议,报其主管部门;国务院有关行政主管部门审查、协调后,于九月底提出国家标准计划项目草案和项目任务书,报国务院标准化行政主管部门。

国务院各有关行政主管部门在协调国家标准计划项目过程中有困难时,可由国务院标准化行政主管部门协调解决。

第十一条 国务院标准化行政主管部门对上报的国家标准计划项目草案,统一汇总、审查、协调,于十二月底前将批准后的下年度国家标准计划项目下达。

第十二条 执行国家标准计划过程中,必要时可以对计划项目进行调整,调整的原则和内容是:

(一)确属急需制定国家标准的项目,可以增补;

(二)确属特殊情况,可以对计划项目的内容进行调整;

(三)确属不宜制定国家标准的项目,应予撤销。

第十三条 国家标准计划项目进行调整的程序如下:

(一)凡符合上述调整原则的项目,必须由负责起草单位填写《国家标准计划项目调整申请表》,经项目主管部门审查同意,报国务院标准化行政主管部门批准;

(二)经国务院标准化行政主管部门批准后通知项目主管部门;

(三)当调整国家标准计划项目的申请未被批准时,必须依照原定计划进行工作。

第十四条 药品、兽药、食品卫生、环境保护和工程建设的国家标准计划,由国务院有关行政主管部门报国务院标准化行政主管部门审查后下达。

第三章 国家标准的制订

第十五条 国务院有关行政主管部门和国务院标准化行政主管部门领导与管理的技术委员会,按下达的国家标准计划项目组织实施。应经常检查国家标准计划项目的进展情况,督促并创造条件,保证负责起草单位按计划完成任务。每年一月底前,将上年度计划执行情况报国务院标准化行政主管部门。

第十六条 负责起草单位应对所订国家标准的质量及其技术内容全面负责。应按GBI《标准化工作导则》的要求起草国家标准征求意见稿,同时编写《编制说明》及有关附件,其内容一般包括:

(一)工作简况,包括任务来源、协作单位、主要工作过程、国家标准主要起草人及其所做的工作等;

(二)国家标准编制原则和确定国家标准主要内容(如技术指标、参数、公式、性能要求、试验方法、检验规则等)的论据(包括试验、统计数据),修订国家标准时,应增列新旧国家标准水平的对比;

(三)主要试验(或验证)的分析、综述报告,技术经济论证,预期的经济效果;

(四)采用国际标准和国外先进标准的程度,以及与国际、国外同类标准水平的对比情况,或与测试的国外样品、样机的有关数据对比情况;

(五)与有关的现行法律、法规和强制性国家标准的关系;

(六)重大分歧意见的处理经过和依据;

(七)国家标准作为强制性国家标准或推荐性国家标准的建议;

(八)贯彻国家标准的要求和措施建议(包括组织措施、技术措施、过渡办法等内容);

(九)废止现行有关标准的建议;

(十)其他应予说明的事项。

对需要有标准样品对照的国家标准,一般应在审查国家标准前制备相应的标准样品。

第十七条 国家标准征求意见稿和《编制说明》及有关附件,经负责起草单位的技术负责人审查后,印发各有关部门的主要生产、经销、使用、科研、检验等单位及大专院校征求意见。

国家标准征求意见稿征求意见时,应明确征求意见的期限,一般为两个月。可列出征求意见的表格,以利对意见的综合、整理。

被征求意见的单位应在规定期限内回复意见,如没有意见也应复函说明,逾期不复函,按无异议处理。对比较重大的意见,应说明论据或提出技术经济论证。

第十八条 负责起草单位应对征集的意见进行归纳整理,分析研究和处理后提出国家标准送审稿、《编制说明》及有关附件、《意见汇总处理表》,送负责该项目的技术委员会秘书处或技术归口单位审阅,并确定能否提交审查。必要时可重新征求意见。

第十九条 国家标准送审稿的审查,凡已成立技术委员会的,由技术委员会按《全国专业标准化技术委员会章程》组织进行。

第二十条 国家标准送审稿的审查,未成立技术委员会的,由项目主管部门或其委托的技术归口单位组织进行。参加审查的,应有各有关部门的主要生产、经销、使用、科研、检验等单位及大专院校的代表。其中,使用方面的代表不应少于四分之一。审查可采用会议审查或函审。对技术、经济意义重大,涉及面广,分歧意见较大的国家标准送审稿可会议审查;其余的可函审。会议审查或函审由组织者决定。

会议审查时,组织者至少应在会议前一个月将会议通知、国家标准送审稿、《编制说明》及有关附件、《意见汇总处理表》等提交给参加国家标准审查会议的部门、单位和人员。函审时,组织者应在函审表决前两个月将函审通知和上述文件及《函审单》提交给参加函审的部门、单位和人员。

第二十一条 会议审查,原则上应协商一致。如需表决,必须有不少于出席会议代表人数的四分之三同意为通过;国家标准的起草人不能参加表决,其所在单位的代表不能超过参加表决者的四分之一。函审时,必须有四分之三回函同意为通过。会议代表出席率及函审回函率不足三分之二时,应重新组织审查。

会议审查,应写出《会议纪要》,并附参加审查会议的单位和人员名单及未参加审查会议的有关部门和单位名单;函审,应写出《函审结论》,并附《函审单》。

《会议纪要》应如实反映审查情况,内容包括对本办法第十六条中第(二)至(十)项内容的审查结论。

负责起草单位,应根据审查意见提出国家标准报批稿。

国家标准报批稿和《会议纪要》应经与会代表通过。

第二十二条 国家标准报批稿由国务院有关行政主管部门或国务院标准化行政主管部门领导与管理的技术委员会,报国家标准审批部门审批。国家标准报批稿内容应与国家标准审查时审定的内容一致,如对技术内容有改动,应附有说明。报送的文件应有:

(一)报批国家标准的公文一份;

(二)国家标准报批稿四份,另附应符合制版要求的插图一份;

(三)《国家标准申报单》、《编制说明》及有关附件、《意见汇总处理表》、国家标准审查《会议纪要》或《函审结论》各两份;

(四)如系采用国际标准或国外先进标准制订的国家标准,应有该国际标准或国外先进标准原文(复制件)和译文各一份。

第四章 国家标准的审批、发布

第二十三条 国家标准由国务院标准化行政主管部门统一审批、编号、发布,并将批准的国家标准一份退报批部门。其中,药品、兽药国家标准,分别由国务院卫生主管部门、农业主管部门审批、编号、发布;食品卫生、环境保护国家标准,分别由国务院卫生主管部门、环境保护主管部门审批,国务院标准化行政主管部门编号、发布;工程建设国家标准由国务院工程建设主管部门审批,国务院标准化行政主管部门统一编号,国务院标准化行政主管部门和工程建设主管部门联合发布。

第二十四条 制定国家标准过程中形成的有关资料,按标准档案管理规定的要求,进行归档。

第二十五条 国家标准由中国标准出版社出版。药品、兽药和工程建设国家标准的出版,由国家标准的审批部门另行安排。

在国家标准出版过程中,发现内容有疑点或错误时,由标准出版单位及时与负责起草单位联系。如国家标准技术内容需更改时,须经国家标准的审批部门批准。

需要翻译为外文出版的国家标准,其译文由该国家标准的主管部门组织有关单位翻译和审定,并由国家标准的出版单位出版。

第二十六条 国家标准出版后，发现个别技术内容有问题，必须作少量修改或补充时，由负责起草单位提出《国家标准修改通知单》，经技术委员会或技术归口单位审核，报该国家标准的主管部门审查同意，备文并附《国家标准修改通知单》一式四份，报国家标准的审批部门批准，按第二十三条的规定发布。

第五章 国家标准的复审

第二十七条 国家标准实施后，应当根据科学技术的发展和经济建设的需要，由该国家标准的主管部门组织有关单位适时进行复审，复审周期一般不超过五年。

国家标准的复审可采用会议审查或函审。会议审查或函审，一般要有参加过该国家标准审查工作的单位或人员参加。

第二十八条 国家标准复审结果，按下列情况分别处理：

（一）不需要修改的国家标准确认继续有效；确认继续有效的国家标准，不改顺序号和年号。当国家标准重版时，在国家标准封面上、国家标准编号下写明“××××年确认有效”字样。

（二）需作修改的国家标准作为修订项目，列入计划。修订的国家标准顺序号不变，把年号改为修订的年号。

（三）已无存在必要的国家标准，予以废止。

第二十九条 负责国家标准复审的单位，在复审结束后，应写出复审报告，内容包括：复审简况，处理意见，复审结论。经该国家标准的主管部门审查同意，一式四份，报国家标准的审批部门批准，按第二十三条的规定发布。

第三十条 国家标准属科技成果，对技术水平高、取得显著效益的国家标准，应当纳入国家或部门科技进步奖励范围，予以奖励。

第六章 附 则

第三十一条 本办法由国家技术监督局负责解释。

第三十二条 本办法自发布之日起实施。原国家标准总局 1982 年 2 月 4 日颁发的《关于国家标准的计划编制、制订和复审工作程序的暂行规定》和《关于国家标准修改、补充的暂行办法》、原国家标准局 1983 年 4 月 2 日颁发的《关于报批国家标准工作若干补充要求的通知》和 1986 年 10 月 15 日颁发的《制订工农业产品国家标准工作程序的补充规定（试行）》即行废止。

企业标准化管理办法

1990 年 8 月 24 日国家技术监督局令第 13 号发布

第一章 总 则

第一条 企业标准化是企业科学管理的基础。为了加强企业标准化工作，根据《中华人民共和国标准化法》和《中华人民共和国标准化法实施条例》及有关规定，制定本办法。

第二条 企业标准化工作的基本任务，是执行国家有关标准化的法律、法规，实施国家标准、行业标准和地方标准，制定和实施企业标准，并对标准的实施进行检查。

第三条 企业标准是对企业范围内需要协调、统一的技术要求、管理要求和工作要求所制定的标准。企业标准是企业组织生产、经营活动的依据。

第四条 企业的标准化工作，应当纳入企业的发展规划和计划。

第二章 企业标准的制定

第五条 企业标准由企业制定，由企业法人代表或法人代表授权的主管领导批准、发布，由企业法人代表授权的部门统一管理。

第六条 企业标准有以下几种：

（一）企业生产的产品，没有国家标准、行业标准和地方标准的，制定的企业产品标准；

（二）为提高产品质量和技术进步，制定的严于国家标准、行业标准或地方标准的企业产品标准；

（三）对国家标准、行业标准的选择或补充的标准；

（四）工艺、工装、半成品和方法标准；

（五）生产、经营活动中的管理标准和工作标准。

第七条 制定企业标准的原则：

（一）贯彻国家和地方有关的方针、政策、法律、法规，严格执行强制性国家标准、行业标准和地方标准；

（二）保证安全、卫生，充分考虑使用要求，保护消费者利益，保护环境；

（三）有利于企业技术进步，保证和提高产品质量，改善经营管理和增加社会经济效益；

（四）积极采用国际标准和国外先进标准；

（五）有利于合理利用国家资源、能源，推广科学技术成果，有利于产品的通用互换，符合使用要求，技术先进，经济合理；

（六）有利于对外经济技术合作和对外贸易；

（七）本企业内的企业标准之间应协调一致。

第八条 制定企业标准的一般程序是：编制计划、调查研究，起草标准草案、征求意见，对标准草案进行必要的验证、审查、批准、编号、发布。

第九条 审查企业标准时，根据需要，可邀请企业外有关人员参加。

第十条 审批企业标准时，一般需备有以下材料：

（一）企业标准草案（报批稿）；

（二）企业标准草案编制说明（包括对不同意见的处理情况等）；

（三）必要的验证报告。

第十一条 企业标准的编写和印刷，参照国家标准 GBI《标准化工作导则》的规定执行。

第十二条 企业产品标准的代号、编号方法如下：

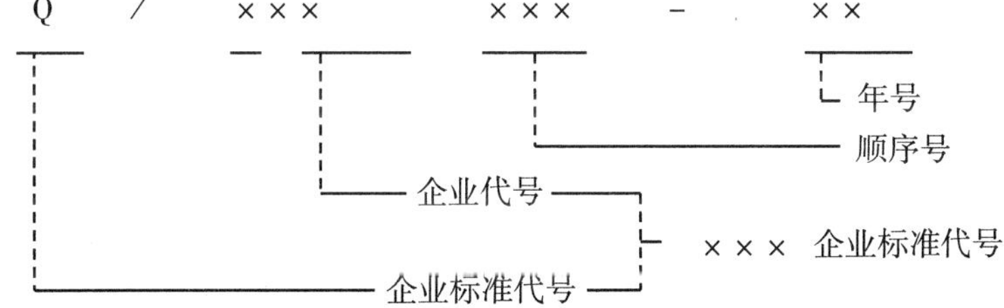

企业代号可用汉语拼音字母或阿拉伯数字或两者兼用组成。

企业代号，按中央所属企业和地方企业分别由国务院有关行政主管部门和省、自治区、直辖市政府标准化行政主管部门会同同级有关行政主管部门规定。

第十三条 企业标准应定期复审，复审周期一般不超过三年。当有相应国家标准、行业标准和地方标准发布实施后，应及时复审，并确定其继续有效、修订或废止。

第三章 企业产品标准的备案

第十四条 企业产品标准，应在发布后三十日内办理备案。一般按企业的隶属关系报当地政府标准化行政主管部门和有关行政主管部门备案。国务院有关行政主管部门所属企业的企业产品标准，报国务院有关行政主管部门和企业所在省、自治区、直辖市标准化行政主管部门备案。国务院有关行政主管部门和省、自治区、直辖市双重领导的企业，企业产品标准还要报省、自治区、直辖市有关行政主管部门备案。

第十五条 受理备案的部门收到备案材料后即予登记。当发现备案的企业产品标准，违反有关法律、法规和强制性标准规定时，标准化行政主管部门会同有关行政主管部门责令申报备案的企业限期改正或停止实施。

企业产品标准复审后，应及时向受理备案部门报告复审结果。修订的企业产品标准，重新备案。

第十六条 报送企业产品标准备案的材料有：备案申报文、标准文本和编制说明等。

具体备案办法，按省、自治区、直辖市人民政府的规定办理。

第四章 标准的实施

第十七条 国家标准、行业标准和地方标准中的强制性标准，企业必须严格执行；不符合强制性标准的产品，禁止出厂和销售。

推荐性标准，企业一经采用，应严格执行；企业已备案的企业产品标准，也应严格执行。

第十八条 企业生产的产品，必须按标准组织生产，按标准进行检验。经检验符合标准的产品，由企业质量检验部门签发合格证书。

企业生产执行国家标准、行业标准、地方标准或企业产品标准，应当在产品或其说明书、包装物上标注所执行标准的代号、编号、名称。

第十九条 企业研制新产品、改进产品、进行技术改造和技术引进，都必须进行标准化审查。

第二十条 企业应当接受标准化行政主管部门和有关行政主管部门，依据有关法律、法规，对企业实施标准情况进行的监督检查。

第五章 企业的标准化管理

第二十一条 企业根据生产、经营需要设置的标准化工作机构，配备的专、兼职标准化人员，负责管理企业标准化工作。其任务是：

（一）贯彻国家的标准化工作方针、政策、法律、法规，编制本企业标准化工作计划；

（二）组织制定、修订企业标准；

（三）组织实施国家标准、行业标准、地方标准和企业标准；

（四）对本企业实施标准的情况，负责监督检查；

（五）参与研制新产品、改进产品，技术改造和技术引进中的标准化工作，提出标准化要求，做好标准化审查；

（六）做好标准化效果的评价与计算，总结标准化工作经验；

（七）统一归口管理各类标准，建立档案，搜集国内外标准化情报资料；

（八）对本企业有关人员进行标准化宣传教育，对本企业有关部门的标准化工作进行指导；

（九）承担上级标准化行政主管部门和有关行政主管部门委托的标准化工作任务。

第二十二条 企业标准化人员对违反标准化法规定的行为，有权制止，并向企业负责人提出处理意见，或向上级部门报告。对不符合有关标准化法要求的技术文件，有权不予签字。

第二十三条 企业标准属科技成果，企业或上级主管部门，对取得显著经济效益的企业标准，以及对企业标准化工作做出突出成绩的单位和人员，应给予表扬或奖励；对贯彻标准不力，造成不良后果的，应给予批评教育；对违反标准规定，造成严重后果的，按有关法律、法规的规定，追究法律责任。

第六章 附　则

第二十四条 本办法由国家技术监督局负责解释。

第二十五条 本办法自发布之日起实施。原国家标准总局以国标发〔1981〕356 号文颁发的《工业企业标准化工作管理办法（试行）》即行废止。

中华人民共和国计量法条文解释

一九八七年五月三十日国家计量局发布

说明：

《中华人民共和国计量法条文解释》是根据第五届全国人民代表大会常务委员会一九八一年六月十日《关于加强法律解释工作的决议》第三条制定的。

《中华人民共和国计量法条文解释》是国家计量局对计量法具体应用的正式解释。

第一章 总　则

第一条 为了加强计量监督管理，保障国家计量单位制的统一和量值的准确可靠，有利于生产、贸易和科学技术的发展，适应社会主义现代化建设的需要，维护国家、人民的利益，制定本法。

1. 本条是对计量法立法宗旨的规定。

2. 制定计量法，是为了加强计量监督管理，健全计量法制。

3."加强计理监督管理"是要着重解决关系国家计量单位制度的统一和全国量值的准确可靠的问题，也就是解决可能影响生产建设和社会经济秩序，造成损害国家和人民利益的计量问题。这是计量立法的基本点。

4."保障国家计量单位制的统一和量值的准确可靠"，其最终目的是为了有利于生产、贸易和科学技术的发展，适应社会主义现代化建设的需要，维护国家和人民的利益。

5."有利于生产、贸易和科学技术的发展，适应社会主义现代化建设的需要"，体现了计量单位制度的统一和量值的准确可靠是社会主义现代化建设的计量保证，体现了计量工作是发展国民经济的一项重要的技术基础。

6."维护国家、人民的利益"，体现了制定计量法，加强工业计量和民生计量工作的法制监督，直接关系着国家和消费者的利益，关系着人民健康和生命、财产的安全。

第二条 在中华人民共和国境内，建立计量基准器具、计量标准器具，进行计量检定，制造、修理、销售、使用计量器具，必须遵守本法。

1. 本条是对计量法调整范围的规定，包括适用的地域和调整对象。

2. 适用的地域，即"中华人民共和国境内"。

3. 调整对象，即机关、团体、部队、企业事业单位和个人之间，在建立计量基准器具、计量标准器具，进行计量检定，制造、修理、销售、使用计量器具等方面所发生的各种法律关系。本法有关条款还规定了调整使用计量单位，实施计量监督等方面发生的各种法律关系。

4. 计量器具是指能用以直接或间接测出被测对象量值的装置、仪器仪表、量具和用于统一量值的标准物质，包括计理基准器具、计量标准器具和工作计量器具。

5. 计量基准器具即国家计量基准器具，简称计量基准，是指用以复现和保存计量单位量值，经国务院计理行政部门批准作为统一全国量值最高依据的计量器具。

6. 计量标准器具，简称计量标准，是指准确度低于计量基准的，用于检定其他计量标准或工作计量器具的计量器具。

7. 计量检定是指为评定计量器具的计量性能，确定其是否合格所进行的全部工作。

第三条 国家采用国际单位制。

国际单位制计量单位和国家选定的其他计量单位，为国家法定计量单位。国家法定计量单位的名称、符号由国务院公布。

非国家法定计量单位应当废除。废除的办法由国务院制定。

1. 本条是对我国采用计量单位制度的规定。

2. 我国采用的是国际单位制。

3. 我国允许使用的计量单位是国家法定计量单位。国家法定计量单位，由国际单位制单位和国家选定的非国际单位制单位组成。

4."国家法定计量单位的名称、符号由国务院公布"。国务院一九八四年二月十七日发布的《关于在我国统一实行法定计量单位的命令》，对法定计量单位的名称、符号已作了规定。

5."非国家法定计量单位应当废除。废除的办法由国务院制定"。国务院一九八四年一月十日批准的《全面推行我国法定计量单位的意见》，对废除的步骤、年限和如何区别不同情况等，已作了规定。

第四条 国务院计量行政部门对全国计量工作实施统一监督管理。

县级以上地方人民政府计量行政部门对本行政区域内的计量工作实施监督管理。

1. 本条是对我国计量监督管理体制、计量监督管理机构及其监督管理职能的规定。

2. 我国是按行政区划实施计量监督管理的，全国计量工作由国务院计量行政部门负责实施统一监督管理。各行政区域内的计量工作由当地人民政府计量行政部门负责监督管理。

3. 县级以上人民政府计量行政部门，是同级人民政府的计量监督管理机构。

4. 县级以上人民政府计量行政部门，除了政府机关的管理职能以外，还要监督本行政区内的机关、团体、部队、企业事业单位和个人遵守与执行计量法律、法规。

5."县级以上"含县级。

第二章 计量基准器具、计量标准器具和计量检定

第五条 国务院计量行政部门负责建立各种计量基准器具,作为统一全国量值的最高依据。

1.本条是对计量基准的建立及计量基准法律地位的规定。

2.计量基准"作为统一全国量值的最高依据",是指全国的各级计量标准和工作计量器具的量值,都要溯源于计量基准。

3."国务院计量行政部门负责建立",是指国务院计量行政部门根据国家的实际情况和各方面的条件统一规划、组织建立。组织建立的原则:属于基本的、通用的、为各行各业服务的计量基准,建在国家法定计量检定机构;属于专业性强,仅为个别行业所需要,或者工作条件要求特殊的计量基准,可授权其他部门建在有关技术机构。

第六条 县及以上地方人民政府计量行政部门根据本地区的需要,建立社会公用计量标准器具,经上级人民政府计量行政部门主持考核合格后使用。

1.本条是对社会公用计量标准器具的建立及社会公用计量标准器具法律地位的规定。

2."社会公用计量标准器具"简称社会公用计量标准,是指经过政府计量行政部门考核、批准,作为统一本地区量值的依据,在社会上实施计量监督具有公证作用的计量标准。

3.建立社会公用计量标准,由当地人民政府计量行政部门根据本地区的需要决定,不需经上一级人民政府计量行政部门审批。但建立之后,必须经考核合格才能使用。

4.本条关于须经上级人民政府计量行政部门主持考核的社会公用计量标准,在具体应用时,是指各地区最高等级的社会公用计量标准。

第七条 国务院有关主管部门和省、自治区、直辖市人民政府有关主管部门,根据本部门的特殊需要,可以建立本部门使用的计量标准器具,其各项最高计量标准器具经同级人民政府计量行政部门主持考核合格后使用。

1.本条是对省级以上人民政府有关主管部门建立计量标准以及这些计量标准法律地位的规定。

2.省级以上人民政府有关主管部门根据本部门的特殊需要建立的计量标准,在本部门内部使用,作为统一本部门量值的依据。

3."根据本部门的特殊需要",是指社会公用计量标准不能适应某部门专业特点的特殊需要。

4.建立本部门的各项最高计量标准,须经同级人民政府计量行政部门主持考核合格后,才能在本部门内开展检定。"主持考核"是指同级人民政府计量行政部门负责组织法定计量检定机构或授权的有关技术机构进行的考核。

第八条 企业、事业单位根据需要,可以建立本单位使用的计量标准器具,其各项最高计量标准器具经有关人民政府计量行政部门主持考核合格后使用。

1.本条是对企业、事业单位建立计量标准以及这些计量标准法律地位的规定。

2.企业、事业单位根据生产、科研、经营管理需要建立的计量标准,在本单位内部使用,作为统一本单位量值的依据。

3.建立本单位的各项最高计量标准,须经有关人民政府计量行政部门主持考核合格后,才能在本单位内部开展检定。

4.本条关于须"经有关人民政府计量行政部门主持考核"的规定,在具体应用时,是指须经与企业、事业单位的主管部门同级人民政府计量行政部门主持考核。但乡镇企业应由当地县级人民政府计量行政部门主持考核。

第九条 县级以上人民政府计量行政部门对社会公用计量标准器具,部门和企业、事业单位使用的最高计量标准器具,以及用于贸易结算、安全防护、医疗卫生、环境监测方面的列入强制检定目录的工作计量器具,实行强制检定。未按照规定申请检定或者检定不合格的,不得使用。实行强制检定的工作计量器具的目录和管理办法,由国务院制定。

对前款规定以外的其他计量标准器具和工作计量器具,使用单位就当自行定期检定或者送其他计量检定机构检定,县级以上人民政府计量行政部门应当进行监督检查。

1.本条是对强制检定的计量器具和非强制检定的计量器具检定管理的规定。

2. 社会公用计量标准，部门和企业、事业单位使用的最高计量标准，为强制检定的计量标准。

强制检定的计量标准和强制检定的工作计量器具，统称为强制检定的计量器具。

3. 强制检定是指由县级以上人民政府计量行政部门指定的法定计量检定机构或授权的计量检定机构，对强制检定的计量器具实行的定点定期检定。检定周期由执行强制检定的计量检定机构根据计量检定规程，结合实际使用情况确定。

4. 本条关于县级以上人民政府计量行政部门对强制检定的计量器具实行强制检定的规定，在具体应用时，是指对强制检定的计量标准，由主持考核该项计量标准的有关人民政府计量行政部门指定的计量检定机构进行检定；对强制检定的工作计量器具，由当地县（市）级人民政府计量行政部门指定的计量检定机构进行检定。当地不能检定的，由上一级人民政府计量行政部门指定的计量检定机构进行检定。

5. "前款规定以外的其他计量标准器具和工作计量器具"，是指除了强制检定的计量器具以外的其他依法管理的计量标准和工作计量器具，即非强制检定的计量器具。

6. 非强制检定是指由使用单位自己依法进行的定期检定，或者本单位不能检定的，送有权对社会开展量值传递工作的其他计量检定机构进行的检定。县级以上人民政府计量行政部门应对其进行监督检查。

7. 强制检定与非强制检定，是对计量器具依法管理的两种形式。不按本条规定进行周期检定的，都要负法律责任。

8.《中华人民共和国强制检定的工作计量器具检定管理办法》已由国务院发布，并定于一九八七年七月一日起施行。

第十条 计量检定必须按照国家计量检定系统表进行。国家计量检定系统表由国务院计量行政部门制定。

计量检定必须执行计量检定规程。国家计量检定规程由国务院计量行政部门制定。没有国家计量检定规程的，由国务院有关主管部门和省、自治区、直辖市人民政府计量行政部门分别制定部门计量检定规程和地方计量检定规程，并向国务院计量行政部门备案。

1. 本条是对计量检定所必须依据的技术规范的规定。

2. 国家计量检定系统表是指从计量基准到各等级的计量标准直至工作计量器具的检定程序所作的技术规定，它由文字和框图构成，简称国家计量检定系统。

3. 计量检定规程是指对计量器具的计量性能、检定项目、检定条件、检定方法、检定周期以及检定数据处理等所作的技术规定，包括国家计量检定规程、部门和地方计量检定规程。

4. 国家计量检定规程由国务院计量行政部门制定，在全国范围内施行。没有国家计量检定规程的，国务院有关主管部门可制定部门计量检定规程，在本部门内施行。省、自治区、直辖市人民政府计量行政部门可制定地方计量检定规程，在本行政区内施行。

部门和地方计量检定规程须向国务院计量行政部门备案。

第十一条 计量检定工作应当按照经济合理的原则，就地就近进行。

1. 本条是对实施强制检定和非强制检定所应遵循的原则的规定，也就是对全国量值传递体制的规定。

2. "经济合理"是指进行计量检定，组织量值传递要充分利用现有的计量检定设施，合理地部署计量检定网点。

3. 就地就近进行计量检定，是指组织量值传递不受行政区划和部门管辖的限制。

第三章 计量器具管理

第十二条 制造、修理计量器具的企业、事业单位，必须具备与所制造、修理的计量器具相适应的设施、人员和检定仪器设备，经县级以上人民政府计量行政部门考核合格，取得《制造计量器具许可证》或者《修理计量器具许可证》。

制造、修理计量器具的企业未取得《制造计量器具许可证》或者《修理计量器具许可证》的，工商行政管理部门不予办理营业执照。

1. 本条是对企业、事业单位制造、修理计量器具必须具备的条件和必须履行的法律手续的规定。

2. "相适应的设施、人员和检定仪器设备"，是指与其制造、修理计量器具相适应的生产、检定条件。具体包括生产设施、出厂检定条件、人员技术状况以及有关技术文件和计量规章制度。

3. 我国对制造、修理计量器具实行许可证制度。对制造、修理计量器具的企业、事业单位进行考核，颁发许可证，是对其制造、修理计量器具资格的计量认证。

4. 企业、事业单位制造计量器具，必须按规定履行法律手续，申请办理制造计量器具许可证。在具体应用本条规定时，企业、事业单位向与其主管部门同级的人民政府计量行政部门申请考核发证。其中乡镇企业向当地县级人民政府计量行政部门申请考核发证。

5. “修理计量器具”是指面向社会开展经营性修理业务。企业、事业单位修理计量器具，必须按规定履行法律手续，申请办理修理计量器具许可证。在具体应用本条规定时，企业、事业单位向当地县（市）级人民政府计量行政部门申请考核发证。当地不能考核的，向上一级地方人民政府计量行政部门申请。

6. 新开业或扩大、改变经营范围制造、修理计量器具的企业单位，应先取得制造、修理计量器具许可证，否则工商行政管理部门不予办理营业执照或扩大、改变经营范围的登记。

第十三条 制造计量器具的企业、事业单位生产本单位未生产过的计量器具新产品，必须经省级以上人民政府计量行政部门对其样品的计量性能考核合格，方可投入生产。

1. 本条是对企业、事业单位制造计量器具新产品必须履行法律手续的规定。

2. “本单位未生产过的计量器具新产品”是指在全国范围内从未生产过的（含对原有产品在结构、性能、材质、技术特征等方面做了重大改进的），或者在全国范围内虽已定型生产，而本单位未生产过的计量器具。

3. 企业、事业单位制造计量器具新产品，必须按规定履行法律手续，向省级以上人民政府计量行政部门申请对其计量器具新产品的样品考核合格，即对计量器具新产品的样品进行定型或样机试验合格。

4. 制造在全国范围内从未生产过的计量器具新产品，必须进行计量器具新产品定型，包括定型鉴定和型式批准。定型鉴定由国务院计量行政部门授权的技术机构进行；型式批准向当地省级人民政府计量行政部门申请办理。省级人民政府计量行政部门批准的型式，经国务院计量行政部门审核同意后，作为全国通用型式，予以公布。

制造在全国范围内虽已定型生产而本单位未生产过的计量器具新产品，必须进行样机试验。样机试验由所在地方的省级人民政府计量行政部门授权的技术机构进行。

5. 企业、事业单位未履行本条规定的法律手续，不得制造计量器具新产品。

第十四条 未经国务院计量行政部门批准，不得制造、销售和进口国务院规定废除的非法定计量单位的计量器具和国务院禁止使用的其他计量器具。

1. 本条是对我国不准制造、销售和进口的计量器具的规定。

2. 不得制造、销售和进口的计量器具，包括非法定计量单位的计量器具和国务院禁止使用的其他计量器具。

3. “国务院禁止使用的其他计量器具”是指经实践证明结构不合理或计量性能已不符合法制管理要求，由国务院明令禁止的计量器具。

4. 因特殊需要，必须制造、销售或进口非法定计量单位的计量器具和国务院禁止使用的其他计量器具，本条规定由国务院计量行政部门审核、批准。

特殊需要，是指在用英制设备需要的一部分英制计量器具，以及应外商要求需要制造出口的非法定计量单位的计量器具和国务院明令禁止的计量器具等。

第十五条 制造、修理计量器具的企业、事业单位必须对制造、修理的计量器具进行检定，保证产品计量性能合格，并对合格产品出具产品合格证。

县级以上人民政府计量行政部门应当对制造、修理的计量器具的质量进行监督检查。

1. 本条是对保证制造、修理计量器具的质量的规定。

2. 制造、修理计量器具的企业、事业单位应对制造、修理计量器具的质量负责。

“必须对制造、修理的计量器具进行检定”，是指必须对制造、修理的计量器具按计量检定规程执行“出厂检定”。

“保证产品计量性能合格”，是指保证制造、修理的计量器具的质量符合计量检定规程的要求。

“出具产品合格证”，是指对制造的计量器具出具产品合格证或修理后的计量器具出具检定合格证。

3. 县级以上人民政府计量行政部门负责对制造、修理计量器具的质量进行监督检查。监督检查的形式，包括抽样检定或监督试验。

第十六条 进口的计量器具，必须经省级以上人民政府计量行政部门检定合格后，方可销售。

1. 本条是对进口以销售为目的的计量器具实施计量法制监督的规定。

2.“进口的计量器具”,是指企业、事业单位和个人进口以销售为目的的计量器具。

3. 凡进口以销售为目的的计量器具的单位和个人,必须向所在的省、自治区、直辖市人民政府计量行政部门申请检定,由其指定的计量检定机构执行检定。

当地不能检定的,向国务院计量行政部门申请检定。

第十七条 使用计量器具不得破坏其准确度,损害国家和消费者的利益。

1. 本条是对使用计量器具的作弊行为实施计量法制监督的规定。

2. 使用计量器具破坏其准确度是指为牟取非法利益,通过作弊故意使计量器具失准。

第十八条 个体工商户可以制造、修理简易的计量器具。

制造、修理计量器具的个体工商户,必须经县级人民政府计量行政部门考核合格,发给《制造计量器具许可证》或者《修理计量器具许可证》后,方可向工商行政管理部门申请营业执照。

个体工商户制造、修理计量器具的范围和管理办法,由国务院计量行政部门制定。

1. 本条是对个体工商户制造、修理计量器具的范围和必须履行的法律手续的规定。

2. 国家允许个体工商户制造、修理简易计量器具。简易计量器具是指产品结构简单,制造、修理容易,根据我国当前个体工商户的一般技术水平和生产、检定条件,能够制造、修理并可以保证质量的计量器具。具体范围由国务院计量行政部门制定的《个体工商户制造、修理计量器具管理办法》确定。

3. 制造、修理计量器具的个体工商户,必须按规定履行法律手续,向当地县(市)级人民政府计量行政部门申请考核,办理制造或修理计量器具许可证后,方可向工商行政管理部门申请办理营业执照。

4. 在具体应用本条规定时,“县级人民政府计量行政部门”是指县、旗、市辖区以及不设区的市人民政府计量行政部门。

第四章 计量监督

第十九条 县级以上人民政府计量行政部门,根据需要设置计量监督员。计量监督员管理办法,由国务院计量行政部门制定。

1. 本条是对县级以上人民政府计量行政部门设置计量监督员的规定。

2. 计量监督员是县级以上人民政府计量行政部门任命的具有专门职能的计量执法人员,在规定的区域内执行计量监督任务。

3. 计量监督员的设置及其职责,由国务院计量行政部门制定的《计量监督员管理办法》确定。

第二十条 县级以上人民政府计量行政部门可以根据需要设置计量检定机构,或者授权其他单位的计量检定机构,执行强制检定和其他检定、测试任务。

执行前款规定的检定、测试任务的人员,必须经考核合格。

1. 本条是对县级以上人民政府计量行政部门实施计量法制监督所需要的计量检定机构和计量检定人员的规定。

2. 县级以上人民政府计量行政部门依法设置的计量检定机构,为国家法定计量检定机构。

3.“计量检定机构”是指承担计量检定工作的有关技术机构。

4.“其他检定、测试任务”,在具体应用时,是指本法规定的计量标准考核,制造、修理计量器具条件的考核,定型鉴定,样机试验,仲裁检定,产品质量检验机构的计量认证,法定计量检定机构进行的非强制检定,以及政府计量行政部门授权的机构面向社会进行的非强制检定。

5.“授权其他单位的计量检定机构,执行强制检定和其他检定、测试任务”,在具体应用时,采取以下形式:

(1)授权专业性或区域性计量检定机构,作为法定计量检定机构;

(2)授权有关技术机构建立社会公用计量标准;

(3)授权某一部门或某一单位的计量检定机构,对其内部使用的强制检定的计量器具执行强制检定;

(4)授权有关技术机构,承担法律规定的其他检定、测试任务。

6. 执行强制检定和本条解释的第4项“其他检定、测试任务”的人员,必须经县级以上人民政府计量行政部门考核合格,发给计量检定证件,取得执行检定、测试任务的资格。

第二十一条 处理因计量器具准确度所引起的纠纷,以国家计量基准器具或者社会公用计量标准器具检定的数据为准。

1. 本条是对作为处理计量纠纷所依据的检定数据的规定。

2. 因计量器具准确度所引起的纠纷,为计量纠纷。

3. 以计量基准或社会公用计量标准检定的数据作为处理计量纠纷的依据,具有法律效力。

4. 用计量基准或社会公用计量标准所进行的以裁决为目的的计量检定、测试活动,统称为仲裁检定。

第二十二条 为社会提供公证数据的产品质量检验机构,必须经省级以上人民政府计量行政部门对其计量检定、测试的能力和可靠性考核合格。

1. 本条是对为社会提供公证数据的产品质量检验机构,实施计量法制监督的规定。

2. 省级以上人民政府计量行政部门对产品质量检验机构计量检定、测试的能力和可靠性考核合格,即为产品质量检验机构的计量认证。

3. 对产品质量检验机构的计量认证,是证明其在认证的范围内,具有为社会提供公证数据的资格。

4. 为社会提供公证数据的产品质量检验机构,是指面向社会从事产品质量评价工作的技术机构。

5. 对为社会提供公证数据的产品质量检验机构的计量检定、测试的能力和可靠性的考核,具体包括:

(1)计量检定、测试设备的性能;

(2)计量检定、测试设备的工作环境和人员的操作技能;

(3)保证量值统一,准确的措施及检测数据公正可靠的管理制度。

6. 对产品质量检验机构进行计量认证,由省级以上人民政府计量行政部门负责;具体考核工作,由其指定所属的计量检定机构或授权的技术机构进行。

在具体应用时,属全国性的产品质量检验机构,向国务院计量行政部门申请计量认证;属地方性的产品质量检验机构,向所在的省、自治区、直辖市人民政府计量行政部门申请。

7. "必须经省级以上人民政府计量行政部门对其计量检定、测试的能力和可靠性考核合格",是指未取得计量认证合格证书的,不得开展产品质量检验工作。

第五章 法律责任

第二十三条 未取得《制造计量器具许可证》、《修理计量器具许可证》制造或者修理计量器具的,责令停止生产、停止营业,没收违法所得,可以并处罚款。

1. 本条是对违反本法第十二条、第十八条的行为,追究行政法律责任的规定。

2. 本条规定的行政处罚适用于制造、修理计量器具的企业、事业单位和个体工商户。其中停止生产的行政处罚,适用于制造计量器具的企业、事业单位和个体工商户;停止营业的行政处罚,适用于修理计量器具的企业、事业单位和个体工商户。

3. 本条规定的各项行政处罚,可单独适用,也可合并适用。

4. 处以停止生产、停止营业的期限,罚款的限额,没收违法所得和罚款的处理等,按本法《实施细则》或有关管理办法的规定执行。

第二十四条 制造、销售未经考核合格的计量器具新产品的,责令停止制造、销售该种新产品,没收违法所得,可以并处罚款。

1. 本条是对违反本法第十三条的行为,追究行政法律责任的规定。

2. 本条规定的行政处罚适用于制造、销售计量器具的企业、事业单位和个体工商户。

3. "未经考核合格的计量器具新产品",是指未经省级以上人民政府计量行政部门型式批准或样机试验合格的计量器具新产品。

4. 其他解释内容同本法第二十三条解释的第3、4项。

第二十五条 制造、修理、销售计量器具不合格的,没收违法所得,可以并处罚款。

1. 本条是对违反本法第十五条和销售不合格计量器具的行为,追究行政法律责任的规定。

2. "制造、修理、销售计量器具不合格",是指出厂或交付用户的计量器具不合格或者没有合格证。

3. 本条规定的行政处罚适用于制造、修理和销售计量器具的企业、事业单位和个体工商户。

4. 其他解释内容同本法第二十三条解释的第3、4项。

第二十六条 属强制检定范围的计量器具,未按照规定申请检定或者检定不合格继续使用的,责令停止使用,可以并处罚款。

1. 本条是对违反本法第九条第一款的行为,追究行政法律责任的规定。

2.“强制检定范围”是指本法第九条第一款规定的范围，其中强制检定的工作计量器具，由《中华人民共和国强制检定的工作计量器具目录》确定。

3.“未按照规定申请检定”，是指未按照本法《实施细则》和《中华人民共和国强制检定的工作计量器具检定管理办法》申请检定，以及未按照地方人民政府计量行政部门实施强制检定的有关规定申请检定。

4. 本条规定的行政处罚适用于使用强制检定的计量器具的任何单位和个人。

5. 其他解释内容同本法第二十三条解释的第3、4项。

第二十七条 使用不合格的计量器具或者破坏计量器具准确度，给国家和消费者造成损失的，责令赔偿损失，没收计量器具和违法所得，可以并处罚款。

1. 本条是对违反本法第十七条和使用不合格的计量器具，给国家和消费者造成损失的行为，追究行政法律责任和民事法律责任的规定。

2. 本条规定的行政处罚适用于任何单位和个人。

3.“使用不合格的计量器具”，是指使用无检定合格印、证或者超过检定周期，以及经检定不合格的计量器具。

4. 其他解释内容同本法第二十三条解释的第3、4项。

第二十八条 制造、销售、使用以欺骗消费者为目的的计量器具的，没收计量器具和违法所得，处以罚款；情节严重的，并对个人或者单位直接责任人员按诈骗罪或者投机倒把罪追究刑事责任。

1. 本条是对制造、销售、使用以欺骗消费者为目的的计量器具的行为，追究行政法律责任或刑事法律责任的规定。

2. 按本条的规定，情节严重需追究刑事法律责任的，适用《刑法》第151条、117条。

3. 本法涉及的刑法条款：

第151条 盗窃、诈骗、抢夺公私财物数额较大的，处五年以下有期徒刑、拘役或者管制。

第117条 违反金融、外汇、金银、工商管理法规，投机倒把，情节严重的，处三年以下有期徒刑或者拘役，可以并处、单处罚金或者没收财产。

4. 其他解释内容同本法第二十三条解释的第3、4项。

第二十九条 违反本法规定，制造、修理、销售的计量器具不合格，造成人身伤亡或者重大财产损失的，比照《刑法》第一百八十七条的规定，对个人或者单位直接责任人员追究刑事责任。

1. 本条是对违反本法第十五条和销售的计量器具不合格，并造成人身伤亡或重大财产损失的行为，追究刑事法律责任的规定。

2. 本条对我国刑法做了补充规定。按本条规定需追究刑事法律责任的，比照《刑法》第187条执行。

《刑法》第187条规定，“国家工作人员由于玩忽职守，致使公共财产、国家和人民利益遭受重大损失的，处五年以下有期徒刑或者拘役。”

3.“制造、修理、销售的计量器具不合格”的含义，同本法第二十五条解释的第2项。

第三十条 计量监督人员违法失职，情节严重的，依照《刑法》有关规定追究刑事责任；情节轻微的，给予行政处分。

1. 本条是对计量执法人员失职的行为，追究行政法律责任和刑事法律责任的规定。

2. 按本条规定需追究刑事法律责任的，适用《刑法》第187条。

3. 给予行政处分，由违法者所在单位决定或由其上级领导机关决定。

第三十一条 本法规定的行政处罚，由县级以上地方人民政府计量行政部门决定。本法第二十七条规定的行政处罚，也可以由工商行政管理部门决定。

1. 本条是对适用本法各项行政处罚的专门机关的规定。

2. 适用本法各项行政处罚的专门机关是县级以上地方人民政府计量行政部门。

3. 适用本法第二十七条行政处罚的机关，也可以是工商行政管理部门。

第三十二条 当事人对行政处罚决定不服的，可以在接到处罚通知之日起十五日内向人民法院起诉；对罚款、没收违法所得的行政处罚决定期满不起诉又不履行的，由作出行政处罚决定的机关申请人民法院强制执行。

1. 本条是关于当事人对行政处罚决定不服，向人民法院诉讼或强制其履行处罚决定的规定。

2. 本条的含义是当事人对行政处罚不服，允许其向人民法院起诉；对罚款、没收违法所得的行政处罚，如当事人逾期不起诉,则处罚决定生效。对不履行处罚决定的,由作出行政处罚决定的机关申请人民法院强制其执行。

第六章 附 则

第三十三条 中国人民解放军和国防科技工业系统计量工作的监督管理办法,由国务院、中央军事委员会依据本法另行制定。

1. 本条是对制定国防系统计量工作的监督管理办法的规定。

2. 国防系统计量工作的监督管理办法,必须符合本法的规定,以本法为依据。

第三十四条 国务院计量行政部门根据本法制定实施细则,报国务院批准施行。

1. 本条是对制定本法《实施细则》的规定。

2. 本法的《实施细则》授权国务院计量行政部门拟定,报国务院批准后,由国务院计量行政部门发布并在全国施行,具有行政法规的法律效力。

3.《中华人民共和国计量法实施细则》已由国务院批准,于一九八七年二月一日由国家计量局发布施行。

第三十五条 本法自一九八六年七月一日起施行。

本条是对本法生效时间的规定,即计量法自一九八六年七月一日起施行,各条规定生效。

四、环 保 类

环境保护部关于实施国家第五阶段气体燃料点燃式发动机与汽车排放标准的公告

环境保护部2012年第68号

为落实《国务院关于印发"十二五"节能减排综合性工作方案的通知》(国发〔2011〕26号)和《国务院关于重点区域大气污染防治"十二五"规划的批复》(国函〔2012〕146号)要求,严格实施国家机动车排放标准,推进环境空气质量改善进程,根据《中华人民共和国大气污染防治法》相关规定,现就实施《车用压燃式、气体燃料点燃式发动机与汽车排气污染物排放限值及测量方法(中国Ⅲ、Ⅳ、Ⅴ阶段)》(GB 17691-2005)中"气体燃料点燃式发动机与汽车第五阶段排放限值"(以下简称"国五标准")有关事项公告如下:

一、自2013年1月1日起,所有生产、进口、销售和注册登记的气体燃料点燃式发动机与汽车必须符合国五标准的要求,相关企业应及时调整生产、进口和销售计划。

二、生产、进口气体燃料点燃式发动机与汽车的企业,应按国五标准要求向环境保护部提出环保型式核准申请,并按时报送环保生产一致性保证计划、年度报告以及车辆识别代码(VIN)信息。环境保护部对通过审核的车型颁发环保型式核准证书。

三、汽车生产企业作为车辆产品排放控制的责任主体,必须建立和完善环保生产一致性保证体系,切实加强生产过程环保达标管理、环保关键部件质量控制、车辆产品排放自检等工作,确保实际生产、销售的车辆稳定达到国五标准要求。

四、环境保护部继续加大机动车环保生产一致性检查力度,采取定期检查和抽查的方式,全面强化机动车生产企业的环保监管。对不符合标准要求的,将责令限期整改;整改后仍不合格的,撤销该车型的环保型式核准证书,并予以通报。

五、地方各级环保部门在机动车尾气排放定期检验、环保合格标志核发等工作中,要严格执行排放标准规定。对不符合标准要求的车辆,各级环保部门不予核发环保检验合格标志,并配合公安交管部门停止其在本行政区域内注册登记。

对生产、进口、销售超标车辆的,环境保护部会同有关部门依法予以处罚。

环境保护部

2012年12月3日

环境保护部关于实施国家第四阶段重型车用汽油发动机与汽车排放标准的公告

环境保护部2012年第46号

为贯彻《中华人民共和国大气污染防治法》，落实《国务院关于印发"十二五"节能减排综合性工作方案的通知》（国发〔2011〕26号）和《国务院关于印发国家环境保护"十二五"规划的通知》（国发〔2011〕42号）要求，实施国家第四阶段机动车排放标准，推进机动车污染减排工作，现就实施《重型车用汽油发动机与汽车排气污染物排放限值及测量方法（中国Ⅲ、Ⅳ阶段）》（GB 14762－2008）第四阶段排放限值（以下简称"国四标准"）有关事项公告如下：

一、自2013年7月1日起，所有生产、进口、销售和注册登记的重型车用汽油发动机与汽车必须符合国四标准的要求，相关企业应及时调整生产、进口和销售计划。

二、生产、进口重型车用汽油发动机与汽车的企业，应按国四标准要求向环境保护部提出环保型式核准申请，环境保护部对通过审核的车型颁发环保型式核准证书。自本公告发布之日起，停止受理不符合国四标准要求的重型车用汽油发动机与汽车型式核准申请。

三、汽车生产企业作为环保生产一致性管理的责任主体，必须建立和完善环保生产一致性保证体系，并按时向环境保护部报送环保生产一致性保证计划、年度报告以及车辆识别代码（VIN）信息，确保实际生产、销售的车辆达到国四标准要求。

四、环境保护部继续加大机动车环保生产一致性检查力度，采取不定期、不定时和突击检查的方式，全面强化机动车生产企业的环保监管。对不符合标准要求的，将责令限期整改；整改后仍不合格的，撤销该车型的环保型式核准证书，并予以通报。

五、地方各级环保部门在机动车尾气排放定期检验、环保合格标志核发等工作中，要严格执行排放标准规定。对不符合标准要求的车辆，各级环保部门不予核发环保检验合格标志，并配合公安交管部门停止其在本辖区内注册登记。

对生产、进口、销售超标车辆的，环境保护部会同有关部门依法予以处罚。

二〇一二年七月二十五日

环境保护部关于发布《重型车用汽油发动机与汽车第四阶段排放标准车载诊断系统和耐久性技术要求》的公告

环境保护部2012年第40号

为贯彻《中华人民共和国环境保护法》和《中华人民共和国大气污染防治法》，防治机动车污染物排放对环境的污染，完善国家环保标准体系，我部决定对国家环保标准《重型车用汽油发动机与汽车排气污染物排放限值及测量方法（中国Ⅲ、Ⅳ阶段）》（GB 14762－2008）进行补充完善，制定了《重型车用汽油发动机与汽车第四阶段排放标准车载诊断系统和耐久性技术要求》，并予发布。

特此公告。

附件：重型车用汽油发动机与汽车第四阶段排放标准车载诊断系统和耐久性技术要求

二〇一二年六月二十九日

附件：

重型车用汽油发动机与汽车第四阶段排放标准车载诊断系统和耐久性技术要求

以下内容，适用于实施《重型车用汽油发动机与汽车排气污染物排放限值及测量方法（中国Ⅲ、Ⅳ阶段）》（GB 14762－

2008)的第Ⅳ阶段。

一、第Ⅳ阶段重型车用汽油发动机与汽车车载诊断(OBD)系统的技术要求及试验方法按照 GB 14762－2008 规定。

二、第Ⅳ阶段重型车用汽油发动机与汽车排放污染控制系统耐久性要求为 180 000km 或 10 年,以先到为准。允许最短试验里程为 100 000km,试验方法按 GB 20890－2007 规定。

电动汽车科技发展“十二五”专项规划

国科发计〔2012〕195 号

一、形势与需求

发展电动汽车是提高汽车产业竞争力、保障能源安全和发展低碳经济的重要途径。未来五年将是电动汽车研发与产业化的战略机遇期。“十二五”期间,国家科技计划将加大力度,持续支持电动汽车科技创新,把科技创新引领与战略性新兴产业培育相结合,组织实施电动汽车科技发展专项规划。

(一)发展形势

从国际发展趋势看,随着技术的不断创新与突破,面对金融危机、油价攀升和日益严峻的节能减排压力,2008 年以来,以美国、日本、欧盟为代表的国家和地区相继发布实施了新的电动汽车发展战略,进一步明确了产业发展方向,明显加大了研发投入与政策扶持力度。日本以产业竞争力为第一目标,全面发展混合动力、纯电动、燃料电池三种电动汽车,研发和产业化均走在世界前列;美国以能源安全为首要任务,强调插电式电动汽车发展;欧盟以 CO_2 排放法规为主驱动力,重视发展纯电驱动汽车,仅德国国家电动汽车平台计划就投入近 50 亿欧元。

从技术层面看,混合动力电动汽车技术逐步成熟,已进入产品市场竞争期,率先实现产业化,正成为汽车市场销售新的增长点,其中,日本市场混合动力电动汽车已达到汽车销量的 10% 左右;纯电动汽车电池技术进步加速,整车产品更加接近消费者需求,插电式电动汽车作为一种具有纯电动和混合动力双重特征的电动汽车技术成为全球新的研发热点,以电池租赁为代表的纯电动汽车商业模式创新取得进展,世界主要汽车制造商加快了纯电动汽车量产步伐,率先上市的日产 LEAF 车型销售势头良好,各大汽车公司多种小型纯电动轿车将在 2013～2015 年密集上市;车用燃料电池技术取得重大进展,通用汽车公司轿车燃料电池发动机贵金属催化剂 Pt 的用量从上一代的 80 克降低到 30 克,并计划 2015 年降至 10 克,燃料电池轿车在动力性、安全性、续航里程、低温启动等性能指标方面已接近汽油车水平,燃料电池汽车整车成本显著下降,丰田公司宣布,2015 年将实现燃料电池车零售价格为 5 万美元/辆的目标。

经多年探索实践,国际汽车产业界达成了电动汽车产业化战略共识:在技术路线上,近期(2010～2015 年),在依靠内燃机汽车技术改进和推进车辆小型化实现降低油耗和排放的同时,为满足更为严格的节能减排法规目标要求,应尽快推进混合动力技术的应用,并发展小型纯电动汽车和插电式混合动力车;中期(2015～2020 年),在混合动力技术得到广泛应用的基础上,提高汽车动力系统电气化程度,加大小型纯电动汽车和插电式混合动力汽车推广力度;中远期(2020 年以后),各种纯电驱动技术将逐步占据主导地位,通过进一步发展纯电动汽车和燃料电池汽车,实现大幅度降低石油消耗和 CO_2 排放。在车型应用方面,纯电动、混合动力和燃料电池等不同类型的电动汽车技术各自具有最优的交通出行适用范围。对于城市短途出行需求,小型纯电动汽车具有优势;对长途出行需求,适合采用混合动力汽车、插电式混合动力汽车或者燃料电池汽车。

我国高度重视电动汽车技术的发展。“十五”期间,启动了 863 计划电动汽车重大科技专项,确立了“三纵三横”(三纵:混合动力汽车、纯电动汽车、燃料电池汽车;三横:电池、电机、电控)的研发布局,取得了一大批电动汽车技术创新成果。“十一五”期间,组织实施了 863 计划节能与新能源汽车重大项目,聚焦动力系统技术平台和关键零部件研发。经过两个五年计划的科技攻关以及北京奥运会、上海世博会、深圳大运会、“十城千辆”等示范工程的实施,我国电动汽车从无到有,在关键零部件、整车集成技术以及技术标准、测试技术、示范运行等方面都取得重大进展,初步建立了电动汽车技术体系,已申请专利 3000 余项,颁布电动汽车国家和行业标准 56 项,建成 30 多个节能与新能源汽车技术创新平台。科技创新为我国新能源汽车战略性新兴产业的形成奠定了良好基础。

当前,我国电动汽车发展已进入关键时期,既面临重大的发展机遇,也面临着严峻的挑战。我国电动汽车发展中还存在很多需要解决的问题,例如核心技术还不具竞争优势,企业投入不足,政府的协调统筹潜力还没有充分发挥等。总体看，我国电动汽车研发起步不晚，发展不慢，但由于传统汽车及相关产业基础相对薄弱、投入不足，差距仍在，中高端技术竞争压力越来越大。因此，必须加大攻坚力度，推动我国汽车工业向创新驱动转型，抢占技术制高点，培育新能源汽车战略性新兴产业，引领产业变革，确保我国汽车行业可持续发展。

（二）国家重大需求

面对节能减排的严峻挑战和培育新能源汽车战略性新兴产业、实现自主创新与科技跨越的历史任务，发展电动汽车已成为我国重大的科技战略需求与战略重点。

1. 产业升级的需求

从汽车行业节能减排趋势看，发展电动汽车是汽车技术进步与产业升级的必然选择。我国从2000年开始进入汽车产销快速发展期，新车年销售量从209万辆增加到2011年的1851万辆，12年间增长了将近8倍。自2009年以来已连续3年成为全球第一大新车生产国和消费国。随着汽车保有量的快速增长，道路交通燃料消耗量也持续上升，导致石油消费进入快速增长期，全国原油年消费量从2000年的2.3亿吨增长到2011年的4.2亿吨，对外进口依存度超过55%。我国面临着汽车节能减排的严峻挑战，迫切需要产业技术升级。

为了使我国2020年乘用车燃油经济性达到国际同期水平，平均油耗应降至5升/百公里以内，采用以混合动力为代表的重大汽车节能技术势在必行。同时，以混合动力技术为龙头，可带动传统汽车节能减排技术的综合集成与全面进步。

2. 技术转型的需求

从国家战略性新兴产业看，发展电动汽车是我国汽车工业技术转型和培育战略性新兴产业的历史机遇。从车用能源角度看，电可以作为我国车用主体替代能源之一。预计到2020年和2030年我国乘用车保有量将会达到1.5亿辆和2.5亿辆的规模，假设这些车辆全部使用电力驱动，所使用总电量低于电网总发电量的10%。电动汽车大规模应用后，可在电网负荷低谷时段常规充电，对电网起到“填谷”作用，提高发电设备的综合利用率，起到节能减排的效果。

我国发展电动汽车具有独特的资源和市场优势。我国在锂离子动力电池、永磁电机等电动汽车关键零部件的核心材料方面具有资源优势。我国具有巨大的、多元化的汽车市场优势，而且在电动汽车基础设施建设方面有后发优势。我国城镇化、城市化过程中，电动汽车充电站等基础设施建设具有较大的发展空间。

总之，我国的资源状况、市场特点和战略性新兴产业培育的现状，适合推动汽车动力电气化技术转型。

3. 科技跨越的需求从国际新一轮低碳科技竞争角度看，“十二五”电动汽车自主创新是中国汽车工业实现科技跨越的攻坚战。

我国在电动汽车关键零部件高端技术方面总体上尚未形成竞争优势。在电池成组技术、燃料电池发动机技术、车用电机电力电子集成技术、强混合动力机电耦合技术等方面，与国际先进水平仍有一定差距。

同时，我国在整车动力系统发展方面也面临着国际新一轮低碳科技竞争压力。针对能源及环境的压力，各国纷纷制定了更加严格的汽车CO_2排放法规，促进了低碳技术的发展与竞争。从排放标准来看，汽车厂商仅仅依靠燃油车的技术进步难以满足排放限值，必须依靠汽车动力电气化技术变革。从技术的潜力分析结果来看，将CO_2排放降低40%以上的技术途径主要集中在深度混合动力、插电式混合动力、纯电动和氢能燃料电池技术。

为此，必需加大攻坚力度，实现科技跨越，推动我国汽车工业从投资驱动向创新驱动迅速转型。否则，将会形成新一轮技术引进的高潮。

二、发展战略与目标

（一）指导原则

1. 自主创新

发展电动汽车要依靠自主创新，掌握核心技术。根据混合动力、纯电动和燃料电池三种基本的电动汽车动力系统技术特征与发展阶段，灵活运用不同的自主创新方式，坚持以科技为支撑，以人才为根本，推动电动汽车技术的快速进步。

2. 重点突破

紧紧把握汽车动力系统电气化的战略转型方向，重点突破电池、电机、电控等关键核心技术，以及电动汽车整车关键技术和商业化瓶颈。

3. 协调发展

发展电动汽车是一项系统工程，在研发、示范和市场导入初期需要一个有利的政策环境。通过制定引导性政策，产、学、研、用和社会各方力量形成合力，构建中国特色的电动汽车产业发展环境，推动我国电动汽车产业快速、健康发展。

（二）技术路线

电动汽车按动力系统电气化水平分为两类：一类是全部或大部分工况下主要由电机提供驱动功率的电动汽车（称为“纯电驱动”电动汽车，例如纯电动汽车、插电式电动汽车、增程式电动汽车以及燃料电池电动汽车）；另一类是动力电池容量较小，大部分工况下主要由内燃机提供驱动功率的电动汽车（称为常规混合动力电动汽车）。从培育战略性新兴产业角度看，发展电气化程度比较高的“纯电驱动”电动汽车是我国新能源汽车技术的发展方向和重中之重。要在坚持节能与新能源汽车“过渡与转型”并行互动、共同发展的总体原则指导下，规划电动汽车技术发展战略。

1. 确立“纯电驱动”的技术转型战略

顺应全球汽车动力系统电动化技术变革总体趋势，发挥我国的有利条件和比较优势，面向“纯电驱动”实施汽车产业技术转型战略，加快发展“纯电驱动”电动汽车产品。实施这一技术转型战略，要依靠自主创新，坚持自主发展，突破电动汽车核心瓶颈技术；同时要充分利用国际资源，进一步提升我国汽车共性基础技术水平，服务于“纯电驱动”的技术转型战略。

2. 坚持“三纵三横”的研发布局

我国电动汽车研发在“三纵三横”的技术创新战略指导下，经过“十五”“三纵三横、整车牵头”和“十一五”“三纵三横、动力系统技术平台为核心”两阶段技术攻关，取得了重大技术突破，形成了中国特色的电动汽车研发体系。“十二五”期间，继续坚持“三纵三横”的基本研发布局，根据“纯电驱动”技术转型战略，进一步突出“三横”共性关键技术。在“三纵”方面，纯电动汽车、增程式电动汽车和插电式混合动力汽车作为纯电驱动汽车的基本类型归为一个大类；燃料电池汽车作为纯电驱动汽车的特殊类型继续独立作为一“纵”；混合动力汽车主要为常规混合动力汽车。在“三横”方面，“电池”包括动力电池和燃料电池；“电机”包括电机系统及其与发动机、变速箱总成一体化技术等；“电控”包括“电转向”、“电空调”、“电制动”和“车网融合”等在内的电动汽车电子控制系统技术。

（三）规划目标

1. 面向产业升级需求：产品研发，支撑发展

“十二五”是以汽车电控化和动力混合化两大技术相结合为标志的产品换代与产业升级期。要推进各种常规混合动力汽车的产业化技术研发与大规模产业化。力争使我国混合动力客车综合性价比和市场占有率处于国际先进水平；力争使我国混合动力轿车具备国际市场竞争力。以混合动力技术为龙头带动传统汽车节能减排技术的综合集成与全面进步。为我国汽车行业实现汽车产业政策和油耗与排放法规的“十二五”目标提供技术支撑。

2. 面向技术转型需求：规模示范，产业引领

“十二五”是将汽车小型化和动力电气化相汇合，发展我国小型电动轿车的机遇期。要实施“纯电驱动”技术转型战略，探索纯电驱动汽车技术解决方案、新型商业模式和能源供应体系。使我国在以小型电动轿车为代表的各类纯电动汽车普及程度、以示范城市为平台的电动汽车全价值链整合水平、以锂离子动力电池为重点的车用电池产业竞争能力等方面处于国际先进水平，为培育我国电动汽车战略性新兴产业发挥引领作用。

3. 面向科技跨越需求：前瞻部署，创新突破

“十二五”是将能源多元化和动力一体化两大趋势相统一，研究下一代纯电驱动平台，抢占电动汽车高端前沿制高点的科技攻坚期。要攻克以先进燃料电池/新型动力电池等为代表的一批前沿高端难点技术。开发出具有关键技术综合集成性、先进成果展示标志性、系列化、高级别电动汽车，其综合技术指标达到国际先进水平。为实现我国从汽车制造大国向汽车技术强国转型奠定坚实基础。

到2015年，在整车、关键零部件、公共平台等29个技术创新方向上实现关键技术突破，全面掌握核心技术，预期申请电动汽车核心技术专利达3000项以上。形成整车及零部件研发和产业化体系，建设新能源汽车基础设施、产业标准体系和检验检测系统，新增建节能与新能源汽车领域技术创新平台25个以上，组建各类产业技术创新战略联盟，培育形成一批国际知名的具有自主知识产权的关键零部件与整车企业。在30个以上城市进行规模化示范推广，在5个以上城市进行新型商业化模式试点应用，为实现电动汽车规模产业化、尤其是纯电驱动汽车销量达到同类车型总销量1%左右的重要门槛提供科技支撑，引领新能源汽车战略

性新兴产业进入快速成长期，使我国跻身节能与新能源汽车产业先进国家行列。

（四）发展路径

电动汽车科技创新支撑新能源汽车战略性新兴产业发展的路线图，具体可概括为技术平台“一体化”、车型开发“两头挤”、产业化推进“三步走”。

1. 技术平台“一体化”

为了应对电动汽车技术多元化和车型多样化问题，紧紧抓住“电池、电机、电控”三大共性关键技术，以关键零部件模块化为基础，推进动力总成模块化，促进动力系统平台化，实现电动汽车技术平台“一体化”。

动力电池、电机、电子控制单元等关键部件模块化，有利于规模化生产和应用，便于电池的维修、更换、租赁、梯级利用和回收处理。以通用化、系列化的动力电池模块为核心，可以形成多样化的车用动力电池系统，结合电机等基础模块，可开发各种纯电驱动汽车；车用动力总成方面，以动力电池等关键零部件模块为基础，进一步提升系统集成层次，可发展出各种新型电气化动力总成；混合动力、纯电动和燃料电池汽车在电驱动总成方面核心技术相通，容易实现电动汽车技术平台的“一体化”，并可以共同培育一体化的零部件产业基础。

2. 车型开发“两头挤”

我国中高级别以上轿车的纯电驱动平台技术尚不成熟，需要继续深入研究开发，并作为科技跨越的重点研究内容。与此同时，对于电动汽车科技发展，充分发挥我国技术特色、产业优势和市场潜力，在城市公共用大客车和私人小型轿车上优先发展“纯电驱动”电动汽车，然后逐步从两端向中间发展，形成“两头挤”格局，启动大规模市场，并滚动发展，逐步挤占中高档燃油轿车这一市场空间。

一方面，要以城市公交车为重点，在现有常规混合动力大客车推广应用的基础上，加强各种纯电驱动大客车的开发、推广力度，形成主流商业模式，并继续开展燃料电池—动力电池的电—电混合式大客车的研发和示范。另一方面，发展小型电动汽车（尤其是小型电动轿车）。燃油汽车小型化和电动汽车小型化是全球主流趋势，在中国最具技术特色、产业优势和市场潜力。小型电动汽车可以成为我国汽车工业自主创新的重要突破口，可以满足我国快速城市化进程中交通可持续发展需求，可以促进我国电动汽车与充电设施以及电池产业之间的良性互动和滚动发展，可以形成大规模市场需求。

3. 产业化推进“三步走”

电动汽车产业化初期，电动汽车产业化推进按照“三步走”的推进战略，结合不同阶段的技术进步程度和市场需求状况，把握节奏，分步实施。

（1）第一阶段：2008～2010 年

在大中城市公共服务领域开展新能源汽车示范。2008 年开始的奥运示范项目，首次实现电动汽车规模化示范运行；2009 年启动“十城千辆”大规模示范推广工程，全国 13 个示范城市约 5000 辆节能与新能源汽车投入示范运营；到 2010 年，示范城市从 13 个增加到 25 个，重点转向纯电驱动汽车，全国 25 个示范城市约 8000 辆节能与新能源汽车投入示范运营。

（2）第二阶段：2010～2015 年

实现混合动力汽车产业化技术突破。开展以能量型锂离子动力电池为重点，电池模块化为核心的动力电池全方位技术创新，实现我国车用动力电池大规模产业化的技术突破。开展以小型电动汽车为代表的纯电驱动汽车大规模商业化示范。开展电动汽车能源供应体系技术攻关，到 2015 年左右，在 20 个以上示范城市和周边区域建成由 40 万个充电桩、2000 个充换电站构成的网络化供电体系，满足电动汽车大规模商业化示范能源供给需求。为实现电动汽车规模产业化，尤其是纯电驱动汽车销量达到同类车型总销量 1% 左右的重要门槛提供科技支撑。

同时，攻克新型锂电池、深度机电耦合、新型电机驱动等前沿技术，研发以燃料电池汽车为代表的下一代纯电驱动动力系统平台，实现燃料电池汽车在公共服务领域小规模示范考核。为下一代纯电驱动汽车产业化做好准备。

（3）第三阶段：2015～2020 年继续推进以小型电动汽车为代表的纯电驱动汽车规模产业化，并开始启动下一代纯电驱动汽车产业化进程。

在此阶段，以下一代动力电池技术路线为主导，开启下一代动力电池和燃料电池产业化。确立纯电驱动轿车主导商业模式，并完善发展基础设施网络，提高车网融合程度。到 2020 年左右，为实现各类电动汽车推广普及提供技术支撑。

三、科技创新的重点任务

“十二五”电动汽车科技发展重点任务是：紧紧围绕电动汽车科技创新与产业发展的三大需求，继续坚持“三纵三横”的研发布局，突出“三横”共性关键技术，着力推进关键零部件技术、整车集成技术和公共平台技术的攻关与完善、深化与升级，形成“三横三纵三大平台”（三纵：混合动力汽车、纯电动汽车、燃料电池汽车；三横：电池、电机、电控；三大平台：标准检测、能源供给、集成示范）战略重点与任务布局（见表1）。

表1 重点技术方向任务布局

<table>
<tr><th>研究领域</th><th colspan="2">研究方向</th><th>任务编号</th><th>任务分解</th></tr>
<tr><td rowspan="12">关键零部件技术</td><td rowspan="6">电池/燃料电池</td><td rowspan="4">动力电池</td><td>1</td><td>高功率型动力电池系统产业化技术研发</td></tr>
<tr><td>2</td><td>能量型与能量/功率兼顾型锂离子动力电池技术研究</td></tr>
<tr><td>3</td><td>新型锂离子动力电池开发</td></tr>
<tr><td>4</td><td>新体系动力电池技术研究</td></tr>
<tr><td rowspan="2">燃料电池</td><td>5</td><td>开发面向示范和产品验证的燃料电池系统</td></tr>
<tr><td>6</td><td>研发面向技术突破的下一代燃料电池系统</td></tr>
<tr><td colspan="2" rowspan="3">车用电机</td><td>7</td><td>开发满足混合动力产业化需求的电机/发动机总成</td></tr>
<tr><td>8</td><td>开发满足纯电驱动车辆大规模示范需求的车用电机</td></tr>
<tr><td>9</td><td>突破下一代纯电驱动系统关键技术</td></tr>
<tr><td colspan="2" rowspan="3">电子控制</td><td>10</td><td>开发面向混合动力汽车产业化的电控技术</td></tr>
<tr><td>11</td><td>开发面向纯电动汽车大规模商业化示范的电控技术</td></tr>
<tr><td>12</td><td>突破下一代纯电驱动汽车电控技术</td></tr>
<tr><td rowspan="6">整车集成技术</td><td colspan="2">混合动力汽车</td><td>13</td><td>常规混合动力汽车产业化技术攻关</td></tr>
<tr><td colspan="2" rowspan="4">纯电动汽车</td><td>14</td><td>小型纯电动轿车产业化技术攻关</td></tr>
<tr><td>15</td><td>纯电动商用车产业化技术攻关</td></tr>
<tr><td>16</td><td>插电式混合动力汽车产业化技术攻关</td></tr>
<tr><td>17</td><td>下一代纯电动汽车动力系统技术平台</td></tr>
<tr><td colspan="2">燃料电池汽车</td><td>18</td><td>燃料电池汽车与动力系统平台技术研发</td></tr>
<tr><td rowspan="11">公共平台技术</td><td colspan="2" rowspan="3">标准、检测与数据平台</td><td>19</td><td>电动汽车相关技术标准研究</td></tr>
<tr><td>20</td><td>电动汽车测试评价技术研究</td></tr>
<tr><td>21</td><td>电动汽车数据采集及数据库软硬件开发</td></tr>
<tr><td colspan="2" rowspan="3">能源供给基础设施平台</td><td>22</td><td>充/换电系统规划设计及关键设备研发</td></tr>
<tr><td>23</td><td>先进智能充/换电关键技术研究与示范</td></tr>
<tr><td>24</td><td>制氢、储氢、加氢关键技术装备研究与示范</td></tr>
<tr><td colspan="2" rowspan="5">应用开发与集成示范</td><td>25</td><td>面向示范与技术验证的电动汽车全产业链产品应用开发</td></tr>
<tr><td>26</td><td>电动汽车及其基础设施应用技术研究与规模化示范</td></tr>
<tr><td>27</td><td>基于示范推广和产业化准备的应用服务支撑平台建设与示范</td></tr>
<tr><td>28</td><td>电动汽车新型商业化模式配套技术与配套体系研究</td></tr>
<tr><td>29</td><td>电动汽车技术评价与前沿技术国际科技合作</td></tr>
</table>

（一）“三横”关键零部件技术突破

1. 电池

（1）以动力电池模块为核心，实现我国以能量型锂离子动力电池为重点的车用动力电池大规模产业化突破。

以车用能量型动力电池为主要发展方向，兼顾功率型动力电池和超级电容器的发展，全面提高动力电池输入输出特性、安全性、一致性、耐久性和性价比等综合性能。强化动力电池系统集成与热－电综合管理技术，促进动力电池模块化技术发展；实现车用动力电池模块标准化、系列化、通用化，为支撑纯电驱动电动汽车的商业化运营模式提供保障。

瞄准国际前沿技术，深入开展下一代新型车用动力电池自主创新研究，为电动汽车产业中长期发展进行技术储备。重点研究新型锂离子动力电池。研究新型锂离子动力电池设计、性能预测、安全评价及安全性新技术。新体系动力电池方面，重点研究金属空气电池、多电子反应电池和自由基聚合物电池等，并通过实验技术验证，建立动力电池创新发展技术研发体系。

到2015年，为我国车用动力电池产业提升市场竞争能力提供科技支撑。通过新型锂离子动力电池和新体系电池的探索，确立我国下一代车用动力电池的主导技术路线。

（2）突破燃料电池关键技术和系统集成，推进工程实用化，为新一代燃料电池汽车研发与产业化奠定核心技术基础。

重点推进燃料电池的工程实用化，建立小批量生产线，进一步提升燃料电池性能，降低成本，强化电堆与系统的寿命考核，改进提高燃料电池系统控制策略与关键部件性能，提升燃料电池系统可靠性与耐久性，为燃料电池汽车示范运行提供可靠的车用燃料电池系统。

加强燃料电池基础材料和系统集成科技创新，研发高稳定性、高耐久性、低成本的关键材料和部件。保证电堆在高电流密度下的均一性，提高功率密度，进一步增强系统的环境适应能力，为下一代燃料电池汽车研发奠定核心技术基础。

2. 电机面向混合动力大规模产业化需求，开发混合动力发动机/电机总成（发动机＋ISG/BSG）和机电耦合传动总成（电机＋变速箱），形成系列化产品和市场竞争力，为混合动力汽车大规模产业化提供技术支撑。

面向纯电驱动大规模商业化示范需求，开发纯电动汽车驱动电机及其传动系统系列，同步开发配套的发动机发电机组（APU）系列，为实现纯电动汽车大规模商业示范提供技术支撑。

面向下一代纯电驱动系统技术攻关，从新材料/新结构/自传感电机、IGBT芯片封装和驱动系统混合集成、新型传动结构等方面着手，开发高效率、高材料利用率、高密度和适应极限环境条件的电力电子、电机与传动技术，探索下一代车用电机驱动及其传动系统解决方案，满足电动汽车可持续发展需求。

3. 电控

重点开发混合动力专用发动机先进控制算法（满足国Ⅳ以上排放法规）、混合动力系统先进实时控制网络协议、多部件间的转矩耦合和动态协调控制算法，研制高性能的混合动力系统（整车）控制器，满足混合动力汽车大规模产业化技术需求。

重点开发先进的纯电驱动汽车分布式、高容错和强实时控制系统，高效、智能和低噪音的电动化总成控制系统（电动空调、电动转向、制动能量回馈控制系统），电动汽车的车载信息、智能充电及其远程监控技术，满足纯电动汽车大规模示范需要。

重点开发基于新型电机集成驱动的一体化底盘动力学控制、高性能的下一代整车控制器及其专用芯片、电动汽车智能交通系统（ITS）与车网融合技术（V2X，包括V2G：汽车到电网的链接，V2H：汽车到家庭的链接，V2V：汽车到汽车的链接等网络通讯技术），为下一代纯电驱动汽车开发提供技术支撑。

（二）“三纵”集成技术创新

1. 混合动力汽车

针对常规混合动力汽车大规模产业化需求，开展系列化混合动力系统总成开发，协调控制、能量管理等关键技术攻关和整车产品的产业化技术研发，将节能环保发动机开发与电动化技术有机结合，重点突破产品性价比，形成市场竞争优势。突破混合动力汽车产业化关键技术，构建混合动力汽车零部件配套保障体系，开展批量化生产装备与工艺、质量管理体系以及配套的维修检测设备开发，建成混合动力汽车专用的装配、检测、检验生产线。

中度混合动力方面，突破混合动力汽车关键技术，深化发动机控制技术研究，解决动力源工作状态切换和动态协调控制，以及能源优化管理，掌握整车故障诊断技术，进一步提高整车的可靠性、耐久性、性价比，开发出高性价比、具有市场竞争力、可大规模产业化的混合动力汽车系列产品。

深度混合动力方面，突破混合动力系统构型技术，能量管理协调控制技术，开发深度混合动力新构型。开发出高性价比、可大规模批量生产的深度混合动力轿车和商用车产品。

表2 混合动力汽车产业化研发主要技术指标

指标			轿车	城市客车
动力电池	镍氢电池	能量密度	系统≥30Wh/kg	系统≥40Wh/kg
		功率密度	系统≥900W/kg	系统≥700W/kg
		使用寿命	25万公里或10年	
		系统目标成本	<3元/Wh	
	功率型锂子动力电池	能量密度	≥50Wh/kg(系统)	
		功率密度	≥1800W/kg(系统)	
		使用寿命	20万公里或10年	
	超级电容	系统目标成本	<3元/Wh	
		能量密度	≥4000W/kg	
		功率密度	≥5Wh/kg	
		使用寿命	≥40万次或10年	
		系统成本	<60元/Wh	
车用电机	系统成本		200元/kW	300元/kW
	ISG电机功率密度		>1.5kW/kg	>2.7 kW/kg
	驱动电机功率密度		>1.2kW/kg	>1.8 kW/kg
	系统最高效率		>94%	
电子控制			满足国Ⅳ和国Ⅴ排放法规的混合动力专用发动机（油电和气电）电控关键技术。研制面向多能源动力总成技术需求的16位或32位机高性能控制器。	
整车平台	节油率		≥25%（中混） ≥40%（深混）	≥40%
	附加成本		≤1.5万元	≤15万元

2. 纯电动汽车（含插电式/增程式电动汽车）以小型纯电动汽车关键技术研发作为纯电动汽车产业化突破口，开发纯电动小型轿车系列产品（包括增程式），并实现大规模商业化示范；开发公共服务领域纯电动商用车并大规模商业示范推广；加强插电式混合动力汽车研发力度，开发系列化插电式混合动力轿车和商用车系列产品。

小型纯电动汽车方面，针对大规模商业化示范需求，开发系列化特色纯电驱动车型及其能源供给系统，并探索新型商业化模式。实现小型纯电动汽车（含增程式）关键技术突破，重点掌握电气系统集成、动力系统匹配和整车热－电综合管理等技术。开发出舒适、安全、性价比高的小型纯电动轿车系列产品。

纯电动商用车方面，重点研究整车NVH、轻量化、热管理、故障诊断、容错控制与电磁兼容及电安全技术。

插电式混合动力汽车方面，掌握插电式混合动力构型及专用发动机系统研发技术；突破高效机电耦合技术、轻量化、热管理、故障诊断、容错控制与电磁兼容技术、电安全技术；开发出高性价比、可满足大规模商业化示范需求的插电式混合动力轿车和商用车系列产品。

表3 纯电驱动大规模商业化示范的主要技术指标

<table>
<tr><td colspan="2" rowspan="3">指标</td><td colspan="4">纯电动</td><td colspan="2">插电式</td></tr>
<tr><td colspan="3">小型纯电动轿车</td><td rowspan="2">公共服务领域纯电动商用车</td><td rowspan="2">插电式轿车</td><td rowspan="2">插电式城市客车</td></tr>
<tr><td>全新结构设计</td><td>升级型</td><td>增程式</td></tr>
<tr><td rowspan="4">动力电池</td><td>能量密度</td><td colspan="4">模块≥120Wh/kg</td><td colspan="2">系统≥100Wh/kg</td></tr>
<tr><td>循环寿命</td><td colspan="4">≥2000次(100% DOD)</td><td colspan="2">≥3000次</td></tr>
<tr><td>日历寿命</td><td colspan="4">≥10年</td><td colspan="2">≥10年</td></tr>
<tr><td>目标成本</td><td colspan="4">模块≤1.5元/Wh</td><td colspan="2">系统≤2元/Wh</td></tr>
<tr><td rowspan="3">车用电机</td><td>成本</td><td colspan="3">≤200元/kW</td><td>≤300元/kW</td><td>≤200元/kW</td><td>≤300元/kW</td></tr>
<tr><td>功率密度</td><td colspan="3">≥2.7kW/kg</td><td colspan="3">≥1.8kW/kg</td></tr>
<tr><td>最高效率</td><td colspan="6">≥94%</td></tr>
<tr><td colspan="2">电子控制</td><td colspan="6">纯电动汽车电动化总成控制系统
先进的纯电动汽车分布式控制系统
纯电动汽车车载信息、智能充电和远程监控系统</td></tr>
<tr><td rowspan="5">整车平台</td><td rowspan="3">最高车速</td><td>≥75km/h(微型)</td><td rowspan="3">≥100km/h</td><td>≥75km/h(≤1100kg)</td><td rowspan="3">80–110km/h</td><td rowspan="3">与传统车相当</td><td rowspan="3">与传统车相当</td></tr>
<tr><td>≥100km/h(≤980kg)</td><td rowspan="2">≥100km/h(≤1300kg)</td></tr>
<tr><td>≥100km/h(≤1100kg)</td></tr>
<tr><td>纯电续驶里程</td><td>≥100km</td><td>≥100km</td><td>≥100km</td><td>≥150km(非快充类)</td><td>≥30km</td><td>≥50km</td></tr>
<tr><td>附加成本</td><td colspan="4">与同级别燃油车辆或基础车型相当(不包括储能系统)</td><td>≤5万</td><td>≤20万</td></tr>
<tr><td rowspan="2">支撑平台</td><td>基础设施</td><td colspan="4">交流充电桩40万个以上，集中充/换电站2000座</td><td colspan="2"></td></tr>
<tr><td></td><td colspan="4">示范城市</td><td colspan="2">≥25个</td></tr>
</table>

注：纯电续驶里程测试工况为ECE城市循环工况。

3. 以燃料电池汽车为代表的下一代纯电驱动汽车

集成下一代高性能电机与电池系统，突破下一代高性能新型纯电动轿车动力系统技术平台关键技术，到2015年左右，完成下一代高性能、纯电驱动动力系统技术平台，完成纯电驱动轿车和下一代高性能大型纯电动客车整车产品开发，技术水平处于国际先进水平。

面向高端前沿技术突破需求，基于高功率密度、长寿命、高可靠性的燃料电池发动机技术，突破新型氢－电－结构耦合安全性等关键技术，攻克适应氢能源供给的新型全电气化底盘驱动系统平台技术，研制出达到国际先进水平的燃料电池轿车和客车，并进行示范考核；掌握车载供氢系统技术，实现关键部件的自主开发，掌握下一代燃料电池汽车动力系统平台技术，研制下一代燃料电池轿车和客车产品，并进行运行考核。

表4 下一代纯电驱动技术突破的主要技术指标

<table>
<tr><td colspan="3" rowspan="2">指标</td><td colspan="2">下一代纯电动动力系统平台</td><td colspan="2">燃料电池汽车动力系统平台</td></tr>
<tr><td>轿车</td><td>客车</td><td>轿车</td><td>客车</td></tr>
<tr><td rowspan="3">动力电池</td><td rowspan="2">能量型电池单体能量密度</td><td>新型</td><td colspan="4">≥250Wh/kg</td></tr>
<tr><td>新体系</td><td colspan="4">≥400Wh/kg</td></tr>
<tr><td colspan="2">功率型单体功率密度</td><td colspan="4">≥5000W/kg</td></tr>
<tr><td rowspan="4">燃料电池</td><td colspan="2">电堆比功率</td><td colspan="2" rowspan="4">–</td><td colspan="2">1000W/kg(L)(面向示范考核)
1500W/kg(L)(面向技术突破)</td></tr>
<tr><td colspan="2">系统比功率</td><td colspan="2">300W/kg(面向示范考核)
450W/kg(面向技术突破)</td></tr>
<tr><td colspan="2">低温贮存与启动</td><td colspan="2">-10℃(面向示范考核)
-20℃(面向技术突破)</td></tr>
<tr><td colspan="2">寿命</td><td colspan="2">≥5000h</td></tr>
<tr><td rowspan="2">车用电机</td><td colspan="2">功率密度</td><td colspan="4">3.0W/kg</td></tr>
<tr><td colspan="2">最高效率</td><td colspan="4">94%</td></tr>
<tr><td colspan="3">电子控制</td><td colspan="4">新型电机集成驱动的底盘动力学控制技术
下一代纯电驱动整车控制系统关键技术
纯电驱动汽车ITS及车网融合(V2G,V2H)技术</td></tr>
<tr><td rowspan="4">整车平台</td><td colspan="2">最高车速</td><td>≥180km/h</td><td>≥80km/h</td><td>≥160km/h</td><td>≥80km/h</td></tr>
<tr><td colspan="2">纯电续驶里程</td><td>≥250km</td><td>≥200km</td><td>≥350km</td><td>≥350km</td></tr>
<tr><td colspan="2" rowspan="2">经济性</td><td rowspan="2">≤140Wh/km</td><td rowspan="2"><0.05kWh/km.t</td><td>2kg/100km示范</td><td>≤8.8kg/100km示范</td></tr>
<tr><td>≤1.1kg/100下一代</td><td>≤8.5kg/100下一代</td></tr>
</table>

注:纯电续驶里程测试工况为ECE城市循环工况。

(三)"三大平台"公共技术与应用开发

1.标准、检测与数据平台

实现以纯电驱动汽车及其配套充/换电技术标准为代表的电动汽车标准突破,在技术规范基础上研究提出100项以上国家级技术标准;攻克电动汽车、关键零部件、重要元器件、关键材料以及充电、加氢装备与基础设施系统测试评价等一系列测试技术,逐步建成8个整车测试基地、15个关键零部件测试基地;深入开展技术分析、技术对标,建立电动汽车自主创新核心技术数据库和共享平台。

在技术标准领域,深入研究分析国内外电动汽车技术发展最新趋势,制定我国电动汽车自主创新的技术标准法规体系战略,形成我国电动汽车相关技术标准法规体系。研究制定和完善电动汽车充电接口、充电通讯协议、充电机技术标准、充电站设计规范,以及电池尺寸、电池更换用电池箱谱系化等技术标准;研究制定和完善小型纯电动汽车的定义和技术条件标准,各类电动汽车(尤其是小型纯电动汽车、插电式混合动力汽车、深度混合动力汽车)技术标准,以及关键零部件的规格、型号、系列型谱等重要标准,为大规模示范和产业化提供技术标准法规支持;着力开展电动汽车创新技术领域的标准法规和技术规范研究制定,开展我国电动汽车行驶工况标准的研究制定和完善,加强技术法规国际协调。

在测试评价领域,重点针对技术标准需求,开展电动汽车整车、关键零部件、重要元器件、关键材料以及充电装备、充电站安全管理系统测试评价技术研究。

在电动汽车开发数据库建设方面，构建服务全行业的电动汽车产品数据库软硬件平台，开发共享数据库，建立电动汽车整车及零部件产品开发、测试评价、产品检验认证和示范运行的数据库，为行业提供产品开发所需的基础技术数据支持。

2. 能源供给基础设施平台

开展电动汽车基础设施建设规划设计研究。研究制定充电/换电基础设施设计、建设、运行规范，提高整体设计水平、安全保障能力。研究电动汽车基础设施网络总体发展规划和推进计划，为形成全国统一标准的充/换电综合网络体系提供技术支撑。

研究开发场站直流（包括快速）充电机、车载充电机及快速充换电站等各种充/换电技术及成套装备；研制与下一代纯电驱动平台和与智能电网配套的电动汽车能量双向转换技术与装备，研究与可再生能源分布式发电结合的相关技术与产品。

面向下一代纯电驱动平台技术突破需求，系统开展制氢、储氢、加氢关键技术装备研究与示范。对已建氢燃料加注站进行运行评价、技术升级和系统扩展；进行副产氢提纯技术的规模化应用研究与示范；开展高效、低排放、低成本水电解制氢技术研究；进行小型高效低成本的化石燃料制氢系统研究；开展高压氢气加注技术、系统配置集成技术和控制技术的研究，开发先进压缩机和加注枪等关键设备；开展太阳能光解等新型制氢技术研究；开展低成本可再生制储—加注一体化系统集成加氢站示范。

3. 应用开发与集成示范平台

结合“十城千辆”节能与新能源汽车示范推广工程实施，在做好公共服务领域和私人用车领域电动汽车示范推广试点的基础上，稳步扩大电动汽车示范推广规模。深入开展示范运行模式研究，建立完善的车辆和基础设施示范运行监控网络与数据采集平台。

建设电动汽车及基础设施示范运行数据采集和信息化管理平台，通过采集分析车辆行驶数据及基础设施运行数据，解决电动汽车性能评估、安全预警及隐患识别等问题。

研究适用于各类车辆、设施及装备的运行维护快速保障技术，建立故障诊断及快速维保操作规范及运行体系。构筑示范城市电动汽车及充电基础设施快速维保体系，提高系统效率、安全性和示范运行效果。

通过多种商业模式在电动汽车发展初期的示范推广应用，从形成产品市场竞争力、配套系统技术和装备的科学性、能源供给基础设施建设与服务的方便性等方面，展开对电动汽车商业模式及配套装备技术研究，探索出适合中国电动汽车可持续发展的商业化模式。开展电动汽车国际科技合作研究；开展中外电动汽车技术评价与数据交流项目，建立国际电动汽车综合示范区。

四、组织与保障

（一）建立“三纵三链”产业技术创新联盟

面向电动汽车科技发展需求，落实电动汽车科技发展“十二五”专项目标和任务，切实加强电动汽车产业所涉及的汽车企业、关键零部件企业、能源运营商以及高校和科研院所之间的合作，建立产业创新联盟，汇集优势资源，推动电动汽车走向产业化。

1. 建立以产业链为纽带的混合动力汽车产业技术创新联盟

探索以产业链为纽带的研发组织机制，建立整车整机厂牵头，纵向整合零部件企业的产业技术创新联盟，组织承担产业化研发科技创新任务。

对于混合动力汽车，建立整车/整机厂牵头，纵向整合零部件企业的产业技术联盟，由整车/整机厂负责整车与动力系统开发、生产，并纵向组织零部件企业进行零部件研发与生产，最终面向用户进行销售和售后服务。

2. 建立以价值链为纽带的纯电动汽车跨产业技术创新联盟

探索以价值链为纽带的研发组织机制，建立“能源供应商—汽车厂商—电池电机厂商”跨产业技术创新联盟，组织承担面向大规模商业化示范需求的重点科技创新任务。

对于纯电动汽车（包括增程式、插电式电动汽车），结合其跨产业、跨行业的特点，融合汽车整车厂、动力电池企业、能源企业、网络运营商企业等方面的资源和力量，以实现电动汽车的商业价值为核心，以价值链为纽带跨行业整合资源，建立新型的产业组织模式。

支持电动汽车技术与商业运营模式的集成创新，鼓励汽车企业、电池电机等关键零部件企业、能源基础设施企业以及示范应用城市紧密配合，积极探讨电动汽车的新型交通模式和新型商业化模式，实现纯电驱动汽车“技术融合、商业可行、协调发展”的新型产业机制的突破，研究和探索整车租赁、电池租赁等新型商业模式。

3. 建立以技术链为纽带的燃料电池汽车等前沿技术创新联盟

探索以技术链为纽带的研发组织机制，建立产学研结合、以国家研究基地为骨干、以燃料电池汽车为代表的下一代前沿技术创新联盟，组织承担前瞻研究和科技创新任务。

对于以燃料电池汽车为代表的下一代纯电驱动核心技术，结合其整个研发技术链涉及多项基础学科技术、具有更广泛的跨产业性的特点，以技术链为纽带，全面整合各个领域的相关技术环节。建成以国家研究基地为骨干的前沿技术创新联盟，实施技术联合开发、突破高端电驱动技术。

（二）统筹安排与科学管理实施计划

统筹规划组织科技计划相关任务，落实资金投入，支撑电动汽车领域的科技创新活动，协调推进研究开发、示范推广、产业发展和环境建设等工作。

1. 创新组织管理方式

坚持自主创新、市场导向的原则，优化组织管理，充分调动各种资源，鼓励竞争，择优支持，实施过程控制，加强项目监理，拓宽交流合作，形成以企业为主体的产学研创新机制。发挥相关部委和地方政府的支撑和协调作用，形成研发、示范与产业化互动的新能源汽车战略性新兴产业的培育机制。

2. 统筹安排与协调相关任务

围绕《电动汽车科技发展“十二五”专项规划》，统筹安排863计划、973计划、科技支撑计划等相关项目和经费，支持电动汽车相关基础研究、高技术研究、产业化支撑技术攻关与示范考核等全方位的科技创新。

3. 落实经费投入充分发挥政府资金的引导作用，逐步形成以国家和地方资金为引导、企业资金为主体的多层次、多渠道资金投入体系，支持科学研究、新产品研发和示范推广。

（三）加强国际合作

根据已经签订的国际合作协议，积极开展与美国、德国等国家和相关国际组织在电动汽车前沿基础技术研究、测试与标准规范制定、联合示范与考核、技术发展路线图等方面的合作。

建立联合研发互助平台，组织国际电动汽车发展论坛，为我国学者参与国际交流和访问提供平台；在制定和完善我国电动汽车相关标准的基础上，针对电动汽车涉及到的各种已有和未制定标准，开展交流与合作，积极参与国际标准的研究与制定，争取在优势产品和技术领域发挥主导作用；共同开展包括电动汽车技术路线图、电动汽车基础设施战略规划与总体设计、电动汽车新型商业模式等战略研究。

选择有条件的城市（区域），建立国际电动汽车综合示范区，开展新一代燃料电池汽车、下一代纯电动汽车、下一代可充电式或里程延长式电动汽车等下一代纯电驱动电动汽车的技术示范和考核，使其成为道路交通电动化全面转型的试验和展示区域。鼓励行业、企业以各种形式参与国际性电动汽车示范项目，促进开展电动汽车产品的道路适应性研究。

1. 动态科学规划

前瞻制定战略规划，并通过持续研究、示范过程，不断修正与完善，逐步形成电动汽车技术与产业发展规划蓝图，指导战略方向、整车和核心零部件技术发展目标、标准制定计划、市场应用推广规划以及配套设施建设规划等，起到明确科技发展重点，引领产业发展方向的作用。

2. 完善协调机制

针对电动汽车从单纯技术研发转变为全创新链协调发展的需求，建立和完善跨部门的协调管理体系。同时，政企协作、产学研结合，共同制定产业技术创新规划、政策措施，确保有限的公共和社会资源用在解决核心问题上，提高资源的使用效率。

3. 培育创新主体

适应电动汽车科技发展的新阶段，进一步突出企业的创新主体作用。通过完善创新平台、推动产学研合作等方式，提升企业的创新能力；发挥标准法规、财政政策等手段在技术产业化过程中的积极作用，增强企业创新动力。

4. 加快人才培养

根据国家总体人才培养战略与相关规划，结合科技人才专项的实施，培育造就新能源汽车高级人才，尤其是领军人才。充分调动社会各界研究机构、高校、企业的积极性，培养一批新能源汽车研发的骨干人才团队，建立过硬的研究开发队伍。充分利用海外华人智力资源，大力引进新能源汽车高级人才。加强电动汽车技术的专业教育与培训，培养电动汽车工程化专业人才。

环境保护部关于实施国家第四阶段车用压燃式发动机与汽车污染物排放标准的公告

环境保护部 2011 年第 92 号

为推进机动车污染减排，改善大气环境质量，根据《国务院关于印发国家环境保护“十二五”规划的通知》（国发〔2011〕42 号）、《国务院关于加强环境保护重点工作的意见》（国发〔2011〕35 号）和《国务院关于印发“十二五”节能减排综合性工作方案的通知》（国发〔2011〕26 号）要求，现就实施《车用压燃式、气体燃料点燃式发动机与汽车排气污染物排放限值及测量方法（中国Ⅲ、Ⅳ、Ⅴ阶段）》（GB 17691 – 2005）第四阶段排放限值（以下简称“国四标准”）有关事项公告如下：

一、分步实施机动车国四标准。鉴于目前满足国四标准需求的车用柴油供应仍不到位，严重制约国四标准实施进度。为保证标准实施效果，根据车用燃料供应实际，决定分车型、分区域实施国四标准。

（一）气体燃料点燃式发动机与汽车严格实施国四标准。所有生产、进口、销售和注册登记的气体燃料点燃式发动机与汽车必须符合国四标准的要求。

（二）对在北京市、上海市销售和注册的、用于公交、环卫和邮政用途的装用压燃式发动机汽车，实施国四标准，停止销售和注册登记不符合国四标准要求的相关车辆。

（三）自 2013 年 7 月 1 日起，所有生产、进口、销售和注册登记的车用压燃式发动机与汽车必须符合国四标准的要求。

二、对于车用压燃式发动机与汽车，其国三标准型式核准截至时间延长至 2012 年 6 月 30 日；其国四标准型式核准截至时间及国五标准实施日期另行通知。

三、汽车生产企业作为环保生产一致性管理的责任主体，应按标准要求向环境保护部提出污染物排放达标车型的核准申报，并按时报送环保生产一致性保证计划、年度报告以及车辆识别代码（VIN）信息，确保实际生产、销售的车辆达到排放标准相应要求。

四、环境保护部将加大汽车企业环保生产一致性检查力度，不定期开展汽车产品环保监督检查；并积极配合有关部门加强车用燃油管理，督促石油企业加快供应满足排放标准要求的车用燃油。

对生产、进口、销售不符合排放标准要求车辆的，环境保护部会同有关部门依法进行处罚。

二〇一一年十二月二十九日

环境保护部关于机动车维修企业产生的废弃机油桶是否属于危险废物以及相关法律适用问题的复函

环函〔2011〕87 号

天津市人民政府法制办公室：

你办《关于对相关危险废物的环境保护管理如何具体适用法律和部门规章的请示》（津政法制〔2011〕3 号）收悉。经研究，函复如下：

一、机动车维修企业产生的废机油（包括未使用完毕残留附着在机油桶中的废机油），属于《国家危险废物名录》（环境保护部令第 1 号）所列“900 – 249 – 08 其他生产、销售、使用过程中产生的废矿物油”。

二、机动车维修企业使用过但仍含有或直接沾染废机油的废弃机油桶属于《国家危险废物名录》（环境保护部令第 1 号）所列“900 – 041 – 49 含有或直接沾染危险废物的废弃包装物、容器、清洗杂物”。

三、机动车维修企业将含有或直接沾染废机油的废弃机油桶与非危险废物毗邻并列存放，属于《中华人民共和国固体废物污染环境防治法》第五十八条第三款规定的“将危险废物混入非危险废物中贮存”的情形。

二〇一一年四月七日

环境保护部关于珠江三角洲地区提前实施第四阶段国家机动车大气污染物排放标准的复函

环函〔2010〕145 号

广东省人民政府：

你省《关于珠江三角洲地区提前执行国家Ⅳ阶段汽车排放标准的请示》（粤府〔2009〕110 号）已由国务院批转我部办理。经商国务院有关部门并报国务院同意，现函复如下：

一、同意在珠江三角洲地区提前实施第四阶段国家机动车大气污染物排放标准。具体方案为：

1. 自 2010 年 6 月 1 日起，对在珠江三角洲地区销售、注册并列入国家达标公告的轻型汽车实施国家排放标准《轻型汽车污染物排放限值及测量方法》（中国Ⅲ、Ⅳ阶段）（GB 18352. 3 – 2005）中的第四阶段排放控制要求；同时，停止销售、注册不符合上述要求的车辆。

2. 自 2010 年 6 月 1 日起，对在珠江三角洲地区销售、注册并列入国家达标公告的重型压燃式发动机汽车和重型气体燃料点燃式发动机汽车实施国家排放标准《车用压燃式、气体燃料点燃式发动机与汽车排气污染物排放限值及测量方法》（中国Ⅲ、Ⅳ、Ⅴ阶段）（GB 17691 – 2005）中的第四阶段排放控制要求，同时实施安装可控制氮氧化物排放的车载诊断系统（OBD）要求；自新要求开始实施时起，停止销售、注册不符合要求的车辆。

3. 你省应加强和规范对在用汽车排放检测工作的管理，尽快完善适应国家新机动车排放标准的在用汽车排放检测制度、地方在用汽车排放限值标准及实施体系，以适应实施新排放标准的实际需要。

4. 第四阶段国家排放标准开始实施后，你省应加强对珠江三角洲地区市场销售汽车产品的监督管理，以保证产品的排放控制性能符合国家排放标准要求。

二、你省应根据实际情况，确定提前实施国四标准的车辆范围，避免发生达标的柴油车在未供应国四标准燃油的区域加油造成车辆损坏的情况。

三、请你省认真组织执行上述标准的实施方案，加强宣传和监督检查，并将执行情况和出现的问题及时反馈我部。

中华人民共和国环境保护部

二〇一〇年五月十七日

环境保护部关于发布国家环境保护标准《轻型汽车车载诊断（OBD）系统管理技术规范》的公告

环境保护部 2009 年第 64 号

为贯彻《中华人民共和国环境保护法》，保护环境，保障人体健康，现批准《轻型汽车车载诊断（OBD）系统管理技术规范》为国家环境保护标准，并予发布。

标准名称、编号如下：

轻型汽车车载诊断（OBD）系统管理技术规范（HJ 500 – 2009）

该标准自 2010 年 2 月 1 日起实施，由中国环境科学出版社出版，标准内容可在环境保护部网站（bz. mep. gov. cn）查询。

特此公告。

二〇〇九年十二月一日

环境保护部关于落实汽车以旧换新政策鼓励黄标车提前报废的通知

环办〔2009〕104 号

各省、自治区、直辖市环境保护厅(局):

为贯彻落实《国务院办公厅关于转发发展改革委等部门促进扩大内需鼓励汽车家电以旧换新实施方案的通知》(国办发〔2009〕44 号,以下简称《通知》)精神,确保汽车“以旧换新”政策有效实施。现就有关工作要求通知如下:

一、汽车“以旧换新”是国务院促进扩大内需的一项重要举措,鼓励“黄标车”提前报废是其重要内容。采取有效措施,鼓励“黄标车”提前报废,对于有效防治机动车污染,改善大气环境质量具有重要意义。地方各级环保部门应高度重视,将其作为大气污染防治工作重点,会同有关部门制定“黄标车”提前报废工作方案,认真做好“黄标车”提前报废的组织协调工作,促进辖区内“黄标车”提前报废。

二、地方各级环保部门应配合有关部门合理调整本地区“黄标车”提前报废补贴标准,以车辆类型和使用年限为参考因素,以降低“黄标车”保有量为目标,统筹考虑中央和地方财力,确保补贴资金有效、合理使用。

三、按照《通知》要求,合理界定补贴范围。《通知》规定的补贴范围,是针对未达到规定使用年限提前报废的“黄标车”,不包括超过汽车报废标准规定使用年限、排放检验不达标和交易转出本地的“黄标车”。

四、严格执行“黄标车”提前报废的查验工作程序,确保车辆认定准确无误。主要的程序为:

(一)车主递交《汽车以旧换新补贴资金申请表》(以下简称“申请表”)和机动车行驶证。

(二)对已经持有黄色环保检验合格标志的机动车,工作人员应查验其有效期。在有效期内的,可直接认定为“黄标车”。对尚未发放环保检验合格标志地区的机动车,工作人员应登陆“黄标车查询系统”,输入燃料类型、车辆型号、初次登记日期和号牌号码等信息,选择车辆类型和用途,进行查询认定。我部将近期下发“黄标车查询系统”软件。

(三)将认定结果标注在“申请表”相应位置,并加盖环保部门审核意见专用章。

(四)对认定和查验结果进行记录。

五、建立“黄标车”提前报废信息报送制度。各地应通过“黄标车查询系统”,统计“黄标车”提前报废信息,由省级环保部门于每季度初将上季度汇总信息上报我部。

六、加强人员培训。省级环保部门要组织辖区内有关工作人员,针对政策规定、相关标准、系统使用、工作流程等进行培训,保证规范、熟练地使用操作系统,做好“黄标车”认定和查验工作。我部今年将适时组织先期培训。

七、各级环保部门要充分利用电视、报纸、网络和手机短信等多种媒体渠道,开展形式多样的宣传教育活动,广泛宣传鼓励“黄标车”提前报废工作的政策法规和社会环境效益,提高全社会对机动车污染防治工作的认识。

各地贯彻落实情况请于 2009 年 12 月底前上报我部。

机动车环保检验合格标志管理规定

环发〔2009〕87 号

一、为贯彻落实《国务院办公厅关于转发发展改革委等部门促进扩大内需鼓励汽车家电以旧换新实施方案的通知》(国办发〔2009〕44 号)等有关规定,规范机动车环保检验合格标志的管理,制定本规定。

二、本规定适用于在中华人民共和国境内登记的机动车。

三、对按照国家有关在用机动车污染物排放标准,经定期检验合格的机动车,核发机动车环保检验合格标志。

四、机动车环保检验合格标志及其副本的式样和规格,由环境保护部规定(见附一),并统一监制。

五、省级环境保护行政主管部门依据《大气污染防治法》负责机动车环保定期检验机构的委托，并组织机动车环保检验合格标志的核发和管理工作。

六、机动车环保检验合格标志按照国家新生产机动车污染物排放标准分阶段实施步骤，分为绿色环保检验合格标志和黄色环保检验合格标志。

七、装用点燃式发动机汽车达到国Ⅰ及以上标准的、装用压燃式发动机汽车达到国Ⅲ及以上标准的，核发绿色环保检验合格标志。

摩托车和轻便摩托车达到国Ⅲ及以上标准的，核发绿色环保检验合格标志。

未达到上述标准的机动车，核发黄色环保检验合格标志。

八、机动车环保检验合格标志的有效期：

（一）5 年以内的营运载客汽车，有效期为 1 年；超过 5 年的，有效期为 6 个月；

（二）10 年以内的载货汽车和大型、中型非营运载客汽车，有效期为 1 年；超过 10 年的，有效期为 6 个月；

（三）6 年以内的小型、微型非营运载客汽车，有效期为 2 年；超过 6 年的，有效期为 1 年；超过 15 年的，有效期为 6 个月；

（四）摩托车、轻便摩托车、三轮汽车和低速货车有效期为 1 年。

九、新购置机动车环保检验合格标志核发程序：

（一）新购置机动车注册登记前，机动车所有者应当在拟注册登记地申请核发环保检验合格标志。

（二）环保检验合格标志核发人员应当依据环保达标车型查询系统的查询结果，凭机动车整车出厂合格证明或者进口机动车进口凭证以及机动车购置发票，核发环保检验合格标志。

十、在用机动车环保检验合格标志首次核发程序：

（一）在用机动车所有者应当在机动车登记地，申请首次核发环保检验合格标志。

（二）环保检验合格标志核发人员应当依据环保达标车型查询系统的查询结果，凭有效期内的检验合格证明、机动车行驶证和机动车登记证书，核发环保检验合格标志。

（三）在用机动车首次核发的环保检验合格标志，其有效期至下次环保定期检验日期止。

（四）环保达标车型查询系统中无法查询到的车型，按照环保检验合格标志判定方法（见附二）处理。

十一、在用机动车环保检验合格标志换发程序：

（一）机动车所有者应当在环保检验合格标志有效期期满前 3 个月内，到机动车登记地环境保护行政主管部门委托的机动车环保定期检验机构进行环保定期检验。

（二）经检验合格的机动车，凭有效的环保定期检验报告和机动车行驶证，在机动车登记地换发环保检验合格标志。

十二、在用机动车环保检验合格标志补发程序：

有效期内的环保检验合格标志损坏或者遗失的，机动车所有者需凭机动车行驶证和机动车登记证书，在机动车登记地办理环保检验合格标志的补发手续。

十三、环境保护部统一规划建设全国机动车环保检验合格标志管理信息系统，建立国家、省、地级市三级信息管理制度。

各级环境保护行政主管部门应当建设相应的环保检验合格标志信息管理系统，实现环保检验合格标志信息的逐级上报，环保检验合格标志须按规定内容（见附三）报送。

十四、环保检验合格标志管理信息系统须具备联网更新、联机打印环保检验合格标志背面及副本信息、自动存储核发记录、保证不被人工非法修改以及信息上传等功能。

环保检验合格标志管理信息系统按编号规则（见附四），对环保检验合格标志进行自动编号。编号须印制在环保检验合格标志背面及副本。

十五、各地可视情况逐步开展摩托车、轻便摩托车、三轮汽车和低速货车的环保检验合格标志核发和管理工作。

十六、民族自治地方在环保检验合格标志中，可同时采用汉字和少数民族文字。

十七、已经实施机动车环保检验合格标志管理的城市或者地区，应当在原环保检验合格标志有效期期满时，按照本规定换发环保检验合格标志。

十八、已实施环保检验合格标志电子信息化管理的地区，环保检验合格标志及副本的式样和规格应当符合本规定要求。

十九、中国人民解放军和中国人民武装警察部队环保检验合格标志管理工作,按照中国人民解放军、中国人民武装警察部队有关规定执行。

二十、本规定自二〇〇九年十月一日起施行。

附一:

环保检验合格标志式样和规格(略)

附二:

环保检验合格标志判定方法

对于环保达标车型查询系统无法查询到的车型,按照机动车注册登记时间核发环保检验合格标志。对于按照机动车注册登记时间核发环保检验合格标志有异议的,可采用技术鉴别方式核发环保检验合格标志。

一、按机动车注册登记时间核发环保检验合格标志规定如下:

(一)符合下列条件的机动车核发绿色环保检验合格标志

1.2000 年 7 月 1 日之后注册登记的第一类点燃式发动机轻型汽车;

2.2001 年 10 月 1 日之后注册登记的第二类点燃式发动机轻型汽车;

3.2003 年 7 月 1 日之后注册登记的点燃式发动机重型汽车。

(二)不符合上述条件的机动车,核发黄色环保检验合格标志。

二、采用技术鉴别方式核发环保检验合格标志规定如下:

装用电喷发动机、三元催化净化装置和氧传感器的点燃式发动机汽车,核发绿色环保检验合格标志;

装用电控喷油装置的压燃式发动机汽车,核发绿色环保检验合格标志。

附三:

环保检验合格标志信息报送内容

标志编号	
车牌号码	
标志类别	黄色环保检验合格标志/绿色环保检验合格标志
车辆型号	
排放标准	国 0/国Ⅰ/国Ⅱ/国Ⅲ/国Ⅳ/国Ⅴ
使用性质	营运/非营运
车辆登记日期	
燃料类型	汽油/柴油/LPG/CNG/双燃料/其他
标志核发日期	
标志有效期至	

附四:

环保检验合格标志编号规则

环保检验合格标志编号暂时采用数字编号,考虑到后续应当用的扩展,有条件地区可采用条形码打印,便于直接扫描

读取机动车信息。数字编号规则为"地区代码 + 年份 + 核发机构编号 + 工位编号 + 顺序编号"。实例如下:

地区代码	年份	核发机构编号	工位编号	顺序编号
1100	09	01	01	000001

一、地区代码:参考国家标准 GB/T 2260 - 1999 全国县及县以上行政区划分代码表,按照县以上行政区代码前四位编号(见 http://www. stats. gov. cn/TJBZ/xzqhdm/t20080215_402462675. htm);

二、年份:2 位数,年份;

三、核发机构编号:2 位数,某一地区环保检验合格标志核发机构编号;

四、工位编号:2 位数,某一环保检验合格标志核发机构工位编号;

五、顺序编号:6 位数,某一工位所核发的环保检验合格标志顺序编号。

环境保护部关于国家机动车排放标准第三阶段限值实施有关问题的通知

环办函〔2008〕384 号

各汽车生产企业:

为贯彻《中华人民共和国大气污染防治法》,控制机动车排放污染,现就《轻型汽车污染物排放限值及测量方法(中国Ⅲ、Ⅳ阶段)》(GB 18352.3 - 2005)第三阶段限值(以下简称"国三标准")的实施提出以下要求:

一、2008 年 7 月 1 日起,所有生产、进口、销售和注册登记的轻型汽油车和 M 类轻型柴油车必须符合国三标准的要求;从即日起,我部将全部撤消以上只符合国二标准的车型公告。

2008 年 7 月 1 日起,所有新定型的第一类汽油车(指包括驾驶员座位在内,座位数不超过六座,且最大总质量不超过 2500kg 的 M1 类汽油车)必须加装车载诊断(OBD)系统。

二、根据中国汽车工业协会和有关企业申请,经商有关部门决定,从 2008 年 7 月 1 日起,所有在上海、南京、杭州、深圳市等城市以及机动车污染严重的城市销售和注册登记的 N 类轻型柴油车必须符合国三标准要求,其余地区 N 类轻型柴油车的销售和注册登记可过渡一年。

三、轻型车生产企业必须采取有效措施保证所有已定型的车、机型的环保生产一致性和在用车符合性。我部将加大生产一致性检查力度,对不能稳定达标和弄虚作假的企业,将依法予以处罚。

二〇〇八年六月二十六日

环境保护部关于发布《车用压燃式、气体燃料点燃式发动机与汽车车载诊断(OBD)系统技术要求》等三项国家环境保护标准的公告

环境保护部 2008 年第 25 号

为贯彻《中华人民共和国环境保护法》和《中华人民共和国大气污染防治法》,防治机动车污染物排放对环境的污染,保护环境,保障人体健康,现批准《车用压燃式、气体燃料点燃式发动机与汽车车载诊断(OBD)系统技术要求》等三项标准为国家环境保护标准,并予发布。

标准名称、编号如下:

一、车用压燃式、气体燃料点燃式发动机与汽车车载诊断(OBD)系统技术要求(HJ 437 - 2008);

二、车用压燃式、气体燃料点燃式发动机与汽车排放控制系统耐久性技术要求(HJ 438 - 2008);

三、车用压燃式、气体燃料点燃式发动机与汽车在用符合性技术要求(HJ 439 - 2008)。

以上标准自 2008 年 7 月 1 日起实施,由中国环境科学出版社出版,标准内容可在环境保护部网站(bz. mep. gov. cn)查询。

特此公告。

二〇〇八年六月二十四日

国家环境保护总局关于汽车维修行业开展二氟二氯甲烷(CFC－12)制冷剂回收利用工作的通知

环发〔2007〕173号

各省、自治区、直辖市环境保护局(厅)、交通厅(局):

为切实履行《关于消耗臭氧层物质的蒙特利尔议定书》,保护环境,根据《中国消耗臭氧层物质逐步淘汰国家方案》和《中国制冷维修行业氯氟烃产品(CFC)整体淘汰计划》的有关规定,现就开展汽车维修行业二氟二氯甲烷(CFC－12)制冷剂回收工作有关事项通知如下:

一、自通知发布之日起,任何从事汽车维修的企业不得将CFC－12制冷剂用于冲洗和泄漏检测;维修使用四氟乙烷(HFC－134a)制冷剂的汽车空调时,不得重新使用CFC－12制冷剂。

二、自2008年1月1日起,从事汽车空调维修的企业应当逐步配备CFC－12制冷剂回收设备,在汽车空调维修过程中,必须将CFC－12制冷剂回收再利用。

三、国家环保总局将利用蒙特利尔议定书多边基金采购一定数量的CFC－12回收再充注设备,免费提供给从事汽车空调维修的部分重点企业。各省(自治区、直辖市)环境保护主管部门会同交通主管部门,制定并推荐接受回收设备的备选企业名单,推荐和分配工作程序及具体要求见附件一。各相关企业应按附件要求如实填报数据,一旦发现虚报数据的,取消该企业接受回收设备的资格。

请各省(自治区、直辖市)环境保护部门于2007年12月25日前将推荐材料报送国家环保总局。

国家环保总局将会同交通部组织专家对各地推荐企业进行审核,统一分配回收设备。

四、国家环保总局和交通部将利用蒙特利尔议定书多边基金,为重点企业维修操作人员提供免费的相关工作培训。

五、凡接受回收设备的汽车维修企业,应按照企业承诺书(附件三)的要求,按季度报送本企业的CFC－12回收数据。地方交通主管部门和相关技术培训中心应组织做好数据汇总工作。

附件:1. 关于推荐和分配汽车空调制冷剂回收设备的工作程序

2. 维修站基本情况及近三年维修汽车数量调查表

3. 企业承诺书

二〇〇七年十一月十三日

附件一:

关于推荐和分配汽车空调制冷剂回收设备的工作程序

为加快推进汽车维修行业二氟二氯甲烷(CFC－12)制冷剂的回收工作,国家将对部分从事汽车空调维修的重点企业提供CFC－12回收设备的支持。各地环保和交通主管部门要组织制定并推荐本地区接受回收设备的备选企业名单,国家环保总局与交通部将根据各地推荐情况,研究确定分配名单。推荐工作程序和具体要求如下:

一、推荐接受回收设备的企业应满足以下条件:

1. 企业自愿参加,并认真填报《维修站的基本情况及近三年维修汽车数量调查表》(附件二)相关内容。要求报表完整、数据清楚。

2. 企业内部管理工作较好,能确保按要求每季度及时报送企业回收CFC－12数据情况。

3. 属于CFC－12空调车年维修数量较大的重点企业。

4. 已经参加过国家环保总局组织的CFC－12回收培训班,或积极报名参加培训的企业优先考虑。

二、推荐和分配工作程序:

1. 各省(自治区、直辖市)交通主管部门组织辖区内汽车维修企业填报《维修站的基本情况及近三年维修汽车数量调查表》,并核实申报情况。

2. 各省(自治区、直辖市)交通和环保主管部门要根据企业是否满足分配条件的要求,推荐15－20家企业作为备选名单,并排出先后顺序。

3. 各省(自治区、直辖市)环保主管部门于2007年12月25日前将备选企业名单及被推荐企业填报的《维修站的基本情况及近三年维修汽车数量调查表》原件报送国家环保总局。

4. 国家环保总局会同交通部组织评审,确定最终的设备分配名单。

5. 经批准接受回收设备的企业,须签署“项目受益企业承诺书”(见附件三)方能接受设备。

联系人:国家环保总局外经办 易旭 刘晓晨

电话:(010)88575748,88575743

地址:北京市西直门外大街168号3009室

邮编:100044

电子信箱:yi. xu@ sepafeco. org. cn liu. xiaochen@ sepafeco. org. cn

附件二:

维修站基本情况及近三年维修汽车数量调查表

填报单位:(盖章) 维修汽车计量单位:辆

年度	维修汽车的数量	其中:空调车的数量	其中:CFC-12空调车的数量	备注
2004年				
2005年				
2006年				

<table>
<tr><td colspan="4">维修站用于维修汽车空调的设备情况</td><td colspan="6">维修站基本情况</td></tr>
<tr><td>设备名称</td><td>单位</td><td>规格</td><td>数量</td><td>公司名称</td><td colspan="5"></td></tr>
<tr><td>R&R装置</td><td>台</td><td></td><td></td><td>注册地址</td><td colspan="5"></td></tr>
<tr><td>制冷剂辨别仪</td><td>台</td><td></td><td></td><td>公司性质</td><td></td><td>邮编</td><td colspan="3"></td></tr>
<tr><td>歧管压力计</td><td>台</td><td></td><td></td><td>职工人数</td><td>人</td><td>其中
管理人员</td><td>人</td><td>技术
人员</td><td>人</td></tr>
<tr><td>检漏仪</td><td>台</td><td></td><td></td><td>维修站面积</td><td>M²</td><td>维修建筑
面积</td><td colspan="3">M²</td></tr>
<tr><td rowspan="4">其他</td><td></td><td></td><td></td><td>法人代表</td><td></td><td>电话</td><td colspan="3"></td></tr>
<tr><td></td><td></td><td></td><td>联系人</td><td></td><td>电话</td><td colspan="3"></td></tr>
<tr><td></td><td></td><td></td><td>传 真</td><td></td><td>电子信箱</td><td colspan="3"></td></tr>
<tr><td></td><td></td><td></td><td colspan="6">目前是否对空调车的制冷剂(CFC-12)进行回收:是□ 否□</td></tr>
</table>

附件三:

企业承诺书(汽车维修站)

经国家环境保护总局对外合作领导小组办公室(以下简称“外经办”)选择,(受益企业)愿意参与蒙特利尔议定书多边基金批准的“中国制冷维修行业CFC整体淘汰计划”项目,自觉、认真地从事CFC-12的回收和再利用工作。为更好地开展回收和再利用工作,外经办特向本企业提供相关设备如下:

设备名称	生产厂家	数量(台)
制冷剂回收再利用设备	待招标的确定	1

以上设备的所有权归国家所有,受益企业只有使用权。企业收到上述设备之日起5年后,经外经办确认,受益企业若已经认真完成本承诺书所述各项义务,以上设备的产权转归企业所有。

________________(受益企业)承诺履行以下义务:

1. 爱护外经办提供的上述设备,保证设备资产完整,并派专人进行设备管理和维护。上述设备只能用于本单位从事

CFC－12 的回收和再利用工作,不得自行转让、出租、出借给任何第三方或者以其他方式进行处置。

2. 负责承担设备运行使用、日常维护、故障处理等过程中发生有关费用。设备出现故障后,应尽快维修,并对故障情况、处理过程和方法做出记录。故障处理完毕后 15 日内应将记录提交所在省/直辖市(或所属汽车生产企业)的培训(管理)中心,并由培训(管理)中心转报外经办项目工作组。

3. 积极利用设备进行 CFC－12 的回收和再利用工作,保护环境。

4. 认真做好 CFC－12 回收和再利用工作记录,并按季度报送相关回收和再利用数据,具体的报送要求按照“中国制冷维修行业 CFC 整体淘汰计划信息管理系统”中的数据报送要求执行。

5. 接受并积极配合外经办或相关管理机构组织所聘请的专家、监察人员、审计机构/部门对项目情况进行的各种检查和审计。

6. 如果违反本承诺第 1 条,导致设备受到毁损或灭失,或者擅自把设备转让、出租、出借给任何第三方或者以其他方式进行处置,本企业愿意向外经办支付相当于设备总价值 150% 的价款作为经济补偿。

7. 如果违反承诺第 2 条或第 3 条,无故不利用设备进行 CFC－12 回收和再利用工作;或者违反承诺第 4 条,不按期报送回收和再利用数据,经外经办提醒催告后 3 个月内仍不能履行承诺,外经办有权收回提供的全部设备,且本企业愿意向外经办支付相当于设备总价值 50% 的价款作为经济补偿。

8. 如果违反本承诺第 5 条,拒绝向外经办或相关管理机构组织所聘请的专家、监察人员、审计机构/部门提供资料或配合;或者向前述人员或机构/部门提供任何虚假、不完整或带有误导性的陈述,本企业愿意向外经办退还全部设备,并支付相当于设备总价值 50% 的价款作为经济补偿。

9. 本企业将本着友好协商的原则与外经办共同解决因本项目(或本承诺书)产生的任何异议。如果争议不能协商解决,同意提交北京仲裁委员会以仲裁方式解决。

本承诺书一式两份,外经办和本企业各持一份,均有同等法律效力。

承诺企业:(盖章)
法人代表:(签字)
日期:

国家环境保护总局关于发布《清洁生产标准　汽车制造业(涂装)》等两项国家环境保护行业标准的公告

国家环境保护总局 2006 年第 40 号

为贯彻实施《中华人民共和国环境保护法》和《中华人民共和国清洁生产促进法》,保护环境,提高企业清洁生产水平,现批准《清洁生产标准　汽车制造业(涂装)》等两项标准为国家环境保护行业标准,并予发布。

标准名称及编号如下:

清洁生产标准　汽车制造业(涂装)(HJ/T 293－2006)

清洁生产标准　铁矿采选业(HJ/T 294－2006)

以上标准为指导性标准,自 2006 年 12 月 1 日起实施,由中国环境科学出版社出版,标准内容可在国家环保总局网站(www. sepa. gov. cn)上查询。

特此公告。

二〇〇六年八月十五日

新生产机动车排放污染申报检测机构管理办法

环发〔2006〕59 号

第一章　总　　则

第一条　为贯彻《中华人民共和国大气污染防治法》和《中华人民共和国环境噪声污染防治法》,保证国家新生产机动车排放污染型式核准和生产一致性监督检查的有效实施,规范新生产机动车排放污染申报检测工作,制定本办法。

第二条 本办法适用于国家环境保护总局（以下简称“环保总局”）对新生产机动车排放污染申报检测机构（以下简称“检测机构”）的管理。

第三条 环保总局负责受理、审查、发布通过技术审核的检测机构名录。

第四条 环保总局根据环境管理的需求，对检测机构进行合理布局和总量控制；根据国家政策法规的调整和新实施的标准，对检测机构实行动态管理。

第二章 检测机构的基本条件

第五条 检测机构应是在中华人民共和国境内注册的独立法人或法人的分支机构并符合国家相关的管理要求；应遵守国家和地方的法律、法规；其组织机构能够保证独立地实施检测工作，提供科学、公正、及时、有效的检测服务。

第六条 检测机构应具有新生产机动车排放污染检测工作经验。

第七条 检测机构应建立完善的排放检测和质量管理体系，并能有效运行。

第八条 检测机构试验环境条件应符合相关排放标准的要求，并能进行监视、控制和记录。

第九条 检测机构配备的仪器设备、标准物质应与所承担的检测任务相适应，其性能和精度应符合相关标准的要求；检测过程采用计算机自动控制，自动进行数据采集、处理、运算和记录。

第十条 检测机构从事排放检测的相关人员的数量和技术水平应与检测任务相适应。

仪器操作人员应具有中专以上学历和初级及以上技术职称。

检测人员应掌握相关的法规、标准及技术规范，经过专业技术理论和实际操作培训并经考核合格，持证上岗。

与排放检测相关的技术管理人员应具有中级或高级技术职称。

第三章 检测机构的申请和技术审核

第十一条 凡符合第二章“检测机构的基本条件”规定的单位，可自愿向环保总局提出承担新生产机动车排放污染申报检测的申请。

第十二条 申请单位应填写《新生产机动车排放污染申报检测机构申请书》（见附件一），并报送检测机构管理手册、相关程序文件和资料。

第十三条 环保总局对申报材料进行初审并在15日内通知申请单位；组织机动车排放污染方面专家对初审合格的申请单位进行现场检查，并由专家组提出技术审核意见。

第十四条 环保总局根据环境管理需要，对通过专家组技术审核的，公布检测机构名录及其检测业务范围。未通过专家组技术审核的，将有关情况通知申报单位。

第十五条 检测机构技术审核有效期为四年；期满需要继续承担新生产机动车排放检测工作的检测机构，应在期满前六个月重新提出申请。

第十六条 国家颁布新生产机动车排放新标准或新要求后，现有检测机构可自愿提出承担新标准、新要求规定项目的申报检测申请。

第十七条 检测机构的检测能力发生改变时，应及时报告并申请重新审核检测能力。

第四章 检测机构的管理

第十八条 列入检测机构名录的检测机构应按照环保总局公布的检测业务范围开展检测服务，承担新生产机动车排放污染型式核准和生产一致性监督检查检测任务。

第十九条 检测机构应对各种检测数据和技术资料严格保密，不得泄露。检测报告应内容完整，数据真实，严格执行工作程序，经有关人员签字和检测机构盖章方可发出。

第二十条 检测机构不得将检测业务转委托至任何第三人。

第二十一条 检测机构所有在用仪器设备应保持完好，并按规定经检验合格。

检测机构应确保检测仪器设备在计量检定有效期内使用，并按有关规定对检测仪器设备进行标定和检查，标定及检查记录应妥善保存备查。

关键精密仪器设备要有专人管理，并由指定人员负责操作使用。

第二十二条 检测机构应编制仪器设备操作规程、检测实施细则，并应现行有效、可操作。

第二十三条 检测机构应保留检测仪器设备的维护保养、使用记录和检测原始记录至少四年。

第二十四条 检测机构应参加环保总局组织的人员培训或技术交流。在检测工作如遇到技术问题,应及时向环保总局提出书面报告。

第二十五条 检测机构应参加环保总局组织的检测机构间的比对试验。

第二十六条 环保总局对检测机构实行年度报告制度,检测机构每年2月15日前应提交其上一年度的工作总结报告;重要情况和问题应及时报告。年度报告将作为对检测机构的管理评定材料。

第五章 奖 惩

第二十七条 环保总局每年对检测机构的工作进行年度总结评比。对管理严格、按时按质完成任务,在检测工作中真正做到公正和科学,成绩突出的检测机构,给予表扬。

第二十八条 环保总局组织专家组对检测机构进行定期监督检查。对发现或举报有下列问题的检测机构随时进行检查:

(一)检测报告真实性受到质疑的;

(二)检测能力不符合要求的;

(三)检测工作中存在违规、违法行为的。

第二十九条 检测机构的管理制度不能正确贯彻执行,工作质量差,不严格坚持科学、公正的原则进行检测工作并造成后果者,环保总局视其情节轻重给予批评教育,责令限期改正,整改期间停止相关检测工作。整改仍不符合要求的,公布不符合要求的检测机构名录。

第六章 附 则

第三十条 本办法由国家环境保护总局负责解释。

第三十一条 本办法自发布之日起施行。

附:1. 新生产机动车排放污染申报检测机构申请书;

2. 机动车排放污染申报检测机构试验现场审核记录表

附一:

新生产机动车排放污染申报检测机构申请书

检测机构名称:

申请日期: 年 月 日

一、检测机构概况
名称(法人单位): ☐独立法人 ☐二级法人 其他名称:(非法人单位)
地址:
电话: 传真: 邮政编码:
网址: 电子信箱:
检测机构负责人: 电话:
检测机构联系人: 职务: 电话:
排放检测负责人: 职务: 电话:
单位成立时间: 年 月 日
非法人单位发证单位名称:
隶属关系,上级主管部门:

续表

二、检测机构基本信息
检测机构人员、设施： 检测机构始建于 年，现有工作人员 名，其中管理人员 名，检测/校准人员 名；高级工程师以上 名，工程师 名。固定资产总值 （万元）；主要仪器设备 台（套），占地面积 平方米，其中试验场 地平方米。 检测机构排放试验室始建于 年，现有工作人员 名，其中管理人员 名，检测/校准人员 名；高级工程师以上 名，工程师 名。固定资产总值 （万元）；主要仪器设备 台（套），占地面积 平方米，其中试验室 平方米。
检测机构是否取得国家计量认证： □是 □未 计量认证书号： 认证书有效期至：
检测机构是否取得 CNAL 认可 □是 □未 认可证书号： 认可证书有效期至：
排放试验参加能力验证计划情况： 最近参加能力验证计划共 次，参加实验室间比对共 次。
检测机构的检测领域为： ； 检测的产品/产品类别项。 排放试验申请的检测能力范围： 项。 排放试验申请的检测项目依据国家机动车排放标准： 项（见附件四）。 排放试验申请的检测能力的简单描述：
三、申请书附表
附表1：申请的检测能力范围 附表2：检测机构人员一览表（从事机动车排放检测工作有关人员用＊注明） 附表3：检测试验室仪器设备配置表（与机动车排放检测有关设备用＊注明） 附表4：检测机构参加排放检测能力验证/实验室间比对的情况
四、随本申请书提交的文件资料
1. 相关资质证明（CANL 认可证书、计量认证证书等）； 3. 组织机构框图； 4. 实验室平面图； 5. 典型项目的检测报告； 6. 非法人单位批件复印件； 7. 其他资料。

附表1：

申请的排放检测能力范围

序号	产品类别	项目/参数		采用强制标准名称及编号（含年号）	限期范围及说明
		序号	名称		

续表

序号	产品类别	项目/参数		采用强制标准名称及编号(含年号)	限期范围及说明
		序号	名称		

附表 2:

检测机构人员一览表

序号	姓名	性别	年龄	文化程度	职务/职称	所学专业	毕业时间	所在部门及岗位	从事本岗位年限	备注

附表 3:

检测机构仪器设备/标准物质配置表

序号	名称	依据标准号	检测参数			使用仪器设备标准物质						检测开展日期	近两年检测次数	备注
			序号	名称	标准条款	名称	型号规格	仪器编号	测量范围	最大允许差/准确度等级	溯源方式			

附表4：

排放试验室参加能力验证/实验室间比对的情况

序号	验证/比对项目	组织方	日期	结果	备注

填表说明：
需填写最近3年内参加的能力验证/实验室间比对项目

附二：

机动车排放污染申报检测机构现场审核记录表

序号	项目	分项目	审核情况	备注
1	业务范围和业务量	1.1 轻型汽车		
		1.2 重型汽车		
		1.3 摩托车		
		1.4 三轮汽车和低速货车		
		1.5 其他		
2	管理水平	2.1 获得质量管理体系认证书		
		2.2 获得CNAL认可证书		
		2.3 获得国家计量合格证书		
		2.4 近三年内是否出现检测结果差错质量责任事故		
3	人员条件	3.1 承担排放检测任务所需的技术人员		
		3.2 完成排放检测任务所需的管理人员		
		3.3 承担解决疑难问题的高级技术人员和技术能力		
4	仪器设备	4.1 有齐全的仪器设备		
		4.2 有完善的仪器设备维护制度		
		4.3 有完善的仪器设备检定检验制度		
5	试验室建设	5.1 有良好的机动车排放试验室		
		5.2 其他机动车试验室		
6	检测能力	6.1 检测能力能否完成申请项目		
		6.2 其他机动车检测能力齐全		
7	技术水平	7.1 能力验证工作情况良好		
		7.2 科研能力较强，成绩突出		

续表

序号	项目	分项目	审核情况	备注
8	信息收集和数据库	8.1 情报机构配备情况		
		8.2 排放检测数据库建立情况		
9	交流与合作	9.1 国际交流与合作情况		
		9.2 国内交流与合作情况		
10	发展能力	10.1 国际影响和行业认同情况		
		10.2 国内行业影响和认同情况		
		10.3 财政连续投入水平状况		
		10.4 人才培养和梯队建设机制		
总体评估				

审核人：

审核组负责人：　　　　　审核日期

国家环境保护总局关于发布《确定点燃式发动机在用汽车简易工况法排气污染物排放限值的原则和方法》等两项国家环境保护行业标准的公告

国家环境保护总局 2005 年第 57 号

为贯彻《中华人民共和国大气污染防治法》，防治环境污染，保护环境，保障人体健康，现批准《确定点燃式发动机在用汽车简易工况法排气污染物排放限值的原则和方法》等两项标准为国家环境保护行业标准，并予发布。

标准名称、编号如下：

一、确定点燃式发动机在用汽车简易工况法排气污染物排放限值的原则和方法（HJ/T 240－2005）

二、确定压燃式发动机在用汽车加载减速法排气烟度排放限值的原则和方法（HJ/T 241－2005）

以上标准为指导性标准，自 2006 年 1 月 1 日起实施，由中国环境科学出版社出版，标准内容可在国家环保总局网站（www. sepa. gov. cn）和中国环境标准网站（www. es. org. cn）查询。

特此公告。

二〇〇五年十二月十二日

在用机动车排放污染物检测机构技术规范

环发〔2005〕15 号

前　言

为明确对在用机动车排放检测机构的委托要求，规范对在用机动车排放污染物检测机构的监督管理，依据《中华人民共和国大气污染防治法》等的有关规定，制定本规范。

本规范部分内容参考 GB 15481－2000《检测和校准实验室能力的通用要求》的内容制定。

本规范由国家环境保护总局提出。

本规范由国家环境保护总局解释。

本规范主要起草单位：国家环境保护总局机动车排污监控中心、清华大学、中国汽车技术研究中心。

在用机动车排放污染物检测机构技术规范

1 范围

本规范包含了在用机动车排放污染物检测机构的基本技术要求和体系管理要求，同时对检测机构的部分相关人员提出要求。

本规范适用于省、自治区、直辖市人民政府环境保护行政主管部门对在用机动车排放污染物检测机构的委托。

本规范所指的在用机动车排放污染物检测机构，是指承担对在用机动车排气污染年度（定期）检测的机构。

2 引用标准

GB 7258－2004《机动车运行安全技术条件》

3 术语和定义

3.1 在用机动车

本规范中的在用机动车是指国家或地方机动车排放标准中规定的、上牌照以后的、需定期检测的机动车。

4 基本要求

4.1 在用机动车排放污染物检测机构（以下简称“检测机构”）应是在中华人民共和国境内注册的独立法人单位。检测机构应遵守国家或地方法律、法规，依法取得环境保护行政主管部门的委托才能开展在用机动车排放污染物定期检测工作。

4.2 检测机构应该建立完备的质量管理体系，并有效运行。

4.3 检测机构分为A、B两类。A类检测机构是指具备实施在用机动车污染物排放标准，具备较全面检测服务能力的机构，自动化和信息化程度较高，可以提供网络信息传输服务的检测机构；B类检测机构是指具备实施国家在用机动车排放标准，具有基本检测服务能力的机构。

4.4 A类检测机构可以设立一个或多个检测场所；B类检测机构不得设立多个检测场所。

4.5 A、B类检测机构均不得经营任何形式的机动车辆排气污染治理、调整和维修业务。

5 检测场所设计和服务要求

5.1 检测场所应在一个地区范围内合理布局，检测站选址应处于交通便利的位置，以方便车辆检测。检测场所应符合相关环境保护法律、法规和标准要求，应避免对周围环境的不良影响。

5.2 检测场所一般由检测厂房、接待区和室外汽车道路组成。

5.3 进行重型车测试的检测线，测试厂房的通过高度应不低于4.5米；进行轻型车测试的检测线，检测厂房的通过高度应不低于3.5米；进入检测厂房的机动车道宽度不少于5米。

5.4 检测场所应有检测程序告示牌和收费告示牌，场地应为硬质地面且平整，设置明显的引导标识。

5.5 检测场所内客户等候区与测试区应分开设置，并有明显标识。

5.6 测试场地应安装有效的通风系统，防止机动车尾气的聚集，应配备有效的噪声污染防治措施。工作环境温度应符合相关检测标准和检测设备正常工作的要求。

5.7 测试设备和试验车辆的周围应有保证操作安全的防护装置和保证人员正常工作的活动空间。

5.8 测试场地应设置车辆的限位装置。

5.9 应设置驾驶操作员与检测系统操作员之间信息交流的通讯设施。应在适当位置安装紧急按钮，检测系统操作员可以通过它警示驾驶操作员停止测试，并且关闭测试电源。

5.10 检测站必须符合相关安全规定。应配备消防装置。

5.11 A类检测场所应在等候区安装明显的显示装置，为客户提供信息服务。

6 检测设备要求

6.1 通用要求

6.1.1 排放污染物检测设备应符合国家在用机动车排放标准对检测设备的要求。所有检测设备必须经过性能测试合格后，才能正式投入使用。维修后的检测设备应重新经过性能测试合格后，才能正式投入使用。

6.1.2 检测设备必须具备自动打印和保存检测结果的功能。

6.1.3 检测设备应具有高可靠性,一年内故障率应在2%以下(故障率定义为因故障不能正常工作的时间占检验机构日常工作总时间百分比)。

6.1.4 所有检测设备应具有每天至少连续稳定工作10小时的性能。

6.2 A类检测机构的设备的特殊要求

6.2.1 应具备网络数据传输功能,每个检测场所均应建立数据服务器,并与所在地区机动车检测数据管理中心相连,可以在数据管理中心与检测场所间实现实时的检测数据传输。数据内容应符合相关要求规定,检测场所数据应至少保存2年。

6.2.2 检测设备应具备通过实时数据传输系统获得车辆信息的功能。对数据中心未包含的车辆信息可以通过手工输入,并自动发送至数据管理中心。

6.2.3 检测设备的操作控制程序必须具备数据安全保护功能,防止人为改动。检测设备必须设置网络联接密码,每一名持证上岗检测人员确定唯一操作密码,只有在输入正确密码后才能进行检测。对被取消检测资格的检测人员的操作密码要进行锁定,终止其操作权限。

6.2.4 检测设备应按照标准和有关技术规范定期标定,不标定或标定不合格则自动锁定设备,暂停测试直到标定合格。标定结果至少应保存2年。

7 与检测相关的人员要求

7.1 检测机构中与检测相关的人员,包括检测机构负责人、技术负责人、质量负责人、检测人员、质量监督员、仪器设备管理员等人员应符合下列基本要求。

7.2 技术负责人、质量负责人、检测人员、质量监督员和仪器设备管理员应经过环境保护行政主管部门组织的培训。

7.3 从事排放污染物检测的检测人员必须具有相应工作岗位的上岗证。

7.4 检测机构负责人

7.4.1 负责本机构贯彻执行国家及环境保护行政主管部门对在用机动车排放管理的有关的法律、法规、标准和技术规范;负责其检测机构的管理工作。

7.5 技术负责人

7.5.1 遵守和执行国家对在用机动车排放管理的有关的法律、法规、标准和技术规范;负责检测机构质量体系建立及改进,督促和促进质量体系的正常有效运行;组织实施新的检测技术和方法;组织实施检测、人员培训、技术考核、学习交流等技术工作。

7.5.2 熟悉检测机构质量管理体系,熟悉检测机构中所使用的排放测试仪器的工作原理、性能及操作,能组织解决检测工作中出现的重大技术问题。

7.5.3 具有机动车排放检测工作的管理知识,从事机动车排放检测工作或相关检测工作5年以上。

7.5.4 具有大专以上学历。

7.5.5 具备中级及以上技术职务任职资格。

7.6 检测机构质量负责人

7.6.1 负责组织运行检测机构质量体系,组织实施内部审核工作,落实纠正措施;负责处理检测工作中发生的质量问题;负责处理客户对检测工作的投诉和意见;负责质量监督人员管理,处理质量监督人员反馈意见和信息。

7.6.2 熟悉检测机构质量管理体系,熟悉检测机构中所使用的测试仪器的工作原理、性能及操作,能解决检测中出现的质量与技术问题。

7.6.3 具有机动车排放检测工作的管理知识,熟悉国家对在用机动车排放管理有关的法律、法规、标准和技术规范。从事机动车排放检测工作或相关检测工作5年以上。

7.6.4 应具有大专以上学历。

7.6.5 具备中级及以上技术职务任职资格。

7.7 检测人员

7.7.1 检测人员包括仪器设备操作员和驾驶操作员。

7.7.2 了解专业技术知识,掌握操作技能,严格执行各项规章制度;认真控制检测条件,做好记录,对数据的真实性、准确性负责。

7.7.3 仪器设备操作员应参加相关环境保护行政主管部门组织的培训,通过规定的专业技术理论和实际操作考核,考核合格,持证上岗。

7.7.4 驾驶操作员应按其所持驾驶证的准驾范围驾驶车辆。

7.7.5 仪器设备操作员应具有高中及以上学历。

7.8 质量监督员

7.8.1 负责质量信息的收集和分析工作,定期向质量负责人汇报质量情况,及时反映问题;对检测工作质量进行日常监督,发现有不符合规定的情况,有权终止检测,并向质量负责人汇报,协助质量负责人进行客户投诉和意见调查分析工作,参加质量问题的分析工作和内部质量审核工作。

7.8.2 熟悉检测机构中所使用的测试仪器的工作原理、性能及操作;熟悉国家及上级主管部门对在用机动车排放管理的有关的法律、法规、标准和技术规范。具备发现检测中出现的技术问题的能力。

7.8.3 具有机动车排放检测经验,从事机动车排放检测工作或相关检测工作2年以上。

7.8.4 应具有中专及以上学历。

7.8.5 具备初级及以上技术职务任职资格。

7.9 仪器设备管理员

7.9.1 负责仪器设备的检定/校准、维护、维修、报废等等相关的管理工作。

7.9.2 了解仪器设备,参加相关培训,取得合格证。

7.9.3 应具有高中及以上学历。

8 质量管理

8.1 检测机构应建立并实施有效的质量管理体系及检测工作运行程序,实现各项工作规范化运行,确保检测工作的科学性、公正性和准确性。

8.2 组织和管理

8.2.1 检测机构应有满足检测工作需要的组织和管理结构,并在管理文件中加以详细说明。

8.2.2 检测机构应建立、实施和维持与其活动范围相适应的管理和检测工作运行流程。

8.2.3 检测机构应明确各类工作人员的岗位职责。

8.3 质量体系要求

8.3.1 质量体系

检测机构的质量体系包括质量管理所需的组织结构、程序、过程和资源。质量体系以《质量手册》及相关文件(包括规定和规程等)来描述。检测机构各层次人员必须学习和贯彻执行,确保有关检测质量的各项活动均在控制状态中进行。检测机构建立的质量体系,应至少包含如下9个要素:

(1)组织和管理;

(2)质量体系要求;

(3)人员;

(4)设施和环境;

(5)设备和标准物质;

(6)检测要求;

(7)记录和报告;

(8)外部支持服务和供应;

(9)投诉及信息反馈。

8.3.2 质量管理文件

检测机构的质量管理文件至少应包括:质量方针;质量目标;质量保证体系图;管理、技术、服务工作程序;文件控制和维护程序;检测机构检测范围;检测程序;检测仪器设备检定和校验程序;投诉及信息的反馈和处理程序;质量体系内部审核。

8.3.3 质量体系内部审核

内部质量审核包括定期审核和临时审核两种。检测机构应根据预定的日程表和程序,定期地对检测机构活动进行内部审核,以验证其运行是否持续符合质量体系的要求。一年内审两次,且一年内至少要审核一遍《质量手册》的全部要素。对于不合格项的纠正和纠正措施,应进行跟踪验证。临时审核是在处理投诉等信息反馈中发现较大问题时,对质量体系和程序运行的有效性进行审核。检测机构应判定质量体系是否持续有效,必要时对《质量手册》和质量体系文件进行修订,提高管理水平。

8.3.4 审核报告

审核中发现的问题,采取的纠正措施及其效果应加以记录,在审核报告中反映出来。

审核报告中应明确规定对质量负有责任的人员在规定时间内完成各项纠正活动,并进行跟踪验证,在报告中加以记录。

8.3.5 比对和验证

8.3.5.1 检测机构应制定比对验证计划,并加以审核。

8.3.5.2 比对和验证的内容主要包括:

8.3.5.2.1 检测机构间和检测场所间的比对试验;

8.3.5.2.2 用相同检测设备,由不同检测人员进行比对试验;或用不同的检测设备,由相同的检测人员进行比对试验;

8.3.5.2.3 定期使用标准物质在检测机构内部进行检查。

以上工作,由检测机构技术负责人负责组织实施,并进行效果分析总结,比对和验证的有关记录和资料应归档保存。

8.4 人员管理

8.4.1 人员培训

工作人员必须经过必要的培训,有技术知识和专业经验,并注意知识的更新,做到持证上岗。培训内容包括:基础理论知识(法律、法规、标准、技术规范、岗位职责等)、检测专业技术、质量管理、检测场地安全防护知识、职业道德等。

8.4.2 人员考核

建立人员考核机制,针对不同岗位的工作人员,考核其专业技能、工作情况、职业道德素质以及是否被投诉等情况。

8.4.3 人员技术档案

技术人员的有关专业资格证书、培训成绩、技能考核、岗位考核和经历等技术业绩均应收集在个人技术档案中,并由专人统一管理。

8.5 设施和环境

8.5.1 设施和环境应符合相关规定的要求,能保障检测工作的正常实施。应对环境因素进行监测和记录。

8.6 检测设备和标准物质

8.6.1 检测设备和标准物质的采购、使用及维护

检测机构应制定检测设备和标准物质的采购、使用及维护的管理规程。购入的检测设备和标准物质须符合有关规定的要求。

检测机构应制订详细的检测设备操作规程,包括操作步骤、故障处理、维护保养要求等。须按有关标准和检测机构相关规定对检测设备进行使用和维护保养。当仪器设备发生故障时,操作人员应正确处理并及时报告,维修后要填写维修记录。

8.6.2 检测设备的标识

根据检测设备状态分别贴上合格(绿)或停用(红)两种标记。

8.6.3 检测设备和标准物质档案

对检测设备和标准物质建立使用和管理档案,检测设备的维修记录、检定证书、使用说明书等应归档。

8.7 检测要求

8.7.1 必须采用国家或地方的标准实施检测。

8.7.2 应制定检测工作管理程序。

8.7.3 应按照相关标准,制定并实施检测细则。

8.7.4 计算机的使用

应建立计算机使用管理制度,内容包括计算机数据采集、处理、运算、记录、报告、贮存和检索检测数据等。计算机实行专职操作,应设立分级使用密码,禁止非本岗位人员使用,禁止修改计算机记录。计算机应配备必要的防病毒保护措施。应有计算机运行使用状况的记录。

8.7.5 车辆的管理

应制定受检车辆管理规定,内容包括:

(1)车辆登记、车辆状态描述等信息的记录。

(2)在整个测试过程中车主应遵守管理规程,受检车辆按管理规程管理。

8.8 记录和报告

8.8.1 记录

检测机构应结合本机构的具体情况、保密和安全要求,制定检测记录管理制度。

检测工作的所有记录、证书和报告应统一管理,妥善保管。

8.8.2 检测报告

检测报告应规范化,内容应按有关标准和规定执行。每份检测报告有唯一的报告编号。检测报告应为打印稿。

对于经多次检测后合格的车辆,应保留其每次检测的报告。

应按环境保护行政主管部门的规定汇总和上报检测结果。

8.9 外部供应的质量保证

8.9.1 外部服务和供应品的质量

采购的检测设备和消耗性材料在使用前应进行检验或检查。检验和检查记录应归档保存。

8.9.2 外部供应的记录

为检测提供所需的支持服务或外部供应方的记录均应收集并归档保存。记录应包括材料名称、规格、生产单位(供应商)和质量信誉证明(许可证、合格证、质检报告等)。

8.10 投诉及信息反馈

检测机构应制定并执行《投诉处理程序》,就反馈信息的受理、处理、答复及记录等须进行规定。对于外部对检测机构工作提出的投诉或其他信息反馈,检测机构必须按《投诉处理程序》处理,并记录和归档。

9 评审

环境保护行政主管部门在对检测机构委托前,应对检测机构进行评审。《在用机动车排放污染物检测机构评审报告》和《评审表》见附件。

附件:

在用机动车排放污染物检测机构评审报告

主管部门______________

申请单位______________

评审类别______________

评审时间______________

一、申报机构基本信息

检测机构名称					
检测机构类别		检测机构编号			
法定代表人		法定代表人电话			
检测机构地址				邮政编码	
检测机构联系人		电话		电子邮件	
检测场所地址				邮政编码	
检测场所联系人				电话	
检测机构申请委托的业务范围	序号	检测内容		标准编号	

二、评审报告

评审内容	评审记录	备注
与申请机构的主要领导、检测人员和相关人员进行交流		
现场检查申请机构的检测场所基础设施、检测设备是否符合本规范要求，并进行试验操作		
质量管理体系检查整改要求		
发现与申请资料内容严重不符的情况或存在不能进行评审的情况		
其他		
评审结论	评审专家组认为该检测机构《在用机动车排放检测机构技术规范》要求，可以作为____类检测机构，进行的在用车排放检测业务。	
评审组长（签名）： 评审员（签名）： 报告日期：		

三、评审表

序号	评审项目	评审结果		备注
		符合	不符合	
1	基本要求			
1.1	在用机动车排放污染物检测机构（以下简称“检测机构”）应是在中华人民共和国境内注册的独立法人单位。			
1.2	检测机构应该建立完备的质量管理体系，并有效运行。			
1.3	具备实施国家在用机动车排放标准，具有基本检测服务能力。			
	A类检测机构应具备实施在用机动车污染物排放标准，具备较全面检测服务能力的机构，自动化和信息化程度较高，可以提供网络信息传输服务。			
1.4	B类检测机构不得设立多个检测场所。			
	A类检测机构可以设立一个或多个检测场所。			
1.5	检测机构不得经营任何形式的机动车辆排气污染治理、调整和维修业务。			
2	检测场所设计和服务要求			
2.1	检测场所应在一个地区范围内合理布局，检测站选址应处于交通便利的位置，以方便车辆检测。检测场所应符合相关环境保护法律、法规和标准要求，应避免对周围环境的不良影响。			
2.2	检测场所由检测厂房、接待区和室外汽车道路组成。			
2.3	进行重型车测试的检测线，测试厂房的通过高度应不低于4.5米；进行轻型车测试的检测线，检测厂房的通过高度应不低于3.5米；进入检测厂房的机动车道宽度不少于5米。			
2.4	检测场所应有检测程序告示牌和收费告示牌，场地应为硬质地面且平整，设置明显的引导标识。			
2.5	检测场所内客户等候区与测试区应分开设置，并有明显标识。			

续表

序号	评审项目	评审结果		备注
		符合	不符合	
2.6	测试场地应安装有效的通风系统,防止机动车尾气的聚集,应配备有效的噪声污染防治措施。工作环境温度应符合相关检测标准和检测设备正常工作的要求。			
2.7	测试设备和试验车辆的周围应有保证操作安全的防护装置和保证人员正常工作的活动空间。			
2.8	测试场地应设置车辆的限位装置。			
2.9	应设置驾驶操作员与检测系统操作员间能够有效地进行信息交流的通讯设施。应在适当位置安装紧急按钮,检测系统操作员可以通过它警示驾驶操作员停止测试,并且关闭测试电源。			
2.10	检测站必须符合相关安全规定。应配备消防装置。			
2.11	A 类检测场所应在等候区安装明显的显示装置,为客户提供信息服务。			
3	检测设备要求			
3.1	通用要求			
3.1.1	排放污染物检测设备应符合国家在用机动车排放标准对检测设备的要求。所有检测设备必须经过性能测试合格后,才能正式投入使用。维修后的检测设备应重新经过性能测试合格后,才能正式投入使用。			
3.1.2	检测设备必须具备自动打印和保存检测结果的功能。			
	检测设备应具有高可靠性,一年内故障率应在 2% 以下(故障率定义为因故障不能正常工作的时间占检验机构日常工作总时间百分比)。			
3.1.3	所有检测设备应具有每天至少连续稳定工作 10 小时的性能。			
3.2	A 类检测机构的设备的特殊要求			
3.2.1	应具备网络数据传输功能,每个检测场所均应建立数据服务器,并与所在地区机动车检测数据管理中心相连,可以在数据管理中心与检测场所间实现实时的检测数据传输。数据内容应符合相关要求规定,检测场所数据应至少保存 2 年。			
3.2.2	检测设备应具备通过实时数据传输系统获得车辆信息的功能。对数据中心未包含的车辆信息可以通过手工输入,并自动发送至数据管理中心。			
3.2.3	检测设备的操作控制程序必须具备数据安全保护功能,防止人为改动。检测设备必须设置网络联接密码,每一名持证上岗检测人员确定唯一操作密码,只有在输入正确密码后才能进行检测。对被取消检测资格的检测人员的操作密码要进行锁定,终止其操作权限。			
3.2.4	检测设备应按照标准和有关技术规范定期标定,不标定或标定不合格则自动锁定设备,暂停测试直到标定合格。标定结果至少应保存 2 年。			
4	检测相关人员要求			
4.1	检测机构中与检测相关的人员,包括检测机构负责人、技术负责人、质量负责人、检测人员、质量监督员、仪器设备管理员等人员应符合下列基本要求。			
4.2	技术负责人、质量负责人、检测人员、质量监督员和仪器设备管理员应经过环境保护行政主管部门组织的培训。			
4.3	从事排放污染物检测的检测人员必须具有相应工作岗位的上岗证。			
4.4	检测机构负责人			
4.5	技术负责人			
4.6	检测机构质量负责人			

续表

序号	评审项目	评审结果		备注
		符合	不符合	
4.7	检测人员			
4.8	质量监督员			
4.9	仪器设备管理员			
5	质量管理			
5.1	组织和管理要求			
5.1.1	检测机构应有满足检测工作需要的组织和管理结构,并在管理文件中加以详细说明			
5.1.2	检测机构应建立、实施、和维持与其活动范围相适应的管理和检测工作运行流程			
5.1.3	检测机构应明确各类工作人员的岗位职责			
5.2	质量体系要求			
5.2.1	检测机构质量体系要素			
5.2.2	检测机构的质量管理文件			
5.2.3	质量体系内部审核			
5.2.4	审核报告制度			
5.2.5	比对和验证			
5.3	人员管理			
5.3.1	人员培训			
5.3.2	人员考核			
5.3.3	人员技术档案			
5.4	设施和环境			
5.4.1	设施和环境应符合相关规定的要求,能保障检测工作的正常实施			
5.4.2	对环境因素进行监测和记录			
5.4.3	检测设备和标准物质			
5.4.4	具有检测设备和标准物质的采购、使用及维护制度			
5.4.5	检测设备有标识			
5.4.6	建立了检测设备和标准物质档案			
5.5	检测要求			
5.5.1	采用国家或地方的标准实施检测			
5.5.2	检测机构制定了检测工作管理程序			
5.5.3	应按照相关标准,制定并实施检测细则			
5.5.4	建立了计算机使用管理制度			
5.5.5	制定受检车辆管理规定			
5.5.6	有记录和报告管理制度			
5.6	外部供应的质量保证			
5.6.1	外部服务和供应品的质量保证			

续表

序号	评审项目	评审结果		备注
		符合	不符合	
5.6.2	外部供应的记录要求			
5.7	投诉及信息反馈			
	检测机构应制定并执行《投诉处理程序》,就反馈信息的受理、处理、答复及记录等须进行规定。对于外部对检测机构工作提出的投诉或其他信息反馈,检测机构必须按《投诉处理程序》处理,并记录和归档。			

表格填写说明:

1. 封面的“评审类别”填写“初次评审”或“复查评审”;

2. “申报机构基本信息”中的“检测机构类别”,对于初评的检测机构填写申报的机构类别是A类检测机构还是B类检测机构,对于复查的检测机构填写主管部门已批准的是A类检测机构还是B类检测机构;

3. “申报机构基本信息”中的“检测机构编号”,对于初评的检测机构不必填写,复查的检测机构应填写主管部门已批准后的检测机构编号;

4. “评审报告”中的“与申请机构的主要领导、检测人员和相关人员进行交流”应填写的内容为通过交流所了解的机构的法律地位(工商注册情况)、组织机构设置和管理体系、检测场所和检测线概述、经营其他业务(调修、维修)情况等信息;

5. “评审报告”中的“现场检查申请机构的检测场所基础设施、检测设备是否符合本规范要求,并进行试验操作”应填写检测场所名称数目和检测线的数目、检测车辆类型、数据处理部门、检测场所基础设施、标识、检测设备的标定等是否符合本规范要求;

6. “评审报告”中的“质量管理体系检查”应填写确认管理文件的最新版本、管理文件是否完善、管理体系各方面内容是否有效运行(是否定期内审、报告是否审核、是否进行了比对和验证、检测人员数量、培训、持证上岗)等情况;

7. “评审报告”中的“整改要求”应逐条详细填写评审组认为不够完善需进行整改的项目和内容的具体情况;

8. “评审报告”中的“发现与申请资料内容严重不符的情况或存在不能进行评审的情况”应填写组织机构、检测场所、设备、人员、管理体系等与申请资料严重不符合的内容的说明,或不能进行评审的情况(如检测设备不能正常运行等)说明;

9. “评审报告”中的“评审结论”应在第一个空格处填写“符合”、“基本符合”或“不符合”,在第二个空格处填写“A”或“B”,在第3个空格处填写该机构可进行的检测内容和相应标准号;如结论为检测机构不符合“规范”要求,则第二和三个空格填写“/”;

10. “评审表”中各条款的评审结果,应在相应的位置打“√”表示。可在“备注”栏填写补充的情况说明。

国家环境保护总局关于12家新生产机动车排放污染检测机构增加检测业务的通知

环办〔2005〕13号

各省、自治区、直辖市环境保护局(厅):

根据我局《关于新生产机动车排放污染检测单位资质认可工作有关事项的通知》(环办〔2000〕116号)的有关要求,经审查、评审,北京汽车研究所等12家单位获得了国家标准《汽车加速行驶车外噪声限值及测量方法》(GB 1495-2002)第二阶段限值的检测资格(详见附件),现予公布。

附件:检测单位与业务范围一览表

二〇〇五年一月二十六日

附件：

检测单位与业务范围一览表

序号	检测机构名称	检测项目	试验场地	负责人/联系人	联系电话	地址	Email
					传真		
1	北京市汽车研究所	《汽车加速行驶车外噪声限值及测量方法》(GB 1495－2002)第二阶段限值	交通部公路交通实验场	刘永平	010－87683211	北京市丰台区成寿寺于家坟85号	bjzjs@vip.163.com
				姜杰		100078	
2	交通部汽车运输行业能源利用监测中心	《汽车加速行驶车外噪声限值及测量方法》(GB 1495－2002)第二阶段限值	交通部公路交通实验场	张学利	010－62079180	北京市西土城路8号	motortest@sina.com
				赵玉坤	010－61585020	100088	
3	国家环境保护总局机动车排污监控中心(中国环科院汽车排放检测实验室)	《汽车加速行驶车外噪声限值及测量方法》(GB 1495－2002)第二阶段限值	交通部公路交通实验场	汤大钢	010－84913894	北京安定门外立水桥大羊坊8号	hanyj@cares.org.cn
					010－84933997	100012	
4	天津汽车检测中心(国家轿车质量监督检验中心)	《汽车加速行驶车外噪声限值及测量方法》(GB 1495－2002)第二阶段限值	交通部公路交通实验场、东风汽车实验场(襄樊)、海南汽车试验研究所	李洧	022－84771800	天津市河东区程林庄道天山南路10号信箱中国汽车技术研究中心综合管理室	liniuniu@hotmail.com
						300162	
5	长春汽车检测中心(国家汽车质量监督检测中心－长春)	《汽车加速行驶车外噪声限值及测量方法》(GB 1495－2002)第二阶段限值	长春农安汽车试验场、交通部公路交通实验场、海南汽车试验研究所	程猛	0431－590620	吉林省长春市创业大街35号长春一汽技术中心检测二室	jc2_qy@faw.com.cn
				沈强	0431－5905151	130011	aqsy_qy@faw.com.cn
6	机械工业拖拉机农用运输车产品质量检测中心	《汽车加速行驶车外噪声限值及测量方法》(GB 1495－2002)第二阶段限值	长春农安汽车试验场	宋传学	0431－5095369	吉林省长春市人民大街5988号	NX070008@autoinfo.gov.cn

续表

序号	检测机构名称	检测项目	试验场地	负责人/联系人	联系电话	地址	Email
					传真		
				洪涛	0431-5695947-130022		
7	国家机动车产品质量监督检验中心(上海)	《汽车加速行驶车外噪声限值及测量方法》(GB 1495-2002)第二阶段限值	交通部公路交通实验场、东风汽车实验场(襄樊)	黄中荣	021-69502008	上海嘉定区安亭镇于田南路68号	saitc@ online. sh. cn
					021-69502016-201805		
8	南京汽车质量监督检验鉴定试验所	《汽车加速行驶车外噪声限值及测量方法》(GB 1495-2002)第二阶段限值	交通部公路交通实验场、东风汽车实验场(襄樊)、海南汽车试验研究所	曹心平	025-854177115	南京市中央门外十字街29号	njati@ jlinline. com
				陈旭东	8820(-58827)210028		
9	济南汽车检测中心	《汽车加速行驶车外噪声限值及测量方法》(GB 1495-2002)第二阶段限值	交通部公路交通实验场	绪辉	0531-5586160	山东省济南市英雄山路165号	jnatc@ sohu. com
					0531-5586176		
10	襄樊达安汽车检测中心(国家汽车质量监督检验中心-襄樊)	《汽车加速行驶车外噪声限值及测量方法》(GB 1495-2002)第二阶段限值	东风汽车实验场(襄樊)	卢治	0710-3391057	襄樊汽车产业开发区汽车试验场	LUYE@ MAIL. NAST. COM. CN
					0710-3310964		
11	国家客车质量监督检验中心	《汽车加速行驶车外噪声限值及测量方法》(GB 1495-2002)第二阶段限值	交通部公路交通实验场、东风汽车实验场(襄樊)、海南汽车试验研究所	李裕民	023-62653145	重庆市南岸区五公里重庆交通科研设计院	tanlong@ ccrdi. com
					023-626531	40006752	
12	重庆汽车检测中心(国家重型汽车质量监督检验中心)	《汽车加速行驶车外噪声限值及测量方法》(GB 1495-2002)第二阶段限值	交通部公路交通实验场、东风汽车实验场(襄樊)、海南汽车试验研究所	陈耀华	023-68654009	重庆市石桥铺陈家坪朝庙村101号	catc@ ccari. com

国家环境保护总局关于机动车报废法律适用问题的复函

环函〔2005〕7 号

北京市环境保护局：

你局《关于"机动车报废"的法律适用问题的请示》(京环保法字〔2004〕644 号)收悉。经研究，函复如下：

经国务院批准，原国家经贸委、原国家计委、原国内贸易部、原机械部、公安部、原国家环保局 1997 年发布的《汽车报废标准》规定，凡在我国境内注册的民用汽车，经修理和调整或采用排气污染控制技术后，排放污染物仍超过国家规定的汽车排放标准的，应当报废。

《大气污染防治法》第 7 条规定：省、自治区、直辖市人民政府制定机动车船大气污染物地方排放标准严于国家排放标准的，须报经国务院批准。凡是向已有地方排放标准的区域排放大气污染物的，应当执行地方排放标准。

2002 年国务院批准了北京市的《车用汽油机排气污染物排放标准》、《汽油车双怠速污染物排放标准》、《柴油车自由加速烟度排放标准》、《摩托车、轻便摩托车排气污染物排放标准》、《汽车柴油机全负荷烟度排放标准》、《农用运输车及运输用拖拉机自由加速烟度排放标准》、《汽油车稳态加载污染物排放标准》、《轻型汽油车简易瞬态工况污染物排放标准》和《柴油车加载减速烟度排放标准》等 9 项地方机动车排放标准。按国务院规定，对同一时段生产的同一车型不能采用一种以上的测量方法和排放限值。

二〇〇五年一月十日

国家环境保护总局关于加强在用机动车环保定期检测工作的通知

各省、自治区、直辖市环境保护局(厅)，113 个大气污染防治重点城市环保局：

当前，随着机动车数量的不断增加，机动车污染已经成为我国大城市大气污染的主要来源。为有效促进机动车污染防治工作，改善城市空气质量，根据《大气污染防治法》的规定，现就在用机动车环保定期检测的有关工作要求通知如下：

一、地方各级环保部门要充分认识到机动车污染防治工作的重要性，加强在用机动车环境管理工作。各省级和重点城市环保部门应有专人负责机动车污染防治工作，有条件的省级和机动车污染严重的城市环保局应有负责机动车污染防治日常工作的专门机构。

二、认真做好在用机动车环保定期检测(以下简称"年检")制度建设。各省级环保部门应组织辖区内城市编制在用机动车环保年检工作规划，逐步展开工作。2004 年组织重点城市先行开展规划制定工作，2005 年前完成所有城市规划编制工作。

规划编制工作中，应统筹确定辖区内机动车环保年检线的数量，原则上每万辆机动车设置一个检测单位，合理规划年检线布点布局，以方便在用机动车的环保年检。

三、各省、自治区、直辖市环保局(厅)要依据《大气污染防治法》第三十五条的要求，组织辖区内城市开展在用机动车环保年检的委托工作，对符合条件的单位予以委托认定，核发《环保年检认定证书》。并于 2006 年底前完成辖区全部检测单位的认定工作。

加强对在用机动车环保年检单位的监督管理。机动车环保年检单位不得以任何方式经营或参与经营机动车维修业务。机动车环保维修机构不得以任何方式经营或参与经营检测业务。对无证开展在用机动车年检工作或在检测工作中弄虚作假的，由县级以上环保部门按《大气污染防治法》第五十五条的规定予以处罚。

四、开展环保年检的机动车主要针对汽车，有条件的省市可逐步开展对摩托车和农用运输车的环保年检工作。

五、各省、自治区、直辖市环保局(厅)和重点城市环保局应加强在用机动车环保年检信息系统建设，我局将着手建立全国在用机动车环保信息系统,具体工作将由国家环保总局机动车排污监控中心负责。

六、我局将于2004年年底调度各地在用机动车环保年检工作进展情况,并通报调度结果。

二〇〇四年八月十七日

国家环境保护总局办公厅关于严格遵守新生产机动车排放污染检测业务范围的通知

环办函〔**2004**〕**53**号

国家轿车质量监督检验中心、国家汽车质量监督检验中心(长春)、国家汽车质量监督检验中心(襄樊):

目前,我国相当于欧洲**3**号排放标准的国家机动车排放标准尚未颁布。一些国家机动车排放检测单位擅自要求企业开始样车达到相当于欧洲**3**号排放标准的检测,收取检测费用,给机动车生产企业造成不必要的经济损失。

请你单位严格按照我局《关于调整北京市汽车研究所等**12**家新生产机动车排放污染检测业务范围的通知》(环办〔**2001**〕**122**号)确定的检测业务范围开展工作。待相当于欧洲**3**号排放标准的国家机动车排放标准颁布后,我局将对实施该标准的新生产机动车排放污染检测单位资格进行评审和认可。在此之前出具的所谓达到欧洲**3**号排放标准的样车检验合格报告无效。

特此通知。

二〇〇四年二月九日

国家环境保护总局关于提前实施第二阶段国家机动车大气污染物排放标准等有关问题的复函

环函〔2003〕253号

深圳市环境保护局:

你局《关于制定深圳市在用机动车大气污染物排放标准并执行"符合环保排放标准车型目录"第二阶段标准的请示》(深环〔2003〕240号)收悉。经研究,函复如下:

一、根据国内城市环境保护和机动车污染防治工作的需要,国务院批准了北京市和上海市关于提前实施部分第二阶段国家机动车大气污染物排放标准的申请。考虑到全国实施第二阶段国家排放标准已为时不远,为降低管理成本,保持国家排放标准在全国实施的一致性,除京、沪两市外,不再受理其他地方关于提前实施第二阶段国家机动车大气污染物排放标准的申请。请你局根据第二阶段国家排放标准的要求,做好相应的准备工作。

二、为进一步控制在用车机动车排放污染,根据《大气污染防治法》的规定,我局正在制定适用于在用机动车国家排放标准及相关检测方法。建议你局通过严格执行国家相关标准进一步控制机动车尾气污染。

二〇〇三年九月九日

排污费征收标准管理办法

国家发展计划委员会、财政部、国家环境保护总局、国家经济贸易委员会令第31号

第一条 为规范排污费征收标准的管理,根据国务院《排污费征收使用管理条例》(国务院令第369号,以下简称《条例》)等有关规定,制定本办法。

第二条 直接向环境排放污染物的单位和个体工商户(以下简称"排污者"),必须按照本办法规定,缴纳排污费。

第三条 县级以上地方人民政府环境保护行政主管部门应按下列排污收费项目向排污者征收排

污费：

（一）污水排污费。对向水体排放污染物的，按照排放污染物的种类、数量计征污水排污费；超过国家或者地方规定的水污染物排放标准的，按照排放污染物的种类、数量和本办法规定的收费标准计征的收费额加一倍征收超标准排污费。

对向城市污水集中处理设施排放污水、按规定缴纳污水处理费的，不再征收污水排污费。

对城市污水集中处理设施接纳符合国家规定标准的污水，其处理后排放污水的有机污染物（化学需氧量、生化需氧量、总有机碳）、悬浮物和大肠菌群超过国家或地方排放标准的，按上述污染物的种类、数量和本办法规定的收费标准计征的收费额加一倍向城市污水集中处理设施运营单位征收污水排污费，对氨氮、总磷暂不收费。对城市污水集中处理设施达到国家或地方排放标准排放的水，不征收污水排污费。

（二）废气排污费。对向大气排放污染物的，按照排放污染物的种类、数量计征废气排污费。对机动车、飞机、船舶等流动污染源暂不征收废气排污费。

（三）固体废物及危险废物排污费。对没有建成工业固体废物贮存、处置设施或场所，或者工业固体废物贮存、处置设施或场所不符合环境保护标准的，按照排放污染物的种类、数量计征固体废物排污费。对以填埋方式处置危险废物不符合国务院环境保护行政主管部门规定的，按照危险废物的种类、数量计征危险废物排污费。

（四）噪声超标排污费。对环境噪声污染超过国家环境噪声排放标准，且干扰他人正常生活、工作和学习的，按照噪声的超标分贝数计征噪声超标排污费。对机动车、飞机、船舶等流动污染源暂不征收噪声超标排污费。

排污费征收标准及计算办法见附件。

第四条 除《条例》规定的污染物排放种类、数量核定方法外，市（地）级以上环境保护行政主管部门可结合当地实际情况，对餐饮、娱乐等服务行业的小型排污者，采用抽样测算的办法核算排污量，核算办法应当向社会公开，并按本办法规定征收排污费。

第五条 县级以上地方人民政府环境保护行政主管部门应到指定的价格主管部门申领、变更《收费许可证》，使用省、自治区、直辖市财政部门统一印制的行政事业性收费票据。

第六条 县级以上地方人民政府环境保护行政主管部门要严格执行本办法的规定。各级价格主管部门、财政部门要加强对排污费征收行为的监督检查，对违反规定乱收费的，应按照有关法律法规规定进行查处。

第七条 本办法由国家计委会同财政部、国家环保总局、国家经贸委负责解释。

第八条 本办法自2003年7月1日起施行。原国家物价局、财政部《关于发布环保系统行政事业性收费项目及标准的通知》（〔1992〕价费字178号）中有关排污收费的规定；国家计委、财政部《关于征收污水排污费的通知》［计物价〔1993〕1366号］；国家计委、财政部《关于实施按排放水污染物总量征收排污费试点工作的批复》（计价格〔1995〕2090号）；国家环境保护总局、国家计委、财政部、国家经贸委《关于在酸雨控制区和二氧化硫污染控制区开展征收二氧化硫排污费扩大试点的通知》（环发〔1998〕6号）；国家环境保护总局、国家计委、财政部《关于在杭州等三城市实行总量排污收费试点的通知》（环发〔1998〕73号）等，以及地方制定的排污收费标准的规定同时废止。

附：排污费征收标准及计算方法

附件：

排污费征收标准及计算方法

一、污水排污费征收标准及计算方法

（一）污水排污费按排污者排放污染物的种类、数量以污染当量计征，每一污染当量征收标准为0.7元。

（二）对每一排放口征收污水排污费的污染物种类数，以污染当量数从多到少的顺序，最多不超过3项。其中，超过国家或地方规定的污染物排放标准的，按照排放污染物的种类、数量和本办法规定的收费标准计征污水排污费的收费额加一倍征收超标准排污费。

对于冷却水、矿井水等排放污染物的污染当量数计算，应扣除进水的本底值。

(三)水污染物污染当量数计算

1. 一般污染物的污染当量数计算

$$某污染物的污染当量数=\frac{该污染物的排放量(千克)}{该污染物的污染当量值(千克)}$$

一般污染物的污染当量值见表1和表2。

2. PH值、大肠菌群数、余氯量的污染当量数计算

$$某污染物的污染当量数=\frac{污水排放量(吨)}{该污染物的污染当量值(吨)}$$

3. 色度的污染当量数计算

$$色度的染当量数=\frac{污水排放量(吨)\times 色度超标倍数}{色度的污染当量值(吨\cdot 倍)}$$

PH值、色度、大肠菌群数、余氯量的污染当量值见表3。

PH值、色度、大肠菌群数、余氯量不加倍收费。

4. 禽畜养殖业、小型企业和第三产业的污染当量数计算

$$污染当量数=\frac{污染排放特征值}{污染当量值}$$

禽畜养殖业、小型企业和第三产业的污染当量值见表4。

(四)排污费计算

1. 污水排污费收费=0.7元×前3项污染物的污染当量数之和

2. 对超过国家或者地方规定排放标准的污染物,应在该种污染物排污费收费额基础上加1倍征收超标准排污费。

表1 第一类水污染物污染当量值

污染物	污染当量值(千克)
1. 总汞	0.0005
2. 总镉	0.005
3. 总铬	0.04
4. 六价铬	0.02
5. 总砷	0.02
6. 总铅	0.025
7. 总镍	0.025
8. 苯并(a)芘	0.0000003
9. 总铍	0.01
10. 总银	0.02

表2 第二类水污染物污染当量值

污染物	污染当量值(千克)
11. 悬浮物(SS)	4
12. 生化需氧量(BOD5)	0.5
13. 化学需氧量(COD)	1
14. 总有机碳(TOC)	0.49
15. 石油类	0.1
16. 动植物油	0.16
17. 挥发酚	0.08
18. 总氰化物	0.05
19. 硫化物	0.125
20. 氨氮	0.8
21. 氟化物	0.5
22. 甲醛	0.125
23. 苯胺类	0.2
24. 硝基苯类	0.2
25. 阴离子表面活性剂(LAS)	0.2
26. 总铜	0.1
27. 总锌	0.2
28. 总锰	0.2
29. 彩色显影剂(CD-2)	0.2
30. 总磷	0.25
31. 元素磷(以P计)	0.05
32. 有机磷农药(以P计)	0.05
33. 乐果	0.05
34. 甲基对硫磷	0.05
35. 马拉硫磷	0.05
36. 对硫磷	0.05
37. 五氯酚及五氯酚钠(以五氯酚计)	0.25
38. 三氯甲烷	0.04
39. 可吸附有机卤化物(AOX)(以CI计)	0.25
40. 四氯化碳	0.04
41. 三氯乙烯	0.04
42. 四氯乙烯	0.04
43. 苯	0.02
44. 甲苯	0.02
45. 乙苯	0.02

续表

污染物	污染当量值(千克)
46. 邻－二甲苯	0.02
47. 对－二甲苯	0.02
48. 间－二甲苯	0.02
49. 氯苯	0.02
50. 邻二氯苯	0.02
51. 对二氯苯	0.02
52. 对硝基氯苯	0.02
53. 2,4－二硝基氯苯	0.02
54. 苯酚	0.02
55. 间－甲酚	0.02
56. 2,4－二氯酚	0.02
57. 2,4,6－三氯酚	0.02
58. 邻苯二甲酸二丁酯	0.02
59. 邻苯二甲酸二辛酯	0.02
60. 丙烯腈	0.125
61. 总硒	0.02

说明:1. 第一、二类污染物的分类依据为《污水综合排放标准》(GB 8978－1996)。

2. 同一排放口中的化学需氧量(COD)、生化需氧量(BOD5)和总有机碳(TOC),只征收一项。

表3 PH值、色度、大肠菌群数、余氯量污染当量值

污染物		污染当量值
1. PH值	1. 0－1,13－14	0.06 吨污水
	2. 1－2,12－13	0.125 吨污水
	3. 2－3,11－12	0.25 吨污水
	4. 3－4,10－11	0.5 吨污水
	5. 4－5,9－10	1 吨污水
	6. 5－6,	5 吨污水
2. 色度		5 吨水·倍
3. 大肠菌群数(超标)		3.3 吨污水
4. 余氯量(用氯消毒的医院废水)		3.3 吨污水

说明:1. 大肠菌群数和总余氯只征收一项。

2. PH5－6 指大于等于5,小于6;PH9－10 指大于9,小于等于10,其余类推。

表4 禽畜养殖业、小型企业和第三产业污染当量值

<table>
<tr><th colspan="2">类型</th><th>污染当量值</th></tr>
<tr><td rowspan="3">禽畜养殖场</td><td>1. 牛</td><td>0.1 头</td></tr>
<tr><td>2. 猪</td><td>1 头</td></tr>
<tr><td>3. 鸡、鸭等家禽</td><td>30 羽</td></tr>
<tr><td colspan="2">4. 小型企业</td><td>1.8 吨污水</td></tr>
<tr><td colspan="2">5. 饮食娱乐服务业</td><td>0.5 吨污水</td></tr>
<tr><td rowspan="4">6. 医院</td><td rowspan="2">消毒</td><td>0.14 床</td></tr>
<tr><td>2.8 吨污水</td></tr>
<tr><td rowspan="2">不消毒</td><td>0.07 床</td></tr>
<tr><td>1.4 吨污水</td></tr>
</table>

说明:1. 本表仅适用于计算无法进行实际监测或物料衡算的禽畜养殖业、小型企业和第三产业等小型排污者的污染当量数。

2. 仅对存栏规模大于50头牛、500头猪、5000羽鸡、鸭等的禽畜养殖场收费。

3. 医院病床数大于20张的按本表计算污染当量。

二、废气排污费征收标准及计算方法

(一)废气排污费按排污者排放污染物的种类、数量以污染当量计算征收,每一污染当量征收标准为0.6元。

其中,二氧化硫排污费,第一年每一污染当量征收标准为0.2元,第二年(2004年7月1日起)每一污染当量征收标准为0.4元,第三年(2005年7月1日起)达到与其他大气污染物相同的征收标准,即每一污染当量征收标准为0.6元。氮氧化物在2004年7月1日前不收费,2004年7月1日起按每一污染当量0.6元收费。

(二)北京市二氧化硫排污费仍按经国务院同意,1999年国家计委批准的收费标准执行,即高硫煤每公斤二氧化硫排污费1.20元,低硫煤每公斤二氧化硫排污费0.50元。2005年7月1日起,低硫煤二氧化硫排污费标准为每一污染当量0.6元。

本办法实施前两年,杭州、郑州和吉林三个城市的二氧化硫排污费标准,按当地人民政府批准的总量排污收费标准执行,即杭州、吉林二个城市的二氧化硫排污费标准为每一污染当量0.6元,郑州市二氧化硫排污费标准为每一污染当量0.5元。2005年7月1日起,三个城市的二氧化硫排污费标准均按本办法规定执行。

(三)对每一排放口征收废气排污费的污染物种类数,以污染当量数从多到少的顺序,最多不超过3项。

(四)大气污染物污染当量数计算

$$某污染物的污染当量数=\frac{该污染物的排放量(千克)}{该污染物的污染当量值(千克)}$$

大气污染物污染当量值见表5

(五)排污费计算

废气排污费征收额=0.6元×前3项污染物的污染当量数之和

表5 大气污染物污染当量值

污染物	污染当量值(千克)
1. 二氧化硫	0.95
2. 氢氧化物	0.95
3. 一氧化碳	16.7
4. 氯气	0.34
5. 氯化氢	10.75

续表

污染物	污染当量值(千克)
6. 氟化物	0.87
7. 氰化氢	0.005
8. 硫酸雾	0.6
9. 铬酸雾	0.0007
10. 汞及其化合物	0.0001
11. 一般性粉尘	4
12. 石棉尘	0.53
13. 玻璃棉尘	2.13
14. 碳黑尘	0.59
15. 铅及其化合物	0.02
16. 镉及其化合物	0.03
17. 铍及其化合物	0.0004
18. 镍及其化合物	0.13
19. 锡及其化合物	0.27
20. 烟尘	2.18
21. 苯	0.05
22. 甲苯	0.18
23. 二甲苯	0.27
24. 苯并(a)芘	0.000002
25. 甲醛	0.09
26. 乙醛	0.45
27. 丙烯醛	0.06
28. 甲醇	0.67
29. 酚类	0.35
30. 沥青烟	0.19
31. 苯胺类	0.21
32. 氯苯类	0.72
33. 硝基苯	0.17
34. 丙烯氢	0.22
35. 氯乙烯	0.55
36. 光气	0.04
37. 硫化氢	0.29
38. 氨	9.09
39. 三甲胺	0.32
40. 甲硫醇	0.04
41. 甲硫醚	0.28
42. 二甲二硫	0.28
43. 苯乙烯	25
44. 二硫化碳	20

（六）对难以监测的烟尘，可按林格曼黑度征收排污费。每吨燃料的征收标准为：1级1元、2级3元、3级5元、4级10元、5级20元。

三、固体废物及危险废物排污费征收标准

（一）对无专用贮存或处置设施和专用贮存或处置设施达不到环境保护标准（即无防渗漏、防扬散、防流失设施）排放的工业固体废物，一次性征收固体废物排污费。每吨固体废物的征收标准为：冶炼渣25元、粉煤灰30元、炉渣25元、煤矸石5元、尾矿15元、其他渣（含半固态、液态废物）25元。

（二）对以填埋方式处置危险废物不符合国家有关规定的，危险废物排污费征收标准为每次每吨1000元。

危险废物是指列入国家危险废物目录或者根据国家规定的危险废物鉴别标准和鉴别方法认定的具有危险特征的废物。

四、噪声超标排污费征收标准

对排污者产生环境噪声，超过国家规定的环境噪声排放标准，且干扰他人正常生活、工作和学习的，按照超标的分贝数征收噪声超标排污费，征收标准见表6。

表6　噪声超标排污费征收标准

超标分贝数	收费标准（元/月）
1	350
2	440
3	550
4	700
5	880
6	1100
7	1400
8	1760
9	2200
10	2800
11	3220
12	4400
13	5600
14	7040
15	8800
16及16以上	11200

说明：1. 一个单位边界上有多处噪声超标，征收额应根据最高一处超标声级计算，当沿边界长度超过100米有二处及二处以上噪声超标，则加1倍征收。

2. 一个单位若有不同地点的作业场所，收费应分别计算、合并征收。

3. 昼、夜均超标的环境噪声，征收金额按本标准昼、夜分别计算，累计征收。

4. 声源一个月内超标不足十五天的，噪声超标排污费减半征收。

5. 夜间频繁突发和夜间偶然突发厂界超标噪声排污费，按等效声级和峰值噪声两种指标中超标分贝值高的一项计算排污费。

6. 一个工地同一施工单位多个建筑施工阶段同时进行时，按噪声限值最高的施工阶段计收超标噪声排污费。

7. 本标准以每分贝为计征单位，不足一分贝的按四舍五入原则计算。

8. 对农民自建住宅不得征收噪声超标排污费。

国家环境保护总局关于进一步加强城市机动车污染排放监督管理的通知

环发〔2003〕68号

各省、自治区、直辖市环境保护局（厅），113个大气污染防治重点城市环境保护局：

为贯彻实施《中华人民共和国大气污染防治法》，落实国务院批复的《大气污染防治重点城市划定方案》

的要求,现就进一步加强城市机动车污染排放监督管理的有关要求通知如下:

一、加强对本辖区内销售新车环保达标的管理。各城市环保部门应与当地公安交管部门配合,依据我局发布的环保达标车型型式核准名录核发新车牌照,确保新销售车辆的发动机及其安装的排放控制装置型号与核准名录一致。凡经核对发现型号不符的,应暂停上牌照并报告我局。

各城市环保部门不得要求机动车生产企业重复申报新生产机动车环保达标目录。

二、开展在用机动车排放污染定期检测委托工作。各省、自治区、直辖市环境保护行政主管部门负责对申请承担机动车排放污染定期检测的单位进行审查,对符合条件的单位进行委托,并报我局备案,委托期限一般为两年。

对未受省、自治区、直辖市环境保护行政主管部门委托进行机动车排放污染检测的,或者在检测中弄虚作假的,依据《中华人民共和国大气污染防治法》第五十五条进行处罚。

经省级环保部门委托的排放污染检测单位负责在用机动车的定期排放检测工作。各城市环保部门应与公安交管部门密切配合,采取措施,不让未达标车辆上路行驶。

三、加强对化油器车、柴油车、摩托车、农用车污染排放的监督管理。鼓励群众参与,积极举报继续生产和销售化油器类汽车的企业和销售商及冒黑烟车辆。当地环保部门应依据《中华人民共和国大气污染防治法》的有关规定对违法行为给予处罚。

四、加强本辖区机动车污染的信息管理,尤其是对在用车排放污染定期检测数据的收集和管理,逐步建立起各城市的机动车污染信息管理系统,并定期向总局国家机动车污染管理数据库报送数据。请各重点城市按照附件要求于 2003 年 10 月 31 日前将本市有关机动车污染状况的数据报送总局。

五、各城市环保部门应会同有关部门对辖区内生产、销售的车用燃料和油品添加剂进行监督检查,以减少车用燃料中有害物质对环境的污染。积极鼓励使用清洁能源机动车辆。

请各省、自治区、直辖市按照本通知要求加强对本辖区各城市机动车污染排放的监督管理,并随时将机动车污染防治工作中出现的问题上报我局,以便加强对各地的指导和监督检查。

附件:重点城市机动车空气污染调查数据表(略)

二〇〇三年四月二十一日

国家环境保护总局关于实施国家第二阶段机动车排放标准的公告

环发〔2003〕144 号

贯彻《中华人民共和国大气污染防治法》,严格控制机动车污染排放,实施《车用压燃式发动机排气污染物排放限值及测量方法》(GB 17691 - 2001)和《车用点燃式发动机及装用点燃式发动机汽车排气污染物排放限值及测量方法》(GB 14762 - 2002)第二阶段排放限值,现公告如下:

一、2003 年 9 月 1 日起,所有进行定型的压燃式发动机(包括柴油发动机和燃用其他燃料的压燃式发动机)及装用压燃式发动机的重型车辆(最大总质量大于 3.5 吨的车辆)必须符合《车用压燃式发动机排气污染物排放限值及测量方法》(以下简称 GB 17691)第二阶段型式核准排放限值的要求,所有进行定型的点燃式发动机(包括汽油发动机和燃用其他燃料的点燃式发动机)及装用点燃式发动机的重型车辆(最大总质量大于 3.5 吨的车辆)必须符合《车用点燃式发动机排气污染物排放限值及测量方法》(以下简称 GB 14762)第二阶段型式核准排放限值的要求。

2003 年 9 月 1 日起,生产、进口或销售上述产品的汽车和发动机企业应按要求向国家环保总局进行污染物排放达标车型和发动机型的核准申报。

凡不符合上述标准要求的车、机型不得核准定型,未经国家环保总局核准定型的车、发动机型视同排放不达标,不得制造、进口、销售和注册登记。

二、2003 年 9 月 1 日起,停止对达到 GB 17691、GB 14762 第一阶段型式核准排放限值的车型和发动机型的型式核准申报。

已通过核准定型达到 GB 17691 或 GB 14762 第一阶段型式核准排放限值的车辆和发动机,可生产、进口、销售和注册登记至 2004 年 8 月 31 日为止。

三、2004年9月1日起，所有新生产的压燃式发动机（包括柴油发动机和燃用其他燃料的压燃式发动机）及装用压燃式发动机的重型车辆（最大总质量大于3.5吨的车辆）必须符合GB 17691第二阶段生产一致性检查排放限值，点燃式发动机（包括汽油发动机和燃用其他燃料的点燃式发动机）及装用点燃式发动机的重型车辆（最大总质量大于3.5吨的车辆）必须符合GB 14762第二阶段生产一致性检查排放限值，并按要求向国家环保总局进行生产一致性检查申报。

四、拟定型车型的型式核准试验和已定型车型的生产一致性检查试验应由国家环保总局认可的排放检测单位进行其污染物排放检测。

各检测单位应按要求向国家环保总局机动车排污监控中心报送车型的检验报告。

五、各地不得组织同类标准的重复性申报，同时应将实施上述标准的监督检查列为日常工作。

各省、自治区、直辖市环保局（厅）、113个大气污染防治重点城市环保局应采取措施确保辖区内所销售、注册登记的车辆是通过国家环保总局型式核准公告的车型。

六、国家环保总局将组织对制造、进口、销售的车、机型进行排放一致性抽检，发现不符合规定的车、机型，由生产厂负责限期整改。整改后仍不符合规定的，取消该车型、发动机型的达标车、机型型式核准，并予公布。

对制造、进口、销售超标发动机和车辆的，国家环保总局将依据《中华人民共和国大气污染防治法》第五十三条的规定实施处罚。

二〇〇三年八月二十七日

国家经济贸易委员会、财政部、国家税务总局、国家环保总局关于低污染排放小汽车减征消费税实施产品检验及生产一致性审查管理办法

国经贸产业〔2001〕821号

第一条 为加强低污染排放小汽车检验及生产一致性审查管理，根据财政部、国家税务总局《关于对低污染排放小汽车减征消费税的通知》（财税〔2000〕26号，以下简称《通知》）规定，制定本办法。

第二条 本办法所称低污染排放小汽车，是指符合GB 18352.2－2001《轻型汽车污染物排放限值及测试方法（Ⅱ）》（以下简称GB 18352.2－2001）的车辆。

第三条 申请减征消费税的车辆范围是：国家经贸委以公告形式发布的《车辆生产企业及产品》和原国家机械工业局发布的《2000年全国汽车、民用改装车和摩托车生产企业及产品目录（总目录）》、《2000年全国汽车、民用改装车和摩托车生产企业及产品目录（补充第一期）》、《2000年全国汽车、民用改装车和摩托车生产企业及产品目录（补充第二期）》中所列的轿车、越野车和小客车（最大总质量不超过3500kg）。

申请减征消费税车辆的产品型号应当单独编制。

第四条 低污染排放小汽车的产品检验及生产一致性审查管理主要包括：样品检验、生产一致性审查、生产一致性监督。

第五条 样品检验应当送《通知》中规定的检验机构，按照GB 18352.2－2001的要求，进行冷启动后汽车排气污染物排放试验（Ⅰ型试验）、污染控制装置耐久性试验（Ⅴ型试验）、装点燃式发动机车辆蒸发排放试验（Ⅳ型试验）和曲轴箱气体排放试验（Ⅲ型试验）。

污染控制装置耐久性试验，可以使用符合GB 17930－1999《车用无铅汽油》中供应北京、上海和广州的无铅汽油或优质柴油，在检验机构监督下由企业自主进行。

汽车生产企业在提出产品检验申请前18个月内，在上述检验机构进行的同类检验结果也视为有效。

第六条 产品检验合格的企业，可以向国家经贸委提出生产一致性审查的申请。企业申请时应当提供以下材料：

（一）检验机构出具的样品检验报告；

（二）与试验车辆有关的资料；

（三）产品同一型式的分类说明；

（四）产品排放的生产一致性保证计划；

(五)质量体系认证等其他需要说明的内容。

本条第四款保证计划的重点是过程控制,内容应当包括:人员、设备、采购、工艺、环境和产品一致性检查要求等。

第七条 生产一致性审查,应当充分考虑并利用企业已经获得的质量体系认证结果和检测手段。

已通过ISO9000(94版)、ISO9000(2000版)、QS9000(98版)、VDA、EAQF、AVSQ、TS16949或者其他不低于前述质量体系要求的一种质量体系认证并取得相应证书的企业,生产一致性审查可仅对生产一致性保证计划涉及的过程控制内容进行审查。

未通过上述质量体系认证的企业,生产一致性审查应当对企业质量体系和质量计划涉及的过程控制内容同时进行审查。企业应当在申请书上说明所建立的质量体系。

第八条 生产一致性监督检查应当按照GB 18352.2－2001第7章的要求,从批量生产的车辆中随机抽取至少3辆样车,进行Ⅰ型试验、Ⅲ型试验、Ⅳ型试验的全部或部分内容。

第九条 生产一致性审查由国家经贸委会同国家环境保护总局组织有资质的机构承担。审查人员包括质量体系审核专家和汽车排放技术专家。

现场审查结束后,应当在规定的时间内提供生产一致性审查报告。

第十条 国家经贸委会同国家环境保护总局对审查报告进行审核,并在生产一致性检验完毕10日内将审核合格的企业和车型清单送财政部和国家税务总局。

第十一条 已批准减征消费税的车型,企业不得擅自更改可能影响污染物排放的部件;如有更改,必须重新申报。

第十二条 对于享受减征消费税政策的车型,企业应当认真执行生产一致性保证计划,根据自身情况,对产品定期按照GB 18352.2－2001进行生产一致性检查,对质量体系定期进行评审。企业在质量体系评审时,应当保证相邻两次评审的内容覆盖质量体系和质量计划要求的全部内容。

第十三条 国家经贸委会同财政部、国家税务总局和国家环保总局等部门不定期组织对减税车型的排放性能进行监督检查。

第十四条 本办法由国家经贸委负责解释。

第十五条 本办法自发布之日起施行。

国家环境保护总局、国家经济贸易委员会、公安部、国家工商行政管理总局关于限期停止生产销售化油器类轿车及5座客车的通知

各省、自治区、直辖市环境保护局(厅)、经贸委(经委)、公安厅(局)、工商行政管理局:

经国务院批准,1998年9月12日发布的《国务院办公厅关于限期停止生产销售使用车用含铅汽油的通知》(国办〔1998〕129号)第五条明确规定,从2000年1月1日起,新生产的轿车要采用电子喷射装置并安装排气净化装置。为贯彻该通知的规定,国务院有关部门先后发布了《机动车排放污染防治技术政策》和新的国家机动车污染物排放标准,并明确了执行排放标准的要求。但有一些汽车生产企业超过国务院规定的限期,继续生产和销售不符合新标准的化油器类轿车,违反了《中华人民共和国大气污染防治法》和国务院关于新生产的轿车要采用电喷装置并安装排气净化装置的要求,干扰了汽车市场公平竞争秩序。

为切实落实国务院批准的《国务院办公厅关于限期停止生产销售使用车用含铅汽油的通知》、《中华人民共和国大气污染防治法》及新的国家机动车污染物排放标准等规定,从源头有效防治机动车排放污染,并纠正违规行为,特做如下通知:

一、自本通知发布之日起,禁止生产本通知附件所列化油器类轿车及5座客车。汽车生产企业所生产的轿车及5座客车必须符合新的国家机动车污染物排放标准。

二、自2001年9月1日起,在全国范围内禁止销售本通知附件所列化油器类轿车及5座客车。对上述车辆,公安交通管理部门不予办理注册登记手续。对已销售但逾期不能办理注册登记手续的上述车辆,汽车销售企业必须无条件退货,由汽车生产企业负责收回。

各地区可以根据当地防治大气污染的需要,按照国家机动车污染物排放标准的实施要求,在本通知规定

的期限之前，通过预先公告的方式，对相应类型机动车实施禁止销售和停止办理注册登记的措施。

三、对其他类型未达到国家机动车污染物排放标准要求的汽车，国家有关主管部门将陆续发布限期停止生产和销售的车型目录和管理措施。

四、国家环保总局商国家有关主管部门按照国家环保法规要求，比照国产同类汽车，对进口汽车排放污染的监督管理制定具体实施措施，有关规定另行下发。

五、违反本通知规定，逾期生产、销售本通知附件中所列车型汽车的企业，由环保等有关部门依据《中华人民共和国大气污染防治法》和《中华人民共和国产品质量法》等法律法规予以处罚。

六、限期停止生产、销售化油器类汽车，是贯彻国家环境保护法规，实施国家汽车行业结构调整和产品调整政策，整顿规范汽车市场秩序的重要措施。各地环保、经贸、公安和工商行政管理部门要密切配合，抓紧制定贯彻本通知的实施方案，按照各部门的职责将本通知执行要求通知本地汽车生产和销售企业，并向社会公告周知，必要时可以公布举报电话。

七、各地要按照本通知的要求对本地区的汽车生产和销售企业进行一次全面执法检查，并将本通知的贯彻执行情况于 2001 年 11 月 1 日前报国家环保总局、国家经贸委、公安部和国家工商行政管理总局。

国家环境保护总局、国家经济贸易委员会、公安部、国家工商行政管理总局

二〇〇一年五月三十一日

财政部、国家计委关于进一步明确取消机动车尾气检测收费范围等有关问题的通知

财综字〔2000〕40 号

国家环保总局，各省、自治区、直辖市财政厅（局）、物价局（委员会）：

根据《财政部、国家计委关于公布取消第三批行政事业性收费项目的通知》（财综字〔1999〕195 号）的规定，自 2000 年 1 月 1 日起取消机动车尾气检测费。最近，一些地方来函要求明确取消机动车尾气检测费的范围。经研究，现将有关问题通知如下：

一、公布取消的机动车尾气检测费，是指除质量技术监督部门对汽车生产企业生产的机动车实行产品质量监督检验进行的排气设施检验，以及公安交通管理部门对机动车年度安全检验进行的尾气检验所收取的检测费以外，其他各种对机动车的强制性尾气检测收费。

二、由于质量技术监督部门对汽车生产企业生产的机动车实行的产品质量监督检验，包括了排气设施的检验内容；公安交通管理部门对机动车的年度安全检验，包含了尾气检测项目。因此，环保等其他部门和单位不宜再对机动车尾气排污进行重复检验并收取相关费用（包括对机动车尾气排污进行路检收取的费用）。

各地区、各有关部门应坚决落实取消的机动车尾气检测收费，不得以其他名义变相收取其他费用。

二〇〇〇年四月二十五日

国家环境保护总局关于加强新生产机动车排气污染监督管理的通知

环发〔1998〕83 号

各省、自治区、直辖市环境保护局及有关单位：

随着机动车数量的增加，我国的机动车排气污染日趋严重。为控制机动车排气污染，改善空气环境质量，现就进一步加强对新生产机动车排气污染的监督管理，认真执行生产机动车排气污染物排放标准的有关问题通知如下：

一、所有机动车生产企业每年应向所在省（自治区、直辖市）环境保护行政主管部门申报本年度所生产机动车的污染排放情况，并附每种车型的排气污染物检测报告。各省（自治区、直辖市）环境保护行政主管部门对企业申报情况进行核查后，于每年 12 月 15 日前向我局上报机动车生产企业生产的机动车产品排气污染达标情况，并附工况法排气污染物检测报告。

二、我局组织检测单位对机动车生产企业所生产机动车产品的排气污染状况进行抽检，并根据抽检情况及省（自治区、直辖市）环境保护行政主管部门上报的结果，公布排气污染物达标的机动车名录。对未列入名录的超标机动车，企业不得生产和销售，生产企业所在地市以上环境保护行政主管部门负责监督。

三、销售新机动车的单位，要依法销售符合国家排放标准的机动车，所销售的机动车必须附有排气污染物达标证明资料。各省（自治区、直辖市）环境保护行政主管部门负责组织地方环保部门对所辖区域内销售新车的单位进行监督检查。

国家环境保护总局

一九九八年六月二日

汽车、摩托车及其车用发动机产品污染物排放监控管理办法

机械政〔1998〕59号

第一章　总　　则

第一条　为贯彻《中华人民共和国大气污染防治法》和《汽车工业产业政策》，加强对汽车产品污染物排放的管理，制定本管理办法。

第二条　本办法适用于在中华人民共和国境内从事汽车生产的企业及其汽车产品。

第三条　国务院汽车工业主管部门，各省、自治区、直辖市汽车工业主管部门、计划单列汽车企业集团（公司），各汽车产品检测机构和汽车生产企业共同组成全国范围的管理网络；国务院汽车工业主管部门实施型式认证制度，汽车生产企业实施检查制度，各省、自治区、直辖市汽车工业主管部门、计划单列汽车企业集团（公司）协助国务院汽车工业主管部门实施型式认证制度并监督其管理范围内的汽车生产企业有效地运行检查制度，从而共同组成污染物排放的监控体系。

第四条　本办法所指的汽车生产企业包括汽车、摩托车及车用发动机生产企业；所指的汽车产品除特别说明外，包括汽车、摩托车和车用发动机产品。

第二章　监督与管理

第五条　国务院汽车工业主管部门负责对全国汽车生产企业及其产品的污染物排放实施统一监督管理，并通过实施型式认证制度、排放试验室认可管理制度、试验室比对制度等制度以保证国家对汽车产品污染物排放的有效控制。

第六条　汽车生产企业生产的汽车产品投放市场前必须接受国务院汽车工业主管部门的型式认证。有关污染物排放的型式认证审查和型式认证试验是汽车产品型式认证的组成部分，应与安全、节能的检查项目一起进行。未通过型式认证的汽车产品不得生产和销售。

第七条　型式认证试验必须由国务院汽车工业主管部门认可并指定的检测机构进行。

第八条　国务院汽车工业主管部门依据型式认证制度，对通过型式认证的汽车产品实施监督管理，并对企业的生产一致性保证能力进行定期检查。

第九条　各省、自治区、直辖市汽车工业主管部门、计划单列汽车企业集团（公司）协助国务院汽车工业主管部门对各自管理范围内的汽车生产企业及其产品的污染物排放实施监督管理。

第十条　各省、自治区、直辖市汽车工业主管部门、计划单列汽车企业集团（公司）负责监督其管理范围内的汽车生产企业有效运行检查制度。

第十一条　各省、自治区、直辖市汽车工业主管部门、计划单列汽车企业集团（公司）协助国务院汽车工业主管部门对各自管理范围内的汽车生产企业通过型式认证的产品实施监督。

第三章　责任、权力和义务

第十二条　国务院汽车工业主管部门，各省、自治区、直辖市汽车工业主管部门、计划单列汽车企业集团（公司），汽车产品检测机构和汽车生产企业应以保护环境、维护社会公共利益为职责。认真实施本管理办法所规定的管理、监督和检查。

第十三条　国务院汽车工业主管部门按照本管理办法负责对全国汽车生产企业汽车产品的污染物排放

实施统一管理。

第十四条　各省、自治区、直辖市汽车工业主管部门、计划单列汽车企业集团(公司)按照本管理办法的要求,协助国务院汽车工业主管部门对各自管理范围内的汽车生产企业的汽车产品污染物排放检查情况和检查结果进行监督管理;每年向国务院汽车工业主管部门报告上一年度管理范围内的汽车生产企业汽车产品的污染物排放及其控制情况。

第十五条　承担本管理办法规定的汽车产品型式认证和产品一致性检查任务的汽车排放试验室必须按国际通行的试验室管理规则组建和运行,国务院汽车工业主管部门按照汽车排放试验室认可管理制度对本管理办法范围内的汽车排放试验室进行认可和统一管理。

第十六条　汽车生产企业必须建立控制批量生产的汽车产品与认证样品一致并符合排放法规要求的生产保证体系和汽车产品的污染物排放检查制度,该制度包括出厂检查制度和产品一致性检查制度,并使之有效运行。

第十七条　企业须保存生产一致性保证体系运行记录和出厂检查及产品一致性检查的结果备查。

第十八条　汽车生产企业若发生以下情况之一的,国务院汽车工业主管部门将禁止其生产不合格的汽车产品,并取消此汽车产品列入目录的资格:

1. 不执行本管理办法的;

2. 提供虚假报告的;

3. 在国务院汽车工业主管部门指定的改进期限届满后其汽车产品仍不能满足排放法规和标准要求的。

第十九条　汽车生产企业若对主管部门的具体行政行为持有异议,可以申请复议,对复议结果不服的,可以向人民法院提起诉讼;也可以直接向人民法院提起诉讼。

第四章　附　　则

第二十条　本管理办法由机械工业部颁发并监督执行。

第二十一条　本管理办法由机械工业部政策法规体改司负责解释。

第二十二条　本管理办法自颁布之日起实施。

全国机动车尾气排放监测管理制度(暂行)

环监字第87号

第一条　为了掌握大气环境质量状况、控制机动车尾气对大气环境的污染、保护人民身体健康、促进经济发展,根据《中华人民共和国环境保护法》、《中华人民共和国大气污染防治法》及参照《汽车排气污染监督管理办法》制定本制度。

第二条　机动车尾气排放是流动污染源,是影响城市大气环境质量的主要因素之一。尾气排放监测是污染源监测的一个方面,是各级人民政府的环境保护行政主管部门对《大气污染防治法》执行情况的监督检查的重要工作内容和手段之一。

第三条　中华人民共和国内一切有尾气排放的机动车都必须接受对其尾气排放的监测。包括各机关、团体、企事业单位和个人所拥有、使用的汽车、摩托车、拖拉机及其他有尾气排放的车辆。

第四条　一切承担机动车尾气排放检测的单位都必须执行国家环境保护行政主管部门颁布的环境监测技术规范及有关的标准、技术规定。

第五条　市级以上人民政府的环境保护行政主管部门对承担机动车尾气排放检测的单位(检测场、站)、汽车排气检测仪器设备和检测人员进行资格认证和技术培训。按照《环境监测质量保证管理规定》经质控考核合格后,发放《机动车尾气准检证》和《机动车尾气检测员合格证》等(有效期1~2年)。并对持证单位、检测仪器设备和人员进行有效的监督。

市级以上环境保护主管部门的环境监测站有权对持证单位检过的车辆进行抽测,其结果做为质量保证考核的依据之一。

第六条　市级以上人民政府的环境保护行政主管部门组织机动车尾气监测网络。环境保护行政主管部门环境监测站是网络的业务牵头单位。

网络的组织和活动按《全国环境监测网络管理规定》实施。

在用汽车、摩托车排气污染的年检和路检按《汽车排气污染监督管理办法》组织实施。

第七条 各级环境保护行政主管部门环境监测站的分工是：

市(地区)和县级环境监测站是基层监测执行单位。

市级环境监测站负责对辖区内汽车生产企业、汽车维修企业的出厂车以及汽车使用单位汽车排气污染的不定期抽检。

省、自治区、直辖市环境监测中心(站)负责本辖区内尾气监测的质量保证工作(也可委托市(地区)级环境监测站执行此项任务)。经环境保护行政主管部门授权对下级环境监测站有关人员发放《中华人民共和国机动车尾气排放监察证》(有效期1~3年),以及监测纠纷的核查仲裁工作,并纳入日常环境监测质量控制范围,严格执行质量控制,保证监测质量。

中国环境监测总站是全国机动车尾气监测的质量保证和数据中心,统一制定监测技术规定,汇总全国监测数据,纳入数据库管理。

第八条 一切承担机动车尾气检测的单位,每月10日前按要求将上月检测的情况和数据报告当地环境保护行政主管部门,由其所属的环境监测站负责具体工作。

第九条 省级环境保护行政主管部门环境监测站每年一月底前将本地区汽车排气监测数据汇总上报中国环境监测总站。

市、县级环境监测站的汽车排气监测数据应按上一级环境监测站的要求时间上报。

参与城市环境综合整治定量考核的内容,另有要求的,按要求收集和整理上报。

第十条 机动车尾气排放监测的收费办法,按《汽车排气污染监督管理办法》有关条款执行。

第十一条 军用车辆的监测由中国人民解放军环境保护办公室组织实施。

第十二条 对执行本制度有显著成绩和贡献的单位和个人,给予表扬和奖励;对违反本制度者,按有关规定进行处罚。

第十三条 本制度所规定的《机动车尾气准检证》、《机动车尾气检测员合格证》、《中华人民共和国机动车尾气排放监察证》均由国家环保局统一式样,省、自治区、直辖市环境保护行政主管部门印制。

第十四条 省、自治区、直辖市环境保护行政主管部门,可根据本制度制订实施细则。

第十五条 本制度由国家环境保护局负责解释。

第十六条 本制度自公布之日起施行。

汽车排气污染监督管理办法

国家环保局、公安部、国家进出口商品检验局、中国人民解放军总后勤部、
交通部、中国汽车工业总公司 1990 年 8 月 15 日发布

依据《关于废止、修改部分环保部门规章和规范性文件的决定》(环境保护部令第16号),自2010年12月22日起,《汽车排气污染监督管理办法》(1990年8月15日,国家环境保护局、公安部、国家进出口商品检验局、中国人民解放军总后勤部、交通部、中国汽车工业总公司发布)做如下修改:

1. 删除第五条"各级人民政府的汽车生产主管部门必须将汽车排气污染控制工作纳入生产建设计划"中的"将汽车排气污染控制工作纳入生产建设计划"。

2. 将第十五条中的"《中华人民共和国道路交通管理条例》",修改为:"《中华人民共和国道路交通安全法》"。

第一章 总 则

第一条 为加强对汽车排气污染的监督管理,防治大气污染,制定本办法。

第二条 一切生产、改装、使用、维修、进口汽车及其发动机的单位和个人,必须执行本办法。

第三条 各级人民政府的环境保护行政主管部门是对汽车排气污染实施统一监督管理的机关,指导、协调各汽车排气污染监督管理部门的工作。

各省、自治区、直辖市及省辖市人民政府的环境保护行政主管部门对其所辖地区汽车生产企业生产的汽车及其发动机产品的排气污染实施监督管理。

各级人民政府的公安交通管理部门根据国家环境保护法规对在用汽车排气污染实施具体的监督管理。

国家进出口商品检验部门及其设在各地的商检机构根据国家环境保护法规对进口汽车排气污染实施具体的监督管理。

军队车辆管理部门根据国家环境保护法规对军用车辆排气污染实施具体的监督管理。

第四条 各级人民政府的有关部门应将汽车排气污染防治工作纳入国民经济和社会发展计划，加强汽车排气污染防治的科学研究，采取措施控制汽车排气污染，保护大气环境。

第五条 各级人民政府的汽车生产主管部门必须将汽车排气污染控制工作纳入生产建设计划，采取技术措施将汽车及其发动机排放指标纳入产品质量指标，保证汽车及其发动机产品稳定达到国家规定的排放标准。

第六条 各级人民政府的汽车维修主管部门，必须采取有效技术措施，将排放指标纳入汽车维修质量标准，保证汽车及其发动机的维修质量稳定地达到国家规定的排放标准。

第七条 对控制汽车排气污染有贡献的单位或个人，应给予表彰、奖励。

第二章 汽车及其发动机产品的监督管理

第八条 汽车及其发动机产品生产主管部门对出厂汽车及发动机产品的排气污染，实施行业监督管理。

第九条 汽车及其发动机产品生产主管部门必须将汽车及其发动机产品排气污染指标纳入产品质量指标。汽车及其发动机生产企业必须具备出厂检验所必需的排气污染检测手段，其质量检验单位应按标准要求对出厂产品严格检验，达不到国家规定的排放标准的产品不得出厂。

第十条 汽车及其发动机新产品（不包括采用已定型的汽车底盘改装的新车）的定型，必须包括排气污染指标，并将有关资料报主管本企业的省、自治区、直辖市及省辖市的环境保护行政主管部门备案。

第十一条 汽车及其发动机产品的排放情况，应由各省、自治区、直辖市环境保护行政主管部门认可的监督检测机构进行抽测，抽测频率每季度不得多于一次，每年不得少于两次。达不到国家规定的排放标准的产品，不得出厂。

第十二条 汽车及其发动机产品达不到或不能稳定达到国家规定的排放标准的企业，应限制稳定达到国家规定的排放标准。

第十三条 国务院有关部门或各省、自治区、直辖市人民政府直接管辖的企业的汽车排气限期稳定达到国家规定的排放标准，由省、自治区、直辖市人民政府环境保护行政主管部门提出意见，报同级人民政府决定。市、县和市、县以下人民政府管辖的企业的汽车排气限制稳定达到国家规定的排放标准，由市、县人民政府的环境保护行政主管部门提出意见，报同级人民政府决定。

第三章 在用汽车的监督管理

第十四条 在用汽车排气污染必须达到国家规定的排放标准。

第十五条 公安交通管理部门必须将汽车排气污染检验纳入初次检验、年度检验及道路行驶抽检内容。初次检验达不到国家规定的排放标准的汽车不发牌证；年检达不到国家规定的排放标准的汽车，不得继续行驶。对抽检的车辆，其排气达不到国家规定的排放标准的，由公安交通管理部门按《中华人民共和国道路交通管理条例》有关规定给予处罚。

第十六条 军队和人民武装警察部队车辆管理部门，必须将汽车排气污染检验纳入初次检验，年度检验及抽检内容。初次检验不合格的不发牌证，年检达不到国家规定的排放标准的汽车，不得继续行驶。

第十七条 凡年检排气合格的汽车跨省、市行驶时，所到地区不再进行抽检。

第十八条 排气污染控制装置定型投产前，必须经国家环境保护行政主管部门指定的检测机构认定，并由环境保护行政主管部门实施质量监督。

各级汽车排气污染监督管理部门，不得强制推销汽车排气污染控制装置。

第四章 汽车维修的监督管理

第十九条 汽车维修主管部门，对所维修的汽车排气污染实施行业监督管理。

第二十条 汽车维修主管部门必须将汽车排气污染指标纳入维修质量考核内容。经维修的汽车其排气必须达到国家规定的排放标准。

第二十一条 汽车维修主管部门负责组织制定防治汽车排气污染维修规范和维修质量管理人员的业务培训。

第二十二条 凡从事汽车大修、发动机总成维修的企业，必须具备符合规范的汽车排气污染检测手段，车辆维修后的排气状况必须经过自检合格方可出厂。

第二十三条 凡承担汽车排气污染控制装置的安装、更换和调整等业务的维修企业,必须经汽车维修主管部门审查核发专修许可证,并报当地环境保护行政主管部门备案。

第二十四条 市级以上环境保护行政主管部门对大修竣工、发动机总成大修及车辆排气专修出厂的汽车,进行排气污染抽测,达不到国家规定的排放标准的,不得出厂。

第五章 进口汽车监督管理

第二十五条 各级商检部门对进口汽车实施质量许可制度和法定检验。进口汽车的单位或个人必须遵守商检法规,并根据国家规定的排放标准将其纳入订货合同,排气污染达不到国家规定标准的不得进口。

第二十六条 对未将国家规定的排放标准纳入订货合同的进口汽车的单位或个人,由商检部门按《中华人民共和国进出口商品检验法》和其他法律、法规及有关规定给予处罚。

第六章 汽车排气污染检测的管理

第二十七条 公安交通管理部门汽车排气检测设备能力不能满足汽车排气年检需要的地方,由环境保护行政主管部门监测机构承担汽车排气年检工作。

第二十八条 市级以上环境保护行政主管部门对保有汽车的单位进行汽车排气污染的不定期抽检。

第二十九条 市级以上环境保护行政主管部门负责汽车排气检测仪器设备的抽检和业务指导。对不符合规范要求的检测单位和个人,环境保护行政主管部门应停止其检测工作,直到合格。

第三十条 承担汽车排气污染检测的单位必须按要求向当地环境保护行政主管部门定期报送检测的统计数据。

第三十一条 汽车排气污染的初检、年检和对汽车生产企业的抽检,按当地物价部门核定的标准收取检测工本费。对汽车排气污染的路检,对汽车保有单位的抽检以及对维修厂维修后汽车的抽检,凡不超标者不收检测费。

第七章 附 则

第三十二条 本办法所指排气污染物,包括发动机排气管废气、曲轴箱泄漏、油箱及燃料系统的燃料蒸发的排放物。

发动机排气管废气污染物排放标准已于1983年颁布,按标准规定的日期进行检测。

曲轴箱排放物测量方法及限值标准已于1989年颁布,按标准规定的日期进行检测。

油箱及燃油系统燃料蒸发污染物待排放标准颁布后,按标准规定的日期进行检测。

第三十三条 本办法同样适用于摩托车排气污染监督管理。

第三十四条 本办法由国家环境保护局负责解释。

第三十五条 本办法自公布之日起施行。

第三十六条 国务院颁布机动车船监督管理办法后,本办法即行废止。

五、质 量 类

(一)整车

国土资源部办公厅关于印发《国土资源执法监察车辆(汽车类)标识及外观制式涂装规范》和《国土资源执法监察车辆(摩托车类)标识及外观制式涂装规范》的通知

国土资厅函〔2012〕895号

各省、自治区、直辖市国土资源主管部门,新疆生产建设兵团国土资源局:

规范和统一国土资源执法监察车辆标识及外观制式,有利于增强国土资源执法监察的统一性和权威性,规范执法行为，接受群众监督，促进依法执法、文明执法，树立国土资源主管部门的良好形象。为此，部制定了《国土资源执法监察车辆（汽车类）标识及外观制式涂装规范》、《国土资源执法监察车辆（摩托车类）标识及外观制式涂装规范》（以下简称“两个规范”），现印发给你们，请认真执行。

各地要高度重视，认真贯彻落实“两个规范”的有关要求，将统一和规范国土资源执法监察车辆标识及外观制式涂装规范作为2012年国土资源执法监察的重要工作，列入日程，安排专门经费，确保在2012年年底前完成。在“两个规范”印发前，已喷涂标识及外观制式的，要本着节约的原则，确定喷漆或贴膜涂装方式，尽快统一到部的要求上来。执行过程中遇到的问题要及时向部汇报。

附件：国土资源部执法监察车辆（汽车类）标识及外观制式涂装规范（略）

国土资源部执法监察车辆（摩托车类）标识及外观制式涂装规范（略）

二〇一二年八月三十一日

国家质量监督检验检疫总局、公安部、国家认证认可监督管理委员会关于进一步加强机动车安全技术检验机构资格许可和监管工作的通知

国质检监联〔2011〕179号

各省、自治区、直辖市质量技术监督局、公安厅（局），新疆生产建设兵团质量技术监督局、公安局：

机动车安全技术检验是一项直接涉及人民群众生命财产安全的重要工作。对机动车安全技术检验机构（以下简称“安检机构”）实施计量认证、资格许可和监督管理是法律赋予各级质量技术监督部门和公安机关的职责。经过几年的工作，安检机构的依法规范性建设取得了较大进展，但存在的问题依然十分严重，尤其是一些机动车检测机构尚未获得安检机构计量认证和资格许可，违法向社会出具检测报告；还有一些安检机构不按标准和规范操作，甚至弄虚作假，检测结果无法采信。为尽快纠正这些问题，经国家质检总局、公安部和国家认监委研究决定，通知如下：

一、全力加快推进计量认证和资格许可工作

各省级质量技术监督部门要会同同级公安机关根据“统筹规划、合理布局、方便检测”的原则和机动车安检工作的实际情况，科学合理设置安检机构，引导安检机构良性发展，防止恶性竞争。要迅速采取有效措施，全力推进资格许可工作，于2011年6月30日前，完成所有安检机构的计量认证和资格许可工作。加快协调解决部分机动车安检机构体制转变的遗留问题，督促安检机构依法申请计量认证和资格许可证书。要集中组织机动车安全技术检验方面的专家开展审查，做好对审查人员的管理，提高工作效率，切实保证工作质量和进度要求，对于符合规定条件的，要按照行政许可法规定的时限做出批准决定。在受理新建安检机构的申请时，应征求公安机关的意见。在计量认证和资格许可工作中，对安检机构技术人员的考核要求统一按照《机动车安全技术检验机构检验资格许可技术条件》（国质检监〔2009〕521号）执行。

二、全面开展普查专项行动

2011年，各省级质量技术监督部门要会同同级公安机关，完善联合监督检查制度，要对本行政区域内的安检机构开展拉网式的普查专项行动，把“三查三看”做到位。查资质，看安检机构资质是否合法有效，重点是计量认证证书、资格许可证书是否在有效期内，是否存在超过资格许可范围检验的行为。查能力，看获证安检机构是否持续保持发证时的要求，重点是规章制度是否健全，人员是否持证上岗，检验记录和报告是否符合规定，检测仪器设备是否按时检定，检测环境是否符合要求，是否已按要求安装了监控装置等内容。查条件，看获证安检机构是否存在检测条件变化的情况，重点是安检机构迁址、改建、新增机动车安全技术检测线等情况。针对检查清理出的问题，要及时下达整改通知，限期落实整改；对未获得计量认证和资格许可证书擅自开展机动车安全技术检验的安检机构、超出许可的检验范围开展机动车安全技术检验的安检机构、未经批准擅自新增固定式汽车安全技术检测线的安检机构开展检验的违法行为，向社会公布，涉嫌违法犯罪的，及时移送司法机关，依法追究刑事责任。

三、强化对安检机构检验行为的监督

省级质量技术监督部门、公安机关要结合本地实际，联合制定安检机构检查工作规范，规范安检机构的

检验行为。各地公安机关要会同质量技术监督部门,加快推进安检机构的联网工作,搭建机动车安全技术检验监管网络平台,督促安检机构在相关工位安装监控装置,实现机动车检验过程的视频监控和检验合格数据的自动比对。2011 年 6 月 30 日前,各地要完成安检机构与公安机关的联网工作。要根据《机动车安全技术检验项目和方法》(GB 21861)的规定,严格评估核定安检机构及各条检测线每年、每月、每日的最高检测数量,报省级公安机关、质量技术监督部门备案,对安检机构超出核定检验数量的,公安机关、质量技术监督部门要依法予以查处,暂停受理其检验合格报告。要督促安检机构对计算机管理系统采取应有的数据安全防护措施,相关监控视频、图像和数据信息应至少存储两年。要对安检机构检验设备计算机管理系统的参数设置、数据处理、数据保存、数据日志以及日常维护情况进行检查,对检测数据进行分析,对一次检验合格率、复检率、受托检验率过高等异常情形进行重点核查。省级公安机关、质量技术监督部门要定期组织对机动车安全技术检验工作进行明查暗访,对机动车检验业务数据进行分析通报。

四、维护机动车检验工作秩序

各地公安机关、质量技术监督部门要依法指导安检机构进一步规范检验工作程序,合理调整、简化工作流程,不得违规在机动车安全技术检验中把相关部门的检测、收费作为附加条件,不得强制指定维修、调试或者推销产品;推广窗口受理、大厅等候的一窗式检车服务模式,完善引导标志,公示收费标准,增加免费导办人员,为群众检车提供便利。各地公安机关、质量技术监督部门要建立打击非法中介的常态机制,加强对安检机构办公场所及周边的巡逻管控,强化违法证据的固定和收集,依法严处非法中介人员。

五、严格规范计量检定收费管理

各省级质量技术监督部门对安检机构的计量认证收费工作,要严格执行《国家发展改革委、财政部关于计量收费标准及有关问题的通知》(发改价格〔2008〕74 号)的规定。对安检机构仪器设备的计量检定收费,要严格执行本行政区域内省级物价、财政部门核定的计量检定收费项目和收费标准。计量检定的周期要严格按照检定规程的规定执行,不得随意缩短检定周期。计量认证和计量检定中,不得增加物价、财政部门规定之外的收费项目。收费项目和标准要向社会公示,对违反规定收费的,要依法依规严肃处理。

六、从严查处机动车检验工作中的违法违纪行为

各地公安机关要严格按照《中华人民共和国道路交通安全法》第九十四条规定,从严查处不按照国家标准检验、出具虚假检验结果的安检机构。对未经检验或者检验不合格机动车出具安全技术检验合格证明,擅自减少检验项目、降低检验标准,或者利用计算机软件等手段篡改、伪造检验数据和结果的,一律认定为出具虚假机动车安全检验结果的行为,依法从重处罚,撤销其检验资格,抄告同级质量监督部门,上报上一级公安机关,并向社会公告。对检测秩序混乱、存在非法中介欺骗、坑害群众,违规收费,强制指定维修、调试或者推销产品的,停止受理其检验结果报告,依法处理,并向社会公告。对违法违规检验构成犯罪的,要依法追究刑事责任。各级质量技术监督部门要加强对无证开展机动车安检行为的查处力度,责令一律停止检验工作,依法严格处罚,同时将结果通报同级公安机关。

各省级质量技术监督部门、公安机关要统一思想,提高认识,加强合作,切实落实监管责任。国家质检总局、公安部和国家认监委将适时进行联合检查,并将检查情况予以通报。

国家质检总局　公安部　认监委

二〇一一年四月十五日

GB 21861－2008《机动车安全技术检验项目和方法》国家标准第 1 号修改单

本修改单经国家标准化管理委员会于 2010 年 4 月 2 日以国标委工一函〔2010〕6 号文批准,自批准之日起实施。

本修改单第二、三、十一、十二条为强制性,其余均为推荐性。

一、第 1 章范围中:第二段修改为:

“本标准适用于机动车安全技术检验机构对在我国道路上行驶的机动车进行安全技术检验,本标准也适用于进出口机动车检验机构对入境机动车进行安全技术检验。加装肢体残疾人操纵辅助装置的汽车,应按照本标准进行安全技术检验。经有关部门批准进行实际道路试验的机动车,可参照本标准进行安全技术检验。”

二、第6.1.1条在“认定机动车的主要特征和技术参数(详见附录A),”之后增加:“加装肢体残疾人操纵辅助装置的,应检查操纵辅助装置铭牌标明的产品型号和产品编号,确认是否与操纵辅助装置加装合格证明记录的产品型号和产品编号一致;”。

三、第6.2.1条的“对变更车身/车架或变更发动机后的在用机动车进行安全技术检验时,还应核对车身/车架和发动机的来历凭证及公安机关交通管理部门批准允许变更车身/车架的相关证明材料”修改为:“加装肢体残疾人操纵辅助装置的,应检查操纵辅助装置铭牌标明的产品型号和产品编号,确认是否与操纵辅助装置加装合格证明或机动车行驶证记录的产品型号和产品编号一致。对变更车身/车架或变更发动机后的在用机动车进行安全技术检验时,还应核对车身/车架和发动机的来历凭证。”

四、删除第6.2.2.2条。

五、第8.1.1.1条增加:

“j)对加装肢体残疾人操纵辅助装置的汽车,检查设置的残疾人机动车专用标志是否符合相关规定。”

六、第8.1.4.1条增加:

“g)对加装肢体残疾人操纵辅助装置的汽车,检查加装的操纵辅助装置部件是否齐全完整、紧固件有无松动。”

七、增加第9.3.5条:

“9.3.5 加装肢体残疾人操纵辅助装置的汽车检验的特殊要求

对加装肢体残疾人操纵辅助装置的汽车,应通过操纵辅助装置检验制动性能。检验行车制动性能时施加在制动和加速迁延手柄表面上的正压力不应大于300N,检验驻车制动性能时驻车制动辅助手柄的操纵力应不大于200N。”

八、第13.1条修改为:

“13.1 机动车安全技术检验完毕后,机动车安全技术检验机构应签发《机动车安全技术检验报告》,并将安全技术检验的相关数据及图像传送给公安交通管理部门等相关部门。”

九、增加第14章:

“14 其他规定

机动车安全技术检验每个工位的最少检验时间见表3。”

十、增加表3:

表3　机动车安全技术检验各工位最少检验时间　　单位为秒

检验工位	最少检验时间		
	大(重)、中型汽车	小(轻)、微型汽车	摩托车
车辆外观检查及底盘动态检验	300	180	90
车辆底盘检查(下部检查)	100	60[a]	
制动(含轮重)[b]	60	60	30
前照灯	60[c]	60[c]	30
车速	20	20	15
排放	120[d,e]	120[d,e]	120

a　对小型、微型载客汽车为40s;
b　使用平板式制动检验台时,最少检验时间对汽车和摩托车均为15s;
c　使用左右前照灯检测仪同时检测时,最少检验时间对汽车为40s;
d　对柴油车最少检验时间为60s;使用工况法进行检测时,最少检验时间根据检测方法另行制定;
e　不包括安装转速计等准备环节的时间。

十一、在附录A的“A.2技术参数”的最后增加:“操纵辅助装置的产品型号和产品编号”。

十二、在附录B的“表B.1车辆外观检查项目”的“4驾驶室(区)”的“驾驶室固定”行下方增加一行:

“操纵辅助装置,否决项”。

十三、将附录E的“机动车安全技术检验记录单(人工检验部分)”中的“43.驾驶室固定、安全带＊”更改为“43.驾驶室固定、操纵辅助装置＊”。

国家质量监督检验检疫总局、公安部关于进一步加强机动车安全技术检验机构和机动车安全技术检验工作监管的通知

国质检监联〔2010〕126号

各省、自治区、直辖市及新疆生产建设兵团质量技术监督局、公安厅(局):

为进一步加强机动车安全技术检验机构(以下简称“安检机构”)和机动车安全技术检验工作的监督管理,规范安检机构检验行为,提高检验水平,切实做好机动车查验工作,经国家质检总局、公安部研究,现就有关问题通知如下:

一、加强安检机构资格许可和监督管理工作

(一)解决部分机动车安检机构不具有法人资格的问题。针对当前部分安检机构没有独立法人资格,不能独立承担法律责任,因而无法获得机动车安检机构资格许可的问题,各地质量技术监督部门、公安机关要密切配合,结合当地实际研究具体实施办法,采取有效措施,切实解决部分机动车安检机构不具有法人资格的问题。

(二)严格安检机构资格许可工作责任制。各省级质量技术监督部门要加大资格许可工作力度,严格按照相关规定开展受理、审查、批准等工作,要建立相互监督制约的许可工作机制,明确该项行政审批工作各个环节工作人员的责任,确保工作合法有效。

(三)依法审查安检机构及其从业人员的资格条件。质量技术监督部门要对安检机构的检验资格许可条件及从业人员上岗资格进行严格审查。对未取得资格许可、计量认证证书,或者资格许可、计量认证过期的,责令暂停检验工作,限期申请办理。对超范围检验的,依法处罚并责令改正,情节严重的,依法撤销其检验资格。对使用未经省级质监部门考核或考核不合格的人员从事检验工作的,要依法处罚并责令改正,情节严重的,依法撤销其检验资格。同时将有关情况通报当地公安机关。

(四)加强对安检机构的监督检查。各省级质量技术监督部门要会同公安机关组织对辖区内安检机构进行监督检查,重点检查检验设备计算机管理系统的参数设置、数据保存、日常维护等情况。对设备未检定或超出检定有效期的,设备老化导致检测数据不准确的,责令停止使用并依法处罚。对检测设备达不到《机动车安全技术检验项目和方法》(GB 21861)要求的,责令限期整改或更新设备,整改不合格的,依法撤销其检验资格。对利用系统软件出具虚假报告的,要予以纠正,并依法处罚。

(五)开展对安检机构的网络监管。有条件的省级质量技术监督部门可以会同公安机关,共同制定安检机构网络监督规定,在安检机构相关工位统一安装视频监控系统,对受检机动车及其检验全过程进行视频监控,实现对安检机构机动车检测工作的数据和视频实时网络监控;督促安检机构使用计算机管理系统对检测设备、数据进行控制、监督和管理。

(六)开展检测能力评估。各地公安机关要会同质量技术监督部门对辖区内安检机构检测线数量、检测设备、检验人员、检测场地等进行综合评估,并建立安检机构的基础数据库,核定安检机构每日检测车辆数量上限,及时向社会公布,并报省级公安机关和质量技术监督部门备案,对安检机构超出核定工作量检验机动车的,暂停检验工作,责令整改。

二、加强对机动车安全技术检验工作的监管

(一)切实做好机动车查验工作。一是制定完善查验员管理办法。省级公安机关要制定完善机动车查验员资格管理办法,细化相关规章制度,明确查验员的准入资质、承担业务范围、工作职责、配备查验工具、考核监督办法和相关法律责任。二是集中开展业务培训。各地公安机关要积极开展查验员的岗位技能培训、轮岗轮训、查验技能大练兵以及“典型案例分析”、“以案说法”等警示教育活动,提升查验员队伍的理论水平和实战能力。省级公安机关要对查验员进行一次业务培训,考试合格的持证上岗,考试不合格的调离岗位。三是强化对查验工作的监督。各地公安机关交通管理部门要通过现场检查、档案抽查、数据监测、集中暗访等形式,定期或

不定期对查验工作进行监督检查。重点对大中型客车、重中型货车、危险品运输车和校车等重点车型的外观查验项目和方法提出明确要求,对查验员不查验就签字、漏检漏查、降低查验标准等问题,要按有关规定严肃处理,追究责任。四是落实对安检机构的监督职责。各地公安机关要配合质量技术监督部门加强对安检机构检验行为的监督,对于不按照国家标准进行检验、出具虚假检验报告的,公安机关交通管理部门不予核发检验合格标志,并依法查处,同时通报质量技术监督部门,暂停其检验工作,情节严重的,撤销其检验资格。

(二)加强对机动车检验工作数据的监督。各地公安机关要利用机动车业务监控平台,加强对机动车业务工作数据的监测分析,及时核查异常检验、委托检验等数据,对存在问题的进行倒查,追究有关人员责任,并将有关情况及时通报省级质量技术监督部门。

(三)严格路面检查。各地公安机关要在路面值勤执法中,加大对逾期未参加安全技术检验、未放置检验合格标志、驾驶具有安全隐患机动车等违法行为的查处力度,对达到国家强制报废标准的机动车,一律予以收缴,强制报废。

(四)严厉打击安检机构参与非法中介的行为。安检机构要通过简化工作流程、设置引导标志、增加导办人员等方式为群众检车提供便利,挤压非法中介的生存空间;要通过设置展板、粘贴标语、发放告知材料,加大宣传告知力度,避免群众上当受骗;要对工作人员进行严格管理和教育,禁止与非法中介相勾结牟取经济利益。安检机构要对场内及周边的非法中介和人员进行清理,对存在扰乱办公秩序、骗取群众钱财等非法中介人员,要及时向公安机关报告,公安机关要依据《治安管理处罚法》等规定进行查处。对安检机构参与非法中介活动,违规开展检验的行为,质量技术监督部门要依法严肃处理。

三、完善长效监管机制

(一)建立机动车安全技术检验工作联席会议制度。各省级质量技术监督部门、公安机关要建立机动车安全技术检验工作联席会议制度。定期召开工作会议,及时通报信息,在各自职责范围内采取措施,切实加强安检机构监管和机动车安全技术检验工作。

(二)建立联合监督检查制度。各省级质量技术监督部门、公安机关要建立联合监督检查制度,强化安检机构主体责任,定期或者不定期采取明查暗访、档案抽查、数据监测等手段,对当地安检机构开展联合检查。对存在不检验就出具安全技术检验合格证明、为检验不合格车辆出具检验合格证明、用其他车辆替代检验、以及为盗抢车、拼组装车辆、报废车辆、违法改装车辆检验等严重违法违规情形的,各地质量技术监督部门、公安机关要依法处罚,并责令限期整改;情节严重的,撤(吊)销其检验资格。

(三)完善社会监督机制。各地质量技术监督部门、公安机关要建立以媒体曝光、群众举报奖励等为主要形式的社会监督机制,在安检机构、车管所、互联网公布监督举报电话和信箱,鼓励群众监督。对群众举报情况查证属实的,要按照有关规定依法严肃处理。

(四)科学制定发展规划。各省级质量技术监督部门要会同公安机关,对本地机动车检测行业进行调研,根据"统筹规划、合理布局、方便检测"的原则和机动车安检工作的实际情况,可以制定安检机构发展规划,科学合理设置安检机构,引导安检机构良性发展,防止恶性竞争。省级质量技术监督部门在受理新建安检机构的申请时,应征求公安机关交通管理部门的意见。

四、开展机动车安全技术检验工作专项整治行动

针对当前安检机构存在检验行为不规范、出具虚假检验结果、部分检测设备不完善、检验人员素质不高等问题,经国家质检总局、公安部研究决定,近期在全国范围内开展一次机动车安全技术检验工作专项整治行动(方案附后),督促安检机构加强检验工作管理、规范检验行为,严厉打击各种违法行为,进一步加强机动车安全技术检验工作监管,提高机动车安全技术检验水平。

附件:机动车安全技术检验工作专项整治工作方案

二〇一〇年三月二十日

附件:

机动车安全技术检验工作专项整治方案

近年来,通过加强机动车安全技术检验工作的监督管理,有力地促进了安检机构整体水平的提高,为上道路行驶机动车的安全性能提供了重要保障。但是，目前在机动车安全技术检验工作中仍然存在检验行为不规范、出具虚假检验结果、部分检测设备不完善、检验人员素质不高等问题，针对上述问题，经国家质检总局、公安部研究决定，在全国范围内开展一次机动车安全技术检验工作专项整治工作，具体方案如下：

一、工作目标

坚持规范、整治和打击相结合的原则，强化安检机构的主体责任意识，落实责任制；强化监管手段和措施，加强检验工作管理；保证所有检测设备都在计量检定（校准）周期之内；规范检验行为，提高检验技术水平；切实做好机动车查验工作监管；建立健全长效监管机制，使违法违规检测行为得到有效遏止。

二、整治重点

本次专项整治工作的重点是对安检机构的资质、检验行为、检验人员、检验设备等内容开展监督检查，切实规范机动车查验工作，组织开展相关培训考核，积极清除非法中介机构和人员，严厉打击各种违法行为。

三、具体措施

（一）集中对辖区内的安检机构进行监督检查。各省级质量技术监督局要会同公安厅（局），组织地方质量技术监督部门和公安机关交通管理部门，组成联合检查组，采取明查暗访、档案抽查、数据监测等手段，集中对本行政辖区内安检机构进行监督检查，重点检查检验资质是否真实有效，人员持证上岗情况，文件资料是否完整，检测设备维护情况，检测环境是否符合要求等内容，针对检查中发现的问题，依法及时作出处理。对不能持续保持应当具备的条件的，要依法责令限期整改，情节严重的，依法吊（撤）销资格许可证书。

（二）依法查处安检机构违法违规检验行为。各省级质量技术监督局要会同公安厅（局），结合本省安检机构的实际情况，集中力量查处安检机构违法违规检验行为，针对无证检验、不检验出报告、更改检验结果、漏检检验项目、出具虚假检验报告等违法违规检验行为，要依据有关法律法规的规定严肃处理，责令停止检验工作，情节严重的，撤销检验资格，涉嫌追究刑事责任的，及时移送司法机关处理；对严重违法安检机构列入“黑名单”，公开曝光。

（三）严厉打击安检机构参与非法中介的行为。安检机构要通过简化工作流程、设置引导标志、增加导办人员等方式为群众检车提供便利，挤压非法中介的生存空间；要通过设置展板、粘贴标语、发放告知材料，加大宣传告知力度，避免群众上当受骗；要对工作人员进行严格管理和教育，禁止与非法中介相勾结牟取经济利益。安检机构要对场内及周边的非法中介和人员进行清理，对存在扰乱办公秩序、骗取群众钱财等非法中介人员，要及时向公安机关报告；公安机关要依据《治安管理处罚法》等规定进行查处。对安检机构参与非法中介活动，违规开展检验的行为，质量技术监督部门要依法严肃处理。

（四）开展培训和考核。各省级质量技术监督局要开展对安检机构人员的考核，重点是加强安检机构工作人员职业道德建设，增强责任感，了解国家政策、规章制度、标准以及工作要求，全面提高安检机构的技术水平。各省级公安机关交通管理部门要积极开展查验员的岗位技能培训、轮岗轮训、查验技能大练兵等活动以及“典型案例分析”、“以案说法”等警示教育活动，提升查验员队伍的理论水平和实战能力。省级公安机关交通管理部门要对查验员进行一次业务培训，考试合格的持证上岗，考试不合格的调离岗位。

（五）核查投诉举报。各地质量技术监督部门要会同公安机关交通管理部门，在安检机构、车管所、互联网公布监督举报电话和信箱，鼓励群众监督。对群众举报情况查证属实的，要按照有关规定严肃处理。

四、有关要求

（一）加强领导，精心组织。各省级质量技术监督局、公安厅（局）要按照统一部署，联合成立专项整治工作领导小组，实行双组长负责制，同时结合实际情况，细化实施方案，认真组织基层质量技术监督部门、公安机关交通管理部门开展此次专项整治工作。

（二）密切配合，形成合力。各省级质量技术监督局、公安厅（局）要进一步加强工作配合，建立密切协作和联系沟通机制，加强信息沟通，相互通报工作进展情况，研究专项整治工作中存在的问题，形成监管合力。

（三）落实责任，强化督查。各省级质量技术监督局、公安厅（局）要适时组织对市（地）级和县级部门开展专项整治行动的情况进行督查，及时发现问题，严格落实整改。对专项整治行动中发现的严重问题，要做到随发现、随处理、随报告。对此次集中整治工作中暂停检验工作的安检机构，要及时向社会公布，合理分流检测工作，满足群众需要。

本方案发布之日起实施，2010 年 9 月 1 日前完成专项整治工作。整治期间请各省级质量技术监督局、公安厅（局）于每月 10 日前将阶段性工作总结及有关统计数据（见附表）分报国家质检总局、公安部，并于 2010 年 9 月 10 日前将本次专项整治工作的书面总结及最终统计数据（见附表）分报国家质检总局、公安部。

工业和信息化部关于加强汽车产品质量建设促进汽车产业健康发展的指导意见

工信部装〔2010〕100号

各省、自治区、直辖市、计划单列市及新疆生产建设兵团工业和信息化主管部门,有关中央管理企业,汽车行业协会:

为进一步加强汽车产品质量建设,全面提高汽车产品质量信誉,促进我国汽车产业健康发展,特制定本指导意见。

一、加强汽车产品质量建设的重要意义

汽车产业是国民经济重要的支柱产业,在国民经济和社会发展中发挥着重要作用。进入21世纪以来,我国汽车产业高速发展,形成了多品种、全系列的各类整车和零部件生产和配套能力。2009年,我国汽车产业在应对国际金融危机中实现平稳较快发展,全年汽车销售1364万辆,同比增长46%。我国已经成为世界汽车生产和消费大国。但同时也应看到,我国汽车产业依然存在核心技术缺失、自主创新能力弱、管理水平亟待提高等问题,一些企业存在重产能扩张、轻技术研发,重成本控制、轻质量管理等现象,有的甚至给消费者、社会公共安全带来隐患。在汽车产业快速发展的过程中,尤其要更加重视产品质量保障体系建设和人才队伍建设。

当前,我国汽车产业在国家政策的支持下,正处于快速发展的关键时期,必须深入贯彻落实科学发展观,坚持走中国特色新型工业化道路,加快经济发展方式转变和结构调整,及时总结和汲取世界汽车产业发展的经验和教训,采取有力措施,切实加强汽车产品质量建设,全面提高汽车产品质量信誉,促进汽车产业由大变强、健康发展。

二、进一步落实企业抓质量工作的主体责任

(一)汽车生产企业要牢固树立"质量至上"意识,建立汽车产品质量责任制,纳入考核体系。切实提高汽车产品的品质管理和品质保证能力,将加强产品质量建设作为企业发展规划的重要内容,将汽车产品质量主体责任意识融入到企业文化中,落实在经营活动中,进一步树立"品牌"意识,加快建立企业质量诚信体系。

(二)汽车生产企业要积极学习借鉴国际先进质量管理体系建设经验,不断完善产品质量管理体系。在汽车行业全面推行建立GB/T 19000质量管理体系,汽车整车生产企业在2010年底前全部贯标,进而对配套件生产企业提出贯标的要求,不断提高产品合格率和出厂产品的可靠性。要强化供应链管理,建立汽车配套产品质量认证等管理制度,加强对配套件企业质量保障能力的评价和审核。

(三)汽车生产企业要加强企业全面质量管理。建立产品质量全员教育、全员参与制度,开展质量管理合理化提案活动。对生产过程和售后服务中发现的产品质量问题要及时研究分析和沟通,不断改进、提高汽车产品设计、生产、销售、服务全过程质量管理水平。

(四)汽车生产企业要加大技术升级和新技术研发力度,加强信息化建设,以信息化手段提升产品质量。积极采用新技术、新工艺、新设备、新材料,不断改善品种、提高质量,防止盲目扩大生产能力。要提高汽车产品和关键零部件的检测能力,结合生产线改造,增加在线检测设备。

(五)汽车生产企业要加强汽车产品售后服务。加大对消费者正确使用汽车产品的培训和指导,增强消费者汽车质量安全意识。发展和完善修配、保养等多种服务,扩大服务范围,提高服务质量。

(六)汽车生产企业要建立质量风险预警和防范体系。建立产品追溯、召回、申投诉处理和安全事故的责任追究制度。严格执行《缺陷汽车产品召回管理规定》,及时召回、处理缺陷汽车产品。建立对消费者高度负责的危机处理机制,提高对危机的迅速反应和处理能力,保持与媒体的充分沟通。

(七)汽车生产企业要加强出口产品适应性试验和售后服务体系建设,充分了解出口国标准、法规、文化和习俗等情况,增强与当地社会的沟通融合,积极创造可持续的发展环境。

(八)汽车生产企业要制定质量管理人才培养计划,加强质量管理人才队伍建设,为建立企业产品质量管理体系提供人才保障。

三、建立健全汽车产品质量监管体系

（一）完善标准法规体系。加强汽车行业安全和节能环保标准和技术规范的研究和制修订工作。以先进、科学的标准和技术法规促进汽车产品质量和技术水平的提升。加大新标准的宣贯力度，建立国内外汽车行业标准法规信息平台，为企业提供服务。

（二）严格汽车生产企业和产品准入，加强《车辆生产企业及产品公告》管理。符合准入管理制度规定和相关法规、技术规范强制性要求的汽车产品，登录《车辆生产企业及产品公告》。进一步完善汽车产品准入管理制度，积极创造条件开展生产一致性监督管理。

（三）加强公共检测机构能力建设。大力加强第三方质量检测机构的汽车产品强制性标准检测能力建设和质量事故鉴定能力建设，不断完善产品质量评价方法和评价体系。加强公共检测机构公信力建设，强化服务意识。加强对汽车产品检测机构的监督管理。

（四）建立汽车行业质量信息公示制度。汽车行业主管部门要积极研究建立汽车产品质量信息发布平台，实施对汽车产品质量信息动态管理。建立企业质量诚信监管体系，切实保护诚实守信的企业，制约和惩戒失信企业和失信行为。

（五）各级汽车行业管理部门要高度重视汽车产品质量工作，把提高汽车产品质量作为促进汽车产业可持续发展的重要举措。结合实际，建立统一部署、职责明确、分工协作、合力推进的工作机制。积极配合质检、工商等执法部门开展质量监督，进一步净化市场公平竞争环境，督促企业履行质量责任，维护消费者合法权益。

四、加强行业自律和社会舆论监督

（一）汽车行业协会要加强行业自律。积极研究、总结、推广国内外汽车行业质量管理先进经验。受理、收集汽车用户质量投诉信息以及汽车产品质量检测、质量事故处理信息，及时向汽车行业管理部门和相关企业提出意见、建议。

（二）充分发挥社会舆论监督的作用，加强汽车产品质量宣传报道，营造企业重视质量、重视品牌、重视服务的社会氛围。

各省、自治区、直辖市、计划单列市及新疆生产建设兵团工业和信息化主管部门应及时将本指导意见传达到本地区内汽车生产企业，并督促本地区汽车生产企业切实加强汽车产品质量建设，不断提高汽车产品质量管理水平。

工业和信息化部

二〇一〇年三月十四日

国家质量监督检验检疫总局关于印发《机动车安全技术检验机构检验资格许可办理程序》等5个规范性文件的通知

国质检监〔2009〕521号

各省、自治区、直辖市质量技术监督局：

为了加强机动车安全技术检验机构的资格管理工作，规范机动车安全技术检验行为，促进机动车安全技术检验机构健康有序发展。依据《中华人民共和国道路交通安全法》及其实施条例、《机动车安全技术检验机构监督管理办法》（国家质量监督检验检疫总局令第121号），总局制定了《机动车安全技术检验机构检验资格许可办理程序》、《机动车安全技术检验机构检验资格许可技术条件》、《机动车安全技术检验机构检验资格许可审查员管理规定》、《机动车安全技术检验机构检验资格许可证书和检验专用章管理规范》、《机动车安全技术检验机构监督管理规范》，现印发你们，请遵照执行。总局制定的原《机动车安全技术检验机构资格许可办理程序》（国质检监〔2006〕378号）、《机动车安全技术检验机构常规检验资格许可审查员管理办法》（国质检监〔2006〕380号）、《机动车安全技术检验机构常规检验资格许可技术条件》（国质检监〔2006〕379号）、《机动车安全技术检验机构监督管理规范》（国质检监〔2007〕369号）、《机动车安全技术检验机构检验资格许可证书管理规范》（国质检监〔2007〕369号）、《机动车安全技术检验机构设置规划管理规定》（国质检监〔2007〕127号）同时废止。

二〇〇九年十二月一日

机动车安全技术检验机构监督管理规范

质检总局令第121号

一、总则

为了规范机动车安全技术检验机构(以下简称安检机构)监督管理工作,不断提高安检机构检验技术水平,促进安检机构健康有序发展,保护人民群众的合法权益,根据《中华人民共和国道路交通安全法》及其实施条例、《机动车安全技术检验机构监督管理办法》(国家质量监督检验检疫总局令第121号),制定本规范。

二、监督管理的范围

(一)对安检机构的监督管理主要包括:对安检机构检验资格许可工作人员的监督,对获得检验资格许可安检机构的日常监督,对未获得检验资格许可的机构开展检验活动的查处等。

(二)对安检机构资格许可工作人员的监督主要包括对安检机构资格许可工作中涉及受理、审查、批准的有关人员的监督。

(三)对获得检验资格许可安检机构的监督主要包括:资格有效性的情况;依法开展检验工作的情况;技术条件的保持情况;计量认证的情况;检验仪器设备的检定或者校准情况及其是否处于完好的状态;检验技术人员的培训提高情况;检验结果的真实性、准确性等。

三、质量技术监督部门的职责

(一)县级以上地方质量技术监督部门应当在各自的职责范围内,负责对本行政区域内安检机构的监督管理。监督检查中发现的问题,应当依法进行处理。对发现的重大问题,应当及时向上级质量技术监督部门报告,并将情况通报公安交通管理等相关部门。

(二)国家质检总局职责

1. 指导地方质量技术监督部门开展的安检机构监督检查工作。

2. 对机动车安检机构开展监督抽查。

3. 及时组织处理对安检机构的投诉和举报。

(三)地方质量技术监督部门职责

1. 依据法律、法规的规定,组织对安检机构的监督抽查。

2. 根据需要可以组织安检机构进行比对试验,督促安检机构保持必要的检验能力。

3. 通报安检机构监管信息。

4. 及时处理对安检机构的投诉和举报,调查处理安检机构的违法违规行为。

5. 每年向上级质量技术监督部门提交机动车安检机构资格管理工作报告。

四、质量技术监督部门资格管理人员的要求

(一)依法进行安检机构的受理、审查、批准。不得违反工作程序对安检机构进行许可。

(二)在受理、审查、决定过程中,应当向申请人、利害关系人履行法定告知义务。

(三)申请人提交的申请材料不齐全、不符合法定形式,受理人员应当一次书面告知申请人必须补正的全部内容,除非现场能及时完成更改的。

(四)在办理安检机构资格许可时,不得索取或者收受申请人财物或者谋取其他利益。

(五)及时查处并报告安检机构的违法违规事实,积极查处无证安检的行为。

五、安检机构的职责和守则

(一)安检机构的职责:

1. 遵循独立、客观、公正、诚信的原则开展机动车安全技术检验活动;

2. 保持信息系统通畅,及时向质量技术监督部门提供机动车安全技术检验信息;

3. 保证在用设备正常完好,在用计量器具依法进行计量检定或校准,并按照质量技术监督部门的要求参加检验能力比对试验;

4. 建立健全各项规章制度和机动车安全技术检验档案,按照国家有关规定对检验结果和有关技术资料进行保存,有保密要求的,遵守保密规定;

5. 加强机动车安全技术检验人员培训和内部管理;

6. 接受质量技术监督部门的监督检查和管理,每年1月底之前向所在地质量技术监督部门提交上一年度工作报告;

7. 在机动车安全技术检验活动中发现普遍性质量安全问题的,应当及时向质量技术监督部门等有关部门报告;

8. 安检机构如需停止机动车安全技术检验工作3个月以上的,应当报省级质量技术监督部门备案,上交检验资格许可证书和检验专用印章,并向社会公告;

9. 建立严格的报告审批制度,对检验报告的真实性、准确性负责;

10. 有条件的地方可以与质量技术监督部门联网;

11. 积极配合各级质量技术监督部门的监督检查,如实提供有关情况和材料。

(二)安检机构守则:

1. 不得涂改、倒卖、出租、出借检验资格许可证书;

2. 不得超出许可的检验范围开展机动车安全技术检验;

3. 按照国家机动车安全技术标准进行检验;

4. 不得出具虚假检测结果;

5. 不得要求机动车到指定的场所进行维修、保养;

6. 不得使用未经省级质量技术监督部门考核合格的人员从事检验工作;

7. 不得推诿或拒绝处理用户的投诉或异议;

8. 不得在工作中以权谋私、索要或者收取礼品、礼金及其他物品,收取贿赂;

9. 不得从事其他法律法规禁止的行为。

六、主要监管方式

(一)对安检机构资格许可行政审批人员的监督管理主要通过检查许可工作过程中的有关资料、行政相对人的投诉和有关工作汇报等方式进行。

(二)对安检机构的监管方式主要有:查阅原始检验记录、检验报告,现场检查机动车安全技术检验过程,组织检验能力比对试验,审核年度工作报告,听取有关方面对安检机构机动车安全技术检验工作的评价,调查处理投诉案件,其他能够反映安检机构工作质量的监督检查方式等。

1. 查阅原始检验记录和检验报告:质量技术监督部门组织对安检机构检验机动车的原始检验记录和所出具的检验报告进行抽样检查。检查原始检验记录和检验报告的内容,应当符合有关规定,结论应当真实、准确。同一辆机动车的原始检验记录和检验报告中的检验数据应当一致,若同一辆机动车的原始检验记录和检验报告中的检验数据不一致,应当组织技术人员进行分析,对因人为因素造成的,应当追究有关人员的责任。已实现联网监察安检机构的地区,可以通过网络进行抽查。

2. 现场检查机动车安全技术检验过程:主要检查安检机构是否存在违法、违规的行为;检验项目的齐全性和检验结果判定的准确性;检查检验工作流程的符合性;检查计量认证证书和检验资格许可证书是否在有效期内;检查检验所用仪器、设备的准确度和有效性以及是否按期进行检定或校准,检查原始记录和检验报告是否正确、规范、保存完好。针对问题突出的有关项目组织开展的检查。可针对审查安检机构年度工作报告中发现的问题和有关部门、群众反映的问题进行的抽查。根据工作需要,质量技术监督部门可以就专项内容进行检查,如检查仪器设备的检定或校准情况,是否有出具虚假数据的情况,是否有漏检、少检项目或不检车只收费的情况等。

3. 检验能力比对试验:质量技术监督部门组织安检机构进行检验能力比对试验,考察安检机构检验水平。

4. 审核年度工作报告:质量技术监督部门每年组织对安检机构年度工作报告进行审核。年度工作报告应当反映安检机构的有关变化、资格许可条件的保持和检查等情况,包括:

(1)安检机构基本情况;

(2)机动车年检验车型及其数量等机动车安全技术检验业务开展情况;

(3)在用检测设备的变更情况和计量器具检定或校准情况;

(4)检验人员培训、考核情况,人员变更情况;

(5)投诉、异议处理情况;

(6)其他应当报告的事项。

5. 听取有关方面对安检机构机动车安全技术检验工作的评价：质量技术监督部门通过走访、电话、征求意见表、座谈会的方式保持与当地公安交通管理部门、被检车辆所有人或者使用人以及社会各界人士的沟通，征询他们对安检工作的建议，就安检机构的检验流程、检验质量等诸方面广泛地听取意见，并及时汇总整理形成书面材料。反映的问题一经核实，均要求安检机构限期整改，并跟踪检查。

6. 调查处理投诉案件：质量技术监督部门在接到投诉案件时，应当及时做好记录、调查、处理、存档工作。重大案件应当报上级质量技术监督部门，调查情况属实时，应当对产生的原因、案件造成的影响进行分析，并依法对责任机构进行处理。

7. 联网监察：在有条件的地区可通过计算机联网管理系统对安检工作进行适时、有效监管。通过联网系统的实时监测功能，检查安检机构检测线的检测情况，检查对国家机动车安全技术现行有效检验标准的执行情况；查阅检验报告；抽查是否存在不按照标准进行检验，是否存在超许可范围检验的现象。

七、质量技术监督部门实施监督检查的要求

（一）工作人员应当熟悉相关法律、法规、规章和国家有关规定。

（二）监督检查不得事先通知被检查安检机构。

（三）监督检查中尽量避免影响安检机构的正常经营活动。

（四）不得索取或者收受安检机构的财物或者谋取其他利益。

（五）在实施监督检查时，应当有2名或2名以上工作人员参加并出示有效证件。

（六）实施监督检查时，应当记录监督检查的情况和处理结果，由监督检查人员和被检查机构的代表签字确认。监督检查情况和处理结果应当及时归档，并保存3年。

八、监督检查结果的处理

（一）组织实施监督检查的部门应当及时将检查结果通知被检查安检机构，同时向有关方面通报情况。

（二）对监督检查发现的问题，应当责令限期整改。安检机构整改完成后，应当向组织检查的部门提交整改报告。组织检查的部门应当对安检机构整改情况进行核查。

（三）对监督检查发现的违法违规行为，依法实施处罚。

（四）对依法撤消检验资格许可的，省级质量技术监督部门应当及时通报公安交通管理部门并予以公告。

（五）安检机构的检验资格许可被撤销后，必须立即停止机动车安全技术检验活动。

九、违法行为的查处

（一）查处范围：

1. 未取得计量认证证书和检验资格许可证书擅自开展机动车安全技术检验的；

2. 安检机构在用计量器具未经计量检定、超过检定周期、经检定不合格继续使用的；

3. 安检机构超出许可检验范围开展机动车安全技术检验的；

4. 涂改、倒卖、出租、出借检验资格证书的；

5. 不按照规定参加比对试验的；

6. 未按照国家有关规定对检验结果和有关技术资料进行保存，逾期未改的；

7. 未经省级质量技术监督部门批准，擅自迁址、改建或者增加检测线开展机动车安全技术检验的；

8. 拒不接受监督检查和管理的；

9. 使用未经考核或者考核不合格的人员从事机动车安全技术检验工作的；

10. 未按照规定提交年度工作报告或者检验信息的；

11. 要求机动车到指定的场所进行维修、保养的；

12. 推诿或拒绝处理用户的投诉或异议的；

13. 安检机构停止机动车安全技术检验工作3个月以上，未报省级质量技术监督部门备案的，或未上缴检验资格证书、检验专用章的，或停止机动车安全技术检验未向社会公告的；

14. 出具虚假检验结果的。

（二）对无证从事安检的责任者，各级质量技术监督部门应当视情节轻重，依照有关法律、法规的规定予以处罚。构成犯罪的，移送司法机关追究其刑事责任。

（三）获证安检机构未在检验报告上标明检验资格许可证编号和未在检验报告上加盖检验专用章的，应当责令改正，逾期不改正的，予以通报批评，对连续两次通报批评仍不改正的安检机构，应当组织安检机构负责人和有关责任人员进行学习，重新对有关责任人员进行检验资格考核。

十、安检机构检验资格许可的撤销和注销

（一）撤销

有下列情形之一的，许可审批机关应当撤销检验资格许可，但是撤销检验资格许可可能对公共利益造成重大损害的除外：

1. 行政机关工作人员滥用职权、玩忽职守做出准予检验资格许可决定的；

2. 超越法定职权做出准予检验资格许可决定的；

3. 违反法定程序做出准予检验资格许可决定的；

4. 对不具备申请资格或者不符合法定条件的申请人准予检验资格许可的；

5. 被许可人以欺骗、贿赂等不正当手段取得检验资格许可的；

6. 安检机构不履行职责、违反安检机构守则，情节严重的；

7. 依法可以撤销检验资格许可的其他情形。

（二）注销

有下列情形之一的，许可审批机关应当注销检验资格许可，并办理有关手续：

1. 被许可人不再从事机动车安全技术检验的；

2. 检验资格许可有效期满未按规定重新申请取证的；

3. 法人资格依法终止的；

4. 因不可抗力导致行政许可事项无法实施的；

5. 安检机构停止机动车安全技术检验工作 1 年以上的；

6. 法律、法规规定的应当注销检验资格许可的其他情形；

7. 对注销检验资格许可的，省级质量技术监督部门应当及时通报公安交通管理部门，并予以公告。

十一、其他

从事机动车安全技术检验工作的人员在检验活动中接受贿赂，以职谋私的，由省级质量技术监督部门依法撤销其考核合格资质。

十二、机动车安检机构对机动车安检许可、行政处罚的异议

对行政处罚有异议的，可以依法申请行政复议或者提起行政诉讼。

机动车安全技术检验机构检验资格许可办理程序

国质检监〔2006〕378 号

第一章　申请和受理

第一条　机动车安全技术检验机构（以下简称“安检机构”）申请机动车安全技术检验资格许可的或者检验资格许可变更、延续的，应当向其所在地省级质量技术监督部门提出申请（提出申请的安检机构以下简称“申请人”），并提交以下申请材料：

（一）《机动车安全技术检验机构检验资格许可申请书》；

（二）法人证明及复印件；

（三）检验人员考核合格证书及复印件；

（四）计量器具检定或者校准证书及复印件；

（五）地理位置、场地及厂房平面图，相应的所有权或者合法使用权证明及复印件；

（六）其他有关证明材料。

本条第（二）至（五）项的原件在受理时确认了复印件的真实性后归还申请人。上述申请书原件和其他材料复印件一式 2 份。

第二条　对没有通过计量认证或者计量认证有效期到期需要复评审的，申请人应当同时提交计量认证申请，由安检机构检验资格许可申请受理部门一同办理。

第三条　省级质量技术监督部门收到申请人的申请后，对申请材料的内容和完整性符合《机动车安全技术检验机构监督管理办法》（国家质量监督检验检疫总局令第 121 号，以下简称“《管理办法》”）要求的，准予受理,在申请书中填写受理意见,并自收到申请人申请之日起5日内向申请人发送《行政许可申请受理决定书》。

第四条 对申请材料的内容和完整性不符合《管理办法》要求,但可以通过补正达到要求的,应当当场或者在5日内向申请人发送《行政许可申请材料补正告知书》一次告知,逾期不告知的,自收到申请材料之日起即为受理;对申请材料的内容和完整性不符合要求的,应当做出不予受理的决定,在申请书中填写受理意见,并在5日内向申请人发出《行政许可申请不予受理决定书》。

第二章 资料审查和现场核查

第五条 省级质量技术监督部门组织对受理的申请人申请资料进行审查,对现场检验能力、管理状况进行核查。

第六条 省级质量技术监督部门委派2名以上(含)审查员组成审查组负责完成现场核查工作。

第七条 从事现场核查的审查员,应当符合《机动车安全技术检验机构检验资格许可审查员管理规定》的规定。

第八条 现场核查前,应当向申请人送达《机动车安全技术检验机构检验资格许可技术条件现场核查告知书》(以下简称《现场核查告知书》),《现场核查告知书》可以采用电话、传真、电子邮件等方式送达,并必须在正式核查前将《现场核查告知书》原件送交申请人。

第九条 申请人应当予以配合,保证现场核查工作有序进行。

第十条 审查员对申请人现场核查结果负责,并实行组长负责制。

第十一条 审查组应当在规定的时间内完成对申请人的现场核查,并形成《机动车安全技术检验机构检验资格许可技术条件现场核查报告》(以下简称《现场核查报告》)。

第十二条 《现场核查报告》结论分为“合格”和“不合格”。

第十三条 《现场核查报告》结论为“合格”的,报省级质量技术监督部门。

第十四条 《现场核查报告》结论为“不合格”的,审查组应当填写《机动车安全技术检验机构检验资格许可技术条件现场核查不符合项目汇总表》(以下简称《现场核查不符合项目汇总表》)一式2份,审查组和申请人双方签字确认,各保存1份,核查组将《现场核查报告》和《现场核查不符合项目汇总表》报省级质量技术监督部门。

第十五条 省级质量技术监督部门对有关资料进行审核,在申请书中填写审核结论。

第十六条 《现场核查报告》结论为“不合格”的申请人应当在规定时限内完成整改纠正,并向省级质量技术监督部门提交《机动车安全技术检验机构检验资格许可技术条件现场核查不符合项目纠正报告》、纠正后状态的相关佐证资料及纠正措施(防止不符合再发生的相关资料)。经省级质量技术监督部门审核,对不需要现场再确认的不符合项目,审核合格的,审核结论为“合格”;对需要现场再确认的不符合项目,由省级质量技术监督部门决定现场再确认的方式,现场再确认人员(一般应当为审查员)填写《机动车安全技术检验机构检验资格许可技术条件现场核查补充报告》(以下简称《现场核查补充报告》)。现场再确认合格的,经省级质量技术监督部门审核合格的,审核结论为“合格”。

第十七条 对整改纠正后仍不合格的申请人,省级质量技术监督部门确定申请人现场核查结论“不合格”,并由省级质量技术监督部门及时送达《机动车安全技术检验机构检验资格许可技术条件现场核查结论告知书》(以下简称《现场核查结论告知书》)。

第十八条 申请人对现场核查结论有异议的,可以在接到《现场核查结论告知书》之日起15日内,向省级质量技术监督部门提交书面异议申请。

第三章 许可的批准

第十九条 省级质量技术监督部门应当在对申请人进行资料审查和现场核查后,作出是否准予检验资格许可的决定。

第二十条 作出“准予行政许可”决定后的10日内,省级质量技术监督部门应当将检验资格许可证书和检验专用章颁发给申请人。做出“不予行政许可”决定后,省级质量技术监督部门应当向申请人发送《不予行政许可决定书》,并写明不予行政许可的理由。

第二十一条 对准予行政许可的申请人,省级质量技术监督部门应当向社会公布。

第四章 变更与延续

第二十二条 申请人在获得了检验资格许可后,需要变更"申请人名称"、"法定代表人"、"申请人住所"、"检验车型范围减少"等信息的,申请人可以向省级质量技术监督部门提交1份《机动车安全技术检验机构信息变更说明书》和相关证明材料备案。

第二十三条 申请人变更检测场所(迁址)、增加检测线、增加检验车型等检测条件的,应当提出申请,提交《机动车安全技术检验机构检验资格许可申请书》,办理程序参照第一章至第三章的规定执行。

第二十四条 对需要变更检验资格许可证书和检验专用章的,省级质量技术监督部门应当及时给与变更。

第二十五条 安检机构检验资格许可证书有效期为3年。

安检机构检验资格许可有效期满,继续从事机动车安全技术检验活动的,应当于期满前3个月向所在地省级质量技术监督部门重新提出申请。

第五章 其 他

第二十六条 对有两个或者两个以上检测场所的安检机构,每个检测场所应当分别申请、受理、审核、批准。

检测场所是指具有完整的可单独承担机动车安全技术检验的一个检测场(站),通常在同一地点,可以有一条检测线,也可以有多条检测线。

第二十七条 安检机构检验资格许可的有关文书,由国家质量监督检验检疫总局统一规定,文书格式见附件1至12。

附件:

1.《机动车安全技术检验机构检验资格许可申请书》;

2.《行政许可申请受理决定书》;

3.《行政许可申请材料补正告知书》;

4.《行政许可申请不予受理决定书》;

5.《机动车安全技术检验机构检验资格许可技术条件现场核查告知书》;

6.《机动车安全技术检验机构检验资格许可技术条件现场核查报告》;

7.《机动车安全技术检验机构检验资格许可技术条件现场核查不符合项目汇总表》;

8.《机动车安全技术检验机构检验资格许可技术条件现场核查不符合项目纠正报告》;

9.《机动车安全技术检验机构检验资格许可技术条件现场核查补充报告》;

10.《机动车安全技术检验机构检验资格许可技术条件现场核查结论告知书》;

11.《不予行政许可决定书》;

12.《机动车安全技术检验机构信息变更说明书》;

13. 机动车安全技术检验机构检验资格许可工作流程图。

附件1:

机动车安全技术检验机构检验资格许可
申 请 书

机构名称: (公章)

联系电话:

联 系 人:

申请类别:

资格证号: (仅申请换证时填写)

申请日期：　　年　　月　　日

国家质量监督检验检疫总局　印制

一、申请机构基本情况

检验机构名称			
检验机构住所	省　市(地)区(县)　乡(镇)　路(街道)　号		
检测场所地址	省　市(地)区(县)　乡(镇)　路(街道)　号		
邮政编码		电话	
传真		电子邮箱	
企(事)业代码号		经济类型	
法定代表人		联系人	
固定资产(万元)		注册或开办资金(万元)	
技术负责人		质量负责人	
检验技术人员总数		从业人员总数	
成立日期		经营期限(如有)	
其他需要说明的情况			

二、申请检验车型的基本情况

项目总投资(万元)			
大型车检测线数量		设计年检验能力(辆)	
小型车检测线数量		设计年检验能力(辆)	
两轮摩托车检测线数量		设计年检验能力(辆)	
三轮摩托车检测线数量		设计年检验能力(辆)	
其他形式检测线数量及说明			
其他车型检验能力(辆)			
车型名称	车型代号	申请检验车型范围	
大型客车、城市公交车	A1、A3		
大型货车	B2		
牵引车	A2		
中型客车、小型汽车、小型自动挡汽车	B1、C1、C2		
低速货车	C3		
三轮汽车、普通三轮摩托车	C4、D		
摩托车	E、F		
轮式自行机械车	M		

三、机构主要负责人和检验技术人员情况

序号	姓名	性别	身份证号码	职务	职称	学历	所学专业	从事机动车检验年限	工作岗位

四、主要检测仪器、设备和相关校准设备清单

序号	名称	规格型号	不确定度（准确度、精度等级）	完好状态	生产企业	购置日期	检定（或校准）有效期

主要检测仪器、设备和相关校准设备清单（附页）

序号	名称	规格型号	不确定度（准确度、精度等级）	完好状态	生产企业	购置日期	检定（或校准）有效期

五、检测线检验工位和仪器、设备布置图(略)

检测线检验工位和仪器、设备布置图(附页)(略)

六、受理、审查、批准意见

受理意见	经手人(签字) 年 月 日(盖章)	
审核结论	审核人员签字 年 月 日	
	审核人员签字 年 月 日	
审批意见	年 月 日(盖章)	

七、提交的文件资料目录

序号	文件资料名称	页数
1	申请人法人证明复印件	
2	检验人员考核合格证明复印件	
3	计量器具检定或者校准证书复印件	
4	检测场所地理位置、场地平面图,检测厂房、土地所有权或者合法使用权证明复印件	
5	其他要求提供的有关证明材料	

机动车安全技术检验机构检验资格许可申请书
填写说明

1 适用范围

《机动车安全技术检验机构检验资格许可申请书》(以下简称《申请书》)适用于机动车安全技术检验机构(以下简称“机构”)发证、延续、迁址、增项等的检验资格许可申请。增项包括增加检验车型、增加检测线等。

2 封面

2.1 机构名称:填写机构企业法人、事业法人、社团法人证书上的注册名称,并加盖公章。

2.2 联系电话:填写有效的联系电话(固定电话必须填写)。

2.3 联系人:填写机构负责办理许可工作的人员姓名。

2.4 申请类别:根据机构申请的情况分别填写“发证、迁址、增项、延续、其他”,增加检验车型、增加检测线等的,填写“增项”。

2.5 资格证号:该项内容在迁址、增项、延续等申请换证时填写,新申请机构填写“/”符号。

2.6 申请日期:填写机构的实际申请时间,用大写数字填写,如:“二〇〇九年三月十五日”。

3 申请机构基本情况

3.1 机构名称、住所、经济类型等:填写企业法人、事业法人、社团法人证书上的名称、住所、经济类型等。

3.2 检测场所地址:填写申请机构实际进行车辆检测场地的详细地址,要注明省(自治区、直辖市)、市(地)、区(县)、路(街道、社区、乡、镇)、号(村)等。

3.3 技术负责人:一般为负责本机构总体技术工作的人员,在相应的栏内填写姓名。

3.4 质量负责人:指对日常的安检机构检验工作质量进行全面管理的负责人员,在相应的栏内填写姓名。

3.5 技术负责人和质量负责人可以兼任,但不能由一人同时兼任。

3.6 检验技术人员总数:指具有相应机动车安全技术检验业务知识,并经省级质量技术监督部门考核合格的从事机动车安全技术检验工作的技术人员。

4 申请检验车型的基本情况

4.1 设计年检验能力:指在正常工作情况下(不需加班),本检测线一年的平均检验能力,单位(辆)。

4.2 大型车检测线数量:指本机构所拥有的能检测大型车(载重>3吨)的检测线数量。

4.3 小型车检测线数量:指本机构所拥有的能检测小型车(载重≤3吨)的检测线数量。

4.4 两轮摩托车检测线数量:指本机构所拥有的能检测摩托车(含轻便摩托车)的检测线数量。

4.5 三轮摩托车检测线数量:指本机构所拥有的能检测三轮摩托车(含三轮汽车)的检测线数量(同时具有检测两轮摩托车功能的予以注明“两、三轮综合检测线”)。

4.6 其他形式检测线数量及说明:上述4种检测线之外的其他检测线数量能力的说明。

4.7 其他车型检验能力:指本机构所能完成的上述4种检测线不能检测的车型的检测能力。

4.8 车型代号:见公安部令第91号。

4.9 申请检验车型范围:指本机构申请所能从事检验的车型范围。

5 机构主要负责人和检验技术人员情况

5.1 技术负责人和质量负责人,兼职时在工作岗位栏内用“(兼)”标注。

5.2 职务填写方式:行政职务/技术职务,当只有一个时填写一个即可。

5.3 一页写不下时可附页,并写明“三、机构主要负责人和检验技术人员情况(附页)”。

6 主要检测仪器、设备和相关校准设备清单

6.1 主要检测仪器、设备和相关校准设备清单,一页写不下时可附页,并写明“四、主要检测仪器、设备和相关校准设备清单(附页)”。

6.2 不确定度:指采用该仪器或者设备测试结果的不确定度,应当同时标注置信因子(或者包含因子)k,k=2时可不填写k值。对没有进行不确定度分析的设备,也可填写设备的准确度或者精度等级。

6.3 主要检测仪器、设备指本机构内满足GB 21861-2008《机动车安全技术检验项目和方法》标准中规定检验项目所应具备的检测设备,以及其他单台价值2000元及以上的全部仪器、设备。

7 检测线检验工位和仪器、设备布置图

7.1 提供一套布置图,一页填写不下时可附页,并写明“五、检测线检验工位和仪器、设备布置图(附页)”。

7.2 该布置图是检测线相关的布置图,不同于检测场所地理位置、场地厂房平面图。

8 受理、审查、批准意见

8.1 受理意见

由省级质量技术监督部门填写“同意受理”或者“不同意受理”,写明收到申请材料的日期并注明受理申请的日期,加盖省级质量技术监督部门受理专用章。作出不同意受理意见时要写明理由。

8.2 审核结论

审核结论由省级质量技术监督部门组织对有关材料审核确认,并填写“合格”或者“不合格”结论,审核人员签字,注明填写日期。审核结论项目有两栏,当第一次对安检机构的现场核查结果为不合格时,核查组的委派部门在第一栏内填写审核结论和拟办意见,如需要组织有关人员进行第二次现场复查时,对复查结果的审核结论填写在第二栏内。审核结论栏内要详细记录核查过程。

8.3 审批意见

省级质量技术监督部门负责审批,填写“同意许可”或者“不予许可”,做出“不予许可”意见时要写明理由。审批人员签字或者盖章,注明填写日期。

9 提交的文件资料目录

提交的文件资料应当至少包括:

(1)申请人法人证明复印件;

(2)检验人员考核合格证明复印件;

(3)计量器具检定或者校准证书复印件;

(4)安检机构地理位置、场地及厂房平面图,相应的所有权或者合法使用权证明复印件;

(5)其他要求提供的有关证明材料。

10 其他

10.1 填写要实事求是,不得弄虚作假。

10.2 申请书一律用 A4 纸填写(或者打印),字迹清晰,工整,不得涂改。

10.3 有关内容填写不下时可增加附页或者续表。

10.4 法律法规要求的有关证明。

附件 2:

行政许可申请受理决定书

( ) 受字〔 〕第 号

:

你(单位)提出 机动车安全技术检验机构检验资格 的申请和所提供(出示)的材料,符合该项目申请条件。根据《行政许可法》第三十二条第五项规定,决定予以受理。

如需咨询,请与 联系,电话

(许可专用章)

年 月 日

附件 3:

行政许可申请材料补正告知书

( ) 补告字〔 〕第 号

:

你(单位)申请的 机动车安全技术检验机构检验资格 ,所提供(出示)的材料不齐全/不符合法定形式。根据《行政许可法》第三十二条第三、四项规定,请做如下补正:

。

如需咨询,请与 联系,电话

(许可专用章)

年 月 日

附件 4:

行政许可申请不予受理决定书

( ) 未受字〔 〕第 号

:

你(单位)申请的 机动车安全技术检验机构检验资格 (1)(不予受理的原因),(不予受理的依据);(2)(不予受理的原因），（不予受理的依据）；……，决定不予受理。

（许可专用章）
年　月　日

说明：

1.“不予受理的原因”，“不予受理的依据”示例如下：

（1）不具有法人资格，根据《机动车安全技术检验机构监督管理办法》（国家质量监督检验检疫总局令第121号）第十条第一项的规定；

（2）检验人员没有经过省级质量技术监督部门考核合格，根据《机动车安全技术检验机构监督管理办法》（国家质量监督检验检疫总局令第121号）第十条第二项的规定；

（3）隐瞒有关情况，提供虚假材料申请行政许可未满一年，根据《行政许可法》第七十八条的规定；

（4）以欺骗、贿赂等不正当手段取得行政许可处罚未满三年，根据《行政许可法》第七十九条的规定；

2. 对不予受理的原因和依据，要全部列出。

附件5：

机动车安全技术检验机构检验资格许可技术条件现场核查告知书

　　　　　　　　　　　：

根据你单位的申请，我局现委派　　　　　等　　名人员组成审查组，对你单位申请机动车安全技术检验机构检验资格许可的技术条件进行现场核查，请予配合。

如对委派的审查组人员有异议请及时提出并说明理由。

联系人：　　　　　　联系电话：

核查组成员名单：

	姓名	所属单位	职称/职务
审查组长			
审查员			

（委派部门专用章）
年　月　日

附件6：

机动车安全技术检验机构检验资格许可技术条件现场核查报告

核查编号：____________

<table>
<tr><td colspan="2">受核查机构名称：</td><td colspan="2">申请检验车型＊：</td></tr>
<tr><td colspan="2">受核查机构住所：</td><td>邮编：</td><td>电话：</td></tr>
<tr><td colspan="2">检测场所地址：</td><td>联系人：</td><td>传真：</td></tr>
<tr><td>审查结论</td><td colspan="2">核查组根据《机动车安全技术检验机构监督管理办法》和《机动车安全技术检验机构检验资格许可技术条件》中的规定，于　　年　　月　　日至　　月　　日对该机构进行了核查，共计核查出：不符合　　项。
经评价，本核查组对该机构的核查结论是：　　　　。
（注：核查结论填写：合格或者不合格）</td><td>审查组长：
年　月　日
核查组织单位（章）：
年　月　日</td></tr>
</table>

续表

	姓名(签字)	单位	职称(职务)	核查分工	审查员证书编号
审查组成员					

注:如核查结论为合格,则只填写核查合格的申请检验车型。受核查机构负责人签字:

附件7:

机动车安全技术检验机构检验资格许可技术条件
现场核查不符合项目汇总表

核查编号:

共　页第　页

受核查机构名称		
序号	不符合条款号	不符合内容描述
审查组长(签字): 年　月　日		受核查机构代表(签字): 年　月　日
备注		

附件8：

机动车安全技术检验机构检验资格许可技术条件
现场核查不符合项目纠正报告

核查编号：

受核查机构名称（盖章）： 年 月 日

序号	需纠正条款号	存在问题	原因分析	纠正方法	责任部门	完成时间	完成情况

注：请附纠正已完成并达到要求的佐证材料，写不下时可附页。

附件9：

机动车安全技术检验机构检验资格许可技术条件
现场核查补充报告

核查编号：

<table>
<tr><td>受核查机构名称</td><td colspan="3"></td></tr>
<tr><td>检测场所地址</td><td colspan="3"></td></tr>
<tr><td>法定代表人</td><td></td><td>申请检验类型</td><td></td></tr>
<tr><td>联系人</td><td></td><td>联系电话</td><td></td></tr>
<tr><td>申请检验车型</td><td colspan="3"></td></tr>
<tr><td>审查组长</td><td></td><td>联系电话</td><td></td></tr>
<tr><td>核查的不符合项目</td><td colspan="2">纠正确认情况描述</td><td>佐证材料说明</td></tr>
<tr><td></td><td colspan="2"></td><td></td></tr>
<tr><td></td><td colspan="2"></td><td></td></tr>
<tr><td></td><td colspan="2"></td><td></td></tr>
<tr><td></td><td colspan="2"></td><td></td></tr>
<tr><td></td><td colspan="2"></td><td></td></tr>
<tr><td></td><td colspan="2"></td><td></td></tr>
<tr><td></td><td colspan="2"></td><td></td></tr>
<tr><td></td><td colspan="2"></td><td></td></tr>
<tr><td></td><td colspan="2"></td><td></td></tr>
<tr><td></td><td colspan="2"></td><td></td></tr>
<tr><td>纠正后的复核结论</td><td colspan="3">复核人员签字： 年 月 日</td></tr>
</table>

受核查机构负责人签字：

注：核查的不符合项目填写不下时可附页。

附件 10：

机动车安全技术检验机构检验资格许可技术条件现场核查结论告知书

：

地址　邮编　电话

法定代表人　职务　电话

你(单位)申请　机动车安全技术检验机构检验资格许可　，经现场技术条件核查，不符合《机动车安全技术检验机构检验资格许可技术条件》的规定要求，现场核查结论为不合格，特此告知。

如对现场核查结论有异议，可在收到本告知书后的 15 日内，向质量技术监督局提出书面异议申请。

质量技术监督局联系方式：

邮政编码：

通信地址：

联 系 人：

联系电话：

传　　真：

(单位印章)

年　月　日

附件 11：

不予行政许可决定书

(　)　未许字〔　〕第　号

：

企(事)业代码号

地址　邮编　电话

法定代表人　职务　电话

你(单位)申请　机动车安全技术检验机构检验资格　，经核查，不符合该项目规定要求，决定　。

理由

。

如不服本决定，可以在收到本决定之日起 60 日内，依法向　或者者　申请行政复议或者者 3 个月内(法律、法规另有规定的按照规定)向人民法院提起行政诉讼。

(单位印章)

年　月　日

附件 12：

机动车安全技术检验机构信息变更说明书

机构名称：　(公章)

联系电话：

联 系 人：

申请日期：　年　月　日

国家质量监督检验检疫总局　印制

<table>
<tr><td colspan="4">一、申请机构基本情况</td></tr>
<tr><td>现机构名称</td><td colspan="3"></td></tr>
<tr><td>现住所</td><td colspan="3"></td></tr>
<tr><td>检测场所地址</td><td colspan="3">省(区、市) 市(地) 区(县) 乡(镇) 路(街道) 号</td></tr>
<tr><td>邮政编码</td><td></td><td>电话</td><td></td></tr>
<tr><td>传真</td><td></td><td>联系人</td><td></td></tr>
<tr><td>资格证号</td><td></td><td>有效期</td><td>年 月 日— 年 月 日</td></tr>
<tr><td>变更内容</td><td colspan="3"></td></tr>
<tr><td>变更原因
(简要)</td><td colspan="3"></td></tr>
</table>

二、变更内容		
变更事项	变更前	变更后
机构名称		
机构住所		
法定代表人		
检验车型范围		

现机构负责人签字:
年 月 日

三、提交的文件资料目录		
序号	文件资料名称	页数
1		
2		
3		
4		
5		
6		
7		
8		

续表

<table>
<tr><td colspan="2">省(自治区、直辖市)质量技术监督局
受理与审查意见</td></tr>
<tr><td>变更后的核查结论</td><td>审查人员签字:
年 月 日</td></tr>
<tr><td>附加说明</td><td></td></tr>
<tr><td></td><td></td></tr>
<tr><td></td><td></td></tr>
</table>

机动车安全技术检验机构信息变更说明书
填写说明

1. 适用范围

《机动车安全技术检验机构信息变更说明书》适用于机动车安全技术检验机构(以下简称“机构”)的机构名称、法定代表人、减少检验车型范围变更时使用。

2. 封面

2.1 机构名称:填写机构企业法人、事业法人、社团法人证书上的注册名称,并加盖公章。

2.2 联系电话:填写有效的联系电话(固定电话必填)。

2.3 联系人:填写机构负责办理变更工作的人员姓名。

2.4 申请日期:填写机构的实际申请时间,用大写数字填写,如:“二〇〇九年三月十五日”。

3. 申请机构基本情况

3.1 现机构名称、现住所:填写机构现在的名称、住所。

3.2 检验场所地址:填写申请机构实际进行车辆检测场地的详细地址,要注明省(自治区、直辖市)、市(地)、区(县)、路(街道、社区、乡、镇)、号(村)等。检测场所不得变更。

3.3 资格证号:填写机构检验资格许可证的编号。

4. 变更内容

4.1 机构名称:变更前为原资格证书中的机构名称,变更后为现机构名称。

4.2 法定代表人:变更前为原资格证书中的法定代表人,变更后现在机构的法定代表人。

4.3 检验车型范围:变更只能用于减少原有检验车型,车型分类方法按公安部令第 91 号的规定执行。

4.4 车型代号:见公安部令第 91 号。

5. 变更后的核查结论

检验机构的变更由省级质量技术监督部门组织核查,并填写“符合变更规定”或者“不符合变更规定”,审查人员签字,注明填写日期。不符合规定时不予备案,写明理由。

6. 其他

6.1 填写要实事求是,不得弄虚作假。

6.2 申请书一律用 A4 纸钢笔填写(或者打印),字迹清晰,工整,不得涂改。

6.3 有关内容填写不下时可增加附页或者续表。

6.4 有关变更请提供相应的证明(复印件)。

附件 13:

机动车安全技术检验机构检验资格许可工作流程图(略)

机动车安全技术检验机构检验资格许可技术条件

为了规范机动车安全技术检验(以下简称“安检”)机构的检验资格许可,保障安检机构有序运行和规范安检机构工作，根据《中华人民共和国道路交通安全法》及其实施条例、《中华人民共和国行政许可法》、《中华人民共和国产品质量法》、《中华人民共和国计量法》及其实施细则、《机动车安全技术检验机构监督管理办法》（国家质量监督检验检疫总局令第121号，以下简称《管理办法》）等有关法律、法规和行政规章，制定本技术条件。

一、法人资格

安检机构应当依法设立，具有法人资格，并承担相应的法律责任。

二、依法经营

安检机构应当遵守国家的法律法规，依法经营。企业的经营范围、事业法人和社团法人的业务范围应当涵盖机动车安全技术检验。

三、人员

安检机构应当具有与其从事检验、设备维护检查活动相适应的管理人员和专业技术人员。

（一）安检机构应当设有机构负责人、技术负责人、质量负责人、报告授权签字人，同时还应当设有引车员、外观检验员、底盘检验员、登录员等检验人员以及设备维护人员、网络维护人员。

（二）安检机构的技术负责人、质量负责人、报告授权签字人、检验人员、设备维护人员、网络维护人员等检验技术人员，应当经省级质量技术监督部门考核合格，持证上岗。

（三）安检机构上述岗位人员应当具备以下条件：

1. 机构负责人应当熟悉机动车检验业务，了解与安检相关的法律法规和标准。

2. 技术负责人、质量负责人、报告授权签字人应当具备以下条件：

（1）熟悉相关的法律法规、标准和安检业务；

（2）具有机动车相关专业的大专及以上学历或者中级以上工程技术职称（含）或者技师以上技术等级（含）；

（3）熟悉机动车的理论与构造，熟悉各检验工位业务、流程及相关专业知识；

（4）有3年以上的机动车检验的工作经历；

（5）熟悉安检机构资格许可技术条件要求。

3. 检验人员应当具备以下条件：

（1）了解机动车性能、构造及有关使用的一般知识；

（2）熟悉检测仪器设备的结构及性能，熟练掌握检测仪器设备的操作规程；

（3）了解机动车安全技术相关标准，掌握检验项目的技术标准及本机构的检验工艺流程；

（4）掌握计算机操作技能，登录员应当熟练使用、管理计算机；

（5）引车员应当持有与检测车型相对应的有效机动车驾驶证；

（6）外观检查员和底盘检查员还应当熟悉相应的机动车性能、构造及有关使用的专业知识。

4. 设备维护人员应当具备以下条件：

（1）掌握机动车构造和原理的一般知识；

（2）掌握检测仪器设备的性能和使用要求，具备检测仪器设备管理知识，能对检测仪器设备进行维护、保养、校准。

5. 网络维护人员应当具备以下条件：

（1）应当具备计算机及其网络维护、管理、维修等相关知识；

（2）可以由其他检验技术人员兼任。

四、法律法规、行政规章、技术标准和管理制度

（一）法律法规和行政规章

安检机构应当具有下列法律法规和行政规章：

1.《中华人民共和国道路交通安全法》及其实施条例；

2.《中华人民共和国产品质量法》；

3.《中华人民共和国计量法》及其实施细则；

4.《中华人民共和国标准化法》；

5.《机动车安全技术检验机构监督管理办法》（国家质检总局令第121号）；

（二）技术标准

1. 安检机构应当具有下列必备标准：

（1）GB 7258《机动车运行安全技术条件》及其相应的修改单；

（2）GB 21861《机动车安全技术检验项目和方法》。

2. 安检机构应当具有与车辆安全、环保有关的相关标准，见附件1。

3. 安检机构应当具有的检测设备技术标准，见附件2。

4. 安检机构应当关注机动车安全标准的现行有效性，及时收集有效版本并采用。

（三）管理制度

1. 安检机构应当制定下列制度并执行：

（1）安检机构专业技术人员和管理人员的岗位职责；

（2）安检机构专业技术人员和管理人员的培训、考核制度；

（3）安检机构专业技术人员和管理人员的行为规范；

（4）检测仪器设备（含标准物质）的采购、验收、使用、保管、报废等程序或者制度；

（5）检验事故分析报告程序或者制度；

（6）检验记录、检验报告等技术文件和资料档案的修改、保存、销毁等程序或者制度及保密制度；

（7）检测车间管理制度；

（8）普遍性质量安全问题的分析报告制度；

（9）安检机构年度报告制度。

2. 安检机构应当建立机动车安全技术检验档案，按照国家有关规定对有关技术资料进行保存，有保密要求的，应当遵守保密规定。

（四）检验结果的管理

1. 检验记录和检验报告应当签字齐全、完整。

2. 复检或者路试记录、报告也要作为检验结果一并保存，确保检验结果可追溯。

五、检测仪器设备

安检机构应当具备正确进行检验活动所需要的检测仪器设备，汽车主要检测仪器设备应当采用固定式，摩托车检验可以采用移动式。固定式的检测仪器设备通常组成检测线。

（一）根据检验车型的不同，检测线一般可分为大型车辆检测线、小型车辆检测线及摩托车检测线。

安检机构配置的检测仪器设备应当满足按照 GB 21861《机动车安全技术检验项目和方法》中所规定的项目开展检验的要求。

不同车型检验应当具备的检测线要求见附件3。

不同车型检测仪器设备、设施的配置见附件4。

（二）检测仪器设备应当结构先进、可靠，采用数字式二次仪表并具有数据通讯接口，能够进行联网控制。

（三）检测仪器设备要通过合法有效的型式认定。

（四）检测仪器设备上应当有清晰的产品铭牌等标识。

（五）检测线检测仪器设备应当采用计算机联网，实现自动检测、打印报告。计算机联网检测控制系统，不得改变联网检测仪器设备的测试原理、分辨率、测量结果数据的有效位数和检测结果数据。检测参数的采集、计算、判定应当符合有关标准规定。

（六）在用检测设备和计量器具，应当经法定或者授权的计量检定机构周期检定、校准或者测试，并取得计量检定合格证、校准或者测试报告，并且在有效期内。校准或者测试报告经过分析确定应当能够满足检验要求。

（七）检测仪器设备在以下特殊情况下要重新进行检定、校准或者测试。

1. 检测设备修理后；

2. 新购设备使用前；

3. 固定式检验设备移装后；

4. 日常设备检查或者设备期间核查发现有异常时。

（八）应当有仪器设备的检定周期表，内容包括：仪器设备的名称、编号、检定周期、检定单位、最近检定日期、送检负责人。

（九）检测仪器设备，应当有明显、统一格式的标识。标识分为“合格”“准用”“停用”三种，并分别以绿、黄、红三种颜色表示。标识的内容包括：仪器编号、检定结论、检定日期及下次检定日期、检定单位。

（十）应当建立主要检测仪器设备的档案，内容包括设备、仪器合格证书、使用说明书、检定证书、校准或者测试报告、安装基础图、电器原理图、故障及维修记录等。

六、信息联网设施

计算机联网检测系统应当在软硬件上具备与质量技术监督部门及相关业务部门联网的能力，实现信息共享。

七、总体布局

安检机构应当具备固定的工作场所，其工作环境应当保证检验结果的真实、准确。

（一）安检机构周边道路宽阔、交通顺畅、便捷、进出的道路视线良好。

（二）安检机构的场地建筑必须能够满足安检现行标准（如GB 7258、GB 21861等）规定的安检项目的实际需要，有用于安检的检验车间、试验车道、驻车坡道，有业务大厅、停车场、站内道路、办公区、微机房等设施。

1. 试验车道长度和宽度应当满足检验工作的要求，铺设有平坦、硬实、清洁的水泥或者沥青路面，并设有规范的交通标志标线，路面附着系数应当不小于0.7。

2. 应当具备坡度分别为15%和20%的驻车坡道各一个，坡道的长度应当比承检车型的最大轴距长1m，宽度应当比承检车型的最大宽度宽1m，坡道路面附着系数应当不小于0.7。摩托车检验不要求。

3. 停车场地面积应当与检测能力相适应，不得占用站外道路停车。停车场地应当为水泥、沥青或者其他硬地面，能承受车辆的碾压，并在场内划分停车线和车辆行驶通道，保持进出口畅通；要设置足够的消防、安全、照明设备。如检测站内安全性能检测区和尾气排放检测区分开设置，停车场应当分别对应分开设置以避免检测车辆交叉干扰。

4. 站内道路应当为水泥或者沥青路面，并设置交通标志、标线、引导牌。道路应当视线良好、保持通畅。检测线出入口两端的道路应当有一定的坡度，以保证雨水不流入检测线内；但坡度不应过大，便于车辆进出检测线。道路的转弯半径、长度应当能满足各类车辆出入的需要。

5. 业务大厅应当便民，并满足以下要求：

（1）各业务窗口应当分工明确，设置标牌。其数量能满足实际办公的需要；

（2）室内应当宽敞明亮；

（3）大厅内应当设公示栏，公示各种手续规定、收费项目及标准、各岗位职责。

6. 微机房应当符合微机房建筑的有关要求。

7. 应当设置车辆检验流程图、监督橱窗等服务性设施，各设施布局应当合理。

八、检验厂房

为了保证安全技术检验工作的正常进行，检测车间各工位要有相应的检测面积，厂房要宽敞，保证通风、照明、排水、防雨、防火，安全防护等设施良好。

（一）车间内部尺寸和车间出入门尺寸应当满足连续检测相应车型的需要。

（二）检测车间应当充分考虑车间的空气流通，必要时要设有排风装置，加快车间内的空气流动，尽量降低车间内的空气污染。

（三）底盘检查地坑应当有一定的操作空间，照明、通风、信号装置应当齐全。

（四）电缆沟应当便于打开检查，并注意防火、防水、防潮和防鼠。电缆沟应当覆盖好，覆盖件应当有一定的强度并能承受一定的重量。

（五）人行通道应当设置隔离栏与检测通道隔离，宽度不小于1m。

（六）消防通道和消防设施应当符合有关消防规定。

（七）检测车间应当铺设易清除污物的硬地面（如水泥、水磨石等），地面强度应当满足被检车辆的承载要求，行车路面纵向和横向坡度不大于0.1%，制动性能检测工位前、后大型车辆检测线6m内、小型车辆检测线3m内的行车地面附着系数应当不小于0.7（使用平板制动检验台时除外）。

（八）微机房的安全条件应当按《计算机站场地安全要求》（GB 9361）规定的防火C类、防水B类、防雷击B类、防鼠害B类综合执行。

(九)检测车间出入口应当设有引车道和必要的交通标志。

(十)检测车间照明应当符合 GB 50034《工业企业照明设计标准》的要求。

(十一)检测车间采光应当符合 GB 50033《工业企业采光设计标准》的要求。

(十二)检测车间防火应当符合 GB J16《建筑设计防火规范》的要求。

(十三)检测车间防雷设施应当符合 GB 50057《建筑物防雷设计规范》的要求。

附件 1:

与机动车安全、环保有关的相关标准

序号	标准编号	标准名称
1	GB 1589	道路车辆外廓尺寸、轴荷及质量限值
2	GB 4094	汽车操纵件、指示器及信号装置的标志
3	GB 4599	汽车用灯丝灯泡前照灯
4	GB 4785	汽车及挂车外部照明和光信号装置的安装规定
5	GB 5948	摩托车白炽丝光源前照灯配光性能
6	GB 8108	车用电子警报器
7	GB 8410	汽车内饰材料的燃烧特性
8	GB 9656	汽车安全玻璃
9	GB 10395.1	农林拖拉机和机械　安全技术要求　第一部分:总则
10	GB 10396	农林拖拉机和机械、草坪和园艺动力机械 安全标志和危险图形 总则
11	GB 11567.1	汽车和挂车侧面防护要求
12	GB 11567.2	汽车和挂车后下部防护要求
13	GB 13392	道路运输危险货物车辆标志
14	GB/T 13594	机动车和挂车防抱制动性能和试验方法
15	GB 13954	特种车辆标志灯具
16	GB 15084	机动车辆后视镜的性能和安装要求
17	GB 15365	摩托车操纵件、指示器及信号装置的图形符号
18	GB 16735	道路车辆　车辆识别代号(VIN)
19	GB 17352	摩托车和轻便摩托车后视镜及其安装要求
20	GB/T 17676	天然气汽车和液化石油气汽车　标志
21	GB 18100	两轮摩托车及轻便摩托车照明和光信号装置的安装规定
22	GB/T 18411	道路车辆产品标牌
23	GB/T 18697	声学　汽车车内噪声测量方法
24	GB/T 19056	汽车行驶记录仪
25	GB 19151	机动车用三角警告牌
26	GB 19152	轻便摩托车前照灯配光性能
27	GA 406	车身反光标识
28	GB 18285	点燃式发动机汽车排气污染物排放限值及测量方法(双怠速法及简易工况法)
29	GB/T 3847	车用压燃式发动机和压燃式发动机汽车排气烟度排放限值及测量方法
30	GB/T 16887	卧铺客车技术条件
31	GB 14621	摩托车和轻便摩托车排气污染物限值及测量方法(怠速法)

附件 2：

安检机构检测设备技术标准

序号	标准编号	标准名称
1	GB/T 11798.1	机动车安全检测设备 检定技术条件第 1 部分:滑板式汽车侧滑试验台检定技术条件
2	GB/T 11798.2	机动车安全检测设备 检定技术条件第 2 部分:滚筒反力式制动试验台检定技术条件
3	GB/T 11798.3	机动车安全检测设备 检定技术条件第 3 部分:汽油车排气分析仪检定技术条件
4	GB/T 11798.4	机动车安全检测设备 检定技术条件第 4 部分:滚筒式车速表试验台检定技术条件
5	GB/T 11798.5	机动车安全检测设备 检定技术条件第 5 部分:滤纸式烟度计检定技术条件
6	GB/T 11798.6	机动车安全检测设备 检定技术条件第 6 部分:对称式前照灯检测仪检定技术条件
7	GB/T 11798.7	机动车安全检测设备 检定技术条件第 7 部分:轴(轮)重仪检定技术条件
8	GB/T 11798.8	机动车安全检测设备 检定技术条件第 8 部分:摩托车轮偏检测仪检定技术条件
9	GB/T 11798.9	机动车安全检测设备 检定技术条件第 9 部分:平板制动试验台检定技术条件
10	GA/T 485	便携式制动性能测试仪
11	JT/T 506	不透光烟度计
12	JT/T 445	汽车底盘测功机

附件 3：

不同车型检验应当具备的检测线要求

<table>
<tr><th>车型</th><th>检测线要求</th><th>代号</th><th>车型说明</th><th>应当具备的检测仪器设备
(不适用检测线时)</th></tr>
<tr><td>大型客车</td><td rowspan="4">大型车辆检测线</td><td>A1</td><td>大型载客汽车</td><td>三轴及三轴以上车辆可采用路试</td></tr>
<tr><td>牵引车</td><td>A2</td><td>重型、中型全挂、半挂汽车列车</td><td>可采用路试</td></tr>
<tr><td>城市公交车</td><td>A3</td><td>核载 10 人以上的城市公共汽车</td><td>三轴及三轴以上车辆可采用路试</td></tr>
<tr><td>大型货车</td><td>B2</td><td>重型、中型载货汽车;大、重、中型专项作业车</td><td>三轴及三轴以上车辆可采用路试</td></tr>
<tr><td>中型客车</td><td rowspan="4">小型车辆检测线</td><td>B1</td><td>中型载客汽车(含核载 10 人以上、19 人以下的城市公共汽车)</td><td></td></tr>
<tr><td>小型汽车</td><td>C1</td><td>小型、微型载客汽车以及轻型、微型载货汽车、轻、小、微型专项作业车</td><td></td></tr>
<tr><td>小型自动挡汽车</td><td>C2</td><td>小型、微型自动挡载客汽车以及轻型、微型自动挡载货汽车</td><td></td></tr>
<tr><td>低速货车</td><td>C3</td><td>低速载货汽车(原四轮农用运输车)</td><td></td></tr>
<tr><td>三轮汽车</td><td>三轮汽车检测线</td><td>C4</td><td>三轮汽车</td><td></td></tr>
</table>

续表

车型	检测线要求	代号	车型说明	应当具备的检测仪器设备（不适用检测线时）
普通三轮摩托车	三轮摩托车检测线	D	发动机排量大于50ml或者最大设计车速大于50km/h的三轮摩托车	
普通二轮摩托车	两轮摩托车检测线	E	发动机排量大于50ml或者最大设计车速大于50km/h的二轮摩托车	
轻便摩托车		F	发动机排量小于等于50ml，最大设计车速小于等于50km/h的摩托车	
轮式自行机械车		M	轮式自行机械车	可采用路试
无轨电车		N	无轨电车	可采用路试
注：1. 大型车辆检测线检定（或者校准）结果能满足小型车辆检测线要求的，可检测小型车辆。 2. 其他无法上线车辆可采用路试。				

附件4：

不同车型检测仪器设备、设施的配置

序号	设备、设施名称	承检车型代号										设备相关标准
		A1 A3	A2 B2	B1 C1 C2	C3	C4	D	E F	M	N	轴荷10000kg以上、三轴及三轴以上车辆	
1	轮重仪	√	√	√	√	√			√			GB/T 11798.7
	滚筒反力式汽车制动检验台	√	√	√	√				√			GB/T 11798.2
2	平板式制动检验台（用于小型车检测线）			√	√				√			GB/T 11798.9
3	滚筒式汽车车速表检验台	√		√	√				√			GB/T 11798.4
4	汽车侧滑检验台	√		√	√				√		√	GB/T 11798.1
5	A.1　汽油车排气分析仪※	√	√	√			√	√	√	√	√	GB/T 11798.3
6	滤纸式烟度计※	√	√	√	√	√			√	√	√	GB/T 11798.5
7	不透光烟度计※	√	√	√	√	√			√	√	√	
8	机动车前照灯检测仪	√	√	√	√	√			√	√	√	GB/T 11798.6
9	底盘测功机											承检20年以上的非营运乘用车
10	驻车坡道	√	√	√	√	√			√	√	√	
11	试验道路	√	√	√	√	√			√	√	√	
12	声级计	√	√	√	√	√	√	√	√	√	√	GB/T 17181
13	便携式制动性能测试仪	√	√	√	√	√			√	√	√	GA/T 485

续表

序号	设备、设施名称	承检车型代号										设备相关标准
		A1 A3	A2 B2	B1 C1 C2	C3	C4	D	E F	M	N	轴荷 10000kg 以上、三轴及三轴以上车辆	
14	非接触式汽车速度测试仪	√	√	√	√	√			√	√	√	
15	发动机转速表	√	√	√					√	√	√	
16	踏板力计	√	√	√	√	√			√	√	√	
17	手制动力计	√	√	√	√	√					√	
18	方向盘转向力—转向角检测仪	√	√	√	√	√			√	√	√	
19	透光率计	√	√	√								
20	轮胎花纹深度计	√	√	√	√	√	√	√	√	√	√	
21	轮胎气压表	√	√	√	√	√	√	√	√	√	√	
22	秒表	√	√	√	√	√	√	√	√	√	√	
23	钢卷尺	√	√	√	√	√	√	√	√	√	√	
24	钢直尺	√	√	√	√	√	√	√	√	√	√	
25	摩托车轮重仪						√	√				
26	摩托车制动试验台						√	√				
27	摩托车制动试验设备						√	√				
28	摩托车测速装置						√	√				
29	摩托车灯光测试装置						√	√				
30	摩托车轮偏仪测试台							√				GB/T 11798.8
注：有√的表示需要配备，设备的功能需满足规定的车型检测，其量程也需满足对应车型的要求。序号 1 和 2 有一种即可；序号 13 和 14 有一种即可。 有※标注的设备在实行环保检验合格标志的地方不要求。												

机动车安全技术检验机构检验资格许可审查员管理规定

一、总则

（一）为规范机动车安全技术检验机构（以下简称“安检机构”）检验资格许可核查工作，加强安检机构检验资格许可审查员（以下简称“审查员”）的管理，统一审查员的条件、考核、注册、职责，制定本规定。

（二）审查员由省级质量技术监督部门组织考核、注册、使用和日常管理，报国家质量监督检验检疫总局备案。

二、条件

（一）原则上年龄不超过 60 周岁，身体健康，所在单位推荐，并具备下列条件之一：

1. 大专（含）以上学历或中级（含）以上专业技术职称，从事车辆相关工作满 3 年或从事机动车安全技术检验满 2 年；

2. 中专学历或助理工程师技术职称，从事机动车安检工作满 5 年。

（二）经省级质量技术监督部门组织的考核合格。

（三）担任组长的审查员还需要具备以下条件：

1. 具有一定的组织、协调和语言文字表达能力；

2. 具有较强的现场条件核查技能和丰富的核查经验。

三、考核

(一)现场条件核查工作程序和机动车安全技术检验流程。

(二)机动车安全技术检验依据的法律法规和有关规定。

(三)机动车安全技术检验依据的技术条件和方法标准。

(四)机动车安全技术检验使用的检测仪器设备的基本性能和适用范围,有关仪器设备的标准,检定规程或校准方法。

(五)质量管理的基本理论和安检机构检验资格许可条件及核查方式、方法、技巧等。

四、注册

(一)经考核合格的人员可以向省级质量技术监督部门申请审查员注册。

(二)审查员注册应当提供下列资料:

1. 审查员申请表,见附件 1;
2. 学历证明复印件;
3. 技术职称证明复印件;
4. 其他需要提供的证明文件的复印件。

(三)经省级质量技术监督部门确认合格的申请人员给予注册,发放审查员证书,见附件 7。

(四)审查员证书有效期为 3 年,期满后经考核合格,可以继续申请注册。

(五)国家公务员不得申请注册。

五、职责

(一)审查组长职责

安检机构资格许可审查工作实行审查组长负责制,对核查工作的质量负责。其职责如下:

1. 分配审查组各成员工作,合理编制现场核查计划,严格按程序组织策划现场核查活动;
2. 主持召开首、末次会议,组织实施现场核查活动,组织审查组内部会议,讨论核查情况;
3. 组织完成不符合项的汇总和核查结论的确定,编制现场核查报告;
4. 代表审查组与安检机构沟通和联络,妥善处理核查活动中的异常和争议;
5. 协调审查组内各项工作,指导审查员独立完成任务,并对审查员的工作进行评价;
6. 完成与本次核查工作有关的其他事项;
7. 及时向省级质量技术监督部门提交对安检机构核查的完整资料。

(二)审查组员的职责:

1. 在组长的领导下,按分工完成具体的核查工作;
2. 向组长汇报现场核查情况,提交有关的核查记录;
3. 参与核查报告的讨论和确定;
4. 对核查现场所发现的问题提出建议;
5. 对分工审查的项目负责;
6. 协助审查组长完成其他工作。

六、工作纪律

(一)严格遵守《机动车安全技术检验机构检验资格许可审查员守则》,见附件 2。

(二)服从省级质量技术监督部门的管理和工作安排。

(三)在接受核查等相关工作时,要事先征得所在工作单位的同意。

七、日常管理

省级质量技术监督部门每年要对注册审查员进行考核,考核方式主要有以下几种:

(一)收集、汇总安检机构的反馈信息,对审查员进行考核;

(二)对审查员现场核查工作质量进行抽查;

(三)对审查员进行年度考核。

八、暂停与注销

(一)凡是出现下列情况之一的,暂停 6 个月审查员资格,情节严重的注销审查员资格:

1. 不履行审查员职责,未遵守《机动车安全技术检验机构检验资格许可现场核查审查员守则》的;

2. 对安检机构的核查中，一个年度内累计出现 2 次工作失误的；

3. 无故不服从派遣或在其资格有效期内不参加规定项目考核或考核不合格的；

4. 以权谋私，侵害安检机构正当权益的，或借机推销产品和服务项目的。

（二）因本人健康原因或其他原因不能继续从事核查工作，本人提出申请的，予以注销。

（三）凡受到 2 次以上（含）暂停资格的审查员，注销其审查员资格。

（四）被注销的审查员，不得再次申请注册。

九、资格的恢复

对受到暂停资格的审查员，在暂停期间对其过错行为认识深刻，并认真予以纠正的，可在暂停期结束后，由本人提出恢复资格申请，经省级质量技术监督部门批准，予以恢复审查员资格。

附件：

1. 机动车安全技术检验机构检验资格许可审查员申请表；（略）
2. 机动车安全技术检验机构检验资格许可现场核查审查员守则；（略）
3. 机动车安全技术检验机构检验资格许可审查员注册备案汇总表；（略）
4. 机动车安全技术检验机构检验资格许可现场核查审查员声明；（略）
5. 机动车安全技术检验机构检验资格许可现场核查审查员承诺；（略）
6. 机动车安全技术检验机构检验资格许可现场核查工作反馈单；（略）
7. 机动车安全技术检验机构检验资格许可审查员证书。（略）

机动车安全技术检验机构检验资格许可证书和检验专用章管理规范

一、总则

（一）为了规范机动车安全技术检验机构（以下简称“安检机构”）检验资格许可证书和检验专用章的式样、发放、使用、更正、更换、收回、销毁等，制定本规范。

（二）安检机构检验资格许可证书（以下简称“证书”），是由省级质量技术监督部门根据机动车安全技术检验工作的需要，通过法定程序对本行政区域内经核查合格的安检机构颁发的、准予从事机动车安全技术检验的资格证明文件的公开形式。证书只有正本，没有副本。证书自批准之日起 3 年内有效。

（三）检验专用章（以下简称“印章”）是取得证书的安检机构开展机动车安全技术检验，在出具的检验报告上确认检验报告生效需加盖的印章。印章由省级质量技术监督部门对获得机动车安全技术检验资格许可的安检机构颁发。

二、证书和印章的式样

（一）国家质量监督检验检疫总局统一制定证书和印章的式样，省级质量技术监督部门负责制作，其他任何单位和个人不得仿制。证书上加盖省级质量技术监督部门印章。

（二）证书应当载明机构名称、检验范围、住所、检测地址、证书编号、发证日期、有效日期。

1. 证书上的机构名称应当与企业、事业、社团法人证书上的名称相一致；
2. 证书检验范围应当注明现场条件核查确认的具有检验能力的车辆类型；
3. 证书住所应当注明企业、事业、社团法人证书住所地址；
4. 证书检测地址应当注明安检机构检测场所的地址；
5. 证书有效期应当注明发证部门批准的许可截止日期；
6. 证书式样见附件 1。

（三）印章上应当载明机构名称、检验专用章字样。一个安检机构有 2 个以上独立的检测场所时，印章上应当有检测场所序号标识。印章式样见附件 2。

三、证书和印章的使用

（一）安检机构应当将证书悬挂在检测场所、客户能看到的明显位置。

（二）证书上有涂改、挖补或者损毁的，该证书作废。

（三）证书仅供取得检验资格的安检机构使用，不得转借、出让。

（四）印章仅用于机动车安全技术检验报告，检验报告加盖印章后生效。

四、证书和印章的变更

（一）安检机构的证书或印章破损可辨认的，可以向省级质量技术监督部门申请更换新证书，将原证书或印章交回省级质量技术监督部门。

（二）安检机构取得证书后，需要变更机构名称或住所、减少检测车型或减少检测线的，应当向省级质量技术监督部门提交相关证明材料备案，对符合变更规定的，省级质量技术监督部门收回原证书，更换新证书，证书有效期与原证书有效期保持相同。对印章内容需要变更的，省级质量技术监督部门应当同时更换印章。

五、证书和印章的补领

（一）安检机构遗失或者毁损证书、印章的，应当向安检机构所在地省级质量技术监督部门提出补发证书或者印章申请。

（二）由法定代表人携带法人证书和个人身份证件到省级质量技术监督部门登记，申请补发证书，并公开声明原证书或印章作废。

（三）省级质量技术监督部门自受理安检机构补发证书或印章申请之日起 5 日内，做出是否受理的决定。

（四）省级质量技术监督部门应当自受理安检机构补发证书或印章申请之日起 20 日内，完成申报材料的书面审核，并做出是否准予补发的决定。对于符合条件的，重新颁发证书，有效期不变；不符合条件的，书面告知申请人，并说明理由。

六、证书和印章的收回和销毁

（一）安检机构违反国家法律、法规和有关规定，被暂时停止检验资格的，或者安检机构需要停止检验工作 3 个月以上的，由省级质量技术监督部门暂时收回证书和印章，在恢复检验资格时发还。撤销、注销检验资格许可的，由省级质量技术监督部门收回证书和印章。

（二）省级质量技术监督部门负责对收回的作废证书和印章，实行统一销毁。

七、其他情况的处理

（一）安检机构增项，包括在原机构内增加检测线、增加检测车型的，可向省级质量技术监督部门提出申请，取得检验资格许可的，应当重新颁发证书，证书有效期与原证书有效期保持相同，印章不变。

（二）机动车安全技术检验依据的标准内容发生较大变化的，由省级质量技术监督部门决定现有检验资格的有效期，有关决定未发布之前，安检机构原证书和印章继续有效。

标准内容变化较小的，安检机构应当根据标准变化的要求，及时补充检测能力，安检机构持有的原检验资格证书继续有效。影响部分车型检验的，按检验能力变更处理，更换新证书，证书有效期与原证书有效期相同，印章不变。

（三）国家有关法律法规、有关标准及技术要求发生较大改变而修订安检机构检验资格许可技术条件时，国家质检总局将根据需要决定是否重新进行现场核查。对需要重新核查的，收回原有证书标注“作废”字样，重新颁发证书，对不需要重新进行现场核查的，原有证书不变。

（四）在证书有效期内，安检机构的检测设备、检测环境、检验技术人员发生较大变化的（包括检测线重大技术改造等），安检机构应当及时向省级质量技术监督部门提出申请，省级质量技术监督部门应当重新组织进行现场核查。符合要求的，重新颁发证书。证书有效期按重新颁发的日期计算。

（五）安检机构迁址应当向其所在地省级质量技术监督部门提出申请，对符合有关规定的，省级质量技术监督部门应当受理，并组织进行现场核查、审批，对符合要求的，发放新证书，证书的有效期自批准之日起计算。迁址安检机构原有证书收回。需要变更印章的，同时更换印章。

八、证书的编号规则

（一）证书编号由两部分组成，第一部分由两位字母“XK”表示，字母“XK”代表“许可”；第二部分为核查编号，形式如“苏 2009001”，前面的汉字用安检机构所在省份的简称，汉字后面的前 4 位数表示对安检机构核查发证的年份，最后的 3 位数表示安检机构在该省份的许可顺序号，由各省级质量技术监督部门对本行政区域内的安检机构检验资格许可统一编号。

（二）证书变更后采用新的证书编号，补发的证书采用原编号。

附件：1. 检验资格许可证书式样（略）

2. 检验专用章式样（略）

机动车安全技术检验机构监督管理办法

国家质量监督检验检疫总局令第121号

第一章 总 则

第一条 为了加强对机动车安全技术检验机构的监督管理,根据《中华人民共和国行政许可法》、《中华人民共和国道路交通安全法》及其实施条例、《中华人民共和国计量法》及其实施细则等有关法律法规,制定本办法。

第二条 机动车安全技术检验机构(以下简称“安检机构”)开展机动车安全技术检验以及对安检机构实施监督管理应当遵守本办法。

本办法所称机动车安全技术检验,是指根据《中华人民共和国道路交通安全法》及其实施条例规定,按照机动车国家安全技术标准等要求,对上道路行驶的机动车进行检验检测的活动,包括机动车注册登记时的初次安全技术检验和登记后的定期安全技术检验。

本办法所称安检机构,是指在中华人民共和国境内,根据《中华人民共和国道路交通安全法》及其实施条例的规定,按照机动车国家安全技术标准等要求,对上道路行驶的机动车进行检验,并向社会出具公证数据的检验机构。

第三条 国家质量监督检验检疫总局(以下简称“国家质检总局”)对全国安检机构实施统一监督管理。

各省级质量技术监督部门负责本行政区域内安检机构的监督管理工作。市县级质量技术监督部门在各自的职责范围内负责本行政区域内安检机构的监督管理工作。

第四条 各级质量技术监督部门应当遵循科学、公正、廉洁、高效的原则,依法对安检机构实施监督管理。

第五条 安检机构应当严格依据国家有关法律法规规定,按照机动车国家安全技术标准和有关规定对机动车实施检验,并对检验结果负责。

第二章 安检机构资格许可

第六条 安检机构的设置,应当遵循统筹规划、合理布局、方便检测的原则。

第七条 国家对安检机构实行资格管理和计量认证管理。

安检机构应当依照国家有关法律法规的规定,取得计量认证、检验资格许可后,方可在批准的检验范围内承担机动车安全技术检验。

省级质量技术监督部门负责实施本行政区域内安检机构检验资格许可申请的受理、审查、决定和发证。

第八条 安检机构的计量认证管理依照计量有关法律法规的规定执行。

第九条 安检机构计量认证、检验资格许可的申请及其受理、现场审查、发证应当一并办理。

第十条 申请取得安检机构检验资格许可,应当具备以下基本条件:

(一)具有法人资格;

(二)具有满足机动车安全技术检验工作需要的,并经省级质量技术监督部门考核合格的从事机动车安全技术检验工作的技术人员;

(三)有完善的工作管理制度,有齐全的机动车安全技术检验标准等技术规范文件资料;

(四)具有申请检测车辆类型和项目所需的机动车安全技术检验的设备及其校准设备;

(五)机动车安全技术检验设备应当通过合法有效的型式认定,在用计量器具应当依法经质量技术监督部门授权的计量技术机构计量检定合格或校准,并在检定或校准有效期内;

(六)具有满足机动车安全技术检验的设施、工作场所和工作环境;

(七)其他应当具备的条件。

第十一条 申请安检机构检验资格许可,应当向所在地省级质量技术监督部门提交以下申请材料:

(一)申请书;

(二)法人证明及复印件;

(三)检验人员考核合格证书及复印件;

（四）计量器具检定或校准证书及复印件；

（五）检测线配置明细以及检测、校准设备清单；

（六）地理位置、场地及厂房平面图，相应的所有权或合法使用权证明及复印件；

（七）其他有关合法证明材料。

第十二条 省级质量技术监督部门接到申请后，应当按照《中华人民共和国行政许可法》关于许可受理的规定，根据申请不同情况，分别做出处理。

第十三条 省级质量技术监督部门在受理申请后，应当及时组织审查人员对申请人进行审查，审查包括资料审查和现场核查。

审查人员应当具备相应的专业知识和实践工作经验。

第十四条 省级质量技术监督部门对申请人进行审查后，应当根据《中华人民共和国行政许可法》关于许可审查和决定的程序、期限等规定，作出是否批准检验资格许可的决定。

第十五条 省级质量技术监督部门应当及时向获得检验资格许可的申请人颁发安检机构检验资格许可证书和检验专用印章。

安检机构检验资格许可证书的式样、编号规则和检验专用印章的式样，由国家质检总局统一规定。

第十六条 安检机构检验资格许可证书有效期为 3 年。

安检机构检验资格有效期期满，继续从事机动车安全技术检验活动的，应当于期满前 3 个月向所在地省级质量技术监督部门重新提出申请；安检机构迁址、改建或增加检测线的应当及时向省级质量技术监督部门提出申请；申请的受理、审查和决定按照本规定执行。

第三章 安检机构行为规范

第十七条 安检机构应当遵循独立、客观、公正、诚信的原则开展机动车安全技术检验活动。

第十八条 安检机构应当保持信息系统通畅，及时向质量技术监督部门提供机动车安全技术检验信息。

第十九条 安检机构应当保证在用设备正常完好，在用计量器具依法进行计量检定或校准，并按照质量技术监督部门的要求定期参加检验能力比对试验。

第二十条 安检机构应当建立健全各项规章制度和机动车安全技术检验档案，按照国家有关规定对检验结果和有关技术资料进行保存，有保密要求的，应当遵守保密规定。

第二十一条 安检机构应当加强机动车安全技术检验人员培训和内部管理，不断提高检验服务水平。

第二十二条 安检机构应当接受质量技术监督部门的监督检查和管理，每年 1 月底之前向所在地质量技术监督部门提交上年度工作报告。

年度工作报告内容应当包括：

（一）安检机构基本情况；

（二）机动车年检验车型及其数量等机动车安全技术检验业务开展情况；

（三）在用检测设备的变更情况和计量器具检定或校准情况；

（四）检验人员培训、考核及变更情况；

（五）投诉、异议处理情况；

（六）其他应当报告的事项。

第二十三条 安检机构在机动车安全技术检验活动中发现普遍性质量安全问题的，应当及时向质量技术监督部门等有关部门报告。

第二十四条 安检机构如需停止机动车安全技术检验工作 3 个月以上的，应当报省级质量技术监督部门备案，上交检验资格许可证书和检验专用印章，并于停业前 1 个月向社会公告。

安检机构停止机动车安全技术检验工作 1 年以上的，由省级质量技术监督部门注销安检机构检验资格。

第二十五条 安检机构不得有下列行为：

（一）涂改、倒卖、出租、出借检验资格许可证书；

（二）超出批准的检验范围开展机动车安全技术检验；

（三）不按照机动车国家安全技术标准进行检验；

（四）未经检验即出具检验报告等出具虚假检验结果的行为；

（五）要求机动车到指定的场所进行维修、保养；

（六）使用未经省级质量技术监督部门考核或者考核不合格的人员从事检验工作；

（七）无正当理由推诿或拒绝处理用户的投诉或异议；

（八）其他违法行为。

第四章 监督管理

第二十六条 各级质量技术监督部门应当在各自的职责范围内，对本行政区域内安检机构及其工作情况组织监督检查。

监督检查可以采取以下方式进行：

（一）查阅原始检验记录、检验报告；

（二）现场检查机动车安全技术检验过程；

（三）检验能力比对试验；

（四）审核年度工作报告；

（五）听取有关方面对安检机构机动车安全技术检验工作的评价；

（六）调查处理投诉案件；

（七）联网监察或者其他能够反映安检机构工作质量的监督检查方式。

第二十七条 各级质量技术监督部门在进行监督检查时，应当记录监督检查的情况和处理结果，由监督检查人员签字后归档。

第二十八条 县级以上地方质量技术监督部门对在安检机构监督检查工作中发现的问题，应当依法进行处理。对发现的重大问题，应当及时向上级质量技术监督部门汇报，并将情况通报公安机关交通管理等相关部门。

第二十九条 各级质量技术监督部门应当建立投诉举报制度，接受投诉举报的质量技术监督部门应当及时核实、处理。

第三十条 各级质量技术监督在监督检查或者受理投诉举报时，发现安检机构不按照机动车国家安全技术标准开展机动车安全技术检验，出具虚假检验结果的，应当及时移交公安机关交通管理部门。

第五章 法律责任

第三十一条 未取得检验资格许可证书擅自开展机动车安全技术检验的，由县级以上地方质量技术监督部门予以警告，并处3万元以下罚款。安检机构超出批准的检验范围开展机动车安全技术检验的，由县级以上地方质量技术监督部门责令改正，处3万元以下罚款；情节严重的，由省级质量技术监督部门撤销安检机构检验资格。

第三十二条 有下列情形之一的，构成犯罪的，依法追究刑事责任；构成有关法律法规规定的违法行为的，依法予以行政处罚；未构成有关法律法规规定的违法行为的，由县级以上地方质量技术监督部门予以警告，并处3万元以下罚款；情节严重的，由省级质量技术监督部门依法撤销安检机构检验资格：

（一）涂改、倒卖、出租、出借检验资格证书的；

（二）未按照规定参加检验能力比对试验的；

（三）未按照国家有关规定对检验结果和有关技术资料进行保存，逾期未改的；

（四）未经省级质量技术监督部门批准，擅自迁址、改建或增加检测线开展机动车安全技术检验的；

（五）拒不接受监督检查和管理的。

第三十三条 安检机构使用未经考核或者考核不合格的人员从事机动车安全技术检验工作的，由县级以上地方质量技术监督部门予以警告，并处安检机构5千元以上1万元以下罚款；情节严重的，由省级质量技术监督部门依法撤销安检机构检验资格。

第三十四条 有下列情形之一的，由县级以上地方质量技术监督部门责令改正，逾期不改正的，处以1万元以下罚款：

（一）未按照规定提交年度工作报告或检验信息的；

（二）要求机动车到指定的场所进行维修、保养的；

（三）推诿或拒绝处理用户的投诉或异议的。

第三十五条 安检机构停止机动车安全技术检验工作3个月以上，未报省级质量技术监督部门备案的，或未上交检验资格证书、检验专用印章的,或停止机动车安全技术检验未向社会公告的,由县级以上地方质量技术监督部门责令改正,并处1万元以上3万元以下罚款。

第三十六条 安检机构不按照机动车国家安全技术标准开展机动车安全技术检验,未经检验即出具检验报告等出具虚假检验结果的,由有关部门依法予以处罚。

第三十七条 从事机动车安全技术检验工作的人员在检验活动中接受贿赂,以职谋私的,由省级质量技术监督部门依法撤销其考核合格资质;情节严重的,移送有关部门追究责任。

第三十八条 质量技术监督部门的工作人员在安检机构监督管理活动中滥用职权、玩忽职守、徇私舞弊的,依法给予行政处分;构成犯罪的,依法追究刑事责任。

第六章 附 则

第三十九条 承担进出口机动车安全技术检验的机构的监督管理,按照《中华人民共和国进出口商品检验法》及其实施条例的有关规定执行。

第四十条 军用及特殊管理的机动车安全技术检验,按照有关规定执行。

第四十一条 本办法由国家质检总局负责解释。

第四十二条 本办法自2009年12月1日起施行。2006年2月27日国家质检总局发布的《机动车安全技术检验机构管理规定》同时废止。

国家发展改革委、公安部关于进一步加强机动车整车出厂合格证管理的通知

发改产业〔2008〕761号

各省、自治区、直辖市及计划单列市、新疆生产建设兵团发展改革委、经贸委(经委)、公安厅(局)、有关中央企业:

为加强机动车生产企业及产品管理,进一步规范机动车产品合格证管理,加强生产一致性管理,打击倒卖、伪造、假冒合格证等违法行为,防范被盗抢、走私和非法拼装车辆办理注册登记,国家发展改革委、公安部将进一步加强机动车生产企业合格证的制作、使用和信息传送管理,并在机动车注册登记环节进行随车合格证信息与合格证上传信息数据库的核对工作。现就有关事项通知如下:

一、升级合格证信息管理系统程序

根据《车辆生产企业及产品公告》(以下简称《公告》)管理和机动车注册登记工作需要,国家发展改革委、公安部对现使用的"机动车整车出厂合格证打印系统"和"机动车合格证信息上传系统"软件进行了完善和升级。从2008年4月1日起,所有机动车在出厂时,均须使用新版"机动车整车出厂合格证打印系统"打印生成《机动车注册登记技术参数表》,并通过新版"机动车合格证信息上传系统"上传合格证信息。

国家发展改革委委托中国汽车技术研究中心,公安部委托公安部交通管理科学研究所作为合格证信息管理工作机构(以下简称工作机构),共同负责维护合格证信息管理系统,工作机构应当做好新版软件的开发、分发和培训工作。

二、严格合格证的制作和配发

机动车生产企业在机动车制造完毕且检验合格后应当随车配发合格证,合格证的正面需印制合格证的纸张编号,合格证的填报内容应符合国家标准GB/T 21085-2007规定,并与《公告》公布车型和对应的车辆产品技术参数一致。

机动车生产企业应当健全合格证管理工作制度,完善合格证管理档案及《机动车注册登记技术参数表》数据库,保证车辆在设计使用年限内可以查询相关信息。机动车生产企业要有固定的人员负责合格证制作、配发工作,确保出厂的车辆与合格证一一对应。

三、规范合格证信息传送

机动车生产企业应当在配发机动车出厂合格证后的48小时内通过"机动车合格证信息上传系统"向工作机构传送合格证信息,上传的合格证信息应与实际配发的合格证信息一致。为保证合格证信息的传送安全,各机动车生产企业用于信息传送的计算机设备应当向工作机构注册备案。

工作机构须对机动车生产企业上传的合格证信息进行核对，对使用未注册备案的计算机设备上传信息或上传的信息不符合规定要求的，应当拒收，并及时通知生产企业重新传送。

机动车生产企业应当指导其机动车产品经销商在销售机动车前，登录工作机构建立的网站查询合格证信息传送情况。对合格证信息尚未传送的机动车，不得销售。

四、合格证信息的修改与撤销

机动车生产企业需对已上传的合格证信息进行修改或撤销的，应当通过"机动车合格证信息上传系统"提交申请并注明原因，经国家发展改革委批准后，方可修改或撤销。

工作机构应每月向国家发展改革委、公安部报送机动车出厂合格证信息上传、修改、撤销等有关情况。

五、合格证信息核对工作的实施

国家发展改革委、公安部将分阶段实施合格证信息的核对工作。

第一阶段：所有乘用车及客车（即微型客车、小型客车、中型客车、大型客车）类产品，自2008年6月1日起实施。

第二阶段：其他机动车产品，自2008年12月1日起实施。

自实施之日起，各地公安机关交通管理部门在办理机动车注册登记时，除核对随车配发的合格证信息应当与实际车辆一致外，对合格证发证日期为实施核对之日以后的机动车，还应当与国产整车合格证信息核查数据库进行核对。凡合格证信息不存在或不一致的，公安机关交通管理部门不予注册登记，按后续快速处理程序进行处理。

六、建立合格证信息核对后续处理工作机制

为及时解决合格证信息核对中出现的问题，工作机构、机动车生产企业、公安机关交通管理部门应当建立合格证信息核对的后续快速处理工作机制。工作机构建立车辆注册合格证核对信息反馈平台，及时汇总公安机关交通管理部门在车辆注册及合格证核对中出现的问题，并向机动车生产企业反馈，便于机动车生产企业迅速处理合格证核对中出现的问题。

机动车生产企业应当有固定的人员负责本企业合格证核对信息反馈情况的查询和接收工作，并在24小时内处理完毕。负责此项工作的人员不应少于2人，人员名单及联系方式应报送工作机构备案。对属信息漏报或者误报的，应在规定的时限内补传或更正；对因生产企业原因导致信息核对不一致，且无法在规定时限内补传或更正的，由机动车生产企业或其机动车产品销售商收回车辆，并承担相应的法律和经济责任。对发现合格证有伪造、假冒嫌疑的，生产企业应当协助公安机关交通管理部门甄别真伪。

七、监督管理

国家发展改革委负责机动车生产企业合格证制作、使用和信息传送的监督管理工作，将合格证信息的生成、传送以及核对后续处理等情况作为车辆生产一致性的管理内容。对未按要求配发合格证、合格证的技术参数与《公告》产品不一致、不按规定传送合格证信息或传送虚假合格证信息、倒卖或转让合格证、合格证核对符合率低、核对后续处理不及时的生产企业，国家发展改革委将予以通报批评，限期整改，整改期间暂停产品申报《公告》；情节严重的，按照机动车生产企业及产品生产准入管理的有关规定撤销其有关产品直至撤销车辆产品的生产许可。对涉嫌构成犯罪的，依法移送司法机关追究刑事责任。

各省、自治区、直辖市发展改革委或经贸委、经委（指机动车生产企业及产品主管部门）要加强生产企业合格证管理的监督，把企业合格证的制作、使用和信息传送等情况的监督检查作为生产一致性管理的重要内容来抓，要及时将本通知精神传达到各机动车生产企业，督促生产企业加强合格证管理工作，建立合格证核对后续快速处理的工作制度。本通知贯彻的有关情况请于4月底前报送国家发展改革委。

各地公安机关交通管理部门要按照本通知规定的时间，严格在机动车注册登记环节实施合格证信息核对工作，工作中出现的问题，及时报公安部。

国家发展改革委

公安部

二〇〇八年三月十八日

国家质量监督检验检疫总局关于在用汽车衡计量专项监督检查情况的通报

国质检量函〔2007〕972 号

各省、自治区、直辖市质量技术监督局：

为了进一步贯彻落实国务院关于整顿和规范市场经济秩序的决定，加强对在用汽车衡的计量监督管理，维护公平交易和公路交通运输安全，国家质检总局于 2007 年 3 月下发了《关于开展在用汽车衡计量专项监督检查的通知》（国质检量函〔2007〕155 号），在全国范围内组织开展在用汽车衡计量专项监督检查。现将此次计量专项监督检查的有关情况通报如下：

一、基本情况

各省级质量技术监督局对此次计量专项监督检查高度重视，成立了专项领导小组。有的省级质量技术监督局还召开了全省范围内的组织动员大会，对检查工作进行统一部署和安排，并制定了详细的监督检查方案，把各项检查任务落实到人，确保了监督检查工作的顺利进行。例如，江苏省质量技术监督局要求各市局本着“突出重点、点面结合；监管并举，标本兼治”的原则，把汽车衡的专项监督检查和日常监督工作相结合，并利用“5·20 世界计量日”、全省能源计量工作大检查等机会，印制专门的宣传材料，向广大货车司机、消费者、企业宣传汽车衡的使用要求和注意事项，提高了汽车衡使用者的法制意识，并对重点耗能企业、较大物流中心等单位进行了有重点有针对性的检查。湖南省质量技术监督局根据本省情况将此次监督检查工作分为准备、监督检查、跟踪检查和总结汇报 4 个阶段进行，并派出督查组对各地、市的具体检查工作进行了现场督查。上海市质量技术监督局将此次计量专项监督检查和行风建设工作结合起来，在开展监督检查时主动邀请行风测评员参加，得到了行风测评员的高度评价。重庆市质量技术监督局利用“5·20 世界计量日”，联系多家新闻媒体，对高速公路计重收费用汽车衡和重点交易场所汽车衡进行跟踪检查和报道，营造了良好的社会氛围。湖北省质量技术监督局将此次计量专项监督检查分为自查和交叉检查 2 个阶段，要求在各单位自查的基础上，由不同地市进行跨地区的交叉检查，确保了监督检查真正取得实效。

二、取得的主要成效

（一）基本摸清了全国在用汽车衡的基本情况，建立了在用汽车衡的检定管理档案，提高了在用汽车衡的受检率和合格率，并为汽车衡的长效、动态监管打下了良好的基础。据不完全统计，全国（浙江、甘肃、新疆除外）共有在用汽车衡 102645 台（件），其中贸易交接用汽车衡 90930 台（件），公路计重收费用汽车衡 8428 台件，治理超限超载用汽车衡 3287 台件。在用计量器具受检率从监督检查前的 91.7% 提高到了监督检查后的 97.4%，合格率从监督检查前的 92.2% 提高到了监督检查后的 97.4%。

（二）基本摸清了全国汽车衡生产企业的基本情况，加强了对其的计量监管力度，促进了汽车衡产品质量的提高。据不完全统计，全国（浙江、甘肃、新疆除外）共有各类汽车衡生产企业 568 家。通过此次监督检查，进一步了解和掌握了汽车衡生产企业的实际生产状况，帮助企业及时发现问题，提出了相关的整改要求，并与企业逐步建立了相应的联系和监督机制，加大了对其的计量监管力度，帮助企业不断提高计量管理水平。例如，在此次计量监督检查中，上海市质量技术监督局专门制定了汽车衡型式评价主要及关键零部件确认方案，首先由汽车衡制造企业提供汽车衡的主要和关键零部件清单及相关照片，然后由开展型式评价的技术机构对其进行确认；企业再根据确认结果、许可证考核规范等进行自查，质量技术监督局最后组织专家对其进行统一的监督检查，此举取得了较好的监管效果。

（三）基本摸清了全国汽车衡检定机构开展检定工作的实际情况，进一步规范了检定机构的计量检定行为，提高了汽车衡检定机构的计量管理水平和检定工作质量。在此次计量监督检查中，地方各级质量技术监督局对汽车衡检定机构的计量标准设施、检定工作质量等问题进行了深入的研究和分析，为合理规划汽车衡检定工作布局，探讨相关计量标准建设和发展问题奠定了基础。

（四）基本摸清了社会秤重计量站（点）的基本情况。部分省级质量技术监督局利用此次计量专项监督检查之机，同时开展了对向社会提供秤重计量服务站点的调查和监督检查，基本摸清了秤重计量服务的现状，并对各类计量违法行为进行了依法查处。例如，江苏省质量技术监督局通过检查发现，全省向社会提供秤重计量服务的站点共有 137 个，每年为社会提供秤重计量服务 2850 万吨。在这 137 家服务站点中有 67

个具有明确的法人资格，有40个是以个人名义开办的；有2个以社会公正计量站名义对外开展服务（均通过了江苏省质量技术监督局组织的计量认证），其余均是以过磅房、地磅房等名义对外开展服务；向客户出具正式计量结果报告的只有2家，其余均是以口头方式告知客户。再如，河北省质量技术监督局对全省40家无《社会公正计量站（行）计量认证证书》的站点利用汽车衡对外进行公正称量的，依法进行了查处。

（五）加大了对各类计量违法案件的查处力度，进一步规范了市场计量秩序。据不完全统计，在此次计量监督检查中，各地共查处了各类计量违法案件790件，其中利用计量器具进行作弊的案件数为200件，其他案件数为590件。地方各级质量技术监督局对这些违法案件，依法进行了查处，同时向有关单位下达了整改通知书，提出了相应的整改要求和整改期限，并在随后的“回头看”过程中对实际整改落实情况进行了进一步跟踪检查。这些违法案件的查处，既为汽车衡使用单位和用户挽回了经济损失，也对汽车衡的制造、销售、使用和维修环节等进行了有效的整顿和规范。例如，江苏省盐城市质量技术监督局在对盐城东台市富腾油脂化工有限公司的检查中，发现其在用的汽车衡传感器接线已被剪断，且接上了外加部件，检查组立即在现场进行了情况查询和调查笔录，现此案正在审理中。再如，安徽省滁州市质量技术监督局和该市公安局联合查获了一起利用遥控电子干扰器破坏电子汽车衡准确度的违法案件，为企业挽回经济损失10万余元，犯罪嫌疑人已被公安机关刑事拘留。

三、存在的主要问题

（一）汽车衡使用单位的计量法制意识有待进一步增强。通过监督检查发现，大部分汽车衡使用单位能够支持和配合在用计量器具的强制检定工作，但是也有部分单位计量法制意识淡薄，没有建立相应的计量管理制度和日常维护制度，没有配备专兼职的计量管理人员，不重视在用汽车衡的周期检定；有的故意逃避计量监管或拒绝交纳计量检定费用，既不申请、也不接受强制检定，汽车衡出于长期违法使用状态；甚至有个别人接受不法分子对汽车衡进行改装或改造，安装遥控装置或电脑控制装置，进行计量作弊，坑害广大消费者和国家的利益。

（二）对汽车衡生产企业的计量监管有待进一步增强。通过监督检查发现，部分汽车衡生产企业存在规模较小、生产条件较差、计量管理水平较低、企业出厂检验用砝码配备量不足、元器件及原材料进厂检验和产品出厂检验不严等问题。个别汽车衡制造企业对制造计量器具许可证的本质含义认识不清，不了解相关的法制要求和取证企业的法律义务和责任，出现了逾期不及时申请换证、超范围生产、场地和关键零部件变更不办理相关手续等违规现象。

（三）汽车衡计量检定机构的计量检定能力有待进一步提高。通过检查发现，大多数计量检定机构能够按照要求规范开展汽车衡检定工作，但是由于近年来在用汽车衡普遍都在向大吨位方向发展，而汽车衡计量检定机构建立的计量标准许多已严重落后，装备投入严重不足，普遍存在标准砝码配备数量不足、未严格执行检定规程开展检定、超范围量传，原始记录和检定证书不规范等问题，严重影响了检定工作质量。另外，由于汽车衡检定过程中要运输大砝码到现场，受道路条件等的限制，运输的难度比较大，运输费用也比较高，这也是造成汽车衡检定困难的原因之一。

四、下一步工作要求

（一）进一步加大对在用汽车衡的计量监管力度，巩固此次计量监督检查取得的成果。地方各级质量技术监督局要在此次计量监督检查的基础上，督促汽车衡使用单位尽快建立和完善相关的计量管理制度和日常维护制度，配备专兼职的计量管理人员，不断提高计量管理水平；对各类计量违法行为，要督促其尽快整改，并进行跟踪检查和“回头看”。同时，还要认真研究汽车衡计量监督管理中出现的突出困难和问题，提出相应的解决方法和步骤，不断提高计量监管的手段和水平，并努力探索和建立长效、动态的计量监管机制。

（二）进一步强化衡器类制造计量器具许可证的监督管理，加强对汽车衡生产企业的计量监管，促进计量器具产品质量的全面提高。地方各级质量技术监督局要进一步帮助和指导企业配备和完善进、出厂检验仪器设备，严格出厂检验等，不断提高计量管理水平和汽车衡产品质量，增强企业的市场竞争力。对整改后仍不能正常组织生产的汽车衡生产企业，要依法吊销其制造计量器具许可证。

（三）进一步加强对汽车衡计量检定机构的管理。各省级质量技术监督局要在此次计量监督检查的基础上，深入分析汽车衡计量检定机构存在的突出困难和问题，探索和研究开展汽车衡强制检定的有效方法和途径，进一步加强汽车衡计量标准装备的建设，努力提高检定人员素质和检定技术水平，严格依法、依规开展好汽车衡的强制检定工作，确保在用汽车衡量值准确可靠，在社会上树立良好的质监形象。要进一步规范计量检定机构的计量检定行为，对确实不具备计量检定能力，整改后仍达不到要求的，要依法取消其授权。

（四）进一步加强对相关计量法律法规的宣传，提高相关人员的计量法制意识，同时加大对各类计量违法案件的查处力度，特别是重点打击利用计量器具实施作弊的各类计量违法行为。

附件：在用汽车衡计量专项监督检查情况统计表。

二〇〇七年十二月五日

附件：

在用汽车衡计量专项监督检查情况统计表

地区	汽车衡生产企业数	在用汽车衡				监督检查前		监督检查后		查处的计量违法案件数	
		总数	贸易交接用汽车衡台件数	公路管理用汽车衡		在用计量器具受检率	在用计量器具合格率	在用计量器具受检率	在用计量器具合格率	其中利用计量器具进行作弊案件数	其他案件数
				公路计重收费用汽车衡台件数	治理超限超载用汽车衡台件数						
广东	21	5600	5571	0	29	96.5	96.5	99.6	99.1	0	22
青海	1	490	401	72	17	94.9	94.9	100	98.4	0	17
河南	41	5128	4578	451	99	91.7	90.6	97.1	97.1	7	37
黑龙江	18	1928	1891	12	25	97	98.1	99.2	99.6	8	1
贵州	3	1816	1683	55	78	96.8	97.5	100	100	0	13
山西	30	7010	5813	310	887	85	90	98	100	26	43
重庆	13	2200	1868	282	50	89	90	99	98	2	20
天津	7	1068	996	59	13	94	94	98	98	0	0
福建	12	3284	2722	435	127	94.9	94.9	98.5	98.5	0	14
吉林	16	2906	2874	10	22	96.6	96.5	98.2	98.6	0	18
宁夏	11	1357	1297	35	25	92.6	95.1	97.7	98.3	0	21
湖南	22	4175	3832	0	343	91.1	94.1	95	98.8	8	11
北京	14	794	758	4	32	98.6	96	100	100	0	1
上海	15	1740	1723	0	17	70	70	99.5	99.5	3	0
江苏	46	9952	7700	2106	146	93.8	93.6	98.3	98.1	5	3
河北	78	10274	9866	341	67	87.9	91.1	95.3	95.1	28	145
安徽	14	3783	3155	606	22	93.7	93.9	99.5	99.7	7	11
山东	64	9657	9079	332	246	93.7	93.8	98.9	98.5	8	7
湖北	14	3482	2637	776	69	92.1	93.2	96.9	97.7	0	19
江西	9	2330	1601	701	28	87	91	100	99	5	8
辽宁	35	5128	4714	52	362	87	88	90	97	3	24
广西	8	2223	2085	74	64	99.8	99.1	100	99.8	0	0
海南	0	386	380	0	6	91	100	98	100	0	3
内蒙	15	2729	2534	119	76	94.3	93.7	98.5	98.4	9	24
云南	7	3933	3544	293	96	89	86	96	95	7	21
四川	30	4416	3696	566	154	94.8	96.3	99.4	98.5	0	5
陕西	24	4801	3893	737	171	98.3	87.7	99.1	90	74	102
西藏	0	55	39	0	16	76.4	76.4	76.4	76.4	0	0
总计	568	102645	90930	8428	3287	91.7	92.2	97.4	97.4	200	590

国家认证认可监督管理委员会关于印发《机动车技术性能检验机构资质认定评审补充要求》的通知

国认实〔2007〕74 号

各省、自治区、直辖市质量技术监督局：

为全面贯彻实施《实验室和检查机构资质认定管理办法》及《实验室资质认定评审准则》（以下简称《评审准则》），统一和规范机动车技术性能检验机构的资质认定评审工作，依据《实验室和检查机构资质认定管理办法》以及机动车技术检验机构管理有关规定，国家认监委组织专家研究制定了《机动车技术性能检验机构资质认定评审补充要求》（以下简称《补充要求》），现将有关事项通知如下：

一、机动车技术性能包括机动车安全运行技术性能、营运车辆综合性能。机动车技术性能检验检测机构包括公安部门使用的机动车安检机构和交通部门使用的交通综合性能检验机构。

二、国家对机动车安全技术检验机构实行资质认定和检验资格许可制度。申请成为机动车安全技术检验机构，应先取得资质认定（计量认证）证书。

三、应按照《评审准则》和本通知发布的《补充要求》对申请资质认定的机动车技术性能检验机构进行评审。

四、机动车技术性能检验机构应按其实际开展检验业务的工作场所独立向省级质量技术监督局申请资质认定。机动车技术性能检验机构原则上不得跨县（含县级市）级行政区域设立分支机构。

五、机动车安全技术检验机构申请资质认定的，至少应具备人工、侧滑、灯光、轴重、制动、排放、噪声、速度等项目的检测能力。公安交管部门另有规定的从其规定。

六、移动式机动车检测线（设备）申请资质认定的，应得到地（市）级以上公安交管部门和省级质量技术监督局负责机动车安全技术检验机构检验资格许可的部门的书面同意，并在规定的业务范围和行政区域内开展工作。

七、申请资质认定的机动车性能检验机构应具有法人资格；非独立法人的机动车性能检验机构已经取得计量认证资质认定的，在其复查时，应完成独立法人注册。

不具有独立法人资格机动车安检机构申请资质认定的，各省级质量技术监督局原则上不予受理其申请。如需申请资质认定的，必须由地（市）级以上公安交管部门提出书面申请，并经省级质量技术监督局相关部门同意后，方可受理其申请。

八、本通知规定与以前有关规定不一致的，按本通知规定执行。

九、本通知有关规定和补充评审要求，自 2008 年 1 月 1 日起施行。

附件：机动车技术性能检验机构资质认定评审补充要求评审表（略）

二〇〇七年十月二十二日

国家安全生产监督管理总局关于考核危险化学品汽车运输安全监控车载终端生产企业的通知

危化函〔2007〕14 号

广州朗昇网络科技有限公司、深圳华强信息产业有限公司：

为促进危险化学品道路运输安全监控平台建设工作，进一步规范危险化学品汽车运输安全监控车载终端（以下简称“车载终端”）生产、使用市场秩序，经研究，定于 2007 年 2 月 3 日至 6 日对车载终端通过型式检验的生产企业进行考核。现将有关要求通知如下：

一、考核的主要内容

（一）完善的质量管理体系；

（二）满足《危险化学品汽车运输安全监控车载终端》（AQ3004－2005）要求的产品生产必要的技术文件和工艺资料；

（三）具有满足生产需要的技术人员和具备产品生产、检验试验、储存所需的场所；

（四）保证产品质量的生产和检验设备、设施和手段；

（五）具备满足需要的安装、维护和售后服务能力；

二、考核的单位和日期

1. 广州朗昇网络科技有限公司 2 月 3、4 日

2. 深圳华强信息产业有限公司 2 月 5、6 日

三、考核组成员

组长：张秋和　国家安全生产北京危险品运输监控设备检测检验中心　副主任　高工

成员：陆旭　国家安全监管总局危化司　主任科员

王南光　国家安全生产北京危险品运输监控设备检测检验中心　研究员

四、考核方式

（一）听取汇报，查阅资料。听取企业关于车载终端生产、检测、质量管理等情况汇报，查阅有关文件、资料。

（二）现场检查，随机抽检。察看生产设备、设施、工装、关键元件购买和发放、产品试验和检验、包装和发货等过程控制。抽取 1 至 2 个产品现场测试。

二〇〇七年一月三十日

国家质量监督检验检疫总局关于开展机动车安全技术检验机构检验资格许可工作的通知

国质检监〔2006〕414 号

各省、自治区、直辖市质量技术监督局：

现就做好机动车安全技术检验机构（以下简称“安检机构”）资格管理工作有关要求通知如下：

一、统一思想，提高认识

安检机构检验资格许可是依法设立的一项新的行政审批项目，是法律法规赋予质量技术监督部门的一项重要职责。《中华人民共和国道路交通安全法》及其实施条例规定：“对机动车的安全技术检验实行社会化”，“质量技术监督部门负责对机动车安全技术检验机构实行资格管理”。2005 年 1 月，国家质检总局、公安部、国家认监委联合下发了《关于加强机动车安全技术检验机构管理有关工作的通知》（国质检监联〔2005〕39 号）。2005 年 3 月，国家质检总局、国家认监委联合下发了《关于做好机动车安全技术检验机构监督管理接收工作的通知》（国质检监联〔2005〕77 号），决定 2005 年 3 月 31 日前完成安检机构资格及监督管理工作由公安机关交通管理部门向质检部门移交。2005 年 8 月国家质检总局公布了从公安交通管理部门移交过来的 1860 家安检机构名单，可继续承担机动车安全技术检验工作。2006 年 2 月国家质检总局公布了《机动车安全技术检验机构管理规定》（国家质量监督检验检疫总局令第 87 号），进一步明确了安检机构资格管理工作的要求。

机动车安全技术检验是机动车安全运行的重要技术保障。目前，我国机动车社会保有量约有 1 亿辆，安检机构 1860 家，安检机构资格许可工作的质量好坏，直接影响着机动车安全技术检验制度措施的有效性，直接关系到广大人民群众人身和财产安全。严格安检机构资格许可工作，提高机动车安检工作水平，保障机动车安全运行，减少交通事故的发生，是质检部门一项重要工作。各地质量技术监督部门一定要高度重视，严把工作质量关，确保获得检验资格许可的安检机构人员素质高、技术条件好、管理工作有效。

各地质量技术监督部门在申请受理、审批过程中，要认真贯彻落实国务院《全面推进依法行政实施纲要》和《中共中央办公厅、国务院办公厅关于进一步推行政务公开的意见》（中办发〔2005〕12 号）精神，要严格按照总局行政审批的要求，实行“项目名称、审批依据、申请条件、受理单位、审批程序、审批期限、收费标准、审批结果”八公开，保证该项工作的公开、透明。工作中要待人热情、耐心、文明、礼貌，做好有关申请受理、审查、批准等工作；要廉政、勤政，树立和维护好质监部门的良好形象；要切实防止乱作为的现象发生。

二、精心组织、严格实施

安检机构资格许可工作是一项新的职能，时间紧、任务重，为了使该项工作开好头，起好步，扎实有效，各地级质量技术监督部门要形成主管领导亲自抓，业务处室协调配合，岗位人员尽职尽责的工作机制。要认真组织、周密安排，要建立分工具体、要求详细、责任明确的管理体系，把责任落实到岗位和人员。要严格按照《机动车安全技术检验机构检验资格许可办理程序》开展受理、审查、批准，确保工作程序合法有效。现场审查中要严格执行《机动车安全技术检验机构常规检验资格许可技术条件》，保证审查结论的公正、客观。从事现场审查的审查员是保证审查工作质量的关键，要按照《机动车安全技术检验机构常规检验资格许可审查员管理办法》的规定要求，选派那些政治强、业务精、守纪律、有组织能力的人员完成现场审查工作，确保该项行政许可工作的重要环节优质高效，防止走过场，不作为的现象发生。

要加强对安检机构资格许可工作的监督管理，总局建立对机动车安检机构工作的督查制度，并组织不定期的工作质量抽查，防止出现人情许可、权力许可和钱权交易的腐败行为。各地质量技术监督部门要建立相互监督制约的工作机制，明确该项行政审批工作的有关部门和人员的责任及审查员的责任，要避免权力过于集中。要保证各相关人员明确工作职责和要求。工作职责要可检查、可考核。要抓好信息反馈和投诉的处理，及时发现并处理工作中的问题，防微杜渐，清正廉洁。

三、安检机构资格许可需说明的问题

（一）本次安检机构资格许可的申请受理范围是总局《关于公布1860家承担机动车安全技术检验任务机构名单的通知》（国质检监函〔2005〕712号，以下简称《通知》）中的安检机构。不得受理、审批《通知》名单以外的新增安检机构的资格许可申请。

（二）《通知》名单中的安检机构在资格许可过程中，可继续承担机动车安全技术检验工作。做出行政许可决定后，符合条件的颁发《行政许可决定书》和《机动车安全技术检验机构检验资格许可证》，继续承担机动车安全技术检验工作。不符合条件的送达《不予行政许可决定书》，责令停止机动车安全技术检验工作。

（三）《机动车安全技术检验机构检验资格许可证》由总局统一印制，各地质量技术监督局根据本行政区域的安检机构资格许可的数量从总局领取。检验专用章的式样由总局统一制定，各地质量技术监督局根据本行政区域的安检机构资格许可的对象按规定式样制作发放。《机动车安全技术检验机构检验资格许可证》的编号按《机动车安全技术检验机构检验资格许可办理程序》中附件18《许可证书的编号规则》的规定编制。

（四）各地质量技术监督部门应根据本地区安检机构数量，确定安检机构资格许可审查员数量，并按照总局《机动车安全技术检验机构常规检验资格许可审查员管理办法》（国质检监〔2006〕380号）的要求考核注册。

（五）各地质量技术监督部门自行组织安检机构检验技术人员的考核发证工作。考核的内容主要包括机动车安全技术检验有关的法律、法规、标准及资格管理的有关规定。

（六）根据行政许可法的规定，各地质量技术监督局在对安检机构的申请受理、现场审查、批准、发放证书和检验专用章及对安检机构检验技术人员的考核发证、安检机构审查员考核注册发证等工作中，不得向被审查安检机构、注册审查员收取任何费用，有关费用由当地财政经费列支。

（七）各地质量技术监督局在完成本行政区域内的安检机构资格许可审批工作后，要及时上报批准的安检机构名单，上报内容见附件。

（八）总局正在制定安检机构规划设置方案，待该方案出台后，各地质量技术监督局可编制本行政区域内的安检机构设置规划，报总局审批后实施。规划设置方案争取在今年年底前完成。各地对新增安检机构的审核发证工作，待设置规划批准后方可受理、审查、发证。目前，各地质量技术监督局要做好本行政区域内机动车保有量、安检机构数量、业务开展情况的调查研究，为编制规划设置做好前期准备。

二〇〇六年九月十二日

附件：

机动车安全技术检验机构检验资格许可汇总表

序号	机构名称	地址	法人性质	许可证编号	获证时间	检测线数量			备注
						大车	小车	摩托	
1									
2									
3									
4									
5									
6									
7									
8									

（发证部门盖章）

填表说明：法人性质——是指安检机构的法人性质，如企业、事业、社团等；

检测线数量——分别填写获得检验资格许可的检测线数量，大型车辆检测线数量、小型车辆检测线数量、摩托车检测线数量。没有的用“/”表示。

国家质量监督检验检疫总局关于承担进出口机动车安全技术检验机构监督管理工作有关事项的通知

国质检检函〔2006〕452 号

各直属检验检疫局，各省、自治区、直辖市及计划单列市、副省级城市、新疆生产建设兵团质量技术监督局：

根据《中华人民共和国进出口商品检验法实施条例》第三十八条“国家质检总局或者出入境检验检疫机构根据进出口商品检验工作的需要，可以指定符合规定资质条件的国内外检测机构承担出入境检验检疫机构委托的进出口商品检测”、《机动车安全技术检验机构管理规定》（国家质量监督检验检疫总局令第 87 号，以下简称《管理规定》）第三十七条“承担进出口机动车安全技术检验的机构的监督管理，按照《中华人民共和国进出口商品检验法》及其实施条例的有关规定执行”的规定和进出口机动车检验检疫工作的需要，现就承担进出口机动车安全技术检验机构（以下简称进出口安检机构）监督管理工作的有关事项通知如下：

一、进出口安检机构的申请、推荐、考核与批准。

（一）各直属检验检疫局应优先从辖区内已取得《管理规定》资质条件、并提出申请的机动车安全技术检验机构中推荐；

（二）如辖区内推荐不出已取得《管理规定》资质条件、且适合检验检疫工作需要的机动车安全技术检验机构，可由尚未取得《管理规定》资质条件的机动车安全技术检验机构提出申请，由所在地直属检验检疫机构组织主持、所在地省级质量技术监督部门配合，参照《管理规定》的相关审查规定进行考核。

已推荐或通过考核的进出口安检机构须报请国家质检总局审核批准并予以公布。

二、资格证书的印制、颁发和有效期。

（一）被批准的进出口安检机构，由各直属检验检疫局颁发资格证书和检验专用章，其资格证书由国家质检总局统一印制、编号，式样见附件。

（二）进出口安检机构的资格证书有效期为 3 年。有效期满，继续从事进出口机动车安全技术检验活动的进出口安检机构，应当于期满前 3 个月内向所在地直属检验检疫局重新提出申请；申请的审查和批准按照本通知执行。

三、进出口安检机构的监督管理。

各直属检验检疫局对辖区内进出口安检机构的日常监督管理，根据《中华人民共和国进出口商品检验法》及其实施条例，参照《管理规定》相关条款执行。

进出口安检机构应规范检验行为，加强检验人员培训和内部管理，不断提高检验服务水平，每年 12 月 15 日之前向主管检验检疫机构提交本年度工作报告。进出口安检机构在进出口机动车安全技术检验活动中发现普遍性质量安全问题的，应当在 5 个工作日内向主管检验检疫机构报告。

各直属检验检疫局应建立辖区内进出口安检机构的年度考核制度并进行考核，进出口安检机构经检查不符合规定要求或存在严重违法违规行为的，各直属检验检疫局可报请国家质检总局批准后取消其进出口机动车安全技术检验资格。

四、列入《关于公布首批承担进出口机动车安全技术检验任务的机构名单的通知》（国质检检〔2005〕308 号，以下简称《首批通知》）的中国检验有限公司等 18 家进出口安检机构应按照以下规定办理相关手续：

（一）中国检验有限公司、上海强生集团汽车修理有限公司车辆检测站、上海市第二十一机动车安全检测站、牡丹集团机动车辆安全检测线、北京市盛华机动车检测场、喀什地区机动车检测中心、乌鲁木齐汽车安全技术测试服务站、伊犁州机动车辆检测中心、博乐市龙腾汽车修理服务有限公司、广州市华南理工大学机动车辆技术设备厂本部检测线等 10 家进出口安检机构，应在临时资格证书有效期满前，按《管理规定》申请取得机动车安全技术检验机构检验资格许可，并按本通知中第一条的规定办理进出口安检机构正式资格的有关手续。

（二）上海浦东机动车检测维修中心有限公司、上海海鸥交通服务有限公司机动车辆检测站、永达机动车安全检测中心有限公司、天津开发区塘沽机动车检测维修中心、天津港保税区天保进口机动车检测有限公司、大连汽车综合性能检测中心、南汽集团轻卡公司机动车辆安全检测线、广州市华南理工大学机动车辆技术设备厂黄埔口岸检测线等 8 家进出口安检机构，在其临时资格证书有效期满前，应按本通知中第一条的规定，通过承担进出口机动车安全技术检验的资格考核。各有关直属检验检疫局，各有关省、自治区、直辖市质量技术监督局应督促、配合。

（三）各相关直属检验检疫局应在 2006 年 10 月 1 日前完成首批 18 家进出口安检机构正式资格的考核、报批和发证工作。

五、2006 年 10 月 1 日以后，新增的进出口安检机构或者已列入《首批通知》中的进出口安检机构需扩充增加安检线数量的申请，应按照本通知的规定办理。

二〇〇六年六月二十六日

附件：

进出口机动车安全技术检验资格证书式

进出口机动车安全技术检验
资格证书

2006 检安检字第〔　〕号

________________：

根据《中华人民共和国进出口商品检验法》及其实施条例的规定，按照《机动车安全技术检验机构管理规定》的资质条件经考核合格，现批准你单位从事进出口机动车安全技术检验工作。有效期：　2006 年 10 月 1 日至 2009 年 9 月 30 日止。

颁发机关：
×××出入境检验检疫局
年　月　日

国家质量监督检验检疫总局关于开展机动车安全技术检验机构在用计量器具计量监督检查工作的通知

国质检量函〔2006〕184 号

各省、自治区、直辖市质量技术监督局：

为了贯彻落实《中华人民共和国计量法》、《中华人民共和国道路交通安全法》及其实施条例，加强对机动车安全技术检验机构在用计量器具的计量监督管理，总局决定在全国范围内组织开展一次机动车安全技术检验机构在用计量器具计量监督检查。现就有关工作通知如下：

一、基本目标

此次计量监督检查要坚持重点检查与长效监管相结合的原则，在对机动车安全技术检验机构进行全面调查摸底的基础上，加强对机动车安全技术检验机构的计量监督管理，引导和督促机动车安全技术检验机构建立和完善相应的计量管理制度。各省级质量技术监督局要结合当地实际，自本通知发布之日起至 2006 年 8 月 31 日对本行政区域内的机动车安全技术检验机构集中开展一次计量监督检查，努力实现机动车安全技术检验机构在用计量器具受检率达到 100% 的目标。

二、重点内容

（一）机动车安全技术检验机构在用计量器具的配备情况，配备的计量器具是否具有制造计量器具许可证标志和编号（指依法须取得制造计量器具许可证的计量器具）、出厂产品合格证书或进口计量器具检定证书，是否为国务院规定废除的非法定计量单位的计量器具等。

（二）机动车安全技术检验机构在用计量器具是否依法进行了计量检定（没有计量检定规程的除外），是否具有有效期内的计量检定证书，其计量性能是否符合计量检定规程的要求等。

（三）机动车安全技术检验机构是否建立了相应的计量器具周期检定制度，计量器具报废、更新制度和各种日常的不定期自查制度，是否配备了专（兼）职的计量管理人员等。

三、具体要求

（一）要充分认识开展此次计量监督检查工作的重要性和必要性，提高认识、加强领导、明确目标、落实责任。要结合当地实际，尽快组织制定本地区的具体实施方案，有计划、有步骤地组织开展机动车安全技术检验机构在用计量器具的监督检查。

（二）要扩大相关计量法律法规的宣传力度，特别是做好机动车安全技术检验机构的计量宣传工作，提高其对机动车安全技术检验设备依法进行计量检定重要性的认识，使其自觉、主动地配合和支持相关的计量检定工作。

（三）要认真组织做好相关的技术支持和服务工作，帮助和引导机动车安全技术检验机构建立和完善相应的计量检测体系，建立健全相关的计量管理制度，如计量器具档案管理制度、周期检定制度、计量器具报废、更新制度以及不定期自查制度等。

（四）要充分发挥有关计量检定机构的作用，使其提供相应的技术和人员支持，并在此次监督检查后，根据调查摸底的总体情况，建立相应的检定管理档案，实现对机动车安全技术检验机构在用计量器具的长效动态监管。同时，要加强对相关计量检定机构的计量监管，统筹规划本行政区域内的计量检定资源，认真做好机动车安全技术检验机构在用计量器具的计量检定工作。

（五）要坚持监督检查与整改相结合，按照“边检查、边整改”的原则对机动车安全技术检验机构进行监督检查。在监督检查的初期，集中组织进行一次全面的调查摸底，对发现的问题，要求机动车安全技术检验机构及时予以整改；监督检查的后期，要有针对性的对具体的整改落实情况进行再次的监督检查，使此次计量监督检查工作真正落到实处。

（六）要主动与当地公安、交通等部门沟通和协调，争取他们的支持，共同做好此次监督检查工作。

请各省级质量技术监督局务必于 2006 年 8 月 31 日前将此次计量监督检查工作总结（含附表 1、附表 2）报总局计量司。工作总结应当包括本行政区域内机动车安全技术检验机构的基本情况，机动车安全技术检验机构在用计量器具的基本情况（包括台件数、受检率、合格率等），相关计量检定机构的情况，监督检查中发现的突出计量问题和典型事例，以及整改措施的落实情况等。

二〇〇六年三月三十一日

附表1：

机动车安全技术检验机构在用计量器具汇总表

省份	机动车安检机构总数	机动车安检机构检测线总数	在用计量器具		监督检查前		监督检查后		查处的计量违法案件数	
			总数	其中应检台件数	在用计量器具受检率	在用计量器具合格率	在用计量器具受检率	在用计量器具合格率	其中使用不合格计量器具案件数	其他案件数

注：1. 受检率＝已检定计量器具台件数/计量器具应检台件数

2. 合格率＝具有有效期内检定证书的计量器具台件数/计量器具应检台件数

附表2：

机动车安全技术检验机构在用计量器具分类统计表

计量器具名称	在用计量器具		监督检查前		监督检查后		备注
	总数	其中应检台件数	受检率	合格率	受检率	合格率	
声级计							
汽车排放气体测试仪							
烟度计							
轴重仪							
制动检验台							
车速表检验台							
侧滑检验台							
前照灯检测仪							
其他计量器具							
合计							

注：1. 受检率＝已检定计量器具台件数/计量器具应检台件数

2. 合格率＝具有有效期内检定证书的计量器具台件数/计量器具应检台件数

汽车产品外部标识管理办法

国家发展和改革委员会令第38号

第一章　总　　则

第一条　为规范汽车生产企业产品外部标识，保护消费者合法权益，推动汽车生产企业增强质量意识和品牌意识，贯彻《汽车产业发展政策》，根据有关法律法规，制定本办法。

第二条 本办法所称的“汽车产品外部标识”是指注册商品商标、生产企业名称、商品产地、车型名称及型号、发动机排量、变速箱型式、驱动型式及反映车辆特征的其他标识。

第三条 本办法适用于在中国境内生产的面向国内市场销售的汽车。对在中国境内生产的面向国外市场的汽车和进口汽车不做统一要求。

第四条 汽车行业主管部门负责对汽车产品外部标识的标注进行规范和管理。

第二章 标识的标注

第五条 国产汽车在车身前部外表面的易见部位上应当至少装置一个能永久保持的商品商标。

第六条 国产乘用车、商用车、挂车在车身尾部显著位置(在保险杠之上的后部车身表面)上,应标注汽车生产企业名称、商品商标、车型名称等。如果标注商品图形商标,则应标注于车身尾部外表面的左右中间位置(车身尾部带备用轮胎架或车身后部左右开门的车辆除外)。

汽车生产企业的合资各方如将各自中文汉字名称的简称进行组合或将各自注册的汉字商标进行组合标注的,可不再标注生产企业名称。

第七条 采用外购底盘的专用车应保留原底盘的商品商标、生产企业名称等,同时还应标注专用车生产企业的名称、商品商标、车型名称等信息。

第八条 汽车零部件产品应标注生产企业商品商标或企业名称,具体标注方式由企业自行决定。

第三章 标识的要求

第九条 汽车生产企业名称必须采用中文汉字标注。车长超过4.2m的车型,其中文汉字高度不得低于25mm,车长不超过4.2m的车型,其中文汉字高度不得低于20mm。生产企业名称和商品文字商标必须采用同一材料标注。

第十条 车型名称可以采用中文汉字,也可以采用字母,其文字高度不得低于15mm。

第十一条 汽车产品外部标识标注的内容应当与车辆产品标牌、车辆整车出厂合格证明等文件标注的内容一致。

第十二条 乘用车、商用车车身的前部和尾部标识中,汽车生产企业名称、商品商标、车型名称等应能永久保持,不得采用油漆喷涂方式和不干胶粘贴方式。

第四章 附 则

第十三条 本办法所称汽车是指国家标准(GB/T3730.1-2001)2.1款定义的车辆,包括乘用车(2.1.1款定义)和商用车(2.1.2款定义),其中2.1.1.11,2.1.2.3.5,2.1.2.3.6款定义的车辆为专用汽车;所称挂车指国家标准(GB/T3730.1-2001)2.2款定义的车辆。

第十四条 本办法中的“汽车生产企业名称”是指汽车生产企业在工商部门登记注册的企业名称或汽车生产企业《公告》名称。

具体标注时,既可以采用企业全称,也可以采用企业简称,当采用企业简称时应在申报《道路机动车辆生产企业及产品公告》时备案。

国内汽车生产企业(集团)的控股子公司可以按照母公司的要求标注企业名称或简称。

第十五条 本办法中的“永久保持”是指在产品使用寿命时间内不允许老化和自然脱落。

第十六条 2006年2月1日开始,申报《道路机动车辆生产企业及产品公告》(以下简称《公告》)的新产品必须符合本办法的规定,不符合本办法要求的,将不予登录《公告》。

第十七条 汽车生产企业应尽快按照本办法的规定对《公告》内车型车身外部标识进行调整,2006年5月1日起《公告》内所有车型均需符合本办法要求,否则暂停有关车型《公告》。

第十八条 本办法自2006年2月1日起施行。

国家发展改革委办公厅关于机动车整车出厂合格证信息上传及管理的通知

发改办产业〔2005〕1927 号

各省、自治区、直辖市及计划单列市、副省级省会城市、新疆生产建设兵团发展改革委、经贸委(经委),有关中央企业:

为落实《国家发展改革委、公安部关于规范机动车整车出厂合格证明管理的通知》(发改产业〔2004〕2881 号)中关于机动车整车出厂合格证信息上传工作的要求,现就有关事项通知如下:

一、我委负责机动车生产企业合格证的制作、使用和信息传送的监督管理,中国汽车技术研究中心作为工作机构负责合格证上传信息管理的具体工作。机动车生产企业应按时通过合格证数据中心提供的软件系统或接口上传符合规定的合格证信息。凡不按规定配发合格证、《车辆生产企业及产品公告》(以下简称《公告》)内产品合格证与《公告》公布的产品不一致、不按规定传送合格证信息或传送虚假合格证信息、倒卖或转让合格证的机动车生产企业,国家发展改革委将按照机动车生产企业及产品准入管理的有关规定撤销其有关产品、责令生产企业召回违规产品、停止产品申报直至撤销车辆产品的生产许可。

二、从 2005 年 10 月 1 日起,机动车生产企业应向中国汽车技术研究中心上传所配发的全部机动车合格证基本信息。上传的合格证基本信息内容包括合格证背面《机动车注册登记技术参数表》除二维条码及车辆制造企业其他信息外的所有内容。上传网址为 http://203. 86. 89. 195 或 www. vidc. info,具体上传要求详见合格证数据中心网站的有关说明,网址为 http://www. vidc. info。

三、各地发展改革委、经贸委(经委)(机动车辆生产企业及产品主管部门)要及时将本通知精神传达到各机动车生产企业,督促生产企业按要求完成合格证配发和合格证信息上传的工作,并对辖区内(下属)生产企业的合格证使用情况进行检查,于 2005 年 11 月 1 日前,将检查结果报送我委。

国家发展和改革委员会办公厅

二〇〇五年九月十日

国家认证认可监督管理委员会关于做好机动车安全技术检验机构计量认证工作有关问题的通知

国认实函〔2005〕64 号

各省、自治区、直辖市质量技术监督局:

根据国家质检总局、公安部、国家认监委《关于加强机动车安全技术检验机构管理有关工作的通知》(国质检监联〔2005〕39 号),依据《中华人民共和国道路交通安全法》、《中华人民共和国道路交通安全法实施条例》,机动车安全技术检验机构应当取得计量认证,方可从事机动车辆的安全检验检测工作。现就贯彻落实 39 号通知精神,开展机动车安全技术检验机构计量认证的有关事项通知如下:

一、关于机动车安全技术检验机构申请计量认证法人资格问题

(一)根据国家有关法律、行政法规规定,机动车安全技术检验机构应当对出具的安全检验检测结果,独立承担法律责任。凡申请计量认证的机动车安全技术检验机构,应当是法人单位。

(二)目前暂不具备独立法人资格的公安交通管理部门管理(或委托)的机动车安全技术检验机构,应当自本通知之日起的一年内取得相应的独立法人资格。在此期间,需凭其所属法人单位的法人代表出具的"授权书"办理计量认证的申请事宜,其安全检验检测活动及检测结果由出具"授权书"的法人单位承担相关法律责任。

(三)自 2005 年 8 月 1 日起,新从事机动车安全技术检验的机构,必须先取得独立法人资格,方可申请办理计量认证。

二、关于机动车安全技术检验机构计量认证评审执行准则和评审中应注意的问题

机动车安全技术检验机构计量认证评审,主要依照计量认证评审准则进行。同时,可参照《机动车安全

检测站条件》(GA/T134)有关条款的要求实施评审。检测设备和人员资质的具体要求如下:

(一)检测设备要求:

1. 机动车安全技术检验机构应配备符合 GB 7258 - 2004《机动车运行安全技术条件》和 GA 468 - 2004《机动车安全检验项目和方法》规定的检测项目要求的检测仪器设备,并经计量检定(校准)合格。

暂不能按照 GB 7258 - 2004 和 GA 468 - 2004 标准满足全部检测项目要求的,发证时应当注明具体检测范围,不得超出实际检测设施的能力范围。

2. 检测仪器设备,应当有清晰的产品铭牌、产品检验合格证和制造计量器具许可证等标志。没有或标识不清的,应当监督其整改符合后再予认定。

3. 检测线检测仪器设备应采用计算机联网,实现自动检测。检测报告应当采用标准规定的规范格式,并用计算机打印,不得手写。

(二)检测人员资质要求:

在机动车安全技术检验机构直接从事检验检测工作的有关人员,应当具有相应岗位的上岗资格证书。

鉴于统一的有关机动车安全技术检验人员资格管理办法和培训教材正在制定过程中,在有关规定和培训实施前办理计量认证评审时,可暂承认上述人员以前取得的相关资质。但同时,各计量评审组应对技术/质量负责人、检验检测人员、引车员、外观检查员和底盘检查员等人员进行笔试,验证其操作的规范性和准确性等方面的能力。

机动车安全技术检验机构各岗位人员资质的具体要求:

1. 机动车安全技术检验机构的负责人,应当熟悉汽车检测业务,了解与机动车安全技术检验检测相关的法律法规和标准。

2. 技术/质量负责人,应当具备以下资质要求:

(1)熟悉机动车安全技术检验检测业务和相关的法律法规和标准;

(2)具有机动车相关专业的大专以上学历,或者中级以上工程技术职称;

(3)有三年以上的机动车检验检测的工作经历;

(4)熟悉计量认证/审查认可评审准则;

(5)熟悉本单位的质量体系文件,并具有确保其有效运行和持续改进的能力。

3. 检验检测人员,应当具备以下资质要求:

(1)具有高中或中专及以上学历;

(2)熟悉机动车性能、构造及有关使用的一般知识;

(3)熟悉检测仪器设备的结构及性能,熟练掌握检测仪器设备的操作规程;

(4)掌握检测项目的技术标准;

(5)掌握计算机操作技能及计算机网络系统使用维护基本知识;能熟练使用、操作计算机;

(6)了解本检验机构的检测工艺流程及相关标准。

4. 引车员、外观检查员和底盘检查员,应当具备以下资质要求:

(1)具有高中或中专及以上学历;

(2)引车员应持有与检测车型相对应的有效的机动车驾驶证;

(3)外观检查员和底盘检查员还应当熟悉相应的机动车性能、构造及有关使用的专业知识;

(三)机动车安全技术检验机构的计算机联网检测系统要求:

1. 计算机联网检测系统应当具有车辆登录、规定检测项目、参数的自动检测、检测结果数据的自动传输,以及符合标准要求的检测报告的自动生成、检测数据自动存档、查询、生成统计报表等功能。

2. 计算机联网检测系统配置的计算机等硬件和操作系统等软件,应当符合相关标准的要求。

3. 计算机联网检测控制系统,不得改变联网检测仪器设备的测试原理、分辨力、测量结果数据的有效位数和检测结果数据。检测参数的采集、计算、判定应当符合有关标准。

4. 计算机联网检测系统应当建立适用的检测车型数据库和适用的检测标准项目、参数限值数据库,符合行业管理的要求,应当与公安交通管理部门和质量技术监督部门联网。

5. 计算机联网检测控制系统应当设置检测标准、系统参数等数据修改的访问权限,防止随意更改检验报告。

三、其他问题

（一）对有关机动车安全技术检验机构的质量体系监督员活动记录、检验检测结果的技术检查活动、实验室比对活动、仪器设备的期间核查等的评审，可在首次计量认证后的监督评审逐步开展。

（二）有关制定机动车动态检测数据重复性的允差，在现场评审时的人员比对、仪器比对所出现的数据偏差，应以不影响检验结果的合格判断为考核内容。

（三）鉴于目前全国机动车安全技术检验机构所用检测软件不一致，在计量认证评审时，可以暂沿用现有的检验记录和检验报告格式。有关新的规定出台后，按照新规定执行。

（四）关于部分符合技术条件但尚未建立和运行质量体系的机动车安全技术检验机构是否颁发临时性的计量认证证书问题。

已获得所在地的公安交通管理部门委托（或授权）开展机动车安全技术检验检测的检验机构，鉴于其质量体系的建立和运行尚需一定时间，在确认其满足以下条件时，省级质量技术监督局可颁发有效期为一年的计量认证证书。

1. 具备开展机动车安全技术检验所需的设备，并经过计量检定合格。场地设施和人员资质满足相关检测要求；

2. 有3年以上的机动车安全技术检验的工作经验；

3. 连续3年获得公安交通管理部门的委托或授权，且无不良记录（投诉、质量事故等）；

4. 机构的质量负责人和技术负责人参加过省级计量认证监督管理部门的计量认证培训，并建立了文件化质量体系；

5. 经县级以上（含县级）公安交通管理部门推荐，并报省级公安交通管理部门核准同意。

四、工作要求

对机动车安全技术检验机构的计量认证，必须建立明确的评审和审批责任制，评审组组长要对评审结果负责，各省级质量技术监督局作为机动车安全技术检验机构的计量认证审批单位，要对审批结果的准确性和有效性负责。国家认监委将适时组织监督抽查，凡给不具备条件的机构颁发了计量认证证书的，要实行责任追究。属于申请单位弄虚作假骗取计量认证资质证书的，由发证机关吊销其计量认证证书，并追究相关责任人的责任。

各省级质量技术监督局要督促计量认证现场评审组切实提高工作效率，并加快审批环节工作进度，以保证机动车安全技术检验机构在规定的时间内完成计量认证工作。

二〇〇五年四月四日

国家质量监督检验检疫总局、国家认证认可监督管理委员会关于做好机动车安全技术检验机构监督管理接收工作的通知

国质检监联〔2005〕77号

各省、自治区、直辖市质量技术监督局，各直属检验检疫局：

根据《中华人民共和国道路交通安全法》、《道路交通安全法实施条例》和我局与公安部、认监委联合发布的《关于加强机动车安全技术检验管理有关工作的通知》（国质检监联〔2005〕39号）的规定，自2005年1月21日至3月31日，机动车安全技术检验机构（以下简称：机动车安检机构）监督管理工作由公安机关交通管理部门向质检部门移交。为了做好机动车安检机构监督管理的接收工作，现就有关事项通知如下：

一、高度重视，做好机动车安检机构监管职能承接工作

机动车安检机构资格及其监督管理工作，是道路交通安全法及其实施条例赋予质检部门的一项新的职责，各地要组织局内有关职能处（室），认真学习法律、法规的规定，从以人为本、执政为民的高度，充分认识机动车安检机构监管工作的重要意义。各地要按照质检总局、公安部、认监委联合发文和本通知的要求，按照统一领导、分工合作、密切配合的原则，加强与当地公安机关交通管理部门的联系，结合实际研究

制定接收机动车安检机构监管职能工作方案，做好承接工作，为全面履行机动车安检机构监管职能打好基础。

二、调查摸底，做好登记备案工作

各地在做好档案资料接收工作的同时，要组织（地）市局对本地区机动车安检机构的人员、检验资质、资产设备、机构性质等基本情况进行一次全面调查、摸底，填写《机动车安检机构调查登记表》（见附表1），汇总、分析调查摸底情况，于2005年3月31日前，将调查登记表和汇总分析报告一并报总局监督司。

各直属检验检疫局应当依据相关检验检疫法律、法规的规定以及本通知的要求，对承担口岸进出口机动车安全技术检验工作的机构的检验资格进行登记备案，于2005年3月31日前，将承担口岸进出口机动车安全技术检验工作的机构名单及其档案资料报总局检验监管司。

三、督促有关机构做好计量认证和计量检定工作

各地要充分重视机动车安全技术检验机构的计量认证工作，对所有经公安机关交通管理部门委托指定机动车安检机构，要于4月30日前将完成和未完成计量认证的机构名单，以附表2的形式报国家认监委实验室与检测监管部，8月1日前，应完成所有经公安机关委托指定的机动车安全技术检验机构的计量认证工作。

各地应当对机动车安全技术检验机构的在用计量器具进行一次监督检查。检查的主要内容：1. 在用计量器具是否依法进行了计量检定（没有计量检定规程的除外）；2. 是否具有有效的计量检定证书。对未依法进行计量检定或超过计量检定周期的，应当督促其依法进行检定；对拒不进行检定的，可依据国质检监联〔2005〕39号文件的要求，责令其暂停检验工作，并通报当地公安机关交通管理部门。2005年3月31日前，将计量监督检查情况填写《机动车安检机构计量检定情况汇总表》（见附表3），报总局计量司。

四、严格审核有关机动车安检机构延长有效期的申请

根据国质检监联〔2005〕39号文件的规定，经公安机关交管部门委托指定的机动车安检机构，在监管工作交接期间委托检验有效期满的，可以允许其提出延长检验有效期的申请。各省质量技术监督局和各直属出入境检验检疫局应当组织所在市（地）有关部门进行审核，指导申请单位填写《延长机动车安检工作有效期审核表》（见附表4）。经审核符合要求的，征求当地公安机关交管部门同意后，省局可批准其延长检验工作有效期，并正式函复有关申请机构。凡委托检验有效期满未提出延长申请的，或经审核认定不具备继续承担检验工作条件的，一律不得再从事机动车安全技术检验工作。

五、认真做好档案接收工作

公安机关交通管理部门长期对机动车安检机构依法实施严格的监督管理，有着成熟的管理经验，并积累了大量的档案和文件资料。各省质量技术监督局和各直属出入境检验检疫局要虚心向公安机关交管部门学习。在接收移交资料时，应做到全面了解公安机关交管部门对机动车安检机构监督管理的法规、规章、技术规定、标准和有关文件；掌握公安机关交管部门指定承担机动车安全技术检验工作的机动车安检机构档案等材料。

各地应当对接收的档案和有关材料进行归类、汇总，并将汇总情况分别填写《机动车安检机构监管法规文件备案表》（见附表5）和《机动车安检机构备案表》（见附表6），于2005年3月31日前报总局监督司和检验监管司。

过渡期间，总局将针对机动车安检机构监管工作进行联合调研，召开座谈会，研究制定《机动车安全技术检验机构监督管理办法》和机动车安检机构必须具备的条件并尽快发布。各地在接收期间不得受理未经公安机关交通管理部门委托指定承担安检任务的机构新的申请。接收过程中遇到问题的，要及时报告总局监督司。

二〇〇五年三月四日

附表 1

机动车安检机构基本情况登记调查表

<table>
<tr><td rowspan="10">基本情况</td><td>机构名称</td><td colspan="5"></td><td colspan="3">调查年度 2004 年</td></tr>
<tr><td rowspan="2">机构性质</td><td colspan="4">独立法人</td><td colspan="4" rowspan="2">非独立法人 □</td></tr>
<tr><td colspan="2">企业法人 □</td><td colspan="2">事业法人 □</td></tr>
<tr><td>地址</td><td colspan="4"></td><td>电话</td><td colspan="3"></td></tr>
<tr><td>邮编</td><td colspan="4"></td><td>传真</td><td colspan="3"></td></tr>
<tr><td>电子邮件</td><td colspan="4"></td><td>网址</td><td colspan="3"></td></tr>
<tr><td rowspan="2">法人代表</td><td colspan="2">姓名</td><td>性别</td><td>年龄</td><td>学历</td><td>职称</td><td colspan="2">联系电话</td></tr>
<tr><td colspan="2"></td><td></td><td></td><td></td><td></td><td colspan="2"></td></tr>
<tr><td rowspan="2">主管单位</td><td>单位名称</td><td colspan="7"></td></tr>
<tr><td>单位性质</td><td colspan="7">行政部门□ 事业单位□ 社会团体□ 企业集团□</td></tr>
<tr><td rowspan="11">人员情况</td><td colspan="9">在职人员总数： 人</td></tr>
<tr><td colspan="9">职务构成</td></tr>
<tr><td colspan="3">行政人员</td><td colspan="3">检验人员</td><td colspan="3">持证检验人员</td></tr>
<tr><td>人数</td><td colspan="2">占在职人员比例%</td><td>人数</td><td colspan="2">占在职人员比例%</td><td>人数</td><td colspan="2">占检验人员比例%</td></tr>
<tr><td></td><td colspan="2"></td><td></td><td colspan="2"></td><td></td><td colspan="2"></td></tr>
<tr><td>站长</td><td colspan="2">是否持证</td><td colspan="2">是□ 否□</td><td>何机构授证</td><td colspan="3"></td></tr>
<tr><td>主任检验员</td><td colspan="2">是否持证</td><td colspan="2">是□ 否□</td><td>何机构授证</td><td colspan="3"></td></tr>
<tr><td colspan="9">学历构成</td></tr>
<tr><td colspan="3">硕(博)士</td><td colspan="3">大(本)专科</td><td colspan="3">大专以下</td></tr>
<tr><td>人数</td><td colspan="2">占在职人员比例%</td><td>人数</td><td colspan="2">占在职人员比例%</td><td>人数</td><td colspan="2">占在职人员比例%</td></tr>
<tr><td></td><td colspan="2"></td><td></td><td colspan="2"></td><td></td><td colspan="2"></td></tr>
<tr><td rowspan="13">机构情况</td><td rowspan="5">内部机构</td><td colspan="2">业务科(室)名称</td><td colspan="4">主要业务</td><td>人数</td><td>大专以上人数</td></tr>
<tr><td colspan="2">1</td><td colspan="4"></td><td></td><td></td></tr>
<tr><td colspan="2">2</td><td colspan="4"></td><td></td><td></td></tr>
<tr><td colspan="2">3</td><td colspan="4"></td><td></td><td></td></tr>
<tr><td colspan="2">4</td><td colspan="4"></td><td></td><td></td></tr>
<tr><td rowspan="4">分支机构</td><td colspan="2">名称</td><td colspan="4">地址</td><td colspan="2">批准单位</td></tr>
<tr><td colspan="2">1</td><td colspan="4"></td><td colspan="2"></td></tr>
<tr><td colspan="2">2</td><td colspan="4"></td><td colspan="2"></td></tr>
<tr><td colspan="2">3</td><td colspan="4"></td><td colspan="2"></td></tr>
<tr><td rowspan="4">联合机构</td><td colspan="2">名称</td><td colspan="4">地址</td><td colspan="2">批准单位</td></tr>
<tr><td colspan="2">1</td><td colspan="4"></td><td colspan="2"></td></tr>
<tr><td colspan="2">2</td><td colspan="4"></td><td colspan="2"></td></tr>
<tr><td colspan="2">3</td><td colspan="4"></td><td colspan="2"></td></tr>
</table>

续表

<table>
<tr><td rowspan="37">安检工作情况</td><td rowspan="4">2004 年检验业务情况</td><td colspan="2">委托单位</td><td>迄止日期（有效日期）</td><td colspan="2">证书号</td></tr>
<tr><td colspan="2"></td><td></td><td colspan="2"></td></tr>
<tr><td rowspan="2">检验数量（台数）</td><td>大型车</td><td>中、小型车</td><td>摩托车</td><td>其他</td></tr>
<tr><td></td><td></td><td></td><td></td></tr>
<tr><td rowspan="11">检验资质</td><td>计量认证参数（项目）</td><td>认证考核单位</td><td>迄止日期（有效日期）</td><td colspan="2">证书号</td></tr>
<tr><td>1</td><td></td><td></td><td colspan="2"></td></tr>
<tr><td>2</td><td></td><td></td><td colspan="2"></td></tr>
<tr><td>3</td><td></td><td></td><td colspan="2"></td></tr>
<tr><td>4</td><td></td><td></td><td colspan="2"></td></tr>
<tr><td>5</td><td></td><td></td><td colspan="2"></td></tr>
<tr><td>6</td><td></td><td></td><td colspan="2"></td></tr>
<tr><td>7</td><td></td><td></td><td colspan="2"></td></tr>
<tr><td>8</td><td></td><td></td><td colspan="2"></td></tr>
<tr><td>9</td><td></td><td></td><td colspan="2"></td></tr>
<tr><td>10</td><td></td><td></td><td colspan="2"></td></tr>
<tr><td rowspan="14">检验设备</td><td rowspan="2">检测线数量</td><td>大车线</td><td>条</td><td>中小车线</td><td>条</td></tr>
<tr><td>摩托车线</td><td>条</td><td>试验跑道</td><td>条</td></tr>
<tr><td colspan="2">是否与车管所联网</td><td colspan="3">是□ 否□</td></tr>
<tr><td>在用检测设备名称</td><td>计量检定单位</td><td>检定时间</td><td colspan="2">证书号</td></tr>
<tr><td>1</td><td></td><td></td><td colspan="2"></td></tr>
<tr><td>2</td><td></td><td></td><td colspan="2"></td></tr>
<tr><td>3</td><td></td><td></td><td colspan="2"></td></tr>
<tr><td>4</td><td></td><td></td><td colspan="2"></td></tr>
<tr><td>5</td><td></td><td></td><td colspan="2"></td></tr>
<tr><td>6</td><td></td><td></td><td colspan="2"></td></tr>
<tr><td>7</td><td></td><td></td><td colspan="2"></td></tr>
<tr><td>8</td><td></td><td></td><td colspan="2"></td></tr>
<tr><td>9</td><td></td><td></td><td colspan="2"></td></tr>
<tr><td>10</td><td></td><td></td><td colspan="2"></td></tr>
<tr><td rowspan="13">2004年资产情况</td><td rowspan="13">资金收入</td><td colspan="5">收入总额　　万元，收费标准</td></tr>
<tr><td colspan="5">行政拨款　　万元，占总收入比例　　%</td></tr>
<tr><td>拨款单位</td><td>拨款项目</td><td>拨款额（万元）</td><td colspan="2">占行政拨款总额比例%</td></tr>
<tr><td>1</td><td></td><td></td><td colspan="2"></td></tr>
<tr><td>2</td><td></td><td></td><td colspan="2"></td></tr>
<tr><td>3</td><td></td><td></td><td colspan="2"></td></tr>
<tr><td colspan="5">业务收入总额　　万元，占总收入比例　　%</td></tr>
<tr><td>收费项目</td><td>收费额（万元）</td><td>占业务收入比例%</td><td colspan="2">收费依据</td></tr>
<tr><td>1</td><td></td><td></td><td colspan="2"></td></tr>
<tr><td>2</td><td></td><td></td><td colspan="2"></td></tr>
<tr><td>3</td><td></td><td></td><td colspan="2"></td></tr>
<tr><td colspan="5">其他收入　　万元，占总收入比例　　%</td></tr>
</table>

续表

<table>
<tr><td rowspan="26">2004年资产情况</td><td rowspan="9">资金支出</td><td colspan="5">支出总额　　万元，占总收入比例　　%</td></tr>
<tr><td colspan="2">支出项目</td><td colspan="2">支出额（万元）</td><td>占支出总额比例%</td></tr>
<tr><td colspan="2">检验业务成本</td><td colspan="2"></td><td></td></tr>
<tr><td colspan="2">检验设备更新和维护</td><td colspan="2"></td><td></td></tr>
<tr><td colspan="2">工资支出</td><td colspan="2"></td><td></td></tr>
<tr><td colspan="2">办公经费</td><td colspan="2"></td><td></td></tr>
<tr><td colspan="2">其他</td><td colspan="2"></td><td></td></tr>
<tr><td rowspan="2">纳税情况</td><td>营业税</td><td colspan="2"></td><td></td></tr>
<tr><td>所得税</td><td colspan="2"></td><td></td></tr>
<tr><td colspan="6">现有资产：　　万元</td></tr>
<tr><td rowspan="14">固定资产</td><td rowspan="10">检测设备</td><td>序号</td><td>在用检测设备名称</td><td>原值</td><td>购置时间</td></tr>
<tr><td>1</td><td></td><td></td><td></td></tr>
<tr><td>2</td><td></td><td></td><td></td></tr>
<tr><td>3</td><td></td><td></td><td></td></tr>
<tr><td>4</td><td></td><td></td><td></td></tr>
<tr><td>5</td><td></td><td></td><td></td></tr>
<tr><td>6</td><td></td><td></td><td></td></tr>
<tr><td>7</td><td></td><td></td><td></td></tr>
<tr><td>8</td><td></td><td></td><td></td></tr>
<tr><td colspan="4">合计　　　　万元</td></tr>
<tr><td rowspan="3">房产</td><td>办公用房</td><td>面积　　m^2</td><td colspan="2">价值　　万元</td></tr>
<tr><td>检验用房</td><td>面积　　m^2</td><td colspan="2">价值　　万元</td></tr>
<tr><td colspan="4">合　　计　　万元</td></tr>
<tr><td colspan="5">其他　　万元</td></tr>
<tr><td colspan="6">合计　　万元</td></tr>
<tr><td>流动资金</td><td colspan="5">万元</td></tr>
<tr><td colspan="7">当前安检机构面临的主要问题及困难</td></tr>
<tr><td colspan="7"></td></tr>
<tr><td colspan="7">对质检总局在机动车安检机构监督管理工作方面的建议</td></tr>
<tr><td colspan="7"></td></tr>
<tr><td colspan="7">对外用章印模</td></tr>
<tr><td colspan="7"></td></tr>
<tr><td colspan="3">安检机构章</td><td colspan="4">安检机构检验业务用章</td></tr>
<tr><td colspan="3"></td><td colspan="4"></td></tr>
<tr><td colspan="3">分支机构章</td><td colspan="4">分支机构检验业务用章</td></tr>
<tr><td colspan="3"></td><td colspan="4"></td></tr>
<tr><td colspan="3">联合机构章</td><td colspan="4">联合机构检验业务用章</td></tr>
<tr><td colspan="3"></td><td colspan="4"></td></tr>
</table>

填表说明：

1. 填表单位应当对表中所填信息的真实性负责，不得虚假隐瞒，不得空项，没有内容的应当填“无”。

2. 法人证书以及所有有关检验资质的证明文件，如计量认证证书及附件、实验室认可证书及附件等，应当提交全部复印件。

3. 表格所填信息量不适当的，可以扩大或缩小表格。

附表2：

机动车安全技术检验机构计量认证信息汇总表

填报单位：________省（自治区、直辖市）　　　　联系电话：

机构名称	地址/邮编	联系人	电话/传真	计量认证证书编号	证书有效起止日期
已通过计量认证的项目					

注：未通过计量认证的也填报此表（有关栏目空着）

附表3：

机动车安检机构计量检定情况汇总表

<table>
<tr><th rowspan="3">省（市）</th><th rowspan="3">车辆安检机构总数</th><th rowspan="3">车辆安检机构检测线总数</th><th rowspan="3">检测线在用计量器具总数</th><th colspan="5">检测线在用计量器具已检定台件数</th><th rowspan="3">违法使用计量器具案件数</th></tr>
<tr><th rowspan="2">总检定台件数</th><th colspan="4">其中</th></tr>
<tr><th>质检系统检定台件数</th><th>公安系统检定台件数</th><th>安检机构检定台件数</th><th>其他单位检定台件数</th></tr>
<tr><td></td><td></td><td></td><td></td><td></td><td></td><td></td><td></td><td></td><td></td></tr>
<tr><td></td><td></td><td></td><td></td><td></td><td></td><td></td><td></td><td></td><td></td></tr>
<tr><td></td><td></td><td></td><td></td><td></td><td></td><td></td><td></td><td></td><td></td></tr>
<tr><td></td><td></td><td></td><td></td><td></td><td></td><td></td><td></td><td></td><td></td></tr>
</table>

附表4：

延长机动车安检工作有效期审批表

<table>
<tr><td>申请单位</td><td colspan="4"></td><td>性质</td><td></td></tr>
<tr><td rowspan="2">法人代表</td><td>姓名</td><td>性别</td><td>年龄</td><td>学历</td><td>职称</td><td>电话</td></tr>
<tr><td></td><td></td><td></td><td></td><td></td><td></td></tr>
<tr><td>地址</td><td colspan="4">邮编</td><td></td><td></td></tr>
<tr><td>联系电话</td><td colspan="4">传真</td><td></td><td></td></tr>
<tr><td colspan="7">申请内容

申请单位（印章）</td></tr>
<tr><td colspan="7">（以上内容由申请单位填写）</td></tr>
</table>

续表

<table>
<tr><td>审核意见</td><td>提示：
1. 计量设备检定情况
2. 计量认证情况
3. 其他

审核单位(印章)
年　月　日</td></tr>
<tr><td>公安交管
部门意见</td><td>交管部门(印章)
年　月　日</td></tr>
<tr><td>审批部门
意见</td><td>审批部门(印章)
年　月　日</td></tr>
</table>

附表5：

机动车安检机构监管法规文件备案表

__________省(市)　　　　　　　　　　　　　　　　　　　　　　　　报备单位(印章)

序号	省(市)	法规文件名称	发布单位	备注

附表6：

机动车安检机构备案表

__________省(市)　　　　　　　　　　　　　　　　　　　　　　　　报备单位(印章)

序号	省(市)	安检机构名称	委托证书号	备注

国家质量监督检验检疫总局、公安部、国家认证认可监督管理委员会关于加强机动车安全技术检验机构管理有关工作的通知

国质检监联〔2005〕39 号

各省、自治区、直辖市质量技术监督局、公安厅(局):

为贯彻落实《道路交通安全法》及其实施条例,加强对机动车安全检验技术机构的监督管理,保障上路行驶的机动车的安全性,国家质量监督检验检疫总局(以下简称国家质检总局)、公安部和国家认证认可监督管理委员会(以下简称国家认监委)研究决定,自本通知发布之日至 2005 年 3 月 31 日,机动车安全技术检验机构资格及监督管理工作由公安机关交通管理部门向质检部门移交。现就过渡期内有关事项通知如下:

一、各地质量技术监督部门要会同公安机关交通管理部门,对机动车安全技术检验机构(以下简称车辆安检机构)的资格进行确认。车辆安检机构在公安机关交通管理部门核发的委托书有效期内,可继续承担机动车安全检验工作,但应当申请办理计量认证。检验项目及标准仍按原有关规定执行。有效期满前,愿意继续承担车辆安全检验工作的,可以向当地省级质量技术监督部门申请延长有效期。省级质量技术监督部门应当对申请延长有效期的机构进行审核,对批准延长申请的,征求同级公安机关交通管理部门意见后,报国家质检总局备案。过渡期间,不受理车辆安检机构承担机动车安全检验工作的新的申请。

二、各省级质量技术监督部门应当按照国家质检总局和国家认监委的统一要求,积极做好车辆安检机构的计量认证、计量检定以及实验室认可等工作。组织对车辆安检机构的专用检验设备的检定情况进行检查,对检验人员进行核准登记。发现车辆安检机构使用的检验设备未依法进行计量检定的,应当责令申请检定。未按要求进行检定或检定不合格的,质检部门应当责令其暂停检验工作,并通报当地公安机关交通管理部门。情节严重的,征求同级公安机关交通管理部门意见后,撤销其检验资格。2005 年 4 月 30 日前,各省质量技术监督局应完成对车辆安检机构的计量认证工作,并将通过计量认证的机构报国家认监委。

三、各省级质量技术监督局应及时组织宣传贯彻有关计量检定、计量认证法律法规要求和工作程序,按照国家质检总局指定的教材组织车辆安检机构检验人员的上岗培训,并进行统一考试。未经考核合格、未取得上岗证书的人员,一律不得从事机动车安全技术检验工作。检验人员有违法违纪行为的,应撤销其上岗资格,并依法追究责任。

四、公安机关交通管理部门要会同质检部门,对车辆安检机构检验车辆的情况进行监督。发现车辆安检机构只收费不检车、不执行国家安全技术检验标准、出具虚假检验证明等违法、违规行为的,公安机关交通管理部门依法予以处罚,不予核发检验合格标志,质检部门征求同级公安机关交通管理部门意见后。依法撤销其检验资格。车辆在检验有效期内发生交通事故、经确认车辆安检机构负有责任的,依法追究车辆安检机构及其有关责任人的法律责任。车辆安检机构要与公安机关交通管理部门和省级质量技术监督部门联网,实现计算机打印机动车安全技术检验合格证明。在过渡期以后,车辆安检机构的监管按有关新规定执行。

五、2005 年 3 月 31 日前,各地公安机关交通管理部门应当对已委托的车辆安检机构进行核实确认,将有关档案资料登记造册,移交同级质量技术监督部门。各地质量技术监督部门应当对移交的材料进行核对,及时上报省级质量技术监督部门。各省级质量技术监督部门于 2005 年 4 月 30 日前报国家质检总局。

过渡期间,各省(区、市)质量技术监督局、公安厅(局)要将贯彻《道路交通安全法》及其实施条例,落实过渡期有关事项情况分别上报国家质检总局和公安部。国家质检总局和公安部将适时组织检查。

六、国家质检总局将会同国家认监委统一向社会公布承担机动车安全技术检验的机构名单。自 2005 年 5 月 1 日起,未列入承担机动车安全技术检验机构名单的机构,一律不得开展机动车安全技术检验工作。违反规定的,由省级质量技术监督部门依法进行查处。

二〇〇五年一月二十一日

国家发展改革委、公安部关于规范机动车整车出厂合格证明管理的通知

发改产业〔2004〕2881号

各省、自治区、直辖市、计划单列市及新疆生产建设兵团发展改革委(计委)、经贸委(经委),公安厅(局),有关中央企业:

机动车整车出厂合格证明(以下简称合格证)是办理国产机动车注册登记必须提交的法定证明之一,也是机动车生产企业产品生产一致性管理考核的重要内容。为加强对机动车生产企业及其产品管理,有效防范被盗抢、走私和拼装车辆违法入户,打击倒卖、伪造、假冒合格证等违法行为,提高机动车注册登记工作的效率,国家发展改革委、公安部决定规范合格证的式样和内容,建立合格证信息管理系统,现就有关事项通知如下:

一、合格证的应用范围

列入国家发展改革委《车辆生产企业及产品公告》(以下简称《公告》)的汽车(包括三轮汽车及低速载货汽车——原农用运输汽车)及汽车底盘(含二类和三类底盘)、改装车、半挂车、摩托车产品在国内销售时,均应由机动车生产企业随车配发符合规定的合格证。

未列入国家发展改革委《公告》但需要办理注册登记手续后上路行驶的无轨电车、其他挂车、轮式专用机械车等类型的机动车辆(不包括进口机动车),也应由生产企业随车配发符合规定的合格证。

二、合格证的基本要求

合格证的规格为A系列纸张的A4幅面(297mm×210mm),由机动车生产企业按规定式样(见附件)印制并附加企业名称、标识及防伪信息;在背面使用统一的打印软件打印《机动车注册登记技术参数表》(以下简称《技术参数表》),包括自动打印可供机动车注册登记时用机器识读的二维条码(矩阵码),加盖企业公章或产品合格章。

《技术参数表》的项目内容应规范填写,并与《公告》公布的该车型产品参数相一致。

三、实施时间

配发合格证工作分为三个阶段实施。从以下实施之日起,机动车生产企业生产的该类型车辆在出厂时,均须随车配发符合规定的合格证。第一阶段:所有免上检测线的轿车产品,从2005年5月1日起实施。

第二阶段:其他汽车类产品(包括汽车底盘,不含三轮汽车及低速载货汽车)、摩托车产品、挂车类产品,从2005年7月1日起实施。

第三阶段:所有改装车、三轮汽车和低速载货汽车产品及未列入国家发展改革委《公告》的机动车辆产品,从2005年9月1日起实施。

各类机动车生产企业应按上述时间要求,做好准备工作,保证从实施之日起出厂的机动车产品均配发符合规定的合格证,也可提前实施。从实施之日起,生产出厂的机动车产品未按上述规定配发合格证的,由机动车生产企业收回并重新配发符合规定的合格证。

四、合格证信息管理

自2005年10月1日起,机动车生产企业应向国家发展改革委指定的合格证信息管理工作机构,传送所配发的全部合格证的基本信息,建立合格证信息管理系统。

五、监督管理

国家发展改革委负责机动车生产企业合格证的制作、使用和信息传送的监督管理。对未按要求配发合格证、合格证与《公告》公布的产品不一致、不按规定传送合格证信息或传送虚假合格证信息、倒卖或转让合格证的机动车生产企业,国家发展改革委将按照机动车生产企业及产品准入管理的有关规定撤销其有关产品、停止产品申报直至撤销车辆产品的生产许可。

公安机关交通管理部门在进行机动车注册登记时,须核查随车配发的合格证,读写合格证的有关信息。对未按规定配发合格证、合格证不符合规定样式、合格证内容(包括《技术参数表》)与《公告》公布的产品不一致的机动车产品,不予注册登记。

各地发展改革委、经贸委(经委)(机动车生产企业及产品主管部门)要及时将本通知精神传达到各机动

车生产企业，并督促生产企业按要求完成配发合格证的工作，工作中出现的问题及时报送国家发展改革委。各地公安机关交通管理部门贯彻执行本通知的情况，要及时报送公安部。

附件：合格证式样设计要求（略）

国家发展改革委
公安部
二○○四年十二月十三日

国家工商行政管理总局关于处理侵害消费者权益行为的若干规定

工商消字〔2004〕第35号

第一条 经营者提供商品或者服务，应当按照法律法规的规定、与消费者的约定或者向消费者作出的承诺履行义务。

经营者与消费者有约定或者经营者向消费者作出承诺的，约定或者承诺的内容有利于维护消费者合法权益并严于法律法规强制性规定的，按照约定或者承诺履行；约定或者承诺的内容不利于维护消费者合法权益并且不符合法律法规强制性规定的，按照法律法规的规定履行。

第二条 经营者发现其提供的商品或者服务存在严重缺陷，即使正确使用商品或者接受服务仍然可能对人身、财产安全造成危害的，应当立即停止销售尚未售出的商品或者停止提供服务，并报告工商行政管理等有关行政部门；对已经销售的商品或者已经提供的服务除报告工商行政管理等有关行政部门外，还应当及时通过公共媒体、店堂告示以及电话、传真、手机短信等有效方式告之消费者，并且收回该商品或者对已提供的服务采取相应的补救措施。

对经营者不履行前款规定的义务的行为，工商行政管理部门应当在职权范围内责令其改正，并在市场主体信用监管信息中予以记载。

第三条 经营者拟订的格式合同、通知、声明、店堂告示中不得含有下述对消费者不公平、不合理的内容：让消费者承担应当由经营者承担的义务；增加消费者的义务；排除、限制消费者依法变更、解除合同的权利；排除、限制消费者依法请求支付违约金、损害赔偿、提起诉讼等法定权利。

对经营者拟订的格式合同、通知、声明、店堂告示中含有上述内容的，以及减轻、免除其损害消费者合法权益应当承担的民事责任的行为，工商行政管理部门应当责令其改正，并在市场主体信用监管信息中予以记载。

第四条 消费者接受经营者提供的商品或者服务后，向经营者索要发票、收据、购货卡、服务卡、保修证等购货凭证或者服务单据的，经营者必须出具，并不得加收任何费用。

消费者索要发票的，经营者不得以收据、购货卡、服务卡、保修证等代替。有正当理由不能即时出具的，经营者应当按照与消费者协商的时间、地点送交或者约定消费者到指定地点索取。经营者约定消费者到指定地点索取的，应当向消费者支付合理的交通费用。

对经营者不履行前款规定的义务的行为，工商行政管理部门应当责令其改正，并在市场主体信用监管信息中予以记载。

第五条 经营者以邮购、电视直销、网上销售、电话销售等方式提供商品或者服务的，应当按照约定提供。未按照约定提供的，应当按照消费者的要求履行约定或者退回货款；并应当承担消费者为此必须支付的通讯费、不符合约定条件的商品退回的邮寄费等合理费用。

第六条 经营者提供商品或者服务，造成消费者人身、财产损害的，应当按照法律法规的规定、与消费者的约定或者向消费者作出的承诺，以修理、重作、更换、退货、补足商品数量、退还货款和服务费用或者赔偿损失等方式承担民事责任。

经营者在消费者有证据证明向其提出承担民事责任的合法要求之日起超过15日，并且两次以上没有正当理由拒不承担民事责任的，视为故意拖延或者无理拒绝。但经营者能够证明由于不可抗力的原因超过时限的除外。

对经营者故意拖延或者无理拒绝消费者合法要求的行为，由工商行政管理部门依照《消费者权益保护法》第五十条的规定处罚。

产品防伪监督管理办法

国家质量监督检验检疫总局令第27号

第一章 总 则

第一条 为了加强对产品防伪的监督管理，预防和打击假冒违法活动，维护市场经济秩序，有效地保护产品生产者、使用者和消费者的合法权益，根据《中华人民共和国产品质量法》、《工业产品生产许可证试行条例》和国务院赋予国家质量监督检验检疫总局（以下简称国家质检总局）的职责，制定本办法。

第二条 在中华人民共和国境内从事防伪技术、防伪技术产品及防伪鉴别装置的研制、生产、使用，应当遵守本办法。

法律、行政法规及国务院另有规定的除外。

第三条 国家质检总局负责对产品防伪实施统一监督管理，全国防伪技术产品管理办公室（以下简称全国防伪办）承担全国产品防伪监督管理的具体实施工作。

各省、自治区、直辖市质量技术监督部门（以下简称省级质量技术监督部门）负责本行政区内产品防伪的监督管理。

第四条 产品防伪的监督管理实行由国家质检总局统一管理，相关部门配合，中介机构参与，企业自律的原则。

第五条 国家对按本办法获得合法资格的防伪技术、防伪技术产品、防伪鉴别装置及使用防伪技术的产品给予法律保护。

第六条 产品防伪监督管理机构、中介机构、技术评审机构、检测机构及其工作人员必须坚持科学、公正、实事求是的原则，保守防伪技术秘密；不得滥用职权、徇私舞弊、泄露或扩散防伪技术秘密。

第二章 防伪技术产品生产管理

第七条 国家对防伪技术产品及防伪鉴别装置（以下简称防伪技术产品）实施生产许可证制度。凡生产防伪技术产品的企业必须获得国家质检总局颁发的防伪技术产品生产许可证，才具有生产该产品的资格。

第八条 申请防伪技术产品生产许可证的企业必须通过产品的防伪技术评审。

防伪技术的评审由国家质检总局委托防伪技术评审机构组织防伪技术专家委员会进行。

国家对防伪技术评审机构、防伪检测机构实行资格确认管理，对防伪技术专家委员会专家实行注册管理。

第九条 申请防伪技术产品生产许可证的企业应当具备以下条件：

（一）符合有关法律、法规规定的企业设立条件；

（二）企业经营管理范围应当覆盖申请取证产品；

（三）产品符合相关的国家标准或者行业标准、企业标准；

（四）有与所生产防伪技术产品相适应的厂房、设备、生产工艺和检测手段；

（五）具有与所生产防伪技术产品相适应的技术力量和管理人员；

（六）有完整的、行之有效的质量保证体系；

（七）有健全、有效的安全保密制度和保密措施。

第十条 防伪技术产品生产企业应当向省级质量技术监督部门提出办理防伪技术产品生产许可证的申请，并递交下列材料：

（一）防伪技术产品生产许可申请书；

（二）企业营业执照及组织机构代码证书（副本）；

（三）《防伪技术评审证书》；

（四）防伪技术或者防伪鉴别技术权属证明；

（五）符合法定要求的产品标准；

（六）法定检验机构出具的有效产品检验报告或者鉴定证明；

（七）其他需要出具的材料。

第十一条 省级质量技术监督部门在接到企业生产许可申请材料后,应当在 7 个工作日内对符合申报条件的企业发送防伪技术产品生产许可证受理通知书。根据工业产品生产许可证管理法规的有关规定,进行文件核查、现场审查、样品检测。符合发证条件的,由国家质检总局颁发防伪技术产品生产许可证,并统一公告。

第十二条 防伪技术产品生产许可证发放及监督管理工作,按照国家工业产品生产许可证管理的法规、规章执行。

第十三条 防伪技术产品生产企业应当遵守下列规定:

(一)严格执行防伪技术产品的国家标准、行业标准及企业标准;

(二)防伪技术产品的生产须签定有书面合同,明确双方的权利、义务和违约责任;禁止无合同非法生产、买卖防伪技术产品或者含有防伪技术产品的包装物、标签等;

(三)必须保证防伪技术产品供货的唯一性,不得为合同规定以外的第三方生产相同或者近似的防伪技术产品;

(四)不得生产或者接受他人委托生产假冒的防伪技术产品;

(五)严格执行保密制度,保守防伪技术秘密。

第十四条 防伪技术产品生产企业在承接防伪技术产品生产任务时,必须查验委托方提供的有关证明材料,包括:

(一)企业营业执照副本或者有关身份证明材料;

(二)使用防伪技术产品的产品名称、型号以及国家质检总局认定的质量检验机构对该产品的检验合格报告;

(三)印制带有防伪标识的商标、质量标志的,应当出具商标持有证明与质量标志认定证明;

(四)境外组织或个人委托生产时,还应当出示其所属国或者地区的合法身份证明和营业证明。

第十五条 防伪技术产品生产企业对所生产的产品质量负责,其产品防伪功能或者防伪鉴别能力下降,不能满足用户要求时,应当立即停止生产并报全国防伪办;给用户造成损失的,应当依法承担经济赔偿责任。

第十六条 国家质检总局对防伪技术产品质量实施国家监督抽查,地方监督抽查由县级以上质量技术监督部门在本行政区域内组织实施。

第三章 防伪技术产品的使用

第十七条 政府鼓励防伪中介机构发挥防伪技术产品推广应用的桥梁作用,鼓励企业采用防伪技术产品。

第十八条 对防伪技术产品使用实行备案公告制度。

第十九条 防伪技术产品的使用者可持下列材料到所在市(地)级质量技术监督部门办理防伪技术产品的使用备案手续:

(一)企业营业执照副本或者有关身份证明材料;

(二)防伪技术产品生产方与使用方签定的合同副本;

(三)使用防伪技术的产品名称、型号、防伪标志的图样;

(四)法定质量检验机构出具的检验报告或者鉴定证明;

(五)可公开的、用于用户识别的防伪特征及用于执法识别的防伪特征资料。

第二十条 各市(地)级质量技术监督部门办理防伪技术产品的使用备案后,报省级质量技术监督部门统一发布公告。

第二十一条 国务院有关部门或者行业牵头单位应用防伪技术对某类产品实行统一防伪管理的,须会同国家质检总局向社会招标,择优选用防伪技术与防伪技术产品,同时办理使用备案。

第二十二条 境外防伪技术与防伪技术产品在境内使用的,须报全国防伪办进行防伪注册登记后方可使用。

第二十三条 防伪技术产品的使用者应当遵守下列规定:

(一)必须选用获得防伪技术产品生产许可证的防伪技术产品生产企业生产的合格的防伪技术产品;

(二)选用境外防伪技术产品的,必须是获得我国防伪注册登记的产品;

(三)使用防伪技术产品,应当专项专用,不得擅自扩大使用范围或者自行更换;

（四）停止使用或者更换、扩大防伪产品的使用范围，应当到原办理备案的质量技术监督部门办理停用或者重新备案手续；

（五）保守防伪技术秘密。

第二十四条 防伪技术产品生产企业在异地设立使用推广机构，必须向当地省级质量技术监督部门出示该企业防伪技术产品生产许可证或注册登记证明，办理备案后，方可开展业务。

第二十五条 禁止任何单位和个人在不合格或者假冒产品上使用防伪技术产品。

第二十六条 经备案的防伪技术产品使用者如发现所用防伪技术产品防伪功能不佳，防伪失效时，可向防伪技术产品生产企业反映，并报当地或者国家质检部门协助处理。

第四章 罚 则

第二十七条 未按本办法取得生产许可证而擅自生产销售防伪技术产品，以及已获得防伪技术产品生产许可证，而超出规定范围生产防伪技术产品的，由质量技术监督部门责令其停止生产销售、限期取得生产许可证；没收违法生产的产品，有违法所得的，没收违法所得，并处违法生产销售产品（包括已售出和未售出的产品）货值金额15%至20%的罚款；造成损失的，依法承担赔偿责任。

第二十八条 防伪技术产品的生产企业有下列行为之一的，应当分别予以处罚：

（一）生产不符合有关强制性标准的防伪技术产品的，责令停止生产、销售，并按照《中华人民共和国产品质量法》和《中华人民共和国标准化法》的有关规定处罚。

（二）生产假冒他人的防伪技术产品，为第三方生产相同或者近似的防伪技术产品，以及未订立合同或者违背合同非法生产、买卖防伪技术产品或者含有防伪技术产品的包装物、标签的，责令停止生产、销售，没收产品，监督销毁或做必要技术处理，有违法所得的，没收违法所得；并处2万元以上3万元以下的罚款；情节严重的，吊销生产许可证。

第二十九条 防伪技术产品的使用者有以下行为之一的，责令改正，并处1万元以上3万元以下的罚款：

（一）选用未获得生产许可证的防伪技术产品生产企业生产的防伪技术产品的；

（二）选用未获得防伪注册登记的境外防伪技术产品的；

（三）在假冒产品上使用防伪技术产品的。

第三十条 伪造或者冒用防伪技术评审、防伪技术产品生产许可及防伪注册登记等证书的，由质量技术监督部门责令改正，并按照《中华人民共和国产品质量法》第五十三条的规定处罚。

第三十一条 产品防伪技术评审机构、检验机构出具与事实不符的结论与数据的，按照《中华人民共和国产品质量法》第五十七条的规定处罚。

第三十二条 从事产品防伪管理的国家工作人员滥用职权、徇私舞弊或者泄露防伪技术机密的，给予行政处分；构成犯罪的，依法追究刑事责任。

第三十三条 本办法规定的证书吊销处罚由发证部门负责，其他处罚由县级以上质量技术监督部门负责执行。

第三十四条 有关当事人对行政处罚决定有异议的，可依法提起行政复议或者行政诉讼。

第五章 附 则

第三十五条 本办法所称产品防伪是指防伪技术的开发、防伪技术产品的生产、应用，并以防伪技术手段向社会明示产品真实性担保的全过程。

本办法所称防伪技术是指为了达到防伪的目的而采取的，在规定范围内能准确鉴别真伪并不易被仿制、复制的技术。所指防伪技术产品是以防伪为目的，采用了防伪技术制成的，具有防伪功能的产品。

第三十六条 本办法实施细则另行公布。

第三十七条 本办法由国家质检总局负责解释。

第三十八条 本办法自2002年12月1日起施行，原国家技术监督局1996年1月公布的《防伪技术产品管理办法（试行）》（技监局综发〔1996〕22号）同时废止。

产品防伪监督管理办法实施细则

国质检质〔2003〕246 号

第一章 总 则

第一条 为了加强产品防伪监督管理工作,确保《产品防伪监督管理办法》的有效实施,根据《产品防伪监督管理办法》和《工业产品生产许可证管理办法》的有关规定,制定本细则。

第二条 在中华人民共和国境内从事防伪技术、防伪技术产品及防伪鉴别装置(含仪器设备)的研制、生产、使用,应当遵守《产品防伪监督管理办法》(以下简称《办法》)及本细则。法律、行政法规及国务院另有规定的除外。

第三条 国家质检总局负责对产品防伪实施统一监督管理,全国防伪技术产品管理办公室(以下简称全国防伪办)承担全国产品防伪监督管理的具体实施工作,其主要职责是:

(一)起草全国产品防伪监督管理工作的规章和规范性文件,并组织实施;

(二)参与防伪技术产品标准制、修订的组织协调工作;

(三)承担防伪技术产品生产许可证的具体实施工作;

(四)负责防伪技术评审机构和防伪检测机构的资格确认,并对其进行业务指导和监督管理;

(五)负责防伪技术专家委员会专家的注册工作,并对其进行监督管理;

(六)负责境外防伪技术与防伪技术产品在境内使用的注册登记管理;

(七)参与组织防伪技术产品的质量监督抽查;

(八)负责管理全国产品防伪监督管理信息系统,统一管理防伪技术产品的信息发布;

(九)协调处理防伪技术产品生产许可证和防伪技术评审等工作中出现的重大争议事宜;

(十)对防伪行业社会团体和中介机构进行业务指导和监督;

(十一)处理与产品防伪监督管理有关的其他事宜。

第四条 各省、自治区、直辖市质量技术监督部门(以下简称省级质量技术监督部门)负责本行政区域内的产品防伪监督管理工作。省级质量技术监督部门防伪技术产品管理机构承担产品防伪监督管理的日常工作,其主要职责是:

(一)组织实施产品防伪的法律法规、规章和规范性文件的宣传贯彻工作;

(二)协助受理防伪技术产品生产许可证申请,协助做好文件审核和现场审查工作;

(三)负责防伪技术产品使用推广机构备案及防伪技术产品使用的备案公告工作;

(四)对本行政区域内防伪行业社会团体和中介机构进行业务指导和监督;

(五)参与组织本行政区域内防伪技术产品的质量监督抽查;

(六)承担全国防伪办交办的其他事宜。

第二章 机构的确认管理

第五条 国家对防伪技术评审机构实行资格确认管理。防伪技术评审机构受全国防伪办的委托,承担资格确认范围内的防伪技术产品防伪技术评审(以下简称防伪技术评审)工作,其主要职责是:

(一)贯彻产品防伪的法律法规、规章和规范性文件,制定机构内部防伪技术评审管理制度;

(二)参与相关规定与制度的宣传贯彻;

(三)组织防伪技术专家委员会开展防伪技术评审工作、颁发防伪技术评审证书;

(四)承担全国防伪办交办的其他事宜。

第六条 防伪技术评审机构应当具备下列条件:

(一)具有独立法人资格;

(二)熟悉防伪行业发展状况,了解防伪技术发展趋势;

(三)不从事防伪技术及防伪技术产品的开发、生产和经营活动;

(四)具备固定的工作场所及必要的办公设施;

(五)事业单位或社会团体的注册资本应当在 10 万元以上,有限责任公司的注册资本应当在 500 万元

以上;

(六)取得防伪技术专家注册资格的专业技术人员不少于3人;

(七)机构内部有严格、规范和有效的工作制度,有能保证与被评审的防伪技术有关内容及资料安全保密的措施;

(八)与国内外防伪技术专家有广泛、密切的联系,具有组织专家进行防伪技术评审的能力;

(九)遵守产品防伪监督管理有关规定。

第七条 防伪技术评审机构资格确认程序如下:

(一)申请防伪技术评审资格的单位应当向全国防伪办提交下列材料:

1. 防伪技术评审资格申请书(见附表1);

2. 机构法人证书(留下复印件存档);

3. 防伪技术评审工作章程、安全保密制度、工作纪律等评审工作制度;

4. 专门从事防伪技术评审工作的人员名单(附人员简历及主要技术工作);

5. 防伪技术评审责任保证书;

6. 其他可以证明该机构具备防伪技术评审能力和条件的材料与说明。

(二)全国防伪办对申请材料进行资格审查(包括现场考察),并根据防伪技术发展现状和需要择优确认,颁发防伪技术评审资格证书(见附1),向社会公告。

第八条 承担防伪技术产品检测检验任务的检测机构,必须经全国防伪办商国家认监委确认,方能从事防伪技术产品的检测检验工作。

第九条 承担防伪技术产品检测检验任务的防伪检测机构应当符合以下基本条件:

(一)具有独立的法人资格;

(二)具备防伪技术产品检测检验条件和能力,通过计量认证;

(三)不从事防伪技术及防伪技术产品的开发、生产和经营活动;

(四)具有健全的管理体系,有能保证被检测的防伪技术产品有关内容及资料的安全、保密措施,并有效运行;

(五)能公正、准确地提供检验结果;

(六)遵守产品防伪监督管理有关规定,符合防伪标准规定的特殊要求。

第十条 防伪检测机构确认程序:

(一)申请承担防伪技术产品检测检验任务的检测机构,应当向全国防伪办提交下列材料:

1. 防伪技术产品检测检验资格申请书(一式两份)(见附表2);

2. 营业执照复印件(一式两份);

3. 计量认证证书及附件(包括授权检测检验范围)复印件(一式两份);

4. 实验室认可证书(如有)复印件(一式两份);

5. 防伪技术产品检测检验责任保证书;

6. 其他可以证明该单位具备防伪技术产品检测检验能力和条件的材料与说明。

(二)全国防伪办商国家认监委对申请材料进行资格审查(包括现场考察),并根据防伪发展现状和需要,以保证工作质量和进度、方便企业送检的原则对具备条件的检测机构择优确认,颁发防伪检测检验资格证书(见附2)。

第三章 生产许可证管理

第十一条 防伪技术产品纳入国家工业产品生产许可证管理范畴,对符合发证条件的企业颁发工业产品生产许可证。

第十二条 防伪技术产品生产许可证审查部设在全国防伪办,承担防伪技术产品生产许可证的审查工作,其主要职责是:

(一)起草《防伪技术产品生产许可证实施细则》;

(二)组织或配合组织向企业宣讲《防伪技术产品生产许可证实施细则》,指导各审查组按实施细则的要求对企业进行审查;

(三)审查、汇总省级质量技术监督部门受理的企业申请;

（四）组织对申请取证企业的生产条件进行审查；

（五）对申请取证企业生产条件审查报告和产品质量检验报告进行审查汇总，将符合发证条件企业的有关资料报全国工业产品生产许可证办公室；

（六）承担全国工业产品生产许可证办公室交办的其他事宜。

第十三条 防伪技术产品生产许可证的申请应当符合以下规定：

（一）申请防伪技术产品生产许可证的企业（含外资、合资企业）应当具备《办法》第九条规定的条件，取证申请应当向省级质量技术监督部门提出，并递交《办法》第十条所规定的材料；

（二）独立对外提供防伪技术产品并具有独立法人资格的生产企业方可申请防伪技术产品生产许可证；

（三）防伪技术产品采用协作加工方式组织生产的，由最终对外提供防伪技术产品的企业申请防伪技术产品生产许可证，并将其协作加工单位的生产条件作为申请生产许可证的生产条件一并申报。在协作加工过程中，如防伪技术有增值，则要求协作单位具有相应的防伪技术评审证书。防伪技术产品质量由取证企业负责。

第十四条 防伪技术产品生产许可证的有效期一般为3年，有效期自证书签发之日算起。不同防伪技术产品生产许可证的有效期限在相应的防伪技术产品实施细则中规定。

第十五条 其他有关生产许可证管理未尽事宜按照工业产品生产许可证有关规定办理。

第四章 防伪技术评审管理

第十六条 防伪技术评审的主要内容：

（一）对防伪技术产品的核心技术特点、防伪特征、主要技术指标及防伪功能的可信程度进行分析、检测和评价；

（二）对防伪技术产品自身抗攻击、防假冒的技术措施和安全管理措施的可行性进行分析、验证和评价；

（三）对防伪技术产品防伪鉴别功能的可靠性进行分析、验证。

第十七条 防伪技术评审程序如下：

（一）单位或个人如需申请防伪技术评审应当向经全国防伪办资格确认的防伪技术评审机构提出申请，境外企业应当经全国防伪办向指定的防伪技术评审机构提出申请，并报送下列材料：

1. 防伪技术评审申请书一式3份（见附表3）；

2. 防伪技术研究报告（含技术特点、主要技术指标、应用领域等）；

3. 防伪性能检测报告；

4. 防伪技术主要实用特征与功能、服务体系及安全保障能力与措施；

5. 防伪技术权属证明（留下复印件存档）。

（二）防伪技术评审机构收到防伪技术评审申请材料后，应当在15个工作日内完成书面材料的审核，材料符合要求的，受理评审申请。材料不符合要求的，及时通知补报材料或退回，并说明理由。

（三）防伪技术评审机构对受理评审的防伪技术或防伪技术产品，应当在自受理之日起30个工作日内组织防伪技术专家委员会专家进行评审。专家应当不少于7人，其中取得注册资格的专家不少于5人。

（四）评审通过的，报全国防伪办备案后，颁发防伪技术评审证书（见附3）。评审未通过的，将材料退回申请单位，说明原因。

第十八条 申请防伪技术评审所提交的防伪性能检测报告，原则上由国家质检总局确认的检测机构出具。如遇高新前沿技术产品，而已确认的检测机构不具备检测条件的，应当由全国防伪办指定其他单位进行检测。

第十九条 防伪技术评审证书由全国防伪办统一印制，由防伪技术评审机构颁发，有效期一般为3年。

第二十条 国家对承担防伪技术评审的防伪技术专家委员会的专家实行注册管理，注册条件如下：

（一）熟悉防伪及相关专业技术，具备防伪技术或防伪管理方面的专长；

（二）能较及时地了解和掌握本专业领域技术发展的新动态；

（三）取得高级以上专业技术职称或规定的职务；

（四）坚持科学和公正的原则，严格遵守防伪技术评审工作纪律和保密制度等规定；

（五）身体健康，热爱防伪事业，能积极参加防伪技术评审及相关工作；

（六）遵守产品防伪监督管理的有关规定。

第二十一条 防伪技术专家注册程序如下：

（一）凡符合专家条件的人员，均可向所在省级质量技术监督部门或防伪技术评审机构提出书面申请，并填写防伪技术专家注册申请表（见附表4）一式两份；

（二）省级质量技术监督部门或防伪技术评审机构核实后，可向全国防伪办推荐符合条件的专家，并报送相关材料；

（三）全国防伪办收到报送材料后，进行审核，必要时进行培训考核，对符合条件的给予注册，并颁发防伪技术专家注册证书（见附4）。

第二十二条 防伪技术评审机构及相关人员在评审工作中必须坚持科学、公正、实事求是的原则，保守技术机密，对评审结果负责。

第五章 防伪技术产品的使用与推广

第二十三条 防伪技术产品的使用实行备案公告制度。使用单位根据自愿原则持《办法》第十九条所规定的材料到所在地级质量技术监督部门办理防伪技术产品的使用备案手续。

第二十四条 防伪技术产品使用备案程序如下：

（一）地级质量技术监督部门接到备案材料后，应当在20个工作日内完成条件审查，审查合格者填写防伪技术产品使用备案表（一式3份）（见附表5），准予备案，并报省级质量技术监督部门。审查不合格的，及时通知申请方加以整改。

（二）省级质量技术监督部门接到地级质量技术监督部门核准的防伪技术产品使用备案材料后，统一向社会公告。

（三）省级质量技术监督部门每月末必须将使用备案公告及产品防伪特征资料报全国防伪办和质量技术监督部门执法机构，纳入全国产品防伪监督管理信息系统，以供社会查询，避免重复备案，同时对使用备案单位给予法律保护。

第二十五条 国务院有关部门或行业牵头单位使用防伪技术或防伪技术产品对某类产品实施统一防伪管理时，应当按以下程序进行招标：

（一）由招标单位会同全国防伪办，根据国家招标投标管理办法制定使用防伪技术或防伪技术产品招投标方案，向社会招标。

（二）全国防伪办协助招标方对参加投标的企业及评标委员会的防伪专家进行资格审查。参加投标单位必须是获得防伪技术产品生产许可证的企业（境内）或者获得防伪注册登记证的企业（境外）。

（三）防伪技术产品中标并被采用后，由招标单位向全国防伪办统一办理使用备案公告手续。

第二十六条 凡境外企业研制开发、生产的防伪技术或防伪技术产品，在境内推广使用的，必须向全国防伪办申请办理防伪注册登记后方可使用。

第二十七条 境外企业的防伪技术或防伪技术产品在境内防伪注册登记，应当具备以下条件：

（一）境外企业必须在境内注册或者委托相应的独立法人机构（简称推广代理机构）；

（二）境外企业具备相应的生产条件与技术管理人员；

（三）境外企业与其在境内的推广代理机构均应当具有健全、有效的生产物流管理安全保密制度和保密措施；

（四）防伪技术或防伪技术产品通过本细则规定的防伪技术评审，获得防伪技术评审证书；

（五）产品经全国防伪办资格确认的防伪检测机构检验，符合相关的国家标准或者行业标准、企业标准。

第二十八条 境外防伪技术或防伪技术产品防伪注册登记程序如下：

（一）境外防伪技术产品在境内的推广代理机构应当向全国防伪办提交下列材料：

1. 防伪注册登记申请书（一式两份）（见附表6）；
2. 推广代理机构的营业执照及组织机构代码证书（副本复印件）；
3. 境外企业防伪技术产品推广授权书；
4. 防伪技术评审证书；
5. 相关的工作章程、保密制度、保密措施等管理文件；
6. 经全国防伪办资格确认的防伪检测机构出具的产品检测检验报告；
7. 境外企业开业合法证书、资本信用证明书；

8. 生产条件证明资料；

9. 有防伪技术产品性能要求的产品标准或规范性技术文件。

（二）全国防伪办接到注册登记申请材料后，在40个工作日内按上述要求进行审核，必要时进行工厂条件现场审查。

审核通过的，准予注册登记，颁发防伪注册登记证（见附5），证书有效期一般为3年。

全国防伪办负责统一公告获防伪注册登记的产品及企业的名单。

（三）审核未通过的，退回申请材料并说明理由。通知企业两个月内补报，逾期未补报的，视为撤回申请，责任由企业自负。

第二十九条 防伪注册登记证由国家质检总局统一印制、颁发。

第三十条 企业应当在防伪注册登记证书到期前6个月内，向全国防伪办提出换证申请。因未按时提出申请，而延误换证时间的，由企业自行承担责任。

第三十一条 防伪技术产品生产企业在异地设立使用推广机构（含代理机构），必须向当地省级质量技术监督部门办理备案，其备案程序如下：

（一）向当地省级质量技术监督部门提供如下备案材料：

1. 防伪技术产品使用推广机构备案申请表（一式两份）（见附表7）；

2. 防伪技术产品生产企业的推广应用授权书；

3. 使用推广机构营业执照副本（复印件）；

4. 生产许可证正、副本（复印件）或者防伪注册登记证正、副本（复印件）；

5. 防伪技术产品使用推广机构有关工作章程、安全保密、管理制度等文件。

（二）省级质量技术监督部门接到备案申请后，在15个工作日内完成备案审核，下达准予备案通知书，并对其实施监督管理。审查不合格的，通知其整改。

第三十二条 从事防伪技术服务的社会团体应当从维护防伪行业的整体利益出发，做好防伪技术产品生产企业在推广应用中的协调工作，制定行业自律公约，并监督执行，防止不正当竞争。

第三十三条 从事防伪技术产品推广工作的防伪中介机构和社会团体在向使用者推广防伪技术与防伪技术产品时，必须坚持自愿和公正的原则，推广的防伪技术产品必须是获得生产许可证或注册登记证的产品，并认真负责地做好技术咨询服务工作。

第六章 监督与管理

第三十四条 国家对防伪技术产品生产许可证、防伪注册登记证获证企业实行年度监督审查（以下简称年审）制度，对防伪技术产品实行监督抽查制度。所有获证企业必须按规定接受年审和监督抽查。国家质检总局统一管理年审和监督抽查工作。

（一）防伪技术产品生产许可证企业按工业产品生产许可证有关管理规定的要求开展年审；

（二）防伪注册登记企业参照工业产品生产许可证有关管理规定的要求开展年审；

（三）防伪技术产品监督抽查工作按照产品质量监督抽查有关管理规定开展。

第三十五条 有关单位和个人在发现防伪技术产品防伪功能不佳，防伪功能失效时，可报当地或者国家质检部门。全国防伪办可根据申报情况组织或者委托防伪技术评审机构进行防伪功能评估。

评估结果为失效的防伪技术产品，对社会公告，并收回相关证书，停止生产和推广应用。

第三十六条 防伪技术评审机构有以下行为之一的，由国家质检总局根据情节严重程度分别给予责令改正、通报批评、撤销资格的处理；对有关责任人员，应当由所在单位做出相应处理；构成犯罪的，依法追究有关责任人法律责任：

（一）超出全国防伪办授权范围开展工作的；

（二）违反工作章程开展工作、造成恶劣影响的；

（三）未履行规定的职责、违法违规、玩忽职守、营私舞弊，造成恶劣影响的；

（四）对专家评审意见弄虚作假、伪造防伪技术评审结论的；

（五）未经允许将防伪技术秘密泄漏给他人或者非法占有的；

（六）从事防伪技术产品的开发、生产和销售的。

第三十七条 防伪检测机构有以下行为之一的，由国家质检总局根据情节严重程度分别给予责令改正、通报批评、撤销确认资格的处理;对有关责任人员,应当由所在单位做出相应处理;构成犯罪的,依法追究有关责任人和机构的法律责任。

(一)伪造检测检验数据或伪造检测检验结论的;

(二)泄漏防伪技术秘密的;

(三)未依据有关规定开展防伪技术产品检测检验的;

(四)违反有关规定超标收取检测检验费用的;

(五)未能按规定期限完成检测检验任务,造成严重后果的;

(六)在工作职责范围内从事有偿咨询服务工作的;

(七)直接或间接强行要求企业取得产品防伪监督管理有关规定以外的各种资格或参加各种活动的。

第三十八条 国家对确认的防伪技术评审机构和防伪检测机构实行年度抽查监督管理。检查其工作业绩与效果是否与相应业务资格相符;是否存在违反《办法》与本细则及有关规定的行为;是否存在其他违规行为。

第三十九条 对于从事防伪技术推广工作的中介机构和社会团体,有下列行为之一的,省级以上质量技术监督部门可根据情节严重程度,给予通报批评、责令改正,建议其主管部门作必要的行政处理;构成犯罪的,依法追究法律责任:

(一)推广无证(生产许可证、防伪注册登记证)防伪技术产品的;

(二)泄漏防伪技术秘密或者将企业防伪技术占为己有的;

(三)强行推广防伪技术产品的。

第四十条 企业对防伪技术评审结果、防伪技术产品检验报告或防伪注册登记证及生产许可证的审批、发放、年审、注销存在异议的,可按有关规定向各级质量技术监督部门或全国防伪办提出复议。

第七章 附 则

第四十一条 本细则由国家质检总局负责解释。

第四十二条 本细则自发布之日起实施。

附:1. 防伪技术评审资格证书(略)

2. 防伪检测检验资格证书(略)

3. 防伪技术评审证书(略)

4. 防伪技术专家注册证书(略)

5. 防伪注册登记证(略)

附表:1. 防伪技术评审资格申请书(略)

2. 防伪技术产品检测检验资格申请书(略)

3. 防伪技术评审申请书(略)

4. 防伪技术专家注册申请表(略)

5. 防伪技术产品使用备案表(略)

6. 防伪注册登记申请书(略)

7. 防伪技术产品使用推广机构备案申请表(略)

国家质量监督检验检疫总局关于汽车产品质量监督检查有关问题的通知

国质检函〔2001〕174 号

各省、自治区、直辖市及计划单列市质量技术监督局:

为给汽车生产企业营造一个宽松、良好的外部环境,促进我国汽车工业的发展,同时,鉴于汽车整车产品质量检测技术的复杂性和对检测设备的较高要求,并考虑到地方质检机构的能力和技术装备水平,根据《产品质量法》关于“监督抽查工作由国务院产品质量监督部门规划”的原则精神,特对质量技术监督系统汽车产品质量监督检查有关问题通知如下:

1. 汽车整车产品质量监督检查工作原则上由总局组织实施。

2. 省级质量技术监督部门若发现汽车整车质量问题突出,必要时也可以组织对汽车整车产品质量的监督检查,但事先必须报请总局批准,以避免对汽车整车的重复抽查。具体检查工作需委托有整车检验能力且具备相应资质的单位承担。

3. 地(市)、县级质量技术监督部门可将发现的汽车整车产品质量有关情况向当地省级质量技术监督部门反映,由省局统一考虑和组织安排汽车整车产品质量监督检查工作。地(市)、县级质量技术监督部门不得组织对汽车整车产品进行质量监督检查。

4. 各级质量技术监督部门均可组织对汽车配件产品开展质量监督检查工作。

产品免于质量监督检查工作实施细则

国家质量技术监督局

为明确产品免于质量监督检查(以下简称免检)工作的具体要求,做好产品免检实施工作,根据《产品免于质量监督检查管理办法》(以下简称《免检办法》),制定本实施细则。

一、职责

(一)国家质量技术监督局负责确定开展免检的产品类别目录,对免检产品进行审定,颁发免检证书并向社会公告,组织对违反《免检办法》规定的单位和企业进行处理。

省级质量技术监督部门负责组织和受理企业申请,审查申请材料,对获得免检证书的企业组织进行监督管理,组织调查处理用户、消费者对免检产品质量的申诉和举报,对违反《免检办法》规定的单位和企业进行处理。

二、免检产品类别目录的确定

(二)确定开展免检工作产品类别的范围是:列入国家和省级质量技术监督部门产品质量监督检查目录的产品和企业反映重复检查多的产品。

(三)省级质量技术监督部门在上述产品范围内,结合本地实际,于每年1月底前向国家质量技术监督局提出开展免检产品类别建议目录。国家质量技术监督局汇总各地建议并征求有关行业主管部门同意后,确定开展免检产品类别目录,并提出相关要求。

三、申请

(四)申请免检的产品及其生产企业应当符合下列条件:

1. 企业具备独立法人资格;

2. 申请免检的产品连续稳定生产两年以上,出厂的产品未出现批次质量不合格;在两年内未因产品质量问题发生过造成用户、消费者的人身伤害或者财产损失;未发生对用户、消费者反映有质量问题的产品不依法履行“三包”规定,造成较坏社会影响等质量事故;

3. 企业有完善的质量保证体系;具备健全的质量检验机构,能够保证出厂产品质量;认真处理质量申诉,有完善的售后服务体系;

4. 产品具备一定的知名度。产品市场占有率和企业经济效益综合排名(采用加权平均的方法计算,产品市场占有率排名的权重为0.4,企业经济效益的排名权重为0.6)位于本行业前列(按加权平均数由小到大排列)。产品市场占有率参考具体产品所属行业上一年度统计的数据确定;企业经济效益按企业的利税总额确定,具体数据以统计部门上一年度的数据为准;

5. 产品标准达到或者严于国家标准或者行业标准的要求;

6. 产品在全国省级以上(含省级)质量技术监督部门最近组织的监督检查中连续三次以上(含三次)均为合格,且两年内未出现不合格情况;

7. 产品应当符合质量、标准、计量、环保、节能等法律法规的要求和国家产业政策。

(五)企业生产属于国家质量技术监督局公布开展免检产品类别目录中所列的产品,并符合本细则规定条件的,可以向所在地的省级质量技术监督部门提出申请。

免检产品申报可按具体规格品种或者系列申报。

进口产品由其在国内的办事处或者总代理商向所在地的省级质量技术监督部门提出申请。

（六）申请产品免检的企业应当按照要求认真、如实填写《产品免检申请表》（格式见附件－1），并提供如下有效材料（一式两份）；

1. 企业法人营业执照复印件及商标注册文件复印件；

2. 省级以上（含省级）质检机构出具的最近有效的型式检验报告或者全项目检验报告；

3. 最近三次省级以上（含省级）产品质量监督检查合格的检验报告或者证明；

4. 质量认证证书或者企业有完善的质量保证体系的证明（复印件）；

5. 有关行业公认的机构出具的产品市场占有率和法定部门公布的企业经济效益的证明；

6. 实行行政许可管理的产品，应当提供生产许可证等行政许可证书的复印件；

7. 执法企业标准的产品，应当提供经备案的企业标准文本及省级以上（含省级）标准化工作管理部门或者产品所属标准化技术委员会有关产品标准水平的证明。

（七）申请企业应当自国家公布开展免检的产品类别目录之日起 30 日内，将《产品免检申请表》和有关材料一式两份报所在地的省级质量技术监督部门。

（八）企业在申请产品免检时未如实提供有关材料的，退回免检申请，并在两年内不准其再申报免检。

（九）已获准免检的产品生产企业要求增加同类产品的品种、规格、型号的，应当重新填写《产品免检申请表》，并附本细则第（七）条中规定的有关证明材料，按照本细则规定的程序上报。

四、审查

（十）受理申请的省级质量技术监督部门负责对申请材料进行书面审查。审查内容包括申请材料的完整性和有效性，产品及其生产企业是否符合免检条件的规定。

材料的完整性是指《产品免检申请表》的填写是否正确，本细则规定的材料是否匀已提供，材料的有效性是指申请企业提供材料的出处、来源、提供单位是否合法、有效，以及材料是否在有效期限内。

（十一）省级质量技术监督部门应当根据审查民政部签署审查意见。审查意见包括“同意上报”和“不同意上报”两种。

（十二）省级质量技术监督部门应当于受理申请截止之日起 30 日内完成对企业申请材料的审查工作。不同意上报的，应当书面通知企业，并说明理由。申请企业对审查结论有异议的，应当自接到通知之日起 10 日内，向该省级质量技术监督部门提出书面意见。省级质量技术监督部门应当认真研究，仍不同意上报的，给予企业书面答复。

（十三）省级质量技术监督部门应当在国家质量技术监督局规定的期限内，将同意上报的企业申请表及有关材料各一份报送国家质量技术监督局。

五、审定

（十四）国家质量技术监督局将各省级质量技术监督部门上报的申请材料汇总整理后，征求有关主管部门、检验机构、中介机构、社会组织以及各省级质量技术监督部门的意见。

（十五）国家质量技术监督局根据有关方面反馈的意见，按照免检产品及其生产企业应当具备的条件，对申请免检产品进行审定。

（十六）对于未通过审定的，国家质量技术监督局书面通知企业所在地的省级质量技术监督部门，由省级质量技术监督部门转告企业。

（十七）对审定的免检产品由国家质量技术监督局向企业颁发免检证书，并向社会公告。

六、证书和标志

（十八）免检证书是证明产品免于质量监督检查和许可产品使用免检标志的证明文件。免检证书由国家质量技术监督局统一制作、编号和颁发。免检证书式样见附件－2。

（十九）免检标志属于质量标志。免检标志式样、标准色及尺寸要求见附件－3(1)、附件－3(2)和附件－3(3)。

（二十）获得免检证书的企业在免检有效期内，可以自愿将免检标志在获准免检的产品或者其铭牌、包装物、使用说明书、质量合格证上，免检标志下方应当标出免检证书编号。超过免检有效期的，不得继续使用免检标志。

（二十一）企业使用免检标志，图案必须准确，并根据规定的式样，按比例放大或者缩小。

（二十二）在免检有效期限内，出现下列情况之一的，应当重新更换免检证书：

1. 使用新的注册商标的；

2. 获得免检证书的企业名称变更的。

七、监督管理

(二十三)免检产品自获准免检之日起3年内,在全国范围内免除各地区、各部门在生产和流通领域实施的各种形式的产品质量监督检查。

(二十四)免检产品生产企业应当进一步加强质量管理,保证产品质量,落实“三包”规定,提高售后服务质量,维护免检产品的信誉。

生产企业所在地的省级质量技术监督部门应当督促企业加强质量管理,保证产品质量。

(二十五)免检产品生产企业应当于每年6月份向所在地的省级质量技术监督部门报告一次免检产品的质量状况。报告一式二份,内容按附件-4的要求填报;逾期不报告质量状况的,由该省级质量技术监督部门责令改正。

省级质量技术监督部门汇总企业报告后,报国家质量技术监督局一式一份。

(二十六)免检产品生产条件或者企业组织结构发生重大变化,以及产品标准修订的,企业应当及时(最迟不超过30日)向所在地的省级质量技术监督部门报告。报告应当阐明上述变化的具体内容,对产品质量的影响程度,采取的相应纠正和预防措施,以及纠正和预防措施的实施效果。报告一式二份,需要时并附有关证明材料。

上述变化致使产品质量不稳定或者不合格时,企业应当立即暂停使用免检标志,自觉维护免检产品的信誉。

企业所在地的省级质量技术监督部门接到企业的报告后,应当立即进行分析研究,确定影响程度。如果上述变化可能引起产品质量不稳定或者不合格时,应当责令企业整改,暂停使用免检标志,待整改合格后方可允许企业继续使用,并应当将上述报告和有关处理情况及时报告国家质量技术监督局。

(二十七)免检产品在有效期内出现质量事故的,由企业所在地的省级质量技术监督部门责令免检产品生产企业限期整改、暂停使用免检标志;情节严重的,由国家质量技术监督局收回免检证书,予以公告。企业存在质量违法行为的,由省级质量技术监督部门依据《产品质量法》等法律法规追究产品质量责任。

(二十八)用户、消费者有权对免检产品进行社会监督。省级以下质量技术监督部门接到的对免检产品质量问题的申诉、举报或者发现免检产品存在质量问题时,应当及时向本省级质量技术监督部门移送或者报告,不得擅自公布或者曝光。申诉人与被申诉人属同一省的,由该省级质量技术监督部门组织调查处理;申诉人与被申诉人不在同一省的,由该省级质量技术监督部门移送至被申诉人所在地的省级质量技术监督部门组织调查处理。处理结果应当报送国家质量技术监督局,并抄送免检产品报送国家质量技术监督部门。需要公布、曝光的,必须事先报告国家质量技术监督局。

(二十九)免检期满后产品需要继续免检的,申请条件及申请程序另行规定。

(三十)不得在未获准免检的产品上使用免检标志冒充免检产品,不得非法制作免检证书、免检标志。免检产品生产企业不得将免检证书或者免检标志转让给其他企业使用,不得将免检证书或者免检标志用于本企业未获准免检的产品上。违反上述规定的,按《产品质量法》的有关规定进行处理。

(三十一)有关单位违反《免检办法》规定,对在免检有效期内的产品进行质量监督检查的,对其进行通报批评,责令改正;已收取检验费的,责令退回检验费;给免检产品生产企业在经济上或者名誉上造成较大损失或者影响的,对直接责任者或者该单位负责人由其所在单位或者上级主管部门给予行政处分。

(三十二)从事免检产品审查、审定、监督管理的国家机关工作人员以及为企业提供有关证明材料的检验机构、中介机构、社会组织的有关工作人员滥用职权、玩忽职守、徇私舞弊,提供虚假证明材料,对企业敲诈勒索、索贿受贿,涉嫌犯罪的,移送司法机关依法追究刑事责任;未涉嫌犯罪的,给予通报批评,并由其所在单位给予行政处分。

产品质量仲裁检验和产品质量鉴定管理办法

国家质量技术监督局令第4号

第一章 总 则

第一条 为了加强对产品质量仲裁检验和产品质量鉴定工作的管理,正确判定产品质量状况,处理产品质量争议,保护当事人的合法权益,根据国家法律法规及国务院赋予质量技术监督部门的职责,制定本办法。

第二条 产品质量仲裁检验和产品质量鉴定是在处理产品质量争议时判定产品质量状况的重要方式。

第三条 产品质量仲裁检验(以下简称仲裁检验)是指经省级以上产品质量技术监督部门或者其授权的部门考核合格的产品质量检验机构(以下简称质检机构),在考核部门授权其检验的产品范围内根据申请人的委托要求,对质量争议的产品进行检验,出具仲裁检验报告的过程。

第四条 产品质量鉴定(以下简称质量鉴定)是指省级以上质量技术监督部门指定的鉴定组织单位,根据申请人的委托要求,组织专家对质量争议的产品进行调查、分析、判定,出具质量鉴定报告的过程。

第五条 仲裁检验和质量鉴定工作应当坚持公正、公平、科学、求实的原则。

第六条 处理产品质量争议以按照本办法出具的仲裁检验报告和质量鉴定报告为准。

第七条 法律、行政法规对仲裁检验和质量鉴定另有规定的,从其规定。

第二章 仲裁检验

第八条 下列申请人有权提出仲裁检验申请:

(一)司法机关;

(二)仲裁机构;

(三)质量技术监督部门或者其他行政管理部门;

(四)处理产品质量纠纷的有关社会团体;

(五)产品质量争议双方当事人。

申请人可以直接向质检机构提出申请,也可以通过质量技术监督部门向质检机构提出申请。

第九条 质检机构不受理下列仲裁检验申请:

(一)申请人不符合本办法第八条规定的;

(二)没有相应的检验依据的;

(三)受科学技术水平限制,无法实施检验的;

(四)司法机关、仲裁机构已经对产品质量争议做出生效判决和决定的。

第十条 申请人申请仲裁检验应当与质检机构签订仲裁检验委托书,明确仲裁检验的委托事项,并提供仲裁检验所需要的有关资料。

仲裁检验委托书包括以下事项和内容:

(一)委托仲裁检验产品的名称、规格型号、出厂等级,生产企业名称、生产日期、生产批号;

(二)申请人的名称、地址及联系方式;

(三)委托仲裁检验的依据和检验项目;

(四)批量产品仲裁检验的抽样方式;

(五)完成仲裁检验的时间要求;

(六)仲裁检验的费用、交付方式及交付时间;

(七)违约责任;

(八)申请人和质检机构代表签章和时间;

(九)其他必要的约定。

第十一条 仲裁检验的质量判定依据:

(一)法律、法规规定或者国家强制性标准规定的质量要求;

(二)法律、法规或者国家强制性标准未作规定的,执行争议双方当事人约定的产品标准或者有关质量要求;

(三)法律、法规或者国家强制性标准未作规定,争议双方当事人也未作约定的,执行提供产品一方所明示的质量要求。

第十二条 批量产品仲裁检验的,抽样按照下列要求进行:

(一)国家强制性标准对抽样有规定的,按规定进行;

(二)国家强制性标准对抽样没有规定的,按争议双方当事人约定进行;

(三)争议双方当事人不能协商一致时,由质检机构提出抽样方案,经申请人确认后抽取样品。

第十三条 产品抽样、封样由质检机构负责的,应当由申请人通知争议双方当事人到场。争议双方当事人不到场的，应当由申请人到场或者由其提供同意抽样、封样的书面意见。

第十四条 仲裁检验的检验方法：

（一）国家强制性标准有检验方法规定的，按规定执行；

（二）国家强制性标准没有检验方法规定的，执行生产方出厂检验方法；

（三）生产方没有出厂检验方法的或者提供不出检验方法的，执行申请人征求争议双方当事人同意的检验方法或者申请人确认的质检机构提供的检验方法。

第十五条 质检机构应当在约定的时间内出具仲裁检验报告。

质检机构负责对批量产品抽样的，仲裁检验报告对该批产品有效。

第十六条 质检机构应当妥善保存样品，除损耗品外，样品应当在仲裁检验终结后返还或者按有关约定处理。

第十七条 申请人或者争议双方当事人任何一方对仲裁检验报告有异议的，应当在收到仲裁检验报告之日起十五日内向受理仲裁检验的质检机构提出，质检机构应当认真处理，并予以答复。对质检机构的答复仍有异议的，可以向国家质量技术监督局指定的质检机构申请复检，其出具的仲裁检验报告为终局结论。

第三章 质量鉴定

第十八条 下列申请人有权向省级以上质量技术监督部门提出质量鉴定申请：

（一）司法机关；

（二）仲裁机构；

（三）质量技术监督部门或者其他行政管理部门；

（四）处理产品质量纠纷的有关社会团体；

（五）产品质量争议双方当事人。

第十九条 质量技术监督部门不接受下列质量鉴定申请：

（一）申请人不符合本办法第十八条规定的；

（二）未提供产品质量要求的；

（三）产品不具备鉴定条件的；

（四）受科学技术水平限制，无法实施鉴定的；

（五）司法机关、仲裁机构已经对产品质量争议做出生效判决和决定的。

第二十条 省级以上质量技术监督部门负责指定质量鉴定组织单位承担质量鉴定工作。

质量鉴定组织单位可以是质检机构，也可以是科研机构、大专院校或者社会团体。

第二十一条 申请人应当与质量鉴定组织单位签订委托书，明确质量鉴定的委托事项，并提供质量鉴定所需要的有关资料。

质量鉴定委托书包括以下事项和内容：

（一）委托质量鉴定产品的名称、规格型号、出厂等级，生产企业名称、生产日期、生产批号；

（二）申请人的名称、地址及联系方式；

（三）委托质量鉴定的项目和要求；

（四）完成质量鉴定的时间要求；

（五）质量鉴定的费用、交付方式及交付时间；

（六）违约责任；

（七）申请人和鉴定组织单位代表签章和时间；

（八）其他必要的约定。

第二十二条 质量鉴定组织单位组织三名以上单数专家组成质量鉴定专家组，具体实施质量鉴定工作。

第二十三条 专家组的成员应当从有高级技术职称、相应的专门知识和实际经验的专业技术人员中聘任。

第二十四条 专家组的成员与产品质量争议当事人有利害关系的，应当回避。

第二十五条 专家组可以行使下列权利：

（一）要求申请人提供与质量鉴定有关的资料；

（二）通过申请人向争议双方当事人了解有关情况；

（三）勘察现场；

（四）发表质量鉴定意见。

第二十六条 专家组应当履行下列义务：

（一）正确、及时地作出质量鉴定报告；

（二）解答申请人提出的与质量鉴定报告有关的问题；

（三）遵守组织纪律和保守秘密；

（四）遵守本办法第二十四条有关回避的规定。

第二十七条 专家组负责制订质量鉴定实施方案，独立进行质量鉴定。

第二十八条 质量鉴定需要查看现场，对实物进行勘验的，申请人及争议双方当事人应当到场，积极配合并提供相应的条件。对不予配合，拒不提供必要条件使质量鉴定无法进行的，终止质量鉴定。

第二十九条 质量鉴定需要做检验或者试验的，专家组应当选择符合条件的技术机构进行，并由其出具检验或者试验报告。

第三十条 专家组负责出具质量鉴定报告。

质量鉴定报告包括以下有关事项和内容：

（一）申请人的名称、地址和受理质量鉴定的日期；

（二）质量鉴定的目的、要求；

（三）鉴定产品情况的必要描述；

（四）现场勘验情况；

（五）质量鉴定检验、试验报告；

（六）分析说明；

（七）质量鉴定结论；

（八）鉴定专家组成员签名表；

（九）鉴定报告日期。

第三十一条 质量鉴定组织单位应当对质量鉴定报告进行审查，并对质量鉴定报告负责。

第三十二条 质量鉴定组织单位应当及时将质量鉴定报告交付申请人，并向接受申请的省级以上质量技术监督部门备案。

第三十三条 申请人或者质量争议双方当事人任何一方对质量鉴定报告有异议的，应当在收到质量鉴定报告之日起十五日内提出。质量鉴定组织单位应当及时处理。

第四章 监督管理

第三十四条 质量技术监督部门应当加强对仲裁检验和质量鉴定工作的管理和监督。对仲裁检验和质量鉴定中的违法或者不当行为有权予以纠正。

第三十五条 质检机构在其有权检验的产品范围内，应当积极承担仲裁检验和质量鉴定组织工作。没有正当理由不得拒绝。

第三十六条 质检机构、质量鉴定组织单位由于故意或者重大过失造成仲裁检验报告、质量鉴定报告与事实不符，并对当事人的合法权益造成损害的，应当承担相应的民事责任。

有关人员在仲裁检验和质量鉴定工作中玩忽职守，以权谋私，收受贿赂的，由其所在单位或者上级主管部门给予处分。构成犯罪的，依法追究刑事责任。

第五章 附 则

第三十七条 仲裁检验和质量鉴定应当按照法律、法规和国家有关规定交纳费用。

第三十八条 仲裁检验和质量鉴定工作终结后，应当将有关材料归档。

第三十九条 本办法由国家质量技术监督局负责解释。

第四十条 本办法自发布之日起施行。《全国产品质量仲裁检验暂行办法》同时废止。

产品质量申诉处理办法

国家技术监督局第51号

第一章 总 则

第一条 为保护用户、消费者的合法权益,正确、及时处理产品质量申诉,根据《中华人民共和国产品质量法》(以下简称《产品质量法》),制定本办法。

第二条 属于《产品质量法》调整范围的产品,用户、消费者发现有质量问题,有权向技术监督行政部门提出申诉。

第三条 各级技术监督行政主管部门应当设置专门的工作机构或者专职人员,负责处理产品质量申诉。

第四条 技术监督行政部门处理产品质量申诉,应当遵循以下原则:

(一)以事实为依据,以法律为准绳原则;

(二)保护当事人合法权益原则;

(三)行政合法性和行政合理性原则;

(四)行政高效和便民原则。

第二章 产品质量申诉处理

第五条 技术监督行政部门对用户、消费者(以下简称申诉人)提出的产品质量申诉应当予以登记并及时处理。

第六条 技术监督行政部门应当在接到产品质量申诉后七日内作出处理、移送处理或者不予处理的决定,并告知申诉人。

第七条 技术监督行政部门对无需追究刑事、行政责任的产品质量申诉,应当根据申诉人或者被申诉人的请求,采用产品质量争议调解方式予以处理。

第八条 技术监督行政部门对举报被申诉人未履行《产品质量法》规定的“三包”义务的产品质量申诉,应当责令责任方改正。

第九条 技术监督行政部门对举报涉嫌生产、销售伪劣商品犯罪行为的产品质量申诉,应当移送司法机关处理。

第十条 技术监督行政部门对依照法律规定由其他行政机关处理的产品质量申诉,应当移送其他行政机关处理。

第十一条 技术监督行政部门对举报生产、销售伪劣商品行政违法行为的产品质量申诉,应当按照《技术监督行政案件办理程序的规定》,移送有管辖权的技术监督行政部门处理。

第十二条 技术监督行政部门移送产品质量申诉应当填写《产品质量申诉移送书》,并将有关申诉材料一并移送。

第十三条 对下列申诉,技术监督行政部门应当作出不予处理的决定:

(一)法院、仲裁机构或者有关行政机关已经受理或者处理的;

(二)对存在争议的产品无法实施质量检验、鉴定的;

(三)不符合国家法律、法规及规章规定的。

第三章 产品质量争议调解的管辖

第十四条 产品质量争议的调解由被申诉人所在地的县、市级技术监督行政部门管辖。

第十五条 技术监督行政部门接受的产品质量争议不属于本部门管辖的,应当移送有管辖权的技术监督行政部门处理。

接受移送的技术监督行政部门认为产品质量争议不属于本部门管辖的,不得再自行移送,应当报请上级技术监督行政部门指定处理部门。

第十六条 上级技术监督行政部门有权处理下级技术监督行政管理部门管辖的产品质量争议。

下级技术监督行政部门管辖的产品质量争议,认为需要由上级技术监督行政部门处理的,可以报请上级技术监督行政部门处理。

第四章 产品质量争议的调解

第十七条 技术监督行政部门进行产品质量争议的调解应当由申诉人提供书面材料。

第十八条 申诉人提供的书面材料应当载明以下内容：

(一)申诉人的姓名、联系地址、邮政编码和联系电话；

(二)被申诉人的姓名、联系地址、邮政编码和联系电话；

(三)申诉的请求、理由和事实经过、相关证据；

(四)申诉的日期。

第十九条 负责产品质量争议调解的技术监督行政部门应当在接到申诉材料后五日内分别通知申诉人和被申诉人。

第二十条 负责产品质量争议调解的技术监督行政部门进行调解时，应当征得申诉人和被申诉人的同意，调查核实申诉情况，认定有关事实。

第二十一条 对有争议产品需要进行质量检验、鉴定的，技术监督行政部门应当在征得申诉人或者被申诉人同意后，指定检验机构或组织有关人员进行质量检验、鉴定。

质量检验、鉴定费用由申诉人或者被申诉人预付，处理终结时，该费用由责任人支付。

第二十二条 负责产品质量争议调解的技术监督行政部门经调解使双方达成一致意见的，应当制作《产品质量争议调解书》，由申诉人和被申诉人自觉履行。

第二十三条 负责产品质量争议调解的技术监督行政部门应当在接到申诉人提供的书面材料之日起三十日内终结调解。对于复杂的产品质量争议可以延长三十日。调解不成的，应当及时终止调解。

第二十四条 各级技术监督行政部门应当建立和健全申诉档案管理制度。

档案的保管期，可以根据申诉的重要性和保留价值，由各级技术监督行政部门根据具体情况自行确定。

第二十五条 各级技术监督行政部门应当建立申诉处理信息统计制度，并将影响重大的申诉及时报国家技术监督局备案。

第五章 附 则

第二十六条 本办法由国家技术监督局负责解释。

第二十七条 本办法自颁布之日起实施。

产品标识标注规定

技监局监发〔1997〕172号

第一条 为了进一步规范产品标识，引导企业正确地标注产品的标识，明示产品质量信息，保护企业、用户、消费者的合法权益，根据《中华人民共和国产品质量法》等法律、法规的规定，制定本规定。

第二条 本规定所称产品标识是指用于识别产品及其质量、数量、特征、特性和使用方法所做的各种表示的统称。

产品标识可以用文字、符合、数字、图案以及其他说明物等表示。

第三条 在中华人民共和国境内生产、销售的产品，其标识的标注，应当遵守本规定。

法律、法规、规章和强制性国家标准、行业标准对产品标识的标注另有规定的，应当同时遵守其规定。

第四条 产品应当具有标识。

裸装食品和其他根据产品的特点难以附加标识的裸装产品，可以不附加产品标识。

第五条 除产品使用说明外，产品标识应当标注在产品或者产品的销售包装上。

产品或者产品销售包装的最大表面的面积小于10平方厘米的，在产品或者产品销售包装上可以仅标注产品名称、生产者名称；限期使用的产品，在产品或者产品的包装上还应当标注生产日期和安全使用期或者失效日期。本规定的其他标识内容可以标注在产品的其他说明物上。

第六条 产品标识所用文字应当为规范中文。

可以同时使用汉语拼音或者外文,汉语拼音和外文应当小于相应中文。

产品标识使用的汉字、数字和字母,其字体高度不得小于1.8毫米。

第七条 产品标识应当清晰、牢固,易于识别。

第八条 产品标识应当有产品名称。产品名称应当表明产品的真实属性,并符合下列要求:

(一)国家标准、行业标准对产品名称有规定的,应当采用国家标准、行业标准规定的名称;

(二)国家标准、行业标准对产品名称没有规定的,应当使用不会引起用户、消费者误解和混淆的常用名称或者俗名;

(三)如标注"奇特名称"、"商标名称"时,应当在同一部位明显标注本条(一)、(二)项规定的一个名称。

第九条 产品标识应当有生产者的名称和地址。生产者的名称和地址应当是依法登记注册的,能承担产品质量责任的生产者名称和地址。

进口产品可以不标原生产者的名称、地址,但应当标明该产品的原产地(国家/地区,下同),以及代理商或者进口商或者销售商在中国依法登记注册的名称和地址。进口产品的原产地,依据《中华人民共和国海关关于进口货物原产地的暂行规定》予以确定。

有下列情形之一的,按照下列规定相应予以标注:

(一)依法独立承担法律责任的集团公司或者其子公司,对其生产的产品,应当标注各自的名称、地址;

(二)依法不能独立承担法律责任的集团公司的分公司或者集体公司的生产基地,对其生产的产品,可以标注集团公司和分公司或者生产基地的名称、地址,也可以仅标注集团公司的名称、地址;

(三)按照合同或者协议的约定相互协作,但又各自独立经营的企业,在其生产的产品上,应当标注各自的生产者名称、地址;

(四)受委托的企业为委托人加工产品,且不负责对外销售的,在该产品上应当标注委托人的名称和地址;

(五)在中国设立办事机构的外国企业,其生产的产品可以标注该办事机构在中国依法登记注册的名称和地址。

第十条 国内生产的合格产品应当附有产品质量检验合格证明。

第十一条 国内生产并在国内销售的产品,应当标明企业所执行的国家标准、行业标准、地方标准或者经备案的企业标准的编号。

第十二条 产品标识中使用的计量单位,应当是法定计量单位。

第十三条 实行生产许可证管理的产品,应当标明有效的生产许可证标记和编号。

第十四条 根据产品的特点和使用要求,需要标明产品的规格、等级、数量、净含量、所含主要成份的名称和含量以及其他技术要求的,应当相应予以标明。

净含量的标注应当符合《定量包装商品计量监督规定》的要求。

第十五条 限期使用的产品,应当标明生产日期和安全使用期或者失效日期。

日期的表示方法应当符合国家标准规定或者采用"年、月、日"表示。

生产日期和安全使用期或者失效日期应当印制在产品或者产品的销售包装上。

第十六条 使用不当,容易造成产品本身损坏或者可能危及人体健康和人身、财产安全的产品,应当有警示标志或者中文警示说明。

剧毒、放射性、危险、易碎、怕压、需要防潮、不能倒置以及有其他特殊要求的产品,其包装应当符合法律、法规、合同规定的要求,应当标注警示标志或者中文警示说明,标明储运注意事项。

第十七条 性能、结构及使用方法复杂、不易安装使用的产品,应当根据该产品的国家标准、行业标准、地方标准的规定,有详细的安装、维护及使用说明。

第十八条 生产者标注的产品的产地应当是真实的。产品的产地应当按照行政区划的地域概念进行标注。

本规定所称产地,是指产品的最终制作地、加工地或者组装地。

产品形成后,又在异在进行辅助性加工的,应当按照本条第二款的规定确定产地。

法律、行政法规对产品产地的认定另有规定的,从其规定。

第十九条 获得质量认证的产品,可以在认证有效期内生产的该种产品上标注认证标志。

第二十条 获得国家认可的名优称号或者名优标志的产品,可以标注名优称号或者名优标志。

标注名优称号或者名优标志时，应明确标明获得时间和有效期间。

第二十一条 产品标识标注的产品条码，应当是有效的产品条码。

第二十二条 生产者按照合同为用户特制的不直接用于销售的产品，其产品标识可以按照合同的要求标注。

第二十三条 销售者销售的商品的标识应当符合本办法的规定。

第二十四条 生产者、销售者不得伪造或者冒用他人的名称和地址；不得伪造产品的产地、生产日期和失效日期，不得伪造或者冒用生产许可证标志、产品条码和认证标志、名优标志等质量标志以及其他质量证明。

第二十五条 本规定下列用语的含义是：

（一）奇特名称是指以不按常规的命名方法，而使用用户、消费者不易理解、不能识别产品的产品名称；

（二）商标名称是指以产品的商标命名的产品名称。

第二十六条 本规定由国家技术监督局负责解释。

第二十七条 本规定自发布之日起施行。

国家技术监督局关于依法加强产品标识监督管理的通知

技监局监发〔1997〕173号

各省、自治区、直辖市及计划单列市技术监督局：

随着经济的发展和人们质量意识的不断提高，产品标识已经成为用户、消费者了解产品质量信息，选购产品的重要依据。但是，目前产品标识的标注情况比较混乱。有的企业标注的产品标识不规范，内容不完整，不能满足用户、消费者的需要；有的企业使用虚假的产品标识，提供错误的产品质量信息，严重地损害了用户、消费者的合法权益。为此，我局组织制定了《产品标识标注规定》（技监局监发〔1997〕172号）。为了帮助企业全面、准确地标注产品标识，进一步规范产品标识监督管理工作，保护企业、用户和消费者的合法权益，现就有关问题通知如下：

一、引导企业正确标注产品标识

生产者（销售者）生产（销售）的产品的标识符合法律、法规规定，是法律、法规赋予生产者、销售者必须履行的产品质量义务。各地技术监督部门要积极宣贯《产品标识标注规定》，特别要加强对中小企业、个体私营企业、重要的商品集散地和各类商品市场的宣传，并组织培训，引导生产企业正确标注产品标识，引导销售企业加强对产品标识的进货检查。

二、加强产品标识的监督检查

各地技术监督部门要依据《产品质量法》和《产品标识标注规定》等有关规定，加大对产品标识的监督检查力度。要把检查中发现的产品标识问题反馈到生产企业，达到通过检查，帮助企业更好地履行产品标识义务，进一步规范产品标识的目的。

三、坚持产品标识的监督检查与产品内在质量检验相结合

各地技术监督部门要从规范企业行为和市场经济秩序，保护用户、消费者利益出发，本着引导企业，服务社会的原则，在加大产品标识监督检查力度的同时，注重对产品内在质量的检查。各地在市场商品质量监督检查和行政执法中，不得简单地以产品标识不符合《产品质量法》第十五条规定，对企业进行经济处罚；对不符合《产品质量法》第十五条规定的，要以责令改正为主。同时，要充分发挥技术监督部门运用技术手段规范市场行为的优势，对产品标识有问题的产品，通过检验产品内在质量进行综合判定，区分不同情况，予以处罚，防止产品标识查处工作的简单化。

四、不得擅自扩大和变更产品标识处罚范围

各地技术监督部门对产品标识违法行为的查处，要严格依据《产品质量法》等法律、法规的规定进行，要把一般的产品标识违法与伪造、冒用产品标识违法行为区别开来，不得把一般的产品标识违法行为与“以假充真、以次充好”或者不符合强制性标准等行为简单地联系起来从重处罚；不得擅自扩大和变更产品标识处罚范围。

一九九七年十一月七日

公安部关于不准强制安装汽车防盗等非法定安全装置的通知

各省、自治区、直辖市公安厅、局：

近一时期，一些地方公安机关利用车辆年检、办理入户登记及发号牌之机，强制要求在机动车上安装防盗锁、防盗报警器、前照灯自动变光器等装置，还有的地方对驾驶员强制进行驾驶适应性检测。这些都是利用职权为企业推销产品，强制安装器材、设备的错误行为。为杜绝此类事情的再次发生，现通知如下：

一、强制安装法定以外的汽车防盗及其他安全装置是一种违反规定的乱收费行为，必须纠正。各地公安机关要进一步端正指导思想，把制止强制安装汽车防盗及其他安全装置的行为，落到实处。严禁利用职权强制推销、安装所属企业的产品。

二、车辆年检和核发牌证要严格按照有关法律、法规和公安部的规定执行，严禁附加其他手续、条件和各种搭车收费。特别是启用换发“九二式”机动车牌证工作，要坚决按照公安部的要求执行，切实防止由此引起的各种问题。

三、一些保险公司为了预防车辆被盗，将安装机动车防盗、报警装置，作为车辆保险的条件，公安机关应予支持。但不能将保险公司的这种企业行为与公安机关的行政行为相结合，公安机关交通管理部门不得以此作为车辆年检、核发牌照的条件。

四、社会上一些科研部门、企事业单位在法定的范围内开发研究一些车辆安全装置属于单位生产经营活动，公安机关不应干预，更不准插手经营活动，以行政手段推销产品。对一些新的技术手段的应用，只能通过宣传，在群众自愿的前提下进行使用，不得强制推广。

五、各级公安机关在预防和减少盗窃机动车犯罪和道路交通事故工作中，应积极向社会和人民群众宣传推荐一些安全性能良好、技术可靠的防盗及其他安全装置。要选择一些典型事例，通过新闻媒介宣传安装这些装置的效果，使群众自觉购买。

以上通知请各地公安机关认真执行，并转发至县一级公安机关。

公安部

一九九四年六月二十八日

汽车运输业车辆技术管理规定

交通部令第 13 号

第一章 总 则

第一条 为加强汽车运输业运输车辆（汽车和挂车）的技术管理，保持运输车辆技术状况良好，保证安全生产，充分发挥运输车辆的效能和降低运行消耗，制定本规定。

第二条 本规定适用于所有从事汽车运输的单位和个人。

第三条 车辆技术管理应坚持预防为主和技术与经济相结合的原则；对运输车辆实行择优选配、正确使用、定期检测、强制维护、视情修理、合理改造、适时更新和报废的全过程综合性管理。

第四条 车辆技术管理应依靠科技进步，采用现代化管理方法，建立车辆质量监控体系，推广检测诊断和计算机应用等先进技术，开展多种形式的职工教育和专业培训，提高车辆管理水平和技术水平。

第五条 各级交通运输管理部门应把管好、用好、维修好车辆，提高装备素质，确保运输车辆在使用中的良性循环，作为必须履行的重要职责。

运输单位各自的主管部门应把加强车辆技术管理列为运输单位经理（厂长）任期责任考核的一项重要内容。

第六条 交通部归口管理全国汽车运输业车辆技术管理工作；

各省、自治区、直辖市交通厅（局）或其授权的所属公路运输管理部门归口管理本地区汽车运输业车辆技术管理工作；

各汽车运输单位负责本单位车辆的技术管理工作。

第二章 管理职责

第七条 交通部车辆技术管理的主要职责是:

(一)贯彻执行国家有关车辆技术管理的方针、政策、法规和制度;

(二)依法制定全国运输车辆技术管理的方针、政策、规章和制度;

(三)负责全国运输车辆技术管理工作的组织领导、监督检查和协调服务;

(四)组织交流和推广车辆技术管理的先进经验和现代化管理方法。

第八条 各省、自治区、直辖市交通厅(局)车辆技术管理的主要职责是:

(一)贯彻执行国家和上级有关车辆技术管理工作的方针、政策、规章和制度,并组织实施;

(二)依法制定本地区有关运输车辆技术管理的规章、制度、定额和措施;

(三)对本地区运输车辆技术管理工作进行组织领导、监督检查和协调服务;

(四)组织安全、法制教育和专业技术培训,提高车辆技术管理人员、技工、驾驶员的素质;

(五)推广现代化管理方法和先进经验,开展爱车、节油、节胎等竞赛活动和各种咨询服务。

第九条 运输单位车辆技术管理的主要职责是:

(一)贯彻执行交通运输管理部门和上级发布的有关车辆技术管理的各项方针、政策、规章和制度;

(二)制定本单位车辆技术管理的规章和制度,以及车辆技术管理目标和考核指标,并负责实施;

(三)大、中型运输单位,应建立由总工程师负责的车辆技术管理系统。小型运输单位要有一名副经理(副厂长)负责车辆技术管理工作。所属车间和车队应配备一定数量的专职技术管理人员,分别负责车辆各项技术管理工作;

(四)建立健全车辆技术管理的各级岗位责任制,明确车辆技术管理人员的职责和权限,充分发挥他们的作用,保持队伍的相对稳定;

(五)正确处理运输生产和技术管理的关系,保持运输车辆技术状况良好;

(六)正确使用车辆更新改造资金和大修理基金;

(七)推广现代化管理方法,应用新技术、新工艺和新材料;

(八)组织职工安全、法制教育和专业技术培训,提高职工素质;

(九)开展各种群众性爱车、节油、节胎等专业技术竞赛活动,总结推广先进经验。

第三章 车辆管理

第一节 车辆选配和使用的前期管理

第十条 交通运输管理部门应根据当地社会运力、油料供应、运量、运距和道路、气候等社会和自然条件,制定车辆发展规划。对运力的增长,进行宏观控制。凡需购置营业性运输车辆的单位和个人,应事先向交通运输管理部门提出申请,经审核批准后,方可购置。未经交通运输管理部门批准购置的车辆,不予签发营运证。

第十一条 运输单位选购车辆应根据当地运输市场状况和运行条件,对车辆的适应性、可靠性、经济性以及维修方便性进行选型论证,避免盲目购置。个人购置车辆事先宜向当地交通运输管理部门咨询。

第十二条 规模较大的运输单位,应根据其运输任务和经营范围,合理配备大、中、小型汽车以及通用和专用车,以充分发挥车辆的吨(座)位和容量利用率。

第十三条 新车在接收和使用前应做到:

(一)接收新车时应按合同和说明书的规定,对照车辆清单或装箱单进行验收,清点随车工具及附件等;

(二)新车在投入使用前,应进行一次全面检查,并根据制造厂的规定进行清洁、润滑、紧固以及必要的调整;

(三)新型车辆在投入使用前,运输单位应组织驾驶员和维修工进行培训,在掌握车辆性能、使用和维修方法后方可使用;

(四)新车投入使用前,应建立车辆技术档案,配备必要的附加装备和安全防护装置;

(五)新车应严格执行走合期的各项规定,做好走合维护工作;

(六)在索赔期内,应严格按制造厂技术要求使用。车辆发生损坏,应及时作出技术鉴定,属于制造厂责任的,按规定程序向制造厂索赔。

进口的新车,在索赔期内,不得进行改装,以便出现制造质量问题时对外索赔。

第二节 车辆的基础管理

第十四条 车辆的装备应符合下列要求:

(一)车辆的经常性装备应符合国标 GB 7258 -87《机动车运行安全技术条件》、GB 4785 -84《汽车及挂车外部照明和信号装置的数量、位置和光色》和交通部 JT3111 -85《公路客运车辆通用技术条件》、JT3105 -82《货运全挂车通用技术条件》、JT3115 -82《货运半挂车通用技术条件》的有关规定,并保证齐全、完好,不得任意增减;

(二)车辆在特殊运行条件下使用时,应根据需要,配备保温、预热、防滑、牵引等临时性装备;

(三)车辆运输超长、超宽、超高或保鲜等特殊物资时,应根据需要增加临时性装备;

(四)运输危险货物的车辆装备,应符合交通部 JT3130 -88《汽车危险货物运输规则》的有关规定。

第十五条 车辆技术档案的建立与管理:

(一)车辆从购置到报废全过程的技术管理,应系统记入车辆技术档案。运输单位和个人必须逐车建立车辆技术档案。技术档案应认真填写,妥善保管,记载及时、完整和准确,不得任意更改。车辆办理过户手续时,车辆技术档案应完整移交;

(二)车辆技术档案的格式由各省、自治区、直辖市交通厅(局)统一制定。车辆技术档案应作为发放、审核营运证的依据之一;

(三)车辆技术档案的主要内容包括:车辆基本情况和主要性能、运行使用情况、主要部件更换情况、检测和维修记录、以及事故处理记录等。

第十六条 车辆技术状况等级的鉴定;

(一)各省、自治区、直辖市交通厅(局)应制定车辆技术状况鉴定制度;

(二)各级交通运输管理部门负责车辆技术状况等级鉴定的组织和监督检查;

(三)运输单位应按规定做好车辆技术状况等级的鉴定工作;

(四)车辆技术状况等级的鉴定,至少每半年进行一次。

第十七条 车辆技术状况等级的划分:

(一)一级,完好车:新车行驶到第一次定额大修间隔里程的三分之二和第二次定额大修间隔里程的三分之二以前,汽车各主要总成的基础件和主要零部件坚固可靠,技术性能良好;发动机运转稳定,无异响,动力性能良好,燃润料消耗不超过定额指标,废气排放,噪音符合国家标准;各项装备齐全、完好,在运行中无任何保留条件;

(二)二级,基本完好车:车辆主要技术性能和状况或行驶里程低于完好车的要求,但符合 GB 7258 -87 的规定,能随时参加运输;

(三)三级,需修车:送大修前最后一次二级维护后的车辆和正在大修或待更新尚在行驶的车辆;

(四)四级,停驶车:预计在短期内不能修复或无修复价值的车辆。

第十八条 技术、经济定额的制订与修订:

(一)技术、经济定额是运输单位和个人在一定的生产条件下,进行生产和经济活动所应遵守或达到的限额,是实行经济核算,分析经济效益和考核经营管理水平的依据。技术、经济定额应考虑使用环境及条件、人员技术素质等因素,根据专业运输单位平均先进水平制定;

(二)技术、经济定额应保持相对稳定,但随着使用条件的改善和技术进步,可作必要的修订;

(三)技术、经济定额由各省、自治区、直辖市交通厅(局)组织制定和修订;

(四)各运输单位和个人应将技术、经济定额和指标实现情况按期统计,按规定报送当地交通运输管理部门。

第十九条 汽车运输业应建立的主要技术、经济定额和指标:

(一)行车燃料消耗定额:是指汽车每行驶百车公里或完成百吨公里所消耗燃料的限额。根据 GB 4352 -84《载货汽车运行燃料消耗量》和 GB 4353 -84《载客汽车运行燃料消耗量》规定,按车型、使用条件、载质(客)量和燃料种类等分别制定;

(二)轮胎行驶里程定额:是指新胎从开始装用,经翻新到报废总行驶里程的限额。根据车型、使用条件和轮胎性能分别制定；

（三）车辆维护与小修费用定额：是指车辆每行驶一定里程，维护与小修耗用的工时和物料费用的限额。按车型和使用条件等分别制定；

（四）车辆大修间隔里程定额：是指新车到大修，或大修到大修之间所行驶的里程限额。按车型和使用条件等分别制定；

（五）发动机大修间隔里程定额：是指新发动机到大修，或大修到大修之间所使用的里程限额。按型号和使用燃料类别等分别制定；

（六）车辆大修费用定额：是指车辆大修所耗工时和物料总费用的限额。按车辆类别和型式等分别制定；

（七）完好率：是指完好车日在总车日中所占的百分比；

（八）车辆平均技术等级：是指所有运输车辆技术状况的平均等级。计算公式如下：车辆平均技术等级=〔(1×一级车数)+(2×二级车数)+(3×三级车数)+(4×四级车数)〕÷各级车辆的总和

（九）车辆新度系数：是综合评价运输单位车辆新旧程度的指标。计算方法如下：车辆新度系数=年末单位全部运输车辆固定资产净值÷年末单位全部运输车辆固定资产原值

（十）小修频率：是指每千车公里发生小修的次数（不包括各级维护作业中的小修）；

（十一）轮胎翻新率：是指在统计期内经过翻新的报废轮胎数占全部报废轮胎数的百分比。

第二十条 运输单位必须将车辆完好率、平均技术等级、新度系数等主要技术、经济指标，纳入经理（厂长）责任考核内容。

第二十一条 车辆的租赁、停驶和封存：

（一）租赁车辆的技术档案、技术经济指标完成情况和技术状况等级由出租与承租双方记录和考核；

（二）因部分总成和部件损坏，在较长时间内无法解决，但不符合报废条件的车辆，运输单位可作停驶处理；

（三）凡技术状况良好，因其他原因需要较长时间停驶的车辆，运输单位可作封存处理，报其上级主管部门备案。封存期间不进行指标考核，但应妥善保管，定期维护。启封使用时，应进行一次维护作业，经检验合格后，方可参加运行。

第二十二条 车辆的折旧：

（一）车辆折旧按国家规定执行；

（二）车辆折旧里程的规定，是提取车辆基本折旧资金的依据，不是车辆报废的标准；

（三）折旧资金应用于车辆的更新改造和技术进步，不得挪作它用。

第四章 车辆使用

第一节 车辆在一般条件下使用

第二十三条 车辆运行必须符合第十四条关于车辆装备的规定。

第二十四条 车辆装载必须符合以下规定：

（一）车辆的额定载质量，应符合制造厂规定；

（二）经过改装、改造的车辆，或因其他原因需要重新标定载质量时，应经车辆所在地主管部门核定；

（三）车辆换装与制造厂规定最大负荷不相同的轮胎，其最大负荷大于原轮胎的，应保持原车额定载质量；最大负荷小于原轮胎的，必须相应地降低载质量；

（四）车辆增载必须符合交通部1988年发布的《汽车旅客运输规则》和《汽车货物运输规则》的有关规定；

（五）所有车辆的载质量，一经核定，严禁超载；

（六）车辆总质量超过桥梁承载质量或运输超长、超宽、超高货物时，应报请当地交通、公安主管部门，采取安全有效措施，经批准后才能通行；

（七）车辆运载易散落、飞场、泄漏、污秽物品时，应封盖严密，以免污染环境。

第二十五条 汽车拖挂总质量应根据不同使用条件，通过试验后确定。确定不同地区拖挂总质量的原则是：

（一）平原地区保持直接挡（包括超速挡）作为经常行驶挡位；

（二）丘陵地区用直接挡（包括超速档）行使的时间占60%以上，其平均技术速度不低于单车的70%；

（三）在山区一般坡度路段上可以二挡通过，最大坡度路段可用一挡起步。

第二十六条 车辆运载危险货物时，必须符合交通部JT3130－88的规定。

第二十七条 车辆在通过危险的路段、渡口、桥梁和遇有临时开沟、设线、水毁、塌方、冰坎、翻浆等情况时，必须采取切实有效的技术措施，保障行车安全。

第二十八条 新车、大修车以及装用大修发动机的汽车走合期必须遵守如下规定：

（一）走合期里程不得少于1000公里；

（二）在走合期内，应选择较好的道路并减载限速运行。一般汽车按载质量标准减载20～25%，并禁止拖带挂车；半挂车按载质量标准减载25%～50%；

（三）在走合期内，驾驶员必须严格执行驾驶操作规程，保持发动机正常工作温度。走合期内严禁拆除发动机限速装置；

（四）走合期内认真做好车辆日常维护工作，经常检查、紧固各部外露螺栓、螺母，注意各总成在运行中的声响和温度变化，及时进行调整；

（五）走台期满后，应进行一次走合维护，其作业项目和深度参照制造厂的要求进行；

（六）进口汽车按制造厂的走合规定进行。

第二十九条 运输单位和个人使用燃润料时应注意的事项：

（一）燃润料的选用必须符合制造厂说明书的技术要求；

（二）各种燃润料的运输和存放必须遵守有关规定；

（三）燃润料应保持清洁，柴油必须经过沉淀、过滤后方能使用；

（四）不同种类、牌号的燃润料不得混合使用。更换不同牌号的润滑油或进行季节性换油时，必须做好清洗工作；

（五）进口汽车所用的燃润料，应严格按汽车制造厂规定选用或按其规格性能要求，选用相应国产牌号的燃润料；

（六）认真做好润滑油料的回收工作。回收的油料应按不同种类分别盛装，防止混入水份和杂质，收集到一定数量后交回收部门处理。

第三十条 运输单位和个人应按交通部1987年发布的《汽车运输行业轮胎技术管理制度》的要求，加强轮胎管理，提高轮胎使用维修技术水平。

第三十一条 运输单位和个人应建立健全车辆技术检验和安全检查制度，做好出车前、行车中及收车后的车辆检查工作，发现故障及隐患，及时排除。

第三十二条 各级交通运输管理部门和运输单位，应积极做好群众性的节油、节胎、节约维修费用的工作，推广新技术、新工艺、新材料、新装备，及时总结、交流先进经验。

第二节 车辆在特殊条件下使用的要求

第三十三条 车辆在低温条件下使用时，应采取以下措施：

（一）车辆在低温条件下停放时，应采取防冻、保温措施。使用前应预热；

（二）各总成和轮毂轴承换用冬季润滑油（脂），制动系换用冬季用制动液。柴油发动机使用低凝点柴油；

（三）调整发电机调节器，增大发电机充电电流。注意保持蓄电池电解液的合适密度和蓄电池的保温；

（四）发动机罩和散热器前加装保温套，注意保持正常工作温度；

（五）使用防冻液时，应掌握其正确的使用方法；

（六）在冰雪路面行驶时，应采取有效的防滑措施。

第三十四条 车辆在高温条件下使用时，应采取以下措施：

（一）对汽油发动机供油系，采取隔热、降温等有效措施，防止气阻；

（二）加强冷却系的维护，清除水垢，保持良好的冷却效果。行车中注意勿使发动机过热；

（三）各总成和轮毂轴承换用夏季润滑油（脂）。制动系换用夏季制动液；

（四）调整发电机调节器，减少充电电流。检查调整蓄电池电解液密度，保持液面高度和通气孔畅通；

（五）行车途中经常检查轮胎温度和气压，不得采取放气或冷水浇泼的方法降低轮胎的气压和温度。

第三十五条　车辆在山区或高原等地区使用时，应采取以下措施：

（一）加强制动系和操纵系的检查和维护工作，确保制动和操纵装置可靠，工作正常；

（二）爬长坡、陡坡时，注意提前换挡；

（三）下坡前，注意制动系压力及制动机构工作状况。禁止熄火空挡滑行。防止制动毂过热；

（四）对点火系和供油系作适当调整；

（五）风沙严重地区注意车辆的密封。加强发动机空气、机油和燃油滤清器保养工作；

（六）可酌情采取提高压缩比、改变配气相位、增压等措施，提高发动机的动力性。

第三节　车辆驾驶操作基本要求和日常维护工作

第三十六条　驾驶员须爱护车辆，严格遵守驾驶操作规程。行车前，做到预热起动、低速升温、低挡起步。行驶中，注意保持温度、及时换挡、保有余力、行驶平稳、安全滑行、合理节油。在拖带挂车时，加强主、挂车之间连接机构的检查，避免冲击。

第三十七条　车辆的日常维护是驾驶员必须完成的日常性工作。主要内容是：坚持三检，即出车前、行车中、收车后检视车辆的安全机构及各部机件连接的紧固情况；保持四清，即保持机油、空气、燃油滤清器和蓄电池的清洁；防止四漏，即防止漏水、漏油、漏气、漏电；保持车容整洁。

第三十八条　交通运输管理部门和运输单位应及时总结推广驾驶操作和日常维护的经验。定期组织检查评比，并将检查评比结果作为考核驾驶员和衡量运输单位技术管理工作水平的依据之一。

第五章　车辆检测诊断与维修

第一节　车辆的检测诊断

第三十九条　车辆检测诊断技术，是检查、鉴定车辆技术状况和维修质量的重要手段，是促进维修技术发展，实现视情修理的重要保证。各地交通运输管理部门和运输单位应积极组织推广检测诊断技术。

第四十条　检测诊断设备应能满足车辆在不解体情况下确定其工作能力和技术状况，以及查明故障或隐患的部位和原因。检测诊断的主要内容包括：汽车的安全性（制动、侧滑、转向、前照灯等）、可靠性（异响、磨损、变形、裂纹等）、动力性（车速、加速能力、底盘输出功率；发动机功率、扭矩和供给系、点火系状况等）、经济性（燃油消耗）及噪声和废气排放状况等。

第四十一条　各省、自治区、直辖市交通厅（局）应建立运输业车辆检测制度。根据车辆从事运输的性质、使用条件和强度以及车辆老旧程度等，进行定期或不定期检测，确保车辆技术状况良好，并对维修车辆实行质量监控。

第四十二条　建设汽车综合性能检测站是加强车辆技术管理的重要措施。各省、自治区、直辖市交通厅（局）是汽车综合性能检测站主管部门，负责规划、管理和监督。

第四十三条　各省、自治区、直辖市交通厅（局）应对汽车综合性能检测站进行认定。经认定后的检测站可代表交通运输管理部门对车辆行使质量监控。

第四十四条　汽车综合性能检测站经认定后，交通运输管理部门应组织运输和维修车辆进行检测。

第四十五条　经认定的汽车综合性能检测站在车辆检测后，应发给检测结果证明，作为交通运输管理部门发放或吊扣营运证依据之一和确定维修单位车辆维修质量的凭证。

第四十六条　经认定的汽车综合性能检测站的职责是：

（一）对车辆的技术状况进行检测诊断；

（二）对汽车维修行业的维修车辆进行质量检测；

（三）对车辆改装、改造、报废和有关新工艺、新技术、新产品，以及节能、科研项目等进行检测、鉴定；

（四）在环保部门统一监督管理下，对汽车污染进行监督、监测；

（五）接受公安、商检、计量和保险等部门的委托，进行有关项目的检测。

第二节　车辆的维护

第四十七条　车辆维护应贯彻预防为主，强制维护的原则。保持车容整洁，及时发现和消除故障、隐患，防止车辆早期损坏。

第四十八条 车辆维护作业，包括清洁、检查、补给、润滑、紧固、调整等，除主要总成发生故障必须解体时，不得对其进行解体。

第四十九条 车辆的维护分为日常维护、一级维护、二级维护等。维护的主要作业范围如下：

（一）日常维护：是日常性作业，由驾驶员负责执行。其作业中心内容是清洁、补给和安全检视；

（二）一级维护：由专业维修工负责执行。其作业中心内容除日常维护作业外，以清洁、润滑、紧固为主，并检查有关制动、操纵等安全部件；

（三）二级维护：由专业维修工负责执行。其作业中心内容除一级维护作业外，以检查、调整为主，并拆检轮胎，进行轮胎换位。

季节性维护可结合定期维护进行。

第五十条 车辆二级维护前应进行检测诊断和技术评定，根据结果，确定附加作业或小修项目，结合二级维护一并进行。

第五十一条 车辆的维护必须遵照交通运输管理部门规定的行驶里程或间隔时间，按期强制执行。各级维护作业项目和周期的规定，必须根据车辆结构性能、使用条件、故障规律、配件质量及经济效果等情况综合考虑。随着运行条件的变化，新工艺、新技术的采用，维护项目和周期经交通运输管理部门同意后可及时进行调整。

第五十二条 运输单位和个人的运输车辆，应在交通运输管理部门认定的维修厂（场）进行维护，建立维护合作关系，确保车辆按期维护。

第五十三条 维修厂（场）必须认真进行维护作业，确保维护质量。车辆维护后，应将车辆维护的级别、项目等填入车辆技术档案，并签发合格证。

第三节 车辆的修理

第五十四条 车辆修理应贯彻视情修理的原则，即根据车辆检测诊断和技术鉴定的结果，视情按不同作业范围和深度进行，既要防止拖延修理造成车况恶化，又要防止提前修理造成浪费。

第五十五条 车辆修理必须根据国家和交通部发布的有关规定和修理技术标准进行，确保修理质量。

第五十六条 车辆修理按作业范围可分车辆大修、总成大修、车辆小修和零件修理：

（一）车辆大修，是新车或经过大修后的车辆，在行驶一定里程（或时间）后，经过检测诊断和技术鉴定，用修理或更换车辆任何零部件的方法，恢复车辆的完好技术状况，完全或接近完全恢复车辆寿命的恢复性修理；

（二）总成大修，是车辆的总成经过一定使用里程（或时间）后，用修理或更换总成任何零部件（包括基础件）的方法，恢复其完好技术状况和寿命的恢复性修理；

（三）车辆小修，是用修理或更换个别零件的方法，保证或恢复车辆工作能力的运行性修理，主要是消除车辆在运行过程或维护作业过程中发生或发现的故障或隐患；

（四）零件修理，是对因磨损、变形、损伤等而不能继续使用的零件进行修理。

第五十七条 运输单位和个人的运输车辆，应根据其修理作业范围，送交通运输管理部门认定的修理厂进行修理。

第五十八条 车辆和总成大修的送修标志：

（一）汽车大修送修标志：客车以车厢为主，结合发动机总成；货车以发动机总成为主，结合车架总成或其他两个总成符合大修条件；

（二）挂车大修送修标志：

1. 挂车车架（包括转盘）和货箱符合大修条件；

2. 定车牵引的半挂车和铰接式大客车，按照汽车大修的标志与牵引车同时进厂大修；

（三）总成大修送修标志：

1. 发动机总成：气缸磨损，圆柱度达到0.175～0.250毫米或圆度已达到0.050～0.063毫米（以其中磨损量最大的一个气缸为准）；最大功率或气缸压力较标准降低25%以上；燃料和润滑油消耗量显著增加；

2. 车架总成：车架断裂、锈蚀、弯曲、扭曲变形逾限，大部分铆钉松动或铆钉孔磨损，必须拆卸其他总成后才能进行校正、修理或重铆，方能修复；

3. 变速器(分动器)总成:壳体变形、破裂,轴承承孔磨损逾限,变速齿轮及轴恶性磨损、损坏,需要彻底修复;

4. 后桥(驱动桥、中桥)总成:桥壳破裂、变形,半轴套管承孔磨损逾限,减速器齿轮恶性磨损,需要校正或彻底修复;

5. 前桥总成:前轴裂纹、变形,主销承孔磨损逾限,需要校正或彻底修复;

6. 客车车身总成:车厢骨架断裂、锈蚀、变形严重,蒙皮破损面积较大,需要彻底修复;

7. 货车车身总成:驾驶室锈蚀、变形严重、破裂,或货厢纵、横梁腐朽,底板、栏板破损面积较大,需要彻底修复。

第五十九条 车辆和总成的送修规定:

(一)车辆和总成送修时,承修单位与送修单位应签订合同,商定送修要求、修理车日和质量保证等。合同签订后必须严格执行;

(二)车辆送修时,应具备行驶功能,装备齐全,不得拆换;

(三)总成送修时,应在装合状态,附件、零件均不得拆换和短缺;

(四)肇事车辆或因特殊原因不能行驶和短缺零部件的车辆,在签订合同时,应作出相应的规定和说明;

(五)车辆和总成送修时,应将车辆和总成的有关技术档案一并送承修单位。

第六十条 修竣车辆和总成的出厂规定:

(一)送修车辆和总成修竣检验合格后,承修单位应签发出厂合格证,并将技术档案、修理技术资料和合格证移交送修单位;

(二)车辆或总成修竣出厂时,不论送修时的装备(附件)状况如何,均应按照有关规定配备齐全。发动机应安装限速装置;

(三)接车人员应根据合同规定,就车辆或总成的技术状况和装备情况等进行验收,如发现确有不符合竣工要求的情况时,承修单位应立即查明,及时处理;

(四)送修单位必须严格执行车辆走合期的规定,在保证期内因修理质量发生故障或提前损坏时,承修单位应优先安排,及时排除,免费修理。如发生纠纷,由维修管理部门组织技术分析,进行仲裁。

第六十一条 运输单位应按规定,提取车辆大修理基金,用于保证车辆正常大修。

第六章 车辆改装、改造、更新与报废

第一节 车辆的改装和改造

第六十二条 为适应运输的需要,经过设计、计算、试验,将原车型改制成其他用途的车辆称为车辆技术改装。

第六十三条 为改善车辆性能或延长其使用寿命,经过设计、计算、试验,改变原车辆的零部件或总成,称为车辆技术改造。

第六十四条 车辆改装和改造必须事前进行技术经济论证,符合技术上可靠、经济上合理的原则。

第六十五条 对营业性运输车辆提出改装和改造的单位,应将改装、改造方案及数量报交通运输管理部门,交通运输管理部门根据运输市场需要进行审批,其他运输车辆报交通运输管理部门备案。改装、改造后的车辆应由主管部门组织鉴定。一般性技术改进,运输单位可自行决定。

第二节 车辆的更新

第六十六条 以新车辆或高效率、低消耗、性能先进的车辆更换在用车辆,为车辆更新。车辆更新应以提高运输经济效益和社会效益为原则。

第六十七条 运输单位应编制车辆更新计划,积极组织落实。个体运输户也应根据车辆使用情况及时更新。

第六十八条 更新下来的运输车辆,运输单位可根据国家有关规定进行处理。处理后的变价收入应用于车辆更新改造,不得挪作他用。

第三节 车辆的报废

第六十九条 车辆经长期使用,车型老旧,性能低劣,物料超耗严重,维修费用过高,继续使用不经济、不

安全的应予报废。

第七十条 运输单位和个人运输车辆需要报废时，由其主管部门鉴定、审批，并报交通运输管理部门备案。

第七十一条 运输单位和个人对需要报废而尚未批准的车辆应妥善保管，禁止拆卸或挪用其任何零件和总成。

第七十二条 凡经批准或确定报废的车辆，交通运输管理部门应及时吊销营运证。报废车辆不得转让或移作他用。严禁用报废车的总成和零、部件拼装车辆。

第七章 奖励与处罚

第七十三条 运输车辆的主管部门和交通运输管理部门应建立车辆技术管理奖惩制度，定期组织车辆技术管理评优活动，对车辆技术管理工作成绩显著，并取得较好经济效益的运输单位和个人，给予表彰和奖励；对违反本规定，不重视车辆技术管理工作，造成车辆早期损坏的运输单位和个人，根据情节轻重给予批评教育或经济处罚。

第七十四条 运输单位和个人应积极参加交通运输管理部门和其主管部门组织的车辆技术管理创优活动。

第七十五条 凡作出下列成绩之一的，由其主管部门或交通运输管理部门根据其贡献大小，对单位或个人给予表彰和奖励：

（一）推行现代化车辆技术管理，使车辆技术状况不断改善，取得显著成效的；

（二）发现车辆隐患，及时防止和避免重大事故的；

（三）改装、改造车辆的工艺和方法具有推广价值，并有显著成效的；

（四）在车辆维修技术方面有重大创新，具有推广价值，并取得显著成效的；

（五）正确使用车辆，节油、节胎、节约维修费用成绩显著的。

第七十六条 有下列行为之一的，由运输单位的主管部门或交通运输管理部门根据其情节轻重，对单位或个人给予批评教育或经济处罚：

（一）由于超负荷运行，严重失保失修等原因造成车况显著下降或重大机械事故的；

（二）违反驾驶操作规程，造成车辆严重损坏，影响运输生产的；

（三）技术管理混乱，玩忽职守，职责不清或无人管理，对车辆损坏不作及时处理，造成车辆技术状况严重下降的；

（四）对车辆事故隐瞒不报或弄虚作假的；

（五）违反检验维修规程，降低标准，以致维修质量低劣，造成经济损失或安全事故的。

第八章 附　　则

第七十七条 本规定是汽车运输业车辆技术管理的基本规定，各省、自治区、直辖市交通厅（局）可依据本规定，制订实施细则，并报交通部备案。

第七十八条 运输车辆以外的车辆技术管理可参照本规定执行。

第七十九条 本规定由交通部负责解释。

第八十条 本规定自1990年10月1日起施行。1980年交通部发布的《汽车运输和修理企业技术管理制度》（试行）同时废止。

（二）零部件

国家认证认可监督管理委员会关于汽车及汽车零部件产品强制性认证执行标准有关要求的公告

为保证强制性产品认证制度的有效实施，现就汽车及汽车零部件产品强制性认证执行标准的有关要求公告如下：

一、新申请认证的产品需按照附表中所列标准要求(含实施日期要求)进行认证。

二、对于标准修订的情况,如果无新增试验项目,已获证产品无须再进行实验,可直接换发新版认证证书;对于新版标准实施前已经出厂、投放市场并且已经不再生产的获证产品,无需按新版标准重新进行确认和换发新版认证证书。

三、对于已获证产品,如标准已明确规定在生产产品实施过渡期的,持证人应在标准规定的日期前,依据相应标准完成认证证书的变更、换版工作;如标准规定的实施过渡期不足本公告发布后12个月的,持证人应在本公告发布后12个月内依据相应标准完成认证证书的变更、换版工作。

四、对于在本公告规定的各标准换版截止日期后,仍未完成证书换版工作的,认证机构应暂停相应产品的认证证书,逾期三个月仍未完成证书换版工作的,认证机构应撤销相应产品的认证证书。

五、各相关指定实验室应在2011年12月31日前,向我委认证监管部上报依据附表中所列标准检测能力情况,以及获得实验室资质认定和认可的情况。

附件:1. 新修订的标准

2. 新增的标准

二〇一一年十一月二十五日

附件1:

新修订的标准

序号	标准号及名称	发布日期	实施日期	认证标准执行日期规定
1	GB 11555-2009《汽车风窗玻璃除霜和除雾系统的性能和试验方法》(汽车认证实施规则试验项目编号:01-06,01-07)	2009.09.30	2011.01.01	无
2	GB 11550-2009《汽车座椅头枕强度要求和试验方法》(汽车认证实施规则试验项目编号:02-04)	2009.09.30	2011.01.01	新认证的M1类车型,自2011年1月1日实施,新认证的M1类外的车型,本标准自2011年7月1日起实施;在生产M1类车型,自2012年1月1日实施,对于在生产的M1类外的车型,本标准自2012年7月1日起实施。
3	GB 11566-2009《乘用车外部凸出物》(汽车认证实施规则试验项目编号:02-07)	2009.09.30	2011.01.01	新认证车型,自2011年1月1日实施;对于在生产车型,自2012年1月1日实施。
4	GB 11552-2009《乘用车内部凸出物》(汽车认证实施规则试验项目编号:02-08)	2009.09.30	2012.01.01	新认证车型,自2012年1月1日实施;在生产车型,自2013年1月1日实施。
5	GB 16897-2010《制动软管的结构、性能要求及试验方法》(汽车认证实施规则试验项目编号:06-03)	2010.01.10	2011.07.01	无
6	GB/T 18332.1-2009《电动道路车辆用铅酸蓄电池》(汽车认证实施规则试验项目编号:02-20)	2009.05.06	2009.11.01	无
7	GB 7063-2011《汽车护轮板》(汽车认证实施规则试验项目编号:02-10)	2011.05.12	2012.01.01	对于新认证车型,自2012年1月1日实施;对于在生产车,自2014年1月1日实施。
8	GB 11557-2011《防止汽车转向机构对驾驶员伤害的规定》(汽车认证实施规则试验项目编号:02-14)	2011.05.12	2012.01.01	对于新认证车型,自2012年1月1日实施,对于在生产产品,自2013年1月1日实施。

续表

序号	标准号及名称	发布日期	实施日期	认证标准执行日期规定
9	GB 11568－2011《汽车罩(盖)锁系统》(汽车认证实施规则试验项目编号:01－15)	2011.05.12	2012.01.01	无
10	GB 14023－2011《车辆、船和自由内燃机驱动的装置无线电骚扰特性 限值和测量方法》(汽车认证实施规则试验项目编号:03－06)	2011.07.29	2012.01.01	无

附件2:

新增的标准

序号	标准号及名称	发布日期	实施日期	认证标准执行日期规定
1	GB 26134－2010《乘用车顶部抗压强度》(汽车认证实施规则试验项目编号:01－21)	2011.01.14	2012.01.01	无
2	GB/T 14172－2009《汽车静倾翻稳定性台架试验方法》(汽车认证实施规则试验项目编号:01－03)	2009.03.23	2010.01.01	无
3	GB 24315－2009《校车标识》(汽车认证实施规则试验项目编号:01－01－01)	2009.09.30	2010.01.01	无
4	GB 24406－2009《专用小学生校车座椅及其车辆固定件的强度》(汽车认证实施规则试验项目编号:02－03)	2009.09.30	2010.07.01	无
5	GB 24407－2009《专用小学生校车安全技术条件》(汽车认证实施规则试验项目编号:01－18)	2009.09.30	2010.07.01	新认证车型自2010年7月1日实施,其中第4.2条2012年1月1日实施。
6	GB 25990－2010《车辆尾部标志板》(汽车认证实施规则试验项目编号:04－15)	2011.01.10	2012.01.01	无
7	GB 25991－2010《汽车用LED前照灯》(汽车认证实施规则试验项目编号:04－02)	2011.01.10	2012.01.01	无
8	GB/T 24552－2009《电动汽车风窗玻璃除霜除雾系统的性能要求及试验方法》(汽车认证实施规则试验项目编号:01－06/07)	2009.10.30	2010.07.01	无
9	GB/T 24549－2009《燃料电池电动汽车 安全要求》(汽车认证实施规则试验项目编号:02－20)	2009.10.30	2010.07.01	无
10	GB/T 4094.2－2005《电动汽车操纵件、指示器及信号装置的标志》(汽车认证实施规则试验项目编号:01－12)	2005.07.13	2006.02.01	无
11	GB 26511－2011《商用车前下部防护要求》(汽车认证实施规则试验项目编号:02－22)	2011.05.12	2013.01.01	对新认证车型自2013年1月1日实施,对在生产产品自2015年1月1日实施。
12	GB 26512－2011《商用车驾驶室乘员保护》(汽车认证实施规则试验项目编号:02－23)	2012.01.01	2012.01.01	无
13	GB/T 18487.1－2001《电动车辆传导充电系统一般要求》(汽车认证实施规则试验项目编号:02－20)	2001.11.02	2002.05.01	无

国家发展改革委、国家工商管理总局关于启用并加强汽车零部件再制造产品标志管理与保护的通知

发改环资〔2010〕294 号

各省、自治区、直辖市及计划单列市、副省级省会城市、新疆生产建设兵团发展改革委、经贸委（经委、经信委、工信委）、工商行政管理局：

为推进汽车零部件再制造产业发展，根据《中华人民共和国循环经济促进法》，国家发展改革委组织设计了汽车零部件再制造产品标志（以下简称标志）（见附件一），并在国家工商行政管理总局备案保护。现将标志向社会正式发布，开始启用。有关事项通知如下：

一、标志由标准图形和再制造中英文文字组成，所有权归国家发展改革委。未经所有权人允许，任何单位和个人不得使用，伪造或擅自改造标志。

二、标志在国家发展改革委确定的汽车零部件再制造试点企业（简称试点企业）（见附件二）率先使用。汽车零部件再制造试点结束后，将在全国推广使用。

三、汽车零部件再制造产品应在产品外观明显标注标志，对由于尺寸等原因无法标注的产品，应在产品包装和产品说明书中标注。标注在再制造产品上的标志应能永久保持。标志发布之前已销售的再制造产品可不再标注。

四、标志仅表明该产品为再制造产品。可以单独在企业的特约维修点、广告宣传及互联网等场所或媒介等比例放大或缩小使用，也可与再制造企业名称、产品名称及型号等信息组合使用。

五、国家发展改革委和国家工商行政管理总局对标志的使用实行统一监督和管理，地方循环经济发展综合管理部门、工商行政管理部门按照职责分工对所辖区域内标志的使用进行监督与管理。对未经同意擅自使用标志、销售没有标志的再制造产品的行为，由地方工商行政管理部门，依据《中华人民共和国循环经济促进法》、《中华人民共和国商标法》等相关法律进行查处。

六、标志自本通知发布之日启用。

关于标志的使用范围变更，国家发展改革委将会同有关部门另行通知。

附件：一、汽车零部件再制造产品标志（略）

　　　二、汽车零部件再制造试点企业名单

国家发展改革委

国家工商管理总局

二〇一〇年二月二十日

附件二：

汽车零部件再制造试点企业名单

一、汽车整车生产企业

中国第一汽车集团公司

安徽江淮汽车集团有限公司

奇瑞汽车有限公司

二、零部件再制造试点企业

上海大众联合发展有限公司（上海大众汽车有限公司授权）

潍柴动力（潍坊）再制造有限公司（潍柴动力股份有限公司授权）

武汉东风鸿泰控股集团有限公司（东风汽车公司授权）

广州市花都全球自动变速箱有限公司（东风悦达起亚汽车有限公司等授权）

济南复强动力有限公司（中国重型汽车集团有限公司授权）

广西玉柴机器股份有限公司

东风康明斯发动机有限公司
柏科(常熟)电机有限公司
陕西法士特汽车传动集团有限责任公司
浙江万里扬变速器有限公司
中国人民解放军第六四五六工厂

国家发展改革委办公厅关于组织开展汽车零部件再制造试点工作的通知

发改办环资〔2008〕523 号

各省、自治区、直辖市发展改革委、经贸委(经委),有关企业和单位:

为贯彻落实科学发展观,推进循环经济发展,加快建设资源节约型、环境友好型社会,根据国务院领导批示精神,我们研究提出了《汽车零部件再制造试点方案》,并报请国务院领导同意。近期,我委在各地推荐的基础上,选择确定了一批整车(机)生产企业和汽车零部件再制造企业开展汽车零部件再制造试点。现将开展汽车零部件再制造试点工作的有关要求、汽车零部件再制造试点企业名单和《汽车零部件再制造试点管理办法》印发给你们,请抓紧组织开展试点工作。

一、开展试点工作的必要性

再制造是把废旧产品恢复到像原产品一样的技术性能和产品质量的生产工艺流程,即主要以机电产品(装备)等废旧工业制成品为原料,在基本不改变产品结构和材质的情况下,运用高科技的清洗工艺、修复技术或利用新材料、新技术,进行专业化、批量化修复和改造,使得该产品在主要技术性能和安全质量等方面能够达到与同类原产品相同的标准要求。

再制造是实现循环经济“减量化、再利用、资源化”三原则中再利用原则的重要途径,也是实现废旧机电产品循环利用的关键措施。对废旧机电产品进行再制造,能够有效降低资源能源消耗、减少废弃物排放,有利于转变传统的“开采—冶炼—制造—废弃”的传统线性增长方式,形成“资源—产品—废弃物—再生资源”的循环经济发展模式,是汽车行业加快建设资源节约型、环境友好型社会的具体措施。

发展汽车零部件再制造产业,对旧汽车产品进行再制造,是我国汽车工业快速发展的需要,有利于积极为 WTO 关于再制造汽车产品市场准入谈判准备应对措施,有利于解决国内就业问题,还有利于充分利用旧产品中蕴含的再生资源,更为有效地发挥我国的制造业优势。

目前,汽车零部件再制造产业发展还面临政策法规、技术标准、思想观念等诸多方面的制约。组织开展汽车零部件再制造试点,为全面积极推进我国汽车零部件再制造产业发展提供实践机会,具有十分重要的意义。

二、试点工作的总体目标

开展汽车零部件再制造试点工作的总体目标是:通过 2 ~ 3 年试点,探索推进汽车零部件再制造产业发展的政策、管理制度和监管体系,开展国内旧汽车零部件交易和再制造产品销售等方面相关经验及应对措施研究,为相关管理政策和法规的调整提供依据,为建立再制造相关技术标准、市场准入条件、流通监管体系等积累经验。

三、试点工作的范围和主要内容

开展再制造试点的汽车零部件产品范围暂定为:发动机、变速箱、发电机、起动机、转向器五类产品。

试点工作拟在汽车制造行业选择有代表性的整车(机)生产企业和具备再制造基础的零部件生产企业开展,探索旧零部件回收、再制造生产以及再制造零部件产品流通等方面的相关经验及监管措施。

四、试点基本原则

试点工作按照《汽车零部件再制造试点管理办法》(见附件二)确定的有关原则和程序开展

(一)暂不允许再制造企业从报废汽车拆解企业收购“五大总成”进行再制造,其他零部件按照《报废汽车回收管理办法》相关规定执行。

(二)再制造产品原则上不得低于同类原产品新件的质量保修期。

(三)零部件再制造企业不得回收或再制造未获得授权的其他企业产品。

（四）再制造产品应进入汽车生产企业售后服务系统进行流通，不得直接向社会零售市场销售。

（五）再制造企业应获得可再制造旧件的原生产企业的商标使用权。

五、试点工作有关要求

（一）加强组织领导，完善试点工作方案。各试点企业要成立再制造试点工作领导小组，将试点任务落实到具体实施单位，并按照《国家发展改革委办公厅关于组织开展汽车零部件再制造试点工作的通知》的要求，进一步完善试点方案，于2008年4月底前通过地方发展改革委、经贸委（经委）报我委（环资司）。我委将组织专家对试点工作方案进行审查论证。工作方案逾期不报不予受理，审查论证未通过，视情况取消其试点资格。地方发展改革委、经贸委（经委）要做好试点工作方案编制的组织协调和上报工作。

（二）零部件再制造试点企业要抓紧进行技术改造，抓好技术攻关和先进适用技术推广应用；加大投资力度，提升再制造所需要的拆解、清洗、加工、装配、检测等方面的技术装备水平；制定再制造产品质量标准和生产规范，尽快形成产业规模。再制造试点企业在本通知下发之日起一年内要通过第三方的质量体系和环境保护体系审核。

（三）加强监督检查。在试点工作启动后，试点企业应于每年度1月底和7月底分别将上年度和上半年再制造产品生产和销售种类、数量经过地方发改委、经贸委（经委）报我委（环资司）。有关省（区、市）发展改革委、经贸委（经委）要对试点工作进展组织阶段性评估和监督检查，加强对试点工作的跟踪和指导，加强对可再制造旧件回收的监管，健全再制造产品信息管理制度。对试点中出现的新情况、新问题及时研究解决，对一些带有普遍性的政策问题，要在深入调研分析的基础上，及时向国家有关部门提出建议。

（四）加大支持力度。对再制造试点企业提出的再制造相关重点建设项目，国家和地方有关部门将予以适当支持。对试点工作方案论证审查中确定的重点支持项目，试点企业要加快编制项目可行性研究报告，积极做好资金、用地、环评等项目前期准备工作。有关省（区、市）发展改革委、经贸委（经委），要加强项目论证和组织申报工作，加强对再制造试点工作的支持。

六、试点工作的组织领导

我委将会同有关部门成立试点工作领导小组，负责组织、指导试点工作，协调解决相关问题。成立试点工作专家组，对试点工作提供技术指导和支持，研究起草再制造企业资质要求和再制造产品市场准入条件等有关规定。相关部门根据各自职能为试点工作创造条件，抓紧研究制定税收优惠等相关政策，出台法规和标准，支持技术开发和产业化示范，建立技术咨询和产业服务体系，优先安排相关重点项目并给予必要的资金支持。行业协会等中介机构要积极做好技术咨询服务。

我委在试点工作实施中将组织专家对试点进展情况进行跟踪管理并进行评估和总结，会同有关部门结合试点工作抓紧研究修改有关法律法规，加快研究建立汽车零部件再制造企业市场准入制度，完善汽车零部件再制造企业的资质管理，尽快建立再制造产品认证、标识、计算机信息化管理系统，建立再制造产品质量监督管理体系，进一步规范再制造产品流通。

附件：一、汽车零部件再制造试点企业名单

二、汽车零部件再制造试点管理办法

国家发展和改革委员会办公厅

二〇〇八年三月二日

附件一：

汽车零部件再制造试点企业名单

一、汽车整车生产企业

中国第一汽车集团公司

安徽江淮汽车集团有限公司

奇瑞汽车有限公司

二、零部件再制造试点企业

上海大众联合发展有限公司（上海大众汽车有限公司授权）

潍柴动力（潍坊）再制造有限公司（潍柴动力股份有限公司授权）

武汉东风鸿泰控股集团有限公司（东风汽车公司授权）广州市花都全球自动变速箱有限公司（东风悦达起亚汽车有限公司等授权）

济南复强动力有限公司（中国重型汽车集团有限公司授权）

广西玉柴机器股份有限公司

东风康明斯发动机有限公司

柏科（常熟）电机有限公司

陕西法士特汽车传动集团有限责任公司

浙江万里扬变速器有限公司

中国人民解放军第六四五六工厂

附件二：

汽车零部件再制造试点管理办法

第一章 总 则

第一条 为加快建立与报废汽车回收利用相衔接的汽车零部件再制造管理制度，加强汽车零部件再制造试点企业管理，规范旧汽车零部件再制造行为和市场秩序，有效利用旧汽车零部件资源，根据《国务院关于加快发展循环经济的若干意见》、《国务院关于做好建设节约型社会近期工作的通知》及有关规定制定本办法。

第二条 本办法所称汽车零部件再制造是指把旧汽车零部件通过拆解、清洗、检测分类、再制造加工或升级改造、装配、再检测等工序后恢复到像原产品一样的技术性能和产品质量的批量化制造过程。

第三条 本办法适用于国家批准的汽车零部件再制造试点企业相关行为和再制造产品的管理。

第四条 国家和地方鼓励消费者和公共机构优先使用再制造产品，加强宣传，逐步提高消费者对再制造产品的认识，扩大再制造产品的市场规模并积极推动再制造汽车零部件产品国际贸易。

第五条 国家和地方要支持汽车整车生产企业通过售后服务体系回收旧汽车零部件用于再制造；加快制定鼓励汽车零部件再制造产业发展的财税政策；调整有关产业政策；支持和引导汽车零部件再制造产业良性发展。

第二章 再制造试点企业的管理

第六条 国家发展改革委负责组织实施汽车零部件再制造试点的指导、协调和监督管理工作。

第七条 开展汽车零部件再制造试点的整车（机）企业和零部件再制造企业由国家发展改革委按照有关程序确定。零部件再制造企业应当符合下列条件：

（一）具备拆解、清洗、制造、装配、产品质量检测等方面的技术装备和生产能力；

（二）具备产品再制造的相关技术质量标准和生产规范；

（三）具备检测鉴定旧汽车零部件主要性能指标的技术手段和能力；

（四）具有污染防治设施和能力，并满足相关废物处理等环保要求；

（五）通过第三方的质量管理体系和环境管理体系审核。

（六）法律法规及有关主管部门规定的其他条件。

再制造非本企业生产的产品须取得原生产企业的授权。

第八条 列入试点的零部件再制造企业，应在工商行政主管部门注册登记，领取营业执照或变更经营业务范围后，方可从事汽车零部件再制造业务。

第三章 可再制造旧件的管理

第九条 零部件再制造试点企业通过其自身或授权企业原产品的销售或售后服务网络回收旧汽车零部件进行再制造。

第十条 零部件再制造试点企业从有资质的报废汽车回收拆解企业收购旧汽车零部件用于再制造，应当符合《报废汽车回收管理办法》相关规定。

第十一条 零部件再制造试点企业利用国际贸易进口国外旧汽车零部件进行再制造的，应当符合国家有关产业政策、进口废物环保控制及海关、质检等相关规定，防止汽车有毒有害废物进口。

第四章 再制造产品及市场流通的监督管理

第十二条 试点期间进行再制造的汽车零部件产品范围暂定为发动机、变速器、发电机、转向器和起动机五类产品。

第十三条 再制造产品不得用于新车生产。

第十四条 再制造产品的技术性能和安全质量应当符合原产品相关标准的要求。再制造产品的保修标准和责任应当达到原产品同样的要求。

第十五条　再制造企业和授权企业对再制造产品的质量共同负责,承担相应保修责任和售后服务。

第十六条　再制造产品除保留授权企业商标外,应加注再制造企业商标。

第十七条　再制造产品包装上应有明确的“再制造产品”说明。再制造产品应在外部醒目位置标明“再制造”标志并能永久保留。在国家建立统一的标志制度后,再制造产品应按照标志制度的有关规定进行标识。

第十八条　对发动机进行再制造时,原产品编号作废。发动机再制造企业应按照有关管理规定对再制造发动机重新编号,并做好编号更换记录。

第十九条　更换使用再制造发动机应当严格执行发动机更换有关规定。用户持再制造发动机销售发票和产品合格证等相关材料及时到公安交通管理部门申请变更车辆注册信息。

第二十条　再制造产品销售企业、汽车维修企业在销售、使用再制造产品时有责任主动向消费者说明产品为再制造产品,并提供再制造产品的质量合格证明和售后质量保修证明。

第二十一条　通过试点逐步建立汽车零部件再制造产品信息管理制度。再制造试点企业应建立再制造产品信息系统,为政府和行业提供相关数据信息。

第二十二条　国家发展改革委会同质检等有关部门建立再制造企业及产品定期检查和随机抽查制度,检查不合格企业应限期整改,连续两次检查或抽查不合格的,取消其试点资格。

第二十三条　工商等有关部门依据职责对汽车零部件再制造企业经营活动进行监管,对未取得汽车零部件再制造企业资质许可擅自从事相关生产活动的应依法查处。

第二十四条　环境保护等有关部门依据职责对汽车零部件再制造企业生产活动进行监管,防止造成环境污染。

第二十五条　再制造企业有违规违法行为或造成重大经济损失的,按照相关法律法规进行处罚。

第五章　附　　则

第二十六条　本办法自颁布之日起实施。

第二十七条　本办法由国家发展改革委负责解释。

汽车零部件再制造试点管理办法

发改办环资〔2008〕523号

第一章　总　　则

第一条　为加快建立与报废汽车回收利用相衔接的汽车零部件再制造管理制度,加强汽车零部件再制造试点企业管理,规范旧汽车零部件再制造行为和市场秩序,有效利用旧汽车零部件资源,根据《国务院关于加快发展循环经济的若干意见》、《国务院关于做好建设节约型社会近期工作的通知》及有关规定制定本办法。

第二条　本办法所称汽车零部件再制造是指把旧汽车零部件通过拆解、清洗、检测分类、再制造加工或升级改造、装配、再检测等工序后恢复到像原产品一样的技术性能和产品质量的批量化制造过程。

第三条　本办法适用于国家批准的汽车零部件再制造试点企业相关行为和再制造产品的管理。

第四条　国家和地方鼓励消费者和公共机构优先使用再制造产品,加强宣传,逐步提高消费者对再制造产品的认识,扩大再制造产品的市场规模并积极推动再制造汽车零部件产品国际贸易。

第五条　国家和地方要支持汽车整车生产企业通过售后服务体系回收旧汽车零部件用于再制造;加快制定鼓励汽车零部件再制造产业发展的财税政策;调整有关产业政策;支持和引导汽车零部件再制造产业良性发展。

第二章　再制造试点企业的管理

第六条　国家发展改革委负责组织实施汽车零部件再制造试点的指导、协调和监督管理工作。

第七条　开展汽车零部件再制造试点的整车(机)企业和零部件再制造企业由国家发展改革委按照有关程序确定。零部件再制造企业应当符合下列条件:

(一)具备拆解、清洗、制造、装配、产品质量检测等方面的技术装备和生产能力;

(二)具备产品再制造的相关技术质量标准和生产规范;

(三)具备检测鉴定旧汽车零部件主要性能指标的技术手段和能力;

(四)具有污染防治设施和能力,并满足相关废物处理等环保要求;

（五）通过第三方的质量管理体系和环境管理体系审核。

（六）法律法规及有关主管部门规定的其他条件。

再制造非本企业生产的产品须取得原生产企业的授权。

第八条 列入试点的零部件再制造企业，应在工商行政主管部门注册登记，领取营业执照或变更经营业务范围后，方可从事汽车零部件再制造业务。

第三章 可再制造旧件的管理

第九条 零部件再制造试点企业通过其自身或授权企业原产品的销售或售后服务网络回收旧汽车零部件进行再制造。

第十条 零部件再制造试点企业从有资质的报废汽车回收拆解企业收购旧汽车零部件用于再制造，应当符合《报废汽车回收管理办法》相关规定。

第十一条 零部件再制造试点企业利用国际贸易进口国外旧汽车零部件进行再制造的，应当符合国家有关产业政策、进口废物环保控制及海关、质检等相关规定，防止汽车有毒有害废物进口。

第四章 再制造产品及市场流通的监督管理

第十二条 试点期间进行再制造的汽车零部件产品范围暂定为发动机、变速器、发电机、转向器和起动机五类产品。

第十三条 再制造产品不得用于新车生产。

第十四条 再制造产品的技术性能和安全质量应当符合原产品相关标准的要求。再制造产品的保修标准和责任应当达到原产品同样的要求。

第十五条 再制造企业和授权企业对再制造产品的质量共同负责，承担相应保修责任和售后服务。

第十六条 再制造产品除保留授权企业商标外，应加注再制造企业商标。

第十七条 再制造产品包装上应有明确的“再制造产品”说明。再制造产品应在外部醒目位置标明“再制造”标志并能永久保留。在国家建立统一的标志制度后，再制造产品应按照标志制度的有关规定进行标识。

第十八条 对发动机进行再制造时，原产品编号作废。发动机再制造企业应按照有关管理规定对再制造发动机重新编号，并做好编号更换记录。

第十九条 更换使用再制造发动机应当严格执行发动机更换有关规定。用户持再制造发动机销售发票和产品合格证等相关材料及时到公安交通管理部门申请变更车辆注册信息。

第二十条 再制造产品销售企业、汽车维修企业在销售、使用再制造产品时有责任主动向消费者说明产品为再制造产品，并提供再制造产品的质量合格证明和售后质量保修证明。

第二十一条 通过试点逐步建立汽车零部件再制造产品信息管理制度。再制造试点企业应建立再制造产品信息系统，为政府和行业提供相关数据信息。

第二十二条 国家发展改革委会同质检等有关部门建立再制造企业及产品定期检查和随机抽查制度，检查不合格企业应限期整改，连续两次检查或抽查不合格的，取消其试点资格。

第二十三条 工商等有关部门依据职责对汽车零部件再制造企业经营活动进行监管，对未取得汽车零部件再制造企业资质许可擅自从事相关生产活动的应依法查处。

第二十四条 环境保护等有关部门依据职责对汽车零部件再制造企业生产活动进行监管，防止造成环境污染。

第二十五条 再制造企业有违规违法行为或造成重大经济损失的，按照相关法律法规进行处罚。

第五章 附 则

第二十六条 本办法自颁布之日起实施。

第二十七条 本办法由国家发展改革委负责解释。

国家认证认可监督管理委员会关于对强制性产品认证目录内汽车零部件包装标识标注有关问题的批复

国认法函〔2007〕135 号

湖北省质量技术监督局：

你局《关于神龙汽车公司汽车备件包装标识标注问题的请示》（鄂质监认函〔2007〕187 号）收悉。经研究，现批复如下：

目前，汽车生产企业为适应自身汽车品牌销售的需要，向消费者提供更全面、更完善的售后服务，对于委托第三方生产的已经获得强制性产品认证，并在产品本体加施了认证标志的目录内汽车零部件在其外包装上使用汽车生产企业的统一标识，并由汽车生产企业独自负责对外销售的做法，是当前汽车生产行业的通常做法，此种做法并未违反我国强制性产品认证制度和现行强制性产品认证执法监管的相关要求。

二〇〇七年八月八日

海关总署 2006 年第 64 号公告

——关于汽车零部件规范申报问题

为进一步规范进口汽车零部件的申报，便利企业通关和海关管理，根据《中华人民共和国海关法》、《中华人民共和国海关进出口货物申报管理规定》等相关规定，现就汽车零部件规范申报问题公告如下：

一、本公告所称汽车零部件是指用于生产汽车的零部件（以下简称生产件）和用于维修汽车的零部件（以下简称维修件），不含构成整车特征的汽车零部件。

二、进口货物收货人以一般贸易方式申报进口属于《需要详细列名申报的汽车零部件清单》（见附件 1）范围内的汽车零部件时，应当按照本公告的规定逐项进行申报，不得进行简化或者合并归类。

三、进口货物收货人申报进口生产件应当符合以下填报要求：

（一）在报关单“商品名称”栏内，应当填报进口汽车零部件的详细中文商品名称和品牌，中文商品名称与品牌之间用“/”相隔，必要时加注英文商业名称；进口的成套散件或者毛坯件应在品牌后加注“成套散件”、“毛坯”等字样，并与品牌之间用“/”相隔。

（二）在报关单“规格型号”栏内，应当填报汽车零部件的完整编号。在零部件编号前应当加注“S”字样，并与零部件编号之间用“/”相隔，零部件编号之后应当依次加注该零部件适用的汽车品牌和车型。

汽车零部件属于可以适用于多种汽车车型的通用零部件的，零部件编号后应当加注“TY”字样，并用“/”与零部件编号相隔。

与进口汽车零部件规格型号相关的其他需要申报的要素，或者海关规定的其他需要申报的要素，如“功率”、“排气量”等，应当在车型或“TY”之后填报，并用“/”与之相隔。

汽车零部件报验状态是成套散件的，不在“规格型号”栏内填写零部件编号，应当在“备注”栏内填报该成套散件装配后的最终完整品的零部件编号。

（三）“单价”和“数量及单位”栏目，除了按照规定填报法定计量单位外，还应该严格按照实际成交单价和实际成交计量单位填报并打印在第三行。

四、进口货物收货人申报进口维修件应当符合以下填报要求：

在填写报关单“规格型号”一栏时，应当在零部件编号前加注“W”，并与零部件编号之间用“/”相隔；进口维修件的品牌与该零部件适用的整车厂牌不一致的，应当在零部件编号前加注“WF”，并与零部件编号之间用“/”相隔。其余申报要求比照本公告第三条执行。

五、《需要详细列名申报的汽车零部件清单》由海关总署发布，并根据需要不定期调整、公布。

六、未列入《需要详细列名申报的汽车零部件清单》的进口汽车零部件，仍按照海关的相关规定申报。

七、本公告自 2006 年 12 月 1 日起施行。

特此公告。

附件:1. 需要详细列名申报的汽车零部件清单
2. 汽车零部件规范申报报关单参考样本

二〇〇六年十一月三日

附件1

需要详细列名申报的汽车零部件清单

序号	商品	税则号列(商品编号)
1	汽油发动机(规格型号中还需申报排量)	84073100、84073200、84073300、84073410、84073420
2	柴油发动机(规格型号中还需申报排量)	84082010、84082090
3	火花塞	85111000
4	机动车用照明装置	85122010
5	机动车辆用车身	87071000、87079010、87079090
6	缓冲器	87081000
7	安全气囊装置	87082920
8	车装玻璃升降器	87082930
9	汽车天窗	87082941、87082942
10	装在蹄片上的制动摩擦片	87083100
11	牵引车、拖拉机用制动器	87083910
12	大型客车用制动器	87083920
13	非公路自卸车用制动器	87083930
14	柴、汽油轻型货车用制动器	87083940
15	柴油型重型货车用制动器	87083950
16	特种车用制动器	87083960
17	防抱死制动器(ABS)	87083991
18	其他机动车辆用制动器(包括助力制动器)	8708399910
19	车用变速箱	87084010、87084020、87084030、87084040、87084050、87084060、87084091、87084099
20	驱动桥	87085010、87085020、87085030、87085040、87085050、87085060、87085090
21	非驱动桥	87086010、87086020、87086030、87086040、87086050、87086060、87086090
22	车轮	87087010、87087020、87087030、87087040、87087050、87087060、87087090
23	悬挂减震器	87088010、87088090
24	机动车辆的散热器(水箱)	87089100
25	机动车辆的消声器及排气管	87089200
26	离合器	87089310、87089320、87089330、87089340、87089350、87089360、87089390

续表

序号	商品	税则号列(商品编号)
27	转向盘、转向柱及转向器	87089410、87089420、87089430、87089440、87089450、87089460、87089490
28	子目号 87021091 及 87029010 所列车辆用车架	87089921
29	子目号 87041030 及 87041090 所列车辆用车架	87089931
30	子目号 87042100、87042230、87043100 及 87043230 所列车辆用车架	87089941
31	子目号 87042240、87042300 及 87043240 所列车辆用车架	87089951
32	其他 8701 至 8704 所列车辆用车架	87089991

附件 2

汽车零部件规范申报报关单参考样本(仅供参考)

表一:生产件的规范申报报关单参考样本

中华人民共和国海关进口货物报关单(样本)

预录入编号:xx　　　　海关编号:xx

<table>
<tr><td colspan="2">进口口岸 xx</td><td colspan="2">备案号 xx</td><td colspan="2">进口日期 xx</td><td>申报日期 xx</td></tr>
<tr><td colspan="2">经营单位 xx</td><td>运输方式 xx</td><td colspan="2">运输工具名称 xx</td><td colspan="2">提运单号 xx</td></tr>
<tr><td colspan="2">收货单位 xx</td><td colspan="2">贸易方式 xx</td><td colspan="2">征免性质 xx</td><td>征税比例 xx</td></tr>
<tr><td>许可证号 xx</td><td colspan="2">起运国(地区)xx</td><td colspan="2">装货港 xx</td><td colspan="2">境内目的地 xx</td></tr>
<tr><td>批准文号</td><td>成交方式</td><td colspan="2">运费</td><td colspan="2">保费</td><td>杂费</td></tr>
<tr><td>合同协议号</td><td>件数</td><td colspan="2">包装种类</td><td colspan="2">毛重(公斤)</td><td>净重(公斤)</td></tr>
<tr><td>集装箱号</td><td colspan="4">随附单据</td><td colspan="2">用途</td></tr>
<tr><td colspan="7">标记唛码及备注</td></tr>
<tr><td colspan="7">项号商品编码　商品名称、规格型号　数量及单位　原产国(地区)单价　总价　币制　征免</td></tr>
<tr><td colspan="7">1　84073410　发动机总成/日产　xx　xx
xx　xx　xx
S/101009Y4AW/日产天籁 2.3L</td></tr>
<tr><td colspan="7">2</td></tr>
<tr><td colspan="7">3</td></tr>
<tr><td colspan="7">4</td></tr>
<tr><td colspan="7">5</td></tr>
<tr><td colspan="7">税费征收情况</td></tr>
</table>

续表

录入员 录入单位	兹声明以上申报无讹并承担法律责任	海关审单批注及放行日期(签章) 审单 审价
报关员		
单位地址	申报单位(签章)	征税 统计
邮编 电话	填制日期	查验　　放行

表二:以成套散件形式进口生产件的规范申报报关单参考样本

中华人民共和国海关进口货物报关单(样本)

预录入编号:xx　　海关编号:xx

进口口岸 xx	备案号 xx	进口日期 xx	申报日期 xx
经营单位 xx	运输方式 xx	运输工具名称 xx	提运单号 xx
收货单位 xx	贸易方式 xx	征免性质 xx	征税比例 xx
许可证号 xx	起运国(地区)xx	装货港 xx	境内目的地 xx
批准文号	成交方式	运费	保费	杂费
合同协议号	件数	包装种类	毛重(公斤)	净重(公斤)
集装箱号	随附单据	用途

标记唛码及备注
前减震器成套散件的完整零件号为:52119－0N901

项号商品编码　商品名称、规格型号　数量及单位　原产国(地区)单价　总价　币制　征免

1　87081000　缓冲器/丰田/成套散件
xx　xx
xx　xx　xx
S/丰田皇冠3.0L

2

3

4

5

税费征收情况

录入员 录入单位	兹声明以上申报无讹并承担法律责任	海关审单批注及放行日期(签章) 审单 审价
报关员		
单位地址	申报单位(签章)	征税 统计
邮编 电话	填制日期	查验　　放行

表三:通用零部件(生产件)的规范申报报关单参考样本

中华人民共和国海关进口货物报关单(样本)

预录入编号:xx　　　　海关编号:xx

进口口岸 xx	备案号 xx	进口日期 xx	申报日期 xx	
经营单位 xx	运输方式 xx	运输工具名称 xx	提运单号 xx	
收货单位 xx	贸易方式 xx	征免性质 xx	征税比例 xx	
许可证号 xx	起运国(地区)xx	装货港 xx	境内目的地 xx	
批准文号	成交方式	运费	保费	杂费
合同协议号	件数	包装种类	毛重(公斤)	净重(公斤)
集装箱号	随附单据		用途	
标记唛码及备注				

项号商品编码 商品名称、规格型号 数量及单位 原产国(地区)单价 总价 币制 征免
1 87081000 缓冲器/亨福 xx xx xx xx xx S/FD11038/TY
2
3
4
5
税费征收情况

录入员 录入单位	兹声明以上申报无讹并承担法律责任	海关审单批注及放行日期(签章) 审单 审价
报关员		
单位地址	申报单位(签章)	征税 统计
邮编 电话	填制日期	查验 放行

表四:实际成交计量单位与法定计量单位不同的生产件规范申报报关单参考样本

中华人民共和国海关进口货物报关单(样本)

预录入编号:xx　　　　海关编号:xx

进口口岸 xx	备案号 xx	进口日期 xx	申报日期 xx	
经营单位 xx	运输方式 xx	运输工具名称 xx	提运单号 xx	
收货单位 xx	贸易方式 xx	征免性质 xx	征税比例 xx	
许可证号 xx	起运国(地区)xx	装货港 xx	境内目的地 xx	
批准文号	成交方式	运费	保费	杂费

续表

<table>
<tr><td>合同协议号</td><td>件数</td><td>包装种类</td><td colspan="2">毛重(公斤)</td><td>净重(公斤)</td></tr>
<tr><td>集装箱号</td><td colspan="3">随附单据</td><td colspan="2">用途</td></tr>
<tr><td colspan="6">标记唛码及备注</td></tr>
<tr><td colspan="6">项号商品编码　商品名称、规格型号　数量及单位　原产国(地区)单价　总价　币制　征免</td></tr>
<tr><td colspan="6">1　87082920　安全气囊/宝马　xx　xx
xx　xx　xx
S/72127072628/宝马5系
xx(个)</td></tr>
<tr><td colspan="6">2</td></tr>
<tr><td colspan="6">3</td></tr>
<tr><td colspan="6">4</td></tr>
<tr><td colspan="6">5</td></tr>
<tr><td colspan="6">税费征收情况</td></tr>
</table>

<table>
<tr><td>录入员
录入单位</td><td rowspan="2">兹声明以上申报无讹并承担法律责任</td><td rowspan="2">海关审单批注及放行日期(签章)
审单
审价</td></tr>
<tr><td>报关员</td></tr>
<tr><td>单位地址</td><td>申报单位(签章)</td><td>征税
统计</td></tr>
<tr><td>邮编
电话</td><td>填制日期</td><td>查验　放行</td></tr>
</table>

表五:维修件的规范申报报关单参考样本

中华人民共和国海关进口货物报关单(样本)

预录入编号:xx　　海关编号:xx

<table>
<tr><td colspan="2">进口口岸 xx</td><td colspan="2">备案号 xx</td><td colspan="2">进口日期 xx</td><td>申报日期 xx</td></tr>
<tr><td colspan="2">经营单位 xx</td><td>运输方式 xx</td><td colspan="2">运输工具名称 xx</td><td colspan="2">提运单号 xx</td></tr>
<tr><td colspan="2">收货单位 xx</td><td colspan="2">贸易方式 xx</td><td colspan="2">征免性质 xx</td><td>征税比例 xx</td></tr>
<tr><td>许可证号 xx</td><td colspan="2">起运国(地区)xx</td><td colspan="2">装货港 xx</td><td colspan="2">境内目的地 xx</td></tr>
<tr><td>批准文号</td><td>成交方式</td><td colspan="2">运费</td><td>保费</td><td colspan="2">杂费</td></tr>
<tr><td>合同协议号</td><td colspan="2">件数</td><td>包装种类</td><td colspan="2">毛重(公斤)</td><td>净重(公斤)</td></tr>
<tr><td>集装箱号</td><td colspan="4">随附单据</td><td colspan="2">用途</td></tr>
<tr><td colspan="7">标记唛码及备注</td></tr>
<tr><td colspan="7">项号商品编码　商品名称、规格型号　数量及单位　原产国(地区)单价　总价　币制　征免</td></tr>
</table>

续表

<table>
<tr><td colspan="3">1 87088090 悬挂减震器/本田 xx xx
xx xx xx
W/51450S04023/本田雅阁</td></tr>
<tr><td colspan="3">2</td></tr>
<tr><td colspan="3">3</td></tr>
<tr><td colspan="3">4</td></tr>
<tr><td colspan="3">5</td></tr>
<tr><td colspan="3">税费征收情况</td></tr>
<tr><td>录入员
录入单位</td><td rowspan="2">兹声明以上申报无讹并承担法律责任</td><td rowspan="2">海关审单批注及放行日期(签章)
审单
审价</td></tr>
<tr><td>报关员</td></tr>
<tr><td>单位地址</td><td>申报单位(签章)</td><td>征税
统计</td></tr>
<tr><td>邮编
电话</td><td>填制日期</td><td>查验 放行</td></tr>
</table>

表六:品牌与适用的整车厂牌不一致的维修件规范申报报关单参考样本

中华人民共和国海关进口货物报关单(样本)

预录入编号:xx 海关编号:xx

<table>
<tr><td>进口口岸 xx</td><td>备案号 xx</td><td>进口日期 xx</td><td>申报日期 xx</td></tr>
<tr><td>经营单位 xx</td><td>运输方式 xx</td><td>运输工具名称 xx</td><td>提运单号 xx</td></tr>
<tr><td>收货单位 xx</td><td>贸易方式 xx</td><td>征免性质 xx</td><td>征税比例 xx</td></tr>
<tr><td>许可证号 xx</td><td>起运国(地区) xx</td><td>装货港 xx</td><td>境内目的地 xx</td></tr>
<tr><td>批准文号</td><td>成交方式</td><td>运费</td><td>保费</td><td>杂费</td></tr>
<tr><td>合同协议号</td><td>件数</td><td>包装种类</td><td>毛重(公斤)</td><td>净重(公斤)</td></tr>
<tr><td>集装箱号</td><td>随附单据</td><td>用途</td></tr>
<tr><td colspan="5">标记唛码及备注</td></tr>
<tr><td colspan="5">项号商品编码 商品名称、规格型号 数量及单位 原产国(地区)单价 总价 币制 征免</td></tr>
<tr><td colspan="5">1 87089100 散热器总成(水箱)/恩迪 xx xx
xx xx xx
WF/ND4221327850/本田雅阁</td></tr>
<tr><td colspan="5">2</td></tr>
<tr><td colspan="5">3</td></tr>
<tr><td colspan="5">4</td></tr>
<tr><td colspan="5">5</td></tr>
</table>

续表

<table>
<tr><td colspan="3">税费征收情况</td></tr>
<tr><td>录入员
录入单位</td><td rowspan="2">兹声明以上申报无讹并承担法律责任</td><td rowspan="2">海关审单批注及放行日期(签章)
审单
审价</td></tr>
<tr><td>报关员</td></tr>
<tr><td>单位地址</td><td>申报单位(签章)</td><td>征税
统计</td></tr>
<tr><td>邮编
电话</td><td>填制日期</td><td>查验 放行</td></tr>
</table>

国家认证认可监督管理委员会2005年第33号公告

——指定承担部分机动车零部件产品强制性认证任务的认证机构和检测任务的检测实验室的公告

根据《认证认可条例》和国家质检总局65号局长令的规定,按照国家认监委2005年26号公告的要求,经专家委员会评审和征求国务院有关部门的意见,决定指定承担部分机动车零部件产品强制性认证任务的认证机构和检测任务的检测实验室。具体如下:

一、指定认证机构

序号	机构名称	指定的业务范围	通信地址
1	中国质量认证中心	CNCA - 02C - 055:2005《机动车用喇叭产品》 CNCA - 02C - 056:2005《机动车回复反射器产品》 CNCA - 02C - 057:2005《汽车制动软管总成产品》 CNCA - 02C - 058:2005《汽车外部照明及光信号装置产品》 CNCA - 02C - 059:2005《汽车后视镜产品》 CNCA - 02C - 060:2005《汽车内饰件产品》 CNCA - 02C - 061:2005《汽车门锁及门保持件产品》 CNCA - 02C - 062:2005《汽车燃油箱产品》 CNCA - 02C - 063:2005《汽车座椅及座椅头枕产品》 CNCA - 02C - 064:2005《摩托车外部照明及光信号装置产品》 CNCA - 02C - 065:2005《摩托车后视镜产品》	北京朝阳区朝阳门外大街甲10号,100020, 联系人:谢鹏鸿 电话:010 - 65994038;65994037 www.cqc.com.cn

续表

序号	机构名称	指定的业务范围	通信地址
2	中汽认证中心（原中国汽车产品认证中心）	CNCA－02C－055:2005《机动车用喇叭产品》 CNCA－02C－056:2005《机动车回复反射器产品》 CNCA－02C－057:2005《汽车制动软管总成产品》 CNCA－02C－058:2005《汽车外部照明及光信号装置产品》 CNCA－02C－059:2005《汽车后视镜产品》CNCA－02C－060:2005《汽车内饰件产品》 CNCA－02C－061:2005《汽车门锁及门保持件产品》 CNCA－02C－062:2005《汽车燃油箱产品》 CNCA－02C－063:2005《汽车座椅及座椅头枕产品》 CNCA－02C－064:2005《摩托车外部照明及光信号装置产品》 CNCA－02C－065:2005《摩托车后视镜产品》	北京宣武门西大街乙97号 尚座大厦4层,100031, 联系人:黄学平 电话:010－66418590至9, 传真:010－66412670 www. cccap@ public3. bta. net. cn
3	中国安全技术防范认证中心	CNCA－02C－066:2005《汽车行驶记录仪产品》 CNCA－02C－067:2005《车身反光标识产品》	北京市宣武区莲花池东路102号天莲大厦十层,100055, 联系人:马智扬 电话:010－63345560, 010－51651890－812 传真:010－63345545 www. csp. gov. cn

二、指定检测实验室

序号	机构名称	指定产品范围	通信地址
1	长春汽车检测中心	1 《机动车用喇叭产品强制性认证实施规则》(CNCA－02C－055:2005) 2 《机动车回复反射器产品强制性认证实施规则》(CNCA－02C－056:2005) 3 《机动车制动软管总成产品强制性认证实施规则》(CNCA－02C－057:2005) 4 《汽车外部照明及光信号装置强制性认证实施规则》(CNCA－02C－058:2005) 5 《汽车后视镜产品强制性认证实施规则》(CNCA－02C－059:2005) 6 《汽车内饰件产品强制性认证实施规则》(CNCA－02C－060:2005) 7 《汽车门锁及车门保持件产品强制性认证实施规则》(CNCA－02C－061:2005) 8 《汽车燃油箱产品强制性认证实施规则》(CNCA－02C－062:2005) 9 《汽车座椅及头枕产品强制性认证实施规则》(CNCA－02C－063:2005) 10 《车身反光标识产品强制性认证实施规则》(CNCA－02C－067:2005)	地址:长春市创业大街1063号(130011) 联系人:程猛 电话:0431－5788311 传真:0431－7677111 E－mail:chenwl@ cqc. com. cn

续表

序号	机构名称	指定产品范围	通信地址
2	国家汽车质量监督检验中心(襄樊)	1 《机动车用喇叭产品强制性认证实施规则》(CNCA-02C-055:2005) 2 《机动车回复反射器产品强制性认证实施规则》(CNCA-02C-056:2005) 3 《机动车制动软管总成产品强制性认证实施规则》(CNCA-02C-057:2005) 4 《汽车外部照明及光信号装置强制性认证实施规则》(CNCA-02C-058:2005) 5 《汽车后视镜产品强制性认证实施规则》(CNCA-02C-059:2005) 6 《汽车内饰件产品强制性认证实施规则》(CNCA-02C-060:2005) 7 《汽车门锁及车门保持件产品强制性认证实施规则》(CNCA-02C-061:2005) 8 《汽车燃油箱产品强制性认证实施规则》(CNCA-02C-062:2005) 9 《汽车座椅及头枕产品强制性认证实施规则》(CNCA-02C-063:2005)	地址:湖北省襄樊市高新技术开发区汽车试验场(441004) 联系人:王盛 电话:0710-3311212 传真:0710-3310964 E-mail:was@mail.nast.com.cn
3	天津汽车检测中心	1 《机动车用喇叭产品强制性认证实施规则》(CNCA-02C-055:2005) 2 《机动车回复反射器产品强制性认证实施规则》(CNCA-02C-056:2005) 3 《机动车制动软管总成产品强制性认证实施规则》(CNCA-02C-057:2005) 4 《汽车外部照明及光信号装置强制性认证实施规则》(CNCA-02C-058:2005) 5 《汽车后视镜产品强制性认证实施规则》(CNCA-02C-059:2005) 6 《汽车内饰件产品强制性认证实施规则》(CNCA-02C-060:2005) 7 《汽车门锁及车门保持件产品强制性认证实施规则》(CNCA-02C-061:2005) 8 《汽车燃油箱产品强制性认证实施规则》(CNCA-02C-062:2005) 9 《汽车座椅及头枕产品强制性认证实施规则》(CNCA-02C-063:2005)	地址:天津市河东区程林庄道天山路口(300162) 联系人:刘鑫 电话:022-84771805/6 传真:022-24375350 E-mail:tatc@catarc.ac.cn
4	国家机动车产品质量监督检验中心(上海)	1 《机动车用喇叭产品强制性认证实施规则》(CNCA-02C-055:2005) 2 《机动车回复反射器产品强制性认证实施规则》(CNCA-02C-056:2005) 3 《机动车制动软管总成产品强制性认证实施规则》(CNCA-02C-057:2005) 4 《汽车外部照明及光信号装置强制性认证实施规则》(CNCA-02C-058:2005) 5 《汽车后视镜产品强制性认证实施规则》(CNCA-02C-059:2005) 6 《汽车内饰件产品强制性认证实施规则》(CNCA-02C-060:2005)	地址:上海市嘉定区安亭镇于田南路68号(201805) 联系人:贾再明/龚燕燕 电话:021-69502027/69502028 传真:021-69502111 E-mail:zaimingj@smvic.com.cn

续表

序号	机构名称	指定产品范围	通信地址
4	国家机动车产品质量监督检验中心(上海)	7 《汽车门锁及车门保持件产品强制性认证实施规则》(CNCA-02C-061:2005) 8 《汽车燃油箱产品强制性认证实施规则》(CNCA-02C-062:2005) 9 《汽车座椅及头枕产品强制性认证实施规则》(CNCA-02C-063:2005) 10 《摩托车外部照明及光信号装置强制性认证实施规则》(CNCA-02C-065:2005)(不包括摩托车牌照灯) 11 《摩托车后视镜产品强制性认证实施规则》(CNCA-02C-064:2005) 12 《汽车安全带产品强制性认证实施规则》(CNCA-02C-026:2005)	
5	国家客车质量监督检验中心	1 《机动车用喇叭产品强制性认证实施规则》(CNCA-02C-055:2005) 2 《机动车回复反射器产品强制性认证实施规则》(CNCA-02C-056:2005) 3 《机动车制动软管总成产品强制性认证实施规则》(CNCA-02C-057:2005) 4 《汽车外部照明及光信号装置强制性认证实施规则》(CNCA-02C-058:2005) 5 《汽车后视镜产品强制性认证实施规则》(CNCA-02C-059:2005) 6 《汽车内饰件产品强制性认证实施规则》(CNCA-02C-060:2005) 7 《汽车门锁及车门保持件产品强制性认证实施规则》(CNCA-02C-061:2005) 8 《汽车燃油箱产品强制性认证实施规则》(CNCA-02C-062:2005) 9 《汽车座椅及头枕产品强制性认证实施规则》(CNCA-02C-063:2005)	地址:重庆市北部新区经开园(401122) 联系人:谭龙 电话:023-86305439 传真:023-86305440 E-mail:tanlong@ccrdi.com
6	国家重型汽车质量监督检验中心	1 《机动车用喇叭产品强制性认证实施规则》(CNCA-02C-055:2005) 2 《机动车回复反射器产品强制性认证实施规则》(CNCA-02C-056:2005) 3 《机动车制动软管总成产品强制性认证实施规则》(CNCA-02C-057:2005) 4 《汽车外部照明及光信号装置强制性认证实施规则》(CNCA-02C-058:2005) 5 《汽车后视镜产品强制性认证实施规则》(CNCA-02C-059:2005) 6 《汽车内饰件产品强制性认证实施规则》(CNCA-02C-060:2005) 7 《汽车门锁及车门保持件产品强制性认证实施规则》(CNCA-02C-061:2005) 8 《汽车燃油箱产品强制性认证实施规则》(CNCA-02C-062:2005) 9 《汽车座椅及头枕产品强制性认证实施规则》(CNCA-02C-063:2005)	地址:重庆市九龙坡区陈家坪朝田村101号(400039) 联系人:李剑平 电话:023-68677860、68821302 传真:023-68966987 E-mail:Catc@ccari.com

续表

序号	机构名称	指定产品范围	通信地址
7	济南汽车检测中心	1 《机动车用喇叭产品强制性认证实施规则》(CNCA－02C－055:2005) 2 《机动车制动软管总成产品强制性认证实施规则》(CNCA－02C－057: 2005) 3 《汽车内饰件产品强制性认证实施规则》(CNCA－02C－060:2005) 4 《汽车门锁及车门保持件产品强制性认证实施规则》(CNCA－02C－061:2005) 5 《汽车燃油箱产品强制性认证实施规则》(CNCA－02C－062:2005)	地址:山东省济南市英雄山路165号(250002) 联系人:孙利 电话:0531－85586162 传真:0531－85586176 E－mail:jnatcsl@163.com
8	天津摩托车质量监督检验所(国家摩托车质检中心(天津))	1 《机动车用喇叭产品强制性认证实施规则》(CNCA－02C－055:2005) 2 《机动车回复反射器产品强制性认证实施规则》(CNCA－02C－056:2005) 3 《机动车制动软管总成产品强制性认证实施规则》(CNCA－02C－057:2005)仅限摩托车产品 4 《摩托车外部照明及光信号装置强制性认证实施规则》(CNCA－02C－065:2005) 5 《摩托车后视镜产品强制性认证实施规则》(CNCA－02C－064:2005)	地址:天津市南开区卫津路92号(300072) 联系人:包铁成 电话:022－27403115 传真:022－27407628 E－mail: baotc@tju.edu.cn
9	国家摩托车质量监督检验中心(宝鸡)	1 《机动车用喇叭产品强制性认证实施规则》(CNCA－02C－055:2005) 2 《机动车回复反射器产品强制性认证实施规则》(CNCA－02C－056:2005) 3 《摩托车外部照明及光信号装置强制性认证实施规则》(CNCA－02C－065:2005) 4 《摩托车后视镜产品强制性认证实施规则》(CNCA－02C－064:2005)	地址:陕西省西安市灞桥区米秦路6号(710032) 联系人:段保民 电话:029－86795295 传真:029－86795296 E－mail:yuansenzhu@cnmtc.com.cn
10	国家摩托车质量监督检验中心(重庆)	1 《机动车用喇叭产品强制性认证实施规则》(CNCA－02C－055:2005) 2 《机动车回复反射器产品强制性认证实施规则》(CNCA－02C－056:2005) 3 《摩托车外部照明及光信号装置强制性认证实施规则》(CNCA－02C－065:2005) 4 《摩托车后视镜产品强制性认证实施规则》(CNCA－02C－064:2005)	地址:重庆市北部新区经开园(401122) 联系人:刘兴富 电话:023－86305436 传真:023－86305436 E－mail:czjjdcs@163.com
11	南昌摩托车质量监督检验所	1 《机动车用喇叭产品强制性认证实施规则》(CNCA－02C－055: 2005) 2 《机动车回复反射器产品强制性认证实施规则》(CNCA－02C－056:2005) 3 《摩托车外部照明及光信号装置强制性认证实施规则》(CNCA－02C－065:2005) 4 《摩托车后视镜产品强制性认证实施规则》(CNCA－02C－064:2005)	地址:南昌摩托车质量监督检验所(330024) 联系人:蒋康毅 电话:0791－8448694 传真:0791－8430119 E－mail:ncmjs@vip.163.com

续表

序号	机构名称	指定产品范围	通信地址
12	江苏大学车辆产品实验室	1 《机动车用喇叭产品强制性认证实施规则》(CNCA－02C－055:2005) 2 《机动车回复反射器产品强制性认证实施规则》(CNCA－02C－056:2005) 3 《汽车外部照明及光信号装置强制性认证实施规则》(CNCA－02C－058:2005) 4 《汽车后视镜产品强制性认证实施规则》(CNCA－02C－059:2005) 5 《汽车内饰件产品强制性认证实施规则》(CNCA－02C－060:2005) 6 《摩托车外部照明及光信号装置强制性认证实施规则》(CNCA－02C－065:2005) 7 《摩托车后视镜产品强制性认证实施规则》(CNCA－02C－064:2005)	地址:江苏省镇江市学府路301号(212013) 联系人:陆勇 电话:0511－8791797 传真:0511－8780220 E－mail: qms@ujs.edu.cn
13	北京中汽寰宇机动车检验中心	1 《机动车回复反射器产品强制性认证实施规则》(CNCA－02C－056:2005) 2 《汽车外部照明及光信号装置强制性认证实施规则》(CNCA－02C－058:2005) 3 《汽车内饰件产品强制性认证实施规则》(CNCA－02C－060:2005) 4 《摩托车外部照明及光信号装置强制性认证实施规则》(CNCA－02C－065:2005)	地址:北京市大兴区北臧村镇工业天荣街16号(102609) 联系人:黄学平 电话:010－66418592 传真:010－66412672 E－mail: cccap@public3.bta.net.cn
14	武汉汽车车身附件研究所质量监督检验中心	1 《汽车后视镜产品强制性认证实施规则》(CNCA－02C－059:2005) 2 《汽车内饰件产品强制性认证实施规则》(CNCA－02C－060:2005) 3 《汽车门锁及车门保持件产品强制性认证实施规则》(CNCA－02C－061:2005)	地址:湖北省武汉市江岸区解放大道2855号(430011) 联系人:李再华 电话:027－82318175 传真:027－82302973 E－mail: whauto8@public.wh.hb.cn
15	江苏省车用灯具产品质量监督检验中心	1 《机动车回复反射器产品强制性认证实施规则》(CNCA－02C－056:2005) 2 《汽车外部照明及光信号装置强制性认证实施规则》(CNCA－02C－058:2005)(不包括驻车灯、测标志灯、后牌照板照明装置) 3 《汽车内饰件产品强制性认证实施规则》(CNCA－02C－060:2005) 4 《摩托车外部照明及光信号装置强制性认证实施规则》(CNCA－02C－065:2005)(不包括轻便摩托车前照灯)	地址:江苏省丹阳市新桥镇为民西路28号(212322) 联系人:汪伟华 电话:0511－6357899 传真:0511－6357899 E－mail: jscdsys@yahoo.com.cn

续表

序号	机构名称	指定产品范围	通信地址
16	公安部交通安全产品监督检测中心	1 《汽车行驶记录仪产品强制性认证实施规则》(CNCA－02C－066:2005) 2 《车身反光标识产品强制性认证实施规则》(CNCA－02C－067:2005) 3 《汽车外部照明及光信号装置强制性认证实施规则》(CNCA－02C－058:2005)(不包括前照灯、前雾灯、倒车灯、转向灯、驻车灯、侧标志灯) 4 《摩托车外部照明及光信号装置强制性认证实施规则》(CNCA－02C－065:2005)(仅限摩托车牌照灯、轻便摩托车牌照灯及前照灯)	地址:江苏省无锡市钱荣路88号(214151) 联系人:潘汉中 电话:0510－5501127 传真:0510－5503152 E－mail:panhzh@vip.sohu.com
17	广州日用电器检测所	1 《汽车外部照明及光信号装置强制性认证实施规则》(CNCA－02C－058:2005) 2 《摩托车外部照明及光信号装置强制性认证实施规则》(CNCA－02C－065:2005)	地址:广州新港西路204号(510300) 联系人:陈伟升 电话:020－84451692 传真:020－84183160 E－mail:goffice@gti-hea.com
18	国家汽车零部件产品质量监督检验中心(长春)	1 《机动车制动软管总成产品强制性认证实施规则》(CNCA－02C－057:2005)	地址:长春市南湖大路6888号(130012) 联系人:戴军 电话:0431－5531668 传真:0431－5510488 E－mail:cczjlee@163.com

申请机构及有关利益方对指定决定有异议的,自指定名录公布之日起15个工作日内向国家认监委提出书面申诉和投诉。

二〇〇五年十一月十五日

国家认证认可监督管理委员会2005年第26号公告

——申请承担机动车零部件产品指定认证机构和指定检测实验室的相关信息的公告

实施强制性产品认证的机动车零部件产品目录已于2005年9月12日公布(国家质检总局、国家认监委联合公告2005年第137号),并将于2005年12月1日正式受理认证申请。根据《认证认可条例》规定,承担强制性产品认证工作的认证机构和检测实验室须经国家认监委指定,为使有关机构了解指定要求,及时提出申请,现将申请承担机动车零部件产品指定认证机构和指定检测实验室的相关信息公布如下:

一、指定产品范围

机动车灯具产品(前照灯、转向灯;汽车前位灯/后位灯/制动灯/视廓灯、前雾灯、后雾灯、倒车灯、驻车灯、侧标志灯和后牌照板照明装置;摩托车牌照灯、位置灯);机动车回复反射器、汽车行驶记录仪,车身反光标识、汽车制动软管、机动车后视镜、机动车喇叭、汽车油箱、门锁及门铰链、内饰材料、座椅及头枕。

二、拟指定机构的业务领域与数量

(一)业务领域:机动车零部件产品认证和检测

（二）拟指定认证机构的数量:2～3 家

（三）拟指定检测实验室的数量:8～18 家

三、指定原则

公平公正、择优使用、平等竞争,资源合理利用,便利有效

四、指定条件

（一）认证机构指定条件:

1. 依照条例规定设立,承担过国家机动车零部件产品自愿性认证工作,在机动车零部件认证领域 2 年以上认证经历或者颁发相关产品认证证书 100 份以上;

2. 取得中国认证机构国家认可委员会的认可资格,并覆盖目录中的产品范围;

3. 在申请前 6 个月内无不良记录;

4. 本机构的法人性质、产权构成和组织结构等能够保证其强制性认证活动的客观公正;

5. 具备能够公正、独立和有效地从事强制性产品认证活动的技术与管理能力;

6. 具备从事强制性产品认证活动所需要并且可以独立调配使用的检测、检查资源,拥有与强制性产品认证工作任务相适应的符合条例规定的认证人员和稳定的财力资源。

（二）检测实验室指定条件

1. 获得国家计量认证;

2. 取得中国实验室国家认可委员会的认可资格,并覆盖目录中产品涉及的检测方面的国家标准;

3. 具有机动车及零部件产品检测经验,从事检测工作 4 年以上或者对外出具机动车及零部件产品检测报告 100 份以上;

4. 具有机动车零部件产品自愿性认证检测工作经验,对外出具认证检测报告 20 份以上;

5. 在申请前 6 个月内无不良记录;

6. 本单位的法人性质、产权构成以及组织结构能够保证其公正、独立地实施检测活动;

7. 具备承担相应产品认证检测活动所需的全部设备、设施,或者经相关设备、设施所有权单位的授权,可以独立使用设备、设施;

8. 拥有与强制性产品认证检测工作任务相适应的符合条例规定的检测人员,检测人员接受过与其承担的相应产品认证检测所必需的教育和培训,并掌握相关的标准、技术规范和强制性产品认证实施规则的要求,具备必要的产品检测能力和相应的设备资源;

9. 优先考虑长期承担政府法规性检测任务的国家或部委级实验室。

五、指定工作安排

1. 2005 年 10 月 20 日前,符合本通知第四条所述条件并愿意承担相应认证和检测任务的认证机构和检测机构,请将填写完成的申请书及电子版（见附件）报国家认监委,同时,申请指定的认证机构请将申请书（电子版和书面申请）抄送中国认证机构国家认可委员会秘书处,申请指定的检测机构请将申请书（电子版和书面申请）抄送中国实验室国家认可委员会秘书处;

2. 2005 年 10 月 20 日至 11 月 5 日,国家认监委进行申请机构评审,并确定指定机构;

3. 2005 年 11 月 15 日前,公布指定机构名录及业务范围。

六、申请机构有关利益方对指定决定有异议的,自指定名录公布之日起 15 个日内向国家认监委提出书面申诉和投诉。

七、信息咨询及联络

1. 国家认监委认证监管部

北京市海淀区马甸东路 9 号（100088）

联系人:王昆

电话:010－82262753

2. 中国认证机构国家认可委员会秘书处

北京朝阳门外大街甲 10 号（100020）

联系人:张胜春

电话:010－65994637

E－mail 地址:zsc@ cnab. org. cn

3. 中国实验室国家认可委员会秘书处
北京朝阳门外大街甲10号(100020)
联系人:韩京城
电话:010－65994531
E－mail地址:hanjc@cnal.org.cn
附件:申请书

二〇〇五年九月二十二日

附件:

申请书

申请机构:____________________
申请日期:____________________
中华人民共和国国家认证认可监督管理委员会
说明
1. 本申请书适用于认证/检测/检查机构申请承担中国强制性产品认证工作的指定。
2. 本申请书中带有□的条款为可选项,请在适用的□中打√。
3. 本申请书所有填报项目(含表格)页面不足时,可另附页。
4. 本申请书用电脑打印,清晰、准确。

1. 申请机构
法定注册名称:____________________
其他名称:1 ____________________
2 ____________________
3 ____________________
4 ____________________
地址:____________________
法定代表人:____________________
联系人:____________________职务:____________________电话:____________________
传真:____________________ E－mail:____________________
2. 申请类别:
□认证机构指定　　□检测机构指定　　□检查机构指定
□初次指定　　□再次指定　　□扩大指定范围
3. 提供的资料
3.1　本机构简介
3.2　本机构章程
3.3　本机构法律地位证明文件
3.4　本机构获得国家认监委授权的认可机构的认可证书及认可范围(具体到项目)
3.5　本机构受控质量手册(含组织机构图)及程序文件目录
3.6　《申请指定的业务范围》(附件1－1)
3.7　《申请指定信息调查表》(附件1－2)
4. 声明
我代表本机构郑重声明:
(1)本机构自愿申请成为国家认证认可监督管理委员会指定的从事中国强制性产品认证工作的机构;
(2)本机构愿意遵守国家认证认可监督管理委员会关于中国强制性产品认证的各项规定;
(3)本机构同意按指定要求提供所需文件和资料,所提供的信息均正确属实;
法定代表人(签名):　　　　申请机构(盖章)
日期:

附件1-1：

申请指定的业务范围

序号	产品名称	依据的标准/认证规则号、名称	测试项目(仅供检测机构填)	限制范围或说明
1. 填写在本表格中的申请范围均应获得国家认监委指定的认可机构的认可，没有得到认可的请予以说明； 2. “依据的标准/认证规则号、名称”对检测机构应填写国家认监委发布的《实施强制性产品认证的产品目录》中规定的标准号/名称，对认证机构填写认证规则号/名称 3. “限制范围”可填写“能或不能”的检测项目，可依据哪种表述更为简洁来填写；“说明”项需对申请的检测项目(含借用仪器设备或分包)予以说明。				

附件1-2：

申请指定的信息调查表

1. 机构联络信息

1.1 机构名称：

1.2 联系人姓名及职务：

1.3 地址/邮编：

1.4 电话/传真：

1.5 E-mail：

2. 法定代表人姓名及职务：

机构负责人姓名及职务

3. 组织机构：

3.1 机构的上一级组织/出资方名称：

3.2 法律地位

3.2.1 本机构是

□事业法人 □社团法人 □国家独资的企业法人 □其他。

请提交相关文件#______________(如批准、注册文件，持股结构资料等)；

其他类型的机构：______________

请提交相关文件#______________(如说明，批准、注册文件，持股结构资料等)；

3.2.2 机构是否具备独立的法人地位？

□是，请提交法律地位的证明文件#______________；

作为独立的法律实体，是否是某一较大机构/组织的一部分或隶属于某一较大机构/组织？ □是 □否

如填是，请提交明确与该较大机构/组织其他部分关系，并证明与其没有任何利益冲突的文件#______________(参见《相关机构信息调查表》(附件1-2-1))；

□否，隶属于某一法人单位。是否有独立的建制，其机构组成是否有主管部门(独立法人单位)的批准文件，机构负责人是否得到主管部门的正式书面任命，并授权本机构独立进行规定范围的工作？

□是 □否

如填是，请提交相关证明文件#______________；

3.2.3 是否有董事会/管理委员会/咨询委员会/专门委员会？

□是 □否

如填是，请提交董事会/管理委员会/咨询委员会/专门委员会委员的名单#______________，包括姓名、所在单位，对于管理委员会/咨询委员会委员，应明确委员所代表的方面（如政府、供方、需方）；

4. 财务

4.1 注册资金______________元，注册号：______________

4.2 获得财务支持的方式：

□国家拨款 □社团 □企业 □其他

5. 公开文件

请提交一份公开文件的清单，并提交一套清单中所列的公开文件#______________；

6. 资源

6.1 办公面积______________平方米

6.2 计算机______________台、复印机______________台、传真机______________台、______________线电话

6.3 人员

请按《机构人员一览表》（附件1-2-2）的要求提交一份本机构所有将来将从事中国强制性产品认证工作的有关人员（管理人员、工作人员、检测/检查人员、技术专家等）的名单；

6.4 检测能力（此项对认证/检查机构不适用）

请按《检测机构仪器设备配置表》（附件1-2-3）的要求提交一份本机构将来将用于中国强制性产品认证检测工作的仪器设备。

7. 机构运作信息

7.1 本机构开展认证/检测/检查依据的准则是：

□ISO/IEC 指南65 □ISO/IEC 17025

□ISO/IEC 17020 □其他（请详细说明）

7.2 本机构获得的国家认监委授权的认可机构的认可或具备同等效力的有关情况：

7.3 本机构参加国际组织或国际认证、检测/检查机构的情况：

7.4 本机构的建立时间：____年____月____日

7.5 本机构按现行质量体系运行的起始时间：__年____月____日

7.6 本机构已颁发____相关产品的认证证书/检测报告/检查报告情况：

产品范围	对应标准	认证证书（份）	检测报告（份）	检查报告（份）

7.7 目前所开展的其他业务活动：

8. 申请成为指定认证机构的单位需按申请产品类别列明各类产品已签约检测试验室名录及目前各检测试验室相应的认证检测报告数量；

9. 申请成为指定检测实验室的单位需按申请产品类别列明目前各类产品自身所拥有的检测设备清单、出具的相应的检测报告数量；分包或合作开展检测的有关情况；

10. 承担国家或相关部委认证、法规性检测及有关工作的情况（如质量监督检验、定型试验、认证试验、委托检验、质量仲裁检验、标准制修订、科研课题等工作）；获得国家或相关部委奖励情况；

其他说明：

声明：我谨代表本机构郑重声明，本机构已按本表所列内容对本机构的有关情况进行了认真的检查，保证本表及其附件所提供的信息准确、属实，若所报信息不实或有意隐瞒，本机构愿意接受国家认证认可监督管理委员会的处理。

填表人（签名）：__________________

填表日期：__________________

机构盖章

注：如果表中所述情况发生重大变化（包括指定以后），请上报国家认证认可监督管理委员会

附件1-2-1：

相关机构信息调查表

在填制本表之前，请认真阅读填表说明

1.相关机构的信息

名称：____________________

地址：____________________

法定代表人/负责人：____________电话/传真：____________

2.与本机构的关系：

2.1 本机构的母机构

●本机构的出资方 □

●向本机构提供过资金、办公场所、办公设施、人员支持，包括借用支持的机构； □

●本机构需要上交利润和管理费的机构 □

●本机构的行政主管，对本机构的高层管理人员的任命有影响的机构 □

●本机构的法律母体 □

2.2 本机构的姐妹机构

●与本机构的母机构存在类似于2.1中所述关系的其他机构； □

●由本机构的母机构派人担任管理层职务的机构； □

●由本机构的管理层人员兼任管理职务的机构。 □

2.3 其他

●使用与本机构名称不同的牌子，实质上为一套人马的机构及以其名义设立的子机构，包括联络站、办事处和与其他有合同关系/合作协议的机构等； □

●与本机构存在合作协议/合同关系的机构； □

●与本机构或其母机构有明显的财务联系（如财务统一管理等）的机构； □

●与本机构或其母机构的名称部分或完全相同的机构； □

2.4 其他关系（请详细说明）____________________

3.该相关机构的业务活动/工作职能及所包括的具体项目；

证明材料见附件#____________________

4.请提供表示你机构与该相关机构组织关系的组织机构图；

证明材料见附件#____________________

5.请就相关机构的业务活动/工作职能，在以下方面逐一分析其对你机构构成利益冲突的可能性，并明确如果不加以适当控制，可能会影响你机构活动的可信性、客观性或公正性的那些相关机构的活动：

5.1 是否向本机构认证/检测/检查对象提供服务；□是 □否

5.2 提供为获得或保持认证/检测/检查的咨询服务；□是 □否

5.3 是否提供为获得或保持认证/检测/检查的代理服务；□是 □否

5.4 是否提供产品设计的服务；□是 □否

5.5 是否提供设计、实施或保持质量体系的服务。□是 □否

证明材料见附件#____________________

6.对已经或可能构成利益冲突的相关的机构，你机构采取的控制措施，请逐一说明。

证明材料见附件#____________________

本机构郑重声明，本机构已按本表所列内容对本机构的有关情况进行了认真的检查，保证本表及其附件所提供的信息准确、属实，若所报信息不实或有意隐瞒，本机构愿意接受国家认证认可监督管理委员会的处理。

机构名称：____________________

填表日期：____________________

机构盖章

填表说明

1.有关相关机构的解释

认证/检测/检查机构的相关机构是指：与认证/检测/检查机构有共同的所有者或董事、合同关系、同一个名称、非正式合作谅解备忘录或其他关系而使得其对认证/检测/检查机构的工作结果有非常重要的利害关系或潜在影响认证/检

测/检查结果的能力。换言之，相关机构是指与认证/检测/检查机构存在行政关系、资产关系、经济合同关系或其他利益关系的组织。例如：

1.1 认证/检测/检查机构的母机构

1.1.1 认证/检测/检查机构的出资方

●向认证/检测/检查机构提供过资金、办公场所、办公设施、人员支持，包括借用支持的机构；

●认证/检测/检查机构需要上交利润和管理费的机构

1.1.2 认证/检测/检查机构的行政主管

对认证/检测/检查机构的高层管理人员的任命有影响（包括具有任命权或任命否决权）的机构。

1.1.3 认证/检测/检查机构的法律母体

认证/检测/检查机构因自身不是独立法人，而依附的母体机构。

1.2 认证/检测/检查机构的姐妹机构

1.2.1 与认证/检测/检查机构的母机构存在类似于1.1中所述关系的其他机构；

1.2.2 由认证/检测/检查机构的母机构派人担任管理层职务的机构；

1.2.3 由认证/检测/检查机构的管理层人员兼任管理职务的机构。

1.3 其他

1.3.1 使用与认证/检测/检查机构名称不同的牌子，实质上为一套人马的机构及以其名义设立的子机构，包括联络站、办事处和与其他有合同关系/合作协议的机构等；

1.3.2 与认证/检测/检查机构存在合作协议/合同关系的机构；

1.3.3 与认证/检测/检查机构或其母机构有明显的财务联系（如财务统一管理等）的机构；

1.3.4 与认证/检测/检查机构或其母机构的名称部分或完全相同的机构；

注：如“ABC认证中心”与“ABC认证机构”即视为名称部分相同。

1.3.5 其他

2. 与认证/检测/检查机构的姐妹机构存在类似“1.1”中所述关系的机构，其有关信息也需按本表规定要求填报；

3. 填表要求

认证/检测/检查机构在填写本表时，应在“证明材料见附件#________”的横线上写明附件的序号以及名称，并提交相应的证明材料。

4. 如有多个相关机构，每个相关机构分别填一份。

5. 填写本表应详细、真实

附件1-2-2：

机构人员一览表

序号	姓名	性别	年龄	文化程度	职务/职称	所学专业	毕业时间	现在部门岗位	从事本岗位年限	备注

附件1-2-3：

检测机构仪器设备配置表

产品名称	检测项目	标准条款	使用设备编号、名称、型号规格	技术指标	备注

国家质量监督检验检疫总局、国家认证认可监督管理委员会2005年第137号公告

——实施强制性产品认证的机动车零部件产品目录

根据《中华人民共和国产品质量法》、《中华人民共和国标准化法》、《中华人民共和国进出口商品检验法》、《中华人民共和国认证认可条例》和国家质检总局《强制性产品认证管理规定》的规定，现决定对机动车灯具产品等机动车零部件产品（详细目录见附件）实施强制性产品认证。

自2006年12月1日起，凡列入本目录内的机动车零部件产品，未获得强制性产品认证证书和未加施中国强制性产品认证标志的，不得出厂、销售、进口或在其他经营活动中使用。自2005年12月1日起，委托人可以向指定认证机构提出认证产品的认证委托。

特此公告。

二〇〇五年九月十二日

附件：

实施强制性产品认证的机动车零部件产品目录

机动车灯具产品（前照灯、转向灯；汽车前位灯/后位灯/制动灯/视廓灯、前雾灯、后雾灯、倒车灯、驻车灯、侧标志灯和后牌照板照明装置；摩托车牌照灯、位置灯）；机动车回复反射器、汽车行驶记录仪，车身反光标识、汽车制动软管、机动车后视镜、机动车喇叭、汽车油箱、门锁及门铰链、内饰材料、座椅及头枕

国家认证认可监督管理委员会2005年第19号公告

——机动车辆类强制性认证实施规则汽车安全带产品

为方便广大企业，规范强制性产品认证标志的管理，根据《强制性产品认证管理规定》和《强制性产品认证标志管理办法》，国家认监委对《机动车辆类强制性认证实施规则汽车安全带产品》（CNCA－02C－026：2004）有关内容进行了修订：

将原规则“5.2 标志加施获得认证证书的汽车安全带，应将认证标志缝在安全带固定点附近的织带上。”修改为“5.2 标志加施获得认证证书的汽车安全带，应将认证标志缝在安全带固定点附近的织带上或直接模压在安全带总成（含带扣）的非受力位置上，标志应清晰并能永久保存。加施位置应保证在安全带总成安装到车辆上后认证标志仍能被清楚的识别。”

原规则其他内容不变，修订后的实施规则为《机动车辆类强制性认证实施规则汽车安全带产品》（CNCA－02C－026：2005）（见附件）。

本规则自发布之日起实施，请遵照执行。

附件：《机动车辆类强制性认证实施规则汽车安全带产品》（CNCA－02C－026：2005）

二〇〇五年八月九日

附件：

机动车辆类强制性认证实施规则汽车安全带产品

编号：CNCA－02C－026：2005

2005－08－01发布　2005－08－01实施

中国国家认证认可监督管理委员会发布

目录

1. 适用范围

本规则适用于安装在M和N类汽车上，且由前向成年乘员作为独立装备单独使用的安全带和约束系统。

2. 认证模式

型式试验+初始工厂审查+获证后监督。

3. 认证实施的基本要求

3.1 认证申请

3.1.1 申请单元划分

原则上同一生产厂生产的且在以下几方面没有差异的汽车安全带产品，视为同一单元：

3.1.1.1 卷收器的类型、结构、型号及主要部件（卷簧、锁止零件、卷带轮等）；

3.1.1.2 织带的材料、编织方式、截面尺寸；

3.1.1.3 带扣的类型、结构及尺寸，带扣连接件的类型与结构；

3.1.1.4 高度调节器、连接件和调节装置的结构、尺寸和材料；

3.1.1.5 预紧装置的类型、结构；

3.1.1.6 此外应适当考虑

3.1.1.6.1 安全带总成的固定方式、几何形状；

3.1.1.6.2 卷收器安装角度，支架及固定件的结构及尺寸；

3.1.1.6.3 织带的颜色；

3.1.1.6.4 吸能（限力）装置的类型、结构和性能；

3.1.2 申请资料

认证申请所需资料见附件1。

3.2 型式试验

3.2.1 送样原则

应从认证申请单元中选取代表性样品送样进行型式试验。型式试验后，应以适当方式处置已经确认合格的样品和/或相关资料。

3.2.2 送样

3.2.2.1 型式试验的样品由委托人送样。

3.2.2.2 每一申请单元提供安全带总成6套，安全带织带15m。

3.2.3 检测项目和检测依据

检测项目和检测依据见附件2。

3.3 初始工厂审查

3.3.1 审查内容

3.3.1.1 工厂质量保证能力审查

初始工厂质量保证能力审查的基本要求见附件3。

3.3.1.2 产品一致性检查

1)认证产品的标识;

2)认证产品的结构及参数;

3)现场指定检验:

织带或卷收器检验、带扣检验、锁止极限值、标志。

3.3.1.3 工厂质量保证能力审查应覆盖申请认证产品的加工场所,产品一致性检查应覆盖申请认证产品。

3.3.2 初始工厂审查时间

一般情况下,型式试验合格后,再进行初始工厂审查。根据需要,型式试验和工厂审查也可以同时进行。

工厂审查时间根据所申请认证产品的单元数量确定,并适当考虑工厂的生产规模,一般每个工厂为2~6人日。

3.4 认证结果评价与批准

型式试验结果的评价由检测机构作出;初始工厂审查结果的评价由工厂审查组作出;认证批准由认证机构作出。

3.4.1 认证型式试验结果的评价

当所有的检测项目检测结果全部符合标准要求时,方可认为认证型式试验结果合格。若有个别检测项目不合格,可允许重新送样进行检测,重新检测时再出现任何一项不合格,即认为认证型式试验结果不合格。

3.4.2 初始工厂审查的评价

3.4.2.1 如果整个审查过程中未发现不符合项,则审查结论为合格;

3.4.2.2 如果发现轻微的不符合项,不危及到认证产品符合安全标准时,工厂应在规定的时间内采取纠正措施,报审查组确认其措施有效后,则审查结论为合格;

3.4.2.3 如果发现严重不符合项,或工厂的质量保证能力不具备生产满足认证要求的产品时,则可终止审查。委托人3个月后方可重新申请认证。

3.4.3 认证批准

认证机构对型式试验、工厂审查的结果进行综合评价,型式试验和工厂审查均符合要求,经认证机构评定后,颁发认证证书(每一个申请单元颁发一个认证证书)。认证证书的使用应符合《强制性产品认证管理规定》的要求。

3.4.4 认证时限

认证时限是指自受理认证之日起至颁发认证证书时止所实际发生的工作日,包括型式试验时间、提交工厂审查报告时间、认证结论评定和批准时间、证书制作时间。

型式试验时间为25个工作日。

提交工厂审查报告时间一般为5个工作日。

认证结论评定、批准时间以及证书制作时间一般不超过5个工作日。

3.5 获证后监督

3.5.1 认证监督检查频次

3.5.1.1 一般情况下从获证后的12个月起,每年至少进行一次监督检查。

3.5.1.2 若发生下述情况之一可增加监督频次:

1)获证产品出现严重安全质量问题或用户提出安全质量方面的投诉并经查实为生产厂责任的;

2)认证机构有足够理由对获证产品与标准要求的符合性提出质疑时;

3)有足够信息表明生产厂因变更组织机构、生产条件、质量管理体系等,从而可能影响产品符合性或一致性时。

3.5.2 监督的内容

3.5.2.1 工厂质量保证能力复查

从获证起的4年内,工厂质量保证能力复查范围应覆盖附件3的全部内容。每个工厂每次的复查时间通常为1~2人日。

获证后的第5年,应按附件3的规定对工厂质量保证能力进行全面审查,审查内容和审查时间与初始工厂审查相同。

3.5.2.2 产品一致性检查

从获证起,按本规则3.3.1.2及3.5.1.1条的规定进行现场核查。

3.5.2.3 需要时,抽查产品送检测机构进行检测。

3.5.3 认证后监督结果的处理

监督检查合格后,可继续保持认证资格、使用认证标志。如存在不符合项则应在3个月内进行整改,逾期将停止使用认证证书和标志,并对外公布。

4. 认证证书

4.1 认证证书的有效性

证书的有效性依赖认证机构定期的监督获得保持。

4.2 认证的变更

4.2.1 认证证书持有者需要变更与已经获得认证产品为同一系列内的产品认证范围时,应从认证申请开始办理手续,认证机构应核查变更产品与原认证产品的一致性,确认原认证结果对变更产品的有效性,针对差异做补充检测或审查,合格后颁发认证证书或换发认证证书。

4.2.2 认证证书持有者需要变更商标、委托人及工厂信息和质量保证能力时,针对差异应做补充审核,合格后颁发认证证书或换发认证证书。

4.3 认证的暂停、注销和撤销

认证的暂停、注销和撤销按《强制性产品认证管理规定》的要求执行。

5. 认证标志的使用规定

证书持有者必须遵守《强制性产品认证标志管理办法》的规定。

5.1 准许使用的标志样式

5.2 标志加施

获得认证证书的汽车安全带,应将认证标志缝在安全带固定点附近的织带上或直接模压在安全带总成(含带扣)的非受力位置上,标志应清晰并能永久保存。加施位置应保证在安全带总成安装到车辆上后认证标志仍能被清楚的识别。

6. 认证收费

认证收费由认证机构按国家有关规定统一收取。

附1:

汽车安全带产品强制性认证所需资料

以下各项所需详细资料由各认证机构自行规定:

1. 产品规格型号汇总表;

2. 产品调查表;

3. 生产企业概况;

3.1 生产情况(所申请产品的年生产能力及生产历史);

3.2 关键外购件、原材料目录(包括:名称、型号、规格、供货单位、进厂检验项目);

3.3 生产企业的主要检测仪器设备登记表(包括:名称、型号、规格、数量、精度、检定周期);

3.4 与附件3有关的质量管理体系文件目录及机构框图/表和职责规定文件;

4. 必要的认证检测项目的检测报告;

5. 申请视同(免做部分或全项检验)时需填写产品差异描述表。

附2:

检验项目和检测依据

1. 检测项目

1.1 腐蚀试验;

1.2 微滑移试验;

1.3 织带的处理和抗拉载荷试验(静态);

1.4 带有硬件的安全带总成部件的试验;

1.5 带有卷收器的附加试验;

1.6 安全带总成或约束系统的动态试验;

1.7 带扣开启试验;

1.8 有预紧装置的安全带的附加试验;

1.9 织带的燃烧特性试验。

2. 例行检验和确认检验项目

2.1 例行检验

2.1.1 织带或卷收器检验(见 GB 14166 – 2003 附录 K)

2.1.2 带扣检验(见 GB 14166 – 2003 附录 K)

2.1.3 锁止极限值(见 GB 14166 – 2003 附录 K)

2.1.4 标志。

2.2 确认检验

按 GB 14166 – 2003 附录 L“生产一致性的控制”执行

其中的动态试验最小频次暂定为每年每种一次

3. 检测依据

3.1 GB 14166 – 2003 机动车成年乘员用安全带和约束系统

3.2 GB 8410 – 1994 汽车内饰材料的燃烧特性

附 3:

产品强制性认证工厂质量保证能力要求

为保证批量生产的认证产品与已获型式试验合格的样品的一致性,工厂应满足本文件规定的产品质量保证能力要求。

1. 职责和资源

1.1 职责

工厂应规定与质量活动有关的各类人员职责及相互关系,且工厂应在组织内指定一名质量负责人,无论该成员在其他方面的职责如何,应具有以下方面的职责和权限:

a)负责建立满足本文件要求的质量体系,并确保其实施和保持;

b)确保加贴强制性认证标志的产品符合认证标准的要求;

c)建立文件化的程序,确保认证标志的妥善保管和使用;

d)建立文件化的程序,确保不合格品和获证产品变更后未经认证机构确认,不加贴强制性认证标志。

质量负责人应具有充分的能力胜任本职工作。

1.2 资源

工厂应配备必须的生产设备和检验设备以满足稳定生产符合强制性认证标准的产品要求;应配备相应的人力资源,确保从事对产品质量有影响工作的人员具备必要的能力;建立并保持适宜产品生产、检验、试验、储存等必备的环境。

2. 文件和记录

2.1 工厂应建立、保持文件化的认证产品的质量计划或类似文件,以及为确保产品质量的相关过程有效运作和控制需要的文件。质量计划应包括产品设计目标、实现过程、检测及有关资源的规定,以及产品获证后对获证产品的变更(标准、工艺、关键件等)、标志的使用管理等的规定。

产品设计标准或规范应是质量计划的一个内容,其要求应不低于有关该产品的国家标准要求。

2.2 工厂应建立并保持文件化的程序以对本文件要求的文件和资料进行有效的控制。这些控制应确保:

a)文件发布前和更改应由授权人批准,以确保其适宜性;

b)文件的更改和修订状态得到识别,防止作废文件的非预期使用;

c)确保在使用处可获得相应文件的有效版本。

2.3 工厂应建立并保持质量记录的标识、储存、保管和处理的文件化程序,质量记录应清晰、完整以作为产品符合规定要求的证据。质量记录应有适当的保存期限。

3. 采购和进货检验

3.1 供应商的控制

工厂应制定对关键零部件和材料的供应商的选择、评定和日常管理的程序,以确保供应商具有保证生产关键零部件和材料满足要求的能力。

工厂应保存对供应商的选择评价和日常管理记录。

3.2 关键零部件和材料的检验/验证

工厂应建立并保持对供应商提供的关键零部件和材料的检验或验证的程序及定期确认检验的程序,以确保关键零部件和材料满足认证所规定的要求。

关键零部件和材料的检验可由工厂进行，也可以由供应商完成。当由供应商检验时，工厂应对供应商提出明确的检验要求。

工厂应保存关键件检验或验证记录、确认检验记录及供应商提供的合格证明及有关检验数据等。

4.生产过程控制和过程检验

4.1 工厂应对关键生产工序进行识别，关键工序操作人员应具备相应的能力，如果该工序没有文件规定就不能保证产品质量时，则应制定相应的工艺作业指导书，使生产过程受控。

4.2 产品生产过程中如对环境条件有要求，工厂应保证工作环境满足规定的要求。

4.3 可行时，工厂应对适宜的过程参数和产品特性进行监控。

4.4 工厂应建立并保持对生产设备进行维护保养的制度。

4.5 工厂应在生产的适当阶段对产品进行检验，以确保产品及零部件与认证样品一致。

5.例行检验和确认检验

工厂应制定并保持文件化的例行检验和确认检验程序，以验证产品满足规定的要求。检验程序中应包括检验项目、内容、方法、判定等。并应保存检验记录。具体的例行检验和确认检验要求应满足相应产品的认证实施规则的要求执行。例行检验是在生产的最终阶段对生产线上的产品进行的100%检验，通常检验后，除包装和加贴标签外，不再进一步加工。

确认检验是为验证产品持续符合标准要求进行的抽样检验。

6.检验试验仪器设备

用于检验和试验的设备应定期校准和检查，并满足检验试验能力。

检验和试验的仪器设备应有操作规程，检验人员应能按操作规程要求，准确地使用仪器设备。

6.1 校准和检定

用于确定所生产的产品符合规定要求的检验试验设备应按规定的周期进行校准或检定。校准或检定应溯源至国家或国际基准。对自行校准的，则应规定校准方法、验收准则和校准周期等。设备的校准状态应能被使用及管理人员方便识别。

应保存设备的校准记录。

6.2 运行检查

对用于例行检验和确认检验的设备除应进行日常操作检查外，还应进行运行检查。当发现运行检查结果不能满足规定要求时，应能追溯至已检测过的产品。必要时，应对这些产品重新进行检测。应规定操作人员在发现设备功能失效时需采取的措施。

运行检查结果及采取的调整等措施应记录。

7.不合格品的控制

工厂应建立不合格品控制程序，内容应包括不合格品的标识方法、隔离和处置及采取的纠正、预防措施。经返修、返工后的产品应重新检测。对重要部件或组件的返修应作相应的记录，应保存对不合格品的处置记录。

8.内部质量审核

工厂应建立文件化的内部质量审核程序，确保质量体系的有效性和认证产品的一致性，并记录内部审核结果。

对工厂的投诉尤其是对产品不符合标准要求的投诉，应保存记录，并应作为内部质量审核的信息输入。

对审核中发现的问题，应采取纠正和预防措施，并进行记录。

9.认证产品的一致性

工厂应对批量生产产品与型式试验合格的产品的一致性进行控制，以使认证产品持续符合规定的要求。

工厂应建立产品关键零部件和材料、结构等影响产品符合规定要求因素的变更控制程序，认证产品的变更（可能影响与相关标准的符合性或型式试验样机的一致性）在实施前应向认证机构申报并获得批准后方可执行。

10.包装、搬运和储存

工厂所进行的任何包装、搬运操作和储存环境应不影响产品符合规定标准要求。

国家认证认可监督管理委员会2004年第6号公告

——《机动车部件自愿性认证实施规则》

为保证机动车强制性认证工作的有效实施，缩短整车认证时限，减少整车认证费用，国家认监委研究决定，在整车认证中，对已指定的承担机动车强制性认证任务的认证机构颁发的机动车部件自愿性认证证书，经审核符合规定的，承认其认证结果。各指定的机动车强制性认证机构不得对有关部件重复检测和收费，应当按照国家认监委2003年第6号公告公布的19份《机动车部件自愿性认证实施规则》实施认证。

特此公告。

国家认证认可监督管理委员会
二〇〇四年二月二十三日

六、销 售 类

(一)品牌销售

国家工商行政管理总局关于公布品牌汽车销售企业名单的通知

工商市字〔2009〕25号

各省、自治区、直辖市及计划单列市工商行政管理局:

根据《汽车产业发展政策》和《汽车品牌销售管理实施办法》的相关规定,现将符合备案条件的品牌汽车销售企业、品牌汽车总经销企业名单予以公布(名单见附件)。

各地工商行政管理机关应根据本通知,认真做好企业营业执照的变更登记工作。

本通知附件,同时在国家工商行政管理总局红盾信息网"司局频道"中"市场规范管理司"之"重要商品市场管理"一栏中公布。

附件:一、品牌汽车销售企业名单

二、品牌汽车总经销企业名单

三、品牌汽车总经销企业名称变更名单

国家工商行政管理总局
二〇〇九年二月十日

附件一:

一、华晨宝马汽车有限公司、宝马(中国)汽车贸易有限公司授权品牌汽车销售企业名单

经营范围核定为:华晨宝马、进口BMW(宝马)品牌汽车销售

1. 青海金裕宝汽车销售有限公司
2. 无锡宝尊汽车销售服务有限公司
3. 温州宝诚汽车销售服务有限公司
4. 珠海宝泽汽车销售服务有限公司
5. 江门市合宝汽车销售服务有限公司
6. 哈尔滨中宝汽车销售服务有限公司
7. 永康市宝驿汽车销售服务有限公司

二、保时捷(中国)汽车销售有限公司授权品牌汽车销售企业名单

经营范围核定为:保时捷品牌汽车销售

郑州保福利汽车销售有限公司

三、本田技研工业(中国)投资有限公司授权品牌汽车销售企业名单

经营范围核定为:ACURA(讴歌)品牌汽车销售

1. 上海东田汽车销售有限公司
2. 贵州麦肯惠通汽车销售有限公司
3. 云南尚乾汽车服务有限公司

四、一汽马自达汽车销售有限公司授权品牌汽车销售企业名单

经营范围核定为:马自达品牌汽车(一汽马自达、进口马自达)销售

1. 上海通锐汽车销售服务有限公司
2. 洛阳中达汽车销售服务有限公司
3. 连云港众达汽车销售服务有限公司
4. 天津骏雅汽车销售服务有限公司
5. 东莞市泰翔达汽车销售服务有限公司

五、一汽丰田汽车销售有限公司授权品牌汽车销售企业名单

经营范围核定为:一汽丰田品牌汽车销售

1. 河源中裕丰田汽车销售服务有限公司
2. 深圳市大兴观澜丰田汽车销售服务有限公司
3. 无锡市新洲丰田汽车销售服务有限公司
4. 北海市易达丰田汽车销售服务有限公司
5. 清远南方丰田汽车销售服务有限公司
6. 深圳市民生东都丰田汽车销售服务有限公司

六、南京名爵汽车贸易有限公司授权品牌汽车销售企业名单

经营范围核定为:MG名爵品牌汽车销售

1. 云南官房汽车经贸有限公司

2. 佛山市顺德区荣骏汽车销售服务有限公司
3. 西藏常青工贸有限责任公司拉萨分公司

七、北京泰赫雅特汽车销售服务有限公司授权品牌汽车销售企业名单

经营范围核定为:进口 TecnArtc(泰赫雅特)品牌汽车销售

1. 昆明雄风奥斯腾汽车维修服务有限公司
2. 上海名杰汽车服务有限公司
3. 深圳深保利汽车贸易有限公司

八、宝马(中国)汽车贸易有限公司授权品牌汽车销售企业名单

经营范围核定为:MINI(迷你)品牌汽车销售

1. 佛山市珅宝汽车销售服务有限公司
2. 上海宝诚汽车销售服务有限公司

九、广汽丰田汽车有限公司、丰田汽车(中国)投资有限公司授权品牌汽车销售企业名单

经营范围核定为:广汽丰田、进口丰田品牌汽车销售

1. 吴江嘉亿汽车销售服务有限公司
2. 天津市汇丰行汽车销售服务有限公司
3. 邯郸市隆和汽车销售服务有限公司
4. 沈阳华夏东银汽车销售服务有限公司
5. 台州凯程汽车有限公司
6. 南阳南光汽车销售服务有限公司

十、丰田汽车(中国)投资有限公司授权品牌汽车销售企业名单

经营范围核定为:雷克萨斯品牌汽车销售

1. 台州元丰雷克萨斯汽车销售服务有限公司
2. 广州长悦雷克萨斯汽车销售服务有限公司

十一、大众进口汽车销售有限公司授权品牌汽车销售企业名单

经营范围核定为:voikswagen(进口大众)品牌汽车销售

1. 台州旅行者汽车销售服务有限公司
2. 常州德立汽车销售服务有限公司
3. 宁夏和众进口汽车销售服务有限公司
4. 贵州新双立汽车销售服务有限责任公司
5. 海南华众汽车销售服务有限公司

十二、沈阳华晨金杯汽车有限公司授权品牌汽车销售企业名单

经营范围核定为:金杯品牌汽车销售

1. 德州市华兴汽车贸易有限公司
2. 霸州市京文强俊汽车销售服务有限公司
3. 龙岩远大汽车销售服务有限公司
4. 无锡市捷润汽车贸易有限公司
5. 昆明启步汽车贸易有限公司
6. 唐海县冀东汽车销售有限公司
7. 聊城众发汽车销售有限公司
8. 辽宁万众汽车广场有限公司
9. 信阳康通华晨汽贸有限公司
10. 沈阳汽车贸易公司

十三、沈阳华晨金杯汽车有限公司授权品牌汽车销售企业名单

经营范围核定为:中华品牌汽车销售

1. 德州市华兴汽车贸易有限公司
2. 霸州市京文强俊汽车销售服务有限公司
3. 龙岩远大汽车销售服务有限公司
4. 重庆市璧元汽车销售有限公司
5. 重庆市彬涛汽车销售服务有限公司
6. 莱阳市风驰汽车贸易有限公司
7. 龙口市北环汽车销售服务有限公司
8. 青州市吉航汽车销售服务有限公司
9. 辽宁万众汽车广场有限公司
10. 驻马店市高新区恒达汽车修理有限公司
11. 信阳康通华晨汽贸有限公司
12. 沈阳汽车贸易公司
13. 抚州市金福汽贸有限公司
14. 鹰潭市中兴汽车销售服务有限公司
15. 诸城市亚飞汽车销售服务有限公司
16. 寿光五洲汽车销售有限公司
17. 潍坊市金源江铃汽车销售服务有限公司临朐分公司
18. 潍坊隆运汽贸有限公司

十四、上汽汽车制造有限公司授权品牌汽车销售企业名单

经营范围核定为:荣威品牌汽车销售

1. 德阳美威汽车有限公司
2. 深圳市标域路华汽车有限公司
3. 吴江建国汽车销售服务有限公司
4. 泰安双龙汽车销售服务有限公司
5. 慈溪腾峰路威汽车销售服务有限公司
6. 九江新运通汽车技术服务有限公司
7. 赣州运通汽车销售服务有限公司
8. 镇江华荣汽车销售服务有限公司
9. 张江港市森茂汽车销售服务有限公司
10. 长春金达洲荣威汽车销售服务有限公司
11. 北京加达大昌汽车服务有限公司
12. 菏泽荣盛汽车销售服务有限公司
13. 邯郸市骏龙汽车销售服务有限公司
14. 聊城龙威汽车销售服务有限公司
15. 陕西望圣汽车销售服务有限公司
16. 沧州创拓汽车销售服务有限公司
17. 云南嘉信汽车销售服务有限公司
18. 乐山征程荣威汽车销售服务有限公司
19. 襄樊新观念汽车销售服务有限公司
20. 江苏森风忠德汽车有限公司
21. 北京祥瑞驰通汽车销售有限公司

十五、三菱商事(上海)有限公司授权品牌汽车销售企业名单

经营范围核定为:MITSUBISHIMOTORS(三菱)品牌(进口乘用车)汽车销售

1. 江西省庞大伟菱汽车销售有限公司
2. 金华金菱汽车贸易有限公司
3. 无锡绿地金菱汽车销售服务有限公司

十六、浙江永源汽车有限公司授权品牌汽车销售企业名单

经营范围核定为:飞碟品牌汽车销售

1. 唐山新丰汽车销售有限公司

2. 大庆市吉尔顺汽车销售有限公司

十七、北京奔驰－戴姆勒克莱斯勒汽车有限公司、梅塞德斯－奔驰(中国)汽车销售有限公司授权品牌汽车销售企业名单

经营范围核定为:北京国产梅塞德斯－奔驰品牌汽车、进口梅塞德斯－奔驰品牌汽车销售

1. 内蒙古奥捷之星汽车销售服务有限公司
2. 上海通和贸易有限公司南京分公司
3. 徐州之星汽车有限公司
4. 台州之星汽车销售服务有限公司温岭分公司
5. 北京鹏龙星徽汽车销售服务有限公司

十八、东南(福建)汽车工业有限公司授权品牌汽车销售企业名单

经营范围核定为:东南品牌汽车销售

1. 厦门福驰汽车贸易有限公司
2. 通辽市江河商贸有限公司
3. 洛阳源流汽车服务有限公司
4. 浙江康达汽车工贸有限公司慈溪分公司
5. 长春汇成汽车销售有限公司
6. 邯郸市盛福汽车销售服务有限公司
7. 徐州北星汽车销售有限公司
8. 邢台凯龙汽车销售服务有限公司
9. 大庆市时代城汽车配件销售有限公司

十九、江铃汽车股份有限公司授权品牌汽车销售企业名单

经营范围核定为:江铃品牌汽车销售

1. 柳州健中冈汽车有限公司
2. 岳阳市梦达汽车销售服务有限公司
3. 荣成成山汽车销售服务有限公司
4. 河北盛之宝汽车贸易有限公司
5. 石家庄市中南机电设备有限公司
6. 聊城市水利工程总公司汽车销售服务中心
7. 平顶山煤业(集团)物资供应总公司汽车部
8. 遵义白天鹅汽车销售有限公司
9. 内蒙古三和汽车销售服务有限责任公司锡林郭勒盟分公司
10. 昆山贺骏汽车销售服务有限公司
11. 和田地区众兴机电设备有限责任公司
12. 新乡市福铃汽车销售有限公司
13. 安阳市华安汽贸有限公司
14. 湘潭鑫诚汽车贸易服务有限公司
15. 张家界联拓汽车贸易有限公司
16. 湖南全顺江铃汽车销售有限公司浏阳分公司
17. 襄樊威汉机电有限责任公司
18. 宜昌威汉机电有限责任公司
19. 晋江市安利汽车贸易有限公司
20. 福建省联鑫车业有限公司
21. 浙江凯通汽车贸易有限公司
22. 莱芜市东南汽车销售服务有限公司
23. 淄博鲁中江铃汽车销售服务有限公司博山分公司
24. 威海江铃汽车销售服务有限公司
25. 东莞市全顺汽车销售服务有限公司
26. 儋州胜先汽车销售有限公司
27. 毕节地区荣贵汽车有限责任公司
28. 六盘水无为汽车销售服务有限公司
29. 黔西南州兴兴机电设备有限责任公司
30. 六盘水驭风龙汽车贸易有限公司
31. 安顺市机电设备公司
32. 兴义市恒达汽车贸易有限公司
33. 宜宾安吉物流集团汽车销售有限责任公司
34. 甘肃全顺江铃汽车销售服务有限公司酒泉分公司
35. 宁夏顺铃汽车销售服务有限公司
36. 昌吉市顺铃汽车贸易有限责任公司
37. 奎屯永达汽车贸易有限公司
38. 延安新兴有限责任公司
39. 安康市永成汽车贸易有限公司
40. 榆林江铃全顺汽车销售服务有限公司
41. 山西泰都商贸有限公司介休分公司
42. 吕梁市嘉通汽车销售有限公司
43. 北京京铃顺汽车销售有限公司
44. 北京时代年华商贸有限公司
45. 北京广来宏达汽车销售有限公司
46. 本溪市智诚通达汽车销售服务有限公司
47. 辽宁江铃汽车贸易有限公司抚顺分公司
48. 铁岭胜利亚飞汽车贸易有限责任公司
49. 辽宁全顺江铃汽车销售服务有限公司鞍山市分公司

二十、南昌陆风汽车营销有限公司授权品牌汽车销售企业名单

经营范围核定为:陆风品牌汽车销售

1. 铜陵市世博汽车销售服务有限公司
2. 汕头市振粤汽车销售有限公司
3. 贵州省凤冈县长风汽车销售服务有限责任公司
4. 赤水市四维汽车销售有限公司
5. 祁县海东汽车经销部
6. 眉山会凌汽车贸易有限公司
7. 绍兴县创加汽车销售有限公司

二十一、神龙汽车有限公司授权品牌汽车销售企业名单

经营范围核定为:东风标致品牌汽车销售

1. 秦皇岛庞大雄狮汽车销售服务有限公司
2. 泰州市致远汽车销售服务有限公司
3. 杭州和洵汽车销售服务有限公司
4. 广西弘致汽车销售服务有限公司
5. 伊犁天阳农业机械设备有限责任公司
6. 福建神威汽车销售服务有限公司
7. 青海兴达汽车销售有限责任公司
8. 上海绿地闵弘汽车销售服务有限公司
9. 三明万杰汽车贸易有限公司
10. 济南泰通汽车销售服务有限公司
11. 鞍山欧亚汽车销售服务有限公司

二十二、东风柳州汽车有限公司授权品牌汽车销售企业名单

经营范围核定为:东风风行品牌汽车销售

1. 济南利航经贸有限公司聊城分公司
2. 安吉骏宝汽车有限公司
3. 黑龙江锦星汽车销售有限公司
4. 昭通市晟烽汽车有限责任公司
5. 贵州汇达汽车销售服务有限责任公司
6. 遵义市龙江汽车贸易有限公司
7. 邢台汽车大世界
8. 自贡建国汽车销售服务有限公司
9. 广元东创汽车销售服务有限公司
10. 海南安桥汽车销售服务有限公司
11. 四川广元阳晨汽车贸易有限责任公司
12. 唐山市冀东霸龙汽车销售有限公司

二十三、东风汽车有限公司授权品牌汽车销售企业名单

经营范围核定为:东风日产品牌汽车销售

1. 陕西诚信汽车服务有限公司渭南分公司
2. 荣成市海源汽车销售服务有限公司
3. 北京鑫达润城汽车销售服务有限公司
4. 佛山市雄峰骏程汽车服务有限公司罗村分公司
5. 北京惠通金业汽车销售服务有限公司
6. 浙江金恒德华能汽车有限公司
7. 桐乡市中顺汽车销售服务有限公司
8. 兰州良志实业集团有限责任公司平凉分公司
9. 运城市万通乘用车销售服务有限公司
10. 绍兴市越州汽车销售服务有限公司
11. 承德庞大飞源汽车销售有限公司
12. 黄石恒信东顺汽车销售服务有限公司
13. 福建省建瓯市福鑫汽车销售服务有限公司
14. 开封威瑞汽车服务有限公司
15. 安徽伟盛行汽车贸易有限公司
16. 营口大通汽车销售服务有限公司
17. 莱芜顺通汽车销售服务有限公司钢城分公司

二十四、重庆东风渝安汽车销售有限公司授权品牌汽车销售企业名单

经营范围核定为:东风微车品牌汽车销售

1. 高要市长城农机汽车销售有限公司
2. 江门市新会区创世纪汽车贸易有限公司
3. 牡丹江神宇汽车销售服务有限公司
4. 忻州市忻府区金坤汽车贸易有限公司
5. 广元市灵佳汽车销售有限公司
6. 苍溪县宝马车业有限责任公司
7. 保定市万特汽车贸易有限公司
8. 长宁县万众商贸有限责任公司
9. 巴中市万顺汽贸有限公司
10. 丰都佳峰车业有限公司
11. 奉节县明全汽车销售有限公司
12. 云阳县瑞祥汽车销售有限公司
13. 重庆文田房地产开发有限公司
14. 雅安永益汽车贸易有限责任公司
15. 渠县兴达汽车贸易有限公司
16. 绵阳大兴达汽车贸易有限公司德阳分公司
17. 江油市西物机车贸易有限公司
18. 四川西林车业有限公司
19. 射洪蜀安汽贸有限责任公司
20. 湖南双佳汽车城有限公司
21. 福建省建瓯市大众物资有限公司
22. 东台市联创汽车销售有限公司
23. 邳州市鑫马汽贸有限公司
24. 砀山县胜达汽车贸易有限公司
25. 广州市淇锋汽车贸易有限公司
26. 广州市煜骏汽车贸易有限公司
27. 潍坊高晟汽车销售有限公司
28. 青岛飞宇国际汽车城有限公司
29. 青岛通鑫达汽车贸易有限公司
30. 青岛长丰汽车销售有限公司
31. 莒南县大运汽贸有限公司
32. 临沭县中达汽车销售有限公司
33. 苍山县华弘汽车销售服务有限公司
34. 平邑沂蒙汽车销售有限公司
35. 郯城县天顺汽车销售有限责任公司
36. 山东光大福尔车业有限公司
37. 莒县东方汽车贸易有限公司
38. 古蔺渝蔺汽车销售有限公司
39. 天津市津滨鑫晨汽车销售服务有限公司
40. 天津众兴伟业汽车维修有限公司
41. 天津市捷盛汽车销售服务有限公司
42. 天津市恒世达汽车贸易有限公司
43. 陵川国峰物贸有限公司
44. 沈阳鑫丰达汽车销售有限公司
45. 东港市骁威汽贸有限公司
46. 宽甸路通汽车贸易有限公司
47. 武威仁达汽车销售有限责任公司
48. 安阳市兴荣汽车销售有限公司
49. 海口星明达汽车销售服务有限公司
50. 资阳市大昌汽车销售服务有限公司
51. 四川康业汽车销售服务有限公司
52. 资中县永兴汽贸有限责任公司
53. 宜宾市鑫马汽车贸易有限公司
54. 乌海市凤翔大恒汽贸有限公司第一分公司
55. 景县喜路商贸有限公司
56. 山东新星集团有限公司
57. 平泉县阳宇汽车销售服务有限公司
58. 武汉市颐东汽车贸易有限公司
59. 廊坊晟驰汽车贸易有限公司
60. 菏泽恒驰汽车销售服务有限公司
61. 台州市小康汽车销售有限公司
62. 南京泰豪汽车销售服务有限公司
63. 重庆市长寿区长众家平汽车销售中心
64. 泸州金帆汽车销售服务有限公司
65. 重庆小康汽车销售服务有限公司兰花村分公司
66. 重庆小康汽车销售服务有限公司大石坝分公司

67. 崇州宏达汽车经营部
68. 广安广林汽车销售有限公司
69. 宜宾宜鑫商贸有限公司
70. 邱县致远汽贸有限公司
71. 馆陶县旭光汽车销售有限公司
72. 魏县大昌汽车贸易有限公司
73. 河北路路通商贸有限公司
74. 邯郸市通泰汽车贸易有限公司
75. 邢台德众汽车贸易有限公司
76. 沙河市远东汽车销售服务中心
77. 东风汽车公司伊利技术服务站
78. 吐鲁番春福汽车服务有限责任公司

二十五、神龙汽车有限公司授权品牌汽车销售企业名单

经营范围核定为:东风雪铁龙品牌汽车销售

1. 信阳市富阳汽车贸易有限责任公司
2. 乌海市天维汽修有限责任公司
3. 克拉玛依市联众商贸有限责任公司
4. 榆林东阳汽车销售服务有限公司
5. 南通新百乐贸易有限公司
6. 许昌市众成汽车贸易服务有限公司
7. 锡林浩特市民禾汽车销售服务有限公司
8. 四川省眉山永达车业服务有限公司
9. 渭南市天汽汽车销售有限公司
10. 重庆市永川区天威机电化工有限公司
11. 陕西鑫迪汽车服务有限公司
12. 鄂尔多斯市德力汽车销售有限公司
13. 大商集团大庆百货大楼有限公司

二十六、郑州日产汽车销售有限公司授权品牌汽车销售企业名单

经营范围核定为:郑州日产品牌汽车销售

1. 包头市利丰汽车贸易服务有限公司
2. 香格里拉县兴荣工贸有限责任公司
3. 榆林市神功汽车销售服务有限公司
4. 广西梧州市九鑫汽车销售有限公司
5. 合浦国星汽车销售服务有限公司
6. 福建省天彩事业发展有限公司
7. 兴安盟利丰恒泰汽车销售有限责任公司
8. 重庆东欣物资有限公司
9. 西藏日喀则地区明阳汽车贸易有限公司
10. 西藏林芝地区鸿升汽车销售服务有限公司
11. 北京华泰昌汽车贸易有限公司顺义分公司
12. 北京华泰昌百旺汽车贸易有限公司
13. 烟台世烨汽车销售服务有限公司
14. 南康市路路通汽贸有限公司
15. 漳平市名仕汽车服务有限公司
16. 连城县安安贸易有限公司

二十七、东风本田汽车有限公司授权品牌汽车销售企业名单

经营范围核定为:东风本田品牌汽车销售

1. 赣州市兴达利汽车贸易有限公司
2. 张家口天成汽车销售服务有限
3. 山西华吕汽贸有限公司
4. 十堰俊雷汽车销售服务有限公司
5. 许昌市华丰汽车销售服务有限公司
6. 石家庄市庞大本兴汽车销售服务有限公司
7. 牡丹江绿地申田汽车销售服务有限公司
8. 山东德胜汽车销售服务有限公司

二十八、东风汽车股份有限公司授权品牌汽车销售企业名单

经营范围核定为:东风(皮卡)品牌汽车销售

1. 揭阳市中汽贸易有限公司
2. 肇庆美现汽车有限公司
3. 朔州市登利亚飞汽车连锁销售有限公司
4. 临汾市尧都区晋沪物资贸易有限公司
5. 莱州市远大汽车销售服务有限公司
6. 海南东鹏百盛汽车销售有限公司
7. 鄂尔多斯市康泰汽车销售有限责任公司
8. 厦门塞尔福汽车有限公司
9. 潍坊市广盈汽车销售服务有限公司
10. 滨州东联汽车销售服务有限公司
11. 湖南一汽贸易有限责任公司
12. 深圳市丰德昌贸易有限公司
13. 南宁齐健汽车修理服务有限公司
14. 荆州市嘉欣汽车服务有限公司
15. 随州市瑞隆汽车销售有限公司
16. 襄樊市新民汽车销售服务有限公司
17. 邢台聚丰汽车贸易有限公司

二十九、青年汽车销售有限公司授权品牌汽车销售企业名单

经营范围核定为:进口欧洲之星品牌汽车销售

1. 宁夏雄狮莲花汽车销售服务有限公司
2. 甘肃华迪汽车销售服务有限公司
3. 厦门市三辉汽车贸易有限公司
4. 吉林省航天汽车销售服务有限公司
5. 浙江省纺织品进出口集团有限公司

三十、湘潭江南汽车销售有限公司授权品牌汽车销售企业名单

经营范围核定为:江南品牌汽车销售

1. 高安市荣兴汽车贸易有限公司
2. 洛阳大运汽车销售有限公司
3. 岳阳和顺汽车贸易有限公司
4. 安庆市宜成汽车销售有限责任公司
5. 扬州美佳友汽车销售有限公司
6. 苏州维福达贸易有限公司
7. 广元市旭日汽车贸易有限公司
8. 重庆市佳运汽车销售有限公司
9. 临汾盛森汽车贸易有限公司
10. 内蒙古林俊吉诺汽车销售服务有限责任公司
11. 重庆市勇达汽车销售有限公司
12. 益阳市峰华商贸有限公司
13. 乌兰察布市集宁宗正汽车销售有限责任公司
14. 黄山市昌盛汽车销售有限公司

三十一、比亚迪汽车销售有限公司授权品牌汽车销售企业名单

经营范围核定为:比亚迪品牌汽车销售

1. 广州志翔汽车贸易有限公司
2. 济宁圣源汽车销售有限公司
3. 深圳市东盛汽车销售服务有限公司
4. 贵州乾骏汽车销售服务有限公司
5. 包头市华迪汽车销售服务有限责任公司
6. 江苏舜天国际集团经济协作有限公司
7. 菏泽润东汽车销售服务有限公司
8. 内蒙古威龙汽车服务(集团)有限公司
9. 徐州市富通汽车销售服务有限公司
10. 许昌市长春腾汽车销售有限公司
11. 承德市开发区源泉汽车贸易有限公司
12. 广西钦州泰禾运输集团汽车销售有限公司
13. 呼和浩特市泰日峰汽车销售有限责任公司
14. 泸州捷成汽车贸易有限公司
15. 巴彦淖尔市宇航汽车销售有限公司
16. 贺州市恒威汽车销售有限公司
17. 吉安市富达汽贸有限公司
18. 苏州市轻微型汽车服务有限公司
19. 安徽中迪汽车销售服务有限公司
20. 河北同驰汽车贸易有限公司
21. 河北同驰汽车贸易有限公司国际汽车园精品店
22. 江苏雨田都灵汽车销售服务有限公司
23. 梅州市鸿彤汽车贸易有限公司
24. 东营市攀登进口汽车修理有限责任公司
25. 北京翔瑞丰汽车服务有限公司
26. 娄底市宝迪汽车销售服务有限公司
27. 天津市九州紫寰汽车销售服务有限公司
28. 漳州中发汽车销售服务有限公司
29. 铜陵市方舟汽配有限责任公司
30. 宁波经纬汽车贸易有限公司
31. 苏州市安顺汽车销售服务有限公司
32. 十堰市凌恒工贸有限公司
33. 四川省国盛汽车销售服务有限责任公司
34. 临安博乐汽车销售服务有限公司
35. 吉林联舰汽车贸易有限公司
36. 甘肃大华汽车销售服务有限公司
37. 金华瑞通汽车销售有限公司
38. 武汉国奇汽车销售服务有限公司
39. 湖南明洋汽车贸易有限公司
40. 泉州锦鲤汽车销售服务有限公司
41. 榆林市五洲汽车贸易有限公司
42. 怀化市力帆金泰汽车销售有限公司
43. 庆阳市大众汽车销售服务有限公司
44. 昭通市和熠汽车服务有限责任公司
45. 茂名市京粤实业有限公司
46. 安阳市天利汽车销售服务有限公司
47. 湖南天一汽车销售服务有限公司
48. 枣庄市钢盟汽车商贸有限公司
49. 江苏晨辉实业有限公司
50. 上海美佳汽车销售服务有限公司
51. 海门市海迪汽车销售有限公司
52. 吉林市昌龙汽车经销有限公司
53. 盘锦安顺汽车销售服务有限公司
54. 四川平通汽车销售服务有限公司
55. 攀枝花瑞云工贸有限公司
56. 贵州通屿汽车贸易服务有限公司
57. 东台市华峰汽车销售有限公司
58. 芜湖亚夏汽车股份有限公司
59. 潍坊商泰贸易有限公司
60. 滨州王冠车业有限公司

三十二、中汽凯瑞贸易有限公司授权品牌汽车销售企业名单

经营范围核定为:进口菲亚特品牌汽车销售

1. 北京博瑞裕丰汽车服务有限公司
2. 大同云海新华夏汽车连锁销售有限公司
3. 浙江欧龙汽车贸易有限公司

三十三、长安福特马自达汽车有限公司授权品牌汽车销售企业名单

经营范围核定为:长安马自达品牌汽车销售

1. 贵州康众汽车销售服务有限公司
2. 杭州骏田汽车有限公司
3. 山西香山晋达汽贸有限公司高新分公司
4. 常熟市华驰汽车销售有限公司
5. 成都通安汽车有限公司
6. 昆明京源达汽车销售有限责任公司

三十四、重庆长安铃木汽车有限公司授权品牌汽车销售企业名单

经营范围核定为:长安铃木品牌汽车销售

1. 湛江市金宏汽车有限公司
2. 甘肃金凌汽车销售服务有限公司
3. 彬州瑞福汽车销售有限公司
4. 海门市安驰车业有限公司
5. 开远市瑞丰汽车贸易有限责任公司
6. 江苏龙杰汽车实业有限公司
7. 柳州市容达汽车销售有限公司
8. 陕西致华实业有限公司
9. 广汉市第一运输有限责任公司
10. 常熟市华风汽摩贸易有限责任公司
11. 平顶山市佳程汽车销售有限公司
12. 沈阳瑞志达汽车销售服务有限公司
13. 青岛康利捷汽车销售服务有限责任公司
14. 南宁健中冈汽车销售服务公司

三十五、湖南长丰汽车制造股份有限公司授权品牌汽车销售企业名单

经营范围核定为:长丰三菱品牌汽车销售

1. 包头市新环城汽车销售服务有限责任公司
2. 乌兰察布市新环成汽车销售服务有限公司
3. 巴彦淖尔市新环成汽车销售服务有限公司

4. 锡林郭勒盟利丰汽车行有限公司
5. 乌海市山田机械经销有限公司山田汽车城
6. 内蒙古环成汽车技术有限公司鄂尔多斯市分公司
7. 包头市嘉泰汽车销售有限公司
8. 宁夏万华汽车销售服务有限公司
9. 江西省科豪实业投资有限公司

三十六、湖南长丰汽车制造股份有限公司授权品牌汽车销售企业名单

经营范围核定为:长丰猎豹品牌汽车销售
1. 江西省科豪实业投资有限公司
2. 渭南市鹏达汽车服务有限公司
3. 六盘水鸿瑞汽车销售服务有限公司
4. 广州市旺鑫商贸有限公司黄石分公司

三十七、北京汽车制造厂有限公司授权品牌汽车销售企业名单

经营范围核定为:北京汽车制造厂品牌汽车销售
1. 伊犁全顺商贸有限责任公司
2. 唐山市瑞博汽车贸易有限公司
3. 北京中联顺驰汽车销售服务有限公司

三十八、广东福迪汽车有限公司授权品牌汽车销售企业名单

经营范围核定为:富迪品牌汽车销售
潍坊广胜汽车销售服务有限公司

三十九、江西华翔富奇汽车营销有限公司授权品牌汽车销售企业名单

经营范围核定为:华翔富奇品牌汽车销售
1. 安徽阜阳市朝阳机电设备有限公司
2. 南宁市鑫来汽车销售服务有限公司
3. 温岭市正大汽车销售有限公司

四十、长安福特马自达汽车有限公司授权品牌汽车销售企业名单

经营范围核定为:长安福特品牌汽车销售
北京百旺长福汽车销售服务有限公司

四十一、北京现代汽车有限公司授权品牌汽车销售企业名单

经营范围核定为:北京现代品牌汽车销售
1. 福建奇奇工贸有限公司
2. 随州华强汽车销售服务有限公司
3. 通辽市万鑫汽车销售服务有限公司
4. 白城市鑫星海名车销售服务有限公司
5. 蚌埠市润通汽车销售有限公司宿州分公司
6. 蚌埠市润通汽车销售有限公司淮北分公司
7. 蚌埠市润通汽车销售有限公司淮南分公司
8. 四川广元阳晨汽车贸易有限责任公司
9. 邯郸市嘉华汽车销售服务有限公司武安分公司
10. 河南长江汽车销售服务有限公司周口分公司
11. 江西国力汽车贸易有限公司景德镇分公司
12. 江西国力汽车贸易有限公司鹰潭分公司
13. 南通文峰弘兆汽车销售有限公司启东分公司
14. 宿迁苏驰汽车销售服务有限公司沭阳分公司
15. 苍山县华瑞农业机械有限公司
16. 安庆宜通汽车销售服务有限公司铜陵分店
17. 江西华美汽车服务有限公司抚州分公司
18. 惠安县中达汽车销售有限公司
19. 松原市天元汽车销售服务有限公司
20. 北京索伊行汽车销售有限公司
21. 资阳市港宏大昌汽车销售服务有限公司
22. 陕西彤立江汽车销售服务有限公司三桥分公司

四十二、沃尔沃汽车销售(上海)有限公司授权品牌汽车销售企业名单

经营范围核定为:进口沃尔沃(VOLVO)品牌汽车销售
1. 北京中诚海华汽车销售有限责任公司
2. 北京双龙欧雅汽车销售服务有限公司
3. 上海永达东沃汽车销售服务有限公司
4. 上海通孚祥汽车贸易有限公司
5. 石家庄冀东东沃汽车销售服务有限公司
6. 贵州天鼎汽车服务有限责任公司
7. 无锡东方吉羊汽车销售服务有限公司
8. 宁波元瑞汽车有限公司
9. 嘉兴元瑞汽车有限公司
10. 海南龙达汽车销售服务有限公司
11. 绍兴海昌汽车信息服务有限公司
12. 常州富豪汽车销售服务有限公司
13. 义乌市金沃汽车销售有限公司

四十三、上汽通用五菱汽车股份有限公司授权品牌汽车销售企业名单

经营范围核定为:上汽通用五菱品牌汽车销售
1. 常德市华菱汽车销售服务有限公司
2. 安化县徐哥汽车修理厂
3. 张家界市华云汽车贸易有限公司
4. 邵阳市宝菱汽车销售服务有限公司
5. 汕头市锦丰汽车贸易有限公司和平分公司
6. 汕尾新华汽车贸易有限公司
7. 钟祥市天盛汽车销售有限公司
8. 汨罗市中南汽车销售有限公司
9. 道县今朝汽车销售有限公司
10. 深圳市广物正通达汽车贸易有限公司
11. 东莞市广物正通达汽车贸易有限公司虎门分公司
12. 广州市志远汽车销售有限公司
13. 中山市建菱汽车贸易有限公司
14. 柳州市一普物资贸易有限公司
15. 崇左市瑞欣汽车销售服务有限公司
16. 贵阳西海汽车贸易有限公司修文分公司
17. 融安县易达汽车销售服务有限公司
18. 云南中机汽车贸易有限公司禄劝分公司
19. 乐山灵通名仕汽车销售服务有限公司
20. 重庆明柯汽车销售有限公司
21. 重庆市万州区洪马汽车销售有限公司
22. 天柱县天文汽车销售中心
23. 阳信伟业汽车销售服务有限公司
24. 河北通菱汽车销售服务有限公司河间分公司
25. 泰兴市华联汽车摩托车经销有限公司

26. 威海恒友汽车销售服务有限公司
27. 济宁市申科汽车销售服务有限公司汶上分公司
28. 温州汇通汽车贸易有限公司瓯海分公司
29. 怀远县鸿途汽车销售服务有限公司
30. 马鞍山市中菱汽车销售服务有限公司
31. 宁国市阳光汽车贸易有限公司
32. 安徽金龙汽车销售有限责任公司太和分公司
33. 安徽金龙汽车销售有限责任公司六安开发区分公司
34. 安徽金龙汽车销售有限责任公司滁州分公司
35. 霍山县绿园汽车销售服务有限公司
36. 舒城县红光汽车销售有限责任公司
37. 安徽金龙汽车销售有限责任公司安庆分公司
38. 太湖县同发汽车贸易有限责任公司
39. 安徽金龙汽车销售有限责任公司淮南分公司
40. 涡阳县菱通汽车销售服务有限公司
41. 连云港市同创汽车销售服务有限公司
42. 滨州市和信汽车贸易有限公司
43. 上海驰达汽车销售服务有限公司青浦分公司
44. 上海大铭汽车销售有限公司
45. 宁波锦通五菱汽车有限公司慈溪分公司
46. 阜新荣光汽车销售服务有限公司
47. 东港万通汽车销售服务有限公司
48. 辽宁鹏达汽车贸易有限公司抚顺分公司
49. 辽宁鹏达汽车贸易有限公司浑南分公司
50. 康平汇众汽车贸易有限公司
51. 铁岭泰泽隆汽车销售服务有限公司西丰分公司
52. 铁岭泰泽隆汽车销售服务有限公司昌图分公司
53. 白城市五环汽车销售维修有限公司
54. 吉林省智成汽车销售服务有限公司高新分公司
55. 吉林省智成汽车销售服务有限公司南关分公司
56. 吉林省智成汽车销售服务有限公司台北大街分公司
57. 吉林省智成汽车销售服务有限公司乾安分公司
58. 农安县新鑫汽车销售服务有限公司
59. 四平新新达汽车贸易有限公司伊通分公司
60. 鸡西市华宇汽车销售有限公司
61. 尚志市建岭汽车销售部
62. 北京中冀兴旺汽车销售有限公司第九分公司
63. 北京聚百丰汽车销售服务有限公司第二分公司
64. 天津市鹏峰汽车贸易有限公司塘沽分公司
65. 河北通菱汽车销售服务有限公司安国分公司
66. 河北通菱汽车销售服务有限公司曲阳分公司
67. 河北通菱汽车销售服务有限公司井陉分公司
68. 河北通菱汽车销售服务有限公司高邑分公司
69. 河北通菱汽车销售服务有限公司元氏分公司
70. 滦平庞大物流仓储有限责任公司
71. 平泉县广龙冀机动车销售有限责任公司
72. 海兴县鑫升汽车销售有限公司
73. 石家庄汇丰汽车贸易有限公司国际城分公司
74. 石家庄汇丰汽车贸易有限公司南二环分公司
75. 石家庄汇丰汽车贸易有限公司正定分公司
76. 石家庄汇丰汽车贸易有限公司行唐分公司
77. 石家庄汇丰汽车贸易有限公司无极分公司
78. 石家庄汇丰汽车贸易有限公司平山分公司
79. 晋城市长坤汽车销售服务有限公司
80. 高平市瑞鑫汽车贸易有限公司第一分公司
81. 陵川县云峰汽车贸易中心
82. 襄汾县玉海汽贸有限公司
83. 侯马市隆达汽车销售服务有限公司翼城分公司
84. 左权县太行汽修服务有限公司
85. 寿阳县宏丰微型汽车服务部
86. 太谷大昌汽贸有限公司
87. 山西大唐汽贸有限公司五寨分公司
88. 大同市吉星物资有限责任公司左云分公司
89. 驻马店市丰大汽车销售有限公司上蔡分公司
90. 平顶山市神行汽车贸易有限公司建东分公司
91. 夏邑县银丰汽车销售有限公司
92. 河北通菱汽车销售服务有限公司昌黎分公司
93. 开封市金诚汽车贸易有限公司杞县分公司
94. 开封市金诚汽车贸易有限公司通许分公司
95. 西华县群来汽车销售服务有限公司

四十四、上海华普汽车销售有限公司授权品牌汽车销售企业名单

经营范围核定为:上海华普品牌汽车销售

1. 阿克苏金峰汽车销售服务有限责任公司和田分公司
2. 吉林市腾晟汽车销售有限公司
3. 滕州市郑氏经贸有限公司枣庄分公司
4. 武汉昌利源经贸有限公司南昌分公司
5. 广元市金顺汽车贸易服务有限公司
6. 邯郸市齐浩汽车销售有限公司
7. 湖北奥翔天元汽车贸易有限公司
8. 新疆巨通达贸易有限公司
9. 六安大江汽车销售有限公司
10. 贵州浩峰汽车贸易服务有限公司
11. 吕梁市鼎胜汽车贸易有限公司
12. 义乌市恒瑞汽车销售服务有限公司
13. 朝阳吉盛通汽车贸易有限公司
14. 广元市大明汽车贸易有限责任公司
15. 亳州市谯城区上海华普轿车展厅
16. 常德市顺风汽车销售有限公司
17. 黔西南州广联商贸有限责任公司
18. 平凉远东汽车销售有限责任公司
19. 湖州中运汽车贸易有限公司
20. 兰州昌盛达汽车销售有限责任公司
21. 珠海市怡境城市养护机械技术开发有限公司
22. 北京奥润得汽车有限公司昌平分公司
23. 本溪市志远汽贸有限责任公司
24. 天津诚信润达汽车销售有限公司
25. 呼和浩特市森威汽车贸易有限责任公司

四十五、一汽吉林汽车有限公司授权品牌汽车销售企业名单

经营范围核定为:一汽佳宝品牌汽车销售

1. 庞大汽贸集团股份有限公司
2. 滕州市宝宁汽车贸易有限公司
3. 沈阳佳诚瑞达汽车销售服务有限公司
4. 临沭县中达汽车销售有限公司
5. 通辽市宇泰汽车贸易有限公司
6. 中山市润浩汽车贸易有限公司
7. 广西宇宝汽车有限公司
8. 庞大汽贸集团股份有限公司轻微型车分公司
9. 庞大汽贸集团股份有限公司黄骅分公司
10. 庞大汽贸集团股份有限公司邯郸分公司
11. 庞大汽贸集团股份有限公司秦皇岛分公司
12. 庞大汽贸集团股份有限公司昌黎分公司
13. 庞大汽贸集团股份有限公司承德分公司
14. 庞大汽贸集团股份有限公司乐亭分公司
15. 庞大汽贸集团股份有限公司廊坊分公司
16. 庞大汽贸集团股份有限公司张家口分公司
17. 庞大汽贸集团股份有限公司卢龙分公司
18. 宁夏汉风汽车贸易有限公司
19. 通辽市东蒙汽车贸易有限责任公司海拉尔分公司
20. 张家口广龙汽车销售有限责任公司张北分公司
21. 海兴京海汽车销售有限公司
22. 庞大汽贸集团股份有限公司沧州分公司
23. 甘肃泰兴汽车贸易有限公司

四十六、浙江吉奥汽车销售有限公司授权品牌汽车销售企业名单

经营范围核定为:吉奥品牌汽车销售

1. 乐山市精锐西物汽车销售服务有限公司
2. 太原市今日物资贸易有限公司
3. 上海建兰汽车销售有限公司
4. 运城市汇众汽车服务有限公司
5. 贵阳勇达汽车贸易有限公司
6. 宁海县隆华汽车销售有限公司
7. 宁波市江北金典吉奥汽车贸易有限公司
8. 重庆市隆盛汽车销售有限公司
9. 三明市锦光汽车贸易有限公司
10. 余姚市亚星汽车销售有限公司
11. 乐清市正丰汽车服务有限公司
12. 固原经济开发区盛华商贸有限公司
13. 通江县鑫发汽车贸易有限公司
14. 杭州祥云汽车销售有限公司

四十七、保定长城汽车销售有限公司授权品牌汽车销售企业名单

经营范围核定为:长城品牌汽车销售

1. 遂宁市成发实业有限公司
2. 四川省阆中浩宁汽贸有限公司
3. 柳州市鑫顺杰汽车销售有限公司
4. 天津市海湾汽车服务有限公司
5. 玉溪迪鑫汽车销售有限公司
6. 六盘水申发汽车贸易有限公司
7. 黔东南州凯源汽车贸易有限责任公司
8. 云南省玉溪市慧波商贸有限公司
9. 临沧市盈鹏商贸有限责任公司
10. 北京亚飞汽车汉中有限责任公司
11. 晋中天舜二手车交易市场有限公司
12. 南通东驰汽车销售服务有限公司
13. 安徽飞利达汽车销售服务有限公司
14. 南阳市广信汽车销售服务有限公司

四十八、浙江吉利汽车销售有限公司授权品牌汽车销售企业名单

经营范围核定为:吉利品牌汽车销售

1. 六盘水无为汽车销售服务有限公司
2. 六盘水宇捷汽车贸易有限公司
3. 甘肃仕恒源汽车销售有限公司
4. 潍坊汇丰汽车销售有限公司洛城分公司
5. 如皋市恒源汽车修理厂
6. 酒泉市润达汽车商贸有限公司
7. 甘肃驰辰汽车销售服务有限公司
8. 云南曲靖汇龙工贸有限公司
9. 随州市中飞汽车销售有限公司
10. 新疆鸿安振业汽车销售有限公司
11. 东营市广瑞汽车销售有限责任公司
12. 宁波阳光铭泰汽车销售服务有限公司
13. 天水市吉通商贸有限公司
14. 佛山市顺德区泓图汽车贸易有限公司
15. 佛山市顺德区泓图汽车贸易有限公司禅城区分公司
16. 东平县东岳汽贸有限责任公司
17. 肥城洪双车业有限公司
18. 营口精诚汽车销售服务有限公司
19. 德兴市亚昆汽车销售服务有限公司
20. 临沧市华龙实业有限公司
21. 楚雄翔瑞汽车销售有限公司
22. 德宏宏宇实业集团升盈物资有限公司汽车城
23. 昆明中机金鼎汽车技术服务中心有限公司开远分公司
24. 云南省玉溪市物资大厦有限公司
25. 昆明中机金鼎汽车技术服务中心有限公司曲靖分公司
26. 云南文山交通运输集团公司销售分公司
27. 邵武市中福汽车贸易有限公司南平分公司
28. 广安市广安区平安汽车销售服务有限责任公司
29. 邹平同创汽贸有限公司
30. 南京溧水荣盛实业有限公司
31. 石家庄汇丰汽车贸易有限公司无极分公司
32. 安丘市恒德汽车销售服务有限公司
33. 潍坊市顺捷汽车销售有限公司
34. 安丘市农机有限责任公司
35. 驻马店市二堂汽车贸易服务有限公司
36. 嵊州华东汽车销售服务有限公司
37. 诸暨市越强汽车贸易有限公司
38. 湖州吉旭汽车贸易有限公司
39. 贵州海翔汽车贸易服务有限公司
40. 成都澎港车业有限责任公司

41. 衢州市利祥汽车销售有限公司
42. 陕西渭南燕兴实业有限公司汽车城
43. 澄城县永安汽车贸易有限公司
44. 富平县腾龙农机汽车有限责任公司
45. 张家口市鑫荣汽车销售有限公司乌兰察布市分公司

四十九、日产(中国)投资有限公司授权品牌汽车销售企业名单

经营范围核定为:雷诺品牌汽车销售

山西军王汽车贸易有限公司

五十、天津天汽集团美亚汽车制造有限公司授权品牌汽车销售企业名单

经营范围核定为:天汽美亚品牌汽车销售

1. 通辽市金锋汽车贸易有限责任公司
2. 新疆申通贸易有限责任公司
3. 莒县运通汽车销售有限公司
4. 自贡鑫驰车业有限责任公司
5. 泸州万友汽车服务有限公司
6. 贵州顶效开发区旭辉汽车销售服务有限公司

五十一、保定大迪汽车工业有限公司授权品牌汽车销售企业名单

经营范围核定为:大迪品牌汽车销售

1. 大迪汽车集团销售有限公司
2. 乌兰浩特市鑫泓汽车贸易有限公司
3. 重庆东欣物资有限公司
4. 鄂尔多斯市明志汽车销售有限公司
5. 赤峰寰伦达汽车商贸有限责任公司
6. 贵阳大吉汽车贸易有限责任公司
7. 武汉旭通汽车贸易有限公司
8. 济南汇丰合众经贸有限公司
9. 浙江大华车辆贸易有限公司
10. 南通宁通汽车销售有限公司
11. 朝阳百郦汽车贸易有限责任公司
12. 大连市汽车工业贸易集团世纪汽车经贸中心
13. 长春市金马汽车贸易有限公司
14. 齐齐哈尔市万里汽贸有限公司
15. 沈阳华天汽车销售服务有限公司
16. 西藏冀迪工贸有限公司

五十二、中顺汽车控股有限公司授权品牌汽车销售企业名单

经营范围核定为:中顺品牌汽车销售

1. 成都富民农资有限公司
2. 重庆市好运汽车销售有限公司
3. 重庆市江津区珠峰汽车销售服务有限公司
4. 重庆祥乐机电有限公司汽车分公司
5. 广安市佳美车业有限责任公司
6. 广元市中成汽车销售有限公司
7. 呼和浩特市中顺汽车销售有限责任公司
8. 绵阳高新区瑞宝汽车贸易有限公司
9. 宁夏金华喜车辆销售有限公司
10. 青岛安康汽车销售有限公司
11. 陕西辽西贸易有限公司
12. 山东安志汽车销售有限公司济南第二分公司
13. 四川内江曙光车业有限责任公司
14. 潍坊市鑫通汽车贸易有限公司

五十三、重庆长安汽车股份有限公司授权品牌汽车销售企业名单

经营范围核定为:长安品牌汽车销售

1. 庞大汽贸集团股份有限公司邯郸分公司
2. 昌吉市成通汽车销售有限公司
3. 西宁山城汽车销售有限公司
4. 格尔木都市汽修汽贸服务有限公司
5. 晋州市中联汽车维修站
6. 正定县金英汽车贸易有限公司
7. 庞大汽贸集团股份有限公司邢台分公司
8. 庆阳市兰飞商贸有限公司
9. 无锡大有汽车销售服务有限公司
10. 重庆万友经济发展有限责任公司长寿分公司
11. 重庆都成万禾汽车服务有限公司
12. 酉阳县国光进口小车维修中心
13. 鄢陵县恒通汽贸有限公司
14. 汤阴县博大汽车销售服务有限责任公司
15. 河北益力汽车贸易有限公司第三分公司
16. 围场满族蒙古族自治县鸿泰机动车销售有限公司隆化分公司
17. 张北广泽汽车销售服务有限责任公司
18. 霸州市汇众汽车销售有限公司海兴分公司
19. 东光县利信汽车大修厂
20. 南皮县华通汽车销售维修服务有限公司
21. 沧州市中邦汽车销售有限公司
22. 黄骅市阳光物贸有限公司
23. 黄骅市鲁铧经贸有限公司
24. 邯郸交通运输集团汽车贸易服务有限公司
25. 吴桥县东方汽车销售有限公司
26. 安平县中天汽车服务站
27. 广西万友汽车销售服务有限公司
28. 广西万友汽车销售服务有限公司玉林分公司
29. 广西万友汽车销售服务有限公司灵川县分公司
30. 岳西县金盾机车销售服务有限公司
31. 西藏自治区汽车工业贸易总公司林芝公司
32. 涞水县欧美亚汽车销售服务有限公司
33. 保定市冀中汽车贸易有限公司唐县分公司
34. 曲阳县恒安汽车销售有限公司
35. 高碑店市华山汽车销售服务有限责任公司
36. 日照金马汽车销售服务有限公司
37. 青岛豪特汽车服务有限公司
38. 莘县润通汽车销售有限公司
39. 沂水宏瑞汽车贸易有限公司
40. 临沂中天汽车配件有限公司
41. 费县广辉汽车贸易有限公司
42. 泰安凌云汽车发展有限公司
43. 庞大汽贸集团股份有限公司乐亭分公司

44. 庞大汽贸集团股份有限公司
45. 庞大汽贸集团股份有限公司迁安分公司
46. 庞大汽贸集团股份有限公司承德分公司
47. 佛山市天驹汽车贸易有限公司
48. 佛山市天驹汽车贸易有限公司南海分公司
49. 广州东湖汽车维修有限公司
50. 普宁市盛兴汽车贸易有限公司
51. 深圳市国恒汽车贸易有限公司
52. 深圳市裕祥隆实业发展有限公司龙东分公司
53. 深圳市裕祥隆实业发展有限公司龙岗分公司
54. 凭祥市弘明汽车销售有限公司
55. 三亚鸿瑞经贸有限公司
56. 魏县创伟汽车贸易服务有限公司
57. 成安县中心汽车修理厂
58. 浑源县好运来摩托车销售有限责任公司
59. 文水县天和汽车销售有限公司
60. 山西大元汽车销售有限公司
61. 石家庄市中联汽贸蠡县销售服务中心
62. 奉节县金马汽车销售有限公司
63. 富平县腾龙农机汽车有限责任公司
64. 青岛北方建达汽车销售服务有限公司胶州分公司
65. 枣庄瑞达汽车销售服务有限公司
66. 青岛新建达汽车销售有限公司平度分公司
67. 青岛新建达汽车销售有限公司即墨分公司
68. 青岛世达汽车贸易有限公司胶南分公司
69. 吉林省信邦汽车服务销售有限公司通化分公司
70. 沈阳金顺祥汽车销售服务有限公司和平分公司
71. 开原市胜利汽车销售服务有限公司
72. 大连经济技术开发区东方汽车服务有限公司金州分公司
73. 延吉市东山汽车贸易有限公司敦化分公司
74. 辽宁牧欧汽车销售服务有限公司北海店
75. 辽宁牧欧汽车销售服务有限公司黄河店
76. 长春市安信汽车服务销售有限公司
77. 彰武县鑫环宇汽车贸易有限责任公司
78. 东港京汽汽车销售服务有限公司
79. 凤城市金诚汽车销售服务有限公司
80. 铁岭美程汽车服务贸易中心
81. 北京燕兴宏达汽车服务有限公司第三销售分公司
82. 北京燕兴宏达汽车服务有限公司第二销售分公司
83. 北京大北方新起点汽车贸易有限责任公司和源通盛分公司
84. 北京燕兴宏达汽车服务有限公司怀柔分公司
85. 北京燕兴宏达汽车服务有限公司密云分公司
86. 荆州市盛发汽车贸易有限公司松滋分公司
87. 随州市中飞汽车销售有限公司广水服务站
88. 当阳市远华进口汽车维修配件有限公司
89. 衡阳市华康汽车销售服务有限责任公司
90. 长沙天潮贸易有限公司城北分公司
91. 湘潭市致盛汽车营销服务有限公司
92. 重庆金基汽车服务有限公司
93. 二连浩特市利丰汽车销售服务有限公司
94. 泰兴市诚信机电汽车贸易有限公司
95. 南京大有汽车贸易有限公司大明路分公司
96. 南京大有汽车贸易有限公司汽车商场
97. 连云港大有汽车销售服务有限公司
98. 镇江大有汽车销售服务有限公司
99. 普宁市普新汽车贸易有限公司
100. 靖江市迅达汽车摩托车有限公司
101. 金平旌显麟工贸有限公司
102. 云南万友汽车销售服务有限公司大理分公司洱源经营部
103. 湖州金田汽车销售有限公司
104. 东阳市康龙汽车销售服务有限公司
105. 嘉善通达汽车销售有限公司
106. 海宁市海达汽车贸易有限公司
107. 桐庐易通汽车销售服务有限公司
108. 滁州市建林汽车销售有限公司
109. 成都千山汽车销售服务有限公司
110. 云南机电汽车联合销售有限公司高新分公司
111. 沈阳瑞志达汽车销售服务有限公司

五十四、重庆长安汽车股份有限公司授权品牌汽车销售企业名单

经营范围核定为:长安轿车品牌汽车销售

1. 吉林省信邦汽车工业产品贸易有限公司
2. 成都再新汽车贸易有限公司
3. 成都万水千山汽车销售服务有限公司
4. 抚州市广通汽车销售有限公司
5. 商丘市威达汽车贸易有限公司
6. 玉林市伟诚汽车销售有限公司
7. 唐山庞大广昊汽车销售服务有限公司
8. 和田市德荣商贸有限责任公司
9. 佛山市长安隆汽车贸易有限公司
10. 广西万友汽车销售服务有限公司
11. 山东鸿运汽车交易广场有限公司
12. 阜阳市众诚汽车销售有限公司
13. 西宁山城汽车销售有限公司
14. 宁波市祥安汽车营销服务有限公司慈溪分公司
15. 温州兴达机电有限公司
16. 大竹金路汽车销售有限公司
17. 滁州市建林汽车销售有限公司
18. 重庆安福汽车营销有限公司永川分公司
19. 鄂尔多斯市天和汽车销售有限公司
20. 漳州金海运贸易有限公司
21. 四川省共得利工贸有限责任公司
22. 邯郸市喜丰汽车销售有限公司
23. 茂名长安汽车销售有限公司
24. 中山市华铃汽车贸易有限公司
25. 湛江市嘉正汽车销售有限公司
26. 沈阳金顺辰汽车销售服务有限公司
27. 淄博永安汽车销售服务有限公司

28. 舒城县舒州机电有限公司
29. 山西省长治市飞路汽车贸易有限公司
30. 侯马市万和汽车销售有限公司
31. 广州长安汽车销售有限公司
32. 西安市长安汽车销售有限公司
33. 黑龙江长安汽车销售有限公司
34. 青县富达汽车贸易有限责任公司
35. 榆林市正大汽车工业贸易有限责任公司靖边分公司
36. 广汉市车友汽车销售有限责任公司
37. 宜春市大路汽车销售有限公司
38. 常州明都延陵汽车维修服务有限公司

五十五、安徽华阳汽车制造有限公司授权品牌汽车销售企业名单

经营范围核定为:华阳品牌汽车销售

1. 烟台通联汽车销售服务有限公司
2. 武汉西郊汽车销售服务有限公司
3. 湖南国龙汽贸有限公司
4. 潍坊市新宏晟贸易有限公司
5. 襄樊清风机电设备有限公司
6. 庞大汽贸集团股份有限公司轻微型车分公司
7. 唐山市冀东鑫盛汽车销售服务有限公司
8. 庞大汽贸集团股份有限公司
9. 庞大汽贸集团股份有限公司秦皇岛分公司
10. 庞大汽贸集团股份有限公司承德分公司
11. 庞大汽贸集团股份有限公司廊坊分公司
12. 庞大汽贸集团股份有限公司张家口分公司
13. 庞大汽贸集团股份有限公司邯郸分公司
14. 唐山市冀东华丰汽车贸易有限公司石家庄分公司
15. 庞大汽贸集团股份有限公司沧州分公司
16. 庞大汽贸集团股份有限公司邢台分公司
17. 迁安东信汽车贸易有限公司
18. 庞大汽贸集团股份有限公司乐亭分公司
19. 邯郸市冀东机电解放汽车销售有限公司武安分公司
20. 大名县泽宇汽车销售有限公司
21. 玉田县冀东汽车贸易有限公司
22. 迁西县广龙汽车销售服务有限公司
23. 遵化市中信汽车商贸有限公司
24. 唐海县冀东汽车销售有限公司
25. 滦南县冀东汽车销售服务公司
26. 唐山市冀东兴旺汽车销售服务有限公司
27. 怀来永斌汽车销售有限公司
28. 霸州汇丰汽车贸易有限公司
29. 庞大汽贸集团股份有限公司昌黎分公司
30. 庞大汽贸集团股份有限公司卢龙分公司
31. 抚宁县冀东汽车销售有限公司
32. 围场满族蒙古族自治县冀东机动车销售有限责任公司
33. 兴隆县冀东机动车销售有限责任公司
34. 宽城满族自治县冀东机动车销售有限责任公司
35. 任丘市昌盛汽车销售服务有限公司
36. 庞大汽贸集团股份有限公司宁晋分公司
37. 海兴京海汽车销售有限公司
38. 曲周县唐大汽车销售服务有限公司
39. 青岛汇宝汽车销售服务有限公司
40. 宜昌市新锦龙汽车销售有限公司
41. 威海伯乐汽车贸易有限公司

五十六、一汽轿车销售有限公司授权品牌汽车销售企业名单

经营范围核定为:一汽轿车品牌汽车销售

1. 北京众义达汇丰汽车销售服务有限公司
2. 太原银光汽车销售服务有限公司
3. 天津红马奔腾汽车销售有限公司
4. 邯郸市奔腾汽车销售有限公司
5. 长春创捷红旗汽车销售服务有限公司
6. 保定市兴达汽车销售服务有限公司
7. 辽宁惠华汽车集团大连汽车销售服务有限公司
8. 泉州市奔腾汽车销售有限公司

五十七、上海中欧国际企业集团有限公司授权品牌汽车销售企业名单

经营范围核定为:中欧汽车欧旅牌改装房车品牌汽车销售

1. 上海中欧汽车电器有限公司
2. 中欧汽车电器有限公司

五十八、安徽江淮汽车股份有限公司授权品牌汽车销售企业名单

经营范围核定为:江淮轿车品牌汽车销售

1. 北京汇崴汽车销售有限公司
2. 攀枝花市欣洋汽车贸易有限公司
3. 内江亨达汽车贸易有限责任公司
4. 湖北奔志汽车贸易有限公司
5. 永州永淮汽车贸易有限公司
6. 抚州市轻型汽车贸易发展有限公司
7. 大同市东瑞物资有限责任公司
8. 邢台汽车大世界
9. 鞍山万众汽车销售服务有限公司
10. 海南鼎誉汽车销售服务有限公司
11. 广州市安诚宾悦汽车贸易有限公司

五十九、深圳市中汽南方汽车有限公司授权品牌汽车销售企业名单

经营范围核定为:进口捷豹品牌汽车销售

1. 陕西佳豪汽车服务有限公司
2. 海南中汽南方汽车销售服务有限公司

六十、奇瑞汽车有限公司授权品牌汽车销售企业名单

经营范围核定为:奇瑞品牌汽车销售

1. 北京宏伟恒祥汽车销售有限公司
2. 六安市祥瑞汽车销售有限责任公司
3. 菏泽宏航车业有限公司
4. 滁州国瑞汽车贸易有限公司

六十一、铃木(中国)投资有限公司授权品牌汽车销售企业名单

经营范围核定为:进口铃木品牌汽车销售

1. 常熟市华风汽摩贸易有限责任公司
2. 辽宁牧欧汽车销售服务有限公司

3. 杭州祥通铃木汽车有限公司
4. 宁波荣鑫汽车销售服务有限公司
5. 台州祥通汽车有限公司
6. 四川波鸿实业有限公司
7. 北京环宇腾飞汽车销售有限公司
8. 四川宝力通汽车销售服务有限公司
9. 佛山市顺德亚飞汽车销售有限公司
10. 平顶山市佳程汽车销售有限公司
11. 中山市恒洋汽车贸易有限公司小榄分公司
12. 淄博市中南物资有限公司
13. 昆山豪骏汽车销售服务有限公司
14. 洛阳达飞汽车销售有限公司

六十二、上海上汽大众汽车销售有限公司授权品牌汽车销售企业名单

经营范围核定为:SKODA(斯柯达)品牌汽车销售

平顶山市华锐汽车销售服务有限公司

六十三、上海通用汽车有限公司授权品牌汽车销售企业名单

经营范围核定为:国产、进口别克品牌汽车销售

临汾上通汽车销售服务有限公司

六十四、丹东黄海汽车有限责任公司授权品牌汽车销售企业名单

经营范围核定为:黄海品牌汽车销售

涿州市天意达汽车销售有限公司

六十五、一汽-大众销售有限责任公司授权品牌汽车销售企业名单

经营范围核定为:一汽大众品牌汽车销售

1. 三明盈众汽车有限公司
2. 厦门致远汽车有限公司

附件二:

品牌汽车总经销商名单

总经销商	授权汽车企业	经营范围核定
天津中盛华润国际贸易有限公司	德国哈曼运动车有限公司(Hamann Motorsport GmbH)	进口 Hamann 品牌汽车销售
天津泰丰行汽车贸易有限公司	美国风行汽车有限公司(VOGUE MOTORS(USA),INC)	进口沃戈仕达品牌(Vogustar)雪弗兰特使(EXPRESS),吉姆西赛威(SAVANA)改装多功能乘用车;悍马改装车
上海星客特汽车销售有限公司	美国 LCW 汽车公司(LCW AUTOMOTIVE CORP)	进口客户之星品牌(Star Custom)通用吉姆西赛威 6000cc 改装客车、凯迪拉克 DTS4600cc 改装小轿车、丰田红杉 5700cc 改装越野车、梅赛德斯-奔驰 5461cc 改装越野车、梅赛德斯-奔驰 5461cc 改装小轿车、梅赛德斯-奔驰 5513cc 改装小轿车、林肯领航员 5400cc 改装越野车、悍马 6189cc 改装越野车

附件三:

品牌汽车总经销企业名称变更名单

一、昌河铃木品牌汽车总经销商由江西昌河铃木汽车有限责任公司变更为江西昌河汽车有限责任公司。

二、大迪品牌汽车总经销商由保定大迪汽车工业有限公司变更为大迪汽车集团有限公司。

三、江南品牌汽车总经销商由湘潭江南汽车销售有限公司变更为湖南众湘汽车销售有限公司。

发布部门:国家工商行政管理总局 发布日期:2009 年 02 月 10 日 实施日期:2009 年 02 月 10 日(中央法规)

国家工商行政管理总局关于公布品牌汽车销售企业名单的通知

工商市字〔2008〕235 号

各省、自治区、直辖市及计划单列市工商行政管理局:

根据《汽车产业发展政策》和《汽车品牌销售管理实施办法》的相关规定,现将符合备案条件的品牌汽车

销售企业、品牌汽车总经销企业名单予以公布(名单见附件)。

各地工商行政管理机关应根据本通知,认真做好企业营业执照的变更登记工作。

本通知附件,同时在国家工商行政管理总局红盾信息网“司局频道”中“市场规范管理司”之“重要商品市场管理”一栏中公布。

附件:一、品牌汽车销售企业名单

二、品牌汽车总经销商名单

三、品牌汽车总经销企业名称变更名单

国家工商行政管理总局

二○○八年十一月四日

附件一:

一、天津一汽汽车销售有限公司授权品牌汽车销售企业名单

经营范围核定为:天津一汽品牌汽车销售

1. 河源市东众汽车销售服务有限公司
2. 喀什地区亚中机电有限公司
3. 阿克苏地区亚中机电有限公司
4. 费县蒙山农机销售有限公司
5. 蒙阴县骏达汽贸有限公司
6. 烟台天航汽车销售服务有限公司
7. 青岛中豪汽车销售有限公司莱西分公司
8. 济宁市宇翔汽车销售服务有限公司
9. 梅河口市长城汽车机电贸易有限公司
10. 双辽市兴盛汽车经销有限公司
11. 辉南县通达汽车摩托车销售有限公司
12. 集安市隆润商贸有限公司
13. 庞大汽贸集团股份有限公司卢龙分公司
14. 庞大汽贸集团股份有限公司青龙分公司
15. 庞大汽贸集团股份有限公司秦皇岛分公司
16. 玉田县冀东汽车贸易有限公司
17. 保定市东风出租汽车客运有限责任公司易县分公司
18. 高碑店市永杰汽车销售有限公司
19. 雄县万发汽车销售有限公司
20. 保定市东风出租汽车客运有限责任公司徐水分公司
21. 肥乡县冀乡汽车贸易有限公司
22. 魏县大昌汽车贸易有限公司
23. 鄂尔多斯凯诚汽车销售有限责任公司
24. 天津汽车工业销售陕西有限责任公司西安三桥分公司
25. 天津汽车工业销售陕西有限责任公司西安劳动路分公司
26. 陕西机电榆林汽车销售有限责任公司新建路分公司
27. 南京盛扬汽车销售服务有限公司
28. 南通朗驰自动车销售服务有限公司
29. 南京东南汽车销售有限公司镇江分公司
30. 南京朗驰集团天润汽车销售服务有限公司大明路店
31. 江阴市永兴汽车销售有限公司
32. 重庆景通汽车服务有限公司汽车销售分公司
33. 武夷山市建州汽车贸易有限公司
34. 北京天达锦隆汽车销售服务有限公司
35. 成都启新汽车服务有限责任公司德阳分公司
36. 绵阳众森汽车贸易有限公司
37. 四川省川申汽车有限责任公司西昌分公司
38. 四川翔汇汽车贸易有限公司攀枝花分公司
39. 云南骏仕达汽车服务有限公司普洱市分公司
40. 鸡西市飞龙汽车销售服务有限公司
41. 鸡西市宇阳汽配有限公司
42. 大方(天津)汽车贸易有限公司
43. 黑山县建军汽车服务有限公司
44. 江西万鼎实业有限公司
45. 敦化市祥发汽车销售服务有限公司

二、浙江众泰汽车有限公司授权品牌汽车销售企业名单

经营范围核定为:大地品牌汽车销售

1. 西安市群达商贸有限公司
2. 赣州市赣通汽车贸易有限公司
3. 鄂尔多斯市鑫昇汽贸有限责任公司呼市分公司
4. 眉山勇多汽贸有限公司
5. 中江县志达汽车销售有限公司
6. 漳州华驰汽车有限公司
7. 浏阳发成贸易有限公司
8. 南阳龙鑫汽车销售服务有限公司
9. 邵阳市龙宇汽车销售服务有限公司
10. 娄底市永华汽车销售服务有限公司
11. 张家界五星汽车贸易有限公司
12. 扬州亿达汽车销售有限公司
13. 大连鑫英华汽车销售服务有限公司
14. 桂林桂路通商贸有限责任公司
15. 徐州恒宇汽车销售有限公司
16. 太原市老兵经贸有限公司
17. 邢台维盛汽车贸易有限公司
18. 长沙众隆汽车贸易有限公司
19. 青岛北方建达汽车销售服务有限公司平度分公司
20. 河池市铁骑汽车销售有限公司
21. 深圳市凯捷通实业有限公司
22. 威海大田机电设备有限公司
23. 吉林市东达茂源汽车销售有限公司
24. 垣曲县双利汽贸有限责任公司
25. 广元市众利汽贸有限公司

26. 攀枝花市皓升汽车销售服务有限责任公司
27. 泰安荣舜瑞达汽车销售服务有限公司
28. 岳阳和顺汽车贸易有限公司
29. 益阳市峰华商贸有限公司
30. 常德市传波汽车贸易有限公司
31. 重庆齐飞汽车销售有限公司
32. 西安秦康贸易有限公司

三、广州本田汽车有限公司授权品牌汽车销售企业名单

经营范围核定为:广州本田品牌汽车销售

1. 徐州沪彭金田汽车销售服务有限公司
2. 重庆长捷汽车销售服务有限公司
3. 江苏高田汽车销售服务有限公司
4. 鹤壁鹤骏汽车销售服务有限公司
5. 临沂冠成汽车销售服务有限公司
6. 陕西博盛汽车贸易有限公司
7. 永州广源汽车销售服务有限公司
8. 东营宝汇汽车销售服务有限公司
9. 吉林省华之诚德宇汽车销售服务有限公司
10. 周口市得邦汽车销售有限公司
11. 咸宁恒信德龙汽车销售服务有限公司
12. 宜昌恒信致诚汽车销售服务有限公司
13. 大庆广物汽车销售服务有限公司
14. 山西福银汽车销售服务有限公司
15. 通化庞大金藤汽车销售服务有限公司
16. 巴州南江汽车配件销售有限责任公司
17. 秦皇岛庞大广旺汽车销售服务有限公司
18. 福清市顺田汽车贸易有限公司
19. 大理裕田汽车销售服务有限公司
20. 临安市永达汽车销售服务有限公司
21. 江门市锦伦汽车销售服务有限公司
22. 开平市邑兴汽车销售服务有限公司
23. 宜春合诚汽车有限公司
24. 湖州永达汽车销售服务有限公司
25. 鸡西市庞大嘉华汽车销售有限公司
26. 泰兴永达本诚汽车销售服务有限公司
27. 启东永达汽车销售服务有限公司
28. 山西兴河工贸有限公司
29. 通辽市万路汽车销售服务有限公司
30. 安徽亳州丰源汽车销售服务有限公司
31. 北京嘉华京顺汽车销售服务有限公司
32. 温州嘉荣汽车销售服务有限公司
33. 江苏雨田广宏汽车销售服务公司

四、奇瑞汽车有限公司授权品牌汽车销售企业名单

经营范围核定为:奇瑞品牌汽车销售

1. 北京排山渔洋汽车销售有限公司
2. 铁岭市北方汽车贸易服务有限公司
3. 长沙金塔汽车贸易有限公司
4. 衡水昌达汽车贸易服务有限公司
5. 葫芦岛市新宇汽车销售服务有限公司
6. 山西通达(集团)有限公司
7. 滨州丽奇汽车销售服务有限公司
8. 娄底市阳光汽贸有限公司
9. 青岛金达汽车销售有限公司
10. 漯河陵瑞汽车销售服务有限公司
11. 内蒙古紫维汽车(集团)有限公司
12. 黄石市华瑞汽车销售服务有限公司
13. 淄博奥泰汽车销售有限公司
14. 临沂欧亚汽车乐园有限公司
15. 衡阳市顺成汽车贸易有限公司
16. 喀什昆鹏商贸有限责任公司
17. 海南云兴康盛汽车销售服务有限公司
18. 鄂尔多斯市圣龙汽车销售服务有限公司
19. 莱州市平安经贸有限公司
20. 襄樊市浩利汽车经销有限公司
21. 赣州市宏伟汽车贸易有限公司
22. 广东骏捷汽车贸易有限公司
23. 济南普润斯汽车销售有限公司
24. 宁波瑞安汽车贸易有限公司
25. 贵州普诺汽车贸易有限责任公司
26. 开封市中原亚飞汽车销售服务有限公司
27. 通辽市龙腾汽车贸易有限责任公司
28. 武汉建豪汽车销售有限公司
29. 河北安达汽车贸易有限公司
30. 十堰亚明照明电器设备有限公司
31. 中山市中天汽车服务有限公司
32. 绵阳市骏宏汽车维修服务有限公司汽车销售分公司
33. 大理京达汽车销售有限责任公司
34. 沧州诚信汽车销售有限公司
35. 四平市鑫泰汽车销售有限公司
36. 遵义昌庆汽车销售有限责任公司
37. 广州市安驾汽车销售有限公司
38. 山西省运城禹都汽车销售有限公司
39. 北京雅胜天成汽车销售有限责任公司
40. 亳州市君瑞汽车销售服务有限公司
41. 汕头市隆盛汽车贸易有限公司
42. 阳谷通达汽车销售服务有限公司
43. 东阿华通汽车销售有限公司
44. 临清市顺达汽车销售有限公司
45. 高唐县亨亚汽车销售服务有限公司
46. 攀枝花天海汽车销售服务有限公司
47. 保定市交通局公路设施设备维护处
48. 山西省长治市飞路汽车贸易有限公司
49. 平邑华岳汽车贸易有限公司
50. 临清市顺达汽车销售有限公司
51. 高堂县亨亚汽车销售服务有限公司
52. 东阿华通汽车销售有限公司
53. 荣成市嘉晟汽车贸易有限责任公司
54. 蓬莱市双洋汽车销售有限公司
55. 海阳市海佳亚飞汽车销售有限公司
56. 山东省招远市机电设备有限公司

57. 栖霞亚东工贸有限公司
58. 滕州市瑞星汽车贸易有限公司
59. 肥城交运亚飞汽贸有限公司
60. 新泰市天巨轮汽车贸易有限公司
61. 泰安凌云汽车发展有限公司
62. 莒县东方汽车贸易有限公司
63. 日照全成汽车贸易有限公司
64. 山东临朐富民汽车贸易有限公司
65. 安丘市恒德汽车销售服务有限公司
66. 山东圣达汽车贸易有限公司
67. 平原县德诚汽车销售有限公司
68. 漯河市源发汽车销售服务有限公司舞阳分公司
69. 山西省翼城县奥飞汽车贸易有限公司
70. 侯马市万和汽车销售服务有限公司
71. 山西华凯汽车销售有限公司
72. 山西大唐汽贸有限公司代县分公司
73. 晋中荣翔贸易有限公司
74. 大连东蒙机电设备有限公司
75. 葫芦岛路塞得汽车销售服务有限公司
76. 沈阳万众汽车有限公司新民分公司
77. 白城市信利达汽车销售有限公司
78. 辽源市百成工贸有限公司
79. 齐齐哈尔新华夏汽车连锁有限公司黑河北安分公司
80. 齐齐哈尔新华夏汽车连锁有限公司黑河分公司
81. 通化市明伟汽车贸易有限公司
82. 晋江市永达汽车销售有限公司
83. 南平市旭东物资贸易有限公司
84. 福建省建瓯市大众物资有限公司
85. 金坛安顺汽车销售服务有限公司
86. 岳阳市鑫汇联汽贸有限公司
87. 恩施市瑞龙汽车维修有限公司
88. 荆州市中泽机电设备有限公司奇瑞销售服务站
89. 奇鑫汽车销售服务有限公司
90. 邵东县鸿源汽车贸易有限公司
91. 滁州宏达汽车贸易有限公司
92. 芜湖安奇汽车销售服务有限公司黄山连锁店
93. 芜湖安奇汽车销售服务有限公司马鞍山分公司
94. 芜湖安奇汽车销售服务有限公司南陵县分公司
95. 芜湖安奇汽车销售服务有限公司芜湖县分公司
96. 宣城安奇汽车销售有限公司
97. 芜湖安奇汽车销售服务有限公司繁昌县分公司
98. 乌海市山田机械经销有限责任公司山田汽车城
99. 巴彦淖尔市星海汽贸有限公司
100. 邢台市宇通汽车贸易有限公司
101. 献县飞腾汽车销售有限公司
102. 南皮县华通汽车销售维修服务有限公司
103. 围场满族蒙古族自治县福瑞达汽车销售有限公司
104. 包头市利丰贸易服务有限公司
105. 衡水盛和汽车贸易有限公司枣强大营分公司
106. 广州保新机动车贸易有限公司新滘分店
107. 东莞市东星汽车销售有限公司
108. 东莞市东奇汽车有限公司
109. 东莞市车友汽车租赁有限公司
110. 北海玉柴机电有限责任公司
111. 河池市汽车服务有限责任公司
112. 钦州金马汽车销售服务有限责任公司
113. 广西贺州市常兴汽车销售有限责任公司
114. 广西贺州机电设备总公司
115. 广西燕兴商贸公司
116. 广西玉林骏越汽车销售服务有限公司
117. 防城港市登峰汽车有限公司
118. 广西壮族自治区机电设备贵港公司
119. 山西奇祥汽车销售服务有限公司
120. 北京市腾远兴顺汽车服务有限公司三分公司
121. 北京华伟鸿阳汽车贸易有限公司
122. 隆昌县联谊汽车贸易有限公司
123. 贵州永联亚飞贸易有限责任公司遵义分公司
124. 贵州永联亚飞贸易有限责任公司六盘水分公司
125. 贵州省凯里市鑫凯达汽车销售有限责任公司
126. 广安振兴车业有限公司
127. 四川省南部县金胜实业有限责任公司
128. 四川省资阳迪卡汽车贸易有限公司
129. 眉山市余盛汽车贸易有限公司
130. 遂宁市华发车业有限公司
131. 乐山市精锐西物汽车销售服务有限公司
132. 永川市凯龙汽车销售有限公司
133. 临沧金阳汽车贸易有限责任公司
134. 大理恒源汽车销售有限公司
135. 云南楚雄骏马汽车工贸有限公司
136. 丽江万通科工贸有限责任公司
137. 盘县宏财汽车销售有限责任公司
138. 双流建国汽车销售服务有限公司
139. 成都千康汽车销售有限公司
140. 绵竹市金华汽车经营有限公司
141. 四川省眉山市建国汽车有限公司
142. 彭州建国汽车销售服务有限公司
143. 成都建国汽车贸易有限公司温江分公司
144. 云南云瑞汽车销售服务有限公司曲靖分公司
145. 云南云瑞汽车销售服务有限公司大理分公司
146. 石河子车城汽车贸易有限公司
147. 克拉玛依市民丰福利有限责任公司汽车销售分公司
148. 新疆美丽田野贸易有限公司
149. 阿勒泰机电设备有限责任公司
150. 新疆中天达机电销售有限公司
151. 哈密市世纪车行汽车销售有限公司
152. 昌吉市征亚汽车贸易有限责任公司
153. 阿克苏市祥云机电设备有限责任公司
154. 吐鲁番地区机电设备有限公司
155. 兰州良志实业集团有限责任公司平凉分公司
156. 陕西顺鑫汽车销售有限公司

157. 铜川市丽瑞迪汽车贸易有限公司
158. 陕西亚欣汽车贸易有限公司
159. 西安金周小汽车修配中心
160. 合阳县东海物流有限责任公司
161. 乌鲁木齐捷众贸易有限责任公司阿克苏分公司
162. 喀什地区机电设备有限责任公司
163. 新疆亨达利汽车贸易有限公司
164. 哈密市世纪车行汽车销售有限公司
165. 陕西瑞鑫汽车销售有限公司劳动路店
166. 咸阳华夏汽车贸易有限公司
167. 新疆跃龙汽车贸易有限公司
168. 新疆隆腾置业有限公司
169. 山西晋瑞汽车销售服务有限公司
170. 蚌埠市通利汽车销售有限公司淮北分公司
171. 唐山市冀东凯瑞汽车销售有限公司
172. 上海弘汇汽车销售服务有限公司
173. 云南益溢贸易有限公司

五、丰田汽车(中国)投资有限公司授权品牌汽车销售企业名单

经营范围核定为:雷克萨斯品牌汽车销售

1. 石家庄富邦雷克萨斯汽车销售服务有限公司
2. 浙江元通凌志汽车销售服务有限公司台州分公司

六、广汽丰田汽车有限公司、丰田汽车(中国)投资有限公司授权品牌汽车销售企业名单

经营范围核定为:广汽丰田、进口丰田品牌汽车销售

1. 石家庄广顺汽车贸易有限公司
2. 天津市美利丰汽车销售服务有限公司
3. 贵州通源金阳汽车有限公司
4. 杭州贵和汽车销售服务有限公司

七、通用汽车(中国)投资有限公司授权品牌汽车销售企业名单

经营范围核定为:进口欧宝品牌汽车销售

1. 珠海德和汽车有限公司
2. 常州欧通汽车销售服务有限公司
3. 长春鑫荣汽车贸易有限公司

八、安徽长丰扬子汽车制造有限责任公司授权品牌汽车销售企业名单

经营范围核定为:长丰扬子品牌汽车销售

1. 宜昌市鑫润汽车销售有限责任公司
2. 重庆格林瑞琦汽车销售有限公司
3. 重庆卓豪汽车销售有限公司
4. 喀什中亚汽车销售有限公司
5. 唐山盛华汽车贸易有限公司
6. 河北佳信汽车销售有限公司承德分公司
7. 十堰市奥成汽车销售服务有限公司
8. 新疆巴州万达商贸有限公司
9. 鄂尔多斯市和伟商贸有限责任公司
10. 锡林郭勒盟利丰汽车行有限公司
11. 府谷县大众汽贸有限责任公司
12. 滁州市捷运汽车销售有限公司
13. 巴彦淖尔市旗骏汽贸有限公司
14. 包头市新环成汽车销售服务有限责任公司
15. 河源市惠泰汽车贸易有限公司

九、重庆长安铃木汽车有限公司授权品牌汽车销售企业名单

经营范围核定为:长安铃木品牌汽车销售

1. 台州祥通汽车有限公司
2. 江西燕兴实业有限公司
3. 宁波荣鑫汽车销售服务有限公司
4. 陕西百旭实业发展有限公司
5. 海门市安达车业有限公司
6. 青海京驰汽车销售有限公司
7. 日照凯越汽车贸易有限公司
8. 吉林省信邦汽车服务销售有限公司
9. 葫芦岛市安达汽车销售服务有限公司
10. 合肥大步车之家汽车销售服务有限公司
11. 安阳市盛奥汽车销售服务有限公司
12. 辽源市丰达汽车销售有限责任公司
13. 承德市庞大物流仓储有限公司
14. 柳州市容达汽车销售有限公司
15. 四川宝力通汽车销售服务有限公司
16. 吉林省信邦汽车工业产品贸易有限公司
17. 连云港东恒汽车销售服务有限公司
18. 广州伟建汽车销售服务有限公司
19. 上海铃德汽车销售服务有限公司
20. 镇江福佳汽车贸易有限公司

十、重庆长安汽车股份有限公司授权品牌汽车销售企业名单

经营范围核定为:重庆长安跨越品牌汽车销售

1. 晋城市振方商贸有限公司
2. 驻马店市二堂汽车贸易服务有限公司
3. 济源市新港汽车贸易有限责任公司
4. 漯河宏运汽车贸易有限公司
5. 宝丰县宏达汽车销售有限公司
6. 阜阳市君泰汽车销售有限公司
7. 广州市南升汽车销售服务有限公司
8. 佛山市穗龙腾汽车贸易有限公司
9. 东莞市众力汽车贸易有限公司
10. 清远市东渡汽车销售有限公司
11. 惠州市中建贸易有限公司
12. 达州市意诚车业有限责任公司
13. 四川新艾潇商贸有限公司
14. 遂宁市全安汽车配件销售有限公司
15. 四川省南充市秦安汽车销售有限公司
16. 广安市广安区平安汽车销售服务有限责任公司
17. 巴中市铭禧工贸有限公司
18. 巴中市瑞安汽车贸易有限公司
19. 重庆市万州区成财汽车销售有限公司
20. 重庆邦强汽车销售有限公司
21. 重庆万友经济发展有限责任公司
22. 武汉长跨汽车贸易有限公司
23. 利川市锐强汽车贸易有限公司

24. 荆州市盛发汽车贸易有限公司
25. 宜昌市华康工贸有限责任公司
26. 十堰安友工贸有限公司
27. 襄樊市风翼汽车销售服务有限公司
28. 黔西南州广联商贸有限责任公司
29. 兴义市宏伟进口汽车维修有限公司
30. 毕节市众力汽车销售有限责任公司
31. 遵义渝长汽车贸易有限公司
32. 贵阳阳光九龙汽车服务有限公司
33. 浙江祥通汽车有限公司
34. 温州利达汽车销售服务有限公司
35. 义乌市众发汽车销售服务有限公司
36. 中山市鸿越汽车贸易有限公司
37. 茂名亚飞汽车连锁有限公司
38. 深圳市顺顺达汽车贸易有限公司
39. 江门市新会长安汽车销售有限公司
40. 广西万友汽车销售服务有限公司
41. 珠海市华信达贸易有限公司
42. 深圳市裕祥隆实业发展有限公司
43. 海南海宾汽车销售服务有限公司
44. 汉中航空物资有限公司
45. 青海明安商贸有限公司
46. 陕西宇欣贸易有限公司
47. 陕西世坤汽车有限公司延安分公司
48. 重庆市沙坪坝区黄龙运输有限公司
49. 怀化市长安汽车销售有限公司
50. 株洲湘火炬火花塞有限责任公司汽车销售分公司
51. 湖南航天经济发展有限公司
52. 益阳市峰华商贸有限公司
53. 邵阳市诚信汽车销售服务有限公司
54. 常州市恒安汽车销售有限公司
55. 日照金马汽车销售服务有限公司
56. 徐州市精诚汽车经营有限公司
57. 济南茂华汽车贸易有限公司
58. 扬州中盟汽车销售有限公司
59. 山东华菱汽车贸易集团有限公司
60. 四川诚渝汽车贸易有限公司
61. 西昌宏金龙汽车贸易有限公司
62. 泸州兴欣汽车贸易有限公司
63. 开远市康马汽车经贸有限公司
64. 云南利民经贸有限公司
65. 云南万友汽车销售服务有限公司

十一、一汽轿车销售有限公司授权品牌汽车销售企业名单

经营范围核定为:一汽轿车品牌汽车销售

1. 南通卓越汽车销售有限公司
2. 福建新泓顺工贸发展有限公司
3. 北京众义达商贸集团有限公司
4. 深圳市骏濠汽车贸易有限公司
5. 天津汽车工业销售黑龙江有限公司
6. 辽宁博达汽车贸易有限公司
7. 石家庄运腾汽车销售服务中心
8. 宿迁锦程汽车销售服务有限责任公司
9. 惠州市灏源汽车贸易有限公司
10. 四平市金昊汽车销售有限公司
11. 滨州兰美汽车贸易服务有限公司
12. 新乡市神龙汽车销售服务有限公司
13. 濮阳市泽原汽车服务有限公司
14. 安庆市万顺汽车销售服务有限公司
15. 慈溪科海汽车有限公司
16. 舟山永杰汽车销售服务有限公司
17. 海盐康达汽车销售服务有限公司
18. 安吉建平车业有限公司
19. 湖州市南浔力天汽车销售有限公司
20. 杭州骏佳汽车销售有限公司
21. 杭州申申汽车销售有限公司
22. 浙江省建德市昌炎物贸有限公司
23. 惠州市景源汽车维修服务有限公司
24. 深圳市德路宝汽车有限公司
25. 漳州市兄弟情汽车贸易有限公司
26. 邢台瑞腾汽车销售服务有限公司
27. 聊城润泓汽车销售服务有限公司
28. 西安唐都进口汽车修理服务有限公司

十二、比亚迪汽车销售有限公司授权品牌汽车销售企业名单

经营范围核定为:比亚迪品牌汽车销售

1. 北京金博蓝汽车销售服务有限公司
2. 北京翔瑞丰汽车服务有限公司
3. 上海华裕汽车修理有限公司
4. 贵州飞达汽车贸易有限责任公司
5. 黑龙江亿发鸿鑫汽车销售服务有限公司
6. 贵州天晴汽车销售服务有限公司
7. 义乌市盛大汽车销售服务有限公司
8. 福建省柏桦华汽车服务有限公司
9. 赤峰金基摩托车销售有限公司
10. 许昌市源流汽车销售有限公司
11. 山东汇众汽车销售服务有限公司
12. 山东万宝汽车销售服务有限公司
13. 保定云天汽车贸易有限公司
14. 北京万达汽车修理有限责任公司
15. 渭南蓝宇汽贸有限公司
16. 海口翔迪汽车服务有限公司
17. 临汾大昌汽车服务有限公司
18. 浙江欧龙汽车贸易有限公司
19. 台州凯特汽车贸易有限公司
20. 莆田市亿豪汽车贸易有限公司
21. 厦门百龙马汽车贸易有限公司
22. 安阳裕华汽车销售服务有限公司
23. 新疆盛世投资有限公司
24. 邯郸市复兴恒达汽车贸易有限公司
25. 鞍山明昊汽车贸易有限公司
26. 天津市路迪恒泰汽车销售有限公司

27. 曲靖市麒麟区辉亚物资贸易有限公司
28. 重庆万友经济发展有限责任公司
29. 镇江弘帆汽车维修有限公司
30. 南通融威汽车销售服务有限公司
31. 湖州金天地汽车销售服务有限公司
32. 玉林市华航汽车销售服务有限公司
33. 南充先锋汽车贸易有限公司
34. 吉林省天骏达汽车销售服务有限公司
35. 乌兰浩特市佳丰汽车贸易有限责任公司
36. 四川省国盛汽车销售服务有限责任公司
37. 西昌市华忠实业有限责任公司
38. 恩施自治州德福商贸有限责任公司
39. 武汉国瑞汽车销售服务有限公司荆州分公司
40. 达州市天马贸易有限公司
41. 龙岩市佳通汽车贸易有限公司
42. 内蒙古紫维汽车(集团)有限公司
43. 山东省济宁交通运输集团有限公司汽车修理总厂
44. 北京鑫西物汽车销售有限公司
45. 滕州市钢盟金属材料有限责任公司
46. 宁波市恒源世佳国际贸易有限公司
47. 成都青山汽贸销售有限公司
48. 广元市奔腾汽车贸易有限责任公司
49. 吉林市平远汽车经销有限公司
50. 赣州诚致汽车销售服务有限公司
51. 贵州天晴汽车销售服务有限公司遵义分公司

十三、南昌陆风汽车营销有限公司授权品牌汽车销售企业名单

经营范围核定为:陆风品牌汽车销售

1. 蚌埠市连城汽车销售服务有限公司
2. 柳州健中冈汽车有限公司
3. 习水县江涛汽车服务有限公司
4. 迁安市燕文商贸有限公司
5. 邢台市宇通汽车贸易有限公司
6. 石家庄市锐跑汽车贸易有限公司
7. 石家庄市锐跑汽车贸易有限公司第一分公司
8. 河南天龙瑞汽车贸易服务有限公司
9. 河南黄海汽车销售服务有限公司
10. 河南东升汽车销售服务有限公司
11. 巩义市蓝天汽车贸易有限公司
12. 洛阳市佳和五十铃汽车销售有限公司
13. 南阳市世纪风华汽车销售有限公司
14. 牡丹江市凯禾汽车贸易有限公司
15. 郴州市辰光汽车销售有限公司
16. 江西启程汽车销售有限公司
17. 延吉市三鑫汽车销售有限公司
18. 营口经济技术开发区永鑫汽贸有限公司
19. 营口市金诚汽车销售服务有限公司大石桥分公司
20. 西宁京顺海汽车销售有限公司
21. 山东省博兴县金山汽车服务有限公司
22. 山东荣马实业有限公司
23. 滨州顺铃汽车销售服务有限公司
24. 泰安亚宁汽车销售有限公司
25. 延安铃丰汽车贸易有限公司
26. 新疆中天达机电销售有限公司
27. 红河健中冈汽车销售服务有限公司
28. 弥勒县嘉腾汽修厂
29. 诸暨同创汽车有限公司

十四、神龙汽车有限公司授权品牌汽车销售企业名单

经营范围核定为:东风雪铁龙品牌汽车销售

1. 天水银通汽车贸易有限责任公司
2. 仙桃市高路汽车服务有限责任公司
3. 房县鑫鑫神龙有限责任公司
4. 泸州市昕达汽贸有限公司
5. 攀枝花市金鼎工贸公司
6. 平顶山市大鑫汽车销售服务有限公司
7. 温州市飞龙汽车有限公司开发区分公司
8. 包头众远汽车服务有限责任公司
9. 北京清四汽车销售服务有限公司
10. 张家口市鹏程汽车贸易有限责任公司
11. 通辽市华通汽车销售有限公司
12. 北京伟业恒兴汽车销售有限公司
13. 温州市飞龙汽车有限公司
14. 娄底市众志汽车销售服务有限公司

十五、东风柳州汽车有限公司授权品牌汽车销售企业名单

经营范围核定为:东风风行品牌汽车销售

1. 广西壮族自治区机电设备北海公司
2. 珠海市众大利物资车业有限公司肇庆分公司
3. 黔西南州友发贸易有限责任公司
4. 河源市永合兴英达汽车销售有限公司
5. 通辽市大鹏汽车贸易有限公司
6. 柳州吉燕峰汽车有限公司来宾分公司
7. 佛山市顺德区永兴汽车贸易有限公司
8. 东营恒瑞汽车贸易有限公司
9. 义乌市科尔工贸有限公司
10. 吉安市赣江汽车贸易有限公司
11. 广州市逸展汽车销售有限公司
12. 广安市交安有限责任公司
13. 泸州华盛汽车贸易有限公司
14. 泸州市川立商贸有限公司永力汽车销售分公司
15. 重庆车天车地汽车销售有限公司
16. 重庆商社汽车贸易有限公司万州分公司
17. 重庆商社汽车贸易有限公司涪陵分公司
18. 湖南汉昌贸易有限公司
19. 郴州福骏汽车城有限公司
20. 益阳市银联汽车贸易有限公司
21. 常德市白云金翱汽车贸易有限责任公司
22. 玉溪恒强汽车销售有限公司
23. 西双版纳航宇汽车销售有限公司
24. 丽江振鑫汽车销售有限公司
25. 辽宁鞍山汽车贸易有限公司

26. 锦州市东达汽车销售有限公司
27. 大连秋弘盛汽车销售服务有限公司
28. 广州市天立成汽车贸易有限公司
29. 茂名市金利达商贸有限公司
30. 蒙阴航源汽车销售服务有限公司
31. 太仓市金诚汽车销售服务有限公司
32. 上饶市中兴汽车贸易运输有限公司
33. 九江华宝汽车销售有限公司
34. 萍乡市鑫鑫工贸有限公司
35. 湖北省东安工贸有限公司汽车销售服务分公司
36. 保定市元通汽车贸易有限公司
37. 姜堰市苏泰汽车销售有限公司
38. 淮安金榜汽车销售有限公司
39. 昆山宝进汽车销售有限公司
40. 临沂市华丰汽车贸易有限公司
41. 广州锦基亚飞汽车贸易有限公司
42. 广东浩鸿汽车贸易有限公司
43. 广州市增城句驹贸易行
44. 广州市众合力汽车贸易有限公司从化分公司

十六、神龙汽车有限公司授权品牌汽车销售企业名单

经营范围核定为:东风标致品牌汽车销售

1. 江苏森风明德汽车有限公司
2. 吉林市万华汽车销售服务有限公司
3. 龙岩永达丰汽车销售有限公司
4. 连云港成远汽车销售服务有限公司
5. 鄂尔多斯市奥华汽车销售有限责任公司
6. 岳阳惠致汽车有限公司
7. 阜阳市致诚汽车销售有限公司
8. 江西省成发汽车销售服务有限公司

十七、重庆东风渝安汽车销售有限公司授权品牌汽车销售企业名单

经营范围核定为:东风微车品牌汽车销售

1. 石河子市星顺货物快运服务有限公司
2. 双辽市广联农机有限责任公司
3. 四川眉山安全汽车销售服务有限公司
4. 眉山仁寿县安全汽车销售服务有限公司
5. 滨州小康汽车销售服务有限公司
6. 承德海康汽车销售服务有限公司
7. 海南蓝霸汽车销售服务有限公司三亚分公司
8. 迁安市四通汽车贸易有限公司
9. 唐山纳源汽车贸易有限公司
10. 唐海县农机有限责任公司
11. 荣成天天汽车贸易有限公司
12. 乳山市通宝公司
13. 栖霞亚东工贸有限公司
14. 威海市名骏汽车贸易有限公司
15. 张家口市鹏程汽车贸易有限责任公司怀来分公司
16. 蔚县金桥商贸中心
17. 大荔县伟英汽车贸易有限公司渭南分公司
18. 海盐康达汽车销售有限公司
19. 隆昌县奕帆汽贸有限公司
20. 聊城喜路汽车销售服务有限公司
21. 新疆神河汽车销售有限公司喀什分公司
22. 博乐市协力有限责任公司
23. 阿克苏民成商贸有限公司
24. 新疆四运东风汽车大修厂
25. 新乡市天意汽车商贸有限公司
26. 河北喜路汽车销售有限公司
27. 登封市车友销售服务有限公司
28. 四川京海贸易有限责任公司
29. 哈密市盛龙汽车销售有限公司
30. 新疆西峰源实业开发有限公司
31. 沂南县圣弘汽车销售有限公司
32. 厦门百龙马汽车贸易有限公司同安分公司
33. 邻水县军威汽车销售点
34. 四川恒立汽车销售服务有限公司
35. 富顺县车之魂汽车销售服务有限公司
36. 漯河市东森汽车销售有限公司
37. 滁州市柏林汽车贸易服务有限公司
38. 开县恒兴摩托车销售有限公司
39. 重庆友邦信用担保有限公司
40. 大足县佳信汽车销售服务有限公司
41. 重庆市名佳汽车销售有限责任公司铜梁分公司
42. 荣昌县昌大汽车销售有限公司
43. 重庆市亚欧汽车销售有限公司黔江分公司
44. 重庆市昊成汽车销售服务有限公司
45. 重庆市南川区广源汽贸有限公司
46. 重庆市刚华机动车销售有限公司
47. 四川省南部县金胜实业有限责任公司
48. 珙县吉宏汽车销售有限责任公司
49. 达州市川立商贸有限公司
50. 嘉兴市秀水汽车销售有限公司
51. 海宁市永隆汽车贸易有限公司
52. 平湖市万众汽车贸易有限责任公司
53. 金华市高合汽车销售有限公司
54. 信宜市振兴汽车有限公司
55. 卢氏县联众汽车销售有限公司
56. 昆明恒越汽车销售有限公司
57. 陆良县乾兴汽车销售有限公司
58. 建水县金虾汽车综合服务有限责任公司

十八、郑州日产汽车销售有限公司授权品牌汽车销售企业名单

经营范围核定为:郑州日产品牌汽车销售

1. 福建省建瓯市福鑫物资有限公司
2. 白银恒盛工贸有限公司
3. 凉山州申蓉天正汽车贸易有限责任公司
4. 成都坤堤汽车销售服务有限公司
5. 格尔木市昆仑兴全修理有限责任公司
6. 淮南力达汽车修理厂
7. 重庆明都汽车销售有限公司

8. 宜春市大路汽车销售有限公司
9. 广西壮族自治区机电设备贵港公司
10. 北海贵航工贸有限责任公司
11. 广西玉柴机电有限责任公司河池分公司
12. 通辽市金峰汽车贸易有限责任公司
13. 衢州华泰汽车有限公司龙游分公司
14. 潍坊河海水文科技有限公司
15. 锦州市东达汽车销售有限公司
16. 葫芦岛万远汽车销售服务有限公司
17. 朝阳博盛汽车技术服务有限公司
18. 漳州市兄弟情汽车贸易有限公司
19. 揭阳市安阳汽车贸易有限公司
20. 安庆市皖欣汽车贸易有限公司
21. 新疆帕拉丁营销策划有限公司
22. 德州全程汽车贸易有限公司
23. 泰安市运佳经贸有限责任公司
24. 杭州金帝汽车销售有限公司
25. 金华物产汽车销售服务有限公司丽水分公司
26. 启东市汇众汽车服务有限公司
27. 江西省恒盛汽车销售有限公司
28. 北京华盛昌裕达汽车贸易有限公司
29. 江阴市广吉汽车经销有限公司无锡分公司
30. 山东日产金龙汽车销售服务有限公司
31. 四川省永驰峰汽车贸易有限公司
32. 南充安龙汽贸有限责任公司
33. 广安同泰汽车贸易有限责任公司
34. 东莞飞马二手车信息咨询有限公司
35. 新余市金联货运工贸有限公司
36. 鹰潭市凯凯汽车贸易有限公司
37. 张家界联拓汽车贸易有限公司
38. 荆门市麟瑞汽车销售有限责任公司
39. 东莞市金鹏汽车贸易有限公司
40. 安远县赣通汽车贸易有限公司
41. 青岛华鸿汽车销售有限公司
42. 青岛三九汽车销售服务有限公司
43. 广西壮族自治区机电设备桂林公司
44. 敦煌市天和汽车贸易有限公司
45. 桐乡市新三好汽车销售有限公司
46. 嘉善东元汽车销售有限公司
47. 盘县宏财汽车销售有限责任公司
48. 青海新源汽车贸易有限责任公司
49. 克拉玛依市永庆工贸有限责任公司
50. 佳木斯运通日产汽车销售服务有限公司双鸭山分公司
51. 塔城地区新启汽车贸易有限责任公司
52. 阿勒泰机电设备有限责任公司
53. 石河子车城汽车贸易有限公司

十九、东风汽车股份有限公司授权品牌汽车销售企业名单

经营范围核定为:东风品牌汽车(皮卡)销售

1. 阿克苏弘宇车业有限责任公司
2. 北海贵航工贸有限责任公司
3. 朝阳万通汽贸有限公司
4. 赤峰鹏奥汽车贸易有限责任公司
5. 丹东天成汽车销售有限公司
6. 东莞市东弛汽车有限公司
7. 福建恒信亚飞汽车连锁销售有限公司
8. 广东齐盈汽车销售服务有限公司
9. 广西壮族自治区机电设备贵港公司
10. 贵州三和信贸易有限公司
11. 河南三丰汽车贸易有限公司
12. 锦州市东达汽车销售有限公司
13. 喀什中亚汽车销售有限公司
14. 克拉玛依市东服汽车服务有限公司
15. 库尔勒福洲汽车销售有限责任公司
16. 莱芜汇通汽车贸易有限公司
17. 兰州华之杰汽车销售有限公司
18. 利川市宏盛汽车销售有限公司
19. 辽阳融信汽车销售服务有限公司
20. 辽宁三燕汽车销售服务有限责任公司
21. 宁波华捷汽车销售有限公司
22. 清远市东南汽车农机有限公司
23. 山西飞越汽车销售服务有限公司
24. 上海维宝汽车销售服务有限公司
25. 十堰凌腾科工贸有限公司
26. 吐鲁番地区耀华机电有限责任公司
27. 潍坊万瑞达汽车贸易有限公司
28. 新疆奎屯北京亚飞汽车连锁店
29. 新疆西峰源实业开发有限公司
30. 邢台聚丰汽车贸易有限公司
31. 伊犁翔伊汽车销售有限公司
32. 宜昌华盛汽车贸易有限公司
33. 云南国润东风汽车销售有限公司
34. 张掖市天岳汽车贸易有限责任公司
35. 肇庆美现汽车有限公司
36. 重庆市瑞欧汽车销售有限公司
37. 重庆市名佳汽车销售有限责任公司
38. 重庆明都汽车销售有限公司
39. 梁平县国福汽车销售有限公司
40. 朔州市登利亚飞汽车连锁销售有限公司
41. 泰安市山科工贸有限公司
42. 广元市中成汽车销售有限公司
43. 峨眉山市鑫盟汽车贸易有限公司
44. 泸州建国汽车贸易有限公司江阳分公司
45. 彭州建国汽车销售服务有限公司
46. 双流建国汽车销售服务有限公司
47. 泸州兴欣汽车贸易有限公司
48. 赤峰鹏奥汽车贸易有限责任公司
49. 广西齐盈汽车销售服务有限公司柳州店
50. 广西同盈汽车销售服务有限公司

二十、东风汽车有限公司授权品牌汽车销售企业名单

经营范围核定为:东风日产品牌汽车销售

1. 保定市轩宇久久汽车销售服务有限公司
2. 宣城亚腾汽车销售服务有限公司
3. 株洲海联汽车销售服务有限公司醴陵分公司
4. 上海浦东冠松汽车实业有限公司
5. 东莞市东神贸易有限公司石龙分公司
6. 广州市龙日汽车服务有限公司
7. 清远市金江汽车贸易有限公司
8. 浙江和诚阳光汽车有限公司
9. 新疆瑞丰汽车销售服务有限公司
10. 陕西福华汽车贸易有限公司
11. 山东金大友汽车销售有限公司
12. 济宁东源汽车销售服务有限公司
13. 寿光市华晟汽车销售服务有限公司
14. 朝阳百盛汽车销售服务有限公司
15. 淄博远方骏顺汽车销售服务有限公司
16. 温州华鸿汽车销售服务有限公司府东分公司
17. 奎屯博通商贸有限公司
18. 莆田市华宝投资有限公司
19. 山东龙腾汽车销售有限公司工业南路店
20. 惠州市中洋汽车销售服务有限公司
21. 泉州市汇京亿兴汽车服务有限公司
22. 通化市长诚汽车贸易中心
23. 陕西忠伟汽车销售有限公司
24. 南充树生车业有限公司顺庆分公司
25. 重庆铭兴盛泰汽车销售有限公司
26. 福建省南方车业有限公司
27. 南安市汇京汽车销售服务中心
28. 登封市万鑫机车销售有限公司
29. 济源市威佳汽车贸易有限公司
30. 潜江市战友汽车销售服务有限公司
31. 怀化市恒裕汽车贸易有限公司
32. 澧县永安汽车贸易有限责任公司
33. 张家界金发汽车服务有限公司
34. 烟台泰龙汽车销售服务有限公司
35. 枣庄远方汽车销售服务有限公司高新区分公司
36. 徐州东辰汽车邳州贸易有限公司
37. 珠海风神贸易有限公司
38. 佛山市利隆汽车销售服务有限公司
39. 江门市利泰汽车销售服务有限公司开平分公司
40. 介休市金利恒汽车服务有限公司
41. 丹东英和汽车销售服务有限公司
42. 本溪英和汽车销售服务有限公司
43. 徐州沪彭行汽车销售服务有限公司
44. 芜湖亚夏汽车股份公司黄山分公司

二十一、东风本田汽车有限公司授权品牌汽车销售企业名单

经营范围核定为:东风本田品牌汽车销售

1. 成都建业车业有限公司
2. 江苏龙杰汽车实业有限公司
3. 九江新运通汽车服务有限公司
4. 唐山荣川东本汽车销售服务有限公司
5. 上海浦东冠松汽车销售服务有限公司
6. 肇庆东联东本汽车销售服务有限公司
7. 三亚泊虎汽车销售有限公司
8. 如皋益昌汽车销售服务有限公司
9. 茂名市利泰汽车销售服务有限公司
10. 莱芜市圣轩汽车销售服务有限公司
11. 黄石恒信德龙汽车销售服务有限公司
12. 绍兴市中鑫汽车销售有限公司
13. 深圳市新力达车友汽车贸易有限公司
14. 惠州市俊峰投资有限公司
15. 萍乡市民生汽车销售服务有限公司
16. 三明华昌汽车销售服务有限公司
17. 梅州市俊诚汽车销售服务有限公司
18. 揭阳市荣通汽车贸易有限公司
19. 江苏启辰汽车贸易有限公司
20. 苏州市颉田汽车销售服务有限公司
21. 安徽淮南中州汽车销售服务有限公司
22. 延安祥瑞汽车销售服务有限公司

二十二、东风悦达起亚汽车有限公司授权品牌汽车销售企业名单

经营范围核定为:东风悦达起亚品牌汽车销售

1. 朝阳金都汽车贸易有限责任公司
2. 北京中德汽车销售有限公司第一分公司
3. 长治市港友汽贸服务有限公司
4. 运城市万通车城汽车销售有限公司
5. 安阳市隆兴汽车销售服务有限公司
6. 常德市东亚汽车服务有限公司
7. 云南红河诚达汽车销售服务有限公司
8. 青岛韩亚汽车销售服务有限公司
9. 烟台市盛悦汽车销售服务有限公司
10. 青州宝亨汽车贸易有限公司
11. 苏州丰丰汽车销售服务有限公司

二十三、北京现代汽车有限公司授权品牌汽车销售企业名单

经营范围核定为:北京现代品牌汽车销售

1. 海南京诚永盛汽车销售服务有限公司
2. 重庆美源北现汽车发展有限公司
3. 渭南华兴汽车销售服务有限公司
4. 荆门恒信华通汽车销售服务有限公司
5. 娄底市和轩汽车销售服务有限公司
6. 南充天成实业有限公司

二十四、南京名爵汽车贸易有限公司授权品牌汽车销售企业名单

经营范围核定为:MG 名爵品牌汽车销售

1. 北京众义达汇杰汽车销售服务有限公司
2. 广西桂爵汽车销售服务有限责任公司
3. 山西香山晋达汽贸有限公司高新分公司
4. 鄂尔多斯市德力汽车服务有限责任公司
5. 洛阳市德众汽车服务有限公司
6. 中山市富茂汽车销售有限公司
7. 青岛华森汽车销售维修有限公司

8. 青岛宏林源汽车销售有限公司
9. 淄博世纪车行有限公司张店分公司
10. 遵义骏威汽车贸易有限公司
11. 海南信达路康汽车销售有限公司
12. 上海汽车贸易有限公司

二十五、一汽-大众销售有限责任公司授权品牌汽车销售企业名单

经营范围核定为:一汽大众品牌汽车销售

1. 天津市捷兴汽车商贸有限公司
2. 湖南省永州市永恒汽车贸易有限公司
3. 温岭市金桥汽车销售服务有限公司
4. 喀什庞大一众汽车销售服务有限公司
5. 库尔勒庞大一众汽车销售服务有限公司
6. 昌吉市庞大一众汽车销售服务有限公司
7. 哈密庞大一众汽车销售服务有限公司
8. 伊宁市庞大一众汽车销售服务有限公司
9. 白银庞大一众汽车销售服务有限公司
10. 庆阳庞大一众汽车销售服务有限公司
11. 湖北东富汽车工贸有限公司十堰分公司

二十六、安徽江淮汽车股份有限公司授权品牌汽车销售企业名单

经营范围核定为:江淮瑞风、瑞鹰品牌汽车销售

1. 河南亿瑞汽车销售有限公司
2. 通辽市联众物资有限责任公司
3. 辽阳凯达汽车贸易有限公司
4. 牡丹江帅丰圣泰汽车销售服务有限公司
5. 泰州东方瑞风汽车销售服务有限公司
6. 唐山市翼东江淮汽车销售服务有限公司
7. 葫芦岛山石汽车销售服务有限公司
8. 潮州市华健汽车贸易有限公司
9. 辽宁兴锐汽车销售服务有限公司
10. 四川内江曙光车业有限责任公司
11. 德阳顺天行汽车贸易有限责任公司
12. 乐山天牛车业有限公司
13. 宜宾安吉物流集团汽车销售有限责任公司
14. 河南亿瑞汽车贸易有限公司洛阳分公司
15. 克拉玛依市民丰福利有限责任公司汽车销售分公司
16. 柳州市东振汽车有限责任公司

二十七、上海通用五菱汽车股份有限公司授权品牌汽车销售企业名单

经营范围核定为:上汽通用五菱品牌汽车销售

1. 南丰县腾达车业有限公司
2. 余干县永达汽车销售服务有限公司
3. 宁都县凯丰汽车销售服务有限公司
4. 信丰县宇通汽车贸易有限公司
5. 福州五菱汽车配件制造有限公司
6. 十堰国中贸易有限公司
7. 枣阳市远钧销售有限公司
8. 涟源市兴旺汽车销售有限责任公司
9. 海口源源汽车销售有限公司琼海分公司
10. 茂名市茂物机电设备有限公司高州分公司
11. 广东五菱汽车销售服务有限公司
12. 蒙自通力汽车经贸有限公司
13. 保山金马中运有限责任公司
14. 施秉县宏达汽车贸易有限公司
15. 遵义良驹汽车贸易有限公司销售部
16. 黔西县林枫汽车贸易有限公司
17. 湄潭县光洪汽车贸易有限公司
18. 余庆县华睿汽车贸易有限公司
19. 毕节地区荣贵汽车有限责任公司织金分公司
20. 贵州省威宁县前进商贸有限公司
21. 梧州市嘉运汽车贸易有限公司
22. 宜宾建宾汽车销售服务有限公司
23. 宣汉县骏威车行
24. 攀枝花市铭亿汽车销售服务有限公司
25. 临夏市龙马汽车销售有限责任公司
26. 银川五宝实业发展有限公司静宁汽车贸易分公司
27. 银川五宝实业发展有限公司平凉汽车贸易分公司
28. 银川五宝实业发展有限公司庆阳汽车贸易分公司
29. 银川五宝实业发展有限公司庆城分公司
30. 济南大亚汽车贸易有限公司平阴分公司
31. 滨州市菱通汽车销售有限公司沾化分公司
32. 烟台市五菱汽车销售有限公司福山分公司
33. 青州市上菱汽车销售服务有限公司
34. 潍坊润发汽车销售有限公司
35. 浙江昌达汽车贸易有限公司龙泉分公司
36. 缙云县壶镇大丰车行
37. 松阳县天虹汽车运输有限公司
38. 台州市本阳汽车贸易有限公司
39. 台州市本阳汽车贸易有限公司峰江分公司
40. 镇江长菱五菱汽车销售服务有限公司
41. 宿迁市华达汽车贸易有限公司沭阳分公司
42. 宿州市新时代汽车销售有限公司
43. 浙江五菱汽车销售服务有限公司临安分公司
44. 平湖市五菱汽车销售服务有限公司
45. 嘉兴市五菱汽车销售服务有限公司海宁分公司
46. 舟山市定海永驰汽车销售有限公司
47. 桐庐菱通汽车销售有限公司
48. 杭州鹏飞汽车有限公司
49. 绍兴申通汽车有限公司上虞分公司
50. 嵊州市何氏汽车贸易有限公司
51. 绍兴五菱汽车销售服务有限公司
52. 北京聚百丰汽车销售服务有限公司
53. 天津市冀津汽车贸易有限公司津南分公司
54. 天津金博实汽车贸易有限公司
55. 天津市鹏峰汽车贸易有限公司王兰庄分公司
56. 滦南县冀东汽车销售服务有限公司
57. 庞大汽贸集团股份有限公司昌黎分公司
58. 庞大汽贸集团股份有限公司衡水分公司
59. 庞大汽贸集团股份有限公司卢龙分公司

60. 庞大汽贸集团股份有限公司秦皇岛分公司
61. 庞大汽贸集团股份有限公司青龙分公司
62. 庞大汽贸集团股份有限公司张家口分公司
63. 安阳市长菱汽车销售服务有限公司
64. 漯河市华润汽车销售服务有限公司舞阳分公司
65. 平顶山市神行汽车贸易有限公司郏县分公司
66. 河北通菱汽车销售服务有限公司迁安分公司
67. 延边全大机电设备有限公司池北分公司
68. 吉林市瀚翔汽车销售服务有限公司蛟河分公司
69. 吉林市瀚翔汽车销售服务有限公司磐石分公司
70. 通化市宏彬汽车销售服务有限公司柳河分公司
71. 锦州新光汽车销售服务有限公司
72. 绥中五菱汽车服务中心
73. 盖州市五菱汽车服务中心
74. 上海乾菱汽车销售有限公司
75. 河南通广汽车贸易有限公司
76. 鹤壁市新世纪汽车贸易有限公司
77. 徐州通菱汽车销售服务有限公司
78. 菏泽恒驰汽车销售服务有限公司
79. 渭南华菱汽车销售服务有限公司
80. 榆林市塞北汽车销售服务有限公司
81. 浙江星洲汽车销售有限公司
82. 苏州华飞汽车销售服务有限公司
83. 赣州创奇汽车销售服务有限公司
84. 阜阳市众诚汽车销售有限公司
85. 莱芜市华贸物资有限公司
86. 山东惠民鑫顺通汽贸有限责任公司
87. 上饶市国菱汽车销售服务有限公司
88. 辽宁盛通汽车销售服务有限公司
89. 山西友信汽车贸易有限公司长治分公司

二十八、本田技研工业(中国)投资有限公司授权品牌汽车销售企业名单

经营范围核定为:ACURA(讴歌)品牌汽车销售
1. 广州鸿粤阿库拉汽车销售服务有限公司
2. 温州瓯尚汽车有限公司
3. 宁波艾可汽车销售服务有限公司
4. 长春骏耀汽车贸易有限公司
5. 辽宁汇歌汽车销售服务有限公司
6. 山西嘉昶鑫汽车销售服务有限公司

二十九、江西华翔富奇汽车营销有限公司授权品牌汽车销售企业名单

经营范围核定为:华翔富奇品牌汽车销售
1. 青海中创易达汽车销售有限责任公司
2. 六安市风驰汽车销售服务有限公司
3. 自贡天龙汽车贸易有限公司
4. 攀枝花市铭亿汽车销售服务有限公司
5. 河池市豪客汽车销售有限公司
6. 宜昌京鄂汽车销售有限公司襄樊分公司
7. 广西钦州市新力汽车销售有限公司

三十、湘潭江南汽车销售有限公司授权品牌汽车销售企业名单

经营范围核定为:江南品牌汽车销售
1. 巴中兴越汽车贸易有限公司
2. 威海伯乐汽车贸易有限公司
3. 乌鲁木齐天轩汽车销售有限公司
4. 南充市锦垣汽车有限公司
5. 重庆锦隆汽车销售有限公司
6. 伊犁鑫炜商贸有限公司
7. 东营光达机械修理有限责任公司
8. 东莞市同达汽车销售服务有限公司
9. 长沙众隆汽车贸易有限公司
10. 益阳市峰华商贸有限公司
11. 江南汽车驻马店市高新区恒达汽车修理有限公司
12. 常德市传波汽车贸易有限公司
13. 土默特右旗嘉禾汽贸有限公司
14. 山东泰安龙飞龙汽车销售服务有限公司
15. 济宁市普莱德汽车销售服务公司
16. 吕梁亚飞汽车天龙连锁店有限公司

三十一、青年汽车销售有限公司授权品牌汽车销售企业名单

经营范围核定为:进口欧洲之星品牌汽车销售
1. 郑州联发汽车销售服务有限公司
2. 龙岩市雪峰汽车销售服务有限公司
3. 福州开源实业有限公司
4. 江苏银嘉汽车销售服务有限公司
5. 包头普瑞德新技术有限公司
6. 大连青年莲花汽车销售服务有限公司
7. 锦州远东汽车销售服务有限公司
8. 芜湖市天洋工程机械有限公司
9. 常州市高俊汽车销售服务有限公司
10. 南平市闽北汽车贸易有限公司
11. 沭阳鹏程汽车销售服务有限公司
12. 淄博唯达汽车服务有限公司莱芜分公司
13. 徐州鲲鹏汽车销售服务有限公司
14. 张家港市大亨汽车贸易有限公司
15. 昆山盛达汽车销售服务有限公司
16. 太仓市金诚汽车销售服务有限公司

三十二、现代汽车(中国)投资有限公司授权品牌汽车销售企业名单

经营范围核定为:进口现代品牌汽车销售
1. 新疆博望现代汽车销售服务有限公司
2. 苏州中现汽车有限公司

三十三、现代汽车(中国)投资有限公司授权品牌汽车销售企业名单

经营范围核定为:进口起亚品牌汽车销售
1. 山东惠骋汽车贸易有限公司
2. 厦门富饶汽车有限公司福州公司
3. 广西华源汽车销售服务有限公司

三十四、浙江吉利汽车销售有限公司授权品牌汽车销售企业名单

经营范围核定为:吉利品牌汽车销售

1. 泰安瑞通汽车销售有限公司
2. 武汉市竹叶山汽车市场经贸有限公司咸宁分公司
3. 孝感市名鑫汽车贸易有限公司
4. 黄梅县隆盛汽车贸易有限公司
5. 英山县阳平汽车贸易有限公司
6. 蕲春县三泓汽车贸易有限公司
7. 武汉昌利源经贸有限公司孝感分公司
8. 江阴市西格玛自动化机电设备有限公司
9. 温州市吉达汽车销售服务有限公司
10. 三明市华骋汽车贸易有限公司
11. 鄂尔多斯市慧龙汽车销售服务有限公司
12. 河北新晨汽车销售服务有限公司
13. 嵊州市东华汽车销售服务有限公司
14. 黔南州登世达汽车贸易有限责任公司
15. 汾阳市永兴旺汽车贸易有限公司
16. 文水县立华汽贸有限公司
17. 山西省平遥县仁通汽车服务有限公司
18. 介休市隆运汽车服务有限公司
19. 廊坊市凯通汽车销售服务有限公司东外环路分公司
20. 永清县通达汽车贸易有限公司
21. 霸州市冀中机电设备有限公司胜芳分公司
22. 大城县隆孚商贸有限公司
23. 三河市亚飞汽车连锁有限公司

三十五、天津天汽集团美亚汽车制造有限公司授权品牌汽车销售企业名单

经营范围核定为:天汽美亚品牌汽车销售

1. 潍坊盛源汽车物资有限公司
2. 青海升宁商贸有限责任公司
3. 神木县九昌汽车销售服务有限公司
4. 哈尔滨天强汽车销售有限公司
5. 重庆美信汽车销售有限公司
6. 绵阳金利汽贸有限公司
7. 达州市天成汽车销售有限公司
8. 贵州四力机电设备有限责任公司第一分公司
9. 贵州四力机电设备有限责任公司第二分公司
10. 唐山新丰汽车销售有限公司
11. 南充安龙汽贸有限责任公司

三十六、河北中兴汽车制造有限公司授权品牌汽车销售企业名单

经营范围核定为:中兴品牌汽车销售

1. 桂林兴顺汽车销售服务有限公司
2. 济南骏通汽车贸易有限公司
3. 贵州利亨汽车销售服务有限公司
4. 潍坊华盛汽车贸易有限公司
5. 赣州华士汽车贸易有限公司
6. 三门峡中兴汽车销售服务有限公司
7. 泉州顺川汽车销售有限公司
8. 茂名市东方汽车销售服务有限公司
9. 衡阳福顺汽车销售服务有限公司
10. 重庆爱尔汽车销售服务有限公司奉节分公司
11. 重庆市南川区生源汽车贸易有限公司
12. 石柱信誉经贸商行
13. 重庆市顺众汽车销售服务有限公司
14. 孝义市通运新华夏汽车连锁销售有限公司
15. 保定宝美汽车销售服务有限公司
16. 辛集市铁马汽车修理有限责任公司
17. 张家口市鹏程汽车贸易有限责任公司怀来分公司
18. 焦作市龙马物资有限责任公司
19. 池州市天宇汽车销售服务有限公司
20. 百色市鑫鼎汽车贸易有限责任公司
21. 贵港市弘港汽车贸易有限公司
22. 黄石市高科商贸有限责任公司
23. 伊犁天阳农业机械设备有限责任公司
24. 鄂尔多斯市国普先汽车销售有限责任公司
25. 巴彦淖尔市捷亚泰商贸有限责任公司
26. 乌拉特前旗享得利汽车有限责任公司
27. 威海市荣晟汽车销售有限公司青岛分公司
28. 岑溪市智成汽车贸易有限公司
29. 黑龙江一加汽车销售服务有限公司
30. 瓦房店鸿顺车业有限公司
31. 晋城市宏达(亚飞)汽车连锁销售有限公司
32. 甘肃中陆汽车销售服务有限公司
33. 张掖市安驰汽车贸易有限责任公司
34. 白银新长城汽车贸易有限公司
35. 达州市兴达车业有限责任公司
36. 抚州祥兴飞跃汽车销售有限公司
37. 六安市通达汽车贸易有限公司

三十七、石家庄星环汽车销售服务有限公司授权品牌汽车销售企业名单

经营范围核定为:双环、红星品牌汽车销售

1. 上海环聚汽车销售服务有限公司
2. 商丘市神宇汽车贸易有限公司
3. 南阳市奥奔汽车销售有限责任公司
4. 湖南东一汽车销售服务有限公司
5. 临安临众汽车销售有限公司
6. 克拉玛依市庆铃汽车销售有限公司
7. 天津市华夏隆盛机电贸易有限公司
8. 新疆巴州万方机电设备有限公司
9. 浙江欧龙汽车贸易有限公司汽车超市分公司
10. 大庆超明汽车经销有限公司

三十八、一汽丰田汽车销售有限公司授权品牌汽车销售企业名单

经营范围核定为:一汽丰田品牌汽车销售

1. 呼和浩特金川丰田汽车销售服务有限公司
2. 余姚宁兴丰田汽车销售服务有限公司
3. 青岛世鑫丰田汽车销售服务有限公司
4. 衡水裕华丰田汽车销售有限公司

5. 东莞市东城丰田汽车销售服务有限公司

三十九、华晨宝马汽车有限公司、宝马(中国)汽车贸易有限公司授权品牌汽车销售企业名单

经营范围核定为:华晨宝马、进口BMW(宝马)品牌汽车销售

1. 南京裕宝汽车销售服务有限公司
2. 长春汇宝汽车销售服务有限公司
3. 沈阳信宝行汽车销售服务有限公司
4. 成都锦泰宝驹汽车销售服务有限公司
5. 杭州宝信汽车销售服务有限公司
6. 天津宝信汽车销售服务有限公司
7. 太原宝诚汽车销售服务有限公司
8. 柳州市粤宝汽车销售服务有限公司

四十、标致雪铁龙(中国)汽车贸易有限公司授权品牌汽车销售企业名单

经营范围核定为:进口标致品牌汽车销售

1. 长治市晋豪汽车销售有限公司
2. 湖南标弘汽车销售服务有限公司

四十一、一汽马自达汽车销售有限公司授权品牌汽车销售企业名单

经营范围核定为:马自达品牌汽车(一汽马自达、进口马自达)销售

1. 云南易道良马汽车贸易有限公司
2. 日照吉瑞达贸易有限公司
3. 深圳市安进投资有限公司
4. 深圳通利华侨东汽车销售服务有限公司
5. 上海通锐汽车销售服务有限公司

四十二、捷成(中国)汽车销售有限公司授权品牌汽车销售企业名单

经营范围核定为:保时捷品牌汽车销售

1. 北京百得利汽车销售有限公司
2. 济南格鲁普艾姆汽车服务有限公司

四十三、上海宾利汽车销售有限公司授权品牌汽车销售企业名单

经营范围核定为:进口宾利品牌汽车销售

四川宾利汽车销售服务有限公司

四十四、克莱斯勒(中国)汽车销售有限公司授权品牌汽车销售企业名单

经营范围核定为:进口克莱斯勒、吉普品牌汽车销售

1. 广州东联佳士拿汽车销售有限公司
2. 吉林永成汽车销售服务有限公司
3. 北京万吉祥汽车贸易有限公司
4. 湖南中和投资有限公司
5. 重庆君誉汽车有限公司
6. 天津盛发汽车销售服务有限公司
7. 厦门信达北克汽车有限公司
8. 泉州国茂汽车销售服务有限公司

四十五、北京奔驰-戴姆勒·克莱斯勒汽车有限公司授权品牌汽车销售企业名单

经营范围核定为:国产克莱斯勒品牌汽车销售

1. 长治市戴美克锐菱汽车销售服务有限公司
2. 苏州天驰新盛汽车销售服务有限公司
3. 柳州恒通汽车销售有限公司

四十六、梅赛德斯-奔驰(中国)汽车销售有限公司、北京奔驰-戴姆勒·克莱斯勒汽车有限公司授权品牌汽车销售企业名单

经营范围核定为:进口、国产奔驰品牌汽车销售

1. 大连中升之星汽车销售服务有限公司
2. 临沂远通之星汽车销售服务有限公司
3. 浙江慈吉之星汽车有限公司

四十七、日产(中国)投资有限公司授权品牌汽车销售企业名单

经营范围核定为:英菲尼迪(lnfiniti)品牌汽车销售

1. 重庆尚博汽车有限公司
2. 北京博瑞翔昊汽车销售服务有限公司
3. 佛山市雄峰英菲尼迪汽车有限公司
4. 温州英泰汽车有限公司
5. 武汉三环汽车有限公司

四十八、大众进口汽车销售有限公司授权品牌汽车销售企业名单

经营范围核定为:VoIkswagen(进口大众)品牌汽车销售

1. 东莞市华熙汽车销售有限公司
2. 宁波众通汽车有限公司
3. 苏州金阊众翔汽车销售服务有限公司
4. 烟台德辉汽车销售服务有限公司
5. 云南星兴机电贸易有限公司
6. 福建盈众润达汽车销售有限公司
7. 辽宁川达汽车销售服务有限公司
8. 南京景众汽车销售服务有限公司
9. 无锡腾众汽车销售服务有限公司
10. 唐山众腾汽车销售有限公司
11. 义乌市恒通汽车销售服务有限公司

四十九、丹东黄海汽车有限责任公司授权品牌汽车销售企业名单

经营范围核定为:黄海品牌汽车销售

1. 唐山宏轩汽车销售服务有限公司
2. 贵州久鑫汽车贸易服务有限公司遵义国鑫分公司
3. 阆中市飞翔汽车贸易有限公司
4. 丽水市丽阳汽车销售有限公司
5. 抚顺市北方亚飞汽车销售有限公司

五十、保定大迪汽车工业有限公司授权品牌汽车销售企业名单

经营范围核定为:大迪品牌汽车销售

1. 青海西部汽车贸易有限公司
2. 成都志源汽车有限责任公司
3. 遵义市昆琛商贸有限责任公司

五十一、宝马(中国)汽车贸易有限公司授权品牌汽车销售企业名单

经营范围核定为:MINI品牌汽车销售

1. 唐山中宝汽车销售服务有限公司
2. 珠海宝泽汽车销售服务有限公司

3. 沈阳信宝行汽车销售服务有限公司

五十二、东南(福建)汽车工业有限公司授权品牌汽车销售企业名单

经营范围核定为:东南品牌汽车销售

1. 淄博华鸿汽车销售服务有限公司
2. 浙江康达汽车工贸有限公司杭州萧山分公司
3. 浙江康达汽车工贸有限公司余姚分公司
4. 江苏银嘉汽车销售服务有限公司
5. 厦门福驰汽车贸易有限公司

五十三、格鲁普艾姆国际汽车贸易有限公司授权品牌汽车销售企业名单

经营范围核定为:进口阿斯顿马丁品牌汽车销售

北京马丁之翼贸易有限公司

五十四、北京汽车制造厂有限公司授权品牌汽车销售企业名单

经营范围核定为:北京汽车制造厂品牌汽车销售

1. 东莞市骏盈汽车销售服务有限公司
2. 兰州福通汽车销售服务有限公司
3. 怀化大华机电设备有限公司
4. 云南豪鑫汽车贸易有限公司临沧分公司

五十五、保定长城汽车销售有限公司授权品牌汽车销售企业名单

经营范围核定为:长城品牌汽车销售

1. 承德市庞大物流仓储有限责任公司
2. 赤峰柳厦商贸有限公司
3. 延安宁海工贸有限公司
4. 泸州协力汽车贸易有限公司
5. 内江市通达车业有限公司
6. 宜宾市捷安汽车销售有限责任公司
7. 资阳市泰成机电商贸有限公司
8. 思茅思南汽销有限公司
9. 云南曲靖汇龙工贸有限公司
10. 乳山市方正汽车销售有限公司
11. 嘉峪关市吉良汽车销售服务有限公司
12. 潍坊金宝昌泰汽车销售有限公司
13. 淄博东润源汽车销售有限公司张店分公司
14. 呼和浩特市际虹汽车销售有限责任公司
15. 甘肃远通汽车销售服务有限公司
16. 河南华健汽车销售有限公司

五十六、北京威兹曼汽车销售服务有限公司授权品牌汽车销售企业名单

经营范围核定为:进口威兹曼(WIESMANN)品牌汽车销售

河南瑞华汽车销售有限公司

五十七、北京威兹曼汽车销售服务有限公司授权品牌汽车销售企业名单

经营范围核定为:进口激动力(G-POWER)品牌汽车销售

河南瑞华汽车销售有限公司

五十八、上海汽车工业销售有限公司授权品牌汽车销售企业名单

经营范围核定为:双龙品牌汽车销售

1. 大庆勤华双龙汽车销售有限公司
2. 四川兴三和汽车贸易有限公司
3. 宜昌兴顺汽车销售服务有限公司
4. 运城市圣惠双龙汽车销售服务有限公司
5. 石家庄美华汽车销售服务有限公司
6. 合肥德高瑞祥汽车销售有限公司
7. 保定市金昌汽车销售服务有限公司
8. 大同市国贸汽车销售有限责任公司

五十九、上海南星行汽车有限公司授权品牌汽车销售企业名单

经营范围核定为:进口改装pmc旅行车“商务之星”品牌汽车销售

1. 上海南星行汽车销售有限公司
2. 福州风驰汽车服务有限公司
3. 北京世尊行商贸有限公司

六十、浙江永源汽车有限公司授权品牌汽车销售企业名单

经营范围核定为:飞碟品牌汽车销售

1. 兰州星象汽车销售有限公司
2. 宁波市鄞州赛爱姆汽车服务有限公司
3. 成都市宗佳汽贸实业有限公司
4. 北京吉达伟业商贸有限公司
5. 苏州欣正汽车销售有限公司
6. 贵阳大正凯德思汽车服务有限公司
7. 湖南阳塑汽车贸易有限公司
8. 陕西华盛汽车贸易有限公司
9. 海口新鹏飞汽车贸易有限公司
10. 遵义市华慧农机有限责任公司

六十一、长安福特马自达汽车有限公司授权品牌汽车销售企业名单

经营范围核定为:长安福特品牌汽车销售

1. 大庆合庆汽车销售维修有限公司
2. 保定市天孚汽车贸易有限公司定州分公司
3. 山西昌福汽车服务有限公司
4. 济宁福泰阳光汽车销售服务有限公司
5. 扬州福联汽车销售服务有限公司仪征分公司
6. 义乌市瑞鑫汽车销售服务有限公司东阳分公司
7. 蚌埠市润美汽车销售服务有限公司淮北分公司
8. 蚌埠润美汽车销售服务有限公司阜阳分公司
9. 温州金州汽车有限公司
10. 福建丰裕汽车销售服务有限公司石狮分公司
11. 茂名市进达汽车有限公司
12. 新疆天汇福达汽车销售服务有限公司
13. 南充德福达汽车有限公司
14. 泸州通海汽车贸易有限公司

六十二、长安福特马自达汽车有限公司授权品牌汽车销售企业名单

经营范围核定为:长安沃尔沃品牌汽车销售

1. 北京百旺沃瑞汽车销售服务有限公司
2. 山东锦堂盛汽车销售服务有限公司
3. 嘉兴元瑞汽车有限公司

4. 无锡东方吉羊汽车销售服务有限公司
5. 宁波元瑞汽车有限公司
6. 义乌市金沃汽车销售有限公司
7. 贵州天鼎汽车服务有限责任公司

六十三、重庆力帆汽车销售有限公司授权品牌汽车销售企业名单

经营范围核定为:力帆品牌汽车销售

1. 福建省三联汽车贸易有限公司
2. 昆明中机金鼎汽车技术服务中心有限公司凯旋利分公司
3. 昆明中机金鼎汽车技术服务中心有限公司世博分公司
4. 云南文山交通运输集团公司汽车销售分公司
5. 黄石市星晨汽车销售服务有限公司
6. 张掖市海峰机电汽车贸易有限责任公司
7. 大连好宏汽车贸易有限公司
8. 献县荣达汽车销售有限公司
9. 莱阳市恒达实业有限公司
10. 龙口市福利汽车销售有限公司
11. 招远市志强汽车销售有限公司
12. 肃宁县华宇汽车销售有限公司
13. 固始县万达汽车销售服务有限公司
14. 涟源市风行丽影汽车贸易服务有限公司
15. 内蒙古威风汽车销售有限公司锡林郭勒盟分公司
16. 新疆义丰华商贸有限公司
17. 临沭县华兴汽车贸易有限公司
18. 长春市富陆汽车贸易有限公司
19. 甘肃金穗标汽车销售服务有限公司
20. 河源市中顺汽车销售服务有限公司
21. 济南山泉汽车销售有限公司
22. 益阳市开元汽车城有限公司
23. 永州市联杰汽车销售服务有限公司
24. 靖州飞跃汽车销售有限公司
25. 遵义良驹飞驰汽车销售服务有限公司
26. 泉州市民发汽车发展有限公司晋江分公司
27. 武平县方邦汽车贸易有限公司
28. 黑龙江金海达贸易有限公司
29. 重庆双碑冶金综合厂汽修分厂
30. 贵阳西海汽车贸易有限公司
31. 天津鹏峰乐弛汽车贸易有限公司
32. 青岛神龙潮汽车销售有限公司
33. 寿光市鑫德汽车销售有限公司
34. 莆田市吉泰汽车销售有限公司
35. 肥乡县冀乡汽车贸易有限公司
36. 涞水县欧美亚汽车销售服务有限公司
37. 德州元盛鑫喜汽车销售服务有限公司
38. 贵阳西海汽车贸易有限公司安顺分公司
39. 广安市佳美车业有限责任公司
40. 云南欣德汽车销售有限公司
41. 天津市宝银汽车商贸有限公司汽车销售分公司
42. 高碑店市永杰汽车销售有限公司
43. 天津金晟伟业汽车销售有限公司
44. 常州康田汽车销售有限公司
45. 安徽旭辰汽车销售服务有限公司
46. 莒南金元汽车贸易有限公司
47. 贵州慧胜汽车贸易服务有限公司
48. 乐山市红中车业有限公司犍为分公司
49. 新余市华新汽车服务有限公司
50. 石家庄盛禾汽车贸易有限公司新乐市分公司
51. 白城市鹏宇车展有限公司
52. 临海市神鹰汽车修理厂利民汽车经营部
53. 株洲国龙汽贸有限公司
54. 梁山县顺达汽车销售服务有限公司
55. 邹城市万里汽车销售有限责任公司
56. 宁波海曙芸宇汽车销售服务有限公司
57. 安庆市联友汽车贸易有限责任公司池州分公司
58. 西安兴宏汽车贸易有限公司
59. 鄂尔多斯市明志汽车销售有限公司杭锦旗分公司
60. 鄂尔多斯市荣基商贸有限责任公司
61. 陕西罗瓦托环保科技有限公司
62. 泊头市天鑫汽贸有限责任公司
63. 武陟县鑫光明汽贸有限公司
64. 沁阳市华康物资有限公司
65. 宝鸡市长安汽车销售有限责任公司

六十四、江西昌河铃木汽车有限责任公司授权品牌汽车销售企业名单

经营范围核定为:昌河铃木品牌汽车销售

1. 亳州市隆润汽车销售服务有限公司
2. 北京伟业恒兴汽车销售有限公司
3. 中山市恒洋汽车贸易有限公司小榄分公司
4. 滑县宝龙汽车销售服务有限公司
5. 鄢陵恒通汽贸有限公司
6. 保定市都市平远汽车销售有限公司
7. 保定市元通汽车贸易有限公司顺平县分公司
8. 安新通会汽车销售有限公司
9. 都昌县万里汽车贸易有限公司
10. 南京福佳汽车销售服务有限公司
11. 苏州市都市飞梭汽车销售服务有限公司
12. 沂南县圣弘汽车销售有限公司
13. 高青县新天地商贸有限公司
14. 青岛顺菱汽车销售服务有限公司
15. 苍山县自立汽车销售中心
16. 介休市惟志汽车销售有限公司
17. 祁县香山汽车贸易有限公司
18. 榆林市长安铃木汽车销售服务有限公司神木分公司
19. 四川三里汽车销售服务有限公司
20. 自贡市新成车业有限责任公司
21. 蚌埠市宏福汽车贸易有限公司
22. 颍上银河汽车销售有限公司
23. 临泉县龙泉商贸有限公司
24. 保定市元通汽车贸易有限公司雄县分公司
25. 安国市中联汽车贸易有限公司

26. 潮州顺通汽车贸易有限公司浮洋分公司
27. 富平县腾龙农机汽车有限责任公司
28. 平邑远通汽车销售服务有限公司
29. 山东临沂汽车工业贸易有限公司沂水分公司
30. 梁山圣通汽车销售有限公司
31. 金乡县东润汽车销售服务有限公司
32. 山东临沂汽车工业贸易有限公司沂水分公司
33. 崇州市鼎力汽车销售有限公司
34. 四川威佳汽车销售服务有限公司
35. 郫县万胜汽车修理厂
36. 上海锦弘汽车销售服务有限公司
37. 沛县金凤凰汽车销售有限公司
38. 丰县一汽汽车销售有限公司
39. 新沂市翔宇汽车销售有限公司
40. 伊犁鑫泰隆商贸有限责任公司

六十五、江西昌河汽车股份有限公司授权品牌汽车销售企业名单

经营范围核定为:昌河品牌汽车销售

1. 齐河润通汽车服务有限公司
2. 滑县宝龙汽车销售服务有限公司
3. 大城县中凯汽车销售有限公司
4. 海城市济远农机销售服务中心
5. 七台河广众汽车有限责任公司
6. 深圳市德力达汽车贸易有限公司
7. 惠州市龙升汽车贸易有限公司
8. 彭州市大发车城汽车销售有限公司
9. 中江县代福车业有限责任公司

六十六、沈阳华晨金杯汽车有限公司授权品牌汽车销售企业名单

经营范围核定为:金杯品牌汽车销售

1. 辽宁万众汽车广场有限公司
2. 信阳康通华晨汽贸有限公司
3. 沈阳汽车贸易公司

六十七、沈阳华晨金杯汽车有限公司授权品牌汽车销售企业名单

经营范围核定为:中华品牌汽车销售

1. 青州市吉航汽车销售服务有限公司
2. 辽宁万众汽车广场有限公司
3. 驻马店市高新区恒达汽车修理有限公司
4. 信阳康通华晨汽贸有限公司
5. 沈阳汽车贸易公司
6. 抚州市金福汽贸有限公司
7. 鹰潭市中兴汽车销售服务有限公司
8. 抚州市金福汽贸有限公司
9. 诸城市亚飞汽车销售服务有限公司
10. 山东寿光五洲汽车销售有限公司
11. 潍坊金源江铃汽车销售服务有限公司临朐分公司
12. 潍坊隆运汽贸有限公司

六十八、上海通用汽车有限公司授权品牌汽车销售企业名单

经营范围核定为:萨博品牌汽车销售

1. 北京福联通达汽车销售服务有限公司
2. 天津市四联绅宝汽车销售服务有限公司
3. 江苏天泓瑞博汽车服务有限公司
4. 东莞市志诚贸易有限公司
5. 湖南申湘汽车天鹏销售服务有限公司

六十九、上海通用汽车有限公司授权品牌汽车销售企业名单

经营范围核定为:进口、国产雪佛兰品牌汽车销售

1. 陕西尚德通宝汽车销售服务有限公司
2. 大同市鑫鑫芦笛汽车销售有限公司
3. 锡林郭勒盟利丰泰莱汽车服务有限公司
4. 曲靖合力汽车销售服务有限公司
5. 东创建国汽车集团绵阳天汇汽车销售服务有限公司
6. 德阳嘉通汽车销售服务有限公司
7. 马鞍山市弘达汽车销售服务有限公司
8. 盐城市森风汽车有限公司
9. 秦皇岛四联汽车销售服务有限公司
10. 大庆业勤上通汽车销售有限公司
11. 沧州益盛汽车销售服务有限公司
12. 河北怡和隆祥汽车销售服务有限公司
13. 宁夏新世界汽车销售服务有限公司
14. 吉林市前盛通汽车销售有限责任公司
15. 连云港万运汽车销售服务有限公司
16. 上海九炫汽车销售服务有限公司
17. 江苏舜天元泰汽车销售服务有限公司
18. 益阳华世通汽车销售服务有限公司
19. 巢湖亚景汽车销售服务有限公司
20. 濮阳众通汽车服务有限公司
21. 江苏华海雪莱汽车销售服务有限公司
22. 莱芜华贸盛达汽车销售服务有限公司
23. 哈尔滨美通汽车维修服务有限公司
24. 吴江明诚汽车销售服务有限公司

七十、上海通用汽车有限公司授权品牌汽车销售企业名单

经营范围核定为:进口、国产凯迪拉克品牌汽车销售

1. 常州凯尊汽车销售服务有限公司
2. 北京凯迪行汽车销售服务有限公司
3. 苏州华楷汽车销售服务有限公司

七十一、上海通用汽车有限公司授权品牌汽车销售企业名单

经营范围核定为:进口、国产别克品牌汽车销售

1. 赣州运通汽车技术服务有限公司
2. 广西桂海通达汽车销售服务有限公司
3. 广州鸿用汽车销售服务有限公司
4. 泸州国龙汽车销售服务有限公司
5. 达州品信汽车销售服务有限公司
6. 宜昌恒信通顺汽车销售服务有限公司
7. 江苏华通和盛汽车销售服务有限公司
8. 南通崇川新城汽车销售服务有限公司
9. 江苏天泓楚汉汽车服务有限公司
10. 江门合胜汽车销售服务有限公司
11. 牡丹江绿地申通汽车销售服务有限公司
12. 中山银河汽车有限公司

13. 山西友通汽车贸易有限公司
14. 锡林郭勒盟利丰通汽车行有限公司
15. 攀枝花市中盛汽车服务有限责任公司
16. 江苏天泓江北汽车服务有限公司
17. 长兴通盛汽车销售服务有限公司
18. 东阳市沪达汽车销售服务有限公司
19. 衡水通成汽车销售服务有限公司
20. 嵊州市宏盛汽车销售服务有限公司

七十二、上海上汽大众汽车销售有限公司授权品牌汽车销售企业名单

经营范围核定为:斯柯达品牌汽车销售

1. 德州众捷汽车销售服务有限公司
2. 湖州绿地申达汽车销售服务有限公司
3. 焦作市泉达鑫源汽车销售服务有限公司
4. 荆州市恒信通达汽车销售服务有限公司
5. 丽水市怡众汽车销售服务有限公司
6. 新乡市诚达汽车商务有限公司
7. 宁夏金达康汽车销售服务有限公司
8. 运城市彩虹奥洋汽车贸易有限公司
9. 郴州申众汽车销售有限公司
10. 新疆天汇申柯汽车销售服务有限责任公司
11. 齐齐哈尔市中大汽车销售服务有限公司
12. 赣州汇晟汽车销售服务有限公司
13. 唐山庞大众辉汽车销售服务有限公司
14. 泰州众达汽车销售服务有限公司
15. 内蒙古奥捷胜达汽车销售服务有限公司乌海分公司
16. 柳州上源汽车销售服务有限公司
17. 锦州骏宇汽车销售有限公司
18. 威海众达汽车服务有限公司

七十三、上海上汽大众汽车销售有限公司授权品牌汽车销售企业名单

经营范围核定为:上海大众品牌汽车销售

1. 张家口市宣化府宁汽车销售服务有限公司
2. 吴江市毅达汽车销售服务有限公司
3. 哈尔滨市凯旋汽车销售有限公司
4. 海宁市新国鸿汽车销售服务有限公司
5. 深圳市德熙汽车销售有限公司

七十四、沈阳金杯车辆制造有限公司授权品牌汽车销售企业名单

经营范围核定为:金杯 SUV、(皮卡)品牌汽车销售

1. 德宏宏宇实业集团升盈物资有限公司汽车城
2. 楚雄翔瑞汽车销售有限公司
3. 景洪南春经贸有限责任公司
4. 云南东创建国汽车集团销售服务有限公司曲靖分公司
5. 宣威市陆通汽贸有限公司
6. 临沧市靖安贸易有限责任公司
7. 云南东创建国汽车集团销售服务有限公司大理分公司
8. 思茅思南汽销有限公司
9. 保山金马中运有限责任公司
10. 云南东创建国汽车集团销售服务有限公司开远分公司
11. 云南玉溪安发汽车销售有限公司
12. 重庆富森汽车销售有限公司
13. 重庆市八马汽车销售有限公司
14. 重庆明丽汽车销售有限公司
15. 重庆市万州区云飞汽车销售有限公司
16. 重庆融达汽车销售有限公司荣昌分公司
17. 重庆市福捷汽车销售有限公司
18. 贵阳金海汽车销售有限公司
19. 永州市冷水滩区华升汽车贸易有限公司
20. 蒙自永隆汽车销售维修服务有限公司
21. 云南深宝汽车服务有限责任公司
22. 云南文山交通运输集团公司汽车销售分公司
23. 勐腊县霞光汽车销售有限公司
24. 昭通腾越汽车销售有限公司
25. 四川阆中鑫盛车业有限公司
26. 中江县代福车业有限责任公司
27. 内江东贸汽车有限公司
28. 雅安市合利汽车贸易有限公司
29. 雅安宏威车业销售服务有限公司
30. 通江县鑫发汽车贸易有限公司
31. 宜宾华瑞汽车销售服务有限公司
32. 广西万友汽车销售服务有限公司
33. 广西万友汽车销售服务有限公司桂林灵川县分公司
34. 广西万友汽车销售服务有限公司玉林分公司
35. 广西万友汽车销售服务有限公司南宁分公司
36. 北海贵航工贸有限责任公司
37. 北海市华跃汽车销售有限公司
38. 遵义市龙伟汽车贸易有限公司
39. 惠州市众力汽车贸易有限公司汽车维修厂
40. 苏州市景宏贸易有限公司
41. 济南汇丰合众经贸有限公司
42. 喀什顺风汽车经销公司
43. 乌鲁木齐兴吉商贸有限公司

七十五、大连捷天利汽车贸易有限公司授权品牌汽车销售企业名单

经营范围核定为:BRABUS(博速)品牌汽车销售

1. 义乌市天顺汽车销售有限公司
2. 山东省安达汽车服务公司
3. 包头市力德汽车销售有限责任公司
4. 福建榕泰汽车销售服务有限公司

七十六、大连美华汽车贸易有限公司授权品牌汽车销售企业名单

经营范围核定为:进口勇士(TERMINATOR)品牌汽车销售

1. 汕头市宏实汽车销售有限公司
2. 温州冠隆汽车服务有限公司
3. 厦门华标汽车销售有限公司
4. 上海南亚汽车销售有限公司

七十七、安徽江淮汽车股份有限公司授权品牌汽车销售企业名单

经营范围核定为:江淮轿车品牌汽车销售

1. 甘肃吉顺商贸有限公司
2. 饶平县三博汽车贸易有限公司
3. 重庆隆盛源汽车销售服务有限公司
4. 宿州市东方汽车销售服务有限公司
5. 铜陵市永悦汽车销售服务有限责任公司
6. 安徽兆鑫集团汽车有限公司
7. 宣城南方汽车销售服务有限公司广德分公司
8. 泾县华林汽车销售有限公司
9. 宁国振兴汽车销售服务有限公司
10. 赤峰大伟汽车贸易有限责任公司
11. 通辽市联众物资有限责任公司
12. 山西精华伟业汽车服务有限公司
13. 齐齐哈尔市亿驰汽车销售有限责任公司
14. 延边东北机电设备有限公司
15. 宿迁市永华汽车销售服务有限公司
16. 太仓市金阳汽车贸易销售服务有限公司
17. 吴江市南方汽车销售有限公司
18. 潜江市佳鑫汽车销售服务有限公司
19. 烟台宾悦汽车销售服务有限公司
20. 山东滨州市宏宇汽贸有限公司
21. 驻马店市二堂汽车贸易服务有限公司
22. 商丘市华运汽车贸易有限公司
23. 郑州市裕鑫汽车销售有限公司
24. 周口市汽车运输集团汽车修理二厂
25. 信阳市昌源汽车销售服务有限公司
26. 永城市羿天汽车销售有限公司
27. 龙岩市创冠汽车贸易有限公司
28. 宁海宝皇汽车经纪有限公司
29. 乌鲁木齐捷众汽车贸易有限责任公司

七十八、海南一汽海马汽车销售有限公司授权品牌汽车销售企业名单

经营范围核定为:海马品牌汽车销售

1. 玉林市桂南汽车销售有限公司
2. 焦作市宏海轿车销售服务有限公司
3. 平顶山市博海汽车销售服务有限公司
4. 青岛安隆达汽车销售有限公司
5. 广州市星涛汽车销售有限公司
6. 天津永信通汽车销售有限公司
7. 郑州海马汽车销售服务有限公司北环展示厅
8. 景德镇市万顺鑫汽车贸易有限公司
9. 惠州市星光汽车有限公司河源分公司
10. 淮北市伟龙汽车销售有限公司
11. 昭通市昭阳区农业机械有限公司
12. 常州恒通汽车有限公司溧阳分公司
13. 常州恒通汽车有限公司金坛分公司
14. 湖州东洲汽车销售有限公司
15. 西双版纳宏宇汽车销售有限公司
16. 三门峡市宝利汽车销售服务有限公司

七十九、长安福特马自达汽车有限公司授权品牌汽车销售企业名单

经营范围核定为:长安马自达品牌汽车销售

1. 广州市华灵汽车销售有限公司
2. 河南涌威汽车销售有限公司
3. 大庆市瑞玉百申汽车销售有限公司
4. 肇庆美轮庆达汽车服务有限公司
5. 福州龙益汽车销售服务有限公司
6. 洛阳华裕汽车贸易有限公司
7. 镇江润马汽车销售有限公司
8. 常州外汽天一汽车销售服务有限公司
9. 延边华商汽车销售服务有限公司

八十、一汽红旗汽车销售有限公司授权品牌汽车销售企业名单

经营范围核定为:红旗品牌汽车销售

厦门玖玖红旗汽车销售服务有限公司

八十一、上汽汽车制造有限公司授权品牌汽车销售企业名单

经营范围核定为:荣威品牌汽车销售

陕西望圣汽车销售服务有限公司

八十二、东风汽车公司授权品牌汽车销售企业名单

经营范围核定为:东风风神品牌汽车销售

1. 茂名市东森汽车销售服务有限公司
2. 辽宁东风东北汽车销售有限公司
3. 吉林永成汽车销售服务有限公司
4. 北京汇京日盛汽车贸易有限公司
5. 淄博东联汽车有限公司
6. 兰州桃园东风汽车技术服务有限公司
7. 湖北省东安工贸有限公司

八十三、铃木(中国)投资有限公司授权品牌汽车销售企业名单

经营范围核定为:进口铃木品牌汽车销售

1. 南京福佳汽车销售服务有限公司
2. 东莞市羚丰汽车贸易有限公司
3. 长沙天潮贸易有限公司
4. 长沙天潮贸易有限公司城南分公司
5. 北京航空华北汽车贸易有限责任公司

附件二：

品牌汽车总经销商名单

总经销商	授权企业汽车	经营范围核定为
上海中欧国际企业集团有限公司	苏州中欧汽车有限公司	中欧汽车　欧旅牌改装房车
北京日华盛汽车贸易有限公司	美国加利福尼亚康福特汽车公司(California Comfort Vans,Inc)	进口爱尔凯普顿(ELKAPITAN)品牌吉姆西 GMC 改装商务车
宁波市信邦汽车贸易有限公司	美国加利福尼亚康福特汽车公司(California Comfort Vans,Inc)	进口爱尔凯普顿(ELKAPITAN)品牌 FORD Edge sel 3.5L 改装轿车

附件三：

品牌汽车总经销企业名称变更名单

一、广州丰田品牌汽车总经销商由广州丰田汽车有限公司变更为广汽丰田汽车有限公司

二、VOLVO(沃尔沃)乘用车品牌汽车总经销商由深圳市中汽南华汽车有限公司变更为沃尔沃汽车销售(上海)有限公司

国家工商行政管理总局关于公布品牌汽车销售企业名单的通知

工商市字〔2007〕第2号

各省、自治区、直辖市及计划单列市工商行政管理局：

根据《汽车产业发展政策》和《汽车品牌销售管理实施办法》的有关规定，现将符合备案条件的北京现代汽车有限公司等汽车供应商授权的品牌汽车销售企业名单予以公布(名单见附件)。

各地工商行政管理机关应根据本通知，认真做好企业营业执照的变更登记工作。依法加强对汽车销售企业的监督管理，督促企业自觉遵守国家有关法律、法规和政策，规范和完善汽车销售服务，及时查处各种违法经营行为，保护企业和消费者的合法权益，维护市场秩序。

本通知附件，同时在国家工商行政管理总局红盾信息网“市场规范管理”一栏中公布。

附件：1. 品牌汽车销售企业名单

2. 品牌汽车总经销商名单

国家工商行政管理总局

2007年1月3日

附件一：

品牌汽车销售企业名单

一、北京现代汽车有限公司授权品牌汽车销售企业名单

经营范围核定为：北京现代品牌汽车销售

1. 广西玉林市得利汽车销售服务有限公司
2. 郴州京湘汽车服务有限公司
3. 东莞市大朗世达汽车有限公司
4. 韶关市通九州汽车销售有限公司
5. 浙江正大汽车服务有限公司
6. 平顶山市得普汽车销售有限公司
7. 锦州鑫汇众汽车销售服务有限公司
8. 牡丹江百强丰源汽车销售服务有限公司
9. 信阳全程汽车销售有限责任公司

二、现代汽车(中国)投资有限公司授权品牌汽车销售企业

名单

经营范围核定为:进口现代品牌汽车销售

1. 上海现代汽车销售服务有限公司
2. 安徽省东源汽车销售服务有限公司
3. 黑龙江省南星汽车销售服务有限公司
4. 沈阳南星行汽车销售服务有限公司
5. 吉林省旗奥物资贸易有限公司
6. 温州华能汽车集团有限公司
7. 拉萨泰宏汽车销售服务有限公司

三、浙江吉利汽车销售有限公司授权品牌汽车销售企业名单

经营范围核定为:吉利品牌汽车销售

1. 安吉建平车业有限公司
2. 本溪市政兴汽车销售服务有限责任公司
3. 沧州大柴汽车销售有限公司
4. 常州吉利福汽车销售有限公司
5. 常州老罗汽车销售有限公司
6. 承德市嘉利汽车贸易有限公司
7. 大连乐驰经贸有限公司
8. 大同市瑞祥汽车贸易有限责任公司
9. 德阳恒宇车业有限公司广汉分公司
10. 德阳市京美汽车贸易有限公司
11. 德州阳光汽车贸易有限公司
12. 东光县百利汽车展示处
13. 东平万德福装饰工程有限公司
14. 东平县立志经贸有限公司
15. 东营吉利汽车销售服务有限公司
16. 鄂州九通机电设备有限公司
17. 肥城市天照汽贸有限公司
18. 抚州腾达汽车有限公司
19. 甘肃林兴汽车销售服务有限公司
20. 贵阳京源达汽车销售有限公司
21. 桂林市宝路通商贸有限责任公司灵川分公司
22. 海阳市同德汽车驾驶员培训学校有限公司
23. 河间市城苑汽车销售服务有限公司
24. 鹤壁市亚飞汽车连锁有限公司
25. 湖北骏马贸易有限公司咸宁分公司
26. 湖南光大汽车销售服务有限公司益阳分公司
27. 湖南光大汽车销售服务有限公司岳阳分公司
28. 怀化宏顺汽车销售服务有限公司
29. 黄山市凯兴汽车贸易有限公司
30. 济南利天泰汽车贸易有限公司
31. 济南万迪商贸有限公司
32. 金华通用汽车有限公司
33. 锦州市高新区辽西春天汽车贸易有限责任公司
34. 晋城市康宇实业有限公司
35. 莱阳市风驰汽车贸易有限公司
36. 莱阳市恒达实业有限公司
37. 莱州市隆盛汽车销售服务有限公司
38. 莱州市远大汽车销售服务有限公司
39. 乐山市东山汽车销售服务有限公司
40. 乐山市吉吉汽车贸易有限公司
41. 连云港市瑞驰汽车销售服务有限公司赣榆县分公司
42. 梁山顺达汽车销售服务有限公司
43. 辽源市隆腾汽车销售有限公司
44. 龙口市汽车服务中心有限公司
45. 娄底光大汽车销售服务有限公司
46. 泸州捷成汽车贸易有限公司
47. 泸州市安迪汽贸有限公司
48. 吕梁翔通新华夏汽车连锁销售有限公司
49. 洛阳乘用汽车贸易有限公司
50. 眉山市余盛汽车贸易有限公司
51. 绵阳金利汽贸有限公司
52. 绵阳金利汽贸有限公司第二分公司
53. 内江市通达利汽车贸易有限责任公司
54. 内蒙古一路行汽车服务有限责任公司第一分公司
55. 宁波市海曙宏瑞达贸易有限公司
56. 宁德市中越汽车贸易有限公司
57. 攀枝花市华兴物资有限责任公司
58. 蓬莱市祥瑞汽车贸易有限公司
59. 蓬莱中达车辆销售有限公司
60. 平山县西柏坡汽车运输销售有限公司
61. 栖霞亚东工贸有限公司
62. 潜江市银汉汽车贸易有限公司
63. 日照市交通运输有限公司
64. 日照市永和福利工贸有限公司
65. 日照正通汽车贸易有限公司
66. 荣成市宏盛汽车销售服务有限公司
67. 乳山市金运车辆经销服务有限公司
68. 山东省招远市机电设备有限公司
69. 陕西佳润汽车销售服务有限公司
70. 上海飙南汽车销售有限公司
71. 上海车恒汽车销售有限公司
72. 上海东辰汽车销售有限公司
73. 上海凤舞汽车经营有限公司
74. 上海浩歌汽车销售服务有限公司
75. 上海禾众汽车销售有限公司金山分公司
76. 上海宏涛汽车销售有限公司
77. 上海华湄汽车销售有限公司
78. 上海金贸汽车销售有限公司
79. 上海巨诚汽车销售有限公司
80. 上海龙菱汽车销售服务有限公司
81. 上海龙贸汽车销售有限公司
82. 上海敏锦汽车销售有限公司嘉定分公司
83. 上海铭德汽车销售有限公司
84. 上海南六汽车销售有限公司
85. 上海欧尚汽车销售有限公司
86. 上海顺通经贸公司
87. 上海速马汽车销售服务有限公司
88. 上海怡通汽车销售有限公司

89. 上海永安联合汽车销售服务有限公司
90. 上海云峰(集团)有限公司松江分公司
91. 上海云峰奉贤汽车销售服务有限公司
92. 上海众景贸易有限公司
93. 上饶市致远汽车销售有限公司
94. 石家庄吉利汽车销售服务有限公司北二环西路销售服务中心
95. 石家庄平安吉祥汽车贸易有限公司
96. 朔州市金太阳实业有限公司
97. 四川省内江市通达利汽车贸易有限责任公司
98. 四川省宜宾永驰汽车贸易有限责任公司
99. 松滋市华兴摩托车有限责任公司汽车销售分公司
100. 肃宁县光明汽车贸易有限公司
101. 遂宁华发车业有限公司
102. 泰州市阳泰车业发展有限公司汽车销售分公司
103. 滕州市鸿阳汽车销售服务有限公司
104. 通辽市华通汽车销售有限公司
105. 通辽市华通汽车销售有限公司汽车销售分公司
106. 威海市名骏汽车贸易有限公司
107. 微山圣贤汽车销售服务有限公司
108. 文登市海程吉利汽车销售有限公司
109. 新乡市新通汽车销售服务有限公司
110. 雅安市合利汽车贸易有限公司
111. 雅安永益汽车贸易有限责任公司
112. 宜宾华瑞汽车销售服务有限公司
113. 宜昌嘉利成商贸有限公司
114. 枣庄市高品汽车经贸有限公司
115. 张家口市吉利昌盛汽车销售有限公司
116. 张家口市鑫荣汽车销售有限公司怀来分公司
117. 樟树市吉瑞汽车销售有限公司
118. 淄博东大汽车销售有限公司
119. 淄博吉利汽车销售服务有限公司
120. 自贡市正邦汽车贸易有限责任公司
121. 潍坊宝杰汽车销售有限公司
122. 四川绵竹恒达运输有限责任公司汽车销售分公司
123. 北海玉柴机电有限责任公司
124. 广西玉林玉柴机电有限公司
125. 贺州市常兴汽车销售有限责任公司
126. 东莞市信泰隆汽车有限公司
127. 陕西渭南燕兴实业有限公司
128. 鹤壁市鹤丰汽车贸易有限公司
129. 开封汽车城
130. 周口市亿通汽车销售服务有限公司
131. 安阳市长城汽贸有限责任公司
132. 济源市亚飞汽车连锁有限公司
133. 登封市万鑫机车销售有限公司
134. 巩义天河汽车销售服务有限公司
135. 四川省共得利工贸有限责任公司
136. 长治市天利新华夏汽车连锁销售有限公司
137. 廊坊市凯通汽车销售服务有限公司
138. 平顶山市经纬汽车销售有限公司
139. 赣州华宏汽车有限公司
140. 南充天一汽车有限公司
141. 玉溪市凯越汽车贸易有限公司

四、华晨宝马汽车有限公司、宝马(中国)汽车贸易有限公司授权品牌汽车销售企业名单

经营范围核定为:华晨宝马、进口宝马(BMW)品牌汽车销售

1. 义乌市信宝行汽车销售服务有限公司
2. 常州宝尊汽车销售服务有限公司
3. 四川大进汽车有限公司绵阳分公司
4. 绍兴宝顺汽车销售服务有限公司
5. 宜昌宝泽汽车销售服务有限公司
6. 泉州福宝汽车销售服务有限公司
7. 南通宝诚汽车销售服务有限公司
8. 鞍山晨宝汽车销售服务有限公司
9. 郴州瑞宝汽车销售服务有限公司

五、重庆市长安跨越车辆营销有限公司授权品牌汽车销售企业名单

经营范围核定为:长安跨越品牌汽车销售

1. 湖南天琢汽车销售服务有限公司
2. 邵阳市诚信汽车销售服务有限公司
3. 怀化市全盛汽车销售服务有限公司
4. 株洲湘火炬火花塞有限责任公司汽车销售分公司
5. 商丘北方长安汽车销售服务有限公司
6. 济源市新港汽车贸易有限责任公司
7. 漯河市宏运汽车贸易有限公司
8. 河南越众汽车销售有限公司
9. 长治市一运容驰汽车维修服务有限公司
10. 晋城市振方商贸有限公司
11. 山西翔驰贸易有限公司
12. 天津市宝坻区国力商贸有限公司
13. 恩施兴华汽车贸易有限责任公司
14. 荆州市盛发汽车贸易有限公司
15. 利川市锐强汽车贸易有限公司
16. 十堰市新长安汽车销售有限公司
17. 随州市中飞汽车销售公司
18. 武汉上荣贸易有限公司汉阳分公司
19. 襄樊市风翼汽车销售服务有限公司
20. 武汉长源汽车销售服务有限公司
21. 宜昌市华康工贸有限责任公司
22. 兴义市宏伟进口汽车维修有限公司
23. 毕节众力汽车销售有限责任公司
24. 贵州华星物资汽车贸易有限公司
25. 常州市恒安汽车销售有限公司
26. 苏州万能达物资汽车贸易有限公司
27. 上海燕兴汽车销售服务有限公司
28. 晋江市信达贸易有限公司
29. 南靖龙丰运输有限公司龙文分公司
30. 厦门市信德诚汽车贸易有限公司

31. 建瓯中辰汽车贸易有限公司
32. 三明市长安汽车销售有限公司
33. 淄博政通汽车销售有限公司
34. 潍坊国泰汽车贸易有限公司
35. 莱阳市恒达实业有限公司
36. 青岛新建达汽车销售有限公司
37. 济南茂华汽车贸易有限公司
38. 开县先锋汽车销售服务有限公司
39. 重庆灵珑汽车销售有限公司
40. 重庆市永川好运汽车销售有限公司
41. 永川市江民汽车销售有限公司
42. 开县华中农机汽贸有限公司
43. 重庆邦强汽车销售有限公司
44. 重庆赛鹏贸易有限公司黔江分公司
45. 重庆市欣路汽车贸易有限责任公司
46. 万州区长进汽车销售有限公司
47. 云河集团忠限汽车销售公司
48. 浙江祥通汽车有限公司
49. 宁波顺昌汽车销售服务有限公司
50. 温州利达汽车销售服务有限公司
51. 义乌众发汽车销售服务有限公司
52. 四川省川津物资贸易有限责任公司
53. 成都宏达汽车销售服务有限责任公司
54. 都江堰金桥汽车贸易有限责任公司
55. 成都昊星汽车实业有限公司
56. 成都天马汽车贸易有限公司
57. 四川诚渝汽车贸易有限公司
58. 攀枝花万友汽车销售服务有限公司
59. 四川眉山安全汽车销售服务有限公司
60. 峨眉山市大众汽车有限公司
61. 乐山市达美工贸有限公司
62. 乐山市和平汽车贸易有限公司
63. 安岳万通汽车销售有限公司
64. 四川省内江市万众车业有限公司
65. 泸州市永泰商贸部
66. 宜宾横通汽贸有限责任公司
67. 自贡高新汽车贸易有限公司
68. 西昌宏金龙汽车贸易有限公司
69. 资阳市广和车业有限公司
70. 广州市海珠区南升汽车贸易行
71. 深圳市裕祥隆实业发展有限公司龙珠分公司
72. 深圳市顺顺达汽车贸易有限公司
73. 东莞市众力汽车贸易有限公司
74. 佛山市穗龙腾汽车贸易有限公司
75. 惠州市龙升汽贸有限公司
76. 梅州诚信汽车有限公司
77. 汕头市跨越汽车贸易有限公司
78. 茂名亚飞汽车连锁有限公司
79. 揭阳市天安汽车贸易有限公司
80. 清远市天安汽车有限公司
81. 清远市天业汽车有限公司
82. 海南海滨汽车销售有限公司
83. 蒙城县新纪元汽车销售有限公司
84. 阜阳君泰汽车销售有限公司
85. 安徽省金杰汽车销售服务有限公司
86. 宿州开维物资机电有限公司
87. 高安市宁利汽车销售有限公司
88. 萍乡市骏纬汽车贸易有限公司
89. 萍乡市蓝马汽车贸易有限公司
90. 南昌锦洪汽车贸易有限公司
91. 赣州市大兴汽车贸易有限公司
92. 九江万通汽车销售有限公司
93. 南宁市高帮商贸有限公司
94. 南宁市钦鹿汽车销售有限公司
95. 百色时风机电有限公司
96. 玉林市长安汽车销售有限公司
97. 柳州万友汽车销售服务有限公司
98. 云南利民经贸有限公司
99. 云南大理交通运输集团公司
100. 思茅思南汽车销售有限公司
101. 西双版纳衡运汽车销售有限公司
102. 曲靖市麒麟区中惠物资经贸有限公司
103. 昆明一弘经贸有限公司
104. 德宏州中达车辆销售服务有限公司
105. 文山州宏昌机动车交易有限公司
106. 东风汽车公司临沧技术服务站
107. 昭通市昭阳区农业机械有限公司
108. 云南楚雄骏马汽车工贸有限公司
109. 南充市秦安汽车销售有限公司
110. 遂宁市全安汽车配件销售有限公司
111. 广安市吉峰农机汽车贸易有限公司
112. 巴中市瑞安汽车贸易有限公司
113. 四川新艾萧商贸有限公司
114. 陕西宇欣贸易有限公司
115. 中国航空工业供销汉中公司
116. 安康市金川汽车配件销售有限责任公司
117. 兰州源鑫汽车贸易有限公司
118. 甘肃天泰汽车超市有限责任公司
119. 酒泉市易安机动车销售有限责任公司
120. 银川捷联汽车销售服务有限公司

六、日产(中国)投资有限公司授权品牌汽车销售企业名单

经营范围核定为:进口雷诺品牌汽车销售

1. 北京北汽众兴汽车贸易有限公司
2. 天津众兴汽车贸易有限公司
3. 山东吉通汽车销售服务有限公司
4. 武汉建银经贸公司
5. 新疆天丰汽车销售服务有限公司
6. 北京中汽雷日汽车有限公司
7. 上海众泰汽车销售有限公司
8. 上海众泰汽车销售有限公司杭州分公司

9. 浙江富达汽车贸易有限公司
10. 宁波众铃汽车贸易有限公司
11. 无锡泰富汽车销售服务有限公司
12. 江苏明都汽摩集团有限公司
13. 安徽安天机电工程有限责任公司
14. 厦门市恒晋贸易有限公司
15. 深圳市恒永业汽车销售服务有限公司
16. 福州齐力汽车贸易有限公司
17. 晋江永达汽车销售有限公司
18. 广州市宝昌行汽车贸易有限公司
19. 湖南湘泽汽车销售服务有限公司
20. 广西华诺汽车销售有限公司
21. 桂林东成机电有限公司
22. 云南兴龙汽车贸易有限公司
23. 成都华宝汽车服务有限公司
24. 贵州风景汽车销售服务有限公司

七、无锡跃进汽车贸易有限公司授权品牌汽车销售企业名单

经营范围核定为:南汽新雅途品牌汽车销售

1. 嘉兴市东菱汽车销售服务有限公司
2. 宜昌骏超汽车销售服务有限公司
3. 阳泉市益昌新华夏汽车连锁销售有限公司
4. 绵阳市新川粮汽配有限公司
5. 桓仁天宝车业有限公司

八、上海华普汽车销售有限公司授权品牌汽车销售企业名单

经营范围核定为:上海华普品牌汽车销售

1. 云南楚雄骏马汽车工贸有限公司
2. 重庆锦隆汽车销售有限公司
3. 南宁骏鸿达汽车销售服务有限责任公司
4. 西安秦川唐都机电汽车配件销售有限公司
5. 威海威达汽车修配厂
6. 齐齐哈尔龙泰汽车销售有限公司
7. 文山交通运输集团公司汽车销售分公司
8. 广州市酉晟汽车销售有限公司
9. 曲靖市麒麟区勃凯经贸有限责任公司
10. 西双版纳通达贸易有限公司
11. 北京九九隆汽车贸易有限公司
12. 成都西物汽车有限公司
13. 义乌市九洲汽车销售有限公司
14. 福建省邵武市建州汽车运输贸易有限公司
15. 广西玉林骏越汽车销售服务有限公司
16. 连云港瑞润车业发展有限公司
17. 天津空港国际汽车园发展有限公司
18. 云南铭鼎(集团)汽车销售服务有限公司
19. 玉田县福田农机销售有限公司
20. 唐山广通汽车贸易有限公司
21. 迁安市万荣汽车贸易有限公司
22. 内蒙古威力斯汽车贸易有限责任公司
23. 上海华安汽车销售有限公司
24. 驻马店市二堂汽车贸易服务有限公司
25. 柳州市鹏晖物资贸易有限公司
26. 青海中扬汽车销售有限公司
27. 东台王静汽车有限公司
28. 滕州市郑氏经贸有限公司
29. 北京诚信天达汽车销售服务有限公司
30. 昆明慧波汽车贸易有限公司
31. 滨州北方汽车销售有限公司
32. 山东荣马实业有限公司
33. 德州亚飞汽车贸易有限公司
34. 泰安宇华伟业工贸有限公司
35. 莱芜市海林商贸有限公司
36. 营口市金仕汽车销售有限公司
37. 日照凌云汽车城
38. 梅州市鹰广汽车修配有限公司
39. 永城汇龙汽车销售有限公司
40. 南京景山汽车销售有限公司
41. 湖南鑫源汽车销售有限公司
42. 上海怡通汽车销售有限公司
43. 四川通安汽车有限公司
44. 射洪蜀安汽贸有限责任公司
45. 唐山万汇汽车销售有限公司
46. 唐山华北汽车贸易有限公司
47. 秦皇岛瑞通发展有限公司
48. 唐山广通汽车贸易有限公司
49. 宁夏双瑞德胜工贸有限公司
50. 东莞市三益汽车有限公司
51. 葫芦岛市北方汽车贸易有限公司
52. 通辽市九赢车辆销售有限责任公司
53. 许昌市恒兴汽车销售有限公司
54. 洛阳天禾汽车销售有限公司
55. 漯河市嘉诚汽车销售有限公司
56. 三门峡市亿利汽车贸易有限公司
57. 濮阳市衡山汽车销售有限公司
58. 昆明城市快车汽车贸易有限公司
59. 东营鑫旺投资发展有限公司
60. 大庆君悦汽车销售有限公司

九、一汽丰田汽车销售有限公司授权品牌汽车销售企业名单

经营范围核定为:一汽丰田品牌汽车销售

1. 蚌埠润业丰田汽车销售服务有限公司
2. 漳州盛元丰田汽车销售服务有限公司
3. 宜兴新苏南丰田汽车销售服务有限公司
4. 韶关利泰丰田汽车服务有限公司
5. 常州外汽丰田汽车销售服务有限公司
6. 邯郸骏华丰田汽车销售服务有限公司
7. 聊城五州丰田汽车销售服务有限公司
8. 营口红运丰田汽车销售服务有限公司
9. 连云港天澜丰田汽车销售服务有限公司
10. 大同合远丰田汽车销售服务有限公司

11. 沧州运捷丰田汽车销售服务有限公司
12. 常熟市海邦丰田汽车销售服务有限公司
13. 德州天衢丰田汽车销售服务有限公司
14. 邢台威龙丰田汽车销售服务有限公司
15. 张家口华铃丰田汽车销售服务有限公司
16. 日照鸿发丰田汽车销售服务有限公司
17. 郴州名车会丰田汽车销售服务有限公司
18. 北京五方桥丰田汽车销售服务有限公司
19. 北京京石丰田汽车销售服务有限公司

十、南昌陆风汽车营销有限公司授权品牌汽车销售企业名单

经营范围核定为:陆风品牌汽车销售

1. 浙江台州江铃汽车销售服务有限公司路桥分公司
2. 台州江铃全顺汽车销售服务有限公司
3. 云南磊达商贸有限公司
4. 昭通市昭阳区农业机械有限公司
5. 汕头市陆风汽车销售有限公司
6. 浙江金华顺铃汽车销售服务有限公司
7. 江西赣东北江铃汽车销售服务有限公司
8. 潍坊金盛汽车销售服务有限公司
9. 襄樊威汉机电有限责任公司
10. 宜昌威汉机电有限责任公司
11. 宝鸡市天台汽车服务有限责任公司
12. 聊城市水利工程总公司机械维修中心
13. 德州电力运输公司
14. 山东江铃全顺汽车销售服务有限公司
15. 广安市广安区平安汽车销售服务有限责任公司
16. 葫芦岛凯达汽车销售服务有限公司
17. 浏阳平辉汽车贸易有限公司
18. 临汾辰祥新华夏汽车连锁销售有限公司
19. 黄山市金黄水汽车修理服务有限公司
20. 大连立扬汽车销售有限公司长春分公司
21. 福建省永春三力汽车修配有限责任公司
22. 安溪县亿海汽车销售有限公司
23. 佛山市高明区新亚飞汽车有限公司
24. 浙江金华顺铃汽车销售服务有限公司衢州分公司
25. 浙江金华顺铃汽车销售服务有限公司龙游分公司
26. 山东江铃全顺汽车销售服务有限公司章丘分公司
27. 山东江铃全顺汽车销售服务有限公司段店分公司

十一、比亚迪汽车销售有限公司授权品牌汽车销售企业名单

经营范围核定为:比亚迪品牌汽车销售

1. 延吉市东山汽车贸易有限公司
2. 吉林市平远汽车经销有限公司
3. 吉林市宏远汽车贸易有限公司
4. 辽宁兴旗汽车销售服务有限公司
5. 大连汇成汽车销售有限公司
6. 辽阳汽贸轿车销售公司
7. 本溪市信诚汽车销售有限公司
8. 阜新汽车贸易公司
9. 营口邮政汽车销售服务中心
10. 铁岭豹通汽车销售服务有限公司
11. 丹东曙光汽车贸易有限责任公司
12. 河南福澳森汽车销售有限公司
13. 灵宝市宏博汽车销售服务有限责任公司三门峡分公司
14. 新乡市天成圆汽车商务有限公司
15. 安阳奥世隆汽车商务有限公司
16. 濮阳市天丰实业有限公司
17. 许昌市恒力汽车销售服务有限公司
18. 商丘市顺通汽车贸易有限公司
19. 洛阳亨诚汽车贸易有限公司
20. 山西精华伟业汽车服务有限公司
21. 大同市泰利汽车销售有限责任公司
22. 阳泉市全顺汽车贸易有限公司
23. 运城市捷龙新华夏汽车连锁销售有限公司
24. 泰安市泰山交通发展有限公司泰达轿车销售分公司
25. 滨州昌华汽车销售服务有限公司
26. 徐州市安通汽车销售有限公司
27. 江苏舜天正泰汽车贸易有限公司
28. 盐城市万利汽车贸易有限公司
29. 上海汇安汽车销售服务有限公司
30. 宿州盛达汽车工贸有限公司
31. 阜阳市超越汽车销售服务有限公司
32. 福州巨驰车业有限公司
33. 龙岩市三峰汽车贸易有限公司
34. 瑞金市新耀汽贸有限公司
35. 吉安市富达汽贸有限公司
36. 苍南县自立汽车销售服务有限公司
37. 温州市高荣企业有限公司
38. 温州兴泰汽车销售服务有限公司
39. 浙江冠隆实业有限公司
40. 温州茂华车辆有限公司
41. 海盐联通汽车销售有限公司
42. 嘉善中联汽车贸易有限公司
43. 桐乡市新三好汽车销售有限公司
44. 诸暨市路路通汽车销售有限公司
45. 上虞市俞氏汽车经营有限公司
46. 临安市外贸汽车销售有限公司
47. 平湖市华城汽车销售有限公司
48. 海宁市海达汽车贸易有限公司
49. 宁波恒源世佳国际贸易有限公司
50. 余姚东江汽车销售有限公司
51. 宁海跃龙汽车销售有限公司
52. 宜昌京鄂汽车销售有限公司
53. 衡阳市中意汽车服务有限公司
54. 随州市润发汽车销售服务有限公司
55. 湖北省赤壁市驰通贸易有限公司
56. 湖北省咸宁市欣盛汽车贸易有限公司
57. 东风汽车公司孝感技术服务站
58. 重庆市沪渝汽车修理厂

59. 曲靖恒丰贸易有限责任公司
60. 思茅航宇汽车销售服务有限公司
61. 文山县天惠汽车销售服务有限公司
62. 大理江铃汽车销售服务有限公司
63. 楚雄州机电设备总公司
64. 德宏宏利新华夏汽车销售有限责任公司
65. 临沧金阳汽车贸易有限责任公司
66. 红河州金湖汽车维修有限公司
67. 建水万通汽车销售服务有限公司
68. 通海县四通汽车销售服务有限公司
69. 弥勒县宏源汽贸有限责任公司
70. 深圳市粤迪汽车贸易有限公司
71. 佛山市顺德区金千禧汽车贸易有限公司
72. 深圳市昊天林实业有限公司
73. 中山市三联汽车贸易有限公司
74. 中山三联汽车修理厂有限公司小榄分公司
75. 广东浩伟汽车发展有限公司
76. 广州市众合力汽车贸易有限公司从化分公司
77. 增城市骏通汽车贸易有限公司
78. 广东欧亚特汽车销售服务有限公司
79. 韶关市合诚汽车贸易有限公司
80. 韶关市合诚汽车贸易有限公司清远分公司
81. 佛山市三水区宏跃贸易有限公司
82. 佛山市高明区新亚飞汽车有限公司
83. 高要市长城农机汽车销售有限公司
84. 东莞市兴龙汽车贸易有限公司
85. 东莞市兴隆汽车贸易有限公司
86. 东莞市众强贸易有限公司
87. 桂林市乐丰汽车贸易有限公司
88. 桂林市乐丰汽车贸易有限公司八里街分公司
89. 广西贺州市机电设备总公司
90. 保定市顺捷物资贸易有限公司
91. 涿州市朗杰汽车贸易有限公司
92. 河北盛捷汽车贸易有限公司
93. 北京诚信达汽车销售有限公司
94. 北京北丰盛鑫汽贸有限公司
95. 内蒙古锡林浩特市中联商贸有限责任公司
96. 苏尼特右旗紫维汽车有限责任公司
97. 宁夏比亚迪汽车专营有限公司
98. 西安高科汽车贸易有限责任公司渭南分公司
99. 陕西朱雀亚飞汽车连锁销售有限公司
100. 陕西伟华工贸有限公司米脂县分公司
101. 甘肃正通汽车销售服务有限公司
102. 兰州正通汽车销售服务有限公司

十二、重庆力帆汽车销售有限公司授权品牌汽车销售企业名单

经营范围核定为：力帆品牌汽车销售

1. 深圳市宝狮汽贸有限公司
2. 安庆市联友汽车贸易有限责任公司
3. 三明市龙泰汽车销售服务有限公司
4. 德阳富仕通车业有限责任公司
5. 上饶市宏达汽车贸易有限公司
6. 衢州市华达汽车贸易有限公司
7. 揭阳宝帆汽车贸易有限公司
8. 惠州市信诚汽车销售有限公司
9. 厦门华野汽车销售服务有限公司
10. 银川利盛汽车贸易有限公司
11. 玉林市玉华汽车销售有限责任公司
12. 新疆裕航汽车销售服务有限公司
13. 汕头市腾丰车行有限公司
14. 平顶山市祥博汽车销售有限公司
15. 承德易顺二手车市场服务有限责任公司
16. 沧州市畅顺机电设备有限公司
17. 榆林市恒丰汽贸有限公司
18. 渭南市宏远汽车销售有限公司
19. 黑龙江金辰汽车销售服务有限公司
20. 秦皇岛市永长兴汽车服务有限公司
21. 浙江富达汽车贸易有限公司
22. 临汾宝龙汽车贸易有限公司
23. 潮州市中正汽车贸易有限公司
24. 大连市汽车工业贸易集团公司丰裕公司分公司
25. 吉林省江铃汽车贸易有限公司
26. 江门宝帆汽车销售服务有限公司
27. 广州联合汽车有限公司
28. 佛山市南海迎俊汽车服务有限公司
29. 张家口市亨达汽车贸易有限公司
30. 文登市顺达汽车销售有限公司
31. 东莞市华英汽车有限公司
32. 东莞市曙光实业发展有限公司
33. 平山县西柏坡汽车运输销售有限公司
34. 河北祥云汽车贸易服务有限公司
35. 辛集市霞光汽车贸易有限公司
36. 涉县瑞盛汽车贸易服务有限公司
37. 保定市冀中汽车贸易有限公司
38. 蠡县冀中汽车贸易有限公司
39. 定州中山汽车贸易有限公司
40. 保定市顺捷物资贸易有限公司
41. 涿州市朗杰汽车贸易有限公司
42. 涿州市华青实业有限公司
43. 霸州市旭日摩托车销售有限责任公司
44. 咸宁市久联机电设备有限公司汽车销售分公司
45. 肥城市天照汽贸有限公司
46. 新泰中汽汽车销售有限公司
47. 东平县立志经贸有限公司
48. 邹城安德亚飞汽车连锁销售有限公司
49. 滕州市钢盟金属材料有限责任公司
50. 金乡县名流家居有限公司
51. 山东省招远市机电设备有限公司
52. 莱州市航莱磁粉离合器厂
53. 海阳市海佳亚飞汽车销售有限公司

54. 江津市宏达机车销售有限责任公司
55. 重庆市涪陵途乐汽车贸易有限公司
56. 贵州省铜仁地区伍寰车辆交易有限公司
57. 六盘水顺翔亚飞汽车连锁销售服务有限公司
58. 个旧市汽车出租有限责任公司明大汽车开远销售公司
59. 西双版纳风行贸易有限公司
60. 昭通市昭阳区农业机械有限公司
61. 思茅鸿达汽车贸易有限公司
62. 红河州顺风汽车城
63. 楚雄鸿文汽车销售服务有限公司
64. 江山市大昌汽车销售有限公司
65. 韶关市合诚汽车贸易有限公司
66. 上海阳帆汽车销售有限公司
67. 阳泉市益昌新华夏汽车连锁销售有限公司
68. 莱芜市圣轩汽车销售服务有限公司
69. 龙岩市龙源汽车贸易有限公司
70. 青海金穗标汽车销售服务有限公司
71. 江西省进口汽车配件有限公司
72. 延安银凯汽车贸易有限公司
73. 桂林市万里顺汽车销售有限公司
74. 南川市广源汽贸有限公司
75. 济源市亚飞汽车连锁有限公司
76. 北京金博蓝汽车销售服务有限公司

十三、庆铃汽车股份有限公司授权品牌汽车销售企业名单

经营范围核定为:五十铃(九座以下乘用车)品牌汽车销售

1. 东莞市渝庆汽车销售服务有限公司
2. 东莞市鸿宇实业有限公司汽车贸易分公司
3. 广东物资集团汽车贸易公司
4. 广州市(增城)庆铃汽车销售有限公司
5. 汕头市中汽贸易有限公司
6. 深圳市阿特肯汽车贸易有限公司
7. 深圳市众悦汽车贸易有限公司
8. 佛山市顺德区协力庆铃汽车连锁销售有限公司
9. 中山市庆铃汽车销售服务有限公司
10. 珠海市众大利物资车业有限公司
11. 茂名亚飞汽车连锁有限公司
12. 深圳市庆扬汽车贸易有限公司
13. 佛山市庆铃汽车销售有限公司
14. 江门市庆铃汽车销售服务有限公司
15. 广东恒港汽车有限公司
16. 广州市庆铃汽车销售服务有限公司
17. 海南泰衡实业有限公司
18. 海口锦华汽车贸易有限公司
19. 烟台庆铃汽车销售有限公司
20. 东营市庆铃汽车销售有限责任公司
21. 青岛庆铃汽车销售有限公司
22. 山东银河庆铃汽车销售有限公司
23. 潍坊市庆铃汽车销售有限公司
24. 淄博永昌庆铃汽车销售服务有限公司
25. 河南中通汽车销售服务有限公司
26. 新疆渝信庆铃汽车销售有限公司
27. 克拉玛依市庆铃汽车销售有限公司
28. 库尔勒庆铃汽车专营有限责任公司
29. 榆林市东洲庆铃汽车销售有限公司
30. 甘肃陇渝庆铃汽车专营有限责任公司
31. 甘肃恒瑞汽车经营有限责任公司
32. 宁夏博尔汽车销售服务有限公司
33. 包头西北汽车商城有限公司
34. 鄂尔多斯市飞龙汽车城集团有限公司
35. 鄂尔多斯市庆铃汽车销售服务有限公司
36. 内蒙古吉庆汽车销售服务有限公司
37. 湖北合力汽车销售有限公司
38. 武汉重铃汽车销售服务有限公司
39. 厦门市恒永业贸易有限公司
40. 厦门市恒晋贸易有限公司
41. 江西省进口汽车配件有限公司
42. 湖南汽车城庆铃汽车销售有限公司
43. 广西南宁永邦汽车贸易有限公司
44. 广西庆铃汽车销售服务有限公司
45. 四川渝蓉庆铃汽车销售有限责任公司
46. 四川西部庆铃汽车销售服务有限公司
47. 遂宁川中油田运输有限公司川南车业分公司
48. 攀枝花市华驰车业有限责任公司
49. 西藏自治区汽车工业贸易总公司
50. 西藏安瑞汽车贸易有限公司
51. 重庆商社强力汽车贸易有限公司
52. 重庆中汽庆铃汽车销售有限公司
53. 贵州星田庆铃汽车贸易有限责任公司
54. 昆明合运汽车贸易有限公司
55. 云南庆铃汽车销售有限公司
56. 北京五十铃汽车维修中心
57. 北京拓依维源商贸有限公司
58. 中国车辆进出口公司
59. 天津庆铃汽车销售有限公司
60. 天津大港油田华孚汽车修理有限公司
61. 河北恒业汽车销售服务有限公司
62. 河北润丰汽车贸易有限公司
63. 山西庆铃汽车销售有限公司
64. 山西穗源汽车贸易有限公司
65. 上海瑞庆汽车销售服务有限公司
66. 上海凌运庆铃汽车销售有限公司
67. 上海众铃汽车贸易有限公司
68. 江苏天泓庆铃汽车服务有限公司
69. 苏州仁恒庆铃汽车贸易有限公司
70. 江苏庆铃汽车销售有限公司
71. 宜兴三弦庆铃汽车销售有限公司
72. 合肥星海汽车销售有限公司
73. 温州物贸汽车有限公司
74. 浙江金庆铃汽车销售有限公司
75. 台州金诚庆铃汽车有限公司

76. 义乌市渝铃汽车销售有限公司
77. 宁波金天汽车销售有限公司
78. 大庆市汽车配件公司
79. 大庆庆铃汽车销售维修有限公司
80. 哈尔滨庆铃汽车销售有限公司
81. 大连市汽车工业贸易集团轻型汽车销售中心
82. 中海鞍山兴辽物流有限公司
83. 大连庆铃汽车销售有限公司
84. 辽宁世代汽车贸易有限公司
85. 辽宁庆铃汽车贸易有限公司
86. 吉林省庆铃汽车销售有限公司

十四、北京地产汽车销售有限责任公司授权品牌汽车销售企业名单

经营范围核定为:吉普自由人(LIBERTY)3.7L 品牌汽车销售

1. 北京地产汽车销售有限责任公司北京汽配分公司
2. 重庆升达汽车销售有限公司
3. 云南云兴达汽车经贸有限公司
4. 浙江元通机电发展有限公司
5. 广东锦通汽车贸易有限公司

十五、长安福特马自达汽车有限公司、福特汽车(中国)有限公司授权品牌汽车销售企业名单

经营范围核定为:长安福特品牌汽车销售、带 * 字符号的增加进口福特(FORD)品牌汽车销售

1. 辽宁盛世安特汽车销售服务有限公司 *
2. 山东顺骋汽车贸易有限公司 *
3. 北京北方福瑞汽车销售服务有限公司 *
4. 运城市韩韩汽车销售服务有限公司
5. 北京中汽福瑞汽车销售服务有限公司
6. 廊坊市联福汽车销售服务有限公司
7. 濮阳市福华汽车销售服务有限公司
8. 无锡市新纪元福星汽车销售服务有限公司 *
9. 宜兴市德森汽车销售服务有限公司
10. 台州森加福汽车销售服务有限公司
11. 安庆环福汽车销售服务有限公司
12. 上海福银汽车销售服务有限公司
13. 蚌埠市润美汽车销售服务有限公司
14. 慈溪旅行者汽车销售服务有限公司
15. 淮安润东之福汽车销售服务有限公司
16. 浙江康众汽车有限公司
17. 宁波联福汽车维修服务有限公司
18. 浙江晨隆汽车销售有限公司 *
19. 宿迁市良宇嘉福汽车销售服务有限公司
20. 江苏富骏汽车贸易有限公司
21. 南京景山福联汽车服务有限公司
22. 武汉威汉汽车销售有限责任公司襄樊分公司
23. 上海格林威汽车销售有限公司昆山分公司
24. 揭阳市安阳汽车贸易有限公司
25. 福建丰裕汽车销售服务有限公司
26. 三亚福德汽车销售服务有限公司
27. 红河万福汽车销售服务有限公司
28. 陕西福腾汽车贸易有限公司
29. 成都通海三圣汽车销售有限责任公司 *
30. 四川攀钢国际汽车贸易有限公司
31. 榆林市东方集团福星汽车销售服务有限公司
32. 重庆安福汽车营销有限公司万州分公司
33. 云南曲靖安特经贸有限公司玉溪分公司
34. 四川先锋汽车有限责任公司眉山分公司
35. 绵阳万星汽车销售服务有限公司
36. 库尔勒锦菱汽车销售服务有限公司
37. 北京陆鼎汽车商行
38. 天津柯兰德汽车销售服务有限公司
39. 天津开发区柯兰德汽车贸易有限公司
40. 上海永达汽车杨浦销售服务有限公司
41. 武汉威汉汽车销售有限责任公司
42. 安徽省大步汽车销售服务有限公司
43. 深圳市共成投资发展有限公司
44. 广州瀚福汽车销售服务有限公司
45. 佛山市南海合福汽车销售服务有限公司
46. 汕头市源通本铭汽车销售服务有限公司
47. 广东恒远汽车贸易有限公司
48. 深圳市中汽南方长福汽车销售有限公司
49. 龙岩市全新机电汽车有限公司
50. 四川先锋汽车有限责任公司
51. 北京双龙博雅汽车销售服务有限公司 *

十六、神龙汽车有限公司授权品牌汽车销售企业名单

经营范围核定为:东风雪铁龙品牌汽车销售

1. 淮安市广达汽车贸易有限公司
2. 北京京津普勤汽车销售服务有限责任公司
3. 佛山市岭良汽车销售服务有限公司
4. 泰州福泰汽车销售服务有限公司
5. 苏州市天城汽车贸易有限公司
6. 苏州新望汽车服务有限公司
7. 合肥悦意汽车销售服务有限公司
8. 湛江市杨达汽车有限公司
9. 上海绿地徐腾汽车销售服务有限公司
10. 潍坊鑫万通汽车贸易有限公司
11. 绍兴市新三角汽车销售服务有限公司
12. 安庆南翔汽车销售服务有限公司
13. 辽宁凯琳汽车贸易有限公司丹东分公司
14. 焦作市浩威汽车销售服务有限公司
15. 广州市汽车工业贸易有限公司
16. 宁波舜兴恒通汽车销售服务有限公司慈溪分公司
17. 山东蓝天汽车销售服务有限公司
18. 武汉精华汽车销售服务有限公司龙康分公司
19. 武汉精华汽车销售服务有限公司竹叶山分公司
20. 咸阳鑫林汽车有限公司宝鸡分公司
21. 神龙汽车天门金龙销售服务有限公司
22. 十堰市神龙汽车销售服务有限公司
23. 聊城市金羊商贸有限公司

十七、东风汽车有限公司授权品牌汽车销售企业名单

经营范围核定为:东风日产品牌汽车销售

1. 鄂尔多斯市银达汽车销售服务有限公司
2. 龙岩佳和汽车销售服务有限公司
3. 曲靖森华汽车销售服务有限公司
4. 阜阳市晨宇汽车销售服务有限公司
5. 运城市万通汽车贸易有限公司
6. 佛山市庆宏隆汽车销售服务有限公司
7. 德州华丰汽车销售服务有限公司
8. 晋城市华洋东风日产汽车销售服务有限公司
9. 浙江友昌汽车有限公司
10. 哈尔滨运通俊奥汽车销售服务有限公司
11. 山西东汇汽车销售服务有限公司
12. 荆州市恒信星龙汽车销售服务有限公司
13. 大连华圣汽车销售服务有限公司丹东分公司
14. 天津市润濠汽车销售服务有限公司
15. 广州市华溢汽车有限公司从化分公司
16. 新疆卓辉汽车销售服务有限公司克拉玛依分公司
17. 广州市番禺金冠汽车有限公司展销中心
18. 内蒙古金达汽车销售服务有限公司乌海分公司
19. 乌鲁木齐捷众汽车贸易有限责任公司喀什永泰祥分公司
20. 临安君悦汽车有限公司
21. 深圳市风神汽车贸易有限公司龙华分公司
22. 佛山市吉泰汽车销售服务有限公司佛山车城分公司
23. 肇庆合利汽车销售服务有限公司云浮分公司
24. 江苏文华汽车贸易发展有限公司南京鼓楼分公司
25. 昆山市华明汽车贸易服务有限公司太仓分公司
26. 北京华盛福源汽车销售服务有限公司通州分公司
27. 北京华泰昌汽车贸易有限公司顺义分公司
28. 北京宏远信诚汽车销售有限公司洋桥分公司
29. 湖北三环华通汽车有限公司徐东分公司
30. 乌鲁木齐捷众汽车贸易有限责任公司阿克苏分公司
31. 陕西佳益汽车贸易有限责任公司榆林分公司
32. 杭州友通汽车有限公司
33. 东莞市东神贸易有限公司樟木头分公司
34. 台州铠利汽车有限公司
35. 上饶市东信汽车销售服务有限公司
36. 湖州南浔宝吉汽车销售服务有限公司
37. 青岛大友汽车销售服务有限公司
38. 洛阳威佳汽车服务有限公司
39. 天津市鸿盛汽车销售服务有限公司
40. 天津滨海海润汽车销售服务有限公司
41. 铁岭市顺鑫汽车销售服务有限公司
42. 怀化市恒裕事业有限公司汽车贸易分公司
43. 湖南吉首汽车销售公司
44. 荷泽中源汽车销售服务有限公司
45. 温州华鸿汽车销售服务有限公司永嘉分公司

十八、东风悦达起亚汽车有限公司授权品牌汽车销售企业名单

经营范围核定为:东风悦达起亚品牌汽车销售

1. 江阴市东亚汽贸有限公司
2. 泉州益成汽车贸易发展有限公司
3. 淮安市新兴汽车销售维修有限公司
4. 浙江日通汽车销售有限公司
5. 大庆市天镇有限公司
6. 天津亿万华汽车销售有限公司
7. 滨州运通汽车销售有限公司
8. 慈溪市华顺汽车贸易有限公司
9. 镇江凡达汽车销售有限公司
10. 洛阳悦达汽车有限公司
11. 赣州德隆汽车贸易有限公司
12. 杭州康桥汽车销售服务有限公司
13. 张家口市鹏程汽车贸易有限责任公司
14. 沧州运输集团有限公司
15. 深圳市兴唐投资发展有限公司

十九、东风柳州汽车有限公司授权品牌汽车销售企业名单

经营范围核定为:东风风行品牌汽车销售

1. 东莞市兴隆汽车贸易有限公司
2. 东莞市众强贸易有限公司
3. 珠海市吉大昌汽车贸易有限公司
4. 徐州市富通汽车销售服务有限公司
5. 黑龙江锦星汽车销售有限公司
6. 兰州中冶商贸有限公司
7. 内蒙古紫维汽车(集团)有限公司
8. 三明市华夏汽车销售有限公司
9. 福清市豪开汽车贸易有限公司
10. 莆田市华隆汽车贸易有限公司
11. 福建省南方车业有限公司
12. 南平得力汽车贸易有限公司
13. 福建省永春通顺汽车销售服务有限公司
14. 重庆市万州区汽车贸易有限公司
15. 重庆市涪陵途乐汽车贸易有限公司
16. 温州市华驰汽车有限公司瑞安分公司

二十、重庆东风渝安汽车销售有限公司授权品牌汽车销售企业名单

经营范围核定为:东风微车品牌汽车销售

1. 常德市博诚汽车贸易有限公司
2. 厦门百龙马汽车贸易有限公司漳州天鑫分公司
3. 芜湖万达汽车贸易有限公司
4. 蚌埠市荆山物资贸易有限公司
5. 大理瑞元汽车出租有限责任公司
6. 开远市忠联经贸有限公司
7. 安康市启晖汽车销售有限公司
8. 福建新泓顺工贸发展有限公司
9. 孝感市亚星汽车贸易有限公司
10. 登封市万鑫机车销售有限公司
11. 新密市双星汽配修理厂
12. 新郑市群旺汽车服务有限公司
13. 竹溪县丰达贸易有限责任公司

14. 淮南市广安汽车贸易有限公司
15. 安阳市大星除尘环保有限责任公司
16. 林州市物资汽车贸易有限公司
17. 河南正通新华夏汽车销售有限公司
18. 禹州市电力汽车服务有限公司汽车销售分公司
19. 蒙阴东蒙机电设备有限责任公司
20. 沂南县天运汽车贸易有限公司
21. 山东临沂汽车工业贸易有限公司郯城分公司
22. 山东临沂汽车工业贸易有限公司沂水公司
23. 山东临沂汽车工业贸易有限公司平邑分公司
24. 滨海万隆机械设备有限公司
25. 东台市华达汽车贸易有限公司
26. 大丰市飞亚汽车贸易有限公司
27. 宜章华锐汽车贸易有限公司
28. 湖南省临武县正源汽车贸易有限责任公司
29. 重庆渝安集团机电进出口有限公司
30. 台州佳汇汽车贸易有限公司
31. 玉溪市凯越汽车贸易有限公司
32. 青海熠展东风汽车销售服务有限公司
33. 呼和浩特市菩超汽车销售服务有限公司
34. 五莲县晨宇汽车销售服务有限公司
35. 杭州萧山汽车经营公司
36. 浙江桐庐鑫马车业有限公司
37. 焦作市开远汽车销售服务有限公司沁阳分公司
38. 德阳西南汽车置换有限公司
39. 四川贵旺汽车销售有限公司
40. 遂宁市华发车业有限公司
41. 四川省中江县顺达车业有限公司
42. 献县荣达汽车销售有限公司
43. 河北荣华东风汽车销售服务有限公司
44. 深圳市永奥实业有限公司
45. 浙江汇欣汽车贸易有限公司
46. 佛山市怡兴汽车贸易有限公司
47. 恩施州三和汽车贸易有限责任公司众鑫分公司
48. 遵义市圣达汽车贸易有限责任公司
49. 厦门百龙马汽车贸易有限公司
50. 青岛力隆汽车销售音像公司
51. 宜昌市新世纪汽车销售服务有限公司
52. 晋城市晋运汽车销售服务有限公司
53. 郴州市开发区兰天汽车销售服务有限公司
54. 汕头市双丰汽车贸易有限公司
55. 湖州东南汽车工贸有限公司车城汽车销售分公司
56. 安阳吉星照汽车销售服务有限公司
57. 安徽捷中捷汽车销售服务有限公司
58. 株洲汽车城海联亚飞连锁有限公司
59. 重庆商社汽车配件销售有限公司
60. 陕西启晖工贸有限公司
61. 泰安旭升汽车经贸有限公司
62. 祁州市文成汽车贸易有限公司
63. 济南普润斯汽车销售有限公司
64. 徐州恒信汽车贸易有限公司
65. 襄樊市王汉汽车销售服务有限公司
66. 莱芜市联众汽车销售服务有限公司

二十一、东风本田汽车有限公司授权品牌汽车销售企业名单

经营范围核定为:东风本田品牌汽车销售

1. 宁波中基东本汽车销售服务有限公司
2. 青岛福日汽车贸易有限公司
3. 昆山伟建汽车销售服务有限公司
4. 嘉兴敏田汽车销售有限公司
5. 南通文峰东田汽车销售服务有限公司
6. 鞍山汇通汽车销售服务有限公司
7. 广东兴锐汽车销售有限公司
8. 北京瑞鼎经贸有限公司
9. 焦作市锦田汽车销售服务有限公司
10. 湖州东本汽车配件销售服务有限公司
11. 济宁鸿昌汽车销售服务有限公司
12. 东营玄武汽车销售服务有限公司
13. 江苏恒通汽车有限公司

二十二、神龙汽车有限公司授权品牌汽车销售企业名单

经营范围核定为:东风标致品牌汽车销售

1. 嘉兴市思源汽车有限公司
2. 宁夏仁和致利汽车销售服务有限公司
3. 吉林省华宝汽车销售服务有限公司
4. 临汾市天和汽车贸易有限公司
5. 大同市银狮汽车销售服务有限公司
6. 山东淄博金泰实业有限公司
7. 上海宝狮汽车销售服务有限公司
8. 广州市美狮汽车销售服务有限公司
9. 桂林弘狮诚致汽车销售服务有限公司
10. 济宁信达汽车销售有限公司
11. 义乌市俊达汽车有限公司
12. 无锡京汽汽车销售有限责任公司

二十三、郑州日产汽车有限公司授权品牌汽车销售企业名单

经营范围核定为:郑州日产品牌汽车销售

1. 郑州东工实业有限公司
2. 呼伦贝尔市奥通汽车贸易有限责任公司
3. 大兴安岭成功汽车销售有限责任公司
4. 七台河三和汽车销售有限公司
5. 双鸭山市万顺汽车销售有限公司
6. 绥化市圣亚汽车销售有限公司
7. 伊春中汽贸汽车贸易有限公司
8. 葫芦岛市远达亚飞汽车销售有限公司
9. 辽阳汽贸轿车销售公司
10. 朝阳吉程汽车销售服务有限公司
11. 通辽市鑫英华汽车贸易有限公司
12. 大庆市金蟾物资有限公司
13. 竹溪县丰达贸易有限责任公司
14. 宜昌市奔朗贸易有限责任公司

15. 鄂州市君行天下汽车销售有限公司
16. 东风汽车公司孝感技术服务站
17. 山西富立来汽车贸易有限公司
18. 朔州市浪淘沙汽车销售有限公司
19. 邯郸市天友汽车贸易有限公司
20. 沧州市河北汽贸汽车销售有限公司
21. 衡水顺通汽车贸易有限公司
22. 上海宝江汽车贸易有限公司
23. 四川通信发展有限责任公司
24. 成都奥特佳汽车有限公司
25. 四川省成都奥升汽贸有限公司
26. 宜宾市源祥汽车贸易有限公司
27. 内江星和电力车业有限公司
28. 西昌市蓝天物资贸易有限公司
29. 眉山市新车港车业有限公司
30. 四川名帝马车业有限公司
31. 南充市兴华有限公司
32. 遂宁市大众汽车贸易有限公司
33. 雅安市雅电神驰车业有限公司
34. 自贡市新成车业有限责任公司
35. 重庆龙华实业(集团)有限公司
36. 重庆龙华实业(集团)有限公司高新区汽车销售服务分公司
37. 云南省玉溪市慧波商贸有限公司
38. 大理京达汽车销售有限责任公司
39. 楚雄鸿文汽车销售服务有限公司
40. 曲靖开发区建丰汽车服务有限公司
41. 文山县天惠汽车销售有限公司
42. 丽江万通科工贸有限责任公司
43. 广西梧州新兴汽车贸易有限公司
44. 钦州市登峰汽车贸易有限公司
45. 贵港市弘港汽车贸易有限公司
46. 玉林市弘森汽车销售服务有限公司
47. 百色桂之杰汽车销售有限公司
48. 广西郑州日产汽车销售服务有限责任公司
49. 广西贺州市机电设备总公司
50. 琼海胜达汽车销售有限公司
51. 儋州国利汽车有限公司
52. 长沙航晨贸易有限公司
53. 江西省迪亚汽车销售服务有限公司
54. 萍乡赣西汽车贸易有限公司
55. 宜春市大胜汽车贸易有限公司
56. 上饶市长风汽车贸易有限公司
57. 酒泉市新天龙汽车销售服务有限责任公司
58. 吴忠市天翔汽车销售客运有限公司
59. 阿拉善盟奥翔汽车有限责任公司
60. 渭南市宏远汽车销售有限公司
61. 咸阳华夏汽车贸易有限公司
62. 陕西郑州日产汽车销售服务有限公司
63. 新疆亚中机电股份有限公司昌吉分公司
64. 阿克苏市祥云机电设备有限责任公司
65. 博尔塔拉蒙古自治州宝源汽车贸易有限公司
66. 龙口市北环汽车销售服务有限公司
67. 潍坊广潍汽车销售服务有限公司
68. 潍坊广潍汽车销售服务有限公司寿光分公司
69. 潍坊广潍汽车销售服务有限公司诸城分公司
70. 胜利油田光达综合服务公司
71. 临沂恒瑞汽车销售有限公司
72. 日照市东方汽车贸易有限公司
73. 济南利德森汽车零部件有限责任公司
74. 淮北市恒祥亚飞汽车连锁有限公司
75. 黄山市亚夏贸易有限公司
76. 宣城亚夏汽车贸易有限责任公司
77. 常熟市农机汽车贸易中心有限公司
78. 镇江市苏晟机电设备有限公司
79. 丹阳市新驰铭泰汽车有限公司
80. 连云港市龙翔汽车销售服务有限责任公司
81. 宁波宝丰汽车有限公司
82. 慈溪市一得汽车销售有限公司
83. 江北市江北元通汽车销售有限公司余姚分公司
84. 浙江广瀚汽车电子有限公司
85. 浙江省建德市物资联营公司
86. 浙江省仙居县万达汽车销售有限公司
87. 台州方大汽车贸易有限公司
88. 上虞市顺通汽车贸易有限公司
89. 衢州市平治汽车有限公司
90. 浦城县东方汽车贸易有限公司
91. 漳浦县通宝汽车贸易有限公司
92. 福安市九州汽车贸易有限公司
93. 福建省沙县汇源贸易有限公司
94. 大田县华通汽车贸易有限公司
95. 东莞市新力汽车贸易有限公司
96. 湛江市正日汽车贸易有限公司
97. 兴宁市汇源汽车销售服务有限公司
98. 广州市汽车贸易有限公司第二分公司

二十四、江铃汽车股份有限公司授权品牌汽车销售企业名单

经营范围核定为:江铃宝威品牌,江铃全顺品牌(九座以下乘用车)汽车销售

1. 浙江台州江铃汽车销售服务有限公司
2. 台州金典汽车贸易有限公司
3. 浙江省仙居县万达汽车销售有限公司
4. 天台县新世纪汽车维修有限公司
5. 台州江铃全顺汽车销售服务有限公司
6. 宁波江铃汽车销售服务有限公司
7. 慈溪市友邦汽车销售有限公司
8. 余姚市顺铃汽车销售服务有限公司
9. 奉化市生产物资服务公司
10. 舟山市霁锋新华夏汽车连锁有限公司
11. 宁波经济技术开发区元通汽车销售有限公司

12. 象山县机电设备有限公司
13. 宁海县顺铃汽车销售有限公司
14. 厦门江铃全顺汽车销售有限公司
15. 漳州市豪锦汽车贸易有限公司
16. 龙岩市佳通汽车贸易有限公司
17. 永定县福昌汽车贸易有限公司
18. 漳平市惠龙汽车贸易有限公司
19. 上杭县顺通汽贸有限公司
20. 浙江金华顺铃汽车销售服务有限公司
21. 永康市康铃汽车销售有限公司
22. 武义江铃汽车销售服务有限公司
23. 兰溪江铃汽车销售服务有限公司
24. 浙江省磐安县汽车贸易有限公司
25. 丽水市福铃汽车销售有限公司
26. 江山市大昌汽车销售有限公司
27. 义乌市昌铃汽车销售服务有限公司
28. 新昌县机电设备有限公司
29. 浦江县天众汽车经营部
30. 泉州全顺汽车销售服务有限公司
31. 泉州市信捷汽车贸易有限公司
32. 安溪县亿海汽车销售有限公司
33. 福建省永春三力汽车修配有限责任公司
34. 江西江铃汽车销售有限公司
35. 江西全顺汽车销售有限公司
36. 江西赣东北江铃汽车销售服务有限公司
37. 上饶江铃汽车销售有限公司
38. 九江江铃全顺汽车销售服务有限公司
39. 抚州铃顺汽车实业有限公司
40. 鹰潭江铃汽车销售服务有限公司
41. 吉安江铃汽车销售服务有限公司
42. 江西省赣西江铃汽车销售服务有限公司
43. 萍乡全顺江铃汽车销售服务有限公司
44. 新余市江铃汽车销售服务有限公司
45. 丰城市通达汽车贸易有限公司
46. 江西赣西商用汽车销售有限公司
47. 赣州江铃汽车销售服务有限公司
48. 景德镇江铃汽车销售服务有限公司
49. 福州江铃全顺汽车销售服务有限公司
50. 南平江铃全顺汽车销售服务有限公司
51. 宁德市江铃全顺汽车销售服务有限公司
52. 莆田市江铃全顺汽车销售服务有限公司
53. 三明市江铃汽车销售服务有限公司
54. 福建省建瓯市福鑫物资有限公司
55. 浙江江铃汽车销售服务有限公司
56. 浙江康顺汽车有限公司
57. 桐庐风之行汽车销售服务有限公司
58. 富阳市元通汽车有限公司
59. 杭州中天机动车有限公司
60. 杭州申申汽车销售有限公司
61. 杭州金帝汽车销售有限公司
62. 浙江省建德市昌炎物贸有限公司
63. 湖州市美都(集团)汽车销售有限公司
64. 湖州南浔宝驰汽车销售有限公司
65. 湖州顺福铃汽车销售有限公司
66. 绍兴市宏强汽车贸易有限公司
67. 上虞市汇通汽车有限公司
68. 浙江省嵊州市八达开发有限公司
69. 海盐联通汽车销售有限公司
70. 桐乡嘉德汽车销售有限公司
71. 海宁市海通汽车贸易有限公司
72. 嘉善东元汽车销售有限公司
73. 平湖市万众汽车贸易有限责任公司
74. 浙江红旭实业股份有限公司
75. 温州华通汽车销售服务有限公司
76. 乐清市新华夏汽车销售服务有限公司
77. 青岛六和汽车销售有限公司
78. 青岛陆友汽车销售服务有限公司
79. 青岛双林源汽车销售服务有限公司
80. 青岛华森汽车销售维修有限公司
81. 青岛索尔汽车销售服务有限公司
82. 青岛全顺江铃汽车销售服务有限公司
83. 济宁江铃全顺汽车销售服务有限公司
84. 枣庄力源汽车销售服务有限公司
85. 安徽江铃汽车销售有限公司
86. 马鞍山江铃汽车销售服务有限公司
87. 安庆江铃汽车销售服务有限公司
88. 蚌埠江铃汽车销售服务有限公司
89. 巢湖江铃汽车销售服务有限公司
90. 六安金运汽车销售服务有限公司
91. 池州迎盛汽车贸易有限责任公司
92. 阜阳福江汽车销售服务有限公司
93. 宣城南方汽车销售服务有限公司
94. 淮北中兴汽车工业贸易有限责任公司
95. 淮南力达汽车修理厂
96. 铜陵天佳物资有限责任公司
97. 黄山市金世纪汽车贸易有限公司
98. 中港第二航务工程局第四工程公司汽车修理厂
99. 淄博鲁中江铃汽车销售服务有限公司
100. 滨州顺铃汽车销售服务有限公司
101. 临沂市江铃汽车销售服务有限公司
102. 淄博市临淄畅达汽车销售有限公司
103. 烟台江铃汽车销售服务有限公司
104. 威海江铃汽车销售服务有限公司
105. 山东成山轮胎股份有限公司
106. 山东省招远市机电设备有限公司
107. 招远市天成汽车维修有限公司
108. 海阳市城北福利汽车修配厂
109. 荣成市宏盛汽车销售服务有限公司
110. 山东江铃全顺汽车销售服务有限公司
111. 德州电力运输公司

112. 聊城水利工程总公司机械维修中心
113. 潍坊金源江铃汽车销售服务有限公司
114. 山东省物资贸易总公司第一公司
115. 诸城市通用汽车贸易有限公司
116. 东营市善能商贸有限责任公司
117. 东营众信汽车销售服务有限公司
118. 东营利丰亚飞汽车连锁有限责任公司
119. 江苏富骏汽车贸易有限公司
120. 常熟贺骏汽车销售服务有限公司
121. 苏州市顺铃汽车销售服务有限公司
122. 上海江铃汽车销售服务有限公司
123. 上海全顺汽车销售有限公司
124. 上海永达汽车销售有限公司
125. 上海和平企业(集团)有限公司
126. 上海上博汽车贸易有限公司
127. 上海浦三汽车销售有限公司
128. 上海金旋汽车销售有限公司
129. 上海电力汽车销售有限公司
130. 上海申淼汽车销售有限公司
131. 上海宝江汽车贸易有限公司
132. 上海宝钢汽车贸易有限公司
133. 上海大众交通汽车销售有限公司
134. 上海列源机电设备有限公司
135. 南通市江铃汽车销售有限公司
136. 上海科达汽车销售服务有限公司
137. 上海宏源汽车销售有限公司
138. 上海科达浦东汽车销售服务有限公司
139. 上海中盛汽车销售有限公司
140. 上海静慈汽车销售服务有限公司
141. 上海百联汽车服务贸易有限公司
142. 上海菱云汽车销售有限公司
143. 上海陆风汽车销售服务有限公司
144. 上海雄威汽车销售有限公司
145. 上海浩楠汽车销售服务有限公司
146. 上海汇联汽车销售公司
147. 上海佳怡汽车销售有限公司
148. 上海达安汽车销售有限公司
149. 上海政名汽车销售有限公司
150. 上海欧名汽车销售有限公司
151. 无锡市江铃汽车销售有限公司
152. 江阴市广吉江铃汽车销售有限公司
153. 江阴市东亚汽贸有限公司
154. 常州江铃汽车销售服务有限公司
155. 金坛市天龙汽车销售有限公司天龙商城
156. 溧阳市阳光汽车销售有限公司
157. 宜兴市宁兴汽车销售有限公司
158. 南京钟山江铃汽车销售服务有限公司
159. 扬州顺铃汽车销售服务有限公司
160. 连云港市汽车修理公司
161. 宿迁市凯达汽车销售维修有限公司
162. 淮安市同庆汽车贸易有限公司
163. 徐州全顺江铃汽车销售服务有限公司
164. 上海晧业物资经营有限公司
165. 上海申晟汽车贸易有限公司
166. 上海金港汽车销售发展有限公司
167. 上海怡通汽车销售有限公司
168. 上海泓泰汽车销售服务有限公司
169. 上海欧罗汽车销售有限公司
170. 上海银兴汽车销售有限公司
171. 中山市江铃汽车销售有限公司
172. 深圳市顺成江铃汽车贸易有限公司
173. 深圳市永顺通汽车贸易有限公司
174. 深圳市伟泰兴汽车贸易有限公司
175. 深圳市恒鑫汽车贸易有限公司
176. 东莞市江铃汽车销售有限公司
177. 东莞市中昌贸易有限公司
178. 东莞市宏达汽车贸易有限公司
179. 东莞市全顺汽车销售服务有限公司
180. 东莞市陆风汽车贸易有限公司
181. 广州凯铃汽车销售有限公司
182. 广州市铃顺汽车销售有限公司
183. 增城市江铃汽车销售有限公司
184. 从化市广铃汽车销售有限公司
185. 肇庆市万利通汽车贸易有限公司
186. 韶关市森鑫汽车贸易有限公司
187. 广州市顺福铃汽车有限公司
188. 佛山市顺德区江铃汽车销售有限公司
189. 惠州市江铃汽车贸易有限公司
190. 河源市汇鑫汽车贸易有限公司
191. 海南江铃汽车销售有限公司
192. 湛江江铃汽车销售有限公司
193. 琼海胜达汽车销售有限公司
194. 三亚京海汽车服务有限公司
195. 珠海江铃汽车有限公司
196. 广州江铃汽车销售有限公司
197. 广东物资集团汽车贸易公司
198. 广东省农业机械总公司
199. 广州市酉晟汽车销售有限公司
200. 清远市江铃汽车销售有限公司
201. 深圳市江铃汽车贸易有限公司
202. 深圳市虹云风汽车修配有限公司
203. 深圳市江铃特种专用汽车销售服务有限公司
204. 江门市江铃汽车销售有限公司
205. 江门市新会区腾安汽车贸易有限公司
206. 开平市广侨汽车销售服务有限公司
207. 鹤山市俊锋汽车贸易有限公司
208. 台山市恒辉汽车贸易有限公司
209. 佛山市南海区顺铃汽车销售有限公司
210. 佛山市江铃汽车销售有限公司
211. 佛山市三水江铃汽车销售有限公司

212. 佛山市高明区新亚飞汽车有限公司
213. 阳春市海华汽车贸易有限公司
214. 阳江市茂江汽车有限公司
215. 茂名市进达汽车有限公司
216. 深圳市国顺江铃汽车销售服务有限公司
217. 深圳市包捷汽车贸易有限公司
218. 深圳市栢龙汽车销售有限公司
219. 深圳市金达汽车贸易有限公司
220. 梅州市兴业汽车贸易有限公司
221. 信宜市振兴汽车有限公司
222. 甘肃全顺江铃汽车销售服务有限公司
223. 青海全顺江铃汽车销售服务有限公司
224. 宁夏江铃汽车销售有限公司
225. 兰州东明物资有限公司
226. 庆阳市远东汽车贸易有限公司
227. 天水银通汽车贸易有限责任公司
228. 张掖市安驰汽车贸易有限责任公司
229. 兰州亚飞汽车(宏达)连锁店
230. 兰州远东汽车有限责任公司
231. 库尔勒宏大全顺江铃汽车销售服务有限责任公司
232. 阿克苏市笑好车业有限公司
233. 阿克苏市祥云机电设备有限责任公司
234. 喀什地区机电设备有限责任公司
235. 和田地区众兴机电设备有限责任公司
236. 新疆巴州万方机电设备有限公司
237. 新疆全顺江铃汽车销售服务有限责任公司
238. 新疆亚中机电股份有限公司
239. 石河子车城汽车贸易有限公司
240. 新疆盛隆汽车销售有限公司
241. 奎屯新华商贸有限公司
242. 克拉玛依市新东方汽车销售服务有限责任公司
243. 伊犁鑫泰隆商贸有限责任公司
244. 博尔塔拉蒙古自治州机动车辆交易中心
245. 阿勒泰机电设备有限责任公司
246. 哈密市弘业商贸有限责任公司
247. 新疆江铃汽车专营有限公司
248. 贵州江铃汽车销售服务有限责任公司
249. 贵州丰泰江铃汽车销售服务有限公司
250. 遵义永翔汽车销售有限责任公司
251. 贵州省铜仁地区伍寰车辆交易有限公司
252. 黔南州众为汽车贸易有限责任公司
253. 毕节地区翔雷汽车销售有限责任公司
254. 兴义市恒达汽车贸易有限公司
255. 黔南新机动车交易市场
256. 广西江铃汽车销售服务有限公司
257. 广西南宁康城汽车销售维修中心
258. 南宁峰祺汽车销售有限公司
259. 南宁市路安汽车销售有限责任公司
260. 桂林同顺汽车销售服务有限公司
261. 广西壮族自治区机电设备柳州公司
262. 钦州市登峰汽车贸易有限公司
263. 广西贺州市常兴汽车销售有限责任公司
264. 广西梧州市九鑫汽车销售有限公司
265. 百色市机电设备总公司
266. 广西河池市机动车辆交易市场
267. 北海帮您忙咨询服务有限责任公司
268. 广西玉林市骏翔汽车贸易有限公司
269. 云南江铃汽车销售服务有限公司
270. 昆明健中冈汽车销售有限公司
271. 昆明庆东汽车销售有限公司
272. 云南通隆经贸有限公司
273. 云南长城汽车销售有限公司
274. 昆明众合盛商贸有限责任公司
275. 大理江铃汽车销售服务有限公司
276. 楚雄鸿翔汽车销售有限公司
277. 文山县天惠汽车销售有限公司
278. 云南省德宏州天龙汽车贸易有限责任公司
279. 开远市瑞丰汽车贸易有限责任公司
280. 思茅航宇汽车销售有限公司
281. 昭通市昭阳区农业机械有限公司
282. 保山金马中运有限责任公司
283. 云南曲靖交通集团精工达汽车技贸有限公司
284. 云南省华坪县物资总公司汽车销售公司
285. 曲靖云贵汽贸集团有限公司
286. 四川江铃汽车销售服务有限责任公司
287. 四川内江曙光车业有限责任公司
288. 广元市众利汽贸有限公司
289. 广安市广安区平安汽车销售服务有限责任公司
290. 乐山永畅汽车贸易有限责任公司
291. 四川省资阳市通达利汽车贸易有限公司
292. 四川省眉山市东坡区西城金属材料有限公司
293. 自贡市树德汽车服务有限公司
294. 四川广元阳晨汽车贸易有限责任公司
295. 遂宁市向前汽车贸易有限公司
296. 四川省宜宾五粮液集团安民汽车销售有限责任公司
297. 攀枝花市华兴物资有限责任公司
298. 西昌琦洋汽车服务有限责任公司
299. 达州市江铃汽车销售服务有限公司
300. 西藏顺天成汽车销售服务有限公司
301. 重庆江铃汽车销售服务有限公司
302. 重庆华日实业有限公司
303. 重庆市中东汽车销售服务有限公司
304. 江津市宏达机车销售有限责任公司
305. 彭水县华凤汽车销售有限公司
306. 重庆万友都成汽车销售服务有限公司
307. 南川市生源汽车贸易有限公司
308. 奉节亚东汽贸有限公司
309. 黑龙江省全顺汽车销售有限公司
310. 佳木斯天一汽车销售有限公司
311. 七台河市三和汽车销售有限公司

312. 双鸭山市立宇亚飞汽车经销有限公司
313. 鸡西市天拓汽车销售有限公司
314. 黑龙江全顺江铃汽车销售有限公司
315. 大兴安岭全顺汽车销售有限公司
316. 黑河市龙宝汽车贸易有限责任公司
317. 呼伦贝尔市江铃汽车销售服务有限公司
318. 辽宁全顺江铃汽车销售服务有限公司
319. 锦州江铃汽车销售服务有限公司
320. 盘锦兴正汽车贸易有限公司
321. 鞍山市金驰汽车销售服务有限公司
322. 葫芦岛凯达汽车销售服务有限公司
323. 阜新瑞达汽车销售服务有限公司
324. 大连立扬汽车销售有限公司
325. 大连鸿顺汽车销售有限公司
326. 营口玄豹实业有限公司
327. 辽宁红运汽车贸易有限公司
328. 大石桥市宏鑫车城汽车连锁销售有限公司
329. 东港京汽汽车销售有限责任公司
330. 丹东全顺汽车销售有限公司
331. 凤城市鹏祥汽车贸易有限责任公司
332. 吉林市江瑞汽车贸易有限公司
333. 通化顺达汽车贸易有限公司
334. 松原市龙盛汽车销售有限公司
335. 白山市长铃汽车销售有限责任公司
336. 梅河口市顺华汽车销售服务有限公司
337. 商丘市鸿基汽车贸易有限公司
338. 信阳市申龙汽车有限公司第一分公司
339. 安阳市物华实业有限责任公司
340. 洛阳顺铃汽车销售有限公司
341. 焦作市驰骋汽车销售服务有限公司
342. 濮阳市瑞璞机电设备有限公司
343. 陕西江铃全顺汽车销售服务有限公司
344. 宝鸡市天台汽车服务有限责任公司
345. 渭南市宏远汽车销售有限公司
346. 陕西华山华运汽车销售有限责任公司
347. 延安市社会福利公司
348. 汉中意通工贸有限公司
349. 湖南全顺江铃汽车销售有限公司
350. 株洲全顺江铃汽车销售有限公司
351. 常德天顺汽车销售有限公司
352. 衡阳福顺汽车销售服务有限公司
353. 岳阳市辉岳贸易有限公司
354. 湖南莲城汽车贸易服务有限公司
355. 郴州广顺汽车服务有限公司
356. 湖南省益阳市福铃汽车销售有限公司
357. 邵阳市兴隆汽车销售有限责任公司
358. 湖南吉首汽车销售公司
359. 怀化顺铃汽车销售服务有限公司
360. 永州市荣达汽车贸易有限公司
361. 武汉威汉汽车服务有限公司
362. 山西新泰都商贸有限公司
363. 大同江铃全顺汽车销售服务有限公司
364. 长治市江铃全顺汽车销售有限公司
365. 临汾江铃全顺汽车销售有限公司
366. 晋城市长江实业有限公司
367. 山西省忻州汽车工业贸易有限公司
368. 阳泉市金鑫新华夏汽车连锁销售有限公司
369. 运城市雅泽汽车销售有限公司
370. 北京福铃汽车技术发展有限公司
371. 北京上汽首创汽车销售有限责任公司
372. 包头市江铃汽车销售服务有限责任公司
373. 乌海市诚信汽车销售服务有限公司
374. 二连浩特市利丰汽车销售服务有限公司
375. 巴彦淖尔市豪锐汽车销售有限公司
376. 鄂尔多斯市天意汽车摩托车有限责任公司
377. 鄂尔多斯市坤元汽车销售有限责任公司
378. 兴安盟利丰恒泰汽车销售有限责任公司
379. 通辽市利丰汽车销售有限责任公司
380. 赤峰市利丰汽车行有限公司
381. 内蒙古全顺江铃汽车销售服务有限公司
382. 北京全顺江铃汽车销售服务有限公司
383. 北京吉通豪情汽车销售有限公司
384. 河北文盛汽车贸易有限公司
385. 保定市元盛汽车贸易有限公司
386. 邯郸市森宝汽车贸易有限公司
387. 邢台众诚车业有限公司
388. 张家口市华铃汽车销售服务有限公司
389. 天津汽车工业销售沧州有限公司
390. 廊坊开发区广和汽车贸易有限公司
391. 任丘市海光五十铃汽车配件供应公司
392. 唐山文盛汽车贸易有限公司
393. 承德元盛汽车贸易有限公司
394. 唐山广通汽车贸易有限公司
395. 天津全顺江铃汽车销售服务有限公司
396. 天津隆泰达工程机械有限公司
397. 天津市银海汽车服务有限公司
398. 天津开发区柯兰德汽车贸易有限公司
399. 天津滨海机动车交易有限公司
400. 天津市金三角汽车销售有限公司
401. 天津晟鑫石油机械开发有限公司
402. 大港油田集团专用汽车制造公司

二十五、南京菲亚特汽车有限公司授权品牌汽车销售企业名单

经营范围核定为:南京菲亚特品牌汽车销售

1. 河南富奇商贸有限公司
2. 海门市金天企业集团有限公司
3. 上海派安汽车销售有限公司
4. 上海弘博汽车销售服务有限公司
5. 上海永亿汽车销售有限公司
6. 张家口市博瑞恒泰商贸有限公司

7. 阳泉市宝鑫新华夏汽车连锁销售有限公司
8. 四川省隆昌县奔力实业有限公司
9. 四川内江万众车业有限公司
10. 福建泉州豪信汽车贸易有限公司
11. 福建省永春三力汽车修配有限责任公司汽车销售部
12. 保山金马中运有限责任公司
13. 临沧市靖安贸易有限责任公司
14. 邯郸交通运输集团汽车贸易服务有限公司武安分公司
15. 雅安市风帆车业有限责任公司
16. 攀枝花市欣洋汽车贸易有限公司
17. 广安市华阳弘远商贸有限责任公司
18. 西昌骅风商贸有限公司
19. 南充市富全汽车装饰有限公司
20. 河津市彩虹汽车贸易有限公司
21. 运城市彩虹汽车贸易有限公司
22. 昭通市晟烽汽车服务有限责任公司
23. 临沧金阳汽车贸易有限责任公司
24. 思茅鸿达汽车贸易有限公司
25. 云南省德宏州天龙汽车贸易有限责任公司
26. 文山县天惠汽车销售有限公司
27. 昆明凯旋利汽车销售有限责任公司
28. 霸州市从时汽车贸易有限公司
29. 广西壮族自治区机电设备南宁公司
30. 广西壮族自治区机电设备百色分公司
31. 广西壮族自治区机电设备柳州公司
32. 天台县安顺进口汽车服务有限公司
33. 台州方大汽车贸易有限公司
34. 台州申达汽车贸易有限公司
35. 台州大元汽车销售服务有限公司路桥分公司
36. 宿迁市良宇实业有限公司
37. 邳州市时捷机动车辆销售有限公司
38. 涿州市朝阳亚飞汽车销售有限公司
39. 德清县华奥汽车销售有限公司
40. 舟山市永达汽车销售服务有限公司
41. 宁海县隆华汽车销售有限公司
42. 永康市天顺汽车销售有限公司
43. 金华东方汽车销售有限公司
44. 邯郸市通泰汽车贸易有限公司
45. 莒县运通汽车销售有限公司
46. 绍兴市越峰汽车销售有限公司
47. 绍兴市越峰汽车销售有限公司柯桥分公司
48. 上虞市俞氏汽车经营有限公司
49. 上虞市俞氏汽车经营有限公司长安汽车专卖店
50. 金华市远大汽车销售有限公司
51. 浙江三花汽车贸易有限公司
52. 诸暨市新中义汽车销售服务有限公司
53. 晋江市振兴汽车贸易有限公司
54. 大同云海汽车贸易有限责任公司
55. 北京祥路来汽车销售服务有限公司
56. 中山市中大昌汽车有限公司
57. 江西银河汽车销售有限公司
58. 宜昌骏超汽车销售服务有限公司
59. 金华金菲汽车贸易有限公司
60. 湖南豹风汽车销售有限公司
61. 昆明农力机械销售有限公司金泉分部

二十六、上海上汽大众汽车销售有限公司授权品牌汽车销售企业名单

经营范围核定为:上海大众品牌汽车销售
1. 珠海经济特区华发汽车展销中心
2. 徐州沪彭众达汽车销售服务有限公司
3. 杭州旅行者汽车销售有限公司
4. 宿迁上海大众汽车销售服务有限公司
5. 上海大众汽车辽阳销售服务有限公司
6. 上海大众汽车本溪销售服务有限公司
7. 连云港全力汽车销售服务有限公司
8. 宁夏金富源汽车销售服务有限公司
9. 福建三明市原林汽车销售服务有限公司
10. 上海大众汽车唐山一运销售服务有限公司
11. 哈尔滨金路汽车销售服务有限公司
12. 上海申银汽车服务有限公司
13. 上海海博广得利汽车销售有限公司
14. 南通宝腾汽车销售服务有限公司
15. 济南华通汽车有限公司
16. 青岛大众汽车销售有限公司
17. 济宁诚达汽车销售有限公司
18. 德州众驰汽车销售服务有限公司
19. 临沂金羊汽车销售服务有限公司
20. 湖南星沙大众汽车销售有限公司
21. 湖南申湘汽车常德大众销售服务有限公司
22. 上海大众汽车郴州销售服务有限公司
23. 广东德宝汽车贸易有限公司
24. 海南信兴汽车销售有限公司
25. 广州市大吉汽车销售服务有限公司
26. 上海云峰虹口汽车销售服务有限公司
27. 北京上汽丰华汽车销售服务有限公司
28. 烟台吉安汽车销售服务有限公司
29. 北京宏伟文辉汽车销售有限公司
30. 山西万国汽车销售服务有限公司
31. 承德市通程汽车销售有限公司
32. 上海京安汽车销售有限公司
33. 上海郑隆汽车销售有限公司
34. 上海锦江汽车供应公司
35. 上海汽车贸易有限公司
36. 联通租赁集团有限公司
37. 南京东方汽车贸易中心
38. 杭州新里程汽车销售服务有限公司
39. 武汉爱车族经贸有限公司
40. 上海华梁科贸有限公司
41. 上海申晟汽车贸易有限公司
42. 上海大众交通汽车服务有限公司

43. 上海新广得利汽车销售有限公司
44. 山东省影山交通器材服务中心
45. 贵州天晴汽车销售服务有限公司
46. 上海德律风汽车服务有限公司
47. 云南中机金鼎汽车贸易有限公司
48. 河北众诚汽车贸易有限公司

二十七、一汽－大众销售有限责任公司授权品牌汽车销售企业名单

经营范围核定为:一汽大众品牌汽车销售

1. 北京众义达汇福汽车销售服务有限公司
2. 邯郸市顺达汽车贸易有限公司
3. 苏州汇凯汽车贸易有限公司
4. 宜兴市广海元汽车销售服务有限公司
5. 阜阳奥捷车业有限公司
6. 湘潭市健车行汽车服务有限公司
7. 云南云汽汽车销售服务有限公司
8. 云南联众伟业经贸有限公司
9. 平顶山市宝信汽车销售服务有限公司
10. 黄石市大桥汽车服务有限公司
11. 湖南一汽贸易有限责任公司
12. 驻马店市新世纪汽车贸易服务有限公司
13. 桂林鑫广达汽车销售服务有限责任公司
14. 广东鸿粤汽车销售有限公司
15. 云南兴星机电贸易有限公司
16. 浙江元通汽车有限公司

二十八、重庆长安汽车股份有限公司授权品牌汽车销售企业名单

经营范围核定为:长安(轿车)品牌汽车销售

1. 成都万友经济技术开发总公司
2. 广东长安汽车销售有限公司
3. 宁波市祥安汽车营销服务有限公司
4. 南京大有汽车贸易有限公司
5. 浙江祥通汽车有限公司
6. 河北益力汽车贸易有限公司
7. 青岛北方建达汽车销售服务有限公司
8. 河南裕华福安汽车销售服务有限公司
9. 北京凌迈汽车销售有限公司
10. 北京燕长风商贸有限公司
11. 深圳市裕祥隆实业发展有限公司
12. 山西嘉驰汽车销售有限公司
13. 山东通利达汽车贸易有限公司
14. 江西燕兴长安汽车销售有限公司
15. 贵州万友汽车销售服务有限公司
16. 临沂长安汽车专卖有限公司
17. 山西新亨运汽车服务有限公司
18. 山西通达(集团)有限公司
19. 临汾市正源汽贸有限公司
20. 内蒙古利丰长安汽车销售服务有限公司
21. 云南万友汽车销售服务有限公司
22. 重庆安福汽车营销有限公司
23. 重庆万友都成汽车销售服务有限公司
24. 东莞市广物正通达汽车贸易有限公司
25. 保定盛华汽车贸易有限公司
26. 吉林省信邦汽车服务销售有限公司
27. 武汉长源汽车销售服务有限公司
28. 长沙天潮贸易有限公司
29. 合肥大步汽车贸易有限公司
30. 潍坊市润杰汽车贸易有限公司
31. 烟台天航新新汽车销售有限公司
32. 重庆国晧汽车销售服务有限责任公司苏州分公司
33. 陕西天禾贸易有限公司
34. 唐山市冀东安信汽车销售服务有限公司
35. 广西弘晖汽车销售服务有限公司
36. 哈尔滨市昊业汽车经销有限公司
37. 浙江五洲车辆有限公司

二十九、丰田汽车(中国)投资有限公司授权品牌汽车销售企业名单

经营范围核定为:进口雷克萨斯品牌汽车销售

1. 温州凌通雷克萨斯汽车销售服务有限公司
2. 浙江广丰通田汽车有限公司
3. 云南中升雷克萨斯汽车销售服务有限公司
4. 武汉黄埔雷克萨斯汽车销售服务有限公司
5. 太原大昌雷克萨斯汽车服务有限公司

三十、安徽宗申通宝汽车制造有限公司授权品牌汽车销售企业名单

经营范围核定为:通宝品牌汽车销售

1. 长春市广泰汽车贸易有限公司
2. 张家口市远大二手车交易中心
3. 山西省运城华杰物贸有限公司
4. 成都豪士达汽车贸易有限公司
5. 四川双丰汽车贸易有限公司
6. 延边文源汽贸有限责任公司
7. 柳州鹏辉物资贸易有限公司
8. 盐城苏福物资贸易有限公司
9. 南宁市汉阳汽车销售有限责任公司
10. 云南碧海缘经贸有限公司
11. 金华市远大汽车销售有限公司
12. 揭阳市中汽贸易有限公司
13. 赣州市宏伟汽车贸易有限公司
14. 滁州市大春农机有限公司
15. 甘肃省辉煌汽车销售有限公司
16. 安徽省兴盛商贸有限公司
17. 山西凯捷汽贸有限公司
18. 通辽市顺德农机有限公司
19. 吉林市吉运汽车贸易有限公司
20. 长沙云积汽车销售有限公司
21. 赤峰通德商贸有限责任公司
22. 金坛市天龙汽车销售有限公司

三十一、克莱斯勒(中国)汽车销售有限公司授权品牌汽车销售企业名单

经营范围核定为:进口克莱斯勒品牌汽车销售
1. 北京浪淘沙汽车维修有限公司
2. 天津中进英之杰汽车销售服务有限公司
3. 河北盛合汽车贸易有限公司
4. 唐山市冀东广龙汽车销售服务有限公司
5. 济南运发汽车贸易服务有限公司
6. 山东博瑞汽车服务有限公司
7. 潍坊瑞祥汽车销售服务有限公司
8. 威海威达汽车修配厂
9. 淄博久盛汽车销售有限公司
10. 山东华达汽车股份有限公司临沂分公司
11. 济宁华达汽车销售服务有限公司
12. 哈尔滨市粤港先锋汽车销售维修有限公司
13. 长春汇成实业有限公司
14. 沈阳星之杰汽车销售服务有限公司
15. 辽宁京汽汽车销售有限责任公司
16. 大连华菱联合汽车销售服务有限公司
17. 内蒙古京立乾坤汽车销售服务股份有限公司
18. 陕西华夏汽车有限公司
19. 甘肃金岛汽车超市有限公司
20. 青海省鸿雁汽车销售有限公司
21. 宁夏博尔汽车销售服务有限公司
22. 上海东联京沪汽车销售服务有限公司
23. 江苏锦尚汽车销售服务有限公司
24. 常州金田汽修发展有限公司
25. 无锡宝星汽车贸易有限公司
26. 宁波辰通汽车有限公司
27. 金华金普汽车销售有限公司
28. 江西省北联汽车经销有限公司
29. 成都成商联合汽车有限责任公司
30. 重庆金菱汽车(集团)有限公司
31. 贵州高山贸易有限公司
32. 广西弘菱汽车销售服务有限公司
33. 广州锦菱汽车贸易有限公司
34. 中山市中怡汽车贸易有限公司
35. 江门市江海区南菱汽车贸易有限公司
36. 东莞市锦华汽车贸易有限公司
37. 深圳市京粤汽车销售有限公司
38. 佛山市豪泰汽车销售服务有限公司
39. 福建福迅汽车销售有限公司
40. 厦门协力进出口有限公司
41. 海南华隆行汽车服务有限公司

三十二、北京奔驰－戴姆勒·克莱斯勒汽车有限公司授权品牌汽车销售企业名单

经营范围核定为:国产克莱斯勒品牌汽车销售
1. 北京港龙基业汽车销售服务有限公司
2. 北京华北汽贸汽车销售有限公司
3. 北京汇杰伟业汽车销售服务有限责任公司
4. 北京浪淘沙汽车维修有限公司
5. 天津中进英之杰汽车销售服务有限公司
6. 河北盛合汽车贸易有限公司
7. 唐山市冀东广龙汽车销售服务有限公司
8. 山西大昌联合汽车销售服务有限公司
9. 山西戴美克汽车贸易有限公司
10. 青岛福泰汽车销售有限公司
11. 济南运发汽车贸易服务有限公司
12. 潍坊瑞祥汽车销售服务有限公司
13. 威海威达汽车修配厂
14. 淄博久盛汽车销售有限公司
15. 山东华达汽车股份有限公司临沂分公司
16. 哈尔滨市粤港先锋汽车销售维修有限公司
17. 长春汇成实业有限公司
18. 沈阳星之杰汽车销售服务有限公司
19. 辽宁京汽汽车销售有限责任公司
20. 大连华菱联合汽车销售服务有限公司
21. 内蒙古京立乾坤汽车销售服务股份有限公司
22. 新疆新培野汽车销售服务有限公司
23. 河南泰菱实业有限公司
24. 河南涌金汽车有限公司
25. 陕西伊势威贸易有限责任公司
26. 陕西华夏汽车有限公司
27. 甘肃金岛汽车超市有限公司
28. 甘肃东盟汽车销售服务有限公司
29. 青海省鸿雁汽车销售有限公司
30. 宁夏博尔汽车销售服务有限公司
31. 上海信佳汽车销售服务有限公司
32. 上海通产汽车贸易有限公司
33. 上海名创汽车销售服务有限公司
34. 上海东联京沪汽车销售服务有限公司
35. 苏州工业园区新宇物资贸易有限公司
36. 常州金田汽修发展有限公司
37. 无锡宝星汽车贸易有限公司
38. 浙江辰通汽车有限公司
39. 宁波辰通汽车有限公司
40. 金华金普汽车销售有限公司
41. 安徽复兴汽车有限责任公司
42. 江西省北联汽车经销有限公司
43. 四川华驰汽车销售服务有限公司
44. 成都成商联合汽车有限责任公司
45. 重庆金菱汽车(集团)有限公司
46. 云南兴林汽车贸易有限公司
47. 云南华龙汽车销售服务有限公司
48. 贵州高山贸易有限公司
49. 广西弘菱汽车销售服务有限公司
50. 广东鸿粤汽车销售有限公司
51. 广州锦菱汽车贸易有限公司
52. 中山市中怡汽车贸易有限公司
53. 江门市江海区南菱汽车贸易有限公司
54. 东莞市锦华汽车贸易有限公司
55. 深圳市京粤汽车销售有限公司

56. 佛山市豪泰汽车销售服务有限公司
57. 福建福迅汽车销售有限公司
58. 厦门协力进出口有限公司
59. 海南华隆行汽车服务有限公司
60. 湖南新城汽车有限公司
61. 湖北三环金通汽车有限公司

三十三、北京奔驰－戴姆勒·克莱斯勒汽车有限公司授权品牌汽车销售企业名单

经营范围核定为:北京吉普(Jeep)、北京三菱汽车(Mitsubishi Motors)、国产克莱斯勒(Chrysler)品牌汽车销售

1. 中国进口汽车贸易中心
2. 北京鹏远兴业汽车销售服务有限公司
3. 临汾市尧都区运通汽车配件有限公司
4. 大同市金第新华夏汽车连锁销售有限公司
5. 山东博瑞汽车服务有限公司
6. 济宁华达汽车销售服务有限公司
7. 山东新巨汽车贸易有限公司
8. 江苏锦尚汽车销售服务有限公司
9. 南京苏星美华汽车销售服务有限公司
10. 徐州新东方汽车贸易有限公司
11. 浙江中汽瑞德汽车有限公司
12. 浙江新友谊汽车贸易有限公司
13. 深圳市东诚辉贸易有限公司
14. 厦门市三辉汽车贸易有限公司

三十四、北京北汽陆驰汽车销售有限公司授权品牌汽车销售企业名单

经营范围核定为:北汽品牌汽车销售

1. 台州市华晨汽车贸易有限公司(战旗、吉普系列、陆铃系列)
2. 东营市银龙汽车贸易有限责任公司(陆霸系列、速威系列)
3. 石家庄大野汽车贸易有限公司(陆霸系列、速威系列)
4. 济南吉事德实业有限公司(陆霸系列、速威系列)

三十五、北汽福田汽车股份有限公司授权品牌汽车销售企业名单

经营范围核定为:风景品牌汽车销售

1. 大同市欣宇物资有限责任公司
2. 成都建国汽车贸易有限公司
3. 蒙城县福天汽车销售服务有限公司
4. 新疆中天达机电销售有限公司
5. 伊犁亚新客货运输有限公司
6. 德州市津鲁汽车销售租赁有限公司
7. 盘锦市汽车销售总公司
8. 宜昌京鄂汽车销售有限公司
9. 大连德众汽车贸易有限公司佰福佳分公司
10. 湖南中和投资有限公司
11. 宜昌京鄂汽车销售有限公司襄樊分公司
12. 山西大和港车城汽车连锁销售有限公司
13. 天津华星北方车世界汽车销售服务有限公司
14. 绍兴海潮汽车销售有限公司
15. 淄博朝安经贸有限公司
16. 浙江胜达汽车有限公司
17. 赤峰环成汽车贸易有限公司
18. 宿迁市永达汽车销售服务有限公司
19. 泸州建国汽车贸易有限公司
20. 乐山建国汽车销售服务有限公司
21. 德阳建国汽车销售服务有限公司
22. 四川省眉山市建国汽车有限公司
23. 南充建国汽车销售服务有限公司
24. 哈尔滨市天博行汽车销售服务有限公司
25. 贵州天鼎汽车服务有限责任公司
26. 保定市天信汽车贸易有限公司
27. 河北众凯汽车贸易有限公司
28. 兰州中冶商贸有限公司
29. 广西腾弘汽车销售服务有限公司
30. 重庆驰永汽车销售服务有限公司
31. 池州市贵池汽车销售有限公司
32. 江阴广顺汽车销售服务有限公司
33. 台州市华晨汽车贸易有限公司
34. 苏州金时代汽车贸易有限公司
35. 桂林市玖旺汽车商贸有限公司
36. 拉萨康达汽贸有限责任公司
37. 无锡宁锡汽车销售有限公司
38. 洛阳里程汽车销售有限公司
39. 河北汽贸邯郸有限责任公司

三十六、重庆长安铃木汽车有限公司授权品牌汽车销售企业名单

经营范围核定为:长安铃木品牌汽车销售

1. 北京北方新兴长安铃木汽车销售服务有限责任公司大兴分公司
2. 北京北方新兴长安铃木汽车销售服务有限责任公司顺义分公司
3. 福州云驿汽车销售服务有限公司
4. 黑龙江浩诚汽车销售有限公司
5. 重庆丰誉汽车有限公司
6. 上海金旋汽车维修有限公司
7. 遵义市安达汽车销售服务有限责任公司

三十七、重庆长安汽车股份有限公司授权品牌汽车销售企业名单

经营范围核定为:长安品牌汽车销售

1. 宿州市诚信农业机械有限公司
2. 安徽阜阳通诚汽车销售有限公司
3. 蚌埠市中凯机电设备有限公司
4. 灵璧县灵运汽车贸易有限公司
5. 涡阳县鑫宝汽车贸易有限公司
6. 安徽华通汽车服务有限公司芜湖分公司
7. 霍邱县锦程汽车服务有限公司
8. 北京凌迈汽车销售有限公司房山一分公司
9. 北京宿兴创业汽车有限公司
10. 北京一汽环岛汽车销售有限公司长沟分公司

11. 北京大北方新起点汽车贸易有限责任公司
12. 政和县仁通汽车贸易有限公司
13. 福建省建阳市武夷汽车贸易有限公司
14. 上海大众汽车建瓯销售服务有限公司南平维修站
15. 福建华夏汽车城发展有限公司
16. 福州长安汽车销售有限公司
17. 福建省建瓯市中辰汽车贸易有限公司
18. 福建省安溪县友联汽车发展有限公司
19. 泉州市泉港腾达贸易有限公司
20. 德化县和达汽车贸易有限公司
21. 厦门市同安集福汽车贸易有限公司鹭岛分公司
22. 厦门市希恩贸易有限公司
23. 厦门长安汽车销售有限公司
24. 天水创佳汽车贸易有限公司
25. 汕头市燕兴汽车贸易有限公司
26. 梅州市桦昌汽车贸易有限公司
27. 龙川县伟业汽车贸易有限公司
28. 潮安茂昌贸易有限公司
29. 揭阳市万友汽车销售服务有限公司汕头分公司
30. 揭阳市万友汽车销售服务有限公司潮州分公司
31. 揭阳市万友汽车销售服务有限公司
32. 汕尾海陆汽车发展有限公司
33. 深圳市裕祥隆实业发展有限公司嘉进隆汽车展场
34. 深圳市裕祥隆实业发展有限公司龙珠分公司
35. 东莞市渝州长安汽车销售有限公司
36. 佛山市高明城乡汽车贸易有限公司
37. 深圳市长安汽车销售有限公司
38. 广州市炜坤汽车贸易有限公司晶都经营部
39. 广州市炜坤汽车贸易有限公司番禺分公司
40. 茂名市长安汽车销售有限公司
41. 开平市广侨汽车销售服务有限公司台山分公司
42. 江门市广侨汽车销售服务有限公司
43. 江门市蓬江区精文汽车贸易有限公司
44. 柳州万友汽车销售服务有限公司钦州分公司
45. 防城港市登峰汽车有限公司
46. 玉林市伟诚汽车销售有限公司
47. 印江土家族苗族自治县黔东汽车销售公司
48. 德江县昌琼机动车销售有限公司
49. 贵阳华纬汽车销售有限公司
50. 遵义安达汽车销售服务有限责任公司铜仁分公司
51. 贵州天阳汽车销售有限公司
52. 贵州万友经贸有限公司都匀分公司
53. 贵州全兴汽车服务有限公司
54. 贵州万友经贸有限公司威宁分公司
55. 海口长安汽车销售有限公司
56. 河北长安商用汽车销售有限公司
57. 涿州市朝阳亚飞汽车销售有限公司
58. 沧州市新时代汽车销售有限公司
59. 保定市新星长安铃木汽车销售有限公司
60. 定州市安特汽车商贸有限公司
61. 衡水通力汽车销售服务有限公司
62. 邢台煤热佳通汽贸有限公司分公司
63. 邯郸市佳信汽车贸易有限公司涉县分公司
64. 唐山广通汽车贸易有限公司
65. 玉田县福田农机销售有限公司
66. 昌黎县长盛恒安车业有限公司
67. 新乡市东安汽车贸易有限公司
68. 新乡市金禾汽车贸易有限公司
69. 新乡市新新汽车贸易有限公司
70. 鹤壁市永兴汽车销售服务有限公司
71. 濮阳市源通汽贸有限公司
72. 焦作市鑫博大汽车贸易有限公司
73. 偃师市飞达汽车销售服务有限公司
74. 三门峡市长安汽车销售有限公司
75. 长安汽车(集团)有限责任公司南阳销售分公司
76. 鹿邑县顺发车业销售服务有限公司
77. 许昌市恒兴汽车销售有限公司
78. 驻马店市新成汽车贸易有限公司
79. 商丘北方长安汽车销售服务有限公司
80. 河南鑫普特汽车销售有限公司
81. 七台河市永发汽车销售服务有限责任公司
82. 黑龙江浩诚汽车销售有限公司
83. 尚志市宏博机动车交易市场有限公司
84. 鸡西市天意汽车销售有限公司
85. 荆州市盛发汽车贸易有限公司监利分公司
86. 荆门市微型汽车销售维修有限公司
87. 荆门市长源腾龙汽车销售服务有限公司
88. 黄石市升源汽车销售有限责任公司
89. 武汉长源汽车销售服务有限公司汉阳分公司
90. 武汉长源龙腾汽车销售服务有限公司
91. 宜都市东顺汽车销售服务有限公司
92. 枣阳市丰翼汽车销售服务有限公司
93. 长沙天潮贸易有限公司益阳分公司
94. 邵阳市龙腾汽车销售服务有限公司
95. 娄底市富华汽车销售有限公司
96. 娄底市富华汽车销售有限公司冷水江市分公司
97. 娄底市富华汽车销售有限公司涟源分公司
98. 衡阳县红旗汽车销售修配中心
99. 湖南吉首汽车销售公司
100. 怀化市跃进汽车销售有限公司
101. 通化市恒通汽车贸易有限公司
102. 洮南市鹏宇摩托车有限公司
103. 泰州大有汽车销售服务有限公司
104. 镇江华东汽车销售有限公司
105. 扬中市新联汽车销售有限公司
106. 赣榆县源泰汽车贸易有限公司
107. 镇江市江南汽车销售有限公司
108. 南京北方设备工程有限公司盱眙分公司
109. 盐城市联合汽车贸易有限公司
110. 常熟市渝新汽车销售有限公司

111. 江阴市易达汽车销售有限公司
112. 江阴市康辉驾培有限公司
113. 南通安泰汽车销售有限公司
114. 南通天鸿汽车销售有限公司
115. 南通市骏驰汽车贸易有限公司
116. 重庆国皓汽车销售服务有限责任公司苏州友联营业部
117. 吴江星星汽车贸易有限公司
118. 宜兴市现代汽车销售有限公司
119. 鞍山市信邦汽车服务销售有限公司
120. 沈阳世纪大众汽车服务有限公司
121. 沈阳晨耀汽车贸易有限公司
122. 辽宁牧欧汽车销售服务有限公司
123. 内蒙古威龙汽车销售服务(集团)有限公司
124. 乌拉特前旗昌盛汽车有限责任公司
125. 鄂尔多斯市天意汽车销售有限公司
126. 巴林左旗马林汽车工贸有限公司
127. 包头市利丰汽车贸易服务有限公司
128. 宁夏亚通汽车贸易有限公司
129. 羌塘汽车销售服务中心
130. 宁津县拓普农机经销有限公司
131. 夏津县平安汽车销售有限公司
132. 庆云顺弛汽车销售有限公司
133. 济南长安汽车销售有限公司
134. 临沭县惠民汽车销售有限公司
135. 平邑亨大汽车销售服务有限公司
136. 莒南县大运汽贸有限公司
137. 沂水宏伟汽车贸易有限公司
138. 郯城县恒通汽车贸易有限公司
139. 沂南县宏达汽车贸易有限公司
140. 苍山县天益汽车贸易有限公司
141. 五莲县晨宇汽车销售服务有限公司
142. 运城市风陵渡华通汽贸有限公司
143. 永济市宏达汽车维修有限公司
144. 曲沃县盛达汽车贸易有限公司
145. 长治市一运容驰汽车维修服务有限公司
146. 晋城市振方商贸有限公司
147. 忻州新亨运汽车贸易有限公司
148. 山西华尚实业有限公司
149. 吕梁新亨运汽车销售有限公司
150. 山西祥瑜汽车销售服务有限公司
151. 祁县香山汽车贸易有限公司
152. 阳泉市益昌新华夏汽车连锁销售有限公司
153. 山西新千年工贸有限公司万国汽车销售分公司
154. 山西嘉驰汽车销售有限公司
155. 朔州市浪淘沙汽车销售有限公司
156. 大同市芦笛汽车俱乐部有限公司
157. 大同市盛远发展有限责任公司
158. 安康市阳光车业有限公司
159. 咸阳华夏汽车贸易有限公司
160. 渭南燕兴实业有限公司大荔分公司
161. 成都万友经济技术开发总公司西部汽车城经营部
162. 成都万友经济技术开发总公司武侯经营部
163. 成都万友经济技术开发总公司雅安分公司
164. 巴中万友汽车销售服务有限公司
165. 旺苍县泓扬汽贸有限公司
166. 四川省南部县天立车业有限公司
167. 叙永县福盛汽车贸易有限公司
168. 安岳县顺安达运业有限责任公司
169. 仁寿县安全汽车销售服务有限公司
170. 四川众诚实业有限责任公司东部分公司
171. 塔城地区新启汽车贸易有限责任公司
172. 库尔勒天鹏汽车销售有限公司
173. 石河子车城汽车贸易有限公司
174. 云南万友汽车销售服务有限公司迪庆分公司
175. 云南万友汽车销售服务有限公司怒江分公司
176. 禄丰天泰民用爆破器材专营有限责任公司
177. 景谷力群汽车销售服务部
178. 云南万友汽车销售服务有限公司个旧分公司
179. 浙江平湖市越野摩托车有限公司汽车分公司
180. 台州祥通汽车有限公司
181. 台州市东大汽车贸易有限公司温岭分公司
182. 天台县安顺进口汽车服务有限公司
183. 浙江晨隆汽车销售服务有限公司
184. 浙江五洲车辆有限公司上金分公司
185. 温州华信汽车有限公司
186. 浙江和平汽车销售服务有限公司长兴分公司
187. 梁平县国福汽车销售有限公司
188. 武隆县腾达汽车行第一门市部
189. 重庆长途汽车运输(集团)有限责任公司69队汽车销售部
190. 长安汽车销售有限公司
191. 重庆市龙华(集团)长安汽车销售服务有限公司鹅岭分公司
192. 城口县渝城汽车维修有限公司

三十八、广东福迪汽车有限公司授权品牌汽车销售企业名单

经营范围核定为:富迪品牌汽车销售

1. 青岛市华龙顺汽车销售有限公司
2. 青岛成士达实业发展有限公司
3. 重庆市龙华(集团)汽车销售服务有限公司万州分公司
4. 资兴市粤兴汽车零部件制造有限公司郴州销售分公司
5. 日照市宝宸机械有限公司

三十九、保定市科美贸易有限公司授权品牌汽车销售企业名单

经营范围核定为:长城品牌汽车销售

1. 甘肃宁北长城汽车专营有限公司
2. 黑龙江天博行汽车销售服务有限公司
3. 丹东花花江汽车销售有限公司
4. 湖南长湘汽车贸易有限公司

5. 石狮市万事达贸易有限公司
6. 葫芦岛市宝顺汽车销售有限责任公司盘锦分公司
7. 山西大信业设备租赁销售有限公司大同分公司
8. 衡水世盛汽车销售有限公司
9. 福建省泉州市万国汽车销售服务有限公司第三分公司
10. 福建省泉州市万国汽车销售服务有限公司第一分公司
11. 厦门远鸿汽车贸易有限公司

四十、浙江吉奥汽车销售有限公司授权品牌汽车销售企业名单

经营范围核定为:吉奥品牌汽车销售

1. 深圳市宝德工贸有限公司
2. 广东连州市鸿骏汽车贸易有限公司
3. 赣州市新华夏汽车销售连锁有限公司
4. 福建省闽北汽车贸易公司
5. 义乌康大汽车贸易有限公司
6. 台州信泰汽车贸易有限公司
7. 泰州三泰汽车贸易有限公司
8. 宿州金盛汽车销售服务有限公司
9. 永州万通汽贸有限公司
10. 烟台市新瑞汽车销售有限公司
11. 河南福澳森汽车销售有限公司
12. 许昌市华冶板材汽贸有限公司
13. 徐州恒亚汽车销售有限公司
14. 河南广通汽车销售服务有限公司
15. 山西智源冀东汽车连锁销售有限公司
16. 山西机电晋城汽车销售有限公司
17. 乌鲁木齐奥力特工贸有限公司
18. 黔西南州广联商贸有限责任公司
19. 南宁市吉奥机电设备有限公司
20. 通辽市天一农机有限责任公司
21. 江西省吉安市恒丰汽车销售有限公司
22. 泰州市三泰汽车贸易有限公司
23. 浙江京泰汽车销售有限公司
24. 滨州市正通汽车贸易有限公司
25. 朝阳华联物资贸易有限公司

四十一、日产(中国)投资有限公司授权品牌汽车销售企业名单

经营范围核定为:进口日产品牌汽车销售

天津中汽工业国际贸易有限公司

四十二、法拉利、玛莎拉蒂汽车国际贸易(上海)有限公司授权品牌汽车销售企业名单

经营范围核定为:进口法拉利、玛莎拉蒂品牌汽车销售

大连快意汽车贸易有限公司

四十三、捷成(中国)汽车销售有限公司授权品牌汽车销售企业名单

经营范围核定为:进口保时捷品牌汽车销售

1. 陕西信捷汽车有限责任公司
2. 大连连宝时汽车销售服务有限公司

四十四、本田技研工业(中国)投资有限公司授权品牌汽车销售企业名单

经营范围核定为:进口 Acura(讴歌)品牌汽车销

1. 佛山骏乔汽车销售服务有限公司
2. 北京双龙尊雅汽车销售服务有限公司

四十五、北京联合中兴汽车有限公司授权品牌汽车销售企业名单

经营范围核定为:中兴品牌汽车销售

1. 福鼎市长发汽车销售服务有限公司
2. 宁德市新辉商贸有限公司
3. 新疆盛隆汽车销售有限公司
4. 伊犁全顺商贸有限责任公司
5. 奎屯新时代汽车贸易有限公司
6. 湖南吉首汽车销售公司
7. 益阳中天汽车贸易有限公司
8. 湖南娄底高新汽车贸易服务有限责任公司
9. 宜春亚鑫汽车销售服务有限公司
10. 鄂尔多斯市蒙天汽车销售有限公司
11. 苏尼特右旗紫维汽车有限责任公司
12. 朝阳凯信汽车贸易有限公司
13. 朝阳百郦汽车贸易有限责任公司
14. 丹东天歌汽车销售服务有限公司
15. 阜新汽车贸易公司
16. 昆明豪雅汽车销售有限公司
17. 安康市恒泰汽车贸易有限公司
18. 重庆嘉川汇洋汽车销售有限公司汇洋分公司

四十六、奇瑞汽车有限公司授权品牌汽车销售企业名单

经营范围核定为:奇瑞品牌汽车销售

1. 温州鸿明汽车销售有限公司
2. 海南国奇汽车销售有限公司
3. 兰州宁翔商贸有限责任公司
4. 漳州市立昌汽车服务有限公司
5. 安徽省博文物资贸易有限公司
6. 济宁华盛昌汽车销售服务有限公司
7. 济南国奇汽车销售有限公司
8. 广西壮族自治区机电设备柳州公司
9. 台州东旗汽车有限公司
10. 连云港腾瑞汽车销售服务有限公司
11. 南阳市众达汽车销售有限公司
12. 山西大唐汽贸有限公司
13. 铜陵市顺达实业有限责任公司
14. 深圳市东富汽车销售有限公司
15. 宁德美捷贸易有限公司
16. 金华日通瑞达汽车销售服务有限公司
17. 遵义骏威汽车贸易有限公司
18. 上海弘浩汽车销售服务有限公司
19. 上海弘瑞汽车销售服务有限公司
20. 上海云峰(集团)有限公司
21. 上海瑞圣汽车销售服务有限公司
22. 大同市恒山汽车销售有限责任公司
23. 葫芦岛市森驰汽车销售服务中心
24. 哈尔滨博瑞汽车销售服务有限公司

25. 汉中冀瑞汽车贸易有限公司
26. 河南通美汽车销售服务有限公司
27. 烟台瑞源汽车销售有限公司
28. 临汾金嘉祥汽车贸易有限公司
29. 德州瑞诚汽车销售服务有限公司
30. 北京高超汽车销售有限公司
31. 东营市攀登进口汽车修理有限责任公司
32. 浙江奇祥汽车销售服务有限公司

四十七、天津一汽夏利汽车股份有限公司授权品牌汽车销售企业名单

经营范围核定为:天津一汽品牌汽车销售

1. 北京中富佳永汽车销售有限公司
2. 北京华创中晟国际贸易有限公司
3. 北京通通顺汽车销售服务有限公司燕郊分公司
4. 邯郸市天颐汽车贸易有限公司
5. 唐山市冀东广龙汽车销售服务有限公司
6. 唐山市冀东新潮汽车超市有限公司
7. 迁西县广龙汽车销售服务有限公司
8. 玉田县冀东汽车贸易有限公司
9. 石家庄市世纪汽车销售服务有限公司汽车销售分公司
10. 山西银泽车城汽车连锁销售有限公司
11. 山西当代汽车销售有限公司
12. 朔州市广海汽车销售有限公司
13. 淮安金榜汽车销售有限公司
14. 辉南县远程汽车销售有限责任公司
15. 安庆市万胜汽车工贸有限公司
16. 安庆环新汽车摩托车贸易有限公司
17. 株洲海联天一汽车销售服务有限公司
18. 昆明康明汽车销售有限责任公司
19. 和田地区亚中机电有限公司
20. 宁夏顺捷汽车贸易有限公司
21. 山东创展汽车贸易有限公司
22. 天津一汽汽车销售有限公司

四十八、丹东黄海汽车有限责任公司授权品牌汽车销售企业名单

经营范围核定为:黄海(轻型客车系列 SUV、皮卡)品牌汽车销售

1. 安徽东傲汽车销售服务有限公司
2. 成都奥菱汽车贸易有限公司
3. 大连傲龙汽车贸易有限公司
4. 长沙市华亚汽车贸易有限公司
5. 淄博安源汽车销售服务有限公司
6. 准格尔旗中峰商贸有限责任公司
7. 上海弘仁汽车销售服务有限公司
8. 株洲市亿达汽车贸易有限公司
9. 达拉特旗社会福利综合服务部
10. 陕西北辰汽车贸易有限公司延安分公司
11. 山东省滨州方正出租汽车有限责任公司
12. 东营市诚达汽车销售服务有限公司
13. 绍兴申通汽车有限公司
14. 龙岩市全新机电汽车有限公司
15. 库尔勒路驰商贸有限责任公司
16. 杭州康鑫汽车销售服务有限公司
17. 锦州市华跃车城汽车销售服务有限公司
18. 宁波江东东皋汽车销售有限公司
19. 西藏旭东农机销售有限公司第二分公司
20. 大连亿丰汽车销售服务有限公司
21. 潍坊国强汽车销售有限公司
22. 榆林市华辰商贸有限公司
23. 葫芦岛市恒源汽车贸易有限公司
24. 赤峰环成汽车贸易有限公司
25. 湛江市中凯汽车销售有限公司
26. 南京诚耀汽车销售有限责任公司
27. 江西辉业汽车销售服务有限公司
28. 临汾市庆铃汽车销售有限公司
29. 贵州久鑫汽车贸易服务有限公司
30. 广州市太豪贸易有限公司
31. 三明市鸿兴汽车贸易有限公司
32. 慈溪市恒通汽车有限公司
33. 苏州华强曙光汽车销售服务有限公司
34. 攀枝花市皓升物资有限责任公司
35. 汕头市新凯盛汽车贸易有限公司
36. 无锡市万盛汽车销售服务有限公司
37. 厦门成实达汽车贸易有限公司
38. 延边嘉航汽车销售服务有限公司
39. 武汉市顺福汽车销售有限公司
40. 内蒙古威龙汽车销售服务(集团)有限公司
41. 大连金达峰汽车贸易有限公司
42. 赣州市曙光汽车贸易有限公司
43. 九江市佳华汽车机电有限公司
44. 安徽省正和小汽车服务有限责任公司
45. 台州市明泰汽车有限公司
46. 大庆市曙光汽车销售有限公司
47. 兰州亚飞汽车(宏达)连锁店
48. 济南大成汽车销售有限公司
49. 沈阳曙光汽车工贸有限公司
50. 南宁市信义德汽车销售有限公司
51. 黑龙江神舟亚飞汽车连锁销售有限公司
52. 丽水市广信汽车贸易有限公司
53. 太原鑫福德汽贸有限公司
54. 汉中陕飞汉江汽车贸易公司
55. 佛山市顺肇汽车贸易有限公司
56. 海南骏腾汽车贸易有限公司
57. 运城市超越汽车销售服务有限公司
58. 瑞安市曙光汽车销售有限公司
59. 乌海市安昌汽贸有限责任公司
60. 晋江市宏益汽车贸易有限公司
61. 柳州信义德汽车销售有限公司
62. 诸暨市方圆汽车销售有限公司
63. 宜昌市金华汽车销售有限责任公司

64. 佛山市锐晟汽车贸易有限公司
65. 金华元通汽车销售有限公司
66. 西昌市蓝天物资贸易有限公司
67. 陕西万顺汽车贸易有限公司
68. 济宁世纪昌铃汽车销售服务有限公司
69. 山东瑞昌汽车贸易有限公司
70. 深圳市欣明工贸有限公司
71. 佳木斯淇鑫汽车贸易有限公司
72. 浙江东阳正天机电公司
73. 朝阳市华跃汽车销售服务有限公司
74. 日照信达汽车销售有限公司
75. 南京捷华新华厦汽车销售有限公司
76. 鞍山安驰汽车销售维修中心
77. 兰州曙光汽车销售有限责任公司
78. 义乌市元通汽车销售有限公司
79. 梅州万达贸易有限公司
80. 青岛鑫源曙光汽车销售有限公司
81. 天津闽盛机电设备有限公司
82. 珠海市汇利河汽车贸易有限公司
83. 丹东曙光汽车贸易有限责任公司
84. 乐亭县万盛汽车贸易有限公司
85. 运城捷龙汽车销售有限公司
86. 昆明市韩昆物资有限公司
87. 鄂尔多斯玉鑫工贸有限责任公司
88. 郑州银宝汽车修配有限公司
89. 东莞市龙达汽车贸易有限公司
90. 深圳市兴广基实业有限公司
91. 内蒙古新泰和汽车贸易有限公司
92. 宁夏旌宏汽车贸易公司
93. 威海兴德汽车销售有限公司
94. 通化市长诚汽车贸易中心
95. 辽宁鞍山汽车贸易有限公司
96. 白城市大众轿车销售维修有限公司
97. 石家庄华亨汽车贸易有限公司
98. 漳州市中良汽车贸易有限公司
99. 长春市元亨汽车贸易有限公司
100. 张家港市福星汽车销售服务有限公司
101. 江津市宏达机车销售有限责任公司
102. 奉节县众发汽车销售有限公司
103. 重庆华日实业有限公司
104. 彭水县华风汽车销售有限公司
105. 开县先锋汽车销售服务有限公司
106. 重庆君锐汽车销售有限责任公司
107. 南川市广源汽贸有限公司
108. 巫山县泰昌机电有限责任公司
109. 重庆市斯达亚飞汽车连锁销售有限公司
110. 武隆县腾达汽车行
111. 梁平县国福汽车销售有限公司
112. 重庆市万州区卓耀汽车销售有限公司
113. 重庆市涪陵途乐汽车贸易有限公司
114. 海南骏腾汽车贸易有限公司三亚营业部
115. 瑞安曙光汽车销售有限公司温州分公司
116. 苍南县自立汽车销售服务有限公司
117. 泰顺县鑫明车辆销售有限公司
118. 瑞安曙光汽车销售有限公司瓯北分公司
119. 杭州康鑫汽车销售服务有限公司汽车城分公司
120. 嘉兴市黎明汽车销售有限公司
121. 湖州康鑫汽车销售服务有限公司
122. 杭州萧山中信汽车销售有限公司
123. 新昌县康鑫汽车销售服务有限公司
124. 安吉建平车业有限公司
125. 舟山市永达汽车销售服务有限公司
126. 舟山市华泰汽车贸易有限公司
127. 蚌埠恒泰汽车贸易有限公司
128. 上海汽车工业芜湖销售公司
129. 安庆联合汽车贸易有限责任公司
130. 淮南金东南汽车销售中心
131. 深圳市欣明工贸有限公司宝安汽车展场
132. 深圳市欣明工贸有限公司东都汽车展场
133. 汉中三星汽车贸易有限责任公司
134. 大连云虹汽车贸易有限公司
135. 大连经济技术开发区东方汽车服务有限公司
136. 大连市汽车工业贸易集团轻型汽车销售中心
137. 内蒙古威龙(集团)鑫龙汽车销售服务有限责任公司
138. 平顶山市荣博汽车贸易有限公司
139. 抚州江铃汽车销售有限公司
140. 萍乡市财贸汽车销售有限公司
141. 新余佳嘉汽车销售有限公司
142. 上饶市致远汽车销售服务有限公司
143. 辽阳汽贸轿车销售公司
144. 盘锦司机乐汽车销售服务中心
145. 阜新汽车贸易公司
146. 沈阳泓赋汽车销售服务有限公司
147. 辽宁兴旗汽车销售服务有限公司
148. 金乡县名流家居有限公司
149. 滕州市钢盟金属材料有限责任公司
150. 邹城安德亚飞汽车连锁销售有限公司
151. 青岛华鸿汽车销售有限公司
152. 青岛骏程车业服务有限公司
153. 青岛平安汽车销售有限公司
154. 来宾市鼎盛汽车贸易有限公司
155. 河池市汽车服务有限责任公司
156. 庆阳市农业机械有限责任公司
157. 庆阳市福泰商贸有限公司
158. 嘉峪关市吉良汽车销售服务有限公司
159. 酒泉市吉元汽贸有限公司
160. 兰州远东汽车有限责任公司酒泉分公司
161. 酒泉市吉元汽贸有限公司敦煌分公司
162. 甘肃双铃汽车销售服务有限公司
163. 台州市明泰汽车有限公司路桥分公司

164. 台州市明泰汽车有限公司温岭分公司
165. 台州市明泰汽车有限公司临海分公司
166. 台州市广通汽车贸易有限公司
167. 恩施自治州开顺汽车销售维修有限责任公司
168. 玉林市广兴汽车贸易有限公司
169. 日照信达汽车销售有限公司五莲分公司
170. 日照凯越汽车贸易有限公司
171. 张掖市海峰机电汽车贸易有限责任公司
172. 敦煌市振敦矿业有限责任公司
173. 大同新组合亚飞汽车连锁销售有限公司
174. 太原鑫福德汽贸有限公司第一分公司
175. 南康市赣通汽车贸易有限公司
176. 兴国县鹏程汽车贸易有限公司
177. 赣州市裕隆汽车贸易有限公司
178. 湖北稳得福汽车销售服务有限公司
179. 高密市众合汽车销售有限公司
180. 寿光市全顺物资贸易有限公司
181. 诸城市亚飞汽车销售服务有限公司
182. 本溪市政兴汽车销售服务有限责任公司
183. 东港市通利汽车贸易有限公司
184. 大连长波汽车销售有限公司岫岩分公司
185. 鸡西市宇阳汽配有限公司
186. 福建省南安市福达汽车贸易有限公司
187. 南安市溪美宏益汽车经营部
188. 泉州市汇森汽车贸易有限公司
189. 泉州市华超汽车销售有限公司
190. 金华瑞通汽车销售有限公司永康分公司
191. 广州市顺肇汽车贸易有限公司
192. 佛山市顺肇汽车贸易有限公司禅城分公司
193. 佛山市南海顺肇汽车贸易有限公司
194. 深圳市兴广基实业有限公司龙华分公司
195. 深圳市兴广基实业有限公司宝安分公司
196. 福建省至诚汽车服务有限公司
197. 郴州恒泰汽车贸易有限公司
198. 邵阳市天娇汽车贸易有限公司
199. 昆山和通汽车销售有限公司
200. 达州市正通车业有限责任公司
201. 湖南德远商贸有限公司
202. 烟台三江机电汽车销售有限责任公司
203. 大连龙威汽车贸易有限公司
204. 大连宏德隆汽车超市有限公司
205. 大连秋发汽车销售服务有限公司
206. 大连天亿汽车销售服务有限公司
207. 大连云昊汽车贸易有限公司
208. 永安市三联汽车贸易有限公司
209. 洛阳裕得汽车贸易有限公司
210. 贵州省铜仁地区协作汽车贸易有限公司
211. 毕节地区翔雷汽车销售有限责任公司
212. 都匀振兴有限责任公司
213. 黔西南州兴兴机电设备有限责任公司
214. 贵州高山汽车贸易有限公司六盘水分公司
215. 贵州乾通汽车进出口销售有限责任公司安顺分公司
216. 乌鲁木齐亚太伟业汽车贸易有限公司
217. 阿克苏市祥云设备有限责任公司
218. 石河子车城汽车贸易有限公司
219. 新疆亚中机电股份有限公司昌吉分公司
220. 新疆巴州万方机电设备有限公司
221. 克拉玛依天衡工贸有限责任公司
222. 新疆奎屯北京亚飞汽车连锁店
223. 喀什市中亚汽车销售有限公司
224. 伊犁州亚中机电有限公司
225. 新疆西峰源贸易有限公司
226. 阿克苏市笑好车业有限公司
227. 泸州捷成汽车贸易有限公司
228. 乐山天牛车业有限公司
229. 旺苍县泓扬汽贸有限公司
230. 宜宾华瑞汽车销售服务有限公司
231. 浦江胜达汽车贸易有限公司
232. 张家口阳光众达汽车贸易有限公司
233. 保定交通运输集团神州汽贸有限公司
234. 泰安市永安汽车有限公司
235. 营口东鑫汽车销售有限服务有限公司
236. 福州通顺达汽车贸易有限公司
237. 迁西县永顺发汽车贸易有限公司
238. 迁安市万荣汽车贸易有限公司
239. 乐亭县万盛汽车贸易有限公司
240. 青海第一汽车修理有限公司(青海轻型车辆厂)

四十九、广州丰田汽车有限公司授权品牌汽车销售企业名单

经营范围核定为:广州丰田品牌汽车销售

杭州全通汽车维修有限公司

五十、一汽马自达汽车销售有限公司授权品牌汽车销售企业名单

经营范围核定为:马自达品牌汽车(一汽马自达、长安马自达、进口马自达)销售

保定市威达汽车销售服务有限公司

五十一、广州本田汽车有限公司授权品牌汽车销售企业名单

经营范围核定为:广州本田品牌汽车销售

1. 淮安昊丰汽车销售服务有限公司
2. 唐山广润和田汽车销售服务有限公司
3. 北京百旺福瑞汽车销售服务有限公司
4. 商丘鑫隆汽车销售服务有限公司
5. 成都百祥汽车销售服务有限公司
6. 沈阳中资华大汽车销售服务有限公司
7. 武汉浩田汽车销售服务有限公司
8. 丹东乐业汽车销售服务有限公司
9. 湖南景田汽车销售服务有限公司
10. 福州新金生汽车有限公司

五十二、宝马(中国)汽车贸易有限公司授权品牌汽车销售

企业名单
经营范围核定为:MINI(迷你)品牌汽车销售
1. 大连燕德宝汽车销售有限公司
2. 陕西金花汽车贸易有限责任公司
五十三、浙江众泰汽车有限公司授权品牌汽车销售企业名单
经营范围核定为:大地 SUV 品牌汽车销售
1. 河南鑫达汽车销售服务有限公司
2. 东营昌达机电设备有限责任公司
3. 山西中航铭泰汽车连锁销售有限公司
4. 武汉理想机械设备有限公司
5. 西安兴宏汽车贸易有限公司
6. 山东鲁能黄泰实业集团汽车贸易有限公司
7. 永康市城南汽车销售有限公司
8. 苏州市世纪汽车物资销售有限公司
9. 东莞市新力汽车贸易有限公司
10. 天津港保税区億顺达国际贸易有限公司
11. 商丘市中原汽车贸易有限公司
12. 沈阳巨为汽车贸易有限公司
13. 吉林省南菱汽车销售有限公司
14. 洛阳裕得汽车贸易有限公司
15. 安徽大联合汽车服务有限公司
16. 深圳市吉顺恒实业有限公司
17. 长春市经纬汽车贸易有限责任公司
18. 金华市新江南汽车销售有限公司
19. 四川川物汽车进出口贸易总公司
20. 普宁市欣旺贸易有限公司
21. 福建榕泰汽车销售服务有限公司
22. 浙江万豪汽车销售有限公司
23. 贵阳大正凯德思汽车服务有限公司
24. 广东兴天诚物资贸易有限公司
25. 晋城市信达亚飞汽车连锁销售有限公司
26. 长治市福临新华夏汽车连锁销售有限公司
五十四、深圳市中汽南华汽车有限公司授权 VOLVO(沃尔沃)品牌汽车销售企业名单
经营范围核定为:VOLVO(沃尔沃)乘用车品牌汽车销售
沈阳富路捷汽车贸易有限公司
五十五、江西昌河汽车股份有限公司授权品牌汽车销售企业名单
经营范围核定为:昌河品牌汽车销售
1. 芜湖昌铃汽车销售有限公司
2. 宣城市金穗汽贸有限责任公司
3. 潜山县颖达汽车销售有限公司
4. 六安市金都工贸有限责任公司
5. 南平市闽北汽车贸易有限公司
6. 漳州市凯骏汽车贸易有限公司
7. 永安市永运客运有限公司汽车销售中心
8. 兰州太华汽车销售有限公司
9. 兰州鑫源汽车贸易有限公司
10. 东莞市宝胜汽车贸易有限公司
11. 潮州市顺通汽车贸易有限公司
12. 韶关市雨佳贸易有限公司
13. 柳州市开泰汽车销售有限公司
14. 高碑店市华山汽车销售服务有限责任公司
15. 唐山昌铃汽车销售服务有限公司
16. 张家口市鑫嘉荣汽车销售服务有限公司
17. 松原市晓东汽贸有限责任公司
18. 如东黄海汽车销售有限公司
19. 萍乡市全顺江铃汽车销售服务有限公司
20. 大商集团本溪商业大厦有限公司
21. 海城市济远汽车销售中心
22. 宁夏虹辉汽车销售租赁有限公司
23. 西宁锦昌汽车销售有限公司
24. 鞍山市上通汽车销售服务有限公司
25. 荣成市方正经贸有限公司
26. 山西高盛汽车服务有限公司
27. 乐山市大众汽车贸易有限公司
28. 西藏凯峰汽车销售有限责任公司
29. 上海路通汽车销售有限公司
30. 保山金马中运有限责任公司腾冲汽车城
31. 浙江冠隆实业有限公司瑞安汽车销售分公司
32. 衢州万通汽车销售有限公司
33. 杭州长河汽车修理有限公司
34. 宁波江东东皋汽车销售有限公司江北分公司
35. 舟山市华泰汽车贸易有限公司
五十六、江西昌河铃木汽车有限责任公司授权品牌汽车销售企业名单
经营范围核定为:昌河铃木品牌汽车销售
1. 亳州市新纪元汽车贸易有限公司
2. 潜山县颖达汽车销售有限公司
3. 六安市金都工贸有限责任公司
4. 芜湖昌铃汽车销售有限公司
5. 福建省建瓯市中辰汽车贸易有限公司
6. 永安市永运客运有限公司
7. 龙岩市邦邦汽车贸易有限公司
8. 兰州太华汽车销售有限公司
9. 兰州远东汽车有限责任公司酒泉分公司
10. 兰州鑫源汽车贸易有限公司
11. 东莞市宝胜汽车贸易有限公司
12. 潮州市顺通汽车贸易有限公司
13. 韶关市雨佳贸易有限公司
14. 六盘水钟祥亚飞汽车连锁有限公司
15. 中国航空汽车工业总公司
16. 高碑店市华山汽车销售服务有限责任公司
17. 河北汽贸邯郸有限责任公司
18. 献县飞腾汽车销售有限公司
19. 沧州市河北汽贸汽车销售有限公司黄骅分公司
20. 十堰市万利德汽车维修有限公司
21. 信阳丽达汽车贸易有限公司
22. 漯河市华润汽车销售服务有限公司

23. 禹州市亿通汽车贸易有限公司
24. 黑龙江君诚汽车销售有限公司
25. 松原市晓东汽贸有限责任公司
26. 如东黄海汽车销售有限公司
27. 无锡市威风汽车销售服务有限公司
28. 赣州市龙顺汽车销售服务有限公司
29. 红龙集团吉安赣丰汽车连锁有限公司
30. 海城市济远汽车销售中心
31. 大商集团本溪商业大厦有限公司
32. 宁夏虹辉汽车销售租赁有限公司
33. 四川波鸿实业有限公司
34. 乐山市大众汽车贸易有限公司
35. 西藏凯峰汽车销售有限责任公司
36. 保山联通汽车销售维修有限责任公司
37. 义乌市广源汽车贸易有限公司
38. 杭州明华汽车销售有限公司
39. 浙江和平汽车销售服务有限公司
40. 浙江冠隆实业有限公司瑞安汽车销售分公司
41. 重庆市现代高新汽车服务有限公司

五十七、上海汽车工业销售有限公司授权品牌汽车销售企业名单

经营范围核定为:双龙品牌汽车销售

1. 浙江新时代汽车销售服务有限公司
2. 义乌市众菱汽车销售有限公司
3. 江苏中汽进出口公司
4. 常州外事旅游汽车集团有限公司
5. 上海和平卢湾汽车销售有限公司
6. 长春金达洲双龙汽车销售服务有限公司
7. 大连瑞孚汽车销售服务有限公司
8. 河北安昌汽车销售服务有限公司
9. 许昌亚飞汽车连锁店有限公司
10. 山西鑫盛通汽车贸易有限公司
11. 包头市德力汽车尾气环保科研有限责任公司
12. 鄂尔多斯市鑫德利汽车销售有限公司
13. 山西省运城河东汽车贸易有限公司
14. 临汾益源汽车贸易有限公司
15. 贵州通源投资有限公司
16. 贵州东旭汽车销售有限公司
17. 成都建国汽车贸易有限公司
18. 四川省达洲市金田农机有限责任公司
19. 雅安建国汽车销售服务有限公司
20. 四川省眉山市建国汽车有限公司
21. 攀枝花市建国汽车销售服务有限公司
22. 绵阳建国汽车销售服务有限公司
23. 西昌建国汽车贸易有限公司
24. 四川内江曙光车业有限责任公司
25. 乐山建国汽车销售服务有限公司
26. 泸州建国汽车贸易有限公司
27. 德阳建国汽车销售服务有限公司
28. 南充建国汽车销售服务有限公司
29. 四川广元阳晨汽车贸易有限责任公司
30. 射洪蜀安汽贸有限责任公司
31. 南宁建沃汽车贸易有限公司
32. 广州世裕汽车贸易有限公司
33. 深圳市兴广基实业有限公司

五十八、浙江美人豹汽车销售有限公司授权品牌汽车销售企业名单

经营范围核定为:美人豹品牌汽车销售

1. 大庆市成鑫新华夏汽车连锁有限公司
2. 包头市冀东凯龙汽车销售有限责任公司
3. 长治市众合新华夏汽车连锁销售有限公司
4. 潮州市汇景实业有限公司
5. 甘肃远东汽车贸易商行
6. 黄山市中远汽车贸易有限公司
7. 昆明慧波汽车贸易有限公司
8. 日照正通汽车贸易有限公司
9. 沈阳盛瑞成汽车销售服务有限公司
10. 营口市金仕汽车销售有限公司
11. 株洲远征汽车销售服务有限公司
12. 长春市长城汽车销售有限公司
13. 四平市佳诚汽车销售有限公司
14. 白城市信利达汽车销售有限公司
15. 长春市长城实业有限公司延吉分公司

五十九、一汽吉林汽车有限公司授权品牌汽车销售企业名单

经营范围核定为:一汽佳宝品牌汽车销售

1. 广西吉福汽车有限公司
2. 南京苏舜华鼎汽车销售服务有限公司
3. 乌海市鑫安宝丰汽贸有限责任公司
4. 郑州大亚实业发展有限公司洛阳分公司
5. 安阳市大桥汽车贸易有限责任公司
6. 郴州市创新汽车销售服务有限公司
7. 安徽省金杰汽车销售服务有限公司阜阳分公司
8. 广西运旅交通集团有限公司
9. 牡丹江市震飞汽车交易市场有限公司
10. 新疆巴州万方机电设备有限公司
11. 重庆市涪陵途乐汽车贸易有限公司
12. 重庆市万州区卓耀汽车销售有限公司
13. 重庆华日实业有限公司
14. 彭水县华凤汽车销售有限公司
15. 许昌市裕丰工贸有限公司平顶山分公司
16. 郑州北环汽车贸易有限公司
17. 湖南协力汽车贸易有限公司邵阳分公司
18. 青岛汇宝汽车销售服务有限公司

六十、铃木(中国)投资有限公司授权品牌汽车销售企业名单

经营范围核定为:进口铃木品牌汽车销售

1. 深圳市燕亚贸易发展有限公司
2. 福州云驿汽车销售服务有限公司
3. 重庆丰誉汽车有限公司

4. 吉林省华通汽车贸易有限公司
5. 邯郸市立达汽车销售服务有限公司
6. 秦皇岛瑞通嘉禾汽车销售服务有限公司
7. 北京北方新兴长安铃木汽车销售服务有限责任公司
8. 北京联航长铃汽车销售有限公司
9. 北京永驰长铃商贸有限责任公司
10. 天津市飞亚汽车销售有限公司
11. 山西机电晋城汽车销售有限公司
12. 济南快爱特有限公司
13. 青岛康捷汽车销售服务有限责任公司
14. 潍坊市润杰汽车贸易有限公司
15. 烟台鸿运汽车贸易有限公司
16. 南京羚澳汽车贸易有限公司
17. 宁波市祥宁汽车贸易有限责任公司
18. 台州市东铃汽车销售服务有限公司
19. 武汉北方车辆有限公司
20. 龙岩市三峰汽车贸易有限公司
21. 福建泉州国联汽车发展有限公司
22. 漳州市长安汽车销售有限公司
23. 厦门中展汽车维修销售服务有限公司
24. 深圳市燕兴长安汽车销售有限公司
25. 佛山市路通汽车贸易有限公司
26. 广州泰润贸易有限公司
27. 惠州市东升汽车贸易有限公司
28. 揭阳市煜基实业有限公司
29. 成都西星长安铃木汽车销售服务有限公司
30. 贵阳汇兴汽贸有限公司
31. 昆明恒利汽车有限责任公司
32. 乌鲁木齐市笑好汽车销售服务有限公司
33. 陕西中顺汽车贸易有限公司
34. 榆林市长安铃木汽车销售服务有限公司
35. 重庆瑞隆汽车销售有限公司
36. 北京广益发汽车贸易有限公司
37. 东莞华多利汽车有限公司
38. 广东昌河汽车销售服务有限公司
39. 珠海市众大利物资车业有限公司
40. 江门市蓬江区恒志汽车贸易有限公司
41. 中山市恒洋汽车贸易有限公司
42. 广西壮族自治区机电设备柳州公司
43. 保定市昌盛汽车销售服务有限公司
44. 沧州市骏驰汽车销售有限公司
45. 河北昌河汽车销售有限公司
46. 安阳市大桥汽车贸易有限责任公司
47. 吉林市荣升汽车贸易有限责任公司
48. 常州联创亚飞投资发展有限公司
49. 苏州昌铃汽车销售服务有限公司
50. 济宁昌达汽车贸易有限公司
51. 临沂昌华汽车销售服务有限公司
52. 青岛中豪达汽车销售有限公司
53. 山西省临汾长风汽车贸易有限公司
54. 陕西天锐汽车销售服务有限公司
55. 陕西渭南燕兴实业有限公司
56. 嘉兴市中信汽车销售有限公司
57. 浙江昌铃汽车贸易有限公司
58. 太原香山物资销售有限公司
59. 云南顺尧汽车贸易有限公司

附件二：

品牌汽车总经销商名

总经销商	授权汽车企业	经营范围核定
上海宾利汽车销售有限公司	英国宾利汽车	进口 BENTLEY(宾利)品牌汽车销售

国家工商行政管理总局关于公布品牌汽车销售企业名单的通知

工商市字〔2006〕191 号

各省、自治区、直辖市及计划单列市工商行政管理局：

根据《汽车产业发展政策》和《汽车品牌销售管理实施办法》的有关规定，现将符合备案条件的东风荣成汽车有限公司等汽车供应商授权的品牌汽车销售企业名单予以公布(名单见附件)。

各地工商行政管理机关应根据本通知，认真做好企业营业执照的变更登记工作。依法加强对汽车销售企业的监督管理，督促企业自觉遵守国家有关法律、法规和政策，规范和完善汽车销售服务，及时查处各种违法经营行为，保护企业和消费者的合法权益，维护市场秩序。

本通知附件，同时在国家工商行政管理总局红盾信息网“市场规范管理”一栏中公布。

附件:一、品牌汽车销售企业名单
二、品牌汽车总经销商名单

二〇〇六年十月十三日

附件一:

品牌汽车销售企业名单

一、东风荣成汽车有限公司授权品牌汽车销售企业名单
经营范围核定为:东风小王子品牌汽车销售
1. 天津顺亿达汽车商贸有限公司
2. 辽宁中大铭泰汽车销售租赁连锁有限公司
3. 青岛东迪雅汽车销售服务有限公司
4. 济南普润斯汽车销售有限公司
5. 淄博安源汽车销售服务有限公司
6. 南京航华汽车服务有限责任公司
7. 陕西始渊工贸公司
8. 潍坊恒盛汽车贸易有限公司
9. 邢台市宇通汽车贸易有限公司
10. 温州市广田汽车贸易有限公司

二、无锡跃进汽车贸易有限公司授权品牌汽车销售企业名单
经营范围核定为:南汽新雅途品牌汽车销售
1. 盘锦鑫建阳光贸易有限公司
2. 厦门市车主汽车贸易有限公司
3. 贵州龙鼎物资贸易有限责任公司

三、浙江美人豹汽车销售有限公司授权品牌汽车销售企业名单
经营范围核定为:美人豹品牌汽车销售
1. 青岛华森汽车销售维修有限公司
2. 通辽市天一农机有限责任公司
3. 青岛红龙汽车销售服务有限公司
4. 青岛志源汽车销售有限公司
5. 青岛吉利汽车销售有限公司
6. 青岛神龙潮汽车销售有限公司
7. 青岛润华汽车销售服务有限公司黄岛分公司
8. 青海中扬汽车销售有限公司
9. 济宁市金利达汽车贸易有限公司
10. 赣州市曙光汽车贸易有限公司
11. 淄博大众汽车服务有限公司
12. 淄博大众汽车服务有限公司东营分公司
13. 徐州亚飞徐视汽车营销有限公司
14. 河南四海盛景实业有限公司
15. 乌鲁木齐市博元汽车修理有限公司
16. 鄂尔多斯市维泰汽贸有限责任公司

四、浙江吉利汽车销售有限公司授权品牌汽车销售企业名单
经营范围核定为:吉利品牌汽车销售
1. 慈溪市恒通汽车有限公司
2. 怀化全盛汽车销售服务有限公司
3. 自贡市当代出租汽车有限责任公司汽车销售分公司
4. 内蒙古军兴工贸有限公司
5. 泸州川南汽贸有限公司
6. 绵阳金利汽贸有限公司
7. 唐山市冀东机电设备有限公司临城分公司
8. 唐山市冀东机电设备有限公司宁晋分公司
9. 青岛吉利汽车销售有限公司
10. 绵阳西物商贸有限公司
11. 广元市东联货运有限公司
12. 石家庄市正洋汽车贸易有限公司
13. 福建省仙游县志强汽车贸易有限公司
14. 莆田市志强汽车贸易有限公司
15. 邵阳市天娇汽车贸易有限公司
16. 朝阳市尊翔汽车贸易有限公司
17. 温州申腾汽车销售服务有限公司
18. 黄山市万顺汽车销售有限公司
19. 广德大成汽贸有限公司
20. 亳州市利民汽车贸易有限责任公司
21. 柳州市正隆经贸有限责任公司
22. 汉中陕飞汉江汽车贸易公司
23. 西昌琦洋汽车销售服务有限公司
24. 郴州永健汽车贸易有限责任公司
25. 内蒙古威风汽车销售有限公司锡林郭勒盟公司
26. 株洲市恒通汽车销售服务有限公司
27. 苏尼特右旗紫维汽车有限责任公司
28. 托克托县永平出租汽车管理服务有限公司
29. 四子王旗宏达农牧机械有限责任公司出租运输公司
30. 荆州市汽车贸易中心
31. 宜昌成龙商贸有限公司恩施分公司
32. 丹东市东泰汽车贸易服务有限公司
33. 北京亚飞汽车连锁总店有限责任公司营口宝龙亚飞汽车连锁店
34. 沈阳市华鑫盛汽车贸易有限公司
35. 沈阳盛发汽车销售服务有限公司
36. 铁岭市银州区龙江汽车销售中心
37. 辽阳市城信汽车销售中心灯塔销售处
38. 抚顺创亿汽贸有限公司
39. 桂林市奥特汽车销售服务有限责任公司
40. 夏津县亚飞汽车销售有限公司
41. 高唐县恒冠汽车销售服务有限公司
42. 北京市腾远兴业汽车服务有限公司二分公司
43. 北京兰天京都汽车修理有限公司

44. 湖南光大汽车销售服务有限公司远大一路分公司
45. 湖南光大汽车销售服务有限公司岳阳分公司
46. 赤峰通德商贸有限责任公司
47. 白城市华润汽车服务有限公司乌兰浩特分公司

五、梅赛德斯-奔驰(中国)汽车销售有限公司、北京奔驰-戴姆勒·克莱斯勒汽车有限公司授权品牌汽车销售企业名单

经营范围核定为:北京国产梅赛德斯-奔驰品牌汽车、进口梅赛德斯-奔驰品牌汽车销售(带*符号的,经营范围核定为:进口梅赛德斯-奔驰品牌汽车销售)

1. 山西必高之星汽车销售服务有限公司
2. 青岛三合汽车销售有限公司
3. 河北盛世之星汽车贸易有限公司
4. 唐山市冀东之星汽车销售服务有限公司
5. 安徽之星汽车销售服务有限公司
6. 金华金之星汽车贸易有限公司
7. 苏州海星汽车销售服务有限公司
8. 浙江之信汽车有限公司
9. 浙江越星汽车有限公司
10. 台州欧普汽车销售有限公司
11. 四川华星锦业汽车销售服务有限公司
12. 广州市龙星行汽车销售服务有限公司
13. 贵州贵星汽车销售服务有限公司
14. 宁波宁兴新宇汽车销售服务有限公司
15. 福州之星汽车贸易有限公司
16. 保定极致汽车销售服务有限公司
17. 四川利星汽车销售有限公司(*)
18. 浙江康达汽车工贸有限公司(*)
19. 北京德奥达汽车进出口有限公司(*)
20. 上海平治汽车贸易有限公司(*)

六、深圳市兆方机电设备有限公司授权品牌汽车销售企业名单

经营范围核定为:进口斯柯达品牌汽车销售

1. 哈尔滨运航汽车销售服务有限公司
2. 武汉驰美特汽车贸易有限公司
3. 云南金碧华汽车销售有限公司
4. 宁波捷通汽车销售服务有限公司
5. 南宁风神汽车贸易有限责任公司
6. 深圳市兆方斯柯达汽车销售服务有限公司
7. 广东汇港汽车贸易有限公司
8. 浙江百瑞吉汽车销售服务有限公司
9. 山东省华嘉汽车销售有限公司
10. 武汉祥瑞汽车销售服务有限公司
11. 唐山齿轮集团有限公司汽车贸易分公司
12. 广东斯柯达汽车服务有限公司

七、沈阳金杯车辆制造有限公司授权品牌汽车销售企业名单

经营范围核定为:金杯 suv、金杯皮卡品牌汽车销售

1. 四川绵阳新华汽车销售服务有限公司
2. 南充市龙腾汽车贸易有限公司
3. 成都科龙高级轿车销售维修服务有限公司
4. 四川省汽车工业总公司广元销售有限责任公司
5. 雅安雅和汽车销售服务有限责任公司
6. 达州市新川汽车销售服务有限公司
7. 昆明联晨汽车销售有限责任公司
8. 西双版纳州农机化技术开发服务公司
9. 昆明风云汽车维修有限公司
10. 大理州物资有限责任总公司汽车贸易分公司
11. 泸西县云益汽车摩托车经销有限责任公司
12. 黔南新机动交易市场
13. 昆明振驰经贸有限公司
14. 贵阳金凯德汽车销售有限公司
15. 六盘水清源汽车贸易有限公司
16. 六盘水天驰汽车有限公司
17. 大同市东方汽车贸易有限责任公司
18. 山西长风晨晋汽车销售有限公司
19. 运城市明星新华夏汽车连锁销售有限公司
20. 庆阳市凯凯汽车有限公司
21. 甘肃万意汽车销售服务有限公司
22. 天水兰凌实业有限公司
23. 湖南君临汽车贸易有限公司
24. 泉州市开元汽车贸易有限公司
25. 海口恒翔汽车销售服务有限公司
26. 深圳市中力实业发展有限公司
27. 昆山市华瑞汽车销售服务有限公司
28. 上海金泰汽车销售有限公司
29. 上海金寅汽车销售有限公司
30. 上海泓泰汽车销售服务有限公司
31. 大理州物资有限责任总公司
32. 曲靖新鑫汽车销售服务有限公司
33. 四川省邛崃市捷龙贸易有限公司
34. 四川新华汽车销售服务有限公司
35. 本溪满族自治县万宝汽车贸易有限公司

八、上海通用汽车有限公司授权品牌汽车销售企业名单

经营范围核定为:进口萨博品牌汽车销售

1. 武汉欧博利汽车贸易有限公司
2. 安徽凯迪汽车销售服务有限公司
3. 厦门泰成绅宝汽车服务有限公司
4. 福建中豪汽车销售有限公司
5. 四川省城市车辆置业有限责任公司

九、通用汽车(中国)投资有限公司授权品牌汽车销售企业名单

经营范围核定为:进口欧宝品牌汽车销售

1. 中进汽贸上海进口汽车贸易有限公司
2. 上海汽车进出口有限公司
3. 上海通产汽车贸易有限公司
4. 浙江元通汽车有限公司
5. 温州浙南机电设备有限公司
6. 合肥英普特汽车销售有限责任公司
7. 江苏远通汽车贸易发展有限公司

8. 浙江甬通汽车贸易有限公司
9. 河南通产汽车贸易服务有限公司
10. 泉州市佳浩汽车贸易有限公司
11. 福建中豪汽车销售有限公司
12. 厦门工业开发贸易公司
13. 湖南省德宝汽车销售有限公司
14. 昆明合运汽车贸易有限公司
15. 四川西南进口汽车贸易有限责任公司
16. 重庆华通汽车销售有限公司
17. 武汉欧博利汽车贸易有限公司
18. 深圳市佳鸿贸易发展有限公司
19. 广东物资集团汽车贸易公司
20. 广州市华驰汽车贸易有限公司
21. 东莞市志诚贸易有限公司
22. 佛山市顺德区汽车销售有限公司
23. 广西壮族自治区机电设备有限责任公司
24. 汕头市佳浩汽车有限公司
25. 大连市汽车贸易集团有限公司
26. 辽宁省汽车贸易集团汽车销售有限公司
27. 北京天域祥兴汽车贸易有限公司
28. 青岛华泰企业集团有限公司
29. 山东立华云行汽车销售有限公司
30. 中国进口汽车贸易中心
31. 北京文沛汽车销售有限公司
32. 陕西伊势威贸易有限责任公司
33. 天津蒙骏汽车贸易有限公司
34. 内蒙古蒙骏汽车贸易有限公司
35. 浙江农资集团金诚汽车有限公司
36. 安徽凯迪汽车销售服务有限公司长春分公司
37. 重庆中汽西南汽车有限公司
38. 中国昊华化工(集团)总公司
39. 广东汇大经济发展有限公司
40. 大连保税区保通汽车贸易有限公司

十、湘潭江南汽车销售有限公司授权品牌汽车销售企业名单

经营范围核定为:江南品牌汽车销售

1. 隆化县路路顺机动车超市
2. 新乡市金禾汽车贸易有限公司
3. 大庆云天汽车销售有限公司
4. 温州久龄久汽车贸易有限公司
5. 济南恒昌汽车服务有限公司
6. 兰州金世纪汽车销售服务有限公司
7. 临汾市东博新华夏汽车连锁销售有限公司

十一、安徽宗申通宝汽车制造有限公司授权品牌汽车销售企业名单

经营范围核定为:通宝品牌汽车销售

1. 许昌市怡顺联合汽车销售有限公司
2. 深圳市金明发汽车贸易有限公司
3. 日照凌云汽车城
4. 上海汽车工业青州销售有限公司
5. 莱芜长运汽车修理有限公司
6. 宁波市一鸣汽车贸易有限公司
7. 中山市万隆汽车销售有限公司
8. 佛山市锐明汽车贸易有限公司
9. 广州市安驾汽车销售有限公司
10. 上海建兰汽车销售有限公司
11. 义乌市普众汽车销售有限公司
12. 济南京鲁豫商贸有限公司
13. 衢州大华汽车销售有限公司
14. 丽水青云汽车有限公司
15. 邵阳市诚信汽车销售服务有限公司
16. 任丘市冀中汽车销售有限公司
17. 保定云天汽车贸易有限公司
18. 唐山华北汽车贸易有限公司
19. 陕西天威汽车销售服务有限公司
20. 贵阳勇达汽车贸易有限公司
21. 陕西天威汽车销售服务有限公司第二分公司
22. 桂林市大恒汽车贸易有限责任公司
23. 邢台市汽车租赁有限公司
24. 南通华发汽车贸易有限公司
25. 宜昌市阳光汽车销售有限公司
26. 武汉宗申汽车贸易有限公司
27. 温州久龄久汽车贸易有限公司
28. 江阴市全顺汽车有限公司
29. 襄樊市同发机电有限责任公司
30. 陕西龙宇汽车有限公司
31. 芜湖市宝吉汽车贸易有限公司
32. 晋城市亨宗商贸有限责任公司
33. 池州市同兴汽车贸易有限公司
34. 阳泉市益昌新华夏汽车连锁销售有限公司
35. 萍乡市金钟农机有限公司
36. 汉中市黎明汽车贸易有限公司
37. 苏州众亚汽车销售服务有限公司
38. 黄骅市宝鑫汽车销售服务有限公司
39. 山东华菱汽车贸易集团有限公司

十二、东南(福建)汽车工业有限公司授权品牌汽车销售企业名单

经营范围核定为:东南品牌汽车销售

1. 润华集团股份有限公司高密分公司
2. 润华集团股份有限公司诸城分公司
3. 润华集团股份有限公司青州分公司
4. 苏州东南汽车销售有限公司
5. 汉中三星汽车贸易有限责任公司
6. 淄博市临淄安顺汽车贸易有限公司
7. 山东华鸿汽车贸易有限公司淄博张店中心路分公司
8. 山东华鸿汽车贸易有限公司经六分公司
9. 石家庄盛源汽车贸易有限公司邯郸分公司
10. 石家庄盛源汽车贸易有限公司沧州开发区分公司
11. 无锡东南汽车销售有限公司宜兴分公司
12. 无锡东南汽车销售有限公司江阴分公司

13. 南京广远汽车销售服务有限公司
14. 南京东南汽车销售有限公司南通分公司
15. 宿迁市良宇实业有限公司
16. 沭阳鹏程汽车销售有限公司
17. 连云港洪福汽车销售服务有限公司
18. 重庆骏威汽车销售服务有限公司永川分公司
19. 重庆骏威汽车销售服务有限公司涪陵分公司
20. 重庆骏威汽车销售服务有限公司万州分公司
21. 山西天九实业有限公司
22. 东莞市东汽恒通汽车有限公司
23. 湖北太子机电设备有限责任公司
24. 莆田市万宝汽车贸易有限公司
25. 黄冈中机汽车销售有限公司
26. 龙岩市天天汽车贸易有限公司
27. 赣州金顺汽车销售有限公司
28. 安庆市顺达汽贸有限公司
29. 北京顺畅通达汽车销售有限公司
30. 扬州东南汽车销售有限公司
31. 扬州东南汽车销售有限公司江都分公司
32. 扬州东南汽车销售有限公司宝应分公司
33. 扬州东南汽车销售有限公司泰州分公司
34. 泰兴星月汽车销售有限公司
35. 阿克苏市笑好车业有限公司
36. 厦门市东南汽车贸易有限公司
37. 唐山市冀东机电设备有限公司承德分公司
38. 滦南县万通汽车超市有限责任公司
39. 宝鸡佳驰汽车销售服务有限公司
40. 西安天元汽车贸易有限公司
41. 宜昌万江物贸有限公司
42. 胜利油田东岳工贸有限责任公司
43. 北京源流东南汽车销售有限公司
44. 北京恒驰中天汽车销售服务有限公司
45. 北京恒驰中天汽车销售服务有限公司第一分公司
46. 北京北旅京铃汽车销售有限公司
47. 北京锦星东南汽车销售有限公司
48. 福建省泉州华元汽车销售服务有限公司
49. 甘肃中陆汽车销售服务有限公司
50. 广州市华佑汽车销售有限公司
51. 广州富利卡汽车贸易有限公司
52. 江门市骏威汽车贸易有限公司
53. 中山市骏威汽车销售服务有限公司
54. 韶关市骏威汽车贸易有限公司
55. 潮州中汽销售服务有限公司
56. 东莞市华顺汽车贸易有限公司
57. 广州市花都南菱汽车销售服务有限公司
58. 深圳机电东南汽车贸易有限公司
59. 中山市汇伦汽车贸易有限公司
60. 揭阳市恒丰东南汽车贸易有限公司
61. 广西弘驰汽车销售服务有限公司
62. 郑州源流汽车销售有限公司
63. 河南雄风汽车销售服务有限公司
64. 哈尔滨广辰汽车贸易有限公司
65. 湖南菱威汽车服务有限公司
66. 吉林省东南汽车销售服务有限公司
67. 南京东南汽车销售有限公司
68. 江西省东南汽车贸易有限公司
69. 辽宁新锐汽车销售服务有限公司
70. 大连华菱东南汽车销售服务有限公司
71. 大连市汽车工业贸易集团东南汽车贸易公司
72. 山东润华东南汽车销售有限公司
73. 青岛伸华汽车销售有限公司
74. 上海嘉顺汽车销售有限公司
75. 四川菱威汽车服务有限公司
76. 天津华鸿汽车贸易有限公司
77. 大庆市盛鑫新华夏汽车连锁有限公司
78. 珠海市时富贸易有限公司
79. 南充先锋汽车贸易有限公司
80. 四川省汽车贸易泸州销售有限公司
81. 西昌阳光东南汽车销售有限公司
82. 乐山市联合汽车贸易有限公司销售四部
83. 遂宁市华发车业有限公司
84. 宜宾安吉物流集团汽车销售有限责任公司
85. 四川省资阳市迪卡汽车贸易有限公司
86. 达州市金诺车业有限公司
87. 自贡市新成车业有限责任公司
88. 绵阳新川实业有限公司
89. 四川省汽车工业总公司广元销售有限责任公司
90. 攀枝花市中盛汽车服务有限责任公司
91. 北京东南得利卡汽车贸易有限公司田各庄分公司
92. 东莞市华顺汽车贸易有限公司樟木头分公司
93. 山西晋同源汽车贸易有限公司
94. 河北汇竣汽车贸易有限公司保定分公司
95. 河北汇竣汽车贸易有限公司张家口分公司
96. 霸州市从时汽车贸易有限公司
97. 涿州市朗杰汽车贸易有限公司
98. 河北省武安市汽车销售服务有限公司

十三、北汽福田汽车股份有限公司授权品牌汽车销售企业名单

经营范围核定为:福田、风景品牌汽车销售

1. 云南大理交通运输集团公司
2. 云南楚雄骏马汽车工贸有限公司
3. 曲靖市麒麟区勃凯经贸有限责任公司
4. 朝阳吉盛通汽车贸易有限公司
5. 本溪市信诚汽车销售有限公司
6. 丹东鸭绿江汽车销售有限公司
7. 辽阳汽贸轿车销售公司
8. 武汉圣杰汽车销售有限责任公司
9. 北京庆福源商贸有限公司
10. 阜新市东远汽车销售中心
11. 哈尔滨西格玛汽车销售服务有限公司

12. 芜湖中奥汽车贸易有限公司
13. 阳泉市晋东汽车商城
14. 绵阳金利汽贸有限公司
15. 中汽华北张家口嘉华汽车销售有限公司
16. 河北汽贸邯郸有限责任公司
17. 沧州市河北汽贸汽车销售有限公司
18. 邢台众诚车业有限公司
19. 贵阳长发汽车贸易有限公司黔东南分公司
20. 贵阳长发汽车贸易有限公司六盘水经营部
21. 贵阳长发汽车贸易有限公司遵义分公司
22. 衡阳市振泰汽车销售服务有限公司
23. 天津汽车工业销售湖南有限公司
24. 东莞市鸿宇实业有限公司汽车贸易分公司
25. 东莞市宏达汽车贸易有限公司
26. 东莞市浩沣汽车贸易有限公司
27. 辽宁鑫鑫成汽车销售服务有限公司
28. 张家港市大亨汽车贸易有限公司
29. 福建省泉州市新华汽车贸易有限公司
30. 烟台华鑫上海大众汽车销售服务有限公司鸿运分公司
31. 菏泽鸿运实业有限公司
32. 重庆云祥汽车发展有限公司
33. 河北省汽车贸易总公司唐山分公司
34. 湖州宝通汽车销售有限公司
35. 宜昌拓鑫工贸有限公司
36. 抚顺市机电设备物产有限公司
37. 营口玄豹实业有限公司
38. 铁岭市顺峰出租汽车服务有限公司
39. 鞍山市车之美汽车销售服务有限公司

十四、一汽吉林汽车有限公司授权品牌汽车销售企业名单

经营范围核定为:一汽佳宝品牌汽车销售

1. 自贡鑫驰车业有限责任公司
2. 青岛汇宝汽车维修有限公司
3. 邵阳市鹏程汽车贸易有限公司
4. 梅河口市通达汽车销售服务有限公司
5. 包头市佰阳汽车销售服务有限公司
6. 常德力友物资贸易有限公司
7. 一汽吉林汽车有限公司广西南宁销售分公司
8. 山东齐鲁宝源汽车销售服务有限公司
9. 天津一汽汽车销售服务有限公司宝坻分公司
10. 怀化市跃进汽车销售有限公司
11. 东莞市宇周汽车贸易有限公司
12. 吉林市佳宝汽车销售有限责任公司
13. 鹤壁市永兴汽车销售服务有限公司
14. 香河冀东汽车销售有限公司
15. 信阳新成汽车贸易有限公司
16. 无锡市皇琳汽车维护有限公司
17. 白城市宝鑫汽车服务销售有限公司
18. 河间市天元农用车销售有限公司
19. 沈阳鑫丰达汽车销售有限公司锦州分公司
20. 九江天源汽车销售服务有限公司
21. 蔚县金桥商贸中心
22. 怀来永斌汽车销售有限公司
23. 定州市中山汽车贸易有限公司
24. 漳州市协丰贸易有限公司
25. 绥化市天发汽车销售服务有限公司
26. 陕西汽车贸易渭南公司
27. 滁州市广通汽车贸易有限公司
28. 广州建元物流有限公司

十五、保定市科美贸易有限公司授权品牌汽车销售企业名单

经营范围核定为:长城品牌汽车销售

1. 龙岩市奇迈汽车贸易有限公司
2. 江西省赣南汽车贸易有限公司
3. 乌兰察布市集宁远帆商贸有限责任公司
4. 吉安井冈山汽车商贸有限公司
5. 安庆市联友汽车贸易有限责任公司
6. 徐州亚飞徐视汽车营销有限公司
7. 淄博东润源汽车贸易有限公司
8. 昆明迪鑫汽车贸易有限公司
9. 宁波市万里长城汽车销售服务有限公司
10. 福建省万国汽车贸易有限公司
11. 六盘水鑫亿升汽车贸易有限公司
12. 天津泊士联汽车销售有限公司
13. 合肥易通汽车贸易有限公司
14. 湖南吉首汽车销售公司
15. 佛山市路通汽车贸易有限公司南海分公司
16. 常德市津湘汽车经营有限公司
17. 宁德市鼎盛汽车贸易有限公司
18. 广西壮族自治区机电设备北海公司
19. 玉林市弘森汽车销售服务有限公司
20. 广西河池市机动车辆交易市场
21. 广西壮族自治区机电设备柳州公司
22. 葫芦岛市宝顺汽车销售有限公司

十六、江西华翔富奇汽车营销有限公司授权品牌汽车销售企业名单

经营范围核定为:华翔富奇品牌汽车销售(带*符号的,经营范围核定为:华翔富奇品牌小型轻型客车)

1. 南昌新力田野汽车销售服务有限公司
2. 湖北省东安工贸有限公司
3. 天津开发区鑫兴物资贸易有限公司
4. 新疆天华汽车销售服务有限公司
5. 北京慧中通汽车销售有限公司
6. 贵州七星汽车贸易有限公司
7. 遵义白天鹅汽车有限公司
8. 黑龙江省金旅金龙汽车销售有限公司
9. 哈尔滨汽车自选市场
10. 西藏万融投资有限公司
11. 甘肃仕通汽车销售服务有限公司
12. 内蒙古瑞通达汽车销售服务有限公司
13. 鄂尔多斯市三联汽车销售有限责任公司

14. 吉林省远达汽车销售服务有限公司
15. 山东君泽寰宇国际汽车超市有限公司
16. 江门市蓬江区恒志汽车贸易有限公司
17. 广东兴天诚物资贸易有限公司
18. 东莞市鸿浩汽车贸易有限公司
19. 深圳市吉顺恒实业有限公司
20. 桂林五洲汽车销售服务有限公司
21. 云南永顺祥贸易有限公司
22. 苏州市旗胜汽车销售服务有限公司
23. 义乌市远洋百货贸易有限公司
24. 厦门市欣荣佳车辆贸易有限公司
25. 福建省中南汽车贸易有限公司
26. 福建榕泰汽车销售服务有限公司
27. 上海锦泰汽车销售服务有限公司
28. 昆明福来保汽车贸易有限公司
29. 湖南泰安机电有限公司
30. 成都特锐特汽车贸易有限公司
31. 攀枝花市永博汽车贸易有限公司
32. 达州市金诺车业有限公司
33. 泸州协力汽车贸易有限公司
34. 江西富奇恒兴达汽车贸易有限公司 *

十七、广东福迪汽车有限公司授权品牌汽车销售企业名单

经营范围核定为:富迪品牌汽车销售

1. 中山市富迪汽车销售服务有限公司
2. 东莞市富迪汽车销售服务有限公司
3. 资兴市粤兴汽车零部件制造有限公司
4. 济宁市冠达工贸有限责任公司
5. 南宁市麦卡汽车销售有限公司
6. 山西祥隆泰车城汽车连锁销售有限公司
7. 韶关市合诚汽车贸易有限公司
8. 衡阳市南亚贸易有限公司
9. 遵义市宇祥物资贸易有限公司
10. 绍兴市海盛汽车贸易有限公司

十八、上海华普汽车销售有限公司授权品牌汽车销售企业名单

经营范围核定为:上海华普品牌汽车销售

1. 内蒙古紫维汽车有限公司托县分公司
2. 贵州省铜仁地区协作汽车贸易有限公司
3. 张家港保税区联大汽车贸易有限公司
4. 天津市鹏海汽车销售有限公司
5. 南通万通汽车销售服务有限公司
6. 重庆商社汽车贸易有限公司永川分公司
7. 大连市汽车工业贸易集团世纪汽车经贸中心
8. 沧州市天正汽车销售有限公司
9. 厦门宏源发商贸发展有限公司
10. 延安广大机电有限公司
11. 重庆商社汽车贸易有限公司万州分公司
12. 重庆智鑫汽车销售有限公司
13. 菏泽市日丰汽车工业贸易有限公司
14. 河南云阳海汽车销售有限公司
15. 自贡市贻翔汽车出租有限公司
16. 天津正宇汽车销售有限公司
17. 天津市万车联物贸有限公司
18. 天津浩峰汽车贸易有限公司
19. 天津市汽车交易市场
20. 天津市普泽商贸有限公司
21. 天津开发区大昌物资贸易有限公司
22. 乌鲁木齐奥力特工贸有限公司
23. 吴忠市盛元物资贸易有限公司
24. 乌海市双瑞汽车贸易有限公司
25. 西安杰士达汽车销售服务有限公司
26. 张掖市千里马汽车工贸有限责任公司
27. 天水银通汽车贸易有限公司
28. 荆州市汽车贸易中心
29. 贵州富迪汽车贸易有限责任公司
30. 遵义骏腾汽车贸易有限公司
31. 阳泉市全顺汽车贸易有限公司
32. 黔西南兰林汽车贸易有限责任公司
33. 陕西朱雀亚飞汽车连锁销售有限公司
34. 咸宁市欣盛汽车贸易公司
35. 乌兰察布市历洲机电设备有限公司
36. 内蒙古神诺汽车贸易有限责任公司鄂尔多斯市分公司
37. 内蒙古神诺汽车贸易有限公司包头分公司
38. 巴彦淖尔市振宇汽车摩托车有限公司
39. 通城久联贸易有限公司
40. 河北振翔物资经贸有限公司上海华普汽车销售服务店
41. 随州市大通物业有限责任公司
42. 湖北稳得福汽车销售服务有限公司
43. 黔南州兴合汽贸有限责任公司
44. 焦作亚飞汽车连锁有限公司
45. 济源市中意汽车销售有限公司
46. 酒泉市吉元汽贸有限公司
47. 甘肃昌飞汽车有限公司
48. 南京吉茂物资贸易发展有限公司
49. 定边县航丰贸易有限责任公司
50. 广西贺州市机电设备总公司
51. 河北东盛汽车贸易有限公司
52. 贵州龙鼎物资贸易有限责任公司
53. 广西河池永丰经贸有限公司
54. 大同市兄弟新华夏汽车连锁销售有限公司

十九、标致雪铁龙(中国)汽车贸易有限公司授权品牌汽车销售企业名单

经营范围核定为:进口标致品牌汽车销售

1. 北京标龙工贸有限公司
2. 黑龙江省国通汽车销售有限公司
3. 上海森宏汽车销售公司
4. 上海顶盛汽车销售有限公司
5. 江苏舜天国际集团有限公司
6. 无锡京汽汽车销售有限责任公司
7. 厦门建发汽车有限公司

8. 泉州新成功汽车贸易有限公司
9. 济南军港汽车销售服务有限公司
10. 河南南光进出口有限公司
11. 湖北凯辉机械设备有限公司
12. 广东庆狮汽车销售服务有限公司
13. 广东庆狮汽车销售服务有限公司江门分公司
14. 广西壮族自治区机电设备有限责任公司
15. 重庆百年恒华实业(集团)有限公司
16. 四川环亚汽车有限责任公司
17. 辽宁鼎新汽车贸易有限公司

二十、捷成(中国)汽车销售有限公司授权品牌汽车销售企业名单

经营范围核定为:进口保时捷品牌汽车销售

1. 温州捷顺汽车技术服务有限公司
2. 深圳市粤都汽车有限公司
3. 天津百得利汽车服务有限公司

二十一、北京现代汽车有限公司授权品牌汽车销售企业名单

经营范围核定为:北京现代品牌汽车销售

1. 西宁金岛汽车销售有限公司
2. 大同市国贸汽车销售有限责任公司
3. 山西金谷泓龙汽车销售服务有限公司
4. 山西荣信汽车贸易有限公司
5. 赤峰市蒙恒汽车销售服务有限公司
6. 抚顺博众汽车销售服务有限公司
7. 上饶市宏旭汽车有限公司
8. 江西宜春市和丰汽车销售服务有限公司
9. 汕头市合民汽车贸易有限公司
10. 曲靖兴林汽车贸易有限公司
11. 遵义市千乘汽车销售服务有限公司
12. 宜兴市恒信汽车销售服务有限公司
13. 海宁市浩通汽车销售服务有限公司
14. 北京胜鸿都汽车销售服务有限公司
15. 佳木斯中天汽车销售服务有限公司
16. 四平市神驭汽车销售有限责任公司
17. 承德市冀东乐业汽车销售服务有限公司
18. 鹤壁市鹤海汽车销售服务有限公司
19. 溧阳顺达北现汽车销售服务有限公司
20. 丹阳市京利汽车有限公司
21. 宁波联众汽车销售服务有限公司
22. 广州南现汽车销售服务有限公司

二十二、日产(中国)投资有限公司授权品牌汽车销售企业名单

经营范围核定为:进口日产品牌汽车销售

1. 威海市佳信汽车销售有限公司
2. 瑞安市东晨汽车销售有限公司
3. 宁波市江北元通汽车销售有限公司
4. 台州恒泰汽车服务有限公司
5. 厦门市广裕达汽车贸易有限公司
6. 内蒙古紫维汽车有限公司

二十三、重庆东风渝安汽车销售有限公司授权品牌汽车销售企业名单

经营范围核定为:东风微车品牌汽车销售

1. 南京溧水惠通科贸有限公司
2. 兴化市中江汽车贸易有限公司
3. 江阴市金沙汽车销售服务有限公司
4. 吴江世纪汽车销售有限公司
5. 沾化县王冕车业有限公司
6. 邵东县邵阳汽车销售有限公司
7. 广饶县金鑫机车贸易有限公司
8. 上海美佳汽车销售有限公司
9. 四川名冠商贸有限公司
10. 西昌天正商贸有限公司
11. 长葛市华通汽车销售有限公司
12. 宝鸡鼎润汽车销售有限公司
13. 吕梁利达汽车销售有限公司
14. 连云港东风汽车销售技术服务联合公司
15. 黄山市远通汽车贸易有限公司
16. 黄石东盛江龙汽车销售服务有限公司
17. 重庆市威万利汽车销售有限公司
18. 上海维宝汽车销售服务有限公司
19. 日照四通汽车销售服务有限公司
20. 德州陆鼎商贸有限公司
21. 衢州英之杰汽车贸易有限公司
22. 濮阳市兴丰汽车销售有限公司
23. 漯河佳美汽车销售服务有限公司
24. 南京朗驰集团无锡东宁汽车销售服务有限公司
25. 兰州桃园东风技术服务有限公司
26. 海口新鹏飞汽车贸易有限公司
27. 赣州瑞升工贸有限公司
28. 东莞市众力汽车贸易有限公司
29. 大荔县伟英汽车贸易有限公司
30. 随州市新东方汽车销售服务有限公司
31. 邵阳市康华汽车销售服务有限公司
32. 义乌高合汽车销售服务有限公司
33. 浙江汇欣汽车贸易有限公司绍兴分公司
34. 云南曲靖交运集团有限公司
35. 长治市顺捷新华夏汽车连锁销售有限公司
36. 江西东风汽车销售技术服务有限公司
37. 延安市宝塔区海丽汽车经销有限责任公司
38. 广东大康汽车贸易有限公司
39. 北京九九隆汽车贸易有限公司
40. 昆明腾亿汽车销售有限公司
41. 新余市春宇汽车运输(集团)长青有限公司
42. 陕西宝鼎工贸有限公司
43. 贵阳兴乾源商贸有限公司
44. 江苏恒信汽车贸易有限公司
45. 安徽省三泰汽车销售有限责任公司
46. 攀枝花市飞利汽车贸易有限责任公司
47. 浙江友邦汽车销售有限公司嘉兴分公司

48. 滁州市国力汽车销售部
49. 福建鸿业汽车销售服务有限公司
50. 山东青州金盛汽车销售有限公司
51. 徐州恒信汽车贸易有限公司
52. 许昌市祥远物资贸易有限公司

二十四、郑州日产汽车有限公司授权品牌汽车销售企业名单

经营范围核定为:郑州日产品牌汽车销售

1. 商丘市银丰汽车销售有限公司
2. 济源市环球汽车销售有限公司
3. 偃师市飞达汽车销售服务有限公司
4. 周口市中鑫汽车贸易有限公司
5. 平顶山市威佳汽车贸易有限公司
6. 鹤壁市天择实业有限公司
7. 开封市天诚汽车销售有限公司
8. 漯河亿通汽车贸易有限公司
9. 阜新汽车贸易公司
10. 葫芦岛市川达汽车服务有限公司
11. 丹东市佰辐汽车销售有限公司
12. 铁岭市北方汽车贸易中心
13. 辽宁兴旗汽车销售服务有限公司
14. 鹤岗新华夏汽车连锁有限公司
15. 牡丹江金帝汽车销售有限公司
16. 黑河市利源达汽车销售有限公司
17. 辽宁汽贸汽车置换有限公司
18. 本溪市信诚汽车销售有限公司
19. 本溪市山城亚飞汽车销售服务有限公司
20. 本溪市政兴汽车销售服务有限责任公司
21. 抚顺市荣发汽车经销有限公司
22. 大连新盛华汽车贸易有限公司
23. 大连市汽车工业贸易集团轻型汽车销售中心
24. 通化市恒通汽车贸易有限公司
25. 白山市长铃汽车销售有限责任公司
26. 大同市正日物资贸易有限责任公司
27. 山西博亚冀东汽车连锁销售有限公司
28. 山西大唐汽贸有限公司
29. 长治市万里红新华夏汽车连锁销售有限公司
30. 迁安市东信汽车贸易有限公司
31. 遵化市中信汽车商贸有限公司
32. 保定市顺捷物资贸易有限公司
33. 介休市惟志汽车销售有限公司
34. 襄樊市汇宝机动车代理服务有限公司
35. 咸宁市运通汽车销售有限公司
36. 荆州市建国汽车贸易有限公司
37. 仙桃市久洁汽车销售有限公司
38. 湖北稳得福汽车销售服务有限公司
39. 鄂州市君行天下汽车销售有限公司
40. 天津市骏通汽车销售服务有限公司
41. 天津隆泰达工程机械有限公司
42. 天津市闽鑫机电设备有限公司
43. 天津机电汽车销售中心
44. 天津经济技术开发区机电设备公司
45. 北京鑫鹏世纪汽车销售服务有限公司
46. 北京武盛昌汽车销售有限公司
47. 上海大众汽车莱州销售服务有限公司
48. 玉溪红合汽车商贸有限公司
49. 云南华龙汽车销售服务有限公司
50. 昆明千方达特种汽车服务有限公司
51. 昆明联晟汽车销售有限责任公司
52. 昭通市昭阳区农业机械有限公司
53. 宣威市骏鑫汽贸有限公司
54. 曲靖市开发区海韵经贸有限责任公司
55. 思茅市豫隆经贸有限公司
56. 临沧金阳汽车贸易有限责任公司
57. 云南凯成经贸有限公司
58. 昆明兴顺和经贸有限公司
59. 思茅鸿达汽车贸易有限公司
60. 贵州省铜仁地区腾隆汽车贸易有限公司
61. 毕节地区翔雷汽车销售有限责任公司
62. 黔西南州友发贸易有限责任公司
63. 黔南州盛兴汽车贸易有限责任公司
64. 昆明高新汽车城有限公司
65. 重庆市万州区永大汽车销售有限公司
66. 开县华中农机汽贸有限公司
67. 奉节亚东汽贸有限公司
68. 重庆市阳光彩汽车贸易有公司
69. 永川市惠然物资贸易有限公司
70. 三亚万里行汽车销售有限责任公司
71. 岳阳圣隆汽车贸易有限公司
72. 湖南娄底高新汽车贸易服务有限责任公司
73. 株洲市千里马实业有限责任公司
74. 衡阳市高卫汽车销售服务有限公司
75. 张家界联拓汽车贸易有限公司
76. 湘潭市江东汽车贸易中心
77. 常德市武陵东霖汽车贸易有限公司
78. 江西银河汽车销售有限公司
79. 江西省华新汽车贸易有限公司
80. 江西瑞风汽车有限公司
81. 江西省汽车销售技术服务总公司
82. 赣州市联盛汽车贸易有限公司
83. 九江市赣浔汽车贸易有限公司
84. 广西佳华日产汽车销售有限公司
85. 广西齐盈汽车销售服务有限公司
86. 甘肃天创经贸有限责任公司
87. 固原正昌商贸有限公司
88. 中卫市金德汽车贸易有限公司
89. 靖边县宏远有限公司
90. 乌兰察布市利丰汽车城有限公司
91. 西藏日喀则地区汽车贸易公司
92. 奎屯新时代汽车贸易有限公司

93. 喀什地区亚中机电有限公司
94. 杭州大昌汽车销售有限公司
95. 绍兴市洪达汽车销售服务有限公司
96. 湖州元润汽车销售有限公司
97. 浙江三花汽车贸易有限公司
98. 青田迅时捷汽车销售有限公司
99. 遂昌县元通机电金属有限责任公司
100. 江山市大昌汽车销售有限公司
101. 义乌市元通汽车销售有限公司
102. 兰溪市飞达汽车销售有限公司
103. 宁波永耀电力汽车有限公司
104. 宁波经济技术开发区国宏物资有限公司
105. 浙江东阳正天机电公司
106. 慈溪市正大进口汽车服务有限公司
107. 苏州市鸿鑫汽车工贸有限公司
108. 张家港江南汽车交易市场有限公司
109. 连云港润东天澜汽车销售服务有限公司
110. 新沂市达骏汽车销售有限公司
111. 徐州闽华汽车销售有限公司
112. 宜兴市强盛汽车服务有限公司
113. 常州市福隆汽车销售有限公司
114. 海门市海通汽车维修有限公司
115. 潍坊安通汽车贸易有限公司
116. 淄博强联汽车销售服务有限公司
117. 菏泽新象征汽车销售服务有限公司
118. 青岛万事得汽车销售有限公司
119. 临沂恒瑞汽车销售有限公司
120. 青岛华森汽车销售维修有限公司
121. 山东省招远市机电设备有限公司
122. 海阳市海佳亚飞汽车销售有限公司
123. 莱阳市恒达实业有限公司
124. 莱芜大陆汽车服务有限公司
125. 淮南市华明汽车销售有限公司
126. 福建省建瓯市龙信汽车贸易有限公司
127. 尤溪县通达汽车贸易有限责任公司
128. 漳平市特益汽车贸易有限公司
129. 福建省永安市永通汽车销售服务有限公司
130. 惠安县恒东工贸发展有限公司
131. 武夷山永达汽车贸易发展有限公司
132. 泉州市汇森汽车贸易有限公司
133. 福建省永春通顺汽车销售服务有限公司
134. 上杭县朝阳汽车贸易有限公司
135. 龙岩兴兴汽车贸易有限公司
136. 南平市宏辉汽车贸易有限公司
137. 厦门市金鑫龙商贸有限公司
138. 泉州吉轻系列产品销售有限公司
139. 福建恒信亚飞汽车连锁销售有限公司
140. 晋江市鸿达汽车贸易有限公司
141. 澄海市中汽贸易有限公司
142. 茂名宏粤汽车有限公司
143. 阳江市茂江汽车有限公司
144. 深圳市鑫德源实业发展有限公司
145. 开平市海星汽车贸易有限公司
146. 台山市兴达汽车贸易有限公司
147. 鹤山市俊锋汽车贸易有限公司
148. 广州市从杰汽车销售有限公司
149. 广州市汽车工业贸易有限公司
150. 东莞市众强贸易有限公司
151. 广州市众合力汽车贸易有限公司
152. 广州市番禺金冠汽车有限公司
153. 广东省河源市源城广发汽车贸易有限公司

二十五、神龙汽车有限公司授权品牌汽车销售企业名单

经营范围核定为:东风雪铁龙品牌汽车销售

1. 淄博东联汽车有限公司神龙煜分公司
2. 河北盛孚汽车贸易有限公司裕华分公司
3. 云南省曲靖精工达汽车技贸中心
4. 连云港市连城汽车贸易有限公司
5. 昆明都市车迷汽车服务有限责任公司玉溪分公司
6. 菏泽鑫升汽车贸易有限公司
7. 安徽伟风汽车销售服务有限公司铜陵分公司
8. 成都成铁汽车销售服务有限公司宜宾分公司
9. 杭州萧山万兴旅游汽车有限公司城东分公司
10. 河北盛孚汽车贸易有限公司唐山分公司
11. 北京北方金泰开元汽车销售服务有限公司洋桥分公司
12. 河南省裕华汽车贸易有限公司第二销售分公司
13. 湖南天心汽车贸易有限公司
14. 常熟市佳安汽车修配有限公司
15. 南阳龙鹏汽车销售服务有限公司
16. 海口神驰实业有限公司
17. 南京万帮汽车贸易服务有限公司
18. 安徽时瑞达汽车销售服务有限公司
19. 哈尔滨市博能汽车销售有限公司
20. 惠州市财源汽车贸易有限公司
21. 慈溪市恒通汽车有限公司
22. 青岛永日汽车工贸有限公司
23. 深圳市南方腾龙汽车销售服务有限公司
24. 黄冈明天汽车销售服务有限公司
25. 湖南兰天汽车集团有限公司

二十六、奇瑞汽车有限公司授权品牌汽车销售企业名单

经营范围核定为:奇瑞品牌汽车销售

1. 菏泽电力丰源汽贸有限责任公司
2. 江苏中联汽车销售服务有限公司
3. 延安金阳光汽车贸易有限公司
4. 江门市冠鸿亚飞汽车有限公司
5. 锡林郭勒盟利丰汽车行有限公司
6. 乌兰察布市利丰汽车城有限公司
7. 二连市利丰汽车行有限公司
8. 天津市瑞翔汽车销售服务有限公司
9. 河北中旺汽贸有限公司
10. 徐州市金慧汽车销售服务有限公司

11. 佳木斯新佳瑞汽车贸易有限公司
12. 深圳市奇建贸易有限公司
13. 鹤岗新华夏汽车连锁有限公司
14. 江西博弈汽车销售服务有限公司
15. 廊坊市冀瑞汽车销售有限公司
16. 厦门宏通汽车销售有限公司
17. 衢州市元通汽车有限公司
18. 龙岩市邦邦汽车贸易有限公司
19. 广西壮族自治区机电设备北海公司
20. 大庆凯捷汽车销售有限公司
21. 漳州市立昌汽车服务有限公司
22. 柳州市华昌瑞汽车销售有限公司
23. 宣城南方汽车销售服务有限公司
24. 包头金瑞汽车销售服务有限公司
25. 济南拓源机电设备有限公司泰安分公司
26. 济南拓源机电设备有限公司莱芜分公司
27. 衡水瑞兴汽车贸易有限公司
28. 宿迁市凯达汽车销售维修有限公司
29. 莱芜市东南汽车销售服务有限公司
30. 晋中香山汽贸有限公司
31. 长治市联众新华夏汽车连锁销售有限公司
32. 宁夏宁鲁汽车贸易有限公司
33. 宁夏宁鲁汽车贸易有限公司贺兰分公司
34. 宁夏宁鲁机动车贸易有限公司阿左旗分公司
35. 许昌怡通汽车销售服务有限公司
36. 山西华建汽车销售有限公司
37. 贵港市弘港汽车贸易有限公司
38. 徐州润东汇景汽车销售服务有限公司
39. 伊犁金帝商贸(企业集团)有限公司
40. 鄂尔多斯天意汽车销售有限公司
41. 湖南广瑞汽车销售服务有限公司
42. 扬州市新江南汽车服务有限公司
43. 贵州永联亚飞汽车贸易有限责任公司
44. 肇庆市俊威汽车物资有限公司
45. 宜兴市广通汽车销售有限公司
46. 徐州市瑞驰汽车销售服务有限公司
47. 枣庄市华微汽车贸易有限公司
48. 天津华星捷瑞汽车销售服务有限公司
49. 开平市奔鹏汽车贸易有限公司
50. 聊城金瑞汽车销售服务有限公司
51. 常州彤瑞汽车销售有限公司
52. 黑龙江省凯捷商贸有限公司
53. 洛阳众瑞汽车销售服务有限公司
54. 成都建国汽车贸易有限公司
55. 广西壮族自治区机电设备南宁公司
56. 广西壮族自治区机电设备有限责任公司
57. 桂林市桂路通商贸有限责任公司灵川分公司
58. 沈阳瑞利丰汽车服务有限公司
59. 驻马店市乐华物资贸易有限公司
60. 吕梁市香山经纬汽车贸易有限公司
61. 平顶山市奥福莱汽车销售服务有限公司
62. 广西燕兴商贸有限公司
63. 北京华中鸿基贸易有限公司
64. 河南新大陆实业发展有限公司
65. 安徽骋瑞汽车有限责任公司
66. 连云港腾瑞汽车销售服务有限公司
67. 烟台三达汽车销售服务有限公司

二十七、东风柳州汽车有限公司授权品牌汽车销售企业名单

经营范围核定为:东风风行品牌汽车销售

1. 浙江元通风行汽车有限公司
2. 宁波锦通汽车有限公司
3. 临沂阳光汽车贸易有限公司
4. 四川宝福来汽车销售有限公司
5. 武汉南琦经济发展有限公司
6. 金华宝丽华汽车有限公司
7. 台州市路通汽车贸易有限公司
8. 东莞市风行汽车贸易有限公司
9. 东莞市兴龙汽车贸易有限公司
10. 无锡东方风行汽车销售有限公司
11. 福州隆腾汽车销售服务有限公司
12. 湖南道野汽车贸易有限公司
13. 天津市宝路捷汽车服务有限公司
14. 江苏恒润经贸有限公司
15. 泉州鑫泉汽车销售服务有限公司
16. 哈尔滨菱都汽车销售有限公司
17. 深圳市新大兴工贸发展有限公司
18. 江门市蓬江区精文汽车贸易有限公司
19. 广西壮族自治区机电设备桂林公司
20. 湖南华银汽车贸易有限公司
21. 山西鸿通汽车贸易有限公司
22. 北京锦德基业汽车销售有限公司
23. 扬州市明大汽车销售有限公司
24. 陕西三鑫汽车销售有限责任公司
25. 烟台泰龙汽车销售服务有限公司芝罘区分公司
26. 兰州万博汽车商贸有限公司
27. 中核包头光华化学工业公司华源汽车行
28. 泸州市达昌汽车有限公司
29. 厦门金乘龙汽车贸易有限公司
30. 贵州正宇实业发展有限公司
31. 大连市汽车贸易公司
32. 湖北省东安工贸有限公司
33. 广东浩鸿汽车贸易有限公司
34. 佛山市协力汽车销售服务有限公司
35. 广东万保汽车贸易有限公司
36. 中山三联汽车修理厂有限公司
37. 苏州市世纪汽车物资销售有限公司
38. 珠海市众大利物资车业有限公司
39. 惠州市信诚实业发展有限公司
40. 茂名市茂南五洲商场有限公司

41. 梅州市春天有限公司
42. 汕头市金生汽车有限公司
43. 广西华航汽车销售有限公司
44. 上海东仪汽车贸易有限公司
45. 上海云峰汽车贸易广场有限公司
46. 上海锦弘汽车销售服务有限公司
47. 上海弘邦汽车销售服务有限公司
48. 苏州乘龙汽车销售有限公司
49. 南通嘉宇国际车业有限公司
50. 江阴市易达汽车销售有限公司
51. 安徽复兴汽车有限责任公司
52. 蚌埠市通利汽车销售有限公司
53. 温州市华驰汽车有限公司
54. 绍兴袍江韩通汽车有限公司
55. 浙江元通风行汽车有限公司湖州分公司
56. 西安秦川唐都机电汽车配件销售有限公司
57. 新疆风行汽车销售有限公司
58. 河南裕华江南汽车销售服务有限公司
59. 洛阳市德众汽车服务有限公司
60. 山东齐鲁汽车贸易有限公司
61. 潍坊鑫万通汽车贸易有限公司
62. 东营市海滨汽车销售有限公司
63. 北京大正通产汽车贸易服务有限责任公司
64. 石家庄市金珠汽车贸易有限公司
65. 保定市新世纪汽车贸易有限公司
66. 唐山市冀东机电设备有限公司
67. 大连航天博大汽车有限公司
68. 沈阳新华夏凯大汽车销售服务有限公司
69. 吉林省南菱汽车销售有限公司
70. 武汉市威马商贸有限公司
71. 宜昌市民富汽车销售租赁服务有限公司销售分公司
72. 江西省银丰汽车销售有限公司
73. 江西鑫驰汽车销售有限公司
74. 重庆德拉瓦汽车销售服务有限公司
75. 昆明壹丰名车销售有限责任公司
76. 江苏明都汽摩集团有限公司
77. 北京源流东南汽车销售有限公司
78. 青岛飞利汽车贸易有限公司
79. 湖南华亿鑫贸易有限公司
80. 常熟市鸿鑫汽车贸易有限公司
81. 长春金河车业有限责任公司
82. 遵义市龙江汽车贸易有限公司
83. 柳州市五盛物资贸易有限公司
84. 扬州市铭浩汽车销售服务有限公司
85. 广西绿色通道资讯管理有限公司
86. 柳州市燕峰汽车有限公司

二十八、神龙汽车有限公司授权品牌汽车销售企业名单

经营范围核定为:东风标致品牌汽车销售

1. 潍坊百大天狮汽车销售服务有限公司
2. 南通文峰宝狮汽车销售服务有限公司
3. 临沂骏狮汽车贸易有限公司
4. 山东泰通汽车销售服务有限公司
5. 北京龙运宝狮汽车销售有限公司
6. 武汉万隆汽车销售有限公司
7. 浙江康桥汽车有限公司
8. 苏州众和汽车销售服务有限公司
9. 福建省佳宏经贸有限公司
10. 深圳友车友汽车销售服务有限公司
11. 深圳市卡瑞汽车贸易有限公司
12. 广东庆狮汽车销售服务有限公司

二十九、东风本田汽车有限公司授权品牌汽车销售企业名单

经营范围核定为:东风本田品牌汽车销售

1. 温州华能东本汽车销售服务有限公司
2. 江阴市盛达颖田汽车有限公司
3. 常熟市伟杰汽车销售服务有限公司
4. 东莞市骏捷汽车贸易有限公司
5. 玉溪中升东本汽车销售服务有限公司
6. 安徽宝田汽车销售服务有限公司
7. 邯郸市东盛汽车销售服务有限公司
8. 扬州市天汇汽车销售服务有限公司
9. 山西嘉瑞汽车销售有限公司
10. 上海永达星田汽车销售服务有限公司
11. 长沙诚通汽车贸易有限公司
12. 辽宁路通汽车销售服务有限公司
13. 青岛福日汽车贸易有限公司
14. 济宁鸿昌汽车销售服务有限公司
15. 宁波中基东本汽车销售服务有限公司
16. 嘉兴敏田汽车销售有限公司
17. 湖州东本汽车配件销售服务有限公司
18. 北京瑞鼎经贸有限公司
19. 昆山伟建汽车销售服务有限公司
20. 南通文峰东田汽车销售服务有限公司
21. 江苏恒通汽车有限公司
22. 鞍山汇通汽车销售服务有限公司
23. 锦州百盛汽车销售服务有限责任公司
24. 广东兴锐汽车销售有限公司
25. 珠海南田汽车有限公司
26. 惠州市辉达东本实业有限公司
27. 广州市新星汽车销售有限公司
28. 焦作市锦田汽车销售服务有限公司
29. 襄樊美康汽车零部件有限公司
30. 上海申银本业汽车销售有限公司

三十、东风汽车有限公司授权品牌汽车销售企业名单

经营范围核定为:东风日产品牌汽车销售

1. 吉林市威富达汽车销售服务有限公司
2. 天津市名濠汽车销售服务有限公司
3. 江苏龙润汽车销售服务有限公司
4. 西藏成商协合汽车有限公司
5. 东莞市东益汽车销售服务有限公司

6. 衡阳市高卫汽车销售服务有限公司
7. 海门市海通汽车维修有限公司
8. 常州中天日新汽车有限公司
9. 常德市日丰汽车销售服务有限公司
10. 潍坊百大天达汽车销售服务有限公司
11. 内江星和电力车业有限公司
12. 四川启阳汽车贸易有限公司
13. 玉溪三水汽车销售服务有限公司
14. 东风汽车贸易公司十堰经营贸易公司
15. 大理东明汽车销售服务有限公司
16. 营口中升奥通汽车销售服务有限公司
17. 苏州华达汽车销售服务有限公司
18. 盘锦奥通汽车销售服务有限公司
19. 淄博泰通汽车销售服务有限公司
20. 赣州东维汽车销售服务有限公司
21. 枣庄远方汽车销售服务有限公司
22. 广东广物京安汽车销售服务有限公司
23. 邯郸市华信东风日产汽车销售服务有限公司
24. 泉州市汇京银河汽车贸易有限公司
25. 上海昱诚汽车销售服务有限公司
26. 廊坊乐业汽车销售有限公司
27. 哈尔滨新纪元汽车销售维修有限公司
28. 青岛海友汽车销售服务有限公司
29. 青海青鹏机动车贸易有限公司
30. 青岛天也投资有限公司
31. 南充树生车业有限公司
32. 诸暨市润华汽车信息有限公司
33. 上海锦茂汽车销售服务有限公司
34. 晋江汇京汽车销售服务有限公司

三十一、广州丰田汽车有限公司授权品牌汽车销售企业名单

经营范围核定为:广州丰田品牌汽车销售

1. 上海永达长荣汽车销售服务有限公司
2. 广州元丰汽车销售服务有限公司

三十二、江西昌河汽车股份有限公司授权品牌汽车销售企业名单

经营范围核定为:昌河品牌汽车销售

1. 海口华恒汽车销售有限公司
2. 鹤山市荣昌汽车工贸有限公司
3. 阳江市富荃汽车经贸有限公司
4. 深圳市伟泰兴汽车贸易有限公司龙岗分公司
5. 深圳市众悦汽车贸易有限公司
6. 湛江市大众城汽车贸易有限公司
7. 潮州市环泰汽车贸易有限公司枫溪分公司
8. 广东省通运汽车贸易公司
9. 广州市恒洋汽车贸易有限公司
10. 东莞市中昌贸易有限公司
11. 东莞市新力汽车贸易有限公司
12. 东莞市兴华汽车销售有限公司
13. 惠州市辉达汽车贸易有限公司
14. 桂林市乐丰汽车贸易有限公司
15. 南宁市丰驰汽车有限公司
16. 钦州市登峰汽车贸易有限公司
17. 广西玉林骏越汽车销售服务有限公司
18. 百色正大汽车销售有限公司
19. 贺州市常隆汽车农机有限责任公司
20. 延安新长城汽车贸易有限公司
21. 渭南燕兴实业有限公司大荔分公司
22. 陕西渭南燕兴实业有限公司蒲城分公司
23. 韩城市吉顺汽车贸易有限公司
24. 榆林重诚商贸有限公司
25. 榆林市万通汽车贸易有限公司靖边分公司
26. 榆林市万通汽车贸易有限公司榆林分公司
27. 榆林市东洲大地集团汽贸公司绥德办事处
28. 陕西伟华工贸有限公司
29. 府谷县富万家汽贸有限责任公司
30. 榆林市万通汽车贸易有限公司神木分公司
31. 银川中兴达汽车销售有限公司
32. 兰州远东汽车有限责任公司酒泉分公司
33. 武威泰兴汽车贸易有限公司
34. 兰州远东汽车有限责任公司平凉分公司
35. 新疆巴州恒瑞汽车贸易有限公司
36. 新疆巴州恒瑞汽车贸易有限公司华凌分公司
37. 喀什市通工实业有限公司
38. 克拉玛依市华清汽车配件工业有限公司
39. 新疆亚鑫汽车贸易有限责任公司北疆分公司
40. 博乐市致远商贸有限责任公司
41. 伊犁鑫泰隆商贸有限责任公司
42. 厦门侨隆工贸发展有限公司
43. 龙岩市仝新机电汽车有限公司
44. 龙岩市邦邦汽车贸易有限公司
45. 嘉兴市中信汽车销售有限公司平湖分公司
46. 浙江东南汽运股份有限公司
47. 浙江和平汽车销售服务有限公司
48. 杭州明华汽车销售有限公司
49. 桐乡市华通汽车销售有限公司
50. 海盐县机电设备有限公司
51. 象山银都汽车销售有限公司
52. 绍兴县丰盛汽车销售有限公司轻纺城汽车市场分公司
53. 浙江省嵊州市八达开发有限公司
54. 浙江台州元通汽车有限公司
55. 浙江台州元通汽车有限公司路桥经营部
56. 浙江台州元通汽车有限公司临海销售部
57. 浙江台州元通汽车有限公司温岭销售部
58. 玉环县元丰汽车贸易有限公司
59. 浙江省仙居县万达汽车销售有限公司
60. 义乌市广源汽车贸易有限公司
61. 义乌市信凯汽车贸易有限公司
62. 永康市益通汽车销售有限公司
63. 湖州宝通汽车销售有限公司陵阳路分公司

64. 金华申能汽车有限公司
65. 余姚市万新汽车贸易有限公司
66. 镇江天鸿邮政开发有限公司
67. 无锡威风汽车销售有限公司
68. 盐城市杰欣汽车销售有限公司
69. 靖江市华通机电设备制造有限公司汽车贸易分公司
70. 驻马店市二堂汽车贸易服务有限公司
71. 新乡市铃丰汽车贸易有限公司第二销售分公司
72. 新乡市三环汽车修理有限公司
73. 新乡市铃丰汽车贸易有限公司辉县市分公司
74. 新乡市铃丰汽车贸易有限公司卫辉分公司
75. 林州市力元汽贸有限公司
76. 平顶山市豪迈汽车销售服务有限责任公司
77. 安阳市大桥汽车贸易有限责任公司
78. 巩义市天河汽车销售服务有限公司
79. 新郑市久洁汽车修配有限公司
80. 洛阳亿国汽车销售有限公司
81. 郑州大亚实业发展有限公司洛阳分公司
82. 郑州大亚实业发展有限公司
83. 漯河市华润汽车销售服务有限公司
84. 开封市金诚汽车贸易有限公司
85. 汝州市银河汽车修理有限公司
86. 信阳丽达汽车贸易有限公司
87. 衡阳市裕翔汽车贸易服务有限公司
88. 湘西自治州京鹏汽车销售有限公司
89. 益阳市峰华商贸有限公司
90. 娄底市金鼎汽贸租运有限公司
91. 十堰亚明照明电器设备有限公司
92. 荆州市创智汽车贸易有限公司
93. 武汉市嘉航物资有限公司随州汽车销售分公司
94. 武汉市嘉航物资有限公司咸宁分公司
95. 高平市瑞鑫汽车贸易有限公司
96. 山阴县鑫义机械设备有限公司
97. 应县博士机电设备有限责任公司
98. 大同市伍箭新华夏汽车连锁销售有限公司
99. 大同市瑞祥汽车贸易有限责任公司
100. 大同市光辉物资汽车贸易有限责任公司
101. 山西新陆达物资贸易有限公司
102. 永济市舜都机电有限公司
103. 晋中香山汽贸有限公司
104. 山西祥瑜汽车销售服务有限公司
105. 吕梁市香山经纬汽车贸易有限公司
106. 太原香山物资销售有限公司
107. 山西香山汽贸有限公司第一分公司
108. 翼城县嘉通亚飞汽车连锁销售有限公司
109. 介休市惟志汽车销售有限公司
110. 汾阳市永兴旺汽车贸易有限公司
111. 孝义市通运新华夏汽车连锁销售有限公司
112. 昔阳县双峰汽贸有限公司
113. 盂县吉通汽车贸易有限公司
114. 德州市五州汽车贸易有限公司
115. 德州亚飞汽车贸易有限公司
116. 德州阳光汽车贸易有限公司
117. 山东龙昌汽车销售公司德州分公司
118. 德州润天汽车销售有限公司
119. 东阿华通汽车销售有限公司
120. 郓城县鲁润汽车销售有限公司
121. 山东龙昌汽车销售公司济南匡山分公司
122. 章丘快爱特汽车服务有限公司
123. 泰安北方车辆有限责任公司新泰分公司
124. 沂水宏伟汽车贸易有限公司
125. 山东临沂汽车工业贸易有限公司沂水分公司
126. 山东临沂汽车工业贸易有限公司平邑分公司
127. 平邑亨大汽车销售服务有限公司
128. 蒙阴东蒙机电设备有限责任公司
129. 临沂安华汽车销售服务有限公司
130. 山东临沂汽车工业贸易有限公司郯城分公司
131. 郯城县恒通汽车贸易有限公司
132. 莒南县成伟汽车贸易有限公司
133. 莒南县大运汽车贸易有限公司
134. 莒县运输公司汽车贸易中心
135. 胶南市亚飞汽车连锁有限责任公司
136. 青岛大发汽车贸易有限公司
137. 青岛金润华汽车销售有限公司
138. 潍坊国强汽车销售有限公司
139. 潍坊国泰汽车贸易有限公司
140. 潍坊广潍汽车销售服务有限公司寿光分公司
141. 潍坊广潍汽车销售服务有限公司诸城分公司
142. 乳山市金运车辆经销有限公司
143. 龙口福利汽车销售有限公司
144. 淄博市中南物资有限公司张店车行
145. 赣州市龙顺汽车销售服务有限公司
146. 江西省芦溪县万胜汽车贸易有限责任公司
147. 上栗县农昌农用车经营部
148. 亳州市新纪元汽车贸易有限公司
149. 巢湖市宏昌物资汽车贸易有限公司
150. 桐城市金海汽车销售服务有限公司
151. 合肥易通汽车贸易有限公司
152. 中国航空汽车工业总公司
153. 北京市腾远顺达汽车贸易有限公司
154. 河北昌河汽车销售有限公司时代汽车广场销售处
155. 河北和合福瑞汽车销售服务有限公司
156. 邯郸交通运输集团汽车贸易服务有限公司武安分公司
157. 河北省武安市汽车销售服务有限公司
158. 肥乡县燕红商贸有限公司
159. 大名县路路通汽车贸易有限公司
160. 馆陶县旭光汽车销售有限公司
161. 邯郸市盛昌汽车贸易有限公司
162. 沧州市骏驰汽车销售有限公司

163. 沧州市河北汽贸汽车销售有限公司黄骅分公司
164. 保定市昌盛汽车销售服务有限公司世纪城分公司
165. 保定市华昌昌河汽车销售服务中心昌河专卖店
166. 涿州市金发汽车销售有限公司
167. 霸州市汇众汽车销售有限公司
168. 霸州市汇众汽车销售有限公司海兴分公司
169. 献县飞腾汽车销售有限公司
170. 献县荣达汽车销售有限公司
171. 唐山四通汽车贸易有限公司
172. 唐山市冀东机电设备有限公司廊坊分公司
173. 宽城满族自治县冀东机动车销售有限责任公司
174. 枣强县广龙汽车贸易有限公司
175. 衡水市东盛汽车贸易有限公司
176. 衡水银海汽车贸易有限公司
177. 天津金博实汽车贸易有限公司
178. 天津市美强汽车销售有限公司
179. 天津市中恒汽车销售有限公司恒瑞分公司
180. 扎鲁特旗鑫荣摩托车家电销售有限责任公司
181. 奈曼旗利丰汽车销售有限责任公司
182. 黑龙江君诚汽车销售有限公司
183. 吉林省信邦汽车服务销售有限公司
184. 延吉市北方汽车贸易有限公司长春分公司
185. 鞍山市元征汽车服务有限公司
186. 沈阳浑南汽车贸易有限公司
187. 庄河市阳光汽车销售有限公司
188. 大连长波汽车销售有限公司
189. 大连云虹汽车贸易有限公司
190. 大连奥拓机电设备有限公司
191. 大连经济技术开发区东方汽车服务有限公司
192. 雅安建国汽车销售服务有限公司
193. 南充建国汽车销售服务有限公司
194. 四川省达州市金田农机有限责任公司
195. 射洪蜀安汽贸有限责任公司
196. 自贡市正邦汽车贸易有限责任公司
197. 宜宾市源祥汽车贸易有限公司江北分公司
198. 四川广元阳晨汽车贸易有限公司
199. 四川波鸿实业有限公司
200. 重庆市万州四方汽车运贸有限公司
201. 重庆市万州区海力汽车销售有限公司
202. 黔西南州兰林汽车贸易有限责任公司
203. 六盘水济民汽车贸易有限公司
204. 黔南新机动车交易市场
205. 云南昌河汽车销售有限公司世博分公司
206. 云南昌河汽车销售有限公司高新分公司
207. 昆明市润尧汽车贸易有限公司
208. 云南顺尧汽车贸易有限公司
209. 云南华兴经贸有限责任公司
210. 泸西县宏志汽车服务有限公司开远分公司
211. 楚雄爱车一族汽车贸易有限责任公司
212. 思茅思南汽销有限公司景东分公司
213. 思茅思南汽销有限公司澜沧分公司
214. 云南文山交通运输集团公司汽车销售分公司
215. 鞍山市上通汽车销售服务有限公司

三十三、江西昌河铃木汽车有限责任公司授权品牌汽车销售企业名单

经营范围核定为:昌河铃木品牌汽车销售

1. 海口华恒汽车销售有限公司
2. 阳江市富荃汽车经贸有限公司
3. 深圳市伟泰兴汽车贸易有限公司龙岗分公司
4. 深圳市众悦汽车贸易有限公司
5. 潮州市环泰汽车贸易有限公司枫溪分公司
6. 广东省通运汽车贸易公司
7. 惠州市辉达汽车贸易有限公司
8. 桂林市乐丰汽车贸易有限公司
9. 广西玉林骏越汽车销售服务有限公司
10. 百色正大汽车销售有限公司
11. 贺州市常隆汽车农机有限责任公司
12. 延安新长城汽车贸易有限公司
13. 韩城市吉顺汽车贸易有限公司
14. 榆林重诚商贸有限公司
15. 庆阳福泰商贸有限公司
16. 武威泰兴汽车贸易有限公司
17. 兰州远东汽车有限责任公司平凉分公司
18. 新疆巴州恒瑞汽车贸易有限公司
19. 厦门侨隆工贸发展有限公司
20. 象山银都汽车销售有限公司
21. 浙江省嵊州市八达开发有限公司
22. 浙江台州元通汽车有限公司
23. 浙江台州元通汽车有限公司路桥经营部
24. 浙江台州元通汽车有限公司临海销售部
25. 浙江台州元通汽车有限公司温岭销售部
26. 玉环县元丰汽车贸易有限公司
27. 义乌市信凯汽车贸易有限公司
28. 余姚市万新汽车贸易有限公司
29. 无锡市威风汽车销售有限公司
30. 盐城市杰欣汽车销售有限公司
31. 靖江市华通机电设备制造有限公司汽车贸易分公司
32. 新郑市久洁汽车修配有限公司
33. 荆州市创智汽车贸易有限公司
34. 武汉市嘉航物资有限公司随州汽车销售分公司
35. 山西祥瑜汽车销售服务有限公司
36. 太原香山物资销售有限公司
37. 汾阳市永兴旺汽车贸易有限公司
38. 山东龙昌汽车销售公司德州分公司
39. 德州亚飞汽车贸易有限公司
40. 郓城县鲁润汽车销售有限公司
41. 山东龙昌汽车销售公司济南匡山分公司
42. 章丘快爱特汽车服务有限公司
43. 泰安北方车辆有限责任公司新泰分公司
44. 胶南市亚飞汽车连锁有限责任公司

45. 潍坊金盛汽车销售服务有限公司
46. 潍坊广潍汽车销售服务有限公司寿光分公司
47. 潍坊广潍汽车销售服务有限公司诸城分公司
48. 荣成市方正经贸有限公司
49. 淄博市中南物资有限公司张店车行
50. 淄博鲁博汽车服务有限公司
51. 北京市腾远顺达汽车贸易有限公司
52. 北京诚信达汽车销售有限公司
53. 河北昌河汽车销售有限公司时代汽车广场销售处
54. 河北和合福瑞汽车销售服务有限公司
55. 肥乡县燕红商贸有限公司
56. 馆陶县旭光汽车销售有限公司
57. 保定市昌盛汽车销售服务有限公司世纪城分公司
58. 保定市华昌昌河汽车销售服务中心昌河专卖店
59. 涿州市金发汽车销售有限公司
60. 霸州市汇众汽车销售有限公司
61. 霸州市汇众汽车销售有限公司廊坊分公司
62. 霸州市汇众汽车销售有限公司海兴分公司
63. 唐山四通汽车贸易有限公司
64. 衡水银海汽车贸易有限公司
65. 天津金博实汽车贸易有限公司
66. 天津恒裕隆汽车销售服务有限公司
67. 吉林省信邦汽车服务销售有限公司
68. 延吉市北方汽车贸易有限公司长春分公司
69. 鞍山市元征汽车服务有限公司
70. 沈阳浑南汽车贸易有限公司
71. 雅安建国汽车销售服务有限公司
72. 重庆市万州四方汽车运贸有限公司
73. 黔南新机动车交易市场
74. 云南昌河汽车销售有限公司世博分公司
75. 云南昌河汽车销售有限公司高新分公司
76. 昆明市润尧汽车贸易有限公司
77. 楚雄爱车一族汽车贸易有限责任公司
78. 云南顺尧汽车贸易有限公司
79. 云南华兴经贸有限责任公司第三分公司
80. 泸西县宏志汽车服务有限公司开远分公司
81. 思茅思南汽销有限公司景东分公司
82. 思茅思南汽销有限公司澜沧分公司
83. 云南文山交通运输集团公司汽车销售分公司

三十四、天津天汽集团美亚汽车制造有限公司授权品牌汽车销售企业名单

经营范围核定为:美亚品牌汽车销售

1. 广州市太豪有限公司华南汽车销售分公司
2. 武汉建新汽车汽配贸易有限公司
3. 佛山市南海浩宇汽车贸易有限公司
4. 天津市洪峰汽车贸易有限公司
5. 青岛安捷汽车销售有限公司
6. 郑州伟明汽车销售有限公司
7. 河南郑州恒远汽车销售有限公司
8. 淄博金钟汽车销售有限公司
9. 漳州市中福汽车贸易有限公司
10. 兰州三驰商贸有限公司
11. 鄂尔多斯蒙凯汽车销售集团有限公司
12. 天津金博实汽车贸易有限公司
13. 鄂尔多斯市凯龙汽贸有限公司
14. 天津汽车工业销售陕西有限责任公司
15. 天津三源贸易有限公司
16. 湖南永泰汽车销售服务有限公司
17. 内蒙古乌兰察布市敏行汽车销售有限责任公司
18. 临沂东方汽车贸易有限公司
19. 内蒙古交通物资有限责任公司
20. 山西运城河东汽车贸易有限责任公司
21. 珠海航鹰汽车有限公司
22. 深圳兴渊实业发展有限公司
23. 青县祥通汽车销售维修服务有限公司
24. 上海中鼎汽车销售有限公司
25. 重庆恒邦汽车销售有限公司
26. 西藏自治区机电设备公司西藏自治区汽车贸易中心
27. 包头市汇正汽车贸易有限公司

三十五、上汽通用五菱汽车股份有限公司授权品牌汽车销售企业名单

经营范围核定为:上汽通用五菱品牌汽车销售

1. 武威泰兴汽车贸易有限公司
2. 兰州鹏翔汽车销售有限公司
3. 天水银通汽车贸易有限责任公司
4. 大庆市达迩汽车销售有限公司
5. 伊春市鑫浩汽车销售有限公司
6. 白山市鸿顺汽车销售服务有限公司
7. 长春市红日汽车贸易有限公司九台分公司
8. 吉林省智成汽车销售服务有限公司辽源分公司
9. 铁岭泰泽隆汽车销售服务有限公司
10. 抚顺市荣发汽车经销有限公司
11. 大连亿丰汽车销售服务有限公司
12. 潮州市鸿柳汽车销售有限公司英塘分公司
13. 潮安茂昌贸易有限公司
14. 开平市保捷汽车贸易有限公司江门分公司
15. 开平市保捷汽车贸易有限公司台山分公司
16. 桂林双恒汽车贸易有限公司
17. 柳州市豪宇琪物资贸易有限公司
18. 广西梧州新兴汽车贸易有限公司
19. 柳州市五盛物资贸易有限公司
20. 山西晋菱汽车销售服务有限公司
21. 原平市昌泰汽车贸易有限公司
22. 大同市同胜汽车贸易有限责任公司
23. 大同市光远新华夏汽车连锁销售有限公司
24. 大同市友信汽车销售有限公司
25. 平遥县友信汽贸销售有限公司
26. 山西祥瑜汽车销售服务有限公司
27. 文水县立华汽贸有限公司
28. 运城市彩虹汽车贸易有限公司

29. 河津市彩虹汽车贸易有限公司
30. 永济市舜都机电有限公司
31. 安康市阳光车业有限公司
32. 包头市利丰汽车贸易服务有限公司
33. 襄樊市威马汽车服务有限公司
34. 潜江市威马商贸有限公司
35. 洪湖市威马商贸有限公司
36. 荆州市汽车贸易中心
37. 荆州市威马商贸有限公司
38. 宜昌市威马商贸有限公司汽贸城经贸部
39. 宜昌市威马商贸有限公司
40. 监利县威马商贸有限公司
41. 天门市威马商贸有限公司
42. 鄂州市威马商贸有限公司
43. 仙桃市威马商贸有限公司
44. 武汉市威马商贸有限公司汉阳经营部
45. 武汉市威马商贸有限公司关山经营部
46. 武汉市威马商贸有限公司江南经营部
47. 赣州五菱汽车销售有限责任公司
48. 宜春市鑫源汽车贸易有限公司
49. 萍乡市宇龙汽车贸易有限公司
50. 重庆四方汽车贸易有限公司沙坪坝分公司
51. 重庆四方汽车贸易有限公司永川分公司
52. 江津市宏达机车销售有限责任公司
53. 重庆市涪陵区金昌汽车销售服务有限公司
54. 重庆市万州四方汽车运贸有限公司
55. 西藏正和汽车代销有限公司
56. 成都流顺车行有限公司
57. 成都大承车业有限责任公司
58. 四川京海贸易有限责任公司
59. 成都二六贸易有限公司
60. 成都锦维汽车服务有限公司
61. 彭州市金鑫车业汽车经营部
62. 成都三里汽车技术有限公司
63. 四川省崇州市物资汽贸有限责任公司
64. 成都众合高新汽车服务有限公司
65. 四川腾辉汽车服务有限公司
66. 都江堰市福星汽车贸易有限公司
67. 成都市大邑县博伟汽车贸易有限公司
68. 蒲江县驭虹汽车销售有限公司
69. 成都市邛崃凯祥车业有限公司
70. 中江县志达汽车销售有限公司
71. 四川什邡市宏达车业有限公司汽车销售分公司
72. 四川贵旺汽车销售有限公司
73. 四川绵竹恒达运输有限责任公司汽车销售分公司
74. 广安市华阳弘远商贸有限责任公司
75. 四川省江油江龙商贸有限公司
76. 四川省隆昌县驰达汽车贸易有限公司
77. 四川灵通青山汽车销售有限公司遂宁分公司
78. 遂宁市华发车业有限公司
79. 射洪县金利汽贸有限公司
80. 简阳东方红汽车贸易有限公司
81. 四川泸州建业汽贸有限公司
82. 自贡市蜀通汽车贸易实业有限公司
83. 自贡市富森汽车销售有限责任公司
84. 万源市诚信汽车经营有限责任公司
85. 达州市兴安达汽车销售有限公司大竹分公司
86. 达州市新川汽车销售服务有限公司
87. 西昌驰骋汽车贸易有限公司会理分公司
88. 乐山景生车业有限公司
89. 攀枝花市顶顺汽车贸易有限公司
90. 遵义良驹汽车贸易有限公司毕节市分公司
91. 贵阳西海汽车贸易有限公司安顺分公司
92. 贵州正宇实业发展有限公司升华分公司
93. 贵州正宇实业发展有限公司汽车贸易分公司
94. 云南省华坪县物资总公司
95. 文山州宏昌机动车交易有限公司
96. 楚雄鑫云汽车维修有限责任公司汽车销售分公司
97. 开远安驰汽修厂
98. 北京福祺新汽车贸易有限公司
99. 北京中冀兴旺汽车销售有限公司第七分公司
100. 北京中汽华世田汽车贸易有限公司
101. 北京市远大储运有限公司
102. 北京星月中石贸易发展有限公司
103. 北京捷奥泰汽车销售有限公司
104. 北京市东方雅图贸易中心
105. 北京阁运来汽车贸易有限公司
106. 北京桂龙汽车销售中心
107. 石家庄汇丰汽车贸易有限公司新乐分公司
108. 河北广幸机电设备有限公司
109. 永清县通达汽车贸易有限公司
110. 邯郸交通运输集团汽车贸易服务有限公司
111. 肥乡县燕红商贸有限公司
112. 馆陶县旭光汽车销售有限公司
113. 廊坊市茂源汽车销售有限公司
114. 香河冀东汽车销售有限公司
115. 河北通菱汽车销售服务有限公司廊坊分公司
116. 蔚县金桥商贸中心
117. 广宗县通达汽车销售服务有限公司
118. 河北省巨鹿县同兴物资有限公司
119. 临西县恒昌汽车贸易有限公司
120. 邢台恒达汽车贸易有限公司清河恒达分公司
121. 威县洪春汽车销售有限公司
122. 河北通菱汽车销售服务有限公司开平分公司
123. 景县汽车经销公司
124. 衡水东盛汽车贸易有限公司安平分公司
125. 唐山市冀东机电设备有限公司保定第二分公司
126. 保定市冀兴汽车贸易有限公司白沟分公司
127. 河间市天元农用车销售有限公司
128. 沧州市鑫利汽车销售有限公司泊头分公司

129. 盐山县东升汽贸有限公司
130. 吴桥县东方汽车销售有限公司
131. 石家庄市锐跑汽车贸易有限公司
132. 林州市捷达汽贸汽运有限公司
133. 焦作市国强汽车维修有限责任公司
134. 柘城县鑫源汽车贸易有限公司
135. 睢县裕华汽车销售有限公司
136. 宝丰县宏鑫汽车销售有限公司
137. 卢氏县现代农装新技有限公司
138. 虞城县众鑫汽车贸易有限公司
139. 洛阳市辉源机电设备有限公司机场路分公司
140. 栾川县顺达汽车销售有限公司
141. 民全县顺诚汽车销售有限公司
142. 南阳市第一机电设备有限公司内乡分公司
143. 章丘快爱特汽车服务有限公司
144. 新泰市宏盛汽车销售有限公司
145. 德州华鲁汽车销售有限公司
146. 山东省禹城市大禹农机有限公司
147. 山东佃祥机械有限公司
148. 海阳市海佳汽车销售有限责任公司
149. 东营市世平汽车销售有限责任公司河口分公司
150. 广饶凯胜汽车销售有限公司
151. 阳谷正大农机有限公司
152. 高唐县恒冠汽车销售服务有限公司
153. 高青县新天地商贸有限公司
154. 天津市冀翔汽车销售服务有限公司
155. 天津市冀东汽车贸易有限公司第二分公司
156. 天津市鹏峰汽车贸易有限公司东丽分公司
157. 天津市鹏峰汽车贸易有限公司长江道分公司
158. 天津市鹏峰汽车贸易有限公司王顶堤分公司
159. 福州驰达汽车贸易有限公司福清分公司
160. 龙岩市三峰汽车贸易有限公司上杭分公司
161. 龙岩兴兴汽车贸易有限公司
162. 邵武市龙祥汽车贸易有限公司南平分公司
163. 云霄县漳南汽车经贸有限公司诏安分公司
164. 三明五菱汽车销售服务有限公司
165. 平和县智恒汽车销售服务有限公司
166. 南靖好运来汽车销售服务有限公司
167. 石狮市万达汽车贸易有限公司
168. 浙江台州元通汽车有限公司路桥经营部
169. 浙江台州元通汽车有限公司临海销售部
170. 瑞安市五洲车辆有限公司
171. 苍南五洲汽车销售服务有限公司
172. 瑞安市华鑫车辆有限公司
173. 温州冠隆汽车服务有限公司
174. 义乌市九洲汽车销售有限公司分公司
175. 浦江通达汽车销售服务有限公司
176. 金华五菱汽车销售有限公司武义分公司
177. 兰溪飞达汽车销售有限公司
178. 桐庐县春江机电设备有限公司
179. 浙江菱通汽车有限公司宁波分公司
180. 慈溪市一得汽车销售有限公司
181. 湖州菱通汽车有限公司长兴分公司
182. 湖州菱通汽车有限公司安吉分公司
183. 湖州菱通汽车有限公司德清分公司
184. 浙江五菱汽车销售服务有限公司
185. 嘉兴市五菱汽车销售服务有限公司
186. 嘉兴市五菱汽车销售服务有限公司市场分公司
187. 浙江五菱汽车销售服务有限公司诸暨分公司
188. 桐乡市元通汽车销售服务有限公司
189. 桐乡市中兴汽车销售有限公司
190. 嘉兴市桥银经贸有限公司
191. 海盐华诚汽车贸易有限责任公司
192. 嘉善东元汽车销售有限公司
193. 海宁市海达汽车贸易有限公司
194. 海宁市通乾汽车经贸有限公司
195. 浙江红太阳车辆销售有限公司天台分公司
196. 义乌市九洲汽车销售有限公司磐安分公司
197. 诸暨市富润汽车销售有限公司
198. 江阴展望汽车销售服务有限公司
199. 盐城市金宇汽车销售服务有限公司
200. 东台市农业机械有限公司大丰汽车分公司
201. 启东市聚龙汽车贸易有限公司
202. 盐城华意汽车销售服务有限公司射阳分公司
203. 盐城华意汽车销售服务有限公司滨海分公司
204. 昆山市旅盛汽车销售服务有限公司
205. 无锡吉奥汽车销售服务有限公司
206. 无锡市永菱汽车销售服务有限公司
207. 无锡市永菱汽车销售服务有限公司金城湾分公司
208. 金坛市富泰汽车销售服务有限公司
209. 常州上菱汽车销售服务有限公司
210. 溧阳东方汽车销售有限公司
211. 扬州通达汽车销售有限公司宝应分公司
212. 兴化市华安汽车销售有限公司
213. 靖江市华联汽车摩托车经销有限公司
214. 南京五菱汽车专营有限公司连云港分公司
215. 赣榆县华兴车辆销售有限公司
216. 南京长铃汽车销售服务有限公司浦口分公司
217. 新沂市亚盛亚飞连锁有限公司
218. 上海大众汽车丰县特约维修站丰县汽车销售部
219. 扬州通达五菱汽车销售服务有限公司
220. 东海县龙王汽车贸易中心
221. 上海驰达汽车销售服务有限公司崇明分公司
222. 上海驰达汽车销售服务有限公司奉贤分公司
223. 上海驰达汽车销售服务有限公司宝山分公司
224. 上海驰达汽车销售服务有限公司金山分公司
225. 上海德和汽车销售服务有限公司
226. 上海秋香汽车服务有限公司
227. 上海驰达汽车销售服务有限公司闵行分公司
228. 上海驰达汽车销售服务有限公司嘉定分公司

三十六、大连捷天利汽车贸易有限公司授权品牌汽车销售企业名单

经营范围核定为:进口 BRABUS(博速)品牌汽车销售

1. 北京盛世豪泽投资管理有限公司
2. 大连保税区博速汽车国际贸易有限公司
3. 南京全力汽车贸易有限公司
4. 厦门富饶汽车有限公司
5. 四川博速汽车有限公司
6. 云南云兴达汽车经贸有限公司

三十七、哈飞汽车股份有限公司授权品牌汽车销售企业名单

经营范围核定为:哈飞、松花江品牌汽车销售

1. 安徽佳信汽车贸易有限责任公司
2. 宿松县琦峰汽车销售有限公司
3. 潜山县颍达汽车销售有限公司
4. 安徽省六安市阳光机械有限责任公司
5. 阜阳市丰泰汽车销售有限公司
6. 安徽新华汽车销售服务有限公司
7. 阜阳市腾飞汽车销售有限公司
8. 舒城县瑞安汽车销售服务有限公司
9. 北京宝得利泰机电设备有限公司
10. 北京冀东华明汽车贸易有限公司房山分公司
11. 北京冀东华明汽车贸易有限公司怀柔分公司
12. 北京冀东华明汽车贸易有限公司密云分公司
13. 北京冀东华明汽车贸易有限公司石景山销售部
14. 北京冀东华明汽车贸易有限公司顺义分公司
15. 北京冀东华明汽车贸易有限公司小红门销售部
16. 北京冀东龙汽车有限公司
17. 北京金龙吉顺汽车销售有限公司丰台第一分公司
18. 北京京鼎汽车贸易有限公司
19. 北京瑞泽鸿经贸有限公司第一分公司
20. 北京盛世亿阳汽车贸易有限公司朝阳分公司
21. 北京豫龙金盛汽车销售有限公司密云一分公司
22. 北京中航天辰汽车销售服务有限公司朝阳分公司
23. 北京中航天辰汽车销售服务有限公司销售部
24. 唐山市冀东机电设备有限公司廊坊分公司
25. 香河冀东汽车销售有限公司
26. 永清县通达汽车贸易有限公司
27. 中航金鑫工贸发展有限公司亚运村汽车销售分公司
28. 中山市中天汽车服务有限公司
29. 佛山市顺德区汽车贸易有限公司
30. 东莞润捷汽车贸易有限公司
31. 惠州市隆昌汽车贸易有限公司
32. 汕头市广城汽车销售有限公司
33. 珠海精文汽车贸易有限公司
34. 普宁市欣旺贸易有限公司
35. 深圳市金桃枫汽车贸易有限公司
36. 梅州市春天有限公司
37. 海南杰发汽车销售有限公司
38. 潮州市黑豹贸易有限公司汽车经营部
39. 英德市三本单汽车贸易有限责任公司
40. 广东东岭汽车贸易有限公司
41. 肇庆市荣江汽车贸易有限公司
42. 河源市永合兴英达汽车销售有限公司
43. 潮州市建辉汽车贸易有限公司
44. 贵州致远汽车贸易有限公司安顺分公司
45. 贵州致远汽车贸易有限公司遵义分公司
46. 贵阳四方汽车贸易有限公司
47. 兴义市双菱汽车贸易有限公司
48. 贵阳蓝天汽车物资有限公司
49. 贵州凯迪汽车贸易公司
50. 广西哈飞汽车销售服务有限公司
51. 柳州信义德汽车销售有限公司
52. 广西壮族自治区机电设备桂林公司
53. 南宁市机电设备股份有限公司
54. 广西河池永丰经贸有限公司
55. 广西梧州新兴汽车贸易有限公司
56. 北海贵航工贸有限责任公司
57. 广西贺州市机电设备总公司
58. 南宁市东汽汽车贸易有限责任公司
59. 贵港市弘港汽车贸易有限公司
60. 广西壮族自治区机电设备南宁公司哈飞汽车销售服务店
61. 广西壮族自治区机电设备南宁公司
62. 广西区机电设备南宁公司百色分公司
63. 广西区机电设备北海公司城东汽车销售服务分公司
64. 广西区机电设备北海公司
65. 哈飞汽车股份有限公司南宁销售分公司
66. 玉林广兴汽车贸易有限公司
67. 钦州市登峰汽车贸易有限公司
68. 防城港市登峰汽车有限公司
69. 广西梧州市九鑫汽车销售有限公司
70. 柳州泽海汽车农机有限责任公司
71. 桂林市乐丰汽车贸易有限公司
72. 桂林市万里顺汽车销售有限公司
73. 广西河池运达汽车运输有限责任公司汽车销售服务分公司
74. 南宁市东汽汽车贸易有限责任公司
75. 佳木斯天源汽车销售有限公司
76. 牡丹江宏博汽车贸易有限公司
77. 牡丹江巨圆汽车销售服务有限公司
78. 黑河隆庆汽车销售服务有限责任公司
79. 齐齐哈尔市齐安汽车销售有限公司
80. 呼伦贝尔东成汽车物资贸易有限公司
81. 哈尔滨市阳航工贸有限公司
82. 唐山市冀东机电设备有限公司保定分公司
83. 唐山市冀东机电设备有限公司曲阳分公司
84. 唐山市冀东机电设备有限公司高碑店分公司
85. 保定市顺捷物资贸易有限公司
86. 高碑店市华山汽车销售服务有限责任公司

87. 高碑店市华山汽车销售服务有限责任公司白沟分公司
88. 唐山市冀东机电设备有限公司阜平分公司
89. 昌黎鸿程汽车销售有限公司
90. 抚宁县冀东汽车销售有限公司
91. 秦皇岛瑞通发展有限公司昌黎分公司
92. 唐山市冀东机电设备有限公司
93. 唐山市冀东机电设备有限公司昌黎分公司
94. 唐山市冀东机电设备有限公司乐亭分公司
95. 唐山市冀东机电设备有限公司卢龙分公司
96. 唐山市冀东机电设备有限公司秦皇岛分公司
97. 唐山市冀东机电设备有限公司青龙分公司
98. 河北省魏县晓美商贸有限公司
99. 河北晓美汽贸有限公司
100. 邯郸市冀东机电解放汽车销售有限公司
101. 邯郸市冀东机电解放汽车销售有限公司武安分公司
102. 邯郸市誉丰汽车销售有限责任公司
103. 涉县冀东机电汽车贸易有限公司
104. 唐山市冀东机电设备有限公司邯郸分公司
105. 唐山市冀东机电设备有限公司武安分公司
106. 唐山市冀东机电设备有限公司邢台分公司
107. 唐山市冀东机电设备有限公司宁晋分公司
108. 唐山市冀东机电设备有限公司临城分公司
109. 邢台市冀南誉丰汽车销售有限公司
110. 邢台市机电设备有限公司
111. 唐山市冀东机电设备有限公司张家口分公司
112. 邢台天一汽车贸易有限公司
113. 唐山润田机电设备有限公司
114. 唐山市芦台农机有限公司
115. 张北县顺达汽车农机贸易有限责任公司
116. 黄骅市鲁铧经贸有限公司
117. 河北省农业机械集团廊坊公司
118. 保定市北方正大汽车贸易有限公司
119. 围场满族蒙古族自治县鸿泰机动车销售有限公司
120. 涿州市石油物探隆丰汽车修理有限公司
121. 保定市光和汽车贸易有限公司
122. 保定市正大亚飞汽车连锁有限公司
123. 保定市保捷天香汽车贸易有限公司
124. 唐山市冀东机电设备有限公司保定第二分公司
125. 霸州市长风汽车贸易有限公司
126. 濮阳三木汽车销售有限公司
127. 安阳市长城汽贸有限责任公司
128. 鹤壁市创业汽车销售服务有限公司
129. 林州市物资汽车贸易有限公司
130. 洛阳市天凯机电有限公司
131. 三门峡华顺汽车贸易有限责任公司
132. 巩义市蓝天汽车贸易有限公司
133. 济源市中意汽车销售有限公司
134. 焦作市世统经贸有限责任公司沁阳分公司
135. 孟州市旭统汽车贸易有限公司
136. 南阳市第一机电设备有限公司
137. 平顶山市永源昌汽车销售有限公司
138. 禹州市胜达汽车销售有限公司
139. 漯河亿通汽车贸易有限公司
140. 河南锦莎汽车销售服务有限公司
141. 河南锦莎汽车销售服务有限公司哈飞汽车销售服务中心
142. 河南锦莎汽车销售服务有限公司北环分公司
143. 河南锦莎汽车销售服务有限公司中原西路分公司
144. 河南锦莎汽车销售服务有限公司亿众分公司
145. 河南锦莎汽车销售服务有限公司新乡分公司
146. 开封市金诚汽车贸易有限公司
147. 郑州市天凯机电有限公司
148. 郑州市天凯机电有限公司中博分公司
149. 郑州市天凯机电有限公司郑东分公司
150. 新郑市久洁汽车修配有限公司
151. 郑州裕航汽车服务有限公司
152. 三门峡市金丰工贸有限公司
153. 武汉竹叶山汽车市场经贸有限公司咸宁分公司
154. 孝感新异汽车维修服务有限公司
155. 枝江市隆强汽车贸易有限公司
156. 恩施长源商贸有限责任公司
157. 宜昌拓鑫工贸有限公司
158. 达州鸿利汽车贸易有限公司
159. 随州金田地物资有限公司
160. 蕲春县快马农机销售有限责任公司
161. 十堰万利德汽车维修有限公司
162. 湖北富友机电汽车销售中心
163. 襄樊浩利汽车经销有限公司
164. 娄底市富华汽车销售有限公司冷水江分公司
165. 娄底市富华汽车销售有限公司涟源分公司
166. 长沙安达汽车贸易有限公司
167. 长沙金轮农用汽车贸易有限公司
168. 永州市骏达汽车贸易有限公司
169. 郴州市机电设备有限公司
170. 常德飞宏农机制冷有限公司
171. 湖南银冠汽车贸易有限公司
172. 江阴市广吉汽车经销有限公司
173. 溧阳市强大联合汽车服务部
174. 徐州陇海汽车贸易有限公司
175. 盐城市杰欣汽车销售有限公司
176. 江苏苏欣农机连锁有限公司
177. 海安县沈浩汽车贸易有限公司
178. 南京溧水万泰车辆销售有限公司
179. 新沂市金华农机有限公司
180. 苏州吴中区中兴机电设备有限公司
181. 淮安市淮阴苏北农用车销售有限公司
182. 溧阳市骏马车辆销售有限公司
183. 淮安市金源汽车销售有限公司
184. 徐州市同德汽车贸易有限公司
185. 新干县井冈汽车贸易租赁有限公司

186. 鹰潭市凯凯汽车贸易有限公司
187. 九江天源汽车销售服务有限公司
188. 江西亚鑫汽车销售服务有限公司
189. 江西省赣南汽车贸易有限公司
190. 阿鲁科尔沁旗亿达汽车贸易有限责任公司
191. 赤峰国兴汽车贸易有限责任公司
192. 宁城县兴通汽车贸易有限公司
193. 内蒙古鑫阳农机设备有限责任公司
194. 包头金利丰工程车辆销售有限公司
195. 内蒙古创格汽车贸易有限公司
196. 赤峰华野农机有限责任公司
197. 鄂尔多斯市天川车业有限责任公司
198. 德州润天汽车销售有限公司
199. 聊城市金羊商贸有限公司
200. 德州亚飞汽车贸易有限公司
201. 泰安市宇航汽车销售有限公司
202. 泰安市光大汽车销售服务中心
203. 济南斯福特贸易有限公司
204. 山东水兴橡塑股份有限公司
205. 荷泽鲁西南汽车城有限责任公司
206. 济宁润华汽车销售服务有限公司
207. 济宁振宁汽车维修有限责任公司
208. 郓城县鲁润汽车销售有限公司
209. 邹城市万里汽车销售有限责任公司
210. 莒南县玉国摩托车销售有限公司
211. 莒州大众汽车维修有限公司
212. 临沭县惠民汽车销售有限公司
213. 日照大发贸易有限公司
214. 山东华菱汽车贸易集团有限公司
215. 山东临沂汽车工业贸易有限公司
216. 山东临沂汽车工业贸易有限公司平邑分公司
217. 山东临沂汽车工业贸易有限公司郯城分公司
218. 山东临沂汽车工业贸易有限公司沂水分公司
219. 郯城县恒通汽车贸易有限公司
220. 沂水宏伟汽车贸易有限公司
221. 诸城市兴国安汽车销售有限公司
222. 青岛锦盛阳汽车销售有限公司
223. 青岛联泰汽车销售有限公司
224. 青岛泰宁实业有限公司
225. 青岛泰宁实业有限公司即墨哈飞汽车销售分公司
226. 青岛泰宁实业有限公司胶南哈飞汽车销售分公司
227. 青岛泰宁实业有限公司汽车销售分公司
228. 安丘市农机有限责任公司
229. 滨州市京华汽贸集团有限责任公司
230. 昌乐县商业家电有限公司
231. 东营市昌达机电设备有限责任公司
232. 东营市来客隆商贸有限责任公司
233. 高密市经贸汽车销售有限公司
234. 青州市广顺汽车销售有限公司
235. 青州市润丰汽车贸易有限公司
236. 山东临朐富民汽车贸易有限公司
237. 寿光市鑫华汽车销售服务有限公司
238. 潍坊光大汽车销售有限公司
239. 潍坊光大汽车销售有限公司光顺达分公司
240. 潍坊光大汽车销售有限公司寿光分公司
241. 潍坊恒盛汽车贸易有限公司
242. 潍坊市友和物资贸易有限公司
243. 淄博世纪车行有限公司
244. 淄博市临淄国通汽车销售有限公司
245. 淄博市中南物资有限公司
246. 淄博市中南物资有限公司张店车行
247. 淄博万通汽车贸易服务有限公司
248. 邹平县金桥汽车销售有限公司
249. 海阳市海佳亚飞汽车销售有限公司
250. 莱阳市莱动汽车贸易有限公司
251. 莱阳市鑫源汽车销售有限公司
252. 莱州市华通汽车销售服务有限公司
253. 龙口市哈龙贸易有限公司
254. 荣城市方正经贸有限公司
255. 乳山市佳禾汽车销售服务有限公司
256. 山东省招远市机电设备有限公司
257. 威海市祥源汽车销售有限公司
258. 文登市顺达汽车销售有限公司
259. 烟台市宁安汽车经营有限公司
260. 东安黑豹股份有限公司
261. 乳山华达汽车销售有限公司
262. 威海伯乐汽车贸易有限公司
263. 文登市兴海贸易有限公司
264. 威海市军强汽车销售有限公司
265. 文登市农业机械销售中心
266. 德州润通汽车贸易有限公司
267. 济宁市国力汽车销售有限责任公司
268. 淄博政通汽车销售有限公司
269. 莱州市农业机械有限公司
270. 青岛润宏达汽车销售有限公司
271. 临沂阳光汽车贸易有限公司
272. 荷泽市日丰汽车工业贸易有限公司
273. 济南万迪商贸有限公司
274. 山东汽车城
275. 青州华丰汽车销售有限公司
276. 潍坊佳孚汽车销售有限公司
277. 聊城市东昌农机销售有限公司
278. 泰安锦林车辆有限公司
279. 禹城市大禹农机有限公司
280. 山东鲁北机动车商城有限公司
281. 安康市阳光车业有限公司
282. 宝鸡市宝路商贸有限公司
283. 韩城市华威汽车贸易有限责任公司
284. 汉中陕飞汉江汽车贸易公司
285. 陕西天锐汽车销售服务有限公司

286. 渭南市天汽汽车销售有限公司
287. 榆林市重诚商贸有限公司
288. 延安新兴有限责任公司
289. 陕西世坤汽车有限责任公司
290. 宝鸡市宝丰农业机械有限责任公司
291. 汉中意通工贸有限公司
292. 大荔县富民农机销售有限公司
293. 朔州市云大新华夏汽车连锁销售有限公司
294. 山西省农业机械总公司
295. 临汾市兴武机动车修理有限公司
296. 大同市御同贸易有限责任公司
297. 山西智源冀东汽车连锁销售有限公司
298. 朔州市丰田农机有限公司
299. 峨眉山民丰汽车销售有限责任公司
300. 乐山建国汽车销售服务有限公司
301. 南充建国汽车销售服务有限公司
302. 平昌县俊兴汽车贸易有限公司
303. 四川省仁寿县通达机电有限公司
304. 四川省文企汽修配件经贸有限公司
305. 遂宁川中油田运输有限公司
306. 雅安建国汽车销售服务有限公司
307. 广安市华阳弘远商贸有限责任公司
308. 泸州建国汽车贸易有限公司
309. 成都东部物资贸易有限责任公司
310. 成都兴四方汽车贸易有限公司
311. 攀枝花市飞利汽车贸易有限责任公司
312. 西昌天正商贸有限公司
313. 石河子车城汽车贸易有限公司
314. 伊犁全顺商贸有限责任公司
315. 伊犁全顺商贸有限责任公司克拉玛依分公司
316. 阿克苏祥云机电设备有限责任公司
317. 库尔勒天鹏汽车销售有限公司
318. 乌鲁木齐泰隆汽车贸易有限公司
319. 克拉玛依市三元有限责任公司
320. 天津市祥泰汽车销售有限公司
321. 天津中津物发商贸有限公司
322. 江津市天成汽车销售有限公司潼南分公司
323. 南川市广源汽贸有限公司
324. 綦江中大汽车销售服务有限公司
325. 重庆驰永汽车销售服务有限公司
326. 重庆君锐汽车销售有限责任公司
327. 重庆君锐汽车销售有限责任公司铜梁分公司
328. 重庆康顺汽车销售有限公司
329. 重庆市川林汽车技术服务有限公司
330. 重庆市瀚鸿汽车销售有限公司
331. 重庆市津源汽车销售服务有限公司
332. 重庆市亚欧汽车销售有限公司黔江分公司
333. 梁平县国福汽车销售有限公司
334. 重庆市八达汽车销售有限公司
335. 开县华中农机汽贸有限公司
336. 重庆云河汽车销售有限公司
337. 江山市友华汽车经贸有限公司
338. 义乌市永发进口汽车修理厂
339. 诸暨市新中义中科汽车有限公司
340. 余姚市东江汽车销售服务有限公司汽车销售分公司
341. 慈溪市永振汽车销售有限公司
342. 富阳市方圆汽车销售有限公司
343. 浙江桐庐鑫马车业有限公司
344. 杭州长河汽车修理有限公司
345. 杭州津通汽车有限公司
346. 杭州东方汽车销售有限公司
347. 德清县平安汽车租赁有限公司
348. 新昌县路路通汽车服务有限公司
349. 桐乡市奔达汽车销售有限公司
350. 浙江东阳正天机电公司
351. 慈溪市友邦汽车销售有限公司
352. 舟山市华豹汽车销售有限公司
353. 瑞安市博腾汽车销售有限公司
354. 丽水广信汽车贸易有限公司
355. 衢州市柯城福通机动车销售部
356. 浙江正大汽车有限公司
357. 杭州和信汽车有限公司
358. 台州市福马汽车销售有限公司
359. 宁波万里新华夏汽车贸易有限公司
360. 台州市明泰汽车有限公司
361. 台州市明泰汽车有限公司临海分公司
362. 台州市明泰汽车有限公司路桥分公司
363. 台州市明泰汽车有限公司温岭分公司
364. 云南利民经贸有限公司曲靖分公司
365. 思茅汇达汽车销售有限公司
366. 昆明杰佳商贸有限责任公司
367. 昆明紫金实业有限公司
368. 曲靖市大威实业有限责任公司
369. 开远市瑞丰汽车贸易有限责任公司
370. 大理鑫聚汽车销售有限责任公司
371. 阜新东远汽车销售中心
372. 葫芦岛市汽车贸易有限公司
373. 瓦房店市常林农机销售中心
374. 沈阳航空工业供销储运公司
375. 沈阳鑫富兴汽车贸易有限公司
376. 大连市汽车工业贸易集团世纪汽车经贸中心
377. 丹东赛马汽车贸易有限公司
378. 海城市济远汽车销售中心
379. 漳州市协丰贸易有限公司
380. 漳州市建元贸易有限公司
381. 厦门市博奕商贸发展有限公司
382. 厦门信德诚汽车贸易有限公司
383. 福州泰源汽车贸易有限公司
384. 福州泰邦汽车销售服务有限公司
385. 泉州鲤城劲松汽车贸易有限公司

386. 建瓯市华星物资有限公司
387. 宁德五菱汽车销售有限公司
388. 三明市亚兴汽车贸易有限公司
389. 三明市华夏汽车销售有限公司
390. 宁夏诚和汽车贸易有限公司
391. 青海卓越汽车贸易有限责任公司
392. 青海明安商贸有限公司
393. 甘肃鸿业汽车贸易有限公司
394. 甘肃省武威金鹏有限公司
395. 靖远通用农业机械有限公司
396. 甘肃天泰汽车超市有限责任公司

三十八、天津市物招汽车贸易有限公司授权品牌汽车销售企业名单

经营范围核定为:进口悍马悍霸品牌汽车销售

天津市中腾物招汽车贸易有限公司

三十九、天津市物招汽车贸易有限公司授权品牌汽车销售企业名单

经营范围核定为:进口麦特曼特品牌汽车销售

天津市中腾物招汽车贸易有限公司

四十、天马汽车集团有限公司授权品牌汽车销售企业名单

经营范围核定为:天马品牌汽车销售

1. 朔州市天马机电设备销售有限公司大同分公司
2. 朔州市天马机电设备销售有限公司
3. 六盘水康鸿汽车贸易有限公司
4. 衡阳市志年汽车贸易有限公司
5. 天津开发区广源汽车维修服务有限公司
6. 北京天伟腾达汽车有限责任公司
7. 济南长江汽车销售有限公司
8. 北京福铃汽车技术发展有限公司
9. 佛山市南海区桂城浩宇汽车贸易有限公司
10. 太原聚泽成浩汽车销售有限公司
11. 沈阳佰狄汽车贸易有限公司
12. 昆明紫金实业有限公司
13. 济宁市振兴汽车销售有限公司
14. 惠州市蓝箭汽车贸易有限公司
15. 哈尔滨隆越汽车贸易有限公司
16. 长春越隆汽车贸易有限公司
17. 深圳市众志实业有限公司
18. 天马汽车集团销售有限公司

四十一、保定大迪汽车工业有限公司授权品牌汽车销售企业名单

经营范围核定为:大迪品牌汽车销售

1. 广东兴天城物资贸易有限公司
2. 韶关市源顺汽车贸易有限公司
3. 绍兴市宝力汽车有限公司
4. 嘉兴市中环汽车贸易有限公司
5. 杭州新世纪机电设备有限公司
6. 福州通豪汽车贸易有限公司
7. 黑龙江省农业机械总公司前进分公司
8. 郑州新时代汽车销售有限公司
9. 厦门市车主汽车贸易有限公司
10. 桂林灵川县大迪汽车销售服务有限公司
11. 甘肃威力汽车贸易有限公司
12. 衡阳博通汽车贸易有限责任公司
13. 济南汇丰合众经贸有限公司
14. 湖北京顺达贸易有限公司
15. 株州市东丰汽车贸易有限公司
16. 长沙市国晨贸易有限公司常德分公司
17. 包头市天义汽车技术服务有限公司

四十二、法拉利、玛莎拉蒂汽车国际贸易(上海)有限公司授权品牌汽车销售企业名单

经营范围核定为:进口法拉利、玛莎拉蒂品牌汽车销售

1. 厦门市风驰汽车贸易有限公司(经营范围核定为进口法拉利、玛莎拉蒂品牌汽车销售)
2. 广州市鸿粤安贸易有限公司(经营范围核定为进口法拉利品牌汽车销售)
3. 昆明慧波汽车贸易有限公司(经营范围核定为进口玛莎拉蒂品牌汽车销售)

四十三、深圳市中汽南华汽车有限公司授权品牌汽车销售企业名单

经营范围核定为:进口 JAGUAR(捷豹)品牌汽车销售

1. 四川惠通陆华汽车销售服务有限公司
2. 重庆惠通陆华汽车销售服务有限公司
3. 晋江新成功汽车服务有限公司
4. 山东省华沃汽车销售服务有限公司

四十四、南昌陆风汽车营销有限公司授权品牌汽车销售企业名单

经营范围核定为:陆风品牌汽车销售

1. 自贡市树德汽车服务有限公司
2. 甘肃陆风汽车销售服务有限公司
3. 云南省玉溪市慧波商贸有限公司
4. 宜宾安吉物流集团汽车销售有限责任公司
5. 南宁市路安汽车销售有限责任公司
6. 南宁峰祺汽车销售有限公司
7. 广西南宁康城汽车销售维修中心
8. 重庆市中东销售服务有限公司
9. 中国农业机械华北集团有限公司
10. 广州市众合力汽车贸易有限公司从化分公司
11. 常州陆风汽车销售服务有限公司
12. 德阳顺天行汽车贸易有限责任公司
13. 郴州广顺汽车服务有限公司
14. 桐乡市新三好汽车销售有限公司
15. 新昌县康鑫汽车销售服务有限公司
16. 浙江和平汽车销售服务有限公司长兴分公司
17. 辽宁江铃汽车贸易有限公司抚顺分公司
18. 辽宁全顺江铃汽车销售服务有限公司鞍山分公司
19. 辽宁全顺江铃汽车销售服务有限公司辽阳分公司
20. 青岛惠驰汽车贸易有限公司
21. 辽宁全顺江铃汽车销售服务有限公司
22. 海南江铃汽车销售有限公司

23. 库尔勒路弛商贸有限责任公司
24. 哈密市飞越机电设备有限责任公司
25. 新疆陆风汽车销售服务有限公司
26. 内蒙古林竣吉诺汽车销售服务有限责任公司
27. 沧州市华成汽车贸易有限公司
28. 秦皇岛文盛汽车贸易有限公司
29. 永州市荣达汽车贸易有限公司
30. 朔州市物产汽车销售有限公司
31. 承德文盛汽车贸易有限公司
32. 大同江铃全顺汽车销售服务有限公司
33. 山西泰都商贸有限公司介休分公司

四十五、一汽－大众销售有限责任公司授权品牌汽车销售企业名单

经营范围核定为:一汽大众奥迪品牌汽车销售

1. 东营市奥润汽车销售服务有限公司
2. 锦州立达汽车销售服务有限公司
3. 秦皇岛新源奥丕汽车销售服务有限公司
4. 大同市大昌风华汽车服务有限公司
5. 杭州德奥汽车有限公司

四十六、本田技研工业(中国)投资有限公司授权品牌汽车销售企业名单

经营范围核定为:进口 Acura(讴歌)品牌汽车销售

江苏雨田精致汽车销售服务有限公司

四十七、南京菲亚特汽车有限公司授权品牌汽车销售企业名单

经营范围核定为:南京菲亚特品牌汽车销售

保定市东远汽车销售服务有限公司

四十八、长安福特马自达汽车有限公司授权品牌汽车销售企业名单

经营范围核定为:长安沃尔沃(乘用车)品牌汽车销售

1. 山东省华沃汽车销售服务有限公司
2. 晋江新成功汽车服务有限公司

四十九、天津一汽夏利汽车股份有限公司授权品牌汽车销售企业名单

经营范围核定为:天津一汽品牌汽车销售

1. 南京苏杰汽车服务有限公司
2. 天津市点特汽车贸易有限公司
3. 遵化市中信汽车商贸有限公司
4. 唐海县冀东汽车销售有限公司
5. 唐山市冀东机电设备有限公司迁安分公司
6. 白山市合兴实业股份有限公司
7. 公主岭市恒宇汽车贸易有限责任公司
8. 保山金马中运有限责任公司
9. 长治市四合贸易有限公司
10. 吕梁汇利德莱汽车销售有限公司
11. 江门市天一汽车销售服务有限公司
12. 惠州市涌惠汽车销售服务有限公司
13. 江津市珠峰摩托有限责任公司
14. 鄂尔多斯市天和汽车销售有限公司
15. 包头市利丰汽车贸易服务有限公司
16. 包头市华利汽车销售维修有限责任公司青山分公司
17. 青州亿隆汽车贸易有限公司安丘分公司
18. 青州亿隆汽车贸易有限公司诸城分公司
19. 青州亿隆汽车贸易有限公司临朐分公司
20. 山东省招远市机电设备有限公司
21. 文登市华利汽车销售有限公司荣成分公司
22. 临沂市康铃商贸有限公司
23. 安徽省无为县华泰汽车贸易有限公司
24. 吉安市富达汽贸有限公司
25. 莆田市鑫特汽车贸易服务有限公司
26. 武汉市天丰汽车销售有限公司

五十、克莱斯勒(中国)汽车销售有限公司授权品牌汽车销售企业名单

经营范围核定为:国产和进口克莱斯勒、吉普品牌汽车销售

(带＊符号的,经营范围核定为:进口克莱斯勒、吉普品牌汽车销售)

1. 中国进口汽车贸易中心
2. 山东新巨汽车贸易有限公司
3. 四川省城市车辆置业有限责任公司＊

五十一、一汽轿车销售有限公司授权品牌汽车销售企业名单

经营范围核定为:一汽轿车品牌汽车销售

1. 北京首汽汽车修理有限公司
2. 辽宁惠华汽车集团有限公司沈阳分公司
3. 宁波鑫之豪汽车销售有限公司
4. 杭州康桥红新汽车销售服务有限公司
5. 苏州苏天汽车销售服务有限公司
6. 陕西盛达解放汽车贸易有限公司
7. 云南航旗贸易有限公司
8. 广东物通鸿骏汽车有限公司

五十二、深圳市中汽南华汽车有限公司授权品牌汽车销售企业名单

经营范围核定为:VOLVO(沃尔沃)乘用车品牌汽车销售

1. 晋江新成功汽车服务有限公司
2. 山东省华沃汽车销售服务有限公司

附件二:

品牌汽车总经销商名单

总经销商	授权汽车企业	经营范围核定为
上海美狮汽车	美国 ECB 豪华加长车改装厂	进口伊特福豪华加长车品牌汽车销售有限公司

国家工商行政管理总局关于公布品牌汽车销售企业名单的通知

工商市字〔2006〕124 号

各省、自治区、直辖市及计划单列市工商行政管理局：

根据《汽车产业发展政策》和《汽车品牌销售管理实施办法》的有关规定，现将符合备案条件的长安福特汽车有限公司等汽车供应商授权的品牌汽车销售企业名单予以公布（名单见附件）。

各地工商行政管理机关应根据本通知，认真做好企业营业执照的变更登记工作。依法加强对汽车销售企业的监督管理，督促企业自觉遵守国家有关法律、法规和政策，规范和完善汽车销售服务，即使查处各种违法经营行为，保护企业和消费者的合法权益，维护市场秩序。

本通知附件，同时在国家工商行政管理总局红盾信息网“市场规范管理”一栏中公布。

附件：一、品牌汽车销售企业名单

二、品牌汽车总经销商名单

国家工商行政管理总局

二〇〇六年七月三日

附件一：

品牌汽车销售企业名单

一、长安福特汽车有限公司、福特汽车（中国）有限公司授权品牌汽车销售企业名单

经营范围核定为：长安福特、进口福特品牌汽车销售

1. 北京陆鼎汽车商行第一分部
2. 大连六和汽车服务有限公司
3. 佛山市禅城合福汽车销售服务有限公司
4. 湖南福安汽车贸易有限公司
5. 江西江铃海外汽车销售服务有限公司
6. 长治市华信福安汽车销售有限公司
7. 四川先锋汽车有限责任公司宜宾销售分公司
8. 内江先锋汽车有限责任公司
9. 江阴市广吉福祥汽车有限公司
10. 绍兴福通汽车有限公司
11. 南阳市福宁汽车有限公司
12. 日照福日汽车销售服务有限公司
13. 河北盛达汽车贸易有限公司裕华分公司
14. 东营鑫旺投资发展有限公司
15. 广西华圣汽车贸易有限公司
16. 漳州市源通汽车销售服务有限公司
17. 吉林省隆孚汽车销售服务有限公司
18. 珠海市华亿汽车贸易有限公司
19. 唐山市冀东兴业汽车销售服务有限公司
20. 云南中博汽车销售服务有限公司
21. 江门市福昌汽车销售服务有限公司
22. 泰州天安达汽车贸易有限公司
23. 连云港盛资汽车销售服务有限公司
24. 大同市大昌灵曦汽车销售有限公司
25. 盘锦富田商贸有限公司
26. 常州福尔特汽车销售服务有限公司
27. 诸暨市中大汽车有限公司
28. 浙江万国汽车有限公司萧山分公司
29. 浙江万国汽车有限公司湖州分公司
30. 浙江万国汽车有限公司嘉兴分公司
31. 浙江万国汽车有限公司杭州汽车城分公司

二、福特汽车（中国）有限公司授权品牌汽车销售企业名单

经营范围核定为：林肯品牌汽车销售

1. 河北盛达汽车贸易有限公司
2. 山西大昌汽车销售有限公司
3. 深圳中汽南方长福汽车销售有限公司
4. 天津柯兰德汽车销售服务有限公司

三、广州丰田汽车有限公司授权品牌汽车销售企业名单

经营范围核定为：广州丰田品牌汽车销售

1. 长春市成邦商贸有限公司
2. 北京博瑞东贸汽车销售服务有限公司
3. 北京嘉金福瑞汽车销售服务有限公司
4. 北京传是汽车销售服务有限公司
5. 广州长凯汽车销售服务有限公司
6. 广州长宁汽车销售服务有限公司
7. 广州骏龙汽车有限公司
8. 杭州东昌汽车销售服务有限公司
9. 上海长宇汽车销售服务有限公司
10. 成都锦泰汽车贸易服务有限公司

11. 上海新港汽车销售服务有限公司

四、一汽吉林汽车有限公司授权品牌汽车销售企业名单

经营范围核定为:一汽佳宝品牌汽车销售

1. 内蒙古亿阳汽车销售服务有限公司乌盟分公司
2. 河源市源城鸿业汽车贸易有限公司
3. 茂名市亿泰汽车有限公司
4. 驻马店市新成汽车贸易有限公司
5. 开封市新成汽车贸易有限公司
6. 四平市哈华汽车运输有限公司公主岭分公司
7. 贵阳宏利隆汽车贸易有限公司
8. 黔西南州广联商贸有限责任公司
9. 淮北市伟龙汽车销售有限公司
10. 六盘水恒翔汽车贸易有限公司
11. 锡林浩特市顺达亚飞汽车贸易有限责任公司
12. 喀什永祥汽车贸易有限公司
13. 浙江冠隆实业有限公司
14. 酒泉市新天龙汽车销售服务有限责任公司
15. 内蒙古伍阳汽车销售有限公司
16. 安康市恒泰汽车贸易有限公司
17. 清远市鑫龙汽车贸易有限公司
18. 内蒙古泰昌汽车服务有限公司
19. 安徽省金杰汽车销售服务有限公司

五、天津一汽夏利汽车股份有限公司授权品牌汽车销售企业名单

经营范围核定为:天津一汽品牌汽车销售

1. 烟台市金茂汽车销售有限公司
2. 栖霞亚东工贸有限公司
3. 海阳市城北福利汽车修配厂
4. 昌邑市伟波汽车销售服务有限公司
5. 昌乐县商业家电有限公司
6. 潍坊辰宇汽车销售有限公司
7. 青岛鲁汇商业集团亚飞汽车连锁有限公司
8. 青岛宝威车行有限公司
9. 青岛豪特汽车服务有限公司
10. 淄博市临淄畅达汽车销售有限公司
11. 莒南县大运汽贸有限公司
12. 郯城县汽车农机商场
13. 连云港腾业商贸有限公司
14. 沂水兴保汽车维修有限公司
15. 青州亿隆汽车贸易有限公司淄博分公司
16. 开封市天诚汽车销售有限公司
17. 河南正通新华夏汽车销售有限公司
18. 九江市津浔汽车销售有限公司
19. 上饶市南方汽车贸易运输有限公司
20. 江西省宜春汽车运输总公司宜春货物运输公司
21. 中山市创世纪汽车有限公司小榄分公司
22. 龙岩市庆丰工贸有限公司漳平汽车销售分公司
23. 龙岩市庆丰工贸有限公司长汀汽车销售分公司
24. 北京中普信汽车销售有限公司平谷展厅
25. 北京中普信汽车销售有限公司怀柔展厅
26. 北京兵工北方汽车贸易有限公司大兴分公司
27. 北京兵工北方汽车贸易有限公司丰台第一分公司
28. 北京兵工北方汽车贸易有限公司石景山分公司
29. 北京创诚永信汽车销售服务有限公司分公司
30. 北京的士通汽车销售有限公司
31. 河间市天翔机电有限公司
32. 河北伟利达汽车贸易集团有限公司
33. 沧州通达汽车销售服务有限公司
34. 保定市轩宇颂汽车有限公司
35. 河北振翔物资经贸有限公司
36. 涿州路华瑞辰汽车销售服务有限公司
37. 长治市一运天泽汽车销售有限公司
38. 翼城县奥飞汽贸有限公司
39. 喀什永祥汽车贸易有限公司
40. 博乐市致远商贸有限责任公司
41. 阿克苏市祥云机电设备有限责任公司
42. 新疆克孜勒苏柯尔克孜自治州亚中机电有限公司
43. 乌海市凯兴汽车销售有限公司
44. 达拉特旗凯盛汽车销售有限公司
45. 七台河市天一汽车销售有限责任公司
46. 北安市乾丰汽车贸易有限公司
47. 天津汽车工业销售辽宁有限公司抚顺销售中心
48. 开原市宝龙集团汽车销售有限公司
49. 丹东盛通汽车销售服务有限公司
50. 云南大理交通运输集团公司
51. 大理阿鹏有限责任公司
52. 云南德宏交通运输集团公司汽车销售部
53. 大理全欣汽车销售服务有限公司
54. 思茅思南汽销有限公司
55. 云南省临沧市农业机械供应公司
56. 保山金马中运有限责任公司
57. 文山州宏昌机动车交易有限公司
58. 楚雄彝族自治州机电设备总公司
59. 红河州凯利达汽车贸易有限公司
60. 广西梧州新兴汽车贸易有限公司
61. 绵阳建国汽车销售服务有限公司
62. 四川广元阳晨汽车贸易有限责任公司
63. 攀枝花市永博汽车贸易有限公司
64. 雅安建国汽车销售服务有限公司
65. 资阳市广和车业有限公司
66. 成都市邛崃凯祥车业有限公司
67. 四川省眉山市建国汽车有限公司
68. 南充市锦垣汽车有限公司
69. 都江堰市福星汽车贸易有限公司
70. 衡阳市振泰汽车销售服务有限公司
71. 青海达华汽车贸易有限公司
72. 阿拉善盟航宇汽车销售有限责任公司

六、浙江吉奥汽车销售有限公司授权品牌汽车销售企业名单

经营范围核定为:吉奥品牌汽车销售

1. 北京市东汇盛汽车销售有限公司
2. 上海星洲汽车销售有限公司
3. 长沙市唯强汽车贸易有限公司
4. 郴州市君豪汽车销售有限公司
5. 永州金龙全顺汽车销售有限公司
6. 揭阳市东龙汽车贸易有限公司
7. 东莞市东众汽车销售服务有限公司
8. 上海香国汽车销售有限公司
9. 广州市凯庆贸易有限公司
10. 武汉昌利源经贸有限公司
11. 武汉昌利源经贸有限公司汉口分公司
12. 宜昌成龙商贸有限公司
13. 三亚万里行汽车销售有限责任公司
14. 东莞市众力汽车贸易有限公司
15. 惠州新光汽车销售有限公司
16. 江门市腾安汽车贸易有限公司
17. 鹤山市俊锋汽车贸易有限公司
18. 珠海市骏威汽车销售服务有限公司
19. 开平市奔鹏汽车贸易有限公司
20. 台山市恒辉汽车贸易有限公司
21. 深圳中力实业发展有限公司佛山分公司
22. 中山市华兴亚飞汽车有限公司
23. 深圳中力实业发展有限公司
24. 芜湖万达汽贸公司
25. 龙岩联盛汽车贸易有限公司
26. 赣州市赣沪汽车贸易有限公司
27. 晋江市恒通汽车贸易有限公司
28. 福建省隆泰汽车销售服务有限公司
29. 宣城市新世纪汽车贸易有限公司
30. 漳州柏丰达汽车贸易有限公司
31. 厦门市吉仁汽车贸易有限公司
32. 洛阳万丰汽车销售服务有限公司
33. 南阳市金盛源汽车销售服务有限公司
34. 信阳金运昌汽车销售服务有限公司
35. 江西宏城汽车贸易有限公司
36. 江苏时新汽车贸易有限公司
37. 盐城市明达汽车销售有限公司
38. 南通神马汽车销售服务有限公司
39. 金华市陆通汽车销售服务有限公司
40. 温州华通汽车销售服务有限公司
41. 温州市农业机械总公司汽车分销处
42. 温州江华汽车销售有限公司
43. 温州兴泰汽车销售服务有限公司
44. 瑞安市博腾汽车销售服务有限公司
45. 仓南飞龙汽车贸易有限公司
46. 乐清市周进车辆贸易有限公司
47. 泰顺县顺城车辆销售有限公司
48. 宁波市一鸣汽车贸易有限公司
49. 南京吉茂物资贸易发展有限公司
50. 无锡市锦程汽车贸易有限公司
51. 嘉兴市龙腾汽车贸易有限公司
52. 苏州昌铃汽车销售服务有限公司
53. 张家港正大汽车贸易有限公司
54. 昆山市福海汽车销售服务有限公司
55. 吴江市东亚汽车贸易有限公司
56. 常熟市佳安汽车修配有限公司
57. 台州金典汽车贸易有限公司
58. 淮安市新兴汽车销售维修有限公司
59. 丽水市永发农业机械有限公司
60. 杭州康振汽车销售有限公司
61. 新沂市亚盛亚飞汽车连锁有限公司
62. 烟台兴盛汽车销售有限公司
63. 山东吉奥汽车销售有限公司
64. 邯郸市佳信汽车贸易有限公司
65. 青岛安康汽车销售有限公司
66. 大同市恒加铭泰汽车连锁销售有限公司
67. 东营市大东汽车销售有限责任公司
68. 山西金佳通新华夏汽车连锁销售有限公司
69. 宁夏卓信汽车贸易有限公司
70. 重庆昂龙汽车销售有限公司
71. 青海万华汽车贸易有限公司
72. 贵州富迪汽车贸易有限责任公司
73. 贵州富迪汽车贸易有限责任公司太慈桥分公司
74. 贵州富迪汽车贸易有限责任公司小河分公司
75. 陕西锦通科工贸有限公司
76. 云南中机金鼎汽车贸易有限公司
77. 四川健鹰汽车销售有限公司
78. 甘肃远东汽车贸易商行
79. 兰州乘兴汽车贸易有限公司
80. 酒泉市新天龙汽车销售服务有限责任公司
81. 甘肃瑞信汽车商贸有限公司
82. 甘肃东运集团平凉天键汽车销售有限公司
83. 张掖市宇通农机汽贸有限责任公司
84. 乌海市信泰汽车销售有限责任公司
85. 沈阳盛瑞成汽车销售服务有限公司
86. 大连成运汽车贸易有限公司
87. 包头市中海汽车销售服务有限责任公司
88. 内蒙古鄂尔多斯维泰汽贸有限责任公司
89. 朝阳华联汽车贸易有限公司
90. 天津佳辰汽车贸易有限公司
91. 库尔勒福州汽车销售有限责任公司
92. 喀什亚飞汽车连锁店
93. 博乐市致远商贸有限责任公司
94. 云南帅车港汽车贸易有限公司
95. 黔西南州鹏泰汽车销售有限责任公司
96. 西藏凯峰汽车销售有限公司
97. 大庆市盛鑫新华夏汽车连锁有限公司
98. 内蒙古林竣吉诺汽车销售有限公司

七、北京现代汽车有限公司授权品牌汽车销售企业名单

经营范围核定为:北京现代品牌汽车销售

1. 拉萨康达汽车销售服务有限公司
2. 淮安润东时代汽车销售服务有限公司
3. 张家港市宏伟汽车销售服务有限公司
4. 苏州东昌相诚汽车销售服务有限公司
5. 萍乡国力汽车贸易有限公司
6. 九江市金穗汽车销售服务有限公司
7. 深圳市鹏峰北现汽车有限公司
8. 肇庆美现汽车有限公司
9. 茂名卓粤汽车有限公司
10. 衡阳市华利汽车销售服务有限公司
11. 枣庄凯顺汽车销售服务有限公司
12. 临沂翔宇悦来汽车销售有限公司
13. 河北广德行汽车销售服务有限公司
14. 四川天威车业有限公司
15. 葫芦岛路赛得汽车销售服务有限公司
16. 盘锦永盛汽车销售服务有限公司
17. 长治市霄云汽车销售服务有限公司
18. 运城市泽龙物贸有限公司

八、石家庄双环汽车股份有限公司授权品牌汽车销售企业名单

经营范围核定为:双环品牌汽车销售

1. 广州双龙汽车贸易有限公司
2. 东莞市欧日汽车销售有限公司
3. 东莞市经典汽车贸易有限公司
4. 惠州旺华汽车贸易有限公司
5. 汕头市汕源汽车销售有限公司
6. 佛山市顺德区鑫晟汽车贸易有限公司
7. 佛山市南海鼎成汽车贸易有限公司
8. 湛江新里程汽车贸易有限公司
9. 江门市新会鑫源汽车贸易有限公司
10. 中山市强信汽车贸易有限公司
11. 珠海市强信汽车贸易有限公司
12. 深圳市新瑞时实业有限公司
13. 深圳永炬汽车贸易有限公司
14. 深圳市深鹏汽车贸易有限公司
15. 深圳市深鹏汽车贸易有限公司世纪汽车展场
16. 深圳市深鹏汽车贸易有限公司龙华展场
17. 泉州理中汽车贸易有限公司
18. 福建新泓顺工贸发展有限公司
19. 杭州康鑫汽车销售服务有限公司
20. 杭州康鑫汽车销售服务有限公司汽车城分公司
21. 杭州康鑫汽车销售服务有限公司石祥路分公司
22. 湖州康鑫汽车销售服务有限公司
23. 绍兴康鑫汽车销售服务有限公司
24. 新昌县康鑫汽车销售服务有限公司
25. 诸暨市康鑫汽车销售服务有限公司
26. 台州华贸汽车有限公司
27. 宁波市农经汽车销售服务有限公司
28. 义乌市康大汽车贸易有限公司
29. 北京澎湃有限责任公司
30. 天津市东尼汽车贸易有限公司
31. 唐山市车之杰汽车销售服务有限公司
32. 大连乐弛经贸有限公司
33. 黑龙江成越汽车贸易有限公司
34. 南京亿海汽车销售服务有限公司
35. 徐州红龙百川汽车加盟连锁有限公司
36. 苏州华顺世界名车服务中心有限公司
37. 盐城市洪兆连汽车贸易有限公司
38. 常州市里程车业有限公司
39. 常熟市汽车销售有限责任公司
40. 南通新百乐机电广场有限公司
41. 安徽省安兴汽车销售有限公司
42. 上海弘仁汽车销售服务有限公司
43. 上海怡通汽车销售有限公司
44. 济南京鲁豫商贸有限公司
45. 青岛建辉汽车贸易有限公司
46. 东营金泰亚飞汽车销售有限公司
47. 山东省济宁汽车运输总公司汽车修理总厂
48. 威海市锃隆汽车贸易有限公司
49. 淄博泰丰庆铃汽车销售服务有限公司
50. 太原市晋源区旭峰汽贸中心
51. 临汾市众望冀东汽车连锁销售有限公司
52. 长治市三通新华夏汽车连锁销售有限公司
53. 朔州市天马机电设备销售有限公司
54. 湖南永泰汽车销售服务有限公司
55. 湖南华亿鑫汽车贸易有限公司
56. 成都建国汽车贸易有限公司
57. 四川省眉山市建国汽车有限公司
58. 四川省眉山市建国汽车有限公司乐山分公司
59. 绵阳建国汽车销售服务有限公司
60. 雅安建国汽车销售服务有限公司
61. 南充建国汽车销售服务有限公司
62. 资阳市广和车业有限公司
63. 四川内江曙光车业有限责任公司
64. 自贡市正邦汽车贸易有限公司
65. 宜宾市源祥汽车贸易有限公司
66. 四川省达州市金田农机有限责任公司
67. 绵竹市金华汽车经营有限公司
68. 德阳恒宇车业有限公司广汉分公司
69. 射洪蜀安汽贸有限责任公司
70. 成都市邛崃市凯祥车业有限公司
71. 四川省成都奥升汽贸有限公司
72. 蒲江县驭虹汽车销售有限公司
73. 四川省富和贸易有限责任公司百翔车业分公司
74. 成都三里汽车技术有限公司
75. 四川兴远大商贸发展有限公司
76. 四川广元阳晨汽车贸易有限责任公司
77. 四川网景科技有限责任公司
78. 沈阳明鑫汽车销售有限公司
79. 南京亿海汽车销售服务有限公司

80. 成都瑞宝汽车贸易有限公司
81. 昆明晶鸟汽车贸易有限公司
82. 昆明元浩汽车销售有限公司
83. 甘肃君盛汽车销售服务有限公司
84. 甘肃锦程汽车销售服务有限公司
85. 格尔木宝海工贸有限责任公司
86. 格尔木宝海工贸有限责任公司西宁分公司
87. 十堰搏赛工贸有限公司
88. 宜昌市新世纪汽车销售有限公司
89. 内蒙古榕森北方车辆有限责任公司
90. 赤峰金都汽车贸易有限公司
91. 锡林浩特市顺达亚飞汽车贸易有限责任公司
92. 鄂尔多斯市安达利汽贸有限公司
93. 重庆清明汽车销售服务有限公司
94. 贵州日月星汽车贸易有限公司
95. 陕西德瑞电子机械有限公司
96. 南宁开河汽车销售服务有限公司
97. 南宁开河汽车销售服务有限公司白沙分公司
98. 江西鑫驰汽车销售有限公司
99. 新疆亚鑫汽车贸易有限责任公司
100. 西藏冀迪工贸有限公司

九、上海通用汽车有限公司授权品牌汽车销售企业名单

经营范围核定为:进口和国产别克品牌汽车销售

1. 上海东昌汽车浦东销售服务有限公司
2. 平阳联通汽车销售服务有限公司
3. 福建南平市路路通汽车销售服务有限公司
4. 上海鼎吉汽车销售服务有限公司
5. 宁波联安汽车销售服务有限公司
6. 永嘉杰创汽车服务有限公司
7. 阜阳市正通汽车销售服务有限公司
8. 萍乡运通汽车销售服务有限公司
9. 厦门凯隆达汽车销售服务有限公司
10. 荆州三环海通汽车销售服务有限公司
11. 聊城金通汽车销售服务有限公司
12. 大庆业勤汽车销售服务有限公司
13. 赤峰市利丰汽车行有限公司
14. 巴彦淖尔市蒙通汽车销售服务有限责任公司
15. 莱芜鸿发华贸汽车销售服务有限公司

十、上海通用汽车有限公司授权品牌汽车销售企业名单

经营范围核定为:进口和国产凯迪拉克品牌汽车销售

1. 河南新凯迪汽车销售服务有限公司
2. 安徽世贸汽车销售服务有限公司
3. 厦门泰成致尊汽车服务有限公司
4. 重庆中汽西南美凯汽车有限公司
5. 江苏天泓凯帝汽车服务有限公司
6. 陕西凯盛汽车销售服务有限公司

十一、上海通用汽车有限公司授权品牌汽车销售企业名单

经营范围核定为:进口和国产雪佛兰品牌汽车销售

1. 上海雄威雪兰汽车销售服务有限公司
2. 上海瑞隆汽车销售服务有限公司
3. 苏州华胜汽车销售服务有限公司
4. 丹阳恒隆汽车销售服务有限公司
5. 上海永达宝运来汽车销售服务有限公司
6. 泰州苏源集团景泰汽车销售服务有限公司
7. 新疆天邑汽车销售服务有限公司
8. 鄂尔多斯天驰汽车销售服务有限公司
9. 淄博昌润汽车销售有限公司
10. 山东鲁弘汽车销售服务有限公司
11. 日照鸿发海通汽车销售服务有限公司
12. 台州市铭远汽车销售服务有限公司
13. 龙岩恒基汽车有限公司
14. 广州市万程雪莱汽车销售服务有限公司
15. 福建三明市路路兴汽车销售服务有限公司
16. 金华兰通汽车销售服务有限公司
17. 深圳市安骅骅通汽车销售服务有限公司
18. 江西新运通销售服务有限公司
19. 广州迅锐汽车销售服务有限公司
20. 湖南申湘汽车常德天润有限公司
21. 深圳市标域汽车销售服务有限公司
22. 湖北捷瑞汽车销售服务有限公司
23. 哈尔滨美通汽车贸易有限责任公司
24. 长春市永通佛商汽车销售有限责任公司
25. 沈阳骏和通汽车销售服务有限公司
26. 沈阳业乔汽车销售服务有限公司
27. 沈阳汇鼎汽车贸易有限公司
28. 沈阳一天合汽车销售服务有限公司
29. 大连宏骏汽车销售服务有限公司
30. 大连驰敖汽车有限公司
31. 河北盛康汽车贸易有限公司
32. 保定轩宇和跃汽车贸易服务有限公司
33. 唐山市四联晟通汽车销售服务有限公司
34. 天津市四联汽车销售服务有限公司
35. 山西仁通汽车有限公司
36. 山西宝鼎汽车销售服务有限公司
37. 长治市华丽通汽车销售服务有限公司
38. 北京乾博阳光汽车贸易有限公司
39. 北京路通威汽车销售服务有限公司
40. 北京合力华通汽车服务有限公司
41. 北京加达远通汽车销售有限公司
42. 北京中冀乐业汽车销售有限公司
43. 北京达世行通合汽车贸易中心
44. 北京市首创中伟贸易有限责任公司
45. 北京市博瑞勤和汽车销售服务有限公司
46. 北京国生汽车销售服务有限公司
47. 陕西伊势威汽车销售服务有限责任公司
48. 陕西华兴乾通汽车贸易有限公司
49. 陕西泛想汽车实业有限公司
50. 甘肃赛通汽车销售服务有限公司
51. 青海赛森汽车销售服务有限公司
52. 河南众通中原汽车服务有限公司

53. 河南新希望汽车销售服务有限公司
54. 洛阳市美浩汽车销售服务有限公司
55. 郴州申湘汽车有限公司
56. 湖南华洋世纪汽车销售服务有限公司
57. 湖南申湘汽车天润销售服务有限公司
58. 岳阳申华汽车销售服务有限公司
59. 湖北国盛天马汽车销售服务有限公司
60. 湖北三环瑞通汽车有限公司
61. 宜昌天时汽车销售服务有限公司
62. 云南立华云行汽车销售有限公司
63. 云南博用汽车服务有限公司
64. 桂林弘帆桂成汽车销售服务有限公司
65. 柳州市五亿汽车销售有限公司
66. 广西弘泽汽车销售服务有限公司
67. 广西荣通汽车销售服务有限公司
68. 乐山金杰汽车销售服务有限公司
69. 成都天帅车业有限公司
70. 四川灵通汽车销售服务有限公司
71. 四川港宏新通汽车销售有限公司
72. 成都吉翔汽车销售有限公司
73. 重庆百年恒华实业集团骏宏汽车服务有限公司
74. 重庆中豪汽车有限公司
75. 福州中机中泰汽车贸易有限公司
76. 厦门泰成运通汽车服务有限公司
77. 泉州通海新世纪汽车有限公司
78. 广东广物金通达汽车贸易有限公司
79. 广州安骅骅通汽车销售服务有限公司
80. 广州美骐汽车有限公司
81. 广州梅花园泓嘉汽车服务有限公司
82. 东莞市志祥汽车销售服务有限公司
83. 东莞市瑞通汽车销售服务有限公司
84. 东莞市会通汽车贸易有限公司
85. 佛山市顺协汽车销售服务有限公司
86. 湛江市平海汽车销售服务有限公司
87. 佛山市扬海汽车销售服务有限公司
88. 深圳市红彤东润汽车销售服务有限公司
89. 深圳市标远投资有限公司
90. 深圳市红彤东浩汽车销售服务有限公司
91. 惠州市标远汽车实业有限公司
92. 江门市华臻汽车销售服务有限公司
93. 中山市利得汽车贸易有限公司
94. 韶关市方向汽车销售有限公司
95. 山东润艺汽车销售服务有限公司
96. 山东瑞祥汽车销售服务有限公司
97. 山东鸿发森泉汽车销售服务有限公司
98. 潍坊润兰汽车销售服务有限公司
99. 山东彩虹汽车销售有限公司
100. 青岛奥达汽车销售服务有限公司
101. 青岛成汇达汽车销售服务有限公司
102. 青岛名通车行有限公司
103. 烟台华洋汽车销售服务有限公司
104. 烟台大成华通汽车销售服务有限公司
105. 淄博铸泰汽车销售服务有限公司
106. 临沂瑞发汽车商贸有限公司
107. 威海市美裕达汽车销售服务有限公司
108. 济宁润豪汽车销售服务有限公司
109. 蚌埠尚通汽车销售服务有限公司
110. 安庆环雪汽车销售服务有限公司
111. 安徽惠和汽车服务有限公司
112. 上海盛通汽车销售服务有限公司
113. 上海驰达汽车销售服务有限公司
114. 上海永达中环汽车销售服务有限公司
115. 上海东昌雪莱汽车销售服务有限公司
116. 上海协通锦发汽车销售服务有限公司
117. 上海太平洋申隆汽车销售服务有限公司
118. 上海安吉名门汽车服务有限公司
119. 上海文洋汽车贸易有限公司
120. 上海逸隆汽车销售服务有限公司
121. 上海锦骏汽车销售服务有限公司
122. 上海强生北美汽车销售服务有限公司
123. 上海卓力汽车销售服务有限公司
124. 江苏米兰汽车贸易有限公司
125. 南京昌润汽车销售有限公司
126. 江苏天泓雪莱汽车服务有限公司
127. 苏州华田汽车销售服务有限公司
128. 无锡泓通汽车销售服务有限公司
129. 昆山华阳汽车贸易服务有限公司
130. 常州常雪汽车销售服务有限公司
131. 江阴市海雪汽车销售服务有限公司
132. 南通新城集团汽车销售服务有限公司
133. 徐州润东瑞景汽车销售服务有限公司
134. 常熟亚泰汽车销售服务有限公司
135. 浙江兰通汽车有限公司
136. 浙江和通汽车有限公司
137. 杭州米家铭杰汽车销售服务有限公司
138. 宁波市欣通汽车销售服务有限公司
139. 台州市林丰汽车贸易有限公司
140. 湖州盛通汽车销售有限公司
141. 上虞康家汽车销售服务有限公司
142. 瑞安市五洲汽车销售服务有限公司
143. 温州豪特汽车销售服务有限公司
144. 台州阳光汽车销售服务有限公司
145. 贵州乾通汽车进出口销售有限责任公司
146. 海南安骅汽车销售服务有限公司
147. 内蒙古泰莱汽车服务有限公司
148. 包头市蒙骏汽车销售服务有限责任公司
149. 拉萨康达汽车销售服务有限公司

十二、重庆东风渝安汽车销售有限公司授权品牌汽车销售企业名单

经营范围核定为:东风微车品牌汽车销售

1. 廊坊市汇福汽车贸易有限公司霸州分公司
2. 肃宁县广幸机电设备有限公司
3. 河间市城苑汽车销售服务有限公司
4. 青县富达汽车贸易有限责任公司
5. 黄骅市鲁铧经贸有限公司
6. 定州市永胜汽车贸易有限公司
7. 涿州市朗杰汽车贸易有限公司
8. 唐山市丰润区宏平汽车销售服务有限公司
9. 唐山广通汽车贸易有限公司
10. 滦南县万通汽车超市有限责任公司
11. 迁安市燕文商贸有限公司
12. 乐亭县运达汽车贸易有限公司
13. 迁西县永顺发汽车贸易有限公司
14. 唐山新华夏润田汽车连锁有限公司
15. 鲁山县顺发汽车销售有限公司
16. 宝丰宏鑫汽车销售有限公司
17. 开封市万宝汽车贸易有限公司
18. 临清市通达汽车销售有限公司
19. 寿光市鲁光汽车贸易有限公司
20. 单县大明汽车贸易有限公司
21. 山东省博兴县阳光汽车销售有限公司
22. 东营市北方汽车销售有限责任公司
23. 日照翔越商贸有限公司
24. 安丘市远大汽车销售有限公司
25. 诸城市亚飞汽车连锁有限公司
26. 维坊润发汽车销售有限公司
27. 高密市顺安汽车销售中心
28. 山西省大同市第二汽车贸易中心
29. 朔州亿源红龙汽车连锁销售有限公司
30. 临汾市奥菲汽车销售服务有限公司
31. 山西省晋城汽车运输有限责任公司修理二厂
32. 富阳路通汽车贸易有限公司
33. 杭州众天汽车贸易有限公司
34. 临安菱通汽车销售有限公司
35. 杭州勤龙汽车物资有限公司
36. 桐庐远东汽车销售有限公司
37. 杭州九州汽车有限公司
38. 杭州卫星汽车销售服务有限公司
39. 诸暨市永畅汽车贸易有限公司
40. 上虞市俞氏汽车经营有限公司
41. 绍兴市搏进汽车销售有限公司
42. 泰顺县鑫明车辆销售有限公司
43. 苍南县华泰汽车销售有限公司
44. 瑞安市博腾汽车销售服务有限公司
45. 永康市永昌汽车销售服务有限公司
46. 广州市众合力汽车贸易有限公司
47. 广州市亮达汽车销售有限公司
48. 中山市中天汽车服务有限公司西区分公司
49. 珠海市株峰汽车有限公司珠海市销售分公司
50. 东莞市兴辉贸易有限公司
51. 东莞市新佳贸易有限公司
52. 潮州市悦亚汽车贸易有限公司
53. 普宁市宏阳汽车贸易有限公司
54. 辽宁福鞍汽车有限公司
55. 安徽新华汽车销售服务有限公司
56. 合肥易通汽车贸易有限公司
57. 上海大众汽车蒙城特约维修站亳州分站
58. 宿州市同心物资贸易有限公司
59. 安徽省三泰汽车销售有限责任公司安庆分公司
60. 丰县一汽汽车销售有限公司
61. 徐州闽华汽车销售有限公司
62. 睢宁县福泰汽车经销有限公司
63. 镇江宝铁龙汽车销售服务有限公司
64. 丹阳市正阳汽车贸易有限公司
65. 江苏宝铁龙运通汽车有限公司
66. 常熟市顺达汽车贸易有限公司
67. 昆山盛达汽车销售服务有限公司
68. 张家港市大亨汽车贸易有限公司
69. 吴江市东亚汽车贸易有限公司
70. 如皋市东方汽车摩托车有限公司
71. 海安县沈浩汽车贸易有限公司
72. 如东黄海汽车销售有限公司
73. 盐城市佳运汽车销售有限公司射阳分公司
74. 四川伍轰汽车销售服务有限公司
75. 浏阳市盛华汽车贸易服务有限公司
76. 攸县大众汽车贸易有限责任公司
77. 茶陵县万发贸易有限公司
78. 九江市万达汽车销售有限公司
79. 萍乡市富兴汽车销售有限公司
80. 吉安市富达汽贸公司
81. 利川市远征汽车运业有限公司
82. 文安县兴达汽车贸易有限公司
83. 重庆市津源汽车销售服务有限公司市璧山县分公司
84. 重庆中和汽车销售有限公司
85. 重庆市万州区永大汽车销售有限公司
86. 江津市珠峰摩托有限责任公司
87. 霸州市长风汽车贸易有限公司
88. 大城县华诚汽车销售有限公司
89. 廊坊开发区广和汽车贸易有限公司

十三、东风悦达起亚汽车有限公司授权品牌汽车销售企业名单

经营范围核定为:东风悦达起亚品牌汽车销售

1. 上海绿地途乐汽车销售有限公司
2. 上海润中汽车销售有限公司
3. 上海腾杰汽车销售有限公司
4. 上海慧龙汽车销售服务有限公司
5. 上海中起汽车贸易有限公司
6. 常熟市东盛汽车销售服务有限公司
7. 镇江风驰汽车销售服务有限公司
8. 昆山新达汽车销售服务有限公司

9. 四川贵宏商贸有限责任公司
10. 南充先锋汽车贸易有限公司
11. 雅安市新东方车业有限责任公司
12. 重庆名典汽车销售服务有限公司
13. 江津市宏达机车销售有限责任公司
14. 重庆市勇达汽车销售有限公司
15. 重庆百事达汽车有限公司涪陵分公司
16. 南阳市老黑贸易有限公司
17. 河南省双盛汽车销售服务有限公司
18. 信阳旭日商贸有限责任公司
19. 商丘市隆兴汽车销售有限公司
20. 平顶山市金银龙汽车出租有限责任公司
21. 驻马店市高新区兴运汽车销售服务有限公司
22. 阜阳市雪峰汽车销售有限公司
23. 阜阳市迎驾悦达汽车销售服务有限公司
24. 亳州东方汽车大世界
25. 运城市万通车城汽车连锁销售有限公司
26. 侯马市华海汽车销售有限责任公司
27. 霍州市恒驰汽车贸易有限公司
28. 孝义市三佳机电设备销售维修中心
29. 吕梁翔通新华夏汽车连锁销售有限公司
30. 诸城市亚飞汽车连锁有限公司
31. 潍坊隆运汽车贸易有限公司
32. 寿光市四通汽车贸易有限公司
33. 佛山市高明区新亚飞汽车有限公司
34. 广东省云浮市物资贸易中心
35. 广东增城市亚飞汽车连锁有限公司
36. 东莞市汇天源汽车销售服务有限公司
37. 潮州市悦亚汽车贸易有限公司
38. 温州市丰驰汽车贸易有限公司
39. 上虞市锦锐汽车摩托车有限公司
40. 诸暨市大昌汽车有限公司
41. 北京中企欣源汽车销售服务有限公司
42. 曲靖谊和汽车经贸有限公司
43. 大理恒源汽车销售有限公司
44. 丽江振鑫汽车销售有限公司
45. 陕西恒诚汽车销售服务有限公司
46. 北京亚飞汽车连锁总店有限责任公司营口宝龙亚飞汽车连锁店
47. 宜昌华星中南汽车销售服务有限公司
48. 中卫市鸿翔工贸运输有公司
49. 邯郸市华达汽车销售服务有限公司
50. 延吉起亚汽车维修服务有限公司

十四、东风汽车有限公司授权品牌汽车销售企业名单

经营范围核定为:东风日产品牌汽车销售

1. 河南东安鼎龙汽车销售服务有限公司
2. 湖南省兰天汽车贸易有限公司
3. 长治市东升汽车销售服务有限公司
4. 佳木斯运通日产汽车销售服务有限公司
5. 江阴市海华汽车销售服务有限公司
6. 金华市南方汽车贸易有限公司
7. 锦州维立达汽车销售服务有限公司
8. 广西瑞帆汽车销售服务有限公司
9. 平顶山市威佳汽车贸易有限公司
10. 北京华泰昌百旺汽车贸易有限公司
11. 陕西诚信汽车服务有限公司
12. 邢台圣士龙汽车销售服务有限公司
13. 乐清市宝鑫汽车销售服务有限公司
14. 库尔勒博望汽车销售服务有限公司
15. 朝阳川达汽车销售服务有限公司
16. 韶关市丰日汽车贸易有限公司
17. 莆田市万宝汽车贸易有限公司
18. 深圳市兴达通汽车销售服务有限公司
19. 北京三合邦诚商贸有限公司
20. 盐城苏源汽车贸易有限公司
21. 安徽汽贸(马鞍山)商贸有限责任公司
22. 天津市风神汽车销售有限公司
23. 铜陵市顺达实业有限责任公司
24. 梧州市弘泰汽车销售有限公司
25. 青海良志汽车贸易有限公司
26. 安庆联合汽车贸易有限责任公司
27. 东莞市大兴汽车贸易有限公司厚街分公司
28. 吉林市隆孚汽车销售服务有限公司
29. 莱芜顺通汽车销售服务有限公司

十五、神龙汽车有限公司授权品牌汽车销售企业名单

经营范围核定为:东风雪铁龙品牌汽车销售

1. 淮北市龙腾汽车销售维修有限责任公司
2. 云南合兴汽车服务有限公司第一分公司
3. 龙运汽车贸易发展有限公司北京亚运村销售分公司
4. 北京兵工伟业汽车贸易有限公司第六分公司
5. 北京慧达世纪商贸有限公司分店
6. 广州安通汽车维修有限公司
7. 日照运总汽车贸易有限公司
8. 天津港保税区合兴创业国际贸易有限公司
9. 新疆四运东风汽车大修厂阿克苏分厂
10. 新疆天汇军旅汽车销售服务有限公司
11. 成都成铁汽车销售服务有限公司遂宁销售维修分公司

十六、广东福迪汽车有限公司授权品牌汽车销售企业名单

经营范围核定为:富迪品牌汽车销售

1. 佛山市南海区迪嘉汽车贸易有限公司顺德分公司
2. 佛山市荣俊汽车贸易有限公司
3. 广州泉江汽车贸易有限公司
4. 广州健骏汽车贸易有限公司
5. 广州泉江汽车贸易有限公司番禺分公司
6. 广州泉江汽车贸易有限公司花都分公司
7. 深圳市富迪汽车销售服务有限公司
8. 肇庆市万顺汽车贸易有限公司
9. 江门市新会区创世纪汽车贸易有限公司
10. 汕头广城汽车贸易有限公司
11. 珠海市椿峰汽车有限公司

12. 珠海市椿峰汽车有限公司珠海市销售分公司
13. 海南威础实业有限公司
14. 长沙市金旋风汽车贸易有限公司
15. 怀化福达汽车贸易有限公司
16. 厦门恒瑞贸易发展有限公司
17. 福建泉州一汽轿车销售有限公司
18. 赣州市赣沪汽车贸易有限公司
19. 盐城市懿德汽车销售有限公司
20. 义乌市九洲汽车销售有限公司
21. 浙江华顺汽车贸易有限公司
22. 重庆市欣路汽车贸易有限责任公司
23. 上海举润汽车销售服务有限公司
24. 上海赛普尔汽车销售服务有限公司
25. 上海永亿汽车销售有限公司
26. 上海中意联合汽车销售有限公司
27. 上海南方汽车销售有限公司
28. 上海锦通汽车销售有限公司
29. 上海耀威汽车销售有限公司
30. 上海三贤汽车销售有限公司
31. 山东龙江汽车贸易有限公司
32. 淄博政胜汽车贸易有限公司
33. 潍坊佳孚汽车销售服务有限公司
34. 德州陆鼎商贸有限公司
35. 山东省威海军安消防装备有限公司
36. 烟台高新区黄海汽车销售贸易有限公司
37. 山西大和港车城汽车连锁销售有限公司
38. 运城市佳通汽车物贸有限公司
39. 成都特锐特汽车贸易有限公司
40. 成都特锐特汽车贸易有限公司锐捷分公司
41. 成都特锐特汽车贸易有限公司红运分公司
42. 自贡市当代出租汽车有限责任公司汽车销售分公司
43. 四川省省级机关后勤物资供应站
44. 攀枝花市永博汽车贸易有限公司
45. 广元市旭日汽车贸易有限公司
46. 达州市金诺车业有限公司
47. 泸州协力汽车贸易有限公司
48. 宜宾市永中机电设备有限责任公司汽车销售分公司
49. 四川什邡市宏达车业有限公司
50. 贵阳华兴汽车贸易有限公司
51. 昆明雄风奥斯腾汽车销售有限公司
52. 楚雄鸿翔出租汽车有限责任公司
53. 云南省临沧市农业机械供应公司
54. 云南思茅交通运输集团有限公司鸿达汽车贸易有限公司
55. 保山金马中运有限责任公司
56. 开远市康马汽车经贸有限公司汽车售后服务中心
57. 玉溪汇溪新华厦汽车商贸有限公司
58. 曲靖市麒麟区灏洋经贸有限责任公司
59. 昭通市晟烽汽车服务有限责任公司
60. 丽江万通科工贸有限责任公司
61. 文山交通运输集团公司
62. 佛山市南海区迪嘉汽车贸易有限公司

十七、捷成(中国)汽车销售有限公司授权品牌汽车销售企业名单

经营范围核定为:保时捷品牌汽车销售

重庆商社博瑞进口汽车销售有限公司

十八、本田技研工业(中国)投资有限公司授权品牌汽车销售企业名单

经营范围核定为:Acura(讴歌)品牌汽车销售

深圳市南方腾田汽车销售服务有限公司

十九、一汽马自达汽车销售有限公司授权品牌汽车销售企业名单

经营范围核定为:马自达品牌汽车(一汽马自达、长安马自达、进口马自达)销售

1. 台州运通博阳汽车销售服务有限公司
2. 宁波市凯达汽车销售服务有限公司
3. 广州驭达汽车销售服务有限公司
4. 佛山市中衡骏达汽车销售服务有限公司
5. 重庆银迅汽车销售服务有限公司
6. 上海景和金沙汽车销售有限公司

二十、华晨宝马汽车有限公司、宝马(中国)汽车贸易有限公司授权品牌汽车销售企业名单

经营范围核定为:华晨宝马、进口宝马(BMW)品牌汽车销售

1. 呼和浩特市祺宝汽车销售服务有限公司
2. 佛山市坤宝汽车销售服务有限公司顺德分公司
3. 烟台中达翔宝汽车销售服务有限公司

二十一、宝马(中国)汽车贸易有限公司授权品牌汽车销售企业名单

经营范围核定为:MINI(迷你)品牌汽车销售

1. 广州宝悦汽车贸易有限公司第一分公司
2. 深圳市宝创汽车贸易有限公司第一分公司
3. 青岛中达燕宝汽车销售有限公司
4. 温州市好达机电有限公司
5. 浙江金湖机电有限公司
6. 厦门中宝汽车有限公司

二十二、重庆力帆汽车销售有限公司授权品牌汽车销售企业名单

经营范围核定为:力帆品牌汽车销售

1. 眉山市余盛汽车贸易有限公司
2. 南充市兴华有限公司
3. 四川万向投资集团有限公司汽车贸易分公司
4. 四川西点汽车销售服务有限公司
5. 自贡鑫驰车业有限责任公司
6. 遂宁市鸿源汽车销售有限公司
7. 雅安亨通工贸有限责任公司
8. 广元市金顺汽车贸易服务有限公司
9. 攀枝花市新开源物资再生环保产业有限公司
10. 重庆扬帆汽车销售有限公司
11. 重庆华日实业有限公司

12. 重庆市名佳汽车销售有限责任公司
13. 重庆润路程汽车发展有限责任公司
14. 杭州东星汽车有限公司
15. 上海大众汽车嘉兴销售服务有限公司
16. 云南玉溪八方亚飞汽车销售有限公司
17. 昆明中机金鼎汽车技术服务中心有限公司
18. 贵州世恒汽车销售服务有限公司
19. 黔西南州汇力实业有限责任公司
20. 常州外事旅游汽车集团有限公司
21. 徐州市天士力工贸有限责任公司
22. 南京吉茂物资贸易发展有限公司
23. 上海大众汽车南通销售服务有限公司
24. 苏州江帆汽车销售有限公司
25. 镇江京润车辆服务有限公司
26. 山西众茂贸易有限公司
27. 山西省运城河东汽车贸易有限公司
28. 长治市川江新华夏汽车连锁销售有限公司
29. 陕西省解放汽车贸易公司
30. 济宁世纪昌铃汽车销售服务有限公司
31. 山东峰达汽车贸易有限公司
32. 日照市腾达汽车销售服务有限公司
33. 济南邯济新概念汽车销售服务有限公司
34. 烟台天顺汽车销售服务有限公司
35. 泰安市华君汽车销售有限公司
36. 潍坊盛源汽车物资有限公司
37. 江西省世贸汽车销售有限公司
38. 大连市汽车工业贸易集团公司丰裕公司
39. 湖南天吉汽车销售有限公司
40. 衡阳市玖玖汽车销售服务有限公司
41. 东莞市润捷汽车贸易有限公司
42. 珠海市众大利物资车业有限公司
43. 武汉统领汽车销售有限公司
44. 十堰环球工贸有限公司
45. 邯郸市华诚汽贸有限公司
46. 邢台世纪汽车贸易有限公司
47. 河北鼎力汽车贸易有限公司
48. 保定市云天汽车贸易有限公司
49. 唐山长城汽车贸易有限公司
50. 福建省东泰汽车贸易有限公司
51. 焦作市亚飞汽车连锁有限公司
52. 河南中润汽车销售服务有限公司
53. 许昌亚飞汽车连锁店有限公司
54. 大庆市威途汽车销售维修有限公司
55. 新疆博天翔汽车服务有限责任公司
56. 内蒙古威风汽车销售有限公司
57. 鄂尔多斯市明志汽车销售有限公司
58. 吉林省华业汽车销售有限公司
59. 柳州市鹏晖物资贸易有限公司
60. 南宁市开天汽车贸易有限公司
61. 安徽省大名车业有限公司
62. 甘肃物资(集团)总公司
63. 金华市陆通汽车销售服务有限公司
64. 辽河油田众联商贸实业总公司
65. 南阳市直机关汽车维修中心
66. 山东国铁天龙汽车贸易有限公司
67. 苏州市中南汽车销售服务有限公司无锡分公司
68. 深圳市裕祥隆实业发展有限公司
69. 泉州民发汽车销售服务有限公司

二十三、上海汽车工业销售有限公司授权品牌汽车销售企业名单

经营范围核定为:双龙品牌汽车销售

1. 厦门建发汽车有限公司
2. 山东峰达汽车贸易有限公司
3. 沈阳天辰汽车销售服务有限公司
4. 重庆市华茂汽车销售有限公司
5. 汕头市汕源汽车销售有限公司
6. 兰州良志实业集团有限责任公司
7. 山东国铁天龙汽车贸易有限公司
8. 青岛双龙汽车销售服务有限公司
9. 上海升阳汽车销售有限公司
10. 深圳市翔盈股份有限公司
11. 昆明明盛达汽车经营有限公司
12. 东莞市大兴汽车贸易有限公司
13. 贵阳众杰汽车服务有限公司
14. 北京众义达汇龙汽车销售服务有限公司
15. 武汉环亚汽车贸易有限公司
16. 淄博东联汽车有限公司
17. 西安银桥汽车贸易有限公司
18. 四川三和汽车服务有限公司
19. 江西省赣洪汽车销售有限公司
20. 长春市金达州汽车销售有限责任公司
21. 天津市中乒北晨汽车销售有限公司
22. 山东安志汽车销售有限公司
23. 山西鑫盛通汽车贸易有限公司
24. 宁波铭泰汽车销售租赁连锁有限公司

二十四、深圳市中铁建汽车销售有限公司授权品牌汽车销售企业名单

经营范围核定为:劳伦士－梅赛德斯奔驰、劳伦士－斯玛特品牌汽车销售

北京中新泰达汽车贸易有限公司

二十五、广州本田汽车有限公司授权品牌汽车销售企业名单

经营范围核定为:广州本田品牌汽车销售

1. 北京森翔汽车销售服务有限公司
2. 玉林市晟驰汽车销售服务有限公司
3. 衡水通合汽车销售服务有限公司
4. 濮阳市濮华汽车销售服务有限公司
5. 十堰奥赛汽车销售服务有限公司
6. 南京威程汽车销售服务有限公司
7. 南通俊诚汽车销售服务有限公司

8. 江西华健汽车有限公司
9. 青岛瑞星汽车销售有限公司
10. 山西华晋汽车销售服务有限公司
11. 西安白云汽车销售服务有限公司

二十六、浙江吉利汽车销售有限公司授权品牌汽车销售企业名单

经营范围核定为:吉利品牌汽车销售

赤峰富雅迪工贸有限公司

二十七、北京泰赫雅特汽车销售服务有限公司授权品牌汽车销售企业名单

经营范围核定为:泰赫雅特(TECHART)品牌汽车销售

天津富甲天国际贸易有限公司

二十八、克莱斯勒(中国)汽车销售有限公司授权品牌汽车销售企业名单

经营范围核定为:进口克莱斯勒、吉普品牌汽车销售

1. 北京华北汽贸汽车销售有限公司
2. 北京港龙基业汽车销售服务有限公司
3. 甘肃东盟汽车销售服务有限公司
4. 上海信佳汽车销售服务有限公司
5. 浙江辰通汽车有限公司
6. 安徽复兴汽车有限责任公司
7. 四川华驰汽车销售服务有限公司
8. 广东鸿粤汽车销售有限公司
9. 青岛福泰汽车销售有限公司
10. 上海名创汽车销售服务有限公司

二十九、长安福特马自达汽车有限公司授权品牌汽车销售企业名单

经营范围核定为:长安沃尔沃(乘用车)品牌汽车销售

1. 深圳市中汽南方汽车发展有限公司
2. 天津汽车工业销售深圳南方有限公司
3. 广东中汽南方汽车销售服务有限公司
4. 北京德万隆经贸有限公司
5. 东莞中汽南方汽车销售服务有限公司
6. 珠海中汽南方汽车销售服务有限公司
7. 深圳野马汽车贸易有限公司
8. 深圳市中汽南方机电设备有限公司
9. 天津中汽南方汽车销售服务有限公司
10. 北京中汽南方华北汽车服务有限公司
11. 福建中汽南方汽车销售服务有限公司
12. 湖南中汽南方汽车销售服务有限公司
13. 厦门新成功汽车贸易有限公司
14. 青岛富豪汽车销售服务有限公司
15. 云南富豪汽车销售服务有限公司
16. 四川三和汽车服务有限公司
17. 深圳市中汽南华汽车有限公司
18. 太原市富豪新华夏汽车连锁销售有限公司
19. 重庆西南富豪汽车有限公司
20. 广州市永安富豪汽车贸易有限公司
21. 武汉富豪汽车销售有限公司
22. 佛山市华宝物资有限公司
23. 新疆金涛汽车贸易有限公司
24. 江西海峰汽车发展有限公司
25. 广西弘瑞汽车销售服务有限公司
26. 揭阳市恒丰汽车贸易有限公司
27. 汕头市恒康汽车贸易有限公司
28. 甘肃福康汽车贸易有限公司
29. 陕西佳豪汽车服务有限公司
30. 海南天昌达汽车销售服务有限公司
31. 佛山市顺德区广顺汽车有限公司
32. 杭州世之贸汽车贸易有限公司
33. 江苏世贸泰信汽车贸易有限公司
34. 苏州世之贸汽车贸易有限公司
35. 台州凯和汽车贸易有限公司
36. 浙江海越汽车有限公司
37. 金华金昌汽车销售有限公司
38. 合肥捷沃汽车贸易有限责任公司
39. 江苏名都汽摩集团有限公司
40. 温州东昌实业有限公司
41. 上海世贸汽车贸易有限公司
42. 宁波丰颐汽车销售有限公司
43. 上海顶盛汽车销售有限公司无锡分公司
44. 河南顶盛汽车销售服务有限公司
45. 大连尊荣汽车贸易有限公司
46. 大连尊荣汽车销售有限公司
47. 辽宁尊荣汽车贸易有限公司
48. 辽宁尊荣汽车贸易有限公司沈阳分公司
49. 吉林盛荣汽车贸易有限公司
50. 黑龙江尊荣汽车贸易有限公司
51. 大连和顺汽车贸易有限公司
52. 哈尔滨尊荣汽车贸易有限公司

三十、标致雪铁龙(中国)汽车贸易有限公司授权品牌汽车销售企业名单

经营范围核定为:进口雪铁龙品牌汽车销售

1. 贵州宏宇汽车贸易有限公司
2. 云南合兴汽车服务有限公司
3. 上海先进汽车销售服务有限公司
4. 无锡神龙汽车销售服务有限公司
5. 山西昌兴汽车服务有限公司
6. 新疆通贸有限责任公司
7. 苏州新区新裕汽车服务有限公司
8. 龙运汽车贸易发展有限公司
9. 华星捷盛汽车贸易有限公司
10. 成都成铁汽车销售服务有限公司
11. 浙江宝雪龙汽车销售有限公司
12. 浙江富通汽车有限公司
13. 广州众润汽车贸易有限公司
14. 深圳市中昌泰物资贸易有限公司
15. 深圳市里程汽车有限公司
16. 上海鹏宇汽车销售服务有限公司
17. 山东华溢汽车销售有限公司

18. 济南开源汽车贸易公司
19. 青岛市进口汽车大修厂
20. 昆明都市车迷汽车服务有限责任公司
21. 广西弘龙汽车销售服务有限公司
22. 江苏海源交通运输发展有限公司
23. 安徽伟风汽车销售服务有限公司
24. 重庆百事达神龙汽车销售服务有限公司
25. 辽宁凯琳汽车贸易有限公司
26. 武汉天欣花园商贸有限公司
27. 武汉市神龙鸿泰汽车销售服务有限公司
28. 陕西华秦汽车维修有限责任公司
29. 河南富原汽车销售服务有限公司
30. 河南省南光实业有限公司
31. 北京广大行雪铁龙汽车服务有限责任公司

三十一、标致雪铁龙(中国)汽车贸易有限公司授权品牌汽车销售企业名单

经营范围核定为:进口标致品牌汽车销售

1. 北京鹏翰贸易有限公司
2. 北京双龙精致汽车销售服务有限公司
3. 大连鸿意佳汽车贸易有限公司
4. 常州冠亚恒通汽车销售服务公司
5. 苏州众和汽车销售服务有限公司
6. 苏州银狮汽车销售服务有限公司
7. 浙江物产森美汽车有限公司
8. 温州尊龙汽车销售服务有限公司
9. 义乌市俊达汽车有限公司
10. 安徽致远汽车销售服务有限公司
11. 福建省佳宏经贸有限公司
12. 青岛宝狮汽车销售服务有限公司
13. 湖南运达汽车销售有限公司
14. 广东广物标远汽车贸易有限公司
15. 海南标龙汽车服务有限公司
16. 云南都市车迷宝狮汽车贸易有限公司

附件二:

品牌汽车总经销商名单

总经销商	授权汽车企业	经营范围核定
成都泰逸宾仕盾工贸有限公司	德国宾仕盾股份有限公司	进口宾仕盾旅居车品牌汽车销售
天津市物招汽车贸易有限公司	美国悍马悍霸运动型汽车公司	进口悍马悍霸(Predator Hummer)品牌汽车销售
大连博朗汽车销售有限公司	美国百夫长汽车有限公司	进口商旅之星-巡洋舰(STARCRAFT)品牌汽车销售

决定委托中国汽车工业协会开展汽车总经销商、品牌经销商资质条件评估工作

商务部 2006 年第 12 号

为做好汽车总经销商、品牌经销商资质条件评估工作,根据《汽车品牌销售管理实施办法》、《汽车总经销商和品牌经销商资质条件评估实施细则》,我部决定委托中国汽车工业协会负责组织专家,开展汽车总经销商、品牌经销商资质条件评估工作。

特此公告。

二〇〇六年二月十四日

汽车总经销商和品牌经销商资质条件评估实施细则

商建字〔2006〕4 号

第一条　为做好汽车总经销商、品牌经销商资质条件评估工作,规范评估行为,确保评估公平、公正、有序进行,依据《汽车品牌销售管理实施办法》制定本细则。

第二条　本细则适用于汽车总经销商和品牌经销商资质条件评估活动。

第三条　国务院商务主管部门指导并委托汽车行业协会,组建汽车品牌销售专家库(以下简称"专

家库”)。

第四条 专家库专家由汽车生产、销售和服务、经济、法律和管理专家组成。

第五条 专家库专家应当具备下列条件:

(一)身体健康,年龄一般在65周岁以下;

(二)具有高级职称或大学本科以上学历;

(三)有良好的业务素质和职业道德,无不良记录;

(四)了解国家汽车发展政策和有关法律、法规,熟悉国内汽车行业生产、销售与服务以及国外相关领域的发展状况,能够胜任汽车总经销商、品牌经销商资质条件评估工作;

(五)汽车生产、销售和服务专家从事汽车行业工作5年以上。

第六条 受委托的汽车行业协会根据评估工作需要,向社会聘请专家库专家。

第七条 专家库专家推荐评审程序:

(一)专家库专家由其所在单位推荐。推荐单位按照汽车品牌销售评估专家推荐表(见附件)的要求,将推荐名单和相关材料提交受委托的汽车行业协会;

(二)受委托的汽车行业协会自收到推荐材料后20天内将审查结果通知推荐单位,向通过审查的专家颁发聘书。

第八条 发现专家推荐材料有虚假内容的,受委托的汽车行业协会对该推荐单位的所有推荐材料均不予受理。

第九条 入库专家每届任期为4年。任期结束时,经受委托的汽车行业协会复审,符合任职条件的可继续留任。

第十条 专家在任期内调离原工作单位或办理退休手续的,其所在单位及本人应当及时以书面形式通知受委托的汽车行业协会。

第十一条 专家库专家总数一般保持在40~50人。

受委托的汽车行业协会应当将专家库专家构成名单报国务院商务主管部门备案。

第十二条 当有关专家退出专家库后,受委托的汽车行业协会应按有关规定及时增补专家。

第十三条 专家库专家应遵守国家法律、法规,严守职业道德,客观、公正地从事汽车总经销商、品牌经销商资质评估工作,不得擅自将被评估方的申请资料、评估内容及其他有关材料提供给任何单位和个人;在从事汽车总经销商、品牌经销商资质评估工作期间,不得私自接触相关的汽车供应商、品牌经销商和其他利益方。

第十四条 专家库专家应签署保密协议书,并按照其要求参与评估工作。

第十五条 有下述情形之一的,受委托的汽车行业协会应书面通知有关专家退出专家库,并告知所在单位:

(一)因健康原因不能胜任汽车总经销商、品牌经销商资质评估工作的;

(二)不具备完全民事行为能力的;

(三)受刑事处罚的;

(四)违反保密协议书规定内容的;

(五)违反本办法第十三条规定,情节严重的。

第十六条 国务院商务主管部门在受理汽车总经销商、品牌经销商申请时,如对其资质条件存有疑虑,可委托汽车行业协会组织专家委员会对其资质条件进行评估。

第十七条 受委托的汽车行业协会根据国务院商务主管部门的委托和评估需要,从专家库中挑选专家,组成专家委员会。

第十八条 遴选汽车行业专家委员会专家应当遵守下列原则:

(一)随机选择与专业构成相结合原则。专家委员会既要根据评估工作需要从专家库中随机遴选,又要体现不同专业的代表性;

(二)回避原则。与被评估方有直接利益关系的专家不能参加评估。已遴选出的,专家本人应主动申明并回避;

(三)更换原则。专家委员会成员应当保持一定的更换比例,连续参加评估工作一般不得超过两次。

第十九条 专家委员会的人数为5或7人。

第二十条 汽车总经销商资质条件主要评估内容：

（一）汽车生产企业书面授权情况，包括：授权材料的法律效力，授权销售汽车的品牌名称、授权使用的店铺名称、商标、标识等；

（二）汽车营销能力，包括：市场调研、营销策划、广告促销、网络建设及其指导、产品服务和技术培训与咨询、配件供应及物流管理的具体内容组织机构、专门人员及构成说明材料。其中：网络建设应明确网点布局、规模及进度；

（三）经营范围中汽车品牌销售的内容是否与汽车生产企业授权的相一致。

第二十一条 汽车品牌经销商资质条件主要评估内容：

（一）汽车供应商书面授权情况，包括：授权材料的法律效力、授权销售汽车的品牌名称、销售地域，授权使用的店铺名称、商标、标识等；

（二）经营范围中汽车品牌销售的内容是否与汽车供应商授权销售的内容相一致，拟使用的店铺名称、标识及商标是否与汽车供应商授权的相一致；

（三）经营场地、设施及专业服务人员与经营范围、规模是否相适应。

第二十二条 汽车行业协会根据评估委托，组织专家委员会评估工作会议。专家委员会评估工作会议以专家会审的形式召开，可采取“分别审阅，集中讨论”或“集中审阅，集中讨论”等方式。

第二十三条 专家委员会成员应以专家身份出席会议，并客观、公正的参与评估工作。

第二十四条 专家委员会通过评估的评审意见须经专家委员会半数以上成员同意并签字。受委托的汽车行业协会依据专家委员会评审意见出具报告。

第二十五条 专家委员会认为被评估方存在尚待调查的问题或资料申报不充分的，经出席会议半数以上的成员同意，可以暂缓提出评估意见。

受委托的汽车行业协会应将暂缓评估的意见及相关情况及时向国务院商务主管部门报告。

第二十六条 接受委托的汽车行业协会，应当自收到国务院商务主管部门提供的汽车总经销商和品牌经销商申请人申报材料之日起15个工作日内组织成立专家委员会，完成评估工作，并向其提交评估报告。

第二十七条 汽车总经销商、品牌经销商资质条件评估工作接受国务院商务主管部门及社会的监督。

附件：

汽车品牌销售评估专家推荐表

<table>
<tr><td>姓名</td><td></td><td>性别</td><td></td><td>出生年月</td><td></td><td rowspan="6">2寸彩色
免冠照片</td></tr>
<tr><td>工作单位</td><td colspan="3"></td><td>健康状况</td><td></td></tr>
<tr><td>通讯地址</td><td colspan="3"></td><td>邮编</td><td></td></tr>
<tr><td>身份证号</td><td colspan="3"></td><td>政治面貌</td><td></td></tr>
<tr><td>办公电话</td><td></td><td>传真</td><td></td><td>宅电</td><td></td></tr>
<tr><td>E－mail</td><td colspan="3"></td><td>手机</td><td></td></tr>
<tr><td colspan="7">毕业院校</td></tr>
<tr><td>毕（肄、结）业时间</td><td colspan="3">所学专业</td><td>学历</td><td colspan="2">学位</td></tr>
<tr><td>年　月</td><td colspan="3"></td><td></td><td colspan="2"></td></tr>
<tr><td>熟悉专业</td><td colspan="6">□汽车生产　□汽车营销　□网络规划　□法律　□经济　□服务　□管理
□其他（　　）</td></tr>
<tr><td>参加工作时间</td><td>年　月</td><td colspan="3">累计从事汽车及相关专业年限</td><td colspan="2"></td></tr>
<tr><td>职称</td><td></td><td colspan="3">职务及任职时间</td><td colspan="2"></td></tr>
</table>

续表

<table>
<tr><td>个人专业特长与成果介绍</td><td colspan="4"></td></tr>
<tr><td>社会兼职情况</td><td colspan="4"></td></tr>
<tr><td rowspan="10">主要学习与工作经历</td><td>起止时间</td><td>工作单位</td><td>从事何专业技术工作</td><td>职务</td></tr>
<tr><td>年　月至　　年　月</td><td></td><td></td><td></td></tr>
<tr><td>年　月至　　年　月</td><td></td><td></td><td></td></tr>
<tr><td>年　月至　　年　月</td><td></td><td></td><td></td></tr>
<tr><td>年　月至　　年　月</td><td></td><td></td><td></td></tr>
<tr><td>年　月至　　年　月</td><td></td><td></td><td></td></tr>
<tr><td>年　月至　　年　月</td><td></td><td></td><td></td></tr>
<tr><td>年　月至　　年　月</td><td></td><td></td><td></td></tr>
<tr><td>年　月至　　年　月</td><td></td><td></td><td></td></tr>
<tr><td>年　月至　　年　月</td><td></td><td></td><td></td></tr>
<tr><td>是否有过违反职业道德行为</td><td colspan="4">负责人(签章):　　　　推荐单位(盖章)
年　月　日</td></tr>
<tr><td>专家所在单位推荐意见</td><td colspan="4">负责人(签章):　　　　推荐单位(盖章)
年　月　日</td></tr>
<tr><td>备注</td><td colspan="4"></td></tr>
</table>

注:

1. 熟悉行业:此项为多选,在"□"内打"√";如另有专业特长,请在"其他"选项后填写;
2. 个人专业特长与成果介绍:填写技改项目、科研课题、发表论文、出版著作、专利、获奖情况等;
3. 社会兼职情况:主要填写汽车及相关行业兼职情况;
4. 主要学习工作经历:学习经历从大学开始按年份填写;
5. 表格不够,可另附页;
6. 照片要求:不应采用红色背景;
7. 推荐表应本人填写,企业加盖公章。

国家工商行政管理总局关于进一步贯彻实施《汽车品牌销售管理实施办法》、《二手车流通管理办法》的意见

工商市字〔2005〕第172号

各省、自治区、直辖市及计划单列市工商行政管理局:

为进一步贯彻实施《汽车品牌销售管理实施办法》(商务部、国家发展和改革委员会、国家工商行政管理总局2005年第10号令)和《二手车流通管理办法》(商务部、公安部、国家工商行政管理总局、国家税务总局2005年第2号令),认真履行职责,加强对汽车市场的监督管理,现就有关问题提出以下实施意见:

一、充分认识汽车实行品牌销售和二手车流通管理的意义

经国务院批准,2004年6月1日起开始实施的《汽车产业发展政策》第三十五条规定:“2005年起,汽车生产企业自产乘用车均要实现品牌销售和服务;2006年起,所有自产汽车产品均要实现品牌销售和服务”。第三十六条规定:“汽车销售商应在工商行政管理部门核准的经营范围内开展汽车经营活动。”根据《汽车产业发展政策》的有关规定,《汽车品牌销售管理实施办法》及《二手车流通管理办法》对汽车总经销商、品牌经销商及二手车经营主体的概念、设立的条件,及其行为规范等作出了明确具体的规定。

汽车具有生产资料和生活资料两重性,是事关消费者生命财产安全的重要商品。近年来,随着我国汽车消费的快速增长,汽车、二手车销售,及其相关的服务行业,始终是社会经济活动的热点,同时也是消费者申诉和投诉的重点领域。汽车市场中强买强卖、欺诈销售、虚假宣传等违法违规现象时有发生。实行汽车品牌销售和服务,调整和规范二手车流通渠道,是构建我国现代化汽车市场体系的重要内容。对促进汽车生产企业建立先进的营销服务网络,增强服务意识和参与国际竞争的能力;加强汽车经营监督管理,规范汽车市场秩序,保护企业和消费者的合法权益都具有重要意义。各级工商行政管理机关应认真学习好《汽车品牌销售管理实施办法》及《二手车流通管理办法》,并采取有效措施,抓好贯彻落实。

二、准确理解品牌汽车销售备案审核含义,把好市场准入关

首先,拟从事品牌汽车销售的企业,在取得汽车供应商授权后,应到国家工商行政管理总局备案。其次,经过国家工商行政管理总局及地方工商行政管理机关两级审核后,由国家工商行政管理总局公布品牌汽车经销商名单,各地工商行政管理机关根据公布的品牌汽车经销商名单,对其营业执照的经营范围进行变更,统一核定为取得授权的“某某品牌汽车销售”。第三,品牌汽车经销商,包括二级经销商或非法人分支机构,以及汽车连锁经营企业,须经国家工商行政管理总局核准备案后,方可从事品牌汽车经营活动。

原已取得国家工商总局和国家发展改革委核准的小轿车经营权的企业,应在2006年12月31日前取得汽车供应商授权,过渡到品牌汽车经销商。逾期不申请办理品牌汽车销售相关手续的,取消其汽车经营资格。

各省、自治区、直辖市工商行政管理局应停止对汽车一次性经营及连锁经营企业的审核。

外商投资设立的品牌汽车经销商,各地工商行政管理机关根据商务部门的核准证书,变更其营业执照的经营范围。

各地工商行政管理机关应加强对汽车经营企业和汽车集中交易市场的监督检查,依法查处无照经营、超核准经营范围经营等违法违章行为。

三、依法履行职责,认真做好备案审核工作

对汽车品牌经销商实施备案制度,是工商行政管理机关监督管理汽车市场的重要手段和措施。品牌汽车经营企业备案审核工作坚持书面审查和实地核查相结合的原则。书面审查主要是审查企业申请材料是否符合备案内容的条件和要求;实地核查是指国家工商行政管理总局委托相关的省级工商行政管理局,对申请材料的有关内容的真实性以及企业经营活动的情况进行调查核实。

省级工商行政管理局对申请备案的企业登记注册及守法经营等有关情况应认真进行核查。并将核查结果及意见正式行文,按规定时间及时反馈国家工商行政管理总局,反馈的核查结果及意见将作为国家工商行政管理总局备案审核的重要依据。

四、加强对二手车交易市场及二手车经营活动的监督管理

一是认真清理和确认经营主体资格。国务院发布的《关于第三批取消和调整行政审批项目的决定》(国发〔2004〕16号)已对"旧机动车交易中心设立审批"予以取消,根据《二手车流通管理办法》的有关规定,设立二手车交易市场的经营者及从事二手车经销、拍卖、经纪、鉴定评估,应当具备企业法人资格。各地工商行政管理机关应对上述二手车经营主体进行清理,不具备企业法人条件的,要督促企业及时依法办理注册登记。符合登记条件的,在其经营范围中应明确表述二手车经营。

二手车鉴定评估机构及外商投资设立的二手车交易市场、经营企业、经纪机构办理注册登记,按有关行政许可的规定,应具备有关主管部门的核准证书。

二是加强检查,规范二手车经营秩序。首先是强化二手车市场经营者的责任意识,督促其建立和完善有关规章制度,并抓好落实,努力维护市场交易秩序。其次,要加强对交易行为及交易车辆的监督检查,根据《二手车流通管理办法》第三章"行为规范"的有关内容,重点检查二手车交易中虚假宣传、欺诈消费者以及经营禁止上市交易车辆的行为。第三,认真受理消费者的申诉和举报,依法严厉查处违法违规行为。

三是依法行政,建立和完善监督管理制度和机制。各地要进一步完善市场巡查、索证索票、受理消费者申述举报及经营者信用分类监管等制度和措施,并积极探索适合本地区的汽车市场监管的方式方法。同时,加强与公安、税务等有关部门的配合,充分发挥汽车流通协会等汽车行业组织的作用,努力营造公平竞争、守法经营市场环境。省级工商行政管理机关根据实际情况,可拟订二手车交易合同示范样本。国家工商行政管理总局将适时制定全国统一的二手车交易合同示范样本。

《汽车品牌销售管理实施办法》、《二手车流通管理办法》及《申报品牌汽车销售备案材料内容》、《市场规范管理司品牌汽车经营企业备案审核程序规定》等相关文件和材料,各地可登陆国家工商行政管理总局"红盾信息网"查询。

国家工商总局

二〇〇五年十一月十日

从事成品油和汽车分销、特许经营活动的申报规定

商务部2005年8月5日发布

外商投资商业领域从事成品油和汽车分销、特许经营活动的,除应符合《外商投资商业领域管理办法》外,还应分别遵照下列文件规定办理:

一、《成品油市场管理暂行办法》(商务部2004年第23号令)

二、《汽车品牌销售管理实施办法》(商务部2005年第10号令),商务部办公厅关于印发《〈汽车品牌销售管理实施办法〉项目申报备案材料》的通知(商资字〔2005〕28号)

三、《商业特许经营管理办法》(商务部2004年第25号令)

国家工商行政管理总局关于公布品牌汽车销售企业名单的通知

国家工商行政管理总局2005年7月21日发布

各省、自治区、直辖市及计划单列市工商行政管理局:

根据《汽车产业发展政策》和《汽车品牌销售管理实施办法》的有关规定,现将符合备案条件的广州本田汽车有限公司等8家汽车供应商授权的806家品牌汽车销售企业名单予以公布(名单见附件)。

各地工商行政管理机关应根据公布的品牌汽车销售企业名单,认真做好企业营业执照的变更登记工作。为规范品牌汽车销售管理,登记机关应将品牌汽车销售企业经营范围核定为汽车供应商授权的某某品牌汽车销售。

各级工商行政管理机关要依法加强对汽车销售企业的监督管理,督促企业自觉遵守国家有关法律、法规和政策,规范和完善汽车销售服务,及时查处各种违法经营行为,保护企业和消费者的合法权益,维护市场秩序。

附件:806家品牌汽车销售企业名单

国家工商行政管理总局
二〇〇五年七月二十一日

附件:

806家品牌汽车销售企业名单

广州本田汽车有限公司授权品牌汽车销售企业名单:
1. 北京中海明枫汽车销售服务有限公司
2. 河源市汇源汽车销售有限公司
3. 云浮市利生汽车销售服务有限公司
4. 遵义市金峰汽车贸易有限公司
5. 许昌恩达汽车销售服务有限公司
6. 佳木斯名人汽车销售服务有限公司
7. 盘锦星河汽车销售服务有限公司
8. 山东东达汽车销售服务有限公司
9. 德州伟东汽车销售维修有限公司
10. 上海亚欧汽车销售服务有限公司
11. 上海森菱汽车销售服务有限公司
12. 西藏骏马汽车销售服务有限公司

哈飞汽车股份有限公司授权品牌汽车销售企业名单:
1. 安庆汉斯汽车销售服务有限责任公司
2. 北京中航天辰汽车销售服务有限公司
3. 北京豫龙金盛汽车销售有限公司
4. 北京恒日实力商贸有限责任公司
5. 北京冀东华明汽车贸易有限公司
6. 福建省晋江市宏发汽车贸易有限公司福州分公司
7. 厦门宏源发商贸发展有限公司
8. 固原正昌商贸有限公司
9. 固原正昌商贸有限公司三里铺分公司
10. 西藏天宇交通有限公司
11. 宁夏昌飞汽车贸易有限公司
12. 中卫顺通汽车贸易有限公司
13. 东莞市宝胜汽车贸易有限公司
14. 河源市汇鑫汽车贸易有限公司
15. 普宁市福和汽车贸易有限公司
16. 普宁市盛兴汽车贸易有限公司
17. 南宁市信义德汽车销售有限公司
18. 贵州江铃汽车销售服务有限责任公司
19. 贵州利和汽车贸易有限公司
20. 贵州致远汽车贸易有限公司
21. 贵州江铃汽车销售服务有限责任公司黔东南州分公司
22. 贵州省铜仁地区伍寰车辆交易有限公司
23. 遵义市兴耀贸易有限公司
24. 儋州顺达贸易有限公司
25. 海南佳致汽车销售有限公司
26. 海口港发汽车贸易有限公司
27. 琼海胜达汽车销售服务有限公司
28. 三亚京海汽车服务有限公司
29. 保定市松花江汽车专卖店
30. 保定市中胜汽车贸易有限公司
31. 保定市路宝汽车贸易有限公司
32. 唐山市冀东机电设备有限公司承德分公司
33. 河北同力汽车贸易有限公司
34. 邯郸市北方汽车贸易有限公司
35. 青县祥通汽车销售维修服务有限公司
36. 石家庄盛禾汽车贸易有限公司
37. 石家庄汇丰汽车贸易有限公司
38. 涿州市双凯汽车销售有限公司
39. 涿州市石油物探隆丰汽车修理有限责任公司
40. 安阳市通驰汽车贸易有限责任公司
41. 登封市车友汽车销售服务有限公司
42. 焦作市中运汽车贸易有限公司
43. 灵宝市宏旺汽车服务有限责任公司
44. 洛阳市赛飞商贸有限公司
45. 南阳高新区夕阳红汽修厂
46. 平顶山市实力汽车销售有限公司
47. 商丘市汽车销售有限公司
48. 新乡市宇恒汽车销售有限公司
49. 新乡市铃丰汽车贸易有限公司
50. 信阳力源汽车贸易有限公司
51. 许昌市汽拖机电设备有限公司
52. 郑州市金世机电有限责任公司
53. 河南中原汽车贸易集团股份有限公司哈飞汽车销售服务中心
54. 周口市中鑫汽车贸易有限公司
55. 哈尔滨龙顺汽车销售有限公司
56. 哈尔滨毅仁汽车贸易有限公司
57. 哈尔滨益昌物资经销有限公司
58. 哈尔滨市新三元工贸实业公司
59. 哈尔滨哈飞松花江汽车销售有限公司
60. 鸡西市金达汽车贸易有限公司
61. 哈尔滨市新三元工贸实业公司牡丹江分公司
62. 牡丹江市广宇汽车销售处
63. 齐齐哈尔齐润汽车销售有限公司
64. 齐齐哈尔齐塑塑料制品有限公司
65. 绥化市路驰汽车经销有限公司
66. 武汉威汉机电贸易有限责任公司江北分公司
67. 常德市松意汽车贸易有限公司
68. 衡阳市玖玖汽车销售服务有限公司
69. 湖南三力汽车贸易有限公司

70. 怀化顺风汽车销售有限公司
71. 长春海润实业有限公司
72. 长春市长航微型汽车修配厂
73. 辽源市嘉和汽车经销中心
74. 四平市哈华汽车运输有限公司
75. 松原市龙盛汽车销售有限公司
76. 松原市鑫森汽车销售有限公司
77. 通化中兴汽车贸易有限责任公司
78. 吉林市源润汽车贸易有限责任公司
79. 南京朗驰集团哈飞汽车销售服务有限责任公司
80. 南通飞鹤汽车销售服务有限公司
81. 南通飞鹤汽车销售服务有限公司哈飞汽车销售分公司
82. 苏州市中南汽车销售有限公司
83. 泰州市东进汽车贸易有限公司
84. 无锡市志欣汽车贸易有限公司
85. 扬州奔腾名车销售修理有限公司
86. 扬州中基实业有限公司
87. 江都市天和汽车贸易有限公司
88. 九江天源电力汽车贸易有限公司
89. 南昌市莱福汽车销售有限公司
90. 萍乡市众发汽车销售有限公司
91. 江西上高县铭江汽车销售有限公司
92. 上饶东旭汽车贸易有限公司
93. 新余市金联货运工贸有限公司
94. 宜春市亚鑫汽车销售服务有限公司
95. 鞍山福泰汽车贸易有限公司
96. 大连华诺汽车贸易有限公司
97. 丹东松花江汽车销售有限公司
98. 辽宁众意哈飞汽车销售服务有限公司
99. 沈阳哈飞汽车销售服务有限公司
100. 营口辽滨汽车贸易有限公司
101. 内蒙古利丰哈飞汽车销售服务有限公司
102. 德州北联汽车销售租赁有限公司
103. 东营安华汽车销售服务有限公司
104. 济南哈飞汽车销售服务有限公司
105. 济南百利汽车销售有限公司
106. 济南松江汽车销售有限公司
107. 山东国铁天龙汽车贸易有限公司
108. 山东国铁天龙汽车贸易有限公司东营分公司
109. 山东国铁天龙汽车贸易有限公司潍坊分公司
110. 山东国铁天龙汽车贸易有限公司青岛分公司
111. 青岛东方建明汽车销售有限公司
112. 莱芜汇通汽车贸易有限公司
113. 莱州市华通汽车销售有限公司
114. 聊城市同辉汽车销售有限公司
115. 青岛平度市交运实业发展有限公司
116. 青岛金康汽车销售有限公司
117. 青岛润兴汽车销售有限公司
118. 青岛昌青贸易有限公司
119. 威海恒润汽车贸易有限公司
120. 潍坊国泰汽车贸易有限公司
121. 潍坊市新东方汽车销售有限公司
122. 长垣县汽车销售有限公司
123. 吕梁市鼎胜汽车贸易有限公司
124. 晋城市华洋亚飞汽车连锁销售有限公司
125. 山西长风华盛汽车贸易有限公司
126. 阳泉市兴盛源汽贸有限公司
127. 西安兰航科技工业贸易有限公司安康汽车贸易分公司
128. 宝鸡市燕兴汽车销售服务有限公司
129. 陕西四方汽车贸易有限公司
130. 汉中市燕兴商茂有限公司
131. 西安兰航科技工业贸易有限公司汉中汽车贸易分公司
132. 都江堰市祥云汽车贸易有限责任公司
133. 成都建国哈飞汽车销售服务有限公司
134. 成都泰吉汽车有限责任公司
135. 成都芸绅汽车贸易有限公司
136. 成都市新津顺通汽车贸易有限公司
137. 成都市新都同力汽车销售有限公司
138. 阿坝藏族羌族自治州商业储运公司汽车销售分公司
139. 成都市邛崃凯祥车业有限公司
140. 德阳恒宇车业有限公司广汉分公司
141. 绵阳建国汽车销售服务有限公司
142. 江油林达汽贸有限公司
143. 四川春刚贸易发展有限公司南部县哈飞汽车专营店
144. 四川春刚贸易发展有限公司阆中哈飞汽车专营店
145. 四川省阆中市泰安运业有限责任公司
146. 攀枝花市永博汽车贸易有限公司
147. 什邡市远人商贸发展有限责任公司
148. 射洪蜀安汽贸有限责任公司
149. 西昌琦洋汽车服务有限责任公司
150. 简阳市凯达车业有限责任公司
151. 博尔塔拉蒙古自治州宝源汽车贸易有限公司
152. 喀什市通工实业有限公司
153. 奎屯新华商贸有限公司
154. 吐鲁番市神州机电有限责任公司
155. 乌鲁木齐市路宝机电设备有限责任公司
156. 哈尔滨哈飞贸易总公司乌鲁木齐公司
157. 乌鲁木齐大地汽车贸易有限公司
158. 云南利民经贸有限公司
159. 思茅思南汽销有限公司
160. 云南玉溪安发汽车销售有限公司
161. 临安赛阳汽车销售部
162. 杭州惠达汽车贸易有限公司
163. 湖州金田汽车销售有限公司
164. 嘉兴市华泰汽车销售有限公司
165. 金华市永通汽车销售有限公司
166. 宁波大榭开发区亚大工贸有限公司
167. 浙江中南汽车贸易有限公司

168. 上虞市金桥汽车销售有限公司
169. 绍兴县元通汽车销售有限公司
170. 台州市明泰汽车有限公司
171. 台州天力汽车贸易有限公司
172. 温州威尔鹰汽车工业贸易有限公司
173. 义乌市永发进口汽车修理厂

华晨宝马汽车有限公司授权品牌汽车销售企业名单：

1. 福州中宝卓越汽车销售服务有限公司
2. 河南中德宝汽车销售服务有限公司
3. 长春宝兴行汽车销售服务有限公司
4. 济南万宝行汽车销售服务有限公司
5. 浙江金湖机电有限公司
6. 浙江骏宝行汽车销售有限公司
7. 宁波宝恒汽车销售服务有限公司
8. 广州宝悦汽车贸易有限公司第一分公司

江西昌河汽车股份有限公司授权品牌汽车销售企业名单：

1. 安徽省阜阳市物华汽车销售有限公司
2. 合肥源山贸易有限责任公司
3. 合肥亚夏大名汽车销售服务有限公司
4. 合肥航华商贸有限公司
5. 黄山市捷田汽车贸易有限公司
6. 芜湖远大汽车贸易有限公司
7. 北京昌河北方汽车销售服务有限公司
8. 北京市腾远顺达汽车贸易有限公司
9. 北京市腾远兴业汽车服务有限公司
10. 北京市腾远兴业汽车服务有限公司三分公司
11. 北京市腾远兴业汽车服务有限公司四分公司
12. 北京市腾远兴业汽车服务有限公司六分公司
13. 厦门驰铭汽车服务有限公司
14. 漳州市万盛达汽车经贸有限公司
15. 庆阳神力商贸有限公司
16. 六盘水天驰汽车有限公司
17. 黔东南州天力实业有限公司
18. 黔东南州天力实业有限公司销售服务分公司
19. 兴义市亨通汽贸有限公司
20. 贵州省遵义市双龙物资贸易有限责任公司
21. 保定市华昌昌河汽车专卖店
22. 沧州市骏驰汽车销售有限公司.
23. 衡水新时代汽车销售技术服务有限公司
24. 唐山市冀东华昌汽车销售服务有限公司
25. 唐山市中天汽车贸易有限公司
26. 长垣县汽车销售有限公司
27. 河南昌河汽车实业有限责任公司
28. 鹤壁市创业汽车销售服务有限公司
29. 开封市建航昌河汽车专卖店
30. 商丘市中原汽车贸易有限公司
31. 新乡市铃丰汽车贸易有限公司
32. 哈尔滨市东北汽车销售有限责任公司
33. 齐齐哈尔万达汽车贸易有限公司
34. 武汉浩源商贸有限公司
35. 武汉建豪汽车销售有限公司
36. 长沙天隆汽车销售有限公司
37. 湖南道野汽车贸易有限公司
38. 衡阳市高卫汽车销售服务有限公司
39. 怀化市对外经济贸易盈丰有限公司
40. 四平市鑫泰汽车销售有限公司
41. 延吉市北方汽车贸易有限公司
42. 江苏昌河汽车实业有限责任公司
43. 南通市神马汽车销售服务有限公司
44. 苏州昌铃汽车销售服务有限公司
45. 昆山市福海汽车销售服务有限公司
46. 泰州市东进汽车贸易有限公司
47. 泰州市东进汽车贸易有限公司第一分公司
48. 徐州龙信汽车销售有限公司
49. 赣州市农机有限责任公司
50. 江西中航汽车工业贸易有限公司
51. 吉安市智信汽车贸易有限公司
52. 昌河飞机工业公司九江电器厂
53. 昌河飞机工业公司九江电器厂汽车销售中心
54. 江西省十通物流有限公司
55. 萍乡市蓝马汽车贸易有限公司
56. 上饶市旧机动车辆交易中心
57. 江西省宜春汽车运输总公司
58. 江西省宜春汽车运输总公司宜春货物运输公司
59. 大连鑫丰汽车销售服务有限公司
60. 辽宁铁道融信汽车销售有限公司
61. 锦州市金源机电设备有限责任公司
62. 沈阳市中航汽车销售有限公司
63. 沈阳航空工业供销储运公司
64. 沈阳众利达汽车贸易有限公司
65. 宁夏昌飞汽车贸易有限公司
66. 济宁龙兴贸易有限公司
67. 青岛长丰汽车销售有限公司
68. 莱芜市东南汽车销售服务有限公司
69. 聊城市鲁翔汽车销售有限公司
70. 青岛华森汽车销售维修有限公司
71. 青岛昌龙汽车销售有限公司
72. 青州市丰田物资贸易有限公司
73. 青州市广通物资贸易有限公司
74. 泰安五岳汽车销售服务有限公司
75. 威海隆德贸易有限公司
76. 大同市光洋机电设备有限责任公司
77. 吕梁大昌重型汽车服务有限公司
78. 河津市柴信汽车服务有限公司
79. 临汾市尧都区东贸汽贸有限公司
80. 孝义市智源汽车贸易有限公司
81. 阳泉市兴盛源汽贸有限公司
82. 陕西东方昌飞汽车贸易有限公司
83. 西安国利汽车服务有限公司
84. 咸阳驰骋汽车贸易服务有限公司

85. 上海金旅汽车销售有限公司
86. 成都泰吉汽车有限责任公司
87. 四川省德阳市农机有限公司
88. 遂宁市华发车业有限公司
89. 自贡市正邦汽车贸易有限责任公司
90. 天津盛昌汽车贸易有限公司
91. 乌鲁木齐昌河铃木汽车销售服务有限公司
92. 乌鲁木齐佳宝瑞通工贸有限公司
93. 乌鲁木齐佳宝瑞通工贸有限公司分公司
94. 乌鲁木齐昆仑汽车销售有限公司
95. 杭州日鑫汽车有限公司
96. 诸暨市中彩汽车有限公司
97. 重庆诚信汽车销售有限责任公司
98. 永川市凯龙汽车销售有限公司

上海上汽大众汽车销售有限公司授权品牌汽车销售企业名单：

1. 上海大众汽车巢湖销售服务有限公司
2. 上海大众汽车池州市贵池销售服务有限公司
3. 安徽华松实业有限责任公司
4. 上海大众汽车宿州特约维修站
5. 北京真浩泰汽车销售有限公司
6. 北京北极寺上海大众汽车特约维修站有限公司
7. 柳州市桂鹏汽车贸易有限责任公司
8. 霸州市盛德汽车销售服务有限公司
9. 洛阳市德众汽车服务有限公司
10. 上海大众汽车南阳销售服务有限公司
11. 上海大众汽车三门峡销售服务有限公司
12. 上海大众汽车驻马店销售服务有限公司
13. 郴州申湘汽车有限公司
14. 湖南星沙汽车有限公司
15. 常州众成汽车销售服务有限公司
16. 上海大众汽车淮安销售服务有限公司
17. 上海汽车工业连云港销售有限公司
18. 上海大众汽车常熟销售服务有限公司
19. 吴江上汽大众汽车销售服务有限公司
20. 上海大众汽车张家港汽车销售服务有限公司
21. 上海大众汽车日照销售服务有限公司
22. 上海众连机电销售有限公司
23. 上海大众汽车联合销售有限责任公司
24. 上海大众汽车青浦销售服务有限公司
25. 上海弘迈汽车销售服务有限公司
26. 上海汽车贸易公司
27. 中国城市车辆华东公司
28. 上海汽车工业成都销售公司
29. 上海大众汽车泸州销售服务有限公司
30. 嘉兴市禾众汽车服务有限公司
31. 慈溪市一得汽车服务有限公司
32. 浙江里程汽车有限公司

上海通用汽车有限公司授权品牌汽车销售企业名单：

1. 衡阳市沪湘汽车销售服务有限公司
2. 安庆环雪汽车销售服务有限公司
3. 蚌埠尚通汽车销售服务有限公司
4. 安徽惠和汽车服务有限公司
5. 黄山惠风汽车销售服务有限公司
6. 北京首创实利贸易有限公司
7. 北京运通博雅汽车销售服务有限公司
8. 北京上汽安吉汽车销售服务有限公司
9. 北京乾博阳光汽车贸易有限公司
10. 北京路通威汽车销售服务有限公司
11. 北京合力华通汽车服务有限公司
12. 北京加达远通汽车销售有限公司
13. 北京中冀乐业汽车销售有限公司
14. 北京市博瑞勤和汽车销售服务有限公司
15. 北京国生汽车销售服务有限公司
16. 福州永达汽车销售服务有限公司
17. 福州中机中泰汽车贸易有限公司
18. 泉州通海新世纪汽车有限公司
19. 厦门泰运通汽车服务有限公司
20. 白银赛亚新力汽车销售服务有限公司
21. 甘肃赛通汽车销售服务有限公司
22. 东莞市志祥汽车销售服务有限公司
23. 东莞市瑞通汽车销售服务有限公司
24. 东莞市会通汽车贸易有限公司
25. 佛山市顺协汽车销售服务有限公司
26. 佛山市扬海汽车销售服务有限公司
27. 广东广物金通达汽车贸易有限公司
28. 广州市南菱通汽车销售服务有限公司
29. 广州安骅骅通汽车销售服务有限公司
30. 广州梅花园泓嘉汽车服务有限公司
31. 广州美骐汽车有限公司
32. 河源市标远汽车销售服务有限公司
33. 惠州市标远实业有限公司
34. 江门市华臻汽车销售服务有限公司
35. 韶关市方向汽车销售有限公司
36. 深圳市红彤东润汽车销售服务有限公司
37. 深圳市标远投资有限公司
38. 深圳市红彤东浩汽车销售服务有限公司
39. 湛江市平海汽车销售服务有限公司
40. 中山市利得汽车贸易有限公司
41. 桂林弘帆桂成汽车销售服务有限公司
42. 柳州市五亿汽车销售有限公司
43. 广西弘泽汽车销售服务有限公司
44. 广西荣通汽车销售服务有限公司
45. 北海弘通利达汽车销售服务有限公司
46. 玉林市弘通汽车销售服务有限公司
47. 贵州乾通汽车进出口销售有限责任公司
48. 海南安骅汽车销售服务有限公司
49. 保定轩宇和跃汽车贸易服务有限公司
50. 沧州益昌汽车销售服务有限公司
51. 河北盛康汽车贸易有限公司

52. 唐山市四联晟通汽车销售服务有限公司
53. 安阳市新纪元汽车销售服务有限公司
54. 河南众通中原汽车服务有限公司
55. 焦作市新纪元汽车销售服务有限公司
56. 洛阳市美浩汽车销售服务有限公司
57. 南阳万通汽车销售服务有限公司
58. 三门峡市美通汽车销售服务有限公司
59. 河南新希望汽车销售服务有限公司
60. 大庆华能诚通汽车销售维修有限公司
61. 哈尔滨美通汽车贸易有限公司
62. 湖北三环瑞通汽车有限公司
63. 荆门国盛荆威汽车销售服务有限公司
64. 十堰绅协汽车贸易有限公司
65. 随州博诚汽车销售服务有限公司
66. 湖北国盛天马汽车销售服务有限公司
67. 宜昌天时汽车销售服务有限公司
68. 郴州申湘汽车有限公司
69. 湖南华洋世纪汽车销售服务有限公司
70. 湖南申湘汽车天润销售服务有限公司
71. 怀化市吉程汽车贸易有限公司
72. 岳阳申华汽车销售服务有限公司
73. 长春市永通佛商汽车销售有限责任公司
74. 常州常雪汽车销售服务有限公司
75. 江苏米兰汽车贸易有限公司
76. 江苏天泓雪莱汽车服务有限公司
77. 南京昌润汽车销售有限公司
78. 南通新城集团汽车销售服务有限公司
79. 南通长江上通汽车销售服务有限公司
80. 常熟亚泰汽车销售服务有限公司
81. 昆山华阳汽车贸易服务有限公司
82. 苏州华田汽车销售服务有限公司
83. 苏州东昌汽车销售服务有限公司
84. 无锡泓通汽车销售服务有限公司
85. 江阴市海雪汽车销售服务有限公司
86. 徐州润东瑞景汽车销售服务有限公司
87. 大连宏骏汽车销售服务有限公司
88. 大连驰敖汽车有限公司
89. 辽宁鑫溢汽车销售服务有限公司
90. 沈阳骏和通汽车销售服务有限公司
91. 沈阳业乔汽车销售服务有限公司
92. 沈阳汇鼎汽车贸易有限公司
93. 沈阳一天合汽车销售服务有限公司
94. 铁岭市鑫北方汽车销售服务有限公司
95. 包头市蒙骏汽车销售服务有限责任公司
96. 内蒙古泰莱汽车服务有限公司
97. 新疆天枢汽车销售服务有限公司巴州分公司
98. 青海赛森汽车销售服务有限公司
99. 德州通途汽车销售服务有限公司
100. 山东彩虹汽车销售有限公司
101. 山东润艺汽车销售服务有限公司
102. 山东瑞祥汽车销售服务有限公司
103. 山东鸿发森泉汽车销售服务有限公司
104. 菏泽润通汽车销售服务有限公司
105. 临沂瑞发汽车商贸有限公司
106. 青岛神龙达汽车销售服务有限公司
107. 青岛奥达汽车销售服务有限公司
108. 青岛成汇达汽车销售服务有限公司
109. 青岛名通车行有限公司
110. 青岛迪通汽车销售有限公司
111. 日照鸿发汽车销售服务有限公司
112. 泰安强世行汽车销售服务有限公司
113. 威海市美裕达汽车销售服务有限公司
114. 潍坊瑞通汽车销售服务有限公司
115. 潍坊润兰汽车销售服务有限公司
116. 烟台华洋汽车销售服务有限公司
117. 烟台大成华通汽车销售服务有限公司
118. 枣庄信通汽车销售服务有限公司
119. 淄博铸泰汽车销售服务有限公司
120. 邹城德通汽车销售服务有限公司
121. 长治市晶通汽车销售服务有限公司
122. 长治市华丽通汽车销售服务有限公司
123. 临汾新宝鼎汽车销售服务有限公司
124. 山西仁通汽车服务有限公司
125. 山西宝鼎汽车销售服务有限公司
126. 陕西华兴咸通汽车贸易有限公司
127. 陕西伊势威汽车销售服务有限责任公司
128. 陕西华兴乾通汽车贸易有限公司
129. 陕西粤海汽车维修有限责任公司渭南分公司
130. 西安泛想汽车实业有限公司
131. 上海冠松汽车普陀销售服务有限公司
132. 上海云峰金山汽车发展有限公司
133. 上海良通汽车销售服务有限公司
134. 上海幼狮盛通汽车销售服务有限公司
135. 上海驰达汽车销售服务有限公司
136. 上海永达中环汽车销售服务有限公司
137. 上海协通锦发汽车销售服务有限公司
138. 上海文洋汽车贸易有限公司
139. 上海逸隆汽车销售服务有限公司
140. 上海锦骏汽车销售服务有限公司
141. 上海强生北美汽车销售服务有限公司
142. 成都天帅车业有限公司
143. 成都吉翔汽车销售有限公司
144. 四川灵通汽车销售服务有限公司
145. 四川港宏新通汽车销售有限公司
146. 乐山金杰汽车销售服务有限公司
147. 天津市中乒上通汽车销售服务有限公司
148. 天津市四联汽车销售服务有限公司
149. 拉萨康达汽车销售服务有限公司
150. 新疆昊圣汽车销售服务有限公司
151. 新疆天枢汽车销售服务有限公司阿克苏分公司

152. 新疆天璇汽车销售服务有限公司
153. 云南立华云行汽车销售有限公司
154. 云南天下行汽车服务有限公司
155. 苍南五洲汽车销售服务有限公司
156. 浙江瑞泰汽车有限公司
157. 浙江康盛汽车销售服务有限公司
158. 浙江兰通汽车有限公司
159. 浙江和通汽车有限公司
160. 杭州怡和汽车有限公司
161. 杭州米家铭杰汽车销售服务有限公司
162. 湖州盛通汽车销售有限公司
163. 金华兰通汽车销售服务有限公司
164. 宁波北仑兴欣汽车销售服务有限公司
165. 宁波市欣通汽车销售服务有限公司
166. 瑞安市五洲汽车销售服务有限公司
167. 上虞市康家汽车销售服务有限公司
168. 绍兴宏盛汽车销售服务有限公司
169. 台州市林丰汽车贸易有限公司
170. 温岭通达汽车销售服务有限公司
171. 台州阳光汽车销售服务有限公司
172. 温州豪特汽车销售服务有限公司
173. 永康市三星汽车销售服务有限公司
174. 浙江荣通汽车销售服务有限公司
175. 重庆百年恒华实业集团骏宏汽车服务有限公司
176. 重庆中豪汽车有限公司

沈阳华晨金杯汽车有限公司授权品牌汽车销售企业名单:

1. 安庆市顺达汽贸有限公司
2. 滁州迅驰汽贸有限公司
3. 安徽华天汽车销售服务有限公司
4. 合肥民生汽车服务有限公司
5. 安徽省马鞍山市中大汽车贸易有限公司
6. 宿州市宝隆汽车超市有限公司
7. 安徽汽贸(铜陵)商贸有限责任公司
8. 芜湖华晨汽车销售服务有限公司
9. 北京三江华晨汽车销售服务有限公司
10. 北京东汇盛汽车销售有限公司
11. 北京方向汽车贸易有限公司
12. 北京昊普亚通汽车销售服务有限公司
13. 北京奥润投资管理有限公司
14. 北京吉通豪情汽车销售有限公司
15. 北京市雄起商贸中心第一销售部
16. 北京亚辰伟业汽车销售中心
17. 北京世纪汇港汽车贸易中心
18. 福清市豪开汽车贸易有限公司
19. 福建省闽晨汽车贸易有限公司
20. 福建通众汽车贸易有限公司
21. 龙岩市全新机电汽车有限公司
22. 南平得力汽车贸易有限公司
23. 宁德市新辉商贸有限公司
24. 福建省宁德市东南物资贸易有限公司
25. 福建省南方车业有限公司
26. 泉州市江南汽车贸易有限公司
27. 三明市大昌物资贸易有限公司
28. 三明市和兴汽车贸易有限公司
29. 厦门金晨汽车销售服务有限公司
30. 厦门市同安榕厦汽车贸易有限公司
31. 厦门荣滨集团机械配件有限公司
32. 漳州市豪锦汽车贸易有限公司
33. 漳州华驰汽车有限公司
34. 甘肃金岛汽车超市有限公司
35. 甘肃仕通汽车销售有限公司
36. 汕头市振业汽车贸易有限公司潮州分公司
37. 东莞市金杯供销有限公司
38. 东莞市兴华汽车销售有限公司
39. 东莞市亚飞汽车销售有限公司
40. 东莞市宏达汽车贸易有限公司
41. 东莞市中昌贸易有限公司
42. 东莞市金杯供销有限公司莞樟分公司
43. 东莞市志诚贸易有限公司
44. 广东曙光汽车贸易有限公司
45. 佛山市南海兴润达汽车有限公司
46. 广东广物华旭汽车贸易有限公司
47. 广东建利华汽车销售服务有限公司
48. 广东骏业汽车贸易有限公司
49. 广东腾高发展有限公司
50. 广东广物华通汽车贸易有限公司
51. 广东省物兴汽车贸易有限公司
52. 广州市力驰汽车贸易有限公司
53. 广州市锐华汽车销售服务有限公司
54. 广州市交通物资有限公司
55. 广州市众合力汽车贸易有限公司
56. 广州市薪力汽车贸易有限公司
57. 广州市奔鹏汽车贸易有限公司
58. 广州市增城名驹贸易行
59. 江门进口汽车服务有限公司
60. 汕头市振业汽车贸易有限公司揭阳分公司
61. 开平市海星汽车贸易有限公司
62. 汕头市振业汽车贸易有限公司普宁市分公司
63. 清远市成发汽车贸易有限公司
64. 汕头市振业汽车贸易有限公司澄海分公司
65. 汕头市振业汽车贸易有限公司
66. 汕尾海陆汽车发展有限公司
67. 韶关市联丰汽车贸易有限公司
68. 深圳市龙业汽车贸易有限公司
69. 深圳市骄龙汽车服务有限公司
70. 中山市中俊汽车贸易有限公司
71. 中山市星港汽车贸易有限公司
72. 珠海市众大利物资车业有限公司
73. 广西弘晨汽车销售服务有限公司
74. 广西壮族自治区机电设备有限责任公司

75. 广西壮族自治区机电设备南宁公司百色分公司
76. 广西壮族自治区机电设备北海公司
77. 广西壮族自治区机电设备贵港公司
78. 广西河池市机动车辆交易市场
79. 广西贺州市机电设备总公司
80. 柳州万事得汽车销售有限责任公司
81. 广西弘晨汽车销售服务有限公司南宁安吉分店
82. 广西梧州市九鑫汽车销售有限公司
83. 梧州市弘泰汽车销售有限公司
84. 玉林市弘森汽车销售服务有限公司
85. 贵州通源投资有限公司
86. 海南蓝霸汽车销售服务有限公司
87. 三亚永安汽车贸易公司
88. 保定市新世纪汽车贸易有限公司
89. 沧州市河北汽贸汽车销售有限公司
90. 邯郸华诚汽车贸易有限公司
91. 衡水新时代汽车销售技术服务有限公司
92. 廊坊通轩实业有限公司
93. 廊坊市汇福汽车贸易有限公司
94. 唐山汇通汽车销售服务有限公司
95. 邢台汽车大世界
96. 张家口利华汽车贸易服务有限公司
97. 中汽华北张家口嘉华汽车销售有限公司
98. 河南裕华晨光汽车贸易服务有限公司
99. 洛阳豫西汽车贸易有限公司
100. 大庆合庆汽车销售维修有限公司
101. 黑龙江华运汽车销售有限公司
102. 哈尔滨华晨伟业汽车销售有限公司
103. 佳木斯淇鑫汽车贸易有限公司
104. 恩施宏昌轻型汽车有限责任公司销售分公司
105. 湖北三环盛通汽车有限公司
106. 黄石市恒兴物业发展有限公司
107. 荆门市中辰工贸有限公司
108. 湖北三环盛通汽车有限公司十堰展示销售厅
109. 武汉市迅佳汽车销售有限公司
110. 咸宁市麒麟工贸有限公司
111. 常德市日丰汽车销售服务有限公司
112. 湖南君临汽车贸易有限公司
113. 湖南华一汽车贸易有限公司
114. 衡阳市天吉汽车销售有限公司
115. 怀化市恒裕实业有限公司汽车贸易分公司
116. 湖南吉首汽车销售公司.
117. 湖南宁乡金南汽车销售有限公司
118. 邵阳市天娇汽车贸易有限公司
119. 湖南莲城汽车贸易服务有限公司
120. 湘西自治州武陵汽车摩托车有限公司
121. 益阳市开元汽车城有限公司
122. 永州市永丰汽车经营有限公司
123. 湖南永州申湘汽车有限公司
124. 岳阳市湘岳汽车贸易有限公司.
125. 株洲蓝马汽车销售服务有限公司
126. 吉林省恒升汽车销售有限公司
127. 常州华晨汽车销售服务有限公司
128. 溧阳市东方汽车销售有限公司
129. 海宁市海通汽车贸易有限公司
130. 南京朗驰集团金杯汽车贸易有限公司
131. 南京联骏汽车销售有限公司
132. 南通东方车业有限公司
133. 南通华神汽车销售有限公司
134. 南通神州汽车销售服务有限公司
135. 海门市金天企业集团有限公司
136. 启东市平安汽车销售有限公司
137. 如东常福汽车销售有限公司
138. 如东县兴宇机电设备有限公司
139. 如皋市福天汽车销售有限公司
140. 昆山大镇汽车修理有限公司
141. 常熟市中天汽车销售服务有限公司
142. 常熟市晟天汽车销售服务有限公司
143. 苏州市鸿鑫汽车工贸有限公司
144. 吴江世纪汽车销售有限公司
145. 苏州三联汽车销售有限公司张家港分公司
146. 宿州闰安亚飞汽车连锁有限公司
147. 泰州华祥汽车销售服务有限公司
148. 靖江市华联汽车摩托车经销有限公司
149. 无锡东方华宝汽车销售服务有限公司
150. 无锡市车龙锦汽贸有限公司
151. 无锡市开天汽车贸易有限公司
152. 江苏闰通汽车销售有限责任公司
153. 盐城市宁盐汽车销售有限公司
154. 江苏森风汽摩有限公司
155. 镇江天安达汽车贸易有限公司
156. 江苏众联伟业汽车贸易有限公司
157. 丹阳市新驰铭泰汽车有限公司
158. 江西省智通汽车销售服务有限公司
159. 鞍山华源汽车销售服务有限公司
160. 大连万通汽车销售有限公司
161. 大连中华汽车销售服务有限公司
162. 抚顺市华威汽车销售服务有限公司
163. 辽宁海狮汽车贸易有限公司
164. 辽宁鑫辰中华汽车销售服务有限公司
162. 华晨金杯葫芦岛宝通汽车销售服务中心(有限公司)
166. 葫芦岛市北方汽车贸易有限公司
167. 盘锦新捷维汽车销售服务有限公司
168. 辽宁新华跃汽车销售服务有限公司
169. 沈阳金杯汽车销售有限公司
170. 沈阳百盛汽车销售服务有限公司
171. 辽宁东北汽车贸易有限公司
172. 内蒙古环成汽车技术有限公司
173. 宁夏宝路杰汽车贸易有限公司
174. 济宁北方汽车贸易有限公司

175. 青岛鲁东汽车贸易有限公司
176. 青岛宏林源汽车销售有限公司
177. 烟台瑞源汽车销售有限公司莱阳分公司
178. 莱州市远大汽车销售服务有限公司
179. 青岛华森亚飞汽车连锁销售有限公司
180. 青岛迪生汽车销售有限公司
181. 青岛北方国贸大厦股份有限公司亚飞汽车连锁店
182. 青岛雁山汽车配件城有限公司
183. 威海金杯汽车销售有限公司
184. 潍坊华盛汽车贸易有限公司
185. 淄博明珠物资有限公司
186. 长治市乾通新华夏汽车连锁销售有限公司
187. 山西汇众汽车家园有限公司
188. 山西华阳汽车销售服务有限公司
189. 晋城市金属材料有限公司
190. 临汾市亚都汽车销售有限公司
191. 山西东联汽车销售有限公司朔州分公司
192. 山西汇桥红龙汽车连锁销售有限公司
193. 山西穗源汽车贸易有限公司
194. 山西长风晨晋汽车销售有限公司
195. 山西华尔特车城汽车连锁销售有限公司
196. 阳泉市顺达亚飞汽车连锁销售有限公司
197. 山西省运城市物产汽车贸易有限公司
198. 宝鸡开隆商贸有限公司
199. 陕西天一汽车销售服务有限责任公司
200. 华星西北汽车贸易有限公司
201. 陕西汽车贸易渭南公司
202. 成都众合华晨汽车销售服务有限公司
203. 四川省城市车辆置业有限责任公司
204. 四川明友汽车服务有限公司
205. 四川绵阳新华汽车销售服务有限公司
206. 天津沈华汽车贸易有限公司
207. 天津名仕汽车服务有限公司
208. 天津骏华汽车销售服务有限公司
209. 喀什市通工实业有限公司
210. 吐鲁番市巨人实业有限公司
211. 新疆东茂汽车销售服务有限公司
212. 伊犁军工维鑫汽车销售服务有限公司
213. 保山金马中运有限责任公司
214. 楚雄州机电设备总公司
215. 大理天翼汽车贸易有限责任公司
216. 云南省德宏州天龙汽车贸易有限责任公司
217. 云南诚龙汽车销售服务有限公司
218. 云南英茂商务有限公司桑塔纳汽车第二经营部
219. 云南奔达汽车销售有限公司
220. 云南嘉策汽车销售服务有限公司
221. 开远市康马汽车经贸有限公司
222. 丽江万通科工贸有限责任公司
223. 曲靖东红汽车贸易有限公司
224. 云南思茅交通运输集团有限公司鸿达汽车贸易分公司
225. 文山州宏昌机动车交易有限公司
226. 苍南县飞龙汽车贸易有限公司
227. 浙江省东阳市农业机械有限公司
228. 浙江元润汽车有限公司
229. 海盐县丰达汽车销售有限公司
230. 临安市阳光汽车销售有限公司
231. 杭州康桥汽车销售有限公司
232. 杭州东方汽车销售有限公司
233. 杭州申申汽车销售有限公司
234. 杭州华州汽车销售有限公司
235. 富阳市元通汽车有限公司
236. 浙江省建德市昌炎物贸有限公司
237. 浙江绿洲亚飞汽车有限公司
238. 桐庐县春江机电设备有限公司
239. 桐庐风之行汽车销售服务有限公司
240. 湖州红卫实业有限公司
241. 嘉善华晨汽车销售有限公司
242. 嘉兴市苏嘉骏达汽车贸易有限公司
243. 浙江大昌投资集团股份有限公司华晨汽车销售服务中心
244. 金华市新江南汽车贸易有限公司兰溪分公司
245. 乐清市新华夏汽车销售服务有限公司
246. 平湖市万众汽车贸易有限责任公司
247. 温州鑫磊汽车销售有限公司
248. 衢州大华汽车销售有限公司
249. 浙江红旭实业有限公司
250. 温州市飞龙汽车有限公司瑞安分公司
251. 浙江海越汽车有限公司上虞分公司
252. 绍兴县元通汽车销售有限公司洋渎分公司
253. 绍兴县元通汽车销售有限公司汽车城分公司
254. 嵊州市天乐车业有限公司
255. 桐乡市振华汽车贸易有限公司
256. 新昌县富通汽车服务有限公司
257. 温州市龙湾飞龙车辆有限公司永嘉分公司
258. 温州江华汽车销售有限公司
259. 永康市汇通汽车销售有限公司
260. 国兴汽车服务中心
261. 重庆富华汽车销售有限公司
262. 重庆万通汽车销售服务有限公司
263. 中国汽车工业西南销售公司涪陵分公司
264. 重庆市津源汽车销售服务有限公司
265. 重庆万友汽车销售服务公司万卅分公司
266. 重庆市名佳汽车销售有限责任公司

重庆长安铃木汽车有限公司授权品牌汽车销售企业名单：

1. 合肥渝皖汽车销售有限公司
2. 厦门中展汽车维修销售服务有限公司
3. 天水市金通汽车销售服务有限公司
4. 东莞市悦隆汽车贸易有限公司
5. 贵阳汇兴汽贸有限公司

6. 贵州虹涛汽车贸易有限公司
7. 海南雨燕汽车贸易有限公司
8. 邯郸市立达汽车销售服务有限公司
9. 衡水通力汽车销售服务有限公司
10. 任丘市华北汽车销售有限公司
11. 石家庄广源汽车贸易有限公司
12. 邢台市佳利汽车销售有限公司
13. 安阳市晓行汽车销售有限责任公司
14. 河南东升汽车销售服务有限公司
15. 开封市立威汽车贸易有限公司
16. 佳木斯市佳庆汽车销售有限公司
17. 十堰市新长安汽车销售有限公司
18. 武汉俊羚经贸有限公司
19. 武汉市汉铃汽车销售服务有限公司
20. 宜昌市华康工贸有限责任公司
21. 湖南深达汽车有限公司
22. 苏州市都市飞梭汽车销售服务有限公司
23. 江西燕兴长安汽车销售有限公司
24. 乌海市安昌汽贸有限责任公司
25. 青海大江车辆有限公司
26. 济南大成汽车销售有限公司
27. 聊城万达汽车贸易有限公司
28. 临沂瑞鑫汽车销售服务有限公司
29. 威海隆德贸易有限公司
30. 长治市通宝新华夏汽车连锁有限公司
31. 山西盛隆汽车销售有限公司
32. 山西大宇红龙汽车连锁销售有限公司
33. 陕西永和隆实业发展有限公司
34. 渭南市福星汽车贸易有限公司
35. 延安华薪机电有限公司
36. 攀枝花市永新商务有限责任公司
37. 喀什市通工实业有限公司
38. 宁波市中诚汽车销售有限公司
39. 台州市东铃汽车销售服务有限公司
40. 台州市路桥汽车销售服务有限公司
41. 温州长铃汽车有限公司

《汽车品牌销售管理实施办法》有关项目申报备案材料

商资字〔2005〕28号

一、外商投资设立(含并购、变更经营范围)汽车总经销商应申报的材料

(一)拟设立企业所在地省级商务主管部门/国家计划单列企业集团的上报函。

(二)投资各方签署的企业设立申请书,主要包括:

1. 项目概况:企业名称,公司注册地及分支机构地址,总投资、注册资本,投资各方基本情况,出资比例及方式,经营范围、规模及期限。

2. 建设及配套内容:主要设施;经营商品来源,采购、配送方式;环保、消防安全方案。

3. 专业化汽车营销能力分析:市场调研、营销策划、广告促销,网络建设及其指导,产品服务、技术培训与咨询,配件供应及物流管理的具体内容、组织机构、人员设置及构成。

其中:网络建设应明确网点建设布局、规模及进度。

(三)汽车生产企业出具的《汽车总经销商授权书》(范本见附件1,下同)。其中汽车生产企业为境外企业的,应提供企业登记注册证明(复印件)、法定代表人证明(复印件)。

(四)拟设立企业合同、章程(外资商业企业只报送章程)及其附件。

(五)投资各方的银行资信证明、登记注册证明(复印件)、法定代表人证明(复印件),外国投资者为个人的,应提供身份证明。

投资各方经会计师事务所审计的最近一年的审计报告。

(六)对中国投资者拟投入到中外合资、合作商业企业的国有资产的评估报告。

(七)拟设立外商投资商业企业董事会成员名单及投资各方董事委派书。

(八)工商行政管理部门出具的企业名称预先核准通知书。

二、外商投资设立(含并购、变更经营范围)汽车品牌经销商应申报的材料

(一)拟设立企业所在地省级商务主管部门/国家计划单列企业集团的上报函。

(二)投资各方签署的企业设立申请书,主要包括:

1. 项目概况:企业名称,公司注册地及分支机构地址,总投资、注册资本,投资各方基本情况,出资比例及方式,经营范围、规模及期限。

2. 建设及配套内容:设立分支机构(含店铺)数量、营业面积,新设店铺应提供地方商务主管部门出具的符合城市商业发展规划的意见；主要设施；经营商品来源，采购、配送方式；环保、消防安全方案。

3. 汽车经营范围、规模与场地、设施、专业技术人员相适应的分析说明。

（三）汽车供应商（汽车生产企业或汽车总经销商，下同）出具的《汽车品牌经销商授权书》（范本见附件2，下同）。其中经营进口汽车的，应提供其在境内的汽车总经销商出具的《汽车品牌经销商授权书》。

（四）拟设立企业合同、章程（外资商业企业只报送章程）及其附件。

（五）投资各方的银行资信证明、登记注册证明（复印件）、法定代表人证明（复印件），外国投资者为个人的，应提供身份证明。

投资各方经会计师事务所审计的最近一年的审计报告。

（六）对中国投资者拟投入到中外合资、合作商业企业的国有资产的评估报告。

（七）拟设立外商投资商业企业董事会成员名单及投资各方董事委派书。

（八）工商行政管理部门出具的企业名称预先核准通知书。

（九）拟开设店铺所用土地的使用权证明文件（复印件）及（或）房屋租赁协议（复印件），但开设营业面积在3000平方米以下的店铺除外。

三、汽车供应商、品牌经销商应备案的材料

（一）汽车供应商授权汽车总经销商、品牌经销商使用和销售的备案材料（依据《办法》第三十五条规定）：《汽车供应商授权信息备案登记表》（见附件3）。

（二）2005年10月1日前，汽车供应商对2005年4月1日之前设立的汽车销售企业确认为汽车总经销商、品牌经销商的备案材料（依据《办法》第三十六条规定）：

1. 企业营业执照（复印件，下同）。

2. 国家有关部门关于小轿车经营批准文件（复印件）。

3. 汽车供应商出具的《汽车总经销商授权书》、《汽车品牌经销商授权书》。

4. 汽车总经销商信息备案登记表（见附件4，下同）、汽车品牌经销商信息备案登记表（见附件5，下同）。

（三）新设立（含并购、变更经营范围）汽车总经销商、品牌经销商的备案材料（依据《办法》第三十四条规定）：

1. 企业营业执照。

2.《汽车总经销商信息备案登记表》、《汽车品牌经销商信息备案登记表》。

有关信息备案登记表需同时提供书面和电子版材料。

附件：如文

附件1：《汽车总经销商授权书》（范本）（略）

附件2：《汽车品牌经销商授权书》（范本）（略）

附件3：汽车供应商授权信息备案登记表（略）

附件4：汽车总经销商信息备案登记表（略）

附件5：汽车品牌经销商信息备案登记表（略）

国家工商行政管理总局关于公布汽车品牌销售企业名单的通知

国家工商行政管理总局2005年4月28日发布

天津市，河北、山东省工商行政管理局：

根据《汽车产业发展政策》和《品牌汽车销售管理实施办法》的有关规定，现将符合备案条件的品牌汽车销售企业名单予以公布（名单见附件）。

相关地工商行政管理机关应根据本通知，认真做好企业营业执照的变更登记工作，将企业经营范围核定为汽车供应商授权的品牌汽车销售。

各地工商行政管理机关要依法加强对品牌汽车销售企业的监督管理，督促企业自觉遵守国家有关法律、法规和政策，规范和完善品牌汽车销售服务，及时查处各种违法经营行为，保护企业和消费者的合法权益，维护市场秩序。

附件:品牌汽车销售企业名单

国家工商行政管理总局
二〇〇五年四月二十八日

附件:

品牌汽车销售企业名单

一、广州本田汽车品牌销售企业:
廊坊市汇成汽车销售服务有限公司
二、天津一汽夏利汽车品牌销售企业:
天津一汽夏利汽车股份有限公司
三、华晨宝马汽车品牌销售企业:
青岛中达燕宝汽车销售有限公司

汽车品牌销售管理实施办法

商务部、发展改革委、工商总局令2005年第10号

第一章　总　　则

第一条　为规范汽车品牌销售行为,促进汽车市场健康发展,保护消费者合法权益,根据国家有关法律、行政法规,制定本办法。

第二条　在中华人民共和国境内从事汽车品牌销售活动,适用本办法。

第三条　本办法所称汽车品牌销售,是指汽车供应商或经其授权的汽车品牌经销商,使用统一的店铺名称、标识、商标等从事汽车经营活动的行为。

汽车供应商是指为汽车品牌经销商提供汽车资源的企业,包括汽车生产企业、汽车总经销商。

汽车品牌经销商是指经汽车供应商授权、按汽车品牌销售方式从事汽车销售和服务活动的企业。

汽车总经销商是指经境内外汽车生产企业授权、在境内建立汽车品牌销售和服务网络,从事汽车分销活动的企业。

第四条　境内外汽车生产企业在境内销售自产汽车的,应当建立完善的汽车品牌销售和服务体系,提高营销和服务水平。

第五条　汽车供应商应当制定汽车品牌销售和服务网络规划(以下简称网络规划)。网络规划包括:经营预测、网点布局方案、网络建设进度及建店、软件和硬件、售后服务标准等。

第六条　同一汽车品牌的网络规划一般由一家境内企业制定和实施。境内汽车生产企业可直接制定和实施网络规划,也可授权境内汽车总经销商制定和实施网络规划;境外汽车生产企业在境内销售汽车,须授权境内企业或按国家有关规定在境内设立企业作为其汽车总经销商,制定和实施网络规划。

第七条　国务院商务主管部门负责全国汽车品牌销售管理工作,国务院工商行政管理部门在其职责范围内负责汽车品牌销售监督管理工作。

省、自治区、直辖市、计划单列市商务主管部门(以下简称省级商务主管部门)、地方工商行政管理部门分别在各自的职责范围内,负责辖区内汽车品牌销售有关监督管理工作。

第二章　汽车总经销商、品牌经销商的设立

第八条　汽车总经销商应当符合下列条件:

(一)具备企业法人资格;

(二)获得汽车生产企业的书面授权,独自拥有对特定品牌汽车进行分销的权利;

(三)具备专业化汽车营销能力。主要包括市场调研、营销策划、广告促销、网络建设及其指导,产品服务和技术培训与咨询、配件供应及物流管理。

外商投资设立汽车总经销商除符合上述条件外，还应当符合外商投资管理的有关规定。

第九条 汽车品牌经销商应当符合下列条件：

（一）具备企业法人资格；

（二）获得汽车供应商品牌汽车销售授权；

（三）使用的店铺名称、标识及商标与汽车供应商授权的相一致；

（四）具有与经营范围和规模相适应的场地、设施和专业技术人员；

（五）新开设店铺符合所在地城市发展及城市商业发展的有关规定。

外商投资设立汽车品牌经销商除符合上述条件外，还应当符合外商投资管理的有关规定。

第十条 申请设立汽车总经销商、品牌经销商应当按下列程序办理：

（一）汽车总经销商申请人将符合第八条规定的相关材料报送国务院工商行政管理部门备案；

（二）汽车供应商将符合第九条规定的汽车品牌经销商申请人的相关材料报送国务院工商行政管理部门备案；

（三）外商投资设立汽车总经销商、品牌经销商的申请人分别将符合第八条、第九条规定和外商投资管理有关规定的相关材料，报送拟设立汽车总经销商、品牌经销商所在地省级商务主管部门。省级商务主管部门对报送材料进行初审后，自收到全部申请材料1个月以内上报国务院商务主管部门。合资中方有国家计划单列企业集团的，可直接将申请材料报送国务院商务主管部门。国务院商务主管部门自收到全部申请材料3个月内会同国务院工商行政管理部门，作出是否予以批准的决定，对予以批准的，向申请人颁发或换发《外商投资企业批准证书》；不予批准的，应当说明理由。

外商并购汽车总经销商、品牌经销商及已设立的外商投资企业增加汽车品牌销售经营范围的，按前款程序办理。

第十一条 国务院商务主管部门、工商行政管理部门可以委托汽车行业协会，组织专家委员会对申请设立汽车总经销商、品牌经销商的资质条件进行评估，评估意见作为审批、备案的参考。

第十二条 国务院工商行政管理部门受理申请后，查验有关证明材料，符合条件的，予以备案。

第十三条 汽车总经销商、品牌经销商申请人应当持予以备案文件或《外商投资企业批准证书》到所在地工商行政管理部门办理登记手续。

工商行政管理部门将汽车总经销商、品牌经销商的经营范围核定为“品牌汽车销售”。

第十四条 汽车总经销商、品牌经销商涉及经营品牌变更的，应当按第十条、第十三条规定的程序办理变更登记。

第十五条 汽车品牌经销商开展连锁经营应当取得汽车供应商授权，并按第十条、第十三条规定的程序办理。

汽车总经销商、品牌经销商设立从事汽车品牌销售活动的非法人分支机构，应当持汽车供应商对其授权和同意设立的书面材料，到当地工商行政管理部门办理登记。

外商投资汽车总经销商、品牌经销商设立非法人分支机构，应当按第十条规定的程序办理。

第十六条 2006年12月11日以前，同一境外投资者在境内从事汽车品牌销售活动且累计开设店铺超过30家以上的，出资比例不得超过49%。

第三章　汽车供应商的行为规范

第十七条 汽车供应商应当为授权的汽车品牌经销商提供汽车资源及汽车生产企业自有的服务商标，实施网络规划。

第十八条 汽车供应商应当加强品牌销售和服务网络的管理，规范销售和售后服务，并及时向社会公布其授权和取消授权的汽车品牌销售和服务企业名单。对未经汽车品牌销售授权或不具备经营条件的企业，不得提供汽车资源。

第十九条 汽车供应商应当向消费者提供汽车质量保证和服务承诺，及时向社会公布停产车型，并采取积极措施在合理期限内保证配件供应。

汽车供应商不得供应和销售不符合机动车国家安全技术标准、未列入《道路机动车辆生产企业及产品公告》的汽车。

第二十条 汽车供应商应当合理布局汽车品牌销售和服务网点。汽车品牌销售和与其配套的配件供应、售后服务网点相距不得超过150公里。

第二十一条 汽车供应商应当与汽车品牌经销商签订授权经营合同。授权经营合同应当公平、公正，不得有对汽车品牌经销商的歧视性条款。

第二十二条 除授权合同另有约定，汽车供应商在对汽车品牌经销商授权销售区域内不得向用户直接销售汽车。

第二十三条 汽车供应商应当根据汽车品牌经销商的服务功能向其提供相应的营销、宣传、售后服务、技术服务等业务培训及必要的技术支持。

第二十四条 汽车供应商不得干预汽车品牌经销商在授权经营合同之外的施工、设备购置及经营活动，不得强行规定经销数量及进行品牌搭售。

第四章 汽车品牌经销商的行为规范

第二十五条 汽车品牌经销商应当在汽车供应商授权范围内从事汽车品牌销售、售后服务、配件供应等活动。

第二十六条 汽车品牌经销商应当严格遵守与汽车供应商的授权经营合同，使用汽车供应商提供的汽车生产企业自有的服务商标，维护汽车供应商的企业形象和品牌形象，提高所经营品牌汽车的销售和服务水平。

第二十七条 汽车品牌经销商必须在经营场所的突出位置设置汽车供应商授权使用的店铺名称、标识、商标等，并不得以任何形式从事非授权品牌汽车的经营。

第二十八条 除非经授权汽车供应商许可，汽车品牌经销商只能将授权品牌汽车直接销售给最终用户。

第二十九条 汽车品牌经销商应当在经营场所向消费者明示汽车质量保证及售后服务内容，按汽车供应商授权经营合同的约定和服务规范要求，提供相应的售后服务，并接受消费者监督。

第三十条 汽车品牌经销商应当在经营场所明示所经营品牌汽车的价格和各项收费标准，遵守价格法律法规，实行明码标价。

第三十一条 汽车品牌经销商不得销售不符合机动车国家安全技术标准、未列入《道路机动车辆生产企业及产品公告》的汽车。

第三十二条 汽车品牌经销商应当建立销售业务、用户档案等信息管理系统，准确、及时地反映本区域销售动态、用户要求和其他相关信息。

第五章 监督管理

第三十三条 境内汽车生产企业转让销售环节的权益给其它法人机构的，除按规定报商务部批准外，需报请原项目审批单位核准。

第三十四条 建立汽车总经销商、品牌经销商备案制度。凡符合设立条件并取得营业执照的汽车总经销商，应当自取得营业执照之日起2个月内向国务院商务主管部门备案；凡符合设立条件并取得营业执照的汽车品牌经销商，应当自取得营业执照之日起2个月内向所在地省级商务主管部门备案。省级商务主管部门应当将汽车品牌经销商有关备案情况定期报送国务院商务主管部门。

第三十五条 汽车供应商应当将授权汽车品牌经销商使用的店铺名称、标识、商标等有关材料报国务院商务主管部门、工商行政管理部门备案。进口汽车品牌使用的中文签注名称应当与国家质量技术监督等部门备案的相一致。

第三十六条 2005年10月1日之前，汽车供应商应当对在本办法实施之前设立的汽车销售企业进行确认，并将确认的汽车总经销商、品牌经销商名单及品牌授权、企业登记情况报国务院商务主管部门和工商行政管理部门备案。经确认的汽车总经销商、品牌经销商到所在地工商行政管理部门办理变更登记手续。工商行政管理部门将其经营范围核定为“品牌汽车销售”。

未经确认的汽车销售企业申请从事汽车品牌销售活动的，应当按本办法第十条、第十三条规定的程序办理。

第三十七条 对违反本办法第十八条、第二十八条规定的，由工商行政管理部门责令改正，并暂停汽车供应商新设品牌销售网点的审核。

对违反本办法其他规定的，工商行政管理部门依据有关法律、法规予以查处。

第三十八条 国务院工商行政管理部门应当将按第十条、第十三条、第三十六条规定,办理完手续的汽车总经销商、品牌经销商名单及时向社会公布。

第三十九条 商务主管部门、工商行政管理部门要在各自的职责范围内采取有效措施,加强对汽车交易行为、汽车交易市场的监督管理,依法查处违法经营行为,维护市场秩序,保护消费者和汽车供应商、品牌经销商的合法权益。

第四十条 国务院工商行政管理部门会同商务主管部门建立汽车供应商、品牌经销商信用档案,及时公布违规企业名单。

第四十一条 汽车行业协会要制定行业规范,加强引导和监督,做好行业自律工作。

第四十二条 国务院商务主管部门要加强对汽车行业协会组织的专家委员会有关评估工作的监督管理,对专家委员会评估工作中的违规行为要严厉查处。

第六章 附 则

第四十三条 本办法自施行之日起适用于乘用车;自2006年12月1日起,适用于除专用作业车以外的所有汽车。

第四十四条 本办法所称"汽车"、"乘用车"、"专用作业车"是指中华人民共和国国家标准《汽车和挂车类型的术语和定义》(GB/T3730.1-2001)定义的车辆。

第四十五条 汽车行业协会组织的专家委员会组成及汽车总经销商、品牌经销商资质条件评估实施细则由汽车行业协会制定,报国务院商务主管部门批准后实施。

第四十六条 本办法自2005年4月1日起施行。

(二)以旧换新

财政部、商务部关于加大老旧汽车报废更新补贴工作力度的通知

财建〔2012〕295号

各省、自治区、直辖市、计划单列市财政厅(局)、商务主管部门,新疆生产建设兵团财务局、商务主管部门:

按照国务院工作部署,为推进老旧汽车报废更新,扩大政策效应,2012年财政部、商务部将加大老旧汽车报废更新补贴工作力度。各省(区、市)财政、商务部门要抓紧工作部署,加强组织管理,确保中央财政补贴资金及时、快速落实到位。现就有关事项通知如下:

一、加快2012年补贴资金申请受理和发放

符合财政部、商务部公告(2012年第27号,以下简称公告)规定的老旧汽车报废更新补贴资金申请受理时间为2012年7月1日至2013年1月31日。各级商务、财政部门应做好受理补贴资金申请的一站式联合服务窗口管理工作,并通过电视、网络、报纸等媒体,加强政策宣传,使车主及时准确了解老旧汽车报废更新补贴范围、标准、资金申领流程,以及车籍所在市(州)的一站式联合服务窗口地点、办公时间、联系方式等信息,方便其及时申领补贴资金。一站式联合服务窗口应提高服务意识,及时受理申请材料,并通过老旧汽车报废更新信息管理系统(以下简称信息管理系统)核对和录入有关信息。对符合条件的,财政部门自受理申请之日起15个工作日内将补贴资金发放到车主指定账户。

二、抓紧申报2012年中央财政预拨资金

2012年中央财政老旧汽车报废更新补贴资金于7月底前预拨各省,下年清算。各省(区、市)财政、商务部门要根据公告规定的补贴范围和标准,结合上年度本省(区、市)老旧汽车报废更新补贴资金发放情况,汇总测算2012年补贴资金需求,抓紧报送财政部、商务部。

三、规范报废更新补贴车辆的回收拆解

承担老旧汽车报废更新补贴车辆回收拆解工作的企业应为依法设立、具备信息管理系统录入条件、能够出具省(区、市)商务部门印发的《报废汽车回收证明》的报废汽车回收拆解企业。各地商务部门应督促企业

如实录入车辆报废回收有关信息,按相关规定及时对车辆进行解体,向车主出具《报废汽车回收证明》,并自收到车辆之日起10个工作日内到公安机关办理注销登记,向车主交付《机动车注销证明》。

四、限期上报补贴资金发放的总结清算

2011、2012年老旧汽车报废更新补贴总结清算分别限于2012年6月30日、2013年3月31日前报送财政部、商务部,并保证清算结果与信息管理系统数据一致。报送材料包括老旧汽车报废更新补贴资金清算表(2012年清算表见附件)和老旧汽车报废更新补贴资金发放总结报告。中央财政将加快拨付清算资金。逾期未上报的省(区、市),财政部、商务部将在全国范围内通报,中央财政将暂缓安排该省(区、市)补贴资金。

附件:2012年老旧汽车报废更新补贴资金清算表(略)

财务部、商务部关于2012年老旧汽车报废更新补贴车辆范围及补贴标准的公告

财政部、商务部公告2012年第27号

根据《财政部 国家经贸委关于发布〈老旧汽车报废更新补贴资金管理暂行办法〉的通知》(财建〔2002〕742号)等有关规定,现将2012年老旧汽车报废更新补贴车辆范围及补贴标准公告如下:

一、2012年1月1日~12月31日期间交售给报废汽车回收企业的,使用6年以上(含6年)且不到15年,车长大于4.8米(含4.8米)、小于7.5米,并于当年更新的农村客运车辆,补贴标准为每辆车11000元人民币。

二、2012年1月1日~12月31日期间交售给报废汽车回收企业的,使用8年以上(含8年)且不到15年,车长大于6米(含6米)或者乘坐人数大于20人(含20人),并于当年更新的城市公交车,补贴标准为每辆车18000元人民币;车长小于6米且乘坐人数为10~19人,并于当年更新的城市公交车,补贴标准为每辆车11000元人民币。

三、2012年1月1日~12月31日期间交售给报废汽车回收企业的,使用10年以上(含10年)且不到15年的半挂牵引车和总质量大于12000千克(含12000千克)的重型载货汽车(含普通货车、厢式货车、仓栅式货车、封闭货车、罐式货车、平板货车、集装箱车、自卸货车、特殊结构货车等车型,不含全挂车和半挂车),补贴标准为每辆车18000元人民币。

符合上述补贴范围的老旧汽车车主,可按有关规定,凭《老旧汽车报废更新补贴资金申请表》(在所在地老旧汽车报废更新补贴联合服务窗口领取,或从商务部网站下载)、《报废汽车回收证明》(三联)原件、《机动车注销证明》原件及复印件、更新车辆购车发票原件及复印件、有效身份证明原件及复印件、与车主同名的个人银行账户存折或单位账户开户证复印件等凭证申请补贴资金。申请农村客运车辆报废更新补贴的车主,还需同时提供中华人民共和国道路运输证、运输管理部门出具的意见等凭证。

财政部 商务部

二〇一二年六月一日

财政部、商务部、环境保护部关于汽车以旧换新政策到期后停止执行等有关问题的通知

财建〔2010〕1021号

各省、自治区、直辖市、计划单列市财政厅(局)、商务主管部门、环境保护主管部门,新疆生产建设兵团财务局、商务局、环境保护主管部门:

汽车以旧换新政策实施以来,对拉动和促进汽车消费,加快淘汰高排放、高污染黄标车和老旧汽车,促进节能减排起到了积极作用。根据《汽车以旧换新实施办法》(财建〔2009〕333号)、《财政部 商务部 环境保护部关于延长实施汽车以旧换新政策的通知》(财建〔2010〕304号)的规定,汽车以旧换新政策将于2010年12月31日执行到期,为做好后续工作,现就有关事项通知如下:

一、2010 年 12 月 31 日汽车以旧换新政策实施将如期结束。各地有关部门要加强协作，通过电视、网络、报纸等多种途径做好宣传工作，使消费者及时准确了解到汽车以旧换新补贴政策及其截止日期等相关规定。

二、北京市申领汽车以旧换新补贴的截止日期为 2011 年 2 月 28 日，其他地区申领汽车以旧换新补贴的截止日期为 2011 年 1 月 31 日。各地财政、商务、环保等有关部门在加强政策宣传的同时，要统筹协调好各个环节，及时审核兑付补贴资金，确保联合服务窗口的正常运行，做到应补尽补。

三、各地财政部门要及时组织开展汽车以旧换新补贴资金的清算工作。清算工作务必做到认真组织，层层把关，清算结果要与汽车以旧换新信息管理系统数据吻合。各省、自治区、直辖市、计划单列市、新疆生产建设兵团财政主管部门要会同商务主管部门认真填写《汽车以旧换新补贴资金清算表》（附后）（略），并于 2011 年 3 月 31 日前报送财政部经济建设司、商务部市场体系建设司。

四、各地各级财政、商务、环境保护主管部门要继续按照《汽车以旧换新实施办法》（财建〔2009〕333 号）等文件要求，做好报废汽车回收拆解监督管理等有关后续工作，防止报废汽车流向社会，保护消费者合法权益。

五、财政部　商务部公告 2009 年第 20 号规定的老旧汽车报废更新补贴资金的申请、发放和清算，按本通知有关规定执行。

财政部　商务部　环境保护部

二〇一〇年十二月三十日

财政部、商务部、环境保护部关于延长实施汽车以旧换新政策的通知

财建〔2010〕304 号

各省、自治区、直辖市、计划单列市财政厅（局）、商务主管部门、环境保护主管部门，新疆生产建设兵团财务局、商务局、环境保护主管部门：

为加快淘汰老旧汽车、“黄标车”，促进节能减排和资源利用，发展循环经济，根据中央经济工作会议精神，经国务院批准，决定延长实施汽车以旧换新政策。现就有关事项通知如下：

一、汽车以旧换新政策实施期限由 2010 年 5 月 31 日延长至 2010 年 12 月 31 日。

二、汽车以旧换新补贴申请的受理期限由 2010 年 6 月 30 日延长至 2011 年 1 月 31 日。

三、汽车以旧换新具体政策、操作办法仍按《关于印发〈汽车以旧换新实施办法〉的通知》（财建〔2009〕333 号）、《财政部　商务部关于调整汽车以旧换新补贴标准有关事项的通知》（财建〔2009〕995 号）、《财政部 商务部关于允许汽车以旧换新补贴与车辆购置税减征政策同时享受的通知》（财建〔2010〕1 号）执行。

四、各有关部门要高度重视，加强协调配合，按照有关文件要求进一步做好汽车以旧换新政策的宣传落实工作。

财政部　商务部　环境保护部

二〇一〇年六月十八日

财政部、商务部关于允许汽车以旧换新补贴与车辆购置税减征政策同时享受的通知

财建〔2010〕1 号

各省、自治区、直辖市、计划单列市财政厅（局）、商务主管部门，新疆生产建设兵团财务局、商务主管部门：

为进一步完善汽车以旧换新政策，实现扩大消费与促进节能减排并举的目标，经国务院批准，现决定从 2010 年 1 月 1 日起，允许符合条件的车主同时享受汽车以旧换新补贴和 1.6 升及以下乘用车车辆购置税减征政策。2010 年购买新车的车主申请汽车以旧换新补贴资金，不需要再提供车辆购置税完税凭证原件及复印件。

各地财政、商务主管部门要认真做好有关宣传和解释工作，推动汽车以旧换新工作顺利开展。

二〇一〇年一月四日

财政部、商务部关于调整汽车以旧换新补贴标准有关事项的通知

财建〔2009〕995 号

各省、自治区、直辖市、计划单列市财政厅（局）、商务主管部门，新疆生产建设兵团财务局、商务主管部门：

为完善汽车以旧换新政策，提高政策吸引力，进一步加快老旧汽车报废更新，扩大汽车消费，促进节能减排和资源有效利用，根据国务院常务会议精神，现就调整汽车以旧换新补贴标准等有关事项通知如下：

一、对符合《关于印发〈汽车以旧换新实施办法〉的通知》（财建〔2009〕333 号，以下简称《实施办法》），提前报废老旧汽车、“黄标车”并换购新车的，补贴标准调整如下：

（一）报废老旧汽车的补贴标准：

报废中型载货车，每辆补贴人民币 13000 元；

报废轻型载货车，每辆补贴人民币 9000 元；

报废微型载货车，每辆补贴人民币 6000 元；

报废中型载客车，每辆补贴人民币 11000 元。

（二）报废“黄标车”的补贴标准：

报废重型载货车，每辆补贴人民币 18000 元；

报废中型载货车，每辆补贴人民币 13000 元；

报废轻型载货车，每辆补贴人民币 9000 元；

报废微型载货车，每辆补贴人民币 6000 元；

报废大型载客车，每辆补贴人民币 18000 元；

报废中型载客车，每辆补贴人民币 11000 元；

报废小型载客车（不含轿车），每辆补贴人民币 7000 元；

报废微型载客车（不含轿车），每辆补贴人民币 5000 元；

报废 1.35 升及以上排量轿车，每辆补贴人民币 18000 元；

报废 1 升（不含）~1.35 升（不含）排量轿车，每辆补贴人民币 10000 元；

报废 1 升及以下排量轿车、专项作业车，补贴标准仍为每辆补贴人民币 6000 元。

二、将《实施办法》第六条中车辆使用年计算的终止日期由注销日期调整为将车辆交售给依法设立的指定报废汽车回收拆解企业的日期。

三、各地商务主管部门应会同环保、财政部门，通过汽车以旧换新信息管理系统，对已经按原补贴标准发放汽车以旧换新补贴的进行确认，确认完成后，由财政部门按照本通知确定的补贴标准向车主补发差额部分的补贴资金。

四、对已经按财政部商务部公告 2009 年第 20 号规定享受补贴的，如果同时符合汽车以旧换新有关条件，或车主补充新车购车发票、机动车登记证书等材料后符合汽车以旧换新有关条件，经所在地商务主管部门会同环保、财政部门通过汽车以旧换新信息管理系统确认后，由财政部门按照本通知确定的补贴标准向车主补发差额部分的补贴资金。

五、商务主管部门要引导报废汽车回收拆解企业依法诚信经营，做到车辆收购价格公开透明，不得变相压价。承担汽车以旧换新车辆回收工作的报废汽车回收拆解企业应在汽车以旧换新信息管理系统中如实填报报废车辆型号、轿车排量等有关信息。对不履行填报义务或不如实填报的报废汽车回收拆解企业，商务主管部门可依据《实施办法》有关规定进行处理。

二〇〇九年十二月二十八日

汽车以旧换新实施办法

财建〔2009〕333 号

第一章 总 则

第一条 为贯彻《国务院办公厅关于转发发展改革委等部门促进扩大内需鼓励汽车家电以旧换新实施方案的通知》(国办发〔2009〕44 号)精神,更好的实施汽车以旧换新补贴政策,特制定本办法。

第二条 本办法所称汽车以旧换新是指按本办法要求提前报废老旧汽车、"黄标车"并换购新车。

"黄标车"是指污染物排放达不到国Ⅰ标准的汽油车和达不到国Ⅲ标准的柴油车。

老旧汽车、"黄标车"和新车均不包括三轮汽车、低速货车。

第三条 本办法所称汽车以旧换新补贴资金(以下简称补贴资金)是指中央财政从一般预算安排的,专项用于汽车以旧换新的补贴资金。

第四条 商务部会同财政部、中宣部、发展改革委、工业和信息化部、公安部、环境保护部、交通运输部、工商总局、质检总局等有关部门按照部门职责分工和本办法的规定,组织实施汽车以旧换新工作,并指导地方相关部门开展有关工作。

商务部负责会同有关部门组织实施汽车以旧换新工作,指导各地商务主管部门开展报废汽车回收、新车销售的管理工作。

财政部负责补贴资金的筹集、分配、落实和监管。

公安部负责指导、监督各地公安交通管理部门办理新车注册登记,办理报废机动车注销登记并出具《机动车注销证明》。

环境保护部负责"黄标车"的认定和查验,并对报废机动车拆解处理实施环境监管。

中宣部、发展改革委、工业和信息化部、交通运输部、工商总局、质检总局等部门在各自职责范围内加强监督管理。

第五条 各省、自治区、直辖市、计划单列市、新疆生产建设兵团商务主管部门(以下简称省级商务主管部门)会同财政、公安、环保等部门负责汽车以旧换新的具体实施工作。

第二章 补贴范围和标准

第六条 补贴范围:在 2009 年 6 月 1 日 ~2010 年 5 月 31 日期间,将符合下列条件的汽车交售给依法设立的指定报废汽车回收拆解企业,并换购新车的(报废汽车的车主名称与换购新车车主名称应一致):

(一)使用不到 8 年的老旧微型载货车,老旧中型出租载客车;

(二)使用不到 12 年的老旧中、轻型载货车;

(三)使用不到 12 年的老旧中型载客车(不含出租车);

(四)与"汽车报废标准规定使用年限表"(详见附 1)中规定的使用年限相比,提前报废的各类"黄标车"。

"黄标车"可登录"机动车环保网"查询,网站地址:www. vecc - mep. org. cn。

使用年计算的起始和终止日期分别为车辆初次登记日期和注销日期。

第七条 同时符合下列条件的,车主只能选择申请一种补贴:

(一)既符合第六条第四项、又符合第六条第一至第三项规定条件之一的;

(二)既符合第六条第三项或第四项,又符合 2009 年老旧汽车报废更新补贴资金的车辆补贴范围及补贴标准公告(财政部商务部公告 2009 年第 20 号)规定条件的。

第八条 提前报废"黄标车"并换购新车,新车已享受 1.6 升及以下乘用车减半征收车辆购置税政策的,不再享受补贴。

第九条 符合第六条规定提前报废老旧汽车、"黄标车"并换购新车的,按以下标准给予补贴:

(一)报废老旧汽车的补贴标准:

1. 报废中型载货车,每辆补贴人民币 6000 元;

2. 报废轻型载货车,每辆补贴人民币 5000 元;

3. 报废微型载货车，每辆补贴人民币 4000 元；

4. 报废中型载客车，每辆补贴人民币 5000 元。

（二）报废“黄标车”的补贴标准：

1. 报废中型载货车，每辆补贴人民币 6000 元；

2. 报废轻型载货车，每辆补贴人民币 5000 元；

3. 报废微型载货车，每辆补贴人民币 4000 元；

4. 报废中型载客车，每辆补贴人民币 5000 元；

5. 报废小型载客车（不含轿车），每辆补贴人民币 4000 元；

6. 报废微型载客车（不含轿车），每辆补贴人民币 3000 元；

7. 报废轿车、重型载货车、大型载客车、专项作业车，每辆补贴人民币 6000 元。

省级财政部门会同商务主管部门可以根据本地区“黄标车”车型、年限、城市管理等实际情况，因地制宜，合理调整“黄标车”补贴标准，报经省级人民政府批准后，及时向社会公布，并向财政部、商务部备案。

第三章　车辆报废更新及补贴资金申请、审核和发放

第十条　承担汽车以旧换新车辆回收工作的企业应为依法设立、具备汽车以旧换新信息管理系统（以下简称信息管理系统）录入条件、能够出具由省（自治区、直辖市）商务主管部门印发的《报废汽车回收证明》的报废汽车回收拆解企业。

第十一条　拟申请汽车以旧换新补贴资金的车主应当将符合第六条规定的老旧汽车、“黄标车”交售给车籍所在地符合第十条规定的报废汽车回收拆解企业，报废汽车回收拆解企业应当在信息管理系统中录入车辆报废回收有关信息，按有关规定及时对车辆解体，向车主出具《报废汽车回收证明》，并自收到车辆之日起 10 个工作日内将机动车登记证书、号牌、行驶证和《报废汽车回收证明》副联等交公安机关办理注销登记，向车主交付《机动车注销证明》。

第十二条　报废汽车回收拆解企业出具的《报废汽车回收证明》应在备注栏中注明车辆初次登记日期、总质量、车长、乘坐人数等信息，并将副联报送所在地商务主管部门备案。

第十三条　车主在购买新车时，应取得新车购车发票等证明、凭据。

第十四条　各市（州）商务主管部门要会同财政、环保部门设立汽车以旧换新联合服务窗口，办理补贴资金申请。有条件的县也要设立汽车以旧换新联合服务窗口。联合服务窗口设置地点应尽量方便车主办理补贴资金申领手续。

商务主管部门是联合服务窗口的牵头单位，主要负责审核《报废汽车回收证明》的有效性，以及车主提交的《汽车以旧换新补贴资金申请表》（详见附 2）等有关材料，核对信息管理系统中报废车辆回收有关信息，录入申请、补贴信息，综合协调、汇总数据等工作。

财政部门负责审核车辆是否属于申领补贴范围及补贴标准，并对符合要求车主拨付补贴资金。

环保部门负责查验报废车辆是否属于“黄标车”。

第十五条　符合本办法第六条规定的老旧汽车、“黄标车”车主应在 2009 年 8 月 10 日至 2010 年 6 月 30 日期间，到报废车辆车籍所在地市（州）、县汽车以旧换新联合服务窗口申请补贴资金，并提供以下材料：

（一）《汽车以旧换新补贴资金申请表》（可在联合服务窗口领取，也可从商务部网站下载）；

（二）《报废汽车回收证明》原件；

（三）《机动车注销证明》原件及复印件；

（四）新车购车发票原件及复印件；

（五）机动车登记证书原件及复印件；

（六）车辆购置税完税凭证原件及复印件；

（七）有效身份证明原件及复印件；

（八）与车主同名的个人银行账户存折或单位基本账户开户证复印件。

对符合条件的报废老旧汽车、“黄标车”并购买新车的，财政部门应于受理后 15 个工作日内将补贴资金发放给车主；对不符合条件的，商务主管部门应退回申请并说明理由。

车主逾期提出补贴资金申请的，有关部门不予受理。

第十六条　信息管理系统启用前，各地可采取纸质表格审核等形式，开展补贴资金的审核发放工作。

第四章　补贴资金管理

第十七条　中央财政按照本办法第九条确定的补贴标准，对地方实行补贴资金包干。地方调整"黄标车"补贴标准差额所需资金，由地方财政安排。

第十八条　财政部参考各地"黄标车"保有量等因素向各省级财政主管部门预拨补贴资金。

第十九条　各省级财政、商务主管部门应当于2010年7月31日前将补贴资金发放情况上报商务部、财政部。财政部根据补贴资金实际发放情况与各地进行清算。

第二十条　补贴资金结余的使用由财政部会同商务部另行规定。

第五章　保 障 措 施

第二十一条　省级商务主管部门要统筹规划，引导企业合理布局、完善报废汽车回收网络，支持有条件的企业向县延伸回收网点，鼓励企业开展上门服务，方便车主交车和办理相关手续，并及时向社会公布行政区域内承担汽车以旧换新车辆回收工作的报废汽车回收拆解企业及其回收网点名单。

地方商务主管部门要引导报废汽车回收拆解企业加大投入，按照《报废汽车回收拆解企业技术规范》(GB22128－2008)进行标准化改造，提高拆解水平。

第二十二条　各地商务主管部门要积极与财政等部门沟通和协调。各地财政部门应当安排工作经费，用于汽车以旧换新联合服务窗口设立、政策宣传、业务培训、相关单据印制以及必要的设备购置等。

第二十三条　鼓励各地根据实际情况，制定相关配套政策和措施，引导老旧汽车、"黄标车"提前报废。各地出台的相关政策应与汽车以旧换新政策一并执行。

第六章　监 督 管 理

第二十四条　商务部会同财政部、发展改革委、工业和信息化部、公安部、环境保护部、工商总局、质检总局等部门指导地方相关部门对汽车以旧换新实施监督管理。

第二十五条　地方各级政府相关部门应在各自职责范围内加强对汽车以旧换新政策实施、汽车报废和换购新车、资金发放、信息统计上报等情况进行跟踪检查和监督管理，确保资金安全、及时发放，用好补贴政策。

第二十六条　省级商务主管部门要负责组织做好汽车以旧换新补贴申请办理资料存档和信息统计工作，并将每月办理情况按汽车以旧换新补贴资金发放统计表(详见附4)的要求于次月3日前报送商务部并抄送财政部、环境保护部。商务部适时将有关信息在网站上公布。

第二十七条　地方各级人民政府不得对换购新车的产地、品牌、型号等加以限制。

第二十八条　对买卖、伪造、变造《报废汽车回收证明》，拼装车以及将回收的报废车辆上路行驶或流向社会的，有关部门依据《报废汽车回收管理办法》(国务院令第307号)进行处理。

第二十九条　对挪用、骗取补贴资金的单位和个人，有关部门依据《财政违法行为处罚处分条例》(国务院令第427号)及其他有关法规进行处理。

第三十条　报废汽车回收拆解企业有违反本办法规定，不履行有关义务的，商务主管部门可依据其情节轻重，采取公告违规企业行为、从承担汽车以旧换新车辆回收工作企业名单剔除，以及收回或暂停发给《报废汽车回收证明》等措施进行处理。

第七章　附　　则

第三十一条　本办法自发布之日起执行。各省级财政、商务主管部门可根据本办法并结合本地区实际情况制定汽车以旧换新具体实施细则，并报财政部、商务部备案。

第三十二条　财政部商务部公告2009年第20号规定的老旧汽车报废更新补贴资金的申请和发放，按本办法有关规定执行。有关车主应按规定提交相关材料，并填写《"老旧汽车报废更新"补贴资金申请表》(详见附3)，各地应按《"老旧汽车报废更新"补贴资金发放统计表》(详见附5)报送信息。

第三十三条　本办法由财政部、商务部会同有关部门负责解释。

促进扩大内需鼓励汽车、家电"以旧换新"实施方案

国办发〔2009〕44号

发展改革委、财政部、商务部、工业和信息化部、环境保护部

为进一步扩大汽车、家电消费,促进扩大内需,保持经济平稳较快发展,特制定鼓励汽车、家电"以旧换新"实施方案。

一、鼓励汽车、家电"以旧换新"的重要意义

(一)拉动国内需求。随着工业化、城镇化进程加快,我国汽车、家电消费快速增长,保有量大幅增加,淘汰更新潜力较大。据预测,2009年汽车报废量将达到270万辆,家电报废量将达到近9000万台,如果加快淘汰更新,将促进汽车、家电产业稳步增长。

(二)促进节能减排。老旧汽车油耗比新车高5%~10%,特别是"黄标车"油耗比"绿标车"高30%,污染物排放量严重超标,老旧家电电耗比新家电高20%~30%。实行汽车、家电"以旧换新",有利于提高汽车、家电能效水平,减少环境污染。

(三)有效利用资源。汽车、家电中含有大量可回收利用的钢铁、有色金属、塑料、橡胶等资源,通过"以旧换新",加快完善汽车、家电回收拆解处理体系,可使这些资源得到充分有效利用,促进循环经济发展。

(四)稳定和扩大就业。汽车、家电生产技术含量高,产业链长,鼓励汽车、家电"以旧换新",不仅有利于促进汽车、家电产业稳步增长,也有利于促进营销、物流、售后服务以及报废汽车、废旧家电回收拆解等劳动密集型行业的发展,安置大量人员就业。

二、基本思路

采取财政补贴方式,鼓励汽车、家电"以旧换新",建立有效的激励机制,进一步扩大内需特别是消费需求,促进节能减排,发展循环经济。坚持与"汽车摩托车下乡"、"家电下乡"等扩大消费政策相衔接;与将于2011年施行的《废弃电器电子产品回收处理管理条例》制度设计相一致;既要确保财政资金使用的安全有效,又要做到简便易行,方便广大消费者。

三、鼓励汽车"以旧换新"的政策措施

在现有老旧汽车报废更新补贴政策的基础上,进一步扩大补贴范围,加大补贴力度,加快老旧汽车报废更新。2009年在已安排老旧汽车报废更新补贴资金10亿元的基础上,中央财政再安排40亿元。

(一)补贴范围。一是对符合一定使用年限要求的中、轻、微型载货车和部分中型载客车,适度提前一定年限报废并换购新车的,给予补贴。二是对提前报废"黄标车"并换购新车的,给予补贴。同时符合财政部、商务部公告的《2009年老旧汽车报废更新补贴资金发放范围及标准》规定的车型,只能享受一种补贴政策;提前报废"黄标车"并换购新车,新车已享受了1.6升及以下乘用车减半征收车辆购置税政策的,不再享受老旧汽车报废更新补贴政策。

(二)补贴标准。符合条件的老旧汽车报废更新单辆补贴金额,原则上不高于同型车辆的单辆车辆购置税金额,具体标准为:中型载货车6000元,轻型载货车5000元,微型载货车4000元,中型载客车5000元,轻型载客车4000元,微型载客车3000元,其他车型6000元。

中央按上述补贴标准,对地方实行补贴资金包干。地方可以根据"黄标车"的车型、年限以及城市管理等因素,调整补贴标准。

(三)资金补贴流程。按照《老旧汽车报废更新补贴资金管理暂行办法》的有关规定,车主将报废汽车交售给有资质的报废汽车回收拆解企业,回收拆解企业向车主开具报废汽车回收证明,车主凭报废汽车回收证明、注销证明、更新车辆购车发票和有效身份证明申领补贴资金。

四、鼓励家电"以旧换新"的政策措施

鉴于目前我国绝大多数地区废旧家电回收处理体系尚未建立,2009年先在废旧家电回收处理体系有一定基础的省市开展家电"以旧换新"试点,成熟后在全国推广。2011年按《废弃电器电子产品回收处理管理条例》的要求建立家电回收利用生产者责任制。2009年财政安排20亿元资金,用于家电"以旧换新"补贴。补贴资金由中央财政和试点省市财政共同负担。

(一)试点范围。选择北京、天津、上海、江苏、浙江、山东、广东和福州、长沙9省市开展家电"以旧换新"

试点。

（二）补贴范围。包括电视机、电冰箱、洗衣机、空调、电脑5类家电产品。

（三）补贴对象。一是对交售补贴范围内的旧家电并购买新家电的消费者给予补贴。二是对回收补贴范围内的旧家电并送到拆解处理企业的运输费用给予补贴。

（四）补贴标准。交旧购新补贴不超过家电销售价格的10%，并分品种确定补贴最高上限。回收运输实行定额补贴，具体标准另行制定。

（五）操作流程。

1. 确定实施主体。家电销售商和家电回收企业以招标方式确定。拆解处理企业由试点省市人民政府从现有拆解处理企业中确定，试点期间，原则上每个试点省选择1～2家，试点城市选择1家。拆解处理企业要符合国家有关环保法律法规要求。

2. 收购旧家电。消费者通过网络或者电话提出交售旧家电，回收企业上门收购旧家电，并向消费者开具国家统一印制的家电以旧换新凭证。试点省市人民政府有关部门根据实际情况公布旧家电回收指导价格。

3. 购买新家电。消费者凭家电以旧换新凭证，向中标的家电销售商购买新家电。家电销售商按照新家电售价减去补贴后的价格销售给消费者。财政部门根据销售商的有关记录和凭证给予补贴。家电生产企业向消费者公告“以旧换新”家电产品的规格、型号和参考价格。

4. 废旧家电拆解处理。回收企业收购的旧家电交售给拆解处理企业进行拆解处理。拆解处理企业向回收企业垫付运输费用，并开具发票。财政部门根据拆解处理企业实际回收量，按照回收运输补贴标准给予运费补贴。回收后再流通的旧家电不予补贴。

（六）申领补贴资金。家电销售商凭新家电销售发票存根和对应的家电以旧换新凭证，到当地财政部门申领补贴资金。废旧家电拆解处理企业凭收购发票底单及有关记录，到当地财政部门申领运费补贴。

五、组织实施

财政部会同商务部、工业和信息化部、环境保护部等部门制定家电“以旧换新”财政补贴资金管理办法，商务部会同有关部门组织实施汽车、家电“以旧换新”工作，环境保护部负责废旧家电拆解处理的组织实施和监督管理，工商、质检等部门在各自职责范围内加强监督管理，请中央宣传部组织新闻媒体做好汽车、家电“以旧换新”政策宣传和舆论监督工作。

试点省市人民政府负责本地区家电回收和拆解处理工作的组织实施和监督管理，并定期向国务院有关部门报告。各试点地区要按照本实施方案的要求制定具体的操作细则，同时本着既保障财政资金安全，又方便群众交旧购新、享受补贴的原则，积极探索家电“以旧换新”的操作办法。

老旧汽车报废更新补贴资金管理暂行办法

财建〔2002〕742号

第一章 总 则

第一条 根据《报废汽车回收管理办法》（2001年国务院第307号令）和《国务院批转财政部、国家计委等部门｛交通和车辆税费改革实施方案｝的通知》（国发〔2000〕34号）要求，为规范管理和使用老旧汽车报废更新专项补贴资金（以下简称补贴资金），特制定本办法。

第二条 本办法所称老旧汽车，是指根据《报废汽车回收管理办法》第二条规定，经公安车辆管理部门认定达到相关报废标准规定，依法办理了报废手续，并按规定送资质认定企业回收拆解的汽车（不包括因事故造成的报废车）。

第三条 本办法所称补贴资金，是指根据《国务院批转财政部、国家计委等部门〈交通和车辆税费改革实施方案〉的通知》规定，从车辆购置税中安排的专项用于老旧汽车报废更新补贴的资金。

第四条 补贴资金实行专款专用，年终结余可结转下年度继续使用。

财政部、国家经贸委根据每年补贴资金来源和老旧汽车数量及其分布情况，制定全国补贴车辆的范围和具体补贴标准，并及时向社会公告。

符合条件的老旧汽车单辆补贴金额，原则上不高于同型车辆的单辆车辆购置税金额。

第二章 补贴资金的管理和发放

第五条 各省、自治区、直辖市、计划单列市经贸委(经委、商委)(以下简称省经贸委)会同同级财政厅(局)(以下简称省财政厅),根据财政部、国家经贸委对外公布的补贴车辆范围及补贴标准,结合本地区上年度汽车报废拆解情况提出本年度老旧汽车补贴资金书面申请报告,并附详细的分地区补贴车辆及所需资金数(格式见附1),于当年3月底前报国家经贸委和财政部各一份,由国家经贸委汇总后报财政部审核,财政部会同国家经贸委于当年4月底前将补贴资金下达给省财政厅。各省财政厅要及时将补贴资金下达给各地(市、州)财政部门(以下简称市财政局)。

第六条 符合补贴规定的老旧汽车车主凭据《报废汽车回收证明》和单位、个人有效身份证明到当地(市、州)经贸管理部门(以下简称市经贸委)申请补贴资金,各市经贸委会同市财政局对申请补贴的车辆进行审核,审核无误后,发给车主《报废汽车补贴资金发放通知单》。

《报废汽车补贴资金发放通知单》是车主领取补贴资金的凭证,由财政部负责统一印制(样式见附2),国家经贸委负责于每年7月底前向各省经贸委发放,并由各省经贸委于每年8月底前发放给各市经贸委。

第七条 补贴资金的发放时间为每年的9月1日至11月30日。

第八条 当年年末未发放给车主的《报废汽车补贴资金发放通知单》作废;已分配到各地而未发放给车主的补贴资金,经各市经贸委与本市财政局核对无误后,将未发放资金统一纳入下一年度补贴资金总量中统筹安排,专款专用。

第三章 监督管理

第九条 各地每年补贴资金发放的具体情况,由各市经贸委与本市财政局及公安车辆管理部门进行核实后,作为工作档案(格式见附3)留存,并由专人负责管理。

第十条 各市经贸委会同本市财政局于每年1月底前将上年度补贴资金实施情况报表(格式见附4)上报本省经贸委及省财政厅各一份。各省经贸委汇总报表后,会同本省财政厅于2月底前联合上报国家经贸委及财政部各一份,国家经贸委负责汇总全国老旧汽车报废更新补贴资金实施情况报表,并将汇总报表报财政部备查。

第十一条 各省财政厅及经贸委要加强对当地补贴资金实施情况的监督管理,每年要组织重点抽查。

凡未按规定上报补贴资金实施情况或所报补贴资金实施情况不真实的地区,暂缓安排该地区补贴资金,并在全国范围内通报批评。

第十二条 对违反规定、徇私舞弊、骗取补贴资金的各级管理机关、单位及个人,依照国务院《报废汽车回收管理办法》等有关规定进行处罚;构成刑事犯罪的,依法追究刑事责任。

任何单位或个人均有权对补贴资金的发放情况进行监督、举报。

举报E-mail地址:jtch2526@ sina. com

zych2103@ sina. com

第四章 附 则

第十三条 本办法由财政部会同国家经贸委负责解释。

第十四条 各省财政厅及省经贸委可结合当地实际情况制定本地区补贴资金管理和发放实施细则,并报国家经贸委和财政部备案。

第十五条 本办法自发布之日起施行。

附:1. 关于申请老旧汽车报废更新补贴资金的函(略)

2. 报废汽车补贴资金发放通知单(略)

3. 二〇〇×年汽车报废拆解补巾资金实施工作档案(略)

4. 二〇〇×年老旧汽车报废更新补贴资金实施情况统计表(略)

欺诈消费者行为处罚办法

国家工商行政管理局令第50号

第一条 为制止经营者提供商品或者服务中的欺诈消费者行为,保护消费者的合法权益,根据《中华人民共和国消费者权益保护法》的有关规定,制定本办法。

第二条 本办法所称欺诈消费者行为,是指经营者在提供商品(以下所称商品包括服务)或者服务中,采取虚假或者其他不正当手段欺骗、误导消费者,使消费者的合法权益受到损害的行为。

第三条 经营者在向消费者提供商品中,有下列情形之一的,属于欺诈消费者行为:

(一)销售掺杂、掺假,以假充真,以次充好的商品的;

(二)采取虚假或者其他不正当手段使销售的商品份量不足的;

(三)销售"处理品"、"残次品"、"等外品"等商品而谎称是正品的;

(四)以虚假的"清仓价"、"甩卖价"、"最低价"、"优惠价"或者其他欺骗性价格表示销售商品的;

(五)以虚假的商品说明、商品标准、实物样品等方式销售商品的;

(六)不以自己的真实名称和标记销售商品的;

(七)采取雇佣他人等方式进行欺骗性的销售诱导的;

(八)作虚假的现场演示和说明的;

(九)利用广播、电视、电影、报刊等大众传播媒价对商品作虚假宣传的;

(十)骗取消费者预付款的;

(十一)利用邮购销售骗取价款而不提供或者不按照约定条件提供商品的;

(十二)以虚假"有奖销售"、"还本销售"等方式销售商品的;

(十三)以其他虚假或者不正当手段欺诈消费者的行为。

第四条 经营者在向消费者提供商品中,有下列情形之一,且不能证明自己确非欺骗、误导消费者而实施此种行为的,应当承担欺诈消费者行为的法律责任:

(一)销售失效、变质商品的;

(二)销售侵犯他人注册商标权的商品的;

(三)销售伪造产地、伪造或者冒用他人的企业名称或者姓名的商品的;

(四)销售伪造或者冒用他人商品特有的名称、包装、装潢的商品的;

(五)销售伪造或者冒用认证标志、名优标志等质量标志的商品的。

第五条 对本办法第三条、第四条所列欺诈消费者行为,法律、行政法规对处罚机关和处罚方式有规定的,从其规定;法律、行政法规未作规定的,由工商行政管理机关依照《中华人民共和国消费者权益保护》第五十条的规定处罚。

第六条 经营者提供商品或者服务有欺诈行为的,应按照消费者的要求增加赔偿其受到的损失,增加赔偿的金额为消费者购买商品的价款或者接受服务的费用的一倍。

第七条 工商行政管理机关查处欺诈消费者行为的程序,适用《工商行政管理机关受理消费者申诉暂行办法》。

第八条 本办法自1996年3月15日起施行。

(三)二手回收

商务部市场建设司关于做好报废汽车回收拆解企业和二手车交易市场有关信息统计工作的通知

商建工函〔2012〕902号

各省、自治区、直辖市、计划单列市及新疆生产建设兵团商务主管部门:

为做好报废汽车回收拆解企业和二手车交易市场经营情况统计工作,根据《商务部办公厅关于进一步做好商贸流通业统计工作的通知》(商办流通函〔2012〕30号)要求,请各地商务主管部门组织有关企业认真填报报废汽车回收拆解企业回收经营情况统计报表和二手车交易市场经营情况统计表,现将有关事项通知如下:

一、填报企业和内容

填报企业:各地报商务部备案的报废汽车回收拆解企业、商贸流通业典型企业名录中的二手车交易市场。

填报内容:企业2010年度和2011年度有关数据。

二、填报方法

报废汽车回收拆解企业和二手车交易市场经营情况统计均采用网上在线填报的方式,具体方法如下:

1. 报废汽车回收拆解企业填报方法:登录商务部网站,进入市场建设司子站,点击右侧在线办事栏目的"老旧汽车报废更新信息管理系统"(http://bfqc.scjss.mofcom.gov.cn),输入账号、密码登录进入,打开左侧"数据报表系统"中"经营情况统计表",点击"添加"选择"2011年度"进入统计表填报页面,按照填报说明认真填报表格的相关内容,填完后选择保存,检查确认无误后点击"确认上传"。2010年度数据填报流程同上。

2. 二手车交易市场填报方法:登录商务部网站,进入市场建设司子站,点击右侧在线办事栏目的"汽车流通信息统计报送系统"(http://www.cacm.com.cn/cada),输入账号、密码登录进入(首次登录需按系统提示依次修改用户密码,填报企业相关信息),点击左侧"交易市场情况统计(年报)",按要求填报二手车交易市场情况统计表(2010年、2011年统计年报),点击"保存"、"提交",完成填报。

"汽车流通信息统计报送系统"企业账号,为填报商贸流通业典型企业名录时各地报送的企业中文全称。

"汽车流通信息统计报送系统"商务主管部门账号,省级商务主管部门的账号为不带行政区划的所在地名称,如吉林省商务厅的账号为"吉林",地级市商务主管部门账号为带行政区划的所在地名称,如吉林省吉林市商务局的账号为"吉林市"。

企业和商务主管部门账号的初始密码均为12345678,请各用户初次登录时务必修改密码。

三、填报时间

报废汽车回收拆解企业和二手车交易市场经营情况统计填报开始时间为12月6日,结束时间为12月14日。企业用户12月6日即可登录填写,省级商务主管部门账号预计12月10日可登录使用,地级商务主管部门账号及统计功能正在调试,开通时间请见系统通知。

为确保报表能及时填报,准确、全面反映报废汽车回收拆解企业和二手车交易市场经营情况,各地商务主管部门要高度重视,采取措施,积极组织辖区内相关企业按照规定和要求认真填报,并督促其按时完成填报。

联系人:孙浩　陈海磊

联系电话:85093681,85093687

商务部市场建设司

2012年12月5日

商务部、工业和信息化部、公安部等关于开展报废汽车回收拆解专项整治的通知

商建发〔2012〕295 号

当前，一些地方非法回收拆解报废汽车、利用报废汽车“五大总成”拼装车的活动有所抬头，报废汽车、拼装车上路行驶问题日益突出，严重威胁道路交通和人民群众生命财产安全，并造成环境污染。为整顿和规范报废汽车回收拆解秩序，切实加强报废汽车管理，严厉打击非法回收拆解和倒卖报废汽车、拼装车等违法行为，商务部、工业和信息化部、公安部、交通运输部、工商总局、质检总局决定于 2012 年 9 月至 2013 年 2 月，在全国集中开展报废汽车专项整治工作。现将有关事项通知如下：

一、总体目标

依据《中华人民共和国道路交通安全法》及其实施条例、《报废汽车回收管理办法》、《中华人民共和国道路运输条例》等法律法规，坚持“立足源头、依法严管，标本兼治、长效治理”的原则，依法严厉查处非法回收拆解和倒卖报废汽车、利用报废汽车总成拼装车、驾驶报废汽车或拼装车上路行驶等违法行为，整顿违法违规的报废汽车回收拆解企业、二手车交易市场、汽车维修企业，曝光违法违规经营的企业和市场，力争使非法回收拆解和倒卖报废汽车、拼装车等违法行为得到遏制。同时，不断完善相关管理制度措施，探索长效监管机制，促进报废汽车回收拆解秩序根本好转。

二、主要任务

（一）全面整顿报废汽车回收拆解企业。商务主管部门要对行政区域内报废汽车回收拆解企业进行全面清理和检查，对不符合《报废汽车回收拆解企业技术规范》（GB22128 – 2008）的强制条款要求、不按其强制条款规定作业和回收车辆没有逐车登记的，要责令限期整改，并暂停发放《报废汽车回收证明》；要推广应用视频监控、数据联网等手段，强化对回收拆解企业及其回收网点的监管，督促企业完善制度，规范回收拆解行为，并在公安部门监督下解体回收大型客货车及他营运车辆；要会同公安、工商行政管理等部门对报废汽车回收、存储、运输、拆解、注销等环节，严格程序、堵塞漏洞，坚决杜绝回收的报废汽车及其“五大总成”流向市场。

公安部门要对报废汽车回收拆解企业的治安状况加强监督，对明知或应知有盗抢或其他犯罪嫌疑的汽车、“五大总成”，未向公安机关报告，擅自拆解、改装、拼装、倒卖的，要依法严厉查处，并由工商行政管理部门吊销营业执照；构成犯罪的，依法追究刑事责任。

工商行政管理部门要加大对报废汽车回收拆解企业经营活动的监督力度，依法查处出售不能继续使用的报废汽车零配件、未标明“报废汽车回用件”零配件的违法行为；对利用报废汽车“五大总成”及其他零部件拼装汽车或者出售报废汽车整车、“五大总成”、拼装车的，要依法严惩，吊销营业执照。

商务主管部门要加强《报废汽车回收证明》的管理，对报废汽车回收拆解企业买卖或伪造、变造《报废汽车回收证明》的，一经查实，暂停发放《报废汽车回收证明》，提请公安部门依法惩处；情节严重的，由工商行政管理部门吊销营业执照。

（二）大力整治报废汽车回收拆解市场。工商行政管理部门要严厉打击和惩处利用报废汽车“五大总成”及其他零配件拼装汽车、出售报废汽车整车、“五大总成”、拼装车等违法行为，依法查处取缔无照经营行为，对涉嫌构成犯罪的，依法移送公安机关。

商务、工商行政管理部门要加大对二手车交易市场监管力度，督促企业严查交易车辆有关证件，防止报废汽车、拼装车通过二手车交易市场流入社会；发现交易报废汽车、拼装车的，一律由工商行政管理部门收缴车辆，并依法予以处罚。

交通运输部门要加强对汽车维修企业（个体工商户）的监管，严格执行有关规定，坚决打击承修报废汽车、擅自改装汽车的违法行为，一经查实，要依法对违法维修企业（个体工商户）实施处罚；情节严重的，要依法责令其停业整改。

公安部门要依据有关规定对汽车维修企业（个体工商户）擅自更改车辆识别代号/车架号、发动机号，坚决予以查处，并将其法人代表（经营者）列入重点监管对象。构成犯罪的，依法追究刑事责任。

工业和信息化部门要进一步加强《车辆生产企业及产品公告》内车辆生产企业及产品合格证的监管，督促车辆生产企业加强诚信体系建设，加大对车辆生产企业违法违规行为的惩处力度，防止其涉足报废汽车非

法拼装领域,坚决杜绝汽车产品合格证流入非法拼装市场。

质量技术监督部门要进一步加强对获得强制性产品认证车辆生产企业的监管,强制性产品认证指定认证机构要严格认证一致性检查,杜绝已获得强制性产品认证企业利用报废汽车"五大总成"及其他零部件拼装汽车。同时要严格机动车安全技术检验机构资格管理和计量认证管理,对执行国家机动车安全技术检验标准的情况进行监督。一旦发现机动车安全技术检验机构不按照国家安全技术标准进行检验,出具虚假检验结果的,依法移交公安部门予以处罚。

(三)严厉打击报废和拼装车辆上路行驶行为。公安部门要加强对机动车报废登记管理,对达到强制报废标准的汽车,要按规定通知机动车所有人办理注销登记;商务主管部门要会同公安部门建立报废汽车回收证明信息共享、核查机制,公安部门要严格审查报废汽车回收拆解企业出具的报废汽车回收证明,按规定要求出具注销证明。

公安部门要结合开展机动车涉牌涉证违法行为专项整治,加大路面查处力度,对驾驶拼装车或已达到报废标准的机动车上路行驶的违法行为,要依法收缴车辆、强制报废,并对驾驶人依法处以罚款并吊销机动车驾驶证。交通运输部门要严格营运车辆准入和退出,对已达到强制报废标准的,应依法收回车辆营运证。

(四)积极建立报废汽车管理长效机制。商务部要会同有关部门积极研究完善报废汽车管理制度,强化监管措施,抓紧出台《机动车强制报废标准规定》,加快推动《报废汽车回收管理办法》修订工作。各地商务主管部门要会同有关部门认真总结整治活动中好的经验和做法,健全规章制度,落实管理责任,堵塞管理漏洞。推动建立车辆登记、注销、回收拆解等信息共享平台,形成部门联动监管机制。引导企业加快建立诚实守信、合法经营的自律机制。加强回收拆解行业统筹规划、合理布局,完善回收服务网络,推动车辆收购合理定价。同时,积极探索通过地方立法等途径,强化对二手车交易市场的监管。

三、工作安排

(一)动员部署阶段(2012年9月)。各地商务主管部门会同工业和信息化、公安、交通运输、工商行政管理、质量技术监督等部门,结合实际情况,制订报废汽车专项整治具体实施方案,细化治理目标和任务,明确整治重点和要求,做好前期准备和动员部署工作。

(二)集中整治阶段(2012年10月~2013年1月)。各地有关部门按照确定的工作目标、要求和进度,全面开展专项检查和整治。对行政区域内非法从事报废汽车回收拆解、拼装车、倒卖报废汽车和拼装车的"黑作坊"、"黑窝点"以及报废汽车、拼装车上路等违法行为进行拉网式排查,对报废汽车回收拆解企业、二手车交易市场、汽车维修企业和个体工商户等经营主体进行认真检查,对发现的问题,予以督促整改,对违法违规行为,坚决依法查处。

(三)督查总结阶段(2013年2月)。各地对照整治目标,认真做好检查总结。商务部会同有关部门组成联合督查组,对重点地区和重点目标进行督查,形成总结报告上报国务院。

四、工作要求

(一)加强组织领导,落实整治责任。商务部会同工业和信息化部、公安部、交通运输部、工商总局、质检总局在各自的职责范围内组织指导、督促、检查各地开展报废汽车专项整治工作。各地商务主管部门要牵头会同有关部门切实加强组织领导,强化工作保障,督促落实整治任务,统筹推进各项工作,确保专项整治落到实处。

(二)加强部门协作,形成监管合力。商务主管部门要在当地人民政府领导下,抓紧牵头建立报废汽车专项整治部门协作机制,及时通报信息,强化协作配合关系,形成部门监管合力,实现对报废汽车的注销登记、回收拆解、路面巡查等环节的全过程监管。有关部门要从大局出发,各司其职、各尽其责、通力合作,密切配合,做好地区间、部门间联动,务求整治工作取得实效。

(三)加强舆论宣传,强化社会监督。要通过电视、广播、报刊、网络等媒体多层面、全方位地宣传专项整治情况。及时曝光查处的违法案件,跟踪报道大案要案,及时公布经清理整顿依法取缔的企业名单,大力宣传诚实守信、规范经营的典型企业,综合报道阶段性整治情况。同时,要设立举报电话和电子邮箱,发动社会监督,引导和鼓励公众对非法回收拆解和倒卖报废汽车、拼装车等违法行为进行举报。

(四)加强信息报送,及时沟通情况。各地商务主管部门要会同有关部门做好本地专项整治工作的信息报送工作,从2012年10月起,每月10日前汇总上月专项整治工作情况报商务部,重大情况和问题及时报告。2013年2月20日前,汇总上报专项整治工作总结报告。

商务部 工业和信息化部 公安部 交通运输部 工商总局 质检总局

2012年8月30日

商务部关于促进汽车流通业“十二五”发展的指导意见

商建发〔2011〕489号

汽车流通业是汽车工业健康发展的重要保障，对引导生产、扩大消费、带动就业、促进经济平稳较快发展、提高人民生活水平具有重要作用。为推动汽车流通业“十二五”又好又快发展，现提出如下指导意见：

一、促进汽车流通业发展的重要意义

“十一五”期间，我国汽车流通体系建设得到较快发展，流通网络日益完善，新型流通模式不断涌现，流通现代化步伐加快，营销服务能力显著增强，总体规模快速增长，形成了经营主体多元化、经营模式多样化、多渠道并存的汽车流通良好发展格局。2010年，我国汽车销量突破1800万辆，限额以上零售企业汽车销售额达到1.86万亿元，占限额以上零售企业商品销售总额的32.5%。但是，汽车流通领域总体发展水平与经济社会发展需要仍有差距，依然存在营销服务网络发展不平衡、二手车流通明显滞后、售后服务满意度不高、报废汽车回收拆解水平低、流通主体竞争力不强、法规标准有待完善、市场秩序有待规范等问题，不利于汽车流通业的健康发展，难以适应形势发展的新要求。“十二五”期间，借鉴国际成熟经验，加快完善相关政策法规和制度，采取有效措施，促进汽车流通业快速健康发展，是进一步扩大消费、改善民生、推动两型社会建设的内在要求。

二、总体要求

（一）指导思想。

深入贯彻落实科学发展观，以转变汽车流通发展方式为主线，以改善市场环境、提高用户满意度、扩大汽车消费、促进汽车市场可持续发展为根本目的，以引导合理布局、优化企业结构、推动技术进步为重要手段，加强汽车流通业法制化、规范化、现代化建设，创新流通方式，提升技术、管理和服务水平，增强经营主体竞争力，营造统一、开放、竞争、有序的汽车市场环境，充分发挥汽车流通业在扩大消费、引导生产、改善民生、吸纳就业等方面的作用。

（二）发展目标。

——汽车流通规模进一步扩大。“十二五”期间汽车销量持续增长。2015年二手车交易量超过1000万辆，比“十一五”末翻一番，年均增长15%左右；老旧汽车报废量超过300万辆。

——汽车流通网络进一步完善。汽车营销服务网点布局更加合理，农村汽车销售服务网络日趋完善；二手车置换、经销、拍卖等多种经营模式协调发展；报废汽车回收服务网络实现县、区、市、旗全覆盖。

——汽车流通组织化程度提高。形成一批汽车、二手车、配件流通和报废汽车回收拆解骨干企业，培育30家主营业务收入超100亿元的区域性汽车流通企业，3～5家超1000亿元的大型汽车流通企业。汽车零售百强企业营业额占行业总量的比重超过30%。

——汽车流通现代化水平提升。现代信息技术得到广泛应用，连锁化水平不断提高，服务功能不断拓展和增强，第三方物流、共同配送稳步发展，报废汽车拆解技术、环保和资源利用水平显著提升，老旧汽车更新换代步伐加快。

——汽车流通环境明显改善。汽车流通领域法规、标准体系逐步健全，行业管理方式更趋合理，管理水平显著提升，诚信体系逐步完善，市场秩序更加规范，不正当竞争、侵害消费者权益等行为得到有效遏制。

三、主要任务

（一）完善汽车营销和服务体系。

推动汽车营销网络合理布局。加强汽车流通网络建设与城市商业网点规划衔接，引导汽车流通企业整合资源，优化汽车品牌经销店集群、综合贸易服务园区、有形市场等网点结构和布局。支持在居住密集区发展汽车展示店、销售店、快修店等经营业态，便利居民消费；鼓励在中小城市有序发展汽车综合贸易服务园区或综合交易市场，健全资源、业态、消费集聚功能，满足不同层次消费需求，增强一站式服务能力。搭建汽车流通网络服务平台，及时提供汽车信息咨询等相关服务。倡导流通渠道扁平化、经营模式多样化，推动建立节约型汽车流通网络。

加强农村汽车流通网络建设。进一步探索适合农村地区发展的汽车经营模式，支持农村地区汽车销售和售后服务网络建设，引导大型汽车流通企业通过发展连锁经营、分支机构等方式向农村地区延伸销售和服务网点，在农村和偏远地区推广汽车流动售后服务站，着力增强农村地区汽车售后服务能力，推动城乡汽车流通网络协调发展。

进一步提高营销和服务水平。支持有条件的汽车流通企业通过跨地区兼并重组、发展连锁经营、创新管理制度，实现标准化、品牌化、集约化经营。引导企业建立便捷高效的汽车营销和服务体系，创建自主服务品牌，健全营销网络，加强汽车售后服务能力建设，努力提高用户满意度。支持汽车售后服务连锁化发展，推动社会化汽车售后服务网络建设。

构建和谐稳定的零供关系。坚持实施汽车品牌授权销售，引导汽车供应商规范与品牌经销商的交易行为，合理确定授权经营期限，明确授权解除后双方的权利义务，保障消费者、经销商、供应商各方的合法权益；杜绝收取建店保证金、强制搭售和规定库存数量等不公平交易行为，维护经销商的合法利益。支持汽车供应商与品牌经销商建立沟通机制，促进供应商和经销商共同发展。

（二）积极培育二手车市场。

大力发展品牌二手车经营。支持汽车供应商利用现有营销渠道和质量认证、服务保障等品牌优势，拓展品牌二手车业务，完善二手车流通网络；鼓励有条件的大型企业集团发展连锁经营，建设经营场地、车辆检测和整备设施完善，服务流程统一规范的区域性品牌二手车卖场，打造一批品牌二手车专营精品店，加快构建以品牌二手车经营为引领，诚信、有序、高效的二手车流通网络。

引导交易市场优化升级。加强规划指导，推动二手车交易市场合理布局、优化结构、向品牌化方向发展。支持二手车交易市场升级改造，着力完善交易服务设施，规范交易流程和管理制度，增加交易透明度，简化交易手续，降低交易成本，发挥其车辆集散、信息引导、价格发布、金融服务、消费集聚的优势和作用。规范二手车经销、经纪、鉴定评估企业经营行为，提高服务水平；大力倡导诚信经营，惩戒失信行为，打击欺诈行为。

创新二手车流通方式。鼓励有条件的企业建立二手车拍卖平台，发展网上即时拍等多种形式拍卖业务，拓展企业间二手车流通渠道，逐步构建全国性的二手车拍卖流通网络，推动二手车社会资源整合和规模经营。积极探索二手车网上交易平台的应用。引导企业推行二手车认证制度和质保承诺，倡导有条件的企业与保险公司建立合作关系，为车主提供二手车延期质保服务，推进二手车交易市场实施先行赔付制度，切实维护消费者合法利益，促进二手车放心消费。

（三）促进和规范汽车配件流通。

发展汽车配件规模化经营。鼓励汽车配件流通行业采取特许、连锁经营等方式向规模化、品牌化、网络化方向发展，支持配件流通企业进行整合，培育一批有影响力的汽车配件流通企业和连锁品牌，引导现有汽车配件交易市场升级改造，完善市场服务功能，实现行业结构升级。支持配件生产、流通企业充分利用电子商务平台、社会化物流配送体系拓展业务领域，降低配件流通成本。

引导配件多渠道和规范流通。积极拓展流通渠道，促进原厂汽车配件多渠道流通，推动建立高品质配件社会化流通网络，保证消费者多种选择。规范配件市场经营秩序，引导汽车配件经销企业规范经营行为，在经营场所明示配件来源、品质、价格等信息。推动汽车供应商保证停止生产和停止销售车型配件的及时供应。

（四）大力促进老旧汽车报废更新。

严格执行汽车强制报废制度，完善汽车报废规定，加强汽车报废管理，杜绝“假转籍”、“假过户”、“假异地报废”行为或不按规定交售报废汽车等违法行为，强化对报废汽车回收拆解企业、二手车流通企业的监管，防止报废汽车流向社会。进一步完善老旧汽车报废更新补贴政策，适时调整补贴范围，提前政策发布时间，充分发挥政策引导效应，加快老旧汽车、黄标车淘汰进程，逐步形成老旧汽车报废更新的良性循环。

（五）加快报废汽车回收拆解业发展。

完善报废汽车回收拆解网络。统筹规划、合理布局回收拆解企业，提高市场准入条件，健全进入和退出机制，防止企业无序发展。引导改造搬迁和依法新设立的回收拆解企业依托城市再生资源产业园区或基地从事报废汽车拆解活动，以利于实现基础设施共享、环保集中处理、资源规模利用。鼓励回收拆解企业完善回收网络，向县、乡镇延伸回收服务网点，拓展上门收车等服务功能，为车主交售车辆提供便利。

推动回收拆解行业结构优化。鼓励现有回收拆解企业加强联合、优化重组，支持具有雄厚资金、技术和人才实力的大型企业通过参股、控股、并购等方式与回收拆解企业合作，引导回收拆解企业与汽车生产、零部件再制造企业建立长期合作关系。积极探索整合资源、实现规模经营的有效途径，集中支持和培育起点高、具有规模和示范效应的回收拆解骨干企业，引导和鼓励有条件的地区建立区域性破碎示范中心，加快形成专业化分工明确，以骨干企业为龙头，中小企业为基础的报废汽车回收拆解发展格局。

提升回收拆解行业技术水平。建立和完善报废汽车回收拆解企业升级达标验收制度和标准，进一步推动升级达标活动。引导回收拆解行业推行ISO9000、ISO14000认证，充分利用科研院所、高校、企业等社会资源，开发汽车拆解、破碎新工艺、新技术，大力推广机械化和精细化拆解，促进行业技术进步，着力提高环保和资源利用水平，逐步实现回收拆解设施现代化、作业流程标准化、废弃物处理无害化。

（六）提高汽车流通现代化水平。

推进流通现代化进程。提高汽车流通业连锁化发展水平，加强汽车物流配送体系建设，合理规划和建设汽车及配件物流集聚区，充分利用社会资源发展汽车物流共同配送网络。探索发展电子商务新模式，推动物联网等信息技术在汽车流通和服务领域的应用。鼓励发展汽车租赁，引导租赁企业实现跨区域经营。积极延伸汽车流通产业服务链，支持企业发展金融、保险、装饰、置换等业务，为消费者提供增值服务。

加快信息化建设步伐。依托行业组织和有条件的企业推动建立全国性和重点地区的汽车流通、二手车交易公共信息服务平台，完善升级老旧汽车报废更新信息管理系统，逐步实现车辆回收拆解实时监控，探索建立全国性或区域性的汽车配件、报废汽车回用件等信息服务和交易平台，形成涵盖汽车流通业全链条的信息采集、加工、发布和共享体系。

（七）营造良好汽车流通环境。

大力整顿汽车流通秩序，清理汽车流通地方保护和市场封锁的政策及规定，取消各地对二手车经销方面不合理的限制。推动二手车交易服务手续费、报废汽车收购价格的合理定价。严厉打击销售不符合国家规定汽车和假冒伪劣配件、隐瞒二手车车况及以次充好、倒卖报废汽车等违法违规行为。推动汽车流通行业诚信体系建设，建立和完善信用信息系统，积极开展诚信经营宣传和教育活动。

（八）鼓励汽车流通业“引进来”和“走出去”。

推动汽车流通行业引进新技术和新业态，引导外资投向中西部和农村地区汽车流通网络建设，优化外商投资结构，提高利用外资质量和水平。鼓励有条件的汽车经销商配合汽车生产企业“走出去”，采取多种方式在国外建立合资、合作、独资销售及服务网络，保证出口产品的配件供应，增强售后维修服务能力。引导企业加大品牌建设投入，发挥品牌优势和效应，提高国际竞争力。

四、保障措施

（一）加强汽车流通行业管理。

各地商务主管部门要充分认识汽车流通管理工作的重要性，认真组织贯彻实施相关法规政策标准，创新和完善汽车流通管理机制，进一步明确工作职责，积极建立部门间沟通合作机制，研究新情况，解决新问题，大力推行政务公开，坚持依法行政，着力营造良好的汽车市场环境、政策法规和管理环境，认真做好汽车流通行业监督管理工作。

（二）健全法规标准体系。

加快汽车流通领域法规和标准体系建设，提高依法行政和标准化水平。着力推动出台《报废机动车回收拆解管理条例》，加快建立报废汽车回收拆解与安全、环保和资源再利用相衔接的管理制度。抓紧出台《机动车强制报废标准规定》、修订《汽车品牌销售管理实施办法》。积极研究制订汽车品牌经销商经营规范、二手车鉴定评估技术规范、配件交易市场经营规范、报废汽车回收拆解行业规划编制规范、汽车流通业态分类分级等相关标准。

（三）完善相关政策措施。

多渠道筹集资金，重点支持汽车流通流域加强汽车售后服务能力建设，发展品牌二手车经营，培育和建设报废汽车回收拆解骨干企业和破碎示范中心，建立和完善汽车流通公共信息服务平台。研究完善二手车交易、报废汽车回收拆解增值税征收政策，探索建立二手车临时产权登记制度，积极引导金融机构、融资担保机构加大对汽车流通企业的支持力度。

（四）建立统计评价体系。

建立汽车流通行业统计评价指标体系，加大对汽车流通统计机构、人员队伍和统计信息系统建设的支持力度，健全和畅通统计渠道，加强对行业发展规模、经营效益、行业结构、现代化程度和贡献度等方面的调查统计，及时准确反映行业发展现状、存在问题和发展趋势，为制订和完善政策法规提供依据。

（五）加强人才队伍建设。

积极组织商务系统开展汽车流通管理学习与培训，加强对外合作与交流，提升管理人员水平。加强汽车流通行业专家队伍建设,加快建立专家人才库,为制订行业政策法规标准及开展培训等提供智力支撑。鼓励企业吸收、培养专业技术和管理人才,建立和完善职业经理人、从业人员考评制度,提高行业队伍整体素质。

(六)发挥行业组织作用。

充分发挥汽车流通行业组织的桥梁和纽带作用,鼓励行业组织积极参与有关政策法规、标准、规划的制订、宣传和贯彻落实工作,推动行业自律。支持行业组织提供信息咨询、技术推广、人才培训等服务,加强汽车营销、二手车鉴定评估、汽车拆解等专业技术人员注册管理,积极开展行业信息统计分析和国际交流合作,及时掌握国际汽车流通发展新动向、新趋势,反映行业发展情况和企业诉求。

中华人民共和国商务部

二○一一年十二月二十二日

商务部办公厅关于做好报废汽车回收拆解企业和二手车交易市场升级改造示范工程试点有关工作的通知

商办建函〔2011〕1154 号

为进一步推进报废汽车回收拆解企业、二手车交易市场升级改造示范工程试点有关工作,确保项目取得实效,现将有关事项通知如下:

一、加强项目督导检查

各试点地区商务主管部门要定期对正在实施的试点项目进行督导检查,重点检查项目建设进展和资金使用情况。检查中发现问题要及时提出意见督促整改,对于确不符合有关要求、无法完成的项目,省级商务主管部门应会同财政部门及时提出调整意见并报商务部、财政部备案。对已经完成验收的项目,要开展自查活动,重点检查资金管理是否规范、资金拨付是否到位等,并对项目实施效果进行跟踪。

二、严格组织项目验收

为加强试点项目验收工作,确保项目完成质量,请各地参照执行《报废汽车回收拆解企业升级改造项目验收评分表》(附件 1)和《二手车交易市场升级改造项目验收评分表》(附件 2)的验收内容和标准。要坚持现场验收,认真听取企业汇报,全面了解情况,做到验收不走过场,不留死角。2010 年项目务必于 2011 年底前完成验收,2011 年项目于 2012 年 3 月底前完成验收。

三、及时报送项目情况

各试点地区商务主管部门要按时报送项目实施进度表和验收报告(各企业项目投资、升级改造内容等具体情况需列表说明)。要认真总结试点项目实施情况,主要包括:升级改造项目完成和进展情况、主要做法、实施效果、存在问题、原因分析以及有关政策建议等。总结报告请于 2012 年 1 月 15 日前报商务部。

联系人:市场建设司 陈海磊 刘雅

电 话:(010)85093687 85093686

传 真:(010)85093688

邮 箱:Liuya@ mofcom. gov. cn

附件:1. 报废汽车回收拆解企业升级改造项目验收评分表

2. 二手车交易市场升级改造项目验收评分表

商务部办公厅

二○一一年十一月十五日

附件 1

报废汽车回收拆解企业升级改造项目验收评分表

企业名称：

<table>
<tr><th>项目</th><th>序号</th><th colspan="2">验收内容</th><th>分值</th><th>得分</th></tr>
<tr><td rowspan="5">必要条件</td><td>1</td><td colspan="2">省级商务主管部门认定，商务部备案企业</td><td>—</td><td rowspan="5">是否符合是/否（有一项不合格，不予通过验收）</td></tr>
<tr><td>2</td><td colspan="2">注册资金不低于 50 万元</td><td>—</td></tr>
<tr><td>3</td><td colspan="2">经营面积不低于 10000 ㎡</td><td>—</td></tr>
<tr><td>4</td><td colspan="2">专业技术人员不少于 5 人</td><td>—</td></tr>
<tr><td>5</td><td colspan="2">没有违法违规行为</td><td>—</td></tr>
<tr><td rowspan="11">场地</td><td rowspan="2">6</td><td rowspan="2">具有功能区划分</td><td>设有管理区、存放区、拆解作业区、污染控制区等</td><td>2</td><td></td></tr>
<tr><td>各功能区有明确的界限和明显的标识</td><td>2</td><td></td></tr>
<tr><td rowspan="2">7</td><td colspan="2">作业场地（包括存储和拆解场地）面积不低于 6000 ㎡</td><td>2</td><td></td></tr>
<tr><td colspan="2">存储场地硬化并防渗漏</td><td>3</td><td></td></tr>
<tr><td rowspan="2">8</td><td colspan="2">拆解场地应为封闭或半封闭车间，地面防渗漏处理</td><td>3</td><td></td></tr>
<tr><td colspan="2">拆解场地建筑面积不低于 2000 ㎡</td><td>1</td><td></td></tr>
<tr><td rowspan="2">9</td><td colspan="2">拆解车间通风、光线良好，安全防范设施齐全</td><td>2</td><td></td></tr>
<tr><td colspan="2">具有回用零部件仓库，并具备分类存放货架</td><td>3</td><td></td></tr>
<tr><td>10</td><td colspan="2">存储场地和拆解车间总排水口应设置油水分离装置和与其相接的排水沟</td><td>3</td><td></td></tr>
<tr><td colspan="3">场地分值（共 21 分）</td><td>21</td><td></td></tr>
<tr><td rowspan="11">设施设备</td><td>11</td><td colspan="2">具备车辆称重设备</td><td>2</td><td></td></tr>
<tr><td>12</td><td colspan="2">具备室内拆解预处理平台</td><td>3</td><td></td></tr>
<tr><td>13</td><td colspan="2">具备专用废油液收集装置</td><td>3</td><td></td></tr>
<tr><td>14</td><td colspan="2">具备分类存放废油、液的专用密闭容器</td><td>3</td><td></td></tr>
<tr><td>15</td><td colspan="2">具备存放聚氯联苯或聚氯三联苯的电容器，机油滤清器、蓄电池的容器</td><td>3</td><td></td></tr>
<tr><td>16</td><td colspan="2">具备存储含汞开关的防漏密闭容器</td><td>1</td><td></td></tr>
<tr><td>17</td><td colspan="2">具备安全气囊引爆装置</td><td>3</td><td></td></tr>
<tr><td>18</td><td colspan="2">具备汽车空调制冷剂收集装置</td><td>3</td><td></td></tr>
<tr><td>19</td><td colspan="2">具备剪切机、打包机或压扁设备</td><td>2</td><td></td></tr>
<tr><td>20</td><td colspan="2">具备总成精细拆解平台并设有油水收集槽</td><td>2</td><td></td></tr>
<tr><td>21</td><td colspan="2">拆解车间具备必要的吊运设施</td><td>1</td><td></td></tr>
</table>

续表

<table>
<tr><th>项目</th><th>序号</th><th colspan="3">验收内容</th><th>分值</th><th>得分</th></tr>
<tr><td rowspan="8">设施设备</td><td>22</td><td colspan="3">拆解车间具备拆解翻转机</td><td>2</td><td></td></tr>
<tr><td>23</td><td colspan="3">具备2台以上叉车</td><td>1</td><td></td></tr>
<tr><td>24</td><td colspan="3">具备2台以上起重设备</td><td>2</td><td></td></tr>
<tr><td>25</td><td colspan="3">具备2台以上拖运车辆</td><td>2</td><td></td></tr>
<tr><td>26</td><td colspan="3">具备与企业规模相适应的电脑等办公设施</td><td>1</td><td></td></tr>
<tr><td>27</td><td colspan="3">具备符合国家规定消防设施</td><td>3</td><td></td></tr>
<tr><td>28</td><td colspan="3">具备对场区、报废车辆等监控的安全设施</td><td>2</td><td></td></tr>
<tr><td colspan="4">设施设备分值(共39分)</td><td>39</td><td></td></tr>
<tr><td rowspan="19">作业程序</td><td>29</td><td colspan="3">对回收车辆按照相关规定进行逐车登记、检查,并将信息全部录入老旧汽车报废更新信息管理系统</td><td>5</td><td></td></tr>
<tr><td rowspan="5">30</td><td rowspan="5">车辆进场后预处理</td><td colspan="2">拆除蓄电池,拆除液化气罐</td><td>1</td><td></td></tr>
<tr><td colspan="2">引爆安全气囊</td><td>1</td><td></td></tr>
<tr><td colspan="2">收集且排空车内燃油</td><td>1</td><td></td></tr>
<tr><td colspan="2">各种废液的排空率应不低于90%,收集率应在99%以上</td><td>1</td><td></td></tr>
<tr><td colspan="2">用专门设备回收汽车空调制冷剂,不同类型分别回收</td><td>1</td><td></td></tr>
<tr><td>31</td><td colspan="3">报废车辆无倒放、侧放,并按功能区划存放</td><td>3</td><td></td></tr>
<tr><td>32</td><td colspan="3">在封闭或半封闭车间内,按《报废汽车回收拆解企业技术规范》5.4.1项要求进行拆解</td><td>3</td><td></td></tr>
<tr><td>33</td><td colspan="3">大件拆解采用无污染切割设备</td><td>2</td><td></td></tr>
<tr><td rowspan="9">34</td><td rowspan="9">存储管理</td><td>①</td><td>应使用各种专业密闭容器存储废液,并交给合法的废液回收处理企业</td><td rowspan="9">共5分,其中一项不合格扣1分,扣完为止</td><td rowspan="9"></td></tr>
<tr><td>②</td><td>拆下的可再利用零部件应在室内存储</td></tr>
<tr><td>③</td><td>对存储各种零部件、材料、废弃物的容器进行标识,不得混合、混放</td></tr>
<tr><td>④</td><td>对拆解后的所有的零部件、材料、废弃物进行分类存储和标识,含有害物质的部件应标明有害物质的种类</td></tr>
<tr><td>⑤</td><td>容器和装置要防漏和防止洒溅,未引爆安全气囊的存储装置应防爆,并对其进行日常性检查</td></tr>
<tr><td>⑥</td><td>拆解后废弃物存储应严格按照GB18599和GB18597要求执行</td></tr>
<tr><td>⑦</td><td>各种废弃物的存储时间一般不超过一年</td></tr>
<tr><td>⑧</td><td>固体废弃物应交给符合国家相关标准的废物处理单位处理,不得焚烧、丢弃</td></tr>
<tr><td>⑨</td><td>危险废物应交由具有相应资质的单位进行处理处置</td></tr>
<tr><td colspan="4">作业程序分值(共23分)</td><td>23</td><td></td></tr>
</table>

续表

项目	序号	验收内容	分值	得分
企业管理及其他	35	建立防止报废汽车及国家禁止销售的报废汽车总成零部件流向市场的相关制度	3	
	36	建立培训上岗制度	2	
	37	在所在地市辖区、县设有回收网点	3	
	38	建立报废汽车回收拆解档案和数据库存档，记录报废汽车回收、拆解、废弃物处理以及拆解后零部件、材料和废弃物的流向等	3	
	39	车间内按拆解工序达到流水化作业	2	
	40	办公现代化设施齐全，场区安全监控设施运作完好	2	
	41	通过 ISO9000、ISO14000 认证	2	
	企业管理及其他项目分值(共 17 分)		17	
总计分值(满分 100 分)			100	

评审组成员签名			
评审组组长意见			
市级商务主管部门验收意见	(盖章) 年 月 日	市级财政部门验收意见	(盖章) 年 月 日
省级商务主管部门审核意见	(盖章) 年 月 日	省级财政部门审核意见	(盖章) 年 月 日

说明：

1. 总计分值 100 分，80 分(含)以上通过验收。
2. 表中分值 3 分的项目和第 29 项扣分的，不予通过验收。
3. 本验收检查表一式五份，由市级商务、财政验收部门和省级商务、财政审核部门各执一份，商务部市场建设司备案一份。

附件 2

二手车交易市场升级改造项目验收评分表

企业名称：

项目	序号	验收内容	分值	得分
必备条件	1	符合所在城市商业网点规划	—	是否符合是/否
	2	省级商务主管部门备案	—	
	3	市场正式开业经营三年以上	—	
	4	东部地区市场年交易量不少于 10000 台，中部和东北地区不少于 3000 台，西部地区可适当放宽	—	
场地与设施	5	经营面积不低于 10000 ㎡	1	
	6	设有专用停车场	1	
	7	设有人员、车辆专用出入通道	1	
	8	场区出入口设置合理，出入畅通	1	
	9	场区道路设置合理、畅通	1	

续表

<table>
<tr><th>项目</th><th>序号</th><th colspan="2">验收内容</th><th>分值</th><th>得分</th></tr>
<tr><td rowspan="13">场地与设施</td><td>10</td><td colspan="2">功能区域划分清楚并设有标识牌</td><td>1</td><td></td></tr>
<tr><td>11</td><td colspan="2">设有监督与投诉标识牌</td><td>1</td><td></td></tr>
<tr><td>12</td><td colspan="2">设有入场检验及鉴定评估区域</td><td>1</td><td></td></tr>
<tr><td>13</td><td colspan="2">交易大厅面积不低于300 ㎡</td><td>1</td><td></td></tr>
<tr><td>14</td><td colspan="2">设有交易流程示意图及引导牌</td><td>1</td><td></td></tr>
<tr><td>15</td><td colspan="2">设有交易手续办理及注意事项说明牌</td><td>1</td><td></td></tr>
<tr><td>16</td><td colspan="2">设有电子排队叫号系统</td><td>2</td><td></td></tr>
<tr><td>17</td><td colspan="2">设有发布车辆信息的电子显示屏</td><td>2</td><td></td></tr>
<tr><td>18</td><td colspan="2">设有3台(含)以上触摸屏式信息查询机</td><td>2</td><td></td></tr>
<tr><td>19</td><td colspan="2">交易大厅设有消费者休息区域</td><td>1</td><td></td></tr>
<tr><td>20</td><td colspan="2">设有饮用水供应设备</td><td>1</td><td></td></tr>
<tr><td>21</td><td colspan="2">设有覆盖全部展销区域、正常运行的监控系统</td><td>1</td><td></td></tr>
<tr><td>22</td><td colspan="2">消防报警系统、设施、设备齐全有效</td><td>1</td><td></td></tr>
<tr><td></td><td colspan="5">小计分值(共21分)</td></tr>
<tr><td rowspan="13">功能与服务</td><td>23</td><td colspan="2">提供二手车交易价格查询服务</td><td>2</td><td></td></tr>
<tr><td>24</td><td colspan="2">提供二手车车辆基本信息查询服务</td><td>2</td><td></td></tr>
<tr><td>25</td><td colspan="2">提供二手车拍卖服务</td><td>1</td><td></td></tr>
<tr><td>26</td><td colspan="2">提供试乘试驾服务</td><td>1</td><td></td></tr>
<tr><td>27</td><td colspan="2">设有商务主管部门核准的鉴定评估企业</td><td>2</td><td></td></tr>
<tr><td>28</td><td colspan="2">车管所驻场办公</td><td>1</td><td></td></tr>
<tr><td>29</td><td colspan="2">具有查询盗抢及非法车辆信息功能</td><td>1</td><td></td></tr>
<tr><td>30</td><td colspan="2">具有查验车辆法定证明、凭证服务功能</td><td>1</td><td></td></tr>
<tr><td>31</td><td colspan="2">提供办理转移登记服务</td><td>1</td><td></td></tr>
<tr><td>32</td><td colspan="2">提供购置税变更服务</td><td>1</td><td></td></tr>
<tr><td>33</td><td colspan="2">提供车船税变更服务</td><td>1</td><td></td></tr>
<tr><td>34</td><td colspan="2">提供保险服务</td><td>1</td><td></td></tr>
<tr><td>35</td><td colspan="2">引入银行等金融机构</td><td>1</td><td></td></tr>
<tr><td></td><td colspan="5">小计分值(共16分)</td></tr>
<tr><td rowspan="10">信息系统使用</td><td rowspan="3">36</td><td rowspan="3">使用情况</td><td>使用商务部开发的二手车交易信息管理系统</td><td>10</td><td rowspan="3"></td></tr>
<tr><td>使用自行开发系统,与商务部开发系统进行数据对接</td><td>7</td></tr>
<tr><td>使用自行开发系统,未与商务部开发系统进行数据对接</td><td>4</td></tr>
<tr><td rowspan="3">37</td><td rowspan="3">基本功能使用</td><td>车辆入库管理</td><td>1</td><td></td></tr>
<tr><td>车辆库存管理</td><td>1</td><td></td></tr>
<tr><td>车辆出库管理</td><td>1</td><td></td></tr>
<tr><td rowspan="4">38</td><td rowspan="4">扩展功能使用</td><td>对入场交易车辆信息进行登记录入</td><td>1</td><td></td></tr>
<tr><td>建立交易车辆数据库,具有查询历史交易记录功能</td><td>1</td><td></td></tr>
<tr><td>具有库存车辆数量、区域分布、品牌等查询功能</td><td>1</td><td></td></tr>
<tr><td>车辆出场管理,核减车辆数据</td><td>1</td><td></td></tr>
</table>

续表

项目	序号	验收内容		分值	得分
信息系统使用	39	数据报送	按要求通过系统及时向行业主管部门或协会报送交易数据	10	
			定期人工报送交易数据	5	
	40	交易信息	发布交易车辆信息	1	
			发布价格信息	1	
	小计分值(共29分)				
管理与制度建设	41	市场全天候进行交易		3	
	42	市场采用封闭式管理		3	
	43	建立并实施二手车入场登记与查验制度		3	
	44	场内商品车采用电子条码管理		1	
	45	展销车全部附有二手车质量信息表		3	
	46	展销车全部明码标价		3	
	47	建立和实施先行赔付制度		3	
	48	建立和实施消费者投诉及受理制度，并设有交易纠纷调解机构		3	
	49	驻场二手车经销、经济等商户为注册企业法人		3	
	50	建立和实施驻场商户管理制度		2	
管理与制度建设	51	建立和实施诚信商户评比及奖惩制度		2	
	52	建立和实施市场员工岗位责任制度		1	
	53	建立和实施市场员工绩效考核制度		1	
	54	建立和实施市场员工培训制度		2	
	55	市场员工统一着装并配戴工作卡		1	
	小计分值(共34分)				
总计分值(满分100分)					
评审组成员签名					
评审组组长意见					
市级商务主管部门验收意见	(盖章) 年 月 日	市级财政部门验收意见	(盖章) 年 月 日		
省级商务主管部门审核意见	(盖章) 年 月 日	省级财政部门审核意见	(盖章) 年 月 日		

说明：

1. 总计分值为100分，70分(含)以上通过验收，80分(含)以上为良好，90分(含)以上为优秀；
2. 评审前4项为前置条件项，如果其中一项未达标，则验收不合格；
3. 表中第36项、第39项只取一个分值。
4. 本验收检查表一式五份，由市级商务、财政验收部门和省级商务、财政审核部门各执一份，商务部市场建设司备案一份。

国家工商行政管理总局、交通运输部、国家质量监督检验检疫总局关于进一步加强汽车销售行为以及汽车配件质量监管工作的通知

工商消字〔2010〕148 号

各省、自治区、直辖市工商行政管理局、交通运输厅(局、委)、质量技术监督局:

最近,在一些地方的汽车销售、汽车配件生产经营活动中,存在着生产、销售、使用假冒伪劣汽车配件,虚假宣传,商业贿赂,欺诈消费者的现象。这些行为扰乱了汽车市场秩序,侵害了消费者合法权益。为进一步加强汽车销售行为以及汽车配件质量监管,维护汽车市场秩序,保障消费者合法权益,促进汽车产业和经济平稳较快发展,现就有关问题通知如下:

一、充分认识加强汽车销售行为和汽车配件质量监管工作的重要意义,进一步增强责任感和使命感

汽车产业是国民经济重要的支柱产业,在国民经济和社会发展中发挥着重要作用。为应对国际金融危机的影响,落实保增长、扩内需、调结构的总体要求,国家制定了汽车产业调整和振兴规划以及"汽车下乡"、汽车"以旧换新"等一系列稳定汽车消费、加快结构调整的政策措施,为促进汽车产业持续、健康、稳定发展和经济平稳较快发展发挥了重要的积极作用。各级工商行政管理、交通运输和质量技术监督部门要充分认识加强汽车销售行为监管和汽车配件质量监管对于确保国家汽车产业调整和振兴政策措施具体落实、保障道路运输、维护消费者合法权益的重要意义,深入落实科学发展观,认真贯彻党的十七大、十七届三中、四中全会和中央经济工作会议精神,进一步增强责任感、使命感和大局意识、服务意识,充分发挥职能作用,切实履行法定职责,积极维护汽车市场秩序,促进汽车产业健康发展。

二、进一步加强汽车销售行为监管,规范汽车市场交易和竞争行为

各地工商行政管理部门要加大日常巡查力度,加强对汽车销售行为的监督检查,依法严厉打击不正当竞争、虚假宣传等侵害消费者合法权益行为,切实规范汽车市场交易行为。要认真梳理排查日常检查和申诉举报中发现的涉嫌不正当竞争的案件线索,依法查处汽车品牌经销服务店、汽车集中交易市场以各种方式虚假表示、虚假宣传误导欺诈消费者的不正当竞争行为。要结合治理商业贿赂专项工作,严厉查处汽车品牌经销服务店利用为消费者办理汽车按揭贷款、汽车保险等服务之便收取金融服务公司、担保公司、保险公司所谓"返利"、"好处费"的商业贿赂行为。要加强对汽车相关广告的监测和检查,依法及时查处各类广告违法行为。要进一步规范汽车销售合同,积极推行汽车销售合同示范文本,依法处理"霸王条款"。要加强行政指导,综合使用行政告诫、行政建议等措施,制止经营者违背购买者意愿搭售商品或者附加其他不合理条件的行为。

各地工商行政管理、交通运输和质量技术监督部门要会同相关行业组织,加强对汽车生产销售商、汽车配件生产经营者和维修经营者的宣传教育,督促汽车生产企业加强产品质量管理,严格执行《缺陷汽车产品召回管理规定》,公布新车型维修技术资料;引导汽车品牌经销服务店公示汽车配件供应体系,指导经营者明示汽车配件生产商、配件价格、服务价格等信息,完善质量管理制度和有关产品"三包"、广告宣传、销售合同、按揭贷款、保险等销售服务规范,促进行业自律,规范汽车销售和汽车维修行业经营行为。

三、进一步加强汽车配件质量监管,严厉查处制售假冒伪劣违法行为

各地工商行政管理、交通运输和质量技术监督部门要按照各自职责,加强协调配合,加大对汽车配件生产、流通、使用等环节的监管力度,建立健全汽车配件生产、流通、使用追溯体系。积极支持和引导汽车配件集约化、专业化、品牌化、连锁化经营,促进汽车配件产业的健康发展。

(一)强化生产领域汽车配件产品质量监管,促进提高汽车配件质量水平。

各地质量技术监督部门要摸清本地汽车配件的生产企业现状,加强汽配产品监督抽查,加强对生产假冒伪劣汽车配件的情报收集工作,采取定期检查和突击检查相结合,日常巡查和重点抽查相结合等办法,严厉打击制假售假违法行为。重点对需要办理 3C 认证的机动车灯具(前照灯、转向灯、前位灯、倒车灯等 11 类产品)、机动车回复发射器、后视镜、内饰件、制动软管等产品的无证出厂行为进行执法检查,坚决打击无证出厂的违法行为。对于汽车配件生产集中的区域,组织开展区域整治,督促企业履行质量主体责任,提高汽配产品质量,增强市场竞争能力,带动汽车配件产业的健康协调发展。

（二）强化流通领域汽车配件商品质量监管，维护汽配商品市场秩序。

各地工商行政管理部门要以汽车配件市场、汽车品牌经销服务店等场所和汽车灯具、刹车片、制动软管等品种为重点，加大流通领域汽车配件包装、标识以及商品质量监督检查力度。要依法监督销售者建立并切实执行进货检查验收制度，严格查验汽车配件商品包装、标识。要加强汽配市场日常巡查，对发现的没有标注产地、产品名称、代理商（经销商）以及没有产品合格证等标识，不符合《产品质量法》要求的汽车配件，责令经营者及时改正，涉嫌严重质量问题的，依法进行调查处理。要加大流通领域汽车配件质量监测力度和不合格商品退市工作力度，依法查处销售假冒伪劣和不合格汽车配件的违法行为，切实维护汽车配件市场秩序。要围绕汽车配件等重点商品，加快流通领域商品市场准入退出制度改革步伐，强化日常规范监管，进一步健全流通领域商品质量长效监管机制，提高监管执法效能。

（三）加强维修装饰改装等市场配件流通渠道监管，严厉查处使用假冒伪劣配件维修机动车的违法行为。

各地交通运输部门要积极发挥行业管理优势，以信息化建设为抓手，结合大物流建设，加大机动车维修、装饰、改装等市场配件流通渠道监管力度，实行质量保证和追溯，会同相关部门建立健全汽车配件经营和机动车维修经营者的资质认定、质量信誉考核、服务规范等制度，指导和监督经营者建立采购、质检、销售、仓储等质量管理制度，加强从业人员的培训和管理，严厉打击机动车维修经营者使用无产品合格证、厂名、厂址的配件和假冒伪劣配件维修机动车的经营行为。要监督机动车维修经营者建立配件登记制度，做好配件检验、入库、保管、出库登记工作，记录购买日期、供应商名称、地址、产品名称及规格型号等，查验产品合格证明与国家强制性产品认证证书及标志，保存能够证明进货来源的原始凭证，并将不同种类的配件分别标识，明码标价，供用户选择。维修经营者使用托修人提供的配件时，应当查验配件的质量合格证明，并在机动车维修合同中注明。要搭建行业信息平台，为公众提供维修及配件等信息服务。积极引导汽车配件网上交易，提供物流配送，减少中间环节，降低经营成本，透明消费渠道，实现共赢，推动监管工作的落实。

四、进一步加强消费维权，切实保护消费者合法权益

各地工商行政管理部门和质量技术监督部门要充分发挥 12315 和 12365 网络体系的作用，进一步完善信息化网络，大力推进“一会两站”等的规范化建设，努力扩大 12315 和 12365 进商场、进超市、进市场、进企业、进学校覆盖面，畅通消费者申诉举报渠道，认真受理和依法处理消费者有关汽车配件质量和汽车销售行为的咨询、申诉和举报，促进消费纠纷和解，依法查处销售假冒伪劣汽车配件以及欺诈消费者等违法行为，切实维护消费者合法权益。要加强对有关汽车配件商品和汽车销售行为的申诉、举报和咨询信息的汇总分析，及时掌握市场动态信息，有针对性地开展消费提示，为相关部门加强监管和政府完善政策提供参考，切实发挥 12315 和 12365 数据在加强质量监督、市场监管、开展消费警示提示、推动经济结构调整、服务经济发展方面的积极作用。

各地交通运输、质量技术监督部门要积极拓宽消费维权渠道，建立健全汽车交易、机动车维修和配件质量纠纷鉴定机制，公正、快捷地解决相关消费纠纷。

五、进一步加强组织领导，狠抓督查落实

各地工商行政管理、交通运输和质量技术监督部门要在地方党委、政府的统一领导下，切实加强组织领导，严格责任制度和责任追究制度，精心组织和认真实施汽车配件质量监管和汽车销售行为监管工作。要加强部门协作配合，畅通信息沟通渠道，及时通报监管执法情况，有针对性地开展联合执法行动，形成监管合力。要积极发挥行业协会的作用，加强行业自律，大力宣扬和表彰遵守法律法规、社会责任感强、诚信经营的生产经营企业，充分发挥先进示范作用，进一步提升行业整体素质。要加强督查指导，狠抓检查落实，确保各项监管工作落到实处，取得实效。

工商总局　交通运输部　质检总局

二〇一〇年七月二十六日

汽车产品回收利用技术政策

国家发展和改革委员会、科学技术部、国家环境保护总局2006 年第9 号

第一章　总　　则

第一条　为保护环境，提高资源利用率，落实科学发展观，实现社会经济的可持续发展，特制定本技术

政策。

本技术政策是推动我国汽车产品报废回收制度的建立的指导性文件，目的是指导汽车生产和销售及相关企业启动、开展并推动汽车产品报废回收工作。国家将适时建立本政策中提出的有关制度，并在2010年之前陆续开始实施。

第二条 本技术政策所称汽车，是指《机动车及挂车分类》（中华人民共和国国家标准GB/T15089－2001）中规定的M类和N类机动车辆。

第三条 本技术政策的适用范围，包括在我国境内销售、注册的新车型的设计、生产，以及在用汽车的维修、保养、报废拆解和再利用等环节。

第四条 要综合考虑汽车产品生产、维修、拆解等环节的材料再利用，鼓励汽车制造过程中使用可再生材料，鼓励维修时使用再利用零部件，提高材料的循环利用率，节约资源和有效利用能源，大力发展循环经济。

第五条 汽车的回收利用率，是指报废汽车零部件及材料的再利用和能量再生比率，通常以可回收利用材料占汽车整备质量的百分比衡量。

回收利用率参见《道路车辆可再利用性和可回收利用性计算方法》（GB/T19515－2004/ISO22628：2002）等有关标准。

第六条 国家逐步将汽车回收利用率指标纳入汽车产品市场准入许可管理体系。

第七条 加强汽车生产者责任的管理，在汽车生产、使用、报废回收等环节建立起以汽车生产企业为主导的完善的管理体系。

第八条 政府主管部门将适时制定、修订配套政策、标准，加强指导和监督管理，引导我国汽车产业根据科学发展观，制定科学有效的发展规划，促进材料的高效利用，降低能耗。

建立报废汽车材料、物质的分类收集和分选系统，促进汽车废物的充分合理利用和无害化处理，降低直至消除废物的危害性，不断完善再生资源的回收、加工、利用体系。2012年左右，建立起比较完善的报废汽车回收利用法律法规体系、政策支持体系、技术创新体系和有效的激励约束机制；建立回收利用经济评价指标体系，制定中长期战略目标和分阶段推进计划。

第九条 国家对从事报废汽车处理业务的企业实行核准管理制度，从事收集、拆解、利用、处置报废汽车的单位，必须申请领取许可证。禁止无许可证从事报废汽车收集、拆解、利用、处置活动。

第十条 汽车产业链各环节要加强开发、应用新技术、新设备，以“减量化、再利用、资源化”为原则，以低消耗、低排放、高效率为基本特征，实施符合可持续发展理念的经济增长模式，力争在2017年左右使在我国生产、销售的汽车整车产品的可回收利用率与国际先进水平同步。

第一阶段目标：2010年起，所有国产及进口的M2类和M3类、N2类和N3类车辆的可回收利用率要达到85%左右，其中材料的再利用率不低于80%；所有国产及进口的M1类N1类车辆的可回收利用率要达到80%，其中材料的再利用率不低于75%；同时，除含铅合金、蓄电池、镀铅、镀铬、添加剂（稳定剂）、灯用水银外，限制使用铅、汞、镉及六价铬。

自2008年起，汽车生产企业或销售企业要开始进行汽车的可回收利用率的登记备案工作，为实施阶段性目标作准备。

第二阶段目标：2012年起，所有国产及进口汽车的可回收利用率要达到90%左右，其中材料的再利用率不低于80%。

第三阶段目标：2017年起，所有国产及进口汽车的可回收利用率要达到95%左右，其中材料的再利用率不低于85%。

低速载货汽车、三轮汽车、摩托车以及挂车等车辆，也应参考M类和N类机动车比照执行，具体目标及实施日期另行确定。

汽车生产、使用、报废各环节应注重对环境的保护，产生的废物的处理和处置要符合国家环境保护标准及相关政策法规要求，减少直至避免对人类生存环境造成损害。

第二章 汽车设计及生产

第十一条 在我国销售的汽车产品在设计生产时，需充分考虑产品报废后的可拆和易拆解性，遵循易于分捡不同种类材料的原则。优先采用资源利用率高、污染物产生量少，以及有利于产品废弃后回收利用的技术和工艺,提高设计制造技术水平。

第十二条 尽量采用小型或质量轻、可再生的零部件或材料,生产用材的选择要最大限度地选用可循环利用的材料,并不断减少所用材料的种类,以利于材料的回收利用。

汽车产品的所有塑料材料的回收及再生利用率要持续增加。

禁用散发有毒物质和破坏环境的材料,减少并最终停止使用不能再生利用的材料和不利于环保的材料。

限制使用铅、汞、镉和六价铬等重金属,上述重金属需依据一个定期复核的清单只在某些特定情况下使用。

企业要对含有害物质和零部件进行标志、编码。

第十三条 汽车零部件配套企业需向汽车生产企业提供其供应配件的材料构成、结构设计或拆解指南、有害物含量及性质、废弃物处理方法等相关信息,以配合整车生产企业核算其产品的可回收利用率。

第十四条 条件成熟时国家将推进汽车生产企业或进口汽车总代理商选择其品牌销售商或特约维修店进行旧零部件的翻新、再制造等业务,翻新、再制造零部件质量必须达到相应的质量要求,并标明翻新或再制造零部件。

第十五条 2010 年起汽车生产企业或进口汽车总代理商要负责回收处理其销售的汽车产品及其包装物品,也可委托相关机构、企业负责回收处理其生产、销售的汽车及其包装物品。

汽车产品包装物的设计、制造,应当遵守国家有关清洁生产的规定,符合标准要求。

电动汽车(含混合动力汽车等)生产企业要负责回收、处理其销售的电动汽车的蓄电池。

第十六条 汽车生产企业或进口汽车总代理商要负责其产品回收并进行符合环保、回收利用要求的处理或处置,或按规定缴纳相关回收处理费。

不同类型汽车的回收处理费由有关部门根据我国不同时期报废汽车回收处理技术水平、再生能力、物价、委托处理业务等因素确定、调整。汽车价格因承担回收处理费而调整的,其增长部分不能超过规定的数值或比例。

回收处理费的管理、收支、用途等以公开、公正、公平的原则进行运作,并接受政府、企业及公众监督。

第十七条 汽车生产企业要积极与下游企业合作,向回收拆解及破碎企业提供《汽车拆解指导手册》及相关技术信息,并提供相关的技术培训,共同促进报废汽车回收利用率的不断提高。

第十八条 汽车生产企业要与汽车零部件生产及再制造、报废汽车回收拆解及材料再生企业密切合作,共享信息,跟踪国际先进技术,协力攻关,共同提高汽车产品再利用率和回收利用率。

汽车生产企业或进口总代理商要积极配合政府部门开展课题研究、政策制定等相关工作,主动开展提高汽车产品可回收利用率的科研攻关、技术革新、设备改造等工作。

第三章　汽车装饰、维修、保养

第十九条 汽车装饰、维修和保养过程中,要与汽车生产过程一样,选择和使用可回收利用率高、安全和环保的产品。

第二十条 拆卸及报废零部件,要分类收集存放,妥善保管,在政策允许的前提下,鼓励合格的拆卸零部件重新进入流通,作为维修零部件装车使用;

对报废汽车零部件及维修更换的旧零部件,鼓励有技术、设备、检测条件的企业进行再制造,作为维修备件用于汽车修理;

对已不具备原设计性能,又无再制造价值的拆解及报废零部件,应分别交给相应的材料再生处理企业进行再生利用,不应以倾倒、抛洒、填埋等危害环境的方式处置。

第二十一条 汽车保养、维修过程中产生的蓄电池、催化转化器、废油、废液、废橡胶(含轮胎)及塑料件等要按规定分类回收、保管和运输,交给相关企业进行加工处理、改变用途使用,或作为能量再生使用。

第二十二条 对含有有毒物质或对环境及人身有害的物质,如蓄电池、安全气囊、催化剂、制冷剂等,必须交由有资质的企业处理。

危险废物的收集、储存、运输、处理应符合《危险废物贮存污染控制标准》、《危险废物填埋污染控制标准》、《危险废物焚烧污染控制标准》等安全和环保要求。

第二十三条 对处理污染废物及有毒物质的企业实行严格的准入管理,加强监督检查,减少进而避免对环境和人身健康造成损害。

取得环境保护部门颁发的经营许可证的单位,方可从事危险废物的收集、利用、储存、运输、处理等经营活动。

第四章 废旧汽车及其零部件进口

第二十四条 除允许进口车用发电机、起动机及微电机进行再制造用于汽车维修外,不得进口废旧汽车零部件直接或经过再制造用于汽车组装生产或维修。

进口旧电机应符合《进口可用作原料的固体废物环境保护控制标准—废电机》(GB16487.8 - 2005)的要求。

第二十五条 在不违反相关环保要求的条件下,材料生产企业可按规定进口报废汽车(已经成为切屑)及其零部件作为生产原料,但禁止以此类进口件装车及进入流通环节。

禁止从进口废旧汽车上拆卸零部件直接或经过再制造用于汽车组装生产或维修。

第二十六条 禁止进口加工能耗高、效率低、污染重或成本高,以及有毒、损害环境的汽车材料。

第二十七条 在发展资源再生产业的国际贸易中,严格控制汽车废物和其他废物进口。

在严格控制汽车废物和其他有毒有害废物进口的前提下,充分利用两个市场、两种资源,积极发展资源再生产业的国际贸易。

第五章 汽车回收及再生利用

第二十八条 回收拆解及再生利用过程中,要本着程序科学、作业环保、再生高效、低耗的原则,提高再生质量,扩大再生范围,减少废弃物数量。

相关企业要科学进行报废汽车的预处理、拆解、切割、破碎、非金属物处理(可证实的再循环和以后有可能用于能量再生的物质),提高报废汽车零部件及各种物质的再利用、循环利用和回收利用率。

第二十九条 汽车材料、物质生产企业应积极开发可循环利用且环保的新材料,尤其要加大对再生材料和替代材料技术的开发应用,扩大回收材料的再生领域,提高再生产品质量,促进循环经济的快速、健康发展。

回收拆解、材料再生及其它回收利用企业应不断提高技术与管理水平,与汽车产品生产企业协力实现我国汽车产品回收利用率分阶段目标,保证社会效益和经济效益。

第三十条 报废汽车回收拆解及再生利用企业要满足第三章对拆解零部件、废油液、贵金属材料、固体废物等的要求。同时,企业制定的操作规范应符合我国法律、法规、技术标准和法规等要求。

第三十一条 回收拆解企业应有必要的专业技术人员,具备与处理能力相适应的专门设备、场地等。

回收拆解及再生企业要通过结构调整、产业优化、技术改造等措施建立必要条件,增强节约与环保意识,完善处理设施,提高处理能力,逐步实现专业化、规模化作业。

第三十二条 为防止环境污染,实现汽车生产企业或进口总代理商承诺的可回收利用率,报废汽车回收拆解企业应与汽车生产企业或进口总代理商签定协议,提高废旧汽车产品的拆解、再利用能力。

对不能达到或不再具备回收处理协议要求条件的回收拆解企业,汽车生产企业或进口总代理商可依法废止协议。

第六章 促进措施

第三十三条 为有效实现报废汽车产品的回收利用,对提前达到产品可回收利用率或超过当时政策规定限值的企业、在生产中使用再生材料达到一定数值的企业、开发并应用回收利用技术及设备的企业和引进专用处理技术及设备并进行国产化开发的企业,国家将给予必要的优惠政策,以鼓励汽车产品生产和回收利用企业提高汽车产品的回收利用率,主动使用再生材料。

第三十四条 鼓励相关企业通过合资、合作及技术引进等措施,消化、吸收国外先进的产品设计、新型材料及环保产品生产、报废车拆解、旧零部件再制造和材料回收再生技术,开发应用先进的检测试验装置及设备,建立新型、高效生产技术体系,提高汽车回收利用技术与设备的国际竞争力。

第三十五条 政府主管部门将组织研究、开发和推广减少工业固体废物产生量的生产工艺和设备,公布限期淘汰产生严重污染环境的工业固体废物的落后生产工艺、落后设备的名录。

生产者、销售者、进口者或者使用者必须在国务院经济综合主管部门会同国务院有关部门规定的期限内分别停止生产、销售、进口或者使用列入前款规定的名录中的设备。生产工艺的采用者必须在政府有关部门规定的期限内停止采用列入前款规定的名录中的工艺。依照前款规定被淘汰的设备,不得转让给他人使用。

第三十六条　政府主管部门将适时制定汽车限用材料时间表,引导企业积极采用环保、有利于回收利用的材料。

产品在一定时间内达不到可回收利用率要求的汽车生产企业或进口商,将受到相应的处罚,并对其加收环保处理费。

第三十七条　提倡有利于节约资源和保护环境的生活方式与消费方式;鼓励使用绿色产品,如环境标志产品、能效标识产品等。

政府采购汽车产品时,要优先选择可回收利用率高的产品。

报废汽车车主、回收拆解企业等要严格按照国务院 2001 年颁布的《报废汽车回收管理办法》(第 307 号令)等相关政策法规交付、回收、拆解、处理报废汽车。

第三十八条　支持汽车发动机等废旧机电产品再制造;建立垃圾分类收集和分选系统,不断完善再生资源回收、加工、利用体系。

第三十九条　汽车生产主管部门及工商、环保等部门应依法加强监管力度,有效提高我国汽车产品的实际回收利用率。

第四十条　完善报废汽车回收利用网络,明确回收处理技术路线,制定促进报废汽车再生利用的法规、政策和措施。

政府有关部门将针对我国汽车产品回收利用情况,组织相关机构、企业等对有关政策、法规进行深入研究,制定、完善各项配套政策,力争如期实现我国汽车产品分阶段回收利用率目标。

附录:术语和定义

本技术政策及工作指南中的术语和定义参考《道路车辆可再利用性和可回收利用性计算方法》(GB/T19515 – 2004/ISO22628:2002)。

1　车辆质量 vehicle mass

GB/T 3730. 2 – 1996 中规定的整车整备质量。

2　再使用 re – use

对报废车辆零部件进行的任何针对其设计目的的使用。

3　再利用 recycling

经过对废料的再加工处理,使之能够满足其原来的使用要求或者用于其它用途,不包括使其产生能量的处理过程。

4　回收利用 recovery

经过对废料的再加工处理,使之能够满足其原来的使用要求或者用于其它用途,包括使其产生能量的处理过程。

5　可拆解性 dismantlability

零部件可以从车辆上被拆解下来的能力。

6　可再使用性 reusability

零部件可以从报废车辆上被拆解下来进行再使用的能力。

7　可再利用性 recyclability

零部件和/或材料可以从报废车辆上被拆解下来进行再利用的能力。

8　可再利用率 recyclability rate

新车中能够被再利用和/或再使用部分占车辆质量的百分比(质量百分数)。

9　可回收利用性 recoverability

零部件和/或材料可以从报废车辆上被拆解下来进行回收利用的能力。

10　可回收利用率 recoverabilityrate

新车中能够被回收利用和/或再使用部分占车辆质量的百分比(质量百分数)。

11　危险废物,是指列入国家危险废物名录或者根据国家规定的危险废物鉴别标准和鉴别方法认定的具有危险特性的废物。

12 处理,是指对废旧物品及物质采用物理、化学等方法进行分解、清洁、组合、加工、再制造、再生等作业,达到再利用、无害化或减少危害程度、环保化要求的活动。

13 处置,是指将固体废物焚烧和其他改变固体废物的物理、化学、生物特性的方法,达到减少已产生的固体废物数量、缩小固体废物体积、减少或者消除其危险成分的活动,或者将固体废物最终置于符合环境保护规定要求的场所或者设施并不再回取的活动。

14 汽车产品包括汽车整车、零部件及其它车用物质;汽车指汽车整车。

15 汽车生产企业指汽车整车(含改装)生产企业;汽车产品生产企业包括汽车整车、零部件及其它车用物质的生产企业。

汽车贸易政策

商务部令2005年第16号

第一章 总 则

第一条 为建立统一、开放、竞争、有序的汽车市场,维护汽车消费者合法权益,推进我国汽车产业健康发展,促进消费,扩大内需,特制定本政策。

第二条 国家鼓励发展汽车贸易,引导汽车贸易业统筹规划,合理布局,调整结构,积极运用现代信息技术、物流技术和先进的经营模式,推进电子商务,提高汽车贸易水平,实现集约化、规模化、品牌化及多样化经营。

第三条 为创造公平竞争的汽车市场环境,发挥市场在资源配置中的基础性作用,坚持按社会主义市场经济规律,进一步引入竞争机制,扩大对内对外开放,打破地区封锁,促进汽车商品在全国范围内自由流通。

第四条 引导汽车贸易企业依法、诚信经营,保证商品质量和服务质量,为消费者提供满意的服务。

第五条 为提高我国汽车贸易整体水平,国家鼓励具有较强的经济实力、先进的商业经营管理经验和营销技术以及完善的国际销售网络的境外投资者投资汽车贸易领域。

第六条 充分发挥行业组织、认证机构、检测机构的桥梁纽带作用,建立和完善独立公正、规范运作的汽车贸易评估、咨询、认证、检测等中介服务体系,积极推进汽车贸易市场化进程。

第七条 积极建立、完善相关法规和制度,加快汽车贸易法制化建设。设立汽车贸易企业应当具备法律、行政法规规定的有关条件,国务院商务主管部门会同有关部门研究制定和完善汽车品牌销售、二手车流通、汽车配件流通、报废汽车回收等管理办法、规范及标准,依法管理、规范汽车贸易的经营行为,维护公平竞争的市场秩序。

第二章 政策目标

第八条 通过本政策的实施,基本实现汽车品牌销售和服务,形成多种经营主体与经营模式并存的二手车流通发展格局,汽车及二手车销售和售后服务功能完善、体系健全;汽车配件商品来源、质量和价格公开、透明,假冒伪劣配件商品得到有效遏制,报废汽车回收拆解率显著提高,形成良好的汽车贸易市场秩序。

第九条 到2010年,建立起与国际接轨并具有竞争优势的现代汽车贸易体系,拥有一批具有竞争实力的汽车贸易企业,贸易额有较大幅度增长,贸易水平显著提高,对外贸易能力明显增强,实现汽车贸易与汽车工业的协调发展。

第三章 汽车销售

第十条 境内外汽车生产企业凡在境内销售自产汽车的,应当尽快建立完善的汽车品牌销售和服务体系,确保消费者在购买和使用过程中得到良好的服务,维护其合法权益。汽车生产企业可以按国家有关规定自行投资或授权汽车总经销商建立品牌销售和服务体系。

第十一条 实施汽车品牌销售和服务。自2005年4月1日起,乘用车实行品牌销售和服务;自2006年12月1日起,除专用作业车外,所有汽车实行品牌销售和服务。

从事汽车品牌销售活动应当先取得汽车生产企业或经其授权的汽车总经销商授权。汽车(包括二手车)经销商应当在工商行政管理部门核准的经营范围内开展汽车经营活动。

第十二条 汽车供应商应当制订汽车品牌销售和服务网络规划。为维护消费者的利益,汽车品牌销售和与其配套的配件供应、售后服务网点相距不得超过150公里。

第十三条 汽车供应商应当加强品牌销售和服务网络的管理,规范销售和服务,在国务院工商行政管理部门备案并向社会公布后,要定期向社会公布其授权和取消授权的汽车品牌销售和服务企业名单,对未经品牌授权或不具备经营条件的经销商不得提供汽车资源。汽车供应商有责任及时向社会公布停产车型,并采取积极措施在合理期限内保证配件供应。

第十四条 汽车供应商和经销商应当通过签订书面合同明确双方的权利和义务。汽车供应商要对经销商提供指导和技术支持,不得要求经销商接受不平等的合作条件,以及强行规定经销数量和进行搭售,不应随意解除与经销商的合作关系。

第十五条 汽车供应商应当按国家有关法律法规以及向消费者的承诺,承担汽车质量保证义务,提供售后服务。

汽车经销商应当在经营场所向消费者明示汽车供应商承诺的汽车质量保证和售后服务,并按其授权经营合同的约定和服务规范要求,提供相应的售后服务。

汽车供应商和经销商不得供应和销售不符合机动车国家安全技术标准、未获国家强制性产品认证、未列入《道路机动车辆生产企业及产品公告》的汽车。进口汽车未按照《中华人民共和国进出口商品检验法》及其实施条例规定检验合格的,不准销售使用。

第四章 二手车流通

第十六条 国家鼓励二手车流通。建立竞争机制,拓展流通渠道,支持有条件的汽车品牌经销商等经营主体经营二手车,以及在异地设立分支机构开展连锁经营。

第十七条 积极创造条件,简化二手车交易、转移登记手续,提高车辆合法性与安全性的查询效率,降低交易成本,统一规范交易发票;强化二手车质量管理,推动二手车经销商提供优质售后服务。

第十八条 加快二手车市场的培育和建设,引导二手车交易市场转变观念,强化市场管理,拓展市场服务功能。

第十九条 实施二手车自愿评估制度。除涉及国有资产的车辆外,二手车的交易价格由买卖双方商定,当事人可以自愿委托具有资格的二手车鉴定评估机构进行评估,供交易时参考。除法律、行政法规规定外,任何单位和部门不得强制或变相强制对交易车辆进行评估。

第二十条 积极规范二手车鉴定评估行为。二手车鉴定评估机构应当本着“客观、真实、公正、公开”的原则,依据国家有关法律法规,开展二手车鉴定评估经营活动,出具车辆鉴定评估报告,明确车辆技术状况(包括是否属事故车辆等内容)。

第二十一条 二手车经营、拍卖企业在销售、拍卖二手车时,应当向买方提供真实情况,不得有隐瞒和欺诈行为。所销售和拍卖的车辆必须具有机动车号牌、《机动车登记证书》、《机动车行驶证》、有效的机动车安全技术检验合格标志、车辆保险单和交纳税费凭证等。

第二十二条 二手车经营企业销售二手车时,应当向买方提供质量保证及售后服务承诺。在产品质量责任担保期内的,汽车供应商应当按国家有关法律法规以及向消费者的承诺,承担汽车质量保证和售后服务。

第二十三条 从事二手车拍卖和鉴定评估经营活动应当经省级商务主管部门核准。

第五章 汽车配件流通

第二十四条 国家鼓励汽车配件流通采取特许、连锁经营的方式向规模化、品牌化、网络化方向发展,支持配件流通企业进行整合,实现结构升级,提高规模效应及服务水平。

第二十五条 汽车及配件供应商和经销商应当加强质量管理,提高产品质量及服务质量。

汽车及配件供应商和经销商不得供应和销售不符合国家法律、行政法规、强制性标准及强制性产品认证要求的汽车配件。

第二十六条 汽车及配件供应商应当定期向社会公布认可和取消认可的特许汽车配件经销商名单。

汽车配件经销商应当明示所销售的汽车配件及其它汽车用品的名称、生产厂家、价格等信息,并分别对原厂配件、经汽车生产企业认可的配件、报废汽车回用件及翻新件予以注明。汽车配件产品标识应当符合

《产品质量法》的要求。

第二十七条 加快规范报废汽车回用件流通，报废汽车回收拆解企业对按有关规定拆解的可出售配件，必须在配件的醒目位置标明“报废汽车回用件”。

第六章 汽车报废与报废汽车回收

第二十八条 国家实施汽车强制报废制度。根据汽车安全技术状况和不同用途，修订现行汽车报废标准，规定不同的强制报废标准。

第二十九条 报废汽车所有人应当将报废汽车及时交售给具有合法资格的报废汽车回收拆解企业。

第三十条 地方商务主管部门要按《报废汽车回收管理办法》(国务院令第307号)的有关要求，对报废汽车回收拆解行业统筹规划，合理布局。

从事报废汽车回收拆解业务，应当具备法律法规规定的有关条件。国务院商务主管部门应当将符合条件的报废汽车回收拆解企业向社会公告。

第三十一条 报废汽车回收拆解企业必须严格按国家有关法律、法规开展业务，及时拆解回收的报废汽车。拆解的发动机、前后桥、变速器、方向机、车架“五大总成”应当作为废钢铁，交售给钢铁企业作为冶炼原料。

第三十二条 各级商务主管部门要会同公安机关建立报废汽车回收管理信息交换制度，实现报废汽车回收过程实时控制，防止报废汽车及其“五大总成”流入社会。

第三十三条 为合理和有效利用资源，国家适时制定报废汽车回收利用的管理办法。

第三十四条 完善老旧汽车报废更新补贴资金管理办法，鼓励老旧汽车报废更新。

第三十五条 报废汽车回收拆解企业拆解的报废汽车零部件及其它废弃物、有害物(如油、液、电池、有害金属等)的存放、转运、处理等必须符合《环境保护法》、《大气污染防治法》等法律、法规的要求，确保安全、无污染(或使污染降至最低)。

第七章 汽车对外贸易

第三十六条 自2005年1月1日起，国家实施汽车自动进口许可管理，所有汽车进口口岸保税区不得存放以进入国内市场为目的的汽车。

第三十七条 国家禁止以任何贸易方式进口旧汽车及其总成、配件和右置方向盘汽车(用于开发出口产品的右置方向盘样车除外)。

第三十八条 进口汽车必须获得国家强制性产品认证证书，贴有认证标志，并须经检验检疫机构抽查检验合格，同时附有中文说明书。

第三十九条 禁止汽车及相关商品进口中的不公平贸易行为。国务院商务主管部门依法对汽车产业实施反倾销、反补贴和保障措施，组织有关行业协会建立和完善汽车产业损害预警系统，并开展汽车产业竞争力调查研究工作。汽车供应商和经销商有义务及时准确地向国务院有关部门提供相关信息。

第四十条 鼓励发展汽车及相关商品的对外贸易。支持培育和发展国家汽车及零部件出口基地，引导有条件的汽车供应商和经销商采取多种方式在国外建立合资、合作、独资销售及服务网络，优化出口商品结构，加大开拓国际市场的力度。

第四十一条 利用中央外贸发展基金支持汽车及相关商品对外贸易发展。

第四十二条 汽车及相关商品的出口供应商和经销商应当根据出口地区相关法规建立必要的销售和服务体系。

第四十三条 加强政府间磋商，支持汽车及相关商品出口供应商参与反倾销、反补贴和保障措施的应诉，维护我国汽车及相关商品出口供应商的合法权益。

第四十四条 汽车行业组织要加强行业自律，建立竞争有序的汽车及相关商品对外贸易秩序。

第八章 其 他

第四十五条 设立外商投资汽车贸易企业，除符合相应的资质条件外，还应当符合外商投资有关法律法规，并经省级商务主管部门初审后报国务院商务主管部门审批。

第四十六条 加快发展和扩大汽车消费信贷，支持有条件的汽车供应商建立面向全行业的汽车金融公司，引导汽车金融机构与其他金融机构建立合作机制，使汽车消费信贷市场规模化、专业化程度显著提高，风险管理体系更加完善。

第四十七条 完善汽车保险市场，鼓励汽车保险品种向个性化与多样化方向发展，提高汽车保险服务水平，初步实现汽车保险业专业化、集约化经营。

第四十八条 各地政府制定的与汽车贸易相关的各种政策、制度和规定要符合本政策要求并做到公开、透明，不得对非本地生产和交易的汽车在流通、服务、使用等方面实施歧视政策，坚决制止强制或变相强制本地消费者购买本地生产汽车，以及以任何方式干预经营者选择国家许可生产、销售的汽车的行为。

第四十九条 本政策自发布之日起实施，由国务院商务主管部门负责解释。

附件：汽车贸易政策使用术语说明

一、“汽车贸易”包括新车销售、二手车流通、汽车配件流通、汽车报废与报废汽车回收、汽车对外贸易等方面。

二、除涉及汽车品牌销售外，本政策所称“汽车”包括低速载货汽车、三轮汽车（原农用运输车）、挂车和摩托车。

三、“二手车”是指从办理完注册登记手续到达到国家强制报废标准之前进行交易并转移所有权的汽车。

四、“供应商”是指汽车或汽车配件生产企业及其总经销商。

五、“经销商”是指汽车或配件零售商。

国家工商行政管理总局关于开展二手车交易市场和汽车摩托车配件市场专项整治工作的通知

工商市字〔2005〕第43号

各省、自治区、直辖市及计划单列市工商行政管理局：

近年来，随着我国汽车生产和消费的快速增长，各地的二手车和汽车、摩托车配件市场发展很快，已成为我国汽车市场的重要组成部分，对推动汽车行业的良性健康发展，满足人民群众的生产、生活消费需求，发挥了重要作用。但同时，也存在一些问题，特别是无照经营、经营行为不规范以及制售假冒伪劣商品的现象较为突出，严重损害了消费者的合法权益。为贯彻国务院关于深入开展整顿和规范市场经济秩序的总体部署和要求，国家工商行政管理总局决定从2005年5月至8月在全系统组织开展二手车交易和汽车、摩托车配件市场专项整治工作。现就有关问题通知如下：

一、工作目标

按照“统一部署、依法行政，结合实际、突出重点，标本兼治、务求实效”的要求，通过阶段性的专项整治，建立和完善二手车和汽车、摩托车集中交易市场的申诉举报处理制度，做到经营者行为规范，消费者投诉有门，执法者依法行政；二手车交易和汽车、摩托车配件市场秩序明显好转，各种欺诈消费现象得到有效遏制；市场上不公开销售假冒伪劣商品，使二手车和汽车、摩托车配件卖的放心、买的放心、用的放心。

二、主要内容

（一）规范经营主体资格。检查二手车集中交易市场开办者及入场经营者的证照是否齐全、有无超范围经营行为；汽车、摩托车配件经营者是否无照经营。

（二）强化市场开办者的监管责任。一是检查二手车和汽车、摩托车配件市场的开办者或经营者是否建立市场内部管理规章制度，这些规章制度有无违反国家法律、法规的内容；二是检查市场开办者或经营者管理责任的落实情况，如是否认真履行服务承诺、是否健全消防、卫生设施以及入场经营者亮照经营情况等；三是检查市场内是否存在欺行霸市、强买强卖以及强制评估等现象。

（三）把好商品质量关。一是检查经营者建立购销货台账制度情况；二是检查二手车的来源渠道是否合法，相关证件是否齐全，交易手续是否完备有效，有无交易或销售被盗抢车和非法拼（改）装车的现象；三是检查汽车、摩托车配件的进货渠道是否合法，是否有质量合格证明，商品包装标识是否符合《产品质量法》的规定，商品有无掺杂使假、以假充真、以次充好、以旧充新等问题。

(四)打击欺诈行为,倡导诚信经营。一是检查二手车经营者,包括二手车经纪公司和经纪人是否提供了车辆在使用、维修、事故、保险以及行驶公里数、报废期限等方面的真实情况和信息;二是检查二手车和汽车、摩托车经营活动中的商标广告是否合法,有无虚假和误导宣传的行为。

三、措施要求

(一)提高认识,加强领导。各级工商行政管理机关要从深入贯彻党的十六大和十六届三中、四中全会精神,践行"三个代表"重要思想和坚持"立党为公、执政为民"的高度,充分认识专项整治工作的重要性和必要性,紧密结合当前正在开展的保持共产党员先进性教育活动,把专项整治工作列入重要议事日程,高度重视,精心部署,结合实际,制定切实可行、行之有效的具体实施方案,明确负责牵头部门,整合执法力量,层层抓落实。同时要强化督查、督办,打破地方保护主义。

(二)摸清底数,有的放矢。各地工商行政管理机关要在专项整治工作前期准备阶段组织调查摸底,掌握辖区内的二手车交易和汽车、摩托车配件市场的基本情况,查找突出问题,确定整治的重点地区、重点市场和重点商品,提高专项整治工作的针对性和有效性。

(三)加强检查,打防结合。一是专项整治与日常市场巡查相结合,把专项整治的任务和要求逐一落实到市场巡查工作中,及时发现和查处违法行为,不留死角。二是专项整治与市场商品质量监测相结合,充分履行工商行政管理机关流通领域商品质量监督管理职能。对易造成人身伤害及假冒伪劣严重的汽车、摩托车配件进行重点监测,如刹车片、刹车油、轮胎等。发现问题要追根溯源,一查到底。检查、监测结果,以及查处的大要案件,要适时在市场或媒体中进行曝光、警示。

(四)多方配合,加大打击力度。一是要加强同公安、质检等部门的联系和配合,在二手车的检查和汽车、摩托车配件质量鉴定等方面取得支持和协助。二是充分调动汽车及其配件生产企业,以及有关汽车行业组织的积极性,让他们提供有关案件线索及识别假冒伪劣商品的方式方法,提高查办案件的效率。同时,引导企业加强行业自律,自觉维护自身合法权益。

(五)不断完善市场监管机制,注重专项整治实效。一是要督促市场开办者或经营者建立和完善市场内部管理制度,入场经营者建立商品购销台账制度。二是要强化有关市场监管措施,如市场巡查制度、受理消费者申诉举报制度、经营者信用分类监管制度,以及不合格汽车、摩托车配件的退市制度等。三是要与有关市场监管部门建立联动配合机制,形成专项整治合力,齐抓共管。

四、专项整治中应注意的几个问题

(一)执法依据问题。根据《国务院关于第三批取消和调整行政审批项目的决定》(国发〔2004〕16号)的有关规定,旧机动车交易中心设立的行政审批已经取消。从事二手车经营的企业,依法办理登记注册。对从事二手车经纪活动的企业和个人,依据《经纪人管理办法》进行监管。对二手车和汽车、摩托车配件市场出售非法拼装车和报废汽车零配件的行为,依据《报废汽车回收管理办法》的有关规定进行查处。

(二)内部职能分工协作问题。专项整治工作涉及工商行政管理机关内部相关职能部门,各地市场监管部门应积极主动做好协调工作,做到既密切配合,互相支持,又要分工明确,责任落实。

(三)加强信息通报与沟通问题。二手车和汽车、摩托车配件的流动性很强,各地对涉及异地的案情及案件线索要及时通报。遇到重大或疑难问题,应及时请示汇报。请各地于6月1日和9月10日前分别将《二手车和汽车、摩托车配件市场调查统计表》和专项整治工作总结上报国家工商行政管理总局市场规范管理司。

附件:二手车和汽车、摩托车配件市场调查统计表(略)

二〇〇五年三月二十八日

商务部关于加快旧货行业发展的通知

商务部2004年3月25日发布

各省、自治区、直辖市商务厅(局)、经贸委(商委、内贸办、财贸办):

为进一步加快旧货行业的发展,现将有关事项通知如下:

一、加强对旧货行业发展的支持和指导。发展旧货行业是我国市场体系建设的重要内容。各地商务主管部门要充分认识旧货行业在社会经济发展中的重要作用,把推动旧货行业发展作为扩大内需、增加就业、保护环境、满足低收入消费者需求的重要工作抓紧抓好。要根据本地区经济发展水平、消费需求变化趋势及旧货供求情况，制定旧货行业发展规划。将旧货市场（含“跳蚤市场”）和网点建设纳入城市商业规划，在城市改造和发展中要给旧货市场留出发展空间，大中城市应鼓励在城乡结合部发展旧货市场。要切实加强同公安、工商等部门的协调，形成合力，加强指导，加大支持力度。

二、大力培育旧货流通主体。要为旧货市场、旧货企业、旧货个体经营户创造良好环境。各地商务主管部门要积极协调落实《财政部、国家税务总局关于旧货和旧机动车增值税政策的通知》中关于经营旧货按4%减半征收增值税的优惠政策。从本地实际出发，在不违反国家法律法规的情况下，对旧货企业的建设用地、行政收费等给予支持。加强龙头企业培育，促进形成现代化的大型旧货市场、旧货企业，充分发挥龙头的带动、示范作用。要保护中小旧货经营者（包括个体经营户在内）的合法权益，促进其向规模化方向发展。要根据消费需求发展变化趋势，鼓励旧货经营者积极拓展旧货经营范围，按照法律和行政法规的有关规定，将旧机动车（含配件）、旧机械设备、旧仪器仪表、旧移动电话、旧计算机、旧自行车、旧图书、收藏品及法律法规没有明令禁止的物品纳入旧货经营范围。支持旧货经营者开展旧货维修、改造和加工业务，提高旧货的附加值，扩大旧货的使用范围，并积极支持开展旧货出口业务。要创造条件帮助旧货经营企业参与处理和调剂积压商品及闲置物资，为盘活社会资产存量提供服务。

三、加强行业管理，规范流通秩序。旧货行业既对经济社会发展具有重要作用，同时又容易成为赃物、走私物的流通渠道，必须作为特种行业进行严格管理。各地商务主管部门要根据《关于促进我国旧货行业发展的意见》（国经贸贸易〔2003〕142 号）要求，结合本地实际，抓紧制定包括旧货市场、旧货企业（含库存调剂、寄卖店）、固定旧货经营户、流动旧货收购人员等具体准入条件，并应于2004 年上半年向社会公布。符合准入条件的企业和个人，要主动到工商行政管理部门申请登记注册，在所在地区（县）公安机关备案，按照核定的经营范围开展经营活动。旧货经营者要严格履行物品登记制度。对出售或寄卖的重要物品，要如实登记其名称、规格和来源。销售经过清理、维修和加工的商品，应在商品的明显部位张贴中国旧货业协会统一印制的“旧货”标识，不得以旧货冒充新货，欺骗消费者。批量销售、出口和长途运输旧货，应具有中国旧货业协会出具的销售证明。

四、努力提高旧货从业人员素质。旧货从业人员的素质决定旧货行业发展的水平和健康程度。各地商务主管部门要切实抓好旧货从业人员的培训工作，逐步推行旧货从业人员上岗许可证和旧货评估员、评估师制度。尽快研究编写实用培训教材和从业人员规范。各地要根据本地实际制订旧货从业人员培训计划，力争用三到五年时间使旧货从业人员都得到一次培训。要采取有效措施大力普及旧货业务知识。

五、加强信息服务和引导。信息不对称是旧货流通中的一大弊病，也是消费者惜售的主要原因。各地商务部门要充分重视信息服务体系的建设工作，鼓励和支持地方协会、旧货市场、旧货企业运用各种媒介创建信息发布平台，选择部分有条件的市场和企业，通过中国旧货网对二手手机等贵重及易盗物品实行网上公示。在旧货行业推行条型码和电子商务。

六、充分发挥行业协会的作用。各地商务主管部门要把行业协会建设作为促进行业发展、规范行业经营秩序的重要工作，积极推动地方成立旧货行业协会，支持和指导协会开展工作。协会要做好行业自律，加强行业统计与信息的收集、整理、分析及从业人员的培训工作，及时反映存在的问题及要求，充分发挥桥梁纽带作用。

商务部、国家发展和改革委员会、公安部、监察部、财务部、交通部、国家税务总局、国家工商行政管理总局、国家质量监督检验检疫总局关于开展汽车市场专项整治工作的通知

商建发〔2003〕488 号

随着汽车工业发展和汽车消费需求的快速增长，汽车市场日趋活跃和丰富。但在汽车市场发展中也暴露出一些突出的问题，各种形式的地方保护主义，割裂了全国统一的汽车市场；配件市场假冒伪劣现象屡禁不绝，尤其是一些地区制售假冒伪劣汽车配件违法犯罪活动十分猖獗，给交通安全带来了严重隐患；旧机动车市场交易秩序混乱，有的甚至成为报废汽车和非法拼装汽车的销售场所；一些报废汽车回收企业倒卖报废

汽车并流向社会;一些汽车维修企业经营行为不规范、质量和服务意识差,损害了消费者权益。同时,在汽车配件生产、销售和汽车维修企业中仍存在价格欺诈、偷漏税行为,这些问题不仅影响了汽车市场的正常秩序,制约了汽车工业的健康发展,更为严重的是对人民生命财产安全造成了危害。

为此,国务院决定开展汽车市场专项整治工作。对汽车市场进行专项整治不仅是整顿和规范市场经济秩序的迫切需要,也是建立统一、开放、竞争、有序的汽车市场体系的客观要求。大力整治汽车市场秩序,对于营造良好的汽车市场环境,维护消费者的合法权益,调动居民购车的积极性,巩固汽车市场良好的发展势头,扩大汽车消费,培育新的经济增长点,促进国民经济持续快速发展具有重要意义。为做好汽车市场专项整治工作,现就有关问题通知如下:

一、指导思想及目标

开展汽车市场专项整治要以"三个代表"重要思想为指导,以建立统一、开放、竞争、有序的汽车市场体系为目标,紧紧围绕人民群众关心的问题,突出重点,以点带面,标本兼治,着力治本,以阶段性成果带动长效机制的建立,促进汽车市场的全面规范。要把依法查处制售假冒伪劣汽车配件等违法犯罪行为,整顿质量低劣、造成车辆行驶安全事故及严重侵犯他人商标权的汽车配件的制造、销售企业和配件市场作为本次整治工作的重点和突破口,推动汽车市场专项整治工作的全面展开并取得实效。要加强制度建设,严格管理,建立和健全相关政策和法规,为规范汽车市场秩序提供制度保障。通过扎实有效的工作取信于民,造福于民。

通过专项整治,实现下列阶段性目标:基本清理、废除地方政府及部门下发的保护本地汽车销售和使用的各类文件;制售假冒伪劣汽车配件、倒卖报废汽车等违法犯罪活动得到遏制;汽车维修服务质量有所提高,用户投诉明显减少;旧机动车交易秩序得到好转;经营者的经营行为和纳税行为进一步规范。

二、整治任务和措施

(一)坚决取消汽车市场地方保护和市场封锁的政策及规定。各省、自治区、直辖市、计划单列市经贸委(经委、商委、内贸办、商务厅、商务局、汽车行业办,以下简称商务主管部门)要会同发展改革、财政、工商等部门依据《反不正当竞争法》、《国务院关于禁止在市场经济活动中实行地方封锁的规定》及国家有关政策规定,认真清理和废除对非本地生产汽车的销售和使用等歧视性政策及规定,在注册登记、收费、行驶、年检等方面实行同等待遇,不得强制或变相强制本地集团用户和个人消费者购买本地生产的汽车,不得以任何方式干预经营者选择国家许可生产销售的汽车,不得按照发动机排量或汽车规格实行限购限行的措施。各地对非本地生产汽车销售和使用等歧视政策及规定要边清理边废止,并及时向社会公告,接受社会监督。请各省、自治区、直辖市、计划单列市人民政府对上述工作予以指导和督促。

(二)严厉打击制售假冒伪劣汽车配件等违法犯罪活动,规范配件市场秩序。各省、自治区、直辖市、计划单列市商务主管部门要会同发展改革、公安、工商、质量技术监督、税务等部门,依据《产品质量法》、《标准化法》、《商标法》、《消费者权益保护法》、《价格法》、《税收征收管理法》和汽车配件强制性标准,对汽车玻璃、安全带、轮胎、刹车片、刹车管、灯具、后视镜、雨刮器、门锁等安全配件生产、销售企业及其市场等进行清理整顿。对制售假冒伪劣汽车配件违法犯罪活动猖獗和相对集中的区域,集中力量进行整治。首先,从源头抓起,依法从严查处生产假冒伪劣汽车配件的企业和相关责任人。取缔和清除一批无照生产、不具备产品质量保证条件或生产假冒伪劣配件的企业和窝点,帮促一批具有合法生产资格但产品质量不稳定的企业。其次,要确定一批重点整治的汽车配件市场,加大对配件市场经营行为和商品质量及其来源合法性的执法检查和抽查力度。对销售假冒伪劣配件问题严重、屡查屡犯的违法经营者,要吊销营业执照和清除出配件市场,并依法追究其法律责任;对存在上述问题的配件市场要责令停业整顿,并予曝光;对市场周边地区生产、加工和贮存假冒伪劣汽车配件的企业和窝点要坚决清除,防止假冒伪劣商品再流入市场。

工商、质量技术监督部门要按照各自的职能分工,依法查处生产、销售和在经营性服务中使用不符合国家质量标准,在产品中掺杂、掺假,以假充真、以次充好,以不合格配件冒充合格配件,未经强制性认证(指汽车安全带、玻璃和轮胎三种配件)的汽车配件产品,生产、销售不符合产品标识规定、仿冒知名商品商标、名称、包装、装潢、伪造他人厂名和厂址的侵权行为,以及利用广告或其它手段对配件质量做虚假宣传的欺诈行为。对阻挠检查、抗拒执法,继续生产、销售和在经营性服务中使用假冒伪劣汽车配件的企业要依法从严处理;对查获的制售假冒伪劣汽车配件违法行为构成刑事犯罪的,要及时移交公安机关,追根溯源,捣毁制假售假窝点,依法严厉打击违法犯罪分子。发展改革部门要依据《价格法》、《关于商品和服务实行明码标价的规定》、《禁止价格欺诈行为的规定》等法律法规,对不明码标价或标价签、价目表所标示商品的品名、产地、规格、等级和价格或服务项目收费标准与实际不符、诱骗消费者购买等价格违法行为予以查处。税务部门要对虚假申报、违法使用发票等行为依法查处。商务主管部门要担负起汽车配件行业管理的任务，加强配件行业管理。

省级商务主管部门要会同发展改革、公安、工商、质量技术监督、税务等部门向社会公告经清理依法取缔的汽车配件生产、销售等企业，使其接受社会监督。

（三）清理整顿和规范汽车维修市场。各省、自治区、直辖市、计划单列市交通部门要会同商务主管部门以及发展改革、工商、税务等部门按照国家有关规定，在2002年整顿汽车维修市场初见成效的基础上，结合对汽车配件市场的整顿，进一步深化汽车维修市场的整顿工作。

交通部门要对汽车维修企业（包括个体维修户，下同）生产经营条件进行全面检查，对达不到开业条件的汽车维修企业要责令在2004年4月10日前完成整改，逾期仍不达标的，要取消经营许可；对没有取得经营许可从事汽车维修的企业，要责令停业，按规定补办经营许可。同时，要进一步做好汽车维修行业管理工作，加快完善适应新形势要求的汽车维修管理办法。交通、工商部门要按照各自的职能依法查处无证无照和超范围经营以及不按技术规范作业的违法行为，情节严重的要责令其停业整顿。公安机关要严厉查处伪造、未经许可更改汽车发动机号、车架号和涂改车身颜色的违法犯罪行为。发展改革部门要依法查处不明码标价、利用虚假或容易使人误解的价格手段，欺骗、诱导消费者进行交易等价格违法行为。税务部门要依法查处虚假申报、违法使用发票等行为。

省级交通部门要会同商务主管部门以及发展改革、工商、质量技术监督、税务等部门向社会公告经清理整顿依法取消经营资质的汽车维修企业，使其接受社会监督。

（四）清理整治旧机动车交易市场。各省、自治区、直辖市、计划单列市商务主管部门要会同发展改革、公安、财政、工商、税务等部门按照国家有关规定，在2001年整顿旧机动车交易市场的基础上，进一步深化旧机动车交易市场的清理整顿工作。对不具备规定条件、审批手续不齐、有违规违法经营行为的旧机动车交易市场要责令在2004年4月10日前完成整改，整改后仍不合格的，要予以关闭。

工商部门对非法设立、无场地、无资金和无专业人员的旧机动车交易市场要依法取缔；加强对旧机动车交易凭证的检查，严禁非法车辆流入市场；坚决打击强买强卖、欺诈交易等违法中介行为，规范旧机动车中介活动。财政、发展改革部门要认真清理并取缔旧机动车交易中不合法和不合理的行政事业性收费，查处乱收费行为。发展改革部门要加强对旧机动车交易中乱收费和价格垄断行为的查处。税务部门要依法查处旧机动车交易中虚假申报、违法使用发票等行为。商务主管部门要认真履行旧机动车流通行业管理职能，做好统筹规划、合理布局、严格准入等工作。清理整顿期间不得批建新的旧机动车交易市场和旧机动车鉴定评估机构。

省级商务主管部门要会同发展改革、公安、财政、工商、税务等部门向社会公告经清理整顿确认合法以及依法取缔的旧机动车交易中心（市场），使其接受社会监督。

（五）清理整顿报废汽车回收拆解市场。各省、自治区、直辖市、计划单列市商务主管部门要会同公安、工商、税务等部门依据国务院《报废汽车回收管理办法》的规定，对报废汽车回收拆解市场及企业进行清理和规范，重点检查报废汽车回收、拆解、回收和拆解后报废汽车及总成流向等情况，严厉打击倒卖报废汽车及其总成等违法犯罪活动。

工商部门要对报废汽车回收企业的经营行为加强监督，依法查处出售不能继续使用的报废汽车零部件或出售的报废汽车零部件未标明“报废汽车回用件”的行为；对未取得报废汽车回收企业资格认定，擅自回收报废汽车的企业和个人，或以各种形式出现的报废汽车拆解市场，应在商务、公安、质量技术监督等部门的密切配合下，坚决予以取缔；对出售报废汽车整车、“五大总成”的予以处罚，属报废汽车回收企业的，由原审批发证部门吊销其有关证书和营业执照。公安机关要加强对报废汽车回收企业治安状况的监督检查，堵塞销赃渠道。商务主管部门要对报废汽车回收企业加强监管，规范和严格报废汽车回收、拆解制度。发现报废汽车回收企业不再具备规定条件的，应立即撤销和通知原审批发证部门撤销有关证书，注销营业执照。同时，要会同公安、工商部门在报废汽车注销、回收、拆解、零部件处置等环节，严密程序，堵塞漏洞。对有上述违法行为的报废汽车回收企业，税务部门应取消其享受税收优惠政策的资格，并追缴免征的税款。

省级商务主管部门要会同公安、工商、税务等有关部门向社会公告经清理整顿依法取缔的报废汽车回收企业，使其接受社会监督。

（六）切实加大治本力度。在严厉打击违法行为的同时，商务部要会同有关部门研究制订汽车贸易法规，引导汽车贸易及服务业合理布局，调整结构，积极运用现代信息技术、物流技术和先进的经营模式，提高汽车贸易及服务水平,实现集约化、规模化、品牌化及多样化经营;加强汽车贸易及服务业的法制化建设,建立和完善相关法规和制度,抓紧制定适应新形势要求的汽车销售、汽车配件经营及旧机动车交易等新的管理办法,规范经营和交易秩序;建立汽车服务贸易市场资格准入制度,健全管理体制;推动汽车及其配件企业加强质量管理,改善产品质量及服务质量;引导市场主体建立诚实守信、依法经营和依法纳税的自律机制,促进汽车市场快速健康发展。

(七)加强舆论导向宣传。要通过电视、广播、报纸和网络等新闻媒体多层面地宣传整治情况。及时曝光查处的违法案件,跟踪报道大案要案,公告经清理整顿依法取缔和注销的企业和市场名单以及质量抽查不合格产品,宣传名优产品和规范经营的典型市场,综合报道阶段性整治情况。同时要设立举报电话和电子信箱,发动社会监督,引导和鼓励消费者对制售假冒伪劣产品等违法和犯罪行为进行举报。

三、组织领导

按照"全国统一领导,地方政府负责,部门指导协调,各方联合行动"的要求,商务部会同发展改革委、公安部、监察部、财政部、交通部、税务总局、工商总局和质检总局成立全国汽车市场秩序专项整治部际协调小组(以下称部际协调小组)。组长由商务部分管领导担任,成员由各有关部门业务对口司(局)级领导组成。部际协调小组统一协调各部门的行动,指导、督促和检查各地开展汽车市场专项整治工作,督查、督办大案、要案。协调小组下设办公室,由商务部市场体系建设司承担日常工作。根据整治工作进展的要求,适时成立联合督查组,督促检查各项整治工作的进展情况。

各省、自治区、直辖市、计划单列市政府要成立汽车市场专项整治工作领导小组,负责统一协调本地区整治工作。各地商务主管部门要按照工作部署,切实负起牵头责任,保证汽车市场专项整治工作落到实处。

各级监察机关在此次专项整治工作中要充分发挥职能作用。对制售假冒伪劣汽车配件达到相当规模、已发展为区域性问题或发生假冒伪劣汽车配件致人伤亡等重大事件的,对汽车市场整治工作不力、敷衍塞责、不能限期扭转局面的,要追究当地政府和有关部门主要领导的责任;加强对行政执法机关及其工作人员履行职责情况的监督检查,坚决查处国家机关工作人员支持、包庇和纵容违法活动,干扰和阻挠整治工作,以及与违法分子相互勾结,收受贿赂,徇私舞弊的案件。

四、实施步骤

第一阶段为动员部署阶段,时间为2003年12月下旬~2004年元月。成立部际协调小组并进行部署,联合下发《关于开展汽车市场专项整治工作的通知》(以下简称《通知》)。

各省、自治区、直辖市、计划单列市成立汽车市场专项整治工作领导小组,按照《通知》要求,结合本地实际情况,确定本地区整治工作重点,制订本地区汽车市场整治方案,报部际协调小组(商务部)备案。

第二阶段为整治实施和督查指导阶段,时间为2004年2月~5月。各地开展全面整治工作。

各有关部门加强对本部门、本系统专项整治工作的经常性督促检查。部际协调小组成员单位组织督查组分赴重点地区督查,发现问题及时提出整改意见。

第三阶段为总结验收阶段,时间为2004年6月。各地对照整治目标,认真做好检查验收,于6月10日前将整治工作总结报送部际协调小组。部际协调小组对整治工作进行全面总结,于6月30日前上报全国整顿和规范市场经济秩序领导小组办公室和国务院。

五、工作要求

(一)统一思想,提高认识。各地、各有关部门要充分认识汽车市场专项整治工作的重要性、长期性、艰巨性和复杂性,正确处理汽车市场专项整治与日常监管的关系,正确处理阶段性任务与建立长效监管机制的关系。要从实践"三个代表"重要思想的高度,加强领导,严格纪律,转变作风,求真务实,将整治工作稳步向前推进。

(二)依法行政,严格执法。各部门要按照各自职责权限,依据国家法律法规和有关规定开展整治工作,杜绝随意执法,执法扰民的现象。对查获的制售假冒伪劣汽车配件等违法案件,构成刑事处罚的,有关行政执法部门要认真执行《国务院关于行政执法机关移送涉嫌犯罪案件的规定》,及时移交公安机关,决不能以罚代刑、罚过放行。

(三)加强协作,密切配合。开展汽车市场专项整治是一项复杂的系统工程,需要各方的共同努力。在开展专项整治的过程中,各地、各部门要从大局出发,在各司其职、各负其责的基础上通力合作、密切配合,尤其对跨地区、跨部门的大案要案,要做好地区间、部门间联动,务求整治工作取得实效。

(四)及时沟通,增进交流。各地政府、各有关部门应加强专项整治工作信息沟通与交流。各地商务主管部门要会同有关部门做好本地汽车市场专项整治工作的信息报送工作。自2004年2月开始,于每月底向部际协调小组成员单位通报当月汽车市场专项整治工作情况，对重大情况及工作中遇到的难点问题要随时报告。部际协调小组办公室将编辑《汽车市场专项整治简报》并报送全国整顿和规范市场经济秩序领导小组办公室和国务院，抄送国务院有关部门和各省、自治区、直辖市、计划单列市汽车市场专项整治领导小组。

二〇〇三年十二月十一日

国家经贸委、公安部关于加强旧机动车市场管理工作的通知

国经贸贸易〔2001〕1281 号

各省、自治区、直辖市、计划单列市及新疆生产建设兵团经贸委（经委）、公安厅（局），有关地方商委（行业办、财贸办）：

为贯彻《国务院关于整顿和规范市场经济秩序的决定》（国办发〔2001〕11 号），加强旧机动车市场管理，规范旧机动车交易行为，保障旧机动车交易双方的合法权益，防止和杜绝拼装车、走私车、盗抢车、报废车进场交易，促进旧机动车市场健康发展，现就进一步加强旧机动车市场管理有关问题通知如下：

一、切实做好旧机动车流通行业管理。各地经贸委、有关省市商委（以下简称省经贸部门）要切实履行旧机动车流通行业管理职责，做好本地区旧机动车流通行业管理工作，特别是要结合当前旧机动车市场的新情况、新问题，深入调查研究，加强与有关执法部门的协调配合，通过制定旧机动车市场布局规划和完善旧机动车市场法规等，加强对旧机动车的市场管理和建设。

二、严格市场准入，规范旧机动车市场秩序。旧机动车流通涉及国有资产、社会治安、交通、环保等多个方面，是一个特殊的行业。要继续贯彻执行原国内贸易部、公安部联合发布的《旧货流通管理办法（试行）》（内贸行一联字〔1998〕第 6 号）和原国内贸易部发布的《旧机动车交易管理办法》（内贸机字〔1998〕第 33 号）。申请设立旧机动车交易中心（市场）必须严格执行《旧机动车交易管理办法》规定的资格条件和审批程序。直辖市、省会城市、计划单列市新设立旧机动车交易中心（市场）的审批改由省级经贸部门负责，并报国家经贸委备案。经批准设立的旧机动车交易中心（市场），持批准文件到当地公安机关办理特种行业登记手续后，凭经贸部门和公安机关的批准手续，到同级工商行政管理部门办理注册登记手续，领取营业执照。任何地区和部门不得越权擅自批准设立旧机动车交易中心（市场），坚决打击和取缔旧机动车场外交易和地下交易。

继续做好旧机动车鉴定估价师持证上岗工作。凡从事旧机动车鉴定评估人员必须持有劳动和社会保障部颁发的职业资格证书。

三、对旧机动车交易中心（市场）进行清理整顿。省经贸、公安部门要结合全国整顿和规范市场经济秩序工作，会同工商行政管理等执法部门对辖区内所有旧机动车交易中心（市场）进行清理整顿。对非法设立、无场地、无资金、无专业人员的旧机动车交易中心（市场）要依法取缔。对不具备规定条件、审批手续不齐、有违法违规经营行为的旧机动车交易中心（市场）要限期整改，整改后仍不合格的，要由批准机关取消其经营资格，其中属于原国内贸易部和原国家国内贸易局批准设立的，报国家经贸委同意后取消其经营资格。对清理整顿合格的旧机动车交易中心（市场）省级经贸部门、公安机关要下发批准文件，会同工商行政管理部门联合向社会公告，接受社会监督。省经贸、公安部门要会同工商行政管理部门根据本《通知》要求，结合本地区实际情况，制定清理整顿具体实施方案，并根据各自的职能分工负责。各地区清理整顿工作要在 2002 年 3 月底前完成，并向国家经贸委、公安部报送清理整顿工作总结。国家经贸委、公安部将会同有关部门对清理整顿情况进行检查。

四、做好旧机动车市场的培育和建设。今后，各地区旧机动车交易中心（市场）的发展要合理规划布局，创新交易方式，增强服务功能，积极引导交易中心（市场）向信息化、现代化方向发展。要严格控制新建旧机动车交易中心（市场），各直辖市、省会城市、计划单列市原则上不再新建旧机动车交易中心（市场），重点放在结构调整和改造提高上，对确需新建的，省经贸部门要严格按照有关规定进行审批并报国家经贸委备案。地级市旧机动车交易中心（市场）的新建也要从严控制。对由于历史和政策原因造成的同一城市多家旧机动车交易中心（市场）并存的地区，要制定统一管理办法，统一收费标准和评估作价原则，防止不公平竞争，要鼓励其进行资产重组，扩大经营规模。要创造条件，逐步建立全国旧机动车交易信息网络，加强旧机动车交易的跟踪、稽核。

二〇〇一年十二月十三日

国家工商行政管理局市场司关于规范汽车连锁经营试点有关问题的通知

市字〔1999〕33 号

各省、自治区、直辖市及计划单列市工商行政管理局：

为探索新的汽车营销方式，一些企业从 1997 年起相继开展了汽车连锁经营试点工作，并取得了一定成果。但是，试点中也存在着连锁经营不规范和分店设立重数量轻质量等问题。为加强对汽车连锁经营的监督管理，保证试点工作健康有序地进行，经商企业注册局同意，现就汽车连锁经营试点中的有关管理问题通知如下：

一、严格区别小轿车连锁经营与一般轿车经营权的概念。国家工商行政管理局、国家发展计划委员会公布的小轿车经营单位是具有小轿车经营范围的企业，可以独立开展小轿车经营业务。而小轿车连锁经营是总店自身享有小轿车经营范围，然后总店与分店进行合同约定，分店参加连锁经营后要严格按照“统一管理、统一定货、统一订价销售、统一形象、统一服务规范”的五统一规定运作，分店不能自行独立进货从事小轿车销售。各地工商行政管理机关企业注册登记部门在核定汽车连锁经营企业《营业执照》经营范围时，应注明“小轿车连锁经营”字样，以便与经国家认可的小轿车经营范围相区别。

二、严格履行连锁分店设立的审核和备案程序。根据国家经贸委、国内贸易部、文化部、邮电部、国家新闻出版署、国家工商行政管理局、国家烟草专卖局《关于连锁店经营专卖商品有关问题的通知》（国经贸市〔1997〕435 号）关于“对于已取得某种专营商品经营资格的连锁店，其门店不需要办理同样的经营批准文件（或许可证），但需持有总部的相关商品经营批准文件（或许可证）复印件，由总部负责向有关部门备案，由门店向工商行政管理机关申请办理相关的登记”的规定，新设立汽车连锁分店由总店报分店所在地省级工商行政管理局市场处审核并到国家工商行政管理局市场规范管理司备案；省级工商行政管理局市场处根据分店是否符合从事小轿车经营应具备的条件。分店与总店签订的合同、分店的布局以及本地区汽车销售的实际情况，提出审核意见通知总店并报国家工商行政管理局市场规范管理司；分店持省级工商行政管理局市场处的审核意见到所在地工商行政管理局办理登记注册手续。

三、切实加强对汽车连锁经营的规范管理。汽车连锁总店要严格按照国家有关政策规定发展连锁分店，并做好分店的管理、服务和资源统一配送工作，切实纠正在分店设立中重数量轻质量的问题。汽车连锁分店要严格按照总店的标识。价格销售统一配送的车辆，不得自行销售其他车辆，不得发展新的分支机构。连锁分店所在地工商行政管理机关要对分店的经营情况进行有效监管，规范连锁经营行为，对违反规定的连锁分店要依法进行查处。各省、自治区、直辖市及计划单列市工商行政管理局市场处应将本地区汽车连锁分店设立及运行情况定期报国家工商行政管理局市场规范管理司。

接此通知后，各省、自治区、直辖市及计划单列市工商行政管理局，要对已经设立的汽车连锁分店进行一次清理。对不符合本通知规定条件的连锁分店应予变更登记；对已开展轿车连锁经营但经营范围核准为“汽车（含小轿车）”的连锁分店应重新核准为“小轿车连锁经营”。清理期间暂停办理新的连锁分店注册登记。自本通知下发之日起，汽车连锁分店的设立管理均按本通知规定执行。

国家计委办公厅关于旧机动车辆交易价格评估工作有关问题的通知

计办价格〔1999〕508 号

各省、自治区、直辖市及计划单列市、副省级省会城市物价局（委员会）：

最近，新疆维吾尔自治区物价局报来《关于价格事务所能否开展旧机动车辆交易价格评估工作的请示》（新价事字〔1999〕2 号），要求予以明确。鉴于这一问题在全国具有普遍性，经研究，现就有关问题通知如下：

一、各种资产价格评估是一种价格行为，旧机动车辆交易价格评估是价格评估的组成部分，是一种具体的价格行为,在《中华人民共和国价格法》调整范围之内。国务院及各级人民政府的价格主管部门应对此加强管理和指导。

二、各种旧机动车交易机构是旧机动车市场交易组织和经营者。按照价格评估应当公平公正的原则,当事人不能兼事价格评估。各类市场中介组织从事价格评估,要严格执行《价格评估机构管理办法》(国家计委计价费〔1996〕2655 号)。

三、经各级编委(办)批准成立的或者经工商管理部门登记注册并符合《价格评估机构管理办法》的价格事务所,可以依法从事旧机动车辆价格评估工作。获得国家计委统一印制、省级以上人民政府价格主管部门核发的《价格鉴证人员资格证》的人员,具有对旧机动车辆价格评估的资格。

一九九九年七月五日

公安部、国家工商行政管理局关于加强机动车交易管理的公告

公通字〔1998〕32 号

各省、自治区、直辖市公安厅、局,工商行政管理局:

现将《公安部、国家工商行政管理局关于加强机动车交易管理的公告》印发给你们,请你们自行印制张贴,并在当地报刊、广播、电视中刊登、播放,结合打击盗抢机动车专项斗争广为宣传。

中华人民共和国公安部(章)

国家工商行政管理局(章)

一九九八年五月八日

当前,盗窃、抢劫机动车犯罪活动猖獗,给国家和人民群众造成巨大经济损失,已成为影响社会治安稳定的一个突出问题。为堵塞被盗抢机动车销赃渠道,加强机动车交易管理,现公告如下:

一、凡申请开办机动车交易市场和从事机动车销售活动的,要依照国家有关规定,经工商行政管理机关核准登记,领取市场登记证或营业执照后方可组织交易活动和从事机动车销售。严禁非法组织机动车交易活动和从事机动车销售。

二、旧机动车必须在各省、自治区、直辖市人民政府指定的机动车交易市场进行交易。旧机动车上市交易前,须经公安交通管理部门审核检验合格后,方可进入市场进行交易,凭市场交易凭证办理过户、转籍登记。如发现交易未经交通管理部门审核检验合格的车辆,公安交通管理部门一律不予办理车辆过户、转籍登记,并依法追究当事人和市场组织单位的责任。

三、机动车交易(含新车、旧车)发票或交易凭证未经工商行政管理机关验证盖章的,公安交通管理部门不予办理机动车注册登记和过户、转籍登记。

四、任何单位和个人都必须遵守国家有关规定,在国家指定的机动车交易市场交易机动车辆。私下交易机动车辆属违法交易,由此造成的经济损失自行承担。

五、国家指定的机动车交易市场、机动车经营企业(含典当、拍卖行)以及从事机动车维修、零部件销售的企业,要严格执行国家有关规定,认真核查所交易、维修车辆的手续、牌证是否齐备,发动机号码、车架号码是否有更改痕迹,发现可疑车辆要及时报告公安机关。

违反规定,对证件、手续不齐的机动车辆进行交易的,要依法追究主管人员和直接责任人员的法律责任。

一九九八年五月八日

旧货流通管理办法(试行)

内贸行一联字〔1998〕6 号

第一章 总 则

第一条 为加强对旧货流通的管理,维护旧货流通秩序,规范旧货交易行为,培育和发展旧货流通产业,保护交易当事人的合法权益,制定本办法。

第二条　各类旧货市场、经营旧货的企业和个体工商户，应当遵守本办法。

第三条　本办法所称旧货，是指已进入生产消费和生活消费领域，处于储备、使用和闲置状态，保持部分或者全部原有使用价值的物品。

本办法所称旧货市场，是指买卖双方进行公开的、经常性或者定期性的旧货交易活动，具有信息、评估、结算、加工翻新、保管、运输等配套服务功能的场所。

第四条　旧货市场按其业务活动范围，可分为全国性旧货市场和地方性旧货市场。

全国性旧货市场是指跨省（自治区、直辖市）招商、经营的旧货市场。

地方性旧货市场是指在省（自治区、直辖市）内招商、经营的旧货市场。

第五条　旧货流通坚持以公有制为主体，多种所有制经济共同发展的方针。

旧货流通应当统筹规划、合理布局、稳步发展，起步阶段先进行试点，取得经验后逐步推开。

旧货交易活动应当遵循自愿、公平、诚实、信用的原则。

第六条　国务院商品流通主管部门是旧货业的行业主管部门。

县以上地方人民政府商品流通主管部门负责本行政区域旧货业的行业管理。

各级公安机关对旧货流通行业实施特种行业管理。

第七条　旧货行业协会是依法成立的社会团体法人，是旧货行业的自律性组织，协助各级人民政府商品流通主管部门开展行业管理。

第二章　设立、变更和终止

第八条　设立旧货企业应当具备下列条件：

（一）有适应业务需要的注册资金；

（二）有与业务活动范围及经营规模相适应的专职执业人员和经营管理人员；

（三）有固定的经营场所、必要的营业设施和自动化管理设备；

（四）法定代表人无故意犯罪记录；

（五）有组织章程、交易规则、治安保卫制度和经营管理制度；

（六）符合法律、行政法规规定的其他条件。

第九条　设立旧货连锁店除了应当具备本办法第八条规定的条件外，还应当具备连锁经营的基本条件。

旧货连锁店，是指经营旧货、使用统一商号的若干门店，在同一总部的管理下，采取统一管理经营模式，或者授予特许权等方式，实现规模效益的经营组织形式。

第十条　设立旧货市场应当具备下列条件：

（一）有与经营规模相适应的专职执业人员、经营管理人员及资金、场地、配套服务设施和自动化管理设备；

（二）有组织章程、交易规则、治安保卫制度和经营管理制度；

（三）符合国家和地方的统一规划与布局；

（四）符合法律、行政法规规定的其他条件。

第十一条　开办跨省、自治区、直辖市经营的旧货企业和旧货连锁店以及跨省、自治区、直辖市设立分支机构，需经企业总部、分支机构所在地省级人民政府商品流通主管部门同意后，报国务院商品流通主管部门批准。

第十二条　开办在省、自治区、直辖市以及在市（地）和市（地）所属县（市）内经营的旧货企业，按其业务活动范围不同由当地市（地）和省级人民政府商品流通主管部门批准。

第十三条　建立全国性旧货市场需经当地省级（含计划单列市）人民政府商品流通主管部门审核，报国务院商品流通主管部门批准。

第十四条　建立地方性旧货市场须经当地省级（含计划单列市）人民政府商品流通主管部门批准，并报国务院商品流通主管部门备案。

第十五条　中央部门的直属企业设立旧货市场，需经企业主管部门同意，并经当地省级（含计划单列市）人民政府商品流通主管部门审核后，报国务院商品流通主管部门批准。

第十六条　报请审批设立旧货企业，应当提交下列材料：

（一）申请报告；

(二)可行性研究报告;

(三)组织章程、交易规则、治安保卫制度和经营管理制度;

(四)资金信用证明、经营场所使用证明及营业设施情况;

(五)法定代表人和专职执业人员的姓名、职务和身份证明、执业资格证明。

报请审批设立旧货连锁店,除了前款规定提交的材料外,还需提交具有若干个门店的证明和总部关于设立全资及控股收购、加工翻新中心、门店的决定,或者总部与参股及无资产联系门店签订的连锁经营合同。

第十七条 报请审批设立旧货市场,除本办法第十六条第一、二款规定提交的材料外,还需提交发起单位营业执照副本有效复印件和市场领导、管理机构组成方案以及市场交易规则。

第十八条 商品流通主管部门接到申请报告及有关材料后,应当在 30 日内以书面形式作出答复;对批准设立的旧货企业颁发《旧货经营资格证书》,对批准设立的旧货市场颁发《旧货市场批准证书》。

《旧货经营资格证书》和《旧货市场批准证书》由国务院商品流通主管部门统一印制。

第十九条 经批准设立的旧货企业和旧货市场,申请者应当持批准文件和证书到当地公安机关办理特种行业登记手续后,持商品流通主管部门和公安机关的批准手续,到同级工商行政管理部门办理登记手续,领取营业执照。

第二十条 旧货企业以及其分支机构登记按照《中华人民共和国企业法人登记管理条例》和《中华人民共和国公司登记管理条例》的规定办理;旧货连锁店登记按照国家工商行政管理局、国内贸易部《关于连锁店登记管理有关问题的通知》的规定办理;旧货市场登记按照国家工商行政管理局《商品经营市场登记管理办法》的规定办理。

第二十一条 经营旧货的个体工商业户直接到所在地县级人民政府公安机关办理特种行业登记手续后,持公安机关的批准文件,到同级工商行政管理部门办理登记手续,领取营业执照。

第二十二条 变更名称、法定代表人、住所、注册资金及修改章程等重大事项,应当自变更决定作出之日起 15 日内,报原审批机关批准,依照有关规定向公安机关、工商管理部门办理变更手续。

第二十三条 旧货企业、旧货连锁店和旧货市场因停办或者破产而经营终止,应当自终止决议或者决定作出之日起 30 日内,向原审批机关提出书面申请,经审批后,清理债权债务,并依照有关规定到公安机关、工商管理部门办理注销登记手续。

第三章 业务经营范围

第二十四条 旧货经营者可按照旧货的分类,实行综合性或者专业化经营。

第二十五条 旧货企业可以采用购销、代理(寄售、代购、代销)、租赁、易货或者与生产、流通企业联合收旧卖新等方式开展业务,也可以对旧货进行加工修理、改制翻新和二次包装。

第二十六条 旧货市场可以对外招商、开展自营、组织民间交易和捐赠,可以提供鉴定、评估、保管、储存、运输、修理、翻新、包装、信息、咨询及代社会福利机构处理受赠物品等配套服务。

第二十七条 下列物品不得作为旧货经营:

(一)赃物、走私物品、来历不明物品及抵押中的物品,或者有赃物、走私嫌疑的物品;

(二)严重损坏且无法修复的物品;

(三)法律、行政法规明令禁止经营和特许经营的其他物品。

第二十八条 经营国家文物监管物品,必须经所在地文物行政管理部门审查批准。

第四章 交易活动

第二十九条 旧货经营者和旧货市场开展旧货经营、加工翻新等业务活动,应当遵守国家环境保护法律、行政法规的规定。

第三十条 旧货经营者开展定时定点收购、电话预约上门收购等流动性收购业务,其业务人员和旧货企业的委托收购人员应当经过培训取得上岗执业资格,并佩戴统一标识。

第三十一条 旧货经营者应当对收购和受他人委托代销、寄卖的旧货进行查验。对价值超过 100 元的旧货应当详细记录其基本特征、来源和去向。

第三十二条 旧货经营者应当登记出售、寄卖及受他人委托出售、寄卖旧货的单位名称和个人的居民身份证;对委托处理旧货的单位和个人,还应当严格查验委托单位的授权委托书及委托人的居民身份证。

第三十三条 旧货经营者接受委托代理销售或者代为保管旧货的,应当建立严格的物品交接、保管及偿付制度,明确有关责任,避免发生纠纷。

第三十四条 旧货经营者应当对销售的旧日用品、旧家具进行必要的清洗、除尘和整理,保证所售物品清洁、卫生和安全。销售旧服装必须按卫生部门有关标准进行严格消毒。

第三十五条 旧货经营者出售旧办公设备、旧大件家用电器(不含拆件商品),应当进行必要的检修,出具有关证明。保修期不得少于3个月。

第三十六条 同时开展经销、寄售、代理、租赁等服务业务的旧货企业以及兼营新货的旧货企业,应当分别核算营业额,分别申报纳税。

第三十七条 旧货市场、旧货经营者发现可疑人员、可疑物品及公安机关要求协查的物品、走私物品,有义务及时向当地公安机关报告,不得隐瞒包庇。

第三十八条 公安机关对赃物、走私物品或者有赃物、走私嫌疑的物品,应当及时予以扣留,并开具收据。经查明不是赃物、走私物品的,应当及时退还;确属赃物、走私物品的,依照国家有关规定处理。

第三十九条 旧货交易实行归行纳市,经营者必须在旧货市场或者工商行政管理部门指定的交易场所销售旧货。

第四十条 旧货市场应当建立健全内部管理制度及经营者档案,其管理人员有权监督旧货经营者的经营行为,对其经营劣绩作如实记载,并按有关章程、细则对违反规定的经营者实行警告或者提请原批准部门取消其从业资格。

第四十一条 旧货市场应当建立相应的结算系统,旧货成交后由市场委派的专职人员开具销售货款票。销售货款票应当包括旧货品名、数量、单价、货款总额、供货人、买货人等项内容。

第四十二条 旧货成交后,需要依法办理证照变更的,应当持购买发票到有关行政管理部门办理手续。

第五章 监督管理

第四十三条 未取得旧货经营资格的单位和个人、或者被取消旧货经营资格未满五年的旧货企业和个人,不得从事旧货经营业务。

第四十四条 跨省运输旧货,凭国务院商品流通主管部门及其授权的省、自治区、直辖市商品流通主管部门出具统一的准运证明和有效票据,公安机关检查后予以放行。

第四十五条 旧货经营网点拆迁需征求所在地县级以上人民政府商品流通主管部门意见。同意拆迁的,要按有关规定在条件相当的地点予以补建。

第四十六条 组织跨省、自治区、直辖市的旧货交易会,需经省、自治区、直辖市人民政府商品流通主管部门审查后,报国务院商品流通主管部门批准;组织地方性旧货交易会,需经省级商品流通主管部门批准。

第四十七条 国务院商品流通主管部门负责旧货行业执业人员的业务培训、考核及执业资格认定工作。公安机关对旧货行业执业人员进行治安业务培训。

第四十八条 旧货业的主要执业人员(估价师、估价员)必须参加培训。经考核合格的,发给旧货行业执业资格证书,持证上岗。

第四十九条 商品流通主管部门和公安机关对其批准的旧货企业、旧货市场及旧货经营者进行年检(具体年检办法另行规定)。

第五十条 凡有以下情形之一的,认定为年检不合格:

(一)取得《旧货市场批准证书》或《旧货经营资格证书》,办理有关证照后,6个月内仍不开展业务的;

(二)旧货市场、旧货企业违反本办法第十一条规定,擅自设立分支机构的;

(三)违反本办法第二十二条有关规定,不及时办理变更手续的;

(四)不按规定及时申报年检材料的;

(五)违反本办法第二十七条规定的;

(六)旧货市场经营秩序混乱,交易行为严重失控的。

第五十一条 年检不合格的,由公安机关、商品流通主管部门给予通报批评,并限期三个月整改。到期仍不合格的,由商品流通主管部门取消其旧货业经营资格。

第六章 法律责任

第五十二条 违反本办法第三十一条、第三十二条、第三十七条规定的，由公安机关依法查处。对直接负责的主管人员和其他直接责任人员处以200元以上500元以下罚款，并处经营单位3000元以上10000元以下罚款；构成犯罪的，依法追究刑事责任。

第五十三条 违反本办法第二十八条、第三十四条、第三十五条、第三十六条、第三十九条规定的，由有关部门依法查处。

第五十四条 凡不具备本办法规定条件的旧货经营者和旧货市场，应当自本办法发布之日起3个月内进行整顿，达到本办法规定的条件；逾期未达到本办法规定条件的，由商品流通主管部门、公安机关会同有关部门联合查处，并建议工商行政管理部门吊销其营业执照。

第七章 附 则

第五十五条 本办法由国务院商品流通行政主管部门负责解释。

第五十六条 本办法自发布之日起施行。

旧机动车交易管理办法

内贸机字〔1998〕第33号

第一章 总 则

第一条 为了加强旧机动车流通的管理，规范旧机动车交易行为，保障旧机动车交易双方的合法权益，制定本办法。

第二条 本办法所称旧机动车，是指办理了机动车注册登记等手续，距报废标准规定年限一年以上的汽车（含摩托车）及特种车辆。

第三条 旧机动车流通涉及车辆管理、交通安全管理、国有资产管理、社会治安管理、环境保护管理等各个方面，属特殊商品流通，必须在批准的旧机动车交易中心进行。

第四条 国务院商品流通行政管理部门负责全国旧机动车流通的管理。

第五条 由国家商品流通行政主管部门负责组建全国旧机动车流通行业协会，作为旧机动车交易的中介服务与行业自律组织。

第六条 在中华人民共和国境内从事旧机动车交易，适用本办法。

第二章 旧机动车交易中心的设立

第七条 旧机动车交易中心是指以企业经营活动为依托，辅之以必要的government协调功能，具有旧机动车评估定价及旧机动车收购、销售、寄售、代购、代销、租赁、拍卖、检测维修、配件供应、美容及信息服务等功能，并为客户提供过户、上牌、保险等服务的经济实体。

第八条 旧机动车交易中心实行分级审批制度，原则上每个地级心目城市批准设立一个。国务院商品流通行政主管部门负责直辖市、省会城市、计划单列市旧机动车交易中心的审批。省、自治区、直辖市、计划单列市商品流通行政主管部门负责各地级市旧机动车交易中心的审批，并报国务院商品流通行政主管部门备案。

第九条 建立旧机动车交易中心应当充分发挥国有汽车流通企业的主渠道作用，充分利用已有的旧机动车交易场所。

第十条 申请设立旧机动车交易中心必须具备下列条件：

（一）注册资本不低于500万元；

（二）有固定的交易场所，场地面积不低于10000平方米；

（三）有专业的评估定价人员；

（四）具备车辆检测、维修、配件供应等设施；

（五）能够为客户提供过户、上牌、保险、代收税费等服务；

（六）具备旧机动车收购、销售、寄售、代购、代销、租赁、拍卖、美容和信息服务等功能。

第十一条　申请设立旧机动车交易中心，须经当地人民同意后，向上级商品流通行政管理部门提出书面申请，并提交本办法第十条规定的书面证明材料。商品流通行政管理部门在接到申请30天内，应当将结果以书面形式答复申请者。

第十二条　经批准的旧机动车交易中心的名称须冠以所在地名称。

第十三条　任何单位未经批准，不得使用“旧机动车交易中心”的名称。

第十四条　旧机动车交易中心在当地人民政府的领导下，须成立由内贸、工商、公安等部门参加的“旧机动车交易中心管理委员会”。管委会要建立例会制度，遇有紧急情况可由主任委员召开临时会议。

第十五条　旧机动车交易中心管理委员会的主要职能是：

（一）贯彻执行国家的有关方针、政策和法规，审议该中心的章程、管理办法和制度；

（二）研究制订中心的发展规模和远景规划；

（三）审议中心提请研究解决的其它重大问题。

第十六条　旧机动车交易中心变更法定代表人、地址、注册资金和修改章程等重大事项，经原审批单位批准后，到工商行政管理机关办理变更手续。

第十七条　旧机动车交易中心终止，应当自终止决议或者决定作出之日起30日内，向原审批单位提出书面申请，经审批后，清理债权债务，并到工商行政管理机关办理注销登记手续。

第三章　旧机动车评估定价

第十八条　旧机动车评估定价是指旧机动车评估定价从业人员，根据机动车的行驶里程、使用时间、车辆安全排放情况、主要零部件的技术状况和该车型现行市场价等有关因素，依据《旧机动车评估定价标准》，确定旧机动车的价格。

第十九条　《旧机动车廉政估定价标准》由国务院商品流通行政主管部门负责制定。

第二十条　国务院商品流通行政主管部门负责组织对旧机动车评估定价从业人员进行培训和考核，对考核合格者颁发《旧机动车评估定价师》证书。

第二十一条　旧机动车评估定价从业人员必须取得《旧机动车评估定价师》证书方可上岗。

第四章　旧机动车交易行为

第二十二条　旧机动车交易包括旧机动车的收购、销售、寄售、代购、代销、租赁、拍卖等。

第二十三条　旧机动车寄售是指卖车方与旧机动车交易中心签订协议，将所售车辆委托中心保管及寻找购车方，中心从中收取一定场地费、服务费及保管费的一种交易行为。

第二十四条　旧机动车收购、销售是指旧机动车交易中心为方便客户、服务群众，避免卖车方远距离、长时间、多次入市，而采取的直接将车购买后出售的一种经营活动。

第二十五条　旧机动车代购、代销是指在无需客户进场直接销售或购置的前提下，旧机动车交易中心按照客户的要求，代为销售或购置旧机动车的一种经营活动。

第二十六条　旧机动车租赁是指旧机动车交易中心将旧机动车向客户提供租赁的一种经营活动。

第二十七条　旧机动车拍卖是指旧机动车交易中心以公开竞价的方式销售旧机动车的一种经营活动。

第二十八条　经国务院商品流通行政主管部门批准，汽车租赁试点企业可以对租赁期满后的旧车进行处理。

第二十九条　经国务院商品流通行政主管部门批准，国家汽车代理制试点企业可以对卖新收旧后的旧车进行处理。

第三十条　旧机动车进行交易前，必须通过车辆管理部门安全排放检测，并须经旧机动车交易中心业务人员质量检测，作出检测记录，符合条件的，可准许交易。

第三十一条　旧机动车交易中心和有旧机动车经营权的企业要建立交易过户档案，内容包括交易凭证、成交发票、原始发票、介绍信、个人身份证号码、评估定价人等。

第三十二条　进行旧机动车交易，销车方须向旧机动车交易中心出具单位介绍信或证明信（属于个人卖车的须持居民身份证）、机动车行驶证、原始购车发票、成交发票、购置附加费凭证、车船使用税“税讫”标志、养路费交纳凭证等。购车方须出具单位介绍信或个人身份证。工商行政管理部门凭旧机动车交易中心或有旧机动车经营权企业的交易凭证予以验证，车管部门凭此办理转籍过户手续。

第三十三条 下列机动车禁止交易：

(一)已经办理报废手续的各类机动车；

(二)虽未办理报废手续，但已达到报废标准或在一年时间内(含一年)即将报废的各类机动车；

(三)未经安全检测和质量检测的各类旧机动车；

(四)办理必备证件和手续，或者证件手续不齐全的各类旧机动车；

(五)各种盗窃车、走私车；

(六)各种非法拼、组装车；

(七)国产、进口和进口件组装的种类新机动车；

(八)右方向盘的旧机动车；

(九)国家法律、法规禁止进入经营的其他各种机动车。

第五章 监督管理

第三十四条 各级商品流通行政主管部门、工商行政管理部门、公安交通管理部门应按照国办发〔1985〕65 号、(85)物管字 439 号、工商市字〔1988〕第 169 号、工商市字〔1991〕第 340 号、计工二〔1990〕767 号、〔1997〕内贸函机字第 559 号文件中有关旧机动车交易市场管理规定，各负其责，严把旧机动车交易中心及有旧机动车经营权的企业注册登记关，认真监督旧机动车交易行为，规范验证、过户、转籍等手续，杜绝各种非法交易的发生。

第三十五条 各级商品流通行政主管部门，对旧机动车交易中心及有旧机动车经营权的企业实行年度检查制度。旧机动车交易中心及有旧机动车经营权的企业须提供资产负债表、损益表、利润分配表及重大经营活动记录，接受年检。

第三十六条 凡有下列情形之一的，属年检不合格：

(一)违反本办法第三十三条规定的；

(二)经营秩序混乱，交易行为失控，给国家和人民财产造成损失，情节严重的；

(三)不按规定及时申报材料的。

第三十七条 对旧机动车交易中心和有旧机动车经营权的企业，有本办法第三十三条规定非法交易行为之一的，由工商行政管理部门会同国家商品流通行政主管部门责令停止交易，没收非法所得，并处违法所得一倍以上五倍以下罚款；情节严重者，可吊销其营业执照。

第三十八条 对未办理工商营业执照，擅自开展旧机动车经营活动者，由工商行政管理部门按无照经营者处罚。

第三十九条 对未经国家批准的旧机动车经营单位经营的旧机动车，工商行政管理部门不予验证盖章，公安部门不予办理过户、转籍手续。

第六章 附 则

第四十条 省、自治区、直辖市、计划单列市商品流通行政主管部门，可根据本地区实际情况，结合本办法，制定实施细则。

第四十一条 本办法由国内贸易部负责解释。

第四十二条 本办法自发布之日起施行。

(四)汽车下乡

财政部、国家发展改革委、工业和信息化部、公安部、商务部、工商总局、质检总局关于继续实施汽车下乡政策的通知

财建〔2010〕4号

各省、自治区、直辖市、计划单列市新疆生产建设兵团财政、发展改革、工业和信息化、公安、商务、工商、质检主管部门:

为提高农民生活质量,促进汽车行业平稳较快发展,进一步发挥拉动消费带动生产的作用,国务院第91次常务会议决定继续实施汽车下乡政策。现就有关事项通知如下:

一、汽车下乡政策实施延长一年,至2010年12月31日止。

二、摩托车下乡政策执行到2013年1月31日。

三、汽车摩托车下乡具体政策及操作办法仍按《汽车摩托车下乡操作细则》(财建〔2009〕248号)执行。

四、各有关部门要高度重视汽车摩托车下乡工作,加强协调配合,按照现行有关文件要求,把汽车摩托车下乡政策宣传好、落实好。

财政部 国家发展改革委 工业和信息化部 公安部 商务部 工商总局 质检总局

二〇一〇年一月八日

汽车摩托车下乡流通网点建设标准

商建函〔2009〕52号

一、汽车下乡流通网点建设标准

(一)汽车销售网点

1. 县级汽车交易市场。符合所在地城市商业网点规划或所在地商业发展的要求,交通便利;占地面积不低于2000平方米,建筑面积不低于600平方米,中西部、东北地区可适当降低占地和建筑面积标准;至少与3家汽车品牌经销商签订进场经营协议,且协议有效期不得低于2年;具有车辆展示、业务洽谈、交易手续办理、客户休息和咨询等基本服务功能。

2. 县级汽车品牌销售店。符合所在地城市商业网点规划或所在地商业发展的要求,交通便利;获得至少1家汽车生产企业或其总经销商的汽车品牌销售授权;具有车辆展示、业务洽谈、客户休息等基本服务功能。

(二)汽车售后服务网点

1. 县级售后服务网点。符合所在地城市商业网点规划或所在地商业发展的要求,交通便利;占地面积不低于500平方米;具有维修厂房、维修工位和设备、车辆检测专用设备、停车场、配件仓库等维修基本设施,以及用于上门服务的车辆,至少有5个维修工位;获得至少1家汽车生产企业或其总经销商的汽车品牌销售售后服务授权;具备至少3种品牌车辆售后服务能力,每种品牌汽车接受过汽车生产企业或其总经销商专业培训的售后服务人员不少于2人;具备业务洽谈、客户咨询和休息、维修进度查询、上门服务等功能,符合国家环保、消防等有关要求。

2. 乡镇售后服务网点。占地面积不低于200平方米;具有维修厂房、维修工位和设备、配件储备;获得至少1家汽车生产企业或其总经销商的汽车品牌销售售后服务授权;具备至少2个品牌汽车售后服务能力,每种品牌汽车接受过汽车生产企业或其总经销商专业培训的售后服务人员不少于1人;有条件的应具有上门服务功能;符合国家环保、消防等有关要求。

二、摩托车下乡流通网点建设标准

(一)摩托车销售网点

1. 县级销售网点。符合所在地城市商业网点规划或商业发展的要求,交通便利;店铺面积不低于50平方米,同时展示车辆数量不少于15辆;与摩托车生产企业或其授权的销售公司和区域代理商有销售和售后

服务协议书;具有车辆展示、业务洽谈、交易手续办理、客户咨询等基本服务功能;能够满足对乡镇销售网点的配送要求。除新疆、西藏、青海外,其余地区确保在48小时内配送到位。

2.乡镇销售网点。店铺面积不低于30平方米,同时展示车辆数量不少于10辆;与摩托车生产企业或其授权的销售公司和区域代理商有销售和售后服务协议书;具有车辆展示、业务洽谈、交易手续办理、客户咨询等基本服务功能。

(二)摩托车售后服务网点

1.县级售后服务网点。具有独立的维修场所、配件仓库,维修场地具备不少于30平方米的防渗漏硬化地面;具有升降台、空压机、充电机、专用工具等设备以及用于上门服务的车辆;至少具有3个摩托车维修工位,获得至少1家摩托车生产企业售后服务的授权,至少具有维修保养3种品牌摩托车的能力;接受过摩托车生产企业专业培训的品牌摩托车维修专业人员不少于2人;具备业务洽谈、客户咨询和休息、维修进度查询、上门服务等功能,有条件的应具有为维修时间长的客户提供的备用摩托车;符合国家环保、消防等有关要求。

2.乡镇售后服务网点。具有独立的维修场所、配件存放处,维修场地具备不小于20平方米的防渗漏硬化地面;具有充电机、专用工具等常用设备;至少获得1家品牌企业授权,至少具备维修保养2种品牌摩托车的能力;具备业务洽谈、客户咨询和休息、维修进度查询、上门服务等功能,有条件的应具有为维修时间长的客户提供的备用摩托车;符合国家环保、消防等有关要求。

财政部关于启用汽车摩托车下乡财政补贴信息系统有关问题的通知

财建〔2009〕586号

各省、自治区、直辖市、计划单列市财政厅(局)、新疆生产建设兵团财务局:

汽车摩托车下乡补贴政策是国家出台扩大内需、应对当前国际金融危机的重要措施之一,从2009年2月1日起陆续在全国推开。为配合汽车摩托车下乡工作,财政部组织开发了“汽车摩托车下乡财政补贴信息系统”(以下简称“信息系统”),作为各级财政部门审核兑付补贴资金、公布补贴政策、公示补贴名单和处理农民投诉建议等管理工作的平台。目前,信息系统开发及试运行工作已经完成,上线运行各项准备工作已经就绪,财政部决定从2009年9月15日起在全国正式启用信息系统。为了保证信息系统顺利运行,确保汽车摩托车下乡补贴的各项管理工作平稳、顺利进行,现将有关事项通知如下:

一、加强领导,切实重视信息系统的实施运行

信息系统的实施运行,是实现汽车摩托车下乡补贴资金管理常态化、信息化的重要举措,有利于提高工作效率、降低管理成本、加大补贴款项的科学监督管理力度。信息系统的主要操作用户是乡镇财政人员,涉及单位数量多、范围广,省级财政部门要加强领导,统一组织,明确具体联系人,严格管理各级登录账号和密码,切实重视信息系统的实施运行工作。省级财政的汽车摩托车下乡业务主管人员和信息技术人员,要密切配合,分工负责,责任到人,确保在规定时间内顺利完成信息系统的实施工作。

省级财政主要负责本级和下级单位及人员权限管理、下拨资金登记和业务查询;市、县级财政主要负责本级和下拨资金登记和业务查询;乡级财政主要负责申报表录入、审核及银行兑付确认。

二、认真准备,扎实做好信息系统实施的相关工作

(一)信息系统集中部署在财政部外网(Internet互联网),通过浏览器访问 http://qcxx. mof. gov. cn 网站就可直接在线使用。网络条件不好的地区,可以下载网站上的客户端软件,在本地机器上进行在线或离线业务处理。

信息系统根据应用对象分为在线使用和下载客户端使用两种模式。在线使用模式是指具备上网条件的财政用户,直接在线办理补贴业务,统计查询补贴业务数据;下载客户端使用模式是指网络条件不好或不具备上网条件的乡镇用户,先下载离线客户端,在离线状态下进行补贴申报业务操作,在具备上网条件时再在线进行申报审核和银行支付确认及上传财政部数据等工作。

各级财政部门应当加强对信息系统实施的技术指导与管理,指定专人负责,落实责任制。做好本地外网环境的准备工作,保证信息系统运行顺畅。

（二）信息系统的初始权限采取逐级下发的方式。信息系统中已经预置了全国省、市、县、乡的各级财政的各级机构组织和用户权限，财政部将根据各省（区、市）财政提供的省级管理员名单（见附件），通过电话、电子邮件、传真等方式将省级管理员权限以及信息系统预置的省、市、县、乡各级财政用户的用户名、密码下发给各省级财政管理员。

省级财政部门拿到所有的用户列表后应先进行核对，确认信息系统预置的单位与用户实际情况完全相符，如发现信息系统预置的各级用户存在遗漏、有误等，应及时进行修改调整，确认无误后统一组织将用户权限逐级下发至乡级财政。用户权限下发过程中应注意信息的保密，采用安全可靠的手段。各级财政用户在拿到用户列表后，应立即修改密码，密码长度应不小于8位，建议采用字母、字符、数字相结合的方式，以确保安全。

（三）各地财政部门应对2009年3月1日至今已办理的汽车摩托车下乡补贴业务资料进行整理，在2009年9月30日前全部补录进信息系统，并核对数据的准确性和完整性。

（四）为确保信息系统正常运行，保证系统信息准确、安全，各地应根据本地实际情况制定相关规章制度，包括操作人员岗位责任制度、权限分配管理制度、业务处理规范等，通过制度的建立和有效执行，确保信息准确、及时、完整和安全。

（五）各地应建立迅捷高效的反应和处理机制，发现问题要及时处理，必要时汇总上报。若发现有数据异常或发生用户密码丢失等严重情况，本地管理员应立即取消相关人员的访问权限并协助财政部清查历史数据。

（六）各地应加强对乡镇财政人员的培训工作，提高乡镇财政人员的信息系统操作水平和安全意识，确保系统有序运转，为汽车摩托车下乡工作提供有力支持。

（七）财政部信息系统实施服务人员名单：

姓名	工作单位	办公电话	电子邮箱
刘建	家电、汽车摩托车下乡工作办公室	010－68553753	liujian@ ufgov. com. cn
武守喜		010－68553751	wushouxi@ 163. com
王玉林	信息网络中心	010－68553111	wangyulin@ mof. gov. cn

财政部

二〇〇九年九月十五日

国家工商行政管理总局关于深入开展“家电下乡”、“汽车摩托车下乡”市场专项整治工作的通知

工商明电〔2009〕27号

各省、自治区、直辖市及计划单列市、副省级市工商行政管理局：

今年以来，各级工商行政管理机关认真贯彻党中央、国务院的总体部署，深入开展“质量和安全年”活动，按照“保增长、保民生、保稳定”的要求，全面落实全国工商行政管理工作会议精神和总局部署，围绕“家电下乡”、“汽车摩托车下乡”产品等重点商品，扎实开展农村商品市场专项执法检查，取得了明显的阶段性成效。为了认真贯彻落实国务院领导重要批示、指示精神，进一步加强“家电下乡”、“汽车摩托车下乡”市场监管，切实保护农村消费者合法权益，积极促进经济平稳较快增长，现就全国工商系统深入开展“家电下乡”、“汽车摩托车下乡”市场专项整治工作有关问题通知如下：

一、充分认识深入开展“家电下乡”、“汽车摩托车下乡”市场专项整治工作的重要性，切实增强责任感和紧迫感

“家电下乡”、“汽车摩托车下乡”是中央应对国际金融危机，增强消费信心，扩大内需的一项重要举措，对于改善民生，促进经济平稳较快增长意义重大。党中央、国务院领导高度重视“家电下乡”、“汽车摩托车下乡”工作，多次作出重要批示、指示，提出明确要求。各级工商行政管理机关要充分认识深入开展“家电下乡”、“汽车摩托车下乡”市场专项整治，对于确保支农惠农政策的落实和扩内需、保增长措施深入贯彻的极

端重要性,切实把思想统一到党中央、国务院的决策和部署上来,深入贯彻党的十七大、十七届三中全会和中央经济工作会议精神,从全面落实科学发展观和维护社会和谐稳定的高度,进一步增强责任感和紧迫感,强化大局意识和服务意识,深入开展"质量和安全年"活动和农村商品市场专项整治工作,采取针对性更强、更有力的措施,切实维护"家电下乡"、"汽车摩托车下乡"市场秩序,保障农村商品市场消费安全,促进社会和谐稳定和经济平稳较快发展。

二、深入开展"家电下乡"、"汽车摩托车下乡"市场专项整治工作,切实维护农村商品市场秩序

各地要在前一阶段工作的基础上,强化对家电、汽车、摩托车市场的监管,特别是针对假借"家电下乡"、"汽车摩托车下乡"名义销售不合格和假冒伪劣商品、虚假宣传、不正当竞争等违法行为,突出重点区域、重点场所,深入开展专项执法检查,严厉打击各类违法经营行为,切实维护"家电下乡"、"汽车摩托车下乡"市场秩序。

(一)强化对家电、汽车、摩托车等产品下乡活动定点销售网点的管理,切实规范家电、汽车、摩托车等下乡产品的经营行为。各地工商行政管理机关要掌握辖区内在商务部门备案的"家电下乡"、"汽车摩托车下乡"中标销售企业及其所属销售网点名录,对家电、汽车、摩托车等产品经营主体进行全面排查,严防非销售网点违反规定销售"家电下乡"、"汽车摩托车下乡"产品。要积极配合相关部门加强对"家电下乡"、"汽车摩托车下乡"产品质量的监管,监督中标销售企业及其所属网点切实履行进货查验义务,审验"家电下乡"、"汽车摩托车下乡"产品标识卡及号码,确保产品来源合法、质量合格,杜绝不合格和假冒伪劣商品进入"家电下乡"、"汽车摩托车下乡"流通体系。要加强对中标销售企业及销售网点经营行为的监督检查。积极配合相关部门指导中标销售企业及销售网点完善管理措施,增强网点销售服务功能,严格履行流通企业承诺、"三包"规定和及时提供汽车保养、维修等服务。

(二)加强对家电、汽车等商品二手市场的监管,切实维护旧家电、旧汽车摩托车等商品市场秩序。要按照国家鼓励和支持家电、汽车摩托车等"以旧换新"政策的实施要求,积极配合相关部门加强对"以旧换新"活动的监管,严防回收的旧家电、旧汽车摩托车改头换面非法流入市场。要加强对旧家电、旧汽车摩托车交易市场的监督检查,严格规范市场的主体资格和经营行为,会同相关部门指导交易市场严格管理,加强自律,依法维护旧家电、旧汽车摩托车市场交易秩序。

(三)严厉打击以"家电下乡"、"汽车摩托车下乡"名义销售不合格和假冒伪劣商品等违法行为,切实保障农村商品市场消费安全。要加强对家电、汽车、摩托车等商品市场经营主体资格、商品质量和经营行为的监管,依法查处取缔无照经营行为,严厉查处打着"家电下乡"、"汽车摩托车下乡"旗号制售假冒伪劣商品、销售不合格商品和以次充好、以假充真等违法行为以及利用"家电下乡"、"汽车摩托车下乡"名义实施垄断、商业贿赂、虚假表示、虚假宣传、虚假广告、不正当有奖销售、强行搭售、假冒注册商标、冒用他人企业名称和仿冒知名商品特有的名称、包装、装潢等违法行为。

(四)强化农村商品市场日常监管,切实维护农村商品市场秩序。各地要围绕家用电器、建材、装饰材料、农资等商品,突出重点环节、重点区域和重点经营户,加强农村商品市场监管。要严把农村商品市场主体准入关,按照法定条件和程序,严格农村市场主体准入。要加强农村商品市场交易行为的监管,依法监督农村商品销售者建立并执行进货检查验收制度,严格审验供货商经营资格,验明商品合格证明和标识,引导建立和完善商品质量承诺、不合格商品退市等自律制度。要强化对农村市场商品质量的日常巡查,严格检查商品的标识、生产日期、安全使用日期或者失效日期和质量合格证明文件,依法监督经营者及时退市不合格商品。要强化信用分类监管,完善监管档案,加强对信用监管数据的统计分析,切实提高日常巡查的针对性和有效性。要深入推进农村市场商品质量准入制度改革,完善各项监管制度,努力构建农村商品市场监管长效机制,提高监管执法水平。

(五)加大案件查办力度,切实依法打击违法经营行为和违法犯罪活动。各地要突出重点区域、重点场所和重点经营者,加强案件排查、区域协办和督查督办工作,加大案件查办力度,及时发现和依法惩处各类违法行为。要严格办案程序,规范执法行为,严肃执法纪律,大要案件要挂牌督办,领导包案,限期办结。要严格案件移送制度,对监督检查中发现的违法经营行为和查办的违法案件,凡涉嫌触犯刑律的,要严格按照规定及时移送公安机关依法处理。各地要积极配合公安部门严厉打击假借"家电下乡"、"汽车摩托车下乡"名义从事的违法犯罪活动。

三、加大社会监督和消费维权工作力度,切实保护消费者合法权益

各地要在开展专项整治工作中,扩大社会监督,及时受理和处理消费者与广大群众的咨询、申诉和举报,充分发挥12315行政执法体系“四个平台”的作用,加强消费教育和消费引导,加大消费维权工作力度,切实保障广大农民消费者的合法权益。

(一)充分发挥12315消费者申诉举报网络和“一会两站”的作用,及时受理和处理消费者有关“家电下乡”、“汽车摩托车下乡”的咨询、申诉和举报。要依法受理和按程序处理“家电下乡”、“汽车摩托车下乡”活动中的商品消费纠纷,做到件件有着落,事事有回音。要强化对相关咨询、申诉和举报信息的综合分析,掌握市场消费动态情况,并及时报告当地政府或通报有关职能部门,有针对性地提出意见和建议,为政府和有关部门完善相关政策措施和跟踪监管提供参考和信息。

(二)充分发挥12315行政执法体系“四个平台”的作用,健全农村商品市场消费维权体系。要积极完善12315信息化网络体系,大力推进“一会两站”建设和12315进商场、进超市、进市场、进企业、进学校工作,扩大城乡覆盖面,进一步畅通农民消费者申诉举报渠道,积极完善社会消费维权组织网络、执法监督机制以及指挥调度、快速处置和分析发布机制,不断健全家电、汽车、摩托车等商品市场消费维权体系。

(三)认真开展消费教育和消费引导,切实加强部门配合协作和宣传工作。要配合商务等部门及时公布“家电下乡”、“汽车摩托车下乡”中标产品型号、中标销售企业及其所属销售网点名单;广泛宣传和普及“家电下乡”、“汽车摩托车下乡”政策以及家电、汽车、摩托车等商品消费知识,帮助理解和掌握有关政策、法规和操作程序,提高农民消费者购买“家电下乡”、“汽车摩托车下乡”产品的积极性和依法维权意识与能力。配合工业主管、商务等部门引导家电、汽车、摩托车等产品经营者建立健全进货查验、不合格商品退市、商品质量承诺等制度,提升其诚信守法意识与自律能力。同时,要采取多种方式,广泛宣传“家电下乡”、“汽车摩托车下乡”市场专项整治工作,正面引导,曝光典型案件,努力营造良好的舆论氛围和社会环境。

四、加强组织领导,切实抓好检查落实

各地要在当地政府的统一领导下,切实加强对“家电下乡”、“汽车摩托车下乡”市场专项整治工作的组织领导,严格责任制和责任追究制,密切协作配合,狠抓督促检查,确保各项工作落实到位。

(一)加强组织领导,精心组织实施。各地要坚持一把手亲自抓,主管领导具体抓,各内设机构按职责分工协作抓,形成齐抓共管的工作格局。要结合实际,及时制定整治工作方案,明确阶段目标和任务分工,层层安排部署,精心组织实施,切实抓紧、抓好,抓出新成效。

(二)严格责任制和责任追究制,强化分类指导。要强化专项整治工作的属地领导责任制、职能机构检查指导责任制、工商所辖区岗位责任制。消费者权益保护机构要认真履行牵头协调职责,市场管理、竞争执法、广告管理等机构按照各自职能分工负责,密切协作配合,切实加强市场监管;竞争执法机构牵头协调和配合公安机关严厉打击借“家电下乡”、“汽车摩托车下乡”名义从事的违法犯罪活动。工商机关各内设机构要按照职能分工,切实负责,加强检查和分类指导,扎实推进“家电下乡”、“汽车摩托车下乡”市场专项整治工作深入开展。

(三)强化部门协作,狠抓检查落实。“家电下乡”、“汽车摩托车下乡”市场监管政策性强,涉及部门多。各地要在当地政府的统一领导下,切实加强与商务、工业主管、质检、公安等部门的沟通协作,加强信息通报,积极配合相关部门依法开展“家电下乡”、“汽车摩托车下乡”监管工作,组织开展联合执法检查,充分发挥整体优势,形成监管合力。要采取重点督查、专项督查、交叉检查、明查暗访等方式,强化督查指导,各级领导干部要深入基层,靠前指挥,一级抓一级,层层抓落实。

总局将适时组织开展专项督查,及时总结各地经验,有针对性地指导专项整治工作。

各省、自治区、直辖市工商局要于每月20日前,将“家电下乡”、“汽车摩托车下乡”市场专项整治工作统计表(见附件)以及典型案例报送总局消费者权益保护局,并于9月20日前、12月20日前书面分别报送本地区专项整治工作阶段小结和年度总结。遇有重大情况,及时报告当地政府和总局。

附件:全国工商系统“家电下乡”、“汽车摩托车下乡”市场专项整治工作统计表(略)

国家工商行政管理总局

二〇〇九年七月六日

财政部、商务部、工业和信息化部关于加大家电下乡政策实施力度的通知

财建〔2009〕48号

各省、自治区、直辖市、计划单列市财政厅(局)、商务主管部门、工业和信息化主管部门,新疆生产建设兵团财务局、商务局、工业和信息化主管部门:

家电下乡政策实施以来,下乡家电成为农民购买家电产品的首选,受到农民的广泛欢迎,销量大幅增长,农村家电销售服务体系也得到明显改善,不仅实现了惠农强农的政策目标,还取得了稳定家电等行业发展,均衡内外贸等多重政策效果。农民得实惠、企业得市场、政府得民心、经济得发展。为充分发挥家电下乡政策作用,国务院第51次常务会议决定,进一步加大家电下乡政策实施力度。现将有关事宜通知如下:

一、扩大家电下乡补贴品种,增加到10类。在全面落实现有补贴品种的基础上,将摩托车、电脑、热水器、空调四类产品由各省(区、市)从中自主选择两类实施的政策,调整为全国范围内统一实施。同时,再增加微波炉和电磁炉两类补贴产品。其中,摩托车归入汽车下乡补贴渠道实施。

二、调整补贴产品限购政策。将原来每户每类家电下乡补贴产品限购1台调增到2台。

三、加大对少数民族地区和地震重灾区的支持力度。对新疆、内蒙古、宁夏、西藏、广西等5个少数民族自治区及"5·12"汶川地震51个重灾县,由地方财政负担的家电下乡补贴资金,改为中央财政全额承担,这些地区可根据财力状况加大对家电下乡补贴力度。

四、各地各级财政、商务、工业和信息化主管部门等部门要加强协调配合,进一步加强对家电下乡产品质量、价格、售后服务、补贴发放等的监督管理,把这项惠农强农、扩大内需、拉动生产的政策落实好、宣传好,切实把好事办好。

财政部　商务部　工业和信息化部

二〇〇九年二月二十六日

汽车摩托车下乡操作细则

财建〔2009〕248号

第一章　总　　则

第一条　为提高农民购买能力,加快农村消费升级,改善农民生产生活条件,促进汽车摩托车产品技术更新换代,实现内外需协调发展,根据《国务院关于印发汽车产业调整和振兴规划的通知》(国发〔2009〕5号)、国务院办公厅《关于搞活流通扩大消费的意见》(国办发〔2008〕134号)以及财政部、国家发展改革委、工业和信息化部、公安部、商务部、工商总局、质检总局《关于印发汽车摩托车下乡实施方案的通知》(财建〔2009〕104号)和《关于加大汽车摩托车下乡政策实施力度的通知》(财建〔2009〕247号)精神,为更好地实施汽车摩托车下乡补贴政策,特制定本细则。

第二条　汽车摩托车下乡补贴资金(以下简称补贴资金)是指农民购买或换购符合条件的汽车摩托车下乡产品后由国家财政给予的补贴,包括农民新购微型客车、微型载货车、轻型载货车、摩托车的补贴资金和报废三轮汽车、低速货车并换购微型载货车、轻型载货车的补贴资金。

第三条　本细则所称汽车摩托车下乡产品,包括:

(一)微型载货车:是指至少四个车轮且用于载货的机动车辆,其"中华人民共和国机动车整车出厂合格证"或由公安部门核发的"机动车登记证书"中"车辆型号"项第一位数字为"1"或"3"或"5"、"总质量(kg)"项不超过1,800kg的机动车。

(二)轻型载货车:是指至少四个车轮且用于载货的机动车辆,其"中华人民共和国机动车整车出厂合格证"或由公安部门核发的"机动车登记证书"中"车辆型号"项第一位数字为"1"或"3"或"5"、"总质量(kg)"项大于1,800kg但不超过6,000kg的机动车。

（三）微型客车：是指至少四个车轮且用于载客的机动车辆（不含轿车），其“中华人民共和国机动车整车出厂合格证”或由公安部门核发的“机动车登记证书”中“车辆型号”项第一位数字为“6”、“排量和功率（mL/kW）”项中排量不超过1,300mL的机动车。

（四）摩托车：是指两轮或三轮摩托车。

（五）三轮汽车：是指原三轮农用车。

（六）低速货车：是指原四轮农用车。

第四条　财政部会同国家发展改革委、工业和信息化部、公安部、商务部、工商总局和质检总局等有关部门按照部门职责分工和本细则的规定，共同组织实施汽车、摩托车下乡工作。

财政部负责制定并组织实施汽车摩托车下乡政策，负责补贴资金管理，会同工业和信息化部等部门确定下乡汽车摩托车生产企业、产品目录（以下简称产品目录）和授权经销商名单。

国家发展改革委负责对《产品目录》内下乡产品的价格进行监管。

工业和信息化部负责对《产品目录》内生产企业和下乡产品的组织管理，会同财政部确定下乡汽车摩托车的产品目录。

公安部负责对下乡汽车摩托车办理注册登记，对报废机动车办理注销登记进行指导监督。

商务部负责下乡汽车销售和报废汽车进行组织管理。

工商总局负责对产品目录内经销商经营行为的监督管理。

质检总局和工商总局依职能监督管理《产品目录》内的产品质量。

第五条　补贴资金的管理应遵循公开透明、直补农民的原则。

公开透明，指补贴政策、办法公开，补贴资金申请与发放透明。生产企业、产品目录和授权经销商的名单在全国公开；享受补贴资金的农民名单和补贴金额通过汽车摩托车下乡补贴信息系统进行公示，接受社会监督。

直补农民，指保证补贴资金全部直接补贴到农民，确保农民得到实惠。

第六条　汽车下乡政策的实施时间为2009年3月1日至2010年年底。摩托车下乡政策的实施时间为2009年2月1日至2013年1月31日。

第七条　地方各级财政、发展改革、工业和信息化、公安、商务、工商、质监部门应根据法律、法规及本细则的规定，加强对补贴资金、车辆报废、新车购买、所有权转移以及市场秩序、产品质量和价格等的管理与监督检查，防止骗取财政补贴资金行为的发生，切实保障农民合法权益。

第二章　下乡企业认定与下乡产品销售

第八条　下乡产品目录由汽车摩托车生产企业向财政部、工业和信息化部提出申请，经审核同意后由财政部、工业和信息化部联合发文确定，同时在财政部、工业和信息化部的网站上公布。下乡产品目录根据实际情况进行调整和完善。

第九条　汽车摩托车生产企业申请时应当在产品质量、授权经销网点、售后服务、价格、产品标识、销售统计和政策宣传等方面作出明确承诺，并与财政部、工业和信息化部签订协议书，明确权利和义务，并缴纳一定数量的履约保证金。

第十条　申请进入产品目录的汽车摩托车生产企业应具备下列条件：

（一）列入工业和信息化部《车辆生产企业及产品公告》并且产品通过国家强制性认证；

（二）在全国或部分省（含直辖市、自治区，下同）具备完善的销售、维修保养等售后服务能力，销售及售后服务能够覆盖相应省的县级行政单位以下；

（三）授权经销商均在工商行政管理部门登记注册并与生产企业或生产企业设立的销售公司签订了销售协议。汽车授权销售商已向商务部门备案，其中微型客车的授权经销商应为已在国家工商行政管理总局备案的汽车品牌销售企业；

（四）经销商和销售网点具备独立开具税务发票的能力；

（五）产品排放满足国家排放标准，在部分提前实施更严格排放标准的地区满足当地排放标准；

（六）无违规及不良记录；

（七）必须配备计算机联网设备和相关操作人员；

（八）财政部、工业和信息化部要求的其它条件。

第十一条 只有授权经销商销售的汽车摩托车才能享受补贴资金。

第十二条 汽车摩托车生产企业要通过商务政策加强对经销商终端销售价格的监督,保证经销商不得对农民用户采取差异性价格政策,同时要求经销商进行价格自律。

第十三条 享受补贴资金的汽车摩托车产品必须在车身外部显著位置标注汽车摩托车下乡标识。

(一)汽车生产企业应按规定制作"汽车下乡"标识,并随车提供给经销商。汽车经销商在将汽车销售给农民时,须在汽车尾部外表面显著位置上标注"汽车下乡"标识。

(二)摩托车生产企业应按规定制作"摩托车下乡"喷涂模板或强力胶标识,并随车提供给经销商。摩托车经销商在将摩托车销售给农民时,须在摩托车侧面显著位置用油漆喷涂模板或采用强力胶粘贴"摩托车下乡"标识。

对于2009年2月1日以后销售给农民的没有标注下乡标识的摩托车和2009年3月1日以后销售给农民的没有标注下乡标识的汽车,经销商应主动于2009年6月30日前为车主补加汽车摩托车标识,以便农民申请补贴资金。

第十四条 汽车摩托车生产企业承诺全面遵守《汽车摩托车下乡实施方案》及相关法律法规和政策规定,如实宣传、履行汽车摩托车下乡政策,不得虚假宣传,误导消费者。

第十五条 经销商在向农民销售汽车摩托车下乡产品时,除遵守相关法律法规及政策规定外,还应严格履行生产企业与政府主管部门协议书中的承诺,禁止随意涨价、以次充好、以假充真、以不合格产品冒充合格产品、降低质量保证和服务标准。

第十六条 汽车摩托车生产企业及经销商应建立《产品目录》内车辆的销售数据库,并于每月5日前将上月数据报送当地县级(含)以上财政、工信、公安交通管理部门和商务主管部门。

第三章 补贴条件及标准

第十七条 农民申请补贴资金须满足下列条件之一:

(一)农民车主报废三轮汽车、低速货车后购买微型载货车、轻型载货车;

(二)农民购买微型客车(不含轿车);

(三)农民购买微型载货车、轻型载货车;

(四)农民购买摩托车。

第十八条 农民申请汽车摩托车补贴资金时,须遵守以下规定:

(一)新购或换购微型载货车和轻型载货车,每户不能超过一辆,且报废车辆与新购车辆的车主为同一人;

(二)购买微型客车,每户不得超过一辆;

(三)购买摩托车,每户不得超过二辆;

(四)承诺享受补贴资金的汽车,购买后两年内不得转移所有权。

第十九条 农民以购买本细则规定的微型载货车、轻型载货车为目的而报废三轮汽车或低速货车的,按以下标准给予报废补贴:

(一)报废三轮汽车,每辆补贴2,000元;

(二)报废低速货车,每辆补贴3,000元。

第二十条 农民按规定报废三轮汽车或低速货车并换购微型载货车、轻型载货车,以及直接购买微型客车、微型载货车、轻型载货车或摩托车的,按以下标准给予购买补贴:

(一)微型载货车、轻型载货车和微型客车:销售价格每辆5万元及以下的,补贴销售价格的10%;销售价格每辆5万元以上的,定额补贴5,000元;

(二)摩托车:销售价格每辆5,000元及以下的,补贴销售价格的13%;销售价格每辆5,000元以上的,定额补贴650元。

第四章 补贴申请、审核和发放

第二十一条 报废三轮汽车、低速货车并换购微型载货车、轻型载货车的农民,在按规定办理完成报废和注册登记手续后,向户口所在地乡镇财政部门申请车辆报废和购买补贴,并提供以下材料:

(一)机动车整车出厂合格证(复印件)或公安交通管理部门出具的机动车登记证书(原件及复印件);

（二）公安交通管理部门出具的机动车行驶证（原件及复印件）；

（三）机动车销售发票（原件及复印件）；

（四）报废汽车回收企业出具的“报废汽车回收证明”和公安交通管理部门出具的“机动车注销证明”（原件及复印件）；

（五）购买人身份证、户口簿等相关身份证明（原件及复印件）；

（六）购买人储蓄存折（可以用粮食直补专用存折）；

（七）《汽车摩托车下乡补贴资金申报表》（见附件，可从网上下载，下同）。

第二十二条 购买微型客车、微型载货车、轻型载货车或摩托车的农民，在按规定办理完成车辆登记注册手续后，向户口所在地乡镇财政部门申请购买新车补贴资金，并提供以下材料：

（一）机动车整车出厂合格证（复印件）或公安交通管理部门出具的机动车登记证书（原件及复印件）；

（二）公安交通管理部门出具的机动车行驶证（原件及复印件）；

（三）机动车销售发票（原件及复印件）；

（四）购买人身份证、户口簿等相关身份证明（原件及复印件）；

（五）购买人储蓄存折（可以用粮食直补专用存折）；

（六）《汽车摩托车下乡补贴资金申报表》。

第二十三条 乡镇财政部门按本细则第三、六、八、十三、十七、十八、十九和二十条的相关规定，通过汽车摩托车下乡补贴信息系统对农民的申报材料进行审核，符合要求的，应当当场确认补贴资金数额，留存相关证明材料复印件，并及时建立下乡产品及补贴资金档案；不符合要求的，应当当场说明原因，并退回申请资料。在汽车摩托车下乡补贴信息系统投入使用前，应当采取纸质审核等办法，及时审核农民申报的补贴资金。

第二十四条 审核批准的补贴资金，由乡镇财政所或县级财政部门在15个工作日内将补贴资金拨付到农民的储蓄账户。

第五章 资金来源与结算

第二十五条 补贴资金由中央财政和省级财政共同负担，其中，中央财政负担80%，省级财政负担20%。对新疆、内蒙古、宁夏、西藏、广西等5个少数民族自治区以及国家确定的“5·12汶川地震”51个重灾县，省级财政应负担的补贴资金由中央财政全额承担。

第二十六条 中央财政应负担的补贴资金实行事先预拨、事后清算的方式进行管理。

财政部根据测算的各省补贴资金规模，将中央财政应负担的补贴资金按80%的比例预拨到省级财政部门。

省级财政部门要落实应负担的补贴资金，连同收到中央财政拨付的补贴资金，在15个工作日内下达补贴资金预算，并根据预算及时将不少于50%的补贴资金逐级拨付至县级财政部门和乡镇财政所，其余补贴资金按需求进度拨付。

第二十七条 补贴资金按国库集中支付有关规定办理拨款。

第二十八条 汽车摩托车下乡政策实施过程中，实际补贴资金超出预算的部分，由省级财政先行垫付。

第二十九条 每年4月底前，省级财政部门核实汇总本省上年度补贴资金使用情况及购买或换购汽车摩托车补贴电子档案资料，报财政部审核清算。

第三十条 经批复下达的补贴资金使用方案原则上不得变更。

第六章 保障措施

第三十一条 各地财政部门应当安排工作经费，用于加强汽车摩托车下乡政策宣传、业务培训、销售网点监管、乡镇财政所补贴审核兑付、监督检查、公示以及必要的设备购置等。中央财政安排工作经费，对地方予以适当补助。

第三十二条 各级财政部门要根据财力情况，支持汽车摩托车下乡流通网络的建设和完善工作。中央财政对各地建设和完善汽车摩托车下乡流通网络给予适当奖励。

第七章 监督管理

第三十三条 财政部会同国家发展改革委、工业和信息化部、公安部、商务部、国商总局和质检总局共同对汽车、摩托车下乡实施监督管理。

第三十四条 地方各级政府和相关部门应在各自职责范围内加强对汽车摩托车下乡补贴政策实施、下乡产品质量、企业售后服务、汽车销售价格等情况进行跟踪检查和监督管理,为农民购车提供技术、信息等服务,保证补贴资金全部、准确地发放给农民。

第三十五条 补贴资金必须专款专用,任何单位不得挤占、截留、挪用。各级财政部门应建立和落实工作责任制,加强对补贴资金使用情况的管理和检查,自觉接受财政、审计部门的监督。

第三十六条 地方各级政府不得在本细则规定之外对享受补贴产品实施其它限制,包括限制购车地区、品牌、车型、产地、经销商等,也不得对产品进行多次或重复检测,增加或变相增加企业和农民负担。

第三十七条 具有下列情形之一者,不予支付补贴资金:

(一)原三轮汽车或低速货车手续不全或未办理报废注销登记的;

(二)新购买的汽车摩托车不在《产品目录》内;

(三)申报的补贴资金材料不全,且经告知后仍不能补充齐全的;

(四)每年 2 月底前未申报上一年度补贴资金的;

(五)购买的汽车摩托车数量超过本细则第十八条规定数量的部分;

(六)采取欺骗、瞒报等不正当手段套取补贴资金的;

(七)法律法规规定的其它不符合享受补贴资金的。

第三十八条 汽车摩托车生产企业逾期未缴纳履约保证金的,财政部、工业和信息化部将取消其下乡资格。

第三十九条 汽车摩托车生产企业或销售商不履行申请承诺、违背与财政部、工业和信息化部签订协议书规定的行为,财政部、工业和信息化部或其授权人将依据情节轻重,采取以下一种或几种方式对该企业进行处理:

(一)通过媒体或其他形式对相关情况予以公告;

(二)部分或全部扣除履约保证金;

(三)从汽车下乡补贴产品目录中剔除相关产品;

(四)从汽车下乡补贴范围中剔除相关授权经销商;

(五)取消进入汽车下乡补贴范围资格;

(六)追究相关法律责任。

第八章 附 则

第四十条 本细则自发布之日起执行。各地可根据本地区实际情况制定具体操作办法,并报财政部、工业和信息化部备案。

第四十一条 本细则由财政部会同国家发展改革委、工业和信息化部、公安部、商务部、工商总局、质检总局负责解释。

附:1. 汽车摩托车补贴资金申报表(略)

2. 5·12 汶川地震 51 个重灾县名单(略)

商务部、发展改革委、工商总局、质检总局关于做好汽车摩托车下乡有关工作的通知

商建发〔2009〕204 号

各省、自治区、直辖市、计划单列市及新疆生产建设兵团商务、发展改革、价格、工商、质量技术监督主管部门:

为做好汽车摩托车下乡市场监督管理工作,根据《财政部 国家发展改革委 工业和信息化部 公安部 商务部 工商总局 质检总局关于印发〈汽车摩托车下乡实施方案〉的通知》(财建〔2009〕104 号),现

将有关事项通知如下：

一、加强组织领导，确保政策顺利实施。实施汽车摩托车下乡既是加快农村地区汽车消费和升级换代、推动汽车产业快速健康发展、应对国际金融危机的重要举措，也是一项重要的惠农强农工程。各地商务、发展改革、工商、质检部门要充分认识汽车摩托车下乡工作的重要性，加强组织领导，按照《汽车摩托车下乡实施方案》的要求，积极与财政部门沟通和配合，充分发挥各自的相关职能管理作用，为汽车摩托车下乡营造良好的市场环境，切实把有关政策落到实处。

二、严控产品质量，维护农民合法权益。下乡产品质量关系到广大农民的切身利益，是汽车摩托车下乡政策能否顺利落实的关键。各地有关部门要高度重视，加强对下乡汽车摩托车生产、供应、配送、销售及售后服务环节的监督检查和执法打假。商务部门要加大对下乡汽车摩托车流通企业的监管力度，发现有出售严重质量问题车辆和配件的，要及时通报工商、质检等相关部门依法查处。工商、质检部门要按照各自的职能分工，依法查处下乡产品假冒伪劣违法行为，以及利用广告或者其他手段对商品质量做虚假宣传的欺诈行为。

三、规范企业经营，保证农民真正受益。各地商务部门要积极引导企业依法诚信经营，做到车辆收购、销售价格公开透明，售价不高于市场同期同类商品，防止变相压低报废车辆收购价格、以收取服务费和购买装饰配件为名变相增加农民购车成本、随意降低配套服务标准等行为发生，坚决杜绝以假充真、以次充好等坑农害农的违法行为。要会同有关部门依法严厉打击虚开报废汽车回收证明等违法行为。工商部门要加大对汽车市场检查力度。依法查处无照或超范围经营行为，及时受理消费者申诉举报，依法保护消费者合法权益。各级政府价格主管部门要加强价格监管，规范汽车摩托车下乡产品经营者的价格行为。汽车摩托车下乡产品经营者违反价格法律法规的，由政府价格主管部门依法对价格违法行为实施行政处罚。

四、增强服务意识，满足农民各类需求。各地商务部门要引导经销企业与生产企业加强汽车摩托车产销衔接，及时沟通和反馈市场需求信息，保证下乡商品货源充足。要统筹规划，引导企业健全报废汽车回收和汽车摩托车销售服务网络，通过各种渠道和方式尽快向社会公布或明示辖区内依法设立的报废汽车回收和下乡汽车摩托车经销服务网点。要引导企业完善服务功能，提高服务质量和效率，确保经营服务和售后服务及时周到、收购报废车辆后按规定及时到相关部门办理注销手续，并向车主出具回收证明和注销证明。要组织信誉好、有条件的企业深入乡镇、村庄，定期开展上门服务，为农民交售报废车辆、换购和购买新车提供便利。

五、加大宣传力度，方便农民用好政策。各地商务主管部门要通过电视、广播、报纸、网络等新闻媒体，以及农村基层组织多层面地宣传汽车摩托车下乡政策及有关执行情况，及时报道名优商品和规范经营的典型企业。要组织和引导有关汽车行业组织、汽车摩托车企业、报废汽车回收企业开展下乡宣传活动，采取现场讲解、演示，发放宣传资料等形式，向农民介绍下乡产品性能、市场价格、车辆使用、维修保养、保险理赔和报废回收等实用技术和信息。各地有关部门要各负其责，密切配合，积极跟踪汽车摩托车下乡政策有关执行情况，及时发现和解决实施中出现的问题，对跨地区、跨部门产生的问题，要做好地区、部门间的协调。各地商务部门要加强信息统计，并于每季度末向商务部（市场体系建设司）报送汽车摩托车下乡商品销售和换购数量、报废三轮车和低速货车回收数量等有关进展情况。要开辟多种渠道，听取和反映企业和农民的意见建议，以利于政策取得实效，农民得到实惠。

商务部　发展改革委　工商总局　质检总局

二〇〇九年四月二十八日

国家工商行政管理总局关于进一步加强汽车摩托车下乡市场监管促进汽车摩托车下乡工作有序进行的通知

工商明电〔2009〕12号

各省、自治区、直辖市工商行政管理局：

最近，有的地方反映在汽车摩托车下乡活动中，一些经营者隐瞒商品真实信息，采取暗中降低商品配置、搭售配套用品、虚假宣传、商业贿赂等手段，牟取非法利益，扰乱汽车摩托车下乡市场秩序，严重影响国家汽车摩托车下乡政策措施的落实。为了切实加强市场监管，维护汽车摩托车下乡市场秩序，保护广大消费者合

法权益,现就有关问题通知如下:

一、充分认识加强汽车摩托车下乡市场监管的重要意义,切实增强责任意识和服务意识

汽车摩托车下乡既是应对当前国际金融危机、搞活流通、拉动消费、扩大内需的重要措施,也是加快农村地区汽车消费和升级换代、惠农强农的一项重要工程。各级工商行政管理机关要充分认识加强汽车摩托车下乡市场监管工作的重要性,深入学习实践科学发展观,坚决贯彻落实党的十七大、十七届三中全会和中央经济工作会议以及中央一号文件精神,按照总局努力做到"四个统一"、积极推进"四个转变"、全面实现"四高目标"的要求,进一步增强责任感、紧迫感和大局意识、服务意识,充分发挥职能作用,严格履行法定职责,采取有效措施,加大汽车摩托车下乡市场监管力度,严厉打击扰乱市场秩序的违法行为,促进汽车摩托车下乡各项政策措施落实到位。

二、强化市场监管执法,规范汽车摩托车下乡市场经营行为

各地要按照财政部、工商总局等七部委局联合下发的《汽车摩托车下乡实施方案》要求,进一步强化市场监管执法,加强日常巡查,加大案件查办力度,依法重点打击不正当竞争、虚假宣传、商标侵权以及侵害消费者合法权益的违法行为,切实维护汽车摩托车下乡市场秩序。

(一)严格汽车摩托车及相关产品经营主体市场准入管理。按照法定条件和程序严格汽车摩托车经营主体登记注册,其中,微型客车的经营主体应是在国家工商总局备案的汽车品牌销售企业。依法查处和取缔无照经营汽车摩托车及其配件、维修等违法行为。

(二)规范汽车摩托车经营行为。督促经销商严格履行《汽车下乡推广工作生产企业协议书》承诺,销售的汽车摩托车产品应当符合工业和信息化部公布的《车辆生产企业及产品公告》要求和国家有关产品质量标准。经销商应当向消费者明示产品的价格、规格、型号、配置标准,以及售后服务措施等内容,并按照承诺为消费者及时提供保养、维修等服务。

(三)强化汽车摩托车经营行为的监督检查。重点检查汽车摩托车下乡产品的经销和服务网点,进一步整顿和规范汽车摩托车市场经营秩序。严厉查处商业贿赂、不正当有奖销售、强行搭售用品、冒用他人企业名称以及仿冒知名商品特有的名称、包装、装潢等不正当竞争行为。对零部件销售商店和汽车维修服务站点使用他人注册商标的情况进行清理,严厉打击未经商标权利人授权使用汽车商标的侵权行为。对有关部门通报的存在质量问题的汽车摩托车及其配件产品,积极配合相关部门依法监督经销商及时停止销售,实施产品召回,严防假冒伪劣汽车摩托车及其配件流入农村市场。

(四)加强汽车摩托车市场广告监管。加大对汽车下乡活动相关广告行为的监测力度,规范广告用语,对在广告宣传中冒用"汽车摩托车下乡"名义欺骗消费者,对汽车质量、配置、性能等进行虚假表示、夸大宣传误导消费者等违法行为及时依法查处。

三、加大消费维权工作力度,保护农民消费者合法权益

要按照《关于加强12315行政执法体系"四个平台"建设的通知》(工商消字〔2009〕28号)部署和要求,加大农村12315网络和"一会两站"建设工作力度,努力推进"四个平台"建设。要进一步畅通消费者申诉举报渠道,认真受理和依法处理农民消费者有关汽车摩托车的咨询、申诉、举报,并加强对咨询、申诉、举报信息的汇总分析,掌握汽车摩托车下乡动态信息,及时报告当地政府和通报相关部门。要充分发挥12315消费者申诉举报网络和"一会两站"、红盾护农服务站的积极作用,开展汽车摩托车消费教育宣传活动,引导健康合理消费,增加消费者消费维权知识,提高消费者自我保护意识和能力。

四、加强组织领导,严格落实各项工作制度

各地要在地方政府的统一领导下,切实加强对汽车摩托车市场监管工作的组织领导,严格责任制和责任追究制,落实市场监管各项制度。各级市场管理、竞争执法、商标广告监管、消费者权益保护等机构要密切协作配合,强化督查指导。要加强与财政、物价、工业管理、公安、商务、质检等部门的沟通协作,形成监管合力,加大对汽车摩托车下乡政策的宣传力度,教育经营者自觉落实、遵守国家相关政策和规定,扎实有序地推动汽车摩托车下乡工作深入开展。

各省级工商局请分别于2009年6月20日、9月20日、12月20日前,将汽车摩托车下乡市场监管情况统计表(见附件)报送总局市场规范管理司。重大情况,即时报告当地政府和总局。

附件:汽车摩托车下乡市场监管情况统计表(略)

国家工商行政管理总局

二〇〇九年四月二十二日

财政部关于汽车摩托车下乡补贴审核有关事项的通知

财建〔2009〕143 号

各省、自治区、直辖市、计划单列市财政厅(局),新疆生产建设兵团财务局:

根据财政部、国家发展改革委、工业和信息化部、公安部、商务部、工商总局、质检总局等七部委联合印发的《汽车摩托车下乡实施方案》(财建〔2009〕104 号),各地已陆续开展汽车摩托车下乡工作。由于汽车摩托车下乡补贴信息管理系统开发并投入使用尚需一段时间,汽车摩托车下乡需暂按纸质审核办法操作。现将有关事项通知如下:

一、农民在申报补贴时,需填写《汽车摩托车下乡补贴资金申报表》(附件 1,以下简称《申报表》)。具体填写方法参照填写说明(附件 3)。

二、乡(镇)财政部门根据《汽车摩托车下乡实施方案》(财建〔2009〕104 号)就产品型号是否符合下乡补贴条件、农民身份、购买数量等信息进行严格审核。

三、乡(镇)财政部门根据审核后的《申报表》每天填写一份《汽车摩托车下乡补贴资金汇总表》(附件 2),加盖公章,并及时送国库部门,以便拨付补贴。

四、汽车摩托车补贴信息系统投入使用后,《申报表》相关信息需补录进入系统,请乡(镇)财政部门务必保存好《申报表》。

附件:1. 汽车摩托车下乡补贴资金申报表

2. 汽车摩托车下乡补贴资金汇总表

3. 汽车摩托车下乡补贴资金申报表填写说明

财政部

二〇〇九年四月八号

附件 1:

汽车摩托车下乡补贴资金申报表

购车辆信息	新购产品类型	□轻型载货车　□微型客车　□摩托车		
	是否满足限购要求	□是　□否	产品型号	
	车辆识别代号			
	生产企业		车牌号码	
	排量(ml)		总质量(kg)	
机动车销售统一发票信息	销货单位名称			
	开具发票日期		发票号码	
车主信息	车主姓名		车主联系方式	
	车主户籍所在地			
	车主身份证号码		车主开户行	
	车主储蓄账号			
	户口本号		户主姓名	
	户主身份证号码		车主与户主关系	

续表

<table>
<tr><td rowspan="4">报废汽车信息</td><td>车辆类型</td><td colspan="3">□三轮汽车（原三轮农用车） □低速货车（原四轮农用车）</td></tr>
<tr><td>车辆识别代号</td><td colspan="3"></td></tr>
<tr><td>车牌号码</td><td></td><td>回收企业名称</td><td></td></tr>
<tr><td>回收证明号</td><td></td><td>回收时间</td><td></td></tr>
<tr><td rowspan="2">代办人信息</td><td>姓名</td><td></td><td>住址</td><td></td></tr>
<tr><td>身份证号码</td><td></td><td>联系方式</td><td></td></tr>
<tr><td rowspan="3">补贴信息
（财政所填写）</td><td>销售价格（元）</td><td></td><td>补贴比例（%）</td><td></td></tr>
<tr><td>购买补贴（元）</td><td></td><td>报废车补贴金额（元）</td><td></td></tr>
<tr><td>补贴金额合计（元）</td><td colspan="3"></td></tr>
<tr><td colspan="5">备注</td></tr>
</table>

机动车车主及代办人对申请材料的真实有效性负责。

“车主（代办人）： 财政所经手人： 财政所审核人：

申报日期： 经办日期： 审核日期：”

附件2：

汽车摩托车下乡补贴资金汇总表

2009年____月____日

填表单位：________省____县____乡（镇）财政所（盖章） 金额单位：元

序号	户口本号	车主姓名	身份证号码	家庭住址	联系方式	新购产品类型	新购产品型号	购买补贴	报废车补贴	补贴金额合计	开户银行	银行帐号
1												
2												
3												
4												
5												
6												
7												
8												
9												
10												
小计	本页补贴金额总计： 拾 万 千 百 拾 元 角 分											

经手人：

审核人：

批准人：

附件3：

汽车摩托车下乡补贴资金申报表

填写说明

符合汽车摩托车下乡补贴规定的农民消费者，在购买下乡产品后，凭本人身份证、户口本、机动车出厂合格证、机动车销售统一发票、机动车行驶证、机动车注销证明、机动车回收证明和储蓄账户等资料，到乡（镇）财政部门填写《汽车摩托车下乡补贴资金申报表》，填写说明如下：

一、新购车辆信息：

1. 新购产品类型：选择新购的产品类型，包括轻型载货车、微型客车和摩托车。每张《申请表》对应一辆轻型载货车、微型客车或摩托车，不得多辆车共用一张《申请表》。

2. 是否满足限购要求：享受下乡补贴的汽车（轻型载货车或微型客车）每户限购一辆、摩托车每户限购两辆。在填写此项时，不得弄虚作假，否则责任自负。

3. 产品型号：填写《机动车整车出厂合格证》中的“厂牌型号”。例如“BJ1041H422D”。

4. 车辆识别代号：填写《机动车整车出厂合格证》中的“车辆识别代号/车架号码”。

5. 生产企业：填写《机动车整车出厂合格证》上生产企业的名称。

6. 车牌号码：填写《机动车行驶证》上的“号牌号码”。

7. 排量：购买微型客车、摩托车需在此填入《机动车整车出厂合格证》中的“排量”一栏。

8. 总质量：换购轻型载货车需在此填入《机动车整车出厂合格证》上“总质量”一栏。

二、机动车销售统一发票信息

1. 销货单位名称：填写《机动车销售统一发票》中的“销货单位名称”。

2. 开票日期：填写《机动车销售统一发票》中的“开票日期”。

3. 发票号码：填写《机动车销售统一发票》中的“发票号码”。

三、车主信息

1. 车主姓名：按《机动车销售统一发票》中的“购货单位（人）”填写。

2. 车主身份证号码：按《机动车销售统一发票》中的“身份证号码/组织机构代码”填写。

3. 车主户籍所在地：填写《机动车行驶证》中的“住址”。

4. 车主联系方式：填写车主固定电话电话或手机号码。

5. 车主开户行：填写车主提供的、接收补贴用的银行名称。

6. 车主储蓄帐号：填写接收补贴用的存折或银行卡账号。

7. 户口本号：填写户口本上的“户号”。

8. 户主姓名：填写车主户口本上户主的姓名。

9. 户主身份证号码：填写户主的身份证号码。

10. 车主与户主关系：填写户口簿中“户主或与户主关系”。

四、报废汽车信息（只有换购轻型载货车的农户申报补贴时才需要填写报废汽车信息）

1. 车辆类型：按《报废汽车注销证明》中的“车辆类型”选择。

2. 报废车辆识别代号：填写《报废汽车注销证明》上的“车辆识别代号”。

3. 车牌号码：填写《报废汽车注销证明》上的“号牌号码”。

4. 回收企业名称：填写《报废汽车回收证明》上的“收车单位名称”。

5. 回收证明号：填写拆解企业提供的《报废汽车回收证明》上的“证号”。

6. 回收时间：填写《报废汽车回收证明》上的“收车日期”。

五、代办人信息

1. 姓名：填写代办人身份证上的姓名。

2. 住址：填写代办人现家庭住址。

3. 身份证号码：填写代办人身份证号码。

4. 联系方式：填写代办人固定电话或手机号码。

六、补贴信息（财政所填写）

1. 销售价格：填写《机动车销售发票》上的“价税合计”中的“小写”部分。

2. 补贴比例：轻型载货车和微型客车按销售价格的 10% 给予补贴，摩托车按销售价格的 13% 给予补贴。

3. 购买补贴：农民购买新车所获得的补贴，具体金额是销售价格 × 补贴比例。摩托车的最高补贴金额为 650 元，轻型载货车或微型货车的最高补贴金额为 5000 元。

4. 报废车补贴金额：报废三轮汽车每辆补贴 2000 元，报废低速货车每辆补贴 3000 元。

5. 补贴总额合计：如果是换购轻型载货车，则补贴总额合计 = 报废农用车补贴 + 购买补贴；如果购买的是微型客车或摩托车，则补贴总额合计 = 购买补贴。

七、备注

该项内容由财政人员填写。

国家认证认可监督管理委员会关于加强小排量汽车及汽车摩托车下乡产品认证监管工作的通知

国家认证认可监督管理委员会 2009 年 4 月 7 日发布

各省、自治区、直辖市质量技术监督局，新疆生产建设兵团质量技术监督局，各有关强制性产品认证指定机构、实验室：

近期国务院通过汽车产业调整振兴规划，对小排量汽车（1.6 升及以下乘用车）购置税率从 10% 降低到 5%，同时经国务院批准《汽车摩托车下乡实施方案》（附后）也已对外发布。减免小排量汽车购置及消费税及实施汽车、摩托车下乡是国务院作出的重要决策，既是实现惠农强农目标的需要，也是拉动消费带动生产的一项重要措施。

近年来强制性产品认证工作不断强化，汽车、摩托车产品质量显著提升，但是仍存在有部分生产企业擅自变更关键零部件、出厂产品货证不符等现象。我国农村道路基础设施相对滞后、用车环境的安全隐患较多，部分消费者交通安全意识不强，不合格汽车、摩托车产品进入城市及农村家庭后，极有可能会导致交通事故并带来重大人员伤亡和财产损失。为保证小排量汽车、汽车及摩托车下乡产品质量、确保广大人民群众的人身财产安全、确保汽车、摩托车下乡政策取得实效，现提出相关工作要求，请遵照执行。

一、各地方认证监督管理部门应认真落实《汽车摩托车下乡实施方案》有关强制性认证工作的相关要求，针对小排量汽车及汽车、摩托车下乡产品重点开展监督执法工作，加大对获证企业的巡查和获证产品的抽样检测力度，杜绝无证、货证不符产品进入市场，对不符合要求的产品及相关责任方进行严肃处理。

二、各认证机构和实验室应严格控制认证、检测质量，对小排量汽车生产企业及汽车、摩托车下乡生产企业进行拉网式排查，加大工厂检查及获证后监督检查力度，采取飞行检查、市场随机抽样等跟踪调查方式，特别是加强对市场抽样及对企业确认检验和例行检验的管理，加强产品制动、转向、灯光等安全指标的控制，加强对关键零部件变更的控制，对不合格产品及时暂停、撤销认证证书，确保小排量汽车及进入农村市场的汽车、摩托车产品安全可靠、符合强制性产品认证适用标准要求。与此同时要做好相关工作准备，及时为消费者、生产及经销企业提供相应的技术服务。

三、各地方认证监督管理部门、认证机构/实验室应密切关注并及时跟踪、交换小排量汽车及汽车及摩托车下乡产品质量信息，并将相关信息报送我委。

附件：汽车摩托车下乡实施方案

二〇〇九年四月七日

附件：

汽车摩托车下乡实施方案

根据《国务院关于印发汽车产业调整和振兴规划的通知》（国发〔2009〕5 号）、国务院办公厅《关于搞活流通扩大消费的意见》（国办发〔2008〕134 号）及国务院第 51 次常务会议关于摩托车归入汽车下乡补贴渠道的决定，现制定汽车摩托车下乡实施方案如下：

一、政策目标

实施汽车摩托车下乡的宗旨是,提高农民购买能力,加快农村消费升级,改善农民生产生活条件,促进汽车摩托车产品技术更新换代,实现汽车摩托车产业结构优化升级,实现内外需协调发展。

二、政策内容

(一)补贴行为及对象

1.2009年3月1日至12月31日,农民将三轮汽车或低速货车报废并换购轻型载货车(以下简称"换购轻型载货车")。享受补贴的轻型载货车每户限购一辆。报废车辆车主与新购车辆车主为同一农民。

2.2009年3月1日至12月31日,农民购买1.3升及以下排量微型客车。享受补贴的微型客车每户限购一辆。

3.2009年2月1日至2013年1月31日,农民购买摩托车。享受补贴的摩托车每户限购两辆。

三轮汽车指原三轮农用车;低速货车指原四轮农用车;本方案所称的轻型载货车指总质量大于1.8吨但不超过6吨、至少四个车轮且用于载货的机动车辆;本方案所称的微型客车指发动机排量在1.3升及以下、至少四个车轮且用于载客的机动车辆(不含轿车)。

(二)补贴产品及企业的确定

工业和信息化部公布的《车辆生产企业及产品公告》列明的符合上述条件且经过国家强制性认证的轻型载货车、微型客车以及摩托车,均可作为补贴车型;生产上述产品并且同意对产品质量、经销网点、售后服务、价格、销售统计和政策宣传等工作进行承诺并签订责任书的企业,可以参与汽车摩托车下乡产品生产和销售。

换购轻型载货车,需要按国家有关规定办理三轮汽车或低速货车报废。车主应当提供必备的要件,将报废的车辆交售给依法设立的汽车回收企业回收拆解,取得报废汽车回收证明和公安交通管理部门出具的机动车注销证明。

(三)补贴比例及金额

1.对将三轮汽车或低速货车报废并换购轻型载货车的,按换购轻型载货车销售价格10%给予补贴,换购轻型载货车单价5万元以上的,实行定额补贴,每辆补贴5000元。同时,对报废三轮汽车或低速货车实行定额补贴。报废三轮汽车每辆给予补贴2000元,报废低速货车每辆给予补贴3000元。

2.对购买微型客车,按销售价格10%给予补贴,购买微型客车单价5万元以上的,实行定额补贴,每辆补贴5000元。

3.对购买摩托车,按销售价格13%给予补贴,购买摩托车单价5000元以上的,实行定额补贴,每辆补贴650元。

(四)补贴资金来源

补贴资金由中央财政和省级财政共同负担。其中,中央财政负担80%,省级财政负担20%。

新疆、内蒙古、宁夏、西藏、广西等5个少数民族自治区以及国家确定的"5·12汶川地震"51个重灾县,地方财政应负担的补贴资金由中央财政全额承担。上述地区可根据财力情况,加大对汽车、摩托车下乡的补贴力度。

(五)补贴资金申报

将三轮汽车或低速货车报废并换购轻型载货车的农民,向户口所在地乡镇财政部门申报补贴资金,申报时需提供以下材料:已报废车辆的报废汽车回收证明,机动车注销证明,新购车辆的机动车销售发票,公安交通管理部门出具的机动车行驶证或机动车登记证书,购买人本人的居民身份证,户口簿或公安部门出具的户籍证明,购买人储蓄存折(可以用粮食直补专用存折)。

购买微型客车、摩托车的农民,向户口所在地乡镇财政部门申报补贴资金,申报时需提供以下材料:公安交通管理部门出具的机动车行驶证或机动车登记证书,机动车销售发票,购买人本人的居民身份证、户口簿或公安部门出具的户籍证明,购买人储蓄存折(可以用粮食直补专用存折)。

乡镇财政部门审核补贴时,除上述证明材料外,还需核查随车附带的"中华人民共和国机动车整车出厂合格证":"车辆型号"项第一位数字为"1"或"3"或"5"、"总质量(kg)"项大于1800kg但不超过6000kg的,确认为轻型货车;"车辆型号"项为第一位数字为"6"、"排量和功率(ml/kw)"项中排量不超过1300ml的,确认为微型客车。

(六)补贴资金审核拨付

补贴资金实行"乡级审核、乡级兑付"或"乡级审核、县级兑付"。在确保财政资金安全的情况下,尽量采取“乡级审核、乡级兑付”方式,乡镇财政部门对农民申报材料进行审核后,符合补贴要求的,应当在购买人提出申请的15个工作日内将补贴资金直接拨付到购买人储蓄存折账户;不符合补贴要求的,应在购买人申报时立即告知当事人。采取“乡级审核、县级兑付”方式的,乡镇财政部门对农民申报材料进行审核后,符合补贴要求的,报送县级财政部门;不符合补贴要求的,应在购买人申报时立即告知当事人;县级财政部门应当在购买人提出申请的15个工作日内将补贴资金直接拨付到购买人储蓄存折账户。

中央财政应负担的补贴资金实行“事先预拨、事后清算”。根据测算的各省补贴资金规模,财政部将中央财政应负担的补贴资金按80%的比例预拨到省级财政部门。省级财政部门收到中央财政拨付的补贴资金后,落实地方应负担的补贴资金,在15个工作日内下达补贴资金预算,根据预算及时将不少于50%的补贴资金拨付,其余补贴资金按需求进度拨付。补贴资金通过汽车摩托车下乡补贴信息系统进行审核,按国库集中支付有关规定办理拨款。

每年4月底前,省级财政部门核实汇总本地区上年度补贴资金使用情况,报财政部审核清算。

(七)监督管理

发展改革部门要加强汽车摩托车价格监管,参与汽车摩托车下乡联合监督检查。工业和信息化部门要对汽车摩托车下乡产品及企业准入严格管理。公安交通管理部门要为享受补贴的车辆办理牌证提供方便、快捷的服务,按规定严格办理登记。商务部门要加强对汽车回收拆解企业的监督管理,防止虚假开具报废汽车回收证明等行为,规范和完善汽车回收拆解网点建设。工商行政管理部门依法加强对汽车摩托车销售市场秩序的监督管理,保护消费者合法权益。质检部门要对汽车摩托车下乡产品和企业加大监督检查力度,严格强制性产品认证管理,严格执行“三包”有关规定,加强缺陷产品召回工作。

享受财政补贴的汽车摩托车下乡产品销售价格,不得高于市场同期同类产品价格。享受财政补贴的汽车两年内不得过户。

地方各级财政、发展改革、工业和信息化、公安、商务、工商、质检等部门要协作配合,加强对补贴资金、车辆报废、购买、转让过户以及市场秩序、价格、产品质量等的管理与监督检查,防止骗取财政补贴资金行为的发生,切实保障农民合法权益。任何单位和个人不得以任何理由截留、挤占、挪用补贴资金,不得拖延兑付时间。

对违反上述有关规定的行为,一经查实,按《财政违法行为处罚处分条例》(国务院令第427号)等规定予以处理;涉嫌犯罪的,移交司法机关处理。

三、组织实施工作要求

实施汽车摩托车下乡是促进消费拉动内需,应对国际金融危机的一项重要决策,是促进汽车工业健康发展的重要举措,也是一项重要的惠农强农工程。各地要高度重视这项工作。要加强领导和组织工作,增进部门协作,建立工作责任机制,责任落实到人,把实施工作抓细抓实,统筹协调好各个环节。要根据本地区实际制订具体操作办法,指导基层有序开展各项工作。要落实好地方配套资金,并督促将补贴资金及时拨付到农民手中。要建立监督检查制度,及时发现问题,解决问题,及时改进相关工作。要加大政策宣传力度,让农民家喻户晓,要经常深入基层调研,了解实施情况,及时总结提出完善政策建议,把好事办好,全面落到实处。

财政部、工业和信息化部关于“汽车摩托车下乡”产品标识及使用规范等有关问题的通知

财建〔2009〕140号

各省、自治区、直辖市、计划单列市财政厅(局)、工业和信息化主管部门,新疆生产建设兵团财务局、工业和信息化主管部门,各有关企业:

为落实好汽车摩托车下乡工作,更好地宣传政策,汽车摩托车下乡产品必须在指定位置标注下乡标识,现将标识及使用情况等有关事项通知如下:

一、享受下乡补贴的汽车摩托车产品必须在车身外部显著位置标注汽车摩托车下乡标识。

二、汽车摩托车下乡标识由生产企业按照本通知的要求同式样制作,并随车提供给经销商。

三、汽车摩托车下乡产品标识按以下标准制作。

(一)汽车下乡产品标识。

1. 标识高度不得低于2.5厘米。

2. 标识以红色（较醒目）或银色为主色调，汉字颜色必须鲜明，易于识别。

3. 汽车下乡产品标识应能永久保持，不得采用油漆喷涂方式和不干胶粘贴方式，应用强力胶一次定型。

图 1 汽车下乡标识（略）

（二）摩托车下乡标识。

1. 标识高度不得低于 2.0 厘米。

2. 以红色或银色为主色调，汉字颜色必须鲜明，易于识别。

图 2 摩托车下乡标识（略）

四、汽车经销商在将汽车下乡产品销售给农民时，须在尾部外表面显著位置（在保险杠之上的后部车身表面）上标注汽车下乡标识，示例如下：

图 3 微型客车标识位置示例（略）

图 4 轻型货车标识位置示例（略）

摩托车经销商在将摩托车产品销售给农民时，须将“摩托车下乡”字样用油漆喷涂在侧板显著位置，示例如下：

图 5 摩托车标识位置示例（略）

五、乡级财政部门在审核汽车摩托车指定位置的下乡标识后，方可将汽车摩托车下乡补贴资金拨付给农民车主。

自本通知下发之日起，参与汽车摩托车下乡的各生产企业及其授权经销商必须严格遵守汽车摩托车下乡标识使用规范。地方各级财政、工业和信息化管理部门要加强对标识使用的监督管理，对不符合规定的，要及时予以纠正。

财政部
工业和信息化部
二〇〇九年四月三日

七、租　赁　类

交通运输部关于促进汽车租赁业健康发展的通知

交运发〔2011〕147 号

各省、自治区、直辖市、新疆生产建设兵团交通运输厅（局、委）：

近年来，我国汽车租赁业快速发展，产业规模不断扩大，服务质量显著提高。至 2010 年底，全国租赁汽车已超过 10 万辆。但是，汽车租赁业总体上仍处在起步阶段，难以满足人民群众日益增长的消费需求和经济社会发展需要。为贯彻落实国务院有关文件精神，促进汽车租赁业健康发展，现将有关事项通知如下：

一、发展汽车租赁业的重要性

汽车租赁作为我国新兴的交通运输服务业，是满足人民群众个性化出行、商务活动需求和保障重大社会活动的重要交通方式，是综合运输体系的重要组成部分。促进汽车租赁业健康发展，是转变交通运输发展方式、推进现代交通运输业发展、增强“三个服务”能力的重要举措，对完善综合运输体系，转变道路运输发展方式，提高车辆、道路、停车场地等社会资源的利用效率，带动旅游业、汽车工业、金融保险业的发展，提高人民群众生活质量，都具有重要的现实意义。

根据国务院机构改革方案，交通运输部负责指导汽车租赁管理工作。各级交通运输主管部门和道路运输管理机构要进一步提高思想认识，增强责任感、紧迫感和使命感，认真履行汽车租赁管理职责，把汽车租赁作为发展现代交通运输业的重要内容，加大支持力度，加强行业管理，推动汽车租赁业健康发展。

二、汽车租赁业的发展目标

今后一段时期，随着经济社会快速发展，城镇化进程进一步加快，城乡、区域一体化迅速推进，人民群众生活水平显著提高，驾驶技能广泛普及，企事业单位用车制度改革，汽车租赁需求将十分旺盛，发展潜力巨大，具备了快速发展的基础条件。

与国际上汽车租赁业发达地区相比，我国汽车租赁业在发展过程中还存在一些不容忽视的突出问题，主要是政策法规不完善、诚信体系不健全、企业规模较小、经营方式和管理水平落后、经营行为不规范、品牌化发展不足、网络化程度低、技术力量薄弱等,使汽车租赁的优势和作用不能充分发挥,影响了服务质量的提升,制约了汽车租赁业健康发展。

今后5至10年,是我国汽车租赁业发展的重要时期,各级交通运输主管部门要以科学发展观为指导,加快建立和完善法规体系,制定发展规划,完善政策措施,加强品牌建设,创新服务模式,提高服务质量,初步形成龙头企业引领、经营主体多元、网络覆盖全国、经营行为规范、市场秩序良好、服务标准与国际先进水平接轨的汽车租赁服务体系,基本满足经济社会发展和人民群众对汽车租赁业的需求。

三、加强行业管理促进规范发展

一是建立健全汽车租赁法规体系。各地要结合实际,加快研究制定汽车租赁地方性法规、规章,并纳入道路运输法规体系,建立健全市场准入、退出机制,推动汽车租赁业规范健康发展。

二是加快制定汽车租赁业发展规划。各地要在加强调研、摸清情况的基础上,制定汽车租赁业发展规划,并纳入综合运输体系规划和交通运输发展规划。汽车租赁业可根据各种运输方式规划建设的枢纽站场,布局汽车租赁网点。

三是引导规模化、网络化、品牌化发展。各地要采取切实有效的措施,鼓励规模大、管理好、信誉高的汽车租赁企业依法设立分支机构,建立全国或区域性汽车租赁网络。各地不得实行地方保护和地区封锁。自有车辆在1000辆以上的汽车租赁企业在异地设立分支机构的,各设立地道路运输管理机构要简化程序,提供良好服务。

四是加强汽车租赁管理。汽车租赁车辆应当取得有关合法资格证件,并随车携带。汽车租赁车辆应当定期进行维护和检测,确保车辆性能良好。汽车租赁企业应当与承租人签订车辆租赁合同,提供符合技术标准和证件齐全有效的车辆。汽车租赁企业未经许可,不得擅自从事道路客货运输经营活动。

五是创新汽车租赁服务模式。鼓励汽车租赁企业发展多种服务模式,鼓励与交通运输企业、宾馆、旅行社、商务门户网站等开展合作,增加服务网点,满足休闲、商务、会展、通勤、婚庆等不同的个性化出行需求。借鉴国际成熟的管理技术和经营模式,开展异地还车、电话预约、电子商务、企业相互间代办业务、电子货币结算等业务。鼓励应用卫星定位、导航等先进技术,提高汽车租赁服务水平。

六是创造良好的发展环境。各地要加强指导和协调,支持汽车租赁企业与银行、保险等金融服务行业及汽车产业链各环节的紧密合作,完善消费者诚信体系,增强企业发展能力,降低企业经营风险。加强与公安等有关部门协调,严厉打击诈骗租赁汽车等犯罪行为,积极帮助汽车租赁企业解决丢车法律责任、租车方交通违法责任认定等实际问题。

七是加强汽车租赁市场监管。各地要加快制订汽车租赁服务质量标准,开展服务质量考核评比工作,逐步形成优胜劣汰的市场机制。加强汽车租赁服务监督,推行汽车租赁示范合同,促进企业诚信规范经营。打击非法从事汽车租赁经营行为,维护合法经营者正当权益。支持行业协会发挥桥梁纽带作用,加强行业自律,为企业提供服务。

交通运输部

二〇一一年四月二日

交通运输部关于出租汽车行业切实落实取消公路养路费等涉及交通和车辆收费项目的通知

交公路明电〔2009〕2号

各省、直辖市、自治区交通厅(委、局)、建设厅:

根据《国务院关于实施成品油价格和税费改革的通知》(国发〔2008〕37号)规定,财政部、国家发改委、交通运输部、监察部、审计署五部门联合发出《关于公布取消公路养路费等涉及交通和车辆收费项目的通知》(财综〔2008〕84号),自2009年1月1日起,在全国范围内统一取消公路养路费、航道养护费、公路运输管理费、公路客货运附加费、水路运输管理费、水运客货运附加费,并明确要求"出租汽车企业向出租汽车司机收取的承包费('份钱')或管理费中包含上述交通和车辆收费的,要相应核减。"但目前仍有一些出租汽车企业继续按照2009年1月1日前的承包费("份钱")或管理费标准向司机收取费用。为切实落实财综

〔2008〕84 号文件精神，特提出如下要求：

一、各级出租汽车管理部门要认真组织出租汽车企业学习国发〔2008〕37 号和财综〔2008〕84 号文件，抓紧贯彻落实文件的各项要求，切实减轻出租车司机负担，维护出租车行业稳定。

二、各地出租汽车企业要按照文件要求，将燃油税费改革中取消的交通规费从承包费或管理费中扣除，重新核定承包费或管理费基数，并将调整后的收费项目和标准张榜公布，确保收费公正、透明，接受监督。

三、各地出租汽车管理部门要会同其它有关部门，对出租汽车企业将相关费用从承包费或管理费中扣除的情况要进行督促检查，确保落实到位。对 2009 年 1 月 1 日以后继续向出租车司机收取公路养路费等违法违规行为，要坚决予以纠正。

二〇〇九年一月十六日

建设部关于加强雨雪冰冻灾害地区城市出租汽车管理的紧急通知

建城电〔2008〕12 号

各省、自治区建设厅，北京市交委，天津市建委，上海市建设交通委，重庆市交通委：

最近一段时间，我国部分地区出现了持续的雨雪冰冻天气，给人民的生活和出行带来了不便，很多地方出现了出租汽车乘车难的局面。据有关信息，江苏省镇江市、广东省广州市等城市的少数出租汽车驾驶员借机哄抬车价、拒载、不打表、强制拼车、按人头重复收费，造成了极坏的社会影响。为切实纠正和防范此类违规行为的发生，规范出租汽车服务管理，保证灾区居民的正常生活秩序，特紧急通知如下：

一、切实加强出租汽车运营管理，全力保证灾区群众出行。各地出租汽车主管部门要根据城市客运市场客流变化规律，制订好公交车、出租汽车的运力配置方案，合理组织安排出租汽车营运。要监督出租汽车企业加强现场调度管理，充分发挥电话调度、网上叫车、GPS 调度系统等的作用，提高出租汽车实载率。要对城市中乘坐出租汽车困难的路段、地区，加强重点调度和引导，增加出租汽车供应量，尽力满足群众乘车的需要。

二、加强对出租汽车价格的监督检查，防止出现乱收费、多收费等违法经营行为。各地出租汽车主管部门要采取措施，切实监督出租汽车企业和驾驶员按计价器收费、对检查中发现有擅自提高运价、强制拼车、拒载、乱收费或多收费的，一律从严处理。对情节严重、影响恶劣的违法经营者要取消其经营或从业资格。

三、加强对出租汽车行业服务的监管。各地出租汽车主管部门要采取有力措施，加强对行业服务质量的检查和监督。要加强对驾驶员的培训和教育，努力提高服务水平。对服务质量差的企业和个人，要对其限期整改。各地出租汽车主管部门要健全服务投诉与处理制度，设立举报电话，专人值守，方便公众投诉、监督出租汽车客运服务。对因监督不力、查处不及时造成不良社会影响的，要严肃追究主管部门和相关人员的责任。

四、深化出租汽车司机职业道德教育。各地要在出租汽车行业组织开展职业道德教育，提倡在特殊困难时期讲奉献精神，宣传企业和驾驶员在雨雪冰冻期间抗灾救灾的好人好事，不断增强出租汽车驾驶员文明服务的意识和水平，安全优质地完成客运服务，为夺取抗击雨雪冰冻灾害的全面胜利做出应有的贡献。

建设部

二〇〇八年二月二日

建设部办公厅关于进一步做好规范出租汽车行业管理专项治理工作的通知

建办城〔2007〕34 号

各省、自治区、直辖市规范出租汽车行业管理专项治理工作办公室：

按照《国务院办公厅转发国务院纠正行业不正之风办公室关于 2007 年纠风工作实施意见的通知》（国

办发〔2007〕32 号)要求,2007 年要进一步做好规范出租汽车行业管理专项治理工作,现就有关事项通知如下:

一、充分认识进一步做好专项治理工作重要意义

进一步做好规范出租汽车行业管理专项治理工作,是落实科学发展观,促进出租汽车行业健康发展的需要,也是维护出租汽车行业和社会稳定,为党的十七大召开创造良好环境的需要。2006 年规范出租汽车行业管理专项治理工作取得了阶段性成效,但一些深层次问题还没有得到根本解决,清理乱收费、打击非法营运等专项治理成果有待进一步巩固,规范经营权出让和规范企业经营行为任重道远,行业管理长效机制有待建立和完善,局部地区仍存在不稳定的因素。各地要从落实科学发展观,构建社会主义和谐社会的高度,充分认识进一步做好专项治理工作的重要意义,继续抓好规范出租汽车管理专项治理工作,明确目标、落实责任,周密部署,抓好落实,确保行业和社会稳定。

二、明确专项治理工作指导思想和目标

进一步做好规范出租汽车行业管理专项治理工作,要以邓小平理论和"三个代表"重要思想为指导,认真落实科学发展观,以保持出租汽车行业总体稳定、促进社会和谐为中心,以巩固专项治理成果、提高行业服务水平为重点,立足当前,着眼长远,建立和完善长效管理机制,促进出租汽车行业健康发展。

专项治理工作要力争达到以下目标:一是贯彻落实国办发〔2007〕32 号文件要求,确保出租汽车行业持续稳定发展;二是今年内省、自治区、直辖市要统一行业主管部门,落实管理责任;三是加强法规建设,促进行业依法管理;四是逐步建立责任明确、反应灵敏、监管到位、规范有序的出租汽车市场运营秩序。

三、落实专项治理工作的主要任务

(一)进一步落实出租汽车稳定工作责任制。继续落实出租汽车稳定工作省长、市长负责制,完善出租汽车管理协调机制,制定行业稳定工作应急预案,建立突发事件处置机制,畅通出租汽车司机合法合理诉求渠道,预防和妥善处理不稳定因素。

(二)理顺管理体制、明确管理责任。各地区要力争在今年内理顺出租汽车行业管理体制,落实管理责任,切实解决一个地区内多头管理,责权不清,政出多门,政令不通等问题。

(三)巩固专项治理成果。按照《关于规范出租汽车行业管理专项治理工作的实施意见》(建城〔2006〕107 号)要求,专项治理期间不得新出台出租汽车经营权有偿出让政策,继续做好清理各项收费,打击非法营运,规范企业经营行为,加强监管等重点工作,巩固和扩大专项治理成果。

(四)完善各项管理制度,落实长效管理机制。进一步加强出租汽车行业法规建设,促进行业依法监管。深入调查研究出租汽车行业深层次矛盾与问题,对涉及出租汽车行业的有关政策,要充分听取各方意见,科学论证,周密决策,坚持"标本兼治、纠建并举"方针,制定和落实出租汽车行业长治久安的管理机制和措施。

(五)严肃查处违法、违纪人员。坚决纠正监管部门及其工作人员的失职渎职、营私舞弊行为,进一步加大力度查处公务人员私养"黑车",充当"保护伞"的案件和乱收费、乱罚款、乱扣车等行为。对于工作迟缓、执行不力,以及因违法、违规行为引发出租汽车群体性事件的,要严肃追究有关责任人的责任。

(六)加强对从业人员的教育和培训工作,提高行业服务水平。进一步加强出租汽车行业精神文明建设,树立行业文明服务新风。进一步完善出租汽车行业服务标准,加强出租汽车行业从业人员职业道德、安全运营、遵纪守法等教育和培训,切实改善服务质量,努力提高行业服务水平。

(七)认真做好验收工作。各地要按照全国出租汽车行业清理整顿部际联席会议制定的验收办法(另发)自查整改,部际联席会议将于今年下半年对各地专项治理工作进行验收。对于验收不合格的地区将下达整改通知书,责令限期整改。逾期检查仍不合格者,将予以通报批评,并严肃追究有关部门、单位责任人的责任。

四、切实加强对进一步做好专项治理工作的组织领导

(一)加强领导,落实责任。规范出租汽车行业管理专项治理是综合性、协调性很强的工作,必须加强组织领导。各地要进一步完善出租汽车行业清理整顿联席会议工作制度,切实加强对本地区出租汽车专项治理工作的指导和督促检查。联席会议成员单位要按照责任分工,认真研究出租汽车行业有关问题,进一步加强协调配合,坚持齐抓共管,形成上下联动、协调推进的工作格局。

(二)突出重点,扎实推进。各地要根据国办发〔2007〕32 号文件要求,结合实际情况,认真制定进一步做好规范出租汽车行业管理专项治理工作方案,明确工作目标和任务,突出重点,落实责任,完善各项工作措施,扎扎实实抓好各项专项治理工作。要继续坚持工作报告制度,监督检查情况通报制度和责任追究制度。

为维护行业和社会稳定,促进出租汽车行业健康发展,做出积极贡献。

中华人民共和国建设部办公厅
二〇〇七年六月二十二日

国家发展改革委办公厅关于开展对出租汽车行业收费重点检查的通知

今年上半年,国家出台了石油综合配套调价政策,适当提高了成品油价格。各地区、各有关部门采取适当提高出租车运价水平、加收燃油附加、减免行政性收费及给予临时性补贴等多种方式疏导油价提高的影响,保持了出租车行业的平稳运行和社会稳定。为确保石油综合配套调价政策的顺利实施,国家发展改革委决定在全国开展对出租汽车行业收费重点检查,现将有关事项通知如下:

一、检查的组织方式和时限

此次对出租汽车行业收费重点检查由国家发展改革委和省级价格主管部门分级部署,省级价格主管部门组织实施,以省市联合检查的方式进行。各省(区、市)价格主管部门在国家规定的重点检查范围内,集中检查力量,对出租汽车企业和司机反映强烈的收费问题进行重点检查。在检查的过程中,对通过12358举报电话和其他形式举报的案件,要在第一时间组织检查,做到一查到底,件件有回音。

重点检查2005年以来所发生的面向出租汽车企业和出租车司机的各种收费行为,重大问题可追溯到2005年以前。

二、检查的重点内容

(一)除法律法规规定或国务院和省级人民政府及其价格、财政主管部门规定的行政事业性收费外,地方政府和其他部门自行出台涉及出租汽车行业收费项目和标准的行为;

(二)除机动车安全技术检验机构依法对出租汽车进行安全技术检验并收取检验费以外,对出租汽车进行尾气、噪声等各种强制性检测并收取费用的行为;

(三)有关部门继续向出租汽车企业或司机收取运输管理费、客运管理费、公路客运附加费、治安费、特殊行业审验费、机动车辆排污费、城市公用事业附加费等业已明令取消的收费项目的行为;

(四)财政部、国家发展改革委《关于进一步清理整顿涉及出租汽车收费的通知》(财综〔2006〕14号)要求取消的以下收费项目是否已经停止收费:道路运输年检费、道路运输经营许可证工本费、营运驾驶员从业资格考试费、城市出租汽车车辆营运证工本费、城市出租汽车驾驶员服务资格证工本费、出租汽车驾驶员职业培训费、春运年检费、铁路无人看守道口安全监护费、治安联防费、治安登记证费、交通违章公告费、登报费、拖车费、安全教育培训费、学习资料费;

(五)有关部门或协会等利用行政权力或垄断地位,向出租汽车司机强行摊派或收取资格培训费、资料费、报刊杂志费等费用的行为;

(六)出租汽车企业利用出租汽车经营权,以车辆挂靠,一次性"买断",收取"风险抵押金"、"财产抵押金"、"运营收入保证金"等方式,向出租汽车司机转嫁投资和经营风险的行为。

三、检查的范围和时间

重点检查时间从7月25日开始,8月20日前结束。此次检查主要在省会城市和计划单列市进行。各省(区、市)也可根据当地情况选择部分地(市)级城市实施检查。

四、工作要求

(一)高度重视。各地价格主管部门要把开展对出租汽车收费重点检查提高到稳定社会大局的高度来认识,认真组织部署,合理调配检查力量,加大处罚力度,务求取得实效。

(二)加强宣传。要通过各种媒体大力宣传对出租汽车收费重点检查工作,通过宣传有关的法律法规和收费政策、曝光典型案件,营造出一个检查、治理乱收费,减轻出租车经营者负担的良好氛围。

(三)重点抽查。检查期间,国家发展改革委将组织督导组,选择部分城市进行督导和抽查,以推动检查工作的深入开展。各地要将重点检查和调查相结合,在检查的同时要深入开展调查研究,重点对城市出租汽车管理体制、收费情况、存在的问题等进行调研,写出有情况、有分析、有建议的调研报告。

(四)密切配合。各地要加强与财政、建设、交通、工商、城管、公安、监察等部门的协调配合,形成工作合力。上级价格主管部门要加强对下级价格主管部门的工作指导，对重点检查中发现的新情况、新问题，要认真分析研究，提出解决的办法和措施。

（五）及时总结。检查结束后，各省（区、市）价格主管部门要对检查和处理情况进行认真总结，在8月底前将重点检查总结、统计报表和调研报告报送我委（价格监督检查司）。

二〇〇六年七月五日

财政部、国家发展改革委关于进一步清理整顿涉及出租汽车收费的通知

财综〔2006〕14号

各省、自治区、直辖市、计划单列市财政厅（局）、发展改革委、物价局，新疆生产建设兵团财务局、发展改革委，国务院有关部委：

近年来，按照国务院关于做好出租汽车行业清理整顿工作的要求，各地对涉及出租汽车的收费进行了清理整顿，公布取消了一批不合法、不合理的收费项目，降低了过高的收费标准，对减轻出租汽车经营者负担起到了积极作用。但从各地反映的情况看，目前涉及出租汽车的收费仍不尽规范，一些地方仍存在乱收费行为，侵害了出租汽车经营者权益。为配合新的石油价格形成机制顺利实施，切实减轻出租汽车企业和司机负担，维护出租汽车行业和社会稳定，决定进一步开展涉及出租汽车收费的清理整顿工作。现将有关事项通知如下：

一、清理整顿的范围及政策界限

各地区现行涉及出租汽车企业和司机负担的行政事业性收费、政府性基金、政府性集资、摊派、经营服务性收费和其他费用，均属于清理整顿的范围。

（一）行政事业性收费。各地区凡在法律、法规规定之外或未经国务院和省、自治区、直辖市人民政府及其财政、价格部门批准强制向出租汽车企业和司机的收费，均属于乱收费，应当予以取消。对符合国家审批管理规定向出租汽车企业和司机收取的行政事业性收费，属于重复设置或者不合理的，要进行归并或者取消。清理整顿后，需要保留的涉及出租汽车企业和司机的行政事业性收费项目，由各省、自治区、直辖市财政、价格部门报经同级人民政府批准后向社会公布，并报财政部、国家发展改革委备案。

（二）政府性基金。涉及出租汽车企业和司机的政府性基金，必须符合法律、行政法规规定或经国务院和财政部批准。否则，应当予以取消。各地区现行涉及出租汽车的政府性基金项目，要严格按照《财政部关于发布全国政府性基金项目目录的通知》（财综〔2004〕6号）规定执行，不得擅自增加政府性基金项目、扩大征收范围和提高征收标准。

（三）政府性集资。各地区向出租汽车企业和司机进行政府性集资，必须符合法律、行政法规和国务院的规定。否则，均属于乱集资，应一律予以取消。严禁向出租汽车企业和司机进行各种摊派。

（四）经营服务性收费。涉及出租汽车的经营服务性收费，必须按照自愿原则，不得以行政手段强行要求出租汽车企业和司机接受各种经营服务并收取费用。

二、清理整顿的主要内容

（一）取消不合法、不合理的收费基金项目。主要是取消省、自治区、直辖市以下各级政府及有关部门越权设立的涉及出租汽车的行政事业性收费项目，以及省、自治区、直辖市人民政府及其财政、价格部门出台的不合理、不合法的行政事业性收费和政府性基金项目，包括道路运输年检费、道路运输经营许可证工本费、营运驾驶员从业资格考试费、城市出租汽车经营许可证工本费、城市出租汽车车辆营运证工本费、城市出租汽车驾驶员服务资格证工本费、出租汽车驾驶员职业培训费、春运年检费、铁路无人看守道口安全监护费、治安联防费、治安登记证费，交通违章公告费、登报费、拖车费、安全教育培训费、学习资料费以及其他收费基金项目。

（二）落实国家已公布取消的收费基金项目。各地区要严格按照国家有关规定执行，不得向出租汽车企业和司机收取运输管理费、客运管理费、治安费、特殊行业审验费、机动车辆排污费、城市公用事业附加费等业已公布取消的收费基金项目，也不得收取公路客运附加费。

（三）减免收费基金。对符合规定保留的收费项目，要本着切实减轻出租汽车司机负担、稳定出租汽车

营运的原则,降低过高的标准或予以免收。

(四)规范各类检验、检测收费行为。除机动车安全技术检验机构按照《道路交通安全法》的规定对出租汽车进行定期安全技术检验,并按照省级价格、财政部门规定的具体收费标准收取检验费外,其他部门和单位一律不得再对出租汽车进行尾气、噪声等各种强制性检测并收取费用。计量检定机构对出租车计价器一年检定一次,检定收费标准由省级价格、财政部门从严核定。各地应针对目前涉及出租汽车检测的部门多、项目多、频次多等突出问题,采取切实可行的解决办法,避免重复检测、重复收费。

(五)禁止强制服务、强行收费。对出租汽车司机缴纳的各类协会会员费、资格培训费、资料费、保险费、报纸杂志费以及购买防盗网、机油、行驶里程记录仪、GPS设备、座垫椅套等费用要进行清理和规范。

(六)强化监督机制。各地区、各部门一律不得出台新的针对出租汽车企业和司机的行政事业性收费和政府性基金项目。对公布取消涉及出租汽车企业和司机的行政事业性收费和政府性基金项目,各地区不得以任何理由和任何名义推迟执行或者拒不执行,也不得变相恢复征收。有关部门和单位向出租汽车企业和司机收取行政事业性收费,必须到指定的价格部门办理《收费许可证》,使用省、自治区、直辖市以上财政部门统一印制的票据,并在收费场所公示收费项目、收费标准、收费依据和举报电话等,自觉接受社会监督。对出租汽车企业和司机举报的乱收费问题,各级财政、价格部门要依法及时予以纠正和查处。

三、清理整顿工作的组织领导

财政部、国家发展改革委对全国清理整顿涉及出租汽车收费工作进行统一部署,并加强对各地的政策指导。各省、自治区、直辖市财政、价格部门在同级人民政府的领导下,对本地区清理整顿工作进行部署安排,并按职责分工具体组织实施。

四、清理整顿工作的步骤和要求

清理整顿涉及出租汽车收费工作分四个步骤进行。

(一)全面清理。各省、自治区、直辖市财政、价格部门对本地区涉及出租汽车的收费项目进行全面清理,区分哪些是合法收费,哪些是不合法、不合理收费,哪些收费属于重复设置需要归并、调整,哪些收费标准偏高需要降低标准。

(二)审核处理。在全面清理的基础上,各省、自治区、直辖市财政、价格部门按照本通知规定的政策界限,对本地区涉及出租汽车的收费项目逐项重新审核,提出取消、保留(包括归并)、降低收费标准、减免的意见,报同级人民政府批准后向社会公布,并报财政部、国家发展改革委备案。

(三)监督检查。各省、自治区、直辖市财政、价格部门组织开展一次对出租汽车收费情况的专项检查,检查方式以同级检查为主,也可以下查一级。要集中力量和时间,深入企业和基层开展全面检查,对出租汽车企业和司机反映强烈的乱收费问题进行重点检查。对不按规定取消收费或变相继续收费的,各级财政、价格部门要依法从严查处。同时,要按照《违反行政事业性收费和罚没收入收支两条线管理规定行政处分暂行规定》(国务院令第281号),追究责任人员的行政责任。财政部、国家发展改革委将根据各地检查进展情况,对重点地区清理整顿工作进行监督抽查。

(四)总结验收。各省、自治区、直辖市财政、价格部门应于2006年8月1日前将本地区的清理整顿情况,以书面形式分别报送财政部、国家发展改革委。

各级财政、价格部门要从维护社会稳定大局出发,充分认识清理整顿涉及出租汽车收费工作的重要性和紧迫性,切实履行职责,与交通、建设、公安、工商、监察等部门密切配合,认真扎实开展工作,务求取得明显成效,以促进出租汽车行业健康稳定发展。

财政部
国家发展改革委
二○○六年五月二十四日

八、进出口类

商务部、工业和信息化部、海关总署、质检总局、国家认监委关于进一步规范汽车和摩托车产品出口秩序的通知

商产发〔2012〕318号

为进一步转变汽车和摩托车出口发展方式,提高出口增长的质量和效益,促进产业健康发展,依据《对外贸易法》、《海关法》、《商检法》、《汽车产业发展政策》、《认证认可条例》,商务部、工业和信息化部、海关总署、质检总局、国家认监委决定对汽车和摩托车(含非公路用两轮摩托车、全地形车,产品目录见附件1、2)生产企业实行出口资质管理,对出口经营企业实行生产企业授权经营管理,并对生产企业授权实行分类管理。现将有关事项通知如下:

一、申报出口资质的生产企业应具备的条件

(一)汽车、摩托车生产企业应列入工业和信息化部《车辆生产企业及产品公告》;具备有效的国家强制性产品认证(CCC认证)。

(二)低速汽车生产企业应列入工业和信息化部《车辆生产企业及产品公告》。

(三)非公路用两轮摩托车生产企业应具备有效的ISO 9000企业质量管理体系认证;获得国家推行的自愿性产品认证或相关国际认证。

(四)全地形车生产企业应具备有效的ISO 9000企业质量管理体系认证;获得相关国际认证。

(五)所有产品类别的生产企业须具备与出口保有量相适应的维修服务能力。

二、分类管理

(一)自2013年起,商务部、工业和信息化部、海关总署、质检总局、国家认监委依据对生产企业上报的境外售后维修服务网点的审核情况、企业出口规模,对生产企业出口授权实行分类管理。

符合出口资质条件的生产企业,可根据自身所属企业分类,授权一定数量的出口经营企业(含企业集团所属的进出口公司)出口本企业的产品;双方须在授权约定中对出口产品的质量保证、售后服务等连带法律责任予以明确。

(二)2013年汽车和摩托车生产企业分类管理标准。

1. 汽车生产企业。

一类企业(可授权出口经营企业7家):境外售后维修服务网点达到50个;且年出口(2011年出口量或以2012年上半年所折算的全年出口量,下同)达到10000辆的乘用车、载货车、低速汽车生产企业,年出口达到2000辆的大中型客车生产企业。

二类企业(可授权出口经营企业5家):境外售后维修服务网点达到10个;且年出口达到2000辆的乘用车生产企业、年出口达到1000辆的大中型客车生产企业、年出口达到5000辆的载货车、低速汽车生产企业。

三类企业(可授权出口经营企业3家):境外售后维修服务网点达到5个,且年出口达到500辆的乘用车生产企业、年出口达到200辆的大中型客车生产企业、年出口达到1000辆的载货车、低速汽车生产企业。

四类企业(可授权出口经营企业1家):不满足第一、二、三类企业要求,但建有境外售后维修服务网点的汽车生产企业。

五类企业(仅限自营出口):未建有境外售后维修服务网点的汽车生产企业。

2. 摩托车(含非公路用两轮摩托车、全地形车)生产企业。

一类企业(可授权5家出口经营企业):境外售后维修服务网点达到10个,且年出口达到100000辆的摩托车和非公路用两轮摩托车生产企业;境外售后维修服务网点达到5个,且年出口达到10000辆的全地形车生产企业。

二类企业(可授权3家出口经营企业):境外售后维修服务网点达到5个,且年出口达到10000辆的摩托车和非公路用两轮摩托车生产企业;境外售后维修服务网点达到3个,且年出口达到5000辆的全地形车生产企业。

三类企业(可授权1家出口经营企业):不满足第一、二类企业要求,但建有境外售后维修服务网点的摩托车生产企业。

四类企业(仅限自营出口):未建有境外售后维修服务网点的摩托车生产企业。

对于同时生产多种汽车或摩托车车型的企业,以其可授权出口经营企业最多的汽车或摩托车车型为参照标准,确定其所属企业分类。

(三)商务部会同工业和信息化部、海关总署、质检总局、国家认监委,依据出口实际情况,适时调整分类管理标准。2014年起,未建有境外售后维修服务网点的生产企业不得授权或自营出口。

三、申报程序

(一)符合条件的生产企业须于每年9月10日前,将申请表(见附件3、4)、海关报关单复印件等出口证明材料、企业境外售后维修服务网点总体建设及变动情况,报至所在省、自治区、直辖市、计划单列市及新疆生产建设兵团商务主管部门(机电办)。

(二)各地商务主管部门(机电办)对企业材料进行初核并征求当地海关意见后,将相关材料和汇总表(见附件5、6)于9月30日前报至商务部(产业司)。

(三)商务部会同工业和信息化部、海关总署、质检总局、国家认监委于每年10月公示下一年度《符合申领汽车和摩托车出口许可证条件企业名单》(以下简称《名单》),并于12月正式发布。

四、资质管理的执行

(一)每年12月15日起,商务部授权的许可证发证机构凭《名单》开始发放下一年度出口许可证。出口许可证适用于一般贸易、加工贸易、边境贸易、捐赠方式出口的汽车和摩托车。

(二)企业持合同、出口许可证等必要凭证和批准文件向出入境检验检疫机构报检。出口汽车和摩托车产品应在生产地检验,并通过出入境检验检疫机构对生产企业质量保证工作的检查。

进口国对汽车和摩托车产品有准入的法律法规要求的,企业须向出入境检验检疫机构提交所出口产品符合相应准入要求的证明;进口国准入法律法规不明确的,出入境检验检疫机构按照质检总局指定的相关技术规范实施检验。

(三)企业持出口许可证和检验检疫机构签发的《出境货物通关单》向海关办理出口手续。

(四)商务部会同工业和信息化部、海关总署、质检总局、国家认监委,根据出口企业在海外市场的经营情况、《车辆生产企业及产品公告》管理情况、出口产品日常检验和监管情况、企业强制性产品认证情况,适时提出预警,并动态调整《名单》。

(五)企业有下列行为之一者,视情况可对其进行通报、警告、暂停或取消从事汽车或摩托车出口资格。

1. 提供虚假资质证明材料的;

2. 其产品被相关部门认定为侵犯知识产权的;

3. 伪造生产企业授权证明的;

4. 出口非自产或非授权企业产品的;

5. 出口产品在国外有重大质量事件并对我国出口造成重大不良影响的;

6. 有其他违反本通知规定行为和不诚信行为的。

(六)出口企业可向商务部、工业和信息化部、海关总署、质检总局、国家认监委举报违法违规企业。有关部门进行调查并作出相应处理。

五、其他事项

(一)为鼓励发展与边境接壤国家的贸易,边境地区有关省、自治区可推荐当地1~2家有实力的出口经营企业,明确与重点生产企业(一类和二类生产企业)的委托代理关系和目标出口市场后申报,此类授权不受生产企业出口授权数量限制,但生产企业在同一目标市场不得重复进行此类授权。每年申报时,当地管理部门须同时报送上一年度所推荐的出口经营企业的出口经营情况。

(二)企业以工程承包方式出口汽车和摩托车,须凭中标文件等相关证明材料申领出口许可证;企业出口非原产于中国的进口汽车、摩托车,须凭进口海关单据和出口合同申领出口许可证。

摩托车发动机和车架出口经营企业须凭具有出口资质的摩托车生产企业提供的证明(格式见附件7)申

领出口许可证。

(三)本通知自发布之日起实施。原《关于规范汽车出口秩序的通知》(商产发〔2006〕629号)、《关于规范摩托车产品出口秩序的通知》(商机电发〔2005〕699号)和《关于规范摩托车产品出口秩序的补充通知》(商机电发〔2006〕44号)同时废止。

附件:1. 实行出口许可证管理的汽车产品目录

2. 实行出口许可证管理的摩托车产品目录

3. 符合申领汽车出口许可证条件企业申请表

4. 符合申领摩托车出口许可证条件企业申请表

5. 符合申领汽车出口许可证条件企业名单申请汇总表

6. 符合申领摩托车出口许可证条件企业名单申请汇总表

7. 摩托车发动机和车架出口证明

商务部

工业和信息化部

海关总署

质检总局

国家认监委

2012年9月6日

附件1

实行出口许可证管理的汽车产品目录

<table>
<tr><th colspan="2">产品类别</th><th>海关编码</th><th>名称</th></tr>
<tr><td colspan="2" rowspan="9">大中型客车</td><td>8702109100</td><td>30座及以上大型客车(柴油型,指装有柴油或半柴油发动机的30座及以上的客运车)</td></tr>
<tr><td>8702109201</td><td>20≤座≤23装有压燃式活塞内燃发动机的客车</td></tr>
<tr><td>8702109290</td><td>24≤座≤29装有压燃式活塞内燃发动机的客车</td></tr>
<tr><td>8702109300</td><td>10≤座≤19装有压燃式活塞内燃发动机的客车</td></tr>
<tr><td>8702901000</td><td>30座及以上大型客车(其他型,指装有其他发动机的30座及以上的客运车)</td></tr>
<tr><td>8702902001</td><td>20≤座≤23装有非压燃式活塞内燃发动机的客车</td></tr>
<tr><td>8702902090</td><td>24≤座≤29装有非压燃式活塞内燃发动机的客车</td></tr>
<tr><td>8702903000</td><td>10≤座≤19装有非压燃式活塞内燃发动机的客车</td></tr>
<tr><td>8706003000</td><td>大型客车底盘(装有发动机的)</td></tr>
<tr><td rowspan="6">乘用车</td><td rowspan="6">轿车</td><td>8703213001</td><td>排气量≤1升的装有点燃往复式活塞内燃发动机的小轿车</td></tr>
<tr><td>8703213090</td><td>排气量≤1升的装有点燃往复式活塞内燃发动机小轿车的成套散件</td></tr>
<tr><td>8703223001</td><td>1 < 排量≤1.5升带点燃往复式活塞内燃发动机小轿车</td></tr>
<tr><td>8703223090</td><td>1 < 排量≤1.5升带点燃往复式活塞内燃发动机小轿车的成套散件</td></tr>
<tr><td>8703234101</td><td>1.5 < 排量≤2升装点燃往复式活塞内燃发动机小轿车</td></tr>
<tr><td>8703234190</td><td>1.5 < 排量≤2升装点燃往复式活塞内燃发动机小轿车的成套散件</td></tr>
</table>

续表

产品类别		海关编码	名称
乘用车	轿车	8703235101	2 < 排量≤2.5 升装点燃往复式活塞内燃发动机小轿车
		8703235190	2 < 排量≤2.5 升装点燃往复式活塞内燃发动机小轿车的成套散件
		8703236101	2.5 < 排量≤3 升装点燃往复式活塞内燃发动机小轿车
		8703236190	2.5 < 排量≤3 升装点燃往复式活塞内燃发动机小轿车的成套散件
		8703241101	3 < 排量≤4 升装点燃往复式活塞内燃发动机小轿车
		8703241190	3 < 排量≤4 升装点燃往复式活塞内燃发动机小轿车的成套散件
		8703242101	排气量 >4 升装点燃往复式活塞内燃发动机小轿车
		8703242190	排气量 >4 升装点燃往复式活塞内燃发动机小轿车的成套散件
		8703311101	排气量≤1 升的装有压燃往复式活塞内燃发动机小轿车
		8703311190	排气量≤1 升的装有压燃往复式活塞内燃发动机小轿车的成套散件
		8703312101	1 升 < 排气量≤1.5 升装压燃往复式活塞内燃发动机小轿车
		8703312190	1 升 < 排气量≤1.5 升装压燃往复式活塞内燃发动机小轿车的成套散件
		8703321101	1.5 < 排量≤2 升装压燃往复式活塞内燃发动机小轿车
		8703321190	1.5 < 排量≤2 升装压燃往复式活塞内燃发动机小轿车的成套散件
		8703322101	2 < 排量≤2.5 升装压燃往复式活塞内燃发动机小轿车
		8703322190	2 < 排量≤2.5 升装压燃往复式活塞内燃发动机小轿车的成套散件
		8703331101	2.5 < 排量≤3 升装压燃往复式活塞内燃发动机小轿车
		8703331190	2.5 < 排量≤3 升装压燃往复式活塞内燃发动机小轿车的成套散件
		8703332101	3 < 排量≤4 升装压燃往复式活塞内燃发动机小轿车
		8703332190	3 < 排量≤4 升装压燃往复式活塞内燃发动机小轿车的成套散件
		8703336101	排量 >4 升装压燃往复式活塞内燃发动机小轿车
		8703336190	排量 >4 升装压燃往复式活塞内燃发动机小轿车的成套散件
	乘用车(不含轿车)	8703214001	排量≤1 升的带点燃往复式活塞内燃发动机的越野车(4 轮驱动)
		8703214090	排量≤1 升的带点燃往复式活塞内燃发动机的越野车(4 轮驱动)的成套散件
		8703215001	排量≤1 升的带点燃往复式活塞内燃发动机的小客车(9 座及以下)
		8703215090	排量≤1 升的带点燃往复式活塞内燃发动机的小客车的成套散件(9 座及以下)
		8703219001	排量≤1 升的带点燃往复式活塞内燃发动机的其他车辆
		8703219090	排量≤1 升的带点燃往复式活塞内燃发动机的其他车辆的成套散件
		8703224001	1 < 排量≤1.5 升带点燃往复活塞内燃发动机四轮驱动越野车
		8703224090	1 < 排量≤1.5 升带点燃往复活塞内燃发动机四轮驱动越野车的成套散件
		8703225001	1 < 排量≤1.5 升带点燃往复式活塞内燃发动机小客车(≤9 座)
		8703225090	1 < 排量≤1.5 升带点燃往复式活塞内燃发动机小客车的成套散件(≤9 座)
		8703229001	1 < 排量≤1.5 升带点燃往复式活塞内燃发动机其他车
		8703229090	1 < 排量≤1.5 升带点燃往复式活塞内燃发动机其他车的成套散件
		8703234201	1.5 < 排量≤2 升装点燃往复式活塞内燃发动机越野车(4 轮驱动)
		8703234290	1.5 < 排量≤2 升装点燃往复式活塞内燃发动机越野车的成套散件(4 轮驱动)
		8703234301	1.5 < 排量≤2 升装点燃往复式活塞内燃发动机小客车(9 座及以下的)

续表

产品类别		海关编码	名称
乘用车	乘用车(不含轿车)	8703234390	1.5＜排量≤2升装点燃往复式活塞内燃发动机小客车的成套散件(9座及以下的)
		8703234901	1.5＜排量≤2升装点燃往复式活塞内燃发动机的其他载人车辆
		8703234990	1.5＜排量≤2升装点燃往复式活塞内燃发动机的其他载人车辆的成套散件
		8703235201	2＜排量≤2.5升装点燃往复式活塞内燃发动机越野车(4轮驱动)
		8703235290	2＜排量≤2.5升装点燃往复式活塞内燃发动机越野车的成套散件(4轮驱动)
		8703235301	2＜排量≤2.5升装点燃往复式活塞内燃发动机小客车(9座及以下的)
		8703235390	2＜排量≤2.5升装点燃往复式活塞内燃发动机的小客车的成套散件(9座及以下的)
		8703235901	2＜排量≤2.5升装点燃往复式活塞内燃发动机的其他载人车辆
		8703235990	2＜排量≤2.5升装点燃往复式活塞内燃发动机的其他载人车辆的成套散件
		8703236201	2.5＜排量≤3升装点燃往复式活塞内燃发动机越野车(4轮驱动)
		8703236290	2.5＜排量≤3升装点燃往复式活塞内燃发动机越野车的成套散件(4轮驱动)
		8703236301	2.5＜排量≤3升装点燃往复式活塞内燃发动机小客车(9座及以下的)
		8703236390	2.5＜排量≤3升装点燃往复式活塞内燃发动机小客车的成套散件(9座及以下的)
		8703236901	2.5＜排量≤3升装点燃往复式活塞内燃发动机的其他载人车辆
		8703236902	2.5＜排量≤3升装点燃往复式活塞内燃发动机的非4轮驱动越野车
		8703236991	2.5＜排量≤3升装点燃往复式活塞内燃发动机的非4轮驱动越野车成套散件
		8703236999	2.5＜排量≤3升装点燃往复式活塞内燃发动机的其他载人车辆的成套散件
		8703241201	3＜排量≤4升装点燃往复式活塞内燃发动机越野车(4轮驱动)
		8703241290	3＜排量≤4升装点燃往复式活塞内燃发动机越野车的成套散件(4轮驱动)
		8703241301	3＜排量≤4升装点燃往复式活塞内燃发动机的小客车(9座及以下的)
		8703241390	3＜排量≤4升装点燃往复式活塞内燃发动机的小客车的成套散件(9座及以下的)
		8703241901	3＜排量≤4升装点燃往复式活塞内燃发动机的其他载人车辆
		8703241902	3＜排量≤4升装点燃往复式活塞内燃发动机的非4轮驱动越野车
		8703241991	3＜排量≤4升装点燃往复式活塞内燃发动机的非4轮驱动越野车成套散件
		8703241999	3＜排量≤4升装点燃往复式活塞内燃发动机的其他载人车辆的成套散件
		8703242201	排气量＞4升装点燃往复式活塞内燃发动机越野车(4轮驱动)
		8703242290	排气量＞4升装点燃往复式活塞内燃发动机越野车的成套散件(4轮驱动)
		8703242301	排气量＞4升装点燃往复式活塞内燃发动机的小客车(9座及以下的)
		8703242390	排气量＞4升装点燃往复式活塞内燃发动机的小客车的成套散件(9座及以下的)
		8703242901	排量＞4升装点燃往复式活塞内燃发动机的其他载人车辆
		8703242902	排量＞4升装点燃往复式活塞内燃发动机的非4轮驱动越野车
		8703242991	排量＞4升装点燃往复式活塞内燃发动机的非4轮驱动越野车成套散件
		8703242999	排量＞4升装点燃往复式活塞内燃发动机的其他载人车辆的成套散件
		8703311901	排量≤1升的装有压燃往复式活塞内燃发动机的其他载人车辆
		8703311990	排量≤1升的装有压燃往复式活塞内燃发动机的其他载人车辆的成套散件
		8703312201	1升＜排气量≤1.5升装压燃式活塞内燃发动机越野车(4轮驱动)
		8703312290	1升＜排气量≤1.5升装压燃式活塞内燃发动机越野车的成套散件(4轮驱动)

续表

产品类别		海关编码	名称
乘用车	乘用车(不含轿车)	8703312301	1升<排气量≤1.5升装压燃往复式活塞内燃发动机小客车(9座及以下的)
		8703312390	1升<排气量≤1.5升装压燃往复式活塞内燃发动机小客车的成套散件(9座及以下的)
		8703312901	1升<排量≤1.5升装压燃往复式活塞内燃发动机的其他载人车辆
		8703312990	1升<排量≤1.5升装压燃往复式活塞内燃发动机的其他载人车辆的成套散件
		8703321201	1.5<排量≤2升装压燃往复式活塞内燃发动机越野车(4轮驱动)
		8703321290	1.5<排量≤2升装压燃往复式活塞内燃发动机越野车的成套散件(4轮驱动)
		8703321301	1.5<排量≤2升装压燃往复式活塞内燃发动机小客车(9座及以下的)
		8703321390	1.5<排量≤2升装压燃往复式活塞内燃发动机小客车的成套散件(9座及以下的)
		8703321901	1.5<排量≤2升装压燃往复式活塞内燃发动机的其他载人车辆
		8703321990	1.5<排量≤2升装压燃往复式活塞内燃发动机的其他载人车辆的成套散件
		8703322201	2<排量≤2.5升装压燃往复式活塞内燃发动机越野车(4轮驱动)
		8703322290	2<排量≤2.5升装压燃往复式活塞内燃发动机越野车的成套散件(4轮驱动)
		8703322301	2<排量≤2.5升装压燃往复式活塞内燃发动机小客车(9座及以下的)
		8703322390	2<排量≤2.5升装压燃往复式活塞内燃发动机小客车的成套散件(9座及以下的)
		8703322901	2<排量≤2.5升装压燃往复式活塞内燃发动机的其他载人车辆
		8703322990	2<排量≤2.5升装压燃往复式活塞内燃发动机的其他载人车辆的成套散件
		8703331201	2.5<排量≤3升装压燃往复式活塞内燃发动机越野车(4轮驱动)
		8703331290	2.5<排量≤3升装压燃往复式活塞内燃发动机越野车的成套散件(4轮驱动)
		8703331301	2.5<排量≤3升装压燃往复式活塞内燃发动机小客车(9座及以下的)
		8703331390	2.5<排量≤3升装压燃往复式活塞内燃发动机小客车的成套散件(9座及以下的)
		8703331901	2.5<排量≤3升装压燃往复式活塞内燃发动机的其他载人车辆
		8703331902	2.5<排量≤3升装压燃往复式活塞内燃发动机的非4轮驱动越野车
		8703331991	2.5<排量≤3升装压燃往复式活塞内燃发动机的非4轮驱动越野车成套散件
		8703331999	2.5<排量≤3升装压燃往复式活塞内燃发动机的其他载人车辆的成套散件
		8703332201	3<排量≤4升装压燃往复式活塞内燃发动机越野车(4轮驱动)
		8703332290	3<排量≤4升装压燃往复式活塞内燃发动机越野车的成套散件(4轮驱动)
		8703332301	3<排量≤4升装压燃往复式活塞内燃发动机小客车(9座及以下的)
		8703332390	3<排量≤4升装压燃往复式活塞内燃发动机小客车的成套散件(9座及以下的)
		8703332901	3<排量≤4升装压燃往复式活塞内燃发动机的其他载人车辆
		8703332902	3<排量≤4升装压燃往复式活塞内燃发动机的非4轮驱动越野车
		8703332991	3<排量≤4升装压燃往复式活塞内燃发动机的非4轮驱动越野车成套散件
		8703332999	3<排量≤4升装压燃往复式活塞内燃发动机的其他载人车辆的成套散件
		8703336201	排量>4升装压燃往复式活塞内燃发动机越野车(4轮驱动)
		8703336290	排量>4升装压燃往复式活塞内燃发动机越野车的成套散件(4轮驱动)
		8703336301	排量>4升装压燃往复式活塞内燃发动机小客车(9座及以下的)
		8703336390	排量>4升装压燃往复式活塞内燃发动机小客车的成套散件(9座及以下的)
		8703336901	排量>4升装压燃往复式活塞内燃发动机其他载人车辆

续表

产品类别		海关编码	名称
乘用车	乘用车（不含轿车）	8703336902	排量 >4 升装压燃往复式活塞内燃发动机非 4 轮驱动越野车
		8703336991	排量 >4 升装压燃往复式活塞内燃发动机非 4 轮驱动越野车成套散件
		8703336999	排量 >4 升装压燃往复式活塞内燃发动机其他载人车辆的成套散件
		8703900001	其他型排气量≤1 升的其他载人车辆
		8703900002	其他型 1.5 升 < 排气量≤2 升的其他载人车辆
		8703900003	其他型 2 升 < 排气量≤2.5 升的其他载人车辆
		8703900004	其他型 2.5 升 < 排气量≤3 升的其他载人车辆
		8703900005	其他型 3 升 < 排气量≤4 升的其他载人车辆
		8703900006	其他型排气量 >4 升的其他载人车辆
		8703900007	其他型 1 升 < 排气量≤1.5 升的其他载人车辆
		8703900014	其他型 2.5 升 < 排气量≤3 升的小轿车、越野车
		8703900015	其他型 3 升 < 排气量≤4 升的小轿车、越野车
		8703900016	其他型排气量 >4 升的小轿车、越野车
载货车、低速汽车		8704210000	柴油型其他小型货车（装有压燃式活塞内燃发动机，小型指车辆总重量≤5 吨）
		8704223000	柴油型其他中型货车（装有压燃式活塞内燃发动机，中型指 5 < 车辆总重量 < 14 吨）
		8704224000	柴油型其他重型货车（装有压燃式活塞内燃发动机，重型指 14≤车辆总重≤20 吨）
		8704230001	固井水泥车、压裂车、混砂车底盘（车辆总重量 >35 吨，装驾驶室）
		8704230002	起重≥55 吨汽车起重机用底盘（装有压燃式活塞内燃发动机）
		8704230003	车辆总重量≥31 吨清障车专用底盘
		8704230090	柴油型的其他超重型货车（装有压燃式活塞内燃发动机，超重型指车辆总重量 >20 吨）
		8704310000	总重量≤5 吨的其他货车（汽油型，装有点燃式活塞内燃发动机）
		8704323000	5 吨 < 总重量≤8 吨的其他货车（汽油型，装有点燃式活塞内燃发动机）
		8704324000	总重量 >8 吨的其他货车（汽油型，装有点燃式活塞内燃发动机）
		8704900000	装有其他发动机的货车
		8706002100	车辆总重量≥14 吨的货车底盘（装有发动机的）
		8706002200	车辆总重量 <14 吨的货车底盘（装有发动机的）
		8706009000	其他机动车辆底盘（装有发动机的，编号 8701，8703 和 8705 所列车辆用）
		8701200000	半挂车用的公路牵引车

附件2

实行出口许可证管理的摩托车产品目录

产品类别	海关编码	名称
摩托车、非公路用两轮摩托车	8711100010	微马力摩托车及脚踏两用车(装有往复式活塞内燃发动机,微马力指排气量 = 50cc)
	8711201000	小马力摩托车及脚踏两用车(装有往复式活塞内燃发动机,小马力指 50cc < 排气量≤100cc)
	8711202000	小马力摩托车及脚踏两用车(装有往复式活塞内燃发动机,小马力指 100cc < 排气量≤125cc)
	8711203000	小马力摩托车及脚踏两用车(装有往复式活塞内燃发动机,小马力指 125cc < 排气量≤150cc)
	8711204000	小马力摩托车及脚踏两用车(装有往复式活塞内燃发动机,小马力指 150cc < 排气量≤200cc)
	8711205000	小马力摩托车及脚踏两用车(装有往复式活塞内燃发动机,小马力指 200cc < 排气量≤250cc)
	8711301000	小马力摩托车及脚踏两用车(装有往复式活塞内燃发动机,250cc < 排气量≤400cc)
	8711302000	小马力摩托车及脚踏两用车(装有往复式活塞内燃发动机,400cc < 排气量≤500cc)
	8711400000	500 < 排量≤800 毫升装往复式活塞内燃发动机摩托车及脚踏两用车
	8711500000	800 毫升 < 排量装往复式活塞内燃发动机摩托车及脚踏两用车
全地形车	8703101100	全地形车
摩托车发动机和车架	8407310000	排气量≤50cc 往复式活塞引擎(87 章所列车辆用的点燃往复式活塞发动机,不超过 50cc)
	8407320000	50cc < 排气量≤250cc 往复式活塞引擎(第 87 章所列车辆用的点燃往复式活塞发动机)
	8714190010	摩托车架

附件3

符合申领汽车出口许可证条件企业申请表

企业名称	
申报类别 (包括:乘用车(不含轿车)、轿车、 大中型客车、载货车、低速汽车)	
企业海关注册编码	
企业进出口经营权代码	
是否具有底盘生产资格	
企业性质 (国有、民营、合资、外商独资)	

续表

<table>
<tr><td rowspan="4">上年度出口情况</td><td colspan="2">出口数量、金额及增长率</td><td colspan="3"></td></tr>
<tr><td colspan="2">其中：自营出口数量及金额</td><td></td><td>代理出口数量及金额</td><td></td></tr>
<tr><td colspan="2">拥有哪些在国外注册的自主品牌</td><td colspan="3"></td></tr>
<tr><td colspan="2">自主品牌出口比例</td><td colspan="3"></td></tr>
<tr><td rowspan="5">下一年度授权出口经营企业名单</td><td>序号</td><td>企业名称</td><td>企业海关注册编码</td><td colspan="2">进出口经营权代码</td></tr>
<tr><td>1</td><td></td><td></td><td colspan="2"></td></tr>
<tr><td>2</td><td></td><td></td><td colspan="2"></td></tr>
<tr><td>3</td><td></td><td></td><td colspan="2"></td></tr>
<tr><td>4</td><td></td><td></td><td colspan="2"></td></tr>
<tr><td colspan="3">法人代表签字
年　月　日</td><td colspan="3">企业盖章
年　月　日</td></tr>
</table>

联系人：　　　　　　　　联系电话：

附件4

符合申领摩托车、非公路用两轮摩托车、全地形车出口许可证条件企业申请表

<table>
<tr><td colspan="3">企业名称</td><td colspan="3"></td></tr>
<tr><td colspan="3">申请类别
（包括：摩托车、非公路用两轮摩托车、全地形车）</td><td colspan="3"></td></tr>
<tr><td colspan="3">企业海关注册编码</td><td colspan="3"></td></tr>
<tr><td colspan="3">企业进出口经营权代码</td><td colspan="3"></td></tr>
<tr><td colspan="3">企业性质
（国有、民营、合资、外商独资）</td><td colspan="3"></td></tr>
<tr><td rowspan="4">上年度出口情况</td><td colspan="2">出口数量、金额及增长率</td><td colspan="3"></td></tr>
<tr><td colspan="2">其中：自营出口数量及金额</td><td></td><td>代理出口数量及金额</td><td></td></tr>
<tr><td colspan="5">拥有哪些在国外注册的自主品牌</td></tr>
<tr><td colspan="5">自主品牌出口比例</td></tr>
<tr><td rowspan="6">下一年度授权出口经营企业名单</td><td>序号</td><td>企业名称</td><td>企业海关注册编码</td><td colspan="2">进出口经营权代码</td></tr>
<tr><td>1</td><td></td><td></td><td colspan="2"></td></tr>
<tr><td>2</td><td></td><td></td><td colspan="2"></td></tr>
<tr><td>3</td><td></td><td></td><td colspan="2"></td></tr>
<tr><td>4</td><td></td><td></td><td colspan="2"></td></tr>
<tr><td>5</td><td></td><td></td><td colspan="2"></td></tr>
<tr><td colspan="3">法人代表签字
年　月　日</td><td colspan="3">企业盖章
年　月　日</td></tr>
</table>

联系人：　　　　　　　　联系电话

附件5

符合申领汽车出口许可证条件企业申请汇总表

省(自治区、直辖市、计划单列市及新疆生产建设兵团)机电办名称及盖章:

序号	生产企业				授权出口经营企业		
	名称	企业海关注册编码	进出口经营权代码	申报类别	名称	企业海关注册编码	进出口经营权代码

地方机电办联系人:　　　　　　　　　　　　联系电话:

附件6

符合申领摩托车、非公路用两轮摩托车、全地形车出口许可证条件生产企业申请汇总表

省(自治区、直辖市、计划单列市及新疆生产建设兵团)机电办名称及盖章:

序号	生产企业				授权出口经营企业		
	名称	企业海关注册编码	进出口经营权代码	申报类别	名称	企业海关注册编码	进出口经营权代码

地方机电办联系人:　　　　　　　　　　　　联系电话:

附件7

摩托车发动机和车架出口证明

20　年　月　日至20　年　月　日　　　　　　单位(企业海关注册编码　　　　　　　)出口的摩托车发动机/车架(型号　　　　　　　　　　　　)质量可靠,同意出口。

特此证明。

证明单位(公章):

法人代表(签字):

20　　年　　月　　日

出口国家和地区为:

海关总署关于原产于美国的部分进口汽车产品征收反倾销税和反补贴税措施的有关问题补充的公告

海关总署 2011 年第 76 号

根据《中华人民共和国反倾销条例》和《中华人民共和国反补贴条例》的规定，国务院关税税则委员会决定自 2011 年 12 月 15 日起，对原产于美国的部分进口汽车产品征收反倾销税和反补贴税，期限为 2 年。海关为此发布了 2011 年第 75 号公告，根据国务院关税税则委员会办公室通知，现就原产于美国的部分进口汽车产品征收反倾销税和反补贴税措施的有关问题补充公告如下：

自 2011 年 12 月 15 日起，对原产于美国的排气量在 2.5 升以上的进口小轿车和越野车（税则号列：87032361、87032362、87032369、87032411、87032412、87032419、87032421、87032422、87032429、87033311、87033312、87033319、87033321、87033322、87033329、87033361、87033362、87033369 和 87039000），除按现行规定征收关税外，还应区别不同的供货厂商，按照 2011 年第 75 号公告附件 2 所列的适用税率和下述计算公式征收反倾销税、反补贴税及相应的进口环节消费税和进口环节增值税：

反倾销税税额 = 完税价格 × 反倾销税税率

反补贴税税额 = 完税价格 × 反补贴税税率

进口环节消费税税额 =（完税价格 + 关税税额 + 反倾销税税额 + 反补贴税税额）÷（1 − 进口环节消费税税率）× 进口环节消费税税率

进口环节增值税税额 =（完税价格 + 关税税额 + 反倾销税税额 + 反补贴税税额 + 实征进口环节消费税税额）× 进口环节增值税税率

其他事宜仍按照海关总署 2011 年第 75 号公告的规定执行。

特此公告。

二〇一一年十二月十五日

商务部关于对美部分进口汽车实施反倾销和反补贴措施的公告

商务部 2011 年第 84 号

根据《中华人民共和国反倾销条例》和《中华人民共和国反补贴条例》的规定，2011 年 5 月 5 日，商务部公布《关于原产于美国的部分进口汽车产品反倾销反补贴调查案的最终裁定》（商务部公告 2011 年第 20 号），裁定在案件调查期内，原产于美国的排气量在 2.5 升以上的进口小轿车和越野车（以下简称被调查产品）存在倾销和补贴，中国国内排气量在 2.5 升以上的小轿车和越野车产业受到实质损害，且倾销、补贴与实质损害之间存在因果关系。

一、征收反倾销税和反补贴税

根据《中华人民共和国反倾销条例》及《中华人民共和国反补贴条例》的有关规定，商务部向国务院关税税则委员会提出征收反倾销反补贴税的建议，国务院关税税则委员会根据商务部的建议做出决定，按商务部公告 2011 年第 20 号所载明的被调查产品及调查范围、终裁倾销幅度及终裁从价补贴率征收反倾销和反补贴税，实施期限 2 年，自 2011 年 12 月 15 日起到 2013 年 12 月 14 日止。

（一）对各公司征收的反倾销税率如下：

1. 通用汽车有限公司　8.9%

（General Motors LLC）

2. 克莱斯勒集团有限公司　8.8%

（Chrysler Group LLC）

3. 梅赛德斯—奔驰美国国际公司　2.7%

（Mercedes - Benz U. S. International, Inc.）

4. 宝马美国斯帕坦堡工厂　2.0%

(BMW Manufacturing LLC)

5. 美国本田制造有限公司及美国本田有限公司 4.1%

(Honda of America Mfg., Inc., American Honda Motor Co, Inc.)

6. 其他美国公司 21.5%

(All Others)

(二)对各公司征收的反补贴税率如下:

1. 通用汽车有限公司 12.9%

(General Motors LLC)

2. 克莱斯勒集团有限公司 6.2%

(Chrysler Group LLC)

3. 梅赛德斯—奔驰美国国际公司 0%

(Mercedes – Benz U. S. International, Inc.)

4. 宝马美国斯帕坦堡工厂 0%

(BMW Manufacturing LLC)

5. 美国本田制造有限公司及美国本田有限公司 0%

(Honda of America Mfg., Inc., American Honda Motor Co, Inc.)

6. 福特汽车公司 0%

(Ford Motor Company)

7. 其他美国公司 12.9%

(All Others)

二、征收反倾销税和反补贴税的方法

自2011年12月15日起,进口经营者在进口原产于美国的排气量在2.5升以上的进口小轿车和越野车时,应向中华人民共和国海关缴纳相应的反倾销税和反补贴税。反倾销税和反补贴税以海关审定的完税价格从价计征,计算公式为:反倾销税额=海关完税价格×反倾销税税率,反补贴税额=海关完税价格×反补贴税税率。进口环节增值税以海关审定的完税价格加上关税、反倾销税和反补贴税作为计税价格从价计征。

三、反倾销税和反补贴税的追溯征收

对2011年12月15日前进口的被调查产品不再追溯征收反倾销税和反补贴税。

四、复审

在征收反倾销税反补贴税期间,有关利害关系方可根据《中华人民共和国反倾销条例》及《中华人民共和国反补贴条例》的相关规定,向调查机关书面申请复审。

五、行政复议和行政诉讼

对本征收反倾销税和反补贴税的决定不服的,根据《中华人民共和国反倾销条例》第五十三条及《中华人民共和国反补贴条例》第五十二条的规定,可以依法申请行政复议,也可以依法向人民法院提起诉讼。

六、本公告自2011年12月15日起执行

特此公告。

附件:中华人民共和国商务部公告2011年第20号(略)

中华人民共和国商务部

二〇一一年十二月十四日

国家认证认可监督管理委员会关于进一步完善和规范免于强制性认证特殊用途进口汽车检测处理程序的通知

各有关直属出入境检验检疫局,各有关进口汽车产品指定认证及检测机构及有关单位:

为完善对特殊用途进口产品免于办理强制性认证的检测处理程序,加强对该项工作的规范管理,我委对《关于调整免予强制性产品认证检测处理程序的公告》(国家认监委公告2008年第38号,以下简称38号公告)中有关特殊用途进口汽车的检测处理程序的规定进一步明确并要求如下:

一、明确和规范申请环节相关要求

（一）明确“特殊用途及特殊原因”，规范申请人的资质

38 号公告规定“为保证贸易需求，并借鉴国际上的实施经验，对确因特殊用途或因特殊原因而未获得强制性产品认证的小批量用于生产和生活消费的进口产品可以按照《免于强制性产品认证的特殊用途进口产品检测处理程序》进行处理。”对“特殊用途或因特殊原因”进一步明确为“反恐安全、抢险救灾、应急指挥、体育竞技、道路试验、国家重大生产建设项目和最终用户使用”。其中以“反恐安全、抢险救灾、应急指挥、体育竞技、道路试验、国家重大生产建设项目”名义申请的，申请人需出具省部级政府部门主管司厅局或地市级人民政府（厅局级）的证明文件（证明上需列明相关部门的具体联系人），说明以上特殊用途或特殊原因方可申请特殊检测处理程序；对于道路试验，是指需要上路行驶，进行道路适应性试验，试验后不退运出境或销毁核销，同时对于以“道路试验”名义申请的，申请人必须是国内外汽车生产制造企业；对于以“最终用户使用”名义申请的，申请人须为商务部门进口许可证上列明的进口商。

（二）强化申请人的质量责任

特殊检测处理程序申请人需积极配合口岸直属出入境检验检疫局（以下简称口岸直属局）的监管和实验室的检测安排，否则对其申请不予受理；需对该产品的安全性能作出保证，自我声明对该产品在生产或使用中的质量安全负责；需提供与制造商或售后维修保障企业签订的有关产品召回、维修保障的相关约定，进口商自身承担维修保障及召回责任的，需提供具备维修保障能力的相关资质证明并对相关召回安排作出说明；需承诺配合召回管理及认证监管等后续调查，建立进口最终用户信息档案。

（三）加强对申请人的监管

对因“反恐安全、抢险救灾、应急指挥、体育竞技、道路试验、国家重大生产建设项目”提出的申请，口岸直属局需核实申请人出具的证明文件来源是否真实，对其申请原因与实际使用情况是否相符进行抽查；对于为“最终用户使用”的申请人，口岸直属局可结合对企业建立诚信档案、分类管理等国家及检验检疫系统现有的管理制度对申请人实施管理。

（四）完善审核原则

除符合 2008 年 38 号公告审核原则外，为与强制性产品认证制度相协调，增加：

1. 擅自更改、捏造产品型号，经同一品牌、同一生产厂或制造商书面确认该型号产品不存在的不予受理；

2. 同一生产厂同一型号获证产品因安全质量原因证书被撤销的不予受理；同一生产厂同一型号获证产品证书处于暂停状态的不予受理；

3. 对原制造商或生产厂生产车型底盘进行改装，发动机布置或车辆轴距发生变化的，须提供相关正面碰撞、侧面碰撞、后部碰撞检测报告，经指定认证及检测机构人员审核及现场对车型进行确认后方可受理。指定认证及检测机构要将车型改装的具体情况及时通报口岸直属局。

二、明确和规范受理环节的相关要求

（一）规范对可受理申请的车型认定

1. 指定进口汽车认证机构应即时对外公布已获得认证的进口车型目录；

2. 指定进口汽车认证机构应针对口岸直属局有关查询问题并结合实际情况提出可以受理申请的车型技术指导建议；

3. 对于受理申请的车型相关信息需要技术判定或确认的，口岸直属局应委托指定进口汽车认证机构进行技术判定；指定进口汽车认证机构将技术判定结果回复各口岸直属局的同时报认监委备案；

4. 指定进口汽车认证机构和口岸直属局、检测机构之间应建立程序，形成有效机制，保证车型核查结果的及时性、有效性、统一性。

（二）加强信息化建设

各口岸直属局应建立和完善电子化管理系统，尽快纳入我委统一的特殊检测处理程序信息化管理平台，实现网上审批。

（三）明确车辆变更和送检期限的规定

特殊检测处理程序申请人在口岸直属局受理申请后必须在三个月内送样检测，不得延期，超期作废。申请时提交的 VIN 码须与送样检测时一致，如实际车辆 VIN 码发生变更，申请人须按程序重新提交申请。

三、明确和规范检测环节的相关要求

（一）加强对检测机构资质的管理

指定的特殊检测处理程序检测机构（以下简称检测机构）自身在口岸建立的检测实验室应严格按照38号公告要求申请实验室认可并报国家认监委批准，不得利用其他未获得国家认监委批准的检测实验室的设备开展检测。

（二）加强对送检物证的管理

检验检疫部门开具送检通知单，检测机构接到样品后，需向口岸直属局回复接受样品回复单，口岸直属局需每月进行抽样比对；检测报告需有车辆照片，照片必须有特定标志物（例如检测车间厂房、门牌标志、试验前后里程表公里数等），并附有时间。

（三）完善检测要求

根据近3年来国家标准及认证规则制修订情况，调整相关检测项目（见附件1），增加对破坏性实验项目的资料审查；增加车辆一致性证书和燃油消耗量标识的要求（具体见附件2）。

（四）加强对检测过程的管理

1. 指定进口汽车认证机构对各检测机构的试验方案及检测报告格式进行梳理和统一；

2. 同一车型初次检测时，由指定进口汽车认证机构根据我委相关规定统一制定实验方案和检测报告格式，各检测机构参照执行；

3. 对各检测机构合格判定存在差异的检测项目，由国家认监委汽车强制性产品认证技术专家组的对相关项目的合格判定尺度作出统一，各检测机构统一执行；

4. 各检测机构应严格按照我委的相关要求开展检测工作，严格执行国家规定的检测项目及收费标准；

5. 各检测机构检测收费发票必须列明检测车辆的检测处理程序批准书编号，检测报告备注栏填写发票号以备核查；

6. 口岸直属局根据检测结果、检测收费发票等相关资料审核后方可签发批准书。

7. 送检车辆在检测期间，检测机构应做好车辆的相关管理。

（五）对检测任务量进行评估

各口岸直属局应评估检测机构的检测能力和任务量是否匹配，组织开展对所辖检测机构的设备情况，单车检测时间，年度检测总能力进行评估，统一报我委备案。

四、明确和规范监督管理环节的相关要求

（一）业务指导及日常管理

我委对口岸直属局及指定认证机构、检测机构的工作进行业务指导和日常检查，组织开展同行评议、异地检查等活动。口岸直属局应对承担本口岸进口汽车特殊检测处理程序检测任务的检测机构进行日常监管，包括对检测机构检测收费情况进行检查，必要时口岸直属局可直接暂停违规检测机构的检测任务。

（二）年度专项监督

加强工作纪律要求，对特殊检测处理程序检测机构及人员纳入我委CCC年度专项监督检查计划。

五、加强与总局相关管理制度的衔接

各口岸直属局应主动收集进口车辆的安全隐患相关信息，密切关注总局召回及风险预警机制的有关通报，对存在相同安全问题的进口车辆停止接受其检测处理程序申请；对检测中发现存在不合格项且无法进行整改的车辆以及其他进口汽车重大安全质量问题，应立即以警示通报形式上报我委，抄送各口岸直属局及指定进口汽车认证机构，以便各口岸直属局统一执行掌握及提请总局召回或发布风险预警。

六、加强政策交流和信息通报工作

各口岸直属局对工作中遇到的政策及技术问题应及时上报我委，我委将通过定期例会、专项研讨及技术专家组会议等多种方式，对新情况、新问题及时研究，统一做法，解决问题；各口岸直属局应加强对检测不合格信息的通报力度，加强自身有关汽车法规、标准、政策的更新及培训、交流工作。

本通知自2011年8月1日起执行，其中有关新增检测项目、燃油消耗量标识、一致性证书要求自2011年10月1日起实施。

请各口岸直属局严格执行以上有关工作要求及38号公告的规定，并做好相关工作的宣传贯彻工作。

附件：

1. 检测项目及收费标准

2. 车辆一致性证书及油耗标识

二〇一一年七月二十九日

附件 1：

检测项目及收费标准

序号	项目名称	依据标准	适用范围							备注	修订说明
			M1	M2	M3	N1	N2	N3	O		
1	汽车标记、VIN	GB 7258—2004 GB 16735—2004	540	540	540	540	540	540	540		
2	汽车尺寸、轴荷和质量	GB 7258—2004 GB 1589—2004	1800	1800	1800	1800	1800	1800	1800		
3	侧倾稳定角	GB 7258—2004 GB/T 14172—2009	1800	2250	2250	1800	2250	2250			新增标准试验方法
4	转向装置	GB 17675—1999	900	1080	1080	900	1080	1080		3.5;3.9;3.11－3.13 条暂不检测	
5	制动装置	GB 12676—1999 GB 21670—2008	13050	13950	15750	13050	13950	15300	5130	不做部分失效(M1 类按 GB21670)	标准修订
	制动 ABS	GB/T 13594—2003 GB 21670—2008	900		900			900	900	装置、结构审查	标准修订
6	驾驶员前方视野	GB 11562—1994	3600								
7	后视镜安装	GB 15084—2006	2700	2700	2700	2700	2700	2700		内后视镜安装要求 1000 元 下视镜女装要求 600 元	
8	风窗玻璃除霜装置	GB 11555—2009 GB/T 24552—2009	900							资料审查\装置、结构、功能审查	标准修订 新增标准
9	风窗玻璃除雾装置	GB 11555—2009 GB/T 24552—2009	900							资料审查\装置、结构、功能审查	标准修订 新增标准
10	刮水器装置	GB 15085—1994	180	180	180	180	180	180			
	刮水器性能	GB 15085—1994	3600							刮刷面积、阻力、频率	
11	照明与信号装置安装	GB 4785—2007	3690	3690	3690	3690	3690	3690	3690	几何可见度角和 4.3.2.6 条倾斜度暂不检测	
12	前照灯位置和强度	GB 7258—2004	720	720	720	720	720	720			
	前照灯配光	GB 4599—2007	450	450	450	450	450	450		整车光型检测，(如配光性能每灯丝收费 1680 元)	标准修订

续表

序号	项目名称	依据标准	适用范围							备注	修订说明
			M1	M2	M3	N1	N2	N3	O		
13	车速表	GB 15082—2008	900	900	900	900	900	900			
14	电喇叭装车性能	GB 15742—2001	450	450	450	450	450	450		装车性能	
15	图形标志	GB 4094—1999 GB/T 4094.2—2005	540	540	540	540	540	540			新增标准
16	燃油系统及排气管	GB 7258—2004	540	540	540	540	540	540			
17	护轮板	GB 7063—1994	540							3.2、3.7条暂不检测	
18	侧部防护装置	GB 11567.1—2001					1350	1350		进行尺寸测量	
	后部防护装置	GB 11567.2—2001					2250	2250		进行尺寸测量	
19	汽车号牌板	GB 15741—1995	540	540	540	540	540	540	540		
20	客车结构	GB 18986—2003 GB 13094—2007 GB 24407—2009		2700	1350						新增标准
21	噪声	GB 1495—2002	1350	1350	1350	1350	1350	1350	1350	没有特殊场地要求	
22	排气污染物工况	GB 18352.3—2005	7200 13500			7200 13500			7200 13500	总质量 < 3.5T车辆	
	怠速	GB 18352.3—2005 GB 18285—2005	720	720	720	720	720	720	720	总质量 > 3.5T车辆	
	曲轴箱	GB 18352.3—2005	2700			2700			2700	总质量 < 3.5T车辆	
23	发动机排气污染物	GB 17691—2005					900	900		总质量 > 3.5T车辆,资料审查	
24	装用压燃式发动机车辆排气可见污染物 自由加速	GB 3847—2005	360	360	360	360	360	360	360		
25	含氟物质		180	180	180	180	180	180	180	有空调的车	
26	轻型汽车燃油消耗量	GB/T 19233—2008 GBT 19753—2005	900	900		900				随排气污染物检测进行	标准修订 混合动力
27	汽车罩盖锁	GB 11568—1999	540	540	540	540	540	540			
28	道路运输爆炸品和剧毒化学品车辆安全技术条件	GB 20300—2006 GB 21668—2008 危险货物运输车辆结构要求						360		仅适用于危险物品运输车	

续表

序号	项目名称	依据标准	适用范围							备注	修订说明
			M1	M2	M3	N1	N2	N3	O		
29	商用车驾驶室外部凸出物	GB 20182—2006				1350	1350	1350			
30	汽车定置噪声	GB/T 14365—1993	900	900	900	900	900	900			
31	防盗装置	GB 15740—2006	900	900	900	900	900	900		整车装置检查	
32	电动汽车安全要求	GB/T 18384.1—2001 车载储能装置	900	900	900	900				部分项目(条款4;6.1;6.2;)	新增项目
		GB/T 18384.2—2001 功能安全和故障防护	540	540	540	540				部分项目(条款4.1—4.5;6)	新增项目
		GB/T 18384.3—2001 人员触电保护	4500	4500	4500	4500				部分项目(条款4;5.2;6.2.1;6.3)	新增项目
33	混合动力电动汽车安全要求	GB/T 19751—2005	5940	5940	5940	5940				部分项目(4.1.1—4.1.3;4.2.1—4.2.3;5)	新增项目
34	安全带提醒装置	GB/T 24551—2009	540								新增项目
35	校车标识	GB 24315—2009	540	540	540					外观、颜色、尺寸	新增项目
36	车身反光标识	GB 23254—2009 GB 7258—2004				900	900	900	900	只做4.2	新增项目 GB 7258—2004中8.2.7—8.2.9及附录H
37	外部凸出物	GB 11566—2009	1350								新增项目
38	轻型混合动力电动汽车污染物排放物	GB/T 19755—2005	9900	9900		9900					新增项目
39	动力蓄电池	QC/T 742—2006 QC/T 743—2006 QC/T 744—2006 GB/Z 18333.2—2001	900	900	900	900	900	900		资料审查	新增项目
40	专用汽车 质量参数	GB 7258—2004						1620		适用于专用汽车	
	专用汽车 上装电气系统	JB 8716—1998 JG 5099—1998						900		适用于汽车起重机、高空作业车、混凝土泵车	

续表

序号	项目名称		依据标准	适用范围							备注	修订说明
				M1	M2	M3	N1	N2	N3	O		
40	专用汽车	危险标志	GB 7258—2004 GB 15052—1994 CNCA-02C-023:2008 附件5第7-03条						200		运送危险货物的车辆	
		罐体及管路	CNCA-02C—023:2008 附件5第7-04条						400		罐式汽车	
		导静电装置	GB 7258—2004 JT 230—1995						500		运送易燃品的专用汽车	
		消防装置检查	GB 7258—2004						800		运送易燃、易爆品的专用汽车及作业环境有特殊要求的专用汽车	
		作业噪声	GB 20062-2006 CNCA-02C-023:2008 附件5第7-07条						900		适用于罐式汽车、汽车起重机、随车起重运输车、混凝土搅拌运输车	
		安全防护装置	JB 8716—1998 JG 5099—1998 CNCA-02C-023:2008 附件5第7-08条						3600		适用于汽车起重机、高空作业车、随车起重运输车、混凝土泵车、垃圾车、吸污车	
		操作系统	JB 8716—1998 JG 5099—1998 CNCA-02C-023:2008 附件5第7—09条						1800		适用于汽车起重机、高空作业车、混凝土搅拌运输车、垃圾车	
		整车稳定性	JB 8716—1998 JG 5099—1998 CNCA-02C-023:2008 附件5第7-10条						720		适用于汽车起重机、高空作业车、随车起重运输车、混凝土泵车、混凝土搅拌运输车、清障车	
		液压系统	JB 8716—1998 JG 5099—1998 CNCA-02C-023:2008 附件5第7—11条						1440		适用于汽车起重机、高空作业车、特种结构汽车	
		吊钩	JB 8716—1998						800		适用于汽车起重机	

续表

序号	项目名称		依据标准	适用范围							备注	修订说明
				M1	M2	M3	N1	N2	N3	O		
40	专用汽车	钢丝绳	JB 8716—1998 JG 5099—1998 CNCA－02C－023:2008 附件5第7—13条						1000		适用于汽车起重机、高空作业车随车起重运车、清障车，资料审查	
		上车制动器	CNCA－02C－023:2008 附件5第7—14条						720		适用于汽车起重机、随车起重运输车	
		起升、变幅、伸缩、回转机构	JB 8716—1998 CNCA－02C－023:2008 附件5第7—15条						1800		适用于汽车起重机 清障车	
		压力表	CNCA－02C－023:2008 附件5第7—16条						500		适用于专用汽车	
		结构强度	JG 5099—1998 CNCA－02C－023:2008 附件5第7—17条						3600		适用于汽车起重机、随车起重运输车、清障车、高空作业车、特种结构汽车 做资料审查	
		上车操纵室	JB 8716—1998						1800		适用于汽车起重机	
		上车排放	CNCA－02C－023:2008 附件5第7—19条						1620		适用于安装上车发动机的专用车	

附件2:

车辆一致性证书及油耗标识

一、轻型汽车燃料消耗量标识要求

对于申请进口轻型汽车(燃用汽油或柴油的，最大设计总质量不超过3500kg的M1、M2类和N1类车辆，燃用汽油或柴油的混合动力汽车)免于办理强制性产品认证特殊检测处理程序的申请人按照GB 22757—2008《轻型汽车燃料消耗量标识》标准要求制作完成并加施经口岸检验检疫机构认可的轻型汽车燃料消耗量标识。

二、车辆一致性证书要求

对于申请进口汽车免于办理强制性产品认证特殊检测处理程序的申请人须制作完成经口岸检验检疫机构认可的车辆一致性证书(见下表)。

车辆一致性证书	
(用于完整或多阶段制成车辆)	
第一部分　车辆总体信息	
车辆一致性证书编号:A＊＊＊＊＊＊＊＊＊＊＊＊＊＊＊＊＊＊＊＊＊＊＊＊＊	
0.1	车辆生产厂名称:
C0.1	车辆制造国:

续表

车辆一致性证书			
（用于完整或多阶段制成车辆）			
0.2	车型系列代号/名称：		
	单元代号/名称：		
	车型代号/名称：		
0.2.1	车型名称：		
C0.2	车辆中文品牌：		
C0.3	车辆英文品牌：		
0.4	车辆类别：		
	车身颜色：		
	本制造阶段的制造商名称：		
	本制造阶段的制造商地址：		
0.6	法定铭牌的位置：		
	车辆识别代号：		
	车辆识别代号的打刻位置：		
21	发动机编号：		
	发动机编号在发动机上的打刻位置：		
CCC 认证过程中车辆的制造阶段			
本阶段在所有方面与本证书第二部分描述的技术参数相符合的不完整单阶段制成车辆：			
特殊检测处理程序检测报告编号：		报告签发日期：	
车辆一致性证书制作日期（盖章）：			
第二部分 车辆一致性证书参数			
（以下所示数值和单位是相应 CCC 认证文件中给出的。对于生产一致性（COP）试验，这些值必须按照相应标准中所描述的方法进行核对，并考虑这些标准中 COP 试验的允差。）			
1 车轴数量	2	车轮数量	4
2 驱动轴位置	第 1 轴/第 2 轴	3 轴距（mm）	2850
5 轮距（mm）	1680/1675	6.1 长度（mm）	5150
7.1 宽度（mm）	1970	8 高度（mm）	1945
C1 前悬（mm）	985	11 后悬（mm）	1315
C2 接近角（°）	30	C3 离去角（°）	20
12.1 行驶状态下带车身的车辆质量（kg）	3260		
14.1 额定总质量（kg）	3260	14.2 该质量的轴荷分配（kg）	1695/1565
14.3 各车轴或车轴组技术上允许的最大质量（kg）	1695/1565	16 车顶最大允许载荷（kg）	不适用
17 挂车的最大质量（制动下）（kg）	不适用	挂车的最大质量（非制动下）（kg）	不适用
18 牵引车与挂车的最大组合质量（kg）	不适用	19.1 牵引车与挂车连接点处的最大垂直负荷（kg）	不适用
20 发动机制造商名称	TOYOTA	C4 发动机型号	1GR

续表

车辆一致性证书			
（用于完整或多阶段制成车辆）			
22 发动机工作原理	点燃式，四冲程	22.1 直接喷射	否
23 汽缸数量	6	汽缸排列形式	V
24 排量(ml)	3956	25 燃油种类	汽油
26 最大净功率(kw)	168	对应的发动机转速(min－1)	5200
27 离合器型式	不适用	28 变速器型式	自动
29 速比	3.520/2.042/1.400/1.000/0.716/倒档3.224		
30 主传动比	4.100		
32 轮胎规格	285/65R17		
34 转向助力型式	液压助力		
35 制动装置简要说明	带ABS、液压助力、前后盘式		
37 车身型式	AF 多用途车	38 车辆颜色	
41 车门数量	5	车门构造	铰接门
42.1 座位数(包括驾驶员座)	8	布置方式	前2，中3，后3
43.1 如装有牵引装置，其CCC证书编号	不适用	或试验报告编号	不适用
44 最高车速(km/h)	190		
45 声级	不适用		
46.1 排气排放物	CCC认证引用的标准号及对应的实施阶段：GB 18352.3—2005(Ⅳ)		
46.2 CO_2 排放量/燃料消耗量	CCC认证引用的标准号：GB 18352.3—2005(Ⅳ)		
		CO_2 排放量(g/km)	燃料种类消耗量(L/100km)
	市区	419	17.7
	市郊	265	11.2
50 备注	综合	322	13.6

商务部机电和科技产业司关于2011年汽车和摩托车出口资质申报工作有关事项的通知

商产出函〔2010〕1305号

各省、自治区、直辖市、计划单列市及新疆生产建设兵团商务主管部门：

根据商务部、发展改革委、海关总署、质检总局、认监委联合发布的《关于规范汽车出口秩序的通知》（商产发〔2006〕629号）、《关于规范摩托车产品出口秩序的通知》（商机电发〔2005〕699号）和《关于规范摩托车产品出口秩序的补充通知》（商机电发〔2006〕44号），经商有关部门，现将2011年汽车和摩托车出口资质申报工作的有关事项通知如下：

一、2011年起具备出口资质的汽车企业和摩托车企业公告将于每年1月1日发布。各省、自治区、直辖市、计划单列市及新疆生产建设兵团商务主管部门（机电办）须于11月15日前将所在地汽车和摩托车生产企业的申报材料和汇总文件报至商务部（产业司）。

二、2011年起将不再进行年中资质调整，请各商务主管部门通知有关汽车和摩托车生产企业根据各自出口计划，慎重选择授权出口经营企业。

三、对于2009年和2010年1～9月汽车出口量均达不到50辆的生产企业，只可申请授权1家出口经营企业。

四、为鼓励发展与边境接壤国家的汽车贸易，边境地区有关省、自治区可推荐1—2家有实力的外贸公司，与重点汽车生产企业建立委托关系，并可酌情增加上述生产企业的授权出口经营企业数量。

五、其他企业申请条件和产品管理范围维持2010年度管理不变。

六、各地商务主管部门向商务部汇总上报时应提交以下材料（一式两份）：

1. 商务主管部门申请文件；

2. 符合申领出口许可证条件企业名单申请汇总表（由地方机电办填写，见附件1、2，同时提交电子文本）；

3. 符合申领出口许可证条件企业名单申请表（由生产企业填写，见附件3、4，同时提交电子文本）；

4. 企业符合资质条件的证明材料

（1）申请出口车型的最新《车辆生产企业及产品公告》复印件、3C证书复印件、ISO证书复印件，获得出口目的国准入的相关认证材料复印件；

（2）具备与出口保有量相适应的维修服务能力的正式说明文件（企业目前出口的主要市场情况、在该市场建立服务网络情况、网点和服务人员数量、下一步发展计划等）；

（3）2009年、2010年1—9月企业国内产销、出口业绩情况（由生产企业填写，格式见附件5）及证明材料（海关报关单等证明文件）；

5. 授权出口经营企业的营业执照复印件；

七、商务部会同工信部、海关总署、质检总局、认监委拟定2011年度《符合申领汽车和摩托车出口许可证条件企业名单》，在商务部产业司网站上公示后于12月公告，2011年1月1日起执行。

八、请各地商务主管部门精心组织本地区企业申报，并认真对本地区企业材料进行严格审核，重点是核对企业进出口经营权代码、海关代码、出口业绩、境外售后服务和营销能力证明材料。对于虚报材料的企业，将予以严格处罚；对于初审工作不细致、把关不严的地方商务部门，将予以通报批评。

联系人：党梓育、张文俊

电话：010－65198784，65197577

传真：010－65197563

电子邮件：dangziyu@ mofcom. gov. cn

zhangwenjun@ mofcom. gov. cn

特此通知。

附件：1. 2011年度符合申领出口许可证条件汽车企业申请汇总表

2. 2011年度符合申领出口许可证条件摩托车及全地形车生产企业申请汇总表

3. 符合申领出口许可证条件汽车企业申请表

4. 符合申领出口许可证条件摩托车和全地形车企业申请表

5. 企业国内产销及出口情况表

商务部机电和科技产业司

二〇一〇年十月二十九日

附件1

2011年度符合申领出口许可证条件汽车企业申请汇总表

省（自治区、直辖市、计划单列市及新疆生产建设兵团）机电办名称及盖章：

序号	汽车生产企业					授权出口经营企业		
	名称	海关代码	进出口经营权代码	申报类别	是否具有底盘生产资格	名称	海关代码	进出口经营权代码

地方机电办联系人： 联系电话：

附件2

2011年度符合申领出口许可证条件摩托车及全地形车生产企业申请汇总表

省(自治区、直辖市、计划单列市及新疆生产建设兵团)机电办名称及盖章:

<table>
<tr><th rowspan="2">序号</th><th colspan="4">生产企业</th><th colspan="3">授权出口经营企业</th></tr>
<tr><th>名称</th><th>海关代码</th><th>进出口
经营权代码</th><th>申报类别</th><th>名称</th><th>海关代码</th><th>进出口经营权代码</th></tr>
<tr><td rowspan="5"></td><td rowspan="5"></td><td rowspan="5"></td><td rowspan="5"></td><td rowspan="5"></td><td></td><td></td><td></td></tr>
<tr><td></td><td></td><td></td></tr>
<tr><td></td><td></td><td></td></tr>
<tr><td></td><td></td><td></td></tr>
<tr><td></td><td></td><td></td></tr>
</table>

地方机电办联系人: 联系电话:

附件3

符合申领出口许可证条件汽车企业申请表

<table>
<tr><td colspan="3">企业名称</td><td></td></tr>
<tr><td colspan="3">申报类别
(包括:乘用车(不含轿车)、轿车、大中型客车、载货车、低速汽车)</td><td></td></tr>
<tr><td colspan="3">企业海关代码</td><td></td></tr>
<tr><td colspan="3">企业进出口经营权代码</td><td></td></tr>
<tr><td colspan="3">是否具有底盘生产资格</td><td></td></tr>
<tr><td colspan="3">企业性质</td><td></td></tr>
<tr><td colspan="3">《车辆生产企业及产品公告》中公告文号</td><td></td></tr>
<tr><td colspan="3">是否通过国家强制性产品认证</td><td></td></tr>
<tr><td rowspan="9">下一年度授权出口经营企业名单</td><td rowspan="3">1</td><td>企业名称</td><td></td></tr>
<tr><td>海关代码</td><td></td></tr>
<tr><td>进出口经营权代码</td><td></td></tr>
<tr><td rowspan="3">2</td><td>企业名称</td><td></td></tr>
<tr><td>海关代码</td><td></td></tr>
<tr><td>进出口经营权代码</td><td></td></tr>
<tr><td rowspan="3">3</td><td>企业名称</td><td></td></tr>
<tr><td>海关代码</td><td></td></tr>
<tr><td>进出口经营权代码</td><td></td></tr>
<tr><td colspan="3">法人代表签字

年 月 日</td><td>企业盖章

年 月 日</td></tr>
</table>

附件 4

符合申领出口许可证条件摩托车和全地形车企业申请表

<table>
<tr><td colspan="3">企业名称</td><td colspan="2"></td></tr>
<tr><td colspan="3">申请类别
（包括：摩托车、非公路用两轮摩托车、全地形车）</td><td colspan="2"></td></tr>
<tr><td colspan="3">企业进出口经营权代码</td><td colspan="2"></td></tr>
<tr><td colspan="3">企业海关代码</td><td colspan="2"></td></tr>
<tr><td colspan="3">企业性质</td><td colspan="2"></td></tr>
<tr><td colspan="3">《车辆生产企业及产品公告》中公告文号</td><td colspan="2"></td></tr>
<tr><td colspan="3">是否通过国家强制性产品认证</td><td colspan="2"></td></tr>
<tr><td rowspan="6">下一年度授权出口经营企业名单</td><td>序号</td><td>企业名称</td><td>海关代码</td><td>进出口经营权代码</td></tr>
<tr><td>1</td><td></td><td></td><td></td></tr>
<tr><td>2</td><td></td><td></td><td></td></tr>
<tr><td>3</td><td></td><td></td><td></td></tr>
<tr><td>4</td><td></td><td></td><td></td></tr>
<tr><td>5</td><td></td><td></td><td></td></tr>
<tr><td colspan="3">法人代表签字

年　月　日</td><td colspan="2">企业盖章

年　月　日</td></tr>
</table>

附件 5

企业产销及出口情况表

<table>
<tr><td rowspan="6">本年度生产经营情况</td><td>生产数量及增长率</td><td colspan="4"></td></tr>
<tr><td>产值及增长率</td><td colspan="4"></td></tr>
<tr><td>国内销售数量及增长率</td><td colspan="4"></td></tr>
<tr><td>国内销售额及增长率</td><td colspan="4"></td></tr>
<tr><td>纳税额及增长率</td><td colspan="4"></td></tr>
<tr><td>税后利润及增长率</td><td colspan="4"></td></tr>
<tr><td rowspan="11">本年度出口情况</td><td>出口数量及增长率</td><td colspan="4"></td></tr>
<tr><td>出口金额及增长率</td><td colspan="4"></td></tr>
<tr><td>自营出口数量及增长率</td><td colspan="4"></td></tr>
<tr><td>自营出口金额及增长率</td><td colspan="4"></td></tr>
<tr><td rowspan="4">本年度授权出口经营企业代理出口情况</td><td>序号</td><td>企业名称</td><td>出口数量</td><td>出口金额</td></tr>
<tr><td>1</td><td></td><td></td><td></td></tr>
<tr><td>2</td><td></td><td></td><td></td></tr>
<tr><td>3</td><td></td><td></td><td></td></tr>
<tr><td>出口主要国家和地区</td><td colspan="4"></td></tr>
<tr><td>拥有哪些在国外注册的自主出口品牌</td><td colspan="4"></td></tr>
<tr><td>自主品牌出口比例</td><td colspan="4"></td></tr>
</table>

商务部、国家发展和改革委员会、工业和信息化部、财政部、海关总署、国家质量监督检验检疫总局关于促进我国汽车产品出口持续健康发展的意见

商产发〔2009〕523 号

各省、自治区、直辖市、计划单列市及新疆生产建设兵团商务主管部门、发展改革委、工信部门、财政部门，海关总署广东分署、天津、上海特派办，各直属海关，各直属出入境检验检疫局，有关企业：

汽车产业是国民经济的重要支柱产业。经过近年来的快速发展，汽车产品出口已成为我国汽车产业的重要组成部分和转变外贸增长方式的重要载体。为应对国际金融危机的影响，按照"保增长、扩内需、调结构"的总体要求，落实汽车产业调整和振兴规划，促进我国汽车及零部件出口持续健康稳定发展，现提出如下意见：

一、我国汽车产品出口现状和面临的形势

中国汽车工业经过五十多年的发展，基本建立起了比较完整的汽车工业生产体系，在改革开放政策的推动下，在强大的国内市场激励下，经过汽车业界的共同努力，获得了快速发展，目前，我国已成为世界汽车第二大生产国。近年来，我国汽车及零部件出口也呈现快速发展态势，2001—2007 年年均增长近 50%，2008 年汽车产品出口已达 302 亿美元。但从总体看，我国汽车及零部件出口与发达国家和新兴工业化国家（地区）相比仍有很大差距，目前尚处于起步阶段，出口经营粗放、品牌和营销网络缺失、自主创新能力不强、出口产品附加值不高、知识产权保护力度亟待加强等问题制约了汽车产品出口的发展。2008 年下半年以来，由于金融危机的影响，我国汽车产品出口存在的问题更为凸显，出口大幅下降，我国汽车产品出口面临严峻形势。

同时，也应看到，我国汽车产品国际比较优势依然存在，国际市场需求潜力巨大。为积极应对金融危机，必须采取切实有效措施，推动我国汽车及零部件出口持续健康发展。

二、指导思想和发展目标

（一）指导思想。根据《汽车产业调整和振兴规划》的总体要求，全面落实科学发展观，大力实施汽车产品出口战略，扩大具有自主知识产权和自主品牌的汽车产品出口，增强企业自主创新能力，加大结构调整力度，加快转变外贸出口增长方式，提高出口增长效益和质量，推动我国汽车产品出口持续健康发展。

（二）发展目标。汽车及零部件出口从 2009 年到 2011 年力争实现年均增长 10%；到 2015 年，汽车和零部件出口达到 850 亿美元，年均增长约 20%；到 2020 年实现我国汽车及零部件出口额占世界汽车产品贸易总额 10% 的战略目标。

"十一五"后期和"十二五"期间，继续巩固传统发展中国家整车中低端市场，拓展汽车零部件国外配套市场和发展中国家的中高端市场，稳步进入发达国家整车中低端市场。着力培育我国具有较强科技创新能力和自主核心技术的跨国汽车和零部件企业集团。大力支持自主品牌汽车产品出口。

为此，要着力推进汽车产品出口结构实现五个转变：

——出口产品结构。推动汽车整车出口从载货汽车及底盘等商用车为主向以经济型轿车、大中小型客车等乘用车、商用车并重转变。推动零部件出口从以机械类为主向机电类、电子类产品为主转变。积极支持节能和新能源汽车产品出口。

——出口市场结构。整车出口市场由发展中国家中低端市场逐步向中高端市场转变；零部件出口市场由以售后和维修市场为主向进入跨国公司全球供应配套链（ODM，即定牌设计生产/OEM，即定牌生产）市场转变。

——出口贸易结构。推动汽车出口从单一的产品出口向产品、技术和资本输出相结合转变。

——出口企业结构。推动汽车出口企业从单纯的进出口型企业向营销型企业转变。

——售后服务主体结构。推动汽车出口从依赖进口商销售网络向自主营销体系转变。

三、加快国家汽车及零部件出口基地建设，增强汽车产品出口的技术基础

（一）做好出口基地发展规划。根据国家汽车产业调整和振兴规划，结合出口基地发展状况，研究提出

加快出口基地建设的长远规划。力争将国家汽车及零部件出口基地建设成为我国汽车工业自主创新、规范出口秩序和保护知识产权的示范基地,世界汽车产业转移、国际交流与合作的重要承接载体。

(二)鼓励出口基地企业自主创新和技术改造。重点支持基地企业技术创新、技术改造和新能源汽车及关键零部件发展。

(三)加大对公共服务平台支持力度。按照《国家汽车及零部件出口基地管理办法》的要求,加快出口基地建设。支持出口基地搭建技术研发、信息服务、产品认证、检验检测、人员培训等公共服务平台。

四、鼓励企业利用金融工具,提高企业国际竞争力

(一)积极发挥出口信用保险作用,引导企业充分利用出口信用保险积极开拓市场,降低企业经营风险。

(二)鼓励融资性担保机构为企业向商业银行申请贷款提供担保。简化承保和理赔程序,鼓励商业性保险机构扩大对汽车整车出口的产品责任险承保。

(三)加强汽车企业与各类金融机构的合作,搭建汽车产品出口新型融资平台。充分利用进出口买卖方信贷等措施。

(四)完善中资金融机构国外分支机构功能,向出口企业提供客户及买方银行信用咨询服务,对海外分销商及终端用户提供融资贷款支持。

五、鼓励企业增强自主创新能力,优化出口产品结构

(一)支持汽车生产企业加强研究开发体系建设,鼓励企业建立海外研究开发中心,在消化引进技术的基础上,开发具有自主知识产权的新产品和新技术。鼓励企业积极引进国外技术、人才、营销网络,通过海内外兼并等方式掌握关键零部件等相关技术,提高研发能力。

(二)积极引导节能和新能源汽车产品出口。支持企业加快研究开发新型车辆动力蓄电池和新型混合动力汽车产品。支持推广纯电动汽车,引导推广混合动力汽车。

(三)引导企业采用国内外先进技术标准,主动接轨国际标准体系,推动产品的国际安全、质量和标准认证工作,支持企业参与国家和国际标准的制订和修订。

(四)整合研究开发资源和科研力量,建立分工协作、利益共享、共同进步的机制,鼓励科研院所和产业集聚群加强产学联合,积极吸引跨国公司在我国设立研究开发中心、采购中心和地区总部。

(五)大力实施品牌战略。重点发展一批技术含量高、市场潜力大的产品和企业,支持企业开展商标和知识产权的国外注册保护等。

六、加强知识产权保护,积极应对和化解贸易摩擦

(一)加强诚信体系建设,建立中国汽车零部件供应商名录库。对信用状况良好的汽车及零部件出口企业,以一定方式向国际采购商、国外行业协会公示和推荐。严厉打击假冒伪劣行为,保护知识产权,保护诚实守信企业。

(二)积极应对和化解国际贸易摩擦。加快建立我国汽车产品贸易摩擦预警机制。密切跟踪、收集和整理国外汽车产品贸易摩擦相关信息。充分发挥中介机构的作用,组织企业早准备、早应对,最大限度维护我汽车出口企业的权益。

(三)加快建立符合国际通行规则的技术性贸易措施体系,完善通报协调机制。密切跟踪、收集和整理国外汽车产品相关认证及技术法规信息,引导企业按照国际规则和先进标准组织生产,增强国际竞争能力。

(四)本着互惠互利的原则积极推动与其他国家实现产品检验结果的双边互认,有步骤地推动与中东、东欧、非洲、中南美洲等我国汽车整车出口具有较大增长潜力地区签订汽车产品政府间互认协议的工作。

(五)进一步完善规范汽车整车出口秩序的办法。商务部会同有关部委完善相关办法,根据产业结构调整的目标,规范汽车出口秩序。

七、大力实施"走出去"战略,加大国际市场开拓力度

(一)鼓励有比较优势的企业或企业间联盟体对外投资,在境外建厂设点,扩大海外生产规模,贴近销售市场,带动汽车产品、技术和服务出口。

(二)支持企业建立健全海外营销体系。鼓励企业通过多种形式建立境外营销中心和营销网络,完善出口产品的零配件供应、维修服务体系。积极引导企业在国际市场加大品牌建设投入。

(三)加大贸易促进工作力度。有针对性地组织企业参加国际知名展览会,展示我国汽车零部件技术发展水平。按照专业化、国际化、市场化的原则,继续办好"中国国际汽车零部件博览会"。

(四)充分利用多双边合作机制,推动汽车零部件企业开展国际合作与交流。选择若干个与我国机电产品贸易互补性较强的市场,组织汽车及零部件企业分行业、分项目进行对口交流与合作,支持企业加大合作研究开发、引进先进技术、设备和人才的力度。

八、加强服务体系建设,全面提高服务水平

(一)按照互利双赢的原则,积极探索产业、贸易和物流有机结合的运作模式,大力推动国内汽车整车出口生产企业与国内航运企业建立长期的战略合作联盟,创建我国远洋汽车运输船队。

(二)大力实施贸易便利化。综合运用海关对企业的分类管理、分类通关、预约通关、担保验放等多项便利措施,提高货物通关效率。在对汽车出口企业商品检验实施分类管理办法的基础上,进一步强化出口汽车产品的监管,帮助企业提高质量和安全水平,积极推行汽车产品免验工作。

(三)加强培训服务。选择我主要出口目标市场及潜在市场,就政策法规、技术标准、认证、投资环境以及市场情况等内容组织专家对出口企业进行培训,指导企业开展对外贸易和海外投资。

(四)充分发挥驻外经商机构作用。各驻外经商机构要积极推进多双边经贸合作,帮助出口企业应对贸易摩擦和开拓国际市场。

商务部　国家发展和改革委员会　工业和信息化部
财政部　海关总署　国家质量监督检验检疫总局
二〇〇九年十月二十三日

中华人民共和国海关总署、中华人民共和国国家发展和改革委员会、中华人民共和国财政部、中华人民共和国商务部关于废止《构成整车特征的汽车零部件进口管理办法》的决定

海关总署、国家发展改革委、财政部、商务部令第 185 号

为适应我国汽车产业调整和发展的需要,经国务院批准,现决定废止 2005 年 2 月 28 日以海关总署、国家发展和改革委员会、财政部、商务部第 125 号令公布的《构成整车特征的汽车零部件进口管理办法》。

本决定自 2009 年 9 月 1 日起生效。

二〇〇九年八月二十八日

国家质量监督检验检疫总局关于进口汽车质量安全监督管理有关要求的通知

国质检检〔2009〕138 号

各直属检验检疫局:

近年来,进口汽车贸易形势和产品技术水平发生了较大变化,国家有关机动车辆的管理政策也在不断调整。为加强对进口汽车的质量安全监督管理,增强国内消费者信心,积极服务于中央扩大内需、稳定外贸的部署,现就进口汽车质量安全监督管理有关问题提出如下要求:

一、各局要认真履行职责,加强对违法违规行为的惩治力度,加强能力建设和人员素质培养,自觉遵守有关廉政规定,同时通过多种方式宣传进口汽车质量安全有关的法律法规和监督管理规定。

二、各局应在原有进出口风险预警和快速反应机制工作基础上,进一步完善以风险管理为中心环节的质量安全监管制度,充分利用进口检验、入境验证、对消费者投诉举报进行调查、国外政府部门的召回通报等多种渠道,收集进口汽车产品质量安全风险信息,在认真分析评估的基础上,快速应对,妥善处置,并加强对进口汽车的缺陷处理的监督管理工作(缺陷进口汽车的相关通报可在质检总局网站进口汽车栏目 http://jyjgs. aqsiq. gov. cn/rdgz/jkqc/中查询),完善巩固进口汽车的质量安全监管体系。

三、各局要充分利用 CCC 认证获证企业和认证机构在"中国检验检疫进口机动车 VIN 管理系统"(以下简称 VIN 管理系统,检验检疫内网登陆地址 http://vin. ciq:6888/vin/)所提供的产品参数信息(如车辆型

号、生产工厂、车辆排放、油耗等),加大验证工作力度,切实有效加强对获证产品的产品一致性的监督。尚无该系统的登陆用户和密码的直属局可向总局(检验监管司)提出书面申请,列明用户名、密码、使用人等信息,以便添加。

四、为保证有效履行进口汽车法定检验(含验证)监督管理职责,对申请《关于调整免予强制性产品认证检测处理程序的公告》(国家认监委2008年第38号公告,以下简称《免CCC检测处理程序》)的进口汽车,国家指定汽车进口口岸局应按照相关法律法规的规定,统筹兼顾其检验(含验证)和免CCC认证检测,将检测纳入检验监管范畴,避免重复,各局认证、检验监管业务管理须相互配合。具体工作要点详见附件。

请各局严格把关,按照以上要求做好进口汽车的质量安全监管工作,对工作中遇到的重大问题请及时上报总局和认监委。

附件:《免CCC检测处理程序》相关检验监管工作要点

二〇〇九年四月十日

附件:

《免CCC检测处理程序》相关检验监管工作要点

一、各局应加强对审核申请资料、组织检测、评定结果等环节的监督,对经审核拟同意的申请材料,相关负责人须签字确认。

考虑到目前口岸的实际通关模式,对同意申请的车辆,待其到港后,可在申请人递交相关书面承诺(检测后有不符合检验检疫相关要求即自行退运,并承担相关后果等)的基础上,再签发通关单,并注明仅用于暂时进口车辆检测。

除必要的监督检查外,各局不再安排与检测中心检测类似的检测。检测中心的检测结果可分别用于支撑签发免CCC认证证明和法定检验最终评定。各局应加强对检测中心的检测结果的审核,并对所申请车辆开展必要的符合性验证和评估,根据结果签发《进口机动车辆随车检验单》。

最后签发的《随车检验单》备注栏中注明该车为免于CCC认证的进口车辆以及相应免CCC认证证明编号。

二、各局正式同意进口汽车的《免CCC检测处理程序》申请前,应验证其制造厂及品牌名是否列入《进口机动车辆制造厂名称和车辆品牌中英文对照表》(国家质检总局、公安部、海关总署、环保总局2004年52号公告附件),对未列入的,各局可办理进口贸易关系人提出的临时备案,但需征求总局(检验监管司)意见,避免出现同一制造厂或品牌名在各局备案名称不一致的情况,方便总局定期刷新时列入。

三、对资料符合要求的申请,各局应将有关信息录入"VIN管理系统"备查,并利用该系统验证所申请的车辆是否在其他口岸重复申请。各局如发现此类情况,应暂停审核流程,会同有关局联合开展调查,了解事实真相,对材料有误的申请予以撤销或不予受理。

四、对提出申请的用于国家或地方重要工程项目的特种作业和特殊运输用途的车辆,各局应按"特事特办"原则予以优先。考虑到车辆总质量与轴荷之间的密切联系,对此类车辆的总质量项目可参照《免CCC检测处理程序》中对轴荷项目的处理原则进行处理。

五、各局检验人员应在检验中落实具体车辆的车辆识别代号和发动机号是否符合我国强制性标准《机动车运行安全技术条件》的要求,避免缺少发动机号、或者车辆识别代号未永久打刻在车架上的车辆进入国内市场。

海关总署关于构成整车特征的汽车零部件进口管理有关问题的通知

署税发〔2008〕382号

广东分署,天津、上海特派办,各直属海关:

根据《构成整车特征的汽车零部件进口管理办法》(海关总署、国家发展改革委、财政部、商务部令第125号,以下简称《管理办法》)和海关总署、国家发展改革委、财政部、商务部联合发布的2006年第38号公告的规定,自2008年7月1日起,对进口汽车零部件的核定,实施构成整车特征的价格百分比界定标准和构成汽车总成(系统)特征的A、B类关键件的区分标准。现就实施上述两个标准(以下简称新实施标准)的有关问题通知如下:

一、自2008年7月1日起,对汽车生产企业生产的新车型,均需根据《管理办法》第二十一条和第二十二条规定的标准(包括新实施标准)进行核定。有关构成汽车总成(系统)特征的A、B类关键件的区分标准详见《管理办法》附件1。

汽车生产企业所在地海关应督促企业按规定及时向海关办理新车型核定数据的申报手续,同时做好相关数据的审核工作。

二、对于2008年7月1日以后核定的进口汽车零部件构成整车特征的车型,其装车所使用的进口零部件按照《管理办法》的规定,按整车的税率征税。

三、对于已投入生产并且在2008年7月1日前经过核定相关进口汽车零部件不构成整车特征的车型,企业所在地海关应督促有关汽车生产企业按新实施标准重新进行自测。各关按规定对企业自测的相关数据进行审核后,于2008年10月20日前将企业自测情况汇总,书面报送总署关税司。其中明显不构成整车特征的车型,可不报送相关数据。

报送的自测数据应包括《八大总成关键件自测表》和《整车零部件明细》。数据格式与原核定申报数据格式相同,需要提供的电子版表格数据可以联系总署关税司另行报送。

总署关税司将根据情况对自测结果进行检查并对有关车型组织重新核定。

四、考虑到汽车生产企业的实际情况,对于原核定不构成整车特征,但是按新实施标准重新核定其进口零部件构成整车特征的在产车型,如果在2008年12月31日以前汽车生产企业能够对其装车状态作出调整,达到按新实施标准不构成整车特征的要求,对该车型于2008年7月1日至12月31日期间及以后进口的零部件仍按照零部件税率征税。自2009年1月1日起,如果该车型进口的零部件按新实施标准核定仍构成整车特征的,除对其后进口的零部件按照整车税率征税外,同时应对在2008年7月1日至12月31日期间使用的进口零部件按整车税率补征差额税款。

五、属于上述第四条情况的车型,企业所在地海关应要求有关企业于10月31日前向海关提交改变零部件装车状态,达到按新实施标准不构成整车特征要求的计划和时间安排,并提供相应的生产计划和相关数据。

企业所在地直属海关对企业提交的计划安排审核后,可以批准对该车型的进口零部件按照零部件税率征税,同时报总署关税司备案。对于企业自测结果为构成整车特征的车型,有关企业未在上述规定时间内向海关提交改变零部件装车状态计划的,应对该车型在2008年7月1日及以后进口的零部件按照整车税率征税。

六、向海关提交改变零部件装车状态计划的有关汽车生产企业最迟应于2008年12月31日以前,按规定程序提出核定申请,经总署关税司组织核定后,有关海关按照总署关税司关于核准相关车型核定结果的通知要求执行。

七、企业所在地海关应督促和指导汽车生产企业认真执行以上规定,加强对企业的生产和零部件进口情况的监控,管理好相关数据,并按规定做好进口汽车零部件的征税工作。

其他有关问题仍然按照之前有关文件的规定办理。

八、请各关及时将本通知的有关规定书面告知本关辖区内的汽车生产企业,并做好相关政策规定的宣传解释工作。执行过程中如遇到问题,请及时报告总署。

特此通知。

二〇〇八年九月十八日

国家汽车及零部件出口基地管理办法(试行)

商产发〔2008〕330号

第一章　总　　则

第一条　为加快国家汽车及零部件出口基地的建设,提高产业聚集度,促进对外合作与交流,加强知识产权保护,增强自主创新能力,提升国际竞争力,根据国务院办公厅《关于"十一五"期间加快转变机电产品出口增长方式意见》、《汽车产业发展政策》及《汽车贸易政策》,制定本办法。

第二条　本办法所称的出口基地是指由商务部和发展改革委根据《国家汽车及零部件出口基地认定办

法》认定并授牌的地区。

第三条 商务部和发展改革委联合成立"国家汽车及零部件出口基地建设领导小组"(以下简称领导小组),负责对出口基地进行考核、指导。各有关省、自治区、直辖市商务主管部门和发展改革部门配合商务部和发展改革委对出口基地进行协调、管理。

第四条 出口基地考核应当遵循公平、公正、公开的原则,依照透明、规范的程序进行。

第二章 管理机构

第五条 出口基地所在地(直辖市、计划单列市、地级市)人民政府应当设立出口基地管理机构(以下简称管理机构),代表所在地人民政府对出口基地实行统一规划、管理和协调。管理机构原则上应由主管副市长担任负责人,市商务、发展改革等相关部门参加。管理机构应设立办公室,负责出口基地的日常管理工作。

第六条 管理机构按照"统筹规划、合理配置资源"的原则,编制和落实本地区的出口发展规划。加强与本地人民政府有关部门沟通和协调,因地制宜地研究、制定本地区促进出口的政策措施,并组织实施。

第七条 管理机构定期向领导小组上报有关数据和信息。

每季度报送出口基地运行情况、出口情况及相关统计数据、重点企业的数据及相关信息。重要信息应及时报送。

每年2月上旬报送出口基地上年度工作报告和本年度工作思路。

第三章 管理方式

第八条 商务部和发展改革委对出口基地实行动态管理。出口基地有效期为3年。

第九条 授牌3年期满后对出口基地进行考核,考核不合格的予以通报批评,并限期半年内进行整改,整改后仍不合格的出口基地予以摘牌。

第十条 对已经授牌的出口基地,如弄虚作假造成严重负面影响的予以摘牌,并在3年内取消所在省、自治区和直辖市的申报资格。

第四章 考核内容

第十一条 考核出口基地发展规划落实情况,重点是汽车及零部件产业发展、出口增长、出口产品结构调整、自主创新能力建设等情况。

第十二条 考核专项资金落实和支持方向情况。

出口基地位于东部地区的,其所在地政府专项用于支持公共服务平台建设等方面资金每年度不低于1亿元,东北老工业基地、中西部地区则每年度不低于5000万元。

上述专项资金主要用于:

(一)在原有支持措施的基础上,加大资金支持力度;

(二)研究提出符合当地情况的支持方式并组织实施(如建立公用研发平台建设、支持第三方检测和试验机构建设、开展国外市场研究、资助企业产品开发、开展出口国法律法规及准入标准等培训、资助出口企业开拓国际市场、资助企业在境外申请知识产权、鼓励企业开展汽车零部件再制造等);

第十三条 考核国家支持资金的使用和落实情况。

第十四条 考核出口基地建设是否扩占新土地。

第十五条 考核出口服务体系建设情况。主要是管理机构对本地汽车及零部件出口工作的组织领导,建立出口协调机制,建立国际市场准入服务体系,开展国际市场专项调研,提供国际市场需求信息服务等情况。

第十六条 考核引导出口企业诚信经营情况。主要是管理机构打击假冒和伪劣产品、保护和发展知识产权、维护出口秩序等情况。

第五章 附 则

第十七条 本办法由商务部和发展和改革委员会负责解释。

第十八条 各出口基地所在地政府应根据当地实际情况，制定具体实施办法并报领导小组备案。

第十九条 本办法自发布之日起施行。

二〇〇八年九月五日

对进口机动车车辆识别代号（VIN）实施入境验证管理的公告

国家质量监督检验检疫总局、公安部公告2008年第3号

根据《中华人民共和国进出口商品检验法》、《中华人民共和国道路交通安全法》的有关规定，决定对进口机动车实施车辆识别代号（简称VIN）入境验证管理：

一、进口机动车的车辆识别代号（VIN）必须符合国家强制性标准《道路车辆 车辆识别代号（VIN）》（GB 16735—2004）的要求。对VIN不符合上述标准的进口机动车，检验检疫机构将禁止其进口，公安机关不予办理注册登记手续，国家特殊需要并经批准的，以及常驻我国的境外人员、我国驻外使领馆人员自带的除外。

二、为便利进口机动车产品报检通关，在进口前，强制性产品认证证书（CCC证书）的持有人或其授权人可向签发CCC证书的认证机构提交拟进口的全部机动车VIN和相关结构参数资料进行备案，认证机构在对上述资料进行核对、整理后上报国家质检总局及认监委，以便口岸检验检疫机构对进口机动车产品的VIN进行入境验证。

本公告自2008年3月1日起执行。

二〇〇八年一月二日

调整《中华人民共和国进出口税则》中汽车等商品的进口关税税率以及对相关国家和地区实施协定税率、特惠税率

海关总署公告2006年第37号

经国务院批准，2006年7月1日起对《中华人民共和国进出口税则》中汽车等商品的进口关税税率进行调整，同时对相关国家和地区实施协定税率、特惠税率。现将有关事项公告如下：

一、按照我国加入世界贸易组织承诺，降低小轿车等42个税目的最惠国税率。其中，31个税目为小轿车、越野车、小客车整车，税率由28%降至25%；11个税目为车身、底盘、中低排量汽油发动机等汽车零部件，税率由13.8－16.4%降至10%（见附件1）。

二、根据我国签订的相关协定，对有关国家或地区实施协定税率：

（一）在中国—东盟自由贸易区框架下，对原产于菲律宾的2838个税目的商品实施相关协定税率（见附件2）；

（二）对原产于香港的37个税目的商品进入内地实施零关税（见附件3）；

（三）对原产于澳门的24个税目的商品进入内地实施零关税（见附件4）。

三、根据国务院决定，对以下最不发达国家实施税率为零的特惠税率：

（一）对原产于安哥拉、塞内加尔的部分商品实施零关税，具体商品与我国已给予贝宁共和国等非洲26个国家零关税待遇的商品范围相同（详见《中华人民共和国进出口税则（2006年）》附表3《进口关税特惠税率表》）。申报进口享受特惠税率的原产于上述两国货物时，应按海关总署2005年第69号公告中"未实行原产地证书联网管理的具体填制要求"填制报关单，其"优惠贸易协定代码"按照"05"填报。

（二）对原产于也门、马尔代夫、阿富汗、萨摩亚和瓦努阿图的部分商品实施零关税（简称"对也门等国特惠待遇"），商品范围见本公告附件5，新增"优惠贸易协定代码"为"09"。申报进口享受特惠税率的原产于上述国家货物时，应按海关总署2005年第69号公告中"未实行原产地证书联网管理的具体填制要求"填制报关单。

四、本公告自2006年7月1日起执行。

特此公告。

附件：

1. 进口商品最惠国税率调整表
2. 中国—东盟自由贸易区协定对菲律宾“正常降税”协定税目税率表（略）
3. 内地与香港更紧密经贸关系安排第四批商品税目税率表（略）
4. 内地与澳门更紧密经贸关系安排第四批商品税目税率表（略）
5. 对也门等国特惠待遇税目税率表（略）

二〇〇六年六月三十日

附件1

进口商品最惠国税率调整表

序号	税则号列	商品名称（简称）	调整前（%）	调整后（%）
1	84073300	排气量250～1000cc往复式活塞发动机	13.8	10
2	87032130	排气量≤1000毫升的小轿车	28	25
3	87032190	排气量≤1000毫升的其他车辆	28	25
4	87032230	1000毫升＜排气量≤1500毫升的小轿车	28	25
5	87032240	1000毫升＜排气量≤1500毫升的越野车	28	25
6	87032250	1000毫升＜排气量≤1500毫升，≤9座的小客车	28	25
7	87032290	1000毫升＜排气量≤1500毫升的其他车辆	28	25
8	87032314	1500毫升＜排气量≤2500毫升的小轿车	28	25
9	87032315	1500毫升＜排气量≤2500毫升的越野车	28	25
10	87032316	1500毫升＜排气量≤2500毫升，≤9座的小客车	28	25
11	87032319	1500毫升＜排气量≤2500毫升的其他车辆	28	25
12	87032334	2500毫升＜排气量≤3000毫升的小轿车	28	25
13	87032335	2500毫升＜排气量≤3000毫升的越野车	28	25
14	87032336	2500毫升＜排气量≤3000毫升，≤9座的小客车	28	25
15	87032339	2500毫升＜排气量≤3000毫升的其他车辆	28	25
16	87032430	排气量＞3000毫升的小轿车	28	25
17	87032440	排气量＞3000毫升的越野车	28	25
18	87032450	排气量＞3000毫升，≤9座的小客车	28	25
19	87032490	排气量＞3000毫升的其他车辆	28	25
20	87033130	排气量≤1500毫升的柴油型小轿车	28	25
21	87033140	排气量≤1500毫升的柴油型越野车	28	25
22	87033150	排气量≤1500毫升，≤9座的柴油型小客车	28	25
23	87033190	排气量≤1500毫升的柴油型其他车辆	28	25
24	87033230	1500毫升＜排气量≤2500毫升的柴油型小轿车	28	25
25	87033240	1500毫升＜排气量≤2500毫升的柴油型越野车	28	25
26	87033250	1500毫升＜排气量≤2500毫升，≤9座的柴油型小客车	28	25
27	87033290	1500毫升＜排气量≤2500毫升的柴油型其他车辆	28	25
28	87033330	排气量＞2500毫升柴油型的小轿车	28	25

续表

序号	税则号列	商品名称(简称)	调整前(%)	调整后(%)
29	87033340	排气量>2500毫升的柴油型越野车	28	25
30	87033350	排气量>2500毫升,≤9座的柴油型小客车	28	25
31	87033390	排气量>2500毫升的柴油型其他车辆	28	25
32	87039000	装有压燃式内燃发动机的其他载人机动车辆	28	25
33	87060090	其他机动车辆底盘	15.4	10
34	87071000	税号87.03所列车辆用车身(含驾驶室)	16.4	10
35	87079010	税号8702.1092、.1093、.9020及.9030所列车辆用车身	14.3	10
36	87079090	其他车辆用车身(含驾驶室)	14.3	10
37	87082920	机动车辆的安全气囊装置	14.3	10
38	87083991	防抱死制动系统(ABS)	14.3	10
39	87083999	其他未列名机动车辆用制动器及零件	14.3	10
40	87084091	自动换档变速箱	14.3	10
41	87084099	未列名机动车辆用变速箱	14.3	10
42	94019011	机动车辆的座椅调角器	14.3	10

重要工业品自动进口许可管理实施细则

国家经济贸易委员会、海关总署令第26号

第一条 为规范重要工业品自动进口许可管理,促进公平贸易,根据《中华人民共和国货物进出口管理条例》,特制定本细则。

第二条 进口单位进口重要工业品,除下列情形适用法律、行政法规的有关规定以外,适用本细则:

(一)国家实行禁止进口管理的;

(二)国家实行限量进口管理的;

(三)境外来料或者进料加工项下进口的(原油除外);

(四)中华人民共和国保税区和出口加工区进口的;

(五)法律、行政法规规定的其他进口行为。

第三条 中华人民共和国国家经济贸易委员会(简称为国家经贸委)会同国务院有关部门,制定、调整和发布自动进口许可重要工业品目录,负责自动进口许可产品的统计、分析和监控。重要工业品自动进口许可税号目录详见附件一。

国家经贸委授权的各省、自治区、直辖市和计划单列市经贸委及国务院有关部门指定的行政管理机构,在国家经贸委指导下,负责本地区、本部门重要工业品自动进口许可的管理。

国家经贸委授权的重要工业品自动进口许可管理机构详见附件二。

如自动进口许可管理机构有变化,应当在调整前21天发布。

(相关资料:地方法规1篇 实务指南)

第四条 进口单位办理自动进口许可手续应当提供以下材料:

(一)重要工业品自动进口许可申请表;

(二)行政主管机构核准进口单位经营范围的法律文件的复印件;

(三)进口单位签订的合同;

(四)国家经贸委规定需要提交的其他文件。

(相关资料:实务指南)

第五条 以下贸易方式进口均应按办法办理自动进口许可手续:1、一般贸易进口;2、利用国外政府和金融机构贷款进口;3、寄售进口;4、租赁进口;5、补偿贸易进口;6、国际招标进口;7、劳务补偿进口;8、捐赠进口;9、边境小额贸易进口;10、外商投资企业为生产内销产品进口;11、加工贸易进口原油。

货样、广告品以及外商投资企业在投资额内进口自动许可商品免领自动进口许可证。境外来料和进料加工项下进口的直接用于加工生产返销出口的自动许可商品,由海关实行监管。

(相关资料:实务指南)

第六条 自动进口许可的程序:

(一)进口单位申请进口列入自动进口许可目录的重要工业品,应当在进口前到相关进口管理机构办理自动进口许可手续。

(二)进口单位应当在签订合同后办理《重要工业品自动进口许可申请表》前一个月,应向授权管理机构通知有关进口合同情况和预计到港时间,进口管理机构应当如实记录并按月汇总传输国家经贸委。

(三)进口单位应当如实填写《重要工业品自动进口许可申请表》,式样格式见附件三。

(四)重要工业品进口管理机构收到按规定填写的《重要工业品自动进口许可申请表》后,凡内容正确且形式完备的申请,应当批准并最迟在收到申请表之日起10个工作日内签发《重要工业品自动进口许可证明》。

如有特殊情况不能在规定期限内签发《重要工业品自动进口许可证明》,授权管理机构应当向申请进口单位说明理由。

(相关资料:实务指南)

第七条 银行凭《重要工业品自动进口许可证明》售汇,海关凭《重要工业品自动进口许可证明》验放。

(相关资料:实务指南)

第八条 《重要工业品自动进口许可证明》由国家经贸委统一监制,式样格式详见附件四。

(相关资料:实务指南)

第九条 《重要工业品自动进口许可证明》公历年度内有效,在公历年度内有效期不超过180天。《重要工业品自动进口许可证明》的有效签章为国家经贸委统一制发的"重要工业品自动进口许可专用章",式样格式详见附件五。

《重要工业品自动进口许可证明》实行"一批一证"制,即同一份《重要工业品自动进口许可证明》不得分次累积报关使用。《重要工业品自动进口许可证明》需要延期或变更的,一律重新办理,旧证同时撤消。

《重要工业品自动进口许可证明》如有遗失,进口单位应当立即向原发证机关报告,如无不良后果,原发证机关核查后可予重新补发。

(相关资料:实务指南)

第十条 进口单位已申领的《重要工业品自动进口许可证明》未使用的,应当及时交还原发证机关。

(相关资料:实务指南)

第十一条 在登记过程中如发生重大争议,由国家经贸委负责进行协调或者仲裁。有关当事人对协调或者仲裁结果不服的,可依法申请行政复议或者提起行政诉讼。

第十二条 本细则由国家经贸委和海关总署负责解释。过去有关规定凡与本细则不一致的,以本细则为准。

第十三条 本细则自二〇〇二年二月一日起实施。

附件:一、重要工业品自动进口许可管理税号目录(节选)

二、国家经贸委授权的自动进口许可管理机构(略)

三、《重要工业品自动进口许可申请表》式样(略)

四、《重要工业品自动进口许可证明》式样(略)

五、"重要工业品自动进口许可专用章"印模(略)

附件一:

重要工业品自动进口许可管理税号目录(节选)

七、汽车轮胎

40116100.11 断面宽≥24英寸人字形子午线轮胎

40116100.19	断面宽≥24 英寸人字形其他轮胎
40116100.91	其他人字形胎面子午线轮胎
40116100.99	其他人字形胎面非子午线轮胎
40116200.11	断面宽≥24 英寸人字形子午线轮胎
40116200.19	断面宽≥24 英寸人字形其他轮胎
40116200.91	其他人字形胎面子午线轮胎
40116200.99	其他人字形胎面非子午线轮胎
40116300.11	断面宽≥24 英寸人字形子午线轮胎
40116300.19	断面宽≥24 英寸人字形其他轮胎
40116300.91	其他人字形胎面子午线轮胎
40116300.99	其他人字形胎面非子午线轮胎
40116900.11	断面宽≥24 英寸人字形子午线轮胎
40116900.19	断面宽≥24 英寸人字形其他轮胎
40116900.91	其他人字形胎面子午线轮胎
40116900.99	其他人字形胎面非子午线轮胎
40121100	机动小客车用翻新轮胎
40121200	机动大客车或货运车用翻新轮胎
40122010.10	汽车用旧的充气橡胶子午线轮胎
40122010.90	汽车用旧的充气橡胶非子午线轮胎
40129020.10	汽车用实心或半实心子午线轮胎
40129020.90	汽车用实心或半实心非子午线轮胎
40131000	汽车用橡胶内胎

货物自动进口许可管理办法

商务部、海关总署令 2004 年第 26 号

第一条 为了对部分货物的进口实行有效监测,规范货物自动进口许可管理,根据《中华人民共和国对外贸易法》和《中华人民共和国货物进出口管理条例》,制定本办法。

第二条 从事货物进口的对外贸易经营者或者其他单位,将属于《自动进口许可管理货物目录》内的商品,进口到中华人民共和国境内,适用本办法。

第三条 中华人民共和国商务部(以下简称商务部)根据监测货物进口情况的需要,对部分进口货物实行自动许可管理,并至少在实施前 21 天公布其目录。现行的《自动进口许可管理货物目录》附后(见附件一)。

第四条 实行自动进口许可管理的货物目录,包括具体货物名称、海关商品编码,由商务部会同海关总署等有关部门确定和调整。该目录由商务部以公告形式发布。

第五条 商务部授权配额许可证事务局、商务部驻各地特派员办事处、各省、自治区、直辖市、计划单列市商务(外经贸)主管部门以及部门和地方机电产品进出口机构(以下简称发证机构)负责自动进口许可货物管理和《自动进口许可证》的签发工作。《自动进口许可分级发证机构名单》附后(见附件二)。

第六条 《自动进口许可证》(样表见附件三)和自动进口许可证专用章(样章见附件四)由商务部负责统一监制并发放至发证机构。各发证机构必须指定专人保管,专管专用。

第七条 进口属于自动进口许可管理的货物,收货人(包括进口商和进口用户)在办理海关报关手续前,应向所在地或相应的发证机构提交自动进口许可证申请,并取得《自动进口许可证》。

凡申请进口法律法规规定应当招标采购的货物,收货人应当依法招标。

海关凭加盖自动进口许可证专用章的《自动进口许可证》办理验放手续。银行凭《自动进口许可证》办理售汇和付汇手续。

第八条 收货人申请自动进口许可证,应当提交以下材料:

1、收货人从事货物进出口的资格证书、备案登记文件或者外商投资企业批准证书(以上证书、文件仅限公历年度内初次申领者提交);

2、自动进口许可证申请表(式样见附件五);

3、货物进口合同;

4、属于委托代理进口的,应当提交委托代理进口协议(正本);

5、对进口货物用途或者最终用户法律法规有特定规定的,应当提交进口货物用途或者最终用户符合国家规定的证明材料;

6、针对不同商品在《目录》中列明的应当提交的材料;

7、商务部规定的其他应当提交的材料。

收货人应当对所提交材料的真实性负责,并保证其有关经营活动符合国家法律规定。

第九条 收货人可以直接向发证机构书面申请《自动进口许可证》,也可以通过网上申请。

书面申请:收货人可以到发证机构领取或者从相关网站下载《自动进口许可证申请表》(可复印)等有关材料,按要求如实填写,并采用送递、邮寄或者其他适当方式,与本办法规定的其他材料一并递交发证机构。

网上申请:收货人应当先到发证机构申领用于企业身份认证的电子钥匙。申请时,登录相关网站,进入相关申领系统,按要求如实在线填写《自动进口许可证申请表》等资料。同时向发证机构提交本办法规定的有关材料。

第十条 许可申请内容正确且形式完备的,发证机构收到后应当予以签发《自动进口许可证》,最多不超过10个工作日。

第十一条 收货人符合国家关于从事自动进口许可货物有关法律法规要求的,可申请和获得《自动进口许可证》。

第十二条 以下列方式进口自动许可货物的,可以免领《自动进口许可证》。

1、加工贸易项下进口并复出口的(原油、成品油除外);

2、外商投资企业作为投资进口或者投资额内生产自用的;

3、货样广告品、实验品进口,每批次价值不超过5000元人民币的;

4、暂时进口的海关监管货物;

5、国家法律法规规定其他免领《自动进口许可证》的。

第十三条 进入中华人民共和国保税区、出口加工区等海关特殊监管区域及进入保税仓库、保税物流中心的属自动进口许可管理的货物,不适用本办法。如从保税区、出口加工区等海关特殊监管区域及保税仓库、保税物流中心进口自动进口许可管理货物,除本办法第十二条规定外,仍应当领取《自动进口许可证》。

第十四条 加工贸易进口自动许可管理货物,应当按有关规定复出口。因故不能复出口而转内销的,按现行加工贸易转内销有关审批程序申领《自动进口许可证》,各商品具体申领规定详见《自动进口许可管理货物目录》。

第十五条 国家对自动进口许可管理货物采取临时禁止进口或者进口数量限制措施的,自临时措施生效之日起,停止签发《自动进口许可证》。

第十六条 收货人已申领的《自动进口许可证》,如未使用,应当在有效期内交回原发证机构,并说明原因。发证机构对收货人交回的《自动进口许可证》予以撤销。

《自动进口许可证》如有遗失,收货人应当立即向原发证机构以及自动进口许可证证面注明的进口口岸地海关书面报告挂失。原发证机构收到挂失报告后,经核实无不良后果的,予以重新补发。

《自动进口许可证》自签发之日起1个月后未领证的,发证机构可予以收回并撤销。

第十七条 海关对散装货物溢短装数量在货物总量正负5%以内的予以免证验放。对原油、成品油、化肥、钢材四种大宗货物的散装货物溢短装数量在货物总量正负3%以内予以免证验放。

第十八条 商务部对《自动进口许可证》项下货物原则上实行"一批一证"管理,对部分货物也可实行"非一批一证"管理。

"一批一证"指:同一份《自动进口许可证》不得分批次累计报关使用。同一进口合同项下,收货人可以申请并领取多份《自动进口许可证》。

"非一批一证"指:同一份《自动进口许可证》在有效期内可以分批次累计报关使用,但累计使用不得超过六次。海关在《自动进口许可证》原件"海关验放签注栏"内批注后,海关留存复印件,最后一次使用后,海关留存正本。

对"非一批一证"进口实行自动进口许可管理的大宗散装商品,每批货物进口时,按其实际进口数量核扣自动进口许可证额度数量;最后一批货物进口时,其溢装数量按该自动进口许可证实际剩余数量并在规定的允许溢装上限内计算。

第十九条 《自动进口许可证》在公历年度内有效,有效期为6个月。

第二十条 《自动进口许可证》需要延期或者变更,一律在原发证机构重新办理,旧证同时撤销,并在新证备注栏中注明原证号。

实行"非一批一证"的自动进口许可证需要延期或者变更,核减原证已报关数量后,按剩余数量发放新证。

第二十一条 未申领《自动进口许可证》,擅自进口自动进口许可管理货物的,由海关依照有关法律、行政法规的规定处理、处罚;构成犯罪的,依法追究刑事责任。

第二十二条 伪造、变造、买卖《自动进口许可证》或者以欺骗等不正当手段获取《自动进口许可证》的,依照有关法律、行政法规的规定处罚;构成犯罪的,依法追究刑事责任。

第二十三条 自动进口许可证发证管理实施细则由商务部依据本办法另行制定。

第二十四条 本办法由商务部、海关总署负责解释。

第二十五条 本办法自2005年1月1日起施行。此前有关管理规定与本办法不一致的,以本办法为准。

附件一:自动进口许可管理货物目录(略)

机电产品进口管理办法

商务部令2008年第7号

第一章 总 则

第一条 为促进对外贸易健康发展,贯彻国家产业政策,维护市场秩序,依据《中华人民共和国对外贸易法》、《中华人民共和国海关法》及《中华人民共和国货物进出口管理条例》等相关法律、行政法规,制定本办法。

第二条 本办法所称机电产品(含旧机电产品),是指机械设备、电气设备、交通运输工具、电子产品、电器产品、仪器仪表、金属制品等及其零部件、元器件。机电产品的具体范围见附件。

本办法所称旧机电产品是指具有下列情形之一的机电产品:(一)已经使用(不含使用前测试、调试的设备),仍具备基本功能和一定使用价值的;(二)未经使用,但超过质量保证期(非保修期)的;(三)未经使用,但存放时间过长,部件产生明显有形损耗的;(四)新旧部件混装的;(五)经过翻新的。

第三条 本办法适用于将机电产品进口到中华人民共和国关境内的行为。

第四条 进口机电产品应当符合我国有关安全、卫生和环境保护等法律、行政法规和技术标准等的规定。

第五条 商务部负责全国机电产品进口管理工作。国家机电产品进出口办公室设在商务部。

各省、自治区、直辖市和计划单列市、沿海开放城市、经济特区机电产品进出口办公室和国务院有关部门机电产品进出口办公室(简称为地方、部门机电办)受商务部委托,负责本地区、本部门机电产品进口管理工作。

第六条 国家对机电产品进口实行分类管理,即分为禁止进口、限制进口和自由进口三类。

基于进口监测需要,对部分自由进口的机电产品实行进口自动许可。

第二章 禁止进口

第七条 有下列情形之一的机电产品,禁止进口:

(一)为维护国家安全、社会公共利益或者公共道德,需要禁止进口的;

(二)为保护人的健康或者安全,保护动物、植物的生命或者健康,保护环境,需要禁止进口的;

(三)依照其他法律、行政法规的规定,需要禁止进口的;

(四)根据中华人民共和国所缔结或者参加的国际条约、协定的规定,需要禁止进口的。

第八条 商务部会同海关总署、质检总局等相关部门制定、调整并公布《禁止进口机电产品目录》。

国家根据旧机电产品对国家安全、社会公共利益以及安全、卫生、健康、环境保护可能产生危害的程度,将超过规定制造年限的旧机电产品,合并列入上述目录。

第三章 限制进口

第九条 有下列情形之一的机电产品,限制进口:

(一)为维护国家安全、社会公共利益或者公共道德,需要限制进口的;

(二)为保护人的健康或者安全,保护动物、植物的生命或者健康,保护环境,需要限制进口的;

(三)为建立或者加快建立国内特定产业,需要限制进口的;

(四)为保障国家国际金融地位和国际收支平衡,需要限制进口的;

(五)依照其他法律、行政法规的规定,需要限制进口的;

(六)根据中华人民共和国所缔结或者参加的国际条约、协定的规定,需要限制进口的。

第十条 商务部会同海关总署、质检总局制定、调整并公布《限制进口机电产品目录》。限制进口的机电产品,实行配额、许可证管理。

第十一条 国家限制进口的旧机电产品称为重点旧机电产品。

商务部会同海关总署、质检总局制定、调整并公布《重点旧机电产品进口目录》。

重点旧机电产品进口实行进口许可证管理。

第十二条 《限制进口机电产品目录》及《重点旧机电产品进口目录》至迟应当在实施前21天公布。在紧急情况下,应当不迟于实施之日公布。

第十三条 实行配额管理的限制进口机电产品,依据国务院颁布的有关进口货物配额管理办法的规定实施管理。

第十四条 实行进口许可证管理的机电产品,地方、部门机电办核实进口单位的申请材料后,向商务部提交。商务部审核申请材料,并在20日内决定是否签发《中华人民共和国进口许可证》(以下简称《进口许可证》)。进口单位持《进口许可证》按海关规定办理通关手续。

进口重点旧机电产品,进口单位持《进口许可证》和国家检验检疫机构签发的《入境货物通关单》(在备注栏标注"旧机电产品进口备案"字样)按海关规定办理通关手续。

第十五条 商务部会同海关总署制定并公布《机电产品进口许可管理实施办法》,商务部会同海关总署、质检总局制定并公布《重点旧机电产品进口管理办法》。

第四章 进口自动许可

第十六条 为了监测机电产品进口情况,国家对部分自由进口的机电产品实行进口自动许可。

第十七条 商务部会同海关总署制定、调整并公布《进口自动许可机电产品目录》。

《进口自动许可机电产品目录》至迟应当在实施前21天公布。

第十八条 进口实行进口自动许可的机电产品,进口单位应当在办理海关报关手续前,向商务部或地方、部门机电办申领《中华人民共和国进口自动许可证》(以下简称《进口自动许可证》),并持《进口自动许可证》按海关规定办理通关手续。

进口列入进口自动许可机电产品目录的旧机电产品(不含重点旧机电产品),进口单位持《进口自动许可证》和国家检验检疫机构签发的《入境货物通关单》(在备注栏标注"旧机电产品进口备案"字样)按海关规定办理通关手续。

第十九条 商务部会同海关总署制定并公布《机电产品进口自动许可实施办法》。

第五章 进口监控与监督

第二十条 商务部负责对全国机电产品进口情况进行统计、分析与监测。

地方、部门机电办应当依照国家统计制度的规定,及时向商务部报送本地区、本部门机电产品进口统计数据和资料。

第二十一条 经监测,如机电产品进口出现异常情况,商务部应当及时通知有关部门,并依法进行调查。

第二十二条 商务部及地方、部门机电办可以对限制进口的机电产品的进口情况依法进行检查。进口单位应当配合与协助检查,检查部门应当为进口单位保守商业秘密。

第二十三条 进口单位不得从事下列行为:

(一)进口属于禁止进口管理的机电产品,或者未经批准、许可进口属于限制进口管理的机电产品;

(二)超出批准、许可的范围进口属于限制进口管理的机电产品;

(三)伪造、变造或者买卖机电产品进口证件(包括《进口许可证》、《进口自动许可证》,下同);

(四)以欺骗或者其他不正当手段获取机电产品进口证件;

(五)非法转让机电产品进口证件;

(六)未按法定程序申请进口;

(七)其他违反法律、行政法规有关进口机电产品规定的行为。

第六章　法律责任

第二十四条　进口单位有第二十三条规定的行为之一并构成犯罪的,依法追究刑事责任,尚不构成犯罪的,由公安、海关等具有行政处罚权的行政机关依法对相关当事人作出处理。

第二十五条　进口单位对国家行政机关作出的有关行政决定或行政处罚决定不服的,可依法申请行政复议或者提起行政诉讼。

第二十六条　进口管理工作人员玩忽职守、徇私舞弊、滥用职权的,根据情节轻重,由相应的行政主管部门按有关规定给予处罚;构成犯罪的,依法追究刑事责任。

第七章　附　　则

第二十七条　下列情形,从以下规定:

(一)加工贸易项下进口的作价设备,适用本办法。

(二)加工贸易项下进口外商提供的不作价设备,除旧加工设备需要办理入境检验检疫手续外,免于办理机电产品进口证件。海关监管不作价设备,监管期限为5年。监管期满后,设备留在原企业继续使用的,经企业申请海关可解除监管,企业免于办理机电产品进口证件和入境检验检疫手续;监管期内,原设备使用单位申请提前解除监管,或监管期满后设备不再由原企业使用的,适用本办法。

加工贸易项下进口机电产品用于内销、内销产品或者留作自用的,适用本办法。

(三)外商投资企业进口机电产品用于国内销售或用于加工后国内销售的和外商投资额外以自有资金进口新机电产品,以及进口旧机电产品的,适用本办法。

外商投资企业在投资额内进口新机电产品,经过使用,未到海关监管年限,企业要求提前解除监管并在境内自用或转内销的,适用本办法,并参照进口时的状态办理相关手续,海关凭相应的机电产品进口证件和检验检疫证明办理解除监管手续。

(四)从境外进入海关特殊监管区域或海关保税监管场所及海关特殊监管区域或海关保税监管场所之间进出的机电产品,免于办理进口证件,但属于旧机电产品的,必须办理检验检疫手续,由海关监管;从海关特殊监管区域和海关保税监管场所进入(境内)区外的机电产品,适用本办法。

从境内海关特殊监管区外进入海关特殊监管区域,供区内企业使用和供区内基础设施建设项目所需的机器设备转出区外的,如属于旧机电产品,不适用本办法。

(五)租赁贸易、补偿贸易等贸易方式进口机电产品的,适用本办法。

(六)无偿援助、捐赠或者经济往来赠送等方式进口机电产品的,适用本办法。

第二十八条　有下列情形之一的,不适用本办法:

(一)外商投资企业在投资总额内作为投资和自用进口新机电产品的;

(二)加工贸易项下为复出口而进口机电产品的;

(三)由海关监管,暂时进口后复出口或暂时出口后复进口的;

(四)进口机电产品货样、广告物品、实验品的,每批次价值不超过5000元人民币的;

(五)其他法律、行政法规另有规定的。

第二十九条　依据我国法律、法规或者我国与有关国际金融组织、外国政府贷款国达成的协议的规定,经国际招标后中标的机电产品的进口依照本办法执行。

第三十条　国家禁止以任何方式进口列入《禁止进口旧机电产品目录》中的旧机电产品。禁止进口机电产品不得进入海关特殊监管区域和海关保税监管场所。

列入《禁止进口机电产品目录》,属中国生产并出口的机电产品,如需进入出口加工区进行售后维修的,需报商务部审核,具体办法另行制定。

我国驻外机构或者境外企业(中方控股,下同)在境外购置的机电产品需调回自用的,适用本办法。对列入《禁止进口机电产品目录》的旧机电产品,我国驻外机构或者境外企业在境外购置时为新品的,可调回自用。

第三十一条 本办法由商务部、海关总署、质检总局负责解释。以往有关规定凡与本办法不一致的,以本办法为准。

第三十二条 本办法自二〇〇八年五月一日起施行。原《机电产品进口管理办法》(外经贸部、海关总署、质检总局2001年第10号令)、《机电产品自动进口许可管理实施细则》(外经贸部2001年第25号令)、《关于加强旧机电产品进口的通知》(国经贸机〔1997〕877号)、《关于加强旧机电产品进口管理的补充通知》(国经贸机〔1998〕555号)、《关于进一步明确加工贸易项下外商提供的不作价进口设备解除海关监管有关问题的通知》(署法发2001年420号)、《关于进一步明确加工贸易项下外商提供的不作价进口设备解除海关监管有关问题的通知》(署法发2002年348号)、《关于"不作价设备"解除监管问题的紧急通知》(署法发〔2002〕1号)、《海关总署办公厅关于明确加工贸易项下进口旧机电产品管理有关问题的通知》(署办法〔2002〕211号)、《关于重申进口旧机电产品有关管理的通知》(国质检联2001年42号)、《关于进口机电产品备案与办理进口许可工作的衔接问题的通知》质检办检联〔2003〕279号同时废止。

附件:

机电产品范围

商品类别	海关商品编号
一、金属制品	7307—7326、7412—7419、75072、7508、7609—7616、7806、7907、8007、810192—810199、810292—810299、81039、81043、81049、81059、8106009、81079、81089、81099、8110009、8111009、811219、811299、82—83章
二、机械及设备	84章
三、电器及电子产品	85章
四、运输工具	86—89章(8710除外)
五、仪器仪表	90章
六、其他	
(含磨削工具用磨具、玻壳、钟表及其零件、电子乐器、运动枪支、飞机及车辆用坐具、医用家具、办公室用金属家具、各种灯具及照明装置、儿童带轮玩具、带动力装置的玩具及模型、健身器械及游艺设备、打火机等)	680421、6804221、6804301、6805、7011、91章、9207、93031—93033、9304、93052、93059、93061、93063、94011—94013、9402、94031、94032、9405、9501、95031、95038、95041、95043、95049、95069、9508、9613

外商投资企业投资自用进口汽车管理办法

〔2000〕外经贸资发第376号

一、为规范外商投资企业投资自用进口汽车的管理,特制订本办法。

二、本办法适用于依法批准设立的中外合资企业、中外合作企业和外资企业(包括设在保税区、出口加工区内的外商投资企业,以下简称企业)。

三、本办法所指企业自用进口汽车包括小轿车、越野车及客车,具体商品编码见附表。

四、企业自用进口汽车所需资金总额,按海关完税价格计算,不得超过企业注册资本的15%;并应按以下标准根据项目建设进度逐步配备:

(一)企业注册资本中,外方出资额在500万美元以下的企业,在其经营期限内累计可进口不超过4辆

汽车,其中小轿车不超过2辆;

(二)企业注册资本中,外方出资额在500万美元及以上,1000万美元以下的企业,在其经营期限内累计可进口不超过6辆汽车,其中小轿车不超过3辆;

(三)企业注册资本中,外方出资额在1000万美元及以上,3000万美元以下的企业,在其经营期限内累计可进口不超过8辆汽车,其中小轿车不超过4辆;

(四)企业注册资本中,外方出资额在3000万美元以上的企业,在其经营期限内累计可进口不超过10辆汽车,其中小轿车不超过5辆。

五、各省级外经贸外资管理部门每年根据企业的实际需求,按照规定的配车标准编制外商投资企业投资自用汽车进口计划,报外经贸部审核汇总纳入年度机电产品进口配额方案,报经国务院批准后,由外经贸部下达给各省级外经贸外资管理部门执行。

六、各省级外经贸外资管理部门要严格按照外经贸部下达的外商投资企业投资自用汽车进口计划及本管理办法所规定的配车标准审批管理,不得超标准审批。

七、企业凭外经贸部或省级外经贸外资管理部门出具的汽车进口配额批准文件向发证机关申领进口许可证,海关凭进口许可证验放。

八、企业因特殊原因,需进口汽车、小轿车数量超过本管理办法所规定的配车标准的,应通过所在地省级外经贸外资管理部门报外经贸部核准。外经贸部核准后,企业凭所在地省级外经贸外资管理部门出具的进口配额批准文件向发证机关申领进口许可证。

九、境外常设驻华机构及人员、三资企业外方常驻人员、外国专家进口的汽车仍按现行有关规定办理。

十、1996年3月31日前依法批准设立的外商投资企业购买国产汽车,可按有关规定继续享受关税优惠政策,购买的国产汽车和进口汽车应合并计算在上述配车标准之内。

十一、本管理办法由外经贸部负责解释,此前凡与本管理办法不一致的有关规定,均以本管理办法为准。

十二、本管理办法自发布之日起执行。

附件:

企业自用进口汽车商品目录

商品编号	商品名称
87021091	30座及以上的装有柴油发动机的机动客车
87021092	20座及以上至29座的装有柴油发动机的机动客车
87021093	10座及以上至19座的装有柴油发动机的机动客车
87029010	其他30座及以上的机动客车
87029020	其他20座及以上至29座的机动客车
87029030	其他10座及以上19座的机动客车
87032130	排气量不超过1000毫升的汽油型小轿车
87032190	排气量不超过1000毫升的汽油型其他载人车辆
87032230	排气量超过1000毫升但不超过1500毫升的汽油型小轿车
87032240	排气量超过1000毫升但不超过1500毫升的汽油型越野车(4轮区动)
87032250	排气量超过1000毫升但不超过1500毫升的汽油型小客车(9座以下)
87032290	排气量超过1000毫升,但不超过1500毫升的汽油型其他主要用于载人的机动车
87032314	排气量超过1500毫升,但不超过2500毫升的汽油型小轿车
87032315	排气量超过1500毫升,但不超过2500毫升的汽油型越野车(4轮驱动)
87032316	排气量超过1500毫升,但不超过2500毫升的汽油型小客车(9座及以下)
87032319	排气量超过2500毫升,但不超过3500毫升的汽油型其他主要用于载人的机动车
87032334	排气量超过2500毫升,但不超过3000毫升的汽油型小轿车

续表

商品编号	商品名称
87032335	排气量超过2500毫升,但不超过3000毫升的汽油型越野车(4轮驱动)
87032336	排气量超过2500毫升,但不超过3000毫升的汽油型小客车(9座及以下)
87032339	排气量超过2500毫升,但不超过3000毫升的汽油型其他主要用于载人的机动车
87032430	排气量超过3000毫升的汽油型小轿车
87032440	排气量超过3000毫升的汽油型越野车(4轮驱动)
87032450	排气量超过3000毫升的汽油型小客车(9座及以下)
87032490	排气量超过3000毫升的汽油型其他载人车辆
87033130	排气量不超过1500毫升的柴油型小轿车
87033140	排气量不超过1500毫升的柴油型越野车(4轮驱动)
87033150	排气量不超过1500毫升的柴油型小客车(9座及以下)
87033190	排气量不超过1500毫升的柴油型其他载人车辆
87033230	排气量超过1500毫升,但不超过2500毫升的柴油型小轿车
87033240	排气量超过1500毫升,但不超过2500毫升的柴油型越野车(4轮驱动)
87033250	排气量超过1500毫升,但不超过2500毫升的柴油型小客车
87033290	排气量超过1500毫升,但不超过2500毫升的柴油型其他主要用于载的机动车
87033330	排气量超过2500毫升的柴油型小轿车
87033340	排气量超过2500毫升的柴油型越野车(4轮驱动)
87033350	排气量超过2500毫升的柴油型小客车(9座及以下)
87033390	排气量超过2500毫升的柴油型其他载人机动画
87039000	未列名主要用于载人的机动车

进口汽车检验管理办法

国家出入境检验检疫局令第1号

第一条 为加强进口汽车检验管理工作,根据《中华人民共和国进出口商品检验法》(以下简称《商检法》)及其实施条例,制定本办法。

第二条 国家出入境检验检疫局(以下简称国家检验检疫局)主管全国进口汽车检验监管工作,进口汽车入境口岸检验检疫机构负责进口汽车入境检验工作,用户所在地检验检疫机构负责进口汽车质保期内的检验管理工作。

第三条 对转关到内地的进口汽车,视通关所在地为口岸,由通关所在地检验检疫机构按照本办法负责检验。

第四条 进口汽车的收货人或代理人在货物运抵入境口岸后,应持合同、发票、提(运)单、装箱单等单证及有关技术资料向口岸检验检疫机构报检,口岸检验检疫机构审核后签发"入境货物通关单"。

第五条 进口汽车入境口岸检验检疫机构对进口汽车的检验包括:一般项目检验、安全性能检验和品质检验。

第六条 一般项目检验。在进口汽车入境时逐台核查安全标志,并进行规格、型号、数量、外观质量、随车工具、技术文件和零备件等项目的检验。

第七条 安全性能检验。按国家有关汽车的安全环保等法律法规、强制性标准和《进出口汽车安全检验规程》(SN/T0792—1999)实施检验。

第八条 品质检验。品质检验及其标准、方法等应在合同或合同附件中明确规定,进口合同无规定或规定不明确的,按《进出口汽车品质检验规程》(SN/T0791—1999)检验。

整批第一次进口的新型号汽车总数大于300台(含300台,按同一合同、同一型号、同一生产厂家计算)或总值大于一百万美元(含一百万美元)的必须实施品质检验。

批量总数小于300台或总值小于一百万美元的新型号进口汽车和非首次进口的汽车，检验检疫机构视质量情况，对品质进行抽查检验。

品质检验的情况应抄报国家检验检疫局及有关检验检疫机构。

第九条 检验检疫机构对进口汽车的检验，可采取检验检疫机构自检、与有关单位共同检验和认可检测单位检验等方式，由检验检疫机构签发有关检验单证。

第十条 对大批量进口汽车，外贸经营单位和收用货主管单位应在对外贸易合同中约定在出口国装运前进行预检验、监造或监装，检验检疫机构可根据需要派出检验人员参加或者组织实施在出口国的检验。

第十一条 经检验合格的进口汽车，由口岸检验检疫机构签发"入境货物检验检疫证明"，并一车一单签发"进口机动车辆随车检验单"；对进口汽车实施品质检验的，"入境货物检验检疫证明"须加附"品质检验报告"。

经检验不合格的，检验检疫机构出具检验检疫证书，供有关部门对外索赔。

第十二条 进口汽车的销售单位凭检验检疫机构签发的"进口机动车辆随车检验单"等有关单证到当地工商行政管理部门办理进口汽车国内销售备案手续。

第十三条 用户在国内购买进口汽车时必须取得检验检疫机构签发的"进口机动车辆随车检验单"和购车发票。在办理正式牌证前，到所在地检验检疫机构登检、换发"进口机动车辆检验证明"，作为到车辆管理机关办理正式牌证的依据。

第十四条 经登记的进口汽车，在质量保证期内，发现质量问题，用户应向所在地检验检疫机构申请检验出证。

第十五条 各直属检验检疫局根据工作需要可委托或指定经考核符合条件的汽车检测线承担进口汽车安全性能的检测工作，并报国家检验检疫局备案。国家检验检疫局对实施进口汽车检验的检测线的测试和管理能力进行监督抽查。

第十六条 检验检疫机构对未获得进口安全质量许可证书或者虽然已获得进口安全质量许可证书但未加贴检验检疫安全标志的、未按本办法检验登记的进口汽车，按《商检法》及《商检法实施条例》的有关规定处理。

第十七条 进口摩托车等其它进口机动车辆由收货人所在地检验检疫机构参照本办法负责检验。

第十八条 各直属检验检疫机构每半年将进口汽车质量分析报国家检验检疫局，并于7月15日和次年1月15日以前报出。

第十九条 本办法由国家检验检疫局负责解释。

第二十条 本办法自2000年1月1日起施行。原国家商检局下发的《国家商检局关于贯彻全国进出口汽车检验工作会议精神的通知》(国检检〔1990〕468号文)和《国家商检局关于启用新的"进口机动车辆随车检验单"和统一制作"进口车辆检验专用章"的通知》(国检检〔1994〕30号文)同时废止。

中华人民共和国海关总署关于增加进口汽车零件、部件定点报关口岸的通知

署税〔1992〕1363号

《关于进口汽车零件、部件试行定点报关纳税的规定》试行1年来，对于加强进口汽车零部件的监管征税工作，维护国家主渠道的正常经营和打击利用分散进口汽车零部件偷逃税行为，起到了积极的作用。现根据目前各地进口汽车零部件量不断增加的情况，为促进经济发展，方便合法进出，经商经贸部同意特作如下通知：

一、增加汕头、江门、杭州、呼和浩特、乌鲁木齐、天津东港海关为进口汽车零部件的定点报关纳税海关。

二、空运进口的汽车零部件不限定报关、纳税口岸。

三、为方便国内汽车生产和维修业务，凡汽车生产企业和汽车维修企业进口本企业生产或维修所用的汽车零部件，如在定点海关报关纳税有困难的，经所在地(或主管)海关批准并商得有关海关同意后，可在企业所在地(或主管)海关报关、纳税。

以上自1992年9月1日起执行。

一九九二年八月十九日

九、税 费 类

国家税务总局、工业和信息化部关于完善机动车整车出厂合格证信息管理系统加强车辆购置税征收管理和优化纳税服务工作的通知

国税发〔2012〕107 号

各省、自治区、直辖市和计划单列市国家税务局、工业和信息化主管部门，新疆生产建设兵团工业和信息化主管部门，机动车生产企业：

为加强机动车生产企业及产品生产一致性管理，促进机动车行业持续、健康发展；提高车辆购置税征收管理效率，优化纳税服务；规范机动车生产企业车辆合格证电子信息报送工作，国家税务总局、工业和信息化部决定完善机动车整车出厂合格证信息管理系统（以下简称合格证信息管理系统）。现就有关事项通知如下：

一、"合格证信息管理系统"的运行维护与升级

根据机动车生产一致性管理工作的要求和车辆购置税征收管理及纳税服务工作需要，国家税务总局、工业和信息化部将联合委托合格证信息日常管理工作机构，对现行"合格证信息管理系统"软件进行完善和升级。升级后的合格证系统将新增车辆配置信息报送等功能，方便行业管理和税收征管工作。

（一）"合格证信息管理系统"的日常管理工作机构

国家税务总局、工业和信息化部委托中机车辆技术服务中心作为合格证信息日常管理工作机构（以下简称工作机构），负责合格证信息管理系统的日常维护、软件升级与使用培训等有关工作。

工作机构应切实加强内部管理，健全制度，规范业务流程，严格依法依规开展工作；要加强诚信体系建设，做到诚信自律；要切实做好系统安全和数据保密工作，未经许可不得擅自将有关数据用于其他任何用途；要增强服务意识，改进工作作风，及时解决企业、消费者及管理部门所反映的问题，不断提高服务水平。

（二）新版"合格证信息管理系统"软件升级

工作机构应在 2012 年 12 月 31 日前完成"合格证信息管理系统"的升级。新版"合格证信息管理系统"应根据我国国产及进口机动车车辆特点对相关功能进行完善，具有反映车辆配置信息的功能。工作机构应确保国内机动车生产企业及进口机动车生产企业驻我国办事机构或总授权代理机构（以下简称为进口机动车生产企业）能够正常使用该系统填报车辆相关信息。

工作机构应在 2013 年 4 月 1 日前完成上述机动车生产企业的软件使用培训工作，国内机动车生产企业和已在工作机构备案的进口机动车生产企业（以下简称机动车生产企业）可通过工作机构网站免费下载新版"合格证信息管理系统"。

（三）新版"合格证信息管理系统"启用时间

新版"合格证信息管理系统"于 2013 年 4 月 1 日起启用，届时工作机构将不再接收旧版系统上传数据。

二、新版"合格证信息管理系统"的使用要求

（一）国内机动车生产企业应在新版"合格证信息管理系统"启用之日前对"合格证信息管理系统"进行升级。

（二）进口机动车生产企业应于 2012 年 12 月 31 日前向工作机构递交使用新版"合格证信息管理系统"书面申请材料（申请材料内容见附件）。经工作机构备案后，方可下载、安装新版"合格证信息管理系统"。2012 年 12 月 31 日后设立的进口机动车生产企业应于设立之日起 60 日内向工作机构递交书面申请材料。

（三）新版"合格证信息管理系统"填报要求

自 2013 年 4 月 1 日起机动车生产企业应按照规定使用新版"合格证信息管理系统"填报及上传包括车辆配置序列号的车辆合格证电子信息或进口车辆电子信息。

国家税务总局定期根据各地税务机关采集的国产和进口机动车车价信息（含车辆价格信息与车辆配置信息），对各类机动车的车辆配置序列号进行审核、确定。工作机构将经国家税务总局核定的车辆配置序列号及其对应的车辆配置信息分发至机动车生产企业（具体内容详见工作机构网站说明）。

尚未核定车辆配置序列号或已核定车辆配置序列号但其配置发生变化的车辆，机动车生产企业可通过升级后的合格证信息管理系统，填写车辆配置信息后，获取临时车辆配置序列号进行填报。

具体要求如下：

1. 国内机动车生产企业应在配发机动车出厂合格证后48小时内，通过合格证信息管理系统向工作机构传送车辆合格证电子信息。

2. 进口机动车生产企业进口车辆，应在取得进口车辆《中华人民共和国海关货物进口证明书》后2个工作日内，通过合格证信息管理系统向工作机构传送车辆电子信息。

3. 非进口机动车生产企业进口车辆，车辆进口单位或个人应在取得进口车辆《中华人民共和国海关货物进口证明书》或《中华人民共和国海关监管车辆进（出）境领（销）牌照通知书》后，通过工作机构指定网站，按照规定的流程和要求传送车辆电子信息。

4. 工作机构应向税务总局实时传送车辆购置税征管工作所需的车辆合格证电子信息。

三、车辆购置税征收管理工作要求

自2013年7月1日起，各地税务机关对2013年4月1日之后生产的国产机动车（或报关的进口机动车），依据车辆购置税征管系统中车辆合格证电子信息办理车辆购置税纳税申报、减免税等相关业务。

自2014年7月1日起，各地税务机关对所有机动车均应依据车辆购置税征管系统中车辆合格证电子信息办理车辆购置税纳税申报、减免税等相关业务。无车辆合格证电子信息的不予办理。

四、监督管理

国家税务总局、工业和信息化部将定期对国产机动车和进口机动车生产企业上传的车辆合格证电子信息进行核查，对未按要求填报或上传车辆合格证电子信息的企业，国税机关将依据《中华人民共和国税收征收管理法》有关规定进行处罚。

对未按要求填报或上传车辆合格证电子信息的国产机动车生产企业，工业和信息化部将依据机动车生产企业和产品准入管理的有关规定给予相关企业通报批评、限期整改直至撤销机动车产品生产许可等处罚。限期整改期间，暂停国产机动车生产企业产品《公告》申报或合格证信息上传。

各地税务机关在利用车辆合格证电子信息办理车辆购置税纳税申报、减免税等相关业务中发现的问题，应及时上报国家税务总局。

工作机构咨询电话：010－63702511

工作机构网址：http://www.cvtsc.org.cn

附件：进口机动车生产企业使用新版“合格证信息管理系统”书面申请材料

国家税务总局

工业和信息化部

2012年11月16日

附件

进口机动车生产企业使用新版“合格证信息管理系统”书面申请材料

进口车生产企业驻我国办事机构或总授权代理机构使用新版“合格证信息管理系统”应递交书面申请材料，内容如下：

一、进口车生产企业驻我国办事机构营业执照副本复印件或总授权代理机构营业执照副本复印件（加盖公章）及授权代理文件复印件（加盖公章）；

二、WMI（世界制造厂识别代码）备案证明文件复印件（加盖公章）；

三、企业基本情况登记表、授权信（加盖公章）；

四、授权人身份证复印件。

国家税务总局、中国保险监督管理委员会关于机动车车船税代收代缴有关事项的公告

国家税务总局、中国保险监督管理委员会2011年第75号

《中华人民共和国车船税法》(以下简称车船税法)及其实施条例将于2012年1月1日起施行。根据车船税法及其实施条例规定,从事机动车交通事故责任强制保险(以下简称交强险)业务的保险机构(以下简称保险机构)为机动车车船税的扣缴义务人,应当在收取交强险保险费时依法代收车船税。为了贯彻落实车船税法及其实施条例,做好机动车车船税代收代缴工作,现将有关事项公告如下:

一、扎实做好贯彻落实车船税法及其实施条例的准备工作

各级税务机关要在深入领会和准确把握车船税法及其实施条例政策精神的基础上,通过多种途径,做好对扣缴义务人的宣传与政策解释工作,使扣缴义务人熟悉车船税法及其实施条例和本地区实施办法的政策规定,知晓不依法履行扣缴义务应承担的法律责任,提高扣缴义务人代收代缴车船税的业务水平。

各省、自治区、直辖市和计划单列市税务机关要总结本地区代收代缴工作经验,认真分析工作中存在问题,结合车船税法及其实施条例的相关规定,在征求当地保险监管部门和在当地从事交强险业务的保险机构意见的基础上,进一步完善本地区代收代缴管理办法,规范代收代缴车船税的工作流程。在代收代缴管理办法中,要进一步明确扣缴义务人申报、结报税款的具体方式和期限,代收代缴手续费支付办法,双方信息交换的内容、方式和期限,纳税人对保险机构代收代缴税款数额有异议时的受理程序和期限等事项。

各保险机构要在税务机关协助下做好对保险从业人员的培训工作,使他们熟练掌握车船税法及其实施条例的有关政策和相关征管规定,掌握代收代缴税款的操作程序和应纳税额的计算方法,以便顺利开展机动车车船税代收代缴工作。各保险机构要根据车船税法律法规的变化及当地省、自治区、直辖市人民政府确定的具体适用税额,及时修改交强险业务和财务系统。

有条件的地区,保险监管部门、保险机构与税务机关要积极探索车险信息共享平台与税务机关相关信息系统的联网工作,提高数据交换、业务处理的质量和效率。

二、认真履行代收代缴义务,严格执行代收代缴规定

各保险机构要严格按照车船税的有关政策和相关征管规定,认真履行代收代缴机动车车船税的法定义务,确保税款及时、足额解缴国库。

(一)各保险机构要协助税务机关做好车船税的宣传工作,在营业场所张贴或摆放有关车船税的宣传材料,着重宣传车船税法及其实施条例与原来车船税政策的区别,公布纳税人在购买交强险时缴纳车船税的办理流程,认真回答纳税人有关车船税的问题,提高纳税人依法纳税的自觉性。

(二)对军队和武警专用车辆、警用车辆、拖拉机、临时入境的外国机动车和香港特别行政区、澳门特别行政区、台湾地区的机动车,保险机构在销售交强险时不代收代缴车船税。其中,军队、武警专用车辆以军队、武警车船管理部门核发的军车号牌和武警号牌作为认定依据;警用车辆以公安机关核发的警车号牌(最后一位登记编号为红色的"警"字)作为认定依据;拖拉机以在农业(农业机械)部门登记、并拥有拖拉机登记证书或拖拉机行驶证书作为认定依据;临时入境的外国机动车以中国海关等部门出具的准许机动车入境的凭证作为认定依据;香港特别行政区、澳门特别行政区、台湾地区的机动车根据公安交通管理部门核发的批准文书作为认定依据,具体操作办法由进入内地或大陆口岸所在地税务机关制定。

(三)在财政部、国家税务总局会同汽车行业主管部门公布了享受车船税优惠政策的节约能源、使用新能源的车型目录后,对纳入车型目录的机动车,保险机构销售交强险时,根据车型目录的规定免征或减征车船税。

(四)对于拥有公安交通管理部门核发的外国使馆、领事馆专用号牌的机动车,保险机构销售交强险时,不代收代缴车船税。

(五)对已经向主管税务机关申报缴纳车船税的纳税人,保险机构在销售交强险时,不再代收代缴车船税,但应根据纳税人出示的完税凭证原件,将上述车辆的完税凭证号和出具该凭证的税务机关名称录入交强险业务系统。

(六)对税务机关出具减免税证明的车辆,保险机构在销售交强险时,对免税车辆不代收代缴车船税;对

减税车辆根据减税证明的规定处理。保险机构应将减免税证明号和出具该证明的税务机关名称录入交强险业务系统。

（七）除上述（二）、（三）、（四）、（五）、（六）项中规定的不代收代缴车船税的情形外，保险机构在销售交强险时一律按照保险机构所在地的车船税税额标准和所在地税务机关的具体规定代收代缴车船税；投保人无法立即足额缴纳车船税的，保险机构不得将保单、保险标志和保费发票等票据交给投保人，直至投保人缴纳车船税或提供税务机关出具的完税证明或免税证明。纳税人对保险机构代收代缴税款数额有异议的，根据本地区代收代缴管理办法规定的受理程序和期限进行处理。

（八）保险机构在计算机动车应纳税额时，机动车的相关技术信息以车辆登记证书或行驶证书所载相应数据为准。

对于纳税人无法提供车辆登记证书的乘用车，保险机构可以参照税务机关提供的汽车管理部门发布的车辆生产企业及产品公告确定乘用车的排气量。在车辆生产企业及产品公告中未纳入的老旧车辆，纳税人应提请保险机构所在地的税务机关核定排气量。

购置的新机动车，相关技术信息以机动车整车出厂合格证或进口车辆的车辆一致性证书所载相应数据为准。

（九）购置的新机动车，购置当年的应纳税款从购买日期的当月起至该年度终了按月计算。对于在国内购买的机动车，购买日期以《机动车销售统一发票》所载日期为准；对于进口机动车，购买日期以《海关关税专用缴款书》所载日期为准。

（十）保险机构在销售交强险时，要严格按照有关规定代收代缴车船税，并将相关信息据实录入交强险业务系统中。不得擅自多收、少收或不收机动车车船税，不得以任何形式擅自减免、赠送机动车车船税，不得遗漏应录入的信息或录入虚假信息。各保险机构不得将代收代缴的机动车车船税计入交强险保费收入，不得向保险中介机构支付代收车船税的手续费。

（十一）保险机构在代收代缴机动车车船税时，应向投保人开具注明已收税款信息的交强险保险单和保费发票，作为代收税款凭证。纳税人需要另外开具完税凭证的，保险机构应告知纳税人凭交强险保单到保险机构所在地的税务机关开具。

（十二）各保险机构应按照本地区代收代缴管理办法规定的期限和方式，及时向保险机构所在地的税务机关办理申报、结报手续，报送代收代缴报告表，报告投保、缴税机动车的明细信息。有条件的地区，要积极探索保险机构向地（市）或省税务机关申报、结报的模式。对保险机构和税务机关已实现信息联网的地区，税务机关可根据当地实际自行确定保险机构报送代收代缴报告表的方式。

（十三）各保险机构要做好机动车投保、缴税信息以及其他相关信息的档案保存、整理工作，并接受税务机关和保险监管部门的检查。对于税务机关提供的信息，保险机构应予保密，除办理涉税事项外，不得用于其他目的。

（十四）保险机构委托保险中介机构销售交强险的，应加强对中介机构的培训，并要求中介机构根据本公告的要求在销售交强险时代收车船税，录入相关信息，保存相关涉税凭证的复印件。保险中介机构应自觉接受税务机关和保险监管部门的检查。

三、加强指导和监督，确保代收代缴工作依法有序开展

各级税务机关要与当地保险监管部门密切配合，加强对保险机构的指导，支持保险机构做好代收代缴工作。同时，要按照车船税相关政策和《中华人民共和国税收征收管理法》的规定，加强对扣缴义务人的管理和监督。

（一）税务机关要为保险机构向纳税人宣传车船税政策提供支持，应免费向保险机构提供车船税宣传资料。

（二）对于纳税人直接向税务机关申报缴纳车船税的，税务机关应向纳税人开具含有车辆号牌号码等机动车信息的完税凭证。纳税人一次缴纳多辆机动车车船税的，可合并开具一张完税凭证，分行填列每辆机动车的完税情况；也可合并开具一张完税凭证，同时附缴税车辆的明细表，列明每辆缴税机动车的完税情况，并加盖征税专用章。税务机关应将相关纳税信息及时传递给保险机构。

（三）对于外国驻华使馆、领事馆和国际组织驻华机构及其有关人员的车辆，因保险机构通过车辆号牌难以判别是否属于免税范围，税务机关应审查纳税人提供的本机构或个人身份的证明文件和车辆所有权证明文件，以及国际组织驻华机构及其有关人员提供的相关国际条约或协定。对符合免税规定的，税务机关应向纳税人开具免税证明，并将免税证明的相关信息传递给保险机构。

（四）对于自车船税法实施之日起5年内免征车船税的机场、港口、铁路站场内部行驶或者作业的机动车，需要购买交强险的，税务机关应向纳税人开具免税证明，并将免税证明的相关信息传递给保险机构。

（五）对于按照省级人民政府根据车船税法及其实施条例的规定予以减免车船税的机动车，由各省、自治区、直辖市税务机关规定保险机构销售交强险时的具体操作方法。

（六）纳税人对保险机构代收代缴税款数额有异议的，可以直接向税务机关申报缴纳，也可以在保险机构代收代缴税款后向税务机关提出申诉，税务机关应在接到纳税人申诉后按照本地区代收代缴管理办法规定的程序和期限受理。

（七）保险机构向税务机关办理申报、结报手续后，完税车辆被盗抢、报废、灭失而申请车船税退税的，由保险机构所在地的税务机关按照有关规定办理。

（八）对纳税人通过保险机构代收代缴方式缴纳车船税后需要另外开具完税凭证的，由保险机构所在地的税务机关办理。在办理完税凭证时，税务机关应根据纳税人所持注明已收税款信息的保险单，开具《税收转账专用完税证》，并在保险单上注明“完税凭证已开具”字样。《税收转账专用完税证》的第一联（存根）和保险单复印件由税务机关留存备查，第二联（收据）由纳税人收执，作为纳税人缴纳车船税的完税凭证。

（九）各级税务机关要严格审查保险机构报送的车船税代收代缴信息。有条件的地区，要探索利用信息化的手段对代收代缴信息进行审核。

（十）税务机关应按照规定向各保险机构及时足额支付手续费。

（十一）对于保险监管部门和保险机构提供的信息，各级税务机关应予保密，除办理涉税事项外，不得用于其他目的。

（十二）各级税务机关要与当地保险监管部门协调配合，建立工作协调机制和信息交换机制，联合对保险机构代收代缴情况进行监督和检查。对于违反车船税政策和相关征管规定的保险机构，税务机关要按照《中华人民共和国税收征收管理法》的有关规定进行处理，并将处理情况以书面形式及时通报当地保险监管部门。

（十三）各级税务机关要主动征求当地保险监管部门、保险行业协会和各保险机构的意见和建议，及时改进工作方法，不断完善代收代缴管理办法。

四、积极协调，严格监督，共同做好代收代缴的管理工作

各地保险监管部门要与当地税务机关和各保险机构积极沟通，协助税务机关做好代收代缴车船税的监督管理工作。

（一）各地保险监管部门要督促各保险机构做好贯彻落实车船税法及其实施条例的各项准备工作，并会同税务机关对各保险机构的准备情况进行检查。

（二）各地保险监管部门要加大对保险机构交强险业务和机动车代收代缴车船税工作的监管力度，保障机动车车船税按时入库。对于以任何形式诱导、怂恿投保人不缴、少缴或缓缴车船税进行恶性竞争、扰乱保险市场秩序的，保险监管部门应依据相关规定对该机构及其责任人进行严肃处理。

（三）各地保险监管部门要加强与税务机关的联系，及时配合税务机关向保险机构传达车船税的有关政策精神，并向税务机关如实反映保险机构的意见和要求，使代收代缴工作顺利开展。

保险机构在销售交强险时代收代缴机动车车船税，加强了车船税税源控管力度，提高了车船税征管的科学化、精细化水平，方便了纳税人。各级税务机关、各地保险监管部门和各保险机构要充分认识代收代缴机动车车船税的重要意义，高度重视该项工作，要指定人员负责代收代缴车船税的相关工作，并相互通报人员的确定和变更情况。对于代收代缴工作中出现的问题，要加强沟通和协调，积极予以解决；无法解决的，要及时向各自的上级机关报告。

本公告自2012年1月1日起施行。《国家税务总局 中国保险监督管理委员会关于做好车船税代收代缴工作的通知》（国税发〔2007〕55号）、《国家税务总局 中国保险监督管理委员会关于保险机构代收代缴车船税有关问题的通知》（国税发〔2007〕98号）、《国家税务总局 中国保险监督管理委员会关于进一步做好车船税代收代缴工作的通知》（国税发〔2008〕74号）同时废止。

特此公告。

国家税务总局
中国保险监督管理委员会
二〇一一年十二月十九日

中国保险监督管理委员会关于促进汽车消费贷款保证保险业务稳步发展的通知

保监发〔2009〕69 号

各财产保险公司、中国保险行业协会：

为积极贯彻国务院《汽车产业调整和振兴规划》和《当前金融促进经济发展的若干意见》的精神，促进我国汽车产业持续、健康、稳定发展，商务部联合我会及相关部委于近期下发了《关于促进汽车消费的意见》，将稳步发展汽车消费贷款保证保险业务作为保险业积极促进国内汽车消费的一项重要举措。现将有关要求通知如下：

一、各公司要高度重视发展汽车消费贷款保证保险业务的重要意义。各财产保险公司要认真学习传达国务院有关促进汽车消费文件的精神，高度重视发展汽车消费贷款保证保险业务。各公司要站在保险业服务经济社会发展全局的高度，围绕国家保增长、扩内需、调结构的指导方针，发挥保险在汽车消费信贷中的作用，有力促进国内汽车消费。

二、各公司要在风险可控的前提下，积极稳妥发展汽车消费贷款保证保险业务。各财产保险公司应加强市场调查和研究力度，深入分析市场需求及其风险特征。善于吸取过去一些教训，在风险可控的前提下，积极拓宽业务渠道，探索与汽车生产企业、银行等各方合作的新模式，开发适合市场需求的汽车消费贷款保证保险产品，积极稳妥推进汽车消费贷款保证保险业务发展。

三、各公司要认真做好风险管控，确保车贷险业务稳定健康发展。各财产保险公司应加强汽车消费贷款保证保险业务及流程的管理，提高从业人员素质，建立完善的风险管理体系，提高管控水平，确保汽车消费贷款保证保险业务持续稳定健康发展。

四、中国保险行业协会要加强与相关行业的沟通。中国保险行业协会要利用自身优势，加强与汽车生产、销售和信贷机构等相关行业的联系，了解相关各方对汽车消费贷款保证保险业务的需求，研究国内外汽车消费信贷的发展趋势，及时收集有关信息，积极为各会员公司发展汽车消费贷款保证保险业务提供支持和指导。

中国保险监督管理委员会
二〇〇九年五月二十七日

商务部 工业和信息化部　公安部　财政部　税务总局　工商总局　银监会　保监会关于促进汽车消费的意见

商建发〔2009〕114 号

各省、自治区、直辖市、计划单列市及新疆生产建设兵团商务主管部门、工业主管部门、公安厅(局)、财政厅(局)、国税局、地税局、工商局、银监局、保监局：

汽车消费作为扩大内需的主要内容，对妥善应对国际金融危机的冲击，推动汽车产业健康发展，缓解就业压力，维护社会稳定，保持国民经济平稳增长具有重要作用。为贯彻落实《国务院办公厅关于搞活流通扩大消费的意见》(国办发〔2008〕134 号)和汽车产业调整和振兴规划精神，保持汽车市场稳定增长，现就促进汽车消费提出如下意见：

一、积极促进汽车销售

(一)推动汽车市场健康有序发展。尽快修订《汽车品牌销售管理实施办法》，引导汽车流通业合理布局，鼓励汽车品牌销售采取多种经营模式，努力构建节约型汽车营销网络；推动建立平等和谐的工商关系，调动汽车供应商和品牌经销商两方面的积极性；进一步规范汽车经营行为，维护良好的市场秩序和交易环境，促进汽车市场稳定增长。

(二)进一步提高汽车营销和服务水平。支持有条件的汽车流通企业通过跨地区兼并重组、发展连锁经营，做强做大。引导和鼓励企业建立便捷高效的汽车营销和服务体系，健全网络，完善功能，加快创建自主服务品牌，在大型汽车交易市场设置机动车登记服务站，建立和完善经销商代办机动车牌证制度，努力为消费者提供更加优质的服务。

（三）鼓励购置节能环保型小排量汽车。贯彻落实汽车消费税调整政策和1.6升及以下排量乘用车减半征收购置税的政策，引导汽车企业提高产品质量，增加产品品种，保证相关商品货源充足，做到价格公开透明，防止以收取提车费等名目变相加价，确保消费者真正受益。

二、大力培育和规范二手车市场

（四）鼓励发展二手车流通。积极发展专业二手车经销企业，倡导汽车品牌经销商开展"以旧换新"、"以旧换旧"等二手车置换业务，清理和取消各地对二手车经销方面不合理的限制，引导交易形式多样化，简化二手车交易手续，取消交易市场不合理的收费，降低交易成本，促进二手车市场繁荣。

（五）提升交易质量和功能。建立全国性和重点地区的二手车市场公共信息服务平台，实施二手车交易市场升级改造示范工程，支持二手车交易市场进行以完善交易服务功能、建设信息服务系统为重点的技术改造，着力解决交易信息不对称的问题，尽快形成二手车信息服务网络，保证车辆信息公开透明，增强消费者信心。

（六）切实改善市场消费环境。积极推广二手车交易合同示范文本，抓紧制订《二手车流通企业设立条件》、《二手车鉴定评估规范》等标准，进一步规范二手车市场主体秩序和经营行为，加强市场监管，严厉打击交易欺诈行为。充分发挥行业协会作用，积极推进诚信体系建设，倡导行业自律发展，引导企业诚实守信、合法经营，营造良好的消费环境，促进安全消费。

三、加快老旧汽车报废更新

（七）完善报废汽车管理制度。加快建立报废汽车回收拆解与安全、环保和资源再利用相衔接的管理制度，推动《机动车强制报废标准规定》出台，严格汽车强制报废规定，防止报废汽车流向社会，逐步形成老旧汽车报废更新的良性循环。

（八）培育报废汽车回收拆解骨干企业。以贯彻落实《报废汽车回收拆解企业技术规范》为契机，引导报废汽车回收拆解企业升级改造，鼓励有条件的地区集中建立报废汽车破碎中心，逐步解决报废汽车破碎工艺分散、规模小、水平低的矛盾；支持有条件的回收拆解企业进行以清洁环保、安全生产和资源利用为重点的技术改造，提高回收拆解水平，发挥示范和带动效应；鼓励和引导有条件的汽车生产企业通过参股、并购回收拆解企业等方式开展报废汽车回收、拆解业务，推动行业技术进步。

（九）积极引导老旧汽车报废更新。及时调整鼓励老旧汽车报废更新政策，加大报废更新资金补贴支持力度，提高补贴标准，增加补贴范围，加快淘汰老旧公交车和农村客运车辆；积极研究对提前报废老旧乘用车并购买符合条件的节能环保型小排量汽车车主的鼓励政策，加快汽车消费更新换代。

四、努力开拓农村汽车市场

（十）逐步建立农村汽车流通网络。正确处理城市与农村汽车市场发展的关系，积极研究培育和发展农村汽车市场的政策和措施，探索适合农村地区发展的汽车经营模式，引导企业开发和生产适合农村地区使用的低价位节能型汽车，建立和完善农村地区汽车销售服务和回收网络，为农村居民消费创造良好条件。

（十一）促进农村汽车消费和升级换代。积极开展汽车下乡工作，加强组织领导，加大宣传力度，强化监督管理，确保汽车下乡产品质量和售后服务，严厉打击坑农害农、虚假开具报废汽车回收证明等违法行为，切实把汽车下乡政策落到实处，扩大农村地区汽车消费。

五、加大信贷支持力度

（十二）支持发展汽车信贷消费。推进汽车消费信贷管理条例制订工作，完善个人征信管理，鼓励金融机构开展新车和二手车消费信贷业务，创新信贷产品，简化信贷手续，根据借款人还款能力、资信状况等风险因素确定个人汽车贷款利率，不断扩大汽车信贷消费。

（十三）加大对流通企业的信贷支持。推动金融机构根据信贷原则和汽车流通企业的特点，制定差别化授信条件，创新担保方式，加大信贷支持力度，满足汽车流通企业的合理信贷需求。

（十四）加强汽车金融服务配套制度建设。稳步发展汽车消费贷款保证保险业务，推动保险机构与汽车消费信贷机构进一步加强合作，促进汽车消费市场平稳发展。

二〇〇九年三月三十日

国家税务总局关于推行机动车销售统一发票稽核系统的通知

国税函〔2009〕54 号

各省、自治区、直辖市和计划单列市国家税务局：

为了做好机动车销售统一发票的增值税抵扣管理工作，税务总局组织开发了机动车销售统一发票稽核系统（以下简称稽核系统），自 2009 年 2 月 23 日起投入运行。现就有关事项通知如下：

各地国家税务局要认真组织系统推行的各项工作，成立由业务部门和信息中心人员共同组成的稽核系统上线工作组，具体负责系统上线有关工作。

为了顺利安装和运行稽核系统，税务总局制定了《机动车销售统一发票稽核系统运行实施方案》，在税务总局技术支持网站（130.9.1.248）公布。税务总局将统一安排软件开发商技术人员远程操作完成具体的系统安装调试工作。各地国家税务局技术部门、业务部门要密切配合，提供相关口令，并在安装后及时更改口令。各地要按照方案规定的实施内容和要求，在 2009 年 2 月 16 日前做好系统安装的环境准备工作，2 月 22 日前完成系统安装和调试工作。

系统上线后的运行维护工作转入税务总局呼叫中心（4008112366）。

国家税务总局

二○○九年二月二日

国家税务总局关于推行机动车销售统一发票税控系统有关工作的紧急通知

国税发〔2008〕117 号

各省、自治区、直辖市和计划单列市国家税务局：

根据修订的《中华人民共和国增值税暂行条例》，增值税一般纳税人购进固定资产的进项税额可以从销项税额中抵扣。为做好机动车的增值税抵扣工作，税务总局决定在全国范围内推行机动车销售统一发票税控系统（以下简称税控系统）。现将有关事项通知如下：

一、自 2009 年 1 月 1 日起，增值税一般纳税人从事机动车（应征消费税的机动车和旧机动车除外）零售业务必须使用税控系统开具机动车销售统一发票。

二、使用税控系统开具机动车销售统一发票的企业（以下称机动车零售企业），应购买税务总局验证通过的税控盘，经税务机关初始化后安装使用。

三、机动车零售企业向增值税一般纳税人销售机动车的，机动车销售统一发票“身份证号码/组织机构代码”栏统一填写购买方纳税人识别号，向其他企业或个人销售机动车的，仍按照《国家税务总局关于使用新版机动车销售统一发票有关问题的通知》（国税函〔2006〕479 号）规定填写。

（相关资料：地方法规 1 篇）

四、机动车零售企业应在每月增值税纳税申报期内，向主管税务机关报送上月机动车销售统一发票的开具数据。

五、自 2009 年 1 月 1 日起，增值税一般纳税人购买机动车取得的税控系统开具的机动车销售统一发票，属于扣税范围的，应自该发票开具之日起 90 日内到税务机关认证，认证通过的可按增值税专用发票作为增值税进项税额的扣税凭证。

（相关资料：部门规章 2 篇 地方法规 3 篇）

六、税控系统开具的机动车销售统一发票的认证、稽核比对和异常发票的审核检查工作比照增值税专用发票有关规定执行。涉嫌偷骗税并达到立案标准的，连同相关证据材料按第三类问题登记台账后移送稽查局查处。

七、推行准备工作包括税务端运行环境准备、企业端运行环境准备、税控系统安装、培训准备和技术支持等五个方面，具体要求如下：

（一）税务端运行环境准备

税控系统税务端后台管理系统以省级集中方式部署，与货运发票税控管理系统共用所有软、硬件资源，无需另外部署软、硬件环境。

（二）企业端运行环境准备

税控系统企业端开票软件继续使用已有机动车开票软件运行环境。企业在开票前须购买税控盘，根据需要自愿购买传输盘，并前往所属税务机关进行初始化。

为确保税控系统推行工作进度，各省国税局应尽快组织税控盘/传输盘产品相关工作，确保企业能如期购置税控盘/传输盘。（税控盘/传输盘厂商信息详见附件）。

考虑到税控系统推行工作时间紧迫，并且各省地税局已推行了货运发票税控系统税控盘/传输盘，各省国税局可建议本地机动车零售企业使用与货运企业同一厂商的税控盘产品。

（三）税控系统安装

税控系统税务端和企业端软件补丁将于近日正式发布。软件发布时间、安装事宜另文通知。

（四）培训准备工作

为保证税控系统的顺利推行，税务总局将于近日组织全国各级国税局的技术、业务人员举办后台管理系统和开票软件的视频培训，具体培训时间、要求另文通知。

各省国税局应做好对企业开票软件的培训和辅导。

（五）技术支持

1. 各省税务机关应按照税务总局税务信息化运行维护体系建设的管理制度和相关规定开展本系统的运行维护支持服务工作。系统使用中如遇问题，应按照相关运维流程报税务总局呼叫中心（服务电话：4008112366）和税务总局金税工程运行维护网站（网址：http://130.9.1.248）提请技术支持。

2. 税务总局将通过百望呼叫中心（服务电话 010－62466669）向纳税人免费提供机动车销售统一发票开票软件的远程技术支持服务。

3. 各厂商对税控盘/传输盘的售后支持服务，原则上参照货运发票税控系统税控盘/传输盘的要求执行。

附件：税务总局验证通过的税控盘/传输盘厂商清单

国家税务总局

二○○八年十二月十五日

附件：

税务总局验证通过的税控盘/传输盘厂商清单

序号	公司名称	公司地址	邮政编码	联系人	联系电话	公司网址	备注
1	武汉天喻信息产业股份有限公司	武汉东湖开发区庙山小区华工大学科技园天喻信息大楼	430223	张吉红	027－87920389 027－87920409 13901015915 027－87920386（传真）	http://www.whty.com.cn	货运发票税控系统税控盘/传输盘供货商
2	北京旋极信息技术有限公司	北京市海淀区北四环中路229号海泰大厦1006室	100083	陈茵	010－82883933 010－82375803 010－82883858 13811554080	http://www.watertek.com	货运发票税控系统税控盘/传输盘供货商

续表

序号	公司名称	公司地址	邮政编码	联系人	联系电话	公司网址	备注
3	北京握奇智能科技有限公司	北京市朝阳区首都机场路万红西街2号	100015	刘海	010－64722288－8682，13601367144，010－64365760（传真）	http://www.watchdata.com	货运发票税控系统税控盘/传输盘供货商
4	河南许继信息有限公司	郑州市东明路41号	450004	贾德林	0371－66369920 0371－66368026（传真）13703821201	http://www.hnxjxx.com.cn	
5	恒宝股份有限公司	北京市西城区金融大街五号新盛大厦B座八层	100034	王睿	13601312513	http://www.hengbao.com	

国家税务总局关于调整《小汽车消费税纳税申报表》有关内容的通知

国税函〔2008〕757号

各省、自治区、直辖市和计划单列市国家税务局：

根据《财政部　国家税务总局关于调整乘用车消费税政策的通知》（财税〔2008〕105号），税务总局对《小汽车消费税纳税申报表》及其附表有关内容进行修改，现将有关事项通知如下：

一、申报表修改内容如下（样表详见附件）：

（一）在申报表“应税消费品名称”中“乘用车”项下增加“气缸容量≤1.0升”栏，同时在“适用税率”项相应增加“1%”的税率，调整后的申报表乘用车划分为7档税率。

（二）将申报表“应税消费品名称”中“乘用车”项下的“气缸容量≤1.5升”A项，调整为“1.0升＜气缸容量≤1.5升”.

（三）将申报表中“应税消费品名称”中“乘用车”项下的“3.0升＜气缸容量≤4.0升”栏对应的税率，由“15%”调整为“25%”；“气缸容量＞4.0升”栏对应的税率，由“20%”A调整为“40%”。

二、调整后的申报表自2008年10月份办理税款所属期为9月份的消费税申报时启用。各地在使用过程中遇到情况和问题，请及时报告税务总局（货物和劳务税司）。

附件：小汽车消费税纳税申报表

国家税务总局

二〇〇八年八月二十九日

附件：

小汽车消费税纳税申报表

税款所属期：　　　年　　月　日至　　　年　月　日

纳税人名称（公章）：　　　　　　　　纳税人识别号：

填表日期：　　年　　　月　　日　　　　单位：辆、元（列至角分）

应税消费品名称＼项目		适用税率	销售数量	销售额	应纳税额
乘用车	气缸容量≤1.0 升	1%			
	1.0 升<气缸容量≤1.5 升	3%			
	1.5 升<气缸容量≤2.0 升	5%			
	2.0 升<气缸容量≤2.5 升	9%			
	2.5 升<气缸容量≤3.0 升	12%			
	3.0 升<气缸容量≤4.0 升	25%			
	气缸容量>4.0 升	40%			
中轻型商用客车		5%			
合计		—	—	—	

<table>
<tr><td>本期准予扣除税额：</td><td rowspan="4">声明
此纳税申报表是根据国家税收法律的规定填报的，我确定它是真实的、可靠的、完整的。
经办人（签章）：
财务负责人（签章）：
联系电话：</td></tr>
<tr><td>本期减（免）税额：</td></tr>
<tr><td>期初未缴税额：</td></tr>
<tr><td>本期缴纳前期应纳税额：</td></tr>
<tr><td>本期预缴税额：</td><td rowspan="3">（如果你已委托代理人申报，请填写）
授权声明
为代理一切税务事宜，现授权
（地址）
为本纳税人的代理申报人，任何与本申报表有关的往来文件，都可寄予此人。
授权人签章：</td></tr>
<tr><td>本期应补（退）税额：</td></tr>
<tr><td>期末未缴税额：</td></tr>
</table>

以下由税务机关填写

受理人（签章）：　受理日期：　年　月　日　　受理税务机关（章）：

填表说明

一、本表仅限小汽车消费税纳税人使用。

二、纳税人生产的改装、改制车辆，应按照《财政部　国家税务总局关于调整和完善消费税政策的通知》（财税〔2006〕33 号）中规定的适用税目、税率填写本表。

三、本表“销售数量”为《中华人民共和国消费税暂行条例》、《中华人民共和国消费税暂行条例实施细则》及其他法规、规章规定的当期应申报缴纳消费税的小汽车类应税消费品销售（不含出口免税）数量。

四、本表“销售额”为《中华人民共和国消费税暂行条例》、《中华人民共和国消费税暂行条例实施细则》及其他法规、规章规定的当期应申报缴纳消费税的小汽车类应税消费品销售（不含出口免税）收入。

五、根据《中华人民共和国消费税暂行条例》的规定，本表“应纳税额”计算公式如下：

应纳税额＝销售额×比例税率

六、本表“本期减（免）税额”不含出口退（免）税额。

七、本表“期初未缴税额”填写本期期初累计应缴未缴的消费税额，多缴为负数。其数值等于上期“期末未缴税额”。

八、本表“本期缴纳前期应纳税额”填写本期实际缴纳入库的前期消费税额。

九、本表“本期预缴税额”填写纳税申报前已预先缴纳入库的本期消费税额。

十、本表“本期应补（退）税额”计算公式如下，多缴为负数：

本期应补（退）税额＝应纳税额（合计栏金额）－本期减（免）税额－本期预缴税额

十一、本表“期末未缴税额”计算公式如下，多缴为负数：

期末未缴税额 = 期初未缴税额 + 本期应补(退)税额 - 本期缴纳前期应纳税额

十二、本表为 A4 竖式,所有数字小数点后保留两位。一式二份,一份纳税人留存,一份税务机关留存。

附 1

本期代收代缴税额计算表

税款所属期:　　　年　　月　　日至　　年　　月　　日

纳税人名称(公章):　　　　　　　　　　　纳税人识别号:

填表日期:　　　年　　月　　日　　　　　金额单位:元(列至角分)

应税消费品名称 / 项目	乘用车:气缸容量≤1.0升	乘用车:1.0升<气缸容量≤1.5升	乘用车:1.5升<气缸容量≤2.0升	乘用车:2.0升<气缸容量≤2.5升	乘用车:2.5升<气缸容量≤3.0升	乘用车:3.0升<气缸容量≤4.0升	乘用车:气缸容量>4.0升	中轻型商用客车	合计
适用税率	1%	3%	5%	9%	12%	25%	40%	5%	
受托加工数量									—
同类产品销售价格									—
材料成本									—
加工费									—
组成计税价格									—
本期代收代缴税款									

填表说明

一、本表作为《小汽车消费税纳税申报表》的附报资料,由小汽车受托加工方填写。

二、生产和受托加工的改装、改制车辆,应按照《财政部　国家税务总局关于调整和完善消费税政策的通知》(财税〔2006〕33 号)中规定的适用税目、税率填写本表。

三、本表"受托加工数量"的计量单位为辆。

四、本表"同类产品销售价格"为受托方同类产品销售价格。

五、根据《中华人民共和国消费税暂行条例》的规定,本表"组成计税价格"的计算公式如下:

组成计税价格 =(材料成本 + 加工费)÷(1 - 消费税税率)

六、根据《中华人民共和国消费税暂行条例》的规定,本表"本期代收代缴税款"的计算公式如下:

(一)当受托方有同类产品销售价格时,

本期代收代缴税款 = 同类产品销售价格 × 受托加工数量 × 适用税率

(二)当受托方没有同类产品销售价格时,

本期代收代缴税款 = 组成计税价格 × 适用税率

七、本表为 A4 竖式,所有数字小数点后保留两位。一式二份,一份纳税人留存,一份税务机关留存。

附 2

生产经营情况表

税款所属期:　　　年　　月　　日至　　年　　月　　日

纳税人名称(公章):　　　　　　纳税人识别号:

填表日期:　　　年　月　日　　　　　　金额单位:元(列至角分)

应税消费品名称 / 项目	乘用车:气缸容量≤1.0升	乘用车:1.0升<气缸容量≤1.5升	乘用车:1.5升<气缸容量≤2.0升	乘用车:2.0升<气缸容量≤2.5升	乘用车:2.5升<气缸容量≤3.0升	乘用车:3.0升<气缸容量≤4.0升	乘用车:气缸容量>4.0升	中轻型商用客车
生产数量								
销售数量								
委托加工收回应税消费品直接销售数量								
委托加工收回应税消费品直接销售额								
出口免税销售数量								
出口免税销售额								

填表说明

一、本表为年报,作为《小汽车消费税纳税申报表》的附报资料,由纳税人于每年年度终了后填写,次年1月份办理消费税纳税申报时报送。

二、纳税人生产的改装、改制车辆,应按照《财政部　国家税务总局关于调整和完善消费税政策的通知》中规定的适用税目、税率填写本表。

三、本表"应税消费品"、"销售数量"填写要求同《小汽车消费税纳税申报表》。

四、本表"生产数量",填写本期生产的产成品数量。

五、本表"出口免税销售数量"和"出口免税销售额"为享受出口免税政策的应税消费品销售数量和销售额。

六、本表为A4竖式。所有数字小数点后保留两位。一式二份,一份纳税人留存,一份税务机关留存。

国家发展改革委、财政部关于临时入境机动车牌证工本费收费标准及有关问题的通知

发改价格〔2008〕1575号

公安部,各省、自治区、直辖市发展改革委、物价局、财政厅(局):

公安部《关于申请临时入境机动车牌证和驾驶许可工本费收费项目和收费标准的函》(公装财〔2006〕928号)和《关于临时入境机动车号牌、行驶证和临时机动车驾驶许可印制情况说明的函》(公装财〔2007〕260号)收悉。根据《财政部、国家发展改革委关于同意收取〈临时入境机动车号牌和行驶证〉工本费、〈临时机动车驾驶许可〉工本费等有关问题的通知》(财综〔2008〕36号)有关规定,经研究,现就《临时入境机动车号牌和行驶证》工本费、《临时机动车驾驶许可》工本费收费标准及有关问题通知如下:

一、直辖市或设区的市公安机关在对临时入境不超过三个月的境外机动车发放由公安部统一样式的《临时入境机动车号牌和行驶证》时,收取《临时入境机动车号牌和行驶证》工本费的收费标准为每证15元;对临时入境不超过三个月的机动车驾驶人发放公安部统一样式的《临时机动车驾驶许可》时,收取《临时机动车驾驶许可》工本费的收费标准为每证10元。

二、收费单位应到指定的价格主管部门办理收费许可证,并使用省级财政部门统一印制的财政票据。

三、收费单位要严格按照上述规定收费,不得擅自增加收费项目、扩大收费范围、提高收费标准或加收其他任何费用,并自觉接受价格、财政部门的监督检查。

四、上述标准自2008年6月1日起执行。

国家发展改革委

财政部

二〇〇八年六月二十五日

国家税务总局关于厢式货车改装生产的汽车征收消费税问题的批复

国税函〔2008〕452 号

浙江省国家税务局：

你局《关于对进口厢式货车改装生产汽车征收消费税问题的请示》（浙国税流〔2008〕21 号）收悉。经研究，批复如下：

根据《财政部　国家税务总局关于调整和完善消费税政策的通知》（财税〔2006〕33 号）规定，对于企业购进货车或厢式货车改装生产的商务车、卫星通讯车等专用汽车不属于消费税征税范围，不征收消费税。

国家税务总局

二○○八年五月二十一日

中国银监会办公厅关于农村信用社汽车消费贷款业务有关问题的批复

银监办发〔2008〕49 号

江苏银监局：

《江苏银监局关于农村信用社汽车消费贷款业务有关问题的请示》（苏银监发〔2008〕28 号）收悉。

现对农村信用社汽车消费贷款资格问题答复如下：

根据《中国人民银行关于印发〈关于做好当前农村信用社工作的意见〉的通知》（银发〔1999〕226 号）、《中国人民银行关于印发〈关于做好当前农村信贷工作的指导意见〉的通知》（银发〔1999〕13 号）、《关于做好当前农村信用社支农工作的指导意见》（银发〔2001〕53 号）等文件规定，农村信用社在 2004 年《汽车贷款管理办法》发布之前具备开办汽车消费贷款业务资格，用于购买从事客运经营的客车汽车贷款属于汽车消费贷款，适用《汽车消费贷款管理办法》。

二○○八年四月十四日

汽车金融公司管理办法

银监会令 2008 年第 1 号

第一章　总　　则

第一条　为加强对汽车金融公司的监督管理，促进我国汽车金融业的健康发展，依据《中华人民共和国银行业监督管理法》、《中华人民共和国公司法》等法律法规，制定本办法。

第二条　本办法所称汽车金融公司，是指经中国银行业监督管理委员会（以下简称中国银监会）批准设立的，为中国境内的汽车购买者及销售者提供金融服务的非银行金融机构。

第三条　汽车金融公司名称中应标明“汽车金融”字样。未经中国银监会批准，任何单位和个人不得从事汽车金融业务，不得在机构名称中使用“汽车金融”、“汽车信贷”等字样。

第四条　中国银监会及其派出机构依法对汽车金融公司实施监督管理。

第二章　机构设立、变更与终止

第五条　设立汽车金融公司应具备下列条件：

（一）具有符合本办法规定的出资人；

（二）具有符合本办法规定的最低限额注册资本；

(三)具有符合《中华人民共和国公司法》和中国银监会规定的公司章程;

(四)具有符合任职资格条件的董事、高级管理人员和熟悉汽车金融业务的合格从业人员;

(五)具有健全的公司治理、内部控制、业务操作、风险管理等制度;

(六)具有与业务经营相适应的营业场所、安全防范措施和其他设施;

(七)中国银监会规定的其他审慎性条件。

第六条　汽车金融公司的出资人为中国境内外依法设立的企业法人,其中主要出资人须为生产或销售汽车整车的企业或非银行金融机构。

第七条　汽车金融公司出资人中至少应有1名出资人具备5年以上丰富的汽车金融业务管理和风险控制经验。

汽车金融公司出资人如不具备前款规定的条件,至少应为汽车金融公司引进合格的专业管理团队。

第八条　非金融机构作为汽车金融公司出资人,应当具备以下条件:

(一)最近1年的总资产不低于80亿元人民币或等值的可自由兑换货币,年营业收入不低于50亿元人民币或等值的可自由兑换货币(合并会计报表口径);

(二)最近1年年末净资产不低于资产总额的30%(合并会计报表口径);

(三)经营业绩良好,且最近2个会计年度连续盈利;

(四)入股资金来源真实合法,不得以借贷资金入股,不得以他人委托资金入股;

(五)遵守注册所在地法律,近2年无重大违法违规行为;

(六)承诺3年内不转让所持有的汽车金融公司股权(中国银监会依法责令转让的除外),并在拟设公司章程中载明;

(七)中国银监会规定的其他审慎性条件。

第九条　非银行金融机构作为汽车金融公司出资人,除应具备第八条第三项至第六项的规定外,还应当具备注册资本不低于3亿元人民币或等值的可自由兑换货币的条件。

第十条　汽车金融公司注册资本的最低限额为5亿元人民币或等值的可自由兑换货币。注册资本为一次性实缴货币资本。

中国银监会根据汽车金融业务发展情况及审慎监管的需要,可以调高注册资本的最低限额。

第十一条　汽车金融公司的设立须经过筹建和开业两个阶段。申请设立汽车金融公司,应由主要出资人作为申请人,按照《中国银监会非银行金融机构行政许可事项申请材料目录和格式要求》的具体规定,提交筹建、开业申请材料。申请材料以中文文本为准。

第十二条　未经中国银监会批准,汽车金融公司不得设立分支机构。

第十三条　中国银监会对汽车金融公司董事和高级管理人员实行任职资格核准制度。

第十四条　汽车金融公司有下列变更事项之一的,应报经中国银监会批准:

(一)变更公司名称;

(二)变更注册资本;

(三)变更住所或营业场所;

(四)调整业务范围;

(五)改变组织形式;

(六)变更股权或调整股权结构;

(七)修改章程;

(八)变更董事及高级管理人员;

(九)合并或分立;

(十)中国银监会规定的其他变更事项。

第十五条　汽车金融公司有以下情况之一的,经中国银监会批准后可以解散:

(一)公司章程规定的营业期限届满或公司章程规定的其他解散事由出现;

(二)公司章程规定的权力机构决议解散;

(三)因公司合并或分立需要解散;

(四)其他法定事由。

第十六条　汽车金融公司有以下情形之一的,经中国银监会批准,可向法院申请破产:

（一）不能清偿到期债务，并且资产不足以清偿全部债务或明显缺乏清偿能力，自愿或应其债权人要求申请破产；

（二）因解散或被撤销而清算，清算组发现汽车金融公司财产不足以清偿债务，应当申请破产。

第十七条 汽车金融公司因解散、依法被撤销或被宣告破产而终止的，其清算事宜，按照国家有关法律法规办理。

第十八条 汽车金融公司设立、变更、终止和董事及高级管理人员任职资格核准的行政许可程序，按照《中国银监会非银行金融机构行政许可事项实施办法》执行。

第三章 业务范围

第十九条 经中国银监会批准，汽车金融公司可从事下列部分或全部人民币业务：

（一）接受境外股东及其所在集团在华全资子公司和境内股东3个月（含）以上定期存款；

（二）接受汽车经销商采购车辆贷款保证金和承租人汽车租赁保证金；

（三）经批准，发行金融债券；

（四）从事同业拆借；

（五）向金融机构借款；

（六）提供购车贷款业务；

（七）提供汽车经销商采购车辆贷款和营运设备贷款，包括展示厅建设贷款和零配件贷款以及维修设备贷款等；

（八）提供汽车融资租赁业务（售后回租业务除外）；

（九）向金融机构出售或回购汽车贷款应收款和汽车融资租赁应收款业务；

（十）办理租赁汽车残值变卖及处理业务；

（十一）从事与购车融资活动相关的咨询、代理业务；

（十二）经批准，从事与汽车金融业务相关的金融机构股权投资业务；

（十三）经中国银监会批准的其他业务。

第二十条 汽车金融公司发放汽车贷款应遵守《汽车贷款管理办法》等有关规定。

第二十一条 汽车金融公司经营业务中涉及外汇管理事项的，应遵守国家外汇管理有关规定。

第四章 风险控制与监督管理

第二十二条 汽车金融公司应按照中国银监会有关银行业金融机构内控指引和风险管理指引的要求，建立健全公司治理和内部控制制度，建立全面有效的风险管理体系。

第二十三条 汽车金融公司应遵守以下监管要求：

（一）资本充足率不低于8%，核心资本充足率不低于4%；

（二）对单一借款人的授信余额不得超过资本净额的15%；

（三）对单一集团客户的授信余额不得超过资本净额的50%；

（四）对单一股东及其关联方的授信余额不得超过该股东在汽车金融公司的出资额；

（五）自用固定资产比例不得超过资本净额的40%。

中国银监会可根据监管需要对上述指标做出适当调整。

第二十四条 汽车金融公司应按照有关规定实行信用风险资产五级分类制度，并应建立审慎的资产减值损失准备制度，及时足额计提资产减值损失准备。未提足准备的，不得进行利润分配。

第二十五条 汽车金融公司应按规定编制并向中国银监会报送资产负债表、损益表及中国银监会要求的其他报表。

第二十六条 汽车金融公司应建立定期外部审计制度，并在每个会计年度结束后的4个月内，将经法定代表人签名确认的年度审计报告报送公司注册地的中国银监会派出机构。

第二十七条 中国银监会及其派出机构必要时可指定会计师事务所对汽车金融公司的经营状况、财务状况、风险状况、内部控制制度及执行情况等进行审计。

中国银监会及其派出机构可要求汽车金融公司更换专业技能和独立性达不到监管要求的会计师事务所。

第二十八条　汽车金融公司如有业务外包需要,应制定与业务外包相关的政策和管理制度,包括业务外包的决策程序、对外包方的评价和管理、控制业务信息保密性和安全性的措施和应急计划等。

汽车金融公司签署业务外包协议前应向注册地中国银监会派出机构报告业务外包协议的主要风险及相应的风险规避措施等。

第二十九条　汽车金融公司违反本办法规定的,中国银监会将责令限期整改;逾期未整改的,或其行为严重危及公司稳健运行、损害客户合法权益的,中国银监会可区别情形,依照《中华人民共和国银行业监督管理法》等法律法规的规定,采取暂停业务、限制股东权利等监管措施。

第三十条　汽车金融公司已经或可能发生信用危机、严重影响客户合法权益的,中国银监会将依法对其实行接管或促成机构重组。汽车金融公司有违法经营、经营管理不善等情形,不撤销将严重危害金融秩序、损害公众利益的,中国银监会将予以撤销。

第三十一条　汽车金融公司可成立行业性自律组织,实行自律管理。自律组织开展活动,应当接受中国银监会的指导和监督。

第五章　附　　则

第三十二条　本办法第二条所称中国境内,是指中国大陆,不包括港、澳、台地区;所称销售者,是指专门从事汽车销售的经销商,不包括汽车制造商及其他形式的汽车销售者。

第三十三条　本办法第六条所称主要出资人是指出资数额最多并且出资额不低于拟设汽车金融公司全部股本30%的出资人。

第三十四条　本办法第十九条所称汽车融资租赁业务,是指汽车金融公司以汽车为租赁标的物,根据承租人对汽车和供货人的选择或认可,将其从供货人处取得的汽车按合同约定出租给承租人占有、使用,向承租人收取租金的交易活动。

第三十五条　本办法第十九条所称售后回租业务,是指承租人和供货人为同一人的融资租赁方式。即承租人将自有汽车出卖给出租人,同时与出租人签订融资租赁合同,再将该汽车从出租人处租回的融资租赁形式。

第三十六条　本办法第二十三条所称关联方是指《企业会计准则》第36号——关联方披露所界定的关联方。

第三十七条　本办法第二十三条有关监管指标的计算方法遵照中国银监会非现场监管报表指标体系的有关规定。

第三十八条　本办法所称汽车是指我国《汽车产业发展政策》中所定义的道路机动车辆(摩托车除外)。汽车金融公司涉及推土机、挖掘机、搅拌机、泵机等非道路机动车辆金融服务的,可比照本办法执行。

第三十九条　本办法由中国银监会负责解释。

第四十条　本办法自公布之日起施行,原《汽车金融公司管理办法》(中国银监会令2003年第4号)及《汽车金融公司管理办法实施细则》(银监发〔2003〕23号)同时废止。

中国银监会办公厅关于汽车贷款风险提示的通知

银监办发〔2008〕4号

各银监局,各政策性银行、国有商业银行、股份制商业银行、中国邮政储蓄银行,银监会直接监管的信托公司、财务公司、金融租赁公司:

近几年,银行业金融机构汽车贷款业务发展较快,对推动我国汽车产业发展,活跃和扩大汽车消费,改善自身资产负债结构发挥了重要作用。但受我国征信体系不完善、市场竞争不规范、汽车价格波动等因素影响,汽车贷款风险孕育较大风险,各级法院陆续受理了大量银行业金融机构起诉汽车贷款借款人及经销商的汽车贷款合同纠纷案,审理发现一些银行业金融机构在签订汽车贷款合同时审核不严、管理不力,问题突出。为规范汽车贷款业务管理,防范贷款风险,维护各方合法权益。现就有关事项通知如下:

一、加强贷款空白合同管理。各银行业金融机构空白汽车贷款合同必须由银行控制,严禁由经销商掌握;在发放汽车贷款时,必须要与借款人本人面签合同,由借款人本人填写合同约定的贷款金额、还款金额等重要事项,不准由经销商代替,避免合同将来产生诉讼争议。

二、加强对经销商担保能力审核。各银行业金融机构要严格审查经销商即担保人诚信状况、担保能力,严禁经销商超能力担保,防范担保人在银行业金融机构起诉时下落不明,银行业金融机构权益不能得到有效保护问题。对经销商的授信要严格按照公司业务程序办理,不得将其归入零售业务进行操作与管理。

三、加强贷前调查。各银行业金融机构要加强对借款人提交申请资料的审核,重点审核借款人的信誉程度、收入证明、偿还能力的真实性。要科学制定个人资信评估标准和识别业务真实性的贷前审查制度,实行双人调查。要借助个人征信管理系统和信息系统,了解审查借款人的基本信息、信用程度、诚信状况;必须要与借款人进行见客谈话,实地调查借款人真实居住地、核实贷款抵押真实性,了解抵押物所有权、变现能力等情况。

四、严格贷中审查和贷后管理。各银行业金融机构要严格审批程序,认真审核贷款资料的真实性、可靠性,尤其是对借款人和经销商诚信、还款能力等事项要进行严格和独立的审查。在贷款发放后,要加强贷款用途的管理,防止贷款挪作他用,密切检查和监控借款人还款能力变化和还款意愿,一旦发现不良还款记录,要及时督促借款人和担保人履约还款,必要时依法及时提起诉讼或申请仲裁。

五、规范账户管理。各银行业金融机构要加强对贷款账户管理,借款人还款账户要由其本人持有效证件开立,避免经销商直接控制贷款,甚至挪作他用。

六、实施严格问责制。各银监局、各银行业金融机构要坚决查处汽车贷款业务中的违法违规行为,对"假车贷"较多、存在严重违规问题的分支机构,要停办相关业务。对授信工作不尽职等违规行为实施严格问责,涉嫌犯罪的,及时移送司法机关处理。

请各银监局将本通知转发至辖内相关银行业金融机构。

二〇〇八年一月三日

国家税务总局关于加强公路内河货物运输业统一发票和机动车销售统一发票印制管理有关问题的通知

国税函〔2006〕1268 号

各省、自治区、直辖市和计划单列市国家税务局、地方税务局:

根据对各地报税务总局备案的货运发票和机动车发票票样分析,结合货运发票税控系统试点的情况,目前货运发票和机动车发票的印制和使用中仍存在一些问题,如部分地区税务机关在印制发票时擅自改变字体、字号;字间距不符合标准;发票代码、发票号码数字与汉字未对齐或数字上下未对齐;发票开具时随意涂改;纳税人保管不善,发票发生皱折等,影响了数据采集和认证的准确性,给纳税人的正常抵扣带来困难。为了配合货运发票税控系统在全国推广应用,同时做好机动车销售统一发票税控系统推行的准备工作,现就货运发票和机动车发票的印制和使用管理的有关要求通知如下:

一、各地税务机关应进一步提高认识,严格按照新版货运发票和机动车发票有关文件规定及税务总局下发的票样进行印制,切实保证印制质量,保障货运发票和机动车发票税控系统的顺利实施。

二、发票号码和发票代码的印刷误差应控制在规定的范围内(见附件"发票代码、发票号码印刷误差要求及示意图")。

三、货运发票和机动车发票的联次内容及顺序应按照税务总局文件的规定印制,抵扣联和报税联必须采用 52 克干式复写纸。

四、各地税务机关应进一步规范纳税人发票开具和保管行为,指导纳税人做好发票的开具和保管工作。货运发票和机动车发票的各项打印内容不能打印出格,票面不能手工涂改;如发生开具错误,应按废票处理。受票方对已开具的发票应妥善保管,不得折叠、挤压。机动车购货单位如为增值税一般纳税人,则"身份证号码/组织机构代码"一栏内应填写纳税人识别号。

五、纳税人在开票过程中,如出现使用的电脑中国家标准字库无法打印汉字的现象,可以手工填写,但需在手工填写的汉字上加盖开票单位财务专用章或发票专用章(指发票联、注册登记联),代开发票加盖税务机关代开发票专用章。

各地税务机关接到本通知后，要尽快组织检查本地区内已印制完毕的货运发票和机动车发票，凡不符合规定的货运发票，一律收回；不符合规定的机动车发票，在推行机动车发票税控系统前使用完毕或收回。

附件：

发票代码、发票号码印刷误差要求及示意图

一、“发票代码”、“发票号码”汉字与“发票代码”、“发票号码”数字横向对齐，字样的上下误差不超过2mm；汉字与数字之间的距离控制在2mm～4mm。

二、“发票代码”与“发票号码”数字左侧上下对齐；数字上下的间隔控制在2mm～3mm。

（图略）

二〇〇六年十二月二十七日

国家税务总局关于《机动车销售统一发票》注册登记联加盖开票单位印章问题的通知

国税函〔2006〕813号

各省、自治区、直辖市和计划单列市国家税务局：

根据《国家税务总局关于使用新版机动车销售统一发票有关问题的通知》（国税函〔2006〕479号）的有关规定，在开具《机动车销售统一发票》时应在发票联加盖财务专用章或发票专用章，抵扣联和报税联不得加盖印章，对于是否在注册登记联加盖开票单位印章的问题未做明确规定。经与公安部协商，决定从2006年10月1日起，《机动车销售统一发票》注册登记联一律加盖开票单位印章。

国家税务总局

二〇〇六年八月二十八日

国家税务总局关于购进整车改装汽车征收消费税问题的批复

国税函〔2006〕772号

重庆市国家税务局：

你局《关于购进整车改装的专用汽车是否征收消费税的请示》（渝国税发〔2006〕98号）收悉，批复如下：

《财政部 国家税务总局关于调整和完善消费税政策的通知》（财税〔2006〕33号）中有关用车辆底盘（车架）改装、改制的车辆征收消费税的规定是为了解决用不同种类车辆的底盘（车架）改装、改制的车辆应按照何种子目（乘用车或中轻型商用客车）征收消费税的问题，并非限定只对这类改装车辆征收消费税。对于购进乘用车和中轻型商用客车整车改装生产的汽车，应按规定征收消费税。

国家税务总局

二〇〇六年八月十五日

国家税务总局关于销售摩托车增值税小规模纳税人开具机动车销售统一发票有关问题的通知

国税函〔2006〕681号

各省、自治区、直辖市和计划单列市国家税务局：

根据《国家税务总局关于使用新版机动车销售统一发票有关问题的通知》（国税函〔2006〕479号）的规定，凡从事机动车零售业务的纳税人（包括销售摩托车）收取款项时，都必须开具新式电脑版机动车销售统一发票。但是，目前仍有部分销售摩托车的增值税小规模纳税人未配备电脑及打印设备，无法开具新版机

一、凡不具备电脑开票条件的增值税小规模纳税人销售摩托车，其所需发票由主管税务机关代开。

二、税务机关在为销售摩托车的增值税小规模纳税人代开机动车销售统一发票时，应在发票联加盖税务

机关代开发票专用章。

三、税务机关代开机动车销售统一发票的软件由总局统一开发，并下发各地使用。

国家税务总局

二〇〇六年七月十三日

国家税务总局关于使用新版机动车销售统一发票有关问题的通知

国税函〔2006〕479 号

各省、自治区、直辖市和计划单列市国家税务局、地方税务局，扬州税务进修学院：

为了进一步加强机动车辆税收征收管理，适应使用税控器具开具发票的需要，总局决定从 2006 年 8 月 1 日起，统一使用新版《机动车销售统一发票》。现就有关问题明确如下：

一、凡从事机动车零售业务的单位和个人，从 2006 年 8 月 1 日起，在销售机动车（不包括销售旧机动车）收取款项时，必须开具税务机关统一印制的新版《机动车销售统一发票》（以下简称《机动车发票》），并在发票联加盖财务专用章或发票专用章，抵扣联和报税联不得加盖印章。

二、《机动车发票》为电脑六联式发票。即第一联发票联（购货单位付款凭证），第二联抵扣联（购货单位扣税凭证），第三联报税联（车购税征收单位留存），第四联注册登记联（车辆登记单位留存），第五联记账联（销货单位记账凭证），第六联存根联（销货单位留存）。第一联印色为棕色，第二联印色为绿色，第三联印色为紫色，第四联印色为蓝色，第五联印色为红色，第六联印色为黑色。发票代码、发票号码印色为黑色。《机动车发票》规格为 241mm × 177mm（票样附后）。当购货单位不是增值税一般纳税人时，第二联抵扣联由销货单位留存。

三、《机动车发票》的有关内容及含义是："机打代码"应与"发票代码"一致，"机打号码"应与"发票号码"一致；"机器编号"指税控器具的编号；"税控码"指由税控器具根据票面相关参数生成打印的密码；"身份证号码"指购车人身份证号码；"组织机构代码"指由质检（技术监督）部门颁发的企业、事业单位和社会团体统一代码；"进口证明书号"指海关货物进口证明书号码；"商检单号"指商检局进口机动车车辆随车检验单号码；"车辆识别代号"指表示机动车身份识别的统一代码（即"VIN"）；"价税合计"指含税（含增值税）车价；"纳税人识别号、账号、地址、开户银行"指销货单位所属信息；"增值税税率或征收率"指税收法律、法规规定的增值税税率或征收率；"增值税税额"指按照增值税税率或征收率计算出的税额，供按规定符合进项抵扣条件的增值税一般纳税人抵扣税款时使用；"不含税价"指不含增值税的车价，供税务机关计算进项抵扣税额和车辆购置税时使用，保留 2 位小数；"主管税务机关及代码"指销货单位主管税务机关及代码；"吨位"指货车核定载质量；"限乘人数"指轿车和货车限定的乘座人数。

增值税税额和不含税价计算公式：

增值税税额 = 价税合计 - 不含税价

不含税价 = 价税合计 ÷（1 + 增值税税率或征收率）

四、《机动车发票》税控码加密参数共 10 项：即开票日期、机打代码、机打号码、身份证号码/组织机构代码、车辆识别代号、价税合计、纳税人识别号、主管税务机关代码、增值税税率/征收率、增值税税额。

五、《机动车发票》开具要求

（一）《机动车发票》应使用计算机和税控器具开具。在尚未使用税控器具前，可暂使用计算机开具，填开时，暂不填写机打代码、机打号码、机器编号和税控码内容。

（二）《机动车发票》开票软件由国家税务总局统一开发，免费供机动车销售单位使用。税控器具及开票软件使用的具体规定由总局另行通知。

（三）"机打代码"、"机打号码"、"机器编号"在纳税人输入发票代码和发票号码后由开票软件自动生成；"增值税税额"和"不含税价"在选定增值税税率及征收率后由开票软件自动生成；"增值税税率及征收率"由纳税人按照税务机关的规定填开。

（四）如发生退货的，应在价税合计的大写金额第一字前加"负数"字，在小写金额前加" - "号。

（五）《机动车发票》税控码及 10 项加密参数填开的内容要保证打印在相关栏目正中，不得压格或出格。

在开票过程中，发现有误的，可即时作废，并在废票全部联次监制章部位做剪口处理。

（六）如购货单位在办理车辆登记和缴纳车辆购置税手续前丢失《机动车发票》的，应先按照《国家税务总局关于消费者丢失机动车销售发票处理问题的批复》（国税函〔2006〕227号）规定的程序办理补开《机动车发票》的手续，再按已丢失发票存根联的信息开红字发票。

六、为了保证《机动车发票》相关数据采集认证的准确性，《机动车发票》采用干式复写纸（其中报税联、抵扣联需采用52克，发票联、注册登记联、记账联45克），由各省、自治区、直辖市和计划单列市国家税务局指定1家定点企业印制；发票代码、发票号码应严格按照全国统一的编码规则编印。各地的《机动车发票》票样（一式三份）要报总局审查批准后方可投入使用，并送同级公安和工商行政管理机关备案。

七、旧版《机动车发票》从2006年8月1日起停止使用；《国家税务总局关于统一机动车销售发票式样的通知》（国税发〔1998〕203号）同时废止。

附件：机动车销售统一发票（票样）（略）

国家税务总局

二〇〇六年五月二十二日

国家税务总局关于消费者丢失机动车销售发票处理问题的批复

国税函〔2006〕227号

江西省国家税务局：

你局《关于消费者丢失、被盗机动车销售发票有关问题的请示》（赣国税发〔2005〕269号）收悉。经研究，批复如下：

鉴于车主申报缴纳车辆购置税时需要报送《机动车销售统一发票》（报税联），办理机动车登记时需要报送《机动车销售统一发票》（注册登记联），因此，当消费者丢失机动车销售发票后，可采取重新补开机动车销售发票的方法解决。具体程序为：(1)丢失机动车销售发票的消费者到机动车销售单位取得销售统一发票存根联复印件（加盖销售单位发票专用章或财务专用章）；(2)到机动车销售方所在地主管税务机关盖章确认并登记备案；(3)由机动车销售单位重新开具与原销售发票存根联内容一致的机动车销售发票。消费者凭重新开具的机动车销售发票办理相关手续。

国家税务总局

二〇〇六年二月二十七日

国家税务总局关于企业为股东个人购买汽车征收个人所得税的批复

国税函〔2005〕364号

辽宁省地方税务局：

你局《关于企业利用资金为股东个人购买汽车征收个人所得税问题的请示》（辽地税发〔2005〕19号）收悉。经研究，批复如下：

一、依据《中华人民共和国个人所得税法》以及有关规定，企业购买车辆并将车辆所有权办到股东个人名下，其实质为企业对股东进行了红利性质的实物分配，应按照“利息、股息、红利所得”项目征收个人所得税。考虑到该股东个人名下的车辆同时也为企业经营使用的实际情况，允许合理减除部分所得；减除的具体数额由主管税务机关根据车辆的实际使用情况合理确定。

二、依据《中华人民共和国企业所得税暂行条例》以及有关规定，上述企业为个人股东购买的车辆，不属于企业的资产，不得在企业所得税前扣除折旧。

国家税务总局

二〇〇五年四月二十二日

国家发展改革委、财政部关于加强和规范机动车牌证工本费等收费标准管理有关问题的通知

发改价格〔2004〕2831号

公安部、农业部，各省、自治区、直辖市发展改革委（物价局），财政厅（局）：

公安部《关于进一步规范全国机动车牌证等收费标准的函》（公交管〔2004〕131号）、农业部《关于申请制定拖拉机联合收割机牌证工本费安全技术检验费和驾驶员考试费等收费标准的函》（农机函〔2004〕2号）收悉。为贯彻落实《道路交通安全法》和《道路交通安全法实施条例》，进一步加强和规范机动车牌证工本费、机动车安全技术检验费和机动车驾驶许可考试收费标准管理，现将有关问题通知如下：

一、机动车牌证工本费依法实行全国统一的收费标准。

（一）公安机关交通管理部门对汽车、三轮汽车（原三轮农用运输车）、低速货车（原四轮农用运输车）、摩托车，农业（农业机械）主管部门对拖拉机（以下简称"公安机关交通管理部门、农业（农业机械）主管部门对机动车"）发放号牌时收取号牌工本费、临时号牌工本费的收费标准为：

1. 汽车反光号牌每副100元、不反光号牌每副80元；

2. 挂车反光号牌每面50元、不反光号牌每面30元；

3. 三轮汽车、低速货车、拖拉机反光号牌每副40元、不反光号牌每副25元；

4. 摩托车反光号牌每副70元、不反光号牌每副50元；

5. 机动车临时号牌每张5元。

上述号牌工本费标准均包括号牌专用固封装置（压有发牌机关代号）及号牌安装费用。

（二）公安机关交通管理部门、农业（农业机械）主管部门在对机动车发放行驶证、临时行驶证时，收取行驶证、临时行驶证工本费的收费标准为行驶证每本15元、临时行驶证每本10元。行驶证、临时行驶证工本费标准包括机动车行驶证、临时行驶证所附照片的拍摄费用和照片塑封费用。

（三）公安机关交通管理部门、农业（农业机械）主管部门在向机动车登记申请人发放机动车登记证书时，收取机动车登记证书工本费的收费标准为每证10元。

（四）公安机关交通管理部门、农业（农业机械）主管部门在对考试合格的机动车驾驶证申请人发放驾驶证时，收取驾驶证工本费的收费标准为每证10元。

（五）补发机动车牌证和驾驶证均按上述标准收费，不得加收任何费用。单独补发号牌专用固封装置（压有发牌机关代号），每个1元；车主自愿安装号牌架的，铁质号牌架及同类产品每只5元（含号牌安装费），铝合金号牌架及同类产品每只10元（含号牌安装费）。

（相关资料：地方法规1篇）

二、机动车安全技术检验机构在对机动车进行定期安全技术检验时，收取机动车安全技术检验费的收费标准，由各省、自治区、直辖市价格主管部门会同财政部门按照汽车每车次不超过100元，三轮汽车、低速货车、摩托车、拖拉机每车次不超过60元的标准核定。

机动车安全技术检验机构没有检测设备而进行人工检验的，按照上述标准减半收费。机动车安全技术检验机构对第一次检验不合格的机动车进行复检时不得收费。

机动车安全技术检验实行社会化的，机动车安全技术检验机构对机动车检验收取的检验费按照经营服务性收费管理。

三、公安机关交通管理部门、农业（农业机械）主管部门在组织机动车驾驶证申请人进行道路交通安全法律、法规、驾驶技能考试时收取驾驶许可考试费的收费标准，由省、自治区、直辖市价格主管部门会同财政部门根据本地公安机关交通管理部门、农业（农业机械）主管部门组织驾驶许可考试的实际成本支出核定。

（相关资料：地方法规1篇）

四、公安机关交通管理部门、农业（农业机械）主管部门和机动车安全技术检验机构要严格执行本通知规定，不得在机动车号牌工本费之外再收取号牌专用固封装置及号牌安装费用，不得在机动车行驶证、临时行驶证工本费之外再收取照相费，不得再要求机动车车主提供照片。

五、收费单位实施上述收费，要按规定到指定的价格主管部门办理《收费许可证》，实行亮证收费。其中，属于行政事业性收费的，使用省、自治区、直辖市财政部门统一印制的票据；属于经营服务性收费的，使用税务发票。不按规定亮证收费、进行收费公示和使用票据的，有关单位和个人有权拒绝缴纳。

六、本通知自2005年1月1日起执行，过去有关规定与本通知不一致的，一律以本通知为准。

中华人民共和国国家发展和改革委员会

中华人民共和国财政部

二〇〇四年十二月七日

国家税务总局关于车辆购置税有关问题的通知

国税发〔2002〕118号

各省、自治区、直辖市和计划单列市国家税务局，交通厅（局、委），天津、上海市市政工程局：

根据《中华人民共和国车辆购置税暂行条例》（以下简称条例）的规定，现将车辆购置税（以下简称车购税）实施中出现的一些问题明确如下：

一、已经缴纳车购税的车辆，因质量问题需将该车辆退回车辆生产厂家的，可凭生产厂家的退车证明办理退税；退税时必须交回该车车购税原始完税凭证；不能交回该车原始完税凭证的，不予退税。

二、已经缴纳车购税的车辆，因质量问题需由车辆生产厂家为车主更换车辆的，可凭生产厂家的换车证明及所更换的新车发票办理车购税变更手续，并交回原车车购税原始完税凭证，不能交回原始完税凭证的，不予办理车购税变更手续。

更换新车后，当新车辆的计税价格等于原车辆的计税价格的，则只需办理车购税变更手续；当新车辆的计税价格高于或者低于原车辆计税价格的，则按差额补税或者退税后办理变更手续。

三、已经缴纳车购税的车辆因被盗抢或者其他原因，车辆的发动机号、底盘号或车辆识别号被涂改、破坏的，凭该车车购税原始完税凭证、公安机关车辆管理机构的相关证明，办理车购税变更手续。

四、非贸易渠道进口的旧车，车购税计税价格按下列公式确定：

计税价格＝关税完税价格＋关税＋消费税

关税完税价格、关税和消费税的相关资料，可以凭海关相关的完税证明取得。

五、对于动力装置和拖斗连接成整体、且以该整体进行车辆登记注册的各种变形拖拉机等农用车辆，按照"农用运输车"征收车购税；动力装置和拖斗不是连接成整体、且动力装置和拖斗是分别进行车辆登记注册的，只对拖斗部分按"挂车"征收车购税，动力部分不征税。

六、回国留学生购买国产小汽车，凭下列证明文件办理免征车购税手续：

（一）中华人民共和国驻留学生学习所在国的大使馆、领事馆出具的留学证明；

（二）国内用人单位的聘用证明；

（三）国内公安部门出具的境内居住证明、有效的入境申报单证；

（四）主管征收机关需要提供的其他证明。

七、国家税务总局、交通部《关于车辆购置税若干政策及管理问题的通知》，第一条第三项因文字校对有误，导致基层理解出现歧义，现更正为："对已经缴纳车辆购置税并办理了登记注册手续的车辆，其发动机和底盘发生更换的，其最低计税价格按同类型新车最低计税价格的70%计算。"

国家税务总局

二〇〇二年九月十一日

国家税务总局、交通部关于车辆购置税若干政策及管理问题的通知

国税发〔2001〕27号

各省、自治区、直辖市和计划单列市国家税务局、交通厅(局、委)天津、上海市市政管理局：

根据《中华人民共和国车辆购置税暂行条例》(以下简称《条例》)的规定，现将车辆购置税(以下简称车购税)若干政策问题明确如下：

一、关于最低计税价格

(一)国产车辆的最低计税价格，暂按交通部《关于核定部分国产车辆和进口车辆计征车辆购置附加费(以下简称车购费)最低征费额的通知》(交财发〔2000〕433号)中规定的最低征费额换算确定。换算公式为：

最低计税价格 = 最低征费额 ÷ 10%

(二)进口车辆的最低计税价格，在本通知下发前，暂按交通部《关于核定部分国产车辆和进口车辆计征车辆购置附加费最低征费额的通知》中规定的最低征费额除以10%确定；在本通知下发后，暂按本通知所附《进口车辆最低计税价格目录》执行(见附件一)。

(三)对已经缴纳车购税并办理了登记注册手续的车辆，其发动机或底盘发生更换的，其最低计税价格按同类型新车最低计税价格的70%计算。

(四)《条例》第十五条规定的应税车辆，最低计税价格按以下办法确定：

最低计税价格 = 同类型新车最低计税价格 × [1 - (已使用年限 ÷ 规定使用年限)] × 100%

其中，规定使用年限为：国产车辆按10年计算；进口车辆按15年计算。超过规定使用年限的车辆，不再征收车购税。

(五)对于国家税务总局未核定最低计税价格的车辆，代征机构可比照已核定最低计税价格的同类型车辆先行征税，并按照交通部车辆购置附加费征收管理办公室(以下简称交通部车购办)《关于报送车辆价格信息的通知》(交车购办字〔2000〕12号)规定的程序，由省级车购费征管部门将有关信息报交通部车购办。交通部车购办提出初步意见报国家税务总局，由国家税务总局审定后发布执行。

(六)非贸易渠道进口车辆的最低计税价格，为同类型新车的最低计税价格。

(相关资料：部门规章2篇 地方法规1篇)

二、关于设有固定装置非运输车辆范围

《条例》第九条规定，对设有固定装置的非运输车辆免征车购税。代征机构按以下原则办理免税手续：

(一)纳税人申报的挖掘机、平地机、叉车、装载车(铲车)、起重机(吊车)、推土机等工程机械及其他设有固定装置的非运输车辆，代征机构应严格按照交通部印发的《免征车辆购置附加费车辆图册》(以下简称免征图册)的范围，审核办理车购税免税手续。

(二)纳税人申报上述范围以外的其他设有固定装置的非运输车辆，其中：进口车由纳税人向代征机构申请并按规定填报《车辆购置税免税审批表》(格式见附件二)；未上免征图册的国产车，由车辆生产厂家向其所在地的征收机构申请列入免征图册，代征机构按规定将车辆的有关资料逐级上报至交通部车购办，由其转报国家税务总局，经国家税务总局审定后，列入免征图册，代征机构据此办理免税手续。

三、关于价外费用

《条例》第六条第一款所称"价外费用"，是指销售方价外向购买方收取的手续费、基金、违约金、包装费、运输费、保管费、代收款项、代垫款项和其他各种性质的价外收费，但不包括增值税税款。

四、关于退税

纳税人已经缴纳车购税但在办理车辆登记注册手续前，因下列原因需要办理退还车购税的，由纳税人申请，原代征机构审查后办理退还车购税手续：

(一)公安机关车辆管理机构不予办理车辆登记注册手续的，凭公安机关车辆管理机构出具的证明办理退税手续。

(二)因质量等原因发生退回所购车辆的，凭经销商的退货证明办理退税手续。

已经办理了车辆登记注册手续的车辆,不论出于何种原因,均不得退还已缴纳的车购税。

五、委托代征期间,车购税税收政策的解释,由国家税务总局、省级国家税务局负责。车购税的征收管理,由代征机构负责。

六、车购税的征收管理除《条例》,以及本通知明确规定的以外,其他征管事宜可暂按本通知所附原车辆购置附加费文件(文件目录见附件三)的有关规定继续执行,车辆购置附加费的其他相关文件一律废止。但上述文件凡与《条例》,以及本通知的规定相抵触的,以《条例》和本通知的规定为准。

七、本通知除第一条第二款按文中所述日期执行外,其他均自2001年1月1日起执行。

附件:1. 进口车辆最低计税价格目录(略)

2. 车辆购置税免税审批表

3. 可继续执行的车购费文件

二〇〇一年三月十二日

附件2:

车辆购置税免税审批表

<table>
<tr><td colspan="2">申请单位(公章)</td><td colspan="2"></td><td>经办人</td><td></td></tr>
<tr><td colspan="2">联系地址/电话</td><td colspan="4"></td></tr>
<tr><td rowspan="4">车辆基本情况</td><td>车辆类型</td><td></td><td>厂牌型号</td><td></td><td rowspan="4">主要固定装置:</td></tr>
<tr><td>颜色</td><td></td><td>出厂(进口)日期</td><td></td></tr>
<tr><td>发动机号</td><td></td><td>购车日期</td><td></td></tr>
<tr><td>车架号</td><td></td><td>购车价格</td><td></td></tr>
<tr><td colspan="6">车辆用途:</td></tr>
<tr><td colspan="6">现场验车情况:
验车人:　年　月　日</td></tr>
<tr><td>落籍地征管机构审核意见栏</td><td colspan="2">地级征管机构审核意见:
(公章)
负责人:
年　月　日</td><td colspan="3">省级征管机构复核意见:
(公章)
负责人:
年　月　日</td></tr>
<tr><td>审批机构意见</td><td colspan="2">交通部车辆购置附加费征收管理办公厅意见:
(公章)
负责人:
年　月　日</td><td colspan="3">国家税务总局流转税司意见:
(公章)
负责人:
年　月　日</td></tr>
</table>

说明:本表粗线以上部分由纳税申报人如实填报,同时携带车辆货物进口证明书、报关文件、商检证明,免税车辆正、侧、内部固定装置彩色照片各一张,单位介绍信、车辆调拨(分配)单等到车辆落籍地征管机构申请办理免税审批手续。经地(市)级以上征管机构验车并签署意见,由省级征管机构审核同意后将本表一式三份报交通部车辆购置附加费征收管理办公室。交通部车辆购置附加费征收管理办公室审核无误后报国家税务总局流转税司审批。免税证明核发后,本表有关资料一并存档备查。

附件3:

可继续执行的车购费文件

1. 关于发布《车辆购置附加费征收业务规定》的通知(交财发〔1994〕1161号)
2. 关于发布《车辆购置附加费档案管理办法》的通知(交财发〔1994〕1162号)
3. 关于转发财政部《车辆购置附加费管理办法》的通知(交财发〔1997〕50号)
4. 关于发布《车辆购置附加费统计管理暂行规定》的通知(交财发〔1996〕286号)
5. 关于修订"车辆购置附加费征收月报表"格式和做好月报编报工作的通知(财公字〔1995〕35号)
6. 关于发布《车辆购置附加费收支核算规程》的通知(交财发〔1996〕360号)
7. 关于发布《车辆购置附加费征管经费使用管理暂行办法》的通知(财工字〔1997〕137号)
8. 关于发布《车辆购置附加费票证管理规定》的通知(〔90〕交财字376号)
9. 关于统一印制车辆购置附加费专用票据和修改凭证、票据样式及内容的通知(交财发〔1994〕451号)
10. 关于进一步加强车购费票证管理工作的通知(交车购办字〔2000〕8号)
11. 关于车辆购置附加费凭证遗失补办问题的补充规定(交财发〔1996〕618号)
12. 关于印发《征收车辆购置附加费车辆价格信息工作制度》的通知(交财发〔1995〕242号)
13. 关于报送车辆价格信息的通知(交车购办字〔2000〕12号)
14. 关于印发宁波市车购办《车辆费计算机管理规定》的通知(财公字〔1997〕228号)

企业集团财务公司管理办法

2004年7月27日中国银行业监督管理委员会令2004年第5号发布,
根据2006年12月28日《中国银行业监督管理委员会关于修改
〈企业集团财务公司管理办法〉的决定》修订

第一章 总 则

第一条 为了规范企业集团财务公司(以下简称财务公司)的行为,防范金融风险,促进财务公司的稳健经营和健康发展,依据《中华人民共和国公司法》和《中华人民共和国银行业监督管理法》等有关法律、行政法规,制定本办法。

第二条 本办法所称财务公司是指以加强企业集团资金集中管理和提高企业集团资金使用效率为目的,为企业集团成员单位(以下简称成员单位)提供财务管理服务的非银行金融机构。

外资投资性公司为其在中国境内的投资企业提供财务管理服务而设立的财务公司适用本办法的相关规定。

第三条 本办法所称企业集团是指在中华人民共和国境内依法登记,以资本为联结纽带、以母子公司为主体、以集团章程为共同行为规范,由母公司、子公司、参股公司及其他成员企业或机构共同组成的企业法人联合体。

本办法所称成员单位包括母公司及其控股51%以上的子公司(以下简称子公司);母公司、子公司单独或者共同持股20%以上的公司,或者持股不足20%但处于最大股东地位的公司;母公司、子公司下属的事业单位法人或者社会团体法人。

本办法所称外资投资性公司是指外国投资者在中国境内独资设立的从事直接投资的公司。所称投资企业包括该外资投资性公司以及在中国境内注册的,该外资投资性公司单独或者与其投资者共同持股超过25%,且该外资投资性公司持股比例超过10%的企业。外资投资性公司适用本办法中对母公司的相关规定,投资企业适用本办法中对成员单位的相关规定。

第四条 财务公司应当依法合规经营,不得损害国家和社会公共利益。

第五条 财务公司依法接受中国银行业监督管理委员会的监督管理。

第二章　机构设立及变更

第六条　设立财务公司，应当报经中国银行业监督管理委员会审查批准。

财务公司名称应当经工商登记机关核准，并标明"财务有限公司"或"财务有限责任公司"字样，名称中应包含其所属企业集团的全称或者简称。未经中国银行业监督管理委员会批准，任何单位不得在其名称中使用"财务公司"字样。

第七条　申请设立财务公司的企业集团应当具备下列条件：

（一）符合国家的产业政策；

（二）申请前1年，母公司的注册资本金不低于8亿元人民币；

（三）申请前1年，按规定并表核算的成员单位资产总额不低于50亿元人民币，净资产率不低于30%；

（四）申请前连续2年，按规定并表核算的成员单位营业收入总额每年不低于40亿元人民币，税前利润总额每年不低于2亿元人民币；

（五）现金流量稳定并具有较大规模；

（六）母公司成立2年以上并且具有企业集团内部财务管理和资金管理经验；

（七）母公司具有健全的公司法人治理结构，未发生违法违规行为，近3年无不良诚信纪录；

（八）母公司拥有核心主业；

（九）母公司无不当关联交易。

外资投资性公司除适用本条第（一）、（二）、（五）、（六）、（七）、（八）、（九）项的规定外，申请前1年其净资产应不低于20亿元人民币，申请前连续2年每年税前利润总额不低于2亿元人民币。

第八条　申请设立财务公司，母公司董事会应当作出书面承诺，在财务公司出现支付困难的紧急情况时，按照解决支付困难的实际需要，增加相应资本金，并在财务公司章程中载明。

第九条　设立财务公司，应当具备下列条件：

（一）确属集中管理企业集团资金的需要，经合理预测能够达到一定的业务规模；

（二）有符合《中华人民共和国公司法》和本办法规定的章程；

（三）有符合本办法规定的最低限额注册资本金；

（四）有符合中国银行业监督管理委员会规定的任职资格的董事、高级管理人员和规定比例的从业人员，在风险管理、资金集约管理等关键岗位上有合格的专门人才；

（五）在法人治理、内部控制、业务操作、风险防范等方面具有完善的制度；

（六）有符合要求的营业场所、安全防范措施和其他设施；

（七）中国银行业监督管理委员会规定的其他条件。

第十条　设立财务公司的注册资本金最低为1亿元人民币。财务公司的注册资本金应当是实缴的人民币或者等值的可自由兑换货币。

经营外汇业务的财务公司，其注册资本金中应当包括不低于500万美元或者等值的可自由兑换货币。

中国银行业监督管理委员会根据财务公司的发展情况和审慎监管的需要，可以调整财务公司注册资本金的最低限额。

第十一条　财务公司的注册资本金应当主要从成员单位中募集，并可以吸收成员单位以外的合格的机构投资者的股份。

本条所称的合格的机构投资者是指原则上在3年内不转让所持财务公司股份的、具有丰富行业管理经验的战略投资者。

财务公司的股东资格应当符合中国银行业监督管理委员会的有关规定。

（相关资料：部门规章1篇）

第十二条　外资投资性公司设立财务公司的注册资本金可以由该外资投资性公司单独或者与其投资者共同出资。

第十三条　财务公司从业人员中从事金融或财务工作3年以上的人员应当不低于总人数的2/3，其中从事金融或者财务工作5年以上人员应当不低于总人数的1/3。

曾任国际知名会计师事务所查账员、电脑公司程序设计师或系统分析员，或在国际知名资产管理公司、基金公司、投资银行、证券公司相关业务和管理岗位上工作过的专业人员，如果具有2年以上工作经验，并经国内相关业务及政策培训，则视同从事金融或财务工作 3 年以上。

第十四条 设立财务公司应当经过筹建和开业两个阶段。申请筹建财务公司，应当由母公司向中国银行业监督管理委员会提出申请，并提交下列文件、资料：

（一）申请书，其内容应当包括拟设财务公司名称、所在地、注册资本、股东、股权结构、业务范围等。

（二）可行性研究报告，其内容包括：

1. 母公司及其他成员单位整体的生产经营状况、现金流量分析、在同行业中所处的地位以及中长期发展规划；

2. 设立财务公司的宗旨、作用及其业务量预测；

3. 经有资质的会计师事务所审计的最近 2 年的合并资产负债表、损益表及现金流量表。

（三）成员单位名册及有权部门出具的相关证明资料。

（四）《企业集团登记证》、申请人和其他出资人的营业执照复印件及出资保证。

（五）设立外资财务公司的，需提供外资投资性公司及其投资企业的外商投资企业批准证书。

（六）母公司法定代表人签署的确认上述资料真实性的证明文件。

（七）中国银行业监督管理委员会要求提交的其他文件、资料。

第十五条 财务公司的筹建申请，经中国银行业监督管理委员会审批同意的，申请人应当自收到批准筹建文件起 3 个月内完成财务公司的筹建工作，并向中国银行业监督管理委员会提出开业申请，同时提交下列文件：

（一）财务公司章程草案；

（二）财务公司经营方针和计划；

（三）财务公司股东名册及其出资额、出资比例；

（四）法定验资机构出具的对财务公司股东出资的验资证明；

（五）拟任职的董事、高级管理人员的名单、详细履历及任职资格证明材料；

（六）从业人员中拟从事风险管理、资金集中管理的人员的名单、详细履历；

（七）从业人员中从事金融、财务工作 5 年及 5 年以上有关人员的证明材料；

（八）财务公司业务规章及风险防范制度；

（九）财务公司营业场所及其他与业务有关设施的资料；

（十）中国银行业监督管理委员会要求提交的其他文件、资料。

第十六条 财务公司的开业申请经中国银行业监督管理委员会核准后，由中国银行业监督管理委员会颁发《金融许可证》并予以公告。财务公司凭《金融许可证》到工商行政管理机关办理注册登记，领取《企业法人营业执照》后方可开业。

第十七条 财务公司根据业务需要，经中国银行业监督管理委员会审查批准，可以在成员单位集中且业务量较大的地区设立分公司。

财务公司的分公司不具有法人资格，由财务公司依照本办法的规定授权其开展业务活动，其民事责任由财务公司承担。

第十八条 财务公司根据业务管理需要，可以在成员单位比较集中的地区设立代表处，并报中国银行业监督管理委员会备案。

财务公司的代表处不得经营业务，只限于从事业务推介、客户服务、债权催收以及信息的收集、反馈等相关工作。

第十九条 财务公司申请设立分公司，应当符合下列条件：

（一）确属业务发展和为成员单位提供财务管理服务需要；

（二）财务公司设立 2 年以上，且注册资本金不低于 3 亿元人民币，资本充足率不低于 10%；

（三）拟设立分公司所服务的成员单位不少于 10 家，且上述成员单位资产合计不低于 10 亿元人民币，或成员单位不足 10 家，但成员单位资产合计不低于 20 亿元人民币；

（四）财务公司经营状况良好，且在 2 年内没有违法、违规经营记录。

第二十条 财务公司的分公司应当具备下列条件：

（一）有符合本办法规定的最低限额的营运资金；

（二）有符合中国银行业监督管理委员会规定的任职资格的高级管理人员；

（三）有健全的业务操作、内部控制、风险管理及问责制度；

（四）有符合要求的营业场所、安全防范措施和与业务有关的其他设施；

（五）中国银行业监督管理委员会规定的其他条件。

第二十一条 财务公司分公司的营运资金不得少于5000万元人民币。财务公司拨付各分公司的营运资金总计不得超过其注册资本金的50%。

第二十二条 财务公司申请设立分公司，应当向中国银行业监督管理委员会报送以下文件、资料：

（一）申请书，其内容包括拟设分公司的名称、所在地、营运资金、业务范围及服务对象等；

（二）可行性研究报告，包括拟设分公司的业务量预测，所在地成员单位的生产经营状况、资金流量分析以及中长期发展规划等内容；

（三）符合第二十条规定的有关证明文件；

（四）财务公司董事会关于申请设立该分公司的决议以及对拟设分公司业务范围授权的决议草案；

（五）中国银行业监督管理委员会要求提交的其他文件、资料。

第二十三条 经批准设立的财务公司分公司，由中国银行业监督管理委员会颁发《金融许可证》并予以公告，凭《金融许可证》向工商行政管理部门办理登记手续，领取营业执照，方可开业。

第二十四条 经批准设立的财务公司及其分公司自领取营业执照之日起，无正当理由6个月不开业或者开业后无正当理由连续停业6个月以上的，由中国银行业监督管理委员会吊销其《金融许可证》，并予以公告。

第二十五条 财务公司应当依照法律、行政法规及中国银行业监督管理委员会的规定使用《金融许可证》，禁止伪造、变造、转让、出租、出借《金融许可证》。

第二十六条 财务公司的公司性质、组织形式及组织机构应当符合《中华人民共和国公司法》及其他有关法律、法规的规定，并应当在公司章程中载明。

第二十七条 财务公司有下列变更事项之一的，应当报经中国银行业监督管理委员会批准：

（一）变更名称；

（二）调整业务范围；

（三）变更注册资本金；

（四）变更股东或者调整股权结构；

（五）修改章程；

（六）更换董事、高级管理人员；

（七）变更营业场所；

（八）中国银行业监督管理委员会规定的其他变更事项。

财务公司的分公司变更名称、营运资金、营业场所或者更换高级管理人员，应当由财务公司报中国银行业监督管理委员会批准。

第三章 业务范围

第二十八条 财务公司可以经营下列部分或者全部业务：

（一）对成员单位办理财务和融资顾问、信用鉴证及相关的咨询、代理业务；

（二）协助成员单位实现交易款项的收付；

（三）经批准的保险代理业务；

（四）对成员单位提供担保；

（五）办理成员单位之间的委托贷款及委托投资；

（六）对成员单位办理票据承兑与贴现；

（七）办理成员单位之间的内部转账结算及相应的结算、清算方案设计；

（八）吸收成员单位的存款；

（九）对成员单位办理贷款及融资租赁；

（十）从事同业拆借；

（十一）中国银行业监督管理委员会批准的其他业务。

第二十九条 符合条件的财务公司，可以向中国银行业监督管理委员会申请从事下列业务：

（一）经批准发行财务公司债券；

（二）承销成员单位的企业债券；

（三）对金融机构的股权投资；

（四）有价证券投资；

（五）成员单位产品的消费信贷、买方信贷及融资租赁。

第三十条 财务公司从事本办法第二十九条所列业务，必须严格遵守国家的有关规定和中国银行业监督管理委员会审慎监管的有关要求，并应当具备以下条件：

（一）财务公司设立 1 年以上，且经营状况良好；

（二）注册资本金不低于 3 亿元人民币，从事成员单位产品消费信贷、买方信贷及融资租赁业务的，注册资本金不低于 5 亿元人民币；

（三）经股东大会同意并经董事会授权；

（四）具有比较完善的投资决策机制、风险控制制度、操作规程以及相应的管理信息系统；

（五）具有相应的合格的专业人员；

（六）中国银行业监督管理委员会规定的其他条件。

第三十一条 财务公司不得从事离岸业务，除本办法第二十八条第二款业务外，不得从事任何形式的资金跨境业务。

第三十二条 财务公司的业务范围经中国银行业监督管理委员会批准后，应当在财务公司章程中载明。财务公司不得办理实业投资、贸易等非金融业务。

财务公司在经批准的业务范围内细分业务品种，应当报中国银行业监督管理委员会备案，但不涉及债权或者债务的中间业务除外。

第三十三条 财务公司分公司的业务范围，由财务公司在其业务范围内根据审慎经营的原则进行授权，报中国银行业监督管理委员会备案。财务公司分公司不得办理担保、同业拆借及本办法第二十九条规定的业务。

第四章 监督管理与风险控制

第三十四条 财务公司经营业务，应当遵守下列资产负债比例的要求：

（一）资本充足率不得低于 10%；

（二）拆入资金余额不得高于资本总额；

（三）担保余额不得高于资本总额；

（四）短期证券投资与资本总额的比例不得高于 40%；

（五）长期投资与资本总额的比例不得高于 30%；

（六）自有固定资产与资本总额的比例不得高于 20%。

中国银行业监督管理委员会根据财务公司业务发展或者审慎监管的需要，可以对上述比例进行调整。

第三十五条 财务公司应当按照审慎经营的原则，制定本公司的各项业务规则和程序，建立、健全本公司的内部控制制度。

第三十六条 财务公司应当分别设立对董事会负责的风险管理、业务稽核部门，制订对各项业务的风险控制和业务稽核制度，每年定期向董事会报告工作，并向中国银行业监督管理委员会报告。

第三十七条 财务公司董事会应当每年委托具有资格的中介机构对公司上 1 年度的经营活动进行审计，并于每年的 4 月 15 日前将经董事长签名确认的年度审计报告报送中国银行业监督管理委员会。

（相关资料：其他规范性文件 1 篇）

第三十八条 财务公司应当依照国家有关规定，建立、健全本公司的财务、会计制度。

财务公司应当遵循审慎的会计原则，真实记录并全面反映其业务活动和财务状况。

第三十九条 财务公司应当按规定向中国银行业监督管理委员会报送资产负债表、损益表、现金流量表、非现场监管指标考核表及中国银行业监督管理委员会要求报送的其他报表，并于每一会计年度终了后的 1 个月内报送上 1 年度财务报表和资料。

财务公司的法定代表人应当对经其签署报送的上述报表的真实性承担责任。

第四十条 财务公司应当每年的 4 月底前向中国银行业监督管理委员会报送其所属企业集团的成员单

位名录,并提供其所属企业集团上年度的业务经营状况及有关数据。

财务公司对新成员单位开展业务前,应当向中国银行业监督管理委员会及时备案,并提供该成员单位的有关资料;与财务公司有业务往来的成员单位由于产权变化脱离企业集团的,财务公司应当及时向中国银行业监督管理委员会备案,存有遗留业务的,应当同时提交遗留业务的处理方案。

第四十一条 中国银行业监督管理委员会有权随时要求财务公司报送有关业务和财务状况的报告和资料。

第四十二条 财务公司发生挤提存款、到期债务不能支付、大额贷款逾期或担保垫款、电脑系统严重故障、被抢劫或诈骗、董事或高级管理人员涉及严重违纪、刑事案件等重大事项时,应当立即采取应急措施并及时向中国银行业监督管理委员会报告。

企业集团及其成员单位发生可能影响财务公司正常经营的重大机构变动、股权交易或者经营风险等事项时,财务公司应当及时向中国银行业监督管理委员会报告。

第四十三条 财务公司应当按中国人民银行的规定缴存存款准备金,并按有关规定提取损失准备,核销损失。

第四十四条 财务公司应当遵守中国人民银行有关利率管理的规定;经营外汇业务的,应当遵守国家外汇管理的有关规定。

第四十五条 中国银行业监督管理委员会根据审慎监管的要求,有权依照有关程序和规定采取下列措施对财务公司进行现场检查:

(一)进入财务公司进行检查;

(二)询问财务公司的工作人员,要求其对有关检查事项作出说明;

(三)查阅、复制财务公司与检查事项有关的文件、资料,对可能被转移、藏匿或者毁损的文件、资料予以封存;

(四)检查财务公司电子计算机业务管理数据系统。

第四十六条 财务公司对单一股东发放贷款余额超过财务公司注册资本金50%或者该股东对财务公司出资额的,应当及时向中国银行业监督管理委员会报告。

第四十七条 财务公司的股东对财务公司的负债逾期1年以上未偿还的,中国银行业监督管理委员会可以责成财务公司股东会转让该股东出资及其他权益,用于偿还其对财务公司的负债。

第四十八条 中国银行业监督管理委员会根据履行职责的需要和日常监管中发现的问题,可以与财务公司的董事、高级管理人员进行监督管理谈话,要求其就财务公司的业务活动和风险管理等重大事项作出说明。

第四十九条 财务公司的董事、高级管理人员应当具有财务公司资金集中管理经验。

董事、高级管理人员在任职前应当按规定报中国银行业监督管理委员会进行任职资格审查,未经任职资格审查或者经审查不具备任职资格的,不得担任财务公司的董事、高级管理人员。具体任职资格管理办法另行规定。

财务公司的董事、高级管理人员离任,应当由母公司依照有关规定进行离任审计,并将离任审计报告报中国银行业监督管理委员会。

第五十条 财务公司违反审慎经营原则的,中国银行业监督管理委员会应当依照程序责令其限期改正;逾期未改正的,或者其行为严重危及该财务公司的稳健运行、损害存款人和其他客户合法权益的,中国银行业监督管理委员会可以依照有关程序,采取下列措施:

(一)责令暂停部分业务,停止批准开办新业务;

(二)限制分配红利和其他收入;

(三)限制资产转让;

(四)责令控股股东转让股权或者限制有关股东的权利;

(五)责令调整董事、高级管理人员或者限制其权利;

(六)停止批准增设分公司。

第五十一条 财务公司可成立行业性自律组织。中国银行业监督管理委员会对财务公司行业性自律组织进行业务指导。

第五章 整顿、接管及终止

第五十二条 财务公司出现下列情形之一的，中国银行业监督管理委员会可以责令其进行整顿：

（一）出现严重支付危机；

（二）当年亏损超过注册资本金的30%或者连续3年亏损超过注册资本金的10%；

（三）严重违反国家法律、行政法规或者有关规章。

整顿时间最长不超过1年。

第五十三条 财务公司整顿期间，应当暂停经营部分或者全部业务。

第五十四条 财务公司经过整顿，符合下列条件的，可恢复正常营业：

（一）已恢复支付能力；

（二）亏损得到弥补；

（三）违法违规行为得到纠正。

第五十五条 财务公司已经或者可能发生支付危机，严重影响债权人利益和金融秩序的稳定时，中国银行业监督管理委员会可以依法对财务公司实行接管或者促成其机构重组。

接管或者机构重组由中国银行业监督管理委员会决定并组织实施。

第五十六条 财务公司出现下列情况时，经中国银行业监督管理委员会核准后，予以解散：

（一）组建财务公司的企业集团解散，财务公司不能实现合并或改组；

（二）章程中规定的解散事由出现；

（三）股东会议决定解散；

（四）财务公司因分立或者合并不需要继续存在的。

第五十七条 财务公司有违法经营、经营管理不善等情形，不予撤销将严重危害金融秩序、损害公众利益的，中国银行业监督管理委员会有权予以撤销。

第五十八条 财务公司被接管、重组或者被撤销的，中国银行业监督管理委员会有权要求该财务公司的董事、高级管理人员和其他工作人员，按照中国银行业监督管理委员会的要求履行职责。

第五十九条 财务公司解散或者被撤销，母公司应当依法成立清算组，按照法定程序进行清算，并由中国银行业监督管理委员会公告。

中国银行业监督管理委员会可以直接委派清算组成员并监督清算过程。

第六十条 清算组在清算中发现财务公司的资产不足以清偿其债务时，应当立即停止清算，并向中国银行业监督管理委员会报告，经中国银行业监督管理委员会核准，依法向人民法院申请该财务公司破产。

第六章 附 则

第六十一条 凡违反本办法有关规定的，由中国银行业监督管理委员会依照《中华人民共和国银行业监督管理法》及其他有关规定进行处理。

财务公司对中国银行业监督管理委员会的处理决定不服的，可以依法申请行政复议或者向人民法院提起行政诉讼。

第六十二条 本办法颁布前设立的财务公司凡不符合本办法有关规定的，应当在规定的期限内进行规范。在规范期内应遵从本办法关于最低实收资本金、资本充足率等审慎性监管的规定。具体要求由中国银行业监督管理委员会另行规定。

第六十三条 本办法由中国银行业监督管理委员会负责解释。

第六十四条 本办法自2004年9月1日起施行。原《企业集团财务公司管理办法》（中国人民银行令〔2000〕第3号）同时废止。

消费税问题解答

国税函〔1997〕306号

问：用购进已税烟丝生产的出口卷烟，能否扣除外购已税烟丝的已纳税款？

答：按照现行税收法规规定，国家对卷烟出口一律实行在生产环节免税的办法，即免征卷烟加工环节的增值税和消费税，而对出口卷烟所耗用的原辅材料已缴纳的增值税和消费税则不予退、免税。据此，为生产出口卷烟而购进的已税烟丝的已纳税款不能给予扣除。

问：为了堵塞税收漏洞，财政部、国家税务总局下发了《关于酒类产品包装物押金征税问题的通知》（财税字〔1995〕53 号），规定从 1995 年 6 月 1 日起，对酒类产品生产企业销售酒类产品而收取的包装物押金，无论押金是否返还和在会计上如何核算，均需并入酒类产品销售额中，依据酒类产品的适用税率计征消费税。这一规定是否包括啤酒和黄酒产品？

答：根据《中华人民共和国消费税暂行条例》的规定，对啤酒和黄酒实行从量定额的办法征收消费税，即按照应税数量和单位税额计算应纳税额。按照这一办法征税的消费品的计税依据为应税消费品的数量，而非应税消费品的销售额，征税的多少与应税消费品的数量成正比，而与应税消费品的销售金额无直接关系。因此，对酒类包装物押金征税的规定只适用于实行从价定率办法征收消费税的粮食白酒、薯类白酒和其他酒，而不适用于实行从量定额办法征收消费税的啤酒和黄酒产品。

问：出国人员免税商店销售的金银首饰是否征收消费税？

答：对出国人员免税商店销售的金银首饰应当征收消费税。

问："啤酒源"是否征收消费税？

答：啤酒源是以大麦或其他粮食为原料，加入啤酒花，经糖化、发酵酿制而成的含二氧化碳的酒。在产品特性、使用原料和生产工艺流程上，啤酒源与啤酒一致，只缺少过滤过程。因此，对啤酒源应按啤酒征收消费税。

问：菠萝啤酒是否征收消费税？

答：经向主管部门了解，菠萝啤酒是以大麦或其他粮食为原料，加入啤酒花，经糖化、发酵，并在过滤时加入菠萝精（汁）、糖酿制的含有二氧化碳的酒。其在产品特性、使用原料和生产工艺流程上与啤酒相同，只是在过滤时加上适量的菠萝精（汁）和糖，因此，对菠萝啤酒应按啤酒征收消费税。

问："金刚石"是否征收消费税？

答：金刚石又称钻石，属于贵重首饰及珠宝玉石的征收范围，应按规定征收消费税。

问："宝石坯"是否征收消费税？

答：根据《消费税征收范围注释》规定，珠宝玉石的征税范围为经采掘、打磨、加工的各种珠宝玉石。宝石坯是经采掘、打磨、初级加工的珠宝玉石半成品，因此，对宝石坯应按规定征收消费税。

问：两轮驱动的吉普型车是否属于越野车的征税范围？

答：根据《消费税征收范围注释》规定，越野车是指四轮驱动，具有高通过性的车辆。两轮驱动的吉普型车属于越野车范围，应按小轿车的适用税率征收消费税。

问：根据《消费税征收范围注释》规定，轻便摩托车的征税范围为最大设计车速不超过 50km/h，发动机气缸总工作容量不超过 50km 的两轮摩托车。对最大设计车速不超过 50km/h，发动机汽缸总工作容量不超过 50km 的三轮摩托车是否征收消费税？

答：对最大设计车速不超过 50km/h，发动机气缸总工作容量不超过 50km 的三轮摩轮车不征收消费税。

国家税务总局关于消费税若干征税问题的通知

国税发〔1997〕84 号

各省、自治区、直辖市和计划单列市国家税务局：

最近，各地在执行消费税政策中陆续反映出一些问题，要求国家税务总局给予明确。现根据部分地区消费税问题座谈会讨论的意见，就有关具体征税问题通知如下：

一、关于普通发票不含增值税销售额的换算问题

对纳税人用外购已税烟丝等 8 种应税消费品连续生产应税消费品和扣除已纳税款的计算方法统一后，如果企业购进的已税消费品开具的是普通发票，在换算为不含增值税的销售额时，应一律采取 6% 的征收率换算。具体计算公式为：

不含增值税的外购已税消费品的销售额 = 外购已税消费品的含税销售额 ÷（1 + 6%）

二、关于工业企业从事应税消费品购销的征税问题

（一）对既有自产应税消费品，同时又购进与自产应税消费品同样的应税消费品进行销售的工业企业，对其销售的外购应税消费品应当征收消费税，同时可以扣除外购应税消费品的已纳税款。

上述允许扣除已纳税款的外购应税消费品仅限于烟丝、酒、酒精、化妆品、护肤护发品、珠宝玉石、鞭炮焰火、汽车轮胎和摩托车。

（二）对自己不生产应税消费品，而只是购进后再销售应税消费品的工业企业，其销售的粮食白酒、薯类白酒、酒精、化妆品、护肤护发品、鞭炮焰火和珠宝玉石，凡不能构成最终消费品直接进入消费品市场，而需进一步生产加工的（如需进一步加浆降度的白酒及食用酒精，需进行调香、调味和勾兑的白酒，需进行深加工、包装、贴标、组合的珠宝玉石、化妆品、酒、鞭炮焰火等），应当征收消费税，同时允许扣除上述外购应税消费品的已纳税款。

本规定中允许扣除已纳税款的应税消费品只限于从工业企业购进的应税消费品，对从商业企业购进应税消费品的已纳税款一律不得扣除。

三、关于配制酒、泡制酒征税问题

对企业以白酒和酒精为酒基，加入果汁、香料、色素、药材、补品、糖、调料等配制或泡制的酒，不再按“其他酒”子目中的“复制酒”征税，一律按照酒基所用原料确定白酒的适用税率。凡酒基所用原料无法确定的，一律按粮食白酒的税率征收消费税。

对以黄酒为酒基生产的配制或泡制酒，仍按“其他酒”10%的税率征收消费税。

四、关于特种用车的范围问题

《消费税征收范围注释》中规定的特种用车范围只限于急救车和抢修车，对其他车只要属于小汽车的征收范围，均应按规定征收消费税。

五、关于饮食业、商业、娱乐业生产啤酒的征税问题

对饮食业、商业、娱乐业举办的啤酒屋（啤酒坊）利用啤酒生产设备生产的啤酒，应当征收消费税。

本通知自文到之日起执行。

*注：本篇法规第四条已被《财政部、国家税务总局关于调整和完善消费税政策的通知》（发布日期：2006 年 3 月 20 日　实施日期：2006 年 4 月 1 日）废止

*注：本篇法规第一条已被《国家税务总局关于发布已失效或废止有关消费税规范性文件的通知》（发布日期：2009 年 3 月 18 日　实施日期：2009 年 3 月 18 日）废止

*注：本篇法规中的第三条已被：国家税务总局公告 2011 年第 53 号——国家税务总局关于配制酒消费税适用税率问题的公告（发布日期：2011 年 9 月 28 日，实施日期：2011 年 10 月 1 日）废止

消费税暂行条例实施细则

财政部令第 51 号

第一条　根据《中华人民共和国消费税暂行条例》（以下简称条例），制定本细则。

第二条　条例第一条所称单位，是指企业、行政单位、事业单位、军事单位、社会团体及其他单位。

条例第一条所称个人，是指个体工商户及其他个人。

条例第一条所称在中华人民共和国境内，是指生产、委托加工和进口属于应当缴纳消费税的消费品的起运地或者所在地在境内。

第三条　条例所附《消费税税目税率表》中所列应税消费品的具体征税范围，由财政部、国家税务总局确定。

第四条　条例第三条所称纳税人兼营不同税率的应当缴纳消费税的消费品，是指纳税人生产销售两种税率以上的应税消费品。

第五条　条例第四条第一款所称销售，是指有偿转让应税消费品的所有权。

前款所称有偿，是指从购买方取得货币、货物或者其他经济利益。

第六条　条例第四条第一款所称用于连续生产应税消费品，是指纳税人将自产自用的应税消费品作为

直接材料生产最终应税消费品，自产自用应税消费品构成最终应税消费品的实体。

条例第四条第一款所称用于其他方面，是指纳税人将自产自用应税消费品用于生产非应税消费品、在建工程、管理部门、非生产机构、提供劳务、馈赠、赞助、集资、广告、样品、职工福利、奖励等方面。

第七条　条例第四条第二款所称委托加工的应税消费品，是指由委托方提供原料和主要材料，受托方只收取加工费和代垫部分辅助材料加工的应税消费品。对于由受托方提供原材料生产的应税消费品，或者受托方先将原材料卖给委托方，然后再接受加工的应税消费品，以及由受托方以委托方名义购进原材料生产的应税消费品，不论在财务上是否作销售处理，都不得作为委托加工应税消费品，而应当按照销售自制应税消费品缴纳消费税。

委托加工的应税消费品直接出售的，不再缴纳消费税。

委托个人加工的应税消费品，由委托方收回后缴纳消费税。

第八条　消费税纳税义务发生时间，根据条例第四条的规定，分列如下：

（一）纳税人销售应税消费品的，按不同的销售结算方式分别为：

1. 采取赊销和分期收款结算方式的，为书面合同约定的收款日期的当天，书面合同没有约定收款日期或者无书面合同的，为发出应税消费品的当天；

2. 采取预收货款结算方式的，为发出应税消费品的当天；

3. 采取托收承付和委托银行收款方式的，为发出应税消费品并办妥托收手续的当天；

4. 采取其他结算方式的，为收讫销售款或者取得索取销售款凭据的当天。

（二）纳税人自产自用应税消费品的，为移送使用的当天。

（三）纳税人委托加工应税消费品的，为纳税人提货的当天。

（四）纳税人进口应税消费品的，为报关进口的当天。

第九条　条例第五条第一款所称销售数量，是指应税消费品的数量。具体为：

（一）销售应税消费品的，为应税消费品的销售数量；

（二）自产自用应税消费品的，为应税消费品的移送使用数量；

（三）委托加工应税消费品的，为纳税人收回的应税消费品数量；

（四）进口应税消费品的，为海关核定的应税消费品进口征税数量。

第十条　实行从量定额办法计算应纳税额的应税消费品，计量单位的换算标准如下：

（一）黄酒　1 吨 = 962 升

（二）啤酒　1 吨 = 988 升

（三）汽油　1 吨 = 1388 升

（四）柴油　1 吨 = 1176 升

（五）航空煤油　1 吨 = 1246 升

（六）石脑油　1 吨 = 1385 升

（七）溶剂油　1 吨 = 1282 升

（八）润滑油　1 吨 = 1126 升

（九）燃料油　1 吨 = 1015 升

第十一条　纳税人销售的应税消费品，以人民币以外的货币结算销售额的，其销售额的人民币折合率可以选择销售额发生的当天或者当月 1 日的人民币汇率中间价。纳税人应在事先确定采用何种折合率，确定后 1 年内不得变更。

第十二条　条例第六条所称销售额，不包括应向购货方收取的增值税税款。如果纳税人应税消费品的销售额中未扣除增值税税款或者因不得开具增值税专用发票而发生价款和增值税税款合并收取的，在计算消费税时，应当换算为不含增值税税款的销售额。其换算公式为：

应税消费品的销售额 = 含增值税的销售额 ÷（1 + 增值税税率或者征收率）

第十三条　应税消费品连同包装物销售的，无论包装物是否单独计价以及在会计上如何核算，均应并入应税消费品的销售额中缴纳消费税。如果包装物不作价随同产品销售，而是收取押金，此项押金则不应并入应税消费品的销售额中征税。但对因逾期未收回的包装物不再退还的或者已收取的时间超过 12 个月的押金，应并入应税消费品的销售额，按照应税消费品的适用税率缴纳消费税。

对既作价随同应税消费品销售，又另外收取押金的包装物的押金，凡纳税人在规定的期限内没有退还的，均应并入应税消费品的销售额，按照应税消费品的适用税率缴纳消费税。

第十四条 条例第六条所称价外费用，是指价外向购买方收取的手续费、补贴、基金、集资费、返还利润、奖励费、违约金、滞纳金、延期付款利息、赔偿金、代收款项、代垫款项、包装费、包装物租金、储备费、优质费、运输装卸费以及其他各种性质的价外收费。但下列项目不包括在内：

（一）同时符合以下条件的代垫运输费用：

1. 承运部门的运输费用发票开具给购买方的；

2. 纳税人将该项发票转交给购买方的。

（二）同时符合以下条件代为收取的政府性基金或者行政事业性收费：

1. 由国务院或者财政部批准设立的政府性基金，由国务院或者省级人民政府及其财政、价格主管部门批准设立的行政事业性收费；

2. 收取时开具省级以上财政部门印制的财政票据；

3. 所收款项全额上缴财政。

第十五条 条例第七条第一款所称纳税人自产自用的应税消费品，是指依照条例第四条第一款规定于移送使用时纳税的应税消费品。

条例第七条第一款、第八条第一款所称同类消费品的销售价格，是指纳税人或者代收代缴义务人当月销售的同类消费品的销售价格，如果当月同类消费品各期销售价格高低不同，应按销售数量加权平均计算。但销售的应税消费品有下列情况之一的，不得列入加权平均计算：

（一）销售价格明显偏低并无正当理由的；

（二）无销售价格的。

如果当月无销售或者当月未完结，应按照同类消费品上月或者最近月份的销售价格计算纳税。

第十六条 条例第七条所称成本，是指应税消费品的产品生产成本。

第十七条 条例第七条所称利润，是指根据应税消费品的全国平均成本利润率计算的利润。应税消费品全国平均成本利润率由国家税务总局确定。

第十八条 条例第八条所称材料成本，是指委托方所提供加工材料的实际成本。

委托加工应税消费品的纳税人，必须在委托加工合同上如实注明（或者以其他方式提供）材料成本，凡未提供材料成本的，受托方主管税务机关有权核定其材料成本。

第十九条 条例第八条所称加工费，是指受托方加工应税消费品向委托方所收取的全部费用（包括代垫辅助材料的实际成本）。

第二十条 条例第九条所称关税完税价格，是指海关核定的关税计税价格。

第二十一条 条例第十条所称应税消费品的计税价格的核定权限规定如下：

（一）卷烟、白酒和小汽车的计税价格由国家税务总局核定，送财政部备案；

（二）其他应税消费品的计税价格由省、自治区和直辖市国家税务局核定；

（三）进口的应税消费品的计税价格由海关核定。

第二十二条 出口的应税消费品办理退税后，发生退关，或者国外退货进口时予以免税的，报关出口者必须及时向其机构所在地或者居住地主管税务机关申报补缴已退的消费税税款。

纳税人直接出口的应税消费品办理免税后，发生退关或者国外退货，进口时已予以免税的，经机构所在地或者居住地主管税务机关批准，可暂不办理补税，待其转为国内销售时，再申报补缴消费税。

第二十三条 纳税人销售的应税消费品，如因质量等原因由购买者退回时，经机构所在地或者居住地主管税务机关审核批准后，可退还已缴纳的消费税税款。

第二十四条 纳税人到外县（市）销售或者委托外县（市）代销自产应税消费品的，于应税消费品销售后，向机构所在地或者居住地主管税务机关申报纳税。

纳税人的总机构与分支机构不在同一县（市）的，应当分别向各自机构所在地的主管税务机关申报纳税；经财政部、国家税务总局或者其授权的财政、税务机关批准，可以由总机构汇总向总机构所在地的主管税务机关申报纳税。

委托个人加工的应税消费品，由委托方向其机构所在地或者居住地主管税务机关申报纳税。

进口的应税消费品，由进口人或者其代理人向报关地海关申报纳税。

第二十五条 本细则自 2009 年 1 月 1 日起施行。

增值税暂行条例实施细则

2008年12月18日财政部 国家税务总局令第50号公布
根据2011年10月28日《关于修改〈中华人民共和国增值税暂行条例实施细则〉和〈中华人民共和国营业税暂行条例实施细则〉的决定》修订 以财政部令第65号发布

第一条 根据《中华人民共和国增值税暂行条例》(以下简称条例),制定本细则。

第二条 条例第一条所称货物,是指有形动产,包括电力、热力、气体在内。

条例第一条所称加工,是指受托加工货物,即委托方提供原料及主要材料,受托方按照委托方的要求,制造货物并收取加工费的业务。

条例第一条所称修理修配,是指受托对损伤和丧失功能的货物进行修复,使其恢复原状和功能的业务。

第三条 条例第一条所称销售货物,是指有偿转让货物的所有权。

条例第一条所称提供加工、修理修配劳务(以下称应税劳务),是指有偿提供加工、修理修配劳务。单位或者个体工商户聘用的员工为本单位或者雇主提供加工、修理修配劳务,不包括在内。

本细则所称有偿,是指从购买方取得货币、货物或者其他经济利益。

第四条 单位或者个体工商户的下列行为,视同销售货物:

(一)将货物交付其他单位或者个人代销;

(二)销售代销货物;

(三)设有两个以上机构并实行统一核算的纳税人,将货物从一个机构移送其他机构用于销售,但相关机构设在同一县(市)的除外;

(四)将自产或者委托加工的货物用于非增值税应税项目;

(五)将自产、委托加工的货物用于集体福利或者个人消费;

(六)将自产、委托加工或者购进的货物作为投资,提供给其他单位或者个体工商户;

(七)将自产、委托加工或者购进的货物分配给股东或者投资者;

(八)将自产、委托加工或者购进的货物无偿赠送其他单位或者个人。

第五条 一项销售行为如果既涉及货物又涉及非增值税应税劳务,为混合销售行为。除本细则第六条的规定外,从事货物的生产、批发或者零售的企业、企业性单位和个体工商户的混合销售行为,视为销售货物,应当缴纳增值税;其他单位和个人的混合销售行为,视为销售非增值税应税劳务,不缴纳增值税。

本条第一款所称非增值税应税劳务,是指属于应缴营业税的交通运输业、建筑业、金融保险业、邮电通信业、文化体育业、娱乐业、服务业税目征收范围的劳务。

本条第一款所称从事货物的生产、批发或者零售的企业、企业性单位和个体工商户,包括以从事货物的生产、批发或者零售为主,并兼营非增值税应税劳务的单位和个体工商户在内。

第六条 纳税人的下列混合销售行为,应当分别核算货物的销售额和非增值税应税劳务的营业额,并根据其销售货物的销售额计算缴纳增值税,非增值税应税劳务的营业额不缴纳增值税;未分别核算的,由主管税务机关核定其货物的销售额:

(一)销售自产货物并同时提供建筑业劳务的行为;

(二)财政部、国家税务总局规定的其他情形。

第七条 纳税人兼营非增值税应税项目的,应分别核算货物或者应税劳务的销售额和非增值税应税项目的营业额;未分别核算的,由主管税务机关核定货物或者应税劳务的销售额。

第八条 条例第一条所称在中华人民共和国境内(以下简称境内)销售货物或者提供加工、修理修配劳务,是指:

(一)销售货物的起运地或者所在地在境内;

(二)提供的应税劳务发生在境内。

第九条 条例第一条所称单位,是指企业、行政单位、事业单位、军事单位、社会团体及其他单位。

条例第一条所称个人,是指个体工商户和其他个人。

第十条 单位租赁或者承包给其他单位或者个人经营的，以承租人或者承包人为纳税人。

第十一条 小规模纳税人以外的纳税人（以下称一般纳税人）因销售货物退回或者折让而退还给购买方的增值税额，应从发生销售货物退回或者折让当期的销项税额中扣减；因购进货物退出或者折让而收回的增值税额，应从发生购进货物退出或者折让当期的进项税额中扣减。

一般纳税人销售货物或者应税劳务，开具增值税专用发票后，发生销售货物退回或者折让、开票有误等情形，应按国家税务总局的规定开具红字增值税专用发票。未按规定开具红字增值税专用发票的，增值税额不得从销项税额中扣减。

第十二条 条例第六条第一款所称价外费用，包括价外向购买方收取的手续费、补贴、基金、集资费、返还利润、奖励费、违约金、滞纳金、延期付款利息、赔偿金、代收款项、代垫款项、包装费、包装物租金、储备费、优质费、运输装卸费以及其他各种性质的价外收费。但下列项目不包括在内：

（一）受托加工应征消费税的消费品所代收代缴的消费税；

（二）同时符合以下条件的代垫运输费用：

1. 承运部门的运输费用发票开具给购买方的；

2. 纳税人将该项发票转交给购买方的。

（三）同时符合以下条件代为收取的政府性基金或者行政事业性收费：

1. 由国务院或者财政部批准设立的政府性基金，由国务院或者省级人民政府及其财政、价格主管部门批准设立的行政事业性收费；

2. 收取时开具省级以上财政部门印制的财政票据；

3. 所收款项全额上缴财政。

（四）销售货物的同时代办保险等而向购买方收取的保险费，以及向购买方收取的代购买方缴纳的车辆购置税、车辆牌照费。

第十三条 混合销售行为依照本细则第五条规定应当缴纳增值税的，其销售额为货物的销售额与非增值税应税劳务营业额的合计。

第十四条 一般纳税人销售货物或者应税劳务，采用销售额和销项税额合并定价方法的，按下列公式计算销售额：

销售额 = 含税销售额 ÷（1 + 税率）

第十五条 纳税人按人民币以外的货币结算销售额的，其销售额的人民币折合率可以选择销售额发生的当天或者当月 1 日的人民币汇率中间价。纳税人应在事先确定采用何种折合率，确定后 1 年内不得变更。

第十六条 纳税人有条例第七条所称价格明显偏低并无正当理由或者有本细则第四条所列视同销售货物行为而无销售额者，按下列顺序确定销售额：

（一）按纳税人最近时期同类货物的平均销售价格确定；

（二）按其他纳税人最近时期同类货物的平均销售价格确定；

（三）按组成计税价格确定。组成计税价格的公式为：

组成计税价格 = 成本 ×（1 + 成本利润率）

属于应征消费税的货物，其组成计税价格中应加计消费税额。

公式中的成本是指：销售自产货物的为实际生产成本，销售外购货物的为实际采购成本。公式中的成本利润率由国家税务总局确定。

第十七条 条例第八条第二款第（三）项所称买价，包括纳税人购进农产品在农产品收购发票或者销售发票上注明的价款和按规定缴纳的烟叶税。

第十八条 条例第八条第二款第（四）项所称运输费用金额，是指运输费用结算单据上注明的运输费用（包括铁路临管线及铁路专线运输费用）、建设基金，不包括装卸费、保险费等其他杂费。

第十九条 条例第九条所称增值税扣税凭证，是指增值税专用发票、海关进口增值税专用缴款书、农产品收购发票和农产品销售发票以及运输费用结算单据。

第二十条 混合销售行为依照本细则第五条规定应当缴纳增值税的，该混合销售行为所涉及的非增值税应税劳务所用购进货物的进项税额，符合条例第八条规定的，准予从销项税额中抵扣。

第二十一条 条例第十条第（一）项所称购进货物，不包括既用于增值税应税项目（不含免征增值税项目）也用于非增值税应税项目、免征增值税（以下简称免税）项目、集体福利或者个人消费的固定资产。

前款所称固定资产，是指使用期限超过12个月的机器、机械、运输工具以及其他与生产经营有关的设备、工具、器具等。

第二十二条 条例第十条第(一)项所称个人消费包括纳税人的交际应酬消费。

第二十三条 条例第十条第(一)项和本细则所称非增值税应税项目，是指提供非增值税应税劳务、转让无形资产、销售不动产和不动产在建工程。

前款所称不动产是指不能移动或者移动后会引起性质、形状改变的财产，包括建筑物、构筑物和其他土地附着物。

纳税人新建、改建、扩建、修缮、装饰不动产，均属于不动产在建工程。

第二十四条 条例第十条第(二)项所称非正常损失，是指因管理不善造成被盗、丢失、霉烂变质的损失。

第二十五条 纳税人自用的应征消费税的摩托车、汽车、游艇，其进项税额不得从销项税额中抵扣。

第二十六条 一般纳税人兼营免税项目或者非增值税应税劳务而无法划分不得抵扣的进项税额的，按下列公式计算不得抵扣的进项税额：

不得抵扣的进项税额＝当月无法划分的全部进项税额×当月免税项目销售额、非增值税应税劳务营业额合计÷当月全部销售额、营业额合计

第二十七条 已抵扣进项税额的购进货物或者应税劳务，发生条例第十条规定的情形的(免税项目、非增值税应税劳务除外)，应当将该项购进货物或者应税劳务的进项税额从当期的进项税额中扣减；无法确定该项进项税额的，按当期实际成本计算应扣减的进项税额。

第二十八条 条例第十一条所称小规模纳税人的标准为：

(一)从事货物生产或者提供应税劳务的纳税人，以及以从事货物生产或者提供应税劳务为主，并兼营货物批发或者零售的纳税人，年应征增值税销售额(以下简称应税销售额)在50万元以下(含本数，下同)的；

(二)除本条第一款第(一)项规定以外的纳税人，年应税销售额在80万元以下的。

本条第一款所称以从事货物生产或者提供应税劳务为主，是指纳税人的年货物生产或者提供应税劳务的销售额占年应税销售额的比重在50%以上。

第二十九条 年应税销售额超过小规模纳税人标准的其他个人按小规模纳税人纳税；非企业性单位、不经常发生应税行为的企业可选择按小规模纳税人纳税。

第三十条 小规模纳税人的销售额不包括其应纳税额。

小规模纳税人销售货物或者应税劳务采用销售额和应纳税额合并定价方法的，按下列公式计算销售额：

销售额＝含税销售额÷(1＋征收率)

第三十一条 小规模纳税人因销售货物退回或者折让退还给购买方的销售额，应从发生销售货物退回或者折让当期的销售额中扣减。

第三十二条 条例第十三条和本细则所称会计核算健全，是指能够按照国家统一的会计制度规定设置账簿，根据合法、有效凭证核算。

第三十三条 除国家税务总局另有规定外，纳税人一经认定为一般纳税人后，不得转为小规模纳税人。

第三十四条 有下列情形之一者，应按销售额依照增值税税率计算应纳税额，不得抵扣进项税额，也不得使用增值税专用发票：

(一)一般纳税人会计核算不健全，或者不能够提供准确税务资料的；

(二)除本细则第二十九条规定外，纳税人销售额超过小规模纳税人标准，未申请办理一般纳税人认定手续的。

第三十五条 条例第十五条规定的部分免税项目的范围，限定如下：

(一)第一款第(一)项所称农业，是指种植业、养殖业、林业、牧业、水产业。

农业生产者，包括从事农业生产的单位和个人。

农产品，是指初级农产品，具体范围由财政部、国家税务总局确定。

(二)第一款第(三)项所称古旧图书，是指向社会收购的古书和旧书。

(三)第一款第(七)项所称自己使用过的物品，是指其他个人自己使用过的物品。

第三十六条 纳税人销售货物或者应税劳务适用免税规定的，可以放弃免税，依照条例的规定缴纳增值

税。放弃免税后,36个月内不得再申请免税。

第三十七条 增值税起征点的适用范围限于个人。

增值税起征点的幅度规定如下:

(一)销售货物的,为月销售额5000~20000元;

(二)销售应税劳务的,为月销售额5000~20000元;

(三)按次纳税的,为每次(日)销售额300~500元。

前款所称销售额,是指本细则第三十条第一款所称小规模纳税人的销售额。

省、自治区、直辖市财政厅(局)和国家税务局应在规定的幅度内,根据实际情况确定本地区适用的起征点,并报财政部、国家税务总局备案。

第三十八条 条例第十九条第一款第(一)项规定的收讫销售款项或者取得索取销售款项凭据的当天,按销售结算方式的不同,具体为:

(一)采取直接收款方式销售货物,不论货物是否发出,均为收到销售款或者取得索取销售款凭据的当天;

(二)采取托收承付和委托银行收款方式销售货物,为发出货物并办妥托收手续的当天;

(三)采取赊销和分期收款方式销售货物,为书面合同约定的收款日期的当天,无书面合同的或者书面合同没有约定收款日期的,为货物发出的当天;

(四)采取预收货款方式销售货物,为货物发出的当天,但生产销售生产工期超过12个月的大型机械设备、船舶、飞机等货物,为收到预收款或者书面合同约定的收款日期的当天;

(五)委托其他纳税人代销货物,为收到代销单位的代销清单或者收到全部或者部分货款的当天。未收到代销清单及货款的,为发出代销货物满180天的当天;

(六)销售应税劳务,为提供劳务同时收讫销售款或者取得索取销售款的凭据的当天;

(七)纳税人发生本细则第四条第(三)项至第(八)项所列视同销售货物行为,为货物移送的当天。

第三十九条 条例第二十三条以1个季度为纳税期限的规定仅适用于小规模纳税人。小规模纳税人的具体纳税期限,由主管税务机关根据其应纳税额的大小分别核定。

第四十条 本细则自2009年1月1日起施行。

十、保 险 类

中国保险监督管理委员会关于支持汽车企业代理保险业务专业化经营有关事项的通知

保监发〔2012〕82号

各保监局:

汽车生产、销售、维修和运输等相关企业(以下称“汽车企业”)兼业经营保险代理业务,在促进保险业务增长,扩大保险覆盖面等方面发挥了积极作用。但近年来,汽车企业兼业经营保险代理业务管理混乱、专业能力低下、侵害消费者权益等违法违规问题日渐突出。粗放的兼业代理经营模式不适应保险业加快转变发展方式要求,迫切需要从体制机制上进行改革。推动汽车企业代理保险业务专业化经营,有利于促进汽车保险中介服务规范化、专业化、规模化发展,有利于防范经营风险,规范市场秩序,有利于保护保险消费者权益。现就支持汽车企业代理保险业务专业化经营有关事项通知如下:

一、鼓励和支持汽车企业,出资设立保险代理、保险经纪公司,或者与已经设立的保险代理、保险经纪公司合作,由保险代理、保险经纪公司统筹开展汽车保险业务。公司名称可以包含“汽车保险销售”、“汽车保险代理”或者“汽车保险经纪”字样。

二、汽车企业设立保险代理、保险经纪公司,应当符合《中华人民共和国公司法》、《中华人民共和国保险法》、《保险专业代理机构监管规定》、《保险经纪机构监管规定》以及中国保监会其他相关规定要求。

三、汽车企业设立保险代理、保险经纪公司,经营区域超出注册地所在省(自治区、直辖市、计划单列市)

的，应按规定向注册地保监局提出申请，同时将相关材料抄报中国保监会。中国保监会将统一协调指导有关保监局，做好原兼业代理机构转制为专业保险代理、保险经纪公司服务网点相关行政许可事宜。

四、汽车企业设立保险代理、保险经纪公司，在注册地以外的各省（自治区、直辖市、计划单列市）开展业务，应当设立分公司或者营业部，负责该区域经营管理工作。在省（自治区、直辖市、计划单列市）内设有2家或者2家以上分公司或营业部，应当指定一家分公司或营业部负责该区域经营管理工作。

五、保险代理、保险经纪公司依托汽车企业经营场所开展业务的，应当取得保险监管机构颁发的经营保险代理（经纪）业务许可证，并在经营场所显著位置悬挂许可证。依托汽车企业经营场所设立的分支机构负责人，可以由汽车保险代理、保险经纪公司，或者其他分支机构工作人员兼任。上述经营场所原保险兼业代理业务许可证应当予以注销。每个营业场所应当至少有一名专职人员负责保险代理业务。

六、在汽车企业兼业经营保险代理业务向专业化转制过程中，相关专业保险代理、保险经纪公司要加强对分支机构和服务网点的管理，特别要加大对服务网点工作人员的专业素质和合规意识的培训力度，使其尽快适应专业化、规范化要求。

七、汽车企业与已经设立的保险代理、保险经纪公司合作从事汽车保险业务的，应当参照本通知执行。

八、各保监局应当继续对兼业经营保险代理业务的汽车企业加大监管力度。对管理混乱，服务不规范，专业素质不高，与保险公司财务业务关系不合法、不真实、不透明的，可以限制代理保险公司的家数和代理险种范围，情节严重的，应当取消其保险兼业代理资格。

各保监局应当及时向中国保监会报送辖区支持汽车保险代理专业化经营有关工作进展情况，中国保监会将定期通报。

中国保监会

2012年9月14日

中国保险监督管理委员会关于机动车交强险承保中“即时生效”有关问题的复函

保监厅函〔2010〕79号

辽宁保监局：

你局《关于对机动车交强险承保中“即时生效”有关问题的请示》（辽保监发〔2010〕5号）收悉。经研究，现函复如下：

一、《关于加强机动车交强险承保工作管理的通知》（保监厅函〔2009〕91号，以下简称《通知》）未强制要求各经营交强险业务的保险公司实行交强险保单出单时“即时生效”。

二、2009年10月1日实施的《中华人民共和国保险法》规定“投保人和保险人可以对合同的效力约定附条件或者附期限”。投保人在投保机动车交强险时，可提出交强险保单出单时“即时生效”。根据《通知》规定，各经营交强险业务的保险公司可根据实际情况采取适当方式实现交强险保单出单时“即时生效”。

中国保险监督管理委员会

二〇一〇年三月三日

公安部、中国保险监督管理委员会关于实行酒后驾驶与机动车交强险费率联系浮动制度的通知

公通字〔2010〕8号

各省、自治区、直辖市公安厅、局，各中资财产保险公司、各保监局，中国保险行业协会：

为进一步加大对酒后驾驶违法行为的惩处力度，促进机动车驾驶人增强交通安全意识和法制意识，根据《机动车交通事故责任强制保险条例》有关规定，公安部、中国保险监督管理委员会决定，自2010年3月1日起，逐步实行酒后驾驶违法行为与机动车交通事故责任强制保险（以下简称“交强险”）费率联系浮动制度。现将有关事项通知如下：

一、加强协作，制定实施办法。酒后驾驶严重危害道路交通安全、社会公共安全和人民群众生命财产安全。实行酒后驾驶与机动车交强险费率联系浮动制度是整治酒后驾驶违法行为的重要举措，是建立严管酒后驾驶长效机制的重要制度。各级公安机关、各保监局和各从事交强险业务的保险公司（以下简称“各保险公司”）要切实提高认识，加强协调配合，充分做好前期各项准备工作，确保该项制度稳步实施。各保监局和省级公安机关要在充分听取社会意见的基础上，研究制定酒后驾驶违法行为与交强险费率联系浮动的具体实施办法，明确职责分工、实施步骤和信息交换程序规定，并建立费率浮动告知制度和异议处理制度。

二、结合实际，确定浮动标准。各保监局和省级公安机关要密切协作配合，在充分测算和论证的基础上，在公安部和保监会确定的交强险费率浮动幅度内，明确饮酒后驾驶、醉酒后驾驶违法行为上浮费率的标准。其中，饮酒后驾驶违法行为一次上浮的交强险费率控制在10%至15%之间，醉酒后驾驶违法行为一次上浮的交强险费率控制在20%至30%之间，累计上浮的费率不得超过60%，确定费率标准情况应当报公安部、保监会备案。各保险公司必须严格执行交强险费率方案、交强险费率浮动办法，不得擅自加收或减收交强险保费。

三、完善平台，健全交换机制。各省级公安机关要定期汇总本省（自治区、直辖市）酒后驾驶违法行为信息，并及时将相关信息转递给当地保监局。已建立车险联合信息平台的地区，要通过该信息平台向保险机构转递酒后驾驶违法行为信息；尚未建立平台的地区，可以通过数据交换、书面通报等方式实现信息转递。各保监局要认真做好协调配合、技术服务等工作，指导督促各保险公司做好业务系统的修改、调试等准备工作，实现各保险公司内部信息的共享，确保联系浮动制度的顺利实施。中国保险行业协会要加快推进信息平台建设步伐，扩大建设平台的地区范围，完善平台功能。

四、加强宣传，做好舆论引导。各省级公安机关和各保监局、保险公司要提前研究策划宣传工作，充分利用电视、电台、报纸、网络等各种新闻媒体，通过召开新闻通气会、电视访谈等多种形式，大力宣传实施该项制度的目的、意义和具体办法，最大限度地争取社会各界的关注和支持，营造良好的舆论环境。

各地贯彻情况，请及时报公安部、保监会。

公安部

保监会

二〇一〇年一月二十日

中国保险监督管理委员会关于严格执行《机动车交通事故责任强制保险费率浮动暂行办法》的通知

保监厅发〔2009〕62号

各中资财产保险公司，各保监局，中国保险行业协会：

根据《机动车交通事故责任强制保险条例》，中国保监会于2007年6月下发了《机动车交通事故责任强制保险费率浮动暂行办法》（保监发〔2007〕52号，以下简称《暂行办法》）。《暂行办法》规定交强险费率与道路交通事故相挂钩，实行“奖优罚劣”的费率浮动机制。《暂行办法》的实施对促进驾驶人提高道路交通安全意识、预防减少道路交通事故发挥了积极作用。

近期，个别保险公司不严格执行《暂行办法》中费率浮动的规定，对未发生有责任道路交通事故的投保人，不按《暂行办法》实行优惠费率。为维护保险市场秩序，保护投保人合法权益，现就有关事项通知如下：

一、各保险公司应督促各分支机构严格执行《暂行办法》。投保人能够提供上年度未发生无责任道路交通事故证明的，各保险机构要按照《暂行办法》实行优惠费率。投保人不能提供上年度未发生无责任道路交通事故证明的，各保险机构要主动通过公司业务系统、车险信息平台或其他方式进行查询，并根据查询结果，按照《暂行办法》实行费率浮动。各保险机构不得以各种理由，不执行《暂行办法》的有关规定。

二、各保监局要加大对辖区内各保险机构的监管力度。要对辖区内各保险机构执行《暂行办法》的情况进行巡视抽查，要高度重视信访工作，一旦发现不按照《暂行办法》进行交强险费率浮动的违规线索，要及时查处、从严处理。

三、中国保险行业协会要加快推进车险信息平台建设，确保《暂行办法》的顺利实施。未建立车险信息平台的地区，协会要组织各保险机构通过相互报盘或手工方式等，实现交强险费率浮动。

四、各单位要加大对《暂行办法》的宣传力度，以张贴提示、分发宣传册等灵活多样的形式宣传交强险费率浮动机制，提高公众道路交通安全意识。

中国保险监督管理委员会
二〇〇九年七月三十日

中国保险监督管理委员会关于发布《机动车保险数据交换规范》行业标准的通知

保监发〔2009〕51 号

各保监局、保监会机关各部门，各保险公司、保险资产管理公司、保险专业中介机构，国有保险公司监事会、中国保险行业协会、中国保险学会，全国金融标准化技术委员会保险分技术委员会：

全国金融标准化技术委员会保险分技术委员会（以下简称保标委）制定了《机动车保险数据交换规范》（标准编号为 JR/T0053—2009），并通过了审查，按照《全国金融标准化技术委员会保险分技术委员会章程》，现予以发布，请遵照执行。

联 系 人：张炎、李伟华

电　　话：010 - 66290330，010 - 66286109

传　　真：010 - 66290335

电子邮件：biaozhun@ iachina. cn

二〇〇九年四月三日

中国保险监督管理委员会关于加强机动车交强险承保工作管理的通知

保监厅函〔2009〕91 号

各中资财产保险公司：

交强险自实施以来，对促进道路交通安全、保障机动车道路交通事故受害人的合法权利发挥了重大作用。但由于交强险保单中对保险期间有关投保后次日零时生效的规定，使部分投保人在投保后、保单未正式生效前的时段内得不到交强险的保障。为使机动车道路交通事故的受害人得到有效保障，更好的发挥交强险促进道路交通安全的作用，现对加强有关交强险承保工作通知如下：

各公司可在交强险承保工作中采取以下适当方式，以维护被保险人利益：一是在保单中“特别约定”栏中，就保险期间作特别说明，写明或加盖“即时生效”等字样，使保单自出单时立即生效。二是公司系统能够支持打印体覆盖印刷体的，出单时在保单中打印“保险期间自 × 年 × 月 × 日 × 时……”覆盖原“保险期间自 × 年 × 月 × 日零时起……”字样，明确写明保险期间起止的具体时点。

各公司应严格遵照《机动车交通事故责任强制保险条例》中有关规定，不得拒绝或者拖延承保，加强交强险承保工作管理，采取适当方式明确保险期间起止时点，以维护被保险人利益。

中国保险监督管理委员会
二〇〇九年三月二十五日

中国保险监督管理委员会办公厅关于机动车商业保险条款费率有关问题的复函

保监厅函〔2008〕113 号

北京保监局：

《北京保监局关于对已报批条款费率执行问题的请示》（京保监发〔2008〕76 号）收悉。经研究，通过特别约定的方式限制被保险机动车的行驶区域,缩减了车险条款的保险责任范围,对经保险监管机构批准条款的内容作了重大修改,按照《财产保险公司保险条款和保险费率管理办法》等有关规定,属于应当重新报送保险监管机构审批的情形。

此复

中国保险监督管理委员会办公厅
二〇〇八年五月七日

中国保险监督管理委员会关于中国保险行业协会修订机动车第三者责任商业保险行业费率的批复

保监产险〔2008〕41 号

中国保险行业协会:

你协会《中国保险行业协会关于上报机动车第三者责任商业保险行业基本费率的请示》(中保协发〔2008〕6 号)收悉。经研究,批复如下:

一、同意你协会对机动车商业保险行业基本条款 A 款(中保协条款〔2007〕1 号)、B 款(中保协条款〔2007〕2 号)和 C 款(中保协条款〔2007〕3 号)中商业三责险的费率作出修改,修订后的商业三责险行业费率于 2008 年 2 月 1 日起开始实施。保监产险〔2007〕186 号批准的行业条款及其他费率不作修改。

二、请你协会及时将修改后的商业车险行业费率进行公布,协助各有关财产保险公司做好机动车商业保险条款的改造和衔接工作。

附件:

1. 机动车商业保险行业基本费率表(A 款)(略)
2. 机动车商业保险行业基本费率表(B 款)(略)
3. 机动车商业保险行业基本费率表(C 款)(略)

二〇〇八年一月十四日

中国保险监督管理委员会关于中国保险行业协会调整机动车交通事故责任强制保险费率的批复

保监产险〔2008〕27 号

中国保险行业协会:

你协会《关于上报机动车交通事故责任强制保险费率方案的请示》(中保协发〔2008〕3 号)收悉。经研究,批复如下:

一、同意你协会制定的《机动车交通事故责任强制保险费率方案》(2008 版)。

二、调整后的机动车交通事故责任强制保险(以下简称"交强险")费率方案从 2008 年 2 月 1 日零时起执行。现行的交强险保单采取加盖批注的方式可继续使用至 2008 年 3 月 31 日。

三、调整后的交强险费率方案实施后,截至 2008 年 2 月 1 日零时保险期间尚未结束的交强险保单项下的机动车在 2008 年 2 月 1 日零时后发生道路交通事故的,按照调整后的责任限额执行;在 2008 年 2 月 1 日零时前发生道路交通事故的,仍按原责任限额执行。除《机动车交通事故责任强制保险条例》规定的情形外,不得解除交强险合同。

附件:机动车交通事故责任强制保险费率方案(2008 版)

二〇〇八年一月十一日

附件：

机动车交通事故责任强制保险费率方案(2008 版)

机动车交通事故责任强制保险费率方案(以下简称费率方案)适用于经中国保险监督管理委员会批准的机动车交通事故责任强制保险业务。

本费率方案由机动车交通事故责任强制保险基础费率表及说明、机动车交通事故责任强制保险费率浮动办法、保险费的计算办法和解除保险合同保费计算办法等4个部分组成。

一、机动车交通事故责任强制保险基础费率表及说明

《机动车交通事故责任强制保险基础费率表》详见附表。

《机动车交通事故责任强制保险基础费率表》结构、费率水平全国统一(除拖拉机和低速载货汽车)。现将表中需说明事项明确如下：

(一)机动车种类

机动车交通事故责任强制保险按机动车种类、使用性质分为家庭自用汽车、非营业客车、营业客车、非营业货车、营业货车、特种车、摩托车和拖拉机8种类型。

1. 家庭自用汽车：是指家庭或个人所有,且用途为非营业性的客车。

2. 非营业客车：是指党政机关、企事业单位、社会团体、使领馆等机构从事公务或在生产经营活动中不以直接或间接方式收取运费或租金的客车,包括党政机关、企事业单位、社会团体、使领馆等机构为从事公务或在生产经营活动中承租且租赁期限为1年或1年以上的客车。

非营业客车分为：党政机关、事业团体客车,企业客车。

用于驾驶教练、邮政公司用于邮递业务、快递公司用于快递业务的客车、警车、普通囚车、医院的普通救护车、殡葬车按照其行驶证上载明的核定载客数,适用对应的企业非营业客车的费率。

3. 营业客车：是指用于旅客运输或租赁,并以直接或间接方式收取运费或租金的客车。

营业客车分为：城市公交客车,公路客运客车,出租、租赁客车。

旅游客运车按照其行驶证上载明的核定载客数,适用对应的公路客运车费率。

4. 非营业货车：是指党政机关、企事业单位、社会团体自用或仅用于个人及家庭生活,不以直接或间接方式收取运费或租金的货车(包括客货两用车)。货车是指载货机动车、厢式货车、半挂牵引车、自卸车、电瓶运输车、装有起重机械但以载重为主的起重运输车。

用于驾驶教练、邮政公司用于邮递业务、快递公司用于快递业务的货车按照其行驶证上载明的核定载质量,适用对应的非营业货车的费率。

5. 营业货车：是指用于货物运输或租赁,并以直接或间接方式收取运费或租金的货车(包括客货两用车)。货车是指载货机动车、厢式货车、半挂牵引车、自卸车、电瓶运输车、装有起重机械但以载重为主的起重运输车。

6. 特种车：是指用于各类装载油料、气体、液体等专用罐车;或用于清障、清扫、清洁、起重、装卸(不含自卸车)、升降、搅拌、挖掘、推土、压路等的各种专用机动车,或适用于装有冷冻或加温设备的厢式机动车;或车内装有固定专用仪器设备,从事专业工作的监测、消防、运钞、医疗、电视转播、雷达、X光检查等机动车;或专门用于牵引集装箱箱体(货柜)的集装箱拖头。

特种车按其用途共分成4类,不同类型机动车采用不同收费标准：

特种车一：油罐车、汽罐车、液罐车;

特种车二：专用净水车、特种车一以外的罐式货车,以及用于清障、清扫、清洁、起重、装卸(不合自卸车)、升降、搅拌、挖掘、推土、冷藏、保温等的各种专用机动车;

特种车三：装有固定专用仪器设备从事专业工作的监测、消防、运钞、医疗、电视转播等的各种专用机动车;

特种车四：集装箱拖头。

7. 摩托车：是指以燃料或电瓶为动力的各种两轮、三轮摩托车。

摩托车分成3类：50CC及以下,50CC－250CC(含)、250CC以上及侧三轮。

正三轮摩托车按照排气量分类执行相应的费率。

8. 拖拉机按其使用性质分为兼用型拖拉机和运输型拖拉机。

兼用型拖拉机是指以田间作业为主,通过铰接连接牵引挂车可进行运输作业的拖拉机。兼用型拖拉机分为14.7KW及以下和14.7KW以上两种。

运输型拖拉机是指货箱与底盘一体,不通过牵引挂车可运输作业的拖拉机。运输型拖拉机分为14.7KW及以下和14.7KW以上两种。

低速载货汽车参照运输型拖拉机14.7KW以上的费率执行。

9. 挂车：是指就其设计和技术特征需机动车牵引才能正常使用的一种无动力的道路机动车。

挂车根据实际的使用性质并按照对应吨位货车的 30% 计算。

装置有油罐、汽罐、液罐的挂车按特种车一的 30% 计算。

10. 补充说明

《机动车交通事故责任强制保险基础费率表》中各车型的座位和吨位的分类都按照“含起点不含终点”的原则来解释（表中另有说明的除外）。各车型的座位按行驶证上载明的核定载客数计算；吨位按行驶证上载明的核定载质量计算。

（二）基础保险费的计算

1. 一年期基础保险费的计算

投保一年期机动车交通事故责任强制保险的，根据《机动车交通事故责任强制保险基础费率表》中相对应的金额确定基础保险费。

2. 短期基础保险费的计算

投保保险期间不足一年的机动车交通事故责任强制保险的，按短期费率系数计收保险费，不足一个月按一个月计算。具体为：先按《机动车交通事故责任强制保险基础费率表》中相对应的金额确定基础保险费，再根据投保期限选择相对应的短期月费率系数，两者相乘即为短期基础保险费。

短期月费率系数表

保险期间（月）	1	2	3	4	5	6	7	8	9	10	11	12
短期月费率系数（%）	10	20	30	40	50	60	70	80	85	90	95	100

短期基础保险费 = 年基础保险费 × 短期月费率系数

二、机动车交通事故责任强制保险基础费率浮动因素和浮动比率按照《机动车交通事故责任强制保险费率浮动暂行办法》（保监发〔2007〕52 号）执行

三、保险费的计算办法

交强险最终保险费 = 交强险基础保险费 ×（1 + 与道路交通事故相联系的浮动比率）

四、解除保险合同保费计算办法

根据《机动车交通事故责任强制保险条例》规定解除保险合同时，保险人应按如下标准计算退还投保人保险费。

1. 投保人已交纳保险费，但保险责任尚未开始的，全额退还保险费；

2. 投保人已交纳保险费，但保险责任已开始的，退回未到期责任部分保险费：

退还保险费 = 保险费 ×（1 - 已了责任天数/保险期间天数）

附表：

机动车交通事故责任强制保险基础费率表
（2008 版）

金额单位：人民币元

车辆大类	序号	车辆明细分类	保费
一、家庭自用车	1	家庭自用汽车 6 座以下	950
	2	家庭自用汽车 6 座及以上	1,100
二、非营业客车	3	企业非营业汽车 6 座以下	1,000
	4	企业非营业汽车 6—10 座	1,130
	5	企业非营业汽车 10—20 座	1,220
	6	企业非营业汽车 20 座以上	1,270
	7	机关非营业汽车 6 座以下	950
	8	机关非营业汽车 6—10 座	1,070
	9	机关非营业汽车 10—20 座	1,140
	10	机关非营业汽车 20 座以上	1,320

续表

车辆大类	序号	车辆明细分类	保费
三、营业客车	11	营业出租租赁6座以下	1,800
	12	营业出租租赁6—10座	2,360
	13	营业出租租赁10—20座	2,400
	14	营业出租租赁20—36座	2,560
	15	营业出租租赁36座以上	3,530
	16	营业城市公交6—10座	2,250
	17	营业城市公交10—20座	2,520
	18	营业城市公交20—36座	3,020
	19	营业城市公交36座以上	3,140
	20	营业公路客运6—10座	2,350
	21	营业公路客运10—20座	2,620
	22	营业公路客运20—36座	3,420
	23	营业公路客运36座以上	4,690
四、非营业货车	24	非营业货车2吨以下	1,200
	25	非营业货车2—5吨	1,470
	26	非营业货车5—10吨	1,650
	27	非营业货车10吨以上	2,220
五、营业货车	28	营业货车2吨以下	1,850
	29	营业货车2—5吨	3,070
	30	营业货车5—10吨	3,450
	31	营业货车10吨以上	4,480
六、特种车	32	特种车一	3,710
	33	特种车二	2,430
	34	特种车三	1,080
	35	特种车四	3,980
七、摩托车	36	摩托车50CC及以下	80
	37	摩托车50CC－250CC(含)	120
	38	摩托车250CC以上及侧三轮	400
八、拖拉机	39	兼用型拖拉机14.7KW及以下	按保监产险〔2007〕53号实行地区差别费率
	40	兼用型拖拉机14.7KW以上	
	41	运输型拖拉机14.7KW及以下	
	42	运输型拖拉机14.7KW以上	

1.座位和吨位的分类都按照“含起点不含终点”的原则来解释。

2.特种车一:油罐车、汽罐车、液罐车;特种车二:专用净水车、特种车一以外的罐式货车,以及用于清障、清扫、清洁、起重、装卸、升降、搅拌、挖掘、推土、冷藏、保温等的各种专用机动车;特种车三:装有固定专用仪器设备从事专业工作的监测、消防、运钞、医疗、电视转播等的各种专用机动车;特种车四:集装箱拖头。

3.挂车根据实际的使用性质并按照对应吨位货车的30%计算。

4.低速载货汽车参照运输型拖拉机14.7kw以上的费率执行。

中国保险监督管理委员会关于做好机动车商业三责险费率调整工作有关要求的紧急通知

保监发〔2008〕3 号

各财产保险公司、各保监局、中国保险行业协会：

为配合机动车交通事故责任强制保险（以下简称"交强险"）责任限额和费率的调整，切实让广大投保人享受到交强险限额、费率调整的成效，保证商业三责险新费率的顺利施行，促进车险市场的稳定健康发展，现就做好机动车商业三责险（以下简称"商业三责险"）费率调整工作的有关要求通知如下：

一、各单位要高度重视商业三责险费率调整工作，切实做好与交强险限额、费率调整的衔接工作，维护好广大投保人的利益，实现商业三责险费率调整的平稳过渡。

二、本次商业车险的调整仅限于商业三责险费率的调整，商业三责险的条款以及其他险种的条款、费率维持不变。

三、中国保险行业协会和各地保险行业协会要组织相关保险公司及分支机构做好商业三责险费率调整的培训工作。通过培训，使各公司相关人员了解本次商业三责险调整的原则、范围、和具体方案，熟练掌握衔接工作的各个流程。

四、各财产保险公司要严格依照中国保险行业协会报经保监会批准的商业三责险行业费率调整方案，及时完成本公司商业三责险费率的调整。各财产保险公司于 2008 年 2 月 1 日实施调整后的商业三责险费率，原商业三责险费率同时废止。

鉴于时间原因，本次商业三责险费率的调整由各财产保险公司自行完成，不再向保监会报批。调整后，各财产保险公司的分支机构应及时将有关调整情况向所在地保监局报告。

五、各财产保险公司在新商业三责险费率实施后，对未到期的商业三责险保单，自 2008 年 2 月 1 日起，按照调整后的交强险责任限额进行衔接。对投保人提出退保的，不得以任何不正当理由拒绝退保。

六、各保监局要加强对商业车险条款费率执行情况的监督检查。对于未经批准擅自修改商业车险条款费率的，各保监局应依法从速处罚，并将有关情况及时报告保监会。

七、各单位要做好商业三责险费率调整的宣传、解释工作，严格防范误导消费者行为的发生，为车险市场的发展创造良好的社会环境。

本通知自下发之日起施行。

中国保险监督管理委员会
二〇〇八年一月十一日

中国保险监督管理委员会关于机动车交通事故责任强制保险中"未取得驾驶资格"认定问题的复函

保监厅函〔2007〕327 号

吉林省东丰县人民法院：

你院关于柳兆福诉中国大地保险股份有限公司辽源支公司一案的咨询函收悉。经研究，函复如下：

根据《机动车交通事故责任强制保险条例》第二十二条以及《机动车交通事故责任强制保险条款》第九条的规定，驾驶人未取得驾驶资格的，保险公司不承担赔偿责任。

在实务中，"未取得驾驶资格"包括驾驶人实际驾驶车辆与准驾车型不符的情形。根据我国机动车驾驶证申领使用的相关规定，驾驶人需要驾驶某种类型的机动车，须经考试合格后取得相应的准驾车型资格，因此，实际驾驶车辆与准驾车型不符应认定为"未取得驾驶资格"。

二〇〇七年十一月二十九日

中国保险监督管理委员会关于印制机动车交通事故责任强制保险标志有关问题的通知

保监发〔2007〕115 号

各保监局,各中资产险公司,中国保险行业协会:

根据《机动车交通事故责任强制保险条例》的规定,现将机动车交通事故责任强制保险(以下简称交强险)标志的有关事项通知如下:

一、各经营交强险业务的保险公司应根据《关于规范机动车交通事故责任强制保险单证和标志管理的通知》(保监发〔2006〕60 号)的规定,在签发交强险保单时,向投保人核发相关年度的交强险标志(包括内置型交强险标志和便携型交强险标志)。

二、2009 和 2010 年度交强险标志印刷的尺寸标准、防伪标准、纸张标准、油墨及印刷质量标准等各项技术要求,仍按照《关于规范机动车交通事故责任强制保险单证和标志管理的通知》(保监发〔2006〕60 号)的规定执行。

三、2009 年度交强险标志正面文字"年份"变更为"2009"字样,标志颜色执行标准为:内置型交强险标志的正面底色比照《彩通配方指南》第 3288C 号印刷,背面彩虹印刷两侧墨绿色部分比照《彩通配方指南》第 3268C 号印刷,中间橙色部分比照《彩通配方指南》第 7408C 号印刷;便携型交强险标志的底纹色应比照《彩通配方指南》第 3268C 号印刷(具体式样见附件)。其他字样保持不变。

2010 年度交强险标志正面文字"年份"变更为"2010"字样,标志颜色执行标准为:内置型交强险标志的正面底色比照《彩通配方指南》第 7408C 号印刷,背面彩虹印刷两侧橙色部分比照《彩通配方指南》第 7408C 号印刷,中间墨绿色部分比照《彩通配方指南》第 3268C 号印刷;便携型交强险标志的底纹色应比照《彩通配方指南》第 7408C 号印刷(具体式样见附件)。其他字样保持不变。

四、从 2011 年开始,交强险标志将循环执行 2008、2009 和 2010 年度到期的三套交强险标志的颜色标准。交强险标志除正面文字"年份"按到期年份变更和颜色标准定期轮换外,其他各项标准仍按照《关于规范机动车交通事故责任强制保险单证和标志管理的通知》(保监发〔2006〕60 号)的规定执行。

五、各保险公司要加强对交强险单证和标志的管理,应督促印刷企业在印刷交强险标志和单证时严格按照标准印刷,确保颜色、尺寸等各项技术要求没有偏差。

六、各保监局要加强与当地公安交管部门、农业部门的协调,及时将有关文件转送给当地公安交管部门和农业部门。

附件:1. 2009 和 2010 年度内置型交强险标志样式(略)

2. 2009 和 2010 年度便携型交强险标志样式(略)

二〇〇七年十一月二十七日

中国保险监督管理委员会关于印发《机动车交通事故责任强制保险费率浮动暂行办法》的通知

保监发〔2007〕52 号

各中资财产保险公司,各保监局,中国保险行业协会:

根据《机动车交通事故责任强制保险条例》第八条的规定,我会会同国务院公安部门经广泛征求意见,制定了《机动车交通事故责任强制保险费率浮动暂行办法》(以下简称《暂行办法》)。现印发给你们,请遵照执行,并就有关问题通知如下:

一、2007 年 7 月 1 日起,在全国范围内统一实行机动车交通事故责任强制保险(以下简称交强险)费率浮动与道路交通事故相联系,暂不在全国范围内统一实行与道路交通安全违法行为相联系。按《机动车交通事故责任强制保险条例》第九条的规定精神,保监会将会同国务院公安部门逐步推进机动车联合信息平台建设。在有条件地区,可以探索通过相互报盘、简易查询、信息平台等多种方式实现公安部门和保险行业数据交换。

二、实行交强险费率浮动机制有利于促使驾驶人提高道路交通安全意识和守法意识，有利于预防和减少道路交通事故的发生。各从事交强险业务的保险公司（以下简称各保险公司）要高度重视《暂行办法》实施工作，切实做好业务系统的修改、调试等各项准备工作，确保按时顺利实现交强险费率浮动机制。

三、各保险公司应督促各分支机构严格执行《暂行办法》的各项规定，严禁通过违规批单退费、虚列营业费用等各种方式变相提高或降低交强险费率。

四、各保监局要加大对辖区内各保险公司的监管力度，对不严格执行交强险条款、费率、不按照《暂行办法》进行交强险费率浮动等违规行为严加查处。

五、中国保险行业协会要根据《暂行办法》规定，及时组织修订并下发《机动车交通事故责任强制保险承保、理赔实务规程要点》，同时，要组织各有关保险公司加快交强险信息共享机制建设。

附件：《机动车交通事故责任强制保险费率浮动暂行办法》

二〇〇七年六月二十七日

附件：

机动车交通事故责任强制保险费率浮动暂行办法

一、根据国务院《机动车交通事故责任强制保险条例》第八条的有关规定，制定本办法。

二、从2007年7月1日起签发的机动车交通事故责任强制保险（以下简称交强险）保单，按照本办法，实行交强险费率与道路交通事故相联系浮动。

三、交强险费率浮动因素及比率如下：

浮动因素			浮动比率
与道路交通事故相联系的浮动A	A1	上一个年度未发生有责任道路交通事故	-10%
	A2	上两个年度未发生有责任道路交通事故	-20%
	A3	上三个及以上年度未发生有责任道路交通事故	-30%
	A4	上一个年度发生一次有责任不涉及死亡的道路交通事故	0%
	A5	上一个年度发生两次及两次以上有责任道路交通事故	10%
	A6	上一个年度发生有责任道路交通死亡事故	30%

四、交强险最终保险费计算方法是：交强险最终保险费 = 交强险基础保险费 ×（1 + 与道路交通事故相联系的浮动比率A）

五、交强险基础保险费根据中国保监会批复中国保险行业协会《关于中国保险行业协会制定机动交通事故责任强制保险行业协会条款费率的批复》（保监产险〔2006〕638号）执行。

六、交强险费率浮动标准根据被保险机动车所发生的道路交通事故计算。摩托车和拖拉机暂不浮动。

七、与道路交通事故相联系的浮动比率A为A1至A6其中之一，不累加。同时满足多个浮动因素的，按照向上浮动或者向下浮动比率的高者计算。

八、仅发生无责任道路交通事故的，交强险费率仍可享受向下浮动。

九、浮动因素计算区间为上期保单出单日至本期保单出单日之间。

十、与道路交通事故相联系浮动时，应根据上年度交强险已赔付的赔案浮动。上年度发生赔案但还未赔付的，本期交强险费率不浮动，直至赔付后的下一年度交强险费率向上浮动。

十一、几种特殊情况的交强险费率浮动方法

（一）首次投保交强险的机动车费率不浮动。

（二）在保险期限内，被保险机动车所有权转移，应当办理交强险合同变更手续，且交强险费率不浮动。

（三）机动车临时上道路行驶或境外机动车临时入境投保短期交强险的，交强险费率不浮动。其他投保短期交强险的情况下，根据交强险短期基准保险费并按照上述标准浮动。

（四）被保险机动车经公安机关证实丢失后追回的，根据投保人提供的公安机关证明，在丢失期间发生道路交通事故的，交强险费率不向上浮动。

（五）机动车上一期交强险保单满期后未及时续保的，浮动因素计算区间仍为上期保单出单日至本期保单出单日之间。

（六）在全国车险信息平台联网或全国信息交换前，机动车跨省变更投保地时，如投保人能提供相关证明文件的，可享受交强险费率向下浮动。不能提供的，交强险费率不浮动。

十二、交强险保单出单日距离保单起期最长不能超过三个月。

十三、除投保人明确表示不需要的，保险公司应当在完成保险费计算后、出具保险单以前，向投保人出具《机动车交通事故责任强制保险费率浮动告知书》（附件），经投保人签章确认后，再出具交强险保单、保险标志。投保人有异议的，应告知其有关道路交通事故的查询方式。

十四、已经建立车险联合信息平台的地区，通过车险联合信息平台实现交强险费率浮动。除当地保险监管部门认可的特殊情形以外，《机动车交通事故责任强制保险费率浮动告知书》和交强险保单必须通过车险信息平台出具。

未建立车险信息平台的地区，通过保险公司之间相互报盘、简易理赔共享查询系统或者手工方式等，实现交强险费率浮动。

十五、本办法适用于从2007年7月1日起签发的交强险保单。2007年7月1日前已签发的交强险保单不适用本办法。

附件：

机动车交通事故责任强制保险费率浮动告知单

尊敬的投保人：

您的机动车投保基本信息如下：

车牌号码：　　　　　　　　　　号牌种类：

发动机号：　　　　　　　　　　识别代码（车架号）：

浮动因素计算区间：　年　月　日零时至　年　月　日二十四时

根据中国保险监督管理委员会批准的机动车交通事故责任强制保险（以下简称交强险）费率，您的机动车交强险基础保险费是：人民币　　　元。

您的机动车从上年度投保以来至今，发生的有责任道路交通事故记录如下：

序号	赔付时间	是否造成受害人死亡

或者：您的机动车在上 个年度内未发生道路交通事故。

根据中国保险监督管理委员会公布的《机动车交通事故责任强制保险费率浮动暂行办法》，与道路交通事故相联系的费率浮动比率为：　　%。

交强险最终保险费 = 交强险基础保险费 ×（1 + 与道路交通事故相联系的浮动比率）

本次投保的应交保险费：人民币　　元（大写：　　）

以上告知，如无异议，请您签字（签章）确认。

投保人签字（盖章）：

日期：　年　月　日

中国保险监督管理委员会关于修改机动车交通事故责任强制保险保单的通知

保监产险〔2007〕501号

各中资财产保险公司，各保监局：

为了保障机动车交通事故责任保险（以下简称"交强险"）代收代缴机动车车船税有关工作的顺利实施，

规范交强险单证管理,现就交强险保单修改的有关问题通知如下:

一、从2007年7月1日起,各具备交强险经营资格的保险公司应启用经中国保监会监制的2007年版交强险保险单和2007年版摩托车交强险定额保单(见附件)。从文到之日起,可启用2007年版兼用型拖拉机定额保单和2007年版运输型拖拉机定额保单。原2006年版交强险保险单之后不再使用。

二、2007年版交强险保险单和摩托车定额保险单涉及代收车船税的项目及说明如下:

(一)整备质量。对于载货汽车、三轮汽车、低速货车、专项作业车和轮式专用机械车需要填写整备质量,以计算应纳税额。其它车辆可以不填写。整备质量应按照机动车登记证书或行驶证书所载相应项目的内容录入,还未登记的新机动车,按照机动车出厂合格证明或进口凭证录入。投保人无法提供车辆整备质量信息的,整备质量按照总质量与核定载质量的差额计算。

(二)纳税人识别号。对于已经办理税务登记证的单位需要根据税务登记证填写纳税人识别号。单位纳税人识别号为15位码:由行政区域码+组织机构代码。未办理税务登记的单位或个人不需要填写。

(三)当年应缴。当年应缴纳车船税的金额应按照车辆类型、计税单位和当地计税标准计算当年应缴税款,公式为:

1. 对于新车,应纳税额的计算公式为:

应纳税额=计税单位×年单位税额×应纳税月份数/12

其中,应纳税月份数为购买"交强险"日期的当月起至该年度终了的月份数。

2. 对于境外机动车临时入境、机动车临时上道路行驶、机动车距规定的报废期限不足一年而购买短期"交强险"的车辆,应纳税额的计算公式为:

应纳税额=计税单位×年单位税额×应纳税月份数/12

其中,应纳税月份数为"交强险"有效期的月份数。

3. 其他车辆,应纳税额的计算公式为:

应纳税额=计税单位×年单位税额

(四)往年补缴。自2008年7月1日起,保险机构在代收代缴车船税时,应根据纳税人提供的上年度交强险保单或车船税完税凭证,查验纳税人上一次的完税情况。以前年度未缴车船税而补缴的金额应根据前次缴税年度,按照车辆类型、计税单位和当地计税标准计算,公式为:往年补缴=计税单位×年单位税额×(本次缴税年度-前次缴税年度-1)

(五)滞纳金。应根据前次缴税年度分年度计算。从前次"交强险"有效期截止日期的次日起,每延迟1天,加收应纳税款万分之五的滞纳金。

(六)合计。等于"当年应缴"、"往年补缴"与"滞纳金"的合计数。

(七)完税凭证号(减免税证明号)。对于已向税务机关完税的机动车或税务机关已批准减免税的机动车,要根据税务机关开具的完税凭证或减免税证明,录入上述凭证的号码。长度7-8位。

(八)开具税务机关。指开具完税凭证号或减免税证明号的税务机关名称。

三、有条件的地区或保险公司可以通过计算机系统对拖拉机或摩托车出具交强险保险单,而不使用交强险定额保单。

四、交强险保单的印刷技术要求、单证管理要求等仍然按照中国保监会《关于规范机动车交通事故责任强制保险单证和标志管理的通知》(保监发〔2006〕60号)执行。

五、各经营交强险业务的保险公司应做好2007年版交强险保单的印制和2006年版交强险保单的销毁工作。各公司应在2007年6月15日前,将2007年版各类交强险保单印刷样本向中国保监会备案。并于2007年7月15日前,将2006年版各类交强险保单的销毁情况报中国保监会财产保险监管部。

六、各保监局要及时将2007年版交强险保单样张转送辖区内公安、农业、税务、卫生等相关部门,并督促当地公司做好2007版各类交强险保单启用工作,及2006年版各类交强险保单的销毁工作。

附件:

1. 机动车交通事故责任强制保险单样张(略)
2. 机动车交通事故责任强制保险兼用型拖拉机定额保险单样张(功率14.7KW以上)(略)
3. 机动车交通事故责任强制保险兼用型拖拉机定额保险单样张(功率14.7KW及以下)(略)
4. 机动车交通事故责任强制保险运输型拖拉机定额保险单样张(功率14.7KW以上)(略)
5. 机动车交通事故责任强制保险运输型拖拉机定额保险单样张(功率14.7KW及以下)(略)

6. 机动车交通事故责任强制保险摩托车定额保险单样张(排气量50CC及以下)(略)
7. 机动车交通事故责任强制保险摩托车定额保险单样张(排气量50CC－250CC(含)(略)
8. 机动车交通事故责任强制保险摩托车定额保险单样张(排气量250CC以上及侧三轮)(略)

二〇〇七年四月二十九日

中国保险监督管理委员会关于进一步加强机动车交通事故责任强制保险及商业机动车保险管理工作的通知

保监发〔2006〕107号

各保监局,各产险公司,各保险中介机构,中国保险行业协会:

《机动车交通事故责任强制保险条例》(以下简称《条例》)施行以来,机动车交通事故责任强制保险(以下简称"交强险")发展平稳,车险市场秩序明显好转。但是个别地区、个别公司还存在不严格执行交强险费率、虚列营业费用、变相提高交强险手续费、交强险应收保费率不断上升等问题。为进一步加大对交强险及商业车险的监管力度,维护正常的市场秩序,抑制价格竞争,实现产险业效益明显提高的目标,现就有关事项通知如下:

一、严格执行交强险统一的保险条款和基础费率。严禁保险公司滥用不同车型的交强险费率档次,变相降低或提高费率。严禁以虚列营业费用、虚挂应收保费等手段变相提高手续费支付标准或降低保险费。

二、加强交强险应收保费管理。保险公司必须一次性收清投保人缴纳的全部交强险保费后,方可出具保单。保险公司要采取有效措施,加强对应收保费的催收,及时与保险中介机构结算交强险保费。保险中介机构应当在五个工作日内,将交强险保费全额解付或结转保险公司。

三、严格规范提前续保工作。2006年7月1日起,《条例》正式实施,各财产保险公司制定的原商业三责险条款和费率全部废止。各保险公司已签发的保险起期在2006年7月1日以后的原商业三责险保单不能替代交强险。各保险公司要制定解决方案,向相关投保人做好宣传解释工作,并且明确告知每个投保人"该类商业三责险不能替代交强险,以及未按《条例》规定投保交强险的后果"。投保人要求对原商业三责险退保的,保险公司应妥善处理,避免造成不良社会影响。

为确保按照《条例》规定,施行保险费率与道路交通安全违法行为及道路交通事故挂钩的浮动机制,交强险保单签发日不得早于保险起期日前三个月。

四、加强交强险单证管理。保险公司必须通过核心业务系统签发交强险保险单和交强险批单;手工签发的交强险定额保险单必须在七个工作日内补录到核心业务系统内,补录信息必须保证完整、准确、真实,应与手工签发的交强险定额保险单内容保持一致。各保险公司要建立和完善单证管理信息系统,单证管理信息系统要与核心业务系统相衔接,确保交强险保单号、保单印刷流水号、标志印刷流水号和车牌号、发动机号等要素相对应,确保交强险单证入库、领用、核销等各个环节管理清晰、规范。

五、积极协调,妥善处理好过渡期商业车险赔偿纠纷。各保监局要积极稳妥地协调相关部门,妥善处理好交强险过渡期交通事故损害赔偿纠纷。最高人民法院已在批复浙江省高院明传电报(〔2006〕民一他字第1号)中明确将2006年7月1日以前投保的第三者责任险的性质认定商业保险。各保监局要据此,积极向当地政府汇报,在当地政府的支持下,做好与当地司法部门的沟通协调工作,确保交强险制度平稳施行。

六、加大对交强险及商业车险违规行为的查处力度。各保监局、各保险公司要突出重点,加大对交强险和商业车险违规行为的查处力度。特别要把车险综合成本率高、车均保费低或信访投诉多的公司和地区作为重点查实、查透,严肃处理。交强险要重点查处费率、手续费和理赔三个环节的问题,具体包括:

(一)不执行交强险基础保险费率和统一条款的;

(二)不据实列支或超规定标准支付交强险手续费的;

(三)在交强险理赔中拖赔、惜赔,造成不良社会影响的。

商业车险要重点查处手续费、退费、理赔和应收保费四个环节的问题,具体包括:

(一)不据实列支车险手续费的;

(二)违规批单退费的;

(三)理赔环节"跑、冒、滴、漏"的;

（四）虚列应收保费的。

对于检查中发现的重点违规问题，各保监局要依法从严处理并在行业内通报。对于违规机构要依法采取“责令停止接受新业务”、“限制业务范围”、“吊销经营保险业务许可证”等行政处罚。对于违规责任人要依法采取“责令撤换”等行政处罚，情节严重的要依法追究上级公司有关责任人。各保险公司要对有关分支机构和人员严肃处理，构成犯罪的，要及时移交司法部门处理。

各保监局和各保险公司总公司对于发现的问题要进行深入剖析，查找深层原因，务必在11月25日前将违规问题分析及查处情况上报中国保监会。

二〇〇六年十月十三日

中国保险监督管理委员会办公厅关于加强机动车交通事故责任强制保险统计工作管理的通知

保监厅发〔2006〕76号

各保险集团（控股）公司、财产保险公司、再保险公司：

各保险公司机动车交通事故责任强制保险（以下简称交强险）2006年7月统计数据的报送工作已基本结束。从报送的情况看，大部分保险公司能够按照中国保险监督管理委员会（以下简称中国保监会）印发的《关于印发机动车交通事故责任强制保险统计制度的通知》（保监统信〔2006〕636号）等文件要求报送有关数据，但仍有部分保险公司在报送交强险统计数据工作中存在问题。为提高交强险统计数据信息质量，切实做好交强险统计工作，现就有关要求通知如下：

一、各保险公司应加强学习交强险统计制度等有关文件的内容，认真做好相关人员的培训工作，准确理解交强险统计指标的填报口径、指标间钩稽关系等报送规范要求。

二、各保险公司应加大技术力度，切实做好交强险统计数据报送的信息系统，完善业务、财务信息系统的对接工作，确保交强险统计指标数据取值的完整性、一致性，以及上报中国保监会交强险统计数据的及时性。

三、各保险公司应建立健全交强险统计数据核查制度，对数据异常的交强险统计指标，应及时查找原因，对错误数据，应及时纠正。

四、各保险集团（控股）公司、保险总公司应进一步加强对本系统统计工作的监督、管理和协调，认真履行职责，全面提高本系统交强险统计数据的质量。

五、根据交强险业务实际，为全面反映交强险经营情况，中国保监会增补、修正了部分交强险统计指标（见附件，电子版见“中国保险统计信息系统”公告版）。各保险公司应根据增补和修正的指标内容，及时对本公司对接系统进行修改、完善。

各保险公司在执行交强险统计制度的过程中，如有问题，应及时与中国保监会统计信息部联系。

附件：1. 交强险会计年度统计指标——报送至省级（二级）（略）

2. 交强险会计年度统计指标修正表（一）（略）

3. 交强险会计年度统计指标修正表（二）（略）

4. 交强险损益表（略）

5. 交强险校验关系式修正表（略）

二〇〇六年八月二十一日

中国保险监督管理委员会关于加强机动车交通事故责任强制保险中介业务管理的通知

保监发〔2006〕86号

各保监局，各保险中介机构，中国保险行业协会，深圳市保险中介行业协会，北京保险中介行业协会：

《机动车交通事故责任强制保险条例》（以下简称《条例》）已于2006年7月1日开始施行。为加强机动车交通事故责任强制保险（以下简称交强险）中介业务服务行为的管理，现就有关事项通知如下：

一、充分认识做好交强险中介业务的重要意义

《条例》的实施不仅关系到广大保险消费者的切身利益，更关系到保险行业的健康发展和社会的和谐稳定。交强险制度有利于充分发挥保险的保障功能，是保险业发展的重要历史机遇。包括保险专业中介机构和保险兼业代理机构在内的保险中介机构是联系保险公司和广大投保人的桥梁和纽带，在交强险销售、承保、理赔等环节中发挥重要作用。各单位要充分认识做好交强险中介服务的重要意义，以高度的责任意识和大局意识，切实做好交强险中介业务管理，充分发挥保险中介在促进保险业发展、服务社会主义和谐社会建设中的重要作用。

二、保险中介机构要加强与保险公司合作，依法合规经营，确保交强险中介市场平稳运行

（一）保险中介机构不得与不具备交强险经营资格的保险公司开展交强险中介业务往来。

（二）保险中介机构应当在保险公司授权范围内开展交强险中介业务。按照保险公司的交强险实务流程要求，完善与保险公司之间的信息系统连接，规范中介业务各环节的管理，优化业务手续和流程，建立健全交强险中介业务管理制度和客户服务制度。

（三）保险中介机构应按照有关法律法规和保险公司要求，管理交强险单证和交强险标志，建立、健全管理制度。

（四）保险中介机构销售交强险应执行全国统一费率方案，严禁擅自提高或降低保险费。在交强险费率浮动办法实施前，严禁浮动交强险保险费。

（五）保险中介机构应将交强险中介业务与其他保险中介业务分开管理、单独核算，并建立交强险中介业务台账制度，按保单号逐笔登记交强险中介业务。

（六）保险中介机构应按照与保险公司协议或投保人要求，及时全额向保险公司解付或结转保费；严格执行《关于加强机动车交通事故责任强制保险管理的通知》（保监发〔2006〕71 号）规定的交强险手续费标准；按照有关规定在取得手续费时据实开具“保险中介服务统一发票”，并进行会计处理。

三、保险中介机构应诚信规范经营，为投保人提供便捷优质的交强险中介服务

（一）保险中介机构在为投保人提供交强险中介服务过程中，应当严格遵守法律法规和中国保监会的有关规定，杜绝欺诈、误导现象的发生。

（二）与具备交强险经营资格的保险公司有交强险业务关系的保险中介机构不得拒绝为投保人办理交强险投保服务。保险中介机构不得强制投保人购买指定保险公司的交强险，不得诱导、误导投保人在责任限额内重复投保，不得在销售交强险时强制投保人购买其他保险产品以及提出附加其他条件的要求。在投保人自愿的前提下，保险中介机构应为投保人提供优质、便捷、高效的其他商业机动车辆保险服务。

（三）保险中介机构应当向投保人明确说明交强险条款特别是有关责任免除事项的条款，并提醒投保人履行如实告知义务。

四、各保监局要指导和督促当地保险公司和保险中介机构做好交强险中介业务

（一）维护交强险中介市场诚信、规范、优质服务的市场秩序。

（二）着力检查交强险中介业务有关法律法规的执行和落实情况，加大对交强险中介业务违规行为的处罚力度。

（三）发现重大问题，应及时向保监会报告。

五、行业协会要在保险监管部门指导下做好交强险行业自律工作

（一）推动各保险公司和保险中介机构诚信规范经营，提高服务水平，树立良好行业形象。

（二）对交强险中介市场中发现的问题，要及时向保险监管部门报告。

二〇〇六年八月二日

中国保险监督管理委员会关于转发最高人民法院明确机动车第三者责任保险性质的明传电报的通知

保监厅发〔2006〕68 号

各保监局、各保险公司、中国保险行业协会：

2006 年 7 月 26 日，最高人民法院将其对浙江省高级人民法院请示机动车第三者责任险性质的复函以

明传电报形式转发给各地高院，该函明确2006年7月1日前投保的第三者责任保险的性质为商业保险。现将该件转发给你们，请参照执行。

二〇〇六年八月二日

最高人民法院明传

法(民一)明传〔2006〕6号

各省、自治区、直辖市高级人民法院，解放军军事法院，新疆维吾尔自治区高级人民法院生产建设兵团分院民一庭：

现将我院对浙江省高级人民法院请示作出的〔2006〕民一他字第1号函复转发给你院。该函明确2006年7月1日以前投保的第三者责任险的性质为商业保险，请参照执行。

附：〔2006〕民一他字第1号函复

二〇〇六年七月二十六日

最高人民法院

〔2006〕民一他字第1号

浙江省高级人民法院：

你院〔2005〕浙法民一他字第1号《中国人民财产保险股份有限公司浦江支公司与楼棕荣、吴林宵、楼超建、张伏莲、邱朝阳道路交通事故损害赔偿纠纷一案的请示报告》收悉。经研究，答复如下：

根据《中华人民共和国道路交通安全法》第十七条的规定，本案第三者责任险的性质为商业保险。交通事故损害纠纷发生后，应当依照保险合同的约定，确定保险公司承担的赔偿责任。

二〇〇六年四月十九日

公安部交通管理局关于贯彻实施《机动车交通事故责任强制保险条例》的通知

公交管〔2006〕115号

各省、自治区、直辖市公安厅、局交通管理局(处)：

《机动车交通事故责任强制保险条例》(以下简称《条例》)将于今年7月1日起施行。为保障《条例》的贯彻实施，现就有关工作通知如下：

一、认真学习，明确职责。《条例》是《中华人民共和国道路交通安全法》(以下简称《道路交通安全法》)的重要配套法规之一，设定了我国机动车交通事故责任强制保险的基本法律制度，为保护交通事故受害人的合法权利提供了重要的法律保障。《条例》规定了公安交通管理部门在车辆注册登记和定期检验、道路执法、事故处理等工作环节执行机动车交通事故责任强制保险制度的具体职责，有利于公安交通管理部门处理交通事故。各级公安交通管理部门要迅速组织交通民警认真学习《条例》，掌握机动车交通事故责任强制保险制度的原则和规定。要将学习《条例》作为“三基”建设开展业务培训和岗位练兵的重要内容，列入培训计划，认真组织实施。

二、落实登记检验审查。保监会制定了机动车交通事故责任强制保险单证和强制保险标志(见附件一、二)，并向社会公布了22家具备经营机动车交通事故责任强制保险业务资格的保险公司(见附件三)。自2006年7月1日起，对已投保机动车交通事故责任强制保险，申请办理机动车注册登记或者申领机动车定期检验合格标志的，各级公安交通管理部门要认真审查机动车交通事故责任强制保险单证。符合规定的，依法办理注册登记并将第三联原件存入机动车档案；核发机动车定期检验合格标志，并将第三联原件留存2年。同时，要告知机动车所有人将机动车交通事故责任强制保险标志粘贴在车辆驾驶室前挡风玻璃右上角；对没有驾驶室的机动车，要告知随车携带。对2006年7月1日前已投保机动车商业三者险，7月1日后申请办理机动车登记或者申领机动车定期检验合格标记的，按照原规定办理。

三、坚持督促检查。《条例》实施后，各地要督促机动车所有人依法投保。自10月1日起，交通民警在处理交通违法行为、交通事故时，要依法查验机动车交通事故责任强制保险标志，对未放置保险标志的，要责令当事人提供保险标志；属于2006年7月1日前已经投保机动车商业三者险的，应当要求当事人提供相关保险证明。当事人无法提供的，应当依法扣留机动车，责令补办机动车交通事故责任强制保险，并依照《道路交通安全法》第九十八条予以罚款处罚。对使用伪造、变造的保险标志或使用其他车辆的保险标志的，要依法予以收缴，并依照《道路交通安全法》第九十六条予以罚款处罚。

四、做好信息采集和维护工作。自2007年7月1日起，根据投保机动车交通违法、交通事故情况，将对机动车交通事故责任强制保险费率实行浮动制度。为此，各地公安交通管理部门要切实抓好机动车登记信息、交通违法信息、交通事故信息的采集和维护工作。在处理交通违法、交通事故过程中，要及时采集和录入机动车号牌种类、号牌号码以及具体的交通违法行为代码，发生交通事故的还要采集事故类别（分为适用简易程序处理的事故和适用一般程序处理的事故）、事故责任。省级公安交通管理部门要加强督促检查和对数据信息的网络监控，确保数据准确。

五、加强协作配合。各总队要积极做好与保监部门建立信息交换平台的技术准备工作，确保机动车交通事故责任强制保险浮动费率制度的顺利实施。有条件的地方，还可以先期开展试点工作。有关信息共享的内容、标准及技术方案，公安部和保监会正在抓紧制定。各地要抓紧协商解决保险公司及时支付或者垫付抢救费用的问题。省级公安交通管理部门要主动与省保监部门协商，确定通知机动车投保的保险公司及时向医疗机构支付或者垫付抢救费用的具体文书格式、相关程序规定、保障制度等。当前，要会同保监部门积极开展贯彻实施《条例》的宣传工作。采取多种形式，广泛宣传实施《条例》的重要意义、相关内容以及实施的工作措施。

二〇〇六年六月三十日

附件一：

机动车交通事故责任强制保险单证

一、保险部门提供公安交通管理部门审核查验的机动车交通事故责任强制保险单证分为“机动车交通事故责任强制保险单”、“机动车交通事故责任强制保险定额保险单”两种。

（一）机动车交通事故责任强制保险单适用于除摩托车和上道路行驶拖拉机以外的其他机动车，且必须使用计算机打印，手写无效。

（二）机动车交通事故责任强制保险定额保险单仅适用于摩托车和上道路行驶的拖拉机，并允许手工出单。

二、机动车交通事故责任强制保险单证一式四联，其中第三联为“公安交管部门留存联”，公安交通管理部门在办理机动车登记和定期检验时审核、存档、备查。

三、机动车交通事故责任强制保险单证主要技术特征。

（一）纸张。使用50克无碳复写纸。

（二）规格。机动车交通事故责任强制保险单为280mm×210mm；机动车交通事故责任强制保险定额保险单为140mm×210mm。

（三）底色、底纹与光栅效果。底色为褐色，由轿车和货车图案做浮雕底纹。通过线条的变化，在中部位置可见光栅效果的“SALI”四个字母。

（四）微缩文字。在标题下方的横线是由“SALI”微缩文字组成，在5～10倍的放大镜下清晰可辨。

附件二：

机动车交通事故责任强制保险标志

机动车交通事故责任强制保险标志分为内置型保险标志和便携型保险标志两种。

一、内置型保险标志

（一）适用于具有驾驶室的机动车，粘贴在驾驶室前挡风玻璃右上角。

（二）形状为椭圆形，规格为88mm×75mm。正面为蓝色，印刷有“强制保险标志”和“中国保险监督管理委员会监制”字样，以及保险到期的年份，周边 1～12 的数字表示 12 个月份，在保险到期的月份将被打孔。

（三）背面包括：“流水号”、“保险单号”、“号牌号码”、“保险期间”、“承保公司”、“服务电话”、“注释”等。具体内容由保险公司印刷或者打印，无须加盖印章。

（四）主要技术特征。

1. 正面图案背景中可见“SALI”图案。

2. 背面流水号的背景采用彩虹印刷，底纹呈现从浅蓝－浅红－浅蓝的渐变直观效果。

3. 背面三条横线全部由“SALI”微缩文字组成，在 5～10 倍的放大镜下清晰可辨。

二、便携型保险标志

（一）适用于无驾驶室的机动车，必须随车携带。

（二）形状为长方形，四角为圆角，规格为 90mm×60mm。正面印刷有“强制保险标志”和“中国保险监督管理委员会监制”字样，以及保险到期的年份。

（三）背面印刷有“流水号”、“保险单号”、“号牌号码”、“保险期间”、“承保公司”、“服务电话”、“注释”等。具体内容可由保险公司手工填写，并加盖印章。

（四）主要技术特征。

1. 正背面底纹为浮雕专用底纹，蓝色，底纹中可见“SALI”浮雕图案。

2. 背面两条横线全部由“SALI”微缩文字组成，在 5～10 倍的放大镜下清晰可辨。

附件三：

具备经营机动车交通事故责任强制保险业务资格的保险公司

共计 22 家，具体为：

1. 中国人民财产保险股份有限公司
2. 中国平安财产保险股份有限公司
3. 中国太平洋财产保险股份有限公司
4. 中国大地财产保险股份有限公司
5. 华泰财产保险股份有限公司
6. 大众保险股份有限公司
7. 安邦财产保险股份有限公司
8. 阳光财产保险股份有限公司
9. 永安财产保险股份有限公司
10. 阳光农业相互保险公司
11. 中华联合保险控股股份有限公司
12. 华安财产保险股份有限公司
13. 天安保险股份有限公司
14. 太平保险有限公司
15. 永诚财产保险股份有限公司
16. 上海安信农业保险股份有限公司
17. 安华农业保险股份有限公司
18. 都邦财产保险股份有限公司
19. 华农财产保险股份有限公司
20. 渤海财产保险股份有限公司
21. 天平汽车保险股份有限公司
22. 民安保险（中国）有限公司

机动车交通事故责任强制保险业务单独核算管理暂行办法

第一章　总　　则

第一条　为了规范机动车交通事故责任强制保险业务（以下简称交强险）的核算和报告，根据《机动车交通事故责任强制保险条例》(以下简称《条例》)和有关法规,制定本办法。

第二条 本办法所称保险公司,指经中国保监会批准,经营交强险的保险公司。

第二章 核算原则

第三条 保险公司应当遵循"准确、公平、透明"的基本原则,单独核算、单独报告交强险的经营损益、专属资产和专属负债。

前款所指专属资产,是指仅由交强险的交易或事项形成的资产。

前款所指专属负债,是指仅由交强险的交易或事项形成的负债。

第四条 保险公司应当准确核算交强险的经营损益、专属资产、专属负债。公司应当根据业务的经济实质,采用科学、合理、公平的标准,准确认定各项收入和费用的归属对象。

第五条 保险公司在单独核算交强险损益时,资金管理方式和会计政策的选择应当公平对待交强险保单持有人和其他保险业务保单持有人的利益。交强险的会计政策应当和其他保险业务的会计政策相同。

保险公司在核算交强险损益时,不得挤占其他保险业务的成本,不得随意分摊费用,不得用经营费用挤占赔款性支出。

第六条 保险公司应当按照中国保监会的有关要求,及时、充分地报告和披露交强险的收入、支出、损益和专属资产、专属负债等财务信息。

第七条 缴纳的救助基金作为保险公司的支出,计入交强险的经营费用。

第八条 保险公司根据《条例》第二十二条的规定在责任限额内垫付或承诺支付的抢救费用,应当按照实质重于形式的原则,作为当期的赔款支出。向致害人追偿的款项,应当在确有证据表明能够收回且其金额可以可靠计量时,作为当期的赔款的减项。

第九条 保险公司应当严格按照《保险公司非寿险业务准备金管理办法(试行)》(保监会令〔2004〕13号)的要求评估交强险的各项准备金。其中,未到期责任准备金按照三百六十五分之一法评估。

第三章 核算要求

第十条 申请经营交强险的保险公司应当具备能够准确、公平核算交强险损益和专属资产、专属负债的组织体制、专业人员和技术条件。

保险公司应当通过加强内部控制、改造业务流程、明确岗位职责、完善信息系统、开展专业培训,来达到本办法规定的核算要求。

保险公司应当根据本办法,结合自身实际,制定具体的核算制度和实施办法,加强对分支机构的管理,确保分支机构能够严格按照本办法的有关规定单独核算交强险。

第十一条 保险公司应当为交强险设定单独代码,在财务、承保、理赔、再保等信息系统中实现交强险的单独记录和处理。

保险公司应当在会计核算系统中通过明细核算来准确反映交强险的经营损益、专属资产、专属负债。

保险公司应定期对财务系统与业务系统中交强险的数据进行检验,保证业务系统数据与财务系统数据的一致性。

第十二条 交强险的资金可以单独管理和运用,也可以不单独管理和运用。

交强险的资金单独管理和运用时,保险公司不得以任何方式在交强险资金账户和其他业务资金账户之间转移利益。

第十三条 交强险的资金单独运用时,保险公司应当以日、周或月为基础,按照收付实现制的原则确认、计量交强险实际可运用资金量并定期、及时归集和划转。实际可运用资金量=实际收到的保费-实际支付的赔款性支出-实际支付的专属费用性支出-应当归属于交强险的实际支付的共同费用性支出-实际支付的分保账款+实际收到的分保账款。无法按照上述公式准确计量的,可以用"实际收到的保费-实际支付的赔款"来确定交强险的可运用资金量。

按照上款规定计算出的某日、周或月的实际可运用资金量小于零时,可从交强险的资金归集专户中转出,也可在以后各日、周或月划入的实际可运用资金量中扣减。

专属费用,指专为经营交强险所发生的、应当全部归属于交强险的费用,如:交强险的手续费、佣金、保单印制费等。

共同费用,指不是专为经营交强险发生的,不能全部归属于交强险的费用,如:房屋租赁费和折旧费、行政管理人员的薪酬等。

第十四条 保险公司应当根据中国保监会的有关规定,结合公司实际,对交强险的收入和费用项目进行细分,将每项收入认定为专属收入或共同收入,将每项费用认定为专属费用或共同费用,并且能够对共同收入、共同费用实施公平、合理的分摊,同时在会计核算系统中做出明确的标识。

专属收入,指仅由交强险产生的收入。如:保费收入、资金单独运用情况下的投资收益等。

共同收入,指交强险和其他保险业务共同产生的收入,如:资金未单独运用情况下的投资收益等。

第十五条 保险公司应当在单独核算交强险损益的基础上,按照家庭用车、非营业客车、营业客车、非营业货车、营业货车、特种车、摩托车、拖拉机、挂车 9 大类车型核算交强险业务分部的经营损益,同时按照省级(自治区/直辖市)行政区划核算交强险地区分部的经营损益。

第四章 共同收入和共同费用的分摊

第十六条 保险公司应当按照《保险公司费用分摊指引》的规定进行费用的认定和分摊。《保险公司费用分摊指引》由中国保监会另行制定。

保险公司应当根据本办法和《保险公司费用分摊指引》的规定,结合公司自身情况,制定具体的费用分摊实施办法,并获得公司董事会的批准。

第十七条 保险公司应当在《保险公司费用分摊指引》发布后 2 个月内将公司制定的费用分摊实施办法报中国保监会备案。

保险公司应当填报《保险公司费用分摊实施办法备案表》(附件 1)一式两份,报中国保监会备案。中国保监会审核后加盖财务会计部印章表示认可备案。

中国保监会认为公司备案材料不符合本办法规定的,有权要求公司更正。

保险公司分公司应当将经中国保监会认可备案的《保险公司费用分摊实施办法备案表》及相关材料的复印件向当地保监局备案。

第十八条 在资金未单独运用的情况下,保险公司应当以实际可运用资金量的比例将投资收益在交强险和其他保险业务之间进行分摊。

实际可运用资金量根据本办法第十三条规定的方法确定。

第十九条 在核算交强险业务分部和地区分部的经营损益时,保险公司应当以"报告期实际收到的保费 报告期实际支付的赔款"的比例将交强险业务投资收益在各业务分部或地区分部之间进行分摊。

交强险各业务(地区)分部之间共同费用分摊的原则、方法应当符合《保险公司费用分摊指引》的规定。

第二十条 保险公司不得随意变更收入、费用的认定结果和分摊标准。如确有需要变更,应当说明变更的原因和对交强险损益的影响,并于决定变更之日起 10 日内按照本办法第十七条的规定重新履行备案程序。

第二十一条 保险公司应当保留可供核查和审计的收入、费用认定和分摊的依据。

第五章 专题财务报告

第二十二条 保险公司应当在每年的 4 月 30 日前报送上一年度的交强险专题财务报告和注册会计师审计报告。

中国保监会可以根据监管需要,调整交强险专题财务报告的报送频率和时间。

第二十三条 交强险专题财务报告由以下各部分内容组成:

(一)交强险业务基本情况;

(二)管理层对交强险损益状况的分析;

(三)交强险损益表(附件 3);

(四)交强险经营费用明细表(附件 4);

(五)交强险分部损益表(业务分部)(附件 5);

(六)交强险分部损益表(地区分部)(附件 6);

(七)交强险专属资产和专属负债表(附件 7);

(八)报表附注;

(九)注册会计师审计意见。

第二十四条 交强险业务基本情况包括公司获得经营资格的时间、公司为保证交强险的准确核算采取的措施、报告期经营情况等内容。

第二十五条 管理层对交强险损益情况的分析包括管理层对报告期交强险业务结构、收入和赔付情况、费用结构(专属费用和共同费用)分析等内容。

第二十六条 报表附注包括:

(一)会计政策和会计政策变更的原因及其影响;

(二)资金管理方式和投资收益的分摊方法,包括资金是否单独运用、资金没有单独运用时投资收益的分摊方法和分摊计算公式;

(三)重要报表项目的明细;

(四)保险公司报告期内发生和累计发生的实际垫付以及以承诺支付方式垫付的抢救费用金额及追偿情况;

(五)或有负债等其他应披露的信息。

第二十七条 交强险专题财务报告应当由注册会计师审计。注册会计师应当就以下两方面发表审计意见:

(一)各项费用的认定结果及共同费用的分摊方法是否与公司向保监会的备案一致,共同收入、共同费用的分摊结果是否准确、合理;

(二)交强险经营损益、专属资产、专属负债的核算和表达是否公允。

此外,注册会计师还应当关注相关内部控制是否健全、有效,财务核算系统是否能满足交强险单独核算的要求以及业务系统数据和财务核算系统数据是否定期核对并能保持一致等问题,并发表审核意见。

第六章 附 则

第二十八条 各保监局应当加强对辖区内保险公司分支机构交强险核算工作的指导,并对分支机构的会计核算是否符合本办法有关规定实施监督检查。

第二十九条 保险公司有违反本办法规定行为的,中国保监会将按照《保险法》及《条例》等有关法规进行处罚。

第三十条 本办法自发布之日起施行。

附件:1. 保险公司费用分摊实施办法备案表

2. 董事长声明书

3. 交强险损益表

4. 交强险经营费用明细表

5. 交强险分部损益表(业务分部)

6. 交强险分部损益表(地区分部)

7. 交强险专属资产和专属负债表

附件1:

保险公司费用分摊实施办法备案表

公司名称:	
成立时间: 年 月	注册资本:
经营区域:	
获得交强险业务经营资格的时间: 年 月	
报送材料清单	审核结果
1. 公司申请备案文件	

续表

<table>
<tr><td colspan="2">2. 董事长声明书</td><td></td></tr>
<tr><td colspan="2">3. 董事会批准文件复印件</td><td></td></tr>
<tr><td colspan="2">4. 公司制定的费用分摊实施办法</td><td></td></tr>
<tr><td>保险公司申请备案文件文号及公司印章

年 月 日</td><td colspan="2">保监会认可备案时间及财务会计部印章

年 月 日</td></tr>
</table>

附件2：

董事长声明书

中国保险监督管理委员会：

现就我公司申请备案的费用分摊实施办法确认以下事项并承担相应责任：

一、申请备案的费用分摊实施办法已经获得公司董事会的批准；

二、申请备案的费用分摊实施办法符合《保险公司费用分摊指引》的有关规定；

三、申请备案的费用分摊实施办法能够准确核算各险种的损益；

四、资金管理和会计政策的选择已经公平对待了交强险的保单持有人和其他保险业务的保单持有人的利益；

五、我公司将按照中国保监会的有关要求，及时、充分地报告和披露交强险的经营和损益等信息。

董事长：(签名)

年 月 日

附件3：

交强险损益表

表1

编报单位： 报告期： 单位：万元

项目	行次	本期数	上期数
		1	2
一、已赚保费（=2+3-4-5+6）	1		
保费收入	2		
分保费收入	3		
分出保费	4		
提取未到期责任准备金	5		
转回未到期责任准备金	6		
二、赔款（=8+9-10-11+12-13）	7		
赔款支出	8		
分保赔款支出	9		
摊回分保赔款	10		
追偿款收入	11		

续表

项目	行次	本期数	上期数
		1	2
提取未决赔款准备金	12		
其中:提取已发生未报告未决赔款准备金	12.1		
转回未决赔款准备金	13		
三、经营费用(=15-16+17)	14		
专属费用	15		
其中:手续费、佣金	15.1		
营业税金及附加	15.2		
救助基金	15.3		
保险保障基金	15.4		
摊回分保费用	16		
分摊的共同费用	17		
四、(分摊的)投资收益	18		
五、经营利润(=1-7-14+18)	19		
六、年初累计经营利润	20		
七、年末累计经营利润(=19+20)	21		

填表说明:

1.第15行“专属费用”等于交强险经营费用明细表(附件4)第1列合计数。

2.第17行“分摊的共同费用”等于交强险经营费用明细表(附件4)第2列合计数。

附件4:

交强险经营费用明细表

表2

编报单位: 报告期: 单位:万元

费用项目	专属费用	共同费用
	1	2
1.手续费、佣金		—
2.营业税金及附加		—
3.保险保障基金		—
4.专门从事强制责任险核保的人员工资		—
5.共用职场的折旧		—
6.行政管理费用		—
……		
……		
合计		

填表说明:

本表中“费用项目”列中填列的内容仅为示范之用。保险公司应当以按照本办法、《保险公司费用分摊指引》的规定以及公司备案材料所细分的费用项目来填报“费用项目”,并在相应的空格填列其金额。

附件5：

交强险分部损益表（业务分部）

表3

编报单位： 报告期： 单位：万元

业务分部	已赚保费	赔款支出	未决赔款准备金提转差	经营费用		分摊的投资收益	经营利润	期初累计经营利润	期末累计经营利润
				专属费用	分摊的共同费用				
	1	2	3	4	5	6	7 = 1 - SUM(2:5) + 6	8	9 = 7 + 8
家庭用车									
非营业客车									
营业客车									
非营业货车									
营业货车									
特种车									
摩托车									
拖拉机									
挂车									
合计									

填表说明：第2列“赔款支出”等于交强险损益表（附件3）中第8行加第9行、减第10行和第11行后的金额。

附件6：

交强险分部损益表（地区分部）

表4

编报单位： 报告期： 单位：万元

地区分部	已赚保费	赔款支出	未决赔款准备金提转差	经营费用		分摊的投资收益	经营利润	期初累计经营利润	期末累计经营利润
				专属费用	分摊的共同费用				
	1	2	3	4	5	6	7 = 1 - SUM(2:5) + 6	8	9 = 7 + 8
北京市									
上海市									
天津市									
……									
合计									

填表说明：

1. 地区分部指公司按照省级（自治区/直辖市）行政区划划分的业务组成部分。其中，深圳、大连、宁波、青岛、厦门行政辖区应当分别作为1个地区分部单列。

2. 第2列“赔款支出”等于强制责任险损益表（附件3）中第8行加第9行、减第10行和第11行后的金额。

附件7:

交强险专属资产和专属负债表

表5

编报单位: 年 月 日 单位:万元

项目	行次	期末	期初
		1	2
一、应收、预付款项和无形资产	1		
应收保费	2		
应收分保款项	3		
预付赔款	4		
无形资产	5		
二、准备金及应付款项	6		
未到期责任准备金	7		
未决赔款准备金	8		
其中:已发生未报告未决赔款准备金	9		
预收保费	10		
应付手续费、佣金	11		
应付分保款项	12		
应付工资和福利费	13		
应交税金	14		
应交保险保障基金	15		
应交救助基金	16		
预计负债	17		
三、资金单独运用情况下	18		
现金	19		
银行存款	20		
政府债券	21		
金融债券	22		
企业债券	23		
股票投资	24		
证券投资基金	25		
买入返售证券	26		
其他投资资产	27		
应收利息	28		
应收股利	29		
卖出回购证券	30		

填表说明:

1.本表第三部分(第19行“现金”至第30行“卖出回购证券”)仅适用于交强险资金单独管理和单独运用的保险公司。保险公司应当填列各项投资扣除减值准备后的账面价值。未对资金进行单独管理和单独运用的,不填报第三部分。

2.本表第16行反映保险公司经营交强险业务产生的符合预计负债确认条件的专属负债,包括承诺支付的抢救费用。

中国保险监督管理委员会关于加强机动车交通事故责任强制保险业务责任准备金评估工作有关要求的通知

保监产险〔2006〕680 号

各保监局、各中资财产保险公司：

为了更好地贯彻落实《机动车交通事故责任强制保险条例》，加强机动车交通事故责任强制保险（以下简称交强险）业务责任准备金的监督管理，准确核算交强险的经营损益，现就交强险业务准备金评估工作有关要求通知如下：

一、经营交强险业务的保险公司，自交强险开始经营之日起，在每半年结束后 45 天内，必须向中国保监会报送由公司精算责任人签署的交强险业务责任准备金半年评估报告。准备金评估和准备金评估报告的编制应当严格遵循《保险公司非寿险业务准备金管理办法（试行）》（保监会令〔2004〕13 号）的有关规定。

二、除遵循上述规定外，保险公司在评估交强险业务准备金时还必须遵循以下细则：

（一）未到期责任准备金按照三百六十五分之一法评估。

（二）保险公司在评估未到期责任准备金时，要对其充足性进行测试。未到期责任准备金的提取金额应不低于以下两者中较大者：

1. 预期未来发生的赔款与费用扣除相关投资收入之后的余额；

2. 在责任准备金评估日假设所有保单退保时的退保金额。

当未到期责任准备金不足时，应提取保费不足准备金，提取的保费不足准备金应能弥补未到期责任准备金和上述两者较大者之间的差额。

保险公司在进行保费充足性测试时，必须对预期未来发生费用的具体内容和水平进行详细说明。

（三）预付赔款作为未决赔款处理，保险公司在评估已发生已报案未决赔款准备金时，不得扣减为相应赔案所预付的赔款。

（四）保险公司采用链梯法、案均赔款法、准备金进展法、B－F 法等方法提取已发生未报案未决赔款准备金时，应采用至少两种方法进行谨慎评估，并根据评估结果合理确定最终估计。保险公司应在准备金评估报告中披露选择最终估计的过程及原因。

（五）保险公司应将赔款支出、直接理赔费用、间接理赔费用分开进行统计。评估结果应能区分赔款支出、直接理赔费用和间接理赔费用未决赔款准备金。赔款支出准备金项目原则上应按照各分项限额单独进行评估，数据量不够无法单独进行评估的应在准备金报告中详细说明。

（六）保险公司应在责任准备金评估报告中详细披露直接理赔费用和间接理赔费用所包含的具体内容、在交强险和其他保险之间的分摊原则和方法、分摊结果以及准备金评估方法等。直接理赔和间接理赔费用所包含内容、分摊原则和方法、准备金评估方法等，原则上应在交强险和商业性机动车辆保险业务之间保持一致，在各评估时点上保持一致，不得随意变更。如确有需要变更，应当在报告中说明变更的范围、原因和对准备金评估结果的影响。

（七）保险公司依法在责任限额内垫付的抢救费用，应当作为垫付当期的赔款支出，已决案件作为已决赔款处理，未决赔案作为预付款支出处理。在评估准备金时，向致害人追偿的款项可作为垫付款当期对应赔案赔款支出的扣减项合并评估，也可单独进行评估。具体处理方式必须在评估报告中详细披露。

（八）评估报告应披露交强险残值收入处理的具体情况。

三、保险公司每半年向中国保监会报送交强险业务准备金评估报告时，必须同时报送保险公司交强险业务准备金报表。交强险报表是准备金评估报告的重要组成部分，保险公司应当认真编制，在报送时必须由保险公司财务部门负责人和精算责任人签字确认。财务部门负责人和精算责任人必须认真履行工作职责，确保报表数据真实、合理。

四、保险公司必须在规定时间内将交强险责任准备金评估报告及交强险报表的纸质文本和电子文本送达中国保监会。电子文本用电子邮件方式报送（cxbjsc@ yahoo. com. cn），报表格式不得修改。纸质文本至少两份，幅面为 A4 纸，其内容、格式、分页等应与电子文本完全相同。

五、保险公司应当按照规定准确、合理评估交强险各项业务准备金并如实披露，不得存在恶意挤占交强险赔款和理赔费用、故意扭曲准备金评估结果的行为。对违规行为，中国保监会将视情节轻重对精算责任人或有关负责人进行处罚，并对公司给予警告、罚款、暂停机动车交通事故责任保险经营资格、取消机动车交通事故责任保险经营资格等处罚措施。

附件：1. 保险公司机动车交通事故责任强制保险业务准备金报表（略）

2. 机动车交通事故责任强制保险业务准备金报表填报说明（略）

二〇〇六年六月二十八日

中国保险监督管理委员会关于加强机动车交通事故责任强制保险管理的通知

保监发〔2006〕71号

各保监局，各中资财产保险公司，各保险中介机构，中国保险行业协会：

根据《机动车交通事故责任强制保险条例》（以下简称《条例》）及有关法律法规，机动车交通事故责任强制保险（以下简称交强险）将于2006年7月1日正式实施，为加强管理，现就有关问题通知如下：

一、充分认识交强险的重要意义

（一）交强险是一项全新的保险制度。交强险制度的实施不仅关系到广大保险消费者的切身利益，关系到保险行业的健康发展，也关系到社会的和谐稳定。交强险制度有利于道路交通事故受害人获得及时的经济赔付和医疗救治；有利于减轻交通事故肇事方的经济负担，化解经济赔偿纠纷；有利于促进驾驶人增强交通安全意识，促进道路交通安全；有利于充分发挥保险的保障功能，维护社会稳定。财产保险业要充分认识其重要意义，以高度的政治意识和责任意识，切实做好交强险的各项工作，在构建社会主义和谐社会中发挥重要作用。

（二）交强险有利于普及保险知识，增强全民保险意识，是保险业发展的重要历史机遇。保险公司要通过管理创新、经营创新、产品创新、服务创新，为社会提供全面丰富的保险保障和保险服务，树立良好的行业形象，实现又快又好地发展。

（三）实施交强险制度是促进财产保险业诚信规范经营的有利契机。保险公司要根据法律法规要求，切实加强交强险的经营管理，通过转变增长方式，转换经营机制，加强内部控制管理，促进财产保险业规范管理和诚信经营。

二、保险公司要加强交强险基础建设，确保交强险顺利实施

（一）未经保监会批准，任何单位和个人不得经营交强险业务。拟经营交强险业务的保险公司，应向保监会提出申请，获保监会核准后，方可经营。

（二）保险公司要严格按《条例》要求，将交强险业务与其他保险业务分开管理、单独核算，认真执行保监会对交强险财务核算的有关规定。保险公司总公司应加强对分支机构的管理，确保各级分支机构严格按有关规定核算交强险业务。

（三）保险公司应严格按照《关于加强机动车交通事故责任强制保险业务责任准备金评估有关要求的通知》的要求评估交强险准备金，确保交强险核算科学合理。同时，应严格做好各项准备金数据的统计汇总工作，确保准备金评估数据完整、准确和合理。保险公司应按要求将交强险准备金评估报告和相关报表报送保监会。

（四）保险公司应加快信息系统的升级改造工作，为交强险设定单独代码，在相关信息系统中实现交强险的单独记录和处理，并定期对财务系统与业务系统中交强险数据进行检验，保证业务系统数据与财务系统数据的一致性。保险公司应按《关于印发机动车交通事故责任强制保险统计制度的通知》（保监统信〔2006〕636号）规定加强公司系统的统计数据报送管理，提高统计数据报送质量，及时按要求向保监会报送有关业务、财务数据和相关的分析报告。

（五）保险公司应按《关于规范机动车交通事故责任强制保险单证和标志管理的通知》（保监发〔2006〕60号）的规定管理交强险单证和标志。保险公司在签发保单时，应同时发放交强险标志，并出具单独的发票。交强险单证与商业保险单证不得混用。

（六）保险公司应根据有关规定，配合有关管理部门，切实做好道路救助基金的相关工作。

（七）保险公司应配合有关部门尽快建立保险信息与道路交通安全违法行为和道路交通事故信息的共

享机制，为实施“奖优罚劣”的费率浮动机制创造条件。

三、保险公司应加强交强险管理，做到诚信规范经营

（一）保险公司不得签发2006年7月1日以后起期的与交强险不衔接的商业三责险保单。已经签发的，保险公司应妥善处理，投保人要求退保的应按有关规定退保；保险公司不得诱导、误导投保人在责任限额内重复投保。

（二）保险公司不得在销售交强险时强制投保人订立商业保险合同以及提出附加其他条件的要求。在投保人自愿的前提下，保险公司应为投保人提供优质、便捷、高效的其他商业机动车辆保险服务。

（三）保险公司应严格按中国保险行业协会制定并向保监会报备的交强险实务流程，结合公司经营情况，规范投保理赔各环节的管理，优化业务手续和流程，建立健全交强险业务管理制度和客户服务制度。

（四）保险公司要高度重视交强险的宣传工作，要建立宣传责任人制度。保险公司总公司和各省级分公司要分别确定一名政策水平高、熟悉保险业务的同志担任交强险宣传责任人。各总公司要将本系统的宣传责任人姓名、单位、职务、办公电话、手机、传真、电子邮件等资料报告保监会。

（五）保险公司经营交强险业务应执行全国统一的条款和费率方案。严禁擅自变更保险条款；严禁擅自提高或降低保险费。在交强险费率浮动办法实施前，严禁浮动交强险保险费。

（六）保险公司应选择经保险监管部门核准的中介机构开展交强险业务。保险公司应严格区分直接业务和中介业务，交强险直接业务不得支付手续费；不得向任何未取得中介资格的单位或个人支付手续费、佣金或者类似的费用；手续费比例每单不得高于4%；中介业务手续费必须严格按有关规定支付；支付保险中介机构手续费必须取得“保险中介服务统一发票”；支付手续费必须计入“手续费支出”科目。

保险中介机构在办理与交强险相关的中介服务过程中应严格执行保监会有关规定。

四、保险行业协会要统筹协调，推进行业自律，促进规范经营

（一）中国保险行业协会要切实发挥行业组织的引导、指导和协调作用。要逐步完善行业条款费率制定工作；指导保险公司完成交强险业务流程改造；促进信息共享平台建设。要加强交强险的宣传工作。对交强险实施过程中发现的问题，要及时沟通协调解决。

（二）保险行业协会要推动行业自律，促进各保险公司采取切实有效措施，诚信规范经营，提高服务水平，树立良好行业形象。

五、保险监管部门应加强管理，为交强险顺利实施创造良好的政策空间和发展环境

（一）各保监局要重视和加强交强险的宣传工作，要正确引导舆论，从普及保险知识、建设利民工程的角度广泛宣传交强险。各保监局要高度关注社会各界对交强险的反映，对出现的问题要及时采取措施，妥善化解处理；对政策不清或难以把握的，及时向保监会报告。

（二）各保监局要以交强险制度实施为切入点，通过改革创新促进财产保险市场的诚信规范建设。要指导和督促当地交强险经营机构做好交强险各项基础建设工作。

各保监局要着力检查交强险有关规定的执行和落实情况。要把交强险业务列为现场检查的重点，将违规问题反映突出的机构列为重点检查对象，将交强险业务单独核算执行力、财务统计数据真实性以及手续费列支规范性做为重点检查内容。要加大对交强险业务违规行为的处罚力度，发现一起、查处一起，按相关法规严肃处理。

（三）各保监局要主动向当地政府汇报交强险的各项工作，努力争取地方政府支持，并在地方政府的领导下，积极协调当地公安机关交通管理部门、财政部门、卫生主管部门以及农业主管部门，在交强险的监督检查、信息共享机制建设、道路救助基金管理、垫付抢救费用等方面加强沟通、协作与配合，为交强险业务的顺利实施创造良好的政策空间和发展环境。

二〇〇六年六月二十五日

机动车交通事故责任强制保险基础费率表

中国保险监督管理委员会2006年6月19日发布

金额单位:人民币元

车辆大类	序号	车辆明细分类	保费
一、家庭自用车	1	家庭自用汽车6座以下	1,050
	2	家庭自用汽车6座及以上	1,100
二、非营业客车	3	企业非营业汽车6座以下	1,000
	4	企业非营业汽车6-10座	1,190
	5	企业非营业汽车10-20座	1,300
	6	企业非营业汽车20座以上	1,580
	7	机关非营业汽车6座以下	950
	8	机关非营业汽车6-10座	1,070
	9	机关非营业汽车10-20座	1,140
	10	机关非营业汽车20座以上	1,320
三、营业客车	11	营业出租租赁6座以下	1,800
	12	营业出租租赁6-10座	2,360
	13	营业出租租赁10-20座	2,580
	14	营业出租租赁20-36座	3,730
	15	营业出租租赁36座以上	3,880
三、营业客车	16	营业城市公交6-10座	2,250
	17	营业城市公交10-20座	2,520
	18	营业城市公交20-36座	3,270
	19	营业城市公交36座以上	4,250
	20	营业公路客运6-10座	2,350
	21	营业公路客运10-20座	2,620
	22	营业公路客运20-36座	3,420
	23	营业公路客运36座以上	4,690
四、非营业货车	24	非营业货车2吨以下	1,200
	25	非营业货车2-5吨	1,630
	26	非营业货车5-10吨	1,750
	27	非营业货车10吨以上	2,220
五、营业货车	28	营业货车2吨以下	1,850
	29	营业货车2-5吨	3,070
	30	营业货车5-10吨	3,450
	31	营业货车10吨以上	4,480

续表

车辆大类	序号	车辆明细分类	保费
六、特种车	32	特种车一	6,040
	33	特种车二	2,430
	34	特种车三	1,320
	35	特种车四	5,660
七、摩托车	36	摩托车 50CC 及以下	120
	37	摩托车 50CC－250CC(含)	180
	38	摩托车 250CC 以上及侧三轮	400
八、拖拉机	39	农用型拖拉机 14.7KW 及以下	待定
	40	农用型拖拉机 14.7KW 以上	待定
	41	运输型拖拉机 14.7KW 及以下	待定
	42	运输型拖拉机 14.7KW 以上	待定

1. 座位和吨位的分类都按照“含起点不含终点”的原则来解释；
2. 特种车一：油罐车、汽罐车、液罐车、冷藏车；
特种车二：用于牵引、清障、清扫、清洁、起重、装卸、升降、搅拌、挖掘、推土等的各种专用机动车；
特种车三：装有固定专用仪器设备从事专业工作的监测、消防、医疗、电视转播等的各种专用机动车；
特种车四：集装箱拖头。
3. 挂车根据实际的使用性质并按照对应吨位货车的50%计算。

中国保险监督管理委员会关于印发机动车交通事故责任强制保险统计制度的通知

保监统信〔2006〕636 号

各保险集团(控股)公司、财产保险公司、再保险公司：

为全面贯彻落实《机动车交通事故责任强制保险条例》，依法加强对机动车交通事故责任强制保险(以下简称“交强险”)的统计监督管理，我会制定了交强险统计制度，并对中国保险统计信息系统中的部分相关车险统计指标进行了修订。现就有关事项通知如下：

一、适用范围

各保险集团(控股)公司及其所属财产保险子公司、各财产保险公司(以下简称“各保险公司”)，均应按照本通知规定执行。

二、报送内容

交强险统计制度内容主要包括两大类：一类是按照保单年度，对交强险业务情况进行统计；第二类是按照会计年度，对交强险的业务经营和财务状况进行统计。交强险统计内容所涉及的全套统计指标参见《会计年度统计指标》(附件 1)、《保单年度统计指标》(附件 2)。

同时，我会对中国保险统计信息系统中的车险部分相关统计指标进行了调整。调整后的车险统计指标参见《会计年度统计指标》。

三、报送方式

各保险公司均应按照“全科目、大集中”的方式，通过中国保险统计信息系统，向我会报送交强险统计指标及调整后的车险统计指标数据信息。

四、报送频度

各保险公司应按照《会计年度统计指标》、《保单年度统计指标》中标注的报送频度，分别与中国保险统计信息系统中的月报、季报、半年报、年报和年度报一并上报。

各保险公司在向我会中国保险统计信息系统报送审计后的年度报时，应增报经注册会计师审计的交强险年度数据。同时，应向我会报送加盖公司公章的纸制交强险年度审计报表（附件3-6）。

五、报送管理

（一）保险集团（控股）公司负责集团（控股）公司及其所属财产保险子公司的交强险统计信息的报送工作，即集团（控股）公司负责向我会报送包括交强险统计信息的集团（控股）合并、其财产保险子公司的全国汇总、省级汇总和地市级汇总的三级统计信息，以及以会计年度单独统计的全国汇总、省级汇总和地市级汇总的交强险统计信息。

（二）不归属保险集团（控股）公司的财产保险公司和中国大地财产保险股份有限公司，由法人机构统一负责报送包括交强险统计信息的全国汇总、省级汇总和地市级汇总三级统计信息，以及以会计年度单独统计的全国汇总、省级汇总和地市级汇总的交强险统计信息。

（三）各保险公司经注册会计师审计的交强险决算数据和各省级分公司交强险决算数据，为在中国保险统计信息系统指标报送频度中标注"年度"的指标数据，各保险公司一并报送两级数据。

（四）按保单年度统计的交强险业务数据，由各保险公司报送总公司及省级分公司两级数据。

（五）各项指标报送的及时性，应由向我会报送保险统计信息的报送机构负责；真实性、完整性和准确性应由数据机构负责。

六、报送时间

自2006年8月起，经营交强险业务的各保险公司应按照本通知的要求，报送交强险会计年度统计信息及调整后的车险统计信息。未经营交强险业务的财产保险公司，应按照本通知调整后的规定报送车险统计信息。

经营交强险业务的各保险公司统一于2006年10月起开始报送按保单年度统计的交强险业务指标，并于10月18日至11月1日，完成7、8月份数据的补报工作。

七、报送要求

（一）各保险公司要严格按照本通知规定的指标、口径及要求报送统计信息，确保数据的真实性、准确性和完整性。

（二）各保险公司应按照规定的时间报送统计信息，确保数据报送的及时性。未经批准，不得迟报统计信息。

（三）各保险公司应按本通知规定报送统计信息，不得虚报、瞒报、漏报、拒报统计信息。

（四）各保险公司应按照本通知的要求，及时修改中国保险统计信息系统的对接系统。各公司业务系统和财务系统应实现无缝对接。

（五）各保险集团（控股）公司和保险公司要加强对本系统统计工作的监督检查，确保统计工作的合规性。各保险公司统计负责人、统计联系人应认真履行职责，不断提高本公司的统计工作水平。

（六）各保险公司应采取措施，切实保证统计信息和网络的安全。

八、其他说明

（一）本通知未特别说明的事项，按现行统计规定执行。

（二）各保险公司在本通知的执行过程中如有问题，应及时与我会统计信息部联系。

附件1：会计年度统计指标（略）

附件2：会计年度统计指标填报口径（略）

附件3：会计年度参考报表取值关系对应表（略）

附件4：会计年度统计指标校验关系（略）

附件5：保单年度统计指标附件（略）

附件6：保单年度统计指标填报口径（略）

附件7：保单年度参考报表取值关系对应表（略）

附件8：保单年度统计指标校验关系（略）

二〇〇六年六月十九日

中国保险监督管理委员会关于机动车交通事故责任强制保险统计信息使用和管理的通知

保监统信〔2006〕637号

各保监局：

为全面贯彻落实《机动车交通事故责任强制保险条例》，依法加强对机动车交通事故责任强制保险（以下简称交强险）的统计监督管理，中国保监会制定了交强险统计制度，并对中国保险统计信息系统中的部分相关车险统计指标进行了修订。现就交强险统计信息管理的有关事项通知如下：

一、交强险统计制度

（一）统计内容

主要包括两大类：第一类是按照保单年度，对交强险业务情况进行统计；第二类是按照会计年度，对交强险的业务经营和财务状况进行统计。交强险统计内容所涉及的全套统计指标参见《会计年度统计指标》（附件1）、《保单年度统计指标》（附件2）。

同时，中国保监会对中国保险统计信息系统中的车险部分相关统计指标进行了调整。调整后的车险统计指标参见《会计年度统计指标》。

（二）适用范围

交强险统计制度适用于各保险集团（控股）公司及其所属财产保险子公司、各财产保险公司（以下简称各保险公司）。

（三）报送方式

各保险公司按照“全科目、大集中”的方式，通过中国保险统计信息系统，向中国保监会报送交强险统计指标及调整后的车险统计指标数据信息。

（四）报送频度

各保险公司按照《会计年度统计指标》、《保单年度统计指标》中标注的报送频度，分别与中国保险统计信息系统中的月报、季报、半年报、年报和年度报一并上报。

各保险公司在向中国保监会中国保险统计信息系统报送审计后的年度报时，增报经注册会计师审计的交强险年度数据。

（五）报送管理

1. 保险集团（控股）公司负责集团（控股）公司及其所属财产保险子公司的交强险统计信息的报送工作，即集团（控股）公司负责向中国保监会报送包括交强险统计信息的集团（控股）合并、其财产保险子公司的全国汇总、省级汇总和地市级汇总的三级统计信息，以及以会计年度单独统计的全国汇总、省级汇总和地市级汇总的交强险统计信息。

2. 不归属保险集团（控股）公司的财产保险公司和中国大地财产保险股份有限公司，由法人机构统一负责报送包括交强险统计信息的全国汇总、省级汇总和地市级汇总三级统计信息，以及以会计年度单独统计的全国汇总、省级汇总和地市级汇总的交强险统计信息。

3. 各保险公司经注册会计师审计的交强险决算数据和各省级分公司交强险决算数据，为在中国保险统计信息系统指标报送频度中标注“年度”的指标数据，各保险公司一并报送两级数据。

4. 按保单年度统计的交强险业务数据，由各保险公司报送总公司及省级分公司两级数据。

5. 各项指标报送的及时性，由向中国保监会报送保险统计信息的报送机构负责；真实性、完整性和准确性由数据机构负责。

（六）报送时间

自2006年8月起，经营交强险业务的各保险公司应按照本通知的要求，报送交强险会计年度统计信息及调整后的车险统计信息。未经营交强险业务的财产保险公司，应按照调整后的规定报送车险统计信息。

经营交强险业务的各保险公司统一于2006年10月起开始报送按保单年度统计的交强险业务指标，并于10月18日至11月1日完成7月、8月数据的补报工作。

二、交强险统计信息的管理

（一）统计信息发布

统计信息部将交强险统计信息与同期其他统计信息汇总完毕后，在统计信息系统中发布。

（二）统计信息查询、审核

各保监局可根据相应的权限查询相关信息，并对各保险省级分公司、地市级中心支公司（或地市级分公司）的数据信息进行核对。发现问题及时与保险公司联系解决。

（三）统计信息分析

各保监局要加强对交强险的统计分析，根据交强险统计信息，及时监测、分析交强险的波动情况，并将异动情况分析报告通过内网信箱报送统计信息部。

（四）统计信息披露

1. 中国保险统计信息系统中的交强险统计信息为保险行业的官方统计数据信息。各保监局对外提供的交强险统计数据应以信息系统发布的月报（季报、半年报、年报、年度报）数据为准。各保监局根据本单位需要，要求保险机构报送的交强险统计数据不得作为官方统计数据对外提供。

2. 为充分发挥交强险统计信息的价值，提高保险公司业务分析水平，各保监局可向当地保险省级分公司公布辖区内行业汇总的部分业务数据（包括保单年度和会计年度的统计数据）和部分指标。

各保监局可根据保险公司的需要，提供单一保险公司的交强险业务数据，但必须要求保险公司将查询需求以一事一函的公文形式上报。各保监局为保险公司提供的交强险统计数据，应为中国保险统计信息系统发布的月报（季报、半年报、年报）数据。

3. 各保监局经批准，可通过外网网站，每年公布辖区行业汇总的交强险年度决算财务数据。其他财务数据未经批准一律不得对外披露。

（五）统计信息的安全管理

1. 各保监局应切实做好交强险统计信息安全的管理工作。

2. 拥有中国保险统计信息系统查询权限的各保监局、各信息系统管理员和用户，均应对信息系统中的交强险数据信息负有保密义务，未按中国保监会有关规定批准，不得对外披露信息。

（六）统计监督检查

各保监局应加强对辖区内各保险公司交强险统计信息的监督管理，对各公司在交强险统计工作中存在的违法违规行为要依法严肃处理。

附件：1. 会计年度统计指标（略）

　　　2. 保单年度统计指标（略）

二〇〇六年六月十九日

中国保险监督管理委员会关于规范机动车交通事故责任强制保险单证和标志管理的通知

保监发〔2006〕60号

各保监局，各中资财产保险公司：

为保障机动车交通事故责任强制保险制度的顺利实施，规范机动车交通事故责任强制保险（以下简称交强险）单证和标志的管理，根据《机动车交通事故责任强制保险条例》及有关法律、行政法规，现就有关事项通知如下：

一、交强险单证是指投保人与保险公司签订的，证明强制保险合同关系存在的法定证明文件；交强险标志是指根据法律、行政法规的有关规定，保险公司向投保人核发的，证明其已经投保强制保险的标识。

二、保险公司经营交强险，应使用中国保险监督管理委员会（以下简称保监会）监制的交强险单证和交强险标志。

三、交强险单证分为机动车交通事故责任强制保险单（简称交强险保险单）、机动车交通事故责任强制保险摩托车定额保险单和机动车交通事故责任强制保险农用型拖拉机定额保险单（简称交强险定额保险单）、机动车交通事故责任强制保险批单（简称交强险批单）。

除摩托车和农用拖拉机可以使用交强险定额保险单外，其他投保车辆必须使用交强险保险单。

四、交强险保险单和交强险定额保险单由正本和副本组成。正本由投保人或被保险人留存；副本应包括业务留存联、财务留存联和公安交管部门留存联。业务留存联和财务留存联由保险公司留存，公安交管部门留存联由保险公司加盖印章后交投保人或被保险人，由其在公安交管部门进行注册登记、检验等时交公安交管部门留存。

交强险批单由正本和副本组成。正本由投保人或被保险人留存；副本应包括业务留存联和财务留存联。

交强险保险单证第一联应为业务留存联。

五、交强险标志分为内置型交强险标志和便携型交强险标志两种。

具有前挡风玻璃的投保车辆应使用内置型保险标志；不具有前挡风玻璃的投保车辆应使用便携型保险标志。

六、交强险单证和交强险标志的印制要求是：

（一）交强险单证和交强险标志式样全国统一（具体式样见附件1）。保险公司应将公司名称等信息印制在式样中指定位置。

（二）各保险公司应选择行业资质良好、管理规范、技术先进的印刷企业印刷交强险单证和交强险标志（有关资质要求详见附件2）。

（三）交强险单证和交强险标志印刷，须按照保监会规定的印刷技术要求印刷，外观应与式样一致（有关技术要求见附件3）。

保险单上不得印制其他商业性保险的内容。

（四）交强险单证和交强险标志的印刷流水号及使用编号办法，由各保险公司统一编制。

（五）保险公司选定的印刷企业名称及有关情况、交强险单证和交强险标志的印刷样本、印刷流水号以及使用编号办法应向保监会备案。

七、交强险单证和交强险标志使用应符合下列要求：

（一）保险公司签发交强险单证或交强险标志时，有关内容不得涂改，涂改后的交强险单证或交强险标志无效。

（二）保险公司应提示被保险人妥善保管交强险单证，按规定张贴或携带交强险标志。

（三）保险公司应提示投保人或被保险人在公安交管部门注册登记或检验机动车等时，将“公安交管部门留存联”交公安交管部门留存。

（四）已生效的交强险单证或交强险标志发生损毁或者遗失时，交强险单证或交强险标志所有人应向保险公司申请补办。保险公司在收到补办申请及报失认定证明后的5个工作日内，完成对被保险人申请的审核，并补发相应的交强险单证或交强险标志。

八、保险监管部门、保险公司应加强对交强险单证和交强险标志的管理。

（一）保监会应及时向社会公布交强险单证和交强险标志的内容和格式。

保险公司应在营业场所张贴本公司的交强险单证和交强险标志的内容和格式。

（二）保险公司应指定专人负责交强险单证和交强险标志的管理，建立、健全严格的管理制度。管理制度应当包括交强险单证和交强险标志的印制、发送、存放、登记、申领、使用、收回、核销、盘点以及归档等内容。

（三）保险公司签发、批改、补发交强险单证或交强险标志的，应遵守公司内控管理制度要求，并纳入计算机系统管理。

交强险保险单和交强险批单必须通过计算机系统出单；交强险定额保险单可手工出单，但必须在7个工作日内补录到计算机系统内，计算机系统的各项资料应与手工签发的交强险定额保险单内容保持一致。

（四）保险公司补发交强险单证或交强险标志时，重新打印的交强险单证或交强险标志应与原交强险单证或交强险标志的内容一致。

作废的交强险单证或交强险标志的印刷流水号码应能通过计算机系统查询。

（五）空白交强险单证或交强险标志遗失，应将遗失的单证或标志的印刷流水号及数量向当地保监局报告。

（六）交强险单证和交强险标志的销毁原则上以各保监局辖区为单位统一进行。保险公司应建立交强险单证和交强险标志的销毁登记制度，保险公司分支机构销毁前应征得其总公司同意，并向当地保监局报告,各保监局可到销毁现场检查。

九、保险公司应严格执行本通知的各项规定,对违反本通知要求的,保监会将依据有关法律、行政法规进行处罚。

十、本通知自2006年7月1日起执行。

附件1:机动车交通事故责任强制保险单证和标志式样(略)

附件2:机动车交通事故责任强制保险单证和标志印刷企业资质标准

附件3:机动车交通事故责任强制保险单证和标志的印刷技术要求

二〇〇六年六月五日

附件2:

机动车交通事故责任强制保险单证和标志印刷企业资质标准

机动车交通事故责任强制保险单证和保险标志的印刷企业必须具备如下条件:

一、必须具备以下资格条件

(一)具有印刷经营许可证。

(二)具有独立承担民事责任的能力,良好的商业信誉和健全的财务会计制度。

(三)注册资本不低于2000万元,总资产不低于5000万元。

(四)具有国家保密局签发的秘密载体复制许可证,并有防伪印刷能力和经验。

(五)是中国防伪技术协会会员。

(六)通过ISO9000国际质量体系认证证书、ISO14000环境及GB/T 28001-2001职业安全卫生管理的认证。

二、必须具备的安全生产能力

(一)生产厂家拥有的设备应能生产出符合相关技术标准的交强险单证和交强险标志。

(二)具有完整的生产工艺流程和产品检验方案。

(三)具有完善的安全管理制度,如完善的保管运输方案。

附件3:

机动车交通事故责任交强险单证和标志印刷技术要求

机动车交通事故责任强制保险单证和标志(以下分别简称“交强险单证”和“交强险标志”,本附件延用正文的各种简称)是机动车交通事故责任强制保险的重要凭证,交强险单证和交强险标志的式样全国统一,交强险单证和交强险标志的印刷应符合如下技术要求:

一、交强险单证技术要求

(一)尺寸标准(详见文本规范示意)

交强险保险单成品尺寸:长280毫米,宽210毫米。

交强险定额保险单成品尺寸:长140毫米,宽210毫米。

交强险批单成品尺寸:长140毫米,宽210毫米。

(二)文字标准(详见文本规范示意)

“中国保险监督管理委员会监制”和“限在×××销售”,两处文字为书宋简12 Pt。“中国保险监督管理委员会监制”和“限在×××销售”位置详见文本规范示意。

交强险单证标题为汉仪书中黑简12 Pt,标题具体内容详见式样样本。

交强险单证标题下有一条以“SALI”为内容的微缩文字形成的横线,与标题等长,线粗为0.3mm,微缩字高0.25mm,在5~10倍以上放大镜下清楚可辩。

地区简称为书中黑简12 Pt。

内容文字以汉仪书宋简9 Pt为主。

(三)底纹

底纹包括浮雕底纹、线纹和光栅效果的“SALI”。

交强险单证标题满版由轿车和货车图案做浮雕底纹。底纹轿车尺寸横长为17mm,高6mm;底纹货车尺寸横长为

14mm，高7mm；货车距轿车横向间距14mm，上下间距7mm。

线纹粗细为0.05mm，线纹间距为0.4mm。

交强险单证中间可见光栅效果的“SALI”四个字母；交强险保险单中长为100mm、高为43mm，交强险定额保险单和交强险批单中长为88mm、高为35mm。

（四）无碳复写纸技术质量标准

1. 无碳复写纸技术要求

无碳复写纸有上页纸CB、中页纸CFB、下页纸CF三种，无碳复写纸应适于书写，纸面应光滑整洁，涂布应均匀，无折子、裂口、皱纹、斑点、着色等外观纸病；纸张不应有明显的掉粉、掉毛现象；每批纸的色调不得有明显得差别。CF纸涂显色剂面应向外；CB纸涂发色剂面应向内。

2. 无碳复写纸质量定量标准

指标			单位	规定		
				A 等		
定量			g/m^2	业务留存联45g	财务留存联和公安交管部门留存联50g	正本(交投保人联)65g
	CB、CF		%	±6.0		
定量偏差		不大于				
	CFB			±7.0		
紧度		不小于	g/立方厘米	0.67		
亮度(白纸)		不小于	%	75.0		
	<40g/m^2		%	65.0－70.0		
不透明度(白纸)	(40－50)g/m^2	不小于				
	>50g/m^2					
CF面平滑度		不小于	S	35		
	动			5.0		
耐摩擦件 ΔE		不大于				
	静			静态要求没有明显显色点		
	ΔE			80.0		
显色灵敏度(四联)		不小于	%			
	D			85.0		
	D			0.5		
蓝印显色密度24h(四联)		不小于				
	ΔE			40.0		
	耐久型			60.0		
耐光性(ΔE保留率)144 h		不小于				
	普通型			40.0		
交货水分			%	6.5±2.0		

（五）油墨

1. 红色荧光防伪油墨

交强险单证正本正面的左上角“中国保险监督管理委员会监制”、右上角“限在×××销售”及号码前各地区的简称应使用红色荧光防伪油墨，在紫外线灯下发红色。其它各联使用油墨与正文相同。

2. 红色荧光油墨的各项指标

项目名称	指标	项目名称	指标
流动度(mm)	32－38	耐热性	3≥
细度 μm	≤15	耐热水性	3≥
粘性增值/32C	≤2	耐乙醇	3≥
		耐汽油	3≥
		耐光性	3≥

3. 各联底纹油墨配方

序号	品名	财务留存联(湖蓝)		业务留存联(豆绿)			公安交管部门留存联和正本(褐色)		
1	连接料	65%		68%			65%		
2	填充料	12%		12%			15%		
3	颜料	16%		12%			15%		
	颜料名称	联苯胺黄	酞青蓝	联苯胺黄	华蓝	酞青蓝	联苯胺黄	橘黄	碳黑
	配比数量(克)	1.4	14.2	6	3	3	5.4	5.4	4.2
4	矿物质	2%		2%			1%		
5	助剂 1#	4%		4%			3%		
6	助剂 2#	1%		2%			1%		
7	干燥剂	1%		1%			1%		

4. 底纹及正文油墨产品标准

A 流动度:	29－33(mm)	29－33(mm)	29－33(mm)	备注
B 粘性:	8－13	8－13	8－13	
C 细度:	≤20	≤20	≤20	

(六)印刷质量标准

1. 印刷质量要符合国标 GB/T 7705—1987 的标准,印刷墨色大小以样张和密度值为准,在印刷过程中注意保持产品前后的墨色一致。

2. 印刷过程中,检查红色荧光在长波紫外灯下必须清晰明亮。

3. 打印号码的压力轻重要适度,不得出现错号、白号、重号,保证号码不花、不脏、字体不变形。出现断头号要盖章。

4. 印品的孔距及各联次的孔距必须套合一致,标准公差≤0.4 mm。齿孔边缘不毛、不变形。

5. 印品的撕裂线位置要准确、平直、撕裂线深度为易撕不断裂。

二、内置型交强险标志技术要求

(一)尺寸标准(详见文本规范示意)

内置型交强险标志的形状为椭圆形,长为 88mm、宽为 75 毫米。正面涂胶,使用时将正面张贴在机动车前挡风玻璃处;背面应适于打印。

(二)文字标准(详见文本规范示意)

1. 正面文字内容及有关技术要求

正面文字包括"强制保险标志"、"年份"、"月份"、"中国保险监督管理委员会监制"以及"SALI"做为光栅背景等。

2. 背面文字标准

背面文字包括:"流水号"、"保险单号"、"号牌号码"、"保险期间""承保公司"、"服务电话"、"注释"以及"月份的反面文字"等。

(三)底纹与微缩文字防伪(详见文本规范示意)

正面采用专色(见样张)印刷,底色中的"SALI"字母呈光栅效果。(字母长为 60mm、高 17mm。)

背面固定位置(见样张)采用隔色彩虹印刷、黑色文字及流水号码。防伪隔色彩虹印刷中间处为 20 毫米,左右为 30 毫米,窜量为 3－5 毫米的防伪印刷技术。

"保险单号"、"号牌号码"、"保险期间"右侧下方各有三条由微缩文字形成的横线,横线长为 34 毫米,为连续的字高为 0.25 毫米的"SALI" 微缩文字组成。

（四）纸张标准

面纸为 100 g/㎡单面铜纸，纸张紧度好，厚度应均匀一致。底纸为 90 g/㎡黄色或白色胶版硅油纸。

单面铜版纸质量标准

指标	单位	规定
定量	g/㎡	100 ± 5
平滑度、不小于	S	600
光泽度、不小于	%	50
白度、不小于	%	85
印刷光泽度、不小于	%	80
不透明度	%	90
油墨吸收性	%	15 ~ 28

（五）油墨

由于内置式交强险标志长时间暴露在日光下，所以选用紫外光 UV 耐晒油墨，防止褪色。

紫外光 UV 油墨技术标准

项目	规格	项目	规格
颜色	近似标样	黏性	10 ~ 20
细度/μm	15 ~ 15	光度时间/s	1 ~ 3
流动度/mm	20 ~ 35		
着色力/%	90 ~ 100		

（六）印刷质量标准

印刷质量要符合国标 GB/T 7705—1987 的标准，印刷墨色大小以样张和密度值为准，在印刷过程中注意保持产品前后的墨色一致。

1. 做到底纹、文字、微缩文字线条光洁清晰、无重影、无透印，尤其是微缩文字不虚不花，不糊不瞎；微缩文字借助 5 ~ 10 放大镜清晰可辨。

2. 流水号码要准确，无缺号、错号、花号、白号等。

3. 正面涂胶均匀，涂布量为 24g/㎡粘度均匀一致，避免出现过粘、模切拉丝或不粘掉标的现象。

4. 模切标准严格按样公差为≤0.2mm，注意控制模切压力，以免将底纸焖断或上纸粘连。

三、便携型交强险标志技术要求

（一）尺寸标准（详见文本规范示意）

便携型交强险标志的形状为长方形，长为 90 毫米，宽为 60 毫米，四角为圆角，使用时可方便放置到行驶证或驾驶证中，背面应适于手工书写、打印、盖章。

（二）文字标准（详见文本规范示意）

1. 正面文字标准

正面文字包括“强制保险标志”、“年份”以及“中国保险监督管理委员会监制”。

2. 背面文字标准

背面文字包括“流水号”、“保险单号”、“号牌号码”、“保险期间”、“承保公司”、“服务电话”以及“注”等文字

（三）底纹与微缩文字防伪（详见文本规范示意）

正背面底纹采用浮雕专用底纹，底纹中“SALI”（长为 22mm、高 10mm）字母为光栅效果。“保险单号”、“号牌号码”右侧下方各有一条由微缩文字形成的横线，横线长为 45 毫米，由连续的高为 0.25 毫米的“SALI” 微缩文字组成。

（四）纸张标准

纸张为 210g/㎡白卡纸，纸张厚度应均匀一致。技术标准如下：

指标名称		单位	A 等品规定值
定量		g/㎡	210 g/㎡ ±6
紧度	不小于	g/m³	0.85
白度	不小于	%	90

续表

指标名称		单位	A 等品规定值
施胶度	不小于	mm	1.5
耐破指数	不小于	kPa · m²/g	2
平滑度	不小于	S	40
挺度 横向/纵向	不小于	mN · m	2.50/1.50
尘埃度	不多于 0.2 - 1.5mm²	个/ m²	28
黑色尘埃	大于 1.5 mm²	个/ m²	不许有

（五）油墨

墨色以样张为准，在印刷过程中注意保持产品前后的墨色一致。

（六）印刷质量标准

做到底纹、文字、微缩文字纯正无重影、无油污、无透印，尤其是微缩文字不虚不花，不糊不瞎；微缩文字以肉眼识别不清晰，需借助 5—10 倍放大镜才能清晰可见。流水号码要求准确无误，无缺号、错号、花号、白号等。

中国保险监督管理委员会关于规范汽车消费贷款保证保险业务有关问题的通知

保监发〔2004〕7 号

各保监办、各财产保险公司、各保险行业协会：

汽车消费贷款保证保险（以下简称"车贷险"）自开办以来，对推动我国汽车消费信贷和汽车消费市场的快速发展发挥了积极的作用。但是，随着车贷险业务规模的不断扩大，经营风险也日益显现，一定程度上暴露了车贷险业务在保险责任界定、条款设计及经营管理方面存在的问题。为加强车贷险业务的规范化管理，防范和化解经营风险，进一步促进车贷险业务和汽车消费市场的健康发展，保监会决定，各保险公司现行车贷险条款费率截止 2004 年 3 月 31 日一律废止，各保险公司应根据本通知要求重新制定车贷险条款费率，规范车贷险业务。现就有关问题通知如下：

一、各保险公司应严格依据保险法律法规，规范车贷险业务的经营管理

（一）各保险公司应高度重视车贷险业务高风险特点，严格依据保险法律法规，规范车贷险保险条款，明确保险人、投保人（借款人）的权利和义务，列明被保险人（贷款人）获得保险保障的条件。

（二）各保险公司应严格执行经保险监管部门备案的车贷险条款费率，严禁通过协议等形式变更或替代报备的车贷险条款费率，严禁将车贷险业务办成担保业务。

（三）各保险公司承保的汽车贷款业务必须符合中国人民银行《汽车消费贷款管理办法》的有关规定；投保人应当符合车贷险条款规定的条件，履行如实告知义务，并向被保险人（信贷机构）办理担保手续；被保险人只有按照《汽车消费贷款管理办法》及《贷款通则》的规定发放贷款才能取得保险保障。

二、各保险公司要尽快规范车贷险条款费率，严格控制经营风险

鉴于目前车贷险条款容易诱发道德风险等问题，各保险公司要本着控制风险、稳健经营的原则，尽快修改和完善本公司车贷险条款。

（一）严格规范车贷险承保范围。车贷险条款应仅限于承保消费性车辆。如需开办生产性车辆车贷险业务，保险公司可根据其风险特点和性质制定相应的条款费率。

（二）谨慎设置保险责任。保险公司在车贷险条款中应明确保险责任为差额保证保险责任，即投保人未按合同约定履行还款义务时，保险公司仅对被保险人实现担保权后差额部分提供保险保障。应本着严格控制风险的原则，对导致投保人不能按约偿还贷款的风险因素，在保险责任中做出明确的规定。应明确保险责任生效必须以投保人向被保险人提供有效担保为前提。应明确被保险人要对担保的合法、有效性进行审查，对担保被依法确认为无效的，保险人不承担保险责任。此外，保险公司在车贷险条款中还应明确贷款购车首付款不得低于净车价的 30%。

（三）明确赔偿处理方式。对投保人未按合同约定履行还款义务，被保险人应在规定的时限内尽最大义务依法先行使担保权，在依照法定程序实现担保权后，不足以清偿贷款本金和利息的部分再向保险公司提出索赔。同时保险公司应与被保险人就抵（质）押物处置的原则和方法做出约定，应对赔偿金额设定不低于10%的绝对免赔率。

（四）合理设置除外责任。各保险公司要针对车贷险风险特点，科学、合理设置除外责任，有效防范投保人、被保险人未认真履行应尽的义务或责任而造成的骗贷、套贷、挪用贷款、恶意拖欠等风险。

（五）严格规范权利义务。各保险公司在车贷险条款中应对投保人和保险人的权利义务及被保险人取得保险金的条件作出明确、严格的规定，尤其是应明确规定，任何一方应尽的义务不得因其他各方履行自己应尽的义务或职责而免除。

（六）审慎设定承保期限。各保险公司可根据投保人的风险状况确定承保期限，原则上不得超过三年。

三、各保险公司要强化车贷险管理，规范车贷险经营行为

各保险公司经营车贷险业务应坚持统一管理、集中授权、专业化经营的原则。

（一）保险公司总公司应统一制定车贷险条款费率，并报保险监管部门备案。

（二）保险公司各分支机构经营车贷险业务资格应由总公司授权。未经总公司同意，任何分支机构不得转授权或随意扩展经营机构。原则上县支公司不得经营或出具车贷险业务保单。

（三）各保险经营机构不得承保异地贷款购车业务。

（四）保险公司可以要求投保人对贷款所购车辆投保机动车辆保险，但不得要求投保人必须在本公司投保机动车辆保险。

（五）保险公司应设立专门的部门或者指定专门机构，负责车贷险业务的经营管理。应建立自上而下的车贷险业务计算机网络化管理系统，加强对车贷险业务的实时动态监测和分析，提高风险的防范和控制能力。

（六）保险公司应将车贷险业务与车险等其他业务分开，单独统计，单独设置明细帐，实行分帐管理。各保险机构经营车贷险应按本通知的要求，并依据会计制度的有关规定，足额提取各项责任准备金，按季分别向中国保监会及当地保监办报送车贷险统计报表和业务分析报告。

各保险公司在向保险监管部门报备车贷险条款费率时，要将车贷险责任准备金提取方法一同上报。车贷险应提取的责任准备金包括长期责任准备金和未决赔款准备金。

车贷险长期责任准备金应按日计算按月提取或按保险监管部门认可的精算方法提取。对以往经营的车贷险业务，如按上述方法提取的长期责任准备金小于将来的预期赔付（含理赔费用），应按其与预期赔付的差额提取保费不足准备金。

未决赔款准备金应包括已发生已报告赔款准备金和已发生未报告赔款准备金。已发生已报告赔款准备金应于被保险人向保险公司提出索赔后按估损金额逐单计提；已发生未报告赔款准备金应对保险事故发生后，逾期贷款所对应的未了保险责任的按一定比例计提。提取比例由各公司根据历史赔付情况和本公司车贷险业务经营管理状况，科学、合理确定。

四、各公司应加强对车贷险业务的考核监督，有效防范和化解经营风险

（一）各保险公司应建立客户资信评价体系，健全完善车贷险风险控制制度和机制，切实抓好车贷险资信审核和催欠追偿管理工作。应督促被保险人切实落实"贷前调查、贷中审查、贷后检查"的"三查"制度。通过事前抽查和事后检查，了解被保险人资信调查的真实性、贷款手续的完备性、程序的合规性和贷款逾期追踪的及时性，并对可能发生的风险实施有效的控制。

（二）在资信审核及催欠追偿管理工作中，各保险公司应坚持业务拓展、资信调查、承保审核和理赔审核相分离以及资信调查和催欠追偿责任相挂钩的原则，建立科学、有效的车贷险风险控制制度和机制。可建立专门的队伍或借助律师等社会中介力量，开展资信审核及欠款追偿工作，不得单纯依赖被保险人或者汽车经销商，以切实保障风险控制落到实处。

（三）各保险公司要加强对分支机构执行条款及内控制度情况的监督检查，建立定期稽核检查制度，完善车贷险业务经营的综合考核指标体系，加强对经营机构和相关人员考核，落实责任追究制度，保证风险控制制度和措施有效执行。

五、各级保险监管部门应加强对车贷险业务的监管力度，促进车贷险业务健康有序地发展

各级保险监管部门要加大对车贷险业务监督检查的力度，依法加强对各保险公司执行车贷险条款费率、分帐管理、各项准备金提取情况等的监督检查，对违规经营和擅自开办车贷险业务的公司及相关责任人进行严肃查处，对逾期贷款严重的公司给予高度关注。

保险监管部门可以随时要求保险公司报告业务政策、管理制度和实务手续。

六、各地保险行业自律组织应探索建立车贷险信息共享机制

各地保险行业协会应牵头组织各保险公司研究建立车贷险客户信息及不良行为信息共享机制，为车贷险风险控制奠定更坚实的基础。

二〇〇四年一月十五日

中国保险监督管理委员会关于机动车辆火灾责任等问题的复函

保监办函〔2003〕99号

邳州市人民检察院：

你院邳检民咨字〔2003〕第2号《关于机动车保险火灾责任等问题的咨询函》已收悉，经研究，答复如下：

一、中国保监会《关于明确〈机动车辆保险条款〉中“火灾”责任的批复》（保监复〔2000〕159号）中已经明确指出：《机动车辆保险条款解释》第一部分第一条第一款第2项的“火灾”责任是指，因保险车辆本身以外的火源以及基本险第一条所列的保险事故造成的燃烧导致保险车辆的损失。

二、《机动车辆保险条款解释》第一部分第三条第（六）项“自燃以及不明原因产生火灾”是指保险车辆发生自燃和保险车辆因不明原因产生火灾而造成的损失，保险人不负责赔偿。该条规定中对于“自燃”和“不明原因产生火灾”均作出了解释。

“自燃”是指：“没有外界火源，保险车辆也没有发生碰撞、倾覆的情况下，由于保险车辆本车漏油或电器、线路、供油系统、载运的货物等自身问题引起的火灾。”中国保监会《关于机动车辆保险条款中“自燃”解释的复函》（保监函〔2001〕133号）中指出，“自燃”定义中“等”字指“保险车辆本车漏油或电器、线路、供油系统、载运的货物”引起火灾的几种情况，无更多内涵。

“不明原因产生火灾”是指：“公安消防部门的《火灾原因认定书》中认定的起火原因不明的火灾。”

2003年6月20日

中国保险监督管理委员会关于消费者购买机动车辆保险注意事项的公告

保监公告41号

为促进我国机动车辆保险市场的健康发展，中国保险监督管理委员会决定从2003年1月1日起，在全国范围内实施新的机动车辆保险条款费率管理制度。新制度要求各保险公司自行制订机动车辆保险条款费率，报经中国保监会审批后公布实施。新的机动车辆保险条款、费率为广大消费者提供了更广的选择空间。因种类增加，价格不同，中国保监会提示消费者在购买机动车辆保险时，应注意以下事项：

一、购买渠道的选择

（一）合理选择保险公司

消费者应选择具有合法资格的保险公司营业机构购买机动车辆保险。机动车辆保险的售后服务与产品本身一样重要，消费者在选择保险公司时，应了解各公司提供服务的内容及信誉程度。部分保险公司还对直接在其营业机构购买机动车辆保险的消费者提供优惠。

（二）合理选择代理人

消费者可以通过代理人购买机动车辆保险。选择代理人时，应选择有执业资格证书、展业证及与保险公司签有正式代理合同的代理人；应当了解机动车辆保险条款中涉及赔偿责任和权利义务的部分，防止个别代理人片面夸大产品保障功能，回避责任免除等条款内容。

二、购买机动车辆保险的选择

（一）根据实际需要购买

消费者选择机动车辆保险，应了解自身的风险和特征，根据实际情况选择个人所需的风险保障。对于机动车辆保险市场现有产品应进行充分了解,以便购买适合自身需要的机动车辆保险。

(二)了解机动车辆保险内容

条款。消费者应当询问所购买的机动车辆保险条款是否经保监会批准,认真了解条款内容,重点关注保险责任、除外责任和特别约定,被保险人权利和义务,免赔额或免赔率的计算,申请赔款的手续,退保和折旧的规定。保险公司是否对于除外责任做出说明,是否提供附加险对除外责任进行承保等。

保险费的计算。保险公司或代理人应当向消费者公布费率表及费率表说明并进行解释。消费者应当关注其费率是否与保监会批准的费率一致,了解保险公司的费率优惠规定和无赔款优待的规定。通常保险责任比较全面的产品,保险费比较高;保险责任少的产品,保险费较低。

赔偿金额的计算。消费者应当了解保险公司机动车辆保险赔款的计算规定和方式。

消费者对于条款内容或保险费计算如果有疑问,可以要求保险公司销售人员或者代理人进行解释。

三、其他注意事项

(一)对保险重要单证的使用和保管。消费者在购买机动车辆保险时,应如实填写投保单上规定的各项内容,取得保险单后应核对其内容是否与投保单上的有关内容完全一致。对所持有的保险单、保险卡、批单、保费发票等有关重要凭证应妥善保管,以便在出险时能及时提供理赔依据。

(二)如实告知义务。消费者在购买机动车辆保险时应履行如实告知义务,对与保险风险有直接关系的情况应当如实告知保险公司。

(三)购买机动车辆保险后,应及时交纳保险费,并按照条款规定,履行被保险人义务。发生赔案,应按照条款规定的程序向保险公司提出索赔。

(四)合同纠纷的解决方式。对于保险合同产生的纠纷,消费者应当依据在购买机动车辆保险时与保险公司的约定,以仲裁或诉讼方式解决。

(五)投诉。消费者在购买机动车辆保险过程中,如发现保险公司或中介机构有误导或销售未经批准的机动车辆保险等行为,可向保险监督管理部门投诉。

中国保险监督管理委员会

2002 年 12 月 18 日

十一、维　修　类

家用汽车产品修理、更换、退货责任规定

国家质量监督检验检疫总局 2013 年第 9 号

第一章　总　　则

第一条　为了保护家用汽车产品消费者的合法权益,明确家用汽车产品修理、更换、退货(以下简称三包)责任,根据有关法律法规,制定本规定。

第二条　在中华人民共和国境内生产、销售的家用汽车产品的三包,适用本规定。

第三条　本规定是家用汽车产品三包责任的基本要求。鼓励家用汽车产品经营者做出更有利于维护消费者合法权益的严于本规定的三包责任承诺;承诺一经作出,应当依法履行。

第四条　本规定所称三包责任由销售者依法承担。销售者依照规定承担三包责任后,属于生产者的责任或者属于其他经营者的责任的,销售者有权向生产者、其他经营者追偿。

家用汽车产品经营者之间可以订立合同约定三包责任的承担,但不得侵害消费者的合法权益,不得免除本规定所规定的三包责任和质量义务。

第五条　家用汽车产品消费者、经营者行使权利、履行义务或承担责任,应当遵循诚实信用原则,不得恶意欺诈。

家用汽车产品经营者不得故意拖延或者无正当理由拒绝消费者提出的符合本规定的三包责任要求。

第六条　国家质量监督检验检疫总局(以下简称国家质检总局)负责本规定实施的协调指导和监督管理;组织建立家用汽车产品三包信息公开制度,并可以依法委托相关机构建立家用汽车产品三包信息系统,

承担有关信息管理等工作。

地方各级质量技术监督部门负责本行政区域内本规定实施的协调指导和监督管理。

第七条 各有关部门、机构及其工作人员对履行规定职责所知悉的商业秘密和个人信息依法负有保密义务。

第二章 生产者义务

第八条 生产者应当严格执行出厂检验制度;未经检验合格的家用汽车产品,不得出厂销售。

第九条 生产者应当向国家质检总局备案生产者基本信息、车型信息、约定的销售和修理网点资料、产品使用说明书、三包凭证、维修保养手册、三包责任争议处理和退换车信息等家用汽车产品三包有关信息,并在信息发生变化时及时更新备案。

第十条 家用汽车产品应当具有中文的产品合格证或相关证明以及产品使用说明书、三包凭证、维修保养手册等随车文件。

产品使用说明书应当符合消费品使用说明等国家标准规定的要求。家用汽车产品所具有的使用性能、安全性能在相关标准中没有规定的,其性能指标、工作条件、工作环境等要求应当在产品使用说明书中明示。

三包凭证应当包括以下内容:产品品牌、型号、车辆类型规格、车辆识别代号(VIN)、生产日期;生产者名称、地址、邮政编码、客服电话;销售者名称、地址、邮政编码、电话等销售网点资料、销售日期;修理者名称、地址、邮政编码、电话等修理网点资料或者相关查询方式;家用汽车产品三包条款、包修期和三包有效期以及按照规定要求应当明示的其他内容。

维修保养手册应当格式规范、内容实用。

随车提供工具、备件等物品的,应附有随车物品清单。

第三章 销售者义务

第十一条 销售者应当建立并执行进货检查验收制度,验明家用汽车产品合格证等相关证明和其他标识。

第十二条 销售者销售家用汽车产品,应当符合下列要求:

(一)向消费者交付合格的家用汽车产品以及发票;

(二)按照随车物品清单等随车文件向消费者交付随车工具、备件等物品;

(三)当面查验家用汽车产品的外观、内饰等现场可查验的质量状况;

(四)明示并交付产品使用说明书、三包凭证、维修保养手册等随车文件;

(五)明示家用汽车产品三包条款、包修期和三包有效期;

(六)明示由生产者约定的修理者名称、地址和联系电话等修理网点资料,但不得限制消费者在上述修理网点中自主选择修理者;

(七)在三包凭证上填写有关销售信息;

(八)提醒消费者阅读安全注意事项、按产品使用说明书的要求进行使用和维护保养。

对于进口家用汽车产品,销售者还应当明示并交付海关出具的货物进口证明和出入境检验检疫机构出具的进口机动车辆检验证明等资料。

第四章 修理者义务

第十三条 修理者应当建立并执行修理记录存档制度。书面修理记录应当一式两份,一份存档,一份提供给消费者。

修理记录内容应当包括送修时间、行驶里程、送修问题、检查结果、修理项目、更换的零部件名称和编号、材料费、工时和工时费、拖运费、提供备用车的信息或者交通费用补偿金额、交车时间、修理者和消费者签名或盖章等。

修理记录应当便于消费者查阅或复制。

第十四条 修理者应当保持修理所需要的零部件的合理储备,确保修理工作的正常进行,避免因缺少零部件而延误修理时间。

第十五条 用于家用汽车产品修理的零部件应当是生产者提供或者认可的合格零部件,且其质量不低于家用汽车产品生产装配线上的产品。

第十六条 在家用汽车产品包修期和三包有效期内，家用汽车产品出现产品质量问题或严重安全性能故障而不能安全行驶或者无法行驶的，应当提供电话咨询修理服务；电话咨询服务无法解决的，应当开展现场修理服务，并承担合理的车辆拖运费。

第五章 三包责任

第十七条 家用汽车产品包修期限不低于3年或者行驶里程60,000公里，以先到者为准；家用汽车产品三包有效期限不低于2年或者行驶里程50,000公里，以先到者为准。家用汽车产品包修期和三包有效期自销售者开具购车发票之日起计算。

第十八条 在家用汽车产品包修期内，家用汽车产品出现产品质量问题，消费者凭三包凭证由修理者免费修理（包括工时费和材料费）。

家用汽车产品自销售者开具购车发票之日起60日内或者行驶里程3000公里之内（以先到者为准），发动机、变速器的主要零件出现产品质量问题的，消费者可以选择免费更换发动机、变速器。发动机、变速器的主要零件的种类范围由生产者明示在三包凭证上，其种类范围应当符合国家相关标准或规定，具体要求由国家质检总局另行规定。

家用汽车产品的易损耗零部件在其质量保证期内出现产品质量问题的，消费者可以选择免费更换易损耗零部件。易损耗零部件的种类范围及其质量保证期由生产者明示在三包凭证上。生产者明示的易损耗零部件的种类范围应当符合国家相关标准或规定，具体要求由国家质检总局另行规定。

第十九条 在家用汽车产品包修期内，因产品质量问题每次修理时间（包括等待修理备用件时间）超过5日的，应当为消费者提供备用车，或者给予合理的交通费用补偿。

修理时间自消费者与修理者确定修理之时起，至完成修理之时止。一次修理占用时间不足24小时的，以1日计。

第二十条 在家用汽车产品三包有效期内，符合本规定更换、退货条件的，消费者凭三包凭证、购车发票等由销售者更换、退货。

家用汽车产品自销售者开具购车发票之日起60日内或者行驶里程3000公里之内（以先到者为准），家用汽车产品出现转向系统失效、制动系统失效、车身开裂或燃油泄漏，消费者选择更换家用汽车产品或退货的，销售者应当负责免费更换或退货。

在家用汽车产品三包有效期内，发生下列情况之一，消费者选择更换或退货的，销售者应当负责更换或退货：

（一）因严重安全性能故障累计进行了2次修理，严重安全性能故障仍未排除或者又出现新的严重安全性能故障的；

（二）发动机、变速器累计更换2次后，或者发动机、变速器的同一主要零件因其质量问题，累计更换2次后，仍不能正常使用的，发动机、变速器与其主要零件更换次数不重复计算；

（三）转向系统、制动系统、悬架系统、前/后桥、车身的同一主要零件因其质量问题，累计更换2次后，仍不能正常使用的；

转向系统、制动系统、悬架系统、前/后桥、车身的主要零件由生产者明示在三包凭证上，其种类范围应当符合国家相关标准或规定，具体要求由国家质检总局另行规定。

第二十一条 在家用汽车产品三包有效期内，因产品质量问题修理时间累计超过35日的，或者因同一产品质量问题累计修理超过5次的，消费者可以凭三包凭证、购车发票，由销售者负责更换。

下列情形所占用的时间不计入前款规定的修理时间：

（一）需要根据车辆识别代号（VIN）等定制的防盗系统、全车线束等特殊零部件的运输时间；特殊零部件的种类范围由生产者明示在三包凭证上；

（二）外出救援路途所占用的时间。

第二十二条 在家用汽车产品三包有效期内，符合更换条件的，销售者应当及时向消费者更换新的合格的同品牌同型号家用汽车产品；无同品牌同型号家用汽车产品更换的，销售者应当及时向消费者更换不低于原车配置的家用汽车产品。

第二十三条 在家用汽车产品三包有效期内，符合更换条件，销售者无同品牌同型号家用汽车产品，也无不低于原车配置的家用汽车产品向消费者更换的，消费者可以选择退货，销售者应当负责为消费者退货。

第二十四条 在家用汽车产品三包有效期内，符合更换条件的，销售者应当自消费者要求换货之日起15个工作日内向消费者出具更换家用汽车产品证明。

在家用汽车产品三包有效期内，符合退货条件的，销售者应当自消费者要求退货之日起15个工作日内向消费者出具退车证明，并负责为消费者按发票价格一次性退清货款。

家用汽车产品更换或退货的，应当按照有关法律法规规定办理车辆登记等相关手续。

第二十五条 按照本规定更换或者退货的，消费者应当支付因使用家用汽车产品所产生的合理使用补偿，销售者依照本规定应当免费更换、退货的除外。

合理使用补偿费用的计算公式为：[（车价款（元）×行驶里程（km））/1000]×n。使用补偿系数n由生产者根据家用汽车产品使用时间、使用状况等因素在0.5%至0.8%之间确定，并在三包凭证中明示。

家用汽车产品更换或者退货的，发生的税费按照国家有关规定执行。

第二十六条 在家用汽车产品三包有效期内，消费者书面要求更换、退货的，销售者应当自收到消费者书面要求更换、退货之日起10个工作日内，作出书面答复。逾期未答复或者未按本规定负责更换、退货的，视为故意拖延或者无正当理由拒绝。

第二十七条 消费者遗失家用汽车产品三包凭证的，销售者、生产者应当在接到消费者申请后10个工作日内予以补办。消费者向销售者、生产者申请补办三包凭证后，可以依照本规定继续享有相应权利。

按照本规定更换家用汽车产品后，销售者、生产者应当向消费者提供新的三包凭证，家用汽车产品包修期和三包有效期自更换之日起重新计算。

在家用汽车产品包修期和三包有效期内发生家用汽车产品所有权转移的，三包凭证应当随车转移，三包责任不因汽车所有权转移而改变。

第二十八条 经营者破产、合并、分立、变更的，其三包责任按照有关法律法规规定执行。

第六章 三包责任免除

第二十九条 易损耗零部件超出生产者明示的质量保证期出现产品质量问题的，经营者可以不承担本规定所规定的家用汽车产品三包责任。

第三十条 在家用汽车产品包修期和三包有效期内，存在下列情形之一的，经营者对所涉及产品质量问题，可以不承担本规定所规定的三包责任：

（一）消费者所购家用汽车产品已被书面告知存在瑕疵的；

（二）家用汽车产品用于出租或者其他营运目的的；

（三）使用说明书中明示不得改装、调整、拆卸，但消费者自行改装、调整、拆卸而造成损坏的；

（四）发生产品质量问题，消费者自行处置不当而造成损坏的；

（五）因消费者未按照使用说明书要求正确使用、维护、修理产品，而造成损坏的；

（六）因不可抗力造成损坏的。

第三十一条 在家用汽车产品包修期和三包有效期内，无有效发票和三包凭证的，经营者可以不承担本规定所规定的三包责任。

第七章 争议的处理

第三十二条 家用汽车产品三包责任发生争议的，消费者可以与经营者协商解决；可以依法向各级消费者权益保护组织等第三方社会中介机构请求调解解决；可以依法向质量技术监督部门等有关行政部门申诉进行处理。

家用汽车产品三包责任争议双方不愿通过协商、调解解决或者协商、调解无法达成一致的，可以根据协议申请仲裁，也可以依法向人民法院起诉。

第三十三条 经营者应当妥善处理消费者对家用汽车产品三包问题的咨询、查询和投诉。

经营者和消费者应积极配合质量技术监督部门等有关行政部门、有关机构等对家用汽车产品三包责任争议的处理。

第三十四条 省级以上质量技术监督部门可以组织建立家用汽车产品三包责任争议处理技术咨询人员库，为争议处理提供技术咨询；经争议双方同意，可以选择技术咨询人员参与争议处理，技术咨询人员咨询费用由双方协商解决。

经营者和消费者应当配合质量技术监督部门家用汽车产品三包责任争议处理技术咨询人员库建设，推荐技术咨询人员，提供必要的技术咨询。

第三十五条 质量技术监督部门处理家用汽车产品三包责任争议，按照产品质量申诉处理有关规定执行。

第三十六条 处理家用汽车产品三包责任争议，需要对相关产品进行检验和鉴定的，按照产品质量仲裁检验和产品质量鉴定有关规定执行。

第八章 罚 则

第三十七条 违反本规定第九条规定的，予以警告，责令限期改正，处1万元以上3万元以下罚款。

第三十八条 违反本规定第十条规定，构成有关法律法规规定的违法行为的，依法予以处罚；未构成有关法律法规规定的违法行为的，予以警告，责令限期改正；情节严重的，处1万元以上3万元以下罚款。

第三十九条 违反本规定第十二条规定，构成有关法律法规规定的违法行为的，依法予以处罚；未构成有关法律法规规定的违法行为的，予以警告，责令限期改正；情节严重的，处3万元以下罚款。

第四十条 违反本规定第十三条、第十四条、第十五条或第十六条规定的，予以警告，责令限期改正；情节严重的，处3万元以下罚款。

第四十一条 未按本规定承担三包责任的，责令改正，并依法向社会公布。

第四十二条 本规定所规定的行政处罚，由县级以上质量技术监督部门等部门在职权范围内依法实施，并将违法行为记入质量信用档案。

第九章 附 则

第四十三条 本规定下列用语的含义：

家用汽车产品，是指消费者为生活消费需要而购买和使用的乘用车。

乘用车，是指相关国家标准规定的除专用乘用车之外的乘用车。

生产者，是指在中华人民共和国境内依法设立的生产家用汽车产品并以其名义颁发产品合格证的单位。从中华人民共和国境外进口家用汽车产品到境内销售的单位视同生产者。

销售者，是指以自己的名义向消费者直接销售、交付家用汽车产品并收取货款、开具发票的单位或者个人。

修理者，是指与生产者或销售者订立代理修理合同，依照约定为消费者提供家用汽车产品修理服务的单位或者个人。

经营者，包括生产者、销售者、向销售者提供产品的其他销售者、修理者等。

产品质量问题，是指家用汽车产品出现影响正常使用、无法正常使用或者产品质量与法规、标准、企业明示的质量状况不符合的情况。

严重安全性能故障，是指家用汽车产品存在危及人身、财产安全的产品质量问题，致使消费者无法安全使用家用汽车产品，包括出现安全装置不能起到应有的保护作用或者存在起火等危险情况。

第四十四条 按照本规定更换、退货的家用汽车产品再次销售的，应当经检验合格并明示该车是“三包换退车”以及更换、退货的原因。

“三包换退车”的三包责任按合同约定执行。

第四十五条 本规定涉及的有关信息系统以及信息公开和管理、生产者信息备案、三包责任争议处理技术咨询人员库管理等具体要求由国家质检总局另行规定。

第四十六条 有关法律、行政法规对家用汽车产品的修理、更换、退货等另有规定的，从其规定。

第四十七条 本规定由国家质量监督检验检疫总局负责解释。

第四十八条 本规定自2013年10月1日起施行。

机动车强制报废标准规定

商务部令 2012年第12号

第一条 为保障道路交通安全、鼓励技术进步、加快建设资源节约型、环境友好型社会，根据《中华人民共和国道路交通安全法》及其实施条例、《中华人民共和国大气污染防治法》、《中华人民共和国噪声污染防治法》，制定本规定。

第二条 根据机动车使用和安全技术、排放检验状况，国家对达到报废标准的机动车实施强制报废。

第三条 商务、公安、环境保护、发展改革等部门依据各自职责，负责报废机动车回收拆解监督管理、机动车强制报废标准执行有关工作。

第四条 已注册机动车有下列情形之一的应当强制报废，其所有人应当将机动车交售给报废机动车回收拆解企业，由报废机动车回收拆解企业按规定进行登记、拆解、销毁等处理，并将报废机动车登记证书、号牌、行驶证交公安机关交通管理部门注销：

（一）达到本规定第五条规定使用年限的；

（二）经修理和调整仍不符合机动车安全技术国家标准对在用车有关要求的；

（三）经修理和调整或者采用控制技术后，向大气排放污染物或者噪声仍不符合国家标准对在用车有关要求的；

（四）在检验有效期届满后连续3个机动车检验周期内未取得机动车检验合格标志的。

第五条 各类机动车使用年限分别如下：

（一）小、微型出租客运汽车使用8年，中型出租客运汽车使用10年，大型出租客运汽车使用12年；

（二）租赁载客汽车使用15年；

（三）小型教练载客汽车使用10年，中型教练载客汽车使用12年，大型教练载客汽车使用15年；

（四）公交客运汽车使用13年；

（五）其他小、微型营运载客汽车使用10年，大、中型营运载客汽车使用15年；

（六）专用校车使用15年；

（七）大、中型非营运载客汽车（大型轿车除外）使用20年；

（八）三轮汽车、装用单缸发动机的低速货车使用9年，装用多缸发动机的低速货车以及微型载货汽车使用12年，危险品运输载货汽车使用10年，其他载货汽车（包括半挂牵引车和全挂牵引车）使用15年；

（九）有载货功能的专项作业车使用15年，无载货功能的专项作业车使用30年；

（十）全挂车、危险品运输半挂车使用10年，集装箱半挂车20年，其他半挂车使用15年；

（十一）正三轮摩托车使用12年，其他摩托车使用13年。

对小、微型出租客运汽车（纯电动汽车除外）和摩托车，省、自治区、直辖市人民政府有关部门可结合本地实际情况，制定严于上述使用年限的规定，但小、微型出租客运汽车不得低于6年，正三轮摩托车不得低于10年，其他摩托车不得低于11年。

小、微型非营运载客汽车、大型非营运轿车、轮式专用机械车无使用年限限制。

机动车使用年限起始日期按照注册登记日期计算，但自出厂之日起超过2年未办理注册登记手续的，按照出厂日期计算。

第六条 变更使用性质或者转移登记的机动车应当按照下列有关要求确定使用年限和报废：

（一）营运载客汽车与非营运载客汽车相互转换的，按照营运载客汽车的规定报废，但小、微型非营运载客汽车和大型非营运轿车转为营运载客汽车的，应按照本规定附件1所列公式核算累计使用年限，且不得超过15年；

（二）不同类型的营运载客汽车相互转换，按照使用年限较严的规定报废；

（三）小、微型出租客运汽车和摩托车需要转出登记所属地省、自治区、直辖市范围的，按照使用年限较严的规定报废；

（四）危险品运输载货汽车、半挂车与其他载货汽车、半挂车相互转换的，按照危险品运输载货车、半挂车的规定报废。

距本规定要求使用年限1年以内（含1年）的机动车，不得变更使用性质、转移所有权或者转出登记地所属地市级行政区域。

第七条 国家对达到一定行驶里程的机动车引导报废。

达到下列行驶里程的机动车，其所有人可以将机动车交售给报废机动车回收拆解企业，由报废机动车回收拆解企业按规定进行登记、拆解、销毁等处理，并将报废的机动车登记证书、号牌、行驶证交公安机关交通管理部门注销：

（一）小、微型出租客运汽车行驶 60 万千米，中型出租客运汽车行驶 50 万千米，大型出租客运汽车行驶 60 万千米；

（二）租赁载客汽车行驶 60 万千米；

（三）小型和中型教练载客汽车行驶 50 万千米，大型教练载客汽车行驶 60 万千米；

（四）公交客运汽车行驶 40 万千米；

（五）其他小、微型营运载客汽车行驶 60 万千米，中型营运载客汽车行驶 50 万千米，大型营运载客汽车行驶 80 万千米；

（六）专用校车行驶 40 万千米；

（七）小、微型非营运载客汽车和大型非营运轿车行驶 60 万千米，中型非营运载客汽车行驶 50 万千米，大型非营运载客汽车行驶 60 万千米；

（八）微型载货汽车行驶 50 万千米，中、轻型载货汽车行驶 60 万千米，重型载货汽车（包括半挂牵引车和全挂牵引车）行驶 70 万千米，危险品运输载货汽车行驶 40 万千米，装用多缸发动机的低速货车行驶 30 万千米；

（九）专项作业车、轮式专用机械车行驶 50 万千米；

（十）正三轮摩托车行驶 10 万千米，其他摩托车行驶 12 万千米。

第八条 本规定所称机动车是指上道路行驶的汽车、挂车、摩托车和轮式专用机械车；非营运载客汽车是指个人或者单位不以获取利润为目的的自用载客汽车；危险品运输载货汽车是指专门用于运输剧毒化学品、爆炸品、放射性物品、腐蚀性物品等危险品的车辆；变更使用性质是指使用性质由营运转为非营运或者由非营运转为营运，小、微型出租、租赁、教练等不同类型的营运载客汽车之间的相互转换，以及危险品运输载货汽车转为其他载货汽车。本规定所称检验周期是指《中华人民共和国道路交通安全法实施条例》规定的机动车安全技术检验周期。

第九条 省、自治区、直辖市人民政府有关部门依据本规定第五条制定的小、微型出租客运汽车或者摩托车使用年限标准，应当及时向社会公布，并报国务院商务、公安、环境保护等部门备案。

第十条 上道路行驶拖拉机的报废标准规定另行制定。

第十一条 本规定自 2013 年 5 月 1 日起施行。2013 年 5 月 1 日前已达到本规定所列报废标准的，应当在 2014 年 4 月 30 日前予以报废。《关于发布〈汽车报废标准〉的通知》（国经贸经〔1997〕456 号）、《关于调整轻型载货汽车报废标准的通知》（国经贸经〔1998〕407 号）、《关于调整汽车报废标准若干规定的通知》（国经贸资源〔2000〕1202 号）、《关于印发〈农用运输车报废标准〉的通知》（国经贸资源〔2001〕234 号）、《摩托车报废标准暂行规定》（国家经贸委、发展计划委、公安部、环保总局令〔2002〕第 33 号）同时废止。

附件：

1. 非营运小微型载客汽车和大型轿车变更使用性质后累计使用年限计算公式
2. 机动车使用年限及行驶里程参考值汇总表

附件 1

非营运小微型载客汽车和大型轿车变更使用性质后累计使用年限计算公式

$$累计使用年限 = 原状态已使用年 + \left(1 - \frac{原状态已使用年}{原状态使用年限}\right) \times 状态改变后年限$$

备注：公式中原状态已使用年中不足一年的按一年计算，例如，已使用 2.5 年按照 3 年计算；原状态使用年限数值取定值为 17；累计使用年限计算结果向下圆整为整数，且不超过 15 年。

附件 2

机动车使用年限及行驶里程参考值汇总表

<table>
<tr><th colspan="5">车辆类型与用途</th><th>使用年限
（年）</th><th>行驶里程参考值
（万千米）</th></tr>
<tr><td rowspan="23">汽车</td><td rowspan="15">载客</td><td rowspan="11">营运</td><td rowspan="3">出租客运</td><td>小、微型</td><td>8</td><td>60</td></tr>
<tr><td>中型</td><td>10</td><td>50</td></tr>
<tr><td>大型</td><td>12</td><td>60</td></tr>
<tr><td colspan="2">租赁</td><td>15</td><td>60</td></tr>
<tr><td rowspan="3">教练</td><td>小型</td><td>10</td><td>50</td></tr>
<tr><td>中型</td><td>12</td><td>50</td></tr>
<tr><td>大型</td><td>15</td><td>60</td></tr>
<tr><td colspan="2">公交客运</td><td>13</td><td>40</td></tr>
<tr><td rowspan="3">其他</td><td>小、微型</td><td>10</td><td>60</td></tr>
<tr><td>中型</td><td>15</td><td>50</td></tr>
<tr><td>大型</td><td>15</td><td>80</td></tr>
<tr><td colspan="3">专用校车</td><td>15</td><td>40</td></tr>
<tr><td rowspan="3">非营运</td><td colspan="2">小、微型客车、大型轿车＊</td><td>无</td><td>60</td></tr>
<tr><td colspan="2">中型客车</td><td>20</td><td>50</td></tr>
<tr><td colspan="2">大型客车</td><td>20</td><td>60</td></tr>
<tr><td rowspan="6">载货</td><td colspan="3">微型</td><td>12</td><td>50</td></tr>
<tr><td colspan="3">中、轻型</td><td>15</td><td>60</td></tr>
<tr><td colspan="3">重型</td><td>15</td><td>70</td></tr>
<tr><td colspan="3">危险品运输</td><td>10</td><td>40</td></tr>
<tr><td colspan="3">三轮汽车、装用单缸发动机的低速货车</td><td>9</td><td>无</td></tr>
<tr><td colspan="3">装用多缸发动机的低速货车</td><td>12</td><td>30</td></tr>
<tr><td rowspan="2">专项作业</td><td colspan="3">有载货功能</td><td>15</td><td>50</td></tr>
<tr><td colspan="3">无载货功能</td><td>30</td><td>50</td></tr>
<tr><td colspan="2" rowspan="4">挂车</td><td colspan="2" rowspan="3">半挂车</td><td>集装箱</td><td>20</td><td>无</td></tr>
<tr><td>危险品运输</td><td>10</td><td>无</td></tr>
<tr><td>其他</td><td>15</td><td>无</td></tr>
<tr><td colspan="3">全挂车</td><td>10</td><td>无</td></tr>
<tr><td colspan="2" rowspan="2">摩托车</td><td colspan="3">正三轮</td><td>12</td><td>10</td></tr>
<tr><td colspan="3">其他</td><td>13</td><td>12</td></tr>
<tr><td colspan="5">轮式专用机械车</td><td>无</td><td>50</td></tr>
</table>

注：1. 表中机动车主要依据《机动车类型术语和定义》（GA802—2008）进行分类；标注＊车辆为乘用车。

2. 对小、微型出租客运汽车（纯电动汽车除外）和摩托车，省、自治区、直辖市人民政府有关部门可结合本地实际情况，制定严于表中使用年限的规定，但小、微型出租客运汽车不得低于6年，正三轮摩托车不得低于10年，其他摩托车不得低于11年。

国家质量监督检验检疫总局关于贯彻实施《缺陷汽车产品召回管理条例》若干问题的意见

国质检法〔2013〕58 号

各直属检验检疫局，各省、自治区、直辖市及新疆生产建设兵团质量技术监督局，认监委、标准委，总局各司(局)，各直属挂靠单位：

《缺陷汽车产品召回管理条例》(以下简称条例)已经 2012 年 10 月 10 日国务院第 219 次常务会议通过，于 2012 年 10 月 22 日公布，自 2013 年 1 月 1 日起施行。为确保条例正确贯彻实施，现就有关问题提出以下意见，请依法贯彻执行。

一、关于调整范围

(一)在中华人民共和国境内生产、销售的汽车产品的召回，应当适用本条例。

在境内生产并出口境外的、从境外自带进口的汽车产品的召回不适用本条例。

生产者赠与的汽车产品的召回，可以参照本条例执行。

(二)对中华人民共和国境内生产、销售的汽车产品的召回的监督管理适用本条例，包括国家质量监督检验检疫总局(以下简称国家质检总局)、国务院有关部门在各自职责范围内的监督管理工作，以及接受委托负责缺陷汽车产品召回监督管理的省级产品质量监督部门和各地出入境检验检疫机构的相关工作。

(三)汽车产品出厂时未随车装备的轮胎存在缺陷的，由轮胎的生产者负责召回。具体办法由国家质检总局参照本条例另行制定。

(四)条例所称汽车和汽车挂车的范围包括现行《汽车和挂车类型的术语和定义》、《机动车运行安全技术条件》等国家标准中的汽车和汽车挂车。

二、关于缺陷

(一)由于设计、制造、标识等原因导致的。因使用、修理、维护保养等原因而产生的缺陷，不属于本条例所称的“缺陷”。

(二)在同一批次、型号或者类别的汽车产品中普遍存在。

(三)不符合保障人身、财产安全的国家标准、行业标准的情形或者其他危及人身、财产安全的不合理的危险。

其他危及人身、财产安全的不合理危险包括：虽符合保障人身、财产安全的国家标准、行业标准，但仍有证据表明汽车产品在正常使用的情况下存在可能危及人身、财产安全的情形；国家标准、行业标准没有相关规定，但在正常使用的情况下汽车产品因设计、制造、标识等方面的原因仍存在可能危及人身、财产安全的情形。

三、关于召回

(一)召回定义。

本条例规定的召回是指汽车产品生产者对其已售出的汽车产品采取修正或者补充标识、修理、更换、退货等措施消除缺陷的活动。“已售出”是指该汽车产品的所有权依法从生产者转移出。

(二)召回主体。

1. 依法在工商部门登记注册并列入《道路机动车辆生产企业及产品公告》，制造、组装、改装汽车产品并以其名义颁发产品合格证的企业；

2. 依法在工商部门登记注册从中国境外进口汽车产品到境内销售的企业。

四、关于工作体制

(一)国家质检总局负责全国缺陷汽车产品召回的监督管理工作。

(二)各省、自治区、直辖市质量技术监督部门和各地出入境检验检疫机构受总局委托按照职责分工在本辖区内，以国家质检总局的名义在委托的职权范围内行使行政职权，负责缺陷汽车产品召回的监督管理的部分工作。

(三)国家质检总局缺陷产品召回技术机构按照总局的规定，承担缺陷汽车产品召回的具体技术工作。

(四)条例还规定工业和信息化、商务、海关、公安、交通运输、工商等有关部门在各自的职责范围内负责缺陷汽车产品召回相关监督管理工作。

五、关于缺陷调查

（一）缺陷调查是缺陷汽车召回监督管理工作中的一项具体行政行为。缺陷调查的主体为国家质检总局。国家质检总局根据工作需要，可以委托各省级质量技术监督部门和各地出入境检验检疫机构按照职责分工在本辖区内，以国家质检总局的名义负责缺陷调查工作。

（二）在下列两种情形下，国家质检总局应当开展缺陷调查：

1. 生产者未按国家质检总局通知开展调查分析的；

2. 汽车产品缺陷影响范围大、风险发生几率高，已经造成重大事故或者可能会造成重大人员伤亡、财产损失事故等严重后果的。

（三）国家质检总局及受其委托的各省级质量技术监督部门和各地出入境检验检疫机构从事缺陷调查，应当按照条例及总局规章等有关规定执行。

六、关于技术机构

（一）国家质检总局缺陷产品管理中心按照总局的规定，承担缺陷汽车产品召回的具体技术工作。

（二）条例规定的"具体技术工作"主要包括：

1. 缺陷汽车产品召回信息管理系统的日常管理与运行维护工作；

2. 收集、分析和整理投诉信息，对汽车产品安全性进行初步风险评估；

3. 负责缺陷调查、缺陷判定、召回效果评估等工作中的有关技术工作；

4. 组织开展缺陷产品召回相关技术研究和标准起草工作；

5. 其他技术工作。

七、关于信息管理和信息共享

（一）缺陷汽车产品召回信息管理系统是缺陷汽车产品召回信息管理工作的平台和载体，由国家质检总局负责组织建立。

（二）各省、自治区、直辖市质量技术监督部门和各地出入境检验检疫机构在本行政区域内负责有关汽车产品缺陷投诉等信息的收集、处理和报送工作。

（三）为确保缺陷汽车产品召回工作的及时、有效实施，生产者和从境外进口汽车产品到境内销售的企业应当定期向国家质检总局备案本条例规定的有关信息。备案的信息应当符合缺陷汽车产品召回信息管理系统的具体要求。

（四）条例规定产品质量监督部门与汽车产品主管部门、商务主管部门、海关、公安机关交通管理部门、交通运输主管部门、工商行政管理部门等部门应当建立汽车产品准入管理、汽车流通、汽车进出口、机动车登记注册、车辆年检、与车辆安全性相关的交通事故、营运车辆检测、维修、汽车产品经销商登记、消费者投诉、召回等相关信息的共享机制。

八、关于行政处罚

（一）对违反条例第二十二条至第二十五条规定的违法行为的行政处罚，由违法行为发生地的产品质量监督部门管辖。国家质检总局认为需要指定管辖的，可以指定各省级质量技术监督部门和各地出入境检验检疫机构执行。

（二）国家质检总局及其指定的各省级质量技术监督部门和各地出入境检验检疫机构办理行政处罚案件，应当按照条例及总局规章等办案程序规定，依法履行调查取证、权利告知、组织听证等程序性义务以及送达和执行行政处罚决定。

九、关于其他法律责任

条例第二十八条第一款规定的不免除生产者依法应当承担的责任包括生产者违反其他有关法律法规应当承担的行政责任、民事责任和刑事责任。

国家质量监督检验检疫总局

2013 年 1 月 17 日

商务部办公厅关于进一步加强报废汽车回收拆解行业监督管理工作的通知

商办建函〔2013〕59 号

各省、自治区、直辖市、计划单列市及新疆生产建设兵团商务主管部门：

2013 年 1 月 30 日中央电视台“焦点访谈”栏目曝光了西安市两家报废汽车回收拆解企业出售报废汽车及其“五大总成”等违法行为。为进一步加强报废汽车回收拆解行业监督管理，深化专项整治工作，防止和杜绝类似事件再次发生，现就有关事项通知如下：

一、各地商务主管部门要进一步增强工作责任和紧迫意识，结合报废汽车专项整治行动，会同有关部门认真做好报废汽车回收拆解企业清理整顿“回头看”工作，配合商务部、工业和信息化部、公安部、交通运输部、工商总局和质检总局等 6 部门组成的督察组，做好专项整治督查，切实维护报废汽车回收拆解的正常秩序。

二、要重点对报废汽车回收拆解企业出售报废汽车及其“五大总成”、拼装车，倒卖报废汽车回收证明等违法行为加大打击力度，始终保持高压态势。对有倒卖报废汽车、拼装车违法行为的，一律提请工商部门吊销营业执照；对不具备有关要求、不按规定作业的，责令整改，暂停发放《报废汽车回收证明》；对允许其他企业或个人以本企业名义从事报废汽车回收拆解活动的，要予以清理整顿。同时，认真抓好已取缔、已处罚、责令整改企业的复查工作，防止死灰复燃。

三、各地商务主管部门要进一步加强报废汽车回收拆解行业管理，统筹规划，合理布局，完善回收服务网络，推动车辆收购合理定价。研究建立企业进入和退出工作机制，做好相关衔接，避免因本行政区域内企业停业整顿影响车主交车。引导企业加快建立诚实守信、合法经营的自律机制。积极推广联网视频监控系统，督促企业规范回收拆解行为。

四、各地商务主管部门要在地方人民政府的领导下，充分发挥报废汽车专项整治部门协作机制的作用，及时与公安、工商、交通运输等部门沟通协调，切实形成监管合力。要设立举报电话和电子邮箱，鼓励社会公众举报倒卖报废汽车、拼装车等违法行为。加大违法行为的曝光力度，对报废汽车回收拆解企业违法行为的查处结果，要及时向社会公布。

商务部办公厅
2013 年 2 月 2 日

交通运输部办公厅关于做好交通运输行业标准机动车维修服务规范宣传贯彻工作的通知

厅运字〔2011〕242 号

各省、自治区、直辖市、新疆生产建设兵团交通运输厅（局、委），天津市、上海市交通运输和港口管理局：

交通运输行业标准《机动车维修服务规范》（JT/T 816—2011，以下简称《规范》）已正式发布。为切实做好《规范》的宣传贯彻工作，推动机动车维修行业健康发展，现就有关事项通知如下：

一、统一思想认识。当前，我国正在进入汽车社会。伴随着汽车快速进入家庭，机动车维修与社会生产、人民生活的关系更加密切。《规范》的发布实施，适应了国家加快发展服务业的总体要求，丰富和完善了机动车维修行业的服务标准体系，为加快解决行业发展中存在的服务不规范、经营不诚信等突出问题提供了基础支撑。《规范》对机动车维修服务流程、节点管理等方面提出了明确要求。各地要以此为契机，切实提升行业服务意识，改善服务环境，规范服务行为，提高机动车维修服务能力。要积极开展绿色维修，加速品牌建设，维护客户合法权益，推动机动车维修企业转型升级，引导机动车维修企业实行集约化、专业化、连锁经营，促进机动车维修业健康发展。

二、开展广泛宣传。《规范》既是机动车维修经营者提供服务应达到的基本要求，也是企业加强管理、提升服务质量的基础标准，更是社会和客户衡量、评价机动车维修服务质量的主要依据。各级道路运输管理机构要高度重视《规范》的宣贯工作，切实加大对《规范》宣传力度，充分利用广播、电视、报纸、网络等媒体，广泛宣传《规范》的意义和作用，使机动车维修经营者、从业人员和广大汽车用户充分认识《规范》实施的必要性，了解其具体内容和精神实质，引导全行业共同营造服务规范、竞争有序、客户满意的机动车维修市场环境。

三、组织专题培训。各级道路运输管理机构要围绕《规范》的实施工作，督促和引导本辖区内从事机动车维修经营的从业人员认真学习《规范》，使广大从业人员充分了解掌握《规范》的内容，确保《规范》顺利实施。为保证培训质量，部组织编写了《〈机动车维修服务规范〉宣贯教材》，并将开展统一培训。请各省级道路运输管理机构组织县级以上的道路运输管理机构和一、二类维修企业派员参加统一培训。统一培训的组织工作委托中国汽车维修行业协会承担，全国汽车维修标委会参与相关工作，具体安排由中国汽车维修行业协会另行通知。

四、抓好贯彻落实。各级道路运输管理机构要结合当地实际，切实抓好《规范》的贯彻落实工作。要将《规范》的实施作为一项重要的基础工作，与维修企业质量信誉考核和行业诚信企业创建活动紧密结合，协调运作。要加强监督检查，开展阶段评估，督促企业切实严格执行标准。要引导各汽车整车维修企业和发动机、车身、电气系统专项等维修业户积极发挥骨干力量，在执行《规范》中强化引领示范作用。

《规范》实施过程中出现的问题，请各地及时与部联络沟通。对已开展机动车维修服务规范活动的地区，要根据《规范》的具体要求，采取回头看、查漏洞等方式，总结经验，巩固成果，推动机动车维修行业持续健康发展。

二〇一一年十一月九日

商务部关于开展报废汽车回收拆解企业升级改造示范工程试点的通知

商建函〔2011〕290 号

山西、黑龙江、江苏、安徽、江西、山东、河南、湖北省商务厅，云南省工业和信息化委员会：

根据《财政部办公厅 商务部办公厅关于 2011 年开展再生资源回收利用体系建设有关问题的通知》（财办建〔2011〕8 号）、《财政部 商务部关于下达 2011 年再生资源回收利用体系建设中央补贴资金的通知》（财建〔2011〕95 号）有关要求，为提升报废汽车回收拆解行业的环保、资源利用水平，促进汽车产业可持续发展，现决定 2011 年在你省有关城市开展报废汽车回收拆解企业升级改造示范工程试点。现将有关事项通知如下：

一、目标和任务

2011 年，在试点城市开展报废汽车回收拆解企业升级改造，通过财政支持，引导试点企业进行以清洁环境、安全生产、节约资源、推进技术进步和现代化管理为重点的技术改造，提高行业整体水平，促进老旧汽车报废更新。

二、试点城市

2011 年，报废汽车回收拆解企业升级改造示范工程试点城市为大同、哈尔滨、南京、马鞍山、南昌、潍坊、烟台、漯河、武汉、玉溪。

三、试点企业条件

申报报废汽车回收拆解企业升级改造示范工程试点企业应同时具备以下条件：

（一）经省级商务主管部门资格认定，并已报商务部备案的企业；

（二）组织机构、规章制度健全，运营规范，经营状况良好；

（三）经营面积不低于 10000 ㎡，注册资金 50 万元以上，2010 年报废汽车（不含摩托车）回收拆解量 500 辆以上；

（四）遵守《报废汽车回收管理办法》（国务院令第 307 号），没有违法违规行为；

（五）制定了升级改造实施方案，具有改造所需的配套资金；

（六）履行企业义务，通过汽车以旧换新信息管理系统，及时、真实、准确填报报废车辆回收、拆解、注销信息。

四、升级改造重点

升级改造以《报废汽车回收拆解企业技术规范(GB22128—2008)》(以下简称《技术规范》)为标准,项目完成后应达到《技术规范》对场地、设施设备、企业管理等方面的要求,有条件的企业要通过 ISO14000 体系认证。主要具备:

(一)封闭或半封闭拆解车间,场地硬化并防渗漏,油、水(含雨水)分离等环保设施;

(二)车架剪断设备、车身剪断或压扁设备,总成拆解平台或精细拆解平台等设备;

(三)专用废液收集装置和密闭存储容器,空调制冷剂的收集装置,废蓄电池存储容器,安全气囊引爆装置等设备;

(四)其他有利于提高拆解技术水平、清洁环保、安全生产、回收和利用、管理现代化的设备设施,包括:报废车辆回收运输设施,回收、拆解流程以及零部件信息化管理设备,零部件分类存放的货架、仓库等设备设施等。

对按本通知要求试点实施报废汽车回收拆解企业升级改造示范工程,达到标准并经验收合格的,中央财政采取以奖代补的方式给予资金支持。支持标准原则上不超过项目总投资额的50%。

五、有关工作要求

(一)制定试点方案。试点地区省级商务主管部门协同财政部门根据财建〔2011〕95 号文件下达的资金规模,结合本地实际,按照公平、公正、透明原则,择优选择承办企业,制定报废汽车回收拆解企业升级改造示范工程试点工作实施方案,并于 2011 年 6 月 30 日前报商务部(市场建设司)、财政部(经济建设司)备案。试点方案应明确实施工作目标和任务,具体实施企业安排意见,项目主要建设内容、可行性分析,操作办法及实施步骤,投资总额、已落实和拟落实的地方资金配套情况、资金管理办法及其他。同时须附加盖省级商务和财政部门公章的项目安排一览表(附件 1)、承办企业提交的报废汽车回收拆解企业升级改造示范工程项目申请书(附件 2)及升级改造实施方案。

(二)加强沟通协调。报废汽车回收拆解企业升级改造示范工程涉及安全环保、资源利用,对加快老旧汽车报废更新、促进汽车消费具有积极作用。各地商务主管部门要高度重视、认真落实。积极争取当地政府的支持,加强与财政部门的沟通协调,切实落实地方配套资金等政策。加强宣传,充分调动社会资金参与升级改造。及时跟踪和掌握项目实施进度,帮助企业协调解决项目实施中遇到的困难和问题,保证升级改造示范工程顺利有效实施。请于每月月底前向商务部报送报废汽车回收拆解企业升级改造示范工程试点项目实施进度表(附件 3),首次报送时间为 2011 年 8 月 31 日。

(三)做好项目验收。试点地区商务主管部门要按照工作实施方案,切实做好项目申报、组织实施、督促检查、验收总结等有关工作。试点城市商务主管部门会同有关部门组成项目验收小组,依据《技术规范》和实施方案,对建设完成项目逐一验收。验收结束后,验收小组在验收报告上签字确认验收结论(需明确验收是否合格),报省级商务主管部门。省级商务主管部门会同有关部门根据情况对验收合格项目进行随机抽查,并于 2012 年 3 月底前将符合要求的项目验收报告(附件 4)和项目验收汇总表(附件 5)报商务部、财政部。根据项目实施和验收情况需对具体项目安排进行调整的,应报商务部、财政部备案。

(四)严格财经纪律。地方商务主管部门要严格按规定用好专项资金,不得擅自改变资金的使用方向,不得截留、挪用专项资金,对验收不合格项目,不得申请拨付补贴资金。要指导企业按有关财务规定妥善保存有关原始票据及凭证备查,积极配合商务主管部门和财政部门的专项检查,并提供有关资料。

各地在项目实施过程中,应加强调查研究,认真总结经验,如有问题,要及时向商务部反映。

联 系 人:市场建设司　李婷婷　庄岩

联系电话:010－85093683 85093681

传 真:85093688

邮 箱:litingting@ mofcom. gov. cn

附件:1. 报废汽车回收拆解企业升级改造示范工程试点项目安排一览表

2. 报废汽车回收拆解企业升级改造示范工程项目申请书

3. 报废汽车回收拆解企业升级改造示范工程试点项目实施进度表

4. 报废汽车回收拆解企业升级改造示范工程试点项目验收报告有关要求

5. 报废汽车回收拆解企业升级改造示范工程项目验收汇总表

二〇一一年五月十二日

附件1

报废汽车回收拆解企业升级改造示范工程试点项目安排一览表

填表单位(公章): 单位:万元、平方米、辆

地区	升级改造项目承担企业情况						项目情况		备注
	企业名称	注册资本	经营面积	2008年报废车回收量	2009年报废车回收量	2010年报废车回收量	主要改造内容	项目总投资额	

填报日期:

附件2

报废汽车回收拆解企业升级改造示范工程项目申请书

报废汽车回收拆解企业升级改造示范工程项目申请书应包含以下内容:

一、现有基本情况

企业名称、总投资、注册资本、营业面积、职工人数、近三年报废汽车回收量、销售总额、利润总额、上缴税收,资产负债率;回收网点情况(包括个数,各网点职工人数、营业面积、上年度报废汽车回收量等)。

二、设备设施拥有情况(下列场地、设备设施请分别注明台数或占地面积)

(一)场地。

占地面积,其中包括拆解车间、存储场地、旧零件仓库等。

(二)回收拆解设备设施。

车辆运输牵引车、称重设备、吊车、升降机、剪切机、总成拆解平台、拆解轨道及翻转机、挤压机、打包机、氟利昂收储装置、安全气囊引爆装置、真空吸油机、储油罐、储放容器、存放危险品装置、可用零部件货架、污水处理设施、消防设施等。

(三)管理设备设施。

用于建立报废汽车回收拆解档案和数据库(记录报废汽车回收、拆解以及拆解后零部件、材料和废弃物的流向)、自动化办公、网站建设运行、实时监控录像等的设备设施。

三、升级改造方案

(一)项目投资:投资总额、资金来源,其中设备投资;

(二)改造内容:对新增或改造设备设施等应列出明细;

(三)建设进度;

(四)改造预期达到的目标和实现效益。

附件3

报废汽车回收拆解企业升级改造示范工程试点项目实施进度表

填表单位(公章): 单位:万元

序号	项目基本情况				项目实施情况			验收情况		资金拨付情况	
	省	市	项目名称	承担企业	立项时间	项目进度	完成时间	验收时间	通过/未通过	是/否	金额

填报日期:

附件 4

报废汽车回收拆解企业升级改造示范工程试点项目验收报告有关要求

报废汽车回收拆解企业升级改造示范工程试点项目验收报告应包括如下内容：

一、各试点企业升级改造验收的基本情况。

1. 包括新增场地、设施设备、从业人员情况，对新增或改造设备设施等应列出明细或使用情况；

2. 项目总投资额、资金来源；

3. 汽车以旧换新信息管理系统的使用情况；

4. 企业在环境保护、安全生产、拆解技术水平、资源回收利用、信息化建设以及现代化管理等方面的提升和改造情况（可列表说明）；

5. 培训上岗、消防安全检查、回收拆解档案的建立和保存等企业管理制度的建立和执行情况。

二、各试点企业升级改造完成后的预期效果，包括预期新增回收网点数、回收拆解量，提高回收利用率等情况。

三、如有未参加验收或验收不合格的试点企业，应写明试点企业名称及原因。

附件 5

报废汽车回收拆解企业升级改造示范工程项目验收汇总表

填表单位（公章）： 单位：万元、平方米、台

省市	企业名称	项目投资总额	项目改造内容																					项目实施效果
			场地		回收拆解设备									环保安全设施						管理设施					
			硬化地面	拆解车间/仓库	车辆运输设备	称重设备	吊车/起重机	车辆升降机	拆解平台	翻转机	剪切机/压扁机	打包机	空压机	气囊引爆装置	氟利昂收储	吸油机	储油罐	储放容器	污水处理	消防设备	电脑	网站建设	监控系统	ISO认证	

填报日期：

商务部、公安部、环境保护部、交通运输部、国家工商总局关于加强报废汽车监督管理有关工作的通知

商建发〔2009〕572 号

各省、自治区、直辖市、计划单列市及新疆生产建设兵团商务、公安、环境保护、交通运输、工商主管部门：

实施汽车以旧换新是党中央、国务院搞活流通、扩大消费、应对国际金融危机的重要决策，对保持国民经济平稳较快发展具有重要意义。加强报废汽车管理，防止报废汽车、拼装车流向社会，是顺利实施汽车以旧换新政策的重要保证。各级政府有关部门要充分认识做好报废汽车监督管理工作的重要性，认真贯彻执行《中华人民共和国道路交通安全法》及其实施条例、《中华人民共和国大气污染防治法》、《中华人民共和国道路运输条例》、《报废汽车回收管理办法》等法律法规。为营造良好的市场环境，维护广大群众利益，确保汽车以旧换新政策实施效果，现将有关事项通知如下：

一、加强对报废汽车回收拆解行业的管理

（一）商务主管部门应根据《报废汽车回收管理办法》等有关规定，对辖区内报废汽车回收拆解行业进行

统筹规划,合理布局,进一步健全报废汽车回收拆解企业的准入和退出机制。积极采取措施,推动企业完善回收服务网络,方便车主交售报废车辆和办理相关手续;按照《报废汽车回收拆解企业技术规范》的要求,引导企业提升管理和技术水平,防止二次污染,减少资源浪费。

(二)商务主管部门要加强对报废汽车回收拆解企业及其回收网点的监督管理,规范回收拆解行为,引导企业诚实守信、合法经营。对于报废汽车回收拆解企业出售报废汽车及其五大总成、拼装车,以及买卖或伪造、变造《报废汽车回收证明》的,一经查实,提请工商行政管理等部门依法处理。公安部门要加强对报废汽车回收拆解企业治安状况的监管。

二、认真执行机动车强制报废制度

(三)公安机关要严格报废汽车注销登记制度,对达到强制报废标准的汽车,要按规定通知车主办理注销登记;严格审查报废汽车回收拆解企业出具的报废汽车回收证明,并在规定的时间内依法出具注销证明。要加大路面查处报废汽车的力度,对驾驶已达到报废标准的汽车上路行驶的违法行为,要严格依照《中华人民共和国道路交通安全法》及其实施条例予以处罚,并收缴报废汽车,强制报废。

(四)环境保护部门要强化在用汽车的环保定期检验管理,对报废汽车,一律不准进行环保定期检验,不予核发环保检验合格标志。对即将报废的汽车,环保检验合格标志有效期截止日期,应与其报废期限一致。

(五)交通运输部门要严格营运车辆市场准入管理,对即将达到报废标准的道路运输车辆,应当提示运输经营者及时更新;对未在公安机关登记注册的车辆,一律不准进入道路运输市场。

(六)汽车车主应依法及时将达到报废标准的汽车交售给报废汽车回收拆解企业,任何单位和个人不得将达到报废标准的汽车用于抵债。各执法部门查扣、罚没的汽车凡达到报废标准的,一律造册归档,及时交报废汽车回收拆解企业拆解,所得款项上缴财政。

(七)报废汽车回收拆解企业应对回收的报废车辆逐车登记,通过汽车以旧换新信息管理系统打印《报废汽车回收证明》,及时将《报废汽车回收证明》、车辆登记证书、号牌、行驶证交公安交通管理部门办理注销,并按规定拆解回收车辆,其中大型客、货车及其他营运车辆应当在公安机关的监督下解体。

三、加大对报废汽车拆解市场的整治力度

(八)工商行政管理部门要依法查处非法从事报废汽车回收拆解活动的企业或个人,依法查处报废汽车和拼装车辆进入市场交易或以其他方式交易的行为。

(九)交通运输部门要加强对汽车维修企业的管理,严格执行《中华人民共和国道路运输条例》的有关规定,坚决打击承修报废汽车或擅自改装汽车的违法行为。

四、加强信息沟通和部门协作

(十)商务、公安、工商、环境保护、交通运输等部门要加强沟通,建立信息通报机制,对已达到报废标准的汽车办理注销登记情况、报废汽车拆解情况、报废汽车回收拆解企业情况、汽车修理企业维修车辆记录等信息定期进行相互通报,及时准确掌握报废车辆的动态信息以及相关企业的工作情况。

(十一)商务、公安、工商、环境保护、交通运输等部门要在各司其职各负其责的基础上通力合作,密切配合,认真做好报废汽车的监督管理工作,从报废汽车的注销登记、回收拆解、拆解市场整治、路面巡查等环节,强化对报废汽车的监督管理,切实杜绝报废汽车、拼装车上路行驶和流入市场。

商务部 公安部 环境保护部 交通运输部 工商总局

二〇〇九年十一月二十六日

商务部、财政部关于开展报废汽车回收拆解企业升级改造示范工程试点的通知

商建发〔2009〕4号

河北、山西、内蒙古、吉林、黑龙江、安徽、河南、湖南、广东、重庆、四川、云南、陕西、新疆等省、自治区、直辖市商务主管部门、财政厅(局):

根据《国务院办公厅关于搞活流通扩大消费的意见》(国办发〔2008〕134号)精神,为提升报废汽车回收拆解行业的环保、资源利用水平,促进汽车产业可持续发展,商务部、财政部决定从2009年起在你省(区、市)开展"报废汽车回收拆解企业升级改造示范工程"试点。现将有关事项通知如下:

一、目标和任务

2009 年，在试点省（区、市）内开展报废汽车回收拆解企业升级改造，通过财政支持，引导试点企业进行以清洁环境、安全生产、节约资源、推进技术进步和现代化管理为重点的技术改造，提高行业整体水平，促进老旧汽车报废更新。

二、承办企业应具备的条件

申报“报废汽车回收拆解企业升级改造示范工程”试点企业应同时具备以下条件：

（一）经省（区、市）商务主管部门资格认定，并已报商务部备案的企业；

（二）组织机构、规章制度健全，运营规范，经营状况良好；

（三）经营面积不低于 10000 ㎡，企业注册资金 50 万元以上，近三年报废汽车（不含摩托车）回收、拆解量年均在 500 辆以上；

（四）遵守《报废汽车回收管理办法》（国务院令第 307 号），没有违法违规行为；

（五）制定了升级改造实施方案，具有改造所需的配套资金；

（六）履行企业义务，按时上报了报废汽车回收、拆解信息统计报表。

三、升级改造标准

项目升级改造以《报废汽车回收拆解企业技术规范》（GB22128—2008）为标准，升级改造项目完成后应达到规范对场地、设施设备、企业管理等方面的要求。主要具备：

（一）封闭或半封闭拆解车间，场地硬化并防渗漏，油、水（含雨水）分离等环保设施；

（二）车架剪断设备、车身剪断或压扁设备，总成拆解平台或精细拆解平台等设备；

（三）专用废液收集装置和密闭存储容器，空调制冷剂的收集装置，废蓄电池存储容器，安全气囊引爆装置等设备；

（四）其他有利于提高拆解技术水平、清洁环保、安全生产、回收利用、管理现代化的设备设施，包括：对报废车辆回收、拆解流程以及零部件进行信息化管理的设备；对零部件分类存放的货架、仓库等设备设施。

对按本通知要求试点实施“报废汽车回收拆解企业升级改造示范工程”，达到标准并经验收合格的，中央财政促进服务业发展专项资金将给予支持，具体办法另发。鼓励有条件的地区利用地方财政资金支持“报废汽车回收拆解企业升级改造示范工程”项目。

四、有关工作要求

（一）加强实施规划指导。试点省（区、市）商务主管部门（以下简称省级商务主管部门）要会同财政部门，根据本地区实际情况制定“报废汽车回收拆解企业升级改造示范工程”实施规划，按照公平、公正、透明原则择优选择承办企业。实施规划应包括当地报废汽车回收管理现状、报废汽车回收拆解企业发展水平、存在的主要问题和升级改造的目标、工作重点、配套措施及政策建议等。各地应于 2009 年 8 月 31 日前将实施规划和“报废汽车回收拆解企业升级改造示范工程”项目申请汇总表（见附件 1）以正式文报商务部（市场建设司，下同）、财政部（经济建设司，下同），并于每季度末报送项目进展有关情况。

（二）严格项目质量监督管理。有关地市级商务主管部门应会同同级财政部门组成项目验收小组，对建设完成项目逐一验收，验收报告上签字确认验收结论（分为“验收合格”和“验收不达标”两种），并将验收情况汇总后报省级商务主管部门。省级商务主管部门会同财政部门根据情况对验收合格项目进行随机抽查复检，并于 2010 年 6 月底前以两部门文件将验收情况报送商务部、财政部。商务部会同财政部根据需要对验收合格项目进行不定期抽查。

（三）积极做好沟通协调工作。报废汽车回收拆解企业升级改造涉及安全环保、资源利用，对加快汽车更新、促进汽车消费具有积极作用。地方各级商务、财政部门要高度重视，密切协作，认真落实；加强与有关部门沟通和协调，落实地方配套资金，争取相关政策支持，确保“报废汽车回收拆解企业升级改造示范工程”顺利实施。

（四）认真制定具体实施办法

省级商务主管部门应会同同级财政部门，根据本通知规定，结合当地实际情况，研究制定具体实施办法并于 2009 年 8 月 31 日前报商务部备案，明确项目申报、验收的具体程序和所需材料等具体要求，申报材料应包括“报废汽车回收拆解企业升级改造示范工程”项目申请书（见附件 2），升级改造项目实施方案，批准设立企业的相关证明文件等材料。各地在项目实施过程中，应加强调查研究，认真总结经验，如有问题，要及时向商务部反映。

特此通知

附件：

1.“报废汽车回收拆解企业升级改造示范工程”项目申请汇总表（略）

2.“报废汽车回收拆解企业升级改造示范工程”项目申请书

二〇〇九年七月十七日

附件2：

“报废汽车回收拆解企业升级改造示范工程”项目申请书

报废汽车回收拆解企业升级改造示范工程项目申请书应包含以下内容：

一、现有基本情况

企业名称、总投资、注册资本、营业面积、职工人数、上年度报废汽车回收量、销售总额、利润总额、上缴税收，资产负债率；回收网点个数、职工人数、营业面积、上年度报废汽车回收量等。

二、设备设施拥有情况（下列场地、设备设施请分别注明台数或占地面积）

（一）场地

占地面积，其中包括拆解车间、存储场地、旧零件仓库等。

（二）回收拆解设备设施

叉车、吊车、牵引车、升降机、剪切机、总成拆解平台、拆解轨道及翻转机、挤压机、打包机、运输设备、真空吸油机、储油罐、储放容器、污水处理设备设施、氟利昂收储装置、安全气囊引爆装置、存放危险品装置、可用零部件货架、消防设备设施等。

（三）管理现代化设备设施

用于建立报废汽车回收拆解档案和数据库，记录报废汽车回收、拆解以及拆解后零部件、材料和废弃物的流向、自动化办公、网站建设运行、实时监控录像等设备设施。

三、升级改造方案

（一）项目投资：投资总额、资金来源，其中设备投资；

（二）改造内容：对新增或改造设备设施等应列出明细；

（三）建设进度；

（四）改造预期达到的目标和实现效益。

商务部办公厅关于启用新《报废汽车回收证明》有关事宜的通知

商办建函〔2009〕78 号

各省、自治区、直辖市及新疆生产建设兵团商务主管部门：

根据《报废汽车回收管理办法》（国务院令第 307 号）、《财政部、商务部、中宣部、国家发展改革委、工业和信息化部、公安部、环境保护部、交通运输部、工商总局、质检总局关于印发〈汽车以旧换新实施办法〉的通知》（财建〔2009〕333 号）的有关规定，现将启用新《报废汽车回收证明》有关事宜通知如下：

一、汽车以旧换新信息管理系统将于 2009 年 8 月 10 日正式运行启用，该系统运行启用后，各地应使用新的全国统一样式、规格的《报废汽车回收证明》，各省、自治区、直辖市及新疆生产建设兵团商务主管部门（以下简称省级商务主管部门）此前印制的《报废汽车回收证明》停止使用。

二、新的《报废汽车回收证明》由省级商务主管部门负责印制、发放和管理（样式附后，各地须从商务部网站下载）。

三、为便于汽车以旧换新信息管理系统套打，《报废汽车回收证明》的内容、尺寸、表格边框间距必须与本通知规定样式一致，除注明监印单位外，各地不能自行更改，纸张规格应为适用于普通打印机的 A4 纸（80 克）。

四、各省级商务主管部门要抓紧完成《报废汽车回收证明》的印制和发放工作，确保汽车以旧换新有关工作顺利进行。

附件:《报废汽车回收证明》

二○○九年七月十七日

报废汽车回收证明

回收证明编号:

<table>
<tr><td>车主名称</td><td colspan="3"></td><td>车主身份证号/代码证号</td><td colspan="3"></td><td>车主联系电话</td><td></td></tr>
<tr><td>车主地址</td><td colspan="3"></td><td>车辆类型</td><td colspan="3"></td><td>车辆型号</td><td></td></tr>
<tr><td>车辆使用性质</td><td></td><td>燃油种类</td><td></td><td>车辆总质量(Kg)</td><td></td><td>车身长度(mm)</td><td></td><td>核定载客(人)</td><td></td></tr>
<tr><td>注销登记日期</td><td colspan="3"></td><td>车辆牌照号码</td><td colspan="3"></td><td>交车时间</td><td></td></tr>
<tr><td>发动机号码</td><td colspan="3"></td><td>车辆识别代码/车辆号</td><td colspan="3"></td><td>查核号码种类</td><td></td></tr>
<tr><td colspan="3">发证单位(章)</td><td colspan="3">市(地)主管部门(章)
经办人:
年 月 日</td><td colspan="4">收车单位(章)
经办人:
年 月 日</td></tr>
<tr><td colspan="10">说明:本表一式六联,一联收车单位存查;二联车主存查;三联用于申请补贴资金;四联交当地公安交通管理部门存查;五联交接办存查;六联交地级商务主管部门存查。</td></tr>
</table>

机动车维修企业质量信誉考核办法(试行)

交公路发〔2006〕719 号

第一章　总　　则

第一条　为加强机动车维修市场管理,加快机动车维修市场诚信体系建设,建立和完善优胜劣汰的市场竞争机制及退出机制,引导和促进机动车维修企业依法经营、诚实守信、公平竞争、优质服务,依据《机动车维修管理规定》及有关规章,制定本办法。

第二条　凡在中华人民共和国境内已获取经营许可的机动车维修企业,均应遵守本办法。

本办法所称的质量信誉考核,是指在考核周期内对机动车维修企业的从业人员素质、安全生产、维修质量、服务质量、环境保护、遵章守纪和企业管理等方面进行的综合评价。

第三条　机动车维修企业质量信誉考核工作应当遵循公平、公正、公开和便民的原则。

第四条　机动车维修企业应当自觉遵守国家有关法律、法规及规章,加强管理,诚信经营,履行社会责任,为社会提供安全、优质、方便的维修服务。

各级交通主管部门和道路运输管理机构应当鼓励和支持质量信誉等级高的机动车维修企业发展。

第五条　交通部负责全国机动车维修企业质量信誉考核工作。

县级以上人民政府交通主管部门负责组织领导本行政区域的机动车维修企业质量信誉考核工作。

县级以上道路运输管理机构按照本办法规定的职责,负责具体实施机动车维修企业质量信誉考核工作。

第二章　质量信誉等级

第六条　机动车维修企业质量信誉等级分为优良、合格、基本合格和不合格,分别用 AAA 级、AA 级、A 级和 B 级表示。

第七条　机动车维修企业质量信誉考核指标包括:

(一)从业人员素质指标:维修技术人员获取从业资格证件情况;

(二)安全生产指标:安全生产制度实施情况及安全生产状况;

(三)维修质量指标:质量保证体系建设和实施情况;

(四)服务质量指标:服务公示情况、有责投诉次数、服务质量事件和用户满意度;

（五）遵章守纪指标：守法经营和违章情况；

（六）环境保护指标：环保设施设备技术状况和运用情况，废气、废水、废油以及空调制冷剂等维修废物回收处理情况；

（七）企业管理指标：质量信誉档案建立情况、企业形象、获奖情况、连锁经营情况。

第八条 机动车维修企业质量信誉考核实行计分制，考核总分为1000分，加分为100分。

在考核总分中从业人员素质考核占100分、安全生产考核占150分，维修质量考核占200分，服务质量考核占200分，遵章守纪考核占150分，环境保护考核占150分，企业管理考核占50分。

企业管理指标中企业形象、获奖情况、连锁经营情况为加分项目。

一、二类汽车维修企业质量信誉考核记分标准见附件，三类汽车维修企业及一、二类摩托车维修企业和其他机动车维修企业的质量信誉考核记分标准由省级道路运输管理机构参照一、二类汽车维修企业质量信誉考核记分标准统一制定。

第九条 机动车维修企业质量信誉等级，由道路运输管理机构按照下列条件进行考核：

（一）AAA级企业：

1. 考核期内未发生一次死亡1人及以上的安全生产责任事故和重大、特大恶性服务质量事件；

2. 考核期内未出现超越许可事项或使用无效、伪造、变造机动车维修经营许可证件，非法从事机动车维修经营的违法违章行为；

3. 考核期内未出现使用假冒伪劣配件维修机动车、承修已报废的机动车、擅自改装机动车或利用配件拼装机动车的违法违章行为；

4. 考核总分和加分合计不低于850分，且企业从业人员素质、安全生产等考核分数在该项总分的80%以上。

（二）AA级企业：

1. 未达到AAA级企业的考核条件；

2. 考核期内未发生一次死亡1人及以上的安全生产责任事故和重大、特大恶性服务质量事件；

3. 考核期内未出现超越许可事项或使用无效、伪造、变造机动车维修经营许可证件，非法从事机动车维修经营的违法违章行为；

4. 考核期内未出现使用假冒伪劣配件维修机动车、承修已报废的机动车、擅自改装机动车或利用配件拼装机动车的违法违章行为；

5. 考核总分和加分合计不低于700分，且企业从业人员素质、安全生产等考核分数在该项总分的65%以上。

（三）A级企业：

1. 未达到AA级企业的考核条件；

2. 考核期内未发生一次死亡1人及以上的安全生产责任事故和特大恶性服务质量事件；

3. 考核期内未出现超越许可事项或使用无效、伪造、变造机动车维修经营许可证件，非法从事机动车维修经营的违法违章行为；

4. 考核期内未出现使用假冒伪劣配件维修机动车、承修已报废的机动车、擅自改装机动车或利用配件拼装机动车的违法违章行为；

5. 考核总分和加分合计不低于600分，且企业从业人员素质、安全生产等考核分数在该项总分的60%以上。

（四）B级：

考核期内有下列情形之一的，质量信誉等级为B级：

1. 发生一次死亡1人及以上的安全生产责任事故或特大恶性服务质量事件；

2. 出现超越许可事项或使用无效、伪造、变造机动车维修经营许可证件，非法从事机动车维修经营的违法违章行为；

3. 出现使用假冒伪劣配件维修机动车、承修已报废的机动车、擅自改装机动车或利用配件拼装机动车的违法违章行为；

4. 考核总分和加分合计低于600分或者企业从业人员素质、安全生产等考核分数在该项总分的60%以下的。

重大恶性服务质量事件是指由于企业原因,对社会造成不良影响,而受到市级交通主管部门或者道路运输管理机构通报批评的服务质量事件;特大恶性服务质量事件是指由于企业原因,对社会造成恶劣影响,而受到省级以上交通主管部门或者道路运输管理机构通报批评的服务质量事件。

第三章 质量信誉考核

第十条 机动车维修企业应当建立质量信誉档案,并及时将相关内容和材料记入质量信誉档案。主要内容包括:

(一)企业基本情况,包括企业名称、法人代表名称、机动车维修经营许可证件、工商执照、分公司名称及所在地、从业人员情况等;

(二)安全生产事故记录,包括每次事故的时间、地点、事故原因、死伤人数、经济损失及处理情况;

(三)服务质量事件记录,包括每次事件的时间、原因、社会影响、通报部门或机构;

(四)违章经营情况,包括每次违章经营的时间、责任人、违章事实、查处机关、行政处罚和通报情况;

(五)投诉情况,包括每次投诉的投诉人、投诉内容、受理部门、投诉方式、曝光媒体名称、社会影响及处理等情况;

(六)企业管理情况,包括质量信誉档案建立情况、连锁经营情况、服务人员统一标志及示证上岗情况,以及获得市厅级以上集体荣誉称号的情况。

第十一条 机动车维修企业所在地县级或者设区的市级道路运输管理机构应当通过企业上报、行政执法、纠纷调解、受理投诉和社会举报等多种渠道,收集并汇总有关信息,建立包含机动车维修企业各年度质量信誉考核表及考核结果为主要内容的机动车维修企业诚信档案,并将相关信息存入机动车维修企业管理信息系统。

第十二条 机动车维修企业质量信誉考核工作每年进行一次。考核周期为每年的1月1日至12月31日。考核工作应当在考核周期次年3月至6月进行。

第十三条 机动车维修企业应在每年的3月底前,根据本企业的质量信誉档案对上年度的质量信誉情况进行总结,向所在地县级或设区的市级道路运输管理机构申请考核,并提交质量信誉考核申请表、本企业上年度的质量信誉情况总结及与质量信誉考核指标相对应的相关材料。

道路运输管理机构在日常工作中已经掌握被考核机动车维修企业质量信息考核指标情况的,可不再要求机动车维修企业报送此项指标的相关材料。

在异地设有分公司的机动车维修企业,按上述要求提供材料时,应当提供分公司的质量信誉情况。分公司所在地县级或设区的市级道路运输管理机构应当对分公司的质量信誉情况进行核实,出具书面证明,并对确认结果负责。

连锁经营机动车维修企业可直接由总部向所在地县级或设区的市级道路运输管理机构提出申请,按上述要求提供材料时,应当提供连锁经营网点的质量信誉情况。连锁经营网点的质量信誉情况由连锁经营总部进行核实,出具书面保证,并承担由此引发的法律责任。道路运输管理机构对连锁网点的相关情况不再进行实质考核。

第十四条 对机动车维修企业进行质量信誉考核,应当依照下列程序进行:

(一)机动车维修企业所在地的县级道路运输管理机构应当根据本机构的机动车维修企业质量信誉管理档案,对机动车维修企业报送的质量信誉材料进行核实。发现不一致的,应当要求机动车维修企业进行说明或者组织调查。核实结束后,应当根据各项考核指标的初步结果进行打分,对机动车维修企业质量信誉等级进行初评,并将各项考核指标数据和所得分数、初评结果上报设区的市级道路运输管理机构。

机动车维修企业所在地为设区市的,由所在地设区的市级道路运输管理机构负责对机动车维修企业质量信誉情况进行核实,并对企业质量信誉等级进行初评。

(二)设区的市级道路运输管理机构应当将机动车维修企业的考核数据、所得分数和初步考核结果书面通知被考核机动车维修企业。

(三)设区的市级道路运输管理机构将辖区机动车维修企业的各项考核指标数据、所得分数和初步考核结果,在当地主要新闻媒体、本机构网站或本级交通主管部门网站上进行为期15天的公示。

(四)被考核企业或其他单位、个人对公示结果有异议的,可在公示期间向设区的市级道路运输管理机构书面申诉或举报。

举报人应如实签署姓名或单位名称，并附联系方式，否则不予受理。

道路运输管理机构应当为举报人保密，不得向其他单位或个人泄漏举报人的姓名及有关情况。

（五）公示结束后，设区的市级道路运输管理机构应当对企业的申诉和社会反映的情况进行调查核实，根据调查核实结果对企业的质量信誉等级进行评定，并将考核结果上报省级道路运输管理机构。

第十五条　省级和设区的市级道路运输管理机构应于6月30日前在当地主要新闻媒体、本机构网站或本级交通主管部门网站上公布上一年度机动车维修企业质量信誉考核结果，并在网站上建立专项查询系统，方便社会各界查询机动车维修企业历年的质量信誉等级。

AAA级机动车维修企业可由省级道路运输管理机构向社会发布，AA级及以下的机动车维修企业可由设区的市级道路运输管理机构向社会发布。具体发布权限由省级道路运输管理机构确定。

第十六条　机动车维修企业下设的分公司与总公司一起进行质量信誉考核；子公司的质量信誉等级由其所在地道路运输管理机构单独考核。

第十七条　具备质量信誉等级的机动车维修企业需要分立或合并，应当按照本办法规定重新进行质量信誉考核，原质量信誉等级自动失效。

第四章　质量信誉管理

第十八条　机动车维修企业质量信誉等级标注在机动车维修经营许可证件（副本）的备注栏内。

第十九条　对新办机动车维修企业，在经营满一个日历年度后，依照本办法规定进行质量信誉考核，首次考核周期为经营许可之日至考核年度的12月31日，并在质量信誉等级后注明“新办企业”，自第二个考核年度开始直接标注质量信誉等级。

第二十条　机动车维修企业发生名称、法定代表人等事项变更，应当在办理经营许可证变更手续时，一并办理质量信誉管理相关手续，原质量信誉等级不变。

第二十一条　道路运输管理机构可以根据机动车维修企业质量信誉等级的高低，对企业采取推荐参加政府采购招投标、重大事故车维修、加入全国机动车维修救援网络等激励措施。

连续三年考核为AAA级的机动车维修企业，在许可证件有效期届满时，申请继续经营的，可由作出原许可决定的道路运输管理机构直接办理换证手续。鼓励AAA级的机动车维修企业投资参股（股比超过50%）或以特许经营、品牌连锁等形式扩大维修网点，维修网点可享用原企业的质量信誉等级。

道路运输管理机构应当加强对机动车维修企业质量信誉的宣传工作，引导托修车辆的单位和个人优先选择质量信誉等级高的机动车维修企业，运用市场机制鼓励机动车维修企业注重质量、维护信誉。机动车维修企业可以使用其质量信誉等级进行新闻宣传或者从事相关的商业活动。

第二十二条　机动车维修企业质量信誉等级为B级的，道路运输管理机构应当责令其进行整改，实施重点监管，整改不合格且存在重大安全隐患或者因维修质量问题造成一次死亡3人以上道路交通事故的，由作出原许可决定的道路运输管理机构予以通报。

第二十三条　机动车维修企业有下列情形之一的，其年度质量信誉等级为B级。

（一）不按要求参加年度质量信誉考核或不按要求提供质量信誉考核材料，且不按要求补正的；

（二）在质量信誉考核过程中弄虚作假，隐瞒情况或提供虚假材料的；

（三）未按要求建立质量信誉档案，或在质量信誉考核过程中不配合，导致质量信誉考核工作无法进行的。

第五章　附　　则

第二十四条　各省、自治区、直辖市交通主管部门可依据本办法制定具体的实施细则。

第二十五条　本办法由中华人民共和国交通部负责解释。

第二十六条　本办法自发布之日起施行。

国家质量检验检疫总局关于对缺陷汽车召回管理制度开展专项检查的通知

质检办质〔2006〕338 号

北京、天津、上海、重庆市、黑龙江、辽宁、河北、山东、浙江、福建、广东、湖北等省质量技术监督局：

《缺陷汽车产品召回管理规定》（以下简称《规定》）实施一年多来，已先后有 27 家国内外汽车制造厂商实施了 54 次主动召回，涉及车型 59 种，召回汽车车辆 422，517 辆。通过召回管理，有效地保护了消费者权益，在社会各界产生了积极影响。但是，个别汽车制造厂商还存在对涉嫌缺陷质量问题隐瞒不报或通过维修站私下处理的违规行为。为掌握各方面情况，总局决定对缺陷汽车召回管理制度的落实情况开展专项检查。现将有关要求通知如下：

一、检查对象

有关省、自治区、直辖市行政区域内的汽车 4S 级维修店或特约维修站进行检查。

二、检查内容

（一）是检查修理商对汽车可能存在的缺陷信息的处理情况；

（二）是查看实施召回汽车修理更换的记录；

（三）是查看汽车产品技术服务信息通报记录。

三、要求

各省、自治区、直辖市质量技术监督局要高度重视，精心组织，专项检查工作。检查中若发现企业有违法行为，可依照《规定》第四十条、四十一条、四十二条的规定予以处理。

总局将视情况派出专家组协助部分省市开展检查工作。

请各地将检查结果于 9 月底前报总局。工作中如遇问题，请及时报告总局质量司。

二〇〇六年六月二十八日

机动车检测维修专业技术人员职业水平评价暂行规定

国人部发〔2006〕51 号发布

第一章　总　　则

第一条　为规范机动车检测维修行业管理，提高机动车检测维修专业技术人员素质，确保机动车检测维修质量和车辆安全运行，根据《中华人民共和国道路运输条例》和国家职业资格证书制度有关规定，制定本规定。

第二条　本规定适用于从事机动车维修、检测、评估、运用等相关业务的专业技术人员。

第三条　国家对机动车检测维修专业技术人员实行职业水平评价制度，纳入全国专业技术人员职业资格证书制度统一规划。

第四条　各类机动车检测维修专业技术人员职业水平评价分为机动车检测维修士、机动车检测维修工程师和机动车检测维修高级工程师三个级别。机动车检测维修高级工程师职业水平评价办法另行制定。

机动车检测维修士、机动车检测维修工程师的英文分别译为：

Motor Vehicle Test and Maintenance Technician

Motor Vehicle Test and Maintenance Engineer

第五条　通过职业水平评价，取得机动车检测维修士或机动车检测维修工程师职业水平证书的人员，表明其已具备相应专业技术岗位工作水平和能力。

第六条　人事部、交通部共同负责机动车检测维修专业技术人员职业水平评价工作，并按职责分工对各省、自治区、直辖市实施机动车检测维修专业技术人员职业水平考试进行指导、监督和检查。

第二章　考　　试

第七条　机动车检测维修专业技术人员职业水平评价实行全国统一大纲、统一命题的考试制度，原则上每年举行一次。

第八条　交通部负责拟定考试科目、考试大纲，组织命题，研究建立考试试题库，提出考试合格标准建议。机动车检测维修专业技术人员职业水平考试的组织实施，由交通部职业资格管理机构具体负责。

第九条　人事部组织专家审定考试科目、考试大纲和试题，会同交通部确定合格标准，并对考试考务工作进行监督、检查和指导。

第十条　报名参加机动车检测维修专业技术人员职业水平考试的人员，必须遵守中华人民共和国宪法、中华人民共和国道路运输条例和国家有关道路交通的规章制度，恪守职业道德。

第十一条　报名参加机动车检测维修士考试的人员，除符合第十条所列基本条件外，还应符合下列条件之一：

（一）取得中等教育及以上学历或学位；

（二）高等院校交通运输专业应届毕业生。

第十二条　报名参加机动车检测维修工程师考试的人员，除符合第十条所列基本条件外，还应符合下列条件之一：

（一）取得机动车检测维修士证书后，从事机动车检测维修工作满 6 年；

（二）取得交通运输专业大专学历，从事机动车检测维修工作满 5 年；

（三）取得交通运输专业大学本科学历，从事机动车检测维修工作满 4 年；

（四）取得交通运输专业双学士学位或研究生班毕业，从事机动车检测维修工作满 2 年；

（五）取得交通运输专业硕士学位，从事机动车检测维修工作满 1 年；

（六）取得交通运输专业博士学位；

（七）取得其他工学类专业上述学历或学位，其从事机动车检测维修工作年限相应增加 2 年。

第十三条　机动车检测维修专业技术人员职业水平考试合格，颁发人事部统一印制，人事部、交通部共同用印的《中华人民共和国机动车检测维修专业技术人员职业水平证书》。该证书在全国范围有效。

第十四条　凡以不正当手段取得机动车检测维修专业技术人员职业水平证书的，由发证机关收回证书，2 年内不得再次参加机动车检测维修专业职业水平考试。

第三章　义务与职业能力

第十五条　取得机动车检测维修专业技术人员职业水平证书的人员，应当恪守职业道德，接受继续教育，更新知识，不断提高职业素质和本专业工作能力。

第十六条　在进行机动车检测维修工作时，应当严格执行相关法律、法规、规章和标准，保证检测维修工作质量，并承担相应责任。

第十七条　取得机动车检测维修士水平证书的人员，应当具备相应岗位的以下职业能力：

（一）了解国家机动车检测维修管理方面的法律、法规和与机动车检测维修相关行业管理规定；

（二）具有一定的交通运输专业知识和工作经验，掌握机动车检测维修一般操作技术，能够解决机动车检测维修工作中较常见的技术问题。

第十八条　取得机动车检测维修工程师水平证书的人员，应当具备相应岗位的以下职业能力：

（一）熟悉国家交通运输方面的法律、法规和与机动车检测维修相关行业管理规定，有较丰富的机动车检测维修专业工作经验；

（二）具有较强的机动车检测维修专业能力，熟练掌握机动车检测维修操作技术，能够准确判断机动车故障并提出解决方案；

（三）能够独立处理机动车检测维修过程中较复杂的技术问题，指导机动车检测维修人员工作，具有处理与本专业相关技术问题的能力；

（四）了解国内外机动车检测维修专业的发展趋势，有较强的技术创新精神；

（五）具有一定的外语水平。

第四章 登 记

第十九条 机动车检测维修各级别职业水平证书，实行登记服务制度，具体工作由交通部职业资格管理机构负责。

第二十条 交通部职业资格管理机构定期向社会公布机动车检测维修专业技术人员职业水平证书登记情况，并为用人单位提供查询取得机动车检测维修专业职业水平证书人员的信息服务。

第二十一条 在机动车检测维修活动中，因违反有关法律、法规、规章制度或职业道德，对机动车检测维修工作产生重大影响或者造成一定损失的，由交通部职业资格管理机构取消登记，并由发证机关收回相应级别职业水平证书。

第五章 附 则

第二十二条 取得机动车检测维修专业技术人员职业水平证书，并符合《工程技术人员职务试行条例》中工程师、助理工程师、工程技术员专业职务任职条件的人员，用人单位可根据工作需要择优聘任相应专业技术职务。

取得机动车检测维修士职业水平证书，可聘任技术员或者助理工程师职务；取得机动车检测维修工程师职业水平证书，可聘任工程师职务。

第二十三条 机动车检测维修专业技术人员职业水平考试统一在全国范围实施后，各地区、各部门不再进行工程系列机动车检测维修专业相应级别职务任职资格的评审工作。

第二十四条 香港、澳门地区居民申请参加机动车检测维修专业人员职业水平考试的，在报名时应提交本人身份证明、国务院教育行政部门认可的专业学历或学位证书、从事本专业工作实践证明。台湾地区的专业技术人员参加考试的办法另行规定。

外籍专业技术人员申请参加机动车检测维修职业水平考试的具体办法另行规定。

第二十五条 机动车检测维修专业技术人员职业水平评价等机构，在开展机动车检测维修专业人员职业水平评价等工作中，因工作失误，使专业技术人员合法权益受到损害的，应依据国家有关规定给予相应赔偿，并可向有关责任人追偿。

第二十六条 机动车检测维修专业技术人员职业水平评价等机构的工作人员，不履行工作职责，监督不力、借机为自己或他人谋取利益，以及有其他违规违纪行为的，由其主管部门责令改正；造成不良影响或者严重后果，或者拒不改正的，对直接负责的主管人员和直接责任人员给予相应处分；构成犯罪的，依法追究刑事责任。

第二十七条 本规定自2006年6月1日起施行。

机动车维修管理规定

交通部令 2005年第7号

第一章 总 则

第一条 为规范机动车维修经营活动，维护机动车维修市场秩序，保护机动车维修各方当事人的合法权益，保障机动车运行安全，保护环境，节约能源，促进机动车维修业的健康发展，根据《中华人民共和国道路运输条例》及有关法律、行政法规的规定，制定本规定。

第二条 从事机动车维修经营的，应当遵守本规定。

本规定所称机动车维修经营，是指以维持或者恢复机动车技术状况和正常功能，延长机动车使用寿命为作业任务所进行的维护、修理以及维修救援等相关经营活动。

第三条 机动车维修经营者应当依法经营，诚实信用，公平竞争，优质服务。

第四条 机动车维修管理，应当公平、公正、公开和便民。

第五条 任何单位和个人不得封锁或者垄断机动车维修市场。

鼓励机动车维修企业实行集约化、专业化、连锁经营，促进机动车维修业的合理分工和协调发展。

鼓励推广应用机动车维修环保、节能、不解体检测和故障诊断技术，推进行业信息化建设和救援、维修服务网络化建设,提高机动车维修行业整体素质,满足社会需要。

第六条 交通部主管全国机动车维修管理工作。

县级以上地方人民政府交通主管部门负责组织领导本行政区域的机动车维修管理工作。

县级以上道路运输管理机构负责具体实施本行政区域内的机动车维修管理工作。

第二章 经营许可

第七条 机动车维修经营依据维修车型种类、服务能力和经营项目实行分类许可。

机动车维修经营业务根据维修对象分为汽车维修经营业务、危险货物运输车辆维修经营业务、摩托车维修经营业务和其他机动车维修经营业务四类。

汽车维修经营业务、其他机动车维修经营业务根据经营项目和服务能力分为一类维修经营业务、二类维修经营业务和三类维修经营业务。

摩托车维修经营业务根据经营项目和服务能力分为一类维修经营业务和二类维修经营业务。

第八条 获得一类汽车维修经营业务、一类其他机动车维修经营业务许可的,可以从事相应车型的整车修理、总成修理、整车维护、小修、维修救援、专项修理和维修竣工检验工作;获得二类汽车维修经营业务、二类其他机动车维修经营业务许可的,可以从事相应车型的整车修理、总成修理、整车维护、小修、维修救援和专项修理工作;获得三类汽车维修经营业务、三类其他机动车维修经营业务许可的,可以分别从事发动机、车身、电气系统、自动变速器维修及车身清洁维护、涂漆、轮胎动平衡和修补、四轮定位检测调整、供油系统维护和油品更换、喷油泵和喷油器维修、曲轴修磨、气缸镗磨、散热器(水箱)、空调维修、车辆装潢(蓬布、坐垫及内装饰)、车辆玻璃安装等专项工作。

第九条 获得一类摩托车维修经营业务许可的,可以从事摩托车整车修理、总成修理、整车维护、小修、专项修理和竣工检验工作;获得二类摩托车维修经营业务许可的,可以从事摩托车维护、小修和专项修理工作。

第十条 获得危险货物运输车辆维修经营业务许可的,除可以从事危险货物运输车辆维修经营业务外,还可以从事一类汽车维修经营业务。

第十一条 申请从事汽车维修经营业务或者其他机动车维修经营业务的,应当符合下列条件:

(一)有与其经营业务相适应的维修车辆停车场和生产厂房。租用的场地应当有书面的租赁合同,且租赁期限不得少于1年。停车场和生产厂房面积按照国家标准《汽车维修业开业条件》(GB/T16739)相关条款的规定执行。

(二)有与其经营业务相适应的设备、设施。所配备的计量设备应当符合国家有关技术标准要求,并经法定检定机构检定合格。从事汽车维修经营业务的设备、设施的具体要求按照国家标准《汽车维修业开业条件》(GB/T16739)相关条款的规定执行;从事其他机动车维修经营业务的设备、设施的具体要求,参照国家标准《汽车维修业开业条件》(GB/T16739)执行,但所配备设施、设备应与其维修车型相适应。

(三)有必要的技术人员:

1. 从事一类和二类维修业务的应当各配备至少1名技术负责人员和质量检验人员。技术负责人员应当熟悉汽车或者其他机动车维修业务,并掌握汽车或者其他机动车维修及相关政策法规和技术规范;质量检验人员应当熟悉各类汽车或者其他机动车维修检测作业规范,掌握汽车或者其他机动车维修故障诊断和质量检验的相关技术,熟悉汽车或者其他机动车维修服务收费标准及相关政策法规和技术规范。技术负责人员和质量检验人员总数的60%应当经全国统一考试合格。

2. 从事一类和二类维修业务的应当各配备至少1名从事机修、电器、钣金、涂漆的维修技术人员;从事机修、电器、钣金、涂漆的维修技术人员应当熟悉所从事工种的维修技术和操作规范,并了解汽车或者其他机动车维修及相关政策法规。机修、电器、钣金、涂漆维修技术人员总数的40%应当经全国统一考试合格。

3. 从事三类维修业务的,按照其经营项目分别配备相应的机修、电器、钣金、涂漆的维修技术人员;从事发动机维修、车身维修、电气系统维修、自动变速器维修的,还应当配备技术负责人员和质量检验人员。技术负责人员、质量检验人员及机修、电器、钣金、涂漆维修技术人员总数的40%应当经全国统一考试合格。

(四)有健全的维修管理制度。包括质量管理制度、安全生产管理制度、车辆维修档案管理制度、人员培训制度、设备管理制度及配件管理制度。具体要求按照国家标准《汽车维修业开业条件》(GB/T16739)相关条款的规定执行。

(五)有必要的环境保护措施。具体要求按照国家标准《汽车维修业开业条件》(GB/T16739)相关条款的规定执行。

第十二条 从事危险货物运输车辆维修的汽车维修经营者,除具备汽车维修经营一类维修经营业务的开业条件外,还应当具备下列条件:

(一)有与其作业内容相适应的专用维修车间和设备、设施,并设置明显的指示性标志;

(二)有完善的突发事件应急预案,应急预案包括报告程序、应急指挥以及处置措施等内容;

(三)有相应的安全管理人员;

(四)有齐全的安全操作规程。

本规定所称危险货物运输车辆维修,是指对运输易燃、易爆、腐蚀、放射性、剧毒等性质货物的机动车维修,不包含对危险货物运输车辆罐体的维修。

第十三条 申请从事摩托车维修经营的,应当符合下列条件:

(一)有与其经营业务相适应的摩托车维修停车场和生产厂房。租用的场地应有书面的租赁合同,且租赁期限不得少于1年。停车场和生产厂房的面积按照国家标准《摩托车维修业开业条件》(GB/T18189)相关条款的规定执行。

(二)有与其经营业务相适应的设备、设施。所配备的计量设备应符合国家有关技术标准要求,并经法定检定机构检定合格。具体要求按照国家标准《摩托车维修业开业条件》(GB/T18189)相关条款的规定执行。

(三)有必要的技术人员:

1. 从事一类维修业务的应当至少有1名质量检验人员。质量检验人员应当熟悉各类摩托车维修检测作业规范,掌握摩托车维修故障诊断和质量检验的相关技术,熟悉摩托车维修服务收费标准及相关政策法规和技术规范。质量检验人员总数的60%应当经全国统一考试合格。

2. 按照其经营业务分别配备相应的机修、电器、钣金、涂漆的维修技术人员。机修、电器、钣金、涂漆的维修技术人员应当熟悉所从事工种的维修技术和操作规范,并了解摩托车维修及相关政策法规。机修、电器、钣金、涂漆维修技术人员总数的30%应当经全国统一考试合格。

(四)有健全的维修管理制度。包括质量管理制度、安全生产管理制度、摩托车维修档案管理制度、人员培训制度、设备管理制度及配件管理制度。具体要求按照国家标准《摩托车维修业开业条件》(GB/T18189)相关条款的规定执行。

(五)有必要的环境保护措施。具体要求按照国家标准《摩托车维修业开业条件》(GB/T18189)相关条款的规定执行。

第十四条 申请从事机动车维修经营的,应当向所在地的县级道路运输管理机构提出申请,并提交下列材料:

(一)《交通行政许可申请书》;

(二)经营场地、停车场面积材料、土地使用权及产权证明复印件;

(三)技术人员汇总表及相应职业资格证明;

(四)维修检测设备及计量设备检定合格证明复印件;

(五)按照汽车、其他机动车、危险货物运输车辆、摩托车维修经营,分别提供本规定第十一条、第十二条、第十三条规定条件的其他相关材料。

第十五条 道路运输管理机构应当按照《中华人民共和国道路运输条例》和《交通行政许可实施程序规定》规范的程序实施机动车维修经营的行政许可。

第十六条 道路运输管理机构对机动车维修经营申请予以受理的,应当自受理申请之日起15日内作出许可或者不予许可的决定。符合法定条件的,道路运输管理机构作出准予行政许可的决定,向申请人出具《交通行政许可决定书》,在10日内向被许可人颁发机动车维修经营许可证件,明确许可事项;不符合法定条件的,道路运输管理机构作出不予许可的决定,向申请人出具《不予交通行政许可决定书》,说明理由,并告知申请人享有依法申请行政复议或者提起行政诉讼的权利。

机动车维修经营者应当持机动车维修经营许可证件依法向工商行政管理机关办理有关登记手续。

第十七条 申请机动车维修连锁经营服务网点的,可由机动车维修连锁经营企业总部向连锁经营服务网点所在地县级道路运输管理机构提出申请,提交下列材料,并对材料真实性承担相应的法律责任:

(一)机动车维修连锁经营企业总部机动车维修经营许可证件复印件;

(二)连锁经营协议书副本;

(三)连锁经营的作业标准和管理手册;

(四)连锁经营服务网点符合机动车维修经营相应开业条件的承诺书。

道路运输管理机构在查验申请资料齐全有效后,应当场或在 5 日内予以许可,并发给相应许可证件。连锁经营服务网点的经营许可项目应当在机动车维修连锁经营企业总部许可项目的范围内。

第十八条　机动车维修经营许可证件实行有效期制。从事一、二类汽车维修业务和一类摩托车维修业务的证件有效期为 6 年;从事三类汽车维修业务、二类摩托车维修业务及其他机动车维修业务的证件有效期为 3 年。

机动车维修经营许可证件由各省、自治区、直辖市道路运输管理机构统一印制并编号,县级道路运输管理机构按照规定发放和管理。

第十九条　机动车维修经营者应当在许可证件有效期届满前 30 日到作出原许可决定的道路运输管理机构办理换证手续。

第二十条　机动车维修经营者变更许可事项的,应当按照本章有关规定办理行政许可事宜。

机动车维修经营者变更名称、法定代表人、地址等事项的,应当向作出原许可决定的道路运输管理机构备案。

机动车维修经营者需要终止经营的,应当在终止经营前 30 日告知作出原许可决定的道路运输管理机构办理注销手续。

第三章　维修经营

第二十一条　机动车维修经营者应当按照经批准的行政许可事项开展维修服务。

第二十二条　机动车维修经营者应当将机动车维修经营许可证件和《机动车维修标志牌》(见附件 1)悬挂在经营场所的醒目位置。

《机动车维修标志牌》由机动车维修经营者按照统一式样和要求自行制作。

第二十三条　机动车维修经营者不得擅自改装机动车,不得承修已报废的机动车,不得利用配件拼装机动车。

托修方要改变机动车车身颜色,更换发动机、车身和车架的,应当按照有关法律、法规的规定办理相关手续,机动车维修经营者在查看相关手续后方可承修。

第二十四条　机动车维修经营者应当加强对从业人员的安全教育和职业道德教育,确保安全生产。

机动车维修从业人员应当执行机动车维修安全生产操作规程,不得违章作业。

第二十五条　机动车维修产生的废弃物,应当按照国家的有关规定进行处理。

第二十六条　机动车维修经营者应当公布机动车维修工时定额和收费标准,合理收取费用。

机动车维修工时定额可按各省机动车维修协会等行业中介组织统一制定的标准执行,也可按机动车维修经营者报所在地道路运输管理机构备案后的标准执行,也可按机动车生产厂家公布的标准执行。当上述标准不一致时,优先适用机动车维修经营者备案的标准。

机动车维修经营者应当将其执行的机动车维修工时单价标准报所在地道路运输管理机构备案。

机动车生产厂家在新车型投放市场后一个月内,有义务向社会公布其维修技术资料和工时定额。

第二十七条　机动车维修经营者应当使用规定的结算票据,并向托修方交付维修结算清单。维修结算清单中,工时费与材料费应分项计算。维修结算清单格式和内容由省级道路运输管理机构制定。

机动车维修经营者不出具规定的结算票据和结算清单的,托修方有权拒绝支付费用。

第二十八条　机动车维修经营者应当按照规定,向道路运输管理机构报送统计资料。道路运输管理机构应当为机动车维修经营者保守商业秘密。

第二十九条　机动车维修连锁经营企业总部应当按照统一采购、统一配送、统一标识、统一经营方针、统一服务规范和价格的要求,建立连锁经营的作业标准和管理手册,加强对连锁经营服务网点经营行为的监管和约束,杜绝不规范的商业行为。

第四章 质量管理

第三十条 机动车维修经营者应当按照国家、行业或者地方的维修标准和规范进行维修。尚无标准或规范的,可参照机动车生产企业提供的维修手册、使用说明书和有关技术资料进行维修。

第三十一条 机动车维修经营者不得使用假冒伪劣配件维修机动车。

机动车维修经营者应当建立采购配件登记制度,记录购买日期、供应商名称、地址、产品名称及规格型号等,并查验产品合格证等相关证明。

机动车维修经营者对于换下的配件、总成,应当交托修方自行处理。

机动车维修经营者应当将原厂配件、副厂配件和修复配件分别标识,明码标价,供用户选择。

第三十二条 机动车维修经营者对机动车进行二级维护、总成修理、整车修理的,应当实行维修前诊断检验、维修过程检验和竣工质量检验制度。

承担机动车维修竣工质量检验的机动车维修企业或机动车综合性能检测机构应当使用符合有关标准并在检定有效期内的设备,按照有关标准进行检测,如实提供检测结果证明,并对检测结果承担法律责任。

第三十三条 机动车维修竣工质量检验合格的,维修质量检验人员应当签发《机动车维修竣工出厂合格证》(见附件2);未签发机动车维修竣工出厂合格证的机动车,不得交付使用,车主可以拒绝交费或接车。

机动车维修竣工出厂合格证由省级道路运输管理机构统一印制和编号,县级道路运输管理机构按照规定发放和管理。

禁止伪造、倒卖、转借机动车维修竣工出厂合格证。

第三十四条 机动车维修经营者对机动车进行二级维护、总成修理、整车修理的,应当建立机动车维修档案。机动车维修档案主要内容包括:维修合同、维修项目、具体维修人员及质量检验人员、检验单、竣工出厂合格证(副本)及结算清单等。

机动车维修档案保存期为二年。

第三十五条 道路运输管理机构应当加强对机动车维修专业技术人员的管理,严格执行专业技术人员考试和管理制度。

机动车维修专业技术人员考试及管理具体办法另行制定。

第三十六条 道路运输管理机构应当加强对机动车维修经营的质量监督和管理工作,可委托具有法定资格的机动车维修质量监督检验中心,对机动车维修质量进行监督检验。

第三十七条 机动车维修实行竣工出厂质量保证期制度。

汽车和危险货物运输车辆整车修理或总成修理质量保证期为车辆行驶20000公里或者100日;二级维护质量保证期为车辆行驶5000公里或者30日;一级维护、小修及专项修理质量保证期为车辆行驶2000公里或者10日。

摩托车整车修理或者总成修理质量保证期为摩托车行驶7000公里或者80日;维护、小修及专项修理质量保证期为摩托车行驶800公里或者10日。

其他机动车整车修理或者总成修理质量保证期为机动车行驶6000公里或者60日;维护、小修及专项修理质量保证期为机动车行驶700公里或者7日。

质量保证期中行驶里程和日期指标,以先达到者为准。

机动车维修质量保证期,从维修竣工出厂之日起计算。

第三十八条 在质量保证期和承诺的质量保证期内,因维修质量原因造成机动车无法正常使用,且承修方在3日内不能或者无法提供因非维修原因而造成机动车无法使用的相关证据的,机动车维修经营者应当及时无偿返修,不得故意拖延或者无理拒绝。

在质量保证期内,机动车因同一故障或维修项目经两次修理仍不能正常使用的,机动车维修经营者应当负责联系其他机动车维修经营者,并承担相应修理费用。

第三十九条 机动车维修经营者应当公示承诺的机动车维修质量保证期。所承诺的质量保证期不得低于第三十七条的规定。

第四十条 道路运输管理机构应当受理机动车维修质量投诉,积极按照维修合同约定和相关规定调解维修质量纠纷。

第四十一条 机动车维修质量纠纷双方当事人均有保护当事车辆原始状态的义务。必要时可拆检车辆有关部位,但双方当事人应同时在场,共同认可拆检情况。

第四十二条 对机动车维修质量的责任认定需要进行技术分析和鉴定,且承修方和托修方共同要求道路运输管理机构出面协调的,道路运输管理机构应当组织专家组或委托具有法定检测资格的检测机构作出技术分析和鉴定。鉴定费用由责任方承担。

第四十三条 对机动车维修经营者实行质量信誉考核制度。机动车维修质量信誉考核办法另行制定。

机动车维修质量信誉考核内容应当包括经营者基本情况、经营业绩(含奖励情况)、不良记录等。

第四十四条 道路运输管理机构应当建立机动车维修企业诚信档案。机动车维修质量信誉考核结果是机动车维修诚信档案的重要组成部分。

道路运输管理机构建立的机动车维修企业诚信信息,除涉及国家秘密、商业秘密外,应当依法公开,供公众查阅。

第五章 监督检查

第四十五条 道路运输管理机构应当加强对机动车维修经营活动的监督检查。

道路运输管理机构的工作人员应当严格按照职责权限和程序进行监督检查,不得滥用职权、徇私舞弊,不得乱收费、乱罚款。

第四十六条 道路运输管理机构应当积极运用信息化技术手段,科学、高效地开展机动车维修管理工作。

第四十七条 道路运输管理机构的执法人员在机动车维修经营场所实施监督检查时,应当有 2 名以上人员参加,并向当事人出示交通部监制的交通行政执法证件。

道路运输管理机构实施监督检查时,可以采取下列措施:

(一)询问当事人或者有关人员,并要求其提供有关资料;

(二)查询、复制与违法行为有关的维修台帐、票据、凭证、文件及其他资料,核对与违法行为有关的技术资料;

(三)在违法行为发现场所进行摄影、摄像取证;

(四)检查与违法行为有关的维修设备及相关机具的有关情况。

检查的情况和处理结果应当记录,并按照规定归档。当事人有权查阅监督检查记录。

第四十八条 从事机动车维修经营活动的单位和个人,应当自觉接受道路运输管理机构及其工作人员的检查,如实反映情况,提供有关资料。

第六章 法律责任

第四十九条 违反本规定,有下列行为之一,擅自从事机动车维修相关经营活动的,由县级以上道路运输管理机构责令其停止经营;有违法所得的,没收违法所得,处违法所得 2 倍以上 10 倍以下的罚款;没有违法所得或者违法所得不足 1 万元的,处 2 万元以上 5 万元以下的罚款;构成犯罪的,依法追究刑事责任:

(一)未取得机动车维修经营许可,非法从事机动车维修经营的;

(二)使用无效、伪造、变造机动车维修经营许可证件,非法从事机动车维修经营的;

(三)超越许可事项,非法从事机动车维修经营的。

第五十条 违反本规定,机动车维修经营者非法转让、出租机动车维修经营许可证件的,由县级以上道路运输管理机构责令停止违法行为,收缴转让、出租的有关证件,处以 2000 元以上 1 万元以下的罚款;有违法所得的,没收违法所得。

对于接受非法转让、出租的受让方,应当按照第四十九条的规定处罚。

第五十一条 违反本规定,机动车维修经营者使用假冒伪劣配件维修机动车,承修已报废的机动车或者擅自改装机动车的,由县级以上道路运输管理机构责令改正,并没收假冒伪劣配件及报废车辆;有违法所得的,没收违法所得,处违法所得 2 倍以上 10 倍以下的罚款;没有违法所得或者违法所得不足 1 万元的,处 2 万元以上 5 万元以下的罚款,没收假冒伪劣配件及报废车辆;情节严重的,由原许可机关吊销其经营许可;构成犯罪的,依法追究刑事责任。

第五十二条 违反本规定,机动车维修经营者签发虚假或者不签发机动车维修竣工出厂合格证的,由县级以上道路运输管理机构责令改正;有违法所得的,没收违法所得,处以违法所得 2 倍以上 10 倍以下的罚款;没有违法所得或者违法所得不足3000元的,处以5000元以上2万元以下的罚款;情节严重的,由许可机关吊销其经营许可;构成犯罪的,依法追究刑事责任。

第五十三条 违反本规定,有下列行为之一的,由县级以上道路运输管理机构责令其限期整改;限期整改不合格的,予以通报:

(一)机动车维修经营者未按照规定执行机动车维修质量保证期制度的;

(二)机动车维修经营者未按照有关技术规范进行维修作业的;

(三)伪造、转借、倒卖机动车维修竣工出厂合格证的;

(四)机动车维修经营者只收费不维修或者虚列维修作业项目的;

(五)机动车维修经营者未在经营场所醒目位置悬挂机动车维修经营许可证件和机动车维修标志牌的;

(六)机动车维修经营者未在经营场所公布收费项目、工时定额和工时单价的;

(七)机动车维修经营者超出公布的结算工时定额、结算工时单价向托修方收费的;

(八)机动车维修经营者不按照规定建立维修档案和报送统计资料的;

(九)违反本规定其他有关规定的。

第五十四条 违反本规定,道路运输管理机构的工作人员有下列情形之一的,由同级地方人民政府交通主管部门依法给予行政处分;构成犯罪的,依法追究刑事责任:

(一)不按照规定的条件、程序和期限实施行政许可的;

(二)参与或者变相参与机动车维修经营业务的;

(三)发现违法行为不及时查处的;

(四)索取、收受他人财物或谋取其他利益的;

(五)其他违法违纪行为。

第七章 附 则

第五十五条 外商在中华人民共和国境内申请中外合资、中外合作、独资形式投资机动车维修经营的,应同时遵守《外商投资道路运输业管理规定》及相关法律、法规的规定。

第五十六条 机动车维修经营许可证件等相关证件工本费收费标准由省级人民政府财政部门、价格主管部门会同同级交通主管部门核定。

第五十七条 本规定自2005年8月1日起施行。经商国家发展和改革委员会、国家工商行政管理总局同意,1986年12月12日交通部、原国家经委、原国家工商行政管理局发布的《汽车维修行业管理暂行办法》同时废止,1991年4月10日交通部颁布的《汽车维修质量管理办法》同时废止。

附件:1. 机动车维修标志牌(略)

2. 机动车维修竣工出厂合格证(略)

商务部办公厅关于做好报废汽车回收拆解信息统计工作的通知

商建字〔2005〕20号

各省、自治区、直辖市、计划单列市及新疆生产建设兵团商务主管部门:

报废汽车回收拆解信息是做好报废汽车管理工作特别是老旧汽车更新补贴资金发放工作的基础。《商务部办公厅关于加强二手车、报废汽车信息统计工作的通知》(商建字〔2004〕48号,以下简称《通知》)要求,各地报废汽车回收拆解企业应于每月5日之前,将上月信息报送中国物资再生协会,协会汇总后报商务部市场体系建设司。《通知》下发后,大部分汽车报废回收拆解企业能认真执行,但也有一些企业不按规定及时报送信息,有的甚至一直未报送信息,影响了有关工作的开展。

为保证报废汽车回收拆解各项管理工作,特别是保证老旧汽车报废更新补贴工作的顺利进行,各地商务主管部门务必督促汽车报废回收拆解企业,严格按照《通知》规定的时间,及时准确向中国物资再生协会报送信息,并同时报送省级商务主管部门。我们将根据中国物资再生协会提供的全国和分省市报废汽车回收拆解上年度信息统计汇总情况,安排各省市老旧汽车报废更新补贴资金计划。希望各地商务主管部门高度重视，认真落实，避免因未报送或未及时报送有关信息影响老旧汽车报废更新补贴资金发放等工作。

商务部办公厅

二〇〇五年四月六日

缺陷汽车产品召回管理规定

国家质量监督检验检疫总局、国家发展和改革委员会、
商务部、海关总署令 第60号

第一章 总 则

第一条 为加强对缺陷汽车产品召回事项的管理，消除缺陷汽车产品对使用者及公众人身、财产安全造成的危险，维护公共安全、公众利益和社会经济秩序，根据《中华人民共和国产品质量法》等法律制定本规定。

第二条 凡在中华人民共和国境内从事汽车产品生产、进口、销售、租赁、修理活动的，适用本规定。

第三条 汽车产品的制造商（进口商）对其生产（进口）的缺陷汽车产品依本规定履行召回义务，并承担消除缺陷的费用和必要的运输费；汽车产品的销售商、租赁商、修理商应当协助制造商履行召回义务。

第四条 售出的汽车产品存在本规定所称缺陷时，制造商应按照本规定中主动召回或指令召回程序的要求，组织实施缺陷汽车产品的召回。

国家根据经济发展需要和汽车产业管理要求，按照汽车产品种类分步骤实施缺陷汽车产品召回制度。

国家鼓励汽车产品制造商参照本办法规定，对缺陷以外的其他汽车产品质量等问题，开展召回活动。

第五条 本规定所称汽车产品，指按照国家标准规定，用于载运人员、货物，由动力驱动或者被牵引的道路车辆。

本规定所称缺陷，是指由于设计、制造等方面的原因而在某一批次、型号或类别的汽车产品中普遍存在的具有同一性的危及人身、财产安全的不合理危险，或者不符合有关汽车安全的国家标准的情形。

本规定所称制造商，指在中国境内注册，制造、组装汽车产品并以其名义颁发产品合格证的企业，以及将制造、组装的汽车产品已经销售到中国境内的外国企业。

本规定所称进口商，指从境外进口汽车产品到中国境内的企业。进口商视同为汽车产品制造商。

本规定所称销售商，指销售汽车产品，并收取货款、开具发票的企业。

本规定所称租赁商，指提供汽车产品为他人使用，收取租金的自然人、法人或其他组织。

本规定所称修理商，指为汽车产品提供维护、修理服务的企业和个人。

本规定所称制造商、进口商、销售商、租赁商、修理商，统称经营者。

本规定所称车主，是指不以转售为目的，依法享有汽车产品所有权或者使用权的自然人、法人或其他组织。

本规定所称召回，指按照本规定要求的程序，由缺陷汽车产品制造商（包括进口商，下同）选择修理、更换、收回等方式消除其产品可能引起人身伤害、财产损失的缺陷的过程。

第二章 缺陷汽车召回的管理

第六条 国家质量监督检验检疫总局（以下称主管部门）负责全国缺陷汽车召回的组织和管理工作。

国家发展改革委员会、商务部、海关总署等国务院有关部门在各自职责范围内，配合主管部门开展缺陷汽车召回的有关管理工作。

各省、自治区、直辖市质量技术监督部门和各直属检验检疫机构（以上称地方管理机构）负责组织本行政区域内缺陷汽车召回的监督工作。

第七条 缺陷汽车产品召回的期限，整车为自交付第一个车主起，至汽车制造商明示的安全使用期止；汽车制造商未明示安全使用期的，或明示的安全使用期不满10年的，自销售商将汽车产品交付第一个车主之日起10年止。

汽车产品安全性零部件中的易损件，明示的使用期限为其召回时限；汽车轮胎的召回期限为自交付第一个车主之日起3年止。

第八条 判断汽车产品的缺陷包括以下原则：

（一）经检验机构检验安全性能存在不符合有关汽车安全的技术法规和国家标准的；

（二）因设计、制造上的缺陷已给车主或他人造成人身、财产损害的；

（三）虽未造成车主或他人人身、财产损害，但经检测、实验和论证，在特定条件下缺陷仍可能引发人身或财产损害的。

第九条 缺陷汽车产品召回按照制造商主动召回和主管部门指令召回两种程序的规定进行。

制造商自行发现，或者通过企业内部的信息系统，或者通过销售商、修理商和车主等相关各方关于其汽车产品缺陷的报告和投诉，或者通过主管部门的有关通知等方式获知缺陷存在，可以将召回计划在主管部门备案后，按照本规定中主动召回程序的规定，实施缺陷汽车产品召回。

制造商获知缺陷存在而未采取主动召回行动的，或者制造商故意隐瞒产品缺陷的，或者以不当方式处理产品缺陷的，主管部门应当要求制造商按照指令召回程序的规定进行缺陷汽车产品召回。

第十条 主管部门会同国务院有关部门组织建立缺陷汽车产品信息系统，负责收集、分析与处理有关缺陷的信息。经营者应当向主管部门及其设立的信息系统报告与汽车产品缺陷有关的信息。

第十一条 主管部门应当聘请专家组成专家委员会，并由专家委员会实施对汽车产品缺陷的调查和认定。根据专家委员会的建议，主管部门可以委托国家认可的汽车产品质量检验机构，实施有关汽车产品缺陷的技术检测。专家委员会对主管部门负责。

第十二条 主管部门应当对制造商进行的召回过程加以监督，并根据工作需要部署地方管理机构进行有关召回的监督工作。

第十三条 制造商或者主管部门对已经确认的汽车产品存在缺陷的信息及实施召回的有关信息，应当在主管部门指定的媒体上向社会公布。

第十四条 缺陷汽车产品信息系统和指定的媒体发布缺陷汽车产品召回信息，应当客观、公正、完整。

第十五条 从事缺陷汽车召回管理的主管部门及地方机构和专家委员会、检验机构及其工作人员，在调查、认定、检验等过程中应当遵守公正、客观、公平、合法的原则，保守相关企业的技术秘密及相关缺陷调查、检验的秘密；未经主管部门同意，不得擅自泄露相关信息。

第三章 经营者及相关各方的义务

第十六条 制造商应按照国家标准《道路车辆识别代号》（GB/T16735—16738）中的规定，在每辆出厂车辆上标注永久性车辆识别代码（VIN）；应当建立、保存车辆及车主信息的有关记录档案。对上述资料应当随时在主管部门指定的机构备案（见附件1）。

制造商应当建立收集产品质量问题、分析产品缺陷的管理制度，保存有关记录。

制造商应当建立汽车产品技术服务信息通报制度，载明有关车辆故障排除方法，车辆维护、维修方法，服务于车主、销售商、租赁商、修理商。通报内容应当向主管部门指定机构备案。

制造商应当配合主管部门对其产品可能存在的缺陷进行的调查，提供调查所需的有关资料，协助进行必要的技术检测。

制造商应当向主管部门报告其汽车产品存在的缺陷；不得以不当方式处理其汽车产品缺陷。

制造商应当向车主、销售商、租赁商提供本规定附件3和附件4规定的文件，便于其发现汽车产品存在缺陷后提出报告。

第十七条 销售商、租赁商、修理商应当向制造商和主管部门报告所发现的汽车产品可能存在的缺陷的相关信息，配合主管部门进行的相关调查，提供调查需要的有关资料，并配合制造商进行缺陷汽车产品的召回。

第十八条 车主有权向主管部门、有关经营者投诉或反映汽车产品存在的缺陷，并可向主管部门提出开展缺陷产品召回的相关调查的建议。

车主应当积极配合制造商进行缺陷汽车产品召回。

第十九条 任何单位和个人，均有权向主管部门和地方管理机构报告汽车产品可能存在的缺陷。

主管部门针对汽车产品可能存在的缺陷进行调查时，有关单位和个人应当予以配合。

第四章　汽车产品缺陷的报告、调查和确认

第二十条　制造商确认其汽车产品存在缺陷，应当在5个工作日内以书面形式向主管部门报告（书面报告格式见附件2）；制造商在提交上述报告的同时，应当在10个工作日内以有效方式通知销售商停止销售所涉及的缺陷汽车产品，并将报告内容通告销售商。境外制造商还应在10个工作日内以有效方式通知进口商停止进口缺陷汽车产品，并将报告内容报送商务部并通告进口商。

销售商、租赁商、修理商发现其经营的汽车产品可能存在缺陷，或者接到车主提出的汽车产品可能存在缺陷的投诉，应当及时向制造商和主管部门报告（书面报告格式见附件3）。

车主发现汽车产品可能存在缺陷，可通过有效方式向销售商或主管部门投诉或报告（书面报告格式见附件4）。

其他单位和个人发现汽车产品可能存在缺陷应参照上述附件中的内容和格式向主管部门报告。

第二十一条　主管部门接到制造商关于汽车产品存在缺陷并符合附件2的报告后，按照第五章缺陷汽车产品主动召回程序处理。

第二十二条　主管部门根据其指定的信息系统提供的分析、处理报告及其建议，认为必要时，可将相关缺陷的信息以书面形式通知制造商，并要求制造商在指定的时间内确认其产品是否存在缺陷及是否需要进行召回。

第二十三条　制造商在接到主管部门依第二十二条规定发出的通知，并确认汽车产品存在缺陷后，应当在5个工作日内依附件2的书面报告格式向主管部门提交报告，并按照第五章缺陷汽车产品主动召回程序实施召回。

制造商能够证明其产品不需召回的，应向主管部门提供详实的论证报告，主管部门应当继续跟踪调查。

第二十四条　制造商在第二十三条所称论证报告中不能提供充分的证明材料或其提供的证明材料不足以证明其汽车产品不存在缺陷，又不主动实施召回的，主管部门应当组织专家委员会进行调查和鉴定，制造商可以派代表说明情况；

主管部门认为必要时，可委托国家认可的汽车质量检验机构对相关汽车产品进行检验。

主管部门根据专家委员会意见和检测结果确认其产品存在缺陷的，应当书面通知制造商实施主动召回，有关缺陷鉴定、检验等费用由制造商承担。如制造商仍拒绝主动召回，主管部门应责令制造商按照第六章的规定实施指令召回程序。

第五章　缺陷汽车产品主动召回程序

第二十五条　制造商确认其生产且已售出的汽车产品存在缺陷决定实施主动召回的，应当在按本规定第二十条或者第二十三条的要求向主管部门报告，并应当及时制定包括以下基本内容的召回计划，提交主管部门备案：

（一）有效停止缺陷汽车产品继续生产的措施；

（二）有效通知销售商停止批发和零售缺陷汽车产品的措施；

（三）有效通知相关车主有关缺陷的具体内容和处理缺陷的时间、地点和方法等；

（四）客观公正地预测召回效果。

境外制造商还应提交有效通知进口商停止缺陷汽车产品进口的措施。

第二十六条　制造商在向主管部门备案同时，应当立即将其汽车产品存在的缺陷、可能造成的损害及其预防措施、召回计划等，以有效方式通知有关进口商、销售商、租赁商、修理商和车主，并通知销售商停止销售有关汽车产品，进口商停止进口有关汽车产品。制造商须设置热线电话，解答各方询问，并在主管部门指定的网站上公布缺陷情况供公众查询。

第二十七条　制造商依第二十五条的规定提交附件2的报告之日起1个月内，制定召回通知书（见附件5），向主管部门备案，同时告知销售商、租赁商、修理商和车主，并开始实施召回计划。

第二十八条　制造商按计划完成缺陷汽车产品召回后，应在1个月内向主管部门提交召回总结报告（见附件9）。

第二十九条　主管部门应当对制造商采取的主动召回行动进行监督，对召回效果进行评估，并提出处理意见。

主管部门认为制造商所进行的召回未能取得预期效果，可通知制造商再次进行召回，或依法采取其他补救措施。

第六章　缺陷汽车产品指令召回程序

第三十条　主管部门依第二十四条规定经调查、检验、鉴定确认汽车产品存在缺陷，而制造商又拒不召回的，应当及时向制造商发出指令召回通知书（见附件6）。国家认证认可监督管理部门责令认证机构暂停或收回汽车产品强制性认证证书。对境外生产的汽车产品，主管部门会同商务部和海关总署发布对缺陷汽车产品暂停进口的公告，海关停止办理缺陷汽车产品的进口报关手续。在缺陷汽车产品暂停进口公告发布前，已经运往我国尚在途中的，或业已到达我国尚未办结海关手续的缺陷汽车产品，应由进口商按海关有关规定办理退运手续。

主管部门根据缺陷的严重程度和消除缺陷的紧急程度，决定是否需要立即通报公众有关汽车产品存在的缺陷和避免发生损害的紧急处理方法及其他相关信息。

第三十一条　制造商应当在接到主管部门指令召回的通知书之日起5个工作日内，通知销售商停止销售该缺陷汽车产品，在10个工作日内向销售商、车主发出关于主管部门通知该汽车存在缺陷的信息。境外制造商还应在5个工作日内通知进口商停止进口该缺陷汽车产品。

制造商对主管部门的决定等具体行政行为有异议的，可依法申请行政复议或提起行政诉讼。在行政复议和行政诉讼期间，主管部门通知中关于制造商进行召回的内容暂不实施，但制造商仍须履行前款规定的义务。

第三十二条　制造商接到主管部门关于缺陷汽车产品指令召回通知书之日起10个工作日内，应当向主管部门提交符合本规定第二十五条要求的有关文件。

第三十三条　主管部门应当在收到该缺陷汽车产品召回计划后5个工作日内将审查结果通知制造商。

主管部门批准召回计划的，制造商应当在接到批准通知之日起1个月内，依据批准的召回计划制定缺陷汽车产品召回通知书（见附件5），向销售商、租赁商、修理商和车主发出该召回通知书，并报主管部门备案。召回通知书应当在主管部门指定的报刊上连续刊登3期，召回期间在主管部门指定网站上持续发布。

主管部门未批准召回计划的，制造商应按主管部门提出的意见进行修改，并在接到通知之日起10个工作日内再次向主管部门递交修改后的召回计划，直至主管部门批准为止。

第三十四条　制造商应在发出召回通知书之日起，开始实施召回，并在召回计划时限内完成。

制造商有合理原因未能在此期限内完成召回的，应向主管部门提出延长期限的申请，主管部门可根据制造商申请适当延长召回期限。

第三十五条　制造商应自发出召回通知书之日起，每3个月向主管部门提交符合本规定要求（见附件7）的召回阶段性进展情况的报告；主管部门可根据召回的实际效果，决定制造商是否应采取更为有效的召回措施。

第三十六条　对每一辆完成召回的缺陷汽车，制造商应保存符合本规定要求（见附件8）的召回记录单。召回记录单一式两份，一份交车主保存，一份由制造商保存。

第三十七条　制造商按计划完成召回后，应在1个月内向主管部门提交召回总结报告（见附件9）。

第三十八条　主管部门应对制造商提交的召回总结报告进行审查，并在15个工作日内书面通知制造商审查结论。审查结论应向社会公布。

主管部门认为制造商所进行的召回未能取得预期的效果，可责令制造商采取补救措施，再次进行召回。

如制造商对审查结论有异议，可依法申请行政复议或提起行政诉讼。在行政复议或行政诉讼期间，主管部门的决定暂不执行。

第三十九条　主管部门应及时公布制造商在中国境内进行的缺陷汽车召回、召回效果审查结论等有关信息，通过指定网站公布，为查询者提供有关资料。

主管部门应向商务部和海关总署通报进口缺陷汽车的召回情况。

第七章　罚　　则

第四十条　制造商违反本规定第十六条第一、二、三、四款规定，不承担相应义务的，质量监督检验检疫部门应当责令其改正，并予以警告。

第四十一条 销售商、租赁商、修理商违反本规定第十七条有关规定,不承担相应义务的,质量监督检验检疫部门可以酌情处以警告、责令改正等处罚;情节严重的,处以1,000元以上5,000元以下罚款。

第四十二条 有下列情形之一的,主管部门可责令制造商重新召回,通报批评,并由质量监督检验检疫部门处以10,000元以上30,000元以下罚款:

(一)制造商故意隐瞒缺陷的严重性的;

(二)试图利用本规定的缺陷汽车产品主动召回程序,规避主管部门监督的;

(三)由于制造商的过错致使召回缺陷产品未达到预期目的,造成损害再度发生的。

第四十三条 从事缺陷汽车管理职能的管理机构及其工作人员,受其委托进行缺陷调查、检验和认定的工作人员,徇私舞弊,违反保密规定的,给予行政处分;直接责任人徇私舞弊,贪赃枉法,构成犯罪的,依法追究刑事责任。

有关专家作伪证,检验人员出具虚假检验报告,或捏造散布虚假信息的,取消其相应资格,造成损害的,承担赔偿责任;构成犯罪的,依法追究刑事责任。

第八章 附 则

第四十四条 制造商实施缺陷汽车产品召回,不免除车主及其他受害人因缺陷汽车产品所受损害,要求其承担的其他法律责任。

第四十五条 本规定由国家质量监督检验检疫总局、国家发展和改革委员会、商务部、海关总署在各自职责范围内负责解释。

第四十六条 本规定自2004年10月1日起实施。

附件1:

汽车制造商提交备案材料清单

1. 车辆识别信息

1.1 VIN编码规则

1.2 每台车辆的VIN、发动机号、车架号、生产日期及详细配置信息

1.3 整批次车辆配置信息,包括:

1.3.1 发动机类型(汽油或柴油机,汽缸数和排气量等)及型号

1.3.2 变速器类型(手动或主动变速器)及型号

1.3.3 车辆驱动形式(前/后轮,四轮)

1.3.4 制动系统

1.3.5 防抱死制动系统(ABS)和牵引力控制系统

1.3.6 巡航控制系统

1.3.7 气囊和安全带

1.3.8 车轮尺寸、轮胎品牌与型号

1.3.9 车身形式(双门、四门、旅行车、货车、厢式车)

1.3.10 整车质量

1.3.11 车辆尺寸

1.3.12 其它信息

1.4 对于进口或引进车型(含组装和改装车),还应提供该车型在原产地的原型车名称和在世界其它国家销售的车型名称及投放市场时间。提供与该车型同平台生产的其它车辆的名称。

2. 车辆技术资料

2.1 车辆规格与技术参数

2.1.1 发动机型号与技术参数

2.1.2 变速器型号与技术参数

2.1.3 其它系统规格与技术参数

2.1.4 整车车辆型号、技术参数

2.2 技术服务信息通报
2.3 维修手册
2.4 配件目录
3. 经销和售后服务渠道
3.1 各地经销商及维修站的名称、地址、邮政编码、电子邮件、电话、传真和负责人。
3.2 维修站的营业时间和月平均维修能力。
3.3 每台车辆所销往地区及经销商名称。
4. 车主信息
车主的姓名、身份证号、地址、邮政编码、电话和电子邮件，车辆的 VIN 码，车辆购买时间。

附件 2：

制造商关于汽车产品缺陷的报告

国家质量监督检验检疫总局：

根据《缺陷汽车产品召回管理规定》的相关规定，________________（制造商名称）决定将本报告中说明的车辆实施召回，以消除安全缺陷。

1. 制造商信息

企业名称			
地址			
邮政编码		电子邮件	
电话		传真	
网址			
联系人			
电话		传真	
电子邮件			

2. 召回车辆信息
2.1 车辆识别信息

厂牌		
车型		
年款		
型号		
生产日期	起：	止：
VIN 范围	起：	止：
发动机号范围	起：	止：
车架号范围	起：	止：
车辆类型		
车身形式		照片

2.2 车型的特征信息

____

____

____

2.3 召回车辆占该车型总销售量的比例

2.4 涉及到召回的车辆的生产年代和车型信息

车型	生产日期	可能召回的数量

2.5 可能的召回车辆总数

3.缺陷描述

3.1 缺陷所属系统及其位置

____

____

____

3.2 缺陷产生的原因

____

____

____

3.3 缺陷可能导致的后果,并须说明可能产生的危险及其严重程度

____

____

____

3.4 缺陷发生前及发生时车辆的预警和警示信息。如:异响,报警灯等

____

____

____

3.5 如果缺陷的零部件是从其它制造商采购的,提供该制造商的详细信息(名称、地址和联系方式等)以及该制造商的负责人或法定代表人。

企业名称:________地址:________电话:________传真:________企业法人:________电话:________

3.6 缺陷的总结。包括但不仅限于:缺陷报告数量、事故、人员伤亡情况、索赔案件。

3.7 缺陷鉴定检测的数据或报告(必要时随附件提供)。

____

____

4.缺陷的补救措施

4.1 制造商对缺陷的消除方法(必要时随附件提供)

____

____

4.2 用于维修的零部件与被召回的零部件的主要区别

____

____

4.3 正在生产的涉及到召回的产品的缺陷是如何及何时修正的

____

____

5.召回日程

说明召回的时间安排,注意说明召回执行过程中可能出现的问题。

____

____

企业名称(签章)

日 期

附件 3：

销售商、租赁商和修理商关于汽车产品缺陷的报告

国家质量监督检验检疫总局：

根据《缺陷汽车产品召回管理规定》的相关规定，(销售商/租赁商/修理商名称)发现报告中说明的车型可能存在安全缺陷。

1. 销售商/租赁商/修理商信息

企业名称			
地址			
邮政编码		电子邮件	
电话	传真		
联系人			
电话		传真	
电子邮件			

2. 车辆信息：

2.1　车辆识别信息

厂牌	
车型	
年款	
型号	
车辆类型	
车身形式	

2.2　车型的特征信息：

2.3　缺陷车辆档案：

生产日期	VIN 编码	发动机号	车架号

3. 缺陷描述：

3.1　缺陷的详细信息，所属系统及其位置

3.2　可能导致缺陷的原因

3.3　缺陷导致的后果，包括：发生缺陷车辆的数量、事故、人员伤亡情况、索赔案件，说明可能产生的不合理危险及其严重程度

3.4 缺陷发生前及发生时车辆的预警和警示信息。如:异响,报警灯等。

企业名称(签章)
日 期

附件4:

车主关于汽车产品缺陷的报告

1. 车主信息

姓名(企业名称)			
证件号码		联系人*	
地址			
邮政编码		电子邮件	
电话		传真	

注:*车主为自然人在证件号码栏中填写身份证号或护照号;车主为企事业单位的填写企业代码或法人代码。

2. 车辆信息

厂牌			
车型			
年款		型号	
发动机号		车架号	
VIN 编码			
车辆类型*		车身形式*	
生产日期		购买日期	
行驶里程		是否为二手车	A、是 B、否
发动机排量*	汽缸数*		
驱动形式*		是否安装 ABS*	A、是 B、否
安全带形式*		安全气囊形式*	
车身形式*			

注:*可以不填写
车身形式指:双门、四门、旅行车、货车、厢式车等。
驱动形式指:前/后、四轮

3. 销售商信息

企业名称			
地址			
邮政编码		电子邮件	
电话		传真	

4. 缺陷描述
缺陷所在的系统(如:制动系统、转向系统等)及相关描述

____

____

5. 发现缺陷的状态

时间：

车辆里程：

车速：

其它：

____

____

6. 是否与制造厂或我国管理召回的主管部门有过接触

A. 是　　　B. 否

7. 交通事故描述

是否发生碰撞或起火：

哪个气囊膨开：

伤亡人数：

估计的直接经济损失：

其它：

8. 轮胎问题描述(如果存在)：

____

____

车主(签章)

日　期

附件 5：

缺陷汽车产品召回行动计划书缺陷汽车产品召回通知书的内容

(销售商/租赁商/修理商/车主)：

经确认，__________(制造商名称)生产的部分车型存在缺陷。根据《缺陷汽车产品召回管理规定》的相关规定，我公司决定将本通知中说明的车辆实施召回，以消除安全缺陷。

1. 召回车辆信息

1.1　车辆识别信息

厂牌		
车型		
年款		
型号		
生产日期	起：	止：
VIN 范围	起：	止：
发动机号范围	起：	止：
车架号范围	起：	止：
车辆类型		
车身形式		照片

1.2　车型的特征信息

____

____

1.3　涉及到召回的车辆的生产年代和车型信息

车型	生产日期	可能召回的数量

2. 缺陷描述

2.1 缺陷可能导致的后果,可能产生的危险及其严重程度

2.2 缺陷发生前及发生时车辆的预警和警示信息。如:异响,报警灯等

2.3 应注意的可能引致危险的操作及其他情况

2.4 在召回之前为避免缺陷引致的危险建议车主应采取的预防措施

3. 召回措施的具体内容

3.1 消除缺陷所采取的具体措施

通过修理、更换等方式消除相关缺陷,并说明上述召回措施对车主是免费的;

3.2 召回措施的实施计划

如:召回开始和结束日期,修理、更换或者收回地点,制造商指定或者推荐的维修商等;

3.3 缺陷消除缺陷所需的工作量和时间

3.4 其他信息

包括:在采用修理措施消除缺陷时,应向指定或推荐的修理维修商提供的所需修理的零部件名称、型号和数量及其他技术资料的获取途径;采用更换措施消除缺陷时,对汽车及零部件的更换加以说明;采用退货措施时,对退还价格的说明。

召回企业(签章)

日 期

附件6:

缺陷汽车产品政府指令召回通知书

编号〔200 〕 号

(一)(制造商名称、国别)

你公司制造的 车型(生产年份)经判别,存在缺陷,根据《缺陷汽车产品召回管理规定》第六章第三十一条的规定,责令你公司立即采取召回行动,并立即通知有关销售商停止销售该型号汽车产品。请于 年 月 日前将该车型的召回计划报国家质量监督检验检疫总局。如果有异议,可按照《行政诉讼法》的规定提出行政复议。

(二)(缺陷描述)

签发人: 签发日期:

附件7:

缺陷汽车产品召回阶段性进展报告

国家质量监督检验检疫总局:

根据《缺陷汽车产品召回管理规定》的相关规定,______________(制造商名称)现提交本次召回阶段性进展报告。

1. 已召回车辆数量
2. 已召回车辆占应召回车辆比例
3. 已召回车辆地区分布
4. 是否已经发生事故
5. 后期召回计划(如有变更)
6. 其他情况

企业名称(签章)
日 期

附件 8:

缺陷汽车产品召回记录单

召回编号:
召回记录单编号:
召回日期:
序号:

车辆信息	制造商	
	车型	
	VIN 编号	
	发动机号	
	车架号	
车主信息	车主姓名	
	身份证号	
	联系电话	
	通信地址	
	购买时间	
缺陷处理	企业名称	
	处理方式	A. 维修 B. 零件更换 C. 整车回收
	备注	

车主(签字): 召回企业(签章):

附件 9:

缺陷汽车产品召回情况总结报告

(一)缺陷汽车产品产生的原因;
(二)召回计划的实施的详细情况,包括召回的具体技术措施和方法;
(三)缺陷产品的销售范围和数量;
(四)召回效果,包括已召回并消除缺陷的和仍未召回的产品数量;
(五)对尚未召回的缺陷汽车产品的原因的说明,及所要采取的针对性措施;
(六)对防止同样缺陷产品再次发生和对召回行动改进的建议。

企业名称(签章)

日 期

国家经济贸易委员会关于贯彻《报废汽车回收管理办法》的实施意见

国经贸资源〔2001〕900 号

各省、自治区、直辖市、计划单列市及新疆生产建设兵团经贸委（经委）、监察局、公安厅（局）、工商行政管理局、有关地方商委（行业办）：

2001 年 6 月 16 日，《报废汽车回收管理办法》（国务院令第 307 号，以下简称《办法》）公布。现就贯彻落实《办法》，做好报废汽车回收监督管理工作提出如下实施意见：

一、提高认识，增强做好报废汽车回收管理工作的责任感

当前，报废汽车回收拆解秩序混乱，一些单位和个人擅自出售报废汽车"五大总成"甚至整车的现象比较普遍，这是非法拼装车泛滥的重要原因之一，扰乱了正常的经济秩序，危害了人民群众的生命财产安全，给道路交通安全造成了极大威胁，也影响了汽车工业的健康发展。为加强对报废汽车回收管理，规范报废汽车回收行为，国务院制定了《报废汽车回收管理办法》。各级政府及有关部门要从实践江泽民总书记"三个代表"重要思想的高度，以对人民群众高度负责的态度，充分认识这项工作的重要性，增强责任感，切实加强对报废汽车回收管理工作的领导。

二、认真履行职责，坚持依法行政

为确保《办法》的贯彻落实，各级经贸、监察、公安、工商等部门要明确责任，密切配合，形成合力，认真做好报废汽车回收的监督管理工作。

（一）省（区、市）经贸部门要根据国家经贸委下发的报废汽车回收总量控制方案，认真组织报废汽车回收企业资格认定工作，做到公开、公正。对不符合条件的，不得颁发《报废汽车回收企业资格认定书》（以下简称《资格认定书》）；发放《资格认定书》的有关情况，应及时抄送省（区、市）公安机关治安部门备案；会同公安机关建立报废汽车回收管理信息系统，实现报废汽车回收过程实时控制，杜绝报废汽车及"五大总成"流入社会，堵塞盗窃、抢劫机动车辆的销赃渠道；积极探索治本措施，引导钢铁企业与回收企业联营或采取股份制等形式，规范报废汽车回收行为，形成报废汽车回收拆解处理良性运行机制。

（二）县级人民政府公安机关负责对取得《资格认定书》的企业核发《特种行业许可证》。公安机关应当自收到申请之日起 15 个工作日内，按照有关规定完成治安安全条件审核工作。符合条件的，颁发《特种行业许可证》；不符合条件的，驳回申请并说明理由。对没有取得《资格认定书》的企业，不得颁发《特种行业许可证》。

公安机关应当严格按照《废旧金属收购业治安管理办法》和《机动车修理业报废机动车回收业治安管理办法》有关规定，督促报废汽车回收企业建立健全并认真落实治安防范、查验登记和可疑情况报告等规章制度，并进行经常性的治安检查；上级公安机关应加强业务指导、监督检查和考核工作。

每年年末，公安交通管理部门要及时将下一年度报废汽车车主、车型、具体车牌号等情况通报当地经贸部门，并采取措施，确保报废汽车交售给有资格的回收企业拆解。有条件的地方，可与回收企业合署办公，以方便车主办理车辆报废手续。为使有关单位和个人了解汽车报废的程序及要求，各地公安交通管理部门应将汽车报废回收的要求纳入车辆年检的内容。

（三）工商行政管理部门要切实加强对报废汽车回收经营活动的监督管理，对没有取得报废汽车回收企业《资格认定书》和《特种行业许可证》的，不得颁发营业执照；对擅自回收报废汽车的企业和个人，或以各种形式出现的报废汽车回收拆解市场，应在经贸、公安、质检等部门的密切配合下，坚决予以取缔。

（四）监察部门要加强对报废汽车回收监督管理部门及行政人员的监督，坚决纠正和查处违反规定擅自批准报废汽车回收拆解企业或报废汽车回收拆解市场等行为，以及有法不依、执法不严、对非法从事报废汽车回收、拆解、拼装行为打击不力的问题。要认真受理群众的投诉和举报，建立与业务主管部门的案件移送制度，对已经掌握的案件线索，要严格按照有关程序调查处理，对业务主管部门自查的案件，要积极给予支持和配合。

三、加大宣传和培训力度，提高广大人民群众贯彻《办法》的自觉性

各级经贸、公安和工商行政管理部门要组织本系统有关人员，有计划、分步骤地开展宣传和培训活动，提高行政管理人员的政策水平。要加大对《办法》的宣传力度，做到家喻户晓，提高广大人民群众贯彻《办法》的自觉性。要充分发挥新闻媒体的作用，对违法行为及时揭露、曝光，形成广泛的舆论监督声势。

道路运输车辆维护管理规定

1998 年 3 月 4 日中华人民共和国交通部令第 2 号发布
根据 2001 年 8 月 20 日中华人民共和国交通部令第 4 号公布的
《关于修改〈道路运输车辆维护管理规定〉的决定》修正

第一章 总 则

第一条 为加强道路运输车辆管理，保持车辆技术状况良好，确保运行安全，保护环境，降低运行消耗，提高运输质量，根据国家有关规定，制定本规定。

第二条 车辆维护制度是贯彻安全第一、预防为主的方针，保障汽车运行安全的基本制度。车辆维护是指道路运输车辆运行到国家有关标准规定的行驶里程或间隔时间，必须按期执行的维护作业。

第三条 本规定适用于在中华人民共和国境内，从事道路客货运输的经营业户（单位或个人）、汽车维修一、二类企业及汽车综合性能检测站。

第四条 各级交通行政主管部门归口管理辖区内道路运输车辆的维护管理工作，各级道路运输管理机构负责组织实施。

第二章 道路运输车辆维护

第五条 道路运输车辆的维护分为：日常维护、一级维护、二级维护。

日常维护是由驾驶员每日出车前、行车中和收车后负责执行的车辆维护作业。其作业中心内容是清洁、补给和安全检视。

一级维护是由维修企业负责执行的车辆维护作业。其作业中心内容除日常维护作业外，以清洁、润滑、坚固为主，并检查有关制动、操纵等安全部件。

二级维护是由维修企业负责执行的车辆维护企业。其作业中心内容是除一级维护作业外，以检查、调整转向节、转向摇臂、制动蹄片、悬架等经过一定时间的使用容易磨损或变形的安全部件为主，并拆检轮胎，进行轮胎换位。二级维护必须按期执行。

第六条 道路运输经营业户和驾驶员，必须按国家或行业有关标准规定的行驶里程或间隔时间，对车辆进行维护作业，进口车辆及特种车辆按出厂说明书的规定执行。

第七条 道路运输经营业户，可以自主选择经道路运输管理机构资质认定的二类以上的汽车维修企业进行维护作业。危险品运输车辆必须到具备危险品运输车辆修理条件的维修企业进行维护作业。

第八条 经道路运输管理机构资质认定，达到二类以上汽车维修企业开业条件的道路运输经营业户，可以对本单位的车辆进行维护作业。

第九条 凡从事道路运输车辆维护作业的维修企业（以下简称维修企业），应遵守国家有关法规、标准，按规定的作业规范或说明书进行作业，不得漏项或减项作业。

第十条 维修企业实行车辆维修合同制，承修方与托修方应签订维修合同，并实行竣工上线检测制度、出厂合格证制度和质量保证制度。

第十一条 维修企业应与经道路运输管理机构资质认定的汽车综合性能检测站签订二级维护竣工检测委托合同书。

第十二条 维修企业应配备专职的质量检验员和价格结算人员。质量检验员及价格结算人员必须经过培训，考核合格持证上岗。

第十三条 维修企业及价格结算人员，应严格执行当地交通部门制定的工时定额，并严格按当地交通部门会同物价部门制定的工时费率标准收取工时费。

第三章 道路运输车辆二级维护检测

第十四条 道路运输车辆二级维护检测分为三类：

(一)二级维护前的诊断检测,主要是针对驾驶员的反映和车辆的外检情况,应用仪器、设备对车辆进行不解体诊断检测,以确定二级维护的附加作业项目。由维护企业按标准来执行,出具的诊断报告,作为签订维护合同的依据之一。

(二)二级维护作业过程中的检测,主要是对二级维护生产过程中的车辆维修质量进行跟踪检测,发现问题及时解决,由维修企业按标准进行,并作出检测记录。

(三)二级维护竣工检测主要是对二级维护及其附加作业项目的作业质量进行检测评定,由汽车综合性能检测站按标准进行,出具的检测报告,作为维修企业的质量检验员签发出厂合格证的依据之一。

第十五条 汽车综合性能检测站应配备技术负责人、质量负责人和专职的检测员,并必须经过培训,考核合格并取得证书后方可上岗。

第十六条 汽车综合性能检测站应严格执行交通部门制定的有关检测标准、规范和程序,由技术负责人签发检测报告。汽车综合性能检测站应严格按当地交通部门会同物价部门制定的检测费标准收取检测费。

第四章 管理与监督检查

第十七条 道路运输经营业户,必须按国家有关规定执行车辆维护制度,并加强管理。车辆的二级维护由各级道路运输管理机构负责监督管理。

第十八条 车辆二级维护出厂前,须进行竣工检测,并由维修企业的质量检验员审验合格后,签发出厂合格证。维修企业应开具统一规定的汽车维修项目、费用清单和结算凭证。

第十九条 道路运输经营业户应持出厂合格证到当地道路运输管理机构审核备案。实行了计算机联网的地区,应实现车辆技术管理及信息传递的自动化。

第二十条 从事驻地运输超过三个月的车辆,车主应持车籍地道路运输管理机构的委托书,纳入驻在地车辆维护的管理。

第二十一条 对车辆二级维护执行情况的监督应在车站、货场和车辆所属道路运输经营业户驻地进行。对达到二级维护里程或间隔时间的车辆,道路运输经营业户应自觉按时维护,道路运输管理机构要及时督促道路运输经营业户按时维护。

第二十二条 道路运输经营业户年度审验时应出示车辆二级维护出厂合格证(已审核备案的除外)。

第二十三条 对维修企业,主要检查其执行国家有关车辆维护规范的情况、经营行为、在质量保证期内的返修率和质量监督抽查上线检测一次合格率。质量保证期内的车辆返修率应低于5%,质量监督抽查上线检测一次合格率应不低于85%。

第二十四条 对汽车综合性能检测站,主要检查二级维护竣工检测标准及项目的执行情况和经营行为。

第五章 罚 则

第二十五条 对违反本规定的单位和个人,由交通行政主管部门(或其委托的道路运输管理机构)按有关行政处罚规定予以处罚。

第六章 附 则

第二十六条 各省、自治区、直辖市交通厅(局、委)可根据本地实际情况制定实施细则。

第二十七条 非营运车辆可参照本规定执行。

第二十八条 本规定由中华人民共和国交通部负责解释。

第二十九条 本规定自一九九八年四月一日起施行。以前有关规定与本规定相抵触的按本规定执行。

公安部关于实施《关于调整汽车报废标准若干规定的通知》有关问题的通知

公交管〔2001〕2号

各省、自治区、直辖市公安厅、局,新疆生产建设兵团公安局:

根据国家经济贸易委员会等4部委《关于调整汽车报废标准若干规定的通知》(国经贸资源〔2000〕1202

号）精神，现将实施调整后的汽车报废标准有关问题通知如下：

一、旅游载客汽车和9座以上非营运载客汽车达到报废标准后要求继续使用的，按照公安部《关于实施〈汽车报废标准〉有关事项的通知》（公交管〔1997〕261号）第二条规定审批。旅游载客汽车每年定期检验4次；9座以上非营运载客汽车每年定期检验2次，超过15年的，从第16年起每年定期检验4次。

二、9座（含9座）以下非营运载客汽车达到报废标准后要求继续使用的，不需要审批。每年定期检验2次，超过20年的，从第21年起每年定期检验4次。

（相关资料：裁判文书1篇）

三、上述车辆定期检验时，连续3次检验都不符合国家标准《机动车运行安全技术条件》（GB 7258）规定的，公安交通管理部门应当收回机动车号牌和《机动车行驶证》，通知机动车所有人办理注销登记。

四、上述车辆达到报废标准后，公安交通管理部门不得办理注册登记和转籍过户登记。

五、2000年12月18日之前，应当按照原报废标准报废但未办理完毕注销登记的车辆，比照《关于调整汽车报废标准若干规定的通知》（国经贸资源〔2000〕1202号）规定执行。

六、右置方向盘汽车报废的管理，按照公安部《关于加强右置方向盘汽车管理的通知》（公交管〔2000〕183号）规定执行。本通知未涉及的其他规定，按照公安部《关于实施〈汽车报废标准〉有关事项的通知》（公交管〔1997〕261号）执行。本通知自发布之日起实施。

二〇〇一年一月六日

国家经济贸易委员会、国家发展计划委员会、公安部、国家环境保护总局关于调整汽车报废标准若干规定的通知

国经贸资源〔2000〕1202号

各省、自治区、直辖市、计划单列市及新疆生产建设兵团经贸委（经委）、计委、公安厅（局）、环境保护局（厅）、汽车更新领导小组办公室：

为了鼓励技术进步、节约资源，促进汽车消费，现决定将1997年制定的汽车报废标准中非营运载客汽车和旅游载客汽车的使用年限及办理延缓的报废标准调整为：

一、9座（含9座）以下非营运载客汽车（包括轿车、含越野型）使用15年。

（相关资料：裁判文书4篇）

二、旅游载客汽车和9座以上非营运载客汽车使用10年。

三、上述车辆达到报废年限后需继续使用的，必须依据国家机动车安全、污染物排放有关规定进行严格检验，检验合格后可延长使用年限。但旅游载客汽车和9座以上非营运载客汽车可延长使用年限最长不超过10年。

四、对延长使用年限的车辆，应当按照公安交通管理部门和环境保护部门的规定，增加检验次数。一个检验周期内连续三次检验不符合要求的，应注销登记，不允许再上路行驶。

五、营运车辆转为非营运车辆或非营运车辆转为营运车辆，一律按营运车辆的规定报废。

（相关资料：地方法规1篇 裁判文书2篇）

六、本通知没有调整的内容和其他类型的汽车（包括右置方向盘汽车），仍按照国家经贸委等部门《关于发布〈汽车报废标准〉的通知》（国经贸经〔1997〕456号）和《关于调整轻型载货汽车报废标准的通知》（国经贸经〔1998〕407号）执行。

七、本通知所称非营运载客汽车是指：单位和个人不以获取运输利润为目的的自用载客汽车；旅游载客汽车是指：经各级旅游主管部门批准的旅行社专门运载游客的6用载客汽车。

八、本通知自发布之日起施行。

二〇〇〇年十二月十八日

对外经济贸易合作部、国家经贸委、财政部、公安部、国家工商局、海关总署关于执行《关于禁止非法拼(组)装汽车、摩托车的通告》的实施细则

外经贸机电发〔1999〕第628号

第一条　根据《关于禁止非法拼(组)装汽车、摩托车的通告》,制定本实施细则。

第二条　国家机械工业局负责对现行《全国汽车、民用改装车和摩托车生产企业及产品目录》(以下简称《目录》)进行整顿,并尽快修改制定新的《目录管理办法》。

第三条　申请进口汽车、摩托车关键件的生产企业,根据国家批准项目确定的车型,按照机电产品进口管理渠道和程序,向对外贸易经济合作部(以下简称"外经贸部")提出进口汽车、摩托车关键件的申请。

外经贸部审批进口汽车、摩托车关键件并签发《进口配额证明》或《机电产品进口登记表》,实行一型一证。

《进口配额证明》和《机电产品进口登记表》不得更改。

第四条　外经贸部及其授权的许可证发证机关凭《进口配额证明》发放《进口许可证》,并在备注栏内注明《进口配额证明》的编号。

不得越权发放《进口许可证》;越权发放的,要追究主管单位和当事者的责任。

第五条　申请进口汽车、摩托车关键件的生产企业,向国家限定的汽车、摩托车零件报关口岸办理进口报关纳税手续。

海关凭《进口配额证明》和《进口许可证》或《机电产品进口登记表》验放汽车、摩托车关键件,并签发《关税缴纳证明书》和《货物进口证明书》,实行一型一证。

第六条　凡未持有效《进口配额证明》和《进口许可证》或《机电产品进口登记表》的,或在非指定港口接卸进口汽车、摩托车关键件的,由海关按海关法等有关规定予以处罚。

第七条　下列情况之一者,属非法拼(组)装汽车、摩托车行为:

一、未列入《目录》的企业利用进口关键件组装生产汽车、摩托车的;

二、列入《目录》的企业利用进口关键件组装生产汽车、摩托车,但未经国家批准立项的;或虽经国家批准列项但不能提供外经贸部签发的《进口配额证明》或《机电产品进口登记表》以及许可证发证机关签发的《进口许可证》和海关签发的《关税缴纳证明书》、《货物进口证明书》的;

三、虽持有上述证明文件,但生产的产品与批准进口的车型、数量、规格或用途不符的,或不按规定使用上述证明文件的;

四、生产企业采用国家批准的进口关键总成生产的汽车、摩托车,其关键总成和非关键进口件的总价值超过原进口车型60%,又无整车进口证明和按整车完税证明的。

第八条　国家禁止进口右置方向盘汽车和二手(旧)汽车、二手(旧)摩托车,执法部门一经发现,应按照走私予以没收,并拆解,不得以整车形式销售;公安交通管理部门对以上车辆不予办理牌证。国家不再批准进口用于维修的汽车车身。

第九条　对以废钢铁名义进口的旧汽车及其部件,必须压扁后才能进口,并实行裸装,否则海关不予接受报关。

第十条　国家工商行政管理局对利用进口汽车车身、发动机和摩托车车架、发动机生产的车辆实行号码备案制。列入《目录》的企业,利用上述进口件生产车辆的,须持《进口配额证明》和《进口许可证》或《机电产品进口登记表》以及《货物进口证明书》和《关税缴纳证明书》,将合法生产的汽车车辆识别号(或底盘号)和发动机号码,摩托车车架号及发动机号码报国家工商行政管理局备案,以备办案查询。

第十一条　走私、无进口证明、非法拼(组)装车辆套用国产车商标、国产车《合格证》的,是套用国产车《目录》行为,按走私、无进口证明、非法拼(组)装车辆予以没收。

国家机械工业局对易被套用《目录》内的国产车辆的车型,实行车辆识别号码备案制。具体办法由国家机械工业局商公安部另行制定。

第十二条 公安交通管理部门对国家批准利用进口关键件组装的汽车、摩托车和易被套用国产车《目录》的汽车、摩托车,根据国家机械工业局颁发的《目录》及配套光盘数据,办理注册登记。对不符合规定的车辆予以没收。

公安交通管理部门发现有非法拼(组)装或有套用《目录》嫌疑的车型,应及时向国家机械工业局查询取证。

第十三条 公安、海关、工商行政管理等执法部门查获的非法拼(组)装车辆一律没收,由查获的部门处理。各执法部门按照公安部、海关总署、国家工商行政管理局《关于启用新版〈没收走私汽车、摩托车证明书〉的通知》(公通字〔1995〕20号)的规定办理没收手续和申领没收的非法拼(组)装车辆的证明书,为了便于管理非法拼(组)装车辆的证明书,其证明书也使用《没收走私汽车、摩托车证明书》,一车一证。

第十四条 《没收走私汽车、摩托车证明书》由国家工商局、海关总署、公安部按系统审核发放。海关总署、国家工商局每月将发放的《没收走私汽车、摩托车证明书》的数量、编号、车牌型号、车身颜色、发动机号码、底盘(车架)号码、裁定没收证明文书编号、签发日期等情况汇总后送公安部,公安部汇总后通过《全国进口机动车计算机核查系统》通报各地公安交通管理部门。

第十五条 执法部门没收的非法拼(组)装汽车、摩托车,要按照《公安部、海关总署、国家工商行政管理局关于贯彻实施〈国务院办公厅关于加强进口汽车牌证管理的通知〉有关问题的通知》(公发〔1993〕7号)的规定,交由国家指定的销售部门统一销售。禁止销售给从事非法拼(组)装汽车、摩托车的当事人。

第十六条 对没收处理的非法拼(组)装汽车、摩托车,公安交通管理部门凭《没收走私汽车、摩托车证明书》和国家指定销售部门的销售发票,并与公安部的通报核实无误后,办理注册登记。对不具备上述手续的车辆,公安交通管理部门不予办理注册登记,并按规定予以没收。

公安交通管理部门对这些车辆按没收走私汽车、摩托车的有关规定进行统计。

第十七条 对生产和买卖非法拼(组)装汽车、摩托车的,视情节应当给予下列处罚:

一、工商行政管理机关查扣非法拼(组)装汽车、摩托车,没收全部销售货款、未销售的车辆及进口的汽车、摩托车关键件;

二、工商行政管理机关对于从事生产和经销非法拼(组)装汽车、摩托车的单位,给予生产或经销金额一倍以上的罚款。情节严重者,吊销其营业执照;

三、对于构成犯罪的有关人员,移送司法部门依法追究刑事责任;

四、国家机械工业局对《目录》内企业从事非法拼(组)装汽车、摩托车的,或以出卖、提供本企业的产品商标、名称、型号和产品合格证等方式参与非法拼(组)装汽车、摩托车的,分别处以取消该车型产品目录、取消部分车型产品目录、直至取消生产企业及产品目录。

对伪造、变造、买卖《进口配额证明》、《机电产品进口登记表》、《进口许可证》、《关税缴纳证明书》、《货物进口证明书》和《没收走私汽车、摩托车证明书》的,按《刑法》第二百八十条的规定处罚。

对转让、涂改、冒用上述证件的,按其它有关规定处理。

第十八条 非法拼(组)装车辆的没收款和罚款的上缴,应按照财政部《罚没财物和追回赃款赃物管理办法》〔(86)财预字第228号〕、《罚款代收代缴管理办法》(财预字〔1998〕201号)规定执行。

第十九条 工商行政管理、公安和海关等执法部门要相互配合,及时交换情况信息,共同做好打击非法拼(组)装汽车、摩托车的工作。

第二十条 执法部门的工作人员违犯本细则,利用职权徇私舞弊、玩忽职守的,根据情节给予行政处分,触犯刑律的,移送司法机关,依法追究刑事责任。

第二十一条 本细则所指汽车、摩托车关键件是指汽车底盘、汽车车身(含驾驶室)及发动机和摩托车车架及发动机。

第二十二条 以前各部门所发文件与本《实施细则》相抵触的,以本《实施细则》规定为准。

第二十三条 本细则由对外贸易经济合作部会同有关部门负责解释。

第二十四条 本细则自2000年1月1日起施行。

机动车修理业、报废机动车回收业治安管理办法

公安部令　第38号

第一条　为了加强对机动车修理业、报废机动车回收业的治安管理，保护合法经营，预防、打击违法犯罪活动，根据国家有关法律、法规制定本办法。

第二条　机动车修理业、报废机动车回收业的治安管理，适用本办法。

第三条　对机动车修理企业和个体工商户、报废机动车回收企业的治安管理，由所在地市、县公安局、城市公安分局负责。

公安机关应当对机动车修理企业和个体工商户、报废机动车回收企业的治安情况进行检查，对发现的治安问题及时处理。

第四条　机动车修理企业和个体工商户、报废机动车回收企业的法定代表人或经营负责人是本单位的治安责任人，负责本单位的治安防范工作，并履行下列义务：

（一）制定并落实各项治安防范制度；

（二）发现可疑情况和盗窃、抢劫、销赃等违法犯罪线索及时报告公安机关；

（三）监督做好查验、登记工作；

（四）对公安机关检查发现的治安隐患及时改正。

治安责任人的责任，不得因承包、租赁经营等原因转移给他人。承包、租赁经营负责人在承包、租赁期间应同时承担前款规定的治安责任。

第五条　严禁利用机动车修理业、报废机动车回收业进行走私、销赃等违法犯罪活动。

第六条　机动车修理企业和个体工商户、报废机动车回收企业，必须建立承修登记、查验制度，并接受公安机关的检查。

第七条　机动车修理企业和个体工商户承修机动车应如实登记下列项目：

（一）按照机动车行驶证项目登记送修车辆的号牌、车型、发动机号码、车架号码、厂牌型号、车身颜色；

（二）车主名称或姓名、送修人姓名和居民身份证号码或驾驶证号码；

（三）修理项目（事故车辆应详细登记修理部位）；

（四）送修时间、收车人姓名。

第八条　报废机动车回收企业回收报废机动车应如实登记下列项目：

（一）报废机动车车主名称或姓名、送车人姓名、居民身份证号码；

（二）按照公安交通管理部门出具的机动车报废证明登记报废车车牌号码、车型、发动机号码、车架号码、车身颜色；

（三）收车人姓名。

第九条　机动车修理企业和个体工商户承修更换发动机或车身（架）、改装车型、改变车身颜色等项目的，必须查验公安交通管理部门出具的机动车变更、改装审批证明。

报废机动车回收企业回收报废机动车，必须查验公安交通管理部门出具的机动车报废证明。

第十条　机动车修理企业和个体工商户承修车辆、报废机动车回收企业回收报废机动车时，发现下列可疑情况，应立即报告当地公安机关：

（一）证明、证件有变造、伪造痕迹的；

（二）送修车辆与机动车行驶证或回收车辆与报废证明不符的；

（三）车辆发动机号码、车架号码有改动痕迹或车辆有其他明显改动、破坏痕迹的；

（四）送修人要求更改发动机号码、车架号码的；

（五）公安机关查控的机动车辆；

（六）交通肇事逃逸嫌疑车辆及其他可疑情况。

第十一条　公安机关在接到报告后，应在48小时内作出处理决定。对有赃物嫌疑的，公安机关应当予以扣留，并开具凭证。经查明确属赃物的，依照国家有关规定处理；不是赃物的，应及时退还。

公安机关在规定的期限内没有作出处理决定的，承修单位可以按正常业务办理。

（相关资料：地方法规 1 篇）

第十二条 机动车修理企业和个体工商户严禁从事下列活动：

（一）明知是盗窃、抢劫所得机动车而予以改装、拼装、倒卖；

（二）无公安交通管理部门出具的机动车变更、改装审批证明而更换发动机、车身（架）、改装车型、改变车身颜色；

（三）更改发动机号码或车架号码；

（四）回收报废机动车；

（五）非法拼（组）装汽车、摩托车；

（六）明知是交通肇事逃逸车辆未向公安机关报告而修理的。

第十三条 报废机动车回收企业严禁从事下列活动：

（一）明知是盗窃、抢劫所得机动车而予以拆解、改装、拼装、倒卖；

（二）回收无公安交通管理部门出具的机动车报废证明的机动车的；

（三）利用报废机动车拼装整车。

第十四条 承修机动车或回收报废机动车不按规定如实登记的，对机动车修理企业和个体工商户处 500 元以上 3000 元以下罚款；对报废机动车回收企业按照《废旧金属收购业治安管理办法》第十三条第五项规定处罚。

对前款机动车修理企业和报废机动车回收企业直接负责的主管人员和其他直接责任人员处警告或 500 元以下罚款。

第十五条 机动车修理企业和个体工商户、报废机动车回收企业明知是盗窃、抢劫所得机动车而予以拆解、改装、拼装、倒卖的，对其直接负责的主管人员和其他直接责任人员依照国家有关规定追究刑事责任；尚不构成犯罪的，依照《中华人民共和国治安管理处罚条例》予以处罚。

第十六条 承修无公安交通管理部门出具的车辆变更、改装审批证明更换发动机、车身（架）、改装车型、改变车身颜色的车辆或明知是交通肇事逃逸车辆未向公安机关报告而修理的，对机动车修理企业和个体工商户处 5000 元以上三万元以下罚款；回收无报废证明的机动车的，对报废机动车回收企业处 5000 元以上三万元以下罚款。

对前款机动车修理企业和报废机动车回收企业直接负责的主管人员和其他直接责任人员处警告或 2000 元以下罚款。

第十七条 对更改发动机号码、车架号码的机动车修理企业和个体工商户，处 5000 元以上三万元以下罚款；对机动车修理企业和报废机动车回收企业直接负责的主管人员和其他直接责任人员处警告或 2000 元以下罚款，构成犯罪的依法追究刑事责任。

第十八条 对机动车修理企业和个体工商户回收报废机动车的，按照《废旧金属收购业治安管理办法》第十三条第一项规定没收非法回收的报废机动车及非法所得，可以并处 5000 元以上一万元以下罚款。

第十九条 对非法拼（组）装汽车、摩托车的，按照国务院批准的《关于禁止非法拼（组）装汽车、摩托车的通告》的规定处理。

第二十条 对机动车修理企业和个体工商户、报废机动车回收企业违反本办法有关规定，情节严重或屡次违反规定不予改正的，会同有关部门吊销有关证照。

第二十一条 对执行本办法协助公安机关查获违法犯罪分子作出显著成绩的单位和个人，由公安机关给予表彰。

第二十二条 本办法所称机动车修理业是指经营各种机动车辆修理和具有汽车喷漆、划痕修补等专项修理功能的企业、个体工商户以及经销机动车配件的商店。

本办法所称报废机动车回收业是指回收、拆解报废机动车的企业。

第二十三条 本办法中所称以上、以下，都包括本数在内。

第二十四条 本办法自公布之日起施行。

汽车维修质量纠纷调解办法

交公路发〔1998〕349 号

第一章 总 则

第一条 为维护汽车维修业的正常秩序,保障承、托修双方当事人合法权益,规范汽车维修质量纠纷调解工作,依据国家有关规定和《汽车维修质量管理办法》及有关汽车维修行业管理法规,制定本办法。

第二条 县级以上地方人民政府交通行政主管部门所属道路运政机构依据本办法负责纠纷调解工作。纠纷双方所在地不在同一行政区的,由承修方所在地道路运政机构负责。

第三条 汽车维修质量纠纷调解系指在汽车维修质量保证期内或汽车维修合同约定期内,汽车维修业户与托修方因维修竣工出厂车辆的维修质量产生纠纷,双方自愿向道路运政机构申请进行的调解。

第四条 汽车维修质量纠纷(以下简称纠纷)调解,应坚持自愿、公平的原则。道路运政机构进行调解应当公开,做到依据事实、查明原因、分清责任、公开调解、公平负担。

第二章 纠纷调解申请的受理

第五条 纠纷调解的范围是在汽车维修质量保证期内或汽车维修合同约定期内当事人双方所发生的争执。在质量保证期内,托修方遇有汽车维修质量问题或者发生机件事故,应首先与承修方协商解决。不愿协商或协商不成,当事人各方可向当地道路运政机构申请调解。

第六条 申请调解应提供下列资料:

(一)申请调解方(当事人单位或人)的名称,法定代表人的姓名、单位、地址、电话;

(二)当事人的名称、单位、地址、电话;

(三)纠纷的详细经过及申请调解的理由与要求和书面报告;

(四)汽车维修合同、车辆竣工出厂合格证、汽车维修费用结算凭证等其它必要的资料;

第七条 申请调解方(当事人)应如实填写《汽车维修质量纠纷调解申请书》(附件一)。道路运政机构应在按到申请书后的五个工作日内根据本办法第五条规定做出是否同意受理的答复意见。

同意受理的,道路运政机构应将《汽车维修质量纠纷调解申请书》自接到申请书后十个工作日内转送另一当事方。另一当事方同意调解的,应在自送达之日起五个工作日内就申请书所涉及的内容写出书面答辨材料,并做好参加调解准备。另一当事方不同意调解的应及时表明态度,道路运政机构则按不予受理的程序处理。

道路运政机构不受理调解的,应在自接到申请书后或另一当事人不愿调解的答复后的五个工作日内,通知申请方。

第八条 参加调解的纠纷双方当事人均有举证责任,并对举证事实负责。

第九条 纠纷双方当事人均有保护当事车辆原始状态的义务。拆检车辆有关部位时,当事双方必须同时在场,一致证实拆检情况。

第十条 托修方或驾驶操作人员认为维修质量造成车辆异常,应保护好车辆原始状态并找承修方进行拆检。如承修方拒绝派人或事故现场不在本地的,托修方可向车辆停驶地道路运政机构提出拆检申请。

车辆停驶地段道路运政机构接到拆检申请后,应及时组织拆检,填写《汽车现场拆检记录》(附件二)。并及时将车辆现场拆检记录与有关证据送达承修方所在地道路运政机构。

第三章 技术分析和鉴定

第十一条 技术分析和鉴定由各级道路运政机构组织有关人员或委托有质量检测资格的汽车综合性能检测站进行。参与技术分析和鉴定工作的人员必须经道路运政机构审定并聘用。参加鉴定人员不得少于两人。

第十二条 技术分析和鉴定人员应依据现场拆检记录、汽车维修原始记录和《汽车维修合同》、车辆使用情况以及其它有关证据,分析原因,做出结论,并填写《技术分析和鉴定意见书》(附件三)。

第十三条 技术分析和鉴定是进行纠纷调解的基本依据,出具技术分析和鉴定的部门应对所做的结论负责。

第十四条 技术分析和鉴定的费用按照国家有关规定执行。需要做专项试验分析鉴定的,其费用按当地物价部门规定的收费标准执行。

第四章 责任认定

第十五条 承修方不按技术标准、有关技术资料和维修操作工艺规程维修车辆或不按使用说明规定选用配件、油料所引起的质量责任由承修方负责。

承修方因装配使用有质量问题的配件、油料或装配使用托修方自带配件、油料且未在维修合同中明确责任的,所引起的质量责任由承修方负责。

第十六条 承修方在进行总成大修、小修和二级维护作业时,未对所装(拆)配件进行鉴定或虽发现相关配件质量不符合技术要求但未与托修方签订责任协议,在质量保证期内确因该零部件质量引起的质量事故由承修方负责。

汽车维修合同中另有约定的按合同规定的责任确定。

第十七条 因托修方违反驾驶操作规程和车辆使用、维护规定而引起的质量责任,由托修方违反驾驶操作规程和车辆使用、维护规定而引起的质量责任,由托修方负责。

第五章 纠纷调解

第十八条 调解员由道路运政机构专业技术人员担任。调解员应熟悉业务,实事求是,公正廉洁。

调解应以公开方式进行。

第十九条 当事各方应对调解过程中出示的证据进行质证。

第二十条 调解员根据有关技术标准和资料、技术分析和鉴定意见书及当事方的陈述、质证、辩论,分析事故原因,确定纠纷双方应负责任,调解各方应承担的经济损失。

第二十一条 经济损失应由责任人按过失比例承担。

对不能修复或没有修复价值的零部件按车辆折旧率和市场价格计算价值。

第二十二条 经济损失主要指直接经济损失,包括:

(一)在质量事故中直接损失的机件、燃润料及其它车用液体、气体、材料;

(二)返修工时费、材料费、材料管理费、辅助材料费、委外加工费、检测费;

第二十三条 道路运政机构在调解维修质量纠纷的过程中,如遇到下列情形之一,应向当事人双方宣布终止调解。

(一)当事人双方对技术分析和鉴定存在异议;

(二)受条件所限,不能出具技术分析和鉴定意见书;

(三)案件已由促裁机构或法院受理。

第二十四条 向道路运政机构申请调解的质量纠纷,当事人中途不愿调解的,应向道路运政机构递交撤消调解的书面申请,并通知对方当事人,调解随即终止。

第二十五条 经调解达成协议的,道路运政机构应填写《汽车维修质量纠纷调解协议书》(附件四),调解协议书由双方当事人共同签字,并经道路运政机构盖印确认,调解协议书应交当事人各持一份,道路运政机构留存一份。调解即告结束。

第二十六条 质量纠纷调解过程中拆检、技术分析和鉴定的费用由责任方按照责任比例承担。

质量纠纷已经受理并在调解过程中,一方提出不愿调解,应由其负担调解过程已发生的全部费用。

第二十七条 调解达成协议的,当事人各方应当自动履行。达成协议后当事人翻悔的或愈期不履行协议的,视为调解不成。

第二十八条 如经调解不能达成协议或调解达成协议后,一方不履行协议,有关当事方可依法提请促裁机构促裁或向人民法院提起民事诉讼。

第二十九条 调解结束后,调解员应对处理纠纷过程中的有关资料进行整理,由道路运政机构归档。

第六章 附　　则

第三十条 摩托车、特种车辆及其它机动车辆的维修质量纠纷调解参照本办法执行。

第三十一条 本办法由交通部负责解释。

第三十二条 本办法自1998年9月1日起施行。

附件一:汽车维修质量纠纷调解申请书(略)

附件二:汽车现场拆检记录(略)

附件三:技术分析和鉴定意见书(略)

附件四:汽车维修质量纠纷调解协议书(略)

关于调整轻型载货汽车报废标准的通知

国经贸经〔1998〕407号

各省、自治区、直辖市、计划单列市经贸委(经委、计经委)、计委、公安厅(局)、环境保护局、汽车更新领导小组办公室:

为了鼓励技术进步、节约资源、保护环境及公平竞争,现决定将《汽车报废标准》(1997年修订)中轻型载货汽车(含超野型)的行驶里程、使用年限及办理延缓的报废标准调整为:

一、累计行驶40万公里;

二、使用10年;

三、达到使用年限,汽车性能仍符合有关规定的,允许办理最长不超过5年的延缓报废。延缓报废的审定工作,按国经贸经〔1997〕456号文件的有关规定办理。

轻型载货汽车是指厂定最大总质量大于1.8吨、小于等于6吨的载货汽车。

请遵照执行。

国家经贸委 国家发展计划委

公安部 国家环保总局

一九九八年七月七日

交通部关于统一全国汽车维修企业标志牌等牌证样式的通知

交公路发〔1997〕726号

各省、自治区、直辖市、计划单列市交通厅(局、委、办):

为进一步提高汽车维修质量,规范运输车辆维修市场行为,方便托修用户识别和各级道路运政管理机构监督检查,促进运输车辆维修市场健康发展,部组织制定了全国统一的"汽车维修企业标志牌"、"汽车维修竣工出厂合格证"、"汽车维修质量保修卡"、"汽车维修质量检验员证"样式,现予以印发并就有关事项通知如下:一、"汽车维修企业标志牌"分一、二、三类三种(样式详见附件一),"一、二类汽车维修企业标志牌"由交通部监制,"三类汽车维修企业标志牌"由省交通厅(局、委、办)监制,由各省交通厅(局、委、办)统一选定一至二家制作单位并报交通部备案。

二、"汽车维修竣工出厂合格证"、"汽车维修质量保证卡"(样式详见附件二),"汽车维修质量总检验员证"(样式详见附件三),"汽车维修质量检验员证"(样式详见附件四),由各省交通厅(局、委、办)统一监制。

三、为确保牌、证权威性,各省交通厅(局、委、办)应加强牌、证的制作、保管、发放和使用过程管理。牌、证编号由各省交通厅(局、委、办)统一编制。凡经"二级维护"以上(含"二级维护")维修竣工出厂车辆,都必须使用"汽车维修竣工出厂合格证"、"汽车维修质量保证卡"。

四、新牌、证从一九九八年一月一日起启用。凡存在换发新旧牌、证的省(市),可结合实际情况,本着不加重企业负担的原则,逐步换发,旧牌、证的截止日期为一九九八年十二月三十一日。

一九九七年十一月十三日

公安部关于实施《汽车报废标准》有关事项的通知

公交管〔1997〕261 号

各省、自治区、直辖市公安厅、局：

为了贯彻执行国家经济贸易委员会等六部委、局于 1997 年 7 月 15 日联合发布的《关于发布〈汽车报废标准〉的通知》（国经贸经〔1997〕456 号），现将有关事项通知如下：

一、各级公安交通管理部门要利用各种形式宣传新的汽车报废标准，并结合机动车定期检验，对达到报废标准的汽车（汽车使用年限从"初次登记日"起计算），通知车主限期办理报废、注销登记。收回汽车号牌和行驶证，开具《汽车报废通知书》，报废汽车的档案保存 2 年，在计算机机动车档案管理系统中建立《报废汽车档案信息库》，保存 5 年。

各级公安交通管理部门应按期将已报废汽车的车主、车型等信息通报给当地报废汽车回收的主管部门。

二、对使用年限达到《汽车报废标准》第二条规定的汽车（19 座以下出租车和轻、微型载货汽车〈含越野型〉除外），车主要求继续使用的，要从严掌握。对车况良好，经检验符合国家标准《机动车运行安全技术条件》（GB7258—1997）各项规定的，市（地）公安交管部门可准予延缓报废。

准予延缓报废的期限一般为两年，到期后应即报废；特殊情况需要延长延缓报废期的，可按前款规定批准再延长报废期一至两年。

三、延缓报废汽车的检验次数规定如下：

从事营业性运输的各种客车每年检验 4 次；吊车、消防车、钻探车等从事专门作业的车辆每年检验 1 次；其他车辆每年检验 2 次。

四、对检验合格的延缓报废汽车，核发全国统一的"延缓报废汽车定期检验合格证"，并在机动车行驶证副证上加盖"延缓报废至××××年××月有效××（×）"字样的条形章（其尺寸与检验专用章相同），条形章由各省、自治区、直辖市公安厅、局交通管理局、处统一制作编号。

五、各级公安交通管理部门要严格执行《汽车报废标准》，严禁给已报废的汽车办理注册登记。对延缓报废的汽车不准办理过户、转籍登记。对已达到强制报废年限又在限期内不办理报废、注销登记的汽车，要坚决收回牌证，注销车辆档案。

六、从 1998 年 8 月 1 日起，各级公安交通管理部门对逾期不按规定进行定期检验的延缓报废汽车，按《道路交通管理条例》第七十七条第三项的规定进行处罚；对已达到强制报废标准继续在道路上行驶的汽车，应当扣留汽车牌证，转交车籍地公安交通管理部门办理报废、注销登记。

决不允许已报废汽车继续上路行驶。凡发现已办理了报废、注销登记的汽车上路行驶的，一律强制报废，送交报废汽车回收单位解体。

七、对已上牌在用的右置方向盘汽车，必须严格执行新的汽车报废标准，凡符合汽车报废标准有关规定的，一律报废。2000 年 9 月 1 日以后，在我国境内注册有右置方向盘汽车不得在道路上行驶。

八、对依法没收的走私汽车、摩托车办理注册登记时，其"初次注册登记日"的年份，一律按车辆出厂年份登记。

九、《汽车报废标准》第三条"因各种原因造成车辆严重损坏和技术状况低劣，无法修复的"，主要指车辆虽未达到报废年限，但因交通事故或车辆超负荷使用造成发动机和底盘严重损坏，经检验不符合国家标准《机动车运行安全技术条件》（GB7258—1997）有关汽车安全、排放要求的。

十、《汽车报废标准》中所规定的"轻、微型载货汽车"是指总质量 6 吨（含 6 吨）以下有的载货汽车；"带拖挂的载货汽车"是指全挂汽车列车。

汽车报废标准

（1997 年修订）

凡在我国境内注册的民用汽车，属下列情况之一的应当报废：

一、轻、微型载货汽车（含越野型）、矿山作业专用车累计行驶 30 万公里，重、中型载货汽车（含越野型）累计行驶 40 万公里，特大、大、中、轻、微型客车（含越野型）、轿车累计行驶 50 万公里，其他车辆累计行驶 45 万公里；

二、轻、微型载货汽车（含越野型）、带拖挂的载货汽车、矿山作业专用车及各类出租汽车使用 8 年，其他车辆使用 10 年；

三、因各种原因造成车辆严重损坏或技术状况低劣，无法修复的；

四、车型淘汰，已无配件来源的；

五、汽车经长期使用，耗油量超过国家定型车出厂标准规定值百分之十五的；

六、经修理和调整仍达不到国家对机动车运行安全技术条件要求的；

七、经修理和调整或采用排气污染控制技术后，排放污染物仍超过国家规定的汽车排放标准的。除 19 座以下出租车和轻、微型载货汽车（含越野型）外，对达到上述使用年限的客、货车辆，经公安车辆管理部门依据国家机动车安全排放有关规定严格检验，性能符合规定的，可延缓报废，但延长期不得超过本标准第二条规定年限的一半。对于吊车、消防车、钻探车等从事专门作业的车辆，还可根据实际使用和检验情况，再延长使用年限。所有延长使用年限的车辆，都需按公安部规定增加检验次数，不符合国家有关汽车安全排放规定的应当强制报废。

八、本标准自发布之日起施行。

在本标准发布前已达到本标准规定报废条件的车辆，允许在本标准发布后 12 个月之内报废。本标准由全国汽车更新领导小组办公室负责解释。

国务院关于对禁止非法拼（组）装汽车、摩托车通告的批复

国函〔1996〕69 号

国家工商局、公安部、海关总署、国家计委、机械部、外经贸部、国家机电产品进出口办公室：

国务院同意《关于禁止非法拼（组）装汽车、摩托车的通告》，由你们联合发布，并具体组织实施。

关于禁止非法拼（组）装汽车、摩托车的通告 1996 年 8 月 21 日国家工商行政管理局、公安部、海关总署、国家计划委员会、机械工业部、对外贸易经济合作部、国家机电产品进出口办公室发布为贯彻实施国家发布的汽车工业产业政策，保护公民的生命安全，严厉打击非法拼（组）装汽车、摩托车活动，保障汽车、摩托车生产经营的正常秩序，特通告如下：

一、未经国家有关部门批准，利用进口汽车车身（含驾驶室）拼（组）装生产汽车的，属于非法拼（组）装车辆行为。

二、未经国家有关部门批准，利用进口摩托车发动机（含全套发动机散件）、车架拼（组）装生产摩托车的，属于非法拼（组）装车辆行为。

三、对非法拼（组）装车辆的行为，工商行政管理机关、公安机关、海关依据各自的职责没收销货款、未销售的车辆及进口件。

四、对没收的非法拼（组）装车辆，经检验，符合质量和安全要求的，由国家指定的经销执法部门没收车辆的单位经营，除此之外，任何单位和个人均不得经销非法拼（组）装的汽车、摩托车。购买汽车、摩托车，应当从国家指定的经销单位购入。对违反规定的，由工商行政管理机关没收非法拼（组）装的车辆及销货款。情节严重的，可吊销其营业执照。

五、公安交通管理部门对非法拼（组）装的车辆（依法罚没处理的除外），一律不予核发牌证，并予以没收。

六、对利用国产汽车、摩托车总成、零部件非法拼（组）车辆的行为，将另行规定处理办法。

七、对违反本通告,情节严重,构成犯罪的,依法移送司法机关追究其刑事责任。

八、本通告自发布之日起执行。

一九九六年八月二十一日

国家工商行政管理局、公安部、海关总署、国家计委 机械工业部、对外贸易经济合作部、国家机电产品进出口办公室 关于禁止非法拼(组)装汽车、摩托车的通告

经国务院批准,为贯彻实施国家发布的汽车工业产业政策,保护公民的生命安全,严厉打击非法拼(组)装汽车、摩托车活动,保障汽车、摩托车生产经营的正常秩序,特通告如下:

一、未经国家有关部门批准,利用进口汽车车身(含驾驶室)拼(组)装生产汽车的,属于非法拼(组)装车辆行为。

二、未经国家有关部门批准,利用进口摩托车发动机(含全套发动机散件)、车架拼(组)装生产摩托车的,属于非法拼(组)装车辆行为。

三、对非法拼(组)装车辆的行为,工商行政管理机关、公安机关、海关依据各自的职责没收销货款、未销售的车辆及进口件。

四、对没收的非法拼(组)装车辆,经检验,符合质量和安全要求的,由国家指定的经销执法部门没收车辆的单位经营,除此之外,任何单位和个人均不得经销非法拼(组)装的汽车、摩托车。购买汽车、摩托车,应当从国家指定的经销单位购人。对违反规定的,由工商行政管理机关没收非法拼(组)装的车辆及销货款。情节严重的,可吊销其营业执照。

五、公安交通管理部门对非法拼(组)装的车辆(依法罚没处理的除外),一律不予核发牌证,并予以没收。

六、对利用国产汽车、摩托车总成、零部件非法拼(组)装车辆的行为,将另行规定处理办法。

七、对违反本通告,情节严重,构成犯罪的,依法移送司法机关追究其刑事责任。

八、本通告自发布之日起执行。

一九九六年八月二十一日

国家工商行政管理局、公安部、海关总署、国家计委、 机械工业部、对外贸易经济合作部、国家机电产品进出口办公室 关于贯彻实施《关于禁止非法拼(组)装汽车、摩托车的通告》 有关问题的通知

工商公字〔1996〕第241号

各省、自治区、直辖市及计划单列市工商行政管理局、公安厅(局)、计委、进出口办(沿海开放城市、经济特区)、机械工业厅(局)、外经贸委(厅)、外经贸部驻各地特派员办事处、配额许可证事务局、广东海关分署、各直属海关:

为了贯彻实施《关于禁止非法拼(组)装汽车、摩托车的通告》(以下简称《通告》),现就有关问题通知如下:

一、关于进口汽车车身(含驾驶室)的准确定义(详见附件的文字及图形),由机械工业部负责解释。在执行过程中,如对汽车车身(含驾驶室)是进口还是自制问题发生争议,由机械工业部会同有关部门联合确认,并予以裁决。

二、经国家有关部门批准,利用进口汽车车身组装汽车的企业,必须严格按照批准的车型、数量在1996年内完成全部生产销售工作,不得结转。

三、经国家有关部门批准,利用进口发动机(含全套发动机散件)组装生产摩托车的企业,必须同时具备

国家机电产品进出口办公室批准给该企业的机电产品《进口配额证明》和外经贸部授权机关签发给该企业的《进口许可证》及海关完税证明。

四、未经国家有关部门批准,利用进口摩托车车架装车及发动机(含全套散件)装车,均属非法拼装,由执法部门按照《通告》的要求予以没收。

五、工商行政管理机关、公安机关和海关没收的非法拼(组)装车辆,应送省级公安交通管理部门指定的机动车辆安全技检测站检验。检验合格的,由检验部门出具《没收车辆安全检验合格证明》(由公安部统一制发,一车一证)。对非法使用他人注册商标的车辆,应当消除其商标标识。检验不合格的车辆,由没收单位拆解成零部件后进行拍卖。

六、没收的非法拼(组)装车辆经安全技术检验合格后,执法部门方可按规定发给《没收走私汽车、摩托车证明书》。《证明书》由国家工商行政管理局、公安部、海关总署按系统审核发放,一车一证。工商、海关每季度将发放《证明书》的数量、编号、车型、发动机号、车架号等情况,按系统汇总后送公安部备案。

七、执法部门没收的非法拼(组)装车辆,应当交由《公安部、海关总署、国家工商行政管理局关于贯彻实施〈国务院办公厅关于加强进口汽车牌证管理的通知〉有关问题的通知》(公发〔1993〕7号)指定的销售部门统一销售。

八、对没收处理的非法拼(组)装车辆,公安交通管理部门凭《没收走私汽车、摩托车证明书》、车辆检验部门出具的《没收车辆安全检验合格证明》和国家指定经销部门的发票,核发牌证。对没有上述手续的车辆,公安交通管理部门不予核发牌证,并予以没收。

九、本《通知》自下发之日起执行。

附件:汽车车身说明(略)

一九九六年八月二十一日

公安部交通管理局关于不准强令交通事故车辆到指定汽车修理厂修理的通知

公交管〔1996〕140号

各省、自治区、直辖市公安厅、局交通管理局、处:

近来,许多群众反映,个别地方公安交通管理部门或事故处理人员,在调解修理事故损坏车辆时,不顾事故当事人的意见,指定到一些修理能力低、条件差的汽车修理厂修理;有的直接用交通清障车将事故车拖入指定修理厂强行修理,索取高额修理费,引起社会各界,特别是交通事故当事人的强烈反应,要求上级公安机关尽快予以制止。公安交通管理部门指定汽车修理厂,强令交通事故当事人修理事故损坏车辆,是一种利用行政执法权介入当事人民事活动的行为,不但损害群众利益,而且破坏警民关系,腐蚀干警队伍,影响公安机关的形象,必须坚决纠正。现就有关问题通知如下:

一、各级公安交通管理部门要高度重视这一问题,凡本辖区有此类情况的,要坚决停止。近期要以地、市公安交通管理部门为单位,对指定汽车修理厂的问题开展一次检查清理,不论公开的、私下的,一律解除关系;公安交通管理部门自办的汽车修理厂,要按照政企分开的原则,立即办理脱钩手续;个人与汽车修理厂有协议的,对有违法违纪行为和非法所得的,均应认真审查,严肃处理。

二、已运到指定修理厂尚未修理的事故车辆,要及时听取当事人的意见,由其自愿选择修理厂家,不得再收取“停车费”和其他不合理费用。

三、清查工作结束后,要向社会公布举报电话,动员社会舆论和群众对指定修车问题进行监督。

四、今后再发现滥用行政执法权指定事故汽车修理厂家的,一律按违纪处理。并追究领导责任。对于触犯刑律的,依法追究刑事责任。

请将本通知迅速传达到县级公安交通管理部门,清理中发现的问题请及时报公安部交通管理局。

一九九六年七月二十三日

工商行政管理机关受理消费者申诉暂行办法

1996年3月15日中华人民共和国国家工商行政管理局令第51号发布
根据1998年12月3日发布的《国家工商行政管理局修改〈经济合同示范文本管理办法〉等33件规章中超越〈行政处罚法〉规定处罚权限的内容》进行修改

第一章 总 则

第一条 为保护消费者的合法权益,根据《中华人民共和国消费者权益保护法》的有关规定,制定本办法。

第二条 消费者为生活消费需要购买、使用商品或者接受服务,与经营者发生消费者权益争议的申诉,适用本办法。

第三条 工商行政管理机关及其派出机构受理消费者申诉,依照本办法执行。

第四条 工商行政管理机关对受理的消费者申诉案件,应当根据事实,依照法律、行政法规和规章,公平合理地处理。

第五条 工商行政管理机关在受理消费者申诉中,对经营者欺诈消费者的行为,应当依照《欺诈消费者行为处罚办法》处理。

第六条 工商行政管理机关在受理消费者申诉中,对经营者的违法行为,应当依照《工商行政管理机关行政处罚程序暂行规定》处理。

第七条 工商行政管理机关在其职权范围内受理消费者申诉的案件属于民事争议的,实行调解制度。

第二章 管 辖

第八条 消费者申诉案件,由经营者所在地工商行政管理机关管辖。

第九条 县、市工商行政管理机关管辖本辖区内发生的消费者申诉案件。

工商行政管理机关的派出机构管辖其上级机关授权范围内的消费者申诉案件。

第十条 上级工商行政管理机关有权办理下级工商行政管理机关管辖的案件。

下级工商行政管理机关管辖的案件,认为需要由上级工商行政管理机关办理的,可以报请上级工商行政管理机关确定管辖机关。

第十一条 工商行政管理机关发现消费者申诉的案件不属于自己管辖时,应当及时告知消费者向有管辖权的机关申诉。

第三章 受理程序

第十二条 消费者申诉应当符合下列条件:

(一)有明确的被诉方;

(二)有具体的申诉请求、事实和理由;

(三)属于工商行政管理机关管辖范围。

第十三条 消费者申诉应当采用书面形式,一式两份,并载明下列事项:

(一)消费者的姓名、住址、电话号码、邮政编码;

(二)被申诉人的名称、地址;

(三)申诉的要求、理由及相关的事实根据;

(四)申诉的日期。

第十四条 消费者委托代理人进行申诉活动的,应当向工商行政管理机关提交授权委托书。

第十五条 消费者为二人以上,其申诉的是共同标的的,工商行政管理机关认为可以合并受理,并经当事人同意的,为共同申诉。

共同申诉可以由消费者推选二名代表进行申诉。代表人的申诉行为对其所代表的消费者发生效力,但代表人变更、放弃申诉请求,或者进行和解,应当经被代表的消费者同意。

第十六条 工商行政管理机关应当自收到申诉书之日起5日内,作出以下处理:

（一）申诉符合规定的予以受理，并书面通知申诉人；

（二）申诉不符合规定的，应当书面通知申诉人，并告知其不予受理的理由。

第十七条 下列申诉不予受理或者终止受理：

（一）超过保修期或者购买后超过保质期的商品，被诉方已不再负有违约责任的；

（二）达成调解协议并已执行，且没有新情况、新理由的；

（三）法院、仲裁机构或者其他行政机关已经受理或者处理的；

（四）消费者知道或者应该知道自己的权益受到侵害超过一年的；

（五）消费者无法证实自己权益受到侵害的；

（六）不符合国家法律、行政法规及规章的。

第十八条 工商行政管理机关受理消费者申诉，可以立案。

第十九条 立案应当填写申诉立案报告表，同时附上有关材料，由县级及县级以上工商行政管理局局长批准，指定两名以上办案人员负责调查或者授权其派出机构调查处理。

第二十条 办案人员是本案当事人的近亲属或者与当事人有其他利害关系，可能影响申诉公正处理的，应当回避。

当事人对办案人员提出回避申请的，应当由县级及县级以上工商行政管理局局长决定。

第二十一条 工商行政管理机关受理申诉案件后，应当在5日内将申诉书副本发送被申诉人；被申诉人收到申诉书副本后，应当在5日内提交答辩书和有关证据。

第二十二条 当事人应当对自己的申诉提供证据。工商行政管理机关认为有必要收集证据，可以根据有关法律、行政法规及规章的规定，自行收集或者召集有关当事人实施当庭调查。

第二十三条 需要委托其他工商行政管理机关协助调查、取证的，应当出具书面委托证明，受委托的工商行政管理机关应当积极予以协助。

第二十四条 工商行政管理机关对专门性问题认为需要鉴定或者检测的，可以交由当事人约定的法定鉴定或者检测部门鉴定，也可以由工商行政管理机关指定的法定鉴定或者检测部门鉴定。对于难以鉴定或者检测的，经营者应当提供无过错的证据；不能提供无过错证据的，应当承担责任。

第二十五条 消费者申诉后，还可以协商和解。达成和解协议的，可以请求工商行政管理机关根据和解协议作出调解书，也可以撤回申诉书。

第二十六条 工商行政管理机关组织双方当事人进行调解达成协议的，应当制作调解书。

第二十七条 调解书应当写明申诉请求和当事人协议的结果。调解书由办案人员签名，加盖工商行政管理局印章送达双方当事人。

第二十八条 工商行政管理机关应当在收到消费者申诉书之日起60日内终结调解；调解不成的应当终止调解。

第二十九条 经调解不成的，或者调解书生效后无法执行的，消费者可以按照国家法律、行政法规的规定向有关部门申请仲裁或者提出诉讼。

第三十条 对经营者的违法行为，工商行政管理机关可以依照《中华人民共和国消费者权益保护法》予以警告、没收违法所得、处以违法所得一倍以上五倍以下的罚款，没有违法所得的，处以一万元以下的罚款；情节严重的，责令停业整顿，吊销营业执照。

第四章 附 则

第三十一条 工商行政管理机关受理消费者申诉应当收费，费用由败诉方承担。其具体办法另行规定。

第三十二条 农民购买、使用直接用于农业生产的生产资料的申诉，参照本办法执行。

第三十三条 本办法中有关文书式样，由国家工商行政管理局统一制定。

第三十四条 本办法国家工商行政管理局负责解释。

第三十五条 本办法自公布之日起施行。

国家工商行政管理局修改《工商行政管理机关受理消费者申诉暂行办法》中超越《行政处罚法》规定处罚权限的内容

为了贯彻《行政处罚法》和《国务院关于贯彻实施〈中华人民共和国行政处罚法〉的通知精神》，经国家工商行政管理局局务会议讨论决定，对国家工商行政管理局已颁布的《工商行政管理机关受理消费者申诉暂行办法》中超越《行政处罚法》规定处罚权限的内容集中进行了修改。第六条改为“工商行政管理机关在受理消费者申诉中，对经营者的违法行为，应当依照《工商行政管理机关行政处罚程序暂行规定》处理。”第三十五条改为“本办法自公布之日起施行。”

交通部关于对外资、中外合资、中外合作的汽车维修企业和汽车综合性能检测站（中心）实施行业管理的函

〔90〕交函运字245号

湖南省交通厅：

你厅〔90〕湘交运工字第078号文收悉。关于对外资、中外合资、中外合作的汽车维修业和汽车综合性能检测站（中心）实施行业管理的问题，国务院及有关部门曾有明确规定：

一、我国的外资、中外合资、中外合作企业法明确要求外资、中外合资、中外合作企业（以下简称“三资”企业）必须遵守中国的法律、法规，不得损害中国的社会公共利益。

二、一九八六年对外经济贸易部外资管理局编辑的《审批外商投资合同问答》中明确将“（1）城市出租汽车、汽车客货运输；（2）汽车和摩托车维修翻新、轮胎翻修”列为“应限制外商投资”的范围。一九八七年十二月国务院办公厅国办发〔1987〕76号文转发的国家计委《指导吸收外商投资方向暂行规定》及该暂行规定的附件计办贸〔1988〕37号《一九八八至一九八九年指导外商投资方向目录》中，已将“为交通运输服务的修理和非生产性项目”列为“限制外商投资目录”。

三、交通部、国家经委、国家工商行政管理局以（86）交公路字956号文联合颁布的《汽车维修行业管理暂行办法》和交通部（87）交公路字861号文颁布的《公路运输汽车综合性能检测站管理暂行办法》都明确规定，对凡是从事汽车维修业，汽车综合性能检测站（中心）实施行业管理，其中包括“三资”企业。

根据上述规定精神，凡是在我国境内从事汽车维修和汽车综合性能检测站（中心）的“三资”企业，应接受行业主管部门的管理。当前国内汽车维修的能力过剩，维修市场混乱，各地在对维修市场进行整顿治理中也应包括对“三资”企业经营资格、经营范围、维修质量等的审查和监督。具体做法应遵照当地的汽车维修行业管理办法实施细则执行。

1990年5月1日

图书在版编目(CIP)数据

汽车产业法律法规大全 / 陈峰编. —北京:法律出版社,2014.4
ISBN 978-7-5118-5757-6

Ⅰ.①汽… Ⅱ.①陈… Ⅲ.①汽车工业—工业法—汇编—中国 Ⅳ.①D922.292.9

中国版本图书馆 CIP 数据核字(2013)第 291563 号

责任编辑/陈 妮　　装帧设计/李 瞻

出版/法律出版社　　编辑统筹/财税出版分社
总发行/中国法律图书有限公司　　经销/新华书店
印刷/北京北苑印刷有限责任公司　　责任印制/吕亚莉

开本/787 毫米×1092 毫米 1/16　　印张/64　字数/2181 千
版本/2014 年 4 月第 1 版　　印次/2014 年 4 月第 1 次印刷

法律出版社/北京市丰台区莲花池西里 7 号(100073)
电子邮件/info@ lawpress. com. cn　　销售热线/010-63939792/9779
网址/www. lawpress. com. cn　　咨询电话/010-63939796

中国法律图书有限公司/北京市丰台区莲花池西里 7 号(100073)
全国各地中法图分、子公司电话:
第一法律书店/010-63939781/9782　　西安分公司/029-85388843　　重庆公司/023-65382816/2908
上海公司/021-62071010/1636　　北京分公司/010-62534456　　深圳公司/0755-83072995

书号:ISBN 978-7-5118-5757-6　　定价:128.00 元